全国人民代表大会

——年　鉴——

【2022年卷】

中国民主法制出版社

图书在版编目(CIP)数据

全国人民代表大会年鉴. 2022年卷/宋锐主编. —
北京:中国民主法制出版社,2023.7
ISBN 978-7-5162-3318-4

Ⅰ.①全…　Ⅱ.①宋…　Ⅲ.①全国人民代表大会—
2022—年鉴　Ⅳ.①D622-54

中国国家版本馆CIP数据核字(2023)第136181号

责任编辑　陈　偲　　封面设计　苏若瑶

书名/全国人民代表大会年鉴 2022 年卷
QUANGUO RENMIN DAIBIAO DAHUI NIANJIAN 2022 NIAN JUAN
作者/宋　锐　主编

出版·发行/中国民主法制出版社
地址/北京市丰台区右安门外玉林里7号(100069)
电话/(010)63055259(总编室)　83910658　63056573(人大系统发行)
传真/(010)63055259
开本/16开　880毫米×1230毫米
印张/91.25　**字数**/2595千字
版本/2023年7月第1版　2023年7月第1次印刷
印刷/河北松源印刷有限公司

书号/ISBN 978-7-5162-3318-4
定价/400.00元

ISBN 978-7-5162-3318-4
9 787516 233184 >

《全国人民代表大会年鉴》
编辑委员会

《全国人民代表大会年鉴》

编　辑　部

目　录

第一编　特　　辑

第二编　第十三届全国人民代表大会第五次会议

二、常委会会议议程日程

第四编　委员长讲话

附:在国内执法检查和调研座谈时的新闻通稿

第五编　立法工作

一、制定和修改的法律

二、作出法律解释

三、通过有关法律问题和重大法律问题的决定

四、全国地方立法座谈会

第六编　批准公约和条约

第七编　监督工作

一、听取和审议专项工作报告

二、审查和批准决算，听取和审议计划、预算执行情况和审计工作报告

三、检查法律实施情况

四、规范性文件备案审查

五、特别行政区报送备案的法律目录

第八编　人事任免

第九编　代表工作

一、代表议案审议

二、代表建议办理

三、代表资格审查

第十编　对外交往

一、委员长国内外事活动

二、委员长出国访问

三、对外定期交流机制

四、发表的谈话、声明

第十一编　专门委员会工作

第十二编　常委会重要活动

一、认真学习贯彻党的二十大精神
深入学习贯彻习近平总书记关于坚持和完善
人民代表大会制度的重要思想交流会

二、制度建设

三、副委员长和秘书长讲话及有关文稿

第十三编　大事记

特　辑

高举中国特色社会主义伟大旗帜
为全面建设社会主义现代化国家而团结奋斗

——在中国共产党第二十次全国代表大会上的报告

（2022年10月16日）

习近平

同志们：

现在，我代表第十九届中央委员会向大会作报告。

中国共产党第二十次全国代表大会，是在全党全国各族人民迈上全面建设社会主义现代化国家新征程、向第二个百年奋斗目标进军的关键时刻召开的一次十分重要的大会。

大会的主题是：高举中国特色社会主义伟大旗帜，全面贯彻新时代中国特色社会主义思想，弘扬伟大建党精神，自信自强、守正创新，踔厉奋发、勇毅前行，为全面建设社会主义现代化国家、全面推进中华民族伟大复兴而团结奋斗。

中国共产党已走过百年奋斗历程。我们党立志于中华民族千秋伟业，致力于人类和平与发展崇高事业，责任无比重大，使命无上光荣。全党同志务必不忘初心、牢记使命，务必谦虚谨慎、艰苦奋斗，务必敢于斗争、善于斗争，坚定历史自信，增强历史主动，谱写新时代中国特色社会主义更加绚丽的华章。

一、过去五年的工作和新时代十年的伟大变革

十九大以来的五年，是极不寻常、极不平凡的五年。党中央统筹中华民族伟大复兴战略全局和世界百年未有之大变局，召开七次全会，分别就宪法修改，深化党和国家机构改革，坚持和完善中国特色社会主义制度、推进国家治理体系和治理能力现代化，制定“十四五”规划和二〇三五年远景目标，全面总结党的百年奋斗重大成就和历史经验等重大问题作出决定和决议，就党和国家事业发展作出重大战略部署，团结带领全党全军全国各族人民有效应对严峻复杂的国际形势和接踵而至的巨大风险挑战，以奋发有为的精神把新时代中国特色社会主义不断推向前进。

五年来，我们坚持加强党的全面领导和党中央集中统一领导，全力推进全面建成小康社会进程，完整、准确、全面贯彻新发展理念，着力推动高质量发展，主动构建新发展格局，蹄疾步稳推进改革，扎实推进全过程人民民主，全面推进依法治国，积极发展社会主义先进文化，突出保障和改善民生，集中力量实施脱贫攻坚战，大力推进生态文明建设，坚决维护国家安全，防范化解重大风险，保持社会大局稳定，大力度推进国防和军队现代化建设，全方位开展中国特色大国外交，全面推进党的建设新的伟大工程。我们隆重庆祝中国共产党成立一百周年、中华人民共和国成立七十周年，制定第三个历史决议，在全党开展党史学习教育，建成中国共产党历史展览馆，号召全党学习和践行伟大建党精神，在新的征程上更加坚定、更加自觉地牢记初心使命、开创美好未来。特别是面对突如其来的新冠肺炎疫情，我们坚持人民至上、生命至上，坚持外防输入、内防反弹，坚持动态清零不动摇，开展抗击疫情人民战争、总体战、阻击战，最大限度保护了人民生命安全和身体健康，统筹疫情防控和经济社会发展取得重大积极成果。面对香港局势动荡变化，我们依照宪法和基本法有效实施对特别行政区的全面管治权，制定实施香港特别行政区维护国家安全法，落实“爱国者治港”原则，香港局势实现由乱到治的重大转折，深入推进粤港澳大湾区建设，支持香港、澳门发展经济、改善民生、保持稳定。面对“台独”势力分裂活动和外部势力干涉台湾事务的严重挑衅，我们坚决开展反分裂、反干涉重大斗争，展示了我们维护国家主权和领土完整、反对“台独”的坚强决心和强大能力，进一步掌握了实现祖国完全统一的战略主动，进一步巩固了国际社会坚持一个中国的格局。面对国际局势急剧变化，特别是面对外部讹诈、遏制、封锁、极限施压，我们坚持国家

利益为重、国内政治优先，保持战略定力，发扬斗争精神，展示不畏强权的坚定意志，在斗争中维护国家尊严和核心利益，牢牢掌握了我国发展和安全主动权。五年来，我们党团结带领人民，攻克了许多长期没有解决的难题，办成了许多事关长远的大事要事，推动党和国家事业取得举世瞩目的重大成就。

同志们！十八大召开至今已经十年了。十年来，我们经历了对党和人民事业具有重大现实意义和深远历史意义的三件大事：一是迎来中国共产党成立一百周年，二是中国特色社会主义进入新时代，三是完成脱贫攻坚、全面建成小康社会的历史任务，实现第一个百年奋斗目标。这是中国共产党和中国人民团结奋斗赢得的历史性胜利，是彪炳中华民族发展史册的历史性胜利，也是对世界具有深远影响的历史性胜利。

十年前，我们面对的形势是，改革开放和社会主义现代化建设取得巨大成就，党的建设新的伟大工程取得显著成效，为我们继续前进奠定了坚实基础、创造了良好条件、提供了重要保障，同时一系列长期积累及新出现的突出矛盾和问题亟待解决。党内存在不少对坚持党的领导认识模糊、行动乏力问题，存在不少落实党的领导弱化、虚化、淡化问题，有些党员、干部政治信仰发生动摇，一些地方和部门形式主义、官僚主义、享乐主义和奢靡之风屡禁不止，特权思想和特权现象较为严重，一些贪腐问题触目惊心；经济结构性体制性矛盾突出，发展不平衡、不协调、不可持续，传统发展模式难以为继，一些深层次体制机制问题和利益固化藩篱日益显现；一些人对中国特色社会主义政治制度自信不足，有法不依、执法不严等问题严重存在；拜金主义、享乐主义、极端个人主义和历史虚无主义等错误思潮不时出现，网络舆论乱象丛生，严重影响人们思想和社会舆论环境；民生保障存在不少薄弱环节；资源环境约束趋紧、环境污染等问题突出；维护国家安全制度不完善、应对各种重大风险能力不强，国防和军队现代化存在不少短板弱项；香港、澳门落实"一国两制"的体制机制不健全；国家安全受到严峻挑战，等等。当时，党内和社会上不少人对党和国家前途忧心忡忡。面对这些影响党长期执政、国家长治久安、人民幸福安康的突出矛盾和问题，党中央审时度势、果敢抉择，锐意进取、攻坚克难，团结带领全党全军全国各族人民撸起袖子加油干、风雨无阻向前行，义无反顾进行具有许多新的历史特点的伟大斗争。

十年来，我们坚持马克思列宁主义、毛泽东思想、邓小平理论、"三个代表"重要思想、科学发展观，全面贯彻新时代中国特色社会主义思想，全面贯彻党的基本路线、基本方略，采取一系列战略性举措，推进一系列变革性实践，实现一系列突破性进展，取得一系列标志性成果，经受住了来自政治、经济、意识形态、自然界等方面的风险挑战考验，党和国家事业取得历史性成就、发生历史性变革，推动我国迈上全面建设社会主义现代化国家新征程。

——我们创立了新时代中国特色社会主义思想，明确坚持和发展中国特色社会主义的基本方略，提出一系列治国理政新理念新思想新战略，实现了马克思主义中国化时代化新的飞跃，坚持不懈用这一创新理论武装头脑、指导实践、推动工作，为新时代党和国家事业发展提供了根本遵循。

——我们全面加强党的领导，明确中国特色社会主义最本质的特征是中国共产党领导，中国特色社会主义制度的最大优势是中国共产党领导，中国共产党是最高政治领导力量，坚持党中央集中统一领导是最高政治原则，系统完善党的领导制度体系，全党增强"四个意识"，自觉在思想上政治上行动上同党中央保持高度一致，不断提高政治判断力、政治领悟力、政治执行力，确保党中央权威和集中统一领导，确保党发挥总揽全局、协调各方的领导核心作用，我们这个拥有九千六百多万名党员的马克思主义政党更加团结统一。

——我们对新时代党和国家事业发展作出科学完整的战略部署，提出实现中华民族伟大复兴的中国梦，以中国式现代化推进中华民族伟大复兴，统揽伟大斗争、伟大工程、伟大事业、伟大梦想，明确"五位一体"总体布局和"四个全面"战略布局，确定稳中求进工作总基调，统筹发展和安全，明确我国社会主要矛盾是人民日益增长的美好生活需要和不平衡不充分的发展之间的矛盾，并紧紧围绕这个社会主要矛盾推进各项工作，不断丰富和发展人类文明新形态。

——我们经过接续奋斗，实现了小康这个中华民族的千年梦想，我国发展站在了更高历史起点上。我们坚持精准扶贫、尽锐出战，打赢了人类历史上规模最大的脱贫攻坚战，全国八百三十二个贫困县全部摘帽，近一亿农村贫困人口实现脱贫，九百六十多万贫困人口实现易地搬迁，历史性地解决了绝对贫困问题，为全球减贫事业作出了重大贡献。

——我们提出并贯彻新发展理念，着力推进高质量发展，推动构建新发展格局，实施供给侧结构性改革，制定一系列具有全局性意义的区域重大战略，我国经济实力实现历史性跃升。国内生产总值从五十四万亿元增长到一百一十四万亿元，我国经济总量占世界经济的比重达百分之十八点五，提高七点二个百分点，稳居世界第二位；人均国内生产总值从三万九千八百元增加到八万一千元。谷物总产量稳居世界首位，十四亿多人的粮食安全、能源安全得到有效保障。城镇化率提高十一点六个百分点，达到百分之六十四点七。制造业规模、外汇储备稳居世界第一。建成世界最大的高速铁路网、高速公路网，机场港口、水利、能源、信息等基础设施建设取得重大成就。我们加快推进科技自立自强，全社会研发经费支出从一万亿元增加到二万八千亿元，居世界第二位，研发人员总量居世界首位。基础研究和原始创新不断加强，一些关键核心技术实现突破，战略性新兴产业发展壮大，载人航天、探月探火、深海深地探测、超级计算机、卫星导航、量子信息、核电技术、新能源技术、大飞机制造、生物医药等取得重大成果，进入创新型国家行列。

——我们以巨大的政治勇气全面深化改革，打响改革攻坚战，加强改革顶层设计，敢于突进深水区，敢于啃硬骨头，敢于涉险滩，敢于面对新矛盾新挑战，冲破思想观念束缚，突破利益固化藩篱，坚决破除各方面体制机制弊端，各领域基础性制度框架基本建立，许多领域实现历史性变革、系统性重塑、整体性重构，新一轮党和国家机构改革全面完成，中国特色社会主义制度更加成熟更加定型，国家治理体系和治理能力现代化水平明显提高。

——我们实行更加积极主动的开放战略，构建面向全球的高标准自由贸易区网络，加快推进自由贸易试验区、海南自由贸易港建设，共建“一带一路”成为深受欢迎的国际公共产品和国际合作平台。我国成为一百四十多个国家和地区的主要贸易伙伴，货物贸易总额居世界第一，吸引外资和对外投资居世界前列，形成更大范围、更宽领域、更深层次对外开放格局。

——我们坚持走中国特色社会主义政治发展道路，全面发展全过程人民民主，社会主义民主政治制度化、规范化、程序化全面推进，社会主义协商民主广泛开展，人民当家作主更为扎实，基层民主活力增强，爱国统一战线巩固拓展，民族团结进步呈现新气象，党的宗教工作基本方针得到全面贯彻，人权得到更好保障。社会主义法治国家建设深入推进，全面依法治国总体格局基本形成，中国特色社会主义法治体系加快建设，司法体制改革取得重大进展，社会公平正义保障更为坚实，法治中国建设开创新局面。

——我们确立和坚持马克思主义在意识形态领域指导地位的根本制度，新时代党的创新理论深入人心，社会主义核心价值观广泛传播，中华优秀传统文化得到创造性转化、创新性发展，文化事业日益繁荣，网络生态持续向好，意识形态领域形势发生全局性、根本性转变。我们隆重庆祝中国人民解放军建军九十周年、改革开放四十周年，隆重纪念中国人民抗日战争暨世界反法西斯战争胜利七十周年、中国人民志愿军抗美援朝出国作战七十周年，成功举办北京冬奥会、冬残奥会，青年一代更加积极向上，全党全国各族人民文化自信明显增强、精神面貌更加奋发昂扬。

——我们深入贯彻以人民为中心的发展思想，在幼有所育、学有所教、劳有所得、病有所医、老有所养、住有所居、弱有所扶上持续用力，人民生活全方位改善。人均预期寿命增长到七十八点二岁。居民人均可支配收入从一万六千五百元增加到三万五千一百元。城镇新增就业年均一千三百万人以上。建成世界上规模最大的教育体系、社会保障体系、医疗卫生体系，教育普及水平实现历史性跨越，基本养老保险覆盖十亿四千万人，基本医疗保险参保率稳定在百分之九十五。及时调整生育政策。改造棚户区住房四千二百多万套，改造农村危房二千四百多万户，城乡居民住房条件明显改善。互联网上网人数达十亿三千万人。人民群众获得感、幸福感、安全感更加充实、更有保障、更可持续，共同富裕取得新成效。

——我们坚持绿水青山就是金山银山的理念，坚持山水林田湖草沙一体化保护和系统治理，全方位、全地域、全过程加强生态环境保护，生态文明制度体系更加健全，污染防治攻坚向纵深推进，绿色、循环、低碳发展迈出坚实步伐，生态环境保护发生历史性、转折性、全局性变化，我们的祖国天更蓝、山更绿、水更清。

——我们贯彻总体国家安全观，国家安全领导体制和法治体系、战略体系、政策体系不断完善，在原则问题上寸步不让，以坚定的意志品质维护国家主权、安全、发展利益，国家安全得到全面加强。共建共治共享的社会治理制度进一步健全，民族分裂势力、宗教极端势力、暴力恐怖势力得到有效遏制，扫黑除恶专项斗争取得阶段性成果，有力应对一系列重大自然灾害，平安中国建设迈向更高水平。

——我们确立党在新时代的强军目标，贯彻新时代党的强军思想，贯彻新时代军事战略方针，坚持党对人民军队的绝对领导，召开古田全军政治工作会议，以整风精神推进政治整训，牢固树立战斗力这个唯一的根本的标准，坚决把全军工作重心归正到备战打仗上来，统筹加强各方向各领域军事斗争，大抓实战化军事训练，大刀阔斧深化国防和军队改革，重构人民军队领导指挥体制、现代军事力量体系、军事政策制度，加快国防和军队现代化建设，裁减现役员额三十万胜利完成，人民军队体制一新、结构一新、格局一新、面貌一新，现代化水平和实战能力显著提升，中国特色强军之路越走越宽广。

——我们全面准确推进“一国两制”实践，坚持“一国两制”、“港人治港”、“澳人治澳”、高度自治的方针，推动香港进入由乱到治走向由治及兴的新阶段，香港、澳门保持长期稳定发展良好态势。我们提出新时代解决台湾问题的总体方略，促进两岸交流合作，坚决反对“台独”分裂行径，坚决反对外部势力干涉，牢牢把握两岸关系主导权和主动权。

——我们全面推进中国特色大国外交，推动构建人类命运共同体，坚定维护国际公平正义，倡导践行真正的多边主义，旗帜鲜明反对一切霸权主义和强权政治，毫不动摇反对任何单边主义、保护主义、霸凌行径。我们完善外交总体布局，积极建设覆盖全球的伙伴关系网络，推动构建新型国际关系。我们展现负责任大国担当，积极参与全球治理体系改革和建设，全面开展抗击新冠肺炎疫情国际合作，赢得广泛国际赞誉，我国国际影响力、感召力、塑造力显著提升。

——我们深入推进全面从严治党，坚持打铁必须自身硬，从制定和落实中央八项规定开局破题，提出和落实新时代党的建设总要求，以党的政治建设统领党的建设各项工作，坚持思想建党和制度治党同向发力，严肃党内政治生活，持续开展党内集中教育，提出和坚持新时代党的组织路线，突出政治标准选贤任能，加强政治巡视，形成比较完善的党内法规体系，推动全党坚定理想信念、严密组织体系、严明纪律规矩。我们持之以恒正风肃纪，以钉钉子精神纠治“四风”，反对特权思想和特权现象，坚决整治群众身边的不正之风和腐败问题，刹住了一些长期没有刹住的歪风，纠治了一些多年未除的顽瘴痼疾。我们开展了史无前例的反腐败斗争，以“得罪千百人、不负十四亿”的使命担当祛疴治乱，不敢腐、不能腐、不想腐一体推进，“打虎”、“拍蝇”、“猎狐”多管齐下，反腐败斗争取得压倒性胜利并全面巩固，消除了党、国家、军队内部存在的严重隐患，确保党和人民赋予的权力始终用来为人民谋幸福。经过不懈努力，党找到了自我革命这一跳出治乱兴衰历史周期率的第二个答案，自我净化、自我完善、自我革新、自我提高能力显著增强，管党治党宽松软状况得到根本扭转，风清气正的党内政治生态不断形成和发展，确保党永远不变质、不变色、不变味。

在充分肯定党和国家事业取得举世瞩目成就的同时，必须清醒看到，我们的工作还存在一些不足，面临不少困难和问题。主要有：发展不平衡不充分问题仍然突出，推进高质量发展还有许多卡点瓶颈，科技创新能力还不强；确保粮食、能源、产业链供应链可靠安全和防范金融风险还须解决许多重大问题；重点领域改革还有不少硬骨头要啃；意识形态领域存在不少挑战；城乡区域发展和收入分配差距仍然较大；群众在就业、教育、医疗、托育、养老、住房等方面面临不少难题；生态环境保护任务依然艰巨；一些党员、干部缺乏担当精神，斗争本领不强，实干精神不足，形式主义、官僚主义现象仍较突出；铲除腐败滋生土壤任务依然艰巨，等等。对这些问题，我们已经采取一系列措施加以解决，今后必须加大工作力度。

同志们！新时代的伟大成就是党和人民一道拼出来、干出来、奋斗出来的！在这里，我代表中共中央，向全体中国共产党员，向全国各族人民，向各民主党派、各人民团体和各界爱国人士，向香港特别行政区同胞、澳门特别行政区同胞和台湾同胞以及广大侨胞，向关心和支持中国现代化建设的各国朋友，表示衷心的感谢！

新时代十年的伟大变革，在党史、新中国史、改革开放史、社会主义发展史、中华民族发展史上具有里程碑意义。走过百年奋斗历程的中国共产党在革命性锻造中更加坚强有力，党的政治领导力、思想引领力、群众组织力、社会号召力显著增强，党同人民群众始终保持血肉联系，中国共产党在世界形势深刻变化的历史进程中始终走在时代前列，在应对国内外各种风险和考验的历史进程中始终成为全国人民的主心骨，在坚持和发展中国特色社会主义的历史进程中始终成为坚强领导核心。中国人民的前进动力更加强大、奋斗精神更加昂扬、必胜信念更加坚定，焕发出更为强烈的历史自觉和主动精神，中国共产党和中国人民正信心百倍推进中华民族从站起来、富起来到强起来的伟大飞跃。改革开放和社会主义现代化建设深入推进，书写了经济快速发展和社会长期稳定两大奇迹新篇章，我国发展具备了更为坚实的物质基础、更为完善的制度保证，实现中华民族伟大复兴进入了不可逆转的历史进程。科学社会主义在二十一世纪的中国焕发出新的蓬勃生机，中国式现代化为人类实现现代化提供了新的选择，中国共产党和中国人民为解决人类面临的共同问题提供更多更好的中国智慧、中国方案、中国力量，为人类和平与发展崇高事业作出新的更大的贡献！

二、开辟马克思主义中国化时代化新境界

马克思主义是我们立党立国、兴党兴国的根本指导思想。实践告诉我们，中国共产党为什么能，中国特色社会主义为什么好，归根到底是马克思主义行，是中国化时代化的马克思主义行。拥有马克思主义科学理论指导是我们党坚定信仰信念、把握历史主动的根本所在。

推进马克思主义中国化时代化是一个追求真理、揭示真理、笃行真理的过程。十八大以来，国内外形势新变化和实践新要求，迫切需要我们从理论和实践的结合上深入回答关系党和国家事业发展、党治国理政的一系列重大时代课题。我们党勇于进行理论探索和创新，以全新的视野深化对共产党执政规律、社会主义建设规律、人类社会发展规律的认识，取得重大理论创新成果，集中体现为新时代中国特色社会主义思想。十九大、十九届六中全会提出的“十个明确”、“十四个坚持”、“十三个方面成就”概括了这一思想的主要内容，必须长期坚持并不断丰富发展。

中国共产党人深刻认识到，只有把马克思主义基本原理同中国具体实际相结合、同中华优秀传统文化相结合，坚持运用辩证唯物主义和历史唯物主义，才能正确回答时代和实践提出的重大问题，才能始终保持马克思主义的蓬勃生机和旺盛活力。

坚持和发展马克思主义，必须同中国具体实际相结合。我们坚持以马克思主义为指导，是要运用其科学的世界观和方法论解决中国的问题，而不是要背诵和重复其具体结论和词句，更不能把马克思主义当成一成不变的教条。我们必须坚持解放思想、实事求是、与时俱进、求真务实，一切从实际出发，着眼解决新时代改革开放和社会主义现代化建设的实际问题，不断回答中国之问、世界之问、人民之问、时代之问，作出符合中国实际和时代要求的正确回答，得出符合客观规律的科学认识，形成与时俱进的理论成果，更好指导中国实践。

坚持和发展马克思主义，必须同中华优秀传统文化相结合。只有植根本国、本民族历史文化沃土，马克思主义真理之树才能根深叶茂。中华优秀传统文化源远流长、博大精深，是中华文明的智慧结晶，其中蕴含的天下为公、民为邦本、为政以德、革故鼎新、任人唯贤、天人合一、自强不息、厚德载物、讲信修睦、亲仁善邻等，是中国人民在长期生产生活中积累的宇宙观、天下观、社会观、道德观的重要体现，同科学社会主义价值观主张具有高度契合性。我们必须坚定历史自信、文化自信，坚持古为今用、推陈出新，把马克思主义思想精髓同中华优秀传统文化精华贯通起来、同人民群众日用而不觉的共同价值观念融通起来，不断赋予科学理论鲜明的中国特色，不断夯实马克思主义中国化时代化的历史基础和群众基础，让马克思主义在中国牢牢扎根。

实践没有止境，理论创新也没有止境。不断谱写马克思主义中国化时代化新篇章，是当代中国共产党人的庄严历史责任。继续推进实践基础上的理论创新，首先要把握好新时代中国特色社会主义思想的世界观和方法论，坚持好、运用好贯穿其中的立场观点方法。

——必须坚持人民至上。人民性是马克思主义的本质属性，党的理论是来自人民、为了人民、造福人民的理论，人民的创造性实践是理论创新的不竭源泉。一切脱离人民的理论都是苍白无力的，一切不为人民造福的理论都是没有生命力的。我们要站稳人民立场、把握人民愿望、尊重人民创造、集中人民智慧，形成为人民所喜爱、所认同、所拥有的理论，使之成为指导人民认识世界和改造世界的强大思想武器。

——必须坚持自信自立。中国人民和中华民族从近代以后的深重苦难走向伟大复兴的光明前景，从来就没有教科书，更没有现成答案。党的百年奋斗成功道路是党领导人民独立自主探索开辟出来的，马克思主义的中国篇章是中国共产党人依靠自身力量实践出来的，贯穿其中的一个基本点就是中国的问题必须从中国基本国情出发，由中国人自己来解答。我们要坚持对马克思主义的坚定信仰、对中国特色社会主义的坚定信念，坚定道路自信、理论自信、制度自信、文化自信，以更加积极的历史担当和创造精神为发展马克思主义作出新的贡献，既不能刻舟求剑、封闭僵化，也不能照抄照搬、食洋不化。

——必须坚持守正创新。我们从事的是前无古人的伟大事业,守正才能不迷失方向、不犯颠覆性错误,创新才能把握时代、引领时代。我们要以科学的态度对待科学、以真理的精神追求真理,坚持马克思主义基本原理不动摇,坚持党的全面领导不动摇,坚持中国特色社会主义不动摇,紧跟时代步伐,顺应实践发展,以满腔热忱对待一切新生事物,不断拓展认识的广度和深度,敢于说前人没有说过的新话,敢于干前人没有干过的事情,以新的理论指导新的实践。

——必须坚持问题导向。问题是时代的声音,回答并指导解决问题是理论的根本任务。今天我们所面临问题的复杂程度、解决问题的艰巨程度明显加大,给理论创新提出了全新要求。我们要增强问题意识,聚焦实践遇到的新问题、改革发展稳定存在的深层次问题、人民群众急难愁盼问题、国际变局中的重大问题、党的建设面临的突出问题,不断提出真正解决问题的新理念新思路新办法。

——必须坚持系统观念。万事万物是相互联系、相互依存的。只有用普遍联系的、全面系统的、发展变化的观点观察事物,才能把握事物发展规律。我国是一个发展中大国,仍处于社会主义初级阶段,正在经历广泛而深刻的社会变革,推进改革发展、调整利益关系往往牵一发而动全身。我们要善于通过历史看现实、透过现象看本质,把握好全局和局部、当前和长远、宏观和微观、主要矛盾和次要矛盾、特殊和一般的关系,不断提高战略思维、历史思维、辩证思维、系统思维、创新思维、法治思维、底线思维能力,为前瞻性思考、全局性谋划、整体性推进党和国家各项事业提供科学思想方法。

——必须坚持胸怀天下。中国共产党是为中国人民谋幸福、为中华民族谋复兴的党,也是为人类谋进步、为世界谋大同的党。我们要拓展世界眼光,深刻洞察人类发展进步潮流,积极回应各国人民普遍关切,为解决人类面临的共同问题作出贡献,以海纳百川的宽阔胸襟借鉴吸收人类一切优秀文明成果,推动建设更加美好的世界。

三、新时代新征程中国共产党的使命任务

从现在起,中国共产党的中心任务就是团结带领全国各族人民全面建成社会主义现代化强国、实现第二个百年奋斗目标,以中国式现代化全面推进中华民族伟大复兴。

在新中国成立特别是改革开放以来长期探索和实践基础上,经过十八大以来在理论和实践上的创新突破,我们党成功推进和拓展了中国式现代化。

中国式现代化,是中国共产党领导的社会主义现代化,既有各国现代化的共同特征,更有基于自己国情的中国特色。

——中国式现代化是人口规模巨大的现代化。我国十四亿多人口整体迈进现代化社会,规模超过现有发达国家人口的总和,艰巨性和复杂性前所未有,发展途径和推进方式也必然具有自己的特点。我们始终从国情出发想问题、作决策、办事情,既不好高骛远,也不因循守旧,保持历史耐心,坚持稳中求进、循序渐进、持续推进。

——中国式现代化是全体人民共同富裕的现代化。共同富裕是中国特色社会主义的本质要求,也是一个长期的历史过程。我们坚持把实现人民对美好生活的向往作为现代化建设的出发点和落脚点,着力维护和促进社会公平正义,着力促进全体人民共同富裕,坚决防止两极分化。

——中国式现代化是物质文明和精神文明相协调的现代化。物质富足、精神富有是社会主义现代化的根本要求。物质贫困不是社会主义,精神贫乏也不是社会主义。我们不断厚植现代化的物质基础,不断夯实人民幸福生活的物质条件,同时大力发展社会主义先进文化,加强理想信念教育,传承中华文明,促进物的全面丰富和人的全面发展。

——中国式现代化是人与自然和谐共生的现代化。人与自然是生命共同体,无止境地向自然索取甚至破坏自然必然会遭到大自然的报复。我们坚持可持续发展,坚持节约优先、保护优先、自然恢复为主的方针,像保护眼睛一样保护自然和生态环境,坚定不移走生产发展、生活富裕、生态良好的文明发展道路,实现中华民族永续发展。

——中国式现代化是走和平发展道路的现代化。我国不走一些国家通过战争、殖民、掠夺等方式实现现代化的老路,那种损人利己、充满血腥罪恶的老路给广大发展中国家人民带来深重苦难。我们坚定站在历史正确的一边、站在人类文明进步的一边,高举和平、发展、合作、共赢旗帜,在坚定维护世界和平与发展中谋求自身发展,又以自身发展更好维护世界和平与发展。

中国式现代化的本质要求是:坚持中国共产党领导,坚持中国特色社会主义,实现高质量发展,发展全过程人民民主,丰富人民精神世界,实现全体人民共同富裕,促进人与自然和谐共生,推动构建

人类命运共同体,创造人类文明新形态。

全面建成社会主义现代化强国,总的战略安排是分两步走:从二〇二〇年到二〇三五年基本实现社会主义现代化;从二〇三五年到本世纪中叶把我国建成富强民主文明和谐美丽的社会主义现代化强国。

到二〇三五年,我国发展的总体目标是:经济实力、科技实力、综合国力大幅跃升,人均国内生产总值迈上新的大台阶,达到中等发达国家水平;实现高水平科技自立自强,进入创新型国家前列;建成现代化经济体系,形成新发展格局,基本实现新型工业化、信息化、城镇化、农业现代化;基本实现国家治理体系和治理能力现代化,全过程人民民主制度更加健全,基本建成法治国家、法治政府、法治社会;建成教育强国、科技强国、人才强国、文化强国、体育强国、健康中国,国家文化软实力显著增强;人民生活更加幸福美好,居民人均可支配收入再上新台阶,中等收入群体比重明显提高,基本公共服务实现均等化,农村基本具备现代生活条件,社会保持长期稳定,人的全面发展、全体人民共同富裕取得更为明显的实质性进展;广泛形成绿色生产生活方式,碳排放达峰后稳中有降,生态环境根本好转,美丽中国目标基本实现;国家安全体系和能力全面加强,基本实现国防和军队现代化。

在基本实现现代化的基础上,我们要继续奋斗,到本世纪中叶,把我国建设成为综合国力和国际影响力领先的社会主义现代化强国。

未来五年是全面建设社会主义现代化国家开局起步的关键时期,主要目标任务是:经济高质量发展取得新突破,科技自立自强能力显著提升,构建新发展格局和建设现代化经济体系取得重大进展;改革开放迈出新步伐,国家治理体系和治理能力现代化深入推进,社会主义市场经济体制更加完善,更高水平开放型经济新体制基本形成;全过程人民民主制度化、规范化、程序化水平进一步提高,中国特色社会主义法治体系更加完善;人民精神文化生活更加丰富,中华民族凝聚力和中华文化影响力不断增强;居民收入增长和经济增长基本同步,劳动报酬提高与劳动生产率提高基本同步,基本公共服务均等化水平明显提升,多层次社会保障体系更加健全;城乡人居环境明显改善,美丽中国建设成效显著;国家安全更为巩固,建军一百年奋斗目标如期实现,平安中国建设扎实推进;中国国际地位和影响进一步提高,在全球治理中发挥更大作用。

全面建设社会主义现代化国家,是一项伟大而艰巨的事业,前途光明,任重道远。当前,世界百年未有之大变局加速演进,新一轮科技革命和产业变革深入发展,国际力量对比深刻调整,我国发展面临新的战略机遇。同时,世纪疫情影响深远,逆全球化思潮抬头,单边主义、保护主义明显上升,世界经济复苏乏力,局部冲突和动荡频发,全球性问题加剧,世界进入新的动荡变革期。我国改革发展稳定面临不少深层次矛盾躲不开、绕不过,党的建设特别是党风廉政建设和反腐败斗争面临不少顽固性、多发性问题,来自外部的打压遏制随时可能升级。我国发展进入战略机遇和风险挑战并存、不确定难预料因素增多的时期,各种"黑天鹅"、"灰犀牛"事件随时可能发生。我们必须增强忧患意识,坚持底线思维,做到居安思危、未雨绸缪,准备经受风高浪急甚至惊涛骇浪的重大考验。前进道路上,必须牢牢把握以下重大原则。

——坚持和加强党的全面领导。坚决维护党中央权威和集中统一领导,把党的领导落实到党和国家事业各领域各方面各环节,使党始终成为风雨来袭时全体人民最可靠的主心骨,确保我国社会主义现代化建设正确方向,确保拥有团结奋斗的强大政治凝聚力、发展自信心,集聚起万众一心、共克时艰的磅礴力量。

——坚持中国特色社会主义道路。坚持以经济建设为中心,坚持四项基本原则,坚持改革开放,坚持独立自主、自力更生,坚持道不变、志不改,既不走封闭僵化的老路,也不走改旗易帜的邪路,坚持把国家和民族发展放在自己力量的基点上,坚持把中国发展进步的命运牢牢掌握在自己手中。

——坚持以人民为中心的发展思想。维护人民根本利益,增进民生福祉,不断实现发展为了人民、发展依靠人民、发展成果由人民共享,让现代化建设成果更多更公平惠及全体人民。

——坚持深化改革开放。深入推进改革创新,坚定不移扩大开放,着力破解深层次体制机制障碍,不断彰显中国特色社会主义制度优势,不断增强社会主义现代化建设的动力和活力,把我国制度优势更好转化为国家治理效能。

——坚持发扬斗争精神。增强全党全国各族人民的志气、骨气、底气,不信邪、不怕鬼、不怕压,知难而进、迎难而上,统筹发展和安全,全力战胜前进道路上各种困难和挑战,依靠顽强斗争打开事业发展新天地。

同志们!今天,我们比历史上任何时期都更接近、更有信心和能力实现中华民族伟大复兴的目标，同时必须准备付出更为艰巨、更为艰苦的努力。全党必须坚定信心、锐意进取，主动识变应变求变，主动防范化解风险，不断夺取全面建设社会主义现代化国家新胜利！

四、加快构建新发展格局，着力推动高质量发展

高质量发展是全面建设社会主义现代化国家的首要任务。发展是党执政兴国的第一要务。没有坚实的物质技术基础，就不可能全面建成社会主义现代化强国。必须完整、准确、全面贯彻新发展理念，坚持社会主义市场经济改革方向，坚持高水平对外开放，加快构建以国内大循环为主体、国内国际双循环相互促进的新发展格局。

我们要坚持以推动高质量发展为主题，把实施扩大内需战略同深化供给侧结构性改革有机结合起来，增强国内大循环内生动力和可靠性，提升国际循环质量和水平，加快建设现代化经济体系，着力提高全要素生产率，着力提升产业链供应链韧性和安全水平，着力推进城乡融合和区域协调发展，推动经济实现质的有效提升和量的合理增长。

（一）构建高水平社会主义市场经济体制。坚持和完善社会主义基本经济制度，毫不动摇巩固和发展公有制经济，毫不动摇鼓励、支持、引导非公有制经济发展，充分发挥市场在资源配置中的决定性作用，更好发挥政府作用。深化国资国企改革，加快国有经济布局优化和结构调整，推动国有资本和国有企业做强做优做大，提升企业核心竞争力。优化民营企业发展环境，依法保护民营企业产权和企业家权益，促进民营经济发展壮大。完善中国特色现代企业制度，弘扬企业家精神，加快建设世界一流企业。支持中小微企业发展。深化简政放权、放管结合、优化服务改革。构建全国统一大市场，深化要素市场化改革，建设高标准市场体系。完善产权保护、市场准入、公平竞争、社会信用等市场经济基础制度，优化营商环境。健全宏观经济治理体系，发挥国家发展规划的战略导向作用，加强财政政策和货币政策协调配合，着力扩大内需，增强消费对经济发展的基础性作用和投资对优化供给结构的关键作用。健全现代预算制度，优化税制结构，完善财政转移支付体系。深化金融体制改革，建设现代中央银行制度，加强和完善现代金融监管，强化金融稳定保障体系，依法将各类金融活动全部纳入监管，守住不发生系统性风险底线。健全资本市场功能，提高直接融资比重。加强反垄断和反不正当竞争，破除地方保护和行政性垄断，依法规范和引导资本健康发展。

（二）建设现代化产业体系。坚持把发展经济的着力点放在实体经济上，推进新型工业化，加快建设制造强国、质量强国、航天强国、交通强国、网络强国、数字中国。实施产业基础再造工程和重大技术装备攻关工程，支持专精特新企业发展，推动制造业高端化、智能化、绿色化发展。巩固优势产业领先地位，在关系安全发展的领域加快补齐短板，提升战略性资源供应保障能力。推动战略性新兴产业融合集群发展，构建新一代信息技术、人工智能、生物技术、新能源、新材料、高端装备、绿色环保等一批新的增长引擎。构建优质高效的服务业新体系，推动现代服务业同先进制造业、现代农业深度融合。加快发展物联网，建设高效顺畅的流通体系，降低物流成本。加快发展数字经济，促进数字经济和实体经济深度融合，打造具有国际竞争力的数字产业集群。优化基础设施布局、结构、功能和系统集成，构建现代化基础设施体系。

（三）全面推进乡村振兴。全面建设社会主义现代化国家，最艰巨最繁重的任务仍然在农村。坚持农业农村优先发展，坚持城乡融合发展，畅通城乡要素流动。加快建设农业强国，扎实推动乡村产业、人才、文化、生态、组织振兴。全方位夯实粮食安全根基，全面落实粮食安全党政同责，牢牢守住十八亿亩耕地红线，逐步把永久基本农田全部建成高标准农田，深入实施种业振兴行动，强化农业科技和装备支撑，健全种粮农民收益保障机制和主产区利益补偿机制，确保中国人的饭碗牢牢端在自己手中。树立大食物观，发展设施农业，构建多元化食物供给体系。发展乡村特色产业，拓宽农民增收致富渠道。巩固拓展脱贫攻坚成果，增强脱贫地区和脱贫群众内生发展动力。统筹乡村基础设施和公共服务布局，建设宜居宜业和美乡村。巩固和完善农村基本经营制度，发展新型农村集体经济，发展新型农业经营主体和社会化服务，发展农业适度规模经营。深化农村土地制度改革，赋予农民更加充分的财产权益。保障进城落户农民合法土地权益，鼓励依法自愿有偿转让。完善农业支持保护制度，健全农村金融服务体系。

（四）促进区域协调发展。深入实施区域协调发展战略、区域重大战略、主体功能区战略、新型城镇化战略，优化重大生产力布局，构建优势互补、高质量发展的区域经济布局和国土空间体系。推动

西部大开发形成新格局,推动东北全面振兴取得新突破,促进中部地区加快崛起,鼓励东部地区加快推进现代化。支持革命老区、民族地区加快发展,加强边疆地区建设,推进兴边富民、稳边固边。推进京津冀协同发展、长江经济带发展、长三角一体化发展,推动黄河流域生态保护和高质量发展。高标准、高质量建设雄安新区,推动成渝地区双城经济圈建设。健全主体功能区制度,优化国土空间发展格局。推进以人为核心的新型城镇化,加快农业转移人口市民化。以城市群、都市圈为依托构建大中小城市协调发展格局,推进以县城为重要载体的城镇化建设。坚持人民城市人民建、人民城市为人民,提高城市规划、建设、治理水平,加快转变超大特大城市发展方式,实施城市更新行动,加强城市基础设施建设,打造宜居、韧性、智慧城市。发展海洋经济,保护海洋生态环境,加快建设海洋强国。

(五)推进高水平对外开放。依托我国超大规模市场优势,以国内大循环吸引全球资源要素,增强国内国际两个市场两种资源联动效应,提升贸易投资合作质量和水平。稳步扩大规则、规制、管理、标准等制度型开放。推动货物贸易优化升级,创新服务贸易发展机制,发展数字贸易,加快建设贸易强国。合理缩减外资准入负面清单,依法保护外商投资权益,营造市场化、法治化、国际化一流营商环境。推动共建"一带一路"高质量发展。优化区域开放布局,巩固东部沿海地区开放先导地位,提高中西部和东北地区开放水平。加快建设西部陆海新通道。加快建设海南自由贸易港,实施自由贸易试验区提升战略,扩大面向全球的高标准自由贸易区网络。有序推进人民币国际化。深度参与全球产业分工和合作,维护多元稳定的国际经济格局和经贸关系。

五、实施科教兴国战略,强化现代化建设人才支撑

教育、科技、人才是全面建设社会主义现代化国家的基础性、战略性支撑。必须坚持科技是第一生产力、人才是第一资源、创新是第一动力,深入实施科教兴国战略、人才强国战略、创新驱动发展战略,开辟发展新领域新赛道,不断塑造发展新动能新优势。

我们要坚持教育优先发展、科技自立自强、人才引领驱动,加快建设教育强国、科技强国、人才强国,坚持为党育人、为国育才,全面提高人才自主培养质量,着力造就拔尖创新人才,聚天下英才而用之。

(一)办好人民满意的教育。教育是国之大计、党之大计。培养什么人、怎样培养人、为谁培养人是教育的根本问题。育人的根本在于立德。全面贯彻党的教育方针,落实立德树人根本任务,培养德智体美劳全面发展的社会主义建设者和接班人。坚持以人民为中心发展教育,加快建设高质量教育体系,发展素质教育,促进教育公平。加快义务教育优质均衡发展和城乡一体化,优化区域教育资源配置,强化学前教育、特殊教育普惠发展,坚持高中阶段学校多样化发展,完善覆盖全学段学生资助体系。统筹职业教育、高等教育、继续教育协同创新,推进职普融通、产教融合、科教融汇,优化职业教育类型定位。加强基础学科、新兴学科、交叉学科建设,加快建设中国特色、世界一流的大学和优势学科。引导规范民办教育发展。加大国家通用语言文字推广力度。深化教育领域综合改革,加强教材建设和管理,完善学校管理和教育评价体系,健全学校家庭社会育人机制。加强师德师风建设,培养高素质教师队伍,弘扬尊师重教社会风尚。推进教育数字化,建设全民终身学习的学习型社会、学习型大国。

(二)完善科技创新体系。坚持创新在我国现代化建设全局中的核心地位。完善党中央对科技工作统一领导的体制,健全新型举国体制,强化国家战略科技力量,优化配置创新资源,优化国家科研机构、高水平研究型大学、科技领军企业定位和布局,形成国家实验室体系,统筹推进国际科技创新中心、区域科技创新中心建设,加强科技基础能力建设,强化科技战略咨询,提升国家创新体系整体效能。深化科技体制改革,深化科技评价改革,加大多元化科技投入,加强知识产权法治保障,形成支持全面创新的基础制度。培育创新文化,弘扬科学家精神,涵养优良学风,营造创新氛围。扩大国际科技交流合作,加强国际化科研环境建设,形成具有全球竞争力的开放创新生态。

(三)加快实施创新驱动发展战略。坚持面向世界科技前沿、面向经济主战场、面向国家重大需求、面向人民生命健康,加快实现高水平科技自立自强。以国家战略需求为导向,集聚力量进行原创性引领性科技攻关,坚决打赢关键核心技术攻坚战。加快实施一批具有战略性全局性前瞻性的国家重大科技项目,增强自主创新能力。加强基础研究,突出原创,鼓励自由探索。提升科技投入效能,

深化财政科技经费分配使用机制改革，激发创新活力。加强企业主导的产学研深度融合，强化目标导向，提高科技成果转化和产业化水平。强化企业科技创新主体地位，发挥科技型骨干企业引领支撑作用，营造有利于科技型中小微企业成长的良好环境，推动创新链产业链资金链人才链深度融合。

（四）深入实施人才强国战略。培养造就大批德才兼备的高素质人才，是国家和民族长远发展大计。功以才成，业由才广。坚持党管人才原则，坚持尊重劳动、尊重知识、尊重人才、尊重创造，实施更加积极、更加开放、更加有效的人才政策，引导广大人才爱党报国、敬业奉献、服务人民。完善人才战略布局，坚持各方面人才一起抓，建设规模宏大、结构合理、素质优良的人才队伍。加快建设世界重要人才中心和创新高地，促进人才区域合理布局和协调发展，着力形成人才国际竞争的比较优势。加快建设国家战略人才力量，努力培养造就更多大师、战略科学家、一流科技领军人才和创新团队、青年科技人才、卓越工程师、大国工匠、高技能人才。加强人才国际交流，用好用活各类人才。深化人才发展体制机制改革，真心爱才、悉心育才、倾心引才、精心用才，求贤若渴，不拘一格，把各方面优秀人才集聚到党和人民事业中来。

六、发展全过程人民民主，保障人民当家作主

我国是工人阶级领导的、以工农联盟为基础的人民民主专政的社会主义国家，国家一切权力属于人民。人民民主是社会主义的生命，是全面建设社会主义现代化国家的应有之义。全过程人民民主是社会主义民主政治的本质属性，是最广泛、最真实、最管用的民主。必须坚定不移走中国特色社会主义政治发展道路，坚持党的领导、人民当家作主、依法治国有机统一，坚持人民主体地位，充分体现人民意志、保障人民权益、激发人民创造活力。

我们要健全人民当家作主制度体系，扩大人民有序政治参与，保证人民依法实行民主选举、民主协商、民主决策、民主管理、民主监督，发挥人民群众积极性、主动性、创造性，巩固和发展生动活泼、安定团结的政治局面。

（一）加强人民当家作主制度保障。坚持和完善我国根本政治制度、基本政治制度、重要政治制度，拓展民主渠道，丰富民主形式，确保人民依法通过各种途径和形式管理国家事务，管理经济和文化事业，管理社会事务。支持和保证人民通过人民代表大会行使国家权力，保证各级人大都由民主选举产生、对人民负责、受人民监督。支持和保证人大及其常委会依法行使立法权、监督权、决定权、任免权，健全人大对行政机关、监察机关、审判机关、检察机关监督制度，维护国家法治统一、尊严、权威。加强人大代表工作能力建设，密切人大代表同人民群众的联系。健全吸纳民意、汇集民智工作机制，建设好基层立法联系点。深化工会、共青团、妇联等群团组织改革和建设，有效发挥桥梁纽带作用。坚持走中国人权发展道路，积极参与全球人权治理，推动人权事业全面发展。

（二）全面发展协商民主。协商民主是实践全过程人民民主的重要形式。完善协商民主体系，统筹推进政党协商、人大协商、政府协商、政协协商、人民团体协商、基层协商以及社会组织协商，健全各种制度化协商平台，推进协商民主广泛多层制度化发展。坚持和完善中国共产党领导的多党合作和政治协商制度，坚持党的领导、统一战线、协商民主有机结合，坚持发扬民主和增进团结相互贯通、建言资政和凝聚共识双向发力，发挥人民政协作为专门协商机构作用，加强制度化、规范化、程序化等功能建设，提高深度协商互动、意见充分表达、广泛凝聚共识水平，完善人民政协民主监督和委员联系界别群众制度机制。

（三）积极发展基层民主。基层民主是全过程人民民主的重要体现。健全基层党组织领导的基层群众自治机制，加强基层组织建设，完善基层直接民主制度体系和工作体系，增强城乡社区群众自我管理、自我服务、自我教育、自我监督的实效。完善办事公开制度，拓宽基层各类群体有序参与基层治理渠道，保障人民依法管理基层公共事务和公益事业。全心全意依靠工人阶级，健全以职工代表大会为基本形式的企事业单位民主管理制度，维护职工合法权益。

（四）巩固和发展最广泛的爱国统一战线。人心是最大的政治，统一战线是凝聚人心、汇聚力量的强大法宝。完善大统战工作格局，坚持大团结大联合，动员全体中华儿女围绕实现中华民族伟大复兴中国梦一起来想、一起来干。发挥我国社会主义新型政党制度优势，坚持长期共存、互相监督、肝胆相照、荣辱与共，加强同民主党派和无党派人士的团结合作，支持民主党派加强自身建设、更好履行职能。以铸牢中华民族共同体意识为主线，坚定不移走中国特色解决民族问题的正确道路，坚持和完

善民族区域自治制度，加强和改进党的民族工作，全面推进民族团结进步事业。坚持我国宗教中国化方向，积极引导宗教与社会主义社会相适应。加强党外知识分子思想政治工作，做好新的社会阶层人士工作，强化共同奋斗的政治引领。全面构建亲清政商关系，促进非公有制经济健康发展和非公有制经济人士健康成长。加强和改进侨务工作，形成共同致力民族复兴的强大力量。

七、坚持全面依法治国，推进法治中国建设

全面依法治国是国家治理的一场深刻革命，关系党执政兴国，关系人民幸福安康，关系党和国家长治久安。必须更好发挥法治固根本、稳预期、利长远的保障作用，在法治轨道上全面建设社会主义现代化国家。

我们要坚持走中国特色社会主义法治道路，建设中国特色社会主义法治体系、建设社会主义法治国家，围绕保障和促进社会公平正义，坚持依法治国、依法执政、依法行政共同推进，坚持法治国家、法治政府、法治社会一体建设，全面推进科学立法、严格执法、公正司法、全民守法，全面推进国家各方面工作法治化。

（一）完善以宪法为核心的中国特色社会主义法律体系。坚持依法治国首先要坚持依宪治国，坚持依法执政首先要坚持依宪执政，坚持宪法确定的中国共产党领导地位不动摇，坚持宪法确定的人民民主专政的国体和人民代表大会制度的政体不动摇。加强宪法实施和监督，健全保证宪法全面实施的制度体系，更好发挥宪法在治国理政中的重要作用，维护宪法权威。加强重点领域、新兴领域、涉外领域立法，统筹推进国内法治和涉外法治，以良法促进发展、保障善治。推进科学立法、民主立法、依法立法，统筹立改废释纂，增强立法系统性、整体性、协同性、时效性。完善和加强备案审查制度。坚持科学决策、民主决策、依法决策，全面落实重大决策程序制度。

（二）扎实推进依法行政。法治政府建设是全面依法治国的重点任务和主体工程。转变政府职能，优化政府职责体系和组织结构，推进机构、职能、权限、程序、责任法定化，提高行政效率和公信力。深化事业单位改革。深化行政执法体制改革，全面推进严格规范公正文明执法，加大关系群众切身利益的重点领域执法力度，完善行政执法程序，健全行政裁量基准。强化行政执法监督机制和能力建设，严格落实行政执法责任制和责任追究制度。完善基层综合执法体制机制。

（三）严格公正司法。公正司法是维护社会公平正义的最后一道防线。深化司法体制综合配套改革，全面准确落实司法责任制，加快建设公正高效权威的社会主义司法制度，努力让人民群众在每一个司法案件中感受到公平正义。规范司法权力运行，健全公安机关、检察机关、审判机关、司法行政机关各司其职、相互配合、相互制约的体制机制。强化对司法活动的制约监督，促进司法公正。加强检察机关法律监督工作。完善公益诉讼制度。

（四）加快建设法治社会。法治社会是构筑法治国家的基础。弘扬社会主义法治精神，传承中华优秀传统法律文化，引导全体人民做社会主义法治的忠实崇尚者、自觉遵守者、坚定捍卫者。建设覆盖城乡的现代公共法律服务体系，深入开展法治宣传教育，增强全民法治观念。推进多层次多领域依法治理，提升社会治理法治化水平。发挥领导干部示范带头作用，努力使尊法学法守法用法在全社会蔚然成风。

八、推进文化自信自强，铸就社会主义文化新辉煌

全面建设社会主义现代化国家，必须坚持中国特色社会主义文化发展道路，增强文化自信，围绕举旗帜、聚民心、育新人、兴文化、展形象建设社会主义文化强国，发展面向现代化、面向世界、面向未来的，民族的科学的大众的社会主义文化，激发全民族文化创新创造活力，增强实现中华民族伟大复兴的精神力量。

我们要坚持马克思主义在意识形态领域指导地位的根本制度，坚持为人民服务、为社会主义服务，坚持百花齐放、百家争鸣，坚持创造性转化、创新性发展，以社会主义核心价值观为引领，发展社会主义先进文化，弘扬革命文化，传承中华优秀传统文化，满足人民日益增长的精神文化需求，巩固全党全国各族人民团结奋斗的共同思想基础，不断提升国家文化软实力和中华文化影响力。

（一）建设具有强大凝聚力和引领力的社会主义意识形态。意识形态工作是为国家立心、为民族立魂的工作。牢牢掌握党对意识形态工作领导权，全面落实意识形态工作责任制，巩固壮大奋进新时代的主流思想舆论。健全用党的创新理论武装全

党、教育人民、指导实践工作体系。深入实施马克思主义理论研究和建设工程,加快构建中国特色哲学社会科学学科体系、学术体系、话语体系,培育壮大哲学社会科学人才队伍。加强全媒体传播体系建设,塑造主流舆论新格局。健全网络综合治理体系,推动形成良好网络生态。

(二)广泛践行社会主义核心价值观。社会主义核心价值观是凝聚人心、汇聚民力的强大力量。弘扬以伟大建党精神为源头的中国共产党人精神谱系,用好红色资源,深入开展社会主义核心价值观宣传教育,深化爱国主义、集体主义、社会主义教育,着力培养担当民族复兴大任的时代新人。推动理想信念教育常态化制度化,持续抓好党史、新中国史、改革开放史、社会主义发展史宣传教育,引导人民知史爱党、知史爱国,不断坚定中国特色社会主义共同理想。用社会主义核心价值观铸魂育人,完善思想政治工作体系,推进大中小学思想政治教育一体化建设。坚持依法治国和以德治国相结合,把社会主义核心价值观融入法治建设、融入社会发展、融入日常生活。

(三)提高全社会文明程度。实施公民道德建设工程,弘扬中华传统美德,加强家庭家教家风建设,加强和改进未成年人思想道德建设,推动明大德、守公德、严私德,提高人民道德水准和文明素养。统筹推动文明培育、文明实践、文明创建,推进城乡精神文明建设融合发展,在全社会弘扬劳动精神、奋斗精神、奉献精神、创造精神、勤俭节约精神,培育时代新风新貌。加强国家科普能力建设,深化全民阅读活动。完善志愿服务制度和工作体系。弘扬诚信文化,健全诚信建设长效机制。发挥党和国家功勋荣誉表彰的精神引领、典型示范作用,推动全社会见贤思齐、崇尚英雄、争做先锋。

(四)繁荣发展文化事业和文化产业。坚持以人民为中心的创作导向,推出更多增强人民精神力量的优秀作品,培育造就大批德艺双馨的文学艺术家和规模宏大的文化文艺人才队伍。坚持把社会效益放在首位、社会效益和经济效益相统一,深化文化体制改革,完善文化经济政策。实施国家文化数字化战略,健全现代公共文化服务体系,创新实施文化惠民工程。健全现代文化产业体系和市场体系,实施重大文化产业项目带动战略。加大文物和文化遗产保护力度,加强城乡建设中历史文化保护传承,建好用好国家文化公园。坚持以文塑旅、以旅彰文,推进文化和旅游深度融合发展。广泛开展全民健身活动,加强青少年体育工作,促进群众体育和竞技体育全面发展,加快建设体育强国。

(五)增强中华文明传播力影响力。坚守中华文化立场,提炼展示中华文明的精神标识和文化精髓,加快构建中国话语和中国叙事体系,讲好中国故事、传播好中国声音,展现可信、可爱、可敬的中国形象。加强国际传播能力建设,全面提升国际传播效能,形成同我国综合国力和国际地位相匹配的国际话语权。深化文明交流互鉴,推动中华文化更好走向世界。

九、增进民生福祉,提高人民生活品质

江山就是人民,人民就是江山。中国共产党领导人民打江山、守江山,守的是人民的心。治国有常,利民为本。为民造福是立党为公、执政为民的本质要求。必须坚持在发展中保障和改善民生,鼓励共同奋斗创造美好生活,不断实现人民对美好生活的向往。

我们要实现好、维护好、发展好最广大人民根本利益,紧紧抓住人民最关心最直接最现实的利益问题,坚持尽力而为、量力而行,深入群众、深入基层,采取更多惠民生、暖民心举措,着力解决好人民群众急难愁盼问题,健全基本公共服务体系,提高公共服务水平,增强均衡性和可及性,扎实推进共同富裕。

(一)完善分配制度。分配制度是促进共同富裕的基础性制度。坚持按劳分配为主体、多种分配方式并存,构建初次分配、再分配、第三次分配协调配套的制度体系。努力提高居民收入在国民收入分配中的比重,提高劳动报酬在初次分配中的比重。坚持多劳多得,鼓励勤劳致富,促进机会公平,增加低收入者收入,扩大中等收入群体。完善按要素分配政策制度,探索多种渠道增加中低收入群众要素收入,多渠道增加城乡居民财产性收入。加大税收、社会保障、转移支付等的调节力度。完善个人所得税制度,规范收入分配秩序,规范财富积累机制,保护合法收入,调节过高收入,取缔非法收入。引导、支持有意愿有能力的企业、社会组织和个人积极参与公益慈善事业。

(二)实施就业优先战略。就业是最基本的民生。强化就业优先政策,健全就业促进机制,促进高质量充分就业。健全就业公共服务体系,完善重点群体就业支持体系,加强困难群体就业兜底帮扶。统筹城乡就业政策体系,破除妨碍劳动力、人

才流动的体制和政策弊端，消除影响平等就业的不合理限制和就业歧视，使人人都有通过勤奋劳动实现自身发展的机会。健全终身职业技能培训制度，推动解决结构性就业矛盾。完善促进创业带动就业的保障制度，支持和规范发展新就业形态。健全劳动法律法规，完善劳动关系协商协调机制，完善劳动者权益保障制度，加强灵活就业和新就业形态劳动者权益保障。

（三）健全社会保障体系。社会保障体系是人民生活的安全网和社会运行的稳定器。健全覆盖全民、统筹城乡、公平统一、安全规范、可持续的多层次社会保障体系。完善基本养老保险全国统筹制度，发展多层次、多支柱养老保险体系。实施渐进式延迟法定退休年龄。扩大社会保险覆盖面，健全基本养老、基本医疗保险筹资和待遇调整机制，推动基本医疗保险、失业保险、工伤保险省级统筹。促进多层次医疗保障有序衔接，完善大病保险和医疗救助制度，落实异地就医结算，建立长期护理保险制度，积极发展商业医疗保险。加快完善全国统一的社会保险公共服务平台。健全社保基金保值增值和安全监管体系。健全分层分类的社会救助体系。坚持男女平等基本国策，保障妇女儿童合法权益。完善残疾人社会保障制度和关爱服务体系，促进残疾人事业全面发展。坚持房子是用来住的、不是用来炒的定位，加快建立多主体供给、多渠道保障、租购并举的住房制度。

（四）推进健康中国建设。人民健康是民族昌盛和国家强盛的重要标志。把保障人民健康放在优先发展的战略位置，完善人民健康促进政策。优化人口发展战略，建立生育支持政策体系，降低生育、养育、教育成本。实施积极应对人口老龄化国家战略，发展养老事业和养老产业，优化孤寡老人服务，推动实现全体老年人享有基本养老服务。深化医药卫生体制改革，促进医保、医疗、医药协同发展和治理。促进优质医疗资源扩容和区域均衡布局，坚持预防为主，加强重大慢性病健康管理，提高基层防病治病和健康管理能力。深化以公益性为导向的公立医院改革，规范民营医院发展。发展壮大医疗卫生队伍，把工作重点放在农村和社区。重视心理健康和精神卫生。促进中医药传承创新发展。创新医防协同、医防融合机制，健全公共卫生体系，提高重大疫情早发现能力，加强重大疫情防控救治体系和应急能力建设，有效遏制重大传染性疾病传播。深入开展健康中国行动和爱国卫生运动，倡导文明健康生活方式。

十、推动绿色发展，促进人与自然和谐共生

大自然是人类赖以生存发展的基本条件。尊重自然、顺应自然、保护自然，是全面建设社会主义现代化国家的内在要求。必须牢固树立和践行绿水青山就是金山银山的理念，站在人与自然和谐共生的高度谋划发展。

我们要推进美丽中国建设，坚持山水林田湖草沙一体化保护和系统治理，统筹产业结构调整、污染治理、生态保护、应对气候变化，协同推进降碳、减污、扩绿、增长，推进生态优先、节约集约、绿色低碳发展。

（一）加快发展方式绿色转型。推动经济社会发展绿色化、低碳化是实现高质量发展的关键环节。加快推动产业结构、能源结构、交通运输结构等调整优化。实施全面节约战略，推进各类资源节约集约利用，加快构建废弃物循环利用体系。完善支持绿色发展的财税、金融、投资、价格政策和标准体系，发展绿色低碳产业，健全资源环境要素市场化配置体系，加快节能降碳先进技术研发和推广应用，倡导绿色消费，推动形成绿色低碳的生产方式和生活方式。

（二）深入推进环境污染防治。坚持精准治污、科学治污、依法治污，持续深入打好蓝天、碧水、净土保卫战。加强污染物协同控制，基本消除重污染天气。统筹水资源、水环境、水生态治理，推动重要江河湖库生态保护治理，基本消除城市黑臭水体。加强土壤污染源头防控，开展新污染物治理。提升环境基础设施建设水平，推进城乡人居环境整治。全面实行排污许可制，健全现代环境治理体系。严密防控环境风险。深入推进中央生态环境保护督察。

（三）提升生态系统多样性、稳定性、持续性。以国家重点生态功能区、生态保护红线、自然保护地等为重点，加快实施重要生态系统保护和修复重大工程。推进以国家公园为主体的自然保护地体系建设。实施生物多样性保护重大工程。科学开展大规模国土绿化行动。深化集体林权制度改革。推行草原森林河流湖泊湿地休养生息，实施好长江十年禁渔，健全耕地休耕轮作制度。建立生态产品价值实现机制，完善生态保护补偿制度。加强生物安全管理，防治外来物种侵害。

（四）积极稳妥推进碳达峰碳中和。实现碳达

峰碳中和是一场广泛而深刻的经济社会系统性变革。立足我国能源资源禀赋，坚持先立后破，有计划分步骤实施碳达峰行动。完善能源消耗总量和强度调控，重点控制化石能源消费，逐步转向碳排放总量和强度“双控”制度。推动能源清洁低碳高效利用，推进工业、建筑、交通等领域清洁低碳转型。深入推进能源革命，加强煤炭清洁高效利用，加大油气资源勘探开发和增储上产力度，加快规划建设新型能源体系，统筹水电开发和生态保护，积极安全有序发展核电，加强能源产供储销体系建设，确保能源安全。完善碳排放统计核算制度，健全碳排放权市场交易制度。提升生态系统碳汇能力。积极参与应对气候变化全球治理。

十一、推进国家安全体系和能力现代化，坚决维护国家安全和社会稳定

国家安全是民族复兴的根基，社会稳定是国家强盛的前提。必须坚定不移贯彻总体国家安全观，把维护国家安全贯穿党和国家工作各方面全过程，确保国家安全和社会稳定。

我们要坚持以人民安全为宗旨、以政治安全为根本、以经济安全为基础、以军事科技文化社会安全为保障、以促进国际安全为依托，统筹外部安全和内部安全、国土安全和国民安全、传统安全和非传统安全、自身安全和共同安全，统筹维护和塑造国家安全，夯实国家安全和社会稳定基层基础，完善参与全球安全治理机制，建设更高水平的平安中国，以新安全格局保障新发展格局。

（一）健全国家安全体系。坚持党中央对国家安全工作的集中统一领导，完善高效权威的国家安全领导体制。强化国家安全工作协调机制，完善国家安全法治体系、战略体系、政策体系、风险监测预警体系、国家应急管理体系，完善重点领域安全保障体系和重要专项协调指挥体系，强化经济、重大基础设施、金融、网络、数据、生物、资源、核、太空、海洋等安全保障体系建设。健全反制裁、反干涉、反“长臂管辖”机制。完善国家安全力量布局，构建全域联动、立体高效的国家安全防护体系。

（二）增强维护国家安全能力。坚定维护国家政权安全、制度安全、意识形态安全，加强重点领域安全能力建设，确保粮食、能源资源、重要产业链供应链安全，加强海外安全保障能力建设，维护我国公民、法人在海外合法权益，维护海洋权益，坚定捍卫国家主权、安全、发展利益。提高防范化解重大风险能力，严密防范系统性安全风险，严厉打击敌对势力渗透、破坏、颠覆、分裂活动。全面加强国家安全教育，提高各级领导干部统筹发展和安全能力，增强全民国家安全意识和素养，筑牢国家安全人民防线。

（三）提高公共安全治理水平。坚持安全第一、预防为主，建立大安全大应急框架，完善公共安全体系，推动公共安全治理模式向事前预防转型。推进安全生产风险专项整治，加强重点行业、重点领域安全监管。提高防灾减灾救灾和重大突发公共事件处置保障能力，加强国家区域应急力量建设。强化食品药品安全监管，健全生物安全监管预警防控体系。加强个人信息保护。

（四）完善社会治理体系。健全共建共治共享的社会治理制度，提升社会治理效能。在社会基层坚持和发展新时代“枫桥经验”，完善正确处理新形势下人民内部矛盾机制，加强和改进人民信访工作，畅通和规范群众诉求表达、利益协调、权益保障通道，完善网格化管理、精细化服务、信息化支撑的基层治理平台，健全城乡社区治理体系，及时把矛盾纠纷化解在基层、化解在萌芽状态。加快推进市域社会治理现代化，提高市域社会治理能力。强化社会治安整体防控，推进扫黑除恶常态化，依法严惩群众反映强烈的各类违法犯罪活动。发展壮大群防群治力量，营造见义勇为社会氛围，建设人人有责、人人尽责、人人享有的社会治理共同体。

十二、实现建军一百年奋斗目标，开创国防和军队现代化新局面

如期实现建军一百年奋斗目标，加快把人民军队建成世界一流军队，是全面建设社会主义现代化国家的战略要求。必须贯彻新时代党的强军思想，贯彻新时代军事战略方针，坚持党对人民军队的绝对领导，坚持政治建军、改革强军、科技强军、人才强军、依法治军，坚持边斗争、边备战、边建设，坚持机械化信息化智能化融合发展，加快军事理论现代化、军队组织形态现代化、军事人员现代化、武器装备现代化，提高捍卫国家主权、安全、发展利益战略能力，有效履行新时代人民军队使命任务。

全面加强人民军队党的建设，确保枪杆子永远听党指挥。健全贯彻军委主席负责制体制机制。深化党的创新理论武装，开展“学习强军思想、建功

强军事业”教育实践活动。加强军史学习教育，繁荣发展强军文化，强化战斗精神培育。建强人民军队党的组织体系，推进政治整训常态化制度化，持之以恒正风肃纪反腐。

全面加强练兵备战，提高人民军队打赢能力。研究掌握信息化智能化战争特点规律，创新军事战略指导，发展人民战争战略战术。打造强大战略威慑力量体系，增加新域新质作战力量比重，加快无人智能作战力量发展，统筹网络信息体系建设运用。优化联合作战指挥体系，推进侦察预警、联合打击、战场支撑、综合保障体系和能力建设。深入推进实战化军事训练，深化联合训练、对抗训练、科技练兵。加强军事力量常态化多样化运用，坚定灵活开展军事斗争，塑造安全态势，遏控危机冲突，打赢局部战争。

全面加强军事治理，巩固拓展国防和军队改革成果，完善军事力量结构编成，体系优化军事政策制度。加强国防和军队建设重大任务战建备统筹，加快建设现代化后勤，实施国防科技和武器装备重大工程，加速科技向战斗力转化。深化军队院校改革，建强新型军事人才培养体系，创新军事人力资源管理。加强依法治军机制建设和战略规划，完善中国特色军事法治体系。改进战略管理，提高军事系统运行效能和国防资源使用效益。

巩固提高一体化国家战略体系和能力。加强军地战略规划统筹、政策制度衔接、资源要素共享。优化国防科技工业体系和布局，加强国防科技工业能力建设。深化全民国防教育。加强国防动员和后备力量建设，推进现代边海空防建设。加强军人军属荣誉激励和权益保障，做好退役军人服务保障工作。巩固发展军政军民团结。

人民军队始终是党和人民完全可以信赖的英雄军队，有信心、有能力维护国家主权、统一和领土完整，有信心、有能力为实现中华民族伟大复兴提供战略支撑，有信心、有能力为世界和平与发展作出更大贡献！

十三、坚持和完善“一国两制”，推进祖国统一

“一国两制”是中国特色社会主义的伟大创举，是香港、澳门回归后保持长期繁荣稳定的最佳制度安排，必须长期坚持。

全面准确、坚定不移贯彻“一国两制”、“港人治港”、“澳人治澳”、高度自治的方针，坚持依法治港治澳，维护宪法和基本法确定的特别行政区宪制秩序。坚持和完善“一国两制”制度体系，落实中央全面管治权，落实“爱国者治港”、“爱国者治澳”原则，落实特别行政区维护国家安全的法律制度和执行机制。坚持中央全面管治权和保障特别行政区高度自治权相统一，坚持行政主导，支持行政长官和特别行政区政府依法施政，提升全面治理能力和管治水平，完善特别行政区司法制度和法律体系，保持香港、澳门资本主义制度和生活方式长期不变，促进香港、澳门长期繁荣稳定。

支持香港、澳门发展经济、改善民生、破解经济社会发展中的深层次矛盾和问题。发挥香港、澳门优势和特点，巩固提升香港、澳门在国际金融、贸易、航运航空、创新科技、文化旅游等领域的地位，深化香港、澳门同各国各地区更加开放、更加密切的交往合作。推进粤港澳大湾区建设，支持香港、澳门更好融入国家发展大局，为实现中华民族伟大复兴更好发挥作用。

发展壮大爱国爱港爱澳力量，增强港澳同胞的爱国精神，形成更广泛的国内外支持“一国两制”的统一战线。坚决打击反中乱港乱澳势力，坚决防范和遏制外部势力干预港澳事务。

解决台湾问题、实现祖国完全统一，是党矢志不渝的历史任务，是全体中华儿女的共同愿望，是实现中华民族伟大复兴的必然要求。坚持贯彻新时代党解决台湾问题的总体方略，牢牢把握两岸关系主导权和主动权，坚定不移推进祖国统一大业。

“和平统一、一国两制”方针是实现两岸统一的最佳方式，对两岸同胞和中华民族最有利。我们坚持一个中国原则和“九二共识”，在此基础上，推进同台湾各党派、各界别、各阶层人士就两岸关系和国家统一开展广泛深入协商，共同推动两岸关系和平发展、推进祖国和平统一进程。我们坚持团结广大台湾同胞，坚定支持岛内爱国统一力量，共同把握历史大势，坚守民族大义，坚定反“独”促统。伟大祖国永远是所有爱国统一力量的坚强后盾！

两岸同胞血脉相连，是血浓于水的一家人。我们始终尊重、关爱、造福台湾同胞，继续致力于促进两岸经济文化交流合作，深化两岸各领域融合发展，完善增进台湾同胞福祉的制度和政策，推动两岸共同弘扬中华文化，促进两岸同胞心灵契合。

台湾是中国的台湾。解决台湾问题是中国人自己的事，要由中国人来决定。我们坚持以最大诚意、尽最大努力争取和平统一的前景，但决不承诺放弃使用武力，保留采取一切必要措施的选项，这

针对的是外部势力干涉和极少数"台独"分裂分子及其分裂活动，绝非针对广大台湾同胞。国家统一、民族复兴的历史车轮滚滚向前，祖国完全统一一定要实现，也一定能够实现！

十四、促进世界和平与发展，推动构建人类命运共同体

当前，世界之变、时代之变、历史之变正以前所未有的方式展开。一方面，和平、发展、合作、共赢的历史潮流不可阻挡，人心所向、大势所趋决定了人类前途终归光明。另一方面，恃强凌弱、巧取豪夺、零和博弈等霸权霸道霸凌行径危害深重，和平赤字、发展赤字、安全赤字、治理赤字加重，人类社会面临前所未有的挑战。世界又一次站在历史的十字路口，何去何从取决于各国人民的抉择。

中国始终坚持维护世界和平、促进共同发展的外交政策宗旨，致力于推动构建人类命运共同体。

中国坚定奉行独立自主的和平外交政策，始终根据事情本身的是非曲直决定自己的立场和政策，维护国际关系基本准则，维护国际公平正义。中国尊重各国主权和领土完整，坚持国家不分大小、强弱、贫富一律平等，尊重各国人民自主选择的发展道路和社会制度，坚决反对一切形式的霸权主义和强权政治，反对冷战思维，反对干涉别国内政，反对搞双重标准。中国奉行防御性的国防政策，中国的发展是世界和平力量的增长，无论发展到什么程度，中国永远不称霸、永远不搞扩张。

中国坚持在和平共处五项原则基础上同各国发展友好合作，推动构建新型国际关系，深化拓展平等、开放、合作的全球伙伴关系，致力于扩大同各国利益的汇合点。促进大国协调和良性互动，推动构建和平共处、总体稳定、均衡发展的大国关系格局。坚持亲诚惠容和与邻为善、以邻为伴周边外交方针，深化同周边国家友好互信和利益融合。秉持真实亲诚理念和正确义利观加强同发展中国家团结合作，维护发展中国家共同利益。中国共产党愿在独立自主、完全平等、互相尊重、互不干涉内部事务原则基础上加强同各国政党和政治组织交流合作，积极推进人大、政协、军队、地方、民间等各方面对外交往。

中国坚持对外开放的基本国策，坚定奉行互利共赢的开放战略，不断以中国新发展为世界提供新机遇，推动建设开放型世界经济，更好惠及各国人民。中国坚持经济全球化正确方向，推动贸易和投资自由化便利化，推进双边、区域和多边合作，促进国际宏观经济政策协调，共同营造有利于发展的国际环境，共同培育全球发展新动能，反对保护主义，反对"筑墙设垒"、"脱钩断链"，反对单边制裁、极限施压。中国愿加大对全球发展合作的资源投入，致力于缩小南北差距，坚定支持和帮助广大发展中国家加快发展。

中国积极参与全球治理体系改革和建设，践行共商共建共享的全球治理观，坚持真正的多边主义，推进国际关系民主化，推动全球治理朝着更加公正合理的方向发展。坚定维护以联合国为核心的国际体系、以国际法为基础的国际秩序、以联合国宪章宗旨和原则为基础的国际关系基本准则，反对一切形式的单边主义，反对搞针对特定国家的阵营化和排他性小圈子。推动世界贸易组织、亚太经合组织等多边机制更好发挥作用，扩大金砖国家、上海合作组织等合作机制影响力，增强新兴市场国家和发展中国家在全球事务中的代表性和发言权。中国坚持积极参与全球安全规则制定，加强国际安全合作，积极参与联合国维和行动，为维护世界和平和地区稳定发挥建设性作用。

构建人类命运共同体是世界各国人民前途所在。万物并育而不相害，道并行而不相悖。只有各国行天下之大道，和睦相处、合作共赢，繁荣才能持久，安全才有保障。中国提出了全球发展倡议、全球安全倡议，愿同国际社会一道努力落实。中国坚持对话协商，推动建设一个持久和平的世界；坚持共建共享，推动建设一个普遍安全的世界；坚持合作共赢，推动建设一个共同繁荣的世界；坚持交流互鉴，推动建设一个开放包容的世界；坚持绿色低碳，推动建设一个清洁美丽的世界。

我们真诚呼吁，世界各国弘扬和平、发展、公平、正义、民主、自由的全人类共同价值，促进各国人民相知相亲，尊重世界文明多样性，以文明交流超越文明隔阂、文明互鉴超越文明冲突、文明共存超越文明优越，共同应对各种全球性挑战。

我们所处的是一个充满挑战的时代，也是一个充满希望的时代。中国人民愿同世界人民携手开创人类更加美好的未来！

十五、坚定不移全面从严治党，深入推进新时代党的建设新的伟大工程

全面建设社会主义现代化国家、全面推进中华

民族伟大复兴，关键在党。我们党作为世界上最大的马克思主义执政党，要始终赢得人民拥护、巩固长期执政地位，必须时刻保持解决大党独有难题的清醒和坚定。经过十八大以来全面从严治党，我们解决了党内许多突出问题，但党面临的执政考验、改革开放考验、市场经济考验、外部环境考验将长期存在，精神懈怠危险、能力不足危险、脱离群众危险、消极腐败危险将长期存在。全党必须牢记，全面从严治党永远在路上，党的自我革命永远在路上，决不能有松劲歇脚、疲劳厌战的情绪，必须持之以恒推进全面从严治党，深入推进新时代党的建设新的伟大工程，以党的自我革命引领社会革命。

我们要落实新时代党的建设总要求，健全全面从严治党体系，全面推进党的自我净化、自我完善、自我革新、自我提高，使我们党坚守初心使命，始终成为中国特色社会主义事业的坚强领导核心。

（一）坚持和加强党中央集中统一领导。党的领导是全面的、系统的、整体的，必须全面、系统、整体加以落实。健全总揽全局、协调各方的党的领导制度体系，完善党中央重大决策部署落实机制，确保全党在政治立场、政治方向、政治原则、政治道路上同党中央保持高度一致，确保党的团结统一。完善党中央决策议事协调机构，加强党中央对重大工作的集中统一领导。加强党的政治建设，严明政治纪律和政治规矩，落实各级党委（党组）主体责任，提高各级党组织和党员干部政治判断力、政治领悟力、政治执行力。坚持科学执政、民主执政、依法执政，贯彻民主集中制，创新和改进领导方式，提高党把方向、谋大局、定政策、促改革能力，调动各方面积极性。增强党内政治生活政治性、时代性、原则性、战斗性，用好批评和自我批评武器，持续净化党内政治生态。

（二）坚持不懈用新时代中国特色社会主义思想凝心铸魂。用党的创新理论武装全党是党的思想建设的根本任务。全面加强党的思想建设，坚持用新时代中国特色社会主义思想统一思想、统一意志、统一行动，组织实施党的创新理论学习教育计划，建设马克思主义学习型政党。加强理想信念教育，引导全党牢记党的宗旨，解决好世界观、人生观、价值观这个总开关问题，自觉做共产主义远大理想和中国特色社会主义共同理想的坚定信仰者和忠实实践者。坚持学思用贯通、知信行统一，把新时代中国特色社会主义思想转化为坚定理想、锤炼党性和指导实践、推动工作的强大力量。坚持理论武装同常态化长效化开展党史学习教育相结合，引导党员、干部不断学史明理、学史增信、学史崇德、学史力行，传承红色基因，赓续红色血脉。以县处级以上领导干部为重点在全党深入开展主题教育。

（三）完善党的自我革命制度规范体系。坚持制度治党、依规治党，以党章为根本，以民主集中制为核心，完善党内法规制度体系，增强党内法规权威性和执行力，形成坚持真理、修正错误，发现问题、纠正偏差的机制。健全党统一领导、全面覆盖、权威高效的监督体系，完善权力监督制约机制，以党内监督为主导，促进各类监督贯通协调，让权力在阳光下运行。推进政治监督具体化、精准化、常态化，增强对"一把手"和领导班子监督实效。发挥政治巡视利剑作用，加强巡视整改和成果运用。落实全面从严治党政治责任，用好问责利器。

（四）建设堪当民族复兴重任的高素质干部队伍。全面建设社会主义现代化国家，必须有一支政治过硬、适应新时代要求、具备领导现代化建设能力的干部队伍。坚持党管干部原则，坚持德才兼备、以德为先、五湖四海、任人唯贤，把新时代好干部标准落到实处。树立选人用人正确导向，选拔忠诚干净担当的高素质专业化干部，选优配强各级领导班子。坚持把政治标准放在首位，做深做实干部政治素质考察，突出把好政治关、廉洁关。加强实践锻炼、专业训练，注重在重大斗争中磨砺干部，增强干部推动高质量发展本领、服务群众本领、防范化解风险本领。加强干部斗争精神和斗争本领养成，着力增强防风险、迎挑战、抗打压能力，带头担当作为，做到平常时候看得出来、关键时刻站得出来、危难关头豁得出来。完善干部考核评价体系，引导干部树立和践行正确政绩观，推动干部能上能下、能进能出，形成能者上、优者奖、庸者下、劣者汰的良好局面。抓好后继有人这个根本大计，健全培养选拔优秀年轻干部常态化工作机制，把到基层和艰苦地区锻炼成长作为年轻干部培养的重要途径。重视女干部培养选拔工作，发挥女干部重要作用。重视培养和用好少数民族干部，统筹做好党外干部工作。做好离退休干部工作。加强和改进公务员工作，优化机构编制资源配置。坚持严管和厚爱相结合，加强对干部全方位管理和经常性监督，落实"三个区分开来"，激励干部敢于担当、积极作为。关心关爱基层干部特别是条件艰苦地区干部。

（五）增强党组织政治功能和组织功能。严密的组织体系是党的优势所在、力量所在。各级党组织要履行党章赋予的各项职责，把党的路线方针政策和党中央决策部署贯彻落实好，把各领域广大群众组织凝聚好。坚持大抓基层的鲜明导向，抓党建促乡村振兴，加强城市社区党建工作，推进以党建引领基层治理，持续整顿软弱涣散基层党组织，把基层党组织建设成为有效实现党的领导的坚强战斗堡垒。全面提高机关党建质量，推进事业单位党建工作。推进国有企业、金融企业在完善公司治理中加强党的领导，加强混合所有制企业、非公有制企业党建工作，理顺行业协会、学会、商会党建工作管理体制。加强新经济组织、新社会组织、新就业群体党的建设。注重从青年和产业工人、农民、知识分子中发展党员，加强和改进党员特别是流动党员教育管理。落实党内民主制度，保障党员权利，激励党员发挥先锋模范作用。严肃稳妥处置不合格党员，保持党员队伍先进性和纯洁性。

（六）坚持以严的基调强化正风肃纪。党风问题关系执政党的生死存亡。弘扬党的光荣传统和优良作风，促进党员干部特别是领导干部带头深入调查研究，扑下身子干实事、谋实招、求实效。锲而不舍落实中央八项规定精神，抓住“关键少数”以上率下，持续深化纠治“四风”，重点纠治形式主义、官僚主义，坚决破除特权思想和特权行为。把握作风建设地区性、行业性、阶段性特点，抓住普遍发生、反复出现的问题深化整治，推进作风建设常态化长效化。全面加强党的纪律建设，督促领导干部特别是高级干部严于律己、严负其责、严管所辖，对违反党纪的问题，发现一起坚决查处一起。坚持党性党风党纪一起抓，从思想上固本培元，提高党性觉悟，增强拒腐防变能力，涵养富贵不能淫、贫贱不能移、威武不能屈的浩然正气。

（七）坚决打赢反腐败斗争攻坚战持久战。腐败是危害党的生命力和战斗力的最大毒瘤，反腐败是最彻底的自我革命。只要存在腐败问题产生的土壤和条件，反腐败斗争就一刻不能停，必须永远吹冲锋号。坚持不敢腐、不能腐、不想腐一体推进，同时发力、同向发力、综合发力。以零容忍态度反腐惩恶，更加有力遏制增量，更加有效清除存量，坚决查处政治问题和经济问题交织的腐败，坚决防止领导干部成为利益集团和权势团体的代言人、代理人，坚决治理政商勾连破坏政治生态和经济发展环境问题，决不姑息。深化整治权力集中、资金密集、资源富集领域的腐败，坚决惩治群众身边的“蝇贪”，严肃查处领导干部配偶、子女及其配偶等亲属和身边工作人员利用影响力谋私贪腐问题，坚持受贿行贿一起查，惩治新型腐败和隐性腐败。深化反腐败国际合作，一体构建追逃防逃追赃机制。深化标本兼治，推进反腐败国家立法，加强新时代廉洁文化建设，教育引导广大党员、干部增强不想腐的自觉，清清白白做人、干干净净做事，使严厉惩治、规范权力、教育引导紧密结合、协调联动，不断取得更多制度性成果和更大治理效能。

同志们！时代呼唤着我们，人民期待着我们，唯有矢志不渝、笃行不怠，方能不负时代、不负人民。全党必须牢记，坚持党的全面领导是坚持和发展中国特色社会主义的必由之路，中国特色社会主义是实现中华民族伟大复兴的必由之路，团结奋斗是中国人民创造历史伟业的必由之路，贯彻新发展理念是新时代我国发展壮大的必由之路，全面从严治党是党永葆生机活力、走好新的赶考之路的必由之路。这是我们在长期实践中得出的至关紧要的规律性认识，必须倍加珍惜、始终坚持，咬定青山不放松，引领和保障中国特色社会主义巍巍巨轮乘风破浪、行稳致远。

团结就是力量，团结才能胜利。全面建设社会主义现代化国家，必须充分发挥亿万人民的创造伟力。全党要坚持全心全意为人民服务的根本宗旨，树牢群众观点，贯彻群众路线，尊重人民首创精神，坚持一切为了人民、一切依靠人民，从群众中来、到群众中去，始终保持同人民群众的血肉联系，始终接受人民批评和监督，始终同人民同呼吸、共命运、心连心，不断巩固全国各族人民大团结，加强海内外中华儿女大团结，形成同心共圆中国梦的强大合力。

青年强，则国家强。当代中国青年生逢其时，施展才干的舞台无比广阔，实现梦想的前景无比光明。全党要把青年工作作为战略性工作来抓，用党的科学理论武装青年，用党的初心使命感召青年，做青年朋友的知心人、青年工作的热心人、青年群众的引路人。广大青年要坚定不移听党话、跟党走，怀抱梦想又脚踏实地，敢想敢为又善作善成，立志做有理想、敢担当、能吃苦、肯奋斗的新时代好青年，让青春在全面建设社会主义现代化国家的火热实践中绽放绚丽之花。

同志们！党用伟大奋斗创造了百年伟业，也一定能用新的伟大奋斗创造新的伟业。全党全军全国各族人民要紧密团结在党中央周围，牢记空谈误国、实干兴邦，坚定信心、同心同德，埋头苦干、奋勇前进，为全面建设社会主义现代化国家、全面推进中华民族伟大复兴而团结奋斗！

谱写新时代中国宪法实践新篇章

——纪念现行宪法公布施行40周年

习近平

今年是我国现行宪法公布施行40周年。40年来,现行宪法有力推动和加强了社会主义法治建设,有力推动和保障了党和国家事业发展。我们要以纪念现行宪法公布施行40周年为契机,贯彻党的二十大精神,强化宪法意识,弘扬宪法精神,推动宪法实施,更好发挥宪法在治国理政中的重要作用,为全面建设社会主义现代化国家、全面推进中华民族伟大复兴提供坚实保障。

制定和实施宪法,是人类文明进步的标志,是人类社会走向现代化的重要支撑。近代以来,中国人民苦苦寻找改变中华民族前途命运的道路。一些政治势力试图按照西方政治制度模式对我国封建专制制度进行改良,都宣告失败。中国共产党登上中国历史舞台后,经过艰辛探索和实践,成功在中华大地上制定和实施具有鲜明社会主义性质的宪法、真正意义上的人民宪法,在我国宪法发展史乃至世界宪法制度史上都具有开创性意义,为人类法治文明进步贡献了中国智慧、中国方案。

我们党领导人民制定的宪法,集中了人民智慧,体现了全体人民共同意志,实现了党的主张和人民意志高度统一,克服了一切旧宪法只代表少数人意志、为少数人利益服务的弊端,因而得到最广大人民拥护和遵行,具有显著优势、坚实基础、强大生命力。

1982年我国现行宪法公布施行后,在党中央领导下,全国人大先后5次对这部宪法的个别条款和部分内容作出了必要的也是十分重要的修正。这些修改,对于完善发展我国宪法、推进社会主义法治建设、提高党的依法治国能力发挥了重要作用。

党的十八大以来,我们党高度重视全面依法治国,从关系党和国家长治久安的战略高度来定位法治、布局法治、厉行法治,把全面依法治国纳入"四个全面"战略布局中来谋划、来推进,推动我国宪法制度建设和宪法实施取得历史性成就。我们先后就全面依法治国、修改宪法部分内容等作出重大决策,设立中央全面依法治国委员会,健全党领导立法、保证执法、支持司法、带头守法的制度性安排,党对全面依法治国和宪法实施的领导得到全面加强。积极推进党的领导制度化、法治化,在宪法修正案中确立新时代中国特色社会主义思想在国家政治和社会生活中的指导地位,明确中国共产党领导是中国特色社会主义最本质的特征,党的领导的宪法保障更加健全。着力完善以宪法为核心的中国特色社会主义法律体系,健全宪法相关法律制度和机制,宪法实施更加有效。完善宪法监督制度,加强合宪性审查、备案审查制度和能力建设,宪法监督水平稳步提高。设立国家宪法日,建立宪法宣誓制度,广泛开展宪法宣传教育,全社会宪法意识和法治观念显著增强。依照宪法和基本法有效实施对特别行政区的全面管治权,制定实施香港特别行政区维护国家安全法,"一国两制"实践的法治保障更加有力。

事实表明,新时代十年我国宪法制度建设和宪法实施监督取得重大成效,全党全社会宪法意识明显提升,社会主义法治建设成果丰硕。

在新时代坚持和发展中国特色社会主义的进程中,我们党总结运用历史经验,全面贯彻实施宪法,勇于推进宪法理论和宪法实践创新,积累了许多新鲜经验,深化了对我国宪法制度建设的规律性认识。

一是必须坚持中国共产党领导。我国宪法确认了中国共产党的领导地位,这是我国宪法最显著的特征,也是我国宪法得到全面贯彻实施的根本保证。只有中国共产党才能坚持立党为公、执政为民,充分发扬民主,领导人民制定出体现人民意志的宪法,领导人民实施宪法,确保我国宪法发展的正确政治方向。

二是必须坚持人民当家作主。党领导人民制定和实施宪法,最根本的目的是维护人民利益、反映人民意愿、保障人民权益、增进人民福祉。只有坚持党的领导、人民当家作主、依法治国有机统一,发展全过程人民民主,把以人民为中心的发展思想贯穿立法、执法、司法、守法各个环节,加快完善体现权利公平、机会公平、规则公平的法律制度,保障公民人身权、财产权、人格权和基本政治权利不受侵犯，保障公民经济、文化、社会等各方面权利得到落实，才能确保法律面前人人平等。

三是必须坚持依宪治国、依宪执政。我国宪法是我们党长期执政的根本法律依据。只有坚持依宪治国、依宪执政，把党总揽全局、协调各方同人大、政府、政协、监察机关、审判机关、检察机关依法依章程履行职能、开展工作统一起来，把党领导人民制定和实施宪法法律同党坚持在宪法法律范围内活动统一起来，才能保证党领导人民依法有效治理国家。

四是必须坚持宪法的国家根本法地位。宪法集中体现了党和人民的统一意志和共同愿望，是国家意志的最高表现形式，具有根本性、全局性、稳定性、长期性。宪法规定的是国家的重大制度和重大事项，在国家和社会生活中具有总括性、原则性、纲领性、方向性。宪法是国家一切法律法规的总依据、总源头，具有最高的法律地位、法律权威、法律效力。只有坚持宪法的国家根本法地位，坚决维护和贯彻宪法规定、原则、精神，才能保证国家统一、法制统一、政令统一。

五是必须坚持宪法实施与监督制度化法规化。宪法的生命在于实施，宪法的权威也在于实施。必须用科学有效、系统完备的制度法规体系保证宪法实施，形成完备的法律规范体系、高效的法治实施体系、严密的法治监督体系、有力的法治保障体系，形成完善的党内法规体系，加强宪法监督，确保在法治轨道上推进国家治理体系和治理能力现代化、建设社会主义现代化国家。

六是必须坚持维护宪法权威和尊严。维护宪法权威，就是维护党和人民共同意志的权威；捍卫宪法尊严，就是捍卫党和人民共同意志的尊严；保证宪法实施，就是保证人民根本利益的实现。全国各族人民、一切国家机关和武装力量、各政党和各社会团体、各企事业组织，都必须以宪法为根本活动准则，并且负有维护宪法尊严、保证宪法实施的职责。任何组织和个人都不得有超越宪法法律的特权，一切违反宪法法律的行为都必须予以追究。

七是必须坚持与时俱进完善和发展宪法。宪法作为上层建筑，必须适应经济基础的变化，体现党和人民事业的历史进步，随着党领导人民建设中国特色社会主义实践的发展而不断完善发展。只有紧跟时代要求和人民意愿，遵循法治规律，在保持宪法连续性、稳定性、权威性的前提下，推动宪法不断适应新形势、吸纳新经验、确认新成果、作出新规范，才能永葆宪法生机活力。

党的二十大对新时代新征程党和国家事业发展作出全面部署，强调要更好发挥宪法在治国理政中的重要作用，更好发挥法治固根本、稳预期、利长远的保障作用，在法治轨道上全面建设社会主义现代化国家。我们要贯彻落实党的二十大精神，坚定不移走中国特色社会主义法治道路，增强宪法自觉，加强宪法实施，履行宪法使命，谱写新时代中国宪法实践新篇章。

第一，坚持和加强党对宪法工作的全面领导，更好发挥我国宪法制度的显著优势和重要作用。我国宪法是我们党领导人民长期奋斗历史逻辑、理论逻辑、实践逻辑的必然结果。没有中国共产党领导，就无法保证我国宪法得到全面贯彻和有效实施。

要坚持和加强党对宪法工作的全面领导，确保我国宪法发展的正确政治方向，确保我国宪法得到全面贯彻和有效实施，更好发挥宪法在坚持中国共产党领导，保障人民当家作主，促进改革开放和社会主义现代化建设，推动社会主义法治国家建设进程，促进人权事业全面发展，维护国家统一、民族团结、社会和谐稳定等方面的重要作用。要坚定政治制度自信，坚定不移走中国特色社会主义政治发展道路，坚持和完善中国特色社会主义制度，坚持宪法确定的中国共产党领导地位不动摇，坚持宪法确定的人民民主专政的国体和人民代表大会制度的政体不动摇，决不照抄照搬别国模式和做法。

第二，把宪法实施贯穿到治国理政各方面全过程，不断提高党依宪治国、依宪执政的能力。宪法是治国安邦的总章程，是我们党治国理政的根本法律依据，是国家政治和社会生活的最高法律规范。提高党依宪治国、依宪执政能力，必须把宪法实施贯彻到统筹推进“五位一体”总体布局、协调推进“四个全面”战略布局的全部实践中，贯彻到改革发展稳定、内政外交国防、治党治国治军各领域各方面，全面推进国家各方面工作法治化。

党领导人民制定宪法和法律，党首先要带头尊崇和执行宪法。要善于使党的主张通过法定程序成为国家意志，善于使党组织推荐的人选通过法定程序成为国家政权机关的领导人员，善于通过国家政权机关实施党对国家和社会的领导，支持国家权力机关、行政机关、监察机关、审判机关、检察机关依照宪法和法律独立负责、协调一致地开展工作。要把贯彻宪法法律落实到各级党委决策施策全过程，坚持依法决策、依法施策，守住不与宪法法律相抵触的底线，确保决策施策经得起历史和人民检验。

第三，加快完善以宪法为核心的中国特色社会主义法律体系，不断增强法律规范体系的全面性、系统性、协调性。坚持依法立法，最根本的是坚持依宪立法，坚决把宪法规定、宪法原则、宪法精神贯彻到立法中，体现到各项法律法规中。一切法律、行政法规和地方性法规都不得同宪法相抵触，一切违反违背宪法规定、原则、精神的法律法规规定必须予以纠正。

要完善立法体制机制，推进科学立法、民主立法、依法立法，统筹立改废释纂，增强立法系统性、整体性、协同性、时效性。要全面发挥宪法在立法中的核心地位功能，每一个立法环节都把好宪法关，努力使每一项立法都符合宪法精神、体现宪法权威、保证宪法实施。要落实宪法赋予人大及其常委会的职责，发挥其在立法工作中的主导作用，拓展人民有序参与立法途径。要加强重点领域、新兴领域、涉外领域立法，健全国家治理急需、满足人民日益增长的美好生活需要必备、维护国家安全所急的法律制度，加快我国法域外适用的法律体系建设。要坚持系统观念，全面完善法律、行政法规、军事法规、监察法规、地方性法规体系，使法律体系更加科学完备、统一权威，维护国家法治统一。

第四，健全保证宪法全面实施的制度体系，不断提高宪法实施和监督水平。健全保证宪法全面实施的制度体系，必须坚持宪法规定、宪法原则、宪法精神全面贯彻，坚持宪法实施、宪法解释、宪法监督系统推进，统筹推进法律规范体系、法治实施体系、法治监督体系、法治保障体系和党内法规体系建设，确保宪法得到完整准确全面贯彻。要完善宪法相关规定直接实施工作机制，充分发挥宪法在应对重大风险挑战、贯彻“一国两制”方针、推进祖国统一进程、维护国家安全和社会稳定中的重要作用。要完善宪法监督制度，推进宪法监督的规范化、程序化建设，提高合宪性审查、备案审查能力和质量，推进合宪性审查工作，落实宪法解释程序机制，积极回应社会各方面对涉宪问题的关切。

第五，加强宪法理论研究和宣传教育，不断提升中国宪法理论和实践的说服力、影响力。宪法的根基在于人民发自内心的拥护，宪法的伟力在于人民出自真诚的信仰。必须坚持宣传、教育、研究共同推进，坚持知识普及、理论阐释、观念引导全面发力，推动宪法深入人心，走进人民群众，推动宪法实施成为全体人民的自觉行动。

要完善宪法宣传教育工作格局，深化宪法宣誓、宪法纪念、国家象征和标志等制度的教育功能，推动宪法宣传教育常态化长效化。要抓住领导干部这个关键少数，抓住青少年、网民等重点群体，抓宪法纪念、宪法宣誓、宪法教材建设等重点载体，抓学校、社区、媒体等重点阵地，持续深入开展宪法宣传教育。要结合当代中国宪法制度和宪法实践，加强中国宪法理论研究，提炼标志性概念、原创性观点，加强中国宪法学科体系、学术体系、话语体系建设，巩固中国宪法理论在我国法治教育中的指导地位。要讲好中国宪法故事，有自信、有志气宣传中国宪法制度、宪法理论的显著优势和强大生命力，有骨气、有底气同一切歪曲、抹黑、攻击中国宪法的错误言行作斗争。

毛泽东同志在领导制定新中国第一部宪法时说过：“我们现在要团结全国人民，要团结一切可以团结和应当团结的力量，为建设一个伟大的社会主义国家而奋斗。这个宪法就是为这个目的而写的。”我们要全面贯彻实施宪法，推进全面依法治国，推进法治中国建设，为全面建成社会主义现代化强国，实现第二个百年奋斗目标，以中国式现代化全面推进中华民族伟大复兴而团结奋斗！

第十三届全国人民代表大会第五次会议

在第十三届全国人民代表大会第五次会议上的讲话

（2022 年 3 月 11 日）

全国人大常委会委员长　栗战书

各位代表：

十三届全国人大五次会议已经圆满完成了各项议程。

会议审议批准了政府工作报告和其他报告，审议通过了关于修改地方各级人民代表大会和地方各级人民政府组织法的决定，关于第十四届全国人民代表大会代表名额和选举问题的决定，香港特别行政区、澳门特别行政区选举第十四届全国人民代表大会代表的两个办法。会议取得的成果，展现了在全面建设社会主义现代化国家、推进国家治理体系和治理能力现代化新征程上党和国家事业取得的新的重大成就，进一步激发了全国各族人民在以习近平同志为核心的党中央坚强领导下意气风发、步调一致向前进的坚定决心。

各位代表！

本届全国人大及其常委会履职以来，在以习近平同志为核心的党中央坚强领导下，在党和国家事业大踏步前进的时代背景下，全国人大及其常委会的工作也取得了新的成绩。这从根本上得益于：

——全面贯彻习近平总书记关于坚持和完善人民代表大会制度的重要思想。党的十八大以来，习近平总书记深刻总结人民代表大会制度建立 60 多年特别是改革开放 40 多年的理论和实践，提出一系列新理念新思想新要求，在党的理论史上形成了完整系统的人大制度理论。在新的奋斗征程上，必须深入学习和认真贯彻这一全新政治制度理论，坚定不移走中国特色社会主义政治发展道路，通过人民代表大会制度牢牢把国家和民族前途命运掌握在人民手中。

——坚持党的全面领导这一宪法核心原则。中国共产党领导是中国特色社会主义最本质的特征，这是宪法的核心原则。习近平新时代中国特色社会主义思想，是宪法确立的必须长期坚持的国家指导思想。维护习近平总书记党中央的核心、全党的核心地位，维护党中央权威和集中统一领导，是党的一项重要领导制度。全国人大及其常委会监督宪法的实施，最为根本的就是确保党的指导思想、党的领导地位不动摇，确保党中央集中统一领导和人民当家作主、依法治国得以全面实现。

——坚持国家一切权力属于人民。人民当家作主是社会主义民主政治的本质和核心，是我们党矢志不渝的奋斗目标。国家一切权力属于人民，体现在国家政权组织形式上，就是人民通过各级人民代表大会行使国家权力。要始终坚持以人民为中心，坚持人民主体地位，充分发挥人民代表大会制度作为实现全过程人民民主的重要制度载体作用，保证人民当家作主落实到国家政治生活和社会生活之中，保证人民依照法律规定，通过各种途径和形式，管理国家事务，管理经济和文化事业，管理社会事务。

——依法正确行使权力、履行职责。人民代表大会制度是党领导国家政权机关的重要制度载体。人民代表大会制度的重要原则和制度设计的基本要求，就是任何国家机关及其工作人员的权力都要受到监督和制约。国家行政机关、监察机关、审判机关、检察机关都由人民代表大会产生，对它负责，受它监督。人大行使立法权、监督权、重大事项决定权、选举和任免权，既支持“一府一委两院”高效推进各项事业，又确保行政权、监察权、审判权、检察权依法正确行使。

——着力推进国家治理体系和治理能力现代化。人民代表大会制度是我国根本政治制度，是中国特色社会主义制度的重要组成部分，也是国家治理体系的重要组成部分。中国人民从国家快速发展变化中越来越清楚地认识到，人民代表大会制度具有无与伦比的优越性和强大生命力。要切实增强道路自信、理论自信、制度自信、文化自信，把人民代表大会制度的特点和优势充分发挥出来，推动人大制度和运行机制更加完善更加定型，有效保证国家沿着社会主义道路前进。

各位代表！

本届全国人大及其常委会履职以来，各位代表肩负党和人民重托，积极参加会议审议，负责任地投票表决，决定重大事项；在深入调研的基础上，提出了一批高质量、有分量的议案和建议；发挥各自优势，从不同角度参与重要法律的制定修改；深入实际调研视察，充分汇聚和反映民意；参与执法检查，参与常委会、专委会相关工作，全面展现了忠诚为党分忧、忠实为民履职的高度政治自觉和“人民选我当代表、我当代表为人民”的良好精神风貌，为党和国家事业发展作出了重要贡献。现在，本届人大履职还有一年时间，我们要一如既往、善始善终，保持永不放松、永不懈怠的精神状态，认真履行代表职务，在各自岗位上作出新的更大成绩。

各位代表！

今年是党和国家事业发展进程中十分重要的一年。要深入贯彻落实中央人大工作会议精神，深刻认识人民代表大会制度在国家制度和国家治理体系中的新使命新任务，坚持党的全面领导，全面实施宪法，加快完善中国特色社会主义法律体系，依法监督“一府一委两院”工作，发展全过程人民民主，保证人民当家作主，全面提升人大工作质量和水平。

让我们更加紧密地团结在以习近平同志为核心的党中央周围，增强“四个意识”，坚定“四个自信”，做到“两个维护”，为人民用权、为人民履职、为人民服务，在全面建设社会主义现代化国家新征程上建功立业，以实际行动迎接党的二十大胜利召开！

中华人民共和国主席令

第一一〇号

《全国人民代表大会关于修改〈中华人民共和国地方各级人民代表大会和地方各级人民政府组织法〉的决定》已由中华人民共和国第十三届全国人民代表大会第五次会议于 2022 年 3 月 11 日通过，现予公布，自 2022 年 3 月 12 日起施行。

中华人民共和国主席　习近平

2022 年 3 月 11 日

全国人民代表大会关于修改《中华人民共和国地方各级人民代表大会和地方各级人民政府组织法》的决定

（2022 年 3 月 11 日第十三届全国人民代表大会第五次会议通过）

第十三届全国人民代表大会第五次会议决定对《中华人民共和国地方各级人民代表大会和地方各级人民政府组织法》作如下修改：

一、第一章“总则”分为六条，包括第一条至第六条。

二、增加一条，作为第一条：“为了健全地方各级人民代表大会和地方各级人民政府的组织和工作制度，保障和规范其行使职权，坚持和完善人民代表大会制度，保证人民当家作主，根据宪法，制定本法。”

三、将第四条、第四十条第二款、第五十四条合并，作为第二条，修改为：“地方各级人民代表大会是地方国家权力机关。

“县级以上的地方各级人民代表大会常务委员会是本级人民代表大会的常设机关。

“地方各级人民政府是地方各级国家权力机关的执行机关，是地方各级国家行政机关。”

四、增加一条，作为第三条：“地方各级人民代表大会、县级以上的地方各级人民代表大会常务委员会和地方各级人民政府坚持中国共产党的领导，坚持以马克思列宁主义、毛泽东思想、邓小平理论、‘三个代表’重要思想、科学发展观、习近平新时代中国特色社会主义思想为指导，依照宪法和法律规定行使职权。”

五、增加一条，作为第四条：“地方各级人民代表大会、县级以上的地方各级人民代表大会常务委员会和地方各级人民政府坚持以人民为中心，坚持和发展全过程人民民主，始终同人民保持密切联系，倾听人民的意见和建议，为人民服务，对人民负责，受人民监督。”

六、增加一条，作为第五条：“地方各级人民代表大会、县级以上的地方各级人民代表大会常务委员会和地方各级人民政府遵循在中央的统一领导下、充分发挥地方的主动性积极性的原则，保证宪法、法律和行政法规在本行政区域的实施。”

七、增加一条，作为第六条：“地方各级人民代表大会、县级以上的地方各级人民代表大会常务委员会和地方各级人民政府实行民主集中制原则。

“地方各级人民代表大会和县级以上的地方各级人民代表大会常务委员会应当充分发扬民主，集体行使职权。

“地方各级人民政府实行首长负责制。政府工作中的重大事项应当经集体讨论决定。”

八、第二章“地方各级人民代表大会”分为六节：第一节“地方各级人民代表大会的组成和任期”，包括第七条至第九条；第二节“地方各级人民代表大会的职权”，包括第十条至第十三条；第三节“地方各级人民代表大会会议的举行”，包括第十四条至第二十五条；第四节“地方国家机关组成人员的选举、罢免和辞职”，包括第二十六条至第三十二条；第五节“地方各级人民代表大会各委员会”，包括第三十三条至第三十七条；第六节“地方各级人民代表大会代表”，包括第三十八条至第四十五条。

九、将第一条改为两条，作为第七条和第六十一条，修改为：

“第七条　省、自治区、直辖市、自治州、县、自治县、市、市辖区、乡、民族乡、镇设立人民代表大会。

“第六十一条　省、自治区、直辖市、自治州、县、自治县、市、市辖区、乡、民族乡、镇设立人民政府。”

十、将第七条改为第十条，第二款修改为：“设区的市、自治州的人民代表大会根据本行政区域的具体情况和实际需要，在不同宪法、法律、行政法规和本省、自治区的地方性法规相抵触的前提下，可以依照法律规定的权限制定地方性法规，报省、自治区的人民代表大会常务委员会批准后施行，并由省、自治区的人民代表大会常务委员会报全国人民代表大会常务委员会和国务院备案。”

增加一款，作为第三款：“省、自治区、直辖市以及设区的市、自治州的人民代表大会根据区域协调发展的需要，可以开展协同立法。”

十一、将第八条改为第十一条，第二项修改为：“（二）审查和批准本行政区域内的国民经济和社会发展规划纲要、计划和预算及其执行情况的报告，审查监督政府债务，监督本级人民政府对国有资产的管理”。

第三项修改为：“（三）讨论、决定本行政区域内的政治、经济、教育、科学、文化、卫生、生态环境保护、自然资源、城乡建设、民政、社会保障、民族等工作的重大事项和项目”。

第六项修改为：“（六）选举本级监察委员会主任、人民法院院长和人民检察院检察长；选出的人民检察院检察长，须报经上一级人民检察院检察长提请该级人民代表大会常务委员会批准”。

第八项修改为：“（八）听取和审议本级人民代表大会常务委员会的工作报告”。

第九项修改为：“（九）听取和审议本级人民政府和人民法院、人民检察院的工作报告”。

第十四项修改为：“（十四）铸牢中华民族共同体意识，促进各民族广泛交往交流交融，保障少数民族的合法权利和利益”。

十二、将第九条改为第十二条，第一款第三项修改为：“（三）根据国家计划，决定本行政区域内的经济、文化事业和公共事业的建设计划和项目”。

第一款第四项修改为：“（四）审查和批准本行政区域内的预算和预算执行情况的报告，监督本级预算的执行，审查和批准本级预算的调整方案，审查和批准本级决算”。

第一款第八项修改为：“（八）听取和审议乡、民族乡、镇的人民政府的工作报告”。

增加一项，作为第一款第九项：“（九）听取和审议乡、民族乡、镇的人民代表大会主席团的工作报告”。

第一款第十二项改为第十三项，修改为：“（十三）铸牢中华民族共同体意识，促进各民族广泛交往交流交融，保障少数民族的合法权利和利益”。

第二款修改为：“少数民族聚居的乡、民族乡、镇的人民代表大会在行使职权的时候，可以依照法律规定的权限采取适合民族特点的具体措施。”

十三、将第十一条改为第十四条，第一款修改为：“地方各级人民代表大会会议每年至少举行一次。乡、民族乡、镇的人民代表大会会议一般每年举行两次。会议召开的日期由本级人民代表大会常务委员会或者乡、民族乡、镇的人民代表大会主席团决定，并予以公布。”

增加一款，作为第二款：“遇有特殊情况，县级以上的地方各级人民代表大会常务委员会或者乡、民族乡、镇的人民代表大会主席团可以决定适当提前或者推迟召开会议。提前或者推迟召开会议的日期未能在当次会议上决定的,常务委员会或者其授权的主任会议,乡、民族乡、镇的人民代表大会主席团可以另行决定,并予以公布。"

第二款改为第三款,修改为:"县级以上的地方各级人民代表大会常务委员会或者乡、民族乡、镇的人民代表大会主席团认为必要,或者经过五分之一以上代表提议,可以临时召集本级人民代表大会会议。"

增加一款,作为第四款:"地方各级人民代表大会会议有三分之二以上的代表出席,始得举行。"

十四、增加一条,作为第十六条:"地方各级人民代表大会举行会议,应当合理安排会期和会议日程,提高议事质量和效率。"

十五、将第二十二条改为第二十七条,第一款修改为:"人民代表大会常务委员会主任、秘书长,乡、民族乡、镇的人民代表大会主席,人民政府正职领导人员,监察委员会主任,人民法院院长,人民检察院检察长的候选人数可以多一人,进行差额选举;如果提名的候选人只有一人,也可以等额选举。人民代表大会常务委员会副主任,乡、民族乡、镇的人民代表大会副主席,人民政府副职领导人员的候选人数应比应选人数多一人至三人,人民代表大会常务委员会委员的候选人数应比应选人数多十分之一至五分之一,由本级人民代表大会根据应选人数在选举办法中规定具体差额数,进行差额选举。如果提名的候选人数符合选举办法规定的差额数,由主席团提交代表酝酿、讨论后,进行选举。如果提名的候选人数超过选举办法规定的差额数,由主席团提交代表酝酿、讨论后,进行预选,根据在预选中得票多少的顺序,按照选举办法规定的差额数,确定正式候选人名单,进行选举。"

十六、将第二十七条改为第三十二条,第一款修改为:"县级以上的地方各级人民代表大会常务委员会组成人员、专门委员会组成人员和人民政府领导人员,监察委员会主任,人民法院院长,人民检察院检察长,可以向本级人民代表大会提出辞职,由大会决定是否接受辞职;大会闭会期间,可以向本级人民代表大会常务委员会提出辞职,由常务委员会决定是否接受辞职。常务委员会决定接受辞职后,报本级人民代表大会备案。人民检察院检察长的辞职,须报经上一级人民检察院检察长提请该级人民代表大会常务委员会批准。"

十七、将第三十条改为第三十三条、第三十四条、第三十五条,修改为:

"第三十三条　省、自治区、直辖市、自治州、设区的市的人民代表大会根据需要,可以设法制委员会、财政经济委员会、教育科学文化卫生委员会、环境与资源保护委员会、社会建设委员会和其他需要设立的专门委员会;县、自治县、不设区的市、市辖区的人民代表大会根据需要,可以设法制委员会、财政经济委员会等专门委员会。

"各专门委员会受本级人民代表大会领导;在大会闭会期间,受本级人民代表大会常务委员会领导。

"第三十四条　各专门委员会的主任委员、副主任委员和委员的人选,由主席团在代表中提名,大会通过。在大会闭会期间,常务委员会可以任免专门委员会的个别副主任委员和部分委员,由主任会议提名,常务委员会会议通过。

"各专门委员会每届任期同本级人民代表大会每届任期相同,履行职责到下届人民代表大会产生新的专门委员会为止。

"第三十五条　各专门委员会在本级人民代表大会及其常务委员会领导下,开展下列工作:

"(一)审议本级人民代表大会主席团或者常务委员会交付的议案;

"(二)向本级人民代表大会主席团或者常务委员会提出属于本级人民代表大会或者常务委员会职权范围内同本委员会有关的议案,组织起草有关议案草案;

"(三)承担本级人民代表大会常务委员会听取和审议专项工作报告、执法检查、专题询问等的具体组织实施工作;

"(四)按照本级人民代表大会常务委员会工作安排,听取本级人民政府工作部门和监察委员会、人民法院、人民检察院的专题汇报,提出建议;

"(五)对属于本级人民代表大会及其常务委员会职权范围内同本委员会有关的问题,进行调查研究,提出建议;

"(六)研究办理代表建议、批评和意见,负责有关建议、批评和意见的督促办理工作;

"(七)办理本级人民代表大会及其常务委员会交办的其他工作。"

十八、将第十九条改为第四十二条,第一款修改为:"县级以上的地方各级人民代表大会代表向本级人民代表大会及其常务委员会提出的对各方面工作的建议、批评和意见,由本级人民代表大会常务委员会的办事机构交有关机关和组织研究办理并负责答复。”

第二款修改为：“乡、民族乡、镇的人民代表大会代表向本级人民代表大会提出的对各方面工作的建议、批评和意见，由本级人民代表大会主席团交有关机关和组织研究办理并负责答复。”

增加一款，作为第三款：“地方各级人民代表大会代表的建议、批评和意见的办理情况，由县级以上的地方各级人民代表大会常务委员会办事机构或者乡、民族乡、镇的人民代表大会主席团向本级人民代表大会常务委员会或者乡、民族乡、镇的人民代表大会报告，并予以公开。”

十九、将第三十七条改为第四十三条，第一款修改为：“地方各级人民代表大会代表应当与原选区选民或者原选举单位和人民群众保持密切联系，听取和反映他们的意见和要求，充分发挥在发展全过程人民民主中的作用。”

增加一款，作为第四款：“地方各级人民代表大会代表应当向原选区选民或者原选举单位报告履职情况。”

二十、第三章“县级以上的地方各级人民代表大会常务委员会”分为四节：第一节“常务委员会的组成和任期”，包括第四十六条至第四十八条；第二节“常务委员会的职权”，包括第四十九条和第五十条；第三节“常务委员会会议的举行”，包括第五十一条至第五十五条；第四节“常务委员会各委员会和工作机构”，包括第五十六条至第六十条。

二十一、将第二条与第四十条第一款合并，作为第四十六条，修改为：“省、自治区、直辖市、自治州、县、自治县、市、市辖区的人民代表大会设立常务委员会，对本级人民代表大会负责并报告工作。”

二十二、将第四十一条改为第四十七条，第三款修改为：“常务委员会的组成人员不得担任国家行政机关、监察机关、审判机关和检察机关的职务；如果担任上述职务，必须向常务委员会辞去常务委员会的职务。”

第四款第一项、第二项分别修改为：“（一）省、自治区、直辖市四十五人至七十五人，人口超过八千万的省不超过九十五人；

“（二）设区的市、自治州二十九人至五十一人，人口超过八百万的设区的市不超过六十一人”。

第五款修改为：“省、自治区、直辖市每届人民代表大会常务委员会组成人员的名额，由省、自治区、直辖市的人民代表大会依照前款规定，按人口多少并结合常务委员会组成人员结构的需要确定。自治州、县、自治县、市、市辖区每届人民代表大会常务委员会组成人员的名额，由省、自治区、直辖市的人民代表大会常务委员会依照前款规定，按人口多少并结合常务委员会组成人员结构的需要确定。每届人民代表大会常务委员会组成人员的名额经确定后，在本届人民代表大会的任期内不再变动。”

二十三、将第四十三条改为第四十九条，第二款修改为：“设区的市、自治州的人民代表大会常务委员会在本级人民代表大会闭会期间，根据本行政区域的具体情况和实际需要，在不同宪法、法律、行政法规和本省、自治区的地方性法规相抵触的前提下，可以依照法律规定的权限制定地方性法规，报省、自治区的人民代表大会常务委员会批准后施行，并由省、自治区的人民代表大会常务委员会报全国人民代表大会常务委员会和国务院备案。”

增加一款，作为第三款：“省、自治区、直辖市以及设区的市、自治州的人民代表大会常务委员会根据区域协调发展的需要，可以开展协同立法。”

二十四、将第四十四条改为第五十条，第四项修改为：“（四）讨论、决定本行政区域内的政治、经济、教育、科学、文化、卫生、生态环境保护、自然资源、城乡建设、民政、社会保障、民族等工作的重大事项和项目”。

第五项修改为：“（五）根据本级人民政府的建议，审查和批准本行政区域内的国民经济和社会发展规划纲要、计划和本级预算的调整方案”。

增加一项，作为第六项：“（六）监督本行政区域内的国民经济和社会发展规划纲要、计划和预算的执行，审查和批准本级决算，监督审计查出问题整改情况，审查监督政府债务”。

第六项改为第七项，修改为：“（七）监督本级人民政府、监察委员会、人民法院和人民检察院的工作，听取和审议有关专项工作报告，组织执法检查，开展专题询问等；联系本级人民代表大会代表，受理人民群众对上述机关和国家工作人员的申诉和意见”。

增加一项，作为第八项：“（八）监督本级人民政府对国有资产的管理，听取和审议本级人民政府关于国有资产管理情况的报告”。

增加一项，作为第九项：“（九）听取和审议本级人民政府关于年度环境状况和环境保护目标完成情况的报告”。

增加一项，作为第十项：“（十）听取和审议备案审查工作情况报告”。

第九项改为第十三项，修改为：“（十三）在本级人民代表大会闭会期间，决定副省长、自治区副主席、副市长、副州长、副县长、副区长的个别任免；在省长、自治区主席、市长、州长、县长、区长和监察委员会主任、人民法院院长、人民检察院检察长因故不能担任职务的时候，根据主任会议的提名，从本级人民政府、监察委员会、人民法院、人民检察院副职领导人员中决定代理的人选；决定代理检察长，须报上一级人民检察院和人民代表大会常务委员会备案"。

增加一项，作为第十五项："（十五）根据监察委员会主任的提名，任免监察委员会副主任、委员"。

第十二项改为第十七项，修改为："（十七）在本级人民代表大会闭会期间，决定撤销个别副省长、自治区副主席、副市长、副州长、副县长、副区长的职务；决定撤销由它任命的本级人民政府其他组成人员和监察委员会副主任、委员，人民法院副院长、庭长、副庭长、审判委员会委员、审判员，人民检察院副检察长、检察委员会委员、检察员，中级人民法院院长，人民检察院分院检察长的职务"。

删去第十四项。

增加一款，作为第二款："常务委员会讨论前款第四项规定的本行政区域内的重大事项和项目，可以作出决定或者决议，也可以将有关意见、建议送有关地方国家机关或者单位研究办理。有关办理情况应当及时向常务委员会报告。"

二十五、将第四十五条改为第五十一条，第一款修改为："常务委员会会议由主任召集并主持，每两个月至少举行一次。遇有特殊需要时，可以临时召集常务委员会会议。主任可以委托副主任主持会议。"

增加一款，作为第二款："县级以上的地方各级人民政府、监察委员会、人民法院、人民检察院的负责人，列席本级人民代表大会常务委员会会议。"

增加一款，作为第三款："常务委员会会议有常务委员会全体组成人员过半数出席，始得举行。"

二十六、将第四十八条改为第五十四条，修改为："省、自治区、直辖市、自治州、设区的市的人民代表大会常务委员会主任、副主任和秘书长组成主任会议；县、自治县、不设区的市、市辖区的人民代表大会常务委员会主任、副主任组成主任会议。

"主任会议处理常务委员会的重要日常工作：

"（一）决定常务委员会每次会议的会期，拟订会议议程草案，必要时提出调整会议议程的建议；

"（二）对向常务委员会提出的议案和质询案，决定交由有关的专门委员会审议或者提请常务委员会全体会议审议；

"（三）决定是否将议案和决定草案、决议草案提请常务委员会全体会议表决，对暂不交付表决的，提出下一步处理意见；

"（四）通过常务委员会年度工作计划等；

"（五）指导和协调专门委员会的日常工作；

"（六）其他重要日常工作。"

二十七、将第五十条改为第五十六条，第二款修改为："代表资格审查委员会的主任委员、副主任委员和委员的人选，由常务委员会主任会议在常务委员会组成人员中提名，常务委员会任免。"

二十八、将第五十三条改为第五十九条，第一款修改为："常务委员会根据工作需要，设立办事机构和法制工作委员会、预算工作委员会、代表工作委员会等工作机构。"

增加一款，作为第四款："县、自治县的人民代表大会常务委员会可以比照前款规定，在街道设立工作机构。"

二十九、增加一条，作为第六十条："县级以上的地方各级人民代表大会常务委员会和各专门委员会、工作机构应当建立健全常务委员会组成人员和各专门委员会、工作机构联系代表的工作机制，支持和保障代表依法履职，扩大代表对各项工作的参与，充分发挥代表作用。

"县级以上的地方各级人民代表大会常务委员会通过建立基层联系点、代表联络站等方式，密切同人民群众的联系，听取对立法、监督等工作的意见和建议。"

三十、第四章"地方各级人民政府"分为四节：第一节"一般规定"，包括第六十一条至第六十九条；第二节"地方各级人民政府的组成和任期"，包括第七十条至第七十二条；第三节"地方各级人民政府的职权"，包括第七十三条至第七十八条；第四节"地方各级人民政府的机构设置"，包括第七十九条至第八十八条。

三十一、增加一条，作为第六十二条："地方各级人民政府应当维护宪法和法律权威，坚持依法行政，建设职能科学、权责法定、执法严明、公开公正、智能高效、廉洁诚信、人民满意的法治政府。"

三十二、增加一条，作为第六十三条："地方各级人民政府应当坚持以人民为中心，全心全意为人民服务，提高行政效能，建设服务型政府。"

三十三、增加一条，作为第六十四条："地方各级人民政府应当严格执行廉洁从政各项规定，加强廉政建设，建设廉洁政府。"

三十四、增加一条，作为第六十五条："地方各级人民政府应当坚持诚信原则，加强政务诚信建设，建设诚信政府。”

三十五、增加一条，作为第六十六条：“地方各级人民政府应当坚持政务公开，全面推进决策、执行、管理、服务、结果公开，依法、及时、准确公开政府信息，推进政务数据有序共享，提高政府工作的透明度。”

三十六、增加一条，作为第六十七条：“地方各级人民政府应当坚持科学决策、民主决策、依法决策，提高决策的质量。”

三十七、增加一条，作为第六十八条：“地方各级人民政府应当依法接受监督，确保行政权力依法正确行使。”

三十八、将第五十五条改为第六十九条，增加一款，作为第三款：“地方各级人民政府实行重大事项请示报告制度。”

三十九、将第五十九条改为第七十三条，第五项修改为：“（五）编制和执行国民经济和社会发展规划纲要、计划和预算，管理本行政区域内的经济、教育、科学、文化、卫生、体育、城乡建设等事业和生态环境保护、自然资源、财政、民政、社会保障、公安、民族事务、司法行政、人口与计划生育等行政工作”。

增加一项，作为第七项：“（七）履行国有资产管理职责”。

第八项改为第九项，修改为：“（九）铸牢中华民族共同体意识，促进各民族广泛交往交流交融，保障少数民族的合法权利和利益，保障少数民族保持或者改革自己的风俗习惯的自由，帮助本行政区域内的民族自治地方依照宪法和法律实行区域自治，帮助各少数民族发展政治、经济和文化的建设事业”。

四十、将第六十条改为第七十四条，第一款修改为：“省、自治区、直辖市的人民政府可以根据法律、行政法规和本省、自治区、直辖市的地方性法规，制定规章，报国务院和本级人民代表大会常务委员会备案。设区的市、自治州的人民政府可以根据法律、行政法规和本省、自治区的地方性法规，依照法律规定的权限制定规章，报国务院和省、自治区的人民代表大会常务委员会、人民政府以及本级人民代表大会常务委员会备案。”

四十一、增加一条，作为第七十五条：“县级以上的地方各级人民政府制定涉及个人、组织权利义务的规范性文件，应当依照法定权限和程序，进行评估论证、公开征求意见、合法性审查、集体讨论决定，并予以公布和备案。”

四十二、将第六十一条改为第七十六条，第二项修改为：“（二）执行本行政区域内的经济和社会发展计划、预算，管理本行政区域内的经济、教育、科学、文化、卫生、体育等事业和生态环境保护、财政、民政、社会保障、公安、司法行政、人口与计划生育等行政工作”。

第五项修改为：“（五）铸牢中华民族共同体意识，促进各民族广泛交往交流交融，保障少数民族的合法权利和利益，保障少数民族保持或者改革自己的风俗习惯的自由”。

四十三、将第六十四条改为第七十九条，第一款修改为：“地方各级人民政府根据工作需要和优化协同高效以及精干的原则，设立必要的工作部门。”

将第三款和第四款合并，作为第三款，修改为：“省、自治区、直辖市的人民政府的厅、局、委员会等工作部门和自治州、县、自治县、市、市辖区的人民政府的局、科等工作部门的设立、增加、减少或者合并，按照规定程序报请批准，并报本级人民代表大会常务委员会备案。”

四十四、增加一条，作为第八十条：“县级以上的地方各级人民政府根据国家区域发展战略，结合地方实际需要，可以共同建立跨行政区划的区域协同发展工作机制，加强区域合作。

“上级人民政府应当对下级人民政府的区域合作工作进行指导、协调和监督。”

四十五、增加一条，作为第八十一条：“县级以上的地方各级人民政府根据应对重大突发事件的需要，可以建立跨部门指挥协调机制。”

四十六、增加一条，作为第八十六条：“街道办事处在本辖区内办理派出它的人民政府交办的公共服务、公共管理、公共安全等工作，依法履行综合管理、统筹协调、应急处置和行政执法等职责，反映居民的意见和要求。”

四十七、增加一条，作为第八十七条：“乡、民族乡、镇的人民政府和市辖区、不设区的市的人民政府或者街道办事处对基层群众性自治组织的工作给予指导、支持和帮助。基层群众性自治组织协助乡、民族乡、镇的人民政府和市辖区、不设区的市的人民政府或者街道办事处开展工作。”

四十八、增加一条，作为第八十八条：“乡、民族乡、镇的人民政府和街道办事处可以根据实际情况建立居民列席有关会议的制度。”

四十九、对部分条文作以下修改：

（一）将第三条改为第八十九条。

（二）在第十条、第十七条、第二十一条第一款和第二款、第二十五条、第二十六条第一款中的“人民法院院长”前增加“监察委员会主任”。

（三）将第二十四条第三款中的“第二十二条”修改为“第二十七条”。

（四）将第二十八条改为第二十四条，在第一款中的“人民法院”前增加“监察委员会”。

（五）将第二十九条改为第二十三条。

（六）在第四十七条第一款中的“本级人民政府”后增加“及其工作部门、监察委员会”。

（七）删去第五十五条第三款。

本决定通过前，省、设区的市级新的一届人民代表大会常务委员会组成人员的名额已经确定的，根据本决定增加相应的名额，并依法进行选举。

本决定自 2022 年 3 月 12 日起施行。

《中华人民共和国地方各级人民代表大会和地方各级人民政府组织法》根据本决定作相应修改并对条文顺序作相应调整，重新公布。

中华人民共和国地方各级人民代表大会和地方各级人民政府组织法

（1979 年 7 月 1 日第五届全国人民代表大会第二次会议通过　1979 年 7 月 4 日公布　自 1980 年 1 月 1 日起施行　根据 1982 年 12 月 10 日第五届全国人民代表大会第五次会议《关于修改〈中华人民共和国地方各级人民代表大会和地方各级人民政府组织法〉的若干规定的决议》第一次修正　根据 1986 年 12 月 2 日第六届全国人民代表大会常务委员会第十八次会议《关于修改〈中华人民共和国地方各级人民代表大会和地方各级人民政府组织法〉的决定》第二次修正　根据 1995 年 2 月 28 日第八届全国人民代表大会常务委员会第十二次会议《关于修改〈中华人民共和国地方各级人民代表大会和地方各级人民政府组织法〉的决定》第三次修正　根据 2004 年 10 月 27 日第十届全国人民代表大会常务委员会第十二次会议《关于修改〈中华人民共和国地方各级人民代表大会和地方各级人民政府组织法〉的决定》第四次修正　根据 2015 年 8 月 29 日第十二届全国人民代表大会常务委员会第十六次会议《关于修改〈中华人民共和国地方各级人民代表大会和地方各级人民政府组织法〉、〈中华人民共和国全国人民代表大会和地方各级人民代表大会选举法〉、〈中华人民共和国全国人民代表大会和地方各级人民代表大会代表法〉的决定》第五次修正　根据 2022 年 3 月 11 日第十三届全国人民代表大会第五次会议《关于修改〈中华人民共和国地方各级人民代表大会和地方各级人民政府组织法〉的决定》第六次修正）

目　录

第一章 总 则

第一条 为了健全地方各级人民代表大会和地方各级人民政府的组织和工作制度，保障和规范其行使职权，坚持和完善人民代表大会制度，保证人民当家作主，根据宪法，制定本法。

第二条 地方各级人民代表大会是地方国家权力机关。

县级以上的地方各级人民代表大会常务委员会是本级人民代表大会的常设机关。

地方各级人民政府是地方各级国家权力机关的执行机关，是地方各级国家行政机关。

第三条 地方各级人民代表大会、县级以上的地方各级人民代表大会常务委员会和地方各级人民政府坚持中国共产党的领导，坚持以马克思列宁主义、毛泽东思想、邓小平理论、“三个代表”重要思想、科学发展观、习近平新时代中国特色社会主义思想为指导，依照宪法和法律规定行使职权。

第四条 地方各级人民代表大会、县级以上的地方各级人民代表大会常务委员会和地方各级人民政府坚持以人民为中心，坚持和发展全过程人民民主，始终同人民保持密切联系，倾听人民的意见和建议，为人民服务，对人民负责，受人民监督。

第五条 地方各级人民代表大会、县级以上的地方各级人民代表大会常务委员会和地方各级人民政府遵循在中央的统一领导下、充分发挥地方的主动性积极性的原则，保证宪法、法律和行政法规在本行政区域的实施。

第六条 地方各级人民代表大会、县级以上的地方各级人民代表大会常务委员会和地方各级人民政府实行民主集中制原则。

地方各级人民代表大会和县级以上的地方各级人民代表大会常务委员会应当充分发扬民主，集体行使职权。

地方各级人民政府实行首长负责制。政府工作中的重大事项应当经集体讨论决定。

第二章 地方各级人民代表大会

第一节 地方各级人民代表大会的组成和任期

第七条 省、自治区、直辖市、自治州、县、自治县、市、市辖区、乡、民族乡、镇设立人民代表大会。

第八条 省、自治区、直辖市、自治州、设区的市的人民代表大会代表由下一级的人民代表大会选举；县、自治县、不设区的市、市辖区、乡、民族乡、镇的人民代表大会代表由选民直接选举。

地方各级人民代表大会代表名额和代表产生办法由选举法规定。各行政区域内的少数民族应当有适当的代表名额。

第九条 地方各级人民代表大会每届任期五年。

第二节 地方各级人民代表大会的职权

第十条 省、自治区、直辖市的人民代表大会根据本行政区域的具体情况和实际需要，在不同宪法、法律、行政法规相抵触的前提下，可以制定和颁布地方性法规，报全国人民代表大会常务委员会和国务院备案。

设区的市、自治州的人民代表大会根据本行政区域的具体情况和实际需要，在不同宪法、法律、行政法规和本省、自治区的地方性法规相抵触的前提下，可以依照法律规定的权限制定地方性法规，报省、自治区的人民代表大会常务委员会批准后施行，并由省、自治区的人民代表大会常务委员会报全国人民代表大会常务委员会和国务院备案。

省、自治区、直辖市以及设区的市、自治州的人民代表大会根据区域协调发展的需要，可以开展协同立法。

第十一条 县级以上的地方各级人民代表大会行使下列职权：

（一）在本行政区域内，保证宪法、法律、行政法规和上级人民代表大会及其常务委员会决议的遵守和执行，保证国家计划和国家预算的执行；

（二）审查和批准本行政区域内的国民经济和社会发展规划纲要、计划和预算及其执行情况的报告，审查监督政府债务，监督本级人民政府对国有资产的管理；

（三）讨论、决定本行政区域内的政治、经济、教育、科学、文化、卫生、生态环境保护、自然资源、城乡建设、民政、社会保障、民族等工作的重大事项和项目；

（四）选举本级人民代表大会常务委员会的组成人员；

（五）选举省长、副省长，自治区主席、副主席，市长、副市长，州长、副州长，县长、副县长，区长、副区长；

（六）选举本级监察委员会主任、人民法院院长和人民检察院检察长；选出的人民检察院检察长，须报经上一级人民检察院检察长提请该级人民代表大会常务委员会批准；

（七）选举上一级人民代表大会代表；

（八）听取和审议本级人民代表大会常务委员会的工作报告；

（九）听取和审议本级人民政府和人民法院、人民检察院的工作报告；

（十）改变或者撤销本级人民代表大会常务委员会的不适当的决议；

（十一）撤销本级人民政府的不适当的决定和命令；

（十二）保护社会主义的全民所有的财产和劳动群众集体所有的财产，保护公民私人所有的合法财产，维护社会秩序，保障公民的人身权利、民主权利和其他权利；

（十三）保护各种经济组织的合法权益；

（十四）铸牢中华民族共同体意识，促进各民族广泛交往交流交融，保障少数民族的合法权利和利益；

（十五）保障宪法和法律赋予妇女的男女平等、同工同酬和婚姻自由等各项权利。

第十二条　乡、民族乡、镇的人民代表大会行使下列职权：

（一）在本行政区域内，保证宪法、法律、行政法规和上级人民代表大会及其常务委员会决议的遵守和执行；

（二）在职权范围内通过和发布决议；

（三）根据国家计划，决定本行政区域内的经济、文化事业和公共事业的建设计划和项目；

（四）审查和批准本行政区域内的预算和预算执行情况的报告，监督本级预算的执行，审查和批准本级预算的调整方案，审查和批准本级决算；

（五）决定本行政区域内的民政工作的实施计划；

（六）选举本级人民代表大会主席、副主席；

（七）选举乡长、副乡长，镇长、副镇长；

（八）听取和审议乡、民族乡、镇的人民政府的工作报告；

（九）听取和审议乡、民族乡、镇的人民代表大会主席团的工作报告；

（十）撤销乡、民族乡、镇的人民政府的不适当的决定和命令；

（十一）保护社会主义的全民所有的财产和劳动群众集体所有的财产，保护公民私人所有的合法财产，维护社会秩序，保障公民的人身权利、民主权利和其他权利；

（十二）保护各种经济组织的合法权益；

（十三）铸牢中华民族共同体意识，促进各民族广泛交往交流交融，保障少数民族的合法权利和利益；

（十四）保障宪法和法律赋予妇女的男女平等、同工同酬和婚姻自由等各项权利。

少数民族聚居的乡、民族乡、镇的人民代表大会在行使职权的时候，可以依照法律规定的权限采取适合民族特点的具体措施。

第十三条　地方各级人民代表大会有权罢免本级人民政府的组成人员。县级以上的地方各级人民代表大会有权罢免本级人民代表大会常务委员会的组成人员和由它选出的监察委员会主任、人民法院院长、人民检察院检察长。罢免人民检察院检察长，须报经上一级人民检察院检察长提请该级人民代表大会常务委员会批准。

第三节　地方各级人民代表大会会议的举行

第十四条　地方各级人民代表大会会议每年至少举行一次。乡、民族乡、镇的人民代表大会会议一般每年举行两次。会议召开的日期由本级人民代表大会常务委员会或者乡、民族乡、镇的人民代表大会主席团决定，并予以公布。

遇有特殊情况，县级以上的地方各级人民代表大会常务委员会或者乡、民族乡、镇的人民代表大会主席团可以决定适当提前或者推迟召开会议。提前或者推迟召开会议的日期未能在当次会议上决定的，常务委员会或者其授权的主任会议，乡、民族乡、镇的人民代表大会主席团可以另行决定，并予以公布。

县级以上的地方各级人民代表大会常务委员会或者乡、民族乡、镇的人民代表大会主席团认为必要，或者经过五分之一以上代表提议，可以临时召集本级人民代表大会会议。

地方各级人民代表大会会议有三分之二以上的代表出席，始得举行。

第十五条　县级以上的地方各级人民代表大会会议由本级人民代表大会常务委员会召集。

第十六条　地方各级人民代表大会举行会议，应当合理安排会期和会议日程，提高议事质量和效率。

第十七条　县级以上的地方各级人民代表大

会每次会议举行预备会议,选举本次会议的主席团和秘书长,通过本次会议的议程和其他准备事项的决定。

预备会议由本级人民代表大会常务委员会主持。每届人民代表大会第一次会议的预备会议,由上届本级人民代表大会常务委员会主持。

县级以上的地方各级人民代表大会举行会议的时候,由主席团主持会议。

县级以上的地方各级人民代表大会会议设副秘书长若干人;副秘书长的人选由主席团决定。

第十八条　乡、民族乡、镇的人民代表大会设主席,并可以设副主席一人至二人。主席、副主席由本级人民代表大会从代表中选出,任期同本级人民代表大会每届任期相同。

乡、民族乡、镇的人民代表大会主席、副主席不得担任国家行政机关的职务;如果担任国家行政机关的职务,必须向本级人民代表大会辞去主席、副主席的职务。

乡、民族乡、镇的人民代表大会主席、副主席在本级人民代表大会闭会期间负责联系本级人民代表大会代表,根据主席团的安排组织代表开展活动,反映代表和群众对本级人民政府工作的建议、批评和意见,并负责处理主席团的日常工作。

第十九条　乡、民族乡、镇的人民代表大会举行会议的时候,选举主席团。由主席团主持会议,并负责召集下一次的本级人民代表大会会议。乡、民族乡、镇的人民代表大会主席、副主席为主席团的成员。

主席团在本级人民代表大会闭会期间,每年选择若干关系本地区群众切身利益和社会普遍关注的问题,有计划地安排代表听取和讨论本级人民政府的专项工作报告,对法律、法规实施情况进行检查,开展视察、调研等活动;听取和反映代表和群众对本级人民政府工作的建议、批评和意见。主席团在闭会期间的工作,向本级人民代表大会报告。

第二十条　地方各级人民代表大会每届第一次会议,在本届人民代表大会代表选举完成后的两个月内,由上届本级人民代表大会常务委员会或者乡、民族乡、镇的上次人民代表大会主席团召集。

第二十一条　县级以上的地方各级人民政府组成人员和监察委员会主任、人民法院院长、人民检察院检察长,乡级的人民政府领导人员,列席本级人民代表大会会议;县级以上的其他有关机关、团体负责人,经本级人民代表大会常务委员会决定,可以列席本级人民代表大会会议。

第二十二条　地方各级人民代表大会举行会议的时候,主席团、常务委员会、各专门委员会、本级人民政府,可以向本级人民代表大会提出属于本级人民代表大会职权范围内的议案,由主席团决定提交人民代表大会会议审议,或者并交有关的专门委员会审议、提出报告,再由主席团审议决定提交大会表决。

县级以上的地方各级人民代表大会代表十人以上联名,乡、民族乡、镇的人民代表大会代表五人以上联名,可以向本级人民代表大会提出属于本级人民代表大会职权范围内的议案,由主席团决定是否列入大会议程,或者先交有关的专门委员会审议,提出是否列入大会议程的意见,再由主席团决定是否列入大会议程。

列入会议议程的议案,在交付大会表决前,提案人要求撤回的,经主席团同意,会议对该项议案的审议即行终止。

第二十三条　在地方各级人民代表大会审议议案的时候,代表可以向有关地方国家机关提出询问,由有关机关派人说明。

第二十四条　地方各级人民代表大会举行会议的时候,代表十人以上联名可以书面提出对本级人民政府和它所属各工作部门以及监察委员会、人民法院、人民检察院的质询案。质询案必须写明质询对象、质询的问题和内容。

质询案由主席团决定交由受质询机关在主席团会议、大会全体会议或者有关的专门委员会会议上口头答复,或者由受质询机关书面答复。在主席团会议或者专门委员会会议上答复的,提质询案的代表有权列席会议,发表意见;主席团认为必要的时候,可以将答复质询案的情况报告印发会议。

质询案以口头答复的,应当由受质询机关的负责人到会答复;质询案以书面答复的,应当由受质询机关的负责人签署,由主席团印发会议或者印发提质询案的代表。

第二十五条　地方各级人民代表大会进行选举和通过决议,以全体代表的过半数通过。

第四节　地方国家机关组成人员的选举、罢免和辞职

第二十六条　县级以上的地方各级人民代表大会常务委员会的组成人员,乡、民族乡、镇的人民代表大会主席、副主席,省长、副省长,自治区主席、副主席,市长、副市长,州长、副州长,县长、副县长,区长、副区长,乡长、副乡长,镇长、副镇长,监察委

员会主任,人民法院院长,人民检察院检察长的人选,由本级人民代表大会主席团或者代表依照本法规定联合提名。

省、自治区、直辖市的人民代表大会代表三十人以上书面联名,设区的市和自治州的人民代表大会代表二十人以上书面联名,县级的人民代表大会代表十人以上书面联名,可以提出本级人民代表大会常务委员会组成人员,人民政府领导人员,监察委员会主任,人民法院院长,人民检察院检察长的候选人。乡、民族乡、镇的人民代表大会代表十人以上书面联名,可以提出本级人民代表大会主席、副主席,人民政府领导人员的候选人。不同选区或者选举单位选出的代表可以酝酿、联合提出候选人。

主席团提名的候选人人数,每一代表与其他代表联合提名的候选人人数,均不得超过应选名额。

提名人应当如实介绍所提名的候选人的情况。

第二十七条 人民代表大会常务委员会主任、秘书长,乡、民族乡、镇的人民代表大会主席,人民政府正职领导人员,监察委员会主任,人民法院院长,人民检察院检察长的候选人数可以多一人,进行差额选举;如果提名的候选人只有一人,也可以等额选举。人民代表大会常务委员会副主任,乡、民族乡、镇的人民代表大会副主席,人民政府副职领导人员的候选人数应比应选人数多一人至三人,人民代表大会常务委员会委员的候选人数应比应选人数多十分之一至五分之一,由本级人民代表大会根据应选人数在选举办法中规定具体差额数,进行差额选举。如果提名的候选人数符合选举办法规定的差额数,由主席团提交代表酝酿、讨论后,进行选举。如果提名的候选人数超过选举办法规定的差额数,由主席团提交代表酝酿、讨论后,进行预选,根据在预选中得票多少的顺序,按照选举办法规定的差额数,确定正式候选人名单,进行选举。

县级以上的地方各级人民代表大会换届选举本级国家机关领导人员时,提名、酝酿候选人的时间不得少于两天。

第二十八条 选举采用无记名投票方式。代表对于确定的候选人,可以投赞成票,可以投反对票,可以另选其他任何代表或者选民,也可以弃权。

第二十九条 地方各级人民代表大会选举本级国家机关领导人员,获得过半数选票的候选人人数超过应选名额时,以得票多的当选。如遇票数相等不能确定当选人时,应当就票数相等的人再次投票,以得票多的当选。

获得过半数选票的当选人数少于应选名额时,不足的名额另行选举。另行选举时,可以根据在第一次投票时得票多少的顺序确定候选人,也可以依照本法规定的程序另行提名、确定候选人。经本级人民代表大会决定,不足的名额的另行选举可以在本次人民代表大会会议上进行,也可以在下一次人民代表大会会议上进行。

另行选举人民代表大会常务委员会副主任、委员,乡、民族乡、镇的人民代表大会副主席,人民政府副职领导人员时,依照本法第二十七条第一款的规定,确定差额数,进行差额选举。

第三十条 地方各级人民代表大会补选常务委员会主任、副主任、秘书长、委员,乡、民族乡、镇的人民代表大会主席、副主席,省长、副省长,自治区主席、副主席,市长、副市长,州长、副州长,县长、副县长,区长、副区长,乡长、副乡长,镇长、副镇长,监察委员会主任,人民法院院长,人民检察院检察长时,候选人数可以多于应选人数,也可以同应选人数相等。选举办法由本级人民代表大会决定。

第三十一条 县级以上的地方各级人民代表大会举行会议的时候,主席团、常务委员会或者十分之一以上代表联名,可以提出对本级人民代表大会常务委员会组成人员、人民政府组成人员、监察委员会主任、人民法院院长、人民检察院检察长的罢免案,由主席团提请大会审议。

乡、民族乡、镇的人民代表大会举行会议的时候,主席团或者五分之一以上代表联名,可以提出对人民代表大会主席、副主席,乡长、副乡长,镇长、副镇长的罢免案,由主席团提请大会审议。

罢免案应当写明罢免理由。

被提出罢免的人员有权在主席团会议或者大会全体会议上提出申辩意见,或者书面提出申辩意见。在主席团会议上提出的申辩意见或者书面提出的申辩意见,由主席团印发会议。

向县级以上的地方各级人民代表大会提出的罢免案,由主席团交会议审议后,提请全体会议表决;或者由主席团提议,经全体会议决定,组织调查委员会,由本级人民代表大会下次会议根据调查委员会的报告审议决定。

第三十二条 县级以上的地方各级人民代表大会常务委员会组成人员、专门委员会组成人员和人民政府领导人员,监察委员会主任,人民法院院长,人民检察院检察长,可以向本级人民代表大会提出辞职,由大会决定是否接受辞职;大会闭会期间,可以向本级人民代表大会常务委员会提出辞职,由常务委员会决定是否接受辞职。常务委员会决定接受辞职后,报本级人民代表大会备案。人民检察院检察长的辞职,须报经上一级人民检察院检察长提请该级人民代表大会常务委员会批准。

乡、民族乡、镇的人民代表大会主席、副主席,乡长、副乡长,镇长、副镇长,可以向本级人民代表大会提出辞职,由大会决定是否接受辞职。

第五节　地方各级人民代表大会各委员会

第三十三条　省、自治区、直辖市、自治州、设区的市的人民代表大会根据需要,可以设法制委员会、财政经济委员会、教育科学文化卫生委员会、环境与资源保护委员会、社会建设委员会和其他需要设立的专门委员会;县、自治县、不设区的市、市辖区的人民代表大会根据需要,可以设法制委员会、财政经济委员会等专门委员会。

各专门委员会受本级人民代表大会领导;在大会闭会期间,受本级人民代表大会常务委员会领导。

第三十四条　各专门委员会的主任委员、副主任委员和委员的人选,由主席团在代表中提名,大会通过。在大会闭会期间,常务委员会可以任免专门委员会的个别副主任委员和部分委员,由主任会议提名,常务委员会会议通过。

各专门委员会每届任期同本级人民代表大会每届任期相同,履行职责到下届人民代表大会产生新的专门委员会为止。

第三十五条　各专门委员会在本级人民代表大会及其常务委员会领导下,开展下列工作:

(一)审议本级人民代表大会主席团或者常务委员会交付的议案;

(二)向本级人民代表大会主席团或者常务委员会提出属于本级人民代表大会或者常务委员会职权范围内同本委员会有关的议案,组织起草有关议案草案;

(三)承担本级人民代表大会常务委员会听取和审议专项工作报告、执法检查、专题询问等的具体组织实施工作;

(四)按照本级人民代表大会常务委员会工作安排,听取本级人民政府工作部门和监察委员会、人民法院、人民检察院的专题汇报,提出建议;

(五)对属于本级人民代表大会及其常务委员会职权范围内同本委员会有关的问题,进行调查研究,提出建议;

(六)研究办理代表建议、批评和意见,负责有关建议、批评和意见的督促办理工作;

(七)办理本级人民代表大会及其常务委员会交办的其他工作。

第三十六条　县级以上的地方各级人民代表大会可以组织关于特定问题的调查委员会。

主席团或者十分之一以上代表书面联名,可以向本级人民代表大会提议组织关于特定问题的调查委员会,由主席团提请全体会议决定。

调查委员会由主任委员、副主任委员和委员组成,由主席团在代表中提名,提请全体会议通过。

调查委员会应当向本级人民代表大会提出调查报告。人民代表大会根据调查委员会的报告,可以作出相应的决议。人民代表大会可以授权它的常务委员会听取调查委员会的调查报告,常务委员会可以作出相应的决议,报人民代表大会下次会议备案。

第三十七条　乡、民族乡、镇的每届人民代表大会第一次会议通过的代表资格审查委员会,行使职权至本届人民代表大会任期届满为止。

第六节　地方各级人民代表大会代表

第三十八条　地方各级人民代表大会代表任期,从每届本级人民代表大会举行第一次会议开始,到下届本级人民代表大会举行第一次会议为止。

第三十九条　地方各级人民代表大会代表、常务委员会组成人员,在人民代表大会和常务委员会会议上的发言和表决,不受法律追究。

第四十条　县级以上的地方各级人民代表大会代表,非经本级人民代表大会主席团许可,在大会闭会期间,非经本级人民代表大会常务委员会许可,不受逮捕或者刑事审判。如果因为是现行犯被拘留,执行拘留的公安机关应当立即向该级人民代表大会主席团或者常务委员会报告。

第四十一条　地方各级人民代表大会代表在出席人民代表大会会议和执行代表职务的时候,国家根据需要给予往返的旅费和必要的物质上的便利或者补贴。

第四十二条　县级以上的地方各级人民代表大会代表向本级人民代表大会及其常务委员会提出的对各方面工作的建议、批评和意见,由本级人民代表大会常务委员会的办事机构交有关机关和组织研究办理并负责答复。

乡、民族乡、镇的人民代表大会代表向本级人民代表大会提出的对各方面工作的建议、批评和意见,由本级人民代表大会主席团交有关机关和组织研究办理并负责答复。

地方各级人民代表大会代表的建议、批评和意见的办理情况,由县级以上的地方各级人民代表大会常务委员会办事机构或者乡、民族乡、镇的人民代表大会主席团向本级人民代表大会常务委员会或者乡、民族乡、镇的人民代表大会报告,并予以公开。

第四十三条 地方各级人民代表大会代表应当与原选区选民或者原选举单位和人民群众保持密切联系,听取和反映他们的意见和要求,充分发挥在发展全过程人民民主中的作用。

省、自治区、直辖市、自治州、设区的市的人民代表大会代表可以列席原选举单位的人民代表大会会议。

县、自治县、不设区的市、市辖区、乡、民族乡、镇的人民代表大会代表分工联系选民,有代表三人以上的居民地区或者生产单位可以组织代表小组。

地方各级人民代表大会代表应当向原选区选民或者原选举单位报告履职情况。

第四十四条 省、自治区、直辖市、自治州、设区的市的人民代表大会代表受原选举单位的监督;县、自治县、不设区的市、市辖区、乡、民族乡、镇的人民代表大会代表受选民的监督。

地方各级人民代表大会代表的选举单位和选民有权随时罢免自己选出的代表。代表的罢免必须由原选举单位以全体代表的过半数通过,或者由原选区以选民的过半数通过。

第四十五条 地方各级人民代表大会代表因故不能担任代表职务的时候,由原选举单位或者由原选区选民补选。

第三章 县级以上的地方各级人民代表大会常务委员会

第一节 常务委员会的组成和任期

第四十六条 省、自治区、直辖市、自治州、县、自治县、市、市辖区的人民代表大会设立常务委员会,对本级人民代表大会负责并报告工作。

第四十七条 省、自治区、直辖市、自治州、设区的市的人民代表大会常务委员会由本级人民代表大会在代表中选举主任、副主任若干人、秘书长、委员若干人组成。

县、自治县、不设区的市、市辖区的人民代表大会常务委员会由本级人民代表大会在代表中选举主任、副主任若干人和委员若干人组成。

常务委员会的组成人员不得担任国家行政机关、监察机关、审判机关和检察机关的职务;如果担任上述职务,必须向常务委员会辞去常务委员会的职务。

常务委员会组成人员的名额:

(一)省、自治区、直辖市四十五人至七十五人,人口超过八千万的省不超过九十五人;

(二)设区的市、自治州二十九人至五十一人,人口超过八百万的设区的市不超过六十一人;

(三)县、自治县、不设区的市、市辖区十五人至三十五人,人口超过一百万的县、自治县、不设区的市、市辖区不超过四十五人。

省、自治区、直辖市每届人民代表大会常务委员会组成人员的名额,由省、自治区、直辖市的人民代表大会依照前款规定,按人口多少并结合常务委员会组成人员结构的需要确定。自治州、县、自治县、市、市辖区每届人民代表大会常务委员会组成人员的名额,由省、自治区、直辖市的人民代表大会常务委员会依照前款规定,按人口多少并结合常务委员会组成人员结构的需要确定。每届人民代表大会常务委员会组成人员的名额经确定后,在本届人民代表大会的任期内不再变动。

第四十八条 县级以上的地方各级人民代表大会常务委员会每届任期同本级人民代表大会每届任期相同,它行使职权到下届本级人民代表大会选出新的常务委员会为止。

第二节 常务委员会的职权

第四十九条 省、自治区、直辖市的人民代表大会常务委员会在本级人民代表大会闭会期间,根据本行政区域的具体情况和实际需要,在不同宪法、法律、行政法规相抵触的前提下,可以制定和颁布地方性法规,报全国人民代表大会常务委员会和国务院备案。

设区的市、自治州的人民代表大会常务委员会在本级人民代表大会闭会期间,根据本行政区域的具体情况和实际需要,在不同宪法、法律、行政法规和本省、自治区的地方性法规相抵触的前提下,可以依照法律规定的权限制定地方性法规,报省、自治区的人民代表大会常务委员会批准后施行,并由省、自治区的人民代表大会常务委员会报全国人民代表大会常务委员会和国务院备案。

省、自治区、直辖市以及设区的市、自治州的人民代表大会常务委员会根据区域协调发展的需要,可以开展协同立法。

第五十条 县级以上的地方各级人民代表大

会常务委员会行使下列职权：

（一）在本行政区域内，保证宪法、法律、行政法规和上级人民代表大会及其常务委员会决议的遵守和执行；

（二）领导或者主持本级人民代表大会代表的选举；

（三）召集本级人民代表大会会议；

（四）讨论、决定本行政区域内的政治、经济、教育、科学、文化、卫生、生态环境保护、自然资源、城乡建设、民政、社会保障、民族等工作的重大事项和项目；

（五）根据本级人民政府的建议，审查和批准本行政区域内的国民经济和社会发展规划纲要、计划和本级预算的调整方案；

（六）监督本行政区域内的国民经济和社会发展规划纲要、计划和预算的执行，审查和批准本级决算，监督审计查出问题整改情况，审查监督政府债务；

（七）监督本级人民政府、监察委员会、人民法院和人民检察院的工作，听取和审议有关专项工作报告，组织执法检查，开展专题询问等；联系本级人民代表大会代表，受理人民群众对上述机关和国家工作人员的申诉和意见；

（八）监督本级人民政府对国有资产的管理，听取和审议本级人民政府关于国有资产管理情况的报告；

（九）听取和审议本级人民政府关于年度环境状况和环境保护目标完成情况的报告；

（十）听取和审议备案审查工作情况报告；

（十一）撤销下一级人民代表大会及其常务委员会的不适当的决议；

（十二）撤销本级人民政府的不适当的决定和命令；

（十三）在本级人民代表大会闭会期间，决定副省长、自治区副主席、副市长、副州长、副县长、副区长的个别任免；在省长、自治区主席、市长、州长、县长、区长和监察委员会主任、人民法院院长、人民检察院检察长因故不能担任职务的时候，根据主任会议的提名，从本级人民政府、监察委员会、人民法院、人民检察院副职领导人员中决定代理的人选；决定代理检察长，须报上一级人民检察院和人民代表大会常务委员会备案；

（十四）根据省长、自治区主席、市长、州长、县长、区长的提名，决定本级人民政府秘书长、厅长、局长、委员会主任、科长的任免，报上一级人民政府备案；

（十五）根据监察委员会主任的提名，任免监察委员会副主任、委员；

（十六）按照人民法院组织法和人民检察院组织法的规定，任免人民法院副院长、庭长、副庭长、审判委员会委员、审判员，任免人民检察院副检察长、检察委员会委员、检察员，批准任免下一级人民检察院检察长；省、自治区、直辖市的人民代表大会常务委员会根据主任会议的提名，决定在省、自治区内按地区设立的和在直辖市内设立的中级人民法院院长的任免，根据省、自治区、直辖市的人民检察院检察长的提名，决定人民检察院分院检察长的任免；

（十七）在本级人民代表大会闭会期间，决定撤销个别副省长、自治区副主席、副市长、副州长、副县长、副区长的职务；决定撤销由它任命的本级人民政府其他组成人员和监察委员会副主任、委员，人民法院副院长、庭长、副庭长、审判委员会委员、审判员，人民检察院副检察长、检察委员会委员、检察员，中级人民法院院长，人民检察院分院检察长的职务；

（十八）在本级人民代表大会闭会期间，补选上一级人民代表大会出缺的代表和罢免个别代表。

常务委员会讨论前款第四项规定的本行政区域内的重大事项和项目，可以作出决定或者决议，也可以将有关意见、建议送有关地方国家机关或者单位研究办理。有关办理情况应当及时向常务委员会报告。

第三节　常务委员会会议的举行

第五十一条　常务委员会会议由主任召集并主持，每两个月至少举行一次。遇有特殊需要时，可以临时召集常务委员会会议。主任可以委托副主任主持会议。

县级以上的地方各级人民政府、监察委员会、人民法院、人民检察院的负责人，列席本级人民代表大会常务委员会会议。

常务委员会会议有常务委员会全体组成人员过半数出席，始得举行。

常务委员会的决议，由常务委员会以全体组成人员的过半数通过。

第五十二条　县级以上的地方各级人民代表大会常务委员会主任会议可以向本级人民代表大会常务委员会提出属于常务委员会职权范围内的议案，由常务委员会会议审议。

县级以上的地方各级人民政府、人民代表大会各专门委员会,可以向本级人民代表大会常务委员会提出属于常务委员会职权范围内的议案,由主任会议决定提请常务委员会会议审议,或者先交有关的专门委员会审议、提出报告,再提请常务委员会会议审议。

省、自治区、直辖市、自治州、设区的市的人民代表大会常务委员会组成人员五人以上联名,县级的人民代表大会常务委员会组成人员三人以上联名,可以向本级常务委员会提出属于常务委员会职权范围内的议案,由主任会议决定是否提请常务委员会会议审议,或者先交有关的专门委员会审议、提出报告,再决定是否提请常务委员会会议审议。

第五十三条 在常务委员会会议期间,省、自治区、直辖市、自治州、设区的市的人民代表大会常务委员会组成人员五人以上联名,县级的人民代表大会常务委员会组成人员三人以上联名,可以向常务委员会书面提出对本级人民政府及其工作部门、监察委员会、人民法院、人民检察院的质询案。质询案必须写明质询对象、质询的问题和内容。

质询案由主任会议决定交由受质询机关在常务委员会全体会议上或者有关的专门委员会会议上口头答复,或者由受质询机关书面答复。在专门委员会会议上答复的,提质询案的常务委员会组成人员有权列席会议,发表意见;主任会议认为必要的时候,可以将答复质询案的情况报告印发会议。

质询案以口头答复的,应当由受质询机关的负责人到会答复;质询案以书面答复的,应当由受质询机关的负责人签署,由主任会议印发会议或者印发提质询案的常务委员会组成人员。

第五十四条 省、自治区、直辖市、自治州、设区的市的人民代表大会常务委员会主任、副主任和秘书长组成主任会议;县、自治县、不设区的市、市辖区的人民代表大会常务委员会主任、副主任组成主任会议。

主任会议处理常务委员会的重要日常工作:

(一)决定常务委员会每次会议的会期,拟订会议议程草案,必要时提出调整会议议程的建议;

(二)对向常务委员会提出的议案和质询案,决定交由有关的专门委员会审议或者提请常务委员会全体会议审议;

(三)决定是否将议案和决定草案、决议草案提请常务委员会全体会议表决,对暂不交付表决的,提出下一步处理意见;

(四)通过常务委员会年度工作计划等;

(五)指导和协调专门委员会的日常工作;

(六)其他重要日常工作。

第五十五条 常务委员会主任因为健康情况不能工作或者缺位的时候,由常务委员会在副主任中推选一人代理主任的职务,直到主任恢复健康或者人民代表大会选出新的主任为止。

第四节 常务委员会各委员会和工作机构

第五十六条 县级以上的地方各级人民代表大会常务委员会设立代表资格审查委员会。

代表资格审查委员会的主任委员、副主任委员和委员的人选,由常务委员会主任会议在常务委员会组成人员中提名,常务委员会任免。

第五十七条 代表资格审查委员会审查代表的选举是否符合法律规定。

第五十八条 主任会议或者五分之一以上的常务委员会组成人员书面联名,可以向本级人民代表大会常务委员会提议组织关于特定问题的调查委员会,由全体会议决定。

调查委员会由主任委员、副主任委员和委员组成,由主任会议在常务委员会组成人员和其他代表中提名,提请全体会议通过。

调查委员会应当向本级人民代表大会常务委员会提出调查报告。常务委员会根据调查委员会的报告,可以作出相应的决议。

第五十九条 常务委员会根据工作需要,设立办事机构和法制工作委员会、预算工作委员会、代表工作委员会等工作机构。

省、自治区的人民代表大会常务委员会可以在地区设立工作机构。

市辖区、不设区的市的人民代表大会常务委员会可以在街道设立工作机构。工作机构负责联系街道辖区内的人民代表大会代表,组织代表开展活动,反映代表和群众的建议、批评和意见,办理常务委员会交办的监督、选举以及其他工作,并向常务委员会报告工作。

县、自治县的人民代表大会常务委员会可以比照前款规定,在街道设立工作机构。

第六十条 县级以上的地方各级人民代表大会常务委员会和各专门委员会、工作机构应当建立健全常务委员会组成人员和各专门委员会、工作机构联系代表的工作机制,支持和保障代表依法履职,扩大代表对各项工作的参与,充分发挥代表作用。

县级以上的地方各级人民代表大会常务委员

会通过建立基层联系点、代表联络站等方式,密切同人民群众的联系,听取对立法、监督等工作的意见和建议。

第四章 地方各级人民政府

第一节 一般规定

第六十一条 省、自治区、直辖市、自治州、县、自治县、市、市辖区、乡、民族乡、镇设立人民政府。

第六十二条 地方各级人民政府应当维护宪法和法律权威,坚持依法行政,建设职能科学、权责法定、执法严明、公开公正、智能高效、廉洁诚信、人民满意的法治政府。

第六十三条 地方各级人民政府应当坚持以人民为中心,全心全意为人民服务,提高行政效能,建设服务型政府。

第六十四条 地方各级人民政府应当严格执行廉洁从政各项规定,加强廉政建设,建设廉洁政府。

第六十五条 地方各级人民政府应当坚持诚信原则,加强政务诚信建设,建设诚信政府。

第六十六条 地方各级人民政府应当坚持政务公开,全面推进决策、执行、管理、服务、结果公开,依法、及时、准确公开政府信息,推进政务数据有序共享,提高政府工作的透明度。

第六十七条 地方各级人民政府应当坚持科学决策、民主决策、依法决策,提高决策的质量。

第六十八条 地方各级人民政府应当依法接受监督,确保行政权力依法正确行使。

第六十九条 地方各级人民政府对本级人民代表大会和上一级国家行政机关负责并报告工作。县级以上的地方各级人民政府在本级人民代表大会闭会期间,对本级人民代表大会常务委员会负责并报告工作。

全国地方各级人民政府都是国务院统一领导下的国家行政机关,都服从国务院。

地方各级人民政府实行重大事项请示报告制度。

第二节 地方各级人民政府的组成和任期

第七十条 省、自治区、直辖市、自治州、设区的市的人民政府分别由省长、副省长,自治区主席、副主席,市长、副市长,州长、副州长和秘书长、厅长、局长、委员会主任等组成。

县、自治县、不设区的市、市辖区的人民政府分别由县长、副县长,市长、副市长,区长、副区长和局长、科长等组成。

乡、民族乡的人民政府设乡长、副乡长。民族乡的乡长由建立民族乡的少数民族公民担任。镇人民政府设镇长、副镇长。

第七十一条 新的一届人民政府领导人员依法选举产生后,应当在两个月内提请本级人民代表大会常务委员会任命人民政府秘书长、厅长、局长、委员会主任、科长。

第七十二条 地方各级人民政府每届任期五年。

第三节 地方各级人民政府的职权

第七十三条 县级以上的地方各级人民政府行使下列职权:

(一)执行本级人民代表大会及其常务委员会的决议,以及上级国家行政机关的决定和命令,规定行政措施,发布决定和命令;

(二)领导所属各工作部门和下级人民政府的工作;

(三)改变或者撤销所属各工作部门的不适当的命令、指示和下级人民政府的不适当的决定、命令;

(四)依照法律的规定任免、培训、考核和奖惩国家行政机关工作人员;

(五)编制和执行国民经济和社会发展规划纲要、计划和预算,管理本行政区域内的经济、教育、科学、文化、卫生、体育、城乡建设等事业和生态环境保护、自然资源、财政、民政、社会保障、公安、民族事务、司法行政、人口与计划生育等行政工作;

(六)保护社会主义的全民所有的财产和劳动群众集体所有的财产,保护公民私人所有的合法财产,维护社会秩序,保障公民的人身权利、民主权利和其他权利;

(七)履行国有资产管理职责;

(八)保护各种经济组织的合法权益;

(九)铸牢中华民族共同体意识,促进各民族广泛交往交流交融,保障少数民族的合法权利和利益,保障少数民族保持或者改革自己的风俗习惯的自由,帮助本行政区域内的民族自治地方依照宪法和法律实行区域自治,帮助各少数民族发展政治、经济和文化的建设事业;

(十)保障宪法和法律赋予妇女的男女平等、同工同酬和婚姻自由等各项权利;

（十一）办理上级国家行政机关交办的其他事项。

第七十四条 省、自治区、直辖市的人民政府可以根据法律、行政法规和本省、自治区、直辖市的地方性法规，制定规章，报国务院和本级人民代表大会常务委员会备案。设区的市、自治州的人民政府可以根据法律、行政法规和本省、自治区的地方性法规，依照法律规定的权限制定规章，报国务院和省、自治区的人民代表大会常务委员会、人民政府以及本级人民代表大会常务委员会备案。

依照前款规定制定规章，须经各该级政府常务会议或者全体会议讨论决定。

第七十五条 县级以上的地方各级人民政府制定涉及个人、组织权利义务的规范性文件，应当依照法定权限和程序，进行评估论证、公开征求意见、合法性审查、集体讨论决定，并予以公布和备案。

第七十六条 乡、民族乡、镇的人民政府行使下列职权：

（一）执行本级人民代表大会的决议和上级国家行政机关的决定和命令，发布决定和命令；

（二）执行本行政区域内的经济和社会发展计划、预算，管理本行政区域内的经济、教育、科学、文化、卫生、体育等事业和生态环境保护、财政、民政、社会保障、公安、司法行政、人口与计划生育等行政工作；

（三）保护社会主义的全民所有的财产和劳动群众集体所有的财产，保护公民私人所有的合法财产，维护社会秩序，保障公民的人身权利、民主权利和其他权利；

（四）保护各种经济组织的合法权益；

（五）铸牢中华民族共同体意识，促进各民族广泛交往交流交融，保障少数民族的合法权利和利益，保障少数民族保持或者改革自己的风俗习惯的自由；

（六）保障宪法和法律赋予妇女的男女平等、同工同酬和婚姻自由等各项权利；

（七）办理上级人民政府交办的其他事项。

第七十七条 地方各级人民政府分别实行省长、自治区主席、市长、州长、县长、区长、乡长、镇长负责制。

省长、自治区主席、市长、州长、县长、区长、乡长、镇长分别主持地方各级人民政府的工作。

第七十八条 县级以上的地方各级人民政府会议分为全体会议和常务会议。全体会议由本级人民政府全体成员组成。省、自治区、直辖市、自治州、设区的市的人民政府常务会议，分别由省长、副省长，自治区主席、副主席，市长、副市长，州长、副州长和秘书长组成。县、自治县、不设区的市、市辖区的人民政府常务会议，分别由县长、副县长，市长、副市长，区长、副区长组成。省长、自治区主席、市长、州长、县长、区长召集和主持本级人民政府全体会议和常务会议。政府工作中的重大问题，须经政府常务会议或者全体会议讨论决定。

第四节 地方各级人民政府的机构设置

第七十九条 地方各级人民政府根据工作需要和优化协同高效以及精干的原则，设立必要的工作部门。

县级以上的地方各级人民政府设立审计机关。地方各级审计机关依照法律规定独立行使审计监督权，对本级人民政府和上一级审计机关负责。

省、自治区、直辖市的人民政府的厅、局、委员会等工作部门和自治州、县、自治县、市、市辖区的人民政府的局、科等工作部门的设立、增加、减少或者合并，按照规定程序报请批准，并报本级人民代表大会常务委员会备案。

第八十条 县级以上的地方各级人民政府根据国家区域发展战略，结合地方实际需要，可以共同建立跨行政区划的区域协同发展工作机制，加强区域合作。

上级人民政府应当对下级人民政府的区域合作工作进行指导、协调和监督。

第八十一条 县级以上的地方各级人民政府根据应对重大突发事件的需要，可以建立跨部门指挥协调机制。

第八十二条 各厅、局、委员会、科分别设厅长、局长、主任、科长，在必要的时候可以设副职。

办公厅、办公室设主任，在必要的时候可以设副主任。

省、自治区、直辖市、自治州、设区的市的人民政府设秘书长一人，副秘书长若干人。

第八十三条 省、自治区、直辖市的人民政府的各工作部门受人民政府统一领导，并且依照法律或者行政法规的规定受国务院主管部门的业务指导或者领导。

自治州、县、自治县、市、市辖区的人民政府的各工作部门受人民政府统一领导，并且依照法律或者行政法规的规定受上级人民政府主管部门的业务指导或者领导。

第八十四条 省、自治区、直辖市、自治州、县、自治县、市、市辖区的人民政府应当协助设立在本行政区域内不属于自己管理的国家机关、企业、事业单位进行工作,并且监督它们遵守和执行法律和政策。

第八十五条 省、自治区的人民政府在必要的时候,经国务院批准,可以设立若干派出机关。

县、自治县的人民政府在必要的时候,经省、自治区、直辖市的人民政府批准,可以设立若干区公所,作为它的派出机关。

市辖区、不设区的市的人民政府,经上一级人民政府批准,可以设立若干街道办事处,作为它的派出机关。

第八十六条 街道办事处在本辖区内办理派出它的人民政府交办的公共服务、公共管理、公共安全等工作,依法履行综合管理、统筹协调、应急处置和行政执法等职责,反映居民的意见和要求。

第八十七条 乡、民族乡、镇的人民政府和市辖区、不设区的市的人民政府或者街道办事处对基层群众性自治组织的工作给予指导、支持和帮助。基层群众性自治组织协助乡、民族乡、镇的人民政府和市辖区、不设区的市的人民政府或者街道办事处开展工作。

第八十八条 乡、民族乡、镇的人民政府和街道办事处可以根据实际情况建立居民列席有关会议的制度。

第五章 附 则

第八十九条 自治区、自治州、自治县的自治机关除行使本法规定的职权外,同时依照宪法、民族区域自治法和其他法律规定的权限行使自治权。

第九十条 省、自治区、直辖市的人民代表大会及其常务委员会可以根据本法和实际情况,对执行中的问题作具体规定。

关于《中华人民共和国地方各级人民代表大会和地方各级人民政府组织法(修正草案)》的说明

——2022年3月5日在第十三届全国人民代表大会第五次会议上

全国人大常委会副委员长 王 晨

各位代表:

我受全国人大常委会委托,作关于《中华人民共和国地方各级人民代表大会和地方各级人民政府组织法(修正草案)》的说明。

一、修改的必要性和重大意义

地方组织法是关于地方人大、地方政府的组织和工作制度的基本法律,是宪法关于地方政权建设规定的立法实施,是地方各级国家权力机关、行政机关行使职权、履行职责的重要制度保障。我国宪法第九十五条中规定:"地方各级人民代表大会和地方各级人民政府的组织由法律规定。"地方组织法于1979年7月由五届全国人大二次会议通过并公布施行。此后,根据形势发展变化,于1982年、1986年、1995年、2004年和2015年先后作了五次修改,推动地方政权机关工作和建设不断与时俱进、发展完善。党的十八大以来,以习近平同志为核心的党中央高度重视国家政权机关工作和建设,对坚定不移走中国特色社会主义政治发展道路,坚持和完善人民代表大会制度,发展全过程人民民主,坚持和完善中国特色社会主义行政体制,构建职责明确、依法行政的政府治理体系,作出一系列重大部署、推进一系列重大工作、取得一系列重大成果。党的十九大报告提出"完善国家机构组织法";党的十九届四中全会决定提出"健全人大组织制度、选举制度和议事规则"、"加强地方人大及其常委会建设"、"优化政府职责体系"、"健全充分发挥中央和地方两个积极性体制机制";党的十九届六中全会决议提出"必须坚持党的领导、人民当家作主、依法治国有机统一,积极发展全过程人民民主,健全全面、广泛、有机衔接的人民当家作主制度体系"。2021年10月,党中央召开中央人大工作会议,对新时代坚持和完善人民代表大会制度、加强和改进人大工作作出全面部署、提出明确要求。

贯彻习近平法治思想、习近平总书记关于坚持和完善人民代表大会制度的重要思想,落实党中央重大决策部署和中央人大工作会议精神,有必要在认真总结实践经验基础上，对地方组织法作出修改完善，进一步健全地方政权机关的组织和工作制度，维护党中央权威和集中统一领导，构建从中央到地方权责清晰、运行顺畅、充满活力的工作体系；坚持以人民为中心、全心全意为人民服务，不断发展全过程人民民主，保障人民当家作主；推动地方人大加强和改进新时代人大工作，推动地方政府全面建设职能科学、权责法定、执法严明、公开公正、智能高效、廉洁诚信、人民满意的法治政府，全面提高依法履职能力。

（一）修改地方组织法是新时代坚持党的全面领导，保证党领导人民依法有效治理国家的必然要求

中国共产党领导是中国特色社会主义最本质的特征，是中国特色社会主义制度的最大优势。新时代坚持和完善人民代表大会制度，最根本的是要坚持党的全面领导，保证党领导人民依法有效治理国家。地方各级人民代表大会和地方各级人民政府是国家政权机关的重要组成部分。加强地方政权机关建设和工作，必须坚持党的全面领导这一最高政治原则，确保各地方在党中央集中统一领导下，依法履行职责。《中共中央关于加强党的政治建设的意见》明确提出，制定和修改有关法律法规要明确规定党领导相关工作的法律地位；将坚持党的全面领导的要求载入人大、政府、法院、检察院的组织法，健全党对这些机关实施领导的制度规定，确保其始终在党的领导下积极主动、独立负责、协调一致地开展工作。修改地方组织法，明确地方人大和地方政府坚持中国共产党的领导，是维护党中央权威和集中统一领导的重要举措，有利于充分发挥党总揽全局、协调各方的领导核心作用，保证党的路线方针政策和决策部署在地方工作中得到全面贯彻落实和有效执行。

（二）修改地方组织法是不断发展全过程人民民主，保证人民当家作主的重大举措

人民当家作主是社会主义民主政治的本质和核心，是社会主义的生命。习近平总书记指出："人民当家作主是我们党矢志不渝的奋斗目标。发展社会主义民主政治就是要体现人民意志、保障人民权益、激发人民创造活力，用制度体系保证人民当家作主。"坚持和完善人民代表大会制度，必须坚持人民主体地位，支持和保证人民通过人民代表大会行使国家权力，发展全过程人民民主。地方各级人民代表大会是地方国家权力机关，都由民主选举产生，对人民负责，受人民监督；地方各级人民政府是地方国家行政机关，都由本级人民代表大会产生，对人大负责，受人大监督。地方各级人大和政府尤其是县乡两级人大和政府，更为贴近基层、贴近人民群众，应当自觉践行以人民为中心的发展思想，在党的领导下不断扩大人民有序政治参与，依法实行民主选举、民主协商、民主决策、民主管理、民主监督，通过法定和有序的途径、渠道、方式、程序，保证人民的知情权、参与权、表达权和监督权，确保党和国家在决策、执行、监督落实各个环节都能听到来自人民的声音。修改地方组织法，明确地方人大、地方政府坚持以人民为中心，有利于践行全过程人民民主的重大理念，健全吸纳民意、汇集民智的工作机制，完善民主民意表达平台和载体，保证人民当家作主具体地、现实地落实到国家政治生活和社会生活之中。

（三）修改地方组织法是深入贯彻党中央全面依法治国战略部署，推进全面依法治国的制度保障

全面依法治国是中国特色社会主义的本质要求和重要保障。党的十九大确立的新时代坚持和发展中国特色社会主义的基本方略，党的十九届四中全会概括的我国国家制度和国家治理体系具有的显著优势，党的十九届六中全会进一步明确的习近平新时代中国特色社会主义思想的重大创新内容，都凸显了全面依法治国的战略地位和重大意义。我国已进入新发展阶段，全面贯彻新发展理念、构建新发展格局、推动高质量发展，需要坚持和完善中国特色社会主义法治体系，坚持依法治国、依法执政、依法行政共同推进，坚持法治国家、法治政府、法治社会一体建设，为全面建设社会主义现代化国家提供更加完备的法治保障。修改地方组织法的一个重要目的，就是要深入贯彻党中央全面依法治国战略部署，全面实施法治中国建设规划和法治政府建设实施纲要，明确地方人大、地方政府相关责任，明确法治政府的原则要求，在全面建设社会主义现代化国家新征程上，推动法治中国建设迈出新步伐、创造新成就。

（四）修改地方组织法是坚持和完善人民代表大会制度，深化党和国家机构改革，推进国家治理体系和治理能力现代化的现实需要

人民代表大会制度是中国特色社会主义制度的重要组成部分，也是支撑中国国家治理体系和治理能力的根本政治制度。修改地方组织法，贯彻落实中央人大工作会议精神，全面加强地方人大及其常委会建设和工作，进一步充实完善地方人大及其常委会的职权，适当增加省、设区的市两级人大常

委会组成人员名额，完善地方人大专门委员会、常委会工作委员会设置，明确县、自治县人大常委会可以在街道设立工作机构，健全地方人大组织和工作制度，使地方人大及其常委会在地方国家政权体系中成为自觉坚持中国共产党领导的政治机关、保证人民当家作主的国家权力机关、全面担负宪法法律赋予的各项职责的工作机关、始终同人民群众保持密切联系的代表机关。

深化党和国家机构改革是推进国家治理体系和治理能力现代化的一场深刻变革，是关系党和国家事业全局的重大政治任务。党的十八大以来，以习近平同志为核心的党中央紧紧围绕完善和发展中国特色社会主义制度、推进国家治理体系和治理能力现代化这个总目标，推进全面深化改革向纵深发展。党的十九届三中全会对深化党和国家机构改革作出全面部署，各地方机构改革任务总体完成，取得一系列重要成果。修改地方组织法，就是要深入总结深化党和国家机构改革取得的重大成效和宝贵经验，把各项制度创新成果和实践中好的做法以法律的形式确立下来，进一步夯实支撑国家治理体系和治理能力的基础性法律制度。这对于健全充分发挥中央和地方两个积极性的体制机制，保证地方各级人大、政府等地方政权机关更好分工合作、相互配合，有效组织国家现代化建设事业，具有重要意义。

二、修改的指导思想、遵循的原则和工作过程

修改地方组织法，必须坚持以习近平新时代中国特色社会主义思想为指导和根本遵循，全面贯彻党的十九大、十九届历次全会精神和修改后的宪法有关规定精神，坚持党的领导、人民当家作主、依法治国有机统一，适应新形势新要求，健全和完善地方政权机关的组织和工作制度，更好坚持和完善人民代表大会制度，不断发展全过程人民民主，充分发挥中国特色社会主义民主政治的独特优势，推进国家治理体系和治理能力现代化。

修改工作遵循的原则：**一是**贯彻落实习近平法治思想、习近平总书记关于坚持和完善人民代表大会制度的重要思想，贯彻落实中央人大工作会议精神，把坚持党的全面领导作为地方政权机关活动和建设的最高原则，坚决维护党中央权威和集中统一领导，确保地方政权机关活动和建设的正确政治方向。**二是**坚持以人民为中心，充分考虑地方人大和地方政府贴近基层、贴近群众的特点，充分反映地方政权机关工作、建设和基层治理新成果新经验，扩大人民有序政治参与，畅通群众诉求表达和反映渠道，不断发展全过程人民民主。**三是**充分反映深化党和国家机构改革后，地方各级人大和政府有关机构设置及其职能的新变化，总结地方实践中的好做法，更好发挥地方人大和地方政府在推进国家治理体系和治理能力现代化中的重要作用。**四是**严格遵循宪法确立的制度、原则和规定，保持地方政权机关组织、职权和工作的稳定性连续性；对于现行地方组织法中可改可不改的内容，原则上不作修改。**五是**注意处理好地方组织法与全国人民代表大会组织法、代表法、立法法、监督法、预算法等相关法律之间的关系，做好法律衔接。

以习近平同志为核心的党中央高度重视地方人大工作和建设、地方组织法修改完善工作。2019年7月，习近平总书记对地方人大及其常委会工作作出重要指示，强调地方人大及其常委会要按照党中央关于人大工作的要求，结合地方实际，创造性做好立法、监督等工作。贯彻落实党的十九届四中全会明确提出适当增加基层人大代表数量的要求，2020年10月，全国人大常委会对选举法作出修改，适当增加不设区的市、市辖区、县、自治县和乡镇两级人大代表数量。2021年9月，习近平总书记主持召开中央政治局常委会会议，听取审议并原则同意全国人大常委会党组关于地方组织法修正草案有关问题的请示和汇报。2021年10月，党中央召开中央人大工作会议，习近平总书记发表重要讲话。习近平总书记关于坚持和完善人民代表大会制度的重要思想，为做好地方组织法修改完善工作提供了重要指导和根本遵循。

根据立法工作安排，全国人大常委会法工委于2021年初启动地方组织法的修改工作，经广泛征求各方面意见和认真研究，提出了地方组织法修正草案。期间主要开展了以下工作：**一是**深入学习领会习近平新时代中国特色社会主义思想特别是习近平总书记关于坚持和完善人民代表大会制度的重要思想、关于发展全过程人民民主的重要论述精神，组织开展专题研究，认真梳理近年来全国人大代表、全国政协委员提出的有关议案、建议、提案和各方面的意见建议，研究拟出地方组织法修正草案初稿。**二是**全国人大常委会法工委多次召开座谈会，听取中央有关部门、专家学者的意见建议，根据各方面的意见对修正草案不断进行修改完善。**三是**将地方组织法修正草案印发中央有关部门和

单位、全国人大各专门委员会和常委会有关工作机构、各省(自治区、直辖市)人大常委会、基层立法联系点、部分高校和研究机构征求意见。**四是**到部分地方进行调研,了解地方实际情况和工作经验。

2021 年 10 月,十三届全国人大常委会第三十一次会议对地方组织法修正草案进行了初次审议。常委会组成人员普遍认为,修正草案深入贯彻落实习近平法治思想、习近平总书记关于坚持和完善人民代表大会制度的重要思想,突出党对地方政权机关工作的全面领导,明确地方政权机关建设的指导思想和原则,完善地方人大和地方政府的组织和工作制度,有利于推进全面依法治国和建设社会主义法治国家,不断发展全过程人民民主,推进国家治理体系和治理能力现代化。2021 年 12 月,十三届全国人大常委会第三十二次会议对地方组织法修正草案进行了再次审议,普遍认为修正草案二次审议稿贯彻落实党中央重大决策部署和中央人大工作会议精神,总结地方政权机关建设的新成果新经验,较好地吸收了常委会组成人员的审议意见和各方面的意见,已经趋于成熟,决定将地方组织法修正草案提请十三届全国人大五次会议审议。

地方组织法修正草案经全国人大常委会两次会议审议后,先后两次在中国人大网全文公布草案征求社会公众意见;全国人大常委会办公厅将修正草案印发十三届全国人大代表,组织部署全国人大代表研读讨论并征求意见。2022 年 1 月 21 日,全国人大宪法法律委召开会议,根据全国人大常委会组成人员的审议意见、代表研读讨论中提出的意见和各方面的意见,对地方组织法修正草案作了进一步修改完善。全国人大宪法法律委认为,经过全国人大常委会两次会议审议、广泛征求意见和多次修改完善,地方组织法修正草案充分吸收各方面的意见建议,已经比较成熟。据此,形成了提请本次会议审议的《中华人民共和国地方各级人民代表大会和地方各级人民政府组织法(修正草案)》。

三、地方组织法修正草案的主要内容

《中华人民共和国地方各级人民代表大会和地方各级人民政府组织法(修正草案)》共 48 条,主要修改内容如下:

(一)充实"总则"一章内容

1. 贯彻党中央关于加强党的全面领导、加强党的政治建设的精神,明确地方人大和地方政府坚持党的领导、坚持党和国家的指导思想,增加规定:地方各级人民代表大会、县级以上地方各级人大常委会和地方各级人民政府坚持中国共产党的领导,坚持以马克思列宁主义、毛泽东思想、邓小平理论、"三个代表"重要思想、科学发展观、习近平新时代中国特色社会主义思想为指导,依照宪法和法律规定行使职权。

2. 贯彻习近平总书记关于践行以人民为中心的发展思想和发展全过程人民民主的重大理念,增加规定:地方各级人民代表大会、县级以上地方各级人大常委会和地方各级人民政府坚持以人民为中心,坚持全过程人民民主,始终同人民保持密切联系,倾听人民的意见和建议,为人民服务,对人民负责,受人民监督。

3. 根据宪法有关规定精神,明确地方人大和地方政府在国家法治统一中的职责,增加规定:地方各级人民代表大会、县级以上地方各级人大常委会和地方各级人民政府遵循在中央的统一领导下、充分发挥地方的主动性积极性的原则,保证宪法、法律和行政法规在本行政区域的实施。

4. 贯彻民主集中制原则,增加规定:地方各级人民代表大会、县级以上地方各级人大常委会和地方各级人民政府实行民主集中制原则。地方各级人民代表大会和县级以上地方各级人大常委会应当充分发扬民主,集体行使职权。地方各级人民政府实行首长负责制。政府工作中的重大事项应当经集体讨论决定。

(二)完善地方各级人大及其常委会的组织、职权等相关规定

1. 适当增加省、设区的市两级人大常委会组成人员名额。目前,省级人大常委会组成人员名额是 1979 年地方组织法规定的,40 多年来一直没有修改,设区的市级人大常委会组成人员名额自 2004 年后也一直没有调整。地方人大常委会在地方立法、监督等工作中发挥着重要作用。我国省、自治区、直辖市以及设区的市、自治州普遍人口较多,经济社会发展面临重大任务,保证适当数量的常委会组成人员,有利于优化常委会组成人员的结构,增加常委会组成人员的代表性、广泛性,集思广益,充分发扬民主,提高立法、监督等工作质量。中央人大工作会议明确提出,适当增加省、设区的市两级人大常委会组成人员名额。此次修改,拟将省和设区的市两级人大常委会组成人员名额的上下限和最高限,分别增加 10 名。同时,明确地方人大常委会组成人员的名额,按人口多少并结合常委会组成人

员结构的需要确定。

2. 根据中央人大工作会议精神和地方人大工作实际，完善地方人大专门委员会和常委会工作机构的设置，充实、细化常委会主任会议和专门委员会的职责。**一是**，明确省、设区的市两级人民代表大会根据需要，可以设法制委员会、财政经济委员会、教育科学文化卫生委员会、环境与资源保护委员会、社会建设委员会和其他需要设立的专门委员会。**二是**，明确地方人大常委会根据工作需要，设立办事机构和法制工作委员会、预算工作委员会、代表工作委员会等工作机构；县、自治县人大常委会可以比照本法有关规定，在街道设立工作机构。**三是**，明确专门委员会的任期、职责和工作，规定专门委员会每届任期同本级人民代表大会每届任期相同，履行职责到下届人民代表大会产生新的专门委员会为止；向本级人大主席团或者常委会提出议案，承担本级人大常委会听取和审议专项工作报告、执法检查、专题询问等的具体组织实施工作，听取本级人民政府工作部门和监察委员会、人民法院、人民检察院的专题汇报，研究和督促办理代表建议、批评和意见，办理本级人大及其常委会交办的其他工作。**四是**，进一步明确和细化地方人大常委会主任会议的职责，具体列举主任会议处理常委会重要日常工作的事项。

3. 贯彻党中央有关精神，总结地方实践经验，完善地方人大及其常委会的职权。**一是**，细化和补充地方各级人大常委会对国民经济和社会发展规划计划、预算决算的审查监督职能，根据预算法和中央有关文件精神，增加规定：县级以上地方各级人大审查和批准本行政区域内的国民经济和社会发展规划纲要，常委会审查和批准其调整方案；县级以上地方各级人大常委会监督本行政区域内国民经济和社会发展规划纲要、计划和预算的执行，审查和批准本级决算，监督审计查出问题整改情况；乡镇人大监督本级预算的执行，审查和批准本级预算的调整方案，审查和批准本级决算；县级以上地方各级人大及其常委会审查监督政府债务。**二是**，强化人大对国有资产管理情况进行监督的职能，增加规定：县级以上地方各级人大监督本级人民政府对国有资产的管理；县级以上地方各级人大常委会监督本级人民政府对国有资产的管理，听取和审议本级人民政府关于国有资产管理情况的报告。**三是**，充实细化地方人大常委会的职责，包括听取和审议有关专项工作报告，组织执法检查，开展专题询问；听取和审议本级人民政府关于年度环境状况和环境保护目标完成情况的报告；听取和审议备案审查工作情况报告。**四是**，健全人大讨论决定重大事项制度，增加规定：地方人大常委会讨论本行政区域内的重大事项和项目，可以作出决定或者决议，也可以将有关意见、建议送有关国家机关或者单位研究办理。**五是**，适应建立健全党和国家功勋荣誉表彰制度的要求，根据有关方面意见，删去地方人大常委会“决定授予地方的荣誉称号”的职权。

4. 健全地方人大及其常委会的议事制度。**一是**，根据新冠肺炎疫情防控期间地方人大召开会议的实践，增加规定：地方各级人大会议召开的日期由本级人大常委会或者乡镇人大主席团决定并予以公布；遇有特殊情况，县级以上地方各级人大常委会或者乡镇人大主席团可以决定适当提前或者推迟召开会议，提前或者推迟召开会议的日期未能在当次会议上决定的，常委会或者其授权的主任会议、乡镇人大主席团，可以另行决定并予以公布。**二是**，明确地方各级人大举行会议，应当合理安排会期和会议日程，提高议事质量和效率。**三是**，根据地方的实践经验，增加规定：乡镇人大听取和审议乡镇人大主席团的工作报告；县级以上地方各级人大常委会主任可以委托副主任主持常委会会议。

5. 根据地方人大工作实际和有关方面的意见，修改地方国家机构正职领导人员选举有关内容。**一是**，根据有关部门的意见和多年来的实际做法，将地方国家机构正职领导人员的候选人数“一般应多一人，进行差额选举”的规定，修改为“可以多一人，进行差额选举”。**二是**，明确在大会闭会期间，县级以上地方各级人大常委会在地方国家机构正职领导人员因故不能担任职务的时候，根据主任会议的提名，从副职领导人员中决定代理人选。

6. 加强和改进代表工作。增加规定：**一是**，地方各级人大代表的建议、批评和意见的办理情况，由常委会办事机构或者乡镇人大主席团向本级人大常委会或者乡镇人大报告，并予以公开。**二是**，地方各级人大代表应当与原选区选民或者原选举单位和人民群众保持密切联系，听取和反映他们的意见和要求，充分发挥在发展全过程人民民主中的作用；并应当向原选区选民或者原选举单位报告履职情况。**三是**，县级以上地方各级人大常委会和各专门委员会、工作机构应当建立健全常委会组成人员和各专门委员会、工作机构联系代表的工作机制，支持和保障代表依法履职，扩大代表对各项工作的参与，充分发挥代表作用；县级以上地方各级人大常委会通过建立基层联系点、代表联络站等方式,密切同人民群众的联系,听取对立法、监督等工作的意见和建议。

(三)完善地方各级人民政府的组织、职权等相关规定

地方各级人民政府由地方各级人民代表大会选举产生,是地方各级人民代表大会的执行机关,承担着推动经济社会发展、管理社会事务、服务人民群众的重要职责。贯彻落实党中央关于加快构建职责明确、依法行政的政府治理体系和全面建设法治政府的要求,按照中共中央、国务院印发的《法治政府建设实施纲要(2021—2025 年)》的精神,总结党的十八大以来推进依法行政、建设法治政府的实践经验,地方组织法修正草案增加了以下规定:

1. 专设一节,明确地方政府建设的原则要求。增加规定:**一是**地方各级人民政府应当维护宪法和法律权威,坚持依法行政,建设职能科学、权责法定、执法严明、公开公正、智能高效、廉洁诚信、人民满意的法治政府。**二是**地方各级人民政府应当坚持以人民为中心,全心全意为人民服务,提高行政效能,建设服务型政府。**三是**地方各级人民政府应当严格执行廉洁从政各项规定,加强廉政建设,建设廉洁政府。**四是**地方各级人民政府应当坚持诚信原则,加强政务诚信建设,建设诚信政府。**五是**地方各级人民政府应当坚持政务公开,全面推进决策、执行、管理、服务、结果公开,依法、及时、准确公开政府信息,推进政务数据有序共享,提高政府工作的透明度。**六是**地方各级人民政府应当坚持科学决策、民主决策、依法决策,提高决策的质量。**七是**地方各级人民政府应当依法接受监督,确保行政权力依法正确行使。

2. 根据党中央有关精神,总结地方实践经验,完善地方政府职权和工作方面的有关规定。**一是**,增加规定:县级以上地方各级人民政府编制和执行国民经济和社会发展规划纲要、计划和预算,履行国有资产管理职责。**二是**,补充完善乡镇人民政府的有关职权,增加规定:乡镇人民政府编制本行政区域内的国民经济和社会发展计划和预算。**三是**,明确县级以上地方各级人民政府根据应对重大突发事件的需要,可以建立跨部门指挥协调机制。**四是**,根据宪法和有关法律规定,明确基层政府与基层群众性自治组织的相互关系,增加规定:乡、民族乡、镇的人民政府和市辖区、不设区的市的人民政府或者街道办事处对基层群众性自治组织的工作给予指导、支持和帮助;基层群众性自治组织协助乡、民族乡、镇的人民政府和市辖区、不设区的市的人民政府或者街道办事处开展工作。

3. 明确地方政府制定规范性文件的程序和要求。增加规定:县级以上地方各级人民政府制定规范性文件,应当经过评估论证、公开征求意见、合法性审查、集体审议决定等程序,按照法定要求和程序予以公布,并向本级人大常委会备案。

4. 贯彻落实党中央关于深化党和国家机构改革的精神,明确地方政府根据工作需要和优化协同高效以及精干的原则,设立必要的工作部门;县级以上地方各级人民政府工作部门的设立、增加、减少或者合并,按照规定程序报请批准,并报本级人大常委会备案。

5. 根据党中央关于加强基层治理体系和治理能力现代化建设的精神,增加规定街道办事处的职责;明确乡镇人民政府和街道办事处可以根据实际情况建立居民列席有关会议的制度。

(四)适应监察体制改革需要增加相关内容

根据修改后的宪法和监察法的有关规定,适应地方"一府一委两院"政权机关架构的需要,增加规定:**一是**,明确县级以上地方各级人大常委会监督本级监察委员会的工作。**二是**,明确地方各级监察委员会组成人员的提名和选举任免、辞职等程序;明确地方各级监察委员会主任列席本级人民代表大会会议;明确对监察委员会主任的罢免制度和对地方各级监察委员会的质询制度。**三是**,明确县级以上地方各级人大常委会组成人员不得担任监察机关的职务。

(五)明确区域发展合作机制

贯彻国家区域协调发展战略,总结地方实践经验和做法,增加规定:**一是**,省、设区的市两级人大及其常委会根据区域协调发展的需要,可以开展协同立法。**二是**,县级以上地方各级人民政府可以共同建立跨行政区划的区域协同发展工作机制,加强区域合作;上级人民政府应当对下级人民政府的区域合作工作进行指导、协调和监督。

(六)充实铸牢中华民族共同体意识等内容并完善相关规定

根据宪法有关规定和中央民族工作会议精神,在地方人大和地方政府职责中分别增加"铸牢中华民族共同体意识"、"促进各民族广泛交往交流交融"等内容,并将"保障少数民族的权利"修改为"保障少数民族的合法权利和利益";同时,将少数民族聚居的乡镇人大行使职权时"应当采取适合民族特点的具体措施",修改为"可以依照法律规定的权限

采取适合民族特点的具体措施”；将地方各级人民政府职权中的“尊重少数民族的风俗习惯”，修改为“保障少数民族保持或者改革自己的风俗习惯的自由”。

此外，还作了一些文字表述性、法律衔接性修改和完善，将第二章、第三章、第四章的内容分节规定，并对部分条文顺序作了调整。

《中华人民共和国地方各级人民代表大会和地方各级人民政府组织法（修正草案）》和以上说明，请审议。

第十三届全国人民代表大会宪法和法律委员会关于《中华人民共和国地方各级人民代表大会和地方各级人民政府组织法（修正草案）》审议结果的报告

（2022年3月8日第十三届全国人民代表大会第五次会议主席团第二次会议通过）

十三届全国人大五次会议主席团：

3月7日下午，各代表团小组会议审议了地方组织法修正草案。代表们普遍认为，地方组织法是关于地方人大、地方政府的组织和工作制度的基本法律，是宪法关于地方政权建设规定的立法实施，是地方各级国家权力机关、行政机关行使职权、履行职责的重要制度保障。修正草案贯彻习近平法治思想、习近平总书记关于坚持和完善人民代表大会制度的重要思想，落实党中央重大决策部署和中央人大工作会议精神，总结吸收地方政权建设和基层治理的新成果新经验，对于更好坚持和完善人民代表大会制度、加强和改进新时代人大工作，加快推动全面建设法治政府，推进国家治理体系和治理能力现代化，具有重要意义。地方组织法修改过程体现了民主立法的要求和全过程人民民主的理念，全国人大常委会两次进行审议，两次向社会公开征求意见，组织全国人大代表研读讨论，采取多种方式征求各方面意见，了解地方实际情况和工作经验。修正草案较好地吸收了各方面的意见，已经比较成熟，建议提请本次会议审议通过。同时，代表们也对修正草案提出了一些修改意见。宪法和法律委员会于3月7日晚召开会议，对修正草案进行认真审议，对代表提出的修改意见逐条研究。根据各代表团的审议意见和有关方面的意见，对修正草案共作了23处修改，其中实质性修改16处。主要修改是：

一、有的代表提出，城乡建设是地方的一项重要工作，涉及人民群众切身利益，建议根据中央有关文件和地方近年来的实践，增加规定：县级以上地方人大及其常委会讨论、决定“城乡建设”等“重大事项和项目”；在乡镇人大职权中“根据国家计划，决定本行政区域内的经济、文化事业和公共事业的建设计划”后，增加“项目”。宪法和法律委员会经研究，建议采纳这一意见。

二、有些代表提出，为进一步健全地方人大及其常委会的议事制度，建议明确地方人大及其常委会会议的临时召集、出席人数等相关要求。宪法和法律委员会经研究，建议作如下修改：一是增加规定：“县级以上的地方各级人民代表大会常务委员会或者乡、民族乡、镇的人民代表大会主席团认为必要”，可以临时召集本级人民代表大会会议；“遇有特殊需要时，可以临时召集常务委员会会议”。二是增加规定：“地方各级人民代表大会会议有三分之二以上的代表出席，始得举行”；“常务委员会会议有常务委员会全体组成人员过半数出席，始得举行”。

三、有的代表提出，根据中央有关文件和地方近年来的实践，建议明确乡镇人民代表大会会议一般每年举行两次。宪法和法律委员会经研究，建议增加规定：“乡、民族乡、镇的人民代表大会会议一般每年举行两次”。

四、修正草案第二十四条中规定，地方人大常委会讨论决定重大事项和项目，可以将有关意见、建议送有关地方国家机关或者单位研究办理。有的代表建议，明确有关办理情况应当及时向常委会报告。宪法和法律委员会经研究，建议采纳这一意见。

五、有的代表提出，地方人大常委会召开会议时，有关方面负责人应当列席会议，建议予以明确。宪法和法律委员会经研究，建议增加规定：“县级以上的地方各级人民政府、监察委员会、人民法院、人民检察院的负责人，列席本级人民代表大会常务委员会会议。”

六、有的代表建议，对地方政府重大事项请示报告制度作出明确规定。宪法和法律委员会经研究，建议增加规定：“地方各级人民政府实行重大事项请示报告制度。”

七、现行地方组织法规定，每届人大常委会组成人员的名额经确定后，在本届人大任期内不再变动。本次修改地方组织法，增加了省和设区的市两级人大常委会组成人员名额。考虑到此前一些设区的市、自治州人大已完成换届，按现行法律规定的名额选举产生了常委会组成人员；有的省、设区的市、自治州的新一届人大常委会组成人员名额已经作出决定但尚未完成换届，为保证修改后的地方组织法的有效实施，使有关地方适时依法增加人大常委会组成人员名额，建议在本次修改地方组织法的决定中明确：“本决定通过前，省、设区的市级新的一届人民代表大会常务委员会组成人员的名额已经确定的，根据本决定增加相应的名额，并依法进行选举。”

审议中，有些代表还对进一步完善地方人大及其常委会的组织和工作制度提出了一些意见建议。考虑到有的问题可以由地方按照中央精神和法律规定通过制定地方性法规加以明确，有的问题需要通过加强改进相关工作予以解决，有的问题需要继续探索和深入研究，目前以不作修改为宜。

此外，根据代表们的审议意见，还对修正草案作了一些文字表述性修改。

宪法和法律委员会已按上述意见提出了全国人民代表大会关于修改《中华人民共和国地方各级人民代表大会和地方各级人民政府组织法》的决定（草案），建议经主席团审议通过后，印发各代表团审议。

修改决定草案和以上报告，请审议。

第十三届全国人民代表大会
宪 法 和 法 律 委 员 会
2022 年 3 月 8 日

第十三届全国人民代表大会宪法和法律委员会关于《全国人民代表大会关于修改〈中华人民共和国地方各级人民代表大会和地方各级人民政府组织法〉的决定（草案）》修改意见的报告

（2022 年 3 月 10 日第十三届全国人民代表大会第五次会议主席团第三次会议通过）

十三届全国人大五次会议主席团：

3 月 9 日上午，各代表团小组会议对全国人民代表大会关于修改地方各级人民代表大会和地方各级人民政府组织法的决定草案进行了审议。代表们普遍认为，修改决定草案在认真研究并充分吸收代表提出意见的基础上，作了相应的修改完善，赞成将修改决定草案提请本次大会表决通过。同时，有些代表还提出了一些修改意见。宪法和法律委员会于 3 月 9 日下午召开会议，对修改决定草案进行认真审议，对代表提出的修改意见逐条研究。宪法和法律委员会认为，修改决定草案是可行的，同时，根据各代表团的审议意见，提出以下修改意见：

有的代表提出，地方组织法规定，地方人大“听取和审查”本级人大常委会、人民政府、人民法院和人民检察院的工作报告，为与实际工作保持一致，建议将“审查”修改为“审议”。宪法和法律委员会经研究，建议采纳这一意见，对相关表述作相应修改。

宪法和法律委员会经研究，建议将本决定的施行时间确定为 2022 年 3 月 12 日。

此外，根据代表们的审议意见，还对修改决定草案作了个别文字修改。

修改决定草案表决稿已按上述意见作了修改，建议经主席团审议通过后，提请大会全体会议表决。

修改决定草案表决稿和以上报告，请审议。

第十三届全国人民代表大会
宪 法 和 法 律 委 员 会
2022 年 3 月 10 日

第十三届全国人民代表大会第五次会议关于第十四届全国人民代表大会代表名额和选举问题的决定

（2022年3月11日第十三届全国人民代表大会第五次会议通过）

根据《中华人民共和国宪法》和《中华人民共和国全国人民代表大会和地方各级人民代表大会选举法》的有关规定，第十三届全国人民代表大会第五次会议关于第十四届全国人民代表大会代表名额和选举问题决定如下：

一、第十四届全国人民代表大会代表的名额不超过3000人。

二、省、自治区、直辖市应选第十四届全国人民代表大会代表的名额，由根据人口数计算确定的名额数、相同的地区基本名额数和其他应选名额数构成。

（一）第十四届全国人民代表大会代表名额中，按照人口数分配的代表名额为2000名，省、自治区、直辖市根据人口数计算的名额数，按约每70万人分配1名；

（二）省、自治区、直辖市各分配地区基本名额数8名；

（三）省、自治区、直辖市的其他应选名额数，由全国人民代表大会常务委员会依照法律规定另行分配。

三、香港特别行政区应选第十四届全国人民代表大会代表36名，澳门特别行政区应选第十四届全国人民代表大会代表12名，代表产生办法由全国人民代表大会另行规定。

四、台湾省暂时选举第十四届全国人民代表大会代表13名，由在各省、自治区、直辖市以及中国人民解放军和中国人民武装警察部队的台湾省籍同胞中选出。代表产生办法由全国人民代表大会常务委员会规定。依法应选的其余名额予以保留。

五、中国人民解放军和中国人民武装警察部队应选第十四届全国人民代表大会代表278名。

六、第十四届全国人民代表大会代表中，少数民族代表的名额应占代表总名额的12%左右。人口特少的民族至少应有1名代表。

七、第十四届全国人民代表大会代表中，应选归侨代表35名。

八、第十四届全国人民代表大会代表中，妇女代表的比例原则上要高于上届。

九、第十四届全国人民代表大会代表中，基层代表特别是一线工人、农民和专业技术人员代表的比例要比上届有所上升，农民工代表人数要比上届有所增加，党政领导干部代表的比例要继续从严掌握。连任的代表应占一定比例。

十、第十四届全国人民代表大会代表于2023年1月选出。

关于《第十三届全国人民代表大会第五次会议关于第十四届全国人民代表大会代表名额和选举问题的决定（草案）》的说明

——2022年3月5日在第十三届全国人民代表大会第五次会议上

全国人大常委会副委员长　王　晨

各位代表：

我受全国人大常委会委托，作关于《第十三届全国人民代表大会第五次会议关于第十四届全国人民代表大会代表名额和选举问题的决定（草案）》的说明。

根据宪法和有关法律的规定，第十三届全国人民代表大会到2023年3月任期届满，第十四届全国人民代表大会代表应于2023年1月选出。第十三届全国人民代表大会第五次会议需对第十四届全国人民代表大会代表名额和选举问题作出安排。

全国人大代表是最高国家权力机关的组成人员，代表人民的利益和意志，依法行使国家权力，使命光荣、责任重大。做好全国人大代表选举工作，是党和国家政治生活中的一件大事，对于巩固党长期执政基础，加强国家政权建设，发展全过程人民民主，坚持和完善人民代表大会制度，推进国家治理体系和治理能力现代化，凝聚各方面智慧和力量全面建设社会主义现代化国家，具有十分重要的意义。

按照宪法、选举法的有关规定，在广泛征求各有关方面意见的基础上，全国人大常委会委员长会议拟订了《第十三届全国人民代表大会第五次会议关于第十四届全国人民代表大会代表名额和选举问题的决定（草案）》，于 2021 年 12 月提请十三届全国人大常委会第三十二次会议进行了审议，会议决定提请本次会议审议。现就决定草案的主要问题说明如下：

一、关于各省、自治区、直辖市应选代表名额

选举法第十六条规定："全国人民代表大会代表的名额不超过三千人。"选举法第十七条规定："全国人民代表大会代表名额，由全国人民代表大会常务委员会根据各省、自治区、直辖市的人口数，按照每一代表所代表的城乡人口数相同的原则，以及保证各地区、各民族、各方面都有适当数量代表的要求进行分配。""省、自治区、直辖市应选全国人民代表大会代表名额，由根据人口数计算确定的名额数、相同的地区基本名额数和其他应选名额数构成。"贯彻落实选举法的规定，考虑到近年来我国人口数量有所增加的实际情况，各省、自治区、直辖市应选第十四届全国人大代表名额的分配，需要在把握统筹平衡、保持相对稳定的前提下适当进行调整，以更好体现人人平等、地区平等、民族平等，保证各地区、各民族、各方面都有适当数量的代表。为此，决定草案规定："（一）第十四届全国人民代表大会代表名额中，按照人口数分配的代表名额为 2000 名，省、自治区、直辖市根据人口数计算的名额数，按约每 70 万人分配 1 名；（二）省、自治区、直辖市各分配相同的地区基本名额数为 8 名；（三）省、自治区、直辖市应选的其他第十四届全国人民代表大会代表的名额，由全国人民代表大会常务委员会依照法律规定另行分配。"具体分配方案由全国人大常委会决定。

二、关于香港特别行政区、澳门特别行政区、台湾省、中国人民解放军和中国人民武装警察部队以及少数民族、归侨应选代表名额

关于香港特别行政区、澳门特别行政区、台湾省应选代表名额，与十三届相同。为此，决定草案规定："香港特别行政区应选第十四届全国人民代表大会代表 36 名，澳门特别行政区应选第十四届全国人民代表大会代表 12 名，代表产生办法由全国人民代表大会另行规定。""台湾省暂时选举第十四届全国人民代表大会代表 13 名，由在各省、自治区、直辖市以及中国人民解放军和中国人民武装警察部队的台湾省籍同胞中选出。代表产生办法由全国人民代表大会常务委员会规定。依法应选的其余名额予以保留。"

关于中国人民解放军和中国人民武装警察部队应选代表名额。根据修改后的解放军选举办法的规定，适应武警部队领导指挥体制改革需要，武警部队列为军队选举单位，不再参加地方选举。解放军代表团已更名为"解放军和武警部队代表团"，有必要适当增加其代表名额。为此，决定草案规定："中国人民解放军和中国人民武装警察部队应选第十四届全国人民代表大会代表 278 名。"

为保证各少数民族都有适当数量的代表名额，从第五届全国人民代表大会以来，在每届关于代表名额和选举问题的决定中，都明确规定少数民族代表的名额占代表总名额的比例。为此，决定草案规定："第十四届全国人民代表大会代表中，少数民族代表的名额应占代表总名额的 12% 左右。人口特少的民族至少应有 1 名代表"，与十三届相同。各少数民族应分配的具体名额数，由全国人大常委会根据本决定另行规定。除上述分配给少数民族的代表名额外，各少数民族还可以在各选举单位的选举中，被提名选举为全国人大代表。

从第五届全国人民代表大会以来，在每届关于代表名额和选举问题的决定中，都明确归侨代表名额为 35 名。为此，决定草案规定："第十四届全国人民代表大会代表中，应选归侨代表 35 名。"

三、关于代表的结构

人大代表具有广泛的代表性，是人民代表大会制度的本质要求，也是社会主义民主的重要体现。选举法第七条规定，全国人大代表应当具有广泛的代表性，应当有适当数量的基层代表，特别是工人、农民和知识分子代表。根据这一规定精神，为进一步优化代表结构，保证全国人大代表的广泛性，决定草案规定："第十四届全国人民代表大会代表中，基层代表特别是一线工人、农民和专业技术人员代表的比例要比上届有所上升，农民工代表人数要比上届有所增加，党政领导干部代表的比例要继续从严掌握。连任的代表应占一定比例。"选举法第七条规定，全国人大代表中应当有适当数量的妇女代表，并逐步提高妇女代表的比例。为此，决定草案规定："第十四届全国人民代表大会代表中，妇女代表的比例原则上要高于上届。"

四、关于第十四届全国人大代表选举时间

决定草案规定："第十四届全国人民代表大会代表于 2023 年 1 月选出。"

全国人大代表选举是国家重要政治活动，是我国社会主义民主政治建设的一件大事。党的十八大以来，以习近平同志为核心的党中央从坚持和完善党的领导、巩固中国特色社会主义制度的战略全局出发，推进人民代表大会制度理论和实践创新，形成习近平总书记关于坚持和完善人民代表大会制度的重要思想，为做好全国人大代表选举工作指明了方向，提供了遵循。2021 年 10 月召开的中央人大工作会议对新时代坚持和完善人民代表大会制度、加强和改进人大工作作出了部署，对做好代表选举工作提出了要求。各选举单位要深刻认识全国人大代表选举的重大意义，坚持党的领导、充分发扬民主、严格依法办事，深刻汲取湖南衡阳、四川南充、辽宁等地拉票贿选案件的教训，严明换届纪律，把好人大代表"入口关"，确保选举工作风清气正。要精心组织，周密安排，把拥护中国共产党的领导和中国特色社会主义制度，增强"四个意识"、坚定"四个自信"、做到"两个维护"，站稳政治立场，履行政治责任，模范遵守宪法、法律，维护民族团结和国家统一，自觉遵守社会公德，廉洁自律，公道正派，勤勉尽责，有较强履职能力和良好社会形象，密切联系人民群众，得到群众广泛认同的人选，选举为全国人大代表。

决定草案经本次大会审议通过后，由全国人大常委会根据本决定对代表名额进行具体分配。

《第十三届全国人民代表大会第五次会议关于第十四届全国人民代表大会代表名额和选举问题的决定（草案）》和以上说明，请审议。

第十三届全国人民代表大会宪法和法律委员会关于《第十三届全国人民代表大会第五次会议关于第十四届全国人民代表大会代表名额和选举问题的决定（草案）》审议结果的报告

（2022 年 3 月 8 日第十三届全国人民代表大会第五次会议主席团第二次会议通过）

十三届全国人大五次会议主席团：

3 月 7 日下午，各代表团小组会议审议了第十四届全国人大代表名额和选举问题的决定草案。代表们普遍认为，全国人大代表是最高国家权力机关的组成人员，代表人民的利益和意志，依法行使国家权力。做好第十四届全国人大代表选举工作，对于巩固党长期执政基础、加强国家政权建设、发展全过程人民民主、坚持和完善人民代表大会制度具有重要意义。决定草案根据宪法和选举法的有关规定，对第十四届全国人大代表名额分配和选举问题作出安排，体现了依法分配、统筹平衡、相对稳定的原则，有利于保证各地区、各民族、各方面都有适当数量的代表，持续优化代表结构，保障全国人大代表具有广泛的代表性，是切实可行的，决定草案已经比较成熟，建议提请本次会议审议通过。同时，代表们也对决定草案提出了一些修改意见。宪

法和法律委员会于 3 月 7 日晚召开会议,对决定草案进行认真审议,对代表提出的修改意见逐条研究。全国人大常委会办公厅有关负责同志列席了会议。

宪法和法律委员会经研究认为,审议中代表提出的一些修改意见,有的已在起草过程中经过反复研究,有的需要由全国人大常委会作出相关决定予以明确,有的可以在今后有关工作中继续深入研究。同时,根据代表们的审议意见,对决定草案作了个别文字修改。

决定草案修改稿已按上述意见作了修改,宪法和法律委员会建议经主席团审议通过后,印发各代表团审议。

决定草案修改稿和以上报告,请审议。

第十三届全国人民代表大会
宪法和法律委员会
2022 年 3 月 8 日

第十三届全国人民代表大会宪法和法律委员会关于《第十三届全国人民代表大会第五次会议关于第十四届全国人民代表大会代表名额和选举问题的决定(草案修改稿)》修改意见的报告

(2022 年 3 月 10 日第十三届全国人民代表大会第五次会议主席团第三次会议通过)

十三届全国人大五次会议主席团:

3 月 9 日上午,各代表团小组会议对第十四届全国人大代表名额和选举问题的决定草案修改稿进行了审议。代表们普遍认为,决定草案修改稿在认真研究并充分吸收代表提出意见的基础上,作了相应的修改完善,赞成提请本次大会表决通过。同时,有的代表还提出了个别修改意见。宪法和法律委员会于 3 月 9 日下午召开会议,对决定草案修改稿进行认真审议,对代表提出的修改意见进行了研究。全国人大常委会办公厅有关负责同志列席了会议。宪法和法律委员会认为,决定草案修改稿是可行的,据此提出了决定草案表决稿,建议经主席团审议通过后,提请大会全体会议表决。

决定草案表决稿和以上报告,请审议。

第十三届全国人民代表大会
宪法和法律委员会
2022 年 3 月 10 日

中华人民共和国香港特别行政区选举第十四届全国人民代表大会代表的办法

(2022 年 3 月 11 日第十三届全国人民代表大会第五次会议通过)

第一条 根据《中华人民共和国宪法》、《中华人民共和国香港特别行政区基本法》以及《中华人民共和国全国人民代表大会和地方各级人民代表大会选举法》的规定,结合香港特别行政区的实际情况,制定本办法。

第二条 香港特别行政区选举第十四届全国人民代表大会代表由全国人民代表大会常务委员会主持。

第三条 香港特别行政区应选第十四届全国人民代表大会代表的名额为 36 名。

第四条 香港特别行政区选举的全国人民代表大会代表必须是年满十八周岁的香港特别行政区居民中的中国公民。

第五条 香港特别行政区成立第十四届全国人民代表大会代表选举会议。选举会议由香港特别行政区选举委员会委员中的中国公民组成。但本人提出不愿参加的除外。

香港特别行政区行政长官为香港特别行政区

第十四届全国人民代表大会代表选举会议的成员。

选举会议成员名单由全国人民代表大会常务委员会公布。

第六条 选举会议第一次会议由全国人民代表大会常务委员会召集，根据全国人民代表大会常务委员会委员长会议的提名，推选19名选举会议成员组成主席团。主席团从其成员中推选常务主席一人。

主席团主持选举会议。主席团常务主席主持主席团会议。

第七条 选举会议举行全体会议，须有过半数成员出席。

第八条 选举会议成员以个人身份参加选举会议，并以个人身份履行职责。

选举会议成员应出席选举会议，如有特殊原因不能出席，应事先向主席团书面请假。

选举会议成员不得直接或者间接地索取、接受参选人和候选人的贿赂，不得直接或者间接地谋取其他任何利益，不得直接或者间接地以利益影响他人在选举中对参选人和候选人所持的立场。

第九条 选举日期由选举会议主席团确定。

第十条 全国人民代表大会代表候选人由选举会议成员15人以上提名。每名选举会议成员提名的代表候选人不得超过36名。

选举会议成员提名他人为代表候选人，应填写《中华人民共和国香港特别行政区第十四届全国人民代表大会代表候选人提名信》。

第十一条 年满十八周岁的香港特别行政区居民中的中国公民，凡有意参选第十四届全国人民代表大会代表的，应领取和填写《中华人民共和国香港特别行政区第十四届全国人民代表大会代表参选人登记表》。在提名截止日期以前，送交参选人登记表和15名以上选举会议成员分别填写的候选人提名信。

选举会议成员本人参选的，需要由其他15名以上选举会议成员为其填写候选人提名信。

参选人在登记表中应当作出声明：拥护中华人民共和国宪法和香港特别行政区基本法，拥护“一国两制”方针政策，效忠中华人民共和国和香港特别行政区；未直接或者间接接受外国机构、组织、个人提供的与选举有关的任何形式的资助。参选人须对所填事项的真实性负责。

任何人因危害国家安全被法院判决有罪的，即丧失参加全国人民代表大会代表选举的资格。

第十二条 代表候选人的提名时间由选举会议主席团确定。

第十三条 选举会议主席团公布第十四届全国人民代表大会代表候选人名单和简介，并印发给选举会议全体成员。

主席团公布代表候选人名单后，选举会议成员可以查阅代表候选人的提名情况。

在选举日之前，对违反本办法第十一条规定的登记表所声明内容，或者因危害国家安全被法院判决有罪的参选人，经过审查核实，由主席团决定不将其列入候选人名单或者从候选人名单中除名。

第十四条 选举会议选举第十四届全国人民代表大会代表的候选人应多于应选名额，进行差额选举。

第十五条 选举会议选举第十四届全国人民代表大会代表采用无记名投票的方式。

选举会议进行选举时，所投的票数多于投票人数的无效，等于或者少于投票人数的有效。

每一选票所选的人数，等于应选代表名额的有效，多于或者少于应选代表名额的作废。

第十六条 代表候选人获得参加投票的选举会议成员过半数的选票时，始得当选。

获得过半数选票的代表候选人的人数超过应选代表名额时，以得票多的当选。如遇票数相等不能确定当选人时，应当就票数相等的候选人再次投票，以得票多的当选。

获得过半数选票的当选代表的人数少于应选代表的名额时，不足的名额另行选举。另行选举时，根据在第一次投票时得票多少的顺序，按照候选人比应选名额多五分之一至二分之一的差额比例，由主席团确定候选人名单；如果只选一人，候选人应为二人。另行选举时，代表候选人获得参加投票的选举会议成员过半数的选票，始得当选。

第十七条 选举会议设总监票人一人、监票人若干人，由选举会议主席团在不是代表候选人的选举会议成员中提名，选举会议通过。总监票人和监票人对发票、投票、计票工作进行监督。

第十八条 在选举日不得进行拉票活动。

选举会议举行全体会议进行投票。会场按座区设投票箱，选举会议成员按座区分别到指定的票箱投票。

投票时，首先由总监票人、监票人投票，然后主席团成员和选举会议其他成员按顺序投票。

选举会议成员不得委托他人投票。

第十九条 计票完毕，总监票人向主席团报告计票结果。选举结果由主席团予以宣布，并报全国人民代表大会常务委员会代表资格审查委员会。

选举会议主席团向全国人民代表大会常务委员会代表资格审查委员会报送选举结果前，发现当选人违反本办法第十一条规定的登记表所声明内容的,或者因危害国家安全被法院判决有罪的,应当在向全国人民代表大会常务委员会代表资格审查委员会报送选举结果的同时,提出当选人违反登记表所声明内容或者因危害国家安全被法院判决有罪的情况的报告。代表资格审查委员会经审查核实后,应当向全国人民代表大会常务委员会提出确定代表当选无效的报告。

全国人民代表大会常务委员会根据代表资格审查委员会提出的报告,确认代表的资格或者确定代表的当选无效,并公布代表名单。

第二十条　选举会议主席团接受与选举第十四届全国人民代表大会代表有关的投诉,并转报全国人民代表大会常务委员会代表资格审查委员会处理。

第二十一条　香港特别行政区第十四届全国人民代表大会代表可以向全国人民代表大会常务委员会书面提出辞职,由全国人民代表大会常务委员会决定接受辞职后予以公告。

第二十二条　香港特别行政区第十四届全国人民代表大会代表违反本办法第十一条规定的登记表所声明内容的,或者因危害国家安全被法院判决有罪的,由全国人民代表大会常务委员会代表资格审查委员会提出终止其代表资格的意见,全国人民代表大会常务委员会根据代表资格审查委员会的意见,确定终止其代表资格,并予以公告。

第二十三条　香港特别行政区第十四届全国人民代表大会代表因故出缺,由选举香港特别行政区第十四届全国人民代表大会代表时未当选的代表候选人,按得票多少顺序依次递补,但是被递补为全国人民代表大会代表的候选人的得票数不得少于选票的三分之一。全国人民代表大会常务委员会根据代表资格审查委员会提出的报告,确认递补的代表资格,公布递补的代表名单。

选举第十四届全国人民代表大会代表时,在未当选的代表候选人中,如遇票数相等不能确定代表出缺时的递补顺序,由主席团决定就票数相等的候选人再次投票,按得票多少确定递补顺序。

关于《中华人民共和国香港特别行政区选举第十四届全国人民代表大会代表的办法(草案)》的说明

——2022 年 3 月 5 日在第十三届全国人民代表大会第五次会议上

全国人大常委会副委员长　王　晨

各位代表:

我受全国人大常委会委托,作关于《中华人民共和国香港特别行政区选举第十四届全国人民代表大会代表的办法(草案)》的说明。

按照选举法的规定,香港特别行政区应选全国人大代表的名额和代表产生办法,由全国人民代表大会另行规定。为此,在本届全国人大任期届满前,需制定香港选举第十四届全国人大代表的办法。根据有关工作安排,全国人大常委会法工委、港澳基本法委会同中央有关部门共同研究起草了香港特别行政区选举第十四届全国人民代表大会代表的办法(草案),并征询了香港特别行政区行政长官、全国人大代表、全国政协委员的意见。

现将草案的主要内容说明如下:

一、关于制定选举办法的指导原则

香港回归以来,全国人大已经分别制定了第九届、第十届、第十一届、第十二届、第十三届香港特别行政区选举全国人大代表的办法,香港特别行政区顺利选举产生了五届全国人大代表。2020 年以来,根据党中央关于健全中央依照宪法和基本法对特别行政区行使全面管治权决策部署,全国人大及其常委会通过有关决定、制定香港国安法、修改完善香港特别行政区选举制度,推动香港局势实现由乱到治的重大转折。制定香港选举第十四届全国人大代表的办法,必须深入贯彻落实党的十九大和十九届历次全会精神,深入贯彻落实习近平总书记关于港澳工作的重要论述和重要指示批示精神,适应新形势新变化,坚定落实“爱国者治港”,确保选举产生的全国人大代表都是坚定的爱国爱港人士。

二、关于选举会议的构成

前五届香港特别行政区全国人大代表选举,都采取成立具有广泛代表性的选举会议的形式提名并选举产生全国人大代表，实践证明这一做法是可行的。香港特别行政区选举第十四届全国人大代表，建议仍沿用成立选举会议的办法。2021 年 3 月，全国人大作出关于完善香港特别行政区选举制度的决定，全国人大常委会据此修订了香港基本法附件一和附件二，重构了香港选举委员会。香港选举委员会具有广泛代表性、体现社会整体和各界利益，以香港选举委员会委员为主体组成选举会议选举香港特别行政区全国人大代表，可以充分体现“爱国者治港”，同时不超过 1500 人的规模也比较适当，结构更加优化。因此，草案规定：香港特别行政区第十四届全国人大代表选举会议由香港特别行政区选举委员会委员中的中国公民组成；香港特别行政区行政长官为选举会议的成员。

三、关于候选人的提名人数

为了维护全国人大代表选举的严肃性，避免提名的代表候选人过于分散，保证选举的顺利进行，建议将香港特别行政区全国人大代表候选人的提名人数确定为 15 人。因此，草案规定：“全国人民代表大会代表候选人由选举会议成员 15 人以上提名”。

四、关于参选人的条件

全国人大代表作为最高国家权力机关的组成人员，代表人民行使国家权力，必须效忠中华人民共和国，不得有任何危害国家安全的行为。为了做好与香港国安法和香港新选举制度的有效衔接，草案规定：任何人因危害国家安全被法院判决有罪的，即丧失参加全国人民代表大会代表选举的资格。同时，在相关条款分别作出规定，因危害国家安全被法院判决有罪的，由选举会议主席团、全国人大常委会分别作出决定，不将其列入候选人名单、从候选人名单中除名、确定代表当选无效或者确定终止其代表资格。

五、关于选举的组织和程序

选举法规定：“全国人民代表大会常务委员会主持全国人民代表大会代表的选举。”据此，草案规定，香港特别行政区选举第十四届全国人大代表，由全国人大常委会主持。草案对全国人大常委会在主持选举中的具体职责也作了规定。

草案规定，选举会议主席团是选举会议的领导机构，香港选举会议主席团成员人数为 19 名。主席团主持选举会议，其主要职责包括：确定选举日期；确定代表候选人的提名时间；公布代表候选人名单；提出总监票人和监票人的人选，由选举会议通过；宣布选举结果；接受与选举代表有关的投诉，转报全国人大常委会代表资格审查委员会处理等。选举会议主席团向全国人大常委会代表资格审查委员会报送选举结果前，发现当选人违反登记表所声明内容的，或者因危害国家安全被法院判决有罪的，应当在报送选举结果的同时，提出当选人违反登记表所声明内容或者因危害国家安全被法院判决有罪的情况的报告，代表资格审查委员会经审查核实后，应当向全国人大常委会提出报告；全国人大常委会根据代表资格审查委员会的报告，确定代表当选无效。

关于选举程序，草案延续了以往做法，规定：选举全国人大代表的候选人应多于应选名额，进行差额选举；选举采用无记名投票方式；每一选票所选的人数，等于应选代表名额的有效，多于或少于应选代表名额的作废；代表候选人获得参加投票的选举会议成员过半数的选票时，始得当选。

六、关于代表的辞职、监督机制和补选

关于代表的辞职，草案规定，香港特别行政区第十四届全国人大代表可以向全国人大常委会提出辞职，由全国人大常委会决定接受辞职后予以公告。

关于代表的监督机制，草案规定，当选的全国人大代表在履职过程中违反登记表所声明内容的，或者因危害国家安全被法院判决有罪的，由全国人大常委会代表资格审查委员会提出终止其代表资格的意见，全国人大常委会根据代表资格审查委员会的意见，确定终止其代表资格。

关于代表的补选，草案规定，香港特别行政区第十四届全国人大代表因故出缺，由选举时未当选的代表候选人按得票多少顺序依次递补，但被递补为全国人大代表的候选人的得票数不得少于选票的三分之一。

此外，草案还对参选人提交登记表并在登记表中作出有关声明、选举会议成员的权利义务等作了规定。

《中华人民共和国香港特别行政区选举第十四届全国人民代表大会代表的办法（草案）》和以上说明，请审议。

第十三届全国人民代表大会宪法和法律委员会关于《中华人民共和国香港特别行政区选举第十四届全国人民代表大会代表的办法(草案)》审议结果的报告

(2022 年 3 月 8 日第十三届全国人民代表大会第五次会议主席团第二次会议通过)

十三届全国人大五次会议主席团:

3 月 7 日下午,各代表团小组会议审议了香港特别行政区选举第十四届全国人大代表的办法草案。代表们普遍认为,草案深入贯彻落实党的十九大和十九届历次全会精神,深入贯彻落实习近平总书记关于港澳工作的重要论述和重要指示批示精神,适应新形势新变化,坚定落实"爱国者治港",在选举会议的构成、候选人的提名人数、参选人的条件等方面作出必要的完善,确保选举产生的全国人大代表都是坚定的爱国爱港人士,符合宪法和有关法律规定,符合香港社会的实际情况。草案已经比较成熟,建议提请本次会议审议通过。同时,代表们也对草案提出了一些修改意见。宪法和法律委员会于 3 月 7 日晚召开会议,对草案进行认真审议,对代表提出的修改意见逐条研究。香港中联办和全国人大常委会香港基本法委员会有关负责同志列席了会议。根据各代表团的审议意见和有关方面的意见,对草案作了以下修改:

草案第八条第二款规定,选举会议成员应出席选举会议,如有特殊原因不能出席,应事先向主席团"请假";第二十一条规定,香港特别行政区第十四届全国人大代表可以向全国人大常委会"提出辞职",由常委会决定接受辞职后予以公告。有的代表建议参照全国人大议事规则第十五条第一款全国人大代表应当"书面请假"的规定,以及选举法第五十五条第一款全国人大代表可以"书面提出辞职"的规定,将草案第八条中的"请假"修改为"书面请假",第二十一条中的"提出辞职"修改为"书面提出辞职"。宪法和法律委员会经研究,建议采纳上述意见。

此外,根据代表们的审议意见,还对草案作了个别文字修改。

草案修改稿已按上述意见作了修改,宪法和法律委员会建议经主席团审议通过后,印发各代表团审议。

草案修改稿和以上报告,请审议。

第十三届全国人民代表大会
宪法和法律委员会
2022 年 3 月 8 日

第十三届全国人民代表大会宪法和法律委员会关于《中华人民共和国香港特别行政区选举第十四届全国人民代表大会代表的办法(草案修改稿)》修改意见的报告

(2022 年 3 月 10 日第十三届全国人民代表大会第五次会议主席团第三次会议通过)

十三届全国人大五次会议主席团:

3 月 9 日上午,各代表团小组会议对香港特别行政区选举第十四届全国人大代表的办法草案修改稿进行了审议。代表们普遍认为,草案修改稿在认真研究并充分吸收代表提出意见的基础上,作了相应的修改完善,赞成提请本次大会表决通过。同时,有的代表还提出了个别修改意见。宪法和法律委员会于 3 月 9 日下午召开会议,对草案修改稿进行认真审议，对代表提出的修改意见逐条研究。香港中联办和全国人大常委会香港基本法委员会有关负责同志列席了会议。宪法和法律委员会认为，草案修改稿是可行的，据此提出了草案表决稿，建议经主席团审议通过后，提请大会全体会议表决。

草案表决稿和以上报告，请审议。

第十三届全国人民代表大会
宪法和法律委员会
2022年3月10日

中华人民共和国澳门特别行政区选举第十四届全国人民代表大会代表的办法

（2022年3月11日第十三届全国人民代表大会第五次会议通过）

第一条　根据《中华人民共和国宪法》、《中华人民共和国澳门特别行政区基本法》以及《中华人民共和国全国人民代表大会和地方各级人民代表大会选举法》的规定，结合澳门特别行政区的实际情况，制定本办法。

第二条　澳门特别行政区选举第十四届全国人民代表大会代表由全国人民代表大会常务委员会主持。

第三条　澳门特别行政区应选第十四届全国人民代表大会代表的名额为12名。

第四条　澳门特别行政区选举的全国人民代表大会代表必须是年满十八周岁的澳门特别行政区居民中的中国公民。

第五条　澳门特别行政区成立第十四届全国人民代表大会代表选举会议。选举会议由参加过澳门特别行政区第十三届全国人民代表大会代表选举会议的人员，以及不是上述人员的澳门特别行政区居民中的中国人民政治协商会议第十三届全国委员会委员、澳门特别行政区第五任行政长官选举委员会委员中的中国公民和澳门特别行政区第七届立法会议员中的中国公民组成。但本人提出不愿参加的除外。

澳门特别行政区行政长官为澳门特别行政区第十四届全国人民代表大会代表选举会议的成员。

选举会议成员名单由全国人民代表大会常务委员会公布。

第六条　选举会议第一次会议由全国人民代表大会常务委员会召集，根据全国人民代表大会常务委员会委员长会议的提名，推选11名选举会议成员组成主席团。主席团从其成员中推选常务主席一人。

主席团主持选举会议。主席团常务主席主持主席团会议。

第七条　选举会议举行全体会议，须有过半数成员出席。

第八条　选举会议成员以个人身份参加选举会议，并以个人身份履行职责。

选举会议成员应出席选举会议，如有特殊原因不能出席，应事先向主席团书面请假。

选举会议成员不得直接或者间接地索取、接受参选人和候选人的贿赂，不得直接或者间接地谋取其他任何利益，不得直接或者间接地以利益影响他人在选举中对参选人和候选人所持的立场。

第九条　选举日期由选举会议主席团确定。

第十条　全国人民代表大会代表候选人由选举会议成员15人以上提名。每名选举会议成员提名的代表候选人不得超过12名。

选举会议成员提名他人为代表候选人，应填写《中华人民共和国澳门特别行政区第十四届全国人民代表大会代表候选人提名信》。

第十一条　年满十八周岁的澳门特别行政区居民中的中国公民，凡有意参选第十四届全国人民代表大会代表的，应领取和填写《中华人民共和国澳门特别行政区第十四届全国人民代表大会代表参选人登记表》。在提名截止日期以前，送交参选人登记表和15名以上选举会议成员分别填写的候选人提名信。

选举会议成员本人参选的，需要由其他15名以上选举会议成员为其填写候选人提名信。

参选人在登记表中应当作出声明：拥护中华人民共和国宪法和澳门特别行政区基本法，拥护“一国两制”方针政策，效忠中华人民共和国和澳门特别行政区；未直接或者间接接受外国机构、组织、个人提供的与选举有关的任何形式的资助。参选人须对所填事项的真实性负责。

任何人因危害国家安全被法院判决有罪的，即丧失参加全国人民代表大会代表选举的资格。

第十二条　代表候选人的提名时间由选举会议主席团确定。

第十三条　选举会议主席团公布第十四届全国人民代表大会代表候选人名单和简介，并印发给选举会议全体成员。

主席团公布代表候选人名单后，选举会议成员可以查阅代表候选人的提名情况。

在选举日之前，对违反本办法第十一条规定的登记表所声明内容，或者因危害国家安全被法院判决有罪的参选人，经过审查核实，由主席团决定不将其列入候选人名单或者从候选人名单中除名。

第十四条　选举会议选举第十四届全国人民代表大会代表的候选人应多于应选名额，进行差额选举。

第十五条　选举会议选举第十四届全国人民代表大会代表采用无记名投票的方式。

选举会议进行选举时，所投的票数多于投票人数的无效，等于或者少于投票人数的有效。

每一选票所选的人数，等于应选代表名额的有效，多于或者少于应选代表名额的作废。

第十六条　代表候选人获得参加投票的选举会议成员过半数的选票时，始得当选。

获得过半数选票的代表候选人的人数超过应选代表名额时，以得票多的当选。如遇票数相等不能确定当选人时，应当就票数相等的候选人再次投票，以得票多的当选。

获得过半数选票的当选代表的人数少于应选代表的名额时，不足的名额另行选举。另行选举时，根据在第一次投票时得票多少的顺序，按照候选人比应选名额多五分之一至二分之一的差额比例，由主席团确定候选人名单；如果只选一人，候选人应为二人。另行选举时，代表候选人获得参加投票的选举会议成员过半数的选票，始得当选。

第十七条　选举会议设总监票人一人、监票人若干人，由选举会议主席团在不是代表候选人的选举会议成员中提名，选举会议通过。总监票人和监票人对发票、投票、计票工作进行监督。

第十八条　在选举日不得进行拉票活动。

选举会议举行全体会议进行投票。会场按座区设投票箱，选举会议成员按座区分别到指定的票箱投票。

投票时，首先由总监票人、监票人投票，然后主席团成员和选举会议其他成员按顺序投票。

选举会议成员不得委托他人投票。

第十九条　计票完毕，总监票人向主席团报告计票结果。选举结果由主席团予以宣布，并报全国人民代表大会常务委员会代表资格审查委员会。

选举会议主席团向全国人民代表大会常务委员会代表资格审查委员会报送选举结果前，发现当选人违反本办法第十一条规定的登记表所声明内容的，或者因危害国家安全被法院判决有罪的，应当在向全国人民代表大会常务委员会代表资格审查委员会报送选举结果的同时，提出当选人违反登记表所声明内容或者因危害国家安全被法院判决有罪的情况的报告。代表资格审查委员会经审查核实后，应当向全国人民代表大会常务委员会提出确定代表当选无效的报告。

全国人民代表大会常务委员会根据代表资格审查委员会提出的报告，确认代表的资格或者确定代表的当选无效，并公布代表名单。

第二十条　选举会议主席团接受与选举第十四届全国人民代表大会代表有关的投诉，并转报全国人民代表大会常务委员会代表资格审查委员会处理。

第二十一条　澳门特别行政区第十四届全国人民代表大会代表可以向全国人民代表大会常务委员会书面提出辞职，由全国人民代表大会常务委员会决定接受辞职后予以公告。

第二十二条　澳门特别行政区第十四届全国人民代表大会代表违反本办法第十一条规定的登记表所声明内容的，或者因危害国家安全被法院判决有罪的，由全国人民代表大会常务委员会代表资格审查委员会提出终止其代表资格的意见，全国人民代表大会常务委员会根据代表资格审查委员会的意见，确定终止其代表资格，并予以公告。

第二十三条　澳门特别行政区第十四届全国人民代表大会代表因故出缺，由选举澳门特别行政区第十四届全国人民代表大会代表时未当选的代表候选人，按得票多少顺序依次递补，但是被递补为全国人民代表大会代表的候选人的得票数不得少于选票的三分之一。全国人民代表大会常务委员会根据代表资格审查委员会提出的报告，确认递补的代表资格，公布递补的代表名单。

选举第十四届全国人民代表大会代表时，在未当选的代表候选人中，如遇票数相等不能确定代表出缺时的递补顺序，由主席团决定就票数相等的候选人再次投票，按得票多少确定递补顺序。

关于《中华人民共和国澳门特别行政区选举第十四届全国人民代表大会代表的办法(草案)》的说明

——2022年3月5日在第十三届全国人民代表大会第五次会议上

全国人大常委会副委员长　王　晨

各位代表：

我受全国人大常委会委托，作关于《中华人民共和国澳门特别行政区选举第十四届全国人民代表大会代表的办法(草案)》的说明。

按照选举法的规定，澳门特别行政区应选全国人大代表的名额和代表产生办法，由全国人民代表大会另行规定。为此，在本届全国人大任期届满前，需制定澳门选举第十四届全国人大代表的办法。根据有关工作安排，全国人大常委会法工委、港澳基本法委会同中央有关部门共同研究起草了澳门特别行政区选举第十四届全国人民代表大会代表的办法(草案)，并征询了澳门特别行政区行政长官、全国人大代表、全国政协委员的意见。

现将草案的主要内容说明如下：

一、关于制定选举办法的指导原则

澳门回归以来，全国人大已经分别制定了第九届、第十届、第十一届、第十二届、第十三届澳门特别行政区选举全国人大代表的办法，澳门特别行政区顺利选举产生了五届全国人大代表。制定澳门选举第十四届全国人大代表的办法，必须深入贯彻落实党的十九大和十九届历次全会精神，深入贯彻落实习近平总书记关于港澳工作的重要论述和重要指示批示精神，适应新形势新变化，坚定落实“爱国者治澳”，确保选举产生的全国人大代表都是坚定的爱国爱澳人士。

二、关于选举会议的构成

九届以来，澳门的全国人大代表选举办法对选举会议的构成都采取在上一届选举会议成员的基础上，加入新的全国政协委员、行政长官选举委员会委员和立法会议员。实践证明这一做法是行之有效的，符合澳门的实际情况，建议此次选举会议的构成方式保持不变。因此，草案规定：澳门特别行政区第十四届全国人大代表选举会议由参加过澳门第十三届全国人大代表选举会议的人员，以及不是上述人员的澳门第十三届全国政协委员、第五任行政长官选举委员会委员中的中国公民和第七届立法会议员中的中国公民组成；澳门特别行政区行政长官为选举会议的成员。

三、关于候选人的提名人数

为了维护全国人大代表选举的严肃性，避免提名的代表候选人过于分散，保证选举的顺利进行，建议将澳门特别行政区全国人大代表候选人的提名人数确定为15人。因此，草案规定：“全国人民代表大会代表候选人由选举会议成员15人以上提名”。

四、关于参选人的条件

全国人大代表作为最高国家权力机关的组成人员，代表人民行使国家权力，必须效忠中华人民共和国，不得有任何危害国家安全的行为。因此，草案规定：任何人因危害国家安全被法院判决有罪的，即丧失参加全国人民代表大会代表选举的资格。同时，在相关条款分别作出规定，因危害国家安全被法院判决有罪的，由选举会议主席团、全国人大常委会分别作出决定，不将其列入候选人名单、从候选人名单中除名、确定代表当选无效或者确定终止其代表资格。

五、关于选举的组织和程序

选举法规定：“全国人民代表大会常务委员会

主持全国人民代表大会代表的选举。”据此，草案规定，澳门特别行政区选举第十四届全国人大代表，由全国人大常委会主持。草案对全国人大常委会在主持选举中的具体职责也作了规定。

草案规定，选举会议主席团是选举会议的领导机构，澳门选举会议主席团成员人数为 11 名。主席团主持选举会议，其主要职责包括：确定选举日期；确定代表候选人的提名时间；公布代表候选人名单；提出总监票人和监票人的人选，由选举会议通过；宣布选举结果；接受与选举代表有关的投诉，转报全国人大常委会代表资格审查委员会处理等。选举会议主席团向全国人大常委会代表资格审查委员会报送选举结果前，发现当选人违反登记表所声明内容的，或者因危害国家安全被法院判决有罪的，应当在报送选举结果的同时，提出当选人违反登记表所声明内容或者因危害国家安全被法院判决有罪的情况的报告，代表资格审查委员会经审查核实后，应当向全国人大常委会提出报告；全国人大常委会根据代表资格审查委员会的报告，确定代表当选无效。

关于选举程序，草案延续了以往做法，规定：选举全国人大代表的候选人应多于应选名额，进行差额选举；选举采用无记名投票方式；每一选票所选的人数，等于应选代表名额的有效，多于或少于应选代表名额的作废；代表候选人获得参加投票的选举会议成员过半数的选票时，始得当选。

六、关于代表的辞职、监督机制和补选

关于代表的辞职，草案规定，澳门特别行政区第十四届全国人大代表可以向全国人大常委会提出辞职，由全国人大常委会决定接受辞职后予以公告。

关于代表的监督机制，草案规定，当选的全国人大代表在履职过程中违反登记表所声明内容的，或者因危害国家安全被法院判决有罪的，由全国人大常委会代表资格审查委员会提出终止其代表资格的意见，全国人大常委会根据代表资格审查委员会的意见，确定终止其代表资格。

关于代表的补选，草案规定，澳门特别行政区第十四届全国人大代表因故出缺，由选举时未当选的代表候选人按得票多少顺序依次递补，但被递补为全国人大代表的候选人的得票数不得少于选票的三分之一。

此外，草案还对参选人提交登记表并在登记表中作出有关声明、选举会议成员的权利义务等作了规定。

《中华人民共和国澳门特别行政区选举第十四届全国人民代表大会代表的办法(草案)》和以上说明，请审议。

第十三届全国人民代表大会宪法和法律委员会关于《中华人民共和国澳门特别行政区选举第十四届全国人民代表大会代表的办法(草案)》审议结果的报告

(2022 年 3 月 8 日第十三届全国人民代表大会第五次会议主席团第二次会议通过)

十三届全国人大五次会议主席团：

3 月 7 日下午，各代表团小组会议审议了澳门特别行政区选举第十四届全国人大代表的办法草案。代表们普遍认为，草案深入贯彻落实党的十九大和十九届历次全会精神，深入贯彻落实习近平总书记关于港澳工作的重要论述和重要指示批示精神，适应新形势新变化，坚定落实“爱国者治澳”，在候选人的提名人数、参选人的条件等方面作出必要的完善，确保选举产生的全国人大代表都是坚定的爱国爱澳人士，符合宪法和有关法律规定，符合澳门社会的实际情况。草案已经比较成熟，建议提请本次会议审议通过。同时，代表们也对草案提出了一些修改意见。宪法和法律委员会于 3 月 7 日晚召开会议，对草案进行认真审议，对代表提出的修改意见逐条研究。澳门中联办和全国人大常委会澳门基本法委员会有关负责同志列席了会议。根据各代表团的审议意见和有关方面的意见，对草案作了以下修改：

草案第八条第二款规定，选举会议成员应出席选举会议，如有特殊原因不能出席，应事先向主席团“请假”；第二十一条规定，澳门特别行政区第十四届全国人大代表可以向全国人大常委会“提出辞职”，由常委会决定接受辞职后予以公告。有的代表建议参照全国人大议事规则第十五条第一款全国人大代表应当“书面请假”的规定，以及选举法第五十五条第一款全国人大代表可以“书面提出辞职”的规定，将草案第八条中的“请假”修改为“书面请假”，第二十一条中的“提出辞职”修改为“书面提出辞职”。宪法和法律委员会经研究，建议采纳上述意见。

此外，根据代表们的审议意见，还对草案作了个别文字修改。

草案修改稿已按上述意见作了修改，宪法和法律委员会建议经主席团审议通过后，印发各代表团审议。

草案修改稿和以上报告，请审议。

第十三届全国人民代表大会
宪法和法律委员会
2022年3月8日

第十三届全国人民代表大会宪法和法律委员会关于《中华人民共和国澳门特别行政区选举第十四届全国人民代表大会代表的办法（草案修改稿）》修改意见的报告

（2022年3月10日第十三届全国人民代表大会第五次会议主席团第三次会议通过）

十三届全国人大五次会议主席团：

3月9日上午，各代表团小组会议对澳门特别行政区选举第十四届全国人大代表的办法草案修改稿进行了审议。代表们普遍认为，草案修改稿在认真研究并充分吸收代表提出意见的基础上，作了相应的修改完善，赞成提请本次大会表决通过。同时，有的代表还提出了个别修改意见。宪法和法律委员会于3月9日下午召开会议，对草案修改稿进行认真审议，对代表提出的修改意见逐条研究。澳门中联办和全国人大常委会澳门基本法委员会有关负责同志列席了会议。宪法和法律委员会认为，草案修改稿是可行的，据此提出了草案表决稿，建议经主席团审议通过后，提请大会全体会议表决。

草案表决稿和以上报告，请审议。

第十三届全国人民代表大会
宪法和法律委员会
2022年3月10日

第十三届全国人民代表大会第五次会议关于政府工作报告的决议

（2022年3月11日第十三届全国人民代表大会第五次会议通过）

第十三届全国人民代表大会第五次会议听取和审议了国务院总理李克强所作的政府工作报告。会议高度评价在具有里程碑意义的2021年国家发展取得的新的重大成就，充分肯定国务院的工作，同意报告提出的2022年经济社会发展的总体要求、目标任务、政策措施和工作部署，决定批准这个报告。

会议号召，全国各族人民更加紧密地团结在以习近平同志为核心的党中央周围，高举中国特色社会主义伟大旗帜，以习近平新时代中国特色社会主义思想为指导，全面贯彻落实党的十九大和十九届历次全会精神，深刻认识“两个确立”的决定性意义，增强“四个意识”、坚定“四个自信”、做到“两个维护”，弘扬伟大建党精神，坚持稳中求进工作总基调，统筹国内国际两个大局，完整、准确、全面贯彻新发展理念，加快构建新发展格局，全面深化改革开放，坚持创新驱动发展，推动高质量发展，促进共同富裕，坚持以供给侧结构性改革为主线，统筹疫情防控和经济社会发展，统筹发展和安全，继续做好"六稳"工作、落实"六保"任务，保持经济运行在合理区间，持续改善民生，踔厉奋发、勇毅笃行、埋头苦干，保持经济持续健康发展和社会大局稳定，以实际行动迎接党的二十大胜利召开！

政府工作报告

——2022 年 3 月 5 日在第十三届全国人民代表大会第五次会议上

国务院总理　李克强

各位代表：

现在，我代表国务院，向大会报告政府工作，请予审议，并请全国政协委员提出意见。

一、2021 年工作回顾

过去一年是党和国家历史上具有里程碑意义的一年。以习近平同志为核心的党中央团结带领全党全国各族人民，隆重庆祝中国共产党成立一百周年，胜利召开党的十九届六中全会、制定党的第三个历史决议，如期打赢脱贫攻坚战，如期全面建成小康社会、实现第一个百年奋斗目标，开启全面建设社会主义现代化国家、向第二个百年奋斗目标进军新征程。一年来，面对复杂严峻的国内外形势和诸多风险挑战，全国上下共同努力，统筹疫情防控和经济社会发展，全年主要目标任务较好完成，"十四五"实现良好开局，我国发展又取得新的重大成就。

——经济保持恢复发展。国内生产总值达到 114 万亿元，增长 8.1%。全国财政收入突破 20 万亿元，增长 10.7%。城镇新增就业 1269 万人，城镇调查失业率平均为 5.1%。居民消费价格上涨 0.9%。国际收支基本平衡。

——创新能力进一步增强。国家战略科技力量加快壮大。关键核心技术攻关取得重要进展，载人航天、火星探测、资源勘探、能源工程等领域实现新突破。企业研发经费增长 15.5%。数字技术与实体经济加速融合。

——经济结构和区域布局继续优化。粮食产量 1.37 万亿斤，创历史新高。高技术制造业增加值增长 18.2%，信息技术服务等生产性服务业较快发展，产业链韧性得到提升。区域发展战略有效实施，新型城镇化扎实推进。

——改革开放不断深化。在重要领域和关键环节推出一批重大改革举措，供给侧结构性改革深入推进。"放管服"改革取得新进展。市场主体总量超过 1.5 亿户。高质量共建"一带一路"稳步推进。推动区域全面经济伙伴关系协定生效实施。货物进出口总额增长 21.4%，实际使用外资保持增长。

——生态文明建设持续推进。污染防治攻坚战深入开展，主要污染物排放量继续下降，地级及以上城市细颗粒物（PM2.5）平均浓度下降 9.1%。第一批国家公园正式设立。生态环境质量明显改善。

——人民生活水平稳步提高。居民人均可支配收入实际增长 8.1%。脱贫攻坚成果得到巩固和拓展。基本养老、基本医疗、社会救助等保障力度加大。教育改革发展迈出新步伐。新开工改造城镇老旧小区 5.6 万个，惠及近千万家庭。

——疫情防控成果持续巩固。落实常态化防控举措，疫苗全程接种覆盖率超过 85%，及时有效处置局部地区聚集性疫情，保障了人民生命安全和身体健康，维护了正常生产生活秩序。

回顾过去一年，成绩得来殊为不易。我国经济尚处在突发疫情等严重冲击后的恢复发展过程中，国内外形势又出现很多新变化，保持经济平稳运行难度加大。我们深入贯彻以习近平同志为核心的党中央决策部署，贯彻落实中央经济工作会议精神，完整、准确、全面贯彻新发展理念，扎实做好"六稳"、"六保"工作，注重宏观政策跨周期和逆周期调节，有效应对各种风险挑战，主要做了以下工作。

一是保持宏观政策连续性针对性，推动经济运

行保持在合理区间。宏观政策适应跨周期调节需要，保持对经济恢复必要支持力度，同时考虑为今年应对困难挑战预留政策空间。建立常态化财政资金直达机制，将2.8万亿元中央财政资金纳入直达范围。优化地方政府专项债券发行使用。有效实施稳健的货币政策，两次全面降准，推动降低贷款利率。有序推进地方政府债务风险防范化解，稳妥处置重大金融风险事件。强化稳岗扩就业政策落实，扎实做好高校毕业生等重点群体就业工作，推进大众创业万众创新。加强大宗商品保供稳价，着力解决煤炭电力供应紧张问题。从全年看，主要宏观经济指标符合预期，财政赤字率和宏观杠杆率下降，经济增速继续位居世界前列。

二是优化和落实助企纾困政策，巩固经济恢复基础。上亿市场主体承载着数亿人就业创业，宏观政策延续疫情发生以来行之有效的支持路径和做法。去年新增减税降费超过1万亿元，还对制造业中小微企业、煤电和供热企业实施阶段性缓缴税费。实践表明，减税降费是助企纾困直接有效的办法，实际上也是"放水养鱼"、涵养税源，2013年以来新增的涉税市场主体去年纳税达到4.76万亿元。加强铁路、公路、航空、海运、港口等运输保障。加大对受疫情影响严重行业企业信贷投放，继续执行小微企业贷款延期还本付息和信用贷款支持政策，银行业金融机构普惠小微企业贷款增长27.3%，大型商业银行普惠小微企业贷款增幅超过40%，企业综合融资成本稳中有降。

三是深化改革扩大开放，持续改善营商环境。加强市场体系基础制度建设，推进要素市场化配置等改革。继续压减涉企审批手续和办理时限，更多政务服务事项实现一网通办。推广一批地方改革经验，开展营商环境创新试点。加强和创新监管，反垄断和防止资本无序扩张，维护公平竞争。深入实施国企改革三年行动。支持民营企业健康发展。基本完成行业协会商会与行政机关脱钩改革。设立北京证券交易所和广州期货交易所。稳步推进农业农村、社会事业、生态文明等领域改革。深化共建"一带一路"务实合作。加大稳外贸稳外资力度，成功举办进博会、广交会、服贸会及首届消博会等重大展会。新增4个服务业扩大开放综合试点，推出海南自由贸易港开放新举措。

四是强化创新引领，稳定产业链供应链。加强国家实验室建设，推进重大科技项目实施。改革完善中央财政科研经费管理，提高间接费用比例，扩大科研自主权。延续实施研发费用加计扣除政策，将制造业企业研发费用加计扣除比例提高到100%。强化知识产权保护。开展重点产业强链补链行动。传统产业数字化智能化改造加快，新兴产业保持良好发展势头。

五是推动城乡区域协调发展，不断优化经济布局。落实区域重大战略和区域协调发展战略，出台新的支持举措，实施一批重大项目。推进以县城为重要载体的城镇化建设。加强农业生产，保障农资供应，对种粮农民一次性发放200亿元补贴。推动乡村振兴，确定160个国家乡村振兴重点帮扶县。实施农村人居环境整治提升五年行动。

六是加强生态环境保护，促进可持续发展。巩固蓝天、碧水、净土保卫战成果。推动化肥农药减量增效和畜禽养殖废弃物资源化利用。持续推进生态保护修复重大工程，全面实施长江十年禁渔。可再生能源发电装机规模突破10亿千瓦。出台碳达峰行动方案。启动全国碳排放权交易市场。积极应对气候变化。

七是着力保障和改善民生，加快发展社会事业。加大农村义务教育薄弱环节建设力度，提高学生营养改善计划补助标准，3700多万学生受益。减轻义务教育阶段学生作业负担和校外培训负担。超额完成高职扩招三年行动目标。国家助学贷款每人每年最高额度增加4000元，惠及500多万在校生。上调退休人员基本养老金。提高优抚标准。将低保边缘家庭重病重残人员纳入低保范围，做好困难群众帮扶救助。改革疾病预防控制体系。把更多常见病、慢性病等门诊费用纳入医保报销范围，住院费用跨省直接结算率达到60%。严格药品疫苗监管。实施三孩生育政策。加强养老服务。加快发展保障性租赁住房。繁荣发展文化事业和文化产业，创新实施文化惠民工程。营造良好网络生态。积极开展全民健身运动。我国体育健儿在东京奥运会、残奥会上勇创佳绩。经过精心筹备，我们成功举办了简约、安全、精彩的北京冬奥会，也一定能办好刚刚开幕的冬残奥会。

八是推进法治政府建设和治理创新，保持社会和谐稳定。提请全国人大常委会审议法律议案10件，制定修订行政法规15部。认真办理人大代表建议和政协委员提案。出台法治政府建设实施纲要。发挥审计监督作用。继续开展国务院大督查，深入实施"互联网+督查"。创新城乡基层治理。扎实做好信访工作，化解信访积案。强化安全生产和应急管理。加强国家安全保障能力建设。完善社会治安防控体系，常态化开展扫黑除恶斗争，集中打击治理电信网络诈骗等犯罪。去年一些地区发生严重洪涝等灾害，各方面积极开展防灾救灾和灾后重建，努力保障人民群众生命财产安全。

贯彻落实党中央全面从严治党战略部署。开展党史学习教育。加强党风廉政建设和反腐败斗争。严格落实中央八项规定精神，持之以恒纠治“四风”，进一步为基层减负。

中国特色大国外交全面推进。习近平主席等党和国家领导人通过视频方式出席联合国大会、二十国集团领导人峰会、亚太经合组织领导人非正式会议、金砖国家领导人会晤、中国—东盟建立对话关系30周年纪念峰会、中非合作论坛部长级会议开幕式、东亚合作领导人系列会议、亚欧首脑会议等重大活动。成功举办多场重大主场外交活动。推动构建人类命运共同体，积极发展全球伙伴关系，积极参与全球治理体系改革和建设，推进国际抗疫合作，共同应对全球性问题和挑战。中国为促进世界和平与发展作出了积极贡献。

各位代表！

过去一年取得的成绩，是以习近平同志为核心的党中央坚强领导的结果，是习近平新时代中国特色社会主义思想科学指引的结果，是全党全军全国各族人民团结奋斗的结果。我代表国务院，向全国各族人民，向各民主党派、各人民团体和各界人士，表示诚挚感谢！向香港特别行政区同胞、澳门特别行政区同胞、台湾同胞和海外侨胞，表示诚挚感谢！向关心和支持中国现代化建设的各国政府、国际组织和各国朋友，表示诚挚感谢！

在肯定成绩的同时，我们也清醒看到面临的问题和挑战。全球疫情仍在持续，世界经济复苏动力不足，大宗商品价格高位波动，外部环境更趋复杂严峻和不确定。我国经济发展面临需求收缩、供给冲击、预期转弱三重压力。局部疫情时有发生。消费和投资恢复迟缓，稳出口难度增大，能源原材料供应仍然偏紧，输入性通胀压力加大，中小微企业、个体工商户生产经营困难，稳就业任务更加艰巨。关键领域创新支撑能力不强。一些地方财政收支矛盾加大，经济金融领域风险隐患较多。民生领域还有不少短板。政府工作存在不足，形式主义、官僚主义仍然突出，脱离实际、违背群众意愿现象屡有发生，有的在政策执行中采取“一刀切”、运动式做法。少数干部不担当、不作为、乱作为，有的漠视严重侵害群众权益问题、工作严重失职失责。一些领域腐败问题依然多发。我们要增强忧患意识，直面问题挑战，全力以赴做好工作，决不辜负人民期待！

二、2022 年经济社会发展总体要求和政策取向

今年将召开中国共产党第二十次全国代表大会，是党和国家事业发展进程中十分重要的一年。做好政府工作，要在以习近平同志为核心的党中央坚强领导下，以习近平新时代中国特色社会主义思想为指导，全面贯彻落实党的十九大和十九届历次全会精神，弘扬伟大建党精神，坚持稳中求进工作总基调，完整、准确、全面贯彻新发展理念，加快构建新发展格局，全面深化改革开放，坚持创新驱动发展，推动高质量发展，坚持以供给侧结构性改革为主线，统筹疫情防控和经济社会发展，统筹发展和安全，继续做好“六稳”、“六保”工作，持续改善民生，着力稳定宏观经济大盘，保持经济运行在合理区间，保持社会大局稳定，迎接党的二十大胜利召开。

综合研判国内外形势，今年我国发展面临的风险挑战明显增多，必须爬坡过坎。越是困难越要坚定信心、越要真抓实干。我国经济长期向好的基本面不会改变，持续发展具有多方面有利条件，特别是亿万人民有追求美好生活的强烈愿望、创业创新的巨大潜能、共克时艰的坚定意志，我们还积累了应对重大风险挑战的丰富经验。中国经济一定能顶住新的下行压力，必将行稳致远。

今年发展主要预期目标是：国内生产总值增长5.5%左右；城镇新增就业1100万人以上，城镇调查失业率全年控制在5.5%以内；居民消费价格涨幅3%左右；居民收入增长与经济增长基本同步；进出口保稳提质，国际收支基本平衡；粮食产量保持在1.3万亿斤以上；生态环境质量持续改善，主要污染物排放量继续下降；能耗强度目标在“十四五”规划期内统筹考核，并留有适当弹性，新增可再生能源和原料用能不纳入能源消费总量控制。

经济增速预期目标的设定，主要考虑稳就业保民生防风险的需要，并同近两年平均经济增速以及“十四五”规划目标要求相衔接。这是高基数上的中高速增长，体现了主动作为，需要付出艰苦努力才能实现。

完成今年发展目标任务，宏观政策要稳健有

效，微观政策要持续激发市场主体活力，结构政策要着力畅通国民经济循环，科技政策要扎实落地，改革开放政策要激活发展动力，区域政策要增强发展的平衡性协调性，社会政策要兜住兜牢民生底线。各方面要围绕贯彻这些重大政策和要求，细化实化具体举措，形成推动发展的合力。

要保持宏观政策连续性，增强有效性。积极的财政政策要提升效能，更加注重精准、可持续。稳健的货币政策要灵活适度，保持流动性合理充裕。就业优先政策要提质加力。政策发力适当靠前，及时动用储备政策工具，确保经济平稳运行。

继续做好常态化疫情防控。坚持外防输入、内防反弹，不断优化完善防控措施，加强口岸城市疫情防控，加大对病毒变异的研究和防范力度，加快新型疫苗和特效药物研发，持续做好疫苗接种工作，更好发挥中医药独特作用，科学精准处置局部疫情，保持正常生产生活秩序。

今年工作要坚持稳字当头、稳中求进。面对新的下行压力，要把稳增长放在更加突出的位置。各地区各部门要切实担负起稳定经济的责任，积极推出有利于经济稳定的政策。要统筹稳增长、调结构、推改革，加快转变发展方式，不搞粗放型发展。坚持实事求是，立足社会主义初级阶段基本国情，着力办好自己的事，尊重发展规律、客观实际和群众需求，因地制宜创造性开展工作，把各方面干事创业积极性充分调动起来。推动有效市场和有为政府更好结合，善于运用改革创新办法，激发市场活力和社会创造力。要坚持以人民为中心的发展思想，依靠共同奋斗，扎实推进共同富裕，不断实现人民对美好生活的向往。

三、2022年政府工作任务

今年经济社会发展任务重、挑战多。要按照以习近平同志为核心的党中央部署要求，完整、准确、全面贯彻新发展理念，加快构建新发展格局，推动高质量发展，扎实做好各项工作。

*(一)着力稳定宏观经济大盘，保持经济运行在合理区间。*继续做好"六稳"、"六保"工作。宏观政策有空间有手段，要强化跨周期和逆周期调节，为经济平稳运行提供有力支撑。

提升积极的财政政策效能。今年赤字率拟按2.8%左右安排、比去年有所下调，有利于增强财政可持续性。预计今年财政收入继续增长，加之特定国有金融机构和专营机构依法上缴近年结存的利润、调入预算稳定调节基金等，支出规模比去年扩大2万亿元以上，可用财力明显增加。新增财力要下沉基层，主要用于落实助企纾困、稳就业保民生政策，促进消费、扩大需求。今年安排中央本级支出增长3.9%，其中中央部门支出继续负增长。中央对地方转移支付增加约1.5万亿元、规模近9.8万亿元，增长18%、为多年来最大增幅。中央财政将更多资金纳入直达范围，省级财政也要加大对市县的支持，务必使基层落实惠企利民政策更有能力、更有动力。

要用好政府投资资金，带动扩大有效投资。今年拟安排地方政府专项债券3.65万亿元。强化绩效导向，坚持"资金、要素跟着项目走"，合理扩大使用范围，支持在建项目后续融资，开工一批具备条件的重大工程、新型基础设施、老旧公用设施改造等建设项目。民间投资在投资中占大头，要发挥重大项目牵引和政府投资撬动作用，完善相关支持政策，充分调动民间投资积极性。

要坚持政府过紧日子，更好节用裕民。大力优化支出结构，保障重点支出，严控一般性支出。盘活财政存量资金和闲置资产。各级政府必须艰苦奋斗、勤俭节约，中央政府和省级政府要带头。加强收支管理，严禁铺张浪费，不得违规新建楼堂馆所，不得搞形象工程，对违反财经纪律、肆意挥霍公款的要严查重处，一定要把宝贵资金用在发展紧要处、民生急需上。

加大稳健的货币政策实施力度。发挥货币政策工具的总量和结构双重功能，为实体经济提供更有力支持。扩大新增贷款规模，保持货币供应量和社会融资规模增速与名义经济增速基本匹配，保持宏观杠杆率基本稳定。保持人民币汇率在合理均衡水平上的基本稳定。进一步疏通货币政策传导机制，引导资金更多流向重点领域和薄弱环节，扩大普惠金融覆盖面。推动金融机构降低实际贷款利率、减少收费，让广大市场主体切身感受到融资便利度提升、综合融资成本实实在在下降。

强化就业优先政策。大力拓宽就业渠道，注重通过稳市场主体来稳就业，增强创业带动就业作用。财税、金融等政策都要围绕就业优先实施，加大对企业稳岗扩岗的支持力度。各类专项促就业政策要强化优化，对就业创业的不合理限制要坚决清理取消。各地都要千方百计稳定和扩大就业。

确保粮食能源安全。保障粮食等重要农产品

供应，继续做好能源、重要原材料保供稳价工作，保障民生和企业正常生产经营用电。实施全面节约战略。增强国内资源生产保障能力，加快油气、矿产等资源勘探开发，完善国家战略物资储备制度，保障初级产品供给。打击哄抬物价等行为。保持物价水平基本稳定。

防范化解重大风险。继续按照稳定大局、统筹协调、分类施策、精准拆弹的基本方针，做好经济金融领域风险防范和处置工作。压实地方属地责任、部门监管责任和企业主体责任，加强风险预警、防控机制和能力建设，设立金融稳定保障基金，发挥存款保险制度和行业保障基金的作用，运用市场化、法治化方式化解风险隐患，有效应对外部冲击，牢牢守住不发生系统性风险的底线。

（二）*着力稳市场主体保就业，加大宏观政策实施力度*。完善减负纾困等政策，夯实经济稳定运行、质量提升的基础。

实施新的组合式税费支持政策。坚持阶段性措施和制度性安排相结合，减税与退税并举。一方面，延续实施扶持制造业、小微企业和个体工商户的减税降费政策，并提高减免幅度、扩大适用范围。对小规模纳税人阶段性免征增值税。对小微企业年应纳税所得额 100 万元至 300 万元部分，再减半征收企业所得税。各地也要结合实际，依法出台税费减免等有力措施，使减税降费力度只增不减，以稳定市场预期。另一方面，综合考虑为企业提供现金流支持、促进就业消费投资，大力改进因增值税税制设计类似于先缴后退的留抵退税制度，今年对留抵税额提前实行大规模退税。优先安排小微企业，对小微企业的存量留抵税额于 6 月底前一次性全部退还，增量留抵税额足额退还。重点支持制造业，全面解决制造业、科研和技术服务、生态环保、电力燃气、交通运输等行业留抵退税问题。增值税留抵退税力度显著加大，以有力提振市场信心。预计全年退税减税约 2.5 万亿元，其中留抵退税约 1.5 万亿元，退税资金全部直达企业。中央财政将加大对地方财力支持，补助资金直达市县，地方政府及有关部门要建立健全工作机制，加强资金调度，确保退税减税这项关键性举措落实到位，为企业雪中送炭，助企业焕发生机。

加强金融对实体经济的有效支持。用好普惠小微贷款支持工具，增加支农支小再贷款，优化监管考核，推动普惠小微贷款明显增长、信用贷款和首贷户比重继续提升。引导金融机构准确把握信贷政策，继续对受疫情影响严重的行业企业给予融资支持，避免出现行业性限贷、抽贷、断贷。发挥好政策性、开发性金融作用。推进涉企信用信息整合共享，加快税务、海关、电力等单位与金融机构信息联通，扩大政府性融资担保对小微企业的覆盖面，努力营造良好融资生态，进一步推动解决实体经济特别是中小微企业融资难题。

推动降低企业生产经营成本。清理转供电环节不合理加价，支持地方对特殊困难行业用电实行阶段性优惠政策。引导大型平台企业降低收费，减轻中小商户负担。进一步清理规范行业协会商会、中介机构等收费。要开展涉企违规收费专项整治行动，建立协同治理和联合惩戒机制，坚决查处乱收费、乱罚款、乱摊派。要加大拖欠中小企业账款清理力度，规范商业承兑汇票使用，机关、事业单位和国有企业要带头清欠。餐饮、住宿、零售、文化、旅游、客运等行业就业容量大、受疫情影响重，各项帮扶政策都要予以倾斜，支持这些行业企业挺得住、过难关、有奔头。

落实落细稳就业举措。延续执行降低失业和工伤保险费率等阶段性稳就业政策。对不裁员少裁员的企业，继续实施失业保险稳岗返还政策，明显提高中小微企业返还比例。今年高校毕业生超过1000 万人，要加强就业创业指导、政策支持和不断线服务。做好退役军人安置和就业保障，促进农民工就业，帮扶残疾人、零就业家庭成员就业。深入开展大众创业万众创新，增强双创平台服务能力。加强灵活就业服务，完善灵活就业社会保障政策，开展新就业形态职业伤害保障试点。坚决防止和纠正性别、年龄、学历等就业歧视，大力营造公平就业环境。加强劳动保障监察执法，着力解决侵害劳动者合法权益的突出问题。增强公共就业服务针对性。继续开展大规模职业技能培训，共建共享一批公共实训基地。使用1000 亿元失业保险基金支持稳岗和培训，加快培养制造业高质量发展的急需人才，让更多劳动者掌握一技之长、让三百六十行行行人才辈出。

（三）*坚定不移深化改革，更大激发市场活力和发展内生动力*。处理好政府和市场的关系，使市场在资源配置中起决定性作用，更好发挥政府作用，构建高水平社会主义市场经济体制。

加快转变政府职能。加强高标准市场体系建设，抓好要素市场化配置综合改革试点，加快建设全国统一大市场。围绕打造市场化法治化国际化营商环境，持续推进“放管服”改革，对取消和下放审批事项要同步落实监管责任和措施。继续扩大市场准入。全面实行行政许可事项清单管理。加强数字政府建设，推动政务数据共享，进一步压减各类证明事项，扩大"跨省通办"范围，基本实现电子证照互通互认，便利企业跨区域经营，加快解决群众关切事项的异地办理问题。推进政务服务事项集成化办理，推出优化不动产登记、车辆检测等便民举措。强化政府监管责任，严格落实行业主管部门、相关部门监管责任和地方政府属地监管责任，防止监管缺位。加快建立健全全方位、多层次、立体化监管体系，实现事前事中事后全链条全领域监管，提高监管效能。抓紧完善重点领域、新兴领域、涉外领域监管规则，创新监管方法，提升监管精准性和有效性。深入推进公平竞争政策实施，加强反垄断和反不正当竞争，维护公平有序的市场环境。

促进多种所有制经济共同发展。坚持和完善社会主义基本经济制度，坚持"两个毫不动摇"。要正确认识和把握资本的特性和行为规律，支持和引导资本规范健康发展。依法平等保护企业产权、自主经营权和企业家合法权益，营造各类所有制企业竞相发展的良好环境。完成国企改革三年行动任务，加快国有经济布局优化和结构调整，深化混合所有制改革，加强国有资产监管，促进国企聚焦主责主业、提升产业链供应链支撑和带动能力。落实支持民营经济发展的政策措施，鼓励引导民营企业改革创新，构建亲清政商关系。弘扬企业家精神，制定涉企政策要多听市场主体意见，尊重市场规律，支持企业家专注创业创新、安心经营发展。

推进财税金融体制改革。深化预算绩效管理改革，增强预算的约束力和透明度。推进省以下财政体制改革。完善税收征管制度，依法打击偷税骗税。加强和改进金融监管。深化中小银行股权结构和公司治理改革，加快不良资产处置。完善民营企业债券融资支持机制，全面实行股票发行注册制，促进资本市场平稳健康发展。

（四）深入实施创新驱动发展战略，巩固壮大实体经济根基。推进科技创新，促进产业优化升级，突破供给约束堵点，依靠创新提高发展质量。

提升科技创新能力。实施基础研究十年规划，加强长期稳定支持，提高基础研究经费占全社会研发经费比重。实施科技体制改革三年攻坚方案，强化国家战略科技力量，加强国家实验室和全国重点实验室建设，发挥好高校和科研院所作用，改进重大科技项目立项和管理方式，深化科技评价激励制度改革。支持各地加大科技投入，开展各具特色的区域创新。加强科普工作。推进国际科技合作。加快建设世界重要人才中心和创新高地，完善人才发展体制机制，弘扬科学家精神，加大对青年科研人员支持力度，让各类人才潜心钻研、尽展其能。

加大企业创新激励力度。强化企业创新主体地位，持续推进关键核心技术攻关，深化产学研用结合，促进科技成果转移转化。加强知识产权保护和运用。促进创业投资发展，创新科技金融产品和服务，提升科技中介服务专业化水平。加大研发费用加计扣除政策实施力度，将科技型中小企业加计扣除比例从75%提高到100%，对企业投入基础研究实行税收优惠，完善设备器具加速折旧、高新技术企业所得税优惠等政策，这相当于国家对企业创新给予大规模资金支持。要落实好各类创新激励政策，以促进企业加大研发投入，培育壮大新动能。

增强制造业核心竞争力。促进工业经济平稳运行，加强原材料、关键零部件等供给保障，实施龙头企业保链稳链工程，维护产业链供应链安全稳定。引导金融机构增加制造业中长期贷款。启动一批产业基础再造工程项目，促进传统产业升级，大力推进智能制造，加快发展先进制造业集群，实施国家战略性新兴产业集群工程。着力培育"专精特新"企业，在资金、人才、孵化平台搭建等方面给予大力支持。推进质量强国建设，推动产业向中高端迈进。

促进数字经济发展。加强数字中国建设整体布局。建设数字信息基础设施，逐步构建全国一体化大数据中心体系，推进5G规模化应用，促进产业数字化转型，发展智慧城市、数字乡村。加快发展工业互联网，培育壮大集成电路、人工智能等数字产业，提升关键软硬件技术创新和供给能力。完善数字经济治理，培育数据要素市场，释放数据要素潜力，提高应用能力，更好赋能经济发展、丰富人民生活。

（五）坚定实施扩大内需战略，推进区域协调发展和新型城镇化。畅通国民经济循环，打通生产、分配、流通、消费各环节，增强内需对经济增长的拉动力。

推动消费持续恢复。多渠道促进居民增收，完善收入分配制度，提升消费能力。推动线上线下消费深度融合，促进生活服务消费恢复，发展消费新业态新模式。继续支持新能源汽车消费，鼓励地方开展绿色智能家电下乡和以旧换新。加大社区养老、托幼等配套设施建设力度，在规划、用地、用房等方面给予更多支持。促进家政服务业提质扩容。加强县域商业体系建设，发展农村电商和快递物流配送。提高产品和服务质量，强化消费者权益保护，着力适应群众需求、增强消费意愿。

积极扩大有效投资。围绕国家重大战略部署和"十四五"规划，适度超前开展基础设施投资。建设重点水利工程、综合立体交通网、重要能源基地和设施，加快城市燃气管道、给排水管道等管网更新改造，完善防洪排涝设施，继续推进地下综合管廊建设。中央预算内投资安排 6400 亿元。政府投资更多向民生项目倾斜，加大社会民生领域补短板力度。深化投资审批制度改革，做好用地、用能等要素保障，对国家重大项目要实行能耗单列。要优化投资结构，破解投资难题，切实把投资关键作用发挥出来。

增强区域发展平衡性协调性。深入实施区域重大战略和区域协调发展战略。推进京津冀协同发展、长江经济带发展、粤港澳大湾区建设、长三角一体化发展、黄河流域生态保护和高质量发展，高标准高质量建设雄安新区，支持北京城市副中心建设。推动西部大开发形成新格局，推动东北振兴取得新突破，推动中部地区高质量发展，鼓励东部地区加快推进现代化，支持产业梯度转移和区域合作。支持革命老区、民族地区、边疆地区加快发展。发展海洋经济，建设海洋强国。经济大省要充分发挥优势，增强对全国发展的带动作用。经济困难地区要用好国家支持政策，挖掘自身潜力，努力促进经济恢复发展。

提升新型城镇化质量。有序推进城市更新，加强市政设施和防灾减灾能力建设，开展老旧建筑和设施安全隐患排查整治，再开工改造一批城镇老旧小区，支持加装电梯等设施，推进无障碍环境建设和公共设施适老化改造。健全常住地提供基本公共服务制度。加强县城基础设施建设。稳步推进城市群、都市圈建设，促进大中小城市和小城镇协调发展。推进成渝地区双城经济圈建设。严控撤县建市设区。在城乡规划建设中做好历史文化保护传承，节约集约用地。要深入推进以人为核心的新型城镇化，不断提高人民生活质量。

（六）大力抓好农业生产，促进乡村全面振兴。完善和强化农业支持政策，接续推进脱贫地区发展，促进农业丰收、农民增收。

加强粮食等重要农产品稳产保供。稳定粮食播种面积，优化粮食结构，针对小麦晚播强化夏粮田间管理，促进大豆和油料增产。适当提高稻谷、小麦最低收购价。保障化肥等农资供应和价格稳定，给种粮农民再次发放农资补贴，加大对主产区支持力度，让农民种粮有合理收益、主产区抓粮有内在动力。坚决守住 18 亿亩耕地红线，划足划实永久基本农田，切实遏制耕地"非农化"、防止"非粮化"。加强中低产田改造，新建 1 亿亩高标准农田，新建改造一批大中型灌区。加大黑土地保护和盐碱地综合利用力度。支持黄河流域发展节水农业、旱作农业。启动第三次全国土壤普查。加快推进种业振兴，加强农业科技攻关和推广应用，提高农机装备水平。提升农业气象灾害防控和动植物疫病防治能力。加强生猪产能调控，抓好畜禽、水产、蔬菜等生产供应，加快发展现代化设施种养业。支持棉花、甘蔗等生产。保障国家粮食安全各地区都有责任，粮食调入地区更要稳定粮食生产。各方面要共同努力，装满"米袋子"、充实"菜篮子"，把 14 亿多中国人的饭碗牢牢端在自己手中。

全面巩固拓展脱贫攻坚成果。完善落实防止返贫监测帮扶机制，确保不发生规模性返贫。支持脱贫地区发展特色产业，加强劳务协作、职业技能培训，促进脱贫人口持续增收。强化国家乡村振兴重点帮扶县帮扶措施，做好易地搬迁后续扶持，深化东西部协作、定点帮扶和社会力量帮扶，大力实施"万企兴万村"行动，增强脱贫地区自我发展能力。

扎实稳妥推进农村改革发展。开展好第二轮土地承包到期后再延长 30 年整县试点。深化供销社、集体产权、集体林权、国有林区林场、农垦等改革。积极发展新型农村集体经济。加强农村金融服务，加快发展乡村产业。壮大县域经济。严格规范村庄撤并，保护传统村落和乡村风貌。启动乡村建设行动，强化规划引领，加强水电路气信邮等基础设施建设，因地制宜推进农村改厕和污水垃圾处理。深入开展文明村镇建设。强化农民工工资拖欠治理，支持农民工就业创业，一定要让广大农民有更多务工增收的渠道。

（七）扩大高水平对外开放，推动外贸外资平稳发展。充分利用两个市场两种资源，不断拓展对外经贸合作，以高水平开放促进深层次改革、推动高质量发展。

多措并举稳定外贸。扩大出口信用保险对中小微外贸企业的覆盖面，加强出口信贷支持，优化外汇服务，加快出口退税进度，帮助外贸企业稳订单稳生产。加快发展外贸新业态新模式，充分发挥跨境电商作用，支持建设一批海外仓。积极扩大优质产品和服务进口。创新发展服务贸易、数字贸易，推进实施跨境服务贸易负面清单。深化通关便利化改革，加快国际物流体系建设，助力外贸降成本、提效率。

积极利用外资。深入实施外资准入负面清单，落实好外资企业国民待遇。扩大鼓励外商投资范围，支持外资加大中高端制造、研发、现代服务等领域和中西部、东北地区投资。优化外资促进服务，推动重大项目加快落地。扎实推进自贸试验区、海南自由贸易港建设，推动开发区改革创新，提高综合保税区发展水平，增设服务业扩大开放综合试点。开放的中国大市场，必将为各国企业在华发展提供更多机遇。

高质量共建"一带一路"。坚持共商共建共享，巩固互联互通合作基础，稳步拓展合作新领域。推进西部陆海新通道建设。有序开展对外投资合作，有效防范海外风险。

深化多双边经贸合作。区域全面经济伙伴关系协定形成了全球最大自由贸易区，要支持企业用好优惠关税、原产地累积等规则，扩大贸易和投资合作。推动与更多国家和地区商签高标准自贸协定。坚定维护多边贸易体制，积极参与世贸组织改革。中国愿与世界各国加强互利合作，实现共赢多赢。

（八）持续改善生态环境，推动绿色低碳发展。加强污染治理和生态保护修复，处理好发展和减排关系，促进人与自然和谐共生。

加强生态环境综合治理。深入打好污染防治攻坚战。强化大气多污染物协同控制和区域协同治理，加大重要河湖、海湾污染整治力度，持续推进土壤污染防治。加强固体废物和新污染物治理，推行垃圾分类和减量化、资源化。完善节能节水、废旧物资循环利用等环保产业支持政策。加强生态环境分区管控，科学开展国土绿化，统筹山水林田湖草沙系统治理，保护生物多样性，推进以国家公园为主体的自然保护地体系建设，要让我们生活的家园更绿更美。

有序推进碳达峰碳中和工作。落实碳达峰行动方案。推动能源革命，确保能源供应，立足资源禀赋，坚持先立后破、通盘谋划，推进能源低碳转型。加强煤炭清洁高效利用，有序减量替代，推动煤电节能降碳改造、灵活性改造、供热改造。推进大型风光电基地及其配套调节性电源规划建设，加强抽水蓄能电站建设，提升电网对可再生能源发电的消纳能力。支持生物质能发展。推进绿色低碳技术研发和推广应用，建设绿色制造和服务体系，推进钢铁、有色、石化、化工、建材等行业节能降碳，强化交通和建筑节能。坚决遏制高耗能、高排放、低水平项目盲目发展。提升生态系统碳汇能力。推动能耗"双控"向碳排放总量和强度"双控"转变，完善减污降碳激励约束政策，发展绿色金融，加快形成绿色低碳生产生活方式。

（九）切实保障和改善民生，加强和创新社会治理。坚持尽力而为、量力而行，不断提升公共服务水平，着力解决人民群众普遍关心关注的民生问题。

促进教育公平与质量提升。落实立德树人根本任务。推动义务教育优质均衡发展和城乡一体化，依据常住人口规模配置教育资源，保障适龄儿童就近入学，解决好进城务工人员子女就学问题。全面落实义务教育教师工资待遇，加强乡村教师定向培养、在职培训与待遇保障。继续做好义务教育阶段减负工作。多渠道增加普惠性学前教育资源。加强县域普通高中建设。办好特殊教育、继续教育、专门教育，支持和规范民办教育发展。提升国家通用语言文字普及程度和质量。发展现代职业教育，改善职业教育办学条件，完善产教融合办学体制，增强职业教育适应性。推进高等教育内涵式发展，优化高等教育布局，分类建设一流大学和一流学科，加快培养理工农医类专业紧缺人才，支持中西部高等教育发展。高校招生继续加大对中西部和农村地区倾斜力度。加强师德师风建设。健全学校家庭社会协同育人机制。发展在线教育。完善终身学习体系。倡导全社会尊师重教。我国有2.9亿在校学生，要坚持把教育这个关乎千家万户和中华民族未来的大事办好。

提高医疗卫生服务能力。居民医保和基本公共卫生服务经费人均财政补助标准分别再提高30元和5元，推动基本医保省级统筹。推进药品和高值医用耗材集中带量采购，确保生产供应。强化药品疫苗质量安全监管。深化医保支付方式改革，加强医保基金监管。完善跨省异地就医直接结算办法，实现全国医保用药范围基本统一。坚持预防为主，加强健康教育和健康管理，深入推进健康中国行动。逐步提高心脑血管病、癌症等慢性病和肺结核、肝炎等传染病防治服务保障水平，加强罕见病研究和用药保障。健全疾病预防控制网络，促进医防协同，加强公共卫生队伍建设，提高重大疫情监测预警、流调溯源和应急处置能力。推动公立医院综合改革和高质量发展。规范医疗机构收费和服务，继续帮扶因疫情遇困的医疗机构，补齐妇幼儿科、精神卫生、老年医学等服务短板。坚持中西医并重，加大中医药振兴发展支持力度，推进中医药综合改革。落实和完善乡村医生待遇保障与激励政策。持续推进分级诊疗和优化就医秩序，加快建设国家、省级区域医疗中心，推动优质医疗资源向市县延伸，提升基层防病治病能力，使群众就近得到更好医疗卫生服务。

加强社会保障和服务。稳步实施企业职工基本养老保险全国统筹，适当提高退休人员基本养老金和城乡居民基础养老金标准，确保按时足额发放。继续规范发展第三支柱养老保险。加快推进工伤和失业保险省级统筹。做好军人军属、退役军人和其他优抚对象优待抚恤工作。积极应对人口老龄化，加快构建居家社区机构相协调、医养康养相结合的养老服务体系。优化城乡养老服务供给，支持社会力量提供日间照料、助餐助洁、康复护理等服务，稳步推进长期护理保险制度试点，鼓励发展农村互助式养老服务，创新发展老年教育，推动老龄事业和产业高质量发展。完善三孩生育政策配套措施，将 3 岁以下婴幼儿照护费用纳入个人所得税专项附加扣除，多渠道发展普惠托育服务，减轻家庭生育、养育、教育负担。强化未成年人保护和心理健康教育。提升残疾预防和康复服务水平。加强民生兜底保障和遇困群众救助，努力做到应保尽保、应助尽助。

继续保障好群众住房需求。坚持房子是用来住的、不是用来炒的定位，探索新的发展模式，坚持租购并举，加快发展长租房市场，推进保障性住房建设，支持商品房市场更好满足购房者的合理住房需求，稳地价、稳房价、稳预期，因城施策促进房地产业良性循环和健康发展。

丰富人民群众精神文化生活。培育和践行社会主义核心价值观，深化群众性精神文明创建。繁荣新闻出版、广播影视、文学艺术、哲学社会科学和档案等事业。深入推进全民阅读。加强和创新互联网内容建设，深化网络生态治理。推进公共文化数字化建设，促进基层文化设施布局优化和资源共享，扩大优质文化产品和服务供给，支持文化产业发展。传承弘扬中华优秀传统文化，加强文物古籍保护利用和非物质文化遗产保护传承，推进国家文化公园建设。用好北京冬奥会、冬残奥会遗产，发展冰雪运动和冰雪产业。建设群众身边的体育场地设施，促进全民健身蔚然成风。

推进社会治理共建共治共享。促进人民安居乐业、社会安定有序。创新和完善基层社会治理，强化社区服务功能，加强社会动员体系建设，提升基层治理能力。健全社会信用体系。发展社会工作，支持社会组织、人道救助、志愿服务、公益慈善等健康发展。严厉打击拐卖、收买妇女儿童犯罪行为，坚决保障妇女儿童合法权益。健全老年人、残疾人关爱服务体系。完善信访制度，加强矛盾纠纷排查化解，依法及时解决群众合理诉求。重视社会心理服务。强化公共法律服务和法律援助。提高防灾减灾救灾和应急救援能力，做好洪涝干旱、森林草原火灾、地质灾害、地震等防御和气象服务。严格食品全链条质量安全监管。落实安全生产责任和管理制度，深入开展安全生产专项整治三年行动，有效遏制重特大事故发生。推进国家安全体系和能力建设。强化网络安全、数据安全和个人信息保护。加强社会治安综合治理，推动扫黑除恶常态化，坚决防范和打击各类违法犯罪，建设更高水平的平安中国、法治中国。

各位代表！

面对新的形势和任务，各级政府要全面贯彻落实党的十九大和十九届历次全会精神，深刻认识“两个确立”的决定性意义，增强“四个意识”、坚定“四个自信”、做到“两个维护”，自觉在思想上政治上行动上同以习近平同志为核心的党中央保持高度一致。坚持依法行政，深化政务公开，加强法治政府建设。依法接受同级人大及其常委会的监督，自觉接受人民政协的民主监督，主动接受社会和舆论监督。加强审计监督、统计监督。支持工会、共青团、妇联等群团组织更好发挥作用。坚持不懈推进全面从严治党，深入开展党风廉政建设和反腐败斗争。加强廉洁政府建设。巩固党史学习教育成果。政府工作人员要自觉接受法律监督、监察监督和人民监督，始终把人民放在心中最高位置，无愧于人民公仆称号。

应对困难和挑战，各级政府及其工作人员必须恪尽职守、勤政为民，凝心聚力抓发展、保民生。坚持发展是第一要务，必须全面落实新发展理念，推动高质量发展。要锲而不舍落实中央八项规定精神，驰而不息纠治“四风”特别是形式主义、官僚主义，坚决反对敷衍应付、推诿扯皮，坚决纠治任性用权、工作方法简单粗暴。要始终把人民群众安危冷暖放在心上，察实情、办实事、求实效，及时回应民生关切，坚决严肃处理漠视群众合法权益的严重失职失责问题。要充分发挥中央和地方两个积极性，尊重人民群众首创精神，防止政策执行“一刀切”、层层加码，持续为基层减负。健全激励和保护机制，支持广大干部敢担当、善作为。全国上下毕力同心、苦干实干，就一定能创造新的发展业绩。

各位代表！

我们要坚持和完善民族区域自治制度，以铸牢中华民族共同体意识为主线，促进各民族交往交流交融，推动民族地区加快现代化建设步伐。坚持党的宗教工作基本方针，坚持我国宗教的中国化方向，积极引导宗教与社会主义社会相适应。全面贯彻党的侨务政策，维护海外侨胞和归侨侨眷合法权益，激励海内外中华儿女携手共创新的辉煌。

各位代表！

过去一年，国防和军队建设取得重大进展，实现“十四五”良好开局。新的一年，要深入贯彻习近平强军思想，贯彻新时代军事战略方针，扣牢建军一百年奋斗目标，全面加强党的领导和党的建设，全面深化练兵备战，坚定灵活开展军事斗争，捍卫国家主权、安全、发展利益。加快现代军事物流体系、军队现代资产管理体系建设，构建武器装备现代化管理体系，持续深化国防和军队改革，加强国防科技创新，深入实施新时代人才强军战略，推进依法治军、从严治军，推动军队高质量发展。优化国防科技工业布局。完成国防动员体制改革，加强全民国防教育。各级政府要大力支持国防和军队建设，深入开展“双拥”活动，让军政军民团结坚如磐石。

各位代表！

我们要继续全面准确、坚定不移贯彻“一国两制”、“港人治港”、“澳人治澳”、高度自治的方针，落实中央对特别行政区全面管治权，坚定落实“爱国者治港”、“爱国者治澳”。全力支持特别行政区政府依法施政。支持港澳防控疫情、发展经济、改善民生，更好融入国家发展大局，保持香港、澳门长期繁荣稳定。

我们要坚持对台工作大政方针，贯彻新时代党解决台湾问题的总体方略，坚持一个中国原则和“九二共识”，推进两岸关系和平发展和祖国统一。坚决反对“台独”分裂行径，坚决反对外部势力干涉。两岸同胞要和衷共济，共创民族复兴的光荣伟业。

各位代表！

我们要坚持独立自主的和平外交政策，坚定不移走和平发展道路，推动建设新型国际关系，推动构建人类命运共同体。推进落实全球发展倡议，弘扬全人类共同价值。中国始终是世界和平的建设者、全球发展的贡献者、国际秩序的维护者，愿同国际社会一道，为促进世界和平稳定与发展繁荣作出新的更大贡献！

各位代表！

中国的发展从来都是在应对挑战中前进的，中国人民有战胜任何艰难险阻的勇气、智慧和力量。我们要更加紧密地团结在以习近平同志为核心的党中央周围，高举中国特色社会主义伟大旗帜，以习近平新时代中国特色社会主义思想为指导，攻坚克难，砥砺奋进，努力完成全年目标任务，以实际行动迎接党的二十大胜利召开，为把我国建设成为富强民主文明和谐美丽的社会主义现代化强国、实现中华民族伟大复兴的中国梦不懈奋斗！

第十三届全国人民代表大会第五次会议关于2021年国民经济和社会发展计划执行情况与2022年国民经济和社会发展计划的决议

（2022年3月11日第十三届全国人民代表大会第五次会议通过）

第十三届全国人民代表大会第五次会议审查了国务院提出的《关于2021年国民经济和社会发展计划执行情况与2022年国民经济和社会发展计划草案的报告》及2022年国民经济和社会发展计划草案，同意全国人民代表大会财政经济委员会的审查结果报告。会议决定，批准《关于2021年国民经济和社会发展计划执行情况与2022年国民经济和社会发展计划草案的报告》，批准2022年国民经济和社会发展计划。

关于 2021 年国民经济和社会发展计划执行情况与 2022 年国民经济和社会发展计划草案的报告

——2022 年 3 月 5 日在第十三届全国人民代表大会第五次会议上

国家发展和改革委员会

各位代表：

受国务院委托，现将 2021 年国民经济和社会发展计划执行情况与 2022 年国民经济和社会发展计划草案提请十三届全国人大五次会议审查，并请全国政协各位委员提出意见。

一、2021 年国民经济和社会发展计划执行情况

2021 年是党和国家历史上具有里程碑意义的一年，也必将是载入史册的一年。我们隆重庆祝中国共产党成立一百周年，如期打赢脱贫攻坚战，正式宣布全面建成小康社会、实现第一个百年奋斗目标，开启全面建设社会主义现代化国家、向第二个百年奋斗目标进军新征程。我们召开党的十九届六中全会，总结党的百年奋斗重大成就和历史经验，通过百年党史上第三个历史决议。在以习近平同志为核心的党中央坚强领导下，各地区各部门坚持以习近平新时代中国特色社会主义思想为指导，全面贯彻党的十九大和十九届历次全会精神，弘扬伟大建党精神，按照党中央、国务院决策部署，认真执行十三届全国人大四次会议审议批准的《政府工作报告》和审查批准的《中华人民共和国国民经济和社会发展第十四个五年规划和 2035 年远景目标纲要》、2021 年国民经济和社会发展计划，落实全国人大财政经济委员会审查意见，完整、准确、全面贯彻新发展理念，扎实做好“六稳”、“六保”工作，注重宏观政策跨周期和逆周期调节，有效应对多种风险挑战，构建新发展格局迈出新步伐，高质量发展取得新成效，统筹疫情防控和经济社会发展，全年主要目标任务较好完成，“十四五”实现良好开局，我国发展又取得新的重大成就。

（一）强化外防输入内防反弹，常态化疫情防控有力有序。坚持人民至上、生命至上，坚持全链条精准防控“动态清零”，保持全球疫情防控优势地位。

一是分区分级防控举措精准高效。严格落实人、物、环境同防措施，加强公共卫生防控救治能力建设，最大限度遏制疫情通过口岸传播，及时有效处置局部地区聚集性疫情，多措并举抓生产、增供应、强监测、畅物流，着力保障涉疫地区生活必需品供应充足、价格平稳，保障了人民生命安全和身体健康，维护了正常生产生活秩序。

二是疫苗接种和药物研发稳步推进。全力保障疫苗生产供应，截至 2021 年底，全国累计生产疫苗超过 50 亿剂，提升疫苗对变异毒株的适应性，分地区、分年龄段推进疫苗接种，累计报告接种新冠疫苗 28.4 亿剂次，完成全程接种人数超过 12 亿人，全程接种覆盖率超过 85%。我国首个抗新冠病毒特效药获批上市。

三是抗疫国际合作成效突出。积极开展共享样本、共享数据、共享应对措施等。2021 年，我国已向 120 多个国家和国际组织提供了超过 20 亿剂疫苗，成为世界对外提供新冠肺炎疫苗最多的国家。参与并支持新冠肺炎疫苗实施计划，提高疫苗在发展中国家的可及性和可负担性，发展中国家迄今获得的疫苗大多数来自我国。

（二）创新和完善宏观调控，经济基本盘进一步巩固。加快构建新发展格局，加强宏观政策跨周期调节，做好保供稳价工作，加大助企纾困力度，实现了较高增长和较低通胀的优化组合，经济保持较好发展态势。

一是经济增速稳居主要经济体前列。初步核算，2021 年国内生产总值达到 114.37 万亿元，增长 8.1%，是世界经济恢复发展的主要贡献国，占世界经济的比重进一步提升；人均国内生产总值超过 1.2 万美元，超过全球平均水平。全国城镇新增就业 1269 万人，全国城镇调查失业率平均为 5.1%，居民消费价格指数上涨 0.9%，国际收支保持基本平衡，年末外汇储备规模保持在 3.2 万亿美元以上。

二是保持宏观政策连续性针对性。宏观政策

适应跨周期调节需要，保持对经济恢复必要支持力度，同时考虑为今年应对困难挑战预留政策空间。积极的财政政策提质增效、更可持续。保持必要的财政支出规模，地方政府专项债券发行使用管理进一步优化，建立常态化财政资金直达机制，将2.8万亿元中央财政资金纳入直达范围，及时为基层保基本民生、保工资、保运转提供财力支持。全年新增减税降费为市场主体减负超过1万亿元。对制造业中小微企业、煤电和供热企业实施阶段性缓缴税费。货币政策灵活精准、合理适度，灵活运用降准、再贷款、再贴现等多种政策工具，两次全面降准，流动性保持合理充裕，广义货币供应量(M2)余额和社会融资规模存量分别增长9%和10.3%。加大对实体经济、重点领域和薄弱环节的支持力度，企业综合融资成本稳中有降，全年新增人民币贷款19.95万亿元，比上年多增3150亿元，大型商业银行普惠小微企业贷款增幅超过40%，企业贷款平均利率为4.61%，比上年下降0.1个百分点。强化稳岗扩就业政策落实，扎实做好高校毕业生等重点群体就业工作，推进大众创业万众创新。

专栏1：宏观政策调节的主要工作及成效

财政政策	⇨ 继续实施制度性减税政策，延长小规模纳税人增值税优惠等部分阶段性政策执行期限，推进实施提高制造业企业研发费用加计扣除比例等新的结构性减税政策，对2021年四季度制造业中小微企业和煤电、供热企业等实施阶段性缓缴税费。 ⇨ 建立常态化财政资金直达机制，扩大直达资金范围，资金总量达到2.8万亿元，比上年增加1.1万亿元。
货币政策	⇨ 实施好直达实体经济的货币政策工具，通过增加3000亿元支小再贷款额度、推出碳减排支持工具和2000亿元支持煤炭清洁高效利用专项再贷款等方式，引导金融机构加大对制造业、小微企业、科技创新、绿色发展等重点领域和区域协调发展的支持力度。
就业政策	⇨ 强化稳岗扩就业政策落实，扎实做好高校毕业生等重点群体就业工作，推进大众创业万众创新。

三是粮食能源等重要资源保供稳价工作有力有效。针对玉米、煤炭、铁矿石、铜铝锌等大宗商品价格异常波动，及时采取供需双向调节、期现货市场联动监管、预期引导等措施，打出保供稳价的政策组合拳，有力促进了价格回归合理区间。加强粮食市场调控，合理安排进口和政策性粮食库存销售，有效保障粮食市场稳定供应。加强期货市场监管和新棉收购引导，适时增加中央储备棉投放，促进棉花市场平稳有序运行。着力解决煤炭电力供应紧张问题，推动煤炭增产增供和价格回归合理水平，支持发电供热企业纾困解难，提升煤电支撑保障能力，改革完善煤电价格市场化形成机制，扩大市场交易价格上下浮动幅度，加强煤炭、液化天然气(LNG)等能源物资产运需衔接和运输保障，确保民生和公共用能需求，推进全社会节约用电。发挥跨部门协调工作机制作用，做好化肥市场保供稳价工作。制定实施原材料价格上涨应对方案以及分品种保供稳价工作方案。发挥国家储备市场调节作用，分批投放原油成品油和铜铝锌等国家储备。

专栏2：能源保供稳价工作举措及成效

保障电煤供应	⇨ 在确保安全的前提下，推动重点地区煤矿加快释放优质产能。 ⇨ 完善电厂最低存煤考核制度，督促地方和企业提升存煤水平。 ⇨ 协调对电煤中长期合同的运力需求应保尽保，协调解决铁路、公路、港口出现的问题，对近百家低库存电厂开展点对点保供。
稳定煤炭价格	⇨ 针对进入迎峰度冬后煤炭价格非正常上涨的情况，加强期现货市场监管和预期引导，推动郑州商品交易所动力煤期货主力合约和秦皇岛港5500大卡动力煤现货平仓价回归合理区间。
保障火电供应	⇨ 及时出台深化燃煤发电上网电价市场化改革的意见，有序推动燃煤发电电量全部进入电力市场，在保持居民、农业、公益性事业用电价格稳定的前提下，扩大市场交易价格上下浮动幅度，推动工商业用户全部进入市场，全面建立电网代理购电机制。 ⇨ 建立发电机组非计划停运和出力受阻核查常态化工作机制，努力实现合理用电负荷下不限电。
保障供热取暖	⇨ 在确保落实已签订煤炭中长期合同基础上，组织晋陕蒙煤炭企业与全国发电供热企业补签1.5亿吨中长期合同，实现发电供热企业煤炭中长期合同全覆盖，重点保障东北及北方地区采暖用煤。 ⇨ 落实供暖季天然气资源1766亿立方米，日供气量达到12亿立方米。全国形成储气能力270亿立方米以上。

四是防范化解重点领域风险扎实推进。压实地方属地责任、部门监管责任和企业主体责任，把握风险处置的力度和节奏，有序化解重点领域风险。坚持房子是用来住的、不是用来炒的定位，妥

善处置高负债房地产企业风险，维护房地产市场平稳健康发展。反垄断、反不正当竞争、防止资本无序扩张取得重要成效。对严重违法违规的企业集团和一些地方的高风险金融机构及时“精准拆弹”。地方政府隐性债务风险防范化解工作扎实推进。

（三）推进高水平科技自立自强，产业链供应链安全稳定韧性持续提升。创新驱动发展战略深入实施，我国的全球创新指数排名提升至第 12 位，全产业链优势与国内外需求有效衔接。

一是国家战略科技力量加快壮大。首批国家实验室组建运行，北京、上海、粤港澳大湾区国际科技创新中心和怀柔、张江、大湾区、合肥综合性国家科学中心引领带动效应持续显现，成渝区域科技创新中心加快建设。生物育种等国家产业创新中心建设步伐加快，国家工程研究中心优化整合顺利完成。推动建立以企业为主体的科技创新体系，完善推广“揭榜挂帅”、“赛马”等机制。制定实施基础研究十年规划、科技体制改革三年攻坚方案、知识产权强国建设纲要（2021—2035 年）。推进科技创新2030—重大项目。重大创新成果丰硕，“天问一号”探测器成功着陆火星，“羲和号”探日卫星成功发射，空间站天和核心舱和天舟货运飞船完成对接，中国人首次进入自己的空间站，自主第三代核电机组“华龙一号”投入商业运行，“深海一号”深水大气田成功投产，白鹤滩水电站全球单机容量最大功率百万千瓦水轮首批机组投产发电，国家重大科技基础设施航空遥感系统投入使用。

二是产业链供应链自主可控能力持续增强。推进保链稳链强链，推进实施基础软件、工业母机、新能源汽车和智能汽车、能源绿色低碳转型发展等领域关键核心技术攻关。延续实施研发费用加计扣除政策，将制造业企业研发费用加计扣除比例提高到 100%。企业研发经费增长 15.5%。推动原料药产业高质量发展，促进生物医药、高端仪器等重点领域产业链供应链安全稳定。推进铁矿石、铜等产供储加销体系建设，支持国内铁矿资源项目开发建设，战略性矿产资源安全保障能力进一步提升。

三是产业结构持续优化。振作工业经济运行，推动工业高质量发展，实施制造业核心竞争力提升五年行动计划和产业基础再造工程，制造业生产稳定、效益改善带动投资持续恢复。2021 年制造业增加值占国内生产总值的比重达到 27.4%，比上年提高 1.1 个百分点；带动制造业固定资产投资增速达到 13.5%。先进制造业和现代服务业融合发展，加快推动制造服务业高质量发展，第二批先进制造业和现代服务业融合发展试点顺利开展。中国品牌日活动成功举办。

四是新产业新业态茁壮成长。战略性新兴产业集群建设稳步推进，新兴产业发展水平不断提升，高技术制造业增加值、高技术产业投资分别增长 18.2%、17.1%。国产商用飞机持续创新发展，北斗产业化应用不断深化，国家民用空间基础设施建设加快推进。数字经济健康发展，实施“东数西算”工程，布局建设全国一体化大数据中心，完善数字经济监管制度，统筹线上线下一体化监管，推动平台经济规范健康持续发展。双创活动周系列活动成功举办，创业带动就业示范行动深入实施，全社会创新创业热情进一步激发释放。

（四）坚持扩大内需这个战略基点，国内大循环加快畅通。着力培育完整内需体系，充分激发国内需求潜力，消费和投资稳定恢复，供需循环进一步畅通。

一是消费在持续恢复中稳步升级。完善消费场所常态化疫情防控举措，挖掘消费潜力，全面促进消费，居民消费持续恢复。基本消费品产销稳定增长，升级类商品消费增势良好，新能源汽车等销量快速增长，餐饮、旅游、文化、体育、娱乐等服务消费逐步恢复。新型消费加快培育，线上线下消费融合持续推进。农村电商、物流覆盖面扩大，全国建制村“快递进村”比例超过 80%，农村消费潜力进一步释放。社会消费品零售总额达到 44.08 万亿元，增长 12.5%；网上零售额达到 13.09 万亿元，增长 14.1%，其中实物商品网上零售额达到 10.8 万亿元，增长 12%，占社会消费品零售总额的 24.5%。

二是投资补短板力度持续加大。中央预算内投资注重聚焦大事、急事、难事，“十四五”规划《纲要》102 项重大工程项目有序实施，“两新一重”和补短板项目建设积极推进。公共卫生、防灾减灾、重大科技和能源领域基础设施建设步伐加快，150 项重大水利工程累计开工 62 项，新开工改造城镇老旧小区达 5.6 万个。规范推广政府和社会资本合作（PPP）模式，深入推进投融资体制机制改革。开展基础设施领域不动产投资信托基金（REITs）试点，有效盘活基础设施存量资产。固定资产投资（不含农户）增长 4.9%，其中民间投资增长 7.0%，社会领域投资增长 10.7%。

三是基础设施发展质量效益不断提升。川藏铁路、西部陆海新通道、沿江高铁等重大项目建设进展顺利，乌东德水电站 12 台机组全部建成投产，雅鲁藏布江下游水电开发前期工作有序推进。全年铁路投资完成7489亿元，铁路营运总里程突破15万公里，其中高铁运营里程突破4万公里，“四纵四横”高铁网全面建成，“八纵八横”高铁网正在加密形成。修订国家公路网规划和全国港口与航道布局规划，公路水路建设稳步推进，建成自动化码头10座。革命老区、沿边抵边基础设施建设扎实推进。加快推进新型基础设施建设，建成全球最大的5G独立组网网络。交通低碳、智能发展加快推进。

专栏3：重大基础设施建设进展情况

铁路项目	➪ 川藏铁路全线开工建设。沿江高铁武汉至宜昌段等路段全面开工建设，和田至若羌铁路，重庆至昆明、福州至厦门等高铁加快建设。
公路项目	➪ 着力推进国家高速和普通国道瓶颈路段改造和未贯通路段建设，沿边国道G219西藏米林派镇至墨脱段全线贯通，川藏公路G318线提质改造，京新高速公路实现全线贯通。
水运项目	➪ 长江干线航道、北部湾港、宁波舟山港、深圳港等水运项目稳步推进，引江济淮航运工程、京杭运河浙江段三级航道工程、天津港北疆港区C段码头工程建成投运。
机场项目	➪ 枢纽机场保障能力和服务水平大幅提升，成都天府、青岛胶东机场建成投运，广州、福州、重庆、西安、哈尔滨等机场改扩建工程抓紧实施。机场布局进一步完善，荆州、芜湖宣城、菏泽、郴州、韶关、连云港等机场建成投运。
水利项目	➪ 国家水网骨干工程加快推进，云南石屏灌区和保山坝灌区、陕西引汉济渭二期、海南琼西北供水、黄河禹门口至潼关段治理工程等开工建设。
西部陆海新通道	➪ 建成防城港第三进港铁路专用线、叙永至威信高速公路、钦州港30万吨级油码头、湛江港东海港区40万吨级散货码头等，开工建设隆黄铁路隆昌至叙永段扩能改造、右江百色水利枢纽通航设施等项目。

四是现代流通体系加快建设。编制现代流通、现代物流、冷链物流、粮食物流等系列重大专项规划，物流基础设施建设稳步推进，全年新增国家物流枢纽25个，国家骨干冷链物流基地建设步伐加快，“通道+枢纽+网络”现代物流运行体系初步形成。统筹开展县域商业体系建设和城市商业提升行动。积极推动物流降本增效，社会物流成本水平稳中有降。

（五）全面实施乡村振兴战略，农业农村现代化扎实推进。乡村振兴战略规划深入实施，脱贫地区发展能力不断增强，农村一二三产业融合发展取得新进展。

一是巩固拓展脱贫攻坚成果同乡村振兴有效衔接。确定160个国家乡村振兴重点帮扶县。加大衔接推进乡村振兴补助资金投入力度，支持欠发达地区培育特色优势产业。加强对脱贫不稳定户、边缘易致贫户和突发严重困难户的监测帮扶，将240万人纳入低保或特困供养范围。加大以工代赈和易地扶贫搬迁后续扶持工作力度，开展搬迁安置区就业协作帮扶，基本实现有劳动力的搬迁家庭至少一人就业，脱贫劳动务工规模达3145万人。推动消费帮扶提档升级，市场化帮扶比例超过2/3。深化东西部协作和中央单位定点帮扶，开展“万企兴万村”行动，推动脱贫地区种养业高质量发展。

二是现代农业基础持续夯实。及时有力做好洪涝、台风、干旱等自然灾害应对，启动512处大中型灌区续建配套与现代化改造。对种粮农民一次性发放200亿元补贴，应对农资价格较快上涨等影响。提高稻谷、小麦最低收购价，确保口粮绝对安全。粮食总产量达到13657亿斤，实现高位增产，玉米年产量创历史最高水平，肉蛋奶产量达到1.6亿吨，蔬菜、水果等“菜篮子”产品量足价稳。农业生产力布局优化与结构调整加快推进，新建高标准农田1.05亿亩。启动实施国家黑土地保护工程，东北黑土地保护性耕作7200万亩。开展全国农业种质资源普查，核心种源技术攻关加快推进，种业振兴稳步开局。推进棉花、食糖产供储加销体系建设。

三是乡村建设有序推进。实施乡村建设行动和农村人居环境整治提升五年行动。实施农网巩固提升工程，进一步提升农村用电质量和水平。开展中小河流治理、大中型病险水库除险加固等水利薄弱环节工程建设，防汛基础设施短板进一步补齐。加快长江黄河流域农业面源污染治理项目建设，实施畜禽粪污资源化利用整县推进项目。因地制宜推进农村厕所革命，全国农村卫生厕所普及率超过70%。生活污水和垃圾治理力度加大，生活垃圾进行收运处理的自然村比例稳定保持在90%以上。现有行政村全面实现村村通宽带，农村自来水普及率达84%。深入推进农村产业融合发展，新创建一批农业现代化示范区、国家现代农业产业园，第三批国家农村产业融合发展示范园创建工作积极开展。

（六）有效推动区域协调发展和新型城镇化建设，区域经济布局调整优化。发挥比较优势、突出区域特色，着力促进城乡融合发展，深入实施区域重大战略和区域协调发展战略，地区经济运行稳中加固、稳中向好。

一是区域重大战略深入实施。北京非首都功能疏解取得新突破，国务院印发《关于支持北京城市副中心高质量发展的意见》，雄安新区进入大规模建设阶段，落实支持天津滨海新区高质量发展的意见，张家口首都水源涵养功能区和生态环境支撑区加快建设。长江经济带生态优先、绿色发展深入推进，生态环境突出问题整改和污染治理“4+1”工程稳步推进实施，生态环境系统保护修复成效明显，长江十年禁渔实现良好开局，水生生物资源逐步恢复，沿江综合交通运输体系加快构建，长江保护法正式实施。粤港澳大湾区建设稳步推进，中共中央、国务院印发《横琴粤澳深度合作区建设总体方案》、《全面深化前海深港现代服务业合作区改革开放方案》，基础设施和公共服务融合有序开展。长三角一体化发展深入推进，基础设施互联互通水平持续提升，一体化发展体制机制不断优化，中共中央、国务院印发《关于支持浦东新区高水平改革开放 打造社会主义现代化建设引领区的意见》，构建长三角世界级港口群形成一体化治理体系、共建虹桥国际开放枢纽等重大任务有力推进，生态绿色一体化发展示范区建设取得显著成效。“十四五”黄河流域生态保护和高质量发展实施方案印发，农业、工业、城镇生活和尾矿库污染“3+1”综合治理方案扎实推进，污染防治、生态保护修复、深度节水控水、水土保持等领域重大工程项目稳步实施，在黄河省区完成1.2万平方公里水土流失治理任务。

专栏4:区域重大战略实施主要进展

京津冀协同发展	⇨ 有序推进北京非首都功能疏解，基本构建完成“1+N+X”疏解方案和激励约束政策体系，推动首批启动的在京部属高校、医院和央企总部疏解项目在雄安新区等地落地。 ⇨ 高标准高质量建设雄安新区，加快建设启动区重点市政设施网络。
京津冀协同发展	⇨ 加强城市群、产业群、港口群建设，加快推进“轨道上的京津冀”建设，不断完善区域一体化综合交通网络体系，持续加大生态联防联控联治力度，推进产业链与创新链深度融合，提升公共服务共建共享水平。
长江经济带发展	⇨ 狠抓生态环境突出问题整改，大力实施城镇污水垃圾处理、化工污染治理、农业面源污染治理、船舶污染治理、尾矿库污染治理“4+1”工程，新建和改造污水管网约8500公里，约5400艘船舶实施受电设施改造，需要开展污染治理的1641座尾矿库整治基本完成。 ⇨ 加快沿江高铁建设，全面推动长江干线主要港口铁路进港，14个长江干线铁水联运项目全部开工建设，5个建成投运。武汉青山长江大桥、湖北棋盘洲长江公路大桥等跨江通道建成通车。建立健全长江经济带船舶和港口污染防治长效机制。加快国道瓶颈路段改造及未贯通路段建设。 ⇨ 构建“十四五”长江经济带发展“1+N”规划政策体系，修订完善长江经济带发展负面清单指南。
粤港澳大湾区建设	⇨ 河套深港科技创新合作区、南沙粤港澳全面合作示范区、深圳西丽湖国际科教城规划建设取得新进展。 ⇨ 大湾区综合性国家科学中心先行启动区主要承载地光明科学城、松山湖科学城集中度和竞争力显著提升。 ⇨ 轨道交通互联互通水平不断提升，设施联通和规则衔接不断深化，大湾区市场一体化水平进一步提升。粤港澳三地教育、医疗、社会保障等民生合作不断加强，宜居宜业宜游优质生活圈加快构建。
长三角一体化发展	⇨ 长三角生态绿色一体化发展示范区第二批制度创新经验成果向全国复制推广。浦东新区打造社会主义现代化建设引领区实现良好开局。 ⇨ 长三角科技创新共同体建设进展顺利，G60科创走廊、沿沪宁产业创新带建设积极推进，科创产业融合程度进一步深化。研究制定长江三角洲地区多层次轨道交通规划，“轨道上的长三角”、“水上长三角”加快建设。 ⇨ 区域一体化合作联动取得新进展。深入实施皖北承接产业转移集聚区建设政策措施，皖北地区内生发展动力不断增强。
黄河流域生态保护和高质量发展	⇨ 研究制定黄河流域生态保护和高质量发展规划纲要，形成生态环境保护、水安全保障、文化保护传承弘扬等专项规划。 ⇨ 落实以水定城、以水定地、以水定人、以水定产“四水四定”原则，强化水资源刚性约束，工农业和城镇生活用水效率不断提升。支持上中下游实施一批环境污染治理、水资源节约集约利用、生态保护修复、水土保持等领域重点工程，流域生态环境质量持续向好。 ⇨ 上游地区大型风电、光伏基地加快规划建设，体制机制和资源要素保障进一步优化。

二是区域协调发展战略持续推进。执行新修订的《西部地区鼓励类产业目录》，优惠政策覆盖面进一步扩大，促进400毫米降水线西侧区域保护发展。东北地区国资国企改革持续推进，结构调整与布局优化力度加大，辽宁沿海经济带高质量发展规划印发实施。中共中央、国务院印发《关于新时代

推动中部地区高质量发展的意见》。支持湖北经济社会发展一揽子政策任务全部完成，河南等地救灾与灾后恢复重建工作扎实推进。鼓励东部地区进一步提升创新能力，福建全方位推动高质量发展，济南新旧动能转换起步区加快建设，江苏沿海地区发展规划印发实施。有力推进重点领域重点平台建设，国家级新区和承接产业转移示范区、临空经济示范区等重点项目加快建设。以脱贫地区为重点的欠发达地区、革命老区、边境地区、生态退化地区、资源型地区和老工业城市等特殊类型地区振兴发展支持力度持续加大。加快发展海洋经济，推进建设海洋强国。

三是以人为核心的新型城镇化深入推进。坚持走中国特色新型城镇化道路，进一步完善新型城镇化战略，常住人口城镇化率达64.72%。城市落户限制有序放开放宽，城镇基本公共服务覆盖未落户常住人口工作持续推进，农业转移人口技能素质持续提升。城市群和都市圈承载能力不断提高，成渝地区双城经济圈建设"1+N"规划体系加快形成。县城补短板强弱项工作加快推进，120个县城建设示范地区带动作用有效发挥，边境地区城镇功能持续强化，特色小镇规范健康发展有序推进。国家城乡融合发展试验区加快改革探索。

（七）持续深化市场化改革，市场主体信心和活力不断增强。围绕重点领域和关键环节把改革推向深入，聚焦市场主体关切，更加精准地出台改革方案，各项改革举措加快落地见效。

一是要素市场化配置体制机制继续完善。完善市场体系基础制度，出台实施要素市场化配置综合改革试点总体方案，市场准入负面清单制度改革持续深化。建设高标准市场体系行动方案落地实施，全国统一大市场建设稳步进行。招标投标领域优化营商环境长效机制逐步健全，企业在招标投标、政府采购等方面存在的差别化待遇进一步消除，公共资源交易平台整合共享深入推进，交易平台服务行为进一步规范，交易平台区域一体化合作扎实开展。

专栏5：要素市场化配置改革主要进展

土地要素	⇨ 制度建设：修订施行土地管理法实施条例，细化土地征收程序，强化村民宅基地权益保障。 ⇨ 土地计划管理方式改革：落实"增减挂钩"、"增存挂钩"、"增违挂钩"机制，精准投放增量，加大盘活存量。全国10个城市建设用地节约集约利用状况详细评价试点工作基本完成，全尺度城市建设用地节约集约利用评价体系逐步健全。 ⇨ 农村土地制度改革：《关于保障和规范农村一二三产业融合发展用地的通知》等政策文件体系逐步完善，有效保障农村产业融合发展用地需要，稳步推进建立城乡统一的建设用地市场。
劳动力要素	⇨ 户籍制度改革：稳步推进全国范围内的户口迁移、开具户籍类证明"跨省通办"，长三角、珠三角等城市群深入推进户籍准入年限同城化累计互认。
劳动力要素	⇨ 人才评价机制改革：职称制度改革重点任务总体完成，27个职称系列改革指导意见全部出台，引入市场评价和社会评价方式，上线全国职称评审信息查询平台，实现职称评审信息跨地区在线核验。 ⇨ 人力资源市场：《关于推进新时代人力资源服务业高质量发展的意见》印发实施，颁布人工智能、物联网、云计算、工业互联网等新职业的国家职业技术技能标准。 ⇨ 职业教育发展：《关于推动现代职业教育高质量发展的意见》印发实施，着力破除职业教育改革发展的深层次体制机制障碍，推动职业教育现代化水平和服务能力提升。
资本要素	⇨ 制度建设：深化以信息披露为核心的注册制改革，推动投资者保护机构参加的证券纠纷特别代表人诉讼制度落地实施。 ⇨ 资本市场改革：深化新三板改革，北京证券交易所开市，打造服务创新型中小企业主阵地，有效完善多层次资本市场互联互通机制。 ⇨ 金融业对外开放：持续稳妥推进银行业保险业对外开放，取消外资保险经纪公司准入限制，降低外资保险中介机构准入门槛。
技术要素	⇨ 强化企业创新主体地位：科技创新与金融资本的对接渠道更加畅通，科创板上市企业数量和市值进一步提高。 ⇨ 科技体制改革：《深化科技体制改革实施方案》部署的143项任务全面完成，实行以增加知识价值为导向的分配政策。深化科研人员职务科技成果转化改革，事业单位科研人员职务科技成果转化现金奖励纳入绩效工资管理。
数据要素	⇨ 制度建设：数据安全法、个人信息保护法颁布实施。

二是各类市场主体活力进一步激发。深入实施国企改革三年行动方案，加快国有经济布局优化和结构调整，国有经济进一步聚焦战略安全、产业引领、国计民生、公共服务等功能。国有企业混合所有制改革积极稳妥推进，近100户试点企业完成主体改革任务。持续为民营企业改革发展营造良

好环境,20 多部涉产权法律法规立改废,5847 件涉产权规章规范性文件被清理。民营企业进入油气进出口、铁路、核电等领域,首条民间资本控股的杭绍台高铁建成通车。总结 8 个地方 72 条支持民营企业改革发展的典型做法并向全国推广,充分发挥示范引领作用。充分发挥各级融资信用服务平台作用,加强信用信息共享应用促进中小微企业融资。

三是全国范围营商环境持续优化。"放管服"改革取得新进展。深入实施《优化营商环境条例》,营商环境评价扎实开展,开展营商环境创新试点。出台实施市场主体登记管理条例,统一市场主体登记制度。规范涉企收费。投资项目审批制度改革持续深化,投资管理法规制度体系基本形成,进一步压减涉企审批手续和办理时限,更多事项实现"一网通办"。强化反垄断和反不正当竞争执法,加大对平台企业监管力度。全年新设市场主体 2887.2 万户,市场主体总数超过 1.5 亿户,其中,个体工商户 1.03 亿户,市场主体活跃度保持在 70% 左右。

专栏 6:中国营商环境评价以评促改主要进展

评价体系	⇨ 构建了一套符合国情、标准统一的中国营商环境评价体系。紧扣市场主体和社会公众满意度,紧扣营造稳定公平透明可预期的营商环境要求,紧扣投资吸引力和城市高质量发展,聚焦衡量企业全生命周期、反映投资吸引力、体现监管与服务三个维度,从企业全生命周期视角和城市高质量发展视角,构建包含 18 个一级指标和 87 个二级指标的中国营商环境评价指标体系。
评价方法	⇨ 建立了一套科学客观、多方参与的中国营商环境评价方法。围绕对中小企业和城市高质量发展至关重要的投资及商业监管领域,量化考察参评城市鼓励支持或者影响限制中小企业投资及商业活动的监管规则、政务服务,通过问卷调查、电话核验、企业调研、大厅暗访、大数据智能分析等方式,深入查找短板不足,及时发现典型经验做法并加以推广。
改革举措	⇨ 推出了一批行之有效、群众满意的优化营商环境改革举措。 ⇨ 总结经验和做法,把解决体制性障碍、机制性梗阻和推动政策性创新取得的改革成果,把实践证明行之有效的改革举措,用法规制度固定下来。 ⇨ 系统梳理北京、上海在参与营商环境评价中形成的成熟改革举措,提炼出 36 项重点改革举措,已在全国复制推广借鉴。 ⇨ 连续两年发布《中国营商环境报告》,全面展示各地优化营商环境改革创新举措和典型案例,带动全国范围对标先进。
制度体系	⇨ 形成了以国家《优化营商环境条例》为基础、地方和部门法规政策为补充的优化营商环境"1 + N"法规政策体系。28 个省(区、市)已制定优化营商环境地方性法规或政府规章,各地区、各部门制定出台、迭代升级相关配套政策文件,为优化营商环境工作提供了法治保障和制度支撑。

四是财税、金融、价格等重点领域改革稳步推进。出台关于进一步深化预算管理制度改革的意见,印花税法正式公布。深交所主板和中小板合并顺利实施,设立北京证券交易所和广州期货交易所,第三支柱养老保险规范发展。创新抽水蓄能价格机制,出台新能源平价上网政策,优化峰谷分时电价机制,创新天然气管道运价机制,完善城镇供水价格政策,非居民厨余垃圾计量收费和超定额累进加价机制逐步建立。电力体制改革多点并进,启动第二批电力现货交易试点,配售电竞争性业务有序放开,绿电交易试点正式启动。油气体制改革深入推进,建立起以国家石油天然气管网集团有限公司为纽带的油气生产运行新机制,调峰和应急保供能力进一步增强。

(八)多措并举稳定外贸外资,对外开放范围、领域和层次持续拓展。积极参与国际经济合作,对外开放水平不断提高。全年货物进出口总额达 39.1 万亿元,增长 21.4%,实际使用外商直接投资金额 1735 亿美元,增长 20.2%,对外非金融类直接投资额 1136 亿美元,增长 3.2%。

一是稳外贸稳外资举措成效明显。加快发展外贸新业态新模式,外贸进出口质量进一步提升。进博会、广交会、服贸会、消博会、投洽会等重大展会成功举办。扩大跨境电商零售进口试点范围,布局建设一批海港陆港海外仓。全面深化服务贸易创新发展试点稳步推进。深入落实外商投资法,制定发布 2021 年版全国和自贸试验区外商投资准入负面清单,特别管理措施分别缩减至 31 条、27 条。中国(上海)自贸试验区临港新片区建设发展再上新台阶。稳妥有序推进资本项目开放,跨境人民币结算政策进一步完善。健全全口径外债管理,持续优化外债结构,开展中长期外债监督检查和风险排查试点,防范企业外债风险。着力引导企业外债资金用于落实国家重大战略、促进重点领域发展。

二是共建"一带一路"高质量发展取得新进展。截至2021年底,我国已与145个国家、32个国际组织签署200多份共建"一带一路"合作文件。统筹推进境外项目疫情防控和生产建设,一批重大标志性项目取得积极进展,中老铁路建成通车,中巴、中蒙俄、中国—中南半岛等经济走廊以及雅万高铁、匈塞铁路等重点项目建设稳步推进,比雷埃夫斯港第二阶段股权顺利交割。扎实推进第三方市场合作。"一带一路"绿色能源合作加快推进。中欧班列安全稳定运行,全年开行1.5万列,运送货物146万标箱,分别增长22%、29%,重箱率98.1%,累计通达欧洲23个国家的180个城市。"一带一路"风险防控和安全保障体系建设不断完善,地方参与和融入共建"一带一路"水平不断提升。

三是对外开放平台建设稳步推进。海南自由贸易港法以及海南自由贸易港外商投资准入负面清单、跨境服务贸易负面清单颁布实施,对部分进口商品实施"零关税"政策,放宽市场准入特别措施、鼓励类产业目录和贸易自由化便利化措施出台实施。推进西部陆海新通道主通道建设,打造北部湾国际门户港,通道沿线与东盟的开放合作持续深化实化。北京国家服务业扩大开放综合示范区建设扎实推进,新增4个服务业扩大开放综合试点。

四是参与全球经济治理迈出新步伐。坚定维护以世界贸易组织(WTO)为核心的多边贸易体制,在二十国集团(G20)、亚太经合组织(APEC)、金砖国家等多边场合提出中国方案。推动《区域全面经济伙伴关系协定》(RCEP)正式生效,申请加入《全面与进步跨太平洋伙伴关系协定》(CPTPP)、《数字经济伙伴关系协定》(DEPA)。中柬(埔寨)自贸协定正式生效实施。中韩自贸协定第二阶段谈判、中新(加坡)自贸协定升级后续谈判等有序推进。

*(九)扎实推进生态文明建设,全面绿色转型步伐稳健。*深入打好污染防治攻坚战,污染防治成果巩固拓展,做好碳达峰碳中和工作,绿色生产生活方式加快形成。

一是生态安全屏障逐步筑牢。山水林田湖草沙一体化保护和系统治理扎实推进,国有林场和重点国有林区改革取得积极成效,青藏高原生态屏障区生态保护和修复等重大工程建设规划加快编制,天然林保护与营造林、退化草原修复、水土流失治理、荒漠化治理、湿地保护等重点任务有序落实,全国新增水土流失治理面积6.2万平方公里,新增国土绿化面积超1亿亩。以国家公园为主体的自然保护地体系加快建立。福建、江西、贵州、海南国家生态文明试验区建设取得新进展。生态保护补偿体制机制更加健全。进一步加强生物多样性保护,成功举办联合国《生物多样性公约》第十五次缔约方大会第一阶段会议。

二是碳达峰碳中和工作有序推进。出台实施《关于完整准确全面贯彻新发展理念做好碳达峰碳中和工作的意见》和《2030年前碳达峰行动方案》,加快构建碳达峰碳中和"1+N"政策体系。加快建立健全绿色低碳循环发展经济体系,大力推动产业绿色转型和能源结构调整,以甘肃、青海、内蒙古、宁夏、新疆等地的沙漠、戈壁、荒漠地区为重点,加快推进大型风电、光伏基地项目规划建设。加大对风电、光伏等可再生能源和煤炭清洁高效利用重点领域的金融支持力度。可再生能源发电装机规模突破10亿千瓦。积极建设性参与联合国气候变化格拉斯哥大会各项议题谈判磋商。全国碳排放权交易市场启动上线交易,第一个履约周期纳入发电行业重点排放单位2162家,碳减排支持工具落地生效。能源消费强度和总量双控制度进一步完善,明确重点领域能效标杆水平和基准水平,严格能效约束,坚决遏制"两高"低水平项目盲目发展。

三是污染防治攻坚战持续深化。深入打好污染防治攻坚战,推动构建现代环境治理体系。细颗粒物(PM2.5)和臭氧协同控制不断强化,城市黑臭水体和入河入海排污口及工业园排查整治力度加大,土壤污染管控和修复持续深化。推进污水资源化利用,大力推动城镇环境基础设施建设,深入推行清洁生产,塑料污染全链条治理有力推进,大宗固废综合利用取得积极进展,全面实现洋垃圾零进口。全国地级及以上城市空气质量优良天数比率达到87.5%,PM2.5平均浓度下降9.1%,地表水水质优良(Ⅰ—Ⅲ类)断面比例提高到84.9%,劣Ⅴ类水质断面比例降至1.2%。

*(十)着力保障改善民生,人民生活水平稳步提高。*不断做好普惠性、基础性、兜底性民生建设,提高公共服务水平,社会保障网进一步织密织牢。

一是促进共同富裕各项工作扎实推进。谋划促进共同富裕顶层设计,支持浙江高质量发展建设共同富裕示范区。收入分配制度改革持续深化,完善初次分配政策,加大再分配调节力度。城乡居民收入稳步增长,全国居民人均可支配收入实际增长 8.1%。

二是就业优先政策继续强化。延续实施部分阶段性减负稳岗扩就业政策，创业带动就业示范行动、就业服务质量提升工程深入开展，推进劳务品牌建设。促进高校毕业生、退役军人、农民工等重点群体就业创业，加强新就业形态劳动者权益保障，促进灵活就业健康发展。2021 年创业带动就业示范行动带动就业约 200 万人。大规模开展职业技能培训，支持建设一批公共实训基地。加强返乡入乡创业园建设，强化农民工等人员返乡入乡创业平台支撑。

三是教育强国建设步伐加快。教育强国推进工程启动实施，支撑基础教育补短板、职业教育树精品、高等教育创一流。九年义务教育巩固率、高中阶段教育毛入学率分别达到 95.4%、91.4%，普通高等教育本专科招生和研究生招生超过 1100 万人。扎实推进义务教育“双减”工作，加强对学科类校外培训收费监管。提高农村义务教育学生营养膳食补助标准，深入推进义务教育薄弱环节建设与能力提升工作。持续增加普惠性学前教育资源供给，改善县域普通高中学校基本办学条件。集中力量支持脱贫县以义务教育为重点，统筹学前教育资源建设，扩大学位供给。超额完成高职扩招三年行动目标。加强经济社会发展重点领域急需学科专业建设和人才培养，加大对集成电路、人工智能等学科专业的支持。在集成电路、储能技术等关键领域布局建设一批产教融合创新平台。新认定 63 家国家产教融合型企业和 21 个国家产教融合试点城市。

四是健康中国建设稳步推进。深入开展爱国卫生运动，持续推进健康中国行动，实施国民营养计划。食品药品等产品质量安全监管不断加强。公立医院综合改革持续深化。推动优质医疗资源扩容和区域均衡布局，国家医学中心建设工作稳步推进，国家区域医疗中心建设项目试点范围有序扩大，分级诊疗和医联体建设加快推进。公共卫生防控救治能力建设加快推进，疾控中心建设步伐加快。促进中医药传承创新。推动药品集中采购常态化制度化，全国药品和医用耗材集中带量采购范围继续扩大，医保目录内部分药品价格大幅下降，重大疾病和特殊人群用药保障水平明显提高。优化生育政策，实施三孩生育政策及配套支持措施。

五是多层次社会保障体系不断健全。基本养老保险参保人数达 10.29 亿人，参保率超过 91%。推进基本养老保险全国统筹，退休人员基本养老金稳步提高。职工基本医疗保险、城乡居民基本医疗保险和大病保险制度更趋完善，医疗保障待遇清单制度建立，基本医疗保险覆盖 13.6 亿人，参保率稳定在 95% 以上，城乡居民基本医疗保险参保居民政策范围内住院费用报销比例保持在 70%，普通门诊费用跨省直接结算已覆盖所有统筹地区，住院费用跨省直接结算率达到 60%，长期护理保险制度试点扩大。失业保险、工伤保险参保人数进一步增加，阶段性失业补助金政策延续实施，通过工伤保险为 202 万人次工伤职工及供养亲属提供待遇保障。加强困难群众基本生活保障，建立低收入人口动态监测机制，推进分层分类的社会救助体系建设，及时给予基本生活救助、专项救助或急难社会救助。加快推进低保制度城乡统筹，做到应保尽保。进一步健全社会救助和保障标准与物价上涨挂钩联动机制，扩大价格临时补贴发放范围。加快完善住房保障体系，支持人口净流入的大城市扩大保障性租赁住房供给。加强防灾减灾救灾工作，妥善安置受灾群众，支持河南郑州等地特大暴雨洪涝灾害灾后恢复重建，防范遏制重特大事故。

六是公共服务补短板强弱项提质量深入推进。出台实施《国家基本公共服务标准（2021 年版）》，逐步完善行业标准规范，组织基层标准化试点，完善均等化推进机制。长城、大运河、长征、黄河等国家文化公园标志性项目建设有序推进。实施文化保护传承利用工程，加强重要文化遗产和重要自然遗产保护利用。推动公共文化服务高质量发展，实施全国智慧图书馆体系、公共文化云建设项目，促进城乡新型公共文化空间建设。研究制定国民旅游休闲发展纲要，推动落实带薪休假制度。支持红色旅游、乡村旅游高质量发展。制定关于构建更高水平的全民健身服务体系的意见，推进体育公园建设，人均体育场地面积达 2.41 平方米。深化促进家政服务业提质扩容“领跑者”行动，开展家政企业信用建设行动。加快推进老龄事业和老龄产业协同发展，居家社区机构相协调、医养康养相结合的养老服务体系初步建立，全社会养老床位数达 813.5 万张。老年人合法权益保障工作不断加强，城乡无障碍环境明显改善。发展普惠托育服务体系，推动建设一批方便可及、价格可承受、质量有保障的托育机构。健全残疾人两项补贴标准动态调整机制。做好妇女儿童权益保障工作，推进儿童友好城市建设，未成年人救助保护网络逐步健全，残疾人、孤儿等社会福利制度不断完善。

专栏8:支持特殊类型地区振兴发展

促进革命老区振兴发展	⇨ 印发实施"十四五"时期支持革命老区巩固拓展脱贫攻坚成果、基础设施建设、红色旅游发展、生态环境保护修复的实施方案,印发赣州、闽西革命老区高质量发展示范区建设方案,研究建立部分省市与革命老区重点城市对口合作机制。
促进边境地区繁荣稳定	⇨ 出台重点区域边境建设总体方案,构建具有边境特色城镇体系,提升重点区域边境城镇综合承载能力。健全边境村庄基础设施和公共服务设施,加强边境口岸建设,加快建设沿边抵边公路,有序规划建设边境地区铁路和机场。
推进生态退化地区综合治理	⇨ 支持因地制宜利用沙漠、戈壁、荒漠地区发展可再生能源,探索可再生能源发展与流域治理、生态修复、特色产业发展有机融合的新模式。
推动资源型地区加快转型	⇨ 有序实施资源型地区转型重大工程。支持资源枯竭城市因地制宜发展接续替代产业,深入推进采煤沉陷区综合治理,引导独立工矿区改造提升,鼓励资源富集地区创新发展。研究推进资源枯竭城市建设可持续发展示范市(区)。
支持老工业城市转型发展	⇨ 支持老工业城市制造业竞争优势重构,做强做优支柱产业。加快推进工业遗产保护利用。
支持产业转型升级示范区和重点园区建设	⇨ 支持产业转型升级示范区高质量发展,协同推进产业结构调整、城市更新改造、绿色转型发展。继续支持中德(沈阳)高端装备制造产业园、中韩(长春)国际合作示范区等重点园区建设。

三是提升新型城镇化建设质量。持续推进农业转移人口市民化,促进在城镇稳定就业生活的农业转移人口举家进城落户。持续优化城镇化空间布局,更好发挥超大特大城市对周边市县辐射带动作用,培育形成现代化都市圈。持续推进成渝地区双城经济圈建设,印发推动长江中游、北部湾等城市群发展"十四五"实施方案。推进以县城为重要载体的城镇化建设,加强县城基础设施建设,增强综合承载能力,健全公共设施体系。健全特色小镇清单管理机制,统筹加强典型引路和规范纠偏。

(七)扩大高水平开放,推动外资外贸平稳发展。建设更高水平开放型经济新体制,坚持对内开放与对外开放相结合,全面提升开放平台能级,培育国际合作竞争新优势。

一是多措并举稳定外贸。加大对中小微外贸企业精准帮扶。大力发展跨境电商、市场采购等外贸新业态新模式。构建完善海外仓标准体系,不断完善覆盖全球的海外仓网络。视情扩大先进技术、重要设备、关键零部件、能源资源产品、紧缺农产品等进口,加大中国品牌海外推介力度,支持高技术、高质量、高附加值等产品出口。推动数字贸易创新发展。落实进口环节税收和出口退税政策。支持内陆开放试验区提升能级。建设国家服务贸易创新发展示范区和数字贸易示范区。高质量建设国家文化出口基地。在自贸试验区和全国推进实施跨境服务贸易负面清单,在自贸试验区和海南自由贸易港等试点对接国际高标准推进制度型开放。

二是提高利用外资水平。出台实施关于建设更高水平开放型经济新体制、促进构建新发展格局的意见。实施好新版外资准入负面清单,修订扩大《鼓励外商投资产业目录》,引导更多外资投向先进制造业、高技术等行业领域和中西部、东北地区。落实好外资企业国民待遇,推动重大外资项目加快落地。增设服务业扩大开放综合试点。优化企业外债分类管理,完善对房地产、地方融资平台、低信用企业的外债调控,持续防范外债风险。

三是提升境外投资效益。持续推动境外重大项目合作,探索产能与投资合作新方式。优化境外投资布局,深化双边和第三方市场合作。引导金融机构服务重点领域和项目。深入实施境外投资提质效防风险系列措施,提高重点主体境外投资水平,规范企业境外经营行为,支持行业协会商会建立境外投资自律机制。

四是推动共建"一带一路"高质量发展。扎实推进基础设施互联互通,加强重大项目合作,注重境外项目风险防控。深入推进地方参与共建"一带一路"高质量发展,推动新疆、福建"一带一路"核心区建设走深走实。推动"丝路海运"、"冰雪丝路"加快发展。加强中欧班列通道能力、枢纽节点、口岸扩能建设。完善"一带一路"风险防控和安全保障体系。稳妥开展健康、绿色、数字、创新等领域合作,推动境外煤电等"两高"项目绿色低碳转型发展。

五是推进海南自由贸易港建设。加快口岸和综合执法点的基础设施规划建设等,为实现全岛封关运作创造条件。支持口岸、路网等基础设施建设。大力发展外向型经济,不断夯实重大平台和产业发展基础,聚焦重点政策,依托重点项目,以更大力度探索贸易投资自由化便利化规则。进一步强化重大风险防控工作，加大高水平压力测试力度，建立健全风险预警、研判和处置联防联控机制。

六是推动多双边经贸合作。坚定维护多边贸易体制，积极参与世界贸易组织（WTO）改革。高质量实施《区域全面经济伙伴关系协定》（RCEP），积极推进加入《全面与进步跨太平洋伙伴关系协定》（CPTPP）和《数字经济伙伴关系协定》（DEPA）。推动与更多国家和地区商签高标准自贸协定，加强互利合作。推进落实全球发展倡议，推动国际发展合作。积极参与联合国、二十国集团（G20）、亚太经合组织（APEC）、金砖国家等多边机制合作。

（八）深入推进生态文明建设，扎实推动绿色低碳发展。建立健全绿色低碳循环发展经济体系，推动减污降碳协同增效，促进生态环境持续改善、资源利用效率不断提高。

一是加快推进经济绿色转型。完善绿色技术创新体系，建设国家绿色技术交易中心。建设绿色产业示范基地，修订绿色产业指导目录，大力发展节能环保产业。实施“十四五”清洁生产推行方案，在重点行业开展清洁生产改造。完善绿色金融标准体系和评价机制，发挥国家产融合作平台作用，引导金融资源向工业绿色低碳领域汇聚。深化环境信息依法披露制度改革，推动对企事业单位开展环保信用评价。持续实施国家节水行动，开展城市公共供水管网漏损治理工程，推动老城区、城乡结合部、县城、乡镇污水收集管网建设，加强京津冀、黄河流域、西北地区等重点区域、流域水资源节约集约利用，建设海水淡化示范城市。抓好全链条粮食节约减损。推进废旧物资循环利用体系建设和可循环快递包装规模化应用试点，组织开展大宗固体废弃物综合利用示范基地建设和骨干企业培育，推进废钢铁、废有色金属、废弃机动车、废旧家电、废塑料、厨余垃圾等城市废弃物分类利用和集中处置。

二是积极稳妥推进碳达峰碳中和。完善碳达峰碳中和“1＋N”政策体系，实施“碳达峰十大行动”，坚持“全国一盘棋”。大力发展非化石能源，建设大型风电、光伏基地项目，积极发展分布式新能源，积极推动海上风电集群化开发，稳妥推进西南等地大型水电基地建设，大力发展抽水蓄能，在确保绝对安全的前提下积极有序发展核电，推进煤炭清洁高效利用。提升电网对可再生能源发电的消纳能力。做好全国碳排放权交易市场第二个履约周期管理。实施节能降碳改造升级。积极研究开发碳捕捉利用与封存技术。优化完善能耗双控政策，合理增加能耗总量弹性，新增可再生能源和原料用能不纳入能源消费总量控制，推动能耗“双控”向碳排放总量和强度“双控”转变。全面加强能源资源节约，强化工业、交通和建筑节能，不断降低单位产出能耗物耗和碳排放。对标能效标杆水平，推动能效低于基准水平的重点行业企业，有序实施改造升级，促进高耗能行业高质量发展。继续做好碳达峰碳中和及应对气候变化国际谈判与合作，主动参与全球绿色治理体系建设，加强绿色经贸、技术与金融合作。

专栏 9：积极稳妥推进碳达峰碳中和的重点工作

完善“1＋N”政策体系	⇨ 研究制定能源、工业、城乡建设、交通运输、农业农村等领域和钢铁、石化化工、有色金属、建材、石油天然气等重点行业实施方案，以及科技支撑、财政、金融、碳汇能力、统计核算、人才培养和督查考核等保障方案。
构建清洁低碳安全高效能源体系	⇨ 因地制宜开发水电，在确保绝对安全的前提下有序发展核电。严格煤电机组能效准入门槛，统筹推进煤电机组节能改造、供热改造和灵活性改造。全面支持地热、生物质等适宜当地的可再生能源供暖方式。
推进产业结构低碳转型	⇨ 推动重点领域节能降碳，实施钢铁、电解铝、水泥、平板玻璃、炼油、乙烯、合成氨、电石等重点行业节能降碳行动。推动新兴技术与绿色低碳产业深度融合，切实推动产业结构由高碳向低碳、由中低端向高端转型升级。
全面加强能源资源节约	⇨ 倡导勤俭节约，推行简约适度、绿色低碳、文明健康的生活方式，从源头和入口形成有效的碳排放控制阀门。
加强制度和基础能力建设	⇨ 加快构建科学合理、简明适用、统一规范的碳排放统计核算体系。完善碳排放权交易市场相关法规制度，强化对企业、第三方机构的监管。深化低碳城市和气候投融资试点，提升地方应对气候变化基础能力。

三是深入打好污染防治攻坚战。加强 PM2.5 和臭氧协同控制，强化多污染物协同控制和区域协同治理。深入治理城乡黑臭水体，继续开展入河入海排污口排查整治，加强重点海域污染防治。持续推进土壤和地下水污染防治。稳步推进“无废城市”建设，因地制宜推进生活垃圾分类和减量化、资源化，持续抓好塑料污染全链条治理。建设污水资源化利用示范城市，建设节能低碳标杆污水处理厂。

四是持续强化生态系统治理。坚持山水林田湖草沙一体化保护和系统治理，实施重要生态系统保护和修复重大工程，保护生物多样性。继续开展大规模国土绿化行动，加强以国家公园为主体的自然保护地体系建设，把公益保护不断做深做实。深入推进国家生态文明试验区建设，复制推广福建、江西、贵州、海南的经验。研究出台《生态保护补偿条例》，加快建立健全生态产品价值实现机制，探索建立农林碳汇产品价值实现机制。

（九）有效防范化解重点领域风险，切实维护经济安全。统筹发展和安全，不断加强风险预警、防控机制和能力建设，守住不发生系统性风险的底线。

一是加强财政金融领域风险防控。持续推进防范化解地方政府隐性债务风险，坚决遏制隐性债务增量。稳妥处置一些地方的高风险金融机构，设立金融稳定保障基金，运用市场化、法治化方式化解风险隐患。稳妥有序缓释债券市场风险。加快不良贷款处置。妥善应对主要经济体货币政策转向的溢出风险。发挥资本作为生产要素的积极作用，同时有效控制其消极作用，为资本扩张设置"红绿灯"，支持和引导资本规范健康发展，依法加强对资本的有效监管，防止资本无序扩张、野蛮生长。

二是提升能源资源安全保障能力。深入推进煤电油气产供储销体系建设。推进石油储备重大工程建设，加快华北、西北等地下储气库新建和扩容达容建设。有序核增一批煤炭先进产能，加快提升煤炭储备能力。加强抽水蓄能等调峰电源建设，继续发挥传统能源特别是煤炭、煤电的兜底保供和调峰作用，积极推进现有煤电项目改造升级。推进白鹤滩、羊曲等重大水电工程建设。加大力度规划建设以大型风光电基地为基础、以其周边清洁高效先进节能的煤电为支撑、以稳定安全可靠的特高压输变电线路为载体的新能源供给消纳体系。加快推进国家储备建设，健全统一的战略和应急物资储备体系。

专栏10：提升能源资源安全保障能力的重点工作

煤炭储备	⇨ 支持煤炭储备项目建设，尽早形成相当于本地消费量5%的政府可调度煤炭储备能力，谋划布局一批重点储备基地，加快建设全国煤炭储备管理信息系统。
油气储备	⇨ 加强国家石油储备能力，统筹推进新增储气能力建设，尽早建成投用，更好发挥调峰保供作用。
电力储备	⇨ 加强应急备用和调峰电源能力和机制建设，加强重要电力用户自备应急电源、移动应急电源配置。
储能项目	⇨ 用好储能价格政策，发展抽水蓄能电站和电化学储能电站。

三是推动房地产市场平稳发展。坚持房子是用来住的、不是用来炒的定位，因城施策做好房地产调控，稳地价、稳房价、稳预期。扎实推进高风险房地产企业风险处置。加快发展长租房市场，推进人口净流入的大城市保障性租赁住房建设，加大住房公积金对租赁住房的支持力度，着力解决新市民、青年人等群体的住房困难问题。扩大灵活就业人员参加住房公积金制度试点。实施好差别化住房信贷政策，支持商品房市场更好满足购房者的合理住房需求。

（十）围绕切实保障和改善民生，扎实办好民生实事。正确认识和把握实现共同富裕的主要目标和实践途径，坚持尽力而为、量力而行，不断提升公共服务水平，着力解决人民群众普遍关心关注的民生问题。

一是强化就业优先导向。加快推动"十四五"就业促进规划重点任务落地落实。引导各地加大对返乡入乡创业园建设的支持力度。推动做好公共实训基地项目储备、建设和运营，推动县域公共职业技能培训资源共建共享，促进高质量产训结合。

二是着力发挥分配的功能和作用。完善工资合理增长机制，指导地方合理调整最低工资标准，拓宽城乡居民增收渠道，全面落实义务教育教师工资待遇。健全各类生产要素由市场决定报酬的机制，完善再分配机制。多措并举促进农民增收，依法治理拖欠农民工工资问题。

三是完善社会保障体系。稳步实施企业职工基本养老保险全国统筹制度，适当提高退休人员基本养老金和城乡居民基础养老金标准，确保按时足额发放。居民医保和基本公共卫生服务经费人均财政补助标准分别再提高30元和5元，推动基本医保省级统筹。进一步扩大药品、高值医用耗材带量采购范围，健全重大疾病医疗保险和救助制度，优化医保领域便民服务。推进失业保险省级统筹，统一农民工和城镇职工参保缴费办法。健全退役军人保障体系。深入开展新就业形态就业人员职业伤害保障试点。健全分层分类的社会救助体系，建立完善社会救助主动发现机制，加强低收入人口动态监测及常态化救助帮扶机制建设。加强困难群众基本生活保障，完善最低生活保障制度。保障妇女儿童合法权益，完善残疾人、孤儿等社会福利制度。

四是完善公共服务政策制度体系。分类推进基本公共服务均等化发展，推动服务重心向基层下沉，增加普惠性非基本公共服务供给。支持社会力量增加普惠性托育服务供给，进一步完善学前教育收费政策，推进普惠性学前教育资源扩容增效，推进儿童友好城市建设。推动义务教育优质均衡发展和城乡一体化，提升农村学校办学能力，依据常住人口规模增加城镇教育资源。继续做好义务教育阶段减负工作。加强县域普通高中建设。改善职业教育办学条件。推进高校“双一流”建设，加快经济社会发展重点领域急需学科专业建设、人才培养和科技攻关，完善产教融合政策措施。支持中西部高等教育发展，高校招生继续加大对中西部和农村地区倾斜力度。加强教师队伍建设，加大中西部地区教师培训力度。办好特殊教育、继续教育，规范民办教育发展。完善三孩生育政策配套措施，将3岁以下婴幼儿照护费用纳入个人所得税专项附加扣除，推动生育支持政策落地见效。贯彻落实积极应对人口老龄化国家战略，加强养老托育服务体系和健康支撑体系建设，维护好老年人合法权益。推动公立医院高质量发展，加快健全现代医院管理制度，深入推进国家医学中心、国家区域医疗中心建设项目和县级医院建设，加快完善分级诊疗体系，深化医疗服务价格、医保支付管理和公立医院薪酬制度改革。补齐妇幼儿科、精神卫生、老年医学等服务短板。持续深入开展爱国卫生运动、推进实施健康中国行动，倡导文明健康绿色环保生活方式。实施现代化疾控体系建设、国家重大传染病防治基地建设等工程，提升公共卫生防控救治能力。加快中医药特色发展。推动中华优秀传统文化创造性转化和创新性发展，促进出版、电影、广播电视、文物等事业高质量发展，推进公共文化数字化建设，提供更多公共文化产品。加强国家重大文化项目和国家文化公园建设，加强重要文化遗产和国家公园等重要自然遗产保护设施建设，全面提升革命文物保护利用水平，促进公共文化服务提质升级。推进国民旅游休闲加快发展，不断完善节假日制度。实施全民健身设施补短板工程，加强体育公园等全民健身场地设施建设。深化公共法律服务体系建设。

与此同时，继续做好常态化疫情防控，坚持外防输入、内防反弹，不断优化完善防控措施，科学精准高效处置局部突发疫情。**一是积极做好疫苗接种和药物研发**。加快推进新冠病毒疫苗研发，科学组织不同技术路线疫苗的序贯免疫研究，进一步提高疫苗加强针接种人群覆盖面，根据疫情防控需要进一步加快新冠病毒药物国内研发上市，统筹做好生产、储备、质量监管等工作。**二是强化外防输入举措**。加强口岸疫情防控能力建设，严格落实人防、物防、技防相关举措，强化口岸及集中隔离点疫情防控。做好对相关国家地区进口货物特别是冷链产品的检测消毒工作。对高风险岗位人员切实做到闭环管理，建立健全进口冻品集中监管制度。**三是健全优化疫情防控体系**。加强流调溯源、核酸筛查、隔离管控和重点场所防控，着力做好节假日等人员流动增多时期疫情防控，避免聚集性感染。完善落实农村地区疫情防控工作方案，强化医院感染防控。继续加强对散发病例和聚集性疫情的防范处置，最大限度减少对群众生产生活的影响。**四是持续推进疫情防控国际合作**。加快诊疗技术联合攻关，深入开展疫苗、药物等研发试验应用国际合作。力所能及开展疫苗援助和抗疫物资援助。加强跨境贸易合作，保障疫苗及原辅料贸易畅通。支持世界贸易组织就疫苗知识产权豁免早日作出决定，鼓励疫苗企业向发展中国家转让技术。

全面准确、坚定不移贯彻“一国两制”、“港人治港”、“澳人治澳”、高度自治的方针，维护国家主权、安全、发展利益和特别行政区社会大局稳定。支持香港、澳门发展经济、改善民生，更好融入国家发展大局，建设国际创新科技中心，打造共建“一带一路”功能平台，实现经济多元可持续发展，完善便利港澳居民在内地发展政策措施。深入贯彻落实新时代党解决台湾问题的总体方略，坚持一个中国原则和“九二共识”，坚决反对“台独”分裂行径，坚决反对外部势力干涉，推进两岸关系和平发展和祖国统一，完善保障台湾同胞福祉和在大陆享受同等待遇的制度政策，加强两岸产业合作，打造两岸共同市场，壮大中华民族经济，共同弘扬中华文化。

2022 年经济社会发展工作任务繁重，意义重大。我们要更加紧密地团结在以习近平同志为核心的党中央周围，高举中国特色社会主义伟大旗帜，以习近平新时代中国特色社会主义思想为指导，弘扬伟大建党精神，增强“四个意识”、坚定“四个自信”、做到“两个维护”，按照党中央、国务院决策部署，自觉接受全国人大的监督，认真听取全国政协的意见和建议，攻坚克难、砥砺奋进，努力完成全年目标任务，以实际行动迎接党的二十大胜利召开，为把我国建设成为富强民主文明和谐美丽的社会主义现代化强国、实现中华民族伟大复兴的中国梦不懈奋斗！

第十三届全国人民代表大会财政经济委员会关于2021年国民经济和社会发展计划执行情况与2022年国民经济和社会发展计划草案的审查结果报告

（2022年3月8日第十三届全国人民代表大会第五次会议主席团第二次会议通过）

十三届全国人大五次会议主席团：

第十三届全国人民代表大会第五次会议审查了国务院提出的《关于2021年国民经济和社会发展计划执行情况与2022年国民经济和社会发展计划草案的报告》和2022年国民经济和社会发展计划草案。全国人民代表大会财政经济委员会在对计划报告和计划草案初步审查的基础上，根据各代表团和有关专门委员会的审查意见，作了进一步审查。国务院根据审查意见对计划报告作了修改。现将审查结果报告如下。

一、2021年计划执行情况总体良好

财政经济委员会认为，2021年国民经济和社会发展计划执行情况总体良好。面对复杂严峻的外部环境和国内经济下行压力进一步加大等困难、问题和挑战，在以习近平同志为核心的党中央坚强领导下，国务院和地方各级人民政府坚持以习近平新时代中国特色社会主义思想为指导，坚决贯彻落实党中央决策部署，认真执行十三届全国人大四次会议审查批准的2021年国民经济和社会发展计划，坚持稳中求进工作总基调，统筹疫情防控和经济社会发展，注重宏观政策跨周期调节，大力加强科技创新，稳定和优化产业链供应链，持续优化营商环境，强化和落实助企纾困政策，防范化解经济金融风险，巩固拓展脱贫攻坚成果，加强生态环境保护和污染防治，加大保民生补短板力度，推动经济运行保持在合理区间，奋力完成改革发展艰巨任务。经过不懈努力，年度计划的主要预期目标基本实现，全部61项计划指标完成情况较好，主要任务顺利完成，构建新发展格局迈出新步伐，推动高质量发展取得新成效，经济社会大局保持和谐稳定，实现了“十四五”良好开局。

同时也要看到，全球疫情仍在持续，地缘政治冲击国际经贸秩序，全球供应链趋紧，世界经济复苏放缓。国内经济下行压力凸显，宏观调控难度加大，实体经济困难较多，科技原始创新能力不足，重点领域风险隐患积聚，就业压力增大。计划执行中，重大政策综合影响评估有待加强，多重目标统筹协调不够，有的目标任务采用简单分解办法，有的在执行中存在传导不畅或层层加码、“一刀切”、运动式等情况。对这些困难、问题和挑战，要深入分析研判，加强系统协调，加大改革力度，不断增强应对的有效性。

二、2022年计划报告和计划草案总体可行

财政经济委员会认为，国务院提出的2022年计划报告和计划草案，以习近平新时代中国特色社会主义思想为指导，符合党的十九大和十九届历次全会精神，符合中央经济工作会议精神，符合“十四五”规划纲要目标要求，符合我国经济社会发展实际，对更趋复杂严峻的外部环境和国内需求收缩、供给冲击、预期转弱三重压力等作了认真分析，在主要任务中作了相应安排，国民经济和社会发展总体要求、主要预期目标、主要宏观政策取向、主要任务基本协调匹配，总体可行。

三、建议批准2022年计划报告和计划草案

财政经济委员会建议，第十三届全国人民代表大会第五次会议批准国务院提出的《关于2021年国民经济和社会发展计划执行情况与2022年国民经济和社会发展计划草案的报告》，批准2022年国民经济和社会发展计划草案。

四、做好2022年计划执行工作的建议

2022年将召开党的二十大，这是党和国家政治

生活中的一件大事,做好计划执行工作意义重大。要在以习近平同志为核心的党中央坚强领导下,以习近平新时代中国特色社会主义思想为指导,全面贯彻落实党的十九大和十九届历次全会精神,贯彻中央经济工作会议精神,弘扬伟大建党精神,坚持稳中求进工作总基调,完整、准确、全面贯彻新发展理念,加快构建新发展格局,全面深化改革开放,坚持创新驱动发展,推动高质量发展,坚持以供给侧结构性改革为主线,统筹疫情防控和经济社会发展,统筹发展和安全,继续做好“六稳”、“六保”工作,持续改善民生,着力稳定宏观经济大盘,保持经济运行在合理区间,保持社会大局稳定,迎接党的二十大胜利召开。为此,财政经济委员会建议:

(一)把稳增长放在更加突出位置,更好把握调整政策和推进改革的时度效。各方面要坚持以经济建设为中心,坚持稳字当头、稳中求进,肯定成绩、正视困难、遵循规律、坚定信心,切实担负起稳定宏观经济的责任,积极推出有利于经济稳定的政策。推动有效市场和有为政府更好结合,最大限度调动各个方面稳增长的积极性,发挥好国家政策对稳预期、增信心的重要作用。着力做好上半年政策发力工作。建立政策措施统筹协调机制,把先立后破的原则落实到位,把握好各项政策的衔接。按照中央决策部署,做好碳达峰碳中和工作,科学推进绿色低碳发展。抓细抓实各项助企惠企措施的贯彻执行,确保政策实施顺畅通达、企业切实受惠。

(二)坚决实施好扩大内需战略,充分释放内需潜力。多措并举增加居民收入,进一步改善消费环境,促进新兴消费,推动绿色消费,拓展消费新场景。高质量实施“十四五”重大工程项目,强化项目要素保障,适度超前布局基础设施建设,提高专项债实际使用效果,积极扩大民间投资。促进区域协调发展,全面巩固拓展脱贫攻坚成果,接续推进乡村振兴,持续推进农业转移人口市民化,提升新型城镇化质量。

(三)深入推进改革扩大开放,提升经济增长潜能。进一步完善市场体系基础制度,着力推进要素市场化配置等改革。改革创新政府治理方式,加快打造市场化法治化国际化营商环境。落实好中央对科技工作的全面部署,强化科技创新支撑作用。深入实施公平竞争政策,依法精准开展反垄断和反不正当竞争工作,防止资本无序扩张。优化民营经济发展环境,依法保护各类市场主体产权和合法权益。扩大高水平对外开放,主动对标高标准国际经贸规则,积极应对国际市场变化,稳定外贸外资基本盘。

(四)防范化解重点领域风险,坚决守住不发生系统性风险的底线。坚决遏制新增地方政府隐性债务,稳妥处置高风险金融机构,做好跨市场跨行业风险处置工作。坚持“房住不炒”定位,促进房地产业良性循环和健康发展。提升重要能源资源保障能力,确保粮食等重要农产品供应安全。稳定和畅通产业链供应链,及时有效应对国际金融和大宗商品市场变动的影响。

(五)强化民生兜底保障,维护社会安全稳定。全力做好稳就业工作,高度重视高校毕业生、农民工、退役军人等重点群体及一些行业的就业问题。促进教育公平和质量提升,提高医疗卫生服务能力。认真实施并不断完善企业职工基本养老保险全国统筹制度实施方案,加快构建完善养老服务体系。统筹做好常态化疫情防控与经济社会发展,不断优化疫情防控措施。持续加强应急管理和防灾减灾,落实安全生产责任,保障社会公共安全。

以上报告,请审议。

第十三届全国人民代表大会
财政经济委员会
2022 年 3 月 8 日

第十三届全国人民代表大会第五次会议关于 2021 年中央和地方预算执行情况与 2022 年中央和地方预算的决议

(2022 年 3 月 11 日第十三届全国人民代表大会第五次会议通过)

第十三届全国人民代表大会第五次会议审查了国务院提出的《关于 2021 年中央和地方预算执行情况与 2022 年中央和地方预算草案的报告》及 2022 年中央和地方预算草案,同意全国人民代表大会财政经济委员会的审查结果报告。会议决定，批准《关于 2021 年中央和地方预算执行情况与 2022 年中央和地方预算草案的报告》，批准 2022 年中央预算。

关于 2021 年中央和地方预算执行情况与 2022 年中央和地方预算草案的报告

——2022 年 3 月 5 日在第十三届全国人民代表大会第五次会议上

财政部

各位代表：

受国务院委托，现将 2021 年中央和地方预算执行情况与 2022 年中央和地方预算草案提请十三届全国人大五次会议审查，并请全国政协各位委员提出意见。

一、2021 年中央和地方预算执行情况

2021 年是党和国家历史上具有里程碑意义的一年。以习近平同志为核心的党中央团结带领全党全国各族人民，隆重庆祝中国共产党成立一百周年，胜利召开党的十九届六中全会、制定党的第三个历史决议，如期打赢脱贫攻坚战，如期全面建成小康社会、实现第一个百年奋斗目标，开启全面建设社会主义现代化国家、向第二个百年奋斗目标进军新征程。面对复杂严峻的国内外形势和诸多风险挑战，在以习近平同志为核心的党中央坚强领导下，各地区各部门坚持以习近平新时代中国特色社会主义思想为指导，深入贯彻党的十九大和十九届历次全会精神，坚决落实党中央、国务院决策部署，严格执行十三届全国人大四次会议审查批准的预算，统筹疫情防控和经济社会发展，扎实做好“六稳”工作、全面落实“六保”任务，有效应对各种风险挑战，构建新发展格局迈出新步伐，高质量发展取得新成效，国家战略科技力量加快壮大，产业链韧性得到提升，改革开放向纵深推进，民生保障有力有效，生态文明建设持续推进，社会大局保持稳定，实现“十四五”良好开局。中央和地方预算执行情况较好。

（一）2021 年一般公共预算收支情况。

1. 全国一般公共预算。

全国一般公共预算收入 202538.88 亿元，为预算的 102.5%，比 2020 年增长 10.7%，主要是经济持续稳定恢复和价格上涨等因素拉动。其中，税收收入 172730.47 亿元，增长 11.9%；非税收入 29808.41 亿元，增长 4.2%。加上从预算稳定调节基金、政府性基金预算、国有资本经营预算调入资金及使用结转结余 11713.52 亿元，收入总量为 214252.4 亿元。全国一般公共预算支出 246321.5 亿元，完成预算的 98.5%，增长 0.3%。加上补充中央预算稳定调节基金 3540.9 亿元、向政府性基金预算调出 90 亿元，支出总量为 249952.4 亿元。收支总量相抵，赤字 35700 亿元，与预算持平。

2. 中央一般公共预算。

中央一般公共预算收入 91461.8 亿元，为预算的 102.2%，增长 10.5%。加上从中央预算稳定调节基金调入 950 亿元，从中央政府性基金预算、中央国有资本经营预算调入 985 亿元，收入总量为 93396.8 亿元。中央一般公共预算支出 117265.9 亿元，完成预算的 98.6%，下降 0.9%，其中，本级支出 35049.96 亿元，完成预算的 100.1%，下降 0.1%；对地方转移支付 82215.94 亿元，完成预算的 98.6%，下降 1.2%。加上补充中央预算稳定调节基金 3540.9 亿元、向中央政府性基金预算调出 90 亿元，支出总量为 120896.8 亿元。收支总量相抵，中央财政赤字 27500 亿元，与预算持平。

中央一般公共预算主要收入项目具体情况是：国内增值税 31752.66 亿元，为预算的 100.5%。国内消费税 13880.7 亿元，为预算的 104.3%。企业所得税 26605.34 亿元，为预算的 103.8%。个人所得税 8395.95 亿元，为预算的 106.3%。关税 2805.87 亿元，为预算的 102%。进口货物增值税、消费税 17316.36 亿元，为预算的 107.8%。出口货物退增值税、消费税 18157.69 亿元，为预算的 117.1%。进出口税收均超出预算较多，主要是外贸进出口增长好于预期，以及进口大宗商品价格上涨

等影响。

中央一般公共预算本级主要支出项目具体情况是：一般公共服务支出1572.69亿元，完成预算的107%，主要是信息化建设等中央预算内投资、海关系统新冠肺炎疫情防控支出增加。外交支出490.96亿元，完成预算的97.4%。国防支出13557.58亿元，完成预算的100%。公共安全支出1890.02亿元，完成预算的102.1%。教育支出1690.35亿元，完成预算的101.6%。科学技术支出3205.54亿元，完成预算的99.3%。粮油物资储备支出1112.49亿元，完成预算的90.8%。债务付息支出5867.69亿元，完成预算的97.8%。

中央对地方转移支付具体情况是：一般性转移支付74862.9亿元，完成预算的99.8%；专项转移支付7353.04亿元，完成预算的88%，主要是部分原安排的对地方转移支付中央预算内投资，执行中根据实际用途列入中央本级相关支出。

2021年中央一般公共预算超收收入2011.8亿元、支出结余1529.1亿元，全部转入预算稳定调节基金。中央预备费预算500亿元，实际支出400亿元，主要用于洪涝灾害灾后恢复重建和种粮农民一次性补贴，剩余100亿元（已包含在上述结余1529.1亿元中）全部转入预算稳定调节基金。2021年末，中央预算稳定调节基金余额3854.01亿元。

3. 地方一般公共预算。

地方一般公共预算收入193293.02亿元，其中，本级收入111077.08亿元，增长10.9%；中央对地方转移支付收入82215.94亿元。加上从地方预算稳定调节基金、政府性基金预算、国有资本经营预算调入资金及使用结转结余9778.52亿元，收入总量为203071.54亿元。地方一般公共预算支出211271.54亿元，增长0.3%。收支总量相抵，地方财政赤字8200亿元，与预算持平。

（二）2021年政府性基金预算收支情况。

全国政府性基金预算收入98023.71亿元，为预算的103.7%，增长4.8%。加上2020年结转收入240.16亿元、地方政府发行专项债券筹集收入36500亿元、从一般公共预算调入90亿元，收入总量为134853.87亿元。全国政府性基金预算支出113661.01亿元，完成预算的86.6%，下降3.7%。支出执行数与预算相差较大，主要是地方国有土地使用权出让收入相关支出低于预期。

中央政府性基金预算收入4087.71亿元，为预算的107%，增长14.8%，主要是彩票公益金等增加较多。加上2020年结转收入、调入资金等，收入总量为4419.92亿元。中央政府性基金预算支出4003.31亿元，完成预算的98.6%，其中，本级支出3201.02亿元，对地方转移支付802.29亿元。调入中央一般公共预算1亿元。中央政府性基金预算收大于支415.61亿元，其中，结转下年继续使用380.82亿元，按规定补充中央预算稳定调节基金34.79亿元。

地方政府性基金预算本级收入93936亿元，增长4.5%。加上中央政府性基金预算对地方转移支付收入802.29亿元、地方政府发行专项债券筹集收入36500亿元，收入总量为131238.29亿元。地方政府性基金预算支出110459.99亿元，下降4.2%，主要是2021年不再发行抗疫特别国债，相应支出减少。

（三）2021年国有资本经营预算收支情况。

按照国有资本经营预算管理规定，国有资本经营预算收入主要根据国有企业上年实现净利润一定比例收取，同时按照收支平衡原则安排相关支出。

全国国有资本经营预算收入5179.55亿元，为预算的133.6%，增长8.5%，主要是2020年国有企业利润高于预期。全国国有资本经营预算支出2624.78亿元，完成预算的99.1%，增长2.7%。

中央国有资本经营预算收入2006.92亿元，为预算的114.6%，增长12.4%。加上2020年结转收入413.14亿元，收入总量为2420.06亿元。中央国有资本经营预算支出1077.8亿元，完成预算的91.3%，增长14.8%，其中，本级支出936.99亿元，对地方转移支付140.81亿元。调入中央一般公共预算984亿元。结转下年支出358.26亿元，主要是执行中有一定超收，按规定结转下年安排使用。

地方国有资本经营预算本级收入3172.63亿元，增长6.1%。加上中央国有资本经营预算对地方转移支付收入140.81亿元、2020年结转收入32.37亿元，收入总量为3345.81亿元。地方国有资本经营预算支出1687.79亿元，增长0.3%。调入地方一般公共预算1352.05亿元。结转下年支出305.97亿元。

（四）2021年社会保险基金预算收支情况。

全国社会保险基金预算收入94734.74亿元，为预算的106.2%，增长24.9%。其中，保险费收入66816.64亿元，增长35.7%，主要是阶段性减免社会保险费政策2020年底到期后恢复征收；财政补贴收入23248亿元，增长10.6%。全国社会保险基金预算支出87876.29亿元，完成预算的101.7%，增长12.1%。当年收支结余6858.45亿元，年末滚存

结余 101395.09 亿元。

中央社会保险基金预算收入 1446.44 亿元，为预算的 93.3%；支出 1429.7 亿元，完成预算的 90.5%。实施企业职工基本养老保险中央调剂制度，地方上缴 9303.62 亿元，中央拨付 9294.52 亿元（缴拨差额 9.1 亿元，主要是收支列入中央预算的新疆生产建设兵团参与地方调剂，以及分配调剂资金利息）。考虑该因素后，中央社会保险基金预算当年收支结余 25.84 亿元，年末滚存结余 403.24 亿元。

地方社会保险基金预算收入 93288.3 亿元，支出 86446.59 亿元。考虑调剂因素后，当年收支结余 6832.61 亿元，年末滚存结余 100991.85 亿元。通过实施调剂，中西部地区和老工业基地省份受益 2152 亿元。

2021 年末，中央财政国债余额 232697.29 亿元，控制在全国人大批准的债务余额限额 240508.35 亿元以内；地方政府债务余额 304700.31 亿元，包括一般债务余额 137708.64 亿元、专项债务余额 166991.67 亿元，控制在全国人大批准的债务余额限额 332774.3 亿元以内。

（五）2021 年主要财税政策落实和重点财政工作情况。

2021 年，财政部门认真贯彻党中央、国务院决策部署，按照预算法及其实施条例和《关于人大预算审查监督重点向支出预算和政策拓展的指导意见》，落实全国人大预算决议和审查意见要求，坚持积极的财政政策提质增效、更可持续，优化和落实减税降费政策，加大对保就业保民生保市场主体的支持力度，常态化实施财政资金直达机制并扩大范围，加强民生和重点领域经费保障，稳妥化解地方政府债务风险，深化财税体制改革，狠抓财政管理和政策落实，为完成全年经济社会发展主要目标任务提供有力保障。

增强财税政策的针对性有效性，推动经济运行保持在合理区间。加大资金统筹力度，保持必要的财政支出规模。新增地方政府专项债券额度 3.65 万亿元，根据经济形势变化合理把握节奏，全年发行使用先缓后快，积极扩大有效投资。持续推进减税降费，分类调整 2020 年出台的应对疫情阶段性政策，出台提高小规模纳税人增值税起征点、小微企业所得税优惠、扩大先进制造业增值税留抵退税政策适用范围等新的举措，取消、免征或降低部分政府性基金和行政事业性收费，全年新增减税降费超过 1 万亿元，还对制造业中小微企业、煤电和供热企业实施阶段性缓缴税费，在稳定经济增长、支持科技创新、推动产业升级、促进扩大就业等方面发挥了重要作用。减税降费既助企纾困又涵养税源，2013 年以来新增的涉税市场主体去年纳税达到 4.76 万亿元。建立常态化财政资金直达机制，将 2.8 万亿元中央财政资金纳入直达范围，基本实现中央财政民生补助资金全覆盖，同时优化流程，健全监控体系，提高分配、拨付、使用和监管效率，为市县基层落实惠企利民政策提供财力支持。落实过紧日子要求，中央本级支出继续负增长，节省资金用于增强地方民生财力保障，兜牢兜实基层“三保”（保基本民生、保工资、保运转）底线。

强化创新驱动，支持优化和稳定产业链供应链。加快科技自立自强。加大对基础研究支持力度，2021 年中央一般公共预算本级基础研究支出增长 15.3%。支持强化国家战略科技力量，研究建立国家实验室经费稳定支持机制，首批 9 个国家实验室挂牌运行。支持实行“揭榜挂帅”等机制，实施一批重大科技项目，打好关键核心技术攻坚战取得重要进展。改革完善中央财政科研经费管理，大幅精简预算科目，提高间接费用比例，为科研人员潜心钻研创造更好条件。**激发企业创新活力。**将制造业企业研发费用加计扣除比例由 75% 提高至 100%，允许提前清缴核算让企业尽早受益，2021 年前三季度企业提前享受加计扣除金额 1.3 万亿元，减免税额超过 3300 亿元。实施“十四五”期间支持科技创新进口税收政策。启动专精特新中小企业奖补政策，支持 1300 多家“小巨人”企业发展。在 60 个城市开展深化民营和小微企业金融服务综合改革试点，延长小微企业融资担保降费奖补政策，引导降低担保费率。国家融资担保基金全年新增再担保业务 7542 亿元、新增服务市场主体 72.5 万户，分别增长 79%、165%。**推动产业链供应链优化升级。**统筹资金支持和税收优惠政策等，支持集成电路、工业母机、5G 等新一代信息技术、生物医疗与高端医疗设备、农业机械等产业链补链强链，促进短板产业加快国产替代和技术迭代。继续实施新能源汽车推广应用补贴政策，全年新能源汽车产销量均大幅增长。

加大民生投入，基本民生保障有力有效。支持做好常态化疫情防控。安排补助资金支持处置和化解局部地区疫情。加强疫情防控科研攻关经费保障，推进疫苗和药物研发，实行全民免费接种，疫苗全程接种覆盖率超过 85%。**全面实施就业优先政策。**继续执行阶段性降低失业保险、工伤保险费率政策,实施好失业保险保障扩围、稳岗返还等政策,加大创业担保贷款贴息力度,支持开展大规模职业技能培训,多措并举稳定和扩大就业,全国城镇新增就业 1269 万人。**推动教育高质量发展**。巩固完善城乡统一、重在农村的义务教育经费保障机制。提高农村义务教育学生营养膳食补助标准,3700 多万学生受益。改善职业院校办学条件,支持超额完成高职扩招三年行动目标。推动高等教育内涵式发展,中央高校经费支出向高层次人才培养和基础研究倾斜。国家助学贷款每人每年最高额度增加 4000 元,惠及 500 多万在校生。中央财政学生资助补助经费支出增长 14.7%,3400 多万人次受益。**强化基本民生保障**。退休人员基本养老金提高 4.5%左右。企业职工基本养老保险基金中央调剂比例提高至 4.5%。城乡居民基本医疗保险、基本公共卫生服务经费人均财政补助标准分别提高到每人每年 580 元、79 元。把更多常见病等门诊费用纳入医保报销范围,住院费用跨省直接结算率达到 60%。低收入家庭重病重残人员纳入低保范围,做好困难群众帮扶救助。优抚对象抚恤和生活补助标准提高 10%左右。安排资金向老党员发放一次性生活补助金。支持各地新开工改造城镇老旧小区 5.6 万个。**支持完善公共文化服务体系**。推动实施公共数字文化建设、广播电视户户通、戏曲公益性演出等项目,5 万余个博物馆、图书馆等向社会免费开放。支持开展全民健身活动和重大体育赛事,强化国家队经费保障,做好东京奥运会和残奥会备战参赛工作,大力支持举办北京冬奥会和冬残奥会。**加强自然灾害防治和救助**。健全应急保障机制,第一时间下达救灾补助资金,支持河南、山西、陕西等地救助受灾群众、恢复农业生产和灾后恢复重建等。支持地方实施提升自然灾害防治能力重点工程,做好全国自然灾害综合风险普查、自然灾害防治技术装备工程化攻关等工作。

支持做好农业农村工作,推进落实区域协调发展战略。支持巩固拓展脱贫攻坚成果同乡村振兴有效衔接。稳定主要帮扶政策,中央财政衔接推进乡村振兴补助资金继续增加,对 160 个国家乡村振兴重点帮扶县加大支持力度。在 832 个脱贫县延续实施涉农资金统筹整合试点政策。加强农村低收入人口常态化帮扶,切实防止规模性返贫。**支持保障国家粮食安全**。实施新一轮农机购置补贴政策。应对农资价格上涨等影响,对种粮农民一次性发放 200 亿元补贴。大幅增加制种大县奖励资金,支持开展全国农作物种质资源普查,提升种业全链条发展水平。在 13 个粮食主产省份 60%的产粮大县开展三大粮食作物完全成本保险和种植收入保险,政策性农业保险为 1.88 亿户次农户提供风险保障。支持新建 50 个国家现代农业产业园、50 个优势特色产业集群和 298 个农业产业强镇。**支持落实区域重大战略等**。出台全面推动长江经济带发展的财税政策。支持浙江探索创新打造财政推动共同富裕省域范例。制定"十四五"时期支持新疆、西藏和四省涉藏州县财政政策。实行企业自用生产设备零关税等政策,推进海南自由贸易港建设。

加强生态环境保护,全面绿色转型取得新进展。深化生态保护补偿制度改革,加快完善政府有力主导、社会有序参与、市场有效调节的生态保护补偿体制机制。增加大气、水、土壤污染防治资金规模,新增 20 个北方地区冬季清洁取暖补助支持城市,地级及以上城市细颗粒物平均浓度下降 9.1%。出台支持长江全流域建立横向生态保护补偿机制实施方案。支持 20 个示范城市系统化全域推进海绵城市建设。通过竞争性评审,支持 10 个山水林田湖草沙一体化保护和修复工程项目、15 个海洋生态保护修复项目和 20 个国土绿化试点示范项目。实施新一轮草原生态保护补助奖励政策并扩大范围。支持三江源、大熊猫、东北虎豹、海南热带雨林、武夷山等首批 5 个国家公园正式设立和建设发展。

防范化解隐性债务风险,完善地方政府债务管理。加强跨部门协同监管,坚决查处新增地方政府隐性债务问题,督促有关地方和部门严肃处理问责。在部分具备条件的地区率先开展全域无隐性债务试点,稳步推进隐性债务清零,探索建立地方政府债务长效监管制度框架。隐性债务风险进一步缓释,风险总体可控。持续加强地方政府专项债券借、用、管、还全流程管理,制定专项债券项目穿透式监测工作方案、专项债券资金投向领域禁止类项目清单、专项债券用途调整操作指引等制度,促进债券资金安全规范高效使用。稳妥推进专项债券合理补充中小银行资本金,增强中小银行风险抵御能力。

深入推进财税体制改革,财政管理监督进一步加强。落实税收法定原则,推进增值税等税收立法,印花税法正式公布。出台关于进一步深化预算管理制度改革的意见,推进加强政府性资源统筹管理等一系列改革。完善绩效管理制度体系,开展转移支付和重大支出政策后评价。研究完善省以下财政体制。全面开展政府财务报告编制。出台行政事业性国有资产管理条例。完成 2020 年度国有资产管理情况综合报告并向全国人大常委会报告。推进国有金融资本管理体制改革。预算管理一体化建设取得重要进展。对会计师事务所无证经营等四类违法违规行为开展专项治理。坚决查处部分地区违规动用财政资金兴建楼堂馆所问题，通报典型案例。扎实推进审计查出问题整改，及时向全国人大常委会报告整改情况。

总的看，2021 年预算执行情况较好，财政改革发展各项工作取得新的进展，为我国经济社会持续健康发展提供了重要支撑。这是以习近平同志为核心的党中央坚强领导的结果，是习近平新时代中国特色社会主义思想科学指引的结果，是全国人大、全国政协以及代表委员监督指导的结果，是各地区各部门和全国各族人民共同努力的结果。

同时，预算执行和财政工作中还存在一些困难和问题。主要是：一些地方特别是市县财政收支矛盾突出，“三保”支出压力加大。有的地方减税降费助企纾困政策未有效落实，乱罚款、乱收费、乱摊派现象禁而未绝。部分地方专项债券项目储备不足，债券资金闲置，投向领域不合规。新增隐性债务情况仍然存在，有的地方政府债务负担较重，部分地方偿债压力较大。部分预算编制还不够精准细化，预算执行严肃性需要进一步增强。一些项目绩效目标设定不科学，绩效自评不够客观，资金使用效率有待提高。一些地方违规兴建楼堂馆所、一些企业财务造假等现象时有发生，财经纪律和财会监督需要进一步强化。有的地方和部门过紧日子相关措施还没有落实到位。我们高度重视这些问题，积极采取措施予以解决。

二、2022 年中央和地方预算草案

今年将召开中国共产党第二十次全国代表大会，是党和国家事业发展进程中十分重要的一年，做好预算编制和财政工作意义重大。要按照党中央、国务院决策部署，坚持稳字当头、稳中求进，统筹疫情防控和经济社会发展，统筹发展和安全，实施积极的财政政策，加强对财政经济运行的分析研判，强化跨周期和逆周期调节，为经济平稳运行提供有力支撑。

（一）2022 年财政收支形势分析。

当前，全球疫情仍在持续，世界经济复苏动力不足，大宗商品价格高位波动，外部环境更趋复杂严峻和不确定。我国经济发展面临需求收缩、供给冲击、预期转弱三重压力，保持经济平稳运行难度加大，财政收支矛盾仍然突出。**从财政收入看**，减税降费政策效应持续释放，市场主体的活力和动力有所增强，经济稳定恢复态势不断巩固，为财政收入增长奠定了坚实基础；同时，新的经济下行压力对财政收入增长形成制约，缓解企业生产经营困难需要实施新的减税降费政策，疫情形势变化也会加大财政收入不确定性。**从财政支出看**，各领域对财政资金需求较大，基本民生、科技攻关、巩固拓展脱贫攻坚成果同乡村振兴有效衔接、生态环保、国防等支出需要加强保障，做好碳达峰碳中和工作以及促进区域协调发展等也需要新增支出。**总体来看**，2022 年财政收支形势依然严峻，必须加强财政资源统筹，有保有压、突出重点，尽力而为、量力而行，科学合理编制好预算，切实保障党中央、国务院决策部署落实。我们既要正视困难，又要坚定信心，我国经济韧性强，长期向好的基本面没有改变，宏观政策有空间有手段，完全有基础有条件推动经济社会持续健康发展。

（二）2022 年预算编制和财政工作的总体要求。

做好 2022 年预算编制和财政工作，**要在以习近平同志为核心的党中央坚强领导下，以习近平新时代中国特色社会主义思想为指导，全面贯彻落实党的十九大和十九届历次全会精神，弘扬伟大建党精神，坚持稳中求进工作总基调，完整、准确、全面贯彻新发展理念，加快构建新发展格局，全面深化改革开放，坚持创新驱动发展，推动高质量发展，牢固树立艰苦奋斗、勤俭节约的思想，积极的财政政策要提升效能，更加注重精准、可持续，为稳定宏观经济出力，实施新的组合式税费支持政策，增强国家重大战略任务财力保障，保证财政支出强度，优化支出重点和结构，推动财力下沉，落实党政机关坚持过紧日子要求，严肃财经纪律，有序化解地方政府债务风险，深化财税体制改革，提高资金使用效益，继续做好“六稳”、“六保”工作，持续改善民生，着力稳定宏观经济大盘，保持经济运行在合理区间，保持社会大局稳定，迎接党的二十大胜利召开。**

2022 年积极的财政政策要提升效能，更加注重精准、可持续。**要提升政策效能**，按照宏观政策要稳健有效的要求，统筹财政资源，强化预算编制、审核、支出和绩效管理，推进绩效结果与预算安排有机衔接，加强与货币、就业、产业等政策协调。**要落实精准要求**，聚焦制造业高质量发展、聚焦中小微企业减负纾困、聚焦科技创新，实施新的减税降费，

大力改进增值税留抵退税制度；进一步优化财政支出结构，落实过紧日子要求，加强对基本民生的保障、对重点领域的保障、对地方特别是基层的财力保障。**要增强可持续性**，统筹需要和可能安排财政支出，坚持在发展中保障和改善民生，不好高骛远、吊高胃口，避免超越发展阶段；适当降低赤字率，合理安排债务规模，有效防范化解风险。重点要把握6个方面：

一是加大减负纾困力度，增强市场主体活力。坚持阶段性措施和制度性安排相结合，减税与退税并举。延续实施部分2021年到期的阶段性减税降费政策，巩固拓展减税降费政策成效；研究出台新的政策举措，精准实施对中小微企业、个体工商户减税降费；显著加大增值税留抵退税力度，精准支持增加制造业和小微企业现金流。跟踪政策实施效果，及时研究解决企业反映的突出问题。预计全年退税减税约2.5万亿元，其中留抵退税约1.5万亿元，资金直达企业。中央财政将加大对地方财力支持，补助资金直达市县。

二是保持适当支出强度，优化财政支出结构。今年赤字率拟按2.8%左右安排、比上年有所下调。预计今年财政收入继续增长，加之特定国有金融机构和专营机构依法上缴近年结存的利润、调入预算稳定调节基金等，全国一般公共预算支出安排26.71万亿元、比上年扩大2万亿元以上，增长8.4%，可用财力明显增加。优化财政支出结构，优先支持已纳入国家"十四五"规划纲要、重点专项规划等的重点项目，适度超前开展基础设施投资，加大对科技攻关、生态环保、基本民生、现代农业等领域及区域重大战略的支持力度。

三是合理安排地方政府专项债券，保障重点项目建设。按照保持政府总体杠杆率基本稳定要求，2022年安排新增地方政府专项债券额度3.65万亿元，与上年持平。经报全国人大常委会备案，已提前下达新增专项债券额度1.46万亿元。坚持"资金跟着项目走"，做深做细专项债券项目储备，用好用足专项债券作为重大项目资本金政策，优化专项债券投向领域，严格资金使用监管，不撒"胡椒面"，重点支持在建和能够尽快开工的项目，扩大有效投资。

四是推动财力下沉，支持基层做好"三保"工作。较大幅度增加中央对地方转移支付特别是一般性转移支付规模，向困难地区和欠发达地区倾斜。中央一般公共预算对地方转移支付安排近9.8万亿元、增加约1.5万亿元，增长18%、比往年大幅提高，地方财政支出增长达到8.9%。省级财政也要最大限度下沉财力，支持基层落实助企纾困政策和保基本民生、保工资、保运转。完善常态化财政资金直达机制，进一步扩大范围，推动资金快速精准下达和使用。

五是坚持党政机关过紧日子，建设节约型机关、节约型社会。中央部门带头过紧日子，重点保障刚性支出、急需支出，从严控制一般性支出，强化"三公"经费预算管理，努力降低行政运行成本，2022年中央部门支出下降2.1%。地方各级政府也要从严从紧，把更多财政资源腾出来，用于改善基本民生和支持市场主体发展，切实做到节用为民。健全财政支出约束机制，盘活财政存量资金和闲置资产，推进行政事业单位资产共享共用，不断完善过紧日子的制度体系，加强落实情况评估。引导全社会弘扬艰苦奋斗、勤俭节约的传统美德，节俭办一切事业。

六是严肃财经纪律，坚决制止违规使用财政资金、偷逃税款、财务造假等行为。严格执行财经法律法规和管理规定，扎紧制度"笼子"，坚决维护制度严肃性。管好用好财政资金，规范收支行为，不得违规建设楼堂馆所，不得搞政绩工程、形象工程。完善税收征管制度，依法严厉打击偷税骗税等行为。进一步规范财务审计秩序，遏制财务造假行为。组织开展地方财经秩序专项整治行动，对违规行为严查重处，让财经纪律成为不可触碰的"高压线"。

（三）2022年主要收支政策。

全面贯彻党中央、国务院决策部署，围绕宏观政策要稳健有效、微观政策要持续激发市场主体活力、结构政策要着力畅通国民经济循环、科技政策要扎实落地、改革开放政策要激活发展动力、区域政策要增强发展的平衡性协调性、社会政策要兜住兜牢民生底线等要求，细化完善财税政策举措，政策发力适当靠前。

1. 加强对市场主体支持，着力稳企业保就业。

实施新的组合式税费支持政策。综合考虑为企业提供现金流支持、促进消费投资、大力改进增值税留抵退税制度，今年对留抵税额实行大规模退税。优先安排小微企业，对小微企业的存量留抵税额于6月底前一次性全部退还，增量留抵税额足额退还。重点支持制造业，全面解决制造业、科研和技术服务、生态环保、电力燃气、交通运输、软件和信息技术服务等行业留抵退税问题。加大研发费用加计扣除政策实施力度，将科技型中小企业研发费用加计扣除比例从75%提高到100%，完善设备器具加速折旧、高新技术企业所得税优惠等政策。通过实施上述政策与企业同向发力、效应叠加，促进企业加大创新投入、加快技术改造和设备更新。对小规模纳税人阶段性免征增值税。对小微企业年应纳税所得额100万元至300万元部分，在现行优惠政策基础上，再减半征收企业所得税，实际税负由10%降至5%。延续实施扶持制造业、小微企业和个体工商户的减税降费政策，并提高减免幅度、扩大适用范围。延续实施部分个人所得税优惠以及科技企业孵化器、退役士兵就业创业等税收优惠政策。针对受疫情影响重、就业容量大的服务业等特殊困难行业，研究精准帮扶的减税降费措施。支持地方在授权范围内依法出台税费减免政策，使减税降费力度只增不减。

加强对中小微企业融资等支持。综合运用融资担保、贷款贴息、奖励补助等方式，引导撬动金融资源流向中小微企业。实施普惠金融发展示范区奖补政策，研究建立国家融资担保基金风险补偿机制，继续实行融资担保降费奖补，促进中小微企业融资增量、扩面、降价。引导地方安排中小企业纾困资金，帮助企业应对原材料价格上涨、物流及人力成本上升等压力。督促各部门、事业单位等及时支付采购账款，防止拖欠。扩大出口信用保险对中小微外贸企业的覆盖面，强化出口信贷支持，加快出口退税进度，帮助外贸企业稳订单稳生产。发挥中央财政资金引导作用，鼓励地方及社会资本支持外贸新业态新模式、海外仓发展。

推动就业优先政策提质加力。强化就业优先导向，中央财政就业补助资金安排617.58亿元、增加51.68亿元，支持各地落实就业创业扶持政策。继续实施失业保险稳岗返还政策、明显提高中小微企业返还比例，延续执行降低失业和工伤保险费率政策，优化创业担保贷款贴息及奖补，促进高校毕业生、退役军人、农民工等重点群体创业就业，强化对灵活就业、新就业形态的支持。推动职业技能培训扩容提质，提高劳动者就业能力。使用1000亿元失业保险基金，加强对稳岗和培训的支持。

2. 大力推进科技创新，提升产业发展水平。

支持原创性、引领性科技攻关。加大基础研究投入，完善国家自然科学基金资助体系，实施基础研究十年规划，加强长期稳定支持。保障关键核心技术攻关资金需求，支持疫情防控、疾病防治、种业、绿色低碳等重点领域科技攻关。支持推进国家科技重大专项实施，创新重大科技项目立项和组织管理方式。支持国际科技合作。

强化国家战略科技力量。支持推进国家实验室建设、全国重点实验室体系重组以及国际科技创新中心和综合性国家科学中心建设。继续支持中央级科研院所建设。大幅增加中央引导地方科技发展资金规模，支持地方建设区域创新高地。加强重大人才工程、人才计划、人才项目经费保障，引进和培育高层次人才，促进青年科技人才成长。推进科普事业发展。

深入推进科技经费管理改革。优化调整科技经费支出结构，重点投向战略性、关键性领域。扩大科研经费包干制实施范围，督促有关部门、地方、单位及时制定修订相关管理制度，确保科研经费自主权放得下、接得住、管得好。加强事中事后监管，强化绩效管理。优化科技创新类引导基金使用，支持社会力量加大科技成果转化投入，促进更多科技成果转化应用。

增强产业链供应链韧性和竞争力。强化企业创新主体地位，支持企业牵头承担国家科技项目，落实研发费用加计扣除等政策。坚持培优企业与做强产业相结合，新增支持一批国家级专精特新“小巨人”企业。聚焦重点产业链，进一步增加产业基础再造和制造业高质量发展专项资金，着力解决基础零部件、关键材料、核心软件、短板装备等“卡脖子”问题。有效发挥财政资金引导作用，充分运用市场化手段，支持集成电路等重点行业创新发展，提升芯片生产水平。

3. 充分挖掘内需潜力，推进区域协调发展和新型城镇化。

发挥政府投资引导带动作用。围绕国家重大战略部署，支持推进交通、能源、水利等领域项目建设。地方政府专项债券适当提高使用集中度，向项目准备充分地区倾斜，并加快债券发行使用，对违规使用专项债券的地区实施扣减新增限额、暂停发行使用、收回闲置资金等处罚。中央预算内投资安排6400亿元、增加300亿元，优化投资结构，加强与专项债券衔接。鼓励和引导社会资本参与基础设施和公共服务项目建设运营。

促进消费持续恢复。完善教育、养老、医疗、育幼、住房等支持政策体系，加大税收、社会保障、转移支付等调节力度，增强居民消费意愿和能力。落实新能源汽车购置补贴、免征车辆购置税等政策，支持充电桩等配套设施建设，促进新能源汽车消费。支持县域商业建设行动，加快县乡村商贸流通改造升级和快递物流配送体系贯通畅达，扩大农村消费。推动重点领域政府购买服务改革，更好满足公共服务需求。

提升区域发展协调性。有效发挥转移支付作用，推进基本公共服务均等化，促进东、中、西和东北地区协调发展。落实好支持京津冀协同发展、长江经济带发展、长三角一体化发展、粤港澳大湾区建设以及雄安新区建设、海南自由贸易港建设等相关财税政策。支持自贸试验区对接国际高标准经贸规则推进制度型开放。研究出台黄河流域生态保护和高质量发展的财税支持方案。支持革命老区、民族地区、边境地区以及资源枯竭型城市加快发展。支持成渝地区双城经济圈建设。继续支持浙江高质量发展建设共同富裕示范区。

提升新型城镇化建设质量。中央财政农业转移人口市民化奖励资金安排 400 亿元，向农业转移人口流入地倾斜，推动健全常住地提供基本公共服务制度，促进农业转移人口更好融入城市。遴选新一批示范城市，系统化全域推进海绵城市建设。支持开展综合货运枢纽试点示范，推动构建综合立体交通运输体系。支持再开工改造一批城镇老旧小区，有序推进城市更新。

4. 推动农业高质量发展，全面推进乡村振兴。

巩固提升粮食安全保障能力。坚决守住 18 亿亩耕地红线。把提高农业综合生产能力放在更加突出的位置，支持新建 1 亿亩高标准农田，加大对黑土地保护支持力度，加强农田水利薄弱环节建设，推进种业振兴和农业核心技术攻关，促进大豆油料增产。完善耕地地力保护补贴政策，实施农机购置与应用补贴，加大对粮食主产区财政奖补力度，给种粮农民再次发放农资补贴，保障农民种粮收益和主产区抓粮积极性。适当提高稻谷、小麦最低收购价，稳定玉米、大豆生产者补贴和稻谷补贴政策，提升收储调控能力。积极发展农业保险，农业保险保费补贴安排 416.39 亿元、增长 30.8%，实现三大粮食作物完全成本保险和种植收入保险主产省产粮大县全覆盖，探索实施糖料蔗完全成本保险和种植收入保险。发挥好农业信贷担保作用，更好解决新型农业经营主体融资难、融资贵问题。坚持农机农技农田农艺相结合，推进农业社会化服务。

全面巩固拓展脱贫攻坚成果。按照 5 年过渡期内在巩固拓展脱贫攻坚成果上下更大功夫、想更多办法、扶上马送一程等要求，中央财政衔接推进乡村振兴补助资金按照只增不减的原则安排 1650 亿元、增加 84.76 亿元，并向巩固拓展脱贫攻坚成果任务重、推进乡村振兴底子薄的地区倾斜。支持脱贫地区发展特色产业，统筹用好公益岗位、以工代赈等，促进脱贫人口就业和持续增收。做好易地搬迁后续扶持，增强脱贫地区自我发展能力。

有序推进乡村建设。加强村级组织运转经费保障。扶持壮大村级集体经济。支持加强农村基础设施建设，持续整治人居环境，因地制宜统筹推进农村改厕、生活污水和垃圾治理。提升农村供水安全保障水平。推动乡村一二三产业深度融合发展，提升国家现代农业产业园、优势特色产业集群、农业产业强镇等项目建设水平。支持实施高素质农民培育。继续实施农村公益事业财政奖补，以项目建设为载体改善农村生产生活条件。支持传统村落集中连片保护，深化农村综合改革试点试验，推进美丽乡村建设。

5. 持续改善生态环境，推动绿色低碳发展。

加大污染治理力度。紧盯重点领域和关键环节，支持深入打好污染防治攻坚战。中央财政大气污染防治资金安排 300 亿元、增加 25 亿元，进一步增加北方地区冬季清洁取暖补助支持城市。水污染防治资金安排 237 亿元、增加 20 亿元，以长江、黄河等流域为重点打好碧水保卫战。继续支持地下水超采综合治理。保持土壤污染防治专项资金投入力度，强化源头防控、风险管控和修复治理。支持开展秸秆综合利用和地膜科学使用回收。阶段性减按 15% 税率征收从事污染防治第三方企业所得税，鼓励市场主体参与污染防治。

加强生态系统保护和修复。加快建立分类补偿与综合补偿、纵向补偿与横向补偿协调推进的生态保护补偿制度。重点生态功能区转移支付安排 992.04 亿元、增长 12%，引导地方加大生态保护力度。重点生态保护修复治理专项资金安排 170 亿元、增长 42.9%，大力推进山水林田湖草沙一体化保护和系统治理，实施历史遗留废弃矿山生态修复示范工程。支持开展国土绿化和森林、草原、湿地、海洋生态系统保护修复，建设以国家公园为主体的自然保护地体系。设立昆明生物多样性基金。

稳步有序推进碳达峰碳中和。坚持降碳、减污、扩绿、增长协同推进，把握好节奏和力度，循序渐进做好碳达峰碳中和相关工作。研究出台财政支持碳达峰碳中和工作的意见。支持绿色低碳产业发展和技术研发，推动工业、交通运输等领域和钢铁、建材等行业节能减排。健全政府绿色采购标准，推进绿色低碳产品采购。研究设立国家低碳转型基金。促进优化能源结构，完善清洁能源支持政策，大力发展可再生能源。支持非常规天然气开采利用，鼓励企业增储上产。推动解决可再生能源发电补贴资金缺口。

6. 突出保基本兜底线，切实保障和改善民生。

支持建设高质量教育体系。优化教育支出结构。增加义务教育经费投入，进一步改善农村学校办学条件，促进义务教育优质均衡发展和城乡教育一体化。多种方式筹集经费，支持做好义务教育课后服务工作。切实保障义务教育教师工资待遇水平并按时足额发放。加强农村教师培训。支持学前教育发展资金安排230亿元、增加30亿元，支持普惠性学前教育。加强县域普通高中建设。加大职业教育投入，现代职业教育质量提升计划资金安排302.57亿元、增加25亿元，深化产教融合，支持培养更多技术技能型人才。支持高校"双一流"建设，提高人才培养和科研创新能力。加大对中西部高校支持力度。推动办好特殊教育、继续教育。

推进卫生健康体系建设。继续支持做好常态化疫情防控、疫苗接种、药物研发等工作，延续医务人员和防疫工作者个人所得税有关优惠政策。将城乡居民基本医疗保险人均财政补助标准提高30元，达到每人每年610元。将基本公共卫生服务经费人均财政补助标准提高5元，达到每人每年84元，优化服务项目，提高服务质量。推进基本医疗保险省级统筹，夯实分级管理责任。推动跨省异地就医费用直接结算服务更加便捷高效，持续扩大国家组织药品、高值医用耗材集中带量采购范围。深化医保支付方式改革，加强医保基金监管。逐步提高心脑血管病、癌症等疾病防治服务保障水平，加强罕见病用药保障。加强公立医院、基层医疗卫生机构、疾病预防控制机构等能力建设和卫生健康人才培养。实施公立医院改革与高质量发展示范项目。稳步推进长期护理保险制度试点。加快建设优质高效的中医药服务体系，支持实施中医药振兴发展重大工程。

健全社会保障体系。稳步实施企业职工基本养老保险全国统筹，适当提高退休人员基本养老金和城乡居民基础养老金最低标准，确保按时足额发放。继续规范发展第三支柱养老保险。推动构建居家社区机构相协调、医养康养相结合的养老服务体系。加快推进工伤和失业保险省级统筹。将3岁以下婴幼儿照护费用纳入个人所得税专项附加扣除。完善灵活就业社会保障政策，开展新就业形态职业伤害保障试点。支持健全分层分类的社会救助体系，困难群众救助补助资金安排1546.83亿元、增加70.62亿元，兜牢困难群众基本生活底线。

完善住房保障体系。坚持房子是用来住的、不是用来炒的定位，坚持租购并举，全面落实房地产长效机制。优化中央财政城镇保障性安居工程补助资金支出方向，支持扩大保障性租赁住房供给，发展长租房市场。通过以奖代补，继续引导农村危房改造和农房抗震改造。

推动文化体育事业发展。支持推进城乡公共文化服务体系一体建设，扩大优质文化产品供给，满足群众多样化文化需求。支持中华优秀传统文化传承发展，加强文物古籍保护利用和非物质文化遗产保护传承。推进长城、大运河、长征、黄河等国家文化公园建设。完善艺术、出版、电影等领域资金支持政策，资助文艺创作，扶持文艺人才。支持文化产业发展。支持公共体育场馆向社会免费或低收费开放，广泛开展全民健身活动，促进体育强国建设。

7. 强化资金和政策保障，支持国防、外交、政法等领域工作。

贯彻新时代军事战略方针，支持加快国防和军队现代化，推进国防科技工业创新发展。完善退役军人保障政策体系，做好退役军人安置、就业等工作。继续提高优抚对象抚恤和生活补助标准。服务中国特色大国外交，加强国家重大外交外事活动保障，发挥好多双边财经对话机制和国际开发机构平台作用，积极参与全球治理体系改革，推动共建"一带一路"高质量发展不断取得新成效。支持深入推进政法领域改革，坚持系统治理、综合治理、依法治理、源头治理，推进更高水平平安中国建设，使发展安全保障更加有力。强化公共法律服务和法律援助。提高防灾减灾救灾和应急救援能力。

（四）2022年一般公共预算收入预计和支出安排。

1. 中央一般公共预算。

中央一般公共预算收入94880亿元，比2021年执行数增长3.8%。加上从中央预算稳定调节基金调入2765亿元，从中央政府性基金预算、中央国有资本经营预算调入9900亿元，收入总量为107545亿元。中央一般公共预算支出134045亿元，增长14.3%。收支总量相抵，中央财政赤字26500亿元，比2021年减少1000亿元。

2022年中央一般公共预算支出分中央本级支出、对地方转移支付、中央预备费反映。

（1）中央本级支出35570亿元，增长3.9%。落实过紧日子要求，扣除中央国防武警支出、国债发行付息支出、储备支出后，中央部门支出下降

2.1%。在连续多年严控中央部门支出基础上，继续压减非刚性非重点项目支出，同时，全力保障部门履职需要，教育、科技不纳入压减范围。中央本级主要支出项目具体情况是：一般公共服务支出1507.82 亿元，下降 1.9%；外交支出 502.66 亿元，增长 2.4%；国防支出 14504.5 亿元，增长 7.1%；公共安全支出 1949.93 亿元，增长 4.7%；教育支出1525.78 亿元，与上年持平(加上地方支出后，全国教育支出增长 10.6%)；科学技术支出 3187.27 亿元，与上年持平(加上地方支出后，全国科学技术支出增长 7.2%)；粮油物资储备支出 1136.47 亿元，增长 2.3%；债务付息支出 6382 亿元，增长 8.8%。

(2)对地方转移支付 89975 亿元，增长 8.4%。其中，一般性转移支付 82138.92 亿元，增长 8.7%，主要是增加地方可用财力，推进基本公共服务均等化，兜牢基层“三保”底线；专项转移支付(包含中央预算内投资)7836.08 亿元，增长 4.7%，主要是加大生态保护、产业转型升级、区域协调发展等领域支出。加上通过特定国有金融机构和专营机构上缴利润一次性安排的支持基层落实减税降费和重点民生等专项转移支付 8000 亿元，转移支付总规模为97975 亿元，增长 18%。

(3)中央预备费 500 亿元，与 2021 年预算持平。预备费执行中根据实际用途分别计入中央本级支出和对地方转移支付。

2. 地方一般公共预算。

地方一般公共预算本级收入 115260 亿元，增长3.7%。加上中央对地方转移支付收入 97975 亿元、地方财政调入资金及使用结转结余 10620 亿元，收入总量为 223855 亿元。地方一般公共预算支出231055 亿元，增长 8.9%。地方财政赤字 7200 亿元，通过发行地方政府一般债券弥补，比 2021 年减少 1000 亿元。

3. 全国一般公共预算。

汇总中央和地方预算，全国一般公共预算收入210140 亿元，增长 3.8%。加上调入资金及使用结转结余 23285 亿元，收入总量为 233425 亿元。全国一般公共预算支出 267125 亿元(含中央预备费 500亿元)，增长 8.4%。赤字 33700 亿元，比 2021 年减少 2000 亿元。

(五)2022 年政府性基金预算收入预计和支出安排。

中央政府性基金预算收入 4216.67 亿元，增长5.3%。加上上年结转收入 354.67 亿元、特定国有金融机构和专营机构上缴利润 16500 亿元，收入总量为 21071.34 亿元。中央政府性基金预算支出8071.34 亿元，其中，本级支出 7183.43 亿元，对地方转移支付 887.91 亿元。调入中央一般公共预算9000 亿元。

地方政府性基金预算本级收入 94420 亿元，增长 0.4%。加上中央政府性基金预算对地方转移支付收入 887.91 亿元、地方政府专项债务收入 36500亿元，收入总量为 131807.91 亿元。地方政府性基金预算支出 131807.91 亿元，增长 19.3%。

汇总中央和地方预算，全国政府性基金预算收入 98636.67 亿元，增长 0.6%。加上上年结转收入354.67 亿元、特定国有金融机构和专营机构上缴利润 16500 亿元、地方政府专项债务收入 36500 亿元，收入总量为 151991.34 亿元。全国政府性基金预算支出 138991.34 亿元，增长 22.3%。调入一般公共预算 9000 亿元。

(六)2022 年国有资本经营预算收入预计和支出安排。

中央国有资本经营预算收入 2268.08 亿元，增长 13.5%。加上上年结转收入 355.37 亿元，收入总量为 2623.45 亿元。中央国有资本经营预算支出1723.45 亿元，增长 61.8%，主要是按照以收定支原则，根据上年结转和当年收入情况增加支出安排。其中，本级支出 1690.62 亿元，对地方转移支付32.83 亿元。调入中央一般公共预算 900 亿元。

地方国有资本经营预算本级收入 2860 亿元，下降 10.1%。加上中央国有资本经营预算对地方转移支付收入 32.83 亿元、上年结转收入 308.86 亿元，收入总量为 3201.69 亿元。地方国有资本经营预算支出 1829.57 亿元，增长 7.6%。调入地方一般公共预算 1372.12 亿元。

汇总中央和地方预算，全国国有资本经营预算收入 5128.08 亿元，下降 1%。加上上年结转收入664.23 亿元，收入总量为 5792.31 亿元。全国国有资本经营预算支出 3520.19 亿元，增长 34.1%。调入一般公共预算 2272.12 亿元。

(七)2022 年社会保险基金预算收入预计和支出安排。

2022 年起，实施企业职工基本养老保险全国统筹制度，通过建立养老保险基本要素中央统一管理机制、地方财政补充养老保险基金投入长效机制、工作考核机制等，实施全国统筹调剂，增强基本养老保险制度的可持续性。与 2021 年中央调剂制度相比，调剂规模有所增加，上解省份扩大到 21 个，负担更加均衡合理，各地基金当期缺口全部得到解决。

环境防治法实施情况时，首次组织全国人大代表开展专题调研，共有13个省（区、市）的240名代表参加。结合联组审议执法检查报告开展专题询问，做好法律实施情况评估，统筹做好执法检查和法律宣传普及，在“学习强国”平台开展固体废物污染环境防治法答题活动，共约3200万人参加，推动法律全面有效贯彻落实。在检查企业破产法实施情况时，充分运用法律评估和大数据分析，与关联法律分析相结合，为更好实施法律、修改法律提供依据。

加强监察、司法工作监督，维护社会公平正义。开展推进监察监督全覆盖情况专题调研，增强监察监督的有效性。听取审议最高人民法院关于知识产权审判工作情况的报告、关于专利等知识产权案件诉讼程序若干问题决定实施情况的报告，最高人民检察院关于办理控告申诉案件工作情况的报告。听取审议关于“七五”普法决议贯彻落实情况的报告，通过关于开展第八个五年法治宣传教育的决议，为实现《法治社会建设实施纲要（2020－2025年）》提出的到2025年“八五”普法规划实施完成、法治观念深入人心等目标任务提供有力支撑。

四、支持和保障代表依法履职，使发挥代表作用成为人民当家作主的重要体现

人大代表是国家权力机关的组成人员，代表人民参加行使国家权力，在发展全过程人民民主中发挥着重要作用。常委会遵循和把握代表工作规律，不断提高代表工作水平，密切国家机关同人大代表的联系，密切人大代表同人民群众的联系，发挥代表作为党和国家联系人民群众的桥梁作用。

提出议案和建议，是代表行使权利、依法履职的重要内容。十三届全国人大四次会议期间代表提出的473件议案，已由相关专门委员会全部审议完毕，其中90件议案涉及的30个立法项目已审议通过或正在审议，176件议案涉及的68个立法项目已列入立法规划或计划。大会期间代表提出的8993件建议，统一交由194家承办单位研究办理并全部办理完毕；闭会期间代表提出的265件建议，交由98家承办单位研究办理并逐一向代表反馈办理情况，推动解决了一批实际问题。代表对建议办理工作表示满意或基本满意的达97.93%。

加强与代表的联系，把常委会工作建立在坚实的民意基础之上。常委会组成人员中，有156位直接联系439名基层代表。专门委员会、工作委员会也建立了联系代表的机制。邀请150余人次代表列席常委会会议、参加列席代表座谈会，代表在座谈会上提出的78条意见建议均及时办理并逐一向代表通报。200多人次代表应邀参加常委会立法调研、起草、论证、评估等工作，湿地保护法、体育法等与人民群众利益息息相关的重要法律草案专门征求相关领域代表的意见。300多人次代表参加常委会执法检查、专题调研、计划和预算审查监督、国有资产管理监督、对外交往等工作。

积极做好代表活动的保障工作。共有1600余人次代表参加集中视察、专题调研活动，形成百余篇调研报告。共473名代表参加国务院及其有关部门组织的督察和座谈，471名代表参加最高人民法院开展的视察调研、旁听庭审和会议座谈等活动，465名代表参加检察机关组织的视察和会议。组织香港全国人大代表通过视频连线方式，视察新疆经济社会发展和民族团结情况。组织澳门全国人大代表赴海南调研自由贸易港建设情况。上海、江苏、浙江、安徽等省市的部分全国人大代表围绕“长江流域禁捕执法监管情况”等开展联合调研和视察。

加强代表履职能力建设。组织全国人大代表专题学习党史、新中国史、改革开放史、社会主义发展史，现场或视频收看建党百年庆祝活动，港澳全国人大代表分别前往革命旧址参观学习，开展爱党爱国爱社会主义主题活动。建成全国人大代表工作信息化平台。采取线上线下相结合方式，举办6期专题学习班，共有5824人次代表参加学习。代表在履职活动中，忠实代表人民利益和意志，展现了“人民选我当代表、我当代表为人民”的责任担当，提出的议案、建议装着满满的民意，体现了我国社会主义民主不仅有完整的制度程序，而且有完整的参与实践，是最广泛、最真实、最管用的全过程人民民主。

根据党中央统一部署，贯彻落实新修改的选举法，常委会加强对县乡人大换届选举工作的指导，做好选举相关工作。目前，新一轮县乡人大换届选举已基本完成，全国10亿多选民直接选举产生200多万名县乡两级人大代表。

五、紧紧围绕国家总体外交目标任务，推进人大对外工作

以习近平外交思想为指引，拓展人大对外工作方式，共举行双边视频活动127场，线上出席国际会议75场，进行通话交流21场，开展线下外事活动35场，外交信函往来近800件。

落实国家元首外交共识，积极开展高层交往，深化立法机构双边交流。举行中俄议会合作委员会第七次会议，首次举办中俄立法机构地方合作会议，同俄罗斯联邦会议有关委员会、青年议员开展交流，助推新时代中俄关系高水平发展。同 63 个国家议会进行线上线下交流，通过 132 个友好小组平台与各国议会互致信函，争取在有关重大问题上支持中方立场，增进政治互信，促进务实合作。就涉疆、涉藏、涉港、涉台、涉海、涉疫和人权等问题阐明中方严正立场，坚决同各种围堵、打压、捣乱、颠覆活动进行斗争，同企图颠覆中国共产党领导和我国社会主义制度、企图迟滞甚至阻断中华民族伟大复兴进程的一切势力斗争到底。

积极参与议会多边活动，推动形成更多体现中国特色、中国方案的多边成果。参加第五次世界议长大会、第四次六国议长会议、第七届二十国集团议长会议、“议员在巩固国际和平与信任中的作用”议会领导人会议、集体安全条约组织议会大会、金砖国家议会论坛、各国议会联盟大会及相关会议、亚太议会论坛、亚洲议会大会、东盟各国间议会大会、中国－阿拉伯国家友好组织领导人线上会晤，面向中亚、非洲国家议会举办 3 期地区研讨班，巩固发展友好合作关系，主动发出中国声音，推动以人民为中心、人类命运共同体、全球发展倡议、共建“一带一路”、人类卫生健康共同体、团结抗疫、可持续发展等中方重大理念倡议写入会议成果文件，坚定维护我国家利益，维护公平正义的国际秩序。不少国家议会、议长、议员高度评价中方在全球抗疫中的贡献、承诺和行动，支持中方秉承科学精神、团结合作抗疫的立场。

加强对外宣介工作。利用双边多边外交舞台，积极宣传习近平新时代中国特色社会主义思想，深入交流治国理政经验，介绍中国共产党百年奋斗重大成就和历史经验。通过常委会发言人、外事委发言人、法工委发言人等机制正声辟谣，阐释法律问题，进行法律斗争。依托人民代表大会制度实践，生动展示全过程人民民主理念。30 多位基层人大代表参与人大外事活动，讲述自己参加行使国家权力、服务人民利益的履职故事，真实立体地呈现中国道路、中国制度、中国成就。

六、推进全过程人民民主建设，坚持人大常委会基本定位，加强人大常委会自身建设

坚持政治坚定、尊崇法治、发扬民主、服务人民、运行高效，提高人大工作质量和水平，把全国人大及其常委会建设成为自觉坚持中国共产党领导的政治机关、保证人民当家作主的国家权力机关、全面担负宪法法律赋予的各项职责的工作机关、始终同人民群众保持密切联系的代表机关。

切实加强理论武装。学深悟透做实习近平新时代中国特色社会主义思想这一党和国家指导思想，确保人大工作沿着正确的方向前进。发挥常委会党组的政治领导作用，召开 17 次常委会党组会议，举办常委会党组集体学习、常委会专题讲座，及时传达学习贯彻党的创新理论和党中央重大决策部署。扎实开展党史学习教育，学习贯彻党的十九届六中全会精神，从党的百年奋斗史中汲取智慧和力量。学习贯彻中央人大工作会议精神，列入常委会会议议程进行专题学习，召开深入学习贯彻习近平总书记关于坚持和完善人民代表大会制度的重要思想第四次交流会。建立常委会党组定期听取专门委员会分党组党建工作汇报的制度，全面加强专门委员会党的建设。

把全过程人民民主贯彻落实到人大立法、监督、代表等工作各方面各环节全过程。完善人大的民主民意表达平台和载体，健全吸纳民意、汇集民智的工作机制，推进人大协商、立法协商，把各方面社情民意统一于最广大人民根本利益之中。建立 22 个基层立法联系点，其中增设 12 个，覆盖全国三分之二省份，带动省、市两级人大常委会建立立法联系点 4700 余个。增加法律草案征求意见系统和法规审查建议受理平台链接。34 件法律草案通过中国人大网公开征求意见，共收到 108221 人次提出的 475245 条意见。各地共有 22 万多个代表之家、代表联络站等履职平台，成为全国人大代表就近参加履职活动的有效途径。完善人大信访工作机制，用好各级信访平台和数据，信访总量 105956 件次，其中网上信访平台受理 12207 件次。

健全常委会运行制度和工作机制。完善人大主导立法工作的程序和机制，常委会审议的 68 件法律草案、决定草案中，由相关专门委员会、工作委员会牵头起草的有 34 件，占总数的一半。由其他部门或单位负责起草的法律草案，人大提前介入，做好组织协调，发挥审议把关作用。出台关于加强立法调研工作、改进法律草案征求部门和地方意见工作等实施意见。制定常委会执法检查工作办法，引入法律评估、大数据分析、关联法律分析方法，规范执法检查工作流程。出台关于完善听取审议专项工作报告前期工作流程、加强专门委员会调研成果转化的研究意见。完善代表议案、建议办理机制，强化综合分析和跟踪督办。健全代表学习培训制度。专门委员会、工作委员会根据新修改的全国人大议事规则，完善委员会议事程序、工作规则。适应数字时代对人大工作的新要求，开通国家法律法规数据库及微信小程序，建设好运用好“全国人大日历”数据库，提升大会网络视频会议、“云听会”质量。共召开7次常委会会议，审议各类议案、报告189件次，会议出席率超过95%。召开25次委员长会议，每逢单月增加一次委员长会议，专门研究讨论拟提请常委会会议表决通过的法律草案。

全面推进全国人大机关党的建设和各项工作。健全机关党的建设各项制度机制，支持机关党组、各专门委员会分党组充分发挥作用，强化政治机关意识，学党史、悟思想、办实事、开新局。持之以恒加强作风建设、纪律建设，严格落实中央八项规定及其实施细则精神，力戒形式主义、官僚主义，机关服务和保障常委会履职的质量和水平进一步提高。坚定不移推进党风廉政建设和反腐败斗争，推动中央巡视整改落地见效。

认真做好人大新闻宣传和理论研究工作。委员长会议组成人员牵头，组织开展人大制度理论和人大工作专题调研，形成了60多篇研究成果，为党中央召开人大工作会议、出台重要文件做好服务保障。举行第27次全国地方立法工作座谈会，深入总结交流人大立法理论和实践。召开长江保护法、生物安全法、乡村振兴促进法、家庭教育促进法实施座谈会，推动新出台法律的宣传普及、全面实施。发挥中国人大制度理论研究会作用。办好大会“代表通道”、“部长通道”、“中华环保世纪行”等集中采访活动。创新人大宣传工作方式方法，推进“刊做深、网做大、微信做活、微博做精”，深化“刊网微端”融合发展，升级上线中国人大网英文版，讲好中国故事、人民当家作主的故事。建设好全国人大网络学院，上线各类课程7110门、涉及620个专题，现有参学人员7297名，包括2539名全国人大代表、3091名地方人大负责同志，总点播量约215万次。

一年来，常委会工作最大的启示，归结到一点，就是始终坚持以习近平新时代中国特色社会主义思想为指导，坚决维护习近平总书记党中央的核心、全党的核心地位，坚决维护以习近平同志为核心的党中央权威和集中统一领导，把坚持党的领导、人民当家作主、依法治国有机统一起来，充分发挥人民代表大会制度作为党领导国家政权机关的重要制度载体作用、作为实现我国全过程人民民主的重要制度载体作用，确保人民代表大会制度按照党中央指明的方向发展，确保人大工作沿着党中央确定的道路前进。

各位代表！

过去一年取得的成绩，是在以习近平同志为核心的党中央坚强领导下，全国人大代表、常委会组成人员、专门委员会成员以及全国人大机关工作人员辛勤工作的结果，是国务院、国家监察委员会、最高人民法院、最高人民检察院密切配合的结果，是地方各级人大及其常委会大力支持的结果，是全国各族人民积极参与、充分信任的结果。在此，我代表全国人大常委会表示衷心感谢！

我们也深刻认识到，在工作中还有差距和不足，主要是：立法工作质量和效率需要进一步提升，在立法工作中的主导作用发挥得还不够充分；监督工作的实效性需要进一步提升，监督工作成果转化运用的制度机制还不够完善；服务代表依法履职的工作水平需要进一步提升，办理代表议案、建议过程中与代表的沟通交流还不够深入。常委会高度重视这些问题，将不断加强自身能力建设，改进提升工作质量和水平，切实担负起宪法法律赋予我们的光荣职责。

今后一年的主要任务

2022年，我们党将召开第二十次全国代表大会，这是在进入全面建设社会主义现代化国家、向第二个百年奋斗目标进军新征程的重要时刻召开的一次十分重要的会议，是党和国家政治生活中的一件大事。新的一年里，统筹疫情防控和经济社会发展，统筹发展和安全，应对各种风险挑战，对人大工作提出了新的任务和要求。全国人大常委会工作的总体要求是：以习近平新时代中国特色社会主义思想为指导，全面贯彻落实党的十九大和十九届历次全会精神，弘扬伟大建党精神，深刻领会“两个确立”的决定性意义，增强“四个意识”、坚定“四个自信”、做到“两个维护”，坚持党的领导、人民当家作主、依法治国有机统一，坚持稳字当头、稳中求进，按照中央人大工作会议部署，不断发展全过程人民民主，推动立法、监督、代表、对外工作高质量发展，加强常委会自身建设，切实提升人大工作质量和水平，为实现第二个百年奋斗目标、全面建设社会主义现代化国家作出新的贡献。

一、深入贯彻党的十九届六中全会精神和中央人大工作会议精神

深入推进党的十九届六中全会精神的学习宣传贯彻，把庆祝建党百年激发的爱党爱国爱社会主

义热情传递下去，把党的百年奋斗重大成就和历史经验运用体现到人大工作和建设之中。全面贯彻习近平法治思想、习近平总书记关于坚持和完善人民代表大会制度的重要思想，逐项抓好中央人大工作会议重点任务的落实。开展中央人大工作会议精神专题培训。在重大政治原则和大是大非问题上立场坚定，主动谋划涉外斗争的法律武器，运用法治手段开展国际斗争，维护国家安全。聚焦党和国家中心工作，主动担当作为，完整、准确、全面贯彻新发展理念，推动加快构建新发展格局，以人大工作的实际成效推动高质量发展，为保持平稳健康的经济环境、国泰民安的社会环境、风清气正的政治环境作出应有贡献。党的二十大召开后，要切实抓好会议精神的学习贯彻落实。

二、用系统完备的制度体系保证宪法实施

完善宪法相关法律制度，修改立法法、各级人大常委会监督法、全国人大常委会议事规则、国务院组织法、行政复议法。落实宪法解释程序机制，回应涉及宪法有关问题的关切。加强对宪法实施的监督检查，拓宽宪法监督渠道，健全合宪性审查制度，提高备案审查工作质量，维护国家法治统一。健全中央依照宪法和特别行政区基本法对特别行政区行使全面管治权的制度，落实特别行政区维护国家安全的法律制度和执行机制，完善特别行政区选举制度。总结现行宪法实施 40 年来的重大成就和宝贵经验，开展宪法法律宣传教育，阐释好中国宪法理论。

三、增强立法工作系统性、整体性、协同性

根据年度立法工作计划，预安排审议 40 件法律案。健全社会主义市场经济法律制度，制定农村集体经济组织法、能源法、期货和衍生品法、关税法等税收法律，修改公司法、企业破产法、反垄断法、铁路法、矿产资源法、畜牧法、农产品质量安全法。加快推进民生、社会、环保领域立法，制定黄河保护法、青藏高原生态保护法、黑土地保护法、社会救助法、学前教育法、民事强制执行法、反电信网络诈骗法，修改体育法、职业教育法、学位条例、妇女权益保障法、慈善法、科学技术普及法、文物保护法、民事诉讼法、治安管理处罚法、野生动物保护法。健全国家安全法治体系，制定突发事件应对管理法、突发公共卫生事件应对法、粮食安全保障法，修改传染病防治法、国境卫生检疫法。充实涉外法律工具箱，推动形成系统完备的涉外法律法规体系。做好我国与外国缔结的条约、协定以及加入国际条约的决定批准工作。把改革发展决策同立法决策更好结合，做好授权决定和改革决定等工作。在条件成熟的立法领域，继续开展法典编纂工作。发挥好人大在立法工作中的主导作用，使法律体系更加科学完备、统一权威。

四、认真做好法律监督和工作监督

根据年度监督工作计划，预安排 32 个监督项目。围绕推动高质量发展，听取审议关于计划执行、巩固拓展脱贫攻坚成果同乡村振兴有效衔接、数字经济发展、金融工作等情况的报告，检查乡村振兴促进法、科学技术普及法、外商投资法实施情况。围绕推动小农户和现代农业发展有机衔接、推进高标准农田建设、地方政府专项债务管理与改革等情况进行专题调研。做好预算决算审查监督、国有资产管理监督，听取审议关于中央决算、审计工作、预算执行、审计查出问题整改、财政社保资金分配和使用等情况的报告，结合听取审议关于国有资产管理情况的综合报告开展专题询问，对完善有利于调节收入分配的个人所得税制度进行专题调研。围绕保障和改善民生，听取审议关于就业工作、儿童健康促进工作、义务教育阶段学生全面健康发展、老龄工作等情况的报告，就铸牢中华民族共同体意识、实施应对人口老龄化国家战略进行专题调研。围绕生态文明建设，听取审议关于环境状况和环保目标完成情况、研究处理固体废物污染环境防治法执法检查报告及审议意见情况的报告，检查环境保护法、长江保护法实施情况，并结合审议环境保护法执法检查报告开展专题询问。加强对执法、监察、司法工作的监督，听取审议关于非法入境、非法居留、非法就业外国人治理情况的报告，围绕监察机关推进监察工作规范化法治化正规化建设情况进行专题调研，听取审议最高人民法院关于涉外审判工作情况的报告、最高人民检察院关于开展未成年人检察工作情况的报告。健全监督工作机制和方式方法，紧盯突出问题，强化跟踪问效，提高监督的科学性、精准性，增强监督刚性和实效。

五、充分发挥人大代表作用

扎实做好十四届全国人大代表选举有关工作，把好代表“入口关”，加强选举全过程监督，确保选举过程风清气正、选举结果人民满意。加强代表工作能力建设，深入落实关于加强和改进全国人大代表工作的具体措施，紧紧依靠代表做好人大工作。统筹承办单位高质量、高效率办好代表议案建议，推动建立代表建议答复承诺解决事项台账，完善代表建议重点督办机制。深化代表对常委会、专门委员会、工作委员会工作的参与，推动“一府一委两院”加强和改进联系代表工作。丰富代表联系人民群众的内容和形式，建立健全代表反映群众意见和要求的处理反馈机制。提高代表培训工作系统化、规范化、专业化水平，办好4期县级人大常委会主任学习班。推进全国人大代表工作信息化平台建设和应用，使之成为代表学习平台、履职工作平台、联系群众服务支撑平台。加强代表履职管理监督，推进代表履职档案规范化建设。

六、认真做好人大对外工作

以推动落实习近平主席重大外交行动成果为首要任务，加强与外国议会和国际及地区议会组织的交流，推进与重点国家和地区大国议会的合作，巩固和深化多层次、多渠道对外交往。促进对外工作与外宣工作深度融合，增强人大对外工作针对性、实效性。丰富和完善涉外法律斗争的内容和形式，充分发挥发言人机制作用。

七、按照“四个机关”要求加强常委会自身建设

认真执行党的领导各项制度，进一步加强人大常委会“四个机关”建设。坚持全面从严治党，切实加强机关政治建设、思想建设、组织建设、作风建设、纪律建设和制度建设。加强人民代表大会制度理论研究和人大舆论宣传工作。做好群众来信来访工作。加强机关数字化、信息化、智能化建设。加强与地方人大的联系，提升人大工作整体实效。

各位代表！

在新的奋斗征程上，我们要更加紧密团结在以习近平同志为核心的党中央周围，增强“四个意识”、坚定“四个自信”、做到“两个维护”，正确行使立法权、监督权、决定权、任免权，团结奋斗、笃行不怠，为夺取新时代中国特色社会主义伟大胜利作出新的贡献，以实际行动迎接党的二十大胜利召开！

附件一

十三届全国人大四次会议以来常委会立法工作情况

2021年3月至2022年2月，十三届全国人大常委会审议法律草案、决定草案共68件，通过了其中的49件，包括制定法律17件，修改法律22件，作出有关法律问题和重大问题的决定10件；已提请审议、尚未通过的法律案19件。

制定法律17件

序号	名称	通过时间	审议次数
1*	中华人民共和国乡村振兴促进法	2021年4月全国人大常委会第二十八次会议	3
2*	中华人民共和国反食品浪费法		2
3*	中华人民共和国数据安全法	2021年6月全国人大常委会第二十九次会议	3
4*	中华人民共和国海南自由贸易港法		3
5	中华人民共和国军人地位和权益保障法		3
6	中华人民共和国印花税法		2
7*	中华人民共和国反外国制裁法		2
8*	中华人民共和国个人信息保护法	2021年8月全国人大常委会第三十次会议	3
9*	中华人民共和国监察官法		3
10*	中华人民共和国法律援助法		3
11*△	中华人民共和国医师法（修订执业医师法）		3
12*	中华人民共和国家庭教育促进法	2021年10月全国人大常委会第三十一次会议	3
13*	中华人民共和国陆地国界法		3

续表

序号	名称	通过时间	审议次数
14*	中华人民共和国反有组织犯罪法	2021 年 12 月全国人大常委会第三十二次会议	3
15*	中华人民共和国湿地保护法		3
16*△	中华人民共和国噪声污染防治法（修订环境噪声污染防治法）		2
17	关于中国人民解放军现役士兵衔级制度的决定	2022 年 2 月全国人大常委会第三十三次会议	1

修改法律 22 件

序号	名称		通过时间	审议次数
1*	中华人民共和国香港特别行政区基本法附件一香港特别行政区行政长官的产生办法（修订）		2021 年 3 月全国人大常委会第二十七次会议	1
2*	中华人民共和国香港特别行政区基本法附件二香港特别行政区立法会的产生办法和表决程序（修订）			1
3	中华人民共和国海上交通安全法（修订）		2021 年 4 月全国人大常委会第二十八次会议	2
4	关于修改《中华人民共和国教育法》的决定			2
5	中华人民共和国道路交通安全法	关于修改《中华人民共和国道路交通安全法》等八部法律的决定		1
6	中华人民共和国消防法			1
7	中华人民共和国进出口商品检验法			1
8	中华人民共和国广告法			1
9	中华人民共和国草原法			1
10	中华人民共和国民用航空法			1
11	中华人民共和国海关法			1
12	中华人民共和国食品安全法			1
13	关于修改《中国人民解放军选举全国人民代表大会和县级以上地方各级人民代表大会代表的办法》的决定			1
14	中华人民共和国军事设施保护法（修订）		2021 年 6 月全国人大常委会第二十九次会议	2
15	关于修改《中华人民共和国安全生产法》的决定			2
16	中华人民共和国兵役法（修订）		2021 年 8 月全国人大常委会第三十次会议	2
17	关于修改《中华人民共和国人口与计划生育法》的决定			1
18	关于修改《中华人民共和国审计法》的决定		2021 年 10 月全国人大常委会第三十一次会议	2
19*	中华人民共和国科学技术进步法（修订）		2021 年 12 月全国人大常委会第三十二次会议	2
20*	关于修改《中华人民共和国种子法》的决定			2
21	关于修改《中华人民共和国民事诉讼法》的决定			2
22*	关于修改《中华人民共和国工会法》的决定			1

作出有关法律问题和重大问题的决定 10 件

序号	名称	通过时间
1*	关于加强中央预算审查监督的决定（修订）	2021 年 4 月全国人大常委会第二十八次会议
2	关于授权国务院在自由贸易试验区暂时调整适用有关法律规定的决定	
3	关于授权上海市人民代表大会及其常务委员会制定浦东新区法规的决定	2021 年 6 月全国人大常委会第二十九次会议
4	关于开展第八个五年法治宣传教育的决议	

续表

序号	名称	通过时间
5	关于授权最高人民法院组织开展四级法院审级职能定位改革试点工作的决定	2021年8月全国人大常委会第三十次会议
6	关于授权国务院在营商环境创新试点城市暂时调整适用《中华人民共和国计量法》有关规定的决定	2021年10月全国人大常委会第三十一次会议
7	关于授权国务院在部分地区开展房地产税改革试点工作的决定	
8	关于深化国防动员体制改革期间暂时调整适用相关法律规定的决定	
9*	关于加强经济工作监督的决定(修订)	2021年12月全国人大常委会第三十二次会议
10	关于设立成渝金融法院的决定	2022年2月全国人大常委会第三十三次会议

已提请审议、尚未通过的法律案19件

序号	名称	审议情况
1*	中华人民共和国野生动物保护法修订草案	◆ 2020年10月全国人大常委会第二十二次会议初次审议
2	有关法律草案	
3*	中华人民共和国期货和衍生品法草案	◆ 2021年4月全国人大常委会第二十八次会议初次审议 ◆ 2021年10月全国人大常委会第三十一次会议二次审议
4	中华人民共和国职业教育法修订草案	◆ 2021年6月全国人大常委会第二十九次会议初次审议 ◆ 2021年12月全国人大常委会第三十二次会议二次审议
5*	中华人民共和国反电信网络诈骗法草案	◆ 2021年10月全国人大常委会第三十一次会议初次审议
6*	中华人民共和国畜牧法修订草案	
7*	中华人民共和国体育法修订草案	◆ 2021年10月全国人大常委会第三十一次会议初次审议
8	中华人民共和国反垄断法修正草案	
9	中华人民共和国农产品质量安全法修订草案	
10*	中华人民共和国地方各级人民代表大会和地方各级人民政府组织法修正草案	◆ 2021年10月全国人大常委会第三十一次会议初次审议 ◆ 2021年12月全国人大常委会第三十二次会议二次审议并作出决定,将修正草案提请十三届全国人大五次会议审议
11*	中华人民共和国公司法修订草案	◆ 2021年12月全国人大常委会第三十二次会议初次审议
12*	中华人民共和国全国人民代表大会常务委员会议事规则修正草案	
13*	中华人民共和国黑土地保护法草案	
14*	中华人民共和国妇女权益保障法修订草案	
15	中华人民共和国黄河保护法草案	
16△	中华人民共和国突发事件应对管理法草案(修订突发事件应对法)	

续表

序号	名称	审议情况
17*	第十三届全国人民代表大会第五次会议关于第十四届全国人民代表大会代表名额和选举问题的决定草案	◆ 2021 年 12 月全国人大常委会第三十二次会议审议并作出决定，将 3 个草案提请十三届全国人大五次会议审议
18*	中华人民共和国香港特别行政区选举第十四届全国人民代表大会代表的办法草案	
19*	中华人民共和国澳门特别行政区选举第十四届全国人民代表大会代表的办法草案	

注：* 由全国人大常委会委员长会议、有关专门委员会提请审议。

△ 修订法律时，对法律标题作了修改，通过后按新制定法律统计。新法施行之日起，被修订的旧法同时废止。

附件二

十三届全国人大四次会议以来常委会监督工作情况

2021 年 3 月至 2022 年 2 月，十三届全国人大常委会检查 6 部法律实施情况，听取、审议 20 个有关监督工作报告，开展 2 次专题询问、7 项专题调研，作出 1 项决议，还听取、审议其他报告 11 个。

时间	执法检查报告	工作报告	专题询问
2021 年 4 月全国人大常委会第二十八次会议	—	1. 国务院关于 2020 年度环境状况和环境保护目标完成情况、研究处理土壤污染防治法执法检查报告及审议意见情况、依法打好污染防治攻坚战工作情况的报告	—
2021 年 6 月全国人大常委会第二十九次会议	1. 关于检查《中华人民共和国中医药法》实施情况的报告	2. 国务院关于 2020 年中央决算的报告	1. 建设现代综合交通运输体系有关工作情况
		3. 国务院关于 2020 年度中央预算执行和其他财政收支的审计工作报告	
		4. 国务院关于建设现代综合交通运输体系有关工作情况的报告	
		5. 国务院关于长江流域生态环境保护工作情况的报告	
		6. 国务院关于“七五”普法决议贯彻落实情况的报告	
2021 年 8 月全国人大常委会第三十次会议	2. 关于检查《中华人民共和国企业破产法》实施情况的报告	7. 国务院关于今年以来国民经济和社会发展计划执行情况的报告	—
		8. 国务院关于今年以来预算执行情况的报告	
	3. 关于检查《中华人民共和国畜牧法》实施情况的报告	9. 国务院关于文物工作和文物保护法实施情况的报告	
		10. 国务院关于雄安新区和白洋淀生态保护工作情况的报告	

续表

时间	执法检查报告	工作报告	专题询问
2021年10月全国人大常委会第三十一次会议	4. 关于检查《中华人民共和国固体废物污染环境防治法》实施情况的报告	11. 国务院关于2020年度国有资产管理情况的综合报告(审议)	2. 固体废物污染环境防治法实施情况
		12. 国务院关于2020年度国有自然资源资产管理情况的专项报告	
		13. 国务院关于教师队伍建设和教师法实施情况的报告	
		14. 最高人民法院关于人民法院知识产权审判工作情况的报告	
		15. 最高人民检察院关于人民检察院办理控告申诉案件工作情况的报告	
2021年12月全国人大常委会第三十二次会议	5. 关于检查《中华人民共和国公证法》实施情况的报告	16. 国务院关于2020年度中央预算执行和其他财政收支审计查出问题整改情况的报告	—
		17. 国务院关于加快构建新型农业经营体系推动小农户和现代农业发展有机衔接情况的报告	
	6. 关于检查《中华人民共和国消防法》实施情况的报告	18. 国务院关于财政交通运输资金分配和使用情况的报告	
		19. 全国人民代表大会常务委员会法制工作委员会关于2021年备案审查工作情况的报告	
2022年2月全国人大常委会第三十三次会议	—	20. 最高人民法院关于《全国人民代表大会常务委员会关于专利等知识产权案件诉讼程序若干问题的决定》实施情况的报告	—

作出1项决议

时间	名称
2021年6月全国人大常委会第二十九次会议	关于批准2020年中央决算的决议

开展7项专题调研

调研题目	调研成果	具体实施部门
1. 设区的市地方立法在维护国家法制统一中的作用	2021年6月全国人大常委会第二十九次会议印发专题调研报告	宪法法律委
2. 以国家公园为主体的自然保护地体系建设情况	2021年8月全国人大常委会第三十次会议印发专题调研报告	环资委
3. 加强种质资源保护和育种创新情况	2021年10月全国人大常委会第三十一次会议听取审议专题调研报告	农业农村委
4. 进一步发挥海外侨胞在共建“一带一路”中的重要作用	2021年10月全国人大常委会第三十一次会议印发专题调研报告	华侨委
5. 促进人口较少民族经济社会发展情况	2021年12月全国人大常委会第三十二次会议印发专题调研报告	民　委
6. 推进监察监督全覆盖情况		监察司法委
7. 财政补贴管理与改革		预算工委

续表

听取、审议其他报告 11 个		
时间	报告名称	听取、审议情况
2021 年 6 月全国人大常委会第二十九次会议	1. 全国人民代表大会财政经济委员会关于 2020 年中央决算草案审查结果的报告	听取和审议
2021 年 10 月全国人大常委会第三十一次会议	2. 全国人民代表大会监察和司法委员会关于第十三届全国人民代表大会第四次会议主席团交付审议的代表提出的议案审议结果的报告	
	3. 全国人民代表大会财政经济委员会关于第十三届全国人民代表大会第四次会议主席团交付审议的代表提出的议案审议结果的报告	
	4. 全国人民代表大会外事委员会关于第十三届全国人民代表大会第四次会议主席团交付审议的代表提出的议案审议结果的报告	
	5. 全国人民代表大会环境与资源保护委员会关于第十三届全国人民代表大会第四次会议主席团交付审议的代表提出的议案审议结果的报告	
	6. 全国人民代表大会社会建设委员会关于第十三届全国人民代表大会第四次会议主席团交付审议的代表提出的议案审议结果的报告	
2021 年 12 月全国人大常委会第三十二次会议	7. 全国人民代表大会宪法和法律委员会关于第十三届全国人民代表大会第四次会议主席团交付审议的代表提出的议案审议结果的报告	
	8. 全国人民代表大会教育科学文化卫生委员会关于第十三届全国人民代表大会第四次会议主席团交付审议的代表提出的议案审议结果的报告	
	9. 全国人民代表大会农业与农村委员会关于第十三届全国人民代表大会第四次会议主席团交付审议的代表提出的议案审议结果的报告	
	10. 全国人民代表大会常务委员会办公厅关于第十三届全国人民代表大会第四次会议代表建议、批评和意见办理情况的报告	听取
	11. 教育部关于第十三届全国人民代表大会第四次会议代表建议、批评和意见办理情况的报告	

附件三

十三届全国人大四次会议以来代表工作情况

一、邀请代表列席全国人大常委会会议并进行座谈

邀请 151 人次代表列席全国人大常委会会议。其间，召开 3 次列席代表座谈会。

时间	列席人数（次）	参加座谈人数（次）	提出意见建议数（件）
2021 年 4 月全国人大常委会第二十八次会议	53	53	44
2021 年 6 月全国人大常委会第二十九次会议	50	50	21
2021 年 10 月全国人大常委会第三十一次会议	48	47	13
合　计	151	150	78

二、全国人大常委会组成人员联系代表情况

(共156位常委会组成人员，不含香港、解放军和武警部队)

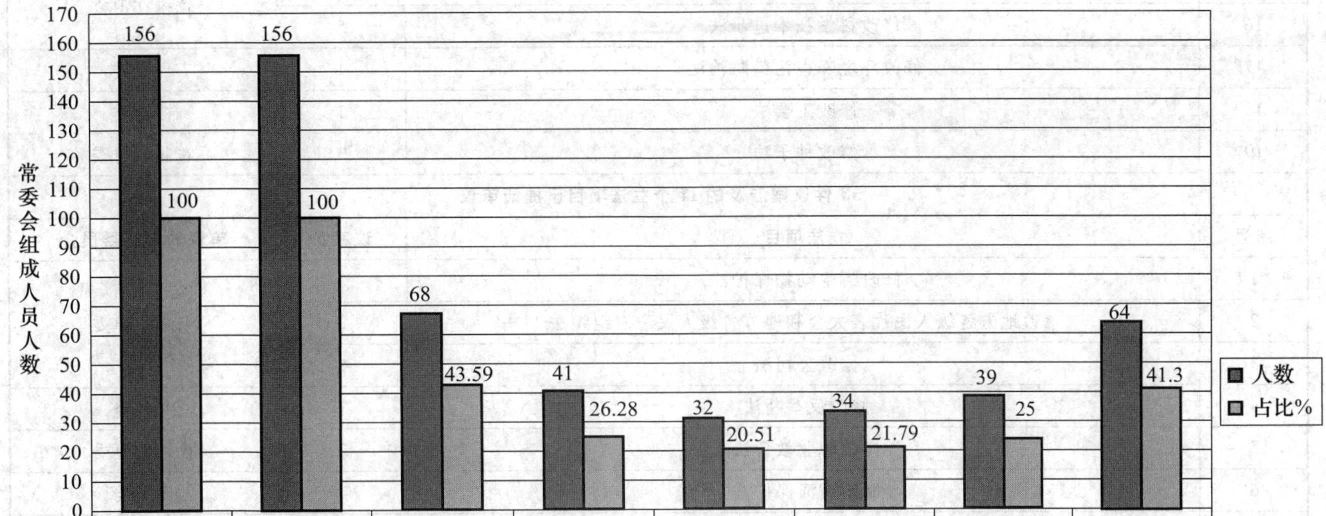

联系方式	通过电话、微信、信函等方式联系代表	十三届全国人大四次会议期间与代表座谈交流	调研期间联系代表	全国人大常委会会议期间与代表座谈	赴代表所在单位走访代表	邀请代表参加执法检查	讲课、培训期间联系代表	听取、反映代表意见建议
■ 人数	156	156	68	41	32	34	39	64
■ 占比%	100	100	43.59	26.28	20.51	21.79	25	41.03

三、代表议案审议情况

十三届全国人大四次会议主席团交付有关专门委员会审议的473件议案，其中涉及立法项目的467件、涉及监督方面的6件，已全部审议完毕。

52件议案涉及的19个立法项目已经常委会审议通过

序号	立法项目	议案数	审议的专门委员会
1	制定乡村振兴促进法	4	宪法法律委
2	修改教育法	3	
3	修改军事设施保护法	1	
4	修改安全生产法	1	
5	制定海南自由贸易港法	1	
6	制定数据安全法	2	
7	制定域外法律不当适用及制裁阻断法	1	
8	制定监察官法	1	
9	修改执业医师法(制定医师法)	4	
10	制定个人信息保护法或生物识别信息保护法	5	
11	制定法律援助法	3	
12	制定家庭教育促进法	4	
13	修改民事诉讼法	8	
14	修改审计法	1	财经委

续表

序号	立法项目	议案数	审议的专门委员会
15	修改(废止)人口与计划生育法	3	教科文卫委
16	修改科学技术进步法	5	
17	修改环境噪声污染防治法	1	环资委
18	修改工会法	1	社会委
19	修改种子法	3	农业农村委
38 件议案涉及的 11 个立法项目已提请审议			
序号	立法项目	议案数	审议的专门委员会
1	修改野生动物保护法	3	宪法法律委
2	修改地方各级人民代表大会和地方各级人民政府组织法	2	
3	修改公司法	5	
4	修改反垄断法	7	财经委
5	修改职业教育法	2	教科文卫委
6	制定黄河保护法	4	环资委
7	修改畜牧法	2	农业农村委
8	制定黑土地保护法	1	
9	完善突发事件应对管理领域立法	5	社会委
10	修改妇女权益保障法	2	
11	修改体育法	5	
176 件议案涉及的 68 个立法项目列入立法规划或立法工作计划			
序号	立法项目	议案数	审议的专门委员会
1	修改行政复议法	4	宪法法律委
2	制定信访法	2	
3	制定彩票法	1	
4	修改刑法	25	
5	对刑法作出法律解释	1	
6	编纂刑法典	1	
7	编纂环境法典	1	
8	编纂教育法典	2	
9	制定行政程序法	1	
10	修改道路交通安全法	10	监察司法委
11	修改治安管理处罚法	6	
12	修改律师法	5	
13	修改仲裁法	2	
14	修改人民警察法	1	
15	修改监狱法	1	
16	制定民事强制执行法	2	
17	制定看守所法	1	
18	修改中国人民银行法	4	财经委
19	修改企业破产法(含制定个人破产法、制定金融机构破产法)	8	
20	修改统计法	1	

续表

序号	立法项目	议案数	审议的专门委员会
21	修改铁路法	2	财经委
22	修改电力法	1	
23	修改保险法	1	
24	修改商业银行法	2	
25	修改产品质量法	1	
26	修改反洗钱法	1	
27	修改城市房地产管理法	1	
28	制定社会信用法	11	
29	制定不动产登记法	1	
30	制定电信法	2	
31	制定增值税法	1	
32	制定行业协会商会法	1	
33	制定航天法	1	
34	制定行政事业性国有资产管理法	1	
35	制定能源法	1	
36	修改反不正当竞争法	1	
37	制定金融稳定法	1	
38	制定学前教育法	3	教科文卫委
39	修改教师法	5	
40	修改学位条例	1	
41	制定文化产业促进法	1	
42	修改文物保护法	1	
43	修改传染病防治法	4	
44	修改国境卫生检疫法	1	
45	制定突发公共卫生事件应对法	1	
46	制定药师法	1	
47	修改献血法	3	
48	修改中医药法	3	
49	修改基本医疗卫生与健康促进法	1	
50	制定海洋基本法	1	外事委
51	制定南极活动与环境保护法	1	环资委
52	修改矿产资源法	2	
53	修改草原法	2	
54	制定国家公园法或大熊猫国家公园保护管理法	4	
55	制定国土空间规划法	1	
56	制定资源综合利用法	1	
57	修改海洋环境保护法	1	
58	制定粮食安全保障法	5	农业农村委
59	修改渔业法	1	
60	修改气象法	1	
61	制定农村集体经济组织法	1	
62	制定耕地资源保护法	1	

续表

序号	立法项目	议案数	审议的专门委员会
63	修改慈善法	1	社会委
64	制定社会救助法	4	
65	完善基层治理领域立法	3	
66	制定医疗保障法	5	
67	完善基本劳动标准立法	2	
68	制定无障碍环境建设法	5	

各专门委员会审议代表议案数量情况

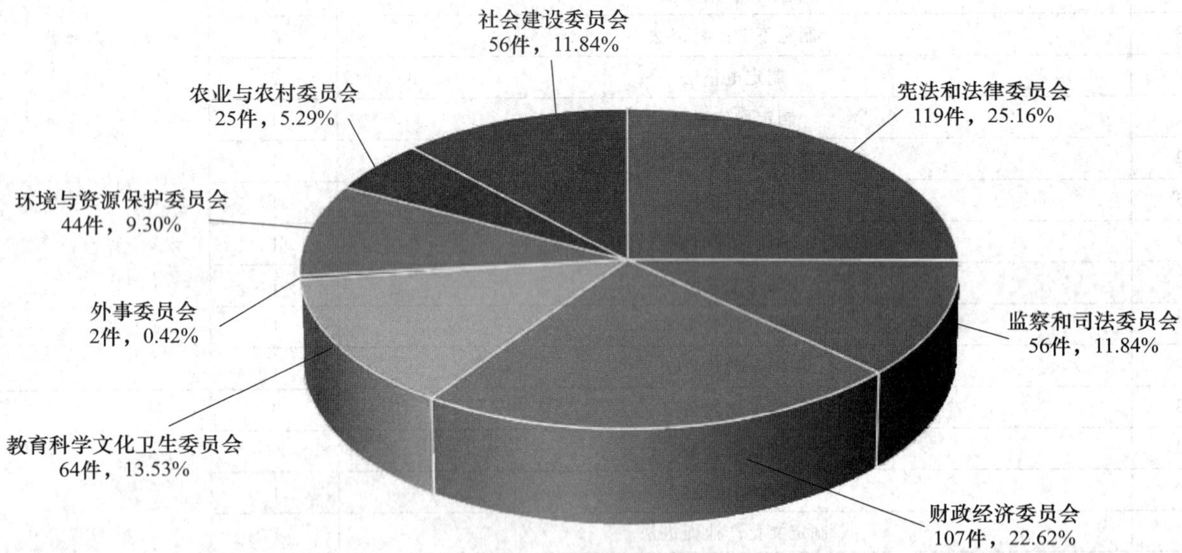

四、代表建议内容和办理情况

十三届全国人大四次会议期间，代表提出的 8993 件建议，统一交由 194 家承办单位研究办理并全部办理完毕。

代表建议内容分类情况

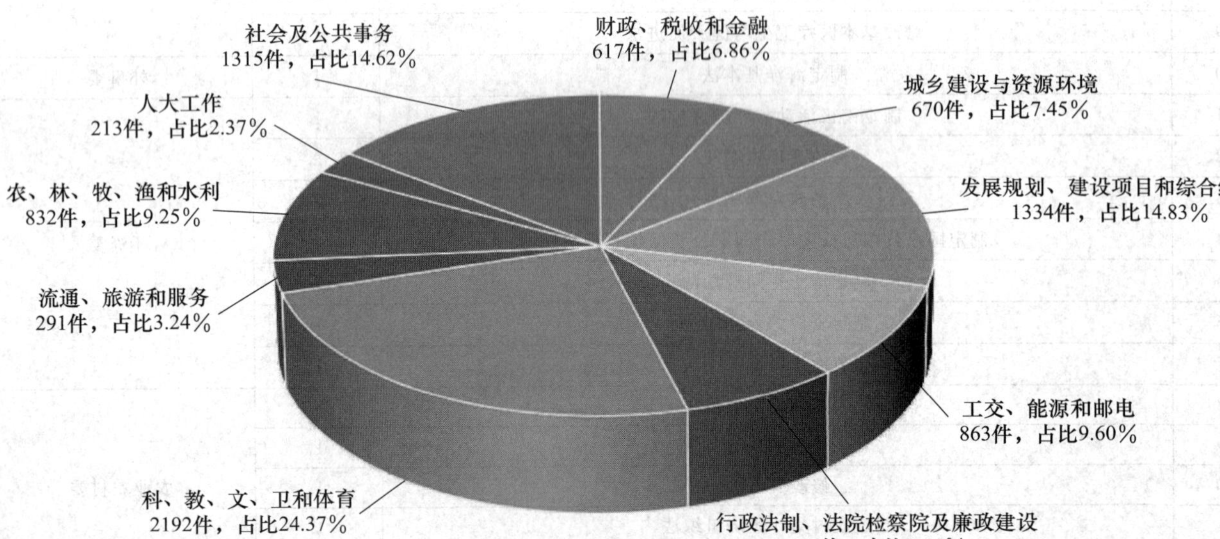

代表建议答复办理结果分类情况

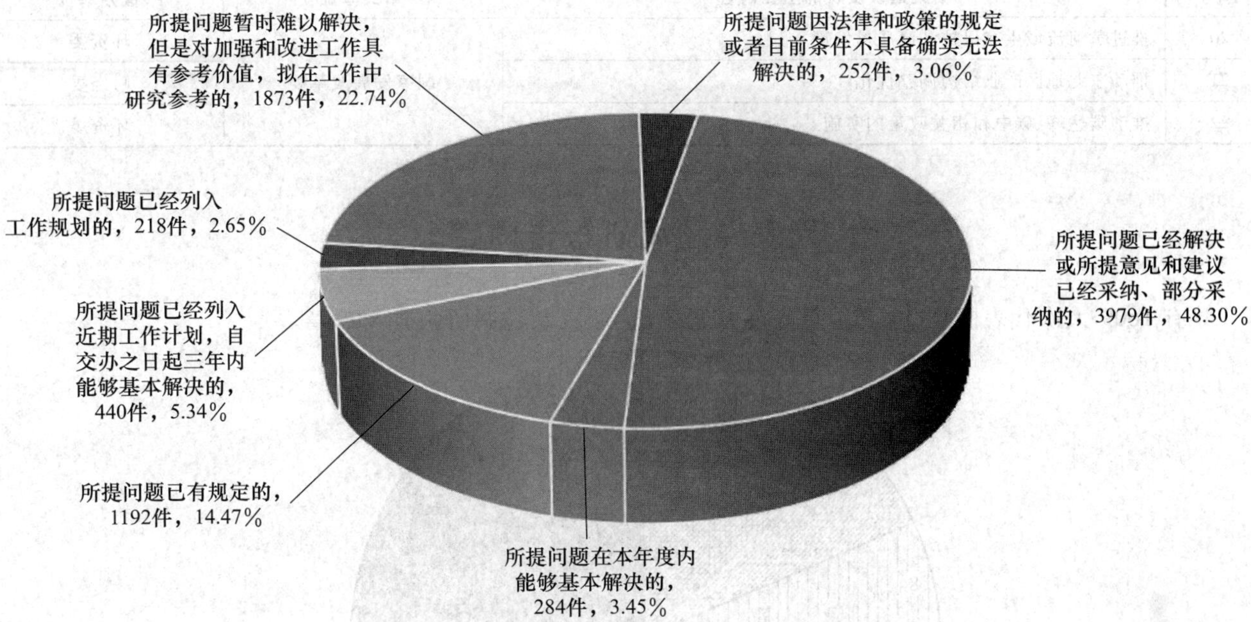

五、重点督办建议办理情况

确定的22项重点督办建议，涉及318件具体建议，交由17家承办单位牵头办理，由全国人大7个专门委员会负责督办。

序号	相关建议反映的主要内容	牵头单位	督办单位
1	支持和规范发展新就业形态	人力资源社会保障部	社会委
2	推动治理规范学科类校外培训	教育部	教科文卫委
3	提高民族地区教育质量和水平	教育部	民　委
4	发展普惠托育服务体系	国家卫生健康委	教科文卫委
5	推进农村养老服务发展	民政部	社会委
6	规范发展长租房市场	住房城乡建设部	财经委
7	支持革命老区振兴发展	国家发展改革委	
8	加强知识产权司法保护	最高人民法院	监察司法委
9	推动中医药传承创新	国家中医药局	教科文卫委
10	推进城市生活垃圾分类	住房城乡建设部	环资委
11	推进重点领域安全整治	应急管理部	社会委
12	发挥新型举国体制优势，实施好关键核心技术攻关工程	科技部	教科文卫委
13	建设现代物流体系	交通运输部	财经委
14	强化反垄断和防止资本无序扩张	市场监管总局	
15	平等保护民营企业，促进企业合规经营	最高人民检察院	监察司法委
16	健全现代文化产业体系	文化和旅游部	教科文卫委
17	强化耕地保护，推进高标准农田建设	自然资源部、农业农村部	农业农村委
18	加强农业种质资源保护开发利用	农业农村部	
19	整治提升农村人居环境，全面推进乡村振兴	国家乡村振兴局	

续表

序号	相关建议反映的主要内容	牵头单位	督办单位
20	推进黄河流域生态保护和高质量发展	国家发展改革委	环资委
21	推动东北地区产业结构调整优化		财经委
22	推动碳达峰、碳中和相关政策的实施		环资委

六、代表专题调研报告内容分类

共有1609人次代表围绕58个题目开展专题调研，形成专题调研报告115篇。

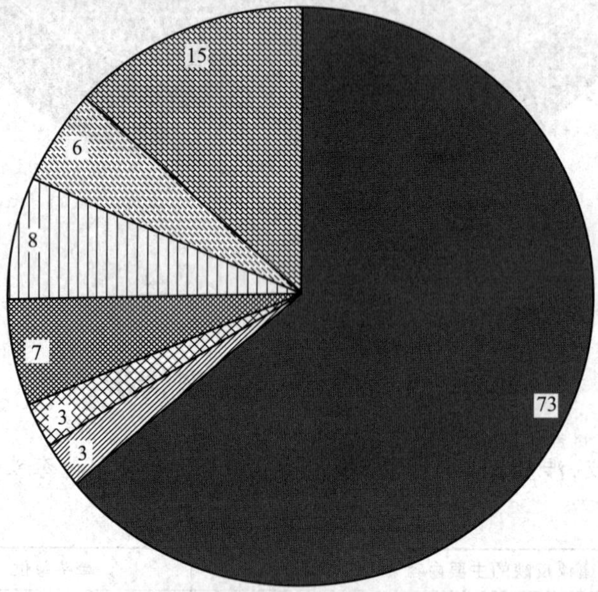

贯彻新发展理念，建设现代化经济体系（73篇）
健全人民当家作主制度体系，发展社会主义民主政治（3篇）
坚定文化自信，推动社会主义文化繁荣兴盛（3篇）
提高保障和改善民生水平，加强和创新社会治理（7篇）
加快生态文明体制改革，建设美丽中国（8篇）
坚持走中国特色强军之路，全面推进国防和军队现代化（6篇）
固体废物污染环境防治法（15篇）

附件四

十三届全国人大四次会议以来学习培训工作情况

一、全国人大常委会专题讲座情况

2021年3月至2022年2月，共举办专题讲座5讲。

时间	讲座主题
2021 年 4 月全国人大常委会第二十八次会议	完善反垄断法律制度　强化竞争政策基础地位
2021 年 6 月全国人大常委会第二十九次会议	中国共产党与我国的根本政治制度
2021 年 8 月全国人大常委会第三十次会议	贯彻落实习近平法治思想 修订加强中央预算审查监督的决定 制定加强国有资产管理情况监督的决定
2021 年 12 月全国人大常委会第三十二次会议	深入学习贯彻党的十九届六中全会精神 坚持全面依法治国　推动新时代法治中国建设迈出坚实步伐
2022 年 2 月全国人大常委会第三十三次会议	从战略高度认知和推进涉外法治建设

二、全国人大网络学院建设情况

疫情防控常态化形势下，全国人大网络学院已成为全国人大代表和地方人大负责同志的重要学习平台。目前，全国人大网络学院共上线 620 个专题的 7110 门课程。参加网络学习的全国人大代表有 2539 名，占代表总数的 86%；参加网络学习的地方人大负责同志有 3091 名。截至 2022 年 2 月，人大网院课程总点播量累计约 215 万次。

参学人员	课程点播次数	参学人数
全国人大代表	1003833	2539
地方人大负责同志	457632	3091
全国人大机关干部	688506	1667
合计	2149971	7297

三、全国人大代表和地方人大负责同志参加学习班情况

2021 年 3 月至 2022 年 2 月，采取线上线下相结合方式，举办 6 期专题学习班，共有 5824 人次全国人大代表、4929 人次地方人大负责同志参加学习培训。

学习班专题	课程数量	举办时间	举办方式	参学人次	
				全国人大代表	地方人大负责同志
深入学习贯彻习近平法治思想加快完善中国特色社会主义法律体系	8	2021 年 4 月	线下	255	—
		2021 年 4 月至今	线上	770	547
党史百年	19	2021 年 4 月	线上	893	1102
学习宣传贯彻实施“十四五”规划和 2035 年远景目标纲要	8	2021 年 5 月	线下	291	—
		2021 年 5 月至今	线上	566	529

续表

学习班专题	课程数量	举办时间	举办方式	参学人次	
				全国人大代表	地方人大负责同志
科技强国建设	6	2021 年 7 月	线下	158	—
		2021 年 7 月至今	线上	648	670
学习贯彻习近平总书记“七一”重要讲话精神	3	2021 年 9 月至今	线上	979	1433
深入学习贯彻党的十九届六中全会精神和中央人大工作会议精神	13	2021 年 12 月至今	线上	1264	648
合计	57			5824	4929

附件五

十三届全国人大四次会议以来常委会决定批准双边条约和加入国际公约情况

2021 年 3 月至 2022 年 2 月，十三届全国人大常委会决定批准双边条约和加入国际公约 6 件。

序号	名称	决定批准或加入时间
1	关于批准《〈上海合作组织成员国关于举行联合军事演习的协定〉补充议定书》的决定	2021 年 4 月全国人大常委会第二十八次会议
2	关于批准《中华人民共和国和伊朗伊斯兰共和国关于刑事司法协助的条约》的决定	
3	关于批准《中华人民共和国和伊朗伊斯兰共和国关于民事和商事司法协助的条约》的决定	
4	关于批准《成立平方公里阵列天文台公约》的决定	
5	关于批准《中华人民共和国和智利共和国引渡条约》的决定	2021 年 10 月全国人大常委会第三十一次会议
6	关于批准《关于为盲人、视力障碍者或其他印刷品阅读障碍者获得已出版作品提供便利的马拉喀什条约》的决定	

第十三届全国人民代表大会第五次会议关于最高人民法院工作报告的决议

（2022 年 3 月 11 日第十三届全国人民代表大会第五次会议通过）

第十三届全国人民代表大会第五次会议听取和审议了最高人民法院院长周强所作的工作报告。会议充分肯定最高人民法院过去一年的工作，同意报告提出的 2022 年工作安排，决定批准这个报告。

会议要求，最高人民法院要以习近平新时代中国特色社会主义思想为指导，深入贯彻习近平法治思想，全面贯彻落实党的十九大和十九届历次全会精神，深刻认识“两个确立”的决定性意义，增强“四个意识”、坚定“四个自信”、做到“两个维护”，坚持党的绝对领导，坚持统筹发展和安全，自觉践行全过程人民民主，忠实履行宪法法律赋予的职责，充分发挥审判机关职能作用，深化司法体制改革，推进智慧法院建设，健全中国特色一站式多元纠纷解决和诉讼服务体系，巩固提升审判执行质效，巩固政法队伍教育整顿成果，扎实推动新时代人民法院工作高质量发展，切实履行好维护国家安全、社会安定、人民安宁的重大责任，推动建设更高水平的平安中国、法治中国，以实际行动迎接党的二十大胜利召开！

最高人民法院工作报告

——2022 年 3 月 8 日在第十三届全国人民代表大会第五次会议上

最高人民法院院长　周　强

各位代表：

现在，我代表最高人民法院，向大会报告工作，请予审议，并请全国政协各位委员提出意见。

2021 年主要工作

2021 年，在以习近平同志为核心的党中央坚强领导下，在全国人大及其常委会有力监督下，最高人民法院坚持以习近平新时代中国特色社会主义思想为指导，深入贯彻习近平法治思想，全面贯彻党的十九大和十九届历次全会精神，认真落实十三届全国人大四次会议决议，深入领会“两个确立”的决定性意义，增强“四个意识”、坚定“四个自信”、做到“两个维护”，坚定不移走中国特色社会主义法治道路，紧紧围绕“努力让人民群众在每一个司法案件中感受到公平正义”目标，坚持服务大局、司法为民、公正司法，忠实履行宪法法律赋予的职责，各项工作取得新进展。最高人民法院受理案件 33602 件，审结 28720 件，制定司法解释 24 件，发布指导性案例 31 个，加强对全国法院审判工作的监督指导；地方各级人民法院和专门人民法院受理案件 3351.6 万件，审结、执结 3010.4 万件，结案标的额 8.3 万亿元。通过发挥审判职能作用，推动建设更高水平的平安中国、法治中国，为实现“十四五”良好开局提供有力司法服务和保障。

一、坚决维护国家安全和社会稳定

认真贯彻总体国家安全观，依法惩治各类犯罪。各级法院审结一审刑事案件 125.6 万件，判处罪犯 171.5 万人。八类主要刑事犯罪案件持续处于低位，占全部刑事案件比重稳步下降，我国是世界上最安全的国家之一。

严惩危害国家安全和社会治安犯罪。严惩煽动颠覆国家政权、间谍窃密、邪教等犯罪，坚决维护国家政权安全、制度安全。对资助危害国家安全活动的李亨利依法定罪判刑。审结网络传销、网络赌博、非法利用信息网络等犯罪案件 9.2 万件，维护互联网安全。严惩危害生物安全犯罪，维护国家生物安全，保障人民生命安全和身体健康。审结杀人、放火、抢劫等严重暴力犯罪案件 4.9 万件。会同公安部等出台惩治涉枪涉爆犯罪意见，审结相关案件 9984 件。审结毒品犯罪案件 5.6 万件，严厉打击走私、制造毒品等源头性犯罪。审结拐卖妇女儿童犯罪案件 541 件。审结袭警犯罪案件 4586 件。严惩暴力伤医犯罪，保障医务人员安全和正常医疗秩序，为医务人员和广大患者创造良好诊疗环境。人民法院准确贯彻死刑政策，对严重危害公共安全、严重影响群众安全感的犯罪，对残害妇女儿童、老年人等挑战法律和伦理底线的犯罪，论罪当判死刑的，依法判处并核准死刑，坚决维护法治权威，坚决捍卫公平正义。

依法维护疫情防控秩序。审结涉疫犯罪案件 9653 件。对故意隐瞒中高风险地区行程、违规接诊发热患者、伪造售卖核酸检测报告、“涉疫偷渡”等犯罪严惩不贷。会同海关总署等发布打击海上跨境走私犯罪意见，严惩走私冻品犯罪，防范疫情传播风险。

常态化开展扫黑除恶斗争。健全常态化扫黑除恶机制，防止黑恶势力“死灰复燃”。加快案件清结，审结涉黑涉恶犯罪案件 3409 件 18360 人。推进黑财清底，执行到位财产刑及追缴、没收违法所得 405.7 亿元，坚决摧毁黑恶势力经济基础。推进专项整治，发出相关司法建议 3816 份。巩固整治“村霸”、“沙霸”、“菜霸”、“路霸”等成果，促进基层社会治理。

依法惩治腐败犯罪。审结贪污贿赂、渎职等案件 2.3 万件 2.7 万人，秦光荣、王富玉等 14 名原中管干部受到审判，彰显党中央正风肃纪、反腐惩恶的坚定决心。落实受贿行贿一起查，依法追缴行贿非法获利，斩断“围猎”腐蚀、权钱交易的利益链条。加大职务犯罪赃款赃物追缴力度，实际追缴到位 596.6 亿元。境外不是法外，首次适用刑事缺席审判程序审理程三昌案，裁定没收外逃人员徐进、张正欣境内外巨额违法所得，对外逃腐败犯罪分子虽远必惩，让其人财两空。

依法维护国家粮食安全。出台服务全面推进乡村振兴意见。会同农业农村部等加强种业知识产权保护，严厉打击制售伪劣种子、破坏种质资源等危害种业安全违法犯罪。审结乱占耕地案件 7251 件，涉及耕地 312 万亩，依法惩治农村侵占耕地犯罪，保护耕地红线。辽宁、吉林、黑龙江法院严惩污染、盗采黑土犯罪。

守好民生安全底线。审结重大责任事故等犯罪案件 2031 件，维护群众生产安全。审结危害食品药品安全犯罪案件 6002 件，依法严惩制售“病猪肉”、“毒草莓”、“毒面膜”等犯罪行为，守护百姓餐桌安全、用药安全。严惩医保骗保犯罪，依法对幕后组织者和职业骗保人加重惩罚，守好百姓“看病钱”、“救命钱”。审结高空抛物、偷盗窨井盖等犯罪案件 296 件，高空抛物致人伤亡犯罪案件大幅度减少，群众头顶上、脚底下安全更有保障。审结危险驾驶犯罪案件 34.8 万件，维护群众出行安全。严惩电信网络诈骗犯罪，审结相关案件 7.9 万件 14.9 万人，对“5·09”特大跨境电信网络诈骗案 590 名被告人判处刑罚。严惩“以房养老”、“投资养老”、保健品坑老、兼职刷单、套路贷、校园贷、美容贷等花样翻新的诈骗犯罪，助力打好反诈人民战争，维护群众财产安全。

维护公民个人信息安全。信息时代，个人信息安全保护变得突出和紧迫。认真贯彻个人信息保护法，严惩窃取倒卖身份证、通讯录、快递单、微信账号、患者信息等各类侵犯公民个人信息犯罪，审结相关案件 4098 件，同比上升 60.2%。依法从严惩治行业“内鬼”泄露个人信息。严惩利用恶意程序、“钓鱼”欺诈等形式非法获取个人信息，审理“颜值检测”软件窃取个人信息案，惩治网络黑灰产业链犯罪。严惩通过非法侵入监控系统贩卖幼儿园、养老院实时监控数据的犯罪分子。对侵犯个人信息、煽动网络暴力侮辱诽谤的，依法追究刑事责任。出台人脸识别司法解释，制止滥用人脸识别技术行为，让公众不再为自己的“脸面”担忧。审理人脸识别第一案，明确人脸识别技术应用范围，守护公众重要生物识别信息安全。

强化人权司法保障。坚持罪刑法定、疑罪从无、证据裁判，依法宣告 511 名公诉案件被告人和 383 名自诉案件被告人无罪，确保无罪的人不受刑事追究，还无罪的人清白。会同司法部完善死刑复核案件法律援助制度，依法保障死刑案件被告人获得辩护的权利。推动实现刑事案件律师辩护全覆盖。与全国律协召开座谈会，健全工作机制，切实保障律师执业权利，充分发挥律师促进公正司法和人权保障的重要作用。律师服务平台为 33 万名律师提供在线立案服务 244 万件、案件排期避让提醒 40 万次。坚持实事求是、有错必纠，按照审判监督程序再审改判刑事案件 2215 件。出台国家赔偿案件精神损害赔偿司法解释。司法救助 4 万人，发放救助金 9.2 亿元。准确贯彻宽严相济刑事政策，该宽则宽，当严则严，对挑战法律权威、挑衅公共秩序、侵犯人民利益的，依法严惩不贷。

二、积极服务经济社会高质量发展

完整、准确、全面贯彻新发展理念，服务构建新发展格局，党中央决策部署到哪里，司法服务就跟进到哪里。各级法院审结一审民商事案件 1574.6 万件、行政案件 29.8 万件，同比分别上升 18.3% 和 12%。

持续服务“六稳”、“六保”。妥善处理因疫情引发的劳资用工、购销合同、商铺租赁等纠纷，审结涉疫民商事案件 14.2 万件。出台助力中小微企业发展 20 条实招硬招，着力解决挤压生存发展空间、拖欠账款、超标的查封乱查封等侵害中小微企业权益问题。天津、江苏、河南、重庆等法院运用“滚动解封”等方式，防止大额资金冻结对中小微企业资金链的冲击。辽宁法院以海事强制令帮助数百家进口冷链企业解决清关难题，降低疫情对进出口贸易的影响。

助推法治化营商环境建设。坚持“两个毫不动摇”，落实服务新时代加快完善社会主义市场经济体制意见，对国企民企、内资外资、大中小微企业等各类市场主体依法平等保护。依法审理涉国资国企案件，助推国有经济布局优化和结构调整，服务国企改革三年行动。加强产权司法保护，再审纠正涉企刑事冤错案件 30 件 39 人，坚决防止把民事责任变为刑事责任，发布 17 件产权保护典型案例，弘扬契约精神和企业家精神。依法破除对民营企业在投资、市场准入等领域设置的门槛，清理涉民营企业积案。辽宁、吉林、黑龙江、湖北、湖南等法院建立涉企案件生产经营影响评估机制。审结行政许可、行政协议案件2.1万件，服务深化“放管服”改革。山西、内蒙古、安徽、河南、海南、贵州等法院着力推进行政机关负责人出庭应诉，河北、江西、山东、陕西、甘肃等法院加强行政争议实质性化解，服务法治政府建设。

促进创新驱动发展。审结一审知识产权案件54.1万件，同比增长16.1%，保护创新、激励创造。审理涉5G通信、生物医药、高端制造等高新技术案件，加强关键核心技术和原始创新成果保护。明确职务发明权属争议的判断标准，激励科研人员创新创造。对科研人员已尽勤勉义务但因技术路线选择失误的，合理界定法律责任，营造鼓励创新、宽容失败的良好环境。着力破解知识产权维权“举证难、周期长、赔偿低、成本高”等难题。出台知识产权惩罚性赔偿司法解释，在895件案件中对侵权人判处惩罚性赔偿。依法适用行为保全制度，以先行判决和临时禁令相结合的方式防止损害扩大，不让权利人赢了官司输了市场。支持向滥诉者索赔合理开支，对恶意诉讼阻碍创新行为说“不”。我国已经成为审理知识产权案件尤其是专利案件最多的国家，也是审理周期最短的国家之一。知识产权审判在服务创新发展中作用愈来愈显现。

维护市场公平竞争。加强反垄断和反不正当竞争司法，审结垄断案件49件、不正当竞争案件7478件。探索数据权利保护规则，服务数字经济，促进电子商务发展。审理平台“二选一”、刷单炒信等垄断和不正当竞争案件，严惩妨碍公平竞争、损害群众利益行为。审理“茶颜悦色”奶茶诉“茶颜观色”不正当竞争案，对傍名牌等不正当竞争行为予以制裁。明确“青花椒”等“碰瓷式维权”不受保护，对相关诉讼请求予以驳回。

推动市场主体有序退出和有效救治。审结破产案件1.3万件，涉及债权2.3万亿元，促进企业优胜劣汰和要素资源高效配置。充分发挥破产审判“积极拯救”和“及时出清”功能，同时坚决防止借破产之名逃废债。配合全国人大常委会开展企业破产法执法检查，促进完善破产法律制度。深圳个人破产条例首案裁定生效，让依法经营、诚实守信的债务人可以从头再来，个人破产制度实践迈出重要一步。审结破产重整案件732件，盘活资产1.5万亿元，让745家困境企业再获新生，35万余名员工稳住就业。

促进金融市场健康发展。依法严惩金融证券犯罪，审结操纵市场、内幕交易、非法集资、洗钱等犯罪案件1.3万件。审结金融纠纷案件155.3万件，依法处理涉供应链金融、不良资产处置、私募投资基金等纠纷，有力推动防范化解金融风险。依法妥善审理康美药业案，严惩证券违法犯罪，支持陷入债务危机企业重整再生。依法否定职业放贷、高利转贷、变相高息等行为效力，引导民间融资服务实体经济。北京金融法院建设金融司法大数据研究中心，提出保障“北交所”25条举措，服务国家金融管理中心建设。上海金融法院深入推进金融审判专业化，建立金融纠纷法律风险防范报告年度发布机制，服务上海国际金融中心建设。

服务社会主义文化强国建设。旗帜鲜明保护革命文物和红色遗存。河北法院审理长城保护公益诉讼案，一体化保护长城遗迹和历史、环境风貌。江苏法院完善大运河司法保护机制，促进河道治理和文化遗产保护。福建法院在世界遗产地、历史文化街区等设立巡回法庭，保护文化根脉传承。贵州法院发出传统村落司法保护令，守护乡愁记忆。

促进人与自然和谐共生。审结一审环境资源案件26.5万件。制定生态环境侵权禁止令、惩罚性赔偿等司法解释。审理绿孔雀预防性保护公益诉讼案，贯彻“保护优先、预防为主”原则。浙江安吉法院“森林法官”守护森林竹海，践行“两山”理念。青海三江源、祁连山、青海湖生态法庭联动，共同守护“中华水塔”。落实谁污染谁治理、谁破坏谁赔偿，探索公益诉讼损害赔偿专项基金制度，江苏、江西等法院委托第三方监管，保障生态修复资金专款专用。出台贯彻长江保护法实施意见，守护一江清水、两岸青山。山东法院与执法机关协同治理油泥砂和落地原油污染，保护黄河三角洲。湖北法院依法保障全国碳排放权注册登记结算机构建设，广东法院审理碳排放权交易结算案，福建法院推行“碳汇”认购等替代性修复方式，依法助力碳达峰碳中和。与联合国环境规划署共同举办世界环境司法大会，通过《昆明宣言》，促进凝聚共建地球生命共同体的国际共识。

服务区域协调发展战略实施。出台服务北京“两区”建设意见，北京、天津、河北法院聚焦雄安新区建设、北京非首都功能疏解、天津滨海新区高质量发展精准发力，助推京津冀协同发展。完善涉冬奥纠纷多元化解机制，及时化解涉京张高铁项目等纠纷，助力办好简约、安全、精彩的北京冬奥会冬残奥会。上海、江苏、浙江、安徽法院推进执行跨区联动、信息全域共享、服务标准协同，服务长三角一体化发展。支持浦东打造社会主义现代化建设引领区，提出建设金融审判创新试验区等21条举措。完善落实对黄河流域生态保护和高质量发展的司法服务措施。完善支持横琴、前海两个合作区建设司法政策,服务粤港澳大湾区建设。出台服务成渝地区双城经济圈建设意见,重庆、四川法院围绕知识产权、环境资源、跨域诉讼服务唱好司法协作"双城记"。山西、江西、河南、湖北、湖南等法院精准服务先进制造业、现代农业发展,助推中部地区加快崛起。

服务高水平对外开放。审结一审涉外民商事案件 2.1 万件、海事案件 1.4 万件。贯彻对外开放基本国策,依法平等保护中外当事人合法权益。海南法院审理外籍渔民在我国南海海域非法捕捞水产品案,依法判处有期徒刑并判令承担生态修复费用,对我国管辖海域实施有效司法管控。广西法院高效处理"艾丽肯"号外籍货船诉前保全案,外方当事人主动将约定的外国仲裁变更为我国法院管辖。随着我国司法国际公信力日益提升,外国当事人主动选择中国司法管辖日益增多。联合国贸法会法规判例库收录涉疫情涉外商事海事案件指导意见,收录我国司法案例已达 36 件。举办海上丝绸之路(泉州)司法合作国际论坛,在山东青岛举办上合组织国家地方法院大法官论坛,加强最高人民法院国际商事法庭建设,服务共建"一带一路"高质量发展,推动构建人类命运共同体。

维护国防利益和军人军属合法权益。审结破坏军事设施、泄露军事秘密、破坏军婚等涉军犯罪案件 466 件,服务国防和军队现代化。会同退役军人事务部推进设立"老兵调解室",积极开辟退役军人诉讼绿色通道。推广河南法院涉军维权"信阳模式"。军事法院发挥涉军维权服务平台作用,维护官兵权益。推进军事行政审判试点,促进军政军民团结。审理侵害英烈名誉荣誉、亵渎英雄墓碑等案件,让侮辱烈士的人受到制裁,让戍边英雄的丰碑永远高高耸立。

三、始终坚持以人民为中心

牢记人民至上,始终把人民群众呼声作为第一信号,及时高效便捷化解矛盾纠纷,依法保障人民群众合法权益,让人民群众切实感受到公平正义就在身边。

切实实施民法典。民法典颁布实施,让民事权利保护进入法典时代。适用民法典审理一系列与百姓生活息息相关的"第一案"。审理老旧小区加装电梯案,保障民生工程顺利进行,促进邻里团结和睦。审理好意同乘减轻责任案,鼓励互帮互助,增进社会互信。审理多起居住权案,保障困难群众生活居住需要,驳回"强行啃老"等无理居住权请求。及时签发人格权侵害禁令,为保护生命健康、名誉荣誉、个人隐私等提供预防和救济。民法典实施一年多来,走进千家万户,进入百姓心田,一个个司法案例让民法典条文变得更加鲜活起来,让群众切实感受到民法典就是人民权利的保障书,就是日常生活的法律百科全书。

大力弘扬社会主义核心价值观。通过司法断案弘扬真善美、鞭笞假恶丑。审理侵害袁隆平院士名誉荣誉案,坚决维护共和国功勋的尊严。审理女童热心助人致伤案,判决善意助人不担责。审理小区保安送老人就医被索赔案,驳回无理赔偿请求。审理医院号贩子逃跑摔伤索赔案,判决追赶者无责。审理高铁霸铺案,判决对公共场所不文明行为曝光无需担责。对长期霸占已售房屋、耍横抗拒执行的当事人采取强制搬迁措施,决不让"赖而不决"有机可乘。通过一系列司法判决,鼓励崇尚英模、邻里相助、见义勇为、助人为乐、志愿服务、舆论监督,决不向耍横霸道者让步,决不迁就纵容恶习陋俗,让广大群众知道法治社会提倡什么、反对什么、禁止什么。

扎牢民生司法保障网。审结涉及教育、就业、医疗、养老、消费、社会保障等案件 154 万件,促进保障和改善民生。完善新就业形态纠纷司法政策,依法治理欠薪问题,加强劳动权益保障。会同中国残联发布保护残疾人典型案例,切实保障残疾人合法权益。出台网络消费司法解释,对直播带货、外卖餐饮作出规范,依法保护网络消费者合法权益。依法遏制利用"法拍房"、"借名买房"规避限购,绝不允许通过不当手段影响楼市调控、损害百姓居住权益。

促进家庭文明建设。加强家事审判工作,守护家庭幸福的港湾。审结婚姻家庭案件 183.1 万件。坚决反对家庭暴力,依法严惩施暴者,会同全国妇联推动人身安全保护令落地见效,发出保护令 3356 份,全面加强妇女儿童权益保护。加强对老年人的司法保护,对不赡养九旬母亲的 4 个儿子依法判令承担赡养责任并予以训诫,加大惩处力度。通过家事审判,维护和弘扬中华民族重视家庭、尊老爱幼的传统美德。

守护未成年人健康成长。完善中国特色少年司法制度,最高人民法院设立少年法庭工作办公室和 6 个巡回审判点,全国法院设立 2181 个少年法庭。深入贯彻未成年人"两法",坚持最有利于未成年人原则,确保未成年人依法得到特殊、优先保护。

严惩侵害未成年人犯罪。坚持教育感化挽救方针，对未成年人犯罪采用圆桌审判，封存犯罪记录，预防和减少重新犯罪。落实家庭教育促进法，对一些父母不正确实施家庭教育、怠于履行抚养监护义务、为孩子订“娃娃亲”等行为进行训诫，发出家庭教育令，对虐待儿童的剥夺监护权。四川法院设立涉诉未成年人家庭教育指导工作站，安徽法院会同妇联等部门落实留守儿童委托照护责任，增强留守儿童自我保护及家庭保护意识。审理短视频侵犯儿童个人信息等案件，制止侵害未成年人合法权益行为。各地法院常态化开展“法治进校园”活动，积极创建法治副校长品牌，开发适合青少年的法治教育课程，防治和惩处校园欺凌行为，陕西法院联合推出全媒体模拟法庭栏目“红领巾法学院”，共同营造保护关爱未成年人的良好环境。

维护港澳台同胞、海外侨胞和归侨侨眷合法权益。审结涉港澳台案件2.8万件，办理涉港澳台司法协助互助案件8933件，审结涉侨案件4220件。加强与港澳规则衔接、机制对接，为港澳同胞在内地就业、创业、生活提供保障。与香港相互认可和执行婚姻家事判决、试点相互认可和协助破产程序。与澳门签署仲裁程序相互协助保全安排。会同中央台办建立在线诉调对接，84名台胞担任调解员，发布维护台胞权益典型案例。举办海峡两岸暨香港澳门司法论坛，在甘肃敦煌举办中华司法研究论坛，深化中华司法文化研究。

巩固基本解决执行难成果。围绕中央全面依法治国委2019年1号文件贯彻落实情况开展督察，深化执行难综合治理、源头治理。坚持高效公正规范文明执行，全国法院受理执行案件949.3万件，执结864.2万件，执行到位金额1.94万亿元。打通查人找物、财产变现、协同联动、精准惩戒、打击拒执等方面堵点，使守信者受益、失信者受限。会同自然资源部提升土地查封处置效率。会同民航局治理限高人员通过“黄牛”违规购票规避执行。会同证监会规范上市公司质押股票冻结。网络查控案件1971万件，网络拍卖成交4323亿元，同比分别增长34.6%和7.4%。开展执行款物集中清理、高效为民执行、涉民营企业积案攻坚等专项行动。执行到位涉民生、涉小微企业、涉10万元以下小标的案件案款898.4亿元。内蒙古、广西、西藏、青海、宁夏、新疆等法院健全执行联动机制。我国民事执行制度优越性不断显现，手段更加有力，执行工作机制和模式更加健全。

用心化解涉诉信访。坚持把涉诉信访工作作为倾听群众心声、解决群众诉求、了解社情民意的重要窗口。建立覆盖四级法院的网上申诉信访平台，畅通群众诉求表达“直通车”，有访必录、有信必录。集中治理重复信访，通过领导干部接访、律师代理申诉、公开听证等方式，化解信访积案3739件，帮助群众解开“法结”、“心结”。安徽法院351名领导干部带头接访、包案化解。全国法院涉诉信访、涉诉进京访较2019年分别下降2.3%和61.6%。2015年以来涉诉信访、涉诉进京访年均下降5.5%和35%。

为人民群众提供一站式多元解纷服务。进入新时代，我国社会主要矛盾发生变化。人民法院受理的案件是矛盾纠纷的具体表现。化解这些矛盾，既是满足人民群众对美好生活和公平正义向往的需要，也是促进社会发展的需要。旧的矛盾解决了，新的矛盾又会显现出来。有矛盾就有冲突，甚至是激烈的冲突，不能回避，不能推诿，要不怕难，要耐得烦，要敢于担当。人民法院化解以案件形式呈现的矛盾，就是通过司法践行以人民为中心的重要方式。人民法院不仅要定分止争，还要为群众化解纠纷提供多种解决方案，把非诉讼纠纷解决机制挺在前面，提供菜单式、集约式、一站式服务，包括调解、仲裁、审判。群众需要什么方式就努力提供什么方式，真正做到方便快捷、诉非对接、线上线下联动。经过三年多不懈努力，集约集成、在线融合、普惠均等的中国特色一站式多元纠纷解决和诉讼服务体系全面建成。**“菜单式”服务提供多样化选择，让群众解纷变得及时便捷**。与全国总工会、中国侨联、全国工商联、银保监会、中小企业协会等11家单位建立“总对总”在线调解机制，6.3万个调解组织和26万名调解员进驻调解平台，丰富了群众选择适合渠道解决纠纷的“菜单库”。覆盖城乡的跨域立案网点超过1.3万个，累计提供跨域立案服务14万件，90%的申请在30分钟内响应，把司法服务送到群众家门口。**线上线下融合服务让“正义提速”，显著降低群众、企业和国家财政解纷成本**。以人民法院在线服务平台为总入口，集成在线调解、电子送达、委托鉴定等10个平台，实现在线服务四级法院全覆盖，群众打官司从原来的耗时费力变为全流程“掌上办理”。全国法院2021年在线调解纠纷突破1000万件，平均每分钟51件成功化解在诉前，诉前调解案件平均办理时长17天，比诉讼时间少39天。完善分调裁审机制，全国法院诉讼服务中心全部设立速裁工作室，速裁快审案件871.5万件，平均审理周期32天，较一审民商事案件缩短43%。

设立 330 个邮政集约送达服务中心，在主要城市基本实现法律文书“次日达”。**24 小时服务，让群众办理诉讼事务“零时差”**。739 个法院推出 24 小时诉讼服务。12368 热线发挥诉讼“总客服”作用，“一号通办”实质性办理诉讼事务，日均接听群众来电 2.1 万件次，帮助解决诉求 765.1 万件，群众满意度达 96%。北京、天津、上海、重庆等法院“夜间法庭”解决超大城市上班族诉讼不便问题，让诉讼服务“不打烊”。**送法下乡“零距离”，打通服务群众“最后一公里”**。坚持和发展新时代“枫桥经验”，推动人民法院调解平台进乡村、进社区、进网格，8429 个人民法庭入驻，43033 个基层治理单位对接。宁夏闽宁法庭主动服务东西部扶贫协作，长年扎根移民安置区，与走出大山的群众共谱“山海情”。四川“石榴籽”调解室、云南“金花”调解室、西藏“送法进边境村居”、新疆“冬不拉”调解室、兵团“农牧团场法官工作室”等受到各族群众欢迎。加强巡回审判，马背法庭、车载法庭深入田间地头、厂矿林区，就地立案、就地调解、就地审判、督促就地履行，“马锡五审判方式”在新时代焕发新的生机活力。目前，我国已建成世界上联动资源最多、在线调解最全、服务对象最广的一站式多元纠纷解决和诉讼服务体系，走出了一条中国特色司法为民之路。

四、深入推进司法体制改革和智慧法院建设

认真贯彻党中央司法改革部署，坚持体制改革和科技创新双轮驱动，一仗接着一仗打，一个难题接着一个难题攻克，让公平正义成为新时代人民司法的鲜亮底色。2021 年，全国法官人均办案 238 件，一审服判息诉率 88.7%，二审后达到 98%，长期未结诉讼案件同比减少 16.3%，在案件压力增大情况下，审判质效指标持续稳中向好，人民群众对司法公正的获得感不断增强。

深化司法体制综合配套改革。加强司法责任体系建设，推动健全制约有效、监督到位、权责统一的新型审判权力运行机制。细化“四类案件”监督管理，确保院庭长监督不缺位、不越位、可追溯。出台法官惩戒工作程序规定，扎紧违法审判责任追究的制度闭环。推进四级法院审级职能定位改革试点。成立最高人民法院统一法律适用工作领导小组，发挥审判委员会、专业法官会议、司法解释、案例指导统一裁判尺度作用，推行类案检索、量刑规范化，运用司法大数据辅助办案，加强对各高级法院审判业务文件审查，规范法官裁量权。完善统一法律适用机制，补齐短板，努力解决裁判尺度不统一问题，坚持不懈防止公平正义因地区、城乡、行业和身份不同而出现差异、打折扣。

提高审判质效和司法公信力。完成民事诉讼程序繁简分流改革试点，推进案件繁简分流、轻重分离、快慢分道。深化以审判为中心的诉讼制度改革，落实证人、鉴定人、侦查人员出庭作证，以庭审程序公正保障裁判实体公正。依法准确适用认罪认罚从宽制度。深化最高人民法院巡回法庭改革和建设，更好实现就地解决纠纷、方便群众诉讼、维护司法公正。

加强智慧法院建设。面对疫情，智慧法院大显身手，全国法院在线立案 1143.9 万件，在线开庭 127.5 万场。司法区块链上链存证 17.1 亿条，电子证据、电子送达存验证防篡改效果明显。形成经济社会运行大数据报告 220 份，“数助决策”服务社会治理。知识服务平台涵盖类案推送、信用评价、庭审巡查等业务场景，为全国法院提供智能服务 1.4 亿次。智慧法院创新成果在国家“十三五”科技创新成就展全方位展示，加强智慧法院建设进入国家“十四五”规划纲要，科技赋能司法展现广阔前景。

完善互联网司法模式。北京、杭州、广州互联网法院运用先发优势，推动技术创新、规则确立、网络治理向前迈进。浙江法院推进“全域数字法院”，福建法院融入“数字福建”，重庆法院探索“全渝数智法院”，司法紧跟数字时代步伐。为老年人、残疾人等积极提供辅助引导或线下服务，帮助跨越“数字鸿沟”。在全球率先出台法院在线诉讼、在线调解、在线运行三大规则，以人民为中心的互联网司法规则体系逐步建立。我国互联网司法从技术领先迈向规则引领，为经济社会数字化转型提供司法保障，为世界互联网法治发展贡献中国智慧中国方案。

五、自觉践行全过程人民民主

自觉把全过程人民民主要求贯彻到法院工作各领域各环节，坚持人民司法为人民，倾听人民心声，接受人民监督，依靠人民推进公正司法，通过公正司法维护人民权益。

自觉接受人民监督。人民代表大会制度是我国根本政治制度，是实现我国全过程人民民主的重要制度载体，接受人大监督，就是接受人民监督。自觉接受全国人大及其常委会监督，严格执行全国人大及其常委会制定的法律和作出的决议决定，依法报告工作。向全国人大常委会专题报告知识产权审判工作，落实审议意见和全国人大监察司法委专题调研报告意见，提升知识产权司法保护水平。向全国人大常委会专题汇报繁简分流改革试点情况，全国人大常委会作出修改民事诉讼法的决定，为保护当事人诉讼权利、公正高效审理民事案件提供法律保障。社会主义协商民主是我国人民民主的重要形式。自觉进行民主协商，接受民主监督，参加全国政协双周协商座谈会，共商提高涉外执法司法质效和保护未成年人权益。通过召开座谈会、联合开展重点课题调研、共同举办民营经济法治建设峰会等形式，就司法政策进行民主协商，真心诚意听取各民主党派中央、全国工商联和无党派人士意见建议，努力改进工作。办好代表建议、政协提案是接受监督的重要方式，把456件代表建议、399件日常建议和153件政协提案饱含的民声民意，积极转化为公正司法的具体措施。比如，就加强黄河流域生态保护的建议，发布司法政策和典型案例，与推动黄河流域生态保护和高质量发展领导小组办公室共建行政司法协同机制。就加强食品安全司法保护的建议，完善惩治危害食品安全犯罪刑事政策，探索建立食品安全公益诉讼惩罚性赔偿制度。邀请代表委员旁听庭审、见证执行、视察法院，让司法活动始终置于人民监督之下。6960名各级代表委员、特约监督员、律师在执行案款集中发放日受邀见证。公开是最好的监督，裁判文书网累计公开文书1.3亿份，网上观看庭审直播累计超过456亿人次。广泛接受社会监督，认真听取特约监督员、特邀咨询员和专家学者意见建议，善于从意见建议中准确把握人民群众新要求新期待。自觉接受舆论监督，回应社会关切热点，会同中央广播电视总台联合发布“新时代推动法治进程十大案件”，与舆论形成良性互动，共同维护社会公平正义。

保障人民参与司法。畅通人民参与司法决策的渠道，努力让司法解释、司法政策都充分体现民意。通过组织座谈、走访调研等形式，听取代表委员特别是企业界代表委员、特约监督员意见，了解疫情下“企业想要什么”、“司法能做什么”，有针对性地出台司法助力中小微企业发展20条。邀请代表列席审委会发表意见，共同研究铁路运输人身损害赔偿司法解释。就“同命同价”、网络消费、在线诉讼等关系群众切身利益的5件司法解释，向社会公开征求意见，收到4138条意见建议。人民陪审员制度是人民参与司法的最直接形式。贯彻实施人民陪审员法，扩大参审范围，落实随机抽取。全国共有33.2万名人民陪审员，参审案件237.3万件，其中参与组成七人合议庭审结群众广泛关注、社会影响重大的案件6670件，充分发挥人民参与司法的重要作用。

依靠人民推进公正司法。紧紧依靠人民支持推进司法改革、破解工作难题。全国人大常委会修改完善刑事和民事诉讼制度，修订人民法院组织法、法官法，就四级法院审级职能定位等重大改革及设立专门法院作出决定，有力支持司法体制改革。31个省级人大及其常委会作出决议或出台文件，支持法院推进解决执行难。湖北省人大常委会通过决定，支持人民法庭促进基层社会治理。代表委员寓支持于监督之中，积极帮助解决困难和问题，有的直接参与法院化解矛盾纠纷。在扫黑除恶、攻坚执行难、一站式建设等一场场硬仗中，代表委员大力支持，人民群众广泛参与，推动我国社会主义司法制度展现蓬勃生机。

贯彻监察法和监察法实施条例，支持配合监察机关依法履行监督、调查、处置职责，自觉接受监察机关对法院工作人员监督。落实党中央关于加强新时代检察机关法律监督工作的意见，依法接受检察机关诉讼监督，认真审理抗诉案件，健全检察长列席审委会制度，共同维护司法公正。

六、着力建设忠诚干净担当的法院铁军

深入开展党史学习教育和法院队伍教育整顿，法院队伍得到前所未有的淬炼，思想作风发生深刻变化，精神面貌焕然一新。

扎实开展党史学习教育。坚持以习近平新时代中国特色社会主义思想武装头脑、指导实践、推动工作。推进习近平法治思想进教材进课堂进头脑，轮训干警80万人次，把学习习近平法治思想作为新进机关青年干部“第一课”。深入学习贯彻习近平总书记“七一”重要讲话精神，推进党史学习培训全员覆盖，引导干警筑牢政治忠诚，从党的百年奋斗史中汲取智慧和力量，真正做到明理、增信、崇德、力行。举办庆祝中国共产党成立100周年人民审判成就展，推出《红色法庭百年志》纪录片，赓续人民司法红色血脉。推出15项司法为民实事清单，组织200余项办实事活动，用为民办实事的实际成效庆祝党的百年华诞。

着力提升司法能力。完善法官入额、遴选、考核、退额等制度，择优选能。开展全国基层法官大轮训。加强知识产权、涉外等专业化审判人才建设。完善法官法新旧衔接政策，支持西部和边疆民族地区法院队伍建设。培养双语法官2373人。设立最高人民法院青年法官（雄安新区）实践基地，加强援藏援疆援青干部选派，让青年干警经风雨、见世面、壮筋骨、长才干。引导广大干警改进司法作

风,说老实话、办老实事、做老实人。落实“三严三实”要求,全国四级法院院长、班子成员分别到6028个乡镇人民法庭驻庭调研,扑下身子,沉下心来,与法庭干警同吃同住同工作,拜群众为师,面对面听民声,心贴心解民忧。

深入开展法院队伍教育整顿。坚持刀刃向内,清除沉疴积弊,全国法院59万名干警接受革命性锻造,实现刮骨疗毒、激浊扬清、铸魂扬威。坚持问题导向,不护短、不遮丑、不讳疾忌医,一体推进顽疾整治和建章立制。坚决整治年底不立案,严禁拖延立案、限制立案、以调代立、增设门槛,全国法院去年12月收案同比增长104.2%,群众反映长期存在的年底不立案得到有效整治。全面排查1990年以来“减假暂”案件1334.5万件,对有问题或瑕疵的5.9万件督促逐一整改,会同最高人民检察院等出台减刑假释案件实质化审理意见,决不允许“纸面服刑”、“提钱出狱”破坏公平正义。狠抓“三个规定”落实,各级法院全部突破“零报告”,11.2万人次记录报告信息12.8万条,有干预就报告、有过问就上报形成习惯。出台近亲属禁业清单、规范离任人员从业等规定,坚决斩断利益输送链条。以零容忍态度清除害群之马,最高人民法院查处本院违纪违法干警21人,各级法院查处利用审判执行权违纪违法干警3066人,其中追究刑事责任509人。坚持全面从严治党、从严治院,认真落实党风廉政建设主体责任,深刻汲取孟祥等反面典型教训,开展警示教育,一体推进不敢腐、不能腐、不想腐。学习英模、弘扬正气,全国法院涌现出一大批新时代好法官好干部,694个集体、596名个人受到中央有关部门表彰。滕启刚等24名法官牺牲在工作岗位上,他们用生命诠释了对党和人民的无限忠诚、对法治事业的无限热爱。广大干警深入学习周春梅法官用生命捍卫司法公正的崇高精神,努力践行“一心为民、知恩报党”,“做人清清白白,裁判坦坦荡荡”,“说实话、办实事,脊梁不弯、正义不低头”。

各位代表,新时代人民法院工作发展进步,最根本在于习近平总书记作为党中央的核心、全党的核心掌舵领航,在于习近平新时代中国特色社会主义思想科学指引。人民法院工作取得的成绩,是习近平法治思想在司法领域的生动实践,是全国人大及其常委会有力监督,国务院大力支持,全国政协民主监督,国家监察委员会监督,最高人民检察院监督制约,各民主党派、工商联、人民团体、无党派人士民主监督支持,地方各级党政机关、全国人大代表、全国政协委员、社会各界和广大人民群众关心支持帮助的结果。在此,我代表最高人民法院表示衷心的感谢!

我们清醒看到,人民法院工作还存在不少问题和困难:一是精准服务经济社会高质量发展和人民群众高品质生活的司法能力不足,对司法实践新情况新问题研究不够,有的案件审判质量效率不高、效果不佳,基层司法能力仍需加快提升。二是司法改革还存在不到位问题,系统集成不够,司法管理存在短板,综合配套举措落实存在差距。三是司法不公、司法腐败问题时有发生,既有存量、还有增量,党风廉政建设和反腐败斗争任重道远。四是专业化人才尤其是涉外法治人才短缺问题比较突出,一些法院案多人少、招人难、留人难等问题尚未得到有效解决。对这些问题和困难,我们将在党的领导下,采取切实有效措施,努力加以解决。

2022 年工作安排

2022年,人民法院要坚持以习近平新时代中国特色社会主义思想为指导,深入贯彻习近平法治思想,全面贯彻党的十九大和十九届历次全会精神,认真贯彻中央政法工作会议精神,认真落实本次大会决议,增强“四个意识”、坚定“四个自信”、做到“两个维护”,坚持党对司法工作的绝对领导,坚持以人民为中心,坚持统筹发展和安全,坚持稳中求进工作总基调,围绕迎接党的二十大、学习宣传贯彻党的二十大精神主线,奋力推进新时代人民法院工作高质量发展。

一是筑牢政治忠诚。深刻领悟“两个确立”的决定性意义,不断提高政治判断力、政治领悟力、政治执行力,坚决做到维护核心、绝对忠诚、听党指挥、勇于担当。建立党史学习教育常态化长效化制度机制,推进“两个维护”教育常态化。真学真信笃行习近平法治思想,始终将“努力让人民群众在每一个司法案件中感受到公平正义”记在心中、扛在肩上、落实到法院一切工作中。

二是维护安全稳定。严惩危害国家安全犯罪,坚决维护国家政治安全。贯彻反有组织犯罪法,坚持常态化扫黑除恶。严惩涉枪涉爆、黄赌毒、盗抢骗、食药环等犯罪,对电信网络诈骗犯罪保持高压态势。依法打击金融证券、逃税等犯罪,维护社会主义市场经济秩序,保障经济安全。保持惩治贪污受贿犯罪高压态势,加大对行贿惩治力度。严惩网络犯罪和跨国跨境犯罪。加强律师执业保障。推动平安医院建设。弘扬新时代“枫桥经验”,健全中国特色一站式多元纠纷解决和诉讼服务体系,服务建设更高水平的平安中国、法治中国。

三是服务发展大局。精准服务"六稳"、"六保",服务和保障常态化疫情防控,紧盯助力中小微企业发展20条司法措施落实落地,切实为企业纾困解难。着力营造市场化法治化国际化营商环境。加大产权和知识产权司法保护力度。完善反垄断和反不正当竞争裁判规则。依法规范数字经济发展,保护平台从业人员劳动权益和消费者合法权益。创建"枫桥式人民法庭",服务乡村全面振兴。强化涉军维权工作。深入践行"两山"理念,精准服务绿色、低碳发展。完善区域发展战略、自贸试验区、海南自贸港、共建"一带一路"司法服务政策。落实区域全面经济伙伴关系协定(RCEP)义务。全面提升涉外司法质效,深化国际司法合作,加强涉外法治人才培养,服务扩大高水平对外开放。坚决依法反制外国对我国企业和公民实施的"长臂管辖"。中国法院维护以国际法为基础的国际秩序坚定不移,捍卫国家主权和司法管辖权寸步不让。

四是保障民生权益。妥善审理教育、就业、养老、医疗、婚姻家庭等涉民生案件。加强妇女、儿童、老年人、残疾人权益保护。严惩性侵、拐卖妇女儿童和收买被拐卖妇女儿童等犯罪,及时发布典型案例,强化对被拐卖妇女儿童的司法保障。深入开展法治进校园活动。支持监督行政机关依法行政,强化行政争议实质性化解。加大执行工作力度,配合推进强制执行法立法。加大对革命老区、民族地区、边疆地区、脱贫地区法院建设支持力度。弘扬社会主义核心价值观。认真落实"八五"普法规划。加强涉诉信访工作。依法服务在高质量发展中促进共同富裕,不断满足人民群众对公平正义的更高需求。

五是巩固改革成果。总结司法体制改革经验,推动改革更加系统集成、协同高效。深化司法责任制改革,加快构建系统完备、规范高效的司法制约监督体系。扎实推进四级法院审级职能定位改革。深入推进统一法律适用工作。加强司法解释工作和司法政策研究应用。深化巡回法庭制度改革。加强专业化审判体系建设。认真实施新修改的民事诉讼法。深化以审判为中心的诉讼制度改革。落实认罪认罚从宽制度。深化智慧法院建设。改革无止境。坚持改革不停步,不走回头路,敢于打破利益的藩篱,依靠改革解决体制机制深层次问题和新出现的问题,推动完善中国特色社会主义司法制度。

六是锻造法院铁军。始终把党的政治建设摆在首位,坚持全面从严管党治警。深化司法人员分类管理改革,健全法官培养和遴选机制,加强员额法官履职培训。加强高素质专业化人才培养,强化基层法院队伍建设。巩固深化队伍教育整顿成果,决不让已经整治的顽瘴痼疾反弹回潮。教育整顿有期限,队伍建设无穷期。一刻不放松推进党风廉政建设和反腐败斗争,勇于自我革命,坚持抓常抓长、抓早抓小,对司法不公、司法腐败露头就打。深入推进法院队伍革命化、正规化、专业化、职业化,建设一支永远忠于党、忠于国家、忠于人民、忠于法律的法院铁军。

各位代表,我们要更加紧密地团结在以习近平同志为核心的党中央周围,坚持以习近平新时代中国特色社会主义思想为指导,弘扬伟大建党精神,不忘初心、牢记使命,埋头苦干、勇毅前行,更好发挥审判职能作用,以实际行动迎接党的二十大胜利召开,为实现第二个百年奋斗目标、实现中华民族伟大复兴的中国梦不懈奋斗!

第十三届全国人民代表大会第五次会议
关于最高人民检察院工作报告的决议

(2022年3月11日第十三届全国人民代表大会第五次会议通过)

第十三届全国人民代表大会第五次会议听取和审议了最高人民检察院检察长张军所作的工作报告。会议充分肯定最高人民检察院过去一年的工作,同意报告提出的2022年工作安排,决定批准这个报告。

会议要求,最高人民检察院要以习近平新时代中国特色社会主义思想为指导,深入贯彻习近平法治思想,全面贯彻落实党的十九大和十九届历次全会精神,深刻认识"两个确立"的决定性意义,增强"四个意识"、坚定"四个自信"、做到"两个维护",坚持党的绝对领导,坚持统筹发展和安全,自觉践行全过程人民民主,忠实履行宪法法律赋予的职责，充分发挥检察机关职能作用，深化司法体制改革，不断增强政治自觉、法治自觉、检察自觉，依法能动推进刑事、民事、行政、公益诉讼检察工作全面协调充分发展，巩固政法队伍教育整顿成果，扎实推动新时代人民检察院工作高质量发展，切实履行好维护国家安全、社会安定、人民安宁的重大责任，推动建设更高水平的平安中国、法治中国，以实际行动迎接党的二十大胜利召开！

最高人民检察院工作报告

——2022 年 3 月 8 日在第十三届全国人民代表大会第五次会议上

最高人民检察院检察长 张 军

各位代表：

现在，我代表最高人民检察院，向大会报告工作，请予审议，并请全国政协各位委员提出意见。

2021 年工作回顾

2021 年是党和国家历史上具有里程碑意义的一年。在中国共产党成立一百周年、党绝对领导下的人民检察制度创立 90 周年之际，党中央制发《中共中央关于加强新时代检察机关法律监督工作的意见》，赋予更重政治责任。在以习近平同志为核心的党中央坚强领导下，在全国人大及其常委会有力监督下，最高人民检察院坚持以习近平新时代中国特色社会主义思想为指导，深入贯彻习近平法治思想，全面贯彻党的十九大和十九届历次全会精神，认真落实十三届全国人大四次会议决议，深刻领会“两个确立”的决定性意义，增强“四个意识”、坚定“四个自信”、做到“两个维护”，在党史学习教育和政法队伍教育整顿中经受革命性锻造，更加自觉融入国家治理，依法能动履职，刑事、民事、行政、公益诉讼等各项检察工作取得新进展。全国检察机关共办理各类案件 363.7 万件，同比上升 20.9%。最高人民检察院制定司法解释 19 件，制发指导性案例 8 批 37 件、典型案例 76 批 563 件。

一、服务大局，以检察履职助推高质量发展

胸怀“国之大者”，在统筹发展和安全中依法能动履职，充分发挥法治的引领、规范和保障作用，服务“十四五”良好开局。

坚决维护国家安全和社会安定。全年批准逮捕各类犯罪嫌疑人 868445 人，提起公诉 1748962 人，同比分别上升 12.7% 和 11.2%。打好维护国家政治安全主动仗，坚决防范和依法惩治分裂国家、颠覆国家政权、组织实施恐怖活动等犯罪。常态化开展扫黑除恶斗争，坚持打早打小、促进常治长效，把三年专项斗争始终坚守的“是黑恶犯罪一个不放过、不是黑恶犯罪一个不凑数”融入日常。专项斗争荡涤效果凸显，社会治安秩序持续向好，与 2020 年相比，起诉涉黑涉恶犯罪下降 70.5%，杀人、抢劫、绑架犯罪下降 6.6%，聚众斗殴、寻衅滋事犯罪下降 20.9%，毒品犯罪下降 18%。配合公安机关持续开展“打拐”、“团圆”行动，严惩拐卖人口犯罪，深挖历史积案。2000 年至 2021 年，检察机关起诉拐卖妇女儿童犯罪从 14458 人降至 1135 人，年均下降 11.4%；起诉收买被拐卖的妇女儿童犯罪由 155 人增至 328 人。贯彻《中国反对拐卖人口行动计划（2021—2030 年）》，继续从严从重追诉拐卖人口犯罪；同时与有关部门形成合力、综合整治，对收买、不解救、阻碍解救被拐卖妇女儿童犯罪坚决依法追诉、从严惩治。推进常态化依法战疫，深化运用疫情初期发布的 10 批 55 件涉疫典型案例，接续发布伪造疫苗接种证明犯罪等 5 批 24 件典型案例，维护良好防疫秩序，起诉涉疫犯罪 4078 人，同比下降 63.7%。起诉危险作业、重大责任事故等危害安全生产犯罪 4135 人，同比上升 26.4%；重在源头防范，办理该领域公益诉讼 1.4 万件。北京、河北检察机关围绕安全冬奥开展专项监督，法治助力精彩冰雪梦。

着力营造安商惠企法治化营商环境。疫情多点散发，经济承压，更需以法治稳企业稳预期、保就业保民生。起诉破坏市场经济秩序犯罪 13.4 万人，同比基本持平。力防企业因案陷入困境，根据具体案件性质、情节和对社会的危害程度，持续落实对企业负责人涉经营类犯罪依法能不捕的不捕、能不诉的不诉、能不判实刑的提出适用缓刑建议等检察政策；涉企等单位犯罪不起诉率 38%，同比增加 5.9

个百分点。进一步抓实在辽宁、江苏、广东等10个省市检察机关开展的涉案企业合规改革试点：依法可不捕、不诉的，责成涉案企业作出合规承诺、切实整改；与国务院国资委、全国工商联等8部门共建第三方监督评估机制，司法、执法、行业监管联手，以严管体现厚爱。湖北一民营企业在经营中涉嫌犯罪，检察机关办案中促其合规整改，6个月后，经第三方严格评估、确认合格，依法决定不起诉。该企业整改后生产经营步入正轨，新增投资上亿元，带动就业上百人。针对一些涉企案件长期“挂案”，该结不结、该撤不撤，2019年起会同公安部持续专项清理出9815件，对证据不足、促查无果的，坚决落实疑罪从无，督促办结8707件，企业活力得以释放。商司法部在天津、重庆、四川等11个省区市试点，允许遵守监督管理规定、表现良好的社区矫正对象临时赴外地从事生产经营活动。弹性监管融入信任，更利改造、更利发展。

积极推动金融风险防范化解。设立驻中国证监会检察室，联合公安部、中国证监会专项惩治证券违法犯罪，集中办理19起重大案件，指导起诉康得新案、康美药业案，助力依法监管资本市场，维护投资者合法权益。起诉金融诈骗、破坏金融管理秩序犯罪4.3万人，同比上升3.3%；会同公安部督办36起重大非法集资案。依法惩治涉虚拟货币、网贷平台等新型金融犯罪。协同中国人民银行发布典型案例，起诉洗钱犯罪1262人，同比上升78.5%。从严追诉洗钱犯罪，使上游“罪”与“赃”无处遁形。

合力推进反腐败斗争。规范监检衔接，促进配合有力、制约有效。受理各级监委移送职务犯罪20754人，已起诉16693人，同比分别上升5%和8.8%。与国家监委等共同推进受贿行贿一起查，起诉受贿犯罪9083人、行贿犯罪2689人，同比分别上升21.5%和16.6%。对王富玉、王立科等23名原省部级干部提起公诉。对17名逃匿、死亡贪污贿赂犯罪嫌疑人启动违法所得没收程序；河南检察机关对逃匿境外拒不归案的程三昌适用缺席审判程序提起公诉，已依法追究其刑事责任。不让腐败分子逃罪，法网就是天网。

倾力服务创新驱动发展。跟进最高人民检察院组建知识产权检察办公室，北京、海南、陕西等20个省级检察院深化知识产权刑事、民事、行政检察一体履职，强化综合保护。持续加大惩治侵犯知识产权犯罪力度，起诉1.4万人，同比上升15.4%。发布指导性案例，起诉侵犯商业秘密犯罪121人，是2020年的2.4倍。会同国家版权局等督办60起重大侵权盗版案件。办理知识产权民事行政诉讼监督案件544件，是2020年的4.1倍。

积极推进网络依法治理。会同公安部等出台办理电信网络诈骗等刑事案件指导意见，全链条打击、一体化防治，起诉利用网络实施诈骗、赌博、传播淫秽物品等犯罪28.2万人，同比上升98.5%。协同推进“断卡”行动，起诉非法买卖电话卡和银行卡、帮助提款转账等犯罪12.9万人，是2020年的9.5倍；针对一些在校学生涉案，会同教育部发布典型案例，开展校园反诈，既防学生受害，也防受骗参与害人。继取快递女子被造谣出轨案自诉转公诉，接续发布公民人格权保护指导性案例，从严追诉网络诽谤、侮辱、侵犯公民个人信息等严重危害社会秩序、侵犯公民权利犯罪，起诉3436人，同比上升51.3%。吴某从网上下载一女子与其外公的合影照片，编成“老夫少妻”的恶搞信息发布，阅读量逾4.7亿人次。广东公安机关以公诉案件立案，检察机关批准逮捕。注重源头防范，办理个人信息保护领域公益诉讼2000余件；上海、重庆等地检察机关对利用手机软件违法收集使用个人信息开展专项监督，推动网信、通信管理等部门综合治理。网络虚拟空间，依法治理要实。

助力美丽中国建设。落实用最严密法治保护生态环境，持续从严追诉非法倾倒危险废物、走私洋垃圾等破坏生态环境资源犯罪成效显现，去年起诉4.9万人，8年来首次下降。促进源头治理，办理生态环境和资源保护领域公益诉讼8.8万件，同比上升4.7%；督促修复被损毁耕地、林地、草原43万亩，督促修复被污染土壤47.8万亩，追索环境损害赔偿金5.9亿元，同比分别上升92.7%、4.6倍和55.9%。南四湖水域泽及鲁苏豫皖四省，因上下游、左右岸治理标准不一，多重污染交织，严重影响群众生产生活。最高人民检察院直接立案，调用四省检察官办案，助力地方政府携手治理，统一污水排放标准及保护区煤矿退出方案，清理固废垃圾，拆除违章建筑，取缔违法养殖，历时10个月初现一湖碧水。

服务区域协调发展。认真贯彻新时代党的治藏、治疆方略，制定深化检察对口援助28项举措。制定服务保障黄河流域生态保护和高质量发展18项举措，深化长江经济带检察协同履职，携手保护母亲河。出台检察政策，建立协作机制，支持海南自由贸易港、横琴粤澳深度合作区、前海深港现代服务业合作区建设。以高标准检察履职，助力浙江建设共同富裕示范区,支持深圳建设中国特色社会主义法治先行示范城市。西藏及周边6个省级检察院跨区域协作,共护雪域高原。京津冀检察机关以法治一体化服务协同发展,助推法治雄安建设。沪苏浙皖检察机关凝聚工作合力,服务长三角一体化。川渝检察机关建立跨区域案件管辖、鉴定资源共享等协作机制,力促双城经济圈建设。

积极参与涉外法治建设。最高人民检察院设立专班,加强检察机关涉外法治工作。办理涉外刑事案件5691件、刑事司法协助案件178件,平等保护中外当事人合法权益,有力维护国家主权、安全、发展利益。巩固双边多边合作机制,与7个国家检察机关视频会晤,交流司法改革和公益诉讼等工作;参加国际检察官联合会、上海合作组织成员国总检察长会等视频会议,深化司法交流合作,服务共建"一带一路",推动构建人类命运共同体。

二、司法为民,以检察履职纾解群众急难愁盼

坚持以人民为中心,在办好检察为民实事中依法能动履职,依法保障人权,让人民群众切实感受到公平正义就在身边。

守护人民群众美好生活。与最高人民法院联合发布司法解释,对制售注水肉以及伪劣保健品坑老等犯罪从严追诉、从重处罚。与农业农村部等开展专项行动,重点惩治非法使用禁限用药物等犯罪。起诉制售有毒有害食品、假药劣药等犯罪1.1万人,同比上升29.8%。办理食药安全领域公益诉讼3万件,同比上升10%;督促查处假冒伪劣食品48万千克、假药劣药1448千克,同比分别上升26.9%和2.2倍。河北、山西、安徽、宁夏等地检察机关追诉制售假药犯罪,附带民事公益诉讼,追索销售金额三至十倍惩罚性赔偿金,让肆意损害公益者付出应有更高代价。持续落实"四号检察建议",督促整改窨井安全隐患93万处,河南检察机关推动将窨井设施维护改造纳入全省十大重点民生实事。

做实群众信访"件件有回复"。2019年全国两会上,我们承诺群众信访"7日内程序回复、3个月内办理过程或结果答复"。三年来,收到的279万件信访均在7日内告知"已收到、谁在办",3个月内办理情况答复率超过90%。信访群众更盼的是案结事了。狠抓领导干部带头办理疑难复杂信访案件,基层检察院受理首次信访全部由院领导办理;全面推开检察公开听证,对争议大、影响性案件,邀请人大代表、政协委员、专家学者等参与评议,是非曲直大家听,"法结"、"心结"一起解。全年听证10.5万件,是2020年的3.5倍,信访案件听证化解率76.5%。与2019年相比,去年信访总量、重复信访量、到最高人民检察院信访量分别下降4.7%、7.5%和8.9%;"家门口检察院"受到信任,县级检察院受理信访占比从24.5%升至29.8%,信访"倒三角"结构持续改善。全国人大常委会听取办理控告申诉案件专项报告,予以充分肯定。

努力让孩子们更好成长。落实未成年人保护法,以司法保护融入家庭、学校、社会、网络和政府保护,形成合力,让"1+5>6",共同把未成年人保护工作做得更实。针对监护人侵害行为,支持起诉、建议撤销监护人资格758件,同比上升47.8%;针对严重监护失职,发出督促监护令1.9万份。家庭教育促进法今年起施行,更利促进"甩手家长"依法带娃。持续落实2018年针对校园安全发出的"一号检察建议"。会同教育部、公安部等建立的强制报告、入职查询制度上升为法律规定。通过强制报告办理侵害未成年人案件1657件,对未履行报告义务促整改、追责459件。推动密切接触未成年人行业入职查询749万人次、解聘2900名有前科劣迹人员。从严追诉性侵、虐待等侵害未成年人犯罪6.1万人,同比上升5.7%。最大限度教育感化挽救涉罪未成年人,依法决定附条件不起诉2万人,占结案未成年人总数29.7%;起诉较严重犯罪未成年人3.5万人,同比上升6%,依法惩治也是保护。未成年人文身易感染、难复原,就业受限、家长无奈,江苏、浙江等地检察机关以公益诉讼专项监督推动禁止为心智尚未成熟的未成年人文身。3.9万名检察官在7.7万所中小学校担任法治副校长,携手各方为孩子们撑起一片法治艳阳天。

坚决维护国防利益和军人军属、英雄烈士合法权益。制定实施新时代军地检察协作意见,起诉危害国防利益、侵犯军人军属合法权益犯罪545人,同比上升43%。对遭受不法侵害的军人军属、退役军人给予司法救助。针对影响飞行训练安全问题,开展军用机场净空专项监督。办理国防和军事领域公益诉讼325件,是2020年的2.2倍。发布破坏军婚典型案例,推广云南军地检察机关开展军人未成年子女司法保护经验,依法维权、护好"军娃"。与7部门共同制发烈士纪念设施规范管理意见;会同退役军人事务部开展专项监督,发出检察建议4995件,推动修缮烈士纪念设施9400处。办理英烈权益保护领域民事公益诉讼46件。某网络博主恶意诋毁志愿军英烈、某旅游博主恣意侮辱卫国戍边烈士,海南、新疆检察机关分别以涉嫌侵害英雄烈士名誉、荣誉罪提起公诉,附带民事公益诉讼,以法治维护英烈权益、捍卫英烈荣光。

法治增进同胞亲情和福祉。加强与港澳司法机关交流合作。依法妥善办理涉港澳台和涉侨案件，保障港澳台同胞、海外侨胞和归侨侨眷合法权益。编写服务台胞台企检察手册，浙江、福建等地检察机关在台商投资区设立检察联络室，聘请台胞担任检察联络员，提供精准司法服务。推广江西等地经验，携手中国侨联为侨胞提供法律服务。

能动司法暖基层。结合司法办案，救助生活陷入困境的受害方4.8万人6.1亿元，同比分别上升49.9%和47.2%。一被害人遭抢劫身亡，其妻独自照顾三位老人、两个子女，湖南检察机关给予司法救助，并协调公益组织为其考上大学的孩子提供资助、协调民政助其申请低保，基层群众切实感受到党和政府温暖。对诉讼能力偏弱的老年人诉请支付赡养费、残疾人维权、受家暴妇女离婚、农民工讨薪等案件，依法支持起诉4.4万件，同比上升80.9%。促进和谐劳动关系、和谐家庭、平安医院建设取得积极进展，起诉恶意欠薪、家庭暴力犯罪大幅下降，起诉伤医扰医犯罪从2018年3202人降至2021年427人。携手中国残联切实加强残疾人司法保护，全面推开无障碍环境建设公益诉讼，立案办理3272件，是2020年的6.2倍。从严惩治欺老骗老犯罪，上海检察机关建立专门办案组，用法律手段保护老年人权益。

三、深化监督，以检察履职维护公平正义

在制约监督中依法能动履职，促进执法司法机关自我纠错、减少出错，一体推进严格执法、公正司法，助力法治中国建设。

深化刑事诉讼监督。推进行政执法与刑事司法衔接，规范执法司法信息共享、案件移送。督促行政执法机关移送涉嫌犯罪案件4819件，公安机关已立案3629件，同比分别上升30.8%和35.3%。会同公安部出台意见，共同设立侦查监督与协作配合办公室，以有力配合、更实监督促侦查办案质量提升。对应当立案而不立案的督促立案2.5万件、不应当立案而立案的监督撤案2.9万件，同比分别上升13.6%和22.1%。对认为确有错误的刑事裁判提出抗诉8850件，同比基本持平；法院已审结6380件，其中改判、发回重审4330件，采纳率67.9%，同比增加1.2个百分点。对刑事审判活动违法情形提出纠正意见1.4万件次，同比上升58.3%。刑法修正案（十一）将袭警罪从妨害公务罪中分立后，起诉袭警犯罪6530人，执法保障更加鲜明、有力。

深化监狱、看守所执法监督。2018年巡回检察制度入法后，最高人民检察院直接组织对10所监狱巡回检察，6位大检察官率巡回检察组发现并督促整改狱内涉毒、涉赌等突出问题，推动查处职务犯罪。在山西、吉林、青海、宁夏等20个省区市开展看守所巡回检察试点，针对监管执法不规范问题发出检察建议。落实政法队伍教育整顿部署，全面排查1990年以来办理的1100万件减刑、假释、暂予监外执行案件，监督纠正3万件，查处徇私舞弊“减假暂”犯罪242人。针对收押难、送监难问题，以专项活动督促依法收押收监4.4万人。加强财产刑执行监督，提出纠正意见4.3万件，已执行4.4亿元。推广贵州经验，专项监督剥夺政治权利刑罚执行情况，纠正违法行使选举权、被选举权633人。

精准开展民事诉讼监督。强化精准监督理念，对认为确有错误的民事裁判提出抗诉5319件，同比上升6.5%，法院已审结4006件，其中改判、发回重审、调解及和解撤诉3530件，改变率88.1%，同比增加7.4个百分点；提出再审检察建议8803件，采纳率96.9%，同比增加28.2个百分点。以检察建议监督纠正民事审判和执行活动中的违法情形9.9万件，同比上升40.9%。北京、河北、福建等地检察机关针对失信被执行人名单管理不精细问题，以检察建议督促及时核减应移出人员。连续三年开展虚假诉讼专项监督初见成效，去年以抗诉或检察建议纠正“假官司”8816件、起诉虚假诉讼犯罪1135人，同比分别下降12.6%和16.1%。山西、内蒙古、黑龙江、广西等11个省区市建立民事诉讼监督案件正卷、副卷一并调阅制度，把握案情更全面，检察监督更精准。

全面深化行政检察监督。对认为确有错误的行政裁判提出抗诉245件，同比上升34.6%，法院已审结121件，其中改判、发回重审、调解及和解撤诉87件，改变率71.9%，同比增加17个百分点；提出再审检察建议222件，采纳率55%，同比增加16.6个百分点。以检察建议监督纠正行政审判和执行活动中的违法情形3.8万件，同比上升20%。聚焦土地非诉执行，专项监督法院未及时受理、不规范执行及行政机关怠于申请强制执行等案件1.6万件，涉土地面积19万亩。守护土地资源，须从依法严格保护每一亩土地做起。为解决一些行政诉讼案件程序已结但讼争未解的申诉问题，检察机关专项监督，制定工作指引、编发指导性案例，综合运用公开听证、检察建议、司法救助等措施，全年有效化解行政争议9100件，其中讼争10年以上的

435 件。司法须努力追求实质公正，不能止于形式合法。

从严追诉司法工作人员职务犯罪。在扫黑除恶"打伞破网"和政法队伍教育整顿中充分发挥职能作用，立案侦查司法工作人员利用职权实施的侵犯公民权利、损害司法公正犯罪 2253 人，同比上升 58.6%。陶革等人涉多起持枪杀人案，致 2 人死亡 2 人重伤。案发后，包括主犯在内的 3 人被轻处缓刑，2 人被判有期徒刑却未予收监，逍遥法外 20 余年，形成黑社会性质组织，实施多起严重犯罪。辽宁检察机关对原判提出抗诉、新罪提起公诉，并对 12 名涉嫌滥用职权、徇私枉法的侦查、检察、审判人员立案查办。执法司法腐败必须零容忍。

深化检律良性互动。尊重、支持律师履职，连续两年会商司法部、全国律协，四级检察院同步落实。从严监督纠正执法司法人员侵犯律师执业权利 1770 件，同比上升 84.8%。全面试点律师互联网阅卷，查阅案卷一次也不用跑。邀请律师参与公开听证、信访化解，专业法律服务备受好评。与司法部等出台指导意见，规范检律交往、离任检察人员从事律师职业；中国检察官协会与全国律协共同倡议"亲"不逾矩、"清"不远疏。

四、诉源治理，以检察履职保障高水平安全

司法办案既要抓末端、治已病，更要抓前端、治未病。检察机关依法能动履职，更深融入社会治理，共筑长治久安基石。

以检察建议推动源头治理。反复、大量发生的违法犯罪，大都与社会治理基础工作相关。2018 年以来，最高人民检察院汇总分析司法数据、典型案例，围绕校园安全、司法公告送达、金融监管、窨井管理、虚假诉讼、网络整治等向有关部门发出第一至六号检察建议，省级检察院同步推进。针对快递安全问题，2021 年向国家邮政局发出"七号检察建议"，抄送交通运输部、商务部等 12 个部门，促进形成监管合力。公安部、国家邮政局及时开展专项行动，3 个月破获寄递毒品案 1709 件。

积极贯彻少捕慎诉慎押刑事司法政策。适应刑事犯罪结构变化，在严惩严重刑事犯罪同时，对大多数较轻犯罪、初犯偶犯等依法从宽处理、少捕慎诉慎押，有利分化犯罪、减少社会对立面。检察机关积极稳妥推进，全年不批捕 38.5 万人、不起诉 34.8 万人，比 2018 年分别上升 28.3% 和 1.5 倍；辅以公开听证、释法说理、司法救助等促进形成共识，公安机关提出不同意见、提请复议复核下降 37.4%，被害人不服提出申诉下降 11.2%。对决定不起诉的犯罪嫌疑人，应给予行政处罚的，移送主管机关。山西、广东、甘肃等地检察机关对不起诉醉驾案件提出检察意见，转请行政处罚，推进从严综合整治。开展羁押必要性审查专项活动，对捕后可不继续羁押的，依法建议释放或变更强制措施 5.6 万人，诉前羁押率从 2018 年 54.9% 降至 2021 年 42.7%。山东、浙江等地探索运用电子手环、大数据等科技手段监管，取保候审无一人失联。社会在进步，不"关起来"也能管得住。

推动认罪认罚从宽制度充分落实。认罪认罚从宽有利化解矛盾、促进和谐、实现社会内生稳定。尽管工作量倍增，检察机关积极主导该用尽用。制定量刑建议指导意见，听取当事人、律师意见同步录音录像，确保认罪认罚自愿、合法。去年适用率超过 85%；量刑建议采纳率超过 97%；一审服判率 96.5%，高出其他刑事案件 22 个百分点，从源头减少了大量上诉、申诉案件。司法效果良好，靠的是诉讼制度优越。

让公益诉讼更实保护公益。立案办理公益诉讼 16.9 万件，其中民事公益诉讼 2 万件、行政公益诉讼 14.9 万件，比 2018 年分别上升 50%、3.6 倍和 37.3%。最高人民检察院、省级检察院落实全国人大常委会要求，直接办理跨地域、影响性案件 110 件。以诉前实现维护公益目的为最佳司法状态，梯次以磋商、诉前检察建议促进源头治理，绝大多数案件在诉前解决了公益损害问题。对检察建议不能落实的，提起诉讼 1.1 万件，99.8% 获裁判支持，成为法治样本。发布典型案例，指导办理文物和文化遗产保护领域公益诉讼 5554 件。积极稳妥拓展公益诉讼案件范围，英雄烈士保护法、未成年人保护法、军人地位和权益保障法、安全生产法、个人信息保护法制定修改时，均写入公益诉讼检察条款，公益司法保护中国方案备受瞩目。

五、治检从严，以检察履职锻造检察铁军

扎实开展党史学习教育和政法队伍教育整顿，锻造忠诚干净担当的过硬检察队伍，提升依法能动履职的能力和水平。

把政治与业务建设融为一体。坚持以思想政治建设铸魂，学党史忆检史，传承红色基因。编写学习贯彻习近平法治思想检察履职系列教科书，一体提升政治素质、业务能力和职业道德水准。推动法官、检察官、人民警察等同堂培训 19.2 万人次，树立、更新共同司法理念。建设检察案例库，收录案例 16.6 万件，类案检索、参照办案。以上海施净岚、江苏王勇、福建吴美满等新时代检察英模为榜样，坚守忠诚奉献“底色”，引领专业精进“亮色”。安徽王敏、湖北王朝阳、湖南彭庆文、广西曹艳群等12位检察人为党和人民献出宝贵生命，激励我们不忘初心、承志前行。

抓实检察队伍教育整顿。融合推进教育整顿与检察系统内巡视，支持纪委监委和派驻纪检监察组监督执纪执法，坚持刀刃向内，坚持严管就是厚爱，落实“自查从宽、被查从严”政策，2800名检察人员被依纪依法查处，是2020年的2倍，其中移送追究刑事责任202人。最高人民检察院4人受到党纪政务处分、1人被移送追究刑事责任。坚决整治顽瘴痼疾，排查整改各类问题5.1万件，推动立行立改、抓源治本。持续抓实防止干预司法“三个规定”，检察人员主动记录报告有关事项16.2万件，是2020年的2.4倍。教育整顿永远在路上，有问必录就是铁规矩。

巩固深化司法体制改革。持续抓实司法体制综合配套改革，检察人员分类管理、检察官办案责任制、检察人员履职保障等改革举措强基固本；认真落实法律赋权，公益诉讼检察、认罪认罚从宽制度创新践行；遵循司法规律，自我加压推进内设机构系统性调整、专设未成年人检察机构、实行捕诉一体，全面推开巡回检察；强化检察权运行制约监督，制定修改刑事、民事、行政、公益诉讼办案规则，严明检察官权力清单；变革检察理念，创制推出“案-件比”司法质效评价标准，两年来压减86.4万个空转程序、内生案件。巩固深化改革成果，重在检察责任落实。最高人民检察院对2018年以来改判纠正的246件刑事错案启动追责，“张玉环案”、“张志超案”等错误关押十年以上的22件直接督办，从严追责问责511名检察人员，其中相关检察院班子成员134人，退休人员122人。“终身追责”不是口号，纠错不能止于国家赔偿、追责必须落到责任主体。

更加注重强基导向。随着经济社会发展，基层检察院建设主要矛盾总体由财、物短缺转化为人的素质能力跟不上。坚持以点带面、补短强弱，最高人民检察院和省、市级检察院定点帮扶、靶向施策，梳理出的129个薄弱基层检察院，已有82个改变面貌、由弱变强。组织法律职业资格考试统一培训，西部地区检察机关通过人数同比上升22.5%。检察业务应用系统2.0上线，网上办案迭代升级；推广浙江经验，深化大数据运用，建设检察办案大数据平台，科技让法律监督更有力、更高效。

各位代表，在人民监督下，人民检察努力做到依法能动履职。**自觉接受人大监督**。深入贯彻中央人大工作会议精神，最高人民检察院邀请全国人大代表视察工作、参与公开听证等检察活动865人次；认真办好代表提出的252件书面建议；对照代表审议报告、视察座谈时提出的3802条意见建议改进工作；落实代表建议，推广山东经验，在16个省区市试点建立衔接机制，将代表建议转化为公益诉讼检察建议。**自觉接受民主监督**。参加全国政协双周协商座谈会，共商未成年人保护；认真办好69件政协提案；连续4年走访民主党派中央，面对面征得的244条建议全部做实，省级检察院同步走访。**自觉接受履职制约**。对法院宣告无罪的公诉案件逐案阅卷复查，公诉失当的依法追责；对公安机关提请复议复核的案件重新审查，改变原决定313人。**自觉接受社会监督**。检务公开更进一步，常态化发布典型案例，常态化开展线上线下检察开放日活动，邀请人民监督员监督检察办案活动11.7万人次。全过程人民民主让公平正义更可视、可评、可感。

一年来，各级党委更加重视检察工作。省级党委主要负责同志均对贯彻落实《中共中央关于加强新时代检察机关法律监督工作的意见》作出批示，23个省级党委已出台实施意见，为检察履职提供了强有力领导和支持。

各位代表，党的十八大以来，党领导人民开创中国特色社会主义新时代。伴随着我国社会主义法治建设取得历史性成就、发生历史性变革，人民检察事业欣逢最好发展时期，正经历整体性重塑。这根本在于习近平总书记掌舵领航，根本在于习近平新时代中国特色社会主义思想科学指引，根本在于以习近平同志为核心的党中央坚强领导；得益于全国人大及其常委会有力监督、国务院大力支持、全国政协民主监督，国家监察委员会、最高人民法院配合与制约，各民主党派、工商联和无党派人士、各人民团体及地方各级党政机关、各位代表、各位委员和社会各界热忱关心、支持和帮助。我谨代表最高人民检察院表示衷心感谢！

我们清醒认识到，与党和人民更高要求相比，检察工作还有不小差距。一是学思践悟习近平法治思想还需走深做实，检察理念需持续更新；二是立足国内国际两个大局，服务保障经济社会高质量发展的针对性、实效性不够；三是“四大检察”发展不协调，法律监督仍有缺位、不足；四是基层基础工作仍是突出短板，一些检察政策、工作部署未能落地；五是全面从严治检存在薄弱环节，蒙永山等案件教训深刻。问题就是责任，我们要以更大气力解难题、开新局。

2022年工作安排

党的十九届六中全会发出了向实现第二个百年奋斗目标进军的动员令。2022年，检察机关要坚持以习近平新时代中国特色社会主义思想为指导，深入学习贯彻习近平法治思想，紧紧围绕服务保障、学习贯彻党的二十大这条主线，聚焦高质量发展主题，坚持稳中求进工作总基调，深化落实《中共中央关于加强新时代检察机关法律监督工作的意见》，抓住“稳进、落实、提升”不放，依法能动履职，推动建设更高水平的平安中国、法治中国，为党的二十大胜利召开营造安全稳定的政治社会环境。

第一，坚持稳进，切实担当服务保障高质量发展政治责任。落实总体国家安全观，从严从细从实抓好防风险、保安全、护稳定、促发展各项工作，坚决维护国家安全、社会安定、人民安宁。统筹落实少捕慎诉慎押刑事司法政策、认罪认罚从宽制度，更实做好诉源治理。落实反有组织犯罪法，常态化开展扫黑除恶斗争。坚决打击“村霸”，促进基层社会治理，推进更高水平的平安法治乡村建设。妥善办好涉疫案件，助推依法防控。从严追诉侵害妇女、儿童、老年人、残疾人等特定群体人身权利犯罪。对国企民企、内资外资、大中小微企业等各类市场主体予以同等司法保护，全面推开涉案企业合规改革，落实第三方监督评估机制。持续深化知识产权综合司法保护，更好服务数字经济和创新发展。从严惩治非法集资、洗钱等金融犯罪，持续加大互联网金融犯罪惩治力度，切实维护金融安全，同时力促追赃挽损。加强反垄断、反暴利、反不正当竞争司法，支持和引导资本规范健康发展。持续加大惩治网络犯罪力度，从严惩治网络诽谤、侵犯公民个人信息、电信网络诈骗等犯罪。加强民生司法保障，服务巩固拓展脱贫攻坚成果和全面推进乡村振兴。贯彻习近平生态文明思想，加强生态环境司法保护，共护美丽河湖、绿水青山。深化军地检察协作，坚决惩治涉军犯罪，加强军事设施保护等国防和军事领域公益诉讼，坚定维护国防利益和军人军属、退役军人合法权益。

第二，狠抓落实，切实担当助推全面依法治国新征程法治责任。坚持敢于监督、善于监督、勇于开展自我监督，推进“四大检察”一体发展、融合发展，形成法律监督合力，切实维护公平正义。加强监检衔接，完善配合制约机制，更好服务反腐败斗争大局。健全行政执法与刑事司法衔接机制，落实侦查监督与协作配合机制，更加有效防治有案不立、有罪不究、以刑事案件名义插手民事经济纠纷。抓实对监狱、看守所巡回检察，加强对减刑、假释、暂予监外执行案件的法律监督，积极探索对社区矫正机构巡回检察。持续抓好民法典贯彻实施，深化民事行政诉讼精准监督。常态化推进行政争议实质性化解，探索对履行职责中发现的行政机关违法行使职权或不行使职权行为的监督。在办好法律明确赋权领域公益诉讼案件的同时，积极稳妥办理网络治理、金融证券、知识产权、文物和文化遗产保护、妇女权益保障等新领域案件。坚持和发展新时代“枫桥经验”，深入贯彻信访工作条例，巩固深化群众信访“件件有回复”、治理重复信访成果。落实“谁执法谁普法”普法责任制，以案例为载体，加强法治宣传教育。大力加强未成年人检察工作，做实检察官担任法治副校长，促进未成年人保护法律规定落实再落实。完善跨行政区划法律监督机制。加强司法解释和案例指导，深入推进统一法律适用工作。

第三，持续提升，切实担当实现检察工作自身高质量发展检察责任。深化习近平法治思想全员培训，深入学思践悟，不断提高政治判断力、政治领悟力、政治执行力。开展质量建设年活动，提升法律监督能力，以检察工作高质量发展服务保障经济社会高质量发展。深化全面从严治检，巩固拓展党史学习教育和政法队伍教育整顿成果，常态化开展司法顽瘴痼疾排查整治工作，以严管厚爱促检察人员担当尽责。深化政治与业务融合培训，针对性开展菜单式培训，加强新领域科技知识的学习运用，大力培养检察队伍专业精神、专业能力。再确定一批相对薄弱基层检察院，压茬推进强基固本。深化司法体制改革，跟进打好健全完善的“补丁”，提升改革效能。加强对“案”和“人”的管理，向科学管理要检察生产力。实施检察大数据战略，赋能新时代法律监督。

各位代表，昂首阔步行进在实现中华民族伟大复兴的道路上，人民检察事业开启新的征程。我们将更加紧密地团结在以习近平同志为核心的党中央周围，锚定党中央擘画的宏伟蓝图，弘扬伟大建党精神，落实本次会议要求，讲政治、顾大局、谋发展、重自强，忠实履行法律监督职能，以实际行动迎接党的二十大胜利召开，为全面建设社会主义现代化国家作出新贡献！

第十三届全国人民代表大会第五次会议秘书处关于代表提出议案处理意见的报告

（2022 年 3 月 10 日第十三届全国人民代表大会第五次会议主席团第三次会议通过）

十三届全国人大五次会议主席团：

本次会议上，全国人大代表坚持以习近平新时代中国特色社会主义思想为指导，深入学习贯彻习近平法治思想和习近平总书记关于坚持和完善人民代表大会制度的重要思想，全面贯彻落实党的十九大和十九届历次全会、中央人大工作会议精神，坚持党的领导、人民当家作主、依法治国有机统一，依法向大会提出属于全国人民代表大会职权范围内的议案。根据大会主席团第一次会议决定的代表提出议案的截止时间，到 3 月 8 日 12 时，大会秘书处共收到代表提出的议案 487 件，其中，代表团提出的 15 件，30 名以上的代表联名提出的 472 件。在这些议案中，有关立法方面的 474 件，有关监督方面的 13 件。

人民代表大会制度是实现全过程人民民主的重要制度载体。代表依照法定程序提出议案，是代表执行代表职务的重要形式，也是吸纳民意、汇集民智的重要渠道。会前，代表们通过参与全国人大常委会有关工作、专题调研、视察、走访、座谈、代表小组活动等多种形式，利用代表之家、代表联络站和基层立法联系点等多种平台，深入了解社情民意。会议期间，代表们共同酝酿讨论，认真修改完善议案。今年的代表议案，绝大多数为法律案。其中涉及制定法律的 193 件，修改法律的 274 件，编纂法典的 6 件，有关决定事项的 1 件。按照七个法律部门划分，涉及宪法相关法类 19 件、民法商法类 55 件、行政法类 155 件、经济法类 105 件、社会法类 64 件、刑法类 39 件、诉讼与非诉讼程序法类 36 件。内容主要集中在以下几方面：一是加强重要领域立法，提出制定突发公共卫生事件应对法、粮食安全保障法、黑土地保护法、能源法、危险化学品安全法、国家公园法以及碳达峰碳中和促进、耕地质量保护等方面的法律，修改传染病防治法、科学技术普及法、网络安全法、海洋环境保护法、对外贸易法等。二是推进新兴领域立法，提出制定数字经济、大数据、生物安全、社会信用等方面的法律。三是加强民生、社会领域立法，提出制定反电信网络诈骗法、社会救助法、学前教育法以及托育服务、养老服务等方面的法律，修改职业教育法、妇女权益保障法、残疾人保障法、治安管理处罚法、居民身份证法、消防法、药品管理法等。四是完善社会主义市场经济法律制度，提出制定农村集体经济组织法、期货和衍生品法、民事强制执行法等，修改反垄断法、反不正当竞争法、反洗钱法、公司法、企业破产法、保险法、信托法等。五是完善国家机构组织和职能立法，提出修改监督法、行政复议法、行政强制法，制定检察公益诉讼、行政程序等方面的法律。六是研究启动条件成熟领域法典编纂工作，提出编纂劳动法典、知识产权法典等。此外，还提出了修改刑法、刑事诉讼法、民事诉讼法、行政诉讼法的议案。

按照全国人民代表大会组织法和全国人民代表大会议事规则的规定，大会秘书处对代表提出的议案逐件认真分析研究，认为没有需要列入本次会议审议的议案。大会秘书处建议，将代表提出的议案分别交由全国人大有关专门委员会审议。其中，交由民族委员会审议 1 件，宪法和法律委员会审议 123 件，监察和司法委员会审议 47 件，财政经济委员会审议 110 件，教育科学文化卫生委员会审议 73 件，外事委员会审议 1 件，环境与资源保护委员会审议 42 件，农业与农村委员会审议 27 件，社会建设委员会审议 63 件。有关专门委员会对上述议案进行审议后，向全国人大常委会提出审议结果报告，经全国人大常委会审议通过后，印发第十四届全国人民代表大会第一次会议，同时向十三届全国人大代表作出反馈。

审议全国人民代表大会主席团交付的代表提出的议案，是全国人大各专门委员会的重要职责。十三届全国人大四次会议修改了全国人大组织法和全国人大议事规则，对专门委员会联系代表和议案审议工作提出新的要求。大会秘书处就代表议案审议和相关工作提出如下建议：

一、深入学习贯彻习近平法治思想和习近平总书记关于坚持和完善人民代表大会制度的重要思想，坚持党中央对立法工作的集中统一领导，全面贯彻落实中央人大工作会议精神，在确保质量的前提下加快立法工作步伐，加强重点领域、新兴领域、涉外领域立法，健全国家治理急需、满足人民日益增长的美好生活需要必备的法律制度，加快完善中国特色社会主义法律体系，以良法促进发展、保障善治。

二、坚持发展全过程人民民主，使发挥代表作用成为人民当家作主的重要体现，健全专门委员会联系代表工作机制，加强与提出议案代表的沟通，积极邀请代表参与立法调研、起草、论证、审议、评估和执法检查、专题调研等活动，充分听取、认真研究采纳代表提出的意见建议，及时向代表反馈议案交付审议情况和代表意见建议采纳情况。

三、坚持科学立法、民主立法、依法立法，发挥人大在立法工作中的主导作用，把审议代表议案与落实全国人大常委会立法规划计划结合起来，统筹推进立法重点工作任务，健全专门委员会牵头起草重要法律草案机制，对有关部门起草的法律草案提前介入、加强协调，发挥审议环节把关作用，实现立法政治效果、法治效果、社会效果最大化。

四、推进议案审议结果报告规范化，全面反映每件议案审议结果，注重反映围绕审议议案开展联系代表等工作情况，积极回应代表和群众关切，提升议案工作整体成效。

以上报告，请审议。

第十三届全国人民代表大会
第 五 次 会 议 秘 书 处
2022 年 3 月 10 日

附件：

交有关专门委员会审议的议案

（共 487 件）

一、交民族委员会审议的 1 件：

1. 云南代表团：关于制定民族团结进步促进法的议案（第 78 号）。

二、交宪法和法律委员会审议的 123 件：

2. **李征**等 30 名代表：关于修改人民防空法的议案（第 180 号）；

3. **张淑琴**等 31 名代表：关于修改体育法的议案（第 151 号）；

4. **李亚兰**等 30 名代表：关于修改体育法的议案（第 401 号）；

5. **易捷**等 30 名代表：关于修改公司法的议案（第 205 号）；

6. **胡建文**等 31 名代表：关于修改公司法的议案（第 210 号）；

7. **李亚兰**等 30 名代表：关于修改公司法的议案（第 396 号）；

8. **张学武**等 30 名代表：关于修改公司法的议案（第 427 号）；

9. **胡季强**等 31 名代表：关于修改公司法的议案（第 468 号）；

10. **乔彬**等 33 名代表：关于修改农产品质量安全法的议案（第 227 号）；

11. **陈瑞爱**等 57 名代表：关于修改农产品质量安全法的议案（第 237 号）；

12. **肖胜方**等 48 名代表：关于修改刑事诉讼法的议案（第 48 号）；

13. **冯帆**等 30 名代表：关于修改刑事诉讼法的议案（第 93 号）；

14. **孟平红**等 30 名代表：关于修改刑事诉讼法的议案（第 129 号）；

15. **才华**等 31 名代表：关于修改刑事诉讼法的议案（第 299 号）；

16. **李亚兰**等 30 名代表：关于修改刑事诉讼法的议案（第 357 号）；

17. **沈昌健**等 31 名代表：关于修改刑事诉讼法的议案（第 435 号）；

18. **王静成**等 42 名代表：关于修改刑事诉讼法的议案（第 442 号）；

19. **潘向黎**等 30 名代表：关于修改刑法的议案（第 14 号）；

20. **张志良**等 31 名代表:关于修改刑法的议案(第 45 号);

21. **肖胜方**等 62 名代表:关于修改刑法的议案(第 47 号);

22. **崔荣华**等 30 名代表:关于修改刑法的议案(第 61 号);

23. **李彬**等 30 名代表:关于修改刑法的议案(第 68 号);

24. **法蒂玛**等 31 名代表:关于修改刑法的议案(第 83 号);

25. **刘希娅**等 31 名代表:关于修改刑法的议案(第 86 号);

26. **李秀香**等 30 名代表:关于修改刑法的议案(第 92 号);

27. 云南代表团:关于修改刑法的议案(第 139 号);

28. **庹庆明**等 30 名代表:关于修改刑法的议案(第 144 号);

29. **殷红梅**等 30 名代表:关于修改刑法的议案(第 146 号);

30. **杨林花**等 31 名代表:关于修改刑法的议案(第 159 号);

31. **张德芹**等 31 名代表:关于修改刑法的议案(第 168 号);

32. **黄东兵**等 30 名代表:关于修改刑法的议案(第 169 号);

33. **杨松**等 30 名代表:关于修改刑法的议案(第 221 号);

34. **李潞**等 30 名代表:关于修改刑法的议案(第 223 号);

35. **高琛**等 31 名代表:关于修改刑法的议案(第 225 号);

36. **亢德芝**等 33 名代表:关于修改刑法的议案(第 226 号);

37. **齐玫**等 32 名代表:关于修改刑法的议案(第 236 号);

38. **聂鹏举**等 33 名代表:关于修改刑法的议案(第 284 号);

39. **樊芸**等 30 名代表:关于修改刑法的议案(第 286 号);

40. **陈凤珍**等 30 名代表:关于修改刑法的议案(第 318 号);

41. **王文全**等 35 名代表:关于修改刑法的议案(第 320 号);

42. **张灼华**等 30 名代表:关于修改刑法的议案(第 323 号);

43. **方兰**等 30 名代表:关于修改刑法的议案(第 354 号);

44. **樊芸**等 30 名代表:关于修改刑法的议案(第 356 号);

45. **李亚兰**等 30 名代表:关于修改刑法的议案(第 364 号);

46. **才华**等 31 名代表:关于修改刑法的议案(第 383 号);

47. **王贻芳**等 31 名代表:关于修改刑法的议案(第 393 号);

48. **秦玥飞**等 30 名代表:关于修改刑法的议案(第 405 号);

49. **李孝轩**等 38 名代表:关于修改刑法的议案(第 421 号);

50. **买世蕊**等 30 名代表:关于修改刑法的议案(第 428 号);

51. **朱明春**等 30 名代表:关于修改刑法的议案(第 444 号);

52. **胡季强**等 30 名代表:关于修改刑法的议案(第 466 号);

53. **陈玮**等 31 名代表:关于修改刑法的议案(第 475 号);

54. **陈玮**等 32 名代表:关于修改刑法的议案(第 476 号);

55. **蒋胜男**等 30 名代表:关于修改刑法的议案(第 483 号);

56. **蔡继明**等 30 名代表:关于修改刑法的议案(第 484 号);

57. **法蒂玛**等 30 名代表:关于修改反分裂国家法的议案(第 72 号);

58. **洪波**等 31 名代表:关于修改各级人民代表大会常务委员会监督法的议案(第 89 号);

59. 海南代表团:关于修改各级人民代表大会常务委员会监督法的议案(第 106 号);

60. **李宗胜**等 30 名代表:关于修改各级人民代表大会常务委员会监督法的议案(第 220 号);

61. **刘杰**等 30 名代表:关于修改各级人民代表大会常务委员会监督法的议案(第 413 号);

62. **崔建梅**等 31 名代表:关于修改各级人民代表大会常务委员会监督法的议案(第 449 号);

63. **王雅丽**等 30 名代表:关于修改国家赔偿法的议案(第 228 号);

64. **买世蕊**等 30 名代表:关于修改国家赔偿法的议案(第 446 号);

65. **周洪宇**等31名代表:关于修改国籍法的议案(第232号);

66. **石嘉兴**等30名代表:关于修改国籍法的议案(第365号);

67. **张学锋**等33名代表:关于修改国防教育法的议案(第439号);

68. **杨震**等30名代表:关于修改妇女权益保障法的议案(第46号);

69. **潘越**等35名代表:关于修改妇女权益保障法的议案(第62号);

70. **方燕**等30名代表:关于修改妇女权益保障法的议案(第145号);

71. **朱列玉**等40名代表:关于修改妇女权益保障法的议案(第282号);

72. **黄超**等31名代表:关于修改妇女权益保障法的议案(第324号);

73. **陈建银**等30名代表:关于修改妇女权益保障法的议案(第376号);

74. **胡季强**等30名代表:关于修改妇女权益保障法的议案(第426号);

75. **曾丽**等30名代表:关于修改民事诉讼法的议案(第152号);

76. **方燕**等30名代表:关于修改民事诉讼法的议案(第156号);

77. **查艳**等30名代表:关于修改民事诉讼法的议案(第170号);

78. **张海波**等34名代表:关于修改民事诉讼法的议案(第240号);

79. **沈昌健**等32名代表:关于修改民事诉讼法的议案(第283号);

80. **阳海玲**等31名代表:关于修改民事诉讼法的议案(第319号);

81. **李晓林**等38名代表:关于修改民事诉讼法的议案(第355号);

82. **杨震**等30名代表:关于修改民事诉讼法的议案(第395号);

83. **王静成**等45名代表:关于修改民事诉讼法的议案(第433号);

84. **肖胜方**等38名代表:关于修改民事诉讼法的议案(第441号);

85. **崔荣华**等30名代表:关于修改民法典的议案(第77号);

86. **翁国星**等31名代表:关于修改民法典的议案(第154号);

87. **周云杰**等31名代表:关于修改民法典的议案(第171号);

88. **朱献福**等30名代表:关于修改民法典的议案(第235号);

89. **李亚兰**等30名代表:关于修改民法典的议案(第358号);

90. **买世蕊**等30名代表:关于修改突发事件应对法的议案(第448号);

91. **田立坤**等30名代表:关于修改网络安全法的议案(第482号);

92. **丁光宏**等30名代表:关于修改职业教育法的议案(第13号);

93. **刘希娅**等31名代表:关于修改职业教育法的议案(第87号);

94. **屈胜**等31名代表:关于修改职业教育法的议案(第153号);

95. **秦和**等31名代表:关于修改职业教育法的议案(第219号);

96. **杨林**等30名代表:关于修改行政复议法的议案(第175号);

97. **李亚兰**等30名代表:关于修改行政复议法的议案(第447号);

98. **魏春**等30名代表:关于修改行政强制法的议案(第387号);

99. **方燕**等30名代表:关于修改行政诉讼法的议案(第155号);

100. **庹必光**等31名代表:关于修改行政诉讼法的议案(第161号);

101. **杨莉**等30名代表:关于修改行政诉讼法的议案(第280号);

102. **张淑芬**等30名代表:关于修改行政诉讼法的议案(第367号);

103. **魏春**等30名代表:关于修改行政诉讼法的议案(第431号);

104. **买世蕊**等30名代表:关于修改行政诉讼法的议案(第445号);

105. **郝俊海**等30名代表:关于修改野生动物保护法的议案(第174号);

106. **买世蕊**等30名代表:关于修改野生动物保护法的议案(第321号);

107. **郑裕财**等30名代表:关于修改野生动物保护法的议案(第474号);

108. **史贵禄**等30名代表:关于制定反电信网络诈骗法的议案(第37号);

109. **陈建华**等31名代表:关于制定反电信网络诈骗法的议案(第322号);

110. **罗东川**等 32 名代表:关于制定反电信网络诈骗法的议案(第 463 号);

111. **袁友方**等 31 名代表:关于制定备案审查法的议案(第 281 号);

112. **杨松**等 30 名代表:关于制定期货和衍生品法的议案(第 201 号);

113. **肖胜方**等 31 名代表:关于制定民事强制执行法的议案(第 440 号);

114. **孙春旺**等 30 名代表:关于制定爱国主义法的议案(第 65 号);

115. **买世蕊**等 30 名代表:关于制定行政程序法的议案(第 390 号);

116. **肖胜方**等 32 名代表:关于制定行政补偿法的议案(第 437 号);

117. **丁光宏**等 30 名代表:关于制定黑土地保护法的议案(第 12 号);

118. **樊庆峰**等 35 名代表:关于授权最高人民检察院在深圳开展涉企业犯罪附条件不起诉试点工作的议案(第 464 号);

119. **周光权**等 31 名代表:关于编纂刑法典的议案(第 443 号);

120. **法蒂玛**等 30 名代表:关于编纂劳动法典的议案(第 59 号);

121. **马杰**等 31 名代表:关于编纂劳动法典的议案(第 353 号);

122. **郑功成**等 30 名代表:关于编纂劳动法典的议案(第 385 号);

123. **杨震**等 30 名代表:关于编纂知识产权法典的议案(第 414 号);

124. **张天任**等 30 名代表:关于编纂行政基本法典的议案(第 477 号)。

三、交监察和司法委员会审议的 47 件:

125. 海南代表团:关于修改人民警察法的议案(第 133 号);

126. **杨震生**等 31 名代表:关于修改人民警察法的议案(第 187 号);

127. **魏春**等 30 名代表:关于修改人民警察法的议案(第 409 号);

128. **马永平**等 31 名代表:关于修改人民调解法的议案(第 306 号);

129. **乞国艳**等 30 名代表:关于修改人民陪审员法的议案(第 184 号);

130. 上海代表团:关于修改仲裁法的议案(第 18 号);

131. **肖胜方**等 32 名代表:关于修改仲裁法的议案(第 250 号);

132. **龙翔**等 30 名代表:关于修改仲裁法的议案(第 422 号);

133. **李宗胜**等 30 名代表:关于修改公证法的议案(第 193 号);

134. **阎武**等 37 名代表:关于修改公证法的议案(第 242 号);

135. **孙宪忠**等 31 名代表:关于修改公证法的议案(第 268 号);

136. **崔荣华**等 30 名代表:关于修改居民身份证法的议案(第 75 号);

137. **李宗胜**等 30 名代表:关于修改律师法的议案(第 190 号);

138. **买世蕊**等 30 名代表:关于修改律师法的议案(第 305 号);

139. **李征**等 31 名代表:关于修改户口登记条例的议案(第 130 号);

140. **崔荣华**等 30 名代表:关于修改治安管理处罚法的议案(第 76 号);

141. **黄超**等 31 名代表:关于修改治安管理处罚法的议案(第 182 号);

142. **李宗胜**等 30 名代表:关于修改治安管理处罚法的议案(第 188 号);

143. **张晓庆**等 30 名代表:关于修改治安管理处罚法的议案(第 301 号);

144. **陈玮**等 31 名代表:关于修改治安管理处罚法的议案(第 480 号);

145. 海南代表团:关于修改监狱法的议案(第 142 号);

146. **高明芹**等 32 名代表:关于修改监狱法的议案(第 143 号);

147. **陈靖**等 30 名代表:关于修改道路交通安全法的议案(第 11 号);

148. **陈凤珍**等 30 名代表:关于修改道路交通安全法的议案(第 140 号);

149. **曾庆洪**等 38 名代表:关于修改道路交通安全法的议案(第 266 号);

150. **陈建银**等 30 名代表:关于修改道路交通安全法的议案(第 307 号);

151. **陈玮**等 31 名代表:关于修改道路交通安全法的议案(第 479 号);

152. **冯帆**等 30 名代表:关于制定人民检察院

法律监督法的议案(第 103 号);

153. **贾宇**等 30 名代表:关于制定人民检察院法律监督法的议案(第 471 号);

154. **崔海霞**等 30 名代表:关于制定公共法律服务法的议案(第 310 号);

155. **李鸿彬**等 31 名代表:关于制定公共法律服务法的议案(第 311 号);

156. **张雄**等 47 名代表:关于制定反网络暴力法的议案(第 485 号);

157. **杨悦**等 31 名代表:关于制定反网络暴力法的议案(第 486 号);

158. **黄超**等 31 名代表:关于制定司法救助法的议案(第 274 号);

159. **肖胜方**等 31 名代表:关于制定司法鉴定法的议案(第 252 号);

160. **陈靖**等 30 名代表:关于制定检察公益诉讼法的议案(第 21 号);

161. **尤立增**等 30 名代表:关于制定检察公益诉讼法的议案(第 141 号);

162. **杨小天**等 31 名代表:关于制定检察公益诉讼法的议案(第 273 号);

163. **买世蕊**等 30 名代表:关于制定检察公益诉讼法的议案(第 392 号);

164. **贾宇**等 31 名代表:关于制定检察公益诉讼法的议案(第 303 号);

165. **张军**等 30 名代表:关于制定法官人身安全保护法的议案(第 186 号);

166. **朱读稳**等 31 名代表:关于制定法律职业行为法的议案(第 327 号);

167. **肖胜方**等 30 名代表:关于制定法治宣传教育法的议案(第 265 号);

168. **余梅**等 33 名代表:关于制定调解法的议案(第 104 号);

169. **杨震**等 30 名代表:关于开展仲裁法执法检查的议案(第 389 号);

170. **李亚兰**等 30 名代表:关于开展行政处罚法执法检查的议案(第 429 号);

171. **袁友方**等 30 名代表:关于开展行政诉讼法执法检查的议案(第 308 号)。

四、交财政经济委员会审议的 110 件:

172. **胡茎**等 30 名代表:关于制定电信法的议案(第 400 号);

173. **杨松**等 30 名代表:关于修改个人所得税法的议案(第 207 号);

174. **史贵禄**等 30 名代表:关于修改中小企业促进法的议案(第 32 号);

175. **张淑芬**等 30 名代表:关于修改产品质量法的议案(第 380 号);

176. **周文涛**等 30 名代表:关于修改企业国有资产法的议案(第 342 号);

177. **陈晶莹**等 30 名代表:关于修改企业破产法的议案(第 22 号);

178. 上海代表团:关于修改企业破产法的议案(第 31 号);

179. **聂永平**等 30 名代表:关于修改企业破产法的议案(第 49 号);

180. 云南代表团:关于修改企业破产法的议案(第 54 号);

181. **曹宝华**等 31 名代表:关于修改企业破产法的议案(第 192 号);

182. **白鹤祥**等 30 名代表:关于修改企业破产法的议案(第 244 号);

183. **肖胜方**等 31 名代表:关于修改企业破产法的议案(第 253 号);

184. **王景武**等 32 名代表:关于修改企业破产法的议案(第 260 号);

185. **张晓庆**等 31 名代表:关于修改企业破产法的议案(第 351 号);

186. **李亚兰**等 30 名代表:关于修改企业破产法的议案(第 352 号);

187. **王静成**等 42 名代表:关于修改企业破产法的议案(第 456 号);

188. **胡季强**等 31 名代表:关于修改企业破产法的议案(第 467 号);

189. **张智富**等 30 名代表:关于修改保险法的议案(第 98 号);

190. **张智富**等 30 名代表:关于修改信托法的议案(第 97 号);

191. **王景武**等 31 名代表:关于修改信托法的议案(第 261 号);

192. **李洪亮**等 30 名代表:关于修改公路法的议案(第 96 号);

193. **唐岳**等 30 名代表:关于修改公路法的议案(第 331 号);

194. **马玉红**等 30 名代表:关于修改反不正当竞争法的议案(第 26 号);

195. **李志强**等 30 名代表:关于修改反垄断法

的议案(第 50 号);

196. **王景武**等 32 名代表:关于修改反洗钱法的议案(第 248 号);

197. **陈建华**等 31 名代表:关于修改反洗钱法的议案(第 340 号);

198. **张智富**等 30 名代表:关于修改商业银行法的议案(第 99 号);

199. 海南代表团:关于修改商业银行法的议案(第 124 号);

200. **樊芸**等 30 名代表:关于修改商业银行法的议案(第 348 号);

201. **周振海**等 30 名代表:关于修改商业银行法的议案(第 373 号);

202. **崔荣华**等 30 名代表:关于修改商标法的议案(第 53 号);

203. **樊芸**等 30 名代表:关于修改商标法的议案(第 259 号);

204. **曾光安**等 31 名代表:关于修改商标法的议案(第 333 号);

205. **倪海琼**等 31 名代表:关于修改城市房地产管理法的议案(第 203 号);

206. **李康**等 30 名代表:关于修改对外贸易法的议案(第 372 号);

207. **倪海琼**等 31 名代表:关于修改建筑法的议案(第 120 号);

208. **陈爱莲**等 30 名代表:关于修改建筑法的议案(第 122 号);

209. **邹彬**等 31 名代表:关于修改建筑法的议案(第 350 号);

210. **彭寿**等 48 名代表:关于修改建筑法的议案(第 461 号);

211. **章联生**等 31 名代表:关于修改政府采购法的议案(第 90 号);

212. **闫傲霜**等 32 名代表:关于修改标准化法的议案(第 267 号);

213. **买世蕊**等 30 名代表:关于修改民用航空法的议案(第 330 号);

214. **买世蕊**等 30 名代表:关于修改海关法的议案(第 377 号);

215. **刘蕾**等 30 名代表:关于修改海关法的议案(第 386 号);

216. 上海代表团:关于修改消费者权益保护法的议案(第 30 号);

217. **温娟**等 30 名代表:关于修改环境保护税法的议案(第 384 号);

218. **马玉红**等 30 名代表:关于修改票据法的议案(第 27 号);

219. **余维祥**等 30 名代表:关于修改税收征收管理法的议案(第 173 号);

220. **崔荣华**等 30 名代表:关于修改节约能源法的议案(第 73 号);

221. **樊芸**等 30 名代表:关于修改证券法的议案(第 388 号);

222. **买世蕊**等 30 名代表:关于修改进出口商品检验法的议案(第 346 号);

223. **陈靖**等 30 名代表:关于修改邮政法的议案(第 9 号);

224. **买世蕊**等 30 名代表:关于修改邮政法的议案(第 334 号);

225. **陈靖**等 31 名代表:关于修改铁路法的议案(第 74 号);

226. **陈爱莲**等 30 名代表:关于修改铁路法的议案(第 123 号);

227. **杨伟军**等 30 名代表:关于修改铁路法的议案(第 246 号);

228. **王景武**等 31 名代表:关于修改银行业监督管理法的议案(第 258 号);

229. **买世蕊**等 30 名代表:关于制定业主委员会选举法的议案(第 316 号);

230. **杜彦良**等 30 名代表:关于制定交通运输法的议案(第 381 号);

231. **倪海琼**等 31 名代表:关于制定住房租赁法的议案(第 119 号);

232. **买世蕊**等 30 名代表:关于制定住房租赁法的议案(第 335 号);

233. **买世蕊**等 30 名代表:关于制定公益广告法的议案(第 339 号);

234. **史贵禄**等 30 名代表:关于制定发展规划法的议案(第 28 号);

235. **杨震**等 30 名代表:关于制定发展规划法的议案(第 375 号);

236. **王霞**等 30 名代表:关于制定商业秘密法的议案(第 7 号);

237. **杨震**等 30 名代表:关于制定商业秘密法的议案(第 379 号);

238. **王俊峰**等 30 名代表:关于制定商事调解法的议案(第 10 号);

239. **肖胜方**等 30 名代表:关于制定商事调解法的议案(第 256 号);

240. **买世蕊**等 30 名代表:关于制定国债法的

议案(第 337 号);

241. 云南代表团:关于制定地理标志保护法的议案(第 55 号);

242. **亢德芝**等 36 名代表:关于制定城市地下综合管廊法的议案(第 224 号);

243. **石嘉兴**等 30 名代表:关于制定外空安全法的议案(第 425 号);

244. **周文涛**等 30 名代表:关于制定大数据管理法的议案(第 343 号);

245. **王玉玲**等 30 名代表:关于制定存款保险法的议案(第 218 号);

246. **侯华梅**等 31 名代表:关于制定工业遗产保护和利用法的议案(第 257 号);

247. **普尔巴·图格杰加甫**等 30 名代表:关于制定彩票法的议案(第 52 号);

248. **耿学梅**等 30 名代表:关于制定彩票法的议案(第 462 号);

249. **白鹤祥**等 34 名代表:关于制定征信法的议案(第 245 号);

250. **陈建华**等 31 名代表:关于制定征信管理法的议案(第 197 号);

251. **胡荃**等 30 名代表:关于制定房地产交易法的议案(第 455 号);

252. **田春艳**等 30 名代表:关于制定房屋安全管理法的议案(第 336 号);

253. **谢津秋**等 30 名代表:关于制定政务数据共享法的议案(第 394 号);

254. **吕建中**等 31 名代表:关于制定数字经济促进法的议案(第 24 号);

255. **雷健坤**等 30 名代表:关于制定数字经济促进法的议案(第 60 号);

256. **田纯刚**等 31 名代表:关于制定数字经济促进法的议案(第 162 号);

257. **田立坤**等 30 名代表:关于制定数字经济促进法的议案(第 374 号);

258. **陈保华**等 30 名代表:关于制定数字经济促进法的议案(第 460 号);

259. **周铁根**等 31 名代表:关于制定数据权属法的议案(第 382 号);

260. **邵志清**等 30 名代表:关于制定数据资产登记法的议案(第 1 号);

261. **邵志清**等 30 名代表:关于制定无人机飞行管理法的议案(第 8 号);

262. **徐诺金**等 30 名代表:关于制定普惠金融促进法的议案(第 347 号);

263. **白鹤祥**等 32 名代表:关于制定普惠金融法的议案(第 243 号);

264. **魏洪义**等 31 名代表:关于制定物业管理法的议案(第 95 号);

265. **史贵禄**等 30 名代表:关于制定电信法的议案(第 29 号);

266. **周文涛**等 31 名代表:关于制定电信法的议案(第 341 号);

267. **谢勇**等 30 名代表:关于制定社会信用奖惩法的议案(第 166 号);

268. **田纯刚**等 31 名代表:关于制定社会信用法的议案(第 164 号);

269. **沈昌健**等 30 名代表:关于制定社会信用法的议案(第 269 号);

270. **买世蕊**等 30 名代表:关于制定社会信用法的议案(第 338 号);

271. **周铁根**等 32 名代表:关于制定社会信用法的议案(第 459 号);

272. **史贵禄**等 30 名代表:关于制定能源法的议案(第 23 号);

273. 云南代表团:关于制定能源法的议案(第 51 号);

274. **向巧**等 30 名代表:关于制定航空产业促进法的议案(第 121 号);

275. **朱惠英**等 31 名代表:关于制定贸易调整援助法的议案(第 204 号);

276. **单晓明**等 31 名代表:关于制定通用航空法的议案(第 349 号);

277. **白鹤祥**等 30 名代表:关于制定金融控股公司法的议案(第 255 号);

278. **刘桂平**等 32 名代表:关于制定金融消费者权益保护法的议案(第 84 号);

279. **刘新华**等 30 名代表:关于制定金融稳定法的议案(第 80 号);

280. **白鹤祥**等 31 名代表:关于制定金融稳定法的议案(第 247 号);

281. **杲云**等 32 名代表:关于开展外商投资法执法检查的议案(第 25 号)。

五、交教育科学文化卫生委员会审议的 73 件:

282. **庞国明**等 30 名代表:关于修改中医药法的议案(第 64 号);

283. **杜延安**等 30 名代表:关于修改中医药法

的议案(第 289 号);

284. **买世蕊**等 30 名代表:关于修改义务教育法的议案(第 297 号);

285. **陆爱益**等 31 名代表:关于修改传染病防治法的议案(第 102 号);

286. **乞国艳**等 31 名代表:关于修改传染病防治法的议案(第 189 号);

287. **庄艳**等 30 名代表:关于修改传染病防治法的议案(第 196 号);

288. **丰晓敏**等 30 名代表:关于修改传染病防治法的议案(第 397 号);

289. **买世蕊**等 30 名代表:关于修改传染病防治法的议案(第 438 号);

290. **陈树波**等 30 名代表:关于修改公共文化服务保障法的议案(第 262 号);

291. **库尔班·尼亚孜**等 30 名代表:关于修改国家通用语言文字法的议案(第 63 号);

292. **周洪宇**等 31 名代表:关于修改国家通用语言文字法的议案(第 172 号);

293. **周洪宇**等 32 名代表:关于修改学位条例的议案(第 126 号);

294. **刘希娅**等 31 名代表:关于修改教师法的议案(第 85 号);

295. **周洪宇**等 31 名代表:关于修改教师法的议案(第 179 号);

296. **王家娟**等 31 名代表:关于修改教师法的议案(第 191 号);

297. **陈凤珍**等 30 名代表:关于修改教师法的议案(第 200 号);

298. **张斌**等 30 名代表:关于修改教师法的议案(第 366 号);

299. **李康**等 30 名代表:关于修改教师法的议案(第 430 号);

300. **尤立增**等 30 名代表:关于修改教育法的议案(第 199 号);

301. **周洪宇**等 30 名代表:关于修改文物保护法的议案(第 178 号);

302. **屈胜**等 31 名代表:关于修改民办教育促进法的议案(第 131 号);

303. **杨林花**等 32 名代表:关于修改献血法的议案(第 163 号);

304. **傅信平**等 30 名代表:关于修改献血法的议案(第 167 号);

305. **丰晓敏**等 30 名代表:关于修改疫苗管理法的议案(第 370 号);

306. **张雁**等 31 名代表:关于修改科学技术普及法的议案(第 39 号);

307. **陈国民**等 30 名代表:关于修改精神卫生法的议案(第 6 号);

308. **黄花春**等 31 名代表:关于修改精神卫生法的议案(第 291 号);

309. **庄艳**等 30 名代表:关于修改职业病防治法的议案(第 241 号);

310. **章联生**等 31 名代表:关于修改药品管理法的议案(第 88 号);

311. **周松勃**等 31 名代表:关于修改食品安全法的议案(第 222 号);

312. **陈树波**等 31 名代表:关于修改高等教育法的议案(第 254 号);

313. **尤立增**等 30 名代表:关于制定专门教育法的议案(第 128 号);

314. **张军**等 30 名代表:关于制定中医药传统知识保护法的议案(第 135 号);

315. **宋静**等 30 名代表:关于制定人口促进法的议案(第 399 号);

316. **陈瑞爱**等 54 名代表:关于制定人才发展促进法的议案(第 264 号);

317. **戴雅萍**等 32 名代表:关于制定全民终身教育法的议案(第 239 号);

318. **买世蕊**等 31 名代表:关于制定全民阅读促进法的议案(第 332 号);

319. **郑奎城**等 39 名代表:关于制定公共卫生法的议案(第 132 号);

320. **买世蕊**等 30 名代表:关于制定公共场所禁烟法的议案(第 398 号);

321. **王凤巧**等 30 名代表:关于制定在线教育法的议案(第 290 号);

322. **崔海霞**等 30 名代表:关于制定大运河文化遗产保护法的议案(第 127 号);

323. **罗卫红**等 34 名代表:关于制定婴幼儿托育保障法的议案(第 458 号);

324. **孙正东**等 30 名代表:关于制定婴幼儿托育服务法的议案(第 391 号);

325. **买世蕊**等 30 名代表:关于制定孝文化促进法的议案(第 345 号);

326. **潘桂仙**等 31 名代表:关于制定学位法的议案(第 105 号);

327. **王中立**等 35 名代表:关于制定学前教育法的议案(第 4 号);

328. **陈静**等 31 名代表:关于制定学前教育法

的议案(第 288 号);

329. **陈凤珍**等 31 名代表:关于制定学前教育法的议案(第 295 号);

330. **史贵禄**等 30 名代表:关于制定广播电视法的议案(第 19 号);

331. **祝淑钗**等 30 名代表:关于制定执业护士法的议案(第 165 号);

332. 海南代表团:关于制定护士法的议案(第 107 号);

333. **胡春莲**等 30 名代表:关于制定护士法的议案(第 272 号);

334. **宋静**等 30 名代表:关于制定护士法的议案(第 369 号);

335. **葛道凯**等 30 名代表:关于制定拔尖创新人才教育促进法的议案(第 41 号);

336. **买世蕊**等 30 名代表:关于制定文化产业促进法的议案(第 294 号);

337. **张志勇**等 31 名代表:关于制定校外培训监管法的议案(第 300 号);

338. **甘楚林**等 30 名代表:关于制定爱国卫生法的议案(第 100 号);

339. **周洪宇**等 31 名代表:关于制定突发公共卫生事件应对法的议案(第 157 号);

340. **温秀玲**等 31 名代表:关于制定突发公共卫生事件应对法的议案(第 194 号);

341. **杨松**等 30 名代表:关于制定突发公共卫生事件应对法的议案(第 195 号);

342. **张天任**等 30 名代表:关于制定突发公共卫生事件应对法的议案(第 472 号);

343. **沈满洪**等 32 名代表:关于制定繁荣哲学社会科学促进法的议案(第 302 号);

344. **陈树波**等 31 名代表:关于制定红色文化保护与传承法的议案(第 270 号);

345. **陈力**等 30 名代表:关于制定红色文化资源保护法的议案(第 2 号);

346. **杨震**等 30 名代表:关于制定红色资源保护法的议案(第 378 号);

347. 云南代表团:关于制定细胞研究和应用促进法的议案(第 125 号);

348. **买世蕊**等 30 名代表:关于制定终身教育法的议案(第 298 号);

349. **王威东**等 32 名代表:关于制定罕见病诊疗及管理法的议案(第 134 号);

350. **史贵禄**等 30 名代表:关于制定药师法的议案(第 20 号);

351. **汤亮**等 30 名代表:关于制定高校学生实习法的议案(第 70 号);

352. **葛道凯**等 30 名代表:关于制定学校安全法的议案(第 44 号);

353. **崔海霞**等 30 名代表:关于开展民办教育促进法执法检查的议案(第 111 号);

354. **朱登云**等 30 名代表:关于开展食品安全法执法检查的议案(第 263 号)。

六、交外事委员会审议的 1 件:

355. **陈玮**等 31 名代表:关于修改出境入境管理法的议案(第 478 号)。

七、交环境与资源保护委员会审议的 42 件:

356. **郭乃硕**等 31 名代表:关于修改可再生能源法的议案(第 209 号);

357. **鲍守坤**等 30 名代表:关于修改可再生能源法的议案(第 407 号);

358. **陈隆梅**等 30 名代表:关于修改固体废物污染环境防治法的议案(第 101 号);

359. **陈玮**等 31 名代表:关于修改固体废物污染环境防治法的议案(第 473 号);

360. **李秀香**等 30 名代表:关于修改土地管理法的议案(第 94 号);

361. **买世蕊**等 30 名代表:关于修改土地管理法的议案(第 309 号);

362. **孙斌**等 30 名代表:关于修改土地管理法的议案(第 406 号);

363. **张玉珍**等 32 名代表:关于修改海洋环境保护法的议案(第 112 号);

364. **李桂杰**等 31 名代表:关于修改海洋环境保护法的议案(第 198 号);

365. **李亚兰**等 30 名代表:关于修改深海海底区域资源勘探开发法的议案(第 402 号);

366. **胡成中**等 30 名代表:关于修改环境保护法的议案(第 285 号);

367. **庹勤慧**等 30 名代表:关于修改环境保护法的议案(第 296 号);

368. **方同华**等 30 名代表:关于修改环境保护法的议案(第 403 号);

369. **张学政**等 34 名代表:关于修改矿产资源

法的议案(第 38 号);

370. **谢生瑞**等 34 名代表:关于修改矿产资源法的议案(第 457 号);

371. **郝俊海**等 31 名代表:关于修改草原法的议案(第 114 号);

372. **冯艳玲**等 31 名代表:关于修改草原法的议案(第 212 号);

373. **周潮洪**等 30 名代表:关于修改防洪法的议案(第 410 号);

374. **于安玲**等 40 名代表:关于制定南四湖流域保护法的议案(第 58 号);

375. **王江滨**等 31 名代表:关于制定南极活动与环境保护法的议案(第 215 号);

376. **刘光萍**等 32 名代表:关于制定原子能法的议案(第 234 号);

377. **张春生**等 31 名代表:关于制定国土空间规划法的议案(第 40 号);

378. **史贵禄**等 30 名代表:关于制定国家公园法的议案(第 16 号);

379. **侯蓉**等 30 名代表:关于制定国家公园法的议案(第 56 号);

380. **郭乃硕**等 31 名代表:关于制定国家公园法的议案(第 202 号);

381. **郭素萍**等 31 名代表:关于制定国家公园法的议案(第 404 号);

382. **史贵禄**等 30 名代表:关于制定地下水资源保护法的议案(第 17 号);

383. **丁照民**等 31 名代表:关于制定核损害赔偿法的议案(第 277 号);

384. **徐晓**等 30 名代表:关于制定水库泄洪法的议案(第 436 号);

385. **黄久生**等 104 名代表:关于制定淮河保护法的议案(第 113 号);

386. **皇甫立同**等 30 名代表:关于制定淮河保护法的议案(第 118 号);

387. **崔建梅**等 54 名代表:关于制定淮河保护法的议案(第 292 号);

388. **秦和**等 31 名代表:关于制定环境教育法的议案(第 217 号);

389. **胡季强**等 30 名代表:关于制定生态文明建设促进法的议案(第 465 号);

390. **李征**等 31 名代表:关于制定电磁辐射污染防治法的议案(第 115 号);

391. **方兰**等 30 名代表:关于制定碳中和促进法的议案(第 411 号);

392. **高红卫**等 36 名代表:关于制定碳达峰碳中和促进法的议案(第 57 号);

393. **史贵禄**等 30 名代表:关于制定自然保护区法的议案(第 15 号);

394. **陈凤珍**等 31 名代表:关于制定节约用水法的议案(第 293 号);

395. **郭乃硕**等 31 名代表:关于制定资源综合利用法的议案(第 278 号);

396. **张天任**等 30 名代表:关于制定应对气候变化法的议案(第 470 号);

397. **党永富**等 30 名代表:关于开展环境保护法执法检查的议案(第 116 号)。

八、交农业与农村委员会审议的 27 件:

398. **陈春芳**等 31 名代表:关于修改农业法的议案(第 176 号);

399. **王萌萌**等 30 名代表:关于修改农业法的议案(第 434 号);

400. **崔荣华**等 30 名代表:关于修改农村土地承包法的议案(第 71 号);

401. **李宗胜**等 30 名代表:关于修改农村土地承包法的议案(第 229 号);

402. **陈杰**等 30 名代表:关于修改水法的议案(第 43 号);

403. **陈瑞爱**等 52 名代表:关于修改水法的议案(第 251 号);

404. **于普松**等 30 名代表:关于修改渔业法的议案(第 183 号);

405. **莫华福**等 30 名代表:关于修改渔业法的议案(第 185 号);

406. **郭乃硕**等 31 名代表:关于制定人参产业发展法的议案(第 279 号);

407. **孙元华**等 30 名代表:关于制定伴侣动物保护和管理法的议案(第 230 号);

408. **新甲旦真**等 30 名代表:关于制定伴侣动物保护和管理法的议案(第 287 号);

409. **周松勃**等 31 名代表:关于制定供销合作社法的议案(第 233 号);

410. **郭迎光**等 30 名代表:关于制定农业生产托管法的议案(第 69 号);

411. **乔彬**等 33 名代表:关于制定农产品批发市场法的议案(第 231 号);

412. **陈保善**等 31 名代表:关于制定农村集体

经济组织法的议案(第181号);

413. **孙宪忠**等31名代表:关于制定农村集体经济组织法的议案(第271号);

414. **陈静**等31名代表:关于制定农村集体经济组织法的议案(第304号);

415. **方兰**等30名代表:关于制定农村集体经济组织法的议案(第368号);

416. **朱列玉**等32名代表:关于制定反虐待动物法的议案(第249号);

417. **买世蕊**等30名代表:关于制定反虐待动物法的议案(第314号);

418. **党永富**等30名代表:关于制定植物保护法的议案(第117号);

419. **陈静**等31名代表:关于制定植物保护法的议案(第312号);

420. **李登海**等32名代表:关于制定种业促进法的议案(第138号);

421. **陈静**等31名代表:关于制定粮食安全保障法的议案(第313号);

422. **秦光蔚**等30名代表:关于制定耕地质量保护法的议案(第42号);

423. **杨宝玲**等30名代表:关于开展乡村振兴促进法执法检查的议案(第359号);

424. **孙建博**等31名代表:关于开展森林法执法检查的议案(第137号)。

九、交社会建设委员会审议的63件:

425. **韩德洋**等30名代表:关于修改劳动合同法的议案(第136号);

426. **曹宝华**等31名代表:关于修改劳动合同法的议案(第371号);

427. **李寅**等30名代表:关于修改劳动合同法的议案(第412号);

428. **黄花春**等30名代表:关于修改反家庭暴力法的议案(第216号);

429. **刘蕾**等30名代表:关于修改反家庭暴力法的议案(第417号);

430. **王静成**等32名代表:关于修改反家庭暴力法的议案(第454号);

431. **曹永鸣**等30名代表:关于修改家庭教育促进法的议案(第420号);

432. **崔荣华**等30名代表:关于修改慈善法的议案(第66号);

433. 海南代表团:关于修改慈善法的议案(第108号);

434. **初建美**等31名代表:关于修改慈善法的议案(第275号);

435. **张天任**等30名代表:关于修改慈善法的议案(第481号);

436. **崔荣华**等30名代表:关于修改未成年人保护法的议案(第67号);

437. **李甦雁**等30名代表:关于修改未成年人保护法的议案(第415号);

438. **王能干**等31名代表:关于修改村民委员会组织法的议案(第81号);

439. **崔荣华**等30名代表:关于修改残疾人保障法的议案(第82号);

440. **陈靖**等30名代表:关于修改消防法的议案(第5号);

441. **章联生**等32名代表:关于修改消防法的议案(第91号);

442. **李亚兰**等30名代表:关于修改矿山安全法的议案(第362号);

443. **伊彤**等30名代表:关于修改社会保险法的议案(第276号);

444. **谢宝禄**等30名代表:关于修改社会保险法的议案(第363号);

445. **方燕**等31名代表:关于修改老年人权益保障法的议案(第109号);

446. **黄超**等31名代表:关于修改老年人权益保障法的议案(第110号);

447. **祝淑钗**等31名代表:关于修改老年人权益保障法的议案(第149号);

448. **李潞**等30名代表:关于修改老年人权益保障法的议案(第211号);

449. **王艳**等32名代表:关于修改老年人权益保障法的议案(第361号);

450. **史贵禄**等30名代表:关于修定消防法的议案(第36号);

451. **崔荣华**等30名代表:关于制定中老年人就业促进法的议案(第79号);

452. **曹宝华**等31名代表:关于制定企业民主管理法的议案(第238号);

453. **佘才高**等30名代表:关于制定企业职工基本养老保险法的议案(第325号);

454. **郑功成**等30名代表:关于制定儿童福利法的议案(第416号);

455. **耿学梅**等33名代表:关于制定儿童福利法的议案(第450号);

456. **郑功成**等30名代表:关于制定养老服务法的议案(第418号);

457. **陈保华**等30名代表:关于制定养老服务法的议案(第451号);

458. **张冬云**等31名代表:关于制定养老服务法的议案(第452号);

459. **温秀玲**等30名代表:关于制定养老服务法的议案(第487号);

460. **史贵禄**等30名代表:关于制定医疗保障法的议案(第34号);

461. **祝淑钗**等30名代表:关于制定医疗保障法的议案(第177号);

462. **徐云波**等30名代表:关于制定医疗保障法的议案(第317号);

463. **史贵禄**等30名代表:关于制定危险化学品安全法的议案(第33号);

464. **杨蓉**等30名代表:关于制定城乡社区治理促进法的议案(第206号);

465. **杨震生**等30名代表:关于制定志愿服务法的议案(第160号);

466. **杨震**等30名代表:关于制定文明行为促进法的议案(第408号);

467. **陈国民**等66名代表:关于制定无障碍环境建设法的议案(第3号);

468. **方燕**等30名代表:关于制定无障碍环境建设法的议案(第150号);

469. **李莉**等30名代表:关于制定无障碍环境建设法的议案(第158号);

470. **杨松**等30名代表:关于制定无障碍环境建设法的议案(第213号);

471. **秦和**等31名代表:关于制定无障碍环境建设法的议案(第214号);

472. **高莉**等31名代表:关于制定无障碍环境建设法的议案(第326号);

473. **郑杰**等32名代表:关于制定无障碍环境建设法的议案(第344号);

474. **王嘉鹏**等31名代表:关于制定无障碍环境建设法的议案(第432号);

475. **吕世明**等75名代表:关于制定无障碍环境建设法的议案(第469号);

476. **郑功成**等30名代表:关于制定殡葬法的议案(第424号);

477. **孙燕**等32名代表:关于制定生育保险法的议案(第315号);

478. **杨松**等30名代表:关于制定社会救助法的议案(第208号);

479. **杨震生**等30名代表:关于制定社会救助法的议案(第329号);

480. **谢宝禄**等30名代表:关于制定社会救助法的议案(第360号);

481. **耿学梅**等30名代表:关于制定社会救助法的议案(第453号);

482. **史贵禄**等30名代表:关于制定社会组织登记管理法的议案(第35号);

483. **郑奎城**等39名代表:关于制定长期护理保险法的议案(第147号);

484. **秦玥飞**等30名代表:关于开展妇女权益保障法执法检查的议案(第423号);

485. **温娟**等30名代表:关于开展家庭教育促进法执法检查的议案(第419号);

486. **孙建博**等31名代表:关于开展残疾人保障法执法检查的议案(第148号);

487. **杨震生**等31名代表:关于开展残疾人保障法执法检查的议案(第328号)。

第十三届全国人民代表大会第五次会议主席团和秘书长名单

(2022年3月4日第十三届全国人民代表大会第五次会议预备会议通过)

主席团(175人,按姓名笔划为序)

丁仲礼　丁薛祥　乃依木·亚森(维吾尔族)　万鄂湘　习近平
马伟明　马兴瑞　马逢国　王东明　王东峰　王　宁
王光亚　王　刚　王岐山　王沪宁　王君正　王建军
王砚蒙(女,傣族)　王宪魁　王勇超　王莉霞(女,蒙古族)

王　晨　王银香（女）　支月英（女）　尤　权　尹　力　尹　弘
邓　丽（女）　邓　凯　艾力更·依明巴海（维吾尔族）　艾尔肯·吐尼亚孜（维吾尔族）
左中一　石泰峰　旦正草（女，藏族）　叶诗文（女）　史大刚
史耀斌　白玛赤林（藏族）　白春礼（满族）　丛　斌　冯淑玲（女，满族）
吉狄马加（彝族）　吉炳轩　吕世明　朱国萍（女）　向　巧（女，苗族）
刘艺良　刘　宁　刘远坤（苗族）　刘国中　刘海星　齐　玉
江天亮（土家族）　许为钢　许立荣　许宁生　许其亮　许　勤
苏嘎尔布（彝族）　杜德印　李干杰　李　飞　李飞跃（侗族）　李　伟
李作成　李　希　李学勇　李钺锋　李家俊　李　鸿（女）
李鸿忠　李　强　李静海　杨洁篪　杨洪波（白族）　杨振武
杨　蓉（女）　肖开提·依明（维吾尔族）　肖怀远　吴　月（女，黎族）
吴玉良　吴政隆　邱　勇　何健忠　何毅亭　邹晓东
应　勇　冷　溶　汪其德　汪　洋　汪鸿雁（女）
沙　沨（女，回族）　沈春耀　沈晓明　沈跃跃（女）　张又侠
张少琴　张升民　张　平　张业遂　张庆伟　张志军
张　轩（女）　张伯军　张国清　张春贤　张　毅　陆东福
陈全国　陈　希　陈　竺　陈润儿　陈敏尔　陈锡文
武维华　苗　华　林　武　林建华　易炼红　罗保铭
罗　萍（女，哈尼族）　罗　毅（布依族）　郑军里（瑶族）　郑栅洁　郑奎城
降巴克珠（藏族）　赵乐际　赵宪庚　赵　贺　郝明金
咸　辉（女，回族）　哈尼巴提·沙布开（哈萨克族）　段春华
信春鹰（女）　洛桑江村（藏族）　姚建年　骆惠宁　袁　驷　袁家军
栗战书　夏伟东　徐延豪　徐绍史　徐留平　殷一璀（女）
高红卫　高虎城　郭声琨　黄久生　黄龙云　黄志贤
黄坤明　黄楚平　黄路生　曹建明　曹鸿鸣　康志军
谌贻琴（女，白族）　彭清华　董中原　蒋卓庆　韩立平
景俊海　傅自应　傅　莹（女，蒙古族）　谢经荣
蓝天立（壮族）　楼阳生　嘉木样·洛桑久美·图丹却吉尼玛（藏族）　赫　捷
蔡达峰　蔡　奇　廖晓军　谭耀宗　魏后凯

秘书长

王　晨

第十三届全国人民代表大会第五次会议主席团常务主席名单

（2022 年 3 月 4 日第十三届全国人民代表大会第五次会议主席团第一次会议推选）

栗战书　王　晨　曹建明　张春贤　沈跃跃（女）　吉炳轩
艾力更·依明巴海（维吾尔族）　万鄂湘　陈　竺　王东明
白玛赤林（藏族）　丁仲礼　郝明金　蔡达峰　武维华　杨振武

第十三届全国人民代表大会第五次会议
副秘书长名单

（2022 年 3 月 4 日第十三届全国人民代表大会第五次会议主席团第一次会议决定）

杨振武　信春鹰（女）　李　飞　张业遂　孔绍逊　李宝荣

第十三届全国人民代表大会
第五次会议议程

（2022 年 3 月 4 日第十三届全国人民代表大会第五次会议预备会议通过）

一、审议政府工作报告

二、审查 2021 年国民经济和社会发展计划执行情况与 2022 年国民经济和社会发展计划草案的报告、2022 年国民经济和社会发展计划草案

三、审查 2021 年中央和地方预算执行情况与 2022 年中央和地方预算草案的报告、2022 年中央和地方预算草案

四、审议全国人民代表大会常务委员会关于提请审议《中华人民共和国地方各级人民代表大会和地方各级人民政府组织法（修正草案）》的议案

五、审议全国人民代表大会常务委员会关于提请审议《第十三届全国人民代表大会第五次会议关于第十四届全国人民代表大会代表名额和选举问题的决定（草案）》的议案

六、审议全国人民代表大会常务委员会关于提请审议《中华人民共和国香港特别行政区选举第十四届全国人民代表大会代表的办法（草案）》的议案

七、审议全国人民代表大会常务委员会关于提请审议《中华人民共和国澳门特别行政区选举第十四届全国人民代表大会代表的办法（草案）》的议案

八、审议全国人民代表大会常务委员会工作报告

九、审议最高人民法院工作报告

十、审议最高人民检察院工作报告

第十三届全国人民代表大会第五次会议日程

2022 年 3 月 5 日至 11 日

（2022 年 3 月 4 日第十三届全国人民代表大会第五次会议主席团第一次会议决定）

3 月 5 日（星期六）

上午 9 时　**代表大会第一次全体会议（开幕会）**

1. 听取国务院总理李克强关于政府工作的报告
2. 审查国务院关于 2021 年国民经济和社会发展计划执行情况与 2022 年国民经济和社会发展计划草案的报告、2022 年国民经济和社会发展计划草案
3. 审查国务院关于 2021 年中央和地方预算执行情况与 2022 年中央和地方预算草案的报告、2022 年中央和地方预算草案
4. 听取全国人大常委会副委员长王晨关于中华人民共和国地方各级人民代表大会和地方各级人民政府组织法修正草案的说明
5. 听取全国人大常委会副委员长王晨关于第十四届全国人民代表大会代表名额和选举问题的

决定草案的说明
6. 听取全国人大常委会副委员长王晨关于中华人民共和国香港特别行政区选举第十四届全国人民代表大会代表的办法草案的说明
7. 听取全国人大常委会副委员长王晨关于中华人民共和国澳门特别行政区选举第十四届全国人民代表大会代表的办法草案的说明

下午 3 时　代表团全体会议审议政府工作报告

3 月 6 日(星期日)

上午 9 时　代表小组会议审议政府工作报告

下午 3 时　代表小组会议审查计划报告和草案、预算报告和草案

3 月 7 日(星期一)

上午 9 时　代表小组会议审查计划报告和草案、预算报告和草案

下午 3 时　代表小组会议审议地方各级人民代表大会和地方各级人民政府组织法修正草案、关于第十四届全国人大代表名额和选举问题的决定草案、香港特别行政区选举第十四届全国人大代表的办法草案、澳门特别行政区选举第十四届全国人大代表的办法草案

3 月 8 日(星期二)

上午 9 时　**代表大会第二次全体会议**
1. 听取全国人大常委会委员长栗战书关于全国人民代表大会常务委员会工作的报告
2. 听取最高人民法院院长周强关于最高人民法院工作的报告
3. 听取最高人民检察院检察长张军关于最高人民检察院工作的报告

下午 3 时　代表小组会议审议全国人大常委会工作报告

3 月 9 日(星期三)

上午 9 时　代表小组会议审议关于修改地方各级人民代表大会和地方各级人民政府组织法的决定草案、关于第十四届全国人大代表名额和选举问题的决定草案修改稿、香港特别行政区选举第十四届全国人大代表的办法草案修改稿、澳门特别行政区选举第十四届全国人大代表的办法草案修改稿、最高人民法院工作报告、最高人民检察院工作报告

下午 3 时　代表小组会议审议最高人民法院工作报告、最高人民检察院工作报告

3 月 10 日(星期四)

上午 9 时　代表小组会议审议关于政府工作报告、年度计划、年度预算的三个决议草案

下午 3 时　代表小组会议审议关于全国人大常委会工作报告、最高人民法院工作报告、最高人民检察院工作报告的三个决议草案

3 月 11 日(星期五)

上午 9 时　**代表大会第三次全体会议(闭幕会)**
1. 表决关于政府工作报告的决议草案
2. 表决全国人民代表大会关于修改《中华人民共和国地方各级人民代表大会和地方各级人民政府组织法》的决定草案
3. 表决关于第十四届全国人民代表大会代表名额和选举问题的决定草案
4. 表决中华人民共和国香港特别行政区选举第十四届全国人民代表大会代表的办法草案
5. 表决中华人民共和国澳门特别行政区选举第十四届全国人民代表大会代表的办法草案
6. 表决关于 2021 年国民经济和社会发展计划执行情况与 2022 年国民经济和社会发展计划的决议草案
7. 表决关于 2021 年中央和地方预算执行情况与 2022 年中央和地方预算的决议草案
8. 表决关于全国人民代表大会常务委员会工作报告的决议草案
9. 表决关于最高人民法院工作报告的决议草案
10. 表决关于最高人民检察院工作报告的决议草案

闭　幕

开会时间:上午 9 时至 11 时 30 分
下午 3 时至 5 时 30 分

日程如需调整,由主席团常务主席决定

常委会工作安排和会议议程日程

一、常委会工作安排

全国人大常委会 2022 年度工作要点

（2021 年 11 月 29 日第十三届全国人民代表大会常务委员会第 106 次委员长会议原则通过　2021 年 12 月 23 日第十三届全国人民代表大会常务委员会第 107 次委员长会议修改　2022 年 4 月 11 日第十三届全国人民代表大会常务委员会第 114 次委员长会议修改）

2022 年是进入全面建设社会主义现代化国家、向第二个百年奋斗目标进军新征程的重要一年，我们党将召开具有重大而深远意义的第二十次全国代表大会。全国人大常委会工作的总体要求是：**在以习近平同志为核心的党中央坚强领导下，高举中国特色社会主义伟大旗帜，以习近平新时代中国特色社会主义思想为指导，深入学习贯彻习近平法治思想和习近平总书记关于坚持和完善人民代表大会制度的重要思想，全面贯彻落实党的十九大和十九届历次全会精神，贯彻落实中央人大工作会议精神，弘扬伟大建党精神，深刻认识“两个确立”的决定性意义，增强“四个意识”、坚定“四个自信”、做到“两个维护”，坚持党的领导、人民当家作主、依法治国有机统一，坚持和完善人民代表大会制度，坚持稳中求进工作总基调，完整、准确、全面贯彻新发展理念，不断发展全过程人民民主，高质量做好立法、监督、代表、对外交往等工作，全面加强常委会自身建设，以实际行动迎接党的二十大胜利召开。**

一、深入学习贯彻中央人大工作会议精神，全面提升人大工作质量和水平

1. *认真学习贯彻习近平总书记重要讲话精神。*深入学习领会习近平总书记重要讲话的精神实质、核心要义和实践要求，牢牢把握坚持党的全面领导这一最高政治原则，坚决维护以习近平同志为核心的党中央权威和集中统一领导，坚决贯彻落实党中央决策部署和习近平总书记重要指示批示，确保党的领导贯穿于人大工作各方面全过程。坚定不移走中国特色社会主义政治发展道路，毫不动摇坚持、与时俱进完善人民代表大会制度，充分发挥人民代表大会制度作为党领导国家政权机关的重要制度载体作用、作为实现我国全过程人民民主的重要制度载体作用。紧跟党中央决策部署，紧贴人民群众美好生活需要，紧扣国家治理体系和治理能力现代化、全面建设社会主义现代化国家的需求，加强和改进新时代人大工作，推动人大工作高质量发展。

2. *统筹做好贯彻落实中央人大工作会议精神重点工作。*抓好抓实习近平总书记重要讲话精神和《中共中央关于新时代坚持和完善人民代表大会制度、加强和改进人大工作的意见》贯彻落实工作，结合人大工作职责定位和履职实际，研究提出贯彻实施中央人大工作会议精神的具体举措，细化任务、明确责任、推动落实。对标对表中央人大工作会议精神，部署安排常委会 2022 年各项工作目标任务。开展对地方人大贯彻落实中央人大工作会议精神情况的调研，推动贯彻落实不断引向深入。

二、全面贯彻实施宪法，维护宪法权威和尊严

3. *保证宪法全面实施。*完善宪法相关法律制度，保证宪法确立的制度、原则、规则得到全面实施。落实宪法解释程序机制，回应涉及宪法有关问题的关切，实现宪法稳定性与适应性的统一。总结现行宪法实施 40 年来的重大成就和宝贵经验，讲好中国宪法故事，阐释好中国宪法理论。开展宪法法

律宣传教育，组织好国家宪法日活动，全面落实宪法宣誓制度，大力弘扬宪法精神，推动各级国家机关及领导干部带头尊法学法守法用法。

4. 加强对宪法实施的监督检查。提高合宪性审查工作质量，健全合宪性审查制度，明确合宪性审查的原则、内容、程序，建立健全涉及宪法问题的事先审查、咨询制度和事后审查制度，积极稳妥处理合宪性、涉宪性问题。提高备案审查工作质量，对工作中发现的合宪性问题进行认真研究，对违反宪法法律规定的法规、司法解释和其他规范性文件依法予以撤销。加快建设和完善全国统一的备案审查信息平台。围绕贯彻党中央重大决策部署和重要法律实施，加强相关法律法规的专项审查和集中清理，维护国家法治统一。

5. 坚持和完善"一国两制"制度体系。坚持依法治港治澳，健全中央依照宪法和特别行政区基本法对特别行政区行使全面管治权的制度，落实特别行政区维护国家安全的法律制度和执行机制，完善特别行政区选举制度，落实"爱国者治港"和"爱国者治澳"，维护宪法和基本法确定的特别行政区宪制秩序和法治秩序。加强对特别行政区法律的备案审查。深入研究"一国两制"和基本法实施中的重大问题，全面准确贯彻"一国两制"方针，支持香港、澳门更好融入国家发展大局。加强宪法和基本法的宣传工作，增强港澳同胞国家意识和爱国精神。

三、完善中国特色社会主义法律体系，以良法促进发展、保障善治

6. 坚持党中央对立法工作的集中统一领导。全面贯彻落实党中央决策部署，牢牢把握立法工作正确政治方向，确保党的主张通过法定程序成为国家意志。认真落实党中央批准的五年立法规划，全力以赴完成党中央确定的重大立法任务，加强重点领域、新兴领域、涉外领域立法，将社会主义核心价值观融入立法，健全国家治理急需、满足人民日益增长的美好生活需要必备的法律制度。认真贯彻执行请示报告制度，重大立法项目和立法工作中的重大问题、重要事项、重要情况及时向党中央请示报告。

7. 完善国家机构有关法律制度。做好地方各级人民代表大会和地方各级人民政府组织法修正草案提请大会审议工作。修改立法法、监督法、全国人大常委会议事规则、国务院组织法、行政复议法，完善国家机关运行机制。

8. 健全社会主义市场经济法律制度。制定金融稳定法、农村集体经济组织法、能源法、期货和衍生品法、关税法等税收法律，修改公司法、企业破产法、反垄断法、铁路法、矿产资源法、畜牧法，为构建现代化经济体系提供坚实法治基础。制定黑土地保护法，修改农产品质量安全法，助力农业高质量发展。

9. 加快推进民生、社会、环保领域立法。制定社会救助法、学前教育法，修改体育法、职业教育法、学位条例、妇女权益保障法、科学技术普及法、文物保护法，增进人民福祉。制定民事强制执行法，修改民事诉讼法，完善民事诉讼和执行程序。制定反电信网络诈骗法，修改治安管理处罚法，完善社会治理工作机制。制定黄河保护法、青藏高原生态保护法，修改野生动物保护法，以法治助力生态文明建设。

10. 健全国家安全法治体系。制定突发公共卫生事件应对法、粮食安全保障法，修改突发事件应对法、国境卫生检疫法、传染病防治法，为应对重大风险挑战、维护国家安全提供法律保障。加强涉外领域立法，推动我国法域外适用的法律体系建设。

11. 做好授权决定和改革决定等相关工作。按照党中央决策部署，根据全面深化改革要求，把改革发展决策同立法决策更好结合，通过深化改革完善法治，通过更完善的法治保障各领域改革创新。对立法条件还不成熟、需要先行先试的，依法及时作出授权决定或者改革决定，确保国家发展、重大改革于法有据。认真做好审议试点情况报告的有关工作，推动有关方面及时总结经验，依法推动试点经验复制推广，适时修改完善有关法律。

12. 坚持立法为了人民、立法依靠人民。坚持以人民为中心，贯彻全过程人民民主重大理念，把发展全过程人民民主要求贯彻到立法的全流程、全链条、全方位，积极回应人民群众法治领域新期待。发挥人大代表在立法工作中的作用，把审议办理代表议案和建议的过程作为加强和改进立法工作的过程，认真听取、充分吸纳代表的意见建议。拓宽公民参与立法工作渠道，扎实做好法律草案公开征求意见工作，完善公众意见采纳情况反馈机制。继续加强立法联系点建设，发挥反映社情民意的立法"直通车"作用。

13. 提高立法质量和效率。深入推进科学立法、民主立法、依法立法，在确保质量前提下加快立法工作步伐。把握立法规律，丰富立法形式，坚持急用先行，区分轻重缓急，统筹立改废释纂，增强立

法的针对性、适用性、可操作性，着力解决实际问题。深入开展立法论证、听证工作，积极开展立法协商，加强和改进立法调研，做好法律案通过前评估和立法后评估等工作。研究启动条件成熟的相关领域法典编纂工作。加强法律解释工作，及时答复法律询问。严格遵照法定权限和程序，增强立法的系统性、整体性、协同性，使法律体系更加科学完备、统一权威。建好用好国家法律法规数据库。

14. 发挥人大在立法工作中的主导作用。在党中央集中统一领导下，完善人大主导立法工作的体制机制，加强对立法工作的组织协调和统筹安排。根据人大在立法选题、评估、论证、立项、协调、起草、征求意见、审议等各个环节中的定位，正确发挥职能作用。健全各专门委员会和常委会工作机构牵头起草重要法律草案机制，对有关方面起草的法律草案提前介入，做好审议准备。充分发挥审议把关作用，广泛凝聚共识，防止部门利益和地方保护主义法律化。做好法律配套规定督促工作。完善立法专班起草法律等机制。

15. 做好国际条约的决定批准工作。加强对条约议案的审议工作，依法履行决定批准或加入国际条约的职责，为推动合作共赢、参与全球治理、推动构建人类命运共同体提供法治保障。

四、用好宪法赋予人大的监督权，实行正确监督、有效监督、依法监督

16. 发挥人大监督在党和国家监督体系中的重要作用。坚持围绕中心、服务大局、突出重点，聚焦党中央重大决策部署，聚焦人民群众所思所盼所愿，推动解决制约经济社会发展的突出矛盾和问题。坚持寓支持于监督之中，统筹运用法定监督方式，加强对法律实施情况的监督，加强对履行职责、推进改革发展稳定等工作情况的监督，推动各国家机关形成工作合力，维护国家法治统一、尊严、权威，确保法律得到有效实施，确保行政权、监察权、审判权、检察权依法正确行使。

17. 推动经济高质量发展。听取和审议国务院关于今年以来国民经济和社会发展计划执行情况的报告，听取和审议国务院关于巩固拓展脱贫攻坚成果同乡村振兴有效衔接、金融工作、数字经济发展情况的报告。检查乡村振兴促进法、科学技术普及法、外商投资法实施情况。围绕西部陆海新通道重大工程项目建设、推动小农户和现代农业发展有机衔接、推进高标准农田建设和实施盐碱化耕地改良、地方政府专项债务管理与改革情况进行专题调研。

18. 做好预算决算审查监督、国有资产管理监督和重大财税问题调研工作。听取和审议国务院关于2021年中央决算的报告，审查和批准2021年中央决算；听取和审议国务院关于2021年度中央预算执行和其他财政收支的审计工作、今年以来预算执行、审计查出问题整改、财政社会保障资金分配和使用情况的报告。深入推进预算联网监督系统建设和使用工作。落实党中央关于加强人大国有资产监督职能、建立国务院向全国人大常委会报告国有资产管理情况重大决策部署，听取和审议国务院关于2021年度国有资产管理情况的综合报告，并开展专题询问。完成好《十三届全国人大常委会贯彻落实〈中共中央关于建立国务院向全国人大常委会报告国有资产管理情况制度的意见〉五年规划（2018—2022）》确定的各项工作任务。围绕进一步完善有利于调节收入分配的个人所得税制度进行专题调研。

19. 促进保障和改善民生。听取和审议国务院关于就业工作情况，关于儿童健康促进工作情况，关于有效减轻过重作业负担和校外培训负担、促进义务教育阶段学生全面健康发展情况的报告。听取和审议加强和推进老龄工作进展情况的报告，并围绕实施积极应对人口老龄化国家战略、推动老龄事业高质量发展进行专题调研。围绕铸牢中华民族共同体意识进行专题调研。

20. 持续推进生态文明建设。听取和审议国务院关于2021年度环境状况和环境保护目标完成情况，关于研究处理固体废物污染环境防治法执法检查报告及审议意见情况的报告。检查环境保护法、长江保护法实施情况，并结合环境保护法执法检查报告开展专题询问。

21. 加强对执法、监察、司法工作的监督。听取和审议国务院关于深化非法入境、非法居留、非法就业外国人治理情况的报告。围绕监察机关推进监察工作规范化法治化正规化建设情况进行专题调研。听取和审议最高人民法院关于人民法院涉外审判工作情况的报告、最高人民检察院关于人民检察院开展未成年人检察工作情况的报告。

22. 增强监督刚性和实效。加强规划实施、计划执行和经济运行的监督，健全人大对执法司法工作监督的机制和方式，提升预算决算审查监督、国有资产管理监督实效，研究建立国有资产管理情况

人大监督评价指标体系，提高监督的科学性、精准性。听取审议“一府一委两院”工作报告，做到会前充分准备，会后跟踪、督促落实审议意见。紧扣法律规定开展执法检查，突出法律责任，逐条对照法定职责是否履行、法律责任是否落实、法律执行效果是否明显进行检查，引入第三方评估机制，探索运用大数据分析，对发现的典型问题点名曝光、深挖根源，让法律制度的“牙齿”真正咬合。

23. 做好群众来信来访工作。认真办理群众线上线下来信来访，积极回应人民群众关切。健全网上受理信访制度，运用好管理好网上信访平台，进一步提高信访工作法治化、信息化、科学化水平。加强对信访突出问题的综合分析，为改进工作提供参考。

五、做好人大代表选举工作，保证人民依法行使选举权

24. 扎实做好十四届全国人大代表选举有关工作。坚持党的领导、充分发扬民主、严格依法办事，贯彻党中央决策部署，依照宪法和法律规定，制定有关法律文件，主持十四届全国人大代表选举，指导、督促各选举单位做好代表选举工作，严明换届纪律，强化监督问责。组织好香港特别行政区、澳门特别行政区十四届全国人大代表选举工作。依法做好代表资格审查工作。

25. 指导做好全国县乡两级人大换届选举工作。发挥全国县乡两级人大换届选举工作联席会议平台作用，加强与有关方面协调配合和信息沟通，及时了解和掌握换届选举工作情况，认真研究有关法律问题和工作问题，推动县乡人大换届选举工作顺利完成，确保选举过程风清气正、选举结果人民满意。

26. 做好人大换届选举宣传工作。宣传解读宪法和选举法等有关规定、选举工作有关政策和纪律要求等，宣传民主选举的生动实践，为做好选举工作营造良好的舆论氛围和社会环境。

六、充分发挥人大代表作用，做到民有所呼、我有所应

27. 支持和保障代表依法履职。增强为代表服务的意识，紧紧依靠代表做好人大各项工作。加强代表工作能力建设，认真实施代表法，健全完善代表工作机制，深入落实关于加强和改进全国人大代表工作的具体措施，为代表依法履行职责、参加行使国家权力提供高质量服务保障，使人大代表成为党和国家联系人民群众的重要桥梁，使发挥人大代表作用成为人民当家作主的重要体现。

28. 推进人大代表议案建议内容高质量、办理高质量。建立代表提出议案建议前的沟通协调机制，为提出高质量议案建议做好服务保障。认真审议代表议案、办理代表建议，加强与代表的联系沟通，积极研究采纳代表意见，形成有针对性的答复意见反馈代表。推动建立健全代表建议答复承诺解决事项台账，抓好跟踪落实。完善代表建议重点督办机制，积极稳妥推动代表议案建议和答复向社会公开。

29. 密切常委会同人大代表的联系。完善和落实常委会组成人员联系代表制度，增强计划性、协调性，拓展联系深度，增强联系实效。完善代表列席常委会会议、召开列席代表座谈会、专门委员会和工作委员会对口联系代表等工作机制，持续深化人大代表对常委会、专门委员会、工作委员会工作的参与。推动“一府一委两院”加强和改进联系人大代表工作。

30. 丰富人大代表联系人民群众的内容和形式。充分发挥人大代表来自人民、扎根人民的特点和优势，完善人大代表联系人民群众的制度机制，通过专题调研、视察、走访、座谈、代表小组活动等方式，了解和反映人民群众的呼声期盼。支持地方人大加强代表之家、代表联络站等履职平台建设。建立健全代表反映群众意见和要求的处理反馈机制。组织好香港、澳门和台湾省全国人大代表专题调研和视察。认真办理代表反映或者转递群众意见和具体信访事项，继续落实好全国人大代表来信“建台账、建规范、建机制、及时报”工作机制，督促有关方面及时向代表答复、反馈。

31. 做好代表服务保障工作。组织代表深入学习党的十九届六中全会精神。开展中央人大工作会议精神专题培训，在2023年换届前轮训一遍。提高代表培训工作系统化、规范化、专业化水平，紧跟履职需要优化培训内容，用好用足全国人大网络学院学习资源。推进全国人大代表工作信息化平台建设，使之成为代表学习平台、履职工作平台、联系群众服务支撑平台。利用多种方式和渠道定期向代表通报重要情况和征求意见，及时向代表提供有关资料和信息。

32. 加强代表履职管理监督。全面加强代表的

政治、思想、作风、纪律建设，引导代表站稳政治立场，履行政治责任，模范遵守宪法法律，做政治上的明白人。引导代表正确处理从事个人职业活动与执行代表职务的关系，自觉接受人民群众和原选举单位监督。推进代表履职档案规范化建设，建立健全代表退出和增补机制。

七、服务国家外交大局，深化和拓展人大对外工作

33. *紧紧围绕国家总体外交大局开展人大对外交往*。坚持以习近平外交思想为指引，坚决贯彻执行党中央对外大政方针和决策部署，把推动落实习近平主席重大外交行动成果和与外国领导人达成的重要共识作为首要任务。坚持共商共建共享的全球治理观，充分发挥人大对外交往的特点和优势，有效助力国家战略，坚定不移维护真正的多边主义，推动构建人类命运共同体。

34. *发挥高层交往的引领作用*。按照党中央统一部署，统筹安排、精心组织好委员长会议组成人员的外事活动，加强与外国议会和国际及地区议会组织的交流与合作，增进政治互信、厚植国家友谊，夯实国家关系发展的社会和民意基础。

35. *巩固和深化多层次、多渠道交流合作*。积极运用视频、信函等多种方式和机制交流、友好小组、研讨班等渠道平台，推进与重点国家和地区大国议会的交流。加强与俄罗斯议会的协调合作，密切各层级交流，办好中俄议会合作委员会第八次会议。积极做好欧洲各国议会工作，稳妥开展与美国国会交往。做好周边国家和“一带一路”沿线国家议会工作。

36. *增强人大对外工作针对性、实效性*。促进对外工作与外宣工作深度融合，深入宣介习近平新时代中国特色社会主义思想和党的十九届六中全会精神，积极宣传中国道路、中国制度、中国成就。充分发挥人大代表在对外交往中的作用，多角度多维度呈现我国人民当家作主的生动实践。围绕抗疫合作、应对气候变化、维护粮食和能源安全、全球产业链供应链安全等议题开展对外交流，宣介中国坚定不移推动高水平对外开放、维护世界共同利益的决心。围绕国家核心利益和重大关切问题主动发声，围绕涉台、涉港、涉疆、涉藏等重大问题积极作为，敢于斗争，善于斗争，坚决维护国家主权、安全、发展利益。

八、加强人大制度理论研究和宣传舆论工作，讲好中国民主故事

37. *深入研究阐释宣传习近平总书记关于坚持和完善人民代表大会制度的重要思想*。结合学习贯彻党的十九届六中全会和中央人大工作会议精神，深入研究阐释习近平总书记关于坚持和完善人民代表大会制度的重要思想，加强对中国特色社会主义民主、对人民代表大会制度的研究宣传工作。发挥中国人大制度理论研究会作用，推动地方各级人大制度理论研究会、高校、科研院所、智库形成研究合力，讲清楚坚持和完善人民代表大会制度的历史逻辑、理论逻辑、实践逻辑，讲清楚人民代表大会制度的独特优势和显著功效，深化对人大工作规律特点的认识和把握，形成一批高质量研究成果。

38. *加强对人民代表大会制度和人大工作的宣传报道*。牢牢掌握意识形态工作主动权，始终坚持新闻宣传工作正确政治方向，突出人民代表大会制度在保障实现“两大奇迹”中发挥的根本政治制度功效，紧紧围绕全国人大及其常委会中心工作做好宣传报道。精心组织十三届全国人大五次会议和常委会会议的新闻报道，拓展人大立法、监督、代表、对外交往、自身建设等工作宣传报道的广度和深度，充分展现人大工作成效和人大代表履职风采。做好社会关注度高、政治敏感性强的重要议题的解读说明工作，加强舆论引导。落实全国人大新闻发言人制度，继续做好全国人大常委会新闻发言人、外事委发言人、常委会法工委发言人工作，对有关问题及时权威发声，阐明正确立场。

39. *创新人大宣传工作方式方法*。统筹运用传统媒体和新媒体，办好《中国人大》杂志和中国人大网，推进“刊做深、网做大、微信做活、微博做精”，深化“刊网微端”融合发展。改进对外宣传工作，用生动鲜活方式讲述中国人大故事、全过程人民民主故事，让全社会及国际上更好地了解人民代表大会制度，了解我国社会主义民主政治的特点和优势。

九、推动地方人大工作完善发展

40. *推动地方人大全面贯彻落实中央人大工作会议精神*。加强对地方各级人大贯彻落实中央人大工作会议精神情况的宣传报道，总结交流地方贯彻落实情况和经验做法。举办贯彻落实中央人大

工作会议精神工作交流会。

41. 加强与地方人大的联系。继续加强与地方人大的工作联系，密切工作协同，依法进行监督和指导，提升人大工作整体实效。举办地方人大常委会负责同志学习班，组织换届后的地方人大常委会负责同志参加学习。

十、按照“四个机关”的定位要求，加强自身建设

42. 坚定坚持党的全面领导。增强“四个意识”、坚定“四个自信”、做到“两个维护”，不断提高政治判断力、政治领悟力、政治执行力，认真执行党的领导各项制度，全面加强自身建设，成为自觉坚持中国共产党领导的政治机关、保证人民当家作主的国家权力机关、全面担负宪法法律赋予的各项职责的工作机关、始终同人民群众保持密切联系的代表机关。

43. 持续加强理论武装。深入学习贯彻党的十九届六中全会和中央人大工作会议精神，及时传达学习习近平总书记重要讲话、重要指示和党中央重要会议、重要文件精神，自觉用习近平新时代中国特色社会主义思想武装头脑、指导实践、推动工作。坚持常委会党组集体学习制度，组织好常委会专题讲座。巩固和深化党史学习教育成果，把“学史明理、学史增信、学史崇德、学史力行”扎根在思想深处、落实到具体行动中。

44. 持之以恒抓好纪律作风建设。增强依法履职观念，确保严格履行法定职责、遵守法定程序。深入贯彻落实中央八项规定及其实施细则精神，坚持求真务实，保持良好会风，坚决防止形式主义、官僚主义，提高人大工作实效。大兴调查研究之风，结合人大工作特点和定位开展多领域、多层次、经常化、制度化调查研究，充分了解实际情况，提出有针对性的意见建议。

45. 加强全国人大机关建设。全面推进全国人大机关党的建设，不断完善贯彻党中央全面从严治党部署、体现新时代特点、符合人大工作实际的机关党建制度体系。持续加强政治机关建设，开展政治机关意识教育，教育引导全体党员干部以实际行动践行“两个维护”。自觉接受中央纪委国家监委派驻纪检监察组的监督和指导，坚定不移推进党风廉政建设和反腐败斗争。做好中央巡视整改和机关内部巡视整改回头看工作，务求取得实效。持续推进党支部标准化规范化建设，打造“四强”党支部，推动党建业务深度融合。坚持党管干部原则，打造政治坚定、服务人民、尊崇法治、发扬民主、勤勉尽责的人大工作队伍。有计划地安排人大机关同其他国家机关间的干部合理交流。

46. 加强全国人大机关数字化、信息化建设。编制并实施全国人大机关信息化建设规划。加强机关一体化综合办公平台、全国人大机关综合信息系统（政务内网门户网站）建设，优化整合各项工作应用系统，确保运行安全、可靠。推进各级人大信息系统互联互通、资源共享。探索利用大数据、云计算、人工智能等现代信息技术，为人大各方面工作提供高效服务保障。

十一、认真做好重要会议的筹备工作

47. 认真做好大会服务保障工作。贯彻落实党中央关于召开十三届全国人大五次会议的指导思想和总体要求，认真履行宪法赋予的召集人民代表大会会议的职责，圆满完成大会各项议程。提前组织代表研读讨论地方各级人民代表大会和地方各级人民政府组织法修正草案，认真研究代表提出的意见建议，为大会审议做好准备。

全国人大常委会 2022 年度立法工作计划

（2021 年 11 月 29 日第十三届全国人民代表大会常务委员会第 106 次委员长会议原则通过　2021 年 12 月 23 日第十三届全国人民代表大会常务委员会第 107 次委员长会议修改　2022 年 4 月 11 日第十三届全国人民代表大会常务委员会第 114 次委员长会议修改）

2022 年是进入全面建设社会主义现代化国家、向第二个百年奋斗目标进军新征程的重要一年，我们党将召开具有重大而深远意义的第二十次全国代表大会。全国人大常委会 2022 年立法工作的总

体要求是:在以习近平同志为核心的党中央坚强领导下,高举中国特色社会主义伟大旗帜,以习近平新时代中国特色社会主义思想为指导,深入学习贯彻习近平法治思想,全面贯彻落实党的十九大和十九届历次全会精神,弘扬伟大建党精神,深刻认识"两个确立"的决定性意义,增强"四个意识"、坚定"四个自信"、做到"两个维护",坚定不移走中国特色社会主义法治道路,坚持党的领导、人民当家作主、依法治国有机统一,贯彻中央人大工作会议精神,发挥全国人大及其常委会在立法工作中的主导作用,坚持以人民为中心,全面贯彻新发展理念,加快构建新发展格局,不断发展全过程人民民主,以良法促进发展、保障善治,加快完善中国特色社会主义法律体系,为推进国家治理体系和治理能力现代化、全面建设社会主义现代化国家提供有力的法治保障,以实际行动迎接党的二十大胜利召开。

一、深入学习贯彻党的十九届六中全会和中央人大工作会议精神,加强和改进新时代立法工作

党的十九届六中全会是在建党百年之际召开的一次具有重大历史意义的会议。全会审议通过的《中共中央关于党的百年奋斗重大成就和历史经验的决议》,回顾了党和国家事业取得的历史性成就,以"十个坚持"总结党百年奋斗积累的宝贵历史经验。党确立习近平同志党中央的核心、全党的核心地位,确立习近平新时代中国特色社会主义思想的指导地位,对新时代党和国家事业发展、对推进中华民族伟大复兴历史进程具有决定性意义。中央人大工作会议在党的历史上、人民代表大会制度历史上都是第一次。习近平总书记在中央人大工作会议上的重要讲话,从完善和发展中国特色社会主义制度、推进国家治理体系和治理能力现代化的战略高度,全面总结、系统阐释我国人民代表大会制度的发展历程,明确提出新时代加强和改进人大工作的指导思想、重大原则和主要工作,深刻回答新时代发展中国特色社会主义民主政治、坚持和完善人民代表大会制度的一系列重大理论和实践问题,为坚持和完善人民代表大会制度,加强和改进新时代人大工作指明了努力方向。要深入学习贯彻党的十九届六中全会和中央人大工作会议精神,以实际工作成效担当起新时代赋予立法工作的历史使命。

全国人大及其常委会在党中央领导下行使国家立法权。要坚持以习近平新时代中国特色社会主义思想为指导,深入学习贯彻习近平法治思想和习近平总书记关于坚持和完善人民代表大会制度的重要思想,深刻认识总结党的百年奋斗重大成就和历史经验,紧跟党中央决策部署,紧贴人民群众美好生活对法治建设的呼声期盼,紧扣国家治理体系和治理能力现代化提出的法律需求实际,努力使立法工作更好服务国家改革发展稳定,更好维护国家主权、安全、发展利益。全面贯彻实施宪法,用科学有效、系统完备的制度体系保证宪法实施,维护宪法权威和尊严。加强重点领域、新兴领域、涉外领域立法,统筹推进国内法治和涉外法治,着力解决法治领域突出问题,健全国家治理急需、满足人民日益增长的美好生活需要必备的法律制度,助力解决事关全局、事关长远、事关人民福祉的紧要问题。丰富立法形式,统筹立改废释纂,增强立法的针对性、适用性、可操作性。深入推进科学立法、民主立法、依法立法,切实提高立法工作质量和效率,使法律体系更加科学完备、统一权威。

二、服务党和国家工作大局,统筹做好法律案审议工作

结合落实十三届全国人大常委会立法规划和专项立法修法工作计划,与中央有关方面的工作要点、计划相衔接,将地方各级人民代表大会和地方各级人民政府组织法修正草案提请全国人民代表大会会议审议,对 2022 年法律案审议工作作如下安排:

围绕坚持和完善人民代表大会制度、国家机构组织制度,加强法治政府建设,修改地方各级人民代表大会和地方各级人民政府组织法、国务院组织法、立法法、各级人民代表大会常务委员会监督法、全国人民代表大会常务委员会议事规则、行政复议法等。**围绕创新驱动发展战略,全面塑造发展新优势**,修改科学技术普及法、铁路法等。**围绕全面深化改革和对外开放,持续激发市场活力**,修改反垄断法、公司法、企业破产法,制定期货和衍生品法、农村集体经济组织法、民事强制执行法、关税法等税收法律等。**围绕加强民生领域立法,提升人民群众获得感**,修改职业教育法、体育法、学位条例、文物保护法、妇女权益保障法,制定学前教育法、社会救助法等。**围绕推动绿色发展,促进人与自然和谐共生**,修改野生动物保护法、畜牧法、矿产资源法,

制定黄河保护法、青藏高原生态保护法等。**围绕保障国家经济安全，完善风险防控机制**，制定黑土地保护法、粮食安全保障法、金融稳定法、能源法等。**围绕全面推进健康中国建设，织牢国家公共卫生防护网**，修改传染病防治法、国境卫生检疫法、农产品质量安全法，制定突发公共卫生事件应对法等。**围绕维护国家安全，促进社会和谐稳定**，修改突发事件应对法、治安管理处罚法、民事诉讼法，制定反电信网络诈骗法等。

（一）继续审议的法律案（15 件）

1. 地方各级人民代表大会和地方各级人民政府组织法（修改） （已通过）
2. 期货和衍生品法 （4 月）
3. 职业教育法（修改） （4 月）
4. 体育法（修改） （4 月）
5. 黑土地保护法 （4 月）
6. 妇女权益保障法（修改） （4 月）
7. 反电信网络诈骗法 （6 月）
8. 反垄断法（修改） （6 月）
9. 全国人民代表大会常务委员会议事规则（修改） （6 月）
10. 黄河保护法 （6 月）
11. 突发事件应对法（修改） （6 月）
12. 畜牧法（修改） （8 月）
13. 农产品质量安全法（修改） （8 月）
14. 公司法（修改） （8 月）
15. 野生动物保护法（修改） （10 月）

（二）初次审议的法律案（24 件）

1. 立法法（修改）
2. 各级人民代表大会常务委员会监督法（修改）
3. 国务院组织法（修改）
4. 企业破产法（修改）
5. 行政复议法（修改）
6. 治安管理处罚法（修改）
7. 学位条例（修改）
8. 文物保护法（修改）
9. 传染病防治法（修改）
10. 国境卫生检疫法（修改）
11. 矿产资源法（修改）
12. 铁路法（修改）
13. 民事诉讼法（修改）
14. 科学技术普及法（修改）
15. 农村集体经济组织法
16. 突发公共卫生事件应对法
17. 青藏高原生态保护法
18. 学前教育法
19. 关税法等税收法律
20. 金融稳定法
21. 能源法
22. 粮食安全保障法
23. 社会救助法
24. 民事强制执行法

贯彻落实党中央决策部署，以及强化公共卫生法治保障、完善涉外法律体系、贯彻依法治军战略等，要求制定、修改、废止、解释相关法律，或者需要由全国人大常委会作出相关决定的，适时安排审议、继续审议。研究启动条件成熟的相关领域法典编纂工作。

（三）预备审议项目

修改城市居民委员会组织法、商业银行法、保险法、中国人民银行法、反洗钱法、反不正当竞争法、会计法、国防教育法、反间谍法、人民警察法、教师法、海洋环境保护法、进出境动植物检疫法、慈善法、仲裁法，制定耕地保护法、不动产登记法、药师法、电信法、医疗保障法、机关运行保障法、国家综合性消防救援队伍和人员法、危险化学品安全法、无障碍环境建设法、网络犯罪防治法，以及优化营商环境促进公平竞争、社会保障等方面的立法，由有关方面抓紧开展调研和起草工作，视情安排审议。

（四）做好授权决定和改革决定相关工作

按照党中央决策部署，对立法条件还不成熟、需要先行先试的，依法及时作出授权决定或者改革决定。对正在实施的授权决定和改革决定，实践证明可行的，由有关方面及时依法提出修改或者制定有关法律的议案，适时安排审议，或者结合相关立法工作统筹考虑。

需要考虑的授权决定 1 件：2019 年 10 月十三届全国人大常委会第十四次会议通过的关于授权国务院在自由贸易试验区暂时调整适用有关法律规定的决定，2022 年 12 月实施期限届满。

三、践行全过程人民民主理念，着力提高立法质量和效率

坚持党的全面领导。坚定不移把坚持党的全面领导作为立法工作的最高政治原则，坚决贯彻落实党中央的重大决策部署，使党的主张通过法定程序成为国家意志。严格执行向党中央请示报告制度，党中央确定的重大立法事项，以及立法中涉及

重大体制、重大政策调整问题的，由全国人大常委会党组及时向党中央请示报告。立法工作计划按照要求提交中央全面依法治国委员会审议。落实宪法关于党的领导的规定，推动党的领导入法入规。坚持依法治国和以德治国相结合，立法充分体现社会主义核心价值观和铸牢中华民族共同体意识的内容和要求。

发挥人大在立法工作中的主导作用。加强和改进立法规划计划工作，统筹推进立法重点工作任务。发挥人大在确定立法选题、组织法案起草、审议把关等方面的主导作用。全国人大专门委员会、常委会工作机构牵头起草法律案，要主动与有关方面做好沟通，同时配合国务院等有关方面牵头起草法律案。一些重要立法项目，必要时成立立法工作专班，协调推动立法进程。发挥好全国人大、国务院有关机构沟通机制作用，做好法律案审议准备工作。全国人大及其常委会在法律草案审议修改中积极研究采纳代表、委员的意见，更好发挥立法机关在表达、平衡、调整社会利益方面的重要作用。加强法律解释工作，做好法律询问答复。发挥行政法规、监察法规、地方性法规、规章等多层级作用，完善法律配套规定督促工作机制，保证法律有效实施。

在立法中贯穿全过程人民民主理念。通过立法为发展全过程人民民主提供更加有效的制度保障。健全吸纳民意、汇聚民智的工作机制，确保立法各个环节都听到来自人民群众的声音。围绕党和国家中心工作，通过基层立法联系点等渠道充分听取人民群众的立法需求。适当增加立法联系点数量，发挥基层立法联系点意见“直通车”的作用。不断改进法律草案向社会公开征求意见工作，加大宣传推送力度，丰富参与方式，完善意见反馈机制。做好疫情防控常态化下的立法调研工作，将结论和决策建立在扎实可靠的基础上。做好法律通过前评估工作，对立法中的重大问题，开展立法听证、第三方评估工作。

拓展代表参与立法工作的深度和广度。把握代表机关的定位，充分发挥人大代表作用。认真听取和研究代表对立法的意见建议，使立法更好地接地气、察民情、聚民智、惠民生。完善代表参与立法工作制度机制，邀请代表参加立法座谈、立法调研、法律通过前评估等立法工作。将代表议案建议办理融入立法工作，更好发挥相关领域或具有相关专业背景的代表作用。多渠道与代表交流沟通，与提出议案建议的代表加强联系，和列席全国人大常委会会议的代表面对面交流，充分利用人大代表信息化工作平台。

加强重点领域、新兴领域、涉外领域立法。强化对国家重大发展战略的法治保障，积极推进国家安全、科技创新、公共卫生、生物安全、生态文明、防范风险等重要领域立法，加快数字经济、互联网金融、人工智能、大数据、云计算等领域立法步伐，加强民生领域立法，回应人民群众反映强烈的突出问题，填补法律制度薄弱点和空白区。推进涉外专门立法，完善涉外条款规定，补齐涉外法律制度短板，加快涉外法律规范体系建设。

不断丰富立法形式。在确保立法质量的前提下加快立法工作步伐，统筹立改废释纂，发挥不同立法形式在完善中国特色社会主义法律体系中的作用。既注重“大块头”，也注重“小快灵”，从“小切口”入手，解决老百姓关注的现实问题。针对“放管服”改革等方面的需要，采取打包形式修改相关法律。把改革决策同立法决策更好地结合起来，通过作出授权决定、改革决定，保障各领域改革创新，确保国家发展、重大改革于法有据。探索建立定期修改法律的制度，研究法律清理工作，对不适应经济社会发展要求的法律进行修改、废止，增强法律之间的系统性、整体性、协调性。

四、全面贯彻实施宪法，维护宪法权威和尊严

加强宪法实施和监督工作。宪法的生命和权威在于实施，要健全完善宪法相关法律制度，健全保证宪法全面实施的体制机制，保证宪法确立的制度、原则、规则得到全面实施。加强对宪法法律实施情况的监督检查，完善法律草案的合宪性审查程序机制，提高合宪性审查工作质量，坚决纠正违宪违法行为。落实宪法解释程序机制，积极回应涉及宪法有关问题的关切。各级国家机关要不断增强宪法意识，依法行使职权，保障公民和组织的合法权益，自觉维护宪法权威和国家法治统一。

积极开展宪法理论研究和宣传工作。2022 年是我国现行宪法公布实施 40 周年。系统回顾我国宪法发展的光辉历程，全面总结现行宪法实施重大成就和宝贵经验，加强宪法全面实施和有关宪法制度的理论研究，阐释好中国宪法理论。采取多种形式加强宪法宣传，讲好中国宪法故事，弘扬宪法精神，不断提高全社会的宪法意识、法治意识。

提高备案审查工作质量。进一步完善主动审

查的机制和方式，加大主动审查力度。聚焦党中央重大决策部署和重要法律的实施，及时开展法规、司法解释、规范性文件的专项审查和集中清理。做好公民、组织等审查建议的研究、处理和反馈工作。推动各级人大常委会建立听取和审议备案审查工作情况报告制度。加强同其他备案审查工作机构之间的衔接联动，提升备案审查工作整体成效。积极发挥备案审查专家委员会作用，加强备案审查理论研究，提高审查工作质量。加大对地方人大常委会备案审查工作的指导，开展培训和案例交流，提升备案审查工作能力水平。拓展备案审查信息平台功能和使用范围，推动各省、自治区、直辖市人大常委会建设规范性文件数据库。

五、认真落实“四个机关”要求，服务保障新时代立法工作

强化政治机关意识。坚持立法工作的第一属性是政治性，始终坚持党对立法工作的集中统一领导，坚定不移走中国特色社会主义法治道路。深入学习、准确把握党的百年历程创造的重大成就和历史经验，从伟大建党精神中汲取前行力量，用党的奋斗历程指引方向，用党的光荣传统坚定信念，用党的历史经验砥砺品格，按照政治机关、国家权力机关、工作机关、代表机关的定位和要求，努力建设让党中央放心、让人民群众满意的模范机关。

加强新时代立法理论研究。做好立法践行全过程人民民主的理论研究和宣传阐释。推进区域协同立法、流域立法、共同立法等有关问题的研究。深化国际法和涉外法律研究，为完善涉外法律规范体系提供理论支撑。推动与中国法学会、科研院所、高端智库的联系交流和良性互动，健全工作机制，加强研究成果开放共享和转化运用。讲好法言法语，完善立法技术规范，提高立法精细化水平。

讲好人大立法故事。结合立法有关工作，加大中央人大工作会议精神宣传力度。把立法工作同普法工作有机结合，做好重要立法项目、重大时间节点的立法宣传。充分发挥法工委发言人机制作用，定期发布立法信息，及时回应社会热点问题，强化舆论引导。创新宣传形式，拓展宣传渠道，利用新媒体、新技术为立法宣传赋能，增强立法宣传的亲和力、实效性。加强法律文本英文翻译工作，展示我国法治建设成就，提升国际传播能力。建设好、运用好国家法律法规数据库，为人民群众提供权威便利的公共法律服务。

加强对地方立法工作的联系指导。举办第二十八次全国地方立法工作座谈会，办好立法培训班，深入学习贯彻中央人大工作会议精神，交流立法经验，加强地方立法能力建设。精选地方立法典型经验和优秀立法例，编发法制工作简报，增进经验交流。在立法规划计划、法律询问答复、立法理论研究、立法宣传、立法队伍建设等方面加强工作联系指导，推动严格遵循地方立法权限，贯彻落实党中央大政方针和决策部署，提高地方立法针对性，着力解决实际问题。

打造高素质立法工作队伍。按照习近平总书记对人大工作队伍提出的“政治坚定、服务人民、尊崇法治、发扬民主、勤勉尽责”的标准要求，落实党中央关于法治人才培养决策部署，多渠道、多岗位选拔使用优秀立法人才，推动与党政部门、司法部门干部之间的合理交流。坚持用习近平新时代中国特色社会主义思想武装头脑，不断提高政治判断力、政治领悟力、政治执行力。运用党史学习教育成果全面提高干部的政治素质和业务能力，不忘初心、牢记使命，在新时代新征程上展现新作为、作出新成绩。

全国人大常委会2022年度监督工作计划

（2021年11月29日第十三届全国人民代表大会常务委员会第106次委员长会议原则通过　2021年12月23日第十三届全国人民代表大会常务委员会第107次委员长会议修改　2022年4月11日第十三届全国人民代表大会常务委员会第114次委员长会议修改）

2022年是进入全面建设社会主义现代化国家新征程的重要一年，我们党将召开具有重大而深远意义的第二十次全国代表大会。全国人大常委会监督工作的总体要求是：**在以习近平同志为核心的**

党中央坚强领导下，高举中国特色社会主义伟大旗帜，以习近平新时代中国特色社会主义思想为指导，深入学习贯彻习近平法治思想和习近平总书记关于坚持和完善人民代表大会制度的重要思想，全面贯彻党的十九大和十九届历次全会精神，贯彻落实中央人大工作会议精神，弘扬伟大建党精神，深刻认识“两个确立”的决定性意义，增强“四个意识”、坚定“四个自信”、做到“两个维护”，坚持党的领导、人民当家作主、依法治国有机统一，不断发展全过程人民民主，实行正确监督、有效监督、依法监督，加强宪法实施和监督，保证行政权、监察权、审判权、检察权依法正确行使，坚持稳中求进工作总基调，完整、准确、全面贯彻新发展理念，构建新发展格局，推动高质量发展，推进国家治理体系和治理能力现代化，以实际行动迎接党的二十大胜利召开。

一、推动经济高质量发展

完整、准确、全面贯彻新发展理念，围绕计划执行和经济运行情况、巩固脱贫攻坚成果、促进乡村振兴、数字经济发展、科学技术普及、外商投资法实施、小农户和现代农业发展有机衔接、高标准农田建设、地方政府专项债务管理与改革等开展监督，推动经济高质量发展。

（一）听取和审议国务院关于今年以来国民经济和社会发展计划执行情况的报告。听取和审议的重点是计划执行和经济运行的主要情况，主要指标完成情况，存在的主要问题和准备采取的政策措施等。报告拟安排在8月份举行的全国人大常委会会议上听取和审议。由财政经济委员会负责做好相关工作。

（二）听取和审议国务院关于巩固拓展脱贫攻坚成果同乡村振兴有效衔接情况的报告。听取和审议的重点是制定实施衔接过渡期帮扶政策情况，持续巩固拓展脱贫攻坚成果情况，接续推进脱贫地区乡村振兴情况，加强农村低收入人口常态化帮扶情况，面临的主要问题，进一步完善政策、改进工作的思路举措等。报告拟安排在6月份举行的全国人大常委会会议上听取和审议。由农业与农村委员会、民族委员会负责做好相关工作。

（三）检查《中华人民共和国乡村振兴促进法》的实施情况。重点检查法律实施总体情况，健全乡村人才工作体制机制、培养新型职业农民情况，传承优秀传统文化、保护农业文化遗产和非物质文化遗产情况，加强生态环境保护、促进城乡融合发展情况，建立乡村振兴目标责任制和考核评价制度情况，地方性法规和配套法规规章制订情况，法律实施中存在的主要问题，进一步推进法律实施的意见建议等。执法检查报告拟安排在10月份举行的全国人大常委会会议上听取和审议。由农业与农村委员会为主负责组织和实施。

（四）听取和审议国务院关于数字经济发展情况的报告。听取和审议的重点是数字经济发展的基本情况，制约数字经济发展的突出矛盾和问题，做强做优做大我国数字经济的发展举措等。报告拟安排在10月份举行的全国人大常委会会议上听取和审议。由财政经济委员会负责做好相关工作。

（五）听取和审议国务院关于金融工作情况的报告。听取和审议的重点是货币政策执行情况，金融业运行情况和监督管理工作情况，金融支持实体经济情况，金融体系改革和对外开放情况，防范化解金融风险隐患情况等。报告拟安排在10月份举行的全国人大常委会会议上听取和审议。由财政经济委员会负责做好相关工作。

（六）检查《中华人民共和国科学技术普及法》的实施情况。重点检查科普工作的领导和组织实施情况，各类主体开展科普工作、履行法定责任情况，科普工作有关保障措施落实情况，社会力量兴办科普事业情况，进一步推进法律实施的意见建议等。执法检查报告拟安排在8月份举行的全国人大常委会会议上听取和审议。由教育科学文化卫生委员会为主负责组织和实施。

（七）检查《中华人民共和国外商投资法》的实施情况。重点检查法律实施总体情况，外商投资企业依法平等适用国家支持企业发展的各项政策、依法平等参与标准制定、通过公平竞争参与政府采购活动等情况，地方政府落实投资自由化便利化政策，营造稳定、透明、可预期和公平竞争的市场环境等情况。执法检查报告拟安排在10月份举行的全国人大常委会会议上听取和审议。由财政经济委员会为主负责组织和实施。

（八）围绕推动小农户和现代农业发展有机衔接情况进行专题调研。跟踪调研全国人大常委会对国务院关于推动小农户和现代农业发展有机衔接情况报告的审议意见和落实措施贯彻实施情况，重点是新型经营主体带动小农户发展、健全社会化服务体系、发挥集体经济组织服务小农户作用、完善与小农户的利益联结机制、增强金融为农服务能力等情况，存在的主要问题和改进工作的意见建议等。专题调研报告计划在12月底前完成。由农业与农村委员会负责组织和实施。

（九）围绕推进高标准农田建设和实施盐碱化耕地改良情况进行专题调研。重点调研高标准农田建设情况，农村土地整治情况，盐碱化耕地改良情况，面临的主要问题，进一步完善政策、改进工作的意见建议等。专题调研报告计划在 12 月底前完成。由农业与农村委员会负责组织和实施。

（十）围绕地方政府专项债务管理与改革情况进行专题调研。重点调研地方政府专项债券的额度分配与发行情况，专项债资金的投向、拨付使用情况，资金使用的绩效与绩效管理情况，专项债发行和使用的监管与监督情况，专项债在发行、使用、管理中存在的问题，更好发挥专项债券作用、改进相关工作、加强人大对地方政府专项债监督的意见建议等。专题调研报告计划在 12 月底前完成。由常委会预算工作委员会负责组织和实施。

（十一）围绕西部陆海新通道重大工程项目建设情况进行专题调研。重点调研项目建设进展情况，存在的主要问题和困难，进一步完善政策、改进工作的意见建议等。专题调研报告计划在 12 月底前完成。由财政经济委员会负责组织和实施。

二、促进保障和改善民生

坚持以人民为中心的发展思想，围绕促进就业、保障和改善儿童健康、义务教育阶段学生全面健康发展、加强和推进老龄工作、完善个人所得税制度、铸牢中华民族共同体意识等开展监督，实现好、维护好、发展好最广大人民根本利益，提高社会建设水平，增进民生福祉。

（一）听取和审议国务院关于就业工作情况的报告。听取和审议的重点是就业整体情况特别是高校毕业生等青年就业情况，落实就业优先政策、提升就业容量和质量的主要政策措施，特别是就业公共服务体系、多渠道灵活就业保障制度建设情况等。报告拟安排在 12 月份举行的全国人大常委会会议上听取和审议。由社会建设委员会负责做好相关工作。

（二）听取和审议国务院关于儿童健康促进工作情况的报告。听取和审议的重点是儿童健康促进工作总体情况，包括医疗服务体系建设、重点疾病防治、近视防控、心理健康促进、学校健康教育、农村儿童营养改善等情况，保障和改善儿童健康的主要举措，儿童健康面临的主要问题和下一步工作思路等。报告拟安排在 6 月份举行的全国人大常委会会议上听取和审议。由教育科学文化卫生委员会负责做好相关工作。

（三）听取和审议国务院关于有效减轻过重作业负担和校外培训负担，促进义务教育阶段学生全面健康发展情况的报告。听取和审议的重点是有效减轻义务教育阶段学生过重作业负担和校外培训负担的总体情况，特别是强化学校教育主阵地作用、促进学生全面健康发展，提高教学质量、作业管理水平和课后服务水平，规范校外培训行为等方面情况，存在的主要困难和下一步工作安排建议等。报告拟安排在 10 月份举行的全国人大常委会会议上听取和审议。由教育科学文化卫生委员会负责做好相关工作。

（四）听取和审议国务院关于加强和推进老龄工作进展情况的报告，并围绕实施积极应对人口老龄化国家战略、推动老龄事业高质量发展进行专题调研。听取和审议及调研的重点是多层次养老保障体系建设、养老服务体系建设、老年人健康服务体系建设、老龄产业发展、老年友好型社会建设等方面情况，法制建设进展情况，存在的主要问题和下一步工作安排建议等。专项工作报告和专题调研报告拟安排在 8 月份举行的全国人大常委会会议上听取和审议。由社会建设委员会负责做好相关工作。

（五）围绕进一步完善有利于调节收入分配的个人所得税制度进行专题调研。重点调研财产所得、资本所得分布情况及个人所得税征收管理情况，个人独资企业、合伙企业和个体工商户的生产经营所得税征收管理情况，个人所得税收入分配调节功能发挥方面的制约因素和主要问题，进一步优化个人所得税制度、修改完善个人所得税法的意见建议等。专题调研报告计划在 10 月底前完成。由常委会预算工作委员会负责组织和实施。

（六）围绕铸牢中华民族共同体意识进行专题调研。重点调研推进中华民族共有精神家园建设情况，推动各民族共同走向社会主义现代化情况，促进各民族交往交流交融情况，提升民族事务治理体系和治理能力现代化水平情况，防范民族领域重大风险隐患情况，面临的困难问题和相关意见建议等。专题调研报告计划在 12 月底前完成。由民族委员会负责组织和实施。

三、加强生态环境保护

坚持绿水青山就是金山银山理念，围绕推动生态环境保护任务目标落实、固体废物污染环境整治、生态环保领域法律制度落实、长江生态环境保护等开展监督，依法推动环境质量持续改善，促进人与自然和谐共生。

（一）听取和审议国务院关于2021年度环境状况和环境保护目标完成情况的报告。听取和审议的重点是环境质量状况，包括大气、水、海洋、土壤、声环境状况、固体废物污染防治、核与辐射安全、生态系统状况、环境风险状况等，环境保护规划、环境污染防治、污染排放总量控制等环境保护目标完成情况，存在的主要问题，“十四五”环境保护规划目标情况，下一步工作安排等。报告拟安排在4月份举行的全国人大常委会会议上听取和审议。由环境与资源保护委员会负责做好相关工作。

（二）听取和审议国务院关于研究处理全国人大常委会固体废物污染环境防治法执法检查报告及审议意见情况的报告。听取和审议的重点是对照执法检查报告及审议意见，贯彻实施法律制度情况，提升固体废物无害化处置能力，加强法律保障措施，破解固体废物污染防治重点难点问题情况，完善执法监管工作机制情况，完善配套法规标准名录情况，存在的主要问题和下一步工作安排建议等。报告拟安排在6月份举行的全国人大常委会会议上听取和审议。由环境与资源保护委员会负责做好相关工作。

（三）检查《中华人民共和国环境保护法》的实施情况，并结合执法检查报告以常委会联组会议形式开展专题询问。重点检查法律学习宣传情况，法律责任落实情况，配套法规制定情况，主要法律制度落实情况，生态环境保护执法司法情况，存在的主要问题和进一步推进法律实施的意见建议等。执法检查报告拟安排在8月份举行的全国人大常委会会议上听取和审议，专题询问拟请国务院有关领导同志出席联组会议听取意见、回答询问。由环境与资源保护委员会为主负责组织和实施。

（四）检查《中华人民共和国长江保护法》的实施情况。重点检查法律学习宣传普及情况，法律责任落实情况，配套法规制定情况，主要法律制度落实情况，长江保护执法司法情况，存在的突出问题和进一步推进法律实施的意见和建议等。执法检查报告拟安排在12月份举行的全国人大常委会会议上听取和审议。由环境与资源保护委员会为主负责组织和实施。

四、促进严格执法、公正司法

加强对“一府一委两院”的监督，围绕深化“三非”外国人治理、监察工作规范化法治化正规化建设、人民法院涉外审判、人民检察院未成年人检察等开展监督，确保行政权、监察权、审判权、检察权依法正确行使，促进依法行政、依法监察、公正司法，确保人民合法权益得到充分尊重保障，建设法治中国。

（一）听取和审议国务院关于深化非法入境、非法居留、非法就业外国人治理情况的报告。听取和审议的重点是我国非法入境、非法居留、非法就业外国人（“三非”外国人）治理的基本情况，在来华签证审查、口岸边境管控、行业部门管理、违法行为查处、非法移民遣返等方面存在的主要问题以及解决思路，“三非”外国人治理的法律法规建设情况、存在的不足和下一步工作考虑等。报告拟安排在12月份举行的全国人大常委会会议上听取和审议。由外事委员会负责做好相关工作。

（二）围绕监察机关推进监察工作规范化法治化正规化建设情况进行专题调研。重点调研坚持和加强党对监察工作的统一领导，贯彻落实监察法及其实施条例、推动监察官法稳步实施，正确行使国家监察权的总体情况，以法治思维法治方式推进监察工作情况，细化监察权运行机制情况，健全内部监督、加强外部监督情况，建设高素质专业化监察官队伍情况，面临的主要困难和意见建议等。专题调研报告计划在12月底前完成。由监察和司法委员会负责组织和实施。

（三）听取和审议最高人民法院关于人民法院涉外审判工作情况的报告。听取和审议的重点是人民法院履行涉外审判职能情况，平等保护中外当事人合法权益情况，坚定维护国家主权、安全、发展利益情况，加强国际商事争端解决机制建设情况，维护海洋权益情况，深化国际司法执法联动情况，推进涉外审判体系和审判能力现代化情况，涉外审判工作存在的问题和困难，改进工作的措施和建议等。报告拟安排在10月份举行的全国人大常委会会议上听取和审议。由监察和司法委员会负责做好相关工作。

（四）听取和审议最高人民检察院关于人民检察院开展未成年人检察工作情况的报告。听取和审议的重点是涉未成年人案件总体情况，打击侵害未成年人犯罪情况，依法惩戒和精准帮教涉罪未成年人情况，未成年人检察业务统一集中办理情况，参与未成年人保护社会治理情况，开展未成年人法治宣传教育情况，推进未成年人检察专业化规范化社会化建设情况，存在的问题和困难，改进工作的措施和建议等。报告拟安排在 10 月份举行的全国人大常委会会议上听取和审议。由监察和司法委员会负责做好相关工作。

五、加强预算决算审查监督和国有资产管理情况监督

贯彻落实党中央有关改革部署,加强对政府全口径预算决算的审查和监督,继续推进人大预算审查监督重点拓展改革,加强国有资产管理情况监督,不断完善国务院向全国人大常委会报告国有资产管理情况相关制度,提高报告质量、健全监督机制、增强监督实效,进一步加强对审计查出突出问题整改情况的跟踪监督,健全完善全国人大预算审查联系代表机制,发挥预算工委基层联系点作用,持续推进预算联网监督系统建设和使用工作。

(一)听取和审议国务院关于 2021 年中央决算的报告,审查和批准 2021 年中央决算。

(二)听取和审议国务院关于 2021 年度中央预算执行和其他财政收支的审计工作报告。

以上两项报告请国务院按照预算法、监督法、《全国人民代表大会常务委员会关于加强中央预算审查监督的决定》规定和党中央关于人大预算审查监督重点向支出预算和政策拓展的指导意见等改革举措要求,重点报告支出预算和政策的执行及其效果情况、存在问题和改进建议,审计查出的主要问题及审计建议等。报告拟安排在 6 月份举行的全国人大常委会会议上听取和审议。由财政经济委员会和常委会预算工作委员会负责做好相关工作。

(三)听取和审议国务院关于今年以来预算执行情况的报告。听取和审议的重点是执行十三届全国人大五次会议关于批准 2022 年预算决议的情况,贯彻落实中央经济工作会议决策部署情况,2022 年 1—7 月财政收支执行情况和重点支出预算与政策执行情况等。报告拟安排在 8 月份举行的全国人大常委会会议上听取和审议。由财政经济委员会和常委会预算工作委员会负责做好相关工作。

(四)听取和审议国务院关于 2021 年度中央预算执行和其他财政收支审计查出问题整改情况的报告。听取和审议的重点是 2021 年度中央预算执行和其他财政收支审计查出突出问题的整改情况,落实全国人大常委会有关 2021 年中央决算的决议、研究处理关于中央决算和审计工作报告的审议意见情况等。报告拟安排在 12 月份举行的全国人大常委会会议上听取和审议。由财政经济委员会和常委会预算工作委员会负责做好相关工作。

(五)听取和审议国务院关于 2021 年度国有资产管理情况的综合报告,并结合报告以常委会联组会议形式开展专题询问。听取和审议的重点是各类国有资产及管理的全面情况,特别是各类国有资产规模、结构、分布、变化等情况,落实党中央关于国有资产管理和国资国企改革发展方针政策和重大决策部署情况,国有经济布局和结构、深化国有企业改革、行政事业性国有资产的配置和分布情况、国有自然资源资产禀赋和保护利用情况,国有资产安全和使用效率,加强国有资产管理、防止国有资产流失等情况,国有资产管理中的突出问题和审计查出问题整改问责情况,以及下一步工作安排等。报告拟安排在 10 月份举行的全国人大常委会会议上听取和审议,专题询问拟请国务院有关领导同志出席联组会议听取意见、回答询问。由常委会预算工作委员会、财政经济委员会负责做好相关工作。

(六)听取和审议国务院关于财政社会保障资金分配和使用情况的报告。听取和审议的重点是财政社会保障资金投入情况,资金分配使用情况,明确政府支出责任、完善资金投入机制、推进社会保险精算平衡、强化预算绩效管理、健全资金监管机制、加强支出标准化建设等情况,面临的困难和问题,进一步支持社会保障事业发展、改进财政资金管理的工作安排及政策建议等。报告拟安排在 12 月份举行的全国人大常委会会议上听取和审议。由常委会预算工作委员会、财政经济委员会、社会建设委员会负责做好相关工作。

六、加强宪法实施和监督

全面贯彻实施宪法,维护宪法权威和尊严。加强宪法宣传教育,弘扬宪法精神。开展国家宪法日活动,组织全国人大及其常委会选举、决定任命的国家工作人员进行宪法宣誓。完善宪法相关法律制度,保证宪法确立的制度、原则、规则得到全面实施。加强对宪法法律实施情况的监督检查,提高合宪性审查、备案审查工作质量,坚决纠正违宪违法行为。进一步完善形式审查、主动审查的机制和方式,加大主动审查力度。围绕贯彻落实党中央重大决策部署和重要法律实施,开展专项审查和集中清理。做好公民、组织等审查建议的研究、处理和反馈工作。听取和审议年度备案审查工作情况报告,推动地方人大常委会建立听取和审议备案审查工作报告制度。继续加强备案审查制度建设,建立健

全备案审查衔接联动工作制度，加强同其他备案审查工作机构之间的衔接联动，提升备案审查工作整体成效。积极发挥备案审查专家委员会作用，加强备案审查理论研究，提高审查工作质量。加大对地方人大常委会备案审查工作的指导，开展培训和案例交流，提升备案审查工作的能力水平。拓展备案审查信息平台功能和使用范围，推动各省级人大常委会建设本省（区、市）规范性文件数据库。

组织实施好2022年度的监督工作，一是要加强党的全面领导。深入学习贯彻中央人大工作会议精神，人大监督工作要紧紧围绕党和国家工作重心，主动跟进、汇聚力量、发挥作用，寓支持于监督之中，形成加强改进工作的合力。二是要严格依法监督。依照法定职责、限于法定范围、遵守法定程序，督促"一府一委两院"依法履职尽责，落实法律责任。三是要增强监督实效。抓住突出问题，敢于动真碰硬，推动法律全面有效实施。综合运用各种监督形式，形成监督合力。各单位、各部门要认真落实监督工作计划的各项安排，各司其职、各负其责，加强协调、密切配合，共同完成好2022年度常委会各项监督工作任务。

附件：全国人大常委会2022年度听取和审议监督方面的报告时间安排表

附件：

全国人大常委会2022年度听取和审议监督方面的报告时间安排表

<table>
<tr><th>时间</th><th>听取和审议的报告</th></tr>
<tr><td>4月
（1项）</td><td>国务院关于2021年度环境状况和环境保护目标完成情况的报告</td></tr>
<tr><td rowspan="5">6月
（5项）</td><td>国务院关于2021年中央决算的报告</td></tr>
<tr><td>国务院关于2021年度中央预算执行和其他财政收支的审计工作报告</td></tr>
<tr><td>国务院关于巩固拓展脱贫攻坚成果同乡村振兴有效衔接情况的报告</td></tr>
<tr><td>国务院关于儿童健康促进工作情况的报告</td></tr>
<tr><td>国务院关于研究处理全国人大常委会固体废物污染环境防治法执法检查报告及审议意见情况的报告</td></tr>
<tr><td rowspan="6">8月
（6项）</td><td>国务院关于今年以来国民经济和社会发展计划执行情况的报告</td></tr>
<tr><td>国务院关于今年以来预算执行情况的报告</td></tr>
<tr><td>国务院关于加强和推进老龄工作进展情况的报告</td></tr>
<tr><td>全国人大常委会专题调研组关于实施积极应对人口老龄化国家战略、推动老龄事业高质量发展情况的调研报告</td></tr>
<tr><td>全国人大常委会执法检查组关于检查《中华人民共和国科学技术普及法》实施情况的报告</td></tr>
<tr><td>全国人大常委会执法检查组关于检查《中华人民共和国环境保护法》实施情况的报告
（结合听取审议报告开展专题询问）</td></tr>
<tr><td rowspan="8">10月
（8项）</td><td>最高人民法院关于人民法院涉外审判工作情况的报告</td></tr>
<tr><td>最高人民检察院关于人民检察院开展未成年人检察工作情况的报告</td></tr>
<tr><td>国务院关于数字经济发展情况的报告</td></tr>
<tr><td>国务院关于金融工作情况的报告</td></tr>
<tr><td>国务院关于有效减轻过重作业负担和校外培训负担，促进义务教育阶段学生全面健康发展情况的报告</td></tr>
<tr><td>国务院关于2021年度国有资产管理情况的综合报告
（结合听取审议报告开展专题询问）</td></tr>
<tr><td>全国人大常委会执法检查组关于检查《中华人民共和国乡村振兴促进法》实施情况的报告</td></tr>
<tr><td>全国人大常委会执法检查组关于检查《中华人民共和国外商投资法》实施情况的报告</td></tr>
</table>

续表

时间	听取和审议的报告
12 月 (5 项)	国务院关于就业工作情况的报告
	国务院关于深化非法入境、非法居留、非法就业外国人治理情况的报告
	国务院关于 2021 年度中央预算执行和其他财政收支审计查出问题整改情况的报告
	国务院关于财政社会保障资金分配和使用情况的报告
	全国人大常委会执法检查组关于检查《中华人民共和国长江保护法》实施情况的报告

2022 年度常委会计划听取审议 25 个监督方面的报告,包括专项工作报告 14 个、计划预算监督报告 5 个、执法检查报告 5 个、专题调研报告 1 个。此外,结合其中 2 个报告开展 2 次专题询问,另有 7 个专题调研报告视情况提请常委会会议审议。

全国人大常委会 2022 年度代表工作计划

(2021 年 11 月 29 日第十三届全国人民代表大会常务委员会第 106 次委员长会议原则通过　2021 年 12 月 23 日第十三届全国人民代表大会常务委员会第 107 次委员长会议修改　2022 年 4 月 11 日第十三届全国人民代表大会常务委员会第 114 次委员长会议修改)

2022 年是进入全面建设社会主义现代化国家、向第二个百年奋斗目标进军新征程的重要一年,我们党将召开具有重大而深远意义的第二十次全国代表大会。全国人大代表工作的总体要求是:**在以习近平同志为核心的党中央坚强领导下,高举中国特色社会主义伟大旗帜,以习近平新时代中国特色社会主义思想为指导,深入学习贯彻习近平法治思想和习近平总书记关于坚持和完善人民代表大会制度的重要思想,全面贯彻落实党的十九大和十九届历次全会精神,贯彻落实中央人大工作会议精神,弘扬伟大建党精神,深刻认识“两个确立”的决定性意义,增强“四个意识”、坚定“四个自信”、做到“两个维护”,坚持党的领导、人民当家作主、依法治国有机统一,深化落实《关于加强和改进全国人大代表工作的具体措施》,充分发挥人大代表作用,做到民有所呼、我有所应,加强代表工作能力建设,支持和保障代表更好依法履职,使发挥代表作用成为人民当家作主的重要体现,以实际行动迎接党的二十大胜利召开。**

一、抓紧抓好学习贯彻习近平总书记在中央人大工作会议上的重要讲话和会议精神这一重大政治任务

1. 组织开展代表专题学习培训,加强代表政治思想建设。将持续深入学习贯彻中央人大工作会议精神特别是习近平总书记重要讲话精神作为重大政治任务,切实做到党中央的决策部署开展到哪里,学习贯彻就跟进到哪里。制定组织全国人大代表深入学习贯彻中央人大工作会议精神方案,开展代表专题学习培训,在 2023 年换届前轮训一遍。通过学习帮助代表站稳政治立场,履行政治责任,做政治上的明白人,自觉把习近平总书记的重要讲话精神和党中央决策部署贯彻落实到依法履职的各方面、各环节、全过程;引导代表正确认识代表的角色定位、职责使命和行权方式,对代表身份的认识不能走偏、对肩负职责的定位不能走偏、对履职行权的范围不能走偏,确保人民赋予的权力用来为人民服务。

2. 按照“四个机关”的定位和要求,加强代表工作能力建设。深入学习领会习近平总书记关于各级人大及其常委会“四个机关”的定位和要求,认真贯彻落实《关于新时代坚持和完善人民代表大会制度、加强和改进人大工作的意见》,进一步加强全国人大常委会对代表工作的领导,以政治建设为统领,全面加强代表联络机构的思想建设、组织建设、作风建设,健全完善代表工作机制,整合加强代表工作力量,为代表更好依法履职提供制度化、系统化、规范化的支持和保障。

二、认真做好十四届全国人大代表换届选举有关工作

3. 贯彻落实党中央部署要求，做好关于第十四届全国人大代表换届选举的有关文件准备。依照宪法和选举法等有关法律规定，贯彻落实党中央关于做好十四届全国人大代表选举工作的部署安排，研究起草关于第十四届全国人民代表大会代表名额和选举问题的决定，以及全国人大代表名额分配方案等选举工作文件。加强与中央有关部门和省级人大常委会的联系，会同各选举单位做好选举工作。依法做好代表资格审查等工作。

4. 做好香港、澳门特别行政区第十四届全国人大代表选举组织工作。精心谋划、周密组织，按照香港、澳门特别行政区选举第十四届全国人大代表有关办法的要求做好选举各项工作，落实好疫情防控要求，确保选举安全、平稳、有序。

三、做好全国人大代表出席十三届全国人大五次会议组织服务工作

（一）做好大会前各项准备工作

5. 组织代表深入学习党的十九届六中全会精神。通过集中培训、网络学习等多种形式组织代表深刻学习理解党的十九届六中全会的重大意义，深刻认识党的百年奋斗重大成就和历史经验，自觉把思想和行动统一到全会精神上来。

6. 组织代表开展集中视察。按照全国人大常委会统一安排，各选举单位组织代表深入基层、深入实际，全面了解本地区统筹推进疫情防控和经济社会发展，立足新发展阶段、贯彻新发展理念、构建新发展格局、推动高质量发展情况，认真听取原选举单位和人民群众的意见建议。

7. 组织代表研读讨论拟提请全国人民代表大会审议的有关法律草案，向代表通报有关情况。会同各选举单位做好代表研读讨论有关法律草案的组织服务工作，组织好在京代表的研读讨论活动，认真收集并研究采纳代表意见建议。举办在京代表情况通报会和港澳代表情况通报会，向代表通报2021年国民经济和社会发展情况、财政预算执行情况和全国人大常委会工作情况等，并委托各选举单位向京外代表通报。向代表书面通报2021年全国人大常委会代表工作总体情况。通过中国人大网和代表工作信息化平台向全体代表推送相关材料。

8. 按照“内容高质量”要求，协助代表酝酿提出高质量议案建议。通过代表工作信息化平台及时将全国人大常委会工作要点和立法、监督、代表工作计划以及代表议案建议相关工作资料等推送给代表，落实代表提出议案建议前与承办部门沟通机制，帮助代表提高议案建议质量。支持协助代表在大会开幕前利用代表工作信息化平台提交议案建议。

（二）做好代表出席大会的服务保障工作

9. 做好代表审议各项议案和报告的服务保障工作。认真总结经验做法，进一步优化技术方案，做好各项组织协调保障工作，增强网络视频听会效果，不断提高收集处理代表审议意见工作效率。结合常委会工作报告的内容和重点，向代表提供专题材料。通过多种形式听取代表对常委会工作报告的审议意见和对人大工作的意见建议，认真研究处理代表通过“我向委员长建言”小程序提出的意见建议。加强对代表意见建议的梳理分析，及时转送有关部门作为改进工作的重要参考。

10. 做好代表议案建议处理工作。协助代表把好议案建议的政治关、质量关。正式使用代表工作信息化平台开展代表议案建议全流程处理，进一步完善议案建议分办协调工作机制，提高分办的准确性。

11. 严格落实改进会风会纪各项措施。加强代表会风会纪学习教育，严格遵守大会各项纪律和保密规定，严格落实疫情防控各项措施。严格住会制度和请假制度，确保会议出席率、投票率。将代表出席大会、代表团会议、小组会议情况和会风会纪情况记入代表履职档案。

12. 协助支持代表宣讲大会精神。为代表在大会闭幕后向本地区本单位本部门宣讲大会精神提供服务保障，通报交流代表积极宣讲大会精神、带头贯彻大会精神的有关情况。

四、加强常委会同代表的联系，统筹推进联系代表工作

13. 发挥委员长会议组成人员联系代表的示范作用，推进常委会组成人员联系代表常态化、机制化。认真落实《关于完善全国人大常委会组成人员联系全国人大代表机制的意见》，增强常委会组成人员联系代表工作的计划性、协调性，结合常委会组成人员参加会议、立法调研、执法检查、专题调研等活动，通过多种方式与代表保持经常性联系，增

强联系实效。

14. 不断完善专门委员会、工作委员会联系代表工作机制。健全专门委员会、工作委员会联系相关领域、具有相关专业知识的全国人大代表的工作机制，做好专门委员会、工作委员会联系代表情况收集和报告工作，及时交流通报工作情况和有关做法。

15. 继续实施好列席代表座谈机制，持续改进代表列席常委会会议的组织服务工作。紧扣习近平总书记最新指示、党中央决策部署、常委会中心工作等，统筹谋划、精心安排全年列席代表座谈会的主题。认真听取代表对人大工作、民主法治建设、经济社会发展等方面的意见，做好代表意见整理、交办和研究处理情况反馈等各环节工作。提高邀请代表列席常委会会议的精准度，努力实现本届基层代表在任期内至少列席一次常委会会议的目标。继续做好常委会会议前向列席代表通报情况工作，加强代表列席常委会会议审议发言提出意见建议研究处理情况的反馈工作。

16. 统筹推动“一府一委两院”加强和改进联系代表工作。推动“一府一委两院”加强同代表的联系，认真听取代表意见建议。加强对相关工作和活动的统筹协调，明确由全国人大常委会办公厅统一安排，增强代表参加活动的计划性、规范性、实效性。及时处理参加相关活动的代表的意见建议，并向代表反馈。有关部门和单位在活动结束后及时向全国人大常委会办公厅书面报送情况报告。

五、持续深化代表对常委会、专门委员会、工作委员会工作的参与

17. 完善代表参与立法工作机制。在立项、起草、审议、通过前评估等环节，邀请代表参加，听取代表意见；立法调研中，有针对性地听取提出相关议案、具有相关领域专业背景代表的意见。健全法律草案征求代表意见制度，以适当形式反馈代表意见研究采纳情况。发挥基层立法联系点作用，及时收集代表、基层群众对法律草案和立法工作的意见建议。积极研究采纳代表对备案审查工作的意见建议，探索邀请代表参与公民备案审查建议研究等工作。

18. 邀请代表参加执法检查、专题调研。做好代表参加全国人大常委会执法检查、专题调研以及参加审议国务院专项工作报告调研等活动的统筹安排。执法检查组赴地方检查法律实施情况，至少邀请 2 名全国人大代表参加，相关报告要认真反映代表意见建议，在常委会听取和审议专项工作报告和开展专题询问时邀请有关代表列席。围绕常委会执法检查、专题调研，组织代表开展相关领域专题调研活动。

19. 进一步加强和完善全国人大计划审查和财经委季度经济形势分析联系代表工作机制，充分发挥全国人大预算审查、国有资产管理情况监督联系代表机制作用。在开展年度计划初审时，邀请部分代表参加前期调研，并参加财经委的初审会议发表意见。财经委进行季度经济形势分析时，邀请部分代表参加前期调研，并参加季度经济形势分析会，相关报告要充分反映代表的意见。向预算审查联系代表逐一发函征求意见建议，并逐一反馈采纳落实情况。推荐预算审查联系代表参加国务院财政部门预算绩效评价活动。通过多种方式更好发挥代表在预算审查监督、国有资产管理情况监督和财税立法等工作中的作用。加强与基层联系点代表的沟通和联系，邀请相关基层联系点代表列席常委会会议。发挥好预算联网监督系统及手机 APP 服务代表的积极作用，邀请代表参与国资联网监督子系统试用。

20. 积极拓展代表参与对外工作的广度和深度。完善外事工作代表人才库、数据库建设，统筹谋划并有针对性地组织代表参与各层级、各领域、各类型对外交往活动。推动代表成为对外讲述“全过程人民民主”重大理念和丰富实践的国际宣传员，全方位、多角度呈现人民代表大会制度特点和优越性。

六、组织好闭会期间代表活动，推动代表更加密切联系人民群众

21. 提高代表专题调研和集中视察实效。聚焦党中央重大决策部署，聚焦人民群众所思所盼所愿，推动解决制约经济社会发展的突出矛盾和问题，委托各省（区、市）人大常委会组织代表开展专题调研和集中视察。精心组织香港、澳门、台湾省、解放军和武警部队全国人大代表专题调研和视察活动。积极支持、大力推动在京代表回原选举单位参加调研、视察、代表小组活动，并做好服务保障工作。进一步规范代表跨原选举单位行政区域考察视察调研的组织协调工作，重点围绕党中央重大决

策部署和区域发展战略规划等，结合地方实际，组织代表跨原选举单位的行政区域开展考察视察调研。

22. 密切代表同人民群众的联系。贯彻落实《关于完善人大代表联系人民群众制度的实施意见》，深入推进代表之家、代表联络站等履职平台和基层立法联系点、预算工委基层联系点建设，使之成为人大代表密切联系人民群众的“民意窗”、“连心桥”，成为人大代表和人民群众有序政治参与的重要载体。推动全国人大代表主动地、经常地就近参加当地代表小组和代表家站活动，努力做到民有所呼、我有所应。完善代表反映人民群众意见和诉求的受理、分析、处理、反馈平台和载体，研究探索代表吸纳民意、汇集民智的工作机制。认真办理代表反映或者转递群众意见和具体信访事项，落实好全国人大代表来信“建台账、建规范、建机制、及时报”工作机制，督促有关单位及时向代表答复、反馈。

七、提高代表议案建议工作水平

23. 完善代表议案处理工作机制。完善代表议案提出、审议、处理流程和工作机制，将处理代表议案与研究制定立法工作计划和监督工作计划、起草和修改法律结合起来，发挥代表议案推动提高立法质量、增强监督实效的作用。加强与提出议案的代表的联系和沟通，深入研究、积极吸纳代表提出的意见建议。适时启动《全国人民代表大会代表议案处理办法》研究修改工作。

24. 提高代表建议办理质量和实效。按照“内容高质量、办理高质量”，“既要重结果、也要重过程”的要求，推动承办单位将办理代表建议作为保持同人民的密切联系，倾听人民意见建议，接受人民监督的重要内容，切实推动解决问题、完善法律制度和政策措施。认真做好习近平总书记参加代表团审议时代表提出意见建议的办理、督办工作，及时跟踪督办并报告落实情况。抓紧抓实2021年代表建议答复承诺解决事项跟踪督办工作，及时向代表反馈工作进展和落实情况。支持和鼓励承办单位结合职责和工作重点确定内部办理重点，有针对性地加强研究办理。

25. 做好代表建议交办、督办、反馈、分析工作。加强与各承办单位的沟通协调，进一步提高代表建议交办的精准性。召开十三届全国人大五次会议代表建议交办会，会同中共中央办公厅、国务院办公厅等单位统一交办代表建议。强化过程管理和跟踪督办力度，加强与承办单位的沟通联络，及时了解和掌握工作进展情况，督促办理工作落实。积极做好代表建议办理和答复综合分析工作，推进代表建议及办理情况向社会公开。

26. 加强与提出议案建议的代表的联系沟通。推动承办单位把加强同代表的联系沟通贯穿代表议案建议办理全过程，通过代表工作信息化平台等多种方式及时向代表反馈议案建议交办和办理情况。利用代表工作信息化平台，搭建代表和承办单位间的联系桥梁，为各承办单位联系代表、代表参与议案建议办理工作提供便利。适时组织代表视察承办单位建议办理工作情况。

27. 做好重点督办建议工作。加强与有关专门委员会的沟通协调，围绕党中央重大决策部署、常委会重点工作，认真研究提出重点督办建议选题。全国人大专门委员会通过制定督办工作方案、召开督办工作座谈会、开展督办调研等方式，加大督办工作力度，推动重点督办建议办理取得实效。重点督办建议办理工作中的重要情况和重大问题，及时向全国人大常委会委员长会议报告。

28. 做好闭会期间代表建议交办和办理工作。健全闭会期间代表建议处理工作机制，支持和保障代表在闭会期间通过代表信息化工作平台依法提出代表建议。代表建议不论大会期间提出还是闭会期间提出，都依照法律规定同等重视、同样办理，支持和引导代表在闭会期间积极提出建议。

八、加强代表自身建设，精心组织代表学习

29. 进一步完善代表政治学习培训制度。全面落实《关于加强和改进全国人大代表工作的具体措施》、《关于加强和改进全国人大代表学习培训工作的若干意见》，牢牢把握正确政治方向，党中央决策部署到哪里，代表学习就跟进到哪里。遵循学习培训规律，做到代表学习培训需求、对象、内容、形式“四个精准”，不断增强代表学习培训的系统性、科学性。2022年是十三届全国人大代表履职的第五年，组织代表学习培训要突出政治学习，强化理论武装，加强代表履职经验交流和总结，为下一届代表依法履职提供借鉴。

30. 进一步加强全国人大网络学院建设。以“特色鲜明、内容权威”为目标，充实网上学习资源，创新网络学习形式，将全国人大网络学院建设成为

代表加强思想理论武装、提高履职素养的重要学习平台,支持和保障代表更好依法履职。探索人大系统网络学习互联互通,为地方人大开展网络学习提供必要支持。

31. 加强代表履职管理监督。引导代表珍视代表身份,严守政治纪律和政治规矩,模范遵守宪法法律,依法执行代表职务,带头践行社会主义核心价值观,发挥模范表率作用,展现新时代人大代表的风采。推进代表履职档案规范化建设,将代表履职情况作为换届时代表连选连任的重要参考。做好人大监督与纪检监察监督贯通协调工作,在选举任命、代表工作中发现有关代表涉嫌违反党纪和职务违法的,及时移送纪检监察机关处理。

32. 做好代表资格审查工作。加强同中央有关部门和代表原选举单位的联系,及时了解掌握代表资格变动情况,确保代表资格审查委员会依法审查、报告代表资格情况。

九、加强代表工作能力建设,提高代表履职服务保障工作质量和水平

33. 牢固树立服务代表意识,推动代表工作提质增效。坚持代表联络机构服务代表、保障代表的职责定位,努力打造一支政治坚定、服务意识强、业务水平高的工作队伍。围绕代表依法履职的具体需求,为代表提供精准化、精细化服务保障。总结交流常委会办公厅、专门委员会、工作委员会开展代表联络和服务保障工作的经验,建立健全闭会期间联系代表的日常工作机制。

34. 加强代表履职和代表工作的宣传报道。支持媒体在十三届全国人大五次会议召开前开展过去一年代表履职情况和代表议案建议办理成效等的宣传报道。做好十三届全国人大五次会议期间代表宣传报道,精心打造大会期间"代表通道",认真组织代表集中采访活动,注重安排基层代表参加,突出反映来自基层和一线的代表之声。支持媒体开展对全国人大常委会加强和改进代表工作的报道,不断增强人大制度和代表工作的社会影响力。

35. 积极协调解决代表履职遇到的困难和问题。加强与全国人大代表选举单位的沟通,在通知代表参加履职活动时,一并通知代表所在单位,协调代表所在单位尊重代表的权利,依法为代表优先执行代表职务给予时间保障,按正常出勤对待,享受所在单位的工资和其他待遇。认真听取代表在履职方面提出的需求,为代表解决履职中的实际困难提供帮助。

36. 加强对代表活动经费的管理。严格执行《关于全国人大代表活动经费管理使用的意见》和《全国人大常委会组成人员联系代表专项经费使用管理办法》。注重资金日常有效监管,加强资金使用情况的跟踪检查和绩效评价,深入巩固审计整改成效。

37. 加强与各省级人大代表联络工作机构的联系。推动各省(区、市)人大代表联络机构认真贯彻落实《关于加强和改进全国人大代表工作的具体措施》,共同做好全国人大代表服务工作,并按照要求做好有关情况报告工作。定期开展工作调研、视频会议、经验交流、业务培训等,形成加强和改进全国人大代表工作的合力。

38. 推动全国人大代表工作信息化平台正式使用,进一步提高代表工作数字化、信息化水平。按照把全国人大代表工作信息化平台建设成为加强代表思想理论武装、提高代表履职素养的学习平台,代表依法履行职责的工作平台,代表密切联系人民群众的服务支撑平台的总体要求,加快推进平台建设,确保十三届全国人大五次会议期间正式使用,为代表提供安全可靠、便捷高效的信息化服务保障。建立健全平台信息服务保障工作机制,强化平台的政治学习功能和信息服务功能。做好向代表征求意见建议、常委会组成人员联系代表、代表列席常委会会议、代表联系群众等履职服务保障工作的信息化支撑。推动建设覆盖全国范围的代表家站电子地图,帮助代表通过平台就近就便参加代表之家、代表联络站等活动。研究制定十四届全国人大代表使用信息化平台的工作方案,开展硬件选型采购、软件部署等工作。

十、做好全国县乡两级人大换届选举工作,加强与地方人大的联系和交流

39. 切实做好全国县乡两级人大换届选举各项工作。贯彻落实党中央决策部署和选举法,坚持党的领导、充分发扬民主、严格依法办事,确保县乡人大换届选举有序推进、风清气正。发挥全国县乡两级人大换届选举工作联席会议平台作用,认真研究答复选举中的法律咨询和工作询问。做好县乡人大换届选举数据统计工作,研究起草关于全国县乡两级人大换届选举工作总结的报告。及时发布有关县乡人大换届选举的权威信息,做好县乡两级人

大换届选举宣传工作，全面展示在县乡人大换届选举中贯彻全过程人民民主的生动实践。

40. 加强同地方人大的联系，总结交流推广地方人大代表工作经验。继续加强同地方人大的工作联系和交流，密切工作协同，依法进行监督和指导，提升人大工作整体实效。举办地方人大常委会负责同志学习班，组织换届后的地方人大常委会负责同志参加学习。发挥好中国人大“刊网微端”、《人大工作研究》、《联络动态》及代表工作信息化平台等的作用，及时宣传地方各级人大代表密切联系人民群众、更好发挥代表作用的典型事例，总结推广地方各级人大及其常委会建设的经验做法。

二、常委会会议议程日程

第十三届全国人民代表大会常务委员会第三十三次会议议程

2022 年 2 月 27 日至 28 日

(2022 年 2 月 27 日第十三届全国人民代表大会常务委员会第三十三次会议第一次全体会议通过)

一、审议中央军事委员会关于提请审议《关于中国人民解放军现役士兵衔级制度的决定(草案)》的议案

二、审议最高人民法院关于提请审议《关于设立成渝金融法院的决定(草案)》的议案

三、审议《全国人民代表大会常务委员会工作报告(稿)》

四、审议全国人民代表大会常务委员会委员长会议关于提请审议《第十三届全国人民代表大会第五次会议议程(草案)》的议案

五、审议全国人民代表大会常务委员会委员长会议关于提请审议《第十三届全国人民代表大会第五次会议主席团和秘书长名单(草案)》的议案

六、审议全国人民代表大会常务委员会委员长会议关于提请审议《第十三届全国人民代表大会第五次会议列席人员名单(草案)》的议案

七、审议最高人民法院关于《全国人民代表大会常务委员会关于专利等知识产权案件诉讼程序若干问题的决定》实施情况的报告

八、审议第十三届全国人民代表大会常务委员会代表资格审查委员会关于个别代表的代表资格的报告

九、审议任免案

第十三届全国人民代表大会常务委员会第三十三次会议日程

2022 年 2 月 27 日至 28 日

2 月 27 日(星期日)

上午 9 时 全体会议

1. 听取中央军事委员会关于提请审议《关于中国人民解放军现役士兵衔级制度的决定(草案)》议案的说明
2. 听取最高人民法院关于提请审议《关于设立成渝金融法院的决定(草案)》议案的说明
3. 审议《全国人民代表大会常务委员会工作报告(稿)》
4. 审议全国人大常委会委员长会议关于提请审议《第十三届全国人民代表大会第五次会议议程(草案)》的议案
5. 审议全国人大常委会委员长会议关于提请审议《第十三届全国人民代表大会第五次会议主席团和秘书长名单(草案)》的议案
6. 审议全国人大常委会委员长会议

议关于提请审议《第十三届全国人民代表大会第五次会议列席人员名单（草案）》的议案

7. 听取最高人民法院关于《全国人民代表大会常务委员会关于专利等知识产权案件诉讼程序若干问题的决定》实施情况的报告

8. 听取全国人大常委会代表资格审查委员会关于个别代表的代表资格的报告

9. 审议任免案

全体会议结束后　分组审议关于中国人民解放军现役士兵衔级制度的决定草案，关于设立成渝金融法院的决定草案，全国人大常委会工作报告稿，十三届全国人大五次会议议程草案、主席团和秘书长名单草案、列席人员名单草案，关于个别代表的代表资格的报告，任免案

下午3时　分组审议全国人大常委会工作报告稿，最高人民法院关于《全国人民代表大会常务委员会关于专利等知识产权案件诉讼程序若干问题的决定》实施情况的报告

2月28日（星期一）

上午9时　分组审议拟提请表决事项

上午10时　全体会议

表决各项议案

闭　会

（闭会后，举办专题讲座第二十七讲《从战略高度认知和推进涉外法治建设》）

注：分组审议时间：上午9时至11时30分

下午3时至5时30分

各项议案的审议时间必要时可以调整

第十三届全国人民代表大会常务委员会第三十四次会议议程

2022年4月18日至20日

（2022年4月18日第十三届全国人民代表大会常务委员会第三十四次会议第一次全体会议通过）

一、审议《中华人民共和国期货和衍生品法（草案）》

二、审议《中华人民共和国职业教育法（修订草案）》

三、审议《中华人民共和国体育法（修订草案）》

四、审议《中华人民共和国黑土地保护法（草案）》

五、审议《中华人民共和国妇女权益保障法（修订草案）》

六、审议全国人民代表大会常务委员会委员长会议关于提请审议《第十四届全国人民代表大会代表名额分配方案（草案）》的议案

七、审议全国人民代表大会常务委员会委员长会议关于提请审议《第十四届全国人民代表大会少数民族代表名额分配方案（草案）》的议案

八、审议全国人民代表大会常务委员会委员长会议关于提请审议《台湾省出席第十四届全国人民代表大会代表协商选举方案（草案）》的议案

九、审议国务院关于提请审议批准《关于修改二〇〇二年六月七日在圣彼得堡（俄罗斯联邦）签署的〈上海合作组织成员国关于地区反恐怖机构的协定〉的议定书》的议案

十、审议国务院关于提请审议批准《1930年强迫劳动公约》的议案

十一、审议国务院关于提请审议批准《1957年废除强迫劳动公约》的议案

十二、审议国务院关于2021年度环境状况和环境保护目标完成情况的报告

十三、审议第十三届全国人民代表大会常务委员会代表资格审查委员会关于个别代表的代表资格的报告

十四、审议任免案

第十三届全国人民代表大会常务委员会第三十四次会议日程

2022 年 4 月 18 日至 20 日

4 月 18 日(星期一)

上午 9 时　全体会议

1. 听取全国人大宪法和法律委员会关于《中华人民共和国期货和衍生品法(草案)》审议结果的报告
2. 听取全国人大宪法和法律委员会关于《中华人民共和国职业教育法(修订草案)》审议结果的报告
3. 听取全国人大宪法和法律委员会关于《中华人民共和国体育法(修订草案)》修改情况的汇报
4. 听取全国人大宪法和法律委员会关于《中华人民共和国黑土地保护法(草案)》修改情况的汇报
5. 听取全国人大宪法和法律委员会关于《中华人民共和国妇女权益保障法(修订草案)》修改情况的汇报
6. 听取全国人大常委会委员长会议关于提请审议《第十四届全国人民代表大会代表名额分配方案(草案)》议案的说明
7. 听取全国人大常委会委员长会议关于提请审议《第十四届全国人民代表大会少数民族代表名额分配方案(草案)》议案的说明
8. 听取全国人大常委会委员长会议关于提请审议《台湾省出席第十四届全国人民代表大会代表协商选举方案(草案)》议案的说明
9. 听取国务院关于提请审议批准《关于修改二〇〇二年六月七日在圣彼得堡(俄罗斯联邦)签署的〈上海合作组织成员国关于地区反恐怖机构的协定〉的议定书》议案的说明
10. 听取国务院关于提请审议批准《1930 年强迫劳动公约》议案的说明
11. 听取国务院关于提请审议批准《1957 年废除强迫劳动公约》议案的说明
12. 听取国务院关于 2021 年度环境状况和环境保护目标完成情况的报告
13. 听取全国人大常委会代表资格审查委员会关于个别代表的代表资格的报告
14. 审议任免案

下午 3 时　分组审议期货和衍生品法草案,职业教育法修订草案,十四届全国人大代表名额分配方案草案,十四届全国人大少数民族代表名额分配方案草案,台湾省出席十四届全国人大代表协商选举方案草案,国际条约,关于个别代表的代表资格的报告,任免案

4 月 19 日(星期二)

上午 9 时　分组审议体育法修订草案,黑土地保护法草案,妇女权益保障法修订草案

下午 3 时　分组审议国务院关于 2021 年度环境状况和环境保护目标完成情况的报告,拟提请表决事项

4 月 20 日(星期三)

上午 9 时　全体会议

表决各项议案

闭　会

(闭会后,举办专题讲座第二十八讲《从黄河流域生态演变看人与河的关系》)

注:分组审议时间:上午 9 时至 11 时 30 分

下午 3 时至 5 时 30 分

各项议案的审议时间必要时可以调整

第十三届全国人民代表大会常务委员会第三十五次会议议程

2022 年 6 月 21 日至 24 日

（2022 年 6 月 21 日第十三届全国人民代表大会常务委员会第三十五次会议第一次全体会议通过）

一、审议《中华人民共和国体育法（修订草案）》

二、审议《中华人民共和国黑土地保护法（草案）》

三、审议《中华人民共和国反垄断法（修正草案）》

四、审议《中华人民共和国全国人民代表大会常务委员会议事规则（修正草案）》

五、审议《中华人民共和国反电信网络诈骗法（草案）》

六、审议《中华人民共和国农产品质量安全法（修订草案）》

七、审议《中华人民共和国黄河保护法（草案）》

八、审议最高人民法院关于提请审议《中华人民共和国民事强制执行法（草案）》的议案

九、审议国务院关于提请审议《关于授权国务院在北京市昌平区等农村宅基地制度改革试点地区行政区域暂时调整实施有关法律规定的决定（草案）》的议案

十、审议国务院关于 2021 年中央决算的报告审查和批准 2021 年中央决算

十一、审议国务院关于 2021 年度中央预算执行和其他财政收支的审计工作报告

十二、审议国务院关于巩固拓展脱贫攻坚成果同乡村振兴有效衔接情况的报告

十三、审议国务院关于儿童健康促进工作情况的报告

十四、审议国务院关于研究处理全国人大常委会固体废物污染环境防治法执法检查报告及审议意见情况的报告

十五、审议第十三届全国人民代表大会常务委员会代表资格审查委员会关于个别代表的代表资格的报告

十六、审议任免案

第十三届全国人民代表大会常务委员会第三十五次会议日程

2022 年 6 月 21 日至 24 日

6 月 21 日（星期二）

下午 3 时　全体会议

1. 听取全国人大宪法和法律委员会关于《中华人民共和国体育法（修订草案）》审议结果的报告
2. 听取全国人大宪法和法律委员会关于《中华人民共和国黑土地保护法（草案）》审议结果的报告
3. 听取全国人大宪法和法律委员会关于《中华人民共和国反垄断法（修正草案）》审议结果的报告
4. 听取全国人大宪法和法律委员会关于《中华人民共和国全国人民代表大会常务委员会议事规则（修正草案）》审议结果的报告
5. 听取全国人大宪法和法律委员会关于《中华人民共和国反电信网络诈骗法（草案）》修改情况的汇报
6. 听取全国人大宪法和法律委员会关于《中华人民共和国农产品质量安全法（修订草案）》修改情况的汇报
7. 听取全国人大宪法和法律委员会关于《中华人民共和国黄河保

护法(草案)》修改情况的汇报
8. 听取最高人民法院关于提请审议《中华人民共和国民事强制执行法(草案)》议案的说明
9. 听取国务院关于提请审议《关于授权国务院在北京市昌平区等农村宅基地制度改革试点地区行政区域暂时调整实施有关法律规定的决定(草案)》议案的说明
10. 听取国务院关于 2021 年中央决算的报告
11. 听取国务院关于 2021 年度中央预算执行和其他财政收支的审计工作报告
12. 听取全国人大财政经济委员会关于 2021 年中央决算草案审查结果的报告
13. 听取国务院关于巩固拓展脱贫攻坚成果同乡村振兴有效衔接情况的报告
14. 听取国务院关于儿童健康促进工作情况的报告
15. 听取国务院关于研究处理全国人大常委会固体废物污染环境防治法执法检查报告及审议意见情况的报告
16. 听取全国人大常委会代表资格审查委员会关于个别代表的代表资格的报告
17. 审议任免案

6 月 22 日(星期三)

上午 9 时　分组审议体育法修订草案,黑土地保护法草案,反垄断法修正草案,全国人民代表大会常务委员会议事规则修正草案,关于授权国务院在北京市昌平区等农村宅基地制度改革试点地区行政区域暂时调整实施有关法律规定的决定草案,关于个别代表的代表资格的报告,任免案

下午 3 时　分组审议国务院关于 2021 年中央决算的报告,国务院关于 2021 年度中央预算执行和其他财政收支的审计工作报告,全国人大财政经济委员会关于 2021 年中央决算草案审查结果的报告,国务院关于巩固拓展脱贫攻坚成果同乡村振兴有效衔接情况的报告

6 月 23 日(星期四)

上午 9 时　分组审议黄河保护法草案,国务院关于儿童健康促进工作情况的报告,国务院关于研究处理全国人大常委会固体废物污染环境防治法执法检查报告及审议意见情况的报告

下午 3 时　分组审议反电信网络诈骗法草案,农产品质量安全法修订草案,民事强制执行法草案,拟提请表决事项

6 月 24 日(星期五)

上午 9 时　全体会议
表决各项议案
闭　会

(闭会后,举办专题讲座第二十九讲《我国重大科技基础设施的现状和未来发展》)

注:分组审议时间:上午 9 时至 11 时 30 分
下午 3 时至 5 时 30 分
各项议案的审议时间必要时可以调整

第十三届全国人民代表大会常务委员会第三十六次会议议程

2022 年 8 月 30 日至 9 月 2 日

(2022 年 8 月 30 日第十三届全国人民代表大会常务委员会第三十六次会议第一次全体会议通过)

一、审议《中华人民共和国反电信网络诈骗法(草案)》

二、审议《中华人民共和国农产品质量安全法(修订草案)》

三、审议《中华人民共和国野生动物保护法(修订草案)》

四、审议全国人民代表大会监察和司法委员会关于提请审议《中华人民共和国反间谍法(修订草案)》的议案

五、审议全国人民代表大会环境与资源保护委员会关于提请审议《中华人民共和国青藏高原生态保护法(草案)》的议案

六、审议国务院关于今年以来国民经济和社会发展计划执行情况的报告

七、审议国务院关于今年以来预算执行情况的报告

八、审议国务院关于加强和推进老龄工作进展情况的报告

九、审议全国人民代表大会常务委员会专题调研组关于实施积极应对人口老龄化国家战略、推动老龄事业高质量发展情况的调研报告

十、审议全国人民代表大会常务委员会执法检查组关于检查《中华人民共和国科学技术普及法》实施情况的报告

十一、审议全国人民代表大会常务委员会执法检查组关于检查《中华人民共和国环境保护法》实施情况的报告

十二、审议最高人民法院关于四级法院审级职能定位改革试点情况的中期报告

十三、审议第十三届全国人民代表大会常务委员会代表资格审查委员会关于个别代表的代表资格的报告

十四、审议全国人民代表大会常务委员会委员长会议关于提请审议《中华人民共和国香港特别行政区第十四届全国人民代表大会代表选举会议成员名单(草案)》和《中华人民共和国澳门特别行政区第十四届全国人民代表大会代表选举会议成员名单(草案)》的议案

十五、审议任免案

第十三届全国人民代表大会常务委员会第三十六次会议日程

2022 年 8 月 30 日至 9 月 2 日

8 月 30 日(星期二)

上午 9 时　全体会议

1. 听取全国人大宪法和法律委员会关于《中华人民共和国反电信网络诈骗法(草案)》审议结果的报告
2. 听取全国人大宪法和法律委员会关于《中华人民共和国农产品质量安全法(修订草案)》审议结果的报告
3. 听取全国人大宪法和法律委员会关于《中华人民共和国野生动物保护法(修订草案)》修改情况的汇报
4. 听取全国人大监察和司法委员会关于提请审议《中华人民共和国反间谍法(修订草案)》议案的说明
5. 听取全国人大环境与资源保护委员会关于提请审议《中华人民共和国青藏高原生态保护法(草案)》议案的说明
6. 听取国务院关于今年以来国民经济和社会发展计划执行情况的报告
7. 听取国务院关于今年以来预算执行情况的报告
8. 听取国务院关于加强和推进老龄工作进展情况的报告
9. 听取全国人大常委会专题调研组关于实施积极应对人口老龄化国家战略、推动老龄事业高质量发展情况的调研报告
10. 听取全国人大常委会执法检查组关于检查《中华人民共和国科学技术普及法》实施情况的报告
11. 听取全国人大常委会执法检查组关于检查《中华人民共和国环境保护法》实施情况的报告
12. 听取最高人民法院关于四级法

院审级职能定位改革试点情况的中期报告

13. 听取全国人大常委会代表资格审查委员会关于个别代表的代表资格的报告

14. 听取全国人大常委会委员长会议关于提请审议《中华人民共和国香港特别行政区第十四届全国人民代表大会代表选举会议成员名单(草案)》和《中华人民共和国澳门特别行政区第十四届全国人民代表大会代表选举会议成员名单(草案)》议案的说明

15. 审议任免案

下午 3 时　分组审议反电信网络诈骗法草案,农产品质量安全法修订草案,野生动物保护法修订草案,关于个别代表的代表资格的报告,香港特别行政区第十四届全国人大代表选举会议成员名单草案和澳门特别行政区第十四届全国人大代表选举会议成员名单草案,任免案

8 月 31 日(星期三)

上午 9 时　分组审议青藏高原生态保护法草案,全国人大常委会执法检查组关于检查《中华人民共和国科学技术普及法》实施情况的报告,全国人大常委会执法检查组关于检查《中华人民共和国环境保护法》实施情况的报告

下午 3 时　分组审议反间谍法修订草案,最高人民法院关于四级法院审级职能定位改革试点情况的中期报告

9 月 1 日(星期四)

上午 9 时　联组审议全国人大常委会执法检查组关于检查《中华人民共和国环境保护法》实施情况的报告并进行专题询问

下午 3 时　分组审议国务院关于今年以来国民经济和社会发展计划执行情况的报告,国务院关于今年以来预算执行情况的报告,国务院关于加强和推进老龄工作进展情况的报告,全国人大常委会专题调研组关于实施积极应对人口老龄化国家战略、推动老龄事业高质量发展情况的调研报告,拟提请表决事项

9 月 2 日(星期五)

上午 9 时　全体会议

表决各项议案

闭　会

(闭会后,举办专题讲座第三十讲《中华法系的形成与特征》)

注:分组审议时间:上午 9 时至 11 时 30 分

下午 3 时至 5 时 30 分

各项议案的审议时间必要时可以调整

第十三届全国人民代表大会常务委员会第三十七次会议议程

2022 年 10 月 26 日至 30 日

(2022 年 10 月 26 日第十三届全国人民代表大会常务委员会第三十七次会议第一次全体会议通过)

一、学习贯彻中国共产党第二十次全国代表大会精神

二、审议《中华人民共和国妇女权益保障法(修订草案)》

三、审议《中华人民共和国黄河保护法(草案)》

四、审议《中华人民共和国畜牧法(修订草案)》

五、审议全国人民代表大会常务委员会委员长会议关于提请审议《中华人民共和国立法法(修正草案)》的议案

六、审议全国人民代表大会常务委员会委员长会议关于提请审议有关法律草案的议案

七、审议全国人民代表大会社会建设委员会关

于提请审议《中华人民共和国无障碍环境建设法(草案)》的议案

八、审议国务院关于提请审议《中华人民共和国行政复议法(修订草案)》的议案

九、审议国务院、中央军事委员会关于提请审议《中华人民共和国预备役人员法(草案)》的议案

十、审议国务院关于提请审议批准《中华人民共和国和肯尼亚共和国关于刑事司法协助的条约》的议案

十一、审议国务院关于提请审议批准《中华人民共和国和刚果共和国关于刑事司法协助的条约》的议案

十二、审议国务院关于提请审议批准《中华人民共和国和摩洛哥王国关于刑事司法协助的条约》的议案

十三、审议国务院关于提请审议批准《中华人民共和国和厄瓜多尔共和国关于刑事司法协助的条约》的议案

十四、审议国务院关于提请审议批准《制止与国际民用航空有关的非法行为的公约》的议案

十五、审议国务院关于数字经济发展情况的报告

十六、审议国务院关于金融工作情况的报告

十七、审议国务院关于有效减轻过重作业负担和校外培训负担,促进义务教育阶段学生全面健康发展情况的报告

十八、审议国务院关于2021年度国有资产管理情况的综合报告

十九、审议最高人民法院关于人民法院涉外审判工作情况的报告

二十、审议最高人民检察院关于人民检察院开展未成年人检察工作情况的报告

二十一、审议全国人民代表大会常务委员会执法检查组关于检查《中华人民共和国乡村振兴促进法》实施情况的报告

二十二、审议全国人民代表大会常务委员会执法检查组关于检查《中华人民共和国外商投资法》实施情况的报告

二十三、审议全国人民代表大会民族委员会关于第十三届全国人民代表大会第五次会议主席团交付审议的代表提出的议案审议结果的报告

二十四、审议全国人民代表大会监察和司法委员会关于第十三届全国人民代表大会第五次会议主席团交付审议的代表提出的议案审议结果的报告

二十五、审议全国人民代表大会财政经济委员会关于第十三届全国人民代表大会第五次会议主席团交付审议的代表提出的议案审议结果的报告

二十六、审议全国人民代表大会教育科学文化卫生委员会关于第十三届全国人民代表大会第五次会议主席团交付审议的代表提出的议案审议结果的报告

二十七、审议全国人民代表大会外事委员会关于第十三届全国人民代表大会第五次会议主席团交付审议的代表提出的议案审议结果的报告

二十八、审议全国人民代表大会环境与资源保护委员会关于第十三届全国人民代表大会第五次会议主席团交付审议的代表提出的议案审议结果的报告

二十九、审议全国人民代表大会社会建设委员会关于第十三届全国人民代表大会第五次会议主席团交付审议的代表提出的议案审议结果的报告

三十、审议栗战书委员长访问俄罗斯、蒙古、尼泊尔、韩国并在俄出席第七届东方经济论坛情况的书面报告

三十一、审议第十三届全国人民代表大会常务委员会代表资格审查委员会关于个别代表的代表资格的报告

三十二、审议任免案

第十三届全国人民代表大会常务委员会
第三十七次会议日程

2022年10月26日至30日

10月26日(星期三)

上午9时　全体会议

学习贯彻中国共产党第二十次全国代表大会精神

下午3时　分组讨论

10月27日(星期四)

上午9时　全体会议

1. 听取全国人大宪法和法律委员会关于《中华人民共和国妇女权益保障法(修订草案)》审议结

果的报告
2. 听取全国人大宪法和法律委员会关于《中华人民共和国黄河保护法(草案)》审议结果的报告
3. 听取全国人大宪法和法律委员会关于《中华人民共和国畜牧法(修订草案)》审议结果的报告
4. 听取全国人大常委会委员长会议关于提请审议《中华人民共和国立法法(修正草案)》议案的说明
5. 听取全国人大常委会委员长会议关于提请审议有关法律草案议案的说明
6. 听取全国人大社会建设委员会关于提请审议《中华人民共和国无障碍环境建设法(草案)》议案的说明
7. 听取国务院关于提请审议《中华人民共和国行政复议法(修订草案)》议案的说明
8. 听取国务院、中央军事委员会关于提请审议《中华人民共和国预备役人员法(草案)》议案的说明
9. 听取国务院关于提请审议批准《中华人民共和国和肯尼亚共和国关于刑事司法协助的条约》议案的说明
10. 听取国务院关于提请审议批准《中华人民共和国和刚果共和国关于刑事司法协助的条约》议案的说明
11. 听取国务院关于提请审议批准《中华人民共和国和摩洛哥王国关于刑事司法协助的条约》议案的说明
12. 听取国务院关于提请审议批准《中华人民共和国和厄瓜多尔共和国关于刑事司法协助的条约》议案的说明
13. 听取国务院关于提请审议批准《制止与国际民用航空有关的非法行为的公约》议案的说明
14. 听取全国人大民族委员会关于第十三届全国人民代表大会第五次会议主席团交付审议的代表提出的议案审议结果的报告
15. 听取全国人大监察和司法委员会关于第十三届全国人民代表大会第五次会议主席团交付审议的代表提出的议案审议结果的报告
16. 听取全国人大财政经济委员会关于第十三届全国人民代表大会第五次会议主席团交付审议的代表提出的议案审议结果的报告
17. 听取全国人大教育科学文化卫生委员会关于第十三届全国人民代表大会第五次会议主席团交付审议的代表提出的议案审议结果的报告
18. 听取全国人大外事委员会关于第十三届全国人民代表大会第五次会议主席团交付审议的代表提出的议案审议结果的报告
19. 听取全国人大环境与资源保护委员会关于第十三届全国人民代表大会第五次会议主席团交付审议的代表提出的议案审议结果的报告
20. 听取全国人大社会建设委员会关于第十三届全国人民代表大会第五次会议主席团交付审议的代表提出的议案审议结果的报告
21. 审议栗战书委员长访问俄罗斯、蒙古、尼泊尔、韩国并在俄出席第七届东方经济论坛情况的书面报告
22. 听取全国人大常委会代表资格审查委员会关于个别代表的代表资格的报告
23. 审议任免案

下午 3 时　分组审议妇女权益保障法修订草案,黄河保护法草案,畜牧法修订草案,国际条约,栗战书委员长访问俄罗斯、蒙古、尼泊尔、韩国并在俄出席第七届东方经济论坛情况的书面报告,关于个别代表的代表资格的报告,任免案

10 月 28 日(星期五)

上午 9 时　全体会议

1. 听取国务院关于数字经济发展情况的报告
2. 听取国务院关于金融工作情况的报告
3. 听取国务院关于有效减轻过重作业负担和校外培训负担,促进义务教育阶段学生全面健康发展情况的报告
4. 听取国务院关于 2021 年度国有资产管理情况的综合报告
5. 听取全国人大常委会预算工作委员会、全国人大财政经济委员会关于国有资产管理情况的监督调研报告
6. 听取最高人民法院关于人民法院涉外审判工作情况的报告
7. 听取最高人民检察院关于人民检察院开展未成年人检察工作情况的报告
8. 听取全国人大常委会执法检查组关于检查《中华人民共和国乡村振兴促进法》实施情况的报告
9. 听取全国人大常委会执法检查组关于检查《中华人民共和国外商投资法》实施情况的报告

下午 3 时　分组审议立法法修正草案,有关法律草案,无障碍环境建设法草案,行政复议法修订草案,全国人大民族委员会、监察和司法委员会、财政经济委员会、教育科学文化卫生委员会、外事委员会、环境与资源保护委员会、社会建设委员会关于第十三届全国人民代表大会第五次会议主席团交付审议的代表提出的议案审议结果的报告

10 月 29 日(星期六)

上午 9 时　分组审议预备役人员法草案,国务院关于数字经济发展情况的报告,国务院关于金融工作情况的报告,国务院关于有效减轻过重作业负担和校外培训负担、促进义务教育阶段学生全面健康发展情况的报告,国务院关于 2021 年度国有资产管理情况的综合报告

下午 3 时　分组审议最高人民法院关于人民法院涉外审判工作情况的报告,最高人民检察院关于人民检察院开展未成年人检察工作情况的报告,全国人大常委会执法检查组关于检查《中华人民共和国乡村振兴促进法》实施情况的报告,全国人大常委会执法检查组关于检查《中华人民共和国外商投资法》实施情况的报告,拟提请表决事项

10 月 30 日(星期日)

上午 9 时　全体会议

表决各项议案

闭　会

注:分组审议时间:上午 9 时至 11 时 30 分

下午 3 时至 5 时 30 分

各项议案的审议时间必要时可以调整

第十三届全国人民代表大会常务委员会第三十八次会议议程

2022 年 12 月 27 日至 30 日

(2022 年 12 月 27 日第十三届全国人民代表大会常务委员会第三十八次会议第一次全体会议通过)

一、审议《中华人民共和国立法法(修正草案)》

二、审议《中华人民共和国野生动物保护法(修订草案)》

三、审议《中华人民共和国预备役人员法(草

案)》

四、审议《中华人民共和国公司法(修订草案)》

五、审议《中华人民共和国反间谍法(修订草案)》

六、审议《中华人民共和国青藏高原生态保护法(草案)》

七、审议全国人民代表大会环境与资源保护委员会关于提请审议《中华人民共和国海洋环境保护法(修订草案)》的议案

八、审议全国人民代表大会农业与农村委员会关于提请审议《中华人民共和国农村集体经济组织法(草案)》的议案

九、审议全国人民代表大会社会建设委员会关于提请审议《中华人民共和国慈善法(修订草案)》的议案

十、审议国务院关于提请审议《中华人民共和国对外贸易法修正案(草案)》的议案

十一、审议国务院关于提请审议《中华人民共和国增值税法(草案)》的议案

十二、审议国务院关于提请审议《中华人民共和国金融稳定法(草案)》的议案

十三、审议国务院关于提请审议《中华人民共和国外国国家豁免法(草案)》的议案

十四、审议最高人民法院关于提请审议《中华人民共和国民事诉讼法(修正草案)》的议案

十五、审议最高人民法院关于提请审议《中华人民共和国行政诉讼法(修正草案)》的议案

十六、审议国务院关于提请解释《中华人民共和国香港特别行政区维护国家安全法》有关条款的议案

十七、审议中央军事委员会关于提请审议批准人民解放军选举委员会人选的议案

十八、审议全国人民代表大会常务委员会委员长会议关于提请审议《全国人民代表大会常务委员会关于召开第十四届全国人民代表大会第一次会议的决定(草案)》的议案

十九、审议国务院关于提请审议批准《中华人民共和国和刚果共和国引渡条约》的议案

二十、审议国务院关于提请审议批准《中华人民共和国和亚美尼亚共和国引渡条约》的议案

二十一、审议国务院关于提请审议批准《中华人民共和国和肯尼亚共和国引渡条约》的议案

二十二、审议国务院关于提请审议批准《中华人民共和国和乌拉圭东岸共和国引渡条约》的议案

二十三、审议国务院关于提请审议批准《〈关于持久性有机污染物的斯德哥尔摩公约〉列入多氯萘等三种类持久性有机污染物修正案》和《〈关于持久性有机污染物的斯德哥尔摩公约〉列入短链氯化石蜡等三种类持久性有机污染物修正案》的议案

二十四、审议国务院关于就业工作情况的报告

二十五、审议国务院关于深化非法入境、非法居留、非法就业外国人治理情况的报告

二十六、审议国务院关于 2021 年度中央预算执行和其他财政收支审计查出问题整改情况的报告

二十七、审议国务院关于财政社会保障资金分配和使用情况的报告

二十八、审议全国人民代表大会常务委员会执法检查组关于检查《中华人民共和国长江保护法》实施情况的报告

二十九、审议国务院关于“证照分离”改革涉及暂时调整适用法律有关情况的中期报告

三十、审议全国人民代表大会宪法和法律委员会关于第十三届全国人民代表大会第五次会议主席团交付审议的代表提出的议案审议结果的报告

三十一、审议全国人民代表大会农业与农村委员会关于第十三届全国人民代表大会第五次会议主席团交付审议的代表提出的议案审议结果的报告

三十二、听取全国人民代表大会常务委员会办公厅关于第十三届全国人民代表大会第五次会议代表建议、批评和意见办理情况的报告,工业和信息化部关于第十三届全国人民代表大会第五次会议代表建议、批评和意见办理情况的报告

三十三、审议全国人民代表大会常务委员会法制工作委员会关于十三届全国人大以来暨 2022 年备案审查工作情况的报告

三十四、审议第十三届全国人民代表大会常务委员会代表资格审查委员会关于个别代表的代表资格的报告

三十五、审议任免案

第十三届全国人民代表大会常务委员会第三十八次会议日程

2022 年 12 月 27 日至 30 日

12 月 27 日(星期二)

上午 9 时　全体会议

1. 听取全国人大宪法和法律委员会关于《中华人民共和国立法法(修正草案)》修改情况的汇报
2. 听取全国人大宪法和法律委员会关于《中华人民共和国野生动物保护法(修订草案)》审议结果的报告
3. 听取全国人大宪法和法律委员会关于《中华人民共和国预备役人员法(草案)》审议结果的报告
4. 听取全国人大宪法和法律委员会关于《中华人民共和国公司法(修订草案)》修改情况的汇报
5. 听取全国人大宪法和法律委员会关于《中华人民共和国反间谍法(修订草案)》修改情况的汇报
6. 听取全国人大宪法和法律委员会关于《中华人民共和国青藏高原生态保护法(草案)》修改情况的汇报
7. 听取全国人大环境与资源保护委员会关于提请审议《中华人民共和国海洋环境保护法(修订草案)》议案的说明
8. 听取全国人大农业与农村委员会关于提请审议《中华人民共和国农村集体经济组织法(草案)》议案的说明
9. 听取全国人大社会建设委员会关于提请审议《中华人民共和国慈善法(修订草案)》议案的说明
10. 听取国务院关于提请审议《中华人民共和国对外贸易法修正案(草案)》议案的说明
11. 听取国务院关于提请审议《中华人民共和国增值税法(草案)》议案的说明
12. 听取国务院关于提请审议《中华人民共和国金融稳定法(草案)》议案的说明
13. 听取国务院关于提请审议《中华人民共和国外国国家豁免法(草案)》议案的说明
14. 听取最高人民法院关于提请审议《中华人民共和国民事诉讼法(修正草案)》议案的说明
15. 听取最高人民法院关于提请审议《中华人民共和国行政诉讼法(修正草案)》议案的说明
16. 听取国务院关于提请解释《中华人民共和国香港特别行政区维护国家安全法》有关条款议案的说明
17. 审议中央军事委员会关于提请审议批准人民解放军选举委员会人选的议案
18. 审议全国人大常委会委员长会议关于提请审议《全国人民代表大会常务委员会关于召开第十四届全国人民代表大会第一次会议的决定(草案)》的议案
19. 听取国务院关于提请审议批准《中华人民共和国和刚果共和国引渡条约》议案的说明
20. 听取国务院关于提请审议批准《中华人民共和国和亚美尼亚共和国引渡条约》议案的说明
21. 听取国务院关于提请审议批准《中华人民共和国和肯尼亚共和国引渡条约》议案的说明
22. 听取国务院关于提请审议批准《中华人民共和国和乌拉圭东

岸共和国引渡条约》议案的说明

23. 听取国务院关于提请审议批准《〈关于持久性有机污染物的斯德哥尔摩公约〉列入多氯萘等三种类持久性有机污染物修正案》和《〈关于持久性有机污染物的斯德哥尔摩公约〉列入短链氯化石蜡等三种类持久性有机污染物修正案》议案的说明
24. 听取全国人大宪法和法律委员会关于第十三届全国人民代表大会第五次会议主席团交付审议的代表提出的议案审议结果的报告
25. 听取全国人大农业与农村委员会关于第十三届全国人民代表大会第五次会议主席团交付审议的代表提出的议案审议结果的报告
26. 听取全国人大常委会代表资格审查委员会关于个别代表的代表资格的报告
27. 审议任免案

下午 3 时　分组审议立法法修正草案，野生动物保护法修订草案，预备役人员法草案，对外贸易法修正案草案，国务院关于提请解释香港特别行政区维护国家安全法有关条款的议案，中央军事委员会关于提请审议批准人民解放军选举委员会人选的议案，国际条约，关于个别代表的代表资格的报告，任免案

12 月 28 日（星期三）

上午 9 时　分组审议公司法修订草案，反间谍法修订草案，关于召开第十四届全国人民代表大会第一次会议的决定草案，全国人大宪法和法律委员会、农业与农村委员会关于第十三届全国人民代表大会第五次会议主席团交付审议的代表提出的议案审议结果的报告

下午 3 时　全体会议

1. 听取国务院关于就业工作情况的报告
2. 听取国务院关于深化非法入境、非法居留、非法就业外国人治理情况的报告
3. 听取国务院关于 2021 年度中央预算执行和其他财政收支审计查出问题整改情况的报告
4. 听取国务院关于财政社会保障资金分配和使用情况的报告
5. 听取全国人民代表大会常务委员会执法检查组关于检查《中华人民共和国长江保护法》实施情况的报告
6. 审议国务院关于“证照分离”改革涉及暂时调整适用法律有关情况的中期报告
7. 听取全国人大常委会办公厅关于第十三届全国人民代表大会第五次会议代表建议、批评和意见办理情况的报告，工业和信息化部关于第十三届全国人民代表大会第五次会议代表建议、批评和意见办理情况的报告
8. 听取全国人大常委会法制工作委员会关于十三届全国人大以来暨 2022 年备案审查工作情况的报告

12 月 29 日（星期四）

上午 9 时　分组审议青藏高原生态保护法草案，海洋环境保护法修订草案，农村集体经济组织法草案，慈善法修订草案，全国人大常委会执法检查组关于检查《中华人民共和国长江保护法》实施情况的报告

下午 3 时　分组审议国务院关于就业工作情况的报告，国务院关于深化非法入境、非法居留、非法就业外国人治理情况的报告，国务院关于 2021 年度中央预算执行和其他财政收支审计查出问题整改情况的报告，国务院关于财政社会保障资金分配和使用情况的报告，国务院关于“证照分离”改革涉及暂时调整适用法律有关情况的中期报告

12 月 30 日（星期五）

上午 9 时　分组审议增值税法草案，金融稳定

法草案，外国国家豁免法草案，民事诉讼法修正草案，行政诉讼法修正草案，全国人大常委会法制工作委员会关于十三届全国人大以来暨2022年备案审查工作情况的报告，拟提请表决事项

下午3时　全体会议

表决各项议案

闭　会

（闭会后，举办专题讲座第三十一讲《数字经济的发展与治理》）

注：分组审议时间：上午9时至11时30分

下午3时至5时30分

各项议案的审议时间必要时可以调整

委员长讲话

在第十三届全国人大常委会第三十三次会议上的讲话

（2022 年 2 月 28 日）

栗战书

本次常委会会议顺利完成了各项预定任务。会议审议并原则通过了常委会工作报告稿，通过了十三届全国人大五次会议议程草案、主席团和秘书长名单草案、列席人员名单草案，为召开大会做好准备；作出 2 个改革决定，听取审议 1 个专项工作报告，还通过了代表资格审查报告和有关任免案。

向全国人民代表大会报告工作，是全国人大常委会的法定职责，也是接受代表和人民监督的重要体现。常委会组成人员和列席同志充分肯定常委会一年来的工作。一致认为，过去一年在党和国家历史上具有里程碑意义。在以习近平同志为核心的党中央坚强领导下，全党全国各族人民隆重庆祝中国共产党成立一百周年，迎来了许多大事喜事，完成了一系列艰巨繁重任务，党和国家事业取得新的重大成就。过去一年在人民代表大会制度史上也具有特殊重要意义。在建党百年的重要历史节点，党中央首次召开人大工作会议，专门印发文件，对新时代坚持和完善人民代表大会制度、加强和改进人大工作作出全面部署、提出明确要求。人大同志倍感振奋、倍受鼓舞，奋进新征程、建功新时代的使命感责任感极大增强。一年来，在党中央领导下，全国人大常委会紧紧围绕党和国家工作大局履职尽责，立法、监督、代表等各项工作取得新进展新成效，为统筹疫情防控和经济社会发展、实现"十四五"良好开局作出了人大贡献。大家普遍赞成常委会工作报告稿，认为这个报告定位准确、主题突出、结构合理、内容凝炼，是一个站位高、立意远、文风实的好报告。大家在审议中提出的意见建议，文件起草组要逐条梳理研究，能吸收的尽量吸收，抓紧修改完善，按程序提请十三届全国人大五次会议审议。对常委会工作的意见建议，有关方面要认真研究采纳，切实加强和改进相关工作。

本次会议有 3 项议程与全面深化改革有关。一是适应深化国防和军队改革需要，作出关于中国人民解放军现役士兵衔级制度的决定，明确士兵军衔的性质、等级、称谓等制度和具体规范。二是作出关于设立成渝金融法院的决定，服务和保障成渝地区双城经济圈建设。三是根据全国人大常委会 2018 年作出的关于专利等知识产权案件诉讼程序若干问题的决定要求，听取审议最高人民法院关于决定实施三年来有关情况的报告。

本届以来，常委会坚持把改革发展决策同立法决策更好结合起来，确保国家发展、重大改革于法有据，先后作出 20 多个改革决定和授权决定，统筹修改 80 多件次法律，为各领域改革创新提供更完善的法治保障。对人大作出的改革决定和授权决定，要继续加强跟踪监督、调研和评估。实践证明行之有效的改革举措，需要上升为法律的，要及时制定修订法律；实践证明需要延期或扩大试行的，要及时作出新的授权决定，确保立法与改革紧密衔接。

再过 5 天，十三届全国人大五次会议就要召开了，这是我国政治生活中的一件大事，国内外都十分关注。开好这次大会，对于统一思想、坚定信心，动员全国各族人民把智慧和力量凝聚到党中央决策部署上来，以实际行动迎接党的二十大胜利召开，具有十分重要的意义。党中央高度重视这次大会，多次听取汇报，研究部署相关工作。习近平总书记对做好组织筹备工作、开好今年大会提出了明确要求。我们要增强"四个意识"、坚定"四个自信"、做到"两个维护"，坚决贯彻落实党中央决策部署和习近平总书记重要指示精神，全力以赴完成各项预定任务，确保十三届全国人大五次会议顺利举行、圆满成功。这里，我再强调几点。

第一，紧紧围绕今年党和国家工作主线，突出民主、团结、求实、奋进的主基调。今年将召开党的二十大，这是全年工作的主线，人大各项工作包括今年的大会都要围绕这个主线来谋划和开展。按照议程安排，会议将听取审议"一府两院"和常委会工作报告，审查批准年度计划、预算，还将审议地方组织法修正草案和十四届全国人大代表选举的有关决定和办法，这些都事关党中央决策部署在不同领域的贯彻和落实。要引导代表切实把思想和行动统一到党中央的形势判断和决策部署上来，审议好、完善好各项议案报告，确保高票顺利通过。要加强正面宣传报道和舆论引导，展现朝气蓬勃、团结向上的精神风貌，为党的二十大营造平稳健康的经济环境、国泰民安的社会环境、风清气正的政治环境。

第二，深入贯彻全过程人民民主，营造畅所欲言、求真务实的会议氛围。人民代表大会制度是实现我国全过程人民民主的重要制度载体，每年一度的全国人民代表大会是生动展示我国全过程人民民主特点和优势的重要实践。要尊重和保障代表的民主权利，支持和引导代表踊跃发言，让来自基层一线的代表充分表达意见建议，把人民群众的呼声和要求反映上来，为党和国家各项工作建真言献良策。要认真研究吸纳代表提出的意见建议，推动有关国家机关及时修改完善各项报告和文件，保证各项工作部署更好地接地气、察民情、聚民意、惠民生，真正做到民有所呼、我有所应。

第三，周密细致做好组织筹备工作，确保大会紧凑高效、安全有序。过去两年，我们克服疫情影响，在改进会风、精简办会等方面作了不少创新，代表和群众反响积极，习近平总书记给予充分肯定。去年修改的全国人大议事规则从法律层面对优化会议流程、提高审议质量等作出了规定。今年，要全面贯彻法律各项要求，运用好经验、传承好作风，细之又细抓好会议各项组织筹备工作。要高度重视、严格做好疫情防控工作，把各方面情况考虑得更周全一些，从严从实细化方案、抓好落实，确保万无一失。大会秘书处要进行再督促再落实，动员全体人员提高政治站位，以高度的使命感责任感保障大会安全、有序、顺利进行。

在第十三届全国人大常委会第三十四次会议上的讲话

（2022 年 4 月 20 日）

栗战书

本次常委会会议审议 5 件法律草案，通过其中 2 件；审议通过 3 个关于十四届全国人大代表选举的法律文件；听取审议国务院 1 个工作报告；批准 3 件国际条约；还通过了代表资格审查报告和有关任免案。在大家的共同努力下，顺利完成了各项预定任务。

会议审议通过的 2 件法律案，全面贯彻以习近平同志为核心的党中央有关决策部署，是经济金融和教育领域的重要法律。新制定的期货和衍生品法，是我国首部规范期货交易和衍生品交易行为的专门法律，对于促进经济社会发展，维护社会主义市场经济秩序和社会公共利益，防范和化解金融风险，维护国家经济安全，将发挥十分重要的作用。全面修订职业教育法，聚焦职业教育领域热点难点问题，将职业教育改革发展的政策举措和实践成果上升为法律规范，为打造现代职业教育体系夯实法治基础。各有关方面要加强宣传解读，认真履行法定职责，完善配套规定，确保法律全面准确实施。

会议听取审议了国务院关于 2021 年度环境状况和环境保护目标完成情况的报告。常委会组成人员普遍认为，国务院及其有关部门深入贯彻习近平生态文明思想，认真落实党中央决策部署，生态环境保护工作取得新的成效，2021 年全国生态环境质量明显改善，实现“十四五”生态环境保护良好开局。同时，我国生态环境稳中向好的基础还不稳固，结构性压力依然较大，落实依法治污还不到位，治理能力有待提升，生态环保工作丝毫不能放松。要围绕突出精准治污、科学治污、依法治污，统筹推进污染治理、生态保护、应对气候变化，促进经济社会发展全面绿色转型。

县级以上人民政府每年向本级人大或人大常委会报告环境状况和环境保护目标完成情况，是 2014 年修改环境保护法建立的一项重要工作制度。常委会已连续 7 年听取审议国务院有关工作报告，还将听取审议工作报告与听取审议国务院研究处理执法检查报告及审议意见情况报告结合起来，增强监督的针对性、实效性。各地也实现了这项监督工作的常态化，并积累了不少好的经验。前不久，常委会已经启动环境保护法执法检查工作，其中一项重要内容，就是年度工作报告制度的实施情况。要结合执法检查工作，梳理总结经验，进一步完善好、实施好这项制度，依法持续推进生态文明建设。

会议贯彻十三届全国人大五次会议有关决定，

审议通过了关于十四届全国人大代表名额分配方案、少数民族代表名额分配方案、台湾省出席十四届全国人民代表大会代表协商选举方案。要按照党中央关于人大代表换届选举工作的部署要求，依照宪法、选举法等相关法律文件，坚持党的领导、坚持人民当家作主、严格依法办事、严明换届纪律，把好代表“入口关”，主持好十四届全国人大代表选举，指导、督促各选举单位做好选举工作，确保选举工作风清气正、选举结果人民满意。

会议对体育法修订草案、黑土地保护法草案、妇女权益保障法修订草案进行了第二次审议。请宪法法律委、法工委会同有关方面认真研究，进一步修改完善草案。

十三届全国人大五次会议批准了全国人大常委会工作报告，对今年常委会各项工作作出全面部署。近日，委员长会议根据党中央决策部署和大会精神，调整完善并正式印发了全国人大常委会2022年度工作要点和立法、监督、代表工作计划。各方面工作正在有序开展。我们要继续抓好中央人大工作会议精神的贯彻落实，进一步学深悟透总书记重要讲话、党中央文件精神，一项一项抓好细化落实；要进一步加强宪法实施和监督，提高合宪性审查、备案审查工作质量，认真筹备现行宪法公布施行40周年纪念活动；要在确保质量的前提下加快立法工作步伐，坚持急用先行，区分轻重缓急，确保完成党中央确定的重点立法任务；要坚持正确监督、有效监督、依法监督，加强统筹协调，切实提高监督工作的刚性和实效；要更好支持代表依法履职，进一步发挥代表在发展全过程人民民主中的重要作用，使人大各项工作建立在更加坚实的民意基础之上；要认真做好人大对外工作，不断丰富和完善涉外法律斗争的内容和形式。

四年来的人大工作使我们深深认识到，人大工作涉及党中央重大决策部署的贯彻落实，涉及全面依法治国的顺利推进，涉及国家安全，涉及道路、制度问题，这都不是小事而是大事。我们在大事上绝对不能含糊，绝对不能糊涂。本届全国人大及其常委会履职虽然还有不到一年时间，但我们要始终保持清醒政治头脑，坚定正确政治方向，站稳正确政治立场，本着对党和人民高度负责的态度，认真履行职责，全力以赴完成好本届人大的历史使命，努力向党和人民交出一份满意答卷。

第一，把坚持党中央集中统一领导作为最高政治原则

本届以来，常委会工作最大的启示，归结到一点，就是始终坚持以习近平新时代中国特色社会主义思想为统领，把坚持党的领导、人民当家作主、依法治国有机统一起来，增强“四个意识”、坚定“四个自信”、做到“两个维护”，确保人大工作始终沿着正确的方向前进。大家都说，这几年，全国人大最大的变化是党的领导加强了，跟以习近平同志为核心的党中央更近更紧了。要深刻认识“两个确立”的决定性意义，深刻领悟“国之大者”，不断提高政治判断力、政治领悟力、政治执行力，自觉在思想上政治上行动上同以习近平同志为核心的党中央保持高度一致，把党的领导贯穿人大工作全过程、各方面，使党的主张通过法定程序成为国家意志和人民共同行动，保证党的路线方针政策和决策部署在国家工作中得到全面贯彻和有效执行。

第二，紧紧围绕党中央的重大决策部署谋划推进各项工作

今年下半年，我们党将召开第二十次全国代表大会，这是在进入全面建设社会主义现代化国家、向第二个百年奋斗目标进军新征程的重要时刻召开的一次十分重要的会议，是党和国家政治生活中的一件大事。人大工作都要服从服务和维护保障党的二十大召开这个大局，立足自身职能特点，聚焦党和国家中心工作，主动担当作为，完整、准确、全面贯彻新发展理念，认真做好立法、监督、代表、外事等工作，以人大工作的实际成效，为保持平稳健康的经济环境、国泰民安的社会环境、风清气正的政治环境作出应有贡献。特别是要发挥立法机关的职能作用，围绕社会难点热点问题，为统筹疫情防控和经济社会发展提供法律保障；在重大政治原则和大是大非问题上立场坚定，主动谋划涉外斗争的法律武器，运用法治手段开展国际斗争；通过新闻发言人机制，从法律角度解疑释惑，积极回应社会关切，为社会注入更多正能量。

第三，始终保持永不放松、永不懈怠的精神状态

本届以来，常委会认真担负起宪法和法律赋予的职责，在过去良好工作的基础上，全面推进人大各项工作取得了新的成绩。到本次会议为止，代表大会和常委会会议共开展议题816件次，其中，法律案235件次，有关法律问题的决定39件次，有关重大问题的决定15件次，决议37件次，报告179件次，人事任免案259件次，国际条约25件次，其他27件次。各位常委会组成人员勤勉尽责、主动作为，都为常委会的工作作出了应有贡献，特别是在关系国家主权、安全、发展利益的重大问题上，体现了很强的政治能力、高度的历史自觉、强烈的使命担当。面对错综复杂的国际形势、艰巨繁重的国内改革发展稳定任务,我们要不忘初心、牢记使命,善始善终、善作善成,不能有歇歇脚、松松劲的想法,要知责于心、履责于行,振奋起应有的精气神,保持斗争精神,增强斗争本领,切实做到“居其位、安其职、尽其诚”。

第四,牢牢守住廉洁从政、严格自律的政治本色

常委会组成人员都是高级领导干部或者某一方面的专家学者、知名人士、代表人士,是广大人民群众心目中的标杆。过去四年来,大家尊崇宪法法律,自觉遵守党纪党规,从严遵守中央八项规定及其实施细则精神,认真落实常委会组成人员守则,身体力行,以实际行动落实党中央的部署要求。同时,我们也要看到,廉政建设永远在路上。本届全国人大代表产生之初共 2980 名,过去四年中,因违纪违法被罢免、责令辞职的有 55 人。常委会组成人员要以此为戒,始终坚持廉洁从政,更加严格要求自己,在行权履职时,站在党和国家事业全局的高度,坚持国家和人民的整体利益、长远利益优先,确保法律符合宪法精神、体现党的主张、反映人民意志,维护最广大人民的根本利益。要始终保持如临深渊、如履薄冰的谨慎,正确处理好公和私、情和理、利和法的关系,在思想上划出红线,在行动上明确界限,做到心有所畏、言有所戒、行有所止,确保党和人民赋予的权力始终用来为人民服务。

在第十三届全国人大常委会第三十五次会议上的讲话

（2022 年 6 月 24 日）

栗战书

本次常委会会议议程较多,审议了 9 件法律和决定草案,通过其中 4 件;听取审议了国务院 5 个工作报告,审查批准了 2021 年中央决算;还通过了代表资格审查报告和有关任免案。在大家的共同努力下,顺利完成了预定任务。根据审议情况,讲以下几点意见:

一、认真落实本次会议决定事项

会议通过的黑土地保护法,修改的反垄断法、体育法、全国人大常委会议事规则,贯彻习近平新时代中国特色社会主义思想和党中央决策部署,为推动相关领域工作提供了法律保障。特别是制定黑土地保护法,对于尽快遏制对黑土地的掠夺式经营、损害性利用,处理好黑土地保护与利用的关系,确保黑土地总量不减少、功能不退化、质量有提升、产能可持续,以法治方式保护好黑土地这一“耕地中的大熊猫”,具有重要意义。有关方面要认真做好宣传解读和舆论引导,抓紧完善配套法规和落实措施,确保全面有效贯彻实施。

会议第二次审议了黄河保护法草案、反电信网络诈骗法草案和农产品质量安全法修订草案,对民事强制执行法草案、关于授权国务院在北京市昌平区等农村宅基地制度改革试点地区行政区域暂时调整实施有关法律规定的决定草案进行了初次审议。请宪法法律委、法工委会同有关方面认真研究,进一步把草案修改好完善好。

会议听取审议了国务院关于 2021 年中央决算的报告、关于 2021 年度中央预算执行和其他财政收支的审计工作报告,审查批准了中央决算,听取审议了关于巩固拓展脱贫攻坚成果同乡村振兴有效衔接的报告,关于儿童健康促进工作情况的报告,关于研究处理全国人大常委会固体废物污染环境防治法执法检查报告及审议意见情况的报告。国务院及有关部门要按照常委会会议审议意见,改进相关工作,健全推动解决问题的长效机制,确保党中央决策部署的全面贯彻落实。

二、继续推进重要领域法律的体系化建设

党中央明确,要发挥人大在立法工作中的主导作用,这其中一个重要的方面,就是要注重相关领域法律的系统化、体系化。这方面,本届以来,我们在过去工作的基础上,加快了好几个领域法律的体系化建设。就完善生态资源领域的法律来说,加上这次会议通过的黑土地保护法,4 年多来制定修改或正在推进的法律有 8 部,连同之前的共有 16 部,

这就基本形成了生态资源领域法律体系。这其中，属于物种保护类的法律，包括森林法、草原法、野生动物保护法、生物安全法等4部；属于资源保护类的法律，包括土地管理法、矿产资源法、煤炭法、水法、深海海底区域资源勘探开发法等5部；属于特殊区域需保护的法律，包括长江保护法、湿地保护法、海岛保护法、黑土地保护法，以及正在推进中的黄河保护法、青藏高原生态保护法、国家公园法等7部。常委会在立法修法时，既注重体系内法律之间、法律与法规之间的衔接一致，又注重同其他领域法律法规的系统协调，确保形成保护利用生态资源的法治合力。比如，这次通过的黑土地保护法专门规定，县级以上人民政府应当向本级人大或其常委会报告黑土地保护情况，这就与2014年修改的环境保护法衔接起来了。常委会开展野生动物保护、长江流域保护等方面法规、规章、规范性文件的专项审查和集中清理，也是为了保证法律法规之间衔接协调、不抵触、不矛盾，维护法制的统一。

下一步，要总结这方面的实践经验，按照立法规划和计划，加快补齐重要领域法律体系的短板、弱项，进一步提升立法质量。同步推动相关配套法规的制定，特别是完善贯彻实施法律的措施和标准，增强法律体系的系统性、整体性、协同性。

三、进一步加大人大对预算和财政审计监督力度

每年年中的常委会会议，都安排听取审议上一年中央决算报告、中央预算执行和其他财政收支的审计工作报告，审查批准中央决算。预算和审计，一个管分钱，一个管查账，钱分不好、账管不好，都会有失公平，发挥不了财政资金应有作用，甚至造成化公为私重大损失。二者配套，工作才能做好，所以两个报告往往安排在同一次常委会会议审议，形成了人大监督工作的一项重要制度性安排，有利于提高人大对于财政预算决算和政府工作正确监督、有效监督、依法监督的水平。

会议充分肯定2021年中央决算、审计工作。大家认为，近年来，面对更趋复杂严峻的国内外环境，国务院及有关部门按照党中央关于“疫情要防住、经济要稳住、发展要安全”的明确要求，为保持经济运行在合理区间提供了有力的财政支持，保障了党中央重大决策部署的贯彻落实。大家认为，在党中央集中统一领导下，审计部门坚持围绕党和国家中心工作、围绕总体国家安全观、围绕以人民为中心的发展思想、围绕促进党的自我革命开展工作。审计工作形成的这些规律性认识，在审计监督和人大监督中都要坚持好、贯彻好。

创造平稳健康的经济环境，财政手段十分必要，既要用好存量政策，又要谋划增量政策。一是落实好减税降费政策，政策要更加科学精准，支持中小微企业发展，帮助企业渡过难关，努力解决就业难问题。二是做好民生支出保障工作，坚持过紧日子思想，做好基层保工资、保运转、保基本民生工作。三是支持深化供给侧结构性改革和扩大内需，加快地方政府专项债券发行使用并扩大支持范围，着力保障关键核心技术攻关、生态环境保护和国防建设等重点和刚性支出。四是处理好稳经济与防风险的关系，政策要有力度、有实效，开正门、堵旁门，依法依规举债融资，遏制新增隐性债务。加强对地方政府债务全过程管理，围绕地方政府债务规模、结构、资金使用、偿还能力等加强风险评估预警，落实好资金跟着项目的要求，提高政府债资金使用效率。五是加强决算报告与预算的有机联系，对于预算执行过程中的调整、变更、终止等情况应有明确的、具体的说明，预算、决算编报要特别严谨细致。深化预算绩效管理改革，加强项目过程监督。

财政审计是中国共产党推进自我革命、严肃财经纪律、确保国家和人民财产不受侵犯和损失、确保财政资金造福于国家发展事业和人民利益的重要举措，最大的特点是坚持问题导向，通过揭示各类违反财经纪律和经济贪腐问题，发挥对经济权力运行监督制约的独特作用。加强审计监督，对工作原因造成财政资金使用不当的问题要认真审计，坚决整改；尤其是虚报冒领、截留挪用、弄虚作假、渎职失职、贪污腐败等违纪违法行为，必须从严整改、源头治理。要全面贯彻新修改的审计法，进一步加强财政财务收支审计，敢“摸老虎屁股”，无论碰到谁，碰到什么单位，都要不怕得罪人。不光是“摸老虎屁股”，发现问题后还要敢“武松打虎”。要动真格，查改联动、破立并举，形成有效震慑，让财经纪律成为不可触碰的“高压线”。要提升审计质量和水平，既善于“挑刺”，又帮助“拔刺”，最终目的是解决问题。

今年以来，根据中央和国家机关工委的部署，人大机关开展了推动落实习近平总书记重要指示和党中央经济决策部署专项工作。要认真学习贯彻习近平经济思想，结合这次“学查改评”工作，切实履行好党中央赋予人大监督的职责任务。按照中央经济工作会议的部署，从人大监督的角度，推

动宏观、微观、结构、科技、改革开放、区域、社会等七大政策加快落地，最大限度减少疫情对经济社会发展的影响，为稳住宏观经济大盘、如期实现全年经济社会发展目标作出应有贡献。根据监督工作计划和新修订的关于加强经济工作监督的决定，下半年的常委会会议每次都有经济监督方面的议题，包括听取审议计划、预算、国资管理、审计整改、财政社保资金分配和使用、数字经济发展等情况的报告，10月的常委会会议将首次听取审议关于金融工作情况的报告，要认真做好各项工作，提升经济监督工作水平和实效。

同志们，今年下半年，我们党将召开第二十次全国代表大会，这是今年党和国家政治生活中的一件大事。围绕开好二十大谋划推动各项工作，是今年人大工作的一条主线。要坚持围绕中心、服务大局，认真做好立法、监督、代表、对外交往等各项工作，全面加强自身建设，为保持平稳健康的经济环境、国泰民安的社会环境、风清气正的政治环境作出人大应有贡献，以实际行动迎接党的二十大胜利召开。

在第十三届全国人大常委会第三十六次会议上的讲话

（2022年9月2日）

栗战书

本次常委会会议审议5件法律草案，通过其中2件；听取审议4个工作报告、2个执法检查报告和1个专题调研报告；通过香港、澳门特别行政区第十四届全国人大代表选举会议成员名单；还通过了代表资格审查报告和有关任免案。在大家的共同努力下，顺利完成了各项预定任务。

近年来，电信网络诈骗案件高发，人民群众反映强烈。习近平总书记多次作出重要指示批示，提出要从完善法律入手进行规制，补齐监管漏洞和短板。本次会议通过的反电信网络诈骗法，贯彻落实习近平总书记重要指示批示精神，注重源头治理、综合治理，针对电信网络诈骗发生的信息链、资金链、技术链、人员链等各环节，作出防范性制度规范，必将在保护人民群众财产安全、维护社会和谐稳定方面发挥重要作用。这部法律坚持问题导向，针对实际需要对关键环节、主要制度作出规定，条文不多，但每一条内容都力求精准管用，在不到一年的时间里经过三次审议出台，可以说是“小切口”、“小快灵”立法的又一次生动实践。下一步，要抓紧制定修改电信法、网络犯罪防治法、反洗钱法等法律，全方位筑牢反电信网络诈骗法治“防护墙”。

农产品质量安全是全社会十分关注的一个问题。食用农产品是食品安全的基础和源头，老百姓吃得放心、安心，农产品质量首先要安全，其他农产品也直接关系到人民群众的生活和健康。本次会议通过新修订的农产品质量安全法，进一步健全农产品质量安全责任机制，以“最严谨的标准、最严格的监管、最严厉的处罚、最严肃的问责”，全面完善农产品产地、生产、销售、流通、监管等方面的制度设计，对确保人民群众身体健康和生命安全、不断满足人民日益增长的美好生活需要，具有重要意义。法律实施中，要注重与食品安全法、产品质量法、农业法、渔业法这些法律衔接形成合力，不仅要保证在生产环节生产出符合标准的安全的农产品，还要保证这些农产品在储存、运输、交易、加工等环节的绝对安全，强化从田间地头到百姓最终消费的全过程、全链条监管。

这两部法律颁布之后，有关方面要认真组织实施，加强宣传解读，营造尊法学法守法用法的良好氛围，让法律从案头纸面走进生活、深入人心。

本次会议共有三项议程涉及生态环保领域，分别是第二次审议野生动物保护法修订草案、初次审议青藏高原生态保护法草案、听取审议环境保护法执法检查报告并开展专题询问。本届以来，全国人大常委会围绕推进生态文明建设做了大量工作，常委会举行36次会议，其中26次有环保议题，立法监督项目有55个，以钉钉子精神连续5年开展生态环保法律执法检查，可以说年年都在立法上有重大进展、在监督上有显著成效。实践证明，只要聚焦党中央决策部署来谋划推进，人大工作就能思路清晰、重点突出，始终沿着正确方向前进，就能取得各方面相互配合、形成合力、事半功倍的效果。不仅是生态环保法治建设，人大方方面面的工作都是这样。

会议听取审议了国务院关于今年以来国民经济和社会发展计划执行情况的报告、预算执行情况的报告，听取审议了全国人大常委会执法检查组关于检查科学技术普及法实施情况的报告，以及最高人民法院关于四级法院审级职能定位改革试点情况的中期报告。大家充分肯定相关工作成效，对下一步工作提出了意见建议，请国务院、最高人民法院及有关方面认真研究处理，推动问题得到解决。

会议听取审议了国务院关于加强和推进老龄工作进展情况的报告与全国人大常委会专题调研组关于实施积极应对人口老龄化国家战略、推动老龄事业高质量发展情况的调研报告。这是常委会围绕老龄工作这个主题，统筹运用多种监督方式的重要举措。专题调研是列入常委会年度监督工作计划的一项重要工作。本届以来，常委会已组织开展33项专题调研，数量比上届增加50%，在组织实施、成果运用等方面也有一些新的进展。一是选题上更加精准。紧跟党中央重大决策部署，开展关于“十四五”规划纲要编制、脱贫攻坚、监察体制改革、防范化解系统性金融风险等专题调研，为有关决策提供参考。“呼应”常委会重点任务，为完善法律制度、增强监督实效做好基础性工作。比如，在加强种质资源保护和育种创新情况专题调研中，专门针对种子法修改中的有关问题进行调研论证；关于社会保险制度改革和社会保险法实施情况的专题调研，与听取审议国务院有关专项工作报告协调配合。二是注重发挥专门委员会作用。从选题、启动到组织、实施，专门委员会承担了专题调研的大量基础性工作，专门委员会组成人员发挥优势，切实提升调研的专业性和实效性。三是强化成果转化运用。本届常委会增加了听取审议专题调研报告的数量，共听取审议脱贫攻坚、“十四五”规划纲要编制、落实污染防治攻坚战决议、反对浪费粮食、种质资源保护、人口老龄化等6个专题调研报告，审议意见连同专题调研报告一并交有关国家机关研究处理；其他报告以文件形式印发常委会会议并转送有关方面，在督促推动改进工作方面发挥了积极作用。

调查研究是做好人大工作的基本功。人大的调查研究，既不同于专家学者，也有别于行政机关，应该立足人大职责，多从制度、政策角度看问题、提建议，形成的成果要尽可能转化为法律，转化为推动改进工作的实效。要完善常委会会议听取审议专题调研报告的工作机制和专题调研成果转化运用机制，推动专题调研成果发挥更大作用。除了专题调研以外，人大每年还有许多其他形式的调查研究，比如人大代表专题调研、立法调研、各专门委员会配合听取审议专项工作报告开展的调研等。这些调研也要组织好开展好。

党的二十大将在下个月召开。我们要深刻领悟“两个确立”的决定性意义，增强“四个意识”、坚定“四个自信”、做到“两个维护”，进一步把思想和行动统一到党中央决策部署上来，紧紧围绕党和国家工作大局履职尽责，按照今年常委会“一个要点、三个计划”有关安排，善始善终做好立法、监督、代表、外事等各项工作，以实际行动迎接党的二十大胜利召开。

在第十三届全国人大常委会第三十七次会议上的讲话

（2022年10月30日）

栗战书

本次常委会会议共有32项议程，在大家的共同努力下，圆满完成了各项预定任务。会议安排一天时间学习贯彻党的二十大精神；审议8件法律草案，通过其中3件；听取审议6个工作报告和2个执法检查报告；审议通过7个专门委员会关于代表议案审议结果的报告；批准5件条约，审议了出访书面报告；还通过了代表资格审查报告和人事任免案。

会议通过黄河保护法。在毛泽东同志发出“要把黄河的事情办好”号召七十周年、习近平总书记主持召开黄河流域生态保护和高质量发展座谈会三周年之际，通过这部法律很有意义，为黄河流域生态保护和高质量发展提供了法治保障。修改妇女权益保障法，完善相关制度机制，推动解决现实难点问题，更好保障妇女合法权益。修改畜牧法，是强化公共卫生法治保障立法修法工作计划的一项重要内容，有利于促进畜牧业高质量发展、防范公共卫生风险。要加强对这3部法律的宣传解读,抓紧完善配套措施,确保法律全面有效贯彻实施。

会议初次审议了立法法修正草案、无障碍环境建设法草案、行政复议法修订草案、预备役人员法草案等。宪法法律委、常委会法工委要认真研究、充分吸纳常委会组成人员和各方面意见建议,继续对草案进行修改完善。

会议听取审议了国务院关于数字经济发展情况的报告,关于金融工作情况的报告,关于有效减轻过重作业负担和校外培训负担、促进义务教育阶段学生全面健康发展情况的报告,关于2021年度国有资产管理情况的综合报告;听取审议了最高人民法院关于人民法院涉外审判工作情况的报告,最高人民检察院关于人民检察院开展未成年人检察工作情况的报告。常委会组成人员充分肯定了国务院和最高人民法院、最高人民检察院的上述工作,并提出了一些有针对性的意见建议。有关方面要认真研究,进一步加强和改进有关工作。在审议国务院关于2021年度国有资产管理情况的综合报告时,大家指出,本届常委会全面贯彻落实党中央决策部署,认真履行国有资产管理监督职责,连续5年听取审议国有资产管理情况报告,推动国有资产管理水平不断提升,实现了对各类国有资产管理监督的全口径全覆盖。

会议听取审议了乡村振兴促进法、外商投资法两个执法检查报告,认为执法检查报告反映情况客观、查找问题深入、提出建议可行。要聚焦制约农业农村高质量发展的突出问题,依法推进产业发展、共同富裕、生态环境保护、人才队伍建设等工作,推动全面振兴乡村。要着眼构建更高水平开放型经济新体制,持续优化外商投资环境,为外商投资持续健康发展提供有力法治保障。

会议听取审议了全国人大民委、监察司法委、财经委、教科文卫委、外事委、环资委、社会委关于代表议案审议结果的报告,认为在代表议案办理工作中,7个专门委员会都做到了内容高质量、办理高质量,做到了既重结果也重过程。

本次会议将学习贯彻党的二十大精神作为重要议程,专门邀请中央政治局委员、中央书记处书记、中央宣传部部长李书磊同志作辅导报告,并通过分组会议的形式进行了深入学习讨论。

学习贯彻党的二十大精神,是当前和今后一个时期的首要政治任务。25日,习近平总书记主持召开中央政治局会议,研究部署学习宣传贯彻党的二十大精神;中央政治局就学习贯彻党的二十大精神进行了第一次集体学习,为全党全国作出了示范和表率。全国人大及其常委会、各专门委员会以及人大机关各单位各部门要根据党中央统一部署,充分认识学习宣传贯彻党的二十大精神的重大意义,通过多种形式深入开展学习贯彻工作,在全面学习、全面把握、全面落实上下功夫,把思想和行动统一到党的二十大精神上来,确保党的二十大精神在人大工作中得到全面贯彻落实。

第一,要深刻认识习近平同志继续担任党的总书记、中央军委主席,凝聚了9600多万党员的共同意愿,反映了亿万人民紧跟伟大复兴领路人开创更加美好未来的坚定信心。党的十八大以来,以习近平同志为核心的党中央团结带领全党全国各族人民,推动党和国家事业取得历史性成就、发生历史性变革。在新时代新征程上,全面建设社会主义现代化国家,是一项伟大而艰巨的事业,前途光明,任重道远。党和人民事业需要习近平总书记继续举旗定向、掌舵领航,发挥作为思想引领、方向把控、战略决断、政治凝聚、行动表率的领路人、定盘星作用。有习近平总书记作为党中央的核心、全党的核心,有以习近平同志为核心的党中央的坚强领导,我们就能经受住任何风高浪急甚至惊涛骇浪的考验,全面建设社会主义现代化国家、全面推进中华民族伟大复兴就有了根本的政治保障。

第二,要深刻认识党的二十大主题,高举中国特色社会主义伟大旗帜,全面贯彻习近平新时代中国特色社会主义思想,弘扬伟大建党精神,自信自强、守正创新,踔厉奋发、勇毅前行,为全面建设社会主义现代化国家、全面推进中华民族伟大复兴而团结奋斗。党的二十大的主题,明确宣示了我们党在新时代新征程上举什么旗、走什么路、以什么样的精神状态、朝着什么样的目标继续前进的重大问题。我们要坚持以马克思主义中国化时代化最新成果为指导,坚定中国特色社会主义道路自信、理论自信、制度自信、文化自信,确保党和国家事业始终沿着正确方向前进。要恪守伟大建党精神,务必不忘初心、牢记使命,务必谦虚谨慎、艰苦奋斗,务必敢于斗争、善于斗争,坚定历史自信,增强历史主动,谱写新时代中国特色社会主义更加绚丽的华章。要保持自信果敢、自强不息的精神风貌,保持定力、勇于变革的工作态度,永不懈怠、锐意进取的奋斗姿态,使各项工作更好体现时代性、把握规律性、富于创造性。要紧紧扭住新时代新征程的中心任务，团结奋斗，排除干扰，以中国式现代化全面推进中华民族伟大复兴。

第三，要深刻认识过去五年的工作和新时代十年的伟大变革在党史、新中国史、改革开放史、社会主义发展史、中华民族发展史上具有的里程碑意义，今天，我们比历史上任何时期都更接近、更有信心和能力实现中华民族伟大复兴的目标。党的十八大以来，以习近平同志为核心的党中央团结带领全党全国各族人民，采取一系列战略性举措，推进一系列变革性实践，实现一系列突破性进展，取得一系列标志性成果，经受住了来自政治、经济、意识形态、自然界等方面的风险挑战考验，党和国家事业取得历史性成就、发生历史性变革，推动我国迈上全面建设社会主义现代化国家新征程。正是因为新时代十年的伟大变革，中国共产党在革命性锻造中更加坚强有力，中国人民焕发出更为强烈的历史自觉和主动精神，实现中华民族伟大复兴进入了不可逆转的历史进程，科学社会主义在21世纪的中国焕发出新的蓬勃生机。这些都为我国未来发展奠定了更为坚实的物质基础、更为完善的制度保证，具有里程碑意义。

第四，要深刻认识习近平新时代中国特色社会主义思想是马克思主义中国化时代化的最新成果，实践告诉我们，中国共产党为什么能，中国特色社会主义为什么好，归根到底是马克思主义行，是中国化时代化的马克思主义行。党的十八大以来，我们党勇于进行理论探索和创新，以全新的视野深化对共产党执政规律、社会主义建设规律、人类社会发展规律的认识，取得重大创新成果，集中体现为习近平新时代中国特色社会主义思想。党的十九大、十九届六中全会提出的“十个明确”、“十四个坚持”、“十三方面成就”概括了这一思想的主要内容。在这十年中，这一科学理论已经普遍地为人民群众所接受、所掌握、所运用，成为党员干部群众的精神旗帜、理论指南、价值取向和行为方式，有力引领指导党和人民事业发展。继续推进实践基础上的理论创新，首先要把握好习近平新时代中国特色社会主义思想的世界观和方法论，坚持好、运用好、贯彻好其中的立场观点方法，在新时代伟大实践中不断开辟马克思主义中国化时代化新境界。

第五，要深刻认识新时代新征程中国共产党的使命任务，从现在起，中国共产党的中心任务就是团结带领全国各族人民全面建成社会主义现代化强国、实现第二个百年奋斗目标，以中国式现代化全面推进中华民族伟大复兴。在新中国成立特别是改革开放以来长期探索和实践基础上，经过党的十八大以来在理论和实践上的创新突破，我们党成功推进和拓展了中国式现代化。党的二十大对全面建成社会主义现代化强国两步走战略安排进行了宏观展望，重点部署了未来5年的战略任务和重大举措。在前进的道路上，必须牢牢把握中国式现代化的本质要求和中国特色，必须牢牢把握坚持和加强党的全面领导、坚持中国特色社会主义道路、坚持以人民为中心的发展思想、坚持深化改革开放、坚持发扬斗争精神等重大原则，把中国发展进步的命运牢牢掌握在自己手中，不断夺取全面建设社会主义现代化国家新胜利。

第六，要深刻认识党的二十大关于当前和今后一个时期“五位一体”总体布局和“四个全面”战略布局的安排，紧密结合人大工作实践，全面落实到立法、监督、代表、外事工作之中，为全面建设社会主义现代化国家贡献力量。党的二十大就社会主义经济建设、政治建设、文化建设、社会建设、生态文明建设等方面工作作出了重大部署，其中都包含了对人大工作的要求。特别是关于“发展全过程人民民主、保障人民当家作主”和“坚持全面依法治国、推进法治中国建设”的部署，对人大工作提出了许多新理念、新思想、新要求和新任务。我们要坚持党的领导、人民当家作主、依法治国有机统一，紧紧围绕党中央关于当前和今后一个时期的重大部署依法开展和推进人大工作，坚持全面依法治国，发展全过程人民民主，认真做好立法、监督、代表、外事工作和自身建设，在法治轨道上全面建设社会主义现代化国家，更好发挥人民代表大会制度在国家治理体系中的重要作用。

第七，要深刻认识全面建设社会主义现代化国家、全面推进中华民族伟大复兴，关键在党，必须坚持中国共产党的领导特别是党中央集中统一领导。中国共产党领导，是历史的选择、人民的选择，是党和国家的根本所在、命脉所在，是全国各族人民的利益所系、命运所系。作为世界上最大的马克思主义政党，中国共产党历经百年而更加朝气蓬勃，根本在于中国共产党始终站在时代前列，始终为中国人民谋幸福、为中华民族谋复兴。人民代表大会制度是中国共产党领导人民建立的，也是在党的领导下巩固、发展、完善的。这一制度把党的领导、人民当家作主、依法治国有机统一起来，是党领导国家政权机关的重要制度载体。坚持和完善人民代表大会制度，必须坚持中国共产党领导，坚决维护党中央权威和集中统一领导，保证党的理论和路线方针政策在国家工作中得到全面贯彻和有效执行，确保中国共产党始终成为中国特色社会主义事业的坚强领导核心。

总的来讲，学习宣传和贯彻落实党的二十大精神，就是要把着力点聚焦到习近平总书记是党中央的核心、全党的核心，习近平新时代中国特色社会主义思想是党必须长期坚持的指导思想上；聚焦到党的十九大以来的重大成就和新时代十年的伟大变革上；聚焦到把握好马克思主义中国化时代化最新成果的世界观和方法论，坚持好、运用好贯穿其中的立场观点方法上；聚焦到中国式现代化在理论和实践的创新突破上；聚焦到贯彻落实党的二十大提出的重大决策部署上；聚焦到以习近平同志为核心的新一届中央领导集体是深受全党全国各族人民拥护和信赖的领导集体上；聚焦到习近平总书记是全党拥护、人民爱戴、当之无愧的党的领袖上。

党的二十大为全面建设社会主义现代化国家绘制了宏伟蓝图。我们要深刻领悟“两个确立”的决定性意义，增强“四个意识”、坚定“四个自信”、做到“两个维护”，自觉在思想上政治上行动上同以习近平同志为核心的党中央保持高度一致，扎扎实实行动起来，立足我国改革发展、党的建设的实际，坚持学思用贯通、知信行统一，把党的二十大精神落实到人大工作的方方面面，体现到做好今年各项工作和安排好明年工作之中。

在第十三届全国人大常委会第三十八次会议上的讲话

（2022 年 12 月 30 日）

栗战书

本次常委会会议正值岁末，又逢疫情影响，大家克服困难、共同努力，圆满完成了各项预定任务。会议共有 35 项议程，审议 15 件法律草案，通过其中 3 件，决定将 1 件提请大会审议；作出关于召开十四届全国人大一次会议的决定；通过关于香港国安法有关条款的解释；听取审议 6 个工作报告和 1 个执法检查报告；审议通过 2 个专门委员会关于代表议案审议结果的报告；听取关于代表建议办理情况的 2 个报告；批准人民解放军选举委员会人选；批准 4 件双边条约和 2 件国际公约修正案；还通过了代表资格审查报告和人事任免案。

修改立法法是贯彻落实习近平法治思想、加强和改进新时代立法工作的重要举措。常委会学习领会党中央部署要求，认真做好立法法修改工作，经过两次常委会会议审议，决定提请明年大会审议。这次修改主要是坚持党对立法工作的领导，坚持和发展全过程人民民主，完善国家立法制度，健全立法体制机制，进一步推进科学立法、民主立法、依法立法，推动提高立法工作质量和效率。有关方面要及时将草案及参阅资料送全国人大代表，组织代表认真研读讨论，为大会审议做好准备。

会议制定预备役人员法，修改野生动物保护法、对外贸易法。这三部法律很重要，有关方面要加强宣传解读，加快完善配套规定，保证法律有效实施。会议还初次审议了海洋环境保护法修订草案、农村集体经济组织法草案、慈善法修订草案、增值税法草案、金融稳定法草案、外国国家豁免法草案、民事诉讼法修正草案、行政诉讼法修正草案等 8 部法律草案，二次审议了公司法修订草案、反间谍法修订草案、青藏高原生态保护法草案。请宪法法律委、法工委会同有关方面认真研究常委会组成人员的审议意见和各方面意见建议，对草案作进一步修改完善。

会议听取、审议了国务院关于就业工作情况，深化“三非”外国人治理情况，财政社会保障资金分配和使用情况等 3 个专项工作报告，关于审计查出问题整改情况的报告和关于“证照分离”改革涉及暂时调整适用法律有关情况的中期报告。常委会组成人员对就业工作十分关注，强调要全面落实党的二十大对实施就业优先战略作出的重要部署，强化就业优先政策，加强重点群体就业支持，做好就业服务、职业技能培训等工作，努力促进就业量的扩大和质的提升。

会议听取审议了长江保护法执法检查报告。大家充分肯定国务院和地方各级政府依法推进长江保护取得的显著成效，同时指出生态修复力度不足、污水处理设施不完善、配套法规标准不完备、协作机制有待健全等问题。大家强调，要继续加强普法宣传，坚持"共抓大保护、不搞大开发"，突出生态环境修复这一核心，健全法规和标准，严格落实法定职责，依法保护好长江这条中华民族的母亲河、生命河。

会议听取审议了法制工作委员会关于2022年备案审查工作情况的报告，宪法法律委、农业农村委关于代表议案审议结果的报告，听取了常委会办公厅、工业和信息化部关于代表建议办理情况的报告。大家认为，五年来备案审查制度和能力建设取得重要成果，备案审查的刚性和实效不断增强。要深入推进合宪性审查工作，完善和加强备案审查制度，提升备案审查工作质量，坚决维护国家法治统一、尊严、权威。大家对议案建议办理工作予以肯定。目前，十三届全国人大五次会议期间代表提出的487件议案、9203件建议已全部办理完毕。

习近平总书记12月19日发表重要署名文章，纪念我国现行宪法公布施行40周年。文章全面回顾我国宪法制度建设和宪法实施取得的历史性成就，深刻总结新时代宪法创新发展的新鲜经验和规律性认识，对全面贯彻实施宪法提出明确要求，是我国宪法史上的一篇光辉文献，具有重大而深远的指导意义。全国人大及其常委会要带头学习领会、全面贯彻落实习近平总书记的重要文章，在谱写新时代中国宪法实践新篇章中作出人大贡献。**一是坚定坚持党对宪法工作的全面领导**。坚持宪法确认的中国共产党领导地位不动摇，坚持宪法确立的习近平新时代中国特色社会主义思想的指导地位不动摇。在党的领导下推动宪法全面实施、与时俱进，发挥好宪法在治国理政中的重要作用。人大工作中涉及宪法的重大问题，都要及时向党中央请示报告，确保在党的领导下依法有序推进。深入学习贯彻习近平总书记关于宪法的重要论述，作为推进宪法实施和监督、做好宪法相关工作的指引和遵循。**二是加快完善以宪法为核心的中国特色社会主义法律体系**。坚持依宪立法，努力使每一项立法都符合宪法精神、体现宪法权威、保证宪法实施。加强重点领域、新兴领域、涉外领域立法，健全国家治理急需、满足人民日益增长的美好生活需要必备、维护国家安全所急的法律制度，把国家各项事业和各项工作纳入法制轨道。**三是加强宪法实施和监督**。统筹推进法律规范、法治实施、法治监督、法治保障、党内法规五大体系建设，用科学有效、系统完备的制度体系保证宪法实施。坚决维护宪法和基本法确定的特别行政区宪制秩序，健全特别行政区同宪法和基本法实施相关的制度机制。高质量推进合宪性审查和备案审查工作，健全宪法解释程序机制，积极回应社会各方面对涉宪问题的关切。**四是加强宪法理论研究和宣传教育**。大力弘扬宪法精神，组织好国家宪法日、宪法宣誓活动，增强宪法意识，维护宪法权威。抓住"关键少数"，坚持从娃娃抓起，有针对性地开展宪法宣传教育，加强理论研究，讲好中国宪法故事，推动宪法走进群众、深入人心。**五是常委会组成人员要带头尊崇宪法、执行宪法、维护宪法，带头做社会主义法治的忠实崇尚者、自觉遵守者、坚定捍卫者**。

2022年是党和国家发展史上极为重要的一年。我们党胜利召开二十大，描绘了全面建设社会主义现代化国家的宏伟蓝图。二十大和二十届一中全会选举产生以习近平同志为核心的新一届中央领导集体，反映了全党全军全国各族人民的共同意志。面对风高浪急的国际环境和艰巨繁重的国内改革发展稳定任务，党中央团结带领全党全国各族人民迎难而上，砥砺前行，克服重重困难，保持了经济社会大局稳定，成绩殊为不易，值得倍加珍惜。

全国人大及其常委会深刻领悟"两个确立"的决定性意义，增强"四个意识"、坚定"四个自信"、做到"两个维护"，坚持党的全面领导特别是党中央集中统一领导，紧紧围绕党和国家工作大局，依法履职、担当作为，各方面工作取得了新进展。一年来，共审议法律和法律解释草案、决定草案44件，通过其中24件，包括制定6件法律，修改10件法律，作出1件法律解释，通过7件有关决定；检查5部法律实施情况，听取审议23个有关监督工作报告，进行1次专题询问，开展8项专题调研，作出1个相关决议；邀请100多名代表参加常委会、专门委员会、工作委员会的工作，协调安排近1650人次代表参加"一府两院"组织的督查、调研、座谈等活动，组织1300余人次代表开展专题调研，形成120余篇调研报告；批准条约13项，举行双边视频活动75场，出席视频国际会议33场，开展线下外事活动40场，外交信函往来近600件，圆满完成十三届全国人大五次会议确定的目标任务。

回顾这一年的工作，我们始终坚持以习近平新时代中国特色社会主义思想为指导，自觉从党的创新理论中找智慧、找方法、找答案，把理论武装成果转化为推进工作的强大动力；始终坚持党对人大工作的全面领导，对党绝对忠诚，与党中央同心同德，坚决贯彻落实习近平总书记重要指示批示和党中央重大决策部署；始终坚持围绕中心、服务大局，敢于斗争、担当作为，确保人大各项工作紧跟党中央重大决策部署，紧贴人民群众美好生活需要，紧扣推进国家治理体系和治理能力现代化、全面建设社会主义现代化国家的需求；始终坚持发展全过程人民民主，更好发挥人大代表作用，使人大工作建立在坚实的民意基础之上；始终坚持把以政治建设为统领的自身建设摆在突出位置，建设“四个机关”，不断提高工作质量和效率。

明年是全面贯彻落实党的二十大精神的开局之年。前不久先后召开的中央经济工作会议、中央农村工作会议、中央政治局民主生活会，对明年经济社会发展、推进乡村振兴、贯彻落实好党的二十大精神作出全面部署。今天上午在全国政协新年茶话会上，习近平总书记发表重要讲话指出，要以斗争精神迎接挑战，以奋进拼搏开辟未来，努力实现全年目标任务，为实现第二个百年奋斗目标奠定良好基础。我们要认真学习贯彻习近平总书记这些重要讲话和中央重要会议精神，坚持稳中求进工作总基调，完整、准确、全面贯彻新发展理念，加快构建新发展格局，着力推动高质量发展，通过认真依法履职，推动党的二十大精神和党中央决策部署贯彻落实，推动实现明年经济社会发展目标。近期，要重点做好以下几项工作：一是继续抓好党的二十大精神的学习宣传贯彻，坚持用习近平新时代中国特色社会主义思想凝心铸魂。二是总结完善过去一年和本届常委会五年工作，重点是加深对人大工作规律的认识，提炼好可以坚持的做法和经验。三是初步安排明年各项工作，实现换届之年工作有序衔接。四是做好十四届全国人大一次会议的组织筹备工作，确保大会顺利召开。

再过两天就是元旦了。借此机会，向各位常委会组成人员、全国人大代表、全国人大机关工作人员，向所有关心和支持人大工作的各界人士，致以新年的祝福！

在青藏高原生态保护立法工作专班第一次会议上的讲话

（2022 年 1 月 14 日）

栗战书

今天，我们召开立法工作专班会议，启动青藏高原生态保护立法工作。青藏高原是世界屋脊、亚洲水塔，是关系中华民族生存和发展的国家安全屏障。习近平总书记多次发表重要讲话，作出重要指示批示，亲自谋划和部署青藏高原生态环境保护重大决策。去年 10 月，中共中央、国务院印发了《青藏高原生态环境保护和可持续发展方案》，对建立青藏高原生态环境保护制度体系提出了要求。去年 12 月 31 日，党中央、总书记批准了全国人大常委会党组关于启动青藏高原生态保护立法的请示，这对促进青藏高原生态环境保护和可持续发展具有重大意义。希望大家共同努力，高质高效推进相关立法工作，切实把党中央、总书记交付的这一重大立法任务完成好。

加强青藏高原生态保护立法，是深入贯彻习近平生态文明思想的重要举措，是我国生态文明建设持续推进、中国特色社会主义生态环保法律体系日趋完善的重要体现。我就中国特色社会主义生态环保法律体系写了些看法，向党中央、总书记作了个书面汇报，后面又进行了思考。今天借此机会，就学习贯彻习近平生态文明思想，生态环保领域系统立法修法、完善生态环保法律体系工作情况及下一步想法讲一讲，与大家作个沟通。

第一，生态环保法律体系是在习近平生态文明思想指引下不断健全完善的，体系的内容就是习近平生态文明思想在法治领域的具体体现

党的十八大以来，以习近平同志为核心的党中央把生态文明建设纳入中国特色社会主义建设总体布局，在推进生态文明建设的实践中，形成了习近平生态文明思想。这一思想，深化了对自然规律、人类社会发展规律的认识。比如，总书记提出的“坚持人与自然和谐共生”，揭示了人与自然是生命共同体，人类善待自然，自然也会馈赠人类；提出的“绿水青山就是金山银山”，揭示了经济发展与生态环境保护的关系，保护生态环境就是保护生产力，改善生态环境就是发展生产力；提出的“良好生态环境是最普惠的民生福祉”，揭示了生态产品的本质属性，反映了人民群众对美好生活的新要求新期盼；提出的“山水林田湖草沙综合治理”，揭示了生态是统一的、平衡的自然系统，是相互依存、紧密联系的有机链条，人类利用自然、改造自然要尊重自然客观规律，人类的一切活动都要以不破坏生态平衡为前提，等等。这些新理念新思想新战略、新观点新判断新要求，为我国生态文明建设提供了有力的理论指导和行动指南，引领生态环境保护发生了历史性、转折性、全局性变化。

习近平生态文明思想，有力引领、推动了中国特色社会主义生态环保法律体系的发展完善。这几年，我们深入学习贯彻习近平生态文明思想，将这一思想的核心要义、重大理念贯穿体现于生态环保法律、法规之中。党的十八大以来制定修改的生态环保法律法规，处处都能看到总书记“绿水青山就是金山银山”的理念，都能体现总书记“以最严格制度最严密法治保护生态环境”的要求。总书记提出的“山水林田湖草沙综合治理”，是生态文明理念的重大创新，也都全面落实到了相关法律和有关的法律条文中。还有很多例子，这里就不一一列举了。可以这么讲，习近平生态文明思想是中国特色社会主义生态环保法律体系的主题主线。

今后工作中，我们要继续深入学习贯彻习近平生态文明思想，发挥好这个思想宝库的作用，贯彻创新、协调、绿色、开放、共享的发展理念，继续聚焦党中央关于生态文明建设的重大部署，持续推动完善生态环保法律体系，为促进经济社会发展全面绿色转型、建设人与自然和谐共生的现代化提供有力法治保障。

第二，党的十八大以来，生态环保领域立法取得全方位、开创性、历史性成就，覆盖全面、务实管用、严格严密的中国特色社会主义生态环保法律体系初步形成

改革开放以来，在党的领导下生态文明法治建设持续推进，取得了显著成效。但成效最为突出的，还是党的十八大以来。这一时期，生态环保立法呈现出制定修改节奏加快、覆盖面越来越广、针对性越来越强的鲜明特点。生态环保领域现行有效的法律共30余件，其中新制定7件，有17件在党的十八大以来都作过修改，有的重要法律还多次修改。本届先后制定土壤污染防治法、生物安全法、长江保护法、湿地保护法、噪声污染防治法等多件法律。经过这些年的共同努力，生态环保立法实现了从量到质的全面提升，逐步建立了我国生态环境保护制度的“四梁八柱”，主要体现在以下几个方面：

一是确立生态文明的宪法地位。2018年，十三届全国人大一次会议通过的宪法修正案第三十二条，将生态文明写入宪法，明确要“推动物质文明、政治文明、精神文明、社会文明、生态文明协调发展”，为完善生态环保法律体系提供了宪法指引。

二是完善环境保护基本制度。2014年，全国人大常委会对环境保护法进行大修，强化政府责任和监督管理、环境质量标准、环境监测等制度，加大对违法行为的处罚力度，被称为“史上最严格”环境保护法。现在各级人大常委会每年听取审议年度环境状况和环境保护目标完成情况的报告，就是在2014年修改环境保护法时确定的。

三是完善污染防治法律制度。针对环境污染的严峻形势，聚焦人民群众感受最深刻、要求最迫切的突出环境问题，全国人大常委会坚决贯彻落实党中央决策部署，加大立法修法力度，为依法打赢污染防治攻坚战提供法律支撑，用法治手段捍卫蓝天、碧水、净土。2015年和2018年两次修改大气污染防治法，2017年修改水污染防治法，2018年制定土壤污染防治法，2013年、2015年、2016年、2020年四次修改固体废物污染环境防治法，在2018年修改环境噪声污染防治法的基础上，前不久又作了全面修订，形成了新的噪声污染防治法。实践证明，这些法律的制定修改，因为紧扣党中央的重大决策部署、人民群众最主要的关心点，上面对上表、下面对上点，收到了很好的政治效果、法治效果、社会效果。

四是完善资源保护利用类法律制度。在这方面，包括2016年制定深海海底区域资源勘探开发法，2019年修改完善森林法、土地管理法，2020年10月初次审议了野生动物保护法修订草案，2021年制定湿地保护法等。此外，还修改了煤炭法、水法、节约能源法、草原法等。这些法律的制定和修改，对于依法推动形成绿色发展方式和生活方式具有重要作用。

五是制定重要流域、特殊区域的生态保护法律。这也可以说是本届常委会贯彻习近平生态文明思想，在生态环保立法方面的持续创新。2020年制定长江保护法，这是我国首部重要流域法律，针对长江流域特点和存在突出问题制定特别制度措施。去年12月的常委会会议，对黄河保护法进行了审议，争取本届任期内通过。现在还在就特殊地理地域开展立法，今天讨论的青藏高原生态保护法，以及前不久审议的黑土地保护法，都是这一类。地方人大也在积极探索区域协同立法和流域共治共同立法模式，比如京津冀、长三角等地在跨区域生态环保、大气污染防治等方面开展立法协同，云南、贵州、四川三省共同立法保护赤水河，开创了我国地方流域共同立法的先河。

六是加强生态环保领域备案审查和法规清理工作。2018年、2019年开展了生态环保领域地方性法规集中清理，督促地方修改814件、废止127件，同时推动制定机关对集中清理过程中发现的37件部门规章、456件地方政府规章，2件司法解释以及11000余件各类规范性文件及时修改、废止或者重新制定。2020年、2021年又分别开展了涉及野生动物保护领域、长江流域保护的专项清理。这项工作，有力保障了生态文明制度建设、维护了国家法治统一。

这些年来，我们还加大了对生态环保法律实施的监督力度，每年都安排1—2个执法检查项目。有的是在法律修改或颁布次年就进行执法检查，有的是进行持续跟踪督查。通过对照法律一条一条地查，看法律规定落实了没有、法定职责履行了没有、法律责任追究了没有，让法律制度的牙齿真正"咬合"起来，推动法律全面有效实施。本届以来，我连续4年带队，先后开展大气污染防治法、水污染防治法、土壤污染防治法、固体废物污染环境防治法实施情况的检查。这已经成为本届常委会监督工作的一条重要经验。

目前，我国已有生态环保类的法律30余件，国务院行政法规一百多件，地方性法规一千余件。从国家层面的法律看，综合性的有6件，包括环境保护法、生物安全法、环境影响评价法、海洋环境保护法、清洁生产促进法、循环经济促进法。污染防治方面的有7件，包括水污染防治法、大气污染防治法、土壤污染防治法、固体废物污染环境防治法、噪声污染防治法、核安全法、放射性污染防治法。环境和生物多样性保护方面的有5件，包括防沙治沙法、水土保持法、野生动物保护法、进出境动植物检疫法，正在研究起草的南极活动与环境保护法。自然资源保护和利用方面的有16件，包括矿产资源法、煤炭法、森林法、草原法、水法、海域使用管理法、深海海底区域资源勘探开发法、海岛保护法、节约能源法、可再生能源法、湿地保护法、土地管理法、城乡规划法，正在研究起草的能源法、原子能法、耕地保护法。江河流域治理保护方面的有2件，包括长江保护法和正在审议的黄河保护法。特殊地理地域保护方面的有2件，包括正在审议的黑土地保护法，以及今天启动的青藏高原生态保护法。还有一类是涉外方面的，包括我国缔结或参加的环境保护公约、议定书和双边协定，比如联合国气候变化框架公约、生物多样性公约、关于持久性有机污染物的斯德哥尔摩公约等。实际上，还远不止这些。除了制定修改生态环保专门法律外，还包括制定环境保护税法、资源税法，以及其他大量法律涉及生态环保规定的修改完善，比如强化污染环境与破坏生态民事责任、刑事责任和公益诉讼等司法制度的规定等。以上这些法律，共同形成了以保护和可持续发展为导向，涵盖水、气、声、光、渣等各种污染要素和山、水、林、田、湖、草、沙等各类自然系统，覆盖全面、务实管用、严格严密的中国特色社会主义生态环保法律体系。这是我的一个基本判断。这一法律体系的初步形成，是党的十八大以来生态文明建设和生态环境保护领域法治建设取得的全方位、开创性、历史性成就。

第三，把握新时代对生态文明法治建设提出的新任务新要求，完善生态环保法律体系，进一步增强系统性、整体性、协同性

尽管生态环保方面的法治建设取得了重大进展，但必须清醒地看到，进入新时代，人们对生态保护和环境治理的认识大大加深了，对生态环境的要求和生态产品的需求大大增强了，同时，对生态环境遭受侵害的担忧也更加深重、更加关切了。况且，我国的生态环境基础脆弱、欠账很多、制止侵害和修复完善的任务还很艰巨，非一日之功。1990年，我在承德工作，承德地处燕山山区，山上植被看上去很好，但基本上是砂石上面覆盖着薄薄一层土，只要划破"一刀皮"、下一场雨，半个坡面的植被就毁灭了，砂石从山上下来把山沟都堵塞了。还有承德围场和丰宁坝上，草原的生态也非常脆弱，开垦一小片土地就会造成一大片的沙化。像这种自然形成的脆弱的生态环境，只有靠强有力的措施加以保护，否则就是恶性循环。我们必须深入贯彻落实习近平生态文明思想和新发展理念，着眼于人和自然和谐共生、生态资源有效保护和永续利用、社会可持续发展，进一步加大生态环保领域立法修法和执法监督力度，持续加强这一领域的法治建设，进一步完善法治体系，进一步提高治理能力和治理水平。就生态环保法律体系建设来讲，我认为要抓好以下几点：

一是抓紧填补空白点、补强薄弱点。现有生态环保法律还存在一些短板和不足。与人的健康相关的水、气、声、土、辐射环境的污染防治法律相对完备，但自然生态保护和修复法律制度还存在不健全、不完善、不协调、不适应的地方，有的还是空白。像国家公园法、自然保护地法就是立法空白点。还有，实现"双碳"目标，就要构建有利于绿色低碳发展的法律体系，这里面可能需要新制定法律，也涉及煤炭法、可再生能源法、循环经济促进法、清洁生产促进法等的修改。要对现有生态环保法律进行梳理，抓紧研究论证，看看需要新制定哪些、修改哪些，系统谋划、通盘考虑，加快推进。

二是增强生态环保领域立法的科学性。我们参加相关执法检查，深感生态环保领域专业性很强，这方面立法修法尤其要讲科学，在制度设计上要审慎，把各方面情况和问题摸清楚、研究透，进一步增强立法决策的科学性。拿污染治理来说，环境污染的原因具有复杂性、特殊性的特点，用单一学科、单一技术和单一方法都难以实现系统有效的治理，要把握科学规律，才能设计出管用有效的法律制度。碳达峰碳中和，这个目标要坚定不移。但绿色低碳发展是经济社会发展全面转型的复杂工程和长期任务，能源结构、产业结构、消费结构的调整和生产生活方式的转变不可能一蹴而就，更不能脱离实际，相关立法要加强研究论证，多听取专家和实际工作者的意见建议，使之符合我国国情实际，也符合推动高质量发展的内在要求。还有，这次青藏高原生态保护立法，要充分吸收、运用好第二次青藏高原科学考察取得的重大阶段性成果。

三是加快配套法规和标准制定完善工作。行政法规、地方性法规是法律体系的重要组成部分。完善生态环保法律体系，离不开国务院行政法规、部门规章的协同配套，也离不开省、自治区、直辖市和设区的市两级地方性法规、地方政府规章的协同配套。从这几年污染防治有关法律执法检查的情况看，这方面存在一些问题和不足，部分配套法规和标准制定工作相对滞后，影响了法律实施效果。各有关方面要重视法律体系协同配套工作，加强和改进行政法规、地方性法规制定、修改、清理等工作，认真做好各类相关的法规、规章、司法解释、国家标准、规范性文件制定修改工作，增强法律体系整体功效。

以上是关于生态环保法律体系建设的一些情况和下步想法，也是点个题，请大家共同思考。一会儿还要就青藏高原生态保护立法进行讨论，与会同志提出的意见建议，全国人大环资委和起草组要认真研究吸纳，争取尽快拿出一个高质量的法律草案。

在学习贯彻中央人大工作会议精神座谈会上的讲话

（2022 年 3 月 31 日安徽）

栗战书

我们这次到安徽来，主要是调研中央人大工作会议精神的学习贯彻情况，还想就职业教育法的修订听听意见。今天这个座谈会，主要是听听地方学习贯彻中央人大工作会议精神的情况，参加座谈的省、设区的市、县级党委负责同志和地方各级人大负责同志都有。

去年 10 月，党中央首次召开人大工作会议，习近平总书记出席会议并发表重要讲话。随后，党中央印发了《关于新时代坚持和完善人民代表大会制度、加强和改进人大工作的意见》。这充分体现了党中央和习近平总书记对人大工作的高度重视、坚强领导、殷切期望。这段时间以来，各级人大及其常委会认真学习贯彻中央人大工作会议精神，有 18 个省（区、市）党委召开了人大工作会议，28 个省（区、市）出台或正在制定有关文件、分工方案等。我们这次调研，就是想了解地方学习贯彻的情况，以及下一步贯彻落实的举措和建议。

刚才，大家谈得都很好，让我们了解到很多鲜活的内容，这是在北京看文件、听汇报，感受不到的。去年 10 月，安徽省委、省人大常委会第一时间传达学习中央人大工作会议精神，制定了具体任务清单，明确 16 项举措及完成时限、承办单位和责任人等，以清单化、项目制的方式确保任务落实，抓得紧、效果好。上周五，省委专门召开人大工作会议，郑栅洁同志在讲话中，对全省人大工作给予充分肯定，讲到“坚持与党委一个调、与大局一盘棋、与人民一条心”，概括得很精准；提出“聚焦党委确定的大事、群众关心的要事、改革发展的难事，全面提升人大工作质量水平”等要求，贯彻了中央人大工作会议精神，讲得很到位。前些天，我向总书记汇报工作时说，这些年来人大工作的思路更加清晰了，最根本、最重要的就是牢牢把握正确的政治方向。刚才听了大家的发言，结合近年来我了解到的一些情况，可以说全国人大和地方各级人大在这么几个问题上旗帜更加鲜明、态度更加坚定。**一是坚持党的全面领导**。过去讲人大工作,要坚持党的领导、人民当家作主、依法治国有机统一,但实践中提人民当家作主、依法治国的时候多,讲党的领导好像不够鲜明、甚至有点含糊。近年来,各级人大及其常委会在坚持党对人大工作全面领导上都更加鲜明、坚定了,维护党中央权威和集中统一领导更加坚决、有力。**二是坚定不移走中国特色社会主义政治发展道路**。坚决不搞西方"宪政民主"、"三权鼎立"、"多党制"那一套。**三是围绕大局谋划和开展人大工作**。人大一切工作都要围绕党和国家工作大局,沿着党中央指明的方向、确定的部署抓好贯彻落实,只有这样才能取得党和人民满意的效果。**四是发展全过程人民民主**。总书记提出,全过程人民民主和所谓"西式民主"、"大民主"有着本质区别,是在党的领导下充分发扬人民民主、体现人民当家作主。简单讲这么几条,也是大家在发言中都贯彻体现的,希望大家坚定不移按照这么一个路子走下去。

刚才,黄山等市、县、乡级人大负责同志,都谈了各地落实举措和成效,有不少好的经验和做法,值得学习借鉴。近年来,黄山地方立法工作搞得有声有色,刚才肖善武同志讲到把"立得住、行得通、管得了"9个字贯穿立法始终,建立由60位专家组成的立法"智囊团",确定11家作为首批基层立法联系点。特别是"小快灵"立法抓得紧,制定了一批体现地域特征、人文特色的地方性法规。去年9月,我在全国人大网站上看到了"黄山人大:'小快灵'立法保护徽风徽韵"的专题报道。黄山是徽商故里、徽文化的重要发祥地,新安医学、新安画派、徽派建筑、徽州"四雕"等都是徽文化的典型代表。这里有450余处国家、省级传统村落,4700多处古民居,还有近200位国家和省级非遗大师,千余项非物质文化遗产、8000多处历史文化遗存,百万件文书文献,数量均居安徽首位、全国前列。不仅如此,你们还有闻名世界的黄山风景区。这些文化、遗迹、建筑、风景等恰恰成为黄山地方立法的特色和优势。你们围绕保护和传承历史文化遗产,制定了《歙县徽州古城保护条例》、《徽州古建筑保护条例》、《徽州文书档案保护条例》等;围绕保护风景名胜区、建设生态环境等,制定了《黄山市松材线虫病防治条例》、《齐云山风景名胜区保护管理条例》、《黄山市太平湖风景名胜区条例》等。

召开中央人大工作会议、专门出台中央文件,是人民代表大会制度建设史上的一件大事。习近平总书记的重要讲话,是新时代坚持和完善人民代表大会制度、加强和改进人大工作的纲领性文献,也是新时代发展全过程人民民主、推进社会主义政治建设的纲领性文献,具有重要指导意义。学习贯彻中央人大工作会议精神,是一项长期而重大的政治任务。我们要在前一阶段学习贯彻的基础上,进一步深学深悟总书记重要讲话、党中央文件精神,按照部署要求和任务分工,狠抓贯彻落实,推动新时代人大工作高质量发展。

党中央历来高度重视人大工作。从1954年一届全国人大一次会议召开以来,党中央专门召开人大工作会议、出台人大工作文件这是第一次。党的十八大以来,习近平总书记对人大工作的指示要求也很多,特别是在中央人大工作会议上的重要讲话,是一个闪耀着马克思主义光辉的纲领性文献。我在总结讲话中围绕"八个深刻认识和把握"讲了学习体会。习近平总书记讲了新时代人大工作"六个必须坚持"的基本原则、六个方面的重点任务,人民代表大会制度"三个有效保证"的显著功效,都是非常深刻的。特别是在阐述全过程人民民主理念时,讲到评价一个政治制度是不是民主的、有效的"八个能否"标准,提出一个国家民主不民主"四个要看、四个更要看"等,这些重要论述都是创新性的,展现了强烈的中国特色社会主义民主自信和底气。我们要进一步学习领会,贯彻落实到人大工作实际中。在一些重大原则问题上,要进一步深化认识和把握。

第一,要进一步增强拥护"两个确立"、做到"两个维护"的政治自觉,坚定不移坚持党对人大工作的全面领导。人大一切工作都要围绕党和国家工作大局谋划和开展,坚决贯彻党的理论、路线、方针政策和决策部署,重大事项及时向同级党委请示报告。在人大既要讲好法言法语,更要旗帜鲜明地讲好党言党语。2019年,习近平总书记在地方人大设立常委会40周年之际作出重要指示,强调地方人大及其常委会要按照党中央关于人大工作的要求,围绕地方党委贯彻落实党中央大政方针的部署安排,结合地方实际,创造性地做好立法、监督等工作。这就是说,地方党委、地方人大都要贯彻落实党中央大政方针和决策部署,这是维护党中央集中统一领导的题中应有之义,这是第一位的要求,必须在实际工作中把握好。

第二,要进一步增强以科学理论统揽和指导人大工作的理论自觉,坚持不懈强化理论武装、提高政治站位。习近平新时代中国特色社会主义思想是党和国家的指导思想，是科学指引和行动指南，必须全面贯彻到人大工作各方面、各环节。习近平总书记关于坚持和完善人民代表大会制度的重要思想，在党的理论史上形成了完整系统的人大制度理论，必须深入学习、研究、宣传、贯彻这一全新政治制度理论，确保人大工作沿着正确政治方向推进。

第三，要进一步增强历史自信、制度自信，坚定不移走党领导人民成功开辟的中国特色社会主义政治发展道路。对习近平总书记指出的人民代表大会制度是好制度、是伟大创造、是全新政治制度，具有“三个有效保证”的显著功效，特别是党的十八大以来取得历史性成就，有更加深刻的感受和领悟。在百年变局和世纪疫情的大背景下，进一步坚定对我国政治制度、政治发展道路的自信和底气，毫不动摇坚持和完善人民代表大会制度，坚决反对、抵制和防止西方错误思潮的侵蚀影响。

第四，坚守人民立场，更好发挥人大在发展全过程人民民主中的重要作用。深刻认识我国全过程人民民主的特点优势和人民代表大会制度的重要制度载体作用，自觉坚持一切为了人民、一切依靠人民，保证人民的知情权、参与权、表达权、监督权落实到人大工作各方面各环节全过程，把各方面社情民意统一于最广大人民根本利益之中。应当讲，这些年来各级人大贯彻习近平总书记提出的以人民为中心的发展思想、坚持人民至上的重要理念，做得是好的。有立法权的各级人大及其常委会审议通过的法律法规，大多都是聚焦党中央重大决策部署和人民群众急难愁盼问题；各级人大代表反映社情民意，提出议案建议，推动解决群众关心的突出问题，都是人民当家作主的具体体现。所以，老百姓对人大工作、人大代表的满意度也越来越高，是给予肯定的。

第五，明确新时代人大工作的目标任务，进一步增强依法履职的责任感使命感。要紧跟党中央重大决策部署，紧贴人民群众美好生活需要，紧扣推进国家治理体系和治理能力现代化、全面建设社会主义现代化国家的需求，在大局下发挥职能作用、展现担当作为，推动人大工作高质量发展。习近平总书记讲到“六个必须坚持”的基本原则，其中第六条就是“必须坚持推进国家治理体系和治理能力现代化”。人民代表大会制度是国家治理体系的重要组成部分。实现治理体系和治理能力现代化，很重要的就是把国家根本政治制度优势转化为治理效能，保证我们党领导人民依法有效治理国家。人大在这些方面担负着重要责任。

第六，进一步强化“四个机关”的认识和定位，更好担负新时代赋予人大的职责使命。要以政治建设为统领，全面加强人大自身建设，打造政治坚定、服务人民、尊崇法治、发扬民主、勤勉尽责的人大工作队伍。

下一步，要继续深化对这些重要原则的认识和把握，按照总书记指出的六方面重点任务、党中央文件确定的任务要求，结合地方实际，一项一项抓好贯彻落实。年初，中办印发了关于贯彻落实中央人大工作会议重点任务分工方案，列出了69项重点任务，明确由地方党委、地方人大常委会党组、地方人大及其常委会负责的有53项，有的要求在年内完成。几天前，安徽省委人大工作会议通过了关于贯彻落实中央人大工作会议精神的实施意见，确定了一系列具体的任务举措，希望你们狠抓落实，以实际行动确保党中央决策部署、总书记指示要求执行到位。

全国人大常委会将跟进调研，推动各级人大交流学习贯彻的经验和做法。今年底，计划召开深入学习贯彻习近平总书记关于坚持和完善人民代表大会制度的重要思想第五次交流会。你们可以及早做些准备，多出一些研究成果。

与职业教育工作者、学员代表座谈时的讲话

（2022年4月1日安徽）

栗战书

今天，我们全国人大常委会调研组的同志到宣城职业技术学院，主要是围绕职业教育法修订草案，听取大家的意见建议。

这部法律是1996年颁布施行的，20多年来在发展职业教育、提高劳动者素质、促进就业创业等方面发挥了积极作用。随着我国进入新时代、新发

展阶段，职业教育面临许多新情况、新问题，与建设现代化经济体系、建设教育强国的目标相比，现行法律制度存在一些不适应、不完善的问题。去年全国人大常委会启动修订这部法律，在深入调查研究的基础上，6月和12月的常委会会议已两次审议修订草案。从常委会审议和征求公众意见的情况看，大家普遍认为，当前教育领域存在重"普教"、轻"职教"问题，就业领域存在就业压力大、高端技术技能人才少的结构性矛盾。从职业教育本身来看，仍然是"大而不强"、"大而不精"，社会认同度低、体系化建设不完善、不同层次职业教育纵向贯通不够、与普通教育横向融通不畅、办学和人才培养质量参差不齐、投入和保障机制也不够完善，需要通过完善法律制度予以推动解决。今天在座的有职教老师、学生代表，企业代表，也有相关部门的负责同志。刚才，我认真听了8位同志的发言，讲得都很好。你们从事相关领域实际工作，所讲情况和所提建议非常务实，都是你们在实践中的观察、感受和体会。其中，涉及完善修订草案的，我们将认真研究，能吸纳的尽量吸纳；涉及改进工作的，将转给有关部门研究处理。这里，结合大家所讲，我也谈点意见。

职业教育是国民教育体系和人力资源开发的重要组成部分，是培养技术技能人才、促进就业创业、推动高质量发展的重要基础。党中央历来高度重视职业教育改革发展。十八大以来，习近平总书记亲自谋划和推动，主持制定《国家职业教育改革实施方案》，就是常说的"职教20条"，多次到职业学校视察指导，对职业教育提出一系列重要指示要求。去年4月，党中央、国务院召开全国职业教育大会，总书记再次作出重要指示，强调"在全面建设社会主义现代化国家新征程中，职业教育前途广阔、大有可为"。10月，中办、国办印发了《关于推动现代职业教育高质量发展的意见》。正是在以习近平同志为核心的党中央坚强领导下，各地方各部门和职教院校深化改革、推动发展，我国建成了世界上规模最大的职业教育体系，现有职业学校1.13万所、在校生3080多万，培养了一大批高素质劳动者和技术技能人才，年均向社会输送约千万毕业生。

这次修订职业教育法，是法律实施近25年的首次"大修"。刚才，高利兵教研员谈了修订草案的4个亮点，概括得非常准确。这次修法的主要思路：**一是**全面贯彻习近平总书记关于职业教育的重要指示要求，把党中央关于职业教育改革发展的政策举措，通过法定程序转化为法律规范。**二是**将近年来职业教育改革发展的成功经验上升为法律制度，为进一步深化改革夯实法治基础。**三是**回应各方关切，推动解决突出问题，从法律制度上推动打造现代化职业教育体系。

经过深入调研起草和两次审议修改，现在的修订草案凝聚了机关、院校、家庭、社会的智慧和共识，针对各方面关心的热点难点问题有一些新的规定和要求。贯彻总书记提出的着力培养高素质劳动者和技术技能人才的要求，修订草案进一步明确了职业教育的内涵和定位，突出了培养技术技能人才的目标。**在提升职业教育质量和水平方面**，修订草案扩大了职业学校办学自主权，推动考试、招生制度改革，规定了促进产教融合、校企合作的激励措施。**在支持和保障职业教育发展方面**，修订草案对财政投入和资金有效统筹使用、企业教育培训经费、金融服务、捐资助学等作出细化规定，特别是着重加强教师队伍建设和学生权益保障，完善了教师配备标准、评聘和培训，"双师型"队伍建设，学生实习、学业证书、奖励资助等规定。为提升职业教育的社会认可度，就像人社局吴明书记刚才提到的，让职业教育由"看不上"、"不愿上"转变为"香起来"、"热起来"，修订草案明确提出"职业教育是与普通教育具有同等重要地位的教育类型"，还规定职业教育活动周、开展职业教育公益宣传等，引导和教育全社会树立科学的职教理念。

按照立法工作安排，职业教育法修订草案将提请4月的全国人大常委会第三十四次会议三审，如果意见比较一致，拟表决通过。法律修订后，要加强宣传普及，推动全社会更多了解这部法律，了解职业教育的重要意义和改革发展方向。各地方和有关部门、职教院校要各司其职，把新修订的职业教育法实施好。

安徽的职业教育工作抓得紧，效果也很好。目前，全省有中职、高职学校346所，在校生151.2万人，包括中职75.2万人、高职75.9万人，规模分别居全国第5位、第11位。每年培训技能型人才90万人次，为美丽安徽建设提供有力人才和技能支撑。2021年你们出台《关于整省推进职业教育一体化高质量发展、加快技能安徽建设的意见》，在全国率先开展部省共建技能型社会试点，财政投入较上年增长16.3%。栅洁书记任职才半年多时间，就对安徽职教工作开展调研，研究部署了不少新的举措。希望安徽各级党委和政府把职业教育摆在更加突出的位置，在推动高质量发展上下功夫。要加强统筹规划、综合协调，继续优化专业布局，在资金投入、政策倾斜、人员配备等方面多出实招，不断提升职业教育适应性和现代化水平。

这里，回应大家和各方关切，我想重点讲几个具体的事：**一是**新增教育经费要更多向职业教育倾斜，建立财政投入长效机制。钱桂仑书记、王仕雄老师都提了这方面的意见。据了解，有的地方职业学校生均拨款标准偏低，有的地方配套保障跟不上，就用学校上缴的学费收入、社会服务收入等冲抵生均经费，这样是不行的。现在的修订草案专门作了禁止性规定。**二是**对企业参与职业教育办学的，要加强支持和投入。中央文件规定可按投资额一定比例抵免企业教育费附加，还出台了"金融＋财政＋土地＋信用"组合式激励政策，但因企业作为办学主体的政策归口不明确，许多优惠政策落不到实处，实效性还没能充分显现。产教融合、校企合作要开辟更多的渠道和方式，部门和企业之间、企业和学校之间都存在着沟通不畅、信息不对称等问题，造成职业学校专业设置、课程安排等脱离企业需要。刚才，夏迎松董事长建议，为校企合作提供政策、资金支持，讲到了"企业冠名班"、"定向培养班"等补贴形式，在实践中可以研究探索，关键是遵循市场机制和规律，找到适合校企双方的互利共赢办法，找到企业和学校的利益平衡点。修订草案也将企业规定为职业教育的办学主体，这个"主体"，包括企业对自己员工进行职业培训，提升职工劳动技能；企业与学校合作办学，培训劳动者；企业自己力所能及地办职校，面向全社会招生、输送人才。这些都可以在实践中探索研究。**三是**解决职业教育多头管理、协调发展资源难的问题，这是王蕾副校长提出的，也是修法中遇到的焦点问题之一。职业学校属教育部门主管，技工学校归人社部门管理，形成了"两条线"，存在重复建设、生源竞争等问题。这需要加强顶层设计，进一步厘清教育部门、人社部门的职责，这当中有办学标准、扶持政策、经费来源、学历认定等问题。**四是**促进不同层次职业教育纵向贯通、不同类型教育横向融通。陶庭先院长建议，建立全国统一的"职教高考"制度，加快发展本科层次职业教育。前几年，你们和山东、江苏、江西、四川、重庆等地开展了试点工作，可以继续探索积累经验。

刚才，我们看了宣城职业技术学院，办得很不错，是全省校企合作示范校，开设机械设计和制造、汽车维修、工程技术、旅游管理、护理、建筑园林设计等40多个专业，培养了一大批技术技能型人才，为服务地方发展作出了积极贡献。希望职业学校大力提高办学能力、教育水平，坚持立德树人、德技并修，培养学生的劳模精神、劳动精神、工匠精神。要拓展产教融合、校企合作的培养途径。职业教育是培养技术技能的，最突出特点就是实践性。要把产教融合、工学结合作为基本办学模式，因地制宜丰富校企合作方式，建好用好各类实训基地，让学生在实际劳动中增长才智、提升技能。现在，社会上对职业教育认可度仍不高，不少人觉得职业教育"矮人半截"。在经费、待遇、职称评定等方面，职教老师与普教老师有不少差距。这些问题正在推动解决过程中，这也需要职教院校和教职工共同努力，在本职岗位上创造更大成绩、作出更大贡献，展现你们的情怀和担当。

最后，我还想对职教学生讲几句。3月30日，习近平总书记在参加首都义务植树活动时，叮嘱一起劳动的少先队员，要德智体美劳全面发展，不能忽视"劳"的作用，要从小培养劳动意识、环保意识、节约意识。劳动者素质对一个国家、一个民族的发展至关重要。古有鲁班、庖丁这样的能工巧匠，今有刷新集装箱装卸世界纪录的许振超、"桥吊状元"张彦这些技术能人，每年的"大国工匠年度人物"都印证着"三百六十行，行行出状元"。掌握一技之长，既可安身立命，又能报效祖国，是值得称赞、应该感到光荣的。何俊同学谈了自己作品获奖的经历，你说："凿井者，起于三寸之坎，以就万仞之深"，讲得很好。希望职校学生们锤炼过硬本领，赓续工匠精神，活出自己的精彩人生，为全面建设社会主义现代化国家贡献力量。

在部分五级人大代表座谈会上的讲话

（2022年4月2日安徽）

栗战书

今天开这个座谈会，主要听听代表们的履职体会，以及对做好新时代人大工作的意见建议。参加座谈的 8 位同志，五级人大代表都有，你们工作、生活在基层一线，对基层情况和群众呼声期盼最了解，对发挥代表作用、做好人大工作有不少体会和思考。刚才，各位代表讲得都很好，谈了依法履职的情况，讲了履职感受和体会，都很深刻，还提了许多高质量的意见建议，对改进人大工作、代表工作很有帮助。大家在做好本职工作的同时，密切联系群众，忠实为民履职，展现了“人民选我当代表、我当代表为人民”的良好风貌。党的十八大以来，人大工作取得的历史性成就，是与各级人大代表的担当尽责分不开的，各级人大代表的作用发挥得更加充分，人民群众对人大代表的关注度、满意度也在不断提升。

习近平总书记在中央人大工作会议上提出，充分发挥人大代表作用，做到民有所呼、我有所应。这是对新时代人大工作、代表工作提出的明确要求。这些年来，全国人大和地方各级人大认真贯彻总书记关于代表工作的论述要求，推动代表工作创新发展，取得了新的成效，积累了有益经验。有这么几条是大家的共识：**一是**坚持正确政治方向是代表依法履职的前提和根本，必须增强“四个意识”，坚定“四个自信”，做到“两个维护”，始终站稳政治立场，履行政治责任，把坚持党的领导、人民当家作主、依法治国有机统一贯彻到代表履职全过程。**二是**充分发挥代表作用是坚持和完善人民代表大会制度的必然要求，是人大工作保持生机和活力的重要基础，必须全面、准确、有效地贯彻体现到人大各项工作中。人大代表不仅在人代会上依法履职，参加审议和表决，提出议案和建议，大量工作还是在闭会期间联系群众、反映民意、汇集民智，这些都是发挥代表作用的重要方面。**三是**支持和保障代表依法履职是各国家机关的法定职责，是保证人民当家作主的重要体现。特别是各级人大常委会的办事机构和工作机构，要牢固树立为代表服务的意识，加强代表工作能力建设。各国家机关也要支持和保障代表履职，自觉接受代表和人民的监督。**四是**人大代表肩负着党和人民赋予的光荣使命，肩负着宪法法律赋予的重要职责，要忠实代表人民利益和意志，依法参加行使国家权力。代表依法履职，参加管理国家事务和社会事业，代表的是最广大人民群众的根本利益，而不是任何个人利益，也不是某个团体、利益集团的特殊利益。**五是**来自人民、扎根人民是人大代表的特点和优势，要密切同人民群众的联系，当好党和国家联系群众的桥梁。我国的各级人大代表不是专职的，工作和生活在群众中间，这是我们制度的一大优势，同西方议员、职业政客有着本质区别。要用好同群众的这种天然联系，把党中央的决策部署宣传好、解读好、推动落实好，把人民群众的意愿呼声反映好、传递上来，这两个方面都做好了，就是起到了桥梁、纽带作用。**六是**代表要严格依法履职，模范遵守宪法法律，在全面依法治国实践中发挥带头作用。这条也很重要，人大代表不是政治光环、政治荣誉，而是重要职务，是要讲担当、有作为的，必须在尊崇宪法、遵纪守法上作表率，不能有任何违规违纪违法行为，这是底线要求。十三届全国人大代表产生之初共 2980 名，这 4 年来因违纪违法被罢免、责令辞职的有 40 多人。这对代表们是警示教育，一定要廉洁自律、洁身自好。以上讲的 6 条，既是这些年加强和改进代表工作的体会和经验，也是我们进一步做好代表工作的思路和原则，希望大家贯彻落实好。

习近平总书记讲，我们的人民民主是一种全过程的民主。怎么发挥好人大代表在全过程人民民主中的作用？我想谈点想法，跟大家交流。总书记指出，人民代表大会制度是实现我国全过程人民民主的重要制度载体。这就要求人大各项工作贯彻全过程人民民主理念，广泛吸纳民意、汇集民智，把各方面社情民意统一于最广大人民根本利益之中。人大代表是由人民选举产生的，是代表人民参加行使国家权力的。人大代表密切联系群众、依法履职尽责，是全过程人民民主的重要内容和生动实践。各级人大代表要从践行初心使命、夯实党执政的根基的高度，充分认识密切联系群众的重大意义，把一切为了人民、一切依靠人民贯彻体现到履职全过程各方面。

发挥代表在全过程人民民主中的作用，很重要的就是密切联系群众、反映群众意愿和呼声，这有多种途径和形式，既是闭会期间活动的内容，也是提高履职质量和水平的基础。**有的代表扎根基层和一线，经常面对面倾听和反映群众意见。**刚才，大兴镇人大的童乃高主席讲了自己收集和反映群众立法建议、定期走访接待群众、督办重点代表建议等履职实践。作为乡镇人大主席，主要精力和时间都放在联系人民群众、组织代表活动上，这就做得很好。费广海代表参加“人大代表在行动”等实践活动，先后近百次到欠发达地区送教送学、传递温暖，还帮助家长缓解“教育焦虑”。何琼代表坚守疫情防控第一线，反映和推动解决基层医护人员和社区工作者的实际困难。**有的代表立足本职工作，结合各自熟悉的行业和领域开展调研、提出议案建议。曹仁贤代表聚焦自己所从事的可再生能源发电领域，连续几年研提立法修法建议、参与相关监督和外事工作。袁宏永代表在城市安全方面，推进科技创新和成果运用，还提出相关议案十几项。王越代表发挥所在通信企业的特点，在充分调研基础上提出新基建、大数据、数字乡村等方面的近40件议案和建议。常河代表本职工作是记者站站长，既充分报道安徽发展成就，又在采访中开展调研、联系群众、提出相关建议，你了解到的真实情况可能比领导干部更多、更准。孔令刚代表认真参与市人大相关活动，围绕疫情防控和经济复苏、提升产业链供应链稳定性和竞争力等开展专题调研、提出对策建议。你们都是把执行代表职务同发挥专业优势紧密结合起来，运用各自所学、所长为人民服务。

希望大家积极推动解决群众关心的突出问题，及时把群众所思所想所盼反映给党委和国家机关，努力推动问题的解决。对于一些带有共性、普遍性的问题，通过提出议案和建议，推动从法律政策层面予以解决。这是代表依法履职的一条重要原则，我们不是搞信访的，也不能直接处理具体问题，而是通过查找、发现具有共性、普遍性的突出问题，从健全法律制度、完善政策举措的角度提出意见和建议。一时解决不了的问题，特别重大的可以向党委、政府反映，请他们研究处理，同时还要做好解释说明工作，最大限度调动积极因素、化解消极因素，就是做些疏导工作。我们在黄山开的座谈会上，黟县人大提出了“作退一步想”人民调解六步工作法，成为代表联系群众、做群众工作的好办法。各级党委和国家机关都要支持和保障代表依法履职、联系群众，健全联系代表的工作机制，高质量办理代表议案建议，使充分发挥人大代表作用成为人民当家作主的重要体现。

在安徽省人大常委会机关座谈时的讲话

（2022年4月2日）

栗战书

我们这次到安徽来，主要是围绕贯彻中央人大工作会议精神进行调研，同时就职业教育法修订工作搞一些调研，听取各方面意见和建议。今天，到省人大机关来认认门，和各位同志见个面，感到很亲切、也很高兴。

这次来安徽，3天半的时间，先后到了黄山、宣城、合肥等地，开了3个座谈会：一是与省人大和部分设区的市、县、乡镇负责同志座谈，了解贯彻落实中央人大工作会议精神情况；二是在宣城职业技术学院开了个有师生代表、企业代表、相关部门同志的座谈会，主要是听取对职业教育法修订草案的意见；三是今天上午在合肥与五级人大代表座谈，听取他们履职情况的介绍。在黟县考察了宏村古村落，了解乡村振兴促进法实施情况。在泾县云岭镇瞻仰了新四军革命旧址，接受了党史和革命精神教育，缅怀了老一辈革命家英雄事迹。到了合肥后，参观了安徽创新馆，考察了科大讯飞公司，看了高端装备、新型材料、新能源汽车、人工智能、无人机、生物制造等各式各样的创新成果。一路上，看到了安徽发展取得的喜人成绩，感受到江淮儿女昂扬奋进的精气神。接触到的各级干部和基层群众都干劲很足、精神饱满，虽然面临着疫情的影响，还有各种新的挑战，但大家的信心和斗志没有受到任何挫伤，这是非常好的。

习近平总书记一直牵挂着安徽的发展。我来之前学习了总书记对安徽工作的指示要求，印象很深的有这么几个方面。2014年十二届全国人大二次会议期间，总书记参加安徽代表团审议，提出“三严三实”，要求各级领导干部树立和发扬好的作风，既严以修身、严以用权、严以律己，又谋事要实、创业要实、做人要实。这是在参加安徽代表团审议时首次提出的，2015年党中央就部署开展“三严三实”专题教育，为推进党的作风建设和全面从严治党注入强大动力。2016年4月总书记来皖考察，我作为中办主任陪同考察。当时总书记指出，希望安徽进一步解放思想、真抓实干、开拓创新，在中部崛起中闯出新路、创造美好前景。还讲到了全面深化改革，首先要刀刃向内、敢于自我革命，重点要破字当头、迎难而上，根本要激发动力、让人民群众不断有获得感。2019年世界制造业大会在合肥举行，总书记致贺信。2020年总书记再次到安徽调研，提出了“两个更大”的指示要求，希望安徽在构建以国内大循环为主体、国内国际双循环相互促进的新发展格局中实现更大作为，在加快建设美好安徽上取得新的更大进展。还有，2014 年在参加安徽团审议时，总书记请时任滁州市长张祥安，转达他对小岗村乡亲们的问候，还回忆了 1978 年到滁州调研的往事。2016 年 4 月总书记来皖考察时，专程到了小岗村 18 户农民发起大包干签字的院落，他称赞当年的创举是我国改革开放的一声春雷。当然，总书记关于安徽工作的重要指示批示还有很多，我只是简要回顾一下。总书记这些重要指示要求具有重大指导意义，为安徽发展锚定了坐标、擘画了蓝图，是推动新时代美好安徽跨越式发展的指引和遵循。

这些年来，安徽认真学习贯彻习近平总书记重要讲话和指示精神，特别是栅洁同志、清宪同志到安徽工作后，坚决贯彻党中央、总书记部署要求，统筹推进经济社会发展和疫情防控工作，各方面工作迅速打开新局面，取得了新进展新成效。从 2021 年的发展指标看，实现了“五个突破”，概括起来 1、2、3、4 都有：人均 GDP 首次突破 1 万美元，进出口总额首次突破 1 千亿美元，这是两个“1”；社会消费品零售总额首次突破 2 万亿元，这是一个“2”；居民收入首次突破 3 万元，这是一个“3”；GDP 首次突破 4 万亿元，这是一个“4”。这些成绩来之不易，是深入学习贯彻习近平新时代中国特色社会主义思想的结果，是以习近平同志为核心的党中央坚强领导的结果，是安徽省委、省政府带领全省干部群众团结奋斗的结果。

栅洁同志到安徽工作这半年来，坚持以政治建设为统领，进一步提升干部政治站位，优化政治生态，抓得很有力度、很到位，把全省干部群众的思想和行动进一步统一到了贯彻落实党中央决策部署上来。在以往工作的基础上，统筹谋划和推动三次产业高质量协同发展，加快融入长三角一体化建设，不断优化营商环境，持续改进干部作风。省委、省政府负责同志带头密切联系群众，考察了解民情，还到基层一线接待信访，推动解决了一批群众关切的问题，贯彻体现了以人民为中心的发展思想。总的来说，安徽的各方面工作符合党中央决策部署，符合习近平总书记的新思想新理念新要求。

关于今后的工作，最根本的还是把习近平总书记考察安徽的重要讲话和指示精神贯彻好、落到实处。栅洁同志在今年全国人代会审议时表示，坚决做到总书记有号令、党中央有部署、安徽见行动。这个原则、立场、态度是对的，这就找准了方向、走对了路子。希望你们再接再厉、担当进取，按照习近平总书记的指示要求，坚持改革开放，坚持高质量发展，加强科技创新，推进乡村振兴，弘扬革命精神，汲取奋进力量，在构建新发展格局中实现更大作为，在加快建设美好安徽上取得新的更大进展。

安徽省委高度重视人大工作、加强全面领导，支持人大充分发挥职能作用。省人大及其常委会讲担当、重实干，统筹安排和推进立法、监督、代表等工作，为加快建设现代化美丽安徽作出了应有贡献。**一是**以清单化、闭环式工作机制，确保党中央大政方针、省委工作部署落地见效。围绕贯彻习近平总书记七·一重要讲话、党的十九届六中全会精神、中央人大工作会议精神等，共确定了 50 多项重点任务并抓好落实。**二是** 2021 年立改废法规 28 件、审议 11 件，审查规范性文件 252 件，数量都是近年来最多的。**三是**审议“一府一委两院”报告、开展执法检查和专题询问等 24 项，监督工作聚力增效。**四是**一以贯之尊重、依靠、联系和服务代表，组织人大代表走访调研 10682 次，收集群众意见建议 20670 件，推动解决群众反映的问题 12066 个，支持和保障代表当好党和国家联系群众的桥梁。特别是你们要求各级人大代表每个月通过本级人大至少反映 1 次社情民意、群众诉求，把代表密切联系群众的履职任务量化了，这是个好办法，能及时听到来自人民的声音，党委、政府作决策就有了更加坚实的民意基础，就能把党的主张和人民意志更好地统一起来。

当前和今后的一项重大政治任务，是学习贯彻中央人大工作会议精神，特别是习近平总书记的重要讲话精神。这里，我想从大的方面强调几条原则，希望大家领会深、把握好：

第一，必须坚持党对人大工作的全面领导。做好新时代人大工作必须坚持党的领导、人民当家作主、依法治国有机统一，核心是坚持党的领导，党的全面领导是人大工作的最高政治原则，这一点非常重要，必须旗帜鲜明地坚持好、贯彻好、体现好，绝不能有丝毫含糊和动摇。人民代表大会制度是三者有机统一的根本政治制度安排，根本任务是保证人民当家作主和依法有效治理国家，这其中党的领导是人民当家作主和依法治国的根本保证，人民当家作主是社会主义民主政治的本质和核心，依法治国是党领导人民治理国家的基本方式，三者统一于我国社会主义民主政治伟大实践。人大工作既要讲好法言法语，更要鲜明地讲好党言党语，以实际行动捍卫“两个确立”、践行“两个维护”。人大一切工作都要坚决贯彻党的理论、路线、方针政策和决策部署，重大事项、重要问题及时向同级党委请示报告。地方各级人大及其常委会要按照党中央关于人大工作的要求，围绕地方党委贯彻落实党中央大政方针的部署安排，依法履职尽责，把贯彻落实党中央决策部署作为重大政治任务，积极担当，主动作为，确保党中央决策部署在哪里，人大工作就跟进到哪里，人大职能作用就发挥到哪里。

第二，坚持以习近平新时代中国特色社会主义思想统揽和指导人大工作。特别是总书记关于坚持和完善人民代表大会制度的重要思想，拓展了国家根本政治制度的科学内涵、基本特征、本质要求，提出了做好人大工作的重大原则、思路举措、重点任务，是习近平新时代中国特色社会主义思想的重要组成部分，为加强和改进新时代人大工作提供了科学指引和行动指南。各级人大及其常委会要深入学习、研究、宣传、贯彻，用这一科学理论揭示的共产党执政规律、社会主义建设规律、人类社会发展规律来引领指导人大工作始终沿着正确的政治方向前进，用这一科学理论指明的方向道路和提出的新理念新思想新战略来谋划和推动人大工作，用这一科学理论阐释的基本原理和蕴含的世界观方法论来分析人大工作面临的形势、解决工作中存在的问题，丰富和拓展人大工作的实践特色、时代特色，把人民代表大会制度坚持好、完善好。

第三，坚定不移走党领导人民成功开辟的中国特色社会主义政治发展道路。深入学习领会习近平总书记在中央人大工作会议上的重要讲话，让我们对人民代表大会制度是好制度、是伟大创造、是全新政治制度有了更加深刻的感受和领悟。人民代表大会制度是党领导人民选择的符合国情和实际、更有效率、更具生命力的制度模式。这一制度，有效保证国家沿着社会主义道路前进，有效保证国家治理跳出治乱兴衰的历史周期率，有效保证国家政治生活既充满活力又安定有序；这一制度，实际上体现了和保障着中国特色社会主义政治发展道路，其中，人民民主是社会主义的生命，人民当家作主是社会主义民主政治的本质和核心，发展社会主义民主政治就是要体现人民意志、保障人民权益、激发人民创造活力，用制度体系保证人民当家作主，这同美西方政治制度、政治道路截然不同。未来不管遇到什么风浪和挑战，也不管遭受什么诋毁和污蔑，我们必须始终保持头脑清醒，矢志不渝地沿着这条道路稳步前行，绝不能走西方"宪政"、多党竞选、"三权鼎立"、"两院制"、"司法独立"的路子，坚决反对、抵制和防止西方错误思潮的侵蚀影响。

第四，紧紧围绕党和国家工作大局谋划和推进人大工作。在党和国家事业发展、民主法治建设中，各级人大及其常委会肩负着重要使命和职责，要在大局下发挥好职能作用、展现出担当作为。习近平总书记明确指出，人大要"坚持围绕中心、服务大局、突出重点，聚焦党中央重大决策部署，聚焦人民群众所思所盼所愿，推动解决制约经济社会发展的突出矛盾和问题"。我也曾讲过"紧跟、紧贴、紧扣"，就是"紧跟党中央重大决策部署，紧贴人民群众美好生活需要，紧扣推进国家治理体系和治理能力现代化、全面建设社会主义现代化国家的需求"，这是新时代人大工作高质量发展的一个基本思路。在具体工作中，首先要考虑党中央的重大决策部署是什么，省委贯彻党中央决策部署作了什么安排，人大立法、监督、代表等各项工作都要围绕这个大局、紧扣中心任务来部署和推进。只要做到了这一条，人大工作就能够事半功倍。如果游离于大局之外，可能就会做些无用功，费半天劲也见不到效果。

第五，更好发挥人民代表大会制度作为实现我国全过程人民民主重要制度载体的作用。习近平总书记在中央人大工作会议上对全过程人民民主这一重大理念讲得非常透彻，讲到评价一个政治制度是不是民主的、有效的"八个能否"标准，创造性地提出一个国家民主不民主"四个要看、四个更要看"，系统阐述了我们党坚持和发展人民民主的"五个基本观点"。这些重要论述，清晰地宣示了中国共产党的"民主观"和我国政治制度运行的内在逻辑，是对所谓"西方民主"、"大民主"的回击、扬弃。我们要持续学习领会，加深对这一重大理念的认识和把握。发展全过程人民民主的制度体系和渠道是多样的、有序的，不仅包括人民代表大会制度，还有中国共产党领导的多党合作和政治协商制度、民族区域自治制度、基层群众自治制度，爱国统一战线等，是覆盖民主选举、民主协商、民主决策、民主管理、民主监督各环节、全过程的。我们的全过程人民民主，最本质特征、最大优势是党的领导，是在党的领导下具体实现的、有序发展的。在人大工作中，要贯彻发展全过程人民民主的要求，发挥好人民代表大会制度的重要制度载体作用，坚持以人民为中心的发展思想，保证人民的知情权、参与权、表达权、监督权落实到人大工作各方面各环节全过程，把各方面社情民意统一于最广大人民根本利益之中。

第六,坚持"四个机关"定位和要求,全面加强人大自身建设。在这方面,安徽做了不少工作,成效也很显著。希望你们继续努力,全面加强政治建设、思想建设、组织建设、作风建设、纪律建设和制度建设,把地方各级人大及其常委会真正打造成为自觉坚持中国共产党领导的政治机关、保证人民当家作主的国家权力机关、全面担负宪法法律赋予的各项职责的工作机关、始终同人民群众保持密切联系的代表机关,打造政治坚定、服务人民、尊崇法治、发扬民主、勤勉尽责的人大工作队伍。

年初,中办印发了关于贯彻落实中央人大工作会议重点任务分工方案,列出了 69 项重点任务,明确由地方党委、地方人大常委会党组、地方人大及其常委会负责的有 53 项,有的要求在年内完成。几天前,安徽省委召开人大工作会议,通过了关于贯彻落实中央人大工作会议精神的实施意见,确定了具体任务举措,希望你们逐项落实,确保中央人大工作会议精神在安徽全面贯彻、执行到位。

在第十三届全国人大常委会第三十四次会议列席代表座谈会上的讲话

(2022 年 4 月 18 日)

栗战书

我认真听了大家的发言,讲得都很好。上个月召开十三届全国人大五次会议之后,各级人大代表积极宣讲、带头贯彻大会精神,做了很多扎实有效的工作。刚才各位代表又提出一些意见建议,请办公厅认真梳理汇总,转送有关方面研究处理。

今天座谈会的主题是"围绕深入学习贯彻中央人大工作会议精神和十三届全国人大五次会议精神,发挥代表在全过程人民民主中的作用"。去年党中央首次召开人大工作会议,习近平总书记出席会议并发表重要讲话,党中央还印发《关于新时代坚持和完善人民代表大会制度、加强和改进人大工作的意见》。总书记的重要讲话和党中央的意见是新时代坚持和完善人民代表大会制度、加强和改进人大工作的纲领性文献,也是新时代发展全过程人民民主、推进社会主义政治建设的纲领性文献,我们要在前一阶段学习贯彻的基础上,进一步深学深悟总书记重要讲话、党中央文件精神,提高人大工作、代表工作水平和质量,自觉把习近平总书记的重要讲话精神和党中央决策部署贯彻落实到依法履职的各方面、各环节、全过程。

总书记讲话深刻论述了全过程人民民主这一重大理念,讲到评价一个政治制度是不是民主的、有效的"八个能否"标准,提出一个国家民主不民主"四个要看、四个更要看",系统阐述了我们党坚持和发展人民民主的"五个基本观点"。这些重要论述宣示了中国共产党的"民主观"和我国政治制度运行的内在逻辑。总书记还特别指出:人民代表大会制度是实现我国全过程人民民主的重要制度载体;人大代表是由人民选举产生的,代表人民参加行使国家权力;人大代表密切联系群众、依法履职尽责,是全过程人民民主的重要内容和生动实践;人大代表肩负人民赋予的光荣职责,要忠实代表人民利益和意志,依法参加行使国家权力;充分发挥人大代表作用,做到民有所呼、我有所应。总书记的这些重要思想和论述,非常鲜明地指出了人大代表的本质属性、基本职责、在全过程人民民主中的作用,是新时代人大代表必须遵守和履行的根本要求。大家要从践行初心使命、夯实党执政的根基、坚持和完善人大制度的高度,充分认识发展全过程人民民主的重大意义和人大代表肩负的职责,密切联系人民群众,积极回应社会关切,更好接地气、察民情、聚民智、惠民生,把各方面社情民意统一于最广大人民根本利益之中。

前些天,我到安徽调研,与当地人大代表和人大的同志座谈,今天又听了几位代表的发言,我感到,代表在履职工作特别是全过程人民民主中,有这么几条是大家的共识,也是工作的基本准则:

一是坚持正确政治方向是代表依法履职的前提和根本,必须深刻理解"两个确立"的决定性意义,并转化为做到"两个维护"的思想自觉、政治自觉、行动自觉,始终站稳政治立场,履行政治责任,做政治上的明白人。把坚持党的领导、人民当家作主、依法治国有机统一贯彻到代表履职全过程。

二是充分发挥代表作用是坚持和完善人民代表大会制度的必然要求，是人大工作保持生机和活力的重要基础，必须全面、准确、有效地贯彻体现到人大各项工作中。人大代表不仅在人代会上参加审议和表决，提出议案建议，大量工作还是在闭会期间了解民情、反映民意、汇集民智。特别是要通过调研发现具有共性、普遍性的突出问题，从健全法律制度、完善政策举措的角度提出意见和建议。

三是支持和保障代表依法履职是各国家机关的法定职责，是保证人民当家作主的重要体现，各国家机关要支持和保障代表履职，自觉接受代表和人民监督。各级人大的办事机构和工作机构，要牢固树立为代表服务的意识，加强代表工作能力建设。

四是人大代表肩负着党和人民赋予的光荣使命，肩负着宪法法律赋予的重要职责，要忠实代表人民利益和意志，依法参加行使国家权力。各级人大代表都是代表最广大人民群众的根本利益，而不是任何个人利益，也不是某个团体、利益集团的特殊利益。

五是充分发挥代表来自人民、扎根人民的特点优势，要密切同人民群众的联系，当好党和国家联系人民群众的桥梁和纽带。我国的五级人大代表都是不脱产的，工作和生活在群众中间，这是我们制度的一大优势，同西方议员有着本质区别，要把这一优势发挥好。

六是代表要严格依法履职，加强思想、作风建设，模范遵守宪法法律，在全面依法治国实践中发挥带头作用。人大代表不是政治光环、政治荣誉，而是重要职务，是要讲担当、有作为的，必须在尊崇宪法、遵纪守法上作表率，不能有任何违规违纪违法行为，这是底线要求。十三届全国人大代表产生之初共 2980 名，这 4 年来因违纪违法被罢免、责令辞职的有 50 多人。这对代表们是警示教育。

以上讲的 6 条，既是我们做好代表工作的经验体会，也是原则要求。大家要正确认识代表的角色定位、职责使命和行权方式，做到对代表身份的认识不能走偏、对肩负职责的定位不能走偏、对履职行权的范围不能走偏。人大代表身份特殊，一言一行，一举一动，人民群众的期望高，社会关注度也高，更要以高标准要求自己，自觉树立人大代表良好形象，无愧于人大代表这个光荣称号。

今年是本届人大履职的最后一年，全国人大代表也将逐步开始换届选举。就像我在五次大会上所讲的那样，希望代表们一如既往、善始善终，保持永不放松、永不懈怠的精神状态，认真履行代表职责，在各自岗位上做出新的更大成绩，以实际行动迎接党的二十大胜利召开。

在青藏高原生态保护法立法座谈会上的讲话

（2022 年 4 月 22 日）

栗战书

同志们：

1 月 14 日，我们召开青藏高原生态保护立法工作专班第一次会议。3 个多月来，有关工作有序推进，取得积极进展。今天召开立法座谈会，就是要进一步深入学习贯彻习近平生态文明思想和习近平总书记关于青藏高原生态保护的重要指示精神，按照党中央决策部署，更好凝聚共识，高质量做好立法工作。刚才高虎城同志介绍了有关工作情况，9 位与会同志结合部门职责和工作实际作了发言，讲得都很好，提出了不少好的、有针对性的意见和建议，请工作专班和起草组认真整理，研究吸收到法律草案中去。青藏高原生态保护涉及的问题非常多、情况非常复杂，工作专班和起草组要对所涉及的问题拉单列条，逐条研究是否需要在法律中规定、写在哪一章哪一节、具体如何规范。不要受章节繁简、条款多少的限制，而是要把涉及的所有问题尽可能考虑全面，确保这部法律成为全面保护、协同保护、系统保护的典范。下面，谈几点意见，与大家交流。

一、深入学习领会习近平总书记关于青藏高原生态保护的重要指示精神，立足全局、着眼长远，充分认识青藏高原生态保护立法的重大意义、特点要求

刚才大家都讲到了青藏高原的唯一性和特殊

性。青藏高原，被誉为中国的“万山之祖，江河之母”，也是中华文明的发祥地之一。习近平总书记高度重视青藏高原生态保护工作。2011 年 7 月 19 日，他出席西藏和平解放 60 周年庆祝活动时，提出西藏生态保护是重要课题，要很好地保护西藏的碧水蓝天。党的十八大以来，总书记先后多次到西藏、青海考察，在研究祁连山生态修复，参加全国人民代表大会西藏和青海代表团审议等多个重要场合作出重要指示，亲自谋划和部署青藏高原生态保护重大决策，为青藏高原生态保护工作提供了根本遵循和行动指南。

习近平总书记关于青藏高原生态保护的指示要求系统全面，我初步梳理了一下，主要有五个方面：**一是**强调青藏高原生态保护的重要性。青藏高原是世界屋脊、亚洲水塔，是地球第三极，是我国重要生态安全屏障、战略资源储备基地，是中华民族特色文化的重要保护地。保护好青藏高原生态就是对中华民族生存和发展的最大贡献。**二是**强调打造生态文明高地。要坚持对历史负责、对人民负责、对世界负责的态度，守护好高原的生灵草木、万水千山，把青藏高原打造成全国乃至国际生态文明高地。**三是**强调努力构建国家生态安全屏障。青藏高原在我国乃至世界生态安全中具有独特而不可替代的作用。要聚焦水、生态、人类活动，着力解决青藏高原资源环境承载力、灾害风险、绿色发展途径等方面的问题，守护好世界上最后一方净土。**四是**强调坚持生态保护第一。这是总书记反复提的一条要求，在中央第七次西藏工作座谈会讲到新时代党的治藏方略的“十个必须”，第九个就是“必须坚持生态保护第一”。总书记指出，要牢固树立绿水青山就是金山银山、冰天雪地也是金山银山的理念，坚持山水林田湖草沙冰系统治理，严守生态安全红线。**五是**强调加强科学保护。要准确把握全球气候变化和人类活动对青藏高原的影响，科学认识生态隐患和灾害风险，研究提出保护、修复、治理的系统方案和工程举措。

深入学习领会习近平总书记的重要指示要求，深刻领悟其中的丰富内涵和战略意蕴，结合青藏高原生态现状进行思考，我们就能认识到，这部法律：**应是一部关乎国家长远、涉及子孙后代的重要法律**，要从中华民族生存和发展的战略高度认识青藏高原生态保护立法的特殊性、重要性和紧迫性，依法推动青藏高原生态保护和可持续发展，切实保护中华民族永续发展的生态根基；**应是一部对历史、人民和世界负责的重要法律**，要坚持生态保护第一，积极推进青藏高原系统保护和生态安全风险防范，筑牢国家生态安全屏障，打造全国乃至国际生态文明高地；**应是我国第一部专门规范特定区域生态保护的创新性法律**，要加强顶层设计，针对青藏高原这一特殊地理地域，既找准青藏高原生态保护特殊要求，又统筹考虑长江、黄河、青藏高原生态保护，系统构建生态环保法律制度体系，推进生态环保领域立法的持续创新。总之，青藏高原生态保护法事关全局、意义重大，标准要求极高，立法难度较大，我们要切实增强使命感责任感，精心做好调研、论证、起草、审议各项工作，把党中央、总书记交给的重大立法任务完成好。

二、贯彻落实“坚持生态保护第一”的要求，全面系统做好制度设计，增强青藏高原生态保护立法的针对性、适用性、可操作性

推进青藏高原生态保护立法，要贯彻落实习近平总书记重要指示精神和党中央决策部署，把党中央关于青藏高原生态环境保护和可持续发展的有关政策措施，有效转化为法律制度和规定。要贯彻总体国家安全观，坚持问题导向，聚焦青藏高原生态保护面临的主要问题，强化青藏高原系统保护、协同保护、专门保护、科学保护，切实用最严格的制度、最严密的法治保护青藏高原生态环境。立法中，要把握好这几个重要方面。

一是“坚持生态保护第一”。青藏高原是我国生态脆弱区分布面积大、类型多、脆弱性表现明显的区域之一。“坚持生态保护第一”是总书记在青藏高原生态保护中反复强调的一条。保护是第一位的，是基本前提和刚性约束。坚持生态保护第一，并不是不要发展。总书记说过，开发和保护、建设和吃饭的问题始终存在，在这个问题上一定要算大账、算长远账。要坚持在高水平保护中促进高质量发展，在推动高质量发展中实现高水平保护。青藏高原生态保护立法，大量的内容都应该是生态保护修复，无论是制度设计，还是具体条文规定都应该体现这一原则，一切都要服从服务于生态保护，推动实现人与自然和谐共生。

二是注重维护大生态平衡。在立法过程中，要以“大生态”的视角，处理好两个方面的关系。**一个是**人、畜、水草的关系。随着生态保护力度加大，青藏高原野生动物种群恢复很快，对草和水生态平衡

带来压力。同时,青藏高原畜牧超载的现象仍然突出,要继续在控制畜牧数量的前提下对传统游牧方式加以科学引导,强化天然草地生态系统保育和水资源保护,实现生态关系再平衡。**另一个是**生态、生产、生活的关系。青藏高原先后实施过生态移民、生态补偿工程,这些都涉及生态、生产、生活的问题。要统筹兼顾,设置科学合理的单位面积载畜量,引导生态产业科学发展,形成有利于生态良性发展的生产生活方式,实现生态、生产、生活协调平衡。

三是着力构建生态安全格局。要在法律中明确国家构建青藏高原生态安全屏障。青藏高原涉及6省(区),面积很大。这么大范围,区域差异很大,不同地区在水源涵养、土壤保持、防风固沙、碳固定、生物多样性保护等方面发挥的作用差异也很大。对核心区、关键区和其他区域的保护要求和力度是不一样的,需要区别对待。要在法律中建立分区分类用途管制和生态环境分区管控制度,促进重点生态功能区生态系统质量与稳定性提升。青藏高原生态保护红线范围内的区域为125.1万平方公里,占总面积近一半,必须以最严格的监管制度,确保“功能不降低、面积不减少、性质不改变”。三江源是我国水资源战略要地,输送长江总水量的25%、黄河总水量的49%、澜沧江总水量的15%。总书记多次就三江源生态保护和建设作出重要指示,我们要特别注意保护好三江源这个核心区域,重点管住、更加严格,原生态地方不能动。

四是突出生态保护和修复。这些年来,我们全面开展西藏生态安全屏障、三江源、祁连山等重点区域生态保护修复,有效遏制了青藏高原生态恶化趋势。但青藏高原极具特殊性,它是我国最大的生态脆弱区,自我维持和恢复能力差,受气候变化和人为活动影响,面临的问题和挑战依旧非常突出。有资料说,青藏高原超过70%的草地面临不同程度退化威胁,冰川消融减退趋势明显增加,冻土层解冻加速,全部动植物中受胁物种和灭绝物种的比例也比较高。这就要求我们坚持保护优先、预防先行、自然恢复为主,坚持山水林田湖草沙冰系统治理,加强对青藏高原水源涵养区的雪山冰川、河流湖泊、高寒草甸、湿地荒漠等重要生态系统的保护修复。还要推进青藏高原以国家公园为主体的自然保护地体系建设,加强对青藏高原珍稀濒危和区域特有野生动植物物种的保护,以增强青藏高原的生物多样性及生态系统的原真性和完整性。

五是强化生态风险防控。近50年来,青藏高原是受全球气候变暖影响最大的地区,其变暖幅度是全球同期水平的两倍。未来也仍将保持着增暖趋势,气候与生态环境灾害复合风险加大。对此,一方面是加强保护和修复,另一方面就是要强化风险防控。现在草案单列了一章“生态风险防控”,明确了建立健全气候变化监测评估制度,并有针对性地对自然灾害、冰川冻土消融、外来物种入侵等风险规定了一些监测防控措施。我理解,这是最基本的几个方面。还有没有别的内容需要充实进来?比如,“两会”期间就有代表、政协委员提出,加强对青藏高原重大工程建设对生态地质环境影响的监测和评估。具体还有什么,大家可以再研究。

六是科学促进生态产业发展。青藏高原最大的价值在生态、最大的潜力也在生态。立法要立足特有资源禀赋,明确构建与资源环境承载力相适应的产业布局,严格产业准入要求,严禁高污染、高耗能、高耗水项目,支持和推动生态旅游、文化旅游、特色农牧业、绿色能源等青藏高原特色生态产业发展,打通“冰天雪地”向“金山银山”的转化通道。青藏高原是我国最重要的矿产资源战略储备和开发基地之一,对矿山开发准入及绿色发展要有严格明确的规定,以立法推进绿色矿山建设。必须明确,所谓生态产业、生态经济,是可以保护和促进生态发展的产业、经济,一切损害生态环境的产业、经济都不能去搞,一切产业、经济都必须有利于保护和促进生态良性发展。

以上是这部法律的几个大的方面,还有一些具体问题这里也一并说一说。

关于法律名称。“青藏高原生态保护法”比较合适,各方面对此认识也是比较一致的。这个名称,能够充分体现总书记重要指示精神,能够突出青藏高原生态保护的重要性,能够反映立法要着重解决青藏高原生态保护面临的主要问题。

关于法律的适用范围。综合考虑各方面意见以及青藏高原生态系统完整性、法律可操作性等因素,法律适用范围可以不作自然地理具体范围的确定,直接采用涉及行政区域的表述,将西藏自治区、青海省全域,以及青藏高原区域涉及的新疆维吾尔自治区、四川省、甘肃省、云南省的相关县级行政区域都纳入进来。

关于建立工作协调机制。青藏高原生态保护涉及跨地区跨部门重大事项,建立生态保护工作协调机制有利于落实“中央统筹、省级负责、市县抓落实”的要求,从中央层面加强青藏高原生态保护工作的统筹协调,依法破解区域生态保护和区域经济社会发展中的共性难题。可以参照长江、黄河保护立法，在法律中明确规定，由国务院建立青藏高原生态保护工作协调机制，具体哪个部门牵头，哪些部门参加，要考虑全面。

关于建立青藏高原生态保护补偿机制。建立健全生态保护补偿机制是立法调研中各地呼声较大、反映较为集中和迫切的问题。要专门针对青藏高原生态保护进行细化研究，抓住怎么补、以什么依据补这一核心问题，总结成功做法，探索有效途径。设立生态保护基金要慎重，基金是市场化的，是要有回报的。或者可以考虑搞专项资金，这样更有利于把握住重点，有利于中央和各地方持续加大财政投入。

总之，这部法律重在法律制度的设定，至少以下几个方面的制度机制要在法律文本中体现出来，在实际工作中建立起来：一是区域生态一体化统筹保护机制；二是规划和保护分期实施机制；三是生态全要素修复机制；四是污染综合治理机制；五是应对气候变化机制；六是高原绿色生产生活机制；七是生态调查评估监测机制；八是生态文明高地建设机制；九是法律责任追究机制，等等。希望大家集思广益，深入研究，在法律草案中把这些制度机制设置好，切实形成一个青藏高原生态综合保护的制度体系。

三、加强组织协调，扎实推进各项工作，确保高质量完成立法任务

前期工作抓得比较紧，青藏高原生态保护法草案已经有个初稿了，底子不错。要按照常委会立法工作计划的要求，结合各自职责分工，抓紧推进起草工作，深入调查研究，广泛听取意见，争取早日拿出高质量的法律草案。

一要进一步充分体现党中央关于青藏高原生态保护的决策部署。围绕加强青藏高原生态保护和可持续发展，党中央出台了一系列文件。要吃透党中央精神，把党言党语更好地转化为法言法语，特别是要就贯彻落实提出一些明确具体、实在管用的制度措施。

二要继续做好调研论证和听取意见工作。青藏高原生态保护立法，尤其要讲科学，广泛听取各方面意见。本届以来，共有关于制定高原地区绿色发展促进法的议案 2 件、代表建议 90 件，涉及三江源保护、荒漠化土地治理、绿色低碳等方方面面，有许多很好的意见建议，要认真研究吸纳，也可以邀请这些代表参加立法座谈、调研等活动。这次工作专班专门请了中科院青藏高原所参加，请中科院生态环境研究中心起草了一份专家建议稿，就是要确保立法的科学性专业性，下一步还可请工程院的一些专家参与。前期立法论证、调研座谈做得比较扎实，这方面工作还要继续加强。就一些重大问题，要多听听涉青藏高原 6 省（区）的意见，多听听中央相关部门的意见，多听听专家学者的意见，确保草案符合客观实际、体现科学规律。

三要做好与其他法律的衔接。环境保护法、森林法、水法等在法律制度设计上主要是针对全国普遍性问题，对青藏高原也是适用的。青藏高原生态保护法，既要与这些法律制度相衔接相一致，又要针对特定的、突出的问题制定有针对性的措施。三江源是长江、黄河的源头，青藏高原生态保护法有许多内容与长江保护法、黄河保护法密切相关，要充分借鉴立法经验，在具体制度上衔接配套、共同发力。

在湿地保护法实施座谈会上的讲话

（2022 年 5 月 11 日）

栗战书

在湿地保护法即将实施之际召开这次会议，目的是深入学习贯彻习近平生态文明思想和总书记关于湿地保护的重要指示批示精神，把这部法律宣传好、贯彻好、实施好。刚才，9 位与会同志作了发言，大家紧扣湿地保护法的贯彻实施和宣传普及，结合各自工作职责谈了意见建议，讲得都很好。

湿地是重要生态系统，发挥着涵养水源、调节气候、改善环境、维护生物多样性等生态功能，与人类生存发展息息相关，被喻为“地球之肾”。党的十八大以来，以习近平同志为核心的党中央高度重视湿地保护和修复工作，把湿地保护作为生态文明建设的重要内容，作出一系列强化保护修复、加强制

度建设的决策部署。习近平总书记在多个重要会议、重要场合、考察视察中就湿地保护发表重要讲话、作出重要指示。2013 年 12 月，总书记在中央城镇化工作会议上指出，稻田、麦浪、青纱帐、湿地都可以成为城市风景。2014 年 3 月，总书记在中央财经领导小组第五次会议上强调，湖泊湿地是“地球之肾”，我国湖泊湿地大量减少，再不“补肾”，我们还能撑多少年呢？要采取硬措施，制止继续围垦占用湖泊湿地的行为，对有条件恢复的湖泊湿地要退耕还湖还湿。2015 年 8 月，总书记在中央第六次西藏工作座谈会上强调，要坚持生态保护第一，采取综合举措，加大对青藏高原空气污染源、土地荒漠化的控制和治理，加大草地、湿地、天然林保护力度。2016 年 3 月，总书记参加十二届全国人大四次会议黑龙江代表团审议，在听到扎龙、三江、珍宝岛等湿地成为旅游热点时强调，一定要保护好湿地。11 月，总书记在主持召开中央全面深化改革领导小组第二十九次会议时强调，建立湿地保护修复制度，加强海岸线保护与利用，事关国家生态安全。要实行湿地面积总量管理，严格湿地用途监管，推进退化湿地修复，增强湿地生态功能，维护湿地生物多样性。2017 年 4 月，总书记在考察广西北海金湾红树林湿地和南宁那考河湿地公园时强调，要做好珍稀植物的研究和保护，把海洋生物多样性湿地生态区域建设好，一定要尊重科学、落实责任，把红树林保护好。2018 年 4 月，总书记在深入推动长江经济带发展座谈会上强调，抓湿地等重大生态修复工程时有没有先从生态系统整体性特别是从江湖关系的角度出发，从源头上查找原因，系统设计方案后再实施治理措施。2019 年 1 月，总书记在京津冀考察时指出，白洋淀的污染十分严重，肾功能都要衰竭了，一直在透析。2020 年 3 月，总书记在考察杭州西溪国家湿地公园时强调，要坚定不移把保护摆在第一位，尽最大努力保持湿地生态和水环境。8 月，总书记在考察安徽肥东县十八联圩生态湿地时强调，要坚持湿地蓄洪区的定位和规划，尽快恢复生态湿地蓄洪区的行蓄洪功能和生态保护功能。2021 年 3 月，总书记在主持召开中央财经委员会第九次会议时强调，要提升生态碳汇能力，强化国土空间规划和用途管控，有效发挥森林、草原、湿地、海洋、土壤、冻土的固碳作用，提升生态系统碳汇增量。10 月，总书记在黄河入海口考察时强调，不能让湿地受到污染，也不能打猎、设网捕鸟。总书记的这些重要讲话、重要论述，是习近平生态文明思想的重要组成部分，是理论上的发展创新，是思想上的科学指导，是工作上的具体要求。

十三届全国人大常委会坚决贯彻落实习近平总书记重要指示批示精神和党中央决策部署，将湿地保护法列入常委会立法规划，由全国人大环资委牵头组织起草。这项工作抓得很紧，在各方面有力支持配合下，常委会一年时间里连续进行 3 次审议，于去年 12 月审议通过湿地保护法，将于今年 6 月 1 日正式实施。应该说，这部法律的制定是高效率的，各方面都反映法律是高质量的。我们要推动各方面和全社会认真学习宣传这部法律，充分认识制定和实施湿地保护法的重要意义：这是贯彻习近平生态文明思想的重要立法成果。湿地保护法贯彻落实习近平生态文明思想，把习近平总书记重要指示批示精神和党中央决策部署充分体现到制度设计、措施规定上，把党的主张通过法定程序转化为国家意志，把科学保护湿地的理念原则和有益做法经验上升为法律制度。这是推进新时代湿地保护高质量发展的重要法治保障。针对过去存在的湿地保护“无法可依”、“管不了”、“管不好”的问题，法律确立了“保护优先、严格管理、系统治理、科学修复、合理利用”的基本原则，建立了覆盖全面、体系协调、功能完备的湿地保护法律制度，引领我国湿地保护工作全面进入法治化轨道。这是健全完善我国生态文明制度体系的重要举措。湿地与森林、海洋并列为全球三大生态系统。我国在森林、海洋方面已经出台了专门法律。湿地保护法的出台，填补了我国生态系统立法空白，丰富完善了我国生态文明制度体系。这是我国引领全球生态治理、彰显大国责任担当的重要法治实践。今年是我国加入《湿地公约》30 周年，将在武汉举办第十四届湿地公约缔约方大会。湿地保护法在这个时间节点施行，对于我国全面履行《湿地公约》，彰显大国担当，具有重要标志意义。

湿地保护法是我国首部专门保护湿地的法律，共 7 章 65 条，立足湿地生态系统的整体性保护修复，确立了湿地保护管理顶层设计的“四梁八柱”。要完整、准确、全面贯彻落实法律规定，用法治方式为湿地保护修复工作“保驾护航”，推动湿地保护高质量发展。

第一，严格落实湿地分级管理及名录制度，依法压实各级政府及有关部门保护湿地的主体责任。法律将湿地分为重要湿地和一般湿地，重要湿地依法划入生态红线，明确了各类湿地名录及范围的发布主体。名录是湿地保护修复工作和法律贯彻实施的基本依据。国务院有关部门和各地方都要依法做好湿地名录认定工作，规范名录发布程序和内容，合理划定纳入生态保护红线的湿地范围，加快构建全国统一的湿地分级保护体系。同时，对划入生态红线的重要湿地，要依法加大保护力度。法律规定了湿地资源调查评价制度，目前第三次全国国土调查主要数据已经公布，全国林草湿调查监测工作正在展开，要抓紧推进相关工作，及时公布调查监测数据，为各地区各部门制定规划名录、开展保护工作提供基础支撑。

第二，完善落实有关保护和利用的制度，推动实现生态效益、社会效益、经济效益相统一。法律第三章对“湿地保护和利用”作出了专门规定。这一章的 14 个条文，主要是讲如何保护。当然，强调保护不是说不能利用，而是利用必须符合湿地保护要求，是在保护前提下的科学合理利用。在法律实施过程中，要始终坚持生态优先、绿色发展，因地制宜、科学合理开发利用湿地，坚决纠正过去追求高强度物质输出、以土地开垦为主的利用方式，实现湿地保护与合理利用的“双赢”，实现人与自然的和谐共生。我们这方面已经有了许多好的做法和实践，比如珠三角的基塘、三江平原的“苇—稻—蟹—鱼”等生态产业，还有一些地方搞生态旅游、生态农业、生态教育，实现了生态、经济、民生三本账的平衡。习近平总书记在杭州考察西溪湿地时讲过“四个不能”：“发展旅游不能牺牲生态环境，不能搞过度商业化开发，不能搞一些影响生态环境的建筑，更不能搞私人会所，让公园成为人民群众共享的绿色空间”，这些要求把保护和利用的关系形象具体地说明白了。“十四五”规划纲要提出了“湿地保护率要提高到 55%”的硬指标，要通过贯彻实施湿地保护法，推动如期实现这一目标。

第三，认真抓好湿地修复制度的落实，确保湿地修复更加科学有效。湿地保护法明确了自然恢复为主、自然恢复与人工修复相结合的湿地修复原则，就是强调自然恢复，减少人工修复，即使必须采取人工修复的，也一定要讲科学。去年，我们在陕西汉中执法检查时，参观了一段汉江边上的湿地公园，基本上保持了湿地原貌，人工痕迹很少，老百姓都很喜欢这样的环境。但也要看到，有的地方把湿地修复搞成旅游工程建设，表面上是湿地修复，实际上是破坏湿地与加剧湿地退化。有的说是退耕还湿，实际上是占用耕地建设人工湿地，搞人工景点。在审议时，好几位委员都反映过这类问题。在法律实施中，对此要高度警惕。湿地修复一定要经过科学论证，重要湿地要依法编制湿地修复方案，严格按照经批准的方案进行修复，并依法公开修复情况。

第四，搞好法律配套衔接，织密扎牢湿地保护的“制度网”。湿地保护法是湿地保护领域的基础性、统领性法律，其条款设置和制度设计侧重于对重要湿地的保护修复。实施好这部法律，需要相关配套法规、制度机制予以支撑，把法律规定落细落实。比如，湿地总量管控目标、湿地保护规划、监测评估、信息发布和共享等，都要求国务院及有关部门加快制定完善相关法规和标准。同时，法律赋予省（区、市）和设区的市、自治州根据本地实际，制定湿地保护具体办法的权力，给地方立法预留了空间。目前，全国有 28 个省（区、市）出台了湿地保护的地方性法规、规章，要与湿地保护法对标对表，及时开展制定修订工作，按照小切口、精细化的原则，对省级重要湿地、一般湿地制定符合实际的保护措施。

第五，全面落实政府法定职责，形成一体推进、合力保护湿地的工作格局。湿地保护是系统工程、复杂工程、长期工程，涉及多个部门、各个层级，必须各部门齐心协力，才能确保法律落地见效。湿地保护法明确了湿地保护的管理体制，国家林草主管部门负责湿地资源的监督管理，负责湿地保护规划和相关国家标准拟定、湿地开发利用的监督管理、湿地生态保护修复工作，自然资源、水利、住建、生态环境、农业农村等其他有关部门按职责分工负责承担湿地保护、修复、管理有关工作。刚才各部门的同志都谈了认识理解和工作打算。各级政府及有关部门要严格对照法律规定，认真梳理各自的法定职责，涉及哪几条哪几款，都要理清楚、搞明白，一项一项扎实推进。

第六，全面加强执法司法力度，切实增强法律的刚性和权威。湿地保护法对执法主体、监管措施及行政相对人的配合义务等作出明确规定，将湿地保护纳入地方人民政府综合绩效评价内容。法律责任一章 12 个条文，涵盖了监管部门及工作人员未依法履职的法律责任，违法占用重要湿地、违法开垦填埋自然湿地、破坏红树林、违法开采泥炭、未编制修复方案或未按方案修复等多种违法行为的法律责任，规定得十分全面严格具体。其中对破坏湿地行为的处罚标准，考量了湿地资源价值和生态价值，规定得更加严厉。各级执法司法机关要综合采取检查、审计、约谈、行政处罚、公益诉讼、民事赔偿、刑事处罚等多种方式，切实加大执法司法工作力度，让严格的法律责任落到实处。

第七，认真做好法律宣传解读工作，凝聚全社会珍爱湿地、保护湿地的共识。湿地保护法专业性比较强，各级政府和司法机关要开展法律培训，确保执法司法人员对新的法律制度和规定把握准确、执行到位。要组织有关部门、人大代表、专家学者、环保工作者围绕法律重要制度、重点内容开展解读阐释，作有针对性地宣讲。要把湿地保护日、湿地保护宣传周、爱鸟周等载体利用好，开展形式多样的宣传教育活动，多用通俗易懂的语言、生动具体的事例，增强有关部门和全社会依法保护湿地的意识和责任。承办《湿地公约》第十四届缔约方大会也是对外宣介中国法治经验的重要契机，要提前谋划、周密安排，讲好湿地保护的中国故事。

在噪声污染防治法实施座谈会上的讲话

（2022 年 5 月 26 日）

栗战书

本届以来，一些重要领域制定或修改的法律在实施之前，常委会都召开一个法律实施座谈会。今天，我们召开噪声污染防治法实施座谈会，推动这部法律的宣传普及和贯彻实施。刚才，9 位同志结合工作谈了很好的意见，我都赞同。大家谈的认识，提出的意见建议对于实施好这部法律都有重要的意义，会后要共同推动落实到工作中去。

加强和改进法律实施工作，是全面推进依法治国的关键环节。对此，习近平总书记多次作出重要指示、提出明确要求：**一是**强调要全面实施宪法，切实维护宪法尊严和权威。全面贯彻实施宪法，是建设社会主义法治国家的首要任务和基础性工作。维护宪法权威，就是维护党和人民共同意志的权威。捍卫宪法尊严，就是捍卫党和人民共同意志的尊严。保证宪法实施，就是保证人民根本利益的实现。只要我们切实尊重和有效实施宪法，人民当家作主就有保证，党和国家事业就能顺利发展。**二是**要高度重视法律实施工作，指出法律的生命力在于实施，法律的权威也在于实施。强调有了法律不能有效实施，那再多法律也是一纸空文，依法治国就会成为一句空话。总书记还说，我国改革发展稳定形势总体是好的，但发展中不平衡、不协调、不可持续问题依然突出，人民内部矛盾和其他社会矛盾凸显，党风政风也存在一些不容忽视的问题，其中大量的矛盾和问题与有法不依、执法不严、违法不究相关。这也说的是法律的实施问题。**三是**关于人大及其常委会的职责，明确要求全国人大及其常委会要担负起宪法和法律监督职责，加强对宪法和法律实施情况的监督检查；地方各级人大及其常委会要依法行使职权，保证宪法和法律在本行政区域内得到遵守和执行。从 2015 年中央政治局常委会会议每年听取全国人大常委会党组汇报年度工作以来，总书记都专门要求人大要通过发挥职能作用，确保法律法规的有效实施。去年 10 月召开的中央人大工作会议上，总书记再次强调，“各级人大及其常委会要把宪法法律赋予的监督权用起来，实行正确监督、有效监督、依法监督，维护国家法治统一、尊严、权威，确保法律法规得到有效实施，确保行政权、监察权、审判权、检察权依法正确行使”；“人大要统筹运用法定监督方式，加强对法律法规实施情况的监督，确保各国家机关都在宪法法律范围内履行职责、开展工作”。**四是**法律实施的主体要切实担负起法定职责，各级国家行政机关、监察机关、审判机关、检察机关是法律实施的重要主体，必须担负法律实施的法定职责。各级“一府一委两院”要严格执行人大及其常委会制定的法律法规和作出的决议决定，依法报告工作，自觉接受人大监督。要坚持依法行政、公正司法，加快推进法治政府建设，不断提高司法公信力。**五是**要提高各级领导机关和领导干部运用法治思维和法治方式的能力，指出如果执法的人自己不守法，那法律再好也没用！各级国家工作人员特别是领导干部要依照宪法法律行使职权、履行职责、开展工作，做制度执行的表率。各级领导干部要带头尊崇法治、敬畏法律，了解法律、掌握法律，不断提高运用法治思维和法治方式深化改革、推动发展、化解矛盾、维护稳定、应对风险的能力，做尊法学法守法用法的模范。**六是**强调全面依法治国需要全社会共同参与，需要全社会法治观念增强，必须在全社会弘扬社会主义法治精神，建设社会主义法治文化。要在全社会树立法律权威，使人民认识到法律既是保障自身权利的有力武器，也是必须遵守的行为规范，培育社会成员办事依法、遇事找法、解决问题靠法的良好环境，自觉抵制违法行为，自觉维护法治权威。这些指示要求非常明确，是新时代加强和改进法律实施工作的根本遵循、基本原则，必须牢牢把握、始终坚持。

本届以来，根据习近平总书记的指示要求和党中央的决策部署，全国人大常委会认真贯彻落实宪法、监督法以及其他有关法律规定，在推动宪法法律实施方面重点推进了以下工作：**一是**切实承担起监督实施宪法的职责。“监督宪法的实施”，这是宪法赋予全国人大及其常委会的权力。十三届全国人大一次会议闭会时，我就重点讲了宪法实施的“四个必须”，就是必须坚持宪法确立的国家指导思想不动摇，必须坚持宪法确认的中国共产党领导地位不动摇，必须坚持宪法确立的国家根本任务、发展道路、奋斗目标不动摇，必须坚持宪法确立的人民民主专政的国体和人民代表大会制度的政体不动摇。强调全国人大及其常委会要忠于宪法、遵守宪法、维护宪法，履行宪法使命，保证宪法实施，为新时代党和国家事业发展提供坚强的宪法保障。几年来，围绕宪法和相关法律赋予人大的职责，一方面，完善宪法相关法；另一方面，通过合宪性审查、备案审查等工作，把宪法实施这项工作抓细抓实。**二是**围绕中心、服务大局、突出重点，深入细致地做好执法检查工作。本届常委会在过去 4 年已检查了 24 部法律和 1 个决定的实施情况。根据党中央的重大决策部署，聚焦蓝天、碧水、净土保卫战，包括今年的环境保护法，常委会已经先后对大气污染防治法、水污染防治法、土壤污染防治法、固体废物污染环境防治法的实施情况进行了检查。在具体工作中，坚持依照法定职责、限于法定范围、遵守法定程序，逐条对照法律条文开展执法检查，还引进了第三方机制，采取明察暗访、点名曝光等方式，督促有关方面履行法定职责、落实法律责任。**三是**做好备案审查和法规清理工作，解决法律法规之间不一致、不协调甚至相互“打架”的问题，维护国家法治统一。本届以来，常委会还开展了生态环保领域地方性法规的集中清理，以及涉民法典、野生动物保护领域、长江流域保护等法规、规章、规范性文件的专项清理，推动和指导地方对涉民族地方性法规、自治条例、单行条例进行了全面清理和必要的修改修订。**四是**听取审议专项报告，也是督促相关领域相应法律的实施。截至 4 月 20 日十三届全国人大常委会第三十四次会议闭幕，本届以来代表大会和常委会会议共开展了 816 项议题，这其中，听取审议报告 179 件次，涉及“一府一委两院”依法行政和民族事务、监察司法、财政经济、教育科学文化卫生、对外事务、华侨权益、环境与资源保护、农业与农村、社会民生，以及预算和国有资产管理等相关领域。听取审议报告属于工作监督，但实质上也包含了推动相应领域法律的实施。**五是**推进法治宣传工作，通过作出普法决议，加强立法、监督工作宣介阐释，召开法律实施座谈会、新闻发布会等，弘扬法治精神，普及法律知识，增强全社会厉行法治的积极性和主动性。还有就是发挥人大代表作用，广泛宣传和带头贯彻法律法规，深入了解法律实施情况，反映人民群众在法治领域的愿望呼声和意见建议。

对于法律实施的法定职责，宪法和法律都有明确规定，总的来说就是：全国人大及其常委会是立法机关，要发挥在立法工作中的主导作用，同时按照宪法法律规定，也对监督保障法律实施负有重要职责；“一府一委两院”是法律实施的重要主体，法律实施得好不好，关键是主体责任落实得怎么样，人大及其常委会监督法律实施，也就是确保行政机关、监察机关、审判机关、检察机关依法开展工作；法律实施主体是从自身职能定位出发承担某一领域或者法律某一部分实施的具体职责，而人大则是从整体上推动法律制度的贯彻落实，维护我国整个法律体系的完整、统一、协调、顺畅。贯彻实施宪法法律，人大和“一府一委两院”要协同配合、共同努力，才能实现法出必行、行之有果。

以上是我对本届以来常委会推动法律实施的一些回顾总结。下面，我再就噪声污染防治法的实施简要强调几点。

噪声污染防治法是去年 12 月常委会第 32 次会议审议通过的，将于今年 6 月 5 日起实施。法律贯彻习近平总书记“还自然以宁静、和谐、美丽”重要指示精神和党中央决策部署，回应社会对热点问题的关切，健全完善噪声污染防治法律制度体系，以法治力量守护和谐安宁生活环境。社会各方面对这部法律的反响很好，认为这是真正解决噪声扰民、噪声污染问题的好法律，对实施效果有很高期待。我们要提高政治站位，认真抓好法律宣传普及、推动法律正确实施。

第一，重点抓好法律中新制度新规定新要求的贯彻实施。噪声污染防治法，不只是在法律名称上“新”了，更重要的是针对近年来群众反映集中的广场舞喧嚣、机动车“炸街”、酒吧扰民等突出问题，拿出了许多“新招实招硬招”。法律重新界定了噪声污染内涵，在坚持“超标并扰民”的判断标准基础上，将未依法采取防控措施产生噪声干扰他人正常生活、工作和学习的，纳入噪声污染范畴，同时将防治范围由城市扩展到农村地区。进一步健全了有关保障机制，新增目标考核制度和违法举报制度，强化政府责任制度、公众参与制度和能力建设制度。完善了源头预防的有关规定，强化产品噪声限值制度和工业、交通运输等噪声规划防控制度，更新“三同时”制度、建设项目环评制度和落后设备工艺淘汰制度。加大了噪声传输管控力度，新增工业噪声排污许可制度，完善排放标准管理制度、夜间施工许可制度和监测制度。法律还从受体保护入手强化管控，完善声环境功能区管理制度，新增噪声敏感建筑物集中区域保护、宁静区域创建、绿色护考和噪声污染治理方案制度。这些新增的法律制度和重要规定，针对人民群众反映强烈的突出问题，回应了人民群众对优美环境的新要求新期待，是噪声污染防治工作规律和实践经验的科学总结，具有很强的针对性、可操作性和一定的前瞻性。我们要认真抓好落实，切实把“纸上的法律”变为“行动中的法律”，使之成为防噪、降噪、治噪的有力武器。

第二，严格落实各级政府和有关部门的法定职责和法律责任。噪声污染防治涉及生产生活的各个方面和各个领域。要做好这项工作，各条战线各个部门要齐抓共管、压实责任、形成合力，提高工作法治化水平。一方面，要落实好有关部门的法定职责。法律规定的各项制度都涉及多个部门，为此，法律规定，县级以上地方人民政府应当依照本法和国务院的规定，进一步明确相关部门的噪声污染防治监督管理职责，建立噪声污染防治工作协调联动机制，加强部门协同配合、信息共享，全面推进本行政区域噪声污染防治工作。另一方面，要落实好地方政府的法定职责。与大气污染的区域性，水污染的流域性不同，噪声影响范围有限，存在局部性、敏感性、非积累性的特点，但又无处不在、无孔不入，所以噪声污染防治的工作任务主要在地方。法律多处规定了地方政府的职责，强调地方各级人民政府对本行政区域声环境质量负责，采取有效措施，改善声环境质量。总之，各级党委、政府和有关部门都要增强责任感、使命感，一个条款一个条款对照落实，切实把法律制度的引领、规范、保障作用发挥出来，严格履行领导职责、监管职责和工作职责，形成贯彻实施法律的工作合力，使法律制度成为宁静环境的守护神。

噪声污染防治法进一步明确法律责任、加大处罚力度。可以说，这是一部“长着牙齿”的法律。要加大执法司法力度，综合运用罚款、查封扣押、按日计罚等方式和手段，让法律制度的牙齿充分有力地“咬合”，把该管的管住、该封的封死、该罚的罚到位，把“让污染者买单”抓严做实，让制度成为刚性约束和不可触碰的高压线。

第三，抓紧完善相关标准体系和配套法规。法律明确国家推进噪声污染标准体系建设，要求国务院生态环境主管部门和国务院其他有关部门，在各自职责范围内，制定和完善噪声污染防治相关标准，加强标准之间的衔接协调。国务院有关部门要抓紧出台相关标准，制定修订相关配套规章和规范性文件。地方各级政府要按实际需要建立噪声污染防治工作协调联动机制，划定标准适用区域，推动法律贯彻到末端。地方人大及其常委会也要抓紧完善有关地方性法规，确保法律有效贯彻实施。法律实施过程中，各地可以探索借鉴国际上噪声污染防治的一些管用措施办法，像德国的“安静时间”、法国的“噪声雷达”、英国的“噪声地图”等，因地制宜定规矩、定标准，努力降低噪声污染，积极构建和谐宜居的生活环境。

第四，发动全社会力量共同参与防治。生态环境好不好，人民最有发言权；生活环境是不是宁静和谐，人民最有切身体会。习近平总书记曾说过：“每个人都是生态环境的保护者、建设者、受益者，没有哪个人是旁观者、局外人、批评家，谁也不能只说不做、置身事外。”噪声污染防治法就是一部反映人民群众实际感受、有效调动全社会力量共同做好噪声污染防治工作的法律。法律确立了“社会共治”的原则，充实相关规定，明确企业事业单位、基层群众自治组织和社会公众等在噪声污染防治方面的权利义务，让人民群众成为污染防治的重要主体。在法律实施过程中，有关部门要积极发动群众和企事业单位的力量，引导和督促全社会增强噪声污染防治意识，共同开展噪声污染防治活动。要着眼宁静区域创建，建立起党组织统一领导、政府依法履责、各类组织积极协同、群众广泛参与，自治、法治、德治相结合的基层治理体系，培养全社会文明习惯，形成建设宁静和谐的美好人居环境的合力。

最后，我再强调一下法律宣传普及问题。噪声污染防治法的受众面广、专业性强，宣传普及要注意方式方法，尽量用通俗易懂的语言解读法条，用生动具体的案例阐释规定。法律将于6月5日施行，恰逢世界环境日，要以此为契机，加强统筹谋划，组织开展一系列集中宣传活动。各地即将开始高考,不少地方已经启动绿色护考专项行动,这也是宣传普及法律的好机会。既要在全国开展集中宣传,也要注重在日常工作中开展常态化宣传,切实增强公众噪声污染防治意识,推动形成人人有责、人人参与、人人受益的噪声污染防治氛围,让全社会共享一片宁静的空间。

在黑土地保护立法座谈会、黑土保护座谈会上的讲话要点

(2022 年 6 月 12 日)

栗战书

制定黑土地保护法,是全国人大常委会一项重要立法任务。2021 年 3 月启动这项工作,当年 12 月对法律草案进行了初次审议,今年 4 月进行了二审,本月下旬将进行第三次审议,如果各方面意见比较一致,拟提请表决通过。在法律正式出台前,我们到黑龙江来,在黑土保护利用的一线,听一听基层干部群众、人大代表、专家学者的意见建议,进一步集思广益,把黑土地保护法草案修改得更完善更成熟,使这部法律行得通、好操作、真管用。

一

黑龙江贯彻落实习近平总书记关于黑土地保护的重要指示精神,认识到位、态度坚决、行动迅速,取得了积极成效。习近平总书记将黑土地生动地比喻为“耕地中的大熊猫”,强调要把黑土地保护作为一件大事来抓。黑龙江干部群众对黑土地有着深厚的历史情结,对保护黑土地的认识是到位的,有的农民朋友讲,黑土地就是我们的“金饭碗”、“命根子”。黑龙江省委、省政府坚决贯彻落实总书记重要指示精神,认真履行保护黑土地的政治责任、领导责任;省政府出台了“十四五”黑土地保护规划、黑土地保护工程实施方案(2021—2025 年);省人大通过关于切实加强黑土地保护利用的决定,制定黑土地保护利用条例;省农业农村、自然资源、科技、环保等部门也做了大量工作。去年 4 月,你们整合省农科院原土壤肥料与环境资源所、农村能源与环保所的力量,组建黑龙江省黑土保护利用研究院,集中优质资源,强化科研攻关力量。6 月 10 日,也就是前天,在哈尔滨举办了世界黑土保护利用高峰论坛暨全球土壤伙伴关系国际黑土研究院启动大会,国际黑土研究院正式揭牌,为黑土保护国际合作搭建了新的平台。

黑土地对农业生产、生态平衡、人类生存发挥着重要基础性作用,加强黑土地保护利用意义十分重大。根据联合国粮农组织公布的数据,世界上共有黑土地 7.25 亿公顷,占全球耕地的 17.4%,在粮食生产中发挥着战略性作用。有大面积黑土区的国家,粮食生产能力高的成为世界主要粮食出口国,生产水平较低的至少也能实现粮食自给自足。健康肥沃的黑土地,对农业发展和人类生存起着不可替代的重要作用。在生态环境方面,优质健康的黑土地有助于实现气候中性、清洁生产和循环经济,也有助于恢复生态多样性,防止荒漠化和土地退化。

东北黑土区耕地面积 2.78 亿亩,黑龙江约 1.56 亿亩,占了一多半。黑龙江作为国家粮食安全的“压舱石”,粮食生产实现“十八连丰”。2008 年我在这里工作时,全省粮食产量首次突破 800 亿斤,去年达到 1570 多亿斤,总产量约占全国的 11.5%,商品量和调出量连续多年居全国第一。这其中,黑土地功不可没,也说明黑龙江在黑土地保护和利用相结合上做得是好的,为维护国家粮食安全、生态安全作出了重要贡献。

二

保护我国的黑土地,总的目标是两个:一个是现有的黑土地面积不能再减少,同时以前被占用、破坏的黑土地,如果条件允许,还要恢复、增加;另一个是现有黑土地的土壤结构要进一步优化,用老百姓通俗的话讲,就是保持地力,让地始终有劲儿。黑土地保护法草案中明确:国家实行长期、稳定、科学、严格、有效的黑土地保护政策,综合采取工程、农艺、农机、生物等措施,保护黑土地的优良生产能力,确保黑土地总量不减少、功能不退化、质量有提升、产能可持续。这就是用法律的形式确定黑土地保护的目标和基本的政策、措施要求。

保证现有黑土地面积总量不减,主要靠法律、

政策和行政手段。包括政府编制黑土地保护规划，科学确定黑土地的保护范围、保障措施等；建立健全保护黑土地资源监督管理制度，提高综合治理能力，严格禁止盗挖、滥挖和非法出售黑土；明确建设项目不得占用黑土地，确需占用的应当依法严格审批，并补充数量质量相当的耕地。通过这些约束性、强制性的行政措施，坚决遏制黑土地面积减少趋势。同时，加强治理和修复，预防水土流失，整治沙化、盐渍化土地，让黑土地面积得到恢复和增加。

保护黑土地，保持黑土的地力和可持续利用，关键是综合施策，运用工程、农艺、农机、生物等措施，增加土壤的有机质含量，增加团粒结构，促进土体结构优化，提高土壤宜耕性和产出性能。最主要的是向土地补充矿物、有机物、微生物、微量元素等各类肥料，推动畜禽粪污就地就近还田利用，普及秸秆还田。还要强化农业面源污染管控，推进化肥、农药等减量增效，通过精准施肥、土测配方施肥等，改良土壤。在黑龙江，还要逐步减少地下水开采，在农业生产中增加地表水的供应。还有，通过深耕、深松等增加土壤通透性，增强黑土地抵御冷冻、旱涝、虫害等自然灾害的能力，等等。黑龙江很多地方已经探索取得一些成果，形成了“龙江模式”、“三江模式”等经验做法。

黑土地保护法草案把坚持“用养结合”作为重要原则，既要保障“用”，但更偏重“养”，这是由立法目的所决定的。大家将来学习贯彻这部法律，要正确认识“用”和“养”的关系。在我国耕地总量有限、粮食安全压力增大的情况下，黑土地这一宝贵资源当然要用起来，但不能过度消耗、掠夺式经营、破坏式利用。保地、养地是为了更好、更长久地用地，在保护和利用、种地和养地之间要做好平衡，依照法律规定实现合理利用、科学利用、永续利用。

黑土地是大自然馈赠的宝贵财富，在自然条件下，形成1厘米厚的黑土层需要200到400年。而保护和恢复黑土地，防止变少、变瘦、变薄、变硬，提升土壤质量，不可能等自然形成，必须依靠人工干预，依靠人类主动保护、治理。这不是短期能够实现的目标，需要几代人甚至十几代人的努力，希望你们常抓不懈、久久为功，为子孙后代守护好这一宝贵的自然资源。

三

习近平总书记指出：“粮食生产根本在耕地、命脉在水利、出路在科技、动力在政策。”要从根本上解决黑土地保护利用问题，必须向科技找答案、要方法。

黑土地保护法草案多个条文涉及黑土地保护利用方面的科技创新。其中，第十一条专门对国家加强科技支撑能力建设作出规定，明确了各方责任和相关举措。各级政府和相关部门要将黑土地保护、治理、修复和利用的科技创新作为重点支持领域，加大资金投入，鼓励高等学校、科研机构和农业技术推广机构等协同开展科技攻关；要制定和完善黑土地质量和其他黑土地保护领域相关标准，做好黑土地调查和监测等基础性工作，大力推广先进适用的保护利用技术。注重发挥企业和其他农业生产经营者在科技创新和技术应用推广中的积极作用。全社会都要重视黑土地保护，积极行动起来，形成全面保护的氛围。

黑土地保护利用科研工作使命光荣、担子也很重。黑龙江农科院、黑土保护利用研究院和各科研机构深入实施有关法律法规，在保卫黑土地的行动中已经发挥着科技创新主力军作用。希望进一步聚焦黑土地保护利用的焦点难点问题，在水土保持、防风固沙、土壤改良、地力培肥、生态保护等方面加强基础研究和应用研究，多出高质量的科研成果。

黑土地保护的措施、技术涉及很多领域，你们可以再深入研究、分类细化。有些是最基本、最主要的技术措施，不仅技术人员可以搞，普通农户也都能做得到的，要作为研究的重点。比如秸秆还田、人畜禽粪污还田等，实质上是通过补充有机物质保持土地肥力。过去农民种地养地就靠这些手段。现在这些传统措施都有新发展，哈工大介绍他们研发的加速秸秆腐熟技术，十几个小时就能让秸秆达到还田施肥的要求，刚才孙斌代表还建议利用屠宰业废弃物来补充土壤有机质。你们要深入研究，让这些措施更有效、成本更低，更便于农民运用。农民对秸秆、粪污还田有产生病虫害、拿不住苗等顾虑担忧，要加强科研攻关，防止和解决这些问题。对于科技含量更高、精准性更强的技术、措施，比如测土配方施肥、侧深精准施肥、白浆障碍层和犁底障碍的治理、侵蚀沟的治理、免耕播种、轮作轮休等，要加强技术普及和服务。总之，要把大众化的技术同高精尖的技术结合起来，综合运用，发挥实实在在的功效。

在黑龙江省人大常委会机关座谈时的讲话

（2022年6月13日）

栗战书

习近平总书记高度重视黑龙江的工作，始终牵挂这片黑土地、关注东北振兴。总书记到中央工作后，2009年，到黑龙江考察。党的十八大以来，2013年8月，对东北地区防汛抗洪工作作出重要指示；2016年3月，参加十二届全国人大四次会议黑龙江代表团审议；同年5月，到黑龙江的伊春、抚远、佳木斯、哈尔滨等地，考察贯彻落实“十三五”规划纲要、推动东北地区等老工业基地振兴发展情况；2018年9月，到东北三省考察，召开深入推进东北振兴座谈会，在黑龙江的农垦建三江管理局、齐齐哈尔市等地进行调研；2019年9月，致信祝贺大庆油田发现60周年；2020年，致信祝贺哈尔滨工业大学建校100周年。总书记殷切期望黑龙江闯出一条新形势下老工业基地振兴发展新路，作出一系列重要指示要求，涵盖全面深化改革、转方式调结构、对外开放、促进农业现代化、保障改善民生、生态环境保护、法治环境建设、党的建设等多个方面，具有很强的思想性、指导性、针对性，完全切合黑龙江实际，是黑龙江一切工作的行动指南和总纲领。

在党中央、总书记的坚强领导和亲切关怀下，黑龙江奋力担当、攻坚克难，经济社会发展取得新成就。许勤同志担任书记、昌升同志担任省长之后，深入学习领会、全面贯彻落实习近平总书记对东北地区和黑龙江的重要讲话、重要指示精神。前不久，黑龙江圆满召开省第十三次党代会，提出着力建设质量龙江、创新龙江、开放龙江、绿色龙江、幸福龙江、勤廉龙江的“六个龙江”，把总书记为黑龙江擘画的发展宏图进一步细化为施工图、时间表。会议还总结了过去五年的工作，黑龙江顺利完成“十三五”规划，打赢脱贫攻坚战，全面建成小康社会，2021年全省GDP增长6.1%，常住居民人均可支配收入增长9.1%；粮食总产1573.5亿斤，实现“十八连丰”，总产量、商品量、调出量均为全国第一；创新发展取得新进展，为载人航天、嫦娥奔月、火星探索、奋斗者号深潜等提供了有力技术支撑；国企改革实现重点突破，森工、农垦实现政企分开、公司化运营，龙煤集团改革脱困取得显著成效；民生保障水平不断提高，62.5万贫困人口全部脱贫，28个贫困县、1778个贫困村全部摘帽；生态环境明显改善，污染防治攻坚战成效连续两年位列国家优秀序列。这些成绩来之不易，是深入学习贯彻习近平新时代中国特色社会主义思想的成果，是黑龙江省委、省政府带领全省干部群众团结一心、不懈奋斗的成果。

我在黑龙江工作过7个年头，2003年到黑龙江，2010年离开。宪魁、家毫同志也都在省里工作过。2016年5月，我陪同习近平总书记考察。这次我们到黑龙江开展执法检查，一路上亲眼目睹黑龙江经济社会发展取得重大成就，看到党员干部群众精神风貌振奋有为，对黑龙江的发展有自信，真是发自内心为你们的成绩而高兴！

今年，我们党将召开二十大，这是在进入全面建设社会主义现代化国家重要时期召开的一次十分重要的会议。当前，黑龙江正处于全面振兴、全方位振兴的关键时期，希望你们深入学习贯彻习近平新时代中国特色社会主义思想，全面贯彻落实习近平总书记对黑龙江工作的重要指示要求，学好用好总书记教授的“扬长避短、扬长克短、扬长补短”的科学工作思维、工作方法，立足新发展阶段，完整、准确、全面贯彻新发展理念，服务和融入构建新发展格局，推进高质量发展，履行好维护国家国防安全、粮食安全、生态安全、能源安全、产业安全的政治责任，展现黑龙江在东北振兴大局中的新气象新担当新作为。

关于人大工作，我也简单谈一谈。黑龙江省委高度重视人大工作，去年12月，许勤书记出席省委人大工作会议并讲话，今年1月当选省人大常委会主任以来，每次常委会会议都主持并讲话，上个月底还主持召开了省人大常委会深入学习贯彻习近平总书记关于坚持和完善人民代表大会制度的重要思想交流会。昌升同志是省委副书记、省长，也非常支持人大工作。刚才，许勤书记介绍了有关情况，我感到，省人大常委会工作开展得很好，取得不少新进展新成效。一是政治方向把得牢，理论武装抓得实。坚持把学习贯彻习近平新时代中国特色社会主义思想作为重大政治任务，常委会党组召开会议、开展集体学习，都把学习总书记重要讲话和指示批示精神作为第一议题。强化政治机关意识，认真贯彻落实中央人大工作会议精神和省委的实施意见。二是立法、监督等工作服务大局、突出重点。近年来，省人大及其常委会制定旅游业、大数据发展应用、中小企业发展等地方性法规，出台黑土地保护利用条例、罚没和扣押财物管理条例等，修改人口与计划生育条例、城市供热条例，强化公共卫生领域地方性法规修改工作。连续四年开展生态环境领域重要法律法规实施情况检查，连续三年开展优化营商环境条例实施情况检查，等等。这些工作都扣住了全省经济社会发展的大事要事。三是代表工作有特点、见实效。常委会组成人员联系代表常态化、机制化，组建11个专业代表小组，对接专门委员会和工作委员会工作开展调研；首次开展人大代表走进“一府一委两院”活动。四是履职工作更加规范。四年来制定完善5大类、135项制度，基本实现履职尽责法治化、工作流程标准化、机关运行规范化。

当前，各级人大都在深入学习贯彻中央人大工作会议精神。习近平总书记在中央人大工作会议上，对各级人大及其常委会提出“成为自觉坚持中国共产党领导的政治机关、保证人民当家作主的国家权力机关、全面担负宪法法律赋予的各项职责的工作机关、始终同人民群众保持密切联系的代表机关”的要求，为新时代加强各级人大工作和建设明确了新定位、新目标、新抓手。

一要践行政治机关要求，把“两个维护”落到实处。全国人大和地方各级人大都要坚持正确政治方向，不断提高政治判断力、政治领悟力、政治执行力，切实把党的领导贯穿人大工作全过程、各方面。特别是在维护习近平总书记党中央的核心、全党的核心地位这个根本问题上，必须做到旗帜鲜明，不能有丝毫含糊。

二要把准权力机关定位，坚持和发展全过程人民民主。全国人大和地方各级人大都要坚持以人民为中心，贯彻落实全过程人民民主的要求，确保人民依法享有的知情权、参与权、表达权、监督权真实、生动、具体地体现在人大工作各方面各环节全过程，确保党和国家在决策环节、执行环节、监督落实环节都能听到来自人民的声音，都有人民的参与。

三要当好依法履职的工作机关，服务党和国家大局。人大工作是党和国家工作的重要组成部分，必须做到党和国家工作重心在哪里，人大工作就跟进到哪里，力量就汇聚到哪里，作用就发挥到哪里。地方人大要按照总书记的重要指示要求，围绕地方党委贯彻落实党中央大政方针的决策部署，结合地方实际，创造性地做好立法、监督等工作，更好助力经济社会发展和改革攻坚任务。

四要发挥代表机关的优势，充分反映民意、广泛凝聚共识。各级人大及其常委会都要保持同人民群众的密切联系，立法、监督等各项工作都要做到民有所呼、我有所应。人大常委会要支持和保障代表依法履职，紧紧依靠代表做好人大工作，使发挥各级人大代表作用成为人民当家作主的重要体现。各级人大代表、常委会组成人员要深入了解民情、广泛汇集民智、充分反映民意，当好党和国家联系人民群众的桥梁。

希望黑龙江继续贯彻落实好中央人大工作会议精神，在加强和改进人大工作、建设“四个机关”方面担当作为、积极探索，创造更多新的好经验好做法。

在第十三届全国人大常委会第三十五次会议列席代表座谈会上的讲话

（2022年6月22日）

栗战书

刚才，我认真听了大家的发言，讲得都很好。请办公厅把大家提的意见建议进行汇总整理，送有关方面研究处理。

习近平总书记一直关心人大代表、重视代表工作。在中央人大工作会议上，习近平总书记要求充分发挥人大代表作用，做到民有所呼、我有所应；强调要丰富人大代表联系人民群众的内容和形式，拓宽联系渠道，积极回应社会关切，更好接地气、察民情、聚民智、惠民生。习近平总书记对代表的职责定位作出明确指示，指出人大代表肩负人民赋予的光荣职责，要忠实代表人民利益和意志，依法参加行使国家权力；要站稳政治立场，履行政治责任，加强思想、作风建设，模范遵守宪法法律，做政治上的明白人；要充分发挥来自人民、扎根人民的特点优势，密切同人民群众的联系，当好党和国家联系人民群众的桥梁，最大限度调动积极因素、化解消极因素，展现新时代人大代表的风采。这些是习近平总书记对人大代表的殷殷嘱托，也是做好代表工作的根本遵循。我们一定要学深悟透，贯彻落实到代表履职的各方面、全过程。

刚才大家结合实际谈了履职情况和体会，讲的很生动，也很深刻。各位代表认真贯彻习近平总书记的指示要求，在履职中真正用了心，付出了努力，尽到了责任。

人大代表履行职责、发挥作用有多种形式，包括出席本级人民代表大会会议，参加审议和表决，提出议案和建议；闭会期间参与常委会立法、监督等工作，参加统一组织的执法检查、视察、调研，密切联系群众等。本届以来，全国人大常委会在常委会会议期间召开列席代表座谈会已经成为制度性安排，邀请全国人大代表参加执法检查和外事活动等，提高了全国人大代表在闭会期间参加各种履职活动的频率，更好地发挥了人大代表的作用。

习近平总书记强调人大代表要当好党和国家联系人民群众的桥梁，一方面是把党中央决策部署贯彻下去、落到实处，另一方面是把人民群众普遍关心的热点难点问题反映上来、推动解决，这两个方面的作用都要发挥好，才算是当好党和国家联系人民群众的桥梁，不辜负党和人民的信任和重托。那么，怎样才能在这两个方面发挥更大更好作用呢？根据多年来的实践工作总结，我谈以下一些意见：

在推动党中央决策部署落实方面，要努力做到几条：首先要吃透中央精神，站稳政治立场，履行政治责任，做政治上的明白人。要胸怀“国之大者”，深入领会党中央在考虑什么、确定了哪些奋斗目标、布局了哪些重点任务，自觉向党中央看齐、同党中央保持一致，坚持从党和国家大局和全局出发、从最广大人民根本利益出发行使职权、开展工作。二是围绕中心，发挥优势，进一步提高履职质量。全国人大代表依法参加审议“一府两院”工作报告，依法参加对监察委员会工作的监督，审查五年规划纲要和年度计划、预算，审议重要法律草案，这些都是在体现代表的政治责任、大局意识和人民立场。今年大会期间，根据代表们的审议意见，对政府工作报告作了 92 处修改，对计划报告作了 58 处修改，对预算报告作了 56 处修改，充分体现了代表在决策中的作用。要充分发挥代表的专业优势，集思广益，凝聚共识，确保人大作出的重大决策科学完善、经得起实践的检验。在执行过程中，要通过代表履职活动跟进了解实际情况，提出建设性的、有针对性的意见建议，推动决策部署更好地落地见效。三是立足本职岗位，当好带头人和宣传员。人大代表都是不脱产的，而且是各行各业的优秀分子，这是我们政治制度的一大优势。广大代表在依法执行代表职务的同时，奋战在全国各条战线上，冲锋在前，勇挑重担，以实际行动贯彻落实党中央决策部署，涌现出许多模范人物、先进典型。要继续发挥好人大代表的模范带头作用，在本职岗位上奋勇争先，在为民服务中担当尽责，激发各方面群众的积极性、主动性、创造性。同时还要主动面向群众做好对党中央大政方针和宪法法律的宣传阐释工作，最大限度调动积极因素、化解消极因素，引导广大群众把思想和行动统一到党中央决策部署上来，凝聚起推动党和国家事业发展的强大力量。

在积极发挥代表作用、反映群众心声和呼声、推动解决群众关心关注的问题方面，最重要的是坚持以人民为中心的发展思想，密切联系群众，推动依法维护最广大人民的根本利益。我国的各级人大代表工作和生活在群众中间，对基层的实际情况、群众的想法愿望最熟悉、最了解。密切联系人民群众是宪法法律赋予人大代表的重要职责，也是人大代表履职尽责的重要基础。代表密切联系群众，目的是通过了解群众所思所想所难所盼，从国家应当制定什么法律、出台什么政策、作出什么决策、采取什么措施等方面，通过法定程序提出建设性的、有针对性的议案或意见建议，从而推动解决人民群众的困难和问题，维护人民群众的合法权益。我曾多次去基层人大代表站和服务中心调研，了解代表推动解决群众关心的难点问题的事例。最近人民出版社出了一本书《我当代表为人民——人大代表议案建议故事》，选取了十三届全国人大以来代表提出的 100 件议案和建议，都是代表坚持人民至上、回应人民期待、依法履职尽责的鲜活例证。在今年的十三届全国人大五次会议上，近 3000 名全国人大代表提出了 487 件议案、9203 件建议，这只是历年来代表提出议案建议的一个缩影。代表议案建议涵盖经济、政治、社会、文化、生态文明建设等各个领域，其中涉及最多的还是民生问题，比如，加快制定黄河保护法、推进农村厕所革命、防范脱贫人口再度返贫、提升高铁配套服务品质等等。这些代表议案建议承载着人民群众对美好生活的向往，反映了人民群众的意愿呼声，凝聚了人民群众的智慧和力量，也充分展现了代表们主动服务大局、回应民生关切的责任担当，更是人民当家作主的生动实践和具体体现。代表在深入群众调研、走访、考察、监督检查时，也会听到了解到群众反映的一些个案问题，可以依照有关规定和程序反映给党委、政府或有关部门，由这些机关、部门妥善处理，对群众合法合理的诉求，人大有关工作机构也应跟踪督办，推动问题得到公正解决。当然，还要注意方式方法，把握好尺度，有关方面由于一时难以克服的实际原因不能当下解决的，要给予正面引导和解释，这样就把反映民意、监督政府和协助政府处理问题、化解矛盾有机结合起来了。这当中，最重要的还是我前面讲的，在了解情况、发现问题的过程中，对于一些带有共性、普遍性的问题，通过法定途径提出议案和建议，推动从法律、政策层面予以解决，这是人大代表联系人民群众、履行法定职责的重要任务和目的。

本届履职还有不到一年时间。希望各位代表一如既往认真履职尽责，在推动宪法法律深入实施，推动党中央重大决策部署贯彻落实、反映和推动解决人民群众关心关注的问题方面继续发挥积极作用，不辜负"全国人大代表"这个光荣职务。

在涉长江基层单位人员座谈会上的讲话

（2022 年 7 月 2 日，根据录音整理）

栗战书

我们这次来湖北，主要是检查长江保护法贯彻实施情况。

长江是中华民族的母亲河。习近平总书记高度重视长江保护工作，先后多次作出指示批示，提出明确要求。全国人大常委会于 2020 年 12 月通过长江保护法。2021 年 3 月 1 日，长江保护法正式实施。一年多过去了，这部法律究竟实施的怎么样，效果好不好，存在什么困难和问题，具体如何改进，一线的同志最了解情况，最有发言权。今天的座谈会，就是来听取你们的意见建议。

这次执法检查的第一站是宜昌，考察了生态环境保护、三峡防汛、企业转型等情况。昨天到荆州，考察了长江大保护、荆江防汛、古城历史建筑修复与保护情况。刚才，我们还去长湖了解生态修复和沿岸违建拆除的情况。荆州拥有长江径流里程 483 公里，是重要的综合交通枢纽和长江港口城市。2018 年 4 月，习近平总书记视察湖北期间，就是专门从荆州港乘船考察长江大保护。这些年，荆州贯彻落实习近平总书记要求，着力写好生态修复、环境保护、绿色发展"三篇文章"，长江保护各项工作取得了明显成效。大家都说，江豚是长江生态的晴雨表。刚才，吴锦同志在汇报中介绍，荆州江豚种群数量已经增至 100 多头了，麋鹿种群数量也增至 2500 余头。刘同民同志讲到，去年洪湖越冬候鸟增加了近 10 万只，野生鸟类种类达到 144 种。周娥同志介绍了以"虾稻共作"为代表的"双水双绿"（绿色水稻、绿色水产）模式。"江豚逐浪"、"麋鹿奔腾"、"候鸟回归"等都是生态持续向好的标志，这也说明荆州在贯彻实施长江保护法方面做了大量工作，在实现总书记说的守好长江这一江清水这个目标上迈出了坚实步伐。结合大家讲的工作情况和意见建议，我围绕持续抓好长江保护法实施工作讲几点具体意见。

一是严格落实法定职责，加大执法司法力度。一部法律能不能实施好，关键要看有关部门的法定职责有没有全面落实。特别是要看基层执法、司法工作人员能不能在具体工作中把法律规定执行到位。从有关方面提供的材料看，长江保护法颁布后，涉长江流域生态环境的案件还是不少的，电鱼、毒鱼、炸鱼等非法捕捞行为，破坏山林、破坏湿地、违法排放、违法新建扩建、非法采砂等行为都还在一定程度上存在。今天来开会的大都是在长江保护一线工作的同志，你们是长江保护法实施的"最后一公里"，要从岗位职责出发，在工作中进一步落实好法律的各项规定，加大执法司法力度，严肃查处损害长江生态环境的违法行为，切实维护好法律的尊严和权威。

二是加强对长江保护法的学习宣传，推动社会

公众知法、守法、用法。长江保护法实施已经一年多了，但有的地方反映一些干部和老百姓不知道有长江保护法这部法律，或者是知道个名，具体干什么不清楚。大家在工作中可能也遇到过这种情况，你去执法，去纠正他，老百姓很迷茫，原来这违反法律了？这说明还要加大对长江保护法的宣传力度。刚才看到高卫军同志长江保护法的口袋书和执法红袖章，这很好，这本身也是一种宣传。要让在长江流域生产生活的企业、民众都了解这部法律，让有关监管执法部门熟悉这部法律，知道哪些应该做，哪些做了是违法的。

三是把法律实施中的问题反映上来，推动完善法律和相关措施。法律实施效果好不好，具体好在哪，哪些制度还需要进一步完善，或者需要通过加快制定配套措施推动落地，实践中又出现了什么新情况需要规范，基层一线的体会最直观，起的是“雷达”作用。从各方面反映情况看，要重点研究长江保护法和相关法律的衔接问题，以及需要制定完善哪些落实这部法律的法规、政策措施的问题。今天大家反映了不少实实在在的问题，提出了不少意见建议。吴锦同志提出了对长江洲滩民垸分类管理、发展长江流域绿色金融的建议，刘同民同志提出加大对洪湖生态治理修复的补偿支持力度和科技支撑，温华军同志建议保留荆州港石首港区，高卫军同志反映了荆江分蓄洪区长江大保护沿堤居民生态搬迁项目的实际困难，李霞同志建议出台关于规范河湖长制工作的法律法规。这些意见和建议，对于推进长江大保护和修改完善有关法律制度都有很好的参考价值。其中，涉及法律实施的问题，执法检查组将带回去认真研究；涉及改进具体工作的，也会转给有关部门研究处理。今后，希望大家继续做“有心人”，就长江保护法实施中的情况问题，及时提出意见建议，通过各种渠道反映上来。

最后，我再讲一讲对长江保护法的理解。把握长江保护法的核心要义，首先要想明白，为什么习近平总书记强调要把修复长江生态环境摆在压倒性位置。总书记讲：“长江病了，而且病得还不轻”。这个“病”说来说去，不仅是水污染、化工围江、航道拥堵，而是整个长江流域生态系统、生态环境受到了极大损害，这才是“长江病”的病根。老百姓最直接的感受可能是长江水的污染，但病根是整个长江流域生态环境遭到破坏。不把生态环境修复好，就谈不上保护。

长江保护法共9章96条，对长江流域资源保护、水污染防治、生态修复、绿色发展等都有规定，但其中的核心是长江流域整个生态环境的修复。法律有生态环境修复专章，还有规划与管控、资源保护、水污染防治、绿色发展、保障与监督、法律责任等章节，对水污染防治、岸线整治，化工围江、非法捕捞、过度捕捞问题治理，以及水生动植物保护等方面都作出了明确规定，目的都是为了尽快恢复修复长江生态环境，培育出一个良性的生态系统。水污染防治法、大气污染防治法等法律是着眼于某一个方面污染的防治，而长江保护法着眼的是长江整个流域涉及到的19个省（区、市），包括干支流流域整个生态环境的修复、保护、恢复。实施长江保护法，一定要把握好其核心内容，站位要高、视野要宽、要求要严，要站在关系长江流域各种资源的永续利用、关系中华民族生存发展的高度来认识和理解。

在湖北省人大常委会机关座谈时的讲话

（2022年7月4日，根据录音整理）

栗战书

我们这次到湖北来，主要是开展长江保护法执法检查。4天的时间，先后到宜昌、荆州、武汉进行了实地检查，开了2个座谈会。一路走来，检查组亲眼目睹了长江大保护带来的可喜变化，也看到了近年来，在以习近平同志为核心的党中央坚强领导下，湖北省上下全面贯彻落实习近平总书记对湖北工作的重要指示要求，牢记嘱托，感恩奋进，一丝不苟落实党中央决策部署，奋力谱写新时代湖北高质量发展新篇章，各项工作取得积极进展和成效。

习近平总书记高度重视湖北工作，对湖北这片土地充满着感情，始终牵挂湖北人民。就在几天前，6月28日，习近平总书记赴香港出席庆祝香港回归祖国25周年大会暨香港特别行政区第六届政府就职典礼，路过湖北，都不忘在武汉停下来看看。这也是党的十八大以来，习近平总书记第5次到湖北考察调研。2020年，总书记还参加了十三届全国人大三次会议湖北代表团审议。总书记对湖北工作作出的一系列重要指示要求，既全面系统，又具体明确，讲得最多的有三个方面：

一是对推进长江大保护、推动长江经济带发展作出明确指示要求。长江横贯湖北全省，这一特殊的地理位置决定了湖北在推进长江大保护、推动长江经济带发展中具有十分重要的作用。2018年4月，总书记在武汉主持召开深入推动长江经济带发展座谈会，重点阐述了推动长江经济带发展需要正确把握的五个关系，指出要"把修复长江生态环境摆在压倒性位置，逐步解决长江生态环境透支问题"，"长江经济带应该走出一条生态优先、绿色发展的新路子"。总书记还在多个场合对保护长江、修复长江生态作出明确指示，这其中当然也包括了湖北。

二是对湖北整体发展提出明确指示要求。2013年7月，总书记到湖北考察，殷切嘱托湖北要"建成支点、走在前列"，提出了"四个着力"的要求。2018年4月，总书记在考察时对湖北推动高质量发展、实施乡村振兴战略、做好民生工作、加强作风建设作出重要指示。前几天也就是6月28日的考察，总书记对科技自立自强、社区治理作出指示，还对抓实抓细疫情防控再次提出要求。总书记特别强调，科技自立自强是国家强盛之基、安全之要，要完整、准确、全面贯彻新发展理念，深入实施创新驱动发展战略，把科技的命脉牢牢把握在自己手中，在科技自立自强上取得更大进展，不断提升我国发展独立性、自主性、安全性，催生更多新技术新产业，开辟经济发展的新领域新赛道，形成国际竞争新优势。这是对推进科技创新提出的战略性、方向性指示要求。这段话为什么要放在湖北讲。我理解主要是湖北科技教育基础比较雄厚，这几年在科技创新方面也做得不错，总书记希望湖北在这方面步子再大一些、走得再快一些，在全国起示范带动作用。这也是总书记赋予湖北实实在在的使命任务。

三是对湖北疫情防控工作作出明确指示要求。新冠肺炎疫情发生以来，湖北、武汉一直牵动着总书记的心。2020年3月，在抗击疫情的关键时刻，总书记专门赴武汉考察疫情防控工作。2020年5月十三届全国人大三次会议期间，总书记参加湖北代表团审议，希望湖北统筹推进疫情防控和经济社会发展工作，奋力谱写湖北高质量发展新篇章。我在中央工作，这些事都亲身经历了。2020年1月22日，总书记作出重要指示，要求立即对湖北省、武汉市人员流动和对外通道实行严格封闭的交通管控。这个重大决策挽救了武汉很多人的生命健康，武汉人民、湖北人民也为全国疫情防控作出了巨大奉献和牺牲。疫情好转后，总书记又提出支持武汉复工复产，恢复正常生产生活秩序，指示在中央层面出台一揽子支持湖北、武汉的文件。虽然近两年各地疫情时有发生，但总体来看，一个14亿人口的国家，把疫情控制到这个程度，保持现在的经济社会发展状况，这是世界上其他国家都做不到的，是非常了不起的。

总书记关于湖北的重要指示批示还有很多，都具有很强的思想性、指导性、前瞻性和针对性，为湖北改革发展擘画蓝图、指引航向，为做好新时代湖北各项工作提供了根本遵循。

湖北认真学习贯彻习近平总书记重要指示要求，坚决贯彻党中央决策部署，加快推动疫后重振和高质量发展，各方面工作都有新进展新气象。2021年，湖北经济总量迈上5万亿新台阶，今年一季度经济增长6.7%，居全国第三位；一大批基础设施建设项目相继建成，科技创新取得一批突出成果，绿色转型发展效果明显，疫后民生得到保障和改善，推进长江大保护也迈出了坚实步伐。昨天听了省委、省政府的情况介绍，一路上还听了省、市、县、区和基层同志的反映，了解到不少情况，疫情发生后，湖北工作坚决贯彻落实党中央部署，很短时间控制住疫情，恢复了正常生产生活秩序，经济社会发展各方面取得的成果是十分明显的。这些成绩的取得，是以习近平同志为核心的党中央坚强领导、亲切关怀的结果，是湖北全省干部群众努力奋斗、拼搏进取的结果。蒙徽同志到湖北工作有三个月了，忠林同志担任省长1年多一点，你们带领全省干部群众团结奋进、开拓进取，各项工作都开展得有声有色。我们这一路上接触到的干部群众都是精神饱满，大家对这些年的成绩感到自豪，对下一步发展充满信心，精气神非常足。希望你们在以习近平同志为核心的党中央坚强领导下，深刻认识"两个确立"的决定性意义，增强"四个意识"、坚定"四个自信"、做到"两个维护"，认真做好"增信心、防风险、稳增长、推改革"各项工作，切实加快"建成支点、走在前列、谱写新篇"，努力建设全国构建新发展格局先行区，以实际行动迎接党的二十大胜利召开。

湖北省委高度重视人大工作。去年中央人大工作会议结束后，12月湖北就召开省委人大工作会议，并印发相关实施意见，对学习贯彻作出部署安排。蒙徽同志到湖北后，第一时间到省人大机关调研，听取汇报，要求认真贯彻中央人大工作会议精神。刚才，王玲同志代表省人大介绍了有关情况。我感到，湖北人大及其常委会讲政治、有担当、作风实，紧紧围绕中心和大局开展立法、监督、代表等工作，为湖北改革开放和现代化建设作出了积极贡献。这些年湖北人大的工作很有特点，大体上有这么几个方面：

一是把党的全面领导贯穿于人大工作的全过程，始终坚持人大工作正确政治方向。人大中的各级党组织，人大代表、常委会组成人员、专门委员会组成人员、人大机关干部第一时间认真学习贯彻习近平总书记重要讲话、重要指示和党中央重要会议、重要文件精神，认真学习贯彻省委重点工作部署。在人大工作中始终坚持中国特色社会主义政治发展道路，坚持党的领导、人民当家作主、依法治国三者有机统一，严格按照宪法法律规定行使职权，方向把得很稳，体现了很强的政治意识。

二是紧紧围绕党和国家工作大局，围绕省委中心工作，依法履职尽责。你们贯彻落实党中央决策部署、省委工作安排，及时制定修改法规、作出决定，依法行使人大监督职权，做到了党中央有部署，省委有要求，人大就有行动。刚才看展板，1992 年七届全国人大五次会议作出关于兴建长江三峡工程的决议后，湖北省七届人大五次会议即作出决议，动员全省人民齐心协力支援三峡工程建设。近年湖北省人大围绕疫情防控、生态保护、疫后重振和高质量发展、民生保障和社会治理等制定修改了不少地方性法规，这些都是只要党中央有部署、省委有要求，人大就有行动的具体实践。地方人大工作就是要紧紧围绕党和国家工作大局，围绕省委中心工作来开展，需要做什么就做什么，应该做什么就做什么。地方人大在地方党委领导下开展工作，归根到底都是为了贯彻落实党中央的决策部署。

三是始终忠诚于人民，坚持以人民为中心的思想，依法维护人民群众利益。这突出体现在代表工作上。湖北的代表工作很活跃，出台加强改进代表工作的 13 项具体措施，建成了一批代表之家、代表联络站，认真做好代表培训工作，充分发挥代表作用。代表密切联系群众，了解人民群众的所思所盼所忧所急，对于共性问题推动制定法规和制度予以解决，涉及到群众切身利益的具体个案问题，转给有关方面认真研究处理。这些都是人民当家作主的体现，不仅把人民当家作主体现在召开会议审议表决有关议案、报告里，也体现在人大日常工作和代表依法履职过程中。

四是大力推进“四个机关”建设，增强人大吸引力、影响力。路上你们介绍情况时说，过去有人讲，人大是“大牌子、空架子、安排了一帮老头子”。但现在不是了，湖北省委非常重视人大工作和建设，在人大工作的同志学历高、素质强，很多干部是从党委、政府部门交流过来的。人大代表、常委会组成人员积极发言、认真审议、担当尽责。过去觉得人大工作任务少，现在人大很忙，各项工作都抓得很紧，作用大大增强。中央人大工作会议时，大家普遍反映各级人大的地位、影响力，人大代表的地位、荣誉感、发挥的作用，都跟过去大大不同了。人民群众看到人大作为国家权力机关发挥着应有作用，人大代表密切联系群众、帮助群众解决实际问题，更深刻地感到国家根本政治制度的优势。

五是勇于开拓创新，积累了不少新鲜经验。在立法工作中的“三行五前”、立法“直通车”机制、重要法规项目“双组长制”、立法与法律法规实施工作会议机制，监督工作中的“定项检查”和“定案抽查”，对于提升地方人大工作水平发挥了很好作用。还有全省人大“十大创新工作”评选活动，对于鼓励基层人大创新发展起到了非常好的作用。

湖北刚刚召开了省第十二次党代会，明确提出了努力建设全国构建新发展格局先行区的目标定位，这也对湖北人大工作提出了新的任务和要求。希望湖北各级人大深入学习贯彻中央人大工作会议精神，在同级党委领导下，找准工作切入点，充分发挥人大职能作用，为地方经济社会发展贡献力量。这里，我就地方立法工作简要讲三点意见。

一是发挥好人大在立法工作中的主导作用。我在谈到人大主导作用时，曾经讲过“三个主导”，即：发挥人大在确定立法选题中的主导作用，紧扣党中央决策部署和同级党委的要求，围绕中心、服务大局，把准立法方向，选对立法项目；发挥人大在组织法案起草中的主导作用，涉及综合性、基础性、全局性的法律，原则上应由人大专门委员会、工作委员会直接组织起草；发挥人大在审议把关中的主导作用，不管是人大专门委员会、工作委员会直接组织起草的法案，还是参与起草或部门起草的法案，人大都要发挥最后把关作用，确保立法经得起历史、实践和人民的检验。当然，发挥主导作用还有其他方面，包括组织协调推动，发挥专门委员会、工作委员会的作用，发挥人大代表的主体作用等，还可以进一步探索和丰富。你们在立法工作中有过重要条款单独表决的实践，这也可以说是发挥人大在立法工作中主导作用的表现。但“三个主导”是最主要的，也是最基本的。同时要认识到，发挥人大在立法中的主导作用，不是完全由人大“作主”，立法必须坚持党的领导；也不是由人大“闭门造车”，必须坚持民主立法，听取包括人大代表在内的各方面的意见。这几年来，全国人大在发挥立法主导作用方面进行了一些探索，比如，成立立法工作专班，制定专项立法修法计划，推进重要领域法律的系统化、体系化建设，加大重要法律由专门委员会、工作委员会牵头起草的力度等，效果还是很明显的。希望地方人大也要继续探索如何发挥好主导作用，找准在立法选题、评估、论证、立项、协调、起草、征求意见、审议等各个环节的定位，正确发挥职能作用，实现立法的政治效果、法治效果和社会效果最大化。

二是切实推动国家法律和有关制度规定落地落实。我国的法律体系是一个有机统一的整体。在国家法律和制度层面，需要考虑体系、结构、分工和在全国统一适用的问题，有的内容只能作原则性规定。这就需要各地结合实际制定地方性法规，对国家法律法规进行细化、具体化。拿长江保护法来说，法律确立的是总体要求、基本原则、基本制度，是针对整个流域来讲的。但是，上中下游遇到的情况和问题千差万别，这就需要结合实际制定地方性法规。你们制定修订清江流域水生态环境保护条例、汉江流域水污染防治条例、长江汉江北段实施禁捕决定、磷石膏污染防治条例，就是推动长江保护法落地落实的具体举措。当然，并不是每一部法律出台后，地方都要制定相应地方性法规。对于法律明确要求要制定和修改地方性法规的，地方人大都要根据实际及时推进立法工作；对于法律没有明确规定但确有需要的，地方也要抓紧制定和修改地方性法规，打通法律通达群众、通达基层的“最后一公里”，确保国家法律在本地的有效贯彻。

三是突出地方立法特色、解决实际问题。地方立法一定要有地方特色，要管用，需要几条就定几条、管用几条定几条，能用三五条解决问题就不要搞“鸿篇巨制”。要善于通过“小切口”解决实际问题，不要搞“大而全”、“小而全”，可以搞一些“大块头”，但对地方来说，主要的还是“小快灵”。条文要“量身定制”、精准管用，不能“大象腿上下一般粗”，把上位法再抄一遍。这几年地方立法搞“小切口”、“小快灵”的实践很多，湖北也有不少好做法，效果非常好，要坚持下去。在突出地方立法特色方面，区域协同立法是一个重要方面，这是近年来地方立法工作的创新实践。从内容来看，涵盖生态环保、疫情联防联控、交通一体化、流域治理等，涉及的领域越来越广，实际需求也越来越迫切。要认真总结经验，不断推进和完善这项工作。湖北是“九省通衢”之地，在区域协同立法上可以作更多探索。

这些年，湖北省委、省人大、省政府对全国人大常委会工作都很支持，在此，我代表全国人大对大家表示感谢。湖北有什么需要，全国人大常委会也会在职责范围内，力所能及支持湖北工作。

在青藏高原生态保护立法座谈会上的讲话

（2022 年 7 月 14 日，西藏拉萨，根据记录整理）

栗战书

现在我们召开青藏高原生态保护立法调研座谈会。参加会议的有洛桑江村主任和西藏自治区有关同志，全国人大的有关负责同志，还有人大代表、专家学者，以及有关方面的负责同志。

制定青藏高原生态保护法，是落实习近平总书记关于青藏高原生态环境保护重要指示要求的重大举措，全国人大常委会已将这一法律列为今年的重大立法任务。今年 1 月，我们在北京开了立法工作专班第一次会议；4 月又开了立法座谈会。目前，经过深入调研，几易其稿，立法工作专班已经拿出了法律草案文本。这次来就是要实地看看，听取各方面特别是西藏的意见。几天来，我们先后在林芝、日喀则、拉萨进行了实地调研，有了一些直观的感受，一会儿大家发言，可以畅所欲言，集思广益、凝聚共识，为制定好法律积极建言献策。

刚才，洛桑江村主任和其他同志都作了很好的发言，我就不一一回应了。你们提出的意见建议，有的可以直接吸纳进法律文本，工作性的我们回去后转给有关部门研究办理，包括我们人大也要在今后的工作中体现。

我是第二次来西藏。这几天调研，重点是青藏高原的生态环境保护。这一路上的所见所闻，让我们深深感到，以君正同志为班长的自治区党委团结带领全区干部群众，充分认识“两个确立”的决定性意义，自觉以实际行动践行“四个意识”、“四个自信”、“两个维护”，自觉以有力举措落实党中央的治藏方略，特别是落实习近平总书记提出的突出抓好稳定、发展、生态、强边“四件大事”，在自治区第十次党代会上提出着力推进“四个创建”、努力做到“四个走在前列”，建设团结富裕文明和谐美丽的社会主义现代化新西藏，这完全符合中央精神，符合西藏实际，抓住了西藏工作的要领，也是我们党、国家和西藏各族人民的根本利益和最主要的期盼，并且已经见到成效。在以习近平同志为核心的党中央的坚强领导下，在习近平新时代中国特色社会主义思想的科学指引下，西藏一定会更加团结进步、繁荣美丽。

这次来的主要任务是立法调研，西藏的工作我就大致说这几句。下面，我重点谈谈青藏高原生态保护法的有关立法工作。

对于青藏高原的生态环境状况，这几天走下来，雪域高原无限风光、壮美山川，令人赞叹不已，对制定好这部法律心里更加有底了。习近平总书记说，“青藏高原成为世界上生态环境最好的地区之一”，是“世界上最后一方净土”。这是我们党、国家，是西藏人民对于世界的贡献，我们履行好了保护人类家园的共同职责。

当然，由于青藏高原在国家、在世界特殊的生态地位和价值，也使得生态环境问题十分敏感，可以说牵动人心。有这样几个方面：**一是青藏高原在国家以至全球生态安全中发挥着极其重要的作用**。这里流出的水滋养着约30亿人的生息和发展，是世界高海拔地区生物多样性的集中地，珍稀野生动物栖息地，是世界上山地生物物种最主要的分化和形成中心，是遗传多样性最集中的地区和高原物种基因库。我看了一个资料，根据我国科学家建立的青藏高原冰川微生物基因组及基因数据库，发现了近1000种未知微生物。这一发现进一步说明了青藏高原的生态价值。所以，习近平总书记反复强调，“保护好青藏高原生态就是对中华民族生存和发展的最大贡献”。**二是青藏高原生态环境脆弱，生态承载力弱，一旦遭到破坏就很难修复**。习近平总书记说，“青藏高原自然生态系统先天脆弱敏感，自我维持和恢复能力差”，“自然灾害的风险在不断加剧，冰崩等自然灾害现象时有发生”，“大自然已经给我们敲响了警钟。”这里平均海拔高、气温低、降水少，植物生长季节短，高寒荒漠面积大，极易发生草地退化、土地沙化、冻融侵蚀等生态问题。**三是青藏高原的生态环境往往有很大的不可控性**。习近平总书记说，“近 50 年来，青藏高原是全球气候变暖影响最大的地区”。冰雪是青藏高原最重要的生态和资源，极易受到大环境变化、全球变暖的影响。有关数据显示，青藏高原的变暖幅度是全球同期水平的两倍。我看了一个材料，根据1999 年和2020 年观测记录，色林错、纳木错等 6 个大湖的扩张明显，尤其是色林错，在2010 年超越纳木错，成为西藏的第一大湖。还有青海湖，2000 年面积为 4256平方公里，2021 年水体面积达到 4626 平方公里，20年增长了 370 平方公里。这些都是全球气候变暖的影响。青藏高原的生态状况影响周边乃至全球，但全球自然的变化和人类活动产生的作用也影响着青藏高原的生态。

正是因为以上特点，尽管青藏高原生态保护法也是一部特殊区域保护法，但与其他几部特殊区域保护类法律相比，有着几个明显的特点。区别在于：**一是法律的意义和影响远远超出了法律适用的范围**。其他特殊区域类法律，比如，长江保护法，黄河保护法，黑土地保护法，生态环境影响和受到影响的范围大致也就是法律确定的适用范围。青藏高原生态保护法涉及西藏、青海、新疆、四川、甘肃、云南六省区 216 个县市区，总面积 258 万平方公里，相当于我国国土面积的四分之一还多。但是，青藏高原生态保护法的影响和受影响的范围则远远超出了 258 万平方公里。所以，习近平总书记也说了，“保护好青藏高原生态环境，不只是一个区域、一段时间的事，而是利在千秋、泽被天下的大事，是我们履行大国责任的大事”。这是起草这部法律的一个基本问题，我们是本着既对中国人民负责、也对世界人民负责的态度来制定这部法律的。当然，不是要求相关国家执行这部法律，但这部法律对相关国家如何主动保护青藏高原的生态，应是有示范启示的。我们要有国际视野，大局观，全局观，有很高的站位。**二是立法的思路不同**。其他特殊区域类法律，比如，长江保护法尽管对长江流域资源保护、水污染防治、生态修复、绿色发展等作出了全面规定，但其中的核心还是长江流域整个生态环境的尽快修复；黄河保护立法，我当时在西安召开的立法座谈会上就讲，主基调是保护和治理，这是前提、是基础，要围绕“水”这条“线”和“流域”这个“面”，为自然生态的永久平衡、为自然资源的永续利用、为人民群众的永世安宁提供法律支持，突出了保护治理；黑土地除了保护、修复，还有一个利用的问题。而青藏高原生态保护法则不一样，我们在法律的名称上就加了“生态”两个字，这与长江保护法、黄河保护法、黑土地保护法都不一样。着眼点是青藏高原各类生态体系,包括水生态体系、冰湖沙生态体系、草木生态体系、微生物族群生态体系、动物生态体系以及人类活动方式体系等,是一个重大的生态系统工程,要体现科学保护、系统保护、协同保护,更要突出生态保护尊重自然、顺应自然、保护自然,坚持生态保护第一,守住自然生态安全边界。**三是保护生态环境的政策和举措也有区别**。其他几个区域的生态环境保护,治理和修复是一个重要而有效的办法。比如长江,就可以通过综合实施规划性修复、禁止性修复、措施性修复、自然性修复,实现长江流域生态环境的好转。青藏高原当然也要采取必要的修复措施,如湿地修复,荒漠和水土流失的治理,矿山生态修复等,但主要的还是禁止性的自然保护。强调自然修复保护是一个科学的态度。说实话,青藏高原上的某种生态环境的变化,人类在一个时间段、一定意义上是无能为力的。比如,冰川的融化,我们就没有直接而有效的阻止办法,我们能做的,大量是把人的活动限定在生态环境容许的范围内,这就是我们对于青藏高原最大最好的保护。因为冰川融化和冻融现象,既有整个人类活动的影响,也可能有历史周期性的气候变化影响。气候变化是全人类的事,习近平总书记提出"双碳"目标,就是要通过碳达峰、碳中和,减少碳排放,是我们主动、积极应对全球气候变化,这也就是保护了青藏高原的生态环境,也为优化全球生态环境作出了贡献。

根据青藏高原特殊的地位和生态环境保护的任务,决定了这部法律的基本定位和总基调,就是必须坚持生态保护第一,紧扣各类生态体系全面保护这条主线,把生态保护作为区域发展的基本前提和刚性约束,切实保护好地球第三极生态。下一步法律的修改,要注意以下几个方面:

第一,坚持系统保护、协同保护、特殊保护。系统保护、协同保护好理解。青藏高原的山水林田湖草沙冰是一个生命共同体,要树立生态保护的大局观、全局观,针对存在的生态问题,结合 8 种自然生态要素的具体特征,就怎么保护、怎么修复、怎么预防作出系统的规定。还要做好与环境保护法、森林法、草原法、水法等法律的衔接,形成生态环保法律体系。同时,更为重要的,是如何体现特殊保护?就是要有特殊的政策、特殊的举措、特殊的支持等,对此,法律中要有很好的体现。

第二,加强生态保护修复和风险防控。任何生态环境的保护都包括两个方面,一是对于已经遭到破坏的生态系统,要治理和修复;二是对于还未遭到侵害的生态系统,要防患于未然,做好风险应对准备。这两个方面的工作都要同等重视。在生态修复中,过去的一条有效经验是,划定生态圈保护区域,减少人类活动,依靠自然本身的修复能力,辅以少量人工措施,就能取得很好的效果。当然,这不是说工程措施不重要,在有些地方,有些工程措施是十分必要的,也是十分有效的。我们昨天在南木林县看的造林工程,2014 年开始实施,目前已经造林 3 万多亩,昔日的戈壁荒滩变成了生态绿洲。一会儿,我们还要去原拉萨水泥厂矿山生态修复现场,像这样的地方就需要人工修复。至于修复方式,哪种情况需要工程措施,哪种情况需要生物措施,哪种情况需要人工干预,哪种情况需要自然修复,要因地因情制宜,顺乎自然而为。在风险防控方面,青藏高原受大环境、大自然的影响更广泛、更直接,有的无法避免,要通过建立健全生态风险评估、监测、预警和应急决策机制,努力把影响和损失控制在最小范围。

第三,加强研究论证,增强制度规则的科学性、有效性。青藏高原生态保护立法专业性强,很多问题有地域性、特殊性,必须认真研究、科学论证。比如,有的代表提出,随着生态保护力度加大,青藏高原野生动物数量和种群恢复很快,对草和水生态平衡带来压力。还有专家提出,青藏高原上的神山圣湖,天然就含有某种元素,如果按照一个统一的、一揽子的标准去衡量,可能水中某项元素会超标,但如果因此就去治理它,很可能会引发新的生态危险,造成新的生态失衡。前一段去湖北搞长江保护法执法检查,座谈会上,中科院水生生物所所长殷战同志反映,长江十年禁渔,目前涉及的是流域所有 332 个大水面和湖泊,带来的问题是原来湖泊的生态系统打破了,并已出现了蓝藻水华问题。一些草食类鱼类在湖泊集聚,吃光了湖底的水草,又一次打破了生态平衡。所以,任何法律、政策都要讲科学,青藏高原保护更要讲科学,否则带来的损害会更大更严重,甚至不可逆。今天,中科院青藏高原研究所的姚檀栋、陈发虎两位院士也来了,作了很好的发言,你们讲的青藏高原生态科考在法律中也要体现,国家组织和支持青藏高原生态科考,推动科考国际合作,并科学利用生态科考成果。今后你们还可以就这方面的科学问题,多多提出意见建议。

第四,牢固树立绿色发展理念,推动实现高质量、可持续发展。习近平总书记指出,"生态环境保护和经济发展不是矛盾对立的关系，而是辩证统一的关系，关键是要把握好两者的平衡点”。要全面、准确领会总书记的指示要求，贯彻新发展理念，牢固树立绿水青山就是金山银山、冰天雪地也是金山银山的理念，保持战略定力，坚定不移走生产发展、生活富裕、生态良好的文明发展道路。要坚持生态保护第一，提高生态环境治理水平，推动青藏高原生物多样性保护，努力建设人与自然和谐共生的现代化，守护好青藏高原的山山水水、生灵草木。

第五，完善青藏高原生态保护补偿机制。这些年，国家在青藏高原建立了一系列生态补偿机制。但是，区域间、流域内跨省区市之间的生态补偿一直是一个难题。当然，这也不是不能解决。去年，山东与河南就签订了《黄河流域（豫鲁段）横向生态保护补偿协议》，最近山东按协议兑现了河南生态补偿资金 1.26 亿元。这一跨省之间上下游的生态补偿，突破了多年来横向补偿的难题。对于青藏高原的生态补偿，目前的法律草案也有规定，可以进一步研究。我上面讲的“特殊保护”也可以体现到这一点上。

第六，进一步完善法律责任。法律责任的制定，一是要围绕法律的任务和目标来写，要推进哪些工作，达到什么目标，法律责任的规定就要有利于这些任务目标的实现；二是可执行性，只要违反了法律规定，就要受到相应的法律处罚。当然，所有法律责任条款都要与其他有关法律相衔接，体现一种平衡性。

法律是做好青藏高原生态保护的基础架构。要始终贯彻习近平生态文明思想，以这一思想蕴含的世界观、方法论来指导立法工作。有专家提出，这部法律要体现生态保护不扩散、不为害、充分公示“三公理”，还要坚持节约、自然、有限、宏观“四原则”，对这些意见建议都要认真研究，要充分吸纳方方面面的正确意见，本着科学的态度和解决问题的精神，精益求精，拿出一部经得起历史和人民检验的好法律。

在西藏人大调研时的讲话

（2022 年 7 月 15 日，西藏拉萨，根据记录整理）

栗战书

我们这次到西藏，主要是对青藏高原生态保护法进行立法调研，借此机会，也来人大机关看一看，作一个简短的调研座谈。

刚才，君正书记介绍了西藏的情况，洛桑江村主任介绍了人大工作。这几天，我们先后在林芝、日喀则、拉萨进行了实地调研，亲眼目睹了雪域高原的无限风光、壮美山川，令人赞叹不已。我们深深感到，以君正同志为班长的自治区党委团结带领全区干部群众，认真贯彻党中央的决策部署，充分认识“两个确立”的决定性意义，自觉以实际行动践行“四个意识”、“四个自信”、“两个维护”，自觉以有力举措落实党中央的治藏方略，按照习近平总书记的指示要求，突出抓好稳定、发展、生态、强边四件大事，提出并着力推进“四个创建”、努力做到“四个走在前列”，在建设团结富裕文明和谐美丽的社会主义现代化新西藏进程中迈出了坚实步伐。西藏曾经是全国唯一省级集中连片特困地区，现在，西藏不仅与全国一道如期全面建成小康社会，而且经济增速多年全国领先，农村居民人均可支配收入增速连续多年位居全国第一，教育文化事业全面发展，社会大局持续稳定向好，中华民族共同体意识进一步铸牢，发展的基础条件、城乡面貌可以说是发生了翻天覆地的变化。我认为，党的十八大以来这 10 年，是西藏发展势头最好、社会大局最稳定、群众得实惠最多的一个时期。现在的雪域高原，处处呈现出一派生机勃勃、欣欣向荣的新气象。这些成绩，正如君正同志在自治区第十次党代会报告中所总结的，最重要在于以习近平同志为核心的党中央的坚强领导，最根本在于习近平新时代中国特色社会主义思想的科学指引，最主要在于不折不扣把习近平总书记关于西藏工作的重要论述和新时代党的治藏方略落到实处。

习近平总书记高度重视西藏工作，时刻牵挂着西藏人民。总书记亲自到西藏视察，多次发表重要讲话，对西藏工作作出重要指示。我梳理了一下：2013 年 3 月，总书记十八大后第一次出席全国人民代表大会会议，就到西藏代表团参加审议；2015 年 8 月，主持召开第六次中央西藏工作座谈会，提出党的治藏方略；2020年8月，主持召开第七次中央西藏工作座谈会，研究部署西藏长治久安和高质量发展工作；2021年7月21日至23日，亲临西藏视察，对西藏工作作出全面部署；为西藏自治区成立50周年、西藏和平解放70周年题写贺匾。习近平总书记还多次专题听取西藏工作情况汇报，确定一大批重点建设项目，制定惠及西藏各族人民的一系列特殊政策。总书记对西藏工作的系列指示要求，包括稳定、发展、生态、强边四件大事，概括起来，核心就是要实现西藏的长治久安，促进高质量发展。而长治久安是根本，是实现高质量发展的基础和条件；高质量发展是目的，是改善和提高西藏人民的生活，确保同全国一道建成社会主义现代化的西藏，这反过来又是确保西藏长治久安的基础。具体来讲：一是强调民族团结，2015年习近平总书记为西藏自治区成立50周年题写的贺匾就是“加强民族团结，建设美丽西藏”，当时想表达的意思就是，首先要有民族团结，目标是建设美丽西藏。在庆祝西藏和平解放70周年时，又题写了“建设美丽幸福西藏，共圆伟大复兴梦想”的贺匾。二是强调做好治边稳藏工作，提出“治国必治边、治边先稳藏”的战略思想，包括维护国家安全和祖国统一、反分裂、依法管理宗教事务等方面，总书记都有明确的要求。三是强调保护好青藏高原的生态环境，坚定不移走生态优先、绿色发展之路，努力建设人与自然和谐共生的现代化。这些重要指示要求，为西藏各项工作指明了方向，提供了根本遵循和强大动力，要全面落实到西藏各项工作中去。

西藏的工作，特别是要落实好“治国必治边、治边先稳藏”的战略思想，落实好党的民族工作、宗教工作方针政策，把维护祖国统一、加强和促进民族团结进步作为着眼点和着力点，坚决维护国家安全和西藏稳定。长期以来，西方反华势力及其支持的十四世达赖集团一直是影响西藏社会团结进步的最危险因素，也是维护祖国统一、进行反分裂斗争的重点。一定要认识到，也要讲清楚，十四世达赖是披着宗教外衣的政治流亡者，达赖集团是一个彻头彻尾的分裂主义政治集团，是完全违反中国宪法和法律的非法组织，其企图是把西藏从祖国分裂出去。西藏佛教界历来具有倾心向内，维护祖国统一的爱国传统，在历世达赖喇嘛中也是主流和大多数，十四世达赖喇嘛既不能代表藏传佛教，也不能代表上百万信徒，更不能代表佛祖释迦牟尼，他背叛了祖国，背叛了民族，成为西方反华势力的一个“棋子”和政治工具。西藏和平解放以来的实践证明，没有国家的安全，西藏各族人民的根本利益就难以得到维护，没有稳定的社会环境，经济、文化、生态等各项事业就难以得到发展，人民的安定幸福生活就难以得到保障，而维护安全稳定很重要的一点，就是决不放松对达赖集团的警惕，决不放弃与达赖集团的斗争，时刻防范和打击其分裂图谋和活动。对于西方反华势力干涉中国内政、渗透破坏和十四世达赖集团的分裂行径，包括西藏各族人民在内的全体中国人民，都要坚决抵制和斗争。要坚定维护祖国统一、维护国家主权，同任何分裂势力、反华势力进行坚决斗争。

刚才，洛桑江村同志简要介绍了西藏人大工作情况。君正书记和自治区党委对人大工作十分重视。去年1月，自治区党委印发关于贯彻落实新时代党的治藏方略、加强新时代人大工作和建设的意见。去年10月中央人大工作会议之后，自治区党委也及时作出部署。前几天，新一届自治区党委召开人大工作会议，君正书记在会上作了讲话。在自治区党委的领导下，自治区人大自觉学习贯彻习近平新时代中国特色社会主义思想特别是习近平总书记关于坚持和完善人民代表大会制度的重要思想，立法、监督、代表和自身建设等工作都取得了新成效、迈上了新台阶、呈现出新气象。主要的特点有：一是坚持党的全面领导特别是党中央的集中统一领导，自觉贯彻体现到人大工作全过程各方面；二是始终贯彻以人民为中心的思想，坚持全过程人民民主，通过人民代表大会制度保障包括藏族同胞在内的各族人民依法行使国家权力，实现人民当家作主；三是坚持围绕中心、服务大局，按照党中央重大决策和自治区党委部署要求谋划推进人大工作；四是最为显著的一点，就是坚定站在法治斗争的第一线，为实施党的治藏方略特别是维护和促进民族团结进步、维护祖国统一和国家安全提供法治保障，充分发挥人大在治藏稳藏兴藏中的职能作用。

自治区人大的工作，是在自治区党委的领导下开展的。下一步，要深入学习习近平新时代中国特色社会主义思想特别是习近平总书记关于坚持和完善人民代表大会制度的重要思想，深刻认识“两个确立”的决定性意义，增强“四个意识”、坚定“四个自信”、做到“两个维护”，坚持党的领导、人民当家作主、依法治国有机统一，紧紧围绕习近平总书记关于西藏工作的重要指示要求的贯彻落实，依法履行职责、主动担当作为，高质量做好立法、监督、代表、自身建设等工作。

一是把人民代表大会制度在西藏坚持好巩固

好。人民代表大会制度是我国根本政治制度，同时，在国家的统一领导下，各少数民族聚居的地方实行区域自治，这样统一和自治相结合、民族因素和区域因素相结合，既保证了国家团结统一，又实现了各民族共同当家作主。人大的同志要带头宣讲、阐释我们的制度优势，引导西藏各族群众进一步增强制度自信，自觉维护我们的制度安全、政权安全，筑牢西藏发展和稳定的政治根基和法治根基。

二是通过人民代表大会制度，把党的治藏方略贯彻好、落实好。党的治藏方略，集中体现为“十个必须坚持”。一方面，就是人大自身工作要落实这些要求，特别是地方立法工作，要切实防止和纠正过去一些地方存在的回避党的领导、过分强调民族差异性、不利于促进各民族广泛交往交流交融、民族离心倾向、过分强调对少数民族照顾、忽视少数民族风俗习惯等方面的倾向，确保涉民族事务法规同宪法法律保持一致；另一方面，还要通过立法、监督、代表等工作，推动这些要求在“一府一委两院”工作中的贯彻落实。

三是围绕党中央决策部署和自治区党委中心工作，服务地方工作大局，把人民代表大会制度优势发挥好。要围绕党中央的重大决策部署和自治区党委为落实中央决策结合西藏实际作出的部署要求，按照长短结合、急需快立的这样一个思路，搞一些“小切口”、“小快灵”的立法，开展一些“小而精”、有力度、出实效的监督工作，推动西藏经济发展、民生改善。习近平总书记指出，中央不要求西藏在经济上对全局作出超出其能力的贡献，在地区生产总值方面没有硬性要求，但对经济发展在促进民族团结、维护国家统一和社会稳定方面的作用有明确要求。因此，还要发挥人民代表大会制度优势，发扬全过程人民民主，广泛凝聚起西藏各族人民的智慧和力量，以西藏的团结进步、高质量发展展示我国社会主义民主政治的优越性。

四是推进“四个机关”建设，把人大工作人员队伍打造好。落实习近平总书记的要求，努力建设自觉坚持中国共产党领导的政治机关、保证人民当家作主的国家权力机关、全面担负宪法法律赋予的各项职责的工作机关、始终同人民群众保持密切联系的代表机关，努力打造一支政治坚定、服务人民、尊崇法治、发扬民主、勤勉尽责的人大工作队伍。有了这样一支队伍，人大的工作就能做好，就能出成绩，也才能让党和人民放心和满意。

下半年，我们党将召开党的二十大，这是我们党在第二个百年召开的第一次全国代表大会。我们要共同把各项工作做好，为大局和谐稳定贡献力量，以实际行动迎接党的二十大胜利召开。

在黄河保护法立法座谈会上的讲话

（2022 年 8 月 27 日，甘肃兰州，根据记录整理）

栗战书

这次我们到甘肃来，主要是就黄河保护法立法进行调研。制定黄河保护法，是党中央、习近平总书记着眼推进黄河流域生态保护和高质量发展作出的重大战略决策部署，是近年来全国人大常委会着力推进的一项重大立法任务。去年 4 月，我和沈跃跃副委员长在西安召开座谈会，邀请黄河流域 9 省区人大常委会和国务院有关部门、全国人大代表，共同研究黄河保护立法工作，推动加快立法进程。去年 12 月的全国人大常委会会议初次审议法律草案，今年 6 月进行了第二次审议，预安排 10 月下旬进行第三次审议，如果各方面意见比较一致，拟提请表决通过。甘肃在黄河生态治理保护方面发挥着举足轻重的作用，我们此行，就是想在法律正式出台前，实地调研黄河保护工作，听取地方负责同志、人大代表、专家学者、基层干部群众的意见建议，集思广益、凝聚共识，切实把黄河保护法制定好。

刚才，尹弘书记介绍了甘肃省的黄河保护工作情况，陈克恭、王涛、黄建平、金彦兆、韩天虎、东珠加等 6 位同志作了发言，讲得都很好。

十三届全国人大常委会履职以来，把贯彻习近平生态文明思想、加快生态环保领域法律体系建设作为立法工作的重中之重，努力为生态环境保护提供法治支撑。目前，一个“1 + N + 4”的生态环保领域法律体系已经基本形成。“1”是基础性、综合性作用的环境保护法。“N”是环境保护领域专门法律,包括针对传统环境领域大气、水、固体废物、土壤、噪声等方面的污染防治法律,针对生态环境领域海洋、湿地、草原、森林、沙漠等方面的保护治理法律等。在这方面,本届制定了土壤污染防治法、噪声污染防治法、湿地保护法、核安全法,修改固体废物污染环境防治法、环境影响评价法。“4”是本届常委会针对特定区域、流域的生态环境保护进行的创新性立法,包括保护两条“母亲河”的长江保护法和黄河保护法,旨在保护“耕地中的大熊猫”的黑土地保护法,以及正在推进的青藏高原生态保护立法。这4项特定区域、流域的生态环境保护立法,都是党中央、总书记部署的重大任务,也是对我国生态环保领域法律体系的重大发展。

大家在发言中对完善黄河保护法草案提出了许多好的意见建议,我们将认真梳理、研究吸纳。下面,我简单讲几点意见。

第一,甘肃坚决贯彻习近平总书记指示要求,认真履行黄河保护重大政治责任,取得重要进展。甘肃是习近平总书记首次提出黄河流域生态保护和高质量发展重大理念的地方。2019年8月,总书记到甘肃考察,在兰州的黄河治理兰铁泵站项目点,总书记指出,黄河、长江都是中华民族的母亲河;保护母亲河是事关中华民族伟大复兴和永续发展的千秋大计;甘肃是黄河流域重要的水源涵养区和补给区,要首先担负起黄河上游生态修复、水土保持和污染防治的重任,兰州要在保持黄河水体健康方面先发力、带好头。在听取省委、省政府的工作汇报后,总书记发表重要讲话,强调要坚持山水林田湖草综合治理、系统治理、源头治理,统筹推进各项工作,加强协同配合,共同抓好大保护,协同推进大治理,推动黄河流域高质量发展,让黄河成为造福人民的幸福河。

总书记把保护黄河放在事关中华民族伟大复兴的千秋大计的高度,是因为黄河哺育了中华民族,孕育了中华文明,是因为黄河流域在我国经济社会发展和生态安全方面具有十分重要的地位,更是因为黄河一直体弱多病、水患频繁,流域生态环境脆弱,水资源保障形势严峻,中下游“地上悬河”风险突出,等等。总书记对甘肃黄河保护工作的重要指示,既是立足整个黄河流域,也是针对甘肃的长远发展。甘肃地处黄河上游,干流流经甘南、临夏、兰州和白银4市州,长达913公里,占黄河全长六分之一,支流流经定西、天水、平凉、庆阳、武威5市,沿黄流域总面积14.59万平方公里,是黄河的重要水源涵养区,渭河、泾河、洮河、大夏河等河流是黄河重要的补给水源。甘肃沿黄流域面积占全省国土面积的34.3%,人口和生产总值占全省比重都在80%左右。可以说,保障黄河安澜,方能富民兴陇。

近年来,甘肃省委、省政府和全省干部群众认真践行习近平生态文明思想、习近平经济思想,坚决贯彻落实党中央、习近平总书记重大决策部署,紧紧围绕生态修复、经济转型、文化传承三大任务,构建黄河流域生态保护和高质量发展规划体系,启动实施甘南黄河上游和祁连山水源涵养、陇中陇东黄土高原水土保持等一批重大生态项目,加强沿黄流域水资源节约集约利用,历史性解决了沿黄群众“靠着黄河没水吃”的局面,甘肃段黄河干流全年水质基本稳定在Ⅱ类以上,实现了甘肃黄河治理从被动到主动的历史性跨越。林铎同志在甘肃工作时,第一时间贯彻落实总书记的部署要求,根据省情特点作规划、定重点;现在,尹弘书记和振鹤省长共同担任省黄河流域生态保护和高质量发展协调推进领导小组组长,负总责、抓落实,坚决担好上游责任使命。可以说,甘肃在黄河保护和治理方面谋划长远、干在当下、久久为功,起到了率先、领头的作用,也就是总书记要求的“先发力”、“带好头”。

第二,坚持以习近平总书记关于黄河流域生态保护和高质量发展的重要讲话和指示批示为指导,吃透黄河保护法的精神。这部法律的立法旨意,就是把习近平总书记的重要讲话指示批示精神和党中央决策部署,以法律形式转化为黄河保护、治理、高质量发展的国家意志和社会行为准则。法律草案的篇章结构、基本原则、基本制度,都是以总书记在黄河流域生态保护和高质量发展座谈会上的重要讲话为遵循。比如,按照总书记提出的更加注重保护和治理的系统性、整体性、协同性,着力创新体制机制的要求,草案加强规划与管控,规定了规划水资源论证、国土空间用途管制、生态环境分区管控、水资源分区管控、河湖管控、水沙统一调度等制度。再比如,总书记部署了加强生态环境保护、保障黄河长治久安、推进水资源节约集约利用、推动黄河流域高质量发展、保护传承弘扬黄河文化等重点任务,草案对照部署,一一用专章作出法律制度安排。再比如,总书记针对黄河上中下游的各自特点,提出不同的保护和发展要求,草案就对有关地方的法律职责、法律责任作出特别规定。

全国人大常委会在审议和修改黄河保护法草案过程中,坚持保护和治理的主基调,聚焦强化地方主体责任、水资源刚性约束、生态保护和修复、文化保护和传承等方面完善制度机制。明确县级以上地方政府负责本行政区域黄河流域生态保护和高质量发展相关工作;将总书记提出的"以水定城、以水定地、以水定人、以水定产"写入总则,细化生产生活节约用水的规定;将"坚持山水林田湖草沙冰一体化保护与修复"规定为生态保护与修复工作的总体要求;明确实行黄河流域水沙统一调度制度,更好抓住水沙关系调节的"牛鼻子";还完善了黄河文化保护弘扬传承措施,特别是增加了红色文化方面的内容。甘肃是中华文化的重要起源地,更是一片红色土地。刘志丹、谢子长、习仲勋等老一辈革命家创建陕甘边革命根据地,为党中央和中央红军长征提供了落脚点,在中国革命历史进程中发挥了不可替代的重要作用。我们此行就专门到庆阳华池的南梁革命纪念馆,缅怀革命先辈和烈士,学习和弘扬南梁精神。把甘肃的历史文化、红色文化保护好传承好,是黄河保护工作中不可或缺的重要任务。

立法的最终目的,就是要让黄河保护法成为贯彻习近平生态文明思想、贯穿总书记对黄河流域生态保护和高质量发展的战略部署的标志性立法,成为保护黄河的良法、促进发展的善法、造福人民的好法。将来学习贯彻这部法律,同样要以习近平生态文明思想和总书记的重要讲话、重要指示精神为指引和遵循,才能充分发挥法律的力量,达到善治的效果。

第三,紧密结合地方实际做好黄河保护法实施工作,确保法定职责落实到位。黄河流域生态保护和高质量发展实行中央统筹、省负总责、市县落实的工作机制。法律围绕落实这一工作机制,着眼解决多年来黄河治理中存在的"九龙治水"、多头管理的问题,系统规定了国务院、地方各级政府及其有关部门在黄河保护、治理、发展等各个环节的职责、任务、要求,明确法律责任。国务院及其有关部门、黄河流域地方各级政府要把贯彻实施黄河保护法作为一项重要工作,坚持在法治轨道上、运用法治思维和法治方式推进黄河保护,实现高质量发展。

黄河保护法的特殊性,在于它是以水、土两大自然物为对象,围绕水土来完善全流域生态保护制度,规范全流域人的生产生活行为。这与长江保护法不太一样,长江保护法的重点在于加强污染防治,而黄河保护法注重整个流域生态的保护和修复,做好保水、固土、治沙的文章。甘肃在全省 900 多公里黄河及其流域的保护工作中,围绕水和土可以强化两点:

一是突出水土保持,强化生态保护修复。黄河之所以"生病",根子在于流域生态环境脆弱,黄河上游省区的水源涵养功能降低,是因为生态系统的退化。甘肃黄河流域绝大部分地区处于 400 毫米等降水量线以西,甘南高原草原退化,陇中陇东黄土高原每年入黄泥沙量占黄河年均输沙量的 26%,流域水土流失面积占土地总面积的 73%。这些决定了甘肃在生态保护修复方面任务十分艰巨。而生态保护修复的重点就是水土保持,尽最大努力控制和减少入黄泥沙量。这当中,主要措施是增加植被,以生物措施来固土固沙,同时辅之以工程措施,因地制宜推行打淤地坝等。要按照国家的要求,加大对黄河干流和支流源头、水源涵养区的雪山冰川、高原冻土、高寒草甸、草原、湿地、荒漠、泉域等的保护力度,加强黄河流域重要生态功能区域天然林、湿地、草原保护与修复和荒漠化、沙化土地治理工作,加快推进甘南黄河上游和祁连山水源涵养、陇中陇东黄土高原水土保持等重大项目,促进黄河上游生态系统良性循环。

二是突出水污染防治和节约集约用水,转变和优化生产生活方式。甘肃的水资源制约是比较突出的,人均和亩均水资源量分别为全国平均水平的三分之一和五分之一,部分地区水资源过度开发,经济社会用水挤占河湖生态水量,因此,落实"四水四定"原则对于甘肃尤为重要。要贯彻节水优先、统筹兼顾、集约使用的原则,优先满足城乡居民生活用水,保障基本生态用水,统筹生产用水。严格执行国家确定的黄河水量分配方案、跨省支流水量分配方案、地下水取水总量控制指标等,实行水资源消耗总量和强度双控。黄河流域各省要科学分水,制定差别化用水指标。要强化农业节水增效、工业节水减排和城镇节水降损措施,大力推进水资源循环利用,建设节水型社会。要坚决抑制不合理用水需求,坚决整治脱离实际的各类人造水面景观。持之以恒抓好水污染防治。

今天发言的同志,都谈了对黄河流域生态保护重要性的认识,都重点从生态保护修复、水资源和水环境保护利用等方面,提出完善黄河保护法草案的建议。这说明甘肃上上下下、方方面面对保护黄河的认识是高度一致的,目标任务也是清晰、明确的。大家都关心生态补偿机制的问题,法律草案明确规定国家建立健全黄河流域生态保护补偿制度,既包括中央的财政转移支付,也包括在上下游、左右岸、干支流地方之间的横向生态保护补偿,还鼓励社会资金设立市场化运转的补偿基金,开展用水权市场化交易，等等。这些规定怎么完善，更好回应上游省区的呼声，我们将作进一步研究。将来在实践中，地方也要在中央的统筹下，积极探索、抓好落实。

最后，我想强调一下正确处理生态保护和高质量发展的关系问题。黄河生态环境保护、治理与高质量发展是辩证的、统一的，且保护、治理是前提，是基础，只有保护好黄河、治理好黄河，才谈得上高质量发展。这就决定了黄河保护法重在保护、治理。同时，草案也结合乡村振兴战略、新型城镇化战略和中部崛起、西部大开发等区域协调发展战略的实施，对黄河流域高质量发展作了一些规定。总体上，还是围绕“水”这条“线”和“流域”这个“面”，为实现自然生态的平衡、自然资源的永续利用、人民群众的永世安宁提供法律支持。

今天上午，我们看了兰州新区重离子应用技术及装备制造产业发展情况；下午，专门考察黄河兰州段保护利用情况。作为全国唯一一座黄河穿城而过的省会城市，兰州不仅要当好省域整体发展的火车头，也要在黄河保护方面发挥领路和示范作用。今年6月，我到黑龙江开展环境保护法执法检查，回忆起2004年我在那里工作期间，带队调研哈尔滨发展问题的情景。当时我说，我国北方的大城市中，有一条大江穿城而过的屈指可数，哈尔滨有松花江，因此城市的规划、建设、发展都要“以江为纲”，一方面保护松花江的原生态，另一方面发挥水生态优势，打造江城、“水城”，实现两岸繁荣。兰州城市建设也要做好“水”的文章，水生态一定要保护好，湿地生态一定要保护好，否则，靓丽的兰州就黯然失色，独有的特色将不复存在。希望甘肃、兰州坚定不移坚持生态优先、绿色发展，走出一条实现黄河流域生态保护和高质量发展的新路来。

在甘肃省人大常委会机关座谈时的讲话

（2022年8月28日，甘肃兰州，根据记录整理）

栗战书

很高兴来甘肃省人大，同大家座谈交流。这次到甘肃，主要是开展黄河保护法立法调研，同时就地方人大工作作个简短调研。

刚才，尹弘书记介绍了甘肃省委加强对人大工作领导的情况，廷礼同志汇报了省人大立法、监督、代表等工作。甘肃省的工作、包括省人大工作在内，都是好的。我们在这两天的所见所闻中，亲身感受到了这一点。

党的十八大以来，习近平总书记十分关心甘肃发展，始终牵挂甘肃干部群众，先后两次赴甘肃考察调研，参加十三届全国人大二次会议甘肃代表团审议，作出一系列重要指示，为甘肃发展出谋划策、指引方向。总书记2013年2月考察甘肃，作出“八个着力”的重要指示，要求甘肃“加快建设经济发展、山川秀美、民族团结、社会和谐的幸福美好新甘肃，努力到2020年同全国一道全面建成小康社会”。2019年参加甘肃代表团审议，要求甘肃把脱贫攻坚作为全省的头等大事和第一民生工程，不获全胜、决不收兵。2019年8月再次赴甘肃考察调研，提出“五个方面”的工作要求，叮嘱你们“建设幸福美好新甘肃、开创富民兴陇新局面”。总书记的这一系列指示要求，高瞻远瞩、内涵丰富、导向精准，具有很强的针对性、战略性、可操作性，完全符合甘肃实际，是甘肃工作的根本遵循和行动指南。

在以习近平同志为核心的党中央坚强领导下，甘肃省委、省政府坚持以习近平新时代中国特色社会主义思想为指导，坚决贯彻落实党中央决策部署，团结带领全省人民攻坚克难、顽强拼搏，推动各项事业取得历史性进步。我印象深刻的有这几个方面。一是历史性地解决了绝对贫困问题，同全国一道全面建成小康社会，逐步将“三农”工作重心转到全面促进乡村振兴上。今年上半年，甘肃小麦增收产量占全国小麦增收产量一半以上，这是你们对保障国家粮食安全的突出贡献。二是高质量发展成效明显，现代产业体系逐步形成，新兴产业发展势头好，科技创新驱动作用更强了，基础设施条件大幅改善。去年全省GDP过万亿，一般公共预算收入过千亿，都是历史性突破。三是生态环境保护工作力度很大，鲜明提出保护好生态环境就是甘肃对中华民族永续发展的最大贡献，扎实推进黄河上游水源涵养区一体化保护和修复工程，祁连山生态保护“由乱到治、大见成效”。四是改革开放向纵深发展，发挥得天独厚的通道、枢纽优势，抓住“一带一路”建设的最大机遇，从“内陆腹地”加快迈向“向西开放前沿”。总体而言，不管是过去一年、过去五年，还是过去十年，甘肃各项工作都取得了不起的成绩，为党和国家事业发展作出了积极贡献。取得这些成绩，说明你们真正把习近平新时代中国特色社会主义思想学深、悟透了，把总书记关于甘肃工作的指示要求落到了实处。林铎同志在甘肃工作了5年，当过省长、书记，现在尹弘同志任书记，振鹤同志任省长。对于甘肃的发展变化，你们最有体会、最有发言权。

今年5月，甘肃召开省第十四次党代会，紧紧围绕总书记对甘肃发展的指引，明确了未来一个时期的奋斗目标、重点任务、工作思路和重要举措，提出构建“一核三带”区域发展格局，实施强科技、强工业、强省会、强县域的“四强行动”。当前，甘肃进入了国家重大战略叠加和自身发展势能增强的历史交汇期，处于蓄势待发、爬坡过坎、追赶进位的关键阶段。希望你们深刻领悟“两个确立”的决定性意义，增强“四个意识”、坚定“四个自信”、做到“两个维护”，始终牢记总书记的殷殷嘱托，沿着总书记指明的方向接续奋斗，完整、准确、全面贯彻新发展理念，推进高质量发展。要保持战略定力，坚持扬长避短，立足甘肃作为国家的纵深战略腹地、重要生态屏障的定位，调整优化产业结构，推动资源有序开发利用，促进民族和谐，改善人民生活，把全面建设社会主义现代化幸福美好新甘肃的愿景一步步变为现实。

关于甘肃人大工作，尹弘书记作为省人大常委会主任十分重视，历次常委会会议都主持并讲话，去年底还主持召开了学习贯彻党中央精神和习近平总书记关于坚持和完善人民代表大会制度的重要思想交流会，下个月还将召开省委人大工作会议。振鹤省长也非常支持省人大工作。甘肃人大的工作做得是好的：一是政治上把得牢。自觉坚持党的领导，不断强化党的创新理论武装，贯彻落实党中央决策部署和省委工作安排有力有效。二是立法工作质效好。突出务实管用，统筹推进立改废，本届以来制定修改法规95件、废止52件；去年制定社会信用条例、禁毒条例、中医药条例，修订促进中小企业发展条例、实施土地管理法办法、旅游条例、就业促进条例、动物防疫条例等。刚才，在省人大常委会法工委，看到你们制定修改的食品小作坊小经营店小摊点监督管理条例，这就是典型的结合地方实际、解决现实问题的“小切口”立法。三是监督工作实效强。聚焦稳经济、保民生、优化生态环境等大事要事开展监督，听取审议工作报告86项，开展执法检查29项、专题调研34项，真正把人大监督权用起来了。四是发挥代表作用做得实。扩大代表列席常委会会议范围，积极邀请代表参加立法、执法检查等活动，分区域、分行业建立代表小组，定期开展活动，建成“代表之家（站室）”7000多个，使人大各项工作更接地气、更得民心。我们这次来，第一站到了庆阳西峰后官寨镇“人大代表之家”，同基层人大代表座谈。我看到墙上写着三句话：“听人民心声、替人民进言、为人民尽责”。这很好地诠释了“我当代表为人民”的含义。五是自身建设抓得紧。强化思想政治建设，去年开展常委会党组集体学习40次，持续推进学习型机关建设，着力提升履职能力和水平，持之以恒改进作风，营造浓厚的干事创业氛围。总的看，人大工作开展得有声有色，很有成效。

总结党的十九大以来人大工作的成就和经验，根本的一条就是我们始终坚持学习贯彻习近平总书记关于坚持和完善人民代表大会制度的重要思想。今年年底，全国人大常委会办公厅将在北京召开第五次学习贯彻习近平总书记重要思想的交流会，这既是一个对近5年来各级人大学习贯彻工作情况的总结会，更是在新起点上把学习贯彻工作进一步引向深入的推进会。特别是要深入学习领会习近平总书记在中央人大工作会议上的重要讲话，深刻领会总书记提出的“两个重要制度载体”、“三个有效保证”、“六个必须坚持”重要原则和六方面重点任务、“四个机关”等重大论断、重大理念、重大要求，真正学深悟透、自觉运用，使新时代人大工作不断迈上新台阶。

一要始终坚持党的全面领导这一最高政治原则，把党的领导贯穿于人大工作各方面全过程。在党的十八大之前的一段时间里，一些同志在讲坚持党的领导的问题上有些遮遮掩掩。十八大以来特别是这五年来，这种现象有了很大的转变。我们旗帜鲜明、理直气壮地强调坚持党的领导特别是党中央集中统一领导。党的领导是全面的、绝对的，“全面的”就是全覆盖、全过程、全方位，时时处处事事都坚持、贯彻、体现党的领导和要求，形成自觉和习惯；“绝对的”就是毫不犹豫、毫不迟疑，党中央作出的决策部署，总书记作出的指示要求，都要不折不扣落到实处。道理很简单，在我们这样一个14亿人口的大国，没有党的领导，没有党中央集中统一领导，全国人大能够真正发挥国家权力机关作用吗？能够做多少事、做成什么事？地方人大同样要按照党中央关于人大工作的要求，围绕地方党委贯彻落实党中央大政方针的决策部署，结合地方实际，创造性地做好立法、监督等工作，更好助力经济社会发展和改革攻坚任务。地方各级人大接受同级党委领导，但最终都是贯彻落实党中央的决策部署和总书记的指示要求。

二要紧紧围绕党和国家工作大局依法履职尽责，保证党领导人民依法有效治理国家。不管是立法工作，还是监督工作，都要始终围绕党和国家工作大局、围绕地方党委中心工作谋划和推进。总书记在中央人大工作会议上提出“两个聚焦”——聚焦党中央重大决策部署，聚焦人民群众所思所盼所愿。人大各项工作，就是把“两个聚焦”转化成法律法规、国家意志，然后再发挥权力机关的作用，推动法律法规实施，推动有关方面改进工作、完善制度机制，实现党中央决策部署，满足人民群众美好生活需要。

三要不断发展全过程人民民主，保证人民当家作主。总书记指出，人民代表大会制度是实现我国全过程人民民主的重要制度载体，对人大扩大人民有序政治参与、完善民主民意表达平台和载体、健全吸纳民意、汇集民智的工作机制等提出明确要求。甘肃人大在这方面已经有了一些好的做法和经验，如立法工作做到在立项、起草、审议、论证、评估等各环节都有群众参与，都能听到人民的声音。下一步，要按照总书记的要求，把保证人民当家作主落实到人大工作各方面全过程，使人大各项工作建立在坚实的民意基础之上。

四要紧紧围绕“四个机关”定位，全面加强人大自身建设。人大首先是党领导下的政治机关，在政治上必须过硬，不能出任何问题。要坚持以政治建设为引领，加强人大的思想建设、组织建设、作风建设、能力建设，完善工作制度机制，提高工作质量和效率，切实保证人民行使国家权力、保证人大依法担当尽责。要加快建设政治坚定、服务人民、尊崇法治、发扬民主、勤勉尽责的人大工作队伍，为人大事业发展提供有力的人才支撑。

在第十三届全国人大常委会第三十六次会议联组会议上的讲话

（2022 年 9 月 1 日）

栗战书

本届全国人大常委会履职以来，贯彻落实习近平生态文明思想，紧扣党中央关于生态环保的重大决策部署，把深入开展生态环境保护领域立法、监督工作作为重中之重，努力为生态环境保护提供坚实法治支撑。目前，一个“1 + N + 4”的生态环保法律体系已经基本形成。“1”是发挥基础性、综合性作用的环境保护法。“N”是环境保护领域专门法律，包括针对传统环境领域大气、水、固体废物、土壤、噪声等方面的污染防治法律，针对生态环境领域海洋、湿地、草原、森林、沙漠等方面的保护治理法律等。在这方面，本届制定了土壤污染防治法、噪声污染防治法、湿地保护法、核安全法，修改了固体废物污染环境防治法、环境影响评价法等。“4”是针对特殊地理、特定区域或流域的生态环境保护进行的立法，这是本届全国人大常委会开展的一项带有创新性的工作，包括制定保护两条“母亲河”的长江保护法、黄河保护法，制定旨在保护“耕地中的大熊猫”的黑土地保护法，以及本次会议初审的青藏高原生态保护法草案。这 4 项特定区域、流域的生态环境保护立法，都是根据党中央、习近平总书记的部署要求而开展的，也是对我国生态环保领域法律体系重要的完善和发展。在监督工作方面，本届常委会每年选取 1 到 2 部生态环保领域法律开展执法检查，先后检查大气污染防治法、水污染防治法、土壤污染防治法、固体废物污染环境防治法等 10 部生态环保领域法律和相关决定的实施情况，无论是执法检查的数量和规模，还是力度和影响，都是前所未有的。

今年，我们对环境保护法开展执法检查，是对生态环保领域法律实施情况的全面检查，同时也是对本届以来执法检查工作成效的一次总结评估。从执法检查情况看，国务院及其有关部门、地方各级政府认真实施环境保护法和相关法律，社会各方面共同努力，推动生态环境保护发生历史性、转折性、全局性变化。执法检查报告中列举了环境保护法修改实施以来，我国生态环境保护工作取得的一系列巨大成就。更直观的是，广大人民群众，包括我们在座的每位同志，都切身感受到一个青山常在、绿水长流、空气常新的美丽中国，正在从蓝图一步步变成生动的现实，全社会的“生态颜值”和全体人民的“幸福指数”大幅度同步提升。当然，这次执法检查也发现了一些环保工作中的难点、堵点问题亟待破解，执法检查报告对此提出了 6 个方面建议，大家在审议发言和专题询问时也提出了不少好的意见建议，请国务院及有关方面认真研究处理，推动生态文明建设取得新的更大成绩。

五年来，全国人大常委会在执法检查特别是生态环保领域执法检查工作中积极探索，积累了新鲜经验。一是坚持以习近平生态文明思想为指导。我们开展每一次生态环保领域执法检查，都把学习贯彻习近平生态文明思想作为首要任务，都要深入学习领会习近平总书记对相关领域的指示要求。只有这样，在执法检查中思考问题、查找问题的站位才能更高，解决问题的措施才能更实，取得的效果才能更好。二是坚持聚焦人民群众关心的突出环保问题。治理生态环境，群众满意才是真满意，群众说好才是真好。我们开展执法检查，就是要真正了解人民群众的真实感受，把数据达标与群众满意结合起来，既要看监测数据、排放标准、完成指标的情况，更要看老百姓认可与否，真正做到紧扣人民群众的呼声期盼，着力解决人民群众关心的突出问题。三是坚持紧扣法律规定开展执法检查。本届常委会在执法检查理念、方式上的一个突出特点，是紧扣法律规定，以法律制度落实、法定职责履行、法律责任追究作为检查重点，对照法律条文逐条逐项检查。目的就是推动各有关方面履行法定职责和义务，落实法律规定，让法律的“牙齿”真正“咬合”。四是坚持持续监督和跟踪问效，做到真抓问题、真解决问题。本届常委会连续五年开展生态环保领域执法检查，可以说是对生态环保法律进行了立体式、全方位的执法检查，更是对生态环保领域存在突出问题的跟踪监督。在监督过程中，敢于动真碰硬，对发现的问题点名曝光，“解剖麻雀”、以点带面，通过解决具体问题，推动完善法律实施体制机制，提升工作质量和水平。还采取第三方评估等创新举措，提高监督工作的科学性、专业性。五是坚持执法检查和普法宣传相结合。每次执法检查都努力做到全国各省（区、市）全覆盖，召开五级人大代表、有关专业人员等参加的座谈会，先后组织地方有关部门和企业负责人等 71 万余人参加问卷调查、1.18 亿人次在“学习强国”平台参加答题，引导和推动全社会主动参与生态环境保护和建设。这些经验，值得认真总结提炼，在今后的实践中坚持下去、不断发展，更好做到正确监督、有效监督、依法监督。

人大的主要法定职责，一个是制定修改法律，一个是监督法律的实施。在这里，我结合五年来在全国人大工作的体会，谈一谈对完善和落实法律、推进全面依法治国的一些思考。

发展社会主义民主、健全社会主义法制，是党的十一届三中全会确定的大政方针，开启了改革开放新时期我国社会主义法制建设的新局面。党的十五大提出依法治国基本方略。2011 年，吴邦国同志在十一届全国人大四次会议上宣布，中国特色社会主义法律体系如期形成。在当时的历史条件和背景下，国家经济、政治、文化、社会等各领域基本上做到了有法可依。

党的十八大以来，以习近平同志为核心的党中央把全面依法治国纳入“四个全面”战略布局，实践中我们党和国家事业开辟、拓展了一些新领域，同时也遇到许多新情况、新问题、新挑战等，这对完善法律体系提出了新的更高要求。原来讲法律体系有七个部门，这七个部门的法律基本完备了，法律体系就形成了。但是，随着实践发展，需要增加新的法律部门，形成新的法律体系。像新兴领域的法律现在就比较少，需要补充完善，有些甚至要初创。还有涉外领域立法，十八大以来国际斗争形势暴露出我们在涉外领域的法律存在短板，甚至还有缺项。

在以习近平同志为核心的党中央领导下，十二届、十三届全国人大及其常委会根据党中央的决策部署，加快推进法律的立改废释纂。现在，我国现行有效法律 292 部，法律体系更加完善，法律数量也不算少了。当然，今后还会有许多新的立法任务，但我觉得，更多、更重要的任务是推进和保证法律得到全面有效实施。在这方面，有这么几件工作要抓紧抓实抓好。

第一，继续加强立法修法工作。要围绕党中央的决策部署、人民群众的呼声要求，继续推进法律制定修改工作。现在我们到下面调研，各方面要求制定新的法律或修改法律的呼声还是比较多的。对这些立法需求，哪些有必要制定法律，哪些要抓紧修改已有法律，哪些可以通过制定行政法规、地方性法规来解决，要认真研究，坚持急用先行，做好统筹协调。

第二，及时制定完善配套法规和制度标准。法律出台后，配套的法规、标准一定要跟上。在这方面，国务院和有关部门近些年做了大量工作。但在立法调研、执法检查中也了解到，一些法律的配套法规、规章、标准的建设还是比较滞后。全国人大及其常委会出台的法律，如果需要制定配套法规、规章、标准的，法律条文中都会明确规定；按照立法法的要求，法律颁布实施后，相关配套法规一般要在一年时间内制定。而实践中，一些法律已经实施几年了，配套行政法规等还没有出台。地方性法规也存在这样的问题。希望国务院及有关部门认真研究这个问题，加强和改进相关工作。

第三，高度重视、切实保证法律全面有效实施。 一是各级领导干部要学会和善于运用法律来解决问题、推动工作。现在，不少领导干部在这方面的差距是比较大的。2019 年，我们开展水污染防治法执法检查，有地方的领导同志就讲，过去成天开会部署水污染治理，但从来没有看过水污染防治法，这次全国人大常委会来检查，才把这部法律看了看，一看就觉得法律中的很多规定很有针对性，落实了就能见效。法律是党的主张和人民意志的统一，是成熟经验和科学规律的制度化体现。实际工作中，上级领导或部门提出的要求，下边不一定认真落实。但一拿出法律作依据，强调这是法律规定必须要做，不做就是违法，下面就有了压力，工作也就起到事半功倍的效果。所以，领导干部应当学会运用法律、善于运用法律，把法律的规定具体化，变成落实法律的有效措施，从而指导和推动实际工作。

二是全社会要自觉学法用法。 这也是法律实施的一个薄弱环节。很多人常常是遇到法律问题、法律纠纷了，才知道找法律来看一看。公民、企业、社会组织等都要学习、知晓同自身相关的法律法规，自觉遵守法律，主动拿起法律武器维护自身权益。

三是实际工作中要一条一条严格执行法律。 法律实施同政策执行不太一样。有些政策在执行中，可以根据实际情况作一些灵活运用，但法律是不允许搞变通的，法律只有绝对性，没有灵活性。法律的类型有很多种，有些是对特定领域和行为进行规范的法律，比如民法、刑法；有些重在鼓励促进，比如家庭教育促进法、循环经济促进法等；有些重在保护，比如生态环境领域的法律。但不管是什么类型的法律，基本上都是以禁止性条款为主，即使鼓励促进类法律，也是为了保障这项事业的发展，而对相关的损害性行为作出禁止性规定。对于法律特别是法律中的禁止性规定，不管是主管部门、执法司法部门，还是其他负有实施责任的主体，都必须严格执行，保证法律真正落到实处。

四是“一府一委两院”要重视人大及其常委会、人大代表提出的意见、建议和询问等。 人大制定法律是非常严肃的。一部法律出台，先要评估论证立法可行性，然后开展立法调研，起草法律草案。法律草案从初审到通过，一般要三审。这期间，有关专门委员会、工作委员会要搞很多调查研究，广泛听取人民群众、专家学者、执法部门的意见。正因为这样，法律规定才有很强的现实针对性。另外，常委会组成人员、人大代表审议法律案，都要事先调研，听取各方面意见，发现存在的问题，认真提出修改意见。在执法检查、代表视察调研中，常委会组成人员、人大代表也都深入到基层一线，对照法律一条一条找问题，看落实了没有、执行了没有。因此，人大提出的意见、建议，包括询问提出的问题，都是人民群众呼声强烈、法律实施中重要的、急需解决的问题，都很有针对性。“一府一委两院”对他们的意见、建议要高度重视、认真研究处理，切实解决问题、改进工作。只有这样，才能全面严格地实施法律，才能真正发挥法治的威力，实现全面依法治国的目标。

深刻领悟“两个确立”的决定性意义
更加紧密团结在以习近平同志为核心的党中央周围
用党的二十大精神指引人大工作发展

——在全国人大常委会党组传达学习党的二十大精神时的讲话

（2022 年 10 月 24 日）

栗战书

今天的党组会议，主要是传达学习党的十九届七中全会、党的二十大及二十届一中全会精神。大家都现场聆听了习近平总书记在党的十九届七中全会和党的二十大上的重要讲话，刚才传达了习近平总书记在党的二十届一中全会上的重要讲话。大家发言高度评价了习近平总书记党的十八大以来为党和人民事业作出的巨大贡献和发挥的核心作用，高度评价了会议成果和党的十八大以来党和国家事业的伟大成就，谈了初步学习的体会、感悟，进一步领会会议精神，并谈了落实会议精神的想法建议。下面，我也谈几点学习体会。

第一，习近平同志再次当选为党的总书记、中央军委主席，大会选举产生新一届中央领导集体，一定能团结带领全党全国各族人民奋力实现党的二十大描绘的宏伟蓝图。

大会和全会最为重要的成果，一是选举习近平同志为党的总书记、中央军委主席，选举产生了新一届中央委员会、中央政治局、中央政治局常委会；二是通过了习近平总书记在党的二十大上的报告，以及中央纪委的工作报告，通过了党章修正案；三是通过一系列重大决定、决议，对党和国家事业作出一系列新的部署。

习近平同志当选为党的总书记、中央军委主席，反映了全党全军全国各族人民的共同心愿，体现了全党全军全国各族人民对于新时代十年伟大变革的充分肯定，表达了全党全军全国各族人民对习近平总书记的衷心拥戴。历史和人民选择习近平总书记作为领袖和领路人、掌舵人，习近平总书记以自己崇高的理想追求和品德、智慧、能力、实绩，向党和人民交出了优异的答卷。党的十八大以来，习近平总书记以以身许党、以身许国的伟大情怀和责任担当，团结带领全党全国各族人民，推动党和国家事业取得了历史性成就，实现了历史性变革。正是新时代十年的伟大变革，中国人民的前进动力更加强大、奋斗精神更加昂扬、必胜信念更加坚定，焕发出更为强烈的历史自觉和主动精神，中国共产党和中国人民正信心百倍推进中华民族从站起来、富起来到强起来的伟大飞跃。在新时代新征程上，全面建设社会主义现代化国家，是一项伟大而艰巨的事业，前途光明，任重道远。当前，世界百年未有之大变局加速演进，我国改革发展稳定面临不少深层次矛盾躲不开、绕不过。我国发展进入战略机遇和风险挑战并存、不确定难预料因素增多的时期。党和人民事业需要习近平总书记继续举旗定向、掌舵领航，发挥作为思想引领、方向把控、战略决断、政治凝聚、行动表率的领路人、定盘星作用。有习近平总书记作为党中央的核心、全党的核心，有以习近平同志为核心的党中央的坚强领导，我们就能经受住任何风高浪急甚至惊涛骇浪的考验，全面建设社会主义现代化国家、全面推进中华民族伟大复兴就有了根本的政治保障。对此，我们充满了坚定的信心。

大会和全会选举产生的新一届中央领导集体，政治过硬、信念坚定，是具有马克思主义理论水平，能够掌握习近平新时代中国特色社会主义思想，坚决贯彻党的基本理论、基本路线、基本方略，能够深刻领悟“两个确立”的决定性意义，具有很强“四个意识”、“四个自信”、“两个维护”政治觉悟和能力的政治家集团；是不忘初心、牢记使命，全心全意为人民服务，团结坚强、同心同德，勇于担当、奋发有为，敢于斗争、善于斗争，作风优良、清正廉洁，全党全国各族人民信赖和拥护的政治家集团；是始终走在时代前列，统筹中华民族伟大复兴战略全局和世界百年未有之大变局，能够驾驭复杂局面，应对各种风险挑战，善于治党治国治军，不断推动新时代中国特色社会主义事业取得新胜利的政治家集团。这个领导集体，结构合理、朝气蓬勃，既有十九届继续提名留任的同志，也有一批“60后”年富力强新进入政治局的同志，党内认可度高，群众基础好。中央领导层顺利实现新老交替，一方面，说明我们这个百年大党后继有人，永葆青春和生机活力；另一方面，体现了习近平总书记的高瞻远瞩和深谋远虑，体现了习近平总书记对党、国家、民族和人民的高度历史责任感和历史担当精神，也为我们党长期执政提供了政治保证和组织保证。我们坚信，以习近平同志为核心的新一届党中央，一定能够担负起团结带领全党全国各族人民全面建设社会主义现代化国家、全面推进中华民族伟大复兴的历史重任。我们党将无坚不摧，我们的事业将无往而不胜。

习近平总书记在党的二十大上所作的报告，主题鲜明、气势磅礴、目标明确、催人奋进，是党团结带领全国各族人民夺取中国特色社会主义新胜利的政治宣言和行动纲领，是马克思主义的纲领性文献。报告深刻回答了新时代新征程上，中国共产党人举什么旗、走什么路，以什么样的精神状态，担负什么样的时代使命，坚持什么样的发展方向和路线，采取什么样的基本方略和战略举措，实现什么样的奋斗目标这一系列方向性、根本性的重大问题，充分体现了习近平总书记作为马克思主义政治家的宏大哲学思维、深邃战略眼光、炽热为民情怀，充分总结了党的十八大以来的理论创新、制度创新、实践创新成果和宝贵经验，充分宣示了中国共产党作为百年大党的执政理念和历史使命、责任担当。

报告特点鲜明、亮点纷呈，我印象最深的有五个：一是主题中响亮提出“为全面建设社会主义现代化国家、全面推进中华民族伟大复兴而团结奋斗”的号召，“团结就是力量，团结才能胜利”，团结奋斗是新时代中国人民创造历史伟业的必由之路，团结奋斗已然成为新时代中国共产党人的时代强音。这一鲜明主题，既明确了我们在新时代新征程上的奋斗目标，也极大地鼓舞我们的信心、凝聚全党全国各族人民的磅礴精神力量。二是新时代十年的伟大变革，从党、人民、国家和民族、科学社会主义四个维度讲了所具有的里程碑意义，就是百年大党始终成为坚强领导核心，中国人民信心百倍推进中华民族从站起来、富起来到强起来的伟大飞跃，中华民族伟大复兴进入了不可逆转的历史进程，科学社会主义在二十一世纪的中国焕发出新的蓬勃生机。这四个里程碑意义，为我们实现新时代新征程的奋斗目标奠定了更为坚实的物质基础和更为强大的精神力量。三是推进马克思主义中国化时代化，特别强调了以“两个结合”，就是坚持马克思主义基本原理同中国具体实际相结合、同中华优秀传统文化相结合，为党和国家各项事业提供科学思想方法。这既是我们在新时代新征程上继续前进的方向指引，也是我们强大的思想武器。四是明确提出新时代新征程中国共产党的使命任务就是全面建成社会主义现代化强国、实现第二个百年奋斗目标，以中国式现代化全面推进中华民族伟大复兴，并深刻论述中国式现代化九点本质要求和五个方面的特色。这就使我们对建设现代化国家、建成现代化强国有了重要的遵循和具体的标准，这不仅是蓝图，也是一张“施工图”，我们对以中国式现代化全面推进中华民族伟大复兴充满了必胜信心。五是贯穿坚持党的领导这一主线，强调要始终坚持和加强党的全面领导特别是党中央集中统一领导，深入推进新时代党的建设新的伟大工程。特别是提出了提高斗争本领、增强斗争精神，这是我们迎接和战胜各种风险挑战最坚强的保证。有以习近平同志为核心的党中央的坚强领导，任何风浪都颠覆不了中华民族这艘前进的巨轮，任何困难都不能阻滞中华民族伟大复兴的历史进程。

大会通过的十九届中央纪委工作报告，揭示了以党的自我革命引领社会革命的重大意义，宣示了党永远在路上的清醒和坚定推进党风廉政建设和反腐败斗争的坚强决心。大会通过的党章修正案，体现了党的十九大以来党的理论创新、实践创新、制度创新成果，对坚持和加强党的全面领导、坚定不移推进全面从严治党、坚持和完善党的建设、推进党的自我革命提出了明确要求。大会和全会作出的各项决策部署、取得的各项成果，必将对全面建设社会主义现代化国家、全面推进中华民族伟大复兴，对夺取中国特色社会主义新胜利发挥十分重要的指导和保证作用。

第二，过去五年的工作、新时代十年的伟大变革，根本在于确立了习近平总书记党中央的核心、全党的核心地位，确立了习近平新时代中国特色社会主义思想的指导地位。

党的十八大以来，以习近平同志为核心的党中央团结带领全党全国各族人民，采取一系列战略性举措，推进一系列变革性实践，实现一系列突破性进展，取得一系列标志性成果，经受住了来自政治、经济、意识形态、自然界等方面的风险挑战考验，党和国家事业取得历史性成就、发生历史性变革，推动我国迈上全面建设社会主义国家新征程。新时代十年的伟大变革，在党史、新中国史、改革开放史、社会主义建设史、中华民族发展史上具有里程碑意义。中国共产党在革命性锻造中更加坚强有力，中国人民焕发出更为强烈的历史自觉和主动精神。因为这些成就，马克思主义的科学性和真理性在新时代的中国得到充分检验，社会主义的历史必然性、制度竞争力充分彰显出来。今天，我们比历史上任何时期都更接近、更有信心和能力实现中华民族伟大复兴的目标。

我在2020年底一次中央会议上说，“党的十八大以来这一段，尽管时间不长，但可以说是新中国成立以来社会主义建设和发展最精华的历史。”像我们这个年龄，在党四五十年，最清楚各个时期的情况，因而也最能体味党的十八大以来党和国家事业取得的历史性成就、发生的历史性变革，这一切的原因，从根本上讲，就是确立了习近平同志党中央的核心、全党的核心地位，确立了习近平新时代中国特色社会主义思想的指导地位。这充分反映了全党全军全国各族人民的共同心愿，对新时代党和国家事业发展、对推进中华民族伟大复兴历史进程具有决定性意义。

历史证明，我们党领导波澜壮阔的革命、建设、改革事业，特别是在重大历史转折、社会变革的紧要关头，领袖人物都发挥着掌舵领航的关键作用。应对世界百年未有之大变局，掌把中华民族伟大复兴的战略全局，其艰巨性、复杂性远远大于、也大大难于一般"治世""盛世"时的领导工作。在这场博弈和棋局中,我们最大的机遇,最大的实力和竞争力,最大的底气和资本,就是有以习近平同志为核心的党中央作为政治保障。从这个意义上说,国家之间的竞争,看的是经济实力、科技实力、综合国力,但关键还是最高领导人的执政水平。党的十八大以来的实践有力地证明,正是习近平总书记的坚强领导,我们才战胜了各种风险挑战,如期实现了第一个百年奋斗目标,推进了全面建设社会主义现代化国家的进程。如果没有习近平总书记为我们掌舵领航,我们就不会有今天这样的局面。

党的十八大以来,我们党勇于进行理论探索和创新,以全新的视野深化对共产党执政规律、社会主义建设规律、人类社会发展规律的认识,取得重大创新成果,集中体现为习近平新时代中国特色社会主义思想。党的十九大、十九届六中全会提出的"十个明确"、"十四个坚持"、"十三方面成就"概括了这一思想的主要内容。在这十年中,这一科学理论已经普遍地为人民群众所接受、所掌握、所运用,成为党员干部群众的精神旗帜、理论指南、价值取向和行为方式,有力引领指导党和人民事业发展,有力引领破解前进道路上面临的重大挑战、重大风险、重大阻力、重大矛盾,有力引领推进伟大斗争、伟大工程、伟大事业、伟大梦想,成为照亮全党全军全国各族人民熊熊燃烧的思想火炬。正是在这一科学理论的指引下,科学社会主义在二十一世纪的中国焕发出新的蓬勃生机,中国式现代化为人类实现现代化提供了新的选择,中国共产党和中国人民为解决人类面临的共同问题提供更多更好的中国智慧、中国方案、中国力量,为人类和平与发展崇高事业作出新的更多的贡献。习近平总书记在报告中深刻指出,"拥有马克思主义科学理论指导是我们党坚定信仰信念、把握历史主动的根本所在"。这个马克思主义科学理论,在当代,就是习近平新时代中国特色社会主义思想。我们要长期坚持这一科学理论,运用贯穿其中的立场观点方法分析、回答、解决时代和实践提出的重大问题,确保中国特色社会主义沿着正确的方向前进,确保全面建设社会主义现代化国家伟大事业不断向前发展。

第三,全国人大及其常委会要发挥表率作用,按照中央统一部署要求,作为重大政治任务,深入学习贯彻党的二十大精神。

学习贯彻党的二十大精神,必须深刻认识到:新时代十年的伟大变革,是在以习近平同志为核心的党中央坚强领导下、在习近平新时代中国特色社会主义思想指引下全党全国各族人民团结奋斗取得的;新时代新征程上把中国特色社会主义事业推向前进,最紧要的是深刻领悟"两个确立"的决定性意义,增强"四个意识"、坚定"四个自信"、做到"两个维护",自觉在思想上政治上行动上同以习近平同志为核心的党中央保持高度一致。党的领导是全面的、系统的、整体的,必须全面、系统、整体加以落实。要增强政治判断力、政治领悟力、政治执行力,严守政治纪律和政治规矩,在党中央的集中统一领导下,坚决贯彻党中央决策部署,经常同党中央对标对表,不打折、不变通、不走样,切实做到为党分忧、为党尽责、为党奉献。

学习贯彻党的二十大精神,必须要做到全面、准确、深刻。要深刻把握大会主题,深刻认识过去五年和新时代十年的伟大变革,深刻领悟新时代中国共产党的使命任务和"两步走"战略安排,完整、准确、全面贯彻新发展理念,加快构建新发展格局、着力推动高质量发展,认真落实党的二十大对未来一个时期党和国家事业发展作出的全面部署。除了党的二十大报告,习近平总书记还发表了一系列重要讲话。在党的二十大预备会议、主席团会议和常务主席会议、参加所在代表团讨论、党的二十大闭幕会以及党的二十届一中全会、新一届中央政治局常委与中外记者见面会上,习近平总书记都发表了重要讲话,这些讲话都是二十大精神的重要内容。在党的二十大闭幕会上,习近平总书记讲了三个"一定要",要求全党一定要牢记初心使命,一定要牢记"江山就是人民、人民就是江山",一定要牢记"国之大者",为党和人民事业贡献全部智慧和力量;在党的二十届一中全会上,习近平总书记深刻分析了我国发展面临的形势,对全党提出"五个方面要求",要求全党继续推进党的理论创新,深刻把握中国式现代化的中国特色和本质要求,扎实贯彻全面建设社会主义现代化国家各项部署,全面落实以人民为中心的发展思想,深入推进新时代党的建设新的伟大工程;对中央委员会的同志提出"四点希望",即牢记"国之大者"、全面增强本领、增强斗争精神、保持清正廉洁。在新一届中央政治局常委同中外记者见面时,习近平总书记向全党发出了"四个始终保持"的号召,即始终保持昂扬奋进的精神状态,始终坚持一切为了人民、一切依靠人民,始终推进党的自我革命,始终弘扬全人类共同价值,以中国式现代化全面推进中华民族伟大复兴。习近平总书记的这些重要讲话要求,有的是对代表讲的,有的是对主席团成员讲的,有的是对新一届中央委员会成员讲的,有的是面向新闻媒体讲的,但就其精神而言,实际上都是对全党特别是党员领导干部的要求,我们都要认真学习贯彻落实。

学习贯彻党的二十大精神,全国人大及其常委会要发挥表率作用,切实做到融会贯通,用以指引人大工作的正确方向。一方面,要把人大工作从整体上、系统性地融入党和国家事业的大局之中来考虑,在推进"五位一体"总体布局、"四个全面"战略布局和中国式现代化进程中找准定位和着力点,发挥好人大应有的职能作用,为全面建设社会主义现代化国家、全面推进中华民族伟大复兴贡献力量;另一方面,要认真学习报告中涉及人大工作的重点内容,比如报告中"发展全过程人民民主,保障人民当家作主""坚持全面依法治国,推进法治中国建设"这两个部分,都有关于人大工作的深刻论述、重要部署和具体要求,我们要认真学习领会,全面准确地落实到人大的立法、监督、代表、外事工作和自身建设之中。我们要弘扬伟大建党精神,务必不忘初心、牢记使命,务必谦虚谨慎、艰苦奋斗,务必敢于斗争、善于斗争,坚定历史自信,增强历史主动,更加紧密团结在以习近平同志为核心的党中央周围,为谱写新时代中国特色社会主义更加绚丽的华章作出我们的贡献。

接下来,要按照党中央的统一部署,迅速在机关传达学习贯彻党的二十大精神。近期有这样几项工作:一是常委会党组、机关党组要按照党中央的要求,拿出学习宣传贯彻党的二十大精神的总体考虑;二是机关党组、专门委员会分党组要认真传达学习,机关各级党组织要形式多样地认真学习、全面贯彻落实会议精神;三是即将召开的常委会第三十七次会议,已把学习贯彻党的二十大精神作为第一项议题,邀请有关同志作专题辅导,之后用半天时间分组学习讨论;四是年底总结今年工作、安排明年工作,要把党的二十大精神的学习贯彻落实贯穿始终,以党的二十大精神统领、谋划和推进人大各项工作。

学习贯彻党的二十大精神的情况,要及时向党中央报告。

认真学习贯彻党的二十大精神
强化思想引领、把牢正确方向
推动新时代人大制度和人大工作完善发展

(2022年12月26日)

栗战书

经党中央批准,今天我们召开深入学习贯彻习近平总书记关于坚持和完善人民代表大会制度的重要思想交流会。这是本届全国人大常委会连续第5年召开专一题目的学习交流会,目的是认真学习贯彻党的二十大精神,在总结人大制度建设和人大工作成就经验的基础上,持续深化对学习贯彻习近平总书记关于坚持和完善人民代表大会制度的重要思想的认识体会,推动党的二十大精神和中央人大工作会议部署要求贯彻落实,推动新时代人大制度和人大工作完善发展。可以说,这既是一次学习会,也是一次总结会、工作推进会。

学习宣传贯彻党的二十大精神,是当前全党全国的一项重要政治任务。这段时间,各级人大都开展了形式多样的学习宣传贯彻活动,认识、思考和实践都在不断深化。人大的同志学习贯彻党的二十大精神,紧紧抓住了以下关键:**一是**新时代十年伟大变革的里程碑意义。十年历史性成就、历史性变革,包括了人大制度建设和人大工作取得的成就。各级人大履职尽责,为党和国家事业发展作出了重要贡献,要在总结成就经验的基础上再接再厉、继续奋斗。**二是**"两个确立"的决定性意义。"两个确立"是新时代取得的重大政治成果,是引领党和国家事业从胜利走向新的胜利的根本政治保证。各级人大要深刻领悟"两个确立"的决定性意义,牢记"国之大者",更加自觉地在思想上政治上行动上同以习近平同志为核心的党中央保持高度一致。**三是**马克思主义中国化时代化的新飞跃新境界。习近平新时代中国特色社会主义思想,是"两个结合"的光辉典范,是当代中国马克思主义、二十一世纪马克思主义,是全党全国人民团结奋斗的共同思想基础。各级人大要坚持不懈用这一创新理论武装头脑、指导实践、推动工作,运用贯穿其

中的立场观点方法分析、回答、解决时代和实践提出的重大问题。**四是**新时代新征程的使命任务。各级人大要增强责任感使命感，自觉把人大工作放在党和国家工作大局中来谋划和考虑，找准在推进“五位一体”总体布局、“四个全面”战略布局和中国式现代化进程中的定位和着力点，发挥好人大职能作用。**五是**党的二十大对人大工作的部署要求。对照党的二十大提出的目标任务，结合人大职责，研究提出贯彻落实的具体措施，扎实有效落到实处。

下面，我围绕这次交流会的主题，结合本届全国人大及其常委会五年工作，对学习贯彻党的二十大精神，做好新时代人大工作，谈几点认识和体会，同大家交流。

一、坚持党的全面领导是最高政治原则，必须把党的领导全面地贯彻落实到人大工作各方面全过程

人民代表大会制度是坚持党的领导、人民当家作主、依法治国有机统一的根本政治制度安排。其中，党的领导是根本保证，党的领导坚持得越好，人民当家作主就实现得越充分，依法治国就发展得越顺利，人民代表大会制度的优越性就越能得到彰显。本届人大工作最大的体会、最鲜明的特点，就是坚定坚持党的全面领导特别是党中央集中统一领导。2018年，十三届全国人大一次会议通过宪法修正案，将“中国共产党领导是中国特色社会主义最本质的特征”写入宪法总纲，全国人大常委会制定修改的多部法律，都在总则部分规定了坚持党的领导。人大立法、监督等各项工作，都坚持在党的领导下进行，都坚决贯彻党的大政方针和决策部署。大家都说，这几年，全国人大最大的变化是党的领导加强了，跟以习近平同志为核心的党中央更近更紧了。

人大坚持党的全面领导，就是人大一切工作都要听党中央的，服务党中央工作大局，坚决贯彻落实党中央决策部署。**一是**，树牢“四个意识”、做到“两个维护”，始终保持对党的忠诚、对党中央的忠诚、对党的核心的忠诚，经常同党中央、总书记的思想理论、工作部署对标对表，确保党中央集中统一领导贯彻体现到人大工作各方面全过程。**二是**，不折不扣贯彻落实总书记对人大工作的重要指示批示和党中央关于人大工作的决策部署，这些都是党中央直接交给人大的任务。比如，按照党中央部署安排，常委会采取“决定+立法”、“决定+修法”等形式，完成一系列涉港重大立法任务，维护香港特别行政区宪制秩序、法治秩序。建立健全贯彻落实总书记重要指示批示的工作机制，拉单列条，设立台账，一项一项抓好落实。2018年以来，总书记作出的关于人大工作的重要指示批示有171件，已落实166件。**三是**，人大主动担当作为，紧紧围绕党中央关于改革发展稳定的重大决策部署，依法履职尽责、积极主动开展工作，保证党的路线方针政策和决策部署在国家工作中得到全面贯彻和有效执行。本届全国人大常委会先后制定修改生态环保法律19件次，连续5年检查生态环保领域11件法律和1个决定的实施情况，听取审议13个相关工作报告，开展5次专题询问、2次专题调研，为打好污染防治攻坚战作出了人大的贡献。这样的工作还有很多，真正做到了党和国家工作重心在哪里，人大工作就跟进到哪里，职能作用就发挥到哪里。**四是**，严格执行请示报告制度。本届全国人大常委会党组向党中央请示报告302件次，还通过常委会办公厅向中央办公厅、中央改革办等部门请示报告117件次，保证一切重要工作、重大事项都在党中央领导下进行。**五是**，全覆盖、全过程、全方位坚持党的领导，既体现在人大工作中，也体现在人大党的建设、人大机关风气、人大工作人员的工作生活中。人大的一举一动、人大同志的一言一行，都要符合党的要求、维护党的形象、遵守党的纪律和规矩，使一切行动听党指挥成为自觉和习惯。

地方人大坚持党的领导是坚决有力的，也有很多经验做法。我们下去调研，看到很多地方对习近平总书记的重要讲话、重要指示批示精神，都是“第一议题”抓学习、“第一遵循”抓贯彻、“第一政治要件”抓落实。总的看，不管是哪个地方、哪级人大，都做到了听从党的号召、紧跟党的步伐，在坚持党的全面领导、落实党中央决策部署方面更加自觉、更有成效了。

二、习近平新时代中国特色社会主义思想是党和国家的指导思想，必须坚持用以统揽和指导人大工作，确保人大工作沿着正确的方向前进

以党的创新理论为引领，学懂弄通做实习近平

新时代中国特色社会主义思想，是坚持和完善人民代表大会制度、加强和改进人大工作的“金钥匙”。**首先是“学懂”**。这就要求人大建立健全学习制度，全面、持续、深入学习领会习近平新时代中国特色社会主义思想。本届全国人大常委会党组认真开展“不忘初心、牢记使命”主题教育、党史学习教育，认真学习习近平谈治国理政一至四卷，通过党组会议、集体学习、专题讲座等认真学习习近平总书记重要讲话和党中央重要会议、重要文件精神，把党的创新理论武装融入日常、抓在经常，以思想自觉引领行动自觉。**第二是“弄通”**。这就要求真正领会掌握习近平新时代中国特色社会主义思想的核心要义和丰富内涵，坚持好、运用好贯穿其中的立场观点方法。我们开展每一项工作，首先是学习领会总书记的论述要求和指示批示，主动从党的创新理论中找方向、找智慧、找方法。这么干工作，心里就有底了，思路就清晰了，就能收到事半功倍的效果。**第三是“做实”**。这就要求把理论学习同履职尽责、开展工作结合起来，把总书记的重要思想、重大理念、部署要求贯彻体现到每一项立法中，贯彻体现到监督、代表、外事工作和自身建设的实际成效上。

学习贯彻习近平总书记关于坚持和完善人民代表大会制度的重要思想，是做好人大工作的必修课和基本功。本届全国人大常委会连续5年举行学习交流会，每年确定一、两个交流重点，引领带动各级人大的同志深化学习思考，加强经验总结，不断提升做好新时代人大工作的政治站位和理论水平。学习交流会只是一个平台和载体，之所以能取得很好的效果，关键在于各级人大的同志对总书记的重要思想真学了、真信了、真用了，切实把学习成果转化为推进工作的强大动力，引领人大工作不断取得新成效、积累新经验。这些是大家共同的认识和体会。

以党的创新理论为引领，加强人大理论研究和宣传阐释工作是本届全国人大常委会的重要任务。我们跟进梳理汇编习近平总书记关于人民代表大会制度的重要论述，在《人民日报》、《求是》、《旗帜》、《中国人大》等报刊发表一系列文章，组织编写了《人民当家作主——人民代表大会制度的运行和发展》、《人民代表大会制度从这里走来》、《中国共产党对国家制度和法律制度的百年探索》等书籍。人大制度理论研究会推动各方面参与理论研究，发挥了重要平台载体作用。各级人大还统筹运用各类传统媒体和新兴媒体，通过新闻报道、权威解读、答记者问、理论文章、图文视频等形式，用生动鲜活、深入浅出、喜闻乐见的方式，展现人大工作成效、代表履职风采。人民群众普遍反映，对国家根本政治制度更了解、更自信了，对人大工作更熟悉、更认可了。

三、人民代表大会制度是实现我国全过程人民民主的重要制度载体，必须坚持一切为了人民、一切依靠人民，充分发挥人大在发展全过程人民民主中的重要作用

全过程人民民主重大理念，是习近平总书记思考民主性质规律、比较中外民主异同、总结我国民主发展经验提出的重大理论创新成果，为新时代发展中国特色社会主义民主、更好保证人民当家作主提供了指引和遵循。党的二十大报告把发展全过程人民民主确定为中国式现代化的本质要求，对“发展全过程人民民主，保障人民当家作主”作出全面部署。习近平总书记在中央人大工作会议上对全过程人民民主作了全面阐述，指出人民代表大会制度是实现我国全过程人民民主的重要制度载体，对发挥人大在发展全过程人民民主中的作用提出明确要求。我们要深刻领会全过程人民民主的重大意义、性质特征和实践要求，贯彻党中央决策部署和习近平总书记指示要求，担当起人大在发展全过程人民民主中的职责使命。

在人大工作中落实全过程人民民主要求，必须牢固树立国家一切权力属于人民的宪法理念，坚持一切为了人民、一切依靠人民，把维护好实现好发展好最广大人民根本利益作为人大工作的出发点和落脚点，倾听人民呼声，汇聚人民智慧，回应人民期待，保证人民当家作主具体地、现实地落实到国家政治生活和社会生活之中。

要为健全人民当家作主制度体系提供法治支撑和保障。通过修改宪法和推动宪法实施，坚持人民民主专政的国体和人民代表大会制度的政体，保证宪法规定的公民基本权利和义务得到落实。通过制定修改选举法、全国人大组织法、地方组织法、立法法、监督法、代表法、民族区域自治法、村民委员会组织法、城市居民委员会组织法、工会法等法律并保证这些法律有效实施，确保人民依法实行民主选举、民主协商、民主决策、民主管理、民主监督。地方各级人大要根据宪法和相关法律，健全完善发展全过程人民民主的法规和制度机制，切实支持和

保证人民当家作主。

要坚持以人民为中心的发展思想,推动解决群众最关心最直接最现实的利益问题。本届全国人大及其常委会完成了民法典编纂的重大任务,这是守护人民美好生活的重要法律。围绕民生热点难点问题加大立法监督力度,从大气到土壤,从疫苗管理到用药就医,从学校教育到家庭教育,从反食品浪费到农产品质量安全,从个人信息保护到反电信网络诈骗等,人民群众关注的重要问题在人大工作中得到了回应,见到了实效。今后,还要继续加强人权法治保障,制定完善民事、刑事、行政以及经济、文化、社会、生态环境等领域法律,做好人大监督工作,以法治方式维护人民利益、增进民生福祉。

要完善人大的民主民意表达平台和载体,更好吸纳民意、汇集民智。经过多年实践,全国人大常委会已经形成了一整套比较定型、管用的民主民意表达平台和载体,包括法律草案征求意见系统、国家法律法规数据库、备案审查信息平台、网上信访平台、代表工作信息化平台、基层联系点等,还有调研、座谈、论证、评估、问卷调查等工作机制。现在,人民群众参与人大工作、提出意见建议的渠道更加顺畅、更加便捷了。本届全国人大常委会共有 141 件次法律草案通过网络向社会公布征求意见,参与人次 108 万,提出意见 330 多万条。设立 32 个立法联系点,实现了 31 个省(区、市)全覆盖,带动省、设区的市两级人大设立联系点 5500 多个。地方人大在畅通民意表达渠道方面也做了许多探索,积累了不少新鲜经验。比如,有的地方实施民生实事项目人大代表票决制;有的地方坚持公民旁听代表大会和常委会会议制度;有些地方针对群众关心关切问题开展民意调查、创设“人民议事厅”,等等。实践证明,人民群众对人大工作的参与度越高,意见建议反映得越充分,人大工作的民意基础就越牢靠,得到的支持和肯定就越多。

充分发挥各级人大代表作用,是人民当家作主的重要体现,是做好人大工作的重要基础。本届全国人大常委会牢固树立为代表服务的意识,加强代表工作能力建设,更好支持和保障代表依法履职。我们制定加强和改进全国人大代表工作的 35 条具体举措,健全常委会组成人员、专门委员会直接联系人大代表制度,建立列席代表座谈会机制;按照“内容高质量、办理高质量”“既要重结果、也要重过程”的要求,认真审议办理代表在大会期间提出的议案 2282 件和建议 42675 件、代表在闭会期间提出的建议 1055 件;安排代表参加全国人大常委会有关活动,不断拓展代表对常委会、专门委员会工作的参与;组织好代表视察、调研、培训等工作。全国人大代表忠实代表人民利益和意志,依法参加行使国家权力,密切联系群众,察民情、汇民意、聚民智,积极宣传并带头贯彻党中央大政方针政策和宪法法律,当好党和国家联系人民群众的桥梁。经过多年的实践探索,地方各级人大都建立起了一套支持和保障代表联系群众的工作机制,代表活动搞得有声有色。近年来,各地设立了 22 万多个代表之家、代表联络站,已基本覆盖乡镇、街道,成为代表履职、学习、联系群众的阵地和窗口。许多老百姓说,看到人大代表密切联系群众、帮助群众解决实际问题,直观感受到人大作为国家权力机关发挥着作用,也深刻感受到国家根本政治制度的优势。

四、推进全面依法治国是人大及其常委会的重要职责,必须发挥好人大职能作用,以法治方式推进国家治理体系和治理能力现代化

党的二十大报告将法治建设单独作为一部分专章论述、专门部署,充分体现了以习近平同志为核心的党中央对全面依法治国的高度重视。人大及其常委会是立法机关,是法律实施监督机关,在全面依法治国工作中承担重要职责。要制定完善法律法规,推动宪法法律法规全面有效实施,督促“一府一委两院”依法正确行使权力,全面推进国家各方面工作法治化。

全面贯彻实施宪法是建设社会主义法治国家的首要任务和基础性工作,也是坚持和完善人民代表大会制度的必然要求。本届全国人大常委会认真履行宪法实施监督职责,坚持依宪立法,把宪法规定、宪法原则、宪法精神贯彻到立法中、体现到各项法律中;完善宪法相关法,实施宪法规定的功勋表彰和特赦制度;着力提高合宪性审查和备案审查质量,五年共审查报送备案的规范性文件 7261 件,研究处理公民、组织提出的审查建议 17769 件,组织开展多个领域的专项审查和清理工作,有力维护了国家法治统一;大力宣传新修改的宪法,组织好国家宪法日活动,组织国家工作人员 130 人次进行宪法宣誓,弘扬宪法精神,增强宪法意识,维护宪法权威。在纪念现行宪法公布施行 40 周年之际,习近平总书记发表署名文章《谱写新时代中国宪法实践新篇

章》，这是对我国宪法实践经验的全面总结，也是对全面贯彻实施宪法的动员部署，具有重大理论和实践指导意义。各级人大的同志要带头学习领会、带头贯彻落实习近平总书记的这篇重要文章，在谱写新时代中国宪法实践新篇章中展现人大的担当作为。

完善以宪法为核心的中国特色社会主义法律体系，这是党的二十大报告提出的任务要求，也是人大最重要、最紧张的一项工作。本届全国人大及其常委会在保证质量的前提下加快立法工作步伐，呈现出覆盖广、数量多、节奏快、要求高的新特点。**一是**立法跑出“加速度”。通过宪法修正案1件，制定法律46件，修改法律109件次，作出有关法律问题和重大问题的决定51件次，数量是历届中最多的。**二是**立法领域深化拓展。经济、政治、社会、文化、生态文明各领域立法全面推进，特别是国家安全立法加快完善，生态环保立法形成“1+N+4”的基本格局，涉外领域立法实现新的突破。**三是**立法形式更加丰富。既有民法典这样的“大块头”，也有全面禁止野生动物非法交易和食用的决定、反食品浪费法这样的“小快灵”；及时作出授权决定和改革决定、打包修改相关法律，保证重大改革于法有据，也是本届立法工作的突出特点。**四是**立法工作机制更加健全完善，特别是发挥人大在立法工作中的主导作用有不少新探索。常委会制定专项立法计划，组建立法工作专班，更好发挥专门委员会、工作委员会牵头起草法律草案的作用；单月加开一次委员长会议，专门审议即将交付表决的法律草案等。这些举措推进了科学立法、民主立法、依法立法，促进了立法质量和效率的提升。这些年，地方人大积极发挥地方立法的实施性、补充性、探索性功能，创造性地开展立法工作，制定修改了一大批体现时代特征、反映地方特色的法规，探索形成了“小切口”“小快灵”立法、区域协同立法等创新立法模式和经验。要继续总结交流人大立法工作经验，共同推动做好新时代立法工作。

人大既要把法律制定好修改好，还要监督法律有效实施，推动各国家机关依法行使职权。本届全国人大常委会已检查29件法律及1件决定的实施情况，听取审议103个有关监督工作报告，开展11次专题询问、33项专题调研，作出5项决议。习近平总书记指出人大要实行正确监督、有效监督、依法监督，这是本届全国人大常委会监督工作始终遵循的重要原则。坚持正确监督，就是在党的领导下，从大局和全局出发开展监督工作，寓支持于监督之中，形成加强和改进工作的合力。坚持有效监督，就是把宪法赋予人大的监督权用起来，深入查找问题，准确提出建议，强化督促整改，切实保证宪法法律全面有效实施，切实推动有关国家机关解决问题、改进工作、完善制度，切实维护人民群众合法权益。坚持依法监督，就是严格依照法定职责、限于法定范围、遵守法定程序，监督检查法律实施，确保有关方面履行法定职责、落实法律责任、依法推进工作。这些是做好人大监督工作的实践经验，也是人民代表大会制度的特色优势所在。

五、“四个机关”是新时代人大工作和建设的新定位新要求，必须始终把政治建设摆在首位，全面加强人大及其常委会自身建设

习近平总书记在中央人大工作会议上提出的“四个机关”要求，深刻回答了什么是人大、建设什么样的人大、怎样发挥人大职能作用等重大理论和实践课题，鲜明指出了人大的本质属性和职责使命，既是人大及其常委会加强自身建设的目标方向，也是做好人大各项工作的明确要求。

人大首先是党领导下的政治机关，在政治上必须过硬，不能出任何问题。我多次讲，人大及其常委会自身建设，核心和管总的是党的政治建设。这些年来，全国人大常委会始终把政治建设摆在首位，强化政治机关意识，加强人大常委会党组、机关党组、专门委员会分党组建设，采取了一些新的措施。比如，修订常委会党组工作规则、机关党组工作规则，制定并修订专门委员会分党组工作规则；每年听取机关党组和专门委员会分党组党建工作情况汇报；督促机关党组认真接受中央巡视监督，开展四轮内部巡视；健全完善并严格执行机关党组落实全面从严治党主体责任清单，向党中央报告年度落实全面从严治党主体责任情况。全国人大党建工作质量和水平的全面提升，为确保“两个维护”、为高质量推进人大工作提供了坚强保证。

在突出抓好政治建设的同时，本届全国人大及其常委会在推进组织建设、制度建设、纪律作风建设等方面也做了大量工作。近两年，集中修改了一批人大组织、运行方面的法律，制定修改了执法检查工作办法、推进调研成果转化运用的措施等，推动各项工作高质量、高效率进行。按照紧凑高效的原则，合理安排大会和常委会会议日程，适当压缩会期，优化会议流程，严肃会风会纪，提高审议质量。落

实“政治坚定、服务人民、尊崇法治、发扬民主、勤勉尽责”的要求，加强人大工作队伍建设，更好适应新时代人大工作需要。我们到地方调研的时候，都要到人大机关去看一看，明显感受到地方人大干部政治性、专业性很强，都有那么一股子干好事、履好职的精气神。有了这样一支队伍，人大的工作就能做好，就能出成绩，就能让党和人民放心、满意。

刚才讲的五个方面，主要是对过去五年人大工作作了一个简要回顾和初步总结，既有履职中形成的做法，也有开展工作的经验体会，大家在后面的分组讨论中还可以进一步深化交流，在总结经验的基础上，提出贯彻落实党的二十大精神和深入落实中央人大工作会议部署要求的思考建议。

明年是全面贯彻党的二十大精神的开局之年。我们要深入学习贯彻习近平新时代中国特色社会主义思想，深刻领悟“两个确立”的决定性意义，增强“四个意识”，坚定“四个自信”，做到“两个维护”，更加紧密地团结在以习近平同志为核心的党中央周围，以党的二十大精神统领、谋划、推进各项工作，在新时代新征程作出人大新的贡献。

附：

在国内执法检查和调研座谈时的新闻通稿

栗战书在生态环保立法工作座谈会上强调
深入贯彻习近平生态文明思想
加快完善中国特色社会主义生态环境保护法律体系

新华社北京 1 月 14 日电 14 日上午，全国人大环资委在京召开生态环保立法工作座谈会。中共中央政治局常委、全国人大常委会委员长栗战书出席会议并讲话。他强调，要深入贯彻习近平生态文明思想，统筹推进生态环境领域立法修法工作，加快完善中国特色社会主义生态环境保护法律体系，为促进经济社会发展全面绿色转型、建设人与自然和谐共生的现代化提供有力法治保障。

栗战书指出，党的十八大以来，以习近平同志为核心的党中央把生态文明建设纳入中国特色社会主义事业总体布局，在推进生态文明建设的实践中，形成了习近平生态文明思想。这一思想，揭示了人与自然是生命共同体的根本规律，揭示了经济发展与生态环境保护的辩证关系，揭示了生态产品的本质属性，揭示了生态是统一的、平衡的自然系统，是相互依存、紧密联系的有机链条，为我国生态文明建设提供了理论指导和行动指南，也是生态文明法治建设的根本遵循。

栗战书指出，在习近平生态文明思想引领下，生态环境领域立法工作取得显著成效，相关法律达到 31 件，还有 100 多件行政法规和 1000 余件地方性法规，初步形成了生态环保法律体系。这一法律体系，包括环境保护法、生物安全法等综合性法律，针对大气、水、土壤、固体废物、噪声、放射性等污染防治的专门法律，涉及防沙治沙、水土保持、野生动物保护等环境和生物多样性保护的法律，森林、草原、湿地等资源保护利用的法律，长江保护法和正在审议的黄河保护法草案等流域性生态环保法律，正在审议的黑土地保护法草案和拟启动制定的青藏高原生态保护法等特殊地理地域类法律。这些法律和相关法规涵盖山、水、林、田、湖、草、沙等各类自然系统，是一个覆盖全面、务实管用、严格严密的法律体系。

栗战书强调，要深入贯彻习近平生态文明思想，不断增强立法的系统性、整体性、协同性，使生态环保法律体系更加科学完备、协调统一。一是抓紧填补空白点、补强薄弱点。对现有生态环保法律进行梳理，看看需要新制定哪些、修改哪些，系统谋划，通盘考虑，加快推进。二是提升法律制度设计的科学性和专业性。深入研究论证，注重听取专家学者和有关方面的意见建议，把情况和问题摸清楚、研究透，把握科学规律，提高立法质量，确保法律管用有效。三是加强法律体系协同配套工作。加强和改进行政法规、地方性法规制定、修改、清理等工作，认真做好各类相关法规、规章、司法解释、国家标准、规范性文件制定修改工作，增强法律体系整体功效。

全国人大常委会副委员长沈跃跃主持会议，全国人大常委会副委员长丁仲礼出席。

有关方面负责同志参加会议，围绕生态环保立法工作进行座谈交流。

全国人大常委会对环境保护法开展执法检查听取国务院法律实施主管部门汇报

栗战书讲话

新华社北京3月23日电　十三届全国人大及其常委会履职以来，全面贯彻落实习近平生态文明思想和党中央重大决策部署，聚焦污染防治攻坚战，连续四年对大气、水、土壤污染防治法和固体废物污染环境防治法等四部专项法律实施情况进行了检查，今年，对环境保护法开展执法检查。23日，中共中央政治局常委、全国人大常委会委员长栗战书在京主持召开执法检查组会议，听取国务院法律实施主管部门落实环境保护法情况的汇报。

栗战书指出，党的十八大以来，以习近平同志为核心的党中央谋划开展了一系列根本性、开创性、长远性工作，推动我国生态文明建设从认识到实践都发生了历史性、转折性、全局性的变化。全国人大及其常委会统筹推进相关立法和监督工作，生态环保立法实现了从量到质的全面提升，助力打好打赢污染防治攻坚战，持续加大执法检查力度，推进生态文明建设，实效不断增强。

栗战书强调，随着全面依法治国深入推进，各方面学习法律、遵守法律的自觉性不断增强，法律实施取得显著成效。同时也要看到，在实际工作中不少法律还没有得到全面、严格实施。法律是党的主张和人民意志的集中体现，凝聚着长期的实践经验和广泛的社会共识，一部法律对相应领域的工作都有全面的制度性规定，且带有强制性。全面贯彻落实好了，相应领域工作的质量和水平就一定能够得到显著提升。

栗战书指出，环境保护法是一部在生态环保领域起统领作用的基础性、综合性法律，全面落实环保法，实际上也就是推动党中央关于生态环保工作决策部署的落实。要坚持紧扣法律规定开展执法检查，突出法律关于促进绿色低碳发展的政策措施、污染防治的制度措施、生态保护和修复的制度措施、政府法定职责的落实情况，确保法律规定的重要制度、措施、责任落实见效。要注重全面系统理解法律、实施法律，对照法律规定逐条逐项检查法律制度是否有效落实、法定职责是否切实履行、法律责任是否严格追究，对检查发现的问题要跟踪监督整改，推动在法治轨道上防治污染、保护生态环境和人民生命健康安全，建设美丽中国。

栗战书强调，要把学习宣传习近平生态文明思想贯穿检查的各环节全过程。继续完善生态环保法律体系，深入开展法治宣传教育，使建设美丽中国成为全体人民的自觉行动。践行全过程人民民主理念，充分吸纳民意、汇集民智，推动解决老百姓身边的突出生态环境问题。

全国人大常委会副委员长张春贤、沈跃跃、丁仲礼出席会议。国务委员王勇出席会议并讲话。全国人大常委会办公厅负责同志、全国人大环资委组成人员出席。国务院法律实施主管部门负责同志作了汇报，有关部门提供了书面材料。各省（区、市）人大常委会负责同志通过视频方式参会。

此次执法检查由栗战书委员长任组长，分为4个检查小组赴8个省区开展实地检查，同时委托其他省级人大常委会开展检查，实现31个省（区、市）“全覆盖”。

栗战书在安徽调研时强调

深入学习贯彻中央人大工作会议精神坚定不移走中国特色社会主义政治发展道路

新华社合肥4月2日电　中共中央政治局常委、全国人大常委会委员长栗战书3月30日至4月

2日在安徽就深入学习贯彻中央人大工作会议精神和职业教育法修订进行调研。他强调，要以习近平新时代中国特色社会主义思想为指导，学深悟透习近平总书记在中央人大工作会议上的重要讲话精神，落实党中央部署的各项重点任务，坚定不移坚持党中央集中统一领导，走中国特色社会主义政治发展道路。

栗战书先后来到黄山市、宣城市、合肥市的乡村、企业、院校和省人大机关调研，同干部群众深入交流，主持召开学习贯彻中央人大工作会议精神座谈会、五级人大代表座谈会、职业教育法修订座谈会，了解有关情况，听取对做好新时代人大工作的意见建议。栗战书对安徽学习贯彻中央人大工作会议精神的举措和成效予以充分肯定。

栗战书指出，学习贯彻中央人大工作会议精神和习近平总书记重要讲话精神，有几条重要原则必须把握住、坚持好：一是坚持党对人大工作的全面领导，党的领导是人民当家作主和依法治国的根本保证；二是增强以科学理论统揽和指导人大工作的理论自觉，增强历史自信、制度自信，坚定不移走党领导人民成功开辟的中国特色社会主义政治发展道路；三是坚定人民立场，更好发挥人大在发展全过程人民民主中的重要作用，紧紧围绕党和国家工作大局，紧扣人民群众和国家治理体系治理能力现代化的法治需求，依法履职，展现担当作为；四是以政治建设为统领，全面加强人大自身建设。

栗战书指出，人大代表密切联系群众是全过程人民民主的重要内容和生动实践。各级人大代表要从践行初心使命、夯实党执政的根基的高度，把一切为了人民、一切依靠人民贯彻体现到履职全过程各方面。各级党委和国家机关要支持和保障代表依法履职、联系群众，使充分发挥人大代表作用成为人民当家作主的重要体现。

栗战书来到宣城职业技术学院、科大讯飞股份有限公司调研职业教育发展情况，听取对职业教育法修订工作的意见。他强调，要全面贯彻习近平总书记关于职业教育的重要指示要求，把党中央关于职业教育改革发展的政策举措和实践中的成功经验，通过法定程序转化为法律规范，推动解决职业教育中的热点难点和突出问题，为培养更多的高素质劳动者和技术技能人才，打造现代职业教育体系夯实法治基础。

调研期间，栗战书考察了乡村振兴、科技创新等情况，瞻仰了泾县新四军军部旧址。栗战书说，习近平总书记一直牵挂安徽的发展，多次到安徽考察，发表重要讲话，作出重要指示，为安徽发展锚定了坐标、擘画了蓝图。安徽要进一步把习近平总书记重要讲话和指示精神贯彻好、落到实处，坚持改革开放、坚持高质量发展，加强科技创新，推进乡村振兴，弘扬革命精神，汲取奋进力量，做到总书记要求的“在构建‘双循环’相互促进的新发展格局中实现更大作为，在加快建设美好安徽上取得新的更大进展”。

栗战书与全国人大常委会会议列席代表座谈时强调
认真履行法定职责　忠实代表人民利益
以实际行动迎接党的二十大胜利召开

新华社北京4月18日电　中共中央政治局常委、全国人大常委会委员长栗战书18日下午同列席十三届全国人大常委会第三十四次会议的全国人大代表座谈交流。他强调，要深入学习贯彻习近平总书记在中央人大工作会议和十三届全国人大五次会议上的重要讲话精神，认真履行法定职责，忠实代表人民利益，充分发挥在践行全过程人民民主中的重要作用，在各自岗位上作出新的更大成绩，以实际行动迎接党的二十大胜利召开。

座谈会上，代表们围绕践行全过程人民民主问题，交流履职体会，提出意见建议。听取大家发言后，栗战书说，习近平总书记深刻论述了全过程人民民主重大理念，指出人民代表大会制度是实现我国全过程人民民主的重要制度载体，人大代表密切联系群众、依法履职尽责，是全过程人民民主的重要内容和生动实践。这些重要思想和论述，为人大代表履职提出了明确要求。要充分认识人大代表肩负的职责，更好接地气、察民情、聚民智、惠民生，把各方面社情民意统一于最广大人民根本利益之中。

栗战书指出，在人大代表履职工作特别是践行全过程人民民主中，要把握好以下几条基本准则。一是坚持正确政治方向是代表依法履职的前提和根本，必须深刻理解“两个确立”的决定性意义，转化为思想自觉、政治自觉、行动自觉。二是充分发挥代表作用是坚持和完善人民代表大会制度的必然要求，是人大工作保持生机和活力的重要基础，必须全面、准确、有效地贯彻体现到工作中。三是支持和保障代表依法履职是各国家机关的法定职责，是保证人民当家作主的重要体现。各国家机关要自觉接受代表和人民监督。各级人大的办事机构和工作机构要支持和保障代表履职。四是人大代表肩负着党和人民赋予的光荣使命，肩负着宪法法律赋予的重要职责，要忠实代表人民利益和意志，依法参加行使国家权力。五是充分发挥代表来自人民、扎根人民的特点优势，密切同人民群众的联系，当好党和国家联系人民群众的桥梁。六是严格依法履职，加强思想、作风建设，模范遵守宪法法律，在全面依法治国实践中发挥带头作用。

栗战书强调，人大代表要正确认识代表的角色定位、职责使命和行权方式，做到对代表身份的认识不能走偏、对肩负职责的定位不能走偏、对履职行权的范围不能走偏。要以高标准要求自己，自觉树立人大代表良好形象，无愧于人大代表这个光荣称号。

栗战书在青藏高原生态保护法立法座谈会上强调
坚持生态保护第一　高质量做好立法工作

新华社北京4月22日电　青藏高原生态保护法立法座谈会22日下午在北京召开。中共中央政治局常委、全国人大常委会委员长栗战书出席会议并讲话。他强调，要深入学习领会习近平总书记关于青藏高原生态保护的重要指示精神和党中央决策部署，充分认识青藏高原生态保护立法的重大意义、特点要求，进一步凝聚共识，高质量做好立法工作，切实保护中华民族永续发展的生态根基。

栗战书指出，要本着对历史负责、对人民负责和对世界负责的态度，推进青藏高原生态保护立法。要全面系统做好制度设计，增强立法的针对性、适用性、可操作性。一是"坚持生态保护第一"，坚持在高水平保护中促进高质量发展，在推动高质量发展中实现高水平保护。二是突出构建生态安全格局，在法律中明确国家构建青藏高原生态安全屏障，守住生态安全底线，建立分区分类用途管制和生态环境分区管控制度，促进重点生态功能区生态系统质量与稳定性提升。三是突出生态保护修复，坚持保护优先、预防先行、自然恢复为主，坚持山水林田湖草沙冰系统治理，增强青藏高原的生物多样性及生态系统的原真性和完整性。四是强化生态风险防控，建立健全全领域统一的和分区域的气候和生态环境监测评估制度。五是科学促进生态、生产、生活协调平衡，构建与资源环境承载力相适应的产业布局，形成有利于促进生态良性发展的生活方式。栗战书强调，推进青藏高原生态保护立法，标准要求高、立法难度大，要加强组织协调，继续做好调研论证和听取意见工作，做好与其他法律的衔接。

全国人大常委会副委员长沈跃跃主持会议，全国人大常委会副委员长丁仲礼出席。

座谈会上，有关部门和省（区）相关负责同志、全国人大代表、专家作了发言。

栗战书在湿地保护法实施座谈会上强调
深入学习贯彻习近平生态文明思想
引领我国湿地保护工作全面进入法治化轨道

新华社北京5月11日电　全国人大常委会11日上午在北京召开湿地保护法实施座谈会。中共中央政治局常委、全国人大常委会委员长栗战书出席座谈会并讲话。他强调，要深入学习贯彻习近平生态文明思想，认真落实习近平总书记关于湿地保护的重要指示要求，宣传好、贯彻好、实施好湿地保护法，引领我国湿地保护工作全面进入法治化轨道。

栗战书在讲话中指出，党的十八大以来，以习近平同志为核心的党中央高度重视湿地保护和修复工作，把湿地保护作为生态文明建设的重要内容，作出一系列强化保护修复、加强制度建设的决策部署。湿地保护法贯彻了习近平生态文明思想，把科学保护湿地的理念原则和有益做法经验上升为法律制度，立足湿地生态系统的整体性保护修复，确立了“保护优先、严格管理、系统治理、科学修复、合理利用”的原则，填补了我国生态系统立法空白，丰富完善了我国生态文明制度体系。要完整、准确、全面贯彻落实法律规定，认真做好法律宣传解读工作，凝聚全社会珍爱湿地、保护湿地的共识，用法治方式保护大美湿地，推动湿地保护高质量发展。

栗战书强调，法律的生命在于实施。要压实各级政府及有关部门保护湿地的主体责任，严格落实湿地分级管理及名录制度，依法做好湿地名录认定工作，规范名录发布程序和内容，合理划定纳入生态保护红线的湿地范围，加快构建全国统一的湿地分级保护体系。要完善落实有关保护和利用的制度，始终坚持保护优先、绿色发展，坚决纠正追求高强度物质输出和过度商业化开发，推动实现生态效益、社会效益、经济效益相统一。要认真抓好湿地修复制度的落实，坚持自然恢复为主、自然恢复与人工修复相结合，重要湿地要依法编制修复方案，依法公开修复情况，确保湿地修复更加科学有效。要全面落实政府法定职责，国务院及有关部门要加快制定完善相关法规和标准，省区市和设区的市、自治州根据本地实际制定湿地保护具体办法，搞好法律配套衔接，织密扎牢湿地保护的“制度网”，形成一体推进、合力保护湿地的工作格局。要全面加强执法司法力度，增强法律的刚性和权威，综合采取检查、审计、约谈、处罚、公益诉讼、民事赔偿等多种方式，切实加大执法司法工作力度，让严格的法律责任落到实处。

湿地保护法于2021年12月通过，将于今年6月1日起实施。

全国人大常委会副委员长沈跃跃出席座谈会，副委员长丁仲礼主持。

全国人大常委会法工委、司法部、自然资源部、住房和城乡建设部、水利部、国家林草局和黑龙江省人大常委会有关负责同志，以及全国人大代表、专家学者在座谈会上发言。

栗战书在噪声污染防治法实施座谈会上强调
回应人民群众对优美环境的新期待　使法律制度成为宁静环境的守护神

新华社北京5月26日电　全国人大常委会26日上午在北京召开噪声污染防治法实施座谈会。中共中央政治局常委、全国人大常委会委员长栗战书出席座谈会并讲话。他强调，要深入贯彻习近平总书记“还自然以宁静、和谐、美丽”的重要指示精神和党中央决策部署，积极回应社会对热点问题的关切，回应人民群众对优美环境的新要求新期待，使法律制度成为宁静环境的守护神。

栗战书指出，以习近平同志为核心的党中央高度重视法律实施工作。十三届全国人大常委会切实承担法律职责，认真抓好宪法实施，坚持围绕中心、服务大局、突出重点，深入细致地做好执法检查、备案审查和法规清理工作，切实解决法律实施中存在的问题、法律法规之间不一致不协调甚至相互“打架”的问题，深入推动法律实施。全国人大及其常委会对监督保障法律实施负有重要职责。要按照宪法法律规定，从整体上推动法律制度的贯彻落实，维护我国社会主义法律体系的完整、统一、协调、顺畅。

栗战书强调，噪声污染防治是重要民生问题，人民群众对法律实施效果充满期待。要重点抓好法律中新制度新规定新要求的贯彻实施，切实把“纸上的法律”变为“行动中的法律”，使之成为防噪、降噪、治噪的有力武器。要严格落实各级政府和有关部门的法定职责和法律责任，一个条款一个条款对照落实，切实把法律制度的引领、规范、保障作用发挥出来。要抓紧完善相关标准体系和配套法规，出台相关标准，制定修订配套规章和规范性文件，完善有关地方性法规，并借鉴国际上噪声污染防治的一些管用措施办法。要发动全社会力量共同参与防治，形成建设宁静和谐的美好人居环境的合力。噪声污染防治法受众面广、专业性强，要加强法律的宣传普及，尽量用通俗易懂的语言解读法条，用生动具体的案例阐释规定，推动形成人人有责、人人参与、人人受益的噪声污染防治氛围，让全社会共享一片宁静的空间。

噪声污染防治法于2021年12月通过，将于今年6月5日起实施。

全国人大常委会副委员长沈跃跃主持座谈会，副委员长丁仲礼出席。

全国人大常委会法工委、司法部、生态环境部、住房和城乡建设部、交通运输部、公安部及北京市朝阳区人大常委会有关负责同志，全国人大代表、专家学者在座谈会上发言。

全国人大常委会执法检查组在黑龙江检查环境保护法实施情况

栗战书强调持续深入做好环境保护领域立法监督等工作 用法治力量保障美丽中国建设

新华社哈尔滨6月13日电 中共中央政治局常委、全国人大常委会委员长栗战书10日至13日率全国人大常委会执法检查组在黑龙江检查环境保护法实施情况，并就黑土地保护立法进行调研。他强调，要以习近平新时代中国特色社会主义思想为指导，持续深入做好环境保护领域立法、监督等工作，推动环境保护法全面有效实施，确保党中央关于生态文明建设的决策部署落地生根见效，用法治力量保障美丽中国建设。

检查组先后来到齐齐哈尔、佳木斯、哈尔滨开展检查，深入中国一重集团、哈尔滨工业大学城市水资源与水环境国家重点实验室了解工业废水废渣无害化处理、环保科技研发情况，还到黑瞎子岛、扎龙自然保护区、同江三江汇流处等地，实地考察检查农业面源污染防治、水资源和湿地保护等情况，召开环保法执法检查座谈会，听取法律实施情况汇报和有关意见建议。栗战书指出，黑龙江认真贯彻实施环保法，生态环境显著改善，是新时代美丽中国建设成就的一个缩影。

栗战书强调，要坚持以习近平生态文明思想作为贯彻实施环境保护法律的根本遵循，引领生态环保领域法律制度完善发展，推动法律法规深入有效实施。要坚持把经济社会发展与环境保护相协调作为贯彻实施法律的重要原则，完整、准确、全面贯彻新发展理念，走出一条生态优先、绿色低碳的高质量发展新路子。要坚持把以人民为中心的发展思想作为贯彻实施法律的出发点和落脚点，满足人民日益增长的优美生态环境需要。要坚持把落实法定职责作为贯彻实施法律的重要抓手，形成各司其职、齐抓共管的环境治理格局。要不断完善环境保护法律体系，积极发挥地方立法作用，推动生态环保法律制度落细落实，增强法律体系整体功效。

栗战书来到黑龙江省黑土保护利用研究院、北大荒农垦集团建三江等地就黑土地保护立法进行调研，召开座谈会听取科研人员、种粮户、人大代表的意见建议。他说，黑土地是大自然赋予人类的宝贵礼物。保护好黑土地，事关国家粮食安全、生态安全，事关中华民族永续发展。要落实政府、农业生产经营者、社会各方面的保护责任，确保黑土地总量不减少、功能不退化、质量有提升、产能可持续，切实保护好黑土地这个“耕地中的大熊猫”。

在黑龙江期间，栗战书考察了哈尔滨新区深哈产业园、同江中俄黑龙江铁路大桥的建设情况，并到省人大机关调研。栗战书说，黑龙江正处于全面振兴、全方位振兴的关键时期，要全面贯彻习近平总书记对黑龙江工作的重要指示要求，履行好政治责任，推进高质量发展，在东北振兴大局中展现新气象新担当新作为。要落实中央人大工作会议精神，践行“四个机关”要求，为新时代坚持和完善人民代表大会制度、更好服务党和国家工作大局作出应有贡献。

栗战书同全国人大常委会会议列席代表座谈时强调

忠实代表人民利益和意志 当好党和国家联系人民群众的桥梁

新华社北京6月22日电 中共中央政治局常委、全国人大常委会委员长栗战书22日上午同列席十三届全国人大常委会第三十五次会议的全国人大代表座谈交流。他强调，人大代表要深入学习贯彻习近平总书记关于坚持和完善人民代表大会制度的重要思想，忠实代表人民利益和意志，当好党和国家联系人民群众的桥梁。

座谈会上，代表们围绕深入学习贯彻中央人大工作会议精神、更好发挥代表作用交流履职体会，提出意见建议。听取大家发言后，栗战书说，习近平总书记高度重视代表工作，就人大代表工作作出了一系列明确指示要求，要求人大代表“要忠实代表人民利益和意志，依法参加行使国家权力”“密切同人民群众的联系，当好党和国家联系人民群众的桥梁”。要深入学习习近平总书记重要指示要求，把这些指示要求贯彻落实到代表履职的各方面、全过程。

栗战书强调，忠实代表人民利益和意志、当好党和国家联系人民群众的桥梁，首先要吃透中央精神，深入领会党中央在考虑什么、确定了哪些奋斗目标、布局了哪些重点任务，自觉同党中央保持一致，坚持从党和国家大局和全局出发、从最广大人民根本利益出发行使职权、开展工作。我国各级人大代表工作和生活在群众中间，对基层的实际情况、群众的想法愿望最熟悉、最了解。代表密切联系群众，目的是通过了解群众所思所想所难所盼，从法律制度、方针政策、工作措施等方面，通过法定程序提出建设性的、有针对性的议案、意见建议，从而推动解决人民群众的困难和问题，维护人民群众的合法权益。

栗战书指出，当好党和国家联系人民群众的桥梁，还有一个重要的法律责任，就是立足本职岗位，带头贯彻落实党中央的决策部署，并通过执行职务、履行职责，面向群众做好党中央大政方针政策和宪法法律的宣传阐释工作，最大限度调动积极因素、化解消极因素，依法保障党的决策部署得到全面贯彻执行。代表在履职中了解到的个案情况，可以依照规定按程序反映给有关方面妥善处理，人大有关工作机构也应跟踪督办，推动问题公正解决；对于一些一时难以解决的问题，要给予正面引导和解释，把反映民意、监督政府和协助政府处理问题、化解矛盾有机结合起来。

中共中央政治局委员、全国人大常委会副委员长王晨主持座谈会。

全国人大常委会执法检查组在湖北检查长江保护法实施情况
栗战书强调　突出长江生态环境修复　依法守护一江碧水向东流

新华社武汉 7 月 4 日电　中共中央政治局常委、全国人大常委会委员长栗战书 6 月 30 日至 7 月 4 日率全国人大常委会执法检查组在湖北检查长江保护法实施情况。他强调，要认真贯彻落实习近平总书记关于长江保护的重要指示要求和党中央决策部署，突出长江生态环境修复，推进长江保护法全面有效实施，依法守护一江碧水向东流。

检查组先后来到宜昌、荆州、武汉等地，在产业园区、三峡坝区、航站码头、湖泊、生态修复现场实地检查，召开长江保护法执法检查座谈会和涉长江基层单位人员座谈会，听取法律实施情况汇报和有关意见建议，充分肯定湖北依法推进长江保护取得明显成效。

栗战书指出，习近平总书记高度重视长江保护，多次作出重要指示，强调要依法保护长江。要深入贯彻习近平生态文明思想，着眼整个长江生态系统修复、保护、恢复，构建以长江干支流为经脉、以山水林田湖草沙冰为有机整体，江湖关系和谐、流域水质优良、生态流量充足、水土保持有效、生物种类多样的生态安全格局。

栗战书指出，长江保护法对长江流域资源保护、水污染防治、生态修复、绿色发展等作出法律规定，这其中的核心是长江流域整个生态环境的修复。“长江病了，而且病得还不轻”。这个“病”根就是整个长江流域生态系统受到了极大损害：过度捕捞危害长江流域生态系统的多样性；非法砍伐、过度开垦开采导致洪涝灾害频发；水资源污染造成流域生态环境严重破坏，危及人民群众生产生活；江岸盲目无序开发特别是工厂、城乡、船舶碳污大量排放加剧了生态恶化。针对这种情况，长江保护法贯彻习近平总书记关于“把修复长江生态环境摆在压倒性位置”的要求，突出了抓紧修复、重在修复这一治病除根的“药方”。从执法检查的情况看，长江水变清了，岸变绿了，生物多样性逐步恢复了，人民群众的幸福感增强了。

栗战书强调，长江流域生态环境保护是一项系统工程，要贯穿“共抓大保护、不搞大开发”理念，按照法律规定的规划性修复、禁止性修复、措施性修复、自然性修复方式持续用力、久久为功，依靠制度和法治保护长江。要认真研究解决法律实施中存在的问题，做好法律的衔接配套，加快建立协调机制，研究完善法律制度，推动法律责任的落实，加大执法司法力度，加强普法宣传。

在湖北期间，栗战书考察了高新技术产业、现代服务业发展情况，瞻仰了武汉中共中央机关旧址，并到省人大机关调研。栗战书说，习近平总书记高度重视湖北工作，多次到湖北考察调研，为湖北改革发展擘画蓝图、指引航向，特别是 6 月 28 日视察时强调的加快实现科技自立自强，提升我国发展独立性、自主性、安全性，立意高远、深刻，事关重大。湖北要全面贯彻习近平总书记重要指示要求，努力建设全国构建新发展格局先行区。要贯彻中央人大工作会议精神，认真做好立法、监督、代表等工作，推动国家法律和有关制度规定落地落实。

栗战书在西藏调研青藏高原生态保护立法时强调
坚持系统保护、协同保护、特殊保护
制定一部经得起历史和人民检验的好法律

新华社拉萨7月16日电 中共中央政治局常委、全国人大常委会委员长栗战书7月12日至15日在西藏就青藏高原生态保护立法进行调研。他强调，要以习近平生态文明思想指导青藏高原生态保护立法，坚持系统保护、协同保护、特殊保护，以科学的精神，制定一部经得起历史和人民检验的好法律。

栗战书先后来到林芝、日喀则、拉萨等地，考察湿地保护、河道滩涂整治、植树造林、水资源保护、矿山修复等情况，召开座谈会听取有关方面对于立法工作的意见建议。栗战书充分肯定青藏高原生态环境保护取得的巨大成绩，和大家一起探讨制定法律涉及的重点难点问题。

栗战书指出，制定青藏高原生态保护法，是落实习近平总书记关于青藏高原生态保护重要指示要求的重大举措。青藏高原具有特殊的生态地位和价值，在国家以至全球生态安全中发挥着极其重要的作用。青藏高原生态保护法是一部特殊区域保护法，但其意义和影响远远超出了法律适用的区域。起草这部法律，要有大局观、全局观和很高的站位，立法的思路、保护生态的政策举措也要体现自己的特点。青藏高原生态保护法的总基调，就是要把生态保护作为区域发展的基本前提和刚性约束，把“生态保护第一”这一主线贯穿法律始终，体现到法律规定的方方面面。

栗战书强调，青藏高原生态保护立法专业性强，很多问题有很强的地域性、特殊性。要以习近平生态文明思想蕴含的世界观、方法论为指导，把习近平总书记关于青藏高原生态保护的重要指示要求和党中央的决策部署转化为法律规定。要贯彻新发展理念，坚持系统思维，本着科学态度和解决问题的精神，加强各重要生态体系的保护、治理、修复和风险防控，为青藏高原生态保护提供有力法治保障。

在西藏期间，栗战书到自治区人大和基层人大调研座谈，并考察了社区和布达拉宫、大昭寺、扎什伦布寺。他强调，西藏各项工作取得的成绩和推动今后各项事业发展进步，最根本的在于以习近平同志为核心的党中央的坚强领导，在于习近平新时代中国特色社会主义思想的科学指引，不折不扣把习近平总书记关于西藏工作的重要论述和新时代党的治藏方略落到实处。要进一步落实好“治国必治边、治边先稳藏”的战略思想，落实好党的民族工作、宗教工作方针政策，把维护祖国统一、加强民族团结作为着眼点和着力点，实现长治久安，促进高质量发展。长治久安是促进高质量发展的基础和条件。要时刻防范和打击各种分裂势力的图谋和活动，坚决维护国家安全和西藏稳定。西藏各级人大要紧紧围绕习近平总书记关于西藏工作的重要指示要求的贯彻落实，依法履职，担当作为，把人民代表大会制度在西藏坚持好巩固好，在推进稳定、发展、生态、强边工作中发挥职能作用，以实际行动迎接党的二十大胜利召开。

栗战书在甘肃就黄河保护法立法进行调研时强调
贯彻落实习近平生态文明思想 在法治轨道上推进黄河保护

新华社兰州8月28日电 中共中央政治局常委、全国人大常委会委员长栗战书8月26日至28日在甘肃就黄河保护法立法进行调研。他强调，要深入贯彻落实习近平生态文明思想，完整、准确、全面贯彻新发展理念，切实制定好黄河保护法，在法治轨道上推进黄河保护，让黄河成为造福人民的幸福河。

栗战书先后来到庆阳、兰州等地，考察黄河兰州段生态环境治理、湿地保护、水资源集约节约利用、黄河文化传承保护等情况，并召开黄河保护法立法座谈会，听取甘肃省有关负责同志、人大代表、专家学者、基层干部群众的意见建议。栗战书说，甘肃是黄河流域重要水源涵养地和补给区，保障黄河安澜，方能富民兴陇。他对甘肃在黄河保护方面取得的积极进展予以肯定，并围绕黄河保护法制定和实施同大家深入交流。

栗战书指出，制定黄河保护法，是以习近平同志为核心的党中央着眼推进黄河流域生态保护和高质量发展作出的重大战略决策部署，是近年来全国人大常委会着力推进的重大立法任务。黄河保护立法，要紧紧围绕黄河全流域生态保护和高质量发展，把党中央决策部署以法律形式转化为国家意志和社会行为准则，让黄河保护法成为保护黄河的良法、促进发展的善法、造福人民的好法，以实现黄河流域生态平衡、资源永续利用、人民永世安宁。

栗战书强调，要认真履行黄河保护重大政治责任，紧密结合地方实际做好黄河保护法出台后的实施工作，确保法定职责落实到位。要突出水土保持，强化生态系统保护修复，加大对黄河干流和支流源头、水源涵养区、生态功能区的保护和治理，减少入黄泥沙量。要突出水污染防治和集约节约用水，转变和优化生产生活方式，坚决抑制不合理用水需求。黄河生态环境保护、治理是高质量发展的基础、前提，也是高质量发展的保障，要正确处理生态保护和高质量发展的关系，在黄河保护和治理方面谋划长远、干在当下、久久为功。

栗战书来到庆阳市西峰区后官寨镇人大代表之家和省人大机关调研。他强调，要把党的领导贯穿于人大工作各方面全过程，紧紧围绕党和国家工作大局依法履职尽责，全面加强人大政治、思想、作风、纪律和能力建设。要不断发展全过程人民民主，充分发挥人大代表作用，使代表之家成为宣传党中央精神、宣传法律政策的窗口，了解群众所思所盼所愿、密切联系群众的桥梁，加强学习交流、履行法定职责的阵地。

调研期间，栗战书瞻仰了南梁革命纪念馆，向革命烈士纪念碑敬献了花篮，还考察了兰州新区重离子应用技术及装备制造产业基地。他强调，甘肃要始终牢记习近平总书记的殷殷嘱托，持续推进高质量发展，弘扬南梁精神，传承红色文化，把全面建设社会主义现代化幸福美好新甘肃的愿景一步步变为现实，以实际行动迎接党的二十大胜利召开。

栗战书同全国人大常委会会议列席代表座谈时强调
深入开展专题调研　认真履行法定职责

新华社北京 8 月 31 日电　中共中央政治局常委、全国人大常委会委员长栗战书 31 日上午同列席十三届全国人大常委会第三十六次会议的全国人大代表座谈交流。他强调，人大代表要全面贯彻落实习近平总书记关于代表工作的重要指示要求，围绕中心、服务大局，深入实际专题调查研究，进一步提高履职水平。

座谈会上，代表们结合专题调研等活动交流履职体会，提出意见建议。栗战书认真倾听，同大家深入交流。栗战书说，加强调查研究工作是我们党的优良传统。要把调查研究摆在更加突出的位置，加强和改进全国人大常委会组织的代表专题调研活动，使代表工作更好接地气、察民情、聚民智、惠民生。专题调研既是代表法规定的代表闭会期间活动的重要形式，也是代表应尽的履职责任。代表的参与程度直接关系到代表作用的发挥，关系到人大工作的成效。本届常委会履职以来，积极组织全国人大代表开展专题调研，形成了一批高质量的调研报告，紧紧围绕贯彻落实党中央重大决策部署，有效推动法律实施和解决人民群众普遍关注的热点难点问题。代表参加专题调研，丰富了闭会期间代表履职活动，为大会期间提出高质量的议案建议打下了基础。代表深入实际调查研究，有助于更好发挥党和国家联系人民群众的桥梁作用，有助于常委会加强和改进工作，更好发挥人大职能，提高人大工作质量和水平。

栗战书强调，随着代表履职实践的不断丰富，对代表调研工作的要求也越来越高。要通过深入调研积极发现那些带有普遍性、共性、典型性的问题，高度重视调研成果的运用，以调研为基础提出高质量的议案建议，为加强和改进人大立法、监督、代表、外事、自身建设等各项工作提供重要参考和依据。要健全代表专题调研工作机制，落实好加强和改进代表工作的 35 条具体措施，更好地服务保障代表视察调研考察工作，确保代表专题调研取得更多实效。每一位人大代表都要倍加珍惜肩负的职责，善始善终、善作善成，在各自岗位上争创新的工作成绩，以实际行动迎接党的二十大胜利召开。

中共中央政治局委员、全国人大常委会副委员长王晨主持座谈会。

栗战书参加党的二十大四川代表团讨论

新华社北京10月17日电　栗战书同志17日在他所在的党的二十大四川代表团，与代表们一起讨论党的二十大报告。栗战书表示，完全赞同习近平总书记所作的报告。

栗战书指出，习近平总书记所作的报告，主题鲜明、气势磅礴、催人奋进，是一篇闪耀着马克思主义真理光芒的纲领性文献。报告全面回顾了过去五年的工作和新时代十年的伟大变革，总结了马克思主义中国化时代化取得的重大理论创新成果，提出了新时代新征程中国共产党人的使命任务，发出了为全面建设社会主义现代化国家、全面推进中华民族伟大复兴而团结奋斗的动员令。

栗战书说，过去五年的工作、新时代十年的伟大变革，举世瞩目，彪炳史册。这些成就，从理论上讲是原创性、突破性、开创性的，从制度上讲是创新性、系统性、整体性的，从实践上讲是根本性、战略性、长远性的，在党史、新中国史、改革开放史、社会主义建设史、中华民族发展史上具有里程碑意义。因为这些成就，坚持和发展中国特色社会主义有了更为坚实的物质基础、更为完善的制度保证，马克思主义的科学性和真理性在新时代的中国得到充分检验，社会主义的历史必然性、制度竞争力充分彰显出来。在以习近平同志为核心的党中央坚强领导下，实现中华民族伟大复兴进入了不可逆转的历史进程，今天，我们比历史上任何时期都更接近、更有信心和能力实现中华民族伟大复兴的目标。

栗战书说，"两个确立"是党的十八大以来党的建设最重大的政治成果，也是新时代引领党和国家事业从胜利走向新的胜利的政治保证。党的十八大以来，党和国家事业取得历史性成就、发生历史性变革，实现一系列突破性进展，取得一系列标志性成果，从根本上讲，在于确立了习近平同志党中央的核心、全党的核心地位，确立了习近平新时代中国特色社会主义思想的指导地位。以习近平同志为核心的党中央，团结带领全党全军全国各族人民义无反顾进行具有许多新的历史特点的伟大斗争，推动我国迈上全面建设社会主义现代化国家新征程，在这伟大斗争和重大社会变革的紧要关头，习近平总书记发挥了和发挥着掌舵领航的关键作用。习近平总书记和以习近平同志为主要代表的中国共产党人，创立习近平新时代中国特色社会主义思想，这一科学理论已经普遍地为人民群众所接受、所掌握、所运用，有力引领指导党和人民事业发展，科学社会主义在二十一世纪的中国焕发出新的蓬勃生机。

栗战书强调，要深入学习贯彻党的二十大精神，长期坚持习近平新时代中国特色社会主义思想，始终在思想上、政治上、行动上同以习近平同志为核心的党中央保持高度一致。要深刻领悟"两个确立"的决定性意义，增强"四个意识"、坚定"四个自信"、做到"两个维护"，把党的二十大绘就的宏伟蓝图变为现实，谱写新时代中国特色社会主义更加绚丽的华章。

栗战书在全国人大常委会党组传达学习党的二十大精神时强调

深刻领悟"两个确立"的决定性意义　用党的二十大精神指引人大工作发展

新华社北京10月24日电　10月24日，全国人大常委会党组召开会议，传达学习党的二十大精神。全国人大常委会党组书记、委员长栗战书主持会议并讲话，他强调，要深刻领悟"两个确立"的决定性意义，增强"四个意识"、坚定"四个自信"、做到"两个维护"，紧密团结在以习近平同志为核心的党中央周围，用党的二十大精神指引人大工作发展。

栗战书说，习近平同志继续担任党的总书记，体现了全党全军全国各族人民的共同心声，体现了全党全军全国各族人民对于新时代十年伟大变革的充分肯定，体现了全党全军全国各族人民对习近平总书记的衷心拥戴。在新时代新征程上，全面建设社会主义现代化国家，是一项伟大而艰巨的事业，前途光明，任重道远。有习近平总书记作为党中央的核心、全党的核心，有以习近平同志为核心的党中央的坚强领导，我们就能经受住任何风高浪急甚至惊涛骇浪的考验，全面建设社会主义现代化国家、全面推进中华民族伟大复兴就有了根本的政治保障。

栗战书说，过去五年的工作、新时代十年的伟大变革，根本在于确立了习近平同志党中央的核心、全党的核心地位，确立了习近平新时代中国特色社会主义思想的指导地位。党的十八大以来的实践有力地证明，正是习近平总书记的坚强领导，我们党和人民才战胜了各种风险挑战，实现了第一个百年奋斗目标，加速建设社会主义现代化国家的进程，如果没有习近平总书记为我们掌舵领航，我们就不会有今天这样的局面。正是在习近平新时代中国特色社会主义思想的指引下，科学社会主义在二十一世纪的中国焕发出新的蓬勃生机。新时代新征程上把中国特色社会主义事业推向前进，最紧要的是深刻领悟“两个确立”的决定性意义，牢记“三个务必”，牢记“国之大者”，自觉在思想上政治上行动上同以习近平同志为核心的党中央保持高度一致。

栗战书强调，学习贯彻党的二十大精神，要坚持党的领导特别是党中央的集中统一领导，增强政治判断力、政治领悟力、政治执行力，严守政治纪律和政治规矩，经常同党中央对标对表，坚决贯彻党中央决策部署，切实做到为党分忧、为党尽责、为党奉献；要做到全面、准确、深刻，认真落实党的二十大对未来一个时期党和国家事业发展作出的全面部署，以中国式现代化全面推进中华民族伟大复兴；全国人大及其常委会要在以习近平同志为核心的党中央坚强领导下，以党的二十大精神统领、谋划和推进人大各项工作，坚持学用结合、融会贯通，全面准确地将党的二十大精神落实到人大的立法、监督、代表、外事等工作之中。

全国人大常委会党组副书记王晨，全国人大常委会党组成员曹建明、张春贤、沈跃跃、吉炳轩、艾力更·依明巴海、王东明、白玛赤林、杨振武参加会议。

栗战书在深入学习贯彻习近平总书记关于坚持和完善人民代表大会制度的重要思想交流会上强调
认真学习贯彻党的二十大精神　推动新时代人大制度和人大工作完善发展

新华社北京 12 月 26 日电 认真学习贯彻党的二十大精神、深入学习贯彻习近平总书记关于坚持和完善人民代表大会制度的重要思想交流会 26 日在京举行。全国人大常委会委员长栗战书出席会议并讲话。他强调，要认真学习贯彻党的二十大精神，在总结人大制度建设和人大工作成就经验的基础上，持续深化对学习贯彻习近平总书记关于坚持和完善人民代表大会制度的重要思想的认识体会，推动党的二十大精神和中央人大工作会议部署要求贯彻落实，推动新时代人大制度和人大工作完善发展。

栗战书指出，坚持党的领导是最高政治原则，必须把党的领导全面贯彻落实到人大工作各方面全过程。要深刻领悟“两个确立”的决定性意义，增强“四个意识”、坚定“四个自信”、做到“两个维护”，确保党中央集中统一领导贯彻体现到人大工作各方面全过程。要紧紧围绕党中央关于人大工作的决策部署、党和国家工作大局依法履职尽责，积极主动开展工作。要严格执行请示报告制度，保证一切重要工作、重大事项都在党中央领导下进行。

栗战书指出，习近平新时代中国特色社会主义思想是党和国家的指导思想，必须坚持用以统揽和指导人大工作，把学习贯彻习近平总书记关于坚持和完善人民代表大会制度的重要思想作为必修课和基本功，不断提升做好新时代人大工作的政治站位和理论水平，以党的创新理论为引领，加强人大理论研究和宣传阐释工作，确保人大工作沿着正确方向前进。

栗战书强调，人民代表大会制度是实现我国全过程人民民主的重要制度载体，必须坚持走中国特色社会主义政治发展道路，坚持一切为了人民、一切依靠人民，密切联系人民群众，充分发挥人大在发展全过程人民民主中的重要作用，为健全人民当家作主制度体系提供法治支撑和保障。推进全面依法治国是人大及其常委会的重要职责，必须发挥好人大职能作用，完善以宪法为核心的中国特色社会主义法律体系，推动宪法法律法规全面有效实施，推进国家各方面工作法治化，以法治方式推进国家治理体系和治理能力现代化。“四个机关”是新时代人大工作和建设的新定位新要求，必须始终把政治建设摆在首位，全面加强人大及其常委会自身建设。

全国人大常委会副委员长王晨主持交流会。

与会同志在学习交流时一致表示，要更加紧密地团结在以习近平同志为核心的党中央周围，强化思想引领，把牢正确方向，将党的二十大精神深入贯彻落实到新时代人大工作中。

立法工作

一、制定和修改的法律

中华人民共和国主席令

第一〇八号

《全国人民代表大会常务委员会关于中国人民解放军现役士兵衔级制度的决定》已由中华人民共和国第十三届全国人民代表大会常务委员会第三十三次会议于2022年2月28日通过，现予公布，自2022年3月31日起施行。

中华人民共和国主席　习近平

2022年2月28日

全国人民代表大会常务委员会关于中国人民解放军现役士兵衔级制度的决定

（2022年2月28日第十三届全国人民代表大会常务委员会第三十三次会议通过）

为了深化国防和军队改革，加强军队的指挥和管理，推进国防和军队现代化，根据宪法，现就中国人民解放军现役士兵衔级制度作如下决定：

一、士兵军衔是表明士兵身份、区分士兵等级的称号和标志，是党和国家给予士兵的地位和荣誉。

士兵军衔分为军士军衔、义务兵军衔。

二、军士军衔设三等七衔：

（一）高级军士：一级军士长、二级军士长、三级军士长；

（二）中级军士：一级上士、二级上士；

（三）初级军士：中士、下士。

军士军衔中，一级军士长为最高军衔，下士为最低军衔。

三、义务兵军衔由高至低分为上等兵、列兵。

四、士兵军衔按照军种划分种类，在军衔前冠以军种名称。

五、军衔高的士兵与军衔低的士兵，军衔高的为上级。军衔高的士兵在职务上隶属于军衔低的士兵的，职务高的为上级。

六、士兵军衔的授予、晋升，以本人任职岗位、德才表现和服役贡献为依据。

七、士兵军衔的标志式样和佩带办法，由中央军事委员会规定。

士兵必须按照规定佩带与其军衔相符的军衔标志。

八、士兵服现役的衔级年限和军衔授予、晋升、降级、剥夺以及培训、考核、任用等管理制度，由中央军事委员会规定。

九、中国人民武装警察部队现役警士、义务兵的衔级制度，适用本决定。

十、本决定自2022年3月31日起施行。

对《关于中国人民解放军现役士兵衔级制度的决定(草案)》的说明

——2022 年 2 月 27 日在第十三届全国人民代表大会常务委员会第三十三次会议上

中央军委委员、中央军委政治工作部主任　苗　华

全国人民代表大会常务委员会:

我受中央军委委托,现对《关于中国人民解放军现役士兵衔级制度的决定(草案)》作说明。

一、必要性

贯彻习主席关于加强士兵队伍建设有关重要指示要求,这轮士兵制度改革,将基于军衔探索构建新的士兵制度体系,分类规范军士、义务兵服役管理政策。由全国人大常委会出台《决定》,主要基于 2 个方面考虑:一方面,是贯彻依法治国、依宪治国的客观要求。习主席强调,宪法是国家的根本法,坚持依法治国首先要坚持依宪治国。根据宪法,衔级制度由全国人大常委会规定。1988 年我军建立新的军衔制度时,考虑到士兵军衔制度尚在研究论证中,全国人大常委会先行出台了《军官军衔条例》,同时在条例中明确士兵军衔制度由国务院、中央军委规定。这次由全国人大常委会直接对士兵军衔制度作出明确,是贯彻习近平法治思想的重要体现,能够更好地维护宪法权威和尊严。另一方面,是依法推进士兵制度改革的现实需要。根据军事政策制度改革实施方案,将对军士、义务兵服役管理基础性制度作出调整。考虑到相关改点复杂敏感,明确由中央军委具体规范士兵军衔管理相关事项,组织在军队内部先行先试,可保证士兵制度改革有序推进、依法运行。

二、主要内容

草案主要规定了 3 个方面内容:

(一)士兵军衔的性质。为有效激发士兵服役积极性,增强荣誉感尊崇感,明确士兵军衔是表明士兵身份、区分士兵等级的称号和标志,是党和国家给予士兵的地位和荣誉。

(二)士兵军衔的设置。适应军队人员分类管理的改革需要,分别对军士、义务兵的军衔等级、称谓作出明确。其中,军士军衔设"三等七衔"(高级军士:一级军士长、二级军士长、三级军士长;中级军士:一级上士、二级上士;初级军士:中士、下士),义务兵军衔设上等兵、列兵两衔。

(三)士兵军衔的管理。为规范士兵军衔管理,对军衔的军种冠名、上下级关系和标志佩带等作出明确,同时明确士兵服现役的衔级年限和军衔授予、晋升、降级、剥夺以及培训、考核、任用等管理制度,由中央军委具体规定,以尽快构建完善士兵军衔管理制度体系,确保军队改革有关举措落地见效。

此外,为同步调整规范武警部队士兵衔级制度,明确武警部队适用该决定。

三、组织实施

根据《决定》,中央军委将先行出台《军士暂行条例》、《义务兵暂行条例》及相关配套法规,待运行成熟后再会同国务院修订调整有关法规。

《关于中国人民解放军现役士兵衔级制度的决定(草案)》和以上说明是否妥当,请审议。

全国人民代表大会宪法和法律委员会对《关于中国人民解放军现役士兵衔级制度的决定(草案)》审议结果的报告

——2022 年 2 月 28 日在第十三届全国人民代表大会常务委员会第三十三次会议上

全国人民代表大会常务委员会：

本次常委会会议于 2 月 27 日上午对《关于中国人民解放军现役士兵衔级制度的决定(草案)》进行了分组审议。普遍认为，士兵衔级制度是军人衔级制度的重要组成部分，全国人大常委会就士兵衔级制度以立法形式专门作出决定，有利于推进高素质专业化士兵队伍建设，有利于确保士兵制度改革于法有据、稳妥推进，是履行宪法职责、贯彻落实宪法关于军人衔级制度的具体体现，赞成将决定草案提请本次会议表决通过。同时，有些常委会组成人员和列席人员还提出了一些修改意见和建议。宪法和法律委员会于 2 月 27 日中午召开会议，逐条研究了常委会组成人员和列席人员的审议意见，对决定草案进行了审议。中央军委办公厅军委法制局、中央军委政治工作部、中央军委改革和编制办公室有关负责同志列席了会议。宪法和法律委员会认为，决定草案关于士兵军衔性质、等级、称谓等制度的规定，以及由中央军委规定衔级年限等具体管理制度的规定，符合宪法的精神和要求，是可行的。同时，提出以下修改意见：

一、决定草案导语段规定："为了贯彻党中央深化国防和军队改革总体方案，根据宪法，现就中国人民解放军现役士兵(以下简称士兵)的衔级制度作出如下决定"。有的常委委员建议完善上述表述，做好政策文件的法律转化。宪法和法律委员会经研究，建议修改为："为了深化国防和军队改革，加强军队的指挥和管理，推进国防和军队现代化，根据宪法，现就中国人民解放军现役士兵衔级制度作如下决定"。

二、决定草案第七条规定："士兵必须按照规定佩带与其军衔相符的军衔标志。"有的常委委员建议对士兵军衔标志的式样和佩带办法作出规定。宪法和法律委员会经研究，建议增加一款作为第一款，规定："士兵军衔的标志式样和佩带办法，由中央军事委员会规定。"

经与有关部门研究，建议将本决定的施行时间确定为 2022 年 3 月 31 日。

此外，根据常委会组成人员的审议意见，还对决定草案作了个别文字修改。

宪法和法律委员会已按上述意见提出了全国人民代表大会常务委员会关于中国人民解放军现役士兵衔级制度的决定(草案修改稿)，建议本次常委会会议审议通过。

决定草案修改稿和以上报告是否妥当，请审议。

对《关于中国人民解放军现役士兵衔级制度的决定(草案)》的合宪性研究意见

宪法第六十七条第十六项规定，全国人大常委会行使"规定军人和外交人员的衔级制度和其他专门衔级制度"的职权。为了贯彻党中央深化国防和军队改革总体方案，改革完善士兵制度，构建基于军衔的军士、义务兵服役管理制度体系，2022 年 1 月，中央军事委员会根据宪法的上述规定，向全国人大常委会提出《关于中国人民解放军现役士兵衔级制度的决定(草案)》。

根据党中央关于推进合宪性审查工作的指导性文件要求，法制工作委员会宪法室对《关于中国人民解放军现役士兵衔级制度的决定(草案)》涉及宪法规定问题进行了认真研究，现将有关情况和研究意见报告如下。

一、我国宪法法律关于士兵衔级制度规定的沿革发展

(一)1955 年首次确定并完成士兵衔级评定工作

1954 年 9 月，一届全国人大一次会议制定通过

《中华人民共和国宪法》，**第三十一条中明确规定：全国人大常委会行使“规定军人和外交人员的衔级和其他专门衔级”的职权**，军人衔级评定工作有了国家根本法的依据。1955年7月，一届全国人大二次会议通过了《中华人民共和国兵役法》，明确我国实行义务兵役制，士兵服役期限3至5年，但未对军人衔级作出明确规定。1955年，中央军事委员会通过发布《关于评定军衔工作的指示》和《关于军士和兵评定军衔的指示》的方式，明确军官、士兵的衔级，于1955年完成首次军官、士兵衔级评定工作。

1964年夏，为了保持我军艰苦朴素的光荣传统，增强军队和地方的团结，中央军委考虑降低军队干部的薪金，同地方干部适当拉平，同时提出了取消军衔制的建议。经党中央批准，1965年5月国务院提出建议，三届全国人大常委会第九次会议作出关于取消中国人民解放军军衔制度的决定。1975年宪法和1978年宪法也删除了1954年宪法中关于军人衔级的规定。

（二）1982年宪法关于军人衔级制度的规定及发展

党的十一届三中全会之后，总结历史经验教训，1982年初中央军委扩大会议正式作出“恢复军衔制”的决定。1982年12月，五届全国人大五次会议通过现行宪法。总结实践中的经验教训，根据军队正规化建设需要，**宪法第六十七条第十六项规定：全国人大常委会行使“规定军人和外交人员的衔级制度和其他专门衔级制度”的职权**，再次明确军人衔级制度由全国人大常委会规定。1984年5月，六届全国人大二次会议通过了新兵役法，规定“中国人民解放军实行军衔制度”。建立包括士兵在内的军人衔级制度至此有了明确的宪法法律依据。

1988年，中国人民解放军正式建立新的军衔制度。1988年7月，七届全国人大常委会第二次会议审议通过了《中国人民解放军军官军衔条例》，对军官衔级作出规定。考虑到士兵衔级制度作为军衔制度的重要组成部分尚未有法律对此作出规定，根据各方面意见，军官军衔条例“附则”中专门增加规定：“士兵军衔制度，由国务院和中央军事委员会规定。”这是根据特定历史条件下的实际需要，对于不断完善推进士兵衔级制度法治化具有积极意义，为有关士兵军衔制度的出台提供了法律依据。根据全国人大常委会的授权，1988年9月，国务院、中央军委联合颁布《中国人民解放军现役士兵服役条例》，其中第三章“士兵的军衔”规定了包括士官、军士、兵的“3等7级”士兵军衔，明确了士兵军衔授予晋升的批准权限、年限等。此后，该条例先后于1993年4月、1999年6月、2010年7月进行了修订，根据实践需要对士兵军衔多次作出调整，是士兵衔级制度的主要依据。

二、关于士兵衔级制度决定草案的背景情况

党的十八大以来，以习近平同志为核心的党中央统筹军队革命化、现代化、正规化建设，着眼建设世界一流人民军队，对全面深化国防和军队改革作出全面部署。2016年12月，十二届全国人大常委会第二十五次会议通过了《关于军官制度改革期间暂时调整适用相关法律规定的决定》，明确军官制度改革期间，暂时调整适用《中国人民解放军军官军衔条例》中有关规定。2021年，中央军委印发了《现役军官管理暂行规定》及一系列配套文件，对军官队伍建设作出调整完善。按照军委政策制度改革部署，下一步将提请修订现役军官法，将军官军衔的有关内容并入现役军官法，同时，拟适时提请废止由全国人大常委会制定的《中国人民解放军军官军衔条例》。这样，中央军委《现役士兵服役条例》中根据军官军衔条例的授权条款建立的士兵衔级制度的法律依据将失去依托。

2021年8月，十三届全国人大常委会第三十次会议通过了修订后的兵役法。在审议中针对士兵衔级制度尚未有法律作出规定的情况，常委会法制工作委员会曾提出意见和建议。鉴于当时士兵衔级改革方案尚在研究制定之中，士兵军衔名称等关键要素暂未确定，未能在兵役法中作出规定。

军人衔级制度对于确定指挥关系、严格组织纪律、高效协同完成任务至关重要，而士兵衔级制度是军人衔级制度的重要组成部分。贯彻落实宪法关于士兵衔级制度由全国人大常委会规定的要求，应当由全国人大常委会就士兵衔级制度作出专门规定。随着国防和军队现代化的深入推进，我军军官和士兵队伍建设面临的形势任务发生很大变化，更加需要加强法治保障。

习近平总书记强调：“全军要增强宪法意识，弘扬宪法精神，做宪法的忠实崇尚者、自觉遵守者、坚定捍卫者”。为了有效解决国防和军队改革中出现的法律问题，保证法律衔接配套，完善军人衔级制度法律规范体系，中央军委根据宪法规定向全国人大常委

会提出了关于提请审议《关于中国人民解放军现役士兵衔级制度的决定(草案)》的议案。这是落实依法治国、依宪治国的切实举措,体现了中央军委在推进国防和军队改革中的宪法意识。全国人大常委会就士兵衔级制度作出专门决定,一方面对士兵衔级制度的主要内容作出明确规定;另一方面,有效满足改革的法治需求,为推进国防和军队改革、确保士兵制度改革依法进行提供了有力法治保障。

三、全国人大常委会对士兵衔级作出专门决定的宪法和法治意义

习近平总书记在中央人大工作会议上强调:"全国人大及其常委会要完善宪法相关法律制度,保障宪法确立的制度、原则、规则得到全面实施"。军人衔级制度是军队基础性政策制度,实行包括军官和士兵在内的军人衔级制度,是中国人民解放军革命化、现代化、正规化的重要标志和制度保障。贯彻落实习近平总书记关于加强士兵队伍建设的重要指示要求,根据宪法关于军人衔级制度的具体规定,由全国人大常委会通过立法形式就士兵衔级制度作出相关决定,属于全国人大常委会的职权范围,完整落实了宪法第六十七条第十六项的规定要求,体现了党和国家对士兵队伍建设的高度重视,填补了建国以来在士兵军衔制度领域的法律空白,反映了新时代立法工作的责任担当,对于推动依法治国、依宪治国,维护宪法权威具有重要意义,是新时代完善宪法相关法律制度的重要举措,也是与时俱进理解和把握宪法规定和精神的具体体现,更是在我国现行宪法公布实施四十周年之际进一步加强宪法实施,提高宪法实施水平的生动实践,对推进国防和军队改革具有重要的宪法和法治意义,符合宪法规定和精神。

四、宪法关于衔级制度立法实施的情况

衔级制度是表明某类职业人员身份、区分人员等级的称号和标志的制度,是国家给予荣誉和相应待遇的依据,也是促进队伍正规化、专业化、职业化建设的必要保障。借鉴前苏联等国宪法规定并根据实践需要,我国在起草制定宪法之初就将规定衔级制度作为全国人大常委会的宪法职权。我国现行宪法第六十七条第十六项明确规定,全国人大常委会"规定军人和外交人员的衔级制度和其他专门衔级制度",一是明确由最高国家权力机关规定衔级制度,二是在1954年宪法关于衔级规定的基础上专门增加了"制度"一词,体现了衔级制度在现代国家制度建设中的重要意义,有利于提升受衔者的职业尊荣感、社会认同感,符合全国人大常委会的宪法定位和职权要求。

贯彻落实宪法规定,全国人大及其常委会通过制定专门条例、作出专门决定以及在法律中明确相关衔级等多种立法形式规定衔级制度,宪法关于衔级制度的规定得到了不断实施和发展。

一是,贯彻落实宪法关于军人衔级制度规定,1988年7月,七届全国人大常委会第二次会议制定通过《中国人民解放军军官军衔条例》,明确了军官衔级制度。1995年5月,八届全国人大常委会第十三次会议通过预备役军官法,确定了预备役军官的衔级制度。1997年3月,八届全国人大五次会议通过国防法,规定"国家依照法律规定对现役军人和预备役人员实行衔级制度";2020年12月,十三届全国人大常委会第二十四次会议修改国防法,进一步明确"中国人民解放军、中国人民武装警察部队依照法律规定实行衔级制度",将武装警察衔级纳入军人衔级制度体系,并对进一步完善规范军人衔级制度法律规范提出了明确要求。2022年1月,中央军事委员会向全国人大常委会提出《关于中国人民解放军现役士兵衔级制度的决定(草案)》,宪法关于军人衔级规定的制度内涵得到了进一步充实完善。

二是,贯彻落实宪法关于外交人员衔级制度规定,2009年10月十一届全国人大常委会第十一次会议制定通过驻外外交人员法,对驻外外交人员衔级作出了具体规定。

三是,贯彻落实宪法关于其他专门衔级制度的规定,全国人大常委会先后于1992年制定了《中华人民共和国人民警察警衔条例》,2003年制定了《中华人民共和国海关关衔条例》,2018年制定了《中华人民共和国消防救援衔条例》,通过立法和实践发展,宪法关于衔级制度的规范内涵得到了不断丰富完善。

中华人民共和国主席令

第一一一号

《中华人民共和国期货和衍生品法》已由中华人民共和国第十三届全国人民代表大会常务委员会第三十四次会议于 2022 年 4 月 20 日通过，现予公布，自 2022 年 8 月 1 日起施行。

中华人民共和国主席　习近平

2022 年 4 月 20 日

中华人民共和国期货和衍生品法

（2022 年 4 月 20 日第十三届全国人民代表大会常务委员会第三十四次会议通过）

目　录

第一章　总　　则

第一条　为了规范期货交易和衍生品交易行为，保障各方合法权益，维护市场秩序和社会公共利益，促进期货市场和衍生品市场服务国民经济，防范化解金融风险，维护国家经济安全，制定本法。

第二条　在中华人民共和国境内，期货交易和衍生品交易及相关活动，适用本法。

在中华人民共和国境外的期货交易和衍生品交易及相关活动，扰乱中华人民共和国境内市场秩序，损害境内交易者合法权益的，依照本法有关规定处理并追究法律责任。

第三条　本法所称期货交易，是指以期货合约或者标准化期权合约为交易标的的交易活动。

本法所称衍生品交易，是指期货交易以外的，以互换合约、远期合约和非标准化期权合约及其组合为交易标的的交易活动。

本法所称期货合约，是指期货交易场所统一制定的、约定在将来某一特定的时间和地点交割一定数量标的物的标准化合约。

本法所称期权合约，是指约定买方有权在将来某一时间以特定价格买入或者卖出约定标的物（包括期货合约）的标准化或非标准化合约。

本法所称互换合约，是指约定在将来某一特定时间内相互交换特定标的物的金融合约。

本法所称远期合约，是指期货合约以外的，约定在将来某一特定的时间和地点交割一定数量标的物的金融合约。

第四条　国家支持期货市场健康发展，发挥发现价格、管理风险、配置资源的功能。

国家鼓励利用期货市场和衍生品市场从事套期保值等风险管理活动。

国家采取措施推动农产品期货市场和衍生品市场发展，引导国内农产品生产经营。

本法所称套期保值，是指交易者为管理因其资产、负债等价值变化产生的风险而达成与上述资产、负债等基本吻合的期货交易和衍生品交易的活动。

第五条　期货市场和衍生品市场应当建立和完善风险的监测监控与化解处置制度机制，依法限制过度投机行为，防范市场系统性风险。

第六条　期货交易和衍生品交易活动，应当遵守法律、行政法规和国家有关规定，遵循公开、公平、公正的原则，禁止欺诈、操纵市场和内幕交易的行为。

第七条　参与期货交易和衍生品交易活动的各方具有平等的法律地位，应当遵守自愿、有偿、诚实信用的原则。

第八条　国务院期货监督管理机构依法对全国期货市场实行集中统一监督管理。国务院对利率、汇率期货的监督管理另有规定的，适用其规定。

衍生品市场由国务院期货监督管理机构或者国务院授权的部门按照职责分工实行监督管理。

第九条　期货和衍生品行业协会依法实行自律管理。

第十条　国家审计机关依法对期货经营机构、期货交易场所、期货结算机构、国务院期货监督管理机构进行审计监督。

第二章　期货交易和衍生品交易

第一节　一般规定

第十一条　期货交易应当在依法设立的期货交易所或者国务院期货监督管理机构依法批准组织开展期货交易的其他期货交易场所（以下统称期货交易场所），采用公开的集中交易方式或者国务院期货监督管理机构批准的其他方式进行。

禁止在期货交易场所之外进行期货交易。

衍生品交易，可以采用协议交易或者国务院规定的其他交易方式进行。

第十二条　任何单位和个人不得操纵期货市场或者衍生品市场。

禁止以下列手段操纵期货市场，影响或者意图影响期货交易价格或者期货交易量：

（一）单独或者合谋，集中资金优势、持仓优势或者利用信息优势联合或者连续买卖合约；

（二）与他人串通，以事先约定的时间、价格和方式相互进行期货交易；

（三）在自己实际控制的账户之间进行期货交易；

（四）利用虚假或者不确定的重大信息，诱导交易者进行期货交易；

（五）不以成交为目的，频繁或者大量申报并撤销申报；

（六）对相关期货交易或者合约标的物的交易作出公开评价、预测或者投资建议，并进行反向操作或者相关操作；

（七）为影响期货市场行情囤积现货；

（八）在交割月或者临近交割月，利用不正当手段规避持仓限额，形成持仓优势；

（九）利用在相关市场的活动操纵期货市场；

（十）操纵期货市场的其他手段。

第十三条　期货交易和衍生品交易的内幕信息的知情人和非法获取内幕信息的人，在内幕信息公开前不得从事相关期货交易或者衍生品交易，明示、暗示他人从事与内幕信息有关的期货交易或者衍生品交易，或者泄露内幕信息。

第十四条　本法所称内幕信息，是指可能对期货交易或者衍生品交易的交易价格产生重大影响的尚未公开的信息。

期货交易的内幕信息包括：

（一）国务院期货监督管理机构以及其他相关部门正在制定或者尚未发布的对期货交易价格可能产生重大影响的政策、信息或者数据；

（二）期货交易场所、期货结算机构作出的可能对期货交易价格产生重大影响的决定；

（三）期货交易场所会员、交易者的资金和交易动向；

（四）相关市场中的重大异常交易信息；

（五）国务院期货监督管理机构规定的对期货交易价格有重大影响的其他信息。

第十五条　本法所称内幕信息的知情人，是指由于经营地位、管理地位、监督地位或者职务便利等，能够接触或者获得内幕信息的单位和个人。

期货交易的内幕信息的知情人包括：

（一）期货经营机构、期货交易场所、期货结算机构、期货服务机构的有关人员；

（二）国务院期货监督管理机构和其他有关部门的工作人员；

（三）国务院期货监督管理机构规定的可以获取内幕信息的其他单位和个人。

第十六条　禁止任何单位和个人编造、传播虚假信息或者误导性信息，扰乱期货市场和衍生品市场。

禁止期货经营机构、期货交易场所、期货结算机构、期货服务机构及其从业人员，组织、开展衍生品交易的场所、机构及其从业人员，期货和衍生品行业协会、国务院期货监督管理机构、国务院授权的部门及其工作人员，在期货交易和衍生品交易及相关活动中作出虚假陈述或者信息误导。

各种传播媒介传播期货市场和衍生品市场信息应当真实、客观，禁止误导。传播媒介及其从事期货市场和衍生品市场信息报道的工作人员不得从事与其工作职责发生利益冲突的期货交易和衍生品交易及相关活动。

第二节 期货交易

第十七条 期货合约品种和标准化期权合约品种的上市应当符合国务院期货监督管理机构的规定，由期货交易场所依法报经国务院期货监督管理机构注册。

期货合约品种和标准化期权合约品种的中止上市、恢复上市、终止上市应当符合国务院期货监督管理机构的规定，由期货交易场所决定并向国务院期货监督管理机构备案。

期货合约品种和标准化期权合约品种应当具有经济价值，合约不易被操纵，符合社会公共利益。

第十八条 期货交易实行账户实名制。交易者进行期货交易的，应当持有证明身份的合法证件，以本人名义申请开立账户。

任何单位和个人不得违反规定，出借自己的期货账户或者借用他人的期货账户从事期货交易。

第十九条 在期货交易场所进行期货交易的，应当是期货交易场所会员或者符合国务院期货监督管理机构规定的其他参与者。

第二十条 交易者委托期货经营机构进行交易的，可以通过书面、电话、自助终端、网络等方式下达交易指令。交易指令应当明确、具体、全面。

第二十一条 通过计算机程序自动生成或者下达交易指令进行程序化交易的，应当符合国务院期货监督管理机构的规定，并向期货交易场所报告，不得影响期货交易场所系统安全或者正常交易秩序。

第二十二条 期货交易实行保证金制度，期货结算机构向结算参与人收取保证金，结算参与人向交易者收取保证金。保证金用于结算和履约保障。

保证金的形式包括现金，国债、股票、基金份额、标准仓单等流动性强的有价证券，以及国务院期货监督管理机构规定的其他财产。以有价证券等作为保证金的，可以依法通过质押等具有履约保障功能的方式进行。

期货结算机构、结算参与人收取的保证金的形式、比例等应当符合国务院期货监督管理机构的规定。

交易者进行标准化期权合约交易的，卖方应当缴纳保证金，买方应当支付权利金。

前款所称权利金是指买方支付的用于购买标准化期权合约的资金。

第二十三条 期货交易实行持仓限额制度，防范合约持仓过度集中的风险。

从事套期保值等风险管理活动的，可以申请持仓限额豁免。

持仓限额、套期保值的管理办法由国务院期货监督管理机构制定。

第二十四条 期货交易实行交易者实际控制关系报备管理制度。交易者应当按照国务院期货监督管理机构的规定向期货经营机构或者期货交易场所报备实际控制关系。

第二十五条 期货交易的收费应当合理，收费项目、收费标准和管理办法应当公开。

第二十六条 依照期货交易场所依法制定的业务规则进行的交易，不得改变其交易结果，本法第八十九条第二款规定的除外。

第二十七条 期货交易场所会员和交易者应当按照国务院期货监督管理机构的规定，报告有关交易、持仓、保证金等重大事项。

第二十八条 任何单位和个人不得违规使用信贷资金、财政资金进行期货交易。

第二十九条 期货经营机构、期货交易场所、期货结算机构、期货服务机构等机构及其从业人员对发现的禁止的交易行为，应当及时向国务院期货监督管理机构报告。

第三节 衍生品交易

第三十条 依法设立的场所，经国务院授权的部门或者国务院期货监督管理机构审批，可以组织开展衍生品交易。

组织开展衍生品交易的场所制定的交易规则，应当公平保护交易参与各方合法权益和防范市场风险，并报国务院授权的部门或者国务院期货监督管理机构批准。

第三十一条 金融机构开展衍生品交易业务，应当依法经过批准或者核准，履行交易者适当性管理义务，并应当遵守国家有关监督管理规定。

第三十二条 衍生品交易采用主协议方式的，主协议、主协议项下的全部补充协议以及交易双方就各项具体交易作出的约定等，共同构成交易双方之间一个完整的单一协议,具有法律约束力。

第三十三条 本法第三十二条规定的主协议等合同范本,应当按照国务院授权的部门或者国务院期货监督管理机构的规定报送备案。

第三十四条 进行衍生品交易,可以依法通过质押等方式提供履约保障。

第三十五条 依法采用主协议方式从事衍生品交易的,发生约定的情形时,可以依照协议约定终止交易,并按净额对协议项下的全部交易盈亏进行结算。

依照前款规定进行的净额结算,不因交易任何一方依法进入破产程序而中止、无效或者撤销。

第三十六条 国务院授权的部门、国务院期货监督管理机构应当建立衍生品交易报告库,对衍生品交易标的、规模、对手方等信息进行集中收集、保存、分析和管理,并按照规定及时向市场披露有关信息。具体办法由国务院授权的部门、国务院期货监督管理机构规定。

第三十七条 衍生品交易,由国务院授权的部门或者国务院期货监督管理机构批准的结算机构作为中央对手方进行集中结算的,可以依法进行终止净额结算;结算财产应当优先用于结算和交割,不得被查封、冻结、扣押或者强制执行;在结算和交割完成前,任何人不得动用。

依法进行的集中结算,不因参与结算的任何一方依法进入破产程序而中止、无效或者撤销。

第三十八条 对衍生品交易及相关活动进行规范和监督管理的具体办法,由国务院依照本法的原则规定。

第三章 期货结算与交割

第三十九条 期货交易实行当日无负债结算制度。在期货交易场所规定的时间,期货结算机构应当在当日按照结算价对结算参与人进行结算;结算参与人应当根据期货结算机构的结算结果对交易者进行结算。结算结果应当在当日及时通知结算参与人和交易者。

第四十条 期货结算机构、结算参与人收取的保证金、权利金等,应当与其自有资金分开,按照国务院期货监督管理机构的规定,在期货保证金存管机构专户存放,分别管理,禁止违规挪用。

第四十一条 结算参与人的保证金不符合期货结算机构业务规则规定标准的,期货结算机构应当按照业务规则的规定通知结算参与人在规定时间内追加保证金或者自行平仓;结算参与人未在规定时间内追加保证金或者自行平仓的,通知期货交易场所强行平仓。

交易者的保证金不符合结算参与人与交易者约定标准的,结算参与人应当按照约定通知交易者在约定时间内追加保证金或者自行平仓;交易者未在约定时间内追加保证金或者自行平仓的,按照约定强行平仓。

以有价证券等作为保证金,期货结算机构、结算参与人按照前两款规定强行平仓的,可以对有价证券等进行处置。

第四十二条 结算参与人在结算过程中违约的,期货结算机构按照业务规则动用结算参与人的保证金、结算担保金以及结算机构的风险准备金、自有资金等完成结算;期货结算机构以其风险准备金、自有资金等完成结算的,可以依法对该结算参与人进行追偿。

交易者在结算过程中违约的,其委托的结算参与人按照合同约定动用该交易者的保证金以及结算参与人的风险准备金和自有资金完成结算;结算参与人以其风险准备金和自有资金完成结算的,可以依法对该交易者进行追偿。

本法所称结算担保金,是指结算参与人以自有资金向期货结算机构缴纳的,用于担保履约的资金。

第四十三条 期货结算机构依照其业务规则收取和提取的保证金、权利金、结算担保金、风险准备金等资产,应当优先用于结算和交割,不得被查封、冻结、扣押或者强制执行。

在结算和交割完成之前,任何人不得动用用于担保履约和交割的保证金、进入交割环节的交割财产。

依法进行的结算和交割,不因参与结算的任何一方依法进入破产程序而中止、无效或者撤销。

第四十四条 期货合约到期时,交易者应当通过实物交割或者现金交割,了结到期未平仓合约。

在标准化期权合约规定的时间,合约的买方有权以约定的价格买入或者卖出标的物,或者按照约定进行现金差价结算,合约的卖方应当按照约定履行相应的义务。标准化期权合约的行权,由期货结算机构组织进行。

第四十五条 期货合约采取实物交割的,由期货结算机构负责组织货款与标准仓单等合约标的物权利凭证的交付。

期货合约采取现金交割的,由期货结算机构以交割结算价为基础,划付持仓双方的盈亏款项。

本法所称标准仓单，是指交割库开具并经期货交易场所登记的标准化提货凭证。

第四十六条　期货交易的实物交割在期货交易场所指定的交割库、交割港口或者其他符合期货交易场所要求的地点进行。实物交割不得限制交割总量。采用标准仓单以外的单据凭证或者其他方式进行实物交割的，期货交易场所应当明确规定交割各方的权利和义务。

第四十七条　结算参与人在交割过程中违约的，期货结算机构有权对结算参与人的标准仓单等合约标的物权利凭证进行处置。

交易者在交割过程中违约的，结算参与人有权对交易者的标准仓单等合约标的物权利凭证进行处置。

第四十八条　不符合结算参与人条件的期货经营机构可以委托结算参与人代为其客户进行结算。不符合结算参与人条件的期货经营机构与结算参与人、交易者之间的权利义务关系，参照本章关于结算参与人与交易者之间权利义务的规定执行。

第四章　期货交易者

第四十九条　期货交易者是指依照本法从事期货交易，承担交易结果的自然人、法人和非法人组织。

期货交易者从事期货交易，除国务院期货监督管理机构另有规定外，应当委托期货经营机构进行。

第五十条　期货经营机构向交易者提供服务时，应当按照规定充分了解交易者的基本情况、财产状况、金融资产状况、交易知识和经验、专业能力等相关信息；如实说明服务的重要内容，充分揭示交易风险；提供与交易者上述状况相匹配的服务。

交易者在参与期货交易和接受服务时，应当按照期货经营机构明示的要求提供前款所列真实信息。拒绝提供或者未按照要求提供信息的，期货经营机构应当告知其后果，并按照规定拒绝提供服务。

期货经营机构违反第一款规定导致交易者损失的，应当承担相应的赔偿责任。

第五十一条　根据财产状况、金融资产状况、交易知识和经验、专业能力等因素，交易者可以分为普通交易者和专业交易者。专业交易者的标准由国务院期货监督管理机构规定。

普通交易者与期货经营机构发生纠纷的，期货经营机构应当证明其行为符合法律、行政法规以及国务院期货监督管理机构的规定，不存在误导、欺诈等情形。期货经营机构不能证明的，应当承担相应的赔偿责任。

第五十二条　参与期货交易的法人和非法人组织，应当建立与其交易合约类型、规模、目的等相适应的内部控制制度和风险控制制度。

第五十三条　期货经营机构、期货交易场所、期货结算机构的从业人员，国务院期货监督管理机构、期货业协会的工作人员，以及法律、行政法规和国务院期货监督管理机构规定禁止参与期货交易的其他人员，不得进行期货交易。

第五十四条　交易者有权查询其委托记录、交易记录、保证金余额、与其接受服务有关的其他重要信息。

第五十五条　期货经营机构、期货交易场所、期货结算机构、期货服务机构及其工作人员应当依法为交易者的信息保密，不得非法买卖、提供或者公开交易者的信息。

期货经营机构、期货交易场所、期货结算机构、期货服务机构及其工作人员不得泄露所知悉的商业秘密。

第五十六条　交易者与期货经营机构等发生纠纷的，双方可以向行业协会等申请调解。普通交易者与期货经营机构发生期货业务纠纷并提出调解请求的，期货经营机构不得拒绝。

第五十七条　交易者提起操纵市场、内幕交易等期货民事赔偿诉讼时，诉讼标的是同一种类，且当事人一方人数众多的，可以依法推选代表人进行诉讼。

第五十八条　国家设立期货交易者保障基金。期货交易者保障基金的筹集、管理和使用的具体办法，由国务院期货监督管理机构会同国务院财政部门制定。

第五章　期货经营机构

第五十九条　期货经营机构是指依照《中华人民共和国公司法》和本法设立的期货公司以及国务院期货监督管理机构核准从事期货业务的其他机构。

第六十条　设立期货公司，应当具备下列条件，并经国务院期货监督管理机构核准：

（一）有符合法律、行政法规规定的公司章程；

（二）主要股东及实际控制人具有良好的财务状况和诚信记录，净资产不低于国务院期货监督管理机构规定的标准，最近三年无重大违法违规记录；

（三）注册资本不低于人民币一亿元，且应当为实缴货币资本；

（四）从事期货业务的人员符合本法规定的条件，董事、监事和高级管理人员具备相应的任职条件；

（五）有良好的公司治理结构、健全的风险管理制度和完善的内部控制制度；

（六）有合格的经营场所、业务设施和信息技术系统；

（七）法律、行政法规和国务院期货监督管理机构规定的其他条件。

国务院期货监督管理机构根据审慎监管原则和各项业务的风险程度，可以提高注册资本最低限额。

国务院期货监督管理机构应当自受理期货公司设立申请之日起六个月内依照法定条件、法定程序和审慎监管原则进行审查，作出核准或者不予核准的决定，并通知申请人；不予核准的，应当说明理由。

第六十一条　期货公司应当在其名称中标明“期货”字样，国务院期货监督管理机构另有规定的除外。

第六十二条　期货公司办理下列事项，应当经国务院期货监督管理机构核准：

（一）合并、分立、停业、解散或者申请破产；

（二）变更主要股东或者公司的实际控制人；

（三）变更注册资本且调整股权结构；

（四）变更业务范围；

（五）国务院期货监督管理机构规定的其他重大事项。

前款第三项、第五项所列事项，国务院期货监督管理机构应当自受理申请之日起二十日内作出核准或者不予核准的决定；前款所列其他事项，国务院期货监督管理机构应当自受理申请之日起六十日内作出核准或者不予核准的决定。

第六十三条　期货公司经国务院期货监督管理机构核准可以从事下列期货业务：

（一）期货经纪；

（二）期货交易咨询；

（三）期货做市交易；

（四）其他期货业务。

期货公司从事资产管理业务的，应当符合《中华人民共和国证券投资基金法》等法律、行政法规的规定。

未经国务院期货监督管理机构核准，任何单位和个人不得设立或者变相设立期货公司，经营或者变相经营期货经纪业务、期货交易咨询业务，也不得以经营为目的使用“期货”、“期权”或者其他可能产生混淆或者误导的名称。

第六十四条　期货公司的董事、监事、高级管理人员，应当正直诚实、品行良好，熟悉期货法律、行政法规，具有履行职责所需的经营管理能力。期货公司任免董事、监事、高级管理人员，应当报国务院期货监督管理机构备案。

有下列情形之一的，不得担任期货公司的董事、监事、高级管理人员：

（一）存在《中华人民共和国公司法》规定的不得担任公司董事、监事和高级管理人员的情形；

（二）因违法行为或者违纪行为被解除职务的期货经营机构的董事、监事、高级管理人员，或者期货交易场所、期货结算机构的负责人，自被解除职务之日起未逾五年；

（三）因违法行为或者违纪行为被吊销执业证书或者被取消资格的注册会计师、律师或者其他期货服务机构的专业人员，自被吊销执业证书或者被取消资格之日起未逾五年。

第六十五条　期货经营机构应当依法经营，勤勉尽责，诚实守信。期货经营机构应当建立健全内部控制制度，采取有效隔离措施，防范经营机构与客户之间、不同客户之间的利益冲突。

期货经营机构应当将其期货经纪业务、期货做市交易业务、资产管理业务和其他相关业务分开办理，不得混合操作。

期货经营机构应当依法建立并执行反洗钱制度。

第六十六条　期货经营机构接受交易者委托为其进行期货交易，应当签订书面委托合同，以自己的名义为交易者进行期货交易，交易结果由交易者承担。

期货经营机构从事经纪业务，不得接受交易者的全权委托。

第六十七条　期货经营机构从事资产管理业务，接受客户委托，运用客户资产进行投资的，应当公平对待所管理的不同客户资产，不得违背受托义务。

第六十八条　期货经营机构不得违反规定为其股东、实际控制人或者股东、实际控制人的关联人提供融资或者担保，不得违反规定对外担保。

第六十九条　期货经营机构从事期货业务的

人员应当正直诚实、品行良好，具备从事期货业务所需的专业能力。

期货经营机构从事期货业务的人员不得私下接受客户委托从事期货交易。

期货经营机构从事期货业务的人员在从事期货业务活动中，执行所属的期货经营机构的指令或者利用职务违反期货交易规则的，由所属的期货经营机构承担全部责任。

第七十条　国务院期货监督管理机构应当制定期货经营机构持续性经营规则，对期货经营机构及其分支机构的经营条件、风险管理、内部控制、保证金存管、合规管理、风险监管指标、关联交易等方面作出规定。期货经营机构应当符合持续性经营规则。

第七十一条　期货经营机构应当按照规定向国务院期货监督管理机构报送业务、财务等经营管理信息和资料。国务院期货监督管理机构有权要求期货经营机构及其主要股东、实际控制人、其他关联人在指定的期限内提供有关信息、资料。

期货经营机构及其主要股东、实际控制人或者其他关联人向国务院期货监督管理机构报送或者提供的信息、资料，应当真实、准确、完整。

第七十二条　期货经营机构涉及重大诉讼、仲裁，股权被冻结或者用于担保，以及发生其他重大事件时，应当自该事件发生之日起五日内向国务院期货监督管理机构提交书面报告。

期货经营机构的控股股东或者实际控制人应当配合期货经营机构履行前款规定的义务。

第七十三条　期货经营机构不符合持续性经营规则或者出现经营风险的，国务院期货监督管理机构应当责令其限期改正；期货经营机构逾期未改正的，或者其行为严重危及该期货经营机构的稳健运行、损害交易者合法权益的，或者涉嫌严重违法违规正在被国务院期货监督管理机构调查的，国务院期货监督管理机构可以区别情形，对其采取下列措施：

（一）限制或者暂停部分业务；

（二）停止核准新增业务；

（三）限制分配红利，限制向董事、监事、高级管理人员支付报酬、提供福利；

（四）限制转让财产或者在财产上设定其他权利；

（五）责令更换董事、监事、高级管理人员或者有关业务部门、分支机构的负责人员，或者限制其权利；

（六）限制期货经营机构自有资金或者风险准备金的调拨和使用；

（七）认定负有责任的董事、监事、高级管理人员为不适当人选；

（八）责令负有责任的股东转让股权，限制负有责任的股东行使股东权利。

对经过整改符合有关法律、行政法规规定以及持续性经营规则要求的期货经营机构，国务院期货监督管理机构应当自验收完毕之日起三日内解除对其采取的有关措施。

对经过整改仍未达到持续性经营规则要求，严重影响正常经营的期货经营机构，国务院期货监督管理机构有权撤销其部分或者全部期货业务许可、关闭其部分或者全部分支机构。

第七十四条　期货经营机构违法经营或者出现重大风险，严重危害期货市场秩序、损害交易者利益的，国务院期货监督管理机构可以对该期货经营机构采取责令停业整顿、指定其他机构托管或者接管等监督管理措施。

期货经营机构有前款所列情形，经国务院期货监督管理机构批准，可以对该期货经营机构直接负责的董事、监事、高级管理人员和其他直接责任人员采取以下措施：

（一）决定并通知出境入境管理机关依法阻止其出境；

（二）申请司法机关禁止其转移、转让或者以其他方式处分财产，或者在财产上设定其他权利。

第七十五条　期货经营机构的股东有虚假出资、抽逃出资行为的，国务院期货监督管理机构应当责令其限期改正，并可责令其转让所持期货经营机构的股权。

在股东依照前款规定的要求改正违法行为、转让所持期货经营机构的股权前，国务院期货监督管理机构可以限制其股东权利。

第七十六条　期货经营机构有下列情形之一的，国务院期货监督管理机构应当依法办理相关业务许可证注销手续：

（一）营业执照被依法吊销；

（二）成立后无正当理由超过三个月未开始营业，或者开业后无正当理由停业连续三个月以上；

（三）主动提出注销申请；

（四）《中华人民共和国行政许可法》和国务院期货监督管理机构规定应当注销行政许可的其他情形。

期货经营机构在注销相关业务许可证前，应当结清相关期货业务,并依法返还交易者的保证金和其他资产。

第七十七条　国务院期货监督管理机构认为必要时,可以委托期货服务机构对期货经营机构的财务状况、内部控制状况、资产价值进行审计或者评估。具体办法由国务院期货监督管理机构会同有关主管部门制定。

第七十八条　禁止期货经营机构从事下列损害交易者利益的行为:

(一)向交易者作出保证其资产本金不受损失或者取得最低收益承诺;

(二)与交易者约定分享利益、共担风险;

(三)违背交易者委托进行期货交易;

(四)隐瞒重要事项或者使用其他不正当手段,诱骗交易者交易;

(五)以虚假或者不确定的重大信息为依据向交易者提供交易建议;

(六)向交易者提供虚假成交回报;

(七)未将交易者交易指令下达到期货交易场所;

(八)挪用交易者保证金;

(九)未依照规定在期货保证金存管机构开立保证金账户,或者违规划转交易者保证金;

(十)利用为交易者提供服务的便利,获取不正当利益或者转嫁风险;

(十一)其他损害交易者权益的行为。

第六章　期货交易场所

第七十九条　期货交易场所应当遵循社会公共利益优先原则,为期货交易提供场所和设施,组织和监督期货交易,维护市场的公平、有序和透明,实行自律管理。

第八十条　设立、变更和解散期货交易所,应当由国务院期货监督管理机构批准。

设立期货交易所应当制定章程。期货交易所章程的制定和修改,应当经国务院期货监督管理机构批准。

第八十一条　期货交易所应当在其名称中标明"商品交易所"或者"期货交易所"等字样。其他任何单位或者个人不得使用期货交易所或者其他可能产生混淆或者误导的名称。

第八十二条　期货交易所可以采取会员制或者公司制的组织形式。

会员制期货交易所的组织机构由其章程规定。

第八十三条　期货交易所依照法律、行政法规和国务院期货监督管理机构的规定,制定有关业务规则;其中交易规则的制定和修改应当报国务院期货监督管理机构批准。

期货交易所业务规则应当体现公平保护会员、交易者等市场相关各方合法权益的原则。

在期货交易所从事期货交易及相关活动,应当遵守期货交易所依法制定的业务规则。违反业务规则的,由期货交易所给予纪律处分或者采取其他自律管理措施。

第八十四条　期货交易所的负责人由国务院期货监督管理机构提名或者任免。

有《中华人民共和国公司法》规定的不适合担任公司董事、监事、高级管理人员的情形或者下列情形之一的,不得担任期货交易所的负责人:

(一)因违法行为或者违纪行为被解除职务的期货经营机构的董事、监事、高级管理人员,或者期货交易场所、期货结算机构的负责人,自被解除职务之日起未逾五年;

(二)因违法行为或者违纪行为被吊销执业证书或者被取消资格的注册会计师、律师或者其他期货服务机构的专业人员,自被吊销执业证书或者被取消资格之日起未逾五年。

第八十五条　期货交易场所应当依照本法和国务院期货监督管理机构的规定,加强对交易活动的风险控制和对会员以及交易场所工作人员的监督管理,依法履行下列职责:

(一)提供交易的场所、设施和服务;

(二)设计期货合约、标准化期权合约品种,安排期货合约、标准化期权合约品种上市;

(三)对期货交易进行实时监控和风险监测;

(四)依照章程和业务规则对会员、交易者、期货服务机构等进行自律管理;

(五)开展交易者教育和市场培育工作;

(六)国务院期货监督管理机构规定的其他职责。

期货交易场所不得直接或者间接参与期货交易。未经国务院批准,期货交易场所不得从事信托投资、股票投资、非自用不动产投资等与其职责无关的业务。

第八十六条　期货交易所的所得收益按照国家有关规定管理和使用,应当首先用于保证期货交易的场所、设施的运行和改善。

第八十七条　期货交易场所应当加强对期货交易的风险监测,出现异常情况的,期货交易场所可以依照业务规则，单独或者会同期货结算机构采取下列紧急措施，并立即报告国务院期货监督管理机构：

（一）调整保证金；

（二）调整涨跌停板幅度；

（三）调整会员、交易者的交易限额或持仓限额标准；

（四）限制开仓；

（五）强行平仓；

（六）暂时停止交易；

（七）其他紧急措施。

异常情况消失后，期货交易场所应当及时取消紧急措施。

第八十八条 期货交易场所应当实时公布期货交易即时行情，并按交易日制作期货市场行情表，予以公布。

期货交易行情的权益由期货交易场所享有。未经期货交易场所许可，任何单位和个人不得发布期货交易行情。

期货交易场所不得发布价格预测信息。

期货交易场所应当依照国务院期货监督管理机构的规定，履行信息报告义务。

第八十九条 因突发性事件影响期货交易正常进行时，为维护期货交易正常秩序和市场公平，期货交易场所可以按照本法和业务规则规定采取必要的处置措施，并应当及时向国务院期货监督管理机构报告。

因前款规定的突发性事件导致期货交易结果出现重大异常，按交易结果进行结算、交割将对期货交易正常秩序和市场公平造成重大影响的，期货交易场所可以按照业务规则采取取消交易等措施，并应当及时向国务院期货监督管理机构报告并公告。

第九十条 期货交易场所对其依照本法第八十七条、第八十九条规定采取措施造成的损失，不承担民事赔偿责任，但存在重大过错的除外。

第七章 期货结算机构

第九十一条 期货结算机构是指依法设立，为期货交易提供结算、交割服务，实行自律管理的法人。

期货结算机构包括内部设有结算部门的期货交易场所、独立的期货结算机构和经国务院期货监督管理机构批准从事与证券业务相关的期货交易结算、交割业务的证券结算机构。

第九十二条 独立的期货结算机构的设立、变更和解散，应当经国务院期货监督管理机构批准。

设立独立的期货结算机构，应当具备下列条件：

（一）具备良好的财务状况，注册资本最低限额符合国务院期货监督管理机构的规定；

（二）有具备任职专业知识和业务工作经验的高级管理人员；

（三）具备完善的治理结构、内部控制制度和风险控制制度；

（四）具备符合要求的营业场所、信息技术系统以及与期货交易的结算有关的其他设施；

（五）国务院期货监督管理机构规定的其他条件。

承担期货结算机构职责的期货交易场所，应当具备本条第二款规定的条件。

国务院期货监督管理机构应当根据审慎监管原则进行审查，在六个月内作出批准或者不予批准的决定。

第九十三条 期货结算机构作为中央对手方，是结算参与人共同对手方，进行净额结算，为期货交易提供集中履约保障。

第九十四条 期货结算机构履行下列职责：

（一）组织期货交易的结算、交割；

（二）按照章程和业务规则对交易者、期货经营机构、期货服务机构、非期货经营机构结算参与人等进行自律管理；

（三）办理与期货交易的结算、交割有关的信息查询业务；

（四）国务院期货监督管理机构规定的其他职责。

第九十五条 期货结算机构应当按照国务院期货监督管理机构的规定，在其业务规则中规定结算参与人制度、风险控制制度、信息安全管理制度、违规违约处理制度、应急处理及临时处置措施等事项。期货结算机构制定和修改章程、业务规则，应当经国务院期货监督管理机构批准。参与期货结算，应当遵守期货结算机构制定的业务规则。

期货结算机构制定和执行业务规则，应当与期货交易场所的相关制度衔接、协调。

第九十六条 期货结算机构应当建立流动性管理制度，保障结算活动的稳健运行。

第九十七条 本法第八十四条，第八十五条第二款，第八十六条，第八十八条第三款、第四款的规定，适用于独立的期货结算机构和经批准从事期货交易结算、交割业务的证券结算机构。

第八章 期货服务机构

第九十八条 会计师事务所、律师事务所、资产评估机构、期货保证金存管机构、交割库、信息技术服务机构等期货服务机构,应当勤勉尽责、恪尽职守,按照相关业务规则为期货交易及相关活动提供服务,并按照国务院期货监督管理机构的要求提供相关资料。

第九十九条 会计师事务所、律师事务所、资产评估机构等期货服务机构接受期货经营机构、期货交易场所、期货结算机构的委托出具审计报告、法律意见书等文件,应当对所依据的文件资料内容的真实性、准确性、完整性进行核查和验证。

第一百条 交割库包括交割仓库和交割厂库等。交割库为期货交易的交割提供相关服务,应当符合期货交易场所规定的条件。期货交易场所应当与交割库签订协议,明确双方的权利和义务。

交割库不得有下列行为:

(一)出具虚假仓单;

(二)违反期货交易场所的业务规则,限制交割商品的出库、入库;

(三)泄露与期货交易有关的商业秘密;

(四)违反国家有关规定参与期货交易;

(五)违反国务院期货监督管理机构规定的其他行为。

第一百零一条 为期货交易及相关活动提供信息技术系统服务的机构,应当符合国家及期货行业信息安全相关的技术管理规定和标准,并向国务院期货监督管理机构备案。

国务院期货监督管理机构可以依法要求信息技术服务机构提供前款规定的信息技术系统的相关材料。

第九章 期货业协会

第一百零二条 期货业协会是期货行业的自律性组织,是社会团体法人。

期货经营机构应当加入期货业协会。期货服务机构可以加入期货业协会。

第一百零三条 期货业协会的权力机构为会员大会。

期货业协会的章程由会员大会制定,并报国务院期货监督管理机构备案。

期货业协会设理事会。理事会成员依照章程的规定选举产生。

第一百零四条 期货业协会履行下列职责:

(一)制定和实施行业自律规则,监督、检查会员的业务活动及从业人员的执业行为,对违反法律、行政法规、国家有关规定、协会章程和自律规则的,按照规定给予纪律处分或者实施其他自律管理措施;

(二)对会员之间、会员与交易者之间发生的纠纷进行调解;

(三)依法维护会员的合法权益,向国务院期货监督管理机构反映会员的建议和要求;

(四)组织期货从业人员的业务培训,开展会员间的业务交流;

(五)教育会员和期货从业人员遵守期货法律法规和政策,组织开展行业诚信建设,建立行业诚信激励约束机制;

(六)开展交易者教育和保护工作,督促会员落实交易者适当性管理制度,开展期货市场宣传;

(七)对会员的信息安全工作实行自律管理,督促会员执行国家和行业信息安全相关规定和技术标准;

(八)组织会员就期货行业的发展、运作及有关内容进行研究,收集整理、发布期货相关信息,提供会员服务,组织行业交流,引导行业创新发展;

(九)期货业协会章程规定的其他职责。

第十章 监督管理

第一百零五条 国务院期货监督管理机构依法对期货市场实行监督管理,维护期货市场公开、公平、公正,防范系统性风险,维护交易者合法权益,促进期货市场健康发展。

国务院期货监督管理机构在对期货市场实施监督管理中,依法履行下列职责:

(一)制定有关期货市场监督管理的规章、规则,并依法进行审批、核准、注册,办理备案;

(二)对品种的上市、交易、结算、交割等期货交易及相关活动,进行监督管理;

(三)对期货经营机构、期货交易场所、期货结算机构、期货服务机构和非期货经营机构结算参与人等市场相关参与者的期货业务活动,进行监督管理;

(四)制定期货从业人员的行为准则,并监督实施;

（五）监督检查期货交易的信息公开情况；

（六）维护交易者合法权益、开展交易者教育；

（七）对期货违法行为进行查处；

（八）监测监控并防范、处置期货市场风险；

（九）对期货行业金融科技和信息安全进行监管；

（十）对期货业协会的自律管理活动进行指导和监督；

（十一）法律、行政法规规定的其他职责。

国务院期货监督管理机构根据需要可以设立派出机构，依照授权履行监督管理职责。

第一百零六条 国务院期货监督管理机构依法履行职责，有权采取下列措施：

（一）对期货经营机构、期货交易场所、期货结算机构进行现场检查，并要求其报送有关的财务会计、业务活动、内部控制等资料；

（二）进入涉嫌违法行为发生场所调查取证；

（三）询问当事人和与被调查事件有关的单位和个人，要求其对与被调查事件有关的事项作出说明，或者要求其按照指定的方式报送与被调查事件有关的文件和资料；

（四）查阅、复制与被调查事件有关的财产权登记、通讯记录等文件和资料；

（五）查阅、复制当事人和与被调查事件有关的单位和个人的期货交易记录、财务会计资料及其他相关文件和资料；对可能被转移、隐匿或者毁损的文件资料，可以予以封存、扣押；

（六）查询当事人和与被调查事件有关的单位和个人的保证金账户和银行账户以及其他具有支付、托管、结算等功能的账户信息，可以对有关文件和资料进行复制；对有证据证明已经或者可能转移或者隐匿违法资金等涉案财产或者隐匿、伪造、毁损重要证据的，经国务院期货监督管理机构主要负责人或者其授权的其他负责人批准，可以冻结、查封，期限为六个月；因特殊原因需要延长的，每次延长期限不得超过三个月，最长期限不得超过二年；

（七）在调查操纵期货市场、内幕交易等重大违法行为时，经国务院期货监督管理机构主要负责人或者其授权的其他负责人批准，可以限制被调查事件当事人的交易，但限制的时间不得超过三个月；案情复杂的，可以延长三个月；

（八）决定并通知出境入境管理机关依法阻止涉嫌违法人员、涉嫌违法单位的主管人员和其他直接责任人员出境。

为防范期货市场风险，维护市场秩序，国务院期货监督管理机构可以采取责令改正、监管谈话、出具警示函等措施。

第一百零七条 国务院期货监督管理机构依法履行职责，进行监督检查或者调查，其监督检查、调查的人员不得少于二人，并应当出示执法证件和检查、调查、查询等相关执法文书。监督检查、调查的人员少于二人或者未出示执法证件和有关执法文书的，被检查、调查的单位或者个人有权拒绝。

第一百零八条 国务院期货监督管理机构的工作人员，应当依法办事，忠于职守，公正廉洁，保守国家秘密和有关当事人的商业秘密，不得利用职务便利牟取不正当利益。

第一百零九条 国务院期货监督管理机构依法履行职责，被检查、调查的单位和个人应当配合，如实作出说明或者提供有关文件和资料，不得拒绝、阻碍和隐瞒。

国务院期货监督管理机构与其他相关部门，应当建立信息共享等监督管理协调配合机制。国务院期货监督管理机构依法履行职责，进行监督检查或者调查时，有关部门应当予以配合。

第一百一十条 对涉嫌期货违法、违规行为，任何单位和个人有权向国务院期货监督管理机构举报。

对涉嫌重大违法、违规行为的实名举报线索经查证属实的，国务院期货监督管理机构按照规定给予举报人奖励。

国务院期货监督管理机构应当对举报人的身份信息保密。

第一百一十一条 国务院期货监督管理机构制定的规章、规则和监督管理工作制度应当依法公开。

国务院期货监督管理机构依据调查结果，对期货违法行为作出的处罚决定，应当依法公开。

第一百一十二条 国务院期货监督管理机构对涉嫌期货违法的单位或者个人进行调查期间，被调查的当事人书面申请，承诺在国务院期货监督管理机构认可的期限内纠正涉嫌违法行为，赔偿有关交易者损失，消除损害或者不良影响的，国务院期货监督管理机构可以决定中止调查。被调查的当事人履行承诺的，国务院期货监督管理机构可以决定终止调查；被调查的当事人未履行承诺或者有国务院规定的其他情形的，应当恢复调查。具体办法由国务院规定。

国务院期货监督管理机构中止或者终止调查的，应当按照规定公开相关信息。

第一百一十三条 国务院期货监督管理机构依法将有关期货市场主体遵守本法的情况纳入期货市场诚信档案。

第一百一十四条 国务院期货监督管理机构依法履行职责,发现期货违法行为涉嫌犯罪的,应当依法将案件移送司法机关处理;发现公职人员涉嫌职务违法或者职务犯罪的,应当依法移送监察机关处理。

第一百一十五条 国务院期货监督管理机构应当建立健全期货市场监测监控制度,通过专门机构加强保证金安全存管监控。

第一百一十六条 为防范交易及结算的风险,期货经营机构、期货交易场所、期货结算机构和非期货经营机构结算参与人应当从业务收入中按照国务院期货监督管理机构、国务院财政部门的规定提取、管理和使用风险准备金。

第一百一十七条 期货经营机构、期货交易场所、期货结算机构、期货服务机构和非期货经营机构结算参与人等应当按照规定妥善保存与业务经营相关的资料和信息,任何人不得泄露、隐匿、伪造、篡改或者毁损。期货经营机构、期货交易场所、期货结算机构和非期货经营机构结算参与人的信息和资料的保存期限不得少于二十年;期货服务机构的信息和资料的保存期限不得少于十年。

第十一章 跨境交易与监管协作

第一百一十八条 境外期货交易场所向境内单位或者个人提供直接接入该交易场所交易系统进行交易服务的,应当向国务院期货监督管理机构申请注册,接受国务院期货监督管理机构的监督管理,国务院期货监督管理机构另有规定的除外。

第一百一十九条 境外期货交易场所上市的期货合约、期权合约和衍生品合约,以境内期货交易场所上市的合约价格进行挂钩结算的,应当符合国务院期货监督管理机构的规定。

第一百二十条 境内单位或者个人从事境外期货交易,应当委托具有境外期货经纪业务资格的境内期货经营机构进行,国务院另有规定的除外。

境内期货经营机构转委托境外期货经营机构从事境外期货交易的,该境外期货经营机构应当向国务院期货监督管理机构申请注册,接受国务院期货监督管理机构的监督管理,国务院期货监督管理机构另有规定的除外。

第一百二十一条 境外期货交易场所在境内设立代表机构的,应当向国务院期货监督管理机构备案。

境外期货交易场所代表机构及其工作人员,不得从事或者变相从事任何经营活动。

第一百二十二条 境外机构在境内从事期货市场营销、推介及招揽活动,应当经国务院期货监督管理机构批准,适用本法的相关规定。

境内机构为境外机构在境内从事期货市场营销、推介及招揽活动,应当经国务院期货监督管理机构批准。

任何单位或者个人不得从事违反前两款规定的期货市场营销、推介及招揽活动。

第一百二十三条 国务院期货监督管理机构可以和境外期货监督管理机构建立监督管理合作机制,或者加入国际组织,实施跨境监督管理。

国务院期货监督管理机构应境外期货监督管理机构请求提供协助的,应当遵循国家法律、法规的规定和对等互惠的原则,不得泄露国家秘密,不得损害国家利益和社会公共利益。

第一百二十四条 国务院期货监督管理机构可以按照与境外期货监督管理机构达成的监管合作安排,接受境外期货监督管理机构的请求,依照本法规定的职责和程序为其进行调查取证。境外期货监督管理机构应当提供有关案件材料,并说明其正在就被调查当事人涉嫌违反请求方当地期货法律法规的行为进行调查。境外期货监督管理机构不得在中华人民共和国境内直接进行调查取证等活动。

未经国务院期货监督管理机构和国务院有关主管部门同意,任何单位和个人不得擅自向境外监督管理机构提供与期货业务活动有关的文件和资料。

国务院期货监督管理机构可以依照与境外期货监督管理机构达成的监管合作安排,请求境外期货监督管理机构进行调查取证。

第十二章 法律责任

第一百二十五条 违反本法第十二条的规定,操纵期货市场或者衍生品市场的,责令改正,没收违法所得,并处以违法所得一倍以上十倍以下的罚款;没有违法所得或者违法所得不足一百万元的,处以一百万元以上一千万元以下的罚款。单位操纵市场的,还应当对直接负责的主管人员和其他直接责任人员给予警告,并处以五十万元以上五百万元以下的罚款。

操纵市场行为给交易者造成损失的，应当依法承担赔偿责任。

第一百二十六条 违反本法第十三条的规定从事内幕交易的，责令改正，没收违法所得，并处以违法所得一倍以上十倍以下的罚款；没有违法所得或者违法所得不足五十万元的，处以五十万元以上五百万元以下的罚款。单位从事内幕交易的，还应当对直接负责的主管人员和其他直接责任人员给予警告，并处以二十万元以上二百万元以下的罚款。

国务院期货监督管理机构、国务院授权的部门、期货交易场所、期货结算机构的工作人员从事内幕交易的，从重处罚。

内幕交易行为给交易者造成损失的，应当依法承担赔偿责任。

第一百二十七条 违反本法第十六条第一款、第三款的规定，编造、传播虚假信息或者误导性信息，扰乱期货市场、衍生品市场的，没收违法所得，并处以违法所得一倍以上十倍以下的罚款；没有违法所得或者违法所得不足二十万元的，处以二十万元以上二百万元以下的罚款。对直接负责的主管人员和其他直接责任人员给予警告，并处以十万元以上一百万元以下的罚款。

违反本法第十六条第二款的规定，在期货交易、衍生品交易活动中作出虚假陈述或者信息误导的，责令改正，处以二十万元以上二百万元以下的罚款；属于国家工作人员的，还应当依法给予处分。

传播媒介及其从事期货市场、衍生品市场信息报道的工作人员违反本法第十六条第三款的规定，从事与其工作职责发生利益冲突的期货交易、衍生品交易的，没收违法所得，并处以违法所得一倍以下的罚款，没有违法所得或者违法所得不足十万元的，处以十万元以下的罚款。

编造、传播有关期货交易、衍生品交易的虚假信息，或者在期货交易、衍生品交易中作出信息误导，给交易者造成损失的，应当依法承担赔偿责任。

第一百二十八条 违反本法第十八条第二款的规定，出借自己的期货账户或者借用他人的期货账户从事期货交易的，责令改正，给予警告，可以处五十万元以下的罚款。

第一百二十九条 违反本法第二十一条的规定，采取程序化交易影响期货交易场所系统安全或者正常交易秩序的，责令改正，并处以五十万元以上五百万元以下的罚款。对直接负责的主管人员和其他直接责任人员给予警告，并处以十万元以上一百万元以下的罚款。

第一百三十条 违反本法第二十七条规定，未报告有关重大事项的，责令改正，给予警告，可以处一百万元以下的罚款。

第一百三十一条 法律、行政法规和国务院期货监督管理机构规定禁止参与期货交易的人员，违反本法第五十三条的规定，直接或者以化名、借他人名义参与期货交易的，责令改正，给予警告，没收违法所得，并处以五万元以上五十万元以下的罚款；属于国家工作人员的，还应当依法给予处分。

第一百三十二条 非法设立期货公司，或者未经核准从事相关期货业务的，予以取缔，没收违法所得，并处以违法所得一倍以上十倍以下的罚款；没有违法所得或者违法所得不足一百万元的，处以一百万元以上一千万元以下的罚款。对直接负责的主管人员和其他直接责任人员给予警告，并处以二十万元以上二百万元以下的罚款。

第一百三十三条 提交虚假申请文件或者采取其他欺诈手段骗取期货公司设立许可、重大事项变更核准或者期货经营机构期货业务许可的，撤销相关许可，没收违法所得，并处以违法所得一倍以上十倍以下的罚款；没有违法所得或者违法所得不足二十万元的，处以二十万元以上二百万元以下的罚款。对直接负责的主管人员和其他直接责任人员给予警告，并处以二十万元以上二百万元以下的罚款。

第一百三十四条 期货经营机构违反本法第四十条、第六十二条、第六十五条、第六十八条、第七十一条、第七十二条的，责令改正，给予警告，没收违法所得，并处以违法所得一倍以上十倍以下的罚款；没有违法所得或者违法所得不足二十万元的，处以二十万元以上二百万元以下的罚款；情节严重的，责令停业整顿或者吊销期货业务许可证。对直接负责的主管人员和其他直接责任人员给予警告，并处以五万元以上五十万元以下的罚款。

期货经营机构有前款所列违法情形，给交易者造成损失的，应当依法承担赔偿责任。

期货经营机构的主要股东、实际控制人或者其他关联人违反本法第七十一条规定的，依照本条第一款的规定处罚。

第一百三十五条 期货经营机构违反本法第五十条交易者适当性管理规定，或者违反本法第六十六条规定从事经纪业务接受交易者全权委托，或者有第七十八条损害交易者利益行为的，责令改正，给予警告，没收违法所得，并处以违法所得一倍以上十倍以下的罚款；没有违法所得或者违法所得不足五十万元的，处以五十万元以上五百万元以下的罚款；情节严重的，吊销相关业务许可。对直接负责的主管人员和其他直接责任人员给予警告，并处以二十万元以上二百万元以下的罚款。

期货经营机构有本法第七十八条规定的行为，给交易者造成损失的，应当依法承担赔偿责任。

第一百三十六条 违反本法第十一条、第八十条、第九十二条规定，非法设立期货交易场所、期货结算机构，或者以其他形式组织期货交易的，没收违法所得，并处以违法所得一倍以上十倍以下的罚款；没有违法所得或者违法所得不足一百万元的，处以一百万元以上一千万元以下的罚款。对直接负责的主管人员和其他直接责任人员给予警告，并处以二十万元以上二百万元以下的罚款。非法设立期货交易场所的，由县级以上人民政府予以取缔。

违反本法第三十条规定，未经批准组织开展衍生品交易的，或者金融机构违反本法第三十一条规定，未经批准、核准开展衍生品交易的，依照前款规定处罚。

第一百三十七条 期货交易场所、期货结算机构违反本法第十七条、第四十条、第八十五条第二款规定的，责令改正，给予警告，没收违法所得，并处以违法所得一倍以上十倍以下的罚款；没有违法所得或者违法所得不足二十万元的，处以二十万元以上二百万元以下的罚款；情节严重的，责令停业整顿。对直接负责的主管人员和其他直接责任人员处以五万元以上五十万元以下的罚款。

第一百三十八条 期货交易场所、期货结算机构违反本法第八十八条第三款规定发布价格预测信息的，责令改正，给予警告，并处以二十万元以上二百万元以下的罚款。对直接负责的主管人员和其他直接责任人员处以五万元以上五十万元以下的罚款。

第一百三十九条 期货服务机构违反本法第九十八条的规定，从事期货服务业务未按照要求提供相关资料的，责令改正，可以处二十万元以下的罚款。

第一百四十条 会计师事务所、律师事务所、资产评估机构等期货服务机构违反本法第九十九条的规定，未勤勉尽责，所制作、出具的文件有虚假记载、误导性陈述或者重大遗漏的，责令改正，没收业务收入，并处以业务收入一倍以上十倍以下的罚款；没有业务收入或者业务收入不足五十万元的，处以五十万元以上五百万元以下的罚款。对直接负责的主管人员和其他直接责任人员给予警告，并处以二十万元以上二百万元以下的罚款。

期货服务机构有前款所列违法行为，给他人造成损失的，依法承担赔偿责任。

第一百四十一条 交割库有本法第一百条所列行为之一的，责令改正，给予警告，没收违法所得，并处以违法所得一倍以上十倍以下的罚款；没有违法所得或者违法所得不足十万元的，处以十万元以上一百万元以下的罚款；情节严重的，责令期货交易场所暂停或者取消其交割库资格。对直接负责的主管人员和其他直接责任人员给予警告，并处以五万元以上五十万元以下的罚款。

第一百四十二条 信息技术服务机构违反本法第一百零一条规定未报备案的，责令改正，可以处二十万元以下的罚款。

信息技术服务机构违反本法第一百零一条规定，提供的服务不符合国家及期货行业信息安全相关的技术管理规定和标准的，责令改正，没收业务收入，并处以业务收入一倍以上十倍以下的罚款；没有业务收入或者业务收入不足五十万元的，处以五十万元以上五百万元以下的罚款。对直接负责的主管人员和其他直接责任人员给予警告，并处以二十万元以上二百万元以下的罚款。

第一百四十三条 违反本法第一百一十六条的规定，期货经营机构、期货交易场所、期货结算机构和非期货经营机构结算参与人未按照规定提取、管理和使用风险准备金的，责令改正，给予警告。对直接负责的主管人员和其他直接责任人员给予警告，并处以十万元以上一百万元以下的罚款。

第一百四十四条 违反本法第一百一十七条的规定，期货经营机构、期货交易场所、期货结算机构、期货服务机构和非期货经营机构结算参与人等未按照规定妥善保存与业务经营相关的资料和信息的，责令改正，给予警告，并处以十万元以上一百万元以下的罚款；泄露、隐匿、伪造、篡改或者毁损有关文件资料的，责令改正，给予警告，并处以二十万元以上二百万元以下的罚款；情节严重的，处以五十万元以上五百万元以下的罚款，并暂停、吊销相关业务许可或者禁止从事相关业务。对直接负责的主管人员和其他直接责任人员给予警告，并处以十万元以上一百万元以下的罚款。

第一百四十五条 境外期货交易场所和期货经营机构违反本法第一百一十八条和第一百二十条的规定，未向国务院期货监督管理机构申请注册的，责令改正，没收违法所得，并处以违法所得一倍以上十倍以下的罚款；没有违法所得或者违法所得不足五十万元的，处以五十万元以上五百万元以下的罚款。对直接负责的主管人员和其他直接责任人员给予警告，并处以十万元以上一百万元以下的罚款。

第一百四十六条　境内单位或者个人违反本法第一百二十条第一款规定的，责令改正，给予警告，没收违法所得，并处以十万元以上一百万元以下的罚款；情节严重的，暂停其境外期货交易。对直接负责的主管人员和其他直接责任人员给予警告，并处以五万元以上五十万元以下的罚款。

第一百四十七条　境外期货交易场所在境内设立的代表机构及其工作人员违反本法第一百二十一条的规定，从事或者变相从事任何经营活动的，责令改正，给予警告，没收违法所得，并处以违法所得一倍以上十倍以下的罚款；没有违法所得或者违法所得不足五十万元的，处以五十万元以上五百万元以下的罚款。对直接负责的主管人员和其他直接责任人员给予警告，并处以十万元以上一百万元以下的罚款。

第一百四十八条　违反本法第一百二十二条的规定在境内从事市场营销、推介及招揽活动的，责令改正，给予警告，没收违法所得，并处以违法所得一倍以上十倍以下的罚款；没有违法所得或者违法所得不足五十万元的，处以五十万元以上五百万元以下的罚款。对直接负责的主管人员和其他直接责任人员给予警告，并处以十万元以上一百万元以下的罚款。

第一百四十九条　拒绝、阻碍国务院期货监督管理机构或者国务院授权的部门及其工作人员依法行使监督检查、调查职权的，责令改正，处以十万元以上一百万元以下的罚款，并由公安机关依法给予治安管理处罚。

第一百五十条　违反法律、行政法规或者国务院期货监督管理机构的有关规定，情节严重的，国务院期货监督管理机构可以对有关责任人员采取期货市场禁入的措施。

前款所称期货市场禁入，是指在一定期限内直至终身不得进行期货交易、从事期货业务，不得担任期货经营机构、期货交易场所、期货结算机构的董事、监事、高级管理人员或者负责人的制度。

第一百五十一条　本法规定的行政处罚，由国务院期货监督管理机构、国务院授权的部门按照国务院规定的职责分工作出决定；法律、行政法规另有规定的，适用其规定。

第一百五十二条　国务院期货监督管理机构或者国务院授权的部门的工作人员，不履行本法规定的职责，滥用职权、玩忽职守，利用职务便利牟取不正当利益，或者泄露所知悉的有关单位和个人的商业秘密的，依法追究法律责任。

第一百五十三条　违反本法规定，构成犯罪的，依法追究刑事责任。

第一百五十四条　违反本法规定，应当承担民事赔偿责任和缴纳罚款、罚金、违法所得，违法行为人的财产不足以支付的，优先用于承担民事赔偿责任。

第十三章　附　　则

第一百五十五条　本法自 2022 年 8 月 1 日起施行。

关于《中华人民共和国期货法(草案)》的说明

——2021 年 4 月 26 日在第十三届全国人民代表大会常务委员会第二十八次会议上

全国人大财政经济委员会主任委员　徐绍史

全国人民代表大会常务委员会：

根据《十三届全国人大常委会立法规划》，全国人大财政经济委员会全面总结了期货市场发展实践和监管经验，深入开展立法调研，广泛听取各方意见，起草形成了《中华人民共和国期货法(草案)》(以下简称草案)。我受全国人大财政经济委员会委托，现就草案作如下说明。

一、立法必要性

在以习近平同志为核心的党中央坚强领导下，党中央作出加快构建以国内大循环为主体、国内国际双循环相互促进的新发展格局的重大战略部署，开启了全面建设社会主义现代化国家新征程，进一步完善相关领域法律意义重大。习近平总书记强调，坚持在法治轨道上推进国家治理体系和治理能力现代化。栗战书委员长提出，要在完善社会主义市场经济法律制度上多下功夫。期货市场通过价格发现、风险管理等功能，对于促进生产、流通、消费、分配循环，服务实体经济发展发挥着积极作用。近年来，我国期货市场得到持续健康稳定发展。商品期货交易总量连续 11 年位居全球第一，股指期货、国债期货、股票期权等金融期货及衍生品也蓬勃发展。目前，我国期货市场共上市 70 个期货品种和 22 个期权品种，基本覆盖主要产业类型和主要经济活动环节。制定出台专门的期货法，规范和促进期货交易，更好发挥期货市场的功能，对于活跃商品流通、推动产业升级、促进经济高质量发展等具有重要意义。

（一）制定期货法是贯彻落实党中央决策部署的重要举措。党中央始终高度重视期货市场发展和期货市场法治建设工作。2017 年全国金融工作会议明确提出“要引导期货市场健康发展”，“加快制定期货法”。党的十九届四中全会提出“加强资本市场基础制度建设，健全具有高度适应性、竞争力、普惠性的现代金融体系，有效防范化解金融风险”。党的十九届五中全会强调，“完善现代金融监管体系，提高金融监管透明度和法治化水平”。在总结期货市场实践经验的基础上，有必要通过制定期货法，贯彻好落实好党中央决策部署，着力加强法律制度建设，夯实金融体系稳健运行的法治基础。

（二）制定期货法是提升期货市场服务实体经济能力的内在要求。目前，期货市场已经与实体经济相互融合，但市场发育还存在不平衡不充分的问题，期货上市品种有待进一步丰富，相关市场规则制度有待进一步完善，交易者结构有待进一步优化，期货经营机构风险管理能力有待进一步提高，制定期货法，建立完善以市场为导向的期货品种上市机制，规范引导交易者公正、公平、有序参与，有利于激发市场活力，提升市场运行质量，不断提高期货市场服务实体经济的能力，更好地适应国民经济高质量发展的要求，为形成具有更强创新力、更高附加值、更安全可靠的产业链供应链提供更好服务。

（三）制定期货法是维护国家金融安全的重要保障。期货市场是管理风险的市场，必须做好自身风险防控，坚决守住不发生系统性风险的底线。经过三十年的发展，我国期货市场风险防控体系建设不断加强，在应对 2008 年金融危机冲击和 2020 年新冠肺炎疫情突发事件的考验中，发挥了积极的作用。但随着期货市场改革的深化，产品业务不断创新，市场结构趋于复杂，市场规模不断扩大，需要从法律层面保障整套风险防控体系的有效运行。因此，有必要通过制定期货法来进一步完善风险控制制度，健全期货市场的风险识别、预防和处置制度体系，依法加强监督管理，加大对违法违规行为的惩处，夯实市场稳定运行的基础，维护国家金融安全。

（四）制定期货法是通过期货市场促进国内国际双循环的客观需要。以主要期货市场价格作为交易基准是国际大宗商品贸易的重要特征。我国已经成为全球最大的大宗商品贸易国，但我国期货市场仍主要以境内交易者为主，形成的价格主要反映境内市场供求状况，国际影响力不足，缺乏国际定价话语权。近年来，我国期货市场开放向全面纵深推进，原油期货、铁矿石期货等特定期货品种引入境外交易者，允许外资控股境内期货公司，境内机构也开始走出去。期货市场双向开放格局正在拓展深化，客观上需要从法律层面对期货市场对外开放的路径、跨境监管等作出安排，以提升期货市场国际化水平，为构建新发展格局发挥积极作用。

（五）期货法出台时机已基本成熟。近年来，我国期货市场法治建设不断加强，《期货交易管理条例》和有关部门的规章、规范性文件以及期货交易场所、行业协会的自律规则等构成了相关法规制度体系，但位阶不高，与我国期货市场的现状和下一步发展要求不相符。适时出台期货法，有利于稳定交易者预期，规范和促进期货市场健康发展，并与国际市场更好衔接。为补短板、强弱项，不断完善我国金融法律制度，根据全国人大常委会立法工作安排，全国人大财经委会同有关部门，深入调研论证，加强沟通协调，凝聚各方共识，拟出草案。在征求意见过程中，大家认为，草案内容较为全面、基本可行，既总结实践经验，又着力增强系统性、针对性和可操作性，同时，也为改革发展预留必要空间。目前期货市场体系不断完善，市场运行较为稳定，为期货法立法奠定了必要基础，期货法出台时机已基本成熟。

二、立法原则

期货法草案的起草，坚持以习近平新时代中国特色社会主义思想为指导，立足新发展阶段，贯彻新发展理念，构建新发展格局，聚焦服务实体经济，坚守防范化解金融风险的底线，确立期货市场基础制度，健全资本市场监管体系，着力提升期货市场的国际竞争力，促进期货市场改革开放和稳健发

展。在立法工作中注意把握以下几条原则:

(一)平衡制度稳定与改革创新的关系。一方面,草案认真总结期货市场三十年发展经验,充分吸收《期货交易管理条例》的核心内容,将实践中运行良好、成熟可行的制度和规定上升为法律,将发展成果固化下来,以稳定市场预期,保障各方合法权益,适应现阶段市场发展的特征。另一方面,草案坚持市场化的方向,遵循期货市场运行规律,适应国际期货市场发展趋势,破除期货市场发展的体制机制障碍,在期货品种和期权品种上市机制、期货公司业务类型、法律域外适用等方面作了重大创新,发挥立法前瞻性和先导性作用,为期货市场改革开放发展预留适度空间。

(二)重点规范期货市场,兼顾其他衍生品市场。期货市场和其他衍生品市场法律性质、基本定位总体相同,二者深度融合、功能互补、紧密相连,共同服务于国民经济。但期货市场和其他衍生品市场发展程度不一,期货市场及相关制度已经稳定运行三十年,监管实践也比较丰富;而其他衍生品市场尚处于探索发展阶段,2008 年金融危机以后,二十国集团峰会达成了加强其他衍生品市场监管的共识。为此,草案从市场实际情况出发,统筹考虑两个市场,系统规定期货市场各项制度,兼顾规范其他衍生品市场。

(三)注重期货法与相关法律之间协调衔接。期货市场和证券市场在经营机构和服务机构、监督管理和自律管理以及法律责任等方面存在较多相通之处。因此,对新修订的证券法已经确立的制度,草案充分参考借鉴,确保两部法律在同类事项的处理上保持一致。同时,与新修订的证券法相衔接,将证券衍生品等纳入期货法调整。草案还充分考虑期货市场的特殊性,借鉴国际的实践经验,确定了特殊制度安排,与民法典、企业破产法等法律协调衔接,以保障期货交易安全便捷和市场稳定发展。

三、期货法草案的主要内容

草案重点围绕期货交易、结算与交割基本制度,期货交易者保护制度,期货经营机构和期货服务机构的监管,期货交易场所和期货结算机构的运行,期货市场监督管理,法律责任等作了规定。草案共 14 章 173 条,主要有以下内容:

(一)明确立法宗旨、原则和监管体制。草案明确了期货法的立法宗旨、调整适用范围;规定了期货交易和其他衍生品交易公开、公平、公正的原则;明确了期货市场和其他衍生品市场的监督管理体制。

(二)系统规定期货交易、结算和交割制度。确立期货品种和期权品种上市注册制度,明确期货交易实行集中交易、保证金交易、持仓限额等制度,并规范程序化交易,禁止内幕交易、操纵市场、编造传播虚假信息或者误导性信息等违法行为。规定期货交易的结算实行当日无负债结算、保证金不足强行平仓等制度,明确违约处置程序,确立保证金及相关财产破产保护的原则,规定了期货的交割规则。

(三)规定其他衍生品交易的基本制度。结合其他衍生品交易的特殊性,对单一协议、履约担保、交易终止净额结算、交易报告等基本制度作出规定,并授权国务院依法制定具体管理规则。

(四)确立期货交易者权益保护制度。规定交易者适当性原则,将交易者分为专业交易者与普通交易者;构建多元化期货纠纷解决机制,引入调解制度和集体诉讼制度;设立交易者保障基金。

(五)规范期货经营机构、期货交易场所、期货结算机构和期货服务机构运行。规定期货经营机构业务范围和业务规范,强化期货经营机构的公司治理。规定期货交易场所和期货结算机构的组织形式和主要职责,明确期货结算机构的中央对手方法律地位。对期货服务机构进行备案管理,明确其基本行为规范。

(六)明确期货市场的监督管理。规定国务院期货监督管理机构的职责。对跨境管辖与协作作出原则性规定。对期货市场各类违法行为明确法律责任。

四、需要说明的情况

为适应经济全球化和期货市场改革开放的需要,草案第十二章对期货市场跨境监管作出了制度安排:一是规定国务院期货监督管理机构可以和境外监管机构建立跨境监管合作机制,进行跨境监督管理。二是从“引进来”和“走出去”两个方面对境外期货交易场所、期货经营机构等向境内提供服务明确监管要求,并对境内外交易者跨境交易的行为进行规范。三是确立期货法的域外适用效力,在境外从事期货交易和其他衍生品交易及相关活动,扰乱境内市场秩序,损害境内交易者合法权益的,适用本法。

草案和以上说明是否妥当,请审议。

全国人民代表大会宪法和法律委员会关于《中华人民共和国期货法(草案)》修改情况的汇报

——2021年10月19日在第十三届全国人民代表大会常务委员会第三十一次会议上

全国人大宪法和法律委员会主任委员　李　飞

全国人民代表大会常务委员会:

常委会第二十八次会议对期货法草案进行了初次审议。会后,法制工作委员会将草案印发各省(区、市)人大、中央有关部门和部分基层立法联系点、全国人大代表、研究机构等征求意见;在中国人大网全文公布草案,征求社会公众意见。宪法和法律委员会、财政经济委员会、法制工作委员会联合召开座谈会,听取全国人大代表、中央有关部门、行业协会、市场机构和专家学者对草案的意见。宪法和法律委员会、法制工作委员会还到一些地方进行调研,听取意见;并就草案的有关问题与有关方面交换意见,共同研究。宪法和法律委员会于9月16日召开会议,根据常委会组成人员的审议意见和各方面的意见,对草案进行了逐条审议。财政经济委员会、司法部、中国证券监督管理委员会、中国人民银行有关负责同志列席了会议。9月29日,宪法和法律委员会召开会议,再次进行了审议。现将期货法草案主要问题的修改情况汇报如下:

一、有的常委委员和有关方面提出,本法既规范期货交易,也规范衍生品交易,“期货法”的名称与内容不相符,建议调整。宪法和法律委员会经研究,建议将本法的名称修改为“期货和衍生品法”。

二、有的常委会组成人员、地方、部门和单位提出,草案规定的调整对象是期货交易、衍生品交易,但缺少相关定义,建议增加;有的建议进一步明确期货合约、期权合约等概念。宪法和法律委员会经研究,建议作如下修改:一是增加期货交易的定义,即以期货合约或者标准化期权合约为交易标的的交易活动;二是增加衍生品交易的定义,即期货交易以外的,以非标准化期权合约、互换合约和远期合约及其组合为交易标的的交易活动;三是明确期货合约、期权合约的定义。

三、草案第七条第一款规定,国务院期货监督管理机构依法对全国期货市场实行集中统一监督管理;利率、汇率期货由国务院依法另行规定。有的常委委员、地方、部门和单位提出,期货市场风险高度集中,利率、汇率期货原则上也应当由国务院期货监督管理机构实行集中统一监管;有的提出,利率、汇率期货具有特殊性,涉及与货币政策、外汇政策相协调等问题,对于利率、汇率期货的监督管理,应由国务院另行规定。宪法和法律委员会经研究后认为,还是应当对全国期货市场坚持集中统一监督管理,同时可授权国务院根据实际情况对利率、汇率期货的监督管理灵活调整,据此,建议将相关规定修改为:“国务院对利率、汇率期货的监督管理另有规定的,适用其规定。”

四、草案第七条第二款规定,衍生品市场由国务院授权的部门实行监督管理。有的常委委员、地方、部门和单位提出,上述规定未完全反映衍生品交易监管的现状,建议进一步予以完善。宪法和法律委员会经研究,建议将相关规定修改为“衍生品市场由国务院期货监督管理机构或者国务院授权的部门按照职责分工实行监督管理”。

五、有的常委委员、地方、部门提出,草案第三章对衍生品交易作出专章规定后,本法其他规定是否适用、如何适用于衍生品交易,不清楚,建议做好衔接;有的建议,对适用于期货交易和衍生品交易的普遍规则进行归纳总结,并统筹完善草案的篇章结构。宪法和法律委员会经研究,建议将草案第二章、第三章合并为“期货交易和衍生品交易”一章,分为三节:将共同适用于期货交易和衍生品交易的规则提炼为“一般规定”,作为第一节;第二节为“期货交易”,专门对期货交易特有的规则作出规定;第三节为“衍生品交易”,对衍生品交易特有的规则作出规定,并授权国务院规定衍生品交易活动规范和监督管理的具体办法。

六、草案第九十二条规定,实行会员制的期货交易所的财产积累归会员所有,其权益由会员共同享有。有的意见提出,实践中对期货交易所所得收益的性质及如何管理还有不同认识,建议对此只作原则规定,为改革留出空间。宪法和法律委员会经研究,建议按照现行期货交易管理条例的表述,将草案的规定修改为“期货交易所的所得收益按照国家有关规定管理和使用,应当首先用于保证期货交易的场所、设施的运行和改善”。

七、有的地方、单位建议,按照“放管服”改革精神,取消期货服务机构向国务院期货监督管理机构和国务院有关主管部门“双重备案”的要求,减轻企业负担。宪法和法律委员会经研究,建议除信息技术服务机构外,取消对其他期货服务机构的备案要求。

八、有的意见建议,在草案中进一步强化国务院期货监督管理机构加强风险监测监控、防范化解系统性风险的责任。宪法和法律委员会经研究,建议增加规定:国务院期货监督管理机构依法对期货市场实行监督管理,防范系统性风险;国务院期货监督管理机构应当建立健全期货市场监测监控制度,通过专门机构加强保证金安全存管监控。

此外,还对草案作了一些文字修改。

草案二次审议稿已按上述意见作了修改,宪法和法律委员会建议提请本次常委会会议继续审议。

草案二次审议稿和以上汇报是否妥当,请审议。

全国人民代表大会宪法和法律委员会关于《中华人民共和国期货和衍生品法(草案)》审议结果的报告

——2022 年 4 月 18 日在第十三届全国人民代表大会常务委员会第三十四次会议上

全国人大宪法和法律委员会主任委员　李　飞

全国人民代表大会常务委员会:

常委会第三十一次会议对期货和衍生品法草案进行了二次审议。会后,法制工作委员会将草案二次审议稿印发中央有关部门、相关行业协会、期货交易所和部分期货公司、商业银行、证券公司、实体企业征求意见;在中国人大网全文公布草案二次审议稿,征求社会公众意见。部分全国人大代表通过代表意见系统提出意见。法制工作委员会就草案的有关问题同有关方面交换意见,共同研究。宪法和法律委员会于 3 月 22 日召开会议,根据委员长会议精神、常委会组成人员审议意见和各方面的意见,对草案进行了逐条审议。财政经济委员会、司法部、中国人民银行、中国银行保险监督管理委员会、中国证券监督管理委员会有关负责同志列席了会议。4 月 12 日,宪法和法律委员会召开会议,再次进行了审议。宪法和法律委员会认为,为规范期货交易和衍生品交易行为,促进期货市场和衍生品市场健康发展,制定期货和衍生品法是必要的;草案经过两次审议修改,已经比较成熟。同时,提出以下主要修改意见:

一、有的常委会组成人员、部门和单位提出,要进一步加强对衍生品交易的监管,切实防范金融风险。宪法和法律委员会经研究,建议作以下修改:一是将组织开展衍生品交易的场所制定的交易规则,由向有关主管部门“备案”,修改为报有关主管部门“批准”。二是强化机构监管,明确金融机构开展衍生品交易业务,应当依法经过批准或者核准,履行交易者适当性管理义务,并遵守国家有关监督管理规定。三是完善衍生品交易报告库制度,明确国务院授权的部门、国务院期货监督管理机构应当建立衍生品交易报告库,对衍生品交易相关信息进行集中收集、保存、分析和管理,按照规定及时向市场披露;同时,授权有关主管部门制定具体办法。四是根据衍生品监管的实际情况,明确本法规定的行政处罚,“由国务院期货监督管理机构、国务院授权的部门按照国务院规定的职责分工作出决定”。

二、有的常委委员、部门和单位建议,进一步完善本法中相关合约概念的规定,并按照巴塞尔委员会和国际证监会组织有关衍生品的定义,明确互换合约、远期合约属于金融合约。宪法和法律委员会经研究,建议采纳这一意见,增加互换合约、远期合约的定义,规定:本法所称互换合约,是指约定在将来某一特定时间内相互交换特定标的物的金融合约;本法所称远期合约,是指期货合约以外的,约定在将来某一特定的时间和地点交割一定数量标的物的金融合约。

三、有的常委会组成人员、部门和单位提出,应进一步加强对跨境期货和衍生品交易活动的监管，切实防范跨境金融风险。宪法和法律委员会经研究，建议在草案二次审议稿设专章对跨境交易与监管协作作出规范的基础上，进一步完善境外机构在境内市场营销活动的管理规则，将相关规定修改为：境外机构在境内从事期货市场营销、推介及招揽活动，应当经国务院期货监督管理机构批准，适用本法的相关规定；境内机构为境外机构在境内从事期货市场营销、推介及招揽活动，应当经国务院期货监督管理机构批准；任何单位或者个人不得从事违反前两款规定的期货市场营销、推介及招揽活动。

四、有的部门提出，应加强对期货信息技术服务机构的监管，对其为期货交易提供的服务不符合国家及期货行业信息安全相关的技术管理规定和标准的，增加相应的法律责任。宪法和法律委员会经研究，建议采纳这一意见。

此外，还对草案二次审议稿作了一些文字修改。

3 月 31 日，法制工作委员会召开会议，邀请部分全国人大代表、专家学者以及期货和衍生品交易场所、经营机构、服务机构、实体企业、派驻地方监管机构等方面的代表，就草案中主要制度规范的可行性、法律出台时机、法律实施的社会效果和可能出现的问题等进行评估。总的评价是：贯彻落实党中央决策部署要求，在总结实践经验的基础上，制定出台一部统领期货市场和衍生品市场的专门法律，提升行业法治化水平，健全金融法律体系，具有重要意义。草案符合当前期货和衍生品市场的实际情况，并为下一步改革创新留出了空间，主要制度规范是可行的；草案经过多轮征求意见和修改完善，已经比较成熟。期货和衍生品法的出台对于行业发展具有重要的促进和保障作用，影响是积极正面的，有助于提振市场信心，促进稳价保供、防范化解风险，建议尽快出台。有的会议代表还对草案提出了一些具体修改意见，宪法和法律委员会进行了认真研究，建议结合常委会审议情况一并考虑。

草案三次审议稿已按上述意见作了修改，宪法和法律委员会建议提请本次常委会会议审议通过。

草案三次审议稿和以上报告是否妥当，请审议。

全国人民代表大会宪法和法律委员会关于《中华人民共和国期货和衍生品法（草案三次审议稿）》修改意见的报告

——2022 年 4 月 19 日在第十三届全国人民代表大会常务委员会第三十四次会议上

全国人民代表大会常务委员会：

本次常委会会议于 4 月 18 日下午对期货和衍生品法草案三次审议稿进行了分组审议。普遍认为，草案已经比较成熟，建议进一步修改后，提请本次常委会会议表决通过。同时，有些常委会组成人员和列席人员还提出了一些修改意见和建议。宪法和法律委员会于 4 月 18 日晚召开会议，逐条研究了常委会组成人员和列席人员的审议意见，对草案进行了审议。财政经济委员会、司法部、中国人民银行、中国证券监督管理委员会的有关负责同志列席了会议。宪法和法律委员会认为，草案是可行的，同时，提出以下修改意见：

一、有的常委会组成人员提出，规制内幕交易首先是规制市场内幕信息知情人，其次才是监管机构内幕信息知情人，建议对草案三次审议稿第十五条的相关表述进行调整。宪法和法律委员会经研究，建议将第十五条第一款中的“经营地位”移至“管理地位、监督地位”之前，并将第二款中第一项和第二项的顺序对调。

二、草案三次审议稿第六十七条对期货经营机构从事资产管理业务的行为规范作了规定。有的意见建议在该条中明确，期货经营机构从事资产管理业务“不得违背受托义务”。宪法和法律委员会经研究，建议采纳这一意见。

三、有的常委委员提出，草案三次审议稿第七十一条第一款对期货经营机构“主要股东”的信息提供义务作了规定，该条第二款关于相关信息的要求以及第一百三十四条关于相关法律责任的规定，也应针对“主要股东”，建议明确。宪法和法律委员会经研究，建议采纳这一意见。

四、草案三次审议稿第一百一十九条规定，境外合约以境内期货交易场所上市合约价格进行“结算”的，应当符合国务院期货监督管理机构的规定。有的常委会组成人员提出，上述规定涵盖不够周全，建议将相关表述修改为“挂钩结算”。宪法和法律委员会经研究，建议采纳这一意见。

有的常委会组成人员还对本法通过后的实施和宣传工作提出了很好的意见。宪法和法律委员会建议有关方面认真研究常委会组成人员的审议意见，抓紧制定相关配套规定，积极做好宣传和解读，保证法律的顺利实施。

经与有关方面研究，建议将本法的施行时间确定为 2022 年 8 月 1 日。

此外，根据常委会组成人员的审议意见，还对草案三次审议稿作了个别文字修改。

草案修改稿已按上述意见作了修改，宪法和法律委员会建议本次常委会会议审议通过。

草案修改稿和以上报告是否妥当，请审议。

中华人民共和国主席令

第一一二号

《中华人民共和国职业教育法》已由中华人民共和国第十三届全国人民代表大会常务委员会第三十四次会议于 2022 年 4 月 20 日修订通过，现予公布，自 2022 年 5 月 1 日起施行。

中华人民共和国主席　习近平

2022 年 4 月 20 日

中华人民共和国职业教育法

（1996 年 5 月 15 日第八届全国人民代表大会常务委员会第十九次会议通过
2022 年 4 月 20 日第十三届全国人民代表大会常务委员会第三十四次会议修订）

目　　录

第一章　总　　则

第一条　为了推动职业教育高质量发展，提高劳动者素质和技术技能水平，促进就业创业，建设教育强国、人力资源强国和技能型社会，推进社会主义现代化建设，根据宪法，制定本法。

第二条　本法所称职业教育，是指为了培养高素质技术技能人才，使受教育者具备从事某种职业或者实现职业发展所需要的职业道德、科学文化与专业知识、技术技能等职业综合素质和行动能力而实施的教育，包括职业学校教育和职业培训。

机关、事业单位对其工作人员实施的专门培训由法律、行政法规另行规定。

第三条　职业教育是与普通教育具有同等重要地位的教育类型，是国民教育体系和人力资源开发的重要组成部分，是培养多样化人才、传承技术技能、促进就业创业的重要途径。

国家大力发展职业教育，推进职业教育改革，提高职业教育质量，增强职业教育适应性，建立健全适应社会主义市场经济和社会发展需要、符合技术技能人才成长规律的职业教育制度体系，为全面建设社会主义现代化国家提供有力人才和技能支撑。

第四条　职业教育必须坚持中国共产党的领导，坚持社会主义办学方向，贯彻国家的教育方针，坚持立德树人、德技并修，坚持产教融合、校企合作，坚持面向市场、促进就业，坚持面向实践、强化能力，坚持面向人人、因材施教。

实施职业教育应当弘扬社会主义核心价值观，对受教育者进行思想政治教育和职业道德教育，培育劳模精神、劳动精神、工匠精神，传授科学文化与专业知识，培养技术技能，进行职业指导，全面提高受教育者的素质。

第五条 公民有依法接受职业教育的权利。

第六条 职业教育实行政府统筹、分级管理、地方为主、行业指导、校企合作、社会参与。

第七条 各级人民政府应当将发展职业教育纳入国民经济和社会发展规划，与促进就业创业和推动发展方式转变、产业结构调整、技术优化升级等整体部署、统筹实施。

第八条 国务院建立职业教育工作协调机制，统筹协调全国职业教育工作。

国务院教育行政部门负责职业教育工作的统筹规划、综合协调、宏观管理。国务院教育行政部门、人力资源社会保障行政部门和其他有关部门在国务院规定的职责范围内，分别负责有关的职业教育工作。

省、自治区、直辖市人民政府应当加强对本行政区域内职业教育工作的领导，明确设区的市、县级人民政府职业教育具体工作职责，统筹协调职业教育发展，组织开展督导评估。

县级以上地方人民政府有关部门应当加强沟通配合，共同推进职业教育工作。

第九条 国家鼓励发展多种层次和形式的职业教育，推进多元办学，支持社会力量广泛、平等参与职业教育。

国家发挥企业的重要办学主体作用，推动企业深度参与职业教育，鼓励企业举办高质量职业教育。

有关行业主管部门、工会和中华职业教育社等群团组织、行业组织、企业、事业单位等应当依法履行实施职业教育的义务，参与、支持或者开展职业教育。

第十条 国家采取措施，大力发展技工教育，全面提高产业工人素质。

国家采取措施，支持举办面向农村的职业教育，组织开展农业技能培训、返乡创业就业培训和职业技能培训，培养高素质乡村振兴人才。

国家采取措施，扶持革命老区、民族地区、边远地区、欠发达地区职业教育的发展。

国家采取措施，组织各类转岗、再就业、失业人员以及特殊人群等接受各种形式的职业教育，扶持残疾人职业教育的发展。

国家保障妇女平等接受职业教育的权利。

第十一条 实施职业教育应当根据经济社会发展需要，结合职业分类、职业标准、职业发展需求，制定教育标准或者培训方案，实行学历证书及其他学业证书、培训证书、职业资格证书和职业技能等级证书制度。

国家实行劳动者在就业前或者上岗前接受必要的职业教育的制度。

第十二条 国家采取措施，提高技术技能人才的社会地位和待遇，弘扬劳动光荣、技能宝贵、创造伟大的时代风尚。

国家对在职业教育工作中做出显著成绩的单位和个人按照有关规定给予表彰、奖励。

每年5月的第二周为职业教育活动周。

第十三条 国家鼓励职业教育领域的对外交流与合作，支持引进境外优质资源发展职业教育，鼓励有条件的职业教育机构赴境外办学，支持开展多种形式的职业教育学习成果互认。

第二章 职业教育体系

第十四条 国家建立健全适应经济社会发展需要，产教深度融合，职业学校教育和职业培训并重，职业教育与普通教育相互融通，不同层次职业教育有效贯通，服务全民终身学习的现代职业教育体系。

国家优化教育结构，科学配置教育资源，在义务教育后的不同阶段因地制宜、统筹推进职业教育与普通教育协调发展。

第十五条 职业学校教育分为中等职业学校教育、高等职业学校教育。

中等职业学校教育由高级中等教育层次的中等职业学校（含技工学校）实施。

高等职业学校教育由专科、本科及以上教育层次的高等职业学校和普通高等学校实施。根据高等职业学校设置制度规定，将符合条件的技师学院纳入高等职业学校序列。

其他学校、教育机构或者符合条件的企业、行业组织按照教育行政部门的统筹规划，可以实施相应层次的职业学校教育或者提供纳入人才培养方案的学分课程。

第十六条 职业培训包括就业前培训、在职培训、再就业培训及其他职业性培训，可以根据实际情况分级分类实施。

职业培训可以由相应的职业培训机构、职业学校实施。

其他学校或者教育机构以及企业、社会组织可以根据办学能力、社会需求，依法开展面向社会的、多种形式的职业培训。

第十七条 国家建立健全各级各类学校教育与职业培训学分、资历以及其他学习成果的认证、积累和转换机制，推进职业教育国家学分银行建设，促进职业教育与普通教育的学习成果融通、互认。

军队职业技能等级纳入国家职业资格认证和职业技能等级评价体系。

第十八条 残疾人职业教育除由残疾人教育机构实施外，各级各类职业学校和职业培训机构及其他教育机构应当按照国家有关规定接纳残疾学生，并加强无障碍环境建设，为残疾学生学习、生活提供必要的帮助和便利。

国家采取措施，支持残疾人教育机构、职业学校、职业培训机构及其他教育机构开展或者联合开展残疾人职业教育。

从事残疾人职业教育的特殊教育教师按照规定享受特殊教育津贴。

第十九条 县级以上人民政府教育行政部门应当鼓励和支持普通中小学、普通高等学校，根据实际需要增加职业教育相关教学内容，进行职业启蒙、职业认知、职业体验，开展职业规划指导、劳动教育，并组织、引导职业学校、职业培训机构、企业和行业组织等提供条件和支持。

第三章 职业教育的实施

第二十条 国务院教育行政部门会同有关部门根据经济社会发展需要和职业教育特点，组织制定、修订职业教育专业目录，完善职业教育教学等标准，宏观管理指导职业学校教材建设。

第二十一条 县级以上地方人民政府应当举办或者参与举办发挥骨干和示范作用的职业学校、职业培训机构，对社会力量依法举办的职业学校和职业培训机构给予指导和扶持。

国家根据产业布局和行业发展需要，采取措施，大力发展先进制造等产业需要的新兴专业，支持高水平职业学校、专业建设。

国家采取措施，加快培养托育、护理、康养、家政等方面技术技能人才。

第二十二条 县级人民政府可以根据县域经济社会发展的需要，设立职业教育中心学校，开展多种形式的职业教育，实施实用技术培训。

教育行政部门可以委托职业教育中心学校承担教育教学指导、教育质量评价、教师培训等职业教育公共管理和服务工作。

第二十三条 行业主管部门按照行业、产业人才需求加强对职业教育的指导，定期发布人才需求信息。

行业主管部门、工会和中华职业教育社等群团组织、行业组织可以根据需要，参与制定职业教育专业目录和相关职业教育标准，开展人才需求预测、职业生涯发展研究及信息咨询，培育供需匹配的产教融合服务组织，举办或者联合举办职业学校、职业培训机构，组织、协调、指导相关企业、事业单位、社会组织举办职业学校、职业培训机构。

第二十四条 企业应当根据本单位实际，有计划地对本单位的职工和准备招用的人员实施职业教育，并可以设置专职或者兼职实施职业教育的岗位。

企业应当按照国家有关规定实行培训上岗制度。企业招用的从事技术工种的劳动者，上岗前必须进行安全生产教育和技术培训；招用的从事涉及公共安全、人身健康、生命财产安全等特定职业（工种）的劳动者，必须经过培训并依法取得职业资格或者特种作业资格。

企业开展职业教育的情况应当纳入企业社会责任报告。

第二十五条 企业可以利用资本、技术、知识、设施、设备、场地和管理等要素，举办或者联合举办职业学校、职业培训机构。

第二十六条 国家鼓励、指导、支持企业和其他社会力量依法举办职业学校、职业培训机构。

地方各级人民政府采取购买服务，向学生提供助学贷款、奖助学金等措施，对企业和其他社会力量依法举办的职业学校和职业培训机构予以扶持；对其中的非营利性职业学校和职业培训机构还可以采取政府补贴、基金奖励、捐资激励等扶持措施，参照同级同类公办学校生均经费等相关经费标准和支持政策给予适当补助。

第二十七条 对深度参与产教融合、校企合作，在提升技术技能人才培养质量、促进就业中发挥重要主体作用的企业，按照规定给予奖励；对符合条件认定为产教融合型企业的，按照规定给予金融、财政、土地等支持，落实教育费附加、地方教育附加减免及其他税费优惠。

第二十八条 联合举办职业学校、职业培训机构的，举办者应当签订联合办学协议，约定各方权利义务。

地方各级人民政府及行业主管部门支持社会力量依法参与联合办学，举办多种形式的职业学校、职业培训机构。

行业主管部门、工会等群团组织、行业组织、企业、事业单位等委托学校、职业培训机构实施职业教育的，应当签订委托合同。

第二十九条　县级以上人民政府应当加强职业教育实习实训基地建设，组织行业主管部门、工会等群团组织、行业组织、企业等根据区域或者行业职业教育的需要建设高水平、专业化、开放共享的产教融合实习实训基地，为职业学校、职业培训机构开展实习实训和企业开展培训提供条件和支持。

第三十条　国家推行中国特色学徒制，引导企业按照岗位总量的一定比例设立学徒岗位，鼓励和支持有技术技能人才培养能力的企业特别是产教融合型企业与职业学校、职业培训机构开展合作，对新招用职工、在岗职工和转岗职工进行学徒培训，或者与职业学校联合招收学生，以工学结合的方式进行学徒培养。有关企业可以按照规定享受补贴。

企业与职业学校联合招收学生，以工学结合的方式进行学徒培养的，应当签订学徒培养协议。

第三十一条　国家鼓励行业组织、企业等参与职业教育专业教材开发，将新技术、新工艺、新理念纳入职业学校教材，并可以通过活页式教材等多种方式进行动态更新；支持运用信息技术和其他现代化教学方式，开发职业教育网络课程等学习资源，创新教学方式和学校管理方式，推动职业教育信息化建设与融合应用。

第三十二条　国家通过组织开展职业技能竞赛等活动，为技术技能人才提供展示技能、切磋技艺的平台，持续培养更多高素质技术技能人才、能工巧匠和大国工匠。

第四章　职业学校和职业培训机构

第三十三条　职业学校的设立，应当符合下列基本条件：

（一）有组织机构和章程；

（二）有合格的教师和管理人员；

（三）有与所实施职业教育相适应、符合规定标准和安全要求的教学及实习实训场所、设施、设备以及课程体系、教育教学资源等；

（四）有必备的办学资金和与办学规模相适应的稳定经费来源。

设立中等职业学校，由县级以上地方人民政府或者有关部门按照规定的权限审批；设立实施专科层次教育的高等职业学校，由省、自治区、直辖市人民政府审批，报国务院教育行政部门备案；设立实施本科及以上层次教育的高等职业学校，由国务院教育行政部门审批。

专科层次高等职业学校设置的培养高端技术技能人才的部分专业，符合产教深度融合、办学特色鲜明、培养质量较高等条件的，经国务院教育行政部门审批，可以实施本科层次的职业教育。

第三十四条　职业培训机构的设立，应当符合下列基本条件：

（一）有组织机构和管理制度；

（二）有与培训任务相适应的课程体系、教师或者其他授课人员、管理人员；

（三）有与培训任务相适应、符合安全要求的场所、设施、设备；

（四）有相应的经费。

职业培训机构的设立、变更和终止，按照国家有关规定执行。

第三十五条　公办职业学校实行中国共产党职业学校基层组织领导的校长负责制，中国共产党职业学校基层组织按照中国共产党章程和有关规定，全面领导学校工作，支持校长独立负责地行使职权。民办职业学校依法健全决策机制，强化学校的中国共产党基层组织政治功能，保证其在学校重大事项决策、监督、执行各环节有效发挥作用。

校长全面负责本学校教学、科学研究和其他行政管理工作。校长通过校长办公会或者校务会议行使职权，依法接受监督。

职业学校可以通过咨询、协商等多种形式，听取行业组织、企业、学校毕业生等方面代表的意见，发挥其参与学校建设、支持学校发展的作用。

第三十六条　职业学校应当依法办学，依据章程自主管理。

职业学校在办学中可以开展下列活动：

（一）根据产业需求，依法自主设置专业；

（二）基于职业教育标准制定人才培养方案，依法自主选用或者编写专业课程教材；

（三）根据培养技术技能人才的需要，自主设置学习制度，安排教学过程；

(四)在基本学制基础上,适当调整修业年限,实行弹性学习制度;

(五)依法自主选聘专业课教师。

第三十七条 国家建立符合职业教育特点的考试招生制度。

中等职业学校可以按照国家有关规定,在有关专业实行与高等职业学校教育的贯通招生和培养。

高等职业学校可以按照国家有关规定,采取文化素质与职业技能相结合的考核方式招收学生;对有突出贡献的技术技能人才,经考核合格,可以破格录取。

省级以上人民政府教育行政部门会同同级人民政府有关部门建立职业教育统一招生平台,汇总发布实施职业教育的学校及其专业设置、招生情况等信息,提供查询、报考等服务。

第三十八条 职业学校应当加强校风学风、师德师风建设,营造良好学习环境,保证教育教学质量。

第三十九条 职业学校应当建立健全就业创业促进机制,采取多种形式为学生提供职业规划、职业体验、求职指导等就业创业服务,增强学生就业创业能力。

第四十条 职业学校、职业培训机构实施职业教育应当注重产教融合,实行校企合作。

职业学校、职业培训机构可以通过与行业组织、企业、事业单位等共同举办职业教育机构、组建职业教育集团、开展订单培养等多种形式进行合作。

国家鼓励职业学校在招生就业、人才培养方案制定、师资队伍建设、专业规划、课程设置、教材开发、教学设计、教学实施、质量评价、科学研究、技术服务、科技成果转化以及技术技能创新平台、专业化技术转移机构、实习实训基地建设等方面,与相关行业组织、企业、事业单位等建立合作机制。开展合作的,应当签订协议,明确双方权利义务。

第四十一条 职业学校、职业培训机构开展校企合作、提供社会服务或者以实习实训为目的举办企业、开展经营活动取得的收入用于改善办学条件;收入的一定比例可以用于支付教师、企业专家、外聘人员和受教育者的劳动报酬,也可以作为绩效工资来源,符合国家规定的可以不受绩效工资总量限制。

职业学校、职业培训机构实施前款规定的活动,符合国家有关规定的,享受相关税费优惠政策。

第四十二条 职业学校按照规定的收费标准和办法,收取学费和其他必要费用;符合国家规定条件的,应当予以减免;不得以介绍工作、安排实习实训等名义违法收取费用。

职业培训机构、职业学校面向社会开展培训的,按照国家有关规定收取费用。

第四十三条 职业学校、职业培训机构应当建立健全教育质量评价制度,吸纳行业组织、企业等参与评价,并及时公开相关信息,接受教育督导和社会监督。

县级以上人民政府教育行政部门应当会同有关部门、行业组织建立符合职业教育特点的质量评价体系,组织或者委托行业组织、企业和第三方专业机构,对职业学校的办学质量进行评估,并将评估结果及时公开。

职业教育质量评价应当突出就业导向,把受教育者的职业道德、技术技能水平、就业质量作为重要指标,引导职业学校培养高素质技术技能人才。

有关部门应当按照各自职责,加强对职业学校、职业培训机构的监督管理。

第五章 职业教育的教师与受教育者

第四十四条 国家保障职业教育教师的权利,提高其专业素质与社会地位。

县级以上人民政府及其有关部门应当将职业教育教师的培养培训工作纳入教师队伍建设规划,保证职业教育教师队伍适应职业教育发展的需要。

第四十五条 国家建立健全职业教育教师培养培训体系。

各级人民政府应当采取措施,加强职业教育教师专业化培养培训,鼓励设立专门的职业教育师范院校,支持高等学校设立相关专业,培养职业教育教师;鼓励行业组织、企业共同参与职业教育教师培养培训。

产教融合型企业、规模以上企业应当安排一定比例的岗位,接纳职业学校、职业培训机构教师实践。

第四十六条 国家建立健全符合职业教育特点和发展要求的职业学校教师岗位设置和职务(职称)评聘制度。

职业学校的专业课教师(含实习指导教师)应当具有一定年限的相应工作经历或者实践经验,达到相应的技术技能水平。

具备条件的企业、事业单位经营管理和专业技术人员，以及其他有专业知识或者特殊技能的人员，经教育教学能力培训合格的，可以担任职业学校的专职或者兼职专业课教师；取得教师资格的，可以根据其技术职称聘任为相应的教师职务。取得职业学校专业课教师资格可以视情况降低学历要求。

第四十七条 国家鼓励职业学校聘请技能大师、劳动模范、能工巧匠、非物质文化遗产代表性传承人等高技能人才，通过担任专职或者兼职专业课教师、设立工作室等方式，参与人才培养、技术开发、技能传承等工作。

第四十八条 国家制定职业学校教职工配备基本标准。省、自治区、直辖市应当根据基本标准，制定本地区职业学校教职工配备标准。

县级以上地方人民政府应当根据教职工配备标准、办学规模等，确定公办职业学校教职工人员规模，其中一定比例可以用于支持职业学校面向社会公开招聘专业技术人员、技能人才担任专职或者兼职教师。

第四十九条 职业学校学生应当遵守法律、法规和学生行为规范，养成良好的职业道德、职业精神和行为习惯，努力学习，完成规定的学习任务，按照要求参加实习实训，掌握技术技能。

职业学校学生的合法权益，受法律保护。

第五十条 国家鼓励企业、事业单位安排实习岗位，接纳职业学校和职业培训机构的学生实习。接纳实习的单位应当保障学生在实习期间按照规定享受休息休假、获得劳动安全卫生保护、参加相关保险、接受职业技能指导等权利；对上岗实习的，应当签订实习协议，给予适当的劳动报酬。

职业学校和职业培训机构应当加强对实习实训学生的指导，加强安全生产教育，协商实习单位安排与学生所学专业相匹配的岗位，明确实习实训内容和标准，不得安排学生从事与所学专业无关的实习实训，不得违反相关规定通过人力资源服务机构、劳务派遣单位，或者通过非法从事人力资源服务、劳务派遣业务的单位或个人组织、安排、管理学生实习实训。

第五十一条 接受职业学校教育，达到相应学业要求，经学校考核合格的，取得相应的学业证书；接受职业培训，经职业培训机构或者职业学校考核合格的，取得相应的培训证书；经符合国家规定的专门机构考核合格的，取得相应的职业资格证书或者职业技能等级证书。

学业证书、培训证书、职业资格证书和职业技能等级证书，按照国家有关规定，作为受教育者从业的凭证。

接受职业培训取得的职业技能等级证书、培训证书等学习成果，经职业学校认定，可以转化为相应的学历教育学分；达到相应职业学校学业要求的，可以取得相应的学业证书。

接受高等职业学校教育，学业水平达到国家规定的学位标准的，可以依法申请相应学位。

第五十二条 国家建立对职业学校学生的奖励和资助制度，对特别优秀的学生进行奖励，对经济困难的学生提供资助，并向艰苦、特殊行业等专业学生适当倾斜。国家根据经济社会发展情况适时调整奖励和资助标准。

国家支持企业、事业单位、社会组织及公民个人按照国家有关规定设立职业教育奖学金、助学金，奖励优秀学生，资助经济困难的学生。

职业学校应当按照国家有关规定从事业收入或者学费收入中提取一定比例资金，用于奖励和资助学生。

省、自治区、直辖市人民政府有关部门应当完善职业学校资助资金管理制度，规范资助资金管理使用。

第五十三条 职业学校学生在升学、就业、职业发展等方面与同层次普通学校学生享有平等机会。

高等职业学校和实施职业教育的普通高等学校应当在招生计划中确定相应比例或者采取单独考试办法，专门招收职业学校毕业生。

各级人民政府应当创造公平就业环境。用人单位不得设置妨碍职业学校毕业生平等就业、公平竞争的报考、录用、聘用条件。机关、事业单位、国有企业在招录、招聘技术技能岗位人员时，应当明确技术技能要求，将技术技能水平作为录用、聘用的重要条件。事业单位公开招聘中有职业技能等级要求的岗位，可以适当降低学历要求。

第六章 职业教育的保障

第五十四条 国家优化教育经费支出结构，使职业教育经费投入与职业教育发展需求相适应，鼓励通过多种渠道依法筹集发展职业教育的资金。

第五十五条 各级人民政府应当按照事权和

支出责任相适应的原则，根据职业教育办学规模、培养成本和办学质量等落实职业教育经费，并加强预算绩效管理，提高资金使用效益。

省、自治区、直辖市人民政府应当制定本地区职业学校生均经费标准或者公用经费标准。职业学校举办者应当按照生均经费标准或者公用经费标准按时、足额拨付经费，不断改善办学条件。不得以学费、社会服务收入冲抵生均拨款。

民办职业学校举办者应当参照同层次职业学校生均经费标准，通过多种渠道筹措经费。

财政专项安排、社会捐赠指定用于职业教育的经费，任何组织和个人不得挪用、克扣。

第五十六条　地方各级人民政府安排地方教育附加等方面的经费，应当将其中可用于职业教育的资金统筹使用；发挥失业保险基金作用，支持职工提升职业技能。

第五十七条　各级人民政府加大面向农村的职业教育投入，可以将农村科学技术开发、技术推广的经费适当用于农村职业培训。

第五十八条　企业应当根据国务院规定的标准，按照职工工资总额一定比例提取和使用职工教育经费。职工教育经费可以用于举办职业教育机构、对本单位的职工和准备招用人员进行职业教育等合理用途，其中用于企业一线职工职业教育的经费应当达到国家规定的比例。用人单位安排职工到职业学校或者职业培训机构接受职业教育的，应当在其接受职业教育期间依法支付工资，保障相关待遇。

企业设立具备生产与教学功能的产教融合实习实训基地所发生的费用，可以参照职业学校享受相应的用地、公用事业费等优惠。

第五十九条　国家鼓励金融机构通过提供金融服务支持发展职业教育。

第六十条　国家鼓励企业、事业单位、社会组织及公民个人对职业教育捐资助学，鼓励境外的组织和个人对职业教育提供资助和捐赠。提供的资助和捐赠，必须用于职业教育。

第六十一条　国家鼓励和支持开展职业教育的科学技术研究、教材和教学资源开发，推进职业教育资源跨区域、跨行业、跨部门共建共享。

国家逐步建立反映职业教育特点和功能的信息统计和管理体系。

县级以上人民政府及其有关部门应当建立健全职业教育服务和保障体系，组织、引导工会等群团组织、行业组织、企业、学校等开展职业教育研究、宣传推广、人才供需对接等活动。

第六十二条　新闻媒体和职业教育有关方面应当积极开展职业教育公益宣传，弘扬技术技能人才成长成才典型事迹，营造人人努力成才、人人皆可成才、人人尽展其才的良好社会氛围。

第七章　法律责任

第六十三条　在职业教育活动中违反《中华人民共和国教育法》、《中华人民共和国劳动法》等有关法律规定的，依照有关法律的规定给予处罚。

第六十四条　企业未依照本法规定对本单位的职工和准备招用的人员实施职业教育、提取和使用职工教育经费的，由有关部门责令改正；拒不改正的，由县级以上人民政府收取其应当承担的职工教育经费，用于职业教育。

第六十五条　职业学校、职业培训机构在职业教育活动中违反本法规定的，由教育行政部门或者其他有关部门责令改正；教育教学质量低下或者管理混乱，造成严重后果的，责令暂停招生、限期整顿；逾期不整顿或者经整顿仍达不到要求的，吊销办学许可证或者责令停止办学。

第六十六条　接纳职业学校和职业培训机构学生实习的单位违反本法规定，侵害学生休息休假、获得劳动安全卫生保护、参加相关保险、接受职业技能指导等权利的，依法承担相应的法律责任。

职业学校、职业培训机构违反本法规定，通过人力资源服务机构、劳务派遣单位或者非法从事人力资源服务、劳务派遣业务的单位或个人组织、安排、管理学生实习实训的，由教育行政部门、人力资源社会保障行政部门或者其他有关部门责令改正，没收违法所得，并处违法所得一倍以上五倍以下的罚款；违法所得不足一万元的，按一万元计算。

对前款规定的人力资源服务机构、劳务派遣单位或者非法从事人力资源服务、劳务派遣业务的单位或个人，由人力资源社会保障行政部门或者其他有关部门责令改正，没收违法所得，并处违法所得一倍以上五倍以下的罚款；违法所得不足一万元的，按一万元计算。

第六十七条　教育行政部门、人力资源社会保障行政部门或者其他有关部门的工作人员违反本法规定，滥用职权、玩忽职守、徇私舞弊的，依法给予处分；构成犯罪的，依法追究刑事责任。

第八章 附 则

第六十八条 境外的组织和个人在境内举办职业学校、职业培训机构，适用本法；法律、行政法规另有规定的，从其规定。

第六十九条 本法自2022年5月1日起施行。

关于《中华人民共和国职业教育法（修订草案）》的说明

——2021年6月7日在第十三届全国人民代表大会常务委员会第二十九次会议上

教育部部长 陈宝生

全国人民代表大会常务委员会：

我受国务院的委托，现对《中华人民共和国职业教育法（修订草案）》作说明。

一、修订的背景和过程

职业教育是国民教育体系和人力资源开发的重要组成部分，是培养多样化人才、传承技术技能、促进就业创业的重要途径。党中央、国务院高度重视职业教育改革发展。习近平总书记强调，要把职业教育摆在更加突出的位置，优化职业教育类型定位，深入推进育人方式、办学模式、管理体制、保障机制改革，增强职业教育适应性，加快构建现代职业教育体系，培养更多高素质技术技能人才、能工巧匠、大国工匠，为促进经济社会发展和提高国家竞争力提供优质人才资源支撑。李克强总理要求，要瞄准技术变革和产业优化升级的方向，推进产教融合、校企合作，吸引更多青年接受职业技能教育，促进教育链、人才链与产业链、创新链有效衔接，努力培养数以亿计的高素质技术技能人才。

现行职业教育法于1996年公布施行，对发展职业教育、提高劳动者素质、推动经济社会发展发挥了积极作用。随着我国进入新发展阶段，职业教育发展面临新形势、新要求。与建设现代化经济体系、建设教育强国的要求相比，我国职业教育还存在体系建设不够完善、企业参与办学动力不足、办学和人才培养质量参差不齐等问题。党的十九大报告提出，要完善职业教育和培训体系，深化产教融合、校企合作。国务院先后印发了《关于加快发展现代职业教育的决定》、《国家职业教育改革实施方案》等文件，就职业教育改革发展出台一系列政策举措。为深入贯彻习近平总书记重要指示批示精神和党中央、国务院决策部署，解决职业教育领域突出问题，有必要对现行职业教育法进行修订。

教育部在深入调研的基础上，研究起草了《中华人民共和国职业教育法修订草案（送审稿）》（以下简称送审稿），先后经国务院职业教育工作部际联席会议、中央教育工作领导小组第十二次会议审议后，于2020年8月28日报请国务院审议。司法部收到此件后，书面征求了中央有关部门、省级人民政府以及部分研究机构、行业协会、职业院校、专家学者等方面的意见，召开了职业院校、专家代表座谈会，赴贵州开展实地调研，广泛听取各方意见。在此基础上，司法部会同教育部对送审稿反复研究、修改，形成了《中华人民共和国职业教育法（修订草案）》（以下简称草案）。2021年3月24日，国务院第128次常务会议讨论并原则通过了草案。

二、修订的总体思路

草案主要把握了以下几点：一是将习近平总书记重要指示批示精神和党中央、国务院关于职业教育改革发展的政策举措转化为法律规范，确保改革举措落地见效；二是聚焦职业教育领域热点难点问题，着力解决突出问题，推进依法治理；三是结合职业教育改革发展实际，将实践成果上升为法律规范，并为进一步深化职业教育改革提供法律基础。

三、修订的主要内容

草案共8章58条，主要对现行职业教育法作了以下修改：

（一）加强党对职业教育的领导。依照《中共中央关于加强党的政治建设的意见》精神，增加规定：实施职业教育必须坚持中国共产党的领导，坚持社会主义办学方向；公办职业学校实行中国共产党职业学校基层组织领导的校长负责制，民办职业学校依法健全决策机制，强化学校的中国共产党基层组织政治功能，保证其在学校重大事项决策、监督、执行各环节有效发挥作用。

（二）完善职业教育管理体制。规定：职业教育实行分级管理、地方为主、政府统筹、行业指导、社会参与的管理体制；国务院教育行政部门负责职业教育工作的统筹规划、综合协调、宏观管理，国务院有关部门在职责范围内分别负责有关的职业教育工作；省级人民政府应当加强对本行政区域内职业教育工作的领导、统筹协调和督导评估。

（三）完善职业教育体系。一是明确职业教育的内涵。规定：职业教育是指为了使受教育者具备从事某种职业或者职业发展所需要的职业道德、科学文化与专业知识、技术技能等综合素质而实施的教育活动。二是明确职业教育的定位和实施原则。规定：职业教育与普通教育是不同教育类型，具有同等重要地位；实施职业教育以促进就业为导向，坚持产教融合、校企合作、工学结合、知行合一。三是明确现代职业教育体系框架。规定：国家建立健全职业学校教育和职业培训并重，职业教育与普通教育相互融通，初级、中级、高级职业教育有效贯通的现代职业教育体系；推进职业教育国家“学分银行”建设，促进各级各类学校教育与职业培训以及其他职业教育学习成果认定、积累和转换，建立完善国家资历框架，使职业教育与普通教育的学习成果融通、互认。

（四）推动多元办学。一是强化政府统筹和行业指导职责。增加规定：国家根据产业布局和行业发展需要，支持高水平职业学校、专业建设；县级人民政府根据县域经济社会发展需要设立职业教育中心学校；政府行业主管部门、行业组织可以参与制定本行业职业教育相关标准，开展人才需求预测、职业生涯发展研究。二是发挥企业职业教育主体作用。规定：鼓励有条件的企业根据自身生产经营需求，利用资本、技术等要素，单独举办或者联合举办职业学校、职业培训机构；企业按照国家有关规定实行培训上岗制度。三是支持社会力量办学。规定：地方各级人民政府可以采取购买服务等措施对民办职业学校和职业培训机构予以扶持；依法支持社会力量参与联合办学，举办股份制、混合所有制职业学校、职业培训机构。

（五）提升职业教育质量和水平。一是扩大职业学校办学自主权。规定：职业学校依法办学、依据章程自主管理，可以根据产业需求，依法自主设置专业，制定人才培养方案，选用或者编写专业课程教材，设置教学过程和学习制度；国家建立符合职业教育特点的考试招生制度。二是促进产教融合、校企合作。规定：国家推行学徒制度，鼓励企业与职业学校、职业培训机构合作进行学徒培训；对深度参与产教融合、校企合作，在提升技术技能人才培养质量、促进就业中发挥重要主体作用的企业，按照国家有关规定予以奖励、支持；鼓励职业学校在招生就业、培养方案制定、师资队伍建设等方面与相关行业组织、企业、事业单位等建立合作机制。三是健全职业教育社会评价机制。规定：职业学校、职业培训机构应当建立健全教育质量的评价制度，吸纳行业组织、企业参与评价，职业教育质量评价应当突出就业导向。

（六）加强对职业教育的支持和保障。一是加强职业教育教师队伍建设。规定：国家健全完善符合职业教育特点和发展要求的职业学校教师岗位设置和职务（职称）评聘制度，建立职业教育教师培养培训体系，制定职业学校教职工配备基本标准；职业学校的专业课教师、实习指导教师应当具有一定年限相应工作经历或者实践经验，达到相应技术技能水平；鼓励职业学校聘请技能大师、非物质文化遗产传承人等高技能人才专职或兼职担任专业教师。二是健全职业教育经费投入机制。增加规定：各级人民政府应当建立与职业教育办学规模、培养成本和办学质量等相适应的财政投入制度，加强预算绩效管理，提高资金使用效益；地方各级人民政府安排地方教育附加等方面的经费，应当将其中可用于职业教育的资金统筹使用。三是营造促进职业教育发展的社会氛围。规定：国家采取措施，提高技术技能人才的社会地位和待遇，对在职业教育工作中作出显著成绩的单位和个人给予奖励，并把每年 5 月第 2 周确定为职业教育活动周。

此外，草案还完善了相关法律责任。

草案和以上说明是否妥当，请审议。

全国人民代表大会宪法和法律委员会关于《中华人民共和国职业教育法（修订草案）》修改情况的汇报

——2021 年 12 月 20 日在第十三届全国人民代表大会常务委员会第三十二次会议上

全国人大宪法和法律委员会副主任委员　徐　辉

全国人民代表大会常务委员会：

常委会第二十九次会议对职业教育法修订草案进行了初次审议。会后，法制工作委员会将修订草案印发中央有关单位、各省（区、市）和设区的市人大、基层立法联系点、有关企业、学校和部分全国人大代表等征求意见；在中国人大网全文公布修订草案，征求社会公众意见。宪法和法律委员会、教育科学文化卫生委员会、法制工作委员会联合召开座谈会，听取部分全国人大代表和有关部门、企业、学校、专家等的意见。宪法和法律委员会、法制工作委员会还到黑龙江、天津、北京调研，召开基层立法联系点视频座谈会，听取有关方面意见，并就修订草案中的主要问题与有关部门交换意见，共同研究。宪法和法律委员会于 11 月 10 日召开会议，根据常委会组成人员的审议意见和各方面的意见，对修订草案进行了逐条审议。教育科学文化卫生委员会、司法部、教育部、人力资源和社会保障部有关负责同志列席了会议。11 月 30 日，宪法和法律委员会召开会议，再次进行了审议。现将职业教育法修订草案主要问题的修改情况汇报如下：

一、有些常委委员建议准确界定职业教育，突出职业教育特色。宪法和法律委员会经研究，建议在职业教育的内涵中明确“培养技术技能人才”的目标。

二、有些常委委员、部门和社会公众提出，修订草案第四条中关于职业教育工作要求的表述不够准确、全面，建议与有关文件表述相衔接。宪法和法律委员会经研究，建议将有关规定修改为：职业教育活动必须“坚持立德树人、德技并修，坚持产教融合、校企合作，坚持面向市场、促进就业，坚持面向实践、强化能力，坚持面向人人、因材施教”。

三、有些常委委员、部门和地方建议完善职业教育工作机制，加强统筹协调。宪法和法律委员会经研究，建议增加以下规定：一是国务院建立职业教育工作协调机制，统筹协调全国职业教育工作。二是县级以上地方人民政府有关部门应当加强沟通配合，共同推进职业教育工作。

四、有些常委会组成人员、地方建议加大对农村职业教育支持力度，助力乡村振兴。宪法和法律委员会经研究，建议作以下修改：一是增加规定，国家支持举办面向农村的职业教育，组织开展农业技能培训、返乡创业就业培训和职业技能培训，培养高素质农民等乡村振兴人才。二是恢复现行法规定，明确各级人民政府可以将农村科学技术开发、技术推广的经费，适当用于农村职业教育。

五、有些常委委员、代表和地方建议根据有关文件精神，对积极开展职业教育的企业进一步明确相关支持和引导措施。宪法和法律委员会经研究，建议增加以下规定：一是对产教融合型企业，按照国家有关规定给予金融、财政、土地、信用等支持，享受税费优惠。二是引导企业按岗位总量的一定比例设立学徒岗位。三是县级以上人民政府及其有关部门组织、引导工会等群团组织、行业组织、企业、学校等开展人才供需对接等活动。

六、有的常委委员建议优化职业教育学生升学就业的社会环境，树立正确用人导向。宪法和法律委员会经研究，建议增加以下规定：一是高等职业学校和实施职业教育的普通高等学校应当在招生计划中确定相应比例或者采取单独考试办法，专门招收职业学校毕业生。二是机关、事业单位、国有企业在招录、招聘技术技能岗位人员时，应当明确技术技能要求，将技术技能水平作为录用、聘用的重要条件。

七、有的常委委员、部门、地方和基层立法联系点建议坚持问题导向，进一步加强职业教育经费保障。宪法和法律委员会经研究，建议作以下修改：

一是明确各级人民政府应当按照事权和支出责任相适应的原则，根据职业教育办学规模、培养成本和办学质量等落实职业教育经费。二是增加规定，不得以学费、社会服务收入冲抵生均拨款。

此外，还对修订草案作了一些文字修改。

修订草案二次审议稿已按上述意见作了修改，宪法和法律委员会建议提请本次常委会会议继续审议。

修订草案二次审议稿和以上汇报是否妥当，请审议。

全国人民代表大会宪法和法律委员会关于《中华人民共和国职业教育法（修订草案）》审议结果的报告

——2022 年 4 月 18 日在第十三届全国人民代表大会常务委员会第三十四次会议上

全国人大宪法和法律委员会副主任委员　徐　辉

全国人民代表大会常务委员会：

常委会第三十二次会议对职业教育法修订草案进行了二次审议。会后，法制工作委员会在中国人大网公布修订草案二次审议稿，征求社会公众意见；召开座谈会，听取职业学校和培训机构、教师、学生的意见；研究十三届全国人大五次会议期间代表所提议案、建议及有关意见；就修订草案中的主要问题与有关部门交换意见，共同研究。前不久，栗战书委员长赴安徽调研，听取职业学校师生、企业代表和有关部门负责人的意见。宪法和法律委员会于 3 月 22 日召开会议，根据委员长会议精神、常委会组成人员审议意见和各方面的意见，对修订草案进行了审议。教育科学文化卫生委员会、司法部、教育部有关负责同志列席了会议。4 月 12 日，宪法和法律委员会召开会议，再次进行了审议。宪法和法律委员会认为，为了完善职业教育制度体系，推动职业教育高质量发展，对职业教育法进行修订是必要的，修订草案经过两次审议修改，已经比较成熟。同时，提出以下主要修改意见：

一、有些常委会组成人员、地方建议进一步突出职业教育的就业导向，加快培养技术技能人才。宪法和法律委员会经研究，建议作以下修改：一是在立法目的中增加“促进就业创业”、建设“技能型社会”。二是明确职业教育“为全面建设社会主义现代化国家提供有力人才和技能支撑”。三是增加规定，国家采取措施，加快培养学前教育、护理、康养、家政等方面技术技能人才。四是增加规定，职业学校应当建立健全就业创业促进机制，采取多种形式为学生提供职业规划、职业体验、求职指导等就业创业服务，增强学生就业创业能力。

二、有些常委会组成人员提出，教育应当坚持立德树人，建议将社会主义核心价值观进一步融入职业教育，加强校风学风建设，提高培养质量。宪法和法律委员会经研究，建议作以下修改：一是明确实施职业教育应当弘扬社会主义核心价值观，培育劳模精神、劳动精神、工匠精神。二是增加规定，职业学校应当加强校风学风、师德师风建设，营造良好学习环境，保证教育教学质量。

三、有些常委会组成人员、地方和社会公众建议进一步建立健全现代职业教育体系，推动职业教育与普通教育相互融通、不同层次职业教育相互贯通。宪法和法律委员会经研究，建议作以下修改：一是明确高等职业学校教育由专科、本科及以上教育层次的高等职业学校和普通高等学校实施。二是增加鼓励支持普通中小学、普通高等学校开展职业规划指导的内容。三是明确中等职业学校可以按照国家有关规定，在有关专业实行与高等职业学校教育的贯通招生和培养。四是增加规定，省级以上人民政府教育行政部门会同同级人民政府有关部门建立职业教育统一招生平台，汇总发布实施职业教育的学校及其专业设置、招生情况等信息，提供查询、报考等服务。五是接受高等职业学校教育，学业水平达到国家规定的学位标准的，可以依法申请相应学位。

四、有些常委会组成人员、地方建议进一步发挥企业在职业教育中的重要主体作用，深化产教融合，增强相关政策措施的可操作性，同时进一步完善有关工作机制。宪法和法律委员会经研究，建议作以下修改：一是在总则中强调职业教育实行“校企合作”，并进一步明确，国家发挥企业的重要办学主体作用，推动企业深度参与职业教育，鼓励企业举办高质量职业教育。二是明确行业主管部门定期发布人才需求信息。三是明确企业可以设置专职或者兼职实施职业教育的岗位，企业开展职业教育的情况应当纳入企业社会责任报告。四是明确对产教融合型企业落实教育费附加、地方教育附加减免及其他税费优惠。五是增加规定，企业与职业学校联合招收学生，以工学结合的方式进行学徒培养的，应当签订学徒培养协议。有关企业可以按照规定享受补贴。六是明确鼓励行业组织、企业等参与职业教育专业教材开发，将新技术、新工艺、新理念纳入职业学校教材，并可以通过活页式教材等多种方式进行动态更新。

五、有些常委会组成人员、地方和社会公众建议提升职业教育社会认可度，营造有利于职业教育发展的良好环境。宪法和法律委员会经研究，建议增加以下规定：一是国家通过组织开展职业技能竞赛等活动，为技术技能人才提供展示技能、切磋技艺的平台，持续培养更多高素质技术技能人才、能工巧匠和大国工匠。二是事业单位公开招聘中有职业技能等级要求的岗位，可以适当降低学历要求。三是新闻媒体和职业教育有关方面应当积极开展职业教育公益宣传，弘扬技术技能人才成长成才典型事迹，营造人人努力成才、人人皆可成才、人人尽展其才的良好社会氛围。

六、有些常委会组成人员、代表和社会公众建议完善职业教育保障制度和措施，发挥失业保险基金支持稳岗和培训的作用，对职业教育给予必要的扶持和补助，同时，加强监督管理，规范办学行为。宪法和法律委员会经研究，建议作以下修改：一是明确国家优化教育经费支出结构，使职业教育经费投入与职业教育发展需求相适应。二是增加规定，发挥失业保险基金作用，支持职工提升职业技能。三是明确企业职工教育经费中用于企业一线职工职业教育的经费应当达到国家规定的比例。四是明确对企业和其他社会力量依法举办的非营利性职业学校和职业培训机构，可以参照同级同类公办学校生均经费等相关经费标准和支持政策给予适当补助。五是明确职业学校、职业培训机构开展校企合作等活动取得的收入的一定比例可以作为绩效工资来源，符合国家规定的可以不受绩效工资总量限制。六是明确职业学校、职业培训机构应当接受教育督导，职业学校校长行使职权依法接受监督，职业学校不得以介绍工作、安排实习实训等名义违法收取费用。

七、有些常委会组成人员提出，接受职业教育对提高残疾人就业创业能力、促进残疾人就业和全面发展具有重要作用，建议进一步充实残疾人职业教育相关规定。宪法和法律委员会经研究，建议作以下修改：一是明确职业学校和职业培训机构及其他教育机构应当加强无障碍环境建设，为残疾学生学习、生活提供必要的帮助和便利。二是增加规定，从事残疾人职业教育的特殊教育教师按照规定享受特殊教育津贴。

此外，还对修订草案二次审议稿作了一些文字修改。

3月31日，法制工作委员会召开会议，邀请部分全国人大代表、地方有关部门、职业学校、职业培训机构以及专家学者等就修订草案中主要制度规范的可行性、出台时机、实施的社会效果和可能出现的问题等进行评估。与会人员普遍认为，修订草案深入贯彻落实习近平总书记关于职业教育的重要指示和党中央决策部署，总结实践经验，坚持问题导向，完善职业教育制度体系，对推动职业教育高质量发展，建设教育强国、人力资源强国和技能型社会具有重要意义。修订草案经过修改，充分吸收了各方面意见，已经比较成熟，在当前形势下出台正当其时，建议尽快审议通过。与会人员还对修订草案提出了一些具体修改意见，宪法和法律委员会进行了认真研究，对有的意见予以采纳。

修订草案三次审议稿已按上述意见作了修改，宪法和法律委员会建议提请本次常委会会议审议通过。

修订草案三次审议稿和以上报告是否妥当，请审议。

全国人民代表大会宪法和法律委员会关于《中华人民共和国职业教育法(修订草案三次审议稿)》修改意见的报告

——2022年4月19日在第十三届全国人民代表大会常务委员会第三十四次会议上

全国人民代表大会常务委员会:

本次常委会会议于4月18日下午对职业教育法修订草案三次审议稿进行了分组审议。普遍认为,修订草案已经比较成熟,建议进一步修改后,提请本次常委会会议表决通过。同时,有些常委会组成人员和列席人员还提出了一些修改意见和建议。宪法和法律委员会于4月18日晚召开会议,逐条研究了常委会组成人员和列席人员的审议意见,对修订草案进行了审议。教育科学文化卫生委员会、司法部、教育部、人力资源和社会保障部有关负责同志列席了会议。宪法和法律委员会认为,修订草案是可行的,同时,提出以下修改意见:

一、有的常委委员提出,职业教育专业目录、职业教育教学标准等应当进一步体现职业教育特色,更好适应经济社会发展需要。宪法和法律委员会经研究,建议在有关部门制定完善目录、标准的规定中增加"根据经济社会发展需要和职业教育特点"的要求。

二、有的常委委员建议适应培养先进制造等方面的技术技能人才的需要,加强相关专业建设。宪法和法律委员会经研究,建议在有关规定中增加大力发展先进制造等产业需要的新兴专业的内容,并将"学前教育"修改为"托育"。

三、有的常委委员提出,针对一些职业学校、职业培训机构办学不规范的问题,有关部门要进一步加强监管,予以规范。宪法和法律委员会经研究,建议增加规定:"有关部门应当按照各自职责,加强对职业学校、职业培训机构的监督管理。"

四、有的常委会组成人员建议进一步完善职业学校学生权益保护的规定。宪法和法律委员会经研究,建议增加规定:"职业学校学生的合法权益,受法律保护。"

在常委会审议中,有些常委会组成人员还就发展职业教育、完善有关制度提出了一些具体意见,如设置专项资金、增加税收优惠措施、明确校企合作协议的内容、实施职业培训师制度、明确学徒培训的期限等。有些常委会组成人员还建议有关方面抓紧制定配套规定,加强法律宣传。宪法和法律委员会经研究认为,上述意见建议涉及的问题,有的已在本法和相关法律、行政法规中作了规定,今后还可进一步完善;有的可由有关部门和地方制定配套规定,进一步予以明确;有的还需要在实践中继续探索,逐步完善。宪法和法律委员会建议,国务院及其有关部门认真研究常委会组成人员的上述意见建议,做好法律宣传,抓紧清理不利于职业教育发展的规定,及时出台配套规定,进一步完善职业教育制度体系,充分发挥各有关方面的积极作用,加强协作配合,切实保障法律的贯彻实施。

经与有关部门研究,建议将修订后的职业教育法的施行时间确定为2022年5月1日。

此外,根据常委会组成人员的审议意见,还对修订草案三次审议稿作了一些文字修改。

修订草案修改稿已按上述意见作了修改,宪法和法律委员会建议本次常委会会议审议通过。

修订草案修改稿和以上报告是否妥当,请审议。

中华人民共和国主席令

第一一四号

《中华人民共和国体育法》已由中华人民共和国第十三届全国人民代表大会常务委员会第三十五次会议于2022年6月24日修订通过,现予公布,自2023年1月1日起施行。

中华人民共和国主席　习近平

2022年6月24日

中华人民共和国体育法

（1995年8月29日第八届全国人民代表大会常务委员会第十五次会议通过　根据2009年8月27日第十一届全国人民代表大会常务委员会第十次会议《关于修改部分法律的决定》第一次修正　根据2016年11月7日第十二届全国人民代表大会常务委员会第二十四次会议《关于修改〈中华人民共和国对外贸易法〉等十二部法律的决定》第二次修正　2022年6月24日第十三届全国人民代表大会常务委员会第三十五次会议修订）

目　　录

第一章　总　　则

第一条　为了促进体育事业，弘扬中华体育精神，培育中华体育文化，发展体育运动，增强人民体质，根据宪法，制定本法。

第二条　体育工作坚持中国共产党的领导，坚持以人民为中心，以全民健身为基础，普及与提高相结合，推动体育事业均衡、充分发展，推进体育强国和健康中国建设。

第三条　县级以上人民政府应当将体育事业纳入国民经济和社会发展规划。

第四条　国务院体育行政部门主管全国体育工作。国务院其他有关部门在各自的职责范围内管理相关体育工作。

县级以上地方人民政府体育行政部门主管本行政区域内的体育工作。县级以上地方人民政府其他有关部门在各自的职责范围内管理相关体育工作。

第五条　国家依法保障公民平等参与体育活动的权利，对未成年人、妇女、老年人、残疾人等参加体育活动的权利给予特别保障。

第六条　国家扩大公益性和基础性公共体育服务供给，推动基本公共体育服务均等化，逐步健全全民覆盖、普惠共享、城乡一体的基本公共体育服务体系。

第七条　国家采取财政支持、帮助建设体育设施等措施，扶持革命老区、民族地区、边疆地区、经济欠发达地区体育事业的发展。

第八条　国家鼓励、支持优秀民族、民间、民俗传统体育项目的发掘、整理、保护、推广和创新，定期举办少数民族传统体育运动会。

第九条　开展和参加体育活动，应当遵循依法合规、诚实守信、尊重科学、因地制宜、勤俭节约、保障安全的原则。

第十条　国家优先发展青少年和学校体育，坚持体育和教育融合，文化学习和体育锻炼协调，体魄与人格并重，促进青少年全面发展。

第十一条　国家支持体育产业发展，完善体育产业体系，规范体育市场秩序，鼓励扩大体育市场供给，拓宽体育产业投融资渠道，促进体育消费。

第十二条　国家支持体育科学研究和技术创新，培养体育科技人才，推广应用体育科学技术成果，提高体育科学技术水平。

第十三条　国家对在体育事业发展中做出突出贡献的组织和个人，按照有关规定给予表彰和奖励。

第十四条　国家鼓励开展对外体育交往，弘扬奥林匹克精神，支持参与国际体育运动。

对外体育交往坚持独立自主、平等互利、相互尊重的原则，维护国家主权、安全、发展利益和尊严,遵守中华人民共和国缔结或者参加的国际条约。

第十五条 每年 8 月 8 日全民健身日所在周为体育宣传周。

第二章 全民健身

第十六条 国家实施全民健身战略,构建全民健身公共服务体系,鼓励和支持公民参加健身活动,促进全民健身与全民健康深度融合。

第十七条 国家倡导公民树立和践行科学健身理念,主动学习健身知识,积极参加健身活动。

第十八条 国家推行全民健身计划,制定和实施体育锻炼标准,定期开展公民体质监测和全民健身活动状况调查,开展科学健身指导工作。

国家建立全民健身工作协调机制。

县级以上人民政府应当定期组织有关部门对全民健身计划实施情况进行评估,并将评估情况向社会公开。

第十九条 国家实行社会体育指导员制度。社会体育指导员对全民健身活动进行指导。

社会体育指导员管理办法由国务院体育行政部门规定。

第二十条 地方各级人民政府和有关部门应当为全民健身活动提供必要的条件,支持、保障全民健身活动的开展。

第二十一条 国家机关、企业事业单位和工会、共产主义青年团、妇女联合会、残疾人联合会等群团组织应当根据各自特点,组织开展日常体育锻炼和各级各类体育运动会等全民健身活动。

第二十二条 居民委员会、村民委员会以及其他社区组织应当结合实际,组织开展全民健身活动。

第二十三条 全社会应当关心和支持未成年人、妇女、老年人、残疾人参加全民健身活动。各级人民政府应当采取措施,为未成年人、妇女、老年人、残疾人安全参加全民健身活动提供便利和保障。

第三章 青少年和学校体育

第二十四条 国家实行青少年和学校体育活动促进计划,健全青少年和学校体育工作制度,培育、增强青少年体育健身意识,推动青少年和学校体育活动的开展和普及,促进青少年身心健康和体魄强健。

第二十五条 教育行政部门和学校应当将体育纳入学生综合素质评价范围,将达到国家学生体质健康标准要求作为教育教学考核的重要内容,培养学生体育锻炼习惯,提升学生体育素养。

体育行政部门应当在传授体育知识技能、组织体育训练、举办体育赛事活动、管理体育场地设施等方面为学校提供指导和帮助,并配合教育行政部门推进学校运动队和高水平运动队建设。

第二十六条 学校必须按照国家有关规定开齐开足体育课,确保体育课时不被占用。

学校应当在体育课教学时,组织病残等特殊体质学生参加适合其特点的体育活动。

第二十七条 学校应当将在校内开展的学生课外体育活动纳入教学计划,与体育课教学内容相衔接,保障学生在校期间每天参加不少于一小时体育锻炼。

鼓励学校组建运动队、俱乐部等体育训练组织,开展多种形式的课余体育训练,有条件的可组建高水平运动队,培养竞技体育后备人才。

第二十八条 国家定期举办全国学生(青年)运动会。地方各级人民政府应当结合实际,定期组织本地区学生(青年)运动会。

学校应当每学年至少举办一次全校性的体育运动会。

鼓励公共体育场地设施免费向学校开放使用,为学校举办体育运动会提供服务保障。

鼓励学校开展多种形式的学生体育交流活动。

第二十九条 国家将体育科目纳入初中、高中学业水平考试范围,建立符合学科特点的考核机制。

病残等特殊体质学生的体育科目考核,应当充分考虑其身体状况。

第三十条 学校应当建立学生体质健康检查制度。教育、体育和卫生健康行政部门应当加强对学生体质的监测和评估。

第三十一条 学校应当按照国家有关规定,配足合格的体育教师,保障体育教师享受与其他学科教师同等待遇。

学校可以设立体育教练员岗位。

学校优先聘用符合相关条件的优秀退役运动员从事学校体育教学、训练活动。

第三十二条 学校应当按照国家有关标准配置体育场地、设施和器材,并定期进行检查、维护,适时予以更新。

学校体育场地必须保障体育活动需要,不得随意占用或者挪作他用。

第三十三条 国家建立健全学生体育活动意外伤害保险机制。

教育行政部门和学校应当做好学校体育活动安全管理和运动伤害风险防控。

第三十四条　幼儿园应当为学前儿童提供适宜的室内外活动场地和体育设施、器材，开展符合学前儿童特点的体育活动。

第三十五条　各级教育督导机构应当对学校体育实施督导，并向社会公布督导报告。

第三十六条　教育行政部门、体育行政部门和学校应当组织、引导青少年参加体育活动，预防和控制青少年近视、肥胖等不良健康状况，家庭应当予以配合。

第三十七条　体育行政部门会同有关部门引导和规范企业事业单位、社会组织和体育专业人员等为青少年提供体育培训等服务。

第三十八条　各级各类体育运动学校应当对适龄学生依法实施义务教育，并根据国务院体育行政部门制定的教学训练大纲开展业余体育训练。

教育行政部门应当将体育运动学校的文化教育纳入管理范围。

各级人民政府应当在场地、设施、资金、人员等方面对体育运动学校予以支持。

第四章　竞技体育

第三十九条　国家促进竞技体育发展，鼓励运动员提高竞技水平，在体育赛事中创造优异成绩，为国家和人民争取荣誉。

第四十条　国家促进和规范职业体育市场化、职业化发展，提高职业体育赛事能力和竞技水平。

第四十一条　国家加强体育运动学校和体育传统特色学校建设，鼓励、支持开展业余体育训练，培养优秀的竞技体育后备人才。

第四十二条　国家加强对运动员的培养和管理，对运动员进行爱国主义、集体主义和社会主义教育，以及道德、纪律和法治教育。

运动员应当积极参加训练和竞赛，团结协作，勇于奉献，顽强拼搏，不断提高竞技水平。

第四十三条　国家加强体育训练科学技术研究、开发和应用，对运动员实行科学、文明的训练，维护运动员身心健康。

第四十四条　国家依法保障运动员接受文化教育的权利。

体育行政部门、教育行政部门应当保障处于义务教育阶段的运动员完成义务教育。

第四十五条　国家依法保障运动员选择注册与交流的权利。

运动员可以参加单项体育协会的注册，并按照有关规定进行交流。

第四十六条　国家对优秀运动员在就业和升学方面给予优待。

第四十七条　各级人民政府加强对退役运动员的职业技能培训和社会保障，为退役运动员就业、创业提供指导和服务。

第四十八条　国家实行体育运动水平等级、教练员职称等级和裁判员技术等级制度。

第四十九条　代表国家和地方参加国际、国内重大体育赛事的运动员和运动队，应当按照公开、公平、择优的原则选拔和组建。

运动员选拔和运动队组建办法由国务院体育行政部门规定。

第五十条　国家对体育赛事活动实行分级分类管理，具体办法由国务院体育行政部门规定。

第五十一条　体育赛事实行公平竞争的原则。

体育赛事活动组织者和运动员、教练员、裁判员应当遵守体育道德和体育赛事规则，不得弄虚作假、营私舞弊。

严禁任何组织和个人利用体育赛事从事赌博活动。

第五十二条　在中国境内举办的体育赛事，其名称、徽记、旗帜及吉祥物等标志按照国家有关规定予以保护。

未经体育赛事活动组织者等相关权利人许可，不得以营利为目的采集或者传播体育赛事活动现场图片、音视频等信息。

第五章　反兴奋剂

第五十三条　国家提倡健康文明、公平竞争的体育运动，禁止在体育运动中使用兴奋剂。

任何组织和个人不得组织、强迫、欺骗、教唆、引诱体育运动参加者在体育运动中使用兴奋剂，不得向体育运动参加者提供或者变相提供兴奋剂。

第五十四条　国家建立健全反兴奋剂制度。

县级以上人民政府体育行政部门会同卫生健康、教育、公安、工信、商务、药品监管、交通运输、海关、农业、市场监管等部门，对兴奋剂问题实施综合治理。

第五十五条　国务院体育行政部门负责制定反兴奋剂规范。

第五十六条　国务院体育行政部门会同国务

院药品监管、卫生健康、商务、海关等部门制定、公布兴奋剂目录，并动态调整。

第五十七条 国家设立反兴奋剂机构。反兴奋剂机构及其检查人员依照法定程序开展检查，有关单位和人员应当予以配合，任何单位和个人不得干涉。

反兴奋剂机构依法公开反兴奋剂信息，并接受社会监督。

第五十八条 县级以上人民政府体育行政部门组织开展反兴奋剂宣传、教育工作，提高体育活动参与者和公众的反兴奋剂意识。

第五十九条 国家鼓励开展反兴奋剂科学技术研究，推广先进的反兴奋剂技术、设备和方法。

第六十条 国家根据缔结或者参加的有关国际条约，开展反兴奋剂国际合作，履行反兴奋剂国际义务。

第六章 体育组织

第六十一条 国家鼓励、支持体育组织依照法律法规和章程开展体育活动，推动体育事业发展。

国家鼓励体育组织积极参加国际体育交流合作，参与国际体育运动规则的制定。

第六十二条 中华全国体育总会和地方各级体育总会是团结各类体育组织和体育工作者、体育爱好者的群众性体育组织，应当在发展体育事业中发挥作用。

第六十三条 中国奥林匹克委员会是以发展体育和推动奥林匹克运动为主要任务的体育组织，代表中国参与国际奥林匹克事务。

第六十四条 体育科学社会团体是体育科学技术工作者的学术性体育社会组织，应当在发展体育科技事业中发挥作用。

第六十五条 全国性单项体育协会是依法登记的体育社会组织，代表中国参加相应的国际单项体育组织，根据章程加入中华全国体育总会、派代表担任中国奥林匹克委员会委员。

全国性单项体育协会负责相应项目的普及与提高，制定相应项目技术规范、竞赛规则、团体标准，规范体育赛事活动。

第六十六条 单项体育协会应当依法维护会员的合法权益，积极向有关单位反映会员的意见和建议。

第六十七条 单项体育协会应当接受体育行政部门的指导和监管，健全内部治理机制，制定行业规则，加强行业自律。

第六十八条 国家鼓励发展青少年体育俱乐部、社区健身组织等各类自治性体育组织。

第七章 体育产业

第六十九条 国家制定体育产业发展规划，扩大体育产业规模，增强体育产业活力，促进体育产业高质量发展，满足人民群众多样化体育需求。

县级以上人民政府应当建立政府多部门合作的体育产业发展工作协调机制。

第七十条 国家支持和规范发展体育用品制造、体育服务等体育产业，促进体育与健康、文化、旅游、养老、科技等融合发展。

第七十一条 国家支持体育用品制造业创新发展，鼓励企业加大研发投入，采用新技术、新工艺、新材料，促进体育用品制造业转型升级。

国家培育健身休闲、竞赛表演、场馆服务、体育经纪、体育培训等服务业态，提高体育服务业水平和质量。

符合条件的体育产业，依法享受财政、税收、土地等优惠政策。

第七十二条 国家完善职业体育发展体系，拓展职业体育发展渠道，支持运动员、教练员职业化发展，提高职业体育的成熟度和规范化水平。

职业体育俱乐部应当健全内部治理机制，完善法人治理结构，充分发挥其市场主体作用。

第七十三条 国家建立健全区域体育产业协调互动机制，推动区域间体育产业资源交流共享，促进区域体育协调发展。

国家支持地方发挥资源优势，发展具有区域特色、民族特色的体育产业。

第七十四条 国家鼓励社会资本投入体育产业，建设体育设施，开发体育产品，提供体育服务。

第七十五条 国家鼓励有条件的高等学校设置体育产业相关专业，开展校企合作，加强职业教育和培训，培养体育产业专业人才，形成有效支撑体育产业发展的人才队伍。

第七十六条 国家完善体育产业统计体系，开展体育产业统计监测，定期发布体育产业数据。

第八章 保障条件

第七十七条 县级以上人民政府应当将体育事业经费列入本级预算，建立与国民经济和社会发展相适应的投入机制。

第七十八条　国家鼓励社会力量发展体育事业,鼓励对体育事业的捐赠和赞助,保障参与主体的合法权益。

通过捐赠财产等方式支持体育事业发展的,依法享受税收优惠等政策。

第七十九条　国家有关部门应当加强对体育资金的管理,任何单位和个人不得侵占、挪用、截留、克扣、私分体育资金。

第八十条　国家支持通过政府购买服务的方式提供公共体育服务,提高公共体育服务水平。

第八十一条　县级以上地方人民政府应当按照国家有关规定,根据本行政区域经济社会发展水平、人口结构、环境条件以及体育事业发展需要,统筹兼顾,优化配置各级各类体育场地设施,优先保障全民健身体育场地设施的建设和配置。

第八十二条　县级以上地方人民政府应当将本行政区域内公共体育场地设施的建设纳入国民经济和社会发展规划、国土空间规划,未经法定程序不得变更。

公共体育场地设施的规划设计和竣工验收,应当征求本级人民政府体育行政部门意见。

公共体育场地设施的设计和建设,应当符合国家无障碍环境建设要求,有效满足老年人、残疾人等特定群体的无障碍需求。

第八十三条　新建、改建、扩建居住社区,应当按照国家有关规定,同步规划、设计、建设用于居民日常健身的配套体育场地设施。

第八十四条　公共体育场地设施管理单位应当公开向社会开放的办法,并对未成年人、老年人、残疾人等实行优惠。

免费和低收费开放的体育场地设施,按照有关规定享受补助。

第八十五条　国家推进体育公园建设,鼓励地方因地制宜发展特色体育公园,推动体育公园免费开放,满足公民体育健身需求。

第八十六条　国家鼓励充分、合理利用旧厂房、仓库、老旧商业设施等闲置资源建设用于公民日常健身的体育场地设施,鼓励和支持机关、学校、企业事业单位的体育场地设施向公众开放。

第八十七条　任何单位和个人不得侵占公共体育场地设施及其建设用地,不得擅自拆除公共体育场地设施,不得擅自改变公共体育场地设施的功能、用途或者妨碍其正常使用。

因特殊需要临时占用公共体育场地设施超过十日的,应当经本级人民政府体育行政部门同意;超过三个月的,应当报上一级人民政府体育行政部门批准。

经批准拆除公共体育场地设施或者改变其功能、用途的,应当依照国家有关法律、行政法规的规定先行择地重建。

第八十八条　县级以上地方人民政府应当建立全民健身公共场地设施的维护管理机制,明确管理和维护责任。

第八十九条　国家发展体育专业教育,鼓励有条件的高等学校培养教练员、裁判员、体育教师等各类体育专业人才,鼓励社会力量依法开展体育专业教育。

第九十条　国家鼓励建立健全运动员伤残保险、体育意外伤害保险和场所责任保险制度。

大型体育赛事活动组织者应当和参与者协商投保体育意外伤害保险。

高危险性体育赛事活动组织者应当投保体育意外伤害保险。

高危险性体育项目经营者应当投保体育意外伤害保险和场所责任保险。

第九章　体育仲裁

第九十一条　国家建立体育仲裁制度,及时、公正解决体育纠纷,保护当事人的合法权益。

体育仲裁依法独立进行,不受行政机关、社会组织和个人的干涉。

第九十二条　当事人可以根据仲裁协议、体育组织章程、体育赛事规则等,对下列纠纷申请体育仲裁:

(一)对体育社会组织、运动员管理单位、体育赛事活动组织者按照兴奋剂管理或者其他管理规定作出的取消参赛资格、取消比赛成绩、禁赛等处理决定不服发生的纠纷;

(二)因运动员注册、交流发生的纠纷;

(三)在竞技体育活动中发生的其他纠纷。

《中华人民共和国仲裁法》规定的可仲裁纠纷和《中华人民共和国劳动争议调解仲裁法》规定的劳动争议,不属于体育仲裁范围。

第九十三条　国务院体育行政部门依照本法组织设立体育仲裁委员会,制定体育仲裁规则。

体育仲裁委员会由体育行政部门代表、体育社会组织代表、运动员代表、教练员代表、裁判员代表以及体育、法律专家组成,其组成人数应当是单数。

体育仲裁委员会应当设仲裁员名册。仲裁员具体条件由体育仲裁规则规定。

第九十四条　体育仲裁委员会裁决体育纠纷实行仲裁庭制。仲裁庭组成人数应当是单数，具体组成办法由体育仲裁规则规定。

第九十五条　鼓励体育组织建立内部纠纷解决机制，公平、公正、高效地解决纠纷。

体育组织没有内部纠纷解决机制或者内部纠纷解决机制未及时处理纠纷的，当事人可以申请体育仲裁。

第九十六条　对体育社会组织、运动员管理单位、体育赛事活动组织者的处理决定或者内部纠纷解决机制处理结果不服的，当事人自收到处理决定或者纠纷处理结果之日起二十一日内申请体育仲裁。

第九十七条　体育仲裁裁决书自作出之日起发生法律效力。

裁决作出后，当事人就同一纠纷再申请体育仲裁或者向人民法院起诉的，体育仲裁委员会或者人民法院不予受理。

第九十八条　有下列情形之一的，当事人可以自收到仲裁裁决书之日起三十日内向体育仲裁委员会所在地的中级人民法院申请撤销裁决：

（一）适用法律、法规确有错误的；

（二）裁决的事项不属于体育仲裁受理范围的；

（三）仲裁庭的组成或者仲裁的程序违反有关规定，足以影响公正裁决的；

（四）裁决所根据的证据是伪造的；

（五）对方当事人隐瞒了足以影响公正裁决的证据的；

（六）仲裁员在仲裁该案时有索贿受贿、徇私舞弊、枉法裁决行为的。

人民法院经组成合议庭审查核实裁决有前款规定情形之一的，或者认定裁决违背社会公共利益的，应当裁定撤销。

人民法院受理撤销裁决的申请后，认为可以由仲裁庭重新仲裁的，通知仲裁庭在一定期限内重新仲裁，并裁定中止撤销程序。仲裁庭拒绝重新仲裁的，人民法院应当裁定恢复撤销程序。

第九十九条　当事人应当履行体育仲裁裁决。一方当事人不履行的，另一方当事人可以依照《中华人民共和国民事诉讼法》的有关规定向人民法院申请执行。

第一百条　需要即时处理的体育赛事活动纠纷，适用体育仲裁特别程序。

特别程序由体育仲裁规则规定。

第十章　监督管理

第一百零一条　县级以上人民政府体育行政部门和有关部门应当积极履行监督检查职责，发现违反本法规定行为的，应当及时做出处理。对不属于本部门主管事项的，应当及时书面通知并移交相关部门查处。

第一百零二条　县级以上人民政府体育行政部门对体育赛事活动依法进行监管，对赛事活动场地实施现场检查，查阅、复制有关合同、票据、账簿，检查赛事活动组织方案、安全应急预案等材料。

县级以上人民政府公安、市场监管、应急管理等部门按照各自职责对体育赛事活动进行监督管理。

体育赛事活动组织者应当履行安全保障义务，提供符合要求的安全条件，制定风险防范及应急处置预案等保障措施，维护体育赛事活动的安全。

体育赛事活动因发生极端天气、自然灾害、公共卫生事件等突发事件，不具备办赛条件的，体育赛事活动组织者应当及时予以中止；未中止的，县级以上人民政府应当责令其中止。

第一百零三条　县级以上人民政府市场监管、体育行政等部门按照各自职责对体育市场进行监督管理。

第一百零四条　国家建立体育项目管理制度，新设体育项目由国务院体育行政部门认定。

体育项目目录每四年公布一次。

第一百零五条　经营高危险性体育项目，应当符合下列条件，并向县级以上地方人民政府体育行政部门提出申请：

（一）相关体育设施符合国家标准；

（二）具有达到规定数量的取得相应国家职业资格证书或者职业技能等级证书的社会体育指导人员和救助人员；

（三）具有相应的安全保障、应急救援制度和措施。

县级以上地方人民政府体育行政部门应当自收到申请之日起三十日内进行实地核查，并作出批准或者不予批准的决定。予以批准的，应当发给许可证；不予批准的，应当书面通知申请人并说明理由。

国务院体育行政部门会同有关部门制定、调整高危险性体育项目目录并予以公布。

第一百零六条 举办高危险性体育赛事活动，应当符合下列条件，并向县级以上地方人民政府体育行政部门提出申请：

（一）配备具有相应资格或者资质的专业技术人员；

（二）配置符合相关标准和要求的场地、器材和设施；

（三）制定通信、安全、交通、卫生健康、食品、应急救援等相关保障措施。

县级以上地方人民政府体育行政部门应当自收到申请之日起三十日内进行实地核查，并作出批准或者不予批准的决定。

国务院体育行政部门会同有关部门制定、调整高危险性体育赛事活动目录并予以公布。

第一百零七条 县级以上地方人民政府应当建立体育执法机制，为体育执法提供必要保障。体育执法情况应当向社会公布，接受社会监督。

第一百零八条 县级以上地方人民政府每届任期内至少向本级人民代表大会或者其常务委员会报告一次全民健身、青少年和学校体育工作。

第十一章 法律责任

第一百零九条 国家机关及其工作人员违反本法规定，有下列行为之一的，由其所在单位、主管部门或者上级机关责令改正；对负有责任的领导人员和直接责任人员依法给予处分：

（一）对违法行为不依法查处的；

（二）侵占、挪用、截留、克扣、私分体育资金的；

（三）在组织体育赛事活动时，有违反体育道德和体育赛事规则，弄虚作假、营私舞弊等行为的；

（四）其他不依法履行职责的行为。

第一百一十条 体育组织违反本法规定的，由相关部门责令改正，给予警告，对负有责任的领导人员和直接责任人员依法给予处分；可以限期停止活动，并可责令撤换直接负责的主管人员；情节严重的，予以撤销登记。

第一百一十一条 学校违反本法有关规定的，由有关主管部门责令改正；对负有责任的领导人员和直接责任人员依法给予处分。

第一百一十二条 运动员、教练员、裁判员违反本法规定，有违反体育道德和体育赛事规则，弄虚作假、营私舞弊等行为的，由体育组织按照有关规定给予处理；情节严重、社会影响恶劣的，由县级以上人民政府体育行政部门纳入限制、禁止参加竞技体育活动名单；有违法所得的，没收违法所得，并处一万元以上十万元以下的罚款。

利用体育赛事从事赌博活动的，由公安机关依法查处。

第一百一十三条 体育赛事活动组织者有下列行为之一的，由县级以上地方人民政府体育行政部门责令改正，处五万元以上五十万元以下的罚款；有违法所得的，没收违法所得；情节严重的，给予一年以上三年以下禁止组织体育赛事活动的处罚：

（一）未经许可举办高危险性体育赛事活动的；

（二）体育赛事活动因突发事件不具备办赛条件时，未及时中止的；

（三）安全条件不符合要求的；

（四）有违反体育道德和体育赛事规则，弄虚作假、营私舞弊等行为的；

（五）未按要求采取风险防范及应急处置预案等保障措施的。

第一百一十四条 违反本法规定，侵占、破坏公共体育场地设施的，由县级以上地方人民政府体育行政部门会同有关部门予以制止，责令改正，并可处实际损失五倍以下的罚款。

第一百一十五条 违反本法规定，未经批准临时占用公共体育场地设施的，由县级以上地方人民政府体育行政部门会同有关部门责令限期改正；逾期未改正的，对公共体育场地设施管理单位处十万元以上五十万元以下的罚款；有违法所得的，没收违法所得。

第一百一十六条 未经许可经营高危险性体育项目的，由县级以上地方人民政府体育行政部门会同有关部门责令限期关闭；逾期未关闭的，处十万元以上五十万元以下的罚款；有违法所得的，没收违法所得。

违法经营高危险性体育项目的，由县级以上地方人民政府体育行政部门责令改正；逾期未改正的，处五万元以上五十万元以下的罚款；有违法所得的，没收违法所得；造成严重后果的，由主管部门责令关闭，吊销许可证照，五年内不得再从事该项目经营活动。

第一百一十七条 运动员违规使用兴奋剂的，由有关体育社会组织、运动员管理单位、体育赛事活动组织者作出取消参赛资格、取消比赛成绩或者禁赛等处理。

第一百一十八条 组织、强迫、欺骗、教唆、引诱运动员在体育运动中使用兴奋剂的，由国务院体育行政部门或者省、自治区、直辖市人民政府体育行政部门没收非法持有的兴奋剂；直接负责的主管人员和其他直接责任人员四年内不得从事体育管理工作和运动员辅助工作；情节严重的，终身不得从事体育管理工作和运动员辅助工作。

向运动员提供或者变相提供兴奋剂的，由国务院体育行政部门或者省、自治区、直辖市人民政府体育行政部门没收非法持有的兴奋剂，并处五万元以上五十万元以下的罚款；有违法所得的，没收违法所得；并给予禁止一定年限直至终身从事体育管理工作和运动员辅助工作的处罚。

第一百一十九条 违反本法规定，造成财产损失或者其他损害的，依法承担民事责任；构成违反治安管理行为的，由公安机关依法给予治安管理处罚；构成犯罪的，依法追究刑事责任。

第十二章 附 则

第一百二十条 任何国家、地区或者组织在国际体育运动中损害中华人民共和国主权、安全、发展利益和尊严的，中华人民共和国可以根据实际情况采取相应措施。

第一百二十一条 中国人民解放军和中国人民武装警察部队开展体育活动的具体办法，由中央军事委员会依照本法制定。

第一百二十二条 本法自2023年1月1日起施行。

关于《中华人民共和国体育法（修订草案）》的说明

——2021年10月19日在第十三届全国人民代表大会常务委员会第三十一次会议上

全国人大社会建设委员会主任委员 何毅亭

全国人民代表大会常务委员会：

我受全国人大社会建设委员会委托，作关于《中华人民共和国体育法（修订草案）》的说明。

一、体育法修改的必要性和立法过程

党和国家历来高度重视体育工作。特别是党的十八大以来，以习近平同志为核心的党中央围绕加快推进体育强国建设提出了一系列新理念新思想新战略，为做好新时代体育工作提供了根本遵循，也为加强体育法治建设指明了方向。当前，与人民日益增长的美好生活需要相比，体育发展不平衡不充分的问题依然突出，人民群众多元化、多层次的体育需求尚未得到较好满足，迫切需要通过立法推动体育领域深化改革，破除束缚体育发展的障碍。同时还要看到，体育法已经颁布二十多年，严重滞后于经济社会快速发展。体育事业改革实践需要法律的推动与保障，各类体育主体的权利义务关系有待法律进一步明确，体育法与其他法律冲突的问题亟待解决，筹办北京2022年冬奥会等国际赛事相关法律问题急需法律支撑，大量涌现的群众性商业性赛事活动需要法律监管作出回应。因此，修改体育法不仅十分必要而且十分紧迫。

2018年，十三届全国人大常委会立法规划明确由全国人大社会建设委员会牵头修改体育法。社会委在前期调研等工作基础上，于2020年11月正式启动体育法修改工作，2021年3月牵头成立了体育法修改工作领导小组，成员单位包括全国人大常委会法制工作委员会、最高人民法院、国家发展和改革委员会、教育部、民政部、司法部、自然资源部、住房和城乡建设部、文化和旅游部、国家卫生健康委员会、国家市场监督管理总局、国家体育总局、全国总工会、中国残联等。社会委多次与各成员单位沟通协商、交换意见，采取实地调研、委托调研、视频座谈等形式深入研究法律修改的重点难点问题，并书面征求了国务院办公厅、最高人民法院、最高人民检察院和31个省、自治区、直辖市人大的意见，广泛听取了各级人大代表、地方有关部门、司法机关、群团组织以及社会各界（各级体育总会、各类体育协会等体育社会组织、企业、学校，以及运动员教练员裁判员等体育工作者和专家学者等）的意见建议。在反复研究论证的基础上，形成了《中华人民共和国体育法

(修订草案)》(以下简称修订草案)。

二、体育法修改的指导思想和总体思路

体育法修改的指导思想是:以习近平新时代中国特色社会主义思想为指导,深入学习贯彻习近平法治思想和习近平总书记关于体育工作的重要论述,全面贯彻落实党的十九大和十九届二中、三中、四中、五中全会精神,坚持以人民为中心,坚持从国情实际出发,推动体育领域深化改革,维护体育发展良好秩序,更好保障人民体育权益,为推进体育治理体系和治理能力现代化、加快体育强国和健康中国建设提供有力法治保障。

体育法修改过程中注重把握以下几点:

一是落实体育强国和健康中国国家战略。体育法修改坚决贯彻落实党中央决策部署,紧扣实现全面依法治国和体育强国、健康中国建设目标,着力推进"全民健身与全民健康深度融合",推动完善国家体育健康评价体系和标准制度,健全体育事业共建、体育资源社会共享机制。积极回应人民群众新要求新期待,突出依法保护公民参加体育活动的权利,明确促进全民健身的保障手段,提高全民族的体质健康水平,确保体育事业发展中的人民主体地位。

二是聚焦解决体育事业发展突出问题。当前,体育事业改革发展面临诸多问题,主要有:全民健身、学校体育、竞技体育发展不协调,全民健身公共服务体系不健全,体育促进全民健康的作用发挥不充分,青少年体质下降趋势明显,体育组织发展不规范,竞技体育后备人才培养体制不顺畅,体育产业发展不平衡,体育纠纷解决机制特别是体育仲裁缺失,监督管理不到位,体育执法与市场发展不相适应等。修改工作坚持问题导向,对这些问题均作出积极回应,着力制定和完善相关制度措施,推动体育法治化走向更高水平。

三是确保修法与体育事业改革协同推进。近年来,中央办公厅、国务院办公厅印发了《关于全面加强和改进新时代学校体育工作的意见》《关于促进全民健身和体育消费推动体育产业高质量发展的意见》《体育强国建设纲要》等一系列政策文件;第十三届全国人大常委会第二十四次会议通过《刑法修正案(十一)》,增设与兴奋剂有关的罪名;各地也出台了许多配套的地方性法规,推动了体育法治建设的发展,积累了许多成功经验。修订草案在认真研究论证的基础上,将适应体育事业改革发展需要、实践证明行之有效的措施做法写入了法律。

四是做好体育相关领域衔接协调。一方面,修法坚持系统观念,既处理好体育内部各种形态之间的关系,又注重促进体育与教育、健康、养老、文化、旅游等其他领域协同发展。在强调体育法作为体育领域基本法定位的同时,做好与民法典、公共文化服务保障法、仲裁法以及全民健身条例、学校体育工作条例、反兴奋剂条例等法律法规的协调衔接。另一方面,修法坚持立足国情,做好与国际规则的对接。既汲取国外经验,尊重并加强对国际体育组织规则的理解与掌握,更落脚中国体育发展的实际,在制度设计上体现中国特色。

三、体育法修改的主要内容

体育法是在1995年颁布实施的,2009年、2016年分别进行了个别条文的修改。总体来看,该法确立的原则和制度仍然是适用的。因此,修订草案在保留现行法基本框架的前提下,根据中央精神和现实需要补充新的内容,对章目编排及条文顺序进行了调整,对已不符合新情况的规定作出修改。修订草案目前有11章,分别为总则、全民健身、学校体育、竞技体育、反兴奋剂、体育组织、保障条件、体育仲裁、监督管理、法律责任和附则,条文增加到109条。修改的主要内容是:

(一)充实总则规定

为实现体育与国家战略的对接,增加"推动体育强国和健康中国建设"的立法目的,明确"以全民健身为基础"的体育工作方针;根据新时代我国社会主要矛盾的变化,强调促进体育事业均衡、充分发展,增加"国家扶持革命老区、民族地区、边疆地区、经济欠发达地区体育事业的发展"的规定;突出权利导向,明确规定平等参与权利,并在其后章节予以具体保障;将原第二章中有关保护传统体育的条文上升至总则,凸显对传统体育保护的重视;增设"体育活动原则"条款,规定了体育活动需要遵守的普遍规则;增设"体育产业"条款,明确体育产业的内容与发展方向。

(二)强化全民健身国家战略

全民健身作为国家战略,对提升国民体质,促进全民健康战略实现具有不可替代的作用。为突出全民健身的重要基础性保障作用,章名由"社会体育"修改为"全民健身",并增加"全民健身国家战略"条款;明确各级政府、各类组织、机关企事业单

位的职责，增加建立工作协调机制、开展全民健身活动状况调查等具体措施；规定促进全民健身的保障手段，并对老年人、残疾人等重点人群给予特殊保障；与时俱进地对文字进行修改调整，使得条文更加贴近现实。

（三）落实体教融合新要求

学校是传授体育知识，培养学生体育习惯的重要阵地。针对青少年体质下降问题，树立健康第一的教育理念，在学校体育中明确教育部门、体育部门、学校等各自的职责，推动学生文化学习和体育锻炼协调发展。新增"保证体育课时不被占用"和"在校不少于一小时体育锻炼"等条款，以确保学生有充足的体育锻炼时间；新增"鼓励学校组建高水平运动队""体育运动学校"等条款，将学校体育与竞技体育后备人才培养结合起来；修改"体育考试"条款，积极提升体育在学校教育中的地位，最终实现增强学生体质的目的；新增"学校体育运动安全管理和风险防控""学校体育督导"等条款，保障学校体育活动开展的顺利安全；此外，还新增拓展优秀运动员就业渠道条款和幼儿体育条款，扩展"学校体育"规范的内容。

（四）促进竞技体育发展

竞技体育的可持续发展是体育的核心内容之一。修订草案新增运动员权利保障条款，加强运动员权利保护；调整运动员注册管理和体育赛事活动管理条款，进一步推动竞技体育管理体制改革，促进竞技体育更好发展；新增职业体育条款，促进职业体育竞技水平的提高。

（五）坚决反对使用兴奋剂

新增反兴奋剂章节，体现了我国反兴奋剂的决心。主要内容是将反兴奋剂条例进行提炼，总结上升为法律条文的内容，对反兴奋剂工作进行规范，包括禁止使用兴奋剂的原则；不得向体育运动参加者提供或变相提供兴奋剂；国家建立反兴奋剂管理机制、体育行政部门和相关部门的职责以及反兴奋剂国际合作等。

（六）发挥体育组织作用

"体育社会团体"章名更改为"体育组织"，顺应了国家有关要求和时代发展趋势，"体育社会团体"是"体育组织"的重要组成部分，"体育组织"的内涵和外延更广、更大。进一步弱化行政色彩，明确了全国性单项体育协会的职责范围，以及与行业管理部门、中华全国体育总会、中国奥委会的关系，更符合依法治国以及国家治理体系和治理能力现代化的要求；新增维权和自律条款，保障体育组织权利，促进单项体育协会的健康发展。

（七）监管和促进并重

体育事业发展既要科学监管也要加大保护。修订草案用保障条件、体育仲裁、监督管理三个章节分别予以体现。保障条件中进一步明确政府及有关部门的职责，完善了社会力量办体育的多种优惠措施；在体育场地设施规划、建设、开放等方面，细化了有关条款，增强可操作性和刚性，以将全民健身落到实处。新增"体育仲裁"章节，改变长期以来体育仲裁规定一直未能落地的现状，建立适合中国国情的体育仲裁制度。新增"监督管理"章节，进一步压实体育行政部门和有关部门进行日常监督检查的职责；加强对高危险性体育项目和赛事活动的监管，进一步明确体育行政部门对赛事监管的方式方法，并规定了突发公共安全事件时的熔断机制。

此外，修订草案还细化了法律责任，让修订后的体育法更加具有强制性和执行性。

《中华人民共和国体育法（修订草案）》和以上说明是否妥当，请审议。

全国人民代表大会宪法和法律委员会关于《中华人民共和国体育法（修订草案）》修改情况的汇报

——2022 年 4 月 18 日在第十三届全国人民代表大会常务委员会第三十四次会议上

全国人大宪法和法律委员会副主任委员　徐　辉

全国人民代表大会常务委员会：

常委会第三十一次会议对体育法修订草案进行了初次审议。会后，法制工作委员会将修订草案印发中央和国家机关有关部门、部分省级和设区的市人大常委会、基层立法联系点、高等院校和全国人大代表征求意见;在中国人大网公布修订草案全文,征求社会公众意见;召开学校体育专题座谈会,到国家体育总局专题调研,与陕西省人大常委会连线召开视频调研座谈会,听取有关方面意见建议;还就修订草案主要问题与有关方面交换意见,共同研究。宪法和法律委员会于3月23日召开会议,根据常委会组成人员审议意见和各方面的意见,对修订草案进行了逐条审议。社会建设委员会、国家体育总局有关负责同志列席了会议。4月12日,宪法和法律委员会召开会议,再次进行了审议。现将体育法修订草案主要问题修改情况汇报如下:

一、有的常委委员、部门和社会公众提出,中华体育精神是广大体育工作者长期实践经验的积累,反映了我国体育的价值导向和文化追求,建议在法律中予以体现。宪法和法律委员会经研究,建议在立法目的中明确"弘扬中华体育精神"。

二、有的常委委员、地方和部门提出,体育事业关系人民健康和幸福,要加强基本公共体育服务供给,让体育事业发展成果惠及全体人民。宪法和法律委员会经研究,建议增加规定:坚持以人民为中心,增强全民族身体素质;国家扩大公益性和基础性公共体育服务供给,推动基本公共体育服务均等化,逐步健全全民覆盖、普惠共享、城乡一体的基本公共体育服务体系。

三、修订草案第八条规定,每年8月8日为国家体育节。有的常委委员和地方提出,8月8日作为全民健身日已实施多年,深入人心,建议予以保留,并对有关体育节的规定作出修改。宪法和法律委员会经研究,建议修改为:每年8月8日全民健身日所在周为体育宣传周。

四、修订草案第三章"学校体育"对发展青少年体育和学校体育作出规定。有的常委委员、地方和部门提出,学校体育是青少年体育的重要组成部分,但学校体育不能涵盖青少年体育的全部内容,建议对有关内容予以完善。宪法和法律委员会经研究,建议将第三章章名修改为"青少年和学校体育",并增加规定:国家实行青少年体育活动促进计划,健全青少年体育工作制度,推动青少年体育活动的开展和普及,促进青少年身心健康和体魄强健。

五、修订草案第二十五条第二款规定,学校应当为特殊体质的学生开设适合其特点的体育课。有的地方和部门提出,为特殊体质学生单独开设体育课,实践中难以操作,建议对这些学生的体育教学和考核作出合理规定。宪法和法律委员会经研究,建议将有关条款修改为:学校应当在体育课教学时,组织病残等特殊体质学生参加适合其特点的体育活动;并增加规定:病残等特殊体质学生的体育科目考核,应当充分考虑其身体状况。

六、有的常委会组成人员和社会公众提出,青少年近视、肥胖发生率居高不下,影响青少年健康成长,应当有针对性地开展体育干预。宪法和法律委员会经研究,建议增加规定:教育行政部门、体育行政部门、学校和家庭应当组织、引导青少年参加体育活动,预防和控制青少年近视、肥胖等不良健康状况。

七、有的常委委员、部门和社会公众提出,有些退役运动员缺乏职业技能,再就业困难,建议增加帮助退役运动员顺利实现职业转换的规定。宪法和法律委员会经研究,建议增加规定:各级人民政府加强对退役运动员的职业技能培训,为退役运动员就业、创业提供指导和服务。

八、有的常委委员和部门提出,反兴奋剂既是对运动员身心健康的保护,也是对公平公正体育竞赛秩序的维护,建议完善相关规定,加强反兴奋剂管理。宪法和法律委员会经研究,建议增加规定:国家提倡健康文明、公平竞争的体育运动;国务院体育行政部门会同国务院药品监管、卫生健康、商务部门和海关总署制定、公布兴奋剂目录,并动态调整;国家设立反兴奋剂机构。

九、有的常委委员和部门提出,体育产业发展迅速、前景广阔,对增加就业、培育新的经济增长点、满足人民群众多样化体育需求具有重要意义,建议进一步充实相关内容,更好地促进体育产业发展。宪法和法律委员会经研究,建议增加"体育产业"一章,规定:国家制定体育产业发展规划,建立体育产业发展工作协调机制;支持体育用品制造业、体育服务业和职业体育发展;支持地方发展具有区域特色、民族特色的体育产业;鼓励社会资本投入体育产业;培养体育产业专业人才;完善体育产业统计制度。

十、有的常委委员和部门提出,公共体育场地设施的设计和建设应当充分考虑残疾人、老年人的特殊需求。宪法和法律委员会经研究,建议增加规定:公共体育场地设施的设计和建设,应当符合国家无障碍环境建设要求,有效满足残疾人、老年人等特定群体的无障碍需求。

十一、修订草案第七十六条对体育仲裁范围作了规定。有的常委委员、地方、部门和社会公众提出,确定体育仲裁范围既要借鉴国际经验,也要充分考虑我国实际情况，做好与其他法律的衔接。宪法和法律委员会经研究，建议明确因运动员注册、交流发生的纠纷属于体育仲裁范围，《中华人民共和国仲裁法》规定的可仲裁纠纷和《中华人民共和国劳动争议调解仲裁法》规定的劳动争议不属于体育仲裁范围；并删去修订草案第七十六条第三款。

十二、有的常委委员、地方、部门和社会公众提出，体育仲裁制度缺乏实践基础，相关规定不宜过细，可授权国务院体育行政部门根据实践情况在仲裁规则中作出具体规定。宪法和法律委员会经研究，建议删去修订草案第七十八条、第八十一条、第八十二条、第八十三条关于仲裁员的选任、仲裁庭的组成及回避、受理仲裁的时效等内容，同时明确国务院体育行政部门组织设立体育仲裁委员会，制定体育仲裁规则，对仲裁员条件、仲裁庭组成、仲裁特别程序等作出规定。

此外，还对修订草案作了一些文字修改。

修订草案二次审议稿已按上述意见作了修改，宪法和法律委员会建议提请本次常委会会议继续审议。

修订草案二次审议稿和以上汇报是否妥当，请审议。

全国人民代表大会宪法和法律委员会关于《中华人民共和国体育法（修订草案）》审议结果的报告

——2022 年 6 月 21 日在第十三届全国人民代表大会常务委员会第三十五次会议上

全国人大宪法和法律委员会副主任委员　徐　辉

全国人民代表大会常务委员会：

常委会第三十四次会议对体育法修订草案进行了二次审议。会后，法制工作委员会在中国人大网公布修订草案二次审议稿全文，征求社会公众意见；书面征求司法部、人力资源和社会保障部等有关单位和专家学者的意见；还就修订草案主要问题与有关方面交换意见，共同研究。宪法和法律委员会于 5 月 16 日召开会议，根据委员长会议精神、常委会组成人员审议意见和各方面的意见，对修订草案进行了逐条审议，社会建设委员会有关负责同志列席了会议，同时书面征求了教育部、国家体育总局的意见。6 月 14 日，宪法和法律委员会召开会议，再次进行了审议。宪法和法律委员会认为，为促进和发展体育事业，提高人民群众身体素质和健康水平，对体育法进行修订是必要的，修订草案经过两次审议修改，已经比较成熟。同时，提出以下主要修改意见：

一、有的常委委员提出，七十年前毛泽东主席“发展体育运动，增强人民体质”的重要题词已经广泛深入人心，建议在立法目的中予以体现。宪法和法律委员会经研究，建议采纳这一意见。

二、习近平总书记关于体育的重要论述中强调指出，坚持党的集中统一领导是我们成就伟业最可靠的主心骨。为贯彻落实习近平总书记的重要指示精神，宪法和法律委员会建议增加规定：体育工作坚持中国共产党的领导。

三、有的常委委员、部门和社会公众建议，进一步充实完善有关青少年体育的内容。宪法和法律委员会经研究，建议增加规定：培育、增强青少年体育健身意识；体育行政部门会同有关部门引导和规范企业事业单位、社会组织和体育专业人员等为青少年提供体育培训等服务。

四、有的常委会组成人员、部门和社会公众建议，充分利用公共体育场地设施，解决学校举办体育运动会缺少场地的问题。宪法和法律委员会经研究，建议增加规定：鼓励公共体育场地设施免费向学校开放使用，为学校举办体育运动会提供服务保障。

五、有的常委委员和社会公众提出，为提高竞技体育水平，建议明确职业体育发展方向，加强业余体育后备队伍建设。宪法和法律委员会经研究，建议将修订草案二次审议稿第三十九条、第四十条修改为：国家促进和规范职业体育市场化、职业化发展，提高职业体育赛事能力和竞技水平；国家加强体育运动学校和体育传统特色学校建设，鼓励、支持开展业余体育训练，培养优秀的竞技体育后备人才。

六、有的常委会组成人员、部门和社会公众建议，进一步完善运动员身体健康和文化教育有关权益保障的规定。宪法和法律委员会经研究，建议增加规定：国家加强体育训练科学技术研究、开发和应用，对运动员实行科学、文明的训练，维护运动员身体健康；体育行政部门、教育行政部门应当保障处于义务教育阶段的运动员完成义务教育。

七、有的常委委员、部门和社会公众提出，应鼓励我国体育组织积极参与国际体育事务，增强国际体育话语权。宪法和法律委员会经研究，建议增加规定：国家鼓励体育组织积极参加国际体育交流合作，参与国际体育运动规则的制定。

八、有的常委委员、部门和社会公众建议，进一步完善体育仲裁制度，明确当事人申请体育仲裁的依据和申请撤销裁决的时限。宪法和法律委员会经研究，建议明确：当事人可以根据仲裁协议、体育组织章程、体育赛事规则等申请体育仲裁；当事人可以自收到仲裁裁决书之日起三十日内申请撤销裁决。

九、有的常委委员、部门和社会公众建议，进一步明确体育赛事活动组织者的安全保障义务。宪法和法律委员会经研究，建议增加规定：体育赛事活动组织者应当履行安全保障义务，提供符合要求的安全条件，制定风险防范及应急处置预案等保障措施，确保体育赛事活动的安全。

十、有的常委委员和部门提出，应当对国际体育运动中损害我国国家尊严和利益的行为采取适当的应对措施。宪法和法律委员会经研究，建议增加规定：任何国家、地区或者组织在国际体育运动中损害中华人民共和国主权、安全、发展利益和尊严的，中华人民共和国可以根据实际情况采取相应措施。

此外，还对修订草案二次审议稿作了一些文字修改。

5月24日，法制工作委员会召开会议，邀请部分全国人大代表、运动员、专家学者以及地方有关部门、学校、单项体育协会等方面的代表，就修订草案主要制度规范的可行性、出台时机、实施的社会效果和可能出现的问题等进行评估。与会人员普遍认为，修订草案贯彻落实习近平总书记关于体育的重要论述，坚持以人民为中心，坚持问题导向，对加快体育强国和健康中国建设具有重要意义。修订草案经过修改，内容更加丰富、结构更加合理、措施更加完善，已经比较成熟，建议尽快审议通过。与会人员还对修订草案提出了一些具体修改意见，宪法和法律委员会进行了认真研究，对有的意见予以采纳。

修订草案三次审议稿已按上述意见作了修改，宪法和法律委员会建议提请本次常委会会议审议通过。

修订草案三次审议稿和以上报告是否妥当，请审议。

全国人民代表大会宪法和法律委员会关于《中华人民共和国体育法(修订草案三次审议稿)》修改意见的报告

——2022年6月23日在第十三届全国人民代表大会常务委员会第三十五次会议上

全国人民代表大会常务委员会：

本次常委会会议于6月22日上午对体育法修订草案三次审议稿进行了分组审议。普遍认为，修订草案已经比较成熟，建议进一步修改后，提请本次常委会会议表决通过。同时，有些常委会组成人员和列席人员还提出了一些修改意见和建议。宪法和法律委员会于6月22日下午召开会议，逐条研究了常委会组成人员和列席人员的审议意见，对修订草案进行了审议。社会建设委员会、国家体育总局有关负责同志列席了会议。宪法和法律委员会认为，修订草案是可行的，同时，提出以下修改意见：

一、有的常委委员提出，公民平等参与体育活动的权利需要国家有力保障，建议在法律中予以明确。宪法和法律委员会经研究，建议将修订草案三次审议稿第五条中的“公民依法平等地享有参与体育活动的权利”修改为“国家依法保障公民平等参与体育活动的权利”。

二、修订草案三次审议稿第十二条对体育科学技术研究创新和推广应用作了规定。有的常委委员建议增加培养体育科技人才的规定。宪法和法律委员会经研究，建议采纳这一意见。

三、修订草案三次审议稿第四十二条对运动员培养、管理和教育作了规定。有的常委委员提出，运动员是竞技体育的主力军，在加强对运动员培养、管理和教育的同时，还应当对运动员充分发挥自身积极性，展现奋勇拼搏、超越自我的良好精神面貌提出明确要求。宪法和法律委员会经研究，建议增加规定：运动员应当积极参加训练和竞赛，团结协作，勇于奉献，顽强拼搏，不断提高竞技水平。

四、有的常委委员提出，今年年初中办国办《关于构建更高水平的全民健身公共服务体系的意见》和“十四五”规划纲要对体育公园、特色体育公园建设提出了要求，建议在法律中予以体现。宪法和法律委员会经研究，建议增加规定：国家推进体育公园建设，鼓励地方因地制宜发展特色体育公园，推动体育公园免费开放，满足公民体育健身需求。

经与有关部门研究，建议将修订后的体育法的施行时间确定为 2023 年 1 月 1 日。

此外，根据常委会组成人员的审议意见，还对修订草案三次审议稿作了个别文字修改。

修订草案修改稿已按上述意见作了修改，宪法和法律委员会建议本次常委会会议审议通过。

修订草案修改稿和以上报告是否妥当，请审议。

中华人民共和国主席令

第一一五号

《中华人民共和国黑土地保护法》已由中华人民共和国第十三届全国人民代表大会常务委员会第三十五次会议于 2022 年 6 月 24 日通过，现予公布，自 2022 年 8 月 1 日起施行。

中华人民共和国主席 习近平

2022 年 6 月 24 日

中华人民共和国黑土地保护法

（2022 年 6 月 24 日第十三届全国人民代表大会常务委员会第三十五次会议通过）

第一条 为了保护黑土地资源，稳步恢复提升黑土地基础地力，促进资源可持续利用，维护生态平衡，保障国家粮食安全，制定本法。

第二条 从事黑土地保护、利用和相关治理、修复等活动，适用本法。本法没有规定的，适用土地管理等有关法律的规定。

本法所称黑土地，是指黑龙江省、吉林省、辽宁省、内蒙古自治区（以下简称四省区）的相关区域范围内具有黑色或者暗黑色腐殖质表土层，性状好、肥力高的耕地。

第三条 国家实行科学、有效的黑土地保护政策，保障黑土地保护财政投入，综合采取工程、农艺、农机、生物等措施，保护黑土地的优良生产能力，确保黑土地总量不减少、功能不退化、质量有提升、产能可持续。

第四条 黑土地保护应当坚持统筹规划、因地制宜、用养结合、近期目标与远期目标结合、突出重点、综合施策的原则，建立健全政府主导、农业生产经营者实施、社会参与的保护机制。

国务院农业农村主管部门会同自然资源、水行政等有关部门，综合考虑黑土地开垦历史和利用现状，以及黑土层厚度、土壤性状、土壤类型等，按照最有利于全面保护、综合治理和系统修复的原则，科学合理确定黑土地保护范围并适时调整，有计划、分步骤、分类别地推进黑土地保护工作。历史上属黑土地的，除确无法修复的外，原则上都应列入黑土地保护范围进行修恢复。

第五条 黑土地应当用于粮食和油料作物、糖料作物、蔬菜等农产品生产。

黑土层深厚、土壤性状良好的黑土地应当按照规定的标准划入永久基本农田，重点用于粮食生产，实行严格保护，确保数量和质量长期稳定。

第六条 国务院和四省区人民政府加强对黑土地保护工作的领导、组织、协调、监督管理,统筹制定黑土地保护政策。四省区人民政府对本行政区域内的黑土地数量、质量、生态环境负责。

县级以上地方人民政府应当建立农业农村、自然资源、水行政、发展改革、财政、生态环境等有关部门组成的黑土地保护协调机制,加强协调指导,明确工作责任,推动黑土地保护工作落实。

乡镇人民政府应当协助组织实施黑土地保护工作,向农业生产经营者推广适宜其所经营耕地的保护、治理、修复和利用措施,督促农业生产经营者履行黑土地保护义务。

第七条 各级人民政府应当加强黑土地保护宣传教育,提高全社会的黑土地保护意识。

对在黑土地保护工作中做出突出贡献的单位和个人,按照国家有关规定给予表彰和奖励。

第八条 国务院标准化主管部门和农业农村、自然资源、水行政等主管部门按照职责分工,制定和完善黑土地质量和其他保护标准。

第九条 国家建立健全黑土地调查和监测制度。

县级以上人民政府自然资源主管部门会同有关部门开展土地调查时,同步开展黑土地类型、分布、数量、质量、保护和利用状况等情况的调查,建立黑土地档案。

国务院农业农村、水行政等主管部门会同四省区人民政府建立健全黑土地质量监测网络,加强对黑土地土壤性状、黑土层厚度、水蚀、风蚀等情况的常态化监测,建立黑土地质量动态变化数据库,并做好信息共享工作。

第十条 县级以上人民政府应当将黑土地保护工作纳入国民经济和社会发展规划。

国土空间规划应当充分考虑保护黑土地及其周边生态环境,合理布局各类用途土地,以利于黑土地水蚀、风蚀等的预防和治理。

县级以上人民政府农业农村主管部门会同有关部门以调查和监测为基础、体现整体集中连片治理,编制黑土地保护规划,明确保护范围、目标任务、技术模式、保障措施等,遏制黑土地退化趋势,提升黑土地质量,改善黑土地生态环境。县级黑土地保护规划应当与国土空间规划相衔接,落实到黑土地具体地块,并向社会公布。

第十一条 国家采取措施加强黑土地保护的科技支撑能力建设,将黑土地保护、治理、修复和利用的科技创新作为重点支持领域;鼓励高等学校、科研机构和农业技术推广机构等协同开展科技攻关。县级以上人民政府应当鼓励和支持水土保持、防风固沙、土壤改良、地力培肥、生态保护等科学研究和科研成果推广应用。

有关耕地质量监测保护和农业技术推广机构应当对农业生产经营者保护黑土地进行技术培训、提供指导服务。

国家鼓励企业、高等学校、职业学校、科研机构、科学技术社会团体、农民专业合作社、农业社会化服务组织、农业科技人员等开展黑土地保护相关技术服务。

国家支持开展黑土地保护国际合作与交流。

第十二条 县级以上人民政府应当采取以下措施加强黑土地农田基础设施建设:

(一)加强农田水利工程建设,完善水田、旱地灌排体系;

(二)加强田块整治,修复沟毁耕地,合理划分适宜耕作田块;

(三)加强坡耕地、侵蚀沟水土保持工程建设;

(四)合理规划修建机耕路、生产路;

(五)建设农田防护林网;

(六)其他黑土地保护措施。

第十三条 县级以上人民政府应当推广科学的耕作制度,采取以下措施提高黑土地质量:

(一)因地制宜实行轮作等用地养地相结合的种植制度,按照国家有关规定推广适度休耕;

(二)因地制宜推广免(少)耕、深松等保护性耕作技术,推广适宜的农业机械;

(三)因地制宜推广秸秆覆盖、粉碎深(翻)埋、过腹转化等还田方式;

(四)组织实施测土配方施肥,科学减少化肥施用量,鼓励增施有机肥料,推广土壤生物改良等技术;

(五)推广生物技术或者生物制剂防治病虫害等绿色防控技术,科学减少化学农药、除草剂使用量,合理使用农用薄膜等农业生产资料;

(六)其他黑土地质量提升措施。

第十四条 国家鼓励采取综合性措施,预防和治理水土流失,防止黑土地土壤侵蚀、土地沙化和盐渍化,改善和修复农田生态环境。

县级以上人民政府应当开展侵蚀沟治理,实施沟头沟坡沟底加固防护,因地制宜组织在侵蚀沟的沟坡和沟岸、黑土地周边河流两岸、湖泊和水库周边等区域营造植物保护带或者采取其他措施,防止侵蚀沟变宽变深变长。

县级以上人民政府应当按照因害设防、合理管护、科学布局的原则，制定农田防护林建设计划，组织沿农田道路、沟渠等种植农田防护林，防止违背自然规律造林绿化。农田防护林只能进行抚育、更新性质的采伐，确保防护林功能不减退。

县级以上人民政府应当组织开展防沙治沙，加强黑土地周边的沙漠和沙化土地治理，防止黑土地沙化。

第十五条 县级以上人民政府应当加强黑土地生态保护和黑土地周边林地、草原、湿地的保护修复，推动荒山荒坡治理，提升自然生态系统涵养水源、保持水土、防风固沙、维护生物多样性等生态功能，维持有利于黑土地保护的自然生态环境。

第十六条 县级人民政府应当依据黑土地调查和监测数据，并结合土壤类型和质量等级、气候特点、环境状况等实际情况，对本行政区域内的黑土地进行科学分区，制定并组织实施黑土地质量提升计划，因地制宜合理采取保护、治理、修复和利用的精细化措施。

第十七条 国有农场应当对其经营管理范围内的黑土地加强保护，充分发挥示范作用，并依法接受监督检查。

农村集体经济组织、村民委员会和村民小组应当依法发包农村土地，监督承包方依照承包合同约定的用途合理利用和保护黑土地，制止承包方损害黑土地等行为。

农村集体经济组织、农业企业、农民专业合作社、农户等应当十分珍惜和合理利用黑土地，加强农田基础设施建设，因地制宜应用保护性耕作等技术，积极采取提升黑土地质量和改善农田生态环境的养护措施，依法保护黑土地。

第十八条 农业投入品生产者、经营者和使用者应当依法对农药、肥料、农用薄膜等农业投入品的包装物、废弃物进行回收以及资源化利用或者无害化处理，不得随意丢弃，防止黑土地污染。

县级人民政府应当采取措施，支持农药、肥料、农用薄膜等农业投入品包装物、废弃物的回收以及资源化利用或者无害化处理。

第十九条 从事畜禽养殖的单位和个人，应当科学开展畜禽粪污无害化处理和资源化利用，以畜禽粪污就地就近还田利用为重点，促进黑土地绿色种养循环农业发展。

县级以上人民政府应当支持开展畜禽粪污无害化处理和资源化利用。

第二十条 任何组织和个人不得破坏黑土地资源和生态环境。禁止盗挖、滥挖和非法买卖黑土。国务院自然资源主管部门会同农业农村、水行政、公安、交通运输、市场监督管理等部门应当建立健全保护黑土地资源监督管理制度，提高对盗挖、滥挖、非法买卖黑土和其他破坏黑土地资源、生态环境行为的综合治理能力。

第二十一条 建设项目不得占用黑土地；确需占用的，应当依法严格审批，并补充数量和质量相当的耕地。

建设项目占用黑土地的，应当按照规定的标准对耕作层的土壤进行剥离。剥离的黑土应当就近用于新开垦耕地和劣质耕地改良、被污染耕地的治理、高标准农田建设、土地复垦等。建设项目主体应当制定剥离黑土的再利用方案，报自然资源主管部门备案。具体办法由四省区人民政府分别制定。

第二十二条 国家建立健全黑土地保护财政投入保障制度。县级以上人民政府应当将黑土地保护资金纳入本级预算。

国家加大对黑土地保护措施奖补资金的倾斜力度，建立长期稳定的奖励补助机制。

县级以上地方人民政府应当将黑土地保护作为土地使用权出让收入用于农业农村投入的重点领域，并加大投入力度。

国家组织开展高标准农田、农田水利、水土保持、防沙治沙、农田防护林、土地复垦等建设活动，在项目资金安排上积极支持黑土地保护需要。县级人民政府可以按照国家有关规定统筹使用涉农资金用于黑土地保护，提高财政资金使用效益。

第二十三条 国家实行用养结合、保护效果导向的激励政策，对采取黑土地保护和治理修复措施的农业生产经营者按照国家有关规定给予奖励补助。

第二十四条 国家鼓励粮食主销区通过资金支持、与四省区建立稳定粮食购销关系等经济合作方式参与黑土地保护，建立健全黑土地跨区域投入保护机制。

第二十五条 国家按照政策支持、社会参与、市场化运作的原则，鼓励社会资本投入黑土地保护活动，并保护投资者的合法权益。

国家鼓励保险机构开展黑土地保护相关保险业务。

国家支持农民专业合作社、企业等以多种方式与农户建立利益联结机制和社会化服务机制，发展适度规模经营，推动农产品品质提升、品牌打造和标准化生产，提高黑土地产出效益。

第二十六条　国务院对四省区人民政府黑土地保护责任落实情况进行考核，将黑土地保护情况纳入耕地保护责任目标。

第二十七条　县级以上人民政府自然资源、农业农村、水行政等有关部门按照职责，依法对黑土地保护和质量建设情况联合开展监督检查。

第二十八条　县级以上人民政府应当向本级人民代表大会或者其常务委员会报告黑土地保护情况，依法接受监督。

第二十九条　违反本法规定，国务院农业农村、自然资源等有关部门、县级以上地方人民政府及其有关部门有下列行为之一的，对直接负责的主管人员和其他直接责任人员给予警告、记过或者记大过处分；情节较重的，给予降级或者撤职处分；情节严重的，给予开除处分：

（一）截留、挪用或者未按照规定使用黑土地保护资金；

（二）对破坏黑土地的行为，发现或者接到举报未及时查处；

（三）其他不依法履行黑土地保护职责导致黑土地资源和生态环境遭受破坏的行为。

第三十条　非法占用或者损毁黑土地农田基础设施的，由县级以上地方人民政府农业农村、水行政等部门责令停止违法行为，限期恢复原状，处恢复费用一倍以上三倍以下罚款。

第三十一条　违法将黑土地用于非农建设的，依照土地管理等有关法律法规的规定从重处罚。

违反法律法规规定，造成黑土地面积减少、质量下降、功能退化或者生态环境损害的，应当依法治理修复、赔偿损失。

农业生产经营者未尽到黑土地保护义务，经批评教育仍不改正的，可以不予发放耕地保护相关补贴。

第三十二条　违反本法第二十条规定，盗挖、滥挖黑土的，依照土地管理等有关法律法规的规定从重处罚。

非法出售黑土的，由县级以上地方人民政府市场监督管理、农业农村、自然资源等部门按照职责分工没收非法出售的黑土和违法所得，并处每立方米五百元以上五千元以下罚款；明知是非法出售的黑土而购买的，没收非法购买的黑土，并处货值金额一倍以上三倍以下罚款。

第三十三条　违反本法第二十一条规定，建设项目占用黑土地未对耕作层的土壤实施剥离的，由县级以上地方人民政府自然资源主管部门处每平方米一百元以上二百元以下罚款；未按照规定的标准对耕作层的土壤实施剥离的，处每平方米五十元以上一百元以下罚款。

第三十四条　拒绝、阻碍对黑土地保护情况依法进行监督检查的，由县级以上地方人民政府有关部门责令改正；拒不改正的，处二千元以上二万元以下罚款。

第三十五条　造成黑土地污染、水土流失的，分别依照污染防治、水土保持等有关法律法规的规定从重处罚。

第三十六条　违反本法规定，构成犯罪的，依法追究刑事责任。

第三十七条　林地、草原、湿地、河湖等范围内黑土的保护，适用《中华人民共和国森林法》、《中华人民共和国草原法》、《中华人民共和国湿地保护法》、《中华人民共和国水法》等有关法律；有关法律对盗挖、滥挖、非法买卖黑土未作规定的，参照本法第三十二条的规定处罚。

第三十八条　本法自2022年8月1日起施行。

关于《中华人民共和国黑土地保护法（草案）》的说明

——2021年12月20日在第十三届全国人民代表大会常务委员会第三十二次会议上

全国人大农业与农村委员会副主任委员　王宪魁

全国人民代表大会常务委员会：

我受全国人大农业与农村委员会委托，就《中华人民共和国黑土地保护法（草案）》的有关问题作说明。

习近平总书记高度重视黑土地保护，2020年7月在吉林考察时指出，一定要采取有效措施，保护好黑土地这一“耕地中的大熊猫”；2020年12月在中央农村工作会议上要求，把黑土地保护作为一件大事来抓，把黑土地用好养好。十三届全国人大四次会议期间，全国人大农业与农村委员会收到“关于制定黑土地保护法的议案”和多件关于黑土地保护的代表建议。3月底我委及时启动黑土地保护法的研究论证。全国人大常委会领导同志高度重视黑土地保护立法,多次作出批示并要求抓紧草案起草。我委认真做好起草工作,经过深入调查研究、广泛征求意见、反复沟通讨论,形成了《中华人民共和国黑土地保护法(草案)》(以下简称草案)。

一、制定黑土地保护法的必要性

一是深入贯彻落实习近平总书记重要指示和党中央决策部署的需要。习近平总书记将黑土地比喻为国宝“大熊猫”,这一论述具有极其深刻内涵。黑土地是大自然赋予人类得天独厚的稀缺宝贵资源,具有优质性、稀缺性、易被侵蚀性等特点。多年来人为高强度开发利用,黑土层厚度、有机质含量等下降,土壤酸化、沙化、盐渍化加剧,严重影响生态安全和农业可持续发展。要从造福子孙永续发展的高度认识黑土地保护的特殊性和战略意义,从“藏粮于地、藏粮于技”战略高度推进。制定黑土地保护法,将保护黑土地上升为国家意志,是贯彻落实习近平总书记和党中央关于黑土地保护要求的有力举措。

二是保障长远国家粮食安全的需要。民以食为天,粮以地为本。黑土地的土壤性状好、肥力高、水肥气热协调,相较于其他土地的单位面积产出,同肥不同量、同量不同质,粮食产量高、品质好。东北黑土区是我国重要的粮食生产基地,粮食产量约占全国的四分之一,粮食商品率高,是保障粮食市场供应的重要来源,是保障国家粮食安全的压舱石。制定黑土地保护法,有利于规范黑土地保护、治理、修复、利用等活动,保护黑土地高产优质农产品产出功能,为保障国家粮食安全提供坚强法治保障。

三是维护生态系统平衡的需要。珍稀黑土地自然资源,既不可再生,也无可替代。长期以来,由于保护和投入不够,加之风蚀、水蚀侵害,黑土层“变薄、变硬、变瘦”,侵蚀沟发育发展,水土流失日益严重,进而导致耕地破碎化、河道淤积、洪涝灾害加剧等生态环境问题。人与自然应当和谐共生,保护自然则自然回报慷慨,掠夺自然则自然惩罚无情。制定黑土地保护法,保护好生态环境,维护好生态系统平衡,促进资源环境可持续,才能使黑土地永远造福人民。

四是完善黑土地保护体制机制的需要。近年来,党中央、国务院通过制定保护规划和实施行动方案等措施保护黑土地,但是仍存在政策协同性不足、稳定投入机制未建立、责任主体不够明确等问题。有关省份的地方层面立法,难以形成上下联动、多方参与的保护机制。当前土地管理有关法律法规,在耕地保护方面主要解决一般性问题,缺乏针对黑土地特殊性的保护措施。综合施策、形成合力、久久为功保护好黑土地,需要全社会共同努力。制定黑土地保护法,有利于建立针对性、系统性的黑土地保护制度。

二、立法指导思想和总体思路

深入学习贯彻习近平新时代中国特色社会主义思想,深刻理解和准确把握习近平总书记关于黑土地保护的重要指示精神,牢固树立法治思维,坚持问题导向和目标导向,坚持“小快灵”立法,突出立法针对性、适用性、可操作性,着力保护黑土地中的耕地,促进资源可持续利用,维护生态系统平衡,保障国家粮食安全。

根据调研情况和黑土地保护面临的突出问题,起草中注重把握以下几点:一是明确责任。构建政府主导、农业生产经营者实施、公众参与的保护机制,建立共同负责、各负其责的责任体系。二是坚持用养结合。有的人提出,应该养地在先,不达标准停止耕种。我们的目的是要口粮安全。既要改变生产经营方式加以保护,也要防止削弱粮食生产能力和影响农民种粮积极性,促进形成绿色可持续发展方式。三是尊重自然规律和科技规律。黑土地分布广阔,不同地域积温、降雨、蒸发、风力等条件不同,需要采取的措施和技术路径也不同。保护黑土地要因地制宜,坚持从实际出发,不搞一刀切。四是保护好农民权益。合理利用和保护黑土地,要有利于农民利益近期不受损、长远更有利,有利于国家粮食安全、生态安全。

三、草案的主要内容

草案不分章,共三十七条,包括立法目的、适用范围、保护要求和原则、政府责任和协调机制、制定规划、资源调查和监测、科技支撑、数量保护措施、质量提升措施、农业生产经营者的责任、资金保障、奖补措施、考核与监督、法律责任等内容。

(一)本法的适用范围

保障国家粮食安全,处理好黑土地保护与利用的关系,重点和难点在耕地。草案明确本法所称黑土地，涉及的地域范围为黑龙江省、吉林省、辽宁省、内蒙古自治区的相关区域，土地特性为拥有黑色或者暗黑色腐殖质表土层，性状好、肥力高的优质耕地。这一规定也是具体落实习近平总书记关于保护"耕地中的大熊猫"的要求。

（二）加强政府的统筹和协调

统筹和协调是形成工作合力的关键。草案完善政府工作机制，明确国务院和省（自治区）人民政府应当加强领导、组织、协调、监督管理，县级以上人民政府应当建立黑土地保护协调机制；突出规划引领，县级以上人民政府应当以调查和监测为基础、体现集中连片治理、科学编制黑土地保护规划，县级规划应当落实到地块。为摸清黑土地底数和变化趋势，草案对开展黑土地调查和常态化监测作出了规定。

（三）加强黑土地保护的科技支撑

科技手段为黑土地保护提供重要支撑。草案加强黑土地保护科技创新、科研成果推广应用和技术服务；针对水蚀、风蚀、土壤质量下降等突出问题，明确应当综合采取工程、农艺、农机、生物等措施，规定了农田基础设施建设、提升土壤质量、加强环境治理的关键措施。为做到精准施策，草案规定对黑土地进行科学分区，因地制宜采用具体措施。

（四）强化农业生产经营者的保护责任和调动积极性

农业生产经营者应当保护黑土地，同时要让保护者不吃亏、种粮者收入有提高。草案明确农业生产经营者应当积极采用黑土地养护措施，国家应当建立用养结合、保护效果导向的奖补机制，鼓励支持采取黑土地保护和治理修复措施。

（五）加大黑土地保护投入

长期稳定的资金投入是黑土地保护的重要保障。草案规定，国家建立健全黑土地保护财政投入保障制度，加大奖补资金的倾斜力度，高标准农田建设等项目资金应当保障黑土地保护需要；县级人民政府可以按照国家有关规定统筹整合相关涉农资金；建立健全黑土地保护跨区域补偿机制，鼓励社会资金投入黑土地保护活动。

（六）加强考核和监督

压实黑土地保护责任，形成监督合力。草案规定，建立黑土地保护目标责任制和考核评价制度，黑土地保护情况纳入耕地保护责任目标；有关部门按照职责联合开展监督检查；加强人大监督，县级以上人民政府应当报告黑土地保护情况。

草案还对禁止盗挖、滥挖、非法出售黑土等内容作出规定。

草案注意与有关法律搞好衔接，一般性的耕地保护和土地污染有关问题，本法不再重复，只是针对相关违法行为的处罚作出衔接性规定。

《中华人民共和国黑土地保护法（草案）》及以上说明是否妥当，请审议。

全国人民代表大会宪法和法律委员会关于《中华人民共和国黑土地保护法（草案）》修改情况的汇报

——2022年4月18日在第十三届全国人民代表大会常务委员会第三十四次会议上

全国人大宪法和法律委员会副主任委员　刘季幸

全国人民代表大会常务委员会：

常委会第三十二次会议对黑土地保护法草案进行了初次审议。会后，法制工作委员会将草案印发黑龙江省、吉林省、辽宁省、内蒙古自治区的省市级人大和中央有关部门、全国人大代表、研究机构、有关企业等征求意见；在中国人大网全文公布草案，征求社会公众意见。宪法和法律委员会、农业与农村委员会、法制工作委员会联合召开座谈会，听取中央有关部门、四省（自治区）人大、全国人大代表、专家学者、基层干部、农民专业合作社、农业企业和农民等对草案的意见；法制工作委员会就草案的有关问题同有关方面交换意见，共同研究。宪法和法律委员会于3月24日召开会议，根据常委会组成人员审议意见和各方面的意见，对草案进行了逐条审议。农业与农村委员会、国家发展和改革委员会、司法部、农业农村部、财政部、自然资源部有关负责同志列席了会议。4月12日，宪法和法律委员会召开会议，再次进行了审议。现将黑土地保护法草案主要问题修改情况汇报如下：

一、有些常委会组成人员和部门提出，应进一步完善有关黑土地范围的规定，适应黑土地保护、治理、修复工作的需要，并做好本法与相关法律的衔接。宪法和法律委员会经研究，建议对草案作以下修改：一是，增加规定：黑土地保护规划应当科学确定黑土地的保护范围。二是，增加规定：从事黑土地保护、利用和相关治理、修复等活动，适用本法；本法没有规定的，适用土地管理等有关法律的规定。三是，将第三十六条修改为：林地、草原、湿地、河湖等范围内黑土地的保护，适用森林法、草原法、湿地保护法、水法等有关法律的规定；有关法律对盗挖、滥挖、非法出售黑土未作规定的，参照本法第三十一条的规定处罚。

二、有的常委委员和部门建议，突出黑土地对粮食安全的保障作用。宪法和法律委员会经研究，建议增加规定：黑土地应当用于粮食和油料作物、糖料作物、蔬菜等农产品生产；划入永久基本农田的黑土地应当重点用于粮食生产。

三、有的常委委员建议，加强黑土地保护科技支撑和技术服务。宪法和法律委员会经研究，建议增加相关内容，规定：一是，鼓励高等学校、科研机构和农业技术推广机构等协同开展科技攻关。二是，国家鼓励企业、高等学校、职业学校、科研机构、科学技术社会团体、农民专业合作社、农业社会化服务组织、农业科技人员等开展黑土地保护相关技术服务。三是，县级以上人民政府应当推广科学的耕作制度。

四、有些常委委员和代表提出，做好黑土地保护工作既要发挥政府主导作用，也要注重发挥市场的作用，还要依靠基层组织和农民。宪法和法律委员会经研究，建议增加以下规定：一是，农村集体经济组织、村民委员会依法发包农村土地，监督承包方依照承包合同约定的用途合理利用和保护黑土地，制止承包方损害黑土地等行为。二是，农村集体经济组织、国有农场、农业企业、农民专业合作社、农户等应当十分珍惜和合理利用黑土地。三是，国家按照政策支持、企业和社会参与、市场化运作的原则，鼓励社会资本投入黑土地保护活动，并保护投资者的合法权益。

五、根据一些常委会组成人员和地方、部门的意见，宪法和法律委员会建议，完善法律责任，增强针对性，加大处罚力度，对草案有关规定作以下修改：一是，细化有关部门及其工作人员不依法履行黑土地保护职责的具体情形和法律责任。二是，明确规定：盗挖、滥挖黑土的，依照土地管理等有关法律法规的规定从重处罚。三是，将非法出售黑土的罚款上限由每立方米“二千元”提高到“五千元”。

还有一个问题需要汇报。草案第二十四条规定：国家鼓励粮食主销区通过资金支持、建立与主产区的稳定购销关系等方式参与黑土地保护，建立健全黑土地保护跨区域补偿机制。有关部门提出，黑土地保护涉及主体众多，利益关系比较复杂，实行跨区域补偿机制较难操作，且可能会弱化主销区的粮食生产责任，建议先在实践中开展探索，目前不宜在法律中作出规定。考虑到黑土地保护跨区域补偿机制是草案新设的一项制度，有关方面尚存在不同认识，据此，建议对草案这一规定暂不作改动，进一步听取意见。

此外，还对草案作了一些文字修改。

草案二次审议稿已按上述意见作了修改，宪法和法律委员会建议提请本次常委会会议继续审议。

草案二次审议稿和以上汇报是否妥当，请审议。

全国人民代表大会宪法和法律委员会关于《中华人民共和国黑土地保护法（草案）》审议结果的报告

——2022 年 6 月 21 日在第十三届全国人民代表大会常务委员会第三十五次会议上

全国人大宪法和法律委员会副主任委员　刘季幸

全国人民代表大会常务委员会：

常委会第三十四次会议对黑土地保护法草案进行了二次审议。会后，栗战书委员长在黑龙江省开展有关执法检查时，对黑土地保护立法工作提出要求。法制工作委员会在中国人大网全文公布草案二次审议稿征求社会公众意见，并就草案的有关问题同有关方面交换意见,共同研究。宪法和法律委员会、法制工作委员会到地方进行了调研。宪法和法律委员会于5月16日召开会议,根据委员长会议精神、常委会组成人员审议意见和各方面的意见,对草案进行了逐条审议,农业与农村委员会有关负责同志列席了会议,同时书面征求了国家发展和改革委员会、司法部、财政部、自然资源部、农业农村部的意见。6月14日,宪法和法律委员会召开会议,再次进行了审议。宪法和法律委员会认为,为强化黑土地保护和治理修复,长远保障国家粮食安全,制定本法是必要的,草案经过审议修改,已经比较成熟。同时,提出以下主要修改意见:

一、有的常委委员提出,国家实行科学、有效的黑土地保护政策,不仅要采取工程、农艺、农机、生物等措施,还要保障财政投入。宪法和法律委员会经研究,建议采纳这一意见,将有关规定修改为"国家实行科学、有效的黑土地保护政策,保障黑土地保护财政投入,综合采取工程、农艺、农机、生物等措施"。

二、根据有关方面意见,黑土地保护范围不应仅以现状为标准,要综合考虑黑土地开发历史等因素,按照最有利于保护和修复的原则,在国家层面统筹确定,分类型、分步骤地加以保护和修复。宪法和法律委员会经研究,建议增加规定:国务院农业农村主管部门会同自然资源、水行政等有关部门,综合考虑黑土地开垦历史和利用现状,以及黑土层厚度、土壤性状、土壤类型等,按照最有利于全面保护、综合治理和系统修复的原则,科学合理确定黑土地保护范围并适时调整,有计划、分步骤、分类别地推进黑土地保护工作。历史上属黑土地的,除确无法修复的外,原则上都应列入黑土地保护范围进行修恢复。

三、有的常委委员建议充实水土流失预防和治理的有关规定。宪法和法律委员会经研究,建议增加以下内容:一是国家鼓励采取综合性措施,预防和治理水土流失;二是在对黑土地保护和质量建设情况联合开展监督检查的部门中增加水行政部门;三是明确造成黑土地水土流失的,依照水土保持有关法律法规的规定从重处罚。

四、农业与农村委员会提出,实践中,农垦国有农场承担着黑土地保护的重要责任,发挥了特殊的作用,本法应对此作出规定。宪法和法律委员会经研究,建议增加规定:国有农场应当负责其经营管理范围内的黑土地保护工作,充分发挥示范作用,并依法接受监督检查。

五、有的常委委员和社会公众提出,非法购买与非法销售黑土都应禁止和处罚。宪法和法律委员会经研究,建议采纳这一意见,将相关条文中的"非法出售黑土"改为"非法买卖黑土",并增加相应法律责任。

六、草案二次审议稿第二十四条规定,国家鼓励粮食主销区通过资金支持、建立与主产区的稳定购销关系等方式参与黑土地保护,建立健全黑土地保护跨区域补偿机制。宪法和法律委员会根据常委会审议意见,并经同农业与农村委员会、国家发展和改革委员会、司法部、财政部、自然资源部、农业农村部研究,建议根据国家关于耕地保护和粮食主产区利益保护的原则要求,对草案作出完善,将"建立健全黑土地保护跨区域补偿机制"改为"建立健全黑土地跨区域投入保护机制"。

七、有的常委会组成人员建议进一步完善非法占用或者损毁黑土地农田基础设施的处罚标准。宪法和法律委员会经研究,建议采纳这一意见,将罚款数额由"一万元以上三万元以下"改为"恢复费用一倍以上三倍以下"。

此外,还对草案二次审议稿作了一些文字修改。

草案三次审议稿已按上述意见作了修改,宪法和法律委员会建议提请本次常委会会议审议通过。

草案三次审议稿和以上报告是否妥当,请审议。

全国人民代表大会宪法和法律委员会关于《中华人民共和国黑土地保护法(草案三次审议稿)》修改意见的报告

——2022年6月23日在第十三届全国人民代表大会常务委员会第三十五次会议上

全国人民代表大会常务委员会:

本次常委会会议于6月22日上午对黑土地保护法草案三次审议稿进行了分组审议。普遍认为,草案已经比较成熟,建议进一步修改后,提请本次常委会会议表决通过。同时,有些常委会组成人员和列席人员还提出了一些修改意见和建议。宪法和法律委员会于6月22日晚召开会议,逐条研究了常委会组成人员和列席人员的审议意见,对草案进行了审议。农业与农村委员会、司法部、农业农村部有关负责同志列席了会议,同时书面征求了国家发展和改革委员会、财政部、自然资源部的意见。宪法和法律委员会认为,草案是可行的,同时,提出以下修改意见:

一、有的常委委员提出,黑土地保护范围应当向社会公布。宪法和法律委员会经研究,建议采纳这一意见,明确县级黑土地保护规划应当落实到黑土地具体地块,并向社会公布。

二、有的常委委员建议增加黑土地保护国际合作的内容。宪法和法律委员会经研究,建议增加规定:国家支持开展黑土地保护国际合作与交流。

三、有的常委委员提出,保护黑土地不仅要科学减少化肥施用量和化学农药使用,还要科学减少除草剂使用。宪法和法律委员会经研究,建议采纳这一意见,增加相关内容。

四、根据一些常委委员的意见,宪法和法律委员会经研究,建议在草案规定四省区人民政府的黑土地生态环境保护责任的基础上,进一步规定:县级以上人民政府应当加强黑土地生态保护和黑土地周边生态环境治理修复;任何组织和个人不得破坏黑土地生态环境。

五、有的常委委员建议规定,国家鼓励保险机构开展黑土地保护相关保险业务。宪法和法律委员会经研究,建议采纳这一意见,增加相关内容。

有的常委会组成人员还对本法通过后的实施和宣传工作提出了很好的意见。宪法和法律委员会建议有关方面认真研究常委会组成人员的审议意见,抓紧制定和完善相关配套规定,积极做好宣传和解读,保证法律的有效实施。

经与有关方面研究,建议将本法的施行时间确定为2022年8月1日。

此外,根据常委会组成人员的审议意见,还对草案三次审议稿作了一些文字修改。

草案修改稿已按上述意见作了修改,宪法和法律委员会建议本次常委会会议审议通过。

草案修改稿和以上报告是否妥当,请审议。

中华人民共和国主席令

第一一六号

《全国人民代表大会常务委员会关于修改〈中华人民共和国反垄断法〉的决定》已由中华人民共和国第十三届全国人民代表大会常务委员会第三十五次会议于2022年6月24日通过,现予公布,自2022年8月1日起施行。

中华人民共和国主席　习近平

2022年6月24日

全国人民代表大会常务委员会关于修改《中华人民共和国反垄断法》的决定

(2022年6月24日第十三届全国人民代表大会常务委员会第三十五次会议通过)

第十三届全国人民代表大会常务委员会第三十五次会议决定对《中华人民共和国反垄断法》作如下修改:

一、将第四条修改为:“反垄断工作坚持中国共产党的领导。

“国家坚持市场化、法治化原则,强化竞争政策基础地位,制定和实施与社会主义市场经济相适应的竞争规则,完善宏观调控,健全统一、开放、竞争、有序的市场体系。”

二、增加一条,作为第五条:“国家建立健全公平竞争审查制度。

“行政机关和法律、法规授权的具有管理公共事务职能的组织在制定涉及市场主体经济活动的规定时,应当进行公平竞争审查。”

三、增加一条,作为第九条:“经营者不得利用数据和算法、技术、资本优势以及平台规则等从事本法禁止的垄断行为。”

四、增加一条,作为第十一条:“国家健全完善反垄断规则制度,强化反垄断监管力量,提高监管能力和监管体系现代化水平,加强反垄断执法司法,依法公正高效审理垄断案件,健全行政执法和司法衔接机制,维护公平竞争秩序。”

五、将第十条改为第十三条,第一款修改为:“国务院反垄断执法机构负责反垄断统一执法工作。”

六、将第十三条第二款改为第十六条,第一款改为第十七条。

七、将第十四条改为第十八条,增加二款,作为第二款、第三款:“对前款第一项和第二项规定的协议,经营者能够证明其不具有排除、限制竞争效果的,不予禁止。

“经营者能够证明其在相关市场的市场份额低于国务院反垄断执法机构规定的标准,并符合国务院反垄断执法机构规定的其他条件的,不予禁止。”

八、增加一条,作为第十九条:“经营者不得组织其他经营者达成垄断协议或者为其他经营者达成垄断协议提供实质性帮助。”

九、将第十七条改为第二十二条,增加一款,作为第二款:“具有市场支配地位的经营者不得利用数据和算法、技术以及平台规则等从事前款规定的滥用市场支配地位的行为。”

十、将第二十一条改为第二十六条,增加二款,作为第二款、第三款:“经营者集中未达到国务院规定的申报标准,但有证据证明该经营者集中具有或者可能具有排除、限制竞争效果的,国务院反垄断执法机构可以要求经营者申报。

“经营者未依照前两款规定进行申报的,国务院反垄断执法机构应当依法进行调查。”

十一、增加一条,作为第三十二条:“有下列情形之一的,国务院反垄断执法机构可以决定中止计算经营者集中的审查期限,并书面通知经营者:

“(一)经营者未按照规定提交文件、资料,导致审查工作无法进行;

“(二)出现对经营者集中审查具有重大影响的新情况、新事实,不经核实将导致审查工作无法进行;

“(三)需要对经营者集中附加的限制性条件进一步评估,且经营者提出中止请求。

“自中止计算审查期限的情形消除之日起,审查期限继续计算,国务院反垄断执法机构应当书面通知经营者。”

十二、增加一条,作为第三十七条:“国务院反垄断执法机构应当健全经营者集中分类分级审查制度,依法加强对涉及国计民生等重要领域的经营者集中的审查,提高审查质量和效率。”

十三、增加一条,作为第四十条:“行政机关和法律、法规授权的具有管理公共事务职能的组织不得滥用行政权力,通过与经营者签订合作协议、备忘录等方式,妨碍其他经营者进入相关市场或者对其他经营者实行不平等待遇,排除、限制竞争。”

十四、增加一条,作为第五十四条:“反垄断执法机构依法对涉嫌滥用行政权力排除、限制竞争的行为进行调查,有关单位或者个人应当配合。”

十五、增加一条,作为第五十五条:“经营者、行政机关和法律、法规授权的具有管理公共事务职能的组织,涉嫌违反本法规定的,反垄断执法机构可以对其法定代表人或者负责人进行约谈,要求其提出改进措施。”

十六、将第四十六条改为第五十六条,第一款修改为:“经营者违反本法规定,达成并实施垄断协议的,由反垄断执法机构责令停止违法行为,没收违法所得,并处上一年度销售额百分之一以上百分之十以下的罚款,上一年度没有销售额的,处五百万元以下的罚款;尚未实施所达成的垄断协议的,可以处三百万元以下的罚款。经营者的法定代表人、主要负责人和直接责任人员对达成垄断协议负有个人责任的,可以处一百万元以下的罚款。”

增加一款,作为第二款:“经营者组织其他经营者达成垄断协议或者为其他经营者达成垄断协议提供实质性帮助的,适用前款规定。”

将第三款改为第四款,其中的“反垄断执法机构可以处五十万元以下的罚款”修改为“由反垄断执法机构责令改正,可以处三百万元以下的罚款”。

十七、将第四十八条改为第五十八条,修改为:“经营者违反本法规定实施集中,且具有或者可能具有排除、限制竞争效果的,由国务院反垄断执法机构责令停止实施集中、限期处分股份或者资产、限期转让营业以及采取其他必要措施恢复到集中前的状态,处上一年度销售额百分之十以下的罚款;不具有排除、限制竞争效果的,处五百万元以下的罚款。”

十八、将第五十条改为第六十条,增加一款,作为第二款："经营者实施垄断行为，损害社会公共利益的，设区的市级以上人民检察院可以依法向人民法院提起民事公益诉讼。"

十九、将第五十一条改为第六十一条，在第一款最后增加"行政机关和法律、法规授权的具有管理公共事务职能的组织应当将有关改正情况书面报告上级机关和反垄断执法机构。"

二十、将第五十二条改为第六十二条，其中的"对个人可以处二万元以下的罚款，对单位可以处二十万元以下的罚款；情节严重的，对个人处二万元以上十万元以下的罚款，对单位处二十万元以上一百万元以下的罚款；构成犯罪的，依法追究刑事责任"修改为"对单位处上一年度销售额百分之一以下的罚款，上一年度没有销售额或者销售额难以计算的，处五百万元以下的罚款；对个人处五十万元以下的罚款"。

二十一、增加一条，作为第六十三条："违反本法规定，情节特别严重、影响特别恶劣、造成特别严重后果的，国务院反垄断执法机构可以在本法第五十六条、第五十七条、第五十八条、第六十二条规定的罚款数额的二倍以上五倍以下确定具体罚款数额。"

二十二、增加一条，作为第六十四条："经营者因违反本法规定受到行政处罚的，按照国家有关规定记入信用记录，并向社会公示。"

二十三、将第五十四条改为第六十六条，修改为："反垄断执法机构工作人员滥用职权、玩忽职守、徇私舞弊或者泄露执法过程中知悉的商业秘密、个人隐私和个人信息的，依法给予处分。"

二十四、增加一条，作为第六十七条："违反本法规定，构成犯罪的，依法追究刑事责任。"

二十五、对部分条文作以下修改：

（一）在第一条中的"保护市场公平竞争"后增加"鼓励创新"。

（二）将第十一条改为第十四条，在"引导本行业的经营者依法竞争"后增加"合规经营"。

（三）将第十二条改为第十五条，第一款中的"其他组织"修改为"非法人组织"。

（四）将第十五条改为第二十条，其中的"不适用本法第十三条、第十四条"修改为"不适用本法第十七条、第十八条第一款、第十九条"。

（五）将第三十四条改为第四十二条，其中的"排斥或者限制外地经营者参加本地的招标投标活动"修改为"排斥或者限制经营者参加招标投标以及其他经营活动"。

（六）将第三十五条改为第四十三条，其中的"排斥或者限制外地经营者在本地投资或者设立分支机构"修改为"排斥、限制、强制或者变相强制外地经营者在本地投资或者设立分支机构"。

（七）将第三十六条改为第四十四条，其中的"强制经营者从事本法规定的垄断行为"修改为"强制或者变相强制经营者从事本法规定的垄断行为"。

（八）将第三十七条改为第四十五条，在"行政机关"后增加"和法律、法规授权的具有管理公共事务职能的组织"。

（九）将第四十一条改为第四十九条，在"商业秘密"后增加"个人隐私和个人信息"，将"负有保密义务"修改为"依法负有保密义务"。

（十）将第四十九条改为第五十九条，其中的"性质、程度和持续的时间"修改为"性质、程度、持续时间和消除违法行为后果的情况"。

本决定自 2022 年 8 月 1 日起施行。

《中华人民共和国反垄断法》根据本决定作相应修改并对条文顺序作相应调整，重新公布。

中华人民共和国反垄断法

（2007 年 8 月 30 日第十届全国人民代表大会常务委员会第二十九次会议通过　根据 2022 年 6 月 24 日第十三届全国人民代表大会常务委员会第三十五次会议《关于修改〈中华人民共和国反垄断法〉的决定》修正）

目　录

第八章　附　　则

第一章　总　　则

第一条　为了预防和制止垄断行为，保护市场公平竞争，鼓励创新，提高经济运行效率，维护消费者利益和社会公共利益，促进社会主义市场经济健康发展，制定本法。

第二条　中华人民共和国境内经济活动中的垄断行为，适用本法；中华人民共和国境外的垄断行为，对境内市场竞争产生排除、限制影响的，适用本法。

第三条　本法规定的垄断行为包括：

（一）经营者达成垄断协议；

（二）经营者滥用市场支配地位；

（三）具有或者可能具有排除、限制竞争效果的经营者集中。

第四条　反垄断工作坚持中国共产党的领导。

国家坚持市场化、法治化原则，强化竞争政策基础地位，制定和实施与社会主义市场经济相适应的竞争规则，完善宏观调控，健全统一、开放、竞争、有序的市场体系。

第五条　国家建立健全公平竞争审查制度。

行政机关和法律、法规授权的具有管理公共事务职能的组织在制定涉及市场主体经济活动的规定时，应当进行公平竞争审查。

第六条　经营者可以通过公平竞争、自愿联合，依法实施集中，扩大经营规模，提高市场竞争能力。

第七条　具有市场支配地位的经营者，不得滥用市场支配地位，排除、限制竞争。

第八条　国有经济占控制地位的关系国民经济命脉和国家安全的行业以及依法实行专营专卖的行业，国家对其经营者的合法经营活动予以保护，并对经营者的经营行为及其商品和服务的价格依法实施监管和调控，维护消费者利益，促进技术进步。

前款规定行业的经营者应当依法经营，诚实守信，严格自律，接受社会公众的监督，不得利用其控制地位或者专营专卖地位损害消费者利益。

第九条　经营者不得利用数据和算法、技术、资本优势以及平台规则等从事本法禁止的垄断行为。

第十条　行政机关和法律、法规授权的具有管理公共事务职能的组织不得滥用行政权力，排除、限制竞争。

第十一条　国家健全完善反垄断规则制度，强化反垄断监管力量，提高监管能力和监管体系现代化水平，加强反垄断执法司法，依法公正高效审理垄断案件，健全行政执法和司法衔接机制，维护公平竞争秩序。

第十二条　国务院设立反垄断委员会，负责组织、协调、指导反垄断工作，履行下列职责：

（一）研究拟订有关竞争政策；

（二）组织调查、评估市场总体竞争状况，发布评估报告；

（三）制定、发布反垄断指南；

（四）协调反垄断行政执法工作；

（五）国务院规定的其他职责。

国务院反垄断委员会的组成和工作规则由国务院规定。

第十三条　国务院反垄断执法机构负责反垄断统一执法工作。

国务院反垄断执法机构根据工作需要，可以授权省、自治区、直辖市人民政府相应的机构，依照本法规定负责有关反垄断执法工作。

第十四条　行业协会应当加强行业自律，引导本行业的经营者依法竞争，合规经营，维护市场竞争秩序。

第十五条　本法所称经营者，是指从事商品生产、经营或者提供服务的自然人、法人和非法人组织。

本法所称相关市场，是指经营者在一定时期内就特定商品或者服务（以下统称商品）进行竞争的商品范围和地域范围。

第二章　垄断协议

第十六条　本法所称垄断协议，是指排除、限制竞争的协议、决定或者其他协同行为。

第十七条　禁止具有竞争关系的经营者达成下列垄断协议：

（一）固定或者变更商品价格；

（二）限制商品的生产数量或者销售数量；

（三）分割销售市场或者原材料采购市场；

（四）限制购买新技术、新设备或者限制开发新技术、新产品；

（五）联合抵制交易；

（六）国务院反垄断执法机构认定的其他垄断协议。

第十八条　禁止经营者与交易相对人达成下列垄断协议：

（一）固定向第三人转售商品的价格；

（二）限定向第三人转售商品的最低价格；

（三）国务院反垄断执法机构认定的其他垄断协议。

对前款第一项和第二项规定的协议，经营者能够证明其不具有排除、限制竞争效果的，不予禁止。

经营者能够证明其在相关市场的市场份额低于国务院反垄断执法机构规定的标准，并符合国务院反垄断执法机构规定的其他条件的，不予禁止。

第十九条　经营者不得组织其他经营者达成垄断协议或者为其他经营者达成垄断协议提供实质性帮助。

第二十条　经营者能够证明所达成的协议属于下列情形之一的，不适用本法第十七条、第十八条第一款、第十九条的规定：

（一）为改进技术、研究开发新产品的；

（二）为提高产品质量、降低成本、增进效率，统一产品规格、标准或者实行专业化分工的；

（三）为提高中小经营者经营效率，增强中小经营者竞争力的；

（四）为实现节约能源、保护环境、救灾救助等社会公共利益的；

（五）因经济不景气，为缓解销售量严重下降或者生产明显过剩的；

（六）为保障对外贸易和对外经济合作中的正当利益的；

（七）法律和国务院规定的其他情形。

属于前款第一项至第五项情形，不适用本法第十七条、第十八条第一款、第十九条规定的，经营者还应当证明所达成的协议不会严重限制相关市场的竞争，并且能够使消费者分享由此产生的利益。

第二十一条　行业协会不得组织本行业的经营者从事本章禁止的垄断行为。

第三章　滥用市场支配地位

第二十二条　禁止具有市场支配地位的经营者从事下列滥用市场支配地位的行为：

（一）以不公平的高价销售商品或者以不公平的低价购买商品；

（二）没有正当理由，以低于成本的价格销售商品；

（三）没有正当理由，拒绝与交易相对人进行交易；

（四）没有正当理由，限定交易相对人只能与其进行交易或者只能与其指定的经营者进行交易；

（五）没有正当理由搭售商品，或者在交易时附加其他不合理的交易条件；

（六）没有正当理由，对条件相同的交易相对人在交易价格等交易条件上实行差别待遇；

（七）国务院反垄断执法机构认定的其他滥用市场支配地位的行为。

具有市场支配地位的经营者不得利用数据和算法、技术以及平台规则等从事前款规定的滥用市场支配地位的行为。

本法所称市场支配地位，是指经营者在相关市场内具有能够控制商品价格、数量或者其他交易条件，或者能够阻碍、影响其他经营者进入相关市场能力的市场地位。

第二十三条　认定经营者具有市场支配地位，应当依据下列因素：

（一）该经营者在相关市场的市场份额，以及相关市场的竞争状况；

（二）该经营者控制销售市场或者原材料采购市场的能力；

（三）该经营者的财力和技术条件；

（四）其他经营者对该经营者在交易上的依赖程度；

（五）其他经营者进入相关市场的难易程度；

（六）与认定该经营者市场支配地位有关的其他因素。

第二十四条　有下列情形之一的，可以推定经营者具有市场支配地位：

（一）一个经营者在相关市场的市场份额达到二分之一的；

（二）两个经营者在相关市场的市场份额合计达到三分之二的；

（三）三个经营者在相关市场的市场份额合计达到四分之三的。

有前款第二项、第三项规定的情形，其中有的经营者市场份额不足十分之一的，不应当推定该经营者具有市场支配地位。

被推定具有市场支配地位的经营者，有证据证明不具有市场支配地位的，不应当认定其具有市场支配地位。

第四章 经营者集中

第二十五条 经营者集中是指下列情形：

（一）经营者合并；

（二）经营者通过取得股权或者资产的方式取得对其他经营者的控制权；

（三）经营者通过合同等方式取得对其他经营者的控制权或者能够对其他经营者施加决定性影响。

第二十六条 经营者集中达到国务院规定的申报标准的，经营者应当事先向国务院反垄断执法机构申报，未申报的不得实施集中。

经营者集中未达到国务院规定的申报标准，但有证据证明该经营者集中具有或者可能具有排除、限制竞争效果的，国务院反垄断执法机构可以要求经营者申报。

经营者未依照前两款规定进行申报的，国务院反垄断执法机构应当依法进行调查。

第二十七条 经营者集中有下列情形之一的，可以不向国务院反垄断执法机构申报：

（一）参与集中的一个经营者拥有其他每个经营者百分之五十以上有表决权的股份或者资产的；

（二）参与集中的每个经营者百分之五十以上有表决权的股份或者资产被同一个未参与集中的经营者拥有的。

第二十八条 经营者向国务院反垄断执法机构申报集中，应当提交下列文件、资料：

（一）申报书；

（二）集中对相关市场竞争状况影响的说明；

（三）集中协议；

（四）参与集中的经营者经会计师事务所审计的上一会计年度财务会计报告；

（五）国务院反垄断执法机构规定的其他文件、资料。

申报书应当载明参与集中的经营者的名称、住所、经营范围、预定实施集中的日期和国务院反垄断执法机构规定的其他事项。

第二十九条 经营者提交的文件、资料不完备的，应当在国务院反垄断执法机构规定的期限内补交文件、资料。经营者逾期未补交文件、资料的，视为未申报。

第三十条 国务院反垄断执法机构应当自收到经营者提交的符合本法第二十八条规定的文件、资料之日起三十日内，对申报的经营者集中进行初步审查，作出是否实施进一步审查的决定，并书面通知经营者。国务院反垄断执法机构作出决定前，经营者不得实施集中。

国务院反垄断执法机构作出不实施进一步审查的决定或者逾期未作出决定的，经营者可以实施集中。

第三十一条 国务院反垄断执法机构决定实施进一步审查的，应当自决定之日起九十日内审查完毕，作出是否禁止经营者集中的决定，并书面通知经营者。作出禁止经营者集中的决定，应当说明理由。审查期间，经营者不得实施集中。

有下列情形之一的，国务院反垄断执法机构经书面通知经营者，可以延长前款规定的审查期限，但最长不得超过六十日：

（一）经营者同意延长审查期限的；

（二）经营者提交的文件、资料不准确，需要进一步核实的；

（三）经营者申报后有关情况发生重大变化的。

国务院反垄断执法机构逾期未作出决定的，经营者可以实施集中。

第三十二条 有下列情形之一的，国务院反垄断执法机构可以决定中止计算经营者集中的审查期限，并书面通知经营者：

（一）经营者未按照规定提交文件、资料，导致审查工作无法进行；

（二）出现对经营者集中审查具有重大影响的新情况、新事实，不经核实将导致审查工作无法进行；

（三）需要对经营者集中附加的限制性条件进一步评估，且经营者提出中止请求。

自中止计算审查期限的情形消除之日起，审查期限继续计算，国务院反垄断执法机构应当书面通知经营者。

第三十三条 审查经营者集中，应当考虑下列因素：

（一）参与集中的经营者在相关市场的市场份额及其对市场的控制力；

（二）相关市场的市场集中度；

（三）经营者集中对市场进入、技术进步的影响；

（四）经营者集中对消费者和其他有关经营者的影响；

（五）经营者集中对国民经济发展的影响；

（六）国务院反垄断执法机构认为应当考虑的影响市场竞争的其他因素。

第三十四条　经营者集中具有或者可能具有排除、限制竞争效果的，国务院反垄断执法机构应当作出禁止经营者集中的决定。但是，经营者能够证明该集中对竞争产生的有利影响明显大于不利影响，或者符合社会公共利益的，国务院反垄断执法机构可以作出对经营者集中不予禁止的决定。

第三十五条　对不予禁止的经营者集中，国务院反垄断执法机构可以决定附加减少集中对竞争产生不利影响的限制性条件。

第三十六条　国务院反垄断执法机构应当将禁止经营者集中的决定或者对经营者集中附加限制性条件的决定，及时向社会公布。

第三十七条　国务院反垄断执法机构应当健全经营者集中分类分级审查制度，依法加强对涉及国计民生等重要领域的经营者集中的审查，提高审查质量和效率。

第三十八条　对外资并购境内企业或者以其他方式参与经营者集中，涉及国家安全的，除依照本法规定进行经营者集中审查外，还应当按照国家有关规定进行国家安全审查。

第五章　滥用行政权力排除、限制竞争

第三十九条　行政机关和法律、法规授权的具有管理公共事务职能的组织不得滥用行政权力，限定或者变相限定单位或者个人经营、购买、使用其指定的经营者提供的商品。

第四十条　行政机关和法律、法规授权的具有管理公共事务职能的组织不得滥用行政权力，通过与经营者签订合作协议、备忘录等方式，妨碍其他经营者进入相关市场或者对其他经营者实行不平等待遇，排除、限制竞争。

第四十一条　行政机关和法律、法规授权的具有管理公共事务职能的组织不得滥用行政权力，实施下列行为，妨碍商品在地区之间的自由流通：

（一）对外地商品设定歧视性收费项目、实行歧视性收费标准，或者规定歧视性价格；

（二）对外地商品规定与本地同类商品不同的技术要求、检验标准，或者对外地商品采取重复检验、重复认证等歧视性技术措施，限制外地商品进入本地市场；

（三）采取专门针对外地商品的行政许可，限制外地商品进入本地市场；

（四）设置关卡或者采取其他手段，阻碍外地商品进入或者本地商品运出；

（五）妨碍商品在地区之间自由流通的其他行为。

第四十二条　行政机关和法律、法规授权的具有管理公共事务职能的组织不得滥用行政权力，以设定歧视性资质要求、评审标准或者不依法发布信息等方式，排斥或者限制经营者参加招标投标以及其他经营活动。

第四十三条　行政机关和法律、法规授权的具有管理公共事务职能的组织不得滥用行政权力，采取与本地经营者不平等待遇等方式，排斥、限制、强制或者变相强制外地经营者在本地投资或者设立分支机构。

第四十四条　行政机关和法律、法规授权的具有管理公共事务职能的组织不得滥用行政权力，强制或者变相强制经营者从事本法规定的垄断行为。

第四十五条　行政机关和法律、法规授权的具有管理公共事务职能的组织不得滥用行政权力，制定含有排除、限制竞争内容的规定。

第六章　对涉嫌垄断行为的调查

第四十六条　反垄断执法机构依法对涉嫌垄断行为进行调查。

对涉嫌垄断行为，任何单位和个人有权向反垄断执法机构举报。反垄断执法机构应当为举报人保密。

举报采用书面形式并提供相关事实和证据的，反垄断执法机构应当进行必要的调查。

第四十七条　反垄断执法机构调查涉嫌垄断行为，可以采取下列措施：

（一）进入被调查的经营者的营业场所或者其他有关场所进行检查；

（二）询问被调查的经营者、利害关系人或者其他有关单位或者个人，要求其说明有关情况；

（三）查阅、复制被调查的经营者、利害关系人或者其他有关单位或者个人的有关单证、协议、会计账簿、业务函电、电子数据等文件、资料；

（四）查封、扣押相关证据；

（五）查询经营者的银行账户。

采取前款规定的措施，应当向反垄断执法机构主要负责人书面报告，并经批准。

第四十八条　反垄断执法机构调查涉嫌垄断行为，执法人员不得少于二人，并应当出示执法证件。

执法人员进行询问和调查，应当制作笔录，并由被询问人或者被调查人签字。

第四十九条　反垄断执法机构及其工作人员对执法过程中知悉的商业秘密、个人隐私和个人信息依法负有保密义务。

第五十条　被调查的经营者、利害关系人或者其他有关单位或者个人应当配合反垄断执法机构依法履行职责，不得拒绝、阻碍反垄断执法机构的调查。

第五十一条　被调查的经营者、利害关系人有权陈述意见。反垄断执法机构应当对被调查的经营者、利害关系人提出的事实、理由和证据进行核实。

第五十二条　反垄断执法机构对涉嫌垄断行为调查核实后，认为构成垄断行为的，应当依法作出处理决定，并可以向社会公布。

第五十三条　对反垄断执法机构调查的涉嫌垄断行为，被调查的经营者承诺在反垄断执法机构认可的期限内采取具体措施消除该行为后果的，反垄断执法机构可以决定中止调查。中止调查的决定应当载明被调查的经营者承诺的具体内容。

反垄断执法机构决定中止调查的，应当对经营者履行承诺的情况进行监督。经营者履行承诺的，反垄断执法机构可以决定终止调查。

有下列情形之一的，反垄断执法机构应当恢复调查：

（一）经营者未履行承诺的；

（二）作出中止调查决定所依据的事实发生重大变化的；

（三）中止调查的决定是基于经营者提供的不完整或者不真实的信息作出的。

第五十四条　反垄断执法机构依法对涉嫌滥用行政权力排除、限制竞争的行为进行调查，有关单位或者个人应当配合。

第五十五条　经营者、行政机关和法律、法规授权的具有管理公共事务职能的组织，涉嫌违反本法规定的，反垄断执法机构可以对其法定代表人或者负责人进行约谈，要求其提出改进措施。

第七章　法律责任

第五十六条　经营者违反本法规定，达成并实施垄断协议的，由反垄断执法机构责令停止违法行为，没收违法所得，并处上一年度销售额百分之一以上百分之十以下的罚款，上一年度没有销售额的，处五百万元以下的罚款；尚未实施所达成的垄断协议的，可以处三百万元以下的罚款。经营者的法定代表人、主要负责人和直接责任人员对达成垄断协议负有个人责任的，可以处一百万元以下的罚款。

经营者组织其他经营者达成垄断协议或者为其他经营者达成垄断协议提供实质性帮助的，适用前款规定。

经营者主动向反垄断执法机构报告达成垄断协议的有关情况并提供重要证据的，反垄断执法机构可以酌情减轻或者免除对该经营者的处罚。

行业协会违反本法规定，组织本行业的经营者达成垄断协议的，由反垄断执法机构责令改正，可以处三百万元以下的罚款；情节严重的，社会团体登记管理机关可以依法撤销登记。

第五十七条　经营者违反本法规定，滥用市场支配地位的，由反垄断执法机构责令停止违法行为，没收违法所得，并处上一年度销售额百分之一以上百分之十以下的罚款。

第五十八条　经营者违反本法规定实施集中，且具有或者可能具有排除、限制竞争效果的，由国务院反垄断执法机构责令停止实施集中、限期处分股份或者资产、限期转让营业以及采取其他必要措施恢复到集中前的状态，处上一年度销售额百分之十以下的罚款；不具有排除、限制竞争效果的，处五百万元以下的罚款。

第五十九条　对本法第五十六条、第五十七条、第五十八条规定的罚款，反垄断执法机构确定具体罚款数额时，应当考虑违法行为的性质、程度、持续时间和消除违法行为后果的情况等因素。

第六十条　经营者实施垄断行为，给他人造成损失的，依法承担民事责任。

经营者实施垄断行为，损害社会公共利益的，设区的市级以上人民检察院可以依法向人民法院提起民事公益诉讼。

第六十一条　行政机关和法律、法规授权的具有管理公共事务职能的组织滥用行政权力，实施排除、限制竞争行为的，由上级机关责令改正；对直接负责的主管人员和其他直接责任人员依法给予处分。反垄断执法机构可以向有关上级机关提出依法处理的建议。行政机关和法律、法规授权的具有管理公共事务职能的组织应当将有关改正情况书面报告上级机关和反垄断执法机构。

法律、行政法规对行政机关和法律、法规授权的具有管理公共事务职能的组织滥用行政权力实施排除、限制竞争行为的处理另有规定的，依照其规定。

第六十二条　对反垄断执法机构依法实施的审查和调查，拒绝提供有关材料、信息，或者提供虚假材料、信息，或者隐匿、销毁、转移证据，或者有其他拒绝、阻碍调查行为的，由反垄断执法机构责令改正，对单位处上一年度销售额百分之一以下的罚款，上一年度没有销售额或者销售额难以计算的，处五百万元以下的罚款；对个人处五十万元以下的罚款。

第六十三条　违反本法规定，情节特别严重、影响特别恶劣、造成特别严重后果的，国务院反垄断执法机构可以在本法第五十六条、第五十七条、第五十八条、第六十二条规定的罚款数额的二倍以上五倍以下确定具体罚款数额。

第六十四条　经营者因违反本法规定受到行政处罚的，按照国家有关规定记入信用记录，并向社会公示。

第六十五条　对反垄断执法机构依据本法第三十四条、第三十五条作出的决定不服的，可以先依法申请行政复议；对行政复议决定不服的，可以依法提起行政诉讼。

对反垄断执法机构作出的前款规定以外的决定不服的，可以依法申请行政复议或者提起行政诉讼。

第六十六条　反垄断执法机构工作人员滥用职权、玩忽职守、徇私舞弊或者泄露执法过程中知悉的商业秘密、个人隐私和个人信息的，依法给予处分。

第六十七条　违反本法规定，构成犯罪的，依法追究刑事责任。

第八章　附　则

第六十八条　经营者依照有关知识产权的法律、行政法规规定行使知识产权的行为，不适用本法；但是，经营者滥用知识产权，排除、限制竞争的行为，适用本法。

第六十九条　农业生产者及农村经济组织在农产品生产、加工、销售、运输、储存等经营活动中实施的联合或者协同行为，不适用本法。

第七十条　本法自 2008 年 8 月 1 日起施行。

关于《中华人民共和国反垄断法(修正草案)》的说明

——2021 年 10 月 19 日在第十三届全国人民代表大会常务委员会第三十一次会议上

国家市场监督管理总局局长　张　工

全国人民代表大会常务委员会：

我受国务院委托，现对《中华人民共和国反垄断法(修正草案)》作说明。

一、修改的背景和过程

党中央、国务院高度重视强化反垄断和防止资本无序扩张。习近平总书记多次作出重要指示，强调反垄断、反不正当竞争是完善社会主义市场经济体制、推动高质量发展的内在要求，要健全法律法规，加强对平台企业垄断的规制，坚决反对垄断和不正当竞争，要更好统筹发展和安全、国内和国际，促进公平竞争，反对垄断，防止资本无序扩张。李克强总理强调，国家支持平台企业创新发展、增强国际竞争力，同时要依法规范发展，健全数字规则，坚决维护公平竞争市场环境。

反垄断法是市场经济的基础性法律制度。我国现行反垄断法自 2008 年施行以来，对于保护公平竞争、提高经济运行效率、维护消费者利益和社会公共利益、促进高质量发展等发挥了十分重要的作用。实践证明，现行反垄断法的框架和主要制度总体可行。同时，随着我国社会主义市场经济的发展，反垄断法在实施中也暴露出相关制度规定较为原则、对部分垄断行为处罚力度不够、执法体制需要进一步健全等问题。特别是随着平台经济等新业态快速发展，一些大型平台经营者滥用数据、技术、资本等优势实施垄断行为、进行无序扩张，导致妨碍公平竞争、抑制创业创新、扰乱经济秩序、损害消费者权益等问题日益突出，迫切需要明确反垄断相关制度在平台经济领域的具体适用规则，以加强反垄断监管。修改完善反垄断法，是我国社会主义市场经济发展的内在要求，是助力构建新发展格局的客观需要，十分必要也非常迫切，并分别列入全国人大常委会和国务院2021年立法工作计划。

为贯彻落实党中央、国务院决策部署，市场监管总局起草了《中华人民共和国反垄断法(修订草案送审稿)》，并向社会公开征求意见。司法部征求了有关部门、省级政府和部分行业协会、企业的意见，并会同市场监管总局就有关问题多次沟通协调、反复修改完善，形成了《中华人民共和国反垄断法(修正草案)》(以下简称草案)。草案已经国务院同意。

二、修改的总体思路和主要内容

在反垄断法修改过程中，主要遵循以下思路：一是深入贯彻落实习近平总书记关于强化反垄断和防止资本无序扩张的重要指示精神和党中央、国务院决策部署，确保修法工作的正确方向。二是坚持问题导向和目标导向，处理好规范与发展的关系，针对反垄断法实施中存在的突出问题，进一步完善反垄断相关制度，加大对垄断行为的处罚力度，为强化反垄断和防止资本无序扩张提供更加明确的法律依据和更加有力的制度保障。三是准确把握反垄断法作为基础性法律的定位和反垄断执法的专业性、复杂性等特点，在完善基本制度规则的同时，为制定反垄断指南和其他配套规定留出空间。

草案共27条，对现行反垄断法主要作了四个方面修改，内容如下：

(一)明确了竞争政策的基础地位和公平竞争审查制度的法律地位。草案在规定国家强化竞争政策基础地位的同时，规定国家建立健全公平竞争审查制度；行政机关和法律、法规授权的具有管理公共事务职能的组织，在制定涉及市场主体经济活动的规定时，应当进行公平竞争审查。

(二)进一步完善反垄断相关制度规则。草案总结反垄断执法实践，借鉴国际经验，对反垄断相关制度规则作了进一步完善，包括：增加规定经营者不得滥用数据和算法、技术、资本优势以及平台规则等排除、限制竞争；规定经营者不得组织其他经营者达成垄断协议或者为其他经营者达成垄断协议提供实质性帮助；建立"安全港"制度，规定达成垄断协议的经营者能够证明其在相关市场的市场份额低于国务院反垄断执法机构规定的标准的，原则上不予禁止；明确规定具有市场支配地位的经营者利用数据和算法、技术以及平台规则等设置障碍，对其他经营者进行不合理限制的，属于滥用市场支配地位的行为；建立经营者集中审查期限"停钟"制度，规定在经营者未按规定提交文件、资料导致审查工作无法进行，以及出现对经营者集中审查具有重大影响的新情况、新事实需要进行核实等情况下，国务院反垄断执法机构可以决定中止计算经营者集中的审查期限；规定国务院反垄断执法机构应当依法加强民生、金融、科技、媒体等领域经营者集中的审查；为防止行政机关和法律、法规授权的具有管理公共事务职能的组织滥用行政权力，形成单一市场主体垄断，妨碍其他市场主体公平参与市场竞争，规定行政机关和法律、法规授权的具有管理公共事务职能的组织不得滥用行政权力，通过与经营者签订合作协议、备忘录等方式，妨碍其他经营者进入相关市场或者对其他经营者实行不平等待遇，排除、限制竞争。

(三)进一步加强对反垄断执法的保障。增加规定了反垄断执法机构依法对滥用行政权力排除、限制竞争的行为进行调查时有关单位或者个人的配合义务，并规定对涉嫌违法行为的经营者、行政机关和法律、法规授权的具有管理公共事务职能的组织，反垄断执法机构可以对其法定代表人或者负责人进行约谈，要求其采取措施进行整改。

(四)完善法律责任，加大处罚力度。针对反垄断执法中反映出的问题，大幅提高了对相关违法行为的罚款数额，增加了对达成垄断协议的经营者的法定代表人、主要负责人和直接责任人员的处罚规定。增加了信用惩戒的规定。

此外，根据机构改革情况，明确国务院市场监督管理部门作为国务院反垄断执法机构，负责反垄断统一执法工作。为更好维护社会公共利益，规定经营者实施垄断行为，侵害社会公共利益的，人民检察院可以依法向人民法院提起民事公益诉讼。

草案和以上说明是否妥当，请审议。

全国人民代表大会宪法和法律委员会关于《中华人民共和国反垄断法（修正草案）》审议结果的报告

——2022 年 6 月 21 日在第十三届全国人民代表大会常务委员会第三十五次会议上

全国人大宪法和法律委员会副主任委员　胡可明

全国人民代表大会常务委员会：

常委会第三十一次会议对反垄断法修正草案进行了初次审议。会后，法制工作委员会将修正草案印发各省（区、市）和部分较大的市人大、中央有关部门以及部分基层立法联系点、全国人大代表、研究机构等征求意见，在中国人大网全文公布修正草案征求社会公众意见。宪法和法律委员会、财政经济委员会、法制工作委员会联合召开座谈会，听取中央有关部门、全国人大代表、协会、企业、专家学者对修正草案的意见；并就修正草案的有关问题同有关方面交换意见，共同研究。宪法和法律委员会于 5 月 17 日召开会议，根据委员长会议精神、常委会组成人员审议意见和各方面的意见，对修正草案进行了逐条审议，财政经济委员会有关负责同志列席了会议，同时书面征求了最高人民法院、司法部、国家市场监督管理总局的意见。6 月 14 日，宪法和法律委员会召开会议，再次进行了审议。宪法和法律委员会认为，为进一步预防和制止垄断行为，保护市场公平竞争，修改反垄断法是必要的；修正草案经过审议修改，已经比较成熟。同时，提出以下主要修改意见：

一、根据有关部门意见，增加反垄断工作坚持党的领导的规定。

二、有的常委委员和部门、单位、专家学者建议，进一步明确反垄断相关制度在平台经济领域的具体适用规则，完善修正草案的相关规定。宪法和法律委员会经研究，建议作以下修改：一是将修正草案第三条第二款单独作为一条，修改为：经营者不得利用数据和算法、技术、资本优势以及平台规则等从事本法规定的垄断行为，排除、限制竞争。二是将修正草案第九条修改为：具有市场支配地位的经营者不得利用数据和算法、技术以及平台规则等从事前款规定的滥用市场支配地位的行为。

三、有的常委会组成人员和地方、部门建议规定人民法院可以对法律明示以外的垄断协议、滥用市场支配地位行为等进行认定；也有的意见提出，垄断案件的处理，政策性较强，对经济生活影响较大，由人民法院对法律明示以外的垄断行为进行认定是否合适，建议慎重研究。宪法和法律委员会经同有关方面研究后认为：人民法院审理垄断案件，在作出判决时需要对是否构成垄断行为依法作出判断，这其中包括对法律明示以外的垄断行为作出最终判断。考虑到这一问题实践探索不足，各方分歧较大，法律可只作原则规定，由有关方面通过加强行政执法与司法的衔接，在实践中进一步研究探索、凝聚共识。据此，建议将修正草案第三条中的“加强反垄断执法”修改为“加强反垄断执法司法”，并增加“依法公正高效审理垄断案件，健全行政执法和司法衔接机制”的规定。

四、修正草案第八条对垄断协议安全港规则作了规定，明确对于市场份额低于一定标准的经营者，不适用本法有关禁止垄断协议的规定。有的地方、部门、单位和专家学者建议对引入安全港规则再作斟酌；有的建议明确，对于严重限制竞争的横向垄断协议，不适用安全港规则。宪法和法律委员会经研究，建议将上述安全港规则限定适用于纵向垄断协议，明确：对经营者与交易相对人达成的垄断协议，“经营者能够证明其在相关市场的市场份额低于国务院反垄断执法机构规定的标准，并符合国务院反垄断执法机构规定的其他条件的，不予禁止”。

五、有的部门、单位和专家学者建议，对修正草案第十条关于未达到申报标准的经营者集中案件的调查、处理程序进一步予以完善。宪法和法律委员会经研究，建议修改为：经营者集中未达到国务院规定的申报标准，但有证据证明该经营者集中具有或者可能具有排除、限制竞争效果的，国务院反垄断执法机构可以要求经营者申报，经营者未依照规定进行申报的，国务院反垄断执法机构应当依法进行调查。

六、修正草案第十二条规定，国务院反垄断执法机构应当依法加强民生、金融、科技、媒体等领域经营者集中的审查。有的地方、部门建议增加列举重点审查领域；有的常委委员和单位、专家学者提出，经营者集中审查的重点领域将随着形势变化不断调整，法律只作原则要求，为实践留出空间，更为积极稳妥。宪法和法律委员会经研究，建议修改为：国务院反垄断执法机构应当健全经营者集中分类分级审查制度，依法加强对涉及国计民生等重要领域的经营者集中的审查，提高审查质量和效率。

七、修正草案第十五条规定，经营者等“实施”排除、限制竞争行为的，反垄断执法机构可以进行约谈，要求其采取措施进行整改。有的地方、单位和社会公众提出，本条规定的约谈整改，实质上应属于行政措施而不是行政处罚，对象应是“涉嫌”违反本法规定的行为，建议修改相关表述予以明确。宪法和法律委员会经研究，建议修改为：经营者、行政机关和法律、法规授权的具有管理公共事务职能的组织，涉嫌违反本法规定的，反垄断执法机构可以对其法定代表人或者负责人进行约谈，要求其提出改进措施。

八、修正草案第十八条第二款规定，对违法所得难以准确计算的，反垄断执法机构应当将违法所得作为确定具体罚款数额时的考虑因素。有的常委委员和地方、部门、专家学者提出，违法所得的计算问题比较复杂，建议法律中不作规定，相关问题可由执法部门依据行政处罚法有关规定在实践中具体把握。宪法和法律委员会经研究，建议删去这一规定。

九、现行反垄断法第五十三条第二款规定，除涉及经营者集中的相关决定外，对反垄断执法机构作出的决定不服的，可以依法申请行政复议或者提起行政诉讼。修正草案删去了上述规定。有的单位建议恢复现行相关规定，以明确当事人依法申请行政复议或者提起行政诉讼的权利。宪法和法律委员会经研究，建议采纳这一意见。

此外，还对修正草案作了一些文字修改。

5月27日，法制工作委员会召开会议，邀请部分企业、全国人大代表、专家学者、律师、地方市场监管部门和法院等，就修正草案中主要制度规范的可行性、法律出台时机、法律实施的社会效果和可能出现的问题等进行评估。总的评价是：贯彻落实党中央关于强化反垄断和防止资本无序扩张等决策部署，对现行反垄断法进行修改是必要的；修正草案在总结实践经验的基础上，完善相关制度设计，主要制度规范是可行的；修正草案充分吸收了各方面的意见，已经比较成熟。现在出台修改后的反垄断法，进一步明确有关法律规则，有利于稳定市场预期，对维护公平竞争秩序，发展统一、开放、竞争、有序的市场体系具有重要的推动作用。与会人员还对修正草案提出了一些具体修改意见，有的意见已经采纳。

宪法和法律委员会已按上述意见提出了全国人民代表大会常务委员会关于修改《中华人民共和国反垄断法》的决定（草案），建议提请本次常委会会议审议通过。

修改决定草案和以上报告是否妥当，请审议。

全国人民代表大会宪法和法律委员会关于《全国人民代表大会常务委员会关于修改〈中华人民共和国反垄断法〉的决定（草案）》修改意见的报告

——2022年6月23日在第十三届全国人民代表大会常务委员会第三十五次会议上

全国人民代表大会常务委员会：

本次常委会会议于6月22日上午对关于修改反垄断法的决定草案进行了分组审议。普遍认为，修改决定草案已经比较成熟，建议进一步修改后，提请本次常委会会议表决通过。同时，有些常委会组成人员还提出了一些修改意见和建议。宪法和法律委员会于6月22日晚召开会议，逐条研究了常委会组成人员的审议意见，对修改决定草案进行了审议。财政经济委员会、国家市场监督管理总局有关负责同志列席了会议。宪法和法律委员会认为，修改决定草案是可行的，同时，提出以下修改意见：

一、有的常委委员提出，修改决定草案第三条、第九条以总分结合的形式对平台经济反垄断规则的适用作了规定，但表述不尽一致，建议删除第三条中的“排除、限制竞争”。宪法和法律委员会经研究，建议采纳这一意见。

二、有的意见建议，对修改决定草案第十八条中可以提起民事公益诉讼的人民检察院的层级作出必要限定。宪法和法律委员会经研究，建议限定为设区的市级以上人民检察院。

有的常委会组成人员还对法律的具体实施问题提出了一些意见和建议。宪法和法律委员会建议，在本决定通过后，国务院及其有关部门认真研究常委会组成人员的审议意见，完善相关配套规定，保证法律顺利实施；相关部门要做好宣传解读，为维护市场公平竞争营造良好舆论环境。

经与有关部门研究，建议将本决定的施行时间确定为 2022 年 8 月 1 日。

此外，根据常委会组成人员的审议意见，还对修改决定草案作了个别文字修改。

修改决定草案修改稿已按上述意见作了修改，宪法和法律委员会建议本次常委会会议审议通过。

修改决定草案修改稿和以上报告是否妥当，请审议。

中华人民共和国主席令

第一一七号

《全国人民代表大会常务委员会关于修改〈中华人民共和国全国人民代表大会常务委员会议事规则〉的决定》已由中华人民共和国第十三届全国人民代表大会常务委员会第三十五次会议于 2022 年 6 月 24 日通过，现予公布，自 2022 年 6 月 25 日起施行。

中华人民共和国主席 习近平

2022 年 6 月 24 日

全国人民代表大会常务委员会关于修改《中华人民共和国全国人民代表大会常务委员会议事规则》的决定

（2022 年 6 月 24 日第十三届全国人民代表大会常务委员会第三十五次会议通过）

第十三届全国人民代表大会常务委员会第三十五次会议决定对《中华人民共和国全国人民代表大会常务委员会议事规则》作如下修改：

一、将第一条修改为：“为了健全全国人民代表大会常务委员会的议事程序，保障和规范其行使职权，根据宪法、全国人民代表大会组织法，总结全国人民代表大会常务委员会工作的实践经验，制定本规则。”

二、增加一条，作为第二条：“全国人民代表大会常务委员会坚持中国共产党的领导，依照法定职权和法定程序举行会议、开展工作。”

三、增加一条，作为第三条：“全国人民代表大会常务委员会坚持和发展全过程人民民主，始终同人民保持密切联系，倾听人民的意见和建议，体现人民意志，保障人民权益。”

四、将第二条改为第四条，修改为：“全国人民代表大会常务委员会审议议案、决定问题，实行民主集中制的原则，充分发扬民主，集体行使职权。”

五、增加一条，作为第五条：“全国人民代表大会常务委员会举行会议，应当合理安排会期、议程和日程，提高议事质量和效率。”

六、将第三条改为第六条，第一款修改为：“全国人民代表大会常务委员会会议一般每两个月举行一次，必要时可以加开会议；有特殊需要的时候，可以临时召集会议。”

增加一款，作为第二款：“常务委员会会议召开的日期由委员长会议决定。”

七、将第四条改为第七条,修改为:“常务委员会会议有常务委员会全体组成人员的过半数出席,始得举行。

“遇有特殊情况,经委员长会议决定,常务委员会组成人员可以通过网络视频方式出席会议。”

八、将第五条改为第八条,增加一款,作为第三款:“会议日程由委员长会议决定。”

九、将第七条改为第十条,第一款修改为:“常务委员会举行会议的时候,国务院、中央军事委员会、国家监察委员会、最高人民法院、最高人民检察院的负责人列席会议。”

第二款修改为:“不是常务委员会组成人员的全国人民代表大会专门委员会主任委员、副主任委员、委员,常务委员会副秘书长,工作委员会主任、副主任,香港特别行政区基本法委员会主任、副主任,澳门特别行政区基本法委员会主任、副主任,有关部门负责人,列席会议。”

十、将第八条改为第十一条,修改为:“常务委员会举行会议的时候,各省、自治区、直辖市和其他有关地方的人民代表大会常务委员会主任或者副主任一人列席会议,并可以邀请有关的全国人民代表大会代表列席会议。

“遇有特殊情况,经委员长会议决定,可以调整列席人员的范围。”

十一、将第九条改为三条,作为第十二条、第十三条、第十四条,修改为:

“第十二条 常务委员会举行会议的时候,召开全体会议和分组会议,根据需要召开联组会议。

“第十三条 常务委员会分组会议由委员长会议确定若干名召集人,轮流主持会议。

“分组会议审议过程中有重大意见分歧或者其他重要情况的,召集人应当及时向秘书长报告。

“分组名单由常务委员会办事机构拟订,报秘书长审定,并定期调整。

“第十四条 常务委员会举行联组会议,由委员长主持。委员长可以委托副委员长主持会议。

“联组会议可以由各组联合召开,也可以分别由两个以上的组联合召开。”

十二、将第十条改为第十五条,修改为:“常务委员会举行会议的时候,常务委员会组成人员应当出席会议;因病或者其他特殊原因不能出席的,应当通过常务委员会办事机构向委员长书面请假。

“常务委员会办事机构应当向委员长报告常务委员会组成人员出席会议的情况和缺席的原因。

“常务委员会组成人员应当勤勉尽责,认真审议各项议案和报告,严格遵守会议纪律。”

十三、增加一条,作为第十六条:“常务委员会会议公开举行。常务委员会会议会期、议程、日程和会议情况予以公开。必要时,经委员长会议决定,可以暂不公开有关议程。”

十四、增加一条,作为第十七条:“常务委员会会议运用现代信息技术,推进会议文件资料电子化,采用网络视频等方式为常务委员会组成人员和列席人员履职提供便利和服务。”

十五、将第十一条改为第十八条,第二款修改为:“国务院,中央军事委员会,国家监察委员会,最高人民法院,最高人民检察院,全国人民代表大会各专门委员会,可以向常务委员会提出属于常务委员会职权范围内的议案,由委员长会议决定列入常务委员会会议议程,或者先交有关的专门委员会审议、提出报告,再决定列入常务委员会会议议程。”

第三款修改为:“常务委员会组成人员十人以上联名,可以向常务委员会提出属于常务委员会职权范围内的议案,由委员长会议决定是否列入常务委员会会议议程,或者先交有关的专门委员会审议、提出是否列入会议议程的意见,再决定是否列入常务委员会会议议程;不列入常务委员会会议议程的,应当向常务委员会会议报告或者向提案人说明。”

十六、增加一条,作为第十九条:“提请常务委员会会议审议的议案,应当在会议召开十日前提交常务委员会。

“临时召集的常务委员会会议不适用前款规定。

“向常务委员会提出议案,应当同时提出议案文本和说明。”

十七、将第十三条改为第二十一条,第二款修改为:“任免案、撤职案应当附有拟任免、撤职人员的基本情况和任免、撤职理由;必要的时候,有关负责人应当到会回答询问。”

十八、将第十四条改为第二十二条,第一款修改为:“常务委员会全体会议听取关于议案的说明。内容相关联的议案可以合并说明。”

第二款修改为:“常务委员会全体会议听取议案说明后,由分组会议、联组会议进行审议,并由有关的专门委员会进行审议、提出报告。”

十九、将第十五条改为第二十三条,第一款修改为:“列入会议议程的法律案,常务委员会听取说明并初次审议后,由宪法和法律委员会进行统一审议,向下次或者以后的常务委员会会议提出审议结果的报告。"

第二款修改为:"有关法律问题的决定的议案和修改法律的议案,宪法和法律委员会统一审议后,可以向本次常务委员会会议提出审议结果的报告,也可以向下次或者以后的常务委员会会议提出审议结果的报告。"

增加一款,作为第三款:"专门委员会对有关法律案进行审议并提出审议意见,印发常务委员会会议。"

增加一款,作为第四款:"向全国人民代表大会提出的法律案,在全国人民代表大会闭会期间,可以先向常务委员会提出;常务委员会会议审议后,作出提请全国人民代表大会审议的决定。"

二十、将第十六条改为两条,作为第二十四条、第二十五条,修改为:

"第二十四条　提请批准国民经济和社会发展规划纲要、计划、预算的调整方案和决算的议案,交财政经济委员会审查,也可以同时交其他有关专门委员会审查,由财政经济委员会向常务委员会会议提出审查结果的报告。有关专门委员会的审查意见印发常务委员会会议。

"国民经济和社会发展规划纲要、计划的调整方案应当在常务委员会举行全体会议审查的四十五日前,交财政经济委员会进行初步审查。

"预算调整方案、决算草案应当在常务委员会举行全体会议审查的三十日前,交财政经济委员会进行初步审查。

"第二十五条　提请批准或者加入条约和重要协定的议案,交外事委员会审议,可以同时交其他有关专门委员会审议,由外事委员会向本次常务委员会会议提出审议结果的报告,也可以向下次或者以后的常务委员会会议提出审议结果的报告。有关专门委员会的审议意见印发常务委员会会议。"

二十一、增加一条,作为第二十六条:"依法需要报经常务委员会批准的法规和自治条例、单行条例等,由制定机关报送常务委员会,由委员长会议决定列入常务委员会会议议程,由有关的专门委员会进行审议并提出报告。"

二十二、增加一条,作为第二十七条:"列于《中华人民共和国香港特别行政区基本法》附件三、《中华人民共和国澳门特别行政区基本法》附件三的法律需要作出增减的,在征询香港特别行政区基本法委员会和香港特别行政区政府、澳门特别行政区基本法委员会和澳门特别行政区政府的意见后,由委员长会议提出议案,提请常务委员会会议审议。"

二十三、将第四章章名修改为"听取和审议报告"。

二十四、将第二十二条改为第三十三条,修改为:"常务委员会根据年度工作计划和需要听取国务院、国家监察委员会、最高人民法院、最高人民检察院的专项工作报告。

"常务委员会召开全体会议,定期听取下列报告:

"(一)关于国民经济和社会发展计划、预算执行情况的报告,关于国民经济和社会发展五年规划纲要实施情况的中期评估报告;

"(二)决算报告、审计工作报告、审计查出问题整改情况的报告;

"(三)国务院关于年度环境状况和环境保护目标完成情况的报告;

"(四)国务院关于国有资产管理情况的报告;

"(五)国务院关于金融工作有关情况的报告;

"(六)常务委员会执法检查组提出的执法检查报告;

"(七)专门委员会关于全国人民代表大会会议主席团交付审议的代表提出的议案审议结果的报告;

"(八)常务委员会办公厅和有关部门关于全国人民代表大会会议代表建议、批评和意见办理情况的报告;

"(九)常务委员会法制工作委员会关于备案审查工作情况的报告;

"(十)其他报告。"

二十五、将第二十四条改为第三十五条,修改为:"常务委员会组成人员对各项报告的审议意见交由有关机关研究处理。有关机关应当将研究处理情况向常务委员会提出书面报告。

"常务委员会认为必要的时候,可以对有关报告作出决议。有关机关应当在决议规定的期限内,将执行决议的情况向常务委员会报告。

"委员长会议可以根据工作报告中的建议、常务委员会组成人员的审议意见,提出有关法律问题或者重大问题的决定的议案,提请常务委员会审议,必要时由常务委员会提请全国人民代表大会审议。"

二十六、增加一条,作为第三十七条:"常务委员会围绕关系改革发展稳定大局和人民切身利益、社会普遍关注的重大问题,可以召开联组会议、分组会议,进行专题询问。

"根据专题询问的议题,国务院及国务院有关部门和国家监察委员会、最高人民法院、最高人民检察院的负责人应当到会，听取意见，回答询问。

“专题询问中提出的意见交由有关机关研究处理，有关机关应当及时向常务委员会提交研究处理情况报告。必要时，可以由委员长会议将研究处理情况报告提请常务委员会审议，由常务委员会作出决议。”

二十七、增加一条，作为第三十八条：“根据常务委员会工作安排或者受委员长会议委托，专门委员会可以就有关问题开展调研询问，并提出开展调研询问情况的报告。”

二十八、将第二十六条改为第三十九条，修改为：“在常务委员会会议期间，常务委员会组成人员十人以上联名，可以向常务委员会书面提出对国务院及国务院各部门和国家监察委员会、最高人民法院、最高人民检察院的质询案。”

二十九、将第三十一条改为第四十四条，第一款修改为：“在全体会议和联组会议上的发言，不超过十分钟；在分组会议上，第一次发言不超过十五分钟，第二次对同一问题的发言不超过十分钟。事先提出要求，经会议主持人同意的，可以延长发言时间。”

第二款修改为：“在常务委员会会议上的发言，由常务委员会办事机构工作人员记录，经发言人核对签字后，编印会议简报和存档。会议简报可以为纸质版，也可以为电子版。”

三十、将第三十二条改为第四十五条，增加一款，作为第三款：“出席会议的常务委员会组成人员应当参加表决。表决时，常务委员会组成人员可以表示赞成，可以表示反对，也可以表示弃权。”

三十一、将第三十四条改为第四十七条，修改为：“任免案、撤职案逐人表决，根据情况也可以合并表决。”

三十二、将第三十五条改为第四十八条，修改为：“常务委员会表决议案，采用无记名按表决器方式。常务委员会组成人员应当按表决器。如表决器系统在使用中发生故障，采用举手方式或者其他方式。

“常务委员会组成人员通过网络视频方式出席会议的，采用举手方式或者其他方式表决。”

三十三、增加一章，作为第七章“公布”；增加三条，分别作为第四十九条至第五十一条。内容如下：

“第七章 公布

“第四十九条 常务委员会通过的法律，由中华人民共和国主席签署主席令予以公布。

“常务委员会通过的其他决议、决定，由常务委员会公布。

“常务委员会通过的法律解释，关于全国人民代表大会代表选举、补选、辞职、罢免等事项，由常务委员会发布公告予以公布。

“第五十条 常务委员会决定任免的国务院副总理、国务委员以及各部部长、各委员会主任、中国人民银行行长、审计长、秘书长，由中华人民共和国主席根据常务委员会的决定，签署主席令任免并予以公布。

“第五十一条 常务委员会通过的法律、决议、决定及其说明、修改情况的汇报、审议结果的报告，发布的公告，决定批准或者加入的条约和重要协定，常务委员会、专门委员会的声明等，应当及时在常务委员会公报和中国人大网上刊载。”

三十四、将第二十三条、第二十五条中的“工作报告”修改为“报告”。

本决定自2022年6月25日起施行。

《中华人民共和国全国人民代表大会常务委员会议事规则》根据本决定作相应修改并对条文顺序作相应调整，重新公布。

中华人民共和国全国人民代表大会常务委员会议事规则

（1987年11月24日第六届全国人民代表大会常务委员会第二十三次会议通过 根据2009年4月24日第十一届全国人民代表大会常务委员会第八次会议《关于修改〈中华人民共和国全国人民代表大会常务委员会议事规则〉的决定》第一次修正 根据2022年6月24日第十三届全国人民代表大会常务委员会第三十五次会议《关于修改〈中华人民共和国全国人民代表大会常务委员会议事规则〉的决定》第二次修正）

目 录

第一章　总　　则

第一条　为了健全全国人民代表大会常务委员会的议事程序，保障和规范其行使职权，根据宪法、全国人民代表大会组织法，总结全国人民代表大会常务委员会工作的实践经验，制定本规则。

第二条　全国人民代表大会常务委员会坚持中国共产党的领导，依照法定职权和法定程序举行会议、开展工作。

第三条　全国人民代表大会常务委员会坚持和发展全过程人民民主，始终同人民保持密切联系，倾听人民的意见和建议，体现人民意志，保障人民权益。

第四条　全国人民代表大会常务委员会审议议案、决定问题，实行民主集中制的原则，充分发扬民主，集体行使职权。

第五条　全国人民代表大会常务委员会举行会议，应当合理安排会期、议程和日程，提高议事质量和效率。

第二章　会议的召开

第六条　全国人民代表大会常务委员会会议一般每两个月举行一次，必要时可以加开会议；有特殊需要的时候，可以临时召集会议。

常务委员会会议召开的日期由委员长会议决定。

常务委员会会议由委员长召集并主持。委员长可以委托副委员长主持会议。

第七条　常务委员会会议有常务委员会全体组成人员的过半数出席，始得举行。

遇有特殊情况，经委员长会议决定，常务委员会组成人员可以通过网络视频方式出席会议。

第八条　委员长会议拟订常务委员会会议议程草案，提请常务委员会全体会议决定。

常务委员会举行会议期间，需要调整议程的，由委员长会议提出，经常务委员会全体会议同意。

会议日程由委员长会议决定。

第九条　常务委员会举行会议，应当在会议举行七日以前，将开会日期、建议会议讨论的主要事项，通知常务委员会组成人员和列席会议的人员；临时召集的会议，可以临时通知。

第十条　常务委员会举行会议的时候，国务院、中央军事委员会、国家监察委员会、最高人民法院、最高人民检察院的负责人列席会议。

不是常务委员会组成人员的全国人民代表大会专门委员会主任委员、副主任委员、委员，常务委员会副秘书长，工作委员会主任、副主任，香港特别行政区基本法委员会主任、副主任，澳门特别行政区基本法委员会主任、副主任，有关部门负责人，列席会议。

第十一条　常务委员会举行会议的时候，各省、自治区、直辖市和其他有关地方的人民代表大会常务委员会主任或者副主任一人列席会议，并可以邀请有关的全国人民代表大会代表列席会议。

遇有特殊情况，经委员长会议决定，可以调整列席人员的范围。

第十二条　常务委员会举行会议的时候，召开全体会议和分组会议，根据需要召开联组会议。

第十三条　常务委员会分组会议由委员长会议确定若干名召集人，轮流主持会议。

分组会议审议过程中有重大意见分歧或者其他重要情况的，召集人应当及时向秘书长报告。

分组名单由常务委员会办事机构拟订，报秘书长审定，并定期调整。

第十四条　常务委员会举行联组会议，由委员长主持。委员长可以委托副委员长主持会议。

联组会议可以由各组联合召开，也可以分别由两个以上的组联合召开。

第十五条　常务委员会举行会议的时候，常务委员会组成人员应当出席会议；因病或者其他特殊原因不能出席的，应当通过常务委员会办事机构向委员长书面请假。

常务委员会办事机构应当向委员长报告常务委员会组成人员出席会议的情况和缺席的原因。

常务委员会组成人员应当勤勉尽责，认真审议各项议案和报告，严格遵守会议纪律。

第十六条　常务委员会会议公开举行。常务委员会会议会期、议程、日程和会议情况予以公开。必要时，经委员长会议决定，可以暂不公开有关议程。

第十七条　常务委员会会议运用现代信息技术，推进会议文件资料电子化，采用网络视频等方式为常务委员会组成人员和列席人员履职提供便利和服务。

第三章　议案的提出和审议

第十八条　委员长会议可以向常务委员会提出属于常务委员会职权范围内的议案，由常务委员会会议审议。

国务院，中央军事委员会，国家监察委员会，最高人民法院，最高人民检察院，全国人民代表大会各专门委员会，可以向常务委员会提出属于常务委员会职权范围内的议案，由委员长会议决定列入常务委员会会议议程，或者先交有关的专门委员会审议、提出报告，再决定列入常务委员会会议议程。

常务委员会组成人员十人以上联名，可以向常务委员会提出属于常务委员会职权范围内的议案，由委员长会议决定是否列入常务委员会会议议程，或者先交有关的专门委员会审议、提出是否列入会议议程的意见，再决定是否列入常务委员会会议议程；不列入常务委员会会议议程的，应当向常务委员会会议报告或者向提案人说明。

第十九条　提请常务委员会会议审议的议案，应当在会议召开十日前提交常务委员会。

临时召集的常务委员会会议不适用前款规定。

向常务委员会提出议案，应当同时提出议案文本和说明。

第二十条　委员长会议根据工作需要，可以委托常务委员会的工作委员会、办公厅起草议案草案，并向常务委员会会议作说明。

第二十一条　对列入常务委员会会议议程的议案，提议案的机关、有关的专门委员会、常务委员会有关工作部门应当提供有关的资料。

任免案、撤职案应当附有拟任免、撤职人员的基本情况和任免、撤职理由；必要的时候，有关负责人应当到会回答询问。

第二十二条　常务委员会全体会议听取关于议案的说明。内容相关联的议案可以合并说明。

常务委员会全体会议听取议案说明后，由分组会议、联组会议进行审议，并由有关的专门委员会进行审议、提出报告。

第二十三条　列入会议议程的法律案，常务委员会听取说明并初次审议后，由宪法和法律委员会进行统一审议，向下次或者以后的常务委员会会议提出审议结果的报告。

有关法律问题的决定的议案和修改法律的议案，宪法和法律委员会统一审议后，可以向本次常务委员会会议提出审议结果的报告，也可以向下次或者以后的常务委员会会议提出审议结果的报告。

专门委员会对有关法律案进行审议并提出审议意见，印发常务委员会会议。

向全国人民代表大会提出的法律案，在全国人民代表大会闭会期间，可以先向常务委员会提出；常务委员会会议审议后，作出提请全国人民代表大会审议的决定。

第二十四条　提请批准国民经济和社会发展规划纲要、计划、预算的调整方案和决算的议案，交财政经济委员会审查，也可以同时交其他有关专门委员会审查，由财政经济委员会向常务委员会会议提出审查结果的报告。有关专门委员会的审查意见印发常务委员会会议。

国民经济和社会发展规划纲要、计划的调整方案应当在常务委员会举行全体会议审查的四十五日前，交财政经济委员会进行初步审查。

预算调整方案、决算草案应当在常务委员会举行全体会议审查的三十日前，交财政经济委员会进行初步审查。

第二十五条　提请批准或者加入条约和重要协定的议案，交外事委员会审议，可以同时交其他有关专门委员会审议，由外事委员会向本次常务委员会会议提出审议结果的报告，也可以向下次或者以后的常务委员会会议提出审议结果的报告。有关专门委员会的审议意见印发常务委员会会议。

第二十六条　依法需要报经常务委员会批准的法规和自治条例、单行条例等，由制定机关报送常务委员会，由委员长会议决定列入常务委员会会议议程，由有关的专门委员会进行审议并提出报告。

第二十七条　列于《中华人民共和国香港特别行政区基本法》附件三、《中华人民共和国澳门特别行政区基本法》附件三的法律需要作出增减的，在征询香港特别行政区基本法委员会和香港特别行政区政府、澳门特别行政区基本法委员会和澳门特别行政区政府的意见后，由委员长会议提出议案，提请常务委员会会议审议。

第二十八条　常务委员会联组会议可以听取和审议专门委员会对议案审议意见的汇报，对会议议题进行讨论。

第二十九条　提议案的机关的负责人可以在常务委员会全体会议、联组会议上对议案作补充说明。

第三十条　列入常务委员会会议议程的议案，在交付表决前，提案人要求撤回的，经委员长会议同意，对该议案的审议即行终止。

第三十一条 拟提请常务委员会全体会议表决的议案,在审议中有重大问题需要进一步研究的,经委员长或者委员长会议提出,联组会议或者全体会议同意,可以暂不付表决,交有关专门委员会进一步审议,提出审议报告。

第三十二条 常务委员会认为必要的时候,可以组织关于特定问题的调查委员会,并且根据调查委员会的报告,作出相应的决议。

第四章 听取和审议报告

第三十三条 常务委员会根据年度工作计划和需要听取国务院、国家监察委员会、最高人民法院、最高人民检察院的专项工作报告。

常务委员会召开全体会议,定期听取下列报告:

(一)关于国民经济和社会发展计划、预算执行情况的报告,关于国民经济和社会发展五年规划纲要实施情况的中期评估报告;

(二)决算报告、审计工作报告、审计查出问题整改情况的报告;

(三)国务院关于年度环境状况和环境保护目标完成情况的报告;

(四)国务院关于国有资产管理情况的报告;

(五)国务院关于金融工作有关情况的报告;

(六)常务委员会执法检查组提出的执法检查报告;

(七)专门委员会关于全国人民代表大会会议主席团交付审议的代表提出的议案审议结果的报告;

(八)常务委员会办公厅和有关部门关于全国人民代表大会会议代表建议、批评和意见办理情况的报告;

(九)常务委员会法制工作委员会关于备案审查工作情况的报告;

(十)其他报告。

第三十四条 常务委员会全体会议听取报告后,可以由分组会议和联组会议进行审议。

委员长会议可以决定将报告交有关的专门委员会审议,提出意见。

第三十五条 常务委员会组成人员对各项报告的审议意见交由有关机关研究处理。有关机关应当将研究处理情况向常务委员会提出书面报告。

常务委员会认为必要的时候,可以对有关报告作出决议。有关机关应当在决议规定的期限内,将执行决议的情况向常务委员会报告。

委员长会议可以根据工作报告中的建议、常务委员会组成人员的审议意见,提出有关法律问题或者重大问题的决定的议案,提请常务委员会审议,必要时由常务委员会提请全国人民代表大会审议。

第五章 询问和质询

第三十六条 常务委员会分组会议对议案或者有关的报告进行审议的时候,应当通知有关部门派人到会,听取意见,回答询问。

常务委员会联组会议对议案或者有关的报告进行审议的时候,应当通知有关负责人到会,听取意见,回答询问。

第三十七条 常务委员会围绕关系改革发展稳定大局和人民切身利益、社会普遍关注的重大问题,可以召开联组会议、分组会议,进行专题询问。

根据专题询问的议题,国务院及国务院有关部门和国家监察委员会、最高人民法院、最高人民检察院的负责人应当到会,听取意见,回答询问。

专题询问中提出的意见交由有关机关研究处理,有关机关应当及时向常务委员会提交研究处理情况报告。必要时,可以由委员长会议将研究处理情况报告提请常务委员会审议,由常务委员会作出决议。

第三十八条 根据常务委员会工作安排或者受委员长会议委托,专门委员会可以就有关问题开展调研询问,并提出开展调研询问情况的报告。

第三十九条 在常务委员会会议期间,常务委员会组成人员十人以上联名,可以向常务委员会书面提出对国务院及国务院各部门和国家监察委员会、最高人民法院、最高人民检察院的质询案。

第四十条 质询案必须写明质询对象、质询的问题和内容。

第四十一条 质询案由委员长会议决定交由有关的专门委员会审议或者提请常务委员会会议审议。

第四十二条 质询案由委员长会议决定,由受质询机关的负责人在常务委员会会议上或者有关的专门委员会会议上口头答复,或者由受质询机关书面答复。在专门委员会会议上答复的,专门委员会应当向常务委员会或者委员长会议提出报告。

质询案以书面答复的,应当由被质询机关负责人签署,并印发常务委员会组成人员和有关的专门委员会。

专门委员会审议质询案的时候,提质询案的常务委员会组成人员可以出席会议,发表意见。

第六章　发言和表决

第四十三条　常务委员会组成人员在全体会议、联组会议和分组会议上发言,应当围绕会议确定的议题进行。

常务委员会全体会议或者联组会议安排对有关议题进行审议的时候,常务委员会组成人员要求发言的,应当在会前由本人向常务委员会办事机构提出,由会议主持人安排,按顺序发言。在全体会议和联组会议上临时要求发言的,经会议主持人同意,始得发言。在分组会议上要求发言的,经会议主持人同意,即可发言。

列席会议的人员的发言,适用本章有关规定。

第四十四条　在全体会议和联组会议上的发言,不超过十分钟;在分组会议上,第一次发言不超过十五分钟,第二次对同一问题的发言不超过十分钟。事先提出要求,经会议主持人同意的,可以延长发言时间。

在常务委员会会议上的发言,由常务委员会办事机构工作人员记录,经发言人核对签字后,编印会议简报和存档。会议简报可以为纸质版,也可以为电子版。

第四十五条　表决议案由常务委员会全体组成人员的过半数通过。

表决结果由会议主持人当场宣布。

出席会议的常务委员会组成人员应当参加表决。表决时,常务委员会组成人员可以表示赞成,可以表示反对,也可以表示弃权。

第四十六条　交付表决的议案,有修正案的,先表决修正案。

第四十七条　任免案、撤职案逐人表决,根据情况也可以合并表决。

第四十八条　常务委员会表决议案,采用无记名按表决器方式。常务委员会组成人员应当按表决器。如表决器系统在使用中发生故障,采用举手方式或者其他方式。

常务委员会组成人员通过网络视频方式出席会议的,采用举手方式或者其他方式表决。

第七章　公　　布

第四十九条　常务委员会通过的法律,由中华人民共和国主席签署主席令予以公布。

常务委员会通过的其他决议、决定,由常务委员会公布。

常务委员会通过的法律解释,关于全国人民代表大会代表选举、补选、辞职、罢免等事项,由常务委员会发布公告予以公布。

第五十条　常务委员会决定任免的国务院副总理、国务委员以及各部部长、各委员会主任、中国人民银行行长、审计长、秘书长,由中华人民共和国主席根据常务委员会的决定,签署主席令任免并予以公布。

第五十一条　常务委员会通过的法律、决议、决定及其说明、修改情况的汇报、审议结果的报告,发布的公告,决定批准或者加入的条约和重要协定,常务委员会、专门委员会的声明等,应当及时在常务委员会公报和中国人大网上刊载。

第八章　附　　则

第五十二条　本规则自公布之日起施行。

关于《中华人民共和国全国人民代表大会常务委员会议事规则(修正草案)》的说明

——2021 年 12 月 20 日在第十三届全国人民代表大会常务委员会第三十二次会议上

全国人大常委会法制工作委员会副主任　武　增

全国人民代表大会常务委员会:

我受委员长会议委托,作关于《中华人民共和国全国人民代表大会常务委员会议事规则(修正草案)》的说明。

一、修改全国人大常委会议事规则的必要性和重大意义

人民代表大会制度是我国的根本政治制度，全国人大常委会是全国人民代表大会的常设机关，行使宪法和法律赋予的重要职权。我国宪法第七十八条规定："全国人民代表大会和全国人民代表大会常务委员会的组织和工作程序由法律规定。"全国人大常委会议事规则是1987年11月六届全国人大常委会第二十三次会议通过的，2009年4月十一届全国人大常委会第八次会议作了部分修改。这部法律的颁布施行，对于保障全国人大常委会依法行使职权发挥了重要作用。党的十八大以来，以习近平同志为核心的党中央高度重视人大工作，推动人民代表大会制度理论和实践取得重大成果，形成了习近平总书记关于坚持和完善人民代表大会制度的重要思想。党的十九大和十九届四中全会决定明确提出，健全人大组织制度、工作制度和议事规则。今年3月，十三届全国人大四次会议对全国人大组织法和全国人大议事规则作了修改。10月，党中央召开中央人大工作会议，就新时代坚持和完善人民代表大会制度，加强和改进人大工作作出部署。贯彻习近平法治思想、习近平总书记关于坚持和完善人民代表大会制度的重要思想，贯彻中央人大工作会议精神，落实党中央重大决策部署和修改后的全国人大组织法的规定，有必要认真总结实践经验，修改全国人大常委会议事规则，进一步完善全国人大常委会的会议制度和工作程序。

（一）修改全国人大常委会议事规则是贯彻落实全过程人民民主、保证人民当家作主的必然要求

人民当家作主是社会主义民主政治的本质和核心，是社会主义的生命。习近平总书记在今年"七一"重要讲话中，站在人民创造历史的高度，从全心全意为人民服务根本宗旨出发，强调"发展全过程人民民主"；在中央人大工作会议上的重要讲话中，对不断发展全过程人民民主作出深刻阐述，提出明确要求。人民代表大会制度是实现全过程人民民主的重要制度载体。全国人大常委会作为最高国家权力机关的常设机关，其行使立法、监督等各项法定职权，讨论和决定重大事项，都是在充分讨论和听取各方面意见、集思广益的基础上，集体做出决策。全国人大常委会履职的各个方面各个环节，无论是选举，还是立法、监督、代表等工作，都充分体现了全过程人民民主的特点和要求，充分彰显了中国特色社会主义民主政治的独特优势。修改全国人大常委会议事规则，健全常委会会议制度和工作程序，有利于更好地保障全国人大常委会依法行使职权，更好地贯彻和体现全过程人民民主的重大理念，更好地保证人民当家作主。

（二）修改全国人大常委会议事规则是深入总结实践经验、坚持和完善人民代表大会制度的客观要求

全国人大常委会的会议制度和工作程序是人民代表大会制度的重要内容。1987年全国人大常委会议事规则制定尤其是党的十八大以来，全国人大常委会在立法、监督、代表等各项工作中积极探索，形成不少好的经验做法，人民代表大会制度不断得到巩固和发展，展现出显著优势和巨大功效。从全国人大常委会工作的具体实践看，常委会全体会议、分组会议的召集和举行更加规范，联组会议的议题更加丰富，各项议案的审议、审查更加充分；常委会不断加强和改进监督工作，听取和审议工作报告以及关于工作报告的审议意见和执行情况的处理更加完善，常委会专题询问有序开展，执法检查工作取得新成效。修改全国人大常委会议事规则，认真总结这些好的经验做法，及时将其上升成为法律制度，从而更好地为全国人大常委会行使职权提供法律保障，推动人民代表大会制度更加成熟、更加定型。

（三）修改全国人大常委会议事规则是提高常委会议事质量和效率、适应新时代加强和改进人大工作的重要举措

党的十八大以来，以习近平同志为核心的党中央全面加强党对人大工作的领导，人民代表大会制度在新时代日益焕发出蓬勃生机活力。面对错综复杂的国际形势、艰巨繁重的改革发展稳定任务，全国人大常委会在党中央坚强领导下，坚持以习近平新时代中国特色社会主义思想为指导，认真履行法定职责，立法、监督、代表、对外交往、自身建设等工作取得新进展新成效，为推动重大工作部署、应对重大风险挑战、维护国家安全提供法律保障，有效发挥了国家权力机关的职能作用。例如，新冠肺炎疫情发生以来，全国人大常委会坚决贯彻落实党中央关于新冠肺炎疫情防控工作的重大决策部署，迅速行动、担当作为，及时作出有关决定，统筹推进有关立法修法工作。2020年6月常委会连续召开两次会议，根据宪法、香港基本法和全国人大有关决定，制定香港特别行政区维护国家安全法并将其列入香港基本法附件三，从国家层面建立健全香港特别行政区维护国家安全的法律制度和执行机制；今年3月十三届全国人大四次会议闭幕不久，常委会专门加开会

议，全面系统修改香港基本法附件一和附件二，完善香港特别行政区选举制度，落实“爱国者治港”原则。修改全国人大常委会议事规则，把近年来疫情防控背景下采取“现场＋网络视频”方式召开常委会会议、根据需要加开常委会会议等一些创新做法固定下来，形成高效的工作机制，有利于进一步提高常委会会议质量和效率，更好地贯彻落实党中央决策部署、全面提升人大工作质量和水平。

二、修改的指导思想、遵循的原则和工作过程

修改全国人大常委会议事规则坚持以习近平新时代中国特色社会主义思想为指导和根本遵循，全面贯彻落实党的十九大和十九届历次全会精神和中央人大工作会议精神，贯彻落实修改后的宪法和全国人大组织法的规定，健全全国人大常委会会议制度和工作程序，保障全国人大常委会依法行使职权。

修改工作遵循的原则：一是贯彻落实习近平法治思想、习近平总书记关于坚持和完善人民代表大会制度的重要思想和关于发展全过程人民民主的重要论述，加强人民群众对全国人大常委会工作的知情权、参与权、表达权、监督权，充分体现人民当家作主。二是总结吸收人民代表大会制度实践的新经验新成果，适应全国人大常委会工作面临的新情况、解决实践中遇到的新问题。三是适应信息技术发展新形势，总结新冠肺炎疫情以来常委会会议组织的经验，全面提升人大工作质量和水平。四是做好与修改后的全国人大组织法和全国人大议事规则的衔接，同时处理好与立法法、预算法、监督法等相关法律之间的关系。

修改常委会议事规则列入十三届全国人大常委会立法规划和全国人大常委会2021年度立法工作计划。按照工作安排，全国人大常委会法工委于2019年开始启动修改工作，一是认真学习、深刻领会习近平法治思想、习近平总书记关于坚持和完善人民代表大会制度的重要思想和关于发展全过程人民民主的重要论述。二是对常委会议事规则有关问题开展专题研究，认真梳理历年来全国人大代表和政协委员提出的有关议案、建议和提案。三是多次召开座谈会，分别听取全国人大各专门委员会、常委会办事机构和工作机构，部分常委会委员的意见。四是征求40多家中央有关部门、单位的意见。在此基础上，形成了修正草案。

三、修改的主要内容

全国人大常委会议事规则修正草案共30条，主要修改内容如下：

（一）充实“总则”内容

一是贯彻落实习近平总书记关于全过程人民民主的重要论述，增加规定：全国人大常委会坚持全过程人民民主，始终同人民保持密切联系，倾听人民的意见和建议，体现人民意志，保障人民权益。二是明确程序原则，增加规定：常委会会议依照法定程序进行。三是反映全国人大常委会会议的新特点新要求，增加规定：常委会会议应当合理安排会议日程，提高议事质量和效率。

（二）根据实践需要适当增加会议频次和创新会议形式

近年来，常委会在会议组织方面有很多新做法，体现了会议制度的与时俱进，有必要进行总结并上升为法律规定。一是明确可以加开常委会会议。将常委会议事规则中常委会会议一般每两个月举行一次的规定修改为常委会“会议一般每两个月举行一次，必要时可以加开会议”。同时，对决定会议日期和日程予以明确，增加规定：常委会会议召开的日期、日程由委员长会议决定。二是在新冠肺炎疫情防控形势下，常委会会议曾采取“现场＋网络视频”的形式召开，取得良好效果。据此增加规定：遇有特殊情况，经委员长会议决定，常委会组成人员可以通过网络视频方式出席会议；常委会组成人员通过网络视频方式出席会议的，采用举手方式或者其他方式表决。

（三）优化会议组织安排，提高议事质量和效率

有关会议组织安排方面的规定是常委会议事规则的重要内容，随着实践发展，需要对此作出完善。一是进一步规范分组会议和联组会议，增加规定：分组会议的召集人轮流主持会议，组织常委会组成人员和列席人员围绕会议议题充分发表意见，出现重大分歧意见或者其他重要情况，分组会议的召集人应当及时向秘书长报告；同时，明确联组会议可以由各组联合召开，也可以分别由两个以上的组联合召开。二是为提高会议效率，根据实际做法增加规定：内容相关联的议案可以合并说明。三是明确议案提交常委会的截止时间，增加规定：提请常委会会议审议的议案，应当在会议召开十日前提交常委会。四是进一步完善会议列席制度，增加规定：不是常委会组成人员的“香港特别行政区基本

法委员会和澳门特别行政区基本法委员会的主任、副主任"列席会议；根据实践中邀请部分设区的市人大常委会负责人列席会议的做法，增加规定："其他有关地方"的人大常委会主任或者副主任一人列席会议。五是为推动会议不断提高信息化水平，增加规定：常委会运用现代信息技术，推进会议文件资料电子化，采用网络视频等方式为常委会组成人员和列席人员提供便利和服务。

（四）增加改进会风会纪有关内容

本届以来，全国人大常委会采取一系列措施改进会风会纪，取得明显成效。此次修改建议增加这方面的内容。一是细化请假制度，明确常委会组成人员因病或者其他特殊原因不能出席的，应当通过常委会办事机构向委员长请假；常委会办事机构应当向委员长报告常委会组成人员出席会议的情况和缺席的原因。二是明确会议纪律，增加规定：常委会组成人员应当勤勉尽责，认真审议各项议案和报告，严格遵守会议纪律。三是增加规定：出席会议的常委会组成人员应当参加表决。

（五）完善议案审议程序

常委会议事规则有关议案审议的规定较为原则，根据多年来的实践发展，对议案审议程序予以适当完善。一是与有关预算、决算的法律和决定相衔接，增加规定：决算草案、预算调整方案应当在常委会举行全体会议审查的三十日前，交财政经济委员会进行初步审查。二是完善条约批准程序，增加规定：提请批准条约和协定的议案，由外事委员会向本次常委会会议提出审议结果的报告，也可以向下次或者以后的常委会会议提出审议结果的报告。三是完善自治条例、单行条例和法规的批准程序，增加规定：法律规定的需要报常委会批准的自治条例、单行条例和法规等，由其制定机关报常委会办事机构，由委员长会议决定提请常委会会议审议；需要报常委会批准的自治条例、单行条例和法规等，由有关的专门委员会进行审议并提出审议结果的报告。四是根据香港、澳门两个特别行政区基本法的规定以及实践做法，增加规定：列于《中华人民共和国香港特别行政区基本法》附件三、《中华人民共和国澳门特别行政区基本法》附件三的法律需要作出增减的，常委会在征询香港特别行政区基本法委员会和香港特别行政区政府、澳门特别行政区基本法委员会和澳门特别行政区政府的意见后，由委员长会议提出议案，提请常委会会议审议。

（六）增加规定常委会听取的报告和相关程序

根据有关法律规定和新的实践做法，对常委会听取的工作报告的范围和程序进行补充完善。一是增加规定：常委会全体会议听取关于国民经济和社会发展五年规划纲要实施情况中期评估报告，听取国务院关于年度环境状况和环境保护目标完成情况的报告，听取国务院关于国有资产管理情况的报告，听取专门委员会关于全国人大主席团交付审议的代表提出的议案审议结果的报告，听取常委会办公厅和有关部门关于全国人大代表建议、批评和意见办理情况的报告，听取常委会法工委关于备案审查工作情况的报告。二是明确有关工作报告审议意见的处理程序，增加规定：常委会组成人员对各项工作报告的审议意见，可以交有关国家机关研究处理；有关国家机关应当将研究处理情况向常委会提出书面报告；常委会认为必要的时候，可以对工作报告作出决议；决议可以要求有关国家机关在规定的期限内，将执行决议的情况向常委会报告。三是明确公开要求，增加规定：常委会听取的工作报告及审议意见，有关国家机关对相关报告、审议意见的研究处理情况或者执行决议情况的报告，应当向全国人大代表通报并向社会公布。

（七）增加规定专题询问

开展专题询问是常委会开展监督工作的一项创新制度，经过多年的实践，已经比较成熟，据此增加规定：一是常委会可以结合听取和审议专项工作报告和执法检查报告，围绕改革发展稳定大局和人民切身利益、社会普遍关注的重大问题，召开联组会议，进行专题询问。二是根据专题询问的议题，国务院及国务院各部门和国家监察委员会、最高人民法院、最高人民检察院的负责人应当到会，听取意见，回答询问。三是专题询问中提出的意见送有关机关研究落实，有关部门应当及时向常委会提交整改落实情况报告，必要时，可以由委员长会议将整改落实情况报告提请常委会审议，由常委会作出决议。

（八）完善发言和表决制度

根据实践做法和实际需要，增加规定：一是常委会组成人员在分组会议上的发言，应当按照议题先后顺序逐项进行。二是会议简报可以采用电子版形式分发。三是表决时，常委会组成人员可以表示赞成，可以表示反对，也可以表示弃权。四是表决采用无记名按表决器方式，常委会组成人员应当按表决器；如表决器系统在使用中发生故障，采用举手方式或者其他方式。

（九）增设"公布"一章

常委会表决通过的事项是国家意志的体现，需以特定的方式予以公布。为此，增设"公布"一章。

一是明确法律决议决定等事项的公布，增加规定：常委会通过的法律，由中华人民共和国主席签署主席令予以公布；常委会通过的法律解释、关于全国人大代表选举、补选、辞职、罢免等事项，由常委会发布公告予以公布；常委会通过的其他决议、决定，以常委会名义公布。二是明确人事任免事项的公布，增加规定：常委会决定任免的国务院副总理、国务委员以及各部部长、各委员会主任、中国人民银行行长、审计长、秘书长，由中华人民共和国主席根据常委会的决定，签署主席令任免并予以公布。三是为进一步增强会议公开性，便于社会公众了解会议情况，增加规定：常委会会议通过的法律、决议、决定，发布的公告，以及法律草案的说明、审议结果的报告等，应当及时在常委会公报和中国人大网上刊载。

（十）体现机构改革成果

根据中央深化党和国家机构改革决定和修改后的全国人大组织法的规定，增加“国家监察委员会”有关提出议案、接受询问等方面的职权职责，将“法律委员会”改为“宪法和法律委员会”。

全国人大常委会议事规则修正草案和以上说明是否妥当，请审议。

全国人民代表大会宪法和法律委员会关于《中华人民共和国全国人民代表大会常务委员会议事规则（修正草案）》审议结果的报告

——2022年6月21日在第十三届全国人民代表大会常务委员会第三十五次会议上

全国人大宪法和法律委员会副主任委员　沈春耀

全国人民代表大会常务委员会：

常委会第三十二次会议对全国人大常委会议事规则修正草案进行了初次审议。会后，法制工作委员会将修正草案印发省、自治区、直辖市人大常委会和中央有关部门、高等院校、研究机构征求意见，并在中国人大网全文公布修正草案，征求社会公众意见。法制工作委员会召开座谈会，就修正草案中的主要问题听取全国人大各专门委员会、常委会办事机构和工作机构以及地方人大常委会工作机构负责同志意见。宪法和法律委员会于5月16日召开会议，根据委员长会议精神、常委会组成人员审议意见和各方面的意见，对修正草案进行了逐条审议。常委会办公厅有关负责同志列席了会议。6月14日，宪法和法律委员会召开会议，再次进行了审议。宪法和法律委员会认为，为坚持和完善人民代表大会制度，加强和改进人大工作，修改全国人大常委会议事规则是必要的；修正草案经过审议修改，已经比较成熟。同时，提出以下主要修改意见：

一、建议根据宪法和2021年修改的全国人大组织法，增加规定：“全国人民代表大会常务委员会坚持中国共产党的领导，依照法定职权和法定程序举行会议、开展工作。”

二、修正草案第九条对列席常委会会议的人员范围作了规定。有的意见提出，受新冠肺炎疫情影响，目前列席人员较以往有所减少，建议对这种情况作出规定。宪法和法律委员会经研究，建议在该条中增加一款规定：“遇有特殊情况，委员长会议可以决定调整列席人员的范围。”

三、修正草案第十五条规定：“提请常务委员会会议审议的议案，应当在会议召开十日前提交常务委员会。”有的常委委员提出，这一时限对于临时召集的常委会会议可能难以做到，建议增加规定：“临时召集的常务委员会会议不适用前款规定。”同时，为保证常委会充分了解议案的有关情况，建议增加规定：“向常务委员会提出议案，应当同时提出议案文本和说明。”宪法和法律委员会经研究，建议采纳上述意见。

四、修正草案第十八条对常委会审议法律案等的程序作了规定。有的部门建议根据多年来实际做法，对拟提请全国人民代表大会审议的法律案由常委会先行审议作出规定。宪法和法律委员会经研究，建议在该条中增加一款规定：“向全国人民代表大会提出的法律案，在全国人民代表大会闭会期间,可以先向常务委员会提出;常务委员会会议审议后,作出提请全国人民代表大会审议的决定。”

五、修正草案第十九条规定:“提请批准决算和预算调整方案的议案”,交财政经济委员会和其他有关专门委员会审查。有的部门建议,根据全国人大常委会关于加强经济工作监督的决定,增加对国民经济和社会发展规划纲要、计划调整方案进行审查的规定。宪法和法律委员会经研究,建议将上述规定修改为:“提请批准国民经济和社会发展规划纲要、计划、预算的调整方案和决算的议案”,交财政经济委员会和其他有关专门委员会审查。同时,增加一款规定:“国民经济和社会发展规划纲要、计划的调整方案应当在常务委员会举行全体会议审查的四十五日前,交财政经济委员会进行初步审查。”

六、修正草案第二十二条对常委会听取有关报告作了规定。有的常委委员建议增加审计查出问题整改情况的报告、国务院关于金融工作有关情况的报告。宪法和法律委员会经研究,建议采纳上述意见。

七、修正草案第二十三条对工作报告的审议和处理作了规定。有的常委委员提出,常委会会议听取工作报告后,委员长会议可以根据工作报告的有关内容提出议案,建议增加有关规定。宪法和法律委员会经研究,建议增加一款规定:“委员长会议可以根据工作报告中的建议和常务委员会组成人员的审议意见,提出有关法律问题或者重大问题的决定的议案,提请常务委员会审议,必要时由常务委员会提请全国人民代表大会审议。”

八、有的意见提出,为了充分发挥专门委员会作用,丰富专题询问实践,建议对专门委员会开展专题询问作出规定。关于专题询问,修改后的全国人大组织法对专门委员会工作的规定中包括“承担全国人民代表大会常务委员会专题询问有关具体工作”。根据这一规定,宪法和法律委员会经研究,建议增加一条规定:“根据常务委员会工作安排或者受委员长会议委托,专门委员会可以就有关问题开展调研询问。”

此外,根据常委会组成人员的审议意见,并考虑做好与全国人大组织法、全国人大议事规则、立法法、监督法相关规定表述的衔接,还对修正草案作了一些文字修改。

5 月 24 日,法制工作委员会召开会议,邀请部分全国人大代表、专家学者以及全国人大专门委员会、常委会办事机构和地方人大常委会工作机构负责同志就修正草案中主要制度规范的可行性、法律出台时机等进行评估。大家普遍认为,修正草案贯彻落实党中央决策部署和中央人大工作会议精神,总结吸收实践经验,主要制度规范是可行的;修正草案充分吸收了各方面意见,已经比较成熟,建议尽快审议通过。与会人员还提出了一些具体修改意见,有的意见已经采纳。

宪法和法律委员会已按上述意见提出了全国人民代表大会常务委员会关于修改《中华人民共和国全国人民代表大会常务委员会议事规则》的决定(草案),建议提请本次常委会会议审议通过。

修改决定草案和以上报告是否妥当,请审议。

全国人民代表大会宪法和法律委员会关于《全国人民代表大会常务委员会关于修改〈中华人民共和国全国人民代表大会常务委员会议事规则〉的决定(草案)》修改意见的报告

——2022 年 6 月 23 日在第十三届全国人民代表大会常务委员会第三十五次会议上

全国人民代表大会常务委员会:

本次常委会会议于 6 月 22 日上午对关于修改全国人大常委会议事规则的决定草案进行了分组审议。普遍认为,修改决定草案已经比较成熟,建议进一步修改后,提请本次常委会会议表决通过。同时,有些常委会组成人员和列席人员还提出了一些修改意见和建议。宪法和法律委员会于 6 月 22 日下午召开会议,逐条研究了常委会组成人员和列席人员的审议意见,对修改决定草案进行了审议。全国人大常委会办公厅有关同志列席了会议。宪法和法律委员会认为，修改决定草案是可行的，同时，提出以下修改意见：

一、修改决定草案第五条规定："全国人民代表大会常务委员会举行会议，应当合理安排会议日程，提高议事质量和效率。"有的常委委员建议，将"应当合理安排会议日程"修改为"应当合理安排会期、议程和日程"。宪法和法律委员会经研究，建议采纳这一意见。

二、有的常委委员提出，会议公开是常委会举行会议的一项重要原则，建议参照全国人大议事规则的规定，在修改决定草案第十三条中明确"常务委员会会议公开举行"。宪法和法律委员会经研究，建议采纳这一意见。

三、修改决定草案第二十六条对专题询问作了规定。有的常委委员提出，专题询问一般采用联组会议的形式，实践中也采用过分组会议的形式，建议在议事规则中有所规定，以备需要时采用。宪法和法律委员会经研究，建议将"召开联组会议"修改为"可以召开联组会议、分组会议"。

经研究，建议将本决定的施行时间确定为2022年6月25日。

此外，根据常委会组成人员的审议意见，还对修改决定草案作了个别文字修改。

修改决定草案修改稿已按上述意见作了修改，宪法和法律委员会建议本次常委会会议审议通过。

修改决定草案修改稿和以上报告是否妥当，请审议。

中华人民共和国主席令

第一一九号

《中华人民共和国反电信网络诈骗法》已由中华人民共和国第十三届全国人民代表大会常务委员会第三十六次会议于2022年9月2日通过，现予公布，自2022年12月1日起施行。

中华人民共和国主席 习近平

2022年9月2日

中华人民共和国反电信网络诈骗法

（2022年9月2日第十三届全国人民代表大会常务委员会第三十六次会议通过）

目 录

第一章 总 则

第一条 为了预防、遏制和惩治电信网络诈骗活动，加强反电信网络诈骗工作，保护公民和组织的合法权益，维护社会稳定和国家安全，根据宪法，制定本法。

第二条 本法所称电信网络诈骗，是指以非法占有为目的，利用电信网络技术手段，通过远程、非接触等方式，诈骗公私财物的行为。

第三条 打击治理在中华人民共和国境内实施的电信网络诈骗活动或者中华人民共和国公民在境外实施的电信网络诈骗活动，适用本法。

境外的组织、个人针对中华人民共和国境内实施电信网络诈骗活动的，或者为他人针对境内实施电信网络诈骗活动提供产品、服务等帮助的，依照本法有关规定处理和追究责任。

第四条 反电信网络诈骗工作坚持以人民为中心，统筹发展和安全；坚持系统观念、法治思维，注重源头治理、综合治理；坚持齐抓共管、群防群治，全面落实打防管控各项措施，加强社会宣传教育防范；坚持精准防治，保障正常生产经营活动和群众生活便利。

第五条 反电信网络诈骗工作应当依法进行，维护公民和组织的合法权益。

有关部门和单位、个人应当对在反电信网络诈骗工作过程中知悉的国家秘密、商业秘密和个人隐私、个人信息予以保密。

第六条 国务院建立反电信网络诈骗工作机制，统筹协调打击治理工作。

地方各级人民政府组织领导本行政区域内反电信网络诈骗工作，确定反电信网络诈骗目标任务和工作机制，开展综合治理。

公安机关牵头负责反电信网络诈骗工作，金融、电信、网信、市场监管等有关部门依照职责履行监管主体责任，负责本行业领域反电信网络诈骗工作。

人民法院、人民检察院发挥审判、检察职能作用，依法防范、惩治电信网络诈骗活动。

电信业务经营者、银行业金融机构、非银行支付机构、互联网服务提供者承担风险防控责任，建立反电信网络诈骗内部控制机制和安全责任制度，加强新业务涉诈风险安全评估。

第七条 有关部门、单位在反电信网络诈骗工作中应当密切协作，实现跨行业、跨地域协同配合、快速联动，加强专业队伍建设，有效打击治理电信网络诈骗活动。

第八条 各级人民政府和有关部门应当加强反电信网络诈骗宣传，普及相关法律和知识，提高公众对各类电信网络诈骗方式的防骗意识和识骗能力。

教育行政、市场监管、民政等有关部门和村民委员会、居民委员会，应当结合电信网络诈骗受害群体的分布等特征，加强对老年人、青少年等群体的宣传教育，增强反电信网络诈骗宣传教育的针对性、精准性，开展反电信网络诈骗宣传教育进学校、进企业、进社区、进农村、进家庭等活动。

各单位应当加强内部防范电信网络诈骗工作，对工作人员开展防范电信网络诈骗教育；个人应当加强电信网络诈骗防范意识。单位、个人应当协助、配合有关部门依照本法规定开展反电信网络诈骗工作。

第二章 电信治理

第九条 电信业务经营者应当依法全面落实电话用户真实身份信息登记制度。

基础电信企业和移动通信转售企业应当承担对代理商落实电话用户实名制管理责任，在协议中明确代理商实名制登记的责任和有关违约处置措施。

第十条 办理电话卡不得超出国家有关规定限制的数量。

对经识别存在异常办卡情形的，电信业务经营者有权加强核查或者拒绝办卡。具体识别办法由国务院电信主管部门制定。

国务院电信主管部门组织建立电话用户开卡数量核验机制和风险信息共享机制，并为用户查询名下电话卡信息提供便捷渠道。

第十一条 电信业务经营者对监测识别的涉诈异常电话卡用户应当重新进行实名核验，根据风险等级采取有区别的、相应的核验措施。对未按规定核验或者核验未通过的，电信业务经营者可以限制、暂停有关电话卡功能。

第十二条 电信业务经营者建立物联网卡用户风险评估制度，评估未通过的，不得向其销售物联网卡；严格登记物联网卡用户身份信息；采取有效技术措施限定物联网卡开通功能、使用场景和适用设备。

单位用户从电信业务经营者购买物联网卡再将载有物联网卡的设备销售给其他用户的，应当核验和登记用户身份信息，并将销量、存量及用户实名信息传送给号码归属的电信业务经营者。

电信业务经营者对物联网卡的使用建立监测预警机制。对存在异常使用情形的，应当采取暂停服务、重新核验身份和使用场景或者其他合同约定的处置措施。

第十三条 电信业务经营者应当规范真实主叫号码传送和电信线路出租，对改号电话进行封堵拦截和溯源核查。

电信业务经营者应当严格规范国际通信业务出入口局主叫号码传送，真实、准确向用户提示来电号码所属国家或者地区，对网内和网间虚假主叫、不规范主叫进行识别、拦截。

第十四条 任何单位和个人不得非法制造、买卖、提供或者使用下列设备、软件：

（一）电话卡批量插入设备；

（二）具有改变主叫号码、虚拟拨号、互联网电话违规接入公用电信网络等功能的设备、软件；

（三）批量账号、网络地址自动切换系统，批量接收提供短信验证、语音验证的平台；

（四）其他用于实施电信网络诈骗等违法犯罪的设备、软件。

电信业务经营者、互联网服务提供者应当采取技术措施，及时识别、阻断前款规定的非法设备、软件接入网络，并向公安机关和相关行业主管部门报告。

第三章　金融治理

第十五条　银行业金融机构、非银行支付机构为客户开立银行账户、支付账户及提供支付结算服务，和与客户业务关系存续期间，应当建立客户尽职调查制度，依法识别受益所有人，采取相应风险管理措施，防范银行账户、支付账户等被用于电信网络诈骗活动。

第十六条　开立银行账户、支付账户不得超出国家有关规定限制的数量。

对经识别存在异常开户情形的，银行业金融机构、非银行支付机构有权加强核查或者拒绝开户。

中国人民银行、国务院银行业监督管理机构组织有关清算机构建立跨机构开户数量核验机制和风险信息共享机制，并为客户提供查询名下银行账户、支付账户的便捷渠道。银行业金融机构、非银行支付机构应当按照国家有关规定提供开户情况和有关风险信息。相关信息不得用于反电信网络诈骗以外的其他用途。

第十七条　银行业金融机构、非银行支付机构应当建立开立企业账户异常情形的风险防控机制。金融、电信、市场监管、税务等有关部门建立开立企业账户相关信息共享查询系统，提供联网核查服务。

市场主体登记机关应当依法对企业实名登记履行身份信息核验职责；依照规定对登记事项进行监督检查，对可能存在虚假登记、涉诈异常的企业重点监督检查，依法撤销登记的，依照前款的规定及时共享信息；为银行业金融机构、非银行支付机构进行客户尽职调查和依法识别受益所有人提供便利。

第十八条　银行业金融机构、非银行支付机构应当对银行账户、支付账户及支付结算服务加强监测，建立完善符合电信网络诈骗活动特征的异常账户和可疑交易监测机制。

中国人民银行统筹建立跨银行业金融机构、非银行支付机构的反洗钱统一监测系统，会同国务院公安部门完善与电信网络诈骗犯罪资金流转特点相适应的反洗钱可疑交易报告制度。

对监测识别的异常账户和可疑交易，银行业金融机构、非银行支付机构应当根据风险情况，采取核实交易情况、重新核验身份、延迟支付结算、限制或者中止有关业务等必要的防范措施。

银行业金融机构、非银行支付机构依照第一款规定开展异常账户和可疑交易监测时，可以收集异常客户互联网协议地址、网卡地址、支付受理终端信息等必要的交易信息、设备位置信息。上述信息未经客户授权，不得用于反电信网络诈骗以外的其他用途。

第十九条　银行业金融机构、非银行支付机构应当按照国家有关规定，完整、准确传输直接提供商品或者服务的商户名称、收付款客户名称及账号等交易信息，保证交易信息的真实、完整和支付全流程中的一致性。

第二十条　国务院公安部门会同有关部门建立完善电信网络诈骗涉案资金即时查询、紧急止付、快速冻结、及时解冻和资金返还制度，明确有关条件、程序和救济措施。

公安机关依法决定采取上述措施的，银行业金融机构、非银行支付机构应当予以配合。

第四章　互联网治理

第二十一条　电信业务经营者、互联网服务提供者为用户提供下列服务，在与用户签订协议或者确认提供服务时，应当依法要求用户提供真实身份信息，用户不提供真实身份信息的，不得提供服务：

（一）提供互联网接入服务；

（二）提供网络代理等网络地址转换服务；

（三）提供互联网域名注册、服务器托管、空间租用、云服务、内容分发服务；

（四）提供信息、软件发布服务，或者提供即时通讯、网络交易、网络游戏、网络直播发布、广告推广服务。

第二十二条　互联网服务提供者对监测识别的涉诈异常账号应当重新核验，根据国家有关规定采取限制功能、暂停服务等处置措施。

互联网服务提供者应当根据公安机关、电信主管部门要求，对涉案电话卡、涉诈异常电话卡所关联注册的有关互联网账号进行核验，根据风险情况，采取限期改正、限制功能、暂停使用、关闭账号、禁止重新注册等处置措施。

第二十三条 设立移动互联网应用程序应当按照国家有关规定向电信主管部门办理许可或者备案手续。

为应用程序提供封装、分发服务的，应当登记并核验应用程序开发运营者的真实身份信息，核验应用程序的功能、用途。

公安、电信、网信等部门和电信业务经营者、互联网服务提供者应当加强对分发平台以外途径下载传播的涉诈应用程序重点监测、及时处置。

第二十四条 提供域名解析、域名跳转、网址链接转换服务的，应当按照国家有关规定，核验域名注册、解析信息和互联网协议地址的真实性、准确性，规范域名跳转，记录并留存所提供相应服务的日志信息，支持实现对解析、跳转、转换记录的溯源。

第二十五条 任何单位和个人不得为他人实施电信网络诈骗活动提供下列支持或者帮助：

（一）出售、提供个人信息；

（二）帮助他人通过虚拟货币交易等方式洗钱；

（三）其他为电信网络诈骗活动提供支持或者帮助的行为。

电信业务经营者、互联网服务提供者应当依照国家有关规定，履行合理注意义务，对利用下列业务从事涉诈支持、帮助活动进行监测识别和处置：

（一）提供互联网接入、服务器托管、网络存储、通讯传输、线路出租、域名解析等网络资源服务；

（二）提供信息发布或者搜索、广告推广、引流推广等网络推广服务；

（三）提供应用程序、网站等网络技术、产品的制作、维护服务；

（四）提供支付结算服务。

第二十六条 公安机关办理电信网络诈骗案件依法调取证据的，互联网服务提供者应当及时提供技术支持和协助。

互联网服务提供者依照本法规定对有关涉诈信息、活动进行监测时，发现涉诈违法犯罪线索、风险信息的，应当依照国家有关规定，根据涉诈风险类型、程度情况移送公安、金融、电信、网信等部门。有关部门应当建立完善反馈机制，将相关情况及时告知移送单位。

第五章 综合措施

第二十七条 公安机关应当建立完善打击治理电信网络诈骗工作机制，加强专门队伍和专业技术建设，各警种、各地公安机关应当密切配合，依法有效惩处电信网络诈骗活动。

公安机关接到电信网络诈骗活动的报案或者发现电信网络诈骗活动，应当依照《中华人民共和国刑事诉讼法》的规定立案侦查。

第二十八条 金融、电信、网信部门依照职责对银行业金融机构、非银行支付机构、电信业务经营者、互联网服务提供者落实本法规定情况进行监督检查。有关监督检查活动应当依法规范开展。

第二十九条 个人信息处理者应当依照《中华人民共和国个人信息保护法》等法律规定，规范个人信息处理，加强个人信息保护，建立个人信息被用于电信网络诈骗的防范机制。

履行个人信息保护职责的部门、单位对可能被电信网络诈骗利用的物流信息、交易信息、贷款信息、医疗信息、婚介信息等实施重点保护。公安机关办理电信网络诈骗案件，应当同时查证犯罪所利用的个人信息来源，依法追究相关人员和单位责任。

第三十条 电信业务经营者、银行业金融机构、非银行支付机构、互联网服务提供者应当对从业人员和用户开展反电信网络诈骗宣传，在有关业务活动中对防范电信网络诈骗作出提示，对本领域新出现的电信网络诈骗手段及时向用户作出提醒，对非法买卖、出租、出借本人有关卡、账户、账号等被用于电信网络诈骗的法律责任作出警示。

新闻、广播、电视、文化、互联网信息服务等单位，应当面向社会有针对性地开展反电信网络诈骗宣传教育。

任何单位和个人有权举报电信网络诈骗活动，有关部门应当依法及时处理，对提供有效信息的举报人依照规定给予奖励和保护。

第三十一条 任何单位和个人不得非法买卖、出租、出借电话卡、物联网卡、电信线路、短信端口、银行账户、支付账户、互联网账号等，不得提供实名核验帮助；不得假冒他人身份或者虚构代理关系开立上述卡、账户、账号等。

对经设区的市级以上公安机关认定的实施前款行为的单位、个人和相关组织者，以及因从事电信网络诈骗活动或者关联犯罪受过刑事处罚的人员，可以按照国家有关规定记入信用记录，采取限制其有关卡、账户、账号等功能和停止非柜面业务、暂停新业务、限制入网等措施。对上述认定和措施有异议的，可以提出申诉，有关部门应当建立健全申诉渠道、信用修复和救济制度。具体办法由国务院公安部门会同有关主管部门规定。

第三十二条 国家支持电信业务经营者、银行业金融机构、非银行支付机构、互联网服务提供者研究开发有关电信网络诈骗反制技术，用于监测识别、动态封堵和处置涉诈异常信息、活动。

国务院公安部门、金融管理部门、电信主管部门和国家网信部门等应当统筹负责本行业领域反制技术措施建设，推进涉电信网络诈骗样本信息数据共享，加强涉诈用户信息交叉核验，建立有关涉诈异常信息、活动的监测识别、动态封堵和处置机制。

依据本法第十一条、第十二条、第十八条、第二十二条和前款规定，对涉诈异常情形采取限制、暂停服务等处置措施的，应当告知处置原因、救济渠道及需要提交的资料等事项，被处置对象可以向作出决定或者采取措施的部门、单位提出申诉。作出决定的部门、单位应当建立完善申诉渠道，及时受理申诉并核查，核查通过的，应当即时解除有关措施。

第三十三条 国家推进网络身份认证公共服务建设，支持个人、企业自愿使用，电信业务经营者、银行业金融机构、非银行支付机构、互联网服务提供者对存在涉诈异常的电话卡、银行账户、支付账户、互联网账号，可以通过国家网络身份认证公共服务对用户身份重新进行核验。

第三十四条 公安机关应当会同金融、电信、网信部门组织银行业金融机构、非银行支付机构、电信业务经营者、互联网服务提供者等建立预警劝阻系统，对预警发现的潜在被害人，根据情况及时采取相应劝阻措施。对电信网络诈骗案件应当加强追赃挽损，完善涉案资金处置制度，及时返还被害人的合法财产。对遭受重大生活困难的被害人，符合国家有关救助条件的，有关方面依照规定给予救助。

第三十五条 经国务院反电信网络诈骗工作机制决定或者批准，公安、金融、电信等部门对电信网络诈骗活动严重的特定地区，可以依照国家有关规定采取必要的临时风险防范措施。

第三十六条 对前往电信网络诈骗活动严重地区的人员，出境活动存在重大涉电信网络诈骗活动嫌疑的，移民管理机构可以决定不准其出境。

因从事电信网络诈骗活动受过刑事处罚的人员，设区的市级以上公安机关可以根据犯罪情况和预防再犯罪的需要，决定自处罚完毕之日起六个月至三年以内不准其出境，并通知移民管理机构执行。

第三十七条 国务院公安部门等会同外交部门加强国际执法司法合作，与有关国家、地区、国际组织建立有效合作机制，通过开展国际警务合作等方式，提升在信息交流、调查取证、侦查抓捕、追赃挽损等方面的合作水平，有效打击遏制跨境电信网络诈骗活动。

第六章 法律责任

第三十八条 组织、策划、实施、参与电信网络诈骗活动或者为电信网络诈骗活动提供帮助，构成犯罪的，依法追究刑事责任。

前款行为尚不构成犯罪的，由公安机关处十日以上十五日以下拘留；没收违法所得，处违法所得一倍以上十倍以下罚款，没有违法所得或者违法所得不足一万元的，处十万元以下罚款。

第三十九条 电信业务经营者违反本法规定，有下列情形之一的，由有关主管部门责令改正，情节较轻的，给予警告、通报批评，或者处五万元以上五十万元以下罚款；情节严重的，处五十万元以上五百万元以下罚款，并可以由有关主管部门责令暂停相关业务、停业整顿、吊销相关业务许可证或者吊销营业执照，对其直接负责的主管人员和其他直接责任人员，处一万元以上二十万元以下罚款：

（一）未落实国家有关规定确定的反电信网络诈骗内部控制机制的；

（二）未履行电话卡、物联网卡实名制登记职责的；

（三）未履行对电话卡、物联网卡的监测识别、监测预警和相关处置职责的；

（四）未对物联网卡用户进行风险评估，或者未限定物联网卡的开通功能、使用场景和适用设备的；

（五）未采取措施对改号电话、虚假主叫或者具有相应功能的非法设备进行监测处置的。

第四十条 银行业金融机构、非银行支付机构违反本法规定，有下列情形之一的，由有关主管部门责令改正，情节较轻的，给予警告、通报批评，或者处五万元以上五十万元以下罚款；情节严重的，处五十万元以上五百万元以下罚款，并可以由有关主管部门责令停止新增业务、缩减业务类型或者业务范围、暂停相关业务、停业整顿、吊销相关业务许可证或者吊销营业执照，对其直接负责的主管人员和其他

直接责任人员,处一万元以上二十万元以下罚款:

(一)未落实国家有关规定确定的反电信网络诈骗内部控制机制的;

(二)未履行尽职调查义务和有关风险管理措施的;

(三)未履行对异常账户、可疑交易的风险监测和相关处置义务的;

(四)未按照规定完整、准确传输有关交易信息的。

第四十一条 电信业务经营者、互联网服务提供者违反本法规定,有下列情形之一的,由有关主管部门责令改正,情节较轻的,给予警告、通报批评,或者处五万元以上五十万元以下罚款;情节严重的,处五十万元以上五百万元以下罚款,并可以由有关主管部门责令暂停相关业务、停业整顿、关闭网站或者应用程序、吊销相关业务许可证或者吊销营业执照,对其直接负责的主管人员和其他直接责任人员,处一万元以上二十万元以下罚款:

(一)未落实国家有关规定确定的反电信网络诈骗内部控制机制的;

(二)未履行网络服务实名制职责,或者未对涉案、涉诈电话卡关联注册互联网账号进行核验的;

(三)未按照国家有关规定,核验域名注册、解析信息和互联网协议地址的真实性、准确性,规范域名跳转,或者记录并留存所提供相应服务的日志信息的;

(四)未登记核验移动互联网应用程序开发运营者的真实身份信息或者未核验应用程序的功能、用途,为其提供应用程序封装、分发服务的;

(五)未履行对涉诈互联网账号和应用程序,以及其他电信网络诈骗信息、活动的监测识别和处置义务的;

(六)拒不依法为查处电信网络诈骗犯罪提供技术支持和协助,或者未按规定移送有关违法犯罪线索、风险信息的。

第四十二条 违反本法第十四条、第二十五条第一款规定的,没收违法所得,由公安机关或者有关主管部门处违法所得一倍以上十倍以下罚款,没有违法所得或者违法所得不足五万元的,处五十万元以下罚款;情节严重的,由公安机关并处十五日以下拘留。

第四十三条 违反本法第二十五条第二款规定,由有关主管部门责令改正,情节较轻的,给予警告、通报批评,或者处五万元以上五十万元以下罚款;情节严重的,处五十万元以上五百万元以下罚款,并可以由有关主管部门责令暂停相关业务、停业整顿、关闭网站或者应用程序,对其直接负责的主管人员和其他直接责任人员,处一万元以上二十万元以下罚款。

第四十四条 违反本法第三十一条第一款规定的,没收违法所得,由公安机关处违法所得一倍以上十倍以下罚款,没有违法所得或者违法所得不足二万元的,处二十万元以下罚款;情节严重的,并处十五日以下拘留。

第四十五条 反电信网络诈骗工作有关部门、单位的工作人员滥用职权、玩忽职守、徇私舞弊,或者有其他违反本法规定行为,构成犯罪的,依法追究刑事责任。

第四十六条 组织、策划、实施、参与电信网络诈骗活动或者为电信网络诈骗活动提供相关帮助的违法犯罪人员,除依法承担刑事责任、行政责任以外,造成他人损害的,依照《中华人民共和国民法典》等法律的规定承担民事责任。

电信业务经营者、银行业金融机构、非银行支付机构、互联网服务提供者等违反本法规定,造成他人损害的,依照《中华人民共和国民法典》等法律的规定承担民事责任。

第四十七条 人民检察院在履行反电信网络诈骗职责中,对于侵害国家利益和社会公共利益的行为,可以依法向人民法院提起公益诉讼。

第四十八条 有关单位和个人对依照本法作出的行政处罚和行政强制措施决定不服的,可以依法申请行政复议或者提起行政诉讼。

第七章 附 则

第四十九条 反电信网络诈骗工作涉及的有关管理和责任制度,本法没有规定的,适用《中华人民共和国网络安全法》、《中华人民共和国个人信息保护法》、《中华人民共和国反洗钱法》等相关法律规定。

第五十条 本法自 2022 年 12 月 1 日起施行。

关于《中华人民共和国反电信网络诈骗法(草案)》的说明

——2021年10月19日在第十三届全国人民代表大会常务委员会第三十一次会议上

全国人大常委会法制工作委员会副主任 李 宁

全国人民代表大会常务委员会:

我受委员长会议委托,作关于《中华人民共和国反电信网络诈骗法(草案)》的说明。

一、制定本法的必要性

一是贯彻落实党中央决策部署的重要举措。当前电信网络诈骗活动多发高发,严重危害人民群众利益和社会和谐稳定。习近平总书记高度重视打击治理电信网络诈骗犯罪工作,多次作出重要指示批示,对反电信网络诈骗工作的指导思想、基本原则、关键环节和制度构建,以及加强法律制度建设等提出明确要求。制定反电信网络诈骗法是落实党中央决策部署、打击遏制电信网络诈骗的重要举措。

二是坚持以人民为中心,统筹发展和安全的必然要求。近年来,电信网络诈骗犯罪活动形势严峻,在刑事犯罪案件中占据很大的比重。犯罪分子利用新型电信网络技术手段,钻管理上的漏洞,利用非法获取个人信息、网络黑灰产业交易等实施精准诈骗,组织化、链条化运作,跨境跨地域实施,严重危害人民群众获得感、幸福感、安全感。电信网络诈骗犯罪已经成为当前发案最高、损失最大、群众反响最强烈的突出犯罪,多发高发态势难以有效遏制,需要进一步完善制度,坚决打击治理,维护人民群众切身利益。

三是反电信网络诈骗工作实践的迫切需要。从实践情况看,反电信网络诈骗工作综合治理、源头治理方面的制度措施不够充分,金融、通信、互联网等行业治理存在薄弱环节,需要进一步建立完善各方面责任制度,形成协同打击治理合力;实践中一些好的做法和政策文件需要上升为法律规定;现有法律规定总体上较为分散,不够明确,针对性不强,各方面对于加强法律制度建设的需求较为迫切。

二、起草的过程和总体思路

为贯彻落实党中央决策部署,完善反电信网络诈骗法律制度建设,法制工作委员会会同有关方面积极开展研究起草工作。一是深入调查研究,到各有关行业主管部门、互联网企业、电信企业,以及浙江、云南、江苏、北京等地调研;商请有关部门提供统计数据分析和案例;系统梳理现有政策文件、总结实践经验;委托有关方面对国外电信网络管理制度、反电信网络诈骗法律制度等进行研究。二是广泛听取意见,多次召开座谈会听取中央有关部门、企业和地方的意见,听取部分全国人大代表意见,将草案征求意见稿印发中央有关部门和部分省(市)等征求意见。三是会同公安部、工信部、中国人民银行、中央网信办等就立法中的主要问题深入研究论证,形成共识。

制定反电信网络诈骗法的总体思路是,贯彻落实习近平总书记关于打击治理电信网络诈骗工作的重要指示批示精神,贯彻习近平法治思想,坚持以人民为中心,统筹发展和安全,坚持精准防治和问题导向,强化系统观念、注重源头治理、综合治理,加强预防性法律制度建设,为打击遏制电信网络诈骗活动提供法治支撑。立法工作中注意把握以下几点:一是立足综合治理、源头治理和依法治理,侧重前端防范。关于电信网络诈骗违法犯罪分子的法律责任,刑法已做出多次修改完善,治安管理处罚法也有相关规定。本法主要是按照完善预防性法律制度的要求,针对电信网络诈骗发生的信息链、资金链、技术链、人员链等各环节加强防范性制度措施建设。二是"小快灵"、"小切口",对关键环节、主要制度作出规定,条文数量不求太多,增强立法的针对性、实用性和有效性。三是急用先行。本法是一部系统综合、针对性强的专项法律,对实践中迫切需要的制度安排作出规定,拟制定修改的电信法、网络犯罪防治法、反洗钱法等其他相关立法针对电信网络诈骗也可从各自角度细化相关规定,专项立法与相关立法相互配套、共同推进。

三、草案的主要内容

草案共三十九条,主要内容包括:

一是反电信网络诈骗工作的基本原则。强调坚持系统观念，注重源头治理、综合治理，全面落实打防管控各项措施；规定各部门职责、企业职责和地方政府职责；加强协同联动工作机制建设。

二是完善电话卡、物联网卡、金融账户、互联网账号有关基础管理制度。落实实名制，规定电话卡、互联网服务真实信息登记制度，建立健全金融业务尽职调查制度；对办理电话卡、金融账户的数量和异常办卡、开户情形进行限制，防范开立企业账户风险；有针对性地完善物联网卡销售、使用监测制度。

三是支持研发电信网络诈骗反制技术措施，统筹推进跨行业、企业统一监测系统建设，为利用大数据反诈提供制度支持。规定金融、通信、互联网等领域涉诈异常情形的监测、识别和处置，包括高风险电话卡、异常金融账户和可疑交易、异常互联网账号等，规定相应救济渠道；规定金融、通信、互联网行业主管部门统筹推进相关跨行业、企业的统一监测系统建设，推进涉诈样本信息数据共享；要求互联网企业移送监测发现的嫌疑线索。

四是加强对涉诈相关非法服务、设备、产业的治理。治理改号电话、虚假主叫和涉诈非法设备；加强涉诈 APP（移动互联网应用程序）、互联网域名监测治理；打击治理涉电信网络诈骗相关产业。

五是其他措施方面，建立涉案资金紧急止付、快速冻结和资金返还制度；防范个人信息被用于电信网络诈骗；有针对性加强宣传教育；对潜在受害人预警劝阻和开展被害人救助；加强治理跨境电信网络诈骗活动，规定特定风险防范措施和国际合作。

六是明确法律责任，加大惩处力度。加大惩处非法买卖、出租、出借电话卡、物联网卡、金融账户、互联网账号行为，实施惩戒措施；对违反本法规定依法追究刑事责任以及实施、帮助实施电信网络诈骗活动的法律责任作出衔接性规定；规定金融、电信、互联网企业违反本法规定制度措施的处罚；对有关企业因重大过错导致电信网络诈骗损失或者造成损失扩大的，规定依法承担相应民事责任。

反电信网络诈骗法草案和以上说明是否妥当，请审议。

全国人民代表大会宪法和法律委员会关于《中华人民共和国反电信网络诈骗法（草案）》修改情况的汇报

——2022 年 6 月 21 日在第十三届全国人民代表大会常务委员会第三十五次会议上

全国人大宪法和法律委员会副主任委员　周光权

全国人民代表大会常务委员会：

常委会第三十一次会议对反电信网络诈骗法草案进行了初次审议。会后，法制工作委员会将草案印发各省（区、市）人大常委会、中央有关部门和部分高等院校、研究机构、基层立法联系点等征求意见。在中国人大网全文公布草案征求社会公众意见。宪法和法律委员会、法制工作委员会就一些重要问题与中央有关部门多次沟通研究，联合召开座谈会听取中央有关部门、全国人大代表和专家的意见，到北京等地调研，通过视频方式听取互联网企业意见。王晨副委员长率队到公安机关调研。宪法和法律委员会于 5 月 23 日召开会议，根据常委会组成人员的审议意见和各方面意见，对草案进行了逐条审议，还就修改方案征求了公安部、工信部、中国人民银行的意见。6 月 14 日，宪法和法律委员会召开会议，再次进行了审议。现将反电信网络诈骗法草案主要问题的修改情况汇报如下：

一、有的常委委员、地方和社会公众提出，反电信网络诈骗工作要注意处理好打击治理与保护公民、组织合法权益之间的关系。宪法和法律委员会经研究，建议增加规定，反电信网络诈骗工作应当依法进行，维护公民和组织的合法权益，依法保护国家秘密、商业秘密和个人隐私，并规定相应法律责任。

二、有的常委委员、地方、部门和社会公众提出，从实践看开展有效宣传防范是重要经验，建议草案加强完善这方面的规定。宪法和法律委员会经研究，建议作以下修改补充：一是规定增强公民防范意识和防范能力。二是增加金融机构、电信企业、互联网企业和新闻媒体单位开展反电信网络诈骗宣传的相关义务。三是扩大预警劝阻的责任主体,增加其他有关部门和金融、电信、互联网企业的预警劝阻措施。

三、有的常委委员、部门、地方提出,防范利用金融系统非法转移资金是反电信网络诈骗工作的重要环节,建议进一步拓展涉电信网络诈骗"资金链"治理。宪法和法律委员会经研究,建议作以下修改补充:一是将涉诈监测治理对象由银行账户、支付账户扩展到数字人民币钱包、收款条码等支付工具和支付服务。二是增加规定有关部门组织建立为用户提供查询名下银行账户、支付账户便捷渠道。三是为保障监测识别异常账户、可疑交易的有效性,明确金融机构可依法收集必要的交易和设备位置信息。四是规定支付机构应当依照规定完整、准确传输有关交易信息,防范电信网络诈骗分子借此洗钱。

四、有的常委会组成人员、地方、部门和社会公众建议提高草案法律责任部分的罚款幅度,加大对电信网络诈骗人员的惩处力度。宪法和法律委员会经研究,建议作以下修改补充:一是增加对电信网络诈骗分子使用电话卡、金融账户、互联网账号等的限制措施,并增加限制措施情形。二是根据打击治理跨境电信网络诈骗的实践需要,增加规定对有关涉电信网络诈骗人员可以采取限制出境措施。三是对有关违反本法规定行为的罚款幅度作了调整。

五、有的部门提出,国家正在按照规定推进试点网络身份认证公共服务建设,可以为涉诈异常的电话卡、银行卡、互联网账号提供重新核验身份服务。宪法和法律委员会经研究,建议采纳上述意见,增加相应规定,同时明确按照个人、企业自愿使用原则,是一种可供电信、金融、互联网等行业企业选择适用的措施,不排斥现有核验措施的适用。

六、草案第三十一条对电信业务经营者、金融机构和互联网服务提供者一定情形下承担相应民事责任作了规定。有的常委委员、部门、地方和企业提出,电信网络诈骗分子是主要侵权责任人,对相关行业企业设定民事责任应当慎重,同时要考虑对优化服务可能带来的不利影响,也有意见认为企业应当依法承担民事责任。宪法和法律委员会经研究,建议修改为与民法典的衔接性规定,不设定新的民事责任制度。

此外,还对草案作了一些文字修改。

草案二次审议稿已按上述意见作了修改,宪法和法律委员会建议提请本次常委会会议继续审议。

草案二次审议稿和以上汇报是否妥当,请审议。

全国人民代表大会宪法和法律委员会关于《中华人民共和国反电信网络诈骗法(草案)》审议结果的报告

——2022年8月30日在第十三届全国人民代表大会常务委员会第三十六次会议上

全国人大宪法和法律委员会副主任委员 周光权

全国人民代表大会常务委员会:

常委会第三十五次会议对反电信网络诈骗法草案进行了二次审议。会后,法制工作委员会将草案印发中央有关部门、金融机构等征求意见,在中国人大网全文公布草案二次审议稿,再次征求社会公众意见。宪法和法律委员会、法制工作委员会就一些重要问题会同有关方面加强研究,通过视频方式与福建省有关部门连线调研,赴湖北省实地调研,召开座谈会听取互联网企业和有关部门、商业银行、专家等意见。宪法和法律委员会于7月18日召开会议,根据委员长会议精神、常委会组成人员审议意见和各方面的意见,对草案进行了逐条审议。公安部、工业和信息化部、中国人民银行有关负责同志列席了会议。8月17日,宪法和法律委员会召开会议,再次进行了审议。宪法和法律委员会认为,草案经过两次审议修改,已经比较成熟。同时,提出以下主要修改意见:

一、有的常委会组成人员、部门和社会公众提出，为了进一步加强打击电信网络诈骗，建议在草案中增加人民法院、人民检察院和公安机关的相应职责。宪法和法律委员会经研究，建议增加以下规定：一是人民法院、人民检察院发挥审判、检察职能作用，依法防范、惩治电信网络诈骗活动。二是公安机关应当建立完善打击治理工作机制，加强能力建设，有效惩治电信网络诈骗活动，对电信网络诈骗犯罪案件依法及时立案。

二、有的常委会组成人员提出，应当根据实践需要有针对性地加强宣传教育防范措施。宪法和法律委员会经研究，建议增加以下规定：一是加强对老年人、青少年等群体的宣传教育，增强反电信网络诈骗宣传教育的针对性、精准性。二是明确有关行业企业对本领域新出现的电信网络诈骗手段及时向用户作出提醒。三是规定对公众举报电信网络诈骗的奖励制度。

三、有些互联网企业提出，反电信网络诈骗工作需要重视和加强互联网企业和有关部门对于涉诈违法犯罪线索、风险信息的共享，完善有关移送处置机制，提升企业监测防范水平。宪法和法律委员会经研究，建议采纳上述意见，增加相应规定。

四、有些常委委员、部门和社会公众提出，要进一步加大对电信网络诈骗分子的惩处力度。在刑法作出刑事责任规定的同时，也要就行政处罚作出专门规定，并进一步明确承担民事责任和纳入信用记录。宪法和法律委员会经研究，建议采纳上述意见，增加以下规定：一是规定对从事电信网络诈骗活动的有关人员，可以按照国家有关规定记入信用记录，并规定了具体惩戒措施。同时，明确有关部门应当建立健全申诉渠道、信用修复和救济制度。具体办法由国务院公安部门会同有关主管部门规定。二是规定从事电信网络诈骗活动，尚不构成犯罪的行政处罚。三是进一步明确从事电信网络诈骗违法犯罪人员除依法承担刑事责任、行政责任以外，造成他人损害的，依法承担民事责任。

五、有的常委委员、部门和社会公众提出，对涉诈异常情形采取相应处置措施时，要进一步明确救济途径。宪法和法律委员会经研究，建议增加规定，有关部门、单位应当将处置原因、救济渠道及需要提交的资料等事项告知被处置对象，并建立完善申诉渠道。

六、有的常委会组成人员、部门提出，电信网络诈骗犯罪多发高发，严重侵害国家利益、社会公共利益，有必要增加规定检察机关可以依法提起公益诉讼。宪法和法律委员会经研究，建议采纳上述意见，增加相应规定。

此外，还对草案二次审议稿作了一些文字修改。

8 月 16 日，法制工作委员会召开会议，邀请有关基层部门、企业、全国人大代表和专家学者，就草案的可行性、出台时机、实施的社会效果和可能出现的问题等进行评估。普遍认为，草案贯彻落实习近平总书记重要指示批示精神和党中央决策部署，坚持以人民为中心，统筹发展和安全，立足各环节、全链条防范治理电信网络诈骗，精准发力，为反电信网络诈骗工作提供有力法律支撑。草案经过两次审议已比较成熟，具有较强的针对性和可操作性，实践迫切需要，建议尽快出台。同时，还对草案提出了一些具体修改意见，宪法和法律委员会进行了认真研究，对有的意见予以采纳。

草案三次审议稿已按上述意见作了修改。宪法和法律委员会建议提请本次常委会会议审议通过。

草案三次审议稿和以上报告是否妥当，请审议。

全国人民代表大会宪法和法律委员会关于《中华人民共和国反电信网络诈骗法（草案三次审议稿）》修改意见的报告

——2022 年 9 月 1 日在第十三届全国人民代表大会常务委员会第三十六次会议上

全国人民代表大会常务委员会：

本次常委会会议于 8 月 30 日下午对反电信网络诈骗法草案三次审议稿进行了分组审议。普遍认为，草案已经比较成熟，建议进一步修改后，提请本次常委会会议表决通过。同时，有些常委会组成人员和列席人员还提出了一些修改意见和建议。

宪法和法律委员会于8月31日上午召开会议，逐条研究了常委会组成人员和列席人员的审议意见，对草案进行了审议。公安部、工业和信息化部、中国人民银行有关负责同志列席了会议。宪法和法律委员会认为，草案是可行的，同时，提出以下修改意见：

一、有的常委委员提出，实践中单位财务人员等成为电信网络诈骗重点对象，造成单位财产损失，建议加强单位内部管理防范措施。宪法和法律委员会经研究，建议增加规定，各单位应当加强内部防范电信网络诈骗工作，对工作人员开展防范电信网络诈骗教育。

二、有的常委委员提出，草案三次审议稿第二十五条所列不得为他人实施电信网络诈骗活动提供有关支持和帮助的行为中，有些与正常经营和业务活动有交叉，建议进一步明确法律界限。宪法和法律委员会经研究，建议将所列行为分为两类情形规定，明确电信业务经营者、互联网服务提供者应当依照国家有关规定履行合理注意义务，对有关涉诈活动进行监测识别和处置。

三、有的常委委员、部门提出，本法对主管部门监管责任、企业各项防范治理责任等作了相应规定。为保障这些规定得到有效实施，建议增加规定，有关主管部门应当依照职责对企业落实情况进行监督检查；有的部门、企业提出，有关监督检查活动应当依法规范开展。宪法和法律委员会经研究，建议采纳上述意见，增加相应规定。

四、根据有些常委会组成人员的意见，宪法和法律委员会经研究，建议对有关国际合作的规定作进一步修改完善，规定："国务院公安部门等会同外交部门加强国际执法司法合作，与有关国家、地区、国际组织建立有效合作机制，通过开展国际警务合作等方式，提升在信息交流、调查取证、侦查抓捕、追赃挽损等方面的合作水平，有效打击遏制跨境电信网络诈骗活动。"

有的常委会组成人员还对本法通过后的实施和宣传工作提出了意见。宪法和法律委员会建议有关部门认真研究常委会组成人员的审议意见，抓紧制定和完善相关配套规定，积极做好宣传和解读，加大执法力度，保证法律全面有效实施。

经与有关部门研究，建议将本法的施行时间确定为2022年12月1日。

此外，根据常委会组成人员的审议意见，还对草案三次审议稿作了一些文字修改。

草案修改稿已按上述意见作了修改，宪法和法律委员会建议本次常委会会议审议通过。

草案修改稿和以上报告是否妥当，请审议。

关于反电信网络诈骗法草案合宪性研究意见

为了预防、遏制和惩治电信网络诈骗活动，保护公民和组织的合法权益，维护社会稳定和国家安全，2021年10月和2022年6月，十三届全国人大常委会第三十一次会议、第三十五次会议先后对反电信网络诈骗法草案进行了两次审议。法制工作委员会宪法室对反电信网络诈骗法草案涉及宪法的有关问题进行了认真研究，现将有关情况和研究意见报告如下。

一、反电信网络诈骗法是贯彻实施宪法的重要举措

我国宪法对打击犯罪和保护公民的基本权利作了充分具体的规定。通过建立健全法律法规和制度体系，推动和保障宪法实施，是我国宪法实施的基本途径。在依法打击犯罪方面，现行宪法颁布实施40年以来，全国人大及其常委会制定并不断补充和完善刑法，通过关于刑法的解释，并制定了一系列防范和惩处犯罪相关法律和有关法律问题的决定，如预防未成年人犯罪法、反有组织犯罪法、反恐怖主义法、关于维护互联网安全的决定等。这些刑事领域立法为依法防范和惩处犯罪，维护国家安全、社会秩序和公民、组织合法权益提供了有力法律依据，是不断通过立法落实宪法规定和精神的具体举措。反电信网络诈骗法是专门针对当前突出的电信网络诈骗违法犯罪活动，加强源头治理的又一部刑事领域专门法律。根据实践需要，及时制定反电信网络诈骗法，有效防范和惩处电信网络诈骗违法犯罪活动，保护公民财产、个人信息安全等合法权益，是通过立法推动实施宪法的又一重要举措。

（一）反电信网络诈骗是国家依法维护社会秩序、打击犯罪活动的必然要求

宪法第二十八条规定，国家维护社会秩序，镇压叛国和其他危害国家安全的犯罪活动，制裁危害

社会治安、破坏社会主义经济和其他犯罪的活动，惩办和改造犯罪分子。习近平总书记在中央全面依法治国工作会议上指出："网络犯罪已成为危害我国国家政治安全、网络安全、社会安全、经济安全等的重要风险之一。"近年来，随着信息技术的快速发展和应用普及，经济社会生活越来越依赖于信息网络。与之相伴随，各种电信网络诈骗违法犯罪活动呈现持续快速增长势头，在刑事犯罪案件中占很大比重，且发案率长期居高不下，造成损失巨大，社会危害严重，人民群众反映强烈。习近平总书记在十九届中央政治局第三十五次集体学习时明确提出，对人民群众反映强烈的电信网络诈骗等突出问题，要从完善法律入手进行规制，补齐监管漏洞和短板，决不能放任不管。如何尽快有效遏制电信诈骗违法犯罪活动多发高发态势，是关系社会治理能力的重大实践课题。从电信网络诈骗犯罪的特点看，往往依托于信息网络技术，呈现明显的有组织作案，分工细致、利益链紧密、跨境跨地域逃避打击能力强、受害面广、追赃挽损难等特征。同时，电信网络诈骗受害人往往是老年人、青少年等，他们识别犯罪和自我保护能力不足。对此，要从加强社会治理现代化的角度出发，总结犯罪规律，从单纯的末端打击向预防犯罪发生的前端延伸，尽可能消除和压缩犯罪赖以生存的空间，有效遏制犯罪高发的势头。因此，贯彻落实宪法关于维护社会秩序，打击犯罪活动的规定，制定专门的反电信网络诈骗法，对于预防、遏制和惩治电信网络诈骗犯罪活动，具有重要意义。同时，也是落实习近平总书记提出的"法治建设既要抓末端、治已病，更要抓前端、治未病"，"要推动更多法治力量向引导和疏导端用力，完善预防性法律制度"要求的具体立法举措。

（二）反电信网络诈骗是保护公民财产权、个人信息安全等合法权益的重要措施

宪法第十三条规定，公民的合法的私有财产不受侵犯。国家依照法律规定保护公民的私有财产权和继承权。宪法第四十条中进一步规定，公民的通信自由和通信秘密受法律保护。电信网络诈骗违法犯罪活动，直接侵犯公民财产权利。同时，作为利用信息网络技术实施的新型犯罪，违法行为人为了实施犯罪，需要通过各种渠道和方式非法获取公民个人信息。这些窃取、收买等非法获取公民个人信息的行为，又是违反网络安全、个人信息保护、数据安全等法律和相关管理规定的非法行为。基于网络犯罪的特点，围绕个人信息非法获取与非法交易，以及相关非法软件、工具的开发和非法提供等利益链，形成了紧密的网络黑色产业链。这些黑色产业链的存在，为电信网络诈骗违法行为人实施"精准"诈骗提供信息、技术、物质等帮助。要有效遏制电信网络诈骗违法犯罪活动高发的态势，必须从源头上依法规范个人信息收集、处理活动，惩处各类涉个人信息违法违规行为，加强对公民个人信息的保护。因此，制定专门的反电信网络诈骗法，依法治理电信网络诈骗违法犯罪活动，既有利于保护公民财产权利，同时对于在治理工作中保护和规范公民个人信息的收集、使用等具有重要意义。

二、明确反电信网络诈骗法的宪法依据进一步完善了宪法相关法律制度，丰富了宪法规定的具体制度内涵

习近平总书记在中央人大工作会议上强调："全国人大及其常委会要完善宪法相关法律制度，保证宪法确立的制度、原则、规则得到全面实施"，"要以宪法为根本活动准则，用科学有效、系统完备的制度体系保证宪法实施"。完善以宪法为核心的中国特色社会主义法律体系，建设中国特色社会主义法治体系，既是贯彻以宪法为核心的国家各项制度和法律法规总依据的原则要求，又是通过完备的法律法规体系全面有效实施宪法的重大成就。在反电信网络诈骗法中规定"根据宪法，制定本法"，进一步完善了宪法相关法律制度，丰富了宪法规定的具体制度内涵。

（一）健全完善宪法相关法律制度

习近平总书记强调："要加强重点领域、新兴领域、涉外领域立法，注重将社会主义核心价值观融入立法，健全国家治理急需、满足人民日益增长的美好生活需要必备的法律制度。"2020 年 5 月，十三届全国人大三次会议制定通过民法典，在人格权编中通过专章对于个人信息保护作出具体规定，明确："自然人的个人信息受法律保护"。2021 年 6 月，十三届全国人大常委会第三十次会议制定通过个人信息保护法，对个人信息的收集、存储、使用、加工、传输、提供等作出具体规定。在民法典和个人信息保护法基础上，根据反电信网络诈骗法草案在审议中的各方面意见，草案第一条中专门增加规定"根据宪法，制定本法"，有利于通过立法进一步健全完善个人信息保护相关宪法法律制度。

（二）强调反电信网络诈骗工作应当依法进行

宪法第三十一条中规定，国家尊重和保障人权。制定反电信网络诈骗法，预防和打击电信网络诈骗活动，是对宪法第三十一条国家尊重和保障人权原则的具体实施。特别是反电信网络诈骗法草案根据有关方面的意见，在总则中专门增加了一条规定："反电信网络诈骗工作应当依法进行，维护公民和组织的合法权益。有关部门和单位、个人应当对在反电信网络诈骗工作过程中知悉的国家秘密、商业秘密和个人隐私予以保密。"这一规定一是通过制定反电信网络诈骗法，针对电信网络诈骗发生的各环节加强防范性制度措施建设，有利于切实维护网络时代公民和组织的合法权益，是新时代加强人权法治保障的重要举措。二是作为新兴领域立法，反电信网络诈骗法针对的是网络空间新兴违法犯罪活动。为了有效应对此类犯罪手段新、变化快、非现场等特点，法律上也赋予了有关部门较多的手段，其中有的手段涉及到公民和组织的权利，有关方面还有一些不同认识和意见。为预防这些手段使用不当，出现偏差，损害公民和组织的合法权益，有必要在总则中规定一个总的原则要求，即防范和惩治犯罪要符合法治原则。

三、进一步研究丰富关于个人信息保护的宪法内涵，确保反电信网络诈骗法符合宪法的规定、原则和精神

立法是对宪法的具体化，通过具体领域的立法工作，有利于进一步阐述和丰富宪法规定的具体制度内涵。反电信网络诈骗与公民个人信息保护具有密切联系，制定反电信网络诈骗法对于保护个人信息权益，规范个人信息处理具有重要意义。

（一）统筹处理好打击违法犯罪与公民个人信息保护之间的关系

随着信息技术的快速发展和应用普及，经济社会生活越来越依赖于信息网络，电信网络诈骗犯罪依托于现代信息网络技术，诈骗行为空间虚拟、行为隐蔽、手段多样。需要注意的是，在打击治理电信网络诈骗工作中，有的措施或者活动，有时不可避免会对公民个人信息的保护带来冲突和挑战，在审议中，也有意见提出要注意处理好打击违法犯罪与公民个人信息保护之间的关系，在治理电信网络诈骗的同时要避免对广大普通群众的通信自由和通信秘密以及其他个人信息造成侵害。

（二）进一步研究丰富个人信息保护的宪法内涵

宪法第四十条明确规定："除因国家安全或者追查刑事犯罪的需要，由公安机关或者检察机关依照法律规定的程序对通信进行检查外，任何组织或者个人不得以任何理由侵犯公民的通信自由和通信秘密。"贯彻实施宪法，反电信网络诈骗法明确"根据宪法"制定本法的规定，并增加规定有关部门和单位、个人应当对在反电信网络诈骗工作过程中知悉的国家秘密、商业秘密和个人隐私予以保密。这对于在数字治理时代从宪法视角回应个人信息权益保护的课题具有重要意义，有利于进一步拓展和厘清宪法关于通信自由和通信秘密保护的外延和内涵，进一步丰富宪法关于维护社会秩序和个人信息保护的制度内涵，为在打击治理电信网络诈骗工作中明确公民的通信自由和通信秘密受法律保护提供了法律遵循，确保全国人大常委会通过的法律符合宪法规定、原则和精神。

中华人民共和国主席令

第一二〇号

《中华人民共和国农产品质量安全法》已由中华人民共和国第十三届全国人民代表大会常务委员会第三十六次会议于 2022 年 9 月 2 日修订通过，现予公布，自 2023 年 1 月 1 日起施行。

中华人民共和国主席　习近平

2022 年 9 月 2 日

中华人民共和国农产品质量安全法

（2006 年 4 月 29 日第十届全国人民代表大会常务委员会第二十一次会议通过　根据 2018 年 10 月 26 日第十三届全国人民代表大会常务委员会第六次会议《关于修改〈中华人民共和国野生动物保护法〉等十五部法律的决定》修正　2022 年 9 月 2 日第十三届全国人民代表大会常务委员会第三十六次会议修订）

目　录

第一章　总　　则

第一条　为了保障农产品质量安全，维护公众健康，促进农业和农村经济发展，制定本法。

第二条　本法所称农产品，是指来源于种植业、林业、畜牧业和渔业等的初级产品，即在农业活动中获得的植物、动物、微生物及其产品。

本法所称农产品质量安全，是指农产品质量达到农产品质量安全标准，符合保障人的健康、安全的要求。

第三条　与农产品质量安全有关的农产品生产经营及其监督管理活动，适用本法。

《中华人民共和国食品安全法》对食用农产品的市场销售、有关质量安全标准的制定、有关安全信息的公布和农业投入品已经作出规定的，应当遵守其规定。

第四条　国家加强农产品质量安全工作，实行源头治理、风险管理、全程控制，建立科学、严格的监督管理制度，构建协同、高效的社会共治体系。

第五条　国务院农业农村主管部门、市场监督管理部门依照本法和规定的职责，对农产品质量安全实施监督管理。

国务院其他有关部门依照本法和规定的职责承担农产品质量安全的有关工作。

第六条　县级以上地方人民政府对本行政区域的农产品质量安全工作负责，统一领导、组织、协调本行政区域的农产品质量安全工作，建立健全农产品质量安全工作机制，提高农产品质量安全水平。

县级以上地方人民政府应当依照本法和有关规定，确定本级农业农村主管部门、市场监督管理部门和其他有关部门的农产品质量安全监督管理工作职责。各有关部门在职责范围内负责本行政区域的农产品质量安全监督管理工作。

乡镇人民政府应当落实农产品质量安全监督管理责任，协助上级人民政府及其有关部门做好农产品质量安全监督管理工作。

第七条　农产品生产经营者应当对其生产经营的农产品质量安全负责。

农产品生产经营者应当依照法律、法规和农产品质量安全标准从事生产经营活动，诚信自律，接受社会监督，承担社会责任。

第八条　县级以上人民政府应当将农产品质量安全管理工作纳入本级国民经济和社会发展规划，所需经费列入本级预算，加强农产品质量安全监督管理能力建设。

第九条　国家引导、推广农产品标准化生产，鼓励和支持生产绿色优质农产品，禁止生产、销售不符合国家规定的农产品质量安全标准的农产品。

第十条　国家支持农产品质量安全科学技术研究，推行科学的质量安全管理方法，推广先进安全的生产技术。国家加强农产品质量安全科学技术国际交流与合作。

第十一条　各级人民政府及有关部门应当加强农产品质量安全知识的宣传，发挥基层群众性自治组织、农村集体经济组织的优势和作用，指导农产品生产经营者加强质量安全管理，保障农产品消费安全。

新闻媒体应当开展农产品质量安全法律、法规和农产品质量安全知识的公益宣传，对违法行为进行舆论监督。有关农产品质量安全的宣传报道应当真实、公正。

第十二条 农民专业合作社和农产品行业协会等应当及时为其成员提供生产技术服务,建立农产品质量安全管理制度,健全农产品质量安全控制体系,加强自律管理。

第二章 农产品质量安全风险管理和标准制定

第十三条 国家建立农产品质量安全风险监测制度。

国务院农业农村主管部门应当制定国家农产品质量安全风险监测计划,并对重点区域、重点农产品品种进行质量安全风险监测。省、自治区、直辖市人民政府农业农村主管部门应当根据国家农产品质量安全风险监测计划,结合本行政区域农产品生产经营实际,制定本行政区域的农产品质量安全风险监测实施方案,并报国务院农业农村主管部门备案。县级以上地方人民政府农业农村主管部门负责组织实施本行政区域的农产品质量安全风险监测。

县级以上人民政府市场监督管理部门和其他有关部门获知有关农产品质量安全风险信息后,应当立即核实并向同级农业农村主管部门通报。接到通报的农业农村主管部门应当及时上报。制定农产品质量安全风险监测计划、实施方案的部门应当及时研究分析,必要时进行调整。

第十四条 国家建立农产品质量安全风险评估制度。

国务院农业农村主管部门应当设立农产品质量安全风险评估专家委员会,对可能影响农产品质量安全的潜在危害进行风险分析和评估。国务院卫生健康、市场监督管理等部门发现需要对农产品进行质量安全风险评估的,应当向国务院农业农村主管部门提出风险评估建议。

农产品质量安全风险评估专家委员会由农业、食品、营养、生物、环境、医学、化工等方面的专家组成。

第十五条 国务院农业农村主管部门应当根据农产品质量安全风险监测、风险评估结果采取相应的管理措施,并将农产品质量安全风险监测、风险评估结果及时通报国务院市场监督管理、卫生健康等部门和有关省、自治区、直辖市人民政府农业农村主管部门。

县级以上人民政府农业农村主管部门开展农产品质量安全风险监测和风险评估工作时,可以根据需要进入农产品产地、储存场所及批发、零售市场。采集样品应当按照市场价格支付费用。

第十六条 国家建立健全农产品质量安全标准体系,确保严格实施。农产品质量安全标准是强制执行的标准,包括以下与农产品质量安全有关的要求:

(一)农业投入品质量要求、使用范围、用法、用量、安全间隔期和休药期规定;

(二)农产品产地环境、生产过程管控、储存、运输要求;

(三)农产品关键成分指标等要求;

(四)与屠宰畜禽有关的检验规程;

(五)其他与农产品质量安全有关的强制性要求。

《中华人民共和国食品安全法》对食用农产品的有关质量安全标准作出规定的,依照其规定执行。

第十七条 农产品质量安全标准的制定和发布,依照法律、行政法规的规定执行。

制定农产品质量安全标准应当充分考虑农产品质量安全风险评估结果,并听取农产品生产经营者、消费者、有关部门、行业协会等的意见,保障农产品消费安全。

第十八条 农产品质量安全标准应当根据科学技术发展水平以及农产品质量安全的需要,及时修订。

第十九条 农产品质量安全标准由农业农村主管部门商有关部门推进实施。

第三章 农产品产地

第二十条 国家建立健全农产品产地监测制度。

县级以上地方人民政府农业农村主管部门应当会同同级生态环境、自然资源等部门制定农产品产地监测计划,加强农产品产地安全调查、监测和评价工作。

第二十一条 县级以上地方人民政府农业农村主管部门应当会同同级生态环境、自然资源等部门按照保障农产品质量安全的要求,根据农产品品种特性和产地安全调查、监测、评价结果,依照土壤污染防治等法律、法规的规定提出划定特定农产品禁止生产区域的建议,报本级人民政府批准后实施。

任何单位和个人不得在特定农产品禁止生产区域种植、养殖、捕捞、采集特定农产品和建立特定农产品生产基地。

特定农产品禁止生产区域划定和管理的具体

办法由国务院农业农村主管部门商国务院生态环境、自然资源等部门制定。

第二十二条 任何单位和个人不得违反有关环境保护法律、法规的规定向农产品产地排放或者倾倒废水、废气、固体废物或者其他有毒有害物质。

农业生产用水和用作肥料的固体废物,应当符合法律、法规和国家有关强制性标准的要求。

第二十三条 农产品生产者应当科学合理使用农药、兽药、肥料、农用薄膜等农业投入品,防止对农产品产地造成污染。

农药、肥料、农用薄膜等农业投入品的生产者、经营者、使用者应当按照国家有关规定回收并妥善处置包装物和废弃物。

第二十四条 县级以上人民政府应当采取措施,加强农产品基地建设,推进农业标准化示范建设,改善农产品的生产条件。

第四章 农产品生产

第二十五条 县级以上地方人民政府农业农村主管部门应当根据本地区的实际情况,制定保障农产品质量安全的生产技术要求和操作规程,并加强对农产品生产经营者的培训和指导。

农业技术推广机构应当加强对农产品生产经营者质量安全知识和技能的培训。国家鼓励科研教育机构开展农产品质量安全培训。

第二十六条 农产品生产企业、农民专业合作社、农业社会化服务组织应当加强农产品质量安全管理。

农产品生产企业应当建立农产品质量安全管理制度,配备相应的技术人员;不具备配备条件的,应当委托具有专业技术知识的人员进行农产品质量安全指导。

国家鼓励和支持农产品生产企业、农民专业合作社、农业社会化服务组织建立和实施危害分析和关键控制点体系,实施良好农业规范,提高农产品质量安全管理水平。

第二十七条 农产品生产企业、农民专业合作社、农业社会化服务组织应当建立农产品生产记录,如实记载下列事项:

(一)使用农业投入品的名称、来源、用法、用量和使用、停用的日期;

(二)动物疫病、农作物病虫害的发生和防治情况;

(三)收获、屠宰或者捕捞的日期。

农产品生产记录应当至少保存二年。禁止伪造、变造农产品生产记录。

国家鼓励其他农产品生产者建立农产品生产记录。

第二十八条 对可能影响农产品质量安全的农药、兽药、饲料和饲料添加剂、肥料、兽医器械,依照有关法律、行政法规的规定实行许可制度。

省级以上人民政府农业农村主管部门应当定期或者不定期组织对可能危及农产品质量安全的农药、兽药、饲料和饲料添加剂、肥料等农业投入品进行监督抽查,并公布抽查结果。

农药、兽药经营者应当依照有关法律、行政法规的规定建立销售台账,记录购买者、销售日期和药品施用范围等内容。

第二十九条 农产品生产经营者应当依照有关法律、行政法规和国家有关强制性标准、国务院农业农村主管部门的规定,科学合理使用农药、兽药、饲料和饲料添加剂、肥料等农业投入品,严格执行农业投入品使用安全间隔期或者休药期的规定;不得超范围、超剂量使用农业投入品危及农产品质量安全。

禁止在农产品生产经营过程中使用国家禁止使用的农业投入品以及其他有毒有害物质。

第三十条 农产品生产场所以及生产活动中使用的设施、设备、消毒剂、洗涤剂等应当符合国家有关质量安全规定,防止污染农产品。

第三十一条 县级以上人民政府农业农村主管部门应当加强对农业投入品使用的监督管理和指导,建立健全农业投入品的安全使用制度,推广农业投入品科学使用技术,普及安全、环保农业投入品的使用。

第三十二条 国家鼓励和支持农产品生产经营者选用优质特色农产品品种,采用绿色生产技术和全程质量控制技术,生产绿色优质农产品,实施分等分级,提高农产品品质,打造农产品品牌。

第三十三条 国家支持农产品产地冷链物流基础设施建设,健全有关农产品冷链物流标准、服务规范和监管保障机制,保障冷链物流农产品畅通高效、安全便捷,扩大高品质市场供给。

从事农产品冷链物流的生产经营者应当依照法律、法规和有关农产品质量安全标准,加强冷链技术创新与应用、质量安全控制,执行对冷链物流农产品及其包装、运输工具、作业环境等的检验检测检疫要求,保证冷链农产品质量安全。

第五章 农产品销售

第三十四条 销售的农产品应当符合农产品质量安全标准。

农产品生产企业、农民专业合作社应当根据质量安全控制要求自行或者委托检测机构对农产品质量安全进行检测；经检测不符合农产品质量安全标准的农产品，应当及时采取管控措施，且不得销售。

农业技术推广等机构应当为农户等农产品生产经营者提供农产品检测技术服务。

第三十五条 农产品在包装、保鲜、储存、运输中所使用的保鲜剂、防腐剂、添加剂、包装材料等，应当符合国家有关强制性标准以及其他农产品质量安全规定。

储存、运输农产品的容器、工具和设备应当安全、无害。禁止将农产品与有毒有害物质一同储存、运输，防止污染农产品。

第三十六条 有下列情形之一的农产品，不得销售：

（一）含有国家禁止使用的农药、兽药或者其他化合物；

（二）农药、兽药等化学物质残留或者含有的重金属等有毒有害物质不符合农产品质量安全标准；

（三）含有的致病性寄生虫、微生物或者生物毒素不符合农产品质量安全标准；

（四）未按照国家有关强制性标准以及其他农产品质量安全规定使用保鲜剂、防腐剂、添加剂、包装材料等，或者使用的保鲜剂、防腐剂、添加剂、包装材料等不符合国家有关强制性标准以及其他质量安全规定；

（五）病死、毒死或者死因不明的动物及其产品；

（六）其他不符合农产品质量安全标准的情形。

对前款规定不得销售的农产品，应当依照法律、法规的规定进行处置。

第三十七条 农产品批发市场应当按照规定设立或者委托检测机构，对进场销售的农产品质量安全状况进行抽查检测；发现不符合农产品质量安全标准的，应当要求销售者立即停止销售，并向所在地市场监督管理、农业农村等部门报告。

农产品销售企业对其销售的农产品，应当建立健全进货检查验收制度；经查验不符合农产品质量安全标准的，不得销售。

食品生产者采购农产品等食品原料，应当依照《中华人民共和国食品安全法》的规定查验许可证和合格证明，对无法提供合格证明的，应当按照规定进行检验。

第三十八条 农产品生产企业、农民专业合作社以及从事农产品收购的单位或者个人销售的农产品，按照规定应当包装或者附加承诺达标合格证等标识的，须经包装或者附加标识后方可销售。包装物或者标识上应当按照规定标明产品的品名、产地、生产者、生产日期、保质期、产品质量等级等内容；使用添加剂的，还应当按照规定标明添加剂的名称。具体办法由国务院农业农村主管部门制定。

第三十九条 农产品生产企业、农民专业合作社应当执行法律、法规的规定和国家有关强制性标准，保证其销售的农产品符合农产品质量安全标准，并根据质量安全控制、检测结果等开具承诺达标合格证，承诺不使用禁用的农药、兽药及其他化合物且使用的常规农药、兽药残留不超标等。鼓励和支持农户销售农产品时开具承诺达标合格证。法律、行政法规对畜禽产品的质量安全合格证明有特别规定的，应当遵守其规定。

从事农产品收购的单位或者个人应当按照规定收取、保存承诺达标合格证或者其他质量安全合格证明，对其收购的农产品进行混装或者分装后销售的，应当按照规定开具承诺达标合格证。

农产品批发市场应当建立健全农产品承诺达标合格证查验等制度。

县级以上人民政府农业农村主管部门应当做好承诺达标合格证有关工作的指导服务，加强日常监督检查。

农产品质量安全承诺达标合格证管理办法由国务院农业农村主管部门会同国务院有关部门制定。

第四十条 农产品生产经营者通过网络平台销售农产品的，应当依照本法和《中华人民共和国电子商务法》、《中华人民共和国食品安全法》等法律、法规的规定，严格落实质量安全责任，保证其销售的农产品符合质量安全标准。网络平台经营者应当依法加强对农产品生产经营者的管理。

第四十一条 国家对列入农产品质量安全追溯目录的农产品实施追溯管理。国务院农业农村主管部门应当会同国务院市场监督管理等部门建立农产品质量安全追溯协作机制。农产品质量安全追溯管理办法和追溯目录由国务院农业农村主管部门会同国务院市场监督管理等部门制定。

国家鼓励具备信息化条件的农产品生产经营者采用现代信息技术手段采集、留存生产记录、购销记录等生产经营信息。

第四十二条 农产品质量符合国家规定的有关优质农产品标准的，农产品生产经营者可以申请使用农产品质量标志。禁止冒用农产品质量标志。

国家加强地理标志农产品保护和管理。

第四十三条 属于农业转基因生物的农产品，应当按照农业转基因生物安全管理的有关规定进行标识。

第四十四条 依法需要实施检疫的动植物及其产品，应当附具检疫标志、检疫证明。

第六章 监督管理

第四十五条 县级以上人民政府农业农村主管部门和市场监督管理等部门应当建立健全农产品质量安全全程监督管理协作机制，确保农产品从生产到消费各环节的质量安全。

县级以上人民政府农业农村主管部门和市场监督管理部门应当加强收购、储存、运输过程中农产品质量安全监督管理的协调配合和执法衔接，及时通报和共享农产品质量安全监督管理信息，并按照职责权限，发布有关农产品质量安全日常监督管理信息。

第四十六条 县级以上人民政府农业农村主管部门应当根据农产品质量安全风险监测、风险评估结果和农产品质量安全状况等，制定监督抽查计划，确定农产品质量安全监督抽查的重点、方式和频次，并实施农产品质量安全风险分级管理。

第四十七条 县级以上人民政府农业农村主管部门应当建立健全随机抽查机制，按照监督抽查计划，组织开展农产品质量安全监督抽查。

农产品质量安全监督抽查检测应当委托符合本法规定条件的农产品质量安全检测机构进行。监督抽查不得向被抽查人收取费用，抽取的样品应当按照市场价格支付费用，并不得超过国务院农业农村主管部门规定的数量。

上级农业农村主管部门监督抽查的同批次农产品，下级农业农村主管部门不得另行重复抽查。

第四十八条 农产品质量安全检测应当充分利用现有的符合条件的检测机构。

从事农产品质量安全检测的机构，应当具备相应的检测条件和能力，由省级以上人民政府农业农村主管部门或者其授权的部门考核合格。具体办法由国务院农业农村主管部门制定。

农产品质量安全检测机构应当依法经资质认定。

第四十九条 从事农产品质量安全检测工作的人员，应当具备相应的专业知识和实际操作技能，遵纪守法，恪守职业道德。

农产品质量安全检测机构对出具的检测报告负责。检测报告应当客观公正，检测数据应当真实可靠，禁止出具虚假检测报告。

第五十条 县级以上地方人民政府农业农村主管部门可以采用国务院农业农村主管部门会同国务院市场监督管理等部门认定的快速检测方法，开展农产品质量安全监督抽查检测。抽查检测结果确定有关农产品不符合农产品质量安全标准的，可以作为行政处罚的证据。

第五十一条 农产品生产经营者对监督抽查检测结果有异议的，可以自收到检测结果之日起五个工作日内，向实施农产品质量安全监督抽查的农业农村主管部门或者其上一级农业农村主管部门申请复检。复检机构与初检机构不得为同一机构。

采用快速检测方法进行农产品质量安全监督抽查检测，被抽查人对检测结果有异议的，可以自收到检测结果时起四小时内申请复检。复检不得采用快速检测方法。

复检机构应当自收到复检样品之日起七个工作日内出具检测报告。

因检测结果错误给当事人造成损害的，依法承担赔偿责任。

第五十二条 县级以上地方人民政府农业农村主管部门应当加强对农产品生产的监督管理，开展日常检查，重点检查农产品产地环境、农业投入品购买和使用、农产品生产记录、承诺达标合格证开具等情况。

国家鼓励和支持基层群众性自治组织建立农产品质量安全信息员工作制度，协助开展有关工作。

第五十三条 开展农产品质量安全监督检查，有权采取下列措施：

（一）进入生产经营场所进行现场检查，调查了解农产品质量安全的有关情况；

（二）查阅、复制农产品生产记录、购销台账等与农产品质量安全有关的资料；

（三）抽样检测生产经营的农产品和使用的农业投入品以及其他有关产品；

（四）查封、扣押有证据证明存在农产品质量安全隐患或者经检测不符合农产品质量安全标准的农产品；

（五）查封、扣押有证据证明可能危及农产品质量安全或者经检测不符合产品质量标准的农业投入品以及其他有毒有害物质；

（六）查封、扣押用于违法生产经营农产品的设施、设备、场所以及运输工具；

（七）收缴伪造的农产品质量标志。

农产品生产经营者应当协助、配合农产品质量安全监督检查，不得拒绝、阻挠。

第五十四条 县级以上人民政府农业农村等部门应当加强农产品质量安全信用体系建设，建立农产品生产经营者信用记录，记载行政处罚等信息，推进农产品质量安全信用信息的应用和管理。

第五十五条 农产品生产经营过程中存在质量安全隐患，未及时采取措施消除的，县级以上地方人民政府农业农村主管部门可以对农产品生产经营者的法定代表人或者主要负责人进行责任约谈。农产品生产经营者应当立即采取措施，进行整改，消除隐患。

第五十六条 国家鼓励消费者协会和其他单位或者个人对农产品质量安全进行社会监督，对农产品质量安全监督管理工作提出意见和建议。任何单位和个人有权对违反本法的行为进行检举控告、投诉举报。

县级以上人民政府农业农村主管部门应当建立农产品质量安全投诉举报制度，公开投诉举报渠道，收到投诉举报后，应当及时处理。对不属于本部门职责的，应当移交有权处理的部门并书面通知投诉举报人。

第五十七条 县级以上地方人民政府农业农村主管部门应当加强对农产品质量安全执法人员的专业技术培训并组织考核。不具备相应知识和能力的，不得从事农产品质量安全执法工作。

第五十八条 上级人民政府应当督促下级人民政府履行农产品质量安全职责。对农产品质量安全责任落实不力、问题突出的地方人民政府，上级人民政府可以对其主要负责人进行责任约谈。被约谈的地方人民政府应当立即采取整改措施。

第五十九条 国务院农业农村主管部门应当会同国务院有关部门制定国家农产品质量安全突发事件应急预案，并与国家食品安全事故应急预案相衔接。

县级以上地方人民政府应当根据有关法律、行政法规的规定和上级人民政府的农产品质量安全突发事件应急预案，制定本行政区域的农产品质量安全突发事件应急预案。

发生农产品质量安全事故时，有关单位和个人应当采取控制措施，及时向所在地乡镇人民政府和县级人民政府农业农村等部门报告；收到报告的机关应当按照农产品质量安全突发事件应急预案及时处理并报本级人民政府、上级人民政府有关部门。发生重大农产品质量安全事故时，按照规定上报国务院及其有关部门。

任何单位和个人不得隐瞒、谎报、缓报农产品质量安全事故，不得隐匿、伪造、毁灭有关证据。

第六十条 县级以上地方人民政府市场监督管理部门依照本法和《中华人民共和国食品安全法》等法律、法规的规定，对农产品进入批发、零售市场或者生产加工企业后的生产经营活动进行监督检查。

第六十一条 县级以上人民政府农业农村、市场监督管理等部门发现农产品质量安全违法行为涉嫌犯罪的，应当及时将案件移送公安机关。对移送的案件，公安机关应当及时审查；认为有犯罪事实需要追究刑事责任的，应当立案侦查。

公安机关对依法不需要追究刑事责任但应当给予行政处罚的，应当及时将案件移送农业农村、市场监督管理等部门，有关部门应当依法处理。

公安机关商请农业农村、市场监督管理、生态环境等部门提供检验结论、认定意见以及对涉案农产品进行无害化处理等协助的，有关部门应当及时提供、予以协助。

第七章 法律责任

第六十二条 违反本法规定，地方各级人民政府有下列情形之一的，对直接负责的主管人员和其他直接责任人员给予警告、记过、记大过处分；造成严重后果的，给予降级或者撤职处分：

（一）未确定有关部门的农产品质量安全监督管理工作职责，未建立健全农产品质量安全工作机制，或者未落实农产品质量安全监督管理责任；

（二）未制定本行政区域的农产品质量安全突发事件应急预案，或者发生农产品质量安全事故后未按照规定启动应急预案。

第六十三条 违反本法规定，县级以上人民政府农业农村等部门有下列行为之一的，对直接负责的主管人员和其他直接责任人员给予记大过处分；情节较重的，给予降级或者撤职处分；情节严重的，给予开除处分；造成严重后果的，其主要负责人还应当引咎辞职：

（一）隐瞒、谎报、缓报农产品质量安全事故或者隐匿、伪造、毁灭有关证据；

（二）未按照规定查处农产品质量安全事故，或者接到农产品质量安全事故报告未及时处理，造成事故扩大或者蔓延；

（三）发现农产品质量安全重大风险隐患后，未及时采取相应措施，造成农产品质量安全事故或者不良社会影响；

（四）不履行农产品质量安全监督管理职责，导致发生农产品质量安全事故。

第六十四条 县级以上地方人民政府农业农村、市场监督管理等部门在履行农产品质量安全监督管理职责过程中，违法实施检查、强制等执法措施，给农产品生产经营者造成损失的，应当依法予以赔偿，对直接负责的主管人员和其他直接责任人员依法给予处分。

第六十五条 农产品质量安全检测机构、检测人员出具虚假检测报告的，由县级以上人民政府农业农村主管部门没收所收取的检测费用，检测费用不足一万元的，并处五万元以上十万元以下罚款，检测费用一万元以上的，并处检测费用五倍以上十倍以下罚款；对直接负责的主管人员和其他直接责任人员处一万元以上五万元以下罚款；使消费者的合法权益受到损害的，农产品质量安全检测机构应当与农产品生产经营者承担连带责任。

因农产品质量安全违法行为受到刑事处罚或者因出具虚假检测报告导致发生重大农产品质量安全事故的检测人员，终身不得从事农产品质量安全检测工作。农产品质量安全检测机构不得聘用上述人员。

农产品质量安全检测机构有前两款违法行为的，由授予其资质的主管部门或者机构吊销该农产品质量安全检测机构的资质证书。

第六十六条 违反本法规定，在特定农产品禁止生产区域种植、养殖、捕捞、采集特定农产品或者建立特定农产品生产基地的，由县级以上地方人民政府农业农村主管部门责令停止违法行为，没收农产品和违法所得，并处违法所得一倍以上三倍以下罚款。

违反法律、法规规定，向农产品产地排放或者倾倒废水、废气、固体废物或者其他有毒有害物质的，依照有关环境保护法律、法规的规定处理、处罚；造成损害的，依法承担赔偿责任。

第六十七条 农药、肥料、农用薄膜等农业投入品的生产者、经营者、使用者未按照规定回收并妥善处置包装物或者废弃物的，由县级以上地方人民政府农业农村主管部门依照有关法律、法规的规定处理、处罚。

第六十八条 违反本法规定，农产品生产企业有下列情形之一的，由县级以上地方人民政府农业农村主管部门责令限期改正；逾期不改正的，处五千元以上五万元以下罚款：

（一）未建立农产品质量安全管理制度；

（二）未配备相应的农产品质量安全管理技术人员，且未委托具有专业技术知识的人员进行农产品质量安全指导。

第六十九条 农产品生产企业、农民专业合作社、农业社会化服务组织未依照本法规定建立、保存农产品生产记录，或者伪造、变造农产品生产记录的，由县级以上地方人民政府农业农村主管部门责令限期改正；逾期不改正的，处二千元以上二万元以下罚款。

第七十条 违反本法规定，农产品生产经营者有下列行为之一，尚不构成犯罪的，由县级以上地方人民政府农业农村主管部门责令停止生产经营、追回已经销售的农产品，对违法生产经营的农产品进行无害化处理或者予以监督销毁，没收违法所得，并可以没收用于违法生产经营的工具、设备、原料等物品；违法生产经营的农产品货值金额不足一万元的，并处十万元以上十五万元以下罚款，货值金额一万元以上的，并处货值金额十五倍以上三十倍以下罚款；对农户，并处一千元以上一万元以下罚款；情节严重的，有许可证的吊销许可证，并可以由公安机关对其直接负责的主管人员和其他直接责任人员处五日以上十五日以下拘留：

（一）在农产品生产经营过程中使用国家禁止使用的农业投入品或者其他有毒有害物质；

（二）销售含有国家禁止使用的农药、兽药或者其他化合物的农产品；

（三）销售病死、毒死或者死因不明的动物及其产品。

明知农产品生产经营者从事前款规定的违法行为，仍为其提供生产经营场所或者其他条件的，由县级以上地方人民政府农业农村主管部门责令停止违法行为，没收违法所得，并处十万元以上二十万元以下罚款；使消费者的合法权益受到损害的，应当与农产品生产经营者承担连带责任。

第七十一条 违反本法规定，农产品生产经营者有下列行为之一，尚不构成犯罪的，由县级以上地方人民政府农业农村主管部门责令停止生产经营、追回已经销售的农产品，对违法生产经营的农产品进行无害化处理或者予以监督销毁，没收违法所得，并可以没收用于违法生产经营的工具、设备、原料等物品；违法生产经营的农产品货值金额不足一万元的，并处五万元以上十万元以下罚款，货值金额一万元以上的，并处货值金额十倍以上二十倍以下罚款；对农户，并处五百元以上五千元以下罚款：

（一）销售农药、兽药等化学物质残留或者含有的重金属等有毒有害物质不符合农产品质量安全标准的农产品；

（二）销售含有的致病性寄生虫、微生物或者生物毒素不符合农产品质量安全标准的农产品；

（三）销售其他不符合农产品质量安全标准的农产品。

第七十二条　违反本法规定，农产品生产经营者有下列行为之一的，由县级以上地方人民政府农业农村主管部门责令停止生产经营、追回已经销售的农产品，对违法生产经营的农产品进行无害化处理或者予以监督销毁，没收违法所得，并可以没收用于违法生产经营的工具、设备、原料等物品；违法生产经营的农产品货值金额不足一万元的，并处五千元以上五万元以下罚款，货值金额一万元以上的，并处货值金额五倍以上十倍以下罚款；对农户，并处三百元以上三千元以下罚款：

（一）在农产品生产场所以及生产活动中使用的设施、设备、消毒剂、洗涤剂等不符合国家有关质量安全规定；

（二）未按照国家有关强制性标准或者其他农产品质量安全规定使用保鲜剂、防腐剂、添加剂、包装材料等，或者使用的保鲜剂、防腐剂、添加剂、包装材料等不符合国家有关强制性标准或者其他质量安全规定；

（三）将农产品与有毒有害物质一同储存、运输。

第七十三条　违反本法规定，有下列行为之一的，由县级以上地方人民政府农业农村主管部门按照职责给予批评教育，责令限期改正；逾期不改正的，处一百元以上一千元以下罚款：

（一）农产品生产企业、农民专业合作社、从事农产品收购的单位或者个人未按照规定开具承诺达标合格证；

（二）从事农产品收购的单位或者个人未按照规定收取、保存承诺达标合格证或者其他合格证明。

第七十四条　农产品生产经营者冒用农产品质量标志，或者销售冒用农产品质量标志的农产品的，由县级以上地方人民政府农业农村主管部门按照职责责令改正，没收违法所得；违法生产经营的农产品货值金额不足五千元的，并处五千元以上五万元以下罚款，货值金额五千元以上的，并处货值金额十倍以上二十倍以下罚款。

第七十五条　违反本法关于农产品质量安全追溯规定的，由县级以上地方人民政府农业农村主管部门按照职责责令限期改正；逾期不改正的，可以处一万元以下罚款。

第七十六条　违反本法规定，拒绝、阻挠依法开展的农产品质量安全监督检查、事故调查处理、抽样检测和风险评估的，由有关主管部门按照职责责令停产停业，并处二千元以上五万元以下罚款；构成违反治安管理行为的，由公安机关依法给予治安管理处罚。

第七十七条　《中华人民共和国食品安全法》对食用农产品进入批发、零售市场或者生产加工企业后的违法行为和法律责任有规定的，由县级以上地方人民政府市场监督管理部门依照其规定进行处罚。

第七十八条　违反本法规定，构成犯罪的，依法追究刑事责任。

第七十九条　违反本法规定，给消费者造成人身、财产或者其他损害的，依法承担民事赔偿责任。生产经营者财产不足以同时承担民事赔偿责任和缴纳罚款、罚金时，先承担民事赔偿责任。

食用农产品生产经营者违反本法规定，污染环境、侵害众多消费者合法权益，损害社会公共利益的，人民检察院可以依照《中华人民共和国民事诉讼法》、《中华人民共和国行政诉讼法》等法律的规定向人民法院提起诉讼。

第八章　附　则

第八十条　粮食收购、储存、运输环节的质量安全管理，依照有关粮食管理的法律、行政法规执行。

第八十一条　本法自2023年1月1日起施行。

关于《中华人民共和国农产品质量安全法(修订草案)》的说明

——2021 年 10 月 19 日在第十三届全国人民代表大会常务委员会第三十一次会议上

农业农村部部长　唐仁健

全国人民代表大会常务委员会：

我受国务院委托，对《中华人民共和国农产品质量安全法(修订草案)》作说明。

一、修订工作情况

党中央、国务院高度重视农产品质量安全工作。习近平总书记指出，要把农产品质量安全作为转变农业发展方式、加快现代农业建设的关键环节，坚持源头治理、标本兼治，用“四个最严”，确保广大人民群众“舌尖上的安全”。李克强总理强调，要夯实各方责任，完善监管体制机制，坚持不懈地抓好农产品质量和食品安全监管，确保食品安全，维护人民健康。

现行农产品质量安全法是 2006 年制定的，2018 年对个别条款进行了修正。现行法公布实施以来，对规范农产品生产经营活动、保障农产品质量安全发挥了重要作用。近年来，我国主要农产品例行监测合格率稳定保持在 97% 以上，农产品质量安全态势总体向好。2018 年全国人大常委会进行执法检查，在充分肯定现行法公布实施以来取得显著成效的同时，也指出一些条款已明显不适应当前农产品质量安全监管形势，操作性不强、实施难度大；存在处罚过轻、违法成本太低等问题，建议对现行法进行修订。

按照党中央、国务院决策部署和有关工作安排，农业农村部在总结实践经验的基础上，会同有关方面起草了《中华人民共和国农产品质量安全法(修订草案送审稿)》，向社会公开征求了意见，提请国务院审批。收到此件后，司法部先后两次征求有关部门、地方政府、科研机构和部分农产品生产企业的意见，召开座谈会和专家论证会，会同农业农村部、市场监管总局等部门进行反复研究修改，形成了《中华人民共和国农产品质量安全法(修订草案)》(以下简称草案)。草案已经国务院第 147 次常务会议讨论通过。

二、修订的主要内容

现行农产品质量安全法共八章五十六条，草案共八章八十一条。修订工作以习近平新时代中国特色社会主义思想为指导，贯彻落实党中央、国务院关于强化农产品质量和食品安全工作的决策部署，按照“四个最严”的要求，以全国人大常委会执法检查报告指出的问题为重点，主要修订了以下内容：

(一)健全农产品质量安全责任机制。一是明确农产品质量安全工作坚持预防为主、风险管理、源头治理、全程控制的原则。二是明确农产品生产经营者对其生产经营的农产品质量安全负责，要求生产经营者诚信自律，接受社会监督，承担社会责任。三是落实地方人民政府的属地管理责任和部门的监督管理职责，规定县级以上地方人民政府对本行政区域的农产品质量安全工作负责；各级农业农村、市场监督管理等有关部门依法依职责承担农产品质量安全监管工作。四是构建协同、高效的社会共治体系，要求注重发挥基层群众性自治组织在农产品质量安全管理中的优势和作用，鼓励其建立农产品质量安全信息员制度，协助开展有关工作。

(二)强化农产品质量安全风险管理和标准制定。一是完善农产品质量安全风险监测制度，明确国务院农业农村主管部门负责制定风险监测计划，对重点区域、重点农产品品种进行质量安全风险监测；省级农业农村主管部门负责制定本行政区域风险监测实施方案；县级以上地方农业农村主管部门负责组织实施。二是完善农产品质量安全风险评估制度，规定国务院农业农村主管部门设立专家委员会负责风险分析和评估，明确专家委员会的成员组成。三是明确农产品质量安全标准的内容，包括与农产品质量安全有关的农业投入品质量和使用要求、农产品产地环境和生产过程管控要求、农产品关键成分指标要求、屠宰畜禽检验规程等。同时规定涉及食用农产品的质量安全标准，依照食品安全法执行。

(三)完善农产品生产经营全过程管控措施。一是建立农产品产地监测制度，要求县级以上地方农业农村主管部门会同生态环境、自然资源等有关部门制定监测计划，加强农产品产地安全调查、监测和评价工作；与土壤污染防治法衔接，将现行法规定的“农产品禁止生产区域”修改为“特定农产品严格管控区域”。二是加强地理标志农产品保护和管理，鼓励采用绿色生产技术和全程质量控制技术，提高农产品品质，打造农产品品牌。三是建立内控管理制度，规定农产品生产企业应当建立农产品质量安全管理制度，鼓励、支持农产品生产企业、农民专业合作社、农业社会化服务组织建立和实施危害分析和关键控制点体系。四是建立食用农产品质量安全追溯制度，规定农产品生产企业、农民专业合作社应当依法开具食用农产品质量安全承诺合格证，并对其销售的农产品质量安全负责；对列入食用农产品质量安全追溯目录的食用农产品实施追溯管理。

（四）完善农产品质量安全监督管理措施。一是规范监督抽查工作，规定县级以上农业农村主管部门应当制定农产品质量安全监督抽查计划，确定抽查的重点、方式和频次，组织开展监督抽查；要求检测人员具备相应专业知识和技能、恪守职业道德，严禁检测机构出具虚假检测报告。二是加强农产品生产日常检查，重点检查产地环境、农业投入品等内容；建立农产品生产经营者信用记录制度。三是完善监督检查措施，规定开展农产品质量安全监督检查，有权采取进入生产经营场所进行现场检查，查阅复制农产品生产记录等资料，抽样检测，查封扣押不符合农产品质量安全标准的农产品、农业投入品和用于违法生产经营的设施设备等措施。四是强化考核问责，规定上级人民政府应当督促下级人民政府履行农产品质量安全监管职责，对落实不力、问题突出的地方人民政府，可以对其主要负责人进行责任约谈。五是完善应急措施，规定国务院农业农村主管部门会同有关部门制定国家农产品质量安全突发事件应急预案，县级以上地方人民政府制定本行政区域的农产品质量安全突发事件应急预案。六是强化行刑衔接，规定县级以上农业农村、市场监督管理、公安等有关部门应当做好执法衔接和配合。

此外，草案加大了对违法行为的处罚力度，大幅提高农产品生产经营者的违法成本，完善监管主体的法律责任，并与食品安全法有关处罚的规定作了衔接。

草案和以上说明是否妥当，请审议。

全国人民代表大会宪法和法律委员会关于《中华人民共和国农产品质量安全法（修订草案）》修改情况的汇报

——2022 年 6 月 21 日在第十三届全国人民代表大会常务委员会第三十五次会议上

全国人大宪法和法律委员会副主任委员　王　宁

全国人民代表大会常务委员会：

常委会第三十一次会议对农产品质量安全法修订草案进行了初次审议。会后，法制工作委员会将修订草案印发各省（区、市）人大、中央有关部门和部分基层立法联系点、全国人大代表、研究机构等征求意见；在中国人大网全文公布修订草案征求社会公众意见。宪法和法律委员会、农业与农村委员会、法制工作委员会联合召开座谈会，听取中央有关部门、基层立法联系点、全国人大代表、专家学者、基层干部、农民专业合作社和行业协会对修订草案的意见。法制工作委员会到中国农业科学院调研，与中央有关部门、专家学者进行座谈，以视频方式调研了江苏、浙江的部分农产品生产企业、农产品批发市场和农产品质量安全监督管理站，听取意见，并就修订草案的有关问题与司法部、农业农村部、国家市场监督管理总局等交换意见，共同研究。宪法和法律委员会于 5 月 24 日召开会议，根据常委会组成人员的审议意见和各方面意见，对修订草案进行了逐条审议，农业与农村委员会有关负责同志列席了会议，同时书面征求了司法部、农业农村部、国家市场监督管理总局的意见。6 月 14 日，宪法和法律委员会召开会议，再次进行了审议。现将农产品质量安全法修订草案主要问题修改情况汇报如下：

一、有的常委委员和地方、部门提出，应强化农产品质量安全宣传教育和技术培训，提高全社会农产品质量安全意识。宪法和法律委员会经研究，建议增加以下规定：一是新闻媒体应当开展农产品质量安全法律、法规和农产品质量安全知识的公益宣传，对违法行为进行舆论监督；二是农业技术推广等机构应当依法为农户等农产品生产经营者提供农产品检测技术服务。

二、有些常委会组成人员和部门、全国人大代表、社会公众建议，进一步压实有关主体的农产品质量安全责任。宪法和法律委员会经研究，建议作以下修改：一是规定国家支持农产品产地冷链物流基础设施建设，健全有关冷链物流标准、服务规范和监管保障机制，相关企业应当依照法律、法规和有关标准，保证冷链物流的农产品质量安全；二是恢复现行法第三十七条农产品批发市场、农产品销售企业有关农产品质量安全责任的规定，并与部门监管职责相衔接；三是对通过网络平台销售农产品的农产品经营者和平台经营者的农产品质量安全责任作出衔接性规定。

三、修订草案第三十九条规定，农产品生产企业、农民专业合作社对其销售的食用农产品应当开具承诺合格证；从事农产品收购的单位或者个人应当收取并保存承诺合格证。有些常委委员和部门、社会公众提出，总结承诺达标合格证制度试点经验，应区分情况，增加相关责任主体，按照法律法规规定，对生猪、生鲜乳应实行更严的监管措施。宪法和法律委员会经研究，建议对修订草案作以下修改：一是增加规定，食品生产者和餐饮服务提供者应当按照规定收取并保存承诺达标合格证，从事农产品收购的单位或者个人对其收购的农产品分装后销售的，应当按照规定开具承诺达标合格证；二是考虑到行政法规对生猪的质量安全实行更严格的检验检疫管理，对特定畜禽产品的质量安全合格证明材料作出相应衔接性规定；三是增加农产品批发市场开办者应当查验承诺达标合格证的规定；四是增加规定，农业农村主管部门应当做好承诺达标合格证有关工作的指导服务和日常监督检查，并完善有关法律责任。

同时，修订草案明确建立食用农产品质量安全追溯制度，并授权国务院农业农村主管部门会同有关部门制定追溯目录、承诺合格证管理办法。本法主要调整适用食用农产品的质量安全管理，修订草案拟不具体区分食用农产品、非食用农产品而实行不同的监管措施，可在授权制定的具体管理办法中作出进一步规定。

四、有些常委委员和地方、部门提出，总结实践经验和做法，需要明确加强农业农村、市场监督管理部门的工作协调配合。宪法和法律委员会经研究，建议在修订草案第七十七条关于农业农村、市场监督管理部门执法分工的基础上，增加规定：农业农村、市场监督管理等有关部门应当建立健全农产品质量安全全程监督管理工作机制，加强收购、储存、运输过程中农产品质量安全监管的协调配合和执法衔接。

此外，还对修订草案作了一些文字修改。

修订草案二次审议稿已按上述意见作了修改，宪法和法律委员会建议提请本次常委会会议继续审议。

修订草案二次审议稿和以上汇报是否妥当，请审议。

全国人民代表大会宪法和法律委员会关于《中华人民共和国农产品质量安全法（修订草案）》审议结果的报告

——2022 年 8 月 30 日在第十三届全国人民代表大会常务委员会第三十六次会议上

全国人大宪法和法律委员会副主任委员　王　宁

全国人民代表大会常务委员会：

常委会第三十五次会议对农产品质量安全法修订草案进行了二次审议。会后，法制工作委员会在中国人大网全文公布修订草案二次审议稿，征求社会公众意见。宪法和法律委员会、法制工作委员会到四川省、黑龙江省等地调研，听取意见，并就修订草案的有关问题同有关方面交换意见，共同研究。宪法和法律委员会于 7 月 19 日召开会议，根据委员长会议精神、常委会组成人员审议意见和各方面的意见，对修订草案进行了逐条审议。农业与农村委员会、司法部、农业农村部、国家市场监督管理总局有关负责同志列席了会议。8月17日，宪法和法律委员会召开会议，再次进行了审议。宪法和法律委员会认为，修订草案经过两次审议修改，已经比较成熟。同时，提出以下主要修改意见：

一、有的常委会组成人员和地方、社会公众提出，农产品质量安全标准是强制执行的标准，应全面体现"四个最严"的要求。宪法和法律委员会经研究，建议作以下修改：一是，在本法关于农产品质量安全的定义中增加生产经营的农产品达到农产品质量安全标准的内容；二是，在国家建立健全农产品质量安全标准体系的基础上，明确要求"确保严格实施"；三是，在农产品质量安全标准中增加"储存、运输"农产品过程中的质量安全管理要求。

二、有的常委会组成人员和部门、社会公众建议，进一步强化地方政府的属地管理责任和生产经营者主体责任。宪法和法律委员会经研究，建议作以下修改：一是，国务院农业农村主管部门在将农产品质量安全风险监测和风险评估结果及时通报国务院市场监督管理、卫生健康等部门的同时，还应当通报有关省、自治区、直辖市人民政府农业农村主管部门；二是，增加规定，因农产品质量安全监督管理责任落实不力、问题突出被约谈的地方人民政府，应当及时采取整改措施；三是，明确被农业农村主管部门约谈的农产品生产经营者应当立即采取措施，进行整改，消除隐患。

三、有的常委委员提出，应规范有关部门的履职行为，加强"双随机"抽查监管，提高执法效能。宪法和法律委员会经研究，建议增加规定：县级以上人民政府农业农村主管部门开展农产品质量安全风险监测和风险评估工作时，采集样品应当按照市场价格支付费用；明确建立健全随机抽查机制。

四、有的常委委员和部门、社会公众提出，土壤污染防治法针对重金属超标等问题，规定了特定农产品禁止生产区域等制度，建议做好与土壤污染防治法的衔接。宪法和法律委员会经研究，认为特定农产品禁止生产区域这一制度已实施几年，是有成效的，因此，有必要在本法中作出规定。建议将有关内容修改为：农业农村主管部门会同有关部门依照土壤污染防治等法律法规的规定提出划定特定农产品禁止生产区域的建议，并明确在特定农产品禁止生产区域的禁止性行为；具体办法由国务院农业农村主管部门商国务院生态环境、自然资源等有关部门制定。

五、有的常委会组成人员和部门、地方、社会公众提出，对农产品质量安全的监管应当从生产环节到加工、消费环节，做好与食品安全法的衔接，实现农产品从田间地头到百姓餐桌的全过程监管。宪法和法律委员会经研究，建议增加规定：一是，食品生产者采购农产品等食品原料，应当依照食品安全法的规定查验许可证和合格证明，对无法提供合格证明的，应当按照规定进行检验；二是，明确县级以上人民政府农业农村主管部门和市场监督管理部门等有关部门应当建立健全农产品质量安全全程监督管理协作机制，确保农产品从生产到消费各环节的质量安全。

六、有的常委委员和部门建议明确农产品质量安全承诺达标合格证的内容，增强可操作性。宪法和法律委员会经研究，建议采纳这一意见，明确在承诺达标合格证中承诺：不使用禁用的农药兽药及其他化合物，使用的常规农药兽药残留不超标等。同时，完善了相关法律责任。

此外，还对修订草案二次审议稿作了一些文字修改。

7月22日，法制工作委员会召开会议，邀请部分全国人大代表、基层立法联系点、农民专业合作社、农产品批发市场、超市、基层执法人员和专家，就修订草案主要内容的可行性、法律出台时机、法律实施的社会效果和可能出现的问题等进行评估。普遍认为，修订草案落实"四个最严"要求，健全完善农产品质量安全管理制度，回应了社会关切，与食品安全法作了有效衔接，主要制度措施具有针对性和可操作性，建议修改完善后尽快出台。与会人员还对修订草案提出了一些完善意见，并建议抓紧制定和完善配套规定，保证法律的实施。

修订草案三次审议稿已按上述意见作了修改，宪法和法律委员会建议提请本次常委会会议审议通过。

修订草案三次审议稿和以上报告是否妥当，请审议。

全国人民代表大会宪法和法律委员会关于《中华人民共和国农产品质量安全法(修订草案三次审议稿)》修改意见的报告

——2022 年 9 月 1 日在第十三届全国人民代表大会常务委员会第三十六次会议上

全国人民代表大会常务委员会:

本次常委会会议于 8 月 30 日下午对农产品质量安全法修订草案三次审议稿进行了分组审议。普遍认为,修订草案已经比较成熟,建议进一步修改后,提请本次常委会会议表决通过。同时,有些常委会组成人员和列席人员还提出了一些修改意见和建议。宪法和法律委员会于 8 月 31 日上午召开会议,逐条研究了常委会组成人员和列席人员的审议意见,对修订草案进行了审议,农业与农村委员会、农业农村部有关负责同志列席了会议,并征求了司法部、国家市场监督管理总局的意见。宪法和法律委员会认为,修订草案是可行的,同时,提出以下修改意见:

一、根据有的常委委员和专委会委员的意见,宪法和法律委员会经研究,建议在农产品质量安全风险评估专家委员会的组成中增加“化工”方面的专家。

二、有的常委委员建议根据农药兽药相关行政法规的规定,健全农药兽药经营者销售台账制度,记录购买者、销售日期、药品施用范围等内容。宪法和法律委员会经研究,建议采纳这一意见,增加一款规定。

三、有的常委委员和全国人大代表提出,应当对农产品生产经营者不得超范围、超剂量使用农业投入品作出规定。宪法和法律委员会经研究,建议采纳这一意见,增加相关内容。

四、有的常委委员建议对农产品质量安全抽查检测结果的复检时限提出要求。宪法和法律委员会经研究,建议采纳这一意见,增加一款规定:复检机构应当自收到复检样品之日起七个工作日内出具检测报告。

五、根据有的常委会组成人员的意见,宪法和法律委员会建议增加规定,鼓励消费者协会和其他单位或者个人对农产品质量监督管理工作提出意见和建议。

六、有的常委会组成人员建议增加在特定农产品禁止生产区域生产特定农产品的相关法律责任。宪法和法律委员会经研究,建议增加一款规定:违反本法规定,在特定农产品禁止生产区域种植、养殖、捕捞、采集特定农产品或者建立特定农产品生产基地的,由县级以上地方人民政府农业农村主管部门责令停止违法行为,没收农产品和违法所得,并处违法所得一倍以上三倍以下罚款。

七、根据有些常委会组成人员和全国人大代表的意见,宪法和法律委员会经研究,建议增加一款规定:食用农产品生产经营者违反本法规定,污染环境、侵害众多消费者合法权益,损害社会公共利益的,人民检察院可以依照《中华人民共和国民事诉讼法》、《中华人民共和国行政诉讼法》等法律的规定向人民法院提起诉讼。

有些常委会组成人员还对本法实施工作提出了一些好的意见建议。宪法和法律委员会建议国务院有关部门和地方人民政府加强法律宣传,及时制定、完善配套规定,严格执法,保障人民群众“舌尖上的安全”。

经与有关部门研究,建议将修订后的农产品质量安全法的施行时间确定为 2023 年 1 月 1 日。

此外,根据常委会组成人员的审议意见,还对修订草案三次审议稿作了一些文字修改。

修订草案修改稿已按上述意见作了修改,宪法和法律委员会建议本次常委会会议审议通过。

修订草案修改稿和以上报告是否妥当,请审议。

中华人民共和国主席令

第一二二号

《中华人民共和国妇女权益保障法》已由中华人民共和国第十三届全国人民代表大会常务委员会第三十七次会议于 2022 年 10 月 30 日修订通过，现予公布，自 2023 年 1 月 1 日起施行。

中华人民共和国主席　习近平

2022 年 10 月 30 日

中华人民共和国妇女权益保障法

（1992 年 4 月 3 日第七届全国人民代表大会第五次会议通过　根据 2005 年 8 月 28 日第十届全国人民代表大会常务委员会第十七次会议《关于修改〈中华人民共和国妇女权益保障法〉的决定》第一次修正　根据 2018 年 10 月 26 日第十三届全国人民代表大会常务委员会第六次会议《关于修改〈中华人民共和国野生动物保护法〉等十五部法律的决定》第二次修正　2022 年 10 月 30 日第十三届全国人民代表大会常务委员会第三十七次会议修订）

目　录

第一章　总　　则

第一条　为了保障妇女的合法权益，促进男女平等和妇女全面发展，充分发挥妇女在全面建设社会主义现代化国家中的作用，弘扬社会主义核心价值观，根据宪法，制定本法。

第二条　男女平等是国家的基本国策。妇女在政治的、经济的、文化的、社会的和家庭的生活等各方面享有同男子平等的权利。

国家采取必要措施，促进男女平等，消除对妇女一切形式的歧视，禁止排斥、限制妇女依法享有和行使各项权益。

国家保护妇女依法享有的特殊权益。

第三条　坚持中国共产党对妇女权益保障工作的领导，建立政府主导、各方协同、社会参与的保障妇女权益工作机制。

各级人民政府应当重视和加强妇女权益的保障工作。

县级以上人民政府负责妇女儿童工作的机构，负责组织、协调、指导、督促有关部门做好妇女权益的保障工作。

县级以上人民政府有关部门在各自的职责范围内做好妇女权益的保障工作。

第四条　保障妇女的合法权益是全社会的共同责任。国家机关、社会团体、企业事业单位、基层群众性自治组织以及其他组织和个人，应当依法保障妇女的权益。

国家采取有效措施，为妇女依法行使权利提供必要的条件。

第五条　国务院制定和组织实施中国妇女发展纲要，将其纳入国民经济和社会发展规划，保障和促进妇女在各领域的全面发展。

县级以上地方各级人民政府根据中国妇女发展纲要，制定和组织实施本行政区域的妇女发展规划，将其纳入国民经济和社会发展规划。

县级以上人民政府应当将妇女权益保障所需经费列入本级预算。

第六条　中华全国妇女联合会和地方各级妇女联合会依照法律和中华全国妇女联合会章程，代表和维护各族各界妇女的利益，做好维护妇女权益、促进男女平等和妇女全面发展的工作。

工会、共产主义青年团、残疾人联合会等群团组织应当在各自的工作范围内，做好维护妇女权益的工作。

第七条　国家鼓励妇女自尊、自信、自立、自强，运用法律维护自身合法权益。

妇女应当遵守国家法律，尊重社会公德、职业道德和家庭美德，履行法律所规定的义务。

第八条　有关机关制定或者修改涉及妇女权益的法律、法规、规章和其他规范性文件，应当听取妇女联合会的意见，充分考虑妇女的特殊权益，必要时开展男女平等评估。

第九条　国家建立健全妇女发展状况统计调查制度，完善性别统计监测指标体系，定期开展妇女发展状况和权益保障统计调查和分析，发布有关信息。

第十条　国家将男女平等基本国策纳入国民教育体系，开展宣传教育，增强全社会的男女平等意识，培育尊重和关爱妇女的社会风尚。

第十一条　国家对保障妇女合法权益成绩显著的组织和个人，按照有关规定给予表彰和奖励。

第二章　政治权利

第十二条　国家保障妇女享有与男子平等的政治权利。

第十三条　妇女有权通过各种途径和形式，依法参与管理国家事务、管理经济和文化事业、管理社会事务。

妇女和妇女组织有权向各级国家机关提出妇女权益保障方面的意见和建议。

第十四条　妇女享有与男子平等的选举权和被选举权。

全国人民代表大会和地方各级人民代表大会的代表中，应当保证有适当数量的妇女代表。国家采取措施，逐步提高全国人民代表大会和地方各级人民代表大会的妇女代表的比例。

居民委员会、村民委员会成员中，应当保证有适当数量的妇女成员。

第十五条　国家积极培养和选拔女干部，重视培养和选拔少数民族女干部。

国家机关、群团组织、企业事业单位培养、选拔和任用干部，应当坚持男女平等的原则，并有适当数量的妇女担任领导成员。

妇女联合会及其团体会员，可以向国家机关、群团组织、企业事业单位推荐女干部。

国家采取措施支持女性人才成长。

第十六条　妇女联合会代表妇女积极参与国家和社会事务的民主协商、民主决策、民主管理和民主监督。

第十七条　对于有关妇女权益保障工作的批评或者合理可行的建议，有关部门应当听取和采纳；对于有关侵害妇女权益的申诉、控告和检举，有关部门应当查清事实，负责处理，任何组织和个人不得压制或者打击报复。

第三章　人身和人格权益

第十八条　国家保障妇女享有与男子平等的人身和人格权益。

第十九条　妇女的人身自由不受侵犯。禁止非法拘禁和以其他非法手段剥夺或者限制妇女的人身自由；禁止非法搜查妇女的身体。

第二十条　妇女的人格尊严不受侵犯。禁止用侮辱、诽谤等方式损害妇女的人格尊严。

第二十一条　妇女的生命权、身体权、健康权不受侵犯。禁止虐待、遗弃、残害、买卖以及其他侵害女性生命健康权益的行为。

禁止进行非医学需要的胎儿性别鉴定和选择性别的人工终止妊娠。

医疗机构施行生育手术、特殊检查或者特殊治疗时，应当征得妇女本人同意；在妇女与其家属或者关系人意见不一致时，应当尊重妇女本人意愿。

第二十二条　禁止拐卖、绑架妇女；禁止收买被拐卖、绑架的妇女；禁止阻碍解救被拐卖、绑架的妇女。

各级人民政府和公安、民政、人力资源和社会保障、卫生健康等部门及村民委员会、居民委员会按照各自的职责及时发现报告，并采取措施解救被拐卖、绑架的妇女，做好被解救妇女的安置、救助和关爱等工作。妇女联合会协助和配合做好有关工作。任何组织和个人不得歧视被拐卖、绑架的妇女。

第二十三条　禁止违背妇女意愿，以言语、文字、图像、肢体行为等方式对其实施性骚扰。

受害妇女可以向有关单位和国家机关投诉。接到投诉的有关单位和国家机关应当及时处理，并书面告知处理结果。

受害妇女可以向公安机关报案，也可以向人民法院提起民事诉讼，依法请求行为人承担民事责任。

第二十四条　学校应当根据女学生的年龄阶段，进行生理卫生、心理健康和自我保护教育，在教育、管理、设施等方面采取措施，提高其防范性侵害、性骚扰的自我保护意识和能力，保障女学生的人身安全和身心健康发展。

学校应当建立有效预防和科学处置性侵害、性骚扰的工作制度。对性侵害、性骚扰女学生的违法犯罪行为，学校不得隐瞒，应当及时通知受害未成年女学生的父母或者其他监护人，向公安机关、教育行政部门报告，并配合相关部门依法处理。

对遭受性侵害、性骚扰的女学生，学校、公安机关、教育行政部门等相关单位和人员应当保护其隐私和个人信息，并提供必要的保护措施。

第二十五条　用人单位应当采取下列措施预防和制止对妇女的性骚扰：

（一）制定禁止性骚扰的规章制度；

（二）明确负责机构或者人员；

（三）开展预防和制止性骚扰的教育培训活动；

（四）采取必要的安全保卫措施；

（五）设置投诉电话、信箱等，畅通投诉渠道；

（六）建立和完善调查处置程序，及时处置纠纷并保护当事人隐私和个人信息；

（七）支持、协助受害妇女依法维权，必要时为受害妇女提供心理疏导；

（八）其他合理的预防和制止性骚扰措施。

第二十六条　住宿经营者应当及时准确登记住宿人员信息，健全住宿服务规章制度，加强安全保障措施；发现可能侵害妇女权益的违法犯罪行为，应当及时向公安机关报告。

第二十七条　禁止卖淫、嫖娼；禁止组织、强迫、引诱、容留、介绍妇女卖淫或者对妇女进行猥亵活动；禁止组织、强迫、引诱、容留、介绍妇女在任何场所或者利用网络进行淫秽表演活动。

第二十八条　妇女的姓名权、肖像权、名誉权、荣誉权、隐私权和个人信息等人格权益受法律保护。

媒体报道涉及妇女事件应当客观、适度，不得通过夸大事实、过度渲染等方式侵害妇女的人格权益。

禁止通过大众传播媒介或者其他方式贬低损害妇女人格。未经本人同意，不得通过广告、商标、展览橱窗、报纸、期刊、图书、音像制品、电子出版物、网络等形式使用妇女肖像，但法律另有规定的除外。

第二十九条　禁止以恋爱、交友为由或者在终止恋爱关系、离婚之后，纠缠、骚扰妇女，泄露、传播妇女隐私和个人信息。

妇女遭受上述侵害或者面临上述侵害现实危险的，可以向人民法院申请人身安全保护令。

第三十条　国家建立健全妇女健康服务体系，保障妇女享有基本医疗卫生服务，开展妇女常见病、多发病的预防、筛查和诊疗，提高妇女健康水平。

国家采取必要措施，开展经期、孕期、产期、哺乳期和更年期的健康知识普及、卫生保健和疾病防治，保障妇女特殊生理时期的健康需求，为有需要的妇女提供心理健康服务支持。

第三十一条　县级以上地方人民政府应当设立妇幼保健机构，为妇女提供保健以及常见病防治服务。

国家鼓励和支持社会力量通过依法捐赠、资助或者提供志愿服务等方式，参与妇女卫生健康事业，提供安全的生理健康用品或者服务，满足妇女多样化、差异化的健康需求。

用人单位应当定期为女职工安排妇科疾病、乳腺疾病检查以及妇女特殊需要的其他健康检查。

第三十二条　妇女依法享有生育子女的权利，也有不生育子女的自由。

第三十三条　国家实行婚前、孕前、孕产期和产后保健制度，逐步建立妇女全生育周期系统保健制度。医疗保健机构应当提供安全、有效的医疗保健服务，保障妇女生育安全和健康。

有关部门应当提供安全、有效的避孕药具和技术，保障妇女的健康和安全。

第三十四条　各级人民政府在规划、建设基础设施时，应当考虑妇女的特殊需求，配备满足妇女需要的公共厕所和母婴室等公共设施。

第四章　文化教育权益

第三十五条　国家保障妇女享有与男子平等的文化教育权利。

第三十六条　父母或者其他监护人应当履行保障适龄女性未成年人接受并完成义务教育的义务。

对无正当理由不送适龄女性未成年人入学的父母或者其他监护人，由当地乡镇人民政府或者县级人民政府教育行政部门给予批评教育，依法责令其限期改正。居民委员会、村民委员会应当协助政府做好相关工作。

政府、学校应当采取有效措施，解决适龄女性未成年人就学存在的实际困难，并创造条件，保证适龄女性未成年人完成义务教育。

第三十七条　学校和有关部门应当执行国家有关规定，保障妇女在入学、升学、授予学位、派出留学、就业指导和服务等方面享有与男子平等的权利。

学校在录取学生时，除国家规定的特殊专业外，不得以性别为由拒绝录取女性或者提高对女性的录取标准。

各级人民政府应当采取措施，保障女性平等享有接受中高等教育的权利和机会。

第三十八条　各级人民政府应当依照规定把扫除妇女中的文盲、半文盲工作，纳入扫盲和扫盲后继续教育规划，采取符合妇女特点的组织形式和工作方法，组织、监督有关部门具体实施。

第三十九条　国家健全全民终身学习体系，为妇女终身学习创造条件。

各级人民政府和有关部门应当采取措施，根据城镇和农村妇女的需要，组织妇女接受职业教育和实用技术培训。

第四十条　国家机关、社会团体和企业事业单位应当执行国家有关规定，保障妇女从事科学、技术、文学、艺术和其他文化活动，享有与男子平等的权利。

第五章　劳动和社会保障权益

第四十一条　国家保障妇女享有与男子平等的劳动权利和社会保障权利。

第四十二条　各级人民政府和有关部门应当完善就业保障政策措施，防止和纠正就业性别歧视，为妇女创造公平的就业创业环境，为就业困难的妇女提供必要的扶持和援助。

第四十三条　用人单位在招录（聘）过程中，除国家另有规定外，不得实施下列行为：

（一）限定为男性或者规定男性优先；

（二）除个人基本信息外，进一步询问或者调查女性求职者的婚育情况；

（三）将妊娠测试作为入职体检项目；

（四）将限制结婚、生育或者婚姻、生育状况作为录（聘）用条件；

（五）其他以性别为由拒绝录（聘）用妇女或者差别化地提高对妇女录（聘）用标准的行为。

第四十四条　用人单位在录（聘）用女职工时，应当依法与其签订劳动（聘用）合同或者服务协议，劳动（聘用）合同或者服务协议中应当具备女职工特殊保护条款，并不得规定限制女职工结婚、生育等内容。

职工一方与用人单位订立的集体合同中应当包含男女平等和女职工权益保护相关内容，也可以就相关内容制定专章、附件或者单独订立女职工权益保护专项集体合同。

第四十五条　实行男女同工同酬。妇女在享受福利待遇方面享有与男子平等的权利。

第四十六条　在晋职、晋级、评聘专业技术职称和职务、培训等方面，应当坚持男女平等的原则，不得歧视妇女。

第四十七条　用人单位应当根据妇女的特点，依法保护妇女在工作和劳动时的安全、健康以及休息的权利。

妇女在经期、孕期、产期、哺乳期受特殊保护。

第四十八条　用人单位不得因结婚、怀孕、产假、哺乳等情形，降低女职工的工资和福利待遇，限制女职工晋职、晋级、评聘专业技术职称和职务，辞退女职工，单方解除劳动（聘用）合同或者服务协议。

女职工在怀孕以及依法享受产假期间，劳动（聘用）合同或者服务协议期满的，劳动（聘用）合同或者服务协议期限自动延续至产假结束。但是，用人单位依法解除、终止劳动（聘用）合同、服务协议，或者女职工依法要求解除、终止劳动（聘用）合同、服务协议的除外。

用人单位在执行国家退休制度时，不得以性别为由歧视妇女。

第四十九条　人力资源和社会保障部门应当将招聘、录取、晋职、晋级、评聘专业技术职称和职务、培训、辞退等过程中的性别歧视行为纳入劳动保障监察范围。

第五十条　国家发展社会保障事业，保障妇女享有社会保险、社会救助和社会福利等权益。

国家提倡和鼓励为帮助妇女而开展的社会公益活动。

第五十一条　国家实行生育保险制度，建立健全婴幼儿托育服务等与生育相关的其他保障制度。

国家建立健全职工生育休假制度，保障孕产期女职工依法享有休息休假权益。

地方各级人民政府和有关部门应当按照国家有关规定，为符合条件的困难妇女提供必要的生育救助。

第五十二条　各级人民政府和有关部门应当采取必要措施，加强贫困妇女、老龄妇女、残疾妇女等困难妇女的权益保障，按照有关规定为其提供生活帮扶、就业创业支持等关爱服务。

第六章　财产权益

第五十三条　国家保障妇女享有与男子平等的财产权利。

第五十四条　在夫妻共同财产、家庭共有财产关系中，不得侵害妇女依法享有的权益。

第五十五条　妇女在农村集体经济组织成员身份确认、土地承包经营、集体经济组织收益分配、土地征收补偿安置或者征用补偿以及宅基地使用等方面，享有与男子平等的权利。

申请农村土地承包经营权、宅基地使用权等不动产登记，应当在不动产登记簿和权属证书上将享有权利的妇女等家庭成员全部列明。征收补偿安置或者征用补偿协议应当将享有相关权益的妇女列入，并记载权益内容。

第五十六条　村民自治章程、村规民约，村民会议、村民代表会议的决定以及其他涉及村民利益事项的决定，不得以妇女未婚、结婚、离婚、丧偶、户无男性等为由，侵害妇女在农村集体经济组织中的各项权益。

因结婚男方到女方住所落户的，男方和子女享有与所在地农村集体经济组织成员平等的权益。

第五十七条　国家保护妇女在城镇集体所有财产关系中的权益。妇女依照法律、法规的规定享有相关权益。

第五十八条　妇女享有与男子平等的继承权。妇女依法行使继承权，不受歧视。

丧偶妇女有权依法处分继承的财产，任何组织和个人不得干涉。

第五十九条　丧偶儿媳对公婆尽了主要赡养义务的，作为第一顺序继承人，其继承权不受子女代位继承的影响。

第七章　婚姻家庭权益

第六十条　国家保障妇女享有与男子平等的婚姻家庭权利。

第六十一条　国家保护妇女的婚姻自主权。禁止干涉妇女的结婚、离婚自由。

第六十二条　国家鼓励男女双方在结婚登记前，共同进行医学检查或者相关健康体检。

第六十三条　婚姻登记机关应当提供婚姻家庭辅导服务，引导当事人建立平等、和睦、文明的婚姻家庭关系。

第六十四条　女方在怀孕期间、分娩后一年内或者终止妊娠后六个月内，男方不得提出离婚；但是，女方提出离婚或者人民法院认为确有必要受理男方离婚请求的除外。

第六十五条　禁止对妇女实施家庭暴力。

县级以上人民政府有关部门、司法机关、社会团体、企业事业单位、基层群众性自治组织以及其他组织，应当在各自的职责范围内预防和制止家庭暴力，依法为受害妇女提供救助。

第六十六条　妇女对夫妻共同财产享有与其配偶平等的占有、使用、收益和处分的权利，不受双方收入状况等情形的影响。

对夫妻共同所有的不动产以及可以联名登记的动产，女方有权要求在权属证书上记载其姓名；认为记载的权利人、标的物、权利比例等事项有错误的，有权依法申请更正登记或者异议登记，有关机构应当按照其申请依法办理相应登记手续。

第六十七条　离婚诉讼期间，夫妻一方申请查询登记在对方名下财产状况且确因客观原因不能自行收集的，人民法院应当进行调查取证，有关部门和单位应当予以协助。

离婚诉讼期间，夫妻双方均有向人民法院申报全部夫妻共同财产的义务。一方隐藏、转移、变卖、损毁、挥霍夫妻共同财产，或者伪造夫妻共同债务企图侵占另一方财产的，在离婚分割夫妻共同财产时，对该方可以少分或者不分财产。

第六十八条　夫妻双方应当共同负担家庭义务，共同照顾家庭生活。

女方因抚育子女、照料老人、协助男方工作等负担较多义务的，有权在离婚时要求男方予以补偿。补偿办法由双方协议确定；协议不成的，可以向人民法院提起诉讼。

第六十九条　离婚时，分割夫妻共有的房屋或者处理夫妻共同租住的房屋，由双方协议解决；协议不成的，可以向人民法院提起诉讼。

第七十条　父母双方对未成年子女享有平等的监护权。

父亲死亡、无监护能力或者有其他情形不能担任未成年子女的监护人的，母亲的监护权任何组织和个人不得干涉。

第七十一条 女方丧失生育能力的，在离婚处理子女抚养问题时，应当在最有利于未成年子女的条件下，优先考虑女方的抚养要求。

第八章 救济措施

第七十二条 对侵害妇女合法权益的行为，任何组织和个人都有权予以劝阻、制止或者向有关部门提出控告或者检举。有关部门接到控告或者检举后，应当依法及时处理，并为控告人、检举人保密。

妇女的合法权益受到侵害的，有权要求有关部门依法处理，或者依法申请调解、仲裁，或者向人民法院起诉。

对符合条件的妇女，当地法律援助机构或者司法机关应当给予帮助，依法为其提供法律援助或者司法救助。

第七十三条 妇女的合法权益受到侵害的，可以向妇女联合会等妇女组织求助。妇女联合会等妇女组织应当维护被侵害妇女的合法权益，有权要求并协助有关部门或者单位查处。有关部门或者单位应当依法查处，并予以答复；不予处理或者处理不当的，县级以上人民政府负责妇女儿童工作的机构、妇女联合会可以向其提出督促处理意见，必要时可以提请同级人民政府开展督查。

受害妇女进行诉讼需要帮助的，妇女联合会应当给予支持和帮助。

第七十四条 用人单位侵害妇女劳动和社会保障权益的，人力资源和社会保障部门可以联合工会、妇女联合会约谈用人单位，依法进行监督并要求其限期纠正。

第七十五条 妇女在农村集体经济组织成员身份确认等方面权益受到侵害的，可以申请乡镇人民政府等进行协调，或者向人民法院起诉。

乡镇人民政府应当对村民自治章程、村规民约，村民会议、村民代表会议的决定以及其他涉及村民利益事项的决定进行指导，对其中违反法律、法规和国家政策规定，侵害妇女合法权益的内容责令改正；受侵害妇女向农村土地承包仲裁机构申请仲裁或者向人民法院起诉的，农村土地承包仲裁机构或者人民法院应当依法受理。

第七十六条 县级以上人民政府应当开通全国统一的妇女权益保护服务热线，及时受理、移送有关侵害妇女合法权益的投诉、举报；有关部门或者单位接到投诉、举报后，应当及时予以处置。

鼓励和支持群团组织、企业事业单位、社会组织和个人参与建设妇女权益保护服务热线，提供妇女权益保护方面的咨询、帮助。

第七十七条 侵害妇女合法权益，导致社会公共利益受损的，检察机关可以发出检察建议；有下列情形之一的，检察机关可以依法提起公益诉讼：

（一）确认农村妇女集体经济组织成员身份时侵害妇女权益或者侵害妇女享有的农村土地承包和集体收益、土地征收征用补偿分配权益和宅基地使用权益；

（二）侵害妇女平等就业权益；

（三）相关单位未采取合理措施预防和制止性骚扰；

（四）通过大众传播媒介或者其他方式贬低损害妇女人格；

（五）其他严重侵害妇女权益的情形。

第七十八条 国家机关、社会团体、企业事业单位对侵害妇女权益的行为，可以支持受侵害的妇女向人民法院起诉。

第九章 法律责任

第七十九条 违反本法第二十二条第二款规定，未履行报告义务的，依法对直接负责的主管人员和其他直接责任人员给予处分。

第八十条 违反本法规定，对妇女实施性骚扰的，由公安机关给予批评教育或者出具告诫书，并由所在单位依法给予处分。

学校、用人单位违反本法规定，未采取必要措施预防和制止性骚扰，造成妇女权益受到侵害或者社会影响恶劣的，由上级机关或者主管部门责令改正；拒不改正或者情节严重的，依法对直接负责的主管人员和其他直接责任人员给予处分。

第八十一条 违反本法第二十六条规定，未履行报告等义务的，依法给予警告、责令停业整顿或者吊销营业执照、吊销相关许可证，并处一万元以上五万元以下罚款。

第八十二条 违反本法规定，通过大众传播媒介或者其他方式贬低损害妇女人格的，由公安、网信、文化旅游、广播电视、新闻出版或者其他有关部门依据各自的职权责令改正，并依法给予行政处罚。

第八十三条 用人单位违反本法第四十三条和第四十八条规定的，由人力资源和社会保障部门责令改正;拒不改正或者情节严重的,处一万元以上五万元以下罚款。

第八十四条 违反本法规定,对侵害妇女权益的申诉、控告、检举,推诿、拖延、压制不予查处,或者对提出申诉、控告、检举的人进行打击报复的,依法责令改正,并对直接负责的主管人员和其他直接责任人员给予处分。

国家机关及其工作人员未依法履行职责,对侵害妇女权益的行为未及时制止或者未给予受害妇女必要帮助,造成严重后果的,依法对直接负责的主管人员和其他直接责任人员给予处分。

违反本法规定,侵害妇女人身和人格权益、文化教育权益、劳动和社会保障权益、财产权益以及婚姻家庭权益的,依法责令改正,直接负责的主管人员和其他直接责任人员属于国家工作人员的,依法给予处分。

第八十五条 违反本法规定,侵害妇女的合法权益,其他法律、法规规定行政处罚的,从其规定;造成财产损失或者人身损害的,依法承担民事责任;构成犯罪的,依法追究刑事责任。

第十章 附 则

第八十六条 本法自2023年1月1日起施行。

关于《中华人民共和国妇女权益保障法(修订草案)》的说明

——2021年12月20日在第十三届全国人民代表大会常务委员会第三十二次会议上

全国人大社会建设委员会主任委员 何毅亭

全国人民代表大会常务委员会:

我受全国人大社会建设委员会委托,作关于《中华人民共和国妇女权益保障法(修订草案)》的说明。

一、妇女权益保障法修改的必要性

妇女是人类文明的开创者、社会进步的推动者,妇女的地位体现了一个国家的文明与进步。党和国家高度重视、积极推进妇女工作,促进男女平等和妇女全面发展。党的十八大以来,以习近平同志为核心的党中央从党和国家事业发展全局出发,就维护妇女权益、促进妇女全面发展,提出新的更高要求,作出一系列重要部署。习近平总书记多次强调,“妇女权益是基本人权”“要把保障妇女权益系统纳入法律法规,上升为国家意志,内化为社会行为规范”。习近平总书记的重要论述和党中央的决策部署,为做好妇女权益保障工作指明了方向。

现行的妇女权益保障法是1992年由七届全国人大五次会议通过的,此后经过了2005年的修正和2018年的个别调整。该法实施近30年来,有力促进了妇女在各方面权益保障水平的提高,推动了男女平等基本国策深入人心。同时不可否认,妇女权益保障领域存在的一些老问题尚未得到根本解决,如妇女被拐卖、性侵、家庭暴力、性骚扰,农村妇女、残疾妇女、单亲母亲等群体仍面临特殊困难等;随着经济社会发展又出现了一些新情况、新问题。如生育政策调整后生育与就业矛盾加剧,就业领域的性别歧视有所凸显;农村产权形式和分配方式发生变化后保护农村妇女财产权益面临新挑战;家庭稳定性持续下降,离婚率上升,婚姻家庭关系引发的矛盾纠纷日益复杂等等。面对这些情况,现行妇女权益保障法亟待进一步拓展和强化。近年来,全国人大代表多次就修改妇女权益保障法提出议案,仅十三届全国人大一次会议以来,就先后有350名全国人大代表提出11件关于修改妇女权益保障法的议案。社会各界也呼吁通过修法,进一步优化促进男女平等的基础性制度设计,完善保障内容,提升保障水平,为妇女全面发展营造环境、扫清障碍、创造条件。

全国人大常委会认真贯彻落实党中央关于保障妇女权益的决策部署,积极回应社会关切,将修改妇女权益保障法列入常委会2021年度立法工作计划。2021年以来,社会建设委员会在全国妇联提交的建议稿基础上,通过向地方人大书面征求意见、召开专家座谈会、开展实地调研和委托地方调研等方式,充分研究论证,不断完善草案文本,在广泛听取、积极吸纳各方面意见建议的基础上,形成了《中华人民共和国妇女权益保障法(修订草案)》(以下简称《修订草案》)。

二、妇女权益保障法修改的指导思想和总体思路

(一)指导思想

以习近平新时代中国特色社会主义思想为指导,全面贯彻习近平总书记关于加强妇女工作、维护妇女合法权益重要讲话精神和党中央决策部署,坚持以人民为中心的发展思想,贯彻落实男女平等基本国策,着力完善相关制度机制和保障性法律措施,为促进男女平等和妇女全面发展提供坚实的法治保障。

(二)总体思路

一是立足国情实际,逐步健全与我国发展阶段相适应的妇女权益保障制度。近年来党和国家陆续出台了多个旨在加强妇女权益保障的规范性文件,各地在妇女权益保障工作中进行了积极探索,积累了丰富的实践经验。《修订草案》将适应妇女权益保障现实需要、实践证明行之有效、各方面认识比较一致的措施及时转化为法律规范,确保妇女平等分享发展成果。同时坚持尽力而为、量力而行原则,不盲目效仿西方国家的做法,对于争议较大或目前修改时机和条件尚不成熟的内容,不做出修订。

二是坚持问题导向,力争在解决妇女权益保障领域存在的突出问题上有所突破。妇女权益保障领域长期存在一些痛点、难点问题,直接关系妇女的切身利益和亿万家庭的幸福美满,影响社会和谐稳定。《修订草案》针对这些突出问题,致力于优化妇女发展环境,加强制度机制构建,在权利确认、预防性保障、侵害处置、救济措施、责任追究等方面进一步完善相关规定,消除不利于妇女发展的障碍,促进男女平等和妇女全面发展。

三是坚持系统观念,处理好与相关法律、法规和政策的衔接配合。妇女权益保障涉及宪法和民法典、刑法以及劳动、教育、社会保障、土地承包、基层政权建设、人口与计划生育、母婴保健、反家庭暴力等方面的法律法规。《修订草案》坚持本法作为妇女权益保障领域专门法的定位,注意处理好与其他法律法规的关系。对其他法律没有规定或者规定不够完善的,尽可能在本法中作出明确具体的规定;其他法律已有明确规定的,本法只做原则性、衔接性的规定;对于适宜通过制定行政法规或政策细化和解决的问题,在本法中只做原则性规定,避免挂一漏万。

四是尊重地区差异,为地方立法留下空间。在妇女权益保障领域,各地存在的突出问题不尽相同,经济社会发展水平能够支撑的保障程度也不尽相同,一些问题不宜在本法中做"一刀切"的规定。《修订草案》着眼于发挥地方立法灵活性大、针对性和集合性强的优势,对妇女权益保障中的某些问题,如高额彩礼等婚姻陋习,在本法中未做规定,留待地方立法予以规范。

三、妇女权益保障法修改的主要内容

现行妇女权益保障法共九章六十一条,《修订草案》修改四十八条、保留十二条、删除一条,新增二十四条,修改后共计九章八十六条。主要修改内容如下。

(一)关于总则部分

健全完善促进男女平等和妇女全面发展的制度机制,是保障妇女权益的基础性工作。《修订草案》增加了"歧视妇女"的含义、维护妇女权益的工作机制、司法机关的责任、法律政策性别平等评估机制、性别统计调查和发布制度、男女平等基本国策教育等新规定,并对其他条款作了调整和补充完善。

(二)关于妇女权益的保障

《修订草案》从六个方面进一步完善和加强了对妇女权益的保障。

1. 在政治权利保障方面。增加了基层群众性自治组织和用人单位应当组织妇女参与相关协商议事活动、职工代表大会中女职工代表的比例应当与女职工所占比例相适应等新规定,强化了妇女联合会的新职能,进一步拓宽妇女参与国家和社会事务管理的途径。

2. 在文化教育权益保障方面。补充完善了保障适龄女性未成年人接受并完成义务教育的相关规定,明确政府采取措施,保障女性平等享有接受中高等教育的权利和机会。

3. 在劳动和社会保障权益方面。重点明确就业性别歧视的主要情形,完善消除就业性别歧视的机制,推广女职工特殊权益专项集体合同,建立企业性别平等报告制度,针对平台用工等新的就业形态明确规定应当参照适用本法的相关规定,增强新形势下对妇女就业的全方位保护。

4. 在财产权益保障方面。主要增加了对农村

妇女土地及相关权益的保护措施，明确了基层人民政府对村民自治章程、村规民约以及涉及村民利益事项的决定中侵害妇女权益的内容予以纠正的责任，对城镇集体经济中的妇女权益保护做出了新规定。

5. 在人格权益保障方面。首先是将原第六章的章名“人身权利”修改为“人格权益”；其次是细化了对妇女生命健康权的保护措施，列举了性骚扰的常见情形并规定了学校和用人单位应当采取的预防和制止措施，扩大了人身安全保护令的适用范围，增加了建立妇女健康服务体系、提供妇女特殊生理期健康服务、建设满足妇女基本需要的设施、保护被性侵妇女的权益等新内容。

6. 在婚姻家庭权益保障方面。增加了鼓励婚前体检、建立婚姻家庭辅导服务制度等新规定；对民法典有关夫妻共同财产的规定进行了细化，增加了有关财产权属登记、离婚诉讼期间共同财产查询、离婚时家务劳动经济补偿等规定，加强对女方合法权益的保护。

（三）关于法律救济与法律责任

《修订草案》增加了各级妇儿工委可以发出督促处理意见书、加强全国统一的妇女维权服务热线建设、建立妇女权益保障检察公益诉讼制度、支持起诉制度等新救济途径，完善了妇女在农村集体经济权益受侵害时的救济途径，增加了实施就业性别歧视、未采取性骚扰预防制止措施的法律责任等，进一步细化、强化了法律救济和法律责任，增强了法律的刚性。

此外，《修订草案》还对部分条文做了文字修改。

《中华人民共和国妇女权益保障法（修订草案）》和以上说明是否妥当，请审议。

全国人民代表大会宪法和法律委员会关于《中华人民共和国妇女权益保障法（修订草案）》修改情况的汇报

——2022年4月18日在第十三届全国人民代表大会常务委员会第三十四次会议上

全国人大宪法和法律委员会副主任委员　丛　斌

全国人民代表大会常务委员会：

常委会第三十二次会议对妇女权益保障法修订草案进行了初次审议。会后，法制工作委员会将修订草案印发有关部门、地方和单位征求意见；在中国人大网公布修订草案全文，征求社会公众意见；委托上海虹桥街道基层立法联系点开展调研，并通过网络视频会议形式听取有关方面意见。梳理研究十三届全国人大五次会议期间全国人大代表提出的相关议案和建议。宪法和法律委员会于3月23日召开会议，根据常委会组成人员审议意见和各方面的意见，对修订草案进行了逐条审议。社会建设委员会、全国妇联有关负责同志列席了会议。4月12日，宪法和法律委员会召开会议，再次进行了审议。现将妇女权益保障法修订草案主要问题的修改情况汇报如下：

一、有的常委委员提出，应当进一步突出对妇女人身权、人格权的保护，并建议对修订草案结构作适当调整完善。宪法和法律委员会经研究，建议将修订草案第六章前移作为第三章，将章名修改为“人身和人格权益”，并增加妇女的人格尊严不受侵犯等规定；将修订草案第八章“法律救济与法律责任”拆分为“救济措施”和“法律责任”两章。

二、修订草案第二条第四款规定，国家可以为实现男女平等而采取暂时性的特别措施。有的常委委员、单位提出，我国在保障妇女权益方面有较全面的制度和措施，“暂时性的特别措施”内容不明确，必要性不足，建议不作规定。宪法和法律委员会经研究，建议采纳这一意见。

三、修订草案第十七条第三款规定，妇女联合会及其团体会员向国家机关等方面推荐女干部，有关部门和单位应当重视其推荐意见。有的常委会组成人员、地方和社会公众提出，该规定与现行组织人事管理制度不一致，实践中也难以操作。宪法和法律委员会经研究，建议删除“有关部门和单位应当重视其推荐意见”。

四、有的常委会组成人员提出，最近有的地方揭露出的拐卖妇女等严重侵害妇女权益的恶性案件，暴露出基层治理存在一定短板，有必要建立报告与排查制度，及时发现和处理侵害妇女权益的违法犯罪行为。宪法和法律委员会经研究，建议增加规定："婚姻登记机关、乡镇人民政府、街道办事处、居民委员会、村民委员会及其工作人员在工作中发现妇女疑似被拐卖、绑架的，应当及时向公安机关报告，公安机关应当依法及时调查处理。""妇女联合会应当发挥其基层组织作用，会同公安等部门加强对拐卖、绑架等侵害妇女权益行为的排查，有关部门应当予以配合。发现妇女疑似被拐卖、绑架的，应当及时向公安机关报告，并协助有关部门做好解救工作。""住宿经营者应当及时准确登记住宿人员信息，健全住宿服务规章制度，加强安全保障措施；发现可能侵害妇女权益的违法犯罪行为，应当及时向公安机关报告。"同时，增加规定未履行报告义务的法律责任。

五、有的常委会组成人员、单位和地方提出，为有效预防学校发生对未成年女性的性骚扰、性侵害，应当规定入职查询制度。宪法和法律委员会经研究，建议增加规定："学校聘用教职员工或者引入志愿者、社会工作者等校外人员时，应当查询上述人员是否具有性侵害、性骚扰等违法犯罪记录；发现其具有上述记录的，不得录用或者引入。"

六、修订草案第五十四条规定，妇女因遭受性侵害因故不适合终止妊娠而生育子女的，可以不担任监护人，有权单方决定送养子女；无人收养的，由民政部门担任监护人。有的单位和地方提出，该规定与民法典关于监护、送养的规定不一致，对保护未成年人合法权益容易造成不利影响，建议不作规定。宪法和法律委员会经研究，建议采纳这一意见。

七、有的常委委员和单位提出，应当进一步完善相关制度，促进国家生育政策的落实。宪法和法律委员会经研究，建议增加规定，国家建立健全职工生育休假制度，保障孕产期女职工依法享有休息休假权益。用人单位不得因结婚、怀孕、产假、哺乳等情形，限制女职工晋职、晋级、评聘专业技术职称和职务。

此外，还对修订草案作了一些文字修改。

修订草案二次审议稿已按上述意见作了修改，宪法和法律委员会建议提请本次常委会会议继续审议。

修订草案二次审议稿和以上汇报是否妥当，请审议。

全国人民代表大会宪法和法律委员会关于《中华人民共和国妇女权益保障法（修订草案）》审议结果的报告

——2022 年 10 月 27 日在第十三届全国人民代表大会常务委员会第三十七次会议上

全国人大宪法和法律委员会副主任委员　丛　斌

全国人民代表大会常务委员会：

常委会第三十四次会议对妇女权益保障法修订草案进行了二次审议。会后，法制工作委员会在中国人大网公布修订草案二次审议稿全文，征求社会公众意见；通过三十一个基层立法联系点征求基层群众意见；听取全国妇联等有关方面的意见。宪法和法律委员会、法制工作委员会先后到青海、宁夏和黑龙江调研，听取地方有关部门、妇联、全国人大代表等的意见。宪法和法律委员会于 9 月 14 日召开会议，根据委员长会议精神、常委会组成人员审议意见和各方面的意见，对修订草案进行了逐条审议。社会建设委员会、公安部、民政部、人力资源和社会保障部、全国妇联有关负责同志列席了会议。10 月 14 日，宪法和法律委员会召开会议，再次进行了审议。宪法和法律委员会认为，修订草案经过两次审议修改，已经比较成熟。同时，提出以下主要修改意见：

一、有的常委委员和单位建议，在修订草案二次审议稿第二条第二款中增加促进男女平等的规定。宪法和法律委员会经研究，建议将该款修改为："国家采取必要措施，促进男女平等，消除对妇女一切形式的歧视，禁止排斥、限制妇女依法享有和行使各项权益。"

二、有的常委委员和单位提出，修订草案删除了现行法第六条第一款关于各级人民政府应当重视和加强妇女权益的保障工作的规定，不利于压实政府责任，建议予以恢复。宪法和法律委员会经研究，建议采纳这一意见。

三、有的常委会组成人员和单位提出，修订草案二次审议稿中有的内容属于妇女工作和妇联工作的具体事项；有的内容其他法律已作明确规定；有的内容应当考虑到社会生活比较复杂、实际情况千差万别，法律不宜作过细规定，可在司法实践中具体把握，建议进一步简化有关规定，突出解决一般性、普遍性问题。宪法和法律委员会经研究，建议采纳这一意见，对有关规定进行修改精简。

四、有的常委委员提出，一些媒体在进行报道时违反法律法规公开当事人隐私和个人信息，甚至进行与事实不符的宣传报道，侵害妇女的隐私权、名誉权等人格权益，对此应当加强规范。宪法和法律委员会经研究，建议增加规定："媒体报道涉及妇女事件应当客观、适度，不得通过夸大事实、过度渲染等方式侵害妇女的人格权益。"

五、修订草案二次审议稿第五十五条对保障困难妇女权益作了规定。宪法和法律委员会经研究，建议全面贯彻落实习近平总书记关于保障贫困妇女、老龄妇女、残疾妇女等困难群体的重要讲话精神，将该条修改为："各级人民政府和有关部门应当采取必要措施，加强贫困妇女、老龄妇女、残疾妇女等困难妇女的权益保障，按照有关规定为其提供生活帮扶、就业创业支持等关爱服务。"

六、修订草案二次审议稿第七十八条规定："用人单位侵害女职工劳动和社会保障权益的，工会、妇女联合会有权依法进行监督并要求其限期纠正。"有的常委会组成人员、单位和地方建议，根据实际做法，明确人力资源和社会保障部门可以联合工会、妇女联合会约谈用人单位。宪法和法律委员会经研究，建议修改为："用人单位侵害妇女劳动和社会保障权益的，人力资源和社会保障部门可以联合工会、妇女联合会约谈用人单位，依法进行监督并要求其限期纠正。"

此外，还对修订草案二次审议稿作了一些文字修改。

9月28日，法制工作委员会召开会议，邀请部分全国人大代表、专家学者和地方有关单位、妇联、学校以及企业等方面的代表，就修订草案中主要制度规范的可行性、出台时机、实施的社会效果和可能出现的问题等进行评估。与会人员普遍认为，修订草案贯彻落实党中央有关精神，对妇女权益保障相关制度作出系统规定，修订草案经过两次审议修改，充分吸收了各方面意见，主要制度设计符合实际，已经比较成熟，现在出台是必要的、可行的。同时，还对修订草案提出了一些具体修改意见，宪法和法律委员会对有的意见予以采纳。

修订草案三次审议稿已按上述意见作了修改，宪法和法律委员会建议提请本次常委会会议审议通过。

修订草案三次审议稿和以上报告是否妥当，请审议。

全国人民代表大会宪法和法律委员会关于《中华人民共和国妇女权益保障法（修订草案三次审议稿）》修改意见的报告

——2022年10月29日在第十三届全国人民代表大会常务委员会第三十七次会议上

全国人民代表大会常务委员会：

本次常委会会议于10月27日下午对妇女权益保障法修订草案三次审议稿进行了分组审议。普遍认为，修订草案已经比较成熟，建议进一步修改后，提请本次常委会会议表决通过。同时，有些常委会组成人员和列席人员还提出了一些修改意见。宪法和法律委员会于10月28日下午召开会议，逐条研究了常委会组成人员的审议意见，对修订草案进行了审议。社会建设委员会、全国妇联有关负责同志列席了会议。宪法和法律委员会认为，修订草案是可行的，同时，提出以下修改意见：

一、有的常委委员提出，各级妇联组织是广大妇女的"娘家人"，对于防止拐卖、绑架妇女和解救被拐卖、绑架的妇女，应当发挥应有作用，现行妇女权益保障法相关规定有这方面的要求，建议本次修订法律时予以保留。宪法和法律委员会经研究，建议在三次审议稿第二十二条第二款中增加“妇女联合会协助和配合做好有关工作”一句。

二、三次审议稿第二十四条第二款规定，对性侵害、性骚扰女学生的违法犯罪行为，学校不得隐瞒，应当及时通知受害女学生的父母或者其他监护人。有的常委委员提出，遭受性侵害、性骚扰的女学生也有成年人，只有未成年女学生才需要通知其父母或者其他监护人。宪法和法律委员会经研究，建议采纳这一意见，对相关规定作出修改。

三、三次审议稿第三十一条第三款对用人单位定期为女职工安排疾病健康检查作了规定。有的常委委员提出，为了更好保护女职工身体健康，建议适当扩大健康检查范围。宪法和法律委员会经研究，建议将该款规定修改为：“用人单位应当定期为女职工安排妇科疾病、乳腺疾病检查以及妇女特殊需要的其他健康检查。”

常委会组成人员还提出了一些修改意见。宪法和法律委员会研究认为，有的宜在实践中具体把握，有的在修改过程中已经反复研究，有的在有关法律和国家有关文件中已经作出规定，修订草案以不再作进一步修改为宜。

经与有关方面研究，建议将修订后的妇女权益保障法的施行时间确定为2023年1月1日。

此外，根据常委会组成人员的审议意见，还对修订草案三次审议稿作了一些文字修改。

修订草案修改稿已按上述意见作了修改，宪法和法律委员会建议本次常委会会议审议通过。

修订草案修改稿和以上报告是否妥当，请审议。

中华人民共和国主席令

第一二三号

《中华人民共和国黄河保护法》已由中华人民共和国第十三届全国人民代表大会常务委员会第三十七次会议于2022年10月30日通过，现予公布，自2023年4月1日起施行。

中华人民共和国主席　习近平

2022年10月30日

中华人民共和国黄河保护法

（2022年10月30日第十三届全国人民代表大会常务委员会第三十七次会议通过）

目　录

第一章　总　　则

第一条　为了加强黄河流域生态环境保护，保障黄河安澜，推进水资源节约集约利用，推动高质量发展，保护传承弘扬黄河文化，实现人与自然和谐共生、中华民族永续发展，制定本法。

第二条　黄河流域生态保护和高质量发展各类活动，适用本法；本法未作规定的，适用其他有关法律的规定。

本法所称黄河流域，是指黄河干流、支流和湖泊的集水区域所涉及的青海省、四川省、甘肃省、宁夏回族自治区、内蒙古自治区、山西省、陕西省、河南省、山东省的相关县级行政区域。

第三条　黄河流域生态保护和高质量发展，坚持中国共产党的领导，落实重在保护、要在治理的要求，加强污染防治，贯彻生态优先、绿色发展，量水而行、节水为重，因地制宜、分类施策，统筹谋划、协同推进的原则。

第四条 国家建立黄河流域生态保护和高质量发展统筹协调机制(以下简称黄河流域统筹协调机制)，全面指导、统筹协调黄河流域生态保护和高质量发展工作，审议黄河流域重大政策、重大规划、重大项目等，协调跨地区跨部门重大事项，督促检查相关重要工作的落实情况。

黄河流域省、自治区可以根据需要，建立省级协调机制，组织、协调推进本行政区域黄河流域生态保护和高质量发展工作。

第五条 国务院有关部门按照职责分工，负责黄河流域生态保护和高质量发展相关工作。

国务院水行政主管部门黄河水利委员会(以下简称黄河流域管理机构)及其所属管理机构，依法行使流域水行政监督管理职责，为黄河流域统筹协调机制相关工作提供支撑保障。

国务院生态环境主管部门黄河流域生态环境监督管理机构(以下简称黄河流域生态环境监督管理机构)依法开展流域生态环境监督管理相关工作。

第六条 黄河流域县级以上地方人民政府负责本行政区域黄河流域生态保护和高质量发展工作。

黄河流域县级以上地方人民政府有关部门按照职责分工，负责本行政区域黄河流域生态保护和高质量发展相关工作。

黄河流域相关地方根据需要在地方性法规和地方政府规章制定、规划编制、监督执法等方面加强协作，协同推进黄河流域生态保护和高质量发展。

黄河流域建立省际河湖长联席会议制度。各级河湖长负责河道、湖泊管理和保护相关工作。

第七条 国务院水行政、生态环境、自然资源、住房和城乡建设、农业农村、发展改革、应急管理、林业和草原、文化和旅游、标准化等主管部门按照职责分工，建立健全黄河流域水资源节约集约利用、水沙调控、防汛抗旱、水土保持、水文、水环境质量和污染物排放、生态保护与修复、自然资源调查监测评价、生物多样性保护、文化遗产保护等标准体系。

第八条 国家在黄河流域实行水资源刚性约束制度，坚持以水定城、以水定地、以水定人、以水定产，优化国土空间开发保护格局，促进人口和城市科学合理布局，构建与水资源承载能力相适应的现代产业体系。

黄河流域县级以上地方人民政府按照国家有关规定，在本行政区域组织实施水资源刚性约束制度。

第九条 国家在黄河流域强化农业节水增效、工业节水减排和城镇节水降损措施，鼓励、推广使用先进节水技术，加快形成节水型生产、生活方式，有效实现水资源节约集约利用，推进节水型社会建设。

第十条 国家统筹黄河干支流防洪体系建设，加强流域及流域间防洪体系协同，推进黄河上中下游防汛抗旱、防凌联动，构建科学高效的综合性防洪减灾体系，并适时组织评估，有效提升黄河流域防治洪涝等灾害的能力。

第十一条 国务院自然资源主管部门应当会同国务院有关部门定期组织开展黄河流域土地、矿产、水流、森林、草原、湿地等自然资源状况调查，建立资源基础数据库，开展资源环境承载能力评价，并向社会公布黄河流域自然资源状况。

国务院野生动物保护主管部门应当定期组织开展黄河流域野生动物及其栖息地状况普查，或者根据需要组织开展专项调查，建立野生动物资源档案，并向社会公布黄河流域野生动物资源状况。

国务院生态环境主管部门应当定期组织开展黄河流域生态状况评估，并向社会公布黄河流域生态状况。

国务院林业和草原主管部门应当会同国务院有关部门组织开展黄河流域土地荒漠化、沙化调查监测，并定期向社会公布调查监测结果。

国务院水行政主管部门应当组织开展黄河流域水土流失调查监测，并定期向社会公布调查监测结果。

第十二条 黄河流域统筹协调机制统筹协调国务院有关部门和黄河流域省级人民政府，在已经建立的台站和监测项目基础上，健全黄河流域生态环境、自然资源、水文、泥沙、荒漠化和沙化、水土保持、自然灾害、气象等监测网络体系。

国务院有关部门和黄河流域县级以上地方人民政府及其有关部门按照职责分工，健全完善生态环境风险报告和预警机制。

第十三条 国家加强黄河流域自然灾害的预防与应急准备、监测与预警、应急处置与救援、事后恢复与重建体系建设，维护相关工程和设施安全，控制、减轻和消除自然灾害引起的危害。

国务院生态环境主管部门应当会同国务院有关部门和黄河流域省级人民政府，建立健全黄河流域突发生态环境事件应急联动工作机制，与国家突发事件应急体系相衔接，加强对黄河流域突发生态环境事件的应对管理。

出现严重干旱、省际或者重要控制断面流量降至预警流量、水库运行故障、重大水污染事故等情形，可能造成供水危机、黄河断流时，黄河流域管理机构应当组织实施应急调度。

第十四条 黄河流域统筹协调机制设立黄河流域生态保护和高质量发展专家咨询委员会，对黄河流域重大政策、重大规划、重大项目和重大科技问题等提供专业咨询。

国务院有关部门和黄河流域省级人民政府及其有关部门按照职责分工，组织开展黄河流域建设项目、重要基础设施和产业布局相关规划等对黄河流域生态系统影响的第三方评估、分析、论证等工作。

第十五条 黄河流域统筹协调机制统筹协调国务院有关部门和黄河流域省级人民政府，建立健全黄河流域信息共享系统，组织建立智慧黄河信息共享平台，提高科学化水平。国务院有关部门和黄河流域省级人民政府及其有关部门应当按照国家有关规定，共享黄河流域生态环境、自然资源、水土保持、防洪安全以及管理执法等信息。

第十六条 国家鼓励、支持开展黄河流域生态保护与修复、水资源节约集约利用、水沙运动与调控、防沙治沙、泥沙综合利用、河流动力与河床演变、水土保持、水文、气候、污染防治等方面的重大科技问题研究，加强协同创新，推动关键性技术研究，推广应用先进适用技术，提升科技创新支撑能力。

第十七条 国家加强黄河文化保护传承弘扬，系统保护黄河文化遗产，研究黄河文化发展脉络，阐发黄河文化精神内涵和时代价值，铸牢中华民族共同体意识。

第十八条 国务院有关部门和黄河流域县级以上地方人民政府及其有关部门应当加强黄河流域生态保护和高质量发展的宣传教育。

新闻媒体应当采取多种形式开展黄河流域生态保护和高质量发展的宣传报道，并依法对违法行为进行舆论监督。

第十九条 国家鼓励、支持单位和个人参与黄河流域生态保护和高质量发展相关活动。

对在黄河流域生态保护和高质量发展工作中做出突出贡献的单位和个人，按照国家有关规定予以表彰和奖励。

第二章 规划与管控

第二十条 国家建立以国家发展规划为统领，以空间规划为基础，以专项规划、区域规划为支撑的黄河流域规划体系，发挥规划对推进黄河流域生态保护和高质量发展的引领、指导和约束作用。

第二十一条 国务院和黄河流域县级以上地方人民政府应当将黄河流域生态保护和高质量发展工作纳入国民经济和社会发展规划。

国务院发展改革部门应当会同国务院有关部门编制黄河流域生态保护和高质量发展规划，报国务院批准后实施。

第二十二条 国务院自然资源主管部门应当会同国务院有关部门组织编制黄河流域国土空间规划，科学有序统筹安排黄河流域农业、生态、城镇等功能空间，划定永久基本农田、生态保护红线、城镇开发边界，优化国土空间结构和布局，统领黄河流域国土空间利用任务，报国务院批准后实施。涉及黄河流域国土空间利用的专项规划应当与黄河流域国土空间规划相衔接。

黄河流域县级以上地方人民政府组织编制本行政区域的国土空间规划，按照规定的程序报经批准后实施。

第二十三条 国务院水行政主管部门应当会同国务院有关部门和黄河流域省级人民政府，按照统一规划、统一管理、统一调度的原则，依法编制黄河流域综合规划、水资源规划、防洪规划等，对节约、保护、开发、利用水资源和防治水害作出部署。

黄河流域生态环境保护等规划依照有关法律、行政法规的规定编制。

第二十四条 国民经济和社会发展规划、国土空间总体规划的编制以及重大产业政策的制定，应当与黄河流域水资源条件和防洪要求相适应，并进行科学论证。

黄河流域工业、农业、畜牧业、林草业、能源、交通运输、旅游、自然资源开发等专项规划和开发区、新区规划等，涉及水资源开发利用的，应当进行规划水资源论证。未经论证或者经论证不符合水资源强制性约束控制指标的，规划审批机关不得批准该规划。

第二十五条 国家对黄河流域国土空间严格实行用途管制。黄河流域县级以上地方人民政府自然资源主管部门依据国土空间规划，对本行政区域黄河流域国土空间实行分区、分类用途管制。

黄河流域国土空间开发利用活动应当符合国土空间用途管制要求，并依法取得规划许可。

禁止违反国家有关规定、未经国务院批准，占用永久基本农田。禁止擅自占用耕地进行非农业建设，严格控制耕地转为林地、草地、园地等其他农用地。

黄河流域县级以上地方人民政府应当严格控制黄河流域以人工湖、人工湿地等形式新建人造水景观，黄河流域统筹协调机制应当组织有关部门加强监督管理。

第二十六条　黄河流域省级人民政府根据本行政区域的生态环境和资源利用状况，按照生态保护红线、环境质量底线、资源利用上线的要求，制定生态环境分区管控方案和生态环境准入清单，报国务院生态环境主管部门备案后实施。生态环境分区管控方案和生态环境准入清单应当与国土空间规划相衔接。

禁止在黄河干支流岸线管控范围内新建、扩建化工园区和化工项目。禁止在黄河干流岸线和重要支流岸线的管控范围内新建、改建、扩建尾矿库；但是以提升安全水平、生态环境保护水平为目的的改建除外。

干支流目录、岸线管控范围由国务院水行政、自然资源、生态环境主管部门按照职责分工，会同黄河流域省级人民政府确定并公布。

第二十七条　黄河流域水电开发，应当进行科学论证，符合国家发展规划、流域综合规划和生态保护要求。对黄河流域已建小水电工程，不符合生态保护要求的，县级以上地方人民政府应当组织分类整改或者采取措施逐步退出。

第二十八条　黄河流域管理机构统筹防洪减淤、城乡供水、生态保护、灌溉用水、水力发电等目标，建立水资源、水沙、防洪防凌综合调度体系，实施黄河干支流控制性水工程统一调度，保障流域水安全，发挥水资源综合效益。

第三章　生态保护与修复

第二十九条　国家加强黄河流域生态保护与修复，坚持山水林田湖草沙一体化保护与修复，实行自然恢复为主、自然恢复与人工修复相结合的系统治理。

国务院自然资源主管部门应当会同国务院有关部门编制黄河流域国土空间生态修复规划，组织实施重大生态修复工程，统筹推进黄河流域生态保护与修复工作。

第三十条　国家加强对黄河水源涵养区的保护，加大对黄河干流和支流源头、水源涵养区的雪山冰川、高原冻土、高寒草甸、草原、湿地、荒漠、泉域等的保护力度。

禁止在黄河上游约古宗列曲、扎陵湖、鄂陵湖、玛多河湖群等河道、湖泊管理范围内从事采矿、采砂、渔猎等活动，维持河道、湖泊天然状态。

第三十一条　国务院和黄河流域省级人民政府应当依法在重要生态功能区域、生态脆弱区域划定公益林，实施严格管护；需要补充灌溉的，在水资源承载能力范围内合理安排灌溉用水。

国务院林业和草原主管部门应当会同国务院有关部门、黄河流域省级人民政府，加强对黄河流域重要生态功能区域天然林、湿地、草原保护与修复和荒漠化、沙化土地治理工作的指导。

黄河流域县级以上地方人民政府应当采取防护林建设、禁牧封育、锁边防风固沙工程、沙化土地封禁保护、鼠害防治等措施，加强黄河流域重要生态功能区域天然林、湿地、草原保护与修复，开展规模化防沙治沙，科学治理荒漠化、沙化土地，在河套平原区、内蒙古高原湖泊萎缩退化区、黄土高原土地沙化区、汾渭平原区等重点区域实施生态修复工程。

第三十二条　国家加强对黄河流域子午岭—六盘山、秦岭北麓、贺兰山、白于山、陇中等水土流失重点预防区、治理区和渭河、洮河、汾河、伊洛河等重要支流源头区的水土流失防治。水土流失防治应当根据实际情况，科学采取生物措施和工程措施。

禁止在二十五度以上陡坡地开垦种植农作物。黄河流域省级人民政府根据本行政区域的实际情况，可以规定小于二十五度的禁止开垦坡度。禁止开垦的陡坡地范围由所在地县级人民政府划定并公布。

第三十三条　国务院水行政主管部门应当会同国务院有关部门加强黄河流域砒砂岩区、多沙粗沙区、水蚀风蚀交错区和沙漠入河区等生态脆弱区域保护和治理，开展土壤侵蚀和水土流失状况评估，实施重点防治工程。

黄河流域县级以上地方人民政府应当组织推进小流域综合治理、坡耕地综合整治、黄土高原塬面治理保护、适地植被建设等水土保持重点工程，采取塬面、沟头、沟坡、沟道防护等措施，加强多沙粗沙区治理，开展生态清洁流域建设。

国家支持在黄河流域上中游开展整沟治理。整沟治理应当坚持规划先行、系统修复、整体保护、因地制宜、综合治理、一体推进。

第三十四条 国务院水行政主管部门应当会同国务院有关部门制定淤地坝建设、养护标准或者技术规范，健全淤地坝建设、管理、安全运行制度。

黄河流域县级以上地方人民政府应当因地制宜组织开展淤地坝建设，加快病险淤地坝除险加固和老旧淤地坝提升改造，建设安全监测和预警设施，将淤地坝工程防汛纳入地方防汛责任体系，落实管护责任，提高养护水平，减少下游河道淤积。

禁止损坏、擅自占用淤地坝。

第三十五条 禁止在黄河流域水土流失严重、生态脆弱区域开展可能造成水土流失的生产建设活动。确因国家发展战略和国计民生需要建设的，应当进行科学论证，并依法办理审批手续。

生产建设单位应当依法编制并严格执行经批准的水土保持方案。

从事生产建设活动造成水土流失的，应当按照国家规定的水土流失防治相关标准进行治理。

第三十六条 国务院水行政主管部门应当会同国务院有关部门和山东省人民政府，编制并实施黄河入海河口整治规划，合理布局黄河入海流路，加强河口治理，保障入海河道畅通和河口防洪防凌安全，实施清水沟、刁口河生态补水，维护河口生态功能。

国务院自然资源、林业和草原主管部门应当会同国务院有关部门和山东省人民政府，组织开展黄河三角洲湿地生态保护与修复，有序推进退塘还河、退耕还湿、退田还滩，加强外来入侵物种防治，减少油气开采、围垦养殖、港口航运等活动对河口生态系统的影响。

禁止侵占刁口河等黄河备用入海流路。

第三十七条 国务院水行政主管部门确定黄河干流、重要支流控制断面生态流量和重要湖泊生态水位的管控指标，应当征求并研究国务院生态环境、自然资源等主管部门的意见。黄河流域省级人民政府水行政主管部门确定其他河流生态流量和其他湖泊生态水位的管控指标，应当征求并研究同级人民政府生态环境、自然资源等主管部门的意见，报黄河流域管理机构、黄河流域生态环境监督管理机构备案。确定生态流量和生态水位的管控指标，应当进行科学论证，综合考虑水资源条件、气候状况、生态环境保护要求、生活生产用水状况等因素。

黄河流域管理机构和黄河流域省级人民政府水行政主管部门按照职责分工，组织编制和实施生态流量和生态水位保障实施方案。

黄河干流、重要支流水工程应当将生态用水调度纳入日常运行调度规程。

第三十八条 国家统筹黄河流域自然保护地体系建设。国务院和黄河流域省级人民政府在黄河流域重要典型生态系统的完整分布区、生态环境敏感区以及珍贵濒危野生动植物天然集中分布区和重要栖息地、重要自然遗迹分布区等区域，依法设立国家公园、自然保护区、自然公园等自然保护地。

自然保护地建设、管理涉及河道、湖泊管理范围的，应当统筹考虑河道、湖泊保护需要，满足防洪要求，并保障防洪工程建设和管理活动的开展。

第三十九条 国务院林业和草原、农业农村主管部门应当会同国务院有关部门和黄河流域省级人民政府按照职责分工，对黄河流域数量急剧下降或者极度濒危的野生动植物和受到严重破坏的栖息地、天然集中分布区、破碎化的典型生态系统开展保护与修复，修建迁地保护设施，建立野生动植物遗传资源基因库，进行抢救性修复。

国务院生态环境主管部门和黄河流域县级以上地方人民政府组织开展黄河流域生物多样性保护管理，定期评估生物受威胁状况以及生物多样性恢复成效。

第四十条 国务院农业农村主管部门应当会同国务院有关部门和黄河流域省级人民政府，建立黄河流域水生生物完整性指数评价体系，组织开展黄河流域水生生物完整性评价，并将评价结果作为评估黄河流域生态系统总体状况的重要依据。黄河流域水生生物完整性指数应当与黄河流域水环境质量标准相衔接。

第四十一条 国家保护黄河流域水产种质资源和珍贵濒危物种，支持开展水产种质资源保护区、国家重点保护野生动物人工繁育基地建设。

禁止在黄河流域开放水域养殖、投放外来物种和其他非本地物种种质资源。

第四十二条 国家加强黄河流域水生生物产卵场、索饵场、越冬场、洄游通道等重要栖息地的生态保护与修复。对鱼类等水生生物洄游产生阻隔的涉水工程应当结合实际采取建设过鱼设施、河湖连通、增殖放流、人工繁育等多种措施，满足水生生物的生态需求。

国家实行黄河流域重点水域禁渔期制度，禁渔期内禁止在黄河流域重点水域从事天然渔业资源生产性捕捞，具体办法由国务院农业农村主管部门制定。黄河流域县级以上地方人民政府应当按照国家有关规定做好禁渔期渔民的生活保障工作。

禁止电鱼、毒鱼、炸鱼等破坏渔业资源和水域生态的捕捞行为。

第四十三条　国务院水行政主管部门应当会同国务院自然资源主管部门组织划定并公布黄河流域地下水超采区。

黄河流域省级人民政府水行政主管部门应当会同本级人民政府有关部门编制本行政区域地下水超采综合治理方案，经省级人民政府批准后，报国务院水行政主管部门备案。

第四十四条　黄河流域县级以上地方人民政府应当组织开展退化农用地生态修复，实施农田综合整治。

黄河流域生产建设活动损毁的土地，由生产建设者负责复垦。因历史原因无法确定土地复垦义务人以及因自然灾害损毁的土地，由黄河流域县级以上地方人民政府负责组织复垦。

黄河流域县级以上地方人民政府应当加强对矿山的监督管理，督促采矿权人履行矿山污染防治和生态修复责任，并因地制宜采取消除地质灾害隐患、土地复垦、恢复植被、防治污染等措施，组织开展历史遗留矿山生态修复工作。

第四章　水资源节约集约利用

第四十五条　黄河流域水资源利用，应当坚持节水优先、统筹兼顾、集约使用、精打细算，优先满足城乡居民生活用水，保障基本生态用水，统筹生产用水。

第四十六条　国家对黄河水量实行统一配置。制定和调整黄河水量分配方案，应当充分考虑黄河流域水资源条件、生态环境状况、区域用水状况、节水水平、洪水资源化利用等，统筹当地水和外调水、常规水和非常规水，科学确定水资源可利用总量和河道输沙入海水量，分配区域地表水取用水总量。

黄河流域管理机构商黄河流域省级人民政府制定和调整黄河水量分配方案和跨省支流水量分配方案。黄河水量分配方案经国务院发展改革部门、水行政主管部门审查后，报国务院批准。跨省支流水量分配方案报国务院授权的部门批准。

黄河流域省级人民政府水行政主管部门根据黄河水量分配方案和跨省支流水量分配方案，制定和调整本行政区域水量分配方案，经省级人民政府批准后，报黄河流域管理机构备案。

第四十七条　国家对黄河流域水资源实行统一调度，遵循总量控制、断面流量控制、分级管理、分级负责的原则，根据水情变化进行动态调整。

国务院水行政主管部门依法组织黄河流域水资源统一调度的实施和监督管理。

第四十八条　国务院水行政主管部门应当会同国务院自然资源主管部门制定黄河流域省级行政区域地下水取水总量控制指标。

黄河流域省级人民政府水行政主管部门应当会同本级人民政府有关部门，根据本行政区域地下水取水总量控制指标，制定设区的市、县级行政区域地下水取水总量控制指标和地下水水位控制指标，经省级人民政府批准后，报国务院水行政主管部门或者黄河流域管理机构备案。

第四十九条　黄河流域县级以上行政区域的地表水取用水总量不得超过水量分配方案确定的控制指标，并符合生态流量和生态水位的管控指标要求；地下水取水总量不得超过本行政区域地下水取水总量控制指标，并符合地下水水位控制指标要求。

黄河流域县级以上地方人民政府应当根据本行政区域取用水总量控制指标，统筹考虑经济社会发展用水需求、节水标准和产业政策，制定本行政区域农业、工业、生活及河道外生态等用水量控制指标。

第五十条　在黄河流域取用水资源，应当依法取得取水许可。

黄河干流取水，以及跨省重要支流指定河段限额以上取水，由黄河流域管理机构负责审批取水申请，审批时应当研究取水口所在地的省级人民政府水行政主管部门的意见；其他取水由黄河流域县级以上地方人民政府水行政主管部门负责审批取水申请。指定河段和限额标准由国务院水行政主管部门确定公布、适时调整。

第五十一条　国家在黄河流域实行水资源差别化管理。国务院水行政主管部门应当会同国务院自然资源主管部门定期组织开展黄河流域水资源评价和承载能力调查评估。评估结果作为划定水资源超载地区、临界超载地区、不超载地区的依据。

水资源超载地区县级以上地方人民政府应当

制定水资源超载治理方案，采取产业结构调整、强化节水等措施，实施综合治理。水资源临界超载地区县级以上地方人民政府应当采取限制性措施，防止水资源超载。

除生活用水等民生保障用水外，黄河流域水资源超载地区不得新增取水许可；水资源临界超载地区应当严格限制新增取水许可。

第五十二条　国家在黄河流域实行强制性用水定额管理制度。国务院水行政、标准化主管部门应当会同国务院发展改革部门组织制定黄河流域高耗水工业和服务业强制性用水定额。制定强制性用水定额应当征求国务院有关部门、黄河流域省级人民政府、企业事业单位和社会公众等方面的意见，并依照《中华人民共和国标准化法》的有关规定执行。

黄河流域省级人民政府按照深度节水控水要求，可以制定严于国家用水定额的地方用水定额；国家用水定额未作规定的，可以补充制定地方用水定额。

黄河流域以及黄河流经省、自治区其他黄河供水区相关县级行政区域的用水单位，应当严格执行强制性用水定额；超过强制性用水定额的，应当限期实施节水技术改造。

第五十三条　黄河流域以及黄河流经省、自治区其他黄河供水区相关县级行政区域的县级以上地方人民政府水行政主管部门和黄河流域管理机构核定取水单位的取水量，应当符合用水定额的要求。

黄河流域以及黄河流经省、自治区其他黄河供水区相关县级行政区域取水量达到取水规模以上的单位，应当安装合格的在线计量设施，保证设施正常运行，并将计量数据传输至有管理权限的水行政主管部门或者黄河流域管理机构。取水规模标准由国务院水行政主管部门制定。

第五十四条　国家在黄河流域实行高耗水产业准入负面清单和淘汰类高耗水产业目录制度。列入高耗水产业准入负面清单和淘汰类高耗水产业目录的建设项目，取水申请不予批准。高耗水产业准入负面清单和淘汰类高耗水产业目录由国务院发展改革部门会同国务院水行政主管部门制定并发布。

严格限制从黄河流域向外流域扩大供水量，严格限制新增引黄灌溉用水量。因实施国家重大战略确需新增用水量的，应当严格进行水资源论证，并取得黄河流域管理机构批准的取水许可。

第五十五条　黄河流域县级以上地方人民政府应当组织发展高效节水农业，加强农业节水设施和农业用水计量设施建设，选育推广低耗水、高耐旱农作物，降低农业耗水量。禁止取用深层地下水用于农业灌溉。

黄河流域工业企业应当优先使用国家鼓励的节水工艺、技术和装备。国家鼓励的工业节水工艺、技术和装备目录由国务院工业和信息化主管部门会同国务院有关部门制定并发布。

黄河流域县级以上地方人民政府应当组织推广应用先进适用的节水工艺、技术、装备、产品和材料，推进工业废水资源化利用，支持企业用水计量和节水技术改造，支持工业园区企业发展串联用水系统和循环用水系统，促进能源、化工、建材等高耗水产业节水。高耗水工业企业应当实施用水计量和节水技术改造。

黄河流域县级以上地方人民政府应当组织实施城乡老旧供水设施和管网改造，推广普及节水型器具，开展公共机构节水技术改造，控制高耗水服务业用水，完善农村集中供水和节水配套设施。

黄河流域县级以上地方人民政府及其有关部门应当加强节水宣传教育和科学普及，提高公众节水意识，营造良好节水氛围。

第五十六条　国家在黄河流域建立促进节约用水的水价体系。城镇居民生活用水和具备条件的农村居民生活用水实行阶梯水价，高耗水工业和服务业水价实行高额累进加价，非居民用水水价实行超定额累进加价，推进农业水价综合改革。

国家在黄河流域对节水潜力大、使用面广的用水产品实行水效标识管理，限期淘汰水效等级较低的用水产品，培育合同节水等节水市场。

第五十七条　国务院水行政主管部门应当会同国务院有关部门制定黄河流域重要饮用水水源地名录。黄河流域省级人民政府水行政主管部门应当会同本级人民政府有关部门制定本行政区域的其他饮用水水源地名录。

黄河流域省级人民政府组织划定饮用水水源保护区，加强饮用水水源保护，保障饮用水安全。黄河流域县级以上地方人民政府及其有关部门应当合理布局饮用水水源取水口，加强饮用水应急水源、备用水源建设。

第五十八条　国家综合考虑黄河流域水资源条件、经济社会发展需要和生态环境保护要求，统筹调出区和调入区供水安全和生态安全，科学论证、规划和建设跨流域调水和重大水源工程，加快构建国家水网,优化水资源配置,提高水资源承载能力。

黄河流域县级以上地方人民政府应当组织实施区域水资源配置工程建设,提高城乡供水保障程度。

第五十九条 黄河流域县级以上地方人民政府应当推进污水资源化利用,国家对相关设施建设予以支持。

黄河流域县级以上地方人民政府应当将再生水、雨水、苦咸水、矿井水等非常规水纳入水资源统一配置,提高非常规水利用比例。景观绿化、工业生产、建筑施工等用水,应当优先使用符合要求的再生水。

第五章 水沙调控与防洪安全

第六十条 国家依据黄河流域综合规划、防洪规划,在黄河流域组织建设水沙调控和防洪减灾工程体系,完善水沙调控和防洪防凌调度机制,加强水文和气象监测预报预警、水沙观测和河势调查,实施重点水库和河段清淤疏浚、滩区放淤,提高河道行洪输沙能力,塑造河道主槽,维持河势稳定,保障防洪安全。

第六十一条 国家完善以骨干水库等重大水工程为主的水沙调控体系,采取联合调水调沙、泥沙综合处理利用等措施,提高拦沙输沙能力。纳入水沙调控体系的工程名录由国务院水行政主管部门制定。

国务院有关部门和黄河流域省级人民政府应当加强黄河干支流控制性水工程、标准化堤防、控制引导河水流向工程等防洪工程体系建设和管理,实施病险水库除险加固和山洪、泥石流灾害防治。

黄河流域管理机构及其所属管理机构和黄河流域县级以上地方人民政府应当加强防洪工程的运行管护,保障工程安全稳定运行。

第六十二条 国家实行黄河流域水沙统一调度制度。黄河流域管理机构应当组织实施黄河干支流水库群统一调度,编制水沙调控方案,确定重点水库水沙调控运用指标、运用方式、调控起止时间,下达调度指令。水沙调控应当采取措施尽量减少对水生生物及其栖息地的影响。

黄河流域县级以上地方人民政府、水库主管部门和管理单位应当执行黄河流域管理机构的调度指令。

第六十三条 国务院水行政主管部门组织编制黄河防御洪水方案,经国家防汛抗旱指挥机构审核后,报国务院批准。

黄河流域管理机构应当会同黄河流域省级人民政府根据批准的黄河防御洪水方案,编制黄河干流和重要支流、重要水工程的洪水调度方案,报国务院水行政主管部门批准并抄送国家防汛抗旱指挥机构和国务院应急管理部门,按照职责组织实施。

黄河流域县级以上地方人民政府组织编制和实施黄河其他支流、水工程的洪水调度方案,并报上一级人民政府防汛抗旱指挥机构和有关主管部门备案。

第六十四条 黄河流域管理机构制定年度防凌调度方案,报国务院水行政主管部门备案,按照职责组织实施。

黄河流域有防凌任务的县级以上地方人民政府应当把防御凌汛纳入本行政区域的防洪规划。

第六十五条 黄河防汛抗旱指挥机构负责指挥黄河流域防汛抗旱工作,其办事机构设在黄河流域管理机构,承担黄河防汛抗旱指挥机构的日常工作。

第六十六条 黄河流域管理机构应当会同黄河流域省级人民政府依据黄河流域防洪规划,制定黄河滩区名录,报国务院水行政主管部门批准。黄河流域省级人民政府应当有序安排滩区居民迁建,严格控制向滩区迁入常住人口,实施滩区综合提升治理工程。

黄河滩区土地利用、基础设施建设和生态保护与修复应当满足河道行洪需要,发挥滩区滞洪、沉沙功能。

在黄河滩区内,不得新规划城镇建设用地、设立新的村镇,已经规划和设立的,不得扩大范围;不得新划定永久基本农田,已经划定为永久基本农田、影响防洪安全的,应当逐步退出;不得新开垦荒地、新建生产堤,已建生产堤影响防洪安全的应当及时拆除,其他生产堤应当逐步拆除。

因黄河滩区自然行洪、蓄滞洪水等导致受淹造成损失的,按照国家有关规定予以补偿。

第六十七条 国家加强黄河流域河道、湖泊管理和保护。禁止在河道、湖泊管理范围内建设妨碍行洪的建筑物、构筑物以及从事影响河势稳定、危害河岸堤防安全和其他妨碍河道行洪的活动。禁止违法利用、占用河道、湖泊水域和岸线。河道、湖泊管理范围由黄河流域管理机构和有关县级以上地方人民政府依法科学划定并公布。

建设跨河、穿河、穿堤、临河的工程设施,应当符合防洪标准等要求,不得威胁堤防安全、影响河势稳定、擅自改变水域和滩地用途、降低行洪和调蓄能力、缩小水域面积;确实无法避免降低行洪和调蓄能力、缩小水域面积的,应当同时建设等效替代工程或者采取其他功能补救措施。

第六十八条 黄河流域河道治理,应当因地制宜采取河道清障、清淤疏浚、岸坡整治、堤防加固、水源涵养与水土保持、河湖管护等治理措施,加强悬河和游荡性河道整治,增强河道、湖泊、水库防御洪水能力。

国家支持黄河流域有关地方人民政府以稳定河势、规范流路、保障行洪能力为前提,统筹河道岸线保护修复、退耕还湿,建设集防洪、生态保护等功能于一体的绿色生态走廊。

第六十九条 国家实行黄河流域河道采砂规划和许可制度。黄河流域河道采砂应当依法取得采砂许可。

黄河流域管理机构和黄河流域县级以上地方人民政府依法划定禁采区,规定禁采期,并向社会公布。禁止在黄河流域禁采区和禁采期从事河道采砂活动。

第七十条 国务院有关部门应当会同黄河流域省级人民政府加强对龙羊峡、刘家峡、三门峡、小浪底、故县、陆浑、河口村等干支流骨干水库库区的管理,科学调控水库水位,加强库区水土保持、生态保护和地质灾害防治工作。

在三门峡、小浪底、故县、陆浑、河口村水库库区养殖,应当满足水沙调控和防洪要求,禁止采用网箱、围网和拦河拉网方式养殖。

第七十一条 黄河流域城市人民政府应当统筹城市防洪和排涝工作,加强城市防洪排涝设施建设和管理,完善城市洪涝灾害监测预警机制,健全城市防灾减灾体系,提升城市洪涝灾害防御和应对能力。

黄河流域城市人民政府及其有关部门应当加强洪涝灾害防御宣传教育和社会动员,定期组织开展应急演练,增强社会防范意识。

第六章 污染防治

第七十二条 国家加强黄河流域农业面源污染、工业污染、城乡生活污染等的综合治理、系统治理、源头治理,推进重点河湖环境综合整治。

第七十三条 国务院生态环境主管部门制定黄河流域水环境质量标准,对国家水环境质量标准中未作规定的项目,可以作出补充规定;对国家水环境质量标准中已经规定的项目,可以作出更加严格的规定。制定黄河流域水环境质量标准应当征求国务院有关部门和有关省级人民政府的意见。

黄河流域省级人民政府可以制定严于黄河流域水环境质量标准的地方水环境质量标准,报国务院生态环境主管部门备案。

第七十四条 对没有国家水污染物排放标准的特色产业、特有污染物,以及国家有明确要求的特定水污染源或者水污染物,黄河流域省级人民政府应当补充制定地方水污染物排放标准,报国务院生态环境主管部门备案。

有下列情形之一的,黄河流域省级人民政府应当制定严于国家水污染物排放标准的地方水污染物排放标准,报国务院生态环境主管部门备案:

(一)产业密集、水环境问题突出;

(二)现有水污染物排放标准不能满足黄河流域水环境质量要求;

(三)流域或者区域水环境形势复杂,无法适用统一的水污染物排放标准。

第七十五条 国务院生态环境主管部门根据水环境质量改善目标和水污染防治要求,确定黄河流域各省级行政区域重点水污染物排放总量控制指标。黄河流域水环境质量不达标的水功能区,省级人民政府生态环境主管部门应当实施更加严格的水污染物排放总量削减措施,限期实现水环境质量达标。排放水污染物的企业事业单位应当按照要求,采取水污染物排放总量控制措施。

黄河流域县级以上地方人民政府应当加强和统筹污水、固体废物收集处理处置等环境基础设施建设,保障设施正常运行,因地制宜推进农村厕所改造、生活垃圾处理和污水治理,消除黑臭水体。

第七十六条 在黄河流域河道、湖泊新设、改设或者扩大排污口,应当报经有管辖权的生态环境主管部门或者黄河流域生态环境监督管理机构批准。新设、改设或者扩大可能影响防洪、供水、堤防安全、河势稳定的排污口的,审批时应当征求县级以上地方人民政府水行政主管部门或者黄河流域管理机构的意见。

黄河流域水环境质量不达标的水功能区,除城乡污水集中处理设施等重要民生工程的排污口外,应当严格控制新设、改设或者扩大排污口。

黄河流域县级以上地方人民政府应当对本行政区域河道、湖泊的排污口组织开展排查整治,明确责任主体,实施分类管理。

第七十七条 黄河流域县级以上地方人民政府应当对沿河道、湖泊的垃圾填埋场、加油站、储油库、矿山、尾矿库、危险废物处置场、化工园区和化工项目等地下水重点污染源及周边地下水环境风险隐患组织开展调查评估，采取风险防范和整治措施。

黄河流域设区的市级以上地方人民政府生态环境主管部门商本级人民政府有关部门，制定并发布地下水污染防治重点排污单位名录。地下水污染防治重点排污单位应当依法安装水污染物排放自动监测设备，与生态环境主管部门的监控设备联网，并保证监测设备正常运行。

第七十八条 黄河流域省级人民政府生态环境主管部门应当会同本级人民政府水行政、自然资源等主管部门，根据本行政区域地下水污染防治需要，划定地下水污染防治重点区，明确环境准入、隐患排查、风险管控等管理要求。

黄河流域县级以上地方人民政府应当加强油气开采区等地下水污染防治监督管理。在黄河流域开发煤层气、致密气等非常规天然气的，应当对其产生的压裂液、采出水进行处理处置，不得污染土壤和地下水。

第七十九条 黄河流域县级以上地方人民政府应当加强黄河流域土壤生态环境保护，防止新增土壤污染，因地制宜分类推进土壤污染风险管控与修复。

黄河流域县级以上地方人民政府应当加强黄河流域固体废物污染环境防治，组织开展固体废物非法转移和倾倒的联防联控。

第八十条 国务院生态环境主管部门应当在黄河流域定期组织开展大气、水体、土壤、生物中有毒有害化学物质调查监测，并会同国务院卫生健康等主管部门开展黄河流域有毒有害化学物质环境风险评估与管控。

国务院生态环境等主管部门和黄河流域县级以上地方人民政府及其有关部门应当加强对持久性有机污染物等新污染物的管控、治理。

第八十一条 黄河流域县级以上地方人民政府及其有关部门应当加强农药、化肥等农业投入品使用总量控制、使用指导和技术服务，推广病虫害绿色防控等先进适用技术，实施灌区农田退水循环利用，加强对农业污染源的监测预警。

黄河流域农业生产经营者应当科学合理使用农药、化肥、兽药等农业投入品，科学处理、处置农业投入品包装废弃物、农用薄膜等农业废弃物，综合利用农作物秸秆，加强畜禽、水产养殖污染防治。

第七章 促进高质量发展

第八十二条 促进黄河流域高质量发展应当坚持新发展理念，加快发展方式绿色转型，以生态保护为前提优化调整区域经济和生产力布局。

第八十三条 国务院有关部门和黄河流域县级以上地方人民政府及其有关部门应当协同推进黄河流域生态保护和高质量发展战略与乡村振兴战略、新型城镇化战略和中部崛起、西部大开发等区域协调发展战略的实施，统筹城乡基础设施建设和产业发展，改善城乡人居环境，健全基本公共服务体系，促进城乡融合发展。

第八十四条 国务院有关部门和黄河流域县级以上地方人民政府应当强化生态环境、水资源等约束和城镇开发边界管控，严格控制黄河流域上中游地区新建各类开发区，推进节水型城市、海绵城市建设，提升城市综合承载能力和公共服务能力。

第八十五条 国务院有关部门和黄河流域县级以上地方人民政府应当科学规划乡村布局，统筹生态保护与乡村发展，加强农村基础设施建设，推进农村产业融合发展，鼓励使用绿色低碳能源，加快推进农房和村庄建设现代化，塑造乡村风貌，建设生态宜居美丽乡村。

第八十六条 黄河流域产业结构和布局应当与黄河流域生态系统和资源环境承载能力相适应。严格限制在黄河流域布局高耗水、高污染或者高耗能项目。

黄河流域煤炭、火电、钢铁、焦化、化工、有色金属等行业应当开展清洁生产，依法实施强制性清洁生产审核。

黄河流域县级以上地方人民政府应当采取措施，推动企业实施清洁化改造，组织推广应用工业节能、资源综合利用等先进适用的技术装备，完善绿色制造体系。

第八十七条 国家鼓励黄河流域开展新型基础设施建设，完善交通运输、水利、能源、防灾减灾等基础设施网络。

黄河流域县级以上地方人民政府应当推动制造业高质量发展和资源型产业转型，因地制宜发展特色优势现代产业和清洁低碳能源，推动产业结构、能源结构、交通运输结构等优化调整，推进碳达峰碳中和工作。

第八十八条 国家鼓励、支持黄河流域建设高标准农田、现代畜牧业生产基地以及种质资源和制种基地，因地制宜开展盐碱地农业技术研究、开发和应用，支持地方品种申请地理标志产品保护，发展现代农业服务业。

国务院有关部门和黄河流域县级以上地方人民政府应当组织调整农业产业结构，优化农业产业布局，发展区域优势农业产业，服务国家粮食安全战略。

第八十九条　国务院有关部门和黄河流域县级以上地方人民政府应当鼓励、支持黄河流域科技创新，引导社会资金参与科技成果开发和推广应用，提升黄河流域科技创新能力。

国家支持社会资金设立黄河流域科技成果转化基金，完善科技投融资体系，综合运用政府采购、技术标准、激励机制等促进科技成果转化。

第九十条　黄河流域县级以上地方人民政府及其有关部门应当采取有效措施，提高城乡居民对本行政区域生态环境、资源禀赋的认识，支持、引导居民形成绿色低碳的生活方式。

第八章　黄河文化保护传承弘扬

第九十一条　国务院文化和旅游主管部门应当会同国务院有关部门编制并实施黄河文化保护传承弘扬规划，加强统筹协调，推动黄河文化体系建设。

黄河流域县级以上地方人民政府及其文化和旅游等主管部门应当加强黄河文化保护传承弘扬，提供优质公共文化服务，丰富城乡居民精神文化生活。

第九十二条　国务院文化和旅游主管部门应当会同国务院有关部门和黄河流域省级人民政府，组织开展黄河文化和治河历史研究，推动黄河文化创造性转化和创新性发展。

第九十三条　国务院文化和旅游主管部门应当会同国务院有关部门组织指导黄河文化资源调查和认定，对文物古迹、非物质文化遗产、古籍文献等重要文化遗产进行记录、建档，建立黄河文化资源基础数据库，推动黄河文化资源整合利用和公共数据开放共享。

第九十四条　国家加强黄河流域历史文化名城名镇名村、历史文化街区、文物、历史建筑、传统村落、少数民族特色村寨和古河道、古堤防、古灌溉工程等水文化遗产以及农耕文化遗产、地名文化遗产等的保护。国务院住房和城乡建设、文化和旅游、文物等主管部门和黄河流域县级以上地方人民政府有关部门按照职责分工和分级保护、分类实施的原则，加强监督管理。

国家加强黄河流域非物质文化遗产保护。国务院文化和旅游等主管部门和黄河流域县级以上地方人民政府有关部门应当完善黄河流域非物质文化遗产代表性项目名录体系，推进传承体验设施建设，加强代表性项目保护传承。

第九十五条　国家加强黄河流域具有革命纪念意义的文物和遗迹保护，建设革命传统教育、爱国主义教育基地，传承弘扬黄河红色文化。

第九十六条　国家建设黄河国家文化公园，统筹利用文化遗产地以及博物馆、纪念馆、展览馆、教育基地、水工程等资源，综合运用信息化手段，系统展示黄河文化。

国务院发展改革部门、文化和旅游主管部门组织开展黄河国家文化公园建设。

第九十七条　国家采取政府购买服务等措施，支持单位和个人参与提供反映黄河流域特色、体现黄河文化精神、适宜普及推广的公共文化服务。

黄河流域县级以上地方人民政府及其有关部门应当组织将黄河文化融入城乡建设和水利工程等基础设施建设。

第九十八条　黄河流域县级以上地方人民政府应当以保护传承弘扬黄河文化为重点，推动文化产业发展，促进文化产业与农业、水利、制造业、交通运输业、服务业等深度融合。

国务院文化和旅游主管部门应当会同国务院有关部门统筹黄河文化、流域水景观和水工程等资源，建设黄河文化旅游带。黄河流域县级以上地方人民政府文化和旅游主管部门应当结合当地实际，推动本行政区域旅游业发展，展示和弘扬黄河文化。

黄河流域旅游活动应当符合黄河防洪和河道、湖泊管理要求，避免破坏生态环境和文化遗产。

第九十九条　国家鼓励开展黄河题材文艺作品创作。黄河流域县级以上地方人民政府应当加强对黄河题材文艺作品创作的支持和保护。

国家加强黄河文化宣传，促进黄河文化国际传播，鼓励、支持举办黄河文化交流、合作等活动，提高黄河文化影响力。

第九章　保障与监督

第一百条　国务院和黄河流域县级以上地方人民政府应当加大对黄河流域生态保护和高质量

发展的财政投入。

国务院和黄河流域省级人民政府按照中央与地方财政事权和支出责任划分原则，安排资金用于黄河流域生态保护和高质量发展。

国家支持设立黄河流域生态保护和高质量发展基金，专项用于黄河流域生态保护与修复、资源能源节约集约利用、战略性新兴产业培育、黄河文化保护传承弘扬等。

第一百零一条　国家实行有利于节水、节能、生态环境保护和资源综合利用的税收政策，鼓励发展绿色信贷、绿色债券、绿色保险等金融产品，为黄河流域生态保护和高质量发展提供支持。

国家在黄河流域建立有利于水、电、气等资源性产品节约集约利用的价格机制，对资源高消耗行业中的限制类项目，实行限制性价格政策。

第一百零二条　国家建立健全黄河流域生态保护补偿制度。

国家加大财政转移支付力度，对黄河流域生态功能重要区域予以补偿。具体办法由国务院财政部门会同国务院有关部门制定。

国家加强对黄河流域行政区域间生态保护补偿的统筹指导、协调，引导和支持黄河流域上下游、左右岸、干支流地方人民政府之间通过协商或者按照市场规则，采用资金补偿、产业扶持等多种形式开展横向生态保护补偿。

国家鼓励社会资金设立市场化运作的黄河流域生态保护补偿基金。国家支持在黄河流域开展用水权市场化交易。

第一百零三条　国家实行黄河流域生态保护和高质量发展责任制和考核评价制度。上级人民政府应当对下级人民政府水资源、水土保持强制性约束控制指标落实情况等生态保护和高质量发展目标完成情况进行考核。

第一百零四条　国务院有关部门、黄河流域县级以上地方人民政府有关部门、黄河流域管理机构及其所属管理机构、黄河流域生态环境监督管理机构按照职责分工，对黄河流域各类生产生活、开发建设等活动进行监督检查，依法查处违法行为，公开黄河保护工作相关信息，完善公众参与程序，为单位和个人参与和监督黄河保护工作提供便利。

单位和个人有权依法获取黄河保护工作相关信息，举报和控告违法行为。

第一百零五条　国务院有关部门、黄河流域县级以上地方人民政府及其有关部门、黄河流域管理机构及其所属管理机构、黄河流域生态环境监督管理机构应当加强黄河保护监督管理能力建设，提高科技化、信息化水平，建立执法协调机制，对跨行政区域、生态敏感区域以及重大违法案件，依法开展联合执法。

国家加强黄河流域司法保障建设，组织开展黄河流域司法协作，推进行政执法机关与司法机关协同配合，鼓励有关单位为黄河流域生态环境保护提供法律服务。

第一百零六条　国务院有关部门和黄河流域省级人民政府对黄河保护不力、问题突出、群众反映集中的地区，可以约谈该地区县级以上地方人民政府及其有关部门主要负责人，要求其采取措施及时整改。约谈和整改情况应当向社会公布。

第一百零七条　国务院应当定期向全国人民代表大会常务委员会报告黄河流域生态保护和高质量发展工作情况。

黄河流域县级以上地方人民政府应当定期向本级人民代表大会或者其常务委员会报告本级人民政府黄河流域生态保护和高质量发展工作情况。

第十章　法律责任

第一百零八条　国务院有关部门、黄河流域县级以上地方人民政府及其有关部门、黄河流域管理机构及其所属管理机构、黄河流域生态环境监督管理机构违反本法规定，有下列行为之一的，对直接负责的主管人员和其他直接责任人员依法给予警告、记过、记大过或者降级处分；造成严重后果的，给予撤职或者开除处分，其主要负责人应当引咎辞职：

（一）不符合行政许可条件准予行政许可；

（二）依法应当作出责令停业、关闭等决定而未作出；

（三）发现违法行为或者接到举报不依法查处；

（四）有其他玩忽职守、滥用职权、徇私舞弊行为。

第一百零九条　违反本法规定，有下列行为之一的，由地方人民政府生态环境、自然资源等主管部门按照职责分工，责令停止违法行为，限期拆除或者恢复原状，处五十万元以上五百万元以下罚款，对直接负责的主管人员和其他直接责任人员处五万元以上十万元以下罚款；逾期不拆除或者不恢复原状的，强制拆除或者代为恢复原状，所需费用由违法者承担；情节严重的，报经有批准权的人民政府批准，责令关闭：

（一）在黄河干支流岸线管控范围内新建、扩建化工园区或者化工项目；

（二）在黄河干流岸线或者重要支流岸线的管控范围内新建、改建、扩建尾矿库；

（三）违反生态环境准入清单规定进行生产建设活动。

第一百一十条　违反本法规定，在黄河流域禁止开垦坡度以上陡坡地开垦种植农作物的，由县级以上地方人民政府水行政主管部门或者黄河流域管理机构及其所属管理机构责令停止违法行为，采取退耕、恢复植被等补救措施；按照开垦面积，可以对单位处每平方米一百元以下罚款、对个人处每平方米二十元以下罚款。

违反本法规定，在黄河流域损坏、擅自占用淤地坝的，由县级以上地方人民政府水行政主管部门或者黄河流域管理机构及其所属管理机构责令停止违法行为，限期治理或者采取补救措施，处十万元以上一百万元以下罚款；逾期不治理或者不采取补救措施的，代为治理或者采取补救措施，所需费用由违法者承担。

违反本法规定，在黄河流域从事生产建设活动造成水土流失未进行治理，或者治理不符合国家规定的相关标准的，由县级以上地方人民政府水行政主管部门或者黄河流域管理机构及其所属管理机构责令限期治理，对单位处二万元以上二十万元以下罚款，对个人可以处二万元以下罚款；逾期不治理的，代为治理，所需费用由违法者承担。

第一百一十一条　违反本法规定，黄河干流、重要支流水工程未将生态用水调度纳入日常运行调度规程的，由有关主管部门按照职责分工，责令改正，给予警告，并处一万元以上十万元以下罚款；情节严重的，并处十万元以上五十万元以下罚款。

第一百一十二条　违反本法规定，禁渔期内在黄河流域重点水域从事天然渔业资源生产性捕捞的，由县级以上地方人民政府农业农村主管部门没收渔获物、违法所得以及用于违法活动的渔船、渔具和其他工具，并处一万元以上五万元以下罚款；采用电鱼、毒鱼、炸鱼等方式捕捞，或者有其他严重情节的，并处五万元以上五十万元以下罚款。

违反本法规定，在黄河流域开放水域养殖、投放外来物种或者其他非本地物种种质资源的，由县级以上地方人民政府农业农村主管部门责令限期捕回，处十万元以下罚款；造成严重后果的，处十万元以上一百万元以下罚款；逾期不捕回的，代为捕回或者采取降低负面影响的措施，所需费用由违法者承担。

违反本法规定，在三门峡、小浪底、故县、陆浑、河口村水库库区采用网箱、围网或者拦河拉网方式养殖，妨碍水沙调控和防洪的，由县级以上地方人民政府农业农村主管部门责令停止违法行为，拆除网箱、围网或者拦河拉网，处十万元以下罚款；造成严重后果的，处十万元以上一百万元以下罚款。

第一百一十三条　违反本法规定，未经批准擅自取水，或者未依照批准的取水许可规定条件取水的，由县级以上地方人民政府水行政主管部门或者黄河流域管理机构及其所属管理机构责令停止违法行为，限期采取补救措施，处五万元以上五十万元以下罚款；情节严重的，吊销取水许可证。

第一百一十四条　违反本法规定，黄河流域以及黄河流经省、自治区其他黄河供水区相关县级行政区域的用水单位用水超过强制性用水定额，未按照规定期限实施节水技术改造的，由县级以上地方人民政府水行政主管部门或者黄河流域管理机构及其所属管理机构责令限期整改，可以处十万元以下罚款；情节严重的，处十万元以上五十万元以下罚款，吊销取水许可证。

第一百一十五条　违反本法规定，黄河流域以及黄河流经省、自治区其他黄河供水区相关县级行政区域取水量达到取水规模以上的单位未安装在线计量设施的，由县级以上地方人民政府水行政主管部门或者黄河流域管理机构及其所属管理机构责令限期安装，并按照日最大取水能力计算的取水量计征相关费用，处二万元以上十万元以下罚款；情节严重的，处十万元以上五十万元以下罚款，吊销取水许可证。

违反本法规定，在线计量设施不合格或者运行不正常的，由县级以上地方人民政府水行政主管部门或者黄河流域管理机构及其所属管理机构责令限期更换或者修复；逾期不更换或者不修复的，按照日最大取水能力计算的取水量计征相关费用，处五万元以下罚款；情节严重的，吊销取水许可证。

第一百一十六条　违反本法规定，黄河流域农业灌溉取用深层地下水的，由县级以上地方人民政府水行政主管部门或者黄河流域管理机构及其所属管理机构责令限期整改，可以处十万元以下罚款；情节严重的，处十万元以上五十万元以下罚款，吊销取水许可证。

第一百一十七条　违反本法规定，黄河流域水库管理单位不执行黄河流域管理机构的水沙调度指令的，由黄河流域管理机构及其所属管理机构责令改正，给予警告，并处二万元以上十万元以下罚款；情节严重的，并处十万元以上五十万元以下罚款；对直接负责的主管人员和其他直接责任人员依法给予处分。

第一百一十八条　违反本法规定，有下列行为之一的，由县级以上地方人民政府水行政主管部门或者黄河流域管理机构及其所属管理机构责令停止违法行为，限期拆除违法建筑物、构筑物或者恢复原状，处五万元以上五十万元以下罚款；逾期不拆除或者不恢复原状的，强制拆除或者代为恢复原状，所需费用由违法者承担：

（一）在河道、湖泊管理范围内建设妨碍行洪的建筑物、构筑物或者从事影响河势稳定、危害河岸堤防安全和其他妨碍河道行洪的活动；

（二）违法利用、占用黄河流域河道、湖泊水域和岸线；

（三）建设跨河、穿河、穿堤、临河的工程设施，降低行洪和调蓄能力或者缩小水域面积，未建设等效替代工程或者采取其他功能补救措施；

（四）侵占黄河备用入海流路。

第一百一十九条　违反本法规定，在黄河流域破坏自然资源和生态、污染环境、妨碍防洪安全、破坏文化遗产等造成他人损害的，侵权人应当依法承担侵权责任。

违反本法规定，造成黄河流域生态环境损害的，国家规定的机关或者法律规定的组织有权请求侵权人承担修复责任、赔偿损失和相关费用。

第一百二十条　违反本法规定，构成犯罪的，依法追究刑事责任。

第十一章　附　则

第一百二十一条　本法下列用语的含义：

（一）黄河干流，是指黄河源头至黄河河口，流经青海省、四川省、甘肃省、宁夏回族自治区、内蒙古自治区、山西省、陕西省、河南省、山东省的黄河主河段（含入海流路）；

（二）黄河支流，是指直接或者间接流入黄河干流的河流，支流可以分为一级支流、二级支流等；

（三）黄河重要支流，是指湟水、洮河、祖厉河、清水河、大黑河、皇甫川、窟野河、无定河、汾河、渭河、伊洛河、沁河、大汶河等一级支流；

（四）黄河滩区，是指黄河流域河道管理范围内具有行洪、滞洪、沉沙功能，由于历史原因形成的有群众居住、耕种的滩地。

第一百二十二条　本法自2023年4月1日起施行。

关于《中华人民共和国黄河保护法（草案）》的说明

——2021年12月20日在第十三届全国人民代表大会常务委员会第三十二次会议上

水利部部长　李国英

全国人民代表大会常务委员会：

我受国务院委托，现对《中华人民共和国黄河保护法（草案）》作说明。

一、起草工作情况

党中央、国务院高度重视黄河立法工作。习近平总书记在黄河流域生态保护和高质量发展座谈会上指出，要抓紧开展顶层设计，加强重大问题研究、科学论证，并对黄河立法作出重要指示。李克强总理作出重要批示，要求水利部、发展改革委牵头具体负责黄河立法起草等工作，抓紧按程序推进。

黄河是中华民族的母亲河，保护黄河是事关中华民族伟大复兴的千秋大计。新中国成立后，党和国家开展了大规模的黄河治理保护工作，取得了举世瞩目的成就。特别是党的十八大以来，党中央着眼于生态文明建设全局，明确了“节水优先、空间均衡、系统治理、两手发力”的治水思路，黄河流域经济社会发展和百姓生活发生了很大的变化。但是，当前黄河流域仍存在一些突出困难和问题，既有先天不足的客观制约，也有后天失养的人为因素，从制度层面看，主要存在黄河流域管理体制有待完善、规划协调衔接不够、管控措施需要强化以及生态保护与修复、水资源刚性约束、水沙调控与防洪安全、污染防治制度有待健全等问题，亟需通过制订黄河保护法予以解决。

2020 年 10 月，中共中央、国务院印发《黄河流域生态保护和高质量发展规划纲要》（以下简称《规划纲要》），要求深入开展黄河立法工作。提请全国人大常委会审议黄河保护法草案已列入国务院 2021 年度立法工作计划。水利部、发展改革委牵头成立起草工作小组和专班，会同有关部门起草了《中华人民共和国黄河保护法（草案送审稿）》，并向社会公开征求意见。司法部先后两次征求有关部门、地方政府、行业协会、研究机构等方面意见，召开专家论证会和黄河九省区立法座谈会，进行实地调研，会同水利部、发展改革委等有关部门反复研究修改，形成了《中华人民共和国黄河保护法（草案）》（以下简称草案）。草案已经国务院第 151 次常务会议讨论通过。

二、立法的总体思路

草案坚持以习近平新时代中国特色社会主义思想为指导，深入贯彻落实习近平总书记关于黄河流域生态保护和高质量发展的重要指示批示精神和党中央、国务院决策部署，立足新发展阶段，完整、准确、全面贯彻新发展理念，构建新发展格局，全面落实《规划纲要》部署安排，着力构建科学有效的黄河流域生态保护和高质量发展制度体系。一是坚持突出重点。紧紧围绕习近平总书记强调的黄河流域需要高度重视的六方面重大问题和五大目标任务，落实“重在保护、要在治理”的要求，确定章节结构和制度措施，就生态保护与修复、水资源节约集约利用、水沙调控与防洪安全等作出专章规定。二是坚持问题导向。针对黄河水少沙多、水沙关系不协调、生态环境脆弱的现状和特点，以水为核心、河为纽带、流域为基础，并结合黄河流域上下游、干支流、左右岸的不同问题，在规定流域管理通用制度的同时，对特定区域、特定问题采取特别制度措施。三是坚持统筹兼顾。注重加强与西部大开发、中部崛起等区域协调发展战略的互促共进，平衡好保护与发展、保护与利用的关系。同时，既立足当前将黄河保护治理中行之有效的成熟做法上升为法律规定，又兼顾长远对仍需探索实践的内容先作原则规定，为进一步改革留出制度空间。

三、草案的主要内容

草案共 11 章 105 条，主要规定了以下内容：

（一）明确适用范围。按照《规划纲要》明确的范围，草案规定，黄河流域生态保护和高质量发展以及各类生产生活、开发建设活动，应当遵守本法；本法所称黄河流域，是指黄河干流、支流和湖泊的集水区域所涉及的青海省、四川省、甘肃省、宁夏回族自治区、内蒙古自治区、山西省、陕西省、河南省、山东省的相关县级行政区域。

（二）完善管理体制。落实中央统筹、省负总责、市县落实的工作机制要求，草案规定，国家建立黄河流域生态保护和高质量发展统筹协调机制；国务院有关部门和黄河流域省级人民政府负责落实统筹协调机制的决策，按照职责分工负责黄河流域生态保护和高质量发展相关工作；黄河流域县级以上地方人民政府负责落实本行政区域生态保护和高质量发展相关工作。

（三）完善规划与管控制度。充分发挥规划的引领、指导和约束作用，草案规定了黄河流域规划体系、黄河流域生态保护和高质量发展规划编制审批、规划水资源论证、国土空间用途管制、生态环境分区管控、水资源分区管控、河湖岸线管控、水沙统一调度等制度措施。

（四）健全生态保护与修复制度。根据黄河河源区、黄土高原、河口及三角洲等不同区域生态保护修复要求，草案规定了生态修复规划、水土流失总量控制、淤地坝建设管理、整沟治理、生态流量管控、重点水域禁渔期等制度措施。

（五）强化水资源节约集约利用制度。落实把水资源作为最大刚性约束条件的要求，草案规定了水资源强制性约束控制指标、水资源统一调度、地下水取用水总量和水位控制、取水许可限批、用水定额、行业节水、水资源配置工程建设等制度措施。

（六）完善水沙调控与防洪安全制度。紧紧抓住水沙关系调节这个“牛鼻子”，保障黄河安澜，草案要求建立水沙调控和防洪体系、开展水沙调控和防洪工程建设，明确了水沙调度、防洪防凌调度、滩区防洪管理、河道综合治理、重点水库库区管理等制度措施。

（七）健全污染防治制度。针对黄河流域污染严重的突出问题，草案规定了黄河流域水环境质量标准、水污染物排放标准、流域重点污染物排放总量控制、排污口监管、土壤和地下水污染防治、农业面源污染防治等制度措施。

(八)完善推动高质量发展制度。落实推动黄河流域高质量发展的目标任务,草案规定了城乡融合、城市和县城发展、美丽乡村建设、绿色发展、基础设施完善、现代农业发展、科技创新等制度措施。

(九)健全黄河文化保护传承弘扬制度。落实推进黄河文化遗产系统保护的要求,草案规定了黄河文化保护传承弘扬规划、黄河文化资源记录共享、文化遗产保护、公共文化服务、文化产业发展等制度措施。

(十)完善保障与监督制度。加强黄河流域生态保护和高质量发展的政策支持和保障,草案明确了财政、税收、金融、价格、生态保护补偿等支持政策,规定了政府目标责任考核、执法和社会监督、约谈、定期工作报告等制度措施。

此外,草案根据党中央、国务院关于用重典治理环境违法行为的要求,对违反本法规定的行为设定了严格的法律责任,并做好与相关法律、行政法规的衔接。

草案和以上说明是否妥当,请审议。

全国人民代表大会宪法和法律委员会关于《中华人民共和国黄河保护法(草案)》修改情况的汇报

——2022 年 6 月 21 日在第十三届全国人民代表大会常务委员会第三十五次会议上

全国人大宪法和法律委员会主任委员 李 飞

全国人民代表大会常务委员会:

常委会第三十二次会议对黄河保护法草案进行了初次审议。会后,法制工作委员会将草案印发部分全国人大代表、中央有关部门和单位、黄河流域相关地方人大和立法联系点征求意见;在中国人大网公布草案全文,征求社会公众意见。宪法和法律委员会、环境与资源保护委员会、法制工作委员会召开座谈会,听取部分全国人大代表、中央有关部门和单位、黄河流域有关机构和企业以及相关专家的意见。宪法和法律委员会、法制工作委员会召开黄河流域九省区视频座谈会,赴水利部、宁夏开展调研,连线甘肃临洮立法联系点开展视频调研,了解情况、听取意见;就草案中的主要问题与有关方面反复沟通协商、共同研究。宪法和法律委员会于 5 月 23 日召开会议,根据常委会组成人员审议意见和各方面的意见,对草案进行了逐条审议,环境与资源保护委员会有关负责同志列席了会议,同时书面征求了司法部、水利部、生态环境部等有关部门的意见。6 月 14 日,宪法和法律委员会召开会议,再次进行了审议。现将黄河保护法草案主要问题修改情况汇报如下:

一、草案第二条第一款规定了本法的适用范围。有些常委委员、部门、地方和专家建议做好本法与其他相关法律的衔接。宪法和法律委员会经研究,建议增加规定:本法未作规定的,适用其他有关法律的规定。

二、有的常委委员、地方建议强化地方主体责任,加强地方工作的统筹协调,明确地方人民政府相关部门的职责。宪法和法律委员会经研究,建议增加规定:一是黄河流域省、自治区可以根据需要,建立省级协调机制,组织、协调推进本行政区域黄河流域生态保护和高质量发展工作。二是黄河流域县级以上地方人民政府有关部门按照职责分工,负责本行政区域黄河流域生态保护和高质量发展相关工作。

三、有的常委委员、代表和地方建议进一步体现"四水四定"原则,强化水资源刚性约束。宪法和法律委员会经研究,建议作以下修改:一是明确实行水资源刚性约束制度应当坚持以水定城、以水定地、以水定人、以水定产。二是明确生态环境分区管控方案和生态环境准入清单应当按照生态保护红线、环境质量底线、资源利用上线的要求制定。

四、有些常委会组成人员、部门、地方和社会公众建议明确生态保护与修复的总体要求,强化有关具体措施。宪法和法律委员会经研究,建议作以下修改:一是增加黄河流域生态状况评估、土地荒漠化和沙化调查监测、水土流失调查监测制度。二是完善生态保护与修复的总体要求,坚持山水林田湖草沙冰一体化保护与修复。三是要求在河套平原区、内蒙古高原湖泊萎缩退化区、黄土高原土地沙化区、汾渭平原区等重点区域实施生态修复工程。四是规定确定生态流量和生态水位的管控指标应当进行科学论证,综合考虑水资源条件、气候状况、生态环境保护要求、生产生活用水状况等因素。五是规定在禁渔期内禁止在黄河流域重点水域从事天然渔业资源生产性捕捞。六是规定黄河流域旅游活动应当避免破坏生态环境和历史文化遗产。

五、有的部门、专家和社会公众建议进一步完善水资源节约集约利用措施。宪法和法律委员会经研究,建议作以下修改:一是明确取用黄河流域水资源的单位和个人应当依法取得取水许可。二是规定黄河流域工业企业应当优先使用国家鼓励的节水工艺、技术和装备。

六、有些常委会组成人员、部门和社会公众建议进一步突出水安全风险防范与应对,完善城市防洪排涝制度,强化水沙调控和防洪安全措施。宪法和法律委员会经研究,建议作以下修改:一是明确国家实行黄河流域水沙统一调度制度。二是规定水沙调控应当尽量减少对水生生物及其栖息地的影响。三是要求黄河流域城市人民政府完善城市洪涝灾害监测预警机制,健全城市防灾减灾体系,提升城市洪涝灾害防御和应对能力。四是规定黄河流域城市人民政府及其有关部门应当加强洪涝灾害防御宣传教育和社会动员,组织开展应急演练,增强社会防范意识。

七、有的常委会组成人员、部门、地方、专家和社会公众建议强化联防联控和地下水污染防治措施,增加固体废物污染环境防治的内容。宪法和法律委员会经研究,建议作以下修改:一是规定地下水污染防治重点排污单位应当依法安装水污染物排放自动监测设备,与生态环境主管部门的监控设备联网,并保证监测设备正常运行。二是规定黄河流域县级以上地方人民政府应当加强黄河流域固体废物污染环境防治,组织开展固体废物非法转移和倾倒的联防联控。

八、有的常委委员、地方和社会公众建议进一步发挥科技创新对高质量发展的支撑作用,强化区域发展战略协同推进,推进清洁能源建设,完善推动高质量发展的措施。宪法和法律委员会经研究,建议作以下修改:一是要求加强协同创新,推动关键性技术研究,提升科技创新支撑能力。二是明确协同推进黄河流域生态保护和高质量发展战略与其他相关战略的实施。三是要求黄河流域县级以上地方人民政府因地制宜发展清洁能源。四是规定黄河流域县级以上地方人民政府及其有关部门应当加强城乡居民对本行政区域生态环境、资源禀赋的认识和教育,采取有效措施,支持、引导居民形成绿色低碳的生活方式。

九、有些常委委员、代表和地方建议进一步完善黄河文化保护传承弘扬措施,增加红色文化方面的内容。宪法和法律委员会经研究,建议作以下修改:一是在总则中增加黄河文化保护传承弘扬的内容,要求研究黄河文化发展脉络,阐发黄河文化精神内涵和时代价值。二是规定黄河流域县级以上地方人民政府及其文化和旅游等主管部门应当加强黄河文化保护传承弘扬,提供优质公共文化服务,丰富城乡居民精神文化生活。三是增加推动黄河文化体系建设的内容。四是规定国家加强黄河流域具有革命纪念意义的文物和遗迹保护,建设革命传统教育、爱国主义教育基地,传承弘扬以延安精神、《黄河大合唱》等为典型代表的黄河红色文化。

十、有些常委会组成人员、部门和地方建议进一步完善黄河流域生态保护和高质量发展基金的用途,健全生态保护补偿制度,强化司法保障建设,完善保障与监督措施。宪法和法律委员会经研究,建议作以下修改:一是在黄河流域生态保护和高质量发展基金的用途中增加"战略性新兴产业培育、黄河文化保护传承弘扬"。二是要求国家加大财政转移支付力度,明确采用资金补偿、产业扶持等多种形式开展横向生态保护补偿。三是明确组织开展黄河流域司法协作,推进行政执法机关与司法机关协同配合。四是规定约谈和整改情况应当向社会公布。

此外,还对草案作了一些文字修改。

草案二次审议稿已按上述意见作了修改,宪法和法律委员会建议提请本次常委会会议继续审议。

草案二次审议稿和以上汇报是否妥当,请审议。

全国人民代表大会宪法和法律委员会关于《中华人民共和国黄河保护法（草案）》审议结果的报告

——2022年10月27日在第十三届全国人民代表大会常务委员会第三十七次会议上

全国人大宪法和法律委员会主任委员　李　飞

全国人民代表大会常务委员会：

常委会第三十五次会议对黄河保护法草案进行了二次审议。会后，法制工作委员会在中国人大网全文公布草案二次审议稿，再次征求社会公众意见。栗战书委员长赴甘肃调研，宪法和法律委员会、法制工作委员会赴河南、山西、山东、内蒙古、青海等沿黄省区调研，了解情况、听取意见；法制工作委员会召开专家视频座谈会，就相关问题听取意见，并就草案中的主要问题与有关方面交换意见，共同研究。宪法和法律委员会于9月14日召开会议，根据委员长会议精神、常委会组成人员审议意见和各方面的意见，对草案进行了逐条审议。环境与资源保护委员会、司法部、水利部有关负责同志列席了会议。10月14日，宪法和法律委员会召开会议，再次进行了审议。宪法和法律委员会认为，为了贯彻落实党中央重大战略决策部署，推动黄河流域生态保护和高质量发展，制定黄河保护法是必要的，草案经过两次审议修改，已经比较成熟。同时，提出以下主要修改意见：

一、有的常委委员、地方、专家和社会公众建议进一步完善本法适用范围的表述。宪法和法律委员会经研究，建议修改为：黄河流域生态保护和高质量发展各类活动，适用本法。

二、有关方面提出，要进一步完善黄河流域生态保护和高质量发展的原则和要求。宪法和法律委员会经研究，建议将草案二次审议稿第三条修改为：黄河流域生态保护和高质量发展，坚持中国共产党的领导，落实重在保护、要在治理的要求，加强污染防治，贯彻生态优先、绿色发展，量水而行、节水为重，因地制宜、分类施策，统筹谋划、协同推进的原则。

三、有的常委会组成人员、地方和社会公众建议强化水资源节约集约利用，完善水资源利用原则和调度规则，健全取水许可制度，加强节水设施建设，增加公众节水内容，科学论证调水工程。宪法和法律委员会经研究，建议规定：一是鼓励、推广使用先进节水技术，加快形成节水型生产、生活方式，有效实现水资源节约集约利用。二是黄河流域水资源利用应当坚持精打细算。三是黄河流域水资源调度根据水情变化进行动态调整。四是黄河流域管理机构审批有关取水申请时，应当研究取水口所在地的省级人民政府水行政主管部门的意见，指定河段和限额标准适时调整。五是将“河南省、山东省黄河供水区”修改为“黄河流经省、自治区其他黄河供水区”。六是加强农业节水设施建设。七是黄河流域县级以上地方人民政府及其有关部门应当加强节水宣传教育和科学普及，提高公众节水意识，营造良好节水氛围。八是科学论证跨流域调水和重大水源工程。

四、有的常委会组成人员、部门、机构、地方、专家和社会公众建议加强防洪体系建设，促进防汛抗旱协同联动，推进泥沙综合利用。宪法和法律委员会经研究，建议增加规定：一是国家统筹黄河干支流防洪体系建设，加强流域及流域间防洪体系协同，推进黄河上中下游防汛抗旱、防凌联动，构建科学高效的综合性防洪减灾体系，有效提升黄河流域防治洪涝等灾害的能力。二是国家鼓励、支持开展黄河流域泥沙综合利用研究。

五、有的常委会组成人员、地方、专家和社会公众建议加强黄河流域生态保护与修复，明确水土流失防治措施，增加整沟治理要求，完善生态流量、生态水位管控制度。宪法和法律委员会经研究，建议作以下修改：一是加强对黄河水源涵养区的保护，明确国家加强白于山、陇中等重点预防区、治理区的水土流失防治；增加规定水土流失防治应当根据实际情况，科学采取生物措施和工程措施。二是增加规定整沟治理应当坚持规划先行、一体推进。三是规定黄河流域省级人民政府水行政主管部门确定生态流量和生态水位的管控指标，应当征求并研究同级人民政府生态环境、自然资源等主管部门的意见，报黄河流域管理机构、黄河流域生态环境监督管理机构备案。四是明确地表水取用水总量应当符合生态水位的管控指标要求。五是明确对水土保持强制性约束控制指标落实情况进行考核。

六、有的常委会组成人员、部门、地方和社会公众建议加强黄河流域环境污染治理，强化新污染物管控。宪法和法律委员会经研究，建议增加规定：一是国家加强黄河流域农业面源污染、工业污染、城乡生活污染等的综合治理、系统治理、源头治理，推进重点河湖环境综合整治。二是国务院生态环境等主管部门和黄河流域县级以上地方人民政府及其有关部门应当加强对持久性有机污染物等新污染物的管控、治理。

七、有的常委委员、地方和社会公众建议对“高质量发展”章名作出调整，以更好体现本章内容精神，明确促进高质量发展的总体要求。宪法和法律委员会经研究，建议作以下修改：一是将章名修改为“促进高质量发展”。二是增加规定促进黄河流域高质量发展应当坚持新发展理念，以生态保护为前提优化调整区域经济和生产力布局。

此外，还对草案二次审议稿作了一些文字修改。

10 月 10 日，法制工作委员会召开会议，邀请全国人大代表、黄河水利委员会、地方政府及其有关部门、专家等就草案中主要制度规范的可行性、出台时机、实施的社会效果和可能出现的问题等进行评估。与会人员一致认为，草案深入贯彻落实习近平总书记关于黄河流域生态保护和高质量发展的重要讲话、指示批示精神和党中央有关决策部署，总结黄河保护的宝贵经验，作出了有针对性的规定，制度规范可行。草案经过多次修改完善，充分吸收了各方面意见，已经比较成熟。在党的二十大胜利召开之际，出台黄河保护法正当其时，意义重大，将产生良好的社会效果。与会人员还对草案提出了一些具体修改意见，宪法和法律委员会进行了认真研究，对有的意见予以采纳。

草案三次审议稿已按上述意见作了修改，宪法和法律委员会建议提请本次常委会会议审议通过。

草案三次审议稿和以上报告是否妥当，请审议。

全国人民代表大会宪法和法律委员会关于《中华人民共和国黄河保护法(草案三次审议稿)》修改意见的报告

——2022 年 10 月 29 日在第十三届全国人民代表大会常务委员会第三十七次会议上

全国人民代表大会常务委员会：

本次常委会会议于 10 月 27 日下午对黄河保护法草案三次审议稿进行了分组审议。普遍认为，草案深入贯彻习近平总书记重要指示精神，聚焦黄河流域突出问题，规定了一系列重要制度措施，具有较强的针对性和可操作性，有利于依法加强黄河流域生态保护，推动高质量发展。草案已经比较成熟，建议进一步修改完善后，提请本次常委会会议表决通过。同时，有些常委会组成人员和列席人员还提出了一些修改意见和建议。宪法和法律委员会于 10 月 28 日下午召开会议，逐条研究了常委会组成人员和列席人员的审议意见，对草案进行了审议。环境与资源保护委员会、水利部有关负责同志列席了会议。宪法和法律委员会认为，草案是可行的，同时，提出以下修改意见：

一、有的常委委员建议增加对防洪减灾效果进行评估的内容。宪法和法律委员会经研究，建议在草案三次审议稿第十条中增加规定“并适时组织评估”。

二、有的常委委员建议增加推进黄河流域生态保护和高质量发展科学化的内容。宪法和法律委员会经研究，建议在草案三次审议稿第十五条中增加规定“提高科学化水平”。

三、有的常委委员建议增加跨流域调水要统筹调出区和调入区供水安全和生态安全的规定。宪法和法律委员会经研究，建议采纳这一意见。

四、有的列席人员建议根据党的二十大报告精神进一步体现新发展理念要求，增加黄河流域加快发展方式转型的内容。宪法和法律委员会经研究，建议在草案三次审议稿第八十二条中增加规定“加快发展方式绿色转型”。

五、有的列席人员建议增加加强古灌溉工程保护的规定。宪法和法律委员会经研究，建议采纳这一意见。

在常委会审议中,有的常委会组成人员和列席人员还建议加快制定、完善配套规定,加强法律宣传普及。宪法和法律委员会建议国务院及其有关部门、有关机构和地方尽快制定配套规定,推动法律规定的各项制度落实,扎实做好法律宣传,让全社会知晓法律,切实抓好法律贯彻实施,共同保护好黄河母亲河。

经与有关部门研究,建议将本法的施行时间确定为2023年4月1日。

此外,根据常委会组成人员的审议意见,还对草案三次审议稿作了一些文字修改。

草案修改稿已按上述意见作了修改,宪法和法律委员会建议本次常委会会议审议通过。

草案修改稿和以上报告是否妥当,请审议。

中华人民共和国主席令

第一二四号

《中华人民共和国畜牧法》已由中华人民共和国第十三届全国人民代表大会常务委员会第三十七次会议于2022年10月30日修订通过,现予公布,自2023年3月1日起施行。

中华人民共和国主席　习近平

2022年10月30日

中华人民共和国畜牧法

(2005年12月29日第十届全国人民代表大会常务委员会第十九次会议通过　根据2015年4月24日第十二届全国人民代表大会常务委员会第十四次会议《关于修改〈中华人民共和国计量法〉等五部法律的决定》修正　2022年10月30日第十三届全国人民代表大会常务委员会第三十七次会议修订)

目　录

第一章　总　　则

第一条　为了规范畜牧业生产经营行为,保障畜禽产品供给和质量安全,保护和合理利用畜禽遗传资源,培育和推广畜禽优良品种,振兴畜禽种业,维护畜牧业生产经营者的合法权益,防范公共卫生风险,促进畜牧业高质量发展,制定本法。

第二条　在中华人民共和国境内从事畜禽的遗传资源保护利用、繁育、饲养、经营、运输、屠宰等活动,适用本法。

本法所称畜禽,是指列入依照本法第十二条规定公布的畜禽遗传资源目录的畜禽。

蜂、蚕的资源保护利用和生产经营,适用本法有关规定。

第三条　国家支持畜牧业发展,发挥畜牧业在发展农业、农村经济和增加农民收入中的作用。

县级以上人民政府应当将畜牧业发展纳入国民经济和社会发展规划,加强畜牧业基础设施建设,鼓励和扶持发展规模化、标准化和智能化养殖,促进种养结合和农牧循环、绿色发展,推进畜牧产业化经营,提高畜牧业综合生产能力,发展安全、优质、高效、生态的畜牧业。

国家帮助和扶持民族地区、欠发达地区畜牧业的发展,保护和合理利用草原,改善畜牧业生产条件。

第四条 国家采取措施，培养畜牧兽医专业人才，加强畜禽疫病监测、畜禽疫苗研制，健全基层畜牧兽医技术推广体系，发展畜牧兽医科学技术研究和推广事业，完善畜牧业标准，开展畜牧兽医科学技术知识的教育宣传工作和畜牧兽医信息服务，推进畜牧业科技进步和创新。

第五条 国务院农业农村主管部门负责全国畜牧业的监督管理工作。县级以上地方人民政府农业农村主管部门负责本行政区域内的畜牧业监督管理工作。

县级以上人民政府有关主管部门在各自的职责范围内，负责有关促进畜牧业发展的工作。

第六条 国务院农业农村主管部门应当指导畜牧业生产经营者改善畜禽繁育、饲养、运输、屠宰的条件和环境。

第七条 各级人民政府及有关部门应当加强畜牧业相关法律法规的宣传。

对在畜牧业发展中做出显著成绩的单位和个人，按照国家有关规定给予表彰和奖励。

第八条 畜牧业生产经营者可以依法自愿成立行业协会，为成员提供信息、技术、营销、培训等服务，加强行业自律，维护成员和行业利益。

第九条 畜牧业生产经营者应当依法履行动物防疫和生态环境保护义务，接受有关主管部门依法实施的监督检查。

第二章　畜禽遗传资源保护

第十条 国家建立畜禽遗传资源保护制度，开展资源调查、保护、鉴定、登记、监测和利用等工作。各级人民政府应当采取措施，加强畜禽遗传资源保护，将畜禽遗传资源保护经费列入预算。

畜禽遗传资源保护以国家为主、多元参与，坚持保护优先、高效利用的原则，实行分类分级保护。

国家鼓励和支持有关单位、个人依法发展畜禽遗传资源保护事业，鼓励和支持高等学校、科研机构、企业加强畜禽遗传资源保护、利用的基础研究，提高科技创新能力。

第十一条 国务院农业农村主管部门设立由专业人员组成的国家畜禽遗传资源委员会，负责畜禽遗传资源的鉴定、评估和畜禽新品种、配套系的审定，承担畜禽遗传资源保护和利用规划论证及有关畜禽遗传资源保护的咨询工作。

第十二条 国务院农业农村主管部门负责定期组织畜禽遗传资源的调查工作，发布国家畜禽遗传资源状况报告，公布经国务院批准的畜禽遗传资源目录。

经过驯化和选育而成，遗传性状稳定，有成熟的品种和一定的种群规模，能够不依赖于野生种群而独立繁衍的驯养动物，可以列入畜禽遗传资源目录。

第十三条 国务院农业农村主管部门根据畜禽遗传资源分布状况，制定全国畜禽遗传资源保护和利用规划，制定、调整并公布国家级畜禽遗传资源保护名录，对原产我国的珍贵、稀有、濒危的畜禽遗传资源实行重点保护。

省、自治区、直辖市人民政府农业农村主管部门根据全国畜禽遗传资源保护和利用规划及本行政区域内的畜禽遗传资源状况，制定、调整并公布省级畜禽遗传资源保护名录，并报国务院农业农村主管部门备案，加强对地方畜禽遗传资源的保护。

第十四条 国务院农业农村主管部门根据全国畜禽遗传资源保护和利用规划及国家级畜禽遗传资源保护名录，省、自治区、直辖市人民政府农业农村主管部门根据省级畜禽遗传资源保护名录，分别建立或者确定畜禽遗传资源保种场、保护区和基因库，承担畜禽遗传资源保护任务。

享受中央和省级财政资金支持的畜禽遗传资源保种场、保护区和基因库，未经国务院农业农村主管部门或者省、自治区、直辖市人民政府农业农村主管部门批准，不得擅自处理受保护的畜禽遗传资源。

畜禽遗传资源基因库应当按照国务院农业农村主管部门或者省、自治区、直辖市人民政府农业农村主管部门的规定，定期采集和更新畜禽遗传材料。有关单位、个人应当配合畜禽遗传资源基因库采集畜禽遗传材料，并有权获得适当的经济补偿。

县级以上地方人民政府应当保障畜禽遗传资源保种场和基因库用地的需求。确需关闭或者搬迁的，应当经原建立或者确定机关批准，搬迁的按照先建后拆的原则妥善安置。

畜禽遗传资源保种场、保护区和基因库的管理办法，由国务院农业农村主管部门制定。

第十五条 新发现的畜禽遗传资源在国家畜禽遗传资源委员会鉴定前，省、自治区、直辖市人民政府农业农村主管部门应当制定保护方案，采取临时保护措施，并报国务院农业农村主管部门备案。

第十六条　从境外引进畜禽遗传资源的，应当向省、自治区、直辖市人民政府农业农村主管部门提出申请；受理申请的农业农村主管部门经审核，报国务院农业农村主管部门经评估论证后批准；但是国务院对批准机关另有规定的除外。经批准的，依照《中华人民共和国进出境动植物检疫法》的规定办理相关手续并实施检疫。

从境外引进的畜禽遗传资源被发现对境内畜禽遗传资源、生态环境有危害或者可能产生危害的，国务院农业农村主管部门应当商有关主管部门，及时采取相应的安全控制措施。

第十七条　国家对畜禽遗传资源享有主权。向境外输出或者在境内与境外机构、个人合作研究利用列入保护名录的畜禽遗传资源的，应当向省、自治区、直辖市人民政府农业农村主管部门提出申请，同时提出国家共享惠益的方案；受理申请的农业农村主管部门经审核，报国务院农业农村主管部门批准。

向境外输出畜禽遗传资源的，还应当依照《中华人民共和国进出境动植物检疫法》的规定办理相关手续并实施检疫。

新发现的畜禽遗传资源在国家畜禽遗传资源委员会鉴定前，不得向境外输出，不得与境外机构、个人合作研究利用。

第十八条　畜禽遗传资源的进出境和对外合作研究利用的审批办法由国务院规定。

第三章　种畜禽品种选育与生产经营

第十九条　国家扶持畜禽品种的选育和优良品种的推广使用，实施全国畜禽遗传改良计划；支持企业、高等学校、科研机构和技术推广单位开展联合育种，建立健全畜禽良种繁育体系。

县级以上人民政府支持开发利用列入畜禽遗传资源保护名录的品种，增加特色畜禽产品供给，满足多元化消费需求。

第二十条　国家鼓励和支持畜禽种业自主创新，加强育种技术攻关，扶持选育生产经营相结合的创新型企业发展。

第二十一条　培育的畜禽新品种、配套系和新发现的畜禽遗传资源在销售、推广前，应当通过国家畜禽遗传资源委员会审定或者鉴定，并由国务院农业农村主管部门公告。畜禽新品种、配套系的审定办法和畜禽遗传资源的鉴定办法，由国务院农业农村主管部门制定。审定或者鉴定所需的试验、检测等费用由申请者承担。

畜禽新品种、配套系培育者的合法权益受法律保护。

第二十二条　转基因畜禽品种的引进、培育、试验、审定和推广，应当符合国家有关农业转基因生物安全管理的规定。

第二十三条　省级以上畜牧兽医技术推广机构应当组织开展种畜质量监测、优良个体登记，向社会推荐优良种畜。优良种畜登记规则由国务院农业农村主管部门制定。

第二十四条　从事种畜禽生产经营或者生产经营商品代仔畜、雏禽的单位、个人，应当取得种畜禽生产经营许可证。

申请取得种畜禽生产经营许可证，应当具备下列条件：

（一）生产经营的种畜禽是通过国家畜禽遗传资源委员会审定或者鉴定的品种、配套系，或者是经批准引进的境外品种、配套系；

（二）有与生产经营规模相适应的畜牧兽医技术人员；

（三）有与生产经营规模相适应的繁育设施设备；

（四）具备法律、行政法规和国务院农业农村主管部门规定的种畜禽防疫条件；

（五）有完善的质量管理和育种记录制度；

（六）法律、行政法规规定的其他条件。

第二十五条　申请取得生产家畜卵子、精液、胚胎等遗传材料的生产经营许可证，除应当符合本法第二十四条第二款规定的条件外，还应当具备下列条件：

（一）符合国务院农业农村主管部门规定的实验室、保存和运输条件；

（二）符合国务院农业农村主管部门规定的种畜数量和质量要求；

（三）体外受精取得的胚胎、使用的卵子来源明确，供体畜符合国家规定的种畜健康标准和质量要求；

（四）符合有关国家强制性标准和国务院农业农村主管部门规定的技术要求。

第二十六条　申请取得生产家畜卵子、精液、胚胎等遗传材料的生产经营许可证，应当向省、自治区、直辖市人民政府农业农村主管部门提出申请。受理申请的农业农村主管部门应当自收到申请之日起六十个工作日内依法决定是否发放生产经营许可证。

其他种畜禽的生产经营许可证由县级以上地方人民政府农业农村主管部门审核发放。

国家对种畜禽生产经营许可证实行统一管理、分级负责,在统一的信息平台办理。种畜禽生产经营许可证的审批和发放信息应当依法向社会公开。具体办法和许可证样式由国务院农业农村主管部门制定。

第二十七条　种畜禽生产经营许可证应当注明生产经营者名称、场(厂)址、生产经营范围及许可证有效期的起止日期等。

禁止无种畜禽生产经营许可证或者违反种畜禽生产经营许可证的规定生产经营种畜禽或者商品代仔畜、雏禽。禁止伪造、变造、转让、租借种畜禽生产经营许可证。

第二十八条　农户饲养的种畜禽用于自繁自养和有少量剩余仔畜、雏禽出售的,农户饲养种公畜进行互助配种的,不需要办理种畜禽生产经营许可证。

第二十九条　发布种畜禽广告的,广告主应当持有或者提供种畜禽生产经营许可证和营业执照。广告内容应当符合有关法律、行政法规的规定,并注明种畜禽品种、配套系的审定或者鉴定名称,对主要性状的描述应当符合该品种、配套系的标准。

第三十条　销售的种畜禽、家畜配种站(点)使用的种公畜,应当符合种用标准。销售种畜禽时,应当附具种畜禽场出具的种畜禽合格证明、动物卫生监督机构出具的检疫证明,销售的种畜还应当附具种畜禽场出具的家畜系谱。

生产家畜卵子、精液、胚胎等遗传材料,应当有完整的采集、销售、移植等记录,记录应当保存二年。

第三十一条　销售种畜禽,不得有下列行为:

(一)以其他畜禽品种、配套系冒充所销售的种畜禽品种、配套系;

(二)以低代别种畜禽冒充高代别种畜禽;

(三)以不符合种用标准的畜禽冒充种畜禽;

(四)销售未经批准进口的种畜禽;

(五)销售未附具本法第三十条规定的种畜禽合格证明、检疫证明的种畜禽或者未附具家畜系谱的种畜;

(六)销售未经审定或者鉴定的种畜禽品种、配套系。

第三十二条　申请进口种畜禽的,应当持有种畜禽生产经营许可证。因没有种畜禽而未取得种畜禽生产经营许可证的,应当提供省、自治区、直辖市人民政府农业农村主管部门的说明文件。进口种畜禽的批准文件有效期为六个月。

进口的种畜禽应当符合国务院农业农村主管部门规定的技术要求。首次进口的种畜禽还应当由国家畜禽遗传资源委员会进行种用性能的评估。

种畜禽的进出口管理除适用本条前两款的规定外,还适用本法第十六条、第十七条和第二十二条的相关规定。

国家鼓励畜禽养殖者利用进口的种畜禽进行新品种、配套系的培育;培育的新品种、配套系在推广前,应当经国家畜禽遗传资源委员会审定。

第三十三条　销售商品代仔畜、雏禽的,应当向购买者提供其销售的商品代仔畜、雏禽的主要生产性能指标、免疫情况、饲养技术要求和有关咨询服务,并附具动物卫生监督机构出具的检疫证明。

销售种畜禽和商品代仔畜、雏禽,因质量问题给畜禽养殖者造成损失的,应当依法赔偿损失。

第三十四条　县级以上人民政府农业农村主管部门负责种畜禽质量安全的监督管理工作。种畜禽质量安全的监督检验应当委托具有法定资质的种畜禽质量检验机构进行;所需检验费用由同级预算列支,不得向被检验人收取。

第三十五条　蜂种、蚕种的资源保护、新品种选育、生产经营和推广,适用本法有关规定,具体管理办法由国务院农业农村主管部门制定。

第四章　畜禽养殖

第三十六条　国家建立健全现代畜禽养殖体系。县级以上人民政府农业农村主管部门应当根据畜牧业发展规划和市场需求,引导和支持畜牧业结构调整,发展优势畜禽生产,提高畜禽产品市场竞争力。

第三十七条　各级人民政府应当保障畜禽养殖用地合理需求。县级国土空间规划根据本地实际情况,安排畜禽养殖用地。畜禽养殖用地按照农业用地管理。畜禽养殖用地使用期限届满或者不再从事养殖活动,需要恢复为原用途的,由畜禽养殖用地使用人负责恢复。在畜禽养殖用地范围内需要兴建永久性建(构)筑物,涉及农用地转用的,依照《中华人民共和国土地管理法》的规定办理。

第三十八条　国家设立的畜牧兽医技术推广机构,应当提供畜禽养殖、畜禽粪污无害化处理和资源化利用技术培训,以及良种推广、疫病防治等服务。县级以上人民政府应当保障国家设立的畜牧兽医技术推广机构从事公益性技术服务的工作经费。

国家鼓励畜禽产品加工企业和其他相关生产经营者为畜禽养殖者提供所需的服务。

第三十九条　畜禽养殖场应当具备下列条件：

（一）有与其饲养规模相适应的生产场所和配套的生产设施；

（二）有为其服务的畜牧兽医技术人员；

（三）具备法律、行政法规和国务院农业农村主管部门规定的防疫条件；

（四）有与畜禽粪污无害化处理和资源化利用相适应的设施设备；

（五）法律、行政法规规定的其他条件。

畜禽养殖场兴办者应当将畜禽养殖场的名称、养殖地址、畜禽品种和养殖规模，向养殖场所在地县级人民政府农业农村主管部门备案，取得畜禽标识代码。

畜禽养殖场的规模标准和备案管理办法，由国务院农业农村主管部门制定。

畜禽养殖户的防疫条件、畜禽粪污无害化处理和资源化利用要求，由省、自治区、直辖市人民政府农业农村主管部门会同有关部门规定。

第四十条　畜禽养殖场的选址、建设应当符合国土空间规划，并遵守有关法律法规的规定；不得违反法律法规的规定，在禁养区域建设畜禽养殖场。

第四十一条　畜禽养殖场应当建立养殖档案，载明下列内容：

（一）畜禽的品种、数量、繁殖记录、标识情况、来源和进出场日期；

（二）饲料、饲料添加剂、兽药等投入品的来源、名称、使用对象、时间和用量；

（三）检疫、免疫、消毒情况；

（四）畜禽发病、死亡和无害化处理情况；

（五）畜禽粪污收集、储存、无害化处理和资源化利用情况；

（六）国务院农业农村主管部门规定的其他内容。

第四十二条　畜禽养殖者应当为其饲养的畜禽提供适当的繁殖条件和生存、生长环境。

第四十三条　从事畜禽养殖，不得有下列行为：

（一）违反法律、行政法规和国家有关强制性标准、国务院农业农村主管部门的规定使用饲料、饲料添加剂、兽药；

（二）使用未经高温处理的餐馆、食堂的泔水饲喂家畜；

（三）在垃圾场或者使用垃圾场中的物质饲养畜禽；

（四）随意弃置和处理病死畜禽；

（五）法律、行政法规和国务院农业农村主管部门规定的危害人和畜禽健康的其他行为。

第四十四条　从事畜禽养殖，应当依照《中华人民共和国动物防疫法》、《中华人民共和国农产品质量安全法》的规定，做好畜禽疫病防治和质量安全工作。

第四十五条　畜禽养殖者应当按照国家关于畜禽标识管理的规定，在应当加施标识的畜禽的指定部位加施标识。农业农村主管部门提供标识不得收费，所需费用列入省、自治区、直辖市人民政府预算。

禁止伪造、变造或者重复使用畜禽标识。禁止持有、使用伪造、变造的畜禽标识。

第四十六条　畜禽养殖场应当保证畜禽粪污无害化处理和资源化利用设施的正常运转，保证畜禽粪污综合利用或者达标排放，防止污染环境。违法排放或者因管理不当污染环境的，应当排除危害，依法赔偿损失。

国家支持建设畜禽粪污收集、储存、粪污无害化处理和资源化利用设施，推行畜禽粪污养分平衡管理，促进农用有机肥利用和种养结合发展。

第四十七条　国家引导畜禽养殖户按照畜牧业发展规划有序发展，加强对畜禽养殖户的指导帮扶，保护其合法权益，不得随意以行政手段强行清退。

国家鼓励涉农企业带动畜禽养殖户融入现代畜牧业产业链，加强面向畜禽养殖户的社会化服务，支持畜禽养殖户和畜牧业专业合作社发展畜禽规模化、标准化养殖，支持发展新产业、新业态，促进与旅游、文化、生态等产业融合。

第四十八条　国家支持发展特种畜禽养殖。县级以上人民政府应当采取措施支持建立与特种畜禽养殖业发展相适应的养殖体系。

第四十九条　国家支持发展养蜂业，保护养蜂生产者的合法权益。

有关部门应当积极宣传和推广蜂授粉农艺措施。

第五十条　养蜂生产者在生产过程中，不得使用危害蜂产品质量安全的药品和容器，确保蜂产品质量。养蜂器具应当符合国家标准和国务院有关部门规定的技术要求。

第五十一条　养蜂生产者在转地放蜂时，当地公安、交通运输、农业农村等有关部门应当为其提供必要的便利。

养蜂生产者在国内转地放蜂，凭国务院农业农村主管部门统一格式印制的检疫证明运输蜂群，在检疫证明有效期内不得重复检疫。

第五章　草原畜牧业

第五十二条　国家支持科学利用草原，协调推进草原保护与草原畜牧业发展，坚持生态优先、生产生态有机结合，发展特色优势产业，促进农牧民增加收入，提高草原可持续发展能力，筑牢生态安全屏障，推进牧区生产生活生态协同发展。

第五十三条　国家支持牧区转变草原畜牧业发展方式，加强草原水利、草原围栏、饲草料生产加工储备、牲畜圈舍、牧道等基础设施建设。

国家鼓励推行舍饲半舍饲圈养、季节性放牧、划区轮牧等饲养方式，合理配置畜群，保持草畜平衡。

第五十四条　国家支持优良饲草品种的选育、引进和推广使用，因地制宜开展人工草地建设、天然草原改良和饲草料基地建设，优化种植结构，提高饲草料供应保障能力。

第五十五条　国家支持农牧民发展畜牧业专业合作社和现代家庭牧场，推行适度规模养殖，提升标准化生产水平，建设牛羊等重要畜产品生产基地。

第五十六条　牧区各级人民政府农业农村主管部门应当鼓励和指导农牧民改良家畜品种，优化畜群结构，实行科学饲养，合理加快出栏周转，促进草原畜牧业节本、提质、增效。

第五十七条　国家加强草原畜牧业灾害防御保障，将草原畜牧业防灾减灾列入预算，优化设施装备条件，完善牧区牛羊等家畜保险制度，提高抵御自然灾害的能力。

第五十八条　国家完善草原生态保护补助奖励政策，对采取禁牧和草畜平衡措施的农牧民按照国家有关规定给予补助奖励。

第五十九条　有关地方人民政府应当支持草原畜牧业与乡村旅游、文化等产业协同发展，推动一二三产业融合，提升产业化、品牌化、特色化水平，持续增加农牧民收入，促进牧区振兴。

第六十条　草原畜牧业发展涉及草原保护、建设、利用和管理活动的，应当遵守有关草原保护法律法规的规定。

第六章　畜禽交易与运输

第六十一条　国家加快建立统一开放、竞争有序、安全便捷的畜禽交易市场体系。

第六十二条　县级以上地方人民政府应当根据农产品批发市场发展规划，对在畜禽集散地建立畜禽批发市场给予扶持。

畜禽批发市场选址，应当符合法律、行政法规和国务院农业农村主管部门规定的动物防疫条件，并距离种畜禽场和大型畜禽养殖场三公里以外。

第六十三条　进行交易的畜禽应当符合农产品质量安全标准和国务院有关部门规定的技术要求。

国务院农业农村主管部门规定应当加施标识而没有标识的畜禽，不得销售、收购。

国家鼓励畜禽屠宰经营者直接从畜禽养殖者收购畜禽，建立稳定收购渠道，降低动物疫病和质量安全风险。

第六十四条　运输畜禽，应当符合法律、行政法规和国务院农业农村主管部门规定的动物防疫条件，采取措施保护畜禽安全，并为运输的畜禽提供必要的空间和饲喂饮水条件。

有关部门对运输中的畜禽进行检查，应当有法律、行政法规的依据。

第七章　畜禽屠宰

第六十五条　国家实行生猪定点屠宰制度。对生猪以外的其他畜禽可以实行定点屠宰，具体办法由省、自治区、直辖市制定。农村地区个人自宰自食的除外。

省、自治区、直辖市人民政府应当按照科学布局、集中屠宰、有利流通、方便群众的原则，结合畜禽养殖、动物疫病防控和畜禽产品消费等实际情况，制定畜禽屠宰行业发展规划并组织实施。

第六十六条　国家鼓励畜禽就地屠宰，引导畜禽屠宰企业向养殖主产区转移，支持畜禽产品加工、储存、运输冷链体系建设。

第六十七条　畜禽屠宰企业应当具备下列条件：

（一）有与屠宰规模相适应、水质符合国家规定标准的用水供应条件；

（二）有符合国家规定的设施设备和运载工具；

（三）有依法取得健康证明的屠宰技术人员；

（四）有经考核合格的兽医卫生检验人员；

（五）依法取得动物防疫条件合格证和其他法律法规规定的证明文件。

第六十八条　畜禽屠宰经营者应当加强畜禽屠宰质量安全管理。畜禽屠宰企业应当建立畜禽屠宰质量安全管理制度。

未经检验、检疫或者经检验、检疫不合格的畜禽产品不得出厂销售。经检验、检疫不合格的畜禽产品，按照国家有关规定处理。

地方各级人民政府应当按照规定对无害化处理的费用和损失给予补助。

第六十九条　国务院农业农村主管部门负责组织制定畜禽屠宰质量安全风险监测计划。

省、自治区、直辖市人民政府农业农村主管部门根据国家畜禽屠宰质量安全风险监测计划，结合实际情况，制定本行政区域畜禽屠宰质量安全风险监测方案并组织实施。

第八章　保障与监督

第七十条　省级以上人民政府应当在其预算内安排支持畜禽种业创新和畜牧业发展的良种补贴、贴息补助、保费补贴等资金，并鼓励有关金融机构提供金融服务，支持畜禽养殖者购买优良畜禽、繁育良种、防控疫病，支持改善生产设施、畜禽粪污无害化处理和资源化利用设施设备、扩大养殖规模，提高养殖效益。

第七十一条　县级以上人民政府应当组织农业农村主管部门和其他有关部门，依照本法和有关法律、行政法规的规定，加强对畜禽饲养环境、种畜禽质量、畜禽交易与运输、畜禽屠宰以及饲料、饲料添加剂、兽药等投入品的生产、经营、使用的监督管理。

第七十二条　国务院农业农村主管部门应当制定畜禽标识和养殖档案管理办法，采取措施落实畜禽产品质量安全追溯和责任追究制度。

第七十三条　县级以上人民政府农业农村主管部门应当制定畜禽质量安全监督抽查计划，并按照计划开展监督抽查工作。

第七十四条　省级以上人民政府农业农村主管部门应当组织制定畜禽生产规范，指导畜禽的安全生产。

第七十五条　国家建立统一的畜禽生产和畜禽产品市场监测预警制度，逐步完善有关畜禽产品储备调节机制，加强市场调控，促进市场供需平衡和畜牧业健康发展。

县级以上人民政府有关部门应当及时发布畜禽产销信息，为畜禽生产经营者提供信息服务。

第七十六条　国家加强畜禽生产、加工、销售、运输体系建设，提升畜禽产品供应安全保障能力。

省、自治区、直辖市人民政府负责保障本行政区域内的畜禽产品供给，建立稳产保供的政策保障和责任考核体系。

国家鼓励畜禽主销区通过跨区域合作、建立养殖基地等方式，与主产区建立稳定的合作关系。

第九章　法律责任

第七十七条　违反本法规定，县级以上人民政府农业农村主管部门及其工作人员有下列行为之一的，对直接负责的主管人员和其他直接责任人员依法给予处分：

（一）利用职务上的便利，收受他人财物或者牟取其他利益；

（二）对不符合条件的申请人准予许可，或者超越法定职权准予许可；

（三）发现违法行为不予查处；

（四）其他滥用职权、玩忽职守、徇私舞弊等不依法履行监督管理工作职责的行为。

第七十八条　违反本法第十四条第二款规定，擅自处理受保护的畜禽遗传资源，造成畜禽遗传资源损失的，由省级以上人民政府农业农村主管部门处十万元以上一百万元以下罚款。

第七十九条　违反本法规定，有下列行为之一的，由省级以上人民政府农业农村主管部门责令停止违法行为，没收畜禽遗传资源和违法所得，并处五万元以上五十万元以下罚款：

（一）未经审核批准，从境外引进畜禽遗传资源；

（二）未经审核批准，在境内与境外机构、个人合作研究利用列入保护名录的畜禽遗传资源；

（三）在境内与境外机构、个人合作研究利用未经国家畜禽遗传资源委员会鉴定的新发现的畜禽遗传资源。

第八十条　违反本法规定，未经国务院农业农村主管部门批准，向境外输出畜禽遗传资源的，依照《中华人民共和国海关法》的有关规定追究法律责任。海关应当将扣留的畜禽遗传资源移送省、自治区、直辖市人民政府农业农村主管部门处理。

第八十一条 违反本法规定，销售、推广未经审定或者鉴定的畜禽品种、配套系的，由县级以上地方人民政府农业农村主管部门责令停止违法行为，没收畜禽和违法所得；违法所得在五万元以上的，并处违法所得一倍以上三倍以下罚款；没有违法所得或者违法所得不足五万元的，并处五千元以上五万元以下罚款。

第八十二条 违反本法规定，无种畜禽生产经营许可证或者违反种畜禽生产经营许可证规定生产经营，或者伪造、变造、转让、租借种畜禽生产经营许可证的，由县级以上地方人民政府农业农村主管部门责令停止违法行为，收缴伪造、变造的种畜禽生产经营许可证，没收种畜禽、商品代仔畜、雏禽和违法所得；违法所得在三万元以上的，并处违法所得一倍以上三倍以下罚款；没有违法所得或者违法所得不足三万元的，并处三千元以上三万元以下罚款。违反种畜禽生产经营许可证的规定生产经营或者转让、租借种畜禽生产经营许可证，情节严重的，并处吊销种畜禽生产经营许可证。

第八十三条 违反本法第二十九条规定的，依照《中华人民共和国广告法》的有关规定追究法律责任。

第八十四条 违反本法规定，使用的种畜禽不符合种用标准的，由县级以上地方人民政府农业农村主管部门责令停止违法行为，没收种畜禽和违法所得；违法所得在五千元以上的，并处违法所得一倍以上二倍以下罚款；没有违法所得或者违法所得不足五千元的，并处一千元以上五千元以下罚款。

第八十五条 销售种畜禽有本法第三十一条第一项至第四项违法行为之一的，由县级以上地方人民政府农业农村主管部门和市场监督管理部门按照职责分工责令停止销售，没收违法销售的（种）畜禽和违法所得；违法所得在五万元以上的，并处违法所得一倍以上五倍以下罚款；没有违法所得或者违法所得不足五万元的，并处五千元以上五万元以下罚款；情节严重的，并处吊销种畜禽生产经营许可证或者营业执照。

第八十六条 违反本法规定，兴办畜禽养殖场未备案，畜禽养殖场未建立养殖档案或者未按照规定保存养殖档案的，由县级以上地方人民政府农业农村主管部门责令限期改正，可以处一万元以下罚款。

第八十七条 违反本法第四十三条规定养殖畜禽的，依照有关法律、行政法规的规定处理、处罚。

第八十八条 违反本法规定，销售的种畜禽未附具种畜禽合格证明、家畜系谱，销售、收购国务院农业农村主管部门规定应当加施标识而没有标识的畜禽，或者重复使用畜禽标识的，由县级以上地方人民政府农业农村主管部门和市场监督管理部门按照职责分工责令改正，可以处二千元以下罚款。

销售的种畜禽未附具检疫证明，伪造、变造畜禽标识，或者持有、使用伪造、变造的畜禽标识的，依照《中华人民共和国动物防疫法》的有关规定追究法律责任。

第八十九条 违反本法规定，未经定点从事畜禽屠宰活动的，依照有关法律法规的规定处理、处罚。

第九十条 县级以上地方人民政府农业农村主管部门发现畜禽屠宰企业不再具备本法规定条件的，应当责令停业整顿，并限期整改；逾期仍未达到本法规定条件的，责令关闭，对实行定点屠宰管理的，由发证机关依法吊销定点屠宰证书。

第九十一条 违反本法第六十八条规定，畜禽屠宰企业未建立畜禽屠宰质量安全管理制度，或者畜禽屠宰经营者对经检验不合格的畜禽产品未按照国家有关规定处理的，由县级以上地方人民政府农业农村主管部门责令改正，给予警告；拒不改正的，责令停业整顿，并处五千元以上五万元以下罚款，对直接负责的主管人员和其他直接责任人员处二千元以上二万元以下罚款；情节严重的，责令关闭，对实行定点屠宰管理的，由发证机关依法吊销定点屠宰证书。

违反本法第六十八条规定的其他行为的，依照有关法律法规的规定处理、处罚。

第九十二条 违反本法规定，构成犯罪的，依法追究刑事责任。

第十章 附 则

第九十三条 本法所称畜禽遗传资源，是指畜禽及其卵子（蛋）、精液、胚胎、基因物质等遗传材料。

本法所称种畜禽，是指经过选育、具有种用价值、适于繁殖后代的畜禽及其卵子（蛋）、精液、胚胎等。

第九十四条 本法自 2023 年 3 月 1 日起施行。

关于《中华人民共和国畜牧法（修订草案）》的说明

——2021年10月19日在第十三届全国人民代表大会常务委员会第三十一次会议上

全国人大农业与农村委员会副主任委员　李家洋

全国人民代表大会常务委员会：

我受全国人大农业与农村委员会委托，就《中华人民共和国畜牧法（修订草案）》的有关问题作说明。

一、畜牧法修改的必要性

现行畜牧法自2006年7月1日施行以来，对于规范畜牧业生产经营行为，加快转变畜牧业发展方式，增强畜禽产品供给保障能力，促进农牧民持续增收等发挥了重要作用。

畜牧业是关系国计民生的重要产业，也是我国农业农村经济的支柱产业和增加农牧民收入的重要来源。大力发展畜牧业，对全面推进乡村振兴，加快农业农村现代化具有重要意义。新时代畜牧业高质量发展要求加快构建现代畜禽养殖、动物防疫和加工流通体系，不断提升畜牧业质量效益和竞争力，更好地满足人民群众多元化的畜禽产品消费需求。当前，畜牧业发展仍存在一些问题。一是畜禽遗传资源保护力度不够，开发利用水平低，部分品种持续减少、濒临灭绝；二是畜禽种业自主创新能力不强，产学研协同的利益联结机制不健全，市场竞争力不足；三是畜禽粪污资源化利用水平不高，资源环境硬约束日益加剧；四是养殖业发展不均衡，行业集中度低，市场波动大、风险高，监测预警体系不完善，宏观调控能力弱；五是畜禽的防疫和屠宰质量安全监管、防范重大公共卫生风险能力比较薄弱。针对畜牧业发展中的薄弱环节和出现的新情况、新问题，亟需对现行畜牧法作出相应的修改完善。

2020年4月，全国人大常委会将修改畜牧法列入强化公共卫生法治保障立法修法工作计划，明确由全国人大农业与农村委员会牵头负责起草。我委高度重视畜牧法修改工作，成立农业农村部等有关部门参加的工作专班，在认真总结实践经验、深入调研、广泛听取有关方面意见、反复讨论修改完善的基础上，形成《中华人民共和国畜牧法（修订草案）》（以下简称草案）。

二、畜牧法修改的指导思想和总体思路

深入学习贯彻习近平新时代中国特色社会主义思想，落实党的十九大和十九届二中、三中、四中、五中全会精神，贯彻落实习近平总书记关于强化公共卫生法治保障重要指示，适应发展现代畜牧业新要求，逐步完善和健全保障我国畜牧业持续健康发展的管理体系。加强畜禽遗传资源保护和利用、鼓励畜禽种业自主创新，规范畜禽养殖、粪污资源化利用、屠宰等畜牧业生产经营行为，支持草原畜牧业发展，统筹畜牧业公共卫生安全和高质量发展，保障重要畜禽产品有效供给，促进现代畜牧业发展。

三、畜牧法修改的主要内容

（一）完善公共卫生法治保障

一是完善列入畜禽遗传资源目录的条件。为落实《全国人大常委会关于全面禁止非法野生动物交易、革除滥食野生动物陋习、切实保障人民群众生命健康安全的决定》精神，草案规定，经过人类长期驯化和选育而成，遗传性能稳定，有成熟的品种和一定的种群规模，能够不依赖于野生种群而独立繁衍的哺乳纲或者鸟纲驯养动物，可以列入畜禽遗传资源目录。

二是强化畜禽粪污资源化利用。为提高畜禽粪污资源化利用水平，强化主体责任，草案对畜禽养殖场配套畜禽粪污处理利用设施装备、畜禽粪污处理利用的技术培训、养殖档案记录、种养结合等作出规定。明确畜禽养殖户的畜禽粪污处理利用要求，由省、自治区、直辖市人民政府有关部门规定。

三是加强畜禽屠宰管理。畜禽屠宰是保障畜禽产品质量和公共卫生安全的关键环节。草案增

加“畜禽屠宰”一章，对畜禽屠宰的行业发展规划、企业条件要求、质量安全管理和风险监测制度、无害化处理及补助等作出规定。综合考虑城乡差异、生活习俗、行业发展现状等因素，草案规定，实行生猪定点屠宰制度；对生猪以外的其他畜禽可以实行定点屠宰，具体办法由省、自治区、直辖市制定。

（二）促进畜牧业高质量发展

一是加大畜禽遗传资源保护。畜禽遗传资源是畜牧业可持续发展的物质基础，畜禽遗传资源保护具有基础性、公益性。草案规定，畜禽遗传资源保护以国家为主、多元参与，坚持保护优先、高效利用的原则，实行分类分级保护；鼓励加强畜禽遗传资源保护和利用的基础研究，提高科技创新能力；加强畜禽遗传资源保护用地保障，县级以上地方人民政府应当保障畜禽遗传资源保种场和基因库用地的需求。

二是支持畜禽种业自主创新。为振兴畜禽种业，草案规定，国家鼓励支持畜禽种业自主创新，加强良种技术攻关，扶持创新型企业发展；支持列入畜禽遗传保护名录的品种开发利用，满足多元化消费需求。同时取消畜禽品种、配套系中间试验的行政审批和专门从事家畜人工授精、胚胎移植等繁殖工作的职业资格许可，加强事中事后监管。

三是促进草原畜牧业发展。草原畜牧业是畜牧业重要组成部分，是牧区振兴的前提和基础。草案增加“草原畜牧业”一章，明确国家支持科学利用草原，协调推进草原休养生息与草原畜牧业发展，提高草原可持续发展能力。支持牧区转变草原畜牧业发展方式。对草原畜牧业发展的基础设施建设、饲草料供应、防灾减灾保障、草原生态奖补等作出规定。

四是引导畜禽养殖户发展。为拓展农民就业和增收渠道，草案规定，国家引导畜禽养殖户依照畜牧业发展规划有序发展，依法保护畜禽养殖户合法权益；鼓励龙头企业带动畜禽养殖户融入现代畜牧业产业链，加强面向畜禽养殖户的社会化服务；支持畜禽养殖户和畜牧业合作社发展畜禽规模化、标准化养殖，发展新产业、新业态，促进与旅游、文化、生态等产业融合。草案还就鼓励发展特种畜禽养殖作出规定。

（三）保障畜禽产品有效供给

一是完善畜禽产品保供稳价措施。为促进畜牧业稳定发展和畜禽产品市场平稳运行，维护养殖者和消费者利益，提升畜禽产品供应安全保障能力，草案规定，国家建立统一的畜禽生产和畜禽产品市场监测预警制度，逐步完善畜禽产品储备调节机制，利用畜禽产品进出口、期货等市场调节方式，促进市场供需平衡和畜牧业健康发展；国家鼓励畜禽主销区与主产区建立稳定的合作关系。省、自治区、直辖市人民政府负责保障本行政区域畜禽产品供给，建立稳产保供的政策保障和责任考核体系。

二是规范畜禽养殖禁养区域划定。为防止违法扩大禁养区域，草案规定，国务院生态环境主管部门会同农业农村、林业草原主管部门负责制定禁养区域划定管理办法。禁养区域由县级以上地方人民政府划定。

此外，草案就饲料和兽药的生产经营监管、畜禽交易和运输、法律责任等内容作了完善，对部分条款及文字作了修改。

《中华人民共和国畜牧法（修订草案）》及以上说明是否妥当，请审议。

全国人民代表大会宪法和法律委员会关于《中华人民共和国畜牧法（修订草案）》审议结果的报告

——2022年10月27日在第十三届全国人民代表大会常务委员会第三十七次会议上

全国人大宪法和法律委员会副主任委员　胡可明

全国人民代表大会常务委员会：

常委会第三十一次会议对畜牧法修订草案进行了初次审议。会后，法制工作委员会将修订草案印发部分省（区、市）人大、中央有关部门和全国人大代表、基层立法联系点、研究机构等征求意见；在中国人大网全文公布修订草案，征求社会公众意见。宪法和法律委员会、农业与农村委员会、法制工作委员会联合召开座谈会，听取中央有关部门、全国人大代表、基层立法联系点、农业企业、农民专业合作社、基层执法机构和专家学者对修订草案的意见。宪法和法律委员会、法制工作委员会到内蒙古、河北、北京、云南、湖北、浙江、福建调研，并就修订草案的有关问题同有关方面交换意见，共同研究。宪法和法律委员会于9月15日召开会议，根据委员长会议精神、常委会组成人员审议意见和各方面意见，对修订草案进行了逐条审议。农业与农村委员会、司法部、农业农村部有关负责同志列席了会议。10月14日，宪法和法律委员会召开会议，再次进行了审议。宪法和法律委员会认为，适应畜牧业发展新形势、新要求，修改本法是必要的，修订草案经过审议修改，已经比较成熟。同时，提出以下主要修改意见：

一、有的常委会组成人员提出，应当突出鼓励支持畜禽养殖生产，促进畜牧业高质量发展。宪法和法律委员会经研究，建议增加规定：一是，县级以上人民政府应当将畜牧业发展纳入国民经济和社会发展规划；同时促进畜牧业绿色发展。二是，国家建立健全现代畜禽养殖体系。三是，从事畜禽养殖应当依照农产品质量安全法的规定，做好质量安全工作。四是，加强对畜禽养殖户的指导帮扶。

二、有的常委会组成人员和部门、研究机构建议，加强畜禽疫病防治，做好畜禽粪污无害化处理，保障公共卫生安全。宪法和法律委员会经研究，建议对相关内容作如下修改：一是，增加国家采取措施加强畜禽疫病监测、畜禽疫苗研制的内容。二是，将相关条款中的“畜禽粪污处理利用”改为“畜禽粪污无害化处理和资源化利用”。三是，明确从事畜禽养殖不得随意弃置和处理病死畜禽。四是，违反检疫证明和畜禽标识管理规定的行为，动物防疫法已作明确规定的，依照其规定追究法律责任。

三、有的常委委员和部门、地方、社会公众提出，应当加强畜牧业相关法律法规的宣传普及，对在畜牧业发展中作出显著成绩的给予表彰奖励。宪法和法律委员会经研究，建议采纳这一意见，增加相关内容。

四、有的常委委员和部门、地方建议，根据相关改革要求，完善有关畜禽遗传资源管理制度。宪法和法律委员会经研究，建议对从境外引进畜禽遗传资源的，在规定由国务院农业农村主管部门批准的基础上，授权国务院可以对批准机关作出特别规定。

五、根据有的常委委员和部门、地方的意见，宪法和法律委员会经研究，建议完善有关种畜禽管理规定，对相关内容作如下修改：一是，增加规定种畜禽生产经营许可证的审批和发放信息应当依法向社会公开。二是，明确只有因没有种畜禽而未取得种畜禽生产经营许可证的新建种畜禽场才可以通过提供省级政府农业农村主管部门的说明文件的方式申请进口种畜禽。

六、有的常委委员和部门、地方提出，建设畜禽养殖场要符合地方国土空间规划，充分考虑本地区畜牧业发展要求；同时，应遵守有关生态环境、动物防疫、文物保护等法律法规关于禁止建设畜禽养殖场的规定，本法对划定禁养区域可作衔接性规定。宪法和法律委员会经同有关部门研究，建议对相关内容作如下修改：畜禽养殖场的选址、建设应当符合国土空间规划，并遵守有关法律法规的规定；不得违反法律法规的规定，在禁养区域建设畜禽养殖场。同时明确，县级国土空间规划应当根据本地实际情况安排畜禽养殖用地。

七、有的常委委员和部门、地方建议结合现行法的规定，并与草原法有关规定相衔接，增加促进草畜平衡具体措施的规定。宪法和法律委员会经研究，建议采纳这一意见，增加规定：国家鼓励推行舍饲半舍饲圈养、季节性放牧、划区轮牧等饲养方式，合理配置畜群，保持草畜平衡。

八、有的部门提出，牧区牛羊等家畜保费补贴制度只是牧区家畜保险制度的一部分，建议将“保费补贴制度”改为“保险制度”。有的部门提出，目前执行的草原生态保护补助奖励政策已包括草原畜牧业发展补贴政策，建议对有关表述作相应修改。宪法和法律委员会经研究，建议采纳上述意见，完善相关表述。

此外，还对修订草案作了一些文字修改。

9月28日，法制工作委员会召开会议，邀请部分全国人大代表、基层立法联系点、农业企业、农民专业合作社、基层执法人员和专家学者，就修订草案主要内容的可行性、法律出台时机、法律实施的社会效果和可能出现的问题等进行评估。普遍认为，修订草案贯彻落实党中央决策部署，保障畜禽产品有效供给和质量安全，促进我国畜牧业高质量发展，主要制度措施具有针对性和可操作性，建议修改完善后尽快出台。与会人员还对修订草案提出了一些完善意见，有些意见已采纳吸收。

修订草案二次审议稿已按上述意见作了修改，宪法和法律委员会建议提请本次常委会会议审议通过。

修订草案二次审议稿和以上报告是否妥当，请审议。

全国人民代表大会宪法和法律委员会关于《中华人民共和国畜牧法（修订草案二次审议稿）》修改意见的报告

——2022 年 10 月 29 日在第十三届全国人民代表大会常务委员会第三十七次会议上

全国人民代表大会常务委员会：

本次常委会会议于 10 月 27 日下午对畜牧法修订草案二次审议稿进行了分组审议。普遍认为，修订草案已经比较成熟，建议进一步修改后，提请本次常委会会议表决通过。同时，有些常委会组成人员和列席人员还提出了一些修改意见和建议。宪法和法律委员会于 10 月 28 日下午召开会议，逐条研究了常委会组成人员和列席人员的审议意见，对修订草案进行了审议。农业与农村委员会、农业农村部有关负责同志列席了会议。宪法和法律委员会认为，修订草案是可行的，同时，提出以下修改意见：

一、有的常委委员和专委会委员建议在规定有关种畜禽、畜禽屠宰等质量安全标准的基础上对完善畜牧业标准提出总体要求。宪法和法律委员会经同农业与农村委员会、农业农村部研究，建议采纳这一意见，在总则中增加相关内容。

二、有的常委委员提出，应明确定期对国家畜禽遗传资源状况进行调查，并发布相关报告。宪法和法律委员会经研究，建议采纳这一意见，规定国务院农业农村主管部门负责“定期”组织畜禽遗传资源的调查工作。

三、有的常委委员建议明确加强对地方畜禽遗传资源的保护。宪法和法律委员会经研究，建议采纳这一意见，增加相关内容。

四、根据有的常委委员和专委会委员的意见，宪法和法律委员会经研究，建议在县级以上人民政府支持开发利用列入畜禽遗传资源保护名录的品种的规定中，增加特色畜禽产品供给的内容。

五、根据有的常委委员和部门的意见，宪法和法律委员会经同农业与农村委员会研究，建议将有关鼓励畜禽养殖者对进口的畜禽进行新品种、配套系选育的规定修改为：“国家鼓励畜禽养殖者利用进口的种畜禽进行新品种、配套系的培育；培育的新品种、配套系在推广前，应当经国家畜禽遗传资源委员会审定。”

六、有的常委委员提出，应突出国家对农牧民发展畜牧业专业合作社的支持。宪法和法律委员会经研究，建议将相关规定修改为：国家支持农牧民发展畜牧业专业合作社和现代家庭牧场，推行适度规模养殖，提升标准化生产水平。

七、根据有的常委委员和专委会委员的意见，宪法和法律委员会经研究，建议在有关建立畜禽交易市场体系的规定中增加“安全便捷”的要求。

八、有些常委委员和专委会委员提出，应强化政府对畜禽产品市场的调控作用，保障市场供需平衡。宪法和法律委员会经研究，建议采纳这一意见，将有关完善畜禽产品储备调节机制等措施中的“利用市场调节方式”修改为“加强市场调控”。

九、根据有的常委委员的意见，宪法和法律委员会经研究，建议增加规定：国家加强畜禽生产、加工、销售、运输体系建设，提升畜禽产品供应安全保障能力。

在审议中，有些常委会组成人员和列席人员还对修订草案二次审议稿有关内容及本法实施提出了很好的意见建议。宪法和法律委员会经同农业与农村委员会、农业农村部研究认为，有的意见在其他相关法律中已作明确规定，有的意见可在配套规定中作出具体规定，有的意见需要在实践中积累经验。建议国务院及其有关部门认真研究常委会组成人员和列席人员提出的意见建议，及时制定完善配套规定，确保本法有效实施。

经与有关部门研究，建议将修订后的畜牧法的施行时间确定为 2023 年 3 月 1 日。

此外，根据常委会组成人员的审议意见，还对修订草案二次审议稿作了一些文字修改。

修订草案修改稿已按上述意见作了修改，宪法和法律委员会建议本次常委会会议审议通过。

修订草案修改稿和以上报告是否妥当，请审议。

中华人民共和国主席令

第一二六号

《中华人民共和国野生动物保护法》已由中华人民共和国第十三届全国人民代表大会常务委员会第三十八次会议于2022年12月30日修订通过，现予公布，自2023年5月1日起施行。

中华人民共和国主席　习近平

2022年12月30日

中华人民共和国野生动物保护法

（1988年11月8日第七届全国人民代表大会常务委员会第四次会议通过　根据2004年8月28日第十届全国人民代表大会常务委员会第十一次会议《关于修改〈中华人民共和国野生动物保护法〉的决定》第一次修正　根据2009年8月27日第十一届全国人民代表大会常务委员会第十次会议《关于修改部分法律的决定》第二次修正　2016年7月2日第十二届全国人民代表大会常务委员会第二十一次会议第一次修订　根据2018年10月26日第十三届全国人民代表大会常务委员会第六次会议《关于修改〈中华人民共和国野生动物保护法〉等十五部法律的决定》第三次修正　2022年12月30日第十三届全国人民代表大会常务委员会第三十八次会议第二次修订）

目　录

第一章　总　则

第一条　为了保护野生动物，拯救珍贵、濒危野生动物，维护生物多样性和生态平衡，推进生态文明建设，促进人与自然和谐共生，制定本法。

第二条　在中华人民共和国领域及管辖的其他海域，从事野生动物保护及相关活动，适用本法。

本法规定保护的野生动物，是指珍贵、濒危的陆生、水生野生动物和有重要生态、科学、社会价值的陆生野生动物。

本法规定的野生动物及其制品，是指野生动物的整体（含卵、蛋）、部分及衍生物。

珍贵、濒危的水生野生动物以外的其他水生野生动物的保护，适用《中华人民共和国渔业法》等有关法律的规定。

第三条　野生动物资源属于国家所有。

国家保障依法从事野生动物科学研究、人工繁育等保护及相关活动的组织和个人的合法权益。

第四条　国家加强重要生态系统保护和修复，对野生动物实行保护优先、规范利用、严格监管的原则，鼓励和支持开展野生动物科学研究与应用，秉持生态文明理念，推动绿色发展。

第五条　国家保护野生动物及其栖息地。县级以上人民政府应当制定野生动物及其栖息地相关保护规划和措施，并将野生动物保护经费纳入预算。

国家鼓励公民、法人和其他组织依法通过捐赠、资助、志愿服务等方式参与野生动物保护活动，支持野生动物保护公益事业。

本法规定的野生动物栖息地，是指野生动物野外种群生息繁衍的重要区域。

第六条 任何组织和个人有保护野生动物及其栖息地的义务。禁止违法猎捕、运输、交易野生动物,禁止破坏野生动物栖息地。

社会公众应当增强保护野生动物和维护公共卫生安全的意识,防止野生动物源性传染病传播,抵制违法食用野生动物,养成文明健康的生活方式。

任何组织和个人有权举报违反本法的行为,接到举报的县级以上人民政府野生动物保护主管部门和其他有关部门应当及时依法处理。

第七条 国务院林业草原、渔业主管部门分别主管全国陆生、水生野生动物保护工作。

县级以上地方人民政府对本行政区域内野生动物保护工作负责,其林业草原、渔业主管部门分别主管本行政区域内陆生、水生野生动物保护工作。

县级以上人民政府有关部门按照职责分工,负责野生动物保护相关工作。

第八条 各级人民政府应当加强野生动物保护的宣传教育和科学知识普及工作,鼓励和支持基层群众性自治组织、社会组织、企业事业单位、志愿者开展野生动物保护法律法规、生态保护等知识的宣传活动;组织开展对相关从业人员法律法规和专业知识培训;依法公开野生动物保护和管理信息。

教育行政部门、学校应当对学生进行野生动物保护知识教育。

新闻媒体应当开展野生动物保护法律法规和保护知识的宣传,并依法对违法行为进行舆论监督。

第九条 在野生动物保护和科学研究方面成绩显著的组织和个人,由县级以上人民政府按照国家有关规定给予表彰和奖励。

第二章 野生动物及其栖息地保护

第十条 国家对野生动物实行分类分级保护。

国家对珍贵、濒危的野生动物实行重点保护。国家重点保护的野生动物分为一级保护野生动物和二级保护野生动物。国家重点保护野生动物名录,由国务院野生动物保护主管部门组织科学论证评估后,报国务院批准公布。

有重要生态、科学、社会价值的陆生野生动物名录,由国务院野生动物保护主管部门征求国务院农业农村、自然资源、科学技术、生态环境、卫生健康等部门意见,组织科学论证评估后制定并公布。

地方重点保护野生动物,是指国家重点保护野生动物以外,由省、自治区、直辖市重点保护的野生动物。地方重点保护野生动物名录,由省、自治区、直辖市人民政府组织科学论证评估,征求国务院野生动物保护主管部门意见后制定、公布。

对本条规定的名录,应当每五年组织科学论证评估,根据论证评估情况进行调整,也可以根据野生动物保护的实际需要及时进行调整。

第十一条 县级以上人民政府野生动物保护主管部门应当加强信息技术应用,定期组织或者委托有关科学研究机构对野生动物及其栖息地状况进行调查、监测和评估,建立健全野生动物及其栖息地档案。

对野生动物及其栖息地状况的调查、监测和评估应当包括下列内容:

(一)野生动物野外分布区域、种群数量及结构;

(二)野生动物栖息地的面积、生态状况;

(三)野生动物及其栖息地的主要威胁因素;

(四)野生动物人工繁育情况等其他需要调查、监测和评估的内容。

第十二条 国务院野生动物保护主管部门应当会同国务院有关部门,根据野生动物及其栖息地状况的调查、监测和评估结果,确定并发布野生动物重要栖息地名录。

省级以上人民政府依法将野生动物重要栖息地划入国家公园、自然保护区等自然保护地,保护、恢复和改善野生动物生存环境。对不具备划定自然保护地条件的,县级以上人民政府可以采取划定禁猎(渔)区、规定禁猎(渔)期等措施予以保护。

禁止或者限制在自然保护地内引入外来物种、营造单一纯林、过量施洒农药等人为干扰、威胁野生动物生息繁衍的行为。

自然保护地依照有关法律法规的规定划定和管理,野生动物保护主管部门依法加强对野生动物及其栖息地的保护。

第十三条 县级以上人民政府及其有关部门在编制有关开发利用规划时,应当充分考虑野生动物及其栖息地保护的需要,分析、预测和评估规划实施可能对野生动物及其栖息地保护产生的整体影响,避免或者减少规划实施可能造成的不利后果。

禁止在自然保护地建设法律法规规定不得建设的项目。机场、铁路、公路、航道、水利水电、风电、光伏发电、围堰、围填海等建设项目的选址选线,应当避让自然保护地以及其他野生动物重要栖息地、迁徙洄游通道;确实无法避让的,应当采取修建野生动物通道、过鱼设施等措施,消除或者减少对野生动物的不利影响。

建设项目可能对自然保护地以及其他野生动物重要栖息地、迁徙洄游通道产生影响的，环境影响评价文件的审批部门在审批环境影响评价文件时，涉及国家重点保护野生动物的，应当征求国务院野生动物保护主管部门意见；涉及地方重点保护野生动物的，应当征求省、自治区、直辖市人民政府野生动物保护主管部门意见。

第十四条　各级野生动物保护主管部门应当监测环境对野生动物的影响，发现环境影响对野生动物造成危害时，应当会同有关部门及时进行调查处理。

第十五条　国家重点保护野生动物和有重要生态、科学、社会价值的陆生野生动物或者地方重点保护野生动物受到自然灾害、重大环境污染事故等突发事件威胁时，当地人民政府应当及时采取应急救助措施。

国家加强野生动物收容救护能力建设。县级以上人民政府野生动物保护主管部门应当按照国家有关规定组织开展野生动物收容救护工作，加强对社会组织开展野生动物收容救护工作的规范和指导。

收容救护机构应当根据野生动物收容救护的实际需要，建立收容救护场所，配备相应的专业技术人员、救护工具、设备和药品等。

禁止以野生动物收容救护为名买卖野生动物及其制品。

第十六条　野生动物疫源疫病监测、检疫和与人畜共患传染病有关的动物传染病的防治管理，适用《中华人民共和国动物防疫法》等有关法律法规的规定。

第十七条　国家加强对野生动物遗传资源的保护，对濒危野生动物实施抢救性保护。

国务院野生动物保护主管部门应当会同国务院有关部门制定有关野生动物遗传资源保护和利用规划，建立国家野生动物遗传资源基因库，对原产我国的珍贵、濒危野生动物遗传资源实行重点保护。

第十八条　有关地方人民政府应当根据实际情况和需要建设隔离防护设施、设置安全警示标志等，预防野生动物可能造成的危害。

县级以上人民政府野生动物保护主管部门根据野生动物及其栖息地调查、监测和评估情况，对种群数量明显超过环境容量的物种，可以采取迁地保护、猎捕等种群调控措施，保障人身财产安全、生态安全和农业生产。对种群调控猎捕的野生动物按照国家有关规定进行处理和综合利用。种群调控的具体办法由国务院野生动物保护主管部门会同国务院有关部门制定。

第十九条　因保护本法规定保护的野生动物，造成人员伤亡、农作物或者其他财产损失的，由当地人民政府给予补偿。具体办法由省、自治区、直辖市人民政府制定。有关地方人民政府可以推动保险机构开展野生动物致害赔偿保险业务。

有关地方人民政府采取预防、控制国家重点保护野生动物和其他致害严重的陆生野生动物造成危害的措施以及实行补偿所需经费，由中央财政予以补助。具体办法由国务院财政部门会同国务院野生动物保护主管部门制定。

在野生动物危及人身安全的紧急情况下，采取措施造成野生动物损害的，依法不承担法律责任。

第三章　野生动物管理

第二十条　在自然保护地和禁猎（渔）区、禁猎（渔）期内，禁止猎捕以及其他妨碍野生动物生息繁衍的活动，但法律法规另有规定的除外。

野生动物迁徙洄游期间，在前款规定区域外的迁徙洄游通道内，禁止猎捕并严格限制其他妨碍野生动物生息繁衍的活动。县级以上人民政府或者其野生动物保护主管部门应当规定并公布迁徙洄游通道的范围以及妨碍野生动物生息繁衍活动的内容。

第二十一条　禁止猎捕、杀害国家重点保护野生动物。

因科学研究、种群调控、疫源疫病监测或者其他特殊情况，需要猎捕国家一级保护野生动物的，应当向国务院野生动物保护主管部门申请特许猎捕证；需要猎捕国家二级保护野生动物的，应当向省、自治区、直辖市人民政府野生动物保护主管部门申请特许猎捕证。

第二十二条　猎捕有重要生态、科学、社会价值的陆生野生动物和地方重点保护野生动物的，应当依法取得县级以上地方人民政府野生动物保护主管部门核发的狩猎证，并服从猎捕量限额管理。

第二十三条　猎捕者应当严格按照特许猎捕证、狩猎证规定的种类、数量或者限额、地点、工具、方法和期限进行猎捕。猎捕作业完成后，应当将猎捕情况向核发特许猎捕证、狩猎证的野生动物保护主管部门备案。具体办法由国务院野生动物保护主管部门制定。猎捕国家重点保护野生动物应当由专业机构和人员承担；猎捕有重要生态、科学、社会价值的陆生野生动物，有条件的地方可以由专业机构有组织开展。

持枪猎捕的，应当依法取得公安机关核发的持枪证。

第二十四条 禁止使用毒药、爆炸物、电击或者电子诱捕装置以及猎套、猎夹、捕鸟网、地枪、排铳等工具进行猎捕，禁止使用夜间照明行猎、歼灭性围猎、捣毁巢穴、火攻、烟熏、网捕等方法进行猎捕，但因物种保护、科学研究确需网捕、电子诱捕以及植保作业等除外。

前款规定以外的禁止使用的猎捕工具和方法，由县级以上地方人民政府规定并公布。

第二十五条 人工繁育野生动物实行分类分级管理，严格保护和科学利用野生动物资源。国家支持有关科学研究机构因物种保护目的人工繁育国家重点保护野生动物。

人工繁育国家重点保护野生动物实行许可制度。人工繁育国家重点保护野生动物的，应当经省、自治区、直辖市人民政府野生动物保护主管部门批准，取得人工繁育许可证，但国务院对批准机关另有规定的除外。

人工繁育有重要生态、科学、社会价值的陆生野生动物的，应当向县级人民政府野生动物保护主管部门备案。

人工繁育野生动物应当使用人工繁育子代种源，建立物种系谱、繁育档案和个体数据。因物种保护目的确需采用野外种源的，应当遵守本法有关猎捕野生动物的规定。

本法所称人工繁育子代，是指人工控制条件下繁殖出生的子代个体且其亲本也在人工控制条件下出生。

人工繁育野生动物的具体管理办法由国务院野生动物保护主管部门制定。

第二十六条 人工繁育野生动物应当有利于物种保护及其科学研究，不得违法猎捕野生动物，破坏野外种群资源，并根据野生动物习性确保其具有必要的活动空间和生息繁衍、卫生健康条件，具备与其繁育目的、种类、发展规模相适应的场所、设施、技术，符合有关技术标准和防疫要求，不得虐待野生动物。

省级以上人民政府野生动物保护主管部门可以根据保护国家重点保护野生动物的需要，组织开展国家重点保护野生动物放归野外环境工作。

前款规定以外的人工繁育的野生动物放归野外环境的，适用本法有关放生野生动物管理的规定。

第二十七条 人工繁育野生动物应当采取安全措施，防止野生动物伤人和逃逸。人工繁育的野生动物造成他人损害、危害公共安全或者破坏生态的，饲养人、管理人等应当依法承担法律责任。

第二十八条 禁止出售、购买、利用国家重点保护野生动物及其制品。

因科学研究、人工繁育、公众展示展演、文物保护或者其他特殊情况，需要出售、购买、利用国家重点保护野生动物及其制品的，应当经省、自治区、直辖市人民政府野生动物保护主管部门批准，并按照规定取得和使用专用标识，保证可追溯，但国务院对批准机关另有规定的除外。

出售、利用有重要生态、科学、社会价值的陆生野生动物和地方重点保护野生动物及其制品的，应当提供狩猎、人工繁育、进出口等合法来源证明。

实行国家重点保护野生动物和有重要生态、科学、社会价值的陆生野生动物及其制品专用标识的范围和管理办法，由国务院野生动物保护主管部门规定。

出售本条第二款、第三款规定的野生动物的，还应当依法附有检疫证明。

利用野生动物进行公众展示展演应当采取安全管理措施，并保障野生动物健康状态，具体管理办法由国务院野生动物保护主管部门会同国务院有关部门制定。

第二十九条 对人工繁育技术成熟稳定的国家重点保护野生动物或者有重要生态、科学、社会价值的陆生野生动物，经科学论证评估，纳入国务院野生动物保护主管部门制定的人工繁育国家重点保护野生动物名录或者有重要生态、科学、社会价值的陆生野生动物名录，并适时调整。对列入名录的野生动物及其制品，可以凭人工繁育许可证或者备案，按照省、自治区、直辖市人民政府野生动物保护主管部门或者其授权的部门核验的年度生产数量直接取得专用标识，凭专用标识出售和利用，保证可追溯。

对本法第十条规定的国家重点保护野生动物名录和有重要生态、科学、社会价值的陆生野生动物名录进行调整时，根据有关野外种群保护情况，可以对前款规定的有关人工繁育技术成熟稳定野生动物的人工种群，不再列入国家重点保护野生动物名录和有重要生态、科学、社会价值的陆生野生动物名录，实行与野外种群不同的管理措施，但应当依照本法第二十五条第二款、第三款和本条第一款的规定取得人工繁育许可证或者备案和专用标识。

对符合《中华人民共和国畜牧法》第十二条第二款规定的陆生野生动物人工繁育种群，经科学论证评估，可以列入畜禽遗传资源目录。

第三十条　利用野生动物及其制品的，应当以人工繁育种群为主，有利于野外种群养护，符合生态文明建设的要求，尊重社会公德，遵守法律法规和国家有关规定。

野生动物及其制品作为药品等经营和利用的，还应当遵守《中华人民共和国药品管理法》等有关法律法规的规定。

第三十一条　禁止食用国家重点保护野生动物和国家保护的有重要生态、科学、社会价值的陆生野生动物以及其他陆生野生动物。

禁止以食用为目的猎捕、交易、运输在野外环境自然生长繁殖的前款规定的野生动物。

禁止生产、经营使用本条第一款规定的野生动物及其制品制作的食品。

禁止为食用非法购买本条第一款规定的野生动物及其制品。

第三十二条　禁止为出售、购买、利用野生动物或者禁止使用的猎捕工具发布广告。禁止为违法出售、购买、利用野生动物制品发布广告。

第三十三条　禁止网络平台、商品交易市场、餐饮场所等，为违法出售、购买、食用及利用野生动物及其制品或者禁止使用的猎捕工具提供展示、交易、消费服务。

第三十四条　运输、携带、寄递国家重点保护野生动物及其制品，或者依照本法第二十九条第二款规定调出国家重点保护野生动物名录的野生动物及其制品出县境的，应当持有或者附有本法第二十一条、第二十五条、第二十八条或者第二十九条规定的许可证、批准文件的副本或者专用标识。

运输、携带、寄递有重要生态、科学、社会价值的陆生野生动物和地方重点保护野生动物，或者依照本法第二十九条第二款规定调出有重要生态、科学、社会价值的陆生野生动物名录的野生动物出县境的，应当持有狩猎、人工繁育、进出口等合法来源证明或者专用标识。

运输、携带、寄递前两款规定的野生动物出县境的，还应当依照《中华人民共和国动物防疫法》的规定附有检疫证明。

铁路、道路、水运、民航、邮政、快递等企业对托运、携带、交寄野生动物及其制品的，应当查验其相关证件、文件副本或者专用标识，对不符合规定的，不得承运、寄递。

第三十五条　县级以上人民政府野生动物保护主管部门应当对科学研究、人工繁育、公众展示展演等利用野生动物及其制品的活动进行规范和监督管理。

市场监督管理、海关、铁路、道路、水运、民航、邮政等部门应当按照职责分工对野生动物及其制品交易、利用、运输、携带、寄递等活动进行监督检查。

国家建立由国务院林业草原、渔业主管部门牵头，各相关部门配合的野生动物联合执法工作协调机制。地方人民政府建立相应联合执法工作协调机制。

县级以上人民政府野生动物保护主管部门和其他负有野生动物保护职责的部门发现违法事实涉嫌犯罪的，应当将犯罪线索移送具有侦查、调查职权的机关。

公安机关、人民检察院、人民法院在办理野生动物保护犯罪案件过程中认为没有犯罪事实，或者犯罪事实显著轻微，不需要追究刑事责任，但应当予以行政处罚的，应当及时将案件移送县级以上人民政府野生动物保护主管部门和其他负有野生动物保护职责的部门，有关部门应当依法处理。

第三十六条　县级以上人民政府野生动物保护主管部门和其他负有野生动物保护职责的部门，在履行本法规定的职责时，可以采取下列措施：

（一）进入与违反野生动物保护管理行为有关的场所进行现场检查、调查；

（二）对野生动物进行检验、检测、抽样取证；

（三）查封、复制有关文件、资料，对可能被转移、销毁、隐匿或者篡改的文件、资料予以封存；

（四）查封、扣押无合法来源证明的野生动物及其制品，查封、扣押涉嫌非法猎捕野生动物或者非法收购、出售、加工、运输猎捕野生动物及其制品的工具、设备或者财物。

第三十七条　中华人民共和国缔结或者参加的国际公约禁止或者限制贸易的野生动物或者其制品名录，由国家濒危物种进出口管理机构制定、调整并公布。

进出口列入前款名录的野生动物或者其制品，或者出口国家重点保护野生动物或者其制品的，应当经国务院野生动物保护主管部门或者国务院批准，并取得国家濒危物种进出口管理机构核发的允许进出口证明书。海关凭允许进出口证明书办理进出境检疫，并依法办理其他海关手续。

涉及科学技术保密的野生动物物种的出口，按照国务院有关规定办理。

列入本条第一款名录的野生动物，经国务院野生动物保护主管部门核准，按照本法有关规定进行管理。

第三十八条 禁止向境外机构或者人员提供我国特有的野生动物遗传资源。开展国际科学研究合作的，应当依法取得批准，有我国科研机构、高等学校、企业及其研究人员实质性参与研究，按照规定提出国家共享惠益的方案，并遵守我国法律、行政法规的规定。

第三十九条 国家组织开展野生动物保护及相关执法活动的国际合作与交流，加强与毗邻国家的协作，保护野生动物迁徙通道；建立防范、打击野生动物及其制品的走私和非法贸易的部门协调机制，开展防范、打击走私和非法贸易行动。

第四十条 从境外引进野生动物物种的，应当经国务院野生动物保护主管部门批准。从境外引进列入本法第三十七条第一款名录的野生动物，还应当依法取得允许进出口证明书。海关凭进口批准文件或者允许进出口证明书办理进境检疫，并依法办理其他海关手续。

从境外引进野生动物物种的，应当采取安全可靠的防范措施，防止其进入野外环境，避免对生态系统造成危害；不得违法放生、丢弃，确需将其放生至野外环境的，应当遵守有关法律法规的规定。

发现来自境外的野生动物对生态系统造成危害的，县级以上人民政府野生动物保护等有关部门应当采取相应的安全控制措施。

第四十一条 国务院野生动物保护主管部门应当会同国务院有关部门加强对放生野生动物活动的规范、引导。任何组织和个人将野生动物放生至野外环境，应当选择适合放生地野外生存的当地物种，不得干扰当地居民的正常生活、生产，避免对生态系统造成危害。具体办法由国务院野生动物保护主管部门制定。随意放生野生动物，造成他人人身、财产损害或者危害生态系统的，依法承担法律责任。

第四十二条 禁止伪造、变造、买卖、转让、租借特许猎捕证、狩猎证、人工繁育许可证及专用标识，出售、购买、利用国家重点保护野生动物及其制品的批准文件，或者允许进出口证明书、进出口等批准文件。

前款规定的有关许可证书、专用标识、批准文件的发放有关情况，应当依法公开。

第四十三条 外国人在我国对国家重点保护野生动物进行野外考察或者在野外拍摄电影、录像，应当经省、自治区、直辖市人民政府野生动物保护主管部门或者其授权的单位批准，并遵守有关法律法规的规定。

第四十四条 省、自治区、直辖市人民代表大会或者其常务委员会可以根据地方实际情况制定对地方重点保护野生动物等的管理办法。

第四章 法律责任

第四十五条 野生动物保护主管部门或者其他有关部门不依法作出行政许可决定，发现违法行为或者接到对违法行为的举报不依法处理，或者有其他滥用职权、玩忽职守、徇私舞弊等不依法履行职责的行为的，对直接负责的主管人员和其他直接责任人员依法给予处分；构成犯罪的，依法追究刑事责任。

第四十六条 违反本法第十二条第三款、第十三条第二款规定的，依照有关法律法规的规定处罚。

第四十七条 违反本法第十五条第四款规定，以收容救护为名买卖野生动物及其制品的，由县级以上人民政府野生动物保护主管部门没收野生动物及其制品、违法所得，并处野生动物及其制品价值二倍以上二十倍以下罚款，将有关违法信息记入社会信用记录，并向社会公布；构成犯罪的，依法追究刑事责任。

第四十八条 违反本法第二十条、第二十一条、第二十三条第一款、第二十四条第一款规定，有下列行为之一的，由县级以上人民政府野生动物保护主管部门、海警机构和有关自然保护地管理机构按照职责分工没收猎获物、猎捕工具和违法所得，吊销特许猎捕证，并处猎获物价值二倍以上二十倍以下罚款；没有猎获物或者猎获物价值不足五千元的，并处一万元以上十万元以下罚款；构成犯罪的，依法追究刑事责任：

（一）在自然保护地、禁猎（渔）区、禁猎（渔）期猎捕国家重点保护野生动物；

（二）未取得特许猎捕证、未按照特许猎捕证规定猎捕、杀害国家重点保护野生动物；

（三）使用禁用的工具、方法猎捕国家重点保护野生动物。

违反本法第二十三条第一款规定，未将猎捕情况向野生动物保护主管部门备案的，由核发特许猎捕证、狩猎证的野生动物保护主管部门责令限期改正；逾期不改正的，处一万元以上十万元以下罚款；

情节严重的，吊销特许猎捕证、狩猎证。

第四十九条　违反本法第二十条、第二十二条、第二十三条第一款、第二十四条第一款规定，有下列行为之一的，由县级以上地方人民政府野生动物保护主管部门和有关自然保护地管理机构按照职责分工没收猎获物、猎捕工具和违法所得，吊销狩猎证，并处猎获物价值一倍以上十倍以下罚款；没有猎获物或者猎获物价值不足二千元的，并处二千元以上二万元以下罚款；构成犯罪的，依法追究刑事责任：

（一）在自然保护地、禁猎（渔）区、禁猎（渔）期猎捕有重要生态、科学、社会价值的陆生野生动物或者地方重点保护野生动物；

（二）未取得狩猎证、未按照狩猎证规定猎捕有重要生态、科学、社会价值的陆生野生动物或者地方重点保护野生动物；

（三）使用禁用的工具、方法猎捕有重要生态、科学、社会价值的陆生野生动物或者地方重点保护野生动物。

违反本法第二十条、第二十四条第一款规定，在自然保护地、禁猎区、禁猎期或者使用禁用的工具、方法猎捕其他陆生野生动物，破坏生态的，由县级以上地方人民政府野生动物保护主管部门和有关自然保护地管理机构按照职责分工没收猎获物、猎捕工具和违法所得，并处猎获物价值一倍以上三倍以下罚款；没有猎获物或者猎获物价值不足一千元的，并处一千元以上三千元以下罚款；构成犯罪的，依法追究刑事责任。

违反本法第二十三条第二款规定，未取得持枪证持枪猎捕野生动物，构成违反治安管理行为的，还应当由公安机关依法给予治安管理处罚；构成犯罪的，依法追究刑事责任。

第五十条　违反本法第三十一条第二款规定，以食用为目的猎捕、交易、运输在野外环境自然生长繁殖的国家重点保护野生动物或者有重要生态、科学、社会价值的陆生野生动物的，依照本法第四十八条、第四十九条、第五十二条的规定从重处罚。

违反本法第三十一条第二款规定，以食用为目的猎捕在野外环境自然生长繁殖的其他陆生野生动物的，由县级以上地方人民政府野生动物保护主管部门和有关自然保护地管理机构按照职责分工没收猎获物、猎捕工具和违法所得；情节严重的，并处猎获物价值一倍以上五倍以下罚款，没有猎获物或者猎获物价值不足二千元的，并处二千元以上一万元以下罚款；构成犯罪的，依法追究刑事责任。

违反本法第三十一条第二款规定，以食用为目的交易、运输在野外环境自然生长繁殖的其他陆生野生动物的，由县级以上地方人民政府野生动物保护主管部门和市场监督管理部门按照职责分工没收野生动物；情节严重的，并处野生动物价值一倍以上五倍以下罚款；构成犯罪的，依法追究刑事责任。

第五十一条　违反本法第二十五条第二款规定，未取得人工繁育许可证，繁育国家重点保护野生动物或者依照本法第二十九条第二款规定调出国家重点保护野生动物名录的野生动物的，由县级以上人民政府野生动物保护主管部门没收野生动物及其制品，并处野生动物及其制品价值一倍以上十倍以下罚款。

违反本法第二十五条第三款规定，人工繁育有重要生态、科学、社会价值的陆生野生动物或者依照本法第二十九条第二款规定调出有重要生态、科学、社会价值的陆生野生动物名录的野生动物未备案的，由县级人民政府野生动物保护主管部门责令限期改正；逾期不改正的，处五百元以上二千元以下罚款。

第五十二条　违反本法第二十八条第一款和第二款、第二十九条第一款、第三十四条第一款规定，未经批准、未取得或者未按照规定使用专用标识，或者未持有、未附有人工繁育许可证、批准文件的副本或者专用标识出售、购买、利用、运输、携带、寄递国家重点保护野生动物及其制品或者依照本法第二十九条第二款规定调出国家重点保护野生动物名录的野生动物及其制品的，由县级以上人民政府野生动物保护主管部门和市场监督管理部门按照职责分工没收野生动物及其制品和违法所得，责令关闭违法经营场所，并处野生动物及其制品价值二倍以上二十倍以下罚款；情节严重的，吊销人工繁育许可证、撤销批准文件、收回专用标识；构成犯罪的，依法追究刑事责任。

违反本法第二十八条第三款、第二十九条第一款、第三十四条第二款规定，未持有合法来源证明或者专用标识出售、利用、运输、携带、寄递有重要生态、科学、社会价值的陆生野生动物、地方重点保护野生动物或者依照本法第二十九条第二款规定调出有重要生态、科学、社会价值的陆生野生动物名录的野生动物及其制品的，由县级以上地方人民政府野生动物保护主管部门和市场监督管理部门按照职责分工没收野生动物，并处野生动物价值一倍以上十倍以下罚款；构成犯罪的，依法追究刑事责任。

违反本法第三十四条第四款规定，铁路、道路、水运、民航、邮政、快递等企业未按照规定查验或者承运、寄递野生动物及其制品的，由交通运输、铁路监督管理、民用航空、邮政管理等相关主管部门按照职责分工没收违法所得，并处违法所得一倍以上五倍以下罚款；情节严重的，吊销经营许可证。

第五十三条 违反本法第三十一条第一款、第四款规定，食用或者为食用非法购买本法规定保护的野生动物及其制品的，由县级以上人民政府野生动物保护主管部门和市场监督管理部门按照职责分工责令停止违法行为，没收野生动物及其制品，并处野生动物及其制品价值二倍以上二十倍以下罚款；食用或者为食用非法购买其他陆生野生动物及其制品的，责令停止违法行为，给予批评教育，没收野生动物及其制品，情节严重的，并处野生动物及其制品价值一倍以上五倍以下罚款；构成犯罪的，依法追究刑事责任。

违反本法第三十一条第三款规定，生产、经营使用本法规定保护的野生动物及其制品制作的食品的，由县级以上人民政府野生动物保护主管部门和市场监督管理部门按照职责分工责令停止违法行为，没收野生动物及其制品和违法所得，责令关闭违法经营场所，并处违法所得十五倍以上三十倍以下罚款；生产、经营使用其他陆生野生动物及其制品制作的食品的，给予批评教育，没收野生动物及其制品和违法所得，情节严重的，并处违法所得一倍以上十倍以下罚款；构成犯罪的，依法追究刑事责任。

第五十四条 违反本法第三十二条规定，为出售、购买、利用野生动物及其制品或者禁止使用的猎捕工具发布广告的，依照《中华人民共和国广告法》的规定处罚。

第五十五条 违反本法第三十三条规定，为违法出售、购买、食用及利用野生动物及其制品或者禁止使用的猎捕工具提供展示、交易、消费服务的，由县级以上人民政府市场监督管理部门责令停止违法行为，限期改正，没收违法所得，并处违法所得二倍以上十倍以下罚款；没有违法所得或者违法所得不足五千元的，处一万元以上十万元以下罚款；构成犯罪的，依法追究刑事责任。

第五十六条 违反本法第三十七条规定，进出口野生动物及其制品的，由海关、公安机关、海警机构依照法律、行政法规和国家有关规定处罚；构成犯罪的，依法追究刑事责任。

第五十七条 违反本法第三十八条规定，向境外机构或者人员提供我国特有的野生动物遗传资源的，由县级以上人民政府野生动物保护主管部门没收野生动物及其制品和违法所得，并处野生动物及其制品价值或者违法所得一倍以上五倍以下罚款；构成犯罪的，依法追究刑事责任。

第五十八条 违反本法第四十条第一款规定，从境外引进野生动物物种的，由县级以上人民政府野生动物保护主管部门没收所引进的野生动物，并处五万元以上五十万元以下罚款；未依法实施进境检疫的，依照《中华人民共和国进出境动植物检疫法》的规定处罚；构成犯罪的，依法追究刑事责任。

第五十九条 违反本法第四十条第二款规定，将从境外引进的野生动物放生、丢弃的，由县级以上人民政府野生动物保护主管部门责令限期捕回，处一万元以上十万元以下罚款；逾期不捕回的，由有关野生动物保护主管部门代为捕回或者采取降低影响的措施，所需费用由被责令限期捕回者承担；构成犯罪的，依法追究刑事责任。

第六十条 违反本法第四十二条第一款规定，伪造、变造、买卖、转让、租借有关证件、专用标识或者有关批准文件的，由县级以上人民政府野生动物保护主管部门没收违法证件、专用标识、有关批准文件和违法所得，并处五万元以上五十万元以下罚款；构成违反治安管理行为的，由公安机关依法给予治安管理处罚；构成犯罪的，依法追究刑事责任。

第六十一条 县级以上人民政府野生动物保护主管部门和其他负有野生动物保护职责的部门、机构应当按照有关规定处理罚没的野生动物及其制品，具体办法由国务院野生动物保护主管部门会同国务院有关部门制定。

第六十二条 县级以上人民政府野生动物保护主管部门应当加强对野生动物及其制品鉴定、价值评估工作的规范、指导。本法规定的猎获物价值、野生动物及其制品价值的评估标准和方法，由国务院野生动物保护主管部门制定。

第六十三条 对违反本法规定破坏野生动物资源、生态环境，损害社会公共利益的行为，可以依照《中华人民共和国环境保护法》、《中华人民共和国民事诉讼法》、《中华人民共和国行政诉讼法》等法律的规定向人民法院提起诉讼。

第五章 附 则

第六十四条 本法自 2023 年 5 月 1 日起施行。

关于《中华人民共和国野生动物保护法（修订草案）》的说明

——2020年10月13日在第十三届全国人民代表大会常务委员会第二十二次会议上

全国人大环境与资源保护委员会主任委员　高虎城

全国人民代表大会常务委员会：

习近平总书记高度重视公共卫生法治建设，多次对强化公共卫生法治保障作出重要指示批示，对修订完善野生动物保护法提出明确要求。全国人大常委会坚决贯彻习近平总书记讲话精神，通过《全国人大常委会关于全面禁止非法野生动物交易、革除滥食野生动物陋习、切实保障人民群众生命健康安全的决定》（以下简称"《决定》"），并将野生动物保护法修改列入强化公共卫生法治保障立法修法工作计划和2020年度立法工作计划一类项目，由全国人大环资委牵头起草和提请审议。按照栗战书委员长在强化公共卫生法治保障立法修法工作座谈会上的讲话要求，成立野生动物保护法修改工作专班，制定法律修改工作方案。工作专班加强调查研究，深入听取各级人大代表、国务院相关部门、各省（自治区、直辖市）人大和有关专家的意见建议，并与监督工作相结合，在野生动物保护法和《决定》执法检查中广泛收集各方面的意见建议。经过深入分析研究，认真吸纳各方面意见，反复修改完善，形成了《中华人民共和国野生动物保护法（修订草案）》，经全国人大环资委第二十五次全体会议审议通过。现就有关情况说明如下：

一、野生动物保护法修改的重要性和必要性

野生动物保护法修改是落实习近平总书记重要指示批示和党中央决策部署的具体行动。习近平总书记强调要从源头上防控重大公共卫生风险、革除滥食野生动物陋习、健全执法管理体制及职责、坚决取缔和严厉打击非法野生动物市场和贸易，对野生动物保护法实施和修改提出明确要求，为野生动物保护法修改提供了根本遵循。

野生动物保护法修改是防范公共卫生安全风险、保障人民群众生命健康安全的客观需要。加强野生动物保护，既是为了保护生物多样性、维护生态安全，也是为了保护人的生命安全和身体健康。野生动物是许多疫病的自然宿主，源于野生动物的致病风险始终威胁人类生命安全和身体健康。修改野生动物保护法，可以加强从源头上对公共卫生风险的防范，把维护公共卫生安全的法治防线进一步筑牢筑密。

野生动物保护法修改是回应社会各方期待的必要举措。社会各界对于野生动物可能威胁公共卫生安全的问题反映强烈。十三届全国人大三次会议期间，全国人大代表就修改野生动物保护法、加强野生动物保护提出了30件议案、52件建议，这些议案和建议表达了代表的意愿，也反映了人民的心声。专家学者也对此不断进行呼吁。野生动物保护法修改是民心所向、当务之急。

二、野生动物保护法修改的指导思想和原则

野生动物保护法修改的指导思想是，坚持以习近平新时代中国特色社会主义思想和习近平生态文明思想为指导，贯彻落实习近平总书记关于强化公共卫生法治保障重要指示要求；贯彻落实习近平总书记关于野生动物保护法实施和修改的重要指示批示；贯彻落实《决定》精神，坚持问题导向，填补法律缺失，完善防范公共卫生安全风险法律体系。

修改工作遵循以下原则：一是坚持人民至上、生命至上，把防范公共卫生风险放在首位；二是坚持全面保护、系统保护，扩大野生动物保护管理范围，实行全链条管理；三是坚持突出重点，把源头防控、禁止滥食野生动物、严厉打击非法野生动物市场和贸易等作为修改的主要内容；四是坚持问题导向，应改必改，聚焦野生动物保护领域面临的突出问题，进一步完善相关制度设计。

三、野生动物保护法修改的主要内容

2016年野生动物保护法修改确立了保护优先、

规范利用、严格监管的原则,完善了对野生动物的保护措施和监督管理制度,在野生动物保护方面发挥了积极作用,但是在法律调整范围、从源头上防范和控制重大公共卫生安全风险方面存在不足。这次野生动物保护法修改强化了公共卫生安全与生态安全并重的理念,从立法目的、基本原则、部门职责、禁止滥食野生动物、禁止非法猎捕交易、与有关法律衔接、加大处罚力度等方面作了修改,健全了管理体制,完善了管理制度,强化了公共卫生法治保障的要求。修订草案从以下几方面作出规定:

从源头上防控重大公共卫生风险。一是在立法目的中增加防范公共卫生风险的内容。二是在基本原则中增加风险防范原则,明确国家对野生动物实行保护优先、规范利用、严格监管、风险防范的原则。三是在对野生动物及其栖息地状况的调查、监测和评估中增加野生动物疫源疫病及其分布情况的内容。四是加强野生动物疫源疫病监测制度,发现野生动物染疫或者疑似染疫,可能引起人体或者动物疫病的,相关从业人员应当及时向野生动物保护主管部门报告,野生动物保护主管部门应当及时向有关部门通报。五是与有关法律做好衔接。规定对染疫或者疑似染疫的野生动物及其制品的无害化处理,按照有关法律法规的规定执行;加强对野生动物的检验检疫管理,并与动物防疫法做好衔接。

加强对野生动物的分级分类管理和保护。一是加强对有重要生态、科学、社会价值的陆生野生动物(以下简称“三有”陆生野生动物)保护的管理。2016 年,野生动物保护法修改将原法规定的“有益的或者有重要经济、科学研究价值的陆生野生动物”修改为“有重要生态、科学、社会价值的陆生野生动物”。为从人与自然和谐相处的角度强调野生动物保护的生态、科学和社会功能,草案规定制定“三有”陆生野生动物名录应当征求相关部门意见,并适时调整,增加从猎捕、人工繁育、交易、运输等方面加强对“三有”陆生野生动物全链条管理的规定。二是增加对除国家和地方重点保护野生动物、“三有”陆生野生动物以外的其他陆生野生动物的管理规定。规定由国务院野生动物保护主管部门会同有关部门对除国家和地方重点保护野生动物、“三有”陆生野生动物以外的其他陆生野生动物管理根据需要制定相应的管理规定,报国务院批准。禁止或者限制在野外捕捉、大规模灭杀其他陆生野生动物。因科学研究等特殊情形,需要捕捉的,应当报经设区的市级以上地方人民政府野生动物保护主管部门批准。因保障人体健康或者生态安全及生态平衡,需要对其他陆生野生动物种群进行调控的,应当由所在地县级以上人民政府野生动物保护主管部门会同有关部门组织实施。三是强化野生动物活体收容与救护的规定。规定国家加强野生动物收容救护能力建设。县级以上人民政府野生动物保护主管部门应当按照国家有关规定组织开展野生动物收容救护工作。收容救护机构应当根据野生动物收容救护的实际需要,建立收容救护场所,配备相应的专业技术人员、救护工具、设备和药品等。

健全执法管理体制及职责。一是强化地方政府责任、明确各有关部门职责。规定县级以上地方人民政府对本行政区域内野生动物保护工作负责;明确各有关部门按照职责分工对野生动物及其制品交易、利用、运输、寄递、携带等活动进行监督检查。二是加大联合执法力度,增加行刑衔接规定。规定国家建立由林业草原、渔业主管部门牵头、各相关部门配合的野生动物联合执法工作协调机制。规定县级以上人民政府及其有关部门应当依法加大对野生动物重大违法案件的联合执法力度,建立联合查办督办制度;增加行刑衔接规定。三是增加行政强制措施。赋予相关执法部门现场检查、抽样取证、查封扣押等执法权限。

革除滥食野生动物陋习。一是在总则中明确规定禁止违法食用野生动物。二是增加对公民自觉增强保护生态和维护公共卫生安全的意识,自觉抵制滥食野生动物,养成科学健康文明的生活方式的要求。三是在第三章增加具体规定,禁止食用国家重点保护野生动物、“三有”陆生野生动物以及其他陆生野生动物。禁止以食用为目的猎捕、交易、运输在野外环境自然生长繁殖的陆生野生动物。禁止生产、经营以及为食用非法购买上述野生动物及其制品制作的食品。四是增加对餐饮场所的规定,禁止网络交易平台、商品交易市场、餐饮场所等为违法出售、购买、食用及利用野生动物及其制品或者禁止使用的猎捕工具提供展示、交易、消费服务。

坚决取缔和严厉打击非法野生动物市场和贸易。一是明确禁止违法猎捕、运输、交易野生动物。二是强化对猎捕、运输、交易野生动物的全链条监督管理。在猎捕环节,规定猎捕野生动物应当由专业机构组织,由经专业技能培训合格的人员操作;在交易环节,出售、利用“三有”陆生野生动物和地方重点保护野生动物及其制品的,应当提供狩猎、进出口等合法来源证明，或者取得专用标识，出售“三有”陆生野生动物和地方重点保护野生动物应当依法附有检疫证明；在运输环节，铁路、道路、水运、民航、邮政、快递等企业对托运、携带、交寄野生动物及其制品的，应当按规定查验其相关证件、文件副本或者专用标识，对不符合规定的，不得承运、寄递；禁止向境外或者外国机构和人员提供我国特有的野生动物遗传资源。

加大对违法行为的处罚力度。一是对违法行为提高处罚额度和扩大处罚种类。二是增加处罚内容，对食用和以食用为目的的猎捕、交易、运输野生动物，非法捕捉、大规模灭杀、保管、处理、处置野生动物和非法提供我国特有的野生动物遗传资源增加处罚规定。与刑法修正案（十一）（草案）的有关规定相衔接，规定以食用为目的的非法猎捕、收购、运输、出售其他陆生野生动物，构成犯罪的，依法追究刑事责任。三是增加处罚手段，规定对违法经营场所采取责令停业、关闭等强制措施，增加对主要负责人、直接负责的主管人员和关键岗位人员的处罚，将有关违法信息记入社会信用记录等，强化对违法行为的刚性约束。

《中华人民共和国野生动物保护法（修订草案）》和以上说明是否妥当，请审议。

全国人民代表大会宪法和法律委员会关于《中华人民共和国野生动物保护法（修订草案）》修改情况的汇报

——2022年8月30日在第十三届全国人民代表大会常务委员会第三十六次会议上

全国人大宪法和法律委员会副主任委员 丛 斌

全国人民代表大会常务委员会：

常委会第二十二次会议对野生动物保护法修订草案进行了初次审议。会后，法制工作委员会将修订草案印发各省（区、市）人大和中央有关部门、全国人大代表、研究机构、基层立法联系点等征求意见；在中国人大网全文公布修订草案，征求社会公众意见。宪法和法律委员会、环境与资源保护委员会、法制工作委员会联合召开座谈会，听取中央有关部门、全国人大代表、专家学者、有关协会和企业等的意见。宪法和法律委员会、法制工作委员会到贵州省、四川省等地调研，委托一些地方和基层立法联系点开展调研；并就修订草案的有关问题同环境与资源保护委员会、司法部、自然资源部、农业农村部、国家林业和草原局交换意见，共同研究。宪法和法律委员会于7月20日召开会议，根据常委会组成人员审议意见和各方面意见，对修订草案进行了逐条审议。环境与资源保护委员会、司法部、自然资源部、农业农村部、国家林业和草原局有关负责同志列席了会议。8月17日，宪法和法律委员会召开会议，再次进行了审议。现将野生动物保护法修订草案主要问题修改情况汇报如下：

一、在常委会审议和征求意见中，对修订草案将野生动物保护管理范围扩大到其他陆生野生动物有不同意见。宪法和法律委员会经同环境与资源保护委员会、司法部、自然资源部、农业农村部、国家林业和草原局研究认为，现行法关于保护管理范围的规定是合适的，建议维持现行法的规定，同时完善对其他陆生野生动物的具体保护管理措施：一是，健全保护名录调整机制，根据实际需要及时将有关陆生野生动物列入保护名录。二是，对在自然保护地、迁徙通道和禁猎区、禁猎期内的所有野生动物都进行保护。三是，对禁猎工具和禁猎方法的规定进行完善，对使用禁猎工具或方法猎捕其他陆生野生动物增加相应的法律责任。

二、有的常委委员和部门、地方、研究机构、基层立法联系点提出，本法应进一步体现党中央建立以国家公园为主体的自然保护地体系的精神，加强对野生动物重要栖息地的保护。宪法和法律委员会经研究，建议采纳这一意见，将有关条文中的“相关自然保护区域”改为“自然保护地”，并明确省级以上人民政府依法将野生动物重要栖息地划入国家公园等自然保护地；相关建设项目应当避让自然保护地以及其他野生动物重要栖息地，并征求野生动物保护主管部门的意见。

三、有的常委委员和部门、地方、社会公众建议加强野生动物收容救护，发挥社会组织在收容救护中的作用。宪法和法律委员会经研究，建议采纳这一意见，明确将有重要生态、科学、社会价值的陆生野生动物纳入应急救助范围；规定县级以上人民政府野生动物保护主管部门应当加强对社会组织开展野生动物收容救护工作的规范和指导。

四、有的常委委员和部门、地方、专家学者、企业提出，2021 年全国人大常委会修订的动物防疫法已经对野生动物疫源监测、疫病防控等作了具体规定，本法应当做好与动物防疫法的衔接。宪法和法律委员会经研究，建议采纳这一意见，将有关野生动物疫源监测、疫病防控等内容整合为一条，规定：野生动物疫源疫病监测、检疫和与人畜共患传染病有关的动物传染病的防治管理，适用动物防疫法等有关法律法规的规定。

五、有的常委会组成人员和部门、地方、专家学者、社会公众提出，对人民群众反映强烈的野生动物致害等问题，本法应作有针对性的规定。宪法和法律委员会经同环境与资源保护委员会、财政部、国家林业和草原局研究，建议增加以下规定：一是，有关地方人民政府应当根据实际情况和需要采取种群调控、建设隔离防护设施等措施，预防、控制野生动物可能对人民生命财产安全等造成的危害。二是，规定地方政府采取预防、控制其他致害严重的陆生野生动物造成危害的措施以及实行补偿所需经费，由中央财政予以补助，具体办法由国务院财政部门会同国务院野生动物保护主管部门制定。三是，在野生动物危及人身安全的紧急情况下，因采取适当措施而造成野生动物损害的，依照法律规定不承担法律责任。四是，增加防止野生动物伤人和逃逸的规定。五是，进一步规范野生动物放生行为，授权野生动物保护主管部门制定放生的具体办法。

六、有的常委委员和部门、地方、专家学者、企业、社会公众提出，禁止与允许养殖野生动物的具体举措应当明确，建议根据人工繁育的目的、用途等实行差别化管理，体现分类分级管理的原则。宪法和法律委员会经研究，建议采纳这一意见，作以下修改：一是，明确规定人工繁育野生动物实行分类分级管理，对人工繁育国家重点保护野生动物实行许可管理，对人工繁育有重要生态、科学、社会价值的陆生野生动物实行备案管理，具体办法由国务院野生动物保护主管部门规定。二是，明确应当区分情况将相关国际公约名录中的野生动物按照本法有关规定进行管理。

七、有的常委委员和部门、地方、企业提出，修订草案参照疫苗管理法对违法出售、食用、利用野生动物等行为规定了责令停业、关闭相关场所、没收收入、终身禁业等处罚措施，这些处罚与被处罚的行为不很匹配，不符合过罚相当的原则，建议慎用。宪法和法律委员会经研究，建议采纳这一意见，删除有关处罚措施。

此外，还对修订草案作了一些文字修改。

修订草案二次审议稿已按上述意见作了修改，宪法和法律委员会建议提请本次常委会会议继续审议。

修订草案二次审议稿和以上汇报是否妥当，请审议。

全国人民代表大会宪法和法律委员会关于《中华人民共和国野生动物保护法（修订草案）》审议结果的报告

——2022 年 12 月 27 日在第十三届全国人民代表大会常务委员会第三十八次会议上

全国人大宪法和法律委员会主任委员　李　飞

全国人民代表大会常务委员会：

常委会第三十六次会议对野生动物保护法修订草案进行了二次审议。会后，法制工作委员会在中国人大网全文公布修订草案二次审议稿，征求社会公众意见；召开座谈会听取中央有关部门、执法机构和有关企业、社会组织、专家学者的意见；并就修订草案的有关问题同有关方面交换意见，共同研究。宪法和法律委员会于 11 月 29 日召开会议，根据委员长会议精神、常委会组成人员审议意见和各方面的意见，对修订草案进行了逐条审议。环境与资源保护委员会、司法部、国家林业和草原局有关负责同志列席了会议。宪法和法律委员会认为，修订草案经过两次审议修改，已经比较成熟。同时，提出以下主要修改意见：

一、贯彻落实党的二十大报告关于推动绿色发展、促进人与自然和谐共生的精神，根据有的常委委员、专委会委员和部门、专家学者、社会公众的意见，宪法和法律委员会经研究，建议对有关内容作如下修改：一是在本法的立法目的中增加“促进人与自然和谐共生”。二是在野生动物保护的原则中增加“加强重要生态系统保护和修复”、“秉持生态文明理念，推动绿色发展”。三是防止外来物种侵害，明确规定：从境外引进的野生动物物种不得违法放生、丢弃，确需将其放生至野外环境的，应当遵守有关法律法规的规定；发现来自境外的野生动物对生态系统造成危害的，县级以上人民政府野生动物保护等有关部门应当采取相应的安全控制措施。同时增加规定，国务院野生动物保护主管部门应当会同国务院有关部门加强对放生野生动物活动的规范、引导。

二、根据有的常委会组成人员的意见，宪法和法律委员会经研究，建议增加社会公众防止野生动物源性传染病传播的规定。

三、有的常委委员和社会公众建议增加野生动物保护和管理信息公开的内容。宪法和法律委员会经研究，建议采纳这一意见，增加相关规定。

四、落实委员长会议精神，根据有的常委会组成人员、部门和社会公众的意见，宪法和法律委员会经研究，建议针对一些地方野猪泛滥成灾等实际问题，细化种群调控相关制度措施，明确可以进行综合利用，增加规定：县级以上人民政府野生动物保护主管部门根据野生动物及其栖息地调查、监测和评估情况，对种群数量明显超过环境容量的物种，可以采取迁地保护、猎捕等种群调控措施，对种群调控猎捕的野生动物按照国家有关规定进行处理和综合利用，种群调控的具体办法由国务院野生动物保护主管部门会同国务院有关部门制定。同时明确“设置安全警示标志”的措施，预防野生动物可能造成的危害。

五、有的部门和社会公众建议加强对利用野生动物进行公众展示展演活动的规范管理。宪法和法律委员会经研究，建议采纳这一意见，增加规定：利用野生动物进行公众展示展演应当采取安全管理措施，并保障野生动物健康状态，具体管理办法由国务院野生动物保护主管部门会同国务院有关部门制定。

六、现行法第二十八条规定，对人工繁育技术成熟稳定的国家重点保护野生动物，纳入人工繁育国家重点保护野生动物名录；同时规定，根据有关野外种群保护情况，可以对有关人工繁育技术成熟稳定野生动物的人工种群，不再列入国家重点保护野生动物名录，实行与野外种群不同的管理措施。有的部门、专家学者、企业和社会公众提出，总结实践经验，应将现行法的这项制度扩展到有重要生态、科学、社会价值的陆生野生动物，经过科学评估论证，在加强野外种群资源保护和严格监管的同时，实行人工养殖的种群与野外种群区别管理。实践中从事规模养殖、出口食用昆虫（蝎子、竹虫、蝉等）类野生动物可不作为野生动物进行管理。宪法和法律委员会经同国家林业和草原局研究，建议采纳上述意见，增加规定制定“人工繁育有重要生态、科学、社会价值的陆生野生动物名录”，明确实行“与野外种群不同的管理措施”，建立有关出售、利用“专用标识”制度。

七、有的常委委员提出，应当对与毗邻国家开展野生动物保护合作作出规定。宪法和法律委员会经研究，建议采纳这一意见，增加规定：加强与毗邻国家的协作，保护野生动物迁徙通道。

八、有的常委会组成人员和部门建议重视执法能力建设，加强有关野生动物及其制品的鉴定、价值评估工作。宪法和法律委员会经研究，建议增加规定：县级以上人民政府野生动物保护主管部门应当加强对野生动物及其制品鉴定、价值评估工作的规范、指导。

九、根据有些常委会组成人员和专家学者、社会公众的意见，宪法和法律委员会经研究，建议增加规定：对违反本法规定破坏野生动物资源、生态环境，损害社会公共利益的行为，可以依照《中华人民共和国环境保护法》、《中华人民共和国民事诉讼法》、《中华人民共和国行政诉讼法》等法律的规定向人民法院提起诉讼。

此外，还对修订草案二次审议稿作了一些文字修改。

12月13日，法制工作委员会召开会议，邀请部分全国人大代表、执法机构、国家公园管理机构、基层立法联系点、非政府组织、养殖企业、专家学者等方面的代表，就修订草案中主要制度规范的可行性、法律出台时机、法律实施的社会效果和可能出现的问题等进行评估。普遍认为，修订草案贯彻落实党的二十大精神，体现生态文明建设总体要求，结合我国实际，进一步完善野生动物保护和管理制度，加强对野生动物的保护，主要制度规范是可行的，建议修改完善后尽快出台。与会人员还对修订草案提出了一些完善意见，并建议抓紧制定和完善配套规定，保证法律的实施。

修订草案三次审议稿已按上述意见作了修改，宪法和法律委员会建议提请本次常委会会议审议通过。

修订草案三次审议稿和以上报告是否妥当，请审议。

全国人民代表大会宪法和法律委员会关于《中华人民共和国野生动物保护法（修订草案三次审议稿）》修改意见的报告

——2022 年 12 月 30 日在第十三届全国人民代表大会常务委员会第三十八次会议上

全国人民代表大会常务委员会：

本次常委会会议于 12 月 27 日下午对野生动物保护法修订草案三次审议稿进行了分组审议。普遍认为，修订草案已经比较成熟，建议进一步修改后，提请本次常委会会议表决通过。同时，有些常委会组成人员和列席人员还提出了一些修改意见和建议。宪法和法律委员会于 12 月 28 日上午召开会议，逐条研究了常委会组成人员和列席人员的审议意见，对修订草案进行了审议。环境与资源保护委员会、农业农村部、国家林业和草原局有关负责同志列席了会议。宪法和法律委员会认为，修订草案是可行的，同时，提出以下修改意见：

一、有的常委委员提出，应发挥信息技术在野生动物保护相关工作中的作用。宪法和法律委员会经研究，建议增加规定：县级以上人民政府野生动物保护主管部门应当加强信息技术应用，对野生动物及其栖息地状况进行调查、监测和评估。

二、有的常委委员和部门提出，修订草案三次审议稿第二十九条第二款关于人工繁育技术成熟稳定的野生动物不再列入国家重点保护野生动物名录和有重要生态、科学、社会价值的陆生野生动物名录，实行与野外种群不同管理措施的规定，涉及相关条款的管理规定及法律责任，建议做好协调衔接。宪法和法律委员会经研究，建议采纳这个意见，完善相关规定。

三、有的部门建议进一步明确符合畜牧法规定条件的陆生野生动物人工繁育种群可以列入畜禽遗传资源目录。宪法和法律委员会经同农业农村部、国家林业和草原局研究，建议将相关规定修改为：对符合畜牧法第十二条第二款规定的陆生野生动物人工繁育种群，经科学论证评估，可以列入畜禽遗传资源目录。

宪法和法律委员会根据审议意见，建议国务院有关部门和地方及时制定、完善相关配套规定，结合我国野生动物保护工作实际，加强法律宣传、解读和引导，营造全社会保护野生动物的良好氛围，保障本法有效实施，推动绿色发展，促进人与自然和谐共生。

经与有关方面研究，建议将修订后的野生动物保护法的施行时间确定为 2023 年 5 月 1 日。

此外，根据常委会组成人员的审议意见，还对修订草案三次审议稿作了一些文字修改。

修订草案修改稿已按上述意见作了修改，宪法和法律委员会建议本次常委会会议审议通过。

修订草案修改稿和以上报告是否妥当，请审议。

中华人民共和国主席令

第一二七号

《中华人民共和国预备役人员法》已由中华人民共和国第十三届全国人民代表大会常务委员会第三十八次会议于 2022 年 12 月 30 日通过，现予公布，自 2023 年 3 月 1 日起施行。

中华人民共和国主席　习近平

2022 年 12 月 30 日

中华人民共和国预备役人员法

（2022年12月30日第十三届全国人民代表大会常务委员会第三十八次会议通过）

目　　录

第一章　总　　则

第一条　为了健全预备役人员制度，规范预备役人员管理，维护预备役人员合法权益，保障预备役人员有效履行职责使命，加强国防力量建设，根据宪法和《中华人民共和国国防法》、《中华人民共和国兵役法》，制定本法。

第二条　本法所称预备役人员，是指依法履行兵役义务，预编到中国人民解放军现役部队或者编入中国人民解放军预备役部队服预备役的公民。

预备役人员分为预备役军官和预备役士兵。预备役士兵分为预备役军士和预备役兵。

预备役人员是国家武装力量的成员，是战时现役部队兵员补充的重要来源。

第三条　预备役人员工作坚持中国共产党的领导，贯彻习近平强军思想，坚持总体国家安全观，贯彻新时代军事战略方针，以军事需求为牵引，以备战打仗为指向，以质量建设为着力点，提高预备役人员履行使命任务的能力和水平。

第四条　预备役人员必须服从命令、严守纪律，英勇顽强、不怕牺牲，按照规定参加政治教育和军事训练、担负战备勤务、执行非战争军事行动任务，随时准备应召参战，保卫祖国。

国家依法保障预备役人员的地位和权益。预备役人员享有与其履行职责相应的荣誉和待遇。

第五条　中央军事委员会领导预备役人员工作。

中央军事委员会政治工作部门负责组织指导预备役人员管理工作，中央军事委员会国防动员部门负责组织预备役人员编组、动员征集等有关工作，中央军事委员会机关其他部门按照职责分工负责预备役人员有关工作。

中央国家机关、县级以上地方人民政府和同级军事机关按照职责分工做好预备役人员有关工作。

编有预备役人员的部队（以下简称部队）负责所属预备役人员政治教育、军事训练、执行任务和有关选拔补充、日常管理、退出预备役等工作。

第六条　县级以上地方人民政府和有关军事机关应当根据预备役人员工作需要召开军地联席会议，协调解决有关问题。

县级以上地方人民政府和同级军事机关，应当将预备役人员工作情况作为拥军优属、拥政爱民评比和有关单位及其负责人考核评价的内容。

第七条　机关、团体、企业事业组织和乡镇人民政府、街道办事处应当支持预备役人员履行预备役职责，协助做好预备役人员工作。

第八条　国家加强预备役人员工作信息化建设。

中央军事委员会政治工作部门会同中央国家机关、中央军事委员会机关有关部门，统筹做好信息数据系统的建设、维护、应用和信息安全管理等工作。

有关部门和单位、个人应当对在预备役人员工作过程中知悉的国家秘密、军事秘密和个人隐私、个人信息予以保密，不得泄露或者向他人非法提供。

第九条　预备役人员工作所需经费，按照财政事权和支出责任划分原则列入中央和地方预算。

第十条　预备役人员在履行预备役职责中做出突出贡献的，按照国家和军队有关规定给予表彰和奖励。

组织和个人在预备役人员工作中做出突出贡献的，按照国家和军队有关规定给予表彰和奖励。

第二章 预备役军衔

第十一条 国家实行预备役军衔制度。

预备役军衔是区分预备役人员等级、表明预备役人员身份的称号和标志，是党和国家给予预备役人员的地位和荣誉。

第十二条 预备役军衔分为预备役军官军衔、预备役军士军衔和预备役兵军衔。

预备役军官军衔设二等七衔：

（一）预备役校官：预备役大校、上校、中校、少校；

（二）预备役尉官：预备役上尉、中尉、少尉。

预备役军士军衔设三等七衔：

（一）预备役高级军士：预备役一级军士长、二级军士长、三级军士长；

（二）预备役中级军士：预备役一级上士、二级上士；

（三）预备役初级军士：预备役中士、下士。

预备役兵军衔设两衔：预备役上等兵、列兵。

第十三条 预备役军衔按照军种划分种类，在预备役军衔前冠以军种名称。

预备役军官分为预备役指挥管理军官和预备役专业技术军官，分别授予预备役指挥管理军官军衔和预备役专业技术军官军衔。

预备役军衔标志式样和佩带办法由中央军事委员会规定。

第十四条 预备役军衔的授予和晋升，以预备役人员任职岗位、德才表现、服役时间和做出的贡献为依据，具体办法由中央军事委员会规定。

第十五条 预备役人员退出预备役的，其预备役军衔予以保留，在其军衔前冠以“退役”。

第十六条 对违反军队纪律的预备役人员，按照中央军事委员会的有关规定，可以降低其预备役军衔等级。

依照本法规定取消预备役人员身份的，相应取消其预备役军衔；预备役人员犯罪或者退出预备役后犯罪，被依法判处剥夺政治权利或者有期徒刑以上刑罚的，应当剥夺其预备役军衔。

批准取消或者剥夺预备役军衔的权限，与批准授予相应预备役军衔的权限相同。

第三章 选拔补充

第十七条 预备役人员应当符合下列条件：

（一）忠于祖国，忠于中国共产党，拥护社会主义制度，热爱人民，热爱国防和军队；

（二）遵守宪法和法律，具有良好的政治素质和道德品行；

（三）年满十八周岁；

（四）具有履行职责的身体条件和心理素质；

（五）具备岗位要求的文化程度和工作能力；

（六）法律、法规规定的其他条件。

第十八条 预备役人员主要从符合服预备役条件、经过预备役登记的退役军人和专业技术人才、专业技能人才中选拔补充。

预备役登记依照《中华人民共和国兵役法》有关规定执行。

第十九条 预备役人员的选拔补充计划由中央军事委员会确定。中央军事委员会机关有关部门会同有关中央国家机关，指导部队和县级以上地方人民政府兵役机关实施。

第二十条 部队应当按照规定的标准条件，会同县级以上地方人民政府兵役机关遴选确定预备役人员。

预备役人员服预备役的时间自批准服预备役之日起算。

第二十一条 县级以上地方人民政府兵役机关应当向部队及时、准确地提供本行政区域公民预备役登记信息，组织预备役人员选拔补充对象的政治考核、体格检查等工作，办理相关入役手续。

第二十二条 机关、团体、企业事业组织和乡镇人民政府、街道办事处，应当根据部队需要和县、自治县、不设区的市、市辖区人民政府兵役机关的安排，组织推荐本单位、本行政区域符合条件的人员参加预备役人员选拔补充。

被推荐人员应当按照规定参加预备役人员选拔补充。

第二十三条 部队应当按照规定，对选拔补充的预备役人员授予预备役军衔、任用岗位职务。

第四章 教育训练和晋升任用

第二十四条 预备役人员的教育训练，坚持院校教育、训练实践、职业培训相结合，纳入国家和军队教育培训体系。

军队和预备役人员所在单位应当按照有关规定开展预备役人员教育训练。

第二十五条 预备役人员在被授予和晋升预备役军衔、任用岗位职务前，应当根据需要接受相应的教育训练。

第二十六条　预备役人员应当按照规定参加军事训练，达到军事训练大纲规定的训练要求。

年度军事训练时间由战区级以上军事机关根据需要确定。

中央军事委员会可以决定对预备役人员实施临战训练，预备役人员必须按照要求接受临战训练。

第二十七条　预备役人员在服预备役期间应当按照规定参加职业培训，提高履行预备役职责的能力。

第二十八条　对预备役人员应当进行考核。考核工作由部队按照规定组织实施，考核结果作为其预备役军衔晋升、职务任用、待遇调整、奖励惩戒等的依据。

预备役人员的考核结果应当通知本人和其预备役登记地县、自治县、不设区的市、市辖区人民政府兵役机关以及所在单位，并作为调整其职位、职务、职级、级别、工资和评定职称等的依据之一。

第二十九条　预备役人员表现优秀、符合条件的，可以按照规定晋升预备役军衔、任用部队相应岗位职务。

预备役兵服预备役满规定年限，根据军队需要和本人自愿，经批准可以选改为预备役军士。

预备役人员任用岗位职务的批准权限由中央军事委员会规定。

第五章　日常管理

第三十条　预备役人员有单位变更、迁居、出国（境）、患严重疾病、身体残疾等重要事项以及联系方式发生变化的，应当及时向部队报告。

预备役人员有前款规定情况或者严重违纪违法、失踪、死亡的，预备役人员所在单位和乡镇人民政府、街道办事处应当及时报告县、自治县、不设区的市、市辖区人民政府兵役机关。

部队应当与县、自治县、不设区的市、市辖区人民政府兵役机关建立相互通报制度，准确掌握预备役人员动态情况。

第三十一条　预备役人员因迁居等原因需要变更预备役登记地的，相关县、自治县、不设区的市、市辖区人民政府兵役机关应当及时变更其预备役登记信息。

第三十二条　预备役人员参加军事训练、担负战备勤务、执行非战争军事行动任务等的召集，由部队通知本人，并通报其所在单位和预备役登记地县、自治县、不设区的市、市辖区人民政府兵役机关。

召集预备役人员担负战备勤务、执行非战争军事行动任务，应当经战区级以上军事机关批准。

预备役人员所在单位和预备役登记地县、自治县、不设区的市、市辖区人民政府兵役机关，应当协助召集预备役人员。

预备役人员应当按照召集规定时间到指定地点报到。

第三十三条　预备役人员参加军事训练、担负战备勤务、执行非战争军事行动任务等期间，由部队按照军队有关规定管理。

第三十四条　预备役人员按照军队有关规定穿着预备役制式服装、佩带预备役标志服饰。

任何单位和个人不得非法生产、买卖预备役制式服装和预备役标志服饰。

第三十五条　预备役人员应当落实军队战备工作有关规定，做好执行任务的准备。

第六章　征　召

第三十六条　在国家发布动员令或者国务院、中央军事委员会依法采取必要的国防动员措施后，部队应当根据上级的命令，迅速向被征召的预备役人员下达征召通知，并通报其预备役登记地县、自治县、不设区的市、市辖区人民政府兵役机关和所在单位。

预备役人员接到征召通知后，必须按照要求在规定时间到指定地点报到。国家发布动员令后，尚未接到征召通知的预备役人员，未经部队和预备役登记地兵役机关批准，不得离开预备役登记地；已经离开的，应当立即返回或者原地待命。

第三十七条　预备役登记地县、自治县、不设区的市、市辖区人民政府兵役机关，预备役人员所在单位和乡镇人民政府、街道办事处，应当督促预备役人员响应征召，为预备役人员征召提供必要的支持和协助，帮助解决困难，维护预备役人员合法权益。

从事交通运输的单位和个人应当优先运送被征召的预备役人员。

预备役人员因被征召，诉讼、行政复议、仲裁活动不能正常进行的，适用有关时效中止和程序中止的规定，但是法律另有规定的除外。

第三十八条　预备役人员有下列情形之一的，经其预备役登记地县、自治县、不设区的市、市辖区人民政府兵役机关核实，并经部队批准，可以暂缓征召：

（一）患严重疾病处于治疗期间暂时无法履行预备役职责；

（二）家庭成员生活不能自理，且本人为唯一监护人、赡养人、扶养人，或者家庭发生重大变故必须由本人亲自处理；

（三）女性预备役人员在孕期、产假、哺乳期内；

（四）涉嫌严重职务违法或者职务犯罪正在被监察机关调查，或者涉嫌犯罪正在被侦查、起诉、审判；

（五）法律、法规规定的其他情形。

第三十九条　被征召的预备役人员，根据军队有关规定转服现役。

预备役人员转服现役，由其预备役登记地县、自治县、不设区的市、市辖区人民政府兵役机关办理入伍手续。预备役人员转服现役的，按照有关规定改授相应军衔、任用相应岗位职务，履行军人职责。

第四十条　国家解除国防动员后，由预备役人员转服现役的军人需要退出现役的，按照军人退出现役的有关规定由各级人民政府妥善安置。被征召的预备役人员未转服现役的，部队应当安排其返回，并通知其预备役登记地县、自治县、不设区的市、市辖区人民政府兵役机关和所在单位。

第七章　待遇保障

第四十一条　国家建立激励与补偿相结合的预备役人员津贴补贴制度。

预备役人员按照规定享受服役津贴；参战、参加军事训练、担负战备勤务、执行非战争军事行动任务期间，按照规定享受任务津贴。

预备役人员参战、参加军事训练、担负战备勤务、执行非战争军事行动任务期间，按照规定享受相应补贴和伙食、交通等补助；其中，预备役人员是机关、团体、企业事业组织工作人员的，所在单位应当保持其原有的工资、奖金、福利和保险等待遇。

预备役人员津贴补贴的标准及其调整办法由中央军事委员会规定。

第四十二条　预备役人员参战，享受军人同等医疗待遇；参加军事训练、担负战备勤务、执行非战争军事行动任务期间，按照规定享受国家和军队相应医疗待遇。

军队医疗机构按照规定为预备役人员提供优先就医等服务。

第四十三条　预备役人员参加军事训练、担负战备勤务、执行非战争军事行动任务期间，军队为其购买人身意外伤害保险。

第四十四条　预备役人员参战、参加军事训练、担负战备勤务、执行非战争军事行动任务期间，其家庭因自然灾害、意外事故、重大疾病等原因，基本生活出现严重困难的，地方人民政府和部队应当按照有关规定给予救助和慰问。

国家鼓励和支持人民团体、企业事业组织、社会组织和其他组织以及个人，为困难预备役人员家庭提供援助服务。

第四十五条　预备役人员所在单位不得因预备役人员履行预备役职责，对其作出辞退、解聘或者解除劳动关系、免职、降低待遇、处分等处理。

第四十六条　预备役人员所在单位按照国家有关规定享受优惠和扶持政策。

预备役人员创办小微企业、从事个体经营等活动，可以按照国家有关规定享受融资优惠等政策。

第四十七条　预备役人员按照规定享受优待。

预备役人员因参战、参加军事训练、担负战备勤务、执行非战争军事行动任务伤亡的，由县级以上地方人民政府按照国家有关规定给予抚恤。

第四十八条　预备役人员被授予和晋升预备役军衔，获得功勋荣誉表彰，以及退出预备役时，部队应当举行仪式。

第四十九条　女性预备役人员的合法权益受法律保护。部队应当根据女性预备役人员的特点，合理安排女性预备役人员的岗位和任务。

第五十条　预备役人员退出预备役后，按照规定享受相应的荣誉和待遇。

第八章　退出预备役

第五十一条　预备役军官、预备役军士在本衔级服预备役的最低年限为四年。

预备役军官、预备役军士服预备役未满本衔级最低年限的，不得申请退出预备役；满最低年限的，本人提出申请、经批准可以退出预备役。

预备役兵服预备役年限为四年，其中，预备役列兵、上等兵各为二年。预备役兵服预备役未满四年的，不得申请退出预备役。预备役兵服预备役满四年未被选改为预备役军士的，应当退出预备役。

第五十二条　预备役人员服预备役达到最高年龄的，应当退出预备役。预备役人员服预备役的最高年龄：

(一)预备役指挥管理军官:预备役尉官为四十五周岁,预备役校官为六十周岁;

(二)预备役专业技术军官:预备役尉官为五十周岁,预备役校官为六十周岁;

(三)预备役军士:预备役下士、中士、二级上士均为四十五周岁,预备役一级上士、三级军士长、二级军士长、一级军士长均为五十五周岁;

(四)预备役兵为三十周岁。

第五十三条　预备役军官、预备役军士服预备役未满本衔级最低年限或者未达到最高年龄,预备役兵服预备役未满规定年限或者未达到最高年龄,有下列情形之一的,应当安排退出预备役:

(一)被征集或者选拔补充服现役的;

(二)因军队体制编制调整改革或者优化预备役人员队伍结构需要退出的;

(三)因所在单位或者岗位变更等原因,不适合继续服预备役的;

(四)因伤病残无法履行预备役职责的;

(五)法律、法规规定的其他情形。

第五十四条　预备役军官、预备役军士服预备役满本衔级最低年限或者达到最高年龄,预备役兵服预备役满规定年限或者达到最高年龄,有下列情形之一的,不得退出预备役:

(一)国家发布动员令或者国务院、中央军事委员会依法采取国防动员措施要求的;

(二)正在参战或者担负战备勤务、执行非战争军事行动任务的;

(三)涉嫌违反军队纪律正在接受审查或者调查、尚未作出结论的;

(四)法律、法规规定的其他情形。

前款规定的情形消失的,预备役人员可以提出申请,经批准后退出预备役。

第五十五条　预备役人员有下列情形之一的,应当取消预备役人员身份:

(一)预备役军官、预备役军士服预备役未满本衔级最低年限,预备役兵服预备役未满规定年限,本人要求提前退出预备役,经教育仍坚持退出预备役的;

(二)连续两年部队考核不称职的;

(三)因犯罪被追究刑事责任的;

(四)法律、法规规定的其他情形。

第五十六条　预备役人员退出预备役的时间为下达退出预备役命令之日。

第五十七条　批准预备役人员退出预备役的权限,与批准晋升相应预备役军衔的权限相同。

第九章　法律责任

第五十八条　经过预备役登记的公民拒绝、逃避参加预备役人员选拔补充的,预备役人员拒绝、逃避参加军事训练、担负战备勤务、执行非战争军事行动任务和征召的,由县级人民政府责令限期改正;逾期不改的,由县级人民政府强制其履行兵役义务,并处以罚款;属于公职人员的,还应当依法给予处分。

预备役人员有前款规定行为的,部队应当按照有关规定停止其相关待遇。

第五十九条　预备役人员参战、参加军事训练、担负战备勤务、执行非战争军事行动任务期间,违反纪律的,由部队按照有关规定给予处分。

第六十条　国家机关及其工作人员、军队单位及其工作人员在预备役人员工作中滥用职权、玩忽职守、徇私舞弊,或者有其他违反本法规定行为的,由其所在单位、主管部门或者上级机关责令改正;对负有责任的领导人员和直接责任人员,依法给予处分。

第六十一条　机关、团体、企业事业组织拒绝完成本法规定的预备役人员工作任务的,阻挠公民履行预备役义务的,或者有其他妨害预备役人员工作行为的,由县级以上地方人民政府责令改正,并可以处以罚款;对负有责任的领导人员和直接责任人员,依法给予处分、处罚。

非法生产、买卖预备役制式服装和预备役标志服饰的,依法予以处罚。

第六十二条　违反本法规定,构成犯罪的,依法追究刑事责任。

第六十三条　本法第五十八条、第六十一条第一款规定的处罚,由县级以上地方人民政府兵役机关会同有关部门查明事实,经同级地方人民政府作出处罚决定后,由县级以上地方人民政府兵役机关和有关部门按照职责分工具体执行。

第十章　附　　则

第六十四条　中国人民武装警察部队退出现役的人员服预备役的,适用本法。

第六十五条　本法自2023年3月1日起施行。《中华人民共和国预备役军官法》同时废止。

关于《中华人民共和国预备役人员法(草案)》的说明

——2022 年 10 月 27 日在第十三届全国人民代表大会常务委员会第三十七次会议上

中央军委委员、中央军委政治工作部主任 苗 华

全国人民代表大会常务委员会:

我受国务院、中央军委委托,现对《中华人民共和国预备役人员法(草案)》作说明。

一、制定本法的必要性

预备役人员是预备役部队的主体力量,制定出台专门的预备役人员法,系统规范预备役人员工作,对于加强预备役人员队伍法治化建设,推动预备役部队转型发展具有重要意义。一是贯彻落实党中央决策部署的重要举措。近年来,中共中央和中央军委先后出台文件,明确了新时代预备役部队的建设定位、领导体制、管理职责等。贯彻改革要求,迫切需要构建与之相适应的预备役人员法律法规体系,为建设世界一流预备役部队提供坚强法制保证。二是履行新时代军队使命任务的迫切需要。预备役部队作为人民解放军的组成部分,是现役部队的有效补充,与现役部队一体建设运用,共同履行军队使命任务。实现这一目标要求,必须以备战打仗为指向,健全完善预备役人员制度。三是破解预备役人员队伍建设矛盾问题的根本举措。围绕解决预备役人员专业能力、待遇保障、管理制度等方面的矛盾问题,迫切需要制定一部专门的法律,在更高起点推动预备役人员队伍建设发展。四是推进预备役人员队伍法治化建设的有力保障。预备役人员工作跨军地、跨领域,涉及各级各类组织的权力和责任,事关公民的权利和义务,是非常复杂的系统工程。保证这项工作落实,必须将其纳入法治化轨道,形成国家、军队、社会和个人齐心协力、依法推进的新格局。

二、指导思想、基本原则和起草过程

坚持以习近平新时代中国特色社会主义思想为指导,贯彻习近平强军思想,坚持总体国家安全观,贯彻新时代军事战略方针,贯彻党中央、中央军委关于预备役部队调整改革部署要求,以党管武装为根本,牢牢把握预备役人员身份属性,重构重塑预备役人员制度,为建设高素质专业化预备役人员队伍提供法律保障。

把握的基本原则:一是坚持为战务战。聚焦与现役力量共同履行使命任务,始终把立法的出发点、落脚点标定在备战打仗上,为随时应召应战提供制度支撑。二是坚持体系设计。把握预备役人员工作特点规律,对相关制度进行系统设计、整体重塑,为公民依法服预备役提供有力保障。三是坚持能力为本。遵循军事能力生成机理,系统设计“选、训、用、管、召、退”全流程服预备役制度,致力建设一支高素质专业化预备役人员队伍。四是坚持集聚英才。注重权利与义务相统一、贡献与待遇相匹配,清晰界定身份属性,提高待遇保障水平,引导公民积极踊跃服预备役。五是坚持继承创新。贯彻预备役部队转型重塑改革要求,坚持党的领导,赓续优良传统,总结实践经验,借鉴外军做法,着力增强立法的时代性、科学性和可行性。

根据军事政策制度改革有关部署,2019 年 1 月启动草案研究起草,前期主要做了 4 个方面工作:一是准确领会立法根本指导。系统学习习近平强军思想,深刻领悟党中央、中央军委关于预备役部队调整改革的部署要求,牢固立起立法的根本遵循和科学指导。二是调研摸清立法现实需求。广泛开展专项调研、座谈研讨和问卷调查,系统梳理矛盾问题,切实找准政策制度创新的突破口和着力点。三是突出重大问题研究攻关。围绕预备役人员工作主要内容和重大政策改点,深入研究论证,反复模拟推演测算,形成草案制度设计。四是加强军地各方沟通协调。起草过程中,多轮次多形式征求军地有关部门意见,反复研究修改,形成目前的草案。草案已经国务院常务会议和中央军委常务会议讨论通过。

三、需要说明的问题

草案共 10 章 63 条,对预备役人员领导管理体

制、身份属性和分类，以及预备役军衔、选拔补充、教育培训和晋升任用、日常管理、征召、待遇保障、退出预备役、法律责任等方面制度作了全面规范。

（一）关于领导管理体制。一是根据中共中央和中央军委关于预备役部队调整改革有关精神，鲜明提出中央军委统一领导预备役人员工作；二是针对预备役人员工作特点和实际需要，厘清中央军委机关有关部门职责，明确中央和国家有关机关职责；三是搞好部队与地方职责界面切分，压实编有预备役人员的部队、县级以上地方人民政府和同级军事机关的预备役人员工作职责，明确机关、团体、企业事业组织责任，形成军队主导、军地协同、依法履责的工作新格局。

（二）关于身份属性和分类。一是基于服预备役特点，对预备役人员作出定义，强化预备役人员兵役属性和武装力量身份特征；二是贯彻预备役部队调整改革部署，适应预备役人员队伍专业化建设要求，将预备役人员分为预备役军官、预备役军士和预备役兵，构建起完备的预备役人员分类体系；三是明确预备役人员是预备役部队的主体力量，是现役部队兵员补充的重要来源，鲜明确立其在军事力量体系中的定位，增强全社会对预备役人员的尊崇，激发公民服预备役的光荣感使命感。

（三）关于预备役军衔。一是规定预备役军衔是区分预备役人员等级、表明预备役人员身份的称号和标志，是党和国家给予预备役人员的地位和荣誉；二是衔接现役军衔制度，设置预备役军官军衔、预备役军士军衔、预备役兵军衔等级，明确按照军种划分种类，同时根据预备役部队编制等级，规定预备役军官军衔最高为预备役大校；三是系统规范预备役军衔的授予、晋升、保留和处置，充分体现预备役军衔管理的严肃性，为制定配套法规提供依据。

（四）关于选拔补充。一是承接兵役法有关规定，从政治、身体、心理、文化程度和工作能力等方面，规范公民服预备役的基本条件，保证可选范围既有广泛性又有先进性，建好预备役人员选拔补充"蓄水池"；二是规定预备役人员主要从符合服预备役条件的退役军人、专业技术人才和专业技能人才中选拔补充，保证部队所需人员应选能选；三是明确预备役人员选拔补充计划由中央军委确定，中央军委机关有关部门会同中央和国家有关机关指导部队、兵役机关实施，增强计划的权威性和执行力，推动军地有关部门和行业系统有效落实；四是确立按岗择人、选贤任能的选人用人导向，细化选拔补充组织程序，建立部队遴选和授衔任职、兵役机关组织体检政考和办理入役手续、相关单位支持配合的工作机制。

（五）关于教育培训和晋升任用。一是贯彻"三位一体"新型军事人才培养理念，坚持院校教育、训练实践、职业培训相结合，构建预备役人员教育培训体系，明确预备役人员晋升任用前根据需要接受相应教育培训；二是适应预备役部队整体作战能力生成需要，规范军事训练和临战训练，保证预备役人员有效履行使命任务；三是结合预备役人员服役特殊性，明确考核实施和结果运用办法，充分发挥考核激励作用；四是适应预备役人员队伍"横向补充为主、纵向晋升为辅"的更替特点，规范晋升任用，为表现优秀的预备役人员成长发展保留渠道，鼓励长期稳定服预备役。

（六）关于日常管理。一是针对预备役人员高度分散、广域分布、流动性强等实际，建立分散管理、人员召集、集中管理等制度，清晰界定部队、兵役机关和相关单位管理责任，确保队伍稳定、秩序正规；二是贯彻预备役部队保持规定战备状态的要求，对预备役人员落实军队战备工作规定作出原则规范，提高快速响应能力；三是规范预备役人员着装要求，明确配发制式服装和标志服饰，切实提高预备役人员荣誉感和自豪感。

（七）关于征召。一是承接战时兵员动员有关规定，规范征召的时机程序、职责任务和相关保障，压紧压实军地各方和预备役人员责任，为预备役人员响应征召提供必要条件；二是明确患严重疾病、家庭困难、女性孕期哺乳期等缓召情形，保证部队集中统一和安全稳定，体现对预备役人员的关心关怀；三是规定转服现役和解除征召的权限、程序，为战时快速补充兵员提供法律保障，同时保证战后预备役人员回归正常生产生活状态。

（八）关于待遇保障。一是建立预备役人员服役津贴和任务津贴制度，实现平时养兵与战时用兵有机统一；二是明确预备役人员按照规定享受医疗、保险、抚恤等待遇，对女性预备役人员实施特别保护，解除后顾之忧；三是明确预备役人员及其工作单位享受相关优待、优惠和扶持政策，推动形成个人积极服预备役、单位倾力支持、社会普遍认同的良好氛围；四是规范预备役人员举行仪式情形和退出预备役后享有荣誉、待遇，弘扬牺牲奉献精神，激发内生动力。

（九）关于退出预备役。一是规范预备役人员各衔级最低服预备役年限和最高服预备役年龄，双向把控队伍更替节奏，既保证预备役人员能够履行基本兵役义务,又保证有充沛的体力精力履职尽责;二是明确安排退出预备役和不得退出预备役情形,对因客观因素丧失服预备役条件的应退尽退、不具备退出条件的继续服预备役,确保预备役部队保持遂行任务能力;三是对因政治态度、履职能力、纪律作风等主观因素不适合继续服预备役的,取消预备役人员身份,维护服预备役严肃性,确保队伍纯洁巩固。

(十)关于法律责任。一是承接兵役法有关规定,明确公民、预备役人员,以及国家机关、军队单位、编兵单位及其工作人员,违反本法规定应当承担的法律责任和处罚措施;二是规范处罚执行的实施主体、权限和程序,明确构成犯罪的依法追究刑事责任。

草案和以上说明是否妥当,请审议。

全国人民代表大会宪法和法律委员会关于《中华人民共和国预备役人员法(草案)》审议结果的报告

——2022 年 12 月 27 日在第十三届全国人民代表大会常务委员会第三十八次会议上

全国人大宪法和法律委员会副主任委员　刘季幸

全国人民代表大会常务委员会:

常委会第三十七次会议对预备役人员法草案进行了初次审议。会后,法制工作委员会将草案印发中央有关部门、部分省(自治区、直辖市)、基层立法联系点和高等院校、法学研究机构等征求意见,在中国人大网全文公布草案,征求社会公众意见。宪法和法律委员会、法制工作委员会召开座谈会,听取中央有关部门、全国人大代表和专家学者的意见,并到北京、海南进行调研,就草案有关问题与中央军委机关有关部门进行沟通。宪法和法律委员会于 11 月 29 日召开会议,根据委员长会议精神、常委会组成人员审议意见和各方面意见,对草案进行了逐条审议。司法部、中央军委政治工作部有关负责同志列席了会议。宪法和法律委员会认为,为落实预备役制度改革要求,推进预备役人员队伍法治化建设,保证与相关法律衔接统一,加强国防力量建设,制定预备役人员法是必要的,草案经过审议修改,已经比较成熟。同时,提出以下主要修改意见:

一、有的常委委员和社会公众提出,我国宪法规定:国家加强武装力量的革命化、现代化、正规化的建设,增强国防力量。依照法律服兵役是公民的光荣义务。全国人大常委会"规定军人和外交人员的衔级制度和其他专门衔级制度"。预备役人员法是实施宪法的重要法律,建议在草案第一条中增加规定"根据宪法"制定本法。宪法和法律委员会经研究,赞同上述意见,建议予以采纳。

二、有的常委委员、专家学者提出,预备役登记是预备役人员管理的基础工作,兵役法对此作了规定,本法应当做好衔接。宪法和法律委员会经研究,建议将草案第十八条修改为:"预备役人员主要从符合服预备役条件、经过预备役登记的退役军人和专业技术人才、专业技能人才中选拔补充";"预备役登记依照《中华人民共和国兵役法》有关规定执行"。

三、草案第四章规定了预备役人员的"教育培训和晋升任用"。有的意见提出,应当强调预备役人员军事训练的重要性,明确教育训练的主体。宪法和法律委员会经研究,建议将第四章章名修改为"教育训练和晋升任用",相应修改有关条文表述;并增加规定:"军队和预备役人员所在单位应当按照有关规定开展预备役人员教育训练"。

四、草案第五十三条规定了预备役人员不得退出预备役的情形。有的意见提出,为保障预备役人员合法权益,应当规定相关情形消失后的处理方式。宪法和法律委员会经研究,建议增加规定:"前款规定的情形消失的,预备役人员可以提出申请,经批准后退出预备役"。

在常委会审议中,有的常委委员还就预备役人员工作领导管理体制、地方使用预备役力量、预备役人员编组、预备役人员召集和征召的方式等提出了一些具体意见。宪法和法律委员会经研究认为,预备役制度改革是党中央、中央军委作出的重大决策部署，重构重塑了预备役部队的领导体制和管理制度等。目前，预备役制度改革正在推进过程中，上述意见涉及的问题，有的需要在配套规定中进一步细化，有的需要在实践中探索完善。建议军队有关方面认真研究落实，抓紧推进制度建设，做好法律衔接，切实保障法律有效贯彻实施。

此外，还对草案作了一些文字修改。

12 月中旬，法制工作委员会采取书面形式，就草案中主要制度规范的可行性、法律出台时机、法律实施的社会效果和可能出现的问题等邀请部分全国人大代表、专家学者进行评估。代表和专家普遍认为，制定预备役人员法，对于贯彻落实党中央决策部署，重构预备役人员制度，履行新时代军队使命任务，具有重要意义。草案经过修改，充分吸收了各方面意见，已经比较成熟，建议尽快审议通过。在深入学习贯彻党的二十大精神之际，出台预备役人员法正当其时，将产生良好的社会效果。代表和专家还对草案提出了一些具体修改意见，宪法和法律委员会进行了认真研究，对有的意见予以采纳。

草案二次审议稿已按上述意见作了修改，宪法和法律委员会建议提请本次常委会会议审议通过。

草案二次审议稿和以上报告是否妥当，请审议。

全国人民代表大会宪法和法律委员会关于《中华人民共和国预备役人员法（草案二次审议稿）》修改意见的报告

——2022 年 12 月 30 日在第十三届全国人民代表大会常务委员会第三十八次会议上

全国人民代表大会常务委员会：

本次常委会会议于 12 月 27 日下午对预备役人员法草案二次审议稿进行了分组审议。普遍认为，草案已经比较成熟，建议进一步修改后，提请本次常委会会议表决通过。同时，有些常委会组成人员和列席人员还提出了一些修改意见和建议。宪法和法律委员会于 12 月 28 日上午召开会议，逐条研究了常委会组成人员和列席人员的审议意见，对草案进行了审议。中央军委办公厅军委法制局有关负责同志列席了会议。宪法和法律委员会认为，草案是可行的，同时，提出以下修改意见：

一、有的意见建议明确服预备役的起止时间。宪法和法律委员会经研究，建议在草案二次审议稿第二十条中增加一款规定：“预备役人员服预备役的时间自批准服预备役之日起算”，并在第五十五条后增加一条规定：“预备役人员退出预备役的时间为下达退出预备役命令之日。”

二、草案二次审议稿第二十六条第一款中规定：“预备役人员应当按照规定参加军事训练”。有的意见建议应当进一步明确对预备役人员军事训练的要求。宪法和法律委员会经研究，建议将上述规定修改为“预备役人员应当按照规定参加军事训练，达到军事训练大纲规定的训练要求。”

经与有关部门研究，建议将本法的施行时间确定为 2023 年 3 月 1 日。

此外，根据常委会组成人员的审议意见，还对草案二次审议稿作了一些文字修改。

草案修改稿已按上述意见作了修改，宪法和法律委员会建议本次常委会会议审议通过。

草案修改稿和以上报告是否妥当，请审议。

关于预备役人员法草案合宪性研究意见

2022 年 10 月，国务院、中央军事委员会向全国人大常委会提出议案，提请审议预备役人员法草案，中央军委委员、中央军委政治工作部主任苗华在第十三届全国人大常委会第三十七次会议上作了草案说明。在随后的草案修改工作中，有的意见提出，建议在草案第一条的立法依据中增加“根据宪法”。会后，法工委宪法室对这一建议及相关问题作了认真研究，简报如下：

一、国防军事立法中明确规定“根据宪法”的情况

依法治军是党建军治军的基本方式，是实现党在新时代强军目标的必然要求，是全面依法治国总体部署的重要组成部分。国防军事立法是以宪法为核心的中国特色社会主义法律体系的重要领域。经过多年来军事法治建设，我国国防军事法律体系日趋完善。特别是党的十八大以来，全国人大及其常委会深入贯彻习近平强军思想，全面贯彻依法治军战略，按照深化国防和军队改革要求，加快推进国防军事立法修法工作，加快构建中国特色军事法治体系，国防军事立法取得长足进展，以宪法为根本法依据的国防军事法律体系更加完备，为推进强军事业提供坚强法治保障。

据统计，我国国防军事领域的法律（含有关法律问题的决定）中，约有 9 部在立法依据中明确规定了根据宪法。梳理这些法律关于宪法依据的表述方式，大概可以分为以下两种情形：

一是，明确规定“根据宪法，制定本法”。比如，兵役法（2021 年修订）、军人地位和权益保障法（2021 年通过）、军事设施保护法（2021 年修订）、国防法（2020 年修订）、国防动员法（2010 年通过），都明确规定了“根据宪法，制定本法”。比如，全国人大常委会关于中国人民解放军现役士兵衔级制度的决定（2022 年通过），规定“根据宪法，现就中国人民解放军现役士兵衔级制度作出如下决定”。

二是，除规定根据宪法外，还一并规定了其他相关法律作为立法依据。比如，预备役军官法（2010 年修正）规定，“根据宪法和兵役法，制定本法”。比如，解放军军官军衔条例（全国人大常委会 1994 年修正）规定，“根据《中华人民共和国宪法》和《中华人民共和国兵役法》的有关规定，制定本条例”。再比如，《中国人民解放军选举全国人民代表大会和县级以上地方各级人民代表大会代表的办法》（2021 年修正）中规定，“根据《中华人民共和国宪法》和《中华人民共和国全国人民代表大会和地方各级人民代表大会选举法》的有关规定，制定本办法。”

此外，还有部分国防军事法律没有明确规定“根据宪法”。总体看，这部分法律在调整事项上，多为国防军事的某一具体领域；在与宪法条款的关联上，一般在宪法上没有直接的规定；在条文表述上，一般只规定立法目的，没有专门规定立法根据。比如，国防交通法（2016 年通过）规定，“为了加强国防交通建设，促进交通领域军民融合发展，保障国防活动顺利进行，制定本法”。这部分法律中也有没明确以宪法为立法根据，但规定以某法律为立法根据的情况。比如，国防教育法（2001 年通过）规定，“根据国防法和教育法，制定本法”。

二、预备役人员法草案涉及宪法多个条款规定

（一）预备役部队属于我国宪法规定的武装力量的组成部分

我国宪法第二十九条规定：“中华人民共和国的武装力量属于人民。它的任务是巩固国防，抵抗侵略，保卫祖国，保卫人民的和平劳动，参加国家建设事业，努力为人民服务。国家加强武装力量的革命化、现代化、正规化的建设，增强国防力量。”国防法第二十二条规定：“中华人民共和国的武装力量，由中国人民解放军、中国人民武装警察部队、民兵组成。中国人民解放军由现役部队和预备役部队组成。”宪法和国防法的规定，明确了预备役部队的性质，即预备役部队作为人民解放军的组成部分，属于我国武装力量，是现役部队的有效补充，与现役部队共同履行军队使命任务。

预备役人员法草案第二条中规定，“预备役人员是预备役部队的主体力量，是现役部队兵员补充的重要来源”；第四条中规定，预备役人员“按照规定参加政治教育和军事训练、担负战备勤务、执行非战争军事行动任务，随时准备应召参战，保卫祖国”，以立法的形式，明确了预备役人员的性质和任务。宪法关于武装力量性质和任务的规定，是包括预备役人员在内的中国人民解放军以及其他武装力量共同的根本法依据，预备役人员法和国防法、兵役法等共同落实和具体化宪法有关规定，以不断完备的法律规定，保障宪法规定的实施。

（二）依照法律服兵役是宪法规定的公民的光荣义务

我国宪法第五十五条规定：“保卫祖国、抵抗侵略是中华人民共和国每一个公民的神圣职责。依照法律服兵役和参加民兵组织是中华人民共和国公民的光荣义务。”近代以来，封建的中国沦为半殖民地、半封建社会，中国人民为国家独立、民族解放和民主自由进行了前仆后继的英勇奋斗。在中国

共产党的领导下,全国各族人民在经过长期的艰难曲折的武装斗争和其他形式的各种斗争取得胜利后,建立了中华人民共和国。新中国成立以后,中国人民和中国人民解放军战胜了帝国主义、霸权主义的侵略、破坏和武装挑衅,维护了国家的独立和安全。人民是国家的主人,国家是全国各族人民共同缔造的国家,国家的主权、统一和领土完整事关人民福祉,保家卫国是每一个公民的神圣职责。

兵役制度是我国宪法规定的国家重要军事制度。同时,公民依法履行服兵役的光荣义务,往往意味着在个体的自由、事业、家庭生活等方面作出很大付出,甚至牺牲宝贵生命。因此,以法律的形式对兵役义务作出规定,对于规范和加强国家兵役工作,保证公民依法服兵役,保障军队兵源补充和储备,建设巩固国防和强大军队,具有重要意义。兵役法对我国的兵役制度作了较为全面的规定,其中第六条中规定:“兵役分为现役和预备役”。预备役人员是预备役部队的主体力量,也是依法履行兵役义务的公民。预备役人员法草案对公民服预备役的条件、预备役人员选拔补充计划的确定与实施部门等作出规定,进一步完善了我国兵役及相关制度,有利于加强宪法关于兵役制度的具体实施。

(三)预备役人员衔级涉及宪法关于全国人大常委会规定衔级制度的职权

宪法第六十七条规定了全国人大常委会职权,其中第十六项,“规定军人和外交人员的衔级制度和其他专门衔级制度”。预备役人员法草案第二章《预备役军衔》规定,国家实行预备役军衔制度,预备役军官军衔设二等七衔、预备役军士军衔设三等七衔、预备役兵军衔设两衔,并明确预备役军衔标志式样和佩带办法、预备役军衔的授予和晋升的具体办法,由中央军事委员会规定。全国人大常委会在预备役人员法中对预备役人员军衔制度作出相应规定,是依宪行使其宪定职权。此前,常委会第三十三次会议于今年二月通过的关于中国人民解放军现役士兵衔级制度的决定,就是依据宪法规定,行使这一职权的重要活动。

(四)预备役人员根据征召转服现役,涉及宪法关于国家动员相关制度

宪法第六十七条第十九项规定,全国人大常委会决定全国总动员或者局部动员。宪法第八十条规定国家主席根据全国人大的决定和全国人大常委会的决定,发布动员令。预备役人员法草案规定,在国家发布动员令或者国务院、中央军事委员会依法采取必要的国防动员措施后,部队向被征召的预备役人员下达征召通知,预备役人员根据军队有关规定转服现役。草案还规定了可以暂缓征召的条件、解除国防动员后退出现役等内容。预备役制度设计,与宪法关于发布动员令的密切息息相关,是宪法关于战争状态具体制度设计的有机组成。

三、原预备役军官法立法依据中规定了“根据宪法”

现行的预备役军官法是 1995 年制定、1996 年施行的,2010 年作了部分修改。现在提出的预备役人员法草案,实际上是在现行预备役军官法基础上,根据党中央、中央军委关于预备役部队调整改革的精神,结合当前实际情况和工作需要形成的。预备役人员法制定实施后,现行预备役军官法的内容已被完全覆盖,应同时予以废止。此前,在预备役军官法中,就规定了“根据宪法和兵役法,制定本法”。较之预备役军官法,预备役人员法除规定预备役军官外,还包括预备役士兵,是对预备役人员领导管理体制、身份属性和分类、预备役军衔、选拔补充、征召、保障等的全面规范。宜延续此前预备役军官法的规定,增加规定根据宪法,制定本法。

综上,我们认为,国防军事领域立法,因其与宪法制度、宪法规定密切相关,其中不少法律都明确规定了宪法作为其制定依据。制定预备役人员法,是全国人大常委会履行宪法职责的重要体现。预备役人员法草案的有关规定,涉及预备役人员身份属性,涉及公民依法服兵役的光荣义务,涉及国家发布动员令的具体配套制度,是宪法、国防法、兵役法有关规定的体现和具体落实。在草案第一条立法依据中,增加规定“根据宪法”,符合宪法的规定、原则和精神,是必要的。同时,考虑到前述国防军事立法中关于宪法根据的表述,以及国防法、兵役法在国防军事立法和兵役制度方面的基础性地位,在预备役人员法中明确宪法根据的同时,一并规定国防法、兵役法作为其立法依据,也是可行的。

中华人民共和国主席令

第一二八号

《全国人民代表大会常务委员会关于修改〈中华人民共和国对外贸易法〉的决定》已由中华人民共和国第十三届全国人民代表大会常务委员会第三十八次会议于 2022 年 12 月 30 日通过,现予公布,自公布之日起施行。

中华人民共和国主席　习近平

2022 年 12 月 30 日

全国人民代表大会常务委员会关于修改《中华人民共和国对外贸易法》的决定

(2022 年 12 月 30 日第十三届全国人民代表大会常务委员会第三十八次会议通过)

第十三届全国人民代表大会常务委员会第三十八次会议决定对《中华人民共和国对外贸易法》作如下修改:

删去第九条。

本决定自公布之日起施行。

《中华人民共和国对外贸易法》根据本决定作相应修改并对条文顺序作相应调整,重新公布。

中华人民共和国对外贸易法

(1994 年 5 月 12 日第八届全国人民代表大会常务委员会第七次会议通过　2004 年 4 月 6 日第十届全国人民代表大会常务委员会第八次会议修订　根据 2016 年 11 月 7 日第十二届全国人民代表大会常务委员会第二十四次会议《关于修改〈中华人民共和国对外贸易法〉等十二部法律的决定》第一次修正　根据 2022 年 12 月 30 日第十三届全国人民代表大会常务委员会第三十八次会议《关于修改〈中华人民共和国对外贸易法〉的决定》第二次修正)

目　录

第一章　总　则

第一条　为了扩大对外开放,发展对外贸易,维护对外贸易秩序,保护对外贸易经营者的合法权益,促进社会主义市场经济的健康发展,制定本法。

第二条　本法适用于对外贸易以及与对外贸易有关的知识产权保护。

本法所称对外贸易,是指货物进出口、技术进出口和国际服务贸易。

第三条　国务院对外贸易主管部门依照本法主管全国对外贸易工作。

第四条　国家实行统一的对外贸易制度，鼓励发展对外贸易，维护公平、自由的对外贸易秩序。

第五条　中华人民共和国根据平等互利的原则，促进和发展同其他国家和地区的贸易关系，缔结或者参加关税同盟协定、自由贸易区协定等区域经济贸易协定，参加区域经济组织。

第六条　中华人民共和国在对外贸易方面根据所缔结或者参加的国际条约、协定，给予其他缔约方、参加方最惠国待遇、国民待遇等待遇，或者根据互惠、对等原则给予对方最惠国待遇、国民待遇等待遇。

第七条　任何国家或者地区在贸易方面对中华人民共和国采取歧视性的禁止、限制或者其他类似措施的，中华人民共和国可以根据实际情况对该国家或者该地区采取相应的措施。

第二章　对外贸易经营者

第八条　本法所称对外贸易经营者，是指依法办理工商登记或者其他执业手续，依照本法和其他有关法律、行政法规的规定从事对外贸易经营活动的法人、其他组织或者个人。

第九条　从事国际服务贸易，应当遵守本法和其他有关法律、行政法规的规定。

从事对外劳务合作的单位，应当具备相应的资质。具体办法由国务院规定。

第十条　国家可以对部分货物的进出口实行国营贸易管理。实行国营贸易管理货物的进出口业务只能由经授权的企业经营；但是，国家允许部分数量的国营贸易管理货物的进出口业务由非授权企业经营的除外。

实行国营贸易管理的货物和经授权经营企业的目录，由国务院对外贸易主管部门会同国务院其他有关部门确定、调整并公布。

违反本条第一款规定，擅自进出口实行国营贸易管理的货物的，海关不予放行。

第十一条　对外贸易经营者可以接受他人的委托，在经营范围内代为办理对外贸易业务。

第十二条　对外贸易经营者应当按照国务院对外贸易主管部门或者国务院其他有关部门依法作出的规定，向有关部门提交与其对外贸易经营活动有关的文件及资料。有关部门应当为提供者保守商业秘密。

第三章　货物进出口与技术进出口

第十三条　国家准许货物与技术的自由进出口。但是，法律、行政法规另有规定的除外。

第十四条　国务院对外贸易主管部门基于监测进出口情况的需要，可以对部分自由进出口的货物实行进出口自动许可并公布其目录。

实行自动许可的进出口货物，收货人、发货人在办理海关报关手续前提出自动许可申请的，国务院对外贸易主管部门或者其委托的机构应当予以许可；未办理自动许可手续的，海关不予放行。

进出口属于自由进出口的技术，应当向国务院对外贸易主管部门或者其委托的机构办理合同备案登记。

第十五条　国家基于下列原因，可以限制或者禁止有关货物、技术的进口或者出口：

（一）为维护国家安全、社会公共利益或者公共道德，需要限制或者禁止进口或者出口的；

（二）为保护人的健康或者安全，保护动物、植物的生命或者健康，保护环境，需要限制或者禁止进口或者出口的；

（三）为实施与黄金或者白银进出口有关的措施，需要限制或者禁止进口或者出口的；

（四）国内供应短缺或者为有效保护可能用竭的自然资源，需要限制或者禁止出口的；

（五）输往国家或者地区的市场容量有限，需要限制出口的；

（六）出口经营秩序出现严重混乱，需要限制出口的；

（七）为建立或者加快建立国内特定产业，需要限制进口的；

（八）对任何形式的农业、牧业、渔业产品有必要限制进口的；

（九）为保障国家国际金融地位和国际收支平衡，需要限制进口的；

（十）依照法律、行政法规的规定，其他需要限制或者禁止进口或者出口的；

（十一）根据我国缔结或者参加的国际条约、协定的规定，其他需要限制或者禁止进口或者出口的。

第十六条　国家对与裂变、聚变物质或者衍生此类物质的物质有关的货物、技术进出口，以及与武器、弹药或者其他军用物资有关的进出口，可以采取任何必要的措施，维护国家安全。

在战时或者为维护国际和平与安全，国家在货物、技术进出口方面可以采取任何必要的措施。

第十七条 国务院对外贸易主管部门会同国务院其他有关部门，依照本法第十五条和第十六条的规定，制定、调整并公布限制或者禁止进出口的货物、技术目录。

国务院对外贸易主管部门或者由其会同国务院其他有关部门，经国务院批准，可以在本法第十五条和第十六条规定的范围内，临时决定限制或者禁止前款规定目录以外的特定货物、技术的进口或者出口。

第十八条 国家对限制进口或者出口的货物，实行配额、许可证等方式管理；对限制进口或者出口的技术，实行许可证管理。

实行配额、许可证管理的货物、技术，应当按照国务院规定经国务院对外贸易主管部门或者经其会同国务院其他有关部门许可，方可进口或者出口。

国家对部分进口货物可以实行关税配额管理。

第十九条 进出口货物配额、关税配额，由国务院对外贸易主管部门或者国务院其他有关部门在各自的职责范围内，按照公开、公平、公正和效益的原则进行分配。具体办法由国务院规定。

第二十条 国家实行统一的商品合格评定制度，根据有关法律、行政法规的规定，对进出口商品进行认证、检验、检疫。

第二十一条 国家对进出口货物进行原产地管理。具体办法由国务院规定。

第二十二条 对文物和野生动物、植物及其产品等，其他法律、行政法规有禁止或者限制进出口规定的，依照有关法律、行政法规的规定执行。

第四章 国际服务贸易

第二十三条 中华人民共和国在国际服务贸易方面根据所缔结或者参加的国际条约、协定中所作的承诺，给予其他缔约方、参加方市场准入和国民待遇。

第二十四条 国务院对外贸易主管部门和国务院其他有关部门，依照本法和其他有关法律、行政法规的规定，对国际服务贸易进行管理。

第二十五条 国家基于下列原因，可以限制或者禁止有关的国际服务贸易：

（一）为维护国家安全、社会公共利益或者公共道德，需要限制或者禁止的；

（二）为保护人的健康或者安全，保护动物、植物的生命或者健康，保护环境，需要限制或者禁止的；

（三）为建立或者加快建立国内特定服务产业，需要限制的；

（四）为保障国家外汇收支平衡，需要限制的；

（五）依照法律、行政法规的规定，其他需要限制或者禁止的；

（六）根据我国缔结或者参加的国际条约、协定的规定，其他需要限制或者禁止的。

第二十六条 国家对与军事有关的国际服务贸易，以及与裂变、聚变物质或者衍生此类物质的物质有关的国际服务贸易，可以采取任何必要的措施，维护国家安全。

在战时或者为维护国际和平与安全，国家在国际服务贸易方面可以采取任何必要的措施。

第二十七条 国务院对外贸易主管部门会同国务院其他有关部门，依照本法第二十五条、第二十六条和其他有关法律、行政法规的规定，制定、调整并公布国际服务贸易市场准入目录。

第五章 与对外贸易有关的知识产权保护

第二十八条 国家依照有关知识产权的法律、行政法规，保护与对外贸易有关的知识产权。

进口货物侵犯知识产权，并危害对外贸易秩序的，国务院对外贸易主管部门可以采取在一定期限内禁止侵权人生产、销售的有关货物进口等措施。

第二十九条 知识产权权利人有阻止被许可人对许可合同中的知识产权的有效性提出质疑、进行强制性一揽子许可、在许可合同中规定排他性返授条件等行为之一，并危害对外贸易公平竞争秩序的，国务院对外贸易主管部门可以采取必要的措施消除危害。

第三十条 其他国家或者地区在知识产权保护方面未给予中华人民共和国的法人、其他组织或者个人国民待遇，或者不能对来源于中华人民共和国的货物、技术或者服务提供充分有效的知识产权保护的，国务院对外贸易主管部门可以依照本法和其他有关法律、行政法规的规定，并根据中华人民共和国缔结或者参加的国际条约、协定，对与该国家或者该地区的贸易采取必要的措施。

第六章 对外贸易秩序

第三十一条 在对外贸易经营活动中，不得违反有关反垄断的法律、行政法规的规定实施垄断行为。

在对外贸易经营活动中实施垄断行为，危害市场公平竞争的，依照有关反垄断的法律、行政法规的规定处理。

有前款违法行为,并危害对外贸易秩序的,国务院对外贸易主管部门可以采取必要的措施消除危害。

第三十二条 在对外贸易经营活动中,不得实施以不正当的低价销售商品、串通投标、发布虚假广告、进行商业贿赂等不正当竞争行为。

在对外贸易经营活动中实施不正当竞争行为的,依照有关反不正当竞争的法律、行政法规的规定处理。

有前款违法行为,并危害对外贸易秩序的,国务院对外贸易主管部门可以采取禁止该经营者有关货物、技术进出口等措施消除危害。

第三十三条 在对外贸易活动中,不得有下列行为:

(一)伪造、变造进出口货物原产地标记,伪造、变造或者买卖进出口货物原产地证书、进出口许可证、进出口配额证明或者其他进出口证明文件;

(二)骗取出口退税;

(三)走私;

(四)逃避法律、行政法规规定的认证、检验、检疫;

(五)违反法律、行政法规规定的其他行为。

第三十四条 对外贸易经营者在对外贸易经营活动中,应当遵守国家有关外汇管理的规定。

第三十五条 违反本法规定,危害对外贸易秩序的,国务院对外贸易主管部门可以向社会公告。

第七章 对外贸易调查

第三十六条 为了维护对外贸易秩序,国务院对外贸易主管部门可以自行或者会同国务院其他有关部门,依照法律、行政法规的规定对下列事项进行调查:

(一)货物进出口、技术进出口、国际服务贸易对国内产业及其竞争力的影响;

(二)有关国家或者地区的贸易壁垒;

(三)为确定是否应当依法采取反倾销、反补贴或者保障措施等对外贸易救济措施,需要调查的事项;

(四)规避对外贸易救济措施的行为;

(五)对外贸易中有关国家安全利益的事项;

(六)为执行本法第七条、第二十八条第二款、第二十九条、第三十条、第三十一条第三款、第三十二条第三款的规定,需要调查的事项;

(七)其他影响对外贸易秩序,需要调查的事项。

第三十七条 启动对外贸易调查,由国务院对外贸易主管部门发布公告。

调查可以采取书面问卷、召开听证会、实地调查、委托调查等方式进行。

国务院对外贸易主管部门根据调查结果,提出调查报告或者作出处理裁定,并发布公告。

第三十八条 有关单位和个人应当对对外贸易调查给予配合、协助。

国务院对外贸易主管部门和国务院其他有关部门及其工作人员进行对外贸易调查,对知悉的国家秘密和商业秘密负有保密义务。

第八章 对外贸易救济

第三十九条 国家根据对外贸易调查结果,可以采取适当的对外贸易救济措施。

第四十条 其他国家或者地区的产品以低于正常价值的倾销方式进入我国市场,对已建立的国内产业造成实质损害或者产生实质损害威胁,或者对建立国内产业造成实质阻碍的,国家可以采取反倾销措施,消除或者减轻这种损害或者损害的威胁或者阻碍。

第四十一条 其他国家或者地区的产品以低于正常价值出口至第三国市场,对我国已建立的国内产业造成实质损害或者产生实质损害威胁,或者对我国建立国内产业造成实质阻碍的,应国内产业的申请,国务院对外贸易主管部门可以与该第三国政府进行磋商,要求其采取适当的措施。

第四十二条 进口的产品直接或者间接地接受出口国家或者地区给予的任何形式的专向性补贴,对已建立的国内产业造成实质损害或者产生实质损害威胁,或者对建立国内产业造成实质阻碍的,国家可以采取反补贴措施,消除或者减轻这种损害或者损害的威胁或者阻碍。

第四十三条 因进口产品数量大量增加,对生产同类产品或者与其直接竞争的产品的国内产业造成严重损害或者严重损害威胁的,国家可以采取必要的保障措施,消除或者减轻这种损害或者损害的威胁,并可以对该产业提供必要的支持。

第四十四条 因其他国家或者地区的服务提供者向我国提供的服务增加,对提供同类服务或者与其直接竞争的服务的国内产业造成损害或者产生损害威胁的,国家可以采取必要的救济措施,消除或者减轻这种损害或者损害的威胁。

第四十五条 因第三国限制进口而导致某种产品进入我国市场的数量大量增加,对已建立的国内产业造成损害或者产生损害威胁,或者对建立国内产业造成阻碍的，国家可以采取必要的救济措施，限制该产品进口。

第四十六条 与中华人民共和国缔结或者共同参加经济贸易条约、协定的国家或者地区，违反条约、协定的规定，使中华人民共和国根据该条约、协定享有的利益丧失或者受损，或者阻碍条约、协定目标实现的，中华人民共和国政府有权要求有关国家或者地区政府采取适当的补救措施，并可以根据有关条约、协定中止或者终止履行相关义务。

第四十七条 国务院对外贸易主管部门依照本法和其他有关法律的规定，进行对外贸易的双边或者多边磋商、谈判和争端的解决。

第四十八条 国务院对外贸易主管部门和国务院其他有关部门应当建立货物进出口、技术进出口和国际服务贸易的预警应急机制，应对对外贸易中的突发和异常情况，维护国家经济安全。

第四十九条 国家对规避本法规定的对外贸易救济措施的行为，可以采取必要的反规避措施。

第九章 对外贸易促进

第五十条 国家制定对外贸易发展战略，建立和完善对外贸易促进机制。

第五十一条 国家根据对外贸易发展的需要，建立和完善为对外贸易服务的金融机构，设立对外贸易发展基金、风险基金。

第五十二条 国家通过进出口信贷、出口信用保险、出口退税及其他促进对外贸易的方式，发展对外贸易。

第五十三条 国家建立对外贸易公共信息服务体系，向对外贸易经营者和其他社会公众提供信息服务。

第五十四条 国家采取措施鼓励对外贸易经营者开拓国际市场，采取对外投资、对外工程承包和对外劳务合作等多种形式，发展对外贸易。

第五十五条 对外贸易经营者可以依法成立和参加有关协会、商会。

有关协会、商会应当遵守法律、行政法规，按照章程对其成员提供与对外贸易有关的生产、营销、信息、培训等方面的服务，发挥协调和自律作用，依法提出有关对外贸易救济措施的申请，维护成员和行业的利益，向政府有关部门反映成员有关对外贸易的建议，开展对外贸易促进活动。

第五十六条 中国国际贸易促进组织按照章程开展对外联系，举办展览，提供信息、咨询服务和其他对外贸易促进活动。

第五十七条 国家扶持和促进中小企业开展对外贸易。

第五十八条 国家扶持和促进民族自治地方和经济不发达地区发展对外贸易。

第十章 法律责任

第五十九条 违反本法第十条规定，未经授权擅自进出口实行国营贸易管理的货物的，国务院对外贸易主管部门或者国务院其他有关部门可以处五万元以下罚款；情节严重的，可以自行政处罚决定生效之日起三年内，不受理违法行为人从事国营贸易管理货物进出口业务的申请，或者撤销已给予其从事其他国营贸易管理货物进出口的授权。

第六十条 进出口属于禁止进出口的货物的，或者未经许可擅自进出口属于限制进出口的货物的，由海关依照有关法律、行政法规的规定处理、处罚；构成犯罪的，依法追究刑事责任。

进出口属于禁止进出口的技术的，或者未经许可擅自进出口属于限制进出口的技术的，依照有关法律、行政法规的规定处理、处罚；法律、行政法规没有规定的，由国务院对外贸易主管部门责令改正，没收违法所得，并处违法所得一倍以上五倍以下罚款，没有违法所得或者违法所得不足一万元的，处一万元以上五万元以下罚款；构成犯罪的，依法追究刑事责任。

自前两款规定的行政处罚决定生效之日或者刑事处罚判决生效之日起，国务院对外贸易主管部门或者国务院其他有关部门可以在三年内不受理违法行为人提出的进出口配额或者许可证的申请，或者禁止违法行为人在一年以上三年以下的期限内从事有关货物或者技术的进出口经营活动。

第六十一条 从事属于禁止的国际服务贸易的，或者未经许可擅自从事属于限制的国际服务贸易的，依照有关法律、行政法规的规定处罚；法律、行政法规没有规定的，由国务院对外贸易主管部门责令改正，没收违法所得，并处违法所得一倍以上五倍以下罚款，没有违法所得或者违法所得不足一万元的，处一万元以上五万元以下罚款；构成犯罪的，依法追究刑事责任。

国务院对外贸易主管部门可以禁止违法行为人自前款规定的行政处罚决定生效之日或者刑事处罚判决生效之日起一年以上三年以下的期限内从事有关的国际服务贸易经营活动。

第六十二条　违反本法第三十三条规定，依照有关法律、行政法规的规定处罚；构成犯罪的，依法追究刑事责任。

国务院对外贸易主管部门可以禁止违法行为人自前款规定的行政处罚决定生效之日或者刑事处罚判决生效之日起一年以上三年以下的期限内从事有关的对外贸易经营活动。

第六十三条　依照本法第六十条至第六十二条规定被禁止从事有关对外贸易经营活动的，在禁止期限内，海关根据国务院对外贸易主管部门依法作出的禁止决定，对该对外贸易经营者的有关进出口货物不予办理报关验放手续，外汇管理部门或者外汇指定银行不予办理有关结汇、售汇手续。

第六十四条　依照本法负责对外贸易管理工作的部门的工作人员玩忽职守、徇私舞弊或者滥用职权，构成犯罪的，依法追究刑事责任；尚不构成犯罪的，依法给予行政处分。

依照本法负责对外贸易管理工作的部门的工作人员利用职务上的便利，索取他人财物，或者非法收受他人财物为他人谋取利益，构成犯罪的，依法追究刑事责任；尚不构成犯罪的，依法给予行政处分。

第六十五条　对外贸易经营活动当事人对依照本法负责对外贸易管理工作的部门作出的具体行政行为不服的，可以依法申请行政复议或者向人民法院提起行政诉讼。

第十一章　附　　则

第六十六条　与军品、裂变和聚变物质或者衍生此类物质的物质有关的对外贸易管理以及文化产品的进出口管理，法律、行政法规另有规定的，依照其规定。

第六十七条　国家对边境地区与接壤国家边境地区之间的贸易以及边民互市贸易，采取灵活措施，给予优惠和便利。具体办法由国务院规定。

第六十八条　中华人民共和国的单独关税区不适用本法。

第六十九条　本法自2004年7月1日起施行。

关于《中华人民共和国对外贸易法修正案（草案）》的说明

——2022年12月27日在第十三届全国人民代表大会常务委员会第三十八次会议上

商务部部长　王文涛

全国人民代表大会常务委员会：

我受国务院委托，现对《中华人民共和国对外贸易法修正案（草案）》作说明。

为贯彻落实党中央、国务院关于推进贸易高质量发展的决策部署，按照全国人大常委会关于暂时调整适用有关法律规定授权决定的要求，商务部、司法部会同有关部门起草了《中华人民共和国对外贸易法修正案（草案）》（以下简称草案）。草案已经国务院同意。现说明如下：

一、基本情况

2019年10月26日，第十三届全国人大常委会第十四次会议通过《全国人民代表大会常务委员会关于授权国务院在自由贸易试验区暂时调整适用有关法律规定的决定》，授权国务院在自由贸易试验区内暂时调整适用《中华人民共和国对外贸易法》（以下简称对外贸易法）第九条，取消对外贸易经营者备案登记。调整在三年内试行。对实践证明可行的，国务院应当提出修改有关法律的意见；对实践证明不宜调整的，在试点期满后恢复施行有关法律规定。

2022年11月，商务部向司法部送来对外贸易法有关条款修改方案。商务部评估认为，改革试点实施以来，各自由贸易试验区通过印发配套文件、加强部门间工作衔接、开展政策宣讲等方式，积极推动政策落地见效。取消备案登记后，对外贸易经营者相关手续办理流程得以精简，便利度显著提升，受到市场主体广泛认可。有关政府部门着重加强监管，在管理上未发现风险隐患。改革举措经实践证明可行，宜通过修法方式向全国推广。因此，建议修改对外贸易法，删去第九条关于对外贸易经营者备案登记的规定。司法部征求了有关部门和各自由贸易试验区所在省、自治区、直辖市人民政府意见，会同商务部等有关部门对修改方案进行研究完善，形成了草案。

二、修改的主要内容

草案落实全国人大常委会授权决定要求，删去了对外贸易法第九条关于"从事货物进出口或者技术进出口的对外贸易经营者，应当向国务院对外贸易主管部门或者其委托的机构办理备案登记；但是，法律、行政法规和国务院对外贸易主管部门规定不需要备案登记的除外。备案登记的具体办法由国务院对外贸易主管部门规定。对外贸易经营者未按照规定办理备案登记的，海关不予办理进出口货物的报关验放手续"的规定。

草案和以上说明是否妥当，请审议。

全国人民代表大会宪法和法律委员会关于《中华人民共和国对外贸易法修正案（草案）》审议结果的报告

——2022年12月30日在第十三届全国人民代表大会常务委员会第三十八次会议上

全国人民代表大会常务委员会：

本次常委会会议于12月27日下午对国务院提请审议的《中华人民共和国对外贸易法修正案（草案）》进行了分组审议。普遍认为，为精简对外贸易经营者相关手续办理流程，将自由贸易试验区相关改革试点经验在全国范围内复制推广，对对外贸易法进行修改，删去第九条关于对外贸易经营者备案登记的规定，是必要的，赞成提请本次常委会会议表决通过。同时，有的常委委员还提出了一些意见建议。宪法和法律委员会于12月28日上午召开会议，逐条研究了常委会组成人员和列席人员的审议意见，对修正案草案进行了审议。财政经济委员会、商务部有关负责同志列席了会议。宪法和法律委员会认为，修正案草案是可行的。

在审议中，有的常委委员建议与对外贸易法的总体修改统筹考虑；有的常委委员对取消备案登记后的工作衔接提出了意见建议。宪法和法律委员会经研究，建议国务院有关部门在法律实施中认真研究常委委员的审议意见，完善配套规定，加强部门协作和信息共享，做好相关工作衔接和服务指导工作；同时建议抓紧做好对外贸易法修改工作。

宪法和法律委员会已按上述意见提出了全国人民代表大会常务委员会关于修改《中华人民共和国对外贸易法》的决定（草案），建议本次常委会会议审议通过。

修改决定草案和以上报告是否妥当，请审议。

加强和创新新时代宪法实施工作　更好发挥宪法在治国理政中的重要作用

全国人大常委会法制工作委员会

党的十八大以来，以习近平同志为核心的党中央坚持依宪治国、依宪执政，高度重视宪法在治国理政中的重要作用，围绕宪法提出系列重大论断，作出系列重大部署，推进系列重大工作，我国宪法全面实施取得重大成效，全党全社会宪法意识明显提升，社会主义法治建设成果丰硕。党的二十大强调："加强宪法实施和监督，健全保证宪法全面实施的制度体系，更好发挥宪法在治国理政中的重要作用，维护宪法权威。"2022年12月，习近平总书记发表《谱写新时代中国宪法实践新篇章——纪念现行宪法公布施行40周年》署名文章，为推进新时代宪法制度建设和加强宪法实施工作提供了根本遵循。十三届全国人大及其常委会深入贯彻落实习近平总书记关于宪法的重要论述和党中央决策部署，高度重视宪法相关工作，通过宪法修正案，完善宪法相关法律制度，健全保证宪法全面实施的体制机制，创新宪法实施制度实践，坚持把宪法相关工作作为全国人大常委会年度工作报告重要事项作出阐述，把加强宪法实施和监督作为每年常委会工作要点、立法工作计划重要部分作出部署安排，宪法实施工作不断实现新突破、取得新进展、呈现新气象。

一、完善以宪法为核心的中国特色社会主义法律体系

宪法是国家一切法律法规的总依据、总源头，具有最高的法律地位、法律权威、法律效力。十三届全国人大及其常委会积极行使国家立法权，加快完善以宪法为核心的中国特色社会主义法律体系，通过宪法修正案，制定法律 47 件，修改法律 111 件次，作出法律解释 1 件，通过有关法律问题和重大问题的决定 52 件，现行有效法律达到 294 件。民法典、监察法、香港特别行政区维护国家安全法等 19 件新制定的法律在立法目的和依据的条款中明确规定“根据宪法”制定本法（条例、决定）。在呈现覆盖广、数量多、节奏快、要求高等时代特点的同时，立法工作更加鲜明地呈现出直接贯彻落实宪法的规定、原则和精神的特点。

通过宪法修正案，确立习近平新时代中国特色社会主义思想在国家政治和社会生活中的指导地位，明确中国共产党领导是中国特色社会主义最本质的特征。党的十八大以来，以习近平同志为核心的党中央团结带领全国各族人民毫不动摇坚持和发展中国特色社会主义，统筹推进“五位一体”总体布局、协调推进“四个全面”战略布局，推进党的建设新的伟大工程，锐意进取、攻坚克难，踔厉奋发、勇毅前行，推动党和国家事业取得历史性成就、发生历史性变革，中国特色社会主义进入了新时代。2018 年 3 月，十三届全国人大一次会议通过宪法修正案，对我国现行宪法作了第五次修改。主要包括：确立习近平新时代中国特色社会主义思想在国家政治和社会生活中的指导地位；明确中国共产党领导是中国特色社会主义最本质的特征；调整充实中国特色社会主义事业总体布局和第二个百年奋斗目标的内容；完善依法治国和宪法实施举措；充实完善我国革命和建设发展历程的内容；充实完善爱国统一战线和民族关系的内容；充实和平外交政策方面的内容；增加倡导社会主义核心价值观的内容；修改国家主席任职方面的规定；增加设区的市制定地方性法规的规定；增加有关监察委员会的各项规定等。经过多次修改完善，宪法在中国特色社会主义伟大实践中紧跟时代前进步伐，不断适应新形势、吸纳新经验、确认新成果、作出新规范，有力推动和加强了社会主义法治建设，有力推动和保障了党和国家事业发展。

健全完善宪法相关法律制度，保证宪法确立的制度、原则、规则得到全面实施。通过科学有效、系统完备的法律制度体系保证宪法实施，是宪法实施的内在要求和重要任务，也是保证宪法实施的基本途径和重要方式。

关于国家机构组织立法。根据宪法，制定监察法、监察官法、公职人员政务处分法等，修改全国人大组织法、全国人大议事规则、全国人大常委会议事规则、选举法、地方组织法、人民法院组织法、人民检察院组织法、公务员法、法官法、检察官法等，不断完善国家机构组织和人员相关法律制度，积极推进党的领导制度化、法治化。

关于国家安全相关立法。落实总体国家安全观，根据宪法关于国家安全、外交、领土等规定，统筹推进国内法治与涉外法治，制定香港特别行政区维护国家安全法、陆地国界法、海警法、数据安全法、生物安全法、反外国制裁法、出口管制法、密码法等，修改反恐怖主义法、海上交通安全法等，为维护国家主权、安全、发展利益提供了重要法治支撑。

关于国防军事相关立法。适应新时代国防和军队现代化建设新任务新要求，根据宪法，制定修改国防法、兵役法、预备役人员法、人民武装警察法、军事设施保护法、军人地位和权益保障法、退役军人保障法等，为实现国防和军队现代化提供有力法治保障。落实宪法关于衔级制度的规定，制定关于中国人民解放军现役士兵衔级制度的决定，填补了士兵衔级制度法律空白。

关于社会主义核心价值观立法。制定英雄烈士保护法、家庭教育促进法，修改国旗法、国徽法等，增强公民的国家观念，传承和弘扬爱国主义精神，培育和践行社会主义核心价值观。

关于公民权利保障立法。编纂民法典，制定个人信息保护法、基本医疗卫生与健康促进法、疫苗管理法、反电信网络诈骗法、法律援助法等，修改刑事诉讼法、妇女权益保障法、未成年人保护法、老年人权益保障法等，将宪法有关人身自由、人格尊严、财产权、继承权、平等权、婚姻家庭等规定通过立法予以实施，不断夯实公民权利法治保障。

关于税收立法。落实税收法定原则，根据宪法和立法法规定，制定耕地占用税法、车辆购置税法、资源税法、契税法、城市维护建设税法、印花税法，修改个

人所得税法等，通过关于授权国务院在部分地区开展房地产税改革试点工作的决定，审议增值税法草案。我国现行 18 个税种中已经有 12 个制定了法律，其中 11 件法律由十三届全国人大常委会制定或修改完善。

关于生态文明立法。贯彻 2018 年宪法修正案关于生态文明规定精神，制定土壤污染防治法、噪声污染防治法、长江保护法、黄河保护法、黑土地保护法、湿地保护法，修改固体废物污染环境防治法、野生动物保护法等，作出关于全面加强生态环境保护依法推动打好污染防治攻坚战的决议等，为建设美丽中国提供系统坚实的法治保障。

二、健全保证宪法全面实施的体制机制

健全保证宪法全面实施的体制机制，加强宪法实施和监督，既是以习近平同志为核心的党中央明确交给全国人大及其常委会的重大政治任务，也是宪法赋予全国人大及其常委会的重要法定职责。十三届全国人大及其常委会把加强宪法实施和监督摆在人大工作的突出位置，加强保证宪法全面实施的制度建设，积极完善法律草案合宪性审查程序机制，落实宪法解释程序机制，完善和加强备案审查制度，不断提高宪法监督的制度化、程序化、规范化水平。

积极稳妥推进合宪性审查工作，不断提高合宪性审查能力和质量。习近平总书记强调，要全面发挥宪法在立法中的核心地位功能，每一个立法环节都把好宪法关。贯彻习近平总书记重要论述和党中央关于合宪性审查工作的指导性文件精神，十三届全国人大及其常委会把合宪性审查工作贯彻到立法各方面各环节，实现了审查对象全覆盖、审查主体全链条、审查程序全过程，确保每一部法律、每一项制度、每一条规定都符合宪法规定、宪法原则、宪法精神。

加强合宪性审查制度化建设。2018 年 3 月 11 日，十三届全国人大一次会议通过宪法修正案，根据党的十九届三中全会通过的《深化党和国家机构改革方案》，将宪法第七十条第一款中的“法律委员会”修改为“宪法和法律委员会”。3 月 13 日，十三届全国人大一次会议作出决定，设立宪法和法律委员会。6 月，全国人大常委会专门通过关于全国人大宪法和法律委员会职责问题的决定，明确宪法和法律委员会在继续承担统一审议法律草案工作的基础上，增加推动宪法实施、开展宪法解释、推进合宪性审查、加强宪法监督、配合宪法宣传等工作职责。10 月，常委会法工委设立宪法室，为全国人大常委会、宪法和法律委员会履行宪法方面有关职责提供服务保障。按照党中央部署要求和全国人大常委会工作安排，宪法和法律委员会、常委会法工委认真总结实践经验，建立健全法律草案合宪性审查程序机制，在即将提请十四届全国人大一次会议审议的立法法修正草案中建议规定合宪性审查制度，明确法律案起草和审议过程以及备案审查工作中的合宪性审查要求，同时常委会法工委积极研究制定相关配套工作制度规范，保证合宪性审查工作落实落细。

做好法律草案合宪性审查工作。按照党中央部署要求，全国人大及其常委会在履行相关职责中注重加强合宪性审查工作，依法对所有提请全国人大及其常委会审议的法律草案和决定决议草案进行合宪性审查，区分不同情况分别作出相应安排。宪法和法律委员会、常委会法工委认真把好统一审议环节的宪法关，在监察法、英雄烈士保护法、刑事诉讼法、人民法院组织法、人民检察院组织法、外商投资法、民法典、公职人员政务处分法、人口与计划生育法、审计法、海警法、关于国家监察委员会制定监察法规的决定、关于设立成渝金融法院的决定等制定修改过程中，对涉及的合宪性、涉宪性问题进行研究审查，遵循宪法规定和宪法原则作出适当处理，确保宪法得到完整准确全面贯彻。

做好涉宪性问题的事先审查和咨询工作。有关方面在起草法律草案、法规规章、重要政策和重大举措过程中，涉及宪法有关规定如何理解、如何适用问题的，事先经过全国人大常委会合宪性审查，将涉宪性问题和社会重大关切及时解决在起草环节、规范性文件出台之前，确保同宪法规定、原则和精神相符合。例如，在审计法修正草案起草过程中，对审计署职权和审计事项范围的扩大提出合宪性研究意见，明确在宪法框架下扩展审计范围，保证党中央改革审计管理体制的重大部署得到贯彻落实。

落实宪法解释程序机制，采取务实管用方式方法积极回应社会关切。十三届全国人大及其常委会坚持宪法实施、宪法解释、宪法监督系统推进，在制定和修改法律、出台有关法律问题的决定和法律解释，以及议案说明、审议结果的报告和修改情况的汇报等正式法律文件中对涉及宪法理解和适用问题作出说明和回应，对宪法有关规定的含义提出解释性研究意见，妥善解决宪法解释的现实需求，努力实现宪法的稳定性和适应性的统一。

在立法工作中深化合宪性问题研究。2019 年，在全国人大及其常委会审议外商投资法草案过程中，开展立法合宪性问题研究，认为宪法第十八条规定的

含义已发生演进和延伸，并已成为普遍适用的法治原则；改革开放以来我国外商投资立法，是宪法有效实施的内在要求和重要体现，符合宪法规定和精神。

对宪法有关规定的含义提出解释性研究意见。例如，2021 年，在审议人口与计划生育法修正草案过程中开展修法合宪性问题研究，宪法和法律委员会在审议结果报告中提出，我国宪法第二十五条“国家推行计划生育，使人口的增长同经济和社会发展计划相适应”的规定体现了问题导向与目标导向相统一、指向性与方向性相统一，具有相当的包容性和适应性，可以涵盖不同时期实行的生育政策；修改人口与计划生育法，落实新生育政策，符合宪法规定和精神。

积极运用宪法精神凝聚立法共识。2018 年，在制定英雄烈士保护法过程中，针对如何界定英雄烈士范围问题进行了认真研究并提出意见。即：本法主要是根据宪法序言和人民英雄纪念碑碑文的精神对英雄烈士确定了一个基本范围，包括近代以来为国家、民族和人民作出重大牺牲和贡献的英烈先驱和革命先行者，重点是中国共产党、人民军队和中华人民共和国历史上涌现的无数英雄烈士，既包括个人也包括群体，既包括留有姓名的英雄烈士也包括无数未留下姓名的英雄烈士。据此，英雄烈士保护法对英雄烈士范围作出了相应规定。

完善和加强备案审查制度，在工作中认真研究和妥善处理合宪性、涉宪性问题。对行政法规、监察法规、地方性法规、自治条例和单行条例、经济特区法规、司法解释、特别行政区本地法律等规范性文件开展备案审查，是宪法法律赋予全国人大常委会的一项重要职权。十三届全国人大常委会每年都听取和审议法工委关于备案审查工作情况的报告，并于 2019 年首次向常委会报告对香港、澳门特别行政区本地法律进行备案审查的情况，确保宪法法律得到正确实施，取得了良好法治效果和社会效果。在备案审查工作中注重加强合宪性问题审查研究，妥善处理保护公民通信自由和通信秘密、民族地区推广使用国家通用语言文字、强制亲子鉴定等合宪性、涉宪性问题，切实维护国家法治统一和宪法权威尊严。

三、加强宪法实施和监督的创新实践

十三届全国人大及其常委会贯彻宪法规定、原则和精神，坚持以人民为中心的发展思想，发展全过程人民民主，采取一系列有力措施，实施宪法规定的特赦制度，推动废止收容教育措施等，探索新的立法形式，加强宪法实施和监督的实践创新，弘扬宪法精神、维护宪法权威、推动宪法实施，不断取得显著成效和重要进展。

直接实施宪法关于特赦制度的规定。根据党中央的决策部署，继 2015 年在中国人民抗日战争暨世界反法西斯战争胜利 70 周年之际进行特赦之后，2019 年 6 月 29 日，在庆祝中华人民共和国成立 70 周年之际，十三届全国人大常委会第十一次会议通过了关于在中华人民共和国成立 70 周年之际对部分服刑罪犯予以特赦的决定，国家主席习近平签署发布特赦令，对正在服刑的罪犯中参加过中国人民抗日战争、中国人民解放战争等 9 类情形并符合规定条件的罪犯实行特赦。这是宪法规定的特赦制度直接实施的重要实践，充分彰显以习近平同志为核心的党中央承续中华文明慎刑恤囚、明刑弼教的优良传统，推进法安天下、德润人心的仁政，体现了依法治国理念和人道主义精神。

贯彻尊重和保障人权的宪法原则，推动法治领域重要制度改革。十三届全国人大及其常委会始终把维护人民利益、反映人民意愿、保障人民权益、增进人民福祉作为党领导人民制定和实施宪法最根本的目的，积极稳妥推动人权保障相关领域重要制度改革，切实保障公民人身权、财产权、人格权和基本政治权利不受侵犯。继 2013 年废止劳动教养制度后，2019 年废止收容教育制度，2020 年改革收容教养制度，建立完善未成年人专门矫治教育制度。这是我国人权保障工作中新的重要改革成果，彰显了宪法精神和理念，体现了法治文明发展进步。

根据宪法和立法法的原则和精神创新立法形式。十三届全国人大及其常委会根据宪法和立法法的原则和精神，适应形势发展和工作需要，探索丰富立法形式，不断推进新时代立法形式的新实践新发展。适应国家深化改革、扩大开放新举措对立法工作的新要求，2021 年 6 月，制定海南自由贸易港法，规定海南省人大及其常委会可就贸易、投资及相关管理活动制定海南自由贸易港法规。海南先后出台了全国首个保护公平竞争条例、首个反消费欺诈法规等一批海南自由贸易港法规，逐步构筑加快促进海南自由贸易港健康发展的法律制度规范体系。为推动浦东新区高水平改革开放、打造社会主义现代化建设引领区，2021 年 6 月，全国人大常委会作出关于授权上海市人大及其常委会制定浦东新区法规的决定，一年多时间里已有 15 件浦东新区法规制定出台，运用法治思维和法治方式“试制度、探新路”，形成了涵盖营商环境、城市治理、产业发展、科技创新等方面的一系列制度创新。为贯彻实施宪法和监察法，2019 年 10 月，全国人大常委会作出关于国家监察委员会制定监察法规的决定，规定国家监察委员会根据宪法和法律制定监察法规。2021 年 9 月，国家监察委员会公布出台首部监察法规——监察法实施条例，并向全国人大常委会备案，为推进新时代国家监察工作高质量发展提供法治保障。制定海警法，规定中国海警局可就海上维权执法事项制定规章。海警规章作为一种适应新情况新需要、具有独特意义的新类型规章，有力保证中国海警局依法高效行权履职。

四、维护宪法和基本法确定的特别行政区宪制秩序

面对 2019 年香港修例风波以来香港社会秩序和国家主权、安全、发展利益遇到的重大风险挑战，在党中央坚强领导下，全国人大及其常委会坚定担负宪法使命、履行宪法职责、维护宪法权威，全面准确、坚定不移贯彻“一国两制”方针，充分发挥宪法在港澳工作中的重要作用，根据宪法和香港基本法作出具有重要宪制意义的新制度安排，创制性运用宪法制度和宪法规定应对治国理政中遇到的重大风险挑战，完善特别行政区同宪法和基本法实施相关的制度机制，有力维护了宪法和基本法确定的特别行政区宪制秩序，推动香港局势实现由乱到治的重大转折。

建立健全香港特别行政区维护国家安全的法律制度和执行机制。2020 年 5 月，贯彻党中央重大决策部署，十三届全国人大三次会议根据宪法第三十一条和第六十二条第二项、第十四项、第十六项的规定，以及香港基本法的有关规定，通过《全国人民代表大会关于建立健全香港特别行政区维护国家安全的法律制度和执行机制的决定》，就相关问题作出若干基本规定，同时授权全国人大常委会制定相关法律。6 月 30 日，十三届全国人大常委会第二十次会议通过了香港特别行政区维护国家安全法，决定在香港基本法附件三中增加这一全国性法律，并明确由香港特别行政区在当地公布实施。8 月和 11 月，又先后通过了关于香港特别行政区第六届立法会继续履行职责的决定和关于香港特别行政区立法会议员资格问题的决定。

应对香港国安法实施中遇到的新情况，国务院根据香港特别行政区行政长官的报告，向全国人大常委会提出了关于提请解释香港国安法有关条款的议案。2022 年 12 月 30 日，十三届全国人大常委会第三十八次会议通过关于香港特别行政区维护国家安全法第十四条和第四十七条的解释，阐明有关条款的含义，明确解决有关问题的方式和路径，及时妥善解决香港国安法实施中遇到的问题，确保香港国安法全面准确贯彻实施。

完善香港特别行政区选举制度。针对香港社会出现的一些乱象所暴露出香港特别行政区现行选举制度机制存在的明显漏洞和缺陷，2021 年 3 月，十三届全国人大四次会议按照党中央重大决策部署，通过关于完善香港特别行政区选举制度的决定，明确完善选举制度应当遵循的基本原则和核心要素内容，并授权全国人大常委会修改香港基本法附件一和附件二。3 月 30 日，十三届全国人大常委会第二十七次会议全票表决通过修订后的香港基本法附件一和附件二，对完善选举制度作出明确具体、务实可行的规定。香港特别行政区随即以本地立法方式落实全国人大的决定和修订后的香港基本法附件一、附件二。

2021 年 9 月、12 月和 2022 年 5 月，香港特别行政区先后成功举行选举委员会、立法会和行政长官的选举；2022 年 12 月，香港、澳门特别行政区根据十三届全国人大五次会议通过的选举办法先后完成两地第十四届全国人大代表的选举。整个选举过程公开、公平、安全、廉洁，充分展现了全面贯彻“一国两制”下民主实践的新气象。

五、深入开展宣传教育，大力弘扬宪法精神

宪法宣传教育是宪法实施的基础性工作。十三届全国人大及其常委会贯彻习近平总书记关于宪法宣传教育作出的系列重要指示，落实关于设立国家宪法日的决定要求，深入开展宪法宣传教育，作出关于授予国家勋章和国家荣誉称号的决定，组织进行宪法宣誓，以宪法精神凝心聚力，为宪法全面贯彻实施奠定良好社会基础。

深入宣传现行宪法公布施行 40 年来的伟大实践。2021 年 6 月，全国人大常委会作出关于开展第八个五年法治宣传教育的决议，对在全社会深入学习宣传贯彻习近平法治思想、加强宪法法治宣传教育作出明确部署。各部门、各地区深入学习贯彻习近平法治思想，积极开展有关活动纪念现行宪法公

布施行40周年，以多种形式广泛开展宪法宣传教育。全国人大常委会办公厅会同中央宣传部、司法部等部门连续多年举办国家宪法日座谈会，全国人大机关举办“纪念现行宪法公布施行四十周年档案资料展”，宪法和法律委员会、常委会法工委有关负责同志发表理论文章、接受采访，组织撰写《辉煌四十年——现行宪法发展与实施报告》一书，积极宣传介绍新时代十年我国宪法制度建设和宪法实施取得的历史性成就。中央宣传部、司法部、全国普法办连续五年开展“宪法宣传周”活动，推动宪法法律进企业、进农村、进机关、进校园、进社区、进军营、进网络。中央组织部等部门重点抓领导干部宪法学习教育。教育部组织开展青少年宪法学习教育，青少年的宪法意识和观念得到明显增强。

实施宪法关于国家勋章和国家荣誉称号制度的创制性实践。2019年9月，在中华人民共和国成立70周年之际，十三届全国人大常委会第十三次会议通过关于授予国家勋章和国家荣誉称号的决定，国家主席习近平签署主席令，授予于敏等8人“共和国勋章”，授予劳尔·卡斯特罗·鲁斯等6人“友谊勋章”，授予叶培建等28人国家荣誉称号。2018年6月、2019年4月、2020年11月、2022年10月，国家主席习近平4次举行中华人民共和国“友谊勋章”颁授仪式，分别向俄罗斯总统普京等授予“友谊勋章”。2020年8月，为了隆重表彰在抗击新冠疫情斗争中作出杰出贡献的功勋模范人物，根据全国人大常委会的决定，国家主席习近平签署主席令，授予钟南山“共和国勋章”，授予张伯礼、张定宇、陈薇“人民英雄”国家荣誉称号。这些颁授实践有利于落实宪法关于国家倡导社会主义核心价值观的规定，有利于强化全体人民的国家意识，极大增强了国家的凝聚力和感召力。

健全实行宪法宣誓制度。2018年宪法修正案在总纲中增加规定“国家工作人员就职时应当依照法律规定公开进行宪法宣誓”。2018年3月17日，习近平同志在十三届全国人大一次会议上全票当选为国家主席、中央军委主席后，现场进行了宪法宣誓活动，这是共和国历史上国家主席首次进行宪法宣誓，意义重大、影响深远。根据宪法和全国人大常委会关于实行宪法宣誓制度的决定，十三届全国人大常委会共组织28次宪法宣誓，共有132人次常委会任命或决定任命人员参加了宪法宣誓仪式，有力增强了国家工作人员模范遵守宪法法律、依宪依法履职的使命感和责任感，推动尊崇宪法、学习宪法、遵守宪法、维护宪法、运用宪法在全社会蔚然成风。

新时代新征程上，我们要以纪念现行宪法公布施行40周年为契机，贯彻落实党的二十大精神，深入学习贯彻习近平法治思想，深刻领悟“两个确立”的决定性意义，增强“四个意识”、坚定“四个自信”、做到“两个维护”，坚定不移走中国特色社会主义法治道路，为全国人大及其常委会加强宪法实施、履行宪法使命，更好发挥宪法在治国理政中的重要作用做好服务保障工作，以奋发有为的精神谱写新时代中国宪法实践新篇章。

二、作出法律解释

全国人民代表大会常务委员会关于《中华人民共和国香港特别行政区维护国家安全法》第十四条和第四十七条的解释

（2022 年 12 月 30 日第十三届全国人民代表大会常务委员会第三十八次会议通过）

第十三届全国人民代表大会常务委员会第三十八次会议审议了《国务院关于提请解释〈中华人民共和国香港特别行政区维护国家安全法〉有关条款的议案》。国务院的议案是应香港特别行政区行政长官向中央人民政府提交的有关报告提出的。根据《中华人民共和国宪法》第六十七条第四项和《中华人民共和国香港特别行政区维护国家安全法》第六十五条的规定，全国人民代表大会常务委员会对《中华人民共和国香港特别行政区维护国家安全法》第十四条和第四十七条规定的含义和适用作如下解释：

一、根据《中华人民共和国香港特别行政区维护国家安全法》第十四条的规定，香港特别行政区维护国家安全委员会承担香港特别行政区维护国家安全的法定职责，有权对是否涉及国家安全问题作出判断和决定，工作信息不予公开。香港特别行政区维护国家安全委员会作出的决定不受司法复核，具有可执行的法律效力。香港特别行政区任何行政、立法、司法等机构和任何组织、个人均不得干涉香港特别行政区维护国家安全委员会的工作，均应当尊重并执行香港特别行政区维护国家安全委员会的决定。

二、根据《中华人民共和国香港特别行政区维护国家安全法》第四十七条的规定，香港特别行政区法院在审理危害国家安全犯罪案件中遇有涉及有关行为是否涉及国家安全或者有关证据材料是否涉及国家秘密的认定问题，应当向行政长官提出并取得行政长官就该等问题发出的证明书，上述证明书对法院有约束力。

三、香港特别行政区行政长官依据《中华人民共和国香港特别行政区维护国家安全法》第十一条的规定于 11 月 28 日向中央人民政府提交的有关报告认为，不具有香港特别行政区全面执业资格的海外律师担任危害国家安全犯罪案件的辩护人或者诉讼代理人可能引发国家安全风险。不具有香港特别行政区全面执业资格的海外律师是否可以担任危害国家安全犯罪案件的辩护人或者诉讼代理人的问题，属于《中华人民共和国香港特别行政区维护国家安全法》第四十七条所规定的需要认定的问题，应当取得行政长官发出的证明书。如香港特别行政区法院没有向行政长官提出并取得行政长官就该等问题发出的证明书，香港特别行政区维护国家安全委员会应当根据《中华人民共和国香港特别行政区维护国家安全法》第十四条的规定履行法定职责，对该等情况和问题作出相关判断和决定。

现予公告。

关于《国务院关于提请解释〈中华人民共和国香港特别行政区维护国家安全法〉有关条款的议案》的说明

——2022 年 12 月 27 日在第十三届全国人民代表大会常务委员会第三十八次会议上

国务院港澳事务办公室主任　夏宝龙

全国人民代表大会常务委员会：

我受国务院委托，现对《国务院关于提请解释〈中华人民共和国香港特别行政区维护国家安全法〉有关条款的议案》作以下说明。

一、背景情况

2020 年 6 月 30 日，第十三届全国人民代表大会常务委员会第二十次会议通过《中华人民共和国香港特别行政区维护国家安全法》（以下简称“香港国安法”）。香港国安法实施以来，香港特别行政区（以下简称“香港特区”）行政机关、立法机关、司法机关落实维护国家安全责任，认真执行香港国安法，防范、制止和惩治危害国家安全犯罪，推动香港局势实现由乱到治的重大转折。

二、国务院提请全国人大常委会就香港国安法作出解释的有关考虑

香港国安法第十一条规定，香港特区行政长官应当就香港特区维护国家安全事务向中央人民政府负责；如中央人民政府提出要求，行政长官应当就维护国家安全特定事项及时提交报告。依据上述法律规定，国务院于 2022 年 11 月 26 日向李家超行政长官发出公函，要求行政长官就香港国安法实施以来，香港特区履行维护国家安全职责，包括香港特区维护国家安全委员会（以下简称“特区国安委”）工作等有关情况，向中央人民政府提交报告。

11 月 28 日，行政长官李家超向国务院呈报了报告，请求国务院提请全国人大常委会对相关事项作出解释。

根据香港基本法第四十三条和香港国安法第十一条，行政长官是香港特区的首长，就香港特区维护国家安全事务向中央人民政府负责。行政长官提交报告并提出对香港国安法作出解释的建议，是适当的。由全国人大常委会对香港国安法有关条款作出解释，有充分的法律依据和法理基础，是必要的、适当的：

第一，全国人大常委会依法律程序对香港国安法作出解释可以规范依香港国安法审理危害国家安全犯罪案件的司法程序，强化特区国安委的权力和责任。

第二，具有坚实的法理基础和充分的法律依据。宪法第六十七条第四项规定，全国人大常委会负责解释法律。香港国安法第六十五条规定：“本法的解释权属于全国人民代表大会常务委员会。”香港国安法是全国人大常委会根据全国人大的授权制定、列入香港基本法附件三、在香港公布实施的全国性法律，其解释权专属全国人大常委会。全国人大常委会的法律解释同香港国安法具有同等效力，香港特区法院在审理案件时必须遵从。

第三，具有牢固的社会基础。香港回归以来，全国人大常委会五次解释香港基本法，在释法程序和形式上积累了成熟的经验，全国人大常委会有关释法内容已成为香港特区法律制度的重要组成部分。

三、具体释法请求

为厘清香港国安法的原意，特提请全国人民代表大会常务委员会对香港国安法第十四条、第四十七条作出解释，明确特区国安委承担香港特区维护国家安全的法定责任，有权对是否涉及国家安全问题作出判断和决定；不具有香港特区全面执业资格的海外律师担任国家安全案件的辩护人或者诉讼代理人可能引发国家安全风险，属于香港国安法第

四十七条所规定的需要认定的有关行为,应当取得行政长官发出的证明书;如香港特区法院没有提出并取得行政长官发出的证明书,特区国安委应当根据香港国安法的规定履行法定职责,对该等情况作出相关判断和决定。

全国人大常委会对上述法律条款作出解释,将明确特区国安委在涉及国家安全问题上的判断权和决定权,有利于维护行政主导,支持行政长官依法履职,并为将来处理类似问题建立机制。

我的说明完了,请审议。

全国人民代表大会宪法和法律委员会对《国务院关于提请解释〈中华人民共和国香港特别行政区维护国家安全法〉有关条款的议案》的审议意见

——2022 年 12 月 27 日在第十三届全国人民代表大会常务委员会第三十八次会议上

全国人民代表大会常务委员会:

《国务院关于提请解释〈中华人民共和国香港特别行政区维护国家安全法〉有关条款的议案》,已于近日由国务院提请全国人大常委会审议。国务院提出,香港特别行政区行政长官于 2022 年 11 月 28 日向国务院呈报了《关于黎智英案所涉香港国安法有关情况的报告》,建议提请全国人大常委会对香港国安法有关条款作出解释,阐明没有本地全面执业资格的海外律师参与国安案件是否符合国安法的立法原意和目的。国务院研究认为,该报告提出的有关问题关系到《中华人民共和国香港特别行政区维护国家安全法》的正确实施,根据宪法和香港国安法有关规定提请全国人大常委会对香港国安法有关条款作出解释。

宪法和法律委员会认为,当前香港社会对于海外律师能否参与国安案件、香港国安法如何适用等问题产生了重大分歧。为了及时妥善解决香港国安法实施中遇到的问题,全国人大常委会根据宪法和香港国安法有关规定,对香港国安法有关条款作出解释,阐明有关条款的含义,明确解决有关问题的方式和路径,确保香港国安法全面准确贯彻实施,切实维护宪法和香港基本法确定的特别行政区宪制秩序,切实维护国家主权、安全、发展利益,是必要的、恰当的。

宪法和法律委员会建议,将该议案(包括释法案文建议稿和关于议案的说明)列入十三届全国人大常委会第三十八次会议议程,并根据常委会组成人员的审议意见和各方面的意见,对解释草案进行修改完善后,依照法定程序作出相应解释。

全国人民代表大会宪法和法律委员会对《关于〈中华人民共和国香港特别行政区维护国家安全法〉第十四条和第四十七条的释法案文(建议稿)》审议结果的报告

——2022 年 12 月 30 日在第十三届全国人民代表大会常务委员会第三十八次会议上

全国人民代表大会常务委员会:

本次常委会会议于 12 月 27 日下午对《国务院关于提请解释〈中华人民共和国香港特别行政区维护国家安全法〉有关条款的议案》进行了分组审议。普遍认为,当前香港社会对于没有本地全面执业资格的海外律师能否参与国安案件、香港国安法如何适用等问题产生了重大分歧,全国人大常委会根据宪法和香港国安法有关规定,对香港国安法第十四条和第四十七条作出解释，阐明有关条款的含义，明确解决有关问题的方式和路径，对及时妥善解决香港国安法实施中遇到的问题，确保香港国安法全面准确贯彻实施，维护宪法和香港基本法确定的特别行政区宪制秩序，维护国家主权、安全、发展利益，是必要的、恰当的。作出这一解释是全国人大常委会贯彻依法治港、坚持和完善“一国两制”制度体系一项重要举措。国务院提出的释法案文建议稿是可行的，能够有效解决法律实施中遇到的有关问题，赞成本次常委会会议作出相关解释。同时，有些常委会组成人员和列席人员还提出了一些修改意见和建议。

宪法和法律委员会于12月28日上午召开会议，逐一研究了常委会组成人员和列席人员的审议意见，对释法案文建议稿进行了审议。国务院港澳事务办公室有关负责同志列席了会议。宪法和法律委员会认为，释法案文建议稿是可行的，同时，提出以下修改意见：

一、有的常委委员提出，在释法案文建议稿第一自然段结尾增加“国务院的议案是应香港特别行政区行政长官向中央人民政府提交的有关报告提出的”。宪法和法律委员会经研究认为，增加有关内容，有助于明确国务院议案提出的背景和来由，说明全国人大常委会本次解释香港国安法是有实际需要的，具有现实针对性，建议采纳这一意见。

二、有的常委委员提出，将释法案文建议稿第二条中的“应取得行政长官就该等问题发出的证明书”修改为“应当向行政长官提出并取得行政长官就该等问题发出的证明书”，可以进一步明确香港国安法第四十七条的含义。宪法和法律委员会经研究，建议采纳这一意见。

三、有的常委委员提出，释法案文建议稿第三条中的“上述认定的问题”一句的表述不甚清晰，结合行政长官提出的有关报告，建议将这一句修改为“不具有香港特别行政区全面执业资格的海外律师是否可以担任危害国家安全犯罪案件的辩护人或者诉讼代理人的问题，属于《中华人民共和国香港特别行政区维护国家安全法》第四十七条所规定的需要认定的问题”。宪法和法律委员会经研究，建议采纳这一意见，对有关表述作出修改完善。

此外，根据常委会组成人员的审议意见，还对释法案文建议稿作了一些文字表述修改。

根据常委会组成人员的审议意见，宪法和法律委员会建议有关方面指导督促香港特别行政区尽快落实《中华人民共和国香港特别行政区维护国家安全法》第七条规定，完成有关维护国家安全立法，完善本地相关法律。

宪法和法律委员会已按上述意见提出了全国人民代表大会常务委员会关于《中华人民共和国香港特别行政区维护国家安全法》第十四条和第四十七条的解释（草案），建议本次常委会会议审议通过。

解释草案和以上报告是否妥当，请审议。

全国人民代表大会常务委员会法制工作委员会负责人就《全国人民代表大会常务委员会关于〈中华人民共和国香港特别行政区维护国家安全法〉第十四条和第四十七条的解释》答记者问

12月30日下午，十三届全国人大常委会第三十八次会议表决通过了《全国人民代表大会常务委员会关于〈中华人民共和国香港特别行政区维护国家安全法〉第十四条和第四十七条的解释》。这个法律解释出台的背景目的、法律依据和主要内容是什么，有哪些主要考虑？记者就有关问题专访了全国人大常委会法工委负责人。

记者问：香港社会和内地公众都关注人大释法，请介绍全国人大常委会作出关于香港国安法有关条款解释的背景目的、法律依据和主要内容。

全国人大常委会法工委负责人答：十三届全国人大常委会第三十八次会议审议了《国务院关于提请解释〈中华人民共和国香港特别行政区维护国家安全法〉有关条款的议案》，国务院港澳事务办公室负责人受国务院委托对议案作了说明。国务院的议案是应香港特别行政区行政长官向中央人民政府提交的有关报告提出的。全国人大常委会审议认为，当前香港社会对于没有本地全面执业资格的海外律师能否参与国家安全案件、该等情形下香港国安法如何适用等问题产生了重大分歧。为了及时妥善解决香港国安法实施中遇到的实际问题，确保香港国安法正确有效实施，切实维护宪法和香港基本法确定的特别行政区宪制秩序，切实维护国家主权、安全、发展利益，对香港国安法有关条款作出解释，阐明有关条款的含义，明确解决有关问题的方式和路径，是必要的、可行的。2022 年 12 月 30 日，十三届全国人大常委会第三十八次会议经表决通过了《全国人民代表大会常务委员会关于〈中华人民共和国香港特别行政区维护国家安全法〉第十四条和第四十七条的解释》并予以公告。

根据我国宪法第六十七条第四项的规定，全国人大常委会有权解释法律；香港国安法第六十五条明确规定，本法的解释权属于全国人大常委会。立法法第四十五条第二款对全国人大常委会解释法律规定了两种情形：一是法律的规定需要进一步明确具体含义的；二是法律制定后出现新的情况，需要明确适用法律依据的。本次全国人大常委会对香港国安法第十四条和第四十七条作出的解释，共有一个导语段、三个条文，包括了立法法规定的上述两种情形。

本解释第一条进一步明确了香港国安法第十四条规定的含义。根据香港国安法第十四条的规定，香港特别行政区维护国家安全委员会承担香港特别行政区维护国家安全的法定职责，有权对是否涉及国家安全问题作出判断和决定，工作信息不予公开。香港国安委作出的决定不受司法复核，具有可执行的法律效力。香港特别行政区任何行政、立法、司法等机构和任何组织、个人均不得干涉香港国安委的工作，均应当尊重和执行香港国安委的决定。

本解释第二条进一步明确了香港国安法第四十七条规定的含义。根据香港国安法第四十七条的规定，香港特别行政区法院在审理危害国家安全犯罪案件中遇有涉及有关行为是否涉及国家安全或者有关证据材料是否涉及国家秘密的认定问题，应当向行政长官提出并取得行政长官就该等问题发出的证明书，上述证明书对法院有约束力。

本解释第三条明确了香港国安法实施中遇到的新情况新问题应当适用的法律依据。香港特别行政区行政长官依据香港国安法第十一条的规定于 11 月 28 日向中央人民政府提交的有关报告认为，不具有香港特别行政区全面执业资格的海外律师担任危害国家安全犯罪案件的辩护人或者诉讼代理人可能引发国家安全风险。不具有香港特别行政区全面执业资格的海外律师是否可以担任危害国家安全犯罪案件的辩护人或者诉讼代理人的问题，属于香港国安法第四十七条所规定的需要认定的问题，应当取得行政长官发出的证明书。如香港特别行政区法院没有向行政长官提出并取得行政长官就该等问题发出的证明书，香港特别行政区维护国家安全委员会应当根据香港国安法第十四条的规定履行法定职责，对该等情况和问题作出相关判断和决定。

记者问：行政长官有关报告提出，没有本地全面执业资格的海外律师参与国安案件是否符合香港国安法的立法原意和目的，而全国人大常委会对香港国安法第十四条和第四十七条作出了解释，应当如何理解？

全国人大常委会法工委负责人答：以往全国人大常委会的法律解释，都是按照立法法第四十五条的规定作出的，回答有关“法律的规定需要进一步明确具体含义”和“法律制定后出现新的情况，需要明确适用法律依据”的问题。从我国有关法律规定和全国人大常委会以往释法实践情况看，一般不是脱离法律有关条款就某一特定问题是否符合该法律的立法原意和目的作出回应。例如，2016 年 11 月 7 日，十二届全国人大常委会第二十四次会议通过《全国人民代表大会常务委员会关于〈中华人民共和国香港特别行政区基本法〉第一百零四条的解释》，进一步明确了该条规定的有关公职人员“就职时必须依法宣誓拥护中华人民共和国香港特别行政区基本法，效忠中华人民共和国香港特别行政区”的含义。

香港特别行政区行政长官依据香港国安法第十一条的规定于 11 月 28 日向中央人民政府提交的有关报告认为，不具有香港特别行政区全面执业资格的海外律师担任危害国家安全犯罪案件的辩护人或者诉讼代理人可能引发国家安全风险。这是香港国安法实施中遇到的新情况新问题。全国人大常委会法制工作委员会经同中央和国家有关部门研究后认为，香港国安法的有关规定能够为解决香港国安法实施中遇到的有关问题提供可行的方式和路径，这主要体现在香港国安法第十四条和第四十七条等规定之中。因而，可以通过全国人大常委会法律解释来解决香港国安法实施中遇到的新情况新问题。

香港国安法第十二条规定，香港特别行政区设立维护国家安全委员会，负责香港特别行政区维护国家安全事务，承担维护国家安全的主要责任。香港国安法第十四条规定了香港国安委的法定职责：

一是分析研判香港特别行政区维护国家安全形势,规划有关工作,制定香港特别行政区维护国家安全政策;二是推进香港特别行政区维护国家安全的法律制度和执行机制建设;三是协调香港特别行政区维护国家安全的重点工作和重大行动。因此,对于法律实施中遇到的有关行为是否涉及国家安全以及应当采取何种政策等问题,香港国安委有权作出相关判断和决定,这是香港国安委履行法定职责的应有之义。

香港国安法第四十七条规定了行政长官证明书机制。香港特别行政区法院在审理危害国家安全犯罪案件中,遇有涉及有关行为是否涉及国家安全的认定问题,或者遇有涉及有关证据材料是否涉及国家秘密的认定问题,应当向行政长官提出并取得行政长官就该等问题发出的证明书,上述证明书对法院有约束力。根据本解释第三条,行政长官报告提出的没有本地全面执业资格的海外律师参与国安案件是否符合香港国安法的立法原意和目的的问题,实际上是提出不具有香港特别行政区全面执业资格的海外律师是否可以担任危害国家安全犯罪案件的辩护人或者诉讼代理人的问题,这属于香港国安法第四十七条所规定的需要认定的问题,应当通过行政长官证明书机制来明确和解决。本解释进一步明确,如果香港特别行政区法院没有向行政长官提出并取得行政长官就该等问题发出的证明书,香港特别行政区维护国家安全委员会应当根据香港国安法第十四条的规定履行法定职责,对该等情况和问题作出相关判断和决定。香港国安委作出的决定不受司法复核,具有可执行的法律效力。

记者问:以往全国人大常委会对香港特别行政区曾有过多次释法,请问这次关于香港国安法的释法与以往的释法相比有哪些异同?如何理解本次释法的效力?

全国人大常委会法工委负责人答:法律解释权是全国人大常委会的一项重要职权,宪法第六十七条第四项和立法法第四十五条第一款都作出了明确规定。就香港特别行政区而言,全国人大常委会先后1次解释国籍法、5次解释香港基本法,形成了较为成熟的释法经验和做法,已经为香港社会各界所熟悉,其效力得到普遍认同。全国人大常委会的释法是从国家层面解决特别行政区层面难以解决的法律问题,解疑释惑、息纷止争,可以起到"一锤定音"的作用,有关释法内容已成为我国特别行政区法律制度的重要组成部分。我国宪法和有关法律的规定,以往全国人大常委会释法特别是在香港特别行政区方面释法的实践,为本次全国人大常委会作出关于香港国安法有关条款的解释奠定了坚实的法治基础,提供了良好的实践借鉴。

全国人大常委会以往解释香港基本法和本次解释香港国安法,都是行使宪法和有关法律规定的法律解释职权。区别在于:全国人大常委会解释香港基本法,还需要遵循香港基本法第一百五十八条的规定;而解释香港国安法遵循的直接依据是香港国安法第六十五条的规定,两部法律关于释法的规定有所不同。因此,解释香港基本法和解释香港国安法,都属于全国人大常委会释法,但不宜简单等同。

根据立法法第五十条的规定,全国人大常委会的法律解释同法律具有同等效力。这也就是说,全国人大常委会本次关于香港国安法有关条款的解释,同香港国安法具有同等效力,可以追溯至法律施行之日。根据香港国安法第六十二条的规定,香港特别行政区本地法律规定与香港国安法规定不一致的,适用香港国安法规定,这同样适用于全国人大常委会本次关于香港国安法有关条款的解释。

记者问:行政长官有关报告提出的有关案件聘请海外律师许可问题在香港本地已经完成了相关司法程序,全国人大常委会本次释法是否会影响香港特别行政区根据香港基本法享有的高度自治权,是否会影响选择律师的权利和独立的司法权和终审权?

全国人大常委会法工委负责人答:宪法和基本法共同构成特别行政区的宪制基础。全面准确、坚定不移贯彻"一国两制"、"港人治港"、高度自治的方针,坚持和完善"一国两制"制度体系,必须维护宪法和香港基本法确定的特别行政区宪制秩序,落实中央全面管治权,落实香港特别行政区维护国家安全的法律制度和执行机制。全国人大常委会作为最高国家权力机关的常设机关解释法律,是行使宪法和有关法律赋予的重要职权。全国人大常委会作出的法律解释,是为了进一步明确有关法律规定的具体含义和法律制定后出现新情况新问题时适用法律的依据,属于立法解释,属于国家立法层面的制度规范。全国人大常委会并不直接处理具体司法案件,不同于司法机关在具体案件审理中作出的司法解释。全国人大常委会本次释法,有利于厘清有关法律规定的含义和适用法律的依据,及时妥善解决香港国安法实施中遇到的重大争议问题;

对香港居民依法正确行使选择律师的权利，对香港特别行政区依法正确行使独立的司法权和终审权，也将带来正面的、积极的效果，不存在损害香港特别行政区高度自治权问题。

香港国安法第三条第三款明确规定："香港特别行政区行政机关、立法机关、司法机关应当依据本法和其他有关法律规定有效防范、制止和惩治危害国家安全的行为和活动。"这是香港特别行政区在维护国家安全方面履行宪制责任的必然要求，香港特别行政区行政机关、立法机关、司法机关都应当在行使各自职权中切实履行维护国家安全的法定职责。在香港特别行政区的任何机构、组织和个人都应当遵守香港国安法和香港特别行政区有关维护国家安全的其他法律，不得从事危害国家安全的行为和活动。

还需要指出的是，香港国安法第七条明确规定："香港特别行政区应当尽早完成香港特别行政区基本法规定的维护国家安全立法，完善相关法律。"这一规定应当认真落实到位。在十三届全国人大常委会第三十八次会议审议国务院有关议案时有意见明确提出，适应实施香港国安法和维护国家安全的新形势新要求，香港特别行政区应当及时修改完善本地相关法律，包括《法律执业者条例》等，充分运用本地法律解决香港国安法实施中遇到的有关法律问题。这一意见是有道理的，应当引起有关方面足够重视。

三、通过有关法律问题和重大法律问题的决定

全国人民代表大会常务委员会关于设立成渝金融法院的决定

（2022 年 2 月 28 日第十三届全国人民代表大会常务委员会第三十三次会议通过）

为了加大金融司法保护力度，营造良好金融法治环境，维护金融安全，根据宪法和人民法院组织法，现作如下决定：

一、设立成渝金融法院。

成渝金融法院审判庭的设置，由最高人民法院根据金融案件的类型和数量决定。

二、成渝金融法院专门管辖以下案件：

（一）重庆市以及四川省属于成渝地区双城经济圈范围内的应由中级人民法院管辖的第一审金融民商事案件；

（二）重庆市以及四川省属于成渝地区双城经济圈范围内的应由中级人民法院管辖的以金融监管机构为被告的第一审涉金融行政案件；

（三）以住所地在重庆市以及四川省属于成渝地区双城经济圈范围内的金融基础设施机构为被告或者第三人，与其履行职责相关的第一审金融民商事案件和涉金融行政案件；

（四）重庆市以及四川省属于成渝地区双城经济圈范围内的基层人民法院第一审金融民商事案件和涉金融行政案件判决、裁定的上诉、抗诉案件以及再审案件；

（五）依照法律规定应由其执行的案件；

（六）最高人民法院确定由其管辖的其他金融案件。

成渝金融法院第一审判决、裁定的上诉案件，由重庆市高级人民法院审理。

三、成渝金融法院对重庆市人民代表大会常务委员会负责并报告工作。

成渝金融法院审判工作受最高人民法院和重庆市高级人民法院监督。成渝金融法院依法接受人民检察院法律监督。

四、成渝金融法院院长由重庆市人民代表大会常务委员会主任会议提请重庆市人民代表大会常务委员会任免。

成渝金融法院副院长、审判委员会委员、庭长、副庭长、审判员由成渝金融法院院长提请重庆市人民代表大会常务委员会任免。

五、本决定自 2022 年 3 月 1 日起施行。

对《关于设立成渝金融法院的决定（草案）》的说明

——2022 年 2 月 27 日在第十三届全国人民代表大会常务委员会第三十三次会议上

最高人民法院院长 周 强

全国人民代表大会常务委员会：

按照会议安排，根据中央全面深化改革委员会通过的《关于设立成渝金融法院的方案》，现就《关于设立成渝金融法院的决定（草案）》作如下说明：

一、设立成渝金融法院的必要性和可行性

成渝地区双城经济圈建设是以习近平同志为

核心的党中央作出的重大决策部署，是构建以国内大循环为主体、国内国际双循环相互促进的新发展格局的一项重大举措，有利于在西部形成高质量发展的增长极，打造内陆开放战略高地。为加快推进成渝地区双城经济圈建设，中共中央、国务院印发《成渝地区双城经济圈建设规划纲要》，并明确提出设立金融法院。设立成渝金融法院，是贯彻落实党中央决策部署的具体举措，对服务保障国家金融战略实施，防范化解金融风险，完善中国特色金融司法体系，维护金融安全，提升我国金融审判体系和审判能力现代化水平，促进成渝地区双城经济圈建设健康发展具有重要意义。

从目前重庆市、四川省法院审判工作情况来看，设立金融法院的基础条件已经基本具备。一是具有较好的审判基础。近年来，两地法院在完善金融审判规则、推进金融审判改革、加强金融审判专业化建设等方面进行了积极探索。重庆市渝中区人民法院早在2010年就成立了金融审判庭，四川省成都市中级人民法院2019年成立金融审判庭。二是具有较好的审判人才队伍基础。目前，重庆市、四川省法院从事相关领域审判工作的法官1600余名，审结了力帆系24家公司票据系列案、北大医药股份有限公司证券虚假陈述责任纠纷系列案、四川汇通担保庞氏骗局案等一批重大疑难复杂案件。三是有足够的案件数量支撑。近年来，重庆、四川两地金融活动日趋活跃，涉金融案件逐年大幅增长，并且绝大多数案件发生在成渝地区双城经济圈内，两地中级法院受理的相关金融案件年均达到9600余件。

二、《决定（草案）》的主要内容

（一）关于成渝金融法院的案件管辖

成渝金融法院专门管辖重庆市范围内，以及四川省属于双城经济圈范围内的应由中级人民法院管辖的部分金融民商事和涉金融行政案件。主要包括：1. 重庆市以及四川省属于成渝地区双城经济圈范围内的应由中级人民法院管辖的第一审金融民商事案件；2. 重庆市以及四川省属于成渝地区双城经济圈范围内的以金融监管机构为被告的第一审涉金融行政案件；3. 以住所地在重庆市以及四川省属于成渝地区双城经济圈范围内的金融基础设施机构为被告或者第三人，与其履行职责相关的第一审金融民商事案件和涉金融行政案件；4. 重庆市以及四川省属于成渝地区双城经济圈范围内的基层人民法院第一审金融民商事案件和涉金融行政案件判决、裁定的上诉、抗诉案件以及再审案件；5. 依照法律规定应由其执行的案件；6. 最高人民法院确定由其管辖的其他金融案件。

重庆市以及四川省属于成渝地区双城经济圈范围内的其他中级人民法院不再管辖金融民商事案件和涉金融行政案件。当事人对成渝金融法院作出的第一审判决和裁定提起的上诉案件，由重庆市高级人民法院审理。

上述案件管辖范围仅是原则性意见，《决定（草案）》经全国人大常委会批准后，最高人民法院还将专门出台相关司法解释，进一步明确成渝金融法院的案件管辖问题。

（二）关于成渝金融法院的监督

成渝金融法院属专门法院，其审级与重庆市其他中级人民法院相同。成渝金融法院依法定程序设立后，对重庆市人民代表大会常务委员会负责并报告工作。根据法律规定，成渝金融法院的审判工作，接受最高人民法院和重庆市高级人民法院的业务指导和审判监督。此外，成渝金融法院依法接受人民检察院法律监督。

（三）关于成渝金融法院的法官任免

参照全国人民代表大会常务委员会《关于设立上海金融法院的决定》《关于设立北京金融法院的决定》，《决定（草案）》明确，成渝金融法院院长由重庆市人民代表大会常务委员会主任会议提请重庆市人民代表大会常务委员会任免。副院长、审判委员会委员、庭长、副庭长、审判员由成渝金融法院院长提请重庆市人民代表大会常务委员会任免。

成渝金融法院法官从现有经验丰富的优秀金融审判、民商事审判或行政审判法官中选任，也可探索从优秀律师、法学专家及相关部门专业人员中公开选拔。

三、需要说明的问题

（一）关于案件管辖。《决定（草案）》提出，成渝金融法院专门管辖重庆市范围内，以及四川省属于双城经济圈范围内的应由中级人民法院管辖的部分涉金融民商事和涉金融行政案件。主要考虑：一是重庆市绝大部分区域均已划入成渝地区双城经济圈，成渝金融法院管辖重庆市范围内的所有涉金融民商事、行政的一审、二审案件，可以进一步统一裁判尺度和法律适用标准，提高金融审判质效，也有利于重庆地区小额贷款公司的贷款余额较高等金融风险问题的防范化解和集中处置。目前，北京、上海金融法院均管辖本市范围内的所有涉金融民商事、行政的一审、二审案件。二是四川省内相关金融案件大部分发生在双城经济圈范围之内，未列入双城经济圈的阿坝、甘孜、凉山、攀枝花等市州涉金融案件较少，且地理位置偏远，因此，从便于偏远地区人民群众参与诉讼的角度考虑，《决定（草案）》只将四川省属于双城经济圈规划范围内的有关金融案件纳入成渝金融法院管辖范围。三是因成渝金融法院跨省管辖，如其管辖范围包括刑事案件，将涉及侦查机关和公诉机关运行机制的调整，情况较为复杂，故目前暂管辖金融民商事和涉金融行政案件，不包括刑事案件。

需要特别说明的是，金融案件跨省级区域管辖目前未有先例，无经验可循，目前《决定（草案）》提出的案件管辖范围也是对跨省管辖模式的探索。今后，最高人民法院将根据实际审判工作情况以及成渝地区双城经济圈的发展建设需要，适时调整完善成渝金融法院的案件管辖。

（二）关于配套措施。为确保成渝金融法院职能作用的充分发挥，最高人民法院将指导成渝金融法院加强金融风险防范信息共享机制建设，完善金融司法研究机制和智库建设，提高促进金融改革发展和维护金融安全的决策参谋能力。

《关于设立成渝金融法院的决定（草案）》和以上说明是否妥当，请审议。

全国人民代表大会宪法和法律委员会对《关于设立成渝金融法院的决定（草案）》审议结果的报告

——2022 年 2 月 28 日在第十三届全国人民代表大会常务委员会第三十三次会议上

全国人民代表大会常务委员会：

本次常委会会议于 2 月 27 日上午对《关于设立成渝金融法院的决定（草案）》进行了分组审议。普遍认为，为了加大金融司法保护力度，营造良好金融法治环境，维护金融安全，由全国人大常委会决定设立成渝金融法院，是必要的，赞成提请本次常委会会议表决通过。同时，有些常委会组成人员和列席人员还提出了一些修改意见和建议。宪法和法律委员会于 2 月 27 日中午召开会议，逐条研究了常委会组成人员和列席人员的审议意见，对决定草案进行了审议。全国人大监察和司法委员会、最高人民法院有关负责同志列席了会议。宪法和法律委员会认为，决定草案是可行的。同时，提出以下修改意见：

一、有的常委会组成人员建议对决定草案导语段予以简化，做好政策文件的法律转化。宪法和法律委员会经研究，建议修改为：“为了加大金融司法保护力度，营造良好金融法治环境，维护金融安全，根据宪法和人民法院组织法，现作如下决定”。

二、决定草案第二条第一款第二项规定：成渝金融法院管辖“重庆市以及四川省属于成渝地区双城经济圈范围内的以金融监管机构为被告的第一审涉金融行政案件”。有的意见提出，第二项和第四项规定的案件管辖范围有交叉，建议厘清。宪法和法律委员会经与最高人民法院共同研究，建议将第二项规定的案件范围限定为中级人民法院管辖的有关案件，修改为：“重庆市以及四川省属于成渝地区双城经济圈范围内的应由中级人民法院管辖的以金融监管机构为被告的第一审涉金融行政案件”。

还有一个问题需要汇报。在常委会审议中，一些常委会组成人员提出，宪法第一百二十九条第一款规定：“中华人民共和国设立最高人民法院、地方各级人民法院和军事法院等专门人民法院。”人民法院组织法作出了相关规定。专门人民法院是我国法院组织体系的重要组成部分，发挥着独特的审判职能作用。今后设立专门人民法院，应当根据宪法和有关法律的规定和精神，从我国法院组织体系的整体性、结构性、合理性出发，科学论证，统筹考虑，审慎研究。宪法和法律委员会认为，上述意见应当重视，建议请最高人民法院和有关方面认真研究。

经与有关部门研究，建议将本决定的施行时间确定为 2022 年 3 月 1 日。

宪法和法律委员会已按上述意见提出了全国人民代表大会常务委员会关于设立成渝金融法院的决定（草案修改稿），建议本次常委会会议审议通过。

决定草案修改稿和以上报告是否妥当，请审议。

第十四届全国人民代表大会代表名额分配方案

（2022 年 4 月 20 日第十三届全国人民代表大会常务委员会第三十四次会议通过）

根据《第十三届全国人民代表大会第五次会议关于第十四届全国人民代表大会代表名额和选举问题的决定》，第十四届全国人民代表大会代表的名额不超过 3000 人。具体分配方案如下：

北京市 40 名，天津市 31 名，河北省 116 名，山西省 60 名，内蒙古自治区 53 名，辽宁省 86 名，吉林省 53 名，黑龙江省 76 名，上海市 48 名，江苏省 133 名，浙江省 89 名，安徽省 103 名，福建省 66 名，江西省 76 名，山东省 159 名，河南省 160 名，湖北省 103 名，湖南省 109 名，广东省 160 名，广西壮族自治区 87 名，海南省 22 名，重庆市 55 名，四川省 136 名，贵州省 69 名，云南省 87 名，西藏自治区 20 名，陕西省 65 名，甘肃省 48 名，青海省 20 名，宁夏回族自治区 20 名，新疆维吾尔自治区 56 名，香港特别行政区 36 名，澳门特别行政区 12 名，台湾省暂时选举 13 名，中国人民解放军和中国人民武装警察部队 278 名，其余 255 名由全国人民代表大会常务委员会依照法律规定另行分配。

关于《第十四届全国人民代表大会代表名额分配方案（草案）》的说明

——2022 年 4 月 18 日在第十三届全国人民代表大会常务委员会第三十四次会议上

全国人大常委会副秘书长　信春鹰

全国人民代表大会常务委员会：

根据第十三届全国人民代表大会第五次会议通过的《关于第十四届全国人民代表大会代表名额和选举问题的决定》的有关规定，委员长会议拟订了《第十四届全国人民代表大会代表名额分配方案（草案）》，提请本次会议审议。受委员长会议的委托，我就代表名额分配方案草案作如下说明：

一、第十四届全国人民代表大会代表的名额不超过 3000 人。

二、省、自治区、直辖市应选第十四届全国人民代表大会代表的名额，由根据人口数计算确定的名额数、相同的地区基本名额数和其他应选名额数构成。十四届全国人大代表名额中，按照人口数分配的代表名额仍为 2000 名，与十二届、十三届相同。31 个省、自治区、直辖市按照人口数分配的代表名额，继续采用户籍人口数和常住人口数加权平均的办法确定。根据公安部提供的 2020 年底户籍人口数据和第七次全国人口普查数据，约每 70 万人分配 1 名代表名额。31 个省、自治区、直辖市各分配地区基本名额数 8 名。具体是：北京市 40 名，天津市 31 名，河北省 116 名，山西省 60 名，内蒙古自治区 53 名，辽宁省 86 名，吉林省 53 名，黑龙江省 76 名，上海市 48 名，江苏省 133 名，浙江省 89 名，安徽省 103 名，福建省 66 名，江西省 76 名，山东省 159 名，河南省 160 名，湖北省 103 名，湖南省 109 名，广东省 160 名，广西壮族自治区 87 名，海南省 22 名，重庆市 55 名，四川省 136 名，贵州省 69 名，云南省 87 名，西藏自治区 20 名，陕西省 65 名，甘肃省 48 名，青海省 20 名，宁夏回族自治区 20 名，新疆维吾尔自治区 56 名，共 2406 名。

三、香港特别行政区应选代表 36 名，澳门特别行政区应选代表 12 名，台湾省暂时选举代表 13 名（依法应选的其余名额予以保留），共 61 名。

四、中国人民解放军和中国人民武装警察部队应选代表 278 名。

五、其余 255 名代表名额由全国人大常委会依照法律规定另行分配。

《第十四届全国人民代表大会代表名额分配方案（草案）》及以上说明是否妥当，请审议。

第十四届全国人民代表大会少数民族代表名额分配方案

（2022年4月20日第十三届全国人民代表大会常务委员会第三十四次会议通过）

根据《第十三届全国人民代表大会第五次会议关于第十四届全国人民代表大会代表名额和选举问题的决定》，第十四届全国人民代表大会少数民族代表名额为360名左右，与十三届相同。具体分配方案如下：

一、各省、自治区、直辖市应选少数民族代表320名，其中：

1. 蒙古族24名：内蒙古自治区17名，辽宁省3名，吉林省1名，黑龙江省1名，青海省1名，新疆维吾尔自治区1名；

2. 回族37名：北京市1名，天津市1名，河北省3名，辽宁省1名，上海市1名，江苏省1名，安徽省2名，山东省3名，河南省5名，云南省2名，陕西省1名，甘肃省4名，青海省2名，宁夏回族自治区8名，新疆维吾尔自治区2名；

3. 藏族26名：四川省6名，云南省2名，西藏自治区12名，甘肃省2名，青海省4名；

4. 维吾尔族22名：新疆维吾尔自治区22名；

5. 苗族21名：湖北省1名，湖南省5名，广西壮族自治区2名，海南省1名，重庆市2名，贵州省8名，云南省2名；

6. 彝族20名：四川省7名，贵州省2名，云南省11名；

7. 壮族44名：广东省1名，广西壮族自治区41名，云南省2名；

8. 布依族7名：贵州省7名；

9. 朝鲜族9名：辽宁省1名，吉林省6名，黑龙江省2名；

10. 满族20名：北京市1名，河北省2名，内蒙古自治区1名，辽宁省10名，吉林省2名，黑龙江省4名；

11. 侗族6名：湖南省1名，广西壮族自治区1名，贵州省4名；

12. 瑶族6名：湖南省1名，广东省1名，广西壮族自治区3名，云南省1名；

13. 白族4名：云南省4名；

14. 土家族15名：湖北省6名，湖南省5名，重庆市2名，贵州省2名；

15. 哈尼族4名：云南省4名；

16. 哈萨克族5名：新疆维吾尔自治区5名；

17. 傣族5名：云南省5名；

18. 黎族5名：海南省5名；

19. 傈僳族2名：云南省2名；

20. 佤族1名：云南省1名；

21. 畲族2名：浙江省1名，福建省1名；

22. 高山族2名：福建省1名，台湾省1名；

23. 拉祜族1名：云南省1名；

24. 水族1名：贵州省1名；

25. 东乡族1名：甘肃省1名；

26. 纳西族1名：云南省1名；

27. 景颇族1名：云南省1名；

28. 柯尔克孜族1名：新疆维吾尔自治区1名；

29. 土族1名：青海省1名；

30. 达斡尔族1名：内蒙古自治区1名；

31. 仫佬族1名：广西壮族自治区1名；

32. 羌族1名：四川省1名；

33. 布朗族1名：云南省1名；

34. 撒拉族1名：青海省1名；

35. 毛南族1名：广西壮族自治区1名；

36. 仡佬族1名：贵州省1名；

37. 锡伯族1名：新疆维吾尔自治区1名；

38. 阿昌族1名：云南省1名；

39. 普米族1名：云南省1名；

40. 塔吉克族1名：新疆维吾尔自治区1名；

41. 怒族1名：云南省1名；

42. 乌孜别克族1名：新疆维吾尔自治区1名；

43. 俄罗斯族1名：新疆维吾尔自治区1名；

44. 鄂温克族1名：内蒙古自治区1名；

45. 德昂族1名：云南省1名；

46. 保安族1名：甘肃省1名；

47. 裕固族1名：甘肃省1名；

48. 京族1名：广西壮族自治区1名；

49. 塔塔尔族1名：新疆维吾尔自治区1名；

50. 独龙族1名：云南省1名；

51. 鄂伦春族1名：内蒙古自治区1名；

52. 赫哲族1名：黑龙江省1名；

53. 门巴族1名：西藏自治区1名；

54. 珞巴族1名：西藏自治区1名；

55. 基诺族1名：云南省1名。

二、中国人民解放军和中国人民武装警察部队应选少数民族代表 14 名。

三、其余 26 名少数民族代表名额由全国人民代表大会常务委员会依照法律规定另行分配。

关于《第十四届全国人民代表大会少数民族代表名额分配方案(草案)》的说明

——2022 年 4 月 18 日在第十三届全国人民代表大会常务委员会第三十四次会议上

全国人大常委会副秘书长 信春鹰

全国人民代表大会常务委员会:

根据第十三届全国人民代表大会第五次会议通过的《关于第十四届全国人民代表大会代表名额和选举问题的决定》(以下简称《决定》)的有关规定,委员长会议拟订了《第十四届全国人民代表大会少数民族代表名额分配方案(草案)》,提请本次会议审议。受委员长会议的委托,我就少数民族代表名额分配方案草案作如下说明:

一、根据《决定》关于"第十四届全国人民代表大会代表的名额不超过 3000 人"、"少数民族代表的名额应占代表总名额的 12% 左右"的规定,第十四届全国人民代表大会代表中应选少数民族代表 360 名左右。考虑到十三届以来各少数民族的人口数和分布情况变化不大,且各少数民族都有适当名额的代表,人口特少的民族至少有 1 名代表,第十四届全国人民代表大会少数民族代表的名额分配与十三届相同。

二、在 360 名少数民族代表名额中,分配给各省、自治区、直辖市产生的少数民族代表名额 320 名,满足了 55 个少数民族均有代表的要求,各少数民族代表名额分配与十三届相同,分配到省、自治区、直辖市选举的少数民族代表名额也不变。这 320 名代表名额分配到省、自治区、直辖市的,与十三届相同,包含在各省、自治区、直辖市应选的全国人大代表名额总数之中。

三、中国人民解放军和中国人民武装警察部队应选少数民族代表 14 名,全国人大常委会依照法律规定另行分配的少数民族代表名额 26 名。这 40 名代表名额必须确保分配给少数民族而不特定分配给某少数民族。

《第十四届全国人民代表大会少数民族代表名额分配方案(草案)》及以上说明是否妥当,请审议。

台湾省出席第十四届全国人民代表大会代表协商选举方案

(2022 年 4 月 20 日第十三届全国人民代表大会常务委员会第三十四次会议通过)

根据《第十三届全国人民代表大会第五次会议关于第十四届全国人民代表大会代表名额和选举问题的决定》,台湾省出席第十四届全国人民代表大会代表协商选举方案如下:

一、台湾省暂时选举第十四届全国人民代表大会代表 13 名,由各省、自治区、直辖市以及中央和国家机关、中国人民解放军和中国人民武装警察部队中的台湾省籍同胞组成的协商选举会议选举产生。按照选举法规定,选举采用差额选举和无记名投票的方式进行。

二、协商选举会议人数为 126 人,由各省、自治区、直辖市以及中央和国家机关、中国人民解放军和中国人民武装警察部队中的台湾省籍同胞协商选定。参加协商选举会议人员的选定工作于 2022 年 12 月底以前完成。

三、协商选举会议定于 2023 年 1 月在北京召开。

四、协商选举会议要发扬民主,酝酿代表候选人应考虑各方面的代表人士,适当注意中青年、妇女、少数民族等方面的人选。

五、协商选举会议由全国人大常委会委员长会议指定召集人召集。

附件:台湾省出席第十四届全国人民代表大会代表协商选举会议代表分配方案

附件：

台湾省出席第十四届全国人民代表大会代表协商选举会议代表分配方案

单位	台湾省籍同胞人数（据2021年统计）	参加协商会议代表数	单位	台湾省籍同胞人数（据2021年统计）	参加协商会议代表数
北京市	2207	6	山西省	166	1
天津市	963	4	内蒙古自治区	251	1
河北省	921	3	辽宁省	1413	6
吉林省	215	2	海南省	4059	9
黑龙江省	276	2	重庆市	441	2
上海市	4038	9	四川省	620	2
江苏省	1624	6	贵州省	255	1
浙江省	2190	6	云南省	310	2
安徽省	810	3	西藏自治区	0	0
福建省	19984	15	陕西省	314	2
江西省	1618	6	甘肃省	320	1
山东省	1112	3	青海省	46	1
河南省	495	3	宁夏回族自治区	47	1
湖北省	1161	3	新疆维吾尔自治区	103	1
湖南省	1072	3	中央和国家机关	—	10
广东省	4535	9	中国人民解放军和中国人民武装警察部队	—	1
广西壮族自治区	454	2	总计	52020	126

关于《台湾省出席第十四届全国人民代表大会代表协商选举方案（草案）》的说明

——2022年4月18日在第十三届全国人民代表大会常务委员会第三十四次会议上

全国人大常委会副秘书长 信春鹰

全国人民代表大会常务委员会：

根据第十三届全国人民代表大会第五次会议通过的《关于第十四届全国人民代表大会代表名额和选举问题的决定》（以下简称《决定》）的有关规定，受委员长会议的委托，我就《台湾省出席第十四届全国人民代表大会代表协商选举方案（草案）》说明如下：

一、关于台湾省出席第十四届全国人民代表大会代表的产生办法。根据《决定》的有关规定，台湾省出席第十四届全国人民代表大会代表的产生办法与十三届基本相同，即由各省、自治区、直辖市以及中央和国家机关、中国人民解放军和中国人民武装警察部队中的台湾省籍同胞组成的协商选举会议选举产生。按照选举法规定，选举采用差额选举和无记名投票的方式进行。

二、关于参加协商选举会议的人数和产生方式。选举台湾省出席第十一届、十二届、十三届全国人民代表大会代表时，参加协商选举会议的人数为 122 人。目前，各省、自治区、直辖市台湾省籍同胞总人数为 52020 人，与十一届时相比增长了 12745 人。考虑到台湾省籍同胞人数增幅较大的实际情况，经征求中央统战部和中央台办同意，参加协商选举会议人数从 122 人增加到 126 人。参加协商选举会议人员由各省、自治区、直辖市以及中央和国家机关、中国人民解放军和中国人民武装警察部队中的台湾省籍同胞协商选定。

三、关于协商选举会议的召开时间、地点。协商选举方案草案沿用以往的做法，规定“协商选举会议定于 2023 年 1 月在北京召开”。

四、关于协商选举会议召集人。根据有关方面的意见，此次协商选举方案草案规定，协商选举会议由全国人大常委会委员长会议指定召集人召集。

《台湾省出席第十四届全国人民代表大会代表协商选举方案（草案）》及以上说明是否妥当，请审议。

全国人民代表大会常务委员会关于召开第十四届全国人民代表大会第一次会议的决定

（2022 年 12 月 30 日第十三届全国人民代表大会常务委员会第三十八次会议通过）

第十三届全国人民代表大会常务委员会第三十八次会议决定：中华人民共和国第十四届全国人民代表大会第一次会议于 2023 年 3 月 5 日在北京召开。建议会议的议程是：审议政府工作报告；审查 2022 年国民经济和社会发展计划执行情况与 2023 年国民经济和社会发展计划草案的报告、2023 年国民经济和社会发展计划草案；审查 2022 年中央和地方预算执行情况与 2023 年中央和地方预算草案的报告、2023 年中央和地方预算草案；审议全国人民代表大会常务委员会关于提请审议《中华人民共和国立法法（修正草案）》的议案；审议全国人民代表大会常务委员会工作报告；审议最高人民法院工作报告；审议最高人民检察院工作报告；选举和决定任命国家机构组成人员等。

四、全国地方立法座谈会

深入学习贯彻党的二十大精神
推动地方立法工作不断取得新进展新成效

——在第二十八次全国地方立法工作座谈会上的讲话

（2022 年 12 月 7 日，湖南长沙）

王　晨

今天，第二十八次全国地方立法工作座谈会在湖南召开。会议的主题是认真学习贯彻党的二十大精神，深入学习贯彻习近平新时代中国特色社会主义思想，特别是习近平法治思想、习近平总书记关于坚持和完善人民代表大会制度的重要思想，总结党的十八大以来特别是近五年来立法工作取得的成绩，交流经验体会，推动新时代地方人大工作特别是立法工作实现高质量发展。

刚才，湖南省委书记、省人大常委会主任张庆伟同志代表湖南省委、省人大、省政府作了热情洋溢的致辞，介绍了这些年湖南经济社会发展和人大工作取得的巨大成就，我们感同身受，倍受鼓舞。湖南是一方红色热土，是毛主席的家乡，是中国共产党和中国革命的重要策源地之一，一大批共产党人在这片土地上谱写了感天动地的英雄壮歌，为创建社会主义新中国建立了不朽功勋。我们在这里召开会议，就是要以实际行动贯彻落实党的二十大精神，弘扬伟大建党精神、赓续红色血脉，自信自强、守正创新，发挥人民代表大会制度的政治优势，创造性地做好新时代的人大工作、立法工作，更好发挥法治固根本、稳预期、利长远的保障作用，为在法治轨道上全面建设社会主义现代化国家积极贡献力量。

下面，围绕会议主题，讲几点意见。

一、认真学习贯彻党的二十大精神，深刻领悟“两个确立”的决定性意义，不断增强做好新时代立法工作的责任感使命感

党的二十大是在全党全国各族人民迈上全面建设社会主义现代化国家新征程、向第二个百年奋斗目标进军的关键时刻召开的一次十分重要的大会。习近平总书记在大会上作了重要报告，回顾总结了党和国家过去五年的工作和新时代十年的伟大变革，深刻阐明了在新时代新征程上党的中心任务，阐述了开辟马克思主义中国化时代化新境界、中国式现代化的中国特色和本质要求等重大问题，对全面建设社会主义现代化国家、全面推进中华民族伟大复兴进行了战略谋划，对统筹推进“五位一体”总体布局、协调推进“四个全面”战略布局作出全面部署，是我们党团结带领人民夺取中国特色社会主义新胜利的政治宣言和行动纲领，是马克思主义的纲领性文献。认真学习贯彻党的二十大精神是当前和今后一个时期的重大政治任务，我们要紧密联系工作实际，在全面学习、全面把握、全面落实上下功夫，推动人大工作、立法工作取得新的更大成绩。

新时代这十年，以习近平同志为核心的党中央团结带领全国人民奋力书写了实现中华民族伟大复兴的恢弘画卷，也浓墨重彩书写了全面依法治国的宏伟篇章。党的十八届四中全会专题研究推进全面依法治国重大问题并作出决定，从“四个全面”战略布局的高度作出谋划部署，党的十九届二中全会专题研究宪法修改问题，党的十九届四中全会专题研究坚持和完善中国特色社会主义制度、推进国家治理体系和治理能力现代化问题，这在党的中央全会历史上都是第一次。同时，还第一次组建中央全面依法治国委员会，第一次召开中央全面依法治国工作会议，第一次召开中央人大工作会议，等等。这次党的二十大在党代会报告中专列一部分，对“坚持全面依法治国，推进法治中国建设”作出战略

部署，明确强调要“在法治轨道上全面建设社会主义现代化国家”，更加凸显了法治在治国理政中的重要战略地位，这在党的历史上也是第一次。这一系列重大决策部署，都是事关党和国家事业长远的大事要事，在我国法治建设史上都具有重大开创性，推动我国法治建设发生了历史性、转折性、全局性变革，社会主义法治国家建设深入推进，全面依法治国总体格局基本形成，中国特色社会主义法治体系加快建设，国家治理体系和治理能力现代化水平明显提升，法治中国建设开创新局面。在这一伟大变革实践中，习近平总书记不断推进马克思主义法治理论中国化创新，形成了习近平法治思想，是新时代全面依法治国必须长期坚持的指导思想和根本遵循。

新时代这十年，全国人大及其常委会坚持以习近平法治思想为指导，全面贯彻党中央决策部署，将坚持党的领导、人民当家作主、依法治国三者有机统一贯穿打通，坚持立法与改革决策相衔接，深入推进科学立法、民主立法、依法立法，不断加强和改进立法工作，以良法促进发展、保障善治，立法工作呈现任务重、覆盖广、节奏快、质量高的显著特征，取得巨大成就。仅从十三届全国人大及其常委会的立法成就看，主要体现就有：通过宪法修正案，在总体保持我国宪法连续性、稳定性、权威性的基础上推动宪法与时俱进、完善发展，宪法实施和监督工作提高到新水平。编纂完成新中国成立以来第一部以“法典”命名的重要法律——民法典，体现了鲜明的中国特色、实践特色、时代特色。国家机构、组织建设相关法律不断完善，国家治理体系和治理能力现代化所需要的法律制度体系更加科学完备；改革开放、经济发展、国家安全、卫生健康、公共文化等重要领域的基础性、综合性、统领性法律相继出台；生态环境、教育科技等重要领域的法律作出全面系统修改；网络数据、生物安全等新兴领域立法空白填补取得突破；涉外领域立法得到加强，涉外斗争法律工具箱逐步充实丰富。立、改、废、释、纂、决定等立法方式多措并举，立法形式不断丰富，中国特色社会主义法律体系日益完备、日臻完善。截至 2022 年 10 月，制定法律 46 件，修改法律 109 件次，通过有关法律问题和重大问题的决定 51 件，正在审议的法律案 11 件。这些成就数字，反映出本届全国人大及其常委会的立法速度和质量都有很大提高。

新时代这十年，为保证全国人大和地方人大形成立法工作合力，全国人大常委会积极推动完善相关举措，不断加强对地方立法工作的联系指导。全国地方立法工作座谈会、全国人大法工委举办的地方立法培训班、建立的基层立法联系点等，都是全国人大指导推动地方不断加强和改进立法工作、创新立法实践、提高立法质量的重要抓手，是全国人大联系指导地方人大、加强立法工作交流的有效平台，有效提升了地方立法工作队伍素质和立法水平，地方立法工作取得许多新进展，为完善中国特色社会主义法律体系作出了重要贡献，全国人大和地方人大立法工作整体实效明显增强。目前，我国现行有效法律 294 件，行政法规 598 件，地方性法规 12000 多件，以宪法为核心的中国特色社会主义法律体系更加科学完备、统一权威，系统性、整体性、协同性、时效性不断增强。

新时代这十年，我国在法治建设领域取得历史性成就、发生历史性变革，同党和国家事业发展其他方面的伟大变革一样，在党史、新中国史、改革开放史、社会主义发展史、中华民族发展史上具有里程碑意义。我国社会主义法治建设之所以能够取得这些伟大成就和变革，根本在于有以习近平同志为核心的党中央坚强领导，根本在于有习近平新时代中国特色社会主义思想科学指引，根本在于有党在新时代取得的重大政治成果“两个确立”所发挥的决定性因素。新时代新征程，我们要完成党的使命任务，必须更加深刻领悟“两个确立”的决定性意义，更加自觉地维护习近平总书记党中央的核心、全党的核心地位，更加自觉地维护以习近平同志为核心的党中央权威和集中统一领导，全面贯彻习近平新时代中国特色社会主义思想，坚定不移在思想上政治上行动上同以习近平同志为核心的党中央保持高度一致，确保我们的立法全面准确贯彻党中央决策，制定的每部法律法规都符合宪法精神、反映人民意志、得到人民拥护。

二、深入总结新时代地方立法工作取得的显著成效和宝贵经验，为更好助力经济社会发展和推进改革提供有力制度支撑

新时代这十年，特别是党的十九大以来这五年，各地人大围绕同级党委贯彻落实党中央大政方针的决策部署，结合本地实际，依法履职、担当作为，紧扣地方发展需要和群众关注问题，积极发挥地方立法的实施性、补充性、探索性功能，创造性地

开展立法工作,制定、修改了一大批体现时代要求、反映地方特色的法规,为促进地方贯彻新发展理念、实现高质量发展、加快治理方式转变和治理能力提升、提高人民生活水平发挥了重要作用,成绩来之不易,经验弥足珍贵。这些成效和经验主要体现在以下几个方面:

第一,坚持把党的领导作为立法工作最高政治原则的旗帜更加鲜明。各地在总结立法工作成绩的经验中,都把坚持党的领导摆在了第一条。这充分表明,党的十八大以来,随着加强党的建设新的伟大工程深入推进,各方面对党的领导是中国特色社会主义最本质的特征认识更加深刻,对坚持党的领导和加强社会主义法治建设的关系认识更加清醒。各地人大以政治建设为统领,以队伍建设为抓手,不断增强党领导立法的政治自觉,坚决贯彻党中央关于加强党对立法工作领导的文件精神,把学习贯彻习近平新时代中国特色社会主义思想特别是习近平法治思想作为首要的政治任务和根本遵循,自觉把党的路线方针政策和决策部署贯彻落实到立法工作全过程和各方面,改进完善立法工作体制机制,坚持向党委请示报告制度,出台加强和完善党委领导立法工作相关文件,建立健全地方人大常委会主要负责人列席党委常委会会议、人大专门委员会和常委会工作机构主要负责人参加党委综合性会议等制度,坚定坚持党对立法工作的领导。比如,2021 年 7 月,湖南省委专门出台《关于加强和改进新时代人大工作的意见》,明确提出完善党委领导地方立法工作机制,落实人大常委会党组向党委请示报告立法工作的相关制度规定。湖北省委将备案审查工作纳入省委重要改革项目清单,转发《省人大常委会党组关于进一步加强和改进规范性文件备案审查工作的意见》,规范公权力依法行使。云南、辽宁等地制定省人大常委会党组向省委请示报告报备重大事项清单等,实现常委会党组工作规范化制度化。这些制度都使党对人大工作、立法工作的领导真正落实落地。

第二,坚持回应人民群众美好生活需求的重要领域立法导向更加明确。各地人大在立法中,统筹谋划健全国家治理急需、满足人民日益增长的美好生活需要必备的法律制度,坚持问题导向,坚持急需先立,明确靶向,有的放矢,各重要领域立法取得突出进展。比如,在抓好高质量发展立法方面,天津制定了促进智能制造发展条例,山东出台新旧动能转换促进条例,山西、上海、浙江等地制定促进科技创新、发展新型产业等推动优化经济结构的法规,依法推动高质量发展。在抓好惠民立法方面,湖南聚焦“学位、床位、车位、厕位”等人民群众关注的“急难愁盼”问题安排立法项目,2018 年以来,先后制定和修改了学校学生人身伤害事故预防和处理、物业管理、中小学校幼儿园规划建设、现场救护等 10 余件民生领域立法项目;黑龙江制定女职工劳动保护有关法规,加强对特殊群体利益保护。在抓好环保立法方面,各地认真贯彻习近平生态文明思想,结合本地生态特色,构筑起富有地方特色的生态保护制度体系,如吉林、黑龙江制定黑土地保护利用条例,依法保护好“耕地中的大熊猫”,为国家制定黑土地保护法提供了有益借鉴。在抓好弘德立法方面,山西制定了红色文化遗址保护条例,重庆、上海、广西、江西、陕西等地制定出台了红色资源保护传承有关条例,让社会主义核心价值观入法入规,依法弘扬社会主义道德规范;西藏、宁夏、新疆等民族自治地方,制定修改民族团结进步模范区创建条例、自治区平安建设条例、实施国家通用语言文字法办法等法规,把铸牢中华民族共同体意识融入立法修法工作,促进各民族像石榴籽一样紧密团结在一起。在抓好新兴领域立法方面,贵州、辽宁等地制定大数据产业发展相关条例,浙江、江苏、广东等地制定数字经济促进条例,有效促进了大数据、数字经济等新兴产业良好发展。

第三,坚持立法决策服务保障改革决策的思维路径更加清晰。各地人大科学处理立法与改革的关系,坚持在法治下推进改革,在改革中完善法治,围绕贯彻落实党中央和地方党委重大改革决策部署,综合运用立改废释和决定等立法形式,以法治思维和法治方式积极寻求解决改革难点堵点的制度路径,确保重大改革于法有据。比如,上海积极推动落实国家关于浦东新区改革决策部署,出台关于制定浦东新区法规相关立法工作规程的规定,形成立法需求项目清单,出台一系列在浦东新区实施的法规,助推深化改革。山西坚持以法治方式服务国家资源型经济转型综合配套改革试验区建设,出台了开发区条例等一批服务促进转型改革的法规,确保国家改革政策落地。海南制定全国首个保护公平竞争条例、首个反消费欺诈法规,与海南自由贸易港法相配套,共同构筑起加快促进海南自由贸易港健康发展的法律制度规范体系。北京、天津、河北认真落实京津冀协同发展战略,为保障北京冬奥会成功举办,加强协作,共同通过关于授权政府为保障冬奥会筹备和举办工作规定临时性行政措施的决定。上海、江苏、浙江、安徽为合力推进长江流域生态环境保护和修复维护，协同制定关于促进和保障长江流域禁捕工作若干问题的决定，体现了“决策协同、文本协调”的特点。云南、贵州、四川三省协同制定了赤水河流域保护条例，实现该流域法律保护由“三省分立”到“三省共立”，执法检查由“三省行动”到“三省联动”。江西、福建等地还就搞好本省区域内协同立法进行了有益探索。这些都有力助推了改革攻坚任务的落实。

第四，坚持发挥人大及其常委会在立法工作中的主导作用更加有效。发挥人大主导作用是坚持和完善人民代表大会制度的题中应有之义，是加强改进新时代立法工作、提高立法质量和效率的必然要求。近年来，各地对发挥人大及其常委会在立法中的主导作用进行了实践探索，积累了有益经验，形成了一套比较完备的做法。这其中，地方人大牵头起草的法规草案数量明显增多，特色鲜明，发挥显著作用。比如，广东、青海等地及时制定、修改有关野生动植物保护的法规，作出禁食野生动物的决定。还有不少地方探索创新立法工作方式，成立“立法专班”起草法规，成效明显。比如，北京、湖北、四川等地完善立法工作专班机制，由人大和政府有关负责同志担任“双组长”，人大提前介入、深度参与调研起草工作，将立法的重点难点问题解决在前端。还有地方注重加强由人大常委会组织起草法规草案的比重，发挥人大主导作用。比如，江苏 2022 年省本级立法项目计划提请审议的 24 件，其中有 9 件由相关专门委员会、工作委员会牵头起草，使人大及其常委会在立法中的主导作用得到更加有效的发挥。

第五，坚持和践行全过程人民民主的立法实践更加生动。完善科学、民主立法的工作机制，不断拓展人民群众有序参与立法的途径和渠道，保证立法广泛听取和反映民意，是提高立法质量和效率的有效保证。从各地提交的材料看，大都形成了以地方立法条例为统领的一套制度规范，涵盖了立项起草、论证协调、审议表决等立法全链条，包括公开征求意见、召开座谈会、论证会、发挥代表主体作用、加强立法联系点建设，开展专家咨询、备案审查、法治宣传等多方面，实现了立法工作制度化、程序规范化、流程标准化，提高了立法的科学性、民主性和公开性。比如，辽宁注重代表议案向立法项目的转化，2019 年以来根据代表议案确定的立法项目占 50% 以上。北京、天津等地扩大代表有序有效参与立法，建立起代表下基层、代表全程参与立法等工作机制，把发挥人大代表作用落到实处，有效保证人民当家作主。上海注重发挥虹桥街道等基层立法联系点在立法工作中的作用，过去五年共组织全市基层立法联系点参与 20 件国家法律、64 件地方性法规征求意见工作，提交立法建议 6530 条，其中 530 多条在立法修法时被采纳。广西为真实收集和反映群众意见建议，对基层立法联系点的意见建议做到“不过滤、不修饰、不曲解”，最大限度地保持“原汁原味”，以确保这个环节能真实反映人民意愿。浙江推进地方立法数字化改革，对立法工作机制、方式流程、手段工具进行系统重塑，加强立法信息化平台建设，推进立法公开透明，提高立法的科学化民主化水平。各地立法工作的公众参与度进一步提升，民主立法更具生机和活力，成为践行全过程人民民主的生动实践。

第六，坚持推动解决实际问题的立法形式更加丰富。各地在立法实践中，坚持从实际出发，坚持问题导向，以解决实际问题为立法宗旨，转变理念，积极探索，形成了一些体现地方特点、符合立法规律的立法模式和经验。许多地方根据立法调整的内容来确定立法形式，既有法规也有决定；具体内容需要几条就定几条，能用三五条解决问题就不搞“鸿篇巨制”，坚持“一事一法”，通过“小切口”、“小快灵”精准立法，立法形式更加灵活多样。比如，近年来，山西坚持立法“切小题目、切准特色、切细内容、切实措施”，不设章节、调整事项相对单一的法规数量均超半数以上，立法工作效率大幅提升，走出了一条精细立法、精准立法的路子。河南制定了餐饮服务从业人员佩戴口罩规定，全文只有 9 条 942 个字，对立法目的、适用范围、主管部门、从业人员佩戴口罩规范、餐饮服务者的义务、法律责任等都作出明确规定，让人看得明、记得住、好执行，是“小切口”立法的又一生动实践。安徽制定粮食作物生长期保护规定，仅 12 条，为依法保障粮食安全提供制度支撑。内蒙古制定的额济纳胡杨林保护条例，让“小切口”立法在维护生态多样性、促进经济可持续发展方面的补充作用得到充分彰显。

第七，坚持维护国家法治统一的责任意识更加增强。各地方认真汲取以往甘肃祁连山立法“放水”的经验教训，不断增强维护国家法治统一的责任意识，加强推进备案审查制度平台建设，加强常态化法规清理工作，建立和完善防止立法“放水”的长效机制，努力使每项立法符合宪法法律规定精神。比如，甘肃深刻汲取以往立法“放水”教训，建立起地方性法规动态清理长效机制，经过 8 次专项清理和 1 次全面清理，及时对需要修改或废止的省级、市州法规做出处理，已修改32件、废止22件法规。湖北坚定落实省委要求，着力加强备案审查制度建设和工作机制创新，建立备案审查工作情况年度报告、考核制度，同时加快信息平台和规范性文件数据库建设，推动实现报备审查一张网。广东建立规范性文件备案审查典型案例交流和发布机制，2021年通过召开新闻发布会和广东人大网站集中公开发布一批典型案例。重庆坚持备案审查与地方立法协同发力，实现了听取审议备案审查工作报告全覆盖。

以上这几条，都是各地立法工作实践取得的成效和经验，今后要继续坚持完善，不断丰富拓展，为更好助力经济社会发展和推进改革提供有力制度支撑。

三、在全面建设社会主义现代化国家新征程上推进地方立法工作实现更高质量发展

党的二十大鲜明提出，“从现在起，中国共产党的中心任务就是团结带领全国各族人民全面建成社会主义现代化强国、实现第二个百年奋斗目标，以中国式现代化全面推进中华民族伟大复兴。”并对坚持全面依法治国、推进法治中国建设，完善以宪法为核心的中国特色社会主义法律体系作出具体部署，确保更好发挥法治固根本、稳预期、利长远的保障作用，在法治轨道上全面建设社会主义现代化国家。法治在中国式现代化建设中的要求更高、分量更重、作用更大，作为立法工作者，我们肩上承载的使命更多、责任更大、任务更重。面对更为复杂的形势、艰巨的任务和风险挑战，我们一定要全面深入学习领会党的二十大精神，踔厉奋发、勇毅前行，同心同德、团结奋斗，坚决完成好党和人民赋予我们的光荣使命和职责。

一是强化政治机关意识，自觉坚持党中央集中统一领导，确保立法工作正确政治方向。各地人大及其常委会要强化政治机关意识，深刻领悟“两个确立”的决定性意义，不断增强“四个意识”，坚定“四个自信”，做到“两个维护”。要坚决维护党中央权威和集中统一领导，坚持宪法确定的中国共产党领导地位不动摇，坚持宪法确定的人民民主专政的国体和人民代表大会制度的政体不动摇，坚定不移地走中国特色社会主义政治发展道路，坚持党的领导、人民当家作主、依法治国有机统一。在重大政治原则和大是大非问题上始终保持头脑清醒，坚决抵制和防止西方所谓“宪政”、“多党竞选”、“三权鼎立”、“两院制”、“司法独立”的侵蚀影响。要坚持党对立法工作的全面领导，坚决贯彻落实党中央决策部署和习近平总书记重要指示精神，紧紧围绕地方党委贯彻落实党中央大政方针的决策部署，自觉同党的基本理论、基本路线、基本方略对标对表，同党中央大政方针和决策部署对标对表，确保党的路线方针政策和决策部署在立法工作中得到全面贯彻落实。确定立法项目，起草审议法规草案，都要深入学习领会习近平总书记的有关重要指示要求和党中央的决策部署；立法工作中的重大问题、重要事项、重要工作都要及时通过常委会党组向同级地方党委请示报告；不断完善党领导立法工作的制度机制，提高常委会党组把方向、管大局、抓落实，领导立法工作的能力和水平，确保立法工作在党的领导下有序推进。

二是聚焦在法治轨道上推进地方经济社会发展，提升地方治理水平和治理能力，有效发挥立法职能作用。法治是国家治理体系和治理能力的重要依托。要运用法治思维和法治方式解决经济社会发展面临的深层次问题，把立法决策同改革发展决策更好结合起来，通过更完善的法治服务保障各领域改革创新，确保经济社会发展和各项重大改革于法有据。要加强重点领域、新兴领域等重要领域立法，注重将社会主义核心价值观融入立法，注重提高社会基层治理能力和水平，加快制定社会治理急需、满足人民日益增长的美好生活需要必备的地方性法规，努力打通中国特色社会主义法律体系通向基层治理的最后一公里，确保国家法律、行政法规在基层落地落实，得到有效实施，切实发挥地方立法在完善法治、保障善治方面的职能作用。

三是坚持以人民为中心，自觉把全过程人民民主的理念、原则和要求贯彻到立法工作各方面。全过程人民民主是社会主义民主政治的本质属性，是最广泛、最真实、最管用的民主。习近平总书记在中央人大工作会议上全面阐述了全过程人民民主这一重大理念，明确指出“人民代表大会制度是实现我国全过程人民民主的重要制度载体”。立法工作全面践行全过程人民民主，既是发展社会主义民主政治的内在需要，又是遵循法治原则的客观要求。要完善人大的民主民意表达平台和载体，畅通社情民意反映和表达渠道，健全吸纳民意、汇集民智的工作机制，保证人民群众通过立法参与管理国家和社会事务、经济和文化事业，保证人民当家作

主具体地、现实地落实到国家政治生活和社会生活之中。要通过一系列法律规范、制度安排和体制机制设计，完善立法民主程序，把全过程人民民主贯彻到立项、起草、审议、论证、评估、监督和宣传等立法工作的全链条、全方位，使立法过程成为实现和体现最广泛、最真实、最管用民主的典范。要进一步增强征求意见的针对性，建设好基层立法联系点，对与群众生产生活息息相关的法规草案，要广泛听取基层立法联系点、一线从业人员、行政管理对象等方面的意见；对专业性较强的法规草案，要充分听取有相关专业背景的人大代表、相关领域专家等人员意见。要充分发挥立法研究机构、立法顾问等智库的作用，为地方立法提供智力支持。

四是增强立法的科学性，不断提高立法质量。 要加强提高立法工作科学化的制度建设，完善党委领导、人大主导、政府依托、各方参与的立法工作格局，坚持“不抵触、有特色、可操作”原则，统筹立改废释，增强立法系统性、整体性、协同性、时效性，有效发挥地方立法执行性、补充性、试验性作用。要吃透党中央精神，坚持问题导向，适应我国社会主要矛盾的变化，更加重视把促进全体人民共同富裕作为人民群众对美好生活向往的重要着力点，充分发挥立法在高质量发展中促进共同富裕的保障作用。要突出地方特色，结合本地的自然地理、人文社会、经济发展水平等实际情况，做好核心制度设计，善于从“小切口”着手，抓住解决问题的“牛鼻子”，增强立法的针对性、适用性、可操作性。要及时开展对地方性法规实施情况的后评估，将评估结果作为法规修改完善、废止的重要依据。要认真总结区域协同立法创新实践经验，不断推进完善区域协同立法工作机制，努力提高区域协同立法的质量效益，为推动实现国家区域协调发展战略提供法治保障。

五是扎实推进备案审查工作，切实维护国家法治统一。 我国是单一制国家，维护国家法治统一至关重要。这既是一个重要的法律问题，也是一个严肃的政治问题。有立法权的地方人大要坚持依法立法，严格按照立法法确定的“不抵触”原则，准确理解上位法的立法目的宗旨和条文含义，在法定权限范围内开展立法工作，坚决守住“不抵触”底线，保证党中央令行禁止，保障宪法和法律正确有效实施，保护公民合法权益。要加强宪法实施和监督，推进合宪性审查工作，对一切违反宪法法律的法规、规范性文件必须坚决予以纠正和撤销。要健全人大与党委、政府相关部门之间的备案审查衔接联动机制，加强协同配合，提高备案审查工作整体成效；综合运用沟通、约谈、督促、撤销等纠错方式，强化监督纠错功能。要加强备案审查制度和能力建设，探索使用听证、论证、委托第三方研究等方式，进行审查研究；积极推动地方普遍建立人大常委会听取和审议备案审查工作报告制度，实现所有设区的市、自治州全覆盖；加快建设完善全国统一的备案审查信息平台，拓展备案审查信息平台功能，提升备案审查工作信息化、智能化水平。要建立常态化法规动态清理机制，新制定和修改法律后，地方要迅即学习领会，对不符合上位法要求的，及时作出修改、废止安排，确保维护国家法治统一。

六是不断提升立法工作队伍的政治素质和业务能力，切实打造一支适应社会主义法治建设要求的立法工作队伍。 习近平总书记指出，全面推进依法治国，首先要把专门队伍建设好。在中央人大工作会议上，习近平总书记进一步要求各级人大及其常委会“成为自觉坚持中国共产党领导的政治机关、保证人民当家作主的国家权力机关、全面担负宪法法律赋予的各项职责的工作机关、始终同人民群众保持密切联系的代表机关”，鲜明指出了人大的本质属性和职责使命，这既是我们加强自身建设的目标方向，也是依法履职、做好工作的明确要求，具有很强的针对性、适应性、指导性。要采取切实有效措施认真贯彻落实，加强立法工作队伍建设，确保这支队伍符合“政治坚定、服务人民、尊崇法治、发扬民主、勤勉尽责”的要求。针对不少地方反映立法人员力量不足的问题，一些地方设立了事业单位性质的立法研究机构，缓解了行政编制紧张的好做法，各地可以根据地方实际情况积极借鉴。有条件的地方还可以探索立法工作人员职务序列改革、立法津贴职业保障、表彰奖励等机制，为完善相关制度积累经验，不断加强立法工作队伍革命化、正规化、专业化、职业化建设，确保做到忠于党、忠于国家、忠于人民、忠于法律。

最后，再强调说明一点，为了深入总结近年来立法工作的好经验好做法，深入推进科学立法、民主立法、依法立法，全国人大常委会正在对立法法进行修改完善。10 月召开的第三十七次常委会会议对立法法修正草案进行了一审，按照计划，这个月的常委会将进行二审，然后提请明年 3 月举行的十四届全国人大第一次会议审议。地方同志对立法法的修改都很关注，在前期相关工作中提出了不少富有建设性的意见建议，也希望大家继续围绕健全立法体制、完善立法程序、规范立法活动、提高立法效能、增强立法的科学性等问题献言献策，共同做好立法法修改工作。

党的二十大绘就了全面建设社会主义现代化国家、全面推进中华民族伟大复兴的宏伟蓝图，为新时代新征程党和国家事业发展、实现第二个百年奋斗目标指明了前进方向、确立了行动指南。我们要以此为契机，聚焦党和国家中心工作，牢记“国之大者”，主动担当作为，推动立法工作实现更高质量发展，为奋力谱写全面建设社会主义现代化国家的崭新篇章提供更加有力的法治保障。

聚焦“三高四新”战略定位和使命任务 着力发挥立法引领推动保障作用

湖南省人大常委会副主任　谢建辉

近年来，湖南省人大常委会在全国人大有力指导和省委坚强领导下，聚焦“三高四新”战略定位和使命任务，加强和改进立法工作，为全面建设社会主义现代化新湖南提供有力法治保障。

一、坚持把旗帜鲜明讲政治贯穿立法工作始终

一是在深学笃行中把牢立法工作正确政治方向。坚持把学习贯彻习近平新时代中国特色社会主义思想作为首要政治任务，深学深悟习近平法治思想、习近平总书记关于坚持和完善人民代表大会制度的重要思想。党的二十大召开以来，我们按照党中央决策部署和省委要求，坚持全面系统学、深入研讨学、联系实际学，把学习领会党的二十大精神与学习贯彻中央人大工作会议和省委推进会精神结合起来、贯通起来，做到学思用贯通、知信行合一，切实用党的创新理论武装头脑、指导实践，把牢地方立法工作正确政治方向。

二是始终坚持党对立法工作的全面领导。坚持和完善党领导立法工作体制机制，严格遵循《省委领导地方立法工作规程（试行）》，严格执行请示报告制度。省人大常委会党组 2020 年出台了《省人大常委会党组和机关党组向省委请示汇报工作规程》，将重大立法事项、立法问题列入请示报告事项清单，确保立法工作始终在党委领导下进行。

三是紧紧围绕习近平总书记殷殷嘱托抓实立法工作。党的十八大以来，习近平总书记先后三次亲临湖南考察，对湖南作出“一带一部”、“精准扶贫”、“三个着力”、“守护好一江碧水”等系列重要指示，特别是 2020 年 9 月来湘考察时赋予湖南“三高四新”战略定位和使命任务，为湖南发展指明了方向、擘画了蓝图。我们始终牢记嘱托，先后制定了先进制造业促进条例、自由贸易试验区条例、洞庭湖保护条例、红色资源保护和利用条例等法规，运用法治方式推动和保障习近平总书记对湖南重要讲话重要指示批示精神落地落实。

二、坚持把发展全过程人民民主贯穿立法工作始终

一是推进人民民主融入立法“全生命周期”。在立项环节，面向社会征集立法建议项目，注重选取人大代表、人民群众关心关注的项目进行立项论证。在起草环节，坚持所有法规草案面向社会公开征集意见。在审议环节，针对人民群众关注的关键条款，组织开展专题调研，确保最终出台的法规反映人民群众的意愿，最大限度凝聚社会共识。

二是推进人大代表全过程参与立法工作。充分发挥代表主体作用，切实做到“全过程”、“两纳入”。“全过程”就是从法规立项、起草、论证、审议、修改等全过程，邀请代表全程参与；在常委会审议法规草案时，对列席代表提出的意见建议认真研究吸收。“两纳入”，就是代表参与立法工作纳入代表履职评价、纳入“常委会组成人员联系基层代表，代表联系人民群众”的范围。本届以来共邀请 300 多位在湘全国和省人大代表列席常委会会议，召开 17 次代表座谈会，代表们提出了近 700 条意见建议。

三是推进基层立法联系点工作上水平。出台立法工作基层联系点制度和加强省人大常委会立法工作基层联系点建设的意见。充分发挥 9 个省级立法基层联系点的“民意直通车”作用，对 60 余件国家法律、地方性法规草案提出 1000 余条意见建议。

三、坚持把提高立法质效贯穿立法工作始终

一是敢于"在矛盾的焦点上砍一刀"。把化解矛盾的焦点作为提高立法质量的切入点,确保法规"立得住、行得通、真管用"。比如,在制定实施科技成果转化法办法过程中,针对科技成果转化率偏低的难题,明确转让或许可、作价投资时科技人员的奖励或报酬可由国家规定的不低于 50% 提高到 70%,激活了我省科技创新的"一池春水"。

二是突出务实管用、急用先行。聚焦解决实际问题,实现立法决策与改革发展决策有效衔接。长沙望城"4·29"特别重大居民自建房倒塌事故发生后,我们迅速启动了全国首部居民自建房安全管理若干规定立法工作,进一步明晰政府及其有关部门安全监管责任和措施,有效解决了居民自建房安全管理"最后一公里"的问题。《规定》已于 11 月底审议通过。

三是积极推进"小快灵"、"小切口"立法。本届以来,我们制定的地方性法规,设置章节的法规比重和单件法规的条文数量明显减少。比如,我省慈善法若干规定只有 10 条,集中解决应急慈善不健全等突出问题。我省养老助餐若干规定仅有 6 条,用法治方式保障老年人的获得感、幸福感和安全感。

加强区域协同立法　为京津冀协同发展注入强大动力

天津市人大常委会副主任　陈浙闽

京津冀协同发展是习近平总书记亲自谋划、亲自部署、亲自推动的重大国家战略。天津市第十七届人大履职以来,坚持从全局和战略高度思考京津冀协同立法工作,在全国人大常委会法工委的指导帮助下,与京、冀两地人大常委会携手共下"一盘棋",为京津冀协同发展重大国家战略的实施注入了强大的法治动力。

一、立法引领保障高质量发展,积极承接北京非首都功能疏解

习近平总书记指出,京津冀协同发展的核心在于疏解北京非首都功能。我们牢记总书记的指示,把承接北京非首都功能的疏解作为推动京津冀协同发展的重大政治任务和重大历史机遇,围绕天津"一基地三区"功能定位,通过强有力的立法推动战略势能转化为发展动能。制定全国首部促进智能制造发展条例,作出关于促进和保障制造业立市、推动高质量发展的决定,助推全国先进制造研发基地建设;制定推进北方国际航运枢纽建设条例,加快北方国际航运核心区建设;制定地方金融监督管理条例,加快金融创新运营示范区建设;制定天津国家自主创新示范区条例,作出关于促进和保障新时代滨海新区高质量发展的决定,加快建设改革开放先行区,打造国际一流营商环境。

二、深耕生态环境保护立法,推动构筑京津冀生态屏障

良好的生态环境是京津冀协同发展需要率先突破的重点之一,也是京津冀高质量发展的重要支撑。我们用最严格制度、最严密法治保护生态环境,为绿色循环低碳发展蓄能发力。在滨海新区与中心城区之间建设 736 平方公里区域绿色生态屏障,先后作出关于建设绿色生态屏障的决定,出台绿色生态屏障管理法规,形成高标准的京津冀东部生态廊道。与京、冀两地协同推进生态环保领域立法,完成生态环境保护、生态文明教育促进、大气污染防治、水污染防治等立法修法工作。积极探索在法治轨道上推进"双碳"工作,在全国率先制定碳达峰碳中和促进条例,促进经济社会发展全面绿色转型。

三、强化公共卫生领域立法,筑牢首都疫情防控"护城河"

面对新冠肺炎疫情防控形势的不断变化,我们主动增强协同发展的自觉性、主动性、创造性,以公共卫生领域协同立法为契机,与京、冀两地协同推动区域公共服务共建共享。三地讨论通过了关于

协同推进强化公共卫生法治保障立法修法工作的意见，就公共卫生领域重点立法项目开展集中攻关、联合研究、重点突破，织牢织密防护网。协同开展传染病防治立法，建立健全长效防控机制；协同开展院前医疗急救服务立法，完善区域急救体系、合理布局急救资源；协同开展中医药发展立法，共同传承精华、守正创新；协同开展突发事件应对立法，推动做好区域联防联控联动。

四、携手打造协同立法精品，服务保障国家战略实施

法治是区域协调发展的基础保障。我们自觉打破"一亩三分地"思维，围绕实施京津冀协同发展战略的重点难点和大事要事，与京、冀两地一道，以高度的政治自觉和行动自觉携手推进区域协同立法。建立稳定、务实、高效的立法协同工作机制、法制工作机构联席会议等，在重点领域率先开展协同立法，推出近60部协同立法项目。协同立法由松散日益走向紧密，由相互征求意见、在法规中设条款或专章明确协同事项，逐步发展到协同起草、同步审议、同时实施相同文本的地方性法规。近年来，三地通过协商，共同就机动车和非道路移动机械排放污染防治、授权政府为保障冬奥会举办规定临时性行政措施、推进大运河文化保护传承利用等出台相同文本的条例和决定，在全国率先实现不同立法主体在机制制度上的有机融合与协同突破。

京津冀地缘相接、人缘相亲，地域一体、文化一脉。党的二十大报告再次强调推进京津冀协同发展。我们将在全国人大的指导和支持下，继续与京、冀两地携手并进，敢于创新，善作善成，努力以高质量协同立法推动协同发展迈向更高水平。

立足"三性"　坚持"四切"　探索"小切口"立法新路径

山西省人大常委会副主任　岳普煜

党的二十大报告首次专章论述、专章部署法治建设，并把完善以宪法为核心的中国特色社会主义法律体系作为重要任务。本届以来，山西省人大常委会认真贯彻落实习近平法治思想，准确把握地方性法规在中国特色社会主义法律体系中的实施性、补充性、试验性作用，坚持"四切"，把有限的立法资源用到解决突出问题上，探索出了一条努力提高地方立法质量的新路子。

一、切小题目。即选题时注重选好角度，找准切入点，实施重点突破。改革领域立法，注重针对某一具体的改革事项，坚持"一项改革一立法"，为具体改革事项量身定制法规，如承诺制、一枚印章管审批、标准化、农业生产托管等立法。产业转型立法，按照省委"两个转型"战略部署，锚定主攻方向，在数字产业化、产业数字化、数据价值化、治理数字化发力，开展数字经济立法，构筑数字经济发展新优势。民生和社会治理领域立法，紧盯具体问题，让"小法办大事"。开展社区居家养老服务立法，强化社区养老服务支撑能力建设，解决应对人口老龄化的重点难点问题。制定教育督导条例，通过加强教育督导工作，推进构建公平优质教育体系建设。

二、切准特色。从山西的具体情况和实际需要出发，需要什么就规定什么，突出法规的针对性和可操作性。立足山西自身资源禀赋和产业特征，制定煤炭清洁高效利用促进条例，推动煤炭生产和利用全过程降碳节能、提质增效。根据山西不同地区生态区位，开展雁门关农牧交错带、吕梁山区生态保护和修复、整沟治理等立法，因地制宜、精准施策，协同推进生态保护和高质量发展。突出山西作为中医药大省的实际，制定康养产业促进条例、中医药条例，擦亮"康养山西、夏养山西"品牌，引领保障中医药强省建设。贯彻落实习近平总书记关于山西农业的出路在于"特"和"优"的重要指示，制定小杂粮保护促进条例，在种质资源保护、经营主体发展、保险补贴、品牌建设等方面全方位给予支持保障，让小杂粮有大作为。

三、切细内容。法规要管用好用，贵在明确具体。即法规调整对象和范围要清楚具体，相关主体的权力与责任、权利与义务要清晰明确。实施性立法，重在根据本地实际需要，科学补充细化量化上位法。根据新修订的《宗教事务条例》，结合山西宗教工作实际需要，重点细化量化宗教院校、场所、人

员、活动的管理措施,修订了山西宗教事务条例,并总结经验,出台制定实施性法规的相关制度规范。修订工会法实施办法,进一步细化工会组织劳动协商、民主管理、劳动监督、服务帮扶等四项基本职责,使之更加符合我省工会工作的新需要。创制性立法,注重核心制度设计上科学合理、切实可行。制定城乡居民补充养老保险条例,鼓励子女通过缴纳城乡居民补充养老保险提高父母养老保险待遇水平,同时突出财政保障功能,规定县级以上政府将补充养老保险工作所需经费列入财政预算,对参保人缴费和领取待遇予以补贴。

四、切实措施。即坚持问题导向,在务实有效、便于执行上下功夫。**一要求真务实反映问题**。法规起草前,都要深入调研,吃透情况,编制立法大纲,明确要解决的主要问题。制定农业生产托管条例时,我们选择了 2 个村进行了 4 个月的蹲点调查,2 个月的面上分类调查,通过深入调研,对立法的制度设计心中有了数。**二要精准用力直击问题**。制定反不正当竞争条例,从反不正当竞争工作中遇到的问题出发,建立协调机制、案件管辖争议解决机制和跨省域跨区域协作配合机制等,加大不正当竞争行为打击力度,加快建设全国统一大市场。**三要突出实用解决问题**。修订燃气管理条例,在燃气安全防范、燃气服务便民惠民、燃气企业规范经营等方面增加规定,保障用气安全,维护用户权益。

党的二十大对全面依法治国提出新要求作出新部署,为新时代新征程法治建设指明了方向。我们将认真学习贯彻党的二十大精神,以习近平法治思想为指引,总结有益经验,为完善以宪法为核心的中国特色社会主义法律体系贡献力量。

忠实践行习近平总书记重要讲话重要指示精神
以高质量立法护航吉林争当现代农业建设排头兵

吉林省人大常委会副主任 田锦尘

党的十八大以来,习近平总书记对吉林保障粮食安全,保护好黑土地这一“耕地中的大熊猫”,率先实现农业现代化、争当现代农业建设排头兵提出明确要求,为吉林发展指明了前进方向,提供了根本遵循。吉林忠实践行习近平总书记的殷殷嘱托,毫不放松抓好粮食安全和黑土地保护。省人大常委会聚焦保障粮食安全和黑土地保护,奋力以高质量立法护航吉林争当现代农业建设排头兵。

一、围绕保护好黑土地这一“耕地中的大熊猫”,出台全国首部黑土地保护地方性法规

2015 年 3 月,习近平总书记参加全国人代会吉林代表团审议时,详细询问了黑土地保护情况。同年 7 月,总书记在吉林视察时指出,黑土地土质肥沃,是吉林农业发展得天独厚的条件,要开展黑土地保护行动,切实把黑土地保护好、利用好。吉林紧跟习近平总书记重要指示要求,率先作出黑土地保护立法决策,将黑土地保护立法作为功在当代、利在千秋的重大立法任务全力推进。

一是把准定位,积极探索。抓住创制性立法定位,着力为黑土地保护作出探索和贡献,有效发挥地方立法“试验田”作用。打破按照资源类型和产业类型界定黑土地模式,采用“土地性状 + 土壤类型”方式界定黑土地,扩大保护范围,强化保护力度。条例中有关黑土地保护协调机制、质量标准、调查制度、保护措施等多项内容被黑土地保护法所吸收,为国家立法提供了经验。2020 年 7 月 22 日,习近平总书记视察吉林强调,要切实把黑土地这一“耕地中的大熊猫”保护好、利用好。为贯彻落实总书记重要指示要求,更具针对性地开展黑土地保护工作,去年对条例作出修改,将每年的 7 月 22 日确定为吉林省黑土地保护日。

二是立足功能,完善立法。强化地方立法实施性、补充性功能,紧跟上位法出台,及时启动条例修订工作。坚持贯彻落实习近平生态文明思想和习近平总书记视察吉林重要讲话重要指示精神,将总书记“保护好、利用好黑土地”的重要指示要求,细化为 12 个方面保护措施落实到法规条款中;坚持补充细化上位法,进一步规范黑土地保护检查、督察、约谈、行刑联动、公益诉讼、人大监督等制度,细化保护利用、治理修复等内容;坚持吸收提炼我省黑土地保护工作实践成果,将省委省政府关于加强黑土地保护工作的政策举措,转化为法规规定。

二、围绕扛稳国家粮食安全重任，健全粮食安全保障法规制度体系

在加强黑土地保护立法的同时，围绕“良田、良种、良机、良法”等保障粮食安全的关键要素，延伸立法触角，发挥立法作用，先后制定涉农法规38部，通过“法法衔接”、“以点聚面”，逐步建立起以乡村振兴促进条例为基础，以耕地保护、种业振兴、农业机械化提升、农业生产技术创新发展、农民生产积极性保护激励等为主干的“1＋N”粮食安全保障法规制度体系。

乡村振兴促进条例专章设定“粮食安全”，坚持藏粮于地、藏粮于技，就耕地保护、高标准农田建设、种业发展、科技支撑、农业机械化、气象服务、数字农业等作出规定，为保障粮食安全提供基础制度引领。

农村土地承包经营、农村集体资产、农民专业合作社等条例，为巩固农村基本经营制度，保护农民财产权益，促进农民稳产增收提供法治保障；耕地保护、农作物种子、农业机械等条例，为确保耕地数量不减、质量不降，提升种业自主创新能力，实现农业生产机械化提供法治路径；农村水利、农业技术推广、气象灾害防御等条例，为提高抗旱防洪除涝能力、促进农业科技成果转化、提升气象服务水平提供法治方案。为落实深化农村土地制度改革要求，在更高层次上保障粮食安全，正在修改土地管理条例，制定加快推进“千亿斤粮食”生产工程和“千万头肉牛”建设工程的决定。

在立法的有力引领、推动和保障下，吉林保障粮食安全和黑土地保护迈出坚实步伐。粮食总产量连续八年稳定在700亿斤以上，2021年首次突破800亿斤。保护性耕作面积2875万亩，累计建成高标准农田4030万亩；主要农作物良种覆盖率100%，农机化率达到92%。

下一步，我们将坚持以习近平法治思想为指引，深入学习贯彻党的二十大精神，全面落实党中央重大决策部署，创造性地做好地方立法工作，为全面建设社会主义现代化新吉林作出更大贡献。

高质量立法助推共同富裕示范区建设

浙江省人大常委会副主任　赵光君

高质量发展建设共同富裕示范区是习近平总书记和党中央赋予浙江的重大政治任务，承担着探索破解新时代社会主要矛盾的有效途径，为全国推动共同富裕先行探路、提供省域范例的重要历史使命。我们深入学习贯彻习近平总书记关于共同富裕的重要论述精神，紧跟中央决策部署，紧扣改革目标要求，主动融入、积极作为、系统推进，以高质量立法为示范区建设提供有力的法治保障。

一、省委高度重视，强化组织领导

共同富裕示范区立法是一项事关长远的战略任务，必须加强党的领导，充分发挥党委总揽全局、协调各方的领导核心作用。**一是省委决策明确方向**。2021年6月，中央《关于支持浙江高质量发展建设共同富裕示范区的意见》下发后，浙江省委第一时间召开全会专题研究，省委袁家军书记直接谋划推动，提出一系列制度机制建设任务，并明确率先构建促进共同富裕的地方法规规章政策体系的要求。**二是强化组织落实责任**。浙江省委全面依法治省委员会成立由人大常委会法工委为第一牵头单位、30多家省有关部门为成员的共富制度体系建设专项小组，并印发实施方案，明确任务书、时间表、路线图。三是专班推进抓好实施。省人大成立由常委会党组书记为组长的工作专班，围绕“八个方面”具体任务，实行清单化管理、项目式推进，推动中央和省委决策有效落地。

二、加强统筹谋划，确定思路重点

共同富裕示范区立法是一项具有开创意义的创新工程，需要加强研究谋划，构建系统完备、科学规范、运行高效的制度体系。**一是明确总体思路**。落实中央要求的体制机制建设任务，我们强化系统思维，提出构建以一部综合性基础性共同富裕地方

性法规为主体、若干部相关领域具体法规为内容的"1+N"共同富裕法规制度体系的工作思路。**二是积极开展研究**。立足示范区建设的目标要求,会同省委改革办等部门,组织开展相关改革措施涉及现行法律行政法规的研究工作,为国家层面强化相关立法提供参考。**三是全面梳理需求**。对照国家和省委提出的改革举措,对现行有效 228 件省地方性法规开展系统梳理,提出各领域需要立改废的项目清单,为全面推进示范区立法提供指引。

三、加快推进立法,引领改革发展

共同富裕示范区立法是一项紧迫艰巨的历史使命,需要在确保质量前提下不断加快进度,推动共同富裕改革创新取得突破性进展。**一是出台综合性决定**。中央意见下发后,我们及时出台专门决定,强调要凝聚全社会力量,加快建立适应示范区建设的体制机制。**二是制定基础性法规**。围绕"1+N"制度体系,将《浙江省高质量发展建设共同富裕示范区促进条例》作为年度立法重点,不断强化人大主导,提高草案质量,打好制度框架的基础。**三是加快各领域立法**。聚焦中央明确的"四大战略定位",加强重点领域立法,2021 年以来共制定修改公共数据条例、乡村振兴促进条例、失业保险条例等 50 余件法规,形成一批创制性立法成果,有效促进示范区建设改革实践。

四、创新工作机制,提升立法质效

共同富裕示范区立法是新形势下立法工作理念方式的转型升级,需要创新完善机制,探索地方自主性先行性立法的高效路径。**一是加强数字赋能立法**。建设省市人大一体使用的立法综合应用,集成五大多跨场景、六大智能辅助,实现法规全流程高效协同和数字化管理。**二是深入践行全过程人民民主**。建成覆盖全省域的基层立法联系点工作体系,运用数字化手段将立法征求意见范围扩展至全省 112 家代表联络站,确保立法充分反映民情、汇集民智。**三是打造闭环管理链条**。以一件事为主线,建立法规立项、起草、审议、实施的全周期闭环管理机制,实现全过程质量把关、流程把控、高效管理。

全国人大常委会法工委高度重视浙江示范区建设,多次研究讨论并赴浙江开展调研、听取意见,出台《关于加强同浙江人大工作联系支持浙江高质量发展建设共同富裕示范区的若干意见》,明确了在法治轨道上支持和鼓励浙江先行先试、探索创新、完善提升的总体要求和具体举措。下一步,我们将认真贯彻党的二十大和本次会议精神,落实好全国人大常委会法工委文件要求,以更高质量更高水平的地方立法行稳致远推进共同富裕示范区建设。

传承红色基因　担当立法使命

江西省人大常委会副主任　胡世忠

党的十八大以来,以习近平同志为核心的党中央高度重视红色资源利用、红色基因传承工作。习近平总书记在党的二十大报告中指出,要弘扬革命文化,用好红色资源。近年来,江西省人大常委会深入贯彻习近平新时代中国特色社会主义思想,在全国人大常委会指导下,传承红色基因,担当立法使命,率先出台首部革命文物保护条例,同时指导设区的市出台《吉安市红色文化遗存保护条例》和《赣州市革命遗址保护条例》。

一、扛起时代责任,做好立法选题

江西是一块洒满烈士鲜血的红土地,是著名的革命老区,一直受到党中央的亲切关怀。2019 年 5 月,习近平总书记视察江西时提出,江西要在加快革命老区高质量发展等方面"作示范、勇争先"。江西省委按照总书记的重要要求,作出了一系列争先创优的工作部署。江西省人大常委会党组相应作出了在传承红色基因、深化中华苏维埃代表大会制度研究,在推动工作创新发展,在强化作风建设"三个走在前列"的目标定位,着力把总书记"作示范、勇争先"的重要要求落实到人大工作中。为此,我们**一是突出立法保障**。扛起革命老区的时代责任,在红色基因传承的立法选题上先行先试。**二是突出保护载体**。革命文物、红色遗址是传承红色基因的重要物质载体,我们制定法规着重在这些物质载体的保护上下功夫。**三是突出上下联动**。既出台了省级的《江西省革命文物保护条例》,又针对吉安是井冈山革命根据地所在地,赣州是原中央苏维埃政府所在地,推动出台了《吉安市红色文化遗存保护条例》和《赣州市革命遗址保护条例》,形成了上下合力。

二、坚持问题导向,建立有效机制

整个江西被誉为是没有围墙的红色博物馆,拥有革命旧址二千九百余处、革命文物四万四千多件。这种情况也给保护工作带来很大压力。为了落实保护任务,必须发挥法律的重要保障作用。**一是建立责任体系**。省里的条例构建了以名录保护制度、保护管理责任人制度、可移动文物保护管理制度、督查约谈制度等为主要内容的革命文物保护制度。**二是保障资金来源**。吉安市的条例探索性规定了红色文化遗存保护资金制度,规范了保护管理责任人和管理修缮义务,尤其是明确了政府的兜底保护义务。**三是做到保护与合理利用相结合**。赣州市的条例明确了革命遗址保护与教育培训、红色旅游、乡村振兴相结合的有关措施,更好发挥革命遗址的历史价值。

三、注重务实管用,实现良好效果

省市两个层面的条例发布实施后,良法善治的成效得到了初步显现。**一是保护质量有了明显提高**。赣州市的条例实施后,经过评定,保存状况较好的革命遗址由前些年的14.1%上升至目前的47.6%,同时还有一大批遗址正在加紧维修中。他们的保护经验也被列为全国示范。**二是特色产业有了较好发展**。吉安市在条例的推动和保障下,首创集培训、参与、体验为一体的红色教育培训“井冈模式”,成功创建江西省红色教育培训地方标准,红色旅游占井冈山市经济总量的比重超过了50%。**三是红色基因有了更好传承**。省、市条例的出台、宣传和贯彻执行,在社会上营造了保护革命文物、传承红色基因的浓厚氛围,对弘扬伟大建党精神和井冈山精神、苏区精神、长征精神发挥了有力的推动作用,受到各界的好评,其效果还将随着今后执法检查的深入开展,进一步显现出来。

目前我们的红色立法工作还是探索性的。下一步,我们将按照本次会议要求,深入学习贯彻党的二十大精神,借鉴兄弟省市区先进经验,不断提高地方立法质量,为社会主义现代化建设提供坚强法治保障。

加强地方性法规实施监督工作
切实把制度优势更好转化为治理效能

湖北省人大常委会副主任　胡志强

湖北省人大常委会坚持立法和法律法规实施并重,抓住法律法规实施的关键环节,不断加强对法律法规实施的监督,切实把制度优势转化为治理效能。

一、加强法规实施监督的领导

湖北省委坚持把法律法规实施作为法治湖北建设的重要内容,高度重视、持续推进,先后出台《关于加强和改进法律法规实施工作的意见》和《关于进一步提高立法质量和效率的意见》。不断完善党委领导、人大监督推进、实施机关实施、全社会参与的法律法规实施工作格局,建立实施协调机制,明确实施工作责任,定期听取实施情况汇报,将法律法规实施情况作为衡量领导班子和干部工作实绩的重要内容。省人大常委会党组认真履行宪法法律赋予的法律法规实施监督职责,加强统筹协调,完善工作制度,健全工作机制,加强监督,建立长效机制,形成推进法律法规实施的整体合力。定期研究法律法规实施中的重大问题和重要事项,并及时向省委报告。每年都通过“立法和法律法规实施计划”推进会,对法律法规实施监督进行安排部署,形成不断总结完善和持续推进的工作机制。

二、夯实法规实施监督的基础

在集中、专项和定向进行地方性法规清理的基础上，统筹立改废释，及时衔接改革决策，有效维护法制统一，切实提高地方立法的针对性、有效性、可执行性和可操作性，为法规实施奠定坚实基础。围绕构建法规实施工作格局，统筹实施主体，实行“一法一案”，明确主体责任，优化配套措施，建立协同机制，夯实法规实施的具体责任。围绕打通法规实施“最后一公里”，统筹实施路径，实行“一款一策”，完善配套制度，细化措施办法，明确工作要求，夯实法规实施的工作基础。坚持立法和法规实施监督并进，统筹工作职能，整合立法计划和法规实施职责，明确专门机构和力量协调立法和法规实施监督工作，夯实法规实施的组织基础。

三、优化法规实施监督的方式

坚持目标导向，完善常态化监督体系，综合运用法规实施情况报告、执法检查、专题调研和立法后评估等多种方式，对地方性法规实行“一年一评”、“三年一查”，形成“全领域”常态化监督。坚持问题导向，完善系统化监督体系，针对健全执法制度、完善配套措施、建立联动机制和保障有效运行等法规实施过程，聚焦群众关心、社会关注的突出问题，对地方性法规实行“全程考核”、“全程问责”，形成“全过程”系统监督。坚持效果导向，完善动态化监督体系，围绕对标大政方针、落实部署要求、服务中心大局和回应人民关切等重大问题，对地方性法规实行“重点监督”、“跟踪监督”，形成“全方位”动态监督。

四、凝聚法规实施监督的合力

开展协同监督，充分发挥省人大作为省委全面依法治省立法协调牵头单位职能作用，健全与省委省政府相关部门的协调机制，协同开展对法规实施情况的监督检查、考核评价和整改落实。强化内部监督，将政府及其部门执法制度、机制和能力建设纳入法治政府考核，健全执法考核评价指标体系，完善执法考核评价和责任追究办法，发挥内部监督的基础作用。实行联动监督，省市县在监督项目选题、监督工作安排、监督方式方法等方面坚持协同联动，提升法规实施监督的整体性、协同性和有效性。推进民主监督，全面推行政务公开和阳光司法，注重从信访、媒体等多渠道收集人民群众反映强烈的问题，注重梳理人大代表关于法规实施的意见建议，注重听取立法联系点和立法实践基地的意见，认真研究形成法规实施监督的项目计划、重点内容和工作方案，提高法规实施监督的针对性和实效性。

五、强化法规实施监督的效果

以完善法律法规实施工作格局，推进科学立法、严格执法、公正司法和全民守法整体联动，形成法治湖北建设的整体合力。以法律法规实施监督成果，推进地方性法规选题立项更具针对性、制度设计更具可行性、执法运行更具可操作性，不断提高地方立法的质量和效率。以法律法规实施监督考核评价工作，推进法治政府考核评价体系、社会治理考核评价体系和行政执法考核评价体系的不断完善，使确责、考责、评责、追责成为法治政府建设的动力。以丰富法律法规实施监督方式，推进地方性法规进入执法、融入司法、列入普法、汇入守法，形成尊法、学法、守法和用法的浓厚氛围。下一步，我们将全面学习把握和落实党的二十大精神和本次会议精神，继续统筹做好立法和法律法规实施工作，推进法治社会建设。

广东开展“1 + N”省市协同立法促进粤菜发展

广东省人大常委会副主任　黄宁生

“粤菜师傅”工程是广东省委、省政府贯彻落实习近平总书记对广东重要讲话和重要指示批示精神，着眼于满足人民群众对美好生活的需要，推动高质量发展作出的一个重要部署。广东省人大常委会主动加强“粤菜师傅”工程法治保障，以小切口做成三篇大文章，采取“四统法”探索省市协同立法，从五个方面“烹”出为“菜”立法味道。

一、为“菜”立法，小切口做成大文章

2018 年“粤菜师傅”工程实施以来，在三个方面显现出巨大功效：立足保就业惠民生的初心，累计

培训40.4万人次，带动就业创业86.39万人次；立足粤菜产业金字招牌和高品质市场口碑的优势，推动餐饮业、特色农业融合发展，构建粤菜全产业链条体系；立足粤菜历史文化底蕴深厚、在海内外享有盛誉的特点，打造团结粤港澳大湾区乃至海内外人士的粤菜文化纽带。

广东人大深入学习贯彻党的二十大关于实施就业优先战略、建设现代化产业体系、增强中华文明传播力影响力的决策部署，紧紧抓住粤菜在就业、产业、文化方面的三大功效，通过开展"小切口"立法，做好促进高质量就业、培育完善粤菜产业链、传承传播中华文化三篇大文章，更好发挥法治固根本、稳预期、利长远的保障作用。

二、创新机制，探索"1+N"省市协同立法

如何既解决粤菜发展中的全省共性问题，又兼顾"广府菜"、"潮州菜（潮汕菜）"、"客家菜"三大地方特色风味菜的各自特点，成为粤菜立法的首要课题。经过认真研究谋划，决定采取"1+N"省市协同立法模式，"1"即省制定一个粤菜发展促进的总条例，"N"即汕头、佛山、江门、潮州、梅州5个立法意愿较强、地域优势突出的市分别制定相关条例。在具体实施过程中，采取4个"统"创新省市协同立法新机制。

（一）统一思路，上下联动

省与市两级人大常委会相继召开立法工作部署会，建立健全起草工作机制和联动机制，统筹协调省市开展粤菜"1+N"协同立法工作。各市党委、人大常委会、政府高度重视，建立人大、政府有关负责人"双组长"制度，迅速出台工作方案和工作进度表，确保按时高质量完成立法任务。

（二）统分结合，明确重点

省条例定名为《广东省粤菜发展促进条例》，重点对粤菜共性问题做出统一规定，形成粤菜发展促进的统一制度规范，发挥省条例统摄总领作用。鼓励和指导5市立足本地实际，在选题和制度设计上务求切小、切准、切实、切好、切出特色，围绕地方风味菜系发展的优势项目和特色产业做文章，形成"各特其特、特其所特、特特与共"的生动局面。

（三）统筹实施，一体推进

省、市条例立项均于今年初同步完成，并均由人大主导迅速启动，同步开展条例草案起草工作。省条例于7月，5市条例分别于7、8月已按程序提请人大常委会审议，省条例已于11月审议通过。对一些省市协同、市市协同立法中的重大分歧、疑惑和遇到的突出问题，如粤菜要不要定义、如何科学定义，各市对"广府菜"、"潮州菜（潮汕菜）"、"客家菜"如何界定，及时消除分歧、解除疑惑，有效促成共识、解决问题。

（四）统合力量，提高质效

省与市分别成立立法专班，既相对独立，又互相协作，加强信息互通和资源共享，优化配置两级立法资源和力量。充分挖掘"外脑"优势，委托高校专家团队就粤菜立法相关问题开展理论研究。举办粤菜"1+N"省市协同立法实务研讨班，将省与市参加粤菜立法的相关工作人员共50人集中起来，专题研讨、相互交流，共同研究、集中攻关。

三、问题导向，"烹"出立法广东味道

在立法内容上，坚持立足广东实际，针对问题立法，立法解决问题，赋予法规浓郁地方特色。着眼拓宽就业创业渠道，推动建立"粤菜师傅"人才培育体系，制定和落实扶持政策措施，"烹"出人民群众幸福生活之味；着眼破解制约粤菜产业发展的突出问题，上游对接食材供应方，中游支撑粤菜餐饮业，下游链接旅游文化及休闲娱乐，"烹"出城乡一二三产业融合发展之味；着眼传承发展粤菜文化，倡导文明、健康、科学的饮食风尚，革除滥食野生动物和铺张浪费等陋习，"烹"出文明健康饮食文化之味；着眼加强粤港澳三地合作，与香港、澳门特别行政区在弘扬粤菜文化、共建美食之都等方面开展区域合作，"烹"出大湾区宜居宜业宜游的优质生活之味；着眼开发本地资源禀赋，汕头主打"品牌"，佛山主打"名牌"，梅州主打"传统牌"，江门主打"侨牌"，潮州主打"精品牌"，"烹"出各具特色的高质量发展之味。

建设好基层立法联系点
打造发展全过程人民民主实践高地

广西壮族自治区人大常委会副主任　赵乐秦

党的十八大以来，以习近平同志为核心的党中央提出全过程人民民主重大理念，为建设好基层立法联系点提供了根本遵循。我们自2016年开始建立基层立法联系点以来，始终把加强基层立法联系点建设、打造发展全过程人民民主实践高地作为坚定捍卫“两个确立”、坚决做到“两个维护”的具体行动，取得一定成效。

一、把握“一个定位”，确保基层立法联系点目标明确。我们把基层立法联系点作为人大重要的民主民意表达平台，着力将其打造为发展全过程人民民主的实践高地。今年8月出台《自治区人大常委会关于发展全过程人民民主完善工作机制的实施意见》，结合广西人大工作实际把全过程人民民主重大理念转化为三十条具体制度规范，明确将征求基层立法联系点意见作为立法必经程序，要求进一步增加基层立法联系点数量、丰富类型、拓展作用、提高建设质量，努力做到立法过程广泛听取群众意见、立法审议充分吸纳群众智慧、立法内容切实维护群众利益、立法成果真正得到群众认可。

二、抓好“两个结合”，确保基层立法联系点辐射广泛。一方面坚持特色与共性相结合，选点建点既考虑地域的广泛性，又兼顾重点领域的代表性，在发挥基本功能的基础上，突出各自特色。目前，我区三级人大都设立基层立法联系点，其中，自治区由15个准备增加到30个，设区的市978个，自治县89个，包括三江国字号的点在内，形成了四级联动、各具特色的工作格局。另一方面坚持点面结合，向辖区延伸设立立法联络单位、立法信息采集点，使立法机关听取意见的触角覆盖更宽，更好接地气、察民情、聚民智、惠民生，使地方立法更加着眼实施、实效管用。

三、突出“三个建设”，确保基层立法联系点基础牢固。一是注重队伍能力建设。建立固定联络员和不固定信息员队伍，发挥村（社区）“两委”班子、人大代表、政协委员、乡贤寨老等主体作用。通过加强培训、建立信息季度通报制度等方式，使联系点队伍熟悉掌握立法知识。**二是注重规范化建设。**在前年制定基层立法联系点工作规则的基础上，今年出台标准化建设指南，明确硬件建设五个“有”（有组织机构、分管领导和工作人员、办公场所、办公设施、经费保障），软件建设五个“定”（确定一套制度、一支立法信息员队伍、一批立法信息采集点、一批立法联络单位、一套工作流程）。指导三江县人大常委会起草该点的中长期发展规划，并提请县人代会通过。定期组织召开工作会议和现场观摩会，推动各联系点加强制度建设，提升规范化、标准化、品牌化建设水平。**三是注重信息化建设。**加强数字化、信息化运用，通过智慧人大工作平台、门户网站、微信小程序、微视频等形式，形成多渠道、立体式征求意见网络。

四、完善“四个机制”，确保基层立法联系点运行顺畅。一是完善参与机制。邀请联系点负责人列席常委会会议，参加立法调研、座谈和专题讲座，拓展对人大工作参与度。**二是完善协同机制。**指导三江国字号联系点建立桂湘黔三省（区）六县人大常委会基层立法联系点工作区域协同机制，拓宽民族地区社情民意表达和反映渠道，推进区域协同立法与接边地区基层社会治理共建共治共享有效衔接。**三是完善反馈机制。**向联系点和群众反馈意见建议采纳情况，激发群众参与热情，让基层意见建议成为高质量立法的“源头活水”。**四是完善动态调整机制。**对立法工作落实不力、作用发挥不大、参与热情不高的联系点实行动态调整、有序退出。

五、发挥“五员功能”，确保基层立法联系点作用彰显。一是发挥联络员作用。一头连着立法机关，一头连着基层群众，向下延伸察民情、向上直通集民智。**二是发挥信息员作用。**截至目前，自治区级联系点共参与28件法律草案、92件地方性法规草案征求意见工作，提交建议8500多条，被采纳900多条。**三是发挥宣传员作用。**利用“山歌对唱”、“鼓楼议事”、村寨“月也”等形式，将立法征求意见同法治宣传有机结合。**四是发挥翻译员作用。**既把草案条文转换为“群言群语”，又把群众意见建议转换为“法言法语”。**五是发挥服务员作用**。在服务群众参与立法的同时，还服务基层社会治理，推动联系点从参与立法向监督执法、促进守法和宣传普法延伸。

丰富立法形式　注重立法效果 担当长江上游生态保护地方立法责任

——重庆推进长江保护流域立法的实践

重庆市人大常委会副主任　王　越

习近平总书记视察重庆时特别强调“保护好长江母亲河和三峡库区，事关重庆长远发展，事关国家发展全局”。近年来，重庆市深入贯彻习近平生态文明思想和习近平法治思想，坚定扛起筑牢长江上游重要生态屏障的重大政治责任，先后制定和修改了24部与长江保护紧密相关的法规，用心用力用法守护长江母亲河。

一、强化担当意识，扛起长江上游责任

紧跟国家立法进程，以实施长江保护法等法律为契机，统筹推进地方性法规“立改废释”，全力将科学规划、系统治理等理念和要求在重庆落地生根。**一是系统谋划“一盘棋”**。市委先后出台《关于深入推动长江经济带发展、加快建设山清水秀美丽之地的意见》等重要文件。市人大常委会在编制立法规划和立法计划时，均注重系统研究涉及长江保护的地方立法事宜。**二是问题导向“针对性”**。始终将“着力解决实际问题”作为地方立法重点。如针对我市72.1%的湿地分布在长江干流及三峡库区的特点，以及湿地普遍具有生态脆弱性、不稳定性等问题，及时制定湿地保护条例，用法维护长江上游湿地生态功能。**三是补强立法“组合拳”**。委托西南政法大学开展“重庆市地方性法规结构研究”，其中重点围绕推动长江经济带发展及生态修复，深入分析地方立法的“结构性短板”。坚持动态抓实法规专项清理，变被动等待为主动作为，及时对防汛抗旱条例等进行修改完善。**四是跟进监督“长牙齿”**。近年来密集开展河道管理条例等执法检查，组织全国人大代表对三峡库区开展视察调研等监督活动，多措并举推动长江保护法的规定转化为全社会的法治意识和行为准则。

二、丰富立法形式，织密长江生态法网

充分发挥人大立法主导作用，深入研究长江保护地方立法的重点、策略和方法，在丰富立法形式上用功出效。**一是抓实“全市域”立法**。重庆境内长江干流长达691公里，三峡库区是全国最大的淡水资源储备库。市人大常委会审时度势，及时对2011年制定的长江三峡水库库区及流域水污染防治条例开展立法后评估，经反复研究论证，最终确定废旧立新，制定涵盖全域的水污染防治条例，进一步织密水污染防治法网。**二是抓细“小切口”立法**。围绕长江生态修复、环境治理等重大课题，确立“变大为小”、“以点带面”的立法选题思路。制定和修改的关于加强广阳岛片区规划管理的决定等法规，均避免了华而不实的立法，正推动“长江风景眼、重庆生态岛”等要求变现成景。**三是抓紧“小快灵”立法**。果断按下立法“快进键”，多项立法修法均一次审议通过，较好实现了地方立法紧跟长江保护新要求。如将河长制条例从预备项目调整为当年的审议项目，以“河长制”促“河长治”。**四是抓好流域协同立法**。为加强长江最大支流嘉陵江的协同保护，兼顾川渝两地体制机制实际，首次尝试“重庆决定＋四川条例”的协同模式，针对流域共标、共建、共治、共管等问题作出科学合理的制度安排。

三、构建制度防线，筑牢长江生态屏障

只有实行最严格的制度、最严密的法治，才能为生态文明建设提供可靠保障。近年来，我们更加

注重法规内容的针对性、可行性和科学性。**一是用制度保护"一江碧水"**。在开展水资源管理条例、生活垃圾管理条例等立法中，均按照水污染治理、水生态修复、水资源保护"三水共治"理念，明确了从严管控的立法导向。**二是借立法助力"十年禁渔"**。通过制定"禁捕工作决定"，区分禁钓区和限钓区，对以买卖交易为目的的"职业钓客"进行规制，对相关事宜"约法三章"。该决定只有 13 条，条款不多却"威力十足"。**三是以法治守护"两江四岸"**。重庆山环水抱、峡江相拥。近年来的立法更加突出系统性和协调性，既立"水"法，也立"林"、"地"等其他相关法。如及时修改长江防护林体系管理条例，开展"两江四岸"规划保护立法研究，均有力推动了长江上游生态环境保护与修复。

以铸牢中华民族共同体意识为主线
深入推进民族地方立法

云南省人大常委会副主任　李　培

云南是世居少数民族最多、特有民族最多、跨境民族最多、民族自治地方最多的省份。有 6000 人以上的世居少数民族 25 个、特有民族 15 个、跨境民族 16 个、人口较少民族 8 个，1500 多万少数民族人口，约占全省总人口的三分之一，有 8 个自治州、29 个自治县。在省委坚强领导下，省人大及其常委会坚持以习近平新时代中国特色社会主义思想为指导，深入学习领会习近平法治思想、关于加强和改进民族工作的重要思想，准确把握铸牢中华民族共同体意识的主线，深入推进民族地方立法，为推动全省民族团结进步事业发展提供了有力法治保障。截至目前，我省现行有效地方性法规 371 件，自治条例 37 件，单行条例 181 件。

一、紧扣大局，全省地方立法不断取得新进展

习近平总书记两次考察云南，提出把云南建设成为我国民族团结进步示范区、生态文明建设排头兵、面向南亚东南亚辐射中心。省人大常委会和各州（市）人大常委会紧紧围绕习近平总书记为云南擘画的"三个定位"开展地方立法工作。在增进民族团结方面，制定了《云南省民族团结进步示范区建设条例》。在维护宗教和睦，提高宗教工作法治化水平方面，制定了《云南省宗教事务管理条例》。在推进生态文明建设方面，制定了《云南省创建生态文明建设排头兵促进条例》，以及大气、水、土壤、森林、湿地、高原湖泊、生物多样性等方面的专项保护治理法规。在加强边疆民族地区社会治理，维护社会和谐稳定方面，制定了《云南省矛盾纠纷多元化解条例》、《云南省禁毒条例》和《云南省艾滋病防治条例》。在改善营商环境，促进高质量发展方面，制定了《云南省优化营商环境条例》、《云南省中小企业促进条例》。在促进民族地区乡村振兴和人居环境改善方面，制定了乡村清洁、文明行为促进、城乡特色风貌建设、古树名木保护管理、美丽公路路域环境管理、城中田园保护等一批体现各地特色的地方性法规。

二、铸牢主线，民族自治地方立法不断取得新成果

坚持以铸牢中华民族共同体意识为主线，指导民族自治地方积极开展民族立法工作。在推进民族团结进步示范区建设方面，根据省民族团结进步示范区条例指导各民族自治地方统一修改自治条例，指导迪庆州修订民族团结进步促进条例。在助力民族地区经济发展方面，制定了建水紫陶、文山三七、德宏咖啡等产业发展和旅游方面的单行条例。在保护、传承民族优秀传统文化方面，制定了阿诗玛、彝族十月太阳历文化保护、历史文化名城、传统村落保护以及藏医药、彝医药、彝族服饰保护等方面的单行条例。

三、加强统筹，深入推进民族地方立法

一是加强党对立法工作的全面领导。健全落实向党委请示报告立法工作机制，地方性法规及时向省委请示报告立法工作中的重大事项和问题，自

治条例、单行条例严格执行党内报批程序,坚持将党的领导贯彻到立法工作的全过程、各方面。**二是加强计划统筹**。将省、州(市)两级的地方性法规和民族自治地方自治条例、单行条例立法工作全部纳入省人大常委会年度立法计划,做到统一筹划、统一安排、统一部署。**三是加强统筹协调工作机制建设**。制定关于统筹协调省、州(市)、自治县立法工作的意见,做到全省地方立法工作"一盘棋"。指导各州(市)统一制定立法条例,做到各地立法工作程序和要求统一规范。**四是加强分工协作**。加强省人大常委会对民族自治地方立法工作的指导,自治条例、单行条例由省人大民族委负责统筹,各州(市)制定地方性法规由省人大法制委、常委会法工委负责统筹,省人大及其常委会各专门委员会、工作委员会之间按照相关工作机制相互配合。

下一步,我们要深入学习贯彻党的二十大精神,不断加强和改进民族地方立法工作,为推进我省民族团结进步事业发展提供更加有力的法治保障。

坚持依法治疆 着力健全社会治理法规制度

新疆维吾尔自治区人大常委会副主任 李学军

新疆维吾尔自治区十三届人大常委会深入学习贯彻习近平法治思想,完整准确贯彻新时代党的治疆方略,在全国人大常委会的指导下,在自治区党委的领导下,紧紧围绕依法治疆,系统研究新疆社会治理体系中的薄弱环节和空白点,着力构建促进社会稳定和长治久安的法规制度体系。截至目前,自治区制定社会治理领域地方性法规 23 件、法规性决议决定 10 件,审查批准法规 12 件,为实现社会稳定和长治久安总目标提供了坚实法治保障。

一、依法保障提升社会治理能力。一是全力维护国家安全。制定全国首部实施国家安全法办法,修订边境管理条例,依法严厉打击"三股势力",防止"三股势力"境外回流、境内外潜。**二是助力平安新疆建设**。研究制定全国首个省级平安建设条例,重点对社会治安防控体系构建、社会矛盾纠纷调处化解等进行细化,构建了群防群治、联防联控的社会面防控新格局。**三是依法加强基层社会治理**。适应新疆工作由稳向治的现实需要,及时总结便民警务站建设和运行过程中的经验,制定便民警务站条例。固化新疆特色"枫桥经验",制定信访条例。制定街道人大工作条例、村民委员会选举办法等法规,依法保障基层民主政治有序发展。**四是依法推进反恐维稳队伍专业化建设**。实施国家安全法办法、平安建设条例、警务辅助人员管理条例等相关法规,有重点分层次强化反恐维稳队伍力量。**五是强化全社会法治意识**。制定法治宣传教育条例、第八个五年法治宣传教育的决议、社会科学普及条例等法规,突出法治宣传教育重点、明确责任主体,引导全社会树牢法治意识。

二、不断加强反恐维稳和去极端化法治建设。一是加强宪法法律学习宣传实施。全面实施宪法法律,结合新疆实际增强地方立法的补充性和实施性作用,加强合法性审查,完善备案审查工作机制,依法保障公民基本权利,确保反恐维稳等各项活动在宪法法律规范下开展。**二是系统研究谋划反恐维稳地方立法工作**。适应反恐维稳形势,科学编制立法规划计划,加快推进反恐去极端化、国家安全等重点领域立法,指导有立法权的州市县人大及时跟进,共同构建起与国家上位法相衔接相配套的反恐维稳地方性法规制度体系。**三是突出重点法规引领作用**。主导制定全国首部去极端化和反恐怖主义的地方性法规,研究制定安置教育实施办法,审查批准乌鲁木齐市公共场所禁止穿戴蒙面罩袍的规定等法规,为相关领域社会治理提供了地方立法依据。**四是推动反恐维稳法治化常态化**。加快推进城乡社会治理、社会面防控等领域立法,形成反恐维稳法治化常态化制度办法,加大执法检查力度,确保反恐维稳法治化、常态化、规范化、专业化开展。

三、提高意识形态领域法治化水平。一是依法保障民族团结促进宗教和谐。制定了民族团结进步工作条例、民族团结进步模范区创建条例,在全国率先修订宗教事务条例,有形有感有效开展民族团结进步事业,依法管理宗教事务。**二是依法维护网络安全**。制定了防范和惩治网络传播虚假信息条例、关键信息基础设施安全保护条例等法规,为营造清朗安全的网络空间贡献地方立法力量。三

是依法保护各民族优秀传统文化传承发展。制定维吾尔木卡姆艺术保护条例、吐鲁番交河故城遗址保护管理条例、坎儿井保护条例等，研究制定玛纳斯史诗保护条例，有力保护各民族优秀传统文化的传承发展。**四是依法开展涉疆对外斗争**。加强就业、社保、医疗、养老等各方面地方立法，提升人权保障法治化水平。认真研究涉外法律、法规、国际公约，开展法规清理，抓紧充实法规"工具箱"。

下一步，我们将深入学习贯彻党的二十大精神，贯彻落实好本次会议精神，科学谋划推进新疆立法工作，为深入推进全面依法治疆提供有力法治保障。

王晨在第二十八次全国地方立法工作座谈会上强调 深入学习贯彻党的二十大精神 推动地方立法工作不断取得新进展新成效

全国人大常委会副委员长王晨12月7日在湖南长沙出席第二十八次全国地方立法工作座谈会时强调，要深入学习贯彻党的二十大精神，深刻领悟"两个确立"的决定性意义，坚持党的领导、人民当家作主、依法治国有机统一，推动新征程上地方立法工作不断取得新进展新成效，为在法治轨道上全面建设社会主义现代化国家积极贡献力量。

全国人大宪法和法律委员会副主任委员信春鹰出席。湖南省委书记、省人大常委会主任张庆伟出席并致辞。全国人大常委会法制工作委员会副主任许安标主持。

王晨指出，党的十八大以来，在以习近平同志为核心的党中央坚强领导下，中国特色社会主义法律体系日臻完善，法治中国建设开创新局面。各地人大围绕同级党委贯彻落实党中央大政方针的决策部署，创造性地做好地方立法工作，为地方经济社会发展和推进改革提供了有力制度支撑。

王晨强调，党的二十大对"发展全过程人民民主，保障人民当家作主""坚持全面依法治国，推进法治中国建设"专章作出重大部署，要深入全面准确学习党的二十大精神，坚持党对立法工作的全面领导，始终确保立法工作正确政治方向。要践行全过程人民民主，发挥好基层立法联系点作用，加快制定社会治理急需、满足人民日益增长的美好生活需要必备的地方性法规。要坚持科学立法、民主立法、依法立法，提高地方立法质量。要做好备案审查工作，切实维护国家法治统一。

张庆伟在致辞中说，近年来湖南深学笃行习近平法治思想和习近平总书记关于坚持和完善人民代表大会制度的重要思想，牢牢把握地方立法的根本遵循，牢牢把握坚持党的全面领导这一最高政治原则，牢牢把握以良法促发展、保善治的职责使命，牢牢把握立法为民、立法惠民的价值取向，牢牢把握守正创新的实践要求，扎实推进科学立法、民主立法、依法立法，推动全面依法治省取得了新进展新成效。新征程上，湖南将以党的二十大精神为指引，按照本次座谈会精神，围绕全面落实"三高四新"战略定位和使命任务，更加注重加强党的全面领导、提高地方立法质效、推进全过程人民民主的立法实践、建强地方立法工作队伍，为建设现代化新湖南营造良好法治环境。

全国人大常委会法制工作委员会副主任武增、王瑞贺，湖南省领导谢卫江、刘莲玉、谢建辉、张剑飞、杨维刚、周农、陈文浩，各省（区、市）人大常委会有关负责同志参加。

批准公约和条约

全国人民代表大会常务委员会关于批准《关于修改二〇〇二年六月七日在圣彼得堡（俄罗斯联邦）签署的〈上海合作组织成员国关于地区反恐怖机构的协定〉的议定书》的决定

（2022 年 4 月 20 日第十三届全国人民代表大会常务委员会第三十四次会议通过）

第十三届全国人民代表大会常务委员会第三十四次会议决定：批准 2007 年 8 月 16 日由中华人民共和国代表在比什凯克签署的《关于修改二〇〇二年六月七日在圣彼得堡（俄罗斯联邦）签署的〈上海合作组织成员国关于地区反恐怖机构的协定〉的议定书》。

关于修改二〇〇二年六月七日在圣彼得堡（俄罗斯联邦）签署的《上海合作组织成员国关于地区反恐怖机构的协定》的议定书

（中文本）

上海合作组织成员国订立本议定书如下：

第一条

对《上海合作组织成员国关于地区反恐怖机构的协定》（以下简称“协定”）作如下修改：

第十一条第三款修改为：

“主任由上海合作组织成员国元首会议根据理事会推荐任命。副主任由理事会根据拥有副主任职位的有关方建议任免。”；

第二十一条修改为：

“地区反恐怖机构的官方和工作语言是汉语和俄语。”

第二条

本议定书将根据协定第二十六条规定的程序生效。

本议定书自签署之日起临时适用。

本议定书于二〇〇七年八月十六日在比什凯克签署，一式一份，用中文和俄文写成，两种文本同等作准。

哈萨克斯坦共和国代表
努尔苏丹·阿比舍维奇·纳扎尔巴耶夫
（签字）

中华人民共和国代表
胡锦涛
（签字）

吉尔吉斯共和国代表
库尔曼别克·萨利耶维奇·巴基耶夫
（签字）

俄罗斯联邦代表
弗拉基米尔·弗拉基米罗维奇·普京
（签字）

塔吉克斯坦共和国代表
埃莫马利·拉赫蒙
（签字）

乌兹别克斯坦共和国代表
伊斯拉姆·阿卜杜加尼耶维奇·卡里莫夫
（签字）

全国人民代表大会外事委员会审议《国务院关于提请审议批准〈关于修改二〇〇二年六月七日在圣彼得堡(俄罗斯联邦)签署的《上海合作组织成员国关于地区反恐怖机构的协定》的议定书〉的议案》的报告

全国人民代表大会常务委员会:

2022 年 4 月 6 日,第十三届全国人民代表大会外事委员会举行第二十次全体会议,审议了《国务院关于提请审议批准〈关于修改二〇〇二年六月七日在圣彼得堡(俄罗斯联邦)签署的《上海合作组织成员国关于地区反恐怖机构的协定》的议定书〉的议案》。

外事委员会认为,2007 年 8 月 16 日由时任国家主席胡锦涛在比什凯克签署的《关于修改二〇〇二年六月七日在圣彼得堡(俄罗斯联邦)签署的〈上海合作组织成员国关于地区反恐怖机构的协定〉的议定书》符合我国法律的基本原则。批准该议定书符合我国利益和实际需要。建议全国人民代表大会常务委员会决定批准该议定书。

全国人民代表大会外事委员会

2022 年 4 月 6 日

全国人民代表大会常务委员会关于批准《1930 年强迫劳动公约》的决定

(2022 年 4 月 20 日第十三届全国人民代表大会常务委员会第三十四次会议通过)

第十三届全国人民代表大会常务委员会第三十四次会议决定:批准 1930 年 6 月 28 日在日内瓦举行的第 14 届国际劳工大会上通过的《1930 年强迫劳动公约》。

1930 年强迫劳动公约

(第 29 号公约)

(中译本)

国际劳工组织大会,

经国际劳工局理事会召集,并于 1930 年 6 月 10 日在日内瓦举行其第十四届会议,并

决定采纳会议议程第一项关于强迫或强制劳动的某些提议,并

确定这些提议应采取一项国际公约的形式,

于一九三零年六月二十八日通过以下公约,引用时可称之为《1930 年强迫劳动公约》,供国际劳工组织成员国按照《国际劳工组织章程》的规定予以批准:

第一条

一、批准本公约的国际劳工组织各成员国承诺在可能的最短期限内禁止使用一切形式的强迫或强制劳动。

【二①、为实现全面禁止强迫或强制劳动,在过渡时期,在符合以下条件和保证的情况下,只有为公共目的和作为一种例外措施才可使用强迫或强制劳动。

三、自本公约生效起满五年后,在国际劳工局理事会起草下列第三十一条所规定的报告时,理事会应考虑不再经过渡时期即禁止一切形式的强迫或强制劳动的可能性和把这一问题列入大会议程的必要性。】

第二条

一、就本公约而言,"强迫或强制劳动"一词系指以任何惩罚相威胁,强行要求任何人从事的非本人自愿提供的一切工作或服务。

二、但是,就本公约而言,"强迫或强制劳动"一词不应包括——

(一)根据义务兵役制法律、为纯军事性质的工作而被强行要求从事的任何工作或服务;

(二)作为完全自治国家公民的正常公民义务一部分的任何工作或服务;

(三)作为根据法院定罪的结果强制任何人从事的任何工作或服务,前提是这种工作或服务在政府机构的监督和控制下实施,且此人不在私人、公司或团体的支配下被雇佣或安置;

(四)在紧急情况下,即发生战争、灾害或灾害威胁,如火灾、水灾、饥荒、地震、恶性流行病或动物流行病、动物和昆虫或植物害虫的入侵等,总之,在一切可能危及全体或部分人口的生存或健康的情况下强制实施的工作或服务;

(五)某种小型公共服务,社区成员为其社区直接利益所进行的服务可因此被视为该社区成员应尽的正常公民义务,前提是社区成员或其直接代表应有权就此类公共服务是否必要进行协商。

【第三条②

就本公约而言,"主管部门"一词系指一国本土的主管部门,或有关地区的最高中央部门。

第四条

一、主管部门不得为了私人、公司或团体的利益而实施或准许实施强迫或强制劳动。

二、在成员国对本公约的批准书由国际劳工局总干事登记之日,如存在这种为私人、公司或团体利益而实施的强迫或强制劳动,该成员国应自本公约对其生效之日起完全禁止这种强迫或强制劳动。

第五条

一、给予私人、公司或团体的特许权不得为生产或收集这些私人、公司或团体使用或交易的产品而涉及任何形式的强迫或强制劳动。

二、如存在包含涉及这种强迫或强制劳动规定的特许权,此类规定应尽早予以废除,以符合本公约第一条的规定。

第六条

行政官员即使有职责鼓励其管辖的人群从事某种形式的劳动,也不得对这些人群或其中的任何个人进行限制以为私人、公司或团体工作。

第七条

一、不行使行政职责的首长不得使用强迫或强制劳动。

二、行使行政职责的首长,在获得主管部门明确准许后,可按照本公约第十条的规定使用强迫或强制劳动。

三、经正式承认且未得到其他形式恰当报酬的首长,可根据适当规定享受为其个人提供的服务,前提是采取一切必要措施防止滥用。

第八条

一、任何决定使用强迫或强制劳动的责任属于有关领土的最高民事部门。

二、然而,该部门可授权地方最高部门实施强迫或强制劳动,但不涉及将工人迁离其习惯居住地。该部门还可按照本公约第二十三条要求所颁布条例中规定的期限和条件,授权地方最高部门在为行政官员执行公务时的行动提供便利和运送政府用品时,实施涉及将工人迁离其习惯居住地的强迫或强制劳动。

第九条

除本公约第十条规定的情况外,一切有权实施

① 第一条第二、三款为过渡期条款,现已删除。

② 第三至二十四条为过渡期条款,现已删除。

强迫或强制劳动的部门应在决定实施这种劳动前，确认——

（一）将要完成的工作或提供的服务对于被征用从事工作或提供服务的社区具有重要直接利益；

（二）该工作或服务有现实或迫切必要性；

（三）为从事这一工作或提供这一服务给予了至少不低于该地区类似工作或服务的惯常工资标准和劳动条件，仍无法找到自愿劳动力；以及

（四）考虑到可用劳动力及其承担该工作的能力，这种工作或服务不会对现有人口造成过重负担。

第十条

一、作为税收实施的强迫或强制劳动以及由行使行政职责的首长为建设公共工程而实施的强迫或强制劳动应逐步予以废除。

二、同时，作为税收实施强迫或强制劳动，以及行使行政职责的首长为建设公共工程而实施强迫或强制劳动时，有关部门应首先确认——

（一）将要完成的工作或提供的服务对于被征用从事工作或提供服务的社区具有重要直接利益；

（二）该工作或服务有现实或迫切必要性；

（三）考虑到可用劳动力及其承担该工作的能力，这种工作或服务不会对现有人口造成过重负担；

（四）该工作或服务不会导致工人迁离其习惯居住地；

（五）开展工作或提供服务将根据宗教、社会生活和农业的紧急需求实施。

第十一条

一、只有年龄明显在十八岁以上、四十五岁以下的身体健壮的成年男子方可被征用从事强迫或强制劳动。除本公约第十条所规定的各类劳动外，应遵守下列限制和条件：

（一）尽可能先经一名政府指定的医疗官员确定，有关人员未患有传染病，其身体条件胜任要从事的工作并能适应工作条件；

（二）学校教师、学生和行政官员均予豁免；

（三）每一社区留有家庭和社会生活必不可少的一定数量身体健壮的成年男子；

（四）尊重夫妻和家庭关系。

二、为实施上款第（三）项，本公约第二十三条要求颁布的条例应确定身体健壮的成年男性居民在任何一次征用于强迫或强制劳动时所占比例，前提是这一比例在任何情况下均不得超过百分之二十五。在确定这一比例时，主管部门应考虑人口密度、社会发展和体格发育状况、季节以及有关人员在本地区为自身利益必须完成的工作，且一般来说，应考虑有关社区正常生活所必需的经济和社会条件。

第十二条

一、任何人被征用从事所有形式的强迫或强制劳动，最长期限每十二个月不应超过六十天，包括往返工作地点所需时间。

二、从事强迫或强制劳动的每个人应获得一份证明，标明其已完成的强迫或强制劳动的时间。

第十三条

一、任何人从事强迫或强制劳动的正常工作时间应当与自愿劳动的惯常工作时间相同，超出正常工作时间的时间应按自愿劳动加班工作的惯常标准支付报酬。

二、从事任何形式强迫或强制劳动的所有人每周都应获得一天的休息时间，且这一休息日应尽可能与相关领土或地区传统或习惯所确定的时间相符。

第十四条

一、除本公约第十条规定的强迫或强制劳动外，所有形式的强迫或强制劳动应以现金支付报酬，标准不低于工人被雇佣地区或工人被招募地区类似工作的惯常标准，以较高者为准。

二、在首长行使行政职责征用劳动的情形下，应按上款规定尽快实施工资支付。

三、工资应支付给各工人个人，不得支付给其部落首长或任何其他部门。

四、为支付工资，往返工作地点的路途时间应被记为工作日。

五、本条规定不禁止以常规食物配给作为工资的一部分，这种配给应至少等同于其体现的货币价值，但不得以缴纳税金，或向工人提供专门的食品、服装或住所维持其健康状况以在任何特殊工作条件下继续工作，或提供工具为理由克扣工资。

第十五条

一、相关领土内已经或将要生效的关于工伤事

故或因工患病的工人补偿和关于向死亡或残疾工人所赡养人提供抚恤金的任何法律或规定，均应同等适用于被征用从事强迫或强制劳动的人员和自愿工人。

二、在任何情况下，雇佣任何工人从事强迫或强制劳动的任何部门都有义务保障因工伤事故或因工患病而完全或部分丧失工作能力的工人的生活，并采取措施保障因工致残或死亡的该工人实际赡养的任何人的生活。

第十六条

一、除特别需要外，从事强迫或强制劳动的人员不得被运送到与其已适应的饮食和气候明显不同的地区，从而危害其健康。

二、在任何情况下都不得允许运送此类工人，除非能够严格实施一切与卫生和居住相关、使此类工人适应条件并保护其健康的必要措施。

三、如无法避免此类运送，应按照权威医疗意见采取逐步适应新的饮食和气候条件的措施。

四、如需此类工人从事其不习惯的常规工作，应采取措施确保他们适应这种工作，特别是在渐进式培训、工作时间、休息安排、增加或改善必要饮食等方面。

第十七条

在允许为建筑或维修工程使用强迫或强制劳动而使工人在工作场所停留较长时间前，主管部门应确认——

一、采取一切必要措施保护工人健康和保证必需的医疗服务，尤其是，(一)开始工作前对工人进行健康检查，并在服务期间定期进行健康检查，(二)有足够的医务人员，配备满足各种需要必须的卫生所、医务室、医院和设备，以及(三)工作场所的卫生条件，饮用水、食物、燃料和厨房器具，及必要时住房和服装的供应，令人满意；

二、作出明确安排保障工人家属的生活，特别是在工人的要求或同意下，通过安全方式协助向其家属汇寄部分工资；

三、工人往返工作地点的行程由行政部门承担费用并负责，行政部门应尽可能利用一切可用交通工具为此类行程提供便利；

四、如工人因疾病或事故一定时期失去工作能力，由行政部门出资遣返；

五、如任何工人在其强迫或强制劳动期满时希望作为自愿工人留下，则获准许，两年内不丧失其免费被遣返的权利。

第十八条

一、应在可能的最短期限内废除用于运送人员或货物的强迫或强制劳动，如挑夫或船夫的劳动。同时，主管部门应颁布规定确定，包括但不限于，(一)此种劳动只应用于为行政官员执行公务时的行动提供便利，或者是为运送政府物品，或在十分紧急必要时用于运送除官员之外的人员，(二)如能进行健康检查，被使用从事此类劳动的工人应有其身体条件胜任的健康证明，确认其，如无法进行健康检查，使用此类工人的人员应负责保证工人身体条件胜任，且未患任何传染病，(三)这些工人可搬运的最大负荷，(四)工人住所与其被征用地的最远距离，(五)工人每月或其他单位时间内可被征用的最多天数，包括返回住所所需天数，和(六)有权要求使用这种形式强迫或强制劳动的人员及其有权要求使用的限度。

二、在确定上款第(三)、(四)和(五)项提到的最大限度时，主管部门应考虑所有有关因素，包括被征用工人所属人群的体格发育、必须途经地区的情况以及气候条件。

三、主管部门还应规定，此类工人每日正常行程不得超过平均每天工作八小时所走的相应距离；通常，不仅应考虑负荷和行程，还应考虑道路状况、季节和一切其他有关因素，如行程时间超出每日正常行程时间，超出时间应按高于正常标准的标准支付报酬。

第十九条

一、主管部门只有在将强制种植作为预防饥荒或食品供应不足的一种方法时，才可准许使用，且条件始终是粮食或农产品应归生产的本人或社区所有。

二、当生产是按照法律或习惯、以社区为基础加以组织且农产品或其出售后的任何利润为社区所有时，本条规定不得被解释为免除社区成员从事社区根据法律或习惯要求工作的义务。

第二十条

在因社区任何成员犯罪而对该社区实行集体

惩罚的法律中，不得包含将该社区从事强迫或强制劳动作为惩罚方式之一的条款。

第二十一条

矿山井下工作不得使用强迫或强制劳动。

第二十二条

批准本公约的成员国同意按照《国际劳工组织章程》第二十二条规定，就其为实施本公约的规定而采取的措施向国际劳工局提交年度报告，应包含各有关领土尽可能全面的信息，涉及在该领土内使用强迫或强制劳动的程度、使用的目的、患病率和死亡率、工作时间、工资支付方式和工资标准及其他任何有关信息。

第二十三条

一、为实施本公约规定，主管部门应颁布完整、明确的管理强迫或强制劳动使用的条例。

二、这些条例应包括但不限于如下规定，即允许任何被强行要求从事强迫或强制劳动的人员向当局提出与其劳动条件相关的所有申诉，并确保这些申诉得到核查并被予以考虑。

第二十四条

在所有情况下应采取恰当措施，确保管理强迫或强制劳动使用的条例得到严格执行，或通过将已建立的监督自愿劳动的任何现有劳动监察机构的职责扩大到涵盖监督强迫或强制劳动，或通过一些其他适当方式。还应采取措施确保从事此类劳动的人员知晓这些条例。】

第二十五条

非法实施强迫或强制劳动应以刑事犯罪予以惩处，且任何批准本公约的成员国有义务确保法律制裁真正得当并得到严格执行。

第二十六条

一、批准本公约的国际劳工组织各成员国承诺将本公约实施于处于其主权、管辖权、保护权、宗主权、监管权或权力之下的领土，只要其有权承担影响内部管辖事务的义务；前提是如果该成员国希望援引《国际劳工组织章程》第三十五条的规定，它应在批准书中附加一项声明载明——

（一）它准备无修改地适用本公约规定的领土；

（二）它准备有修改地适用本公约规定的领土及所修改的具体内容；

（三）它留待作出决定的领土。

二、上述声明应被视为批准书的一个组成部分并应具有批准书的效力。任何成员国对于在原声明中按照本条第（二）和第（三）项所作的任何保留，应可以此后的声明予以全部或部分撤销。

第二十七条

本公约的正式批准书应根据《国际劳工组织章程》载明的条件送请国际劳工局总干事登记。

第二十八条

一、本公约应仅对批准书已经国际劳工局登记的成员国有约束力。

二、本公约应自国际劳工组织两个成员国的批准书已经总干事登记之日起十二个月后生效。

三、此后，对于任何成员国，本公约应自批准书登记之日起十二个月后生效。

第二十九条

两个国际劳工组织成员国的批准书一经国际劳工局登记，国际劳工局总干事应通知国际劳工组织的全体成员国。此后如有其他成员国送请批准书登记，总干事亦应通知全体成员国。

第三十条

一、批准本公约的成员国，自本公约初次生效之日起满十年后经向国际劳工局总干事通知登记可退出本公约。此项退出应自经国际劳工局登记之日起满一年后生效。

二、批准本公约的各成员国在前款所述十年期满后的一年内未行使本条规定的退出权利，需再遵守五年，且此后每当五年期满，可按本条规定的条件退出。

第三十一条

国际劳工局理事会在其认为必要时，应向大会提交一份本公约实施情况的报告，并审查将全部或部分修订本公约问题列入大会议程的必要性。

第三十二条

一、如国际劳工大会通过一项新公约，全部或部分修订本公约，尽管有上述第三十条的规定，如新修订公约生效并当其生效之时，成员国批准新修订的公约应依法视作立即退出本公约。

二、自新修订公约生效之日起，本公约应停止接受成员国的批准。

三、然而，对于已批准本公约而未批准新修订公约的成员国，本公约仍应以其现有形式及内容有效。

第三十三条

本公约的法文本与英文本应同等作准。

全国人民代表大会外事委员会审议《国务院关于提请审议批准〈1930 年强迫劳动公约〉的议案》的报告

全国人民代表大会常务委员会：

2022 年 4 月 6 日，第十三届全国人民代表大会外事委员会举行第二十次全体会议，审议了《国务院关于提请审议批准〈1930 年强迫劳动公约〉的议案》。

外事委员会认为，1930 年 6 月 28 日在日内瓦举行的第 14 届国际劳工大会上通过的《1930 年强迫劳动公约》符合我国法律的基本原则。批准该公约符合我国利益和实际需要。建议全国人民代表大会常务委员会决定批准该公约。

全国人民代表大会外事委员会

2022 年 4 月 6 日

全国人民代表大会常务委员会关于批准《1957 年废除强迫劳动公约》的决定

（2022 年 4 月 20 日第十三届全国人民代表大会常务委员会第三十四次会议通过）

第十三届全国人民代表大会常务委员会第三十四次会议决定：批准 1957 年 6 月 25 日在日内瓦举行的第 40 届国际劳工大会上通过的《1957 年废除强迫劳动公约》。

1957 年废除强迫劳动公约

（第 105 号公约）

（中译本）

国际劳工组织大会，

经国际劳工局理事会召集，并于 1957 年 6 月 5 日在日内瓦举行其第四十届会议，并

审议了作为本届会议议程第四项的强迫劳动问题，并

注意到《1930 年强迫劳动公约》的规定，并

注意到《1926 年禁奴公约》规定应采取一切必要措施以防止强迫或强制劳动发展成类似奴隶制的状况，以及《1956 年废止奴隶制、奴隶贩卖及类似奴隶制的制度与习俗补充公约》规定全部废除债务奴役和农奴制，并

注意到《1949 年保护工资公约》规定工资应予定期支付，并禁止剥夺工人终止其就业的实际可能性的支付方法，并

决定采纳关于废除某些形式的强迫或强制劳动的进一步提议，这些强迫或强制劳动对《联合国宪章》提及的和《世界人权宣言》阐明的人权构成侵犯，并

确定这些提议应采取一项国际公约的形式，

于一九五七年六月二十五日通过以下公约，引用时可称之为《1957 年废除强迫劳动公约》：

第一条

批准本公约的国际劳工组织各成员国，承诺禁止并不使用任何形式的强迫或强制劳动——

（一）作为一种政治胁迫或教育的手段，或者作为一种对持有或发表政治观点或在意识形态上同既定的政治、社会或经济制度对立观点的惩罚；

（二）作为一种动员和利用劳动力以发展经济的方法；

（三）作为一种劳动纪律手段；

（四）作为一种对参加罢工的惩罚；

（五）作为一种种族、社会、民族或宗教歧视的手段。

第二条

批准本公约的国际劳工组织各成员国，承诺采取有效措施确保立即完全废除本公约第一条列明的强迫或强制劳动。

第三条

本公约的正式批准书应送请国际劳工局总干事登记。

第四条

一、本公约应仅对批准书已经总干事登记的国际劳工组织成员国有约束力。

二、本公约应自两个成员国的批准书已经总干事登记之日起十二个月后生效。

三、此后，对于任何成员国，本公约应自其批准书登记之日起十二个月后生效。

第五条

一、批准本公约的成员国，自本公约初次生效之日起满十年后经向国际劳工局总干事通知登记可退出本公约。此项退出应自登记之日起满一年后生效。

二、批准本公约的各成员国在前款所述十年期满后的一年内未行使本条规定的退出权利，需再遵守十年，且此后每当十年期满，可按本条规定的条件退出。

第六条

一、国际劳工局总干事应将国际劳工组织成员国所送达的一切批准书和退出书的登记情况，通知本组织全体成员国。

二、总干事在将所送达的第二份批准书的登记通知本组织成员国时，应提请本组织成员国注意本公约开始生效的日期。

第七条

国际劳工局总干事应根据《联合国宪章》第一百零二条，将根据上述条款规定由其登记的所有批准和退出行为的详细情况送请联合国秘书长登记。

第八条

国际劳工局理事会在其认为必要时，应向大会提交一份本公约实施情况的报告，并审查将全部或部分修订本公约问题列入大会议程的必要性。

第九条

一、如国际劳工大会通过一项新公约，全部或部分修订本公约，除非新公约另有规定，则：

（一）尽管有上述第五条的规定，如新修订公约生效并当其生效之时，成员国批准新修订的公约应依法视作立即退出本公约；

（二）自新修订公约生效之日起，本公约应停止

接受成员国的批准。

二、任何情况下,对于已批准本公约而未批准新修订公约的成员国,本公约仍应以其现有形式和内容有效。

第十条

本公约的英文本和法文本同等作准。

全国人民代表大会外事委员会审议《国务院关于提请审议批准〈1957年废除强迫劳动公约〉的议案》的报告

全国人民代表大会常务委员会:

2022年4月6日,第十三届全国人民代表大会外事委员会举行第二十次全体会议,审议了《国务院关于提请审议批准〈1957年废除强迫劳动公约〉的议案》。

外事委员会认为,1957年6月25日在日内瓦举行的第40届国际劳工大会上通过的《1957年废除强迫劳动公约》符合我国法律的基本原则。批准该公约符合我国利益和实际需要。建议全国人民代表大会常务委员会决定批准该公约。

全国人民代表大会外事委员会

2022年4月6日

全国人民代表大会常务委员会关于批准《中华人民共和国和肯尼亚共和国关于刑事司法协助的条约》的决定

(2022年10月30日第十三届全国人民代表大会常务委员会第三十七次会议通过)

第十三届全国人民代表大会常务委员会第三十七次会议决定:批准2017年5月15日由中华人民共和国代表在北京签署的《中华人民共和国和肯尼亚共和国关于刑事司法协助的条约》。

中华人民共和国和肯尼亚共和国关于刑事司法协助的条约

(中文本)

中华人民共和国和肯尼亚共和国(以下称双方),

希望在相互尊重主权和平等互利的基础上,通过在刑事侦查、起诉和审判程序中开展司法协助,提升两国旨在预防和打击犯罪的有效合作,

考虑到缔结一个确立刑事司法协助规则的双边条约可以实现上述目的,

达成协议如下:

第一条　范　围

一、双方应当根据本条约的规定,在刑事侦查、起诉和审判程序中相互提供最广泛的司法协助。

二、这种协助应当包括:

(一)查找和辨认人员;

(二)送达刑事诉讼文书;

（三）安排有关人员作证或者协助调查；

（四）获取和提供文件、记录和证据物品；

（五）获取和提供鉴定意见；

（六）获取有关人员的证言或者陈述；

（七）联合调查；

（八）移送在押人员以便作证或者协助调查；

（九）司法勘验或者检查；

（十）查询、搜查、冻结和扣押；

（十一）没收犯罪所得和犯罪工具；

（十二）通知刑事诉讼的结果；

（十三）交流法律资料；

（十四）不违背被请求方法律的任何其他形式的协助。

三、本条约不适用于：

（一）执行逮捕令和其他限制人身自由的措施；

（二）对任何人的引渡；

（三）执行请求方的刑事判决，但本条约和被请求方法律许可的除外；

（四）移管被判刑人以便服刑；

（五）刑事诉讼的转移。

四、本条约仅适用于双方之间的相互刑事司法协助。本条约的规定，不赋予任何个人以取得或者排除任何证据的权利或者妨碍执行请求的权利。

第二条 双重犯罪

根据本条约，双方可以以不构成双重犯罪为由拒绝提供司法协助。但是，被请求方可以在其认为适当时，自行酌定提供协助的范围，不论该行为根据其本国法律是否构成犯罪。

第三条 协助的拒绝或者推迟

一、有下列情形之一的，被请求方可以全部或者部分拒绝协助：

（一）请求涉及政治犯罪。下列行为不应当被视为政治犯罪：

1. 对国家元首或者政府首脑及其直系家庭成员实施的任何侵犯其生命和人身的犯罪行为；

2. 恐怖主义犯罪和双方均为缔约国的国际条约不认为是政治犯罪的任何其他犯罪行为；

（二）依据请求方法律，请求所针对的犯罪仅构成军事犯罪；

（三）被请求方有合理理由认为，请求的目的是基于某人的种族、性别、宗教、国籍或者政治见解而对该人进行侦查、起诉、处罚，或者该人在司法程序中的地位可能由于上述任何原因受到损害；

（四）被请求方对请求所涉及的同一人就同一犯罪，已经启动刑事诉讼，或者已经终止刑事诉讼，或者已经作出生效判决；

（五）被请求方认为，执行请求将损害本国主权、安全、公共秩序或者其他根本利益，或者将违背其本国法律基本原则；

（六）被请求方认为请求提供的协助与案件缺乏实质联系。

二、如果执行请求将会妨碍被请求方正在进行的刑事诉讼，被请求方可以推迟提供协助。

三、在拒绝或者推迟提供协助前，被请求方应当考虑是否可以在其认为必要的条件下准予协助。请求方如果接受附条件的协助，则应当遵守这些条件。

四、被请求方拒绝或者推迟司法协助的，应当将拒绝或者推迟的理由书面通知请求方。

第四条 中央机关

一、为本条约的目的，双方相互请求和提供司法协助，应当通过各自指定的中央机关直接联系。

二、本条第一款所指的中央机关，在中华人民共和国方面为司法部，在肯尼亚共和国方面为总检察长办公室。

三、任何一方如果变更其对中央机关的指定，应当通过外交途径通知另一方。

第五条 请求的形式和内容

一、协助请求应当为原件，以书面形式提出，并且由请求机关根据其本国法律签署并加盖公章。

二、协助请求应当包括以下内容：

（一）请求所涉及的侦查、起诉和审判程序的主管机关的名称；

（二）对于请求所涉及的案件性质的说明，以及该案的事实概要和可适用的法律规定；

（三）对于请求协助的事项及其与案件相关性的说明；

（四）希望请求得以执行的时限。

三、在必要和可能的范围内，协助请求还应当包括以下内容：

（一）关于被调查或者起诉的人员的身份和下落的信息；

（二）关于需辨认或者查找的人员身份以及该人可能居住的地点的信息；

（三）关于受送达人的身份、所在地和该人在诉讼中的地位的信息，以及希望采取的送达方式的说明；

（四）关于被要求作证或者作出其他陈述的人员的身份和下落的信息；

（五）关于需勘验或者检查的地点或者物品的位置和说明；

（六）关于需搜查的地点和需扣押或者没收的物品的位置和说明；

（七）希望在执行请求时遵循的特别程序及其理由的说明；

（八）关于保密要求的说明；

（九）关于被授权在执行请求时到场的人员的身份信息；

（十）关于被邀请前往请求方境内作证或者协助调查的人员有权得到的津贴和费用的说明；

（十一）关于视频取证所必要的任何信息；

（十二）需要回答的问题清单；

（十三）有助于执行请求的任何其他信息。

四、被请求方如果认为请求中包括的内容不满足本条约要求，可以要求提供补充信息。

五、根据本条提出的司法协助请求和辅助文件应当附有被请求方语言的译文。

六、根据本条约提出的请求和辅助文件均应当一式两份。

七、在紧急情形下，请求方可以通过电传、传真、电子邮件等被请求方接受的其他形式提出请求，但应当随后迅速以书面形式确认该请求。

第六条 请求的执行

一、被请求方应当按照本国法律尽可能迅速地执行协助请求。

二、在不违背本国法律的情形下，被请求方可以按照请求方要求的方式执行协助请求。

三、在不违背本国法律的情形下，被请求方可以授权司法协助请求中指明的人员在执行请求时到场。为此，被请求方应当将执行协助请求的时间和地点及时通知请求方。被授权的人员可以通过被请求方主管机关参与取证活动。

四、被请求方应当将执行请求的结果及时通知请求方。如果无法提供所请求的协助，被请求方应当立即通知请求方并说明原因。

第七条 拒绝作证

一、根据本条约被要求作证的人员，如果被请求方法律允许该人在被请求方提起的诉讼中的类似情形下不作证，可以拒绝作证。

二、根据本条约被要求作证的人员，如果主张依请求方法律有免于作证的权利或者特权，被请求方应当将该人的主张通知请求方，要求请求方提供是否存在该权利或者特权的证明。请求方的证明应当被视为是否存在该权利或者特权的充分证据，除非有明确的相反证据。

第八条 查找人员

被请求方应当根据本条约的规定采取必要措施，查找司法协助请求指明的可能在其境内人员的下落。

第九条 送达文书

一、被请求方应当根据本国法律，送达请求方发出的文书。但是对于要求某人作为被告人出庭的文书，被请求方不负有送达的义务。

二、被请求方完成送达后，应当向请求方出具送达证明。送达证明应当由送达文书的机关签署和盖章，并且载明送达日期、送达时间、送达地点、送达方式以及文书签收人。如果送达没有完成，被请求方应当及时通知请求方并说明未能完成送达的原因。

三、送达的文书不得附有以刑罚或者强制措施强迫其出庭的威胁。

第十条 在被请求方调取证据

一、被请求方应当根据本国法律并依请求，调取证据并移交给请求方。

二、如果请求涉及移交文件或者记录，被请求方可以移交经证明的副本或者影印件。在请求方明示要求移交原件的情况下，被请求方应当尽可能满足此项要求。

三、根据本条移交给请求方的文件和其他资料，在不违背被请求方法律的前提下，应当按照请求方要求的形式予以证明，以便使其可以依请求方法律得到采用。

第十一条 安排人员作证或者协助调查

一、被请求方应当根据请求方的请求，邀请有关人员前往请求方境内主管机关作证或者协助调查。请求方应当说明需向该人支付的津贴和费用的范围。被请求方应当将该人的答复迅速通知请求方。

二、邀请有关人员到请求方境内作证或者协助调查的请求，应当在不迟于预定的到场日 60 天前向被请求方提出。在紧急情形下，被请求方可以同意在较短期限内提出。

第十二条 移送在押人员以便作证或者协助调查

一、被请求方可以根据请求方请求，将在其境内的在押人员临时移送至请求方境内以便作证或者协助调查，条件是该人同意，并且双方已经就移送条件事先达成书面协议。

二、如果依被请求方法律应当对该被移送人予以羁押，请求方应当对该人予以羁押。

三、作证或者协助调查完毕后，请求方应当尽快将该被移送人送回被请求方。

四、为本条的目的，该被移送人在请求方被羁押的期间，应当折抵在被请求方被判处的刑期。

第十三条 证人和鉴定人的保护

一、请求方对于到达其境内的证人或者鉴定人，不得由于该人在入境前的任何作为或者不作为而对其进行侦查、起诉、羁押、处罚或者采取其他限制人身自由的措施。未经被请求方和该人事先同意，请求方也不得强迫该人在请求所未涉及的任何侦查、起诉或者其他诉讼程序中作证或者协助调查。

二、如果上述人员在被正式通知无需继续停留后 30 天内未离开请求方，或者离开后又自愿返回，则不再适用本条第一款的规定。但是，该期限不包括该人由于本人无法控制的原因而未离开请求方的期间。

三、对于拒绝根据第十一条或者第十二条作证或者协助调查的人员，不得由于此种拒绝而施加任何刑罚或者采取任何限制其人身自由的强制措施。

第十四条 通过视频会议取证

一、一方可以请求另一方允许在被请求方境内的有关人员，通过视频会议在请求方刑事侦查、起诉和审判程序中作证。

二、被请求方在可能并且不违反其法律的范围内，可以接受根据本条第一款提出的请求。

三、双方可以就通过视频会议取证适用的条件和程序达成协议。

第十五条 提供公共和官方文件

一、被请求方应当向请求方提供被请求方境内的政府部门和机构所拥有的、公众可获取的包括任何形式的文件和资料在内的记录的副本。

二、被请求方可以提供其政府部门或者机构所拥有的任何未公开的文件、记录或者资料的副本。被请求方可以自行酌定，全部或者部分拒绝根据本款提出的请求。

三、在不违背被请求方法律的前提下，根据本条提供的证据应当按照请求方要求的形式或者附加证明予以转递，以便使其可以依请求方法律得到采用。

第十六条 查询、搜查、冻结和扣押

一、被请求方应当在本国法律允许的范围内，执行查询、搜查、冻结和扣押作为证据的财物的请求。

二、被请求方应当向请求方提供有关执行上述请求的结果，包括查询或者搜查的结果，冻结或者扣押的地点和状况以及有关财物随后被监管的情况。

三、如果请求方同意被请求方就移交所提出的条件，被请求方可以将被扣押财物移交给请求方。

第十七条 归还文件、记录和物品

请求方应当根据被请求方的要求，尽快将被移交给请求方的文件、记录的原件和物品归还给被请求方。

第十八条　犯罪所得和犯罪工具

一、被请求方应当根据请求，努力确定犯罪所得或者犯罪工具是否位于其境内，并将结果通知请求方。在提出这种请求时，请求方应当将其认为上述犯罪所得或者犯罪工具可能位于被请求方境内的理由通知被请求方。

二、一旦根据本条第一款找到涉嫌的犯罪所得或者犯罪工具，被请求方应当根据请求方的请求，按照本国法律采取措施冻结、扣押或者没收这些犯罪所得或者犯罪工具。

三、在本国法律允许的范围内以及双方商定的条件下，被请求方可以根据请求方的请求，将上述犯罪所得、犯罪工具的全部或者部分，或者出售有关资产的所得移交给请求方。

四、在适用本条时，被请求方和任何第三人对这些财物的合法权益应当受到尊重。

第十九条　提供银行和金融信息

一、根据请求方请求，被请求方应当迅速确定被怀疑或者指控犯罪的特定自然人或者法人是否在其境内银行持有一个或者多个银行账户，并应当向请求方提供与犯罪行为有关的银行信息。

二、本条第一款规定的请求除适用于银行外，也可以适用于其他金融机构。

三、被请求方应当迅速将查询结果通知请求方。

四、不得以银行保密为理由而拒绝本条所规定的请求。

第二十条　通报刑事诉讼结果

请求方应当根据被请求方的要求，向被请求方通报协助请求所涉及的刑事诉讼的结果。

第二十一条　提供犯罪记录

如果某人正在请求方受到侦查或者起诉，被请求方应当根据请求，提供该人在被请求方的犯罪记录。

第二十二条　交流法律资料

双方应当根据请求，相互交流各自国家现行或者曾经实施的法律，以及司法实践的资料。

第二十三条　认　证

为本条约的目的，根据本条约转递的任何文件，无需进行任何形式的认证，但本条约另有规定的除外。

第二十四条　保密和限制使用

一、如果请求方提出要求，被请求方应当对司法协助请求予以保密，包括其内容、辅助文件、根据请求采取的任何行动和执行请求过程中收到或者取得的任何文件。如果不违反保密要求则无法执行请求，被请求方应当将此情况通知请求方，请求方应当决定该请求是否应当予以执行。

二、如果被请求方提出要求，请求方应当对被请求方提供的资料和证据予以保密，除非在请求中指明的侦查、起诉和审判程序中使用。

三、未经被请求方事先同意，请求方不得将根据本条约获取的任何资料或者证据用于请求所指案件以外的目的。

第二十五条　开支和费用

一、被请求方应当承担执行司法协助请求所产生的开支和费用，但是请求方应当承担下列费用：

（一）第六条第三款指明的人员在被请求方旅行和停留的费用；

（二）第十一条指明的人员的津贴以及在请求方旅行和停留的费用；

（三）执行第十二条规定的请求所发生的费用；

（四）视频会议的费用，除非双方另有约定；

（五）鉴定人的费用和酬金；

（六）笔译和口译的费用和酬金以及誊写费用。

二、如有必要，请求方应当根据要求，预付由其负担的上述费用。

三、如果执行请求明显需要超常性质的费用，双方应当相互协商决定可以执行请求的条件。

第二十六条　争议的解决

一、由于本条约的解释和适用产生的争议，应当由中央机关协商解决。

二、如果中央机关不能达成协议，则争议应当通过外交途径解决。

第二十七条　其他合作基础

本条约不妨碍任何一方根据其他可适用的国际条约或者本国法律向另一方提供协助。双方也可以根据任何其他安排、协议或者惯例提供协助。

第二十八条　生效、修订和终止

一、双方根据本国法律完成本条约生效所需的一切必要程序后，应当通过外交照会通知另一方。本条约自后一份照会发出之日起第 30 天生效。

二、本条约可以随时经双方书面协议予以修订。此类修订应当按照本条第一款规定的相同程序生效，并构成本条约的一部分。

三、任何一方可以随时通过外交途径以书面形式通知终止本条约。本条约自该通知之日起第 180 天终止。本条约的终止不影响条约终止前已经开始的程序。

四、本条约适用于其生效后提出的任何请求，即使有关犯罪发生于本条约生效前。

下列签署人经各自政府适当授权，签署本条约，以昭信守。

本条约于二〇一七年五月十五日订于北京，一式两份，每份均以中文和英文制成，两种文本同等作准。

中华人民共和国代表	肯尼亚共和国代表
王　毅	基图·穆盖
（签字）	（签字）

全国人民代表大会外事委员会关于《国务院关于提请审议批准〈中华人民共和国和肯尼亚共和国关于刑事司法协助的条约〉的议案》审议结果的报告

全国人民代表大会常务委员会：

2022 年 9 月 2 日，第十三届全国人民代表大会外事委员会举行第二十一次全体会议，审议了《国务院关于提请审议批准〈中华人民共和国和肯尼亚共和国关于刑事司法协助的条约〉的议案》。

外事委员会认为，2017 年 5 月 15 日由我国外交部部长王毅与肯尼亚时任总检察长兼司法部部长基图·穆盖分别代表本国在北京签署的《中华人民共和国和肯尼亚共和国关于刑事司法协助的条约》符合我国法律的基本原则和司法实践。批准该条约符合我国利益和实际需要。建议全国人民代表大会常务委员会决定批准该条约。

全国人民代表大会外事委员会

2022 年 9 月 2 日

全国人民代表大会常务委员会关于批准《中华人民共和国和刚果共和国关于刑事司法协助的条约》的决定

（2022 年 10 月 30 日第十三届全国人民代表大会常务委员会第三十七次会议通过）

第十三届全国人民代表大会常务委员会第三十七次会议决定：批准 2016 年 7 月 5 日由中华人民共和国代表在北京签署的《中华人民共和国和刚果共和国关于刑事司法协助的条约》。

中华人民共和国和刚果共和国关于刑事司法协助的条约

（中文本）

中华人民共和国和刚果共和国（以下称双方），

在相互尊重主权和平等互利的基础上，为促进两国在刑事司法协助领域的有效合作，决定缔结本条约，并达成协议如下：

第一条　适用范围

一、双方应当根据本条约的规定，在刑事侦查、起诉和审判程序中相互提供最广泛的刑事司法协助。

二、协助应当包括：

（一）送达刑事诉讼文书；

（二）获取有关人员的证言或者陈述；

（三）提供文件、记录和证据物品；

（四）获取和提供鉴定意见；

（五）查找、辨认人员；

（六）进行勘验或者检查；

（七）安排有关人员作证或者协助调查；

（八）移送在押人员以便作证或者协助调查；

（九）查询、搜查、冻结和扣押；

（十）有关犯罪所得和犯罪工具的处置；

（十一）通报刑事诉讼结果和提供犯罪记录；

（十二）交流法律资料；

（十三）不违背被请求方法律的其他形式的协助。

三、本条约仅适用于双方之间的相互司法协助。本条约的规定，不赋予任何个人以取得、隐瞒或者排除任何证据的权利或者妨碍执行请求的权利。

第二条　中央机关

一、为本条约的目的，双方相互请求和提供司法协助，应当通过各自指定的中央机关直接联系。

二、本条第一款所指的中央机关，在中华人民共和国方面为司法部，在刚果共和国方面为司法部。

三、任何一方如果变更其对中央机关的指定，应当通过外交途径通知另一方。

第三条　协助的限制

一、有下列情形之一的，被请求方可以拒绝提供协助：

（一）请求涉及的行为根据被请求方法律不构成犯罪；

（二）被请求方认为请求涉及的犯罪是政治犯罪，但恐怖主义犯罪和双方均为缔约国的国际公约不认为是政治犯罪的除外；

（三）请求涉及的犯罪仅构成军事犯罪；

（四）被请求方有充分理由认为，请求的目的是基于某人的种族、性别、宗教、国籍或者政治见解而对该人进行侦查、起诉、处罚或者其他诉讼程序，或者该人在司法程序中的地位可能由于上述任何原因受到损害；

（五）被请求方正在对请求所涉及的同一犯罪嫌疑人或者被告人就同一犯罪进行刑事诉讼，或者已经终止刑事诉讼，或者已经作出生效判决；

（六）被请求方认为，执行请求将损害本国主权、安全、公共秩序或者其他重大公共利益；

（七）被请求方认为请求提供的协助与案件缺乏实质联系。

二、如果执行请求将会妨碍被请求方正在进行的侦查、起诉或者审判程序，被请求方可以推迟提供协助。

三、在拒绝或者推迟提供协助前，被请求方应当考虑是否可以在其认为必要的条件下准予协助。请求方如果接受附条件的协助，则应当遵守这些条件。

四、被请求方如果拒绝或者推迟协助，应当将拒绝或者推迟的理由通知请求方。

第四条　请求的形式和内容

一、协助请求应当以书面形式提出，并且由请求方中央机关签署或者盖章。在紧急情形下，请求方可以通过电传、传真、电子邮件等被请求方接受的其他形式提出请求,但应当随后迅速以书面形式确认该请求。

二、协助请求应当包括以下内容:

(一)请求所涉及的侦查、起诉或者审判程序的主管机关的名称;

(二)对于请求所涉及的案件性质的说明,以及该案的事实概要和可适用的法律规定;

(三)对于请求协助的事项、协助的目的及其与案件相关性的说明;

(四)希望请求得以执行的期限。

三、在必要和可能的范围内,协助请求还应当包括以下内容:

(一)关于被取证人员的身份和居住地的资料;

(二)关于受送达人的身份、居住地以及该人与诉讼关系的资料;

(三)关于需查找或者辨认的人员身份及下落的资料;

(四)关于需勘验或者检查的对象的说明;

(五)关于查询、搜查、冻结或者扣押的对象的说明;

(六)希望在执行请求时遵循的特别程序及其理由的说明;

(七)保密的需要及其理由的说明;

(八)关于被邀请前往请求方境内作证或者协助调查的人员有权得到的津贴和费用的说明;

(九)询问证人的问题清单;

(十)有助于执行请求的其他资料。

四、被请求方如果认为请求中包括的内容不足以使其处理该请求,可以要求提供补充资料。

五、根据本条约提出的请求和辅助文件均应一式两份。

第五条　文　字

一、根据本条约提出的请求以及提交的辅助文件应当附有被请求方官方文字的译文,但双方另有约定的除外。

二、在向请求方提供协助时,被请求方应当使用其官方文字。

第六条　请求的执行

一、被请求方应当按照本国法律执行协助请求。

二、被请求方在不违背本国法律的范围内,可以按照请求方要求的方式执行协助请求。

三、被请求方应当将执行请求的结果及时通知请求方。如果无法提供所请求的协助,被请求方应当及时将原因通知请求方。

第七条　保密和限制使用

一、如果请求方提出要求,被请求方应当对请求,包括其内容和辅助文件,以及按照请求所采取的行动予以保密。如果不违反保密要求则无法执行请求,被请求方应当将此情况通知请求方,请求方应当随即决定该请求是否仍然应当予以执行。

二、如果被请求方提出要求,请求方应当对被请求方提供的资料和证据予以保密,或者仅在被请求方指明的条件下使用。

三、未经被请求方事先同意,请求方不得为请求所述案件之外的任何其他目的使用根据本条约获得的资料或者证据。

第八条　送达文书

一、被请求方应当根据本国法律并依请求,送达请求方递交的文书。但是对于要求某人作为被告人出庭的文书,被请求方不负有送达的义务。

二、被请求方完成送达后,应当向请求方出具送达证明。送达证明应当载明送达日期、送达地点和送达方式,并且应当由送达文书的机关签署或者盖章。

第九条　调取证据

一、被请求方应当根据本国法律并依请求,调取证据并移交给请求方。

二、如果请求涉及移交文件或者记录,被请求方可以移交经证明的副本或者影印件;在请求方明示要求移交原件的情况下,被请求方应当尽可能满足此项要求。

三、根据本条移交给请求方的文件和其他资料,在不违背被请求方法律的前提下,应当按照请求方要求的形式予以证明,以便使其可以依请求方法律得到采用。

四、被请求方在不违背本国法律的前提下,应当同意请求中指明的人员在执行请求时到场,并允许这些人员通过被请求方主管机关人员向被取证人员提问。为此目的,被请求方应当及时将执行请求的时间和地点通知请求方。

第十条　拒绝作证

一、根据本条约被要求作证的人员，如果被请求方法律允许该人在被请求方提起的诉讼中的类似情形下不作证，可以拒绝作证。

二、根据本条约被要求作证的人员，如果主张依请求方法律有拒绝作证的权利或者特权，被请求方应当将该人的主张告知请求方，要求请求方提供是否存在该权利或者特权的证明。请求方的证明应当被视为是否存在该权利或者特权的充分证据，除非有明确的相反证据。

第十一条　安排人员作证或者协助调查

一、被请求方应当根据请求方的请求，邀请有关人员前往请求方境内有关机关作证或者协助调查。请求方应当说明需向该人支付的津贴、费用的范围。被请求方应当将该人的答复迅速通知请求方。

二、邀请有关人员到请求方境内作证或者协助调查的请求，应当在不迟于预定的到场日60天前向被请求方提出。紧急情形下，被请求方可以同意在较短期限内提出。

第十二条　移送在押人员以便作证或者协助调查

一、被请求方可以根据请求方请求，将在其境内的在押人员临时移送至请求方境内以便作证或者协助调查，条件是该人同意，并且双方已经就移送条件事先达成书面协议。

二、如果依被请求方法律应当对该被移送人予以羁押，请求方应当对该人予以羁押。

三、作证或者协助调查完毕后，请求方应当尽快将该被移送人送回被请求方。

四、为本条的目的，该被移送人在请求方被羁押的期间，应当折抵在被请求方被判处的刑期。

第十三条　证人和鉴定人的保护

一、请求方对于到达其境内的证人或者鉴定人，不得由于该人在入境前的任何作为或者不作为而对其进行侦查、起诉、羁押、处罚或者采取其他限制人身自由的措施。请求方也不得强迫该人在请求所未涉及的任何侦查、起诉或者其他诉讼程序中作证或者协助调查，但事先征得被请求方和该人同意的除外。

二、如果上述人员在被正式通知无需继续停留后15天内未离开请求方，或者离开后又自愿返回，则不再适用本条第一款的规定。但是，该期限不包括该人由于本人无法控制的原因而未离开请求方的期间。

三、对于拒绝根据本条约第十一条或者第十二条作证或者协助调查的人员，不得由于此种拒绝而施加任何刑罚或者采取任何限制其人身自由的强制措施。

第十四条　查询、搜查、冻结和扣押

一、被请求方应当在本国法律允许的范围内，执行查询、搜查、冻结和扣押作为证据的财物的请求。

二、被请求方应当向请求方提供有关执行上述请求的结果，包括查询或者搜查的结果，冻结或者扣押的地点和状况以及有关财物随后被监管的情况。

三、如果请求方同意被请求方就移交所提出的条件，被请求方可以将被扣押财物移交给请求方。

第十五条　归还文件、记录和证据物品

请求方应当根据被请求方的要求，尽快归还被请求方根据本条约第九条和第十四条向其提供的文件或者记录的原件和证据物品。

第十六条　犯罪所得和犯罪工具的处置

一、被请求方应当根据请求，努力确定犯罪所得或者犯罪工具是否位于其境内，并将结果通知请求方。在提出这种请求时，请求方应当将其认为上述犯罪所得或者犯罪工具可能位于被请求方境内的理由通知被请求方。

二、一旦根据本条第一款找到涉嫌的犯罪所得

或者犯罪工具,被请求方应当根据请求方的请求,按照本国法律采取措施冻结、扣押或者没收这些犯罪所得或者犯罪工具。

三、在本国法律允许的范围内以及双方商定的条件下,被请求方可以根据请求方的请求,将上述的犯罪所得、犯罪工具的全部或者部分,或者出售有关资产的所得移交给请求方。

四、在适用本条时,被请求方和第三人对这些财物的合法权益应当受到尊重。

第十七条 通报刑事诉讼结果

请求方应当根据被请求方的要求,向被请求方通报协助请求所涉及的刑事诉讼的结果。

第十八条 提供犯罪记录

如果某人正在请求方受到侦查或者起诉,被请求方应当根据请求,提供该人在被请求方的犯罪记录。

第十九条 交流法律资料

双方应当根据请求,相互提供各自国家与履行本条约有关的法律和司法实践的资料。

第二十条 认 证

为本条约的目的,根据本条约转递的任何文件,无需进行任何形式的认证,但本条约另有规定的除外。

第二十一条 费 用

一、被请求方应当负担执行请求所产生的费用,但是请求方应当负担下列费用:

(一)有关人员按照本条约第九条第四款的规定,前往、停留于和离开被请求方的费用;

(二)有关人员按照本条约第十一条或者第十二条的规定,前往、停留于和离开请求方的费用和津贴,这些费用和津贴应当根据费用发生地的标准和规定支付;

(三)鉴定人鉴定的费用;

(四)笔译和口译的费用。

二、请求方应当根据要求,预付由其负担的上述费用。

三、如果执行请求明显需要超常性质的费用,双方应当相互协商决定可以执行请求的条件。

第二十二条 其他合作基础

本条约不妨碍任何一方根据其他可适用的国际条约或者本国法律向另一方提供协助。双方也可以根据任何其他可适用的安排、协议或者惯例提供协助。

第二十三条 争议的解决

由于本条约的解释和适用产生的争议,如果双方中央机关不能自行达成协议,应当通过外交途径协商解决。

第二十四条 生效、修订和终止

一、双方根据本国法律完成本条约生效所需的一切必要程序后,应当通过外交照会通知另一方。本条约自后一份照会发出之日起第 30 天生效。

二、本条约可以经双方书面协议随时予以修订。此类修订应当按照本条第一款规定的相同程序生效,并构成本条约的一部分。

三、任何一方可以随时通过外交途径,以书面形式通知另一方终止本条约。终止自该通知发出之日后第 180 天生效。

四、本条约适用于其生效后提出的请求,即使有关作为或者不作为发生于本条约生效前。

下列签署人经各自政府适当授权,签署本条约,以昭信守。

本条约于二〇一六年七月五日订于北京,一式两份,每份均以中文、法文和英文制成,三种文本同等作准。如遇解释上的分歧,以英文本为准。

中华人民共和国代表	刚果共和国代表
王 毅	让-克洛德·加科索
(签字)	(签字)

全国人民代表大会外事委员会关于《国务院关于提请审议批准〈中华人民共和国和刚果共和国关于刑事司法协助的条约〉的议案》审议结果的报告

全国人民代表大会常务委员会：

2022年9月2日，第十三届全国人民代表大会外事委员会举行第二十一次全体会议，审议了《国务院关于提请审议批准〈中华人民共和国和刚果共和国关于刑事司法协助的条约〉的议案》。

外事委员会认为，2016年7月5日由我国外交部部长王毅与刚果共和国外交、合作和海外侨民部部长让-克洛德·加科索分别代表本国在北京签署的《中华人民共和国和刚果共和国关于刑事司法协助的条约》符合我国法律的基本原则和司法实践。批准该条约符合我国利益和实际需要。建议全国人民代表大会常务委员会决定批准该条约。

全国人民代表大会外事委员会

2022年9月2日

全国人民代表大会常务委员会关于批准《中华人民共和国和摩洛哥王国关于刑事司法协助的条约》的决定

（2022年10月30日第十三届全国人民代表大会常务委员会第三十七次会议通过）

第十三届全国人民代表大会常务委员会第三十七次会议决定：批准2016年5月11日由中华人民共和国代表在北京签署的《中华人民共和国和摩洛哥王国关于刑事司法协助的条约》。

中华人民共和国和摩洛哥王国关于刑事司法协助的条约

（中文本）

中华人民共和国和摩洛哥王国（以下称双方），

在相互尊重国家主权和平等互利的基础上，为促进两国在刑事司法协助领域的有效合作，决定缔结刑事司法协助条约，并达成协议如下：

第一条　适用范围

一、双方应当根据本条约的规定，在侦查、起诉和审判程序中相互提供最广泛的刑事司法协助。

二、协助应当包括：

（一）送达刑事诉讼文书；

（二）获取人员的证言或者陈述；

（三）提供文件、记录和证据物品；

（四）获取和提供鉴定意见；

（五）查找或者辨认人员；

（六）进行勘验或者检查；

（七）安排有关人员在请求方作证；

（八）移送在押人员以便作证；

（九）查询、搜查、冻结和扣押；

（十）没收犯罪所得和犯罪工具以及向请求方

移交；

（十一）通报刑事诉讼结果和提供犯罪记录；

（十二）交流法律资料；

（十三）不违背被请求方法律的其他形式的协助。

第二条　中央机关

一、双方应当指定中央机关，中央机关应当为执行本条约直接进行联系。

二、本条第一款所指的中央机关，在中华人民共和国方面为司法部，在摩洛哥王国方面为司法与自由部。

三、缔约任何一方如果变更其对中央机关的指定，应当通过外交途径通知另一方。

第三条　协助的拒绝或者推迟

一、存在下列情形之一的，被请求方可以拒绝提供协助：

（一）请求涉及的行为根据被请求方法律不构成犯罪；

（二）请求涉及的犯罪是政治犯罪，但恐怖主义犯罪和双方均为缔约国的国际公约不认为是政治犯罪的除外；

（三）请求涉及的犯罪纯属军事犯罪；

（四）被请求方有充分理由认为，请求的目的是基于某人的性别、种族、宗教、国籍或者政治见解而对该人进行侦查、起诉、处罚或者其他诉讼程序，或者该人在司法程序中的地位将会因为上述原因之一受到损害；

（五）被请求方已经就请求涉及的犯罪对该人进行侦查、起诉、审判、定罪或者宣告无罪；

（六）被请求方认为执行请求将损害本国主权、安全或者公共秩序。

二、如果提供协助将会妨碍正在被请求方进行的侦查、起诉或者审判程序，被请求方可以推迟提供协助。

三、在拒绝或者推迟提供协助前，被请求方应当考虑是否可以在其认为合适的条件下提供协助。请求方如果接受附条件的协助，则应当遵守这些条件。

四、被请求方如果拒绝或者推迟协助，应当将拒绝或者推迟的理由通知请求方。

第四条　请求的形式和内容

一、请求应当以书面形式提出，并且由请求方中央机关签署或者盖章。在紧急情形下，被请求方可以接受具有书面效果的其他形式的请求，但请求方应当尽快提供请求原件。

二、请求应当包括以下内容：

（一）请求所涉及的侦查、起诉或者审判程序的主管机关的名称；

（二）对于请求所涉及的案件的性质和事实以及所适用的法律规定的说明；

（三）请求事项和理由。

三、在必要和可能的范围内，请求还应当包括以下内容：

（一）关于被取证人员的身份和居住地的资料；

（二）关于受送达人的身份和居住地的资料；

（三）关于需查找或者辨认的人员的身份及下落的资料；

（四）关于需勘验或者检查的对象的说明；

（五）执行请求时应遵循的特别程序及其理由的说明；

（六）关于查询、搜查、冻结或者扣押的对象的说明；

（七）保密的需要及其理由的说明；

（八）关于给予被邀请前往请求方作证的人员的津贴和费用的说明；

（九）有助于执行请求的其他资料。

四、被请求方如果认为请求中包括的内容不足以使其作出决定，可以要求提供补充资料。

第五条　语　言

协助请求及其附件应当附有被请求方语言译文或者英文译文。

第六条　请求的执行

一、被请求方应当按照本国法律及时执行协助请求。

二、被请求方在不违背本国法律的范围内，可以按照请求方要求的方式执行协助请求。

三、被请求方应当将执行请求的结果及时通知请求方。如果无法提供所请求的协助，被请求方应当将原因通知请求方。

第七条　保密和限制使用

一、如果请求方提出要求，被请求方应当对请求，包括其内容和辅助文件，以及按照请求所采取的行动予以保密。如果不违反保密要求则无法执行请求，被请求方应当将此情况通知请求方，请求方应当随即决定该请求是否仍然应当予以执行。

二、如果被请求方提出要求，请求方应当对被请求方提供的资料和证据予以保密，或者仅在被请求方指明的条件下使用。

三、未经被请求方事先同意，请求方不得为了请求所述案件以外的任何其他目的使用按照本条约所获得的资料或者证据。

第八条 送达文书

一、被请求方应当根据本国法律并依请求，送达请求方递交的文书。

二、送达要求某人出庭的文书的请求，应当在不迟于其出庭日 60 天前向被请求方提出。在紧急情形下，被请求方可以同意较短的期限。

三、被请求方应当根据本国法律执行送达请求。应请求方明确要求，也可在其法律允许的情况下，以请求方要求的方式执行送达请求。

四、被请求方应当向请求方提供经签署和盖章的送达证明，其中载明送达的事实、方式和日期；如有必要，可以采用由受送达人签名并注明日期的送达回证方式。如无法送达，应当及时通知请求方并告知妨碍送达的理由。

第九条 调取证据

一、被请求方应当根据本国法律并依请求，调取证据并移交给请求方。

二、如果请求涉及移交文件或者记录，被请求方可以移交经证明的副本或者影印件；在请求方明示要求移交原件的情况下，被请求方应当尽可能满足此项要求。

三、在不违背被请求方法律的前提下，根据本条移交给请求方的文件和其他证明材料，应当按照请求方要求的形式予以证明，以便使其可以依请求方法律得以接受。

四、被请求方在不违背本国法律的范围内，可以同意请求中指明的人员在执行请求时到场，并允许这些人员通过被请求方主管机关人员向被取证人员提问。为此目的，被请求方应当及时将执行请求的时间和地点通知请求方。

第十条 拒绝作证

一、根据本条约被要求作证的人员，如果被请求方法律允许该人在被请求方提起的诉讼中的类似情形下不作证，可以拒绝作证。

二、如果根据本条约被要求作证的人员主张，依请求方法律有拒绝作证的权利或者特权，仍不妨碍取证的进行，但应将该人的主张告知请求方中央机关。

第十一条 安排有关人员作证

被请求方应当根据请求方的请求，邀请有关人员前往请求方境内出庭作证。请求方应当说明需向该人支付的津贴、费用的范围。被请求方应当将该人的答复迅速通知请求方。

第十二条 移送在押人员以便作证

一、在符合下列条件的情况下，被请求方可以根据请求方请求，将在其境内的在押人员临时移送至请求方境内以便出庭作证：

（一）该人同意；

（二）双方已经就移送条件达成书面协议。

二、如果依被请求方法律该被移送人应当予以羁押，请求方应当对该人予以羁押。

三、作证完毕后，请求方应当尽快将该被移送人送回被请求方。

四、为本条的目的，该被移送人在请求方被羁押的期间，应当折抵在被请求方判处的刑期。

第十三条 证人和鉴定人的保护

一、请求方对于根据本条约第十一条或者第十二条的规定到达其境内的证人或者鉴定人，不得由于该人在入境前的任何行为而进行侦查、起诉、羁押、处罚或者采取其他限制人身自由的措施，也不得要求该人在请求所未涉及的任何侦查、起诉或者其他诉讼程序中作证，除非事先取得被请求方和该人的同意。

二、如果上述人员在被正式通知无需继续停留后 15 天内未离开请求方，或者离开后又自愿返回，则不再适用本条第一款。但是，该期限不应包括该人由于本人无法控制的原因而未离开请求方领土的期间。

三、对于拒绝根据本条约第十一条或者第十二条作证或者协助调查的人员，不得由于此种拒绝而施加任何刑罚或者采取任何限制其人身自由的强制措施。

第十四条　查询、搜查、冻结和扣押

一、被请求方应当在本国法律允许的范围内，执行查询、搜查、冻结和扣押作为证据的财物的请求。

二、被请求方应当向请求方提供其所要求的有关执行上述请求的结果，包括查询或者搜查的结果，冻结或者扣押的地点和状况以及有关财物随后被监管的情况。

三、如果请求方同意被请求方就移交所提出的条件，被请求方可以将被扣押财物移交给请求方。

第十五条　归还文件、记录和证据物品

请求方应当根据被请求方的要求，尽快归还被请求方根据本条约第九条和第十四条向其提供的文件或者记录的原件和证据物品。

第十六条　没收犯罪所得和犯罪工具以及向请求方移交

一、被请求方应当根据请求，努力确定犯罪所得或者犯罪工具是否位于其境内，并且应当将结果通知请求方。在提出这种请求时，请求方应当将其认为上述财物可能位于被请求方境内的理由通知被请求方。

二、如果根据本条第一款，涉嫌的犯罪所得或者犯罪工具已被找到，被请求方应当根据请求，按照本国法律采取措施冻结、扣押或者没收这些财物。

三、在本国法律允许的范围内以及双方商定的条件下，被请求方可以根据请求方的请求，将上述的犯罪所得或者犯罪工具的全部或者部分，或者出售有关资产的所得移交给请求方。

四、在适用本条时，被请求方和第三人对这些财物的合法权益应当依被请求方法律受到尊重。

第十七条　通报刑事诉讼结果

根据本条约的规定，请求方应当根据被请求方的要求，向被请求方通报协助请求所涉及的刑事诉讼的结果。

第十八条　提供犯罪记录

一、双方中央机关应当尽可能地相互通报本国法院对另一方国民所作的定罪方面的情况。

二、在请求方对被请求方国民进行刑事侦查和诉讼的情况下，被请求方应当根据请求方的请求，向请求方提供该人的犯罪记录。

第十九条　交流法律资料

双方可以根据请求，相互交流各自国家与履行本条约有关的法律和司法实践的资料。

第二十条　证明和认证

为本条约的目的，根据本条约转递的任何文件，无需进行任何形式的证明或者认证。

第二十一条　费　　用

一、被请求方应当负担执行请求所产生的费用，但是请求方应当负担下列费用：

（一）有关人员按照本条约第九条的规定，前往、停留于和离开被请求方的费用；

（二）有关人员按照本条约第十一条或者第十二条的规定，前往、停留于和离开请求方的费用和津贴，这些费用和津贴应当根据费用发生地的标准和规定支付；

（三）鉴定的费用；

（四）翻译，包括笔译和口译的费用。

二、请求方应当根据要求，预付由其负担的部分上述费用。

三、如果执行请求明显地需要超常性质的费用，双方应当协商决定可以执行请求的条件。

第二十二条　争议的解决

由于本条约的解释和适用产生的争议，如果双

方中央机关不能自行达成协议，应当通过外交途径协商解决。

第二十三条　最后条款

一、本条约须经批准。

二、双方应当在各自完成国内法律程序后通过外交途径通知对方。本条约自后一份通知书收到之日起第 30 天生效。

三、本条约适用于其生效之后提出的请求，即使相关犯罪发生于本条约生效前。

四、本条约不影响双方根据双方均为缔约方的其他条约开展刑事司法协助领域的合作。

五、本条约可以随时经双方书面协议予以修订。此类修订应当按照本条规定的相同程序生效，并构成本条约的一部分。

六、缔约任何一方可以通过外交途径书面通知另一方终止本条约。上述终止自通知之日起满 6 个月后生效。本条约终止不影响条约终止前已经开始的协助请求。

下列签署人经各自政府适当授权，签署本条约，以昭信守。

本条约于二〇一六年五月十一日订于北京，一式两份，每份均用中文和阿拉伯文写成，两种文本同等作准。

中华人民共和国代表	摩洛哥王国代表
张业遂	穆斯塔法·哈密德
（签字）	（签字）

全国人民代表大会外事委员会关于《国务院关于提请审议批准〈中华人民共和国和摩洛哥王国关于刑事司法协助的条约〉的议案》审议结果的报告

全国人民代表大会常务委员会：

2022 年 9 月 2 日，第十三届全国人民代表大会外事委员会举行第二十一次全体会议，审议了《国务院关于提请审议批准〈中华人民共和国和摩洛哥王国关于刑事司法协助的条约〉的议案》。

外事委员会认为，2016 年 5 月 11 日由我国时任外交部副部长张业遂与摩洛哥时任司法大臣穆斯塔法·哈密德分别代表本国在北京签署的《中华人民共和国和摩洛哥王国关于刑事司法协助的条约》符合我国法律的基本原则和司法实践。批准该条约符合我国利益和实际需要。建议全国人民代表大会常务委员会决定批准该条约。

全国人民代表大会外事委员会
2022 年 9 月 2 日

全国人民代表大会常务委员会关于批准《中华人民共和国和厄瓜多尔共和国关于刑事司法协助的条约》的决定

（2022 年 10 月 30 日第十三届全国人民代表大会常务委员会第三十七次会议通过）

第十三届全国人民代表大会常务委员会第三十七次会议决定：批准 2018 年 12 月 12 日由中华人民共和国代表在北京签署的《中华人民共和国和厄瓜多尔共和国关于刑事司法协助的条约》。

中华人民共和国和厄瓜多尔共和国关于刑事司法协助的条约

（中文本）

中华人民共和国和厄瓜多尔共和国（以下称双方），

在相互尊重主权和平等互利的基础上，为促进两国在刑事司法协助领域的有效合作，决定缔结本条约，并达成协议如下：

第一条　适用范围

一、双方应当根据本条约的规定，在刑事侦查、起诉和审判程序中相互提供最广泛的刑事司法协助。

二、协助应当包括：

（一）送达刑事诉讼文书；

（二）获取有关人员的证言或者陈述；

（三）提供文件、记录和证据物品；

（四）获取和提供鉴定意见；

（五）查找、辨认人员；

（六）进行勘验或者检查；

（七）安排有关人员作证或者协助调查；

（八）移送在押人员以便作证或者协助调查；

（九）查询、搜查、冻结和扣押；

（十）有关犯罪所得和犯罪工具的处置；

（十一）通报刑事诉讼结果和提供犯罪记录；

（十二）交流法律资料；

（十三）不违反被请求方法律的其他形式的协助。

三、本条约仅适用于双方之间的相互司法协助。本条约的规定不赋予任何个人以取得、隐瞒或者排除任何证据的权利或者妨碍执行请求的权利。

第二条　中央机关

一、为本条约的目的，双方相互请求和提供司法协助，应当通过各自指定的中央机关直接联系。

二、本条第一款所指的中央机关，在中华人民共和国方面为最高人民检察院和司法部，在厄瓜多尔共和国方面为国家检察总署。

三、任何一方如果变更其对中央机关的指定，应当通过外交途径通知另一方。

第三条　协助的限制

一、有下列情形之一的，被请求方可以拒绝提供协助：

（一）请求涉及的行为根据被请求方法律不构成犯罪；

（二）被请求方认为请求涉及的犯罪是政治犯罪，但恐怖主义犯罪和双方均为缔约国的国际公约不认为是政治犯罪的除外；

（三）请求涉及的犯罪仅构成军事犯罪；

（四）被请求方有充分理由认为，请求的目的是基于某人的种族、性别、宗教、国籍或者政治见解而对该人进行侦查、起诉、处罚或者其他诉讼程序，或者该人在司法程序中的地位可能由于上述任何原因受到损害；

（五）被请求方正在对请求所涉及的同一犯罪嫌疑人或者被告人就同一犯罪进行刑事诉讼，或者已经终止刑事诉讼，或者已经作出生效判决；

（六）被请求方认为，执行请求将损害本国主权、安全、公共秩序或者其他重大公共利益；

（七）被请求方认为请求提供的协助与案件缺乏实质联系。

二、如果执行请求将会妨碍被请求方正在进行的侦查、起诉或者审判程序，被请求方可以推迟提供协助。

三、在拒绝或者推迟提供协助前，被请求方应当考虑是否可以在其认为必要的条件下准予协助。请求方如果接受附条件的协助，则应当遵守这些条件。

四、被请求方如果拒绝或者推迟协助，应当将拒绝或者推迟的理由通知请求方。

第四条　请求的形式和内容

一、协助请求应当以书面形式提出，并且由请求方中央机关签署或者盖章。在紧急情形下，请求方可以通过电传、传真、电子邮件等被请求方接受的其他形式提出请求,但应当随后迅速以书面形式确认该请求。

二、协助请求应当包括以下内容:

(一)请求所涉及的侦查、起诉或者审判程序的主管机关的名称;

(二)对于请求所涉及的案件性质的说明,以及该案的事实概要和可适用的法律规定;

(三)对于请求协助的事项、协助的目的及其与案件相关性的说明;

(四)希望请求得以执行的期限。

三、在必要和可能的范围内,协助请求还应当包括以下内容:

(一)关于被取证人员的身份和居住地的资料;

(二)关于受送达人的身份、居住地以及该人与诉讼关系的资料;

(三)关于需查找或者辨认的人员身份以及下落的资料;

(四)关于需勘验或者检查的对象的说明;

(五)关于查询、搜查、冻结或者扣押的对象的说明;

(六)希望在执行请求时遵循的特别程序及其理由的说明;

(七)保密的需要及其理由的说明;

(八)关于被邀请前往请求方境内作证或者协助调查的人员有权得到的津贴和费用的说明;

(九)询问证人的问题清单;

(十)有助于执行请求的其他资料。

四、被请求方如果认为请求中包括的内容不足以使其处理该请求,可以要求提供补充资料。

五、根据本条约提出的请求和辅助文件均应当一式两份。

第五条 文　　字

一、除非双方另有约定,根据本条约提出的请求及其辅助文件应当附有被请求方官方文字的译文。被请求方为中华人民共和国的,应当译为中文;被请求方为厄瓜多尔共和国的,应当译为西班牙文。

二、在向请求方提供协助时,被请求方应当使用其官方文字。

第六条 请求的执行

一、被请求方应当按照本国法律执行协助请求。

二、被请求方在不违反本国法律的范围内,可以按照请求方要求的方式执行协助请求。

三、被请求方应当将执行请求的结果及时通知请求方。如果无法提供所请求的协助,被请求方应当及时将原因通知请求方。

第七条 保密和限制使用

一、如果请求方提出要求,被请求方应当采取必要措施对请求,包括其内容和辅助文件,以及按照请求所采取的行动予以保密。如果不违反保密要求则无法执行请求,被请求方应当将此情况通知请求方,请求方应当随即决定该请求是否仍然应当予以执行。

二、如果被请求方提出要求,请求方应当对被请求方提供的资料和证据予以保密,或者仅在被请求方指明的条件下使用。

三、未经被请求方事先同意,请求方不得为请求所述案件之外的任何其他目的使用根据本条约获得的资料或者证据。

第八条 送达文书

一、被请求方应当根据本国法律并依请求,送达请求方递交的文书。但对于要求某人作为被告人出庭的文书,被请求方不负有送达的义务。

二、被请求方完成送达后,应当向请求方出具送达证明。送达证明应当载明送达日期、送达地点和送达方式,并且应当由送达文书的机关签署或者盖章。

第九条 调取证据

一、被请求方应当根据本国法律并依请求,调取证据并移交给请求方。

二、如果请求涉及移交文件或者记录,被请求方可以移交经证明的副本或者影印件;在请求方明示要求移交原件的情况下,被请求方应当尽可能满足此项要求。

三、根据本条移交给请求方的文件和其他资料,在不违反被请求方法律的前提下,应当按照请求方要求的形式予以证明,以便使其可以依请求方法律得到采用。

四、被请求方在不违反本国法律的前提下,应当同意请求中指明的人员在执行请求时到场,并允许这些人员通过被请求方主管机关人员向被取证人员提问。为此目的,被请求方应当及时将执行请求的时间和地点通知请求方。

第十条　拒绝作证

一、根据本条约被要求作证的人员,如果被请求方法律允许该人在被请求方提起的诉讼中的类似情形下不作证,可以拒绝作证。

二、根据本条约被要求作证的人员,如果主张依请求方法律有拒绝作证的权利或者特权,被请求方应当将该人的主张通知请求方,要求请求方确认是否存在该权利或者特权。请求方提供的信息应当被视为是否存在该权利或者特权的充分证据,除非有明确的相反证据。

第十一条　安排人员作证或者协助调查

一、被请求方应当根据请求方的请求,邀请有关人员前往请求方境内有关机关作证或者协助调查。请求方应当说明需向该人支付的津贴、费用的范围。被请求方应当将该人的答复迅速通知请求方。

二、邀请有关人员到请求方境内作证或者协助调查的请求,应当在不迟于预定的到场日 60 天前向被请求方提出。紧急情形下,被请求方可以同意在较短期限内提出。

第十二条　移送在押人员以便作证或者协助调查

一、被请求方可以根据请求方请求,将在其境内的在押人员临时移送至请求方境内以便作证或者协助调查,条件是该人同意,并且双方已经就移送条件事先达成书面协议。

二、如果依被请求方法律应当对该被移送人予以羁押,请求方应当对该人予以羁押。

三、被移送人作证或者协助调查完毕后,请求方应当尽快将该人送回被请求方。

四、为本条的目的,该被移送人在请求方被羁押的期间,应当折抵在被请求方被判处的刑期。

第十三条　证人和鉴定人的保护

一、请求方对于到达其境内的证人或者鉴定人,不得由于该人在入境前的任何作为或者不作为而对其进行侦查、起诉、羁押、处罚或者采取其他限制人身自由的措施。请求方也不得强迫该人在请求所未涉及的任何侦查、起诉或者其他诉讼程序中作证或者协助调查,但事先征得被请求方和该人同意的除外。

二、如果上述人员在被正式通知无需继续停留后 15 天内未离开请求方,或者离开后又自愿返回,则不再适用本条第一款的规定。但该期限不包括该人由于本人无法控制的原因而未离开请求方的期间。

三、对于拒绝根据本条约第十一条或者第十二条作证或者协助调查的人员,不得由于此种拒绝而施加任何刑罚或者采取任何限制其人身自由的强制措施。

第十四条　查询、搜查、冻结和扣押

一、被请求方应当在本国法律允许的范围内,执行查询、搜查、冻结和扣押作为证据的财物的请求。

二、被请求方应当向请求方提供有关执行上述请求的结果,包括查询或者搜查的结果,冻结或者扣押的地点和状况以及有关财物随后被监管的情况。

三、如果请求方同意被请求方就移交所提出的条件,被请求方可以将被扣押的财物移交给请求方。

第十五条　归还文件、记录和证据物品

请求方应当根据被请求方的要求,尽快归还被请求方根据本条约第九条和第十四条向其提供的文件或者记录的原件和证据物品。

第十六条　犯罪所得和犯罪工具的处置

一、被请求方应当根据请求,努力确定犯罪所得或者犯罪工具是否位于其境内,并将结果通知请求方。在提出这种请求时,请求方应当将其认为上述犯罪所得或者犯罪工具可能位于被请求方境内的理由通知被请求方。

二、一旦根据本条第一款找到涉嫌的犯罪所得或者犯罪工具，被请求方应当根据请求方的请求，按照本国法律采取措施冻结、扣押或者没收这些犯罪所得或者犯罪工具。

三、在本国法律允许的范围内以及双方商定的条件下，被请求方可以根据请求方的请求，将上述的犯罪所得、犯罪工具的全部或者部分，或者出售有关资产的所得移交给请求方。

四、在适用本条时，被请求方和第三人对这些财物的合法权益应当受到尊重。

第十七条　通报刑事诉讼结果

请求方应当根据被请求方的要求，向被请求方通报协助请求所涉及的刑事诉讼的结果。

第十八条　提供犯罪记录

如果某人正在请求方受到侦查或者起诉，被请求方应当根据请求，提供该人在被请求方的犯罪记录。

第十九条　交流法律资料

双方应当根据请求，相互提供各自国家与履行本条约有关的法律和司法实践的资料。

第二十条　认证

为本条约的目的转递的任何文件，无需进行任何形式的认证。

第二十一条　费用

一、被请求方应当负担执行请求所产生的费用，但是请求方应当负担下列费用：

（一）有关人员按照本条约第九条第四款的规定，前往、停留于和离开被请求方的费用；

（二）有关人员按照本条约第十一条或者第十二条的规定，前往、停留于和离开请求方的费用和津贴，这些费用和津贴应当根据费用发生地的标准和规定支付；

（三）鉴定人鉴定的费用；

（四）笔译和口译的费用。

二、请求方应当根据要求，预付由其负担的上述费用。

三、如果执行请求明显需要超常性质的费用，双方应当相互协商决定可以执行请求的条件。

第二十二条　其他合作基础

本条约不妨碍任何一方根据其他可适用的国际条约或者本国法律向另一方提供协助。双方也可以根据任何其他可适用的安排、协议或者惯例提供协助。

第二十三条　争议的解决

由于本条约的解释和适用产生的争议，如果双方中央机关不能自行达成协议，应当通过外交途径协商解决。

第二十四条　生效、修订和终止

一、双方根据本国法律完成本条约生效所需的一切必要程序后，应当通过外交照会通知另一方。本条约自后一份照会发出之日起第30天生效。

二、本条约可以经双方书面协议随时予以修订。此类修订应当按照本条第一款规定的相同程序生效，并构成本条约的一部分。

三、任何一方可以随时通过外交途径，以书面形式通知另一方终止本条约。终止自该通知发出之日后第180天生效。

四、本条约有效期五年，此后连续自动延期五年，除非一方在期满前三个月书面通知终止本条约。

五、本条约适用于其生效后提出的请求，即使有关作为或者不作为发生于本条约生效前。

下列签署人经各自政府适当授权，签署本条约，以昭信守。

本条约于二〇一八年十二月十二日订于北京，一式两份，每份均以中文、西班牙文和英文制成，三种文本同等作准。如遇解释上的分歧，以英文本为准。

中华人民共和国代表	厄瓜多尔共和国代表
王　毅	何塞·瓦伦西亚
（签字）	（签字）

全国人民代表大会外事委员会关于《国务院关于提请审议批准〈中华人民共和国和厄瓜多尔共和国关于刑事司法协助的条约〉的议案》审议结果的报告

全国人民代表大会常务委员会：

2022 年 9 月 2 日，第十三届全国人民代表大会外事委员会举行第二十一次全体会议，审议了《国务院关于提请审议批准〈中华人民共和国和厄瓜多尔共和国关于刑事司法协助的条约〉的议案》。

外事委员会认为，2018 年 12 月 12 日由我国外交部部长王毅与厄瓜多尔时任外交和移民事务部部长何塞·瓦伦西亚分别代表本国在北京签署的《中华人民共和国和厄瓜多尔共和国关于刑事司法协助的条约》符合我国法律的基本原则和司法实践。批准该条约符合我国利益和实际需要。建议全国人民代表大会常务委员会决定批准该条约。

全国人民代表大会外事委员会

2022 年 9 月 2 日

全国人民代表大会常务委员会关于批准《制止与国际民用航空有关的非法行为的公约》的决定

（2022 年 10 月 30 日第十三届全国人民代表大会常务委员会第三十七次会议通过）

第十三届全国人民代表大会常务委员会第三十七次会议决定：批准 2010 年 9 月 10 日由中华人民共和国代表在北京签署的《制止与国际民用航空有关的非法行为的公约》（以下称《北京公约》），同时声明：

一、中华人民共和国不受《北京公约》第二十条第一款的约束。

二、在中华人民共和国政府另行通知前，《北京公约》暂不适用于中华人民共和国香港特别行政区和中华人民共和国澳门特别行政区。

制止与国际民用航空有关的非法行为的公约

（中文本）

本公约各当事国，

深为关切针对民用航空的非法行为危及人员和财产的安全与保安，严重影响航班、机场和空中航行的运行，并损害世界人民对所有国家民用航空安全有序运行的信任；

认识到针对民用航空的新型威胁需要各国采取新的协调一致的努力和合作政策；并

深信为了更好应对这些威胁，迫切需要巩固国际合作的法律框架，防止和制止针对民用航空的非法行为；

协议如下：

第一条

一、任何人如果非法地和故意地实施下述行为，即构成犯罪：

（一）对飞行中的航空器内人员实施暴力行为，如该行为可能危及该航空器的安全；或

（二）毁坏使用中的航空器，或对该航空器造成损坏，而使其不能飞行或可能危及其飞行安全；或

（三）以任何手段在使用中的航空器内放置或使别人放置可能毁坏该航空器，或对其造成损坏使其不能飞行，或对其造成损坏而可能危及其飞行安全的装置或物质；或

（四）毁坏或损坏空中航行设施，或妨碍其工作，如任何此种行为可能危及飞行中的航空器的安全；或

（五）传送该人明知是虚假的情报，从而危及飞行中的航空器的安全；或

（六）利用使用中的航空器旨在造成死亡、严重身体伤害，或对财产或环境的严重破坏；或

（七）从使用中的航空器内释放或排放任何生物武器、化学武器和核武器或爆炸性、放射性或类似物质而其方式造成或可能造成死亡、严重身体伤害或对财产或环境的严重破坏；或

（八）对一使用中的航空器或在一使用中的航空器内使用任何生物武器、化学武器和核武器或爆炸性、放射性或类似物质而其方式造成或可能造成死亡、严重身体伤害或对财产或环境的严重破坏；或

（九）在航空器上运输、导致在航空器上运输或便利在航空器上运输：

1. 任何爆炸性或放射性材料，并明知其意图是用来造成或威胁造成死亡或严重伤害或损害，而不论是否具备本国法律规定的某一条件，旨在恐吓人群，或迫使某一政府或国际组织作出或放弃作出某种行为；或

2. 任何生物武器、化学武器和核武器，并明知其是第二条中定义的一种生物武器、化学武器和核武器；或

3. 任何原材料、特种裂变材料或为加工、使用或生产特种裂变材料而专门设计或配制的设备或材料，并明知其意图将用于核爆炸活动或未按与国际原子能机构的保障监督协定置于保障监督措施下的任何其他核活动；或

4. 未经合法授权的任何对设计、制造或运载生物武器、化学武器和核武器有重大辅助作用的设备、材料或软件或相关技术，且其意图是用于此类目的；

但涉及当事国进行的活动，包括当事国授权的个人或法律实体进行的活动，则不构成3和4目下的罪行，只要运输这类物品或材料或其使用或所进行的活动符合其作为当事国适用的多边不扩散条约包括第七条提到的条约拥有的权利、责任和义务。

二、任何人如果非法地和故意地使用任何装置、物质或武器进行下列行为，则构成犯罪：

（一）在为国际民用航空服务的机场对他人实施暴力行为而造成或可能造成严重伤害或死亡；或

（二）毁坏或严重损坏为国际民用航空服务的机场的设施或该机场上非使用中的航空器，或扰乱该机场服务，若此种行为危及或可能危及该机场安全的。

三、当情况显示做出的威胁可信时，任何人如果做出以下行为，则亦构成犯罪：

（一）威胁实施本条第一款（一）项、（二）项、（三）项、（四）项、（六）项、（七）项和（八）项中或第二款中的任何罪行；或

（二）非法和故意地使任何人收到这种威胁。

四、任何人如果做出以下行为，则亦构成犯罪：

（一）企图实施本条第一款或第二款中所列的任何罪行；或

（二）组织或指挥他人实施本条第一款、第二款、第三款或第四款（一）项中所列的罪行；或

（三）作为共犯参与本条第一款、第二款、第三款或第四款（一）项中所列的罪行；或

（四）非法和故意地协助他人逃避调查、起诉或惩罚，且明知此人犯有构成本条第一款、第二款、第三款、第四款（一）项、第四款（二）项或第四款（三）项中所列的一项罪行的行为，或此人因此项罪行被执法当局通缉以提起刑事起诉或因此项罪行已经被判刑。

五、各当事国也应当将故意实施下述两者之一或两者确定为罪行，而不论是否实际已实施或企图实施本条第一款、第二款或第三款中所列的任何罪行：

（一）与一个或多个人商定实施本条第一款、第二款或第三款中所列的一项罪行；如本国法律有此规定，则须涉及参与者之一为促进该项协定而采取的行为；或

（二）以任何其他方式协助以共同目的行事的一伙人实施本条第一款、第二款或第三款中所列的一项或多项罪行，而且此种协助应当：

1. 用于旨在促进该团伙的一般犯罪活动或目的，而此种活动或目的涉及实施本条第一款、第二款或第三款中所列的一项罪行；或

2. 用于明知该团伙实施本条第一款、第二款或第三款中所列的一项罪行的意图。

第二条

为本公约目的：

（一）一架航空器在完成登机后其所有外部舱门均已关闭时起，直至其任何此种舱门为下机目的开启时止，其间的任何时间均被视为在飞行中；在航空器遭迫降时，直至主管当局接管对该航空器及其所载人员和财产的责任时止，航空器应当被视为仍在飞行中；

（二）从地面人员或机组人员为某一特定飞行而对航空器进行飞行前的准备时起，直至降落后二十四小时止，该航空器被视为是在使用中；在任何情况下，使用期间应当延长至本条第（一）项中规定的航空器飞行中的整段时间；

（三）"空中航行设施"包括航空器航行所必需的信号、数据、信息或系统；

（四）"有毒化学品"指通过其对生命过程的化学作用可造成人类或动物死亡、暂时失能或永久伤害的任何化学品。其中包括所有这类化学品，无论其来源或其生产方法如何，也无论其是否在设施中、弹药中或其他地方生产出来；

（五）"放射性材料"是指核材料和其他含有可自发衰变（一个伴随有放射一种或多种致电离射线，如α粒子、β粒子、中子和γ射线的过程）核素的放射性物质，此种材料和物质，由于其放射或可裂变性质，可能造成死亡、严重身体伤害或对财产或环境的重大破坏；

（六）"核材料"是指钚，但钚-238同位素含量超过80%者除外；铀-233；同位素235或233浓缩的铀；非矿石或矿渣形式的含天然存在的同位素混合物的铀；或任何含有上述一种或多种成分的材料；

（七）"同位素235或233浓缩的铀"是指含有同位素235或233或兼含二者的铀，而这些同位素的总丰度与同位素238的丰度比大于自然界中的同位素235与同位素238的丰度比；

（八）"生物武器、化学武器和核武器"是指：

1."生物武器"，即：

（1）其类型和数量不属于预防、防护或其他和平用途所正当需要的微生物剂或其他生物剂或毒素，不论其来源或生产方法如何；或

（2）为敌对目的或在武装冲突中使用这类制剂或毒素而设计的武器、设备或运载工具。

2."化学武器"，是合指或单指：

（1）有毒化学品及其前体，但用于以下目的者除外：

①工业、农业、研究、医疗、制药或其他和平目的；或

②防护性目的，即与有毒化学品防护和化学武器防护直接有关的目的；或

③与化学武器的使用无关而且不依赖化学品毒性的使用作为一种作战方法的军事目的；或

④执法目的，包括国内控暴目的，只要种类和数量合此种目的；

（2）经专门设计通过使用后而释放出2（1）项所指有毒化学品的毒性造成死亡或其他伤害的弹药和装置；

（3）经专门设计其用途直接与2（2）项所指弹药和装置的使用有关的任何设备。

3. 核武器及其他核爆炸装置。

（九）"前体"是指在以无论何种方法生产一有毒化学品的任何阶段参与此一生产过程的任何化学反应物。其中包括二元或多元化学系统的任何关键组分；

（十）"原材料"和"特种裂变材料"两个术语所具有的含义与1956年10月26日于纽约订立的《国际原子能机构规约》中对这些术语的定义相同。

第三条

各当事国承诺对第一条所列的罪行给予严厉惩罚。

第四条

一、各当事国可根据其本国法律原则采取必要措施，对于设在其领土内或根据其法律设立的法律实体，如果负责管理或控制该法律实体的人以该身份实施第一条所列罪行，得以追究该法律实体的责任。这种责任可以是刑事、民事或行政责任。

二、承担这些责任不影响实施罪行的个人的刑事责任。

三、如果一个当事国采取必要措施按照本条第一款追究一个法律实体的责任，该当事国应当努力确保适用的刑事、民事或行政制裁具有有效性、相称性和劝阻性。这种制裁可包括罚款。

第五条

一、本公约不应当适用于供军事、海关或警察用的航空器。

二、在第一条第一款（一）、（二）、（三）、（五）、（六）、（七）、（八）和（九）各项中所述的情况下，不论航空器是从事国际飞行或国内飞行，本公约均应

当适用,只要:

(一)航空器的实际或预定起飞或降落地点是在该航空器登记国领土以外;或

(二)罪行是在该航空器登记国以外的一国领土内实施的。

三、尽管有本条第二款的规定,在第一条第一款(一)、(二)、(三)、(五)、(六)、(七)、(八)和(九)项中所述的情况下,如罪犯或被指控的罪犯是在该航空器登记国以外的一国领土内被发现,则本公约也应当适用。

四、关于第十五条所指的各当事国,在第一条第一款(一)、(二)、(三)、(五)、(六)、(七)、(八)和(九)项中所述的情况下,如本条第二款(一)项中所指地点处于同一国家的领土内,而这一国家又是第十五条中所指国家之一,则本公约不应当适用,除非罪行是在该国以外的一国领土内发生或罪犯或被指控的罪犯是在该国以外的一国领土内被发现。

五、在第一条第一款(四)项中所述的情况下,只有在空中航行设施是用于国际航行时,本公约才应当适用。

六、本条第二款、第三款、第四款和第五款的规定,也应当适用于第一条第四款中所述的情况。

第六条

一、本公约中的任何规定均不应当影响国际法规定的国家和个人的其他权利、义务和责任,特别是《联合国宪章》、《国际民用航空公约》以及国际人道法的宗旨和原则。

二、武装冲突中武装部队的活动,按照国际人道法所理解的意义,由国际人道法予以规范的,不受本公约规范;一国军事部队为执行公务而进行的活动,由国际法其他规则予以规范的,亦不受本公约规范。

三、本条第二款的规定不得被解释为容许非法行为或使其合法化,或使其逃避根据其他法律提出的起诉。

第七条

本公约中的任何规定均不应当影响各当事国在1968年7月1日订于伦敦、莫斯科和华盛顿的《不扩散核武器条约》,1972年4月10日订于伦敦、莫斯科和华盛顿的《禁止细菌(生物)及毒素武器的发展生产及储存以及销毁这类武器的公约》或1993年1月13日订于巴黎的《关于禁止发展、生产、储存和使用化学武器及销毁此种武器的公约》下的权利、义务和责任。

第八条

一、各当事国应当采取必要措施,以就下列情况而对第一条所列的罪行,确立其管辖权:

(一)罪行是在该国领土内实施的;

(二)罪行是针对在该国登记的航空器或在该航空器内实施的;

(三)在其内实施罪行的航空器在该国领土内降落时被指控的罪犯仍在该航空器内的;

(四)罪行是针对租来时不带机组人员的航空器或是在该航空器内实施的,而承租人的主要营业地在该国,或如承租人没有此种营业地但其永久居所是在该国的;

(五)罪行是由该国国民实施的。

二、各当事国也可就下列情况而对任何此种罪行确立其管辖权:

(一)罪行是针对该国国民实施的;

(二)罪行是由其惯常居所在该国领土内的无国籍人实施的。

三、如果被指控的罪犯在某一当事国领土内,而该当事国不依据第十二条将其引渡给依照本条适用的条款对第一条所列的罪行已确立管辖权的任何当事国,该当事国也应当采取必要措施,确立其对第一条所列罪行的管辖权。

四、本公约不排除根据本国法律行使的任何刑事管辖权。

第九条

一、若罪犯或被指控的罪犯在其所属领土上,任何当事国,在判明情况有此需要时,应当将该人拘留或采取其他措施以保证该人留在当地。这种拘留和其他措施应当符合该国的法律规定,但是只有在为了提出刑事诉讼或引渡程序所必要的期间,才可继续保持拘留和其他措施。

二、该国应当立即对事实进行初步调查。

三、对根据本条第一款予以拘留的任何人,应当向该人提供协助,以便其立即与其身为国民的所属国家最近的合适代表联络。

四、当一当事国根据本条将某人拘留时,应当立即将该人被拘留的事实和应予拘留的情况通知根据第八条第一款已确立管辖权和根据第二十一条第四款(一)项已确立管辖权并已通知保存人的当事国,并在认为适当时,立即通知任何其他有关国家。进行本条第二款所述的初步调查的当事国应当迅速将调查结果通知上述当事国,并应当表明是否有意行使管辖权。

第十条

当事国在其领土内发现被指控的罪犯,如不将该人引渡,则不论罪行是否在其领土内实施,应当无例外地将此案件提交其主管当局以便起诉。该当局应当按照本国法律,以对待任何严重性质的普通犯罪案件的相同方式作出决定。

第十一条

应当保证依据本公约被拘留、被采取任何其他措施或正被起诉的任何人获得公平待遇,包括享有符合该人在其领土内的国家的法律和包括国际人权法在内的适用的国际法规定的所有权利和保障。

第十二条

一、第一条所列的罪行应当被当作是包括在各当事国间现有引渡条约中的可引渡的罪行。各当事国承诺将此种罪行作为可引渡的罪行列入它们之间将要缔结的每一项引渡条约中。

二、如一当事国规定只有在订有引渡条约的条件下才可以引渡,而当该当事国接到未与其订有引渡条约的另一当事国的引渡要求时,可以自行决定认为本公约是对第一条所列的罪行进行引渡的法律根据。引渡应当遵照被请求国法律规定的其他条件。

三、各当事国如没有规定只有在订有引渡条约下才可引渡,则在遵照被请求国法律规定的条件下,应当承认第一条所列的罪行是它们之间可引渡的罪行。

四、为在各当事国之间引渡的目的,每一项罪行均应当被视为不仅是在所发生的地点实施,而且也发生在根据第八条第一款(二)、(三)、(四)和(五)项要求确立其管辖权和根据第八条第二款已确立其管辖权的当事国领土内。

五、为在各当事国之间引渡的目的,第一条第五款(一)和(二)项所列的每项罪行应当等同对待。

第十三条

为引渡或司法互助的目的,第一条中所列的任何罪行均不应当被视为政治罪或与政治罪有关的罪行或由政治动机引起的罪行。因此,对于此种罪行提出的引渡或司法互助请求,不得只以其涉及政治罪或与政治罪有关的罪行或由政治动机引起的罪行为由而加以拒绝。

第十四条

如果被请求的当事国有实质理由认为,请求为第一条所列的罪行进行引渡或请求为此种罪行进行司法互助的目的,是为了因某人的种族、宗教、国籍、族裔、政见或性别而对该人进行起诉或惩罚,或认为接受这一请求将使该人的情况因任何上述原因受到损害,则本公约的任何规定均不应当被解释为规定该国有引渡或提供司法互助的义务。

第十五条

如各当事国成立联合的航空运输运营组织或国际运营机构,而其使用的航空器需要进行联合登记或国际登记时,则这些当事国应当通过适当方法为每一航空器在它们之中指定一个国家,而该国为本公约的目的,应当行使管辖权并具有登记国的性质,并应当将此项指定通知国际民用航空组织秘书长,他应当将上述通知转告本公约所有当事国。

第十六条

一、各当事国应当根据国际法和本国法律,努力采取一切实际措施,以防止第一条中所列的罪行。

二、当第一条中所列的一项罪行的实施,使飞行延误或中断,航空器或旅客或机组人员在其领土上的任何当事国应当尽实际可能迅速地对旅客和机组人员继续旅行提供便利,并应当将航空器和所载货物不迟延地交还给合法的所有人。

第十七条

一、各当事国对第一条所列的罪行所提出的刑事诉讼应当相互给予最大程度的协助。在所有情况下，都应当适用被请求国的法律。

二、本条第一款的规定，不应当影响任何其他在刑事问题上全部地或部分地规范或将要规范相互协助的双边或多边条约的义务。

第十八条

任何当事国如有理由相信第一条中所列的一项罪行将要发生时，应当遵照其本国法律向其认为是第八条第一款和第二款中所列的国家的当事国提供其所掌握的任何有关情况。

第十九条

每一当事国应当遵照其本国法律尽快地向国际民用航空组织理事会就下列各项报告它所掌握的任何有关情况：

（一）罪行的情况；

（二）根据第十六条第二款采取的行动；

（三）对罪犯或被指控的罪犯所采取的措施，特别是任何引渡程序或其他法律程序的结果。

第二十条

一、如两个或多个当事国之间对本公约的解释或适用发生争议而不能以谈判解决时，经其中一方的要求，应当交付仲裁。如果在要求仲裁之日起六个月内，当事国对仲裁的组成不能达成协议，任何一方可按照《国际法院规约》，要求将争端提交国际法院。

二、每个国家在签署、批准、接受、核准或加入本公约时，可以声明该国不受前款规定的约束。其他当事国对于任何作出这种保留的当事国，不受前款规定的约束。

三、遵照前款规定作出保留的任何当事国，可以在任何时候通知保存人撤销这一保留。

第二十一条

一、本公约于2010年9月10日在北京向参加2010年8月30日至9月10日在北京举行的国际航空保安公约外交会议的国家开放签字。2010年9月27日之后，本公约应当在国际民用航空组织总部所在地蒙特利尔向所有国家开放签字，直至公约依照第二十二条生效。

二、本公约须经批准、接受或核准。批准书、接受书或核准书应当交存于国际民用航空组织秘书长，该秘书长被指定为保存人。

三、任何未按照本条第二款批准、接受或核准本公约的国家，可随时加入本公约。加入书应当交存于保存人。

四、一经批准、接受、核准或加入本公约，每一当事国：

（一）应当将按照第八条第二款的规定根据其本国法律确立的管辖权通知保存人，并将任何改变立即通知保存人；和

（二）可宣布该国将按照其刑法关于家庭免责的原则适用第一条第四款（四）项的规定。

第二十二条

一、本公约自第二十二份批准书、接受书、核准书或加入书交存之日后第二个月的第一天生效。

二、对于在第二十二份批准书、接受书、核准书或加入书交存之后批准、接受、核准或加入本公约的每一个国家，本公约应当自其批准书、接受书、核准书或加入书交存之日后第二个月的第一天生效。

三、本公约一经生效，应当由保存人向联合国登记。

第二十三条

一、任何当事国可书面通知保存人退出本公约。

二、退出应当于保存人收到通知之日一年后生效。

第二十四条

在当事国之间，本公约应当优先于以下文书：

（一）1971年9月23日在蒙特利尔签订的《关于制止危害民用航空安全的非法行为的公约》；和

（二）1988年2月24日在蒙特利尔签订的《制止在用于国际民用航空的机场发生的非法暴力行为以补充1971年9月23日订于蒙特利尔的制止危害民用航空安全的非法行为的公约的议定书》。

第二十五条

保存人应当向本公约的所有当事国和本公约的所有签署国或加入国迅速通报每项签署的日期，

每一批准书、核准书、接受书或加入书交存的日期，本公约生效的日期，以及其他有关信息。

下列全权代表经正式授权，在本公约上签字，以昭信守。

本公约于二〇一〇年九月十日在北京签订，用中文、阿拉伯文、英文、法文、俄文和西班牙文写成，六种文本同等作准。经会议主席授权，由会议秘书处在此后九十天内对各种文本相互间的一致性予以验证后，此种作准即行生效。本公约应当继续保存在国际民用航空组织的档案内，其核正无误的公约副本应当由保存人分送本公约的全体缔约国。

全国人民代表大会外事委员会关于《国务院关于提请审议批准〈制止与国际民用航空有关的非法行为的公约〉的议案》审议结果的报告

全国人民代表大会常务委员会：

2022 年 9 月 2 日，第十三届全国人民代表大会外事委员会举行第二十一次全体会议，审议了《国务院关于提请审议批准〈制止与国际民用航空有关的非法行为的公约〉的议案》。

外事委员会认为，2010 年 9 月 10 日由我国政府代表在北京签署的《制止与国际民用航空有关的非法行为的公约》（以下称《北京公约》）符合我国法律的基本原则和司法实践。批准该公约符合我国利益和实际需要。建议全国人民代表大会常务委员会决定批准该公约，同时声明：

一、中华人民共和国不受《北京公约》第二十条第一款的约束。

二、在中华人民共和国政府另行通知前，《北京公约》暂不适用于中华人民共和国香港特别行政区和中华人民共和国澳门特别行政区。

全国人民代表大会外事委员会

2022 年 9 月 2 日

全国人民代表大会常务委员会关于批准《中华人民共和国和刚果共和国引渡条约》的决定

（2022 年 12 月 30 日第十三届全国人民代表大会常务委员会第三十八次会议通过）

第十三届全国人民代表大会常务委员会第三十八次会议决定：批准 2016 年 7 月 5 日由中华人民共和国代表在北京签署的《中华人民共和国和刚果共和国引渡条约》。

中华人民共和国和刚果共和国引渡条约

（中文本）

中华人民共和国和刚果共和国（以下称双方），

在相互尊重主权和平等互利的基础上，为促进两国在打击犯罪方面的有效合作，决定缔结本条约，并达成协议如下：

第一条　引渡义务

双方有义务根据本条约的规定，应请求方请

求,向另一方引渡在其境内发现的被另一方通缉的人员,以便对其进行刑事诉讼或者执行刑罚。

第二条　可引渡的犯罪

一、只有在引渡请求所针对的行为根据双方法律均构成犯罪,并且符合下列条件之一时,才能准予引渡:

(一)为进行刑事诉讼而请求引渡的,根据双方法律,对于该犯罪均可判处1年以上有期徒刑或者更重的刑罚;

(二)为执行刑罚而请求引渡的,在提出引渡请求时,被请求引渡人尚未服完的刑期至少为6个月。

二、根据本条第一款确定某一行为是否根据双方法律均构成犯罪时,不应考虑双方法律是否将该行为归入同一犯罪种类或者使用同一罪名。

三、如果引渡请求涉及两个以上根据双方法律均构成犯罪的行为,只要其中有一项行为符合本条第一款规定的条件,被请求方即可以针对上述各项行为准予引渡。

第三条　应当拒绝引渡的理由

有下列情形之一的,应当拒绝引渡:

(一)被请求方认为,引渡请求所针对的犯罪是政治犯罪,或者被请求方已经给予被请求引渡人受庇护的权利。但恐怖主义犯罪和双方均为缔约国的国际公约不认为是政治犯罪的不应视为政治犯罪;

(二)被请求方有充分理由认为,请求引渡的目的是基于被请求引渡人的种族、性别、宗教、国籍或者政治见解而对该人进行起诉或者处罚,或者该人在司法程序中的地位将会因为上述任何原因受到损害;

(三)引渡请求所针对的犯罪仅构成军事犯罪;

(四)根据任何一方的法律,由于时效已过或者赦免等原因,被请求引渡人已经被免予追诉或者免予执行刑罚;

(五)被请求方已经对被请求引渡人就引渡请求所针对的犯罪作出生效判决或者终止刑事诉讼程序;

(六)被请求引渡人在请求方曾经遭受或者可能遭受酷刑或者其他残忍、不人道或者有辱人格的待遇或者处罚;

(七)请求方根据缺席判决提出引渡请求,但请求方保证被请求引渡人有机会在其出庭的情况下对案件进行重新审理的除外。

第四条　可以拒绝引渡的理由

有下列情形之一的,可以拒绝引渡:

(一)被请求方根据本国法律对引渡请求所针对的犯罪具有刑事管辖权,并且对被请求引渡人就该犯罪正在进行刑事诉讼或者准备提起刑事诉讼;

(二)被请求方在考虑了犯罪的严重性和请求方利益的情况下,认为由于被请求引渡人的年龄、健康或者其他个人原因,引渡不符合人道主义考虑。

第五条　国民不引渡

一、双方均有权拒绝引渡本国国民。

二、如果根据本条第一款规定未准予引渡,被请求方应当根据请求方的请求,将该案件提交主管机关以便根据本国法律提起刑事诉讼。为此目的,请求方应当向被请求方提供与该案件有关的文件和证据。

第六条　联系途径

为本条约的目的,双方应当通过外交途径进行联系,但本条约另有规定的除外。

第七条　引渡请求以及所需文件

一、引渡请求应当以书面形式提出并包括以下内容:

(一)请求机关的名称;

(二)被请求引渡人的姓名、年龄、性别、国籍、身份证件号码、职业、住所地或者居住地以及其他有助于确定该人的身份和可能所在地的资料;如有可能,有关该人外表特征的描述及其照片和指纹;

(三)有关犯罪事实的说明,包括犯罪的时间、地点、行为和结果;

(四)有关该项犯罪的刑事管辖权、定罪和刑罚的法律规定;

(五)有关追诉时效或者执行刑罚时效的法律规定。

二、除本条第一款规定外,

(一)旨在对被请求引渡人进行刑事诉讼的引渡请求还应当附有请求方主管机关签发的逮捕证

的副本；

（二）旨在对被请求引渡人执行刑罚的引渡请求还应当附有生效判决的副本和关于已经执行刑期的说明。

三、请求方根据本条第一款和第二款提交的引渡请求书和其他有关文件，应当由请求方的主管机关正式签署或者盖章，并应当附有被请求方文字的译文，但双方另有约定的除外。

第八条　补充材料

如果被请求方认为，为支持引渡请求所提供的材料不充分，可以要求在 30 天内提交补充材料。如果请求方提出合理要求，这一期限可以延长 15 天。如果请求方未在该期限内提交补充材料，应当被视为自动放弃请求，但是不妨碍请求方就同一犯罪对同一人重新提出引渡请求。

第九条　临时羁押

一、在紧急情况下，一方可以在提出引渡请求前，请求另一方临时羁押被请求引渡人。此种请求可以通过本条约第六条规定的途径、国际刑警组织或者双方同意的其他途径以书面形式提出。

二、临时羁押请求应当包括本条约第七条第一款所列内容，并说明已经备有第七条第二款所列文件，以及即将提出正式引渡请求。

三、被请求方应当将处理该请求的结果及时通知请求方。

四、如果被请求方在羁押被请求引渡人之后的 30 天内未收到正式引渡请求，则应当解除临时羁押。经请求方合理要求，上述期限可以延长 15 天。

五、如果被请求方随后收到了正式引渡请求，则根据本条第四款解除临时羁押不应妨碍对被请求引渡人的引渡。

第十条　对引渡请求作出决定

一、被请求方应当根据本国法律规定的程序处理引渡请求，并且及时将决定通知请求方。

二、被请求方如果全部或者部分拒绝引渡请求，应当将理由告知请求方。

第十一条　移交被引渡人

一、如果被请求方准予引渡，双方应当商定执行引渡的时间、地点等有关事宜。同时，被请求方应当将被引渡人在移交之前已经被羁押的时间告知请求方。

二、如果请求方在商定的执行引渡之日后的 15 天内未接收被引渡人，被请求方应当立即释放该人，并且可以拒绝请求方就同一犯罪再次提出的引渡该人的请求，但本条第三款另有规定的除外。

三、如果一方因为其无法控制的原因不能在商定的期间内移交或者接收被引渡人，应当立即通知另一方。双方应当再次商定执行引渡的有关事宜，并适用本条第二款的规定。

第十二条　重新引渡

被引渡人在请求方的刑事诉讼终结或者服刑完毕之前逃回被请求方的，被请求方可以根据请求方就同一犯罪再次提出的引渡请求准予重新引渡，请求方无需提交本条约第七条规定的文件和材料。

第十三条　暂缓引渡和临时引渡

一、如果被请求引渡人正在被请求方因为引渡请求所针对的犯罪之外的犯罪被提起刑事诉讼或者服刑，被请求方可以在作出准予引渡的决定后，暂缓引渡该人直至诉讼终结或者服刑完毕。被请求方应当将暂缓一事通知请求方。

二、如果暂缓引渡可能对请求方的刑事诉讼造成严重妨碍，被请求方可以在不妨碍其正在进行的刑事诉讼，并且请求方保证在完成有关程序后立即将该被请求引渡人无条件送还被请求方的情况下，根据请求，向请求方临时引渡该人。

第十四条　数国提出的引渡请求

当包括一方在内的两个以上国家对同一人就同一犯罪或者不同犯罪提出引渡请求时，被请求方在决定向哪一国引渡该人时，应当考虑所有相关情况，特别是如下情况：

（一）请求是否根据条约提出；

（二）不同犯罪的相对严重性；

（三）犯罪发生的时间和地点；

（四）被请求引渡人的国籍和通常的居住地；

（五）各项请求提出的不同时间；

（六）再向第三国引渡的可能性。

第十五条　特定规则

除准予引渡所针对的犯罪外，请求方对于根据本条约被引渡的人，不得就该人在引渡前所实施的其他犯罪进行刑事诉讼或者执行刑罚，也不能将其引渡给第三国，但是有下列情形之一的除外：

（一）被请求方事先同意。为此目的，被请求方可以要求提供本条约第七条所规定的文件或者资料，以及被引渡人就有关犯罪所作的陈述；

（二）该人在可以自由离开请求方之日后的30天内未离开该方。但是由于其无法控制的原因未能离开请求方的时间不计算在此期限内；

（三）该人在已经离开请求方后又自愿回到该方。

第十六条　移交财物

一、如果请求方提出请求，被请求方应当在本国法律允许的范围内，扣押在其境内发现的犯罪所得、犯罪工具以及可作为证据的其他财物，并且在准予引渡的情况下，将这些财物移交给请求方。

二、在准予引渡的情况下，即使因为被请求引渡人死亡、失踪或者脱逃而无法实施引渡，本条第一款提及的财物仍然可以移交。

三、被请求方为审理其他未决刑事诉讼案件，可以推迟移交上述财物直至诉讼终结，或者在请求方承诺返还的条件下临时移交这些财物。

四、移交上述财物不得损害被请求方或者任何第三方对该财物的合法权益。如果存在此种权益，请求方应当在诉讼结束之后尽快将被移交的财物无偿返还给被请求方或者该第三方。

第十七条　过　　境

一、一方从第三国引渡人员需经过另一方领土时，应当向另一方提出过境请求。如果使用航空运输并且没有在另一方境内降落的计划，则无需提出过境请求。

二、被请求方在不违反其法律的情况下，应当同意请求方提出的过境请求。

第十八条　通报结果

请求方应当根据被请求方的要求，及时向被请求方通报有关对被引渡人进行刑事诉讼、执行刑罚或者将该人引渡给第三国的情况。

第十九条　费　　用

在被请求方的引渡程序中产生的费用应当由被请求方承担。与移交和接收被引渡人有关的交通费用和过境费用应当由请求方承担。

第二十条　与其他条约的关系

本条约不影响双方根据双方均为缔约方的其他条约开展引渡合作。

第二十一条　争议的解决

由于本条约的解释或者适用所产生的任何争议，应当通过外交途径协商解决。

第二十二条　生效、修订和终止

一、双方根据本国法律完成本条约生效所需的一切必要程序后，应当通过外交照会通知另一方。本条约自后一份照会收到之日起第30天生效。

二、本条约可以随时经双方书面协议予以修订。此类修订应当按照本条第一款规定的相同程序生效，并构成本条约的一部分。

三、任何一方可以随时通过外交途径以书面形式通知终止本条约。本条约自该通知发出之日后第180天终止。本条约的终止不影响条约终止前已经开始的引渡程序。

四、本条约适用于其生效后提出的任何请求，即使有关犯罪发生于本条约生效前。

下列签署人经各自政府适当授权，签署本条约，以昭信守。

本条约于二〇一六年七月五日订于北京，一式两份，每份均用中文、法文和英文写成，三种文本同等作准。如遇解释上的分歧，以英文本为准。

中华人民共和国代表	刚果共和国代表
王　毅	让-克洛德·加科索
（签字）	（签字）

全国人民代表大会外事委员会关于《国务院关于提请审议批准〈中华人民共和国和刚果共和国引渡条约〉的议案》审议结果的报告

全国人民代表大会常务委员会：

2022 年 11 月下旬，第十三届全国人民代表大会外事委员会书面审议了《国务院关于提请审议批准〈中华人民共和国和刚果共和国引渡条约〉的议案》。

外事委员会认为，2016 年 7 月 5 日由我国外交部部长王毅与刚果共和国外交、合作和海外侨民部部长让-克洛德·加科索分别代表本国在北京签署的《中华人民共和国和刚果共和国引渡条约》符合我国法律的基本原则和司法实践。批准该条约符合我国利益和实际需要。建议全国人民代表大会常务委员会决定批准该条约。

全国人民代表大会外事委员会

2022 年 11 月 28 日

全国人民代表大会常务委员会关于批准《中华人民共和国和亚美尼亚共和国引渡条约》的决定

（2022 年 12 月 30 日第十三届全国人民代表大会常务委员会第三十八次会议通过）

第十三届全国人民代表大会常务委员会第三十八次会议决定：批准 2019 年 5 月 26 日由中华人民共和国代表在埃里温签署的《中华人民共和国和亚美尼亚共和国引渡条约》。

中华人民共和国和亚美尼亚共和国引渡条约

（中文本）

中华人民共和国和亚美尼亚共和国（以下称双方），

在相互尊重主权和平等互利的基础上，为促进双方在打击犯罪方面的有效合作，决定缔结本条约，并达成协议如下：

第一条　引渡义务

双方有义务根据本条约的规定，应请求方请求，向另一方引渡在其境内发现的受到请求方通缉的人员，以便对其进行刑事诉讼或者执行刑罚。

第二条　可引渡的犯罪

一、只有在引渡请求所针对的行为根据双方法律均构成犯罪，并且符合下列条件之一时，才能准予引渡：

（一）为进行刑事诉讼而请求引渡的，根据双方法律，对于该犯罪均可判处 1 年以上有期徒刑或者更重的刑罚；

（二）为执行刑罚而请求引渡的，在提出引渡请求时，被请求引渡人尚未服完的刑期至少为 6 个月。

二、确定某一犯罪是否根据双方法律均构成可处罚的犯罪时，不应当考虑：

（一）双方法律是否将构成犯罪的作为或者不作为归入同一犯罪种类或者使用同一罪名；

（二）犯罪的构成要件根据双方法律是否存在差异，而应当对请求方提交的作为或者不作为作整体考虑。

三、如果引渡请求涉及两个以上根据双方法律均构成犯罪的行为，只要其中一项行为符合本条第一款规定的条件，被请求方即可以对所有这些行为准予引渡。

第三条　应当拒绝引渡的理由

有下列情形之一的，应当拒绝引渡：

（一）被请求方认为，引渡请求所针对的犯罪是政治犯罪，或者被请求方已经给予被请求引渡人庇护。但恐怖主义犯罪和双方均为缔约国的国际公约不认为是政治犯罪的不应当被视为政治犯罪；

（二）被请求方有充分理由认为，请求引渡的目的是基于被请求引渡人的种族、性别、宗教、国籍或者政治见解而对该人提起诉讼或者进行处罚，或者该人在司法程序中的地位将会因为上述任何原因受到损害；

（三）引渡请求所针对的犯罪仅构成军事犯罪；

（四）根据任何一方的法律，由于时效已过、大赦或者赦免等任何原因，被请求引渡人已经被免予追诉或者免予执行刑罚；

（五）被请求方已经对被请求引渡人就引渡请求所针对的犯罪作出生效判决或者终止刑事诉讼程序；

（六）准予引渡可能会损害被请求方的主权、安全、公共秩序或者其他重大利益，或者导致与其本国法律基本原则相抵触的后果，包括执行被请求方法律禁止的刑罚种类；

（七）被请求引渡人在请求方曾经遭受或者可能遭受酷刑或者其他残忍、不人道或者有辱人格的待遇或者处罚；

（八）请求方根据缺席判决提出引渡请求，但请求方保证被请求引渡人有机会在其出庭的情况下对案件进行重新审理的除外。

第四条　可以拒绝引渡的理由

有下列情形之一的，可以拒绝引渡：

（一）被请求方根据本国法律对引渡请求所针对的犯罪具有刑事管辖权，并且对被请求引渡人就该犯罪正在进行刑事诉讼或者准备提起刑事诉讼；

（二）被请求方在考虑了犯罪的严重性和请求方利益的情况下，认为由于被请求引渡人的年龄、健康或者其他个人情况，引渡不符合人道主义考虑。

第五条　国民不引渡

一、双方均有权拒绝引渡本国国民。

二、如果根据本条第一款规定未准予引渡，被请求方应当根据请求方的请求，将该案件提交主管机关以便根据本国法律对该人提起刑事诉讼。为此目的，请求方应当向被请求方提供与该案件有关的文件和证据。

第六条　联系途径

为本条约的目的，请求和所有其他联系应当通过外交途径转递给双方主管机关。

第七条　引渡请求以及所需文件

一、引渡请求应当以书面形式提出，并包括或者附有以下内容：

（一）请求机关的名称；

（二）被请求引渡人的姓名、年龄、性别、国籍、身份证件号码、职业、住所地或者居住地以及其他有助于确定该人的身份和可能所在地的资料；如有可能，有关该人外表特征的描述及其照片和指纹；

（三）有关犯罪事实的说明，包括犯罪的时间、地点、行为和结果；

（四）有关该项犯罪的刑事管辖权、定罪和刑罚的法律规定；

（五）有关追诉时效或者执行刑罚时效的法律规定。

二、除本条第一款规定外，

（一）旨在对被请求引渡人进行刑事诉讼的引渡请求还应当附有请求方主管机关签发的逮捕证（拘留证）的副本；

（二）旨在对被请求引渡人执行刑罚的引渡请求还应当附有生效判决的副本和关于已经执行刑期的说明。

三、请求方根据本条第一款和第二款提交的引渡请求书和其他有关文件，应当由请求方的主管机关正式签署或者盖章，并应当附有被请求方文字的译文或者英文译文。

第八条 补充材料

如果被请求方认为，为支持引渡请求所提供的材料不充分，可以要求在30天内提交补充材料。如果请求方提出合理要求，这一期限可以延长15天。如果请求方未在该期限内提交补充材料，应当被视为自动放弃请求，但是不妨碍请求方就同一犯罪对同一人重新提出引渡请求。

第九条 证明或者认证

除本条约另有规定外，通过本条约第六条规定的渠道转递的引渡请求和相关辅助文件，以及对引渡请求的答复文件或者其他材料无需证明或者认证。

第十条 临时羁押

一、一方可以在提出引渡请求前，请求另一方临时羁押被请求引渡人。此种请求可以通过本条约第六条规定的途径、国际刑警组织或者双方同意的其他途径以书面形式提出。

二、临时羁押请求应当包括本条约第七条第一款所列内容，并说明已经备有第七条第二款所列文件，以及即将对被请求引渡人提出正式引渡请求。

三、被请求方应当将处理该请求的结果及时地通知请求方。

四、如果被请求方在羁押被请求引渡人之后的30天内未收到正式引渡请求，则应当解除临时羁押。经请求方合理请求，上述期限可以延长10天。

五、如果被请求方随后收到了正式引渡请求，则根据本条第四款解除临时羁押不应妨碍对被请求引渡人的引渡。

第十一条 对引渡请求作出决定

一、被请求方应当根据本国法律规定的程序处理引渡请求，并且立即将决定通知请求方。

二、被请求方如果全部或者部分拒绝引渡请求，应当将拒绝理由通知请求方。

第十二条 移交被引渡人

一、如果被请求方准予引渡，双方应当尽快商定执行引渡的时间、地点等有关事宜。同时，被请求方应当将被引渡人在移交之前已经被羁押的时间通知请求方。

二、如果请求方在商定的执行引渡之日后的15天内未接收被引渡人，被请求方应当立即释放该人，并且可以拒绝请求方就同一犯罪再次提出的引渡该人的请求，但本条第三款另有规定的除外。

三、如果一方因为其无法控制的原因不能在商定的期间内移交或者接收被引渡人，应当立即通知另一方。双方应当再次商定执行引渡的有关事宜，并适用本条第二款的规定。

第十三条 重新引渡

被引渡人在请求方的刑事诉讼终结或者服刑完毕之前逃回被请求方的，被请求方可以根据请求方就同一犯罪再次提出的引渡请求准予重新引渡，请求方无需提交本条约第七条规定的文件和材料。

第十四条 暂缓引渡和临时引渡

一、如果被请求引渡人正在被请求方因为引渡请求所针对的犯罪之外的犯罪被提起刑事诉讼或者服刑，被请求方可以在作出准予引渡的决定后，暂缓引渡该人直至诉讼终结或者服刑完毕。被请求方应当将暂缓一事通知请求方。

二、如果暂缓引渡可能对请求方的刑事诉讼造成严重妨碍，被请求方可以在不妨碍其正在进行的刑事诉讼，并且请求方保证在完成有关程序后立即将该被请求引渡人无条件送还被请求方的情况下，根据请求，向请求方临时引渡该人。

第十五条 数国提出的引渡请求

当包括一方在内的两个以上国家对同一人就同一犯罪或者不同犯罪提出引渡请求时，被请求方在决定向哪一国引渡该人时，应当考虑所有相关情况，特别是下列情形：

（一）请求是否根据条约提出；

（二）不同犯罪的严重性；

（三）实施犯罪的时间和地点；

（四）被请求引渡人的国籍和通常居住地；

（五）各项请求提出的不同时间；

（六）再向第三国引渡的可能性。

第十六条　特定规则

除准予引渡所针对的犯罪外,请求方对于根据本条约规定被引渡的人,不得就该人在引渡前所实施的其他犯罪进行刑事诉讼或者执行刑罚,也不能将其引渡给第三国,但是有下列情形之一的除外:

(一)被请求方事先同意。为此目的,被请求方可以要求提供本条约第七条所规定的文件或者资料,以及被引渡人就有关犯罪所作的陈述;

(二)该人在可以自由离开请求方之日后的30天内未离开该方。但是由于其无法控制的原因未能离开请求方的时间不计算在此期限内;

(三)该人在已经离开请求方后又自愿回到该方。

第十七条　移交财物

一、如果请求方提出请求,被请求方应当在本国法律允许的范围内,扣押在其境内发现的犯罪所得、犯罪工具以及可作为证据的其他财物,并且在准予引渡的情况下,将这些财物移交给请求方。

二、在准予引渡的情况下,即使因为被请求引渡人死亡、失踪或者脱逃而无法实施引渡,本条第一款提及的财物仍然可以移交。

三、被请求方为审理其他未决刑事诉讼案件,可以推迟移交上述财物直至诉讼终结,或者在请求方承诺返还的条件下临时移交这些财物。

四、移交上述财物不得损害被请求方或者任何第三方对该财物的合法权益。如果存在此种权益,请求方应当在诉讼终结之后尽快将被移交的财物无偿返还给被请求方或者该第三方。

第十八条　过　　境

一、一方从第三国引渡人员需经过另一方领土时,应当向另一方提出过境请求。如果使用航空运输并且没有在另一方境内降落的计划,则无需提出过境请求。

二、被请求方在不违反本国法律的情况下,应当同意请求方提出的过境请求。

第十九条　通报结果

请求方应当根据被请求方的要求,立即向被请求方提供有关对被引渡人进行刑事诉讼、执行刑罚或者将该人引渡给第三国的情况。

第二十条　费　　用

在被请求方的引渡程序中产生的费用应当由被请求方承担。与移交和接收被引渡人有关的交通费用和过境费用应当由请求方承担。

第二十一条　与其他条约的关系

本条约不影响双方根据双方均为缔约方的其他条约开展引渡合作。

第二十二条　争议的解决

由于本条约规定的解释或者适用所产生的任何争议,应当通过外交途径协商解决。

第二十三条　生效、修订和终止

一、双方根据本国法律完成本条约生效所需的一切必要程序后,应当通过外交照会通知另一方。本条约自后一份照会收到之日起第30天生效。

二、一方提起且经双方同意后,本条约可以进行修订和补充。所有修订和补充应当作为单独的议定书。议定书生效程序与本条约生效程序相同,并构成本条约的一部分。

三、任何一方可以随时通过外交途径以书面形式通知终止本条约。本条约自该通知发出之日后第180天终止。本条约的终止不影响条约终止前已经开始的引渡程序。

四、本条约适用于其生效后提出的任何请求,即使有关犯罪发生于本条约生效前。

下列签署人经各自政府适当授权,签署本条约,以昭信守。

本条约于二〇一九年五月二十六日订于埃里温,一式两份,每份均用中文、亚美尼亚文和英文写成,三种文本同等作准。如遇解释上的分歧,以英文本为准。

中华人民共和国代表	亚美尼亚共和国代表
王　毅	姆纳察卡尼扬
(签字)	(签字)

全国人民代表大会外事委员会关于《国务院关于提请审议批准〈中华人民共和国和亚美尼亚共和国引渡条约〉的议案》审议结果的报告

全国人民代表大会常务委员会：

2022 年 11 月下旬，第十三届全国人民代表大会外事委员会书面审议了《国务院关于提请审议批准〈中华人民共和国和亚美尼亚共和国引渡条约〉的议案》。

外事委员会认为，2019 年 5 月 26 日由我国国务委员兼外交部部长王毅与亚美尼亚时任外交部部长姆纳察卡尼扬分别代表本国在埃里温签署的《中华人民共和国和亚美尼亚共和国引渡条约》符合我国法律的基本原则和司法实践。批准该条约符合我国利益和实际需要。建议全国人民代表大会常务委员会决定批准该条约。

全国人民代表大会外事委员会

2022 年 11 月 28 日

全国人民代表大会常务委员会关于批准《中华人民共和国和肯尼亚共和国引渡条约》的决定

（2022 年 12 月 30 日第十三届全国人民代表大会常务委员会第三十八次会议通过）

第十三届全国人民代表大会常务委员会第三十八次会议决定：批准 2017 年 5 月 15 日由中华人民共和国代表在北京签署的《中华人民共和国和肯尼亚共和国引渡条约》。

中华人民共和国和肯尼亚共和国引渡条约

（中文本）

中华人民共和国和肯尼亚共和国（以下称双方），

希望在相互尊重主权和平等互利的基础上，提升两国在遏制犯罪方面的有效合作，

考虑到缔结一个关于引渡的双边条约可以实现上述目的，

达成协议如下：

第一条　引渡义务

双方均有义务根据本条约的规定，应请求方请求，向另一方引渡在其境内发现的被另一方通缉的人员，以便对其进行刑事诉讼或者执行刑罚。

第二条　可引渡的犯罪

一、只有在引渡请求所针对的行为根据双方法律均构成犯罪，并且符合下列条件之一时，才能准予引渡：

（一）为进行刑事诉讼而请求引渡的，根据双方法律，对于该犯罪均可判处 1 年以上有期徒刑或者更重的刑罚；

（二）为执行刑罚而请求引渡的，在提出引渡请求时，被请求引渡人尚未服完的刑期至少为 6 个月。

二、根据本条第一款确定某一行为是否根据双方法律均构成犯罪时,不应考虑双方法律是否将该行为归入同一犯罪种类或者使用同一罪名。

三、如果引渡请求涉及两个以上根据双方法律均构成犯罪的行为,只要其中有一项行为符合本条第一款规定的条件,被请求方即可以针对上述各项行为准予引渡。

四、对于涉及税收、关税和外汇的犯罪,被请求方不得仅因为其法律未规定征收该种类税收,或者就税收、关税和外汇未制定与请求方相同类型的法律规定而拒绝引渡。

第三条　应当拒绝引渡的理由

有下列情形之一的,应当拒绝引渡:

(一)被请求方认为,引渡请求所针对的犯罪是政治犯罪,或者被请求方已经给予被请求引渡人受庇护的权利。但是,下列行为不得被视为政治犯罪:

1. 对国家元首或者政府首脑及其直系家庭成员实施的任何侵犯其生命和人身的犯罪;

2. 恐怖主义犯罪和双方均为缔约方的国际条约不认为是政治犯罪的任何其他犯罪;

(二)被请求方有充分理由认为,请求引渡的目的是基于被请求引渡人的种族、性别、宗教、国籍或者政治见解而对该人进行起诉或者处罚,或者该人在司法程序中的地位将会因为上述任何原因受到损害;

(三)引渡请求所针对的犯罪仅构成军事犯罪;

(四)根据任何一方的法律,由于时效已过或者赦免等原因,被请求引渡人已经被免予追诉或者免予执行刑罚;

(五)被请求方已经对被请求引渡人就引渡请求所针对的犯罪作出生效判决或者终止刑事诉讼程序;

(六)被请求引渡人在请求方曾经遭受或者可能遭受酷刑或者其他残忍、不人道或者有辱人格的待遇或者处罚;

(七)请求方根据缺席判决提出引渡请求,但请求方保证被请求引渡人有机会在其出庭的情况下对案件进行重新审理的除外;

(八)被请求方认为准予引渡将损害本国主权、安全、公共秩序或者其他根本利益。

第四条　可以拒绝引渡的理由

有下列情形之一的,可以拒绝引渡:

(一)被请求方根据本国法律对引渡请求所针对的犯罪具有刑事管辖权,并且对被请求引渡人就该犯罪正在进行刑事诉讼或者准备提起刑事诉讼;

(二)被请求方在考虑了犯罪的严重性和请求方利益的情况下,认为由于被请求引渡人的年龄、健康或者其他个人情况,引渡不符合人道主义考虑。

第五条　拒绝引渡本国国民

一、双方均有权拒绝引渡本国国民。

二、如果根据本条第一款规定未准予引渡,被请求方应当根据请求方的请求,将该案件提交主管机关以便根据本国法律提起刑事诉讼。为此目的,请求方应当向被请求方提供与该案件有关的文件和证据。

三、被请求方应当及时向请求方通报所采取的行动和有关程序的结果。

第六条　联系途径

一、为本条约的目的,双方应当通过各自指定的机关进行联系,但本条约另有规定的除外。

二、本条第一款所述的指定机关,在中华人民共和国方面是外交部,在肯尼亚共和国方面是总检察长办公室。

第七条　引渡请求及所需文件

一、引渡请求应当以书面形式提出,一式两份,并包括以下内容:

(一)请求机关的名称;

(二)被请求引渡人的姓名、年龄、性别、国籍、身份证件号码、职业、住所地或者居住地以及其他有助于确定该人的身份和可能所在地的资料;如有可能,有关该人外表特征的描述及其照片和指纹;

(三)有关犯罪事实的说明,包括犯罪的日期、地点、行为和结果;

(四)有关该项犯罪的定罪和刑罚的法律规定;

(五)有关追诉时效或者执行刑罚时效的法律规定。

二、除本条第一款规定外,引渡请求还应当包括:

(一)旨在对被请求引渡人进行刑事诉讼的,经适当认证的请求方主管机关签发的逮捕证的副本;

(二)旨在对被请求引渡人执行刑罚的,经适当认证的生效判决的副本和关于已经执行刑期的说明，以及在需要时提供逮捕证的副本。

三、请求方根据本条第一款和第二款提交的引渡请求书和其他有关文件，应当由请求方的主管机关正式签署或者盖章，并应当附有被请求方文字的译文，但双方另有约定的除外。

第八条　补充材料

如果被请求方认为，为支持引渡请求所提供的材料不充分，可以要求在45天内提交补充材料。如果请求方未在该期限内提交补充材料，应当被视为自动放弃请求，但是不妨碍请求方就同一犯罪对同一人重新提出引渡请求。

第九条　认　证

根据本条约提交的经请求方主管机关签字或者盖章的任何文件，均应当被视为已经适当认证。

第十条　临时羁押

一、在紧急情况下，一方可以在提出引渡请求前，请求另一方临时羁押被请求引渡人。此种请求可以通过本条约第六条规定的途径、国际刑警组织或者双方同意的其他途径以书面形式提出。

二、临时羁押请求应当包括本条约第七条第一款所列内容，并说明已经备有第七条第二款所列文件，以及即将提出正式引渡请求。

三、被请求方应当将处理该请求的结果及时通知请求方。

四、如果被请求方在羁押被请求引渡人之后的45天内未收到正式引渡请求，则应当解除临时羁押和任何强制措施。

五、如果被请求方随后收到了正式引渡请求，则根据本条第四款解除临时羁押以及任何强制措施不应妨碍对被请求引渡人的引渡。

第十一条　对引渡请求作出决定

一、被请求方应当根据本国法律规定的程序处理引渡请求，并且及时将决定通知请求方。

二、被请求方如果全部或者部分拒绝引渡请求，应当将拒绝的理由通知请求方。

第十二条　移交被引渡人

一、如果被请求方准予引渡，双方应当商定执行引渡的日期、时间、地点等有关事宜。同时，被请求方应当将被引渡人在移交之前已经被羁押的时间通知请求方。

二、如果请求方在商定的执行引渡之日后的15天内未接收被引渡人，被请求方应当立即释放该人，并且可以拒绝请求方就同一犯罪再次提出的引渡该人的请求，但本条第三款另有规定的除外。

三、如果一方因为其无法控制的原因不能在商定的期间内移交或者接收被引渡人，应当立即通知另一方。双方应当再次商定执行引渡的有关事宜，并适用本条第二款的规定。

第十三条　重新引渡

被引渡人在请求方的刑事诉讼终结或者服刑完毕之前逃回被请求方的，被请求方可以根据请求方就同一犯罪再次提出的引渡请求准予重新引渡，请求方无需提交本条约第七条规定的文件和材料。

第十四条　暂缓引渡和临时引渡

一、为了对被请求引渡人就引渡请求所针对的犯罪之外的犯罪提起刑事诉讼或者定罪后执行刑罚，被请求方可以在作出准予引渡的决定后，暂缓移交该人。在此情况下，被请求方应当将暂缓一事通知请求方。

二、如果暂缓引渡可能对请求方的刑事诉讼造成严重妨碍，被请求方可以根据请求，在不妨碍其正在进行的刑事诉讼，并且请求方保证在完成有关程序后立即将该被请求引渡人无条件送还的情况下，向请求方临时引渡该人。

第十五条　数国提出的引渡请求

当包括一方在内的两个以上国家对同一人就同一犯罪或者不同犯罪提出引渡请求时，被请求方在决定向哪一国引渡该人时，应当考虑所有相关情况，特别是下列情况：

（一）请求是否根据条约提出；

（二）不同犯罪的相对严重性；

（三）犯罪发生的时间和地点；

（四）被请求引渡人的国籍和通常的居住地；

（五）各项请求提出的不同日期；

（六）再向第三国引渡的可能性。

第十六条 特定规则

一、除准予引渡所针对的犯罪外，请求方对于根据本条约被引渡的人，不得就该人在引渡前所实施的其他犯罪进行刑事诉讼或者执行刑罚，也不能将其引渡给第三国，但是有下列情形之一的除外：

（一）被请求方事先同意。为此目的，被请求方可以要求提供本条约第七条所规定的文件或者材料，以及被引渡人就有关犯罪所作的陈述；

（二）该人在可以自由离开请求方之日后的30天内未离开该方。但是由于其无法控制的原因未能离开请求方的时间不计算在此期限内；

（三）该人在已经离开请求方后又自愿回到该方。

二、如果对被引渡人指控的罪名种类随后发生变化，则在符合下列情形时可以对该人进行追诉，即该犯罪虽然罪名种类变更，但实质上仍是基于引渡请求及其辅助文件中所包含的相同事实。

第十七条 移交财物

一、如果请求方提出请求，被请求方应当在本国法律允许的范围内，扣押在其境内发现的犯罪所得、犯罪工具以及可作为证据的其他财物，并且在准予引渡的情况下，将这些财物移交给请求方。

二、在准予引渡的情况下，即使因为被请求引渡人死亡、失踪或者脱逃而无法实施引渡，本条第一款提及的财物仍然可以移交。

三、被请求方为审理其他未决刑事诉讼案件，可以推迟移交上述财物直至诉讼终结，或者在请求方承诺返还的条件下临时移交这些财物。

四、移交上述财物不得损害被请求方或者任何第三方对该财物的合法权益。如果存在此种权益，请求方应当在诉讼结束之后尽快将被移交的财物无偿返还给被请求方或者该第三方。

第十八条 过 境

一、一方从第三国引渡人员需经过另一方领土时，应当向另一方提出过境请求。如果使用航空运输并且没有在另一方境内降落的计划，则无需提出过境请求。

二、被请求方在不违背其本国法律的情况下，应当同意请求方提出的过境请求。

第十九条 通报结果

请求方应当根据被请求方的要求，及时向被请求方通报有关对被引渡人进行刑事诉讼、执行刑罚或者将该人引渡给第三国的情况。

第二十条 费 用

一、被请求方应当承担在其境内的引渡程序发生的费用，包括对被请求引渡人进行逮捕和在向请求方移交被请求引渡人前羁押该人所产生的费用，以及根据第十七条对物品进行扣押和保管所产生的费用。

二、与移交和接收被引渡人有关的交通和过境费用应当由请求方承担。

第二十一条 与其他条约的关系

本条约不妨碍双方根据双方均为缔约方的其他条约开展引渡合作。

第二十二条 争议的解决

由于本条约的解释或者适用所产生的任何争议，应当通过外交途径协商解决。

第二十三条 生效、修订和终止

一、双方根据本国法律完成本条约生效所需的一切必要程序后，应当通过外交照会通知另一方。本条约自后一份照会发出之日起第30天生效。

二、本条约可以随时经双方书面协议予以修订。此类修订应当按照本条第一款规定的相同程序生效，并构成本条约的一部分。

三、任何一方可以随时通过外交途径以书面形式通知终止本条约。本条约自该通知之日起第180天终止。本条约的终止不影响条约终止前已经开始的程序。

四、本条约适用于其生效后提出的任何请求，即使有关犯罪发生于本条约生效前。

下列签署人经各自政府适当授权，签署本条约，以昭信守。

本条约于二〇一七年五月十五日订于北京，一式两份，每份均用中文和英文写成，两种文本同等作准。

中华人民共和国代表	肯尼亚共和国代表
王　毅	基图·穆盖
（签字）	（签字）

全国人民代表大会外事委员会关于《国务院关于提请审议批准〈中华人民共和国和肯尼亚共和国引渡条约〉的议案》审议结果的报告

全国人民代表大会常务委员会：

2022 年 11 月下旬，第十三届全国人民代表大会外事委员会书面审议了《国务院关于提请审议批准〈中华人民共和国和肯尼亚共和国引渡条约〉的议案》。

外事委员会认为，2017 年 5 月 15 日由我国外交部部长王毅与肯尼亚时任总检察长兼司法部部长基图·穆盖分别代表本国在北京签署的《中华人民共和国和肯尼亚共和国引渡条约》符合我国法律的基本原则和司法实践。批准该条约符合我国利益和实际需要。建议全国人民代表大会常务委员会决定批准该条约。

全国人民代表大会外事委员会

2022 年 11 月 28 日

全国人民代表大会常务委员会关于批准《中华人民共和国和乌拉圭东岸共和国引渡条约》的决定

（2022 年 12 月 30 日第十三届全国人民代表大会常务委员会第三十八次会议通过）

第十三届全国人民代表大会常务委员会第三十八次会议决定：批准 2019 年 4 月 29 日由中华人民共和国代表在北京签署的《中华人民共和国和乌拉圭东岸共和国引渡条约》。

中华人民共和国和乌拉圭东岸共和国引渡条约

（中文本）

中华人民共和国和乌拉圭东岸共和国（以下称双方），

在相互尊重主权和平等互利的基础上，为促进两国在打击犯罪方面的有效合作，决定缔结本条约，并达成协议如下：

第一条　引渡义务

双方有义务根据本条约的规定，应另一方请求，向另一方引渡在其境内的被另一方通缉的人员，以便对其进行刑事诉讼或者执行刑罚。

第二条　可引渡的犯罪

一、只有在引渡请求所针对的行为根据双方法律均构成犯罪，并且符合下列条件之一时，才能准予引渡：

（一）为进行刑事诉讼而请求引渡的，根据双方法律，对于该犯罪均可判处1年以上有期徒刑或者更重的刑罚；

（二）为执行刑罚而请求引渡的，在提出引渡请求时，被请求引渡人尚未服完的刑期至少为1年。

二、根据本条第一款确定某一行为是否根据双方法律均构成犯罪时，不应考虑双方法律是否将该行为归入同一犯罪种类或者使用同一罪名。

三、如果引渡请求涉及两个以上根据双方法律均构成犯罪的行为，只要其中有一项行为符合本条第一款规定的条件，被请求方即可以针对上述各项行为准予引渡。

第三条　应当拒绝引渡的理由

有下列情形之一的，应当拒绝引渡：

（一）被请求方认为，引渡请求所针对的犯罪是政治犯罪，或者被请求方已经给予被请求引渡人受庇护的权利。但恐怖主义犯罪和双方均为缔约国的国际公约不认为是政治犯罪的不应视为政治犯罪；

（二）被请求方有充分理由认为，请求引渡的目的是基于被请求引渡人的种族、性别、宗教、国籍或者政治见解而对该人进行起诉或者处罚，或者该人在司法程序中的地位将会因为上述任何原因受到损害；

（三）被请求引渡人在请求方曾经遭受或者可能遭受酷刑或者其他残忍、不人道或者有辱人格的待遇或者处罚；

（四）引渡请求所针对的犯罪仅构成军事犯罪；

（五）被请求方已经对被请求引渡人就引渡请求所针对的犯罪作出生效判决或者关于其刑事诉讼程序的最终决定，或者已经赦免该人；

（六）根据任何一方的法律，因时效已过而不予追诉或者执行刑罚；

（七）被请求引渡人将被特设法庭审判或者系被特设法庭定罪；

（八）请求方根据缺席判决提出引渡请求，但请求方保证被请求引渡人有机会在其出庭的情况下对案件进行重新审理的除外；

（九）请求方可能判处的刑罚与被请求方法律的基本原则相冲突，除非请求方作出被请求方认为足够的保证，使上述原则不会被违背。

第四条　可以拒绝引渡的理由

有下列情形之一的，可以拒绝引渡：

（一）被请求方根据本国法律对引渡请求所针对的犯罪具有刑事管辖权，并且对被请求引渡人就该犯罪正在进行刑事诉讼或者准备提起刑事诉讼；

（二）被请求方在考虑了犯罪的严重性和请求方利益的情况下，认为由于被请求引渡人的年龄、健康或者其他个人原因，引渡不符合人道主义考虑。

第五条　国民不引渡

一、双方均有权拒绝引渡本国国民。

二、如果根据本条第一款规定未准予引渡，被请求方应当根据请求方的请求，将该案件提交主管机关以便根据本国法律提起刑事诉讼。为此目的，请求方应当向被请求方提供与该案件有关的文件和证据。

第六条　联系途径

为本条约的目的，双方应当通过外交途径进行联系，但本条约另有规定的除外。

第七条　引渡请求及所需文件

一、引渡请求应当以书面形式提出并包括以下内容：

（一）请求机关的名称；

（二）被请求引渡人的姓名、年龄、性别、国籍、身份证件号码、职业、住所地或者居住地以及其他有助于确定该人的身份和可能所在地的资料；如有可能，有关该人外表特征的描述及其照片和指纹；

（三）有关犯罪事实的说明，包括犯罪的时间、地点、行为、结果和种类；

（四）有关定罪、量刑和追诉时效或者执行刑罚时效的法律规定。

二、除本条第一款规定外，

（一）旨在对被请求引渡人进行刑事诉讼的引渡请求还应当附有请求方主管机关签发的逮捕证的副本或者其他具有同等效力的文件；

（二）旨在对被请求引渡人执行刑罚的引渡请求还应当附有生效判决的副本和关于已经执行刑期的说明。

三、请求方根据本条第一款和第二款提交的引渡请求书和其他有关文件，应当由请求方的主管机关正式签署或者盖章，并应当附有被请求方文字的译文，但双方另有约定的除外。

第八条　补充材料

如果被请求方认为，为支持引渡请求所提供的材料不充分，可以要求在 30 天内提交补充材料。如果请求方提出合理要求，这一期限可以延长 15 天。如果请求方未在该期限内提交补充材料，应当被视为自动放弃请求，但是请求方可以就同一犯罪对同一人重新提出引渡请求。在这种情况下，被请求方可以接受该请求。

第九条　临时羁押

一、在紧急情况下，一方可以在提出引渡请求前，请求另一方临时羁押被请求引渡人。此种请求可以通过本条约第六条规定的途径或者国际刑警组织以书面形式提出。

二、临时羁押请求应当包括本条约第七条第一款所列内容，并说明已经备有本条约第七条第二款所列文件，以及即将提出正式引渡请求。

三、被请求方应当将处理该请求的结果及时通知请求方。

四、如果被请求方外交部在羁押被请求引渡人之后的 30 天内未收到正式引渡请求，则临时羁押应当被解除。经请求方合理要求，上述期限可以延长 15 天。

五、如果被请求方随后收到了正式引渡请求，则根据本条第四款解除临时羁押不应妨碍对被请求引渡人的引渡。

第十条　对引渡请求作出决定

一、被请求方应当根据本国法律规定的程序处理引渡请求，并且及时将决定通知请求方。

二、被请求方如果全部或者部分拒绝引渡请求，应当将理由告知请求方。

第十一条　移交被引渡人

一、如果被请求方准予引渡，双方应当商定执行引渡的时间、地点和其他相关事宜。被请求方应当将被引渡人在移交之前已经被羁押的时间通知请求方，以便根据请求方法律折抵刑期。

二、如果请求方在商定的执行引渡之日后的 15 天内未接收被引渡人，被请求方应当立即释放该人，并且可以拒绝请求方就同一犯罪再次提出的引渡该人的请求，但本条第三款另有规定的除外。

三、如果一方因为其无法控制的原因不能在商定的执行引渡的期间内移交或者接收被引渡人，应当立即通知另一方。双方应当再次商定执行引渡的有关事宜，并适用本条第二款的规定。

第十二条　重新引渡

被引渡人在请求方的刑事诉讼终结或者服刑完毕之前逃回被请求方的，被请求方可以根据请求方就同一犯罪再次提出的引渡请求准予重新引渡，请求方无需提交本条约第七条规定的文件和材料。

第十三条　暂缓引渡和临时引渡

一、如果被请求引渡人正在被请求方因为引渡请求所针对的犯罪之外的犯罪被提起刑事诉讼或者服刑，被请求方可以在作出准予引渡的决定后，暂缓引渡该人直至诉讼终结或者服刑完毕。被请求方应当将暂缓一事通知请求方。

二、如果暂缓引渡可能对请求方的刑事诉讼造成严重妨碍，被请求方可以在不妨碍其正在进行的刑事诉讼，并且请求方保证在完成有关诉讼程序后立即将该被请求引渡人无条件送还被请求方的情况下，根据请求，向请求方临时引渡该人。

第十四条　数国提出的引渡请求

当包括一方在内的两个以上国家对同一人就同一犯罪或者不同犯罪提出引渡请求时，被请求方在决定向哪一国引渡该人时，应当考虑所有相关情况，特别是如下情况：

（一）请求是否根据条约提出；

（二）不同犯罪的相对严重性；

（三）犯罪发生的时间和地点；

（四）被请求引渡人的国籍和通常的居住地；

（五）各项请求的时间；

（六）再向第三国引渡的可能性。

第十五条　特定规则

除准予引渡所针对的犯罪外，请求方对于根据本条约被引渡的人，不得就该人在引渡前所实施的其他犯罪进行刑事诉讼或者执行刑罚，也不能将其引渡给第三国，但是有下列情形之一的除外：

（一）被请求方事先同意。为此目的，被请求方可以要求提供本条约第七条所规定的文件或者资料，以及被引渡人就有关犯罪所作的陈述；

（二）该人在可以自由离开请求方之日后的30天内未离开该方。但是由于其无法控制的原因未能离开请求方的时间不计算在此期限内；

（三）该人在已经离开请求方后又自愿回到该方。

第十六条　移交财物

一、如果请求方提出请求，被请求方应当在本国法律允许的范围内，扣押在其境内发现的犯罪所得、犯罪工具以及可作为证据的财物，并且在准予引渡的情况下，将这些财物移交给请求方。

二、在准予引渡的情况下，即使因为被请求引渡人死亡、失踪或者脱逃而无法实施引渡，本条第一款提及的财物仍然可以移交。

三、被请求方为审理其他未决刑事诉讼案件，可以推迟移交上述财物直至诉讼终结，或者在请求方承诺返还的条件下临时移交这些财物。

四、移交上述财物不得损害被请求方或者任何第三方对该财物的合法权益。如果存在此种权益，请求方应当在诉讼终结之后尽快将被移交的财物无偿返还给被请求方或者该第三方。

第十七条　过　　境

一、一方从第三国引渡人员需经过另一方领土时，应当向另一方提出过境请求。如果使用航空运输并且没有在另一方境内降落的计划，则无需提出过境请求。

二、被请求方在不违反其法律的情况下，应当同意请求方提出的过境请求。

第十八条　通报结果

请求方应当根据被请求方的要求，及时向被请求方通报有关对被引渡人进行刑事诉讼、执行刑罚或者将该人引渡给第三国的情况。

第十九条　费　　用

在被请求方的引渡程序中产生的费用应当由被请求方承担。与移交和接收被引渡人有关的交通费用和过境费用应当由请求方承担。

第二十条　与其他条约的关系

本条约不影响双方根据双方均为缔约方的其他条约开展引渡合作。

第二十一条　争议的解决

由于本条约的解释或者适用所产生的任何争议，应当通过外交途径协商解决。

第二十二条　生效、修订和终止

一、双方根据本国法律完成本条约生效所需的一切必要程序后，应当通过外交照会通知另一方。本条约自后一份照会收到之日起第30天生效。

二、本条约可以随时经双方书面协议予以修订。此类修订应当按照本条第一款规定的相同程序生效，并构成本条约的一部分。

三、任何一方可以随时通过外交途径以书面形式通知终止本条约。本条约自该通知发出之日后第180天终止。本条约的终止不影响条约终止前已经开始的引渡程序。

四、本条约适用于其生效后提出的任何请求，即使有关犯罪发生于本条约生效前。

下列签署人经各自政府适当授权，签署本条约，以昭信守。

本条约于二〇一九年四月二十九日订于北京，一式两份，每份均用中文、西班牙文和英文写成，三种文本同等作准。如遇解释上的分歧，以英文本为准。

中华人民共和国代表	乌拉圭东岸共和国代表
王　毅	鲁道夫·尼恩
（签字）	（签字）

全国人民代表大会外事委员会关于《国务院关于提请审议批准〈中华人民共和国和乌拉圭东岸共和国引渡条约〉的议案》审议结果的报告

全国人民代表大会常务委员会：

2022 年 11 月下旬，第十三届全国人民代表大会外事委员会书面审议了《国务院关于提请审议批准〈中华人民共和国和乌拉圭东岸共和国引渡条约〉的议案》。

外事委员会认为，2019 年 4 月 29 日由我国国务委员兼外交部部长王毅与乌拉圭时任外交部长鲁道夫·尼恩分别代表本国在北京签署的《中华人民共和国和乌拉圭东岸共和国引渡条约》符合我国法律的基本原则和司法实践。批准该条约符合我国利益和实际需要。建议全国人民代表大会常务委员会决定批准该条约。

全国人民代表大会外事委员会

2022 年 11 月 28 日

全国人民代表大会常务委员会关于批准《〈关于持久性有机污染物的斯德哥尔摩公约〉列入多氯萘等三种类持久性有机污染物修正案》和《〈关于持久性有机污染物的斯德哥尔摩公约〉列入短链氯化石蜡等三种类持久性有机污染物修正案》的决定

（2022 年 12 月 30 日第十三届全国人民代表大会常务委员会第三十八次会议通过）

第十三届全国人民代表大会常务委员会第三十八次会议决定：批准分别于 2015 年 5 月 15 日和 2017 年 5 月 5 日经《关于持久性有机污染物的斯德哥尔摩公约》缔约方大会第七次会议和第八次会议通过的《〈关于持久性有机污染物的斯德哥尔摩公约〉列入多氯萘等三种类持久性有机污染物修正案》和《〈关于持久性有机污染物的斯德哥尔摩公约〉列入短链氯化石蜡等三种类持久性有机污染物修正案》。

《关于持久性有机污染物的斯德哥尔摩公约》列入多氯萘等三种类持久性有机污染物修正案

（中文本）

SC-7/12：列入六氯丁二烯

缔约方大会，

审议了持久性有机污染物审查委员会转交的关于六氯丁二烯的风险简介和风险管理评价，[①]

注意到持久性有机污染物审查委员会关于把

① UNEP/POPS/POPRC. 8/16/Add. 2 和 UNEP/POPS/POPRC. 9/13/Add. 2。

六氯丁二烯列入公约附件 A 和 C 的建议,①

决定修正《关于持久性有机污染物的斯德哥尔摩公约》附件 A 第一部分,插入下列横栏,将六氯丁二烯列入其中,且不给予特定豁免:

化学品	活动	特定豁免
六氯丁二烯 化学文摘社编号:87-68-3	生产	无
	使用	无

SC-7/13:列入五氯苯酚及其盐类和酯类

缔约方大会,

审议了持久性有机污染物审查委员会转交的关于五氯苯酚及其盐类和酯类的风险简介和风险管理评价,②

注意到持久性有机污染物审查委员会关于将五氯苯酚及其盐类和酯类列入公约附件 A,同时对用于线杆和横担的五氯苯酚的生产和使用给予特定豁免的建议,③

1. 决定修正《关于持久性有机污染物的斯德哥尔摩公约》附件 A 第一部分,增列五氯苯酚及其盐类和酯类,并插入下列横栏,对特定豁免登记簿中所列缔约方被允许的生产以及用于线杆和横担的五氯苯酚的使用给予特定豁免:

化学品	活动	特定豁免
五氯苯酚及其盐类和酯类	生产	依照本附件第八部分的规定,限于登记簿中所列缔约方被允许的豁免
	使用	依照本附件第八部分的规定,五氯苯酚用于线杆和横担

2. 还决定在附件 A 第一部分新增注(ⅵ),内容如下:

(ⅵ)五氯苯酚(化学文摘社编号:87-86-5)、五氯酚钠〔化学文摘社编号:131-52-2 和 27735-64-4(作为一水化物)〕和月桂酸五氯苯基酯(化学文摘社编号:3772-94-9),与其转化产物五氯代苯甲醚(化学文摘社编号:1825-21-4)一起被审议时,已确认为持久性有机污染物;

3. 进一步决定在附件 A 中新增第八部分如下:

第八部分

五氯苯酚及其盐类和酯类

每个根据第 4 条对五氯苯酚用于线杆和横担的生产和使用进行了特定豁免登记的缔约方,应当采取必要措施,确保含有五氯苯酚的线杆和横担在其整个生命周期内,能够通过使用标签或其他方式而易于识别。用五氯苯酚处理过的物品不应再用于除其豁免用途以外的其他目的。

SC-7/14:列入多氯萘

缔约方大会,

审议了持久性有机污染物审查委员会转交的关于多氯萘的风险简介和风险管理评价,④

注意到持久性有机污染物审查委员会关于把二氯萘、三氯萘、四氯萘、五氯萘、六氯萘、七氯萘和八氯萘列入公约附件 A 和 C 的建议,⑤

1. 决定修正《关于持久性有机污染物的斯德哥尔摩公约》附件 A 第一部分,插入下列横栏,将多氯萘包括二氯萘、三氯萘、四氯萘、五氯萘、六氯萘、七氯萘、八氯萘列入其中,并对生产此类化学品作为生产多氟萘包括八氟萘的中间体,以及使用此类化学品生产多氟萘包括八氟萘给予特定豁免:

化学品	活动	特定豁免
多氯萘,包括二氯萘、三氯萘、四氯萘、五氯萘、六氯萘、七氯萘、八氯萘	生产	生产多氟萘包括八氟萘的中间体
	使用	生产多氟萘包括八氟萘

2. 还决定修正公约附件 C 第一部分,在“化学品”表格中的“多氯二苯并对二恶英和多氯二苯并呋喃(PCDD/PCDF)”之下新增一行“多氯萘,包括二氯萘、三氯萘、四氯萘、五氯萘、六氯萘、七氯萘、八氯萘”,并在附件 C 第二部分和第三部分第一段的“多氯二苯并对二恶英和多氯二苯并呋喃(PCDD/PCDF)”之后插入“多氯萘,包括二氯萘、三氯萘、四氯萘、五氯萘、六氯萘、七氯萘、八氯萘”,从而将多氯萘包括二氯萘、三氯萘、四氯萘、五氯萘、六氯萘、七氯萘和八氯萘列入其中。

---

① UNEP/POPS/COP. 7/19。

② UNEP/POPS/POPRC. 9/13/Add. 3 和 UNEP/POPS/POPRC. 10/10/Add. 1。

③ UNEP/POPS/COP. 7/20。

④ UNEP/POPS/POPRC. 8/16/Add. 1 和 UNEP/POPS/POPRC. 9/13/Add. 1。

⑤ UNEP/POPS/COP. 7/18。

《关于持久性有机污染物的斯德哥尔摩公约》列入短链氯化石蜡等三种类持久性有机污染物修正案

（中文本）

SC-8/10：列入十溴二苯醚

缔约方大会，

审议了持久性有机污染物审查委员会转递的十溴二苯醚（商用混合物，商用十溴二苯醚）风险简介、风险管理评价及风险管理评价增编，①

注意到持久性有机污染物审查委员会将商用十溴二苯醚中的十溴二苯醚（BDE-209）列入《公约》附件 A 并给予特定豁免的建议，②

1. 决定修正《关于持久性有机污染物的斯德哥尔摩公约》附件 A 第一部分，插入下列横栏，将商用十溴二苯醚中的十溴二苯醚（BDE-209）列入其中，并对商用十溴二苯醚的生产和使用给予特定豁免：

化学品	活动	特定豁免
商用十溴二苯醚中的十溴二苯醚（BDE-209） 化学文摘社编号:1163-19-5	生产	限于登记簿所列缔约方被允许的豁免
	使用	根据本附件第九部分: • 本附件第九部分第 2 段所规定的车辆部件; • 2018 年 12 月前提出申请并于 2022 年 12 月前获得批准的飞机型号及这些飞机的备件; • 需具备阻燃特点的纺织产品,不包括服装和玩具; • 塑料外壳的添加剂及用于家用取暖电器、熨斗、风扇、浸入式加热器的部件,包含或直接接触电器零件,或需要遵守阻燃标准,按该零件重量算密度低于 10%; • 用于建筑绝缘的聚氨酯泡沫塑料。

2. 又决定在附件 A 插入一个新增的第九部分，内容如下：

第九部分

十溴二苯醚

1. 十溴二苯醚的生产和使用应予以淘汰，但已根据第 4 条通知秘书处打算进行生产和（或）使用的缔约方除外。

2. 商用十溴二苯醚的生产和使用可在以下有限方面适用对车辆部件的特定豁免：

（a）用于遗留车辆（指已停止大规模生产的车辆）的部件，并且此类部件属于以下一个或多个类别：

（ⅰ）动力总成和引擎盖下的应用，例如：电池大容量导线、电池互连线、移动空调管道、动力总成、排气管套筒、引擎盖下隔热层、引擎盖下接线和线束（发动机接线等）、速度传感器、软管、风扇模块和爆震传感器；

（ⅱ）燃油系统应用，例如燃油软管、油箱和车身下的油箱；

（ⅲ）烟火装置和受烟火装置影响的应用，例如气囊点火电缆、座套或织物（仅在与安全气囊相关时）和安全气囊（正面和侧面）；

（ⅳ）悬吊应用和内部应用，如装饰部件、吸声材料和座位安全带等。

（b）上文第 2（a）（ⅰ）至（ⅳ）段所规定的以及属于以下一个或多个类别的车辆部件：

（ⅰ）强化塑料（仪表板和内部装饰）；

（ⅱ）位于引擎盖或仪表盘以下〔接线盒或保险

① UNEP/POPS/POPRC. 10/10/Add. 2；UNEP/POPS/POPRC. 11/10/Add. 1；UNEP/POPS/POPRC. 12/11/Add. 4。

② UNEP/POPS/COP. 8/13。

丝盒、支持较高电流的电线和电缆护套（火花塞电线）］；

（ⅲ）电气和电子设备（电池壳和电池托盘、引擎控制器电连接器、无线磁盘零件、导航卫星系统、全球定位系统和计算机系统）；

（ⅳ）织物，如行李舱盖、椅垫、车顶篷内衬、汽车座位、头枕、防晒板、装饰板和地毯。

3. 上文第2（a）段所规定的部件的特定豁免将于遗留车辆使用寿命结束时或于2036年届满，二者中以先达到的时间点为准。

4. 上文第2（b）段所规定的部件的特定豁免将于车辆使用寿命结束时或于2036年届满，二者中以先达到的时间点为准。

5. 于2018年12月前提出申请并于2022年12月前获得批准的飞机型号的备件的特定豁免将于飞机使用寿命结束时届满。

SC-8/11：列入短链氯化石蜡

缔约方大会，

审议了持久性有机污染物审查委员会转递的短链氯化石蜡风险简介和风险管理评价，[①]

注意到持久性有机污染物审查委员会的建议，即在给予或不予特定豁免的情况下，将短链氯化石蜡列入《公约》附件A，并列出旨在限制其他氯化石蜡混合物中存在短链氯化石蜡的控制措施，[②]

1. 决定修正《关于持久性有机污染物的斯德哥尔摩公约》附件A第一部分，插入下列横栏，将短链氯化石蜡列入其中，并给予特定豁免：

化学品	活动	特定豁免
短链氯化石蜡（烷烃，C_{10-13}，氯化）$^{+}$： 链长C_{10}至C_{13}的直链氯化碳氢化合物，且氯含量按重量计超过48% 例如，以下化学文摘社编号标注的物质可能含有短链氯化石蜡： 化学文摘社编号85535-84-8； 化学文摘社编号68920-70-7； 化学文摘社编号71011-12-6； 化学文摘社编号85536-22-7； 化学文摘社编号85681-73-8； 化学文摘社编号108171-26-2。	生产	限于登记簿所列缔约方被允许的豁免
	使用	• 在天然及合成橡胶工业中生产传送带时使用的添加剂； • 采矿业和林业使用的橡胶输送带的备件； • 皮革业，尤其是为皮革加脂； • 润滑油添加剂，尤其用于汽车、发电机和风能设施的发动机以及油气勘探钻井和生产柴油的炼油厂； • 户外装饰灯管； • 防水和阻燃油漆； • 粘合剂； • 金属加工； • 柔性聚氯乙烯的第二增塑剂，但玩具及儿童产品中的使用除外。

2. 又决定在附件A第一部分插入一条新注解（ⅶ），内容如下：

（ⅶ）注解（ⅰ）不适用于本附件第一部分“化学品”一栏中名称后带有加号（“＋”）的化学品（若其在混合物中的浓度按重量计大于或等于1%）的数量。

SC-8/12：列入六氯丁二烯

缔约方大会，

审议了持久性有机污染物审查委员会转递的六氯丁二烯风险简介和风险管理评价以及将六氯丁二烯列入《公约》附件C的相关新资料的评价，[③]

注意到持久性有机污染物审查委员会关于将六氯丁二烯列入《公约》附件C的建议，以及关于六氯丁二烯无意生产的新资料的评价结论，[④]

决定对《公约》附件C第一部分作出修正，列入六氯丁二烯，包括在“化学品”图表中插入“六氯丁二烯（化学文摘社编号：87-68-3）”，并在附件C第二部分和第三部分第一段插入“六氯丁二烯”。

① UNEP/POPS/POPRC. 11/10/Add. 2 和 UNEP/POPS/POPRC. 12/11/Add. 3。

② UNEP/POPS/COP. 8/14。

③ UNEP/POPS/POPRC. 8/16/Add. 2；UNEP/POPS/POPRC. 9/13/Add. 2；UNEP/POPS/POPRC. 12/11/Add. 5。

④ UNEP/POPS/COP. 8/15。

全国人民代表大会外事委员会关于《国务院关于提请审议批准〈《关于持久性有机污染物的斯德哥尔摩公约》列入多氯萘等三种类持久性有机污染物修正案〉和〈《关于持久性有机污染物的斯德哥尔摩公约》列入短链氯化石蜡等三种类持久性有机污染物修正案〉的议案》审议结果的报告

全国人民代表大会常务委员会：

2022 年 11 月下旬，第十三届全国人民代表大会外事委员会书面审议了《国务院关于提请审议批准〈《关于持久性有机污染物的斯德哥尔摩公约》列入多氯萘等三种类持久性有机污染物修正案〉和〈《关于持久性有机污染物的斯德哥尔摩公约》列入短链氯化石蜡等三种类持久性有机污染物修正案〉的议案》。

外事委员会认为，分别于 2015 年 5 月 15 日和 2017 年 5 月 5 日经《关于持久性有机污染物的斯德哥尔摩公约》缔约方大会第七次会议和第八次会议通过的《〈关于持久性有机污染物的斯德哥尔摩公约〉列入多氯萘等三种类持久性有机污染物修正案》和《〈关于持久性有机污染物的斯德哥尔摩公约〉列入短链氯化石蜡等三种类持久性有机污染物修正案》符合我国法律的基本原则。批准上述修正案符合我国利益和实际需要。建议全国人民代表大会常务委员会决定批准上述两项修正案。

全国人民代表大会外事委员会

2022 年 11 月 28 日

监督工作

一、听取和审议专项工作报告

最高人民法院关于《全国人民代表大会常务委员会关于专利等知识产权案件诉讼程序若干问题的决定》实施情况的报告

——2022年2月27日在第十三届全国人民代表大会常务委员会第三十三次会议上

最高人民法院院长　周　强

全国人民代表大会常务委员会：

根据党中央决策部署和《全国人民代表大会常务委员会关于专利等知识产权案件诉讼程序若干问题的决定》（以下简称《决定》），设立最高人民法院知识产权法庭，建立国家层面知识产权案件上诉审理机制。按照本次会议安排，我代表最高人民法院报告三年来《决定》实施情况，请审议。

建立国家层面知识产权案件上诉审理机制，是以习近平同志为核心的党中央着眼党和国家事业发展全局作出的战略部署，是建设知识产权强国和世界科技强国的必然要求，是严格保护知识产权、服务创新驱动发展、营造国际一流营商环境的重要举措，对于健全我国知识产权专业化审判体系、加快实现高水平科技自立自强具有重要意义。2014年6月6日，习近平总书记主持召开十八届中央全面深化改革领导小组第三次会议审议通过《关于设立知识产权法院的方案》，规划了我国知识产权专业化审判体系的发展方向和实现路径。2017年11月20日，习近平总书记主持召开十九届中央全面深化改革领导小组第一次会议，审议通过《关于加强知识产权审判领域改革创新若干问题的意见》，要求研究建立国家层面知识产权案件上诉审理机制，从根本上解决知识产权裁判尺度不统一、诉讼程序复杂等制约科技创新的体制性难题。2018年10月，经党中央批准，国家层面知识产权案件上诉审理机制相关工作启动。10月26日，十三届全国人大常委会第六次会议审议通过《决定》，明确国家层面知识产权案件上诉审理机制的法律依据。12月27日，最高人民法院发布关于知识产权法庭若干问题的规定。2019年1月1日，最高人民法院知识产权法庭（以下简称法庭）挂牌成立，开始统一审理全国范围内专利等技术类知识产权和垄断上诉案件，国家层面知识产权案件上诉审理机制正式运行。三年来，在以习近平同志为核心的党中央坚强领导下，在全国人大及其常委会有力监督下，在中央有关部门大力支持下，最高人民法院认真贯彻落实党中央决策部署和全国人大常委会《决定》，各项工作扎实推进、成效显著。

随着我国经济社会快速发展特别是科技进步日新月异，在国家层面知识产权案件上诉审理机制建立运行后，专利等技术类知识产权司法保护呈现出以下新特点、新趋势：一是案件数量增长迅速，涉案标的额日益增大。三年来，各地法院共受理技术类知识产权和垄断一审案件59351件，审结55835件，新收案件年均增长10.5%；法庭共受理此类二审案件9458件，审结7680件，新收案件年均增长49.3%；发明专利侵权一审和二审案件分别年均增长26.5%和31.8%；诉请金额超亿元案件增多，反映出科技发展对知识产权司法保护的强烈需求。二是涉及的技术前沿领域日益扩展，新型纠纷大量涌现。法庭受理涉及新一代信息技术、生物医药、高端装备制造、节能环保、新材料、新能源等战略性新兴产业案件占比超过五分之一，且增幅明显加快。裁判中复杂技术事实认定和法律适用的难度不断加大，涉及大数据、人工智能、基因技术等新领域新业态的知识产权司法保护规则亟待健全，对优质司法服务的要求越来越高。三是涉外案件占比较大，诉讼的国际性特征更加凸显。法庭受理的涉外案件持续快速增长，占全部案件的十分之一，其中发明专利授权确权案件中涉外案件占比超过四分之一，一些案件国内诉讼与国外诉讼交织，以标准必要专利等为代表的科技领域知识产权全球竞争更加激烈，知识产权作为国家发展战略性资源和国际竞争力核心要素的作用愈发重要。四是案件来源的地域性更趋分化，审判指导需要持续强化。案件多集中于经济发达和产业聚集地区，法庭受理案件中超过一半来自北京、上海、广州三家知识产权法院，但也有一些中西部地区案件数量快速增长，各地法院审理的关联案件和需要准确把握多层次价值取向的案件明显增多，在全国范围加强政策指导、工作统筹的重要性和紧迫性日益增强。

一、工作开展情况

最高人民法院坚持以习近平新时代中国特色社会主义思想为指导，深入贯彻习近平法治思想，全面贯彻党的十九大和十九届历次全会精神，紧紧围绕国家层面知识产权案件上诉审理机制目标定位，按照“高起点、高标准、高水平、国际化”要求，扎实有序推进法庭建设和相关工作开展。

（一）坚持创新驱动，充分激发全社会创新创造活力

牢固树立保护知识产权就是保护创新理念，充分发挥知识产权审判激励科技创新和维护公平竞争的职能作用。三年来，共受理涉及专利、植物新品种、集成电路布图设计、技术秘密、计算机软件等技术类知识产权案件 9368 件，审结 7625 件；受理垄断案件 90 件，审结 55 件。

一是积极服务创新驱动发展。加大对关键核心技术、重点领域、新兴产业等知识产权司法保护力度，促进技术创新和产业升级。加强种业知识产权保护，制定全面加强植物新品种保护司法解释，依法审理水稻“金粳 818”、玉米“隆平 206”等品种权案件，发布全国种业知识产权司法保护典型案例，会同农业农村部共建合作机制，坚决维护国家种源安全，助力打好种业翻身仗。加强中医药知识产权保护，会同有关部门推进中医药知识产权综合保护体系建设，在涉“中药发药机”发明专利无效案中维持专利权效力，有效服务疫情防控大局。依法保护科技创新主体合法权益，妥善审理因科技成果权属认定、权利转让、价值确定和利益分配产生的纠纷，在涉“高温微波膨化炉”“指纹识别”“彝族医药”等专利权属案中准确认定职务和非职务发明，有效保护激励各类市场主体创新创业。

二是切实加大侵权惩治力度。坚持严格保护知识产权，有效防止权利滥用，持续破解知识产权维权“举证难、周期长、赔偿低、成本高”等难题。针对举证难，依法适用证据规则，适时转移举证责任，合理运用举证妨碍排除制度，积极运用司法惩戒，减轻权利人举证负担，引导当事人积极主动、全面诚实提供证据。针对周期长，探索“先行判决 + 临时禁令”和“发回重审 + 临时禁令”等裁判方式，及时有效制止侵权行为，防止权利人“赢了官司输了市场”。针对赔偿低、成本高，切实加大损害赔偿力度，在“香兰素”技术秘密侵权案中判赔 1.59 亿元，在“卡波”技术秘密侵权案中顶格判令 5 倍惩罚性赔偿 3000 余万元，全国法院技术类知识产权侵权案件一审平均判赔金额较法庭成立前增长 147.1%。

三是有效维护市场公平竞争。加强反垄断和反不正当竞争司法，深入推进公平竞争政策实施，依法规范市场竞争秩序。集中发布反垄断和反不正当竞争典型案例。在“砖瓦协会”案中认定当事人无权主张因其实施横向垄断协议所造成的自身损害，明确反垄断民事救济导向。在“驾校联营”案中宣告联营协议等无效，从源头上制止垄断行为。在“沙格列汀片”发明专利侵权案中，对药品反向支付协议作出反垄断初步审查，积极引导市场公平竞争。在涉“优选锯”“胍基乙酸”“石化废气无害化处理”等技术秘密侵权案件中充分运用举证责任转移、惩罚性赔偿等手段，坚决遏制侵权行为，切实加强技术秘密保护。

四是依法支持监督行政行为。加强对知识产权和反垄断行政行为的司法审查，受理专利授权确权和反垄断等行政案件 2249 件、审结 1656 件，推动行政标准与司法标准统一。在涉“磁共振成像”技术发明专利无效案中科学合理解释权利要求，加大对自主创新成果司法保护力度。妥善审理知识产权和反垄断行政处罚、行政裁决案件，支持监督行政机关依法行政，服务法治政府建设。

（二）服务对外开放，推动全球知识产权与反垄断治理规则更加公正合理

知识产权是国际竞争力的核心要素。通过依法公正裁判涉外案件和积极开展对外交流合作，切实履行国际条约义务，努力营造国际一流营商环境，不断增强我国在知识产权与反垄断国际治理中的话语权和影响力，更好服务高水平对外开放。

一是依法平等保护中外权利人合法权益。公平公正审理涉外知识产权案件，共受理涉外案件 877

件、审结596件。在"NX"计算机软件侵权案中支持外方权利人以正版价格主张赔偿，在"带锁髓内钉"发明专利侵权案中因侵权人拒不提交账册改判全额支持外方权利人主张的2000余万元赔偿金，助力营造我国开放、公平、公正、非歧视的科技发展环境。

二是深化对外交流合作。参与编写世界知识产权组织《全球专利案件管理司法指南》，组织筹办中欧、中新等涉知识产权司法会议，4起药品专利案件裁判入选南方中心和联合国贸发会议"知识产权与公共卫生案例数据库"。通过"走出去""请进来"积极发出中国声音，讲好中国知识产权司法保护故事，为全球知识产权治理体系贡献中国智慧。

（三）深化改革创新，大力推进知识产权审判体系和审判能力现代化

坚持以改革思维破解难题，以创新方式保护创新，通过制度改革和科技赋能，切实提升知识产权司法保护能力和水平。

一是加强审判指导工作。目前我国已形成以最高人民法院知识产权审判部门为牵引、4个知识产权法院为示范、26个知识产权专门审判机构为重点、地方各级法院知识产权审判庭为支撑的专业化审判格局。通过制定司法解释、司法政策，发布指导性案例、公报案例、年度案例、每周新案以及年度工作报告和裁判要旨，制作发改案件分析报告，建立上下级法院案件信息通报反馈机制，定期举办"法庭讲坛"等方式，切实加强审判指导，有效提升全国法院知识产权审判能力水平。

二是健全知识产权诉讼机制。完善多元化技术事实查明机制，建立"全国法院技术调查人才库"和共享机制，450余名技术专家入库，覆盖30多个技术领域。探索专利民事与行政案件协同审理机制，有效缩短纠纷解决周期，确保权利解释协调一致。健全审判权力运行监督制约机制，坚持全面随机分案，落实合议庭负责制，全面推行类案检索，充分发挥专业法官会议机制作用，推进司法责任制综合配套改革。深化便民利民诉讼服务机制，推进案件繁简分流改革，探索"知产法庭+巡回法庭""勘验+庭审"审判模式，简化涉外案件公证认证手续，保障当事人合法权益。

三是推动构建大保护工作格局。积极参与知识产权保护体系建设，定期与行政主管部门交流研讨法律适用实务问题，推动建立数据信息共享机制，完善司法与行政执法衔接机制，提升工作合力。加快推进知识产权纠纷多元化解机制建设，强化在线诉调对接。指导地方法院与执法机关建立跨地域跨部门合作机制，助推区域协同创新。

四是提升审判智能化水平。积极推进司法大数据深度应用，建立全国首个技术类知识产权裁判规则库，构建大数据分析平台，有效支撑审判管理与司法决策。大力推进在线诉讼，推动解决实物证据在线质证难题，探索开展上诉案件卷宗电子化流转，疫情发生以来在线审理案件3000余件。全面推行诉讼文书集约送达，目前超过98%的案件采用电子送达，2021年完成电子送达26443人次，成功率96.4%，平均周期12.7小时，大大缩短送达时间。

（四）坚持以党的政治建设为统领，着力锻造忠诚干净担当的过硬队伍

技术类知识产权和垄断案件审判专业性强、社会关注度高、国际影响大，最高人民法院全面加强法庭队伍革命化、正规化、专业化、职业化建设，努力锻造一支政治坚定、顾全大局、精通法律、熟悉技术、具有国际视野的专业审判队伍。

一是始终把政治建设摆在首位。深入开展党史学习教育和队伍教育整顿，不断提高政治判断力、政治领悟力、政治执行力，切实增强服务大局的意识和能力。坚持以党建带队建促审判，法庭党建工作法入选中央和国家机关党建创新成果"百优案例"，先后荣获中央和国家机关"先进基层党组织""青年五四奖章集体"等荣誉。

二是加快专业化能力建设。从最高人民法院、各地法院以及国家知识产权局等抽调借调优秀人才，着力建设全国知识产权审判人才高地。法庭现有42名法官全部具有硕士研究生以上学历，其中34%是博士，34%有理工科和法科复合学历背景，25%有海外留学经历。实施"知产英才"计划，探索与各地法院建立人才交流培养常态化机制，培养储备更多高素质专业化复合型审判人才。

三是深入推进党风廉政建设。压实全面从严治党主体责任，常态化开展警示教育，严格执行防止干预司法"三个规定"等铁规禁令。制定落实分案细则、专业法官会议规则、审判权责清单、"四类案件"监督管理办法等规章制度，确保公正廉洁司法。坚持严管厚爱相结合，队伍始终保持昂扬向上、团结拼搏、艰苦奋斗、风清气正的良好风貌。

二、主要工作成效

经过三年运行，国家层面知识产权案件上诉审理机制效果集中显现，充分展示了我国加强知识产权保护的新形象，丰富和完善了我国知识产权司法

保护制度。近期,中央政法委委托中国科协、中国法学会对法庭三年工作情况开展第三方评估,最高人民法院同步进行自我评估,一致认为基本实现“四个进一步”的预期目标要求。

一是裁判标准进一步统一。由法庭集中管辖全国范围内技术类知识产权和垄断上诉案件,从体制上解决了过去由各高级人民法院二审存在的裁判标准不统一问题,也有效解决了当事人对地方保护的担忧。三年来,法庭累计召开专业法官会议160 次,讨论案件 772 件,总结形成一系列裁判规则。通过加强建章立制,确保法庭内部和上下级法院法律适用统一,增进了裁判结果的可预期性。

二是审判质效进一步提高。法庭三年来民事二审实体案件平均发改率 18.1%,高于法庭成立前,调解撤诉率 35.5%;二审实体案件平均审理周期 122.6 个自然日,较法庭成立前一般在半年以上明显缩短。我国已成为审理专利案件最多的国家,也是审理周期最短的国家之一。技术类知识产权和垄断上诉案件申请再审率相比法庭成立前下降近 10 个百分点,目前仅有 1 起专利侵权案件因判后专利权被国家知识产权局宣告无效而进入再审程序。根据第三方评估过程中 1.4 万份问卷调查结果显示,曾有知识产权诉讼经历的科技工作者中有84.5% 的人对诉讼维权结果表示满意;超八成科技工作者认为,与三年前相比,我国知识产权保护力度得到强化、创新法治环境得到改善。

三是司法公信力和国际影响力进一步提升。形成一批标杆性判决并在国内外产生重要影响,越来越多的外国企业选择到中国法院解决知识产权纠纷,当事人均为外国主体的专利案件不断增多,我国日益成为国际知识产权诉讼优选地之一。国内外高度关注法庭设立运行,案件庭审视频案均观看量近 2 万次,中英文网站访问量超过 1.4 亿次,“香兰素”案仅一条微博话题即累计阅读 1.5 亿次。世界知识产权组织、国际法院、国际知识产权保护协会等国际组织负责人对法庭工作给予高度评价。

四是对国家创新驱动发展战略和知识产权战略实施的司法保障进一步加强。通过依法审理一系列重大知识产权和垄断纠纷,彰显保护科技创新、维护公平竞争的鲜明态度,有力服务高水平科技自立自强。聚焦国家战略实施,深入研究专利法修改与药品专利链接制度、构建中国特色“禁诉令”制度、维护涉外知识产权司法主权等重大问题,加强植物新品种与种质资源、中医药传统知识、集成电路、技术秘密等重点领域知识产权司法保护调研,相关成果有的被立法采纳,有的被纳入国家重大规划,有的转化成为司法解释、司法政策。

实践充分证明,党中央批准设立最高人民法院知识产权法庭、建立国家层面知识产权案件上诉审理机制的决策完全正确。回顾总结过去三年工作,我们深深体会到:必须坚持党对司法工作的全面领导,党的领导是知识产权审判工作始终沿着正确方向前进的根本保证;必须牢记“国之大者”,始终把知识产权审判工作置于党和国家工作大局中谋划推进,坚持人民利益至上、公正合理保护;必须立足“两个大局”,坚持统筹推进国内法治和涉外法治,积极参与全球知识产权治理;必须遵循知识产权审判规律,统一高效解决专业领域纠纷和前沿法律问题,实现知识产权审判与科技创新和市场竞争实践同频共振,及时有效回应各类创新主体的司法需求;必须坚持问题导向,注重改革的系统性、整体性、协同性,坚持摸着石头过河与加强顶层设计相结合,不断完善我国知识产权专业化审判体系。

全国人大及其常委会有力监督支持知识产权司法保护工作,对知识产权法律实施情况开展专项执法检查,对设立知识产权法院、建立国家层面知识产权案件上诉审理机制等重大改革作出决定,意义重大、影响深远。2021 年 10 月 21 日,全国人大常委会听取和审议人民法院知识产权审判工作情况报告,栗战书委员长发表重要讲话。11 月 3 日,王晨副委员长带领全国人大宪法法律委、监察司法委、教科文卫委、常委会法工委负责同志到最高人民法院、北京知识产权法院开展知识产权司法保护专题调研。全国人大监察司法委围绕加强知识产权审判工作多次深入开展调研。2018 年以来全国人大代表提出知识产权审判相关建议 111 件,2019年以来连续三年知识产权司法保护均为重点督办建议,国家层面知识产权案件上诉审理机制一直是代表关注的重点。此次全国人大常委会会议专题听取和审议《决定》实施情况报告,充分体现了全过程人民民主的显著优势,体现了我国人民代表大会制度和中国特色社会主义司法制度的显著优势,必将有力促进我国知识产权司法保护工作再上新台阶。

三、存在的问题和困难

目前,法庭运行还存在两方面的突出问题与困难。

一是职能定位需要进一步完善。2021 年受理案件占全院案件的 15%,其中民事和行政二审案件分别占全院68%和100%,既造成最高人民法院受理案件数量过大,也不利于更好发挥研究制定司法政策、加强审判监督指导等方面职能作用。同时,案件不分大小难易都上诉至法庭,在加剧自身人案矛盾的同时,又导致各高级人民法院知识产权审判指导职能弱化和专业审判队伍萎缩,不利于发挥各地审判资源禀赋和矛盾分流化解优势,也影响到专业审判人才梯队培养。2020年、2021年法官人均受理案件分别为109.2件、126.5件,远超设庭时的测算基数。

二是人财物保障亟需进一步加强。法庭由于是最高人民法院内设机构,与承担的繁重任务、重大使命不相匹配,面临人财物、办公场所保障等诸多困难,亟待解决。

四、下一步工作打算及建议

建立国家层面知识产权案件上诉审理机制,是党中央部署和全国人大常委会决定的重大改革任务,事关创新驱动发展战略实施,事关知识产权强国建设。人民法院将坚持以习近平新时代中国特色社会主义思想为指导,深入贯彻习近平法治思想,全面贯彻党的十九大和十九届历次全会精神,深入学习领会"两个确立"的决定性意义,增强"四个意识"、坚定"四个自信"、做到"两个维护",弘扬伟大建党精神,从党的百年奋斗重大成就和历史经验中汲取智慧和力量,不忘初心、牢记使命,更好发挥国家层面知识产权案件上诉审理机制作用,为实现科技自立自强,为加快建设知识产权强国、全面建设社会主义现代化国家提供有力司法服务。

一是以更大力度加强科技创新成果保护。紧扣立足新发展阶段、贯彻新发展理念、构建新发展格局、推动高质量发展要求,持续加大对关键核心技术、重点领域、新兴产业等知识产权司法保护力度,加强科技创新主体合法权益保护,服务推进创新型国家和世界科技强国建设。

二是以更实举措维护市场公平竞争秩序。加强反垄断和反不正当竞争司法,不断健全完善竞争案件裁判规则,依法公正高效审理反垄断和反不正当竞争案件,服务建设高效规范、公平竞争、充分开放的全国统一大市场。

三是以更积极姿态参与知识产权国际治理。依法公正审理涉外知识产权案件,平等保护中外权利人。加强我国知识产权和反垄断有关法律规定域外适用研究与探索,积极参与知识产权国际合作与竞争,更好维护国家主权、安全、发展利益。秉持人类命运共同体理念,深度参与全球知识产权治理,推动全球知识产权治理体制向着更加公正合理方向发展。

针对当前存在的问题和困难,结合法庭试点总结评估情况,我们建议在坚持建立国家层面知识产权案件上诉审理机制基础上,进一步深化改革。一是完善国家层面知识产权案件上诉审理机制。深入总结改革成绩经验,按照《知识产权强国建设纲要(2021—2035年)》提出的"实施高水平知识产权审判机构建设工程"和"完善上诉审理机制"要求,切实采取措施,优化技术类知识产权和垄断案件上诉审理机制的顶层设计,进一步健全专业化审判体系,更好服务国家战略实施、有效参与国际竞争、彰显大国地位和国际形象。二是加强人财物等方面保障。推动尽快面向全国集中选调专业人才,加强配套保障,确保国家层面知识产权案件上诉审理机制稳定高效运行。

全国人大常委会专门听取和审议《决定》实施情况,充分体现了对知识产权审判工作的高度重视和关心支持。我们将在以习近平同志为核心的党中央坚强领导下,在全国人大及其常委会有力监督支持下,认真落实本次会议审议意见,踔厉奋发、笃行不怠,不断提高知识产权司法保护能力水平,为全面建设社会主义现代化国家提供更加有力司法服务,以实际行动迎接党的二十大胜利召开!

对《全国人民代表大会常务委员会关于专利等知识产权案件诉讼程序若干问题的决定》实施情况报告的意见和建议

2月27日,十三届全国人大常委会第三十三次会议审议了最高人民法院院长周强作的关于《全国人民代表大会常务委员会关于专利等知识产权案件诉讼程序若干问题的决定》实施情况的报告,共有 22 人次发言。根据会议发言情况,将常委会组成人员和列席人员的主要意见整理如下。

出席人员普遍认为,建立国家层面知识产权案件上诉审理机制,是以习近平同志为核心的党中央着眼加强知识产权保护作出的重大改革部署。3 年来,最高人民法院坚决贯彻落实党中央决策部署,认真贯彻实施全国人大常委会的决定,紧紧围绕改革目标定位,积极推进知识产权法庭建设,充分发挥审判职能作用,作了大量卓有成效的工作,基本实现了试点方案提出的四个"进一步"预期目标,丰富和完善了中国特色知识产权司法保护制度,进一步提升了我国知识产权司法保护水平,展示了我国知识产权保护新形象。大家充分肯定改革工作成效,普遍赞成最高人民法院的专项报告,希望认真总结实践经验,进一步健全中国特色知识产权专业化审判体系,更好服务国家发展战略。审议中,大家还提出一些具体意见和建议。

一、健全知识产权审判机制

有些出席人员提出,应以更宽广的视野,系统规划和规范全国法院知识产权审判的审理机制和受案范围,在充分发挥案件专门管辖和集中管辖优势的同时,统筹兼顾高级法院的知识产权审判职能,进一步理顺知识产权法庭的定位,改革和完善国家层面知识产权案件上诉审理机制,健全知识产权专业化审判体系。有的出席人员指出,目前专业技术性较强知识产权案件的上诉审理、再审审查都由最高人民法院管辖,与我国四级两审制的基本诉讼制度、四级法院职能定位改革方向不相符合,影响或削弱再审程序的正当性和审判监督的公信力。建议对最高人民法院知识产权案件上诉审理机制与再审审理机制有效衔接问题进行深入研究。有的出席人员提出,应研究建立发明专利等技术类知识产权上诉案件强制调解制度。

二、加强知识产权专业审判队伍建设

有些出席人员提出,应进一步明确并加强对国家层面知识产权案件上诉审理机构的人财物保障,中央相关部门合理核定相应人员编制,配齐配好各类人员,加大办公经费的保障力度。有的出席人员认为,目前知识产权审判人才队伍建设十分紧迫,最高法知识产权法庭中的借调干部占总数的 78.2%,队伍流动性大,仅 2021 年就有 71 人离职、63 人新任,地方法院知识产权审判机构人员大量借调到最高法,也给当地法院审判工作带来一定影响。建议在深入调研基础上,统筹推进各级法院知识产权审判人才队伍建设。

三、强化知识产权司法保护

有些出席人员提出,随着创新驱动发展战略深入实施,知识产权纠纷和诉讼案件大幅增长,对加强知识产权保护提出更高要求。应加快一体推动构建知识产权大保护工作格局,既完善国家层面知识产权案件上诉审理机制,又积极推动构建全方位的知识产权执法司法保护体系,推进最高人民法院、最高人民检察院、公安部、国家知识产权局、国家市场监管总局及国家反垄断局等方面的协调配合,促进知识产权行政执法标准与司法裁判标准相统一,协同推进知识产权保护工作。有的出席人员提出,最高人民法院应加强对地方各级法院知识产权审判工作的指导,加强业务监督,通过举办培训班、发布典型案例、类案分析、业务研讨等形式,提高地方法院知识产权案件审判工作水平。注重互联网等新兴领域知识产权保护问题研究和探索,创新司法理念和司法实践,力争在新兴领域知识产权的国际司法保护中起到引领作用。

有的出席人员提出,目前多数知识产权案件的检察监督工作仍由检察机关的经济犯罪、民事、行政部门分别承担,存在专业能力分散弱化等问题,也有法律适用标准不统一的风险。建议协同推进专利等知识产权案件的法律监督机制建设,共同提升知识产权司法保护能力和水平。

四、设立国家知识产权法院

部分出席人员提出,应在最高人民法院知识产权法庭基础上组建国家知识产权法院,承担发明专利等专业技术性较强的知识产权民事、行政案件二审上诉审理的职能,并以此为龙头健全知识产权专门审判体系。一方面,有助于解决目前最高人民法院受理二审知识产权案件数量过多、难以分配力量开展知识产权领域案件宏观司法政策研究、实践经验总结、法律适用规则提炼等审判监督指导工作的矛盾;另一方面,有助于进一步展现我国保护知识产权的决心。有的出席人员提出,在国家层面组建知识产权法院,应研究处理好两个方面的关系,一是处理好与最高人民法院以及最高法第三民事审判庭（知识产权庭）的关系，合理配置审判案件、司法解释制定和审判监督等职能，二是处理好与省级人民法院有关知识产权审判职能的关系，专门知识产权法院应继续聚焦专业技术性较强的知识产权案件，实用新型、外观设计等知识产权民事案件仍由省级人民法院审理。

国务院关于2021年度环境状况和环境保护目标完成情况的报告

——2022年4月18日在第十三届全国人民代表大会常务委员会第三十四次会议上

生态环境部部长　黄润秋

全国人民代表大会常务委员会：

按照环境保护法规定和全国人大常委会安排，受国务院委托，就2021年度环境状况和环境保护目标完成情况报告如下，请审议。

党中央、国务院高度重视生态环境保护工作。习近平总书记在出席重要会议活动和到各地考察时，就新形势下加强生态文明建设、实现碳达峰碳中和、深入打好污染防治攻坚战、保护生物多样性、应对气候变化等多次发表重要讲话、作出重要指示批示，为进一步做好生态环境保护工作提供了根本遵循。李克强总理强调，要深入实施可持续发展战略，巩固蓝天、碧水、净土保卫战成果，促进生产生活方式绿色转型。韩正副总理等领导同志提出明确工作要求。

十三届全国人大常委会持续加强生态环境立法和监督，栗战书委员长全面部署生态环境立法工作，连续四年担任执法检查组组长，亲自带队实地检查生态环境保护领域重要法律实施情况，为依法推进生态环境治理发挥重要指导和推动作用。

各地区各部门深入贯彻习近平生态文明思想，认真落实党中央、国务院决策部署，攻坚克难、担当作为，深入打好污染防治攻坚战，扎实推动绿色低碳发展，实现“十四五”生态环境保护良好开局。

一、2021年度生态环境状况

2021年，全国生态环境质量明显改善，环境安全形势趋于稳定，但生态环境稳中向好的基础还不稳固。

（一）环境空气状况。全国空气质量持续向好。地级及以上城市空气质量优良天数比率为87.5%，同比上升0.5个百分点；细颗粒物（$PM_{2.5}$）平均浓度为30微克/立方米，同比下降9.1%；连续两年实现$PM_{2.5}$和臭氧（O_3）浓度双下降；空气质量达标城市达218个，同比增加12个。重点区域空气质量明显改善。京津冀及周边地区、长三角地区、汾渭平原$PM_{2.5}$平均浓度同比分别下降18.9%、11.4%、16.0%，改善幅度总体高于全国平均水平。大气环境治理仍需持续发力。还有29.8%的城市$PM_{2.5}$平均浓度超标，区域性重污染天气过程仍时有发生。

（二）水环境状况。全国地表水环境质量稳步改善。地表水Ⅰ—Ⅲ类水质断面比例为84.9%，与2020年相比上升1.5个百分点；劣Ⅴ类水质断面比例为1.2%。重点流域水质持续改善。长江流域、珠江流域等水质持续为优，黄河流域水质明显改善，淮河流域、辽河流域水质由轻度污染改善为良好。地下水水质状况总体较好。全国地下水Ⅰ—Ⅳ类水质点位比例为79.4%。水生态环境改善成效还不稳固。少数地区消除劣Ⅴ类断面难度较大，部分重点湖泊蓝藻水华居高不下，污染源周边和地下水型饮用水水源保护区存在污染风险，水生态系统失衡等问题亟待解决。

（三）海洋环境状况。我国管辖海域海水水质整体持续向好，夏季符合一类标准的海域面积占97.7%，同比上升0.9个百分点。全国近岸海域水质优良（一、二类）比例为81.3%，同比上升3.9个百分点；劣四类水质面积比例为9.6%，同比上升0.2个百分点。辽东湾、渤海湾、长江口等近岸海域污染较为严重，主要超标指标为无机氮和活性磷酸盐。

（四）土壤环境状况。全国土壤环境风险得到基本管控，土壤污染加重趋势得到初步遏制。重点建设用地安全利用得到有效保障。农用地土壤环境状况总体稳定，影响农用地土壤环境质量的主要污染物是重金属。

（五）生态系统状况。全国自然生态状况总体稳定，生态质量指数(EQI)值为59.8，生态质量综合评价为“二类”，与2020年相比无明显变化。局部区域生态退化等问题还较为严重，生态系统质量和稳定性有待提升。

(六)声环境状况。全国城市声环境质量总体向好，功能区声环境质量昼间、夜间总达标率分别为95.4%、82.9%，同比分别上升0.8个百分点、2.8个百分点。但交通干线两侧区域夜间达标率仅为66.3%。

(七)核与辐射安全状况。全国核与辐射安全态势总体平稳，未发生国际核与放射事件分级表2级及以上事件，放射源辐射事故年发生率低于1起/万枚。全国辐射环境质量和重点核设施周围辐射环境水平总体良好。

(八)环境风险状况。全国环境安全形势趋于稳定，全年共发生各类突发环境事件199起，同比下降4.3%，所有事件均得到妥善处置。但因安全生产事故等引发的次生突发环境事件多发频发的态势未发生根本改变。

二、生态环境保护目标和任务完成情况

2021年国民经济和社会发展计划中生态环境领域8项约束性指标顺利完成。其中，全国地级及以上城市空气质量优良天数比率好于年度目标2.3个百分点，$PM_{2.5}$浓度下降比例好于年度目标13.6个百分点，地表水Ⅰ—Ⅲ类水质断面比例好于年度目标1.4个百分点；单位国内生产总值二氧化碳排放下降达到“十四五”序时进度；氮氧化物、挥发性有机物、化学需氧量、氨氮排放总量同比分别减少3.2%、3.2%、1.8%、3.1%，均好于年度目标。主要开展了以下工作。

(一)生态环境领域顶层设计系统构建。中共中央、国务院印发《关于完整准确全面贯彻新发展理念做好碳达峰碳中和工作的意见》、《关于深入打好污染防治攻坚战的意见》，国务院印发《2030年前碳达峰行动方案》、《“十四五”节能减排综合工作方案》等，生态环境部会同有关部门编制实施生态环境领域有关专项规划和行动方案，形成全面系统的路线图和施工图。

(二)生态环境法治建设不断加强。国务院发布排污许可管理条例、地下水管理条例。生态环境部等有关部门积极配合立法机关出台湿地保护法，完成噪声污染防治法修订，推进制定黄河保护法、国家公园法。分三批对17个省(区)及2家中央企业开展中央生态环境保护督察，受理转办群众举报约6.56万件，办结或阶段办结约6.25万件，曝光典型案例91个。生态环境部印发实施《关于深化生态环境领域依法行政持续强化依法治污的指导意见》。各级生态环境部门全年共下达环境行政处罚决定书13.28万份，罚没款数额总计116.87亿元。公安部组织开展“昆仑2021”专项行动，共立案侦办破坏环境资源犯罪案件5.4万起。自然资源部牵头深入开展全国违建别墅问题专项清理整治。全国法院共审理环境资源民事刑事行政案件25.7万件。全国检察机关共办理生态环境和资源保护领域公益诉讼案件近8.8万件。

(三)污染防治攻坚战扎实有力推进。**一是扎实推进蓝天保卫战**。生态环境部会同有关部门开展秋冬季大气污染综合治理和夏季臭氧治理攻坚行动。全国累计约1.45亿吨钢铁产能完成全流程超低排放改造，近10.3亿千瓦煤电机组实现超低排放。北方地区清洁取暖率达到73.6%。淘汰高排放车辆417万辆，新能源汽车产、销量分别同比增长1.6倍。港口集装箱铁水联运量完成754万标箱。重点区域空气质量改善监督帮扶发现并推动解决各类涉气环境问题1.6万余个。顺利完成建党100周年庆祝活动等重大活动空气质量保障工作。

二是扎实推进碧水保卫战。生态环境部会同有关部门认真落实长江保护法，研究建立长江流域水生态考核机制，加大长江入河排污口监测、溯源、整治工作力度，开展“十年禁渔”监管执法。生态环境部组织完成黄河干流上游和中游部分河段排污口排查工作，累计划定乡镇级集中式饮用水水源保护区19132个。水利部全年共立案查处河湖违法案件8206件。生态环境部会同有关部门加强入海排污口管理，推进海水养殖生态环境监管和海洋垃圾污染防治，开展“碧海2021”海洋生态环境保护专项执法。

三是扎实推进净土保卫战。生态环境部会同有关部门落实土壤污染防治法执法检查报告及审议意见，印发建设用地、农用地土壤污染责任人认定暂行办法。完成重点行业企业用地土壤污染状况调查成果集成。组织对近1.5万家土壤污染重点监管单位开展土壤污染隐患排查。开展68个国家级化工园区和9个重点铅锌矿区地下水环境状况调查评估。新增完成1.6万个行政村环境整治和400余个较大面积农村黑臭水体整治。农业农村部大力推动化肥农药减量增效和畜禽养殖废弃物资源化利用。工业和信息化部组织完成1137家危险化

学品生产企业搬迁改造。

四是加强固体废物污染治理。生态环境部会同有关部门落实固体废物污染环境防治法执法检查报告及审议意见，开展塑料污染治理联合专项行动，大力推动固体废物减量化、资源化、无害化。稳步推进“无废城市”建设。组织对全国6万余家企业开展危险废物环境风险隐患排查，发现并完成整治问题2.5万个。督促落实疫情防控相关医疗废物和医疗污水收集处置要求。海关总署实施“蓝天2021”打击洋垃圾走私专项行动。发展改革委推进大宗固体废弃物综合利用示范。住房城乡建设部组织对26.39万个居民小区开展生活垃圾分类工作，垃圾分类平均覆盖率达74%。

（四）生态保护修复与监管力度不断加大。《生物多样性公约》缔约方大会第十五次会议（COP15）第一阶段会议成功举办，习近平主席线上出席领导人峰会并发表主旨讲话，会议通过并发布《昆明宣言》。中共中央办公厅、国务院办公厅印发《关于进一步加强生物多样性保护的意见》。第一批5个国家公园正式设立。生态环境部开展生态保护红线生态破坏问题监管试点，联合相关部门开展“绿盾2021”自然保护地强化监督。发展改革委牵头编制青藏高原生态屏障区专项规划。自然资源部加快推进生态保护红线划定调整。林草局组织完成造林5400万亩。

（五）核与辐射安全得到有效保障。生态环境部深入开展全国核与辐射安全隐患排查三年行动。实施民用核安全设备活动单位监督检查。53台运行核电机组、18座在役民用研究堆始终保持良好安全记录，在建核电机组、研究堆建造质量总体受控。工业、医疗、科研等领域9.2万家应用放射性同位素和射线装置的单位全部纳入辐射安全许可管理。核与辐射事故应急准备与保障能力建设持续加强。

（六）推动绿色低碳发展取得积极成效。全国碳排放权交易市场启动上线交易，第一个履约周期纳入发电行业重点排放单位2162家。建设性参与《联合国气候变化框架公约》第二十六次缔约方大会，积极开展应对气候变化南南合作。生态环境部牵头编制国家适应气候变化战略2035。出台《关于实施“三线一单”生态环境分区管控的指导意见（试行）》，加强高耗能、高排放（以下简称“两高”）项目生态环境源头防控。人民银行设立碳减排支持工具。能源局牵头推进第一期装机容量约1亿千瓦大型风电、光伏基地建设。

（七）生态环境治理效能持续提升。经党中央批准，习近平生态文明思想研究中心揭牌成立。中央财政共安排生态环境保护领域资金4374亿元，同比增长7.4%。环境保护、节能节水项目、资源综合利用企业所得税优惠等目录发布实施。发布117项生态环境标准。新启动7000余件生态环境损害赔偿案件。累计将304.24万个固定污染源纳入排污管理范围。科技部在国家重点研发计划中部署实施生态环境领域重点专项。审计署完成5000余名领导干部自然资源资产离任（任中）审计。“美丽中国，我是行动者”提升公民生态文明意识行动计划出台落地，生态环境志愿服务有序开展。中国环境与发展国际合作委员会2021年年会、六五环境日国家主场活动成功举办。

同时，我们也清醒认识到，当前生态环境保护依然面临不少问题和挑战。一是生态环境保护结构性压力依然较大。我国还处于工业化、城镇化深入发展阶段，产业结构调整和能源转型发展任重道远，生态环境新增压力仍在高位，实现碳达峰、碳中和任务艰巨。二是落实依法治污还不到位。生态环境法律体系需要进一步完善，部分配套标准制定相对滞后，全社会生态环境保护意识有待提高，一些企业和地方依法治污、依法保护的自觉性不够，法律责任落实不到位，基层执法监管能力亟需加强。三是生态环境稳中向好的基础还不稳固。生态环境质量同美丽中国建设目标要求和人民群众对优美生态环境的需要相比还有不小差距。四是生态环境治理能力有待提升。生态环境监测和管理水平还不够高，生态环境经济政策还不健全，环境基础设施仍存在突出短板。

三、2022年生态环境保护工作安排

做好2022年生态环境工作的总体思路是，坚持以习近平新时代中国特色社会主义思想为指导，全面贯彻党的十九大和十九届历次全会精神，深入贯彻习近平生态文明思想，按照党中央、国务院决策部署，坚持稳中求进工作总基调，立足新发展阶段，完整、准确、全面贯彻新发展理念，服务和融入新发展格局，在坚持方向不变、力度不减的同时，更加突出精准治污、科学治污、依法治污，以实现减污降碳协同增效为总抓手，统筹污染治理、生态保护、应对气候变化，深入打好污染防治攻坚战，积极服务“六稳”、“六保”工作，促进经济社会发展全面绿色转型。

（一）切实加强生态环境立法和督察执法。积极配合全国人大常委会，推进海洋环境保护法、环

境影响评价法等法律制定修订，做好环境保护法和长江保护法执法检查。扎实推进生态保护补偿条例、碳排放权交易管理暂行条例、生态环境监测条例等法规制定修订。完成第二轮中央生态环境保护例行督察，持续推动督察问题整改。组织开展"昆仑 2022"专项行动，持续打击破坏环境资源违法犯罪。健全生态环境损害赔偿制度。加大生态环境领域公益诉讼办案力度。

（二）扎实推动绿色低碳发展。聚焦国家重大战略，打造绿色发展高地。加强生态环境分区管控，推动"三线一单"落地应用。严格"两高"项目生态环境准入。落实碳达峰、碳中和"1 + N"政策体系，稳步推进全国碳排放权交易市场建设，加强碳排放数据质量管理。推动开展适应气候变化行动。实施可再生能源替代行动，开展煤电机组节能降碳改造、灵活性改造和供热改造。加快重点行业清洁生产改造。推动形成绿色低碳生活方式。

（三）深入打好污染防治攻坚战。深入打好蓝天保卫战，组织实施重污染天气消除、臭氧污染防治、柴油货车污染治理等标志性战役，制定实施噪声污染防治行动计划。深入打好碧水保卫战，组织实施城市黑臭水体治理、长江保护修复、黄河生态保护治理、重点海域综合治理等标志性战役，持续开展排污口排查整治。深入打好净土保卫战，有效管控土壤污染风险，组织实施农业农村污染治理攻坚战，强化固体废物和新污染物治理。实施环境基础设施补短板行动。

（四）持续强化生态保护监管。推动生态保护红线生态破坏问题监管试点。持续开展"绿盾"自然保护地强化监督。继续实施重要生态系统保护和修复重大工程。扎实推进以国家公园为主体的自然保护地体系建设。做好 COP15 第二阶段会议筹备工作，推动达成"2020 年后全球生物多样性框架"。

（五）确保核与辐射安全。完成全国核与辐射安全隐患排查三年行动计划。完善核与辐射安全监管体系，持续强化核电厂、研究堆、核燃料循环设施安全监管和铀矿、伴生放射性矿辐射环境监管。强化核与辐射监测和应急准备，提升应急响应能力。

（六）严密防控环境风险。精准有效做好常态化疫情防控生态环保工作，及时有效收集和处理处置医疗废物、医疗污水。优化完善国家环境应急指挥平台。加强环境应急值守，妥善处置各类突发环境事件。

（七）加快构建现代环境治理体系。完善省以下生态环境机构监测监察执法垂直管理制度，深化生态环境保护综合行政执法改革。进一步压实地方和企业生态环境保护责任。强化大气、水、土壤、固体废物污染防治科技创新。积极参与生态环境领域国际合作。继续推动环保设施向公众开放。推进生态环境保护全民行动，增强全社会生态环保意识。

我们将更加紧密地团结在以习近平同志为核心的党中央周围，在全国人大及其常委会的监督支持下，进一步加强生态环境保护，深入打好污染防治攻坚战，以生态环境高水平保护推动高质量发展、创造高品质生活，以优异成绩迎接党的二十大胜利召开！

对国务院关于 2021 年度环境状况和环境保护目标完成情况报告的意见和建议

4 月 19 日，十三届全国人大常委会第三十四次会议审议了生态环境部部长黄润秋受国务院委托作的关于 2021 年度环境状况和环境保护目标完成情况的报告，共有 29 人次发言。现根据会议发言情况，将常委会组成人员和列席人员对报告的主要意见整理如下。

出席人员普遍认为，国务院及其有关部门深入贯彻习近平生态文明思想，认真落实党中央决策部署，生态环境保护工作取得新的成效，2021 年全国生态环境质量明显改善，实现"十四五"生态环境保护良好开局。大家指出，我国生态环境稳中向好的基础还不稳固，结构性压力依然较大，落实依法治污还不到位，治理能力有待提升，生态环境保护工作丝毫不能放松。国务院及有关部门要更加突出精准治污、科学治污、依法治污，统筹推进污染治理、生态保护、应对气候变化，促进经济社会发展全面绿色转型。大家强调，县级以上人民政府每年向本级人大或人大常委会报告环境状况和环境保护目标完成情况，是 2014 年修改环境保护法以后建立的一项重要工作制度，今年全国人大常委会启动环境保护法执法检查工作，其中一项重要内容就是年度工作报告制度的实施情况。要结合执法检查工作，梳理总结经验，进一步完善好、实施好这一制度，依法持续推进生态文明建设。审议中，大家还提出了一些具体意见和建议。

一、坚持加强生态环境保护方向不变、力度不减

部分出席人员提出，现阶段生态环境得到改善，但总体上还是处于中低水平的提升，稳中向好的基础不够稳固。随着经济社会发展，人民群众对生态环境质量的期望值不断提高，必须保持加强生态文明建设的战略定力，做到不动摇、不松劲。有的出席人员提出，生态环境保护和治理是一项长期的、艰巨的任务，不可能毕其功于一役，必须坚持做到持之以恒，久久为功，继续打好污染防治攻坚战，继续加大生态系统保护和修复力度，继续推动绿色低碳发展。应科学认识和处理几方面重点关系：一是处理好大气候和小气候、大环境和小环境的关系，把握和尊重自然规律，积极应对自然变化的影响；二是处理好宏观协调与微观调控、区域协调和局部管理的关系，既抓好具体污染源治理，也统筹协调跨省、跨地市的区域治理；三是处理好经济发展和生态保护的关系，立足实际、积极稳妥推进绿色发展，避免出现"一刀切"。有的出席人员提出，应当推进各级领导干部完整、准确、全面贯彻新发展理念，深入学习贯彻习近平生态文明思想，真正树立人与自然和谐共生、绿水青山就是金山银山的理念。

二、加大突出污染问题治理力度

有些出席人员提出，当前我国重点区域、重点行业污染问题依然突出，城市臭氧污染防治、垃圾分类、农业污染治理和农村环境整治、新污染物防治等方面工作相对薄弱。应在深入打好污染防治攻坚战上下更大功夫，针对污染防治中的重点区域、重点领域，如京津冀大气污染防治、臭氧污染防治、城市黑臭水体、饮用水水源地保护、长江和黄河入河排污口排查整治等重点难点问题，持续加大治理力度，集中力量攻克老百姓身边的突出环境问题。

有些出席人员建议，应加大净土保卫战攻坚力度，着力加强农药化肥残留、重金属、地膜污染治理。抓紧出台土壤污染防治法配套法规，健全土壤污染重点监管单位名录，完善净土保卫战的考核指标；通过重点单位进行有毒有害物质排放年度报告，开展土壤隐患排查、自行监测等措施，落实土壤防治各方主体权责；在全面了解全国土壤污染物的基本情况及主要污染物分布情况的基础上，完善土壤环境基础数据库，健全土壤环境信息化管理系统；选取典型的土壤污染区域部署一批污染修复项目，加强先进技术应用，积极探索有效的治理模式；加大工矿源头污染治理力度，强化废弃矿山综合整治和生态修复。

有些出席人员指出，推进碧水保卫战应着力破解生活污水处置问题，特别是中西部地区存在城镇污水管网建设不配套、雨污分流不彻底，乡镇及农村污水处理设施建设滞后、处理率偏低等问题。建议加快管网建设，消除管网空白区，推进"老、破、堵、错"管网修复改造，着力补齐城中村、老旧城区和城乡结合部污水管网等设施建设短板；以农村厕所革命为契机，加强农村改厕与生活污水治理衔接，将改厕与保障供水和污水处理同步推进，根据不同区位条件、人口聚集程度、污水产生规模，采用集中与分散相结合、污染治理与资源利用相结合等方式处理农村污水，多措并举加快消除农村黑臭水体。有的出席人员提出，针对目前影响和制约长江、黄河等水生态环境改善的突出问题，应进一步强化入河排污口排查与监测，加强工业园区污水集中处理设施运行管理，提高精准治污能力。

有的列席人员提出，农村地区特别是中西部农村的生活垃圾无害化处理率依然较低，建议中央财政通过转移支付对中西部农村垃圾处置费用予以支持，采取减免垃圾运输通行费、加强对垃圾焚烧企业的政策支持等措施，实现农村生活垃圾收得上来、运得出去、应烧尽烧。

有的出席人员建议，应逐步缩小跨行政区域的治污标准差距，完善补偿激励举措，推动解决毗邻地区生态环境评价标准、治污标准不同的问题。

三、深入推动绿色低碳发展

有些出席人员认为，我国生态文明建设进入了以降碳为重点战略方向、推动减污降碳协同增效、促进经济社会发展全面绿色转型、实现生态环境质量改善由量变到质变的关键阶段，应扎实推进绿色低碳发展，以实现减污降碳协同增效推动经济高质量发展。有些出席人员提出，实现碳达峰碳中和不仅是经济社会发展的必然要求，也是对各行业各领域的巨大挑战。国务院及其有关部门应当科学把

握发展和减排、整体和局部、长远目标和短期目标、政府和市场等四方面关系，立足我国工业化、城镇化深入发展，产业结构调整和能源转型发展任重道远，生态环境新增压力仍在高位等实际情况，以问题为导向，统筹协调各领域各地方的“双碳”目标行动计划，围绕推动产业结构优化、推进能源结构调整、支持绿色低碳技术研发推广、完善绿色低碳政策体系等进行深入研究，出台相关政策意见，优选实现“双碳”目标的路径。有的出席人员提出，去年年底的中央经济工作会议明确要创造条件尽早实现能耗“双控”向碳排放总量和强度“双控”的转变。国务院有关部门应抓紧制定以碳排放“双控”为主的新核算体系替代能耗“双控”，研究实行以行业控制为主、地区控制为辅的核算制度。有的出席人员建议进一步完善同“降碳”相关的法律制度，制定或者修改应对气候变化、节约能源、碳排放交易、煤炭、电力、森林、建筑等相关法律法规。

有些出席人员认为，应建立健全促进绿色发展的经济政策，完善生态环境资金投入机制，综合运用金融、税收、价格政策，做到约束和激励并重，引导和鼓励更多的社会资本投入生态环境领域。有的出席人员提出，应加快环保要素市场发展，探索开展政府管控或设定限额下的绿色增量责任、森林覆盖率等指标交易，推进用能权、排污权、用水权有偿使用与交易，推动碳基金、碳矿产质押贷款、碳保险和其他绿色金融的发展，建立地区性环境权益指标交易机构，打造全国性生态产品与资源环境权益综合交易平台。有的出席人员建议，应支持生态屏障区探索生态产品价值实现机制。研究出台生态产品价值核算技术规范，加强生态产品价值实现关键政策设计和供给，出台生态系统生产总值（GEP）综合考评办法。建立自然环境生态空间环境权、发展权、管理权的确权登记制度。开展出让、租赁、买卖等生态资产产权和生态产品交易试点，完善相关配套制度，推动生态产品市场化定价。完善生态资产融资担保、绿色奖补等政策。加强绿色产品认证服务，强化区域公共平台创建，提升农林产品溯源体系，通过生态品牌溢价提升生态产品价值的转化效率。有的出席人员提出，要进一步健全动力电池回收处置体系，严格落实技术标准和环保标准，引导龙头企业发挥领军作用，破解动力电池回收难题。

四、加强生态环境保护和修复工作

有些出席人员提出，应坚持推进山水林田湖草沙一体化保护和修复，全地域、全过程守住自然生态安全边界，最大力度保护好生态原真性和生物多样性。有的出席人员认为，民族地区大多为生态屏障区，经济基础相对薄弱，生态保护与建设基础不稳固。全国现有 2740 处自然保护区，总面积 147 万平方公里，其中 107 万平方公里分布在 5 个自治区以及 25 个自治州。建议着重抓好民族地区生态保护工作，继续稳定政策扶持和资金支持。有的出席人员提出，应科学规划和推进自然保护地建设，因地施策、一地一策划定保护范围、明确配套政策，做好自然保护地内原居民的工作，解决野生动物致害等新情况新问题，实现人与自然和谐共生。有些出席人员提出，地下水对于国家水资源具有重大战略意义，应高度重视地下水的局部超采和污染治理等问题，深入探查监测重点地区地下水含水层变化状况，积极推进生态补水。

五、加大环境保护执法监管力度

有些出席人员提出，应严格生态环境领域执法监管，压实地方和企业责任，建立多部门执法机制，严格依法依规落实主体责任。从严查处生态环境违法行为，完善监督举报等机制，鼓励公众对生态环境违法行为进行监督；健全生态环境领域行政执法与刑事司法的衔接机制，依法对生态环境违法犯罪行为严惩重罚，支持和协助司法机关办好生态环保领域公益诉讼案件，办几起有影响的大案，充分发挥警示震慑作用，树立法律权威。有的出席人员提出，应深化生态环保综合行政执法队伍改革，进一步加强专业执法队伍建设和能力建设。目前生态环保综合行政执法队伍建设仍面临一些需要统筹解决的问题，一是基础能力建设仍然比较薄弱，一线执法专业人才空缺问题比较突出，二是机构设置有待优化，三是发现违法问题手段不足，四是执法的基础性技术支撑不够。建议进一步规范执法机构设置，强化省级生态环境部门对执法工作的业务指导、组织协调、稽查考核等职责。明确地级生态环境部门应该设立独立的生态环境执法机构，增强市级执法机构的统筹和协调能力，赋予县级生态环境分局行政执法主体资格；推动解决人员编制问题，将执法人员纳入行政执法类公务员序列；全面推进生态环境执法能力标准化建设，持续提升执法队伍整体能力、执法人员专业水平；继续推进制度机制建设，实施执法正面清单，规范行使行政裁量权，探索以排污许可制为核心的固定污染源监管执法方式,建立完善社会环境监测机构参与执法监测的工作机制。

六、加强生态环境资源领域立法

有些出席人员提出,应加强生态环境资源领域的立法,用最严密的法治保护生态环境。建议加快推进黄河保护法、青藏高原生态保护法、国土空间规划法、国家公园法等法律出台。有的出席人员提出,要加快生态环境保护的行政法规、地方性法规及部门规章和司法解释、国家标准的制定、修改和清理工作,不断增强环境保护法律体系的系统性、整体性、协调性,为生态环保工作提供强有力的法律支撑。有些出席人员建议,研究推进环境法典编纂工作。

国务院关于巩固拓展脱贫攻坚成果同乡村振兴有效衔接情况的报告

——2022 年 6 月 21 日在第十三届全国人民代表大会常务委员会第三十五次会议上

国家乡村振兴局局长　刘焕鑫

全国人民代表大会常务委员会:

按照全国人大常委会安排,受国务院委托,现将巩固拓展脱贫攻坚成果同乡村振兴有效衔接情况报告如下,请审议。

以习近平同志为核心的党中央高度重视巩固拓展脱贫攻坚成果同乡村振兴有效衔接工作。习近平总书记强调,乡村振兴的前提是巩固脱贫攻坚成果,要持续抓紧抓好,让脱贫群众生活更上一层楼,切实做好巩固拓展脱贫攻坚成果同乡村振兴有效衔接各项工作,让脱贫基础更加稳固、成效更可持续。李克强总理主持召开国务院常务会议研究部署巩固拓展脱贫攻坚成果、推进乡村振兴重点工作。栗战书等中央领导同志对推进有效衔接工作提出明确要求。党中央、国务院印发《关于实现巩固拓展脱贫攻坚成果同乡村振兴有效衔接的意见》(以下简称《意见》),对有效衔接工作作出全面部署。2021 年以来,国务院督促指导各地区各部门深入学习贯彻习近平总书记重要指示精神,按照《中华人民共和国乡村振兴促进法》和《意见》要求,扎实有序推进各项工作,实现了巩固拓展脱贫攻坚成果同乡村振兴有效衔接的重要机制、重大政策、重点工作平稳过渡,脱贫群众收入持续增长,"两不愁三保障"和饮水安全保障质量持续提升,脱贫地区基础设施和公共服务持续改善,发展能力持续提高,守住了不发生规模性返贫的底线,全面推进乡村振兴实现良好开局。巩固拓展脱贫攻坚成果同乡村振兴有效衔接考核评估第三方评估数据显示,脱贫地区群众对巩固拓展脱贫攻坚成果的认可度达 94.9%。

一、关于巩固拓展脱贫攻坚成果情况

农业农村部、国家乡村振兴局会同各地区各部门认真贯彻党中央、国务院决策部署,把坚决守住不发生规模性返贫的底线作为重要政治任务、摆在突出位置,压紧压实各方责任,持续响鼓重槌抓紧抓好,切实维护和巩固脱贫攻坚战的伟大成就。

(一)聚焦重点群体,健全防止返贫动态监测帮扶机制。指导各地完善防止返贫动态监测帮扶机制,综合考虑收入支出情况以及义务教育、基本医疗、住房和饮水安全等方面存在的返贫致贫风险开展识别监测,按照"缺什么、补什么"的原则,根据监测对象风险类别、发展需求等开展针对性帮扶。民政部门建立健全包括农村低保对象、农村特困人员和防止返贫监测对象等在内的全国低收入人口动态监测信息平台,截至 2021 年底,共归集 6000 多万名低收入人口信息,据此开展分层分类救助帮扶。

(二)聚焦持续增收,支持脱贫地区发展产业和脱贫人口稳定就业。脱贫地区产业就业稳中有进。产业帮扶由到户到人向促进区域产业整体发展转变,超八成的脱贫县完成特色产业规划编制,中央财政衔接推进乡村振兴补助资金用于产业发展的比重提高到 50% 以上,实施了一批补短板项目,产业发展水平进一步提升。加强扶贫项目资产管理,全国共摸排扶贫项目资产 2.77 万亿元，完成确权 2.7 万亿元。脱贫人口务工总数达到 3145 万人，同比增长 4.2%。乡村公益性岗位安置脱贫人口 414 万人，其中生态护林员 110 万人左右。脱贫人口和脱贫地区农村居民收入持续增长。2021 年，全国脱贫人口人均纯收入 12550 元、同比增长 16.9%，脱贫地区农村居民人均可支配收入 14051 元、同比增长 11.6%，均高于全国农村居民人均可支配收入 10.5% 的增速。

（三）聚焦关键领域，巩固提升“三保障”和饮水安全保障成果。义务教育保障方面，组织各地开展控辍保学专项行动，脱贫家庭义务教育阶段辍学学生持续保持动态清零，家庭经济困难学生资助政策体系更加健全。基本医疗保障方面，优化调整过渡期健康和医保帮扶政策，保持乡村医疗卫生服务全覆盖，脱贫人口和易返贫致贫人口参保率稳定在 99% 以上，基本实现应保尽保。防范化解因病返贫致贫长效机制初步建立，累计依申请及时救助超过 28 万人。住房安全保障方面，加大农村低收入群体住房安全保障力度，2021 年农村危房改造和抗震改造开工 55.12 万户，竣工 53.54 万户。饮水安全保障方面，推动各地健全农村供水管理责任体系，提升 4263 万农村人口供水保障水平，目前农村自来水普及率提升至 84%，同比提高 1 个百分点，供水保障水平进一步提升。

（四）聚焦重点区域，加大对乡村振兴重点帮扶县和易地扶贫搬迁集中安置区支持力度。国家层面确定 160 个乡村振兴重点帮扶县，同时整体支持西藏、新疆全面推进乡村振兴和巩固拓展脱贫攻坚成果，相关部门出台 14 个方面倾斜政策；省级层面确定 472 个乡村振兴重点帮扶县，并予以重点支持。召开全国巩固拓展脱贫攻坚成果同乡村振兴有效衔接暨乡村振兴重点帮扶县工作推进会，强化对重点帮扶县的集中支持，确保其在发展上不掉队。强化易地扶贫搬迁后续扶持，3.5 万个集中安置点（社区）基本实现驻村帮扶工作全覆盖，建成各类配套产业项目 2 万多个，有劳动力的易地扶贫搬迁家庭基本实现 1 人以上就业。全国 258.18 万套建档立卡户应登记安置住房已全部完成不动产登记，除极少数安置群众因举家长期外出务工、户内存在纠纷等无法颁证外，绝大多数建档立卡搬迁户拿到了不动产权证书。相关部门指导各地加强易地扶贫搬迁安置社区治理，完善组织体系、健全治理机制、提升服务水平，安置社区治理和社区融入总体良好。

二、关于巩固拓展脱贫攻坚成果同乡村振兴有效衔接情况

各地区各部门高度重视巩固拓展脱贫攻坚成果同乡村振兴有效衔接，强化责任、狠抓落实，主要政策和各项工作实现平稳过渡，做到了思想不乱、工作不断、队伍不散、干劲不减。

（一）全面落实政策衔接。中央农村工作领导小组研究确定的 33 项衔接政策全部出台，对脱贫攻坚期间的帮扶政策采取延续、优化、调整等方式分类处理，保证了政策的连续性、稳定性，整体实现由集中资源支持脱贫攻坚向全面推进乡村振兴过渡，财政、金融、土地等政策支撑不断强化。财政投入方面，保持财政支持政策总体稳定，2021 年中央财政衔接推进乡村振兴补助资金 1561 亿元，比 2020 年中央财政专项扶贫资金增加 100 亿元；脱贫县财政涉农资金统筹整合超 2500 亿元。金融服务方面，进一步加大支持力度，截至 2021 年底，脱贫县各项贷款余额 9.32 万亿元，较年初增加 1.11 万亿元，农业保险保额 1.29 万亿元，同比增加 240 亿元；2021 年新发放小额信贷 752.6 亿元，支持 180 万户脱贫户发展生产。土地政策方面，继续允许原集中连片特困地区、国家和省级扶贫开发工作重点县土地增减挂钩节余指标省域内流转，在东西部协作和对口支援框架下实施跨省域调剂。

（二）深入推进帮扶衔接。召开全国东西部协作和中央单位定点帮扶工作推进电视电话会议，推动持续深化东西部协作和中央单位定点帮扶。调整完善东西部协作结对关系，将原来“一对多”、“多对一”调整为原则上“一对一”，实现 8 个东部省（直辖市）结对帮扶 10 个西部省（自治区、直辖市），2021 年东部 8 省（直辖市）投入财政援助资金 228.7 亿元，互派干部人才 2.3 万人。中央单位定点帮扶保持稳定，305 家中央单位向定点帮扶县直接投入和引进资金 668.8 亿元；军队继续定点帮扶 4100 个村。驻村帮扶机制进一步深化，全国轮换选派驻村第一书记 18.6 万人、工作队员 56.3 万人，实现了脱贫村、易地扶贫搬迁安置村（社区）、乡村振兴任务重的村、党组织软弱涣散村全覆盖。“万企兴万村”行动启动实施，更多社会力量参与推进乡村振兴。

（三）统筹做好考核衔接。将巩固脱贫成果后评估、东西部协作考核评价和中央单位定点帮扶工作成效考核评价统筹开展，组建 22 个综合核查组开展实地核查，组织媒体记者暗访，委托第三方评估，

考核评估结果已经中央审定。召开2021年度巩固拓展脱贫攻坚成果同乡村振兴有效衔接考核评估发现问题整改工作电视电话会议，安排部署考核评估发现问题整改工作。将考核评估发现问题一对一反馈各地，对综合评价靠后的省份进行约谈提醒，对一些巩固拓展脱贫攻坚成果任务重、难度大的县整改情况进行挂牌督办，推动抓好整改落实，促进工作提质增效。指导地方将巩固拓展脱贫攻坚成果纳入市县党政领导班子和领导干部推进乡村振兴战略实绩考核，考核"指挥棒"作用继续有力发挥。

（四）基本完成队伍衔接。2021年2月，国家乡村振兴局正式挂牌。中央农办、农业农村部、国家乡村振兴局明确工作界面，形成了中央农办牵头实施、农业农村部统筹实施、国家乡村振兴局具体实施，"三位一体"共同抓乡村振兴的工作格局。各地平稳有序调整各级乡村振兴机构，省级乡村振兴局和涉农市、县乡村振兴局全部挂牌。各级乡村振兴部门深入学习习近平总书记关于"三农"工作的重要论述，持续加强作风和能力建设，进一步统一了思想、明晰了方向、凝聚了共识、激发了活力。

三、关于推进乡村振兴有关工作情况

各地区各部门在巩固拓展脱贫攻坚成果的基础上，进一步完善顶层设计、扎实稳妥推进，推动乡村振兴取得新进展。

（一）加快推进乡村发展。依托乡村特色优势资源，打造农业全产业链，持续推进农村一二三产业融合发展。引导产业有序梯度转移，推动形成"一县一业"发展格局，大力发展县域富民产业。增加农村社会事业投入，全面提升农村教育、医疗卫生、社会保障、养老、文化体育等公共服务水平，推进城乡基本公共服务资源在县域内优化配置。围绕农民精神文化需求，持续开展"乡村阅读"等群众精神文化活动，加大文化产品供给力度，组织开展"中国农民丰收节"活动，发掘认定一批中国重要农业文化遗产，推动乡村文化振兴。

（二）有序开展乡村建设。以中办、国办名义印发《乡村建设行动实施方案》和《农村人居环境整治提升五年行动方案（2021—2025年）》，目标任务进一步清晰、工作机制进一步完善。着力抓好"水电路气信"等农村基础设施建设，完成中小河流治理1.1万公里，新改建农村公路里程超过16万公里，行政村全面实现"村村通宽带"。召开全国农村人居环境整治提升现场会、全国农村厕所革命现场会，推动不断改善农村人居环境。深入实施村庄清洁行动和绿化美化行动，分区分类开展农村生活污水治理，全面提升农村生活垃圾治理水平，有序推进农村厕所革命，推动村容村貌整体提升。推进传统村落保护利用，在10个市州、40个县实施集中连片保护利用示范。开展促进乡村产业振兴、改善农村人居环境等乡村振兴重点工作督查，对成效明显的市、县给予激励。

（三）全面推进乡村治理。党组织领导的自治、法治、德治相结合的乡村治理体系不断健全，乡村治理水平显著提升。持续推广积分制、清单制等务实管用做法，着力破解当前乡村治理的突出问题。在全国115个县（市、区）开展乡村治理试点示范工作，探索出"村民说事"、"数字化治理"等一批可复制、可推广的好经验好做法。组织开展第二批"百乡千村"全国乡村治理示范村镇创建，遴选推介第四批全国乡村治理典型案例，打造一批乡村治理的典型样板和金字招牌。

四、面临的困难问题

当前，推进巩固拓展脱贫攻坚成果同乡村振兴有效衔接还存在不少问题和挑战，必须坚持问题导向，采取切实有效的措施认真加以解决。

（一）一些地方对有效衔接的新部署新要求还不完全适应。由于集中换届、机构调整、驻村轮换等因素，不少新到岗干部缺乏"三农"工作经验，对新领域新业务不熟悉、对政策掌握不全面、对情况了解不深入，存在想干不会干的问题。有的新驻村干部进入角色较慢，有的存在"走读式"驻村现象。有的地方有效衔接工作推进机制不完善。有的地方行业部门衔接配套措施出台较晚，影响政策执行效果。

（二）巩固拓展脱贫攻坚成果的产业就业支撑仍有不足。脱贫地区产业基础相对薄弱，技术、设施、营销、人才等存在明显短板，产业链和价值链较短，农产品加工转化率不高，农村一二三产业融合发展水平不高，产业发展总体上仍处于起步阶段。一些地方龙头企业与农户之间的利益联结机制不完善，带动农户增收能力较弱。有的地方帮扶车间、公益岗位吸纳脱贫劳动力数量下降。有的地方脱贫劳动力就业稳定性不强，零工占比较高，收入不够稳定。受多重因素影响，部分脱贫地区和脱贫人口持续增收面临较大压力，特别是一些低收入人口增收难度较大。

（三）防止返贫监测帮扶工作落实不到位。有的地方监测标准把握不精准，对“三保障”和饮水安全保障存在风险、支出骤增或收入骤减情况关注不够。有的地方识别纳入监测范围不及时，搞突击纳入。有的部门之间沟通不畅，数据比对和信息共享不及时。有的地方对有劳动能力的监测对象帮扶措施不到位、不精准。有的地方风险消除简单化，监测对象还没有稳定消除风险就被认定风险消除。

（四）乡村建设和乡村治理存在短板。乡村建设方面，部分地区乡村建设滞后，基础设施建设欠账多、任务重。农村人居环境整治提升长效机制尚未完全建立，存在重建轻管问题。农村地区尤其是西部地区村级组织阵地建设还存在短板，村综合服务设施运维以及村级公共事务办理缺少必要的财力保障。乡村治理方面，一些地方农村精神文化生活匮乏问题比较突出。一些有劳动能力的脱贫户存在“等靠要”思想，内生动力不足、主体作用发挥不够。有的地方还存在高额人情往来、厚葬薄养、高价彩礼等陈规陋习。

五、下一步工作打算

我们将坚持以习近平新时代中国特色社会主义思想为指导，全面落实党中央、国务院决策部署，持续压紧压实责任，以更硬的措施、更强的执行力，推动巩固拓展脱贫攻坚成果同乡村振兴有效衔接，牢牢守住不发生规模性返贫的底线，扎实有序做好乡村发展、乡村建设、乡村治理重点工作，确保巩固拓展脱贫攻坚成果上台阶、乡村全面振兴见实效，以实际行动迎接党的二十大胜利召开。

（一）持续巩固拓展脱贫攻坚成果。把增加脱贫群众收入作为根本措施，把促进脱贫县加快发展作为主攻方向，不断缩小收入差距、发展差距，确保兜底保障水平稳步提高，确保“三保障”和饮水安全保障质量持续巩固提升。严格落实“四个不摘”要求，保持主要帮扶政策总体稳定。完善和落实防止返贫监测帮扶机制，因地制宜建立监测标准年度调整机制。完善产业联农带农机制，多措并举促进稳岗就业，健全农村低收入人口常态化帮扶机制。聚焦乡村振兴重点帮扶县、易地扶贫搬迁集中安置区等重点区域加大帮扶支持力度。深入推进东西部协作，持续做好中央单位定点帮扶工作，充分发挥驻村第一书记和工作队作用。

（二）加快全面推进乡村振兴。加快推动工作重心转换，把工作对象转向所有农民，把工作任务转向推进乡村产业振兴、人才振兴、文化振兴、生态振兴、组织振兴，把工作举措转向促进发展，加快推进农业农村现代化。深入推进抓党建促乡村振兴，抓好农村基层组织建设，强化县级党委抓乡促村职责。聚焦产业促进乡村发展，立足农业农村资源，大力发展农村二三产业，把产业链延伸环节更多留在乡村，把产业发展的增值收益更多留给农民。扎实稳妥推进乡村建设，组织实施好乡村建设行动，持续抓好农村人居环境整治提升，务实推进农村厕所革命，逐步使农村基本具备现代生活条件。加强和改进乡村治理，推动健全县乡村三级治理体系，推动公共服务加快下乡进村。抓好农村精神文明建设，开展高价彩礼、大操大办等移风易俗重点领域突出问题专项治理。开展“百县千乡万村”乡村振兴示范创建，为全面推进乡村振兴探索路子、积累经验。

（三）加强“三农”领域干部能力和作风建设。深入学习习近平总书记关于“三农”工作的重要论述，在学懂弄通做实上下功夫。分级分类开展乡村振兴干部学习培训，加强集中换届后各级党政领导干部特别是分管“三农”工作的领导干部培训，着力解决知识恐慌、本领不够、经验不足等问题。弘扬脱贫攻坚精神，切实抓好“三农”领域作风建设，持续纠治形式主义、官僚主义问题，切实减轻基层负担。

对巩固拓展脱贫攻坚成果同乡村振兴有效衔接情况报告的意见和建议

6 月 22 日，十三届全国人大常委会第三十五次会议审议了国家乡村振兴局局长刘焕鑫受国务院委托作的关于巩固拓展脱贫攻坚成果同乡村振兴有效衔接情况的报告，共有 36 人次发言。现根据会议发言情况，将常委会组成人员和列席人员的主要意见整理如下。

出席人员普遍认为，以习近平同志为核心的党中央高度重视巩固拓展脱贫攻坚成果同乡村振兴有效衔接工作，国务院、地方各级政府及其有关部门认真贯彻落实党中央决策部署和习近平总书记重要指示精神，扎实有序推进各项工作，实现巩固拓展脱贫攻坚成果同乡村振兴有效衔接的重要机制、重大政策、重点工作平稳过渡，全面推进乡村振兴实现良好开局。大家充分肯定国务院的专项工作报告，同时认为全国人大农业农村委、民委深入开展调研，调研报告全面详实反映工作，实事求是分析问题，提出务实中肯的意见建议，希望国务院及其有关部门认真研究，切实加强和改进工作。大家强调，要牢牢守住不发生规模性返贫的底线，扎实做好乡村发展、乡村建设、乡村治理重点工作，确保巩固拓展脱贫攻坚成果上台阶、乡村全面振兴见实效。审议中，大家还提出了一些具体意见和建议。

一、健全防止返贫监测和帮扶机制

有些出席人员提出，应坚持把巩固拓展脱贫攻坚成果当作大事来抓，全力以赴做好对因病因灾返贫人员的监测、帮扶工作，确保不发生规模性返贫。有些出席人员认为，健全防止返贫监测和帮扶机制，应坚持问题导向，围绕核心指标，明确重点对象，聚焦重点领域，做到无遗漏、无盲点、全覆盖，确保信息数据完整、准确、详实；应重点监测脱贫不稳定户、边缘易致贫户、突发严重困难户，开展针对性帮扶。有的出席人员提出，调研显示，全国脱贫劳动力外出务工 3145 万人，脱贫人口人均纯收入的 67.9%来自工资性收入。现在各地经济下行压力加大，叠加疫情防控带来的停产歇业，可能导致部分边缘脱贫人口收入出现断崖式下降，一些依靠乡村旅游的农村也面临较大返贫风险。应高度关注易受疫情影响的就业人群和行业，加强监测，做好帮扶预案。有些出席人员提出，应重点关注易返贫致贫的残疾人群体，加强科学监测和评估，健全面向困难重度残疾人群体的托养照护服务政策机制。

二、巩固提升"三保障"和饮用水安全成果

有些出席人员认为，对脱贫户的"三保障"政策不能动摇，应加强对"三保障"和饮水安全政策调整风险研究，精准把握扶持政策调整的范围、节奏和力度，防止政策"急刹车"、"一刀切"，有条件的地方还应提高保障标准、扩大保障范围。有的出席人员提出，有些脱贫地区的饮用水安全保障水平偏低，部分饮水安全工程水源不稳定，季节性缺水问题仍然存在。近年中央财政没有再单独安排农村饮水安全项目资金，地方财政资金投入缺口较大。建议继续对有需要的地方予以扶持。有的出席人员提出，应持续推进乡村教育事业发展，加强中小学教师队伍建设，完善待遇保障和专业发展支持措施，提升乡村义务教育质量；强化面向农村中青年、妇女、进城务工人员的职业技能培训；重视发展乡村学前教育，因地制宜在乡村发展普惠性的幼儿园、学前班、季节托等。

三、推动乡村产业发展提质增效

部分出席人员提出，巩固拓展脱贫攻坚成果，实现乡村振兴，最重要的是强化产业支撑。应站在全面建设社会主义现代化国家的高度，围绕构建新发展格局来谋划农村产业发展，发挥农村的资源优势、生态优势，科学谋划重点产业、特色农业发展，持续优化农业生产力布局，促进乡村产业深度融合，在有效保障粮食安全、提高农产品质量的基础上推动农村产业高质量发展。有的出席人员提出，近期，受新冠肺炎疫情和俄乌冲突影响，全球粮食价格飞涨；一些地方疫情防控"一刀切"阻碍了春耕生产，这些现象和问题警示在粮食安全上不能有丝毫麻痹大意。应坚定不移把确保重要农产品特别是粮食供给作为乡村振兴首要任务，严格落实耕地保护制度，加强农业科技特别是种业技术研究，确保"藏粮于地、藏粮于技"。

有些出席人员认为，不少地区的扶贫产业主要是技术含量较低的特色种养产业、劳动密集型非农产业和一些短平快项目，与现代农业体系的要求不完全匹配；一些特色农产品在扩大种植过程中出现品质下降、竞争力弱化，一些地方物流基础设施薄弱，冷链运输体系不完善，产地最应围绕构建乡村振兴产业体系，推动扶贫产业向特色产业、优势产业、致富产业转变：(1)持续加大良种良繁、种养技术、病疫防治等方面的科技支持力度，推广科技特派员制度；(2)延长农业产业链，通过农产品深加工来催生竞争性产品，实现农业产业链向加工业延伸；(3)加快市场培育，推进品质品牌、仓储保鲜、冷链物流建设；完善农产品流通体系，通过"公司 + 农民"、"大型超市 + 农民"等经营模式，支持农产品更大规模进入城乡市场。有些出席人员提出，农村集体经济基础薄弱、发展不快、实力不强，村集体经营

性收入不高，导致村级公益事业、公共基础设施建设缺乏资金支持，进而制约乡村建设、乡村治理水平的提升。建议对如何发展更为完善的集体经济这个重大问题进行深入研究，真正发挥集体经济的作用。

四、加强易地扶贫搬迁后续扶持

有些出席人员提出，在脱贫攻坚战中，全国共易地扶贫搬迁960多万贫困人口，新建3.5万个安置社区，这是一项了不起的系统工程，同时也要完善后续扶持政策体系，确保搬迁群众稳得住、能融入、逐步能致富。有的出席人员提出，易地搬迁集中安置存在一些亟待解决的问题，在安置人员管理方面，个别地方户籍所在地与实际居住地剥离，人在安置点管理，但医保、民政等事项办理仍由迁出地负责，管理体制不顺；在公共服务保障方面，邻近城镇、产业园区安置的群众户籍转为城镇居民，但相关公共服务资金仍来源于“三农”领域，标准参照农户，安置群众实现社区融合面临诸多困难；在实现稳定脱贫方面，安置群众就业多在小微企业，现因疫情等原因出现经营困难，加之多数搬迁群众就业技能不足，稳定就业难度大。未来一段时间内应当从就业、产业和后续配套设施建设等方面持续加大扶持力度。有些出席人员提出，安置社区的社会管理和治理存在短板，有的大型搬迁安置社区人口上万，公共服务设施数量不足；有的一个社区容纳多个乡镇、村屯的居民，原有的基层党组织、群众自治组织被打散；有的社区没有配置足够的公务员编制，基本的警务力量也难以保障。应当加快健全安置社区的基层组织、社会组织，完善社会治理。

五、统筹推进乡村建设

部分出席人员认为，脱贫地区乡村建设难度大、任务重，应积极稳妥推进。一是在提高农村公共服务水平上下功夫，加强乡村卫生体系建设，健全乡村公共卫生重大风险防控机制，建设逐步实现城乡公共服务水平均等化。二是在改善农村基础设施建设上下功夫，持续加强农村地区的交通、电力、水利、通讯等基础设施建设，鼓励社会资金、民营资本投资，提高住房安全保障水平，更加注重对已有投入基础设施的运营、管理、维护。三是在抓好美丽乡村建设上下功夫，持续推进农村人居环境整治，推动乡村环境从基础整治向品质提升迈进。有的出席人员认为，我国乡村演变分化趋势明显，一是乡镇数量减少，辖区面积增大；二是大部分地区农村人口净流出，乡镇工业企业数量减少。应根据乡村人口的变化和产业发展情况，因地制宜，分类进行乡村振兴、乡村建设规划；同时，根据乡村建设辖区的面积、人口、产业发展、土地利用结构、房屋等量化指标，探索建立乡村发展指数，用以衡量乡村发展和建设水平，为乡村建设提供科学依据。

有的出席人员指出，目前乡村治理、乡村稳定存在一些不容忽视的问题：一是个别地区乡村宗族势力渗透基层党组织、腐蚀党员干部，甚至控制村委会；二是非法宗教团体在乡村发展信徒、骗钱敛财，甚至干预乡村公共事务；三是农村地区电信诈骗、金融犯罪案件多发，案件侦办难度大、周期长，受骗群众损失难以全部挽回，引发集体维权现象。对这些突出问题应深入研究分析，拿出有效措施加大治理力度，健全维护农村稳定的长效机制，推进平安乡村、法治乡村建设。

有些出席人员提出，文化建设是乡村建设的重要方面，一些农村农民收入增长、闲暇时间增加，但生活品质、精神风貌没有同步提升，高价彩礼、人情攀比、薄养厚葬等现象还比较普遍。应充分发挥社会主义核心价值观引领作用，以法律法规为依据，加强村规民约建设，推进移风易俗，培育文明乡风，各级政府和有关部门应发挥好牵头协调作用，拿出行之有效的举措。

六、强化体制机制和政策衔接

有些出席人员提出，巩固拓展脱贫攻坚成果同乡村振兴有效衔接，很重要的一条就是组织领导机制的衔接，要继续坚持中央统筹、省负总责、市县乡抓落实的工作机制，坚持五级书记一起抓，压实领导责任，确保各级领导干部不懈怠、不松劲。有的出席人员提出，有些地方将党委农村工作领导小组办公室列为党委工作机构序列，但实际只在政府农业农村部门设一个秘书处，功能虚化；有些地方的农业农村部门和乡村振兴部门为同级政府工作部门，相关“三定”方案尚未明确，部门间协调配合存在问题；有些地方党委同时设有农村工作领导小组和乡村振兴领导小组。建议对这些机构及其职责作进一步优化整合。有的出席人员提出，基层反映考核评估巩固脱贫攻坚成果应当聚焦脱贫人口特别是对脱贫不稳定户、新增有致贫风险的监测户，聚焦“三保障”及饮水安全的巩固提升，不应层层扩大考核范围；对脱贫群众、脱贫地区农民收入增速的“两个高于”，应考虑其长期实现的难度，科学确定目标。

有的出席人员认为，扶贫项目资产管理是构建防止返贫长效机制的重要突破口，也是衔接工作中的一场攻坚战。一方面，扶贫项目资产数量庞大、来源广、类型杂，不少项目盈利能力弱；另一方面，缺乏成熟有效的管理机制和人才，不同地区扶贫资金来源构成不同、项目资产存在形态差异较大，缺少有针对性、差异化、科学的扶贫资产管理方案，村两委作为扶贫项目资产管理的重要主体，其管理能力严重不足。建议进一步加强扶贫项目资产管理和监督，研究建立干部报酬与扶贫项目资产管理绩效挂钩机制，健全扶贫项目资产折旧制度。有的出席人员提出，许多城市只允许本地户籍的灵活就业人员参加当地社保，进城农民工参与城镇职工养老、医疗、工伤、失业保险比例较低，不利于农民工群体防返贫、稳就业、稳收入。建议国务院有关部门进一步加强政策设计，逐步将进城农民工纳入城镇居民社保体系，发挥社会保障兜底作用。

有的出席人员建议，应围绕建立解决相对贫困的长效机制，深化社会救助制度改革，完善社会救助法律制度，对生活困难群众兜住底、兜准底，同时突出教育救助、就业帮扶等具有造血性质的专项救助，激发困难群众内生动力。有的出席人员建议，加快修订村民委员会组织法，引领和保证农村基层群众自治组织规范化、制度化建设，提升乡村治理体系和治理能力现代化水平。

国务院关于儿童健康促进工作情况的报告

——2022年6月21日在第十三届全国人民代表大会常务委员会第三十五次会议上

国家卫生健康委员会主任　马晓伟

全国人民代表大会常务委员会：

按照全国人大常委会安排，受国务院委托，就儿童健康促进工作情况报告如下，请审议。

党中央、国务院高度重视儿童健康促进工作。习近平总书记指出，儿童健康事关家庭幸福和民族未来，在全国卫生与健康工作大会上强调要重视少年儿童健康，主持中央全面深化改革领导小组会议审议《关于加强儿童医疗卫生服务改革与发展的意见》，对做好儿童青少年近视和肥胖防控、心理健康服务、缓解儿童医疗服务资源短缺问题、幼儿园和中小学卫生与健康工作等多次作出重要指示批示。李克强总理多次作出重要批示，强调要推进儿童健康服务的优先供给，完善儿童医疗卫生服务网络，深入实施健康儿童计划。孙春兰副总理多次主持召开会议，研究重要政策措施，部署推进重点工作。各地各有关部门深入贯彻习近平总书记重要指示精神，认真落实党中央、国务院决策部署，不断完善政策，狠抓工作落实。

一、主要工作和成效

（一）完善儿童健康促进法规政策。全国人大以宪法为依据，不断完善儿童健康法律体系，制定公布基本医疗卫生与健康促进法，明确规定国家发展妇幼保健事业，建立健全妇幼健康服务体系。两次修订人口与计划生育法，不断强化提高出生人口素质，加强母婴保健和婴幼儿照护服务。修订未成年人保护法，坚持最有利于未成年人的原则，加强未成年人全方位保护。修订药品管理法，进一步明确鼓励儿童用药品的研制和创新，对儿童用药予以优先审评审批。在民法典、传染病防治法、疫苗管理法、食品安全法、家庭教育促进法、学前教育法、反家庭暴力法等法律制修订中，均强化儿童健康促进有关规定。

国务院及各有关部门认真贯彻落实党中央决策部署和相关法律要求，坚持依法行政，全力推进儿童健康促进工作。制定实施四个周期中国儿童发展纲要，针对儿童健康关键问题，明确主要目标和策略措施。在《“健康中国2030”规划纲要》中，明确到2030年婴儿死亡率和5岁以下儿童死亡率控制在5.0‰和6.0‰，提出实施健康儿童计划。将儿童健康纳入《国务院关于实施健康中国行动的意见》等重要文件，建立健全工作推进机制。

（二）健全儿童健康促进保障机制。一是推动建立党委领导、政府主导、多部门分工合作、全社会共同参与的工作机制。强化国务院妇女儿童工作委员会作用，成立国务院未成年人保护工作领导小组，统筹推进儿童健康事业发展。二是建立持续的儿童健康投入保障机制。将预防接种、儿童健康管理、儿童中医药健康管理纳入国家基本公共卫生服务项目免费向 0—6 岁儿童提供。中央和地方各级财政持续加大投入，2012 年以来，国家基本公共卫生服务项目经费人均财政补助标准从 25 元提高到 2020 年的 74 元，中央和地方各级财政共投入 5934.85 亿元，根据安排，2021 年人均财政补助标准再提高 5 元。在打赢脱贫攻坚战中统筹加大对贫困地区儿童健康投入，印发《国家贫困地区儿童发展规划(2014—2020 年)》，强化贫困地区儿童健康促进。三是建立覆盖包括儿童在内的全民基本医疗保障制度。强化基本医疗保险、大病保险与医疗救助三重保障功能，促进各类医疗保障政策互补衔接，稳步提高包括儿童在内的广大城乡居民整体医疗保障水平。加快儿童药品纳入医保，儿童专用药和适用药占国家医保目录内药品种类的 20.13%，经谈判新进入目录的 34 个独家儿童用药品平均降价 55.6%。四是建立残疾儿童康复救助制度。连续制定实施两周期国家残疾预防行动计划，开展出生缺陷和发育障碍致残防控行动。印发《关于建立残疾儿童康复救助制度的意见》，为符合条件的 0—6 岁视力、听力、言语、肢体、智力等残疾儿童和孤独症儿童进行康复救助。2012 年以来，累计救助 0—6 岁残疾儿童 140 余万人。五是健全儿童用药供应保障机制。印发《关于保障儿童用药的若干意见》，先后发布 3 批共 105 个鼓励研发申报儿童药品，通过“重大新药创制”科技重大专项投入 5.74 亿元，支持儿童药品研发和临床研究。加强儿童用药重点监测，鼓励儿童药品集中生产基地建设。六是持续加强儿童健康科研投入。国家科技计划部署儿童生长发育与疾病防治相关经费由“十二五”时期的 7561 万元，增长到“十四五”时期的 1.26 亿元。推进儿童健康领域科技创新平台建设，强化儿童健康领域临床医学研究中心和重点实验室建设。

(三)建设防治结合的儿童健康服务体系。认真落实《关于加强儿童医疗卫生服务改革与发展的意见》，不断加大改革力度。一是加强儿童医疗服务网络建设。设置 2 个国家儿童医学中心和 5 个国家儿童区域医疗中心，有序推进儿科方向国家医学中心和国家区域医疗中心项目建设，持续加强儿科相关国家临床重点专科建设，构建国家、区域、省、市、县级儿童医疗服务网络。2013—2021 年，累计安排中央预算内投资 309 亿元支持全国 1960 个儿童医院和妇幼保健机构建设。截至 2021 年底，我国共有儿童医院 151 家，每千名儿童床位数达 2.2 张，较 2015 年增加 0.27 张。二是强化儿童保健服务网络建设。构建以省、市、县三级妇幼保健机构为核心、基层医疗卫生机构为基础的儿童保健服务网络。2019—2021 年，中央财政累计安排 27.91 亿元支持省级和县级妇幼保健机构能力建设。2021 年，全国共有妇幼保健机构 3032 家，全年总门诊量 3.31 亿人次，乡镇卫生院 3.5 万家，社区卫生服务中心(站)3.6 万家，当年提供儿童健康体检 8550 万人次。三是加快儿童健康人才队伍建设。引导和支持高校新增 27 个儿科学、1 个中医儿科学专业布点，加强“5+3”高校一体化儿科硕士专业学位研究生招收培养。加大儿科等紧缺专业住院医师规范化培训招收，大力开展转岗培训和继续医学教育，实施中西部儿童保健人员培训项目。印发《关于深化公立医院薪酬制度改革的指导意见》，推动薪酬待遇政策向儿科医务人员倾斜。我国儿科执业(助理)医师数从 2015 年的 11.8 万人，增加到 2021 年的 20.6 万人。四是推进儿童保健与临床服务有机融合。突出以儿童健康为中心，打破妇幼保健机构“防”和“治”的科室分设格局，优化服务流程，整合服务内容，强化中医药服务，改革组建孕产保健部、儿童保健部和妇女保健部，努力构建系统连续、防治结合的服务新模式。五是推动儿童健康服务体系上下联动。推动基层医疗卫生机构、妇幼保健机构与专科医院建立儿童疾病筛查、转诊工作机制，落实分级诊疗制度，强化医疗联合体建设，促进优质资源下沉基层。六是促进儿童健康信息互联互通。推进“互联网+妇幼健康”发展，实施“云上妇幼”项目，促进上下互联、横向互通、方便快捷、智慧服务。以推进出生医学证明在线申领和电子证照应用为抓手，积极推进“出生一件事”跨部门、跨地区办理，逐步实现“网上办”“掌上办”，极大方便了群众。

(四)推动形成促进儿童健康的协同支持体系。一是推动形成儿童友好的社会环境。优化城市公共空间规划，推动全社会关心关爱儿童健康成长。二是加大家庭养育支持力度。设立 3 岁以下婴幼儿照护个人所得税专项附加扣除，按照每个婴幼儿每月 1000 元的标准定额扣除。实施母乳喂养促进行动计划，推进婴幼儿营养喂养咨询指导，保护女职工权益，推进公共场所和用人单位母婴设施建设，全力支持母乳喂养。促进托育服务健康发展，严格托育机构标准设置和规范管理，开展普惠托育专项行动。三是持续加大环境保护和治理力度。以最严标准推进生态保护和环境治理,淘汰升级落后产能,推广使用清洁能源,儿童群体性铅中毒事件明显减少。四是加强食品安全监管。严格落实"四个最严"要求,建立完善食品安全标准体系,连续5年将婴幼儿配方食品、辅助食品作为高风险品种列入食品安全监管重点,加大抽检和执法力度。印发《学校食品安全与营养健康管理规定》,推进中小学、幼儿园建立集中用餐陪餐制度,对校园食堂等集中供餐单位开展风险排查,大力推进学校食堂"明厨亮灶"工作,截至2021年底,全国学校食堂"明厨亮灶"覆盖率达99.8%。五是加大儿童用品质量监督抽查和执法力度。连续3年开展儿童和学生用品安全守护行动,共检查儿童用品生产企业2.4万家、重点商超和批发市场25.4万家,监督抽查产品5.4万批次,立案查处违法案件0.5万起,严格实施童车、玩具、儿童安全座椅强制性产品认证。六是加大对儿童产品市场反不正当竞争执法力度。连续5年开展反不正当竞争执法专项行动,聚焦近视眼镜市场、校外培训、早教机构等重点领域,严厉打击虚假宣传等侵害儿童合法权益的不正当竞争行为。七是进一步减轻义务教育阶段学生作业负担和校外培训负担。坚持健康第一的教育理念,强化德智体美劳全面培养,指导学校提高作业管理、课后服务和课堂教学质量,严格校外培训管理,给孩子留出更多运动时间。据调查,73%的家长表示孩子完成书面作业时间比"双减"前明显减少。八是大力促进儿童体育运动。全面加强和改进新时代学校体育工作,深化体育教学改革,不断加大学校体育课比重。开展儿童青少年体育活动促进,针对儿童青少年近视、肥胖、脊柱侧弯等进行体育干预,在社区、公园、绿地等公共场所加强配备适合未成年人身体锻炼的体育设施。"十三五"期间,每年利用中央资金9亿多元,支持1000多个公共体育场馆向青少年等人群免费或低收费开放。

(五)强化儿童健康全过程全方位服务。一是强化生命早期1000天健康保障。加强全方位孕产期保健,实施母婴安全五项制度,加强危重孕产妇、危重新生儿救治中心建设,保障生育政策调整完善。2012年以来,全国住院分娩率保持在99%以上,县级危重新生儿救治中心覆盖率达90.7%。二是扎实推进出生缺陷三级防治措施落实。实施免费孕前优生健康检查,产前筛查率提高至81.1%,新生儿遗传代谢病和听力障碍筛查率保持在90%以上。安排中央专项彩票公益金实施出生缺陷干预救助项目,救助困难家庭患儿。2021年启动实施罕见病诊疗能力水平提升项目,进一步推进儿童罕见病救治。三是加强7岁以下儿童健康管理。在全国推广使用《母子健康手册》,规范生育全程基本医疗保健服务,普及科学育儿知识,促进儿童早期发展。2021年,全国7岁以下儿童健康管理率为94.6%。四是着力推进儿童营养改善。印发《国民营养计划(2017—2030年)》,开展相关重大行动。2011年以来实施农村义务教育学生营养改善计划,中央财政累计安排补助资金1968亿元,每年惠及约3800万学生。2012年以来持续开展贫困地区儿童营养改善项目,中央和地方财政累计投入52亿元,受益儿童1365万。五是加强幼儿园和学校卫生保健。将健康教育纳入国民教育体系,大力推进青春期保健服务,加强监督指导,提高儿童青少年疾病防控意识和生殖健康水平。修订印发《中小学生健康体检管理办法》,规定中小学校每年组织1次在校学生健康体检,学生体检率持续提高。

(六)集中力量解决儿童健康重点问题。一是综合防控儿童青少年近视。全面加强儿童青少年近视防控,制定发布《综合防控儿童青少年近视实施方案》,持续开展近视监测,开展儿童青少年近视防控适宜技术和中医适宜技术试点,加强儿童在新冠肺炎疫情期间近视预防专业指导,强化学校卫生监督检查,积极推进近视防控产品违法违规商业宣传整治。各级政府逐级签订工作责任书,加强评议考核,以最严的措施、最大的力度加强近视防控,努力让孩子们拥有一个光明的未来。2020年,0—6岁儿童眼保健和视力检查覆盖率91.8%;儿童青少年总体近视率52.7%,比2018年下降0.9个百分点。二是加强儿童常见传染病防治。统筹做好国家免疫规划疫苗常规免疫工作,以乡镇为单位国家免疫规划疫苗接种率维持在90%以上。持续实施艾滋病、乙肝母婴阻断,艾滋病母婴传播率下降到2021年的3.3%,降至历史最低点。三是加大儿童重大疾病救治力度。加强综合医疗保障,开展集中定点救治,逐步扩大救治病种范围,将免疫性溶血性贫血、中枢神经系统肿瘤等12个病种纳入儿童血液病、恶性肿瘤救治管理病种范围。2013—2021年,中央财政通过彩票公益金预算安排16.6亿元专项救助贫困白血病和先心病儿童。2021年,全国儿童肿瘤患者省域内就诊率达到85%以上。四是加强儿童青少年肥胖防控。印发《儿童青少年肥胖防控实施方案》,加大科学指导和科普宣教力度,加强监测和评价,持续开展重点地区营养干预项目,推广合理膳食和科学运动等理念，家校联动、社会联手，推动儿童"管住嘴、迈开腿"。五是促进儿童青少年心理健康。将儿童青少年心理健康纳入健康中国行动统筹推进，强化学校心理健康工作人员配备，推动精神卫生服务网络建设。以抑郁症、孤独症为重点，探索防治适宜技术和干预模式。全国 1379 家妇幼保健机构开展儿童心理保健服务，318 个地市设有精神专科医院，2756 个区县能够开展精神卫生专科服务，初步缓解了基层儿童心理服务短缺问题。

（七）加强新冠肺炎疫情期间儿童健康保障。坚持人民至上、生命至上，在疫情防控中对儿童予以重点救治保障。一是积极预防儿童新冠肺炎。普及疫情防控知识，规范儿童口罩生产和佩戴，指导学校和家长做好儿童防控措施落实。大力推广线上健康评估和指导等智慧服务。指导各级各类医疗机构做好发热患儿筛查和疫情防控工作。二是全力保障孕产妇安全分娩。指导各地向社会公布孕产妇产检和住院分娩定点医院，建立危重孕产妇、新生儿救治绿色通道。做好危重感染孕产妇救治工作，保障疫情期间孕产妇安全分娩，减少新生儿感染。三是稳妥推进儿童新冠病毒疫苗接种。周密组织安排，强化医疗保障，全力做好新冠病毒疫苗供应，切实做到儿童安全接种和应接尽接。全国 3—17 岁人群新冠病毒疫苗第一剂次接种覆盖率和全程接种覆盖率分别达到 98% 和 95% 以上。四是加强儿童救治。及时更新《新型冠状病毒肺炎诊疗方案》中儿童患者诊疗内容，强化中医药防治。按照"四集中"原则，加强儿童定点救治，针对儿童患病特点，指导各地加强儿童心理疏导和人文关爱，努力保障儿童生命安全和身心健康。

党的十八大以来，在以习近平同志为核心的党中央坚强领导下，我国儿童健康工作投入力度持续加大，政策体系不断完善，儿童健康水平整体明显提高，《中国儿童发展纲要（2011—2020 年）》的儿童健康相关目标均如期实现。2021 年全国婴儿死亡率、5 岁以下儿童死亡率分别为 5.0‰和 7.1‰，较 2012 年下降 51.5% 和 46.2%，总体优于中高收入国家平均水平。6 岁以下儿童生长迟缓率和低体重率等指标逐步改善，特别是农村儿童生长迟缓问题改善明显。儿童常见传染病得到有效控制，2021 年 0—18 岁儿童法定传染病报告发病率为 928.16/10 万，较 2012 年下降 16.2%。严重高发出生缺陷得到初步控制，与 2010 年相比，2020 年出生缺陷导致 5 岁以下儿童死亡率由 2.8‰降至 1.3‰，神经管缺陷、唐氏综合征等严重致残出生缺陷发生率降幅达 41%。2020 年，18 岁以下儿童伤害死亡率由 2010 年的 22.41/10 万降至 11.06/10 万，降幅 50.6%。

二、存在的主要问题

（一）从儿童健康服务需求看。一是区域、城乡间儿童健康状况不平衡。2021 年，农村婴儿死亡率是城市的 1.8 倍，西部地区是东部地区的 2.2 倍；农村 5 岁以下儿童死亡率是城市的 2.1 倍，西部地区是东部地区的 2.2 倍。二是儿童健康主要影响因素逐步转变。我国已消除新生儿破伤风，5 岁以下儿童死亡率持续下降，但一些影响儿童正常生长发育的健康问题凸显。儿童青少年总体近视率仍处高位，超重问题不容忽视，脊柱侧弯、孤独症患病增多，溺水、道路交通事故等伤害是 5 岁以下儿童的主要死因。儿童肿瘤、心脏病等慢性非传染性疾病及罕见病等依然威胁儿童健康。三是新冠肺炎疫情发生以来，儿童居家和上网课增多，体育运动减少，在电子屏幕前暴露时间延长，导致较多儿童青少年出现近视加重情况。四是科学养育方面问题仍较突出。家庭科学育儿知识总体不足，"隔代养育"现象普遍，城市中长辈过度溺爱儿童娇生惯养，农村留守儿童缺乏父母关爱。同时，群众对儿童健康提出更高要求，希望儿童得到更高水平的医疗保健服务，食品玩具更安全、体育运动更丰富、社会保障更健全。

（二）从儿童健康服务供给看。一是儿童医疗卫生资源总量不足与分布不均衡问题并存，优质资源主要分布在东部和城市地区，中西部地区和农村地区优质资源较为薄弱。二是我国儿童保健服务网络特别是基层儿童保健服务网络有待加强。据调查，基层配备专职人员从事儿童保健服务的乡镇卫生院数量仅占总数的 52.2%，难以满足日益增长的儿童保健需求。三是儿童医疗服务人才短缺且工作负担重，吸引力不强。我国每千名儿童儿科执业（助理）医师数与发达国家相比仍有较大差距，儿童心理、康复等特殊领域人才紧缺。虽然儿科医师总体数量有所提高，但近年来在总体医师中的占比变化不大，人才队伍发展相对缓慢。四是群众获取科学育儿知识的渠道仍需完善，相关媒体、社会组织和学校等健康教育和社会宣传力度有待进一步加大。五是儿童健康促进支持政策有待加强。托育服务尚不能满足群众实际需求；学校校医配备有缺口，能力水平有待进一步提高；儿童食品用品安全执法需持续加强;“双减”政策下,儿童青少年参与体育运动需求增多,体育场地设施等仍然不足。

(三)从儿童健康保障机制看。一是儿童健康法制保障需要进一步加强,儿童用药、儿童心理健康、儿童伤害防控等方面还存在制度短板。二是儿童健康投入机制需要进一步完善,以更好适应儿童健康需求,推动解决预防投入不足等问题。三是儿童健康领域相关改革还需持续深化。相关医疗机构特别是综合医院、妇幼保健机构和基层医疗机构,因儿童所需的药品、耗材品种繁多,人员和运行成本高,业务收入少,发展儿科和儿童保健科动力不足,对于儿科医务人员的倾斜政策在部分地区和医疗机构尚未落实到位。四是儿童用药总体规模较小,临床试验难度大,研发成本高,企业研发生产动力不强,儿童用药适宜剂型、适宜规格依然有限,小品种药仍存在供应风险。五是儿童健康促进需要各有关部门密切配合,全社会共同参与,特别是涉及儿童伤害预防、食品安全、学校卫生、儿童心理健康、肥胖干预、健康教育宣传等问题,需要进一步加大力度协同推进。

三、下一步工作安排

坚持以习近平新时代中国特色社会主义思想为指导,深入贯彻习近平总书记关于儿童健康工作的重要指示精神,认真落实党中央、国务院决策部署,坚持以人民健康为中心,强化大卫生大健康理念,依法行政、强化保障、创新机制、强基固本,不断推进儿童健康事业高质量发展。

(一)强化儿童健康促进法制建设。一是进一步完善儿童健康法律法规体系。积极争取将儿童健康促进工作急需的立法修法项目列入下一届全国人大常委会五年立法规划。尽快启动修订学校卫生工作条例,研究完善儿童健康促进工作相关法规和配套规定。二是持续推动儿童健康促进相关法规政策落实。以法制保障儿童健康,进一步推动各级政府和各有关部门落实儿童健康促进主体责任。将儿童优先发展放在重要位置,在制定经济社会发展规划中优先考虑,在公共资源配置上优先满足,建立稳定的与经济社会发展相协调的儿童健康投入保障制度。

(二)深化儿童健康领域改革创新。一是加强儿童医疗保障。逐步提高儿童基本医疗保障水平,统筹发挥基本医保、大病保险、医疗救助三重制度综合保障梯次减负作用,共同减轻患儿医疗费用负担。落实落细参保缴费政策,确保儿童应保尽保。充分发挥商业保险风险保障的补充功能,鼓励商业保险机构开发针对儿童的商业健康保险产品。二是稳妥有序推进深化医疗服务价格改革试点,指导试点城市按照改革思路和机制设计完善本地实施方案,在机制设计上将支持儿科医疗服务发展作为相关指标统筹考虑。三是深化公立医院薪酬制度改革。切实落实保障儿科和儿童保健科医务人员薪酬待遇的倾斜政策,吸引更多优秀人才从事儿童健康事业。四是强化儿童用药保障。进一步加大对儿童药品研发生产等方面政策支持力度,完善儿童用药监测预警机制,持续推动儿童药品集中生产基地建设,扩大品种覆盖,深化供应链协作,努力推动实现一批儿童国产药品上市。动态调整国家医保药品目录,支持将符合条件的儿童药品纳入国家医保药品目录,定期开展国家医保药品目录准入谈判,支持将符合条件的罕见病用药等儿童药品纳入谈判范围。五是强化儿童健康科技创新支撑。大力支持儿童重大疾病预防、诊断、治疗、康复和健康管理等方面科技研发,加强科技创新体系建设,促进成果转化惠及儿童健康。

(三)健全儿童医疗卫生服务体系。一是推进儿童医疗卫生服务高质量发展。“十四五”期间,继续安排中央预算内投资支持儿科项目建设,支持开展10个左右儿科类国家区域医疗中心建设项目,推动儿科优质医疗资源扩容和均衡布局,推进优质资源下沉。进一步筑牢基层儿童保健服务网底,着力提高乡镇卫生院、社区卫生服务中心和村卫生室儿童保健服务能力。根据需要完善儿童医院建设相关标准,开展母婴友好医院和儿童友好医院建设。二是加快开展重点人群健康服务补短板工作。通过中央预算内投资,实施妇女儿童健康服务能力建设工程,支持每省份1个省级儿科项目建设,以及分娩量较大、人口较多的地市级妇幼保健机构项目建设。支持革命老区、民族地区、边疆地区和欠发达地区的儿童健康服务体系发展。三是加强儿童健康人才队伍建设。加强不同层次儿科医学人才培养,重点培养儿童保健、营养、心理、康复等紧缺专业人才。推进实施基层医疗卫生机构全科医生特设岗位计划,每所乡镇卫生院、社区卫生服务中心至少配备1名全科医生提供规范的儿童基本医疗服务,至少配备2名专业从事儿童保健的医生,努力补齐人才短板。

(四)加强儿童健康全程服务。一是把好生育关,围绕孕期、产前、分娩期、新生儿期等儿童的生命最早期，加强孕产期保健、母婴安全保障和出生缺陷防治等，着力提高孕产期服务质量。二是把好养育关，主要围绕儿童营养喂养、交流玩耍、生活照护、伤害预防等，加强对养育人的健康指导，促进儿童早期发展。三是把好发育关，主要围绕儿童体格生长发育和神经心理发育，加强儿童保健服务，开展系统化儿童健康综合管理和体质锻炼指导，健全儿童心理健康服务体系，强化儿童心理保健和干预，提高儿童环境和社会适应能力。四是把好教育关，强化幼儿园、托育机构卫生保健工作，加强学校心理教师和校医及幼儿园保健医配备，科学规划新冠肺炎疫情期间课程安排，强化学生健康教育，从小抓起，引导儿童树立正确健康观念，养成良好行为习惯。五是把好疾病防治关，围绕儿童传染病、常见病、多发病，以及近视、肥胖、脊柱侧弯、孤独症、心理健康等问题，进一步完善防控体系和工作机制，全面实施残疾儿童康复救助制度，做好儿童新冠肺炎防治，切实做到预防为主、防治结合。

（五）强化儿童健康促进工作协同。一是强化政策统筹。加强中国儿童发展纲要落实。结合推进公共服务补短板、强弱项、提质量，促进公共资源向儿童适度倾斜。二是落实家庭支持政策。大力推进家庭教育促进法实施，引导全社会注重家庭、家教、家风，将健康促进和科学育儿纳入家庭教育。加快普惠托育服务发展，到 2025 年实现每千人口拥有 3 岁以下婴幼儿托位数达 4.5 个。完善生育休假制度，健全假期成本合理分担机制，保障妇女就业和劳动权益，落实税收等支持政策，减轻家庭养育负担。三是落实完善儿童教育、体育相关政策。深入推进“双减”政策落实，规范校外培训，增加体育和劳动等课程。开展青少年科学健身指导普及活动，突出体教融合，支持学校全覆盖、高质量开展体育类课后服务，加强公共体育设施供给，推动体育、文化场馆向儿童青少年免费开放。四是完善社会关爱政策，开展儿童健康综合发展示范县（市、区、旗）创建，在城市规划中引入“1 米高度看城市”的儿童视角，将儿童健康促进纳入城市更新行动，在交通管理、公园绿地布局等方面更多考虑儿童身心健康和发展需要。加强儿童食品、玩具、用品等生产、销售全程监管，持续加大执法力度。建立健全多部门参与的预防儿童伤害工作机制，完善儿童伤害监测报告系统。五是充分发挥妇联、共青团、计生协等群团组织作用，加强国际交流合作，共同做好儿童健康政策宣教实施。充分调动社会组织和企业积极性，汇聚各方力量保障儿童健康。

我们将更加紧密地团结在以习近平同志为核心的党中央周围，坚持以习近平新时代中国特色社会主义思想为指导，在全国人大及其常委会的监督支持下，进一步做好儿童健康促进工作，深入推进儿童健康事业改革发展，不断提升儿童健康水平，以实际行动迎接党的二十大胜利召开！

对儿童健康促进工作情况报告的意见和建议

6 月 23 日，十三届全国人大常委会第三十五次会议审议国家卫生健康委员会主任马晓伟受国务院委托作的关于儿童健康促进工作情况的报告，共有 31 人次发言。现根据会议发言情况，将常委会组成人员和列席会议人员的主要意见整理如下。

出席人员普遍认为，党的十八大以来，以习近平同志为核心的党中央高度重视儿童健康成长，把培养好少年儿童作为一项战略性、基础性工作，我国儿童健康工作投入力度持续加大，政策体系不断完善，儿童健康水平整体明显提高。国务院及有关部门坚决贯彻落实党中央、习近平总书记决策部署，围绕儿童健康促进工作做了大量工作，取得了显著成果。出席人员充分肯定全国人大教科文卫委的调研报告，认为调研深入具体、实事求是、直面问题，提出建议务实中肯，希望认真研究。出席人员强调，儿童健康成长是每个家庭的愿望和期盼，也是国家走向繁荣富强的基础和支撑。要深化儿童健康领域改革创新，提高儿童健康服务和医疗保障水平，用心用情促进儿童健康成长、全面发展。审议中，大家还提出了一些具体意见和建议。

一、推动解决影响儿童健康的突出问题

一些出席人员提出，近视、肥胖、脊柱侧弯、乳牙龋齿等已经成为影响我国儿童青少年身体健康的突出问题，应落实好党中央有关儿童健康的规划计划和战略部署，加快构建政府、家庭、学校、卫生机构、社会多方协同的工作格局，共同守护好儿童

健康。(1)加大对地方政府考核力度,将影响儿童健康的突出问题及时纳入政府目标任务和考核指标。(2)重视家庭主阵地作用,加大儿童健康常识宣传普及力度。(3)加强学校、幼儿园卫生保健工作,完善经费保障和政策支持机制,明确每所幼儿园至少配备一名有专业资质的保健医,提高校医待遇,督促定期组织儿童体检,改善近视防控、体育活动等基础设施设备。(4)乡镇卫生院、社区医院建立辖区内儿童健康档案卡,注明体检、肥胖、龋齿、视力信息。(5)制定儿童体育培训行业相关标准,建立儿童食品标准体系,规范产业发展;将公益性儿童文化体育活动场所建设纳入国民经济和社会发展规划,建立完善公益性文体设施免费开放补贴机制,推动管理和运行经费纳入财政预算。

二、切实守护好儿童心理健康

一些出席人员提出,有研究显示,我国中小学生不同程度抑郁症状检出率超过24%,且随着年龄增长而上升。心理问题严重影响儿童青少年健康成长。建议抓紧完善儿童心理健康服务体系和相关工作举措:(1)加快构建儿童心理健康教育、咨询服务、评估治疗、危机干预和心理援助公共服务网络,提升教育、卫生健康、公安、社区等部门和组织做好不同情况下儿童心理服务的能力。(2)制定青少年儿童心理健康标准,将心理筛查纳入婴幼儿体检项目,加强儿童心理健康数据的收集、监测和研究。(3)建立儿童心理健康分级诊疗制度,将较为严重的儿童心理疾病纳入医保或公费医疗,通过增加专业力量、简化转接程序等方式提升儿童心理健康服务热线专业化程度。

一些出席人员提出,我国儿童心理疾病的医疗资源严重短缺,专科医生不到500名,社会心理健康服务机构良莠不齐。建议:(1)将心理健康服务纳入初级卫生保健系统,构建医疗机构、社区、学校、社会心理健康服务机构等多方参与的服务网络;研究制定心理健康服务行业规范,实行分级管理,出台鼓励心理专家开办社会心理健康服务机构的政策举措;恢复国家统一的心理咨询师职业资格认证机制。(2)指导中小学校开设心理教育课程,增加生命教育和挫折教育;通过专业培训,提升幼儿园保健医、中小学班主任、学科教师发现心理问题、开展疏导能力。(3)积极组织开展相关知识宣传普及活动,引导父母主动学习心理知识,给予孩子更多陪伴。(4)鼓励慈善公益组织开设儿童心理辅导机构、举办拓展训练项目。有的出席人员提出,要高度关注贫困、留守、单亲、残疾儿童青少年的心理健康问题,通过政府购买第三方服务、强化监护人责任义务等方式,推动解决心理疏导缺失、家庭监护缺位等问题。

三、完善儿童医疗服务体系

一些出席人员提出,目前,我国儿童健康资源配置仍不够均衡,城乡、区域以及不同群体之间儿童健康状况差异明显。建议:(1)加强基层医疗卫生机构能力建设,出台加强乡镇卫生院、社区卫生服务机构、村卫生室儿童保健服务能力建设支持政策,使基层医疗卫生服务机构具备基本的儿童健康保障服务能力。(2)支持西部地区建设区域儿科医疗中心,加大对西部农村地区妇幼保健机构专业人才配备和培养力度,组织西部地区骨干医师到全国技术水平领先的专科医院进修培训等。(3)建立留守儿童健康服务关爱机制,探索多部门合作开展留守儿童健康服务模式;发挥主流媒体作用,引导全社会关心关爱留守儿童。

一些出席人员提出,残疾儿童康复救助工作存在救助保障水平较低、机构管理不正规、学前康复教育发展严重滞后等问题。建议:(1)加强对实施“十四五”特殊教育发展提升行动计划的督导,扎实推进“辅助器具进校园”工程,建立送教上门评估标准,健全学前康复教育经费投入机制,加强师资队伍建设。(2)落实残疾儿童康复救助制度,加大中央财政资金投入,推动地方制定本地区定点康复机构的相关政策措施。(3)落实《国家残疾预防行动计划(2021—2025年)》,进一步做好残疾预防知识的宣传教育工作和罕见病防治。(4)落实困难残疾人生活补贴和重度残疾人护理补贴制度,发挥好两项补贴对包括未成年残疾人在内的残疾群体的保障作用。

有的出席人员提出,当前我国儿童专用药品种匮乏,3000多种化学药品中儿童专用药不足2%。同时,药物规格很少考虑儿童用药剂量,“用药靠掰、剂量靠猜”问题一直存在。建议:(1)加大儿童专用药品研发支持力度,研究设立儿童用药审评审批专门程序,适当延长儿科新药的监测期和儿童药品的专利保护期,在儿童药品市场率先建立“优质优价”机制。(2)尽快出台儿童用药相关技术指南,鼓励药品上市公司许可持有人加强儿童用药安全性研究,完善药品说明书中儿童用药信息。有的出席人员提出，应完善儿童药品管理制度，规范医师儿童用药处方行为，杜绝儿童医疗中出现滥用抗生素行为。

四、健全儿童健康促进保障机制

有的出席人员提出，应加快构建目标明确、内涵完整、功能完善、保障完备的中国特色儿童健康促进体系，建立健全健康教育、健康监测、健康服务、医疗保障、健康治理等制度体系，汇聚各方资源，合力统筹做好全方位、全生命周期的儿童健康促进工作。建议：(1)将儿童健康理念融入经济、社会、发展政策，儿童健康主要指标纳入政府目标和责任考核，在出台法律、制定政策、编制规划、部署工作时，优先考虑儿童的利益和发展需求。特别是教育、体育、民政、卫生健康、市场监管等行政部门应依据职责、发挥优势，完成好牵头负责的目标和任务。(2)发挥国务院妇女儿童工作委员会作用，进一步授予协调议事机构相关职权，便于开展工作、发挥作用。(3)鼓励公益组织、基金会等社会力量发挥自身优势，配合政府开展工作。

有的出席人员提出，适时启动修改幼儿园管理条例、学校卫生工作条例，适应当前儿童健康工作需要。有的出席人员提出，修改完善基本医疗卫生与健康促进法、精神卫生法等相关法律，或研究制定专门的心理健康促进法，将保护儿童心理健康的有关政策举措和规定及时上升为法律制度。

国务院关于研究处理全国人大常委会固体废物污染环境防治法执法检查报告及审议意见情况的报告

——2022 年 6 月 21 日在第十三届全国人民代表大会常务委员会第三十五次会议上

生态环境部部长　黄润秋

全国人民代表大会常务委员会：

按照全国人大常委会有关工作安排，受国务院委托，现就研究处理固体废物污染环境防治法(以下称固废法)执法检查报告及审议意见情况报告如下，请审议。

固体废物污染防治一头连着减污，一头连着降碳，是生态文明建设的重要内容，也是打好污染防治攻坚战的重要任务。党中央、国务院对此高度重视，习近平总书记多次作出重要指示批示，要求全面禁止洋垃圾入境，普遍推行垃圾分类制度，有力有序治理塑料污染，严厉打击危险废物破坏环境违法行为。李克强总理在《政府工作报告》中指出，要加强固体废物和新污染物治理，推行垃圾分类和减量化、资源化。韩正副总理等领导同志提出明确工作要求。

十三届全国人大常委会把固废法执法检查作为 2021 年监督工作的重点任务，栗战书委员长亲自担任检查组组长开展执法检查，有力推动固废法全面有效实施，为深入打好污染防治攻坚战提供坚强法治保障。

按照国务院工作部署，生态环境部会同最高人民法院、最高人民检察院、发展改革委、教育部、科技部、工业和信息化部等 25 个部门和单位，对照固废法执法检查报告及审议意见，建立包括六大类共 64 条问题的整改措施清单，把立查立改和常态长效整治相结合，逐条逐项抓好法律落实。

一、关于深入学习贯彻习近平生态文明思想，推动绿色低碳循环发展

(一)坚决贯彻落实习近平总书记有关重要指示批示精神。一是不断巩固禁止洋垃圾入境改革成效。生态环境部加强对进口货物固体废物属性鉴别工作的管理，严守再生原料进口关，坚决杜绝变相进口固体废物。海关总署持续强化管控，坚决打击洋垃圾走私。2021 年，全国海关共立案侦办走私废物犯罪案件 110 起，查证涉案废物 4.2 万吨。二是扎实推进生活垃圾分类。住房城乡建设部会

同有关方面督促指导各地依法推动生活垃圾分类工作。2021年，全国297个地级以上城市已开展生活垃圾分类工作，居民小区垃圾分类平均覆盖率达77%，配置分类运输车辆6.6万辆，分类运输能力得到进一步提升。三是强化塑料污染全链条治理。发展改革委、生态环境部印发《"十四五"塑料污染治理行动方案》，开展塑料污染治理联合专项行动。商务部组织开展一次性塑料制品使用、回收报告工作。一次性发泡塑料餐具和塑料棉签等产品基本停止生产，邮政快递业可循环中转袋使用率超过90%。四是稳步推进"无废城市"建设。生态环境部等部门联合印发《"十四五"时期"无废城市"建设工作方案》，推动100个左右地级及以上城市开展"无废城市"建设。浙江、江苏推进全域"无废城市"建设，广东开展"无废湾区"建设，成渝地区启动双城经济圈"无废城市"共建。

（二）坚持系统、精准、依法治理，将"三化"（减量化、资源化、无害化）原则落实到"十四五"有关安排部署中。一是强化源头减量。国务院印发《"十四五"节能减排综合工作方案》，实施节能减排重点工程，推动经济社会全面绿色转型。工业和信息化部印发《"十四五"工业绿色发展规划》，修订完善铜冶炼、铝、铅锌、镁行业规范条件，依法依规淘汰落后产能，全面推行清洁生产。生态环境部会同有关部门发布《"无废城市"建设指标体系（2021年版）》，将工业固体废物产生强度纳入"无废城市"建设必选指标，支撑固体废物源头减量。有关地方积极研究源头治理机制，贵州等地出台磷化工企业"以渣定产"政策。二是推进资源化利用。国务院印发《2030年前碳达峰行动方案》，明确提出到2025年，大宗固废年利用量达到40亿吨左右、生活垃圾资源化利用比例提升至60%左右。经国务院同意，发展改革委发布《"十四五"循环经济发展规划》，推动各地加强资源节约集约利用，全面提高资源利用效率。发展改革委、工业和信息化部、住房城乡建设部等部门出台《关于加快废旧物资循环利用体系建设的指导意见》、《关于加快推动工业资源综合利用的实施方案》、《"十四五"城镇污水处理及资源化利用发展规划》等，推进100个大宗固体废弃物综合利用示范基地和骨干企业、60个工业资源综合利用基地建设工作，明确到2025年城市污泥无害化处置率达到90%以上。三是提升无害化治理能力。国务院办公厅印发《强化危险废物监管和利用处置能力改革实施方案》，发展改革委等部门发布《"十四五"城镇生活垃圾分类和处理设施发展规划》，推动重点地区、重点领域加快补齐环境基础设施建设短板。生态环境部会同有关部门编制印发系列专项规划和行动方案，统筹推进固体废物与水、大气、土壤等环境要素污染防治。截至2021年年底，全国危险废物集中利用处置能力约1.7亿吨/年，是"十二五"末的3.3倍；全国医疗废物集中处置能力215万吨/年，较新冠肺炎疫情发生前的2019年增长39%。

下一步，各有关部门将继续深入贯彻习近平总书记重要指示批示精神，全面落实"十四五"固体废物污染防治各项安排部署，持续将固体废物污染防治与碳达峰碳中和、绿色低碳循环发展等相融合，坚持降碳、减污、扩绿、增长协同推进，扎实推进固废法贯彻实施。同时，以"无废城市"建设为抓手，推动构建固体废物现代化治理体系，制定深化巩固禁止洋垃圾入境工作方案，强化塑料污染全链条治理，进一步推进强化危险废物监管和利用处置能力改革，更好发挥固体废物减量化、资源化、无害化的减污降碳协同增效潜力。

二、关于加快推进法治建设，完善配套法规标准制度

（一）完善配套法规规章。有关部门积极推进危险废物经营许可证管理办法、快递暂行条例修订工作。深入落实固废法相关要求，陆续发布《危险废物转移管理办法》、《尾矿污染环境防治管理办法》等部门规章，着力防控重点领域环境风险。

（二）健全标准政策体系。市场监管总局会同有关部门发布农村生活垃圾收运和处理、含有色金属固体废物回收利用、废铅蓄电池再生处理、车用动力电池回收利用等国家标准，进一步健全固体废物回收处理标准体系。生态环境部发布工业固体废物排污许可证申请与核发、废锂离子动力蓄电池处理污染控制和锰渣污染控制等生态环境标准，印发危险废物排除管理清单、危险废物鉴别工作程序，配合卫生健康委修订《医疗废物分类目录（2021年版）》，不断完善各类固体废物污染防治相关标准及政策。

（三）加快地方立法进程。固废法修订后，各地结合实际加快制定地方性法规。北京等6省（直辖市）相继发布或修订相关地方性法规，天津等13省（自治区、直辖市）已启动有关地方性法规制定修订工作。山西等17省（直辖市）制定修订包含生活垃圾分类相关规定的地方性法规。

下一步，各有关部门将继续推进危险废物经营许可证管理办法、环境污染责任保险等法规规章制定修订工作，抓紧修订生活垃圾填埋场、危险废物贮存污染控制标准，加快出台各类固体废物资源化利用标准，细化固废法相关要求。同时，积极配合最高人民法院、最高人民检察院做好《关于办理环境污染刑事案件适用法律若干问题的解释》修改工作，进一步加强行政执法与刑事司法衔接。

三、关于严格落实法律责任，强化监督执法

(一)切实履行政府及相关部门法定职责。一是强化目标责任制和考核评价制度。各级政府及相关部门对生活垃圾分类、加强危险废物监管和利用处置能力等重要改革任务制定施工图，分解任务、压实责任。住房城乡建设部开展城市生活垃圾分类工作评估，推动省级和地级以上城市建立健全工作责任制。二是加强部门间联动。生态环境部、应急部 2021 年联合赴 4 省(自治区)开展危险废物专项整治督导检查，探索建立安全环保监管联动机制。交通运输部、发展改革委、生态环境部、住房城乡建设部等 4 部门联合推动完善长江经济带船舶和港口污染防治长效机制。福建省应急管理厅与生态环境厅建立危险废物监管部门联动工作机制。三是提升信息化管理与共享水平。2021 年，全国固体废物管理信息系统完成近 60 万家单位的危险废物管理计划备案、500 万余笔转移联单的在线运行。生态环境部建立全国危险废物鉴别信息免费公开服务平台。浙江、江苏等地推动危险废物转移联单与危险货物道路运输电子运单信息对接共享，探索用一个“二维码”对危险废物“管到底”。

(二)推动落实企业主体责任。生态环境部印发《关于开展工业固体废物排污许可管理工作的通知》，将工业固体废物纳入排污许可证实施“一证式”管理。发展改革委等部门印发实施《“十四五”全国清洁生产推行方案》，在钢铁、焦化、建材、有色金属、石化化工等行业选择 100 家企业实施清洁生产改造工程建设。发展改革委会同有关部门印发《关于鼓励家电生产企业开展回收目标责任制行动的通知》，进一步完善生产者责任延伸体系。生态环境部会同银保监会等部门在“无废城市”建设中全面推行危险废物经营单位投保环境污染责任保险。

(三)加快建立区域联防联控机制。23 个省(自治区、直辖市)建立 12 个涉危险废物环境跨区域联防联控或联合执法机制，推动危险废物跨省转移“白名单”试点、处置设施共建共享、联合监管执法等合作，进一步强化京津冀、长三角、珠三角、成渝地区危险废物联合监管。

(四)加大监督执法力度。一是严厉打击违法犯罪。生态环境部、最高人民检察院、公安部自 2020 年起连续两年开展打击危险废物环境违法犯罪专项行动，共查处危险废物环境违法案件 11132 起，罚款 8.86 亿元，向公安机关移送案件 1890 起。新固废法实施以来，各级法院审结危险废物等固体废物污染案件涉及赔偿金额约 53.7 亿元。全国检察机关深入推进为期三年的“公益诉讼守护美好生活”专项监督，办理涉固体废物污染等公益诉讼案件 2.4 万余件。二是持续开展专项整治。生态环境部持续开展全国危险废物专项整治三年行动(2020—2022 年)，截至 2021 年底，前期排查发现的 2.5 万余个危险废物环境风险隐患问题已全部整改完毕。持续开展生活垃圾焚烧发电行业整治，自动监测日均值达标率 99% 以上，环境投诉举报数量同比降低 5%。2021 年，开展黄河流域“清废行动”，清理各类固体废物 882.6 万吨。

下一步，各有关部门将继续强化固体废物污染防治工作目标责任制和考核评价制度，定期开展生活垃圾分类工作成效评估，升级完善监管信息系统，推动实现全过程监控和信息化追溯；持续将固体废物污染防治突出问题纳入中央生态环境保护督察，指导推动地方不断加大监督执法力度，严肃查处各类违法行为。

四、关于坚持问题导向，推动解决固体废物污染防治突出问题

(一)严格落实生活垃圾污染防治。住房城乡建设部等部门持续提升生活垃圾无害化处理与回收利用水平。2021 年，全国 297 个地级以上城市生活垃圾无害化处理量达到 51.4 万吨/日，基本实现无害化处理，其中，焚烧处理能力占总处理能力的 75.2%；生活垃圾回收利用率、资源化利用率进一步提升。农村生活垃圾进行收运处理的自然村比例达 90% 以上。交通运输部、铁路局、民航局督促船舶、铁路、民航运输企业落实新冠肺炎疫情常态化防控措施，重视生活垃圾的收运和处置。

(二)持续提升危险废物环境风险防控水平。中共中央办公厅、国务院办公厅印发《关于深化生态保护补偿制度改革的意见》，探索危险废物跨区

域转移处置补偿机制。生态环境部紧盯重点地区医疗废物处置情况,新冠肺炎疫情下全国医疗废物处置总体平稳有序。认真落实“十四五”规划纲要相关任务,推动建设国家和6个区域性危险废物风险防控技术中心、20个区域性特殊集中处置中心。建立危险废物产生量与处置能力匹配情况及设施运行情况评估机制,目前各省域内处置能力与产废情况总体匹配。

(三)有序减少固体废物存量。有关方面积极推进尾矿污染防治,安排2.9亿元专项资金支持嘉陵江上游3省84座尾矿库实施综合治理,推动黄河流域9省(自治区)按照“一库一策”要求制定尾矿库综合治理方案。生态环境部深入推进长江经济带尾矿库治理情况“回头看”,巩固提升治理成效。住房城乡建设部总结交流35个试点城市等地区经验做法,部署进一步做好建筑垃圾治理和资源化利用工作;山东建成运行建筑垃圾资源化利用处理场所71座,资源化利用比例占60%以上。农业农村部、生态环境部等部门印发《“十四五”全国农业绿色发展规划》、《农业农村污染治理攻坚战行动方案(2021—2025年)》,加强农业固体废物回收利用,全国畜禽粪污综合利用率达76%以上,秸秆综合利用率为87.6%,农膜回收率稳定在80%以上。

(四)有效推动新业态固体废物污染治理。有关部门认真落实《关于加快推进快递包装绿色转型的意见》,初步建立了与绿色理念相适应的快递包装有关法律、标准和政策体系。发展改革委、商务部等部门印发《关于组织开展可循环快递包装规模化应用试点的通知》,工业和信息化部、市场监管总局修订限制商品过度包装强制性国家标准,完善限制过度包装制度体系。邮政局实施“十四五”邮政业绿色发展行动计划,开展邮件快件过度包装和随意包装专项治理。工业和信息化部推动车用动力电池回收利用,截至2021年年底,已组织建成覆盖各省(自治区、直辖市)的1万余个动力电池回收服务网点。建设动力电池运行溯源管理国家平台,建立全生命周期流向监测机制。

下一步,各有关部门将持续坚持问题导向,统筹推进城乡生活垃圾收运处置设施建设,加快补齐厨余垃圾、有害垃圾、污泥、建筑垃圾等处理设施短板,推动城市环卫系统和再生资源系统“两网”融合,开展库容已满生活垃圾填埋设施封场治理,提升既有填埋设施运营管理水平;加强商品过度包装治理工作。同时,高度重视青藏高原等生态脆弱区固体废物污染防治,研究探索风机叶片、光伏太阳能组件等综合利用技术路线。

五、关于强化保障措施,建立多元共治的长效机制

(一)落实收费制度。发展改革委、住房城乡建设部印发《关于推进非居民厨余垃圾处理计量收费的指导意见》,进一步健全收费制度和标准。发展改革委制定《政府定价的经营服务性收费目录清单》,调整经营服务性收费,公开发布生活垃圾、危险废物等处理收费情况。

(二)加大资金投入和财税政策支持力度。财政部、税务总局等部门印发《关于完善资源综合利用增值税政策的公告》、《环境保护、节能节水项目企业所得税优惠目录(2021年版)》、《资源综合利用企业所得税优惠目录(2021年版)》,进一步完善资源综合利用税收优惠政策。印发《土壤污染防治资金管理办法》、《中央生态环境资金项目储备库入库指南(2021年)》,支持开展“无废城市”建设,鼓励各地加强项目储备。生态环境部通过推动地方做好规划、及时发布固体废物相关信息等,引导相关利用处置企业合理布局、健康发展。

(三)加强科技创新和成果转化。生态环境部、工业和信息化部等部门发布《国家先进污染防治技术目录(固体废物和土壤污染防治领域)》、《国家工业资源综合利用先进适用工艺技术设备目录(2021年版)》,推进先进技术创新和产业化应用。科技部实施国家重点研发计划“固废资源化”重点专项。目前,已在大宗工业固体废物等综合利用方面研发取得系列技术突破,并在重点区域形成集成示范。

下一步,各有关部门将持续强化法律实施保障,继续加强生态环境资金项目储备,加快出台绿色金融生态环保项目库入库指南;建立健全固体废物环境管理市场体系,充分发挥社会资本的市场配置作用,促进固体废物资源化利用;推进“固废资源化”和“循环经济关键技术与装备”重点专项组织实施,持续加大先进技术研究和应用力度。

六、关于加快形成全社会共同治理共同保护格局

(一)强化法律解读与宣传培训力度。2021年以来,各级政府部门管理人员和相关企业人员约5万人次接受固废法线上宣贯培训,营造出全社会尊

法、学法、守法、用法的良好氛围。2021 年,297 个地级以上城市开展生活垃圾分类主题宣传活动 19.4 万次,开展校园知识普及和互动实践活动 46 万次。生态环境部、邮政局持续举办“无废城市”建设、绿色快递等宣传活动。

(二)依法做好信息公开工作。生态环境部通过将固体废物污染防治情况纳入中国生态环境统计年报等方式,逐步建立固体废物领域主动公开信息机制。印发企业环境信息依法披露管理办法及格式准则,推动企业依法披露环境信息。截至 2021 年年底,全国共有 489 家生活垃圾处理设施、397 家危险废物和废弃电器电子产品处理设施、1200 多家城市污水处理设施和环境监测设施单位向公众开放,线上线下累计接待参访公众超过 1.55 亿人次。

下一步,各有关部门将面向社会各界常态化开展固废法宣传解读,加大对各级管理部门和企业的专业培训力度,指导地方依法开展信息公开发布工作,持续开放环保设施,进一步激发社会公众的环境保护责任意识。

我们将坚持以习近平新时代中国特色社会主义思想为指导,深入贯彻习近平生态文明思想、习近平法治思想,按照党中央、国务院决策部署,在全国人大及其常委会监督支持下,持续推进固废法实施,依法推动解决固体废物污染环境突出问题,进一步满足人民日益增长的优美生态环境需要,以实际行动迎接党的二十大胜利召开。

对研究处理全国人大常委会固体废物污染环境防治法执法检查报告及审议意见情况报告的意见和建议

6 月 23 日,十三届全国人大常委会第三十五次会议审议生态环境部部长黄润秋受国务院委托作的关于研究处理全国人大常委会固体废物污染环境防治法执法检查报告及审议意见情况的报告,共有 13 人次发言。现根据会议发言情况,将常委会组成人员和列席会议人员的主要意见整理如下。

出席人员普遍认为,十三届全国人大常委会深入学习贯彻习近平生态文明思想,持续加强环境保护领域立法、监督工作,以法治力量助力打好污染防治攻坚战,建设美丽中国。全国人大常委会 2020 年修改固体废物污染环境防治法,2021 年开展相关执法检查,推动法律全面有效实施。国务院及有关部门高度重视全国人大常委会的执法检查报告及审议意见,建立整改措施清单,逐条逐项抓好法律落实,取得明显成效。大家强调,要深入贯彻落实固废法,加强和改进固体废物污染防治工作,确保党中央决策部署的全面贯彻落实。审议中,大家还提出了一些具体意见和建议。

一、统筹推进固体废物减量化、资源化、无害化

有些出席人员提出,固废法确定了减量化、资源化、无害化原则,减量化是第一位的,资源化、无害化是在减量化基础上的跟进举措。应把减量化放在更突出的位置,研究建立固体废物产生总量、产出强度的控制目标;加快传统产业改造升级,从源头落实减量化原则,减少固体废物产生量。应持续加强工业固体废物在建筑材料、道路建设领域的技术研发和推广应用,实现资源化利用。有的出席人员提出,以前对固体废物采用填埋方式处理,不仅占用大量土地,还存在渗滤液污染等隐患,建议推广采用技术先进的垃圾焚烧发电方式处理固体废物。

二、抓紧抓好固体废物污染防治突出问题

有的出席人员认为,废渣、尾废矿等大宗工业固体废物历史欠账较多,特别是南方地区的重金属尾废矿对水质影响较大,甚至影响长江等江河的流域生态,建议将废渣、尾废矿处理作为重点任务,加快推进整治。有的出席人员建议,科学合理布局医疗垃圾处置机构,提升医疗垃圾处理能力,建设医疗垃圾全过程动态监管信息系统。

有些出席人员认为,有些地方的生活垃圾在分类投放、分类收集、分类运输、分类处理等方面存在标准不统一、分类不精准、运转不规范问题,建议推动各地加强垃圾分类各环节设施配备,提升生活垃圾回收利用水平。有的出席人员认为,农村地区生活垃圾处理经费不足问题比较普遍,建议国家、省、市、县按一定比例承担自然村垃圾收运处理费用。

有的出席人员建议，应统筹城乡生活垃圾填埋场、焚烧厂建设布局，用更先进的处理技术、更科学的检测手段、更严格的监管标准，消除因垃圾焚烧、填埋处理产生的二次污染。

三、强化违法行为查处追究

有的出席人员认为，针对非法异地倾倒固体废物等问题，建议进一步严格执法，加大行政执法力度，发挥公益诉讼作用，下大力气治理省际、市际跨区域违法违规倾倒、偷运固体废物问题，斩断固体废物违法处置“黑色产业链”。推动省际间设置固体废物转运综合监测网络，进行全流程监测，建立健全责任追究、横向补偿等机制。

有的出席人员提出，应加大固体废物污染防治科技研发投入力度，建议由国家自然科学基金委专门设置针对固体废物污染防治的基础研究项目。

国务院关于加强和推进老龄工作进展情况的报告

——2022年8月30日在第十三届全国人民代表大会常务委员会第三十六次会议上

国家卫生健康委员会主任　马晓伟

全国人民代表大会常务委员会：

按照全国人大常委会安排，受国务院委托，就加强和推进老龄工作进展情况报告如下，请审议。

党中央、国务院高度重视老龄工作。习近平总书记对老龄工作作出一系列重要指示批示，指出积极应对人口老龄化，事关国家发展和民生福祉，是实现经济高质量发展、维护国家安全和社会稳定的重要举措，强调各级党委和政府要高度重视并切实做好老龄工作，贯彻落实积极应对人口老龄化国家战略，把积极老龄观、健康老龄化理念融入经济社会发展全过程，加大制度创新、政策供给、财政投入力度，健全完善老龄工作体系，强化基层力量配备，加快健全社会保障体系、养老服务体系、健康支撑体系。李克强总理多次主持国务院常务会议对老龄工作作出重要部署，强调要聚焦广大老年人在社会保障、养老、医疗等民生问题上的“急难愁盼”，深化相关改革，健全老龄工作政策、制度和工作机制，推动老龄事业和产业高质量发展。韩正副总理在全国老龄工作会议上对抓好老龄工作重点任务提出明确要求。孙春兰副总理多次召开全国老龄委会议，研究政策措施，部署推进重点工作。王勇国务委员多次部署推进养老服务发展。各地各有关部门深入贯彻习近平总书记重要指示精神，认真落实党中央、国务院决策部署，不断完善政策，狠抓工作落实。

一、工作进展和成效

（一）老龄政策法规体系不断完善。中共中央、国务院先后印发《国家积极应对人口老龄化中长期规划》《关于加强新时代老龄工作的意见》，对积极应对人口老龄化作出系统部署，明确了新时代老龄工作的发展目标和重点任务。全国人大及其常委会不断完善老龄法律体系，修订老年人权益保障法，各省份均制定了相应的配套法规，民法典以及公共文化、基本医疗、公共卫生等领域法律增加了涉老条款。国务院先后印发“十三五”、“十四五”国家老龄事业发展和养老服务体系规划，明确了老龄工作阶段性目标和任务。以国务院或国务院办公厅名义印发多个政策文件，就发展养老服务、完善养老保险和医疗保险制度、发展健康服务业、推进医养结合、制定和实施老年人照顾服务项目、解决老年人运用智能技术困难、发展老年教育等作出安排部署。全国老龄委充分发挥统筹协调作用，组织协调32个成员单位认真履职，细化系列政策举措和标准规范，共同推进老龄事业和产业发展。

（二）养老服务体系建设持续加强。一是完善养老服务支持政策。中共中央办公厅、国务院办公厅印发《关于推进基本养老服务体系建设的意见》，制定国家基本养老服务清单，重点针对老年人面临家庭和个人难以应对的失能、残疾、无人照顾等困难时的基本养老服务需求,由国家提供基础性、普惠性、兜底性的养老服务。国务院印发《关于加快发展养老服务业的若干意见》,国务院办公厅印发《关于全面放开养老服务市场提升养老服务质量的若干意见》《关于推进养老服务发展的意见》《关于促进养老托育服务健康发展的意见》等文件,不断完善促进养老服务发展政策措施。建立养老服务部际联席会议制度,加强养老服务工作协调落实。二是完善多层次养老保障体系。经济困难的高龄、失能老年人补贴制度实现省级全覆盖。将符合条件的困难老年人及时纳入最低生活保障范围,实现应保尽保。残疾人社会福利制度有效覆盖残疾老年人。基本养老保险覆盖面不断扩大,待遇水平稳步提高。截至 2021 年底,全国参加基本养老保险 10.3 亿人。2012 年以来,四次提高全国城乡居民养老保险基础养老金最低标准,2021 年全国城乡居民养老保险月人均养老金达到 179 元。建立企业职工基本养老保险基金中央调剂制度,所有省份实现基金省级统收统支,启动实施全国统筹制度。开展个人税收递延型商业养老保险试点。国务院办公厅印发《关于推动个人养老金发展的意见》,填补了养老保险第三支柱制度空白。持续推动企业年金、职业年金发展。三是增强养老服务供给能力。"十三五"时期,中央财政共计安排约 50 亿元,支持 203 个地区开展居家和社区养老服务改革试点,2021—2022 年共计安排 22 亿元支持实施居家和社区基本养老服务提升行动项目。充分发挥中央预算内投资引导带动作用,开展普惠养老城企联动专项行动,支持培训疗养机构转型发展普惠养老服务。开展普惠养老专项再贷款试点。截至 2022 年第一季度,全国养老服务机构和设施总数为 36 万个,床位 812.6 万张。2021 年,全国 31 个省(自治区、直辖市)设市城市新建居住区配建养老服务设施达标率为 62%。中央预算近 12 亿元支持 43 所优抚医院、28 所光荣院设施建设。四是加快补齐养老服务短板弱项。持续优化中职、高职、本科养老服务相关专业设置,截至 2021 年底,全国高职专科相关专业布点 2308 个,开设护理专业技工院校 462 所,开设老年服务与管理专业技工院校 34 所。开展养老服务人才职业技能提升行动。持续实施康养职业技能培训计划,建设 7 个国家级(康养)高技能人才培训基地。健全县乡村衔接的三级养老服务网络,发展乡村普惠型养老服务和互助性养老。从 2019 年起实施农村敬老院改造提升工程,截至 2021 年底,全国建有各类农村互助养老服务设施 13.25 万个。加强农村留守老年人关爱服务工作,建立空巢和留守老年人定期巡访制度。五是提升养老服务质量。国务院办公厅印发《关于建立健全养老服务综合监管制度促进养老服务高质量发展的意见》,多部门联合印发《关于推进养老机构"双随机、一公开"监管的指导意见》,着力推进养老服务行业综合监管规范化常态化。连续四年开展养老院服务质量建设专项行动。开展民办养老机构消防安全达标提升工程。持续推进养老服务标准化工作,开展养老服务认证。

(三)老年健康服务体系建设扎实推进。一是提高老年人健康管理和服务水平。印发《关于建立完善老年健康服务体系的指导意见》《"十四五"健康老龄化规划》《关于全面加强老年健康服务工作的通知》等文件,对促进健康老龄化、加强老年健康服务体系建设作出部署。全民医保基本实现,基本医疗保险覆盖 13.6 亿人,参保率稳定在 95% 以上。2018 年以来,国家组织药品集中采购覆盖老年患者常见病主流用药,药价平均降幅超过 50%,有效减轻老年患者看病负担。2012—2022 年,基本公共卫生服务经费人均财政补助标准从 25 元提高到 84 元,2021 年在城乡社区获得健康管理服务的 65 岁及以上老年人达到 1.2 亿。将老年健康与医养结合服务纳入基本公共卫生服务项目。不断扩大长期处方、家庭病床等服务覆盖面,80% 以上的社区卫生服务中心和乡镇卫生院可以提供最长 12 周的长期处方服务。加快发展针对老年人的养生保健、疾病防治等中医药健康服务。持续推进残疾人精准康复服务行动,2021 年共为 378.3 万残疾老年人提供基本康复服务。开展健康中国行动老年健康促进行动,在 15 个省份组织开展老年人失能(失智)预防干预试点,提高老年人主动健康能力。开展重大慢性病早期筛查和干预,促进老年人功能健康。加快启动实施科技创新 2030——"癌症、心脑血管、呼吸和代谢性疾病防治研究"重大项目,针对癌症等老年人群高发疾病开展研究,为实现健康老龄化提供科技支撑。老年医学科建设工作逐步推进,截至 2021 年底,二级及以上公立综合性医院设立老年医学科的比例为 53.4%。二是加强老年照护服务。印发《关于加强老年护理服务工作的通知》《关于加快推进康复医疗工作发展的意见》,推动医疗资源丰富地区的部分一级、二级医院转型为护理院、康复医院。开展"互联网 + 护理服务"试点,增加上门护理服务供给。开展老年医疗护理服务试点,建立老年护理需求评估制度。开展信息核查、协调保障、照护服务和监测预警，确认74.6万建档立卡失能贫困老年人，并落实相应照护服务。在91个城市开展安宁疗护试点。将长期护理保险试点扩大至49个城市，参保人员达1.45亿。推动长期护理失能等级评估标准全国规范统一。加强老年护理从业人员培训，推动医疗护理员规范管理。实施安宁疗护服务能力提升项目。三是深入推进医养结合。国务院办公厅转发《关于推进医疗卫生与养老服务相结合的指导意见》，多部门联合印发《关于深入推进医养结合发展的若干意见》《关于进一步推进医养结合发展的指导意见》，完善医养结合政策体系。出台医养结合机构管理指南和服务指南、医疗卫生机构与养老服务机构签约合作服务指南。持续开展医养结合机构服务质量提升行动。实施医养结合示范项目。开展社区医养结合能力提升行动，利用现有资源提升居家社区医养结合服务能力。将老年医学科和医养结合机构医护人员纳入卫生健康紧缺人才培训项目，实施全国医养结合人才能力提升培训项目。截至2021年底，全国共有两证齐全(具备医疗卫生机构资质，并进行养老机构备案)医养结合机构6492个，较2017年底增加76.7%；机构床位总数175万张，较2017年底增加176.9%。全国医养签约近7.9万对，是2017年的6.6倍。四是便利老年人看病就医。全面开展住院费用跨省异地就医直接结算，加快推进门诊费用跨省直接结算。印发《关于开展建设老年友善医疗机构工作的通知》《关于实施进一步便利老年人就医举措的通知》《关于加强老年人居家医疗服务工作的通知》，从老年友善文化、管理、服务、环境等方面方便老年人就医，推出设立老年人快速预检通道等10项举措，加强老年人居家医疗服务，提升老年人获得感和满意度。截至2021年底，全国建成老年友善医疗机构的综合性医院5290个、基层医疗卫生机构15431个，设置老年人“绿色通道”的二级及以上综合性医院超9000家。

(四)老年人社会参与持续扩大。一是发展老年教育。国务院办公厅印发《老年教育发展规划(2016—2020年)》，30个省(自治区、直辖市)出台老年教育规划或政策文件。国家开放大学依托办学体系开展老年教育，成立省级老年开放大学或专门机构，基层设立超过4万个老年教育学习点。积极推进国家老年大学筹建工作。成立首批军休老年大学。二是促进老年人充分参与文体活动。各级公共文化设施均已面向老年人免费开放，各地旅游景点对老年人门票实行减免优惠政策，出台措施提升文化场馆和旅游景区适老化水平。出台《关于进一步加强新形势下老年人体育工作的意见》《关于构建更高水平的全民健身公共服务体系的意见》等，促进老年人积极参与全民健身。公共体育场馆向老年人免费或低收费开放，体育公园设施建设设置老年人健身区。三是鼓励老年人积极发挥作用。切实加强离退休干部职工基层党组织建设。召开全国离退休干部“双先”表彰大会，激励广大离退休干部充分发挥优势和作用。引导和组织广大老同志、老党员助力疫情防控。实施“银龄讲学”“老专家服务基层健康行动”“银龄行动”等，鼓励退休教师、医务人员继续发挥作用。

(五)老年友好型社会建设稳步推进。一是加强老年人优待和权益保障。国务院办公厅印发《关于制定和实施老年人照顾服务项目的意见》，明确了20项老年人照顾服务的重点任务。司法行政机关和法律援助机构将老年人作为法律援助重点服务对象，扩大法律援助范围，健全便老助老服务机制。2012年以来，全国法律援助机构共组织办理老年人法律援助案件109.8万余件。大力查处各类医疗、药品和保健食品广告违法案件。2019年多部门联合开展整治侵害老年人权益“保健”市场乱象“百日行动”，全国共立案21152件。2022年中央政法委牵头，多部门联合开展打击整治养老诈骗专项行动，依法严惩养老诈骗违法犯罪行为。截至2022年8月17日，共破获涉养老诈骗案件1.7万起，抓获嫌疑人3.4万人，打掉养老诈骗团伙2212个，追赃挽损155亿元。二是稳步推进老年宜居环境建设。2019—2021年，全国开工改造城镇老旧小区11.5万个，惠及居民2000多万户，加装电梯5.1万部，增设养老、助餐等各类社区服务设施3万多个。截至2021年底，全国城市社区综合服务设施实现全覆盖，农村社区综合服务设施覆盖率达到79.5%，面向老年人、儿童等群体开展各类服务。“十三五”期间完成16.4万户特殊困难老年人家庭适老化改造，“十四五”期间，将对200万户特殊困难老年人家庭实施基础项目改造和老年用品配置。扎实开展全国示范性老年友好型社区创建工作，命名992个全国首批示范性老年友好型社区。2016—2020年，为近20万名贫困重度残疾老年人进行家庭无障碍改造。印发《2022年推行适老化交通出行服务工作方案》，提升老年人出行便利化水平。三是努力解决老年人运用智能技术困难问题。国务院办公厅印发《关于切实解决老年人运用智能技术困难的实施方案》,围绕与老年人密切相关的高频事项和服务场景,提出了 20 条具体工作措施;建立由国家发展改革委、国家卫生健康委牵头的部际联席会议制度,出台便利老年人出行、就医、缴费、办事等文件 20 余个。依托全国一体化政务服务平台建设老年人办事服务专区,推进政务服务线上线下融合发展,为老年人提供更加便利高效的办事服务。持续开展"智慧助老"行动。设置公安户籍、交管、出入境老年人办证窗口,优化升级"互联网 + 公安政务服务",全面提升老年人公安服务管理水平。各主要网约车平台增设适老"一键叫车"功能,方便老年人打车出行。开展拒收现金公示行动,营造"适老"支付环境。四是大力营造孝亲敬老社会氛围。不断放宽老年人投靠子女落户政策,为行动不便的老年人提供上门办理户口等服务。持续开展人口老龄化国情教育。每年在全国开展"敬老月"活动,对老年人进行走访慰问和关爱帮扶,开展疫情防控、健康促进、普法反诈等宣传。持续开展中国城乡老年人生活状况抽样调查,为制定政策提供数据支撑。开展全国老龄系统先进集体和先进工作者表彰、全国敬老爱老助老活动评选表彰、全国"敬老文明号"创建等活动,实施中华孝亲敬老文化传承和创新工程。

(六)银发经济发展环境不断优化。一是优化产业发展政策环境。印发《关于促进老年用品产业发展的指导意见》,加快构建老年用品产业体系。印发《智慧健康养老产业发展行动计划》,开展智慧健康养老应用试点示范,2017 年以来累计创建示范企业 202 家、示范街道(乡镇)342 个、示范基地 86 个、示范园区 2 个。发布两批《智慧健康养老产品及服务推广目录》,累计遴选出 174 项产品和 179 项服务。持续扩大智能辅具、智能家居、健康监测、养老照护等适老化智能终端产品供给。实施"养老服务 + 行业"行动。将"养老机构""社区和居家养老服务"等纳入《鼓励外商投资产业目录》。二是完善质量监管体系。加大老年用品质量监督抽查力度,持续开展老视成镜等 6 种老年用品产品质量国家监督抽查,2012 年以来,共抽查 852 家企业生产的 1024 批次产品。加强老年用品执法工作,2018—2021 年全国打击侵权假冒工作将老年用品列为重点治理对象。三是加大税收和金融支持力度。出台实施一系列阶段性、有针对性的减税降费政策,释放大规模政策红利,养老产业企业符合条件的可按规定享受相关税收优惠政策。支持符合条件的企业发行养老产业专项债券进行融资,2012 年以来,共发行用于支持养老服务项目建设企业债券 217.9 亿元。

(七)做好新冠肺炎疫情期间老年人防控救治。坚持人民至上、生命至上,将老年人纳入疫情防控总体部署,并予以重点救治保障。一是积极做好老年人疫情防控。完善常态化疫情防控措施,加强老年人疫情防控宣传教育,落实针对居家、社区、机构老年人各项疫情防控措施,推动解决老年人在生活、就医、照护、心理健康等方面遇到的困难。二是全力救治老年患者。加强对老年患者的医疗护理和生活照护,进一步强化人文关怀。注重中西医协同,在治疗新冠肺炎的同时加强基础性疾病治疗,加强重症预警,尽最大努力提高老年患者治愈率。三是稳妥推进老年人新冠病毒疫苗接种工作。周密组织安排,强化医疗保障,切实推动老年人安全接种和应接尽接。截至 2022 年 8 月 9 日,60 岁及以上老年人新冠病毒疫苗接种覆盖人数近 2.4 亿,完成全程接种超过 2.2 亿人,分别占老年人口的 90.44%、85.63%。四是满足老年人特殊收治需求。对方舱医院等设施明确提出适老化要求,增加坐便器、轮椅、扶手、防滑垫等设施,为老年患者就医提供更多便利。

二、面临的形势和主要问题

(一)我国人口老龄化形势严峻。一是老年人口数量多,人口老龄化速度快。1999 年,我国 60 岁及以上老年人口占比超过 10%,进入老龄化社会。截至 2021 年底,全国 60 岁及以上老年人口达 2.67 亿,占总人口的 18.9%;65 岁及以上老年人口达 2 亿以上,占总人口的 14.2%。预计"十四五"时期,60 岁及以上老年人口总量将突破 3 亿,占比将超过 20%。2035 年,60 岁及以上老年人口将增加到 4.2 亿左右,占比将超过 30%。二是人口老龄化区域差异大。从城乡来看,第七次全国人口普查数据显示,在城镇,60 岁及以上老年人现有 1.43 亿,占城镇地区总人口比重为 15.82%;65 岁及以上的有 1 亿,占城镇地区总人口比重为 11.11%。在农村,60 岁及以上老年人 1.21 亿,占农村地区总人口比重为 23.81%,高于城镇约 7.99 个百分点;65 岁及以上老年人 0.9 亿,占农村地区总人口比重为 17.72%,高于城镇约 6.61 个百分点。城镇地区老年人数量比农村多,但农村地区老龄化程度比城镇地区更高。从省际看,2020 年,全国 60 岁及以上人口占辖区人口比重超过 20% 的省份共有 10 个,主要集中在东北、川渝等地区。三是应对人口老龄化任务重。据估算，到2050年前后，我国老年人口规模和比重、老年抚养比和社会抚养比将相继达到峰值。人口老龄化程度不断加深，老年人口持续增加，给社会保障制度可持续发展、公共服务供给带来挑战。

（二）老龄法律法规体系有待进一步健全。目前，老龄领域仅有一部老年人权益保障法，且有待进一步修订完善，配套法规建设也有待加强。老年消费领域的欺诈、纠纷层出不穷，涉老婚姻家庭、侵权等矛盾纠纷排查调解机制有待健全。养老服务法等涉老相关法律法规有待研究制定。

（三）照护服务等供需矛盾较为突出。我国患有慢性病老年人超过1.9亿，失能和部分失能老年人约4000万。失能老年人对生活照料、医疗护理等需求旺盛，但养老服务基础仍比较薄弱，老年医学人才、护理人员短缺。长期护理保险制度仍处于试点阶段，全国统一、覆盖城乡的长期护理保险制度尚未建立。基本养老服务体系有待健全，居家、社区养老服务供给不足，养老机构发展不平衡。医疗机构为社区和居家老年人提供健康服务的能力和积极性有待提高。

（四）对老年人的社会关怀需持续加强。老年人生活配套设施总体上仍然不足，城市道路、公共交通工具等适老化改造力度需持续加大。各类老年大学间资源互通还不够充分。面向老年人的文化产品开发投入等支持有待进一步加强，老年人精神文化生活仍比较单一。很多地方优待政策受户籍制度限制，常住无户籍老年人无法享受当地的老年优待政策。“数字鸿沟”依然存在，需持续完善方便老年人的相关措施。

（五）老年人积极作用有待进一步发挥。第七次全国人口普查结果显示，60岁及以上老年人口中，拥有高中及以上文化程度的人口比重为13.90%，比2010年提高了4.98个百分点；60—69岁的低龄老年人口约1.48亿，占老年人口55.83%。低龄老年人力资源有待开发，保障老年人再就业的法规政策尚需完善。支持老年人开展志愿服务的措施需持续健全。

（六）产业发展仍需加快推进。老龄产品研发相对滞后，老年用品和相关服务标准体系有待健全，金融、人力资源等方面支持政策有待完善，产业发展仍有很大空间。社会力量举办养老机构支持政策仍需完善和推动落实。

（七）老龄工作保障体系有待完善。与日益繁重的积极应对人口老龄化任务相比，我国基层老龄工作机构和人员还存在人手不足、基础薄弱等短板，基层老年人社会组织建设仍较薄弱。一些地方对老龄问题认识仍需深化，涉老政策统筹协调有待加强。

三、下一步工作安排

坚持以习近平新时代中国特色社会主义思想为指导，深入贯彻落实习近平总书记关于老龄工作的重要指示精神，认真落实党中央、国务院决策部署，坚持以人民为中心，实施积极应对人口老龄化国家战略，加快建立健全相关政策体系和制度框架，推动老龄事业高质量发展，走出一条中国特色积极应对人口老龄化道路。

一是进一步加强老龄法制建设。认真贯彻落实老年人权益保障法和民法典等相关法律，加强老年人权益保障法配套法规建设，落实法律援助法，加大老年人法律援助工作力度。围绕老年人的家庭赡养与扶养、社会保障、养老服务、健康服务、社会优待、宜居环境、参与社会发展和法律责任等多个具体领域加强立法工作，适时推动修订老年人权益保障法，做好养老服务法、无障碍环境建设法研究制定工作。严厉打击侵害老年人合法权益的违法犯罪活动。建立完善涉老婚姻家庭、侵权等矛盾纠纷的预警、排查、调解机制。加强老年人权益保障普法宣传，提升老年人识骗防骗能力。完善老年人监护制度。对符合条件的老年人减免法律服务费用，为行动不便的老年人提供上门服务。建立适老型诉讼服务机制，为老年人便利参与诉讼活动提供保障。

二是完善社会保障制度体系。稳妥推进企业职工基本养老保险全国统筹。完善城乡居民基本养老保险制度。坚持量力而行、尽力而为，逐步提高养老保障水平。鼓励发展企业年金、职业年金并规范发展第三支柱养老保险，推动个人养老金发展，多渠道增加老年人养老收入。推进渐进式延迟法定退休年龄改革平稳落地，完善相关配套措施。探索建立互助共济、责任共担的多渠道筹资机制和公平适度的待遇保障机制，稳步建立长期护理保险制度。完善最低生活保障制度，全面落实特困人员救助供养制度，提高特困人员供养服务机构兜底保障能力和服务质量。

三是加快推进养老服务体系建设。新建城区、新建居住区按标准配套建设养老服务设施，老城区和已建成居住区结合城镇老旧小区改造、完整社区建设等补建一批养老服务设施。发挥公办养老机构提供基本养老服务的基础作用。依托和整合现有资源,发展街道(乡镇)区域养老服务中心或为老服务综合体。支持社会力量为老年人提供日间照料、助餐助洁、康复护理等服务。结合实施乡村振兴战略,加强农村养老服务机构和设施建设,鼓励以村级邻里互助点、农村幸福院为依托发展互助式养老服务。到 2025 年,养老服务床位总量达到 900 万张以上、养老机构护理型床位占比达到 55%。

四是健全完善老年健康服务体系。持续实施老年健康促进行动,广泛开展老年人健康知识普及。提高失能、重病、高龄等老年人家庭医生签约服务覆盖率。加强老年人慢性病以及阿尔茨海默病、帕金森病等神经退行性疾病的早期筛查、干预及分类指导。继续做好新冠肺炎疫情期间老年人防控救治。加强二级及以上综合性医院老年医学科建设,到 2025 年,设立老年医学科的二级及以上综合性医院占比达到 60% 以上。通过改(扩)建、转型发展,加强康复医院、护理院建设。鼓励医疗卫生机构依法依规在养老机构设立医疗服务站点,推动医疗卫生机构将上门医疗服务向养老机构拓展。支持医疗资源丰富地区的二级及以下医疗机构转型,开展康复、护理以及医养结合服务。

五是积极促进老年人社会参与。出台促进老年人力资源开发利用的政策措施,充分发挥低龄老年人作用。将老年教育纳入终身教育体系,研究制定老年教育发展政策举措。推动部门、行业企业、高校举办的老年大学面向社会开放办学,到 2025 年,每个县(市、区、旗)至少有 1 所老年大学。完善志愿服务政策措施,深入开展"银龄行动",引导老年人以志愿服务形式积极参与基层民主监督、移风易俗、民事调解、文教卫生等活动。

六是大力推进老年友好型社会建设。推动为老服务行业和领域进行适老化转型升级,为老年人提供友善服务。坚持传统服务方式和智能化服务创新并行,推动解决老年人"数字鸿沟"困难。积极推进全国示范性老年友好型社区建设,加大对道路交通设施、公共交通工具以及老年人住宅等适老化和无障碍改造力度。盘活和整合资源,为老年人提供文化体育活动场所。推广老年人凭身份证等有效证件享受各项优待政策。支持有条件的地方落实外埠老年人同等享受本地优待项目。

七是加快推动老龄产业发展。加强老年辅助器材及产品的研发创新,优先发展老年人护理照料、生活辅助、功能代偿增进等老年辅助科技用品。加快建立完善老年用品和服务的国家标准体系、统一认证制度。优化营商环境,支持发展银发经济,规划布局一批高水平的银发经济产业园区。综合运用规划、土地、住房、财政、投资、融资、人才等支持政策,引导各类主体提供普惠养老服务,落实社会力量举办养老机构支持政策,扩大服务供给,提高服务质量。

八是完善老龄工作保障体系。加强党对老龄工作的全面领导,健全完善国家、省、市、县、乡镇(街道)老龄工作部门协同体系,强化老龄委、老龄办统筹协调、督促检查职能,充分发挥各成员单位积极作用。强化基层老龄工作统筹和力量配备,发挥村(居)民委员会的积极作用,推动老龄工作任务在城乡社区落实落地。推动基层老年协会规范化建设。加快建设适应新时代老龄工作需要的专业技术、社会服务、经营管理、科学研究等人才和志愿者队伍。适应今后一段时间老龄事业发展的资金需求,完善老龄事业发展财政投入政策和多渠道筹资机制,继续加大中央预算内投资支持力度,鼓励和引导社会力量积极参与老龄事业发展。

我们将更加紧密地团结在以习近平同志为核心的党中央周围,坚持以习近平新时代中国特色社会主义思想为指导,在全国人大及其常委会的监督支持下,进一步加强和推进老龄工作,推动老龄事业高质量发展,让老年人共享改革发展成果,以实际行动迎接党的二十大胜利召开!

对加强和推进老龄工作进展情况相关报告的意见和建议

9 月 1 日,十三届全国人大常委会第三十六次会议审议了国家卫生健康委主任马晓伟受国务院委托作的国务院关于加强和推进老龄工作进展情况的报告,全国人大社会委主任委员何毅亭作的全国人大常委会专题调研组关于实施积极应对人口老龄化国家战略、推动老龄事业高质量发展情况的调研报告。共有 41 人次发言。现根据会议发言情况,将常委会组成人员和列席人员的主要意见整理如下。

出席人员普遍认为，党的十八大以来，以习近平同志为核心的党中央高度重视老龄事业，明确积极应对人口老龄化为国家战略。国务院及其有关部门和地方各级党委政府深入贯彻党中央决策部署和习近平总书记重要指示精神，不断完善老龄政策法规体系，持续加强养老服务体系建设，老龄事业发展取得显著成效。两个报告全面总结工作取得的成就，梳理问题系统准确，提出的意见建议切实可行。大家指出，我国人口老龄化面临严峻形势，养老服务供需不平衡、对老年人社会关怀不足、老年人积极作用发挥不够、老龄工作力量薄弱等问题仍然突出。大家强调，要进一步建立健全相关政策体系和制度框架，推动老龄事业和老龄产业高质量发展。审议中，大家还提出了一些具体意见和建议。

一、发展普惠性、大众化的养老服务

部分出席人员提出，发展普惠性、大众化的养老服务，应在兜住困难失能老年人养老这个底线的同时，尊重绝大多数人的养老习惯，完善养老服务供给。建议：(1)建立基本养老服务制度，实行政府购买基本养老服务清单化、项目化，完善政府购买基本养老服务目录。(2)通过土地、房屋、设施、税收等优惠性政策，支持养老服务机构建设，完善公建民营机制，降低社会养老服务成本。(3)大力发展社区养老服务，通过养老护理补贴等政策手段，支持建设具备全托、日托、上门服务、运营家庭照护床位等功能的社区综合养老服务设施。(4)支持居家养老服务进社区、进家庭，制定补贴政策，适当降低准入门槛，鼓励社会力量投资兴办居家养老机构。(5)健全养老服务质量综合评价机制，全面开展养老机构等级评定，建立健全养老服务各类项目规范性标准，加强养老服务质量监管，不断提升养老机构服务水平。

部分出席人员指出，农村人口老龄化问题更为突出，而农村养老服务体系、基础设施建设显著滞后。应着力补齐农村养老供给短板。建议：(1)将发展农村老龄事业纳入乡村振兴建设规划战略目标，中央预算内投资设立相应专项，加大养老服务投入和硬件设施改造建设力度。(2)加强农村敬老院建设，坚持以公办为基础、适当引入市场化经营和社会资金投入，拓展敬老院服务功能，辐射带动农村居家养老服务。(3)积极发展农村互助性养老服务，切实降低农村养老成本。有的出席人员提出，我国有近3亿的农民工群体，他们的老龄化程度不断加深，而其中很多人没有加入职工养老保险，应抓紧研究制定相关政策，更好地保障农民工养老权益。

部分出席人员提出，应进一步强化对失能失智困难老年人的兜底保障。建议：(1)增加养老机构护理型床位供给，满足高龄失能失智老年人护理需求。(2)探索建立长期护理保险制度，制定全国统一的长期护理保险失能等级评估标准，将重度失能老年人纳入保险保障范围。(3)制定落实相关政策，明确养老和医疗服务资源优先覆盖失能失智等困难老年人，完善经济困难高龄失能老年人补贴制度、特殊困难失能留守老年人探访关爱制度。

二、推进医养康养相结合

部分出席人员提出，老年人对医疗健康服务的需求最为迫切，应积极推进医养、康养结合，改善老年人生活品质。建议：(1)深入开展老年人健康知识宣传普及工作。(2)建立完善老年人免费体检、健康信息数据档案等制度，加强老年人群重点慢性病早期筛查、干预及分类指导。(3)加快发展老年人商业健康保险。有的出席人员提出，加强基层医疗单位与养老单位联动协作，通过医联体、医共体、分级诊疗等方式，促进医养自然结合、良性互动。

有的出席人员认为，发展完善居家养老医疗服务机制是推进医养结合的关键。建议：(1)开展老年人居家日常健康监测，建立社区老年人健康档案。(2)积极发展在线问诊、上门医疗等服务，鼓励退休医务人员加入上门医疗服务队伍。(3)完善医保有关规定，调整医保支付制度。将家庭医生根据签约数进行补助，改为收取纳入医保支付体系的上门诊疗费，鼓励家庭医生积极开展上门医疗。(4)完善家庭医生行医地点、开具处方等法律政策规定，消除为老年人提供上门医疗服务的法律和制度障碍。

三、扩大老年人经济社会参与

部分出席人员提出，老年群体是重要的人才资源宝库。目前，我国60至69岁低龄老年人口约占老龄人口的一半，应进一步扩大老年人经济社会参与。建议：(1)加强宣传引导，积极营造“老有所为、老有所用”的社会氛围。(2)通过社会补贴、税收减免等政策,支持老年人再就业,鼓励用人单位聘用老年人。(3)完善推广“时间银行”等做法,倡导老年人参与志愿互助照料服务。(4)积极研究退休改革问题,完善相关制度政策设计,适时出台提高法定退休年龄、弹性退休制度等政策。

四、加强老龄工作制度机制和队伍建设

部分出席人员建议,把应对人口老龄化关键核心指标纳入高质量发展考核评价体系,增强地方各级党委政府抓落实的主动性积极性。进一步加强顶层设计,理顺工作制度机制,更好地解决权限分散、职能任务交叉、业务边界不清等问题,加强老龄工作合力。明确街道、乡镇在老龄工作方面的事权责任,充分发挥基层党组织、村居自治组织在老龄工作中的作用。提升老龄工作数字化水平,整合老龄工作与警务、户籍、医疗、社会保险、社会救助等信息资源,提高老龄工作科学性、精准性。

部分出席人员提出,养老行业劳动强度大、工资待遇低,养老行业普遍面临招工难、人员素质不高等突出问题。建议:(1)建立完善养老服务专项人才激励保障机制。(2)在养老机构或社区设置专门公益性岗位,建立养老服务人员薪资自然增长机制。(3)鼓励校企合作、专业机构建设专门技能培训基地,完善养老服务人才培养体系。(4)稳定医学院校老年医学专业设置和招生比例,支持高等护理院校和中等职业学校开设老年护理学等专业,壮大老年医疗工作队伍。

部分出席人员提出,应进一步加快制定修改无障碍环境建设法、养老服务法、医疗保障法、老年人权益保障法、社会保险法等法律,依法保障老年人合法权益,在法治轨道上推动老龄事业高质量发展。

最高人民法院关于四级法院审级职能定位改革试点情况的中期报告

——2022 年 8 月 30 日在第十三届全国人民代表大会常务委员会第三十六次会议上

最高人民法院院长 周 强

全国人民代表大会常务委员会:

根据本次会议安排,我代表最高人民法院报告四级法院审级职能定位改革试点工作进展情况,请审议。

“完善审级制度”是党的十八届四中全会确定的重要改革举措。2019 年 5 月,中共中央办公厅印发《关于政法领域全面深化改革的实施意见》,将“明确四级法院职能定位”列为重大改革任务。2021 年 5 月,中央全面深化改革委员会审议通过《关于完善四级法院审级职能定位改革的方案》(以下简称《改革方案》),明确了这项改革的目标和内容。2021 年 8 月,第十三届全国人民代表大会常务委员会第三十次会议作出《关于授权最高人民法院组织开展四级法院审级职能定位改革试点工作的决定》(以下简称《授权决定》)。2021 年 9 月,最高人民法院印发《关于完善四级法院审级职能定位改革试点的实施办法》(以下简称《试点实施办法》),于 2021 年 10 月 1 日正式启动试点工作。试点以来,在以习近平同志为核心的党中央坚强领导下,在全国人大及其常委会有力监督下,最高人民法院坚持以习近平新时代中国特色社会主义思想为指导,深入贯彻习近平法治思想,深刻领悟“两个确立”的决定性意义,增强“四个意识”、坚定“四个自信”、做到“两个维护”,推动试点各项工作平稳有序开展。全国人大监察司法委、全国人大常委会法工委多次听取汇报,开展监督指导,有力促进了试点工作落实落地。

一、试点工作开展情况

试点工作在坚持“四级两审制”制度基础上,针对四级法院案件数量结构分布不够合理、审判资源分配不够科学、审级监督作用发挥不够充分等突出问题,从三个方面优化完善四级法院审级职能:一是在试点地区调整适用行政诉讼法第十五条关于级别管辖的规定,推动将审理难度不大、受地方干预少、适宜就地化解的四类行政案件,交由基层人民法院审理。同步完善民事案件级别管辖标准,实

现审判重心进一步下沉。二是改革民事、行政再审申请程序和标准，调整适用民事诉讼法第二百零六条、行政诉讼法第九十条关于再审申请一律“上提一级”的规定，再审纠错职能主要由高级人民法院承担，最高人民法院通过审查纠正法律适用错误，重点发挥统一全国法律适用、监督指导全国法院审判工作职能。三是配套完善案件提级管辖机制，推动具有普遍法律适用指导意义或者关乎重大国家利益、社会公共利益的案件，以及可能存在“诉讼主客场”现象的案件，主要由较高层级法院审理，实现审判资源、案件结构与四级法院职能定位科学匹配。

试点工作启动以来，最高人民法院建立了试点督导落实、情况收集反馈、数据统计汇总、文件审查备案、联席工作会议、政策解读宣传6项工作机制，制定印发25个试点配套规范性文件，指导各试点法院严格落实《授权决定》要求，扎实推进试点各项工作，有效确保试点工作因地制宜、精准落地。

二、试点工作的阶段性成效

经过近一年探索，四级法院审级职能逐步优化，案件结构和分布日趋合理，司法职权配置更加科学，矛盾纠纷化解质效有效提升，人民群众对公平正义的获得感不断增强。实践充分证明，党中央决策部署和全国人大常委会授权决定是完全正确的。

一是审判重心合理下沉，推动矛盾纠纷在基层实现公正高效实质性化解。民事、行政级别管辖标准调整后，各试点法院受理“下沉”的民事、行政一审案件数量增幅有限，审判质量保持稳中向好。试点基层人民法院共受理“下沉”的民事案件9570件，仅占同期全部新收一审民事案件的0.15%，一审民事案件上诉率、二审改发率分别为8.73%、1.25%，较试点前同比分别下降0.2、0.04个百分点；受理“下沉”的四类行政案件11275件，占一审行政案件的6.76%，其中已审结7545件，二审改发率1.74%，较试点初期前三个月下降0.26个百分点，审判质量稳步提升。按照中央司法体制改革部署，最高人民法院积极推进完善司法权制约监督机制，加强对下指导，增强司法能力，防范廉政风险。各高级人民法院积极争取省级组织部门、机构编制部门支持，推动编制、员额配置向基层和办案一线倾斜。各高、中级人民法院通过专题培训、典型案例、审判指引等方式，加强对下审判业务指导。基层人民法院积极参与诉源治理、深化案件繁简分流、加强案件质效监控。上海高院将四类行政案件办案指南嵌入审判业务平台，加强办案流程管理。天津各中院围绕建设工程合同、买卖合同、破产强制清算、民间借贷等案件，出台类案办理指引，统一裁量尺度。陕西高院与当地行政机关联合发布政府信息依申请公开典型案例，指导基层人民法院提高案件办理质量。浙江宁波中院要求辖区基层人民法院对“下沉”案件一律适用普通程序审理，并由院庭长担任审判长，配齐配强审判力量，确保案件质量过硬。

二是提级管辖机制有效激活，高、中级人民法院审理重大典型一审案件职能作用更加凸显。各试点地区高、中级人民法院完善提级管辖机制，细化提级管辖标准，规范工作流程，配套完善繁案精审、类案同判、风险防控、案例转化等机制，有效推动涉及重大利益、具有普遍法律适用指导意义、存在重大法律适用分歧、可能存在不当干预、疑难复杂新类型的一审案件由高、中级人民法院审理，实现案件有上有下、良性运转。试点以来，各高、中级人民法院共提级管辖案件435件，同比增长19.50%，其中23.70%的案件涉及重大国家利益、社会公共利益，33.96%的案件属于在辖区内类型较新、疑难复杂的案件，34.91%的案件具有普遍法律适用指导意义，提级管辖的案件涉及数据权利确权、网络不正当竞争、新业态用工主体资格、“双减”政策下教育培训合同效力等法律问题，涵盖民事、行政、知识产权等领域。广东高院建立全省重点案件逐案跟踪指导制度，扎实做好提级管辖案件的审查审理和风险防范工作。重庆高院对报请提级管辖案件探索要素式审查，突出报请理由、审查意见等关键要素，有效提升审查效率。四川高院将审结的提级管辖典型案件及时转化为参考性案例，相关规则纳入审判业务指导文件，实现审理一件、指导一片。

三是再审程序运行机制持续完善，实现再审依法纠错与维护生效裁判权威相统一。按照试点工作要求，最高人民法院和高级人民法院推动完善再审程序运行机制，案件数量结构不断优化，再审纠错能力水平稳步提升。试点以来，最高人民法院新收民事、行政申请再审审查案件2275件，较试点前下降85.33%，占全部民事、行政案件比例从试点前63.93%降至19.36%，案件数量结构明显优化，有效解决再审申请滥诉和审查程序空转问题。各高级人民法院根据试点工作要求，优化再审职权配置，普遍采取“终审审理和再审申请审查相分离”的模式，强化再审程序制约监督，有效提升再审申请审查质效。试点以来，各高级人民法院受理申请再审审查案件 249323 件，其中受理不服本院终审民事、行政案件的再审申请 16094 件，包括最高人民法院“下交”的再审申请 5428 件，“下交”案件仅占全部申请再审审查案件的 2.18%。各高级人民法院对不服本院终审民事、行政案件的再审申请裁定再审率为 9.08%，裁定再审案件改判率为 28.18%，比同期办理的不服下级法院民事、行政生效裁判申请再审审查和再审案件分别高出 3.37、6.55 个百分点，未出现“高驳回率”和“高维持率”等现象，有效发挥再审依法纠错功能。浙江高院将本院生效裁判的再审申请审查、再审案件审理纳入“四类案件”监管，明确拟改判案件应当由院长提交审判委员会讨论。山东高院修改法官绩效考核办法，明确本院生效裁判再审申请审查案件权重系数及考核方式，建立再审纠错激励机制。

四是最高审判机关职能定位不断优化，更好履行宪法法律赋予的职责。最高人民法院优化审判权力运行机制，建立高级人民法院报请再审提审工作机制，完善繁案精审模式，加大重大典型案件办理力度，健全统一法律适用机制，强化对全国法院审判工作监督指导。试点以来，最高人民法院审结民事、行政二审案件 2712 件，再审提审案件 625 件，解决了算法发明专利无效的判断标准、横向垄断协议行政处罚的计罚基数、授益行政行为中授益相对人的权利义务等一批法律适用问题。出台涉及人身安全保护令、网络消费、反不正当竞争、证券市场虚假陈述侵权民事赔偿、生态环境侵权纠纷惩罚性赔偿、海洋自然资源与生态环境公益诉讼等司法解释 25 个，发布 3 批 20 件指导性案例。召开跨领域专业法官会议 7 次，有效解决重大法律适用分歧 20 余个。建立审判业务文件、参考性案例审查备案制度，审查地方法院审判业务文件 162 个、参考性案例 219 件，确保法律适用标准统一。

五是当事人诉讼权利得到充分保障，人民群众改革获得感不断提升。充分尊重保障当事人程序选择权、利益处分权、诉讼知情权和权利救济权，提高诉讼服务水平，审判质量、效率和公信力不断提升，更好满足人民群众新要求新期待。针对级别管辖调整，各地法院细化明确案件管辖清单，强化立案告知和法官释明，依法公正审理当事人管辖权异议，加强当事人诉权保障。针对提级管辖机制，北京、江苏等地高院建立当事人申请提级管辖机制，充分发挥当事人参与和监督作用。针对再审程序改革，尊重当事人对再审申请提交法院的选择权，严禁各地法院擅自“下交”再审申请审查，杜绝“该立不立”、“敷衍推诿”等问题发生。河南高院畅通引导民事涉诉信访导入申请再审的良性轨道，保障当事人申请再审权利。辽宁等地高院健全法律援助机制，会同司法行政部门法律援助机构帮助当事人便捷、高效、充分行使申请再审权利。

三、试点工作存在的问题和困难

当前，改革试点还存在一些问题和困难亟待解决。

一是试点法院工作开展不平衡。有的法院在落实改革任务上存在“温差”、“落差”，有针对性的改革举措还不多。有的简单照搬上级法院工作举措，在落实级别管辖调整、提级管辖机制等改革举措时，未充分结合本地实际进行细化完善。有的对试点明确的新程序规则理解有偏差，习惯沿用老办法，探索创新不够。

二是试点效果有待进一步提升。受新冠肺炎疫情、旧存积案和结案周期等因素影响，最高人民法院裁定提审案件审结数量不多，重大典型案件示范效果和指导作用有待进一步强化。此外，从提级管辖、一审审理、案件上诉、再审申请审查到再审审理需要经过一个较长过程，试点整体效果还有待充分显现。

三是配套保障机制仍需不断完善。重大典型案件的发现机制不健全，存在渠道单一化、标准不统一、识别不精准等问题，上下级法院在信息共享、沟通协调、程序衔接、案件流转等方面的工作机制还有待完善。部分法院未根据试点后案件数量结构、工作强度、职权配置等变化，优化调整审判业绩考核体系，导致激励约束机制不足。相关改革系统集成有待加强，诉讼收费与四级法院审级职能、程序类型还没有形成合理匹配，再审预收费制度尚未建立，杠杆调节作用发挥不充分，一定程度影响了改革效果。

四、下一步工作举措

目前，四级法院审级职能定位改革试点进入改革攻坚的关键期，推进各项工作任务艰巨、责任重大。最高人民法院将坚持以习近平新时代中国特色社会主义思想为指导，深入贯彻习近平法治思想，深刻领悟“两个确立”的决定性意义，增强“四个意识”、坚定“四个自信”、做到“两个维护”，紧紧依靠全国人大及其常委会的监督和支持，进一步深入推进试点工作，确保圆满完成试点任务，推动完善具有中国特色、符合司法规律的审级制度。

一是强化统筹指导，推动试点工作均衡发展。进一步健全试点工作推进机制，切实发挥最高人民法院牵头抓总、统筹管理、协同推进职能，压实各高级人民法院改革主体责任。会同有关部门开展调查研究、督促检查和实效评估，及时完善试点政策，纠正工作偏差，推动解决部分法院工作滞后、效果不突出等问题。

二是健全配套保障，巩固提升试点工作成效。密切跟踪试点法院整体审判运行态势，强化审判条线业务指导和专项培训，加强基层人民法院案件质效监督管理。健全重大典型案件发现、识别和筛选机制，完善类案检索平台功能，推动精准识别法律适用不统一问题。建立申请再审审查案件和再审案件专项管理机制，确保重大典型案件办理及时、质量过硬。协调有关部门修改完善《诉讼费用交纳办法》，推动建立再审预收费制度，促进增强改革系统集成效应。

三是系统总结经验，适时提出完善立法建议。以本次中期报告为契机，认真做好试点工作的情况分析和经验总结，为民事、行政诉讼法修改提供有力的实证基础。严格按照立法工作有关程序和要求，深入开展修法研究论证工作，广泛听取各方面意见建议，适时提出切合实际的高质量修法建议。

全国人大常委会专门听取和审议四级法院审级职能定位改革试点工作情况的中期报告，充分体现了对改革试点工作的高度重视和关心支持。我们将在以习近平同志为核心的党中央坚强领导下，在全国人大及其常委会有力监督下，深入贯彻落实《改革方案》、《授权决定》和《试点实施办法》要求，认真落实本次会议审议意见，埋头苦干、勇毅前行，确保试点工作取得良好效果，努力让人民群众在每一个司法案件中感受到公平正义，为全面建设社会主义现代化国家作出新的更大贡献，以实际行动迎接党的二十大胜利召开。

对四级法院审级职能定位改革试点情况中期报告的意见和建议

8月31日，十三届全国人大常委会第三十六次会议审议了最高人民法院院长周强作的关于四级法院审级职能定位改革试点情况的中期报告，共有19人次发言。现根据会议发言情况，将常委会组成人员和列席人员的主要意见整理如下。

出席人员普遍认为，十三届全国人大常委会第三十次会议作出改革试点授权决定以来，最高人民法院坚决贯彻党中央决策部署，认真落实全国人大常委会有关决定，试点工作在坚持“四级两审制”制度基础上，调整适用行政诉讼法关于级别管辖的规定，改革民事、行政再审申请程序和标准，配套完善案件提级管辖机制，试点工作平稳有序，取得阶段性成效。出席人员充分肯定最高人民法院的工作，高度评价周强院长的报告，认为报告内容客观，数据详实，思路清晰，举措可行。出席人员强调，开展四级法院审级职能定位改革，对于更好满足人民群众多元司法需求、科学配置审判资源、保证法律正确统一适用具有重大意义。希望最高人民法院继续做好试点“后半篇”文章，确保达成预期效果。审议中，大家还提出了一些具体意见和建议。

一、加强对改革的统筹指导

有些出席人员建议，最高人民法院应充分发挥牵头抓总、统筹管理、协同推进职能，会同有关部门开展调查研究，及时完善试点政策，纠正工作偏差，压实各试点地区高级人民法院改革主体责任。各试点地区高级人民法院应坚持问题导向，加强跟踪问效和督察指导，加大推进力度，解决思想不统一、落实不到位和改革系统性、协同性不强等问题，避免“上头热、中间温、下边凉”，推动改革试点协同发展、均衡发展。

有的出席人员提出，改革后，最高人民法院审判的案件数量大幅减少，应准确把握最高审判机关职能定位，更好发挥审判指导作用，着力提高重大疑难案件和开庭审理案件的办理质量，建立健全再审案件发现和纠错机制，用精品案、优质案为全国各级人民法院做好示范。有的出席人员提出，最高人民法院法官要深入基层，加强调研，多了解一线司法实务实际，确保最高人民法院出台的司法解释具有针对性和可操作性。有的出席人员建议，主动谋划和推动巡回法庭制度改革，统筹好巡回法庭与最高人民法院的关系。

二、充实基层人民法院力量

有些出席人员提出，审判重心合理下沉，审判力量也要相应下沉。建议最高人民法院会同相关部门结合试点工作，全面评估人民法院的人员编制、案件数量、员额法官比例、法官人均办案等实际状况，以案件数量安排员额数量，推动法院内设机构改革和人员编制合理调整，让更多的审判资源向基层一线倾斜。有的出席人员提出，案件下沉是四级法院审级职能定位改革的目的之一，而正在推进的司法人事制度改革注重将更多基层优秀人才遴选到上级人民法院，这在一定程度上加剧基层人民法院“案多人少”矛盾，建议最高人民法院加强统筹，做好不同改革任务、改革政策间的衔接配合工作。

三、推动审判重心合理下沉

有的出席人员提出，实现审判重心下沉，不应是简单地让基层人民法院多审案，关键在于提高一审质量，降低二审改发率。最高人民法院应密切关注民事、行政案件下沉的整体态势和审判情况，加大专项培训、业务指导和监督管理，统一司法尺度，确保下沉案件的审判质量过硬、效率提高。有些出席人员建议，在行政诉讼领域推进改革，应结合行政审判体制机制改革实际，统筹考虑行政案件集中管辖、交叉管辖、异地管辖等实践探索，优化行政审判资源配置，充实行政审判力量，健全行政案件繁简分流和诉调对接机制，推进行政案件诉源治理和多元解纷，规范行政调解运行，促进行政纠纷实质化解。

四、健全提级管辖机制

有些出席人员提出，改革试点实施办法第 4 条明确了 5 种基层人民法院可以报请中级人民法院审理的“特殊类型”案件，但实施中如何“对号入座”还缺少具体的制度安排。建议细化明确报请提级管辖和依职权提级管辖的具体案件标准，避免“上交矛盾”和“不当提级”。有的出席人员提出，实施办法第 4 条第 1 项将涉及重大国家利益、社会公共利益的案件纳入提级范围，建议明确“重大国家利益、社会公共利益”的适用标准。有的出席人员建议，探索建立下级人民法院报请提级管辖和上级人民法院决定提级管辖的工作机制，解决提级不主动、不及时的问题。有的出席人员建议，对在一审前认为情况复杂、没有先例可循、需要创设新规则的案件，可以借鉴国外“飞跃上诉”机制，将案件提交较高层级人民法院乃至最高人民法院审理。有的出席人员提出，切实发挥好提级管辖案件指导示范作用。

五、完善再审程序机制

有些出席人员提出，加强再审程序规范管理，完善对随意提起再审申请的制约机制，同时推动再审程序发挥应有的司法救济效能。有些出席人员提出，诉讼收费制度不合理，是造成再审申请“零门槛”、“低成本”、“滥诉”的原因之一。建议修改诉讼费用缴纳办法，使诉讼收费与四级法院审级职能、程序类型合理匹配，探索建立再审预收费制度，完善对随意提起再审申请的制约机制。

六、做好“后半篇”文章

有些出席人员提出，最高人民法院应认真梳理改革经验，抓紧推进民事诉讼法、行政诉讼法等法律的修改工作。有的出席人员建议，审级职能定位改革是一项关系人民群众切身利益的重要改革，需要广泛凝聚共识、取得社会认可。建议最高人民法院主动回应人民群众对于行政案件下沉、再审程序改革的误解和顾虑，宣传好解读好改革试点工作，提升透明度和公开性，赢得更多理解、信任和支持。

国务院关于数字经济发展情况的报告

——2022年10月28日在第十三届全国人民代表大会常务委员会第三十七次会议上

国家发展和改革委员会主任 何立峰

全国人民代表大会常务委员会：

按照全国人大常委会监督工作计划安排，受国务院委托，现就数字经济发展情况报告如下，请审议。

党的二十大对加快建设数字中国作出重要部署。习近平总书记强调，要站在统筹中华民族伟大复兴战略全局和世界百年未有之大变局的高度，统筹国内国际两个大局、发展安全两件大事，充分发挥海量数据和丰富应用场景优势，促进数字技术和实体经济深度融合，赋能传统产业转型升级，催生新产业新业态新模式，不断做强做优做大我国数字经济。李克强总理指出，要加快数字化发展，打造数字经济新优势，协同推进数字产业化和产业数字化转型，加快数字社会建设步伐，提高数字政府建设水平，营造良好数字生态，建设数字中国。栗战书委员长对相关工作作出重要批示，韩正副总理等国务院领导同志提出明确要求。发展改革委会同有关方面认真贯彻落实党中央、国务院决策部署，牵头建立数字经济发展部际联席会议制度，扎实做好数字经济发展各项工作。

一、我国数字经济发展成效显著

党的十八大以来，我国深入实施网络强国战略、国家大数据战略，先后印发数字经济发展战略、“十四五”数字经济发展规划，有关部门认真落实各项部署，加快推进数字产业化和产业数字化，推动数字经济蓬勃发展。十年来，我国数字经济取得了举世瞩目的发展成就，总体规模连续多年位居世界第二，对经济社会发展的引领支撑作用日益凸显。

（一）数字基础设施实现跨越式发展。统筹谋划新型基础设施建设布局，加快推动高速泛在、天地一体、云网融合、智能敏捷、绿色低碳、安全可控的智能化综合性数字基础设施建设。一是信息通信网络建设规模全球领先。深入实施“宽带中国”战略，建成了全球最大的光纤和移动宽带网络，光缆线路长度从2012年的1479万公里增加到2021年的5481万公里，增长2.7倍。截至2022年7月，我国已许可的5G中低频段频谱资源共计770MHz，许可的中低频段频率资源总量位居世界前列，累计建成开通5G基站达196.8万个。网络基础设施全面向IPv6演进升级，IPv6活跃用户数达6.97亿。深入实施工业互联网创新发展战略，网络、平台、安全体系以及工业互联网标识解析体系基本建成。二是信息通信服务能力大幅提升。我国移动通信实现从“3G突破”到“4G同步”再到“5G引领”的跨越，6G领域的愿景需求研究、关键技术研发、国际交流合作加快。互联网普及率从2012年的42.1%提高到2021年的73%，上网人数达10.32亿人，移动电话用户总数达16.43亿户，其中5G移动电话用户达3.55亿户，约占全球的四分之三。面向中小企业连续4年推进宽带和专线降费，让利超过7000亿元。相比2012年，宽带网络平均下载速率提高近40倍，移动网络单位流量平均资费降幅超95%。三是算力基础设施达到世界领先水平。全国一体化大数据中心体系基本构建，“东数西算”工程加快实施。截至2022年6月，我国数据中心机架总规模超过590万标准机架，建成153家国家绿色数据中心，行业内先进绿色中心电能使用效率降至1.1左右，达到世界领先水平。建成一批国家新一代人工智能公共算力开放创新平台，以低成本算力服务支撑中小企业发展需求。

（二）数字产业创新能力加快提升。深入实施创新驱动发展战略，推进关键核心技术攻关，加快锻造长板、补齐短板，构建自主可控产业生态。一是关键核心技术取得突破。数字技术研发投入逐年上升，量子计算原型机、类脑计算芯片、碳基集成电路等基础前沿领域取得原创性突破，人工智能、区块链、物联网等新兴领域形成一批自主底层软硬件平台和开源社区，关键产品技术创新能力大幅提升，初步形成规模化应用效应。二是产业创新活力不断提升。产业创新能力取得突破性进展，2021年我国数字经济核心产业发明专利授权量达27.6万件，占同期全社会发明专利授权量的 39.6%。关键数字技术中人工智能、物联网、量子信息领域发明专利授权量居世界首位。不断发挥金融支持数字经济发展作用，深化股票发行注册制改革，2021 年至 2022 年 6 月，近 150 家数字经济相关企业在主板、科创板、创业板完成首发上市，募集资金近 3000 亿元。持续扩大数字经济产业中长期贷款投放，截至 2022 年 6 月末，计算机、通信和其他电子设备制造业中长期贷款余额 1.48 万亿元。三是数字产业快速成长。数字经济核心产业规模加快增长，全国软件业务收入从 2012 年 2.5 万亿元增长到 2021 年 9.6 万亿元，年均增速达 16.1%。截至 2021 年，我国工业互联网核心产业规模超过 1 万亿元，大数据产业规模达 1.3 万亿元，并成为全球增速最快的云计算市场之一，2012 年以来年均增速超过 30%。

（三）产业数字化转型提档加速。深入推进企业“上云用数赋智”，加快推动工业互联网、数字商务、智慧农业发展，促进传统产业全方位、全链条转型升级。一是制造业数字化转型持续深化。信息化和工业化融合不断走深向实，企业数字技术应用水平显著提升。截至 2022 年 6 月底，我国工业企业关键工序数控化率、数字化研发设计工具普及率分别达 55.7%、75.1%，比 2012 年分别提升 31.1 个和 26.3 个百分点。截至 2022 年 7 月底，“5G + 工业互联网”建设项目超过 3100 个，形成一系列新场景、新模式、新业态。全国具备行业、区域影响力的工业互联网平台超过 150 个，重点平台工业设备连接数超过 7900 万台套，服务工业企业超过 160 万家，助力制造业降本增效。智能制造工程深入实施，通过智能化改造，110 家智能制造示范工厂的生产效率平均提升 32%，资源综合利用率平均提升 22%，产品研发周期平均缩短 28%，运营成本平均下降 19%，产品不良率平均下降 24%。二是服务业数字化水平显著提高。全国网络零售市场规模连续 9 年居于世界首位，从 2012 年的 1.31 万亿元增长到 2021 年的 13.1 万亿元，年均增速达 29.15%。近年来，我国电子商务交易额保持快速增长，由 2012 年的 8 万亿元增长至 2021 年的 42.3 万亿元，年均增长 20.3%。电子商务、移动支付规模全球领先，网约车、网上外卖、数字文化、智慧旅游等市场规模不断扩大。三是农业数字化转型稳步推进。2021 年，农作物耕种收综合机械化率超过 72%，农机应用北斗终端超过 60 万台套，产品溯源、智能灌溉、智能温室、精准施肥等智慧农业新模式得到广泛推广，大幅提高了农业生产效率。

（四）公共服务数字化深入推进。加快推进数字政府建设，不断提升数字化公共服务水平。一是“互联网 + 政务服务”取得显著成效。全国一体化政务服务平台基本建成，“一网通办”“异地可办”“跨省通办”广泛实践。全国 96.68% 的办税缴费事项实现“非接触式”办理，全面数字化电子发票试点稳步推进，电子发票服务平台用户数量突破千万级。联合国电子政务调查报告显示，我国电子政务在线服务指数排名从 2012 年全球第 78 位提高到目前的第 9 位，企业、群众办事更加便捷高效。二是数字惠民水平不断提升。全国中小学（含教学点）互联网接入率达 100%，住房公积金小程序服务 1.64 亿缴存人，社会保障卡持卡人数达 13.63 亿人，电子社保卡领用人数达 6.19 亿人，全国已审批设置 1700 多家互联网医院。在抗击新冠肺炎疫情期间，线上教学、互联网诊疗、线上健身等线上服务和无接触配送有力保障了居民需求。三是数字城乡建设纵深推进。新型智慧城市建设取得积极进展，城市信息模型平台和运行管理服务平台建设稳步推进，全国国土空间规划数字化监管平台基本建成，数字孪生流域、水网、水利工程加快建设，智慧交通、应急、广电等建设成效显著。数字乡村建设加快推进，促进乡村宜居宜业、农民富裕富足。全国现有行政村全面实现“村村通宽带”，农村通信难问题得到历史性解决。乡村治理数字化助力强村善治，党务、村务、财务“三务”在线公开率超过 70%。乡村信息服务体系逐步健全，累计建设运营益农信息设施 46.7 万个，提供各类服务 9.8 亿人次。“互联网 +”农产品出村进城带动农民增收，2021 年全国农产品网络零售额达 4221 亿元。

（五）网络安全保障和数字经济治理水平持续提升。在全国人大的指导推动下，加快健全法律法规体系，强化网络安全机制、手段、能力建设，完善数字经济治理体系，提升网络风险防范能力，推动数字经济健康发展。一是法律和政策制度体系逐步健全。相继颁布实施《网络安全法》《电子商务法》《数据安全法》《个人信息保护法》，修改《反垄断法》，制定新就业形态劳动者权益保障政策。中央全面深化改革委员会第二十六次会议审议通过了《关于构建数据基础制度更好发挥数据要素作用的意见》，初步构建了数据基础制度体系的“四梁八柱”。二是网络安全防护能力持续增强。建立网络安全监测预警和信息通报工作机制，持续加强网络安全态势感知、监测预警和应急处置能力。完善关键信息基础设施安全保护、数据安全保护和网络安全审查等制度，健全国家网络安全标准体系，完善数据安全和个人信息保护认证体系，确保国家网络安全、数据和个人隐私安全。基本建成国家、省、企业三级联动的工业互联网安全技术监测服务体系。三是数字经济治理能力持续提升。建立数字经济部际联席会议等跨部门协调机制，强化部门间协同监管。提升税收征管、银行保险业监管、通关监管、国资监管、数字经济监测和知识产权保护、反垄断、反不正当竞争、网络交易监管等领域的信息化水平，推动"智慧监管"。有序推进金融科技创新监管工具试点、资本市场金融科技创新试点、网络市场监管与服务示范区等工作，探索新型监管机制。

（六）数字经济国际合作行稳致远。习近平总书记在第二届世界互联网大会上提出"构建网络空间命运共同体"理念，深入阐释全球互联网发展治理的"四项原则""五点主张"，得到国际社会积极响应和广泛认同。习近平总书记在二十国集团（G20）罗马峰会上宣布中方将申请加入《数字经济伙伴关系协定》（DEPA），彰显中国开放姿态。我与各方以此为遵循，推进高质量共建"一带一路"，加强在网络基础设施、数字产业、网络安全等方面的合作，建设21世纪数字丝绸之路，与世界各国人民共享数字经济发展红利。一是积极提出"中国倡议"。提出全球发展倡议，将数字经济作为倡议重点领域。发起《携手构建网络空间命运共同体行动倡议》《"一带一路"数字经济国际合作倡议》《金砖国家数字经济伙伴关系框架》《金砖国家制造业数字化转型合作倡议》等，共同构建和平、安全、开放、合作、有序的网络空间。截至目前，已与16个国家签署"数字丝绸之路"合作谅解备忘录，与24个国家建立"丝路电商"双边合作机制，中国—中东欧国家、中国—中亚五国电子商务合作对话机制建设取得积极进展，中国—东盟信息港、中阿网上丝绸之路建设成效日益显著。二是推动共享"中国红利"。主办"一带一路"国际合作高峰论坛、世界互联网大会等国际会议，搭建全球数字经济交流合作平台。累计建设34条跨境陆缆和多条国际海缆，推动网络基础设施互联互通。中国电商平台助力全球中小企业开拓中国市场，2021年我国跨境电商进出口规模近2万亿元。在非洲20多个国家实施"万村通"项目，共享数字经济发展红利。加强人才交流，举办系列研修研讨，实施学历学位项目，积极分享产业创新升级、数字经济等领域实践经验。三是积极提供"中国方案"。深度参与数字经济国际治理，推进G20、亚太经合组织机制下数字经济合作，推动构建开放、公平、非歧视的数字营商环境，促进数字创新、数字技能与素养、数字化转型等务实合作，引导包容性规则制定。

成绩来之不易，经验弥足珍贵。十年来的成绩，根本在于以习近平同志为核心的党中央的坚强领导，有习近平新时代中国特色社会主义思想的科学指引，习近平总书记的系列重要指示批示，为推动数字经济发展指明了方向，提供了根本遵循；在于中国特色社会主义制度的优越性和先进性，为我国从工业经济向数字经济时代迈进提供了前提和基础；在于充分发挥集中力量办大事的制度优势，为提高数字技术基础研发能力，打好关键核心技术攻坚战提供了条件和可能；在于依托超大规模市场和完备产业体系优势，为数字技术快速大规模应用和迭代升级，新业态新模式蓬勃发展创造了机会和空间。十年来的探索，深化了我们对数字经济发展趋势和规律的认识，只有正确处理好国内和国际、发展和安全、政府和市场的关系，牢牢牵住数字关键核心技术自主创新这个"牛鼻子"，不断推进数字技术与实体经济深度融合，赋能传统产业转型升级，催生新产业新业态新模式，才能为数字经济发展注入源源不断的动力。十年来的实践，坚定了我们推动数字经济发展的信心，只要坚决贯彻落实党中央决策部署，勇于进取、攻坚克难、奋发作为，完全有能力有条件战胜任何艰难险阻、应对各种风险挑战，不断做强做优做大我国数字经济。

二、当前面临的总体形势

当今世界正经历百年未有之大变局，我国数字经济发展的内外部环境正在发生深刻变化，既有错综复杂国际环境带来的新矛盾新挑战，也有我国社会主要矛盾变化带来的新特征新要求。

放眼全球，新一轮科技革命和产业变革深入发展，互联网、大数据、云计算、人工智能、区块链等数字技术创新活跃，数据作为关键生产要素的价值日益凸显，深入渗透到经济社会各领域全过程，数字化转型深入推进，传统产业加速向智能化、绿色化、融合化方向转型升级，新产业、新业态、新模式蓬勃发展，推动生产方式、生活方式发生深刻变化，数字经济成为重组全球要素资源、重塑全球经济结构、改变全球竞争格局的关键力量。世界主要国家都在加紧布局数字经济发展，制定战略规划、加大研发投入，力图打造未来竞争新优势。

立足国内，党的二十大擘画了以中国式现代化全面推进中华民族伟大复兴的使命任务，明确了未来五年是全面建设社会主义现代化国家开局起步的关键时期，作出了加快构建新发展格局，着力推动高质量发展的重要部署，对推进数字技术创新、深化数字化转型、建设数字中国提出了更高要求。我国网民数量、数据资源、数字化应用场景全球领先，人民日益增长的美好生活需要还将催生更大规模、更加多元的内需市场，将为数字经济发展创造无限可能。还要看到，我国数字经济发展的外部环境也在发生深刻变化，个别国家为维护自身科技垄断和霸权地位，遏制打压我国数字技术和数字产业创新发展，我们必须把数字技术的命脉牢牢掌握在自己手中，在科技自立自强上取得更大进展，才能不断提高我国发展的竞争力和持续性，在日趋激烈的国际竞争中把握主动、赢得未来。

与此同时，我国数字经济还存在大而不强、快而不优等问题，突出表现在四个方面：一是关键领域创新能力不足。在操作系统、工业软件、高端芯片、基础材料等领域，技术研发和工艺制造水平落后于国际先进水平。二是传统产业数字化发展相对较慢。农业、工业等传统产业数字化还需深化，部分企业数字化转型存在“不愿”“不敢”“不会”的困境，中小企业数字化转型相对滞后。三是数字鸿沟亟待弥合。不同行业、不同区域、不同群体的数字化基础不同，发展差异明显，甚至有进一步扩大的趋势。四是数字经济治理体系还需完善。适应数字经济发展的规则制度体系有待健全，数据要素基础制度体系尚在建设，既能激发活力又能保障安全的平台经济治理体系需要完善，与相关法律法规配套的各类实施细则亟待出台，数字经济国际治理参与度需进一步提升。跨部门协同、多方参与的治理机制还需完善，治理能力仍需持续提高。

“十四五”时期是我国全面建成小康社会、实现第一个百年奋斗目标之后，乘势而上开启全面建设社会主义现代化国家新征程、向第二个百年奋斗目标进军的第一个五年。面向未来，我们要保持战略定力，充分发挥我国社会主义制度优势、新型举国体制优势、超大规模市场优势，强化目标导向和问题导向，牢牢抓住数字技术发展主动权，把握新一轮科技革命和产业变革发展先机，大力发展数字经济。

三、下一步工作安排

以习近平新时代中国特色社会主义思想为指导，深入贯彻党的二十大精神，按照党中央、国务院决策部署和全国人大常委会审议意见要求，统筹国内和国际、发展和安全，坚持科技自立自强，以数据为关键要素，以推动数字技术与实体经济深度融合为主线，以协同推进数字产业化和产业数字化，赋能传统产业转型升级为重点，以加强数字基础设施建设为基础，以完善数字经济治理体系为保障，不断做强做优做大我国数字经济。到 2025 年，数字经济迈向全面扩展期，数字化创新引领发展能力大幅提升，智能化水平明显增强，数字技术与实体经济深度融合取得显著成效，具有国际竞争力的数字产业集群初步形成，数字经济治理体系更加完善，我国数字经济竞争力和影响力稳步提升。展望 2035 年，数字经济迈向繁荣成熟期，力争形成统一公平、竞争有序、成熟完备的数字经济现代市场体系，数字经济发展基础、产业体系发展水平位居世界前列。

（一）集中力量推进关键核心技术攻关，牢牢掌握数字经济发展自主权。以国家战略需求为导向，瞄准全球数字技术基础前沿领域和关键核心技术重大问题，积聚力量进行原创性引领性数字技术攻关。加大集成电路、新型显示、关键软件、人工智能、大数据、云计算等重点领域核心技术创新力度。着力提升基础软硬件、核心电子元器件、关键基础材料和智能制造装备的供给水平，加快锻造长板、补齐短板。打造原创技术策源地，强化原创技术供给，建设新型创新主体，培育创新生态体系。推动数字技术成果转化，以数字技术与各领域融合应用为导向，优化创新成果快速转化机制，打造安全可靠、系统完备的产业发展生态。

（二）适度超前部署数字基础设施建设，筑牢数字经济发展根基。完善信息通信网络建设，深入实施新型基础设施建设专项，持续推动 5G 网络规模化部署和融合应用，积极培育垂直行业应用场景，建设面向重点区域和重点行业的人工智能基础设施，优化 IPv6 性能和服务能力。加快建设空间信息基础设施，系统推进北斗产业化重大工程，推进构建民商统筹、集约高效的卫星遥感系统，加强民用遥感卫星应用，建设高低协同的卫星通信系统，推动卫星互联网加快发展。统筹布局绿色智能的数据与算力基础设施，推进“东数西算”工程，建设完善全国一体化大数据中心体系，加快国家绿色数据中心建设。全面发展融合基础设施，加强工业互联网新型基础设施建设，推动车联网部署应用，加快交通、能源、民生、文化、环境等领域基础设施数字化改造。

（三）大力推动数字产业创新发展，打造具有国际竞争力的产业体系。聚焦人工智能、先进计算等重点领域，培育一批掌握关键核心技术、具有国际竞争力的生态主导型企业。加强面向多元化应用场景的技术融合和产品创新，打好关键核心技术攻坚战，提升产业链关键环节竞争力，保障产业链供应链稳定。不断培育壮大云计算、大数据、区块链、工业软件等数字产业，探索建设中国特色的开源生态。推动数字产业集群化发展，高质量建设中国软件名城、名园，提升软件产业集聚度，打造世界级数字经济产业集群。充分激发市场活力，支持互联网企业不断加强技术创新，提升核心竞争力，鼓励平台企业依托市场、技术、数据等优势，赋能实体经济，支持平台企业不断提升国际化发展水平。

（四）加快深化产业数字化转型，释放数字对经济发展的放大、叠加、倍增作用。加快装备数字化发展，组织专项工程，打造标杆企业，发挥数字协同平台等公共服务平台以及龙头骨干企业的赋能作用，带动中小企业数字化改造，提升"上云用数赋智"水平。推动新一代信息技术与制造业融合发展，实施制造业数字化转型发展行动、工业互联网创新发展战略、智能制造工程，深化"5G＋工业互联网"融合发展，推动建设5G全连接工厂，加快培育"专精特新"企业和制造业单项冠军企业，建立工业互联网安全分类分级管理制度，完善公共服务体系，丰富解决方案供给，加快提升工业大数据价值。组织实施数字化绿色化协同转型发展行动计划，推动数字产业绿色低碳发展，加快数字技术赋能行业绿色化转型。推进"三农"综合信息服务，创新发展智慧农业，提升农业数字化水平。大力发展数字商务，持续推进"数商兴农"，创新发展数字内容，培育新兴文化业态，加快商贸、物流、金融等服务业数字化，促进一二三产业融合发展。培育转型支撑服务生态，布局数字化转型促进中心，降低数字化转型门槛。

（五）持续提升数字公共服务水平，不断满足人民美好生活需要。推动政务信息化共建共用，持续提高"互联网＋政务服务"效能，强化政务数据共享和业务协同，提升政务服务标准化、规范化、便利化水平。深化"互联网＋社会服务"，推进教育教学、体育健身、医疗健康、文化服务等领域数字化，提高公共服务资源数字化供给和网络化服务水平。强化就业、社保、养老、托育、助残等重点民生领域社会服务供需对接，加快完善全国统一的社会保险公共服务平台，提升服务资源配置效率和共享水平。加大适老化智能终端供给，加快推动信息无障碍建设，运用数字技术为弱势群体生活、就业、学习等增加便利。统筹推进智慧城市和数字乡村融合发展，大力推进新型城市基础设施建设，加快智能设施和公共服务向乡村延伸覆盖，推进城乡要素双向自由流动，形成以城带乡、共建共享的数字城乡融合发展格局。

（六）不断完善数字经济治理体系，推动数字经济规范健康持续发展。依托数字经济部际联席会议等机制，强化部门协同，加强各项政策协调。加快出台数据要素基础制度及配套政策，推进公共数据、企业数据、个人数据分类分级确权授权使用，构建数据产权、流通交易、收益分配、安全治理制度规则，统筹推进全国数据要素市场体系。持续深化对数字经济发展规律的研究，统筹发展和安全，完善制度体系，规范投资审查流程和办法，细化反垄断执法标准，加强灵活就业和新业态形态劳动者权益保障，增强市场主体活力。支持和引导平台经济规范健康持续发展，完成平台经济专项整改，实施常态化监管，集中推出一批"绿灯"投资案例。完善数字经济统计监测，积极开展数字经济统计核算与分析，完善数字经济统计方法制度，及时反映数字经济发展态势。

（七）全面加强网络安全和数据安全保护，筑牢数字安全屏障。贯彻国家网络安全、数据安全等法律法规，落实网络安全等级保护、关键信息基础设施安全保护等制度要求，强化网络、数据等安全保障体系建设，健全网络应急事件预警通报和应急处置机制，强化网络安全技术措施同步规划、同步建设、同步使用要求，推动网络安全产业高质量发展，增强网络安全防护能力。建立健全数据安全治理体系，完善数据分类分级保护制度，规范数据全生命周期管理，加强数据跨境流动安全管理，推动数据安全产业发展，加强个人信息保护，提升数据安全保障水平，提升防诈反诈技防水平，完善长效治理机制。强化数字经济安全风险综合研判，防范各类风险叠加可能引发的经济风险、技术风险和社会稳定问题。

（八）积极参与数字经济国际合作，推动构建网络空间命运共同体。推进全球发展倡议，落实全球发展高层对话会数字经济领域成果，在联合国贸发会议、金砖国家、上合组织、东盟等多边和区域框架下开展数字经济交流合作。主动参与多边机制和国际组织数字经济议题谈判，积极推进加入《数字经济伙伴关系协定》（DEPA），在世界贸易组织、《区域全面经济伙伴关系协定》(RCEP)等框架下推动电子商务规则构建,开展双多边数字经济治理合作,构建良好国际环境。加快贸易数字化发展,大力发展跨境电商,继续加强跨境电商综试区建设,打造跨境电商产业链和生态圈。务实推进数字经济交流合作,推动“数字丝绸之路”走深走实,拓展“丝路电商”全球布局。鼓励数字经济企业“走出去”,提升国际化运营能力,高质量开展智慧城市、电子商务、移动支付等领域合作。

我们将在以习近平同志为核心的党中央坚强领导下,增强“四个意识”,坚定“四个自信”,做到“两个维护”,切实把思想认识行动统一到习近平总书记重要讲话和指示批示精神上来,坚定不移贯彻落实党中央、国务院决策部署,按照本次会议审议提出的意见,积极采取有效举措,不断做强做优做大我国数字经济,为推动我国经济高质量发展提供有力支撑。

对数字经济发展情况报告的意见和建议

10月29日,十三届全国人大常委会第三十七次会议审议了国家发展和改革委员会主任何立峰受国务院委托作的关于数字经济发展情况的报告,共有19人次发言。现根据会议发言情况,将常委会组成人员和列席会议人员的主要意见整理如下。

出席人员普遍认为,党的十八大以来,在以习近平同志为核心的党中央坚强领导下,国务院及其有关部门、地方各级政府深入贯彻实施网络强国战略、数字经济发展战略,加快推进数字产业化和产业数字化,推动我国数字经济取得举世瞩目的发展成就。出席人员充分肯定国务院的专项报告,普遍认为全国人大财经委的调研报告实事求是、重点突出,建议务实中肯,希望国务院及其有关部门认真研究处理。出席人员强调,要坚持以习近平新时代中国特色社会主义思想为指导,深刻认识我国数字经济发展内外部环境正在发生的重大变化,准确把握我国数字经济转向深化应用、规范发展、普惠共享的新阶段,不断做强做优做大我国数字经济。审议中,大家还提出了一些具体意见和建议。

一、深化对数字经济的认识

有的出席人员提出,数字经济深刻改变着人民生产生活方式,既创造新机遇,也带来新挑战。有的数字经济模式催生了新业态,带来新兴岗位和灵活就业机会,同时也造成实体行业效益下降、传统岗位减少、收入分配差距拉大等问题;数字技术提高了信息收集处理能力,但也带来数据泄露、侵犯隐私等问题。应坚持以系统思维深化对数字经济的认识,深入研究数字技术、数字经济对人的思维方式、行为方式、生活方式等方面的影响,为更好发展数字经济、适应数字社会做好准备、营造条件。有的出席人员提出,数字经济规模占GDP的比重与其纳税规模不成比例,纳税明显偏少,一方面反映出税基被侵蚀问题,另一方面反映出相关领域存在漏洞。建议加快构建适合数字经济的税收体系,完善税收征收、管理体制机制。有的出席人员提出,数字经济以及数字城市、数字农村建设不能再搞城乡分割、两套标准,应打破城乡二元思维,坚持城乡融合发展,统筹推进数字城乡、智慧城乡建设。

二、扎实开展核心技术攻关和基础研究

有些出席人员指出,实现核心技术自主可控是牢牢掌握数字经济发展自主权的关键,应充分发挥我国社会主义制度优势、新型举国体制优势、超大规模市场优势,在关键核心技术领域打好攻坚战。去年我国R&D经费中基础研究所占比例为6.5%,而发达国家一般占比在10%至15%。建议进一步加大数字技术基础研究投入。有的出席人员认为,美西方国家在科技方面有与我国“筑墙设垒”、“脱钩断链”的苗头,有关部门应大力支持我国企业走出去,参与国际标准制定,主动发挥作用。

三、加强数字经济基础设施建设

有的出席人员认为,适度超前部署数字基础设施,对夯实数字经济发展根基十分重要,应统筹通信和算力基础设施建设,适度超前部署5G基站,推进“东数西算”工程,加快建设空天地海一体化网络。有些出席人员提出,应优化全国一体化算力网

络节点布局,补齐东北地区在全国算力网络中的缺口;加大对欠发达地区、农村地区数字基础设施“补短板”工作的支持力度。有的出席人员指出,目前我国在数据存储设施建设方面相对滞后,美国等西方国家计算设施和存储设施的投资比例是 2∶1 甚至 1.5∶1,而我国是 3.3∶1,我国数据中心灾备建设投入也与西方国家有较大差距,在一定程度上制约了数字经济的可持续发展。建议有关部门加强政策引导,鼓励数字经济企业加快数据存储基础设施建设。

有的出席人员提出,数据权属不清晰、“孤岛效应”突出、侵权严重是数字经济发展亟待解决的问题,应加快数据产权制度建设,进一步明确公共数据、企业数据、个人数据的权属,合理界定不同类型数据主体的权利义务。同时尽快完善数据分类管理机制,探索多元数据交易,保障数据安全有序跨境流动。有的出席人员认为,数据标准化、规范化是发展数字经济的重要基础,也是提高数据价值的关键环节。建议有关部门加快数据标准化、规范化建设步伐,尽快形成可推广适用的成果。

四、高质量推进数字产业化

有些出席人员提出,加快推进数字产业化,抢占数字经济领域制高点对我国经济社会发展意义重大。量子计算是数字经济的三大引擎之一,我国量子计算科研水平居世界前列,但产业发展整体呈落后状态。美、日、韩、澳等国家组建了 230 多家企业参加的量子计算产业联盟。我国 30 多家相关企业也成立了产业联盟,但多为民企,体量小、数量少,央企、国企参与不够。建议从国家层面加强政策引导,鼓励央企、国企投身量子计算产业,汇集国内优势力量,促进协同创新。有的出席人员提出,平台经济是数字经济的重要组成部分,具有规模大、更新快、利益关联复杂等特点,外部监管难度大、成本高。建议加强对平台经济发展规律的研究,坚持促进发展和监管规范两手抓,发挥行业自律、平台自治作用,外部监管重在守住底线,避免管得过死。

五、加快产业数字化转型

有些出席人员认为,充分释放数字对经济发展的放大、叠加、倍增作用意义重大,应大力推动数字技术同第一、二、三产业融合发展,推动产业数字化加速转型提档。有的出席人员认为,数字技术应用投入大、投资回报周期长,不少企业对数字化转型积极性不高。建议有关部门加强数据对生产力、业务管理内容和流程改造能力的研究,探索建立促进企业数字化转型的政策体系,采取融合评估、上门会诊、资金补助、示范引导等多种方式,帮助企业加快推进数字化转型。有的出席人员指出,目前对农业数字化发展的思路偏窄、举措偏弱,建议有关部门加强调研,拓宽思路,进一步提升农业数字化水平。有的出席人员提出,自动驾驶是数字交通领域的重要应用场景,需要汽车制造、交通基础设施建设、数据通信等多个行业统一方向、协同发展。建议有关部门加强综合协调,推动各有关方面协同开展重要领域、重点环节技术创新和成果转化。

六、不断完善数字经济治理体系

有的出席人员提出,建立健全适应数字经济发展的治理体系已是当务之急,应明确各相关部门在数字经济发展中的职能职责,加快形成职责明确、边界清晰、齐抓共管的数字经济治理体系。有的出席人员认为,应建立考核督查机制,督促各部门系统推进,更好促进数字经济发展。有的出席人员认为,构建数字身份制度是数字治理的基础性工作,有利于提高数字经济的稳定性、便利性、安全性。目前我国政务领域已基本实现企业数字身份的统一管理,建议进一步探索推进个人数字身份识别和认证体系建设。有的出席人员提出,脱离原有身份管理系统新建一套数字身份体系,不但会增加社会治理成本,还可能产生寻租空间,建议对此问题再作深入研究。

有的出席人员指出,目前我国数字经济领域还有不少法律空白点和规则盲区,建议加快数据权属、交易、流通等基础制度性立法,加快构建适应互联网、大数据、人工智能、云计算、区块链、数字版权、数字货币、数据账户等发展的规则体系,为充分释放数据要素价值、推动数字经济高质量发展提供有力法治保障。有的出席人员说,数字技术、数字经济模式更新变化快,系统立法往往需要较长时间,可以考虑以“小快灵”方式作出决定,待条件成熟时再制定修改法律。

国务院关于金融工作情况的报告

——2022 年 10 月 28 日在第十三届全国人民代表大会常务委员会第三十七次会议上

中国人民银行行长　易　纲

全国人民代表大会常务委员会：

按照全国人大常委会有关工作安排，受国务院委托，现就金融工作情况报告如下，请审议。

党的十八大以来，以习近平同志为核心的党中央高度重视金融工作。习近平经济思想特别是习近平总书记关于金融工作的系列重要论述和指示批示精神，为做好新时代金融工作提供了根本遵循。李克强总理对做好金融工作作出具体部署。党中央、国务院其他领导同志也多次作出指示批示。全国人大常委会给予有力的监督和指导。国务院金融稳定发展委员会统筹协调、靠前指挥，各相关部门、各地方政府大力配合。

在以习近平同志为核心的党中央坚强领导下，金融改革发展稳定各项工作稳步推进，助力经济社会发展取得历史性成就。实施稳健的货币政策，管住货币总闸门，守护好老百姓的钱袋子，社会融资规模增长与经济增长总体匹配，利率和汇率市场化改革稳步推进，人民币汇率形成机制进一步完善，有力促进稳增长、稳物价、稳就业和国际收支平衡。金融业综合实力大幅提升，金融业总资产超过 400 万亿元，5 家银行、保险机构成为全球系统重要性金融机构，股票市场、债券市场和保险市场规模均居全球第二，外汇储备规模连续 17 年稳居全球第一。金融服务实体经济质效明显提升，制造业、科技创新等重点领域融资持续快速增长，绿色金融全球领先，普惠小微贷款实现“量增、面扩、价降”，数字金融服务走在世界前列。坚决遏制“脱实向虚”，影子银行规模较历史峰值压降接近 30 万亿元。金融改革开放呈现新局面，金融基础性制度建设持续加强，推动制定和修改法律法规规章百余部。稳步推进股票发行注册制改革，推出科创板，改革创业板，设立北京证券交易所。政策性、开发性银行实行分类分账管理。开展数字人民币试点。取消银行、证券、保险行业外资股比限制，人民币加入国际货币基金组织特别提款权（SDR），成为全球第三大篮子货币、第五大储备货币。防范化解重大金融风险取得重要阶段性成果，2017 年至 2021 年，主动处置银行业不良资产超过 12 万亿元，精准处置“明天系”、“安邦系”、海航集团、方正集团等大型集团风险，平稳化解一批高风险中小金融机构风险，金融风险整体收敛。严肃查办项俊波、赖小民、胡怀邦、蔡鄂生等一批金融领域腐败大案要案，根据十九届中央第八轮巡视整改要求，开展“地毯式”整改。

党的十八大以来的金融工作有力促进了经济社会发展，为完成脱贫攻坚目标、全面建成小康社会、实现第一个百年奋斗目标作出了重要贡献。金融系统进一步提高了政治站位，深刻认识到，必须坚持党中央对金融工作的集中统一领导，坚持以人民为中心的金融价值取向，坚持金融服务实体经济的根本要求，坚持把防控风险作为金融工作永恒主题，坚持市场化法治化的改革开放方向，坚定走好中国特色金融发展之路。

一、2022 年金融工作主要进展及成效

2022 年以来，面对百年变局和世纪疫情相互叠加的复杂环境，金融系统认真贯彻落实党中央、国务院决策部署，按照“疫情要防住、经济要稳住、发展要安全”的要求，主动应对，靠前发力，坚决支持稳住经济大盘，有效防控金融风险，持续深化金融改革开放，切实改进金融服务，认真开展中央巡视整改。

（一）货币政策执行情况。

新冠肺炎疫情暴发以来，我国没有实施量化宽松、负利率等非常规货币政策，是少数实施正常货币政策的主要经济体之一。我国利率水平在全世界居中，在主要发展中国家中较低，确保了物价走势平稳可控，有力促进了经济稳定增长。2022 年以来，进一步加强和完善了货币政策调控。一是加大稳健的货币政策实施力度。降准 0.25 个百分点，合理增加流动性，增强信贷总量增长的稳定性。9 月末，广义货币供应量（M2）同比增长 12.1%，社会融

资规模存量同比增长10.6%，在保持物价稳定的情况下有力支持经济恢复。二是推动企业综合融资成本稳中有降。引导1年期、5年期以上贷款市场报价利率(LPR)分别下行0.15个、0.35个百分点。1月至9月，新发放企业贷款加权平均利率为4.24%，比上年同期下降0.29个百分点，处于历史较低水平。三是发挥结构性货币政策工具作用。精准设计并用好支农支小再贷款、普惠小微贷款支持工具、碳减排支持工具、煤炭清洁高效利用专项再贷款等结构性工具，创设科技创新、普惠养老、交通物流、设备更新改造四项专项再贷款，截至2022年9月末，各类工具余额总计5.55万亿元。调增政策性开发性银行8000亿元信贷额度，支持设立政策性开发性金融工具，保障重大基础设施项目建设。安排2000亿元专项借款，服务保交楼、稳民生。四是保持人民币汇率在合理均衡水平上的基本稳定。把握好内外平衡，适时调整金融机构外汇存款准备金率，更加注重预期引导和管理。人民币对国际主要货币汇率有升有贬，双向浮动，在全球表现相对稳健。五是用好央行结存利润支持稳增长。2022年1月至9月已依法向中央财政上缴结存利润1.13万亿元，直接增加财政可用财力，主要用于增值税留抵退税和增加向地方政府转移支付，支持助企纾困、稳就业、保民生。

(二)金融业运行和监督管理工作情况。

2022年，银行业、保险业、证券业金融机构总体稳健，股票市场和债券市场平稳运行。截至2022年6月末，金融业机构总资产407.42万亿元，保持合理增长；商业银行资本充足率和不良贷款率分别为14.87%、1.67%，保险公司平均综合偿付能力充足率220.8%，证券公司风险覆盖率、资本杠杆率中位数分别为291%、32%，均大幅优于监管标准。

人民银行、银保监会、证监会和外汇局落实金融管理和监管责任，加强金融监管，取得积极成效。一是加大监管执法力度。2022年1月至9月，人民银行处罚被监管机构521家次，处罚责任人员782人次，罚没合计约6.3亿元，向公安机关移送和通报案件线索280件；银保监会处罚银行保险机构3200家次，处罚责任人员5400人次，罚没合计20亿元；证监会严厉打击证券期货违法犯罪活动，办理案件522件，作出处罚决定224件，向公安机关移送和通报案件线索94件。加强期货现货联动监管，促进动力煤、原油等基础工业品价格平稳运行。二是完善各行业领域监管规则。建立重大改革和监管政策出台协调机制。制定关联交易管理办法，开展股权和关联交易专项整治，分五批向社会公开124个违法违规股东。完善平台企业金融业务监管。正式实施保险业偿付能力监管规则(Ⅱ)。建立上市公司常态化退市机制，出台行政罚没款优先用于投资者赔偿的规定，制定欺诈发行股票责令回购实施办法。签署中美审计监管合作协议。发布《宏观审慎政策指引(试行)》，实施系统重要性银行附加监管，依法批准设立中信金融控股公司、北京金融控股公司和招商局金融控股公司。三是加强金融法治建设。起草金融稳定法，推动加快修订人民银行法、反洗钱法、银行业监督管理法，推动出台期货和衍生品法，加快推进公司债券管理条例和上市公司监管条例的起草出台。四是严厉惩治金融腐败。一体推进惩治金融腐败和防控金融风险，严厉惩治金融风险背后的监管失守及违法犯罪行为。

(三)金融支持实体经济情况。

新冠肺炎疫情暴发以来，先后发布实施强化金融支持防控疫情30条措施、支持受疫情影响严重地区和行业恢复发展23条举措，加强产业链协同复工复产金融服务，大力支持保供稳价，助力市场主体纾困和经济恢复发展。2022年以来，进一步加大对实体经济的金融支持力度。一是保持融资总量合理充裕。2022年1月至9月，人民币贷款新增18.08万亿元，同比多增1.36万亿元；上海证券交易所、深圳证券交易所共有265家企业首次公开发行股票(IPO)，融资4791亿元，数量和融资金额均居全球首位。二是加大对重点领域支持力度。截至2022年9月末，制造业中长期贷款余额8.75万亿元，同比增长30.8%；科技型中小企业贷款余额1.56万亿元，同比增长26.3%。发布绿色金融指引。充分发挥科创板、创业板和北交所服务“硬科技”、创业创新、“专精特新”企业的作用，截至2022年9月末，科创板、创业板融资金额占同期全市场的一半以上，北交所上市公司突破110家。三是普惠金融取得积极进展。截至2022年9月末，普惠小微贷款余额23.2万亿元，同比增长24.6%；授信户数超过5389万户，同比增长31.7%。2022年1月至9月，共支持银行发行小微企业专项金融债券2255.1亿元、“三农”专项金融债券214.2亿元。做好新市民金融服务，截至2022年6月末，专属贷款余额约1.2万亿元。四是提升基础金融服务水平。扎实稳妥推进数字人民币试点测试，试点地区拓展到15个省市的23个地区。省级地方征信平台建设加快推进,小微企业“征信通”稳企纾困成效显著。扩大跨境融资便利化试点,将优质企业贸易外汇收支便利化政策推广至全国,提升跨境投融资和贸易便利化水平。

(四)金融体系改革和对外开放情况。

始终坚持通过深化改革开放,解决金融领域深层次问题,实现金融高质量发展。2022 年以来,金融改革开放取得新进展。一是深化金融机构改革。推动政策性开发性银行分类分账改革。统筹推进中小银行改革化险,用好专项债额度补充中小银行资本。二是发展多层次金融市场。做好全面实行股票发行注册制各项准备。推出科创板做市商制度,推动北交所转板上市制度正式落地。统一境外投资者投资我国债券市场政策,债券市场互联互通取得积极进展。推进车险综合改革,稳步实现“增保、提质、降价”目标。规范发展第三支柱养老保险,批准国民养老保险公司开业,启动养老储蓄试点,专属商业养老保险试点区域扩大到全国,养老理财产品试点扩展至“十地十机构”。三是扩大高水平金融对外开放。拓宽沪深港通标的范围,正式启动互联互通下交易型开放式基金(ETF)交易。人民币在国际货币基金组织特别提款权货币篮子的权重从 10.92% 上升至 12.28%。与香港金融管理局建立常备货币互换安排,为香港市场提供更加稳定、长期限的流动性支持。推进绿色金融国际合作,牵头制定二十国集团转型金融框架。

(五)防范化解金融风险隐患情况。

2018 年以来,按照党中央确立的“稳定大局、统筹协调、分类施策、精准拆弹”的基本方针,坚决打好防范化解重大金融风险攻坚战,取得重要阶段性成果,金融风险整体收敛、总体可控,金融体系经受住了复杂环境的冲击考验。2022 年以来,继续积极稳妥化解金融风险。一是持续化解金融机构风险。推进辽宁省高风险中小银行处置工作,吸收合并省内两家高风险城市商业银行、组建辽沈银行,批准辽阳农商银行、太子河村镇银行进入破产程序。支持河南省、安徽省稳妥处置 5 家村镇银行风险事件。推进不良资产认定和处置,2022 年 1 月至 8 月处置不良资产 1.74 万亿元。持续压降高风险影子银行业务。二是有序处置高风险企业集团。推进海航集团、方正集团、忠旺集团等重点集团金融风险处置取得积极进展。三是妥善化解房地产金融风险。推动房地产企业风险处置,做好金融支持保交楼工作。引导金融机构支持房地产业合理融资需求,校正过度避险行为,推动个人住房贷款利率下行,更好满足刚性和改善性住房需求。四是严厉打击非法金融活动。打击非法集资、境内虚拟货币交易炒作和地下钱庄、跨境赌博等非法跨境金融活动。五是构建防范化解金融风险长效机制。推动加快制定金融稳定法,初步建立金融稳定保障基金。健全金融委办公室地方协调机制,推动各地建立省级金融风险化解委员会。健全资本市场风险预防预警处置问责制度体系。

二、下一步工作考虑

以习近平新时代中国特色社会主义思想为指导,学习好、领会好、贯彻好党的二十大精神,坚持党对金融工作的坚强领导,全面践行金融工作的政治性、人民性,提升专业性,以深化金融供给侧结构性改革为主线,坚持稳中求进工作总基调,完整、准确、全面贯彻新发展理念,不折不扣落实中央巡视整改要求,统筹发展与安全,牢牢守住不发生系统性金融风险的底线,坚定不移走中国特色金融发展之路,实现金融高质量发展。

(一)继续实施稳健的货币政策。

今后一段时期,我国有条件尽量长时间保持正常的货币政策,维护币值稳定。总量上,保持流动性合理充裕,加大对实体经济的信贷支持力度,保持货币供应量和社会融资规模增速与名义经济增速基本匹配,疏通货币政策传导机制,增强信贷增长的稳定性,助力实现扩投资、带就业、促消费综合效应,稳定宏观经济大盘。价格上,持续深化利率市场化改革,发挥贷款市场报价利率改革效能,进一步推动金融机构降低实际贷款利率,降低企业综合融资和个人消费信贷成本。加强预期管理,增强人民币汇率弹性,保持人民币汇率在合理均衡水平上的基本稳定。结构上,持续支持“三农”、小微企业发展,继续用好结构性货币政策工具,突出金融支持重点领域,运用好碳减排支持工具和支持煤炭清洁高效利用、科技创新、普惠养老、交通物流、设备更新改造等专项再贷款。

(二)全面加强和完善金融监管。

进一步提升金融监管有效性,弥补监管短板,强化金融风险源头管控。一是强化审慎监管。坚守监管主责主业,把好金融机构准入关,加强对股东资质、股权关系的穿透核查和股东行为监管,坚决纠正违规关联交易,防止大股东操纵和内部人控制。依法将各类金融活动全部纳入监管,加强对非法金融活动的认定,严厉打击“无照驾驶”行为。二是强化监管执法和监管效能。严格履行监管职责,依法监管、依法行政,保持行政处罚高压态势,严厉打击金融犯罪。加快监管数字化智能化建设,丰富执法手段。推动监管数据共享,推进金融数据治理,提高数据真实性和数据质量。三是依法规范和引导资本健康发展。稳妥推进并尽快完成平台企业金融业务整改,实施常态化监管,既坚持“两个毫不动摇”,支持资本依法依规开展投融资活动,又坚决防止资本无序扩张。四是加强金融法治建设。抓紧推进金融稳定法出台,加快修订人民银行法、商业银行法、保险法、信托法、票据法、反洗钱法等重要基础性法律。五是强化金融反腐和人才队伍建设。加强对关键人、关键岗位、关键环节的管理,打造一支政治觉悟高、业务素质强、作风过硬、清正廉洁的金融队伍,一体推进不敢腐不能腐不想腐。

(三)进一步加大金融支持实体经济力度。

坚持金融服务实体经济的宗旨和本源,继续加大对实体经济的支持力度,保持经济运行在合理区间。一是满足实体经济有效融资需求。鼓励银行业金融机构合理加大信贷投放力度,有效发挥保险资金优势。引导金融机构通过高适配性的金融产品和服务创新,刺激和释放新需求。二是完善薄弱环节金融服务。建立健全金融服务小微企业敢贷愿贷能贷会贷长效机制,推动完善贷款担保、尽职免责、不良核销、资本占用等配套机制。落实落细各项金融纾困政策,用好金融科技手段,强化小微企业、“三农”等普惠金融服务,进一步提升新市民金融服务水平。三是强化经济转型升级金融支持。引导更多资金投向先进制造业、战略性新兴产业,更好服务关键核心技术攻关企业和“专精特新”企业。创新绿色金融产品和服务。四是支持基础设施和重大项目建设。用好用足政策性开发性金融工具,支持重大项目资本金尽快到位。稳步扩大 REITs 试点范围,促进盘活存量资产。五是加强金融基础设施建设。研究推动出台数字人民币相关法律法规和行业配套政策。持续推进小微企业“征信通”建设,依法加强个人信息保护。

(四)不断深化金融改革和对外开放。

加快构建新发展格局,迈向高质量发展阶段,需要进一步深化金融供给侧结构性改革,支持经济发展方式转变和经济结构优化。一是优化金融结构。提升金融机构的稳健性,加大不良资产核销力度,强化资本补充。督促中小金融机构回归本源和主业,有序推进中小银行改革重组,积极稳妥推进农村信用社改革。促进金融业数字化转型。提高直接融资比重,增加长期资本供给,满足不同类型、不同生命周期企业的多元化、差异化融资需求。二是深化金融市场改革。坚持“建制度、不干预、零容忍”方针,加强资本市场基础制度建设,适时全面实行股票发行注册制,进一步提高上市公司质量,壮大各类中长期投资力量,强化投资者保护。促进债券市场各类基础设施之间有序互联互通。积极稳妥发展期货市场,完善衍生品市场监管体制。推动境外上市备案制度落地实施,支持符合条件的企业境外上市。强化保险保障功能,促进第三支柱养老保险健康发展,深化车险综合改革。三是扩大高水平金融开放。在安全可控前提下,进一步完善准入前国民待遇加负面清单的管理模式,提升我国金融市场的投资便利性,构建与金融高水平开放要求相适应的监管体系,提高金融机构“走出去”经营管理水平和全球竞争力。有序推进人民币国际化。坚持多边主义原则,积极参与国际金融合作与治理。

(五)积极稳妥防范化解金融风险。

金融是经营管理风险的行业,防范化解金融风险是金融工作的永恒主题,要以“时时放心不下”的责任感,进一步做好防范化解金融风险工作。加强风险监测评估和预警,加快不良资产处置,支持中小银行多渠道补充资本,稳妥化解中小金融机构风险,防范大型企业债务风险。保持房地产融资平稳有序,满足刚性和改善性住房需求,支持保交楼、稳民生,推动建立房地产发展新模式。严厉打击非法金融活动,继续做好 P2P 网贷存量风险处置等工作。坚持市场化法治化原则,压实金融机构及股东、金融管理部门和地方政府等各方责任,健全地方党政主要领导负责的重大风险处置机制,发挥好存款保险风险处置操作平台作用,夯实资源保障体系,形成“好人得好报、坏人得坏报”的正确预期,建立维护金融稳定的长效机制。对跨行业、跨区域和跨境风险,加强监管协同和上下联动,牢牢守住不发生系统性金融风险的底线。

我们将更加紧密团结在以习近平同志为核心的党中央周围,深入学习贯彻党的二十大精神,深刻领悟“两个确立”的决定性意义,进一步增强“四个意识”、坚定“四个自信”、做到“两个维护”,不断提高政治判断力、政治领悟力、政治执行力,坚决贯彻党中央、国务院决策部署,认真落实全国人大常委会审议意见,担当作为、求真务实,全面推进金融业高质量发展,为全面建成社会主义现代化强国、实现第二个百年奋斗目标、以中国式现代化全面推进中华民族伟大复兴贡献力量!

对金融工作情况报告的意见和建议

10 月 29 日,十三届全国人大常委会第三十七次会议审议了中国人民银行行长易纲受国务院委托作的关于金融工作情况的报告。共有 14 人次发言。现根据会议发言情况,将出席人员和列席人员的主要意见整理如下。

出席人员普遍认为,党的十八大以来,以习近平同志为核心的党中央高度重视金融工作。国务院及其有关部门认真贯彻落实党中央决策部署,稳步推进金融改革发展稳定各项工作,促进经济和金融良性循环、健康发展,助力经济社会发展取得历史性成就。出席人员充分肯定国务院的专项报告,高度评价全国人大财经委的调研报告,希望国务院及其有关部门认真研究处理。出席人员普遍认为,必须全面贯彻习近平新时代中国特色社会主义思想,全面贯彻落实党的二十大精神,以加强党中央集中统一领导为引领,坚持金融工作的政治性、人民性和专业性,走中国特色金融发展之路,深化金融体制改革,推进金融安全网建设,持续强化金融风险防控能力。审议中,大家还提出了一些具体意见和建议。

一是积极应对国际金融风险。建议金融主管部门加强综合研判,坚持底线思维,充分考虑各种可能情况。

二是防范化解国内金融风险。

三是进一步优化金融供给结构。建议加强政策指导,引导金融企业坚持服务实体经济发展宗旨,发展符合实体经济需求的金融机构、金融产品、金融服务,加强民营企业、中小微企业融资政策保障,提高贷款贴息、保险补偿等政策效能。建议深化资本市场建设,坚持全面实行股票发行注册制改革,支持企业优化融资结构;保障债券市场健康发展;更好发挥保险在经济社会发展中的作用。

四是加快金融法治建设。建议加快金融立法步伐。尽快开展金融法律修法和涉金融规范性文件全面清理工作,推动构建全覆盖、多层次、效用好的金融法律体系。

国务院关于有效减轻过重作业负担和校外培训负担、促进义务教育阶段学生全面健康发展情况的报告

——2022 年 10 月 28 日在第十三届全国人民代表大会常务委员会第三十七次会议上

教育部部长　怀进鹏

全国人民代表大会常务委员会:

受国务院委托,我向全国人大常委会报告有效减轻过重作业负担和校外培训负担(以下称“双减”)、促进义务教育阶段学生全面健康发展情况,请审议。

“双减”是贯彻中央决策部署的重大教育改革,是落实教育法、义务教育法、未成年人保护法的实际举措,事关基础教育体系、教育生态和育人格局,对于全面贯彻党的教育方针、促进学生全面发展健康成长具有重要意义。“规范校外培训机构”已写入《中共中央关于党的百年奋斗重大成就和历史经验的决议》。习近平总书记高度重视“双减”工作,多次作出重要指示,2021 年 5 月 21 日主持召开中央全面深化改革委员会第十九次会议,审议通过《关于进一步减轻义务教育阶段学生作业负担和校外培训负担的意见》(以下称《“双减”意见》),为“双减”工作提供了根本遵循。李克强总理在去年和今年的《政府工作报告》中都提出明确要求,强调要规范校外培训,继续做好义务教育阶段减负工作。一年多来,在各方共同努力下,“双减”工作扎

实推进。下面，我汇报三个方面的情况。

一、工作开展情况

一是提高政治站位，强力统筹推进。“双减”工作事关立德树人根本任务、事关社会主义办学方向、事关人民群众小康生活成色。国务院坚决贯彻习近平总书记重要指示精神，把“双减”作为践行“两个维护”的重大政治任务，作为贯彻以人民为中心的发展思想、解决群众急难愁盼问题的重大民生工程，坚持依法治理、综合施策、标本兼治，全面系统抓、区分阶段抓、突出重点抓，坚决打好“双减”攻坚战，全力推动中央决策部署落到实处。

二是加强机制建设，形成工作合力。注重部门联动，建立由20个部门组成的“双减”工作专门协调机制，在教育部增设校外教育培训监管司，形成横向联动、高效互动的工作合力。推动党政履责，通过中央教育工作领导小组秘书组、中央宣传部、中央政法委、中央网信办和国务院教育督导委员会办公室，开展宣传、督办等工作，形成党委统一领导、部门齐抓共管的工作格局。上下同频共振，建立“双减”工作专报、信息日报和定期调度督办制度，完善监管平台，实时调度指导，形成上下贯通、一体推进的工作态势。

三是出台配套政策，完善制度体系。坚持问题导向，及时出台一系列配套文件，在实行政府指导价、预收费监管、培训材料管理、从业人员管理、作业管理、课后服务、暑期托管、考试管理、家庭教育等方面明确了具体规定，建立了《“双减”意见》和若干配套文件“1+N”政策制度体系，实现全覆盖、全链条治理。政策层面上细化了具体要求，明确了相应标准，为地方执行提供了具体依据。执行层面上优化了程序、明确了分工、规定了时限、提供了指南，保证落实政策有计划、有力度、有效果。

四是依法开展治理，规范培训秩序。全面强化校外培训监管，不再审批新的学科类培训机构，2021年底前实现“营转非”、“备改审”完成率100%，所有省份出台政府指导价，大力压减学科类培训机构数量。在寒暑假对学科类培训开展专项行动，严防假期培训泛滥。坚决打击隐形变异违规培训，指导各地建立辨别机制，强化监管执法，各地共发现查处隐形变异违规培训2.4万余起。会同中央网信办启动“清朗·2022暑期未成年人网络环境整治”专项行动，约谈25家线上平台企业，督促其加强审核把关，下架违规培训内容。严肃查处垄断、价格违法和不正当竞争行为，修订校外培训服务合同示范文本，对侵害消费者权益的违法行为开展集中整治。加强非学科类培训治理，文化和旅游部、体育总局出台专项管理文件；推动各地分类明确主管部门，28个省份出台了非学科类培训机构设置标准。

五是推进校内提质，满足学习需求。出台作业管理办法和分学科作业设计指引，提高基础性作业质量；指导各地强化作业统筹，严控作业总量和完成时长，开展优质作业设计大赛和展示交流活动。推动学校每周5天、每天2小时（以下称“5+2”）开展课后服务，充分挖掘校内潜力，统筹用好科普、文旅、体育等校外资源，引进28万名专业人员参与课后服务；不断丰富课后服务项目，学校普遍开展了学科知识辅导答疑，85%以上的学校开设了科普、文艺、体育、阅读等兴趣类活动课程；督促各地通过财政补贴、服务性收费或代收费方式，落实课后服务经费。强化课堂教学，充分发挥基础教育教学指导委员会作用，推动各地出台分学科教学基本要求，建立学校教学基本规程，加强教研备课；实施优秀教学成果推广应用计划，组织开展精品课遴选，引领教师提高教学质量；建设国家中小学智慧教育平台，扩大优质教育资源共享，现有德智体美劳全面培养的优质资源4.4万条，日均浏览量达5058万，有效支撑“双减”工作。坚持以改革促“双减”，建立了一批基础教育综合改革实验区，组织开展义务教育优质均衡先行创建，出台义务教育质量评价指南，规范中小学招生秩序，推动中考依标命题、难易适度、教考衔接，着力强化学校教育主阵地作用。

六是加强跟踪督办，务求工作实效。加强调研指导，先后两次对31个省（自治区、直辖市）和新疆生产建设兵团进行全覆盖调研指导，开展集中调度12次。充分发挥14万名中小学责任督学作用，推动实现义务教育学校督导全覆盖。组织开展“回头看”，累计排查校外培训机构17.2万个、材料24.3万份、人员40.5万人，推动完成了4614个问题机构整改，巩固前期治理成果。持续开展巡查执法，在周末、节假日期间开展暗访，累计出动执法检查人员132万人次；加强线上培训机构监管，组织开展线上日常巡查，发现1600多条违规线索，对66个违规培训机构给予了处罚，共关停下架了199个违法违规教育类网站和移动应用程序（APP）。核查举报线索，在“微言教育”、“中国教育督导”等新媒体开设举报专栏，设立“双减”曝光台，对4万余条群众投诉举报线索逐条进行了核查处理。

七是加大宣传引导，营造良好氛围。《“双减”意见》印发后，及时发布新闻稿、答记者问，先后召开 8 次“双减”相关的新闻发布会、通气会，介绍工作进展，系统做好解读。对校外培训广告进行全面排查清理，2021 年各地市场监管部门共办结校外培训广告案件 2119 件。举办全国培训班，深入解读政策精神，防止执行跑偏。召开试点城市推进会，加强示范引领。在全媒体平台开设专题专栏专版，累计在央媒播发新闻报道 1.8 万余条，宣传推广 77 个地方典型经验和 102 个校内减负提质案例。召开全国“两会”代表委员座谈会，制作“双减”明白卡、宣传片及短视频，部署开展全国首个家庭教育宣传周活动，发布致全国中小学生家长的一封信，凝聚社会共识、营造改革氛围。

二、形势研判

经过各方不懈努力，校外培训市场“虚火”大幅下降，野蛮生长现象得到有效遏制，校内减负提质受到普遍欢迎，全社会支持和认可“双减”改革的良好氛围逐步形成。一是学生过重作业负担和校外培训负担有效减轻。87.8% 的学生认为作业量明显减少，90% 以上的学生能在规定时间内完成书面作业；课后服务基本实现“5 + 2”全覆盖，92% 以上的学生自愿参加了课后服务，88.3% 的学生表示喜欢学校的课后服务；义务教育阶段线下学科类培训机构数量由原来的 12.4 万个压减至 4932 个，压减率 96%，线上学科类培训机构由原来的 263 个压减至 34 个，压减率 87.1%，绝大多数学生校外培训时长较“双减”前减少了 50% 以上。二是家庭教育支出和家长相应精力负担有效减轻。学科类培训收费在政府指导价标准出台后平均下降 4 成以上；全国价格监测预警系统显示，非学科类培训价格总体平稳。三是教育观念正在发生积极转变。广大教师更加注重实施素质教育、促进学生全面发展，为落实“双减”作出积极贡献；“健康第一”的育儿理念逐渐深入人心，广大家长更加关心孩子身心健康成长，盲目报班趋势得到扭转。与此同时，我们也清醒认识到，“双减”工作具有长期性、复杂性、艰巨性，存在许多问题和不足。

一是学科类培训隐形变异难题还需破解。有的机构以“高端家政”、“众筹私教”、“住家教师”等名义违规开班，隐蔽性强，存在发现难、取证难、查处难的问题。有的机构表面关门闭店，实则转移到居民楼、酒店、咖啡厅等隐秘地点违规开展培训。还有机构提供线下“一对一”家教服务，或通过通讯软件开展线上培训。

二是非学科类培训监管还存在短板。非学科类培训种类繁多，行业属性突出，涉及多个部门，法律法规尚不完善，机构底数尚未完全摸清，还存在监管盲区。部分地方部门协同不足，在资质审核、预收费监管等基础性工作上进展缓慢，没有形成治理合力。资本从学科类培训撤离后，有的流向非学科类培训领域，亟待加强引导和规范，防止过度逐利。

三是校内提质增效还存在差距。有的学校作业设计水平不高，作业的针对性、有效性还不够强。有的学校课后服务质量不够高，校外资源统筹不足，服务内容还不够丰富。有的地方部分教师负担偏重，工作时间长、压力大，亟需采取有效措施，合理减轻教师负担。

四是风险防范处置仍存在薄弱环节。受新冠肺炎疫情散发影响，各地校外教育培训断续停业，机构倒闭、人员失业、家长退费难等风险明显上升。一些地方对培训内容审核不到位，亟待规范管理。一些地方治理水平不高，执行方式简单粗暴，极易产生风险。

五是宣传引导工作效果还不够明显。一些地方政府教育政绩观不科学，过度关注升学率，加剧了教育功利化倾向。社会用人导向仍存在偏差，重学历轻能力现象普遍存在。家长观念始终存在“怕吃亏”的心理，担心“我减你不减”，引导转变教育观念仍任重道远。

经过“双减”一年多来的实践，我们进一步加深了对造成学生负担过重和家长教育焦虑深层次原因的认识。从教育内部来讲，主要是职普协调发展和中高考竞争性选拔；从教育外部来讲，主要是就业竞争压力以及收入分配、社会保障制度不完善，我国发展不平衡不充分等问题。这些内外部问题层层传导，导致学生学业压力较大，引发家长教育焦虑，需要进一步加大力度，全面系统深化改革。

三、下一步工作考虑

下一步，我们将坚持以习近平新时代中国特色社会主义思想为指导，进一步增强落实“双减”决策的政治自觉和责任担当，坚持“巩固、深化、防风险”的思路，巩固前期治理成果，充分发挥部门合力，健全长效监管机制，强化日常监督管理，坚决防止旧态重演；深化教育综合改革，综合推进体系结构、考试评价、教师队伍、优质均衡等系统改革，务求做到标本兼治；防范化解风险隐患，做好各利益相关方工作，确保社会大局稳定。重点做好以下几个方面的工作。

一是巩固成果，严防反弹。保持声势不减、力度不减，加强学科类隐形变异培训治理，完善黑白名单制度，严惩重罚违规行为，并向社会公开通报。强化非学科类培训监管，指导各地压实主管部门责任，抓紧制定设置标准，严格准入程序，完善日常监管体系。健全培训机构“爆雷”、“冒烟”监测预警制度，建立风险台账，跟踪督促指导，保持风险机构“动态清零”。加强转型引导，依托行业协会搭建培训机构转型指导、人员就业帮扶等平台，为企业纾困解难，确保改革稳妥推进。

二是夯实校内，提升水平。进一步提高作业设计水平，在“压总量、控时间”的基础上，注重“调结构、提质量”，深入开展优质作业设计与展示交流活动，广泛汇聚共享优质作业资源，不断提高作业设计的针对性、有效性。进一步提高课后服务水平，研究制定课后服务指南，完善课后服务信息化管理，加强资源建设，采用“引进来、走出去”等方式统筹利用社会资源，不断丰富课后服务内容，更好满足学生多样化学习需求。健全非学科类培训机构参与学校课后服务机制，使非学科类培训成为学校教育的有益补充。进一步提高课堂教学水平，深化教育教学改革，大力推广先进教育教学方法，加强教师新课程新教材新方法新技术培训，切实提高教师教育教学能力；深入实施教育数字化战略行动，推进国家中小学智慧教育平台常态化广泛应用，以数字化赋能基础教育高质量发展。

三是综合改革，系统推进。加快义务教育优质均衡发展和城乡一体化，优化区域教育资源配置，强化学前教育、特殊教育普惠发展，坚持高中阶段学校多样化发展。统筹职业教育、高等教育、继续教育协同创新，推进职普融通、产教融合、科教融汇，优化职业教育类型定位。深入推进破“五唯”，按照党中央、国务院《深化新时代教育评价改革总体方案》要求，进一步提高中考、高考命题质量，加强试题的基础性，突出关键能力考查，充分发挥学生综合素质评价在中考、高考录取中的作用；以发展素质教育为导向，落实基础教育质量评价指南，引导全社会树立科学教育观念，营造良好教育生态。落实家庭教育促进法，出台家校社协同育人的指导意见，健全学校家庭社会育人机制。

四是加强法治，促进规范。立足当前，强化执法，注重运用法治思维和法治方式深化治理，理顺执法工作机制，配齐配强执法力量，加强执法人员专项培训，统筹各方资源，推进综合执法，提升治理的整体效能。着眼长远，完善立法，出台校外培训行政处罚办法和行政执法事项指导目录，加快推动校外培训监督管理立法，进一步发挥法治的引领、推动和保障作用。

五是强化保障，提供支撑。督促地方全面落实课后服务经费保障机制，指导保障不足的地区逐步提高保障水平，将课后服务经费主要用于参与课后服务教师和相关人员补助。关心解决教师负担过重问题，督促落实中小学教师减负清单，切实减少教师非教育教学负担，保障教师潜心教书育人；积极推广教师弹性上下班制度，按照编制标准配足配齐教师，畅通校外专业人员参与学校课后服务途径。进一步加强教师队伍建设，健全教师激励机制，深化义务教育教师“县管校聘”改革，科学有序推进校长教师交流轮岗，促进优质师资均衡配置。

六是持续宣传，营造氛围。引导地方政府减少对升学率的过度关注，大力宣传各行业、各学历层次劳动者自立自强、勤劳创新致富的典型，引导用人单位树立科学用人评价导向。利用家长委员会、家长学校等多种途径，加强“双减”政策解读和家庭教育指导，引导家长树立科学育儿理念和正确教育观念。全面总结“双减”一周年宣传工作经验做法，立足新情况新问题，坚持用事实和效果说话，呈现人民群众的教育获得感、幸福感，营造良好氛围。

长期以来，全国人大对教育工作十分关心，给予了大力支持，多次赴广东、浙江、湖南、湖北等地进行“双减”专题调研，提出了许多宝贵意见建议，充分体现了对“双减”工作的高度重视，在此表示衷心的感谢！

我们将深入学习贯彻党的二十大精神，紧密团结在以习近平同志为核心的党中央周围，坚持以习近平新时代中国特色社会主义思想为指导，不忘初心、牢记使命，认真研究落实全国人大和各位委员意见，深化“双减”改革，为办好人民满意的教育作出新的更大的贡献。

对有效减轻过重作业负担和校外培训负担、促进义务教育阶段学生全面健康发展情况报告的意见和建议

10月29日，十三届全国人大常委会第三十七次会议审议了教育部部长怀进鹏受国务院委托作的关于有效减轻过重作业负担和校外培训负担、促进义务教育阶段学生全面健康发展情况的报告，共有30人次发言。现根据会议发言情况，将常委会组成人员和列席人员的主要意见整理如下。

出席人员普遍认为，“双减”是贯彻党中央决策部署的重大教育改革，对于全面贯彻党的教育方针、促进学生全面健康发展具有重要意义。全国人大常委会紧跟党中央决策部署、紧贴民生关切，针对“双减”工作开展专项监督，推动运用法治方式解决人民群众在教育领域的急难愁盼问题。出席人员对国务院和有关方面所做工作给予充分肯定，认为报告总结工作全面，分析问题中肯，下一步工作安排切实可行。出席人员强调，教育是国之大计、党之大计，要深刻认识“双减”的重要战略意义和工作的长期性、复杂性、艰巨性，进一步增强政治自觉，保持改革定力，坚持综合施策，推动教育高质量发展，培养德智体美劳全面发展的社会主义建设者和接班人。审议中，大家还提出了一些具体意见和建议。

一、全面深化教育领域改革

有些出席人员提出，受中高考“指挥棒”、中考普职分流的影响，家长的焦虑和学生的压力依然存在，补课的“冲动”和培训的“刚需”依然存在，必须在教育综合改革上下功夫。有的出席人员提出，应继续深化依据统一高考成绩、依据高中学业水平考试成绩、参考学生综合素质评价的“两依据一参考”考试招生制度改革，突出综合素质评价导向，推动依标命题、难易适度、教考衔接，引导学生全面个性发展。有的出席人员建议，应从实际出发，科学合理确定普职分流比例，不搞“一刀切”，不断提高职业学校办学质量和社会认可度，促进普通高中、职业学校协调发展。有的出席人员提出，应落实深化新时代教育评价改革总体方案，构建引导学生德智体美劳全面发展的考试内容体系。

有些出席人员提出，应扎实推进义务教育优质均衡发展，扩大优质教育资源供给。有的出席人员提出，应持续加大对农村、少数民族等教育发展落后地区的投入力度，推进校长教师交流轮岗，逐步提高优质普通高中招生指标分配到区域内初中的比例，研究推广集团化办学、学区化治理和城乡学校共同体建设等经验和做法，加快缩小城乡、区域、校际教育水平差距。有的出席人员认为，应制定实施基本公共教育服务均等化清单，整体提高办学条件和办学水平，让百姓“家门口”有好学校。

有些出席人员提出，应加强对“双减”政策的宣传解读，传递科学教育理念，凝聚社会共识，缓解社会教育焦虑。有的出席人员提出，应坚持正确舆论导向，不对中高考“状元”、高分考生和升学率等进行宣传炒作，逐渐扭转唯分数、唯学历的用人倾向，营造行行出状元的人才成长氛围。

二、强化学校教育主阵地作用

有些出席人员提出，应把提高学校教育质量作为减负的关键，确保应教尽教、学足学好。有的出席人员认为，应提升课堂教学水平，合理设置考试的数量、频率、难度。有的出席人员建议，科学精准分层设计作业，突出培养学生的创新思维和独立思考能力这个重点，充分利用国家中小学智慧教育平台，汇聚共享优质教育资源。有的出席人员提出，应建立健全以公共财政投入为主、家庭合理分担的课后服务经费保障机制，通过购买服务、引进社区资源、开展志愿者服务等方式，拓展课后服务渠道。出台学校课后服务课程指南，完善课后服务内容，促进课堂教学与课后服务有效衔接。

三、加强教师队伍建设

有些出席人员提出，不少教师反映，“双减”后

教师负担加重,备课、教研和个人休息时间被挤占,职业倦怠感和心理健康问题突显,还有的地方实行大面积交流轮岗,学校、教师在文化融合和团队凝聚力等方面产生新的问题。有些出席人员认为,应关心爱护教师的成长发展,为"双减"政策的落地落实提供有力支撑。一是落实中小学教师减负清单,让教师把更多的时间和精力用到教学教研中,合理安排课堂教学和课后服务任务,完善教师激励机制。二是遵循教育教学规律,稳步推进教师交流轮岗,科学合理设置轮岗周期、人员结构和覆盖比例。三是改革和加强教师教育,增强教师培训的针对性和有效性,不断提高教师在课堂教学、作业设计、课后服务等方面专业能力。四是提升教师职业吸引力,让更多优秀人才走上教育岗位。

四、持续深化校外培训机构监管治理

有的出席人员提出,应坚持协同联动,加强校外培训机构治理,对隐形变异违规培训行为,切实提升监管能力。有的出席人员提出,应加大对非学科类培训的规范和引导,防止其成为新的资本过度逐利领域。有的出席人员建议,对校外培训机构转型给予支持和指导,推动一些培训机构转为公益性质。有的出席人员认为,应运用法治思维和法治方式推进"双减"工作。严格对照教育法、义务教育法、职业教育法、未成年人保护法、家庭教育促进法等法律,把相关规定落实到位。及时总结"双减"工作中行之有效的政策措施和经验做法,完善相关法律制度,切实发挥法治的引领和保障作用。

国务院关于2021年度国有资产管理情况的综合报告

——2022年10月28日在第十三届全国人民代表大会常务委员会第三十七次会议上

财政部部长 刘 昆

全国人民代表大会常务委员会:

受国务院委托,我向全国人大常委会报告2021年度国有资产管理有关情况,请审议。

根据《中共中央关于建立国务院向全国人大常委会报告国有资产管理情况制度的意见》、《全国人民代表大会常务委员会关于加强国有资产管理情况监督的决定》要求,形成了《国务院关于2021年度国有资产管理情况的综合报告》,主要内容如下:

一、国有资产管理总体情况

(一)企业国有资产(不含金融企业)。

2021年,中央企业资产总额102.1万亿元、负债总额68.3万亿元、国有资本权益20.7万亿元,平均资产负债率67.0%。

2021年,地方国有企业资产总额206.2万亿元、负债总额129.6万亿元、国有资本权益66.2万亿元,平均资产负债率62.8%。

汇总中央和地方情况,2021年,全国国有企业资产总额308.3万亿元、负债总额197.9万亿元、国有资本权益86.9万亿元。

(二)金融企业国有资产。

2021年,中央金融企业资产总额236.3万亿元、负债总额210.9万亿元,形成国有资产(国有资本及应享有的权益,下同)18.2万亿元。

2021年,地方国有金融企业资产总额116.1万亿元、负债总额102.8万亿元、形成国有资产7.1万亿元。

汇总中央和地方情况,2021年,全国国有金融企业资产总额352.4万亿元、负债总额313.7万亿元、形成国有资产25.3万亿元。

(三)行政事业性国有资产。

2021年,中央行政事业性国有资产总额5.9万亿元、负债总额1.6万亿元、净资产4.3万亿元。其中,行政单位资产总额1.1万亿元,事业单位资产总额4.8万亿元。

2021年,地方行政事业性国有资产总额48.5万亿元、负债总额9.9万亿元、净资产38.6万亿元。其中,行政单位资产总额17.9万亿元,事业单位资产总额30.6万亿元。

汇总中央和地方情况,2021年,全国行政事业性国有资产总额54.4万亿元、负债总额11.5万亿元、净资产42.9万亿元。其中,行政单位资产总额19.0万亿元,事业单位资产总额35.4万亿元。

(四)国有自然资源资产。

截至2021年底,全国国有土地总面积52346.7万公顷,其中国有建设用地1796.3万公顷、国有耕地1955.5万公顷、国有林地11245.7万公顷、国有草地19757.2万公顷、国有湿地2178.3万公顷。根据《联合国海洋法公约》有关规定和我国主张,我国管辖海域面积约300万平方千米。2021年,全国水资源总量29638.2亿立方米。

二、2021年度国有资产管理工作情况

(一)企业国有资产(不含金融企业)。

持续推动中国特色现代企业制度建设。加强党的领导,全面推进专业尽责、规范高效的董事会建设,打造高素质专业化外部董事队伍。深入开展董事会职权试点,有序推进董事会向经理层授权工作。规范股东会运作,发挥股东作用。

促进国有资本布局和结构调整优化。编制"十四五"全国国资系统国有资本布局优化和结构调整规划、"十四五"中央企业发展规划纲要,引领企业聚焦主责主业,实现高质量发展。深化供给侧结构性改革,大力推进绿色转型发展,推动火电、石化、化工、钢铁、有色、建材等行业企业加快转型升级。培育前瞻性战略性新兴产业。

服务国家重大战略和保障改善民生。全国国有企业坚决践行争做"三个排头兵"工作精神,对接落实京津冀协同发展、长三角一体化、粤港澳大湾区以及雄安新区建设等国家重大战略。高标准做好建党100周年系列庆祝活动、北京冬奥会和冬残奥会等重大活动的服务保障工作;加快推进科技抗疫,为精准防控疫情贡献力量;系统推进应急救援综合平台建设,不断提高企业应对突发情况的能力。

完善现代企业市场化经营机制。推动中央企业和地方国有企业基本完成公司制改制。完成中央企业功能界定分类,探索实施公益性业务目录和分类核算分类考核改革。全面推进经理层成员任期制和契约化管理,完善薪酬分配机制,灵活开展中长期激励。

优化国有资产监管格局。进一步深化国资监管机构职能转变,动态完善监管权力和责任清单。全面建成全国国资国企在线监管系统,创新构建全国国资系统三级规划体系。大力推动经营性国有资产集中统一监管。

(二)金融企业国有资产。

持续增强金融服务实体经济能力。引导国有金融机构围绕高质量发展目标,持续加大对普惠小微、绿色发展、科技创新、乡村振兴等重点领域和薄弱环节的支持。加大对小微外贸企业信贷支持力度。支持疫情防控重点保障企业和疫苗生产运输企业稳产保供。

深化完善国有金融资本管理改革。强化国有金融产权全流程监管,高质量完成全国国有金融资本产权登记。加强中央金融企业和产权交易机构管理,建立中央金融企业名录和可从事中央金融企业国有产权交易的机构名单。研究完善国有金融企业工资总额管理政策,建立健全企业负责人薪酬及工资总额管理制度。

着力防范化解重大金融风险。支持和引导资本规范健康发展。督促指导国有金融机构"瘦身健体"、回归主业。压实地方政府防范化解金融风险的责任,推动中小金融机构改革化险。完善国有金融企业境外投资财务管理,切实维护国有金融资本权益。完善我国全球系统重要性银行监管和风险处置制度框架,增强防范化解系统性金融风险能力。

更大力度推进普惠金融发展。支持普惠金融发展。落实落细稳就业举措,拨付创业担保贷款贴息和奖补资金。深化民营和小微企业金融服务综合改革试点。出台支持普惠金融发展示范区奖补政策。推动出台道路交通事故社会救助基金管理办法,提升救助覆盖面和便利度。

健全完善国有金融机构治理结构。加快推进政策性金融机构改革,不断完善组织架构和治理结构,有效提升资本实力,更好服务经济社会发展重点领域。持续推进股权董事实质化管理,出台金融机构国有股权董事履职保障管理试行办法,研究建立股权董事履职信息保障机制和重大事项报告机制。

(三)行政事业性国有资产。

健全行政事业性国有资产管理制度体系。持续推进行政事业单位国有资产管理配套制度建设,规范中央行政事业单位国有资产处置行为,推动建立党政机关执法执勤用车管理长效机制;完善气象观测站仪器设备等专用资产配置标准。出台公路资产、国有文物资源资产等管理办法。

夯实行政事业性国有资产管理基础。制定行政事业性资产信息标准,建立资产信息卡标准化管理体系。推进资产管理融入预算管理一体化,构建

资产配置、使用、处置前后衔接，预算、政府采购、资产管理环环相扣的全链条闭环管理体系。

有力推进公共服务均等化。重点支持幼儿园新建、改扩建，支持县域普通高中改扩建和设备购置，有序扩大城镇学位供给，改善办学条件。贯彻落实《赋予科研人员职务科技成果所有权或长期使用权试点实施方案》，支持国家实验室建设，推进解决关键核心技术"卡脖子"问题。推动体育场馆、场地对社会公众开放。

盘活和节约使用行政事业性国有资产。以预算约束推动开放共享。落实调剂优先的配置原则，行政事业单位资产配置优先考虑闲置资产，实现资产跨单位、跨部门调剂共享，最大限度发挥资产使用效益。创新盘活利用方式，探索将闲置资产委托资产运营公司或者相关国有企业，提升国有资产效能。

（四）国有自然资源资产。

着力加强自然资源基础管理。统筹推进2021年度国土变更调查和各类自然资源专项调查，实施林草生态综合监测评价。开展国家重点林区等区域的自然资源确权登记，推进不动产登记信息共享、流程优化、人员集成。持续推进自然资源资产产权制度改革。出台"十四五"自然资源保护和利用规划。

加快构建国土空间规划体系和用途管制制度。组织编制《全国国土空间规划纲要（2021—2035年）》。指导地方同步开展各级国土空间规划编制，加快全国"三区三线"划定。搭建国土空间规划"一张图"实施监督信息系统。持续推进规划用地领域"多审合一、多证合一、多测合一"改革，改进矿业用地用海用林用草审批管理。

加大生态保护和修复力度。正式设立第一批5个国家公园。印发科学绿化的指导意见和加强草原保护修复的若干意见。编制《全国国土绿化规划纲要（2022—2030年）》，推进造林绿化落地上图。印发鼓励和支持社会资本参与生态保护修复的意见。启动实施一批山水林田湖草沙一体化保护和修复工程项目。

强化自然资源保护和节约集约利用。落实和改进耕地占补平衡制度，建立补充耕地项目公开制度。实施新一轮全国高标准农田建设规划，印发国家黑土地保护工程实施方案。全面推进国家节水行动，推进地下水取水总量与水位双控。开展新一轮地下水超采区划定。严格审批新增围填海项目，推进围填海历史遗留问题处理，加快盘活存量围填海，严格管控新增用岛。

持续推进自然资源法治建设。推进耕地保护法、黄河保护法、国家公园法等立法修法工作。推动地下水管理条例实施和土地管理法实施条例修订。实施中央生态环境保护督察。持续加强国家自然资源督察，深入开展2021年耕地保护督察，开展矿产资源督察、海洋督察。开展领导干部自然资源资产离任审计。

三、下一步工作安排

（一）持续深化国资国企改革，加快建设世界一流企业。深化国有企业分类改革，加快建立灵活高效的市场化经营机制。完善国有资产监督管理体制，加快推进经营性国有资产集中统一监管。全力推进关键核心技术攻关，打造一批原创技术策源地。深化战略性重组，加快专业化整合，引导企业大力发展前瞻性战略性新兴产业，打造现代产业链链长。

（二）推进国有金融资本管理体制改革，促进金融机构高质量发展。健全授权经营体系，完善绩效评价体系。引导金融机构专注主责主业，加强财政财务、会计审计监管，强化对资本投向、资产交易、产权流转等重大事项的监督，健全国有金融机构追责问责机制。

（三）完善行政事业性国有资产管理制度体系，推进资产管理提质增效。进一步推进落实《行政事业性国有资产管理条例》。加强行政事业性国有资产全生命周期管理。全力推动行政事业单位国有资产盘活利用，探索建立长期低效运转和闲置资产调剂共享机制。推动各类公共基础设施等入账核算。加快推进资产管理融入预算管理一体化建设。

（四）健全自然资源管理体系，不断加强和改进国有自然资源资产管理。完善自然资源调查监测体系。持续推进以国家公园为主体的自然保护地体系建设，深化生态保护补偿制度改革。全面压实地方各级党委和政府的耕地保护责任。继续推进高标准农田建设。完善城镇低效用地再开发政策体系，健全城乡统一的建设用地市场。严格管控围填海，统筹推进"海岸—海域—海岛"综合保护和开发利用。推进自然资源全面督察，建立统一的自然资源综合执法体系。

（五）完善国有资产报告制度体系，推动国有资产监督迈上新台阶。配合做好国有资产综合性立法研究工作。提升国有资产报告信息化水平，研究建立地方国有资产报告工作绩效评价机制。深化国有资产审计工作，推进各类监督协同贯通。

下一步，我们将全面贯彻习近平新时代中国特色社会主义思想，认真落实全国人大常委会审议意见，坚定信心、埋头苦干，踔厉奋发、奋勇前进，不断推动国有资产管理高质量发展，为全面建设社会主义现代化国家、全面推进中华民族伟大复兴作出新的更大贡献。

全国人民代表大会常务委员会预算工作委员会、全国人民代表大会财政经济委员会关于国有资产管理情况的监督调研报告

——2022 年 10 月 28 日在第十三届全国人民代表大会常务委员会第三十七次会议上

全国人大常委会预算工作委员会主任　史耀斌

全国人民代表大会常务委员会：

国有资产是全体人民共同的宝贵财富。按照党中央关于《建立国务院向全国人大常委会报告国有资产管理情况制度的意见》（以下坚持《意见》）决策部署，本届全国人大常委会已经连续四年审议了国务院关于国有资产管理情况的综合报告，分别听取审议了四大类别国有资产管理情况的专项报告，本次常委会会议是首次听取审议综合报告。为做好监督调研等服务工作，全国人大常委会预算工委、全国人大财经委组成专题调研组，于 3 月召开专题座谈会，听取财政部、自然资源部、国务院国资委、国家机关事务管理局、审计署等国务院部门和机构介绍相关情况；于 5 月召开视频座谈会，请北京市等 10 个地方人大常委会预算工委介绍开展国资报告和监督工作的情况，以及对做好综合报告和监督工作的意见建议；围绕无线电频谱资源、太空资产、数据资产和混合所有制改革、国有金融资本管理、国有资本布局规划、国企改革三年行动等分别召开专题座谈会；先后赴中国人民银行等国务院部门和山西、黑龙江、贵州等有关地方开展实地调研，委托广东、四川、湖南省和深圳市人大常委会预算工委或相关机构开展重点调研，并书面征集了 15 位全国人大代表的意见建议。在此基础上形成了调研报告。全国人大常委会陈竺、王东明两位副委员长，全国人大财经委副主任委员、常委会预算工委史耀斌主任，财经委郭庆平、熊群力副主任委员，常委会预算工委刘修文、朱明春、夏光副主任，以及 10 余位相关领域的全国人大代表等参加了相关座谈或调研。现将主要情况报告如下。

一、基本情况

党的十九大以来，根据党中央关于建立国有资产管理情况报告制度的明确要求，按照全国人大常委会关于国有资产管理情况监督的五年规划和年度计划安排，国务院和地方各级人民政府认真开展统计清查，不断健全制度体系，持续推进重点改革，加强基础管理工作，各方面取得良好进展。

（一）国有资产家底初步摸清

总量规模持续增长。2017—2021 年，全国企业国有资本权益从 50.3 万亿元增长到 86.9 万亿元，年均增长 14.6%；金融企业国有资本权益从 16.2 万亿元增长到 25.3 万亿元，年均增长 11.8%；行政事业性国有净资产从 20.5 万亿元增长到 42.9 万亿元，年均增长 20.3%；全国国有土地面积由 5.05 亿公顷增加到 5.23 亿公顷，增长了 3.6%。2021 年末，全国国有资本权益（含金融）112.2 万亿元，对应 308.3 万亿元的全国企业国有资产总额和 352.4 万亿元的全国金融企业国有资产总额，分别比 2017 年末增长 68.7%、68%、46.2%。

结构分布不断调整。分层级看，2021 年末，全国企业国有资本权益、金融企业国有资本权益、行政事业性国有净资产中中央占比分别为 23.8%、71.9%、10%。分领域看，五年来非金融国有资本 72.8% 的增长明显高于金融国有资本的 56.2%。从金融行业布局看，中央金融机构国有资本权益中，银行业、保险业占比上升，证券业占比下降；而地方金融机构国有资本权益中，银行业、保险业、证券业占比均下降，担保业等其他占比明显上升。受

公共基础设施资产入账等影响，交通运输、仓储和邮政业资产占比上升至15.8%，位居第一；教育、卫生健康以12.1%和9.4%分列第二和第三。

（二）国有资产管理水平持续提升

一是完善管理体制。在国务院统一行使国有资产所有权的基础上，持续完善各类国有资产管理体制，基本形成主要覆盖企业、金融企业、行政事业性、自然资源等四大类别国有资产的分类分级管理格局，国防资产、人民银行资产等特殊类别资产依法实行专门的管理体制。企业国有资产方面，中央层面分别由国务院国资委对98户中央企业履行出资人职责；财政部对铁路、邮政、烟草、北大荒和116户中央文化企业履行出资人职责；部分中央党政机关和事业单位对所属企业履行具体管理职责；省级国资委集中统一监管平均比例超过98%。金融企业国有资产方面，由各级财政部门履行国有金融资本出资人职责，除上海、深圳、甘肃外，其他地方都建立了直接管理和委托管理相结合的管理模式。行政事业性国有资产方面，实行各级财政部门负责综合管理、主管部门负责监督管理、行政事业单位负责具体管理的体制，中央层面机关事务管理部门负责中央行政事业单位资产的具体管理重点是土地、房产、车辆等实物管理。国有自然资源资产方面，由自然资源部统一履行全民所有自然资源资产的所有者职责。

二是加强制度建设。健全企业国有资产监管制度，完善出资人权力责任清单；以加强党的领导和完善公司治理相统一为抓手，中国特色现代企业制度文件体系基本形成，中央企业集团全面完成“党建入章”；建立涵盖产权登记、资产评估、产权交易、上市公司国有股权管理的制度体系。持续完善国有金融资本管理“四梁八柱”制度框架，加快制订国有金融资本管理条例。出台《行政事业性国有资产管理条例》，制定中央行政事业单位国有资产管理办法以及分环节和分类别的制度办法，陆续印发实施公路、文物等资产管理办法。出台自然资源资产产权制度改革、自然保护地体系、国土空间规划等一系列文件，建立统一的国土空间调查、规划、用途管制用地用海分类，印发自然资源统一确权登记暂行办法及操作指南，发布自然资源分等定级通则、自然资源价格评估通则和全民所有土地资源资产核算技术规程，完善水资源有偿使用制度等。

三是深化重点改革。加快落实国企改革三年行动方案，完善现代企业经营机制，积极稳妥深化混合所有制改革，纠正设置时间表、混改比例和追求资产证券化率等不当做法，推动深度转换经营机制；研究制订符合企业特点和改革方向的差异化考核方案，有序实施分类核算、分类考核改革，通过试点测算推动完善国有企业公益性业务补贴体系和政府采购制度。高质量完成全国国有金融产权登记专项行动，为1.8万家金融机构办理登记；修改完善金融细分行业绩效评价办法，研究推进政策性、开发性银行业务分类管理和分类核算。深化国有资本经营预算制度改革，加强不同预算间统筹协调、有机衔接。开展全民所有自然资源资产所有权委托代理机制试点，组织编制《全国国土空间规划纲要（2021—2035年）》，持续推进用地用林用草用海等审批改革，开展生态产品价值实现机制试点，推进生态保护补偿制度建设。

四是强化监督管理。完善业务监督、综合监督、责任追究三位一体的出资人监督机制，强化产权登记、资产统计、资产评估等基础管理，加快构建覆盖企业运行关键环节和重大决策事项的监测体系；依托在线监管系统强化重大风险评估和监测预警，从严管控债务风险；通过新设、重组、整合等推进剥离非主业、非优势业务；加强外部董事支撑服务，全面推行外部董事召集人制度，建立外部董事人才库。推动金融服务实体经济，加大对普惠金融的支持力度；强化金融监管，提升防范化解重大金融风险能力。推进预算和资产管理相结合，加强新增资产配置审核，推进科研仪器共享共用；全面实施政府会计准则，推进公共基础设施等资产入账。加快自然资源统一调查监测体系建设，稳妥推进全民所有自然资源资产清查试点，初步构建国家级资产清查价格体系，推进全民所有自然资源资产数据库建设；严格补充耕地真实性核查，建立补充耕地项目公开制度，每半年对全国耕地和永久基本农田“非粮化”“非农化”进行动态监测，实施安排增量与消化存量相挂钩等举措推进土地节约集约利用；持续加强生态保护修复和统筹协调资源保护与科学利用。

（三）管理情况报告制度不断完善

一是健全工作机制，落实全覆盖要求。健全横向协作、纵向联动的工作机制，各级政府因地制宜建立不同形式的部门协调机制和报告编制工作机制，并加强与人大有关工作机构的沟通联系，共同向全国人民交出了涵盖企业、金融企业、行政事业性和自然资源等各类国有资产的全口径家底。经过五年努力，基本实现国有资产管理情况报告工作全覆盖，截至2021年底，中央和省级政府报告工作已成为年度规定动作，地市级、县区级层面报告工作覆盖率已超过99%。

二是规范报告要求，提高报告质量。财政部等国务院有关部门通过印发国有资产报告编报办法、制定内容框架参考模板等，不断规范报告体例和内容，统一国有企业报表格式，加强对地方数据来源、范围内容的指导，确保各类国有资产应报尽报，确保报告的数据准、情况实。审计署按照全国人大常委会关于加强国有资产管理情况监督决定的要求，于2021年起每年向全国人大常委会提交国有资产审计情况专项报告，为审议国有资产管理情况报告提供参考。各级人大及其工作机构持续督促政府及其部门完善国有资产报表体系和政府管理评价指标体系，增强报告的可读性、可审性。

三是创新方式方法，加强人大监督。全国人大常委会认真贯彻党中央决策部署，制定首个专项监督工作的五年规划，统筹安排任务，明确时间表和路线图。着眼提升审议监督力度，每年安排人大监督调研报告与国务院的报告一起口头报告、同步亮相。着眼打通国资监督的专业性技术性瓶颈、推动人大监督评价向科学化精准化拓展，研究建立国有资产管理人大监督评价指标体系。着眼为履行人大国有资产监督职责打造数字化工作平台、提供信息化支撑，加快推进人大国有资产联网监督系统建设。着眼构建全方位监督格局，加强与审计、纪检等方面的沟通联系和信息共享，推进各类国有资产监督贯通协同。地方各级人大围绕增强监督的专业性和实效性，也积极探索创新监督方式方法。一些地方综合运用特定问题调查、专题询问等监督方式，拓展监督的深度和广度。浙江等地方探索建立国有资产管理绩效第三方评估机制。湖北、重庆等地方加强国有资产监督与预算决算审查监督等衔接，推动国有资本经营预算、决算审查重点向国有资本布局和投向、管理绩效、经营风险等方面拓展，建立行政事业性资产年报与政府部门财务报告、部门决算等数据的比对审核机制。

（四）国有资产管理效能进一步显现

国有资本布局结构进一步优化。聚焦战略安全、产业引领、国计民生、公共服务等功能，加大力度推进国有企业重组整合和战略性新兴产业布局，涉及国家安全、国民经济命脉和国计民生领域营业收入占比超70%。

国有资本经营效益进一步提高。五年来，全国国有企业利润和金融企业归属母公司净利润稳步增长。全国国有资本经营预算累计收入19403亿元，中央金融企业合计上缴国有资本收益9263亿元。相比2017年，2021年全国国有企业研发投入强度提高0.7个百分点，全员劳动生产率年均增幅9.1%。

高质量发展水平进一步提升。五年来，中央企业累计研发投入3.4万亿元，助力实现高水平的自立自强。大力推进绿色转型发展，2021年中央企业万元产值综合能耗比2017年下降17%，万元国内生产总值用水量下降21.6%，农田灌溉水有效利用系数提高到0.568。2021年新盘活2018年前批而未供土地330万亩、处置闲置土地146万亩。

服务保障能力进一步增强。国有企业承担了主要的原油、天然气、上网电量等能源供应保障任务，共有3.3万亿元国有资本划转充实社保基金。五年来，各级各类教育占地面积、校舍面积、体育场馆面积均增长约10%，支持义务教育巩固率达到95.4%，农村普惠性幼儿园覆盖率达到90.6%；全国县级医疗卫生机构2.3万个、乡镇卫生院3.5万个、村卫生室59.9万个，支持90%以上家庭15分钟内能够达到最近的医疗点，教育、卫生健康等行业国有资产成为保障国家基本公共服务公平可及的重要力量。全国建制村通邮率100%，截至2021年底全国共有3800多万名困难群众住进公租房。各类国有资产为保障疫情防控作出巨大贡献。

二、突出问题

各类国有资产管理和治理都取得了明显进步，但国有资产管理的整体性、系统性、综合性还不够，对国有资产所有权行使、政府履行国有资产管理职责的一些基础性、理论性问题还没有厘清，突出表现在强调“国家统一所有”但管理的统一性、协同性不强，资产管理在政府职责中的定位不够明确，资产管理的综合绩效不高，与宪法法律规定的国有资产的地位和国有资产所承担的职能作用相比，与新时代服务高质量发展、推进共同富裕等改革要求相比仍有不小差距，亟待认真研究解决。

（一）资产家底有待进一步摸清

不少部门和地方反映，资产管理的意识还不够强，管理基础比较薄弱，历史遗留问题较多，真实准确全面摸清家底、有效服务国家发展决策还需做出更大努力。

一是国有资产的基本概念、范围不够清晰。部分国有资产存在定义、口径、分类等基本要素不明确问题。对一些资产是否属于国有认识不尽一致，对部分国有资产的归类存在不同认识。对于太空资产、数据资产等一些新的资产类型研究还不够深入。

二是国有资产的基础管理不够完善。产权管理不够明确统一,除全民所有自然资源资产明确由自然资源部负责统一确权,其他类别的国有资产产权管理分散在不同管理部门,统计制度和标准不完全一致,容易出现交叉重复和遗漏。公共基础设施等类别资产管理制度不够健全、会计准则执行不到位,清查核算入账较难。一些地方反映部分行政事业单位对定期盘点制度普遍不够重视,落实不够到位,难以及时更新资产情况。国有自然资源资产确权登记还在进行中,解决历史遗留问题、与集体资产划清边界等都还面临一定困难。

三是国有资产的数据质量还不够高。国有资产数据的真实性和完整性还存在缺陷。近年来,审计多次反映国有企业会计信息失真、行政事业性国有资产数据不实等问题。如,2021 年审计的 34 户央企存在收入不实 414.15 亿元、成本费用不实 532.03 亿元、利润不实 229.62 亿元,23 家地方中小银行少披露不良资产 1709.62 亿元,26 个中央部门的 155.67 万平方米房产和 1.67 万亩土地、24.01 亿元资产未入账或未及时办理产权登记。地方人大监督普遍反映,行政事业单位房产未办理权属登记、产权界定不清等历史遗留问题比较多,账实不符、账外资产等情况不同程度存在。

(二)国有资产管理需要强化科学理念支撑

政府管理国有资产是依法行使国有资产所有权的内容,是不同于行政管理、公共事务管理的一项重要职能,既要讲"资产"效率、也要讲"国有"责任,不少方面反映较难把握统筹平衡,需要科学理念有效支撑。

一是贯彻落实习近平总书记关于国有资产管理的新要求新理念还不够到位。习近平总书记对建立中国特色现代企业制度提出了"两个一以贯之"的明确要求,坚持党的领导、加强党的建设是国有企业的"根"与"魂"。从实践看加强组织建设,将党组织内嵌到公司治理结构中取得了积极进展,但有效实现党的政治领导和思想领导的办法举措还不多,有些国有企业党组织前置研究讨论作用发挥不够,或形同虚设、或重复低效。一些地方贯彻落实习近平生态文明思想不够到位,人与自然和谐共生、"绿水青山就是金山银山"节约集约高效利用理念还有待增强,利用和保护、整体和局部、短期和长期的关系处理不够理想,过度保护影响正常生产生活与粗放利用付出资源环境代价的现象并存。

二是对国有资产功能定位的把握需要优化。国有经济是支撑和服务国家发展战略和安全的重要力量,承担着战略安全、产业引领、国计民生、公共服务等功能。国有资本包括国有金融资本都面临提高盈利能力、扩大行业影响、防范经营风险与落实国家战略、服务实体经济、加大普惠服务等多元目标,但在国有资产管理实践中,对功能定位的落实特别是规划布局和结构调整等不够具体细化,许多非金融国有企业都设置了金融、房地产等业务板块,一些国有金融机构也出现盲目扩张等现象。国有资本在产业基础重点领域、产业链高端环节短板较多,战略性新兴产业、先进制造业、现代服务业方面布局相对不足,缺乏核心竞争力,难以发挥相应的功能作用。行政事业性国有资产管理成本效益理念不强,对资产管理效率重视不够,一些部门和地方存在似乎只要资产没有明显损失、闲置浪费都是小问题的思想。行政办公、科研设备等资产面临苦乐不均、共享共用较难的局面,公共基础设施、保障性住房等资产存在主体责任意识不强、以更新建设替代维护管理等问题。

三是"大资产"管理理念尚未真正形成。国有资本配置尚未实现全国一盘棋,中央和地方之间统筹协调机制不够健全,国有企业战略重组也一般局限于同一监管部门所属企业之间或同一企业集团内部。重复投资、产业趋同、同质化竞争依然存在,节能环保、新能源等领域投资出现过热苗头,竞争性领域较多集中在传统产业、重化工业及一些产能过剩行业。行政事业性国有资产分级监管与社会公共事业发展衔接不够,教育、卫健、文化等领域资产配置缺乏统筹规划,资产管理更多考虑本级或本单位所属资产,与推进基本公共服务均等化还没有建立衔接机制。对各类自然资源、生态环境是一个有机整体的认识不充分,国有自然资源资产的一体化系统化保护和利用不够。

四是资产管理(存量)和预算管理(流量)统筹衔接的理念尚未形成。国有资本经营预算的科目体系设置不能完全适应资本管理需要,只按年度编制的方式也难以适应资本中长期运营的特点。行政事业性国有资产管理方面,重预算轻资产、重建设轻管理的情况仍然存在,资产大多被视为财政预算支出的被动形成结果,新增资产配置对存量情况的考虑还不够,加强资产管理、盘活资产存量、提高资产效益存在明显短板。国有自然资源资产现行收益科目设置不能充分体现所有权，“税”“费”“金”等项目繁多、定位不清，越位缺位并存，收益分配和支出上也缺乏统筹安排。

(三)国有资产管理体制有待进一步理顺

目前，国有资产基本建立起国家统一所有、分类分级管理的体制，问题和矛盾集中体现为“国家统一所有”的“统”贯彻不够，“资产部门化、部门利益化”现象比较普遍。

一是各类国有资产多头管理仍较突出。中央经营性国有资产集中统一监管改革进展迟缓，企业国有资产管理仍然按出资或企业隶属关系分散在国务院国资委、财政部和相关中央部门单位，监管政策不统一、基础信息不完整、协同发展不充分。受历史管理模式、财政部门管理能力跟不上等因素所限，地方层面实质性落实国有金融资本集中统一管理较慢。财政部门和机关事务管理部门分别布置行政事业性国有资产报表，报表工作缺乏统筹协调，行政事业单位需要使用两个资产管理信息系统分别报告资产状况。

二是国有资产所有者和公共事务管理者职能交织。国有资本管理行政化监管方式运用多、市场化法治化方式运用少，授权放权的“颗粒度”不够精细影响可操作性，还存在过多干预或直接干预企业决策运营等现象。国有金融资本管理不够到位，财政部门名义上履行出资人职责，但更多通过财政预算管理参与金融事务，通过出资关系和公司治理机制发挥积极股东作用不充分。金融行业监管部门对部分金融机构委派管理人员，实质履行出资人职责，存在“既当裁判员又当运动员”的争议。全民所有自然资源资产配置中发挥市场决定性作用还不够，一些生态产品的市场还在建设发展之中，行政干预资源资产配置广泛存在，不仅市场配置资源的决定性作用发挥不够充分，对国有自然资源资产权益的保障也不足。

三是国有资产的整体系统管理格局尚未形成。在初步摸清全口径国有资产家底的基础上，还没有从国家发展全局视角建立系统管理国有资产的体制机制，各类国有资产实行分类管理，缺乏更高层次的协调和统筹衔接，对国有资产、国有资本、国有资源之间相互转换、协同发展没有建立制度化的渠道和安排，难以在社会主义现代化强国建设的一张蓝图上统筹谋划。同时，各类国有资产改革缺乏整体协同推进，对一些公共服务职能是由事业单位承担，还是由国有企业承担等缺乏整体设计安排。

(四)国有资产重点领域改革亟待深化，国有资产效益有待提高

一是混合所有制改革需要优化。一些地方和企业认识不够到位，将混改视为解决部分国有企业短期经营困难的权宜之计，作为单纯引入资本、降低资产负债率的手段，没有考虑战略投资者与自身业务及禀赋优势的协同效应，参与混改的准公益类企业、传统竞争类企业多为效率低下、技术落后业务，社会资本积极性不高。“重混轻改”“混而不改”等问题仍较突出，差异化监管落实不够到位，实践中既有非国有股东有效参与企业治理不够，部分国有股东简单照搬或套用对国有独资、全资公司的管控模式，社会资本顾虑较多；也有制度不健全、监管不到位，导致或长期亏损不分红、低效无效运营，或滋生利益输送、以权谋私，造成国有资产流失损失。

二是国有资本投资公司改革方向不明。国有资本投资公司定位于在关系国家安全、国民经济命脉的重要行业和关键领域，通过战略性核心业务控股等资本运作，服务国家战略、优化国有资本布局、提升产业竞争力，不从事具体生产经营活动。实践中国有资本投资公司大多由产业集团总部直接改组而来，还没有找到适应其特点的差异化国资监管方式。近年来一些试点企业仍然沿用过去的产业集团管控模式和经营资产方式，成为“换汤不换药”的翻牌公司；有的地方试点企业被架空，对出资企业只持股并表而不具体监管，实质变成从事财务性投资的国有资本运营公司。

三是分类管理考核改革不够完善。国有资本分类管理、分类核算和分类考核仍在探索，目前比较原则的类别划分在面对企业特别是集团企业多元化经营时，难以具体落地，对国有企业和国有金融机构承担政策性业务、提供公益性服务等开展分类核算推进较慢。考核指标体系还不健全，加大科研创新、服务实体经济、增强产业链供应链稳定性等引导性指标仍需完善，经济效益、战略安全等类别指标仍需优化，在考核指挥棒不够科学的情况下，一些国有企业存在盲目追求规模或一味求稳的问题。

四是行政事业性国有资产标准化管理推进较慢。资产配置标准体系不够健全，通用资产配置标准亟需完善，专用资产配置标准体系建设进展缓慢，规范的动态调整机制还未建立，与公共服务等事业发展目标还缺乏衔接。资产使用、处置等环节也缺乏科学规范的标准和指引，不少地方反映在建工程转固、报废资产处置等有些制度规定不够具体

细化,执行落实也不到位,一些早已投入使用的房屋长期不转为固定资产,已退出使用范围的报废资产不能及时处置,长期堆积占据空间。还有的反映一些使用状况较好的旧实木家具因年限要求被强制更换处置。

五是国土空间规划和用途管制改革还不深入。一些地方反映目前还在实施的主体功能区规划、城乡规划、土地利用总体规划、海洋功能规划等各类空间规划之间存在矛盾冲突,与国家发展规划衔接不紧密,"多规合一"的国土空间规划体系还不健全。国土空间用途管制的系统性、综合性不强,多要素交叉综合管制规则不足,维度比较单一,生产、生活、生态三类空间之间、空间内部各要素之间的用途转换规则也不够清晰,不少地方反映利用与保护在部分地区依然矛盾突出。

六是国有资产效益仍然不高。国有经济"大而不强""大而不优"问题依然存在。行政事业性国有资产闲置浪费、低效无效问题比较突出,一些部门和单位反映随着管理工作不断规范,资产处置、出租出借成为各级巡视、审计的重点,违规违纪风险加大,加上相关收益按照规定要上缴财政,很多单位抱着"多一事不如少一事"的想法,宁可闲置,也不盘活。

（五）国有资产治理机制和报告制度仍需完善

一是规范国有资产治理的法律体系不够健全。现行各类国有资产"分别立法"之下形成的法律法规,注重相关领域管理的具体性规范,缺少一部规范各类国有资产的基础性、综合性法律。企业国有资产法等一些法律法规出台时间较早,已经滞后于改革发展实践,不能完全适应新形势新要求。国有金融资本管理条例还在制定过程中,政策性金融、地方金融等缺乏相应的法律规范。自然资源领域虽然单项法律较多,但缺乏内在体系化设计,不适应国有自然资源资产治理需求。亟待加快修改完善和制定步伐,提高国有资产治理法治化水平。

二是国有资产管理情况报告工作机制不够完善。国有资产管理情况报告编报职责有待进一步明确,有些部门和地方反映目前任务分工是一年一定,稳定性不够,做好长期研究的积极性不高;有些地方反映报告主体与监管责任主体不完全一致,实践中存在相关部门主动参与积极性不高、协调难度大等问题。政府部门间的协调机制作用有限,往往形成人大工作机构与政府相关部门之间"一对多"的局面,难以解决部门间的分歧和不同意见。不少地方反映政府部门向人大提供相关数据资料等工作信息的积极性不高。

三是落实中央意见和全国人大常委会决定相关要求需要强化。国有资产管理情况报告的广度和深度还有待拓展,报告体例、报告内容的规范性和连续性等有待增强,"全口径全覆盖"需要持续推进。各类国有资产报表缺乏统一标准和规范,详略程度自由裁量权较大,既不能满足人大监督需要,也难以开展横向、纵向比较,国有资产报表体系需要继续完善。建立健全反映不同类别国有资产管理特点的评价指标体系进展缓慢,较难量化反映资产管理的绩效,如还没有提出有效反映国有经济主体地位和主导作用、国有资本保值增值水平等情况的指标,资产利用率、净资产收益率、资本充足率、不良贷款率等常用指标也没有提交。国有资产管理整改问责机制不健全,许多问题屡审屡犯、屡查屡有,人大、审计等外部监督的实效性不够强。

三、相关建议

规模庞大、种类多样、功能丰富的国有资产关系我国国家性质和基本经济制度,是我们坚持走中国特色社会主义道路的重要物质基础和政治基础,是应对国内外风险挑战、统筹发展和安全的重要底气和保障。国有资产管理和治理必须立足全面建设社会主义现代化国家的新发展起点,坚持以习近平新时代中国特色社会主义思想为指导,全面贯彻落实党的二十大精神,增强大局意识、系统观念,心怀"国之大者",按照系统性改革、综合性治理、整体性推进的思路,聚焦国有资产更好服务国家经济社会发展、实现国有资产国有资本增值增效,进一步摸清家底、厘清认识、完善体制、健全机制,在统筹协同上做文章,在提质增效上下功夫,推动各类国有资产在一张蓝图上协同推进中国式现代化,将中国特色社会主义的制度优势转化为治理效能。

（一）夯实基础工作,进一步摸清国有资产家底

一是加快基本问题研究。要在总结梳理现行实践和加强理论研究的基础上,进一步明确国有资产的定义、口径、分类等基本要素,为确定一些资产是否属于国有资产提供科学明确的标准和依据。对一些明确属于国有资产、暂时不易明确归类的资产,可以单独列示,确保全口径、无遗漏。对于数据资产等目前较难按常规方式明确所有权的资产,要加强跟踪研究,探索从全生命周期各环节入手,分步明确持有权、收益权等权利关系。

二是加强基础管理。完善产权管理制度，强化统一管理，在加快产权登记基础上健全统一规范的统计制度。各类国有资产按照业务性质归类，为准确统计、科学决策奠定基础。完善相关国有资产的会计核算制度，加快出台水利基础设施、保障性住房等资产管理办法。研究完善并严格落实各类国有资产的定期盘点制度。健全完善自然资源统一调查、登记、评价、评估、监测体系，在统一分类、标准、规范的基础上，加快推进确权登记，妥善解决历史遗留问题，保护群众利益。

（二）坚持系统观念，进一步树立适应高质量发展的国有资产管理理念

一是坚持并全面落实习近平总书记提出的新要求新理念。坚持以习近平新时代中国特色社会主义思想为指导，在落实“双向进入、交叉任职”、健全党委（党组）前置研究讨论清单、完善“第一议题”制度等基础上，进一步探索创新方式方法，严格落实国有企业党组织向上级党组织报告工作并接受监督的制度，保证党的路线方针政策和重大决策部署得到贯彻落实，把党的政治优势、组织优势转化为企业发展优势。全面深入贯彻落实习近平生态文明思想，坚持人与自然和谐共生，坚持“绿水青山就是金山银山”绿色经济观，坚持节约优先、保护优先、自然恢复为主的方针，统筹经济社会发展和防范化解重大资源风险。

二是贯彻新发展理念优化国有资产功能定位。国有资产属于全体人民所有，其功能定位应当服务于全体人民的共同利益。应当完整准确全面贯彻新发展理念，统筹平衡国有资产的战略效益、经济效益、社会效益、生态效益，兼顾效率与公平、发展与稳定。国有资本包括国有金融资本更加突出服务国家战略需要，有效发挥战略安全、产业引领、国计民生、公共服务等功能，进一步细化“关系国家安全、国民经济命脉、战略性新兴产业”等具体内容，体现新型基础设施、数字经济、新能源、新材料等时代特点和明确要求；行政事业性国有资产更加突出高效服务人民需求，强化成本效益意识；国有自然资源资产更加突出服务建设人与自然和谐发展的需要，保护和利用都要算大账、长远账、整体账、综合账。

三是加快树立“大资产”管理理念。健全国有资本布局优化和结构调整规划制度，在规划编制、执行、评估、调整等各环节，通过市场化、资本化的方式方法，加强中央与地方的统筹衔接，按照有保有压、有进有退的原则，促进全国国有资本在新兴和传统、战略和竞争等行业之间与区域之间的合理分布，提升整体效能。应当围绕推进基本公共服务均等化，强化教育、卫健、文化等事业性国有资产管理的顶层设计，促进资产管理与事业发展的有机衔接。要牢固树立“山水林田湖草沙冰是一个生命共同体”的理念，完善国有自然资源资产综合治理机制，强化系统性一体化保护和利用。

四是加强资产管理和预算管理的统筹衔接。完善国有资本经营预算制度，落实覆盖全部国有资本经营收益的改革目标，优化预算科目设置，在现行年度预算基础上加强中长期国有资本经营预算编制，体现资本管理要求。在基本解决历史遗留问题的基础上，研究完善国有资本经营收益上缴基数测算办法，推动深化国资国企改革，解决低效无效资产问题。推动完善行政事业性国有资产管理，资产配置预算应当与资产存量、资产效益相适应。完善国有自然资源资产收益预算制度，加强对自然资源整体性保护和生态修复的统筹安排。

（三）突出统一所有，进一步理顺管理体制

一是加强统筹管理。进一步加快和做实经营性国有资产集中统一监管，落实出资人制度，对中央党政机关和事业单位经营性国有资产尽快纳入集中统一监管，一些低效无效资产该剥离处置的及时剥离处置。优先实现监管制度统一、统计标准统一，健全统筹协调机制，加强信息互联互通。行政事业性国有资产方面，财政部门和机关事务管理部门应当进一步厘清综合管理和具体管理的职责边界，加强统筹衔接，制定统一的管理制度和报表体系，提高效率，减轻负担。

二是突出国有资产所有者角色。进一步厘清国有资产所有者和公共事务管理者的职责边界，更多采取市场化法治化手段行使国有资产所有权。国有资本管理应当基于出资关系以市场化方式参与企业治理，按照公司法、公司章程等法律和制度规定行使权利。要处理好国有金融资本管理与金融行业监管之间的关系，推动行业监管部门退出金融机构内部管理，履行国有金融资本出资人职责应当更多通过发挥积极股东作用，引导国有金融机构落实国家战略要求。加快完善自然资源有偿使用制度，健全市场化出让方式，更好发挥市场在资源配置中的决定性作用。

三是构建国有资产整体规划、系统管理格局。进一步准确把握国家所有的原则，在分类分级管理发挥各方面积极性的基础上，更加重视全局性谋划、战略性布局、整体性推进、协调性配合。建

立国有资产、国有资本、国有资源之间相互转换、协同发展的制度化渠道，统筹谋划各类国有资产的改革发展，形成立体式、全方位、系统化的格局。

（四）深化重点改革，进一步释放活力提高效益

一是深化混合所有制改革。准确把握社会主义初级阶段基本国情、社会主义市场经济历史方位和发展趋势，加快发展混合所有制经济，坚持以“混”促“改”、以“改”提“效”，进一步完善公司治理结构，对混合所有制企业建立有别于国有独资、全资公司的治理机制和监管制度，严格按照公司法等法律规定平等保护各类所有制资本权益和企业权益，按照市场化原则、国际化标准等要求完善经营机制，围绕促进各种所有制资本融合发展，破除市场准入、公平竞争等领域的所有制藩篱，充分发挥国有资本和非国有资本各自优势。

二是加强以管资本为主的国有资产监管体制改革。按照管资本的要求，进一步健全监管体制机制，加强国有资本规划布局和结构调整，依法依规处理好与出资企业的关系。同时防范“管资本”过度泛化，对独资公司等符合条件、确有必要的不应放松对企业的直接管理，以落实国家战略需要。要研究明确国有资本投资公司与产业集团的边界标准、适用范围和相应监管方式，坚持主要以市场化、资本化方式优化国有资本布局，深化国有资本投资公司改革，有效发挥其功能作用，适应社会主义市场经济发展需要。

三是加快推进分类管理考核。深化国有企业分类改革，明确细分标准、强化功能定位，加强国有企业和国有金融机构的业务分类核算，在此基础上深化分类管理和分类考核。建立适应发展形势需要的考核权重调整机制，对有关行业和企业，适当调高落实战略任务的考核权重，并完善有效反映支持科研创新、服务实体经济、增强产业链供应链稳定性等指标。推进行政事业性国有资产的分类考核，健全反映不同类别、不同领域资产绩效特点的评价指标，推动支持节约高效履职、社会事业发展。

四是加强行政事业性国有资产标准化建设。进一步完善资产配置标准体系，建立规范的动态调整机制，并加大公开力度。在此基础上，进一步健全资产共享共用制度，扩大覆盖范围，完善中央垂管单位和地方之间的统筹调剂，提升资产整体使用效益。加强资产使用、处置等环节的标准规范，进一步细化和落实在建工程转固等制度规定，适当提高资产处置的灵活空间，完善出租出借和收益管理，调动部门单位的积极性，加大对闲置资产的统筹调剂力度。

五是深化国土空间规划和用途管制改革。进一步健全“多规合一”的国土空间规划体系，做好与国家发展规划的衔接，理顺不同层级规划间的关系。总结“标准地”等有益经验，完善多要素融合的综合管制规则体系，明确不同空间之间、空间内各要素之间的用途转换规则，推进各类控制线的科学规范。

（五）完善报告制度，进一步健全国有资产治理机制

一是加快健全国有资产法律体系。在做好立法研究的基础上，加快研究制定综合性的国有资产法，作为以宪法为根本遵循、以各类国有资产专项法律为依托的基础性法律，推动构建系统全面、结构合理、衔接紧密、协调统一的国有资产法律制度体系。加快修订企业国有资产法，吸纳党的十八大以来国资国企改革的有益成果。加快国有金融资本管理条例立法进程。在实践基础上，推动行政事业性国有资产管理条例上升为法律。研究制定规范国有自然资源资产管理的法律。及时对现行法律法规中不符合新的国有资产管理和监督要求的规定作出修改完善。

二是完善国资报告工作机制。各级人民政府应当根据本级人大常委会听取审议国有资产管理情况报告的五年规划安排，相应制定五年报告的分工安排，落实责任，明确预期。借鉴地方有益经验，充分发挥本级政府的统筹组织协调推动作用，同时健全政府部门间协调机制，支持牵头部门发挥作用。要树立主动接受人大监督的意识，积极做好数据资料等工作信息的提供工作。

三是全面落实中央《意见》和法定要求。要认真贯彻中央《意见》的改革部署，严格落实全国人大常委会关于加强国有资产管理情况监督决定的相关要求，进一步规范和完善报告体例和重点内容，加快完善各类国有资产的报表体系和政府管理评价指标体系，为人大监督提供良好基础。要建立健全问责机制，明确问责主体、问责程序、问责方式，加大问责力度，以人大监督为契机形成共同改进管理的合力。

对 2021 年度国有资产管理情况综合报告的意见和建议

10 月 29 日，十三届全国人大常委会第三十七次会议审议了财政部部长刘昆受国务院委托作的关于 2021 年度国有资产管理情况的综合报告，共有 12 人次发言。现根据会议发言情况，将常委会组成人员和列席会议人员的主要意见整理如下。

出席人员普遍认为，十三届全国人大常委会全面贯彻落实党中央决策部署，认真履行国有资产管理监督职责，连续 5 年听取审议国有资产管理情况报告，推动国有资产管理机制不断完善、管理水平不断提升，实现了对各类国有资产管理监督的全口径全覆盖。国务院及其有关部门、地方各级政府积极努力，初步摸清国有资产家底，持续提升国有资产管理水平和效能，不断完善管理情况报告制度，取得了显著成效。出席人员充分肯定国务院的综合报告，高度评价全国人大常委会预算工委、全国人大财经委的调研报告，希望国务院及其有关部门认真研究处理。出席人员强调，要全面贯彻落实党的二十大精神，紧紧围绕高质量发展这一全面建设社会主义现代化国家的首要任务，完整、准确、全面贯彻新发展理念，持续加强和改进国有资产管理和治理，进一步摸清家底、厘清认识、完善体制、健全机制，推动各类国有资产在一张蓝图上协同推进中国式现代化。审议中，大家还提出了一些具体意见和建议。

一、继续夯实国有资产管理工作的基础

有些出席人员提出，国有资产管理的基本概念、范围还不够清晰，数据质量也不够高，需要进一步夯实工作基础。有的出席人员提出，国有资产口径范围不完整、评价体系不健全，深层次原因在于对国有资产管理和治理的规律性认识不足。应当加强相关基础理论研究，准确定义国有资产的基本概念，进一步明晰国有资产范围，科学划分国有资产分类，准确把握各类资产的性质和关系，明确不同类型资产的管理体制机制。有的出席人员提出，目前国有资产的范围主要是依据传统口径确定，对专利发明等知识产权以及数据资产和与之相关的计算、存储资源等体现不足，建议深入研究，进一步完善国有资产体系。有的出席人员提出，近年来审计查出一些国有企业会计信息失真，有的企业虚增收入利润，有的资产减值计提不充分，一些行政事业性国有资产的数据不实。建议引起高度重视，推动相关企业、单位严肃整改，建立健全制度机制，保证国有资产财务数据真实、准确。

二、以“大资产”管理推动国有资产高质量发展

有些出席人员认为，应坚持系统观念，树立“大资产”管理观念，把国有资产摆在经济社会发展全局中，统筹国有资产和经济发展、生态保护、财政收支等方面的关系，明确国有资产管理的总体思路和政策框架、具体举措。有的出席人员提出，增强国有资产管理的整体协同性，一方面需要统筹金融和非金融、实体经济和虚拟经济、科研和生产等各领域各环节，统筹各大类国有资产的内部结构和相互关系，科学部署国有资产的战略布局，另一方面需要在国有资产的存量和流量之间，在国有资源、国有资本、国有资产以及政府预算之间，构建起畅通的流转通道。建议国务院及其有关部门强化对这两方面工作的顶层设计和安排。有的出席人员提出，现有的 4 类国有资产管理体系建设进程不平衡，国有企业资产管理制度相对比较成熟；国有自然资源资产管理需要进一步摸清家底，完善资源实物量转化为资产价值的机制；行政事业性国有资产效益的计量评价方式需要探索；金融企业的国有资产管理有待于金融管理体制的改革和完善；等等。应根据各类国有资产的特点，有针对性补齐管理短板，进一步完善全口径全覆盖的国有资产管理体系和制度。有的出席人员认为，不同种类国有资产有不同功能定位，实行分类考核特别是实现量化考核需要攻克一系列难题。下一步，应重点将国有企业经营中带有社会效益、外部效益的活动及成本同商业性经营活动区分开来，让国有企业经营的成本收益能够与外资企业、民营企业进行横向比较，进一步提高国有企业资产运营、管理的科学性、准确性。

有的出席人员认为，有的国有企业存在大量低效、无效资产，其固定资产或者产品有价无市，有的

已没有实际使用价值;有的企业运营效率低下,长期亏损或股权投资多年不能分红。应更加关注对国有资产质量的管理,推动其加强不良资产处置,盘活存量资产,提高运营效率和资产效益。有的出席人员认为,党的二十大提出完善分配制度、健全社会保障体系,今后应进一步发挥国有资本对社会保障的支持作用。

三、深化国有资产管理情况报告制度改革

有些出席人员提出,通过近五年的努力,国有资产管理情况报告制度全面落实,取得显著成效,同时也要看到,报告的广度和深度有待进一步拓展,落实"全口径全覆盖"要求需要持续推进。有些出席人员提出,国有资产管理情况报告应当更多地在数据分析上下功夫,进行多个维度的对比分析,量化优势和不足,体现数字背后的政策、问题、趋势等,明确改进工作的方向和措施。有的出席人员指出,对出现较大变化的自然资源资产,报告中应有所分析,说明变化原因。对于草原、草地概念以及国有草地使用权承包经营等情况,应有所说明。

四、加快推进国有资产管理法治化

有的出席人员提出,国有资产管理法治化需要以法律形式明确国有资产的内涵、外延、功能定位、管理体制、监督体制,建议国务院有关部门加强同全国人大有关部门的协作,加快推进国有资产综合立法,搭建起国有资产管理的法律框架。有的出席人员认为,国务院报告中提到国有金融资本管理法治化有待加强,这是一个事关有效防范金融风险、推进混合所有制改革、强化国有资产集中统一监管的"牛鼻子"问题。建议国务院有关部门高度重视,拿出切实有效的解决办法。

最高人民法院关于人民法院涉外审判工作情况的报告

——2022 年 10 月 28 日在第十三届全国人民代表大会常务委员会第三十七次会议上

最高人民法院院长 周 强

全国人民代表大会常务委员会:

根据本次会议安排,我代表最高人民法院报告党的十八大以来人民法院涉外审判工作情况,请审议。

党的十八大以来,以习近平同志为核心的党中央高度重视涉外法治工作。习近平总书记对加强涉外法治工作发表一系列重要讲话,明确提出统筹推进国内法治和涉外法治,为全面加强新时代涉外法治工作指明了方向、提供了根本遵循,推动我国涉外法治建设取得历史性成就。我国涉外法律法规体系不断健全,涉外执法司法质效持续提升,涉外法治保障和法律服务工作成效明显,涉外法治人才队伍日益壮大,开创了新时代涉外法治建设新局面,为维护国家主权、安全、发展利益提供了坚实法治保障。

人民法院涉外审判工作是涉外法治工作的重要组成部分,主要审理当事人、标的物、法律事实等具有涉外因素的案件,涵盖刑事、民商事、海事、知识产权、行政等各审判领域,以及外国法院判决、外国仲裁裁决的承认和执行等国际司法协助案件。因涉港澳台案件一般参照涉外审判程序处理,故这次一并报告有关工作情况。涉外审判工作的健康发展,对于维护国家主权、安全、发展利益,营造市场化法治化国际化营商环境,建设更高水平开放型经济新体制,推动构建相互尊重、公平正义、合作共赢的新型国际关系,推进国家治理体系和治理能力现代化具有十分重要的意义。

党的十八大以来,伴随我国高水平对外开放的持续推进,涉外审判工作呈现以下新特点:一是案件数量大幅攀升。全国法院受理的一审涉外民商事案件从 2013 年的 1.48 万件,增长到 2021 年的 2.73 万件。二是新类型案件不断涌现。随着经济发展、科技进步、国际分工日益深化,涉跨境电商、跨境破产、企业和资产跨境并购、金融衍生产品投资、中欧班列运单等新类型纠纷不断涌现,亟需明晰交易规则、规范行为界限、平衡各方权益。三是案件审理难度加大。因同一争议涉及多国平行诉讼而产生的管辖权国际冲突案件增多,案件审理涉

及国际条约、国际惯例和准据法适用的情形增多，司法管辖权和法律适用等问题愈加复杂。四是案件影响力日益提升。涉及当事人已覆盖全球100多个国家和地区，国内国际关注度显著上升，对我外交工作大局和国际形象塑造发挥着重要作用。人民法院认真落实统筹推进国内法治和涉外法治要求，坚定不移贯彻对外开放的基本国策，加快推进涉外审判体系和审判能力现代化，我国涉外审判覆盖的国家和地区范围不断扩大，境外当事人主动选择中国法院管辖的案件日益增多，我国法院判决得到越来越多国家的承认和执行，在参与国际规则制定中发挥的作用更加凸显，涉外司法国际公信力和影响力持续提升，有力传递出新时代中国改革不停顿、开放不止步的坚定决心，在向第二个百年奋斗目标迈进的新征程中承担着越来越重要的历史使命。

一、党的十八大以来涉外审判工作情况及成效

在以习近平同志为核心的党中央坚强领导下，在全国人大及其常委会有力监督下，人民法院坚持以习近平新时代中国特色社会主义思想为指导，深入贯彻习近平法治思想，深刻领悟“两个确立”的决定性意义，增强“四个意识”、坚定“四个自信”、做到“两个维护”，牢牢坚持党对司法工作的绝对领导，坚定不移走中国特色社会主义法治道路，紧紧围绕“努力让人民群众在每一个司法案件中感受到公平正义”目标，坚持服务大局、司法为民、公正司法，依法公正高效审理各类涉外案件，深入推进涉外审判机制改革，加强涉外审判队伍建设，不断提升涉外审判质效。2013年至2022年6月，各级法院审结各类涉外、涉港澳台案件38.4万件。通过充分发挥涉外审判职能作用，为加快构建新发展格局、实现更高水平对外开放提供司法服务。

（一）全面贯彻总体国家安全观，切实维护国家主权、安全、发展利益

将涉外审判工作置于统筹国内国际两个大局、办好发展安全两件大事中谋划和推进，坚决维护国家主权、安全、发展利益。

依法严惩涉外犯罪。严厉打击敌对势力渗透、破坏、颠覆、分裂活动，依法严惩颠覆国家政权、煽动分裂国家等犯罪，坚决维护国家政治安全特别是政权安全、制度安全。严厉打击跨国跨境毒品、电信网络诈骗、偷运人口、赌博和洗钱等犯罪。积极配合做好境外追逃追赃，出台司法解释完善犯罪嫌疑人、被告人逃匿、死亡案件违法所得没收程序，让腐败分子无处藏身、违法所得无处隐匿。严格规范涉外刑事审判工作，实行外籍被告人律师辩护全覆盖，切实加强人权司法保障。

依法保护我海外投资利益。依法审理我国“走出去”企业在基础设施建设、经贸往来、产业投资、货物运输等方面涉外民商事案件，准确界定当事人权利义务，服务应对海外利益风险挑战。制定审理独立保函纠纷案件的司法解释，统一独立保函交易规则，保障我国金融机构和企业有序参与国际经济合作。

（二）积极营造市场化法治化国际化营商环境，服务更高水平对外开放

始终做改革开放的坚决拥护者和坚定践行者，坚持依法平等保护原则，确保中外当事人诉讼地位和诉讼权利平等、法律适用和法律保护平等，积极营造市场化法治化国际化营商环境。

依法平等保护中外投资者合法权益。全面贯彻外商投资法及其实施条例，制定完善配套司法解释，外商投资企业纠纷审理进入以“一法一条例两解释”为主干规范体系的新阶段。建立外商投资企业纠纷集中审理机制，以专业化促进审判质效提升。依法审理涉股东资格确认纠纷等外商投资企业纠纷案件，全面落实准入前国民待遇加负面清单制度，助力稳定中外投资者市场预期。

服务自由贸易试验区、自由贸易港建设。制定服务保障进一步扩大对外开放和自由贸易试验区、海南自由贸易港、上海临港新片区、北京“两区”建设等意见，发布10个服务保障自由贸易试验区建设典型案例和12项亮点举措，优化自由贸易试验区、海南自由贸易港法治环境。各地法院积极探索设立自由贸易试验区专门审判机构或审判组织，推出多项改革创新成果。福建平潭法院“企业送达信息共享机制”、重庆两江新区（自贸区）法院“创新涉外商事诉讼、仲裁与调解一站式纠纷解决机制”分别入选国务院自贸试验区改革试点经验和“最佳实践案例”，北京法院“金融纠纷一站式、一体化、全链条多元化解机制”入选商务部国家服务业扩大开放综合示范区“最佳实践案例”。

维护公平竞争的市场秩序。出台适用企业破产法的规定、为改善营商环境提供司法保障的意见、全国法院民商事审判工作会议纪要等司法解释和规范性文件，统一法律适用标准，增强司法透明度和可预期性。高起点高标准设立上海金融法院、

北京金融法院、成渝金融法院，提高金融审判专业化水平。贯彻新证券法域外适用条款规定，对在境外上市公司及境外其他金融产品和金融服务提供者损害境内投资者合法权益的证券、期货纠纷及其他金融纠纷实行跨区域集中管辖。

服务统筹经济发展和疫情防控。发布审理涉疫情涉外商事海事案件指导意见，服务稳外贸、稳外资、产业链供应链安全稳定和航运市场健康发展，被联合国贸法会法规判例法数据库收录。南京海事法院开通立案和调解“绿色通道”，用时27天在线成功调解一起持续5年的国际船舶建造合同纠纷。大连海事法院运用海事强制令帮助数百家进口冷链企业解决清关难题，降低疫情对进出口贸易的影响。多地海事法院在扣押拍卖外籍船舶过程中，对外籍船员开展人道主义援助并安全、高效遣返，为妥善处置疫情期间全球性海员换班或遣返难题、助力航运企业复工复产提供中国方案。

恪守国际条约、尊重国际惯例。制定审理涉外民商事案件适用国际条约和国际惯例的司法解释，准确适用国际条约和国际惯例审结一批具有规则意义、国际影响重大、推动法治进程的典型案例。最高人民法院在德国蒂森克虏伯冶金公司国际货物买卖合同纠纷案中清晰阐明《联合国国际货物销售合同公约》与准据法的关系，在“加百利”轮海难救助案中首次明确《1989年国际救助公约》及相关国内法条款的适用，在哥斯达黎加东方置业公司保函欺诈纠纷再审案中准确适用《见索即付保函统一规则》。我国司法案例已经成为丰富国际法实践的重要来源，联合国贸法会法规判例法数据库已收录我国司法案例36件。

准确适用准据法。坚持尊重当事人意思自治，严格依照涉外民事关系法律适用法确定准据法。2013年以来，人民法院在542件案件中准确适用域外法，涉及六大洲40余个国家和地区。最高人民法院审理的新加坡中华环保公司股东出资纠纷案，准确适用新加坡法律认定外方股东民事权利能力和民事行为能力，助力优化外商投资法治环境。江苏苏州中院审理的中钢钢铁有限公司股权代持纠纷案适用埃塞俄比亚法律认定股权变更登记事项，青岛海事法院审理的大宇株式会社船舶抵押合同纠纷案适用巴拿马法律认定船舶抵押权效力，北京海淀法院审理的沃尔特股权转让纠纷案适用芬兰法律认定预约合同效力。上海金融法院审理的马来西亚联昌银行新加坡分行涉外担保纠纷案，在查明新加坡法律的基础上，通过调解实现一揽子解决纠纷的多赢效果。

推进判决的跨境承认和执行。2013年以来，全国法院共审结申请承认与执行外国法院民商事判决案件7313件，涉及英国、美国、意大利、澳大利亚等近40个国家。第二届中国—东盟大法官论坛通过《南宁声明》，就中方倡导的“推定互惠”达成共识，实质推动区域内各国民商事判决相互承认和执行。江苏南京中院审理的高尔集团案首次适用互惠原则承认和执行新加坡法院商事判决，有力促进“一带一路”沿线国开展相关领域司法合作。我国涉外民商事判决得到德国、美国、新加坡、以色列、韩国等多国法院的承认和执行，浙江海宁法院作出的尖山光电公司破产重整裁定效力得到美国法院承认，使在美1.5亿元资产纳入中国法院破产重整程序。

（三）充分发挥海事司法职能作用，服务海洋强国战略实施

我国是海洋大国、贸易大国、航运大国，海事审判工作直接服务于外贸航运、海洋开发，事关维护国家司法主权、海洋权益。

切实维护国家海洋权益。制定海事诉讼管辖、海事法院受理案件范围和审理发生在我国管辖海域案件系列司法解释，对我国管辖海域全面行使司法管辖权。

服务海洋生态环境保护和海洋经济发展。制定扣押与拍卖船舶、审理海洋自然资源与生态环境损害赔偿纠纷案件、审理涉船员纠纷案件等司法解释，会同最高人民检察院出台办理海洋自然资源与生态环境公益诉讼案件的规定，发布海事审判典型案例89件，促进统一裁判尺度。天津、青岛、大连海事法院依法妥善审理1743件“康菲”溢油事故系列案，切实维护我国海洋权益和人民群众合法权益。上海海事法院依法扣押日本商船三井株式会社货轮，促使其履行我国法院生效判决，顺利执结国内外广泛关注的“中威”执行案，为这起跨世纪的涉外纠纷画上圆满句号。青岛海事法院妥善化解外籍“尼莉莎”轮扣押案，避免涉事各方巨额损失，外国当事人特意将船舶更名为“尊重”，向中国法治致敬。

大力推进国际海事司法中心建设。新设南京海事法院，形成包括11家海事法院、42个派出法庭在内的全国海事审判组织体系，我国已成为世界上海事审判机构最齐全、受理海事案件最多的国家。常态化发布中英文版海事审判白皮书，上线中国海事审判网，服务海事审判工作发展，满足人民群众

司法需求，传播中国法治声音。与高等院校、科研机构共建国际海事司法研究基地，推动海事司法理论与实务深度融合。朝鲜、韩国两国货船在非我国管辖海域发生碰撞后协议选择上海海事法院管辖，德国、瑞典等国当事人向青岛海事法院申请扣押利比里亚籍“狮子”轮并提起诉讼，越来越多与我国没有管辖连接点的案件当事人主动选择中国海事法院管辖，充分彰显了我国海事司法国际公信力与影响力。

（四）不断完善国际商事纠纷解决机制，服务共建“一带一路”高质量发展

认真落实党中央重大决策部署，积极探索国际商事争端解决机制和机构建设新路径，为高质量共建“一带一路”提供司法服务。

扎实推进国际商事法庭建设。最高人民法院在深圳、西安分别设立第一、第二国际商事法庭，上线国际商事法庭中英文双语网站，总访问量已突破378万人次，覆盖全球149个国家和地区。首创国际商事专家委员会制度，聘任来自22个国家及我国港澳台地区的47名专家委员，着力建设国际一流法律智库。出台2个服务保障“一带一路”建设意见，发布3批28件涉“一带一路”建设典型案例，完善相关法律适用规则。在苏州、北京、成都、长春、泉州、厦门、无锡、南宁等地法院设立国际商事法庭，努力建设国际商事纠纷解决新高地。

创新“一站式”国际商事纠纷多元化解决机制。建立诉讼与仲裁、调解有机衔接的“一站式”国际商事纠纷多元化解决机制，建成立案、调解、证据交换等全流程线上纠纷解决服务平台，为中外当事人提供便捷、高效、低成本的法律服务。先后分两批确定10家国际商事仲裁机构和2家国际商事调解机构加入平台，首次实现和境外仲裁机构的机制衔接。北京四中院、苏州国际商事法庭、深圳前海法院等探索建设各具特色的纠纷多元化解决平台，完善诉讼与调解、仲裁对接机制，努力满足中外当事人司法需求。

促进仲裁健康发展。出台审理仲裁司法审查案件、办理仲裁裁决执行案件等司法解释，建立仲裁司法审查案件归口办理机制和报核制度，发布商事仲裁司法审查年度报告，规范司法审查程序，促进仲裁健康发展。2013年以来，全国法院审理司法审查案件超过11万件，依法审结一批具有规则意义和重大影响的案件。广东广州中院在审理美国布兰特伍德公司申请承认和执行国际商会仲裁院仲裁裁决案中，首次将境外仲裁机构在我国内地作出的仲裁裁决认定为我国涉外仲裁裁决，对于我国仲裁业务的对外开放和仲裁国际化发展具有标志意义。

充分发挥多元调解机制独特优势。会同中国侨联发布加快推进涉侨纠纷在线诉调对接工作的通知，建立“总对总”在线多元解纷机制，999家侨联调解组织、1712名调解员入驻人民法院调解平台。浙江青田法院立足侨情县情，构建“海内海外联动调解、线上线下多元共治”的涉侨纠纷多元化解格局。云南法院探索建立“国门调解”机制，设立14个国门诉讼服务站，配备双语法官192人，聘请双语调解员585人，推动简易涉侨纠纷就地化解。新疆高院积极推进中哈霍尔果斯国际边境合作中心联合纠纷化解平台建设。广西高院、海南一中院与中国国际贸易促进委员会调解中心签署合作备忘录，完善涉外商事纠纷联动调解机制。

（五）切实维护港澳台同胞合法权益，助力港澳融入国家发展大局和两岸融合发展

贯彻“一国两制”方针，充分发挥审判职能作用，切实维护港澳台同胞合法权益，为保持香港澳门长期繁荣稳定、推动两岸关系和平发展提供司法服务。

依法妥善审理涉港澳台案件。依法审理涉教育、就业、医疗、养老、住房、交通、旅游等领域案件，推动落实便利港澳台居民在内地学习、创业、就业、生活等各项政策制度，切实增进港澳台同胞获得感、幸福感和安全感。出台为深化两岸融合发展提供司法服务的36条措施，发布台胞权益保障十大典型案例，依法全面平等保护台湾同胞合法权益。广东高院发布4批80件粤港澳大湾区跨境纠纷典型案例，积极服务港澳融入国家发展大局。福建漳州中院设立涉台案件审判庭，成立台胞权益保障法官工作室，充分发挥台胞陪审员、台胞调解员、台企司法联络员作用，及时调处化解涉台纠纷，生动践行“两岸一家亲”理念。

深化区际司法协助互助。与香港、澳门签署13项司法协助安排和1项司法协助文件，健全区际民商事司法协助体系。其中，与香港就判决相互认可和执行签署3项司法协助安排，实现90%以上民商事判决得到相互认可和执行。与澳门建立司法协助网络互通平台，实现民商事案件送达取证全流程在线完成。与香港、澳门分别建立仲裁程序相互协助保全机制，与香港签署相互执行仲裁裁决的补充安排，发布10件相互执行仲裁裁决典型案例。出台司法解释认可和执行台湾地区法院民事判决、仲裁

裁决，推进两岸生效判决与仲裁裁决的相互认可和执行。

服务港澳融入粤港澳大湾区建设。发布服务保障粤港澳大湾区、深圳建设社会主义先行示范区、横琴粤澳深度合作区建设和深化前海深港现代服务业合作区改革开放等意见，推进司法规则衔接、机制对接，积极助力粤港澳大湾区建设。广东高院以“清单 + 台账”方式推动46项服务保障粤港澳大湾区建设改革措施落地见效，为港澳企业、居民在粤创新创业提供优质司法服务。支持港澳律师内地执业，广东深圳福田法院依法审理香港律师内地执业代理的首起案件。

完善涉港澳台纠纷多元化解机制。发布人民法院在线调解规则，明确符合条件的港澳台地区居民可以入驻人民法院调解平台，参与调解涉港澳台民商事纠纷。与国台办共建“总对总”涉台纠纷在线诉调对接机制，充分发挥一站式多元纠纷解决和诉讼服务体系成果优势，为台湾同胞提供普惠均等、便捷高效、智能精准的解纷服务。广东法院立足粤港澳大湾区“一国两制三法域”特点，聘任90名粤港澳资深退休法官、商事律师、法学专家等作为特邀调解员，全面参与跨境商事纠纷调解。支持香港建设亚太区国际法律及争议解决服务中心，推进粤港澳大湾区国际法律服务中心和国际商事争议解决中心建设。

深化海峡两岸暨港澳司法交流合作。健全海峡两岸暨香港澳门司法高层论坛、互访等交流机制，创设粤港澳大湾区案例研究基地、司法案例研讨会等合作新平台，深化司法交流互鉴。与香港、澳门分别签署加强交流合作的会谈纪要，统筹推进内地与港澳司法深度合作。持续推进国家法官学院与港澳高校合作办学项目，加强跨境法律人才培养培训。探索选任港澳台同胞、海外侨胞担任人民陪审员，支持港澳台同胞参与国家法治实践。设立港澳法律生内地实习项目，举办粤港澳大湾区青年法律人才研修班，推动港澳青年积极融入国家法治建设。

（六）深入实施涉外审判精品战略，加快推进涉外审判体系和审判能力现代化

坚持以改革破解难题，深入实施涉外审判精品战略，创新完善涉外审判机制，不断提高涉外审判质效和司法公信力。

优化涉外民商事案件管辖机制。发布第一审涉外民商事案件级别管辖标准及归口办理的通知，推动大部分涉外民商事案件下沉至中级、基层法院，由涉外审判庭或专门合议庭审理，形成以“特定管辖法院、专门审判机构、专业审判人员”为特征的专业化涉外审判格局。北京、海南等地法院根据当地实际建立涉外商事案件集中审理机制。广西南宁法院、北海海事法院设立涉东盟案件审判合议庭，集中审理涉东盟贸易纠纷和海事海商案件，积极服务构建更为紧密的中国—东盟命运共同体。

创新涉外送达机制。修改涉外民商事案件司法文书送达司法解释，进一步明确涉外送达规则，规范涉外送达工作。启用全国法院司法协助管理平台，与司法部民商事司法协助系统联网，实现送达案件跨部门在线转递、审查、查询功能，有效缩短涉外送达周期。多地法院制定涉外民商事案件送达指引，在不违反所在国法律的前提下，探索电子送达、当事人转交送达和委托律师、公证机构、海外侨团送达机制，有效提升涉外送达质效。

健全域外法查明机制。设立域外法查明统一平台，汇集五家域外法查明机构和国际商事专家委员资源，着力破解涉外审判实践中的域外法查明难问题。疫情期间，组织梳理全球60多个主要国家和地区不可抗力规则及案例，形成并发布7期研究报告。多地法院设立域外法查明专家库，推动域外法律库案例库建设，积极探索域外法查明有效路径。广东广州中院上线“域外法查明通”，深圳前海法院搭建“法院依法自主查明 + 香港地区陪审员和外籍、港澳地区调解员参与查明 + 社会化专业力量协助查明”的立体化查明模式。重庆两江新区（自贸区）法院与中国—东盟法律研究中心联合发布《陆海新通道沿线国家法律查明机制指引》。

完善跨境诉讼服务机制。发布为跨境诉讼当事人提供网上立案服务规定，依托人民法院在线服务平台，为跨境诉讼当事人提供网上立案指引、查询、委托见证、登记立案等服务。多地法院结合实际需要，探索为外籍当事人提供英、葡、日等多语言诉讼服务。广东法院推广“AOL授权见证通”，为15个国家和地区的1743件案件境外当事人在线办理委托见证手续，大幅降低当事人诉讼成本。福建福州中院通过“云法院智慧庭审系统”实现境内外五地连线，开庭审理一起跨国跨省、涉外涉侨民间借贷纠纷。

健全涉外审判人才培养机制。始终把党的政治建设摆在首位，坚持以党建带队建促审判，引导广大干警旗帜鲜明讲政治，不断提高政治判断力、政治领悟力、政治执行力，推进涉外审判队伍革命化、正规化、专业化、职业化建设。各地法院通过开

展专题培训、挂职轮岗、业务交流等方式，大力培养选拔优秀涉外审判人才。积极推荐优秀涉外审判人才到国际组织和有关国家司法机构任职，1 名法官获聘联合国国际劳工组织行政法庭法官，填补了我国在国际劳工组织内部行政司法系统的任职“空白”。

（七）落实统筹推进国内法治和涉外法治要求，积极参与涉外法律规范体系建设

立足司法职能积极参与涉外立法工作，助力建设系统完备、衔接配套的涉外法律规范体系。

积极配合涉外立法。按照全国人大常委会部署，起草民事诉讼法涉外编草稿。向全国人大常委会报送建议修改海事诉讼特别程序法的报告，参与海商法修订工作，就海警法制定、海上交通安全法修订提出建议，推动完善特色鲜明、科学合理的海事法律体系。

健全涉外法律适用规则体系。高度重视统一涉外法律适用标准，2013 年以来制定涉外审判司法解释 31 个、规范性文件 9 个，发布指导性案例 12 件、典型案例 137 件。发布全国法院涉外商事海事审判工作座谈会会议纪要，对管辖、诉讼当事人、送达等涉外审判中的 111 个疑难问题作出明确规定，有效促进裁判尺度统一。福建法院依法妥善审理追索流失海外文物第一案“章公祖师”案，判令外籍被告人返还因被盗而流失海外的宋代肉身佛像，树立了通过司法途径追索流失海外文物的范例。

加强涉外法治研究。深入开展“一带一路”司法保障、企业“走出去”风险防范、自由贸易试验区建设司法保障、国际商事法庭建设等重大涉外法治课题研究，为服务国家重大战略实施提供智力支撑。围绕投资仲裁、跨境破产等问题加强研究并及时提出对策。设立最高人民法院“一带一路”司法研究中心，建立“一带一路”司法保障常态化调研指导机制。与高等院校、科研院所等合作，设立 15 家涉外司法研究基地，增强涉外法治研究的实效性。

（八）深化国际司法交流合作，服务推动构建人类命运共同体

坚持共商共建共享原则，深入开展国际司法交流合作，坚定维护以联合国为核心的国际体系、以国际法为基础的国际秩序、以联合国宪章宗旨和原则为基础的国际关系基本准则，不断提高我国在全球治理体系变革中的话语权和影响力。

加强国际司法交流。与 140 多个国家和地区的司法机构及 20 多个国际或区域性组织建立友好交往关系，签署 70 多个合作协议或备忘录，先后有 60 余位外国最高法院院长、首席大法官到访中国法院。举办上合组织成员国最高法院院长会议、金砖国家首席大法官论坛、中国—东盟大法官论坛、中国—中东欧国家最高法院院长会议、中国与葡萄牙语国家最高法院院长会议、世界执行大会、世界互联网法治论坛、世界环境司法大会、数字经济法治论坛、丝绸之路（敦煌）司法合作国际论坛、海上丝绸之路（泉州）司法合作国际论坛等大型国际司法会议，推动形成多份成果性文件，有力促进司法交流合作，广泛凝聚法治共识。

深化国际司法协助。我国与 82 个国家缔结 170 项双边司法协助类条约，加入包含司法协助、引渡等内容的近 30 项国际公约，合作范围覆盖 130 多个国家。完善司法协助工作规范，2016 年以来办结司法协助案件 2.8 万件。积极开展国际刑事司法合作，加强调查取证、引渡、被判刑人移管及违法所得查封、扣押、没收、返还等领域国际合作，共同惩治和预防跨国跨境犯罪。云南法院审理的湄公河中国船员遇害案，树立了国际刑事司法合作范例。

参与国际规则制定。积极参与国际法领域重要磋商谈判，2013 年以来参加 10 项国际公约的履约审议、11 项国际公约及示范法的谈判、40 余项双边及多边司法协助协定的谈判。在海牙承认与执行外国民商事判决公约、联合国打击网络犯罪公约等国际公约制定中提出中国建议。积极参与海牙国际私法会议管辖权项目谈判，探索国际平行诉讼解决方案。参与联合国贸法会投资仲裁透明度、跨境破产、快速仲裁与国际和解协议、铁路运单议题以及司法出售船舶国际承认公约草案（“北京草案”）等国际公约、示范法和交易示范规则的磋商，为国际经贸规则完善贡献中国智慧。

讲好中国法治故事。举办国际商事专家委员会研讨会、中新法律和司法圆桌会议、中英司法圆桌会议、中法国际商事审判交流研讨会等专业会议，派员参加国际商事法院常设论坛、“一带一路”法治国际合作论坛等国际会议，讲好中国法治故事。与联合国开发计划署、环境规划署、世界知识产权组织、世界银行、欧盟等国际组织和德国、俄罗斯、巴西等国家深入开展司法项目合作，大力推进司法文明互学互鉴。与新加坡最高法院编纂出版《中国—新加坡“一带一路”国际商事审判案例选》，开展案例交流合作，凝聚共建“一带一路”共识。

总的看，党的十八大以来我国涉外审判工作取得显著成效，根本在于习近平总书记作为党中央的核心、全党的核心掌舵领航，在于习近平新时代中

国特色社会主义思想科学指引。人民法院涉外审判工作积累了一些宝贵经验，主要是：一是坚持党的绝对领导。党的领导是我国涉外审判工作始终沿着正确方向前进的根本保证，涉外审判工作取得历史性发展，涉外法治建设开创新的局面，充分体现了党的领导的政治优势和体制优势。二是坚持服务“国之大者”。服务大局是涉外审判工作的职责使命，必须始终将涉外审判工作置于党和国家事业发展全局中谋划推进，落实依法平等保护原则，积极服务国家重大战略实施和高水平对外开放。三是坚持以人民为中心。以人民为中心是涉外审判工作的根本立场，必须坚持人民至上，始终把实现好、维护好、发展好最广大人民根本利益作为出发点和落脚点。四是坚持统筹发展和安全。统筹发展和安全是涉外审判工作的重要任务，必须树立底线思维，增强斗争精神，善于运用法治手段应对挑战、防范风险，维护和践行真正的多边主义，服务推动构建人类命运共同体。五是坚持改革创新。改革创新是涉外审判工作发展的不竭动力，必须秉持改革创新精神，深入实施精品战略，完善涉外法律适用规则体系，加快推进涉外审判体系和审判能力现代化。

二、当前涉外审判工作存在的问题和困难

结合全国人大监察和司法委员会调研报告反馈的问题，根据调研分析，当前涉外审判工作还存在以下问题和困难。

一是服务对外开放能力水平有待提升。当前，百年变局和世纪疫情交织，经济全球化遭遇逆流，世界进入新的动荡变革期，涉外法治工作面临的风险挑战增多。有的法院在贯彻新发展理念、服务构建新发展格局、推动高质量发展上思路不够开阔，服务对外工作大局的手段和方式还不够丰富。

二是涉外法律适用规则体系有待完善。对国际条约在国内法中的地位、跨境数据流动等国际法重大前沿问题，需要加强研究并及时提出立法建议。一些新类型案件裁判规则有待进一步确立，以统一法律适用标准。

三是涉外审判机制改革有待深化。涉外民商事案件管辖机制需要进一步完善。涉外案件在送达、域外调查取证、域外法查明、缩短审理周期等方面存在一些难题需要多措并举切实加以解决。目前涉港澳台案件参照涉外审判程序处理，导致港澳当事人在内地法院参与诉讼、涉港澳证据审查认定、港澳判决在内地的认可和执行等存在一定不便，不利于涉港澳纠纷的高效化解，制约了司法服务粤港澳大湾区建设作用发挥。

四是国际商事纠纷解决机制有待健全。国际商事专家委员职能作用还有很大发挥空间，“一站式”国际商事纠纷多元化解决机制还有待进一步健全。我国尚未制定商事调解法，在国内外有影响力的商事调解组织较少，难以满足当事人多元解纷需求。

五是涉外审判人才培养有待加强。涉外审判人才选拔、培养长效机制还不健全，与涉外审判工作发展需要不适应，高素质专业化涉外审判队伍建设成为紧迫任务。有的法院对于如何培养、使用涉外审判人才缺乏整体规划，人才梯队储备不足。随着涉外新类型和疑难复杂案件不断涌现，一些干警应对新情况新问题的能力不足，复合型国际化涉外审判人才仍存在较大缺口。

三、下一步的举措和建议

刚刚胜利闭幕的党的二十大，是在全党全国各族人民迈上全面建设社会主义现代化国家新征程、向第二个百年奋斗目标进军的关键时刻召开的一次十分重要的大会，对鼓舞和动员全党全国各族人民全面建设社会主义现代化国家、全面推进中华民族伟大复兴，夺取中国特色社会主义新胜利具有重大意义。新时代新征程，人民法院将坚持以习近平新时代中国特色社会主义思想为指导，深入学习贯彻习近平法治思想，全面贯彻党的二十大精神，认真贯彻党中央关于统筹推进国内法治和涉外法治的决策部署，奋力推进涉外审判工作高质量发展，切实维护国家主权、安全、发展利益，更好服务高水平对外开放、推动构建人类命运共同体，为全面建设社会主义现代化国家提供更加有力的司法服务。

一是坚持党的领导，确保涉外审判工作正确政治方向。将学习宣传贯彻党的二十大精神作为当前和今后一个时期首要政治任务，深刻领悟“两个确立”的决定性意义，增强“四个意识”、坚定“四个自信”、做到“两个维护”，自觉站在党和国家工作全局的战略高度，在更高水平、更广领域、更深层次上谋划和推进涉外审判工作。认真贯彻《中国共产党政法工作条例》，牢牢坚持党对司法工作的绝对领

导,坚定不移走中国特色社会主义法治道路,把党的领导贯穿涉外审判工作全过程各方面,不折不扣贯彻落实党中央决策部署,积极服务党和国家对外工作大局。贯彻落实全过程人民民主,更加自觉接受人大监督,及时报告工作情况,认真听取代表意见建议,不断加强和改进涉外审判工作。

二是坚持问题导向,推动完善涉外法律适用规则体系。深入研究我国法律域外适用条款等问题,健全相关司法解释和配套规则。加强国际法前沿热点问题研究,夯实涉外法治理论基础,推动完善涉外法律适用规则体系。

三是坚持改革创新,不断提升涉外审判质效。结合四级法院审级职能定位改革和各地法院涉外审判工作实际,进一步优化涉外民商事案件管辖机制。持续创新涉外送达、域外调查取证和域外法查明机制,切实提高涉外审判质效,依法保护当事人诉讼权利。推进涉外审判工作与智慧法院建设深度融合,加强大数据、区块链、人工智能等前沿技术应用,构建中国特色、世界领先的互联网司法模式,努力创造更高水平的数字正义。

四是坚持目标引领,健全国际商事纠纷解决机制。细化国际商事专家委员会工作规则,充分发挥国际商事专家委员职能。坚持多元化、专业化、国际化的发展目标,健全"一站式"国际商事纠纷多元化解决机制,努力将我国建设成为国际商事纠纷解决的优选地。

五是实施人才强基计划,加强高素质专业化涉外审判队伍建设。立足长远、加强统筹,健全涉外审判人才引进、培养、选拔、使用、管理机制。建立新类型、疑难复杂涉外案件研讨机制和平台,促进提升涉外审判队伍整体能力水平。培养和储备一批既有大局观念又有国际视野,既通晓国内法律又熟悉国际法规则、善于处理涉外法律事务的优秀涉外审判人才。

六是坚持合作共赢,开创国际司法交流合作新局面。完善国际司法协助工作机制,提高信息化水平,不断提升国际司法协助质效。拓宽国际司法交流渠道,健全案例交换分享机制、法律适用交流机制、法官培养合作机制等,促进增进司法互信。拓展与有关国家及世界贸易组织、联合国国际贸易法委员会、国际法院等国际组织合作的广度和深度,积极参与全球治理体系改革和建设,推动构建更加公正合理的国际秩序。

针对当前涉外审判工作面临的问题和困难,提出以下建议:一是加快民事诉讼法涉外编的修法进程。适时将修订海事诉讼特别程序法纳入立法规划。修改全国人大常委会关于在沿海港口城市设立海事法院的决定,授权海事法院审理特定类型的海事刑事案件,有效维护我海洋权益。二是推动解决国际商事法庭运行中存在的瓶颈问题,促进提升我国国际商事争端解决机制和机构的国际竞争力。适时制定商事调解法,充分发挥调解机制优势,为我国国际商事争端解决机制蓬勃发展提供充分法律依据。三是授权广东等涉港澳案件集中的地方法院试行简化涉港澳民事诉讼程序,简化港澳诉讼主体证明手续及授权委托手续。四是推动建立健全立法机关、执法机关、司法机关、高等院校、科研院所、法律服务机构以及国际组织之间的涉外法治人才交流机制,加大复合型国际化涉外审判人才培养力度。

全国人大常委会专门听取和审议人民法院关于涉外审判工作情况的报告,充分体现了对涉外审判的高度重视,全国法院和广大干警深受鼓舞。我们将在以习近平同志为核心的党中央坚强领导下,在全国人大及其常委会有力监督下,深入学习贯彻党的二十大精神,坚决执行全国人大及其常委会决定、决议,认真落实本次会议审议意见,进一步提高涉外审判工作水平,为实现中国式现代化、全面建设社会主义现代化国家提供有力司法服务。

对人民法院涉外审判工作情况报告的意见和建议

10 月 29 日,十三届全国人大常委会第三十七次会议审议了最高人民法院院长周强作的关于人民法院涉外审判工作情况的报告,共有 21 人次发言。现根据会议发言情况,将常委会组成人员和列席人员的主要意见整理如下。

出席人员普遍认为,党的十八大以来,以习近平同志为核心的党中央高度重视涉外法治工作。习近平总书记对加强涉外法治工作发表一系列重要讲话,推动我国涉外法治建设取得历史性成就。最高人民法院认真贯彻党中央的重大决策部署，不断提高涉外审判质效，审判体系更加完备，审判机制更加健全，审判规则更加完善，涉外审判工作取得显著成效。出席人员高度评价最高人民法院的专项报告，充分肯定全国人大监察司法委的专题调研报告，认为报告内容详实、务实中肯，希望有关部门认真研究调研报告提出的问题和意见建议。出席人员强调，涉外审判工作对于维护国家主权、安全、发展利益，营造市场化法治化国际化营商环境，推进国家治理体系和治理能力现代化，具有十分重要的意义。希望最高人民法院继续提高涉外审判工作水平，为全面建设社会主义现代化国家提供有力司法保障。审议中，大家还提出了一些具体意见和建议。

一、完善涉外法律适用规则体系

有的出席人员认为，民法典施行后民法通则失效，人民法院在适用民商事国际条约时缺乏上位法依据。应尽快修改涉外民事关系法律适用法，参照原民法通则第142条和海商法第268条，明确规定：“中华人民共和国缔结或者参加的民商事国际条约同中华人民共和国民商事法律有不同规定的，适用国际条约的规定，但中华人民共和国声明保留的条款除外。”

有的出席人员建议，把应对美西方国家滥用“长臂管辖”同推进我国法域外适用结合起来，加快海商法、海事诉讼特别程序法修法进程，充实应对挑战、防范风险的法律“工具箱”。适当扩大我国法院涉外民商事案件管辖权，进一步确立法院的“适当联系”或“最低限度联系”原则；研究增设涉外专属管辖制度，对涉及我国境内的不动产物权、公共登记、法人成立及解散等涉外案件，可规定由我国法院专属管辖，更好维护我国司法主权。有的出席人员提出，应修改民事诉讼法，进一步完善涉外民事诉讼管辖、送达、判决、执行等方面制度，对域外取证、平行诉讼处理等重要制度作出明确规定，积极研究禁诉令制度。

二、进一步改进涉外审判相关机制

有的出席人员建议，优化涉外民商事案件送达程序，对域外电子送达进行深入研究，进一步探索建立当事人协议送达和委托律师、公证机构送达机制。有的出席人员认为，应简化涉外民商事案件诉讼主体的证明手续，对于符合简易程序基本条件的涉外案件，允许适用简易程序进行审理。有的出席人员建议，授权在广东、福建、江苏等涉港澳案件集中的地方法院试行简化涉港澳民事诉讼程序，促进涉港澳民事纠纷的高效化解。

三、健全国际商事纠纷多元化解决机制

有的出席人员提出，仲裁是国际通行的纠纷解决方式，也是我国多元化解纠纷机制的重要组成部分。建议人民法院进一步发挥仲裁司法审查职能，优化仲裁司法审查的标准和程序，通过发布司法解释、典型案件、白皮书等方式，促进涉外民商事仲裁规范有序发展。有的出席人员建议，应建立健全商事调解体制，研究制定商事调解法。有的出席人员提出，应支持境内外调解组织依法开展业务，健全调解仲裁诉讼协调衔接机制，真正实现涉外民商事纠纷“一站式”高效解决。

四、建立专门涉外审判人才培养机制

有的出席人员提出，我国高素质、专业化、复合型、国际化涉外审判人才短缺，应充分考虑涉外审判人才培养的特殊性，加强涉外法治理论和司法实务专业化培训，尽快建立专门的涉外审判人才培养机制，充实涉外审判人才库。有的出席人员建议，应积极为涉外审判人员走上国际舞台、参与国际法治交流合作创造条件，推荐更多优秀涉外审判人员到国际组织和其他国际司法机构任职。有的出席人员提出，应下大力气解决最高人民法院国际商事法庭无固定编制、无专门人员、无经费保障的问题，确保涉外审判工作高质量发展。

五、持续提升涉外司法国际公信力和影响力

有的出席人员提出，深入实施涉外审判精品战略，重视文书质量，增强涉外案件判决的说理性、公正性，多出精品案例，发挥典型案例的示范指引作用，提升国际社会对我国司法裁判的认可度。有的出席人员建议，深入开展国际司法交流合作，参与国际规则制定，加强涉外司法宣传，讲好中国法治故事，传播中国法治声音，不断扩大我国司法的国际影响力和话语权。

最高人民检察院关于人民检察院开展未成年人检察工作情况的报告

——2022 年 10 月 28 日在第十三届全国人民代表大会常务委员会第三十七次会议上

最高人民检察院检察长　张　军

全国人民代表大会常务委员会：

根据本次会议安排，我代表最高人民检察院报告开展未成年人检察工作情况，请审议。

未成年人是祖国的未来、民族的希望。保护好未成年人，是在做“守心”的工作，“守”的不仅是亿万家庭的幸福生活，更是红色江山根基永固、党和人民事业薪火相传。党和国家历来高度重视未成年人保护工作。党的十八大以来，习近平总书记作出一系列重要指示，深刻指出“培养好少年儿童是一项战略任务，事关长远”，特别强调“各级党委和政府、社会各界都要重视培育未来、创造未来的工作，关心爱护少年儿童”。检察机关履行法律监督职责，在未成年人保护大格局中肩负重要责任。去年 6 月，党中央制发《中共中央关于加强新时代检察机关法律监督工作的意见》，明确要求“强化未成年人司法保护，完善专业化与社会化相结合的保护体系”。各级检察机关坚持以习近平新时代中国特色社会主义思想为指导，深入贯彻习近平法治思想，认真落实宪法和法律赋予的职责，切实增强政治自觉、法治自觉、检察自觉，不断加强未成年人检察工作，倾情守护未成年人安全健康成长，保障党和人民事业永续发展。

一、未成年人保护工作面临的新情况

近年来，在党中央坚强领导下，未成年人保护力度不断加大，但随着经济社会快速发展，未成年人实施犯罪和侵害未成年人犯罪（以下合称涉未成年人犯罪）也呈现新的复杂情况，暴露出一些深层次问题，深刻警醒未成年人保护工作须与时俱进、法治建设须不断加强。

（一）未成年人犯罪总体呈上升趋势。犯罪数量上升。2018 年至 2021 年，检察机关受理审查起诉未成年人犯罪 24.9 万人，年均上升 8.3%；今年 1 月至 9 月，受理审查起诉 5.6 万人，同比又上升 6.4%。低龄犯罪上升。起诉不满 16 周岁的未成年人犯罪从 2018 年 3534 人上升至 2021 年 5334 人，占同年起诉未成年人犯罪的比例从 8.9% 上升至 15.1%，今年 1 月至 9 月达 17.3%。特别是个别不满 14 周岁未成年人实施故意杀人、故意伤害致人重伤或死亡等恶性犯罪，情节极为恶劣，社会反映强烈。全国人大常委会及时回应社会呼声，通过刑法修正案（十一），针对性下调未成年人实施恶性犯罪最低刑事责任年龄。最高人民检察院依法核准追诉，对经审查决定不予核准的，一律督促送专门学校从严矫治教育。犯罪类型集中。2018 年至今年 9 月，受理审查起诉未成年人犯罪居前六位的分别是盗窃、聚众斗殴、寻衅滋事、抢劫、强奸和故意伤害，六类犯罪人数占受理总数的 76.5%。

（二）侵害未成年人犯罪持续上升。2018 年至 2021 年，检察机关起诉侵害未成年人犯罪 23.2 万人，年均上升 6.1%。性侵已成侵害未成年人最突出犯罪。2019 年至 2021 年，遭受犯罪侵害的未成年被害人从 4.6 万人上升至 5.2 万人，年均上升 6.3%；其中，不满 14 周岁的未成年被害人占 56.5%。

（三）未成年人保护法律制度和保护责任尚待充分落实。涉未成年人犯罪不仅是重要的司法问题，更是突出的社会问题。各类涉未成年人犯罪与未成年人保护法律制度和相关主体的保护责任须进一步落实密切相关。一些未成年人家庭监护缺失、监护不力。2018 年至今年 9 月，未成年人脱离家庭后实施犯罪占未成年人犯罪的 48%。一些未成年人辍学失管。2018 年至今年 9 月，检察机关受理审查起诉的涉罪未成年人中，未完成小学阶段义务教育的 3 万人，占 9.9%。一些经营场所无视法定责任。近年来，一些住宿、娱乐等场所违反法律法规，允许未成年人随意出入，成为涉未成年人犯罪的高发地。2018 年至今年 9 月，检察机关起诉的性侵未成年人犯罪，发生在宾馆、酒店等住宿经营场所的占 31.5%，有的省份甚至高达 50%。随着电竞酒店、密室逃脱等新兴业态的快速发展，配套监管尚未跟上，给未成年人保护工作带来更大挑战。一些网络乱象诱发甚至教唆犯罪。信息网络技术飞速发展，给学习、生活带来极大便利的同时，虚假、低俗、色情、暴力等信息充斥其间，成为诱发涉未成年人犯罪的重要因素。一方面，未成年人遭受网络侵害问题突出。2018 年至今年 9 月，利用网络对未成年人实施“隔空猥亵”和线上联系、线下侵害的犯罪占性侵未成年人犯罪的 15.8%。另一方面，未成年人利用网络实施犯罪不断上升。2018 年至 2021 年，起诉此类犯罪从 1127 人上升至 2853 人，年均上升 36.3%。未成年人法治教育、心理疏导、矫治改造工作有待加强。2018 年至今年 9 月，检察机关起诉的涉罪未成年人中，受过刑事处罚后在未成年阶段又重新犯罪的 9905 人，占 5.9%，表明涉罪未成年人矫治改造工作统筹抓、个性化和实效性还需加强。

针对上述未成年人保护工作的新情况、新问题，在以习近平同志为核心的党中央坚强领导下，全国人大及其常委会针对性地强化立法保障，专门修订未成年人保护法、预防未成年人犯罪法（以下简称未成年人“两法”），确立了家庭、学校、社会、网络、政府、司法“六位一体”未成年人保护大格局，为全面加强未成年人保护工作提供了法律支撑；国务院专门成立未成年人保护工作领导小组，带动省、市、县三级未成年人保护工作领导小组全覆盖，切实加强统筹协调和督促指导。检察机关全过程参与未成年人司法保护工作，修订后未成年人“两法”进一步明确检察机关对涉未成年人诉讼活动、未成年人重新犯罪预防等工作的法律监督职责，赋予更重政治责任。在党中央高度重视下，2018 年 12 月，最高人民检察院专设未成年人检察职能部门，地方检察机关跟进落实，已有 2207 个检察院设立未成年人检察机构。各级检察机关积极作为，强化未成年人合法权益保护，能动履行刑事、民事、行政、公益诉讼“四大检察”职责，充分释放未成年人检察制度效能，携手政法各机关、政府有关部门、群团组织、社会力量，共同为未成年人安全健康成长营造良好环境。

二、开展未成年人检察工作的主要做法

加强未成年人司法保护，全社会尽责共画“同心圆”。检察机关携手各方力量，认真落实未成年人保护法规定的“最有利于未成年人”原则，不断更新理念、完善机制、建强队伍，推动新时代未成年人检察工作取得新成效。

（一）坚持教育为主、惩罚为辅，最大限度挽救涉罪未成年人。未成年人心智还不成熟、人格尚未定型。大多数未成年人犯罪在一念之间，用心挽救可促其改恶向善。对涉罪未成年人既须依法惩戒，更要教育帮扶，重在转化挽救。检察机关以“幼吾幼以及人之幼”的情怀，坚持教育、感化、挽救方针，把“保护、教育、管束”一体落实到位，力阻重新犯罪。一方面，坚持严管厚爱，以司法温度充分释放司法政策效果。从最有利于教育挽救涉罪未成年人出发，统筹落实宽严相济刑事政策和少捕慎诉慎押刑事司法政策，对涉罪未成年人依法能不捕的不捕、能不诉的不诉、能不判实刑的提出适用缓刑建议。今年 1 月至 9 月，涉罪未成年人不捕率、不诉率分别为 66.6%、57.6%，高出整体刑事犯罪 24.8 个、32.4 个百分点，较 2018 年同期上升 32.2 个、34.4 个百分点。充分发挥附条件不起诉的特殊预防和矫治功能，对涉嫌侵犯公民人身权利、民主权利，侵犯财产或妨害社会管理秩序犯罪，情节轻微，可能判处一年有期徒刑以下刑罚、具有悔罪表现的未成年人，在设置的考验期内，遵守监督管理规定，没有发生新的违法犯罪，就不再起诉，尽可能避免贴上犯罪“标签”。2018 年至今年 9 月，附条件不起诉 6.3 万人，适用率由 12.2% 上升至 36.6%；通过设置个性化附带条件并全程监督考察，提升精准帮教实效，超过 97% 的被附条件不起诉未成年人走上正途。未成年人刘某涉嫌侵犯公民个人信息犯罪，检察机关依法对其附条件不起诉并开展帮教，引导刘某正确发挥网络技术特长，协助公安机关破获一起特大网络传销案件，未成年人网络“黑客”变“白客”。另一方面，坚持宽容不纵容，把依法惩治作为特殊形式的教育挽救。对涉罪未成年人特殊保护、依法从宽，决不是一味纵容。对主观恶性深、犯罪手段残忍、后果严重的未成年人犯罪坚决依法惩治，既让涉罪未成年人感受法治威严，也警示教育社会和相关责任主体。2018 年至今年 9 月，共起诉 16.9 万人；对附条件不起诉考验期内违反规定、拒不悔改的，依法起诉 1877 人。

（二）坚持“零容忍”，从严惩治侵害未成年人犯罪。对侵害未成年人犯罪“零容忍”，守的是社会底线。检察机关会同公安机关、人民法院坚持依法从严惩治，2018 年至今年 9 月，起诉的成年人侵害未成年人犯罪，一审被判处三年有期徒刑以上刑罚 4.7 万人，占判决总人数的 42%，高出整体刑事犯罪 24.3 个百分点。对重罪轻判、量刑畸轻的成年人侵

害未成年人犯罪，提出抗诉 1065 件，法院已改判 486 件。在依法惩治的同时，结合监督办案，引领更新完善司法理念和办案规则。针对成年人拉拢、诱迫未成年人参与有组织犯罪，制发一律依法从严追诉、从重提出量刑建议的检察政策并督导落实。伴随扫黑除恶斗争纵深推进，一些与黑恶势力犯罪密切相关的组织、强迫、引诱、容留、介绍未成年人卖淫犯罪被查处，2021 年起诉该类犯罪 2841 人，较 2018 年上升 64.3%。针对校园暴力，发布指导性案例，明确成年人遇到未成年人欺凌弱小，制止无效，可以对正在施暴者进行正当防卫，不应视而不见、路过不管。针对性侵未成年人犯罪多发，以典型案例引领法律适用规则不断完善。齐某强奸、猥亵多名女童，拒不认罪，仅被判处十年有期徒刑。最高人民检察院抗诉后，改判无期徒刑，并结合办理此案，促进完善办案规范，明确在集体宿舍实施猥亵犯罪，应认定为在公共场所当众犯罪，依法加重处罚。针对一些“大灰狼”通过网络聊天，胁迫女童自拍裸照上传，严重侵害儿童人格尊严和身心健康，2018 年发布指导性案例，确立无身体接触猥亵行为视同线下犯罪的追诉原则。至今年 9 月，起诉利用网络“隔空猥亵”未成年人犯罪 1130 人。徐某利用某 APP 私信功能，打着赠送礼品、参加比赛等幌子，诱骗多名儿童发送裸体照片、视频，检察机关以猥亵儿童罪对其提起公诉，法院依法判处有期徒刑四年八个月。

（三）加强“双向保护”，帮助涉案未成年人更好融入社会。帮助未成年人从实施犯罪的迷途或遭受侵害的阴影中走出来，重新融入社会，是未成年人检察工作必须担起的司法责任。检察机关坚持“双向保护”，既用心帮教涉罪未成年人，又全力关爱救助未成年被害人。一方面，把倾心帮教贯穿未成年人犯罪案件办理始终，力促涉罪未成年人迷途知返、改过自新。会同公安机关、人民法院、相关社会组织等一体落实未成年人刑事案件特别程序，结合办案全面落实社会调查制度，实现讯问时法定代理人、合适成年人到场全覆盖。充分了解涉罪未成年人家庭环境、成长经历、一贯表现等情况，有针对性制定帮教方案，积极开展诉前观护帮教、不起诉跟踪帮教，用心用情感化挽救。2020 年至今年 9 月，共有 3747 名涉罪未成年人经检察机关携手各方帮教知错悔改，努力学习考上大学。加强涉罪未成年人刑事执行监督，2018 年至今年 9 月，监督纠正与成年人混管混押 6313 人，防止再受“二次感染”。今年，最高人民检察院直接组织对 2 个未成年犯管教所开展跨省交叉巡回检察，既监督监管执法问题，更督促提升帮教质效。另一方面，更加注重未成年被害人权益保护，帮助走出困境、拥抱阳光。会同公安机关、妇联等推行“一站式”询问、救助机制，检察官、警察、医务人员、心理咨询师等同步介入，一次性完成证据收集、受害身体检查等工作，及时开展心理疏导，避免反复询问取证对未成年人造成“次生伤害”。目前，已建成 2053 个“一站式”办案场所。针对一些未成年人遭受犯罪侵害后家庭生活陷入困境，专门出台检察政策，加强司法救助工作。2018 年至今年 9 月，救助未成年被害人 3.4 万人 5 亿余元，会同教育、民政等部门综合落实心理疏导、身体康复、生活安置、复学就业等多元救助，助力重归快乐生活。

（四）深化融合履职，加强未成年人综合司法保护。一些未成年人违法犯罪或受到侵害，暴露出涉未成年人民事权益保障、行政监管以及公益保护等多领域存在的综合责任落实问题。最高人民检察院以推进未成年人检察专业化建设为契机，创新部署未成年人检察业务集中统一办理，把涉未成年人刑事、民事、行政、公益诉讼检察案件，归口未成年人检察机构统一办理，打好未成年人权益保护“组合拳”。各级检察机关在涉未成年人案件办理中综合审查有无犯罪侵害发生、是否涉嫌刑事犯罪；确认为刑事案件的，同时研判涉案未成年人民事、行政权益及公共利益是否遭受损害，更加注重系统维护未成年人合法权益。未成年人民事检察工作中，深入贯彻民法典，着力加强对涉未成年人权益的婚姻家庭、监护、继承、人格权纠纷及抚养费优先执行等民事案件法律监督。针对监护侵害、监护失职等问题，重点加强监护监督。2021 年受理撤销监护人资格监督申请 758 件，同比上升 70%；对符合撤销条件的，支持起诉 464 件，同比上升 49.2%。未成年人行政检察工作中，加大对涉未成年人权益行政诉讼案件监督力度，通过检察听证、司法救助、促成和解等方式，切防程序空转，促进实质性化解涉未成年人行政争议 224 件。未成年人公益诉讼检察工作中，聚焦向未成年人销售烟草、网络传播黄赌毒、少儿图书宣扬暴力内容等痛点难点问题，加大公益诉讼办案力度。2021 年立案 6633 件，是 2020 年的 4.2 倍；今年 1 月至 9 月立案 7045 件。北京、河北、上海、山东、陕西等地探索设立未成年人公益诉讼观察员制度，发动社会力量发掘线索、加强保护。未成年人文身的潜在和现实危害极大，家长、学校多有反映，江苏、浙江等地检察机关以公益诉讼专项监督推动禁止为未成年人文身。最高人民检察院向国务院未成年人保护工作领导小组专题报告，引起高度重视，国家层面出台治理办法，明确规定任何企业、组织和个人不得向未成年人提供文身服务，从源头解决此类问题。

（五）做实诉源治理，实现未成年人保护治罪与治理并重。习近平总书记强调："法治建设既要抓末端、治已病，更要抓前端、治未病"。每一个孩子走上犯罪歧途，每一个孩子遭受侵害，都让家庭痛苦、社会痛心。深化治理、源头预防，是最实最有效的保护。最高人民检察院要求，办理涉未成年人案件，不能止于办好个案，更重要的是针对个案、类案发生的原因，做实诉源治理，力防相关案件反复发生。针对校园安全问题，2018 年向教育部发出"一号检察建议"。4 年来，检察机关携手教育行政部门、学校等"没完没了"抓落实，积极参与校园安全专项整治，促推建立完善预防性侵害、性骚扰、防控校园欺凌等工作机制，协同查访中小学校、幼儿园 11 万所，监督整改安全隐患 1.5 万个。"一号检察建议"落实情况被纳入全国校园安全常态化督查范围。2021 年起诉校园暴力和欺凌犯罪 1062 人，较 2018 年下降 76.9%；今年 1 月至 9 月起诉 491 人，同比又下降 37.8%。针对侵害未成年人犯罪发现难、发现晚问题，推广浙江、河南、湖北等地经验，2020 年会同教育部、公安部等建立强制报告、入职查询制度，未成年人保护法修订纳为法律规定。通过强制报告，已办理侵害未成年人案件 3700 余件，对不履行报告义务的督促追责 400 余人；推动密切接触未成年人行业开展入职查询 1000 余万人次，解聘有前科劣迹人员 4400 余人，让隐匿的"大灰狼"无所遁形。湖南检察机关办理一起校园性侵案件时发现，某小学两名负责人知情隐瞒，不查不报，导致罪犯继续实施犯罪行为，两名负责人被依法以渎职犯罪追究刑事责任。针对未成年罪犯刑满释放后因"标签效应"难以融入社会，认真落实未成年人犯罪记录封存制度，联合最高人民法院、公安部、司法部出台实施办法，细化封存工作的责任主体、具体程序等，确保制度落到实处。2018 年至今年 9 月，共封存未成年人犯罪记录 10.6 万人次。针对农村留守儿童等更易遭受侵害，部署开展"检爱同行——法治进乡村"全国巡讲活动，重点面向国家乡村振兴重点帮扶县，促进增强乡村儿童自护意识及家庭法治意识。

（六）依法能动履职，以司法保护助推"六大保护"融通发力。未成年人保护工作是一项复杂的社会系统工程，需要"六大保护"相互融合、协同发力。检察机关坚持监督不替代、到位不越位，以司法保护、能动履职助推家庭、学校、社会、网络、政府保护形成"化学反应"，让"1 + 5 > 6"，共同把未成年人保护工作做得更实。积极融入家庭保护。落实家庭教育促进法，会同全国妇联、中国关工委印发在办理涉未成年人案件中全面开展家庭教育指导工作意见，发布典型案例，推动对"问题父母"进行家庭教育指导。针对严重监护失职、未成年人遭受家庭暴力等，创新建立"督促监护令"制度，2021 年至今年 9 月制发 5.7 万余份，有力促进"甩手家长"依法带娃。主动融入学校保护。会同教育部落实"法治教育从娃娃抓起"，制发专门规定，全面推进检察官担任法治副校长工作，全国 3.9 万余名检察官在 7.7 万余所学校担任法治副校长，实现四级检察院检察长全覆盖。会同教育部开展为期三年的"法治进校园"全国巡讲活动，编写《未成年人保护法律全书》，连续 5 年联合中央广播电视总台制作播出未成年人法治教育节目《守护明天》，精心制作微电影、微视频、微动漫等法治宣传作品，以中小学生喜闻乐见的方式促进学法、懂法、守法。扎实融入社会保护。针对宾馆、酒店等场所性侵未成年人犯罪高发问题，助力公安机关、市场监管等部门对 6.6 万余家住宿经营场所进行排查，对其中 1.1 万余家疏于履行社会保护义务的进行处罚、督促整改。与共青团中央签署合作框架协议，持续加强未成年人检察工作社会支持体系建设。会同民政部、共青团中央制定首个《未成年人司法社会工作服务规范》国家标准，倡导、支持社会组织和社会工作者参与未成年人保护工作。有力融入网络保护。针对一个时期以来的网络乱象，2020 年向工业和信息化部发出"六号检察建议"，抄送公安部等部门，促请、配合相关部门净化未成年人成长网络环境。浙江检察机关针对有的网络平台侵犯未成年人个人信息，依法提起民事公益诉讼，推动行业整改。最高人民检察院结合办案向国家互联网信息办公室提出净化网络工作建议，合力筑牢未成年人网络安全"防火墙"。全面融入政府保护。积极履行国务院未成年人保护工作领导小组成员单位职责，推动将司法保护纳入未成年人保护工作要点及重点实事共抓落实。会同民政部推进基层检察机关与民政部门开展未成年人保护深度合作试点，加大未成年人监护保障、关爱帮扶力度，打通未成年人保护"最后一公里"。一些地方检察机关会同政府职能部门加强对残疾未成年人受教育权和孤独症儿童康复训练权益的公益司法保护，不让一个孩子在成长路上掉队。

（七）加强队伍素能建设，不断提升未成年人检察工作水平。坚持在习近平法治思想指引下，抓实融为一体的政治与业务建设，提升监督办案能力。2018 年至今年 9 月，最高人民检察院针对未成年人检察工作，制定司法解释性质文件 4 件，发布指导性案例 3 批 13 件、典型案例 14 批 75 件，编写未成年人检察业务教材，举办专题培训 15 期，力促未成年人检察官当好“四大检察”业务“全科医生”，涌现出重庆“莎姐”、四川成都“亮晶晶”、福建泉州“刺桐花”等一批深受群众欢迎的未成年人检察优秀团队。加快建设“数字未检”，上线运行未成年人检察信息化系统，推出一批未成年人检察大数据法律监督模型，以“数字赋能”提升未成年人司法保护质效。

三、工作中存在的问题及改进措施

近年来，未成年人检察工作虽取得一些进展，但与党中央和人民群众更高要求、党的二十大提出的新时代未成年人保护和教育成长更重任务相比，检察履职还有不小差距。一是以“最有利于未成年人”原则引领检察履职还有欠缺。履职中存在对这一原则把握不实，新时代未成年人检察工作理念、政策、措施等落实力度和效果参差不齐，未成年人特殊保护、优先保护在一些方面还不到位。二是综合运用“四大检察”职能加强未成年人司法保护还有差距。履职中囿于以往办案习惯，更熟悉并满足于未成年人刑事保护工作，主动发现涉未成年人民事、行政权益及公共利益保护突出问题的意识不强、能力跟不上。三是以检察履职融入其他“五大保护”还不够有力有效。联动相关部门对失职家长开展家庭教育指导还不够。对不履行强制报告义务、不按规定开展入职查询等问题，监督追责、推动整改还有不足。对社会组织、社会工作者参与司法保护工作推动融合不够。对办案发现的网络乱象，促请、配合相关部门推进治理不够，跟踪落实还需加强。对未达刑事责任年龄涉案未成年人的专门矫治教育监督落实不够。四是基层未成年人检察力量还很薄弱，尚不能适应新时代未成年人保护更高要求。

习近平总书记强调：“当代中国少年儿童既是实现第一个百年奋斗目标的经历者、见证者，更是实现第二个百年奋斗目标、建设社会主义现代化强国的生力军”。孩子就是未来，保护未成年人合法权益须持续做得更实。党的二十大报告明确要求，加强和改进未成年人思想道德建设，保障儿童合法权益。新征程上，检察机关将始终坚持“从政治上看”，深入贯彻习近平总书记重要指示精神和《中共中央关于加强新时代检察机关法律监督工作的意见》，认真落实未成年人“两法”，深入践行“最有利于未成年人”原则，更实履行法律监督职责，助推未成年人保护法律制度落地落实，携手为孩子们撑起一片法治艳阳天。

（一）优化、做实“全面保护”，切实维护未成年人合法权益。加大依法惩治力度，会同相关部门研究制定、完善办理性侵犯罪案件司法解释，遏制侵害未成年人犯罪高发势头。持续推进“一站式”办案机制建设，综合用好司法救助、综合救助、法律援助等方式，加强未成年被害人关爱救助工作。始终坚持教育为主、惩罚为辅，深入落实少捕慎诉慎押刑事司法政策，依法能动办理未成年人犯罪案件，推动完善涉案未成年人分级预防、干预、矫治体系，有效教育挽救，促进回归社会；对未成年人实施的严重恶性犯罪依法追诉，做实“宽容不纵容”。

（二）强化“四大检察”综合保护，提升未成年人检察工作质效。持续深化未成年人检察业务集中统一办理，强化系统审查、全面审查思维，深挖案件背后的监督线索，在深化办好涉未成年人犯罪案件的同时，切实加强未成年人民事、行政权益和公共利益保护。用好大数据，充分发挥检察一体化优势，积极探索更加契合涉未成年人案件特点的多维度、集成式履职方式，让未成年人司法保护更加全面、有效落到实处。加强典型案例总结发布，强化以案释法，引领促进未成年人保护工作进一步走深走实。

（三）助推“六大保护”，增强未成年人保护工作合力。党的二十大报告明确要求“健全学校家庭社会育人机制”“健全网络综合治理体系”等，为我们全面加强未成年人保护工作提供了重要遵循。深入落实家庭教育促进法，规范适用“督促监护令”，携同妇联等部门推动建立家庭教育指导基地，不断提升涉案、失管未成年人家庭教育指导工作质效。持续落实“一号检察建议”，加强检校合作，积极参与校园安全专项整治，促推完善性侵害、性骚扰、校园欺凌惩防机制。积极争取党委领导、政府支持，促进社会资源统筹与社会责任落实有机衔接，提升社会保护水平。会同相关部门持续落实依法治网，为未成年人健康成长营造清朗网络空间。结合检察履职发现的突出问题，积极向各级未成年人保护工作领导小组建言献策，以依法监督的“我管”促各司其职的“都管”。推动完善司法保护联动机制，促进检察机关与公安机关、人民法院、司法行政机关既分工负责、又协同配合，增强未成年人司法保护合力。

（四）强化自身建设，提升未成年人检察工作专业化水平。落实未成年人“两法”要求，持续推动未成年人检察专门机构、专职检察官队伍建设，培育优秀办案团队，不断完善符合未成年人检察工作规律的管理制度和评价体系，努力建设一支政治素质强、专业素质优、职业道德素质好的未成年人检察队伍。

做好新时代未成年人检察工作，离不开全国人大及其常委会的有力监督和关心支持。借此机会，谨提三项工作建议：一是适时对未成年人“两法”实施情况开展执法检查，促进法律规定的专门学校和专门教育制度等落到实处。目前全国仅有100余所专门学校，远不能满足需求，有的省一所未有，影响罪错未成年人接受有效教育矫治。二是修订完善与未成年人“两法”相衔接的法律法规，进一步健全未成年人保护法律体系。未成年人保护法规定了强制报告、入职查询制度，但在教师法、医师法等相关法律中尚无明确规定，建议通过修订法律，完善相应要求和责任。三是对未成年人司法特别程序和特殊保护制度进行立法研究。附条件不起诉制度目前适用范围较窄，建议适当扩大范围，使司法教育矫治功能得到充分发挥。刑事诉讼法关于未成年人刑事案件诉讼程序规定缺少未成年被害人特殊保护内容，建议总结实践经验，完善立法予以明确。

全国人大常委会专门听取未成年人检察工作情况报告，充分体现了对未成年人保护工作的高度重视和对检察工作的有力支持。全国检察机关将更加紧密团结在以习近平同志为核心的党中央周围，深入学习贯彻党的二十大精神，深刻领悟“两个确立”的决定性意义，增强“四个意识”、坚定“四个自信”、做到“两个维护”，认真落实本次常委会审议意见，努力以更高质量检察履职守护未成年人健康成长，共同把未成年人保护这项“朝阳事业”做得更好！

对人民检察院开展未成年人检察工作情况报告的意见和建议

10月29日，十三届全国人大常委会第三十七次会议审议最高人民检察院检察长张军作的关于人民检察院开展未成年人检察工作情况的报告，共有19人次发言。现根据会议发言情况，将常委会组成人员和列席人员的主要意见整理如下。

出席人员普遍认为，党的十八大以来，以习近平同志为核心的党中央高度重视并大力推进未成年人保护事业，充分发挥检察机关在未成年人保护中的作用。最高人民检察院和地方各级检察机关坚决贯彻落实习近平总书记重要指示和党中央决策部署，以实施未成年人保护法、预防未成年人犯罪法、家庭教育促进法为契机，坚持“四大检察”联动，积极融入其他“五大保护”，深入推进未成年人检察工作专业化、规范化、社会化建设，取得显著成效。大家充分肯定张军检察长所作的报告，认为报告客观全面、聚焦问题、数据翔实、事例丰富；高度评价全国人大监察司法委的调研报告，希望最高人民检察院认真研究处理。出席人员强调，未成年人健康成长事关家庭幸福、国家未来和民族复兴。希望各级检察机关认真落实未成年人保护相关法律规定，加大未成年人检察工作力度，为未成年人安全健康成长营造更有温度的司法环境。审议中，大家还提出了一些具体意见和建议。

一、提高预防未成年人违法犯罪工作成效

有些出席人员提出，未成年人犯罪数量连年上升，低龄犯罪、恶性犯罪的问题，应引起全社会高度重视。预防未成年人犯罪涉及方方面面，建议在国家层面明确该项工作的牵头单位，协调司法机关、公安机关和教育、民政部门，以及共青团、妇联等单位，共同做好这项工作。有的出席人员建议，应着力从教育层面预防未成年人犯罪问题，把提高未成年人法治观念放在重要位置，扣好青少年人生第一粒扣子。有的出席人员提出，各级检察院、法院、公安机关、司法行政部门应协调实施好刚刚施行的未成年人犯罪记录封存制度，适时开展效果评估，为改过自新的未成年人回归社会铺平道路。

有些出席人员提出，专门学校设立、配置、入学标准等面临制度和实践障碍，目前全国仅有100余所从事低龄罪错未成年人教育矫治的专门学校，有的省1所都没有，严重影响教育矫治工作。建议：（1）检察机关积极推动地方加强专门学校建设；（2）尽快出台专门教育及专门矫治教育实施办法；（3）探索建立检察机关法律监督职能与专门学校特色

教育职能对接机制，通过检校合作、检校共建等形式，开展未成年人法治教育、犯罪预防、分级干预、保护救助等工作。

二、切实保护未成年人免受不法侵害

有些出席人员提出，新修订的未成年人保护法构建了家庭、学校、社会、网络、政府、司法等“六大保护”工作格局，对于电竞酒店、密室逃脱等新业态伴生的未成年人权益保护监管缺失问题，以及对未成年人的综合救助、普法宣传等工作力量统筹等，需要各方面力量共同参与。建议国务院未成年人保护工作领导小组发挥牵头作用，切实形成保护未成年人的工作合力。有些出席人员建议，继续健全相关工作机制，采取行之有效措施。(1)最高人民检察院应加强同教育、公安等部门的沟通协调，研究提出教职员工从业查询、入职限制制度的实施细则，明确划定性侵害、虐待、拐卖、暴力伤害等违法犯罪信息的范围，规范查询的程序、方式、权限等，加快建设全国统一的入职查询平台；(2)针对网络侵害未成年人违法犯罪手段翻新快、增长迅速的问题，最高人民检察院应会同工信部、网信办持续开展净化网络活动，始终保持对侵害未成年人权益违法犯罪行为的高压态势；(3)在全国范围中小学中推广复制“春蕾安全员”、“青春护航信箱”机制，采取线上线下并行的方式，进一步畅通侵害未成年人案件线索的发现路径，为早发现早打击违法犯罪行为提供支撑。

三、加强基层未成年人检察力量

有些出席人员提出，一些基层人民检察院对未成年人检察工作重视程度还不够，工作力量相对薄弱。建议：(1)最高人民检察院应加强对未成年人检察工作队伍建设的指导，在人员编制、待遇等方面给予支持；(2)地市级人民检察院发挥统筹作用，针对留守儿童保护等带有一定普遍性的问题，通过组织专门队伍、开展巡回检察的方式，增强基层未成年人检察力量。

四、完善未成年人保护法律制度

有的出席人员提出，调研中，有地方反映，现行法律在保护未成人方面仍不够健全，比如刑法未将男童纳入强奸罪被害人范围，实践中对此类犯罪行为只能按猥亵儿童罪处罚。再比如，性侵儿童犯罪成瘾性强、重犯率高，刑法第 37 条关于最高 5 年从业禁止期限的规定，还不能充分预防再次犯罪。还比如，对被侵害未成年人的影响往往伴随一生，依照现行法律及司法解释，刑事案件的被害人一般不得要求被告人赔偿精神损失，应加快修改完善相关法律制度，织密保护未成年人的法律网。

国务院关于就业工作情况的报告

——2022 年 12 月 28 日在第十三届全国人民代表大会常务委员会第三十八次会议上

人力资源和社会保障部副部长　俞家栋

全国人民代表大会常务委员会：

我受国务院委托，向全国人大常委会报告就业工作情况，请审议。

党中央、国务院高度重视就业工作。党的二十大对就业工作作出重要部署。习近平总书记强调，就业是最基本的民生，要实施就业优先战略，强化就业优先政策，健全就业公共服务体系，加强困难群体就业兜底帮扶，消除影响平等就业的不合理限制和就业歧视，使人人都有通过勤奋劳动实现自身发展的机会。李克强总理指出，要通过稳市场主体保就业，更多用市场化社会化办法增加就业岗位，抓好高校毕业生、农民工等重点群体就业。栗战书委员长专门对做好就业促进法执法检查作出重要批示，明确要求为促进就业工作提供法治保障。人力资源社会保障部会同有关方面认真贯彻落实党中央、国务院决策部署，全力以赴推进就业各项工作，实现就业局势总体稳定。

一、新时代十年我国就业工作取得显著成效

党的十八大以来，我国深入实施就业优先战

略，先后印发两个就业促进五年规划，有关部门认真落实各项部署，主动应对风险挑战，推动就业工作取得显著成效。十年来，就业规模持续扩大，就业结构不断优化，就业质量稳步提升，重点群体就业保持稳定，在14亿多人口的大国实现了比较充分的就业，为经济发展和民生改善提供了重要支撑。

（一）就业优先导向更加鲜明。强化方向引领，将就业作为"六稳"、"六保"的首要任务，在推动经济高质量发展中促进就业扩容提质。一是创新实施就业优先的宏观调控。首次提出就业优先政策并置于宏观政策层面，把城镇新增就业、城镇调查失业率作为经济社会发展的主要预期目标，作为制定实施宏观政策的优先考量，不断提高经济发展就业带动力。2012年以来，全国城镇新增就业平均每年超过1300万人，2018年以来全国城镇调查失业率平均在5.2%左右。二是优化推进就业导向的结构调整。稳步实施区域重大战略和区域协调发展战略，中西部地区劳动者就地就近就业和返乡创业明显增多，区域就业结构更趋合理。全力拓宽农民增收致富渠道，加快推进以人为核心的新型城镇化，城乡就业结构发生历史性变化，2013年城镇就业比重首次超过乡村，2021年达到62.7%。积极建设现代化产业体系，提升农业就业质量，稳定制造业就业规模，大力发展就业带动能力强的服务业，三次产业就业结构与产值结构的协调性明显提高，第三产业从业人员占比从2012年的36.1%提升到2021年的48.0%。三是加快健全就业协同的责任机制。就业工作部际联席会议升格为国务院就业工作领导小组，将城镇调查失业率纳入高质量发展综合绩效评价体系，将就业政策落实作为财政支持的重要方向，接续开展就业促进法执法检查、就业工作专项督查、就业工作表扬激励。

（二）就业政策体系更加完善。坚持问题导向，构建完善就业优先政策体系，精准发力支持稳就业保就业。一是加力实施减负稳岗系列政策。打出社会保险"降免缓返补"政策组合拳。先后7次降低社会保险费率，5项社会保险单位费率由2012年的41%降至目前的33.95%；2020年疫情期间出台力度空前的阶段性社会保险费减免政策，累计减免相关社会保险费1.54万亿元；2022年对部分特困行业和困难企业阶段性缓缴养老、失业、工伤三项社会保险费，对中小微企业阶段性缓缴职工医保单位缴费，截至11月底共缓缴2052亿元；加大失业保险稳岗返还政策力度，截至11月底累计返还484亿元，惠及769万户企业；创新推出一次性留工培训补助，截至11月底已发放259亿元，惠及472万户企业；出台住房公积金阶段性支持政策，截至11月25日，全国共支持2.92万户企业缓缴住房公积金103亿元。二是发挥财政职能作用丰富拓展扩岗激励举措。2012年以来，中央财政累计安排就业补助资金预算5344亿元，支持地方实施社会保险补贴、职业培训补贴、就业见习补贴、吸纳就业补贴等就业扶持政策，并扩大实施范围，合理确定补贴标准。此外，通过税收减免、以工代训、留工培训补助等政策，鼓励企业扩大用工、吸纳就业。三是加快构建灵活就业、新就业形态服务和保障制度。首次出台支持灵活就业健康发展专门意见，持续细化配套举措。完善网约配送员、网约车驾驶员、网约货车司机等新就业形态劳动者权益保障制度，督促平台企业依法合规用工；放开灵活就业人员在就业地参加基本养老保险的户籍限制，支持自主选择缴费方式、缴费基数，落实困难人员灵活就业社会保险补贴政策；启动新就业形态劳动者职业伤害保障试点，制定业务经办和征收管理规程，推进灵活就业人员参加住房公积金制度试点；出台加强零工市场建设意见，建立"即时快招"服务模式，鼓励市场机构开展零工服务，引导自发市场规范发展，要求公共就业服务机构开设零工专区，推动建设零工市场超3200家，日均提供对接服务超27万人次。

（三）重点群体就业稳步推进。突出重点难点，分类帮扶、精准施策，兜住兜牢重点群体就业底线。一是坚定不移把高校毕业生等青年就业作为重中之重。国务院每年召开专题会议部署推动，连续出台政策加力支持。相关部门、社会各界聚力攻坚，自上而下成立工作专班，全力拓宽市场化就业渠道，大力挖潜基层就业空间，稳定扩大公共部门岗位规模。搭建国家大学生就业服务平台、公共招聘网等青年就业服务平台，持续实施青年百万见习计划，深入开展高校毕业生"三支一扶"计划、教师特岗计划和西部计划等基层服务项目，创新开展科研助理岗位开发和落实工作，持续开展百日千万、书记校长访企拓岗、国聘行动、中小企业网上百日招聘高校毕业生、女大学生专场活动、阳光就业暖心行动等招聘活动，实施"宏志助航"、一般院校低收入家庭学生就业帮扶等计划，加强困难毕业生专项帮扶和离校未就业毕业生实名帮扶，确保工作不断档、服务不断线。2012年以来，我国高校毕业生年底总体就业率保持在90%以上。二是全力稳定农村劳动力特别是脱贫劳动力务工规模。坚持有序外出和就地就近就业相结合，完善就业服务、职业培训、权益保障支持体系，推动劳务协作扩容提质，加快劳务品牌培育发展，搭建劳动者返乡入乡创业支持平台，推动在重点工程项目、农业农村基础设施建设领域中大力实施以工代赈，创新开展农村劳动力就业大数据监测分析。疫情期间创新开展“点对点”返岗服务、“稳岗留工”等专项行动，全力保障劳动者就业增收。脱贫劳动力务工规模从 2015 年的 1527 万人增至 2022 年 11 月份的 3270 万人，2/3 的脱贫家庭实现了务工就业，务工就业收入占到脱贫家庭收入的 2/3。三是不断健全困难人员就业援助制度。建立日常援助和集中援助相结合的工作格局，形成及时发现、及时认定、及时帮扶的工作机制，完善公益性岗位规范管理办法，持续开展“就业援助月”、“暖心活动”等专项行动，全力兜住困难人员底线。2012 年以来，累计帮助失业人员再就业 5977 万人，就业困难人员就业 1931 万人，城乡残疾人每年新增就业超 30 万人，实现零就业家庭至少一人就业。四是有效保障其他重点群体就业。深化退役军人安置制度改革，健全政策扶持体系，强化学历提升、技能培训，拓宽民营企业、乡村振兴、基础教育、自主创业等就业渠道。做好重大改革涉及人员安置工作，140 万去产能职工得到妥善安置，截至 2022 年三季度末，16 万长江流域退捕渔民实现转产就业。加强对生育中断再就业妇女的帮扶。五是扎实做好失业人员基本生活保障。实施失业保障扩围政策，阶段性扩大价格临时补贴受益范围至领取失业补助金人员，对距法定退休年龄不足 1 年的失业人员继续发放失业保险待遇至退休，为女性失业人员增加代缴生育保险费。2012 年以来，累计为 8095 万人次发放失业保险待遇 5550 亿元。

（四）创业带动效应加快释放。坚持创新驱动，激发劳动者创业潜能，充分发挥创业带动就业的倍增效应。一是深化改革优环境。国务院连续 10 年召开深化“放管服”改革会议，深入推进商事制度改革，实施市场准入负面清单管理，压减企业开办时间，出台试行《促进个体工商户发展条例》，提供便企利民政务服务，不断优化营商环境，截至 11 月底，登记在册市场主体达到 1.68 亿户，其中个体工商户 1.13 亿户，比十年前增长 2 倍，支撑稳住了就业基本盘。二是强化扶持添动力。开展创新创业教育，加大创业培训力度，提供政策咨询、开业指导、场地支持、跟踪扶持等一条龙创业服务，打造创业孵化基地 8800 多家、众创空间 8500 多家、孵化器 5800 多家，服务创业团队和企业超过 65.8 万家，年均提供创业培训超 200 万人次、创业服务超 400 万人次。拓宽创业融资渠道，持续加大创业担保贷款贴息力度，将中央财政贴息支持的个人创业担保贷款额度上限由 10 万元增至 20 万元，小微企业创业担保贷款额度上限由 200 万元增至 300 万元，放宽贷款申请条件和反担保要求，简化贷款申请流程，创业担保贷款余额由 2012 年末的 788 亿元增至 2022 年三季度末的 2694 亿元。三是营造氛围激活力。连续 8 年成功举办全国“大众创业万众创新活动周”，持续实施创业带动就业示范行动，精心组织“互联网 +”、中国创翼、创客中国、创青春、农村双创项目创意、挑战杯等赛事活动，创新创业热潮蓬勃兴起。

（五）就业服务体系日益健全。顺应群众期盼，扩大服务供给，创新运行机制，打造覆盖全民、贯穿全程、辐射全域、便捷高效的全方位公共就业服务。一是确立基本公共服务制度。强化常住地免费服务制度，面向全体劳动者和各类用人单位提供职业介绍、职业指导、政策咨询等基本公共服务。持续组织“10 + N”公共就业服务专项活动，创新实施重点企业用工服务保障机制。2012 年以来，年均为各类市场主体和劳动者提供免费基本公共服务超 2 亿人次。二是构建多元化供给体系。建立以城市为中心、覆盖城乡的公共就业服务体系，完善公共就业服务机构设置，统筹优化综合性服务场所和人力资源市场、零工市场等专业化服务场所。强化经营性人力资源服务机构管理创新，优化人力资源服务行政许可、审批流程，鼓励外商投资人力资源服务，分类培育综合性人力资源服务企业和专精特新人力资源服务企业、单项冠军企业。支持工青妇、行业协会商会等人民团体、社会组织，结合自身业务范围和专长，依法有序提供就业服务。截至 2021 年底，各类人力资源服务机构达 5.91 万家，营业收入超过 2.46 万亿元。三是全面提升就业服务质量。实施提升就业服务质量工程，启动公共就业服务示范项目，扩大就业失业管理服务覆盖范围，加强重大任务专项保障能力。推进“互联网 +”公共就业服务，加快大数据、云服务技术运用，创新云招聘、远程面试、直播带岗等服务模式，建成失业登记平台、中国公共招聘网等智能公共就业服务平台，公共招聘服务平台日均活跃岗位信息超千万个，线上线下一体化就业服务格局基本形成。

（六）职业培训制度不断完善。适应发展需要，完善政策制度，实施专项计划，打造规模宏大、结构合理的高技能人才队伍。一是健全终身职业技能培训制度。完善职业技能培训政策体系，开展常态化大规模多层次职业技能培训，稳步实施重点群体专项培训计划，支持企业开展职工在岗培训，突出技能人才培训、急需紧缺人才培训、转岗转业培训、储备技能培训、通用职业素质培训，广泛开展高素质农民技能培训，完善职业技能竞赛体系。从失业保险基金结余中拿出超1000亿元实施职业技能提升三年行动，开展补贴性职业技能培训8300多万人次，劳动者稳定就业和转换岗位能力不断增强。二是提升职业技能培训质量。健全职业技能培训工作协调机制，构建以行业企业为主体、培训机构和职业学校（含技工院校）为基础、政府推动与社会支持相结合的职业技能培训组织实施体系，健全职业技能培训共建共享机制，引导培训资源向市场急需、企业生产必需等领域集中。规范开展订单式培训，健全培训监督评价考核机制，增强培训针对性和实效性。2016年至2021年，中央预算内投资累计投入55.5亿元，支持建设公共实训基地216家。三是完善技能人才培养、使用、评价和激励机制。推进职业资格制度改革，完善职业技能等级制度，推行社会化职业技能等级认定，发布新版国家职业分类大典，增加158个新职业。畅通技能人才职业发展通道，完善技能人才薪酬、表彰等激励政策，启动特级技师评聘试点，健全完善新时代技能人才职业技能等级制度。截至2021年底，全国技能劳动者总量增至2亿人以上，其中高技能人才超过6000万。

（七）劳动者合法权益有效维护。完善制度机制，提升治理效能，切实维护劳动者合法权益，不断提升就业质量。一是完善劳动关系协商协调机制。健全劳动法律法规体系，深入实施劳动关系“和谐同行”能力提升三年行动计划，提升劳动关系治理能力。完善协调劳动关系三方机制，深入推进和谐劳动关系创建活动，建立规范有序、公正合理、互利共赢、和谐稳定的和谐劳动关系。二是改善劳动者就业条件。健全工资决定、合理增长和支付保障机制，完善最低工资标准调整机制，增加劳动者特别是一线劳动者劳动报酬。2021年，城镇非私营单位和私营单位就业人员平均工资比2012年分别实际增长90.8%、82.7%，超过同期劳动生产率增幅。持续推进全民参保计划，稳步提高社会保险统筹层次和待遇水平，完善全国统一的社会保险公共服务平台，优化社会保险关系转移接续，建成世界上规模最大的社会保障体系。三是规范企业用工。加强劳动争议预防和调处，做好对劳动密集型企业、中小微企业用工指导。强化劳动保障监察执法，依法查处招聘过程中的虚假招聘等违法行为，及时纠正性别、年龄及针对新冠肺炎康复者的就业歧视，开展就业性别歧视联合约谈和妇女平等就业权检察公益诉讼。

二、就业工作面临的总体形势

当今世界正经历百年未有之大变局，我国人口结构、经济社会发展等正发生深刻变化，就业工作既面临错综复杂环境变化带来的新问题新挑战，也迎来高质量发展和社会主要矛盾变化带来的新机遇新要求。

党的二十大擘画了以中国式现代化全面推进中华民族伟大复兴的使命任务，明确了未来五年是全面建设社会主义现代化国家开局起步的关键时期，作出了增进民生福祉、提高人民生活品质的重要部署，明确提出实施就业优先战略，强化就业优先政策，为实现高质量充分就业提供了根本遵循。我国已进入高质量发展阶段，新发展格局加快构建，经济韧性强、潜力大、活力足、长期向好的基本面没有变，新的就业增长点将不断涌现，为保持就业局势长期稳定提供了坚实基础。劳动力市场协同性增强，劳动者受教育程度继续上升，社会性流动更加顺畅，为推进就业扩容提质提供了有力支撑。

与此同时，当前我国经济恢复的基础尚不牢固，新的影响因素不断增加，劳动力市场固有矛盾依然存在，就业工作仍面临不少风险挑战。

（一）就业总量压力依然不减。我国是人口和劳动力大国，2021年末16—59岁劳动年龄人口8.8亿人，“十四五”期间仍将保持在8.5亿人以上，超过欧洲人口的总和。与此同时，经济发展不确定性依然较大，需求收缩、供给冲击、预期转弱三重压力仍然较大，稳定就业存量、扩大就业增量面临较大压力，保持充分就业始终是首要任务。

（二）结构性就业矛盾日益凸显。劳动力供给和需求存在错位，招工难与就业难并存的结构性就业矛盾成为就业领域的主要矛盾。一方面，企业招工难问题突出，服务员、操作工等一线普工常年短缺，技能人才供给不足；另一方面，产业转型升级加快，部分劳动者技能转换需要时间，求职就业难度或将进一步加大。

（三）部分重点群体就业面临难题。“十四五”期间，16—24 岁青年人口将达到 1.4 亿左右，其中每年高校毕业生总量超过千万，专业、区域、意愿等结构性矛盾短期难以缓解，青年失业水平仍将高位运行。人口老龄化加深，大龄劳动者就业竞争力偏弱，市场求人倍率长期在 1 以下。黑中介、假招聘等违法违规问题时有发生，年龄、性别、残疾等就业歧视依然存在，女性劳动者失业水平仍将高企，新就业形态劳动者权益维护任务依然艰巨。

（四）疫情等因素对就业造成的影响尚需恢复。受疫情因素影响，叠加世界经济复苏乏力，市场预期不稳，企业缩招减员增多，城镇新增就业下滑，失业水平上升。当前，就业容量大的批发零售、住宿餐饮、交通旅游等行业和受疫情冲击地区恢复还需要时间，部分外贸出口企业受外部环境影响复苏仍然缓慢，就业增长、失业控制的压力短期内仍然较大。

（五）就业促进机制有待完善。就业优先导向仍需进一步落地，高质量充分就业评价体系亟待建立，有利于稳定和扩大就业的宏观调控措施、产业结构布局有待强化，重大政策、重大工程、重大项目实施对就业的影响评估机制有待健全。面对就业方式多元化、就业需求多样化、就业流动常态化的趋势，现行劳动就业、社会保障管理服务制度仍需加快调整完善。

（六）就业服务培训维权工作体系有待加强。公共就业服务基层基础仍然薄弱，专业化队伍建设亟待加强，信息化管理服务水平有待提高，全国统一、共建共享、高效联通的公共就业服务信息平台需进一步集成完善。职业培训能力建设有待加强，适应发展需求、符合就业导向的终身职业技能培训制度有待完善。劳动保障执法监察、劳动人事争议调解仲裁力量不足，案多人少矛盾突出，基层力量亟待强化，就业性别歧视联合约谈力度仍需加强，劳动者权益维护任务依然繁重。

三、下一步工作考虑

以习近平新时代中国特色社会主义思想为指导，全面贯彻落实党的二十大精神，落实党中央、国务院决策部署，按照全国人大常委会审议意见要求，坚持以人民为中心的发展思想，以实施就业优先战略为引领，以高质量充分就业为目标，立足基本国情，把握发展规律，注重市场引领、政府引导，坚持做好稳就业保就业工作，强政策、优服务、保权益，激发全社会就业创业活力，多措并举促进就业扩容提质、合理公平、畅通有序，全力以赴保持就业局势总体稳定，为扎实推进共同富裕、拓展中国式现代化贡献就业力量。

（一）全面强化就业优先政策。强化就业优先导向的宏观调控，实施有利于扩大就业的财政、货币政策，推动投资、消费、产业、区域等政策与就业政策衔接配套。打造就业友好型现代化产业体系，促进农业就业增收、制造业就业提质、服务业就业扩容，加大对就业容量大的民营企业、中小微企业和个体工商户支持力度。健全就业促进机制，修订就业促进法，制定高质量充分就业支持政策和评价体系，建立公共投资和重大项目带动就业评估机制。

（二）完善重点群体就业支持体系。把促进青年特别是高校毕业生就业工作摆在更加突出的位置，对接国家重大战略实施、产业优化布局、区域协调发展和重点行业需求拓宽就业渠道，实施“高校毕业生就业创业促进行动”，推动公共就业服务更多向高校毕业生等青年就业群体倾斜，促进政策广覆盖、服务不断线、就业水平有提升。推进农村劳动力转移就业特别是脱贫人口稳定就业，统筹城乡就业政策体系，通过深化劳务协作、培育劳务品牌引导有序外出，依托乡村产业、县域经济发展、农村基础设施建设支持就地就近就业，加大以工代赈投资力度，尽可能增加劳务报酬发放规模，健全脱贫人口、农村低收入人口就业帮扶长效机制。加强城乡困难群体援助帮扶，构建大龄、残疾等就业困难人员及时发现、优先服务、分类帮扶、动态管理机制。统筹做好退役军人、女性等其他群体就业工作。

（三）促进创业带动就业和灵活就业。优化创业环境，推进行政审批制度改革，落实市场准入负面清单制度，持续清理对个人经营的不合理限制。加强政策服务支持，实施重点群体创业推进行动，加大贷款贴息、创业补贴、场地支持、租金减免等扶持力度，用足用好相关税收优惠政策，强化创业载体建设，大力促进科技创业带动高质量就业，举办中国创翼、“互联网+”大学生创新创业大赛等赛事交流活动。加强新就业形态劳动者权益保障，完善零工市场建设举措，明确平台企业的劳动者权益保障责任，继续推进新就业形态劳动者职业伤害保障试点。

（四）健全就业公共服务体系。推动就业公共服务扩面提质，持续推进提升就业服务质量工程，加强就业服务人员队伍建设，以创建示范项目、示范城市、示范社区为抓手，以打造活动品牌、招聘平台、基层网点、零工市场为载体，以数字化为牵引，不断健全公益性、兜底性就业公共服务体系，提高公共服务水平，增强均衡性和可及性。推动人力资源服务业高质量发展，实施人力资源服务行业促就业行动，优化市场准入，完善法规制度，注重规范监管，加强龙头企业培育和国家级产业园建设。推动相关公共服务系统协同，探索完善就业配套公共服务体系，推动劳动者在常住地、就业地均等享受基本教育、医疗、养老、住房等公共服务。

（五）健全终身职业技能培训制度。落实加强新时代高技能人才队伍建设意见，推进“技能中国行动”，加强先进制造业、数字技能等重点领域高技能人才培养力度，广泛开展养老护理、家政服务等康养领域和手工、电商等新业态领域就业技能培训，建设一批集技能培训、技能评价、技能竞赛、技能交流、工匠精神传播等为一体的综合型高技能人才培养培训载体，支持各类市场主体依法设立职业培训机构，推动公共实训基地共建共享，促进职业培训提质增效。健全技能人才岗位使用、合理流动机制，完善技能人才薪酬分配制度，建立技能人才多元化评价机制，推行“新八级工”职业技能等级（岗位）序列，健全职业标准体系和评价制度，畅通技能人才职业发展通道。举办全国技能大赛、全国乡村振兴职业技能大赛等赛事活动。

（六）完善劳动权益保障制度。破除妨碍影响劳动力、人才流动的体制和政策弊端，消除影响平等就业的不合理限制和就业歧视，研究制定平等就业综合性法规政策，完善就业性别歧视联合约谈机制，加大对性别、年龄以及新冠康复者等就业歧视现象的纠治力度。完善工资收入分配制度，加强企业工资收入分配宏观调控和指导服务，保障劳动者合法报酬权益。加强劳动争议调处，强化人力资源市场监管和劳动保障监察执法。防范就业领域风险，健全就业失业监测预警机制和风险应对处置机制，完善规模失业风险应对预案。

长期以来，全国人大常委会高度重视、大力支持就业工作，加强就业领域立法和执法监督，有力推动了民生就业发展。我们将在以习近平同志为核心的党中央坚强领导下，深刻领悟“两个确立”的决定性意义，增强“四个意识”、坚定“四个自信”、做到“两个维护”，切实把思想认识行动统一到习近平总书记关于就业工作的重要讲话和指示批示精神上来，坚定不移贯彻落实党中央、国务院决策部署，按照本次会议审议提出的意见，积极采取有效举措，推动实现高质量充分就业，为推动我国经济高质量发展提供有力支撑。

对就业工作情况报告的意见和建议

12月29日，十三届全国人大常委会第三十八次会议审议了人力资源和社会保障部副部长俞家栋受国务院委托作的关于就业工作情况的报告，共有22人次发言。现根据会议发言情况，将出席人员和列席人员的主要意见整理如下。

出席人员普遍认为，党的十八大以来，以习近平同志为核心的党中央高度重视就业工作，始终把就业摆在经济社会发展优先位置，作出一系列决策部署。国务院及其有关部门、地方各级政府认真贯彻落实党中央决策部署，就业工作取得积极成效。出席人员充分肯定国务院的专项报告，高度评价全国人大社会委的调研报告，希望国务院及其有关部门认真研究处理。出席人员普遍认为，要全面贯彻落实党的二十大精神，坚持以人民为中心的发展思想，以实施就业优先战略为引领，持续强政策、优服务、保权益，促进就业扩容提质、合理公平、畅通有序，为经济发展和民生改善提供有力支撑。审议中，大家还提出了一些具体意见和建议。

一、进一步完善就业优先政策

部分出席人员指出，当前经济面临需求收缩、供给冲击、预期转弱“三重压力”叠加，宏观经济社会发展政策应继续坚持就业优先导向。建议：(1)将稳定和扩大就业摆在宏观政策突出位置，推动就业政策与财政、货币、投资、产业、区域等政策系统谋划、整体部署、协同推进。(2)采取有效措施扶持民营企业、中小微企业，发挥这些企业吸纳就业主渠道作用。(3)积极培育新经济、新产业、新业态，在就业压力较大地区放宽服务业市场准入，同时鼓励各地因地制宜发展劳动密集型产业。(4)加强对重点产业、前沿产业人才供需情况的分析，有针对性地完善学校教育、人才引进等相关政策。

二、做好稳就业、保就业工作

有的出席人员指出，部分行业企业经营困难、裁员人数增加。有关部门应密切跟踪监测就业形势，加强分级分类风险预警防控，采取务实管用措施帮助企业解难纾困，打好减负稳岗扩就业组合拳，防范化解可能发生的规模性失业风险。根据防疫政策调整和企业复工复产实际需要，指导各地积极做好春节前后返岗复工工作，保持就业形势总体稳定。有的出席人员建议，应多措并举稳定农村劳动力特别是脱贫地区劳动力的就业，确保不发生系统性返贫。

有的出席人员提出，应将青年就业工作作为重中之重。建议不断完善青年就业创新扶持政策，将大学生自主创业纳入国家大学生就业体系，通过校企对接、国聘行动、开发基层治理服务岗等多种渠道和措施做好高校毕业生就业，为青年就业创业搭建广阔平台，积极引导青年树立正确就业观念，树立职业平等、服务社会的价值理念，调动青年群体就业积极性。

三、着力缓解结构性就业矛盾

部分出席人员认为，当前和今后一个时期，我国就业领域存在企业“招工难”与劳动者“就业难”并存、制造业“机器换人”等现象，应全面提升劳动力供给质量，培养壮大适应高质量发展要求的技能人才队伍。建议：(1)积极扩大职业技能培训规模，健全终身职业技能培训体系，统筹职业教育和职业技能培训发展，促进产教融合、校企合作。(2)加大先进制造业、数字技能等高技能人才培养力度，加强养老护理、家政服务、电子商务等新业态领域劳动技能培训。(3)推进职业资格制度改革，完善职业技能等级制度和技能人才薪酬分配制度，建立社会化职业技能等级认定和多元化技能人才评价机制，畅通技能人才职业发展通道。(4)提高技术工人待遇，广泛深入开展职业技能竞赛，加大优秀技能人才表彰力度，为优秀技能人才脱颖而出提供舞台，推动形成尊重技能人才、尊重产业工人的新风尚。

四、健全公共就业服务体系

部分出席人员提出，应加强统筹谋划，加快公共就业服务标准化、智能化建设。应健全劳动者户籍地、常住地、参保地、就业地公共就业服务供给机制，构建精准识别、精细分类、专业指导的公共就业服务体制；完善县级、乡镇就业服务平台，推动公共就业服务向农村延伸；进一步完善配套公共服务体系，让劳动者在就业地均等享受基本教育、医疗、养老等公共服务。

五、推动就业高质量发展

部分出席人员建议，应进一步完善政策措施，更好保障就业合法权益，稳步增加劳动者收入。建议：(1)健全职工工资决定、合理增长、支付保障机制，完善最低工资标准调整机制；(2)从便民角度完善社会保险政策制度，切实消除劳动者参保障碍，提高参保率；(3)完善清理农民工工资拖欠长效工作机制，及时解决新型工资拖欠问题；(4)依法规范各类企业用工行为，保障新业态、灵活就业人员合法权益；(5)加强劳动保障监察工作力度，积极治理就业中性别歧视、地域歧视、学历歧视等问题。

部分出席人员提出，应适时对就业促进法、劳动法、劳动合同法、社会保险法等法律进行修改，加快基本劳动标准法立法工作步伐，进一步规范劳动者工资报酬、工资事假、休息休假、加班限制和补偿等劳动制度。

国务院关于财政社会保障资金分配和使用情况的报告

——2022 年 12 月 28 日在第十三届全国人民代表大会常务委员会第三十八次会议上

财政部部长　刘　昆

全国人民代表大会常务委员会：

受国务院委托，我向全国人大常委会报告财政社会保障资金分配和使用情况，请审议。

一、财政社会保障资金分配和使用基本情况

社会保障体系是人民生活的安全网和社会运行的稳定器。党的十八大以来，以习近平同志为核心的党中央对我国社会保障体系建设作出顶层设计，促进我国社会保障事业高质量、可持续发展。各级财政坚持以习近平新时代中国特色社会主义思想为指导，坚决贯彻党中央、国务院决策部署，坚持以人民为中心的发展思想，立足财政职能，按照兜底线、织密网、建机制的要求，积极主动开展工作，加大财政社会保障资金投入，强化资金分配和使用管理，提高资金使用效益，支持建设更加公平更可持续的社会保障体系。

（一）调整优化财政支出结构，重点向社会保障领域倾斜。2018—2021 年，全国财政社会保障资金累计支出 14.88 万亿元，年均增幅 7.4%，比同期全国财政支出整体增幅高 3.8 个百分点，占全国财政支出的比重从 2018 年的 14.9% 提高到 2021 年的 16.6%。其中，中央对地方社会保障转移支付累计 5.89 万亿元，年均增幅 8.9%，比同期中央对地方转移支付整体增幅高 3.3 个百分点，占中央对地方转移支付的比重从 2018 年的 18.3% 提高到 2021 年的 20%。同时，加强政府性基金预算、国有资本经营预算、社会保险基金预算与一般公共预算的衔接，共同支持做好社会保障工作。在近几年财政收支矛盾突出的形势下，通过持续优化财政支出结构、压减一般性支出，优先保障社会保障等重点支出。突出财政支出的公共性、普惠性，紧紧抓住人民群众最关心最直接最现实的利益问题，推动完善社会保障领域各项财政支出政策。增强财政投入的精准度，坚持保基本、兜底线，强化对社会保障重点领域的支持力度，加快补齐短板弱项，优先保障就业、养老、医疗、社会救助、优抚安置等支出需要，确保党中央、国务院各项决策部署落地见效。

（二）支持实施就业优先政策，推动完善就业创业服务体系。2018—2021 年，全国各级财政累计安排就业补助资金 3658 亿元，其中中央对地方转移支付 2103 亿元，重点支持就业困难群体就业创业，促进各类劳动者公平就业，有效应对中美经贸摩擦、新冠肺炎疫情、经济下行压力等挑战对就业带来的冲击。将就业优先政策置于宏观政策层面并持续强化，把稳就业作为做好“六稳”、“六保”工作和保持经济运行在合理区间的重要指标，推动实现就业与经济发展的良性互动，有力化解就业总量矛盾。支持健全就业创业政策和服务体系，开展职业技能提升行动，面向重点群体和企业职工高质量、大规模开展职业技能培训，有效缓解结构性就业矛盾。推动完善市场化就业政策措施，鼓励引导企业加大力度吸纳高校毕业生就业，支持启动百万就业见习岗位募集计划，积极促进高校毕业生就业创业。支持用好外出务工和就近就业两条渠道，稳定农民工特别是脱贫劳动力就业。健全就业援助机制，加强就业困难群体、零就业家庭成员等就业帮扶。加大对受疫情影响严重的行业、中小微企业、个体工商户的支持力度，实施降低社会保险费率、阶段性减免社会保险费等政策，2018—2021 年共减免社会保险缴费 2.4 万亿元，帮助各类市场主体渡过难关，通过保市场主体来稳就业。经过各方面共同努力，近年来全国城镇就业人数持续增加，由 2018 年的 4.43 亿人增加到 2021 年的 4.68 亿人，城镇调查失业率水平基本控制在合理水平，就业形势总体稳定，就业结构持续优化，就业质量不断提升。

（三）持续提升养老保险覆盖面和待遇水平，确保按时足额发放。截至 2021 年底，全国基本养老保险参保人数达 10.3 亿人，其中近 3 亿人定期领取养老金，人民群众的养老保险权益得到较好保障。持续加大对基本养老保险基金的补助力度，2018—2021 年，全国各级财政累计安排养老保险补助支出 7.77 万亿元，其中中央对地方转移支付 3.07 万亿元，有力支持各地区养老金按时足额发放。建立退休人员基本养老金合理调整机制，连续提高退休人员基本养老金标准。建立城乡居民基本养老保险待遇确定和基础养老金正常调整机制，推动待遇水平随经济社会发展逐步提高。从 2018 年起建立并实施企业职工基本养老保险基金中央调剂制度，作为养老保险全国统筹的第一步，调剂比例从 3% 起步，并以每年 0.5 个百分点的幅度提高，2021 年达到 4.5%。2018—2021 年中西部地区和老工业基地省份净受益超过 6000 亿元，有效缓解了地区间养老负担和基金结余分布不均衡等问题。启动实施企业职工基本养老保险全国统筹制度，通过建立养老保险基本要素中央统一管理机制、地方财政补充养老保险基金投入长效机制、工作考核机制等“三个机制”，全国统筹、合理调剂地区间基金余缺，有效压实地方责任，确保养老金按时足额发放。

（四）支持构建多层次医疗保障体系，强化基本医保、大病保险、医疗救助三重制度综合保障。2018—2021 年，全国各级财政累计安排对基本医疗

保险基金的补助和医疗救助资金2.61万亿元，其中中央对地方转移支付1.42万亿元。整合新农合和城镇居民医保，合并实施生育保险和职工医保，提升管理效能。城乡居民医保每年人均财政补助标准从2018年的490元提高到2021年的580元，职工医保和城乡居民医保政策范围内住院费用支付比例分别稳定在80%和70%左右，困难群众经基本医保、大病保险、医疗救助三重保障梯次减负后住院费用实际报销比例达到80%左右，群众就医负担有效减轻。为有效应对疫情冲击，2020年出台新冠肺炎确诊患者免费救治政策，费用由医保基金和财政资金共同负担。支持医保信息化、标准化建设，深化医保支付方式改革、推进药品和医用耗材集中带量采购，加强医保基金监管，控制医疗费用不合理增长。实现所有省份所有统筹地区住院费用和普通门诊费用跨省直接结算全覆盖，2021年惠及1300多万人次，医保基金跨省支付超过600亿元，解决群众跑腿垫资难题。全民医疗保障制度顶层设计不断完善，管理服务水平逐步提升，构建起以基本医疗保险为主体，医疗救助为托底，补充医疗保险、商业健康保险、慈善捐赠、医疗互助共同发展的多层次医疗保障制度体系。

（五）完善分层分类社会救助体系，加强困难群众和重点群体救助帮扶。2018—2021年，全国各级财政累计安排困难群众救助、社会福利等支出1.47万亿元，其中中央对地方转移支付5878亿元，支持各地做好困难群众基本生活保障、儿童和老年福利、残疾人康复和托养等工作，全力保障因疫情遇困群众基本生活。健全社会救助和保障标准与物价上涨挂钩的联动机制，将孤儿、事实无人抚养儿童等特殊困难儿童纳入联动机制保障对象范围。推动实施特殊困难老年人居家适老化改造和特困人员供养服务设施（敬老院）改造提升工程。全面实施困难残疾人生活补贴、重度残疾人护理补贴制度。建立残疾儿童康复救助等制度，进一步完善残疾预防和残疾人康复、就业、社会保障等帮扶政策。健全困难群众住房救助制度，对符合规定标准的住房困难的低保家庭、分散供养的特困人员等实施住房救助，帮助解决其住房困难问题。支持做好受灾群众紧急转移安置和过渡性生活救助、因灾遇难人员家属抚慰等工作，加大临时救助力度，切实保障受灾群众基本生活。逐年提升低保等社会救助标准，2021年底全国城市、农村低保平均标准分别达到每人每月711元、530元，比2018年初分别提高170元、172元，增长31.4%、48%。城乡低保平均标准之比从2018年初的1.51∶1下降到2021年底的1.34∶1，保障水平差距明显缩小。

（六）支持完善优抚安置政策，推进建立健全退役军人保障体系。2018—2021年，全国各级财政累计安排抚恤和退役安置资金9487亿元，其中中央对地方转移支付5917亿元，支持各地做好优抚对象等人员抚恤待遇保障和退役军人安置等工作。建立覆盖省、市、县、乡、村五级的退役军人服务保障体系，实现有机构、有编制、有人员、有经费、有保障，打通服务退役军人"最后一公里"。创新退役军人安置方式，建立逐月领取退役金制度，鼓励退役军人就业创业，逐步融入国家社会保障体系。建立完善退役军人和其他优抚对象优待政策制度，制定覆盖各群体的优待目录清单。优抚安置政策不断完善的同时，保障水平明显提高，烈属定期抚恤金年人均标准由2018年的25440元提高到2021年的33860元，年均增长10%左右，优抚对象生活水平显著改善。实行部分退役士兵社会保险费补缴政策，中央财政对基本养老保险单位缴费部分给予适当补助。在建党百年之际，中央财政专门安排资金支持实施全国县级以下英雄烈士纪念设施整修工程，将全国56万座烈士纪念设施纳入修缮保护范围。

总的看，随着财政社会保障资金支出的不断增加和社会保障体制机制改革的不断深化，近年来我国社会保障体系建设进入了快车道。社会保障体系更加健全，以社会保险为主体、包括社会救助、社会福利、社会优抚等制度在内，功能完备的社会保障体系基本建成，为更好实现幼有所育、学有所教、劳有所得、病有所医、老有所养、住有所居、弱有所扶等民生保障目标奠定了坚实的制度基础；养老保障、医疗保障、城乡低保、抚恤优待等重点社会保障项目基本实现全覆盖或"应保尽保"，形成了世界上规模最大的社会保障网；社会保障各项目的保障水平明显提升，与我国经济社会发展阶段总体比较协调，社会保障对象特别是困难群众的基本生活得到较好保障。社会保障制度建设的丰硕成果，使人民群众的获得感、幸福感、安全感更加充实、更有保障、更可持续。

这些成绩的取得，是以习近平同志为核心的党中央坚强领导的结果，是习近平新时代中国特色社会主义思想科学指引的结果，是各级人大及其常委会监督指导的结果，是各地区各部门共同努力的结果。经过长期努力特别是新时代十年的不懈奋斗，我国深化了对社会保障体系建设规律的认识，成功建设了具有鲜明中国特色的社会保障体系，必须坚持和发展成功经验，不断总结，不断前进。一是坚持和加强党的全面领导，不折不扣贯彻习近平总书记重要讲话和重要指示批示精神，坚决落实党中央决策部署，发挥党的领导和社会主义制度的政治优势。二是坚持人民至上、共同富裕，把增进民生福祉、促进社会公平作为发展社会保障事业的根本出发点和落脚点，使改革发展成果更多更公平惠及全体人民。三是坚持制度引领，围绕全覆盖、保基本、多层次、可持续等目标加强社会保障体系建设。四是坚持与时俱进，用改革的办法和创新的思维解决发展中的问题，坚决破除体制机制障碍，推进社会保障体系建设，推动社会保障事业不断前进。五是坚持实事求是，既尽力而为、又量力而行，把提高社会保障水平建立在经济和财力可持续增长的基础上，不脱离实际、超越阶段，确保社会保障制度安全可持续。

二、加强财政社会保障资金管理的主要措施和存在的问题

按照党中央、国务院决策部署，财政部会同有关部门认真落实预算法及其实施条例等法律法规规定，积极采取措施加强财政社会保障资金管理，建立健全管理机制，着力增强资金分配的科学性、规范性和有效性，不断提高财政资金的使用效益。

（一）建立健全财政社会保障支出责任分担机制。根据基本公共服务等领域中央与地方共同财政事权和支出责任划分改革方案要求，增强地方基本公共服务保障能力。充分考虑我国各地经济社会发展不平衡、基本公共服务成本和财力差异较大等国情，中央财政承担的基本公共服务支出责任体现地区差别，重点向中西部等困难地区倾斜。对于城乡居民基本医疗保险，中央财政按照五档进行补助，其中对西部地区按最高档80%补助，对中部地区按第二档60%补助。对于城乡居民基本养老保险，中央财政对中西部地区按国家确定的基础养老金标准给予全额补助，对东部地区补助50%。对于基本公共就业服务、医疗救助、困难群众救助、残疾人服务等事项，主要依据地方财力状况、保障对象数量和工作绩效等因素确定中央支出责任。企业职工基本养老保险全国统筹制度明确中央与地方支出责任，适当加强中央事权，保持中央财政投入力度不减；压实地方政府支出责任，建立健全地方财政补充养老保险基金投入长效机制，防范基金运行风险向中央财政转移集聚。将义务兵家庭优待由地方财政事权调整为中央和地方共同财政事权，有效解决军地反映强烈的义务兵家庭优待金标准差异较大、地方财政负担不平衡等问题。

（二）完善财政社会保障资金管理制度办法。认真贯彻执行预算法及其实施条例等法律法规规定，推动完善社会保障管理制度体系，大力推进社会保障法制化。修订完善《社会保险基金财务制度》，形成覆盖全部险种、完整统一的社会保险基金财务管理制度。制定完善基本养老保险、城乡居民医保、困难群众救助、农村危房改造等十多项补助资金管理办法，规范资金分配、下达、使用等全链条各环节，同时明确使用管理要求，加大重复参保审核力度，严厉打击欺诈骗取财政资金行为。加强基础数据和项目库管理，提高资金分配的规范性精准性。

（三）建立财政资金直达机制。认真落实党中央、国务院部署，将社会保障领域符合条件的中央对地方转移支付资金全部纳入直达机制管理。建立健全直达资金监控体系，加强部门协同联动，强化从资金源头到使用末端的全过程、全链条、全方位监管，资金监管“一竿子插到底”，确保资金直达使用单位、直接惠企利民，防止挤占挪用、沉淀闲置，提高财政资金使用的有效性和精准性。通过加强社会保障领域财政资金直达管理，资金支出进度和使用效率显著提升，有效支持了地方做好社会保障和民生兜底等工作。

（四）加强预算绩效管理。相关部门制定出台《社会保险基金预算绩效管理办法》，完善绩效评价指标，形成预算编制有目标、预算执行有监控、预算完成有评价、评价结果有反馈、反馈结果有应用的预算绩效管理闭环，加快构建全方位、全过程、覆盖各险种的社会保险基金预算绩效管理体系。强化部门间协调配合，主动扩大重点绩效评价项目范围，开展全过程绩效评价，加强评估结果应用；对困难群众救助、农村危房改造、医疗救助、县级以下烈士纪念设施等补助资金开展绩效评价，建立绩效评价结果与预算安排、政策调整挂钩机制，强化绩效硬约束，削减低效无效资金，真正做到“花钱要问效、无效要问责”。

总的看，当前财政社会保障资金投入使用呈现出总量持续增长、机制逐步健全、效益日益提升、成效不断显现的良好态势。同时，也要清醒地认识到，随着我国社会主要矛盾发生变化和城镇化、人口老龄化、就业方式多样化加快发展，叠加百年变局和世纪疫情给我国经济社会发展和民生保障带

来的冲击,我国社会保障体系仍存在一些突出问题和短板弱项,社会保障支出压力和社会保障资金管理难度进一步加大。一是社会保障部分项目的职能定位不够明确,政府与市场、单位与个人的责任边界不够清晰,部门间还存在职责分散或交叉现象。多层次社会保障体系发展还不均衡,政府主导并负责管理的基本保障“一枝独大”,而市场主体和社会力量承担的补充保障发育不够,养老保险第二支柱中的企业年金覆盖率较低,第三支柱发展不够,慈善事业发展不充分。社会保障部分领域政府间支出责任划分不够清晰,中央与地方财政事权和支出责任划分改革相关部署还需进一步推进落实。二是社会保障体系与系统集成、协同高效的目标还有差距,在项目与项目、城市与农村、东中西不同区域和不同群体之间统筹协调还不够,部分农民工、灵活就业人员、新业态从业人员等人群没有纳入社会保障体系,存在“漏保”、“脱保”、“断保”等情况。部分群体社会保障水平偏低。三是社会保障制度的安全可持续压力加大,在人口老龄化背景下,职工基本养老保险在职职工与退休人员的抚养比不断下降,随着参保人平均领取待遇年限的延长,社会保障制度的安全可持续发展面临严峻挑战。社会保险基金、企业年金、职业年金等保值增值和安全监管难度持续加大,一些地方社保基金存在“穿底”风险。四是社会保障资金管理能力和水平亟待提升,部门之间、中央与地方之间还存在“信息孤岛”和“数据鸿沟”,尚未实现基础信息及时共享,容易引发“跑冒滴漏”问题。预算约束软化,部分地方还存在违规调整社会保险基金预算、财政对社会保险基金的补助未及时拨付到账等情况。财政社会保障支出标准化建设有待进一步规范,科学、公平、可持续的待遇项目清单和支出标准体系尚未成型。同时,部分资金使用单位绩效管理不到位,存在相关制度不完善、预算执行率不高、资金连年结转、绩效评价结果应用不够等问题。

针对这些问题和不足,财政部将会同相关部门切实采取措施,逐步加以解决。

三、下一步工作考虑

党的二十大报告提出,必须坚持在发展中保障和改善民生,鼓励共同奋斗创造美好生活,不断实现人民对美好生活的向往。财政部将会同民政部、人力资源社会保障部、退役军人事务部、国家医保局等部门全面贯彻落实党的二十大精神,以习近平新时代中国特色社会主义思想为指导,不断提高政治判断力、政治领悟力、政治执行力,坚持目标导向、问题导向,坚持系统观念、战略眼光,增强风险意识,围绕健全覆盖全民、统筹城乡、公平统一、安全规范、可持续的多层次社会保障体系,科学把握经济发展和社会保障水涨船高的关系,坚持全国一盘棋,坚持制度的统一性和规范性,认真谋划做好下一步的财政社会保障工作,推动社会保障体系更加成熟、定型。

(一)加强财政资源统筹,加大财政保障力度。大力优化财政支出结构,继续增加社会保障领域投入,加大对中西部地区和农村社会保障事业发展的支持力度,既持续提高社会保障水平,又逐步缩小城乡社会保障待遇差距。落实好稳岗促就业等政策措施,继续支持大规模实施职业技能培训,推动提高培训质效,支持技工教育发展,保持就业大局稳定。健全养老金合理调整机制,综合考虑工资增长、物价指数和财力状况等因素,合理提高退休人员基本养老金水平,逐步提高城乡居民基础养老金标准,让广大退休职工、城乡老年居民更好共享经济社会发展成果。同时,引导激励城乡居民早参保、多缴费,增加城乡居民基本养老保险个人账户资金积累。支持规范发展多层次养老保险体系,大力发展企业年金、职业年金,规范发展第三支柱养老保险,落实好推动个人养老金发展的政策措施。逐步提高城乡居民医保财政补助标准,夯实医疗救助托底保障,支持医疗保障服务能力建设。完善基本医保筹资分担和调整机制,研究应对人口老龄化的多渠道医保筹资政策。完善和规范职工大额医疗费用补助、企业补充医疗保险等制度,鼓励商业健康保险、慈善捐赠、医疗互助等协调发展。增强社会救助兜底功能,指导地方结合财力状况合理制定低保标准和特困人员供养标准并建立动态调整机制。支持加快构建多层次养老服务体系,合理划分个人、家庭、社会、政府等在养老服务中的责任边界,加大制度创新力度,增加居家和社区养老服务供给,健全居家社区机构相协调、医养康养相结合的养老服务体系。适当提高优抚对象等人员抚恤和生活补助标准,并向参加革命早、服役贡献大、伤残等级高的重点对象适当倾斜。合理确定退役士兵职业教育和技能培训补助标准。加强社会保险基金、职业年金和企业年金的投资运营管理,支持做大做强全国社会保障基金,提升基金的保值增值能力。

(二)积极完善制度政策体系,支持体制机制改革创新。坚持人民至上,把增进民生福祉、促进社会公平作为发展社会保障事业的出发点和落脚点，在法治化轨道上推进社会保障精细化管理，提升社会保障治理效能。支持强化就业优先政策，健全就业促进机制。完善重点群体就业支持体系，加强困难群体就业兜底帮扶。支持统筹城乡就业政策体系，破除妨碍劳动力、人才流动的体制和政策弊端，消除影响平等就业的不合理限制和就业歧视。健全灵活就业人员社会保障政策，强化激励约束机制，保障好灵活就业人员社会保障权益。支持完善企业职工基本养老保险全国统筹制度，开展省级政府养老保险工作考核，增强基本养老保险制度的规范性、可持续性。支持发展多层次、多支柱养老保险体系。完善基本医疗保险门诊共济保障机制，优化职工医保统筹基金和个人账户结构。支持全面做实基本医保市地级统筹，鼓励有条件的省份推进省级统筹，强化基层政府在医保支付管理、基金监管等方面的主体责任。扩大社会保险覆盖面，健全基本养老、基本医疗保险筹资和待遇调整机制，推动基本医疗保险、失业保险、工伤保险省级统筹。推进药品和高值医用耗材集中带量采购，深化医保支付方式改革，完善大病保险和医疗救助制度，落实异地就医结算。支持健全分层分类的社会救助体系，完善最低生活保障和特困人员救助供养制度，加强社会救助政策和巩固拓展脱贫攻坚成果制度性安排的有效衔接，进一步提高社会救助兜底保障能力。加强长期护理保险制度试点总结评估，支持逐步形成适合我国国情的长期护理保险制度框架。支持健全养老服务体系，重点保障老年人面临家庭和个人难以应对的失能、残疾、无人照顾等困难时的基本需求。完善退役士兵职业教育和技能培训支持政策，增强退役士兵就业创业能力。发挥好社会保障在应对疫情影响方面的积极作用，完善我国社会保障针对突发重大风险的应急响应机制。

（三）坚持尽力而为、量力而行，确保政策精准可持续。统筹需要和可能，尽力而为，量力而行，推动社会保障政策与经济发展阶段相适应。在预算安排上优先保障和重点支持国家出台的统一社会保障政策，确保不折不扣抓好落实。在此基础上，推动地方对自行出台的社会保障政策开展财政承受能力评估，加强事前论证和风险评估，全面分析对财政支出的当期和长远影响，对于评估认定不具备实施条件或存在较大风险隐患的民生政策，一律不得实施，进一步增强社会保障政策措施的精准性、有效性和可持续性，防范过高承诺、过度保障。推动建立社会保险精算制度，提高风险识别应对能力，增强重大改革举措和政策制定的科学性、有效性，提升制度的可持续性。加强社会保障项目之间、部门之间、中央与地方之间的统筹协调，合理划分政府与市场、单位与个人的责任，切实增强合力。完善社会保障支出清单管理制度，明确相关政策名称、保障范围、支出标准、备案流程等，并逐步与预算编制挂钩。

（四）健全资金分配管理机制，提高财政资金使用效益。按照党中央、国务院决策部署，直面人民群众急难愁盼问题，优化支持方式，突出工作重点，聚焦群众最关切的养老、医疗、就业等领域集中发力，提高财政资金分配的科学性精准性。完善中央财政养老保险补助资金分配机制，对省级政府养老保险工作进行考核，根据考核结果适当调整各省份补助金额，体现奖惩，引导地方进一步规范基金收支管理。完善社会保障领域中央对地方转移支付资金直达机制，加快资金下达速度，强化对直达资金的库款保障，健全全流程监控体系，确保安全规范使用直达资金。认真落实全国人大审查意见，提升财政社会保障资金效能，更加注重精准、可持续。加强社会保障资金审计等监督结果应用，推动做好审计查出问题、执行监控发现问题等的整改工作。推进预算绩效管理，强化中央转移支付与绩效评价结果挂钩机制，对于问题突出的地方，相应扣减补助或者不予安排，加大对资金使用绩效较好地区的支持力度，更好发挥预算绩效管理在优化财政资源配置方面的作用。

长期以来，全国人大常委会高度重视财政工作，对财政社会保障工作给予大力支持和悉心指导，有力推动了社会保障事业发展。我们要更加紧密地团结在以习近平同志为核心的党中央周围，以习近平新时代中国特色社会主义思想为指导，深刻领悟“两个确立”的决定性意义，增强“四个意识”、坚定“四个自信”、做到“两个维护”，认真贯彻党中央、国务院决策部署，按照全国人大常委会审议意见，不断完善财政支持政策，着力保障和改善民生，为全面建设社会主义现代化国家、全面推进中华民族伟大复兴而团结奋斗！

对财政社会保障资金分配和使用情况报告的意见和建议

12月29日，十三届全国人大常委会第三十八次会议审议了财政部部长刘昆受国务院委托作的关于财政社会保障资金分配和使用情况的报告，共有9人次发言。现根据会议发言情况，将常委会组成人员和列席人员对报告的主要意见整理如下。

出席人员普遍认为，党的十八大以来，以习近平同志为核心的党中央高度重视社会保障工作，推动我国社会保障事业取得历史性成就，社会保障制度体系更加成熟更加定型，构建起世界上规模最大、具有鲜明中国特色、功能完备的社会保障网，人民群众的获得感、幸福感、安全感更为充实、更有保障、更可持续。国务院及其有关部门认真贯彻落实党中央决策部署，按照兜底线、织密网、建机制的要求，持续加大财政社会保障资金投入，优化支出安排，加强资金管理，提高使用效益，为促进我国社会保障事业高质量、可持续发展发挥了重要作用。大家充分肯定国务院的专项工作报告，同时认为全国人大常委会预算工委和全国人大财经委、社会委的调研报告反映成绩全面详实，分析问题实事求是，提出的意见建议务实中肯，希望国务院及其有关部门认真研究处理。大家强调，要认真贯彻落实党的二十大精神，进一步做好财政社会保障资金分配和使用工作，充分发挥社会保障促进实现全体人民共同富裕的制度优势，不断增进民生福祉。审议中，大家还提出了一些具体意见和建议。

加快完善城乡居民基本养老保险制度。有些出席人员提出，城乡居民基本养老保险已有5.5亿人参保，但建立时间较晚，个人缴费少，主要依靠各级政府财政补助，导致养老金发放标准低，同城镇职工退休人员基本养老金相比差距较大。建议深入研究完善城乡居民基本养老保险制度，加大基本养老保障统筹力度，健全城乡居民养老金标准增长机制，着力提高城乡居民基础养老金标准；考虑经济增长、消费价格指数变动等因素，建立城乡居民基础养老金的动态调整机制。有的出席人员提出，农村老龄化程度比城市高8个百分点，建议更加重视农村老年人养老保障问题。

优化财政支出结构。有的出席人员提出，按国际惯例，养老保险应主要由劳资双方缴费支撑，而在我国财政资金所占比重较大，且重点补贴城镇职工基本养老保险，对灵活就业者和普通农村居民养老保障的支持有限；社会救助、社会福利等事业需要政府负起主要投入责任，但相关财政支出比例较低。建议深入研究财政在社会保障体系建设中的职能问题，形成更加合理的财政支出结构。

鼓励和引导社会资本参与社会保障事业。有的出席人员提出，目前财政社会保障资金对撬动市场主体、社会力量的作用不明显，不少地方鼓励社会资本办养老机构，实际上搞成房地产开发，一些民办养老机构床位基本空置，造成土地、财政资源浪费。应当研究借鉴发挥财政投入牵引力的有益经验，探索完善财政资金有效调动市场主体参与社会保障事业的模式。

推进中央与地方财政事权和支出责任划分改革。有的出席人员提出，目前中央与地方在社会保障方面的支出责任分担机制还不够合理，一些项目按地区经济发达程度实行分级补贴，不利于促进基本公共服务均等化，也影响社会保障发挥塑造公民的国家认同作用。应按照以事定责的要求，明确中央和地方的社会保障支出责任。

深化社会保障制度改革。有的出席人员提出，下一步社保领域改革应重点关注几个方面：一是在社会保险转移接续方面，目前实行个人缴费部分可以携带转移，企业缴费部分只有一定比例可以转移，应建立职工社保携带的长效机制。二是在灵活就业人群的社会保障方面，部分在大城市灵活就业的年轻人由于就业地社保缴费标准、消费水平高，加之社保可携带性不足，导致其参保意愿不高，有些农村外出务工人员已经在户籍所在地参加城乡居民社会保险等。建议在广泛听取灵活就业人群意见的基础上，科学设计和完善面向这一群体的社会保障安排。三是在各地社保基金支付比较紧张的情况下，更多发挥国有企业经营收入上缴对社保资金池的积累和补充作用。有的出席人员提出，应持续推进医保支付制度改革，全面推行职工医保家庭共济制度，支持有条件的地方积极试点职工和城乡居民基本医疗保障统筹共济，大力发展普惠型商业健康医疗保险，鼓励商业健康保险、慈善捐赠等协调发展。

加强财政社会保障资金管理。有的出席人员提出，应加强财政社会保障资金的标准化管理，明确基本养老金、城乡低保水平等方面具体标准，依据标准编制和执行社会保障领域的财政预算。有的出席人员认为，财政支持居家养老的项目和资金分散在卫生健康、民政等多个部门，就医、健康护理等脱节，家庭医生、家庭病床、日常健康监测、紧急救护和康复护理等项目存在重复建设，有些公共服务则存在空白。建议加强各部门的资金统筹，根据功能定位来合理设立项目和确定资金安排。

国务院关于“证照分离”改革涉及暂时调整适用法律有关情况的中期报告

全国人民代表大会常务委员会：

开展“证照分离”改革，是党中央、国务院关于深化“放管服”改革、优化营商环境的一项重要举措，对于正确处理政府和市场关系、加快完善社会主义市场经济体制具有重大意义。《全国人民代表大会常务委员会关于授权国务院在自由贸易试验区暂时调整适用有关法律规定的决定》（2021 年 4 月 29 日第十三届全国人民代表大会常务委员会第二十八次会议通过，以下简称《决定》）授权国务院在自由贸易试验区内暂时调整适用《中华人民共和国会计法》等 7 部法律的有关规定，期限为三年，要求国务院及其有关部门加强对试点工作的指导、协调和监督，及时总结试点工作经验，并就暂时调整适用有关法律规定的情况向全国人民代表大会常务委员会作出中期报告。

2021 年 5 月，国务院印发《关于深化“证照分离”改革进一步激发市场主体发展活力的通知》（国发〔2021〕7 号），明确在自由贸易试验区配合相关改革试点举措，根据全国人民代表大会常务委员会的授权决定，暂时调整适用 7 部法律有关规定，暂时调整适用 13 部行政法规有关规定，并要求对法律调整适用情况开展中期评估。

按照要求，国务院组织相关部门和地方对本轮暂时调整适用 7 部法律有关规定情况进行了全面评估，根据《决定》要求，形成了提交全国人大常委会会议审议的涉及暂时调整适用法律有关情况的中期报告。现将有关情况报告如下，请审议。

一、开展评估的主要做法

（一）综合采用多种评估方式

本次评估采用自评与第三方评估相结合的方式，在要求各相关部门、自贸试验区所在地人民政府针对重点评估内容认真组织自评的同时，委托具有丰富研究经验和典型代表性的高校及研究机构开展第三方评估。评估工作坚持全面覆盖、聚焦重点事项，强调问题导向、注重实事求是，主要开展了以下工作：

一是开展大范围问卷调查。针对 7 部法律中的相关条款及其对应的改革事项，从改革措施执行力度与市场主体满意度等方面科学设计了调查问卷。以问卷访谈政府部门、线上定向投放等方式，对 21 个自贸试验区所在省（区、市）人民政府有关职能部门及市场主体开展了广泛的问卷调查。其中，政府部门 66 次，有关企业 157 次。

二是开展广覆盖实地调研。评估组分三组赴 21 个自贸试验区省（区、市）开展实地调研，分别组织召开政府部门、企业、行业协会座谈会，听取政府部门、市场主体、中介机构对改革措施，特别是调法情况实效的评价。共计召开政府部门座谈会 15 场，座谈企业 49 家。

三是开展全方位文献研究。评估组通过网络检索、数据库收集、自贸试验区所在省份政府及职能部门提供等方式进行系统的文献研究，整理文件共计 300 余份，分析数据 90 余万条。

（二）准确确定评估范围

此次评估的范围是《决定》涉及的 7 部法律中的相关条款及其对应的 13 个改革事项，改革事项包括 4 项直接取消审批，9 项审批改为备案；涉及 5 个行政职能部门和 21 个自贸区所在省（区、市）政府，涵盖教育、金融、财政等多个领域。

表格 1:涉及 7 部法律的改革事项

序号	法律名称	事项名称	改革方式
1	《中华人民共和国民办教育促进法》	实施中等及中等以下学历教育、学前教育、自学考试助学及其他文化教育的民办学校筹设审批	直接取消审批
2		民办普通、高级技工学校筹设审批	直接取消审批
3		民办技师学院筹设审批	直接取消审批
4		实施自学考试助学的民办学校设立、变更和终止审批	审批改为备案
5	《中华人民共和国会计法》	中介机构从事代理记账业务审批	直接取消审批
6	《中华人民共和国注册会计师法》	会计师事务所分支机构设立审批	审批改为备案
7	《中华人民共和国拍卖法》	从事拍卖业务许可	审批改为备案
8	《中华人民共和国银行业监督管理法》《中华人民共和国商业银行法》	中资银行业金融机构分行级以下分支机构(不含分行)设立、变更、终止以及业务范围审批	审批改为备案
9		外资银行分行级以下分支机构(不含分行)设立、变更、终止以及部分业务范围审批	审批改为备案
10		中资银行业金融机构分行级以下分支机构(不含分行)高级管理人员任职资格核准	审批改为备案
11		外资银行分行级以下分支机构(不含分行)高级管理人员任职资格核准	审批改为备案
12	《中华人民共和国保险法》	保险公司支公司及以下分支机构设立、重大事项变更、撤销审批	审批改为备案
13		保险公司支公司及以下分支机构高级管理人员任职资格审批	审批改为备案

(三)重点聚焦关键内容

一是法规政策调整和管理制度建设情况。包括各相关部门和地方人民政府根据相关法律规定的调整适用情况,对有关法规、规章、行政规范性文件作出相应调整,以及建立与改革要求相适应的管理制度的情况。

二是制定实施改革措施和改革措施相适配情况。包括各相关地方人民政府在权限范围内制定和实施的改革措施和暂时调整适用内容的适配情况。

三是政府部门、市场主体和中介机构等对改革措施的评价。包括对改革措施在降低企业制度性交易成本、激发市场活力和社会创造力、优化营商环境方面发挥的作用等方面的评价。

四是法律调整适用在实践中取得的成效、存在的问题以及意见建议,包括政策落实、实施的整体及配套措施情况,政策、措施的合法性与合规性评价等。

二、暂时调整适用法律有关规定的落实和政策承接情况

一年多以来,各地各部门持续深化“证照分离”改革,进一步加大改革试点力度,大部分部门和地方通过建立健全相关落实细化和承接措施,推动了授权决定的落地落实。

在中央层面,本轮调法涉及的教育部、财政部、人力资源社会保障部、商务部、中国银保监会 5 个国务院职能部门,针对 13 个行政许可事项,共发布 6 件政策文件。在地方层面,21 个自贸试验区所在省(区、市)政府都出台了省级层面的贯彻落实文件。自贸试验区所在地方的省级人民政府和职能部门共出台了 101 件行政规范性文件及其他改革细化措施。依据发文数量从高到低,这些职能部门分别是:银保监会派出机构(31 件)、财政部门(25 件)、商务部门(15 件)、人力资源和社会保障部门(12 件)、教育部门(6 件),此外还有综合类(12 件)。具体情况如下:

(一)银行和保险业监督管理领域

银保监会及其派出机构主管的改革事项为 6 项,分别是“中资银行业金融机构分行级以下分支机构(不含分行)设立、变更、终止以及业务范围审批”“外资银行分行级以下分支机构(不含分行)设立、变更、终止以及部分业务范围审批”“中资银行业金融机构分行级以下分支机构(不含分行)高级管理人员任职资格核准”“外资银行分行级以下分

支机构(不含分行)高级管理人员任职资格核准”“保险公司支公司及以下分支机构设立、重大事项变更、撤销审批”“保险公司支公司及以下分支机构高级管理人员任职资格审批”,改革方式均为审批改为备案。

《中国银保监会关于深化“证照分离”改革进一步激发市场主体发展活力的实施方案》将事前审批改为事后报告,要求及时明确报告程序和材料目录,督促银行保险机构按规定履行报告手续。对存在未按规定履行报告手续、提交虚假材料等不合规、不审慎行为的机构,依法依规采取监管强制措施、实施行政处罚,同时追究相关责任人责任。

在全国范围内有14个自贸试验区的省级政府职能部门发布了规范性文件及其他改革细化措施。例如,北京自贸试验区在备案审核方式上,就报告材料的完整性进行形式审核;在事中事后监管上,通过随机抽查、走访约谈、监管通报等形式,加强对相关报告(备案)事项的跟踪指导和监管。又如,广西自贸试验区规定,取消银行业保险业董事、监事和高级管理人员任职资格考试后,要充分发挥考察谈话等方式的作用,加强对拟任人任职资格条件的审查。

(二)财政领域

财政部门主管的改革事项为2项,其中,“中介机构从事代理记账业务审批”改革方式是直接取消审批,“会计师事务所分支机构设立审批”改革方式是审批改为备案。

《财政部办公厅关于深化代理记账行业“证照分离”改革进一步激发市场主体发展活力的通知》规定,自由贸易试验区试点取消代理记账资格行政审批后,注册地在自由贸易试验区的企业取得营业执照后即可接受其他单位委托。在监管主体上,按照“谁主管、谁监管”的原则,由原承担审批职责的县级以上人民政府财政部门依法履行监管职责;实行相对集中行政许可权改革或者综合行政执法改革的地区,按照本级人民政府制定的改革方案确定监管职责、健全审管衔接机制。在监管对象上,运用市场监管、税收监管等监管部门共享推送的企业工商登记注册信息、纳税申报信息等,及时掌握本地区代理记账机构的有关情况。从财政部发布的文件来看,主要对中介机构从事代理记账业务审批作出了规定,较少涉及会计师事务所分支机构设立审批。

在全国范围内有14个自贸试验区的省级政府职能部门发布了规范性文件及其他改革细化措施。地方发布的规范性文件与财政部的基本一致,较为特殊的是北京自贸试验区的规定,明确提出“要从惯性的‘行业资质监管’,转变成‘行业行为监管’,将自贸试验区试点取消代理记账资格行政审批的代理记账机构列入‘双随机、一公开’检查计划,每年对本区规模较大的代理记账机构开展会计执业质量专项检查”。

(三)商务领域

商务部门主管的改革事项为1项,即“从事拍卖业务许可”,改革方式是审批改为备案。

《商务部深化“证照分离”改革进一步激发市场主体发展活力工作实施方案》提出,改革后,企业完成备案手续即可开展拍卖业务。省级商务主管部门可利用商务部统一业务平台对拍卖师等备案信息进行核对,及时将完成备案的企业信息推送商务部统一业务平台。在事中事后监管措施方面,通过检查备案信息与实际情况的相符程度,完善拍卖企业年度核查制度,建立跨部门的拍卖管理工作机制,支持、引导行业协会开展拍卖企业服务信用评价等方式加强监管。

在全国范围内有12个自贸试验区的省级政府职能部门发布了规范性文件及其他改革细化措施。例如,云南、湖南自贸试验区要求各片区审批部门编制备案指南,为企业提供备案回执。又如,陕西要求省商务厅健全从事拍卖业务许可的备案管理,修改完善相关管理制度,明确从事拍卖业务需要具备的备案条件、申请材料、程序等要求并向社会公开,在事中事后监管方面也增加了额外的要求。

(四)人力资源和社会保障领域

人力资源和社会保障部门主管的改革事项为2项,包括“民办普通、高级技工学校筹设审批”与“民办技师学院筹设审批”,改革方式都是直接取消审批。

《人力资源社会保障部在自由贸易试验区进一步加大“证照分离”改革力度试点实施方案》明确2项行政许可的改革方式是直接取消审批,事中事后监管措施均是开展“双随机、一公开”监管,依法查处违法违规行为,并公开查处结果;加强日常监管,依法及时处理投诉举报。

在全国范围内有12个自贸区的省级政府职能部门发布了规范性文件及其他改革细化措施。大部分地方的文件与人力资源社会保障部保持一致,有些列明了2项许可事项改革在自贸试验区范围内实施的方式和要求。例如,浙江特别规定,取消民办技师学院筹设审批后,应公示学校名称、地址、设置专业等信息以发挥社会监督作用。

(五)教育领域

教育部门主管的改革事项为2项,其中,“实施中等及中等以下学历教育、学前教育、自学考试助学及其他文化教育的民办学校筹设审批”的改革方式是直接取消审批,“实施自学考试助学的民办学校设立、变更和终止审批”的改革方式是审批改为备案。

《教育部办公厅关于印发〈深化“证照分离”改革实施方案〉的通知》明确了改革方式、具体改革措施和事中事后监管措施。

在全国范围内有6个自贸区的省级政府职能部门发布了规范性文件及其他改革细化措施。各地发布的相关文件与教育部基本保持一致,有的地方在此基础上还对行政审批服务进行了优化。例如,福建省教育厅印发了《福建省教育部门行政审批服务事项基本目录清单》,对相关46件审批服务事项进行了列举和细化,积极推进审批服务标准化、精细化、专业化。

三、取得的主要成效

“证照分离”改革以暂时调整适用法律相关条款的方式,确保重大改革于法有据。一年多来,各地各部门有效落实法律调整适用的相关内容,大力推动照后减证和简化审批,不断优化审批服务,推动数字化改革,初步建立起简约高效、公正透明、宽进严管的行业准营规则,政府治理效能得到了提升,市场主体办事更加便利,市场主体发展活力和创新动力得到了增强,取得了阶段性成效。主要表现在以下几个方面:

(一)政府的治理效能得到了提升

开展试点以来,国务院各相关部门和自贸试验区政府聚焦企业和群众反映的办事难、办事慢、多头跑、来回跑等“堵点”“难点”“痛点”问题,坚持用法治思维和法治方式规范行政审批行为,以制度建设和规范为基础,通过理念转变、机制变革、流程再造、环节精简和方式创新,一定程度上提高了政府依法治理水平,提升了治理效能。

一是精简审批流程,办事效率有提高。从调研情况来看,各自贸试验区有关审批改备案事项的办理流程多数得到了简化,审批周期多数得到了压缩,审批权力运行更加规范。例如,重庆自贸试验区针对取消“民办普通、高级技工学校筹设审批”改革事项,制定了具体工作措施,制作了明确直观的流程图,提高了办事效率。又如,“从事拍卖业务许可”事项由审批改为备案后,浙江自贸试验区将审批权限委托下放设区的市、义乌市商务部门,制订告知承诺书格式文本,一次性告知申请人许可条件和所需材料,对申请人自愿承诺符合许可条件并按要求提交材料的,当场作出许可决定,办理流程大幅简化。

二是创新管理理念,监管模式有改进。在推进改革过程中,各自贸试验区通过创新管理理念和审管衔接机制,逐步把办事服务理念融入审批管理实践,政府部门不再只盯审批、卡着入口,而是通过事前咨询指导服务、事中及时预警纠偏、事后部门联合奖惩等举措,逐步实现政府从“以批代管”向“事中事后监管”转变。例如,教育部针对直接取消“实施中等及中等以下学历教育、学前教育、自学考试助学及其他文化教育的民办学校筹设审批”事项,推进了民办教育信用信息公示制度,将民办学校的法人登记信息、行政许可信息、年度检查信息、监督检查结果、行政处罚信息向社会公示,强化信用约束。又如,针对“会计师事务所分支机构设立审批”改为备案事项,山东、云南等自贸试验区完善会计师事务所分支机构后续监管机制,定期核查是否持续符合执业条件,对存在问题的,责令限期整改;逾期不整改或整改后仍不达标的,取消备案并予以公示。再如,针对“中介机构从事代理记账业务审批”实施直接取消审批事项,上海自贸试验区探索在“浦东新区代理记账综合监管平台”中嵌入智能预警功能,及时发现未在营业执照勾选“代理记账”经营范围且开展代理记账业务的机构。

三是建设数字政府,管理方式有升级。根据评估调研情况,自贸试验区政府和市场主体普遍认为,改革试点一定程度上推进了政府部门的数字化改革,提高了行政管理工作和经营活动的效率,为市场主体带来了很多便利。数字化改革大大提升了行政管理活动的质效。例如,天津自贸试验区依托滨海新区政务帮办平台,利用GIS空间信息处理功能,通过重构审批流程、压缩办理时限,形成“申请人线上自主申报、系统自动锁定比对信息、自动审批即时出具结果”的全流程自动化审批模式。又如,教育部针对“实施自学考试助学的民办学校设立、变更和终止审批”事项,将审批改为备案,健全联合执法机制,通过跨部门的实时数据对接和信息共享,及时掌握和研判民办教育领域出现的新问题。同时,数字化改革有效降低了企业群众办事成本。部分市场主体反馈,通过线上办理,申请行政许可的时间由过去一般需要两周普遍缩减为现在的两天、甚至当日即可办结。网上全流程办理还使行政审批事项流程更加公开，大大提高了行政审批的透明度。例如，上海自贸试验区针对“保险公司支公司及以下分支机构设立、重大事项变更、撤销”审批改为备案的改革事项，充分利用政府信息共用平台和监管信息平台，有效发挥信息查询分析功能，减轻申请材料报送负担。

（二）市场主体办事便利度及可预期性得到了提高

经过评估，各地各部门总体上能够坚持以改革要求为导向、以市场主体需求为重点，着力精简办事流程、提高办事效率，一定程度上提高了市场主体办事便利度及可预期性。

一是从审批时限上看，按照“办事内容充分告知、办事流程充分呈现、办事周期预期可见、办事材料完整可得”四个方面评判标准，通过抽查部分自贸试验区政务服务网发现，部分改革事项已经被纳入“承诺件”，即能够在显著短于法定办结日期内完成办理。例如，四川川南临港片区从企业和创业者的办事需求和办事角度出发，将公章刻制等六个事项确定为“一件事”，以“小时”为计量单位实施流程再造，分类别、分层级梳理为“三张清单”，包括《1小时办结清单》14项、《3小时办结清单》9项、《6小时办结清单》19项，力争企业开办时间常态化压缩在12个工作小时内，较为复杂的压缩在18个工作小时内。

二是从办理途径上看，多数办事所需材料以及流程在政务服务平台上也有清晰完整的展示。根据对部分企业等市场主体的调研情况，审批改备案事项多数能够按时办结，基本可以实现网上办理，要求提交额外的证明材料以及重复提交的情况较为少见。从调研结果来看，改革试点最直接的效果是办事更为便利和可预期，例如，针对“会计师事务所分支机构设立审批”改为备案事项，河北自贸试验区对基层工作人员开展培训，分类提出明确要求，规范流程，对手续材料齐全的，予以限时办结；手续材料不齐全的，一次性告知所需材料。又如，重庆等自贸试验区推行容缺受理制度，增加邮寄服务功能，并采用实时推送方式线上核验备案信息。

三是从反馈效果上看，调法的实施减少了申请人成本支出，提高了群众满意度和获得感。以直接取消“中介机构从事代理记账业务审批”为例，自贸试验区代理记账机构反映，取消代理记账资格行政审批，消除了市场准入障碍，增加了就业创业机会，特别是为中小微企业有效节约了人力和管理成本，让其切实感受到改革带来的红利。

（三）市场主体数量增长趋势得到了加强

在自贸试验区内推行“直接取消审批、审批改为备案”两类审批制度改革，其根本目的包括通过破除行业准入壁垒，简化审批流程，促进市场主体的进入与增长。自2021年7月1日在自贸试验区全覆盖改革试点以来，全国自贸试验区新设企业99.1万户，受惠于改革的有50.6万户，占比51.1%。

另外，根据对公开数据的调查研究，各自贸试验区出台落实“国发〔2021〕7号文”的总体方案前后，与调法改革事项相关的市场主体增长趋势有所增强。其中，“中介机构从事代理记账业务审批”和“从事拍卖业务许可”事项所涉市场主体新增数量较多；“实施中等及中等以下学历教育、学前教育、自学考试助学及其他文化教育的民办学校筹设审批”“民办普通、高级技工学校筹设审批”“民办技师学院筹设审批”与“会计师事务所分支机构设立审批”四个事项在个别自贸试验区有少量新增。例如，改革实施一年以来，浙江自贸试验区新增代理记账机构333家；加上自贸试验区外的新增数量，全年共计新增代理记账机构556家，与上年同期新增488家的数据相比，增长率达14%。

四、存在的问题和挑战

总的来看，落实“证照分离”改革涉及调法情况整体较好、成效可观，但改革是一个较长时期的过程，各地各部门在推进改革过程中仍存在一些问题，需要在后半程下大力气、有针对性地加以解决。主要包括以下方面：

（一）在思想理念上对于传统行政审批的路径依赖仍未完全破除。长期以来，有些政府部门习惯了“谁审批，谁监管”的模式，将传统的行政审批作为政府履行监管职能、甚至是行政管理职责的最重要手段，以至于形成了路径依赖。有些市场主体也较为适应传统的行政审批模式，一旦进入改革轨道，他们都面临难以转换思维、主动适应和拥抱改革等问题。在“证照分离”改革中，部分主管部门对取消审批或者审批改为备案的改革事项如何监管表示出了困惑，担心改革后缺乏有力监管抓手，对部分企业可能出现的拒不配合备案、违规开展业务等问题，难以实施及时有效监管。此外，有的市场主体认为获得许可反而更踏实，不能很好适应改革带来的冲击。例如，代理记账机构设立审批取消后，部分代理记账机构表示，缺少证书导致机构的市场认可度不高、竞争力不强，业务开展变得困难。

*（二）自贸试验区内外政策不衔接，一定程度上制约了改革效果。*一些企业反映，“证照分离”改革给予自贸试验区内企业更低的准入门槛，不少经营活动已不再需要取得许可，但企业到自贸试验区外开展经营活动仍然需要取得许可证，自贸试验区内外政策不衔接，这就影响了部分改革举措的效果。例如，“中介机构从事代理记账业务审批”实施直接取消审批事项，在自贸试验区内外不同区域注册的机构，需满足的执业条件和受到的监管力度不同。部分地方反映，取消审批后，许多小微企业表示没有许可证书会导致其无法直观判断代理记账机构的专业能力，从而在选择代理记账机构时无从下手，对自贸试验区新设代理记账机构的社会认可度及行业竞争力造成不利影响，限制了自贸试验区代理记账机构的业务拓展和持续发展，部分机构为获取业务甚至被迫选择迁至自贸试验区外，以便申请获得许可证书。

*（三）少数改革事项对市场主体需求的适配程度还有待提高。*试点开展以来，一些改革事项适配度不高，还未能明显提升市场主体的获得感，改革效果尚未充分显现。例如，“会计师事务所分支机构设立审批”事项由审批改为备案，对于企业减少审批负担、降低运营成本等方面的好处不明显。财政部第 97 号令规定了设置会计师事务所审批需要提交的材料和文件，即使不改为备案制而继续沿用审批，也不会给会计师事务所带来多大负担。在浙江自贸试验区，该事项已实现了告知承诺制加网上办理，基本上一天之内办结。因此，有会计师事务所表示，该事项的改革直接效益并不高。

*（四）跨地域、跨部门的数据对接和信息共享还有待加强。*由于机制、投入等原因，国家部委层面各部门分别建设信息系统平台，地方各部门通常使用本系统本部门的信息平台，各平台之间数据对接存在障碍。同时，各地各部门电子证照信息化系统建设仍不完善，跨层级、跨地域、跨部门仍未形成大范围的信息资源共享，对市场主体办理相关事项和政府部门实施监管造成了一定影响。部分自贸试验片区相对集中行政许可事项涉及系统平台层级复杂、数量较多，导致部分审批系统未随事项下放及时跟进优化。

五、下一步工作建议

“证照分离”改革是落实“放管服”改革的重要举措，对于进一步优化营商环境，激发市场主体活力具有重要意义。目前的问题主要在于自贸试验区改革整体上推进力度还需加强、统一的配套实施规范尚未建立健全、监管措施还没有完全到位等。针对上述问题，在调法改革试点的后半程，建议重点推动以下工作：

一是动态跟踪，科学调整。强化动态跟踪，对于实践中适用群体少、办件频次少的事项要分析原因，如果是由于政策传导不到位导致的，要加强政策宣传解读培训等工作，如果经过时间验证，确实是低频事项的，在试点任务完成后要根据改革效果进行动态调整。同时，对于市场主体需求度较高的事项，适宜在全国推广的，要适时提出修改相关法律法规的建议。

二是完善制度，依法推进。督促尚未出台相关配套措施的部门和地方，尽快完善承接制度。加强行政法规、地方性法规、部门规章、地方政府规章的立改废释工作，推动将好的经验做法及时形成制度机制、上升为法律规范，着力理顺相关规定之间不协调、不一致的情形，强化规范性文件及时、动态清理，有效解决制度障碍，确保改革于法有据。进一步厘清部门职责分工，明确责任主体，强化制度落实，加强协调联动，及时堵塞漏洞，推进改革事项提质增效。

三是查缺补漏，加大力度。积极推动在自贸试验区各片区暂时调整适用法律改革事项中尚未落实的事项落地落实，对推进缓慢、成效不大的，要找出症结，督促改进；对出现理解偏差、执行走样的，要及时纠正，切实解决部分地区工作不均衡、实际效果不突出等问题。加强一线工作人员业务培训，讲授办理改革事项的新要求、新流程，确保改革事项执行到位。

四是加强监管，做好服务。针对改革事项完善监管办法，明确监管标准、监管方式和监管措施，避免出现监管真空。加大改革试点新进展、新举措、新成效的宣传力度，回应社会关注的热点问题。将“证照分离”改革纳入法治政府建设考核和法治政府督察的重要内容，加强督察考核。建立健全有效的自贸试验区内外联动认可机制，推行审管联动联席会议机制、统一认定审批结果，实行“双告知、双反馈”，强化审管协调配合。

五是强化技术支撑，实现数据共享。积极打破信息共享的壁垒，建立健全部委之间、部委与省市之间、省市与省市之间的一体化数据联动调度机制，协调部委与各省统一数据平台对接，推动数据共享和电子证照归集应用。建立健全统一的社会信用评价体系，利用全国信用信息共享平台、国家企业信用信息公示系统，确保各审批机关能实时查询相关企业和个人的信用信息，为地方进一步推行“证照分离”改革提供便利条件。

国务院

2022 年 12 月 28 日

全国人民代表大会常务委员会法制工作委员会关于十三届全国人大以来暨 2022 年备案审查工作情况的报告

——2022 年 12 月 28 日在第十三届全国人民代表大会常务委员会第三十八次会议上

全国人大常委会法制工作委员会主任　沈春耀

全国人民代表大会常务委员会：

现将十三届全国人大以来暨 2022 年备案审查工作情况报告如下，请审议。

对行政法规、监察法规、地方性法规、自治条例和单行条例、经济特区法规、司法解释、特别行政区本地法律等规范性文件开展备案审查，是宪法法律赋予全国人大常委会的一项重要职权，是全国人大常委会履行宪法法律监督职责的一项重要工作。我国宪法和立法法、监督法、地方组织法等法律都有关于备案审查方面的规定。党的十八大以来，以习近平同志为核心的党中央从推进全面依法治国、加强宪法法律实施和监督的战略高度，就加强备案审查工作作出一系列决策部署，党的十八届三中全会和四中全会、十九届二中全会、中央全面依法治国工作会议、中央人大工作会议和党中央有关文件都提出了明确的任务要求。十三届全国人大以来，每年常委会的工作报告、工作要点和有关工作计划都对备案审查工作作出部署、提出要求，常委会领导就做好备案审查工作多次作出指示批示，常委会会议每年都听取和审议法制工作委员会关于备案审查工作情况的报告。经过持续努力和有力推动，备案审查工作全面开展、扎实推进，逐步实现显性化、制度化、常态化，不断取得新进展新成效。围绕贯彻“有件必备、有备必审、有错必纠”的总要求，扩大备案范围，加大审查力度，丰富审查方式，增强纠错刚性，工作质量不断提升，建立健全备案审查工作衔接联动机制，加强对宪法法律实施情况的监督，依法纠正违反宪法法律、违背党中央精神或者不合时宜的规定。备案审查制度机制在保证党中央令行禁止、维护国家法治统一尊严权威、保护公民法人合法权利、发展全过程人民民主、促进社会公平正义、提升国家治理效能等方面的作用日益彰显。

一、十三届全国人大常委会备案审查工作取得新进展新成效

（一）实现“有件必备”。五年来，全国人大常委会接收报送备案的行政法规、监察法规、地方性法规、自治条例和单行条例、经济特区法规、司法解释以及香港、澳门两个特别行政区本地法律共 7261 件，其中，行政法规 157 件，监察法规 1 件，省级地方性法规 2935 件，设区的市级地方性法规 2977 件，自治条例和单行条例 372 件，经济特区法规 242 件，司法解释 346 件，香港、澳门特别行政区法律 231 件。全国人大常委会通过有关法律和决定，及时将国家监察委员会制定的监察法规和新类型地方性法规（即海南自由贸易港法规、浦东新区法规）纳入备案审查的范围。实行电子报备，规范报备方式，统一报备要求，提高报备效率。备案是审查的前提。总的看，规范性文件制定机关能够依法、及时将制定的规范性文件向全国人大常委会报送备案，自觉接受人大监督，“有件必备”的目标要求已经实现。

关于向人大常委会报送备案的规范性文件范围，法工委经研究认为，除了法律已有明确规定的以外，只要规范性文件的制定机关属于人大监督对象，其制定的规范性文件都应当纳入人大常委会备案审查范围；也就是说，“规范性文件在哪里，备案审查就跟到哪里”。近年来，我们推动地方人大常委会将本级“一府一委两院”制定的

规范性文件纳入本级人大常委会备案审查范围；支持最高人民法院建立司法规范性文件备案审查制度机制。

（二）积极推进“有备必审”。根据有关法律的规定，国务院、中央军事委员会、最高人民法院、最高人民检察院和省、自治区、直辖市的人大常委会认为有关法规、司法解释等规范性文件同宪法或者法律相抵触的，可以向全国人大常委会书面提出进行审查的要求，由常委会工作机构送有关专门委员会进行审查、提出意见；有关国家机关和社会团体、企业事业组织以及公民认为有关法规、司法解释等规范性文件同宪法或者法律相抵触的，可以向全国人大常委会书面提出审查建议，由常委会工作机构进行研究，必要时送有关专门委员会进行审查、提出意见；有关专门委员会和常委会工作机构可以对报送备案的规范性文件进行主动审查。

五年来，在全国人大常委会领导下，法工委加大审查工作力度，努力实现“有备必审”。按照有关法律规定和常委会备案审查工作制度要求，依法对报送备案的各类法规、司法解释、特别行政区本地法律开展主动审查。除个别情形外，没有收到过国家机关提出的审查要求。公民、组织提出审查建议17769件，其中2018年1229件，2019年226件，2020年5146件，2021年6339件，2022年4829件，我们都认真研究处理。围绕贯彻落实党中央重大决策部署和重要法律实施，对生态环境保护、民法典、长江保护法、人口与计划生育法、行政处罚法、食品药品安全等20多个领域的规范性文件，组织有关方面和地方人大开展集中清理工作和专项审查工作。对其他备案审查工作机构通过衔接联动机制移送的500多件法规、司法解释认真进行审查研究，提出处理意见。将不属于全国人大常委会审查范围的2500多件审查建议，根据不同情况，分送中央办公厅、司法部、最高人民法院、最高人民检察院和省级人大常委会研究处理。总的看，对各类规范性文件，基本实现“有备必审”、“应审尽审”，做到备案审查监督全覆盖。

根据审查工作情况，总的看，国务院、国家监察委员会、最高人民法院、最高人民检察院和有立法权的地方人大及其常委会，适应全面依法治国新形势新要求，依照法定权限和程序认真开展行政法规、监察法规、地方性法规、司法解释立改废释工作和报送备案工作，自觉坚持与宪法法律等上位法规定保持一致，不断提高规范性文件质量和水平，在贯彻党和国家大政方针、有效实施宪法法律、推动相关领域工作、有针对性解决问题等方面发挥了重要作用。

香港、澳门两个特别行政区将各自立法机关制定的本地法律向全国人大常委会备案，是香港、澳门两个特别行政区基本法明确规定两个特别行政区须履行的法定职责。多年来，全国人大常委会开展备案审查工作的范围，一直包括香港、澳门两个特别行政区立法机关制定的本地法律。五年来，香港特别行政区报送备案的本地法律127件，澳门特别行政区报送备案的本地法律104件。经初步审查，没有发现两个基本法规定的需要将报备的有关法律发回的情形。

（三）按照“有错必纠”原则督促推动制定机关纠错改正。法工委承担备案审查具体工作。我们依法履职尽责，认真开展规范性文件备案审查工作。不论是在依申请审查中，还是在主动审查、集中清理和专项审查中，都发现有些规范性文件或者其中有的规定存在与上位法规定相抵触、不一致或者明显不适当、不合理等问题。对存在需要纠正改正问题的有关规定，我们及时提出审查研究意见，督促和推动有关制定机关进行修改完善或者适时废止。

综合分析产生问题的原因，主要有以下几种情形：有的是制定机关对上位法有关规定、对党中央有关精神理解不透、把握不准，在贯彻落实过程中出现一定偏差；有的是规范性文件制定时间较早，上位法已经进行了修改或者作出了新的规定，实际情况已经发生很大的变化了，而原有规定未能及时清理，没有及时进行修改完善、实现与时俱进；有的是有关规定现在实际上已经不再执行，但是没有及时对有关规范性文件予以废止或者作出修改；有的是涉及的问题较为复杂，一直有不同理解和认识，都有一定道理，尚难作出合法性、合理性判断；也有的是个别制定机关政治意识不强、法治观念淡薄，在制定和执行有关规范性文件过程中打“擦边球”，甚至有意“放水”。

我们坚持问题导向，对审查发现的问题进行认真研究，通过沟通协商、提出书面审查意见、发函、约谈督促等方式，督促推动制定机关纠正改正；需要全国人大常委会作出相关决定的，依法按程序办理。五年来，累计督促推动制定机关修改完善或者废止各类规范性文件约2.5万件。

（四）加强备案审查制度建设。备案审查制度体系不断健全。常委会会议每年听取审议法工委关于备案审查工作情况的报告，并逐步实现常态化、制度化。推动地方各级人大常委会建立听取审议备案审查工作情况报告的制度；修改地方组织法，将听取和审议备案审查工作情况报告列为地方各级人大常委会的一项法定职权。全国人大常委会目前正在审议立法法修正草案，其中包括完善备案审查制度和工作方面的重要内容。委员长会议通过《法规、司法解释备案审查工作办法》，对宪法和有关法律关于备案审查的规定作出进一步细化。法工委不断总结实践经验，制定有关备案审查工作的规范性文件，规范备案审查工作流程；同时，推动有关地方人大常委会制定或者修改备案审查法规，建立健全地方人大常委会备案审查工作制度机制。

（五）加强备案审查能力建设。法工委积极适应"有件必备、有备必审、有错必纠"的要求，着力提高自身综合素质和能力，扎实拓展和深化备案审查工作。建成全国统一的备案审查信息平台，初步建成国家法律法规数据库，推动建设省级法规规章规范性文件数据库，为实现应备尽备提供支撑。丰富审查方式，完善审查标准，细化工作流程。畅通相互间转送接续的机制渠道。加强对地方人大备案审查工作的联系指导，举办培训班，开展工作案例交流，探索建立案例指导制度。加强备案审查工作机构之间的协同联动。成立备案审查专家委员会，开展备案审查理论研究，通过多种方式和途径加强备案审查宣传工作。

二、在备案审查工作中加强合宪性问题审查研究，切实维护国家法治统一

推进合宪性审查工作是党的十九大和十九届二中、四中全会提出的明确要求，是新形势下加强宪法法律实施和监督的重要举措。习近平总书记在党的十九届二中全会上的重要讲话中指出："全国人大常委会的备案审查工作，当然就包括审查有关规范性文件是否存在不符合宪法规定、不符合宪法精神的内容，要加强和改进这方面的工作。"这就为加强备案审查工作指明重点方向、提出了更高要求。

加强对合宪性、涉宪性问题审查研究。我们在备案审查工作中自觉增强宪法意识，推进合宪性审查工作，督促和推动制定机关纠正改正有关规定，及时启动有关程序废止不合时宜的法律规定和相关制度，弘扬宪法精神，维护宪法权威和国家法治统一。举若干工作实例如下。

——2018年3月，有全国政协委员提出提案，建议对收容教育制度进行合宪性审查。法工委经认真研究提出，收容教育制度是1991年根据全国人大常委会有关决定和国务院有关行政法规实行的、对有关人员进行必要约束和管控的一项制度措施，制定程序和内容是有宪法法律依据的；执行20多年后再来审视，情况已经发生了很大变化；经调研沟通，有关方面逐步形成共识，继续执行有关制度措施已不合时宜；为深入贯彻全面依法治国精神，法工委建议有关方面适时提出议案，废止有关收容教育法律规定和相关制度。2019年12月，十三届全国人大常委会第十五次会议审议了国务院提出的有关议案，作出了《全国人民代表大会常务委员会关于废止有关收容教育法律规定和制度的决定》。

——有的司法解释规定，人身损害赔偿案件中，对城镇居民和农村居民分别以不同标准计算残疾赔偿金和死亡赔偿金。2020年有公民提出审查建议，认为计算标准不同会导致案件审理出现不公平现象，与宪法有关精神不一致。我们认真进行审查研究，认为随着经济社会发展和城乡融合发展，有关计算标准的差异应当逐步改变和取消；建议制定机关在总结试点经验基础上适时修改完善有关司法解释，统一城乡居民人身损害赔偿标准。有关司法解释经修改后自2022年5月1日起实施，残疾赔偿金、死亡赔偿金以及被扶养人生活费统一采用城镇居民标准计算。

——2021年，国务院有关主管部门对有的民族自治地方民族教育条例等法规提出合宪性审查建议，认为条例中的有关规定存在合宪性问题，不利于促进民族交往交流交融。我们经审查研究认为，宪法和国家通用语言文字法已经对推广普及国家通用语言文字作出了明确规定，2015年全国人大常委会对教育法有关规定作出重要修改，包括民族地区在内的全国各地区应当全面推行国家通用语言文字教育教学，有关地方性法规中的相关内容应予纠正。经与有关方面沟通，制定机关已经废止有关法规。

——有的地方性法规规定，有关行政部门为调查计划生育违法事实，可以要求当事人进行亲子鉴定；对拒不配合的，处以1万元以上5万元以下罚款。2021年，有公民对上述规定提出审查建议。我们经审查认为，亲子关系涉及公民人格尊严、身份、隐私和家庭关系和谐稳定，属于公民基本权益，受

宪法法律保护，地方性法规不宜规定强制性亲子鉴定的内容，也不应对此设定相应的行政处罚、处分、处理措施。经沟通，制定机关已对相关规定作出修改。

加强对有争议问题的研究。例如，有司法解释规定，上级人民检察院可以依法统一调用辖区内的检察人员办理案件，经上级人民检察院作出调用决定，被调用的检察官可以代表办理案件的人民检察院履行出庭支持公诉等各项检察职责。有公民对此规定提出审查建议。对被调用的检察人员代表所调用的人民检察院履行出庭支持公诉等各项检察职责是否需要经本级人大常委会作出相关任职决定，实践中存在不同认识和做法，涉及对人民检察院组织法有关规定的理解。我们经研究认为，宪法和有关组织法等法律共同构成检察权行使的法律依据，根据人民检察院组织法有关规定，上级人民检察院可以调用辖区的检察人员办理案件；被调用的检察人员代表办理案件的人民检察院履行出庭支持公诉等各项检察职责的，须经本级人大常委会作出相关任职决定。我们已向有关制定机关提出了研究意见，建议予以考虑。

加强与有关机关协同联动。例如，有的省级法院、检察院、公安厅就办理袭警罪案件联合发文。我们经审查研究认为，该联合发文涉及犯罪构成具体内容，扩大了法定袭警罪、妨害公务罪的惩治范围，超出了刑法规定范围；立法法是重要宪法性法律，有关联合发文不符合立法法关于“两高”以外的审判机关、检察机关不得作出具体应用法律的解释的规定，超出了制定机关权限。我们通过衔接联动机制与有关方面沟通，多方面协同行动、督促推动，制定机关很快发文通知停止执行有关文件。最高人民法院、最高人民检察院针对这一事例要求有关法院、检察院开展司法规范性文件自查清理，重申地方一律不得制定在本辖区普遍适用的、涉及具体应用法律问题的司法解释性质文件，制定的其他规范性文件不得在法律文书中援引。

三、持续开展重点领域规范性文件集中清理和专项审查工作，推动党中央重大决策部署、国家重要法律和法治措施的贯彻落实

五年来，围绕推动党中央重大决策部署、国家重要法律和法治措施的贯彻落实，在全国人大常委会领导下，我们组织开展重点领域规范性文件集中清理和专项审查工作，积极推进国家各方面工作法治化。

比如，根据党中央关于全面加强生态环境保护坚决打好污染防治攻坚战的重大决策部署和全国人大常委会关于全面加强生态环境保护依法推动打好污染防治攻坚战的决议，2018 年针对生态环保领域、2020 年针对野生动物保护领域、2021 年针对长江流域保护领域开展规范性文件集中清理和专项审查工作。2022 年以来，围绕持续深入打好蓝天、碧水、净土保卫战，对长江流域保护专项清理后续工作进行跟踪督促，继续加大涉及生态资源与环境保护、污染防治、城市绿化等方面法规审查力度，着重审查存在与大气污染防治法、水污染防治法、土壤污染防治法、固体废物污染环境防治法等法律规定不一致的问题。对审查中发现与上位法规定相抵触，特别是存在放松管控、降低标准等立法“放水”问题的，要求制定机关及时修改、废止；对滞后于新制定或者新修改的上位法规定的，要求制定机关及时作出相应的调整完善；对符合上位法立法目的，确立比上位法规定更高的保护标准、更严格的保护制度的，应当予以支持。通过持续开展集中清理工作和专项审查工作，推动党中央重大决策部署和相关领域法律制度的贯彻落实，为生态文明建设和美丽中国建设提供有力法治保障。

再如，民法典出台后第二天，十九届中央政治局就切实实施民法典进行集体学习，习近平总书记发表重要讲话，明确提出：“对同民法典规定和原则不一致的国家有关规定，要抓紧清理，该修改的修改，该废止的废止。”贯彻习近平总书记重要指示要求，我们组织开展了民法典涉及领域规范性文件集中清理工作和专项审查工作。2021 年，对民法典专项清理后续工作进行跟踪督促。今年以来，持续加强对民法典涉及领域法规审查纠正力度，巩固和扩大专项清理成果。有的地方性法规规定，业主大会可以在管理规约、业主大会议事规则中，对拒付物业服务费、公共水电分摊费和不交存物业维修资金的业主参加业主大会、行使投票权等权利进行限制。我们经审查认为，不加区分地将业主拒付物业服务费、物业维修资金等不履行业主义务行为同业主行使共同管理权挂钩，进而限制业主的建筑物区分所有权，与民法典有关规定不符合。有的地方性法规规定，热用户应当在每年采暖期开始前 30 日内交纳本采暖期的热费，不按时交纳的，供热单位可

以对其暂缓供热、限制供热或者停止供热。我们经审查认为,热用户采暖费的交纳时间和逾期不交纳热费的法律责任,应当遵循民法典有关规定。有的地方性法规规定,进行水力发电需要通过招标、拍卖等方式从政府取得"水能资源开发利用权"并缴纳出让金。我们经审查认为,地方自行规定的"水能资源开发利用权",具有用益物权性质,不符合民法典确立的物权法定原则。上述问题和类似一些问题,有的已经解决,有的正在解决。

又如,本届以来,根据党中央 2015 年关于"我国人口发展呈现出重大转折性变化"的重大判断精神、2020 年关于"增强生育政策包容性"的精神、2021 年关于"优化生育政策促进人口长期均衡发展"的重大决策部署精神,我们持续关注和加强人口与计划生育领域规范性文件审查工作,及时组织开展集中清理工作和专项审查工作,本届以来历次备案审查工作情况报告都有涉及计划生育方面的内容。2017 年开始、2018 年接续,推动规范性文件制定机关对企业职工"超生即辞退"的规定作出修改;2019 年,推动制定机关对国家工作人员"超生即开除"的规定作出修改。法工委在 2019 年备案审查工作情况报告中提出,这类规定虽目前有上位法的一定依据,但总的看已经不适应、不符合党和国家关于改革完善计划生育服务管理的精神和方向,应予适时调整,建议有关方面研究启动修改完善工作。2021 年 8 月,十三届全国人大常委会第三十次会议对人口与计划生育法作出重要修改。为确保修改后的人口与计划生育法正确实施,我们组织开展了涉及计划生育内容的法规、规章等规范性文件集中清理和专项审查工作,推动制定机关修改、废止了一批相关规范性文件;督促制定机关取消社会抚养费征收规定,废止计划生育相关处罚、处分规定,将入户、入学、入职等与个人生育情况全面脱钩;同时,建议有关方面开展涉及计划生育内容的党内法规、规范性文件专项清理,督促有关方面及时修改对享受生育保险待遇作出不适当限制的规定。

开展集中清理和专项审查工作,拓展了备案审查工作思路,增强了备案审查工作的针对性、系统性、时效性,有利于发挥法律体系整体功效和治理体系整体效能。实践表明,及时组织开展重点领域规范性文件集中清理和专项审查工作,对于实现相关领域上下联动、左右协同,保证党中央精神全面贯彻、一体遵循,保证国家重要法律和法治措施有效实施,促进法律体系内在科学和谐统一,推进国家治理体系和治理能力现代化,具有重要意义。

四、在备案审查工作中践行全过程人民民主重大理念,努力增强人民群众法治获得感

发展全过程人民民主,是新时代新征程做好备案审查工作必须遵循的重要原则、必须贯彻的重大理念。就备案审查工作来说,有两个方面的要求:一是通过备案审查工作,运用法治方式解决人民群众关心关注的实际问题,增强人民群众法治获得感;二是在备案审查工作中不断拓展和健全人民群众有序参与立法、表达意愿关切的途径和形式,丰富和发展全过程人民民主的生动实践。近年来,我们注重健全备案审查工作吸纳民意、汇聚民智的机制、渠道和方式,努力使备案审查制度机制和工作实践成为新时代新征程践行全过程人民民主重大理念的具体体现。

拓宽人民群众诉求表达的渠道和机制。立法法、监督法等法律规定,公民、组织认为法规、司法解释等规范性文件同宪法或者法律相抵触的,可以向全国人大常委会书面提出进行审查的建议,由常委会工作机构进行研究。这是保证人民群众对国家立法工作知情权、参与权、表达权、监督权的制度设计和理念体现。2019 年,在中国人大网开通审查建议在线提交平台,实现审查建议"一键提交"。三年来,我们共收到公民、组织网上提出的审查建议 11800 余件,约占五年来审查建议总数的 66.4%。法工委每年都向常委会报告备案审查工作情况,并将年度备案审查工作情况报告通过中国人大网和全国人大常委会公报向社会公布。通过多种渠道和方式做好备案审查宣传工作,增强工作透明度,拓展群众参与度。把备案审查工作同办理代表议案建议、委员提案工作结合起来,同基层立法联系点工作结合起来,同立法修法工作结合起来,同联系指导地方人大备案审查工作结合起来,努力通过各种渠道和形式了解社情民意,努力通过备案审查工作回应社会关切,努力使备案审查制度和工作成为践行全过程人民民主重大理念的具体形式和制度载体。

认真研究处理收到和转来的审查建议。人民群众提出的每件审查建议,"两会"期间全国人大代表、全国政协委员提出的每件建议、议案、提案,我们都认真研究,督促纠正了一批人民群众集中反

映、影响老百姓切身利益、直接涉及公民权利义务的法规、司法解释等规范性文件，保障全过程人民民主落到实处。五年来，共收到1.7万多件审查建议，审查建议人来自不同地域、行业、群体，包括工人、农民、个体工商户、专家学者、基层行政执法人员、律师、学生、人大代表、政协委员、企业事业单位、有关国家机关等；审查建议内容广泛，涉及诸多领域，或表达权益诉求，或关注法治进步，或反映群众急难愁盼问题，或呼吁解决制度衔接问题。各种意见反映和诉求表达，总的看属于建设性、正能量，是我国全过程人民民主的具体体现。我们对审查建议逐一登记、逐件研究；必要时，与审查建议人沟通，了解来自基层和各方面的真实声音，增强审查研究的针对性、实效性；提出处理意见后，通过书面发函、电话沟通等方式及时作出反馈。以研究处理审查建议为抓手，积极推动解决人民群众普遍关注的问题。比如，2021年，根据全国人大代表提出的建议，督促纠正个别地方以户籍限制从事出租车司机职业的问题；2022年，又进一步梳理研究、推动14个地方纠正了类似问题。

广泛听取意见，加强调研论证，做到集思广益。在审查研究工作中，对可能存在问题的规范性文件，充分听取制定机关的情况说明，通过座谈会、论证会、委托研究、走访调研等方式，听取专门委员会、国家机关、社会团体、企事业单位、人大代表、专家学者以及利益相关方的意见，从法治原则出发分析其中利弊得失。比如，2021年，有的地方性法规规定，停车人应当按照规定缴纳道路停车费用，逾期未缴纳的进行催缴同时并处200元以上1000元以下罚款。有公民对有关罚款规定提出审查建议。针对这一审查建议，我们请制定机关说明情况，请执法部门提供有关规定实施情况，向有关部门了解停车收费改革的相关政策，向审查建议人进一步询问提出审查建议的考虑，通过多种方式了解、走访居民127户，在此基础上与有关制定机关就法规修改方案反复交换意见，力求取得平衡和共识。制定机关后来对有关规定作出修改，调整完善罚款的额度和程序，并督促有关单位出台具体办法，处理结果得到社会各方面普遍认可。我们还注重借助"外脑"，建立备案审查专家委员会，围绕备案审查工作相关问题，组织专家进行论证；探索发挥智库作用，委托有关高校、研究机构开展专题研究。

积极参与建设国家法律法规数据库。备案审查信息平台建成后，法工委与常委会办公厅有关方面共同协作，初步建成国家法律法规数据库，全面收录我国现行有效的各类法律法规，为社会公众持续提供权威版本的法律法规等文件，提供看得见、找的着、用得上的法律产品，积极回应和满足人民群众的法治需求。

五、2022年备案审查工作总体情况

2022年，在全国人大常委会领导下，法工委与有关方面协同配合，对法规、司法解释和特别行政区本地法律依法开展备案审查工作，持续取得新进展。

一年来，全国人大常委会办公厅收到报送备案的法规、司法解释及特别行政区法律共1172件，其中行政法规23件，省、自治区、直辖市地方性法规500件，设区的市、自治州地方性法规495件，自治条例和单行条例68件，经济特区法规40件，司法解释20件，香港特别行政区法律11件，澳门特别行政区法律15件。制定《法规、司法解释形式审查工作程序》，加强形式审查，对存在报备问题的56件法规督促报备机关及时予以改正。

法工委对报送备案的法规、司法解释及特别行政区本地法律依职权主动进行审查。收到公民、组织提出的审查建议4829件，其中属于全国人大常委会审查范围的4067件，包括针对行政法规和国务院决定提出的108件，针对地方性法规、自治条例和单行条例、经济特区法规提出的3815件，针对司法解释提出的144件。没有收到有关国家机关提出的审查要求。对不属于全国人大常委会审查范围、可能存在问题的333件审查建议移送有关备案审查工作机构研究处理，其中移送中央办公厅3件、司法部62件、最高人民法院6件、最高人民检察院3件、省级地方人大常委会259件。研究处理其他备案审查工作机构移送或提出的审查建议286件。对2021年专项清理工作有关事项进行跟踪督促，组织开展物业管理、生育保险等领域规范性文件集中清理和专项审查工作。截至目前，共督促、推动制定机关修改、废止法规、司法解释及其他规范性文件781件。

落实修改后的地方组织法，推动地方各级人大常委会建立健全听取和审议备案审查工作情况报告制度。2017年12月，全国人大常委会会议首次听取和审议全国人大常委会法工委关于十二届全国人大以来暨2017年备案审查工作情况的报告，之

后逐步实现常态化、制度化。近年来，为了增强备案审查工作整体实效，我们推动地方人大常委会根据实际情况建立健全相关制度机制。2019 年，实现省级人大常委会听取审议备案审查工作情况报告制度全覆盖；2021 年，实现设区的市级全覆盖；2022 年，力争实现县级全覆盖。2022 年 3 月，修改后的地方组织法对人大常委会听取审议备案审查工作情况报告制度已经作出明确规定。

为推动解决地方立法共性问题，统一审查标准和尺度，探索建立备案审查案例指导制度，选编有关事例实例作为备案审查工作案例印送地方人大参考。收集整理一些地方人大常委会审查纠正处理的典型事例 139 件，作为工作交流材料。召开全国省级法规规章规范性文件数据库建设工作推进会，总结交流浙江、广东、重庆、宁夏四地试点经验，全面启动省级法规规章规范性文件数据库建设工作。围绕现行宪法颁布施行 40 周年，深入推进备案审查理论研究。

2022 年是十三届全国人大常委会依法履职、开展工作的第五年。法工委对过去五年备案审查工作进行了回顾总结，力求深化对备案审查工作功能、特点、规律的认识。备案审查工作情况除了在每年报告中已作反映外，五年工作的总体情况在本报告前述部分中已作了概述。五年来，备案审查工作取得新进展新成效，是多方面支持和推动的结果，也是我们自身持续努力和扎实工作的结果。作为直接从事和承担这项工作的机构，我们有切身的体会和感受。概括起来，主要有以下几点工作体会：一是必须坚持以习近平新时代中国特色社会主义思想为指导，深入贯彻习近平法治思想，始终围绕加强宪法实施和监督开展备案审查工作，确保备案审查工作正确政治方向；二是必须坚持党的全面领导，服务党和国家工作大局，全面贯彻党的路线方针政策和党中央决策部署，确保各类规范性文件与党中央精神保持一致；三是必须坚持以人民为中心，贯彻全过程人民民主重大理念和实践要求，保障人民群众通过备案审查制度依法提出意见、表达诉求，努力做到民有所呼、我有所应，切实维护人民根本利益；四是必须坚持全面依法治国，坚持宪法法律至上，全面推进国家各方面工作法治化，加强人权法治保障，维护和促进社会公平正义，坚决纠正违宪违法的规范性文件，切实维护宪法法律权威和国家法治统一；五是必须坚持中国特色社会主义政治制度自信，坚持和完善人民代表大会制度，充分发挥人民代表大会制度优势，实行正确监督、有效监督、依法监督，构建起覆盖各类规范性文件的备案审查监督体系，增强备案审查制度整体功效。这些体会深化了我们对备案审查工作规律性的认识，应当作为今后加强和改进工作的重要原则长期坚持并在实践中不断丰富发展。

同时，我们在回顾总结中也感到工作还有很多差距和不足，工作质量、水平、效率有待提高；对一些重点难点问题还缺乏深入研究，对合宪性合法性合理性问题在深刻理解、准确把握、妥善处理上还有差距；新形势新任务对备案审查工作提出了新的更高要求，我们不论从自身素质还是从工作机制上都还有不适应、不符合的问题；如何发挥人大和各方面积极性，如何加强理论研究和宣传工作等，这些都需要我们在未来工作中不断加强和改进。

六、2023 年备案审查工作初步安排和考虑

2023 年是贯彻落实党的二十大精神开局之年。党的二十大强调“加强宪法实施和监督、健全保证宪法全面实施的制度体系”，明确提出“完善和加强备案审查制度”。2023 年备案审查工作总体要求是，全面贯彻党的二十大和二十届一中全会精神，深刻领悟“两个确立”的决定性意义，深入学习贯彻习近平新时代中国特色社会主义思想，加强备案审查工作，提升备案审查质量，完善备案审查制度，通过备案审查制度和工作助力全面依法治国，发展全过程人民民主，维护宪法法律权威和国家法治统一，发挥中国特色社会主义法律体系整体功效，为法治中国建设作出积极贡献。

一是加强宪法实施和监督。健全保证宪法全面实施的制度体系，完善推进合宪性审查工作的思路、机制和方式方法。加强对法规、司法解释等规范性文件的合宪性、涉宪性问题审查研究，在备案审查工作中准确把握和阐明与宪法规定有关的内容。认真研究、妥善处理规范性文件中合宪性、涉宪性问题，及时督促纠正改正与宪法规定、宪法原则、宪法精神不一致不相符的问题。

二是完善和加强备案审查制度。修改立法法、监督法，研究出台关于完善和加强备案审查制度的决定，进一步健全备案审查制度体系。提高全面落实“有件必备、有备必审、有错必纠”的水平。围绕贯彻党中央重大决策部署和重要法律实施，加强主动审查、专项审查，建立健全重点领域法律法规等规范性文件集中清理常态化机制。依法对香港、澳

门特别行政区法律开展备案审查。

三是着力提高备案审查工作质量。进一步完善备案审查工作机制，细化审查标准，规范审查流程，加强调研论证，强化审查说法说理，提升审查工作科学化水平。更好地发挥备案审查专家委员会作用。增强制度刚性，坚决纠正一切违宪违法的规范性文件，维护国家法治统一、尊严、权威。通过备案审查工作推动有关方面完善相关制度规定，支持有关地方开展地方立法先行先试探索。

四是坚持和发展全过程人民民主。不断畅通人民权益表达渠道和参与过程，认真做好代表、委员提出的或者公民、组织提出的审查建议的研究、处理和反馈工作，完善审查建议办理机制，提高重点、难点审查建议办理成效，提升审查工作民主含量和质量，把备案审查工作和制度建设成为人大民主民意重要表达平台和载体。

五是加强对地方人大备案审查工作的联系指导。适时召开人大备案审查工作座谈会。总结近年来的实践经验，结合有关法律法规修改，举办工作培训班。运用备案审查工作案例推动工作交流互鉴。健全听取和审议备案审查工作情况报告制度，提高报告质量，通过报告制度推动备案审查工作。推进省级法规规章规范性文件数据库建设。

六是加强备案审查理论研究和宣传工作。围绕有关法律修改，紧密结合当代中国法治实践，推动学界加强合宪性审查、备案审查理论研究，促进理论与实践融合发展。聚焦宪法实施和监督，探讨中国特色宪法实施和监督理论体系、话语体系。创新备案审查宣传工作机制，提高宣传效果，讲好中国备案审查故事。

二、审查和批准决算，听取和审议计划、预算执行情况和审计工作报告

全国人民代表大会常务委员会关于批准2021年中央决算的决议

（2022年6月24日第十三届全国人民代表大会常务委员会第三十五次会议通过）

第十三届全国人民代表大会常务委员会第三十五次会议听取了财政部部长刘昆受国务院委托作的《国务院关于2021年中央决算的报告》和审计署审计长侯凯受国务院委托作的《国务院关于2021年度中央预算执行和其他财政收支的审计工作报告》。会议结合审议审计工作报告，对2021年中央决算（草案）和中央决算报告进行了审查。会议同意全国人民代表大会财政经济委员会提出的审查结果报告，决定批准2021年中央决算。

国务院关于2021年中央决算的报告

——2022年6月21日在第十三届全国人民代表大会常务委员会第三十五次会议上

财政部部长　刘　昆

全国人民代表大会常务委员会：

我受国务院委托，向全国人大常委会提出2021年中央决算报告和中央决算草案，请审查。

一、2021年中央财政收支决算情况

2021年是党和国家历史上具有里程碑意义的一年。以习近平同志为核心的党中央团结带领全党全国各族人民，隆重庆祝中国共产党成立一百周年，胜利召开党的十九届六中全会、制定党的第三个历史决议，如期打赢脱贫攻坚战，如期全面建成小康社会、实现第一个百年奋斗目标，开启全面建设社会主义现代化国家、向第二个百年奋斗目标进军新征程。面对复杂严峻的国内外形势和诸多风险挑战，各地区各部门坚持以习近平新时代中国特色社会主义思想为指导，全面贯彻党的十九大和十九届历次全会精神，弘扬伟大建党精神，按照党中央、国务院决策部署，严格执行十三届全国人大四次会议审查批准的2021年中央预算，完整、准确、全面贯彻新发展理念，有力统筹疫情防控和经济社会发展，扎实做好“六稳”工作、全面落实“六保”任务，沉着应对百年变局和世纪疫情，构建新发展格局迈出新步伐，高质量发展取得新成效，实现了“十四五”良好开局。在此基础上，财政改革发展各项工作扎实推进，中央决算情况总体较好。根据预算法有关规定，重点报告以下情况：

（一）2021年中央一般公共预算收支决算情况。

中央一般公共预算收入91470.41亿元，为预算的102.3%，比2020年增长10.5%，主要是经济保持恢复发展、工业生产者出厂价格指数（PPI）涨幅较高等因素拉动。加上从中央预算稳定调节基金以及中央政府性基金预算、中央国有资本经营预算调入1935亿元，收入总量为93405.41亿元。中央一般公共预算支出117202.3亿元，完成预算的98.6%，下降0.9%。加上补充中央预算稳定调节基金3613.11亿元、向中央政府性基金预算调出90

亿元,支出总量为 120905.41 亿元。收支总量相抵,中央财政赤字 27500 亿元,与预算持平。

与向十三届全国人大五次会议报告的执行数相比,中央一般公共预算收入增加 8.61 亿元,主要是在库款报解整理期进口货物增值税、非税收入少量增加。中央一般公共预算支出减少 63.6 亿元,主要是年终实行据实结算项目的地方上解数额增加,相应抵减中央对地方转移支付。以上增收节支共计 72.21 亿元,已包含在上述补充中央预算稳定调节基金的 3613.11 亿元中。

从收入决算具体情况看,税收收入 88946.4 亿元,为预算的 101.7%,增长 11.7%;非税收入 2524.01 亿元,为预算的 126.2%,下降 19.3%,超预算较多主要是专项收入等大幅超出预期,与上年相比下降较多主要是国有资本经营收入、国有资源(资产)有偿使用收入大幅减少。税收收入中,国内增值税 31753.04 亿元,为预算的 100.5%;国内消费税 13880.7 亿元,为预算的 104.3%,主要是成品油、酒、卷烟等行业消费税增加超出预期;进口货物增值税、消费税和关税合计 20126.3 亿元,为预算的 107%,主要是大宗商品价格上涨以及一般贸易进口增长超出预期;企业所得税 26605.34 亿元,为预算的 103.8%;个人所得税 8395.99 亿元,为预算的 106.3%,主要是随着经济稳定恢复,居民收入增长较快;车辆购置税 3519.88 亿元,为预算的 97%,主要是免税的新能源汽车销量增加,应税的传统燃油汽车销量低于预期;出口货物退增值税、消费税 18158.35 亿元,为预算的 117.2%,主要是出口好于预期,以及办理出口退税进度加快。

从支出决算具体情况看,中央本级支出 35049.96 亿元,完成预算的 100.1%,下降 0.1%;中央对地方转移支付 82152.34 亿元,完成预算的 98.5%,下降 1.3%。中央本级支出中,一般公共服务支出 1572.7 亿元,完成预算的 107%,主要是信息化建设等中央预算内投资、海关系统新冠肺炎疫情防控支出增加;外交支出 490.96 亿元,完成预算的 97.4%,主要是执行中收回部分以前年度结余资金,抵减当年支出;国防支出 13557.58 亿元,完成预算的 100%;公共安全支出 1890.05 亿元,完成预算的 102.1%;教育支出 1690.35 亿元,完成预算的 101.6%;科学技术支出 3205.53 亿元,完成预算的 99.3%;粮油物资储备支出 1112.49 亿元,完成预算的 90.8%,主要是部分据实结算项目支出减少;债务付息支出 5867.69 亿元,完成预算的 97.8%,主要是优化内外债发行计划,同时市场利率低于预期。

2021 年,中央预备费预算 500 亿元,实际支出 400 亿元,主要用于洪涝灾害灾后恢复重建和种粮农民一次性补贴,剩余 100 亿元全部转入预算稳定调节基金。

2021 年,中央一般公共预算支出结余 1592.7 亿元(含中央预备费结余 100 亿元),加上超收 2020.41 亿元,合计 3613.11 亿元,全部用于补充中央预算稳定调节基金。2021 年初中央预算稳定调节基金余额 278.32 亿元,加上上述补充的 3613.11 亿元、按规定用中央政府性基金结转资金补充的 34.79 亿元,2021 年末中央预算稳定调节基金余额为 3926.22 亿元,2022 年调入一般公共预算 2765 亿元后余额为 1161.22 亿元。

2021 年,中央一般公共预算使用以前年度结转资金安排的支出 667.01 亿元,其中,中央本级使用 377.99 亿元,中央对地方转移支付使用 289.02 亿元。中央预算周转金规模没有发生变化,2021 年末余额为 354.03 亿元,主要用于调剂预算年度内季节性收支差额。

2021 年,中央本级“三公”经费财政拨款支出合计 26.81 亿元(包括基本支出和项目支出安排的经费),比预算数减少 25.06 亿元,主要是中央部门落实过紧日子要求,厉行节约,从严控制和压缩“三公”经费支出,以及受客观因素影响,部分因公出国(境)、外事接待任务未实施,公务用车支出和公务接待支出减少。其中,因公出国(境)费 0.76 亿元,减少 5.98 亿元;公务用车购置及运行费 25.29 亿元,减少 17.39 亿元;公务接待费 0.76 亿元,减少 1.69 亿元。

2021 年,中央预算内投资支出 6099.82 亿元,其中,中央本级支出 1563.62 亿元,对地方转移支付 4536.2 亿元。进一步突出支出重点,主要用于保障性安居工程,水利、交通、能源等重大基础设施,粮食安全,区域协调发展,社会事业,以及环境保护和生态建设等方面。

2021 年,中央财政发行国债 68683.96 亿元,其中内债 67922.28 亿元、外债 761.68 亿元,筹措资金除用于到期国债还本外,其余均由中央财政统筹安排使用。国债还本 44794.92 亿元,其中内债 44568.88 亿元、外债 226.04 亿元。年末国债余额为 232697.29 亿元,包括内债余额 229643.71 亿元、外债余额 3053.58 亿元,控制在全国人大批准的国债余额限额 240508.35 亿元以内。

(二)2021 年中央政府性基金预算收支决算情况。

中央政府性基金预算收入 4087.69 亿元,为预算的107%，主要是彩票公益金等增加较多。加上2020年结转收入、调入资金等，收入总量为4419.9亿元。中央政府性基金预算支出4003.31亿元，完成预算的98.6%，其中，中央本级支出3201.02亿元，对地方转移支付802.29亿元。调入中央一般公共预算1亿元。中央政府性基金预算收大于支415.59亿元，其中，结转下年继续使用380.8亿元，按规定补充中央预算稳定调节基金34.79亿元。中央政府性基金预算收入决算数比执行数减少0.02亿元，主要是库款报解整理期国有土地使用权出让收入退库；支出决算数与执行数相同。

（三）2021年中央国有资本经营预算收支决算情况。

中央国有资本经营预算收入2007.16亿元，为预算的114.6%。加上2020年结转收入413.14亿元，收入总量为2420.3亿元。中央国有资本经营预算支出1077.8亿元，完成预算的91.3%，其中，中央本级支出936.99亿元，对地方转移支付140.81亿元。调入中央一般公共预算984亿元。结转下年支出358.5亿元。中央国有资本经营预算收入决算数比执行数增加0.24亿元，主要是库款报解整理期机关社团所属企业上缴利润增加；支出决算数与执行数相同。

（四）2021年中央社会保险基金预算收支决算情况。

中央社会保险基金预算收入1317.75亿元，为预算的85%，其中，保险费收入749.3亿元，财政补贴收入549.64亿元。中央社会保险基金预算支出1308.47亿元，完成预算的82.9%。实施企业职工基本养老保险中央调剂制度，地方上缴9303.62亿元，中央拨付9294.52亿元（缴拨差额9.1亿元，主要是收支列入中央预算的新疆生产建设兵团参与地方调剂，以及分配调剂资金利息）。考虑该因素后，中央社会保险基金预算当年收支结余18.38亿元，年末滚存结余395.78亿元。中央社会保险基金收支决算数比执行数分别减少128.69亿元、121.23亿元，主要是受疫情影响，部分在京中央单位尚未完成机关事业单位基本养老保险实施准备期清算工作。

按照预算法和国务院有关规定，对2021年中央财政部分收支事项实行权责发生制核算，包括预算已经安排当年应支未支的工资和社保资金、国库集中支付年终结余以及国务院批准的其他特殊事项等。有关具体情况向全国人大常委会专门报告。对上述资金，财政部将在预算执行中加强管理，及时拨付，尽快发挥资金效益。

二、积极的财政政策提升政策效能，保持对经济稳定恢复的必要支持力度

2021年，宏观政策保持连续性、稳定性、可持续性，积极的财政政策提质增效、更可持续，优化和落实减税降费政策，保持适度支出强度，增强国家重大战略任务财力保障，在促进科技创新、加快经济结构调整、调节收入分配上主动作为，促进经济运行在合理区间。

（一）有效实施财税政策，巩固经济恢复和发展基础。加强跨周期和逆周期调节。多渠道筹集资金、保持必要财政支出总量，同时调低赤字规模，赤字率下降至3.1%，不再发行抗疫特别国债，体现了财政政策的积极取向，并为今后应对新的风险挑战留出政策空间。持续加大投资补短板力度，优化中央预算内投资执行，新增地方政府专项债券额度3.65万亿元，根据经济形势变化合理把握节奏，带动扩大有效投资。建立常态化财政资金直达机制并扩大范围。将2.8万亿元中央财政资金纳入直达机制、规模明显大于上年，基本实现中央财政民生补助资金全覆盖。对直达资金单独调拨，进一步优化流程和监控体系，提高分配、拨付、使用和监管效率，预算下达加快，资金到达市县基层时间大幅缩短，总体上支出进度较快、使用安全规范。各地通过直达资金安排项目约43.2万个，累计支出占中央财政下达的95%，涉及保基本民生、保市场主体等多方面，为市县基层落实惠企利民政策提供财力支持。完善助企纾困政策。加强对小微企业、个体工商户和制造业的支持，将小规模纳税人增值税起征点从月销售额10万元提高到15万元，对小微企业和个体工商户年应纳税所得额不到100万元的部分，在现行优惠政策基础上，再减半征收所得税。继续执行阶段性降低失业保险、工伤保险费率政策，取消、免征或降低部分政府性基金和行政事业性收费，全年新增减税降费超过1万亿元。对煤电和供热企业给予缓税、注入资本金等政策支持，保障民生和生产用能。减税降费既助企纾困又涵养税源，2013年以来新增的涉税市场主体去年纳税达到4.76万亿元。缓解小微企业融资难融资贵问题。综合运用融资担保、贷款贴息、奖励补助等方式，引导撬动金融资源流向小微企业。在60个城市开展

深化民营和小微企业金融服务综合改革试点，延长小微企业融资担保降费奖补政策，引导降低担保费率。国家融资担保基金全年新增再担保业务7542亿元、新增服务市场主体72.5万户，分别增长79%、165%。强化就业优先政策。统筹用好就业补助等资金，实施失业保险保障扩围、稳岗返还等政策，加大创业担保贷款贴息力度，支持开展大规模职业技能培训，促进高校毕业生、退役军人、农民工等重点群体就业创业，全年全国城镇新增就业1269万人。

（二）推动高水平科技自立自强，促进产业链创新链深度融合。改革完善科技投入与管理。把基础研究作为投入重点，中央本级基础研究支出720.91亿元、增长15.3%。建立适应关键核心技术攻关新型举国体制的财政资金管理机制，足额保障国家重大科研任务经费。推动出台改革完善中央财政科研经费管理的若干意见，坚持能放则放、应放尽放，提出大幅精简预算科目、下放预算调剂权、扩大经费包干制实施范围、完善科研项目经费拨付机制等7个方面25条政策举措，科研经费使用自主权更大、激励力度更强。强化国家战略科技力量。建立国家实验室经费稳定支持机制，支持首批国家实验室组建运行。加大对中央级科研院所和高水平研究型大学稳定支持力度，支持国际科技创新中心、国家科学中心、区域科技创新中心加快建设。安排专项经费支持打造一流科技领军人才和创新团队，着力培育国家战略人才力量特别是青年科技人才。提升产业基础能力和产业链韧性。延续执行企业研发费用加计扣除75%政策，将制造业企业加计扣除比例提高至100%，允许提前清缴核算让企业尽早受益，实施“十四五”期间支持科技创新进口税收政策，运用税收优惠机制激励制造业等行业企业加大研发投入，鼓励企业承担国家科技计划项目，提升企业创新能力。启动“专精特新”中小企业奖补政策，支持1300多家“小巨人”企业发展。统筹资金、税收等优惠政策，支持产业链补链强链，促进短板产业加快国产替代和技术迭代。继续实施新能源汽车推广应用补贴政策，全年新能源汽车产销量均大幅增长。

（三）支持农业农村发展，落实区域协调发展战略和区域重大战略。保障粮食和重要农产品生产供给。落实藏粮于地、藏粮于技战略，支持新建高标准农田1亿亩、东北黑土地保护性耕作7200万亩，加大农机购置补贴力度。提高稻谷、小麦最低收购价，完善粮食主产区利益补偿机制，在13个粮食主产省份60%的产粮大县开展三大粮食作物完全成本保险和种植收入保险，政策性农业保险为1.88亿户次农户提供风险保障。对种粮农民一次性发放200亿元补贴，应对农资价格上涨等影响，确保口粮绝对安全。大幅增加制种大县奖励资金，加快核心种源技术攻关，支持开展全国农作物种质资源普查，提升种业全链条发展水平。巩固拓展脱贫攻坚成果同乡村振兴有效衔接。稳定主要帮扶政策，中央财政衔接推进乡村振兴补助资金规模比上年增加100亿元、达到1561亿元，对160个国家乡村振兴重点帮扶县加大支持力度。在832个脱贫县延续实施涉农资金统筹整合试点政策。着力支持欠发达地区培育特色优势产业，运用政府采购政策支持脱贫地区农副产品销售，促进脱贫人口就业和持续增收。继续做好易地搬迁后续扶持，加强农村低收入人口常态化帮扶，守住不发生规模性返贫底线。支持新建50个国家现代农业产业园、50个优势特色产业集群和298个农业产业强镇。围绕改厕、生活垃圾处理和污水治理等重点，接续实施农村人居环境整治提升行动。开展农村综合性改革试点试验，持续探索乡村全面振兴示范样板。深入实施区域重大战略。健全转移支付制度，加大对欠发达地区支持，缩小区域间人均财政支出差异。出台全面推动长江经济带发展的财税政策，落实好推进京津冀协同发展、粤港澳大湾区建设等相关财税政策，支持革命老区、民族地区、边境地区加快发展。制定“十四五”时期支持新疆、西藏和四省涉藏州县财政政策。实行企业自用生产设备零关税等政策，推进海南自由贸易港建设。

（四）持续推进生态文明建设，加快绿色低碳发展。加强重点生态保护修复。中央财政对重点生态功能区转移支付881.9亿元、增长11%，引导重点生态功能区保护生态环境、提供生态产品。支持10个山水林田湖草沙一体化保护和修复工程项目、15个海洋生态保护修复项目和20个国土绿化试点示范项目。实施新一轮草原生态保护补助奖励政策并扩大范围。推进以国家公园为主体的自然保护地体系建设，支持三江源、大熊猫、东北虎豹、海南热带雨林、武夷山等首批5个国家公园正式设立和建设发展。出台深化生态保护补偿制度改革的意见，加快完善政府有力主导、社会有序参与、市场有效调节的生态保护补偿体制机制，推动在长江、黄河全流域建立横向生态保护补偿机制。稳步有序推进碳达峰碳中和。支持绿色低碳产业发展和技术研发，推动工业、交通运输等领域和钢铁、建材等行业节能减排。健全政府绿色采购标准，推进绿色低碳产品采购。扩大环境保护、节能节水等企业所得税优惠目录范围，培育壮大节能环保产业。深入打好污染防治攻坚战。坚持资金投入同污染防治攻坚任务相匹配，中央财政大气、水、土壤污染防治资金分别增长10%、10.2%、10%，新增20个北方地区冬季清洁取暖补助支持城市，强化大气污染综合治理，加大重要流域污染整治，严格土壤污染源头防控。全国地级及以上城市空气质量优良天数比率达到87.5%，细颗粒物($PM_{2.5}$)平均浓度下降9.1%。

（五）加强普惠性基础性兜底性民生建设，有力有效保障民生。强化疫情防控和自然灾害救助。及时安排补助资金处置局部地区聚集性疫情，支持疫情防控科研攻关、疫苗药物研发，实行全民免费接种，财政对医保基金负担的费用按比例给予补助。健全应急保障机制，第一时间下达救灾资金，救助受灾群众、恢复农业生产、加快灾后重建。促进教育公平与质量提升。完善教育经费投入机制，国家财政性教育经费占GDP比例保持在4%以上。加大农村义务教育薄弱环节建设力度，提高学生营养改善计划补助标准，3700多万学生受益。持续增加普惠性学前教育资源供给，改善县域普通高中学校基本办学条件，推动超额完成高职扩招三年行动目标，支持高等教育内涵式发展。国家助学贷款每人每年最高额度增加4000元，惠及500多万在校生。中央财政学生资助补助经费增长14.7%，3400多万人次受益。加大卫生健康投入。城乡居民基本医疗保险人均财政补助标准提高到580元，基本公共卫生服务经费人均财政补助标准提高到79元。支持深化疾病预防控制体系改革，健全公共卫生应急处置体系，加强公立医院、基层医疗卫生机构、卫生健康人才队伍等方面建设。推动药品和高值医用耗材集中带量采购，把更多常见病等门诊费用纳入医保报销范围，住院费用跨省直接结算率达到60%。提高社会保障水平。退休人员基本养老金提高4.5%左右。企业职工基本养老保险基金中央调剂比例提高至4.5%。将低保边缘家庭重病重残人员纳入低保范围，做好困难群众帮扶救助。优抚对象抚恤和生活补助标准提高10%左右。安排资金向老党员发放一次性生活补助金。支持各地新开工改造城镇老旧小区5.6万个，惠及居民960多万户。推动文化体育事业发展。强化国家队经费保障，支持成功举办北京冬奥会和冬残奥会。通过国家艺术基金、国家出版基金等，鼓励创作生产了一批文艺精品。继续支持5万余个博物馆、图书馆、纪念馆等免费开放，推进新时代文明实践中心和县级融媒体中心建设，提高基本公共文化服务的覆盖面和适用性。

三、深化财税体制改革，进一步提高财政管理水平

2021年以来，财政部结合全国人大有关方面和审计署提出的意见建议，坚持问题导向、目标导向，围绕更好配置财政资源、提高资金效益、提升政策效能、增强财政可持续性，全面加强预算编制、执行、绩效以及债务管理、财会监督等重点工作，为落实党中央、国务院重大决策部署提供有力保障。

（一）坚决落实过紧日子要求。将过紧日子作为预算管理重要方针，把严把紧预算安排和支出关口，厉行节约办一切事业。在保障部门正常履职需要基础上，从严控制一般性支出，从紧核定“三公”经费预算，推动精简会议、培训等公务活动，降低行政运行成本。执行中硬化预算约束，盘活财政存量资金和闲置资产，及时跟踪评估部门过紧日子情况，督促改进管理，堵住“跑冒滴漏”。在部门预决算公开中，对落实过紧日子情况作出说明。对有的地区不顾自身财力状况、违反财经纪律和管理制度兴建楼堂馆所问题，坚决查处、公开通报、督促整改。2021年中央本级支出继续负增长，节省的资金用于增强地方民生财力保障，兜牢兜实基层“三保”(保基本民生、保工资、保运转)底线。

（二）持续加强预算绩效管理。落实全面实施预算绩效管理要求，强化督促指导，压实地方和部门主体责任，全方位、全过程、全覆盖的预算绩效管理体系基本建立。在预算管理全过程中始终突出绩效理念，推动预算和绩效管理一体化。对新出台或到期延续的重大政策、项目开展事前绩效评估，增强政策可行性。强化绩效目标管理，制定中央部门项目支出核心绩效目标和指标设置及取值指引。在绩效自评全覆盖基础上，加大自评结果抽查力度，出台第三方机构参与预算绩效管理的指导意见，上线绩效评价第三方机构信用管理平台，提升评价质量。扩大财政重点绩效评价范围，项目个数由上年40个增加到今年72个，将中央本级预算内投资项目、中央本级国有资本经营预算项目、地方政府专项债券项目等纳入，同时，新增工业和信息

化部、生态环境部、农业农村部等部门开展整体支出绩效评价试点。积极推进绩效信息公开，进一步增加送全国人大常委会参阅的绩效评价结果数量。出台预算管理绩效考核办法，强化考核通报。对绩效评价较低的项目和考核结果较差的部门，在安排2022年预算时按照一定幅度分档压减，同时推动解决存在的问题，形成评价、反馈、整改、提升的良性循环。

（三）强化地方政府债务监管。开前门、堵后门，坚持加强地方政府法定债务管理和防范化解隐性债务风险“两手抓”。优化专项债券限额分配政策，制定专项债券项目穿透式监测工作方案、专项债券资金投向领域禁止类项目清单、专项债券用途调整操作指引等制度，持续加强专项债券借、用、管、还全流程管理。保持高压监管态势，坚决遏制新增隐性债务，严禁违规变相举债上项目、铺摊子。压实地方责任，统筹资金、资产、资源和各类支持性政策措施稳妥化解存量隐性债务，逐步降低风险水平。健全监督问责机制，对违法违规举借债务、化债不实的，督促有关地方和部门严肃处理问责、形成震慑。支持北京、上海、广东等经济体量大、财政实力强的地区率先开展全域无隐性债务试点，为全国其他地区全面化解隐性债务提供有益探索。

（四）深入推进财税体制改革。进一步深化预算管理制度改革的意见出台实施，着力在加强重大决策部署财力保障、加强财政资源统筹、规范预算支出管理、加强预算控制约束和风险防控等方面改革突破。加快预算管理一体化建设，提高预算管理信息化水平。研究推进省以下财政体制改革。加快落实税收法定要求，推进增值税、消费税、关税等税收立法相关工作，印花税法正式公布。完善个人所得税制度。持续做好政府财务报告工作，119个中央部门编制年度政府部门财务报告，36个地区实现分级次政府综合财务报告编制全覆盖，18个地区编制上下级合并的行政区政府综合财务报告。公布施行行政事业性国有资产管理条例。

（五）严肃财经纪律。进一步加强财会监督工作，推动完善监督体系和工作机制。加大对财务造假、违规出具虚假审计报告等行为处罚力度。进一步规范财务审计秩序促进注册会计师行业健康发展，跟进健全行业基础性制度规范。依法整治行业内较为突出的会计师事务所无证经营、注册会计师挂名执业、网络售卖审计报告、注册会计师超出胜任能力执业等问题，建立行业诚信约束制度，建立统一的行业举报受理平台，加强社会监督。组织开展涉企违规收费专项检查，严肃查处擅自设立收费项目、提高征收标准、扩大征收范围、乱摊派等问题。

（六）自觉接受人大监督。认真贯彻全国人大常委会关于加强中央预算审查监督的决定精神，配合做好对政府预算全口径审查和全过程监管、预算初步审查、预算执行监督、预算绩效审查监督、地方政府债务监督等工作。严格落实全国人大及其常委会有关决议，对全国人大财经委、全国人大常委会预算工委提出的审查和分析意见，逐条研究落实举措。依法向全国人大常委会书面报告2020年度国有资产综合报告，完成报告审议意见的整改落实。结合办理全国人大代表提出的建议，加强与代表日常沟通交流，积极向代表汇报工作、倾听意见；全国两会期间通过网络视频、热线电话、简报等方式充分听取代表意见建议，及时回应代表关切，把代表的真知灼见更好体现到预算编制、财税改革和财税政策制定中。

2021年决算情况总体较好，同时也存在一些问题需要进一步研究解决。各级财政部门高度重视，将采取有力措施整改，不断提高依法行政、依法理财水平。

今年以来，面对百年变局和世纪疫情相互叠加的复杂局面，在以习近平同志为核心的党中央坚强领导下，各地区各部门有力统筹疫情防控和经济社会发展，我国经济运行总体实现平稳开局。财政部门认真贯彻落实党中央、国务院决策部署，十三届全国人大五次会议审查批准中央预算后，及时批复中央部门预算，加快下达中央对地方转移支付；政策发力适当靠前，4月份启动对增值税留抵税额提前大规模退税，4—5月合计退税约1.34万亿元，中央财政已经下达相关转移支付对退税资金等予以切实保障；用于项目建设的新增专项债券额度已全部下达，截至5月底已发行2.03万亿元，完成下达额度的59%，比去年同期增加1.4万亿元。

当前，新冠肺炎疫情和乌克兰危机导致风险挑战增多，我国经济发展环境的复杂性、严峻性、不确定性上升，稳增长、稳就业、稳物价面临新的挑战。从财政收入看，1—5月累计，全国一般公共预算收入86739亿元，扣除留抵退税因素后增长2.9%，按自然口径计算下降10.1%。其中，中央、地方本级收入分别为40534亿元、46205亿元，扣除留抵退税因素后分别增长2.3%、3.4%，按自然口径计算分别下降 11.4%、8.9%。由于受国内疫情多点散发、4 月份开始实施大规模留抵退税等影响,4 月、5 月全国一般公共预算收入负增长,部分省份下降较多。从财政支出看,1—5 月累计,全国一般公共预算支出 99059 亿元,增长 5.9%,民生等重点领域支出得到有力保障。其中,中央本级支出 12291 亿元,增长 5.4%;地方支出 86768 亿元,增长 6%。从全年来看,财政收支平衡压力较大,完成预算需要付出艰苦努力。

下一步,我们要认真贯彻落实党中央、国务院决策部署,按照中央经济工作会议精神和《政府工作报告》部署,严格执行全国人大批准的预算,坚持稳字当头、稳中求进,落实疫情要防住、经济要稳住、发展要安全的明确要求,高效统筹疫情防控和经济社会发展,加快落实已经确定的政策,加大宏观政策调节力度,谋划增量政策工具,靠前安排、加快节奏、适时加力,继续做好"六稳"、"六保"工作,有效管控重点风险,保持经济运行在合理区间。重点做好以下工作:

一是落实落细组合式税费支持政策。加强政策宣传辅导,加快留抵退税政策实施进度,6 月 30 日前基本退还符合条件的存量留抵税额,新扩围的批发零售业等行业可以自 7 月纳税申报期起申请退还留抵税额,全年退税减税总量约 2.64 万亿元。加强退税资金保障,逐月预拨、滚动清算,确保地方退税所需资金,确保退税资金直达市场主体,同时严密防范退税风险,严厉打击骗税行为。扩大国家融资担保基金、政府性融资担保机构对中小微企业和个体工商户的业务覆盖面。落实好对特殊困难行业精准帮扶的减税降费措施,支持地方在授权范围内依法出台税费减免政策。**二是进一步加快财政支出进度**。在今年中央对地方转移支付安排近 9.8 万亿元、增长 18% 的基础上,督促指导地方加快预算执行,尽快分解下达拨付资金,推动省级财政最大力度下沉财力到县区,全力保障县区财政平稳运行。完善财政资金直达机制,持续盯紧约 4 万亿元直达资金的分配使用,确保重点支出不留缺口。加大盘活存量资金力度,按规定收回结余结转资金。做好财政运行监测预警,将债务风险较高、库款保障程度较低、财力相对薄弱地区作为重点,加强资金调度和库款监测,及时发现和帮助基层解决实际困难,确保基层"三保"不出问题。**三是加快地方政府专项债券发行使用并扩大支持范围**。向项目准备充分地区倾斜。用好专项债券作为重大项目资本金的政策,带动更多社会资本投入。提高专项债券资金使用集中度,支持适度超前开展基础设施投资,推进交通、能源、水利等领域项目建设,将专项债券支持领域扩大到新型基础设施等,尽快形成实物工作量。**四是加强重点风险防范和化解**。强化部门信息共享和协同监管,坚决遏制新增地方政府隐性债务,支持地方有序化解存量隐性债务。巩固提升粮食生产能力,推进种业振兴和农业核心技术攻关,促进大豆油料增产,保障国家粮食安全。支持做好能源资源保供稳价工作。持续推进关键核心技术攻关,增强产业链供应链韧性和竞争力。**五是切实保障和改善民生**。支持做好常态化疫情防控和局部突发疫情处置,所需相关资金纳入"三保"范围予以保障,确保不因资金问题影响疫情防控和医疗救治。加大对企业稳岗扩岗的支持,发挥好失业保险基金作用,千方百计稳定和扩大就业。稳步实施企业职工基本养老保险全国统筹,落实好教育、养老、医疗、优抚等提标补助政策,健全分层分类的社会救助体系,兜牢困难群众基本生活底线。**六是深入整改审计查出问题**。把审计整改与加强财政预算管理结合起来,严格落实责任,扎实整改到位。改进预决算报告和草案编报。加大预算收入统筹力度,提高支出精准性有效性。落实部门和单位预算管理主体责任,强化预算执行和绩效管理。坚持党政机关过紧日子,推动建设节约型机关、节约型社会。进一步严肃财经纪律,加强财会监督与其他监督的贯通协调,切实管好用好财政资金,确保党中央、国务院决策部署落到实处。整改结果向全国人大常委会报告,并向社会公开。

我们将更加紧密地团结在以习近平同志为核心的党中央周围,坚持以习近平新时代中国特色社会主义思想为指导,深刻认识"两个确立"的决定性意义,增强"四个意识"、坚定"四个自信"、做到"两个维护",自觉接受全国人大常委会的监督,认真落实本次会议审查意见,在工作中有"时时放心不下"的责任感,积极发挥财政职能作用,担当作为,求真务实,为保持平稳健康的经济环境、国泰民安的社会环境、风清气正的政治环境作出贡献,以实际行动迎接党的二十大胜利召开。

第十三届全国人民代表大会财政经济委员会关于2021年中央决算草案审查结果的报告

——2022年6月21日在第十三届全国人民代表大会常务委员会第三十五次会议上

全国人大财政经济委员会副主任委员　史耀斌

全国人民代表大会常务委员会:

第十三届全国人民代表大会财政经济委员会第六十八次全体会议听取了财政部受国务院委托作的《关于2021年中央决算的报告》和审计署受国务院委托作的《关于2021年度中央预算执行和其他财政收支的审计工作报告》,并结合审计工作报告,对2021年中央决算草案进行初步审查,提出了关于中央决算草案的初步审查意见。财政部对财政经济委员会初步审查意见进行了研究反馈,初步审查意见和反馈的处理情况报告已印发会议。现将审查结果报告如下。

2021年中央决算草案反映,一是中央一般公共决算收入91470亿元,为预算的102.3%,增长10.5%,加上从中央预算稳定调节基金、中央政府性基金预算、中央国有资本经营预算调入1935亿元,决算收入总量为93405亿元;中央一般公共决算支出117202亿元,完成预算的98.6%,下降0.9%,加上补充中央预算稳定调节基金、向中央政府性基金预算调出3703亿元,决算支出总量为120905亿元;收支总量相抵,中央财政赤字27500亿元,与预算持平。中央对地方转移支付82152亿元,完成预算的98.5%,下降1.3%,其中,一般性转移支付74799亿元,完成预算的99.7%,增长7.7%;专项转移支付7353亿元,完成预算的88%,下降5.3%。中央预算稳定调节基金余额为3926亿元。二是中央政府性基金决算收入4088亿元,为预算的107%,增长14.8%;中央政府性基金决算支出4003亿元,完成预算的98.6%,下降61.7%。三是中央国有资本经营决算收入2007亿元,为预算的114.6%,增长12.4%;中央国有资本经营决算支出1078亿元,完成预算的91.3%,增长14.8%。四是中央社会保险基金决算收入1318亿元,为预算的85%,增长86.1%,加上地方上缴的企业职工基本养老保险中央调剂基金收入,决算收入总量为10621亿元;中央社会保险基金决算支出1308亿元,完成预算的82.9%,增长85%,加上安排给地方的企业职工基本养老保险中央调剂基金支出,决算支出总量为10603亿元;当年收支结余18亿元,年末滚存结余396亿元。2021年末,中央财政国债余额232697.29亿元,地方政府一般债务余额137706.81亿元,专项债务余额166993.68亿元,均控制在全国人大批准的余额限额之内。

2021年中央决算草案与报十三届全国人大五次会议的中央预算执行情况相比:一般公共决算收入增加8.61亿元、决算支出减少63.6亿元,增收减支共计72.21亿元,已补充中央预算稳定调节基金;政府性基金决算收入减少0.02亿元,支出决算数与执行数相同;国有资本经营决算收入增加0.24亿元,支出决算数与执行数相同;社会保险基金决算收入减少128.69亿元,决算支出减少121.23亿元。

财政经济委员会认为,2021年,在以习近平同志为核心的党中央坚强领导下,国务院及其财政等部门以习近平新时代中国特色社会主义思想为指导,全面贯彻党的十九大和十九届历次全会精神,认真落实党中央决策部署和十三届全国人大四次会议有关决议要求,完整、准确、全面贯彻新发展理念,统筹疫情防控和经济社会发展,统筹发展和安全,积极的财政政策提质增效、更可持续,压减一般性支出,加强各项民生支出保障,扎实做好"六稳"、"六保"工作,经济保持较好发展态势,为如期打赢脱贫攻坚战、全面建成小康社会、实现第一个百年奋斗目标,做出了重要贡献。审计署围绕党和国家工作大局,依法对2021年度中央财政管理、部门预算执行、重点专项资金和重大投资项目、重大政策措施落实、国有资产管理等方面开展审计,对查出的问题从体制机制等方面分析原因,提出了审计建议,发挥了审计监督的重要作用。按照有关法律规定,国务院于今年年底前向全国人大常委会报告审计查出问题整改情况。

财政经济委员会认为,2021年中央决算情况总体良好,符合预算法规定。建议全国人大常委会批准国务院提出的2021年中央决算草案,有关部门和地方要高度重视审计查出的问题和提出的建议,认真扎实做好整改工作。

财政经济委员会认为,2021 年中央决算草案和审计工作报告也反映出预算决算编制、预算执行和财政管理中存在的一些问题。主要是:有的支出决算数相比预算数变动较大,有些部门结转结余资金规模较大;个别国有企业国有资本经营收益应缴未缴;有的地方减税降费政策未有效落实,一些重大项目和重点民生资金使用不够规范;部分项目预算绩效目标设置不够科学,绩效评价质量有待提升,绩效结果运用还需进一步强化;有的地方政府专项债券重发行轻管理,新增隐性债务情况仍然存在,部分地区存在隐性债务化解不实问题;部分地区违规兴建楼堂馆所等违反财经纪律行为仍有发生。

为深入贯彻落实党中央决策部署,全面贯彻实施监督法、预算法、全国人大常委会关于加强中央预算审查监督的决定和全国人大及其常委会预算、决算决议要求,进一步做好财政工作,财政经济委员会提出以下意见建议:

一、进一步提升积极财政政策的效能

按照党中央关于"疫情要防住、经济要稳住、发展要安全"的决策部署要求,要抓细抓实抓好已经确定的各项政策措施。强化对科技自立自强、粮食能源安全、疫情防控等重点支出保障。实施好退税减税降费政策,加大对受疫情冲击严重的行业、小微企业、个体工商户的精准帮扶力度。进一步优化财政资金直达机制,支持基层做好"三保",缓解困难县区收支矛盾。加快中央基建支出预算下达和使用,扩大有效投资。加强经济形势跟踪分析研判,多方面谋划增量政策工具,拟推出的政策提前做好准备,依法应对预算执行中可能出现的困难情况。做好财政政策、货币政策、就业政策等之间的有效衔接,确保形成政策合力。

二、进一步完善预算决算编报

要将党中央方针政策和决策部署进一步分解细化为各领域、各方面的支出政策,并落实到预算具体编报中。进一步依法严格一般公共预算、政府性基金预算、国有资本经营预算的功能定位,加强统筹衔接。强化部门和单位预算收入管理,严格依法加强对财政专户设立和使用的监管。决算报告要更好反映预算安排和支出政策实施的效果情况,决算草案要对决算与预算相差较大的情况作明确说明,要报告部门的重点项目实施进展、资产配置标准和资产实物量情况。

三、进一步防范化解地方政府债务风险

加强地方政府专项债务项目管理,推动地方加快专项债券发行、有效使用,尽快形成实物工作量,从源头上遏制政府债务资金执行慢、闲置浪费等现象,切实提高资金使用效果。坚决遏制新增隐性债务,稳妥化解隐性债务存量,加大对违法违规举债行为的责任追究。推动地方建立健全定期报告政府债务管理使用情况机制,依法接受人大对政府债务的全口径审查和全过程监管。

四、进一步深化财税体制改革

推进省以下财政体制改革,科学合理划分省以下各级政府的事权和支出责任。加快财政法治建设,严格预算、审计、税收、金融、国有资产等法律执行。加强重点民生资金、重点工程项目、国有资本经营预算、社会保险基金预算绩效管理。积极探索加强对政府收入、退税减税降费等重大财税政策的绩效管理。统筹做好年度绩效与项目实施周期绩效的评价工作,完善绩效评价结果与预算安排等的挂钩机制。

五、进一步加强审计监督和审计查出问题整改

全面贯彻落实新修订的审计法,加强对财政政策绩效和落实过紧日子要求等的审计监督。持续探索政府财务报告审计制度。强化对国有资产管理情况的审计监督。重点督促重大政策落实、重点民生资金分配使用、政府债务管理、国有企业财务管理、行政事业单位资产统筹使用等突出问题的整改,有针对性地对重点问题开展整改专项审计。进一步深入分析问题背后的体制机制原因,强化责任意识,建立整改责任清单,压实整改责任,加大追责问责力度。进一步贯彻落实党中央关于健全审计整改长效机制的决策部署,加强审计监督与人大监督的工作协调。进一步完善审计公告制度,推进审计结果和整改结果公开,接受社会监督。

以上报告,请审议。

国务院关于2021年度中央预算执行和其他财政收支的审计工作报告

——2022年6月21日在第十三届全国人民代表大会常务委员会第三十五次会议上

审计署审计长　侯　凯

全国人民代表大会常务委员会：

我受国务院委托，报告2021年度中央预算执行和其他财政收支的审计情况，请审议。

2021年是党和国家历史上具有里程碑意义的一年。按照党中央、国务院决策部署，审计署依法审计了2021年度中央预算执行和其他财政收支情况。审计结果表明：面对复杂严峻的国内外形势和诸多风险挑战，在以习近平同志为核心的党中央坚强领导下，各地区各部门坚持以习近平新时代中国特色社会主义思想为指导，深入贯彻党的十九大和十九届历次全会精神，坚决落实党中央、国务院决策部署，严格执行十三届全国人大四次会议有关决议，统筹疫情防控和经济社会发展，扎实做好“六稳”工作、全面落实“六保”任务，全年主要目标任务较好完成，“十四五”实现良好开局。

——**宏观调控政策针对性和有效性进一步增强，经济保持恢复发展**。确保必要的财政支出规模，新增地方政府专项债券额度3.65万亿元。持续推进减税降费，全年新增减税降费超过1万亿元。常态化实施财政资金直达机制，基本实现中央财政民生补助资金全覆盖。落实过紧日子要求，节省资金用于支持基层“三保”。精准实施稳健的货币政策，两次全面降准，实施普惠金融发展示范区奖补政策，引导撬动更多金融资源流向中小微企业。港珠澳大桥等国家重大项目胜利竣工。圆满举办北京冬奥会和冬残奥会，全面兑现对国际社会的庄严承诺，再次向世界展示大国风采。

——**常态化疫情防控有力有效，着力保障和改善民生**。安排专项资金支持处置和化解局部地区疫情，加强疫情防控科研攻关经费保障。全国城镇新增就业1269万人，基本实现有劳动力的易地搬迁家庭至少1人就业。企业职工基本养老保险基金中央调剂比例提高至4.5%，优抚对象抚恤和生活补助标准提高10%左右。

——**乡村振兴战略深入实施，生态文明建设取得明显成效**。对160个国家乡村振兴重点帮扶县加大财政支持力度，在832个脱贫县延续实施涉农资金统筹整合试点。种业振兴行动加快实施。在13个粮食主产省省级行政区统称为省，地市级行政区统称为市，县区级行政区统称为县，省市县统称为地区；中央一级预算单位统称为部门。60%的产粮大县开展三大粮食作物完全成本保险和种植收入保险。持续打好污染防治攻坚战，中央财政对大气、水、土壤污染防治资金稳步增长，实施黑土地保护利用试点和保护性耕作6300万亩，碳达峰碳中和工作有序推进。

——**防范化解重点领域风险，地方政府债务管理更加规范**。压实地方属地责任、部门监管责任和企业主体责任，对严重违法违规的大型企业集团和一些地方的高风险金融机构“精准拆弹”，金融风险总体继续收敛。加强跨部门跨区域协同监管，地方政府隐性债务风险进一步缓释。持续加强地方政府专项债券借用管还全流程管理，稳妥推进专项债券合理补充中小银行资本金。

——**党中央对审计工作集中统一领导更加实化制度化，整改效果明显提升**。2021年5月至2022年4月，全国共审计8.7万多个单位，促进增收节支和挽回损失3800多亿元。出台《关于建立健全审计查出问题整改长效机制的意见》，建立计划、实施、审理、整改的工作闭环。至2022年4月，2020年度审计发现问题已基本整改到位，完善制度1520多项，追责问责8300多人，整改责任意识明显增强。

一、中央财政管理审计情况

重点审计了中央决算草案编制、财政资源统筹、财政部管理分配的直达资金等转移支付和发展改革委管理分配的投资专项、地方政府债务管理等情况。

2021年，中央一般公共预算收入总量93405.41亿元、支出总量120905.41亿元，赤字27500亿元，与预算持平；中央政府性基金收入4419.9亿元、支出4003.31亿元；中央国有资本经营收入2420.3亿元、支出1077.8亿元;中央社会保险基金收入10621.37亿元、支出10602.99亿元。

2021年,发展改革委管理分配中央财政投资6100亿元,其中安排中央本级支出1574.3亿元,对地方转移支付4525.7亿元,主要投向保障性安居工程、“三农”和水利建设、重大基础设施、科技创新和结构调整、国家重大战略和区域协调发展、社会事业和社会治理、生态文明建设、其他重大项目等8大领域。

审计结果表明,财政部、发展改革委认真贯彻落实党中央、国务院决策部署,加强重点领域财力支撑,深化财税和投融资体制改革,预算和投资计划执行情况总体较好。发现的主要问题:

(一)中央决算草案个别事项编报不够完整。主要包括:未按规定单独反映财政专户的资金情况,共计1506.65亿元;除财政部以外的中央部门代表国家定向无偿受赠的国际援助1.85亿元未在决算草案附表中列示。审计指出后,财政部已就相关事项作出调整。

(二)财政资源统筹仍需向纵深推进。近年来,按照中央要求,中央财政在加强财政资源统筹方面取得重要进展。但此次审计发现,财政资源统筹还有待挖深挖细。

1. 部分国有资本经营收益应缴未缴。2021年,已纳入国有资本经营预算的6户部门所属企业(以下简称部属企业)未按规定申报缴纳国有资本经营收益1487.81万元。还有58个部门所属679户企业未按规定纳入预算管理,抽查其中12户应缴国有资本经营收益3.59亿元。

2. 项目结转结余资金统筹规定执行不严格。6个部门和13个所属单位项目结余资金9068.01万元未及时清理上交财政;2021年中央财政向已结转31.55亿元的7个项目,继续安排的11.2亿元仅使用3.72%,年底结转增至41.16亿元。已收回的164.19亿元未及时统筹使用。

3. 财政收支统筹兼顾不够。一方面,多申领预算。10个部门和18家所属单位在专项资金结存的情况下又申报同类资金,造成54.48亿元闲置;4个部门和4家所属单位在已有足额预算安排、无预算需求等情况下,多申领11.78亿元。另一方面,部分收入游离于预算之外。14个部门和150家所属单位未将事业收入、结转资金等34.36亿元纳入部门预算;8个部门未将24家所属单位纳入预算管理,涉及2021年收入7.26亿元;5个部门和15家所属单位5.03亿元非税收入未上缴财政。

4. 四本预算之间还不衔接。预算管理改革要求建立定位清晰、分工明确的政府预算体系,政府性基金预算、国有资本经营预算等应与一般公共预算衔接。发现的主要问题:一是国有资本经营预算与一般公共预算收支功能定位不够清晰。均安排对企业项目支出以及政府投资基金注资等,2021年共向36户企业拨款915.48亿元。二是政府性基金预算与一般公共预算部分支出项目重叠。2021年政府性基金预算中的彩票公益金,通过27个中央本级项目和8项转移支付安排191.63亿元,与一般公共预算相关支出项目重叠。

(三)中央财政支出分配投向和使用效果还不够精准优化。

1. 中央本级部分支出效率不高。按照中央要求安排支出预算,保持支出强度,优化支出结构,开展重大支出政策后评价,但也发现一些应当改进的问题。

一是2项资金管理不精细。科研专项存在“钱等项目”问题。一些重点科研项目集中在5月至7月启动申报,但实际从项目申报到资金下达一般需6个月,2021年科研经费中有79.02亿元(占46.9%)12月才从部门所属的项目管理专业机构拨付,至年底大量结转。基本科研业务费支持范围未调整。此项经费主要用于支持科研院所开展符合公益职能定位、代表学科发展方向、体现前瞻布局的自主选题研究。2006年以来,该项目支持范围未作调整。抽查发现约三分之一的已经科技主管部门认定的非营利性科研机构未及时研究纳入。

二是部分支出管理有待加强。国有资本经营预算中,有543.83亿元(占50.4%)未具体细化,有52亿元分配不够精准。发展改革委向资金支出进度与计划下达不够衔接的77个中央本级基建项目安排投资55.67亿元,至年底46.09亿元未支出。

2. 转移支付分配管理不够精准合理。

一是少数直达资金使用效果有待提升。审计的18省共收到1.78万亿元、支出1.68万亿元。从审计结果看,常态化实施财政资金直达机制在推动积极财政政策提质增效、冲抵部分阶段性政策“退坡”影响、保障经济社会持续健康发展等方面发挥了重要作用。但有13个地区684.24亿元资金分配下达不及时不精准,29个地区违规将56.28亿元超进度拨付或拨付至财政专户等,22个地区违规使用9.1亿元,12个地区36个项目的17.67亿元闲置。

二是部分资金分配不规范。涉及37项转移支付452.43亿元和9个投资专项15.34亿元。分配程序不严谨。7个部门未将转移支付资金分配事项纳入党组(党委)“三重一大”决策范围或执行不严格。部分资金分配出现基础数据错误等问题。分配与实际脱节。在16省市“医疗服务与保障能力提升补助”资金3年平均预算执行率低于30%的情况下,2021年仍将该项资金分配至上述地区。至年底该项资金在上述地区结存24.69亿元。分配结果小散。“外经贸发展资金”涉及的2.05万个项目中有5616个实获补助不足1万元,最少仅114元,难以有效发挥财政资金撬动作用。

三是中央投资专项下达不及时、跟进督促不到位。共涉及32个投资专项、资金447.45亿元。其中:有11个投资专项410.93亿元未按规定在全国人大批准预算后的90日内下达。对地方管理使用情况跟进督促不到位。有77个项目的21.14亿元下达后,基层存在滞留截留、挤占挪用等问题;有77个项目的15.38亿元下达后,因项目进度缓慢等闲置;9省15个项目存在采购设备不达标、超限超概算建设等问题。

此外,地方政府专项债务管理中还存在问题。10个地区违规将136.63亿元专项债券资金用于企业经营、人员工资等,33个地区217亿元专项债券资金闲置1年以上。

二、中央部门预算执行审计情况

2021年,审计的41个部门共收到财政预算拨款5961.75亿元,抽查其中2100.16亿元(占35.2%)发现的问题主要是:落实过紧日子要求不严格,违反财经纪律的行为仍有发生,共涉及25个部门和121家所属单位资金25.73亿元。

(一)违规使用财政资金。7个部门和24家所属单位无预算、超预算支出等6908.34万元;3个部门和17家所属单位在年底前超进度支付、以拨作支等5505.6万元;6个部门和11家所属单位通过挤占项目专项、转嫁摊派等方式增加一般性支出2.68亿元;2个部门的5家所属单位未经批准违规出借资金、购买理财等7.24亿元;13个部门和26家所属单位未公开招标、设定不合理招标条件等违规采购13.63亿元。

(二)依托部门职权或行业资源违规收费。1个部门和8家所属单位依托部门职权或影响力等,通过强制开展培训、收取企业赞助等违规收费6400.9万元;1个部门和3家所属单位未经批准违规举办论坛庆典、开展评比表彰等活动收费501.79万元;6个部门所属的6家新闻出版单位通过有偿新闻等方式,收取版面费、赞助费等2442.73万元。

(三)公务用车改革仍需深化。相对于公务接待、公务出国已较规范的情况,公务用车管理还显薄弱。1个部门和8家所属单位变相或超编制配备60辆;3家所属单位超标准购置26辆;1个部门和11家所属单位违规占用所属单位及民营企业48辆;5个部门所属单位仍未完成公车改革,涉及公车11辆,有的已超时5年多。

三、重大项目和重点民生资金审计情况

(一)重大项目审计情况。北京冬奥会和冬残奥会、港珠澳大桥均是党中央确定的世纪性、战略性工程,对于提升我国际形象、拉动内需意义重大。

1. 北京冬奥会和冬残奥会跟踪审计情况。自2017年9月,连续5年对北京冬奥会场馆建设、北京冬奥组委财务收支等情况进行跟踪审计。至2021年底,北京冬奥会和冬残奥会累计投资建设项目145个。审计共发现549个问题,至2021年底有关单位已基本整改完毕。在5年的跟踪审计中,审计按照党中央常态化“经济体检”和“治已病”、“防未病”的要求,一体推动揭示问题、规范管理和完善制度,推动各项筹办任务如期开展,推动党风廉政建设和反腐败工作在北京冬奥会和冬残奥会筹办工作中落地生根,有力保障了北京冬奥会和冬残奥会像冰雪一样纯洁干净。

2. 港珠澳大桥建设审计情况。港珠澳大桥2011年1月开始建设至2018年10月通车试运营。此次抽审了竣工决算投资的80%。审计结果表明,在党中央坚强领导下,有关管理部门和参建单位认真落实粤港澳三地共建共管要求,积极筹措到位建设资金,严格工程建设管理,全力打造世界一流工程。发现的问题主要是竣工决算草案编制和工程价款结算不准确、不真实,涉及金额17.53亿元。有关部门已根据审计结果调减决算投资16.78亿元、调增0.75亿元。

(二)重点民生专项资金审计情况。重点审计了养老、就业、住房、救助、“三农”等民生资金管理使用情况。审计结果表明,各地区各部门聚焦群众急难愁盼问题,加大工作力度,人民群众的幸福感获得感进一步增强。

1. 基层“三保”、就业补助审计情况。2020年共安排全国县级国家标准“三保”支出5.43万亿元,采取发行抗疫特别国债、加大转移支付力度等

方式支持基层“三保”,全力以赴稳就业保就业,就业局势总体稳定。发现的主要问题:一是13省35县未落实12.53万名“保基本民生”个人补助10.14亿元,7省12县挤占挪用“保基本民生”经费22.64亿元。二是部分地方稳就业相关政策落实不严格。8省5294名高校毕业生通过与企业签订虚假劳动合同、见习抵顶就业等方式虚假就业;5省违规将5.04亿元就业补助资金和失业保险基金用于补充创业担保贷款基金、办公经费等;7省16家中介或企业协助996人办理社保挂靠手续、虚构劳动关系,随即登记失业申领补贴,涉嫌骗取失业保险金等1898.44万元。

2. 困难群众救助补助资金审计情况。重点审计了全国2925个社会救助机构,抽查基本生活救助、急难社会救助和专项社会救助等资金共计2038.35亿元。各地均出台了《关于改革完善社会救助制度的意见》的细化措施,初步将5800万人信息录入低收入人口动态监测信息平台。发现的主要问题:一是一些民生救助底线未兜住兜准兜好。未兜住底,31省7.48万名符合条件人员应享未享生活救助,10.4万名困难群众少获医疗救助1.16亿元。未兜准底,28省向3.41万名收入财产超标人员发放救助1.38亿元,各地共向6.92万名已死亡等不符合条件人员发放救助8919万元,向1.71万人重复发放2011万元。未兜好底,一些地方在救助资金大量结余的情况下,未适度动态提高救助标准,而是用于城市建设、偿还债务等支出。二是挤占挪用和骗取套取19.74亿元。26省225个单位编造虚假资料等骗取套取5.43亿元,28省594个单位挪用14.31亿元用于偿还债务、基建工程等。

3. 住房公积金和住宅专项维修资金审计情况。重点审计了住房公积金和住宅专项维修资金归集管理及相关政策落实情况。2020年至2021年9月底,重点审计的11省共缴存公积金1.03万亿元,发放个人贷款5359.66亿元,期末缴存余额1.61万亿元;代管的维修资金交存732.39亿元,使用37.86亿元,期末结存3909.89亿元。发现的主要问题:一是470多亿元维修资金低息活期存储待改进。按规定,维修资金只能在银行存储或在一级市场购买新发国债。至2021年9月,11省结存余额中仅持有少量国债,471.89亿元为活期存款,收益率偏低,亟待探索开展投资运营。二是公积金违规放贷和维修资金多头管理。9省向购买第3套及以上住房的3069人发放公积金贷款11.09亿元;8省向购买第2套住房的2.78万人发放贷款时,未按规定上浮贷款利率,涉及贷款109.8亿元;10省违规向公积金贷款未结清的944人再次发放贷款2.53亿元。维修资金政府代管机构设置五花八门。11省共有739个代管机构,其中581个隶属住房城乡建设部门、27个隶属财政部门、131个隶属其他部门。

4. 巩固拓展脱贫攻坚成果同乡村振兴有效衔接相关政策和资金审计情况。10省本级2021年共安排帮扶资金522.1亿元,抽查的52个国家乡村振兴重点帮扶县共排查识别和跟踪帮扶42.13万人。重点抽查帮扶资金266.94亿元,涉及5522个项目,走访5424户脱贫家庭,未发现规模性返贫风险。发现的主要问题:

一是一些地区防止返贫致贫工作不扎实。19县巩固“两不愁三保障”的力度有所放松,共涉及7.37万名群众。住房保障上,个别基层搞面子工程,如四川凉山州盐源县对379间危房仅采取墙面抹灰刮白等改造,未进行实质性加固,450.26万元帮扶资金实质浪费。义务教育和医疗保障上,4县未按规定向6.92万名困难学生发放生活补助3875.16万元;17县未按要求宣传动员,使4523名脱贫群众未及时缴纳保费,造成基本医疗保险“断保”。一些地区帮扶工作出现偏差,4县对773名易返贫致贫群众中有劳动能力的给予低保等兜底保障措施、丧失劳动能力的却安排就业;18县对纳入易返贫致贫监测的1894人未采取帮扶措施,却将其中1777人标注为“风险消除”。

二是部分产业就业帮扶项目效果不佳。产业帮扶重在群众受益,但有35县投入27.69亿元实施的771个项目未与脱贫群众建立稳固的利益联结,或未足额分红,或未吸纳就业;41县投入17.6亿元建设的472个项目效益较差,其中206个建成后闲置或废弃。就业帮扶措施执行走样,23县1958个公益性岗位被吃空饷或顶岗,7县拖欠1.67万名脱贫群众工资2704.09万元;11县投入4191.43万元开展的41个就业培训项目存在凑人数现象。

三是少数政策衔接滑坡断档。按规定过渡期内要保持各级财政衔接资金投入总体稳定,对国家乡村振兴重点帮扶县予以倾斜。但有3县2021年接收和安排的地方衔接资金同比大幅下降,最高达47.78%;2县因机构职能调整等小额信贷工作停滞超7个月,新增规模同比下降92.73%。

四是农厕整改存在形式主义和弄虚作假问题。重点调查了11省28县8.57万个农村户厕摸排及整改情况,发现3方面问题:有的确定范围时搞选择性摸排,将已毁损灭失的户厕从排查范围剔除,人为降低应上报问题户厕比例。有的具体实施时搞纸面摸排，在未按规定开展入户摸排的情况下，向基层乡镇下发摸排表格填报，全部按无问题上报，其中部分户厕实际不能使用。有的上报结果时层层瞒报。如哈尔滨市双城区摸排发现问题户厕2168个，向省级上报1571个，省级主管部门向中央部门上报505个，瞒报率达76.7%。这些问题发生在基层，但反映出上级部门在安排工作时，不注重源头整治和强基固本，虚功多、抓落实少。

5. 种业发展相关资金和政策落实审计情况。对农业农村部、科技部和9省种业发展情况及相关资金75.29亿元审计情况表明，有关地区和部门组织开展农业种质资源普查，初步形成种质资源保护体系，审定主要农作物品种1.68万个，实施七大农作物育种等重点研发项目，支持建设3大国家级育制种基地和152个良种繁育基地县。

一是种业振兴的基础工作还不扎实。主要表现在3个方面：种质资源家底不清。由于缺乏统一的登记编码和明确的逐级汇交制度，各省难以统计辖内种质资源，导致国家库无法确认是否完整收集了全国资源。种质资源保管不善。抽查38个种质资源库中有13个未及时监测种质活力，监测发现活力降低的部分种质未及时补充更新；抽查22个野生稻、土猪等保护区、保种场中有5个出现明显的面积下降或种群减少。种质资源开发利用不足。开发利用的公益性、外溢性不足，自管自用现象突出，抽查57个库（圃）中共享种质数量仅14%，且主要提供给本单位。

二是育种创新研发机制存在明显短板。育种研发周期与项目周期错配。研发周期一般7至15年甚至更长，但抽查的74个重点项目财政支持周期平均仅为4年，有37个项目为完成验收，用立项之前研发的206个品种、23个专利抵顶。育种审定程序执行不严。抽查6省通过审定的新育种品种发现，有2057个未开展必要检测或存在检测漏项，有的还在试验环节偷工减料。这与审定回避制度执行不严有关。2019年以来，国家农作物品种审定委员会有44位委员在品种申请单位或育种单位任职或参股。

三是种子稳产稳供能力亟待加强。抽查9省享受中央制种大县专项奖励的36个制种基地中，有34个较2013年资格认定时制种面积、产量平均分别下降19%、31%，奖励效果不升反降。救灾备荒种子应急保障能力不足，全国有9省尚未开展省级储备，已开展的省级储备缺乏适宜灾后补种的蔬菜、杂粮豆等快熟种子，还有21户承储企业存在储量亏空、品种不实、违规动用等问题，涉及种子1.69万吨。

6. 农业保险费补贴资金审计情况。2018年至2021年6月，审计的10省和北大荒农垦集团共安排农保补贴773.02亿元，相关保费收入960.57亿元、理赔支出655.93亿元。重点抽审了农保补贴182.85亿元，涉及354个农保管理部门及保险分支机构。发现的主要问题：一是保险覆盖率和保额标准偏低，难以有效弥补受灾损失。至2021年6月，3省尚未按规定开展全部三大主粮的政策性保险，涉及5882.71万亩。9省和北大荒集团部分保额标准低于国家规定，单位保额无法覆盖种子、化肥等直接物化成本。二是部分地方政府履职存在越位失位，影响实际工作成效。7省通过直接指定保险机构、强制保险机构违规承保理赔等方式，违规干预具体保险事务；部分地方违反“农业保险愿保尽保”政策，直接或变相限制农户投保，如重庆3个生猪调出大县违规出台限制散户投保的规定，造成12.33万散户的39.29万头育肥猪无法投保。9省和北大荒集团2018年以来存在未按规定足额配套、拨付结算不及时等问题金额94.56亿元，其中28县还违规提高自缴保费比例，变相将1.94亿元配套责任转嫁给农户。三是挤占挪用、申领不实、骗取套取农保资金，损害农民利益。8省和北大荒集团违规发放保险业务协办费等5483.55万元；4省虚报多得中央农保补贴2.95亿元；7省11家保险机构通过虚增保险标的等骗取农保补贴1686.04万元；19家省级保险机构“拖赔惜赔”，未按时或足额支付投保农户理赔金3.65亿元；49家省级保险机构“店大欺客”，未落实“无赔款优待”等惠民政策，变相增加农户投保负担。

7. 大中型灌区节水改造资金审计情况。大中型灌区是国家粮食和优质农产品的主要产区。此次审计重点抽查了10省44处大中型灌区改造和运行管护等情况，涉及相关资金87.62亿元，走访农户375户。从审计情况看，抽查灌区渠系运行情况有所改善，农业节水能力得到提升。发现的主要问题：一是灌区改造任务未完成且利用不足，实际灌溉面积不升反降。9省76万余亩耕地因未完成890.88公里的病险骨干渠系改造任务，灌溉效果未改善；5省9处灌区442.39万亩耕地，由于田间渠系设计不合理、改造不配套等未实现通水到田，其中156.03万亩已连续5年未灌溉，基本靠天吃饭；另有10省23处灌区的2218.23公里渠道出现淤积、滑坡现象,灌区内377.93万亩耕地被迫抽水灌溉。受上述问题影响,44处灌区实际灌溉总面积不升反降,其中10处较“十二五”期末平均下降52%。二是灌区水资源分配使用环节“重工轻农”、“与农争水”。由于工业等领域用水价格是农业用水的5至10倍,部分地区为追求经济效益,大幅缩减农业灌溉用水量,其中5省2016年以来违规占用农业灌溉用水指标4.32亿立方米向工业、生态等领域供水,其中向景观工程供水7713.29万立方米。

8. 税收征管审计情况。对税务总局和17省市的审计情况表明,税务部门持续完善税费优惠政策直达快享机制,办税缴费事项全部实现“非接触式”办理,2021年组织税收收入17.12万亿元。发现的主要问题:一是税收优惠红利释放不充分。至2021年底,有9752户纳税人未按规定享受研发费用加计扣除或高新技术企业等优惠46.41亿元,8586户纳税人未按规定享受制造业中小微企业缓税优惠2.88亿元。二是个人所得税征管执法不严。2018年至2021年,22省市544名高收入人员通过隐瞒收入、弄虚作假等手段,偷逃个税47.22亿元。有的地方在近年来连续查处少数高收入群体偷逃税款的情况下,仍以财政扶持资金等名义,违规向10省市22县的高收入人员返还个税,有违个税调节收入差异、促进社会公平的初衷。三是人为调节收入,影响财政真实完整。2020年至2021年,收入形势好的地区完成任务后,延压入库1471.14亿元;收入形势差的地区为完成任务,征收过头税费91.97亿元。

四、国有资产管理审计情况

2021年,在各项审计中继续重点关注企业、金融、行政事业、自然资源等4类国有资产管理使用情况。

(一)企业国有资产审计情况。审计了34户央企和176户部属企业。其中:34户央企2020年底账面资产总额31.2万亿元、负债总额23.51万亿元、国有资本权益4.4万亿元,国有资本保值增值率介于92.69%至150.7%之间;176户部属企业2021年底账面资产总额4575.6亿元、负债总额2181.73亿元、国有资本权益1760.84亿元。发现的主要问题:

1. 会计信息失真。34户央企收入不实414.15亿元、成本费用不实532.03亿元、利润不实229.62亿元,其中多计收入333亿元、多计利润116.2亿元。2户部属企业收入不实1.24亿元、成本费用不实3360.95万元,其中少计收入9066.59万元。

2. 违规经营导致国有权益损失风险。共涉及33户央企和6户部属企业280.68亿元。一是26户央企和2户部属企业违规或盲目决策等存在损失风险198.82亿元。二是7户央企和4户部属企业违规对外出借资金、提供担保等存在损失风险38.76亿元;19户央企因违规垫付工程款、超比例承担亏损等存在损失风险43.1亿元。此外,577户部属企业尚未办理国有资产产权登记,部分存在纠纷风险。

3. 境外经营存在亏损风险。18户央企的1427户境外子企业中,有近3成出现亏损,其中有的连续3年亏损,有的境外事项“出血点”长期未止血,已拖累集团公司发展。还有的过度依赖境外非主业业务,可持续经营存在较大风险。

(二)金融企业国有资产审计情况。审计了23家地方中小银行、20家地方资产管理公司和信达资产管理公司,至2020年底,44家金融企业账面资产总额12.46万亿元、负债11.31万亿元,除1家亏损外,43家净资产收益率介于0.03%至14.84%。对5家大型银行信贷资金流向进行了跟踪。发现的主要问题:

1. 中小金融机构存在经营风险。一是资产质量不实。23家中小银行少披露不良资产1709.62亿元。20家地方资产管理公司偏离主业违规对外融资,其中151.07亿元形成不良或逾期。二是存在一定流动性风险。23家中小银行有9家资本充足率不足,13家未按监管要求对流动性进行全面实时监测,8家流动性指标虚假或人为调节,6家出现流动性风险后采取高息揽储等短视行为。

2. 内部控制薄弱,外部监管不到位。一是内部治理机制存在重大缺陷。审计的23家中小银行和20家地方资产管理公司普遍存在治理结构不完善、治理制度不健全、监督制衡机制失效的问题,主要是董事会和经理层职责模糊,监事会职责悬空或走偏;内控合规形同虚设,授信管理、贷款“三查”等核心业务制度和内控流程缺失或执行不严。二是外部监管尚需加强。2018年以来,金融监管机构对23家银行开展现场检查176次,但有的检查过度依赖金融机构报送的“注水”材料,部分风险未被提早发现和纠正。20家地方资产管理公司中有9家从未接受过地方政府金融监管部门现场检查,其余11家平均2年不到1次。

3. 普惠金融政策执行中存在变形走样。中小银行普惠信贷不精准,中小银行的主责主业是支小支农，但 23 家中小银行至 2021 年 3 月普惠小微企业贷款余额占比 10.33%，仅为亿元以上大客户贷款占比的五分之一，其中 6 家涉农贷款余额也已连续 3 年下滑。大型银行投放不精准，4 家大型银行通过人为调节贷款企业类型等虚增普惠小微企业贷款 87.18 亿元；有 24.96 亿元实际流向房地产或大型集团；抽查 517 户小微客户有 364 户无实际经营。利用普惠信贷管理漏洞套取资金问题凸显，2 家大型银行的 13.66 亿元被一些个人或团伙通过注册空壳公司或虚构贸易背景等方式套取，用于购买商品房、偿还债务等。

（三）行政事业性国有资产审计情况。在 41 个中央部门预算执行审计中，对相关行政事业性资产管理使用情况开展审计。发现的主要问题：

1. 国有资产基础管理还存在薄弱环节。涉及 26 个部门的 155.67 万平方米房产和 1.67 万亩土地、24.01 亿元资产。其中：16 个部门共 17.43 万平方米房产等，以及 1.42 亿元对外投资、无形资产和设备等未入账，成为账外资产；11 个部门的 18 个基建项目建成投用后应计入未计入固定资产账，涉及金额 20.32 亿元；5 个部门 136.71 万平方米房产和 1.66 万亩土地未及时办理产权登记，时间久远后易产生产权纠纷；1 个部门 1.53 万平方米房产和 2.27 亿元资产未及时进行划转。

2. 违规使用和处置国有资产。涉及 26 个部门的 57.19 万平方米房产和 2.78 万亩土地、3.52 亿元资产。其中：19 个部门无偿向外部单位等出借 35.53 万平方米房产、1495.71 万元设备用于经营等；20 个部门未经批准或备案违规出租 21.66 万平方米房产和 2.78 万亩土地、1.15 亿元资产，对外投资和处置资产 1.55 亿元；2 个部门超标准配备办公设备 1.03 万台（件），涉及 6734.44 万元。

3. 部分国有资产使用效益低下。涉及 9 个部门的 351.14 万平方米房产、土地等。其中：1 个部门机构改革后未按规定重新核定公务用车编制，全国所属 278 家二三级单位公务用车超出规定 441 辆；2 个部门所属单位 2470 辆公务用车使用率较低，其中 289 辆 2021 年全年未使用。8 个部门 351.14 万平方米房产、土地及 3569.91 万元设备长期闲置，有的还需按期支付物业管理费。

（四）国有自然资源资产审计情况。对 9 省市 17 名领导干部开展自然资源资产离任（任中）审计，对 4 省 21 个典型黑土区重点县黑土地保护等情况进行审计。审计结果表明，相关领导干部能够认真落实党中央关于生态文明建设决策部署，履行自然资源资产管理和生态环境保护责任。发现的主要问题：

1. 资源和环境保护相关制度执行不严格。2 省 87 宗矿业权未按时关闭退出或完成环境恢复治理、化整为零分散审批填海造地 3341.3 亩。4 省市 519 家单位无证或超量取水 22 亿吨。5 省市 61 万亩林地被违规占用或采伐。5 省应征未征土地出让收入、水资源费等 53 亿元，4 省市违规筹集和使用生态环保资金 48 亿元。8 省市 268 个污染防治和生态修复等项目未按期完工或未达预期效果。

2. 耕地严保严管要求未充分落实。3 省 1870 万亩高标准农田建设任务未完成，其中虚报建成面积 386 万亩。5 省市 10.26 万亩补充的耕地或建设的高标准农田分布在不能长期稳定利用或禁止开垦区域。新增高标准农田难以及时划入永久基本农田得到严格保护，17 省已建成的高标准农田中，有 1038 万亩（占 12.43%）未依法划为永久基本农田。

3. 黑土地保护治理责任落实不力。一是部分保护治理任务未完成。4 省的 657.51 万亩黑土地未完成改善农田设施和提升地力年度任务、占 22.6%，2.38 万条侵蚀沟未开展治理、占 81.46%，影响地力提升和水土流失防治目标实现。有的地方还人为调高耕作层厚度或土壤有机质含量监测数据，弄虚作假提高绩效评价结果。二是一些重点保护措施未落实。4 省未全面落实建设占用耕地后将剥离的耕作层土壤用于中低产田改造等要求，有 581 个建设项目占用的 4.73 万亩黑土地未按要求剥离耕作层土壤，145 个建设项目剥离的 556.83 万立方米黑土未用于中低产田土壤改良，有的长期露天堆放，造成黑土资源流失。三是相关保护措施未统筹。有 123.39 万亩黑土地上同时实施“秸秆离田利用”和“秸秆覆盖还田”2 项内容截然相反的治理项目。18 县的 151.56 万亩黑土地保护治理任务未统筹实施高标准农田建设、畜禽粪污综合利用等措施，导致建设内容不完整，影响治理效果。

五、重大违纪违法问题线索

2021 年 5 月以来，审计共发现并移送重大违纪违法问题线索 300 多起，涉及 1300 多亿元、3000 多人。

（一）利益团伙围猎做势问题日益突出。这类案件大多以一人或少数人为核心，以能调动的公共权力范围为半径，以经济利益为纽带，案件全链条往往牵扯多达数十人。如江西宜春 1 家生物能源公司2019年以来与中介机构合谋，通过伪造批复文件、冒用其他项目资质、虚构设立技术中心事实等手段，将自身包装成拥有19项专利的高新企业，已骗得中央相关补助600万元，并从中支付中介费138万元。期间，当地相关银行、工业和信息化等单位多名工作人员接受该公司围猎请托，为上述造假行为违规出借财政资金、出具贷款证明等“背书”。

（二）权钱交易的贪腐方式更加隐蔽多样。一些违纪违法事项往往貌似平等交易、合法合规，实则暗度陈仓、中饱私囊，且跨度广、持续时间长。如云南曲靖市人大常委会原副主任傅学宾在任该市麒麟区区长期间，通过多次商请市建设局扶持等“合法”方式，协助1家条件不符的民企违规获得预拌商品混凝土业务资质，使其10多年间获利6.24亿元。至2020年底，私下伙同其妻累计收受该民企“赠送”的价值200多万元的房产、车位及10余次外出游玩等。

（三）“靠山吃山”问题仍需加力治理。实质都是依托行政权力、优势地位、行业资源或职务之便，将所管理的公共资金、国有资产、国有资源等视为私有财产，大肆设租寻租，谋求个人私利。如2010年以来，中储粮所属11家单位的18名工作人员违规经商办企业或在外兼职，所办企业、兼职企业与本人任职企业发生业务往来4.31亿元。其中有的还利用主管或具体经办粮食购销、存储的职务便利，内外勾结甚至监守自盗。

（四）基层单位和民生领域腐败加剧群众急难愁盼问题。主要发生在县乡（镇）等基层单位和医疗、住房、涉农等领域，涉及公职人员500多名。如山东济宁市微山县公共就业和人才服务中心原股长李斌在2019年至2020年，利用其具体审核失业保险待遇的职务之便，违规将不符合条件的227人编入发放名单，以此骗领一次性生活补助金709.16万元，有的已被其个人取现、消费等。

（五）违反中央八项规定及其实施细则精神和过紧日子要求。8省市29个地区未有效压减一般性支出和三公经费，其中3个地区不降反升。个别行业或单位顶风违纪、性质恶劣。如北京植保系统及相关部门和镇村多名基层干部2018年以来，在工作中多次接受3户病虫害防控产品供应商的宴请、娱乐等安排并收受礼品，共涉及金额164.93万元。

六、审计建议

（一）推动宏观调控政策更加稳健有效。一是推动积极财政政策提升效能，更加注重精准、可持续。立足地方政府经济发展实际需求，保持财政支出强度，加快支出进度，确保地方政府专项债券实际使用形成的投资规模大幅增加；进一步优化财政支出结构，重点支持科技攻关、生态环保、基本民生、区域重大战略、乡村振兴。二是保持稳健的货币政策灵活适度。充分发挥货币政策工具总量和结构双重功能，进一步疏通货币政策传导机制，有效扩大普惠金融覆盖面，推动普惠小微贷款合理增长，引导金融机构聚焦主责主业，加大对实体经济的支持。三是加强财政政策与货币政策的协调联动。注重与产业、投资、消费、区域等其他领域政策的协调，优化政策组合，实现宏观政策跨周期和逆周期调节有机结合，提升实施效果，避免政出多门、政策打架现象，形成保持经济运行在合理区间的合力。

（二）健全完善党中央重大决策部署落实保障机制，确保党中央对经济工作的集中统一领导更加细化实化制度化。一是坚持系统观念，严格执行请示报告制度。防止局部合理政策叠加起来造成负面效应，不能把分工负责变成只顾自己，不能在政策执行中搞“一刀切”、层层加码，坚决纠正有令不行、有禁不止行为，防止产生破窗效应。在重大项目的立项、规划、建设等关键环节遇到重大问题、重要情况，及时向党中央汇报。二是统筹需要和可能，坚持在发展中保障和改善民生。不好高骛远、吊高胃口，避免超越发展阶段，坚决兜住兜准兜好民生底线。

（三）防范化解重点领域突出风险隐患，严格规范重大经济事项决策权力运行。财政金融领域，重点要防范化解地方政府债务风险和不良资产处置、信贷资金审批等风险，更多运用市场化、法治化手段化解风险隐患。健全地方党政主要领导负责的金融风险处置机制，对中小银行加强党的领导，对违规举债情节严重的地区和单位主要负责人倒查责任、终身追责。国企国资领域，针对经营不善、决策不当等造成重大投资损失的突出问题，应切实健全细化“三重一大”决策机制及操作规程，加快国有经济布局优化和结构调整，增强竞争力和抗风险能力。资源环境领域，落实好领导干部资源环境相关决策和监管履职情况的评价标准。进一步压实地方耕地严保严管责任，确保农田就是农田，而且必须是良田，强化农田水利建设和黑土地保护，切实保障粮食安全。深化改革领域，正确处理政府和市场的关系，使市场在资源配置中起决定性作用，更好发挥政府作用。为资本设置“红绿灯”，防止资本野蛮生长和无序扩张。

(四)进一步增强预算约束刚性，严肃财经纪律。一是健全完善有利于财政资源统筹的体制机制。加强四本预算衔接，打破支出固化格局，增强公共财政统筹能力；健全专项资金定期评估和动态调整机制，压缩资金分配中的自由裁量空间。严格部门预算管理主体责任，督促将全部收入和支出依法纳入预算。二是继续压减非必要非刚性支出。严格落实中央八项规定及其实施细则精神，压实地方政府、央企主体责任和中央部门主管监督责任，把政府过紧日子作为常态化纪律要求，勤俭办事业，对财政资金损失浪费问题追责问效。三是推进省以下财政体制改革。在中央和地方分税制的原则框架内，划分省以下各级政府财政事权和支出责任，依据税种属性划分省以下政府间收入，健全省以下转移支付制度，推动建立县级财力长效保障机制。四是加强各类监督的贯通协调。在监督计划、关注重点、组织方式等环节加强沟通协调，各有侧重、优势互补，利用好各类监督成果，探索严重违反财经纪律问题行刑衔接，形成监督合力。

本报告反映的是此次中央预算执行和其他财政收支审计发现的主要问题。对这些问题，审计署依法征求了被审计单位意见，出具了审计报告、下达了审计决定；对重大违纪违法问题线索，依纪依法移交有关部门进一步查处。有关地方、部门和单位正在积极整改。审计署将跟踪督促，年底前报告全面整改情况。

2022年是我国踏上全面建设社会主义现代化国家、向第二个百年奋斗目标进军新征程的重要一年。我们将更加紧密团结在以习近平同志为核心的党中央周围，以习近平新时代中国特色社会主义思想为指导，增强“四个意识”、坚定“四个自信”、做到“两个维护”，按照党中央、国务院决策部署，全面贯彻落实新修订的审计法，依法严格履行审计监督职责，自觉接受全国人大监督，以实际行动迎接党的二十大胜利召开！

对中央决算报告和审计工作报告的意见和建议

6月22日，十三届全国人大常委会第三十五次会议审议财政部部长刘昆受国务院委托作的关于2021年中央决算的报告、审计署审计长侯凯受国务院委托作的关于2021年度中央预算执行和其他财政收支的审计工作报告，共有12人次发言。现根据会议发言情况，将常委会组成人员和列席会议人员的主要意见整理如下。

出席人员普遍认为，过去一年，面对更加复杂严峻的国内外环境，在以习近平同志为核心的党中央坚强领导下，国务院及其相关部门以习近平新时代中国特色社会主义思想为指导，全面贯彻党的十九大和十九届历次全会精神，认真落实党中央关于“疫情要防住、经济要稳住、发展要安全”的明确要求，为保持经济运行在合理区间创造了有力的财政支持，保障了党中央重大决策部署的贯彻落实，较好完成了全国人大批准的中央预算。审计部门坚持围绕党和国家中心工作、围绕总体国家安全观、围绕以人民为中心的发展思想、围绕促进党的自我革命开展工作，查找问题客观准确，提出建议务实中肯，充分发挥审计监督“治已病、防未病”功效。出席人员充分肯定中央决算报告和审计工作报告，积极评价全国人大财经委的审查结果报告。出席人员强调，要贯彻落实党中央决策部署，用好存量政策，谋划好增量政策，强化对科技自立自强、粮食能源安全、疫情防控等重点支出保障，确保经济运行平稳健康。要全面贯彻落实新修订的审计法，坚持问题导向，严肃财经纪律，抓好审计整改，加大追责问责力度。审议中，大家还提出了一些具体意见和建议。

一、完善预算决算编制工作和绩效管理

有的出席人员提出，预算、决算编制是优化财政资源配置、提高公共服务质量的关键环节，编制工作需特别严谨细致，数据要丝丝入扣，年与年之间、表与表之间、中央和地方之间的逻辑关系、平衡关系要符合会计原理。有的出席人员提出，决算报告应与预算执行情况一一呼应，建议在决算报告中对预算执行过程中的实施、调整、终止、变更等情况进行明确的、具体的说明，进一步增强决算编制与预算报告的关联度。

有的出席人员认为，应科学合理设定绩效指标，从侧重单个项目的绩效评价，向部门整体支出和政策绩效评价拓展，着力把绩效评价深度融入预算编制、执行、监督全过程。有的出席人员指出，建

议进一步加强对财政补贴实施情况的监管,科学细化、量化绩效目标和评价体系,充分发挥财政补贴对产业发展的引导激励作用。

二、着力保障重点领域财政支出

有些出席人员提出,国务院有关部门要紧紧围绕党和国家工作大局,把财政资金用在刀刃上,着力保障疫情防控、生态环保、国防建设等重点和刚性支出,加强民生保障支出,做好基层保工资、保运转、保基本民生等工作。一方面加强"开源",通过多种渠道,积极组织财政收入;另一方面科学"节流",通过优化财政支出结构、开展跟踪审计等方式,精打细算,提高财政资金使用效能。有的出席人员认为,交通运输业对畅通循环、稳定经济发挥着基础性、先导性作用,建议国家有关部门强化交通基础设施建设领域财政保障力度。有的出席人员指出,现在我国对基础研究和关键核心技术攻关的财政投入还不够,建议进一步加大财政支持力度,在地方政府专项债券发行使用上予以倾斜,研究制定出台基础研究和关键核心技术攻关多元投入机制,把国家、地方、企业等各方面的资金统筹起来,发挥出最佳效益。

三、提升积极财政政策的效能

有的出席人员认为,我国经济发展环境复杂性、严峻性、不确定性上升,风险挑战增多,有关部门应统筹用好政策工具箱,打足提前量,推动政策早出台、早落地、早见效。有的出席人员提出,增强市场活力既包括供给侧的生产者、经营者,也应包括需求侧的消费者,财政政策的发力点应前移,更多地面向消费者、家庭和个人。建议:(1)扩大失业保险的给付范围;(2)提高养老保险等社保的给付水平;(3)提高领取社保的便利性;(4)降低个税和社保缴费率,必要时可考虑直接给居民发放消费券。有的出席人员提出,出台扶持政策或者优惠政策需注重政策的可持续性和可操作性,瞻前顾后,量力而行。有的出席人员认为,应加强地方政府债务项目库建设,落实好"资金跟着项目走"要求,进一步提高地方政府债券资金使用效率。

有的出席人员提出,减税降费对稳住市场主体、提振市场信心意义重大,建议进一步加大减税降费政策落实力度,提升政策实施的科学性和精准度,着力在小微企业普惠性减税、降低社会保险费率等举措上下功夫,做到应减尽减、应免尽免,持续发挥前期减税降费政策的累积效应。有的出席人员提出,应将过紧日子作为预算管理重要方针,严把预算安排和支出关口,进一步压减一般性支出和三公经费,坚决杜绝浪费财政资金。有的出席人员提出,越是经济发展任务繁重、面临风险挑战较多的年份,越要严格预算执行,建议各部门、各地方严控预算调剂,强化预算约束力,加大预算决算信息公开力度,接受社会监督。要研究高效统筹疫情防控和经济社会发展状况变动的调节预案,依法应对预算执行中可能出现的困难情况。

四、着力防范化解地方政府债务风险

有的出席人员认为,应处理好稳经济与防风险的关系,政策要有力度、有实效,开正门、堵旁门,依法依规举债融资,遏制住新增隐性债务。建议:(1)针对少数市县财政收入难以支付债务利息的问题,要研究出台处置办法;(2)在责任清晰、风险受控的前提下,研究以市场化、法治化方式化解地方政府债务风险;(3)深入调研政府性融资平台债务存在的深层次问题,加快相关融资平台市场化转型。有的出席人员提出,应围绕地方政府债务的总体规模、资金结构、使用情况、偿还能力等要素,加强债务风险评估和预警工作,确保地方政府债务全过程管理,风险始终可控。有的出席人员提出,推进财政法治建设对防范化解地方政府债务风险意义重大,建议有关部门进一步细化预算、审计、税收、金融、国有资产等方面的实施细则,以制度封堵风险漏洞。

有的出席人员说,近期河南村镇银行案引发社会广泛关注,建议有关部门深度介入案件调查,加大风险防范工作力度,组织力量排查金融领域潜在的风险点。

五、突出审计工作重点

有的出席人员提出,审计部门应该进一步加大监管力度,防止跑冒滴漏,杜绝资金流失和低效运转。有的出席人员提出,在审计查出的问题中,有的是制度规定不健全不完善,有的是执行制度规定、财经纪律不严格,有的是知法犯法、明知故犯,有的是工作和探索中的失误,建议对这些问题区分开来,妥善处理。有的出席人员提出,加强审计监督,除了对工作原因造成的财政资金使用不当的问题认真审计外，应重点盯住审计中揭示的虚报冒领、截留挪用、弄虚作假、渎职失职、贪污腐败等违纪违法行为，督促从严整改、源头治理。有的出席人员认为，应高度重视审计中发现的国有资产内部审计失真、违规经营、内控薄弱、外部监管不到位等问题，有针对性地开展持续审计，分析深层次原因，提出切实可行的整改建议。有的出席人员说，应着力推动审计监督同党内监督、人大监督、司法监督、社会监督、舆论监督等各类监督有机贯通、相互协调，推进协调工作机制化、制度化，切实形成监督合力。有的出席人员提出，应及时总结提炼近年来审计工作中形成的一系列规律性认识，确保在审计监督和人大监督中得到体现和贯彻。建议适时对地方政府债务开展专项审计。

六、强化审计查出问题整改

有的出席人员提出，2021年10月新修订的审计法突出并细化审计整改的有关规定，建议有关部门以贯彻新修订的审计法为抓手，进一步加强财政财务收支审计，既处理事、又处理人，查改联动、破立并举，形成有效震慑。有的出席人员认为，审计查出问题的整改，关键在于压实压紧党委的领导责任、政府的落实责任、主管部门的主抓责任、被审计单位整改的主体责任、审计机关的督促责任。主管部门与直接责任单位应上下联动，横向部门间应加强协调配合，推动层层压实审计整改责任，形成整改工作合力。有的出席人员提出，有关部门应把工作着力点放在解决整改工作中最突出的矛盾和问题上，加大整改力度，逐条抓好整改工作。有的出席人员说，应进一步拓展审计监督广度和深度，对前期审计发现问题的整改情况适时开展回头看、再审计。有的出席人员认为，审计部门应对审计查出突出问题制定整改责任清单，明确整改时限，对整改情况开展专项督查和指导；对审计查出问题较多或者整改工作不力的部门，人大常委会可专门听取其整改情况报告。

国务院关于今年以来国民经济和社会发展计划执行情况的报告

——2022年8月30日在第十三届全国人民代表大会常务委员会第三十六次会议上

国家发展和改革委员会主任　何立峰

全国人民代表大会常务委员会：

受国务院委托，我向全国人大常委会报告今年以来国民经济和社会发展计划执行情况，请审议。

今年以来，百年变局和世纪疫情相互叠加，特别是全球疫情持续反复和乌克兰危机带来风险挑战，我国发展的内外部环境复杂严峻，在以习近平同志为核心的党中央坚强领导下，各地区各部门坚持以习近平新时代中国特色社会主义思想为指导，全面贯彻党的十九大和十九届历次全会精神，弘扬伟大建党精神，深刻领悟"两个确立"的决定性意义，按照中央经济工作会议部署，认真执行十三届全国人大五次会议审议批准的《政府工作报告》和2022年国民经济和社会发展计划，落实全国人大财政经济委员会的审查意见，坚持稳中求进工作总基调，完整、准确、全面贯彻新发展理念，加快构建新发展格局，全面深化改革开放，坚持创新驱动发展，推动高质量发展，深化供给侧结构性改革，有效统筹疫情防控和经济社会发展工作，有效应对各种风险挑战，统筹发展和安全，加大宏观政策调节力度，持续做好"六稳"、"六保"工作。成功举办北京冬奥会、冬残奥会。积极应对超预期因素冲击影响，出台实施扎实稳住经济一揽子政策措施，召开全国稳住经济大盘电视电话会议进行部署，当前经济总体呈恢复发展态势，生产需求逐步改善，市场价格基本平稳，民生保障力度加大，保持了经济社会发展大局总体稳定。上半年国内生产总值同比增长2.5%；居民消费价格指数（CPI）同比上涨1.7%；城镇新增就业654万人，全国城镇调查失业率平均为5.7%；外汇储备稳定在3万亿美元以上；全国发电量同比增长0.7%。从二季度情况看，我国经济发展极不寻常，受国内外错综复杂形势影响，经济运行一度面临超预期下行压力，4—5月份波动较大，5月下旬经济开始触底反弹，6月份主要指标全面回升，经过各方面共同努力，当季国内生产总值同比增长0.4%，顶住压力实现了经济正增长、失业率降低、物价稳定等主要目标。

（一）落实疫情要防住、经济要稳住、发展要安全的明确要求。按照《政府工作报告》和计划报告关于统筹疫情防控和经济社会发展的工作部署，疫情防控经受了严峻考验、取得积极成效。压实"四方责任"、落实"四早"要求。国务院联防联控机制因时因势不断调整防控措施，坚持"外防输入、内防反弹"总策略，落实"动态清零"总方针，将工作力量和防疫资源及时向疫情较重地区倾斜，重点区域疫情防控取得明显成效。疫情防控体系更加健全。印发实施大规模奥密克戎疫情应对处置方案，国务院联防联控机制不断完善新冠肺炎诊疗方案和防控方案。以口岸为重点加强外防输入，落实人、物、环境同防措施，严格闭环管理。明确疫情防控"九不准"要求，强化学校、养老院、儿童福利机构等重点场所以及重大活动、节日期间疫情防控措施。进一步加强疫情防控期间医疗服务，保障重点人群就医需求。疫苗药物等研发推广持续推进。截至6月末全国累计报告接种新冠疫苗总人数达到12.9亿人，其中完成全程接种12.6亿人；60岁以上老年人接种覆盖人数达到2.3亿人，完成全程接种2.2亿人；多种抗新冠病毒药物进入Ⅲ期临床试验阶段，一批检测试剂新获批上市。同时，促进全球抗疫国际合作与成果共享。

（二）加大稳增长政策力度，调控举措有力有效。落实《政府工作报告》和计划报告关于保持宏观政策连续性、增强有效性的工作部署，加快落实落细各项稳增长政策举措，及时谋划出台6方面33条扎实稳住经济一揽子政策措施，召开全国稳住经济大盘电视电话会议，着力稳住宏观经济大盘。积极的财政政策提升效能，更加注重精准、可持续。加速实施新的组合式税费支持政策，积极落实对制造业、中小微企业、个体工商户、服务业等特殊困难行业精准帮扶的退税减税降费措施，加大研发费用加计扣除政策等实施力度，出台实施社会保险阶段性缓缴降费政策。在更多行业实施存量和增量全额留抵退税，增加退税1400多亿元，上半年完成留抵退税1.85万亿元，存量留抵税额基本退还完毕。加强基层财力保障，充分运用财政资金直达机制，保障助企纾困、民生补助资金精准直达受益对象，今年具备条件的中央转移支付资金已全部下达到位。稳健的货币政策灵活适度，保持流动性合理充裕。下调存款准备金率，释放长期流动性，鼓励拨备水平较高的大型银行等有序降低拨备覆盖率，引导金融机构加大信贷投放，6月末广义货币供应量（M2）余额、社会融资规模存量同比分别增长11.4%、10.8%。建立存款利率市场化调整机制，引导贷款市场报价利率（LPR）下行，推动融资成本进一步降低。推出科技创新、普惠养老、交通物流专项再贷款，增加煤炭清洁高效利用再贷款额度。运用政策性、开发性金融工具，用于补充重大项目资本金或为专项债项目资本金搭桥。加大普惠小微贷款支持力度。引导制造业贷款保持较快增长。上半年首次公开发行（IPO）上市融资3091亿元。人民币汇率保持相对稳定。就业优先政策提质加力。加大失业保险稳岗返还力度，推出留工培训补助，落实各项就业补助。接续开展春风行动等就业服务专项行动，加强企业招聘用工服务。加快落实促进高校毕业生等青年就业各项补贴政策，启动实施未就业毕业生服务攻坚行动，继续实施"三支一扶"计划、农村特岗教师计划、大学生志愿服务西部计划等基层服务项目，持续开发科研助理岗位。强化创业培训和服务，推进创业孵化示范基地等载体建设。在重点工程项目中积极推广以工代赈方式，增加农民工就地就近就业岗位。政策协调和预期引导力度加大。高效有序开展新出台政策文件与宏观政策取向一致性评估，强化政策统筹协调。指导各地区积极落实落细党中央、国务院各项部署，抓紧出台符合地方实际的稳经济措施，促进地区经济稳定运行。加强经济形势和政策宣传解读，确保政策受益主体不漏户、不漏人地清晰了解和应享尽享，稳定社会预期，增强市场信心。6月份制造业采购经理指数（PMI）、非制造业商务活动指数分别为50.2%、54.7%，均回升至荣枯线以上。

（三）着力打通产业链供应链卡点堵点，工业经济企稳回升。按照《政府工作报告》和计划报告关于巩固壮大实体经济根基的工作部署，积极解决疫情导致的产业链供应链卡点堵点问题，促进工业经济稳步恢复。努力保障产业链供应链安全稳定畅通。疫情发生期间着力推进交通物流保通畅和企业复工达产。建立健全物流保通保畅工作机制，完善货车司机通行管控政策，大力畅通配送"最后一公里"。实施好重点产业链供应链企业"白名单"制度，强化重点行业产业链上下游衔接服务和重点区域跨省市协调。大力振作工业经济。出台促进工业经济平稳增长的若干政策。扎实推进制造业核心竞争力提升五年行动计划，深入实施龙头企业保链稳链工程。加快推进先进制造业与现代服务业融合发展。上半年规模以上工业增加值同比增长

3.4%，制造业企业技改投资增长 13.2%。能源原材料保供稳价进一步加强。充分发挥宏观政策协调机制、煤电油气运保障工作部际协调机制作用，加强煤炭、电力生产监测调度，提升电厂存煤和发电机组出力水平，加快推进重点电源电网项目建设，加强煤炭电力天然气中长期合同签订和履约监管，累计向中央发电企业注入资本金 300 亿元，并分两批拨付 1000 亿元可再生能源发电补贴欠款资金。上半年原煤产量同比增长 11%。推动油气稳产增产，严控成品油出口。加强煤炭、铁矿石等大宗商品价格监管。加快推进国家储备体系建设。

（四）强化创新驱动发展，高水平科技自立自强取得新进展。按照《政府工作报告》和计划报告关于深入实施创新驱动发展战略的工作部署，着力推进科技创新，培育壮大新动能。科技创新能力持续提升。落实《国家中长期科学和技术发展规划（2021—2035 年）》，持续推进国家实验室体系建设，加快建设国际科技创新中心、综合性国家科学中心，稳步实施基础研究十年规划和科技体制改革三年攻坚方案。国家战略科技力量发展壮大，重大科技成果不断涌现，我国首艘自主研发的电磁弹射航母福建舰下水，神舟十四号载人飞船顺利发射，“深海勇士”号载人潜水器圆满完成海试任务。关键核心技术攻关取得积极成效。扎实推动高水平科技自立自强，推行“揭榜挂帅”、“赛马”等机制，一批长期以来被“卡脖子”的关键核心技术成功突破并贯通应用，多项攻关成果跻身世界前列。创新创业创造稳步推进。深入开展大众创业万众创新，科技成果加速转移转化，大中小企业融通创新进一步深化。深入实施国家战略性新兴产业集群发展工程，上半年高技术制造业增加值同比增长 9.6%。

（五）积极扩大投资消费，国内需求逐渐恢复。按照《政府工作报告》和计划报告关于坚定实施扩大内需战略的工作部署，针对疫情影响细化实化扩内需政策举措，着力促进内需回升。投资关键作用持续发挥。适度超前开展基础设施投资，全面加强基础设施建设，构建现代化基础设施体系，加快推进“十四五”规划 102 项重大工程实施，加大“两新一重”等重点领域投资力度，加快布局建设新型基础设施，全面启动“东数西算”工程。加快中央预算内投资计划执行和项目实施。加快地方政府专项债券发行使用，截至 6 月末用于项目建设的专项债券已基本发行完毕。推动基础设施领域不动产投资信托基金（REITs）健康发展，进一步盘活存量资产支持新项目建设。上半年固定资产投资同比增长 6.1%，其中基础设施、制造业投资分别增长 7.1%、10.4%。重点领域消费潜力稳步释放。出台实施关于进一步释放消费潜力促进消费持续恢复的意见。积极稳定汽车、家电等大宗消费，对符合条件的乘用车减半征收车辆购置税，完善二手车流通、报废机动车回收、汽车平行进口管理规定，组织开展新能源汽车下乡活动，指导限购地区逐步增加汽车增量指标数量、放宽购车人员资格限制，大力发展绿色消费，鼓励有条件的地区对绿色智能家电、绿色建材、节能产品等予以适当补贴或贷款贴息，上半年新能源汽车销量同比增长 115%。无接触服务、线上线下融合等新型消费较快发展，上半年实物商品网上零售额同比增长 5.6%。

（六）切实加强粮食安全保障，乡村振兴战略扎实推进。按照《政府工作报告》和计划报告关于大力抓好农业生产、促进乡村全面振兴的工作部署，持续夯实农业农村发展基础，着力稳定农业基本盘。大力抓好农业稳产增产。积极应对冬小麦晚播不利影响，夏粮总产量 2948 亿斤、增产 29 亿斤，质量好于常年，收购进展顺利，秋粮长势总体正常。实施国家大豆和油料产能提升工程，推广大豆玉米带状复合种植，大豆播种面积和油菜籽产量明显增加。持续加强高标准农田建设，深入推进国家黑土地保护工程，大力推进种源等农业关键核心技术攻关。做好农资产品保供稳价工作，对实际种粮农民分两批发放一次性补贴 300 亿元。适当提高稻谷、小麦最低收购价，稳定玉米、大豆生产者补贴和稻谷补贴政策。持续加强粮食产购储加销建设。着力改善农村生产生活条件。深入开展农村人居环境整治提升行动，因地制宜推进农村厕所革命、生活垃圾污水治理、村容村貌提升，加强村庄水电路气建设，农村公共服务水平和基础设施条件持续改善。推动农村一二三产业融合发展。脱贫攻坚成果持续巩固。深入开展防止返贫动态监测帮扶和集中排查，推动落实对 160 个国家乡村振兴重点帮扶县帮扶政策。持续做好易地扶贫搬迁后续扶持。加强产业帮扶和消费帮扶，支持拓展脱贫地区农产品销售渠道。稳定脱贫人口务工规模。深入开展东西部协作和中央单位定点帮扶。

（七）持续深化市场化改革，发展内生动力有效激发。按照《政府工作报告》和计划报告关于坚定不移深化改革的工作部署，坚持以人民为中心推进改革，巩固拓展改革成果，进一步加大改革攻坚力度。重点领域改革走深走实。印发实施关于加快建设全国统一大市场的意见。开展要素市场化配置综合改革试点。完善煤炭市场价格形成机制。国有经济布局优化和结构调整步伐加快。营商环境不断改善。持续深化"放管服"改革，行政许可事项清单管理全面实行，对各类市场主体实行统一的登记制度，营商环境创新试点稳步开展。深入开展"互联网+政务服务"，大力推进政策"非申即享"、网上办。上半年新登记市场主体1454万户，同比增长4.3%；截至6月底市场主体超过1.6亿户。加快建立全方位、多层次、立体化监管体系，实现事前事中事后全链条全领域监管。印发新版市场准入负面清单，实施违背市场准入负面清单案例归集通报制度。规范和引导资本健康发展，防止资本无序扩张。

（八）稳步扩大高水平对外开放，发展空间持续拓展。按照《政府工作报告》和计划报告关于扩大高水平对外开放的工作部署，充分利用两个市场两种资源，积极拓展对外经贸合作，推动外资外贸平稳发展。国际经贸合作继续深化。主办金砖国家领导人第十四次会晤、全球发展高层对话会、博鳌亚洲论坛2022年年会等，深化与亚太经合组织成员国务实合作。扎实做好《区域全面经济伙伴关系协定》（RCEP）生效实施各项工作。推进加入《全面与进步跨太平洋伙伴关系协定》（CPTPP）和《数字经济伙伴关系协定》（DEPA），积极参与世界贸易组织（WTO）改革。中国—柬埔寨自贸协定、中国—新西兰自贸协定升级议定书正式生效。落实外贸跨周期调节政策措施。推动外贸保稳提质、实现较快增长。上半年以人民币计价的货物进出口同比增长9.4%，其中出口、进口分别增长13.2%、4.8%。积极发展外贸新业态新模式，新设27个跨境电商综试区，优化调整跨境电商零售进口商品清单，大力支持海外仓发展，进一步加大出口退税支持力度。全面深化服务贸易创新发展试点，持续优化口岸营商环境，深入推进自由贸易试验区改革创新和海南自由贸易港建设。深入落实新版外资准入负面清单，全流程跟踪服务重大外资项目落地实施。共建"一带一路"高质量发展扎实推进。贯彻落实习近平总书记在第三次"一带一路"建设座谈会上的重要讲话精神，持续深化与共建"一带一路"国家务实合作。充分发挥中欧班列战略通道作用，上半年中欧班列开行量、货物发送量同比分别增长2%、3%。中老铁路运行良好，雅万高铁、匈塞铁路加快建设，中巴经济走廊建设积极推进。大力推进西部陆海新通道建设。

（九）深入推进区域协调发展和新型城镇化，区域经济布局不断优化。按照《政府工作报告》和计划报告关于推进区域协调发展和新型城镇化的工作部署，促进区域协同联动发展，不断提升新型城镇化质量。区域重大战略纵深推进。积极推动京津冀协同发展，有序推进北京非首都功能疏解项目实施。不断加强长江经济带生态环境系统保护修复，持续巩固长江"十年禁渔"工作成果。加快推进粤港澳大湾区基础设施"硬联通"和规则机制"软联通"，出台实施广州南沙深化面向世界的粤港澳全面合作总体方案。加快构建长三角世界级港口群一体化治理体系，持续推进长三角地区科创与产业融合发展。加大黄河流域生态保护和水安全保障力度，稳步实施污染防治、生态保护修复、深度节水控水、防灾减灾、水土保持等领域重大工程项目。区域协调发展战略深入实施。着力稳住东部地区经济，加快建设中部地区高质量发展重大工程，有序推进西部地区重要生态系统保护和修复工程，出台支持东北地区振兴发展的专项实施方案。革命老区、边境地区、生态退化地区、资源型地区和老工业城市等特殊类型地区振兴发展支持力度加大，民族地区经济社会发展持续推进。新型城镇化建设扎实推进。出台实施《国家新型城镇化规划（2021—2035年）》及"十四五"实施方案。持续推进成渝地区双城经济圈建设，印发长江中游、北部湾城市群发展"十四五"实施方案，推动东北地区中心城市及城市群高质量发展。推进以县城为重要载体的城镇化建设。

（十）扎实推动绿色低碳转型，生态文明建设取得积极进展。按照《政府工作报告》和计划报告关于加强生态环境综合治理和有序推进碳达峰碳中和工作的部署，加强污染治理和生态保护修复，不断提高能源资源利用效率，促进人与自然和谐共生。生态环境质量持续改善。完成第二轮中央生态环境保护督察全覆盖。深入推进大气、水、土壤污染防治，组织实施重点区域大气污染治理攻坚行动，开展长江、黄河等入河排污口排查整治，实施农用地土壤镉等重金属污染源头防治行动，启动新污染物治理行动。积极推动生物多样性保护。加大城镇环境基础设施建设力度，危险废物和医疗废物收集处理能力不断提升。加强塑料污染全链条防治。坚持山水林田湖草沙一体化保护和系统治理，全面推进重要生态系统保护和修复重大工程。国家公园建设顺利推进，国家植物园体系加快建设。上半年全国空气质量优良天数比例为84.6%，地级及以上城市细颗粒物（$PM_{2.5}$）平均浓度下降5.9%。

碳达峰碳中和工作稳步推进。有序组织实施“碳达峰十大行动”。制定出台重点领域和行业碳达峰实施方案，碳达峰碳中和“1+N”政策体系基本建立。强化绿色低碳技术攻关，加快建立统一规范的碳排放统计核算体系。进一步完善能耗“双控”制度，出台原料用能不纳入能源消费总量控制的具体办法。产业结构和能源结构调整积极推进。坚决遏制高耗能、高排放、低水平项目盲目发展。在沙漠、戈壁、荒漠地区加快规划建设大型风电光伏基地项目，提升新能源消纳能力。坚持“先立后改”，扎实推进现有煤电机组改造升级，加快煤炭清洁高效利用。加快推进钢铁、有色、石化、建材等传统产业低碳工艺革新。加强全社会节约用能，推进污水资源化利用，开展废旧物资循环利用体系建设。上半年单位国内生产总值能耗同比下降0.8%。

（十一）坚决兜牢民生底线，人民基本生活得到保障改善。按照《政府工作报告》和计划报告关于切实保障和改善民生的工作部署，坚持尽力而为、量力而行，不断提升公共服务水平，着力解决人民群众普遍关心关注的民生问题。民生商品保供稳价有力有效。推动落实完善重要民生商品价格调控机制，压实“菜篮子”市长负责制，加大重要民生商品产销衔接、应急调运、储备调节力度，确保“菜篮子”产品稳定供应，保障城市核心功能运转。指导各地进一步增加成品粮油储备。持续开展中央冻猪肉储备收储，稳定生猪生产。在全球高通胀的情况下，我国保持物价稳定，居民消费价格指数温和上涨，为稳定经济大盘提供了支撑。社会保障和公共服务不断加强。实施企业职工基本养老保险全国统筹制度，提前调拨全国统筹调剂资金，退休人员基本养老金上调4%，确保养老金按时足额发放。继续实施失业保险保障扩围政策。推动个人养老金发展，开展养老储蓄试点。推动落实“双减”政策，深入推进义务教育薄弱环节改善与能力提升，阶段性免除经济困难高校毕业生国家助学贷款利息并允许延期还本。扩大国家区域医疗中心建设覆盖省份。推动提升农民工等新市民金融服务水平。住房保障工作扎实推进。坚持房子是用来住的、不是用来炒的定位，指导各地因城施策优化完善房地产调控政策，支持刚性和改善性住房需求。加快保障性住房建设。持续推进城市更新，上半年新开工改造城镇老旧小区3.89万个。同时，深入扎实开展全国安全生产大检查，出台并推动各地深入落实安全生产十五条措施，及时组织开展重特大事故抢险救援，有效做好洪水、地质灾害、地震等防灾减灾救灾工作。

总的来看，《政府工作报告》和计划报告确定的重点任务上半年完成情况良好，宏观调控、促进产业链供应链循环畅通等工作及时有力，改革、开放、科技创新、农业农村发展、区域协调发展、绿色低碳发展、保障改善民生等工作取得积极进展，重点领域风险得到有效防控。“十四五”规划纲要确定的102项重大工程和年度计划确定的重大工程项目加快推进。年度计划确定的多数指标进展较好，居民消费价格、就业、国际收支等主要指标符合预期，居民收入、基本养老保险、粮食能源生产、环境质量、金融等相关指标进展顺利。

综合各方面情况看，今年以来世界经济形势更趋严峻，国内经济一度出现波动，随着一些疫情较重地区形势逐步好转、稳经济一揽子政策措施加快落实，经济运行保持在合理区间。在这个过程中，我们坚持高质量发展方向不动摇，不搞大水漫灌、不透支未来，顶住压力、克难奋进，全党全国上下付出艰辛努力，全面做好改革发展稳定各项工作，推动经济在爬坡过坎中稳步发展。成绩来之不易，需要倍加珍惜。这些成绩的取得，充分彰显了“两个确立”的决定性意义，充分彰显了中国经济的强大韧性和巨大潜力，充分彰显了全党全国上下团结奋斗的磅礴力量。

当前我国经济发展环境的复杂性、严峻性、不确定性仍然存在，我国经济运行仍面临持续显现的需求收缩、供给冲击、预期转弱三重压力，仍面临一些突出矛盾和问题，稳增长、稳就业、稳物价面临新的挑战，经济恢复发展的基础还不稳固，下行压力仍然较大。从国际形势看，外部环境更趋复杂严峻。从国内情况看，消费需求仍然不振，投资增长仍较乏力，稳定外贸难度加大，市场主体生产经营困难依然较多，就业等民生问题较为突出，重点领域风险持续暴露。

综合分析研判，当前及今后一个时期，国际局势变化更加复杂严峻，疫情还没有见底，国内经济恢复发展面临不少困难挑战，下半年我国经济社会发展仍面临较大不确定性。同时也要看到，面对内外部阶段性、突发性因素冲击，我国经济在较短时间内实现企稳回升，展现出了强大的生存力、竞争力、发展力、持续力，这充分说明我国经济持续健康发展的良好态势没有改变，支撑高质量发展的生产要素条件没有改变，长期向好的基本面没有改变。

下半年，我们要在以习近平同志为核心的党中央坚强领导下，全面贯彻党的十九大和十九届历次全会精神，加快落实中央经济工作会议精神和《政府工作报告》各项部署，根据十三届全国人大五次会议要求和全国人大常委会审议意见，坚持稳中求进工作总基调，完整、准确、全面贯彻新发展理念，加快构建新发展格局，推动高质量发展，坚持以供给侧结构性改革为主线，全面落实疫情要防住、经济要稳住、发展要安全的要求，高效统筹疫情防控和经济社会发展，更好统筹发展和安全，落实落细扎实稳住经济一揽子政策措施，继续做好"六稳"、"六保"工作，持续保障改善民生，保持经济社会大局稳定，巩固经济回升向好趋势，力争实现最好结果，推动经济运行尽快回归正常轨道，着力稳就业稳物价，保持经济运行在合理区间，努力把疫情造成的损失补回来一些，争取今年我国经济发展达到较好水平。

疫情要防住、经济要稳住、发展要安全，这是一个整体要求，要一体认识、一体落实、一体评估，要综合看、系统看、长远看，特别是要从政治上看、算政治账。下一步，要突出抓好以下工作。

（一）高效统筹疫情防控和经济社会发展工作。坚持人民至上、生命至上，坚持外防输入、内防反弹，坚持动态清零，出现了疫情必须立即严格防控，该管的要坚决管住，不能松懈，不能麻痹，不能懈怠。坚决认真贯彻党中央确定的新冠肺炎防控政策举措，保证影响经济社会发展的重点功能有序运转，该保的要坚决保住。优化完善新冠肺炎诊疗方案和防控方案，将疫情对经济社会发展的影响降到最低。快速精准处置突发疫情，严格按照"九不准"要求执行疫情防控政策，尽量减少非必要的限制流动的措施，坚决防止简单化和层层加码等现象。持续完善常态化疫情防控体系，做好病毒变异跟踪和新疫苗新药物研发，高效统筹疫情防控和重点领域生产。

（二）进一步增强宏观政策合力。加快推进稳住经济大盘一揽子政策措施，做到落实要快、协调要快、见效要快。积极的财政政策要提升效能，落实落细各项组合式税费支持政策，优化财政支出结构，加强对重点领域和基本民生的保障。稳健的货币政策要灵活适度，保持市场流动性合理充裕，继续推动实际贷款利率稳中有降。加大稳就业政策实施力度，落实好各项援企稳岗政策，做好"三支一扶"等基层项目招募，支持农民工外出务工和就近就地就业。做好重要民生商品保供稳价，进一步压实"菜篮子"市长负责制。

（三）提高产业链供应链稳定性和国际竞争力。发挥好重点产业链供应链保链稳链等机制作用，进一步优化企业复工达产政策，增强产业链供应链韧性。持续畅通交通物流，进一步优化完善精准通行管控措施，加快推进物流保通保畅长效化、制度化、规范化。加大重点行业企业纾困帮扶力度，落细落实对餐饮、零售、旅游、民航、公路水路铁路运输等受疫情影响较大行业企业的纾困支持政策，推动阶段性减免房屋租金。开展涉企违规收费专项整治行动。

（四）加大创新驱动发展战略实施力度。增强科技创新支撑作用，持续推进重点领域关键核心技术攻关，加快国家重大科技基础设施建设。强化企业创新主体地位，落实好促进企业科技创新的税收优惠政策。推动产业结构优化升级，深入实施质量强国建设和产业基础再造工程，加快发展先进制造业集群，深入实施"东数西算"工程。支持中小企业设备更新和技术升级。

（五）深入实施扩大内需战略。拓展有效投资空间，有力有序推进"十四五"规划102项重大工程实施，全面加强重大项目前期工作，强化项目资金要素保障，用好政策性、开发性金融工具。促进重点领域消费加快恢复，落实扩大汽车消费政策措施，推动汽车由购买管理向使用管理转变，鼓励有条件的地方开展绿色建材、绿色智能家电下乡和以旧换新，加快线上线下消费有机融合。改善居民消费环境，加大消费相关基础设施建设力度。

（六）全面推进乡村振兴。夯实粮食稳产增产基础，稳定粮食播种面积，奋力夺取早稻和秋粮丰收，及时做好化肥、种子、农药等农资调剂调运，组织好夏秋粮油收购工作。深入实施优质粮食工程。稳步推进乡村建设和农村改革。推动巩固拓展脱贫攻坚成果同乡村振兴有效衔接，完善防止返贫监测帮扶机制，及时落实社会救助、医疗救助等帮扶措施。

（七）坚定不移深化改革扩大开放。推动重点领域和关键环节改革举措落实落地，加快建设全国统一大市场，抓好要素市场化配置综合改革试点，进一步加强和改进国有经济管理，促进民营经济健康发展和民营经济人士健康成长。持续优化营商环境，持续推进"放管服"改革，支持和引导资本健康发展。促进外贸稳定增长，落实好稳外贸政策措施，加大进出口信贷支持，积极推动海外仓建设。加大吸引外资力度，深入实施外资准入负面清单，推动重大外资项目落地。高质量共建"一带一路"，稳步拓展合作新领域。巩固拓展多双边经贸关系。

（八）扎实推进区域协调发展和新型城镇化建设。深入实施区域重大战略，有力推动京津冀协同发展，持续推进长江经济带生态环境突出问题整改和污染治理“4+1”工程，加快推进粤港澳大湾区市场一体化进程，深入推动长三角地区科创与产业融合发展，持续加大黄河流域生态保护力度。积极促进区域协调发展，有力推动东部地区、东北地区前期疫情较为严重省市经济社会运行加快恢复发展，持续推进中部地区重大规划政策和重大工程项目落实。加快国家级新区等功能平台建设。持续推进新型城镇化建设，落实好“十四五”新型城镇化实施方案，加快城市群一体化、都市圈同城化建设。

（九）稳步推动经济社会发展全面绿色转型。强化生态环境保护，深入打好污染防治攻坚战，统筹山水林田湖草沙一体化保护和系统治理，推进国家生态文明试验区建设。有序做好碳达峰碳中和工作，落实好碳达峰行动方案。加强煤炭清洁高效利用，继续坚决遏制高耗能、高排放、低水平项目盲目发展。大力发展循环经济，加强资源综合利用。

（十）进一步做好民生兜底保障工作。着力促进居民增收，推动落实保障农民工工资支付各项制度，进一步拓宽农民增收渠道。不断增强公共服务供给能力，推动义务教育优质均衡发展和城乡一体化，加快构建普惠托育服务体系，健全基本养老服务体系，推动公共文化服务体系城乡一体建设。加强社会保障体系建设，建立健全分层分类的社会救助体系。

（十一）有效防范化解重大风险。落实总体国家安全观，及时妥善处置各领域风险挑战。提升能源供应保障能力，全面签订电煤中长期合同并加强履约监管，加强跨省区电力调度和余缺互济，确保民生和重点用能。稳定房地产市场，坚持房子是用来住的、不是用来炒的定位，围绕解决好新市民、青年人等群体刚性需求，坚持租购并举，规范发展长租房市场，压实地方政府责任，保交楼、稳民生。切实防范化解地方财政风险，缓解基层“三保”压力。加大金融风险防范处置力度，妥善化解村镇银行风险。继续强化灾害防治、安全生产、社会维稳等工作，及时有效处置突发事件，做好社会稳定工作。

下半年经济工作任务艰巨、意义重大、使命光荣。我们要更加紧密地团结在以习近平同志为核心的党中央周围，坚持以习近平新时代中国特色社会主义思想为指导，全面贯彻党的十九大和十九届历次全会精神，弘扬伟大建党精神，深刻领悟“两个确立”的决定性意义，进一步增强“四个意识”、坚定“四个自信”、做到“两个维护”，不断提高政治判断力、政治领悟力、政治执行力，切实把思想和行动统一到党中央关于经济形势的分析判断和决策部署上来，坚定不移贯彻党中央、国务院决策部署以及十三届全国人大五次会议要求，以“时时放心不下”的责任感，担当作为、求真务实，敢于斗争、善于斗争，不折不扣抓好各项工作部署落实落地，以实际行动迎接党的二十大胜利召开。

对今年以来国民经济和社会发展计划执行情况报告的意见和建议

9月1日，十三届全国人大常委会第三十六次会议审议了国家发展和改革委员会主任何立峰受国务院委托作的关于今年以来国民经济和社会发展计划执行情况的报告、财政部部长刘昆受国务院委托作的关于今年以来预算执行情况的报告，共有16人次发言。现根据会议发言情况，将常委会组成人员和列席人员对计划执行情况报告的主要意见整理如下。

出席人员普遍认为，今年以来，面对百年变局和世纪疫情相互叠加的复杂局面，在以习近平同志为核心的党中央坚强领导下，国务院和地方各级政府深入贯彻党中央决策部署，认真落实十三届全国人大五次会议决议要求，有效统筹疫情防控和经济社会发展，积极应对超预期因素冲击影响，实施扎实稳住经济一揽子政策措施，经济社会发展取得一定成绩，计划执行有序有力。大家强调，下半年推动经济发展的压力更大、任务更重、挑战更多，完成全年目标任务仍需作出艰巨努力。要按照党中央疫情要防住、经济要稳住、发展要安全的要求，坚持稳中求进工作总基调，着力推动高质量发展，巩固经济回升向好趋势，确保经济环境平稳健康，争取今年我国经济发展达到较好水平。审议中，大家还提出了一些具体意见和建议。

一、坚定稳增长的信心和决心

部分出席人员提出，今年以来，面对各方面困难挑战，全党全国人民认真贯彻党中央决策部署，我国经济顶住了压力，实现了增长，成绩来之不易。下半年，面对复杂形势和严峻挑战，要客观看待经济发展存在的有利条件。一是有党中央集中统一领导，二是复工复产全面推进，经济总体进入快速重启阶段，三是一揽子政策措施加快实施，四是统筹疫情防控和经济社会发展积累了较为成熟的经验。要提振信心，坚定不移贯彻党中央关于稳住经济大盘的决策部署，科学有效应对挑战，巩固经济恢复基础。有的出席人员提出，从上半年我国经济发展情况看，实现全年目标任务面临一些困难，应对今年计划的目标任务进行预研预判，如需调整计划，应依法报全国人大常委会审查批准。有的出席人员认为，应着力支持和推动有条件的地方尽可能完成全年预期目标。

二、高效统筹疫情防控和经济社会发展

有些出席人员提出，应坚决贯彻落实党中央关于疫情防控的决策部署，坚持“外防输入、内防反弹”总策略和“动态清零”总方针不动摇，持续绷紧思想之弦，压实防控责任，落实“五早”措施，毫不松懈抓实抓细常态化防控各项工作。有的出席人员建议，应进一步提高疫情防控措施的科学性、精准性，克服简单化、一刀切，不搞过度防控，建立健全容错机制，最大限度减少疫情对经济社会的影响。有的出席人员提出，应加大对零售、餐饮、旅游等受疫情影响较大行业的纾困力度，对耐用消费品消费、受疫情影响还贷困难的消费者，研究出台相应的支持政策。有的出席人员提出，应加快完善与常态化疫情防控相适应的行政理念、治理方式和管理制度，保障经济稳定增长、社会生活有序、人员往来畅通。

三、加快推进一揽子政策措施落地落实

一些出席人员提出，要加大对扎实稳住经济一揽子政策措施的执行力度，提升政策效能，促进经济持续恢复发展，保持社会大局稳定。有些出席人员提出，应结合经济运行形势，加深对货币政策工具功能的理解，实施好稳健的货币政策，推进“宽货币”向“宽信用”的形成，更好支持实体经济。有的出席人员建议，适应日趋复杂的外部环境，应保持人民币汇率的弹性和双向浮动，防止出现大幅单边贬值；加强对境外资产的保护和监管，更好支持国内经济发展。有的出席人员提出，应支持指导地方政府建立中小企业政策性信用担保体系，实现省、市、县三级担保机构统一经营管理，进一步细化助企纾困金融政策，完善防止抽贷、断贷等方面规定，取消对中小企业盈利和国有资产保值增值的考核。

有的出席人员提到，受全球通胀高企、大宗商品价格持续上涨等因素影响，预计今年秋冬将面临能源保供压力突出、粮食安全风险加大等问题，应重视做好重要民生商品保供稳价工作，防止“油、气、粮、猪”问题叠加。有的出席人员提出，应着力增强产业链供应链的稳定性，强化物流等要素保障，加强供需对接，稳定大宗商品、关键零部件价格，保障重点物资供应，做好重点产业链供应链备份，促进一批补链、延链项目落地。有的出席人员提出，应进一步扩大高水平对外开放，积极探索服务贸易制度型开放路径，加快推动出台全国版跨境服务贸易负面清单；指导各地用好用足 RCEP 发展机遇，加强区域经贸合作和技术交流，促进区域产业链深度融合；结合各地产业特点和发展需要，加快推出新版《鼓励外商投资产业目录》。

四、牢牢守住风险底线

一些出席人员提出，应坚持底线思维，妥善防范化解重点领域风险隐患，坚决守住不发生系统性风险底线。有的出席人员提出，应密切关注房地产企业资金断裂、债务违约等问题，以“保交楼、保民生、保稳定”为首要目标，进一步规范商品房预售资金监管，压实企业、政府等各方责任，保障项目开发建设和交付，切实保障人民群众合法权益，维护社会和谐稳定。有的出席人员提出，一些中小银行存在资本金不足、抗风险能力弱、资产劣变加快、公司治理不健全等问题，应吸取经验教训，加强管理与治理，及时稳妥化解风险隐患。有的出席人员认为，财政、金融、房地产风险相互传导外溢，容易形成系统性风险，应引起高度关注。

国务院关于今年以来预算执行情况的报告

——2022 年 8 月 30 日在第十三届全国人民代表大会常务委员会第三十六次会议上

财政部部长　刘　昆

全国人民代表大会常务委员会：

受国务院委托，我向全国人大常委会报告今年以来预算执行情况，请审议。

一、预算执行基本情况

今年以来，面对复杂严峻的国际环境和艰巨繁重的国内改革发展稳定任务，在以习近平同志为核心的党中央坚强领导下，各地区各部门坚持以习近平新时代中国特色社会主义思想为指导，全面贯彻党的十九大和十九届历次全会精神，弘扬伟大建党精神，深刻认识“两个确立”的决定性意义，按照中央经济工作会议部署和《政府工作报告》安排，落实十三届全国人大五次会议关于预算的决议，坚持稳中求进工作总基调，完整、准确、全面贯彻新发展理念，加快构建新发展格局，推动高质量发展，全面落实疫情要防住、经济要稳住、发展要安全的要求，有效统筹疫情防控和经济社会发展，统筹发展和安全，加大宏观政策调节力度，持续做好“六稳”、“六保”工作，积极应对超预期因素冲击影响，深入实施扎实稳住经济一揽子政策措施，保持了经济社会发展大局总体稳定。在此基础上，预算执行情况较好。

（一）一般公共预算执行情况。

今年我国经济运行平稳开局，1—2 月全国一般公共预算收入同比增长 10.5%。3 月份受新一轮疫情和乌克兰危机等超预期因素影响，当月收入增速同比回落至 3.4%。4—5 月经济运行波动较大，叠加集中实施增值税留抵退税政策等影响，财政收入大幅下滑，按未扣除留抵退税因素的自然口径同比分别下降 41.3%、32.5%，扣除留抵退税因素后同口径分别下降 5.9%、5.7%。6—7 月随着主要经济指标全面回升，财政收入企稳回升，当月收入按自然口径同比分别下降 10.5%、4.1%，降幅明显收窄；扣除留抵退税因素后同口径分别增长 5.3%、2.6%。1—7 月，全国一般公共预算收入 124981 亿元，按自然口径同比下降 9.2%；扣除留抵退税因素后累计增长 3.2%，其中，中央一般公共预算收入 57441 亿元、增长 2.1%，地方一般公共预算本级收入 67540 亿元、增长 4.1%。具体看：

一是税收收入扣除留抵退税因素后略有增长，呈逐步恢复态势。1—7 月，全国税收收入按自然口径同比下降 13.8%，扣除留抵退税因素后增长 0.7%。分税种看，国内增值税扣除留抵退税因素后下降 0.2%，其中，7 月份当月增长 2.6%，增幅实现由负转正，主要是规模以上工业增加值、服务业生产指数等相关经济指标逐步改善。企业所得税同比增长 2.6%，其中，煤炭、原油等行业利润增长带动相关企业所得税较快增长。个人所得税同比增长 8.9%，其中，工资薪金所得税继续保持较快增长。车辆购置税同比下降 31.3%，其中 6、7 月份当月分别下降 39.8%、35.3%，主要是 6 月 1 日起实施部分乘用车减半征收车辆购置税政策。进口货物增值税、消费税同比增长 13.3%，主要是受大宗商品价格上涨等因素带动。出口退税比上年同期多退 2127 亿元，增长 21%，有力促进外贸出口平稳发展。

二是加大盘活资源资产力度，带动非税收入较快增长。1—7 月，全国非税收入 22314 亿元，同比增长 19.9%。其中，中央非税收入 2292 亿元，同比增长 73.3%，增量全部来自特殊增收，主要是原油价格上涨带动石油特别收益金专项收入增加、按规定恢复征收的银行保险业监管费入库等，拉高中央非税收入增幅 77 个百分点。地方非税收入 20022 亿元，同比增长 15.9%，其中，国有资源（资产）有偿使用收入增长 30%，国有资本经营收入增长 54%，两项合计拉高地方非税收入增幅 12 个百分点，主要是地方多渠道盘活闲置资产以及与矿产资源有关的收入增加。

三是受疫情、产业结构差异等因素影响，地区间财政收入分化比较明显。1—7 月，扣除留抵退税因素后，东部、中部、西部、东北地区收入同比增幅分别为 -1.3%、12.3%、16.2%、-4.5%。中西部地区收入增幅较高，主要是能源资源类行业增收带动，其中山西、内蒙古、陕西、新疆收入分别增长 40.8%、45.6%、32%、40.4%，持续保持较快增长态势。东部地区中,福建、山东、浙江、北京收入有所增长,扣除留抵退税因素后,增幅分别为3.6%、3.6%、3%、0.2%;此前受疫情影响较大的上海7月份增长11.2%,4月份以来首次实现正增长。

四是财政支出总体平稳,民生等重点领域得到有力保障。中央部门带头过紧日子,各地财政部门牢固树立“一盘棋”思想,将过紧日子要求贯穿预算执行全过程,既充分保障必要的支出需求,又从严从紧把好支出关口,硬化预算约束,严格控制一般性支出,全力保障重点领域支出。1—7月,全国一般公共预算支出146751亿元,同比增长6.4%,高于收入增幅。其中,中央一般公共预算本级支出18473亿元,同比增长6.4%;地方一般公共预算支出128278亿元,同比增长6.4%。分科目看,社会保障和就业支出22757亿元,同比增长5.5%;教育支出21837亿元,同比增长4.7%;卫生健康支出12668亿元,同比增长8.6%;农林水支出11985亿元,同比增长8.7%;交通运输支出7000亿元,同比增长13.1%;科学技术支出4973亿元,同比增长20.5%。

(二)政府性基金预算执行情况。

1—7月,全国政府性基金预算收入33384亿元,同比下降28.9%。其中,中央政府性基金预算收入2157亿元,同比下降8.4%;地方政府性基金预算本级收入31227亿元,同比下降30%,其中国有土地使用权出让收入同比下降31.7%。全国政府性基金预算支出64062亿元,同比增长29.8%。其中,中央政府性基金预算本级支出2719亿元,同比增长1.3倍,主要是向五大发电集团拨付部分可再生能源发电补贴资金;地方政府性基金预算支出61343亿元,同比增长27.4%,主要是各地加快地方政府专项债券发行使用,专项债券安排的支出增加较多。

(三)国有资本经营预算执行情况。

1—7月,全国国有资本经营预算收入1939亿元,同比下降3.1%。其中,中央国有资本经营预算收入942亿元,同比增长19.6%;地方国有资本经营预算本级收入997亿元,同比下降17.9%。全国国有资本经营预算支出1693亿元,同比增长22.4%。其中,中央国有资本经营预算本级支出992亿元,同比增长103.8%,主要是国有企业资本金注入;地方国有资本经营预算支出701亿元,同比下降21.8%。

(四)社会保险基金预算执行情况。

1—7月,全国社会保险基金预算收入58165亿元,同比增长8.8%,主要是企业社会保险缴费基数变化带来社会保险费收入增加。其中,中央社会保险基金预算收入186亿元,同比下降25.5%,主要是大部分在京中央国家机关及所属事业单位已于2021年完成机关事业单位基本养老保险实施准备期清算工作;地方社会保险基金预算收入57979亿元,同比增长9%。全国社会保险基金预算支出50720亿元,同比增长4.6%。其中,中央社会保险基金预算支出198亿元,同比增长1.3%;地方社会保险基金预算支出50522亿元,同比增长4.6%。截至7月底,基金累计结余112165亿元。

总的看,今年以来预算执行情况总体平稳,有力保障了党中央、国务院重大决策部署贯彻落实,推动经济运行企稳回升,稳住了经济社会发展基本盘。同时,财政运行和预算执行中也存在一些困难和问题,我们高度重视这些问题,将积极采取措施加以解决。

二、落实十三届全国人大五次会议预算决议情况

国务院有关部门认真贯彻预算法和《关于人大预算审查监督重点向支出预算和政策拓展的指导意见》,严格执行十三届全国人大五次会议批准的预算,按照积极的财政政策要提升效能,更加注重精准、可持续的要求,加大助企纾困力度,加快预算执行,发挥政府投资资金引导带动作用,推动财力下沉,盘活存量资金,保障重点支出,严肃财经纪律,各项政策举措靠前发力,促进稳定宏观经济大盘。

(一)加快实施新的组合式税费支持政策,着力稳市场主体。一是提前大规模退还增值税留抵税额。将所有符合条件的小微企业以及制造业、科研和技术服务、生态环保、电力燃气、交通运输等6个行业纳入政策实施范围,7月1日起进一步扩大到批发和零售业、农林牧渔业、住宿和餐饮业等7个行业,存量留抵税额一次性全额退还,增量留抵税额按月全额退还,全面解决了这些行业的留抵退税问题。加快留抵退税进度,坚决打击各种骗取退税行为,优先安排小微企业退税,微型、小型企业存量留抵税额分别于4月30日前、6月30日前集中退还,中型、大型企业存量留抵退税实施时间分别由原定的7月1日、10月1日起大幅提前至5月1日、6月1日起,6月30日前基本完成。4—7月,全国共为196.2万户纳税人办理留抵退税19395亿元,再加

上一季度继续实施此前出台的老政策退税1233亿元，1—7月共有20628亿元退税款退付到纳税人账户，为去年全年办理退税规模的3.6倍。强化留抵退税资金保障，中央财政在按现行税制负担50%退税资金基础上，从特定国有金融机构和专营机构依法上缴的近年结存利润中，再专门安排1.2万亿元一次性专项转移支付，支持基层落实退税减税降费和保就业保基本民生等，同时密切跟踪分地区退税进度，及时调拨留抵退税专项资金，有力保障各地留抵退税资金退付到位。二是聚焦小微企业和重点行业加大减税降费力度。1月1日起，对小微企业年应纳税所得额100万元至300万元部分，再减半征收企业所得税。将科技型中小企业研发费用加计扣除比例从75%提高到100%。允许中小微企业2022年度内新购置500万元以上设备器具按一定比例一次性税前扣除。延续实施部分个人所得税优惠以及科技企业孵化器、退役士兵就业创业等税收优惠政策。4月1日起对小规模纳税人阶段性免征增值税。此外，将阶段性缓缴社会保险费政策由5个特困行业扩围至其他17个困难行业，将养老保险费缓缴期限延长到2022年底，为更多市场主体减负纾困。

（二）加快财政支出进度，推动资金和政策尽早落地见效。一是加强预算下达和执行管理。全国人大批准预算后，中央财政当天即完成部门预算批复，同时抓紧下达转移支付预算，目前除据实结算等部分资金外，其他具备条件的转移支付已全部下达。密切跟踪地方和部门预算执行情况，督促指导强化预算执行管理，尽快形成实物工作量。加大财政存量资金盘活使用力度，对结余资金和连续两年未用完的结转资金按规定收回统筹使用。结合留抵退税、项目建设等需要做好资金调度、加强库款保障。二是完善常态化财政资金直达机制。将更多资金纳入直达范围，资金规模比去年增加约1.2万亿元。完善直达资金监控系统，紧盯资金分配、拨付、使用等关键环节，确保用在刀刃上、紧要处。截至7月底，中央财政已下达直达资金预算指标4.01万亿元，其中95%已由地方财政分配至资金使用单位，各地已安排项目38万余个，形成支出2.09万亿元，支出进度高于序时进度近7个百分点。三是全力保障基层财政平稳运行。严格落实“县级为主、市级帮扶、省级兜底、中央激励”原则，强化落实各级“三保”责任。中央对地方转移支付共安排近9.8万亿元，比去年增加约1.5万亿元，增幅达18%、比往年大幅提高。加强地方财政运行监测预警，将债务风险较高、库款保障水平较低、财力相对薄弱的地区作为重点，做到早发现、早介入、早处置，有效保障县区财政平稳运行，确保基层“三保”不出任何问题。四是更加注重资金使用绩效。批复预算时同步批复预算绩效目标，预算执行中既盯进度又盯绩效目标实现程度，发现问题及时纠偏，推动资金安全规范高效使用。出台中央部门预算管理绩效和地方财政管理绩效考核办法、社会保险基金预算绩效管理办法，强化激励约束。

（三）加快地方政府专项债券发行使用，带动扩大有效投资。一是尽早下达专项债券额度。经全国人大常委会授权，2021年12月提前下达地方2022年新增专项债券额度1.46万亿元。今年全国人大批准预算后抓紧下达剩余额度，3月底前用于项目建设的3.45万亿元专项债券额度已全部下达完毕。督促各地区抓紧履行预算调整程序，将新下达限额尽快分解至市县。二是优化专项债券额度分配和投向领域。坚持“资金跟着项目走”，充分考虑各地财力状况、债务风险水平、项目前期准备工作等因素，分配时向偿债能力强、项目多储备足的地区倾斜，适当提高资金使用集中度，坚决不“撒胡椒面”。在重点用于支持交通、能源、生态环保、保障性安居工程等九个领域项目建设基础上，将新型基础设施、新能源项目等纳入支持范围。三是推动专项债券发行使用提速。协调不同地区发债节奏，与金融部门共同为债券发行创造良好市场环境。中央财政接受地方委托代办发债操作，确保地方发债工作不受疫情影响。允许先行调度库款用于预算已经安排的专项债券项目建设，债券发行后及时归垫。四是做好与信贷资金的有效衔接。用好用足专项债券作为重大项目资本金政策，发挥政府投资“四两拨千斤”的撬动作用。在依法合规、风险可控的前提下，引导商业银行对符合条件的专项债券项目建设主体提供配套融资支持，满足项目资金需要。稳妥推进专项债券合理补充中小银行资本金。截至7月底，各地共发行新增专项债券3.47万亿元（含部分2021年结转额度），支持了一大批补短板、增后劲、惠民生项目建设。

（四）支持深入实施创新驱动发展战略，保障产业链供应链安全稳定畅通。一是支持提升科技创新能力。健全鼓励基础研究、原始创新的体制机制，持续增加基础研究投入。保障好关键核心技术攻关资金需求，推动重大科技项目加快组织实施。继续推进国家实验室建设、国家重点实验室体系重组，支持科研机构和高水平研究型大学更好发挥作用。深入推进科技经费管理改革，为科研人员潜心研究营造良好环境。推动中小企业“专精特新”发展，新增支持543家国家级专精特新“小巨人”企业。二是支持增强产业链供应链韧性。增加产业基础再造和制造业高质量发展专项资金投入，大力支持工业强基、智能制造、新材料等领域补链强链。发挥国家中小企业发展基金等作用，聚焦新一代信息技术、高端装备、生物医药、新能源等重点产业领域，引导社会资本扩大对中小企业股权投资规模。支持做好煤炭、石油、天然气等重要能源保供稳价工作，保障成品油安全稳定供应。三是促进交通物流保通保畅。阶段性实施国内客运航班运行财政补贴政策，支持民航业安全稳定和纾困发展。集中力量支持一批国家综合货运枢纽补链强链，降低综合运输成本。支持实施县域商业建设行动，健全县乡村物流配送体系。从今年5月至年底，对纳税人为居民提供必需生活物资快递收派服务取得的收入免征增值税。

（五）加强粮食安全保障，扎实推进乡村振兴战略。一是支持巩固提升粮食生产能力。支持新建高标准农田1亿亩，将黑土地保护性耕作面积扩大到8000万亩。开展农机研发制造推广应用一体化试点和农机购置与应用补贴试点，大力推广北斗智能终端在农业生产领域应用。对实际种粮农民分两批发放一次性补贴300亿元，缓解农资价格上涨等影响。适当提高稻谷、小麦最低收购价水平，稳定玉米、大豆生产者补贴和稻谷补贴政策，推动稻谷、玉米、小麦三大粮食作物完全成本保险和种植收入保险政策对13个粮食主产省份产粮大县全覆盖。实施小麦“一喷三防”补贴政策，助力加强农业灾害防治，保障粮食稳产丰收。二是支持全面巩固拓展脱贫攻坚成果。中央财政衔接推进乡村振兴补助资金继续增加，进一步支持巩固脱贫攻坚成果。督促各地切实用好补助资金，截至6月底支出进度为55.8%。及时调整优化补助资金使用管理，优先支持联农带农富农产业发展，完善产业项目利益联结机制，并向防止返贫监测对象倾斜。三是支持有序推进乡村建设。持续支持整治乡村人居环境，建设宜居宜业美丽乡村。支持加快乡村产业发展，推动新创建50个国家现代农业产业园、40个优势特色产业集群、200个农业产业强镇。深入推进农村综合性改革试点试验，支持发展村级集体经济。继续实施农村公益事业财政奖补，改善农村生产生活条件。

（六）坚持推动绿色低碳发展，促进生态环境持续改善。一是支持深入打好污染防治攻坚战。增加大气污染防治资金规模，新增25个城市纳入北方地区冬季清洁取暖支持范围。以长江、黄河等流域为重点，协同推进水污染治理与水生态保护。保持土壤污染防治专项资金投入力度，强化源头防控和修复治理。落实好增值税、所得税等优惠政策，培育发展节能环保产业，鼓励市场主体参与污染防治。二是支持加强生态系统保护和修复。截至7月底，中央财政已下达重点生态功能区转移支付982亿元，引导地方加大生态保护力度。支持启动实施山水林田湖草沙一体化保护和修复工程，以及历史遗留废弃矿山生态修复示范工程，整体提升重点生态地区生态系统质量。支持科学开展大规模国土绿化行动，加强草原、湿地、海洋等生态系统保护修复。推动完善重点流域横向生态保护补偿机制，形成流域生态保护者和受益者良性互动局面。三是支持稳步推进碳达峰碳中和工作。出台财政支持做好碳达峰碳中和工作的意见，建立健全促进资源高效利用和绿色低碳发展的财税政策体系。通过中央财政科技计划、专项、基金等，支持碳达峰碳中和领域科技研究。完善政府绿色采购标准，持续加大相关产品采购力度。用好清洁能源发展专项资金，鼓励非常规天然气开采增产上量。

（七）持续加大民生投入，坚决兜牢基本民生底线。一是支持做好常态化疫情防控。坚持人民至上、生命至上，坚持“外防输入、内防反弹”总策略和“动态清零”总方针，及时安排经费支持科学快速处置局部突发疫情。强化对疫苗接种、药物研发等资金保障，确保不因资金问题影响疫情防控和医疗救治。二是多措并举稳岗位保就业。及时下达就业补助资金，支持落实各项就业创业扶持政策。加大失业保险稳岗返还力度，将大型企业返还比例由30%提至50%、中小微企业由60%提至最高90%。今年新增国家融资担保基金再担保合作业务规模1万亿元以上，扩大政府性融资担保对小微企业的覆盖面，深入落实中央财政小微企业融资担保降费奖补政策。加大政府采购支持中小企业力度，提高小微企业价格扣除比例，将面向中小企业的工程项目预留采购份额阶段性提高至40%以上。通过发放一次性补贴、加大以工代赈力度，推动高校毕业生、农民工等重点群体就业。三是稳步提高社会保障水平。进一步推动义务教育优质均衡发展和城乡教育一体化，大力支持学前教育、职业教育、高等教育发展。中央财政下达学生资助补助经费688.5亿元，帮助家庭经济困难学生不因贫失学辍学。阶段性免除经济困难高校毕业生国家助学贷款利息并允许延期还本，预计可惠及400多万毕业生。稳步实施企业职工基本养老保险全国统筹，将退休人员基本养老金再上调4%，城乡居民基础养老金最低标准提高至98元，确保养老金按时足额发放。城乡居民医保人均财政补助标准提高至610元，基本公共卫生服务经费人均财政补助标准提高至84元。健全分层分类的社会救助体系，及时下达困难群众救助补助资金，落实好社会救助和保障标准与物价上涨挂钩联动机制，兜牢困难群众基本生活底线。

三、下一步财政重点工作安排

面对复杂严峻的国内外形势和诸多风险挑战，我们将在以习近平同志为核心的党中央坚强领导下，认真贯彻党中央、国务院决策部署，坚持稳中求进工作总基调，全面落实疫情要防住、经济要稳住、发展要安全的要求，高效统筹疫情防控和经济社会发展，更好统筹发展和安全，发挥中央和地方两个积极性，落实落细扎实稳住经济一揽子政策措施，继续做好“六稳”、“六保”工作，宏观政策要在扩大需求上积极作为，巩固经济回升向好趋势，着力稳就业稳物价，保持经济运行在合理区间，力争实现最好结果。重点做好以下工作：

（一）落实落细积极的财政政策。继续实施好各项组合式税费支持政策，进一步释放留抵退税政策红利，严厉打击骗取退税违法犯罪行为，坚决查处乱收费、乱罚款、乱摊派，帮助市场主体特别是中小微企业、个体工商户恢复活力。认真研究解决市场主体反映的突出问题，督促地方加强政策配套，挖掘自身潜力加大支持力度。进一步加强预算执行管理，加快资金拨付和支出进度，将绩效理念和方法贯穿全过程，管好用好直达资金，尽早释放资金、政策效应。坚持政府过紧日子，严格落实压减非急需非刚性支出，对低效和沉淀资金按规定收回，严禁违规建设楼堂馆所、搞政绩工程形象工程、铺张浪费等，腾出更多资金用于稳市场主体稳就业保基本民生。

（二）加强重大战略任务财力保障。坚持问题导向，持续支持推动突破重点领域“卡脖子”关键核心技术，助力企业加强技术研发攻关，不断提升科技创新能力。支持统筹推进乡村发展、乡村建设、乡村治理重点工作，牢牢守住保障国家粮食安全底线。落实好支持京津冀协同发展、粤港澳大湾区建设、黄河流域生态保护和高质量发展、海南自由贸易港建设等相关财税政策，促进区域协调发展。支持大力发展可再生能源，引导国内油气增储上产，做好能源保供稳价工作。支持健全应急保障机制，完善国家储备体系和市场调节机制。

（三）切实保障基本民生。积极应对疫情、灾情等影响，及时帮扶失业人员和需纳入低保的对象、临时遇困人员等，在保障和救助上该扩围的扩围，应保尽保、应兜尽兜，保障好困难群众基本生活。巩固拓展脱贫攻坚成果，加快全面推进乡村振兴，确保不出现规模性返贫，持续改善脱贫群众生产生活条件。拓宽市场化就业渠道，通过社保补贴、创业贷款、税费减免等鼓励企业吸纳就业，落实引导毕业生到基层就业的优惠政策，千方百计稳定和扩大就业。继续保障养老金按时足额发放，做好义务教育、基本医疗、基本住房等民生工作。结合推进省以下财政体制改革，提高基层财政保障能力，兜牢兜实基层“三保”底线。

（四）强化地方政府债务管理。用好地方政府专项债券资金，支持地方政府用足用好专项债务限额。压实主管部门和项目单位责任，实施支出进度通报预警机制，推动尽快形成实物工作量。常态化开展专项债券资金使用管理核查，严格落实专项债券负面清单管理要求，对违规使用专项债券的地区实施扣减新增限额、收回闲置资金等措施。加强部门信息共享和协同监管，保持监管高压态势，压实地方政府责任，坚决遏制隐性债务增量。指导地方统筹资金资产等各类资源，稳妥化解隐性债务存量，逐步降低债务风险水平。健全问责机制，对违规举债、化债不实的，督促有关地方和部门严肃追责问责、形成震慑。认真落实《关于加强地方人大对政府债务审查监督的意见》，配合做好人大对政府债务审查监督工作。

（五）进一步严肃财经纪律。严格执行预算法及其实施条例，依法依规组织预算收入，强化预算对执行的控制。加快推进预算管理一体化系统全面运行，提高各级预算管理规范化、科学化、标准化水平和透明度。围绕党中央、国务院重大决策部署加强监督检查，推动重大财税政策落实到位。持续规范财务审计秩序，加大对财务造假等违法违规行为处罚力度，大力推动行业诚信建设，促进注册会计师行业健康发展。深入开展地方财经秩序专项整治行动，清理整治一批违反财经纪律的突出问题，让财经纪律成为不可触碰的“高压线”。完善财会监督体系和工作机制，强化财会监督与其他监督贯通协调，充分运用“互联网+监管”、大数据等现代信息技术手段，提高监督能力和实效。

（六）扎实整改审计查出问题。对审计查出问题列出清单，督促有关地方、部门和单位负起整改主体责任，逐条制定方案尽快整改，对性质恶劣的依法严肃惩处、以儆效尤，同时坚持举一反三、标本兼治，深入剖析普遍性问题、反复出现问题的原因，完善制度规范，强化制度执行的内外部监管和审计，努力做到“治已病、防未病”。通过适时开展“回头看”、对整改情况进行专项审计等方式，确保整改到位，促进财政资金规范安全使用。整改结果按程序报批并向全国人大常委会报告后向社会公开。

我们将更加紧密地团结在以习近平同志为核心的党中央周围，坚持以习近平新时代中国特色社会主义思想为指导，增强“四个意识”、坚定“四个自信”、做到“两个维护”，切实把思想和行动统一到党中央、国务院关于经济形势的分析判断和决策部署上来，按照十三届全国人大五次会议的有关决议要求和全国人大常委会审议意见，主动接受全国人大监督，坚定信心、担当作为，以“时时放心不下”的责任感，扎实做好财政改革发展各项工作，以实际行动迎接党的二十大胜利召开，为全面建设社会主义现代化国家、实现第二个百年奋斗目标作出新贡献！

对今年以来预算执行情况报告的意见和建议

9月1日，十三届全国人大常委会第三十六次会议审议了国家发展和改革委员会主任何立峰受国务院委托作的关于今年以来国民经济和社会发展计划执行情况的报告、财政部部长刘昆受国务院委托作的关于今年以来预算执行情况的报告，共有16人次发言。现根据会议发言情况，将常委会组成人员和列席人员对预算执行情况报告的主要意见整理如下。

出席人员普遍认为，今年以来，面对复杂严峻的国际环境和艰巨繁重的国内改革发展稳定任务，在以习近平同志为核心的党中央坚强领导下，国务院和地方各级政府深入贯彻落实党中央决策部署，认真落实十三届全国人大五次会议关于预算的决议要求，有效统筹疫情防控和经济社会发展，积极应对超预期因素冲击影响，实施扎实稳住经济一揽子政策措施，保持了经济社会发展大局总体稳定，预算执行情况总体较好。大家强调，要充分认识今年以来经济运行呈现的积极变化，坚持稳中求进工作总基调，坚定做好全年经济工作的信心；同时也要充分认识稳经济面临的严峻形势，科学有效应对风险挑战，遵循规律、攻坚克难，进一步突出财政政策重点，发挥内需支撑作用，着力稳就业稳物价，保持经济运行在合理区间，力争达到预期效果。审议中，大家还提出了一些具体意见和建议。

一、进一步提高财政政策效能

有的出席人员认为，应加强经济走势预研预判，做好跨周期调节和前瞻性调控，统筹用好财政政策与货币政策，提高政策精准度，确保经济持续稳定恢复。有的出席人员提出，在财政收支紧张的背景下，提高财政资金使用效益显得尤为重要。建议有关部门深入落实“全方位、全过程、全覆盖”绩效管理工作要求，健全绩效目标管理体制机制，压减非重点非刚性、进度慢绩效低的项目支出，促进财政资金的规范使用、科学使用、有效使用。有的出席人员指出，越是经济困难时期越应严肃财经纪律，查处乱收税费、偷逃骗税问题需持续用力，不能松劲。有的出席人员提出，受新冠疫情、俄乌冲突影响，完成今年年初全国人民代表大会批准的全部预算指标难度较大。建议尽快对预算调整的必要性和可行性进行调研，若有必要调整，应依法提请全国人大常委会审查批准。

二、着力保障重点领域支出

有的出席人员认为，目前部分县级政府财政收支矛盾较为突出。建议加强县级财政运行研判分析和预警，高度关注经济欠发达地区县级财政状况，加大财政保障力度，留足政策落地、资金到位的提前量，确保基层“三保”不出问题。有的出席人员提出，应进一步优化民生领域支出结构，集中精力搞好兜底性的民生建设项目。有的出席人员认为，应多措并举稳岗位促就业，落实好阶段性缓缴社会保险费等政策，提高失业保险返还比例，加大鼓励吸收高校毕业生、16到24岁年轻人等重点群体就业的财政政策力度。有的出席人员认为，应重点关注今年受疫情、旱涝灾害影响较大的省份、行业、企业发展状况，采取财政、税收等方式帮助其渡过特殊困难时期。有的出席人员提出，有条件的地方应研究发放消费券等措施，支持餐饮、旅游等行业尽快恢复。有的出席人员指出，一些地区农用基础设施建设相对薄弱，受今年旱涝灾害影响损失较大。建议进一步加大农业领域投入，着力打造信息化、智能化农用基础设施，增强抗灾能力，提高农业产出。有的出席人员认为，应尽快完成剩余中央基建投资计划，加快资金拨付，支持推进国家重大工程项目建设和新一代新冠疫苗、治疗药物研发进程。

三、切实防范化解重大风险

有的出席人员指出，今年以来地方政府债务偿还和隐性债务控制存在较大压力，建议进一步加强地方政府专项债及项目的合规性审核，围绕债务规模和结构、资金使用和偿还情况等做好风险评估预警；加强省级统筹，坚决遏制新增地方政府隐性债务。有的出席人员说，这两年一大批地方政府债务陆续到期，按时偿还有难度，建议有关部门提早谋划，形成预案，防范地方政府债务出现集中违约的问题。有的出席人员认为，专项债不纳入公共预算和赤字预算管理，风险在当期财政收支中常常被忽视。建议进一步健全专项债管理机制，根据项目运营期限、收益实现规律，通过偿债计划或发行人选择权等方式，实现灵活偿债，化解风险。有的出席人员认为，规范地方政府专项债，应坚持有保有压。对于同脱贫攻坚紧密相关或对当地经济社会发展有显著促进作用的开发性项目，应坚定给予支持，通过债务“新老划段”等方式支持项目建设融资；对于一些地方将资金投向没有效益的形象工程及楼堂馆所建设，则应严格禁止。

国务院关于2021年度中央预算执行和其他财政收支审计查出问题整改情况的报告

——2022 年 12 月 28 日在第十三届全国人民代表大会常务委员会第三十八次会议上

审计署副审计长　王本强

全国人民代表大会常务委员会：

我受国务院委托，向全国人大常委会报告 2021 年度中央预算执行和其他财政收支审计查出问题的整改情况，请审议。

党中央、国务院高度重视审计查出问题的整改工作。习近平总书记多次作出重要指示批示，要求各有关部门和单位自觉接受审计，严肃认真整改审计发现问题，做好审计工作“下半篇文章”。李克强总理主持召开国务院常务会议部署审计整改工作，要求逐条制定方案尽快整改。根据党中央、国务院决策部署，2021 年度审计整改工作通过全面整改、专项整改、重点督办 3 种方式进行，将《国务院关于 2021 年度中央预算执行和其他财政收支的审计工作报告》（以下简称《审计工作报告》）反映的所有问题及提出的建议全部纳入整改范围。审计署按立行立改、分阶段整改、持续整改明确整改要求，向 140 个地方、部门和单位印发整改通知，由其全面落实审计整改责任。国务院办公厅将审计整改情况纳入国务院第九次大督查开展专项督查，审计署开展整改情况专项审计，从不同角度对审计整改进行督促检查。现将有关情况报告如下：

一、2021 年度审计整改工作部署和成效

各地区各部门各单位坚持以习近平新时代中国特色社会主义思想为指导，深入贯彻习近平总书记关于审计整改工作的重要指示批示精神，认真落实《关于建立健全审计查出问题整改长效机制的意见》各项规定，严格执行十三届全国人大常委会第三十五次会议有关审议意见，抓紧抓实国务院各项工作部署，审计整改工作进展顺利、成效显著。

（一）政治站位更高，整改责任压得更实。31 个省[①]本报告对省级行政区统称为省，地市级行政区统称为市，县区级行政区统称为县。和新疆生产建设兵团主要负责同志认真履行审计整改第一责任

① 本报告对省级行政区统称为省，地市级行政区统称为市，县区级行政区统称为县。

人的责任，通过主持召开党委常委会会议、政府常务会议和专题会议、作出批示等，对审计整改工作直接抓、直接管，有的与巡视整改、督查考核等工作协同推进。主管部门认真履行监督管理责任，在督促被审计单位整改的同时，坚持举一反三，一体推动揭示问题、规范管理、促进改革。

（二）审计整改总体格局初步成型，贯通协作更加顺畅。全面整改、专项整改、重点督办3种方式相结合的审计整改总体格局，既把握总体、努力做到全覆盖，又突出重点、以重点问题深入整改引领全面整改推进。有关部门在承担整改任务的基础上，积极推动健全贯通协作机制。财政部、国资委、银保监会等部门常态化开展整治财经领域重大信息虚假问题。一些地方完善省、市、县三级联动机制，建立多部门参与的联席会议或会商机制，重点推动解决跨部门跨领域的重点难点问题。

（三）整改成效更加显著，重大问题整改取得实质性突破。截至2022年9月底，《审计工作报告》反映的6639个问题中，要求立行立改的问题有4412个（占4573个此类问题的96%）已整改到位，比上年提高1个百分点；要求分阶段整改的问题有1162个（占1496个此类问题的78%）已完成整改；要求持续整改的问题（共570个）均制定了措施和计划。有关地方、部门和单位已整改问题金额6632.74亿元，制定完善相关规章制度2800多项，追责问责1.4万人，纠治了一些阻碍改革发展和长期未解决的顽瘴痼疾。

二、审计查出问题的整改情况

有关地方、部门和单位采取多种方式加强审计整改：中央财政通过收回结余资金、调整投资计划、加快拨付等整改1287.22亿元，中央部门和所属单位通过加强预算管理、清理违规收费等整改24.62亿元，各地通过追缴退回、统筹盘活、补发待遇、落实税收优惠政策等整改2358.79亿元，央企和部门所属企业（以下简称部属企业）通过调整账目、加强投资管理等整改1575.34亿元，金融机构通过清收贷款、调整贷款分类等整改1386.77亿元。主要情况是：

（一）中央财政管理审计查出问题的整改情况。已整改1473.23亿元，完善制度95项，处理处分7人。

1. 关于中央决算草案个别事项编报不够完整的问题。财政部已在2021年中央决算草案中反映了中央财政专户资金余额情况；部署编制2023年部门预算时，要求有关部门将国外定向无偿援助收入纳入预算，并在预算草案中予以披露。

2. 关于财政资源统筹仍需向纵深推进的问题。

一是对部分国有资本收益应缴未缴问题。3个部门加强对所属6户企业国有资本收益审核，其中5户已补缴或正在履行补缴程序。对未纳入预算管理的部属企业，财政部推进国有资本经营预算扩围，新增纳入600多户，并指导中央部门做好国有资本收益申报、审核、上缴等工作。

二是对项目结转结余资金统筹规定执行不严格问题。有关部门和所属单位制定未上交项目结余资金的清理方案，涉及的9068.01万元中有6322.9万元已上交财政。对向存在大量结转资金的项目继续安排预算问题，财政部督促中央部门将项目结转资金全部纳入下年预算，收回3个部门项目结余30.26亿元，并压减2022年项目预算。未统筹使用的164.19亿元中，有143.98亿元财政部将统筹用于“十四五”规划重点项目，20.21亿元根据需要尽快安排。

三是对财政收支统筹兼顾不够问题。对闲置的54.48亿元专项资金，有关部门和所属单位加快支出进度，同时将其中的30.18亿元上交财政。对多申领的11.78亿元专项资金，已通过上交财政等全部整改完毕。对未纳入部门预算的34.36亿元，已编入或拟编入部门预算。未纳入预算管理的24家所属单位中，已有16家纳入预算编报范围。未上缴财政的5.03亿元非税收入中，有4.85亿元已上缴。

四是对四本预算之间不衔接问题。财政部完善国有资本经营预算与一般公共预算统筹衔接机制，2022年将国铁集团政策性补贴、政府投资基金注资等只通过国有资本经营预算安排。财政部梳理并调整彩票公益金和一般公共预算同时支持的具体项目，将2022年中央彩票公益金用于社会福利事业支出方向，避免与一般公共预算相关领域重复安排；2023年中央彩票公益金拟不再安排医疗救助和法律援助项目，同时进一步明确对残疾人事业的支持重点。

3. 关于中央财政支出分配投向和使用效果还不够精准优化的问题。

一是对中央本级部分支出效率不高问题。对科研专项存在“钱等项目”问题，财政部督促有关部门进一步优化相关科研项目管理流程，压缩行政管理时间，2022年项目指南于4月中旬发布，比上年提前1个月；截至9月底已拨付经费114.14亿元，支出进度同比提高约10个百分点。对基本科研业务费支持范围固化问题，财政部开展专题调研，启动调整基本科研业务费支持范围研究工作，拟在2023年预算中作出调整。对部分支出管理不规范问题，财政部大幅压缩国有资本经营预算年初未细化资金规模，在执行中将未细化资金统筹用于能源电力保供、航空运输企业纾困等急需领域。发展改革委要求申报单位加强项目成熟度审核，督促加快项目前期工作进度，跟踪投资计划执行情况；对77个项目未支出的46.09亿元，已支出22.07亿元。

二是对转移支付分配管理不够精准合理问题。 针对少数直达资金使用效果有待提升问题，财政部印发通知，督促地方落实直达资金管理要求，调整相关补助分配方案，避免闲置浪费。审计查出的问题资金中，有关地方已整改752.02亿元，并完善制度10项。其中：对分配下达不及时不精准问题，通过加快资金分配下达、提高发放精准度等整改684.22亿元；对违规拨付资金问题，通过收回超进度拨付资金、加快项目建设等整改56.28亿元；对违规使用资金问题，已追回资金重新安排使用或调整资金用途3.54亿元；对资金闲置问题，已使用或拨付7.98亿元。

针对部分资金分配不规范问题，财政部、发展改革委与行业主管部门建立会商机制，加强行业规划、项目计划与预算安排的统筹衔接，改进资金分配方法、加快拨付使用，已整改379.65亿元，完善制度14项，共涉及34项转移支付和12个投资专项。其中：对分配程序不严谨问题，有关部门修订"三重一大"事项清单，明确转移支付资金分配的决策程序。财政部印发进一步规范转移支付分配管理的意见，在分配下达2022年转移支付时，加强基础数据校核查验。对分配与实际脱节问题，医保局会同财政部统计各省"医疗服务与保障能力提升补助"存量资金情况，要求地方定期清理，在分配2022年补助时与预算执行进度挂钩。对分配结果小散问题，商务部会同财政部研究优化"外经贸发展资金"补助方式，要求地方聚焦关键领域、设定补贴条件、控制项目数量，集中财力支持重点外向型产业、重要对外开放载体及提质增效示范项目。

针对中央投资专项下达不及时、跟进督促不到位问题，发展改革委督促地方加强项目储备，进一步优化流程，加快工作节奏，截至9月底2022年投资计划已下达4746亿元，占全年的95.9%；跟进督促地方管理使用情况，要求各地发展改革部门及时分解投资计划、加强与同级财政部门的沟通衔接，加快资金拨付进度。目前1个项目已购置设备33台套，3个项目调整超限超概算建设面积9886平方米。

此外，对违规使用地方政府专项债券资金问题，5个地区通过归还原渠道、推动形成实物工作量等整改14.76亿元；对债券资金闲置问题，33个地区已使用171.25亿元，其余45.75亿元正按程序调整用途等。对以上问题，财政部印发通知，要求各地按规定对责任单位和责任人进行处理处罚；有关地区已问责处理14个单位和15名责任人。

（二）中央部门预算执行审计查出问题的整改情况。25个部门和121家所属单位已整改24.62亿元，完善制度68项，处理处分33人。

1. 关于违规使用财政资金的问题。对无预算、超预算支出等问题，已归还原渠道、调整账目及决算等2277.03万元。对超进度支付、以拨作支等问题，已收回各类非必要预付款等175.11万元。对增加一般性支出问题，已冲回挤占经费或补付转嫁摊派费用等3330.79万元。对违规出借资金、购买理财等问题，已收回或到期兑付6.34亿元。对违规采购问题，采取终止原合同、重新组织招标或签订补充协议等整改2186.54万元。

2. 关于依托部门职权或行业资源违规收费的问题。有关部门和所属单位已停止培训和收费，退还205.47万元；取消论坛庆典、评比表彰等活动，完善制度2项；停止有偿新闻等活动，上缴或退回违规所得79.15万元，完善制度9项。

3. 关于公务用车改革仍需深化的问题。有关部门和所属单位已处置超编公务用车15辆，清退超标准购置的公务用车4辆，退还占用所属单位及民营企业的汽车48辆，纠正以长租方式变相配备公务用车问题；未完成公车改革的5家所属单位中，4家已完成车改方案审批及11辆公务用车的划转处置，另1家的车改方案已报批。

（三）重大项目和重点民生资金审计查出问题的整改情况。

1. 关于重大项目审计查出的问题。一是北京冬奥会和冬残奥会跟踪审计方面，审计查出的549个问题中，有540个已完成整改，完善制度61项。对整改中的9个问题，建设单位正与有关地方和部门加强沟通、妥善解决。二是港珠澳大桥建设审计方面，竣工决算草案编制和工程价款结算不准确不真实的17.53亿元已全部整改完毕，有关部门根据审计结果调减决算投资16.78亿元、调增0.75亿元，完善制度4项。

2. 关于重点民生专项资金审计查出的问题。已整改1778.6亿元，完善制度1255项，处理处分

2995 人。

(1)基层“三保”、就业补助审计方面。已整改19.97 亿元,完善制度 13 项。一是对基层“三保”问题。13 省 35 县通过重新安排追缴退回的资金、统筹盘活等,落实“保基本民生”个人补助 9.22 亿元。7 省 12 县归还垫资或追回被挤占挪用的资金 5.52亿元。二是对稳就业相关政策落实不严格问题。8省责成有关高校和部门进一步核实毕业生就业情况,明确就业数据统计责任。对挪用就业补助资金和失业保险基金问题,5 省通过归还原渠道、完善制度等整改 5.04 亿元。7 省核查挂靠参保、虚构劳动关系骗保等问题,被骗取的 1898.44 万元失业保险金等已全部追回。

(2)困难群众救助补助资金审计方面。已整改38.69 亿元,完善制度 1015 项,追究 2620 人刑事责任或给予党纪政务等处理处分。一是对民生救助底线未兜住兜准兜好问题。兜住底方面,31 省已将7 万多名符合条件人员纳入生活救助范围;将 10 万余名困难群众纳入医疗救助范围,并通过补发待遇等整改 1.16 亿元。兜准底方面,对发放给财产超标人员的救助资金,28 省已追缴退回或挽回损失等1.38 亿元;各地取消 6 万多名不符合条件人员的救助资格,已追缴退回资金等 8919 万元;重复发放的资金中,已追回或上缴财政等 2011 万元。兜好底方面,有关地方结合救助资金结余情况,适度提高城乡低保标准和城乡特困基本生活标准,并建立动态调整机制。二是对挤占挪用和骗取套取问题。19.74 亿元问题金额中,已追缴退回或上缴财政11.27 亿元,其余资金通过调整账表等完成整改。

(3)住房公积金和住宅专项维修资金审计方面。已整改 123.42 亿元,完善制度 55 项,处理处分48 人。一是对维修资金低息存储和多头管理问题。住房城乡建设部指导各地结合维修资金收支余等情况,合理确定使用需求,提高定期存款占比,探索委托专业机构投资运营维修资金,促进保值增值;加强与有关部门沟通协调,推动优化维修资金政府代管机构设置。二是对公积金违规放贷问题。已全部完成整改,其中:6 省提前收回向购买第 3 套及以上住房人员发放的贷款 1.18 亿元,8 省出台禁止向 3 套及以上住房发放贷款等制度 31 项;8 省制定修订第 2 套住房贷款利率等制度 9 项;9 省提前收回向公积金贷款未结清人员再次发放的贷款7068.93 万元,完善加强贷款审核等制度 15 项。

(4)巩固拓展脱贫攻坚成果同乡村振兴有效衔接审计方面。已整改 7.14 亿元,完善制度 81 项,处理处分 50 人。

一是对一些地区防止返贫致贫工作不扎实问题。住房保障方面,四川凉山州盐源县制定抗震、危房、避险搬迁改造实施方案,逐一核实审计指出的 379 间房屋安全性,对鉴定为危房的实施改造。义务教育和医疗保障方面,3 县已向 148 名困难学生发放生活补助 34.75 万元,1 县从 2022 年起直接向困难学生发放生活补助;17 县通过补缴保费、加大排查力度、加强宣传等方式,使 4523 名脱贫群众基本医疗保险实现续保。防止返贫监测帮扶方面,乡村振兴局制发防止返贫动态监测和帮扶机制工作指南,组织各地开展集中排查。4 县根据防止返贫监测对象的实际劳动能力,对给予低保、安排就业等帮扶措施作出调整;18 县将标注为“风险消除”的防止返贫监测对象重新识别纳入监测范围,并采取相应帮扶措施。

二是对部分产业就业帮扶项目效果不佳问题。乡村振兴局制定指导意见,健全完善帮扶项目联农带农机制;34 县督促合作企业或经营主体履行帮扶承诺,收回投入资金或兑现分红 1.78 亿元,促进就业 987 人。对效益较差的项目,乡村振兴局指导地方防范化解产业发展风险;40 县分类盘活资产,通过调整项目经营方向、拓展市场渠道等支持当地特色产业发展。对就业帮扶措施执行走样问题,22 县已解聘吃空饷或顶岗人员 1828 人,追缴资金 60.38万元;7 县已将 2704.09 万元工资发放到位;11 县加强培训管理,对存在凑人数等问题的培训机构进行通报,追回补助资金 35.32 万元。

三是对少数政策衔接滑坡断档问题。财政部等 6 部门联合印发《关于加强中央财政衔接推进乡村振兴补助资金使用管理的指导意见》(财农〔2022〕14 号),进一步明确对重点帮扶县给予倾斜支持。3 县积极争取上级补助,加大涉农资金统筹整合,投入规模较上年有所增加;2 县与金融机构续签合作协议,2022 年 1—9 月小额信贷发放额同比上升。

四是对农厕整改中的形式主义和弄虚作假问题。农业农村部会同乡村振兴局组织开展全国问题户厕摸排整改“回头看”,以“四不两直”方式对15 省摸排整改情况进行跟踪调研,推动整改取得实效。对选择性摸排问题,1 县成立专门工作组,全面复核辖区内农村户厕。对纸面摸排问题,1 县已完成辖区内行政村的逐户摸排,改建问题户厕,达到可用标准。对层层瞒报问题,黑龙江派出 10 个督导组赴哈尔滨市双城区驻村督导,截至 9 月底,除 7 个户厕因地下水位高暂不具备整改条件外，其余已完成整改。

(5)种业发展相关资金和政策落实审计方面。已整改 9392.09 万元，完善制度 50 项，处理处分 3 人。

一是对种业振兴基础工作不扎实问题。对种质资源家底不清问题，农业农村部正在研究制定农作物种质资源登记细则，明确可登记的资源类型和程序；各地与农业农村部、国家作物种质库(圃)对接移交种质资源，新增入库资源明显增加。对种质资源保管不善问题，13 个种质资源库升级改造保存设施，开展种质活力监测及更新工作；加快实施保种能力建设工程，3 个保种场种群数量得到恢复。对种质资源开发利用不足问题，农业农村部启动农作物种质资源大数据平台建设，完善种质资源利用情况强制反馈和通报措施。

二是对育种创新研发机制存在短板问题。对育种研发周期与项目周期错配问题，科技部制定实施规范，在“十四五”国家重点研发计划中，采取滚动支持方式，对农业生物育种等项目实行长期稳定支持。加强科研项目成果审核把关，对立项之前的研发成果予以剔除。对育种审定程序执行不严问题，农业农村部修订主要农作物品种审定办法，严格品种审定条件、程序等，组织各省对近 3 年品种审定工作进行自查，强化试验监管。国家农作物品种审定委员会印发通知，要求严格落实品种审定回避制度。

三是对种子稳产稳供能力亟待加强问题。农业农村部调整制种基地认定标准，发布新一轮认定结果，对存在政策落实不到位等问题的县调减支持规模或暂停奖励；有关地方加强制种基地基础设施建设，对“非粮化”制种田制定有序退出措施。对救灾备荒种子应急保障能力不足问题，农业农村部要求各省 2023 年底前建立省级救灾备荒种子储备制度；广东省已增加省级蔬菜种子储备量。对承储企业品种不实等问题，农业农村部将储备质量不达标的企业纳入“黑名单”，要求各地对有关承储企业进行调查，目前有 19 户企业已通过完善管理办法、专库存储等完成整改。

(6)农业保险费补贴资金审计方面。已整改 43.88 亿元，完善制度 37 项，处理处分 15 人。

一是对保险覆盖率和保额标准偏低问题。财政部修订农业保险保费补贴管理办法，会同农业农村部、银保监会扩大三大主粮完全成本保险和种植收入保险范围；3 省已落实三大主粮保险政策。中央财政将中西部和东北地区种植业保险保费补贴比例统一提至 45%，2022 年安排预算 439.35 亿元，缓解地方财政压力；5 省提高保额标准，增加单位保额对直接物化成本的覆盖度。

二是对部分地方履职越位失位问题。5 省和北大荒集团规范承保机构遴选，加强承保理赔工作监督，完善制度 10 项。重庆取消对小农户的投保限制，以村、社为单位为散户集体投保，推动实现愿保尽保。财政部要求地方加快保费补贴审核拨付，8 省和北大荒集团已配套资金、拨付补贴等 39.73 亿元。

三是对挤占挪用、申领不实、骗取套取资金问题。银保监会、财政部完善农业保险协办机制和费用管理，严查套取骗取补贴问题。对违规发放保险业务协办费等问题，7 省和北大荒集团已追回资金、上缴财政或调整账目等 3787.61 万元；对虚报多得补贴问题，3 省已统筹盘活、调整账目、退回资金等 2.64 亿元；对骗取补贴问题，6 省已追回资金、上缴财政等 1622.82 万元；对“拖赔惜赔”问题，19 家省级保险机构提高理赔效率，加快支付理赔款，已完成整改；对未落实惠民政策问题，4 省鼓励保险机构探索新型措施，减轻农户投保负担。

(7)大中型灌区节水改造资金审计方面。已整改 1.5 亿元，恢复灌溉面积 4.46 万亩，完善制度 4 项。一是对灌区改造任务未完成且利用不足问题，8 省制定建设方案，将未完成任务纳入“十四五”改造规划，筹措资金推进项目建设，已恢复 1.13 万亩耕地灌溉。水利部会同发展改革委、农业农村部印发文件，规范大型灌区续建配套等项目建设管理，督促地方落实农田水利设施管护责任；5 省加大维修养护投入，推动田间渠系建设，已恢复 3840 亩耕地灌溉；7 省已完成 150.66 公里淤积、损毁渠道的维修，2.95 万亩耕地恢复灌溉。二是对“重工轻农”、“与农争水”问题，水利部印发通知，进一步强化取用水监督管理，规范水资源开发利用。3 省停止违规占用农业灌溉用水指标向工业、生态等领域供水，追缴补偿费、超范围供水水资源费等 1738.5 万元。

(8)税收征管审计方面。已整改 1543.06 亿元，处理处分 259 人。一是对税收优惠红利释放不充分问题。税务机关已为 8446 户未享受研发费用加计扣除等税收优惠的企业办理退抵税费 34.2 亿元。对纳税人未享受制造业中小微企业缓税优惠问题，税务总局升级完善信息系统功能，纳税人在申报时可获弹窗提醒。二是对个人所得税征管不严问题。税务机关已追缴税款及滞纳金 37.72 亿元,立案稽查 13 户企业,追责问责 2 人。对以财政扶持等名义向高收入人员违规返税问题,有关地方发文取消财政扶持政策与纳税直接挂钩。三是对调节收入问题。1471.14 亿元延压税费已缴入国库;征收的过头税费中,属虚增收入的已退回,属提前征收的已办理退抵税费,追责问责 257 人。

(四)国有资产管理审计查出问题的整改情况。

1. 关于企业国有资产审计查出的问题。已整改 1557.46 亿元,完善制度 351 项,处理处分 4220 人。

一是对会计信息失真问题。有关部门健全国有资产管理基础工作制度体系。34 户央企已调整账表 1023.29 亿元,其中:收入 380.07 亿元、成本费用 410.37 亿元、利润 143.17 亿元,同时完善制度 152 项,追责问责 3756 人。2 户部属企业中,有 1 户已调整账表 3362.47 万元,1 户补缴税款及滞纳金 4369.17 万元。

二是对违规经营导致国有权益损失风险问题。33 户央企和 5 户部属企业已整改 248.48 亿元。对违规或盲目决策问题,26 户央企和 2 户部属企业通过追缴资金、解除协议等整改 190.77 亿元,完善投资管理、重大决策等制度 96 项,加强对重点项目的管控。对违规对外出借、提供担保等问题,7 户央企挽回损失 4.22 亿元,3 户部属企业已确认坏账损失或计提减值准备等 2.03 亿元,并完善融资担保、资金管理等制度。对违规垫资、超比例承担亏损等造成的损失风险,19 户央企已通过追缴资金、盘活资产等挽回损失 17.17 亿元,追责问责 196 人。此外,有关部门和单位组织所属企业梳理产权资料,推动解决国有资产产权登记问题。

三是对境外经营亏损风险问题。有关央企完善境外项目管理制度,持续推动业绩提升。2 户央企针对境外事项"出血点",开展违规投资经营责任追究,制定提质增效方案,有的项目已实现盈利。

2. 关于金融企业国有资产审计查出的问题。已整改 1386.77 亿元,完善制度 948 项,处理处分 6906 人。

一是对中小金融机构经营风险问题。资产质量不实方面,银保监会会同有关地方制定不良资产入表方案。23 家中小银行加大清收力度、调整贷款分类或重组贷款等,已化解处置少披露的不良资产 1265.77 亿元,追责问责 2906 人。20 家地方资产管理公司的违规对外融资到期不再续作或修改还款计划等,问题资金规模正逐步压减。流动性风险方面,9 家中小银行通过引进战略投资者或利用地方政府专项债补充资本等,提高资本充足率;13 家中小银行优化信息系统功能,加强流动性风险指标监测;银保监会修订监管统计办法,将数据质量纳入评级标准,7 家中小银行调整了流动性监控指标;6 家中小银行加强存款产品管理,逐步降低对高息揽储等依赖。

二是对内部控制薄弱、外部监管不到位问题。内部治理方面,23 家中小银行和 20 家地方资产管理公司多措并举健全公司治理机制,包括增补董(监)事会人员、完善"董监高"工作规则、健全专门委员会职能等;强化内控合规管理,落实岗位职责分工,加强流程控制监督。外部监管方面,银保监会要求对地方商业银行每 3 年进行一次综合现场检查,已选取 29 家重点地方金融机构开展检查,揭示并通报了相关典型问题。在银保监会统一组织下,地方金融管理部门对地方资产管理公司开展了专项检查。

三是对执行普惠金融政策变形走样问题。中小银行普惠信贷方面,23 家中小银行采取成立普惠金融部、加强产品创新和绩效考核等措施,提升普惠小微企业贷款供给,余额较审计时有所增长,其中 6 家中小银行落实有关政策要求,遏制涉农贷款金额下降趋势。大型银行投放方面,3 家大型银行排查经营异常、流向房地产等贷款,已提前结清、调整统计口径等 24.96 亿元;4 家大型银行优化普惠小微企业贷款统计规则,通过调减未用额度、调整统计口径等整改 87.18 亿元。对被套取的资金,2 家大型银行已收回或结清贷款等 8.86 亿元,处理处分审核把关不严等责任人 318 名。

3. 关于行政事业性国有资产审计查出的问题。已整改 17.88 亿元,完善制度 35 项,处理处分 7 人。

一是对国有资产基础管理存在薄弱环节问题。26 个部门已整改房产 90.67 万平方米、土地 1.61 万亩、资产 14.36 亿元。其中:16 个部门将 15.72 万平方米房产以及 1.36 亿元对外投资、无形资产和设备等入账,并调整部门决算草案;8 个部门将已建成、价值 12.99 亿元的 11 个基建项目计入固定资产账;5 个部门开展土地房产专项清查等,推进办理产权登记工作;1 个部门正在研究资产划转方案,将按程序报批后实施。

二是对违规使用和处置国有资产问题。26 个部门已整改房产 18.87 万平方米、土地 2.78 万亩、资产 3.52 亿元。其中:对无偿对外出借房产、设备等问题,19 个部门已停止出借或收回房产、设备,或签订出租协议;对违规出租等问题,20个部门完善资产出租手续,或终止出租、收回资产等;对超标配备办公设备问题,2个部门将部分设备调拨给其他单位,适度缩减采购计划。

三是对部分国有资产使用效益低下问题。9个部门已整改房产199.94万平方米、土地251.55亩。其中:1个部门开展非执法执勤公务用车编制重新核定的数据统计工作,完成后将按程序报批;1个部门对使用率较低的公务用车,在系统内调剂使用或以公开拍卖等方式处置;对闲置房产、土地和设备,8个部门通过重新使用、出租等进行统筹利用。

4. 关于国有自然资源资产审计查出的问题。已整改77.39亿元,完善制度77项,处理处分40人。

一是对资源和环境保护相关制度执行不严问题。自然资源部督促有关地方推进矿业权退出工作,87宗矿业权中有78宗已注销或废止,另9宗完成矿山环境恢复治理并通过省级验收;对违规用海问题,自然资源部制定化整为零、分散审批问题的认定标准,1省按要求加强用海项目审批。4省市为506家取水单位补办或注销取水许可证,追缴水资源费4387.94万元。5省市规范林地审核审批,复绿2.69万亩被违规占用或采伐的林地。5省补征土地出让收入、水资源费等28.98亿元。3省市通过偿还违规筹资、加快拨付等整改生态环保资金38.04亿元。6省市109个污染防治和生态修复等项目已完工。

二是对耕地严保严管要求未充分落实问题。3省已将未完成的1870万亩高标准农田建设任务,分解下达至有关市县逐步完成补建任务。5省市进一步严格补充耕地项目审核,通过扣减不实占补平衡指标、恢复原状等整改5.72万亩。17省将927.4万亩高标准农田划入永久基本农田,并报自然资源部审批。

三是对黑土地保护治理责任落实不力问题。对部分保护治理任务未完成问题,4省已完成336.02万亩黑土地农田设施改善和地力提升相关任务,加大侵蚀沟治理投入,加快项目建设进度,修复、重建不达标项目。农业农村部要求各地做好黑土区耕地质量监测评价工作,杜绝数据造假;3省采取秸秆还田、施撒有机肥等措施,提升耕作层厚度和土壤有机质含量,重新调查上报黑土地监测数据。对重点保护措施未落实问题,自然资源部印发通知,进一步加强黑土耕地保护;4省摸排黑土耕作层土壤剥离情况,出台加强土壤剥离管理等制度14项,推进剥离土壤回填,处理处罚违规用地项目。对保护措施未统筹问题,农业农村部会同有关部门印发通知,实施国家黑土地保护工程,推动加强黑土地保护相关项目统筹,实施综合治理;对30万亩以上的保护性耕作重点县原则上不再安排秸秆综合利用项目,确需安排的也以秸秆覆盖还田为主。3县在黑土地保护任务中统筹实施高标准农田建设、秸秆覆盖还田、畜禽粪污资源化利用等项目。

(五)重大违纪违法问题线索的办理情况。对审计移送的300多起违纪违法问题线索,有关部门和地方正在组织查处,加紧追赃挽损,依规依纪依法作出处理处分,同时深入剖析问题原因,举一反三,推动标本兼治。

1. 关于利益团伙成伙做势、围猎腐蚀的问题。自然资源部结合第三次全国国土调查、“三区三线”划定等开展行业治理,加强不动产登记队伍作风常态化建设。银保监会规范承诺类业务审批流程,明确银行各层级管理职责,探索严重违反财经纪律问题行刑衔接。对江西宜春1家生物能源公司与中介合谋骗取中央补助、相关银行等单位为其“背书”问题,银保监会已对涉事银行罚款50万元,对4名责任人给予警告、罚款等处理处分,涉嫌违法问题已移送司法机关。

2. 关于权钱交易更加隐蔽多样的问题。有关地方和部门紧盯权力集中、资金密集、资源富集、资产聚集的重点岗位、重点事项和重点环节,加强对“关键少数”的监督,规范权力运行,以案为鉴、加强警示。对云南曲靖市人大常委会原副主任傅学宾利用职务影响为民企提供便利并受贿问题,傅学宾被开除党籍、开除公职,已移送司法机关。

3. 关于“靠山吃山”的问题。水利部开展取用水管理专项整治行动,强化取水许可事中事后监管,加大对违法取用水行为的查处力度。国资委围绕产权管理、民企挂靠、投融资等重点领域开展专项整治,严肃查处靠企吃企、利益输送等问题。粮食和储备局加强对中央储备粮棉政策执行情况的监督检查。对中储粮集团下属单位工作人员违规经商办企业甚至监守自盗问题,该集团已给予18名涉案人员党内严重警告、开除等党纪政务处分。

4. 关于基层单位和民生领域腐败的问题。卫生健康委会同纪检监察、公安、市场监管、医保等部门开展医药领域腐败问题整治,维护行业环境和群众健康权益。民政部严肃查处骗取套取和贪污侵占救助资金等侵害困难弱势群体合法权益的问题,指导各地深化治理成果。对山东济宁市微山县公共就业和人才服务中心原股长李斌编造名单骗取失业保险待遇问题，李斌已被判处有期徒刑11年，并处罚金50万元。

5. 关于违反中央八项规定精神和过紧日子要求的问题。8省市加强一般性支出控制，从严从紧编制“三公”经费预算。对北京植保系统及相关部门和镇村基层干部违规接受民企供应商宴请娱乐等问题，纪检监察机关已对相关责任人进行审查调查，给予开除党籍、开除公职、降低退休待遇等党纪政务处分，涉嫌犯罪问题已移送司法机关。

（六）审计建议落实情况。有关部门和地方认真研究采纳审计建议，促进深化改革、完善制度、加强管理，推动将审计整改成果转化为治理效能。

1. 关于推动宏观调控政策更加稳健有效的建议。一是推动积极财政政策提升效能方面。2022年全国一般公共预算支出安排同比增加约2万亿元；财政部分两批储备专项债项目7.1万个，推动地方加快专项债发行使用；优化支出结构，加大对科技攻关、生态环保、基本民生、乡村振兴等领域的支持。二是保持稳健的货币政策灵活适度方面。人民银行发挥货币政策总量和结构双重作用，在保持流动性合理充裕基础上，实施普惠小微贷款支持、科技创新再贷款等结构性工具；会同银保监会引导金融机构加大对实体经济的支持，提升服务普惠小微企业质效。三是加强财政政策与货币政策协调联动方面。财政部及时预调微调财政政策，与货币政策协同稳住宏观经济大盘；推动财政政策与产业、区域等政策衔接，支持区域重大战略实施。人民银行制定实施货币政策时，与财政部、发展改革委、银保监会加强沟通，推进金融政策与产业政策协调联动。

2. 关于健全完善党中央重大决策部署落实保障机制的建议。一是坚持系统观念、严格执行请示报告制度方面。有关部门建立政策文件与宏观政策取向一致性评估机制，推动各项政策措施同向发力。对重点规划编制、重大项目建设等遇到的重大问题、重要情况，有关部门和地方及时向党中央请示报告，有的建立清单实行台账式管理，提高请示报告工作的规范化、制度化。二是坚持在发展中保障和改善民生方面。财政部指导省级财政最大限度下沉财力，支持基层助企纾困和落实“三保”任务。人力资源社会保障部兼顾需要和可能，指导各地为参加城乡居民基本养老保险的困难群体代缴最低档次基本养老保险费。民政部完善社会救助主动发现机制，维护弱势群体合法权益。

3. 关于防范化解重点领域突出风险隐患、严格规范重大经济事项决策权力运行的建议。财政金融领域，财政部提高地方政府债务限额分配合理性，加强跨部门协同监管，妥善化解地方政府债务风险，完善违规举债问责管理机制，2022年已公开通报16起典型案例。人民银行、银保监会等部门推动各地建立省级党政领导负责的金融风险化解委员会，处置高风险中小金融机构，促进中小银行完善公司治理。国企国资领域，国资委推进国企改革三年行动，优化调整国有经济布局结构，构建业务监督、综合监督、责任追究“三位一体”监督体制，指导央企健全“三重一大”决策机制，深入开展“严肃财经纪律、依法合规经营”综合治理专项行动，成立央企风险管控工作领导小组，防范化解金融、债务、资金等领域重大风险。资源环境领域，自然资源部进一步严格黑土耕地用途管制，实行党政同责、终身追责。水利部会同农业农村部督促地方落实农田水利设施管护责任，推动将其纳入省级党委、政府考核。深化改革领域，市场监管总局落实公平竞争审查制度，坚决破除地方保护和市场分割。人民银行、银保监会等部门规范金融领域资本准入管理，加强股东股权管理。

4. 关于进一步增强预算约束刚性、严肃财经纪律的建议。一是健全完善有利于财政资源统筹的体制机制方面。财政部加大政府性基金预算和国有资本经营预算调入一般公共预算的力度，对共同财政事权转移支付和专项转移支付开展定期评估。各中央部门预估年度收入和上年结转结余，将所属单位收支纳入预算管理。二是继续压减非必要非刚性支出方面。中央财政带头过紧日子，结合审计、绩效等情况严格压减支出；按季度评估中央部门落实过紧日子要求情况，将评估结果用于年度预算安排。各中央部门加强对专项资金的全过程监督管理，严查铺张浪费、资金损失等问题。三是推进省以下财政体制改革方面。财政部指导各地贯彻落实《国务院办公厅关于进一步推进省以下财政体制改革工作的指导意见》（国办发〔2022〕20号），推进省以下财政事权和支出责任划分，适度增强省级调控能力，健全省以下转移支付体系。四是加强各类监督贯通协调方面。全国人大常委会预算工委、审计署完善工作协调机制，进一步完善人大监督与审计监督的贯通协作。国资委与审计署等部门建立监督信息共享机制，推动出资人监督与审计监督等贯通配合。

需要说明的是，按照有关工作要求，财政部、商务部、国资委、医保局、国管局、银保监会等 6 个部门,针对四本预算之间不衔接、违规使用财政资金、转移支付分配不规范、地方政府专项债务管理、国有资产管理基础薄弱等 5 方面突出问题进行了专项整改,相关整改情况连同按要求需报告的中央部门单位 2021 年度预算执行等审计查出问题的整改情况,均已作为本报告的附件,一并提交本次会议审议。

三、审计整改工作中存在的问题及后续工作安排

从整改情况看,要求立行立改的问题还有 161 个(占 4%)尚未整改到位:一是中央财政管理和中央部门预算执行审计方面的问题 23 个,二是重点民生专项资金审计方面的问题 94 个,三是国有资产管理审计方面的问题 44 个。统筹国务院大督查对审计整改情况的专项督查和审计署开展的 2021 年度审计查出问题整改情况专项审计结果,综合考虑要求分阶段整改或持续整改问题的相关情况,当前审计整改工作中还存在未按时完成整改、违规整改、虚报整改完成情况、长效机制未健全、监督管理责任履行不到位等问题。究其原因,除一些问题确实受制于外部条件或不可抗力等难以整改外,也反映出审计整改工作有 3 点值得关注的问题与困难:一是审计查出问题的综合性、复杂性交织,相应整改难度加大。具体表现为有的问题整改本身即属于中长期改革任务,需要伴随着改革深化持续推进;有的问题制度性漏洞未能有效堵塞,导致类似问题反复发生。二是审计整改总体格局和贯通协作机制还不够成熟和定型。全面整改、专项整改、重点督办的审计整改总体格局需进一步巩固深化,贯通效率有待提高、力度有待加大。三是落实审计整改责任还不到位。整改压力传导存在层层衰减现象,整改责任落实还存在偏差。

对尚未完成整改的问题,有关地方、部门和单位已对后续整改工作作出安排:一是细化整改要求。对未完成整改的问题,加快落实、一抓到底;对已完成整改的问题,强化建章立制和跟踪问效,适时组织“回头看”,不断规范财政财务管理。二是压实整改责任。加强跟踪督办,确保应改尽改、高质量清零,对虚假整改等问题严肃追责问责。三是推动健全制度机制。深入分析短板弱项,加强顶层设计和过程管理,切实巩固整改成果,实现标本兼治。下一步,审计署将严格落实《关于建立健全审计查出问题整改长效机制的意见》要求,持续加强跟踪督促检查,深刻剖析问题根源,查改联动、破立并举,确保整改合规到位,确保党中央、国务院决策部署落实落地。

我们将更加紧密地团结在以习近平同志为核心的党中央周围,坚持以习近平新时代中国特色社会主义思想为指导,全面贯彻落实党的二十大精神,依法全面履行审计监督职责,为全面建设社会主义现代化国家、全面推进中华民族伟大复兴作出新贡献!

对 2021 年度中央预算执行和其他财政收支审计查出问题整改情况报告的意见和建议

12 月 29 日,十三届全国人大常委会第三十八次会议审议审计署副审计长王本强受国务院委托作的关于 2021 年度中央预算执行和其他财政收支审计查出问题整改情况的报告,共有 2 人次发言。现根据会议发言情况,将常委会组成人员的主要意见整理如下。

出席人员提出,党的二十大对新时代新征程党和国家事业作出全面部署,审计工作和审计整改工作应始终围绕党的二十大决策部署,找准工作的切入点、结合点,完整、准确、全面贯彻新发展理念,助力构建新发展格局,实现高质量发展;重点围绕党的二十大提出的“健全宏观经济治理体系”要求,充分发挥审计监督职能作用,推进财政、税收、预算制度改革等,实现政策间的统筹协调和一致高效。

继续加强审计查出问题整改。有的出席人员提出,对国有资产管理审计查出的会计信息失真问题,应予以足够重视,进一步完善国有企业会计制度,强化主管部门的监督管理责任和审计部门的督促检查责任,切实堵住信息失真问题发生的体制机制漏洞。有的出席人员认为,应深刻剖析近些年审计查出的普遍性问题和屡审屡犯、反复出现的问题,找准问题症结,深挖体制机制层面根源,通过深化改革、加强法治等方式,从根本上加以解决。对历史遗留问题要以审计整改为契机,明确持续整改

路径和工作安排,有力有效推动问题解决。

着力提高审计监督实效。有的出席人员提出,审计工作应进一步在增强实效上下功夫:(1)坚持问题导向,细化整改要求,明确整改时限,强化跟踪问效,让审计监督压力时时存在、事事传导;(2)统筹运用好法定监督方式,把审计监督与预算审查监督、国有资产管理监督等方式有机结合起来,形成监督合力。有的出席人员认为,应进一步严肃财经纪律,完善审计整改约谈和责任追究机制,对审计发现的虚假整改、推诿整改现象,应严肃问责并通报批评。

优化审计监督范围。有的出席人员提出,应围绕审计监督的新任务新要求,持续深化拓展审计监督范围,不断向政策实施的科学性、精准性延伸,向预算执行的规范性、严肃性延伸,向防控经济安全风险延伸。有的出席人员认为,在当前各级财力紧张的背景下,应发挥好审计结果在提高财政资金分配效率中的作用,依法有序核减效益不佳项目的预算;优化财政预算项目的决策程序,有序组织事先评估、事中检查、事后评价,加强对财政资金使用的绩效审计。

夯实依法理财、依法审计的法治根基。有的出席人员说,依法理财、依法审计是依法行政的应有之义,建议以审计整改为契机,督促有关方面严格落实预算法、审计法、监督法等法律规定,强化预算法治意识;充分运用审计整改成果,推动完善财税监督相关法律法规制度。

三、检查法律实施情况

全国人民代表大会常务委员会执法检查组关于检查《中华人民共和国科学技术普及法》实施情况的报告

——2022 年 8 月 30 日在第十三届全国人民代表大会常务委员会第三十六次会议上

全国人大常委会副委员长　蔡达峰

全国人民代表大会常务委员会：

科学普及是功在当代、利在千秋的崇高事业，是普惠民生、兼济天下的公益行动，是社会主义物质文明和精神文明建设的重要内容。为进一步推动新时代科普高质量发展，更好服务全面建设社会主义现代化国家，根据 2022 年度监督工作计划，全国人大常委会组成执法检查组，对科学技术普及法（以下简称科普法）实施情况进行了检查。现将有关情况报告如下。

一、基本情况

党和国家高度重视科技创新和科学普及工作。党的十八大以来，以习近平同志为核心的党中央从实现高水平科技自立自强、建设世界科技强国的全局和战略高度，对科技创新和科学普及作出一系列重大决策部署。习近平总书记强调，要“坚持创新在我国现代化建设全局中的核心地位”，并开创性地提出“科技创新、科学普及是实现创新发展的两翼，要把科学普及放在与科技创新同等重要的位置”，为我国新时代科普工作指明了发展方向，提供了根本遵循。开展科普法执法检查，是贯彻落实习近平总书记重要指示精神和党中央决策部署的重要举措。

本次执法检查，是科普法颁布实施 20 年来的首次执法检查。全国人大常委会高度重视，栗战书委员长专门作出批示，提出明确要求，强调“这次检查科普法实施情况，第一个任务就是深入学习贯彻习总书记关于科技创新和科学普及的指示、论述，既推动科学技术知识的普及，也推动全民科学思想、科学精神、科学方法的普及”，并明确“本次检查还有一个任务，就是调查了解实践对修法提出的新需求，突出法律自身存在的空白点、薄弱点和不适应，提出修改本法的意见建议，为修改好这部法律提供坚实可靠的依据”。

执法检查组由全国人大常委会副委员长张春贤、吉炳轩、艾力更・依明巴海、蔡达峰任组长，全国人大常委会秘书长杨振武、全国人大教科文卫委主任委员李学勇任副组长，成员包括全国人大常委会组成人员、教科文卫委组成人员、全国人大代表。4 月 11 日，检查组召开第一次全体会议，深入学习贯彻习近平总书记关于科技创新与科学普及的重要论述，传达学习栗战书委员长的批示要求，部署执法检查工作。科技部、教育部、财政部、农业农村部、中国科协负责同志汇报科普法的实施情况，工业和信息化部、人力资源和社会保障部、生态环境部、文化和旅游部、国家卫生健康委、广电总局、中国科学院提供书面汇报材料。4 月至 7 月，检查组分为 4 个小组，由常委会领导带队对北京、山东、河南、广东、云南、新疆 6 省（区、市）实施科普法情况进行检查，深入 19 个地市州，实地检查 90 家科普场馆设施，采用线上线下相结合的方式召开 6 次会议，听取地方政府及相关部门汇报，与科普工作者、科学家、企业家、专家学者等座谈交流。同时委托辽宁、福建、江西、湖北、四川、陕西 6 省人大常委会，对本行政区域内科普法实施情况开展自查。委托中国社会科学院法学所、中国科普研究所进行法律实施情况评估和问卷调查，回收21480份有效问卷，形成2份委托评估报告和1份问卷调查报告。7月22日，检查组召开第二次全体会议，研究讨论执法检查报告。

这次检查主要有以下几个特点：一是思想引领与实践行动相统一。坚持以习近平新时代中国特色社会主义思想为指导，把深入学习贯彻习近平总书记关于“科学普及与科技创新同等重要”的重要论述贯穿执法检查全过程，边检查边宣讲，以实际行动推动新时代科普高质量发展。二是法律监督与法律修改相促进。认真落实栗战书委员长的批示要求，围绕执法检查和法律修改两项任务，深入调查了解实践对修法提出的新需求，认真梳理总结、研究提出修改科普法的意见。三是目标导向与问题导向相结合。通过前期调研确定7大检查重点并细化为26个具体问题，检查中紧扣法律规定，着重发现和研究法律实施中的堵点难点，推动行之有效的科普制度落实到位。四是视频听取汇报、定点检查与随机抽查相协同。坚持防控和检查两手抓、两不误，在定点检查的同时，随机抽查11个城市的21个点位，还采取视频会议、委托检查、第三方评估、问卷调查等多种方式，多渠道了解法律实施的真实情况，确保执法检查力度不减、标准不降，取得扎实成效。

二、实施成效

从检查情况看，科普法的制定实施，为加强科学技术普及工作、提高公民科学文化素质、推动经济发展和社会进步提供了有力法治保障。特别是党的十八大以来，以习近平同志为核心的党中央高度重视科技创新和科学普及工作，习近平总书记作出一系列重要指示，引领我国科普事业取得了令人瞩目的成就。国务院及各部门、各地方深入贯彻习近平总书记重要指示精神和党中央决策部署，坚持党对科普工作的全面领导，认真组织实施科普法，推动科普工作体系逐步健全，科普服务能力不断增强，全民科学素质大幅提升，创新文化建设深入推进，为我国进入创新型国家行列、全面建成小康社会发挥了重要作用。

（一）科普协同工作格局日趋完善

一是法律法规体系不断健全。全国共有29个省（区、市）先后制定了科普条例或实施办法，天津、广西、宁夏、新疆等地开展了科普条例修订或监督工作，山东、河南等地出台关于社会科学普及、科普教育基地、防震减灾科普的政策法规。层次分明、覆盖全面的科普法律制度规范基本形成。**二是科普发展规划稳步落实**。国务院先后出台《全民科学素质行动计划纲要（2006—2010—2020年）》《全民科学素质行动规划纲要（2021—2035年）》，中办、国办即将印发《关于新时代进一步加强科学技术普及工作的意见》。科技部牵头制定国家科普发展五年规划，16个省份和新疆生产建设兵团将全民科学素质工作纳入本级党委、政府考核。**三是工作协调机制持续优化**。国务院推动全民科学素质建设，科学素质建设协同机制日益完善。科技部牵头建立由41个部门组成的全国科普工作联席会议制度，各地依法建立健全科普工作协调制度，支持社会各界积极参与科普。北京、上海科普工作联席会议制度不断完善，推动全社会共同参与、各部门协同联动的科普发展格局加快形成。

（二）全民科学素质水平大幅提升

科普向公众传递科学的思想观念和行为方式，推动我国科学素质水平跨入新的发展阶段。据统计，2020年我国公民具备科学素质的比例达到10.56%，是2005年1.6%的6.6倍。全国各地公民科学素质水平跨越提升，上海、北京超过24%，位居全国前两位；广东、福建、山东、湖北等8省市超过全国总体水平；辽宁、河南、陕西等6省市超过10%。东部地区科学素质水平持续领跑，长三角、珠三角、京津冀三大城市群分别达到15.54%、15.21%和14.24%，科学素质对科技创新、经济发展呈现出显著促进作用。科普已成为科学素质提升的重要手段，面向青少年、农民等重点人群的科普活动蓬勃开展。如全国青少年科技创新大赛、大国工匠进校园、文化科技卫生三下乡、高素质农民培育计划等品牌活动深入开展，贴近百姓、影响广泛。全国科普日累计组织各类科普活动32.2万项，辐射公众达25亿人次。

（三）科普事业保障能力持续增强

一是财政投入稳步增长。2013—2022年，全国财政科普支出1455.31亿元，年均增长8.16%。2020年，全社会科普经费筹集额达到171.72亿元，比2006年增长266.7%。2022年安排补助资金66.79亿元，支持全国科技馆、博物馆、文化馆等免费开放。**二是支出结构逐步优化**。大部分经费用于举办科普活动、建设科普场馆，着力保障科普工作重点项目。2020年，全国科普活动、科普场馆基建支出为81.63亿、41.43亿元，占科普经费使用总额的47.47%、24.09%。**三是科普场馆建设加**

快发展。2020年全国共有科技馆和科技类博物馆1525个,比2006年增加193.8%。实体科技馆、流动科技馆、科普大篷车、农村中学科技馆和数字科技馆构成的现代科技馆体系快速发展。国家实验室、工程技术中心、科学数据中心等科研基地向社会开放8328个。实地检查的北京自然博物馆、山东泰山体育产业集团博物馆、河南网络安全科技馆、云南玉溪防震减灾科普馆、新疆乡村科普馆等,已成为普及科学知识、传播科学思想的重要平台。

(四)助力经济社会发展成效明显

各地坚持把科普融入科技创新、疫情防控、乡村振兴、文旅教育等领域,服务经济社会发展,惠及广大人民群众。如举办"百年韶华科普为民——中国共产党领导下的百年科普展",突出党对科普事业的全面领导和方向指引;"科技战疫"行动广泛传播防疫科普知识,助力遏制新冠疫情扩散蔓延;"科技冬奥"主题展览普及冰雪运动知识,激发公众的科学兴趣和冰雪热情;"天宫课堂"通过天地互动的太空实验,在孩子们心中播下科学和梦想的种子。河南、江西、宁夏等地以科技助推脱贫攻坚和乡村振兴,将先进的技术套餐送到工厂企业和田间地头。新疆生产建设兵团精心打造奶牛科普馆,成为集科普、文旅、养殖为一体的综合科普教育基地。云南、新疆等地积极开展科普大篷车活动,推动民族地区、边疆地区少数民族群众科学素质不断提升。

(五)科普人才队伍建设稳步发展

一是科普人员规模逐步扩大。2020年,全国科普专兼职人员总数181.30万人,其中专职、兼职人员分别为24.87万、156.43万人,占当年科普人员总数的13.72%、86.28%。各地积极配备科普专兼职人员,浙江、四川、江苏和湖北4省超过10万人,河南、广东、北京、云南等14省市超过5万人。**二是科普人才培养机制不断完善**。全国高校设有科学教育等与科普相关的本科专业,相关部门联合推进高层次科学教育研究生培养试点工作。北京在全国率先增设科学传播专业职称,创新推行职称分类评价和代表作评审制度。湖北等地设立省级科普奖,山东、云南、新疆等地开展了省级以下科普评奖,表彰做出科普贡献的组织和人员。**三是科普人才队伍多元发展**。越来越多的科学家主动向公众传播前沿科学知识,科技特派员成为科学信息可达基层的重要节点,科普志愿者发挥了科普生力军的重要作用。

(六)科普传播内容和方法手段日渐丰富

大量脍炙人口的科普原创作品投放市场,呈现出多样化、分众化发展的趋势。2020年,全国共发行科技类报纸1.58亿份,发行科普图书9853.60万册,发行科普期刊1.31亿册;广播电台、电视台播出科普(技)节目总时长12.83万、16.46万小时,开办与科普相关的专业频率、频道58套;建设科普网站2732个、科普类微博3282个、科普类微信公众号8632个,极大丰富了公众科普文化需求。科普传播正由线下平面化向线上数字化、智能化相结合的方向发展,科普传播信息化变革向纵深推进。各地通过网络、微博、微信形式传播的科学信息已占八成以上,成为公众参与科普、了解科学的主渠道。广东积极建设具有传播、交易、管理三大功能的"粤科普"公共服务平台。中国科协打造的"科普中国"平台聚合传播渠道716家,传播量累计426亿人次,成为国内最权威的"国家队"科普传播品牌。

三、主要问题

从检查情况看,随着时代发展和新技术的广泛应用,科普工作还存在不少问题和困难挑战,其中既有科普法实施不到位的问题,也有对党和国家科普决策部署领会不深刻、工作跟不上的问题,还有科普法与新形势、新要求不相适应的问题,主要表现在以下几个方面。

(一)对"科学普及与科技创新同等重要"的认识还不到位

一些地方没有站在新时代和战略高度深刻理解科普工作的重要性,对科普服务科技强国建设的基础性作用认识不充分,还未牢固树立"科学普及与科技创新同等重要"的观念。实践中,科学普及与科技创新融合发展不足,缺乏落实"科学普及与科技创新同等重要"的制度与措施,"实现创新发展的两翼"还处在明显的不平衡状态。如在一些科研院所、高等学校、科技型企业,科普工作仍属于"软任务""软指标",普遍存在重科研轻科普、科研与科普相脱节的现象。在科普理念上,一些地方仍存在重科学技术知识普及,轻科学精神、科学思想和科学方法普及的现象,科学理性、求实创新的社会氛围还不够浓厚。一些面向大众的科普活动,文化自信、创新自信导向不足,过于强调科技的现实功用价值,忽视了对科学文化、创新文化的塑造和培育。

（二）科普工作体制机制还不够完善

科普法第10—12条对科普工作协调制度以及各级政府、相关部门和科协的主要职责作出规定。检查发现，一些责任主体对公众关注的热点问题、突发问题响应不足，科普工作的影响力和渗透度依然有限。科普工作联席会议制度在有的地方落实还不到位，科普工作的总体设计、统筹协调力度不够。科普工作联席会议各成员单位工作职能分割重叠，组织管理力量分散，政策引导能力不足，全社会参与科普的意识不强、力度不够，科普工作合力有待增强。科普法确定科协是科普工作的主要社会力量，但在执行中未赋予基层科协相应支持和保障，导致一些基层组织难以发挥应有作用。一些地方反映，科普能力建设存在“上热中温下冷”、逐级弱化、基层薄弱的现象，基层科普能力和管理力量不足，科普创作和科普传播不活跃，尚未完全打通科普的基层末端。

（三）科普公共服务效能有待提高

科普法第2、7条规定，科普工作应当采取公众易于理解、接受、参与的方式，坚持群众性、社会性和经常性。第14、15、24条对科普场馆建设、利用、开放等作出规定。检查发现，一些地方科普工作的覆盖面和针对性不强，影响了科普服务的质量和可达性。一是一些地方特别是基层科普场馆数量不足。地市、县区科普设施偏少，社区、农村科普设施规模缩减。2020年，全国城市社区科普（技）专用活动室、农村科普（技）活动场地同比减少8.93%、20.38%。二是部分科普场馆使用效益还不够高。一些地方重场馆建设、轻科普服务，各类场馆之间缺乏自身特色和联动协作，展教资源创新和服务能力不强。一些地区的科普场馆规模小、展品资源更新慢、后续维护能力不足。一些已经建成或认定的科普基地、示范基地活跃度不高。三是科普服务效果还不够强。一些科普工作重活动、轻日常，规定动作多、自选动作少，与人民群众的实际需求契合度不高，分众化、精准化科普服务供给不足。一些地方科普人员专职力量不足、讲解队伍不稳定，导致一些科普场馆有“展”无“教”。

（四）科普经费投入和保障还不充分

科普法第23条规定，各级政府应当逐步提高科普投入水平。第25—27条对科普税收优惠、科普基金、捐赠资助等作出规定。检查中一些地方和基层单位反映，科普经费投入和实际需求仍有较大差距，影响了科普事业的可持续发展。一是投入总量仍显不足。2020年全社会科普经费筹集额171.72亿元，仅占全社会研发投入2.44万亿元的0.7%，不足1个百分点，比重明显偏低。受疫情防控等多重因素影响，2020年全社会科普经费投入强度有所下降，较2019年同比减少7.44%。一些地方科普经费投入欠缺，近几年有的地市州科普经费压减50%—70%，有的甚至未安排科普经费。二是投入结构不尽合理。科普是公益性事业，科普经费以财政投入为主。2020年全国财政科普投入138.39亿元，占全社会科普经费筹集额的80.59%，个别省份的比重甚至达到90%，科普经费筹措渠道较为单一。三是多元投入渠道不够畅通。企业投入、社会捐赠也是科普经费的重要来源，但企业资金投入严重不足，科普企业数量少、规模小，仍处于发展缓慢的起步阶段。科普基金、捐赠资助等规定操作性不强，税收优惠还需加大支持力度。

（五）科普人才队伍建设亟需加强

科普法第15、24、29条对科技工作者参与科普、科普专职人员配备、表彰奖励等作出规定。我国科普工作体系庞大、点多面广、任务艰巨，当前的科普人才队伍难以满足科普发展的实际需要。一是科普专职人员规模偏小。2016—2019年，我国科普人员大致在180万上下浮动，其中专职人员为22.35—25.02万人，仅占总规模的12.07%—13.38%。2020年全国科普人员181.30万人，其中专职创作、专职讲解人员只占总规模的1.02%、2.29%。二是科技工作者参与度偏低。科学知识生产者与传播者相分离的现象普遍存在，虽然科技工作者参与科普的认同度高、意愿强，但由于实质性的考核评价机制缺失，导致其行动力明显偏弱，从科研到科普的传递链条不畅通。三是激励奖励机制尚不健全。科学家、工程师、教师等供给端参与科普动力不足，科普成效还不能作为职称评审、岗位聘任、薪酬分配的考核依据。社会力量设立的科普奖项数量类型少、知名度不高。科普成果在国家科技进步奖中的评奖比例和奖励范围有限，缺乏科普奖励的独特性和感召力。

（六）科普传播内容和方法手段与新时代要求还不相适应

信息技术和媒介技术的快速迭代发展，对科普传播的内容和方法手段提出了新的挑战。一些新型科普产品的内容创新、服务创新不足，没有充分挖掘自身使用场景和承载资源的优势，沉浸式、趣味性、体验性互动少，创作展出质量不高，对公众吸引力不强。一些地方和单位在新技术利用上落后于时代发展，通过网络、微信、微博、客户端等新媒体进行科普传播的方法手段不多，仍局限于图书报刊、广播电视、音像制品、宣传栏、宣传画等传统媒介，尚未形成信息化、全媒体、多渠道的科普传播矩阵。由于科普生产和传播主体的多样化，一些新媒体、自媒体科普在丰富科普资源、拓宽传播渠道的同时，也存在科普产品和内容质量良莠不齐的现象，甚至引发传播伪科学、反科学、散布谣言的违法行为。

四、意见建议

针对执法检查发现的问题，按照常委会领导的指示要求，检查组对进一步以法治力量推动新时代科普高质量发展，提出如下建议。

（一）提高政治站位，切实把科学普及放在与科技创新同等重要的位置

要坚持党对科普工作的全面领导，深入学习贯彻习近平总书记关于科技创新与科学普及的重要论述，完整准确理解“科学普及与科技创新同等重要”的丰富内涵，深刻认识科学普及在提升全民科学文化素质、增强自主创新能力、促进经济社会高质量发展中的关键性、基础性作用，形成“科学普及与科技创新同等重要”的战略共识，构建“科学普及与科技创新同等重要”的制度安排。各级党委、政府要把习近平总书记的重要论述作为科普工作的根本遵循，贯穿落实到科技创新、科学普及的全过程和各方面，牢固树立抓科普与抓创新并重、抓创新必须抓科普的理念，促进科技创新与科学普及有效对接、深度融合，推动科学技术创新发展和广泛普及，以创新和科普的双重动力助推创新驱动发展和科技强国建设，为全面建设社会主义现代化国家夯实科学根基。

（二）立足新发展阶段，更好助力高质量发展

要以实现中华民族伟大复兴的历史视野，审视科技创新和科学普及的发展任务。既要在科技、产业等重要领域抢占制高点，形成综合国力竞争的强大优势和硬实力，也要在全民科学素质、人才质量、创新文化等方面形成强大的软实力，“建立起宏大的高素质创新大军”，提升科技支撑的整体效能。要坚持以人民为中心的发展思想，强化科普在夯实科技原创基础与促进社会进步中的作用，着力开展重点人群科学素质提升行动。加强对青少年的科普教育，并在教材和指定课外读物中更多体现出来。加快提升农民科学素质水平，补齐农业农村科普工作短板。进一步加强对党政领导干部、基层干部的科学素质教育培训，提高科学决策能力，树立科学执政观念。进一步加大对企业家、产业工人等运用新科技知识的普及力度，推动新一代信息技术在实体经济中的转化应用。科普工作要覆盖自然科学和人文社会科学，拓展和深化对科学思想、科学精神、科学方法的传播，坚定文化自信和创新自信，培育理性质疑、勇于创新、求真务实、宽容失败的创新文化，让“创新第一动力”的理念落地生根。要强化科普价值引领，围绕践行社会主义核心价值观，发挥科普润物无声的作用，使爱国主义和科学理性深度植入公众心中，以科学普及助力社会和谐，助推高质量发展。

（三）完善科普工作体制机制，增强科普工作合力

一是健全科普工作协调机制。强化对科普工作的统筹协调和协同推进，各级政府要将科普发展目标纳入相关发展规划和政府考核体系，进一步建立健全科普工作协调制度，完善科学素质建设协同机制，构建政府引导、社会参与、信息化支撑、市场化运行的大科普工作格局。**二是强化全社会科普责任**。相关部门和单位要加强规划引导、政策供给、投入保障和监督检查，做到有规划、有政策、有组织、有载体、有方法、知需求。优化跨部门协商决策机制，加强应急科普能力建设，提高科普服务和组织动员能力，充分发挥新媒体的科普传播优势，凝聚科研院所、学校、企业、群团组织等各方力量，共建共享“纵向到底、横向到边”的科普传播网络。**三是完善科技资源科普化机制**。在科技计划（专项、基金）中，结合实际需求合理设置科普指标，建立科普任务进科研项目、科普经费进科研预算、科普人员进科研团队、科普成果进科研考核的“四进入”机制，构建“科研＋科普”融合发展的新模式。**四是健全科普监测评估体系**。加强科普工作评价，从相关政策法规执行、科普资源投入、科普项目实施等方面，开展常态化、即时性科普监测评估。

（四）增强科普服务效能，满足公众多元科普需求

一是繁荣科普作品创作。培育高水平科普创作中心，围绕“四个面向”等重大主题，提升科普作品原创能力和制作水平。运用新技术手段开发动漫、短视频、游戏、科幻片等科普作品，丰富科普作

品新形态。**二是加强新技术在科普传播中的应用，创新科普传播形式**。充分利用互联网、大数据、云计算、5G等新技术加强科普信息化建设。推广“中央厨房”等科普传播形式，构建一次采集、多元生成、融合传播渠道，打造健康中国新媒体、“科普中国”平台等科普传播“国家队”。**三是提升科普服务效能**。坚持以公众需求为导向，把科学知识及时精准送达科普受众，让公众理解科学、让科学普惠人民。充分利用广播电视网络资源开展科普服务，提升科普进学校进家庭的服务效能。增强科普传播参与、互动和体验效果，用老百姓喜闻乐见、通俗易懂的方式，让生动有趣、直观快捷的科普进入千家万户、触手可及。**四是强化科普领域舆论引导**。增强科普领域风险防控意识和国家安全观念，强化行业自律规范，既要注重发挥新媒体、自媒体对科普传播的正向作用，又要对其科普产品内容和质量加强规范管理。破除封建迷信思想，反对伪科学、反科学，打击假借科普名义散布谣言、欺骗群众、扰乱社会秩序的违法行为。**五是加强科普交流合作**。拓宽科技人文交流渠道，引进国外优秀科普成果，开展青少年国际科普交流，积极组织国际科普活动，打造“一带一路”等区域科普合作平台，推动优质科普资源共建共享。

（五）提高投入和保障能力，推动科普工作可持续发展

一是加大财政支持力度。鼓励地方政府以政府购买服务、项目补贴、以奖代补等方式支持科普事业。加大科技馆免费开放力度，加强免费开放资金保障。对捐赠财产用于科普事业或者投资建设科普场馆设施的，依法给予优惠。在各级财政紧平衡的情况下，要建立健全政府、社会、市场等多元主体、多渠道投入机制。**二是健全人才培养与评价机制**。依托高等学校、科研院所等扩大科普相关专业人才培养规模，鼓励支持大学生和研究生积极参与科普活动。充分发挥科技工作者“科学传播第一发球员”作用，推动科技资源直接快捷地转化为科普资源。加强科普志愿服务组织和队伍建设，注重引导高素质农民、城镇居民等志愿者积极参与科普。完善科普专兼职人员评价激励机制，把科普成效纳入职称评审、岗位聘任、薪酬分配的业绩考核范围。鼓励地方加强科普专业职称评审工作，研究制定科普专业职称评审标准。鼓励社会力量设立科普奖项和奖励基金，扩大国家科技奖励体系中科普成果的评奖比例和奖励范围。**三是完善科普基础设施布局**。全面提升现代科技馆体系服务能力，推动有条件的地方因地制宜建设科技馆，鼓励和支持具有特色的科普教育基地均衡发展，充分利用公共文化体育设施开展科普。**四是实施科普援助工程**。把科普援助纳入国家乡村振兴重点帮扶和东西部协作内容，针对西部地区、民族地区系统开发制作不同类型的科普产品，加大优质科普资源援助力度，提升当地群众特别是少数民族群众的科学素质，铸牢中华民族共同体意识。

（六）加快法律修订进程，健全科普法律制度

科普法是我国科技法律体系中的重要法律，对促进我国科普事业发展发挥了重要作用。但随着时代发展和新技术的广泛应用，科普本身的理念、内涵、机制、形式等都发生了重大变化，现行法律的一些条款规定比较宽泛和原则，在实施中存在落地难、效果弱的现象，检查中各地都提出了修改科普法的建议。修改科普法要坚持继承与发展并重的原则，巩固实践中行之有效的现行法律制度，细化丰富相关条款以增强法律的可操作性，并结合发展形势和实践经验，补充增加新的制度措施。一是全面贯彻习近平总书记关于科技创新与科学普及的重要论述，完善科普工作的指导思想和工作方针，增加科技创新、科学精神、科学素质等方面的内容。二是强化科普发展的主体责任，完善政府、社会、市场共同参与的体制机制，扩充社会组织、科普工作者等方面的条款。三是体现科普立法的时代性和前瞻性，突出新媒体科普传播功能，加强新形态新媒体环境下科普内容的规范和引导，强化科普信息传播管理，新增科普活动、科普产品等方面的规定。四是完善科普发展激励机制，加强对科普人员的激励和保障，健全社会力量参与科普的动员、激励和监督机制。五是加强与科学技术进步法、促进科技成果转化法等法律的有效衔接，促进科研与科普有机结合，推动科技创新与科学普及两翼融合。检查组根据各方建议，综合研究提出关于修改科普法的意见，已转交由科技部牵头的科普法修改工作领导小组。建议国务院及相关职能部门加快科普法修改进程，尽早按程序提请全国人大常委会审议。

以上报告，请审议。

在全国人大常委会科学技术普及法执法检查组第一次全体会议上的讲话

（2022年4月11日）

艾力更·依明巴海

同志们：

根据全国人大常委会2022年监督工作计划，对科普法实施情况进行检查，是今年常委会监督工作的一项重要任务，也是贯彻落实习近平总书记关于科技创新和科学普及重要论述的实际行动。今天，我们召开执法检查组第一次全体会议，正式启动这项工作。栗战书委员长高度重视这次执法检查，亲自参加执法检查并做出重要批示，提出明确要求，蔡达峰同志刚才传达了栗战书委员长的重要批示，我们要认真学习领会、贯彻落实好。会前，全国人大教科文卫委、常委会办公厅和各有关方面做了大量调查研究和准备工作。刚才，李学勇主任委员介绍了前期调研情况和执法检查工作部署，我完全赞成。科技部、教育部、财政部、农业农村部和中国科协比较全面地汇报了科普法的实施情况，还有7家单位提供了书面汇报材料。可以看出，各有关单位高度重视，大家克服疫情造成的种种不便，做了精心准备，汇报的情况和提供的材料对开展执法检查很有帮助、很受启发。

下面，结合大家的发言，我讲几点意见。

一、深入学习贯彻习近平总书记关于科技创新和科学普及的重要论述，充分认识加强科普法治建设的重要意义

科技是国家强盛之基，创新是民族进步之魂。习近平总书记高度重视科技创新和科学普及工作，多次作出重要指示。在2016年全国科技创新大会上，总书记深刻指出“科技创新、科学普及是实现创新发展的两翼，要把科学普及放在与科技创新同等重要的位置。没有全民科学素质普遍提高，就难以建立起宏大的高素质创新大军，难以实现科技成果快速转化”。在2017年党的十九大报告中，总书记强调指出“弘扬科学精神，普及科学知识，开展移风易俗、弘扬时代新风行动，抵制腐朽落后文化侵蚀”。2018世界公众科学素质促进大会上，总书记在贺信中指出“厚植沃土，才能百花齐放。科技创新有赖公众科学素质的提升”。习近平总书记的重要指示视野宏阔、思想深邃、内涵丰富，深刻揭示了创新发展的内在逻辑和客观规律，系统阐述了科学普及与科技创新同等重要、相互依存、相辅相成的内在关系，为新时代科普工作指明了前进方向、提供了根本遵循。

我们要坚持党对科普工作的全面领导，深入学习贯彻习近平总书记的重要指示精神，以习近平法治思想为指引，深刻认识科普法治建设的重要意义，以法治力量推动科普高质量发展。要深刻认识到，加强科普法治建设是坚持以人民为中心发展理念的客观要求，是弘扬社会主义核心价值观的具体实践，是服务国家治理体系和治理能力现代化的重要举措，也是厚植创新发展沃土的内在需要。

二、坚持目标导向和问题导向，进一步完善新时代科普法律制度

科普法是保障科普事业发展、全民科学文化素质提升的重要法律。我国宪法第20条即有“国家发展自然科学和社会科学事业，普及科学技术知识”的原则性规定。现行科普法于2002年6月颁布施行，是世界上首部促进科普事业发展的专门法律，对加强科学技术普及工作、提高公民科学文化素质、推动经济发展和社会进步发挥了重要作用。据统计，我国公民具备科学素质的比例从2005年的1.6%提高到2020年的10.56%，每5年翻一番，公民科学素质建设取得了历史性成就、实现了历史性跨越，为我国进入创新型国家行列、全面建成小康社会提供了基础支撑。

但随着我国经济社会的飞速发展，科普工作所面对的环境、承担的使命都发生了深刻变化。现行

法律已经难以有效回应新型科普带来的权利义务剧烈变化,难以适应信息化全媒体科普传播网络的迭代更新,难以约束重大突发事件科普传播的法律责任,亟需解决与新时代科普发展要求不相适应的新问题。这次执法检查,是科普法实施20年来开展的第一次执法检查,也是贯彻落实刚刚修订实施的科技进步法的重要举措。截至目前,我国现行有效法律总共291件,选择对科普法的实施情况开展检查,彰显了全国人大常委会对科普工作的高度重视。我们要坚持目标导向和问题导向,突出重点、抓住关键,通过执法检查推动实践中行之有效的法律制度落实到位,了解和掌握法律实施中存在的主要问题,同时提出有针对性的对策建议。

一是完善科普理念,强化科普价值引领。要贯彻新发展理念,突出科学精神引领,从过去的侧重传授科学知识、科学方法为主,转变为树立科学观念、涵养科学精神和营造热爱科学、崇尚创新的社会氛围为主。

二是聚焦重点人群,提升科学素质水平。有研究表明,潜移默化的科普活动对青少年的影响超乎想象,是引导他们走上科研道路的重要因素。就像"天宫课堂",在约400公里高的环地球轨道上,我国空间站的宇航员给全国青少年进行太空授课,现场演示丰富多彩的太空实验,紧紧抓住了孩子们的眼球,激发了广大青少年探求科学规律、探索宇宙奥秘的热情,在他们的心中种下了科学的种子、梦想的种子。因此,科普工作要重点面向青少年,与教育法、义务教育法形成合力,与时俱进助推"双减"政策,着力增强青少年的好奇心和想象力,培养他们的科学兴趣、实践能力和创新思维。同时,也要关注农民、产业工人、老年人、领导干部和公务员的科学素质提升,提高劳动生产、创新创造的技能,养成文明、健康、绿色、环保的科学生活方式,不断丰富人民的精神家园,服务人的全面发展。

三是健全体制机制,增强科普服务效能。新时代科普工作要遵循科技管理规律,坚持协同推进,深化供给侧改革,构建从个体到组织、从制度到文化的科普生态体系。各级政府要强化组织领导、政策供给和投入保障,支持社会力量按照市场机制兴办科普产业,激发全民参与科普的积极性,构建政府、社会、市场协同推进的社会化科普大格局。

四是加强人才建设,筑牢科普发展基础。科技工作者是科学普及的重要力量,我们要健全各类主体特别是科技工作者从事科普的激励机制,充分调动他们履行社会责任的积极性和主动性,引导支持科学家、工程师等面向社会公众及时传播各学科领域的最新进展。同时,要加强科普专业人才、专职队伍建设,大力发展科普场馆、科技出版、新媒体科普、科普研究等领域专职科普人才队伍。鼓励高校、科研机构、企业等设立科普岗位,建立高校科普人才培养联盟,加强高层次科普专门人才培养,建设一支稳定的专兼职相结合的科普人才队伍。

需要强调的是,这次执法检查,检查组坚持监督工作与立法工作相结合,围绕法律实施中存在的主要问题,广泛听取各地区、各部门和专家学者对科普法修改的建议,调查了解实践对修法提出的新需求,认真梳理总结、研究论证各方面的意见,提出修改法律的意见和建议,为修改好这部法律提供坚实可靠的依据。我们要齐心协力、加快推动科普法的修订进程,将党中央关于科普工作的决策部署和实践中的成功经验,通过法定程序转化为法律规范、上升为国家意志,进一步完善新时代科普法律制度,让修改后的法律更加符合科普发展规律和广大人民群众意愿,更好发挥法治固根本、稳预期、利长远的重要作用,为我国跻身创新型国家前列、建设世界科技强国提供有力法治保障。

三、实行正确监督、有效监督、依法监督,组织开展好科普法执法检查工作

习近平总书记在中央人大工作会议上指出,要用好宪法赋予人大的监督权,实行正确监督、有效监督、依法监督。十三届全国人大常委会特别强调坚持依法监督,"依法"二字贯穿人大监督工作全过程,成为近年来人大行使监督职权的鲜明特点。执法检查组要按照习近平总书记的重要指示精神和法律规定,认真负责地统筹安排、组织开展好这次执法检查。

一要加强学习研究。深入学习领会习近平总书记关于科技创新和科学普及的重要论述,认真学习研究科普法和相关法律规定,把握新时代科普工作的目标任务和法律实施机关的各项职责,做好知识储备,做到心中有数,使执法检查有的放矢。

二要依法开展检查。认真贯彻落实栗战书委员长对执法检查提出的有关要求,严格执行监督法的规定,依照法定职责、限于法定范围、遵守法定程

序，紧扣法律规定、突出法律责任，逐条对照检查法定职责履行情况和法律责任落实情况。

三要聚焦重点问题。执法检查以提高全民科学素质、服务高质量发展为目标，以深化科普供给侧改革、提高科普供给质量为重点，注重发现法律实施中的突出问题和带有普遍性的典型问题，深入分析产生问题的原因，提出有针对性的改进措施。

四要创新检查方式。通过召开座谈会、实地检查、委托第三方评估、查阅资料等多种方式，实现全面检查与重点检查相结合、专业评估和数据分析相结合、监督工作与立法工作相结合，努力提高执法检查工作质量，切实增强人大监督实效。

五要严格作风纪律。各检查小组、各有关部门要密切协作、统一有序开展工作，坚持工作重心下移，深入基层、深入实际开展调查研究。赴地方检查时，要认真贯彻中央八项规定及其实施细则精神，严格遵守疫情防控要求，确保执法检查风清气正。

同志们，科学普及是普惠民生、兼济天下的公益行动，也是功在当代、利在千秋的崇高事业。让我们以习近平新时代中国特色社会主义思想为指引，不忘初心、牢记使命，守正创新、服务发展，努力开创新时代科普工作新局面，以实际行动迎接党的二十大胜利召开！

大力普及科学技术　全面提高国民素质

——在河南省科学技术普及法执法检查时的讲话

（2022 年 6 月 28 日）

吉炳轩

仲夏时节，也是盛夏酷暑之时，全国人大常委会执法检查组来到中原大地——我的家乡河南，对贯彻实施科学技术普及法的实施情况进行执法检查。河南省委、省人大、省政府高度重视这次执法检查工作，精心组织，周密安排，给予了大力支持和帮助，在此我代表执法检查组表示衷心感谢。

我 1993 年离开家乡，到现在已经近 30 年了，期间虽曾回来过几次，但都来去匆匆，没有多看。这次到了鹤壁、新乡、郑州，看了一些地方，跑了一些企业，所到之处，都是面貌一新，勃勃生机，令人目不暇接，惊奇赞叹，真可谓三十年弹指一挥间，人生匆匆去，万物却新颖。所到之处，都是焕然一新，发生了沧桑巨变，就是我曾经工作过的地方，故地重游，也难以辨认。我为家乡迅速发展、巨大变化而兴奋和骄傲。

时光飞逝，事业更新；星转斗移，物变人新。在座的厅局长们和有关部门的负责同志我一个都不认识。岁月无情催人老，江山代有人才出，在大家面前，我才深感自己老了，虽然有些凄楚和哀叹，怎么这么快就老了呢？但在心底里还是为新一代的人才的大量涌现而感到高兴和欣慰。我为家乡在事业上蒸蒸日上的同时，还培养出大量的新一代杰出人才而自豪。中原文化根基牢固而雄厚，中原大地钟灵毓秀而才聚。大家都很年轻，年轻就是宝。希望大家不负韶华，珍惜难得的机遇和这美好的年华，勇于拼搏，奋力开拓，创造出辉煌的业绩，做出卓越的贡献！

刚才，李学勇同志向大家传达了栗战书委员长关于科学技术普及法执法检查的重要指示，介绍了执法检查的任务和目的。争辉同志代表省政府汇报了河南省近年来实施科普法的工作情况，相关厅局的负责同志和一些专家学者作了发言，总结了取得的成绩和经验，指出了工作中存在的问题和困难，对进一步深入推进科普法贯彻实施、进一步完善科普法律制度，提出了很多好的意见和建议。

通过几天的执法检查，我和检查组的同志们真切地感受到，党的十八大以来，河南省委、省人大、省政府坚持以习近平新时代中国特色社会主义思想为指导，紧紧围绕提升公民科学素质、弘扬科学精神、培育创新文化、增强科普能力，大力推动科学技术普及法贯彻实施，出台了一系列行之有效的规章政策，积极推动科学普及和科技创新融合发展；有关部门、高校和科研院所等利用自身资源优势开展了丰富多彩的科普活动；科普建设能力和水平不断提升，在全社会营造了爱科学、讲科学、学科学、用科学的良好氛围。希望同志们认真总结好的经验和做法，进一步加强法律实施薄弱环节建设，不断提高科普工作法治化水平。

就我们这几天所看到的,河南的科普活动很有特点,也很有成效。如把科学研究、产业发展同科技普及融为一体,同时进行;如把新技术的应用同新技术的培训和职工技能的提高融为一体,同步进行;如抓住人们最为关切的、同当下人民的日常生活最为密切的网络安全问题,进行网络知识和网络安全的科学技术普及;如把科学技术的普及同人民的生命安全和健康紧密结合起来,进行眼睛保健的科学普及,使人们养成科学的生活方式;如建设大型科普场馆,通过展览、展示、演示、互动等手段,形象、生动地传播科学技术知识,培养人们,尤其是青少年的科学兴趣、科学意识、科学精神。还有利用专业技术学校、通过介绍一定的专业科学技术知识,来对人们进行现代高科技的宣传教育,培养人们的科学意识和技能意识。这些经验都是很宝贵的,需要很好总结推广。这仅是我们所看到的,还有许多未能看到,好的经验还会有很多,都需要去很了总结。

科学普及方法众多,意义重大!

一

我们这次执法检查,得到了阳生书记、王凯省长的亲切关怀和具体指导,专门为检查组介绍了河南省的经济社会发展情况和发展规划,使检查组的同志深受教育和鼓舞。河南省委、省政府在战略规划中提出了"十大战略",把科教兴省、人才强省、创新发展作为十大战略之首,使我们倍感振奋,也深受教育,这一战略抉择,有眼光、有气魄,抓住了根本,抓住了要害。坚持按照"十大战略"抓下去,一个更加富庶、更加辉煌的河南就会很快出现。

大家都知道,"科技兴则民族兴","科技强则国家强"。

科学技术的迅猛发展,从来没有象当今这样,全面影响着人类创造物质财富和精神财富的实践,全面推动着经济和社会的发展进步。科学技术的发展水平已成为一个国家、一个民族综合实力的根本标志。在信息社会、数字社会时代,为赢得竞争优势,世界各国在争夺创新人才的同时,都在不断推出新的战略措施,致力于普及和提高全体国民的科学文化水平,以增强整个国家和民族的竞争实力。国家的强大,在于国民整体素质的提高,也可以说是国家和民族的强大,在于国民和整个民族的强大。在一个人才众多,国民整体素质普遍很高的国家,其各项事业的发展必然是昌盛的,进步必然是迅速的,这是被人类社会进步历史所充分证明了的。我国是一个拥有14亿人口的发展中大国,要实现中华民族伟大复兴的宏伟目标,加快提高全体公民的科学文化素质就更具有紧迫性。这是我国实施科技强国的长远的、基础性的建设,关乎到中华民族的强盛和民族复兴,必须当作一件大事来抓。科学技术普及法的制定,就是通过法律手段,依法来推动和保障公民科学文化素质的提高,推动经济发展和社会进步。就我们这次执法检查来说,也是在推动科学技术创新发展和广泛普及。

科学技术普及法是第九届全国人民代表大会常务委员会第二十八次会议于2002年6月29日审议通过并即日开始实施的,至今已经20来年了。实施20年以来,依法推动了我国现代化科普工作体系的确立并不断完善,使科普政策不断优化,科普设施不断健全,科普宣传广泛深入,科普活动全面开展,广大人民学科学、用科学的需求强烈、精神高涨,全民族的科学文化素质有了很大提高,这在工农业生产中、商业贸易中、现代交通中、人们的日常生活中都随时随处可见。仅拿一件很普遍常见的事网上购物来说,这是20年前想都不敢想的。

互联网的发展很快。十多年前我就说过,对于互联网的发展,我们现在已知的远远少于未知的,而到了现在,从互联网的发展来看,仍然如是。互联网还会发展到什么程度,现在还很难说清楚,但有一点则是知道的,即互联网在改变着人类的生产生活,影响着历史的发展变化,对整个人类社会的政治、经济、文化都产生着巨大影响,不想改变都难。这就是科技进步的力量。对于互联网的管理,网络的安全,都要从互联网的发展变化而对人类社会带来的发展变化来着眼,要全面地、辩证地来看。充分利用,积极发展,依法管理,造福人类,这是基本的观念,也是正确的观念。互联网是高科技的成果,是先进生产力,由于发展迅猛,各方面的管理还不适应,跟不上,出现了这样或那样的问题,但问题不在这一高科技成果本身,而在于这是一个新的事物,带来了许多新的问题,在管理上有些措手不及,甚至一开始不知所措。现在的认识和管理水平应该说越来越清晰,也越来越有效,但仍还有许多问题认识不是很清楚,手段也不是很有效,因为互联网还在发展之中,发展的速度和涉及的领域也仍然是出人意料的。

作为第四次工业革命的核心推动技术之一,工业物联网正在全球蓬勃发展。无论是德国西门子、美国通用电器这样的传统工业巨头,还是亚马逊、微软之类的超级互联网企业，都在为抢占生机而在这一领域抓紧布局。工业物联网的操作系统云平台更是发展迅猛，成为各方角逐的主战场。工业物联网重要的直接效益之一是提高营运效率。在这方面领先的企业已在提高生产效率、降低运营成本、改善工作条件及设备利用率方面取得了新进展。德国蒂森克虏伯公司正在利用互联网探测设备，预判电梯故障，避免了非必要检修。美国几家大公司，通用、英特尔、思科等联手成立的工业互联网联盟，已推出了多种试验台，如"跟踪与追踪"实验台，它可以确定生产车间中手持工具的位置和使用情况，乃至工具完成任务所需要的力度和工作量。一旦发现工具使用不当，便会立刻断电，防止造成事故和人身伤害。工业物联网近期的发展目标是，将能实现数据流、硬件、软件的交互，最终将带来以实时化需求为导向的生产高度自动化与新的商业模式。

现在商业网上销售发展非常迅猛，已经改变了传统的商业销售模式。每年"双十一"网络购物节，像阿里巴巴、京东这些大的互联物流企业，下单额都在1000亿元以上；其他众多的电商下单额、成交额也都屡创新高。购物不出门，送货到家来，已逐步成为一种新常态。现在的移动支付已经强势进入了民众生活，扫码付款已经成为许多人支付的首选。"你扫我，还是我扫你?"这是当下许多人嘴上常说的一句话，"扫码支付"正加速进入中国社会的方方面面。

由商业互联网的革命，带动了或促进了金融互联网的革命，也带来了人的生活的革命。在这场"支付革命"中，中国有不少老年人也融入了"无现金社会"，使其晚年生活发生了极大变化。据有关报告显示，我国目前已有5亿以上手机网上支付用户，年增长率为30%左右；另外，还有一半的中国网民在线下实体店购物时使用手机支付结算。互联网在改变着企业的商业运用模式和人的消费理念、生活方式。一些外国智能化研究人员认为，谷歌、亚马逊、脸书、苹果和中国的百度、阿里巴巴、京东、腾迅、小米等，不仅在引领市场，而且在创造市场、颠覆市场。这个新的商业生态系统的特点是，以数字技术来驱动，用互联网来联结和运营，不同行业之间通过网络高度关联，跨行业、跨国界进行经营。在这个系统中，核心成员的角色类似指挥家，以指挥棒引导各方进行协调，没有规划束缚，没有条条框框，也没有各自为政的严密控制，但却能够相互协同，高效运营。这就是数字、网络的功能。

就农业生产来说，互联网也进入了家庭、田间、大棚，虽然是刚刚开始，但已显示出了光明的发展前景。英国就有一个"免手工劳动农场"，在无人下地进行田间耕作的情况下，该农场成功种植并收获了4.5吨大麦。从播种到收获，所有的人工都被自动化机器所取代，而这些机器是通过互联网在控制室的调度下工作的。这表明了未来的农业生产通过互联网可以实现全面自动化。目前我们的社会管理，特别是交通管理，正在通过互联网向智能化迅速迈进。我们的新闻出版、文化事业也正在向智能化发展。网上阅读、网上影视、网上图书馆正在迅猛发展、广为普及。现在智能机器人也在快速研发，且竞争十分激烈。家庭不但有了打扫卫生的智能吸尘器，也有了智能保洁员，而且美国的机器人公司还研制了仿真的双足仿人机器人，可以用来对野外巡逻，复杂地形救援，甚至作为战士使用，这些过去认为不可能的神话般的事，在网络时代都慢慢成为了可能。

除了上述这些以外，现在刷脸进站、刷脸取款、刷脸支付、刷脸报到等，人脸识别技术的应用也迅猛发展。人脸识别技术具有非接触、直接、快速、外延性广等特点，在金融、教育、安防、反恐等领域发挥着越来越重要的作用。还有，美国已批准了一些"数字药物"上市。这种药物里含有一种可摄入的传感器，病人服下后，沙粒大小的传感器接触到胃液，并向病人身上的穿戴式贴片发送信息，包括服药时间以及特定生理数据，然后贴片会把信息传给智能手机，以此来提升治疗效果。经病人允许，医生和护理者可通过网络接触到这些信息，而传感器也可从体内排出。

现在云服务、人工智能、量子计算，在人类的社会活动中已扮演着重大角色，发挥着重大作用，这是有史以来所没有过的，也是人类社会从未经历过的，而且还在发展变化之中，未知的东西，不可预测的事情还有很多很多。可以说，由于互联网的出现，信息化的发展，使整个人类世界都处于大变革、大调整时期，国际政治、经济格局和社会发展趋势也都在继续发生着深刻变化，信息化和经济全球化是发展最为迅猛的两大趋势，强力推动着人们的生产、生活方式的变革，不想变都不行。就经济工作来说，类脑智能是当前科技和产业创新的前沿阵地，率先掌握类脑智能技术就意味着抢占未来世界科技和产业发展的生机。

再就军事而言，互联网也是各国，尤其是一些大国角逐的战场。美国的前任国家安全局局长就在国会的听证会上说："网络战不是未来概念或电影场面,而是真实存在的。”美军在 2009 年就设立了网络司令部。2016 年 10 月,美国国防部宣布,美军已有 133 支网络司令部已具备初步作战能力。美国政府已把美军网络司令部升格为能全面且独立的作战司令部。这就意味着,网络部队已成为美军的独立军种,互联网将成为与海洋、陆地、天空和太空同等地位的战场。网络司令部服役人数已达 6000 人以上,全部具备作战能力。德国也组建有兼具网络攻防能力的“第六军种”,这支部队将兼具网络攻击与防御能力,同其他军种平级,成为陆军、海军、空军、联合支援军、联合医疗军之外的第六军种。俄罗斯也提出,要在太空部署武器,并通过网络来操纵。俄罗斯总统普京公开表示:“人工智能不但是俄罗斯的未来,也是全人类的未来。这里既有巨大的机遇,也有难以预测的威胁。谁成为该领域的领导者,谁就将主宰世界。”俄乌战争,在很大程度上也是信息战、智能战。

另外,现在史上最小的太空飞行器“精灵”微卫星已在地球轨道飞行,并与地面系统进行了联系。这种微卫星边长仅 3.5 厘米,重 4 克,同一个核桃大小差不多,但却搭有无线电接收装置、传感器和计算器设备,所有设备靠太阳能运行。这些微卫星是随一枚火箭发射进入太空的,美国联邦通信委员会已正式批准,要发射大量近地轨道卫星,致力于构建一个覆盖全球的高速宽带网络,占领并控制全球互联网服务市场。他们原计划在今年底,全球的所有学校都将受益于卫星互联网而接入网络,到 2027 年,卫星网络将覆盖全球每一角落。由于疫情的影响,可能会推迟一点,但不会停下来。美国的波音公司、卫讯公司,加拿大卫星电信公司,韩国三星等多家公司也宣布在开展类似的计划。谷歌、波音公司把这一计划看作为“太空互联网”。

我在这里谈了一大堆与执法检查看似关系不大的话,只是想说明一个问题,互联网是人类的一项伟大发明创造,为人类社会的进步贡献是巨大的。互联网的出现,推动了生产力的发展,为人类的生产、生活、工作、学习带来的极大的便利,也使人类社会进入了一个新时代,其产生的作用将是不可估量的。不可否认,互联网的出现,特别是电脑、手机的出现和广泛应用,在方便人们生活、工作、学习的同时,确实给传统的社会管理模式带来了不少新的情况和问题,包括网上意识形态的斗争、黄赌毒的治理、知识产权的保护、网络金融诈骗等,各种网络犯罪层出不穷,而且管理起来十分困难。高科技的问题,产生的问题也是高科技的,是常规手段所管不住、管不了的。对于互联网的管理,网络安全问题,一是需要法律法规;二是需要行政手段;三是需要行业自律;四是需要技术手段。高科技产生的问题,还需要高科技来解决。我们应该用更广阔的视野,发展的眼光来看待互联网的飞速发展,并来进行有效的管理,使这一高科技产物能更好地造福人类。因为互联网还在发展变化之中,人类围绕互联网还会做出多少高科技的文章出来,还会对人类社会带来哪些影响和变化。现在谁也说不清楚。能说清楚的是发展中的事物要用发展的眼光来看,就互联网安全来说,随着互联网的发展,还会碰到许许多多我们所不知的问题,只有兵来将挡,水来土屯,在实践中去解决。

这也仅是说了互联网的快速发展,其他方面的新的科学技术也大量涌现,这里不去过多阐述。总的来说,一定要看到,当前,以信息技术为代表的新一轮科技和产业革命正在萌发,为经济社会发展注入了强劲动力。我们要建设网络强国、数字中国、智慧社会,推动互联网、大数据、人工智能和实体经济深入发展,大力发展数字经济、共享经济、培育新的经济增长点、形成新发展功能。习近平总书记曾深刻提出,抓住了新一轮科技革命和产业变革的重大机遇,就要在新赛场建设之初就加入其中,甚至主导一些赛场建设,从而使我们成为新的竞赛规则的重要制定者,新的竞赛场地的重要主导者。由此也可以看出,科学普及的重要,因为新的科学技术已经在人类社会全覆盖,触角已深入到人们的工作、学习、生产、生活各个方面,你不学习、不了解、不掌握,不会应用和管理就不行,甚至寸步难行。

科学技术的迅猛发展,人民群体的普遍掌握和广泛应用,就说明了科普的重要和所取得的成就。

当然,也要清醒地看到,我们的科普工作取得了巨大成就,但也仍有许多不足,依法推动科普工作还有大量工作要做,诸如:体制机制还要进一步完善,政策还要进一步完善,设施还要进一步建设,手段还要进一步健全,方法也还需要进一步改进等,可做的工作还很多,包括法律也需要进一步修订完善,毕竟已经 20 年了,20 年的科技发展非常快,需要充实许多内容,改进许多方法和手段。

二

特别需要认识到的是,人类社会的发展,科技创新是一个重要的推动力。科技进步推动着人类社会进步,重大科技创新,引发了人类社会巨变,人类社会就是在科技进步创新中发展着、变化着。火的发现和应用，使人类告别了茹毛饮血的愚昧时代，而开始步入生存文明；粮食的科植、牲畜的饲养，使人类从原始采集生活而进入了劳动生活时代并由此进入农耕文明；石器、陶器的出现，提高了人的劳动生产能力和生活水平，也使人类进入了部落族群合作劳动生产的原始公社制度时代；青铜器的出现，铁器的出现，极大地促进了生产力的发展，使人类社会出现了革命性的变革，特别是以后，蒸汽机的发明，电报、电话的出现，以至电力的出现，内燃机的出现，各种材料的出现，使人类社会发生了翻天覆地的巨大变化，数十年、几百年的发展，相当于、远超于历史上几千年的进步，这是科技创新的威力，也是科技创造的成果。

人类社会发展到现在，科技进步步伐更快，而且是呈几何倍数增长的。现在已进入了科技创新的大发展时期，爆炸性的发展时期。也有说，当今世界正处在一场史无前例的科技创新大变革前夜，而我则认为，这个大变革已经到来。现在，信息技术、生物技术等领域竞相呈现群体突破态势，科学与技术间的传统界限日益模糊，科学研究、技术发明和产品创新之间相互促进的趋势更加明显，产品更新速度与技术更新速度同步加快。与历次变革截然不同的是，新一轮的科技创新革命呈现出科学革命、技术革命和产业变革三者交替出现、互相促进、融合发展的新局面，一场全球性的科技与产业革命性的创新已经来临。

当前，有几个方面的科技创新发展迅猛，是带有革命性的，需要引起高度重视，并能把握好这些发展趋势，及时掌握适用好这些创新成果，来推动生产力的发展、社会的进步，人民的幸福。

1. **新能源**。能源是动力，是活力，是生产、生活、生命之运动之力、发展之力。由原始的天火、地火、林火，到人类钻木取火、击石得火，到蒸气、内燃动力设备及电力的出现，火电、水电、风电等的发明和应用，人类的发展进步，都是与火息息相关、密切相连的。每一次新能源的出现，都会带来产业的变化、社会的变革、面貌的改革。现在的能源发展进入到了分布式、智能化、高效率的发展阶段，一批新能源产业及其相关的新兴服务业也被催生出来。国际能源署发布《世界能源展望》曾称，预计到 2035 年，可再生能源的发电量将接近燃煤发电量，其中生物质发电与生物燃料消费将增长 4 倍。核能方面，一些国家将核电出口视为工业政策的重要支柱，并提供大量的资助及技术培训来刺激销售。2050 年核能目标将达 1200GW 的能力，提供全球电力的 24%。智能电网技术的发展为新能源的迅速扩张提供了重要动力，可融合大量电动车辆和岸上及近海的可再生能源；信息与互联网技术的发展及其在能源分布式管理方面的应用，将彻底改变目前传统的能源生产与使用模式，并引发以能源为基础的整个产业体系的变化。

2. **新材料**。材料，是生产生活的基本条件，没有材料也就没有了生产和生活。材料是生产生活之必须，材料决定生活，材料改变生活，每一种影响生产生活的新材料出现，都会给人类的生产生活带来革命性的变化。石器、陶器、青铜器、铁器、合金、塑料、纤维等材料的出现，都引领了一个新的时代的发展，也带来了工业革命和人类生活的变革。材料的发现、发明和创造，是科技创新的产物，同时又推动着新的科技发明和创造。当前，全球新材料技术和产业蓬勃发展，信息技术及相关软件工具的发展正推动新材料的研发模式发生重大变化。美国从 2012 年就开始实施“材料基因组计划”，其研究目标是根据物质构成的基本原理设计新材料，通过将新开发的集成式计算、实验和数据信息学工具贯穿整个材料研发链，从而实现整个材料创新基础数字化信息的整合。新材料与其他产业的融合发展，已催生出一批新兴产业。如新材料与新能源的结合，正推动新能源材料产业的飞速发展。据有关资料显示，自 2011 年以来，全球新能源材料的市场规模年均增长率都在 7% 以上。基于批量化能力与低成本特点，以及大面积、柔性化等优势，现在印刷电子技术已成为一个独立于传统硅基微电子技术的新兴领域，创造了巨大发展机遇。2020 年，非硅基电子产品的市场规模已达 600 多亿美元，其中 83% 的产品基于印刷制造技术。此外，塑钢材料、碳纤维材料、新的陶瓷材料和各种各样的复合材料，耐极寒、耐极高温材料、耐极磨损材料、耐膨胀紧缩材料、纳米技术材料等，都在快速发展之中，有的已大批量用于生产和生活的实践。当前，是材料革命的时代，各种各样品质的材料的出现，必将带来生产生活的巨大变化，各种新的产业也会蓬勃兴起，这也是又一轮发展机遇，需要很好地认识和把握，并能及时利用，发展壮大。

3. **新制造**。制造业是所有产业中最为根本的和基础的至为重要的产业，它是工商业发展的基础。制造业反映着历史的进步，推动着历史的进步。从石器的制度，陶器的制造、青铜器的制造，到发展到近现代以来的各种各样的装备制造，制造业的发展进步，无不反映和代表了历史的发展进步，也无不推动和引领了历史的进步，制造业的发展是同新材料的发明和新科技的创造紧密相连的。新的材料出现了，新的技术产生了，就要反映到制造业上来，推动制造业升级改造、发展进步，并产生出新的产品。当前，以信息技术、新材料、先进制造技术为基础的智能制造已成为当前制造业发展的重要方向，将对传统的生产加工、物流配送、销售服务的生产组织模式产生革命性的影响。一是大规模生产转向大规模定制。智能制造可以在生产过程中强化产品内部结构标准化，使原有大规模制造中基于成品的批量生产转化为基于零部件的批量生产，同时还能实现以低成本满足个性化需求的生产方式。二是刚性生产系统转向可重构制造系统。包容性、灵活性等特点使得智能制造能通过重排、重复利用和更新系统组态或子系统的方式，实现快速调试及制造。三是工厂化生产转向社会化生产。除必要的实物生产资料和产品外，智能制造生产组织中的各环节均可被无限细分，从而使生产方式呈现出社会化生产的重要特征。近些年来兴起的"3D打印"技术正是智能制造的一种新的形态，展现出改变全球制造业的潜能和前景。制造业反映着一个国家和民族的实力，也代表着一个国家和民族的能力。制造业的进步是一个国家实力和能力的进步，有了发达了、先进的现代装备制造业，才能成为一个经济的大国和强国，也才能底气足起来，腰杆硬起来。在新一轮科技革命浪潮中，我们应下决心把现代装备制造业搞上去，这才能自立自强，不受制于人。

4. **新计算**。人类社会的发展需要数字，也离不开数字，不论是生产还是生活，都要靠数字来筹策计算和衡量。不论是农业、工业、商业、还是教育、卫生、文化、科技，也都需要数字来计算和衡量。没有数字的运算和标准，也就没有了工业生产、商业经营和科技发明。发展经济离不开数字计算，政治治理也离不开数字计算，社会管理也是如此，没有数字的社会是不可能发展的。以往的数字计算多用于规划、计量、标准、经营、决策依据等等，而自信息技术、互联网的出现，数字计算的内涵和外延都发生了革命性的变化，人类的生产生活都由数字来激发着、引导着、规范着、管理着和推动着、创造着。可以说，以计算机为核心内容的互联网已经渗透到人类生产生活的各个方面，数字电脑智能正在发挥着一些人脑所不能发挥的能力。我在前边已讲过，互联网的出现和发展是一场影响人类生产生活的巨大革命，这个革命还在继续，或者说刚刚步入轨道，进入快速发展的进程。当前，无线宽带与移动互联技术已成为互联网新近发展的主要驱动力。据统计，经合组织国家无线宽带接入数量是固定宽带用户的2倍多，且该数字还在不断增长。互联网经济的发展特别是无线宽带与移动互联技术的应用，加快推动数字内容相关技术与服务的发展，并引发商业模式的创新与变革，如社交网络和新型音频视频服务就驱动了信息通信产业的快速发展。同时，信息与互联网技术向不具备通讯能力的物体延伸，将加快推动物联网的发展，并正在推动世界进入"大数据"时代。而基于"大数据"的存储、挖掘、分析与应用，将引领信息与互联网技术及相关产业的发展，并产生极大的经济社会效益。据一份研究报告显示，通过利用大数据，美国医疗保健行业每年就能节约3000多亿美元，使医疗保健支出削减8%左右；在欧洲，利用大数据每年至少可节约1490亿美元的政府行政成本。当前，对于互联网的未来发展，还会带来哪些巨大变化，我们虽然不知、但要去积极开发。我们一定要开发好、运用好、管理好这个巨大的计算器，以更好地造福人类。在这方面我们还有许多工作要做，这也是发展的潜力所在。

新的革命性科技创新时代已经到来，而且发展十分迅猛，我们应该怎么办？道路只有一条，挤上这趟快车，拥抱时代，共同创造，对于一切新的科学技术，都要刻苦学习，积极利用并要研发创造出新的成果，推动社会发展进步，造福中国人民和世界人民。由此，也更要看到，在搞好投资与研发、创造的同时，科学技术普及也同样重要和紧迫。

三

说来说去，还要回到科学普及上来。关于依法推动科普工作，我有几点想法，提出来和大家共同讨论。

1. 科普工作要以习近平新时代中国特色社会主义思想为指导，认真学习好宣传好习近平总书记关于科学普及的重要论述。

党的十八大以来，以习近平同志为核心的党中央高度重视科技创新和科学普及，习近平总书记对科学普及工作做出来一系列重要论述，这是我们依法开展科普工作的理论指导和所遵循的重要原则，需要很好学习宣传，并用于指导我们的科普实践。

诸如，总书记深刻指出：实现"两个一百年"奋斗目标，实现中华民族伟大复兴的中国梦，必须坚持走中国特色自主创新道路，面向世界科技前沿、面向经济主战场、面向国家重大需求，加快各领域科技创新，掌握全球科技竞争先机。这是我们提出建设科技强国的出发点。

科技创新、科学普及是实现创新发展的两翼，要把科学普及放在与科技创新同等重要的位置。没有全民科学素质普遍提高，就难以建立起宏大的高素质创新大军，难以实现科技成果快速转化。希望广大科技工作者以提高全民科学素质为己任，把普及科学知识、弘扬科学精神、传播科学思想、倡导科学方法作为义不容辞的责任，在全社会推动形成讲科学、爱科学、学科学、用科学的良好氛围，使蕴藏在亿万人民中间的创新智慧充分释放、创新力量充分涌流。

诸如：科学技术从来没有像今天这样深刻影响着国家前途命运，从来没有像今天这样深刻影响着人民生活福祉。

中国要强盛、要复兴，就一定要大力发展科学技术，努力成为世界主要科学中心和创新高地。形势逼人，挑战逼人，使命逼人。我们比历史上任何时期都需要建设世界科技强国。

党的十九大确立了到2035年跻身创新型国家前列的战略目标，党的十九届五中全会提出了坚持创新在我国现代化建设全局中的核心地位，把科技自立自强作为国家发展的战略支撑。立足新发展阶段、贯彻新发展理念、构建新发展格局、推动高质量发展，必须深入实施科教兴国战略、人才强国战略、创新驱动发展战略，完善国家创新体系，加快建设科技强国，实现高水平科技自立自强。

诸如：要广泛开展科学普及活动，形成热爱科学、崇尚科学的社会氛围，提高全民族科学素质。

各级领导干部要加强学习和实践，提高科学素养，既当好领导，又成为专家，不断增强领导和推动科技创新的本领。要尊重科研规律，尊重科研管理规律，尊重科研人员意见，为科技工作者创造良好环境，服务好科技创新。

新时代中国青年要增强学习紧迫感，如饥似渴、孜孜不倦学习，努力学习马克思主义立场观点方法，努力掌握科学文化知识和专业技能，努力提高人文素质，在学习中增长知识、锤炼品格，在工作中增长才干、练就本领，以真才实学服务人民，以创新创造贡献国家。

要把提高官兵科技素养作为一项基础性工作来抓，在全军大力传播科学精神、普及科学知识，使学习科技、运用科技在全军蔚然成风。

要深入宣传党中央重大决策部署，充分报道各地区各部门联防联控的措施成效，生动讲述防疫抗疫一线的感人事迹，广泛普及科学防护知识，凝聚众志成城抗疫的强大力量。

弘扬科学精神，普及科学知识，开展移风易俗、弘扬时代新风行动，抵制腐朽落后文化侵蚀，等等。

总书记有一系列重要讲话和指示，我们一定要首先学习好、宣传好、落实好。

2. 科学技术普及，普及什么，怎样普及，要达到什么样的目的和效果，都要心中有数，做到有规划、有步骤、有载体、有方法。

科学技术普及实施以来，经过20年的科普、实践和发展，全国各地、各行各业都积累了丰富的经验，归纳起来，大体有六个方面：

一是要有规划。

2005年，国务院制定印发了《国家中长期科学和技术发展规划纲要(2006—2020年)将科普工作作为重要内容专章部署。2022年党中央、国务院又专门制定了《国家中长期科学和技术发展规划(2021—2035年)》，设专章(第七篇)对繁荣科普事业和创新文化提出要求，提出要大力促进科普事业发展，全面加强科学教育，拓展科普功能，发展公众科学，提升科普能力；要加强作风学风和创新文化建设，弘扬科学精神和科学家精神，大力推进科研诚信建设，厚植创新文化土壤，等等。科技部也牵头制定了国家科普发展五年规划。科技部、中宣部、中国科学院又联合制定了《“十四五”国家科普发展规划》。各行业、部门，各地区也都制定了科普的规划和实施意见，定出了明确的任务和要求。

二是要有政策。

法律保障和政策支持，是保证科普工作顺利进行的重要支撑。各地各部门历年来都制定了不少有利政策，支持推动科普事业的发展。中宣部、科技部、工信部、财政部、海关总署、税务总局、广电总局等，也都相继出台了一些“十四五”期间科普优惠政策，来支持和推动科普工作。中科院、科技部、教育部等，还制定了研究生做科普的计入学分政策，激励大学研究生积极参与科普工作。此外，还有一些税收优惠政策，各种奖励政策等。

三是要有组织。

发挥组织优势，开展各项工作，是我们的政治优势。党的领导，政府主导，部门负责，各行各业积极参与，一直是我们开展科普工作的有力有效的组织手段，也是力量所在，威力所在。各级党的组织、各级政府部门，在科普工作中都发挥了积极作用。各级宣传部门，各级各类媒体，各级群团组织、行业协会和各行各业都在科普工作中发挥了很大作用。

特别是科技、教育部门和科研单位，更发挥了有力作用。始终坚持党的领导，发挥组织优势，是我们做好各项工作、夺取胜利的法宝。

四是要有载体。

干活要有工具，活动要有载体，科学技术普及离不开工具和载体。科学技术普及是既有形、又有实的宣传教育活动，即既有广泛的学习教育和宣传，又有丰富生动形象的实践，不是空对空，而是实打实。各种各类科技文化场馆，各类媒体、互联网，各种形式的群众性活动都是载体，要建设好、利用好、发挥好载体的作用，重点在丰富的内容和有效的手段，在这个载体上都应是生产生活中鲜活的事例使人们喜爱、参与、接受，这才充分发挥教育人、打动人和示范引领的作用。同时，车间、田间、实验室、实验田、机器旁等等，各种实验实践的场所和平台，也都是最好的学习普及载体，都要充分利用好。

五是要知需求。

当今时代，是科学革命的时代，科技创新的时代，也是广大人民群众科技需求十分强烈的时代。进行科普工作，要知道人民群众的科技需求，并能努力去满足人民群众的科技需求，积极引导人民的科技消费，这才能收到更好的效果。人们渴望得到科学技术知识，能够掌握和运用科学技术知识，但行业不同，层次不同，知识容量不同，工作生活要求不同，其需求也不同。工农商学兵，各业有专攻，也自然有专需。此外，人们的科技需求是多方面的，有工作需求、生活需求、就业需求、应急需求等等，都需要一定的科技知识，比如时下的防疫，就需要讲究科学方法。开展科普工作，就应该知道这些不同需求，来分行业、分层次、分人群，有针对性地满足不同人的科技需求。

六是要有方法。

科学技术的普及需要讲究方式方法，一般的灌输，说教不行，甚至会适得其反。科学技术的普及，除了广泛地宣传和组织开展各种活动外，必须紧密结合所普及的群体的工作、生活和学习实际，利用形象生动的示范来进行宣传教育。工人要掌握现代化的操控技术，农民要掌握现代化的耕作技术，包括学生上课做作业，也要学会利用现代化的网络技术，即使操持家务，也需要熟练掌握现代化的电气、燃气的炊具和家具，这些科学技术都是通过示范观摩而获得的。现在网上普及科技知识效果很好。还有许多科学技术的普及，是需要有人来讲解和示范乃至进行现场教育。方法大是气力，有了好的方法，就能收到事半功倍的效果。

对于一些在实践中创造的好的做法，都要很好地总结和发扬。总的，就是要生动活泼，多样鲜活，实际实用，讲究效果，要有针对性和实效性，不就一般的活动而搞活动，不搞那些表面轰轰烈烈、热热闹闹，而实际效果却收效寥寥的活动。

3. 要继续广泛深入地在全社会大力营造讲科学、爱科学、学科学、用科学的浓厚氛围，大力推进科技创新和科技进步。

讲科学，讲什么？可讲的内容很多。至少要讲清我们现在已经进入了一个科技创新的时代，大讲科技的发展、科学的力量和科学技术的新成就。特别要讲清，当今时代是科技革命飞速发展的时代，是科技创新成果硕果累累的时代，也是产业革命迅速发展的时代。科技革命与产业变革既是新技术、新产业、新模式和新业态大量涌现的过程，也是全球治理体系和治理能力与新技术、新产业、新模式和新业态相适应，并不断革新、提升的过程。当前，科技在伴随着推动政治、经济、军事、社会、文化、生态等深入协同发展的同时，也对人类社会发展和全球治理体系产生深刻影响，既带来新的挑战，也同时带来新的机遇。当今世界正面临全球经济增长放缓、生态危机、粮食危机、能源短缺、卫生问题、恐怖主义、网络信息安全、全球经济不公平状况加剧等重大问题，而新一轮科技革命与产业变革有助于解决这些问题，将为解决这些问题提供可能的方案。这些话是理性的表述，做为干部来说，应该理解掌握，但对于人民群众，则需用通俗的语言去讲，就是要讲清，我们现在已进入了信息化时代，互联网时代，一切都要靠科学技术和科技创新，如果不学习、不掌握新科学技术，不但生产、生活受到影响，甚至会出不了门，干不成事，购不了物，更不要说去创业发展了，等等。讲清新时代、新特征、新变化和需要知道和掌握的新的科学技术知识。

爱科学，就是要尊重知识，尊重人才，尊重创造，勇于探索，大胆实践，敢于创新。科技发明，科技进步，需要大量的科学实验，是十分艰苦的事情，离不开科学家、科技工作者，我们要尊重科学家、尊重科技工作者，形成尊重知识、尊重人才、尊重创造的浓厚氛围。同时，科技发明，科技进步，也需要调动广大人民的积极性、创造性，动员广大人民积极参与进来，形成全民创新的热潮。历史上有许多科技成果，是一些名不见经传的劳动人民发明创造的。疫苗的最早发明和创造是劳动人民敢于进行实践而产生的；矮密早丰苹果栽培技术的发明创造就是一个普普通通的农民；寒带冰下养鱼成功的发明创造者则是个乡镇普普通通的干部；蔬菜温室大棚的发明创造者更是一个老实巴交的农民；人间天河红旗渠的修建，而主要靠的是劳动人民的艰苦奋斗和发明创造，等等。人民群众中蕴藏着巨大的创造热情和潜能，我们要保护好、挖掘好这个热情和潜能，以探索创造出更加伟大的成就。

学科学、学什么？首先学生活之必须。对于新时代的年轻人来说，有三项技能是最为基本的，也是生活所必须的：电脑、驾车、外语。这是现代社会的生存的基本技能。不懂这些，不但就业困难，就连生活也困难。学习工作必用。工人做工，已不是过去手工操作的锻、铸、刨、洗、镗、钻、焊等技能和工序，而是数字控制，连续作业，甚至是复合作业，多道工序一次完成。现代工业不懂数控和电脑操作，就无法做工。农民种地也不是简单地人工劳作和依靠畜力的犁、耧、锄、耙，而多是机械耕作，包括无人机耕作，甚至从种到收实现全程机械化，不懂和不会使用现代化的农业机械，连地都种不好。数字控制现在也用于农业耕作，没有现代科技知识，将来恐怕连个合格的农民都不是。学生上学也是一样，离开电脑、手机，也学习不了，学习不好。疫情期间，主要是线上网络授课，不懂电脑就无法读书学习。对于干部来说，更要掌握现代科学技术知识，办公自动化，各种社会管理自动化、数字化，不懂得现代科学技术知识，不会大数据分析，连工作都搞不好。防疫就离不开大数据分析，流调主要靠大数据分析，这都需要科技知识来支撑。现代人，是离不开科技知识的。此外，还要学知识必备，得有一定的科技知识储存，不是急用先用，用什么就学什么，应有一定的存量。还要学习就业必备，没有一定量的科学技术知识，是就不了业的。

用科学，除了必备的常用的实用技术以外，还要学会用科学思维，树立马克思主义的世界观，社会主义的世界观，包括正确的人生观、奋斗观、价值观，进行社会主义的核心价值观教育，做一个光明磊落的人，正正派派的人，不畏困难的人，勇于创业的人，吃苦耐劳的人，甘于奉献的人，与人为善的人；还要学会科学的思维，坚持唯物论，掌握辩证法，能够客观全面地认识问题，分析问题，不片面、不偏激、不盲从、不跟风、不人云亦云，不随波逐流，遇事动脑筋，有主见，能够发现真理，坚持真理，纠正错误；还要学会科学的方法，能认清问题，更能解决问题，特别是在困难面前，不胆怯、不退缩，能想尽办法去克服困难，而不是畏缩不前，被动应付，应充分发挥人的主观能动性，调动一切积极因素去创造性地进行工作；还要勇于科学实践，实践出真知，要积极实践，大胆实践，并敢于探索，敢于创造，一切伟大的成就都是实践探索创造出来的。当然，这些都是理论概念，不是具体的科学技术，但是必须要学习和掌握的科学精神，掌握了这些科学精神，才能学好用好科学技术。科学普及，普及科学思想、科学精神、科学态度、科学方法也是至关重要的。

以上所谈，对照法律条文，也都有明确要求，都是贯彻实施科学技术普及法的重要内容。

最后，对省委、省人大、省政府和有关市、区、高校和单位、部门、企业对我们这次执法检查给予的大力支持和热情帮助，再次表示衷心的感谢！

特别感谢阳生书记、王凯省长对全国人大常委会执法检查组的热情指导和帮助，感谢昌生、济超副主任自始至终参与执法检查，并给予的热情帮助！

也特别感谢所有支持和服务于这次执法检查，给予热忱帮助的工作人员，对他们付出的辛苦，表示诚挚的谢意！

对于在执法检查中和今天座谈会同志们所提的意见和建议，我们如数带回去，认真研究，并提供给有关方面，该改进的改进，该解决的解决。

在全国人大常委会科学技术普及法执法检查组第二次全体会议上的讲话

（2022 年 7 月 22 日）

艾力更·依明巴海

同志们：

今天，我们召开科学技术普及法执法检查组全体会议，研究讨论执法检查报告稿，总结执法检查工作，这对于贯彻落实习近平总书记关于科技创新和科学普及的重要论述，进一步依法做好科学技术普及工作具有很强的现实意义。

4月11日，检查组召开第一次全体会议。随后，张春贤副委员长、吉炳轩副委员长、蔡达峰副委员长和我分别带领检查小组对六个省（区、市）科学技术普及法实施情况进行了检查。同时，委托六个省人大常委会同步进行了自查。经过三个多月的工作，至此已经完成阶段性任务。检查组紧扣党中央决策部署和法律规定，认真落实栗战书委员长的批示要求，克服疫情不利影响，以高度的责任感和严谨务实的工作作风，扎实做好各项工作。全国人大常委会办公厅和教科文卫委加强组织协调，国务院各部委特别是科技部和中国科协积极配合，大力支持执法检查工作，自觉接受监督、主动自查自改，中央和地方的媒体通过积极宣传报道为执法检查工作和科普工作营造了良好的社会氛围。

刚才，李学勇主任委员介绍了这次执法检查的相关情况和执法检查报告稿的主要内容，检查组成员和与会国务院各有关部门、中国科协负责同志围绕着科普法的实施和检查报告稿进行了交流发言，既肯定了报告稿的主体框架和内容，也提出了一些修改意见，包括在工作措施和文字方面的建议。会后，请教科文卫委认真研究吸纳大家提出的意见和建议，对报告稿作进一步修改完善。

这次执法检查，我带队实地考察了一些地方和单位，听取了有关方面的意见，今天又听了大家的发言，对法律实施情况有了更加深入的了解和把握。下面，结合大家的发言，我再讲几点意见。

第一，深入学习贯彻习近平总书记关于科技创新与科学普及的重要论述，切实把科学普及放在与科技创新同等重要的位置。

党的十八大以来，以习近平同志为核心的党中央高度重视科普工作。习近平总书记深刻把握创新规律，充分肯定科学普及的战略地位，开创性提出"科技创新、科学普及是实现创新发展的两翼，要把科学普及放在与科技创新同等重要的位置"，形成了一系列原创性思想，引领科普事业取得突破性进展。第一次全体会议上，检查组专门强调要把深入学习贯彻习近平总书记关于科技创新与科学普及的重要论述精神贯穿执法检查全过程，以此为引领推进科普法全面有效实施。在此基础上，检查组开展了广泛深入的实地检查，了解到科普发展的最新情况，看到了一线科普工作者的工作现状，感受到人民群众对科普资源的期待和需求，也深切体会到科普在支撑科技创新、助力经济社会发展方面的重大作用。从而更加深刻领悟到以习近平同志为核心的党中央推动新时代科普发展的战略眼光，更加真切认识到科普高质量发展在提高全民族科学文化素质、全面建设社会主义现代化国家中的重要作用，更加直观体会到科普高质量发展对于满足人民群众美好生活需要，提升人民获得感、幸福感、安全感的重要意义。科技兴则国家兴，科技强则国家强。我们要牢固树立抓科普与抓创新并重、抓创新必须抓科普的理念，切实把科学普及放在与科技创新同等重要位置，不断推动科技创新与科学普及深度融合，以创新和科普的双重动力助推创新驱动发展和科技强国建设，为全面建设社会主义现代化国家夯实科学根基。

第二，总结经验、聚焦问题，以更高标准推动科学技术普及法贯彻实施。

科普法2002年颁布实施，对保障科普事业健康发展、提高公民的科学文化素质、推动经济发展和社会进步起到了重要作用。特别是党的十八大以来，在以习近平同志为核心的党中央坚强领导下，各部门各地方深入贯彻习近平总书记重要指示精神和党中央重大决策部署，坚持党对科普工作的全面领导，认真组织实施科普法，持续优化顶层设计，不断健全科普工作机制，增强科普服务能力，科学技术普及法所确立的基本原则、所倡导的基本理念、所规定的基本制度，发挥了重要的引领、规范和保障作用，法律实施总体上取得了积极效果，为科普事业发展提供了有力法治保障。20年来，我国的科普事业发展取得了显著成效。比较直观的一个数据是，我国公民具备科学素质的比例从2005年的1.6%提高到了2020年的10.56%，可谓实现了历史性跨越。这些成绩我们在检查中都切身感受到，在执法检查报告稿中也都如实作了反映、予以充分肯定。执法检查既要了解肯定法律实施的成绩，更要善于找准影响法律实施的症结关键和深层次原因。有些问题是法律实施中的问题，也是科普工作发展过程中实际面临的困境和障碍。增强人大监督工作实效，关键就是发现问题分析问题，并推动解决问题。对标新时期创新型国家建设和高质量发展的要求，当前我国科普事业发展不平衡不充分不协调矛盾依然突出，科普法的贯彻实施仍是一项长期、艰巨的任务，还需要继续下大力气、做大量工作。

一是坚持党的全面领导。发展科普事业是国家的长期任务，是各级政府的基本职责。要把党的领导贯穿于科普工作的全过程，坚决贯彻落实党中央决策部署，不断深化对科普工作重要性的认识，强化科普价值引领，践行社会主义核心价值观，既要推动科学知识普及,也要推动全民科学精神、科学思想和科学方法的普及,大力弘扬追求真理、崇尚理性、实事求是的科学精神,进一步提高人民甄别和抵制愚昧迷信、享受美好生活的能力,充分发挥科普在提升全民族科学文化素质、增强自主创新能力、促进经济社会高质量发展中的重要作用。

二是坚持以人民为中心。增进人民福祉、促进人的全面发展是我们党执政为民的根本要求,是科普工作的应有之义。我们在实地检查中,地方反映的问题之一就是科普的内容和形式还不能满足人民群众的实际需要。解决好这一问题的关键是要进一步强化以人为本的理念,更好顺应经济社会发展变化,真正把握人民群众对科普的工作需求、生活需求、就业需求、应急需求等,努力使科普贴近实际、贴近百姓、贴近生产和生活。要用老百姓喜闻乐见的方式方法,更好保障人民群众参与科学事务的权利,享受科普发展的福利。

三是着力提高科普服务能力。科普服务能力的高低决定了科普质量的高低,也决定了科普目的最终能否达成。着力提高科普服务能力,要加强顶层设计,统筹考虑科学普及与科技创新同等重要的制度机制,健全科普工作协调机制,加强科普工作激励评价和科普监督检查制度;完善与我国国情相适应的科普投入机制,加大公益性科普事业投入,鼓励支持社会力量多元参与和投资科普;促进科技资源科普化,鼓励开发重大科技基础设施等资源的科普功能;建立健全多层次、分类别的科普人才培养体系,增强科普人才培养的专业性,鼓励科普兼职,壮大科普志愿者队伍;以国际视野谋划和推动科普工作,推动科普国际合作交流,推动形成科普开放合作工作格局。

四是进一步夯实基层基础。科普工作的关键在基层、落点也在基层。检查发现,基层科普能力和管理力量仍存在不足,基层科普需求旺盛,但资源匮乏、基础薄弱,科普设施偏少甚至科普设施规模缩减,是科普工作长期以来面临的难点。为此,要着力加强基层科普能力建设,配足配齐人员、经费、场馆等软件和硬件资源,引导优势科普资源向社区、乡村、学校、企业等基层单位倾斜,引导组织科技工作者深入一线,丰富科普内容资源,贴近老百姓开展科普传播,真正实现科普公共服务的均衡化、广覆盖。

第三,贯彻落实栗战书委员长指示要求,运用好本次执法检查成果,为科普法修改打下良好基础。

科普法修改是全国人大常委会今年立法工作计划项目,栗战书委员长在批示中明确要求,调查了解实践对修法提出的新需求,突出法律自身存在的空白点、薄弱点和不适应,提出修改本法的意见建议,为修改好科普法提供坚实可靠的依据。

科普法于 2002 年颁布实施,距今已 20 年。这 20 年来我国经济社会飞速发展,立法之初所面对的内外环境、承担的使命都发生了变化。当前,我国已迈进创新型国家行列,公民受教育水平和科学素质大幅提升,科普内涵和外延发生根本转变,进入科普高质量发展的新阶段。科普法的时代局限性日益明显,需要与时俱进地按照新发展理念、新发展战略的指引和要求予以修改完善。这次执法检查特别注重听取社会各界关于修改法律的意见和建议,检查中也发现了一些共性问题,比如说,科普工作仍存在重科学知识普及,轻科学精神、科学思想和科学方法普及的现象;对新形态新媒体环境下科普内容和传播的规范和引导需要加强;有的法律规定比较原则,存在可操作性不强、落地难的现象,等等。我们要充分运用好这次执法检查的成果,坚持以习近平新时代中国特色社会主义思想为指导,积极面对新形势新挑战,准确把握新时代发展对科普工作的新要求,有针对性地提出修改法律的意见和建议,使总书记关于科普工作的重要论述精神在法律层面得以贯彻落实;把党中央关于科普工作的决策部署,通过法定程序上升为法律规范;总结提炼、充分吸纳科技体制改革和科普发展中的成功经验,将实践中行之有效的做法上升为法律制度;重点补足法律的薄弱短板,进一步增强法律可操作性;聚焦法律空白点,增强法律对科普自媒体等新业态的监管和对重大突发事件科普传播法律责任的约束,等等。检查组根据各方建议综合研究提出的修法意见,已转交科技部牵头的科普法修改工作领导小组。建议国务院及相关职能部门加快科普法修改进程,尽早按程序提请全国人大常委会审议。

第四,务实高效做好执法检查的后续工作。

习近平总书记在中央人大工作会议上强调,要用好宪法赋予人大的监督权,实行正确监督、有效监督、依法监督,推动解决制约经济社会发展的突出矛盾和问题。我们进行执法检查的目的是督促有关国家机关把法律执行到位、落到实处,确保党中央决策部署得到贯彻落实,确保人民权益得到维护和实现。

按照执法检查方案的安排,8 月下旬,蔡达峰副委员长将代表执法检查组向十三届全国人大常委会第三十六次会议作关于检查科学技术普及法实施情况的报告。接下来执法检查马上就要进入抓整改、促落实、出实效的关键阶段。执法检查组和各有关方面的同志要再接再厉，加强统筹安排，按照时间节点，务实高效做好各项工作。**一是**要在深入学习贯彻习近平总书记有关重要论述精神和党中央决策部署的基础上，结合今天会议的情况，抓紧修改完善、力争拿出一份高质量的执法检查报告稿，按照程序报送常委会。同时要准备好向常委会党组、委员长会议汇报执法检查工作情况。**二是**常委会工作机构要认真汇总整理习近平总书记关于科技创新与科学普及的重要论述、中央有关文件、执法检查分报告和自查报告等材料，为8月常委会会议听取和审议执法检查报告提供充分详实的参阅资料，提前发放与会人员，以便做好讨论准备，提高审议质量。**三是**抓好督促落实，务求取得实效。要及时将常委会审议意见连同执法检查报告函送国务院办公厅，交由法律实施主管机关研究处理。教科文卫委要加强跟踪监督，督促有关方面认真研究改进工作，并在规定期限内，向常委会报告整改落实情况，真正把执法检查的成果转化为有效实施法律、切实改进科普工作的实效。

最后，我代表执法检查组向国务院有关部门、实地检查和开展自查的省、自治区、直辖市人大常委会和各有关方面的大力配合支持表示感谢！向执法检查组成员、工作人员、全国人大各有关部门以及新闻媒体的同志表示感谢！

在新疆维吾尔自治区科学技术普及法执法检查汇报会上的讲话

（2022年6月6日）

蔡达峰

同志们：

以习近平同志为核心的党中央高度重视科技创新和科学普及工作，领导我国科技事业实现了重大变化。十三届全国人大常委会认真贯彻党中央决策部署，扎实推进科技领域立法和监督工作，去年修订了科技进步法，今年把科普法执法检查作为重要监督工作，栗战书委员长专门作了重要批示，方龙同志刚才作了传达。

新疆自治区坚决贯彻落实党中央的治疆方略，推进科技事业发展，大力实施科学技术普及法，完善科普政策法规体系，建立健全科普工作制度和机制，明确责任，层层落实，加大投入，广泛开展科普活动，广大群众的科学素养和科普热情不断提供，科普对推动经济社会发展的作用不断凸显，科普工作取得了显著成效。刚才，全面介绍了自治区政府贯彻实施科普法的有关情况，几个部门也分别汇报了工作、分析了问题和困难，提出了许多很好的意见和建议，我们很有收获，深表感谢。下面，我谈三点意见。

一、深入学习贯彻习近平总书记关于科学普及的重要指示精神。习近平总书记就科普作出了一系列重要指示，为新时代加强科普工作、建设科技强国指明了方向，我们要深刻理解，增强责任感，推动科普工作高质量发展。**一是**深刻理解科普对创新发展的重要作用。习近平总书记强调："科技创新、科学普及是实现创新发展的两翼，要把科学普及放在与科技创新同等重要的位置"，高度肯定了科普对创新发展的战略地位和支撑作用，寓意十分深刻。科技是第一生产力，创新是第一动力，国家和地区的发展，既要依靠科技研发，又要依靠科技普及，两者是科技事业中协调联动的两翼，共同支撑着发展，要准确理解科普的地位和意义，消除对科普工作的轻视和偏见。**二是**充分发挥科普对提高全民素质的重要作用。习近平总书记希望"广大科技工作者以提高全民科学素质为己任，把普及科学知识、弘扬科学精神、传播科学思想、倡导科学方法作为义不容辞的责任，在全社会推动形成讲科学、爱科学、学科学、用科学的良好氛围，使蕴藏在亿万人民中间的创新智慧充分释放、创新力量充分涌流。"这是对科技工作者的殷切期待，也是对科普意义的深刻揭示。科学素质是国民素质的重要部分，直接影响经济社会发展水平。中华民族在现代化进程中深刻感受到提高科学素质的重要性，并为之不懈努力。新中国成立以来，特别是党的十八大以来，我国科普事业成效显著，公民具备科学素质的比例不断提高，2020年达到了10.56%，为科技创新和综合国力提升奠定了坚实基础。站在第二个百年的新征程上，我们要按照高质量发展的要求，提升科普的基础性、战略性作用，大力普及科学知识、弘扬科学精神、传播科学思想、倡导科学方法，提高群众的科学素质，自觉抵制愚昧迷信、虚假信息的诱惑，理性参与公共事务和社会治理，树立文明风尚，推进国家治理现代化。新疆在这方面富有经验，在文化润疆工程中，面向各族群众，开展科普宣传，夯实了社会稳定和长治久安的群众基础和思想基础。**三是**切实体现科普对改善民生、促进共同富裕的重要作用。习近平总书记强调“坚持以人民为中心”的发展思想，对提高劳动者素质，加大人力资本投入，加强职业教育等提出明确要求。科普工作致力于增进大众科技知识和能力，提高就业质量和生活水平，在乡村振兴、脱贫攻坚、全面建成小康社会中发挥了重要作用。新疆在这方面卓有成效，通过科技特派员农村科技创业行动和乡村振兴产业发展科技行动，近 5 年累计新增就业 28 万人，辐射带动农牧民 195 万人，实现农牧民人均增收。进入新时代，我们要更加广泛深入地开展科普活动，提高劳动者素质和能力，尤其要为边远和贫困地区群众服务，推动共同富裕。

二、加大科普法实施力度，提升科普工作的水平。法律的生命在于实施，法律的权威也在于实施。我国的科普法是世界上首部促进科普事业发展的专门法律，法律颁布后，对保障科普事业健康发展、提高公民的科学文化素质、推动经济发展和社会进步起到了重要作用。这次执法检查，就是要了解执法的成效，尤其是要深入查找法律实施中的问题，推动社会各方增强法治观念、履行法律责任，贯彻落实党中央关于科普事业的决策部署。**一要**加强对科普法和科普活动的宣传。群众性是科普的基本属性，必须紧紧依靠和动员群众，营造全社会重视科普的良好氛围。科普法基本功能就是普及科学精神和宣传创新文化，夯实创新发展的群众基础和社会基础。各级政府、科协以及学校、科研单位、媒体单位等要切实担负科普责任，建立科普宣传工作和考核评价体系，发挥主流媒体的作用，强化网络科普宣传，培育有影响力的品牌科普网站、客户端、微博、微信公众号等，多形式、全覆盖地开展科普宣传活动，不断提升群众参与科普工作积极性，凸显科普工作的群众性、社会性和经常性。**二要**健全协同推进科普工作的制度体系。科普工作是系统工程，科普法明确规定要健全科普工作协调机制，把科普工作发展目标纳入相关发展规划和政府考核指标体系，更好发挥政府作用，推动从政府主导向政府引导、多元主体参与的社会化动员机制和运行模式转变，形成并不断加强党领导下的政府、社会、市场协同推进的科普工作格局。**三要**保障社会力量兴办科普事业。科普法明确规定，国家支持社会力量兴办科普事业。各级政府要进一步压实责任，明确措施，为高校、科研院所、企业、基层组织、社会团体等参与科普事业发展提供政策支持和投入保障，促进科普事业与科普产业深度融合、协同发展，鼓励社会财富在三次分配中以多种方式支持科普发展。**四要**促进科普资源的优化配置。贯彻科普法，要着力解决科普发展不平衡、不充分的问题，充分重视农村地区、少数民族地区、边远贫困地区和革命老区等的科普事业发展，注重对农村留守儿童、老人和妇女等困难群体的科普服务，针对薄弱环节，健全科普服务体系，推动科普设施与文体、教育设施融合建设，培育科普示范基地等服务平台，加大资源人投入，创新科普方式，提升群众的科学素质和能力。**五要**提高科普工作的科学性。做好一切工作都要讲科学，科普工作更要注重科学性，坚持科学的态度和方法，从实际和实效出发，防止和克服形式主义和表面文章，不断提升工作质量。

三、坚持目标导向和问题导向，完善科普法律制度。科普法颁布实施 20 年来，我国经济社会快速发展，公民受教育水平和科学素质大幅提升，迈进了创新型国家的行列，科普内涵和外延都有很大变化和拓展，我们要深入贯彻习近平总书记关于科学普及的重要指示精神，把握科普事业发展的新趋势和目标任务，以法治的力量推动制度安排，为新时代科普高质量发展提供保障。**一是**推进科普法的修改完善，增强法律作用。科普法修改已经列入全国人大常委会今年立法计划，本次执法检查的任务之一，就是要按照栗战书委员长批示要求，坚持监督工作和立法工作相结合，实事求是地了解法律在实施中面临的问题，为修法打好基础，希望大家充分地建言献策。**二是**推动地方性法规制度建设，助推法律实施。科普法是促进法，其作用最终体现在地方的执法实践和法规建设中。我们高兴地看到，新疆已经修改、制定了《科学技术普及条例》、《社会科学普及条例》等法规，希望以这次执法检查和修法为契机，深入调研，结合实际，不断完善地方性法规，为当地科普事业发展提供保障，为国家科普法律体系建设提供经验。

同志们，执法检查组的工作，得到了自治区委、区人大、区政府及各有关方面的大力支持，今天的汇报会开得很成功，我代表执法检查组表示衷心的感谢！在接下来检查工作中，希望我们密切配合，按照执法检查工作的要求，坚持求真务实，坚持问题导向，落实防疫规定，体现良好作风，共同努力把这次执法检查任务完成好。

最后，祝大家工作顺利、身体健康、生活幸福。再次谢谢大家。

在云南省科学技术普及法执法检查汇报会上的讲话

（2022 年 6 月 26 日）

蔡达峰

同志们：

以习近平同志为核心的党中央高度重视科技创新和科学普及工作，领导我国科技事业取得了历史性成就。十三届全国人大常委会认真贯彻党中央决策部署，扎实推进科技领域立法和监督工作，去年修订了科技进步法，今年把科普法执法检查作为重要监督工作，战书委员长专门作了重要批示，提出了明确要求。

云南省认真贯彻落实党中央决策部署，认真实施科学技术普及法，科普工作制度基本形成，法规体系建设不断加强，组织协调机制逐步健全，财政科普投入持续增长，科普载体不断优化，科普工作社会影响力更加呈现，公民科学素质逐年提高，科普在促进经济社会发展、提高人民生活水平中发挥了积极作用。刚才，予波同志代表省政府全面介绍了科普法实施情况，相关部门汇报了工作、提交了材料和科普法修改意见，大家开展交流分析问题，提出了许多很好的意见和建议，我们很有收获，深表感谢。下面，我谈三点意见。

一、深入学习贯彻习近平总书记关于科学普及的重要指示精神。习近平总书记就科普作出了一系列重要指示，为新时代加强科普工作、建设科技强国指明了方向，我们要深刻理解。

一是深刻理解科普对创新发展的重要作用。习近平总书记强调："科技创新、科学普及是实现创新发展的两翼，要把科学普及放在与科技创新同等重要的位置"，高度肯定了科普对创新发展的战略地位和支撑作用，寓意十分深刻。科技是第一生产力，创新是第一动力，国家和地区的发展，既要依靠科技研发，又要依靠科学普及，两者是科技事业中协调联动的两翼，共同支撑着发展，要准确理解科普的地位和意义，消除对科普工作的轻视和偏见。没有思想方法，怎能准确理解新发展理念，没有精神，怎能执着探索，攻克难题，取得成效。

二是深刻理解科普对提高全民素质的重要作用。习近平总书记希望"广大科技工作者以提高全民科学素质为己任，把普及科学知识、弘扬科学精神、传播科学思想、倡导科学方法作为义不容辞的责任，在全社会推动形成讲科学、爱科学、学科学、用科学的良好氛围，使蕴藏在亿万人民中间的创新智慧充分释放、创新力量充分涌流。"这是对科技工作者的殷切期待，也是对科普意义的深刻揭示。科学素质是国民素质的重要部分，直接影响经济社会发展水平。在现代化进程中，中华民族对科技落后的痛苦有刻骨铭心的痛苦，对提高科学素质的重要性有深刻的认识，并不断奋发图强。新中国成立以来，特别是党的十八大以来，我国科普事业成效显著，公民具备科学素质的比例不断提高，2020 年达到了 10.56%，为科技创新和综合国力提升奠定了坚实基础。站在第二个百年的新征程上，我们要按照高质量发展的要求，提升科普的基础性、战略性作用，提高群众的科学素质和社会的文明风尚，抵制愚昧迷信、弄虚作假、极端偏激等各种反科学、不科学的言行。

三是深刻理解科普对改善民生、促进共同富裕的重要作用。习近平总书记指出，共同富裕是中国特色社会主义的本质要求。要加大人力资本投入，加强职业教育和技能培训，提高劳动者素质，更好适应高质量发展。科普工作对于促进经济社会发展、实现共同富裕有着极为重要的作用。云南省在这方面有很多经验，综合运用各种科普形式，用科普科技支持抗疫、禁毒工作，把科普读物、节目送到基层，造福群众。进入新时代，我们要更加充分运用多样化的科普形式和活动载体，将科技送到农村、边远、民族和欠发达地区，提高劳动者素质和就业能力，推动共同富裕。

二、加大科普法实施力度，提升科普工作的水平。法律的生命在于实施。科普法颁布后，对保障科普事业健康发展、提高公民的科学文化素质、推动经济发展和社会进步起到了重要作用。这次执法检查，就是要了解执法的成效，尤其是要深入查找法律实施中的问题，推动社会各方增强法治观念、履行法律责任，贯彻落实党中央关于科普事业的决策部署。

一要加强对科普法和科普活动的宣传。科普的基本属性是群众性，必须紧紧依靠和动员群众，营造全社会重视科普的良好氛围。科普法基本功能就是普及科学精神和宣传创新文化，夯实创新发展的群众基础和社会基础。各级政府、科协以及学校、科研单位、媒体单位、相关社会人士等要切实担负科普责任，建立科普宣传工作和考核评价体系，发挥主流媒体的作用，强化网络科普宣传，培育有影响力的品牌科普网站、客户端、微博、微信公众号等，多形式、全覆盖地开展科普宣传活动，不断提升群众参与科普工作积极性，凸显科普工作的群众性、社会性和经常性。

二要健全协同推进科普工作的制度体系。科普工作是系统工程，科普法明确规定要健全科普工作协调机制，把科普工作发展目标纳入相关发展规划和政府考核指标体系，更好发挥政府作用，推动从政府主导向政府引导、多元主体参与的社会化动员机制和运行模式转变，形成并不断加强党领导下的政府、社会、市场协同推进的科普工作格局。

三要保障社会力量兴办科普事业。科普法明确规定，国家支持社会力量兴办科普事业。各级政府要进一步压实责任，明确措施，为高校、科研院所、企业、基层组织、社会团体等参与科普事业发展提供政策支持和投入保障，促进科普事业与科普产业深度融合、协同发展，鼓励社会财富在三次分配中以多种方式支持科普发展。

四要促进科普资源的优化配置。贯彻科普法，要着力解决科普发展不平衡、不均衡的问题，充分重视农村地区、少数民族地区、边远贫困地区和革命老区等的科普事业发展，针对薄弱环节，加大资源投入，健全科普服务体系，推动科普设施与文体、教育设施融合建设，培育科普示范基地等服务平台，创新科普方式，提升群众的科学素质和能力。

五是提高科普工作的科学性。做好一切工作都要讲科学，科普工作更要注重科学性，坚持科学的态度和方法，从实际和实效出发，防止和克服形式主义和表面文章，不断提升工作质量。

三、坚持目标导向和问题导向，完善科普法律制度。科普法颁布实施 20 年来，我国经济社会快速发展，公民受教育水平和科学素质大幅提升，科普内涵和外延都有很大变化和拓展，我们要深入贯彻习近平总书记关于科学普及的重要指示精神，把握科普事业发展的新趋势和目标任务，以法治的力量推动制度安排，为新时代科普高质量发展提供保障。

一是推进科普法的修改完善，增强法律作用。科普法修改已经列入全国人大常委会今年立法计划，本次执法检查的任务之一，就是要按照战书委员长批示要求，坚持监督工作和立法工作相结合，实事求是地了解法律在实施中面临的问题，为修法打好基础，希望大家充分地建言献策。

二是推动地方性法规制度建设，助推法律实施。科普法是促进法，其作用最终体现在地方的执法实践和法规建设中。我们高兴地看到，云南省已经制定了《云南省科学技术普及条例》、《云南省社会科学普及条例》等规范性文件，希望以这次执法检查和修法为契机，深入调研，结合实际，不断完善地方性法规，为云南科普事业发展提供保障，为国家科普法律体系建设提供经验。

同志们，执法检查组的工作，得到了云南省委、省人大、省政府及各有关方面的大力支持，今天的汇报会开得很成功，我代表执法检查组表示衷心的感谢！在接下来检查工作中，希望我们密切配合，按照执法检查工作的要求，坚持求真务实，坚持问题导向，落实防疫规定，体现良好作风，共同努力把这次执法检查任务完成好。

最后，祝大家工作顺利、身体健康、生活幸福。再次谢谢大家。

对检查科学技术普及法实施情况报告的意见和建议

8 月 31 日，十三届全国人大常委会第三十六次会议审议了全国人大常委会副委员长蔡达峰作的全国人大常委会执法检查组关于检查科学技术普及法实施情况的报告，共有 40 人次发言。现根据会议发言情况，将常委会组成人员和列席人员的主要意见整理如下。

出席人员普遍认为，党的十八大以来，在以习近平同志为核心的党中央坚强领导下，我国科普事业蓬勃发展，为实施创新驱动发展战略、推进科技自立自强提供了有效支撑，为建设创新型国家、全面建成小康社会发挥了重要作用。国务院及其有关部门认真实施科学技术普及法，建立健全、发展完善科普工作体系，科普能力不断增强，科普内容日渐丰富，全民科学素质水平得到大幅提升。全国人大常委会检查科普法实施情况，是这部法律颁布实施20年来首次执法检查，是助力创新驱动发展战略实施的重要举措。出席人员充分肯定执法检查组的工作，普遍赞成执法检查报告，希望国务院及其有关部门认真研究落实。大家强调，要深入学习贯彻习近平总书记关于“科学普及与科技创新同等重要”的重要指示精神，采取更加有力的举措落实科普法，推动新时代科普工作高质量发展。审议中，大家还提出了一些具体意见和建议。

一、提高做好科普工作的站位

有些出席人员提出，应站在实现高水平科技自立自强、建设世界科技强国的全局和战略高度，深刻认识习近平总书记提出的“科技创新、科学普及是实现创新发展的两翼，要把科学普及放在与科技创新同等重要的位置”这一重要论述，多措并举、形成合力，充分发挥科普在提高公民科学文化素质、支撑科技创新创造、助力经济发展和社会全面进步等方面的重要作用，促进全民讲科学、爱科学、学科学、用科学，厚植创新土壤，培育创新精神，促进创新创造，使蕴藏在亿万人民中间的创新智慧充分释放，大力营造尊重知识、尊重人才、尊重创新的良好社会氛围。

二、完善科普工作体制机制

有些出席人员提出，科普工作需要政府部门、宣传部门、群团组织和社会各方协同发力、各展所长，应深化科普工作体制机制改革，加快形成政府引导、社会参与、信息化支撑、市场化运行的大科普工作格局。建议设立科普联席会议办公室，进一步发挥科普联席会议的统筹协调作用。有的出席人员认为，城乡、东西部地区之间科普工作水平差异较大，在城市发展、乡村振兴等规划中，应将科普列为基础性工程，推进科普工作协调平衡发展。有的出席人员强调，应把科普和全民科学素质水平提升比例纳入政府考核目标。

三、加强科普产品内容和质量管理

有些出席人员提出，一些新媒体、自媒体等网上传播平台假借科普之名，贩卖“社会焦虑”、传播不良消息，应加强对科普产品的规范管理，着重加强对新媒体、自媒体科普的监督引导，用科学精神、科学思想、科学方法占领科普阵地。有的出席人员强调，“一老（老人）一小（儿童）”两大群体易受伪科学影响，科普在反对伪科学方面的作用还未充分发挥，应出台措施、加强监管，坚决整治打击假借科普名义散布谣言、欺骗群众、传播封建迷信、扰乱社会秩序的行为。有的出席人员建议，发挥全国各专业学会和各领域专家的优势，鼓励和支持其参与监测、评估科普产品，保证科普内容的科学性。

四、提高科普教育的实效性

有些出席人员提出，科普教育应注重分类施策、突出特色，针对年龄、职业、城乡等不同群体的具体需求，差异化开展科普教育，提高科普的精准度、吸引力、感染力。有的出席人员认为，科普内容不仅要普及基本科学知识和科学概念，更应注重弘扬科学精神、传播科学思想、倡导科学方法。有些出席人员认为，互联网时代科普传播由线下平面化向线上数字化、智能化方向发展，应着重使用互联网、大数据、云计算和人工智能等新技术，打造数字化展示平台，向公众提供线上科普互动体验和科普教育活动；应加强“互联网+”科普服务供给，整合线上科普资源，打通科普资源共享利用渠道，注意打造有较强社会影响力的互联网科普品牌。有的出席人员提出，一些科普场馆“重硬件建设，轻科普服务”，应督促其提升科普展示活动的趣味性、体验性，让科普服务、科普活动真正“活起来”“火起来”。

五、拓宽科普投入渠道

有些出席人员建议，应加大各级财政科普投

人，逐步提高人均科普专项经费水平。有的出席人员认为，应注重发挥市场作用，通过购买服务、财政补贴、政策激励、项目引导、市场化运作等方式，鼓励引导社会组织、企业、个人等兴办科普服务机构，建立科普基金，推动建立多渠道、多元化的科普经费投入机制。有的出席人员认为，应促进科普产业“自我造血”，大力支持企业等社会主体加大投资力度，积极培育科普领域的出版、影视、动漫、游戏、旅游、会展、教育等特色产业。

六、加强科普教育工作队伍建设

有些出席人员提出，科普教育人才不足是当前科普工作的一个突出短板，应下大力气壮大科普人才队伍，建立科普人才专业职称序列，提升科普从业人员整体素质和专业化水平。有的出席人员认为，应建立健全科技人员参加科普工作的制度性规定，鼓励企业、高校、科研院所等单位的科技人员兼职从事科普工作。有的出席人员建议，在国家科技奖励体系中增加科普类奖项，鼓励科技工作者、科普从业者等开展科普创作。有的出席人员认为，应推动科普与学校教育深度融合，实行科普活动学分制，激励在校大学生加入科普志愿者队伍。

七、加快推进科学技术普及法的修订工作

有些出席人员提出，适应科普事业发展的新形势新任务，应对科学技术普及法进行全面系统修订，建议国务院有关部门在确保立法质量的前提下，加快立法步伐，尽快按程序将修订草案提请全国人大常委会审议。有些出席人员对法律修改内容提出了具体建议，包括：进一步明确科普工作的重要地位和重大意义；规定设区的市建设科技馆，县（区）一级可以与公共文化中心合并建设；突出科技工作者在科普工作中的主体地位等。

全国人民代表大会常务委员会执法检查组关于检查《中华人民共和国环境保护法》实施情况的报告

——2022年8月30日在第十三届全国人民代表大会常务委员会第三十六次会议上

全国人大常委会委员长 栗战书

全国人民代表大会常务委员会：

党的十八大以来，习近平总书记就生态文明建设发表一系列重要讲话、作出一系列重要指示，形成了习近平生态文明思想，是美丽中国建设的科学指引和根本遵循。十三届全国人大及其常委会深入学习贯彻习近平生态文明思想，紧紧围绕党中央决策部署，把依法保护生态环境作为立法、监督工作的重中之重，始终抓在手上，连续五年开展大气污染防治法、水污染防治法、土壤污染防治法、固体废物污染环境防治法、环境保护法等10部生态环保法律和相关决定的执法检查，栗战书委员长6次担任执法检查组组长，10次带队赴地方检查，规格之高、力度之大、影响之广、成效之好前所未有，为依法打好污染防治攻坚战、推进生态文明建设作出了人大贡献。

按照执法检查工作安排，执法检查组由栗战书委员长担任组长，张春贤、沈跃跃、丁仲礼副委员长、杨振武秘书长和环资委高虎城主任委员任副组长，成员由全国人大常委会委员、环资委委员和部分全国人大代表共31人组成。3月至6月，栗战书委员长和三位副委员长分别带队，赴黑龙江、山西、西藏、宁夏、福建、四川、江苏7个省（自治区）开展检查，检查组深入到20个地市，召开16次座谈会，听取地方政府和有关部门的汇报，实地查看了101个单位和项目。同时，委托各省（自治区、直辖市）人大常委会对本行政区域法律实施情况开展了检查。

这次执法检查有几个特点：一是始终坚持以习近平生态文明思想为根本遵循，把学习宣传贯彻习近平生态文明思想作为重大政治任务贯穿执法检查全过程，坚决贯彻习近平总书记关于生态环境保护的重要指示精神，以法治思维、法治方式推动党中央决策部署贯彻落实。二是坚持依法监督，紧扣法律制度规定，逐条对照法律条文，检查法定职

责是否履行、法律责任是否落实、法律执行效果是否明显，推动在法治轨道上治理污染、保护生态环境。三是坚持全过程人民民主，充分发挥人大代表作用，在执法检查的全过程、各环节邀请人大代表参加，召开五级人大代表座谈会，全国人大常委会办公厅会同各省（自治区、直辖市）人大常委会组织475名代表开展专题调研，带头贯彻实施法律，就地就近就便开展监督。四是加大法律学习宣传力度，2900多万人参加"学习强国"环境保护法知识专项答题，各地人大组织41万余人参与问卷调查，有力推动党员干部和社会公众学习法律知识，提高法治意识。五是科学开展评估。委托有关技术机构对环境保护法实施情况进行第三方评估，提高监督工作的科学性、专业性。六是坚持上下联动，形成了人大监督强大合力。各地人大常委会高度重视，辽宁、山东、广西、新疆等省（自治区）党委书记、人大常委会主任带队开展执法检查，全国人大常委会执法检查组所到的7个省（自治区）人大常委会同步开展执法检查，黑龙江在认真组织开展执法检查后，全面开展"回头看"，依法推动发现问题整改落实。北京、吉林、上海等地克服疫情影响，采取线上线下相结合的方式，安全有序扎实开展执法检查工作，推动法律有效实施。

一、我国环境状况发生历史性变化

党的十八大以来，以习近平同志为核心的党中央把生态文明建设纳入"五位一体"总体布局，把美丽中国作为生态文明建设的宏伟目标，坚决向污染宣战，以前所未有的力度抓环境保护，推进生态文明建设，全方位、全地域、全过程加强生态环境保护，我国生态环境发生了历史性、转折性、全局性变化。

（一）环境质量显著改善。污染防治攻坚战阶段性目标如期完成，生态环境更加优美。与2015年相比，2021年全国地级及以上城市细颗粒物（$PM_{2.5}$）平均浓度下降34.8%、降至30微克/立方米，城市空气质量优良天数比率提高6.3个百分点、达到87.5%，重污染天数减少53.6%，不少地方空气质量达到历史最好水平。全国地表水优良水质断面比例提高18.9个百分点、达到84.9%，劣Ⅴ类水体比例下降至1.2%。长江干流全线连续两年达到Ⅱ类水体，黄河干流全线达到Ⅲ类水体。全国近岸海域水质优良面积比率提高约12.9个百分点、达到81.3%。全国受污染耕地安全利用率和污染地块安全利用率双双超过90%，全面禁止洋垃圾入境，突发环境事件数量逐年下降。第三方评估报告显示，社会公众认同生态环境质量明显改善或改善的占比达88%，绿水青山的"生态颜值"和人民生活的"幸福指数"同步提升。

（二）绿色发展成效不断显现。各地区各部门坚决贯彻新发展理念，加快形成节约资源和保护环境的空间格局、产业结构、生产方式、生活方式，生态环境保护理念和实践融入经济社会发展的各方面全过程。党的十八大以来，我国累计淘汰钢铁产能近3亿吨，2021年煤炭消费占比下降到56%，清洁能源消费占比提高到25.5%。全国单位GDP能耗、用水量大幅降低，我国可再生能源开发利用规模、新能源汽车产销量稳居世界第一。绿色日益成为经济社会高质量发展的鲜明底色。

（三）生态系统得到持续修复。党的十八大以来，我国累计完成造林9.6亿亩，占全球人工造林的1/4。森林覆盖率达到23.04%，森林蓄积量提高到175.6万亿立方米，森林覆盖率和森林蓄积量连续保持"双增长"，我国成为全球森林资源增长最多的国家。2021年，草原综合植被盖度达到56.1%，湿地保护率达到52.65%。水土流失面积较上世纪80年代监测最高值减少97.76万平方公里，水土流失面积和强度"双下降"，荒漠化、沙化土地面积"双缩减"，300多种珍稀濒危野生动植物野外种群数量稳中有升，生态安全屏障越来越稳固。

（四）生态环保法律体系基本形成。党的十八大以来，全国人大常委会坚决贯彻习近平生态文明思想，加快生态环保领域立法步伐，实现了从量到质的全面提升。2014年全面修改的环境保护法，被称为"史上最严格"的环境保护法。2018年，十三届全国人大一次会议通过宪法修正案，将生态文明写入宪法。宪法和67件法律对生态环保作出规定，涵盖法律体系全部7个法律部门。本届全国人大常委会先后制定或修改土壤污染防治法、固体废物污染环境防治法、生物安全法、长江保护法、湿地保护法、黑土地保护法等生态环保法律17件次，作出关于全面加强生态环境保护、依法推动打好污染防治攻坚战的决议，正在审议黄河保护法等3部法律草案。两次修正刑法，降低环境与资源保护犯罪入罪门槛，将环评、监测弄虚作假纳入刑事制裁范围，强力震慑了生态环境违法犯罪行为。目前，现行有效的生态环保类法律有30余部、行政法规100多件、地方性法规1000余件，初步构建起以环境保护法为统领，涵盖水、气、声、渣等各类污染要素和山水林田湖草沙等各类自然生态系统，务实管用、严格严密的生态环境保护法律体系。

（五）生态环境保护意识日益增强。各地各部门深入学习贯彻习近平生态文明思想，认真实施生态环境保护法律法规，保护环境和绿色发展意识显著增强，习近平生态文明思想深入人心，“绿水青山就是金山银山”“山水林田湖草沙是生命共同体”“人与自然和谐共生”“人不负青山、青山定不负人”等金句家喻户晓。人民群众对环保与经济发展的关系、环保与民生需求的关系、环保与生活幸福的关系，有了更加深刻的认识，简约适度、绿色低碳生活方式成为新风尚，公众运用法治方式参与环境保护的意识不断提升。

二、法律实施进展及成效

环境保护法修订实施以来，各地各部门深入学习贯彻习近平生态文明思想，坚决落实党中央关于生态文明建设决策部署，认真贯彻实施环境保护法律法规，依法治理污染、保护和改善生态环境取得显著成效。

（一）环境保护法定职责不断落实

落实法律第 26 条关于环境保护目标责任制和考核评价制度的规定，制定《中央和国家机关有关部门生态环境保护责任清单》《生态文明建设目标评价考核办法》，明确了中央和国家机关有关部门生态环境保护责任，压实了政府主体责任。各地严格落实生态环境保护“党政同责、一岗双责”责任制，普遍成立了党委、政府主要领导负责的生态文明建设领导小组、生态环境保护委员会，制定责任清单，统筹协调处理重大问题。江西、贵州、西藏等地出台生态文明建设促进条例，强化生态文明建设考核评价的刚性约束。

国务院及地方政府认真履行法定职责。落实法律第 27 条规定，国务院每年向全国人大常委会报告环境状况和环境保护目标完成情况。县级以上人民政府认真实施环境报告制度，依法接受人大监督。浙江建立省市县乡四级政府环境报告制度，云南省将环境报告完成情况纳入对地方和部门考核内容。落实法律第 7 条规定，加强生态环境保护与污染治理科技研发，环保技术总体水平大幅提升，为科学治污、科学修复提供了有力支撑。落实法律第 8 条规定，各级财政部门将生态环保放在重要位置优先保障，财政资金投入力度不断加大。党的十九大以来，中央财政累计安排生态环保相关资金 20272 亿元，年均增长 5.12%，山西、湖南、广东、四川、宁夏等地持续加大投入力度，多地生态环保资金投入增幅高于一般公共预算收入增幅。各地各部门借助“六五”环境日等开展形式多样的宣传活动，积极推动生态环境保护法律法规和环保知识进机关、进学校、进社区、进企业、进家庭，营造保护生态环境良好氛围。

（二）依法推动经济社会发展全面绿色转型

法律第 4 条明确“国家采取有利于节约和循环利用资源、保护和改善环境、促进人与自然和谐的经济、技术政策和措施，使经济社会发展与环境保护相协调”。各地各部门落实法律规定，积极推动经济社会发展全面绿色转型。落实法律第 13 条规定，国务院出台了《“十四五”生态环境保护规划》，福建、湖北、海南等地出台生态省建设规划，推动生态环境保护融入经济社会发展各方面、全过程。落实法律第 46 条规定，加快淘汰落后产能，坚决遏制高耗能、高排放、低水平项目盲目发展。落实法律第 40 条规定，采取有力措施推广清洁能源生产使用，促进资源节约集约循环利用。落实法律第 21 条要求，鼓励和支持各类环保产业发展，2021 年节能环保产业总产值达到 8.4 万亿元，年均增速 10% 以上。落实法律第 36 条规定，节能环保产品占同类产品政府采购规模比例超 85%。

（三）生态环保配套法规不断健全

国务院及有关部门加强行政法规规章制定，印发排污许可管理条例等法规，生态环境部在法律实施当年印发按日计罚、查封扣押、限产停产、信息公开等配套办法。最高人民法院、最高人民检察院等单位制定环境污染犯罪、公益诉讼和生态环境侵权责任纠纷等 20 余件司法解释，有力推动法律制度落实落细。各地人大及其常委会将生态环保作为重点领域，加快立法步伐。天津市率先出台生态环境保护条例，江苏制修订生态环境保护法规 72 件，占比近 80%。不少地方出台一批解决实际问题的“小快灵”立法，吉林、黑龙江制定黑土地保护利用条例，依法保护好、利用好“耕地中的大熊猫”。河北制定白洋淀生态保护条例，内蒙古制定胡杨林保护条例。京津冀、长三角加强区域协同立法，云贵川开展赤水河流域保护共同立法。同时，加强生态环保领域规范性文件清理。2018 年到 2019 年，全国人大常委会法制工作委员会贯彻落实相关决议，连续两年开展生态环保领域规范性文件集中清理工作，督促各地修改 814 件、废止 127 件地方性法规，推动制定机关及时修改、废止或重新制定 37 件部门规章、456 件地方政府规章、2 件司法解释以及 1.1

万余件各类规范性文件。

（四）环境保护主要法律制度不断落实

落实法律第16条规定，不断完善标准体系。“十三五”期间共制修订国家生态环境标准673项，增长幅度为历次最高。截至2021年底，国家生态环境标准总数达到2243项，其中强制性标准201项。依法备案的地方生态环境标准总数达到336项。落实法律第17条规定，建立健全环境监测制度。完成国家环境质量监测事权上收，基本完成省以下环保监测机构垂直管理改革，实现了从“考核谁、谁监测”向“谁考核、谁监测”的转变。强化重点排污单位自行监测责任，形成覆盖全国近2万家重点排污单位的自动监控网络。落实法律第20条规定，区域流域联合防治机制有序推进，全国23个省份建立12个涉危险废物的跨区域联防联控机制或协议。落实法律第45条规定，全面实行排污许可制度，全国334.04万个固定污染源全部纳入排污许可管理，实现大气、水、固体废物等多污染物协同治理。坚持损害担责原则，建立健全生态环境损害赔偿制度。2018年到2021年，各地生态环境损害赔偿案件1.13万件，赔偿金额超过117亿元。落实法律第53、54条规定，生态环境部及时、准确、全面公开环境质量等生态环境信息，各地积极探索信息公开方式，公众参与有序推进。落实法律第57条规定，建立健全举报、听证等制度措施，河南、陕西、甘肃等地建立有奖举报制度，“十三五”以来全国接收群众举报326万多件。

（五）用法治力量助力打好污染防治攻坚战

落实法律第四章规定，加强大气、水、土壤、固体废物污染防治，依法打好污染防治攻坚战。加强重点区域、重点行业大气污染防治，2021年京津冀及周边地区、长三角、汾渭平原细颗粒物（$PM_{2.5}$）平均浓度分别比2015年下降46.2%、39.2%、25%，北京市环境空气质量6项指标全面达标。加强饮用水安全保障和重点流域水污染防治，开展入河排污口排查整治等专项行动。全国地级及以上城市集中式饮用水水源水质达到或优于Ⅲ类比例为94.2%，全国污水处理规模达2.3亿立方米，形成全世界最大的污水处理能力。强化重点地区农用地和建设用地土壤污染防治，实施化肥农药使用量零增长行动，畜禽粪污综合利用率超过76%，秸秆综合利用率达到87.6%，农膜回收率稳定在80%以上。加强固体废物污染防治，生活垃圾分类进展明显，危险废物监管和处置能力不断加强，医疗废物收集处置能力大幅提升。截至2021年底，全国297个地级以上城市全面启动生活垃圾分类工作，居民小区垃圾分类平均覆盖率达到77.1%。持续开展农村人居环境综合整治，农村人居环境明显改善。印发《新污染物治理行动方案》，加强新污染物治理。

（六）持续加强生态保护和修复

落实法律第29条规定，划定并严守生态保护红线。初步完成生态保护红线划定，涵盖了全国大部分陆地生态系统和典型海洋生态系统，对生态功能极重要、生态极脆弱区域等进行严格保护。青海扎实推进国家公园示范省建设，在全国率先完成自然保护地调查评估。落实法律第30条规定，加大生态保护修复力度，自然生态系统总体稳定向好。实施生物多样性保护重大工程，74%的国家重点保护野生动植物物种得到有效保护。落实法律第31条规定，深入实施生态保护补偿制度。福建率先在全省范围开展流域生态保护补偿，安徽和浙江在新安江流域开展横向生态保护补偿，全国18个省份在13个流域（河段）建立了跨省流域上下游横向生态保护补偿机制。

（七）生态环境执法监管更加严格，法治威力有效彰显

严格落实法律第25条、59条、60条规定，用足用好法律赋予的查封扣押、限产停产、按日计罚、行政拘留等执法手段，依法严惩重处环境违法行为，让法律“长出牙齿”，恶意环境违法势头得到明显遏制。2015年至2021年，全国各级生态环境主管部门累计下达环境行政处罚决定书106.34万份，罚没款数额总计695.50亿元。生态环境部等7个部门连续5年开展“绿盾”专项行动，加强对自然保护地监督管理。公安部加强专业警种建设，连续开展“昆仑”等系列专项行动。检察机关加大对破坏环境资源犯罪行为的打击力度。2015年至2021年，全国检察机关共对破坏环境资源类犯罪案件提起公诉17.5万件28.4万人。2017年7月以来，立案办理生态环境和资源保护领域公益诉讼案件近30万件。全面推进生态环境司法保护专门化建设，构建环境资源审判组织体系，生态环境司法保障更加有力。截至2021年底，全国法院共设立2426个环境资源审判组织。2015年至2021年，全国法院共审理一审环境资源案件97.7万余件。各地推动建立联席会议、重大案件会商督办、执法联动、信息共享等行政执法与刑事司法衔接机制，重庆设立公安、检察机关派驻生态环境部门联络机构。生态环境部、最高人民检察院、公安部连续三年开展深入

打击危险废物环境违法犯罪和重点排污单位自动监测数据弄虚作假违法犯罪专项行动，保持打击环境违法犯罪高压态势。

三、存在的主要问题

在环境保护法实施取得积极成效的同时，也要看到我国生态环境保护结构性、根源性、趋势性压力尚未根本缓解，生态环境稳中向好的基础还不稳固，法律实施不到位的问题依然存在，生态环境质量同人民群众对美好生活的期盼相比，同建设美丽中国的目标相比还有一定差距。

（一）法定责任有待进一步落实

地方政府责任需进一步落实。法律第 6 条规定地方各级人民政府应当对本行政区域的环境质量负责，但有的地方环境质量不升反降。2022 年第一季度，长三角地区、汾渭平原优良天数比率分别同比下降 5.2 个百分点和 7.8 个百分点。中央生态环保督察发现，有的地方河流重度污染长期得不到解决，一些水体返黑返臭，有的工业园区环境问题突出。有的地方落实法律第 26 条规定不到位，考核评价体系不完善，考核制度执行不够严格，考核结果没有向社会公开。有些地方政府未按照法律第 28 条规定制定限期达标规划。

有的部门落实环保责任有差距。部分地方部门生态环保责任划分不够清晰，在落实“管发展、管生产、管行业必须管环保”责任上还存在不平衡不充分的现象，违规审批不符合国家要求的“两高”项目。有的地方部门监管不严，存在交通建设领域生态破坏和环境违法问题。地方反映，在统筹推进山水林田湖草沙一体化保护和系统治理方面，需进一步加强部门间协同配合。

企业治污责任落实不到位。有的企业违反法律第 41 条规定，污染防治设施尚未建成，主体工程就已投产使用。一些企业违反法律第 42 条规定，未安装或不正常运行治污设施，超标排放等违法问题较为突出。部分企业违反法律第 45 条规定，存在无证排污、不依证排污等问题。有的企业违反第 46 条规定，使用应淘汰的设备和产品。有些企业未按照法律第 47 条规定制定突发环境事件应急预案。

（二）部分法律制度措施执行不够到位

环境监测制度有待进一步落实。检查发现，监测数据共享机制尚未建立。一些地方基层监测能力薄弱，自动监测覆盖率不高，有的在线监测设备运行不正常，排污单位和监测机构数据造假问题时有发生。环境影响评价制度执行还不够到位。有些规划未开展规划环评，存在“重程序轻落实”问题，有的建设项目未批先建、批建不符。信息公开制度有待进一步落实。评估显示，一些地方环境信息内容不全面、公开不及时，有的重点排污企业未依法公开环境信息或信息不完整。区域联防联控制度需深入落实。地方反映，区域联防联控在统一规划、统一标准、统一防治措施等方面协调不够，跨区域的大江大河大湖在干支流、上下游、左右岸污染治理和联合执法司法等方面协调联动不足。环境与健康监测、调查和风险评估制度尚未健全。

（三）污染防治还存在短板弱项

法律第四章对防治污染和其他公害作出规定，针对废气、废水、废渣、农业面源污染、生活垃圾等污染防治规定了具体措施。全国主要污染物排放总量仍处高位，部分地区环境问题较为突出。2021 年，全国有 35.7% 的城市空气质量尚未达标，一些行业和地区挥发性有机物污染治理不到位。2022 年上半年，全国地级以上城市臭氧平均浓度同比上升 4.3%。法律第 51 条要求统筹城乡建设污水处理设施及配套管网。城市污水处理设施运行和管网建设滞后是水污染治理的突出短板，一些地方污水收集能力不足、处理设施运行不稳定、污泥处理不规范等问题较为突出。2021 年全国地下水Ⅴ类比例达到 21.6%，部分重点湖泊富营养化，近岸海域劣四类海域面积比例占 9.6%。第二次全国污染源普查结果显示，农业源化学需氧量、总氮、总磷占比较高，农业源已经成为影响水体质量的重要因素之一。农村生活污水治理率较低，部分地区化肥农药科学合理施用水平和畜禽养殖污染防治水平有待提高。有的地块土壤污染风险管控不到位，多数县城生活垃圾处理以填埋为主，垃圾焚烧比率有待提高。部分垃圾填埋场运行不规范，渗滤液处理不到位。一些地区生活垃圾分类收集和运输设施不足，厨余垃圾处理产品出路不畅。新污染物治理仍是薄弱环节。生态环保投入以财政为主，污染者付费机制尚不完善，社会资本参与不足，不少地方城市基础设施建设运营存在资金缺口。科技支撑能力需进一步加强。检查发现，生态环保科技支撑、成果转化和推广应用机制不完善，土壤污染防治、固废综合利用、新污染物治理等领域技术支撑不足。

（四）生态保护和修复亟待加强

生态保护红线监管力度需进一步加大。部分国家级自然保护区内存在工矿、旅游、养殖、房地产等违规项目，个别地方为了给开发让路，频繁调整自然保护区范围。生态系统受损退化问题不容忽视。一些地方在开发利用自然资源时没有依法制定和实施有关生态保护和恢复治理方案，个别地区生态遭到破坏、局部区域生态退化。第二轮中央生态环保督察公布的生态破坏典型案例中，近半数与矿山违法违规开采有关。不少地方反映，历史遗留的尾矿库闭库治理和生态修复工作滞后，环境风险较高。生态系统质量和稳定性有待提升。我国沙化土地面积达 1.7 亿公顷，还有 140 多万平方公里水土流失面积亟需治理，草原中度和重度退化面积占 1/3 以上，部分地区草原生物灾害较为突出。不少地方反映，生态保护补偿机制不健全，科学化、规范化有待进一步加强，市场化补偿机制需加快推进。

(五)生态环保执法监管有待强化

检查发现，有的基层执法部门动真碰硬不够，对存在的环境问题查处不到位，一定程度上存在“该硬不硬、该严不严、该重不重”等问题，对篡改伪造监测数据、环评弄虚作假、危险废物跨省转移、私设暗管偷排等严重违法犯罪行为的执法查处力度还需进一步加大。地方普遍反映，生态环保机构执法垂直管理改革后，县级生态环境主管部门调整为市局派出分局，不再作为县级政府组成部门，执法效能不足。基层执法力量和经费保障不够等问题较为普遍，执法队伍能力建设与监管实际需求矛盾突出，难以满足工作需要。

生态环境执法协调联动还有不足。评估发现，生态环境综合执法改革涉及 15 部法律、22 件行政法规、33 件部门规章，共计 248 项行政执法事项，部门间职权划分不够清晰，有规定重复且不一致的情况。行政执法和刑事司法衔接有待进一步加强。有的地方反映，行政部门、法院、检察、公安协同配合不足，对相关法律法规的理解和认定标准不统一，存在有案不移、有案难移、以罚代刑等现象，一些涉嫌犯罪的案件止步于行政执法环节。刑事司法和环境损害赔偿衔接不够，司法机关办案费用难以追偿。

(六)生态环保法治体系有待进一步完善

环境保护法修订实施已经 8 年，部分规定难以适应新时代生态文明法治建设的新任务新要求，需要与时俱进加以完善。自然生态保护和修复法律制度有待完善，区域生态环境立法有待加强。生态环境监测条例、生态保护补偿条例亟待出台，新污染物治理缺乏相应标准。地方反映，河湖总磷管理衔接不够，难以满足治理需要。碳排放、环评等领域第三方机构弄虚作假犯罪“入刑”标准还需进一步明确。检查发现，部分地方法规与上位法衔接不够，不少地方环境保护条例及水、土壤、固体废物污染防治条例尚未制定或没有及时修改，个别地方政府规章存在“放水”行为。一些地方普法宣传的广度和深度不够，公众参与和监督作用尚未充分发挥。

执法检查组经过认真研究认为，造成这些问题的主要原因有：一是有些地方对生态优先、绿色发展理念理解不透，协同推进经济高质量发展和生态环境高水平保护的内生动力不强。在污染防治攻坚战取得一定成效后，面对经济下行压力增大的形势，部分地区对生态环保的重视程度有所减弱、保护意愿有所下降、行动要求有所放松、投入力度有所减小。二是生态环境保护法治意识需进一步提高。一些部门和地方不知法、不守法、不依法的问题依然存在，对贯彻实施环境保护法的重要性认识不足，对法律职责定位不够清楚，对法律制度学习掌握不够全面，依法办事自觉性不强，运用法律解决问题的办法不多。三是生态环境结构性矛盾仍然突出。我国处于工业化、城镇化深入发展阶段，能源结构尚未根本改变，重化工、钢铁、煤炭、水泥等传统产业所占比重依然较高，生态环境保护结构性压力较大，推动形成绿色低碳生产生活方式任重道远。

四、意见和建议

保护环境是基本国策。环境保护法是生态环保领域起统领作用的基础性、综合性法律，确立了生态文明建设必须遵循的基本理念、基本原则、基本制度，要全面有效实施环境保护法，在法治轨道上保护生态环境，推动绿色低碳发展，建设人与自然和谐共生的现代化。

(一)深入学习贯彻习近平生态文明思想，扎实推进绿色低碳发展

要坚持把习近平生态文明思想作为贯彻实施环境保护法的根本遵循，全面有效贯彻落实生态环境保护法律制度，以法治思维、法治方式推动和保障习近平生态文明思想贯彻落实。要完整、准确、全面贯彻新发展理念，牢固树立绿水青山就是金山银山的发展理念，把经济社会发展与环境保护相协调作为贯彻实施环境保护法律的重要原则，将生态环境保护融入经济社会发展全局，强化环境保护规划同各类发展规划相衔接，加快形成绿色发展方式和生活方式。要始终保持加强生态文明建设战略定力，认真落实法律各项规定，建立科学合理的考

核评价体系，严格考核问责，加快完善生态环境保护规划体系，加大财政投入力度，以生态环境高水平保护推动经济高质量发展。

（二）坚持以人民为中心，持续改善生态环境质量

要始终坚持以人民为中心的发展思想，认真贯彻落实环境保护法和大气、水、土壤、固废、海洋等生态环境保护法律法规，坚持科学治污、精准治污、依法治污，以改善生态环境质量为核心，深入打好污染防治攻坚战，依法解决群众身边的突出生态环境问题，不断改善人民群众生产生活环境，保障人民群众身体健康和生命安全。要严格落实法律规定的各项生态保护和修复制度措施，把生态保护和修复摆在突出位置，坚持综合治理、系统治理、源头治理，探索推进多方参与、分工协作的生态修复工作机制，统筹推进山水林田湖草沙一体化保护和修复，不断提升生态系统质量和稳定性，为人民群众提供更多优质生态产品。严格落实生态保护红线监管制度，强化生态保护执法监管，依法加大对生态破坏问题的监督和查处力度，确保"生态功能不降低、面积不减少、性质不改变"，筑牢生态安全屏障。国务院有关部门要加强协调，加快建立环境与健康监测、调查和风险评估制度。严格落实法律关于信息公开和公众参与的相关制度，不断完善公众监督举报反馈机制和奖励机制，有效保障公众的知情权、参与权和监督权。

（三）严格落实法定职责，推动法律制度有效实施

各地各部门要认真贯彻实施环境保护法律制度，各司其职、分工负责、密切协作、共同发力，坚持把法律责任落实到生态环境保护和污染防治全过程，守住"生态环境质量只能变好，不能变差"的责任底线。强化区域流域协同治理，推动建立统一规划、统一标准、统一监测、统一执法、统一污染防治措施，完善区域联合执法信息共享平台，实现区域监管数据互联互通，开展区域污染专项治理和联合执法。推进城市大气环境质量达标及持续改善，研究提出未达标城市的达标期限，加强细颗粒物和臭氧协同控制，推进重点行业挥发性有机物和氮氧化物减排。统筹城乡环境基础设施建设运行，加快构建集污水、垃圾、危险废物、医疗废物处理处置设施和监测监管能力于一体的环境基础设施体系，逐步从城市向乡镇延伸覆盖。加强入河排污口排查整治，深化排污口设置和管理改革。加快城市生活污水收集管网建设，提高城市生活污水收集率。加强污泥处理处置和资源化利用，推广污水资源化利用。强化陆海统筹，推动近岸海域生态环境质量持续改善。全面推行生活垃圾分类制度，健全完善生活垃圾分类投放、收集、运输、处理系统。加强城市生活垃圾处理处置设施建设，提高生活垃圾焚烧处置比例，提高农村生活垃圾收集处理能力。加强农村污水垃圾治理，推广绿色农业技术，持续推进化肥农药减量增效，提高秸秆综合利用能力和水平，完善废旧农膜、农药包装废弃物等回收利用制度，强化畜禽和水产养殖污染治理。加强新污染物治理体系建设，建立健全有毒有害化学物质环境信息调查、环境风险评估、环境风险管控和新化学物质环境管理登记制度，健全新污染物治理技术标准体系，完善新污染物环境监测技术体系和管理机制。要按照法律要求，充分运用查封扣押、按日计罚等法律措施，严厉打击生态环境违法犯罪行为，突出重点行业、重点领域污染治理，严格畜禽规模养殖执法监管，加强对工业园区生态环境综合整治，加大公益诉讼力度，着力提升企业依法保护环境意识，切实承担治污主体责任，坚决防止出现"企业得利、群众受害、政府买单"现象。

（四）健全完善生态环保法律体系，用最严格制度最严密法治保护生态环境

完善生态环保法律法规。适时修改环境保护法，增加减污降碳协同增效、绿色低碳发展相关内容；健全环保管理体制，将"党政同责、一岗双责"责任制等生态文明体制改革成果转化为法律制度；结合省以下环保机构监测监察执法垂直管理制度改革，赋予县级生态环境分局独立的执法主体资格，明确乡镇（街道）人民政府、产业园区管理机构的环保职责；完善生态保护红线监管制度、生态环境损害赔偿制度，增加光污染防治相关措施等。适时制定或修改国家公园法、自然保护地法、矿产资源法等法律。加快出台生态环境监测条例、生态保护补偿条例等配套法规，健全生态监管标准体系，完善生态保护红线管理制度，建立环境资源案件鉴定评估费用追偿制度，细化第三方环保服务机构弄虚作假犯罪"入刑"规定，在重要水源保护区和流域制定限制性农业生产技术标准等。

完善地方法规标准体系。各地要结合实际，抓紧制修订生态环保领域地方性法规。鼓励和支持地方开展区域性流域性生态环保立法，注重通过"小快灵"立法增强地方性法规的针对性和可操作性。根据行业整治要求和环境质量改善要求，针对特色聚集产业出台更加严格的地方标准。各地各部门要依法定期开展生态环保相关法规规章清理工作。

（五）依法提高生态环境治理体系和治理能力现代化水平

完善以排污许可制为核心的固定污染源监管制度体系，优化排污许可证内容，加强环境影响评价制度和排污许可制度融合衔接。落实环境监测制度，建立健全基于现代感知技术和大数据技术的生态环境监测网络，优化监测站网布局，实现环境质量、生态质量、污染源监测全覆盖。健全生态环境监测质量管理体系，建立畅通高效的监测数据共享机制，确保监测数据真实、准确、全面。落实生态保护补偿制度，建立健全森林、草原、湿地等领域生态保护补偿制度，不断完善市场化多元化生态保护补偿机制。完善绿色低碳发展相关的财政、税收、价格、采购等政策，扩大环境保护、节能节水等企业所得税优惠目录范围，引导和鼓励更多社会资本投入生态环境领域，构建多元化生态环保投入机制。按照污染者付费原则，科学合理制定污水垃圾处理收费标准，依法加大征收力度。

深化运用生态环境综合行政执法和垂直管理改革成果，加强基层执法队伍建设，强化基层环保执法机构职能，推动机构规范化、装备现代化、队伍专业化、管理制度化，不断优化执法方式，提高执法效能。推进环境行政执法与刑事司法有效衔接，落实生态环境主管部门与公安机关、检察机关、审判机关信息共享、案情通报、案件移送制度，在证据认证保全、工作协助等方面加强配合，统筹解决涉案物品归口处置和检验鉴定等问题。

强化科技支撑，把生态环境保护技术研发摆在国家中长期科技发展规划的重要位置，全面提升生态环境领域科研能力、技术开发能力和决策支持能力，构建智慧高效的生态环境管理信息化体系。加快绿色低碳技术研发应用，推进各类污染防治、清洁生产、生态修复、资源再生等方面的经济适用技术研究，加强生态环境科技成果转化应用。

（六）深入开展法律宣传教育，增强全社会依法保护生态环境意识

各地各部门要切实承担起宣传普及法律责任，带头尊法学法守法用法，提高依法行政的能力和水平，用法律武器破解生态环境保护的难点堵点问题，在法治轨道上深入打好污染防治攻坚战。法律宣传要从城市向农村延伸，更加突出一线执法人员、企业负责人等重点人群。通过宣传教育，引导企业、组织、公民增强环境意识、行使环境权利、自觉履行环保法律义务，积极践行简约适度、绿色低碳生活方式，把建设美丽中国转化为每一个人的自觉行动。

同志们，我国生态文明建设进入新的关键时期。让我们紧密团结在以习近平同志为核心的党中央周围，深刻领会“两个确立”的重大意义，切实提高做到“两个维护”的政治自觉、思想自觉、行动自觉，深入贯彻实施环境保护法，依法推动经济社会发展全面绿色转型，持续改善生态环境质量，不断提高人民群众对优美环境的获得感、幸福感和满意度，以实际行动迎接党的二十大胜利召开。

以上报告，请审议。

在全国人大常委会环境保护法执法检查组第一次全体会议上的讲话

（2022年3月23日）

栗战书

刚才，王勇同志作了讲话，高虎城同志介绍了执法检查工作安排和前期准备情况，生态环境部、财政部、自然资源部、住房城乡建设部、水利部、农业农村部的负责同志汇报了贯彻实施法律的情况，国家发展改革委、科技部、工业和信息化部、公安部、最高人民法院、最高人民检察院的负责同志参会并提供了书面材料。大家高度重视，作了认真准备，发言和材料的内容都很具体深入。下面，根据这次执法检查的内容，结合近年来人大工作实践和体会，我讲三点意见。

一、深入贯彻习近平生态文明思想，紧紧围绕党中央关于生态环境保护的决策部署，通过立法、监督工作实效展现人大的担当作为

每一次执法检查组第一次全体会议，还有到地方实地检查，我们大家都一起梳理学习习近平总书

记对相关领域的指示要求。我想,这也是深刻领会"两个确立"决定性意义的具体体现,就是把习近平新时代中国特色社会主义思想,把维护习近平总书记党中央的核心、全党的核心地位落实到我们每一项具体工作之中。

党的十八大以来,以习近平同志为核心的党中央把生态文明建设纳入"五位一体"总体布局,把美丽中国作为生态文明建设的宏伟目标,谋划开展了一系列根本性、开创性、长远性工作。习近平总书记在重要会议和场合,多次就生态文明建设发表重要讲话、重要指示,提出一系列新理念新思想新战略。去年以来政治局11次集体学习中,3次主题与生态文明有关,分别是"新形势下加强我国生态文明建设"、"加强我国生物安全建设"、"努力实现碳达峰碳中和目标"。总书记每次到地方视察调研,生态环境保护也是一个必讲的重点问题。党中央密集出台《关于加快推进生态文明建设的意见》、《生态文明体制改革总体方案》、《关于全面加强生态环境保护、坚决打好污染防治攻坚战的意见》等重要文件,对生态文明建设进行全面系统部署安排。2018年5月,党中央召开全国生态环境保护大会,正式确立习近平生态文明思想,为保护生态环境、建设美丽中国提供了强大思想武器。现在回过头来看这十年,我们更加深切地感受到,党的十八大以来,我国生态文明建设从认识到实践都发生了历史性、转折性、全局性的变化。这一切成绩的取得,根本在于以习近平同志为核心的党中央坚强领导,在于习近平新时代中国特色社会主义思想特别是习近平生态文明思想科学指引。

全国人大及其常委会全面贯彻落实习近平生态文明思想和党中央决策部署,统筹推进相关立法和监督工作,为打好打赢污染防治攻坚战、推进生态文明建设作出了应有贡献。一方面,生态环保立法实现了从量到质的全面提升。党的十八大以来制定7部、修改17部生态环保法律,有的重要法律还多次修改。本届常委会先后制定土壤污染防治法、生物安全法、长江保护法、湿地保护法、噪声污染防治法,修改大气污染防治法、固体废物污染环境防治法、环境影响评价法等多部生态环保法律,作出关于全面加强生态环境保护、依法推动打好污染防治攻坚战的决议,推动有关地区和部门对生态环保领域规范性文件进行集中清理。目前,正在推进黄河保护法、黑土地保护法、青藏高原生态保护法等立法。另一方面,执法检查力度持续加大、实效不断增强。本届以来,聚焦打好污染防治攻坚战,2018年检查大气污染防治法实施情况,2019年检查水污染防治法实施情况,2020年检查土壤污染防治法实施情况,2021年检查固体废物污染环境防治法实施情况,今年又检查环境保护法实施情况。本届常委会还组织开展了海洋环境保护法、可再生能源法、野生动物保护法和禁食野生动物相关决定等执法检查,围绕生态环保工作听取审议国务院多个专项报告、开展多次专题调研。这些工作,为推动生态环境持续改善提供了法治助力。

全国人大常委会将深入学习贯彻习近平生态文明思想,完整、准确、全面贯彻新发展理念,保持生态文明建设战略定力,用法治方式推动经济社会发展全面绿色转型、推动建设人与自然和谐共生的现代化。

二、坚持紧扣法律规定开展执法检查,确保法律规定的重要制度、措施、责任落实见效,推动在法治轨道上防治污染、保护生态环境

这些年来,随着全面依法治国深入推进,各方面学习法律、遵守法律的自觉性不断增强,法律实施取得显著成效。同时也要看到,在实际工作中不少法律还没有得到全面实施,遇事找法有的是做到了,遇到矛盾和问题了,想起来看看法律是怎么讲的,但办事依法还很不够。法律是党的主张和人民意志的集中体现,凝聚着长期的实践经验和广泛的社会共识,一部法律对相应领域的工作可以说有着全面的制度性规定,且带有强制性。把一部法律全面贯彻落实好了,相应领域工作的质量和水平就一定能够得到显著提升。拿这次检查的环境保护法来说,1989年制定,2014年修订,修订工作历经两届常委会、4次审议,两次向社会公开征求意见,开展多轮深入调研和论证。修订后的环保法,贯彻习近平生态文明思想和党中央重大决策部署,将生态文明建设必须遵循的基本理念、基本原则、基本制度以法律形式确立下来,对涉及污染防治、生态保护、绿色发展的各环节各方面作出严格、严密、有针对性的规定,是一部在生态环保领域起统领作用的基础性、综合性法律。把这部法律的规定条条都落实了,也就推动了党中央关于生态环保工作决策部署的落实,良好的环境就会得到有效保护。

本届常委会监督工作的一个突出特点和重要原则,就是紧扣法律规定开展执法检查,实践证明

效果是好的，这次检查还是要把握好这一条。同时，要注重全面、系统理解法律、实施法律，对照法律规定逐条逐项检查法律制度是否有效落实、法定职责是否切实履行、法律责任是否严格追究，真正用好法律武器、发挥法治威力。检查中要突出以下几个重点方面：

一是法律关于促进绿色低碳发展的政策措施的落实情况。降碳是今后一个时期我国生态文明建设的重点战略方向。党中央、总书记作出力争2030年前实现碳达峰、2060年前实现碳中和的重大战略决策。推进“双碳”工作、实现“双碳”目标，关键一点是要处理好发展和减排的关系。环保法坚持生态环境保护和经济发展辩证统一，第1条立法目的中就明确进生态文明建设，促进经济社会可持续发展”，第4条中明确“使经济社会发展与环境保护相协调”。法律第21条、22条、36条等对制定实施促进绿色低碳发展的环境经济政策作出具体规定。这次检查，要推动有关方面依法完善和落实绿色低碳政策体系，加强财税、科技、投资、金融等政策措施的衔接协调，在经济发展中促进绿色转型、在绿色转型中实现更大发展。

二是法律关于污染防治的制度措施的落实情况。经过不懈努力，污染防治攻坚战成效显著，生态环境质量明显改善。同时也要看到，现在，人民群众对生态环境质量的期望值更高。环保法确立了各类污染物的防治都要遵循的基本制度，包括环境质量标准制度、环境监测制度、环境影响评价制度、跨行政区污染防治制度、重点污染物总量控制制度、排污许可管理制度等。同时，针对废气、废水、废渣、农业面源污染、生活垃圾等不同污染物的防治规定了具体措施。这次检查，要推动有关方面依法、科学、精准治污，以更高标准打好蓝天、碧水、净土保卫战，让老百姓实实在在感受到生态环境质量改善。

三是法律关于生态保护和修复的制度措施的落实情况。我国生态系统基础脆弱、欠账很多，制止侵害和修复完善的任务还很艰巨，非一日之功。为应对生态破坏的严峻形势，环保法规定了生态保护红线、生态保护补偿等重要制度，规定了制定实施生态保护和恢复治理方案，防治荒漠化、石漠化、水土流失等生态失调现象，保护生物多样性等具体措施。这次检查，要推动有关方面依法做好生态保护红线划定和监管、生态保护补偿、生态治理修复等工作，进一步健全完善相关制度机制，更加注重综合治理、系统治理、源头治理，持续提升生态系统质量和稳定性。

四是政府法定职责的落实情况。环保法中规定的国务院及其部门的职责约40项，地方政府及其部门的职责约38项，涉及生态环境、财政、自然资源、城乡建设、水利、农业等多个部门。为压实政府责任，法律还规定了环境保护目标责任制和考核评价制度、环境状况和环境保护目标完成情况向人大报告制度等。这次检查，要推动各级政府及其有关部门按照法律规定各司其职、分工负责，密切协作、共同发力，不断提高生态环保工作水平和监管执法效能。

这次环保法执法检查也是对本届以来生态环保法治建设工作成效的一次全面回顾和检验评估。这些年来，国家有关部门和各省（区、市）人大及其常委会为加强环境保护持续开展了一系列开创性、探索性的工作。检查中对有关做法及发现的问题等，要注重用联系的观点进行思考，把环保法与其他生态环保法律结合起来，把法律监督与立法修法结合起来，把一年的工作与五年的工作结合起来，从中总结一些规律性东西，形成几条有价值的经验。

三、健全完善生态环保法律体系，深入开展法治宣传教育，充分调动各方面积极性主动性，使建设美丽中国成为全体人民的自觉行动

保护生态环境必须依靠制度、依靠法治，还要通过各方面依法履职、依法办事，形成全社会共同保护、共同治理的强大合力。

中国特色社会主义生态环保法律体系已经初步形成，但仍需要与时俱进加以完善。环保法修订实施8年了，其他一些生态环保法律也实施多年，不少规定难以适应新形势新任务新要求。这次检查要广泛听取各方面对法律本身的意见建议，为健全完善生态环保法律体系提供支撑。

行政法规、地方性法规是法律体系的重要组成部分。我国现有生态环保相关的行政法规100多件、地方性法规1000多件、国家标准2200多项。近年来，有立法权的地方人大及其常委会立足地方实际，出台了一批“小切口”、精细化、有特色的生态环保地方性法规，有效推动了生态环保法律制度落细落实。同时，从这几年执法检查的情况看，也有部分配套法规和标准制定工作相对滞后。这次检查要推动有关方面进一步加强生态环保行政法规、地

方性法规及规章、司法解释、国家标准等规范性文件的制定、修改、清理工作,增强法律体系的系统性、整体性、协同性。

要把学习宣传习近平生态文明思想贯穿这次检查的各环节全过程。要大力宣传普及生态环保法律知识,引导企业、组织、公民增强环境意识、行使环境权利、履行环保义务,使每个人都成为生态文明建设的践行者、推动者。要践行全过程人民民主理念,深入基层、深入群众,通过多种途径和方式,充分吸纳民意、汇集民智,推动解决老百姓身边的突出生态环境问题。

执法检查工作还要注意两点:一是严格落实中央八项规定及其实施细则精神,轻车简从,厉行节约,把对地方的负担和影响减到最小;二是严格落实疫情防控各项举措,遵守各地防控要求,确保大家身体健康。

在环境保护法执法检查座谈会上的讲话

(2022 年 6 月 13 日)

栗战书

我们这次来,主要是检查环境保护法实施情况。这次检查采取上下联动的方式,在全国人大常委会开展检查的同时,各省级人大常委会也分别进行检查。黑龙江对这项工作高度重视,许勤书记先后 7 次批示,对检查方案、检查措施等提出具体要求;昌升省长也多次作出批示,要求省政府及有关部门积极配合;永康、兆力、显刚、振春、范宏等 5 位副主任带队实地检查,覆盖全省 13 个地市。不仅检查了环保法实施情况,还对这几年先后开展的水污染防治法、固体废物污染环境防治法等执法检查中发现的问题和整改情况进行了“回头看”,工作做得十分扎实。

通过你们的材料,加上这几天的所见所闻,我感到,黑龙江贯彻实施环保法的情况总体上是好的,生态环保工作抓得紧,取得了实效。省一级成立了生态文明建设领导小组、生态环境保护委员会,省委书记、省长分别担任组长、主任,各地市也都成立了生态文明建设领导小组和生态环境保护委员会。“十三五”期间生态环境约束性指标全部完成。污染防治攻坚战成效考核连续 2 年位列全国优秀等次,去年全省优良天数比率 94.8%,为历史最好水平;国考断面优良水体比例 70.4%,5 年间提高 15.6 个百分点;受污染耕地安全利用率达 92%,超过国家下达的 90% 的目标任务。全省建成 6 个国家生态文明建设示范市(县),抚远市被授予“绿水青山就是金山银山”实践创新基地称号。

黑龙江生态环境的显著改善,是新时代美丽中国建设成就的一个缩影。党的十八大以来,以习近平同志为核心的党中央把生态文明建设纳入“五位一体”总体布局,把美丽中国作为生态文明建设的宏伟目标,从思想、法律、体制、组织、作风上全面发力,全方位、全地域、全过程加强生态环境保护,在创造世所罕见的经济快速发展奇迹和社会长期稳定奇迹的同时,创造了令世人瞩目的生态奇迹。现在回过头来看这十年,从浓烟重霾、山荒水枯到蓝天白云重新展现、绿色版图不断扩展、绿色经济加快发展、能耗物耗不断降低、城乡环境更加宜居。我们更加深切地感受到,党的十八大以来,我国生态文明建设从认识到实践都发生了历史性、转折性、全局性的变化,一个青山常在、绿水长流、空气常新的美丽中国,正在从蓝图变为生动的现实。

这里,我围绕贯彻落实党中央决策部署和总书记重要指示精神、推动环境保护法律全面实施,谈几点意见。

一、坚持以习近平生态文明思想作为贯彻实施环境保护法律的根本遵循

习近平生态文明思想是美丽中国建设的科学指引和根本遵循,推进生态环保法律体系建设、加强法律的实施和监督,必须贯彻贯穿习近平生态文明思想,以法治思维、法治方式推动和保障这一科学理论贯彻落实。这是深刻领会“两个确立”决定性意义、切实做到“两个维护”的具体体现,也是科学制定法律、更好实施法律的必然要求。

环境保护法是生态环保领域的基础性、综合性法律。2014 年这部法律进行全面修订,体现和贯彻习近平总书记关于生态环境保护的一系列重要论断、

重要指示,坚持用最严格制度最严密法治保护生态环境,修订后被称为"史上最严的环保法"。实施好这部法律和环境保护领域的其他法律,就是贯彻落实习近平生态文明思想,就是贯彻落实党中央关于打好污染防治攻坚战、推进生态文明建设的决策部署。

2018 年,全国生态环境保护大会正式提出习近平生态文明思想。4 年多来,各地区各部门在贯彻实施环保法的过程中,各级人大常委会在开展生态环保领域的立法、监督等工作中,都深入学习领会、认真贯彻落实习近平生态文明思想,使制定修改的一系列生态环保领域法律法规行得通、真管用,使法律法规的威力充分发挥出来。在新征程上,我们要紧跟学习贯彻习近平总书记关于生态文明建设的新理念新论断新要求,用与时俱进的习近平生态文明思想引领生态环保领域法律制度完善发展、推动法律法规全面有效实施。

二、坚持把经济社会发展与环境保护相协调作为贯彻实施环境保护法律的重要原则

习近平总书记强调,"绿水青山就是金山银山","既要绿水青山,也要金山银山",实际上就是要实现人与自然和谐共生、生态环境保护与经济社会发展协同推进。2014 年修改环境保护法,贯彻习近平总书记的这一重大理念,明确提出"使经济社会发展与环境保护相协调",同时从法律制度上强化环境保护规划同各类发展规划的衔接,鼓励和支持各类环保产业发展,强调促进清洁生产和资源循环利用,明确编制规划、建设项目要依法开展环境影响评价等。这些都是为了将环境保护融入经济社会发展,确保发展中不破坏生态环境。

我国已经进入新发展阶段,生态文明建设进入以降碳为重点战略方向、推动减污降碳协同增效、促进经济社会发展全面绿色转型、实现生态环境质量改善由量变到质变的关键时期。习近平总书记强调要完整、准确、全面贯彻新发展理念,保持战略定力,站在人与自然和谐共生的高度来谋划经济社会发展。这对各地方立足大局、因地制宜,统筹经济社会发展和环境保护提出了更高的要求。黑龙江在推动绿色低碳发展方面是做得好的。"十三五"以来,全省实施 74 个环境保护重大项目,支持 98 个节能技改项目,退出钢铁落后产能 675 万吨;去年 140 家重点企业纳入全国碳市场管理,91 家发电企业陆续参与交易和清缴碳排放配额;出台冰雪经济发展规划,打造了一批知名冰雪旅游线路,发掘冰天雪地的生态效益、经济效益、社会效益。希望你们深入贯彻新发展理念,不断优化产业结构,稳步有序推进碳达峰碳中和,走出一条生态优先、绿色低碳的高质量发展新路子。

三、把坚持以人民为中心的发展思想作为贯彻实施环境保护法律的出发点和落脚点

党的十八大以来,我国生态环境质量发生历史性、转折性、全局性的变化,每一个人都从中受益,人民群众对环境质量的满意度不断提升。我们推进生态环境保护领域立法、加强法律实施工作,其着眼点、出发点、落脚点、归宿点,都是以人民为中心,让人民受益。现在,人民群众对生态环境质量的期望值更高,对生态环境问题的容忍度更低。我们要始终坚持以人民为中心的思想,深入打好污染防治攻坚战,统筹推进山水林田湖草沙一体化保护和修复,不断改善人民群众生产生活环境、保障人民群众身体健康和生命安全,增强人民的获得感、幸福感、安全感。

山水林田湖草沙构成的自然生态系统本身是生命共同体。黑龙江"五山一水一草三分田",有大森林、大湿地、大界江、大湖泊、大冰雪,这是黑龙江人民的财富,也是全国人民的共同财富。希望你们继续努力,推进综合治理、系统治理、源头治理,不断提升生态系统质量和稳定性,筑牢我国北方生态安全屏障,为人民提供更多优质生态产品。

黑土地保护是东北地区生态环境保护工作的重中之重。这既是保护环境,更是保护 14 亿中国人的饭碗。黑龙江的干部群众对保护黑土地重要性的认识是到位的,工作也很扎实,希望你们坚持不懈把黑土地这一"耕地中的大熊猫"保护好、利用好。

四、坚持把落实法定职责作为贯彻实施环境保护法律的重要抓手

实施环境保护法律需要全社会共同努力,但首要责任在于各级政府及其有关部门。我们对环保法规定的各类法定职责、法定义务作了梳理。在政

府及其有关部门的法定职责方面，国务院及其部门的职责约 40 项，地方政府及其部门的职责约 38 项，这类规定是最多的。为压实政府责任，法律还规定了环境保护目标责任制和考核评价制度、环境状况和环境保护目标完成情况向人大报告制度等。在企业事业单位和其他生产经营者的义务方面，规定了约 14 项。在法律责任追究方面，强化了对违法生产经营者的行政处罚手段，包括按日计罚、限制生产、停产整治、停业关闭乃至行政拘留等。法定职责要落实到位，法定义务要切实履行，违法行为要严肃追责，确保法律规定不折不扣得到执行。

黑龙江各级政府及有关方面履行生态环保法定职责是严肃认真的。在黑土地保护方面，你们明确各级地方政府、村集体经济组织、农业生产经营者责任，实行省市县乡村和网格、户“5 +2”田长制。在环保执法方面，2015 年至 2021 年，全省各级生态环境部门办理行政处罚案件 6314 件，公安机关侦破环境犯罪案件 6880 起，检察机关立案办理环境公益诉讼案件 7210 件。各级人大连续开展监督工作，有效推动了政府及有关方面履职尽责。希望你们一如既往，严格依法履行职责、开展工作，各部门各方面加强配合、密切协作，推动法律全面贯彻实施。

五、不断完善环境保护法律体系

本届全国人大常委会履职以来，把完善环境保护法律体系作为立法工作重点，制定 5 部，修改 3 部，正在制定过程中的还有 3 部。目前，现行有效的生态环保类法律有 30 余部，行政法规 100 多件，地方性法规 1000 余件，初步构建起以环境保护法为统领，涵盖水、气、声、光、渣等各类污染要素和山、水、林、田、湖、草、沙等各类自然系统，务实管用、严格严密的环境保护法律体系。

地方立法在生态环保法律体系建设中发挥着重要作用。近年来，有立法权的地方人大及其常委会以上位法为依据，立足地方实际，出台了一批“小切口”、精细化、有特色的生态环保地方性法规，有些地方开展了流域性、区域性协同立法。黑龙江这方面的立法工作抓得很紧，制定修改了 32 部生态环保法规，其中既有大气污染防治条例、节约用水条例这样的配套法规，也有先行先试的湿地保护条例、黑土地保护利用条例等，为全国人大常委会立法提供了有益参考。希望你们继续加强相关法规的制定、修改、清理工作，推动生态环保法律制度落细落实，增强法律体系整体功效。

这里，我再谈谈黑龙江特别是哈尔滨的生态环境保护工作。黑龙江是十分重要的生态大省，是我国北方生态的重要屏障。这里有大森林、大湿地、大界江、大湖泊、大冰雪，是大自然的恩赐，要世世代代保护好、维护好。这是党中央、总书记的部署要求，也是多年来全省上下一以贯之的工作理念和思路。你们提供了我在黑龙江工作时期的一些讲话、文章，我这两天又看了一下，当时的省委、省政府就高度重视生态环保工作。我当时讲过一个观点：“让青山绿水成为储蓄的 GDP，让蓝天沃土成为永恒的不动产。”十多年前，我们提出建设大小兴安岭生态功能区，现在已经纳入国家战略；还有建设哈大齐工业走廊，提出了“新体制、高科技、外向型、生态化”的方针，“生态化”就是针对这一带草原退化沙化、盐碱地等突出环境问题提出的。2005 年日本爱知县举办世博会，主题是强调保护地球环境，我作为副省长代表黑龙江参会，在会上以“擦去老工业基地身上的斑斑锈迹”为题作了发言，获得不错的反响。

2004 年，省委安排我带队就哈尔滨发展搞了两个月的调研，提出了“以江为纲，一江居中、两岸繁荣”，被省委确立为哈尔滨的发展战略。还强调要建设“低碳型、原生态、简约式欧陆风格”的松北新区，把哈尔滨打造成宜居宜业的滨城、江城、冰城。这些突出了哈尔滨独特的自然地理优势和历史文化优势。在我国北方大城市中，只有哈尔滨有一条大江穿城而过，哈尔滨规划、建设、发展都要坚持“以江为纲”，一方面保护松花江的原生态，建设“万顷松江湿地、百里生态长廊”，另一方面发挥水生态优势，打造江城、“水城”，实现两岸繁荣。当时还归纳了四句话：“构筑冰城夏都之大气、营造滨水丽都之灵气、展现文化魅力之秀气、重塑新兴产业之神气。”此后历届省委、省政府在哈尔滨发展方面有一些新的提法，但目标、思路是一贯的。昨天考察松北新区建设情况时，我主要强调了一点，就是松北的自然生态绝对不能遭到破坏。这不仅对松北新区有必要，对黑龙江很多沿江而建、因江而兴的城镇也都是必要的。在这些城镇建设发展中，水生态一定要保护好，湿地生态一定要保护好。当时我就讲，中国历史上，城市建设秉持“师法自然”、“天人合一”理念，讲求以自然环境为基础，达到与自然无争的状态，是一种“无为”的城市。有生命的城市遵循自然之理，呼吸自然之气，秉有自然之行。哈尔滨人对自然有一种超乎寻常的钟情和热爱，完全地真正地投入自然、拥抱自然、珍爱自然。自然形成的水系、江汉、河漫滩、草滩已是哈尔滨人民生活的一部分,他们在这里野游、垂钓、野炊,完全融入到大自然中。可惜的是,我们在城市大尺度规划、机械速度开发建设中往往忽视了一个最基本的问题,那就是:这个城市主要是做给外地人看的,还是主要做给当地人居住生活的?我们往往忽视了一个最普通的事物,那就是自然!城市开发建设中最大的一个要害,就是城市吞噬了自然。当时我就惊呼:"不要去和自然争,不要去和历史争,不要去和老百姓争";"切不可毫无顾忌地破坏自然形成的原生态,再去制造一些'人工生态'";"决不能干那种砸了'真古董',再造'假古董'的事"。还讲过:"繁华热闹不一定是繁荣,恬阔宁静也不一定不是繁荣";"维护好沿江百里湿地、建设绿色长廊也是繁荣"。关于哈尔滨发展,我在 2009 年 12 月 19 日和 2010 年 1 月 30 日有两个讲话,当然,我不是要求省里必须按这个来讲,但这些观点,我认为是没有错的。

党的十八大以来,黑龙江坚持把习近平生态文明思想贯彻贯穿经济社会发展的各领域,发展理念和规划更超前、更先进了。我看了 6 月 10 日黑龙江日报关于省人大常委会连续五年开展生态环保领域执法检查工作的综述报道,里面提到"让绿色成为龙江底色"、"让美丽成为龙江特质"、"让质量成为龙江品牌",这几句话讲得真好,深刻而通俗、鲜明,这体现了黑龙江在生态环保理念和实践上的提升和发展。希望你们保持定力、持之以恒,既要推动经济社会发展不断取得新进步,同时要把黑龙江的良好生态环境保护好。

在全国人大常委会环境保护法执法检查组第二次全体会议上的讲话

(2022 年 7 月 14 日)

沈跃跃

同志们:

现在召开环境保护法执法检查组第二次全体会议,主要任务是总结前一段执法检查工作,讨论修改执法检查报告稿,研究部署下一步工作。参加今天会议的有:全国人大常委会丁仲礼副委员长、全国人大环资委主任委员高虎城同志、在京的执法检查组成员,国务院有关部门和最高人民法院、最高人民检察院的负责同志。全国人大常委会高度重视环境保护法执法检查,栗战书委员长亲自担任执法检查组组长,主持召开执法检查组第一次全体会议并作重要讲话,率检查组在黑龙江实地检查。张春贤副委员长、丁仲礼副委员长和我分别带队到山西、西藏、四川、江苏、宁夏、福建等地进行了检查。执法检查中,国务院及有关部门、最高法、最高检和各地积极配合,中央和地方主要新闻媒体积极报道,为执法检查工作营造了良好舆论氛围。各省级人大常委会按照工作方案,严格依法、认真负责开展检查。中科院战略研究院等单位严谨细致地开展第三方评估,形成了阶段性成果。大家密切配合、共同努力,克服疫情影响,执法检查工作进展顺利。在汇总各方面情况的基础上,环资委起草形成了执法检查报告稿,委员会组成人员认真研究审议,书面征求了生态环境部、发展改革委,最高法、最高检等 12 个部门和单位的意见,作了进一步修改,会前印发了各单位。

根据会议安排,先请环资委主任委员高虎城同志介绍执法检查报告稿。

……

(介绍完毕)

下面请各部门发言。大家可以对现在的报告稿提出修改意见,对报告提出的问题及下一步工作有什么意见建议,都可以提出来。下面,请各单位负责同志按照参会单位顺序发言,就不一一点名了。

……

(发言完毕)

刚才,虎城同志介绍了执法检查报告稿的起草情况和主要内容,10 个部委、"两高"的负责同志都发了言,原则同意执法检查报告稿,并就进一步贯彻实施法律、落实法律责任,依法维护生态环境讲了很好的意见建议。报告起草组要认真研究,综合大家的意见建议,进一步完善修改好报告。下面,结合大家的发言,我讲几点意见。

一、努力践行习近平生态文明思想，依法持续助力生态环境保护

习近平生态文明思想是美丽中国建设的科学指引和根本遵循。党的十八大以来，全国人大常委会始终坚持深入学习贯彻习近平生态文明思想、习近平总书记重要批示指示，贯彻落实党中央关于生态环境保护的决策部署，把依法保护生态环境作为立法、监督工作的重中之重，始终抓在手上，全力推动并取得明显实效。生态环境保护立法步伐和修法频次明显加快，先后制修订环境保护法和大气、水、土壤、噪声污染防治法等 25 部法律，正在制修订黄河保护法等 3 部法律，特别是 2014 年修订的环境保护法坚决贯彻习近平生态文明思想、关于生态环境保护的重要指示，落实用最严格制度最严密法治保护生态环境的要求。国务院及有关部门及时制定配套法规规章，最高法、最高检出台了 20 余部司法解释，地方生态环保法规数量明显增加，立法质量和效率明显提高，生态环保法律法规体系日益完善，为推进生态文明建设、推动生态环境保护工作提供了坚实法治保障。

本届全国人大常委会监督工作的一个突出特点是紧扣法律开展执法检查。全国人大常委会、栗战书委员长高度重视生态环境方面的监督工作，连续五年开展了大气污染防治法、水污染防治法、土壤污染防治法、固体废物污染环境防治法、环境保护法等 10 部生态环保法律和相关决定的执法检查。栗战书委员长 6 次亲自担任执法检查组组长，10 次带队赴地方检查，规格之高、力度之大、影响之广前所未有。执法检查始终坚持以习近平生态文明思想为指导，无论是在执法检查组全体会议上，还是到地方实地检查，始终把学习宣传、贯彻落实习近平生态文明思想作为重大政治任务，使每一次执法检查都成为推动各地各部门、全社会深入学习习近平生态文明思想和全面有效实施法律的过程，用法治方式推动和保障习近平生态文明思想得到贯彻落实。在这次环境保护法执法检查中，检查组把学习宣传习近平生态文明思想贯穿执法检查的全过程。大家深切感受到，党的十八大以来，我国生态文明建设从认识到实践都发生了历史性、转折性、全局性变化。生态环境质量显著改善，污染防治攻坚战阶段性目标任务圆满完成，天更蓝了、水更清了、环境更优美了，人民群众对优美环境的获得感、幸福感显著增强。生态文明理念深入人心，绿水青山就是金山银山的理念成为社会共识，简约适度、绿色低碳的生活方式成为新风尚。执法检查报告要充分体现、全面反映党的十八大以来，环境保护法修订实施以来，生态环境保护工作取得的显著成效和宝贵经验。

二、突出重点，推动环境保护法律有效实施

环境保护法是生态环保领域的基础性、综合性法律。检查组坚持全面了解，突出重点，对照法律条文开展检查，督促有关方面切实履行法定职责、落实法律责任，在法治轨道上治理污染、保护环境。这次执法检查确定了七个方面的重点，包括法律责任落实、法律制度实施、执法监管、法律学习宣传等。从执法检查情况看，法律实施取得了显著成效，有关部门生态环境保护责任更加明确，法律规定的环境保护目标责任制和考核评价、环境报告、环境监测、排污许可、信息公开等重要制度有效落实，对环境违法行为处罚力度持续加大，全社会依法保护环境的自觉性明显增强。同时，执法检查工作始终坚持问题导向。从中央生态环保督察发现的问题及执法检查了解的情况看，生态环境保护还存在短板弱项，法律实施还有不够到位的问题。比如，法律的学习宣传还需加强，地方政府依法保护生态环境存在逐级递减现象，部门法治意识还需要进一步增强，部分企业守法意识薄弱，一些法律制度还有待落实，执法司法能力仍需提高，等等。报告要以习近平生态文明思想为指导，突出重点，坚持问题导向，客观反映法律实施中存在的主要问题，提出务实管用的意见建议，推动各地区各部门和全社会进一步增强法治意识，推动法律全面有效贯彻实施，依法保护生态环境。

三、认真做好后续工作，确保执法检查取得实效

根据监督工作计划，8 月召开的十三届全国人大常委会第三十六次会议将听取审议执法检查报告，并开展专题询问，要认真做好相关工作。

一是抓紧修改完善执法检查报告稿。今天会后，请环资委逐条梳理大家提出的意见建议，严格对照法律规定，修改完善执法检查报告稿。要充分

总结各地区各部门在贯彻实施环保法中取得的好经验好做法。各部门还有什么好的经验做法以及意见建议，可以及时提出，环资委要充分反映在报告中。

二要精心组织专题询问。8 月份召开的常委会上还将就环境保护法贯彻实施情况开展专题询问，主要任务是学习宣传习近平生态文明思想，依法推动生态环境保护、积极回应人民群众关切。常委会办公厅、环资委要和国务院有关部门、最高法、最高检等密切配合，加强沟通协调，认真负责、高质量完成好专题询问工作。

三是持续跟进监督，务求取得实效。按照监督法有关规定，在听取审议执法检查报告并开展专题询问后，常委会办公厅要根据报告分析的问题提出意见建议，认真整理常委会组成人员在审议和询问时提出的意见建议，及时将执法检查报告和审议意见送交国务院办公厅。国务院及其有关部门要认真研究处理，提出有针对性的政策措施和工作举措，及时将研究处理情况书面报送全国人大常委会。环资委要与国务院有关部门密切沟通，加强跟踪督办，充分运用执法检查成果，切实推动有关方面加强改进工作、完善制度机制，确保执法检查取得实效。

最后，我代表执法检查组对国务院及有关部门、最高法、最高检到会的各位负责同志，第三方评估单位和专家组、新闻媒体以及各有关方面的大力积极支持表示衷心感谢。

对检查环境保护法实施情况报告的意见和建议

8 月 31 日，十三届全国人大常委会第三十六次会议分组审议了全国人大常委会委员长栗战书作的全国人大常委会执法检查组关于检查环境保护法实施情况的报告，共有 35 人次发言。9 月 1 日上午，常委会举行联组会议，结合审议报告进行专题询问，共有 6 人次发言询问，栗战书委员长讲话，沈跃跃副委员长主持会议，王勇国务委员参加专题询问。现根据会议发言情况，将常委会组成人员和列席人员的主要意见整理如下。

出席人员普遍认为，十三届全国人大常委会履职以来，深入学习贯彻习近平生态文明思想，紧紧围绕党中央决策部署，把依法保护生态环境作为立法、监督工作的重中之重，连续 5 年共对 10 部生态环保法律和相关决定开展执法检查，为依法打好污染防治攻坚战、推进生态文明建设作出了积极贡献。今年，栗战书委员长带队检查环境保护法实施情况，是对生态环保领域法律实施情况的全面检查，也是对本届常委会执法检查工作成效的一次总结评估。大家高度评价执法检查组的工作，一致赞成执法检查报告，希望国务院及其有关部门认真研究报告提出的建议，深入整改查出的问题。大家强调，我国生态文明建设进入新的关键时期，要深入贯彻落实习近平生态文明思想，深入贯彻实施环境保护法，依法推动经济社会发展全面绿色转型，持续改善生态环境质量，不断提高人民群众对优美环境的获得感、幸福感和满意度。审议中，大家还提出了一些具体意见和建议。

一、持续加大污染防治工作力度

有些出席人员提出，一些重点区域、重点行业污染问题依然严峻，城市污水管网建设滞后、农业面源污染、偏远地区农村饮用水保障等问题亟待解决，推动固体废物减量化、资源化、无害化等任务还很艰巨，要以钉钉子精神打好蓝天、碧水、净土保卫战，深入推进重点行业、重点领域污染防治工作，遏制“两高”项目发展，强化农业节水增效、工业节水减排，加强农业面源污染治理。有的列席人员认为，执法检查报告中关于“加强入河排污口排查整治，深化排污口设置和管理改革”的建议很有针对性，加强对长江、黄河以及其他一些重要河流的排污口监管，是当前污染防治工作中的一个重要关键点。目前，一些对河流排污口的信息化监管平台偏重面上一般性看管和静态监管，应加强对河流重点部位的全天候检查和随机性检查，严格控制新增排污口。有的列席人员提出，农业生产中化肥农药过量使用的现象依然比较普遍，对此应引起高度重视。

二、加快生态保护修复

有些出席人员认为，应把生态保护和修复摆在突出位置，全面落实法律规定的生态保护修复各项制度。有些出席人员提出，西部地区作为国家生态安全重要屏障、重要水资源涵养区、生物多样性聚集区，面临着发展经济和保护环境的双重压力，中央层面应给予西部地区生态环境治理更多的政策、资金支持，着力完善和落实生态保护补偿机制，一方面，加大对流域上游地区财政转移支付力度，对重要河流的源头和上游的水源涵养地等重要生态功能区给予生态保护补偿，另一方面，健全相关法律制度和协调机制，依法推动中下游受益地区对上游地区实行补偿，依照法律规定建立健全省际间生态保护补偿机制，鼓励下游地区通过产业转移、技术援助、人才支持等方式加大补偿力度。

三、强化生态环保执法监管

有些出席人员提出，应依法加大对生态破坏问题的监督和查处力度，提高执法效能，推进环境行政执法与刑事司法有效衔接。有的出席人员认为，一些地方人为对环境监测数据进行干预造假，一些第三方环保服务机构受利益驱动，违法编制虚假环境影响评价报告、篡改伪造环境监测数据，这不仅影响环境生态，也损害地方的经济生态和政治生态。全国人大常委会已将环境影响评价、环境监测数据造假行为纳入刑事制裁范围，最高人民检察院和公安部也联合发文明确了环评、环境监测数据造假问题的立案追诉标准。应认真总结实践经验，加强案例指导，进一步明确环评、环境监测领域第三方环保服务机构弄虚作假犯罪入刑标准，加大对相关违法犯罪行为的查处力度。有的出席人员提出，生态环保领域行政执法和刑事司法衔接工作方面还存在数据孤岛、信息壁垒等问题，实践中刑事司法和环境损害赔偿衔接不畅、涉嫌犯罪的案件止步于行政处罚阶段等问题尚未有效解决，建议从中央国家机关层面，自上而下、协调推进完善生态环境主管部门与公安机关、检察机关、审判机关间的信息共享、案情通报、案件移送等制度，凝聚生态环境执法司法合力。有的出席人员认为，环境公益诉讼制度实践中已取得明显成效，同时，也还存在具体责任承担方式不健全、案件受理类型单一等问题。建议协同推进环境公益诉讼和生态环境损害赔偿诉讼，建立衔接配合机制。积极拓展新领域环境公益诉讼，构建多元化环境保护机制。

四、落实环境保护法重要制度

有些出席人员提出，执法检查中发现，法律规定的环境监测、环境影响评价、信息公开等制度措施执行不到位，应采取切实措施予以解决。有的出席人员认为，生态环境监测数据的共享情况与实际运用需求还有一些差距，建议进一步健全生态环境质量数据共享机制，推动提升生态环境综合评估、污染溯源和风险预警能力。有的出席人员提出，公开是最有效的监督，应当采取更有力的措施落实法律规定的信息公开制度，特别是督促企业依法及时公布其污染物排放和相关环境监测情况，保障公众知情权、参与权和监督权。

五、推进生态环保法治体系建设

部分出席人员提出，进一步健全完善生态环保法律体系，将习近平生态文明思想和党中央决策部署的最新要求和有效实践及时转化为法律制度。与时俱进推进生态环保领域法律的立改废释，统筹考虑环境保护法及相关专门法律的修改，研究制定应对气候变化的法律，聚焦双碳目标完善资源能源保护利用方面的法律；推动国务院及其有关部门、“两高”加强生态环保行政法规、部门规章、司法解释、国家标准等规范性文件的制定、修改、清理工作，推动地方结合本地生态环保实际需求，出台小切口、精细化、有特色的地方性法规，确保用最严格制度最严密法治保护生态环境。有些出席人员提出，应认真落实监督法、环境保护法规定，履行好人大对生态环保领域法律实施情况和生态环保工作的监督职责。国务院及其有关部门应认真梳理 5 年来全国人大常委会在开展生态环保领域执法检查、听取专项报告中提出的意见建议，开展整改落实情况“回头看”，聚焦尚未有效解决的突出问题，加大整改工作力度，完善长效工作机制。有些出席人员提出，应持续加大生态环保法治宣传教育力度，突出地方政府负责人、一线执法人员、企业负责人等重点群体，推动自觉履行环保法律职责、法定义务，积极引导全社会增强法治意识、环保意识，推动生产生活方式实现绿色转型。

在联组会议上，常委会、专门委员会组成人员和全国人大代表就依法保护生态环境、深入打好污染防治攻坚战、加快污水收集处理和生活垃圾分类等环境基础设施建设、解决农业面源污染、推进能源结构和产业结构调整、完善资源保护和开发利用制度、防范尾矿库环境风险隐患等问题进行了专题询问。国务委员王勇到会听取意见、回答询问，发展改革委、国务院办公厅、生态环境部、财政部、自然资源部、住房和城乡建设部、农业农村部以及最高人民法院、最高人民检察院等部门的9位负责同志也到会应询。

全国人民代表大会常务委员会执法检查组关于检查《中华人民共和国乡村振兴促进法》实施情况的报告

——2022年10月28日在第十三届全国人民代表大会常务委员会第三十七次会议上

全国人大常委会副委员长　王　晨

全国人民代表大会常务委员会：

为深入贯彻落实习近平总书记关于"三农"工作的重要论述，促进乡村振兴战略全面实施，2021年4月29日，全国人大常委会审议通过《中华人民共和国乡村振兴促进法》，自2021年6月1日起施行。2021年5月，栗战书委员长出席乡村振兴促进法实施座谈会并讲话，对贯彻实施乡村振兴促进法提出明确要求。法律颁布实施仅一年多时间，全国人大常委会即于今年6月至9月对法律实施情况开展执法检查，目的是为了在法治轨道上推动乡村全面振兴，确保党中央重大决策部署全面落地见效。

此次执法检查由全国人大常委会副委员长王晨、曹建明、吉炳轩、武维华担任组长，全国人大农业与农村委员会主任委员陈锡文担任副组长，检查组成员由全国人大常委会委员、农业农村委和财经委组成人员、全国人大代表共29人组成。6月24日，执法检查组召开第一次全体会议，听取农业农村部、国家发展改革委、财政部、自然资源部、生态环境部贯彻实施乡村振兴促进法有关情况的汇报，人力资源社会保障部、住房城乡建设部、文化和旅游部、中国银保监会、国家乡村振兴局等部门提供了书面汇报材料。7月至9月，4个检查小组分别赴山西、黑龙江、江苏、安徽、湖北、宁夏、新疆等7省（区）开展实地检查，同时委托辽宁、浙江、福建、江西、海南、重庆等6省（市）人大常委会对本行政区域内法律实施情况进行检查。全国人大常委会办公厅还会同14个省级人大常委会组织273名全国人大代表，结合执法检查重点开展了专题调研。9月26日，执法检查组召开第二次全体会议，总结工作、讨论报告。在执法检查过程中，检查组总共到22个地市、42个县、51个村开展实地检查，并在5个县的7个村开展随机抽查，深入了解法律贯彻实施情况，广泛听取农村基层干部群众的意见和建议。

现将这次执法检查的主要情况报告如下：

一、乡村振兴促进法贯彻实施的基本情况

乡村振兴促进法颁布实施以来，国务院及地方各级政府全面贯彻实施乡村振兴促进法，把法律确定的重大原则、重要制度、重点要求落实到"三农"工作各方面全过程，紧扣乡村振兴促进法规定的促进农业全面升级、农村全面进步、农民全面发展的立法目的，全面实施乡村振兴战略，贯彻落实关于促进乡村产业、人才、文化、生态、组织"五大振兴"的法律规定，推进城乡融合发展实现新突破，农业农村现代化建设迈上新台阶，全面振兴乡村取得新进展。

（一）健全乡村振兴推进机制

贯彻乡村振兴促进法第4条、第9条有关规定，进一步加强党对"三农"工作的集中统一领导，中央统筹、省负总责、市县乡抓落实的乡村振兴工作机制得到落实，初步建立起各级党委农办牵头抓、农业农村部门统筹抓、乡村振兴部门具体抓、政府有关部门协同推进的工作格局。按照第70条规定，国务院今年6月向全国人大常委会报告了巩固拓展脱贫攻坚成果同乡村振兴有效衔接工作情况，江苏省政府去年9月向省人大常委会专题报告实施乡村振兴战略情况。目前，全国有15个省区市制定了与法律相配套的乡村振兴促进条例，福建省在条例中设立"数字乡村"一章，采取有针对性的举措，推动解决实践中存在的问题。实地和委托检查的省区市均按照第68条、第71条相关规定，通过实施党政领导班子和领导干部推进乡村振兴战略实绩考核，加强对相关工作的监督检查。按照第58条、第61条、第62条、第65条、第66条有关要求，加强乡村振兴投入保障，今年安排全国一般公共预算农林水支出

24160.28亿元，同比增长9.3%；明确"十四五"期末土地出让收入用于农业农村的比例应达到土地出让收益50%以上且不低于土地出让收入8%，或达到土地出让收入10%以上的要求；发挥农业领域现有政府投资基金的撬动作用，积极引导社会资本投入乡村振兴；制定金融机构服务乡村振兴考核办法，截至今年6月底，全国涉农贷款余额47.1万亿元，同比增长13.1%，今年1至7月，农业保险为1.27亿户次农户提供风险保障3.02万亿元，支付赔款402.9亿元，同比增长14.2%。各地各部门通过依法建立考核评价机制，实施报告和监督检查制度，确保推进乡村振兴责任有效落实。

（二）夯实乡村振兴产业基础

贯彻乡村振兴促进法第8条、第13条有关规定，坚持将确保重要农产品特别是粮食供给安全作为实施乡村振兴战略的首要任务，2021年全国粮食总产量13657亿斤，猪牛羊禽肉产量8887万吨，今年南方高温干旱造成4639万亩农作物受灾，安徽、江苏、湖北、江西等地加强抗旱保苗，确保秋粮稳产增产。落实第14条、第15条规定，全国累计建成高标准农田超过9亿亩，农作物良种覆盖率达到96%，按照第16条、第18条相关要求，不断提升农业科技和农业机械化水平，全国农业科技进步贡献率达到61.5%，小麦、玉米、水稻综合机械化率分别达到97%、90%和85%，黑龙江省划定粮食生产功能区1.1亿亩、重要农产品生产保护区（大豆）5739万亩，安徽省不断优化稻麦品种结构，2021年全省专用小麦种植面积占比74.3%、优质水稻占比63%，新疆维吾尔自治区积极推动棉花种植向优势产区集中，棉花产量占全国总产量的89.5%。贯彻第19条相关规定，推动乡村特色产业发展，截至今年6月，全国共建设140个优势特色产业集群、250个国家现代农业产业园、300个国家农村产业融合发展示范园，遴选推介1199个全国乡村旅游重点村、100个乡村旅游重点镇（乡）、1442个中国美丽休闲乡村，浙江省余村和安徽省西递村入选联合国世界旅游组织"最佳旅游乡村"；山西省大力发展"特优"农业产业，构建中粮南果北肉东药材西干果的农业产业布局，宁夏回族自治区积极培育葡萄酒、枸杞等优势产业，目前全区酿酒葡萄种植面积达到52.5万亩、占全国种植面积的1/3，年产葡萄酒1.3亿瓶，枸杞鲜果产量30万吨，占全国枸杞鲜果总产量的55%。各地各部门加快构建现代农业产业体系和乡村特色产业体系，乡村振兴的产业基础不断得到夯实。

（三）扎实推进乡村共同富裕

贯彻乡村振兴促进法第21条规定，健全完善农民收入稳定增长机制。全国农村居民人均可支配收入已由2017年的13432元增长到2021年的18931元，2021年全国脱贫人口人均纯收入比农村居民人均可支配收入增速高6.4个百分点，浙江省实施居民收入和中等收入群体双倍增计划，积极推进共同富裕示范区建设。落实第5条、第12条、第42条、第46条相关规定，不断发展壮大农村集体经济，目前全国共成立农村集体经济组织约96万个，确认农村集体经济组织成员约9亿人，核实农村土地资源面积65.5亿亩，农村集体账面资产8.2万亿元，其中经营性资产3.7万亿元，2021年全国农村集体经济组织实现总收入6684.9亿元，向成员分红748.4亿元。落实第55条、第57条相关规定，加强农民工就业服务，制定促进就地就近就业扶持政策措施，应对疫情冲击，实施社保费缓缴、失业保险保障扩围、提高失业保险稳岗返还比例等帮扶政策措施；强化农民工工资支付保障，据国家统计局监测调查，2021年底被欠薪农民工比重为0.18%，处于历史最低水平。

落实第59条规定，将通过产业发展带动脱贫户增收作为增强脱贫地区内生发展能力的关键举措，2021年中央财政衔接推进乡村振兴补助资金用于支持产业发展的比例超过50%，832个脱贫县编制实施特色产业发展规划，重庆市帮扶产业覆盖90%以上脱贫户，原有的到户帮扶措施正在向促进脱贫地区产业整体发展转变。延续优化脱贫人口就业帮扶政策，截至2021年底，脱贫人口务工规模超过3000万人。各地各部门采取有效措施推动农民持续稳定增收，促进农村农民共同富裕不断向前迈进。

（四）强化乡村振兴人才保障

贯彻乡村振兴促进法第24条规定，加强农业农村人才队伍建设，立足农村基层组织负责人、产业带头人、农村教育、科研、医疗、经营管理、社会服务等不同类型人才的功能定位和特点作用，实施差别化政策措施，激励引导各类人才服务乡村振兴。落实第25条规定，加大义务教育学校和艰苦边远地区乡村学校教师周转宿舍建设，深入推进农村义务教育学生营养改善计划，实施乡村教师、乡村医疗卫生人员艰苦边远地区津贴和乡镇工作补贴措施，制定职称"定向评价、定向使用"和部分职业资格考试单独划定合格标准激励政策，5.9万人通过"定向评价、定向使用"取得高级职称，3.2万人通过单独划线取得职业资格证书。按照第26条、第27条相关要求，加大职业教育培训力度，启动编制乡村建设工匠职业技术标准，将 150 家涉农职业院校纳入高素质农民培育体系，支持乡村振兴重点帮扶县 170 所技工院校改革发展、建立 1482 个职业培训机构，2021 年中央财政投入 23 亿元培育高素质农民 78 万人，其中农村种养加能手 31.9 万人、新型农业经营主体和服务主体带头人 32.4 万人、返乡创业带头人 3.2 万人、乡村社会服务人才 4.2 万人。健全完善第 28 条规定的城乡、区域、校地之间人才交流机制，截至 2021 年底，全国返乡创业人员数量累计达 1120 万人，实施“神农英才”计划，培养农业科技领军和青年人才，持续开展科技特派员行动，加强科技支农服务，在宁夏回族自治区先后有 12 批 206 名福建援宁挂职干部、3800 多名支教支医支农及西部计划志愿者投身脱贫攻坚与乡村振兴。各地各部门推动建立健全各类人才参与乡村振兴的激励机制，为全面振兴乡村提供了有力支撑。

（五）提高乡村社会文明程度

贯彻乡村振兴促进法第 29 条、第 30 条、第 31 条有关规定，加强农村精神文明建设，拓展乡村文化服务渠道，目前全国累计建成村级综合性文化服务中心 57.5 万个，湖北省建立 112 个新时代文明实践中心、1336 个文明实践所，开展理论宣讲、政策解读、价值培育、移风易俗等文明实践活动；新疆维吾尔自治区深入实施“文化润疆”工程，推动中华优秀传统文化下乡进村，铸牢中华民族共同体意识；辽宁省、江西省推进村文化服务中心全覆盖，常态化开展文化惠民活动，提升乡村社会文明程度。落实第 32 条规定，加大农业文化遗产和非物质文化遗产、历史文化名镇名村和传统村落保护力度，目前共认定黑龙江宁安响水稻作、山西阳城桑蚕文化系统等 138 项中国重要农业文化遗产，其中 18 项被联合国粮农组织认定为全球重要农业文化遗产；在脱贫地区建设非遗工坊 1400 多家，在带动脱贫户就业的同时，推动农村地区非物质文化遗产保护传承；目前已将 487 个村列入中国历史文化名村、6819 个村列入中国传统村落保护名录，建成 606 个传统村落数字博物馆单馆，在江苏吴中、浙江兰溪、安徽绩溪等 40 个县市区开展传统村落集中连片保护利用示范。贯彻落实第 33 条关于繁荣农村文化市场的规定，实施文化产业赋能乡村振兴计划，在国家乡村振兴重点帮扶县建设剪纸、漆器、木雕、篆刻等 25 个地市级以上传统工艺技能大师工作室，在振兴乡村传统工艺的同时，支持文化产业机构深入乡村对接帮扶、投资兴业。各地各部门不断提升农村公共文化服务的便利度和可及性，在保障乡村发挥好文化传承功能的同时，赋予乡村文明新的时代内涵。

（六）加强乡村生态环境治理

贯彻乡村振兴促进法第 34 条、第 35 条、第 39 条、第 40 条有关规定，加大乡村生态保护和环境治理力度，在长江、黄河流域建设 65 个农业面源污染综合治理示范县，扎实推进长江十年禁渔，签订 13 个跨省的流域横向生态保护补偿协议，浙江省常山县积极探索生态价值转化路径，协调推动环境保护与经济发展；促进农作物秸秆、畜禽粪污资源化利用，落实废农膜综合利用 100% 退税政策，支持有条件的地方开展全生物降解地膜替代，全国农作物秸秆综合利用率、废旧农膜回收率、畜禽粪污综合利用率分别达到 88.1%、80% 和 76%，辽宁省 28 个养殖大县制定实施畜禽养殖污染防治规划；化肥、农药使用量连续 6 年保持下降势头，化肥、农药利用率分别提高到 40.2%、40.6%，农兽药残留食品安全国家标准超过 1.3 万项，饲料、兽药抽检合格率 98.1%，农药包装废弃物回收率达到 58.6%；明确各地“十四五”期间受污染耕地安全利用任务，目前中央财政已累计投入 76 亿元支持东北黑土地保护。落实第 37 条规定，累计完成 19.7 万个行政村环境整治，95% 的村开展了清洁行动，农村生活垃圾进行收运处理的自然村比例稳定在 90% 以上，农村卫生厕所普及率达到 77.5%，农村生活污水治理率约 28%，1000 多个黑臭水体得到有效整治，黑龙江省根据气候特点和村庄类型，先后筛选推荐 2 批 12 种适宜高寒地区特点的农村污水治理模式，在 63 个县市区开展农村污水治理试点。按照第 38 条相关要求，2021 年中央财政投入 100.7 亿元支持 55.1 万户农村低收入群体改造危房，提升住房安全保障水平。各地各部门始终保持打赢污染防治攻坚战的战略定力，良好生态环境成为乡村的最大优势和宝贵财富。

（七）提升乡村建设和治理水平

贯彻乡村振兴促进法第 51 条、第 52 条有关规定，积极推动乡村规划编制和农村地区基础设施建设，目前全国约 14.4 万个村已经完成或正在编制“多规合一”的实用性村庄规划，推广责任规划师制度，在 28 个省区市选取 117 个样本县开展乡村建设评价，对推进村庄建设现代化提出 12 项基本要求，海南省实现全省村庄规划应编尽编。落实第 53 条、第 54 条相关规定，提升社会保障城乡统筹水平，截至 2021 年底，全国城乡居民养老保险参保人数 5.48 亿人，今年国家再次统一提高全国城乡居民基础养老金最低标准，有 18 个省份在此基础上提高了当地城乡居民基础养老金，江苏省以设区市为单位实现城乡低保标准一体化，将最低标准提高到每人每月 187 元。落实第 41 条规定，建立健全党组织领导下的自治、法治、德治相结合的乡村治理体系，在 115 个县市区开展乡村治理试点示范工作，宁夏回族自治区按照第 44 条要求积极探索乡镇机构设置，下沉乡镇机构编制 2800 个，推进 83 项管理事权下放乡镇；贯彻第 43 条、第 45 条相关要求，制定关于规范村级组织工作事务、机制牌子和证明事项的意见，村级组织运转经费提高到每村每年不低于 11 万元；大力发展第 46 条规定的多种经营主体，目前全国共培育农民合作社 223.8 万家、家庭农场 390 万个、社会化服务组织 95.5 万个。落实第 48 条、第 49 条相关规定，推动法治乡村、平安乡村建设，健全完善“综治中心 + 网格化 + 信息化”基层社会治理模式，湖北省积极开展移风易俗积分制管理试点，完善村规民约、红白理事会、道德评议会、村民议事会、禁毒禁赌会“一约四会”运行机制。各地各部门积极打造充满活力、和谐有序的善治乡村，广大农民群众的获得感、幸福感、安全感不断增强。

二、实施乡村振兴促进法存在的主要问题

总体来看，乡村振兴促进法在各地各部门得到了全面有效实施，依法推动乡村全面振兴取得了积极成效，但在世纪疫情冲击、经济下行压力、百年变局加速演进等情况下，农业农村发展的内外部环境更趋复杂严峻，全面振兴乡村仍面临一些困难和问题，与实现农业农村现代化的总目标和农民群众对美好生活的期盼相比，还存在一些差距和不足。

一是确保粮食和重要农产品稳产保供面临新挑战。粮食供需紧平衡态势仍将长期存在，贯彻乡村振兴促进法第 8 条关于保障国家粮食安全的规定，还需要有效调动产区抓粮和农民种粮积极性。主产区为确保国家粮食安全牺牲了很多发展机会，2021 年黑龙江省粮食总产量居全国第一，但财政收入主要依托上级转移支付，需要持续给予支持，探索完善与其履行粮食安全责任相匹配的利益补偿机制。今年以来，受俄乌冲突影响，主要农业生产资料价格上涨带动种粮成本上升，其中农用柴油价格上涨 22%、国产尿素价格上涨 19.5%，进一步挤压粮食生产收益空间。落实第 13 条推进农业结构调整的要求，还存在粮食品种结构性矛盾突出、其他农作物与粮食种植争地等问题，作为油脂、豆粕主要来源的大豆多年来产需缺口较大，进口量居高不下，国内产能有待进一步提升；一些地方反映，为稳定粮食生产，特色作物种植用地紧张，扩大特色产业规模受限，影响农民持续增收。落实第 14 条关于建设并保护高标准农田的规定仍待加强，目前全国已建成的高标准农田面积约占耕地总面积的 47%，亩均实际投入水平与实现旱涝保收、高产稳定的目标相比还有提升空间，部分地方对已建成高标准农田管护不到位，存在“重建轻管”、“先建后弃”等情况。

二是乡村产业发展质量需要进一步提升。全面振兴乡村的产业基础不够牢固，农业大而不强、产品多而不优、农村一二三产融合发展不足等问题依然突出，乡村特色产业质量效益有待进一步提升。贯彻乡村振兴促进法第 12 条关于加快建立现代农业产业体系的规定需要加力推进，一些地方的农业产业结构和产品结构趋同、同质化竞争严重，市场竞争力较弱，虽然各类新型农业经营主体数量不少，但多数仍以农产品生产、传统种养业为主，产业链条短、产品附加值低、品牌影响力弱是普遍现象，联农带农作用发挥不明显，农民享受产业链增值收益不充分。乡村产业技术体系、科技创新支撑、市场服务能力尚不能满足农村一二三产融合发展的需要，对照第 16 条、第 19 条相关规定，还存在产业前端的技术创新滞后、产业后端的加工增值服务不强等问题，农业农村信息化建设还处于起步阶段，关键核心技术装备研发相对薄弱，全产业链科技支撑能力不足；农产品加工及配套服务业在城乡之间发展不均衡、区域分布不均，与市场对接不够，农产品加工转化能力需要持续增强；农产品流通“最后一公里”有待打通，检查组在江苏、山西等地了解到，目前农产品仓储保鲜冷链体系建设存在较大缺口，产加储运销“断链”现象时有发生。

三是推动农民收入持续稳定增长面临一定压力。受疫情冲击、国内经济下行压力加大等因素影响，推进农村农民共同富裕、确保农民持续稳定增收仍面临一些困难，需要深入落实乡村振兴促进法第 21 条关于建立健全农民收入稳定增长机制的规定，不断拓宽农民增收渠道，积极探索农村农民共同富裕的有效路径。从农民收入结构看，近年来农民的经营性收入占比呈下降趋势，财产性收入占比较低，工资性收入稳定增长受到冲击，2021 年湖北省 231 个产业帮扶项目因疫情停止或间断生产经营，山西省帮扶车间安排脱贫劳动力就业数量下降了 54.1%，新疆维吾尔自治区脱贫人口收入中工资性收入占 56%，且以打零工、短期务工为主，稳定增长缺乏长远保障；从不同群体（五等分组）收入增速看，2021

年中间偏下至高收入四个组的农民人均收入增速均超过了10%，但低收入组人均收入增速仅为3.7%，实现农村低收入群体稳定增收的基础仍很脆弱。农村集体经济实力薄弱，带动农民增收乏力，全国农村集体经济组织年收益低于5万元的占40.8%，2021年湖北省无经营收益的村占3.7%。在脱贫攻坚过程中，全国共形成扶贫项目资产2.77万亿元，其中经营性资产占18%，如何管好用好扶贫项目资产，发挥其推动脱贫地区可持续发展的作用需要深入研究。

四是农业绿色生产和农村环境整治还要持续发力。打赢农业农村污染防治攻坚战的任务依然艰巨，需要深入贯彻落实乡村振兴促进法第35条、第37条、第40条相关规定，持续推进农业农村两方面、生产生活各环节防治工作。在农业生产活动中，农药化肥减量等农业面源污染防治需要制定更具体、更有操作性的举措，耕地土壤污染问题需要引起高度重视，畜禽养殖污染防治和资源化利用水平有待提升，种养结合的生态循环农业需要加快推进。在农村人居环境整治方面，农村生活垃圾分类和资源化利用还处于起步阶段，辽宁省反映，一些农民群众自觉参与垃圾分类的主动性不强，存在专项任务硬与解决手段软的矛盾。农村生活污水治理、农村卫生厕所改造、黑臭水体治理力度还需不断加大，目前全国农村生活污水治理率不到30%，乡镇政府驻地和中心村等重点村庄的生活污水治理率也仅为40%，从检查组所赴地方情况看，各地治理水平不一，但总体都较弱，这既有资金投入不足的因素，也受地域性特点的影响，还有治理模式技术支撑不够的问题，比如东北地区受北方高寒气候、冻土层深以及冬季漫长等因素影响，目前农村卫生厕所普及率、农村生活污水治理率与全国平均水平仍有一定差距。

五是乡村建设的短板和弱项需要加快补齐补强。乡村振兴促进法第51条关于依法编制村庄规划的规定还需进一步落实，部分地方“多规合一”的实用性规划编制进度缓慢和质量不高问题并存，截至今年6月，已完成或正在编制规划的村占全国计划编制规划村总数（26.2万）的55%，其中已形成规划成果的约10.4万个，占39.7%。宁夏、江苏等地反映，已编制完成的村庄规划内容较为单一，缺乏与上位规划的有机衔接，缺少对土地利用、产业发展、生态保护、农耕文化传承等要素的综合考量。农村地区水电气路讯等基础设施建设和教育、医疗等基本公共服务仍然滞后，与第52条、第53条确立的推进城乡基础设施互联互通、城乡基本公共服务均等化的目标相比还有不小差距，难以满足美丽乡村建设需要和农民群众对美好生活的向往。今年“两会”上有154件全国人大代表建议关注农村基础设施建设和公共服务问题，占乡村振兴类代表建议总数的28%。福建、浙江等地反映，一些基础设施向村延伸、住户覆盖还存在薄弱环节，基本公共服务质量城优乡劣的现象依然存在。乡村治理仍有堵点卡点，一些地方仍存在“上热下冷”、“干部干群众看”等现象，农民的乡村振兴主体地位未充分发挥，基层干部运用法治思维和法治方式开展工作的能力有待提升。

六是推动乡村全面振兴必须强化人才支撑。随着城镇化快速推进，农村青壮年劳动力单向流入城市，农村留守人员多为老人、妇女、儿童以及残疾人，农村“空心化”现象普遍存在，乡村缺人气、缺活力、缺生机，无人可用、无才可选成为制约全面振兴乡村的突出问题。目前宁夏回族自治区村庄空心化率27%，一些村的房屋空置率在40%以上，检查组在黑龙江省一个村开展随机抽查时发现，该村常住人口数量（860人）仅占户籍人口总数（2596人）的33%。村“两委”干部缺乏系统性培养机制，后备力量储备不足，基层组织存在“人难选、选人难”现象。安徽、重庆等地反映，一些地方村干部“老化、断代”现象明显，一些基层干部知识不足、本领欠缺问题比较突出。落实乡村振兴促进法第24条关于建立健全乡村人才工作体制机制的规定需下大力气，致富能手、乡村工匠等本土人才留不住，城市人才引不来，经营管理、医疗卫生、科技文化、社会服务等专业技术人才力量偏弱问题同时存在。江西、湖北等地反映，基层农技人员普遍不足，湖北省目前村均仅0.7人，50岁以上的占56.2%。检查组在宁夏回族自治区吴忠市红寺堡区了解到，该区农村每万人拥有医疗卫生技术人员数47人、每千人口执业（助理）医师数1.8人，仅相当于全国平均水平的62%。

七是乡村振兴工作机制和政策体系还需健全完善。在工作机制方面，乡村振兴促进法第9条关于建立乡村振兴监督检查制度的规定仍待强化落实，一些地方政府还未严格按照第70条、第71条的有关规定，向本级人大和上级政府汇报乡村振兴促进工作情况，海南省大多数乡镇政府至今没有向本级人大报告乡村振兴工作。第10条规定的政府部门乡村振兴职责需要细化明确，尽快明确乡村振兴部门的权责职能是检查中反映比较集中的问题。在工作力量配备方面，基层农业农村、乡村振兴部门工作队伍的人员编制、数量与推动乡村振兴的工作任务不匹配，“小马拉大车”是普遍现象，尚需按照第43条规定，进一步加强农业农村干部队伍建设,落实农村基层干部相关待遇。在扶持政策方面,需要不断加强第 58 条、第 65 条、第 67 条规定的财政、金融、土地等扶持政策措施,2017 年以来全国一般公共预算农林水支出在总支出中的占比保持在 10% 左右,但受经济大环境影响,确保投入总量持续增长有较大压力;农村金融服务与农业生产经营周期不匹配,存在中长期贷款不足、农村信用体系覆盖面窄、涉农贷款风险分散机制不健全等问题;农村集体经营性建设用地入市还需按照国家统一部署依法推进,农村闲置宅基地和农房还未能充分利用。

三、贯彻实施乡村振兴促进法的意见和建议

进一步贯彻实施乡村振兴促进法,要始终坚持以习近平新时代中国特色社会主义思想为指导,深入贯彻落实习近平总书记关于"三农"工作的重要论述,按照党的二十大关于农业农村工作的决策部署,完整、准确、全面贯彻新发展理念,聚焦制约农业农村高质量发展的突出问题,着力补短板、强弱项、固底板、促协调,推动以良法促进发展、保障善治。

(一)进一步巩固国家粮食安全保障基础

贯彻落实好乡村振兴促进法中关于确保国家粮食安全的法律规定,坚持把实施国家粮食安全战略摆在更加突出位置,发挥乡村保障粮食安全和农产品供给功能,不断提高农业综合生产能力。一是调动产区抓粮和农民种粮两个积极性。着力改善粮食主产区财力状况,不断提升财政保障能力;在确保销区切实履行粮食安全责任的基础上,完善产销区之间的横向利益补偿机制,鼓励销区企业到产区建立粮源基地、加工基地、异地储备及仓储物流设施,支持产区企业到销区建立营销网络,推动产销区之间开展深度合作;大力发展粮食规模化生产和全程社会化服务,促进粮食生产节本增效,提高种粮比较效益,保障种粮农民收益。二是调整优化粮食品种结构。以提高单产水平、推动栽培技术创新为主攻方向,提升国内大豆产能,降低大豆对国际市场的依赖度;保持三大主粮播种面积稳定,在确保谷物基本自给、口粮绝对安全的基础上,稳步增强绿色优质专用品种供给能力;在确保粮食安全的前提下,统筹兼顾地方特色种养业发展,避免"一刀切"政策影响乡村特色产业发展。三是夯实耕地和种子两个基础。落实最严格的耕地保护制度,加强耕地用途管制,对耕地转为其他农用地实行年度进出平衡,对耕地转为建设用地严格落实占补平衡;继续加大对粮食主产区高标准农田建设的倾斜支持力度,引导地方建立农田建设项目管护经费保障机制,落实管护主体责任,确保长期发挥效益;认真实施种子法,依法规范品种审定制度,加快制定种业知识产权保护配套法规,加大执法力度,下决心解决品种同质化率居高不下问题,提升种源自主可控能力。

(二)进一步促进乡村产业高质量发展

贯彻落实好乡村振兴促进法中关于发展乡村特色产业的法律规定,坚持把产业发展作为全面振兴乡村的核心,通过延伸产业链、完善供应链、重塑价值链、打通利益链,赋能乡村产业高质量发展。一是加快现代农业转型升级。在国家层面明确重要农产品生产力布局和产业结构调整方向,构建不同地区间优势互补、协调配合的发展格局,避免同质化竞争;推动农产品仓储冷链物流设施建设向特色农产品优势区倾斜,建立健全适应农产品网络销售的供应链体系;实施农业品牌培育计划,完善农产品区域公用品牌评价标准体系,构建"区域品牌+企业品牌+产品品牌"矩阵,培育一批知名度和美誉度高、影响力大的农业知名品牌。二是促进乡村实现多业繁荣。鼓励和引导地方以资源禀赋为定位器、以市场需求为导航灯,突出地域特色和竞争优势,宜粮则粮、宜经则经、宜牧则牧、宜渔则渔、宜林则林、宜游则游,做大做强做精特色产业,构建与市场需求相适应、同资源环境承载能力相匹配的乡村产业体系。发挥一二三产融合发展的乘数效应,健全乡村产业发展情况统计和监测体系,推动形成现代种养、农产品加工流通、农村手工业、农村电商、休闲农业、乡村旅游等百业兴旺、各展其能的乡村产业发展态势。三是强化科技创新支撑保障。建立健全前端联结品种培育、产品创新、技术研发等环节,后端延展精深加工、仓储运输、销售服务等环节,贯通生产加工、综合利用、质量控制、信息服务等全过程全产业链技术创新体系,发展智慧农业,加快农业产业链数字化转型,加大物联网、大数据、人工智能等数字技术应用,促进农产品实现多层次、多环节转化增值。

(三)进一步推动农村农民实现共同富裕

贯彻落实好乡村振兴促进法中关于建立健全农民收入稳定增长机制、增强脱贫地区内生发展能力的法律规定,坚持把促进农民增收作为产业发展的落脚点,推动巩固拓展脱贫攻坚成果同乡村振兴实现有效衔接,扎实推进农村农民共同富裕。一是不断拓宽农民增收渠道。将拓宽农民增收渠道作为推进农村农民共同富裕的主要途径,推动新型农

业经营主体建立与农民更为紧密的利益联结机制，让农民更多分享产业链增值收益，增加农民经营性收入；发挥乡村产业用工、农村公益性设施建设以工代赈作用，吸纳农民就地就近就业，增加农民工资性收入；持续深化农村集体产权制度改革，盘活用好集体和农户的闲置资源、资产，增加农民财产性收入；进一步完善农业支持保护体系，增加农民转移性收入；在国民收入再分配中稳步提高农民养老、医疗、低保等社会保障水平，减少农民的后顾之忧。二是发展新型农村集体经济。将发展壮大农村集体经济作为推进农村农民共同富裕的重要保障，健全完善符合集体经济组织特点和发展实际需要的扶持政策，支持地方建立符合市场经济要求的集体经济组织运行机制，强化社会资本与农民利益联结，探索集体资产保值增值有效途径，推动集体经济薄弱村利用扶贫项目资产、闲置土地与经济强村共建项目、共享收益，实现抱团联合发展。三是巩固拓展脱贫攻坚成果。将缩小城乡居民收入差距、城乡发展差距作为推进农村农民共同富裕的目标任务，完善农村低收入人口常态化帮扶机制，推动农民收入增长、农村低保标准确定、防止返贫监测有效对接，通过发挥扶贫项目资产效益、推进帮扶产业向市场化方向发展等方式，增加脱贫群众收入、促进脱贫地区加快发展，不断缩小收入差距、发展差距，在守住不发生规模性返贫底线的基础上，有效扩大农村中等收入群体规模。

（四）进一步加大农村生态环境保护力度

贯彻落实好乡村振兴促进法中关于加强农业农村生态保护和环境治理的法律规定，坚持把推行绿色发展方式和生活方式作为乡村振兴的重要任务，让良好生态成为全面振兴乡村的重要支撑。一是推进农业绿色发展。引导农业生产者实施测土配方施肥，科学合理使用农药，推动农业面源污染实现源头管控。在受污染耕地集中区域开展污染成因排查，促进受污染耕地安全利用。大力开展绿色种养循环农业试点，督促畜禽养殖大县编制实施污染防治规划，推动畜禽粪污规范还田利用。二是整治提升农村人居环境。以加强农村生活污水治理、推进农村改厕、治理农村黑臭水体、提升村容村貌为重点，压茬推进农村人居环境整治提升。针对农村水污染物排放分散、浓度波动大、产生量小等特点，以及不同地区的气候环境条件差异，研究、采用符合地方实际和农民需要的农村污水治理技术，指导地方科学选择治理模式，落实技术研发推广、设施建设管护补贴政策。坚持数量服从质量、进度服从实效，实事求是、分类确定治理标准和目标任务。积极推进农村生活垃圾源头减量和资源化利用，推动有条件的地方探索实施“受益者付费”制度。三是守住乡村生态保护红线。依法严格落实禁止污染向农村转移的法律责任，将生态功能极重要、生态极脆弱的区域划入生态保护红线进行严格保护，实施产业进入乡村的负面清单制度，杜绝将破坏生态环境的企业扩散到乡村。同时，鼓励和支持地方开展生态产品价值转化试点，推动农业生态系统和农产品价值链延伸，实现乡村生态的功能价值。

（五）进一步补齐补强乡村建设短板弱项

贯彻落实好乡村振兴促进法中关于推动城乡公共资源均衡配置、整体统筹城镇和乡村发展、完善乡村社会治理体系的法律规定，坚持把建立健全城乡融合发展体制机制作为乡村振兴的重要保障，推进城乡经济良性互动、基础设施城乡互联互通、社会保障制度城乡统筹、基本公共服务城乡均等。一是协调推动乡村振兴和新型城镇化建设。推进县域内城乡融合发展，健全常住地提供基本公共服务制度，提高农业转移人口市民化质量。细化促进县域经济社会发展的扶持政策，以提升县城承载能力和发展质量为重点，增强城镇辐射带动乡村、服务农民的作用，促进县乡村功能衔接互补。二是补齐乡村规划和建设短板。尽快编制实施各级国土空间规划，为编制“多规合一”的实用性村庄规划提供上位指引，推动有条件、有需求的村庄实现规划应编尽编。坚持把基础设施建设的重点放在农村，稳妥有序推进道路、供水、数字乡村建设，加快推进城乡基本公共服务标准统一、制度并轨，重点提升乡村教育、医疗服务质量，强化县域内资源统筹和布局优化。三是补强乡村治理弱项。健全党领导下的乡村治理体系，配强班长、建强班子、育强梯队，把党管农业农村工作落到实处。强化基层农业执法队伍和执法能力建设，加大农村农民普法力度和农村学法用法示范户培育，不断增强乡村治理能力。坚持农民主体地位，创新村民议事协商方式，拓展议事协商范围，实现民事民议、民事民管，依法保障农民民主权利和合法权益，激励农民积极投身乡村振兴。发挥村规民约约束作用，推进农村矛盾纠纷化解关口前移，畅通多元化纠纷调处解决渠道，提升乡村文明水平。

（六）进一步强化农业农村人才队伍建设

贯彻落实好乡村振兴促进法中关于健全乡村人才工作体制机制的法律规定，坚持把乡村人才队伍建设作为乡村振兴的关键支撑，坚持内育、外引并举,构建乡村本土人才、引进人才、专业人才共同服务乡村振兴的工作格局。一是加大乡土实用人才培养力度。发挥新型职业农民培训在培育乡村本土人才中的主渠道作用,实施新型职业农民职称评定和奖励政策,探索开展乡村工匠相关职业技能等级以及专项能力考核,支持职业院校加强涉农专业建设,培养乡土实用技能人才。结合乡村振兴工作实际,增加基层工作力量配置,依法保障村干部的基本报酬和工作补贴,加强基层干部专业知识、领导能力、实践本领培训,进一步调动其干事创业的积极性和主动性。二是加大返乡入乡人才引进力度。坚持激励与服务并重,落实税费减免政策,在资金支持、住房保障、子女入学、公共服务、社保衔接等方面,健全完善人才返乡创新创业扶持政策体系,推动建立部门协调机制,支持地方以创业园、创业基地建设为平台,推动政策集成和服务集合,不断改善政策环境,确保相关扶持措施落地。三是加大专业人才统筹使用力度。探索县域专业人才统筹使用的有效途径,创新校地合作模式,通过开展挂职兼职、项目合作、联合攻关、委托研发,吸引更多专业技术人才服务乡村建设发展。建立完善农村教育、医疗卫生、经营管理、法律服务等专业人才定向委托培养、定向服务乡村机制,将委托培养人才服务乡村振兴期间的福利待遇与服务乡村振兴实绩进行挂钩,确保专业技术人才留得住、有作为。

(七)进一步完善乡村振兴体制机制和政策体系

贯彻落实好乡村振兴促进法中关于建立健全乡村振兴工作机制、强化投入保障的法律规定,坚持把加强监督检查、落实扶持政策作为推动乡村振兴的重要抓手,形成全面振兴乡村的工作合力。一是健全乡村振兴推进机制。完善乡村振兴战略实绩考核办法,推动工作年度报告制度与开展党政领导班子和领导干部推进乡村振兴战略实绩考核有机结合,健全客观反映乡村振兴进展情况的统计制度,支持地方结合实际细化实化具体考核指标。尽快明确乡村振兴部门主要职责,建立农业农村部门、乡村振兴部门和其他职能部门的权责事项清单,统筹整合力量,加强协调配合。二是强化乡村振兴政策扶持。在加强财政资金保障的基础上,通过鼓励社会资本投入、加强政府性融资担保体系建设等方式,拓宽乡村振兴投入渠道。建立激励与约束并重的农村金融服务体制,制定不同类型金融机构支持乡村振兴的量化考核指标,对履行支农责任的金融机构给予政策支持和差别化监管。贯彻关于深化农村集体经营性建设用地入市试点工作的指导意见,推动与国有建设用地同权同价、同等入市,适度放活宅基地和农民房屋使用权,保障乡村振兴用地需求。三是完善乡村振兴法治体系。加快制定粮食安全保障法、农村集体经济组织法、耕地保护法,推动地方立足当地实际及时制定与法律相配套的地方性法规,及时清理与法律不适应的法规规章,加快构建以乡村振兴促进法为统领、相关法律法规为补充,纵向到底、横向到边、衔接配套的乡村振兴法治体系。

全面建设社会主义现代化国家,最艰巨最繁重的任务仍然在农村。党的二十大对新时代新征程全面推进乡村振兴提出了新要求,我们要深入贯彻落实党的二十大精神,更加紧密地团结在以习近平同志为核心的党中央周围,依法促进农业农村现代化建设,推动全面振兴乡村,为实现中华民族伟大复兴,全面建设社会主义现代化国家提供坚实基础。

以上报告,请审议。

贯彻实施乡村振兴促进法
全面推进乡村振兴落地见效

——在全国人大常委会乡村振兴促进法执法检查组第一次全体会议上的讲话

(2022 年 6 月 24 日)

王 晨

党的十八大以来,习近平总书记始终坚持把解决好“三农”问题作为全党工作的重中之重,亲自谋划、推动和部署“三农”工作,提出一系列重要思想和重大论断,指引推动农业农村发展取得历史性成就、发生历史性变革。习近平总书记关于“三农”工作的一系列重要论述，为做好新时代“三农”工作提供了行动纲领和根本遵循，是做好这次乡村振兴促进法执法检查的指导思想，我们要结合此次执法检查深入贯彻落实。

党的十九大作出实施乡村振兴战略的重大部署，这是党中央从党和国家事业全局出发、顺应亿万农民群众对美好生活的向往作出的重大决策，是加快农业发展、改善农民生活、推动城乡一体化发展的重大战略，是中国特色社会主义进入新时代做好农业农村工作的总抓手。实现乡村全面振兴，法治是重要保障。2021 年 4 月 29 日，全国人大常委会审议通过《中华人民共和国乡村振兴促进法》，自2021 年 6 月 1 日起实施。去年 5 月 27 日，栗战书委员长出席乡村振兴促进法实施座谈会并作了重要讲话，提出明确要求。根据今年监督工作计划，全国人大常委会将开展乡村振兴促进法执法检查，这是全国人大常委会深入贯彻落实习近平总书记关于“三农”工作重要论述、聚力推动乡村全面振兴的具体行动。乡村振兴促进法颁布实施一年就开展执法检查，十分重要，也很及时。

今天我们召开执法检查组第一次全体会议，正式启动检查工作。刚才，陈锡文同志代表执法检查组通报了这次执法检查的工作安排，农业农村部、国家发展改革委、财政部、自然资源部、生态环境部的负责同志作了发言，人力资源和社会保障部、住房和城乡建设部、文化和旅游部、中国银保监会、乡村振兴局提供了书面材料，各部门都做了认真准备，讲了很好的意见。刚刚闭幕的十三届全国人大常委会第三十五次会议听取和审议了国务院关于巩固拓展脱贫攻坚成果同乡村振兴有效衔接情况的报告，也和这次检查密切相关，对做好执法检查工作很有帮助。

下面，结合大家汇报的情况，再讲几点意见。

一、充分认识、深刻理解依法促进乡村振兴的重要意义

习近平总书记在党的十九大报告中对乡村振兴战略进行了深刻阐述和系统概括，强调实施乡村振兴战略的总目标是实现农业农村现代化，总方针是坚持农业农村优先发展，总要求是推动乡村产业兴旺、生态宜居、乡风文明、治理有效、生活富裕，制度保障是建立健全城乡融合发展体制机制和政策体系。作为党中央重大决策部署的法律体现，乡村振兴促进法将乡村振兴战略的总目标、总方针、总要求法定化，把推动建立城乡融合发展体制机制、促进乡村振兴的政策举措转化为法律规范，不仅是乡村振兴领域一部固根本、管长远的法律，也是一部“三农”领域基础性、综合性法律。这部法律是按照党中央的明确要求制定的，体现了党中央、习近平总书记对乡村振兴的高度重视和极大期望。我们要深刻认识全面贯彻实施乡村振兴促进法，依法推动乡村实现全面振兴，对于全面建设社会主义现代化国家、顺利实现第二个百年奋斗目标的重要意义。

（一）依法推动乡村振兴是巩固党在农村执政基础的必然要求。习近平总书记指出，办好农村的事情，关键在党。农村基层党组织在农村工作中居于领导核心地位，农村政策千条万条，最终要靠党的农村基层干部来落实落地，这是做好新时代“三农”工作的根本保证。乡村振兴促进法立足于依法加强党对“三农”工作的领导，把坚持中国共产党的领导，发挥农村基层党组织全面领导乡村振兴的作用，明确为实施乡村振兴战略的根本原则，规定要建立健全农业农村工作干部培养、配备、管理和使用机制，选拔优秀干部充实农村基层干部队伍，提高农村干部队伍能力，落实农村基层干部待遇保障。这有利于不断扩大农村基层党组织和党的工作的覆盖面，夯实筑牢党在农村的执政根基。

（二）依法推动乡村振兴是促进农民农村共同富裕的根本途径。习近平总书记在 2020 年中央农村工作会议上强调，全面建设社会主义现代化国家，实现中华民族伟大复兴，最艰巨最繁重的任务在农村，最广泛最深厚的基础在农村。乡村振兴促进法立足于依法促进农民持续稳定增收，一方面从推动乡村产业发展、增强脱贫地区内生发展动力、加大政策帮扶力度等方面，对做大农民农村共同富裕的“蛋糕”作出规定；另一方面从建立农村低收入人口长效帮扶机制、完善城乡统筹的社会保障制度、提升乡村基本公共服务均等化水平等方面，对分好“蛋糕”作出制度性安排。这有利于正确把握促进农民农村共同富裕的目标任务和实践路径，有效促进全体人民共同富裕不断向前迈进。

（三）依法推动乡村振兴是加快构建新发展格局的战略基点。把握新发展阶段，贯彻新发展理念，构建新发展格局，实现高质量发展，是以习近平同志为核心的党中央顺应国内发展阶段变化、把握发展主动权作出的重大战略部署。实现高质量发展，农村有巨大空间，是可以大有作为的。乡村振兴促进法立足于激发农业农村对构建新发展格局的巨大潜力，坚持农业和农村两个现代化建设一体设计、实施

乡村振兴战略和新型城镇化战略一并推进，对促进城乡要素有序流动、平等交换和公共资源均衡配置，推动形成工农互促、城乡互补、协调发展、共同繁荣的新型工农城乡关系作出法律规定。这有利于促进乡村振兴更好对接巩固脱贫攻坚成果、更好融入新发展格局，有利于有效释放农村消费需求和乡村建设投资需求，推动城乡经济互促互进，实现良性循环。

（四）依法推动乡村振兴是应对百年变局和世纪疫情的坚实基础。习近平总书记强调，只有把饭碗牢牢端在自己手中才能保持社会大局稳定，我们的饭碗应该主要装中国粮，要始终立足自身抓好农业生产，以国内稳产保供的确定性来应对外部环境的不确定性。今年俄乌冲突以来，国际粮价上涨，一些国家粮食紧缺问题十分突出。乡村振兴促进法立足于依法保障国家粮食安全和初级农产品供给，坚持把确保重要农产品特别是粮食供给作为实施乡村振兴战略的首要任务，将国家粮食安全战略和“藏粮于地、藏粮于技”要求转化为法律硬约束，对实施最严格的耕地保护制度、打赢种业翻身仗、优化农业生产力布局、构建农产品供给保障体系作出法律规范。这有利于党和国家从容应对国内国际形势变化带来的各种风险挑战，更好发挥“三农”应变局、开新局的压舱石和稳定器作用。

（五）依法推动乡村振兴是持续深化农村改革的重要保障。全面推进乡村振兴，必须用好改革这一法宝。对于持续深化农村改革，习近平总书记指出，“要加快推进农村重点领域和关键环节改革”，“凡是涉及农民基本权益、牵一发而动全身的事情，必须看准了再改，保持历史耐心”。乡村振兴促进法立足于依法推动农村改革，对不断深化农村产权制度改革、土地制度改革、户籍制度改革、农村金融改革、农业供给侧结构性改革作出规定，同时坚持将维护好农民群众的合法权益作为贯穿法律始终的主线，强调要依法保障农民民主权利和农民依法享有的土地承包经营权、宅基地使用权和集体收益分配权，推动农业新型经营主体与农户建立紧密的利益联结机制。这有利于确保农村改革的正确方向，促进改革成果更多惠及广大农民群众。

二、突出重点任务，准确把握、全面贯彻乡村振兴促进法

法律的生命在于实施，法律的权威也在于实施。开展乡村振兴促进法执法检查，要深入学习贯彻习近平总书记关于“三农”工作的重要论述，完整、准确、全面贯彻新发展理念，认真研究分析并推动解决影响法律贯彻实施的主要问题，聚焦发挥乡村农产品供给、生态保障、文化传承三大功能，突出保障和促进乡村产业、人才、文化、生态、组织“五大振兴”，依法督促各地各部门严格落实法律责任，进一步提升运用法治思维、法治方式、在法治轨道上推动乡村振兴的能力和水平，不断夯实全面振兴乡村的法治基础。

一是重点检查依法促进乡村产业振兴的情况。产业支撑是全面振兴乡村、促进农民持续稳定增收的基础。这次执法检查，要针对乡村产业发展规模小、布局散、链条短、品牌弱，产业融合发展不够、创新能力不强、同质化严重，促进农民收入持续增长面临压力等问题，重点检查乡村振兴促进法第二章关于乡村产业发展和农民增收法律规定的实施情况，在依法保障和促进乡村发挥好农产品供给功能的基础上，不断拓展农业多种功能，提升乡村多元价值；依法建设现代农业产业技术体系，提高全要素生产率，增强产业市场竞争力；依法促进乡村产业深度融合，打通全产业链条，拓展产业增值增效空间，让农民共享全产业链增值收益。最近我到湖南怀化、邵阳调研，有的县促进农民增收的产业支撑仍较薄弱，城乡收入仍低于全国平均水平，这个问题还需要高度重视，持之以恒推动解决。

二是重点检查依法促进乡村人才振兴的情况。乡村振兴关键在人、在人才，人才兴则乡村兴。这次执法检查，要针对一些村庄缺人气、缺活力、缺生机，乡村本土人才培养难、人才下乡引进难、专业人才留住难等问题，重点检查乡村振兴促进法第26条加强职业技能培训、第27条培养农村专业人才、第28条推动人才向乡村流动等法律规定的实施情况，依法加大新型职业农民队伍建设力度，就地培养更多爱农业、懂技术、善经营的农村实用人才；依法落实支持各类人才参与乡村建设的扶持措施，让有意愿回报乡村的人更有信心；依法搭建高校毕业生返乡干事兴业平台，让更多年轻人成为现代农业经营的主体和创新创业的带头人。

三是重点检查依法促进乡村文化振兴的情况。农耕文明所承载的中华民族的思想观念、人文精神、道德规范，是乡村文化的魂，也是实现乡村振兴的持久精神动力。当前，随着我国乡村形态演变分化，乡土社会的血缘性和地缘性逐渐减弱，乡村公序良俗受到冲击，繁荣发展乡村文化面临新的挑战。这次执法检查，要坚持物质文明和精神文明一起抓，重点检查乡村振兴促进法第31条完善乡村公

共文化服务运行机制、第32条保护农业文化遗产和非物质文化遗产、第33条支持乡村文化产业发展等法律责任的落实情况，依法保障和促进乡村发挥好文化传承功能，提升农村公共文化服务的便利度和可及性，赋予乡村文明新的时代内涵。

四是重点检查依法促进乡村生态振兴的情况。良好生态是乡村的宝贵财富，美丽宜居的人居环境是广大农民的殷切期盼。近年来，我国农村生态环境保护取得明显成效，但任务依然艰巨，不能有歇歇脚、松口气的思想。这次执法检查，要着眼于依法保障和促进乡村发挥好生态屏障功能，重点检查乡村振兴促进法第35条加强农业面源污染防治、第39条严格农业投入品管理等法律规定的实施情况，在治存量的同时遏增量，推动农业绿色发展；重点检查第36条实施综合整治和生态修复、第40条防止污染向农村转移等法律责任的落实情况，保持打赢污染防治攻坚战的战略定力；重点检查第37条、第52条相关规定执行情况，以治理农村垃圾污水、推进改厕为重点，持续改善乡村人居环境。要充分认识农村生态环境保护工作的艰巨性，如改厕、生活垃圾、污水处理、雨污分流、燃料排放、养殖粪污处置等，都要给予高度重视，发现问题要及时推动解决。

五是重点检查依法促进乡村组织振兴的情况。健全完善乡村社会治理体制，是推进国家治理体系和治理能力现代化的重要内容。这次执法检查，要针对当前乡村各类组织发展不平衡、工作力量分散等问题，重点检查乡村振兴促进法第41条加强乡镇政府管理和服务能力、第45条推动农村基层群众性自治组织规范化发展、第46条保障农村集体经济组织独立运营、健全社会化服务体系、第47条支持基层群团和农村社会组织发展、第48条推动农村基层执法队伍和法律服务工作队伍建设等法律规定的实施情况，在依法保障党的基层组织发挥领导核心作用的基础上，充分发挥各类组织的功能和作用，加快构建自治、法治、德治相结合的乡村社会治理体系。

六是重点检查依法促进城乡融合发展的情况。把城镇和乡村贯通起来，走城乡融合发展之路，是国家现代化的重要标志，关乎社会主义现代化建设全局。当前，我国发展最大的不平衡是城乡发展不平衡，最大的不充分是农村发展不充分。这次执法检查，要靶向瞄准农业农村发展的短板和弱项，重点检查乡村振兴促进法第七章关于推动城乡融合发展法律规定的实施情况，突出县域这个重点，依法促进基础设施城乡互联互通、社会保障制度城乡统筹、基本公共服务城乡均等。重点检查乡村振兴促进法第八章关于投入保障法律责任的落实情况，依法推动构建财政优先保障、土地收益加大投入、专项基金有效补充、社会资本积极参与、金融服务倾斜支持的乡村振兴多元化投入格局。

三、扎实工作、切实增强执法检查的针对性和实效性

开展执法检查是人大依法履行监督职责的重要途径，目的是增强法律制度执行力，严格落实法律责任。今天全体会议后，执法检查组将分别赴有关省区开展实地检查，受委托的省区市人大也将对本行政区域法律实施情况开展自查。希望检查组各位成员、各地各部门按照监督法的要求和执法检查方案，精心组织、扎实工作，确保乡村振兴促进法执法检查取得实效。

第一，加强学习，提高政治站位。乡村振兴促进法是一部专业性和政治性都很强的法律，检查组成员及工作人员要深入学习领会习近平总书记关于"三农"工作的重要论述和推动乡村全面振兴的重要指示批示精神，把学习习近平总书记《论"三农"工作》作为重要政治任务，顺应"三农"工作重心的历史性转移，围绕立足新发展阶段、贯彻新发展理念、构建新发展格局对全面振兴乡村提出的新要求，准确把握乡村振兴促进法的精神实质和内涵要义，不断提高做好执法检查工作的政治站位。

第二，依法履职，解决突出问题。执法检查要坚持问题导向，严格依法履行职责，检查组要深入基层、深入群众、深入实际，广泛听取、积极反映基层和群众呼声，深入查找影响法律贯彻实施的薄弱环节和突出问题，研究提出完善政策、改进工作的思路和对策。对于各地依法推动乡村振兴所取得的成绩要肯定，好的经验要总结，但关键还是要发现一些问题，比如法律规定地方各级政府应当每年向上一级政府报告乡村振兴促进工作情况，这个法律责任要严格落实，要依法督促各地各部门将法律确立的制度规范和责任要求，转化为促进农业高质高效、乡村宜居宜业、农民富裕富足的具体工作举措，通过推进法律实施，让法律规定落下去、实起来。

第三，统筹协调，形成检查合力。检查组要加强与国务院及有关部门的沟通协调，加强与省级人大的协作配合，切实增强执法检查整体实效。在赴地方实地检查时，全国人大农业农村委还将就新修改的种子法实施情况开展调研，要统筹协调好执法检查和专题调研两项工作。全国人大机关有关部

门要加强工作协调，创新工作方式方法，做好服务保障，组织新闻媒体开展好执法检查的宣传报道工作，共同完成好执法检查任务。

第四，转变作风，严肃工作纪律。检查组成员及工作人员要严格贯彻落实中央八项规定及其实施细则精神，严格遵守全国人大常委会委员长会议组成人员、机关党组贯彻落实中央八项规定和实施细则的办法，切实做到轻车简从、简化接待、减少陪同。要推动转变工作作风，坚持把发现和推动解决问题作为执法检查工作的出发点和落脚点，防止搞形式、走过场。

贯彻实施乡村振兴促进法，依法促进乡村全面振兴，责任重大、使命光荣。让我们更加紧密地团结在以习近平同志为核心的党中央周围，坚持以习近平新时代中国特色社会主义思想为指导，依法履职、勤勉尽责、共同努力，做好此次乡村振兴促进法执法检查工作，以实际行动迎接党的二十大胜利召开！

全面落实乡村振兴各项部署要求
扎扎实实建设宜居宜业美丽乡村

——在宁夏回族自治区乡村振兴促进法实施情况座谈会上的讲话

（2022 年 7 月 16 日）

王　晨

党的十八大以来，习近平总书记高度重视“三农”工作，发表一系列重要论述，提出一系列明确要求，为我们做好新时代“三农”工作指明了方向、提供了遵循。党的十九大作出实施乡村振兴战略的重大部署，这是新时代“三农”工作的总抓手，对于加快实现农业农村现代化、全面建成社会主义现代化强国，具有十分重要的意义。实现乡村全面振兴，法治是重要保障。全国人大常委会于 2021 年 4 月审议通过乡村振兴促进法，并在颁布实施一年后即开展执法检查，这是贯彻落实习近平总书记关于“三农”工作重要论述、推动乡村全面振兴的具体行动。

按照监督法规定，对法律实施情况进行执法检查是各级人大常委会开展监督工作的一种重要形式，也是法定职责。这次我们到宁夏开展执法检查，目的就是了解贯彻实施乡村振兴促进法的有关情况。刚才，全国人大农业农村委副主任委员蒋超良同志介绍了此次执法检查的相关情况。自治区党委、人大、政府对检查工作很重视，自治区党委书记、人大常委会主任梁言顺同志主持今天的会议，自治区政府主席张雨浦同志介绍了宁夏贯彻实施乡村振兴促进法的有关情况，政府有关部门负责同志作了发言，大家做了认真准备，讲得都很好。检查组成员与大家进行了交流，提出了农业产业化程度不高、农村基础设施建设短板较多等问题，这些意见及改进工作的思路可供参考，希望宁夏认真研究，全面推动乡村振兴落地见效。

习近平总书记十分关心宁夏发展，牵挂宁夏人民，对宁夏的移民群众有着特殊的惦念。1997 年，时任福建省委副书记的习近平同志到宁夏调研，走遍了西海固地区，亲自谋划部署、推动实施“吊庄移民”工程，并将移民村命名为闽宁村，成为东西部扶贫协作的典范。党的十八大以来，习近平总书记两次到宁夏考察调研，对宁夏打赢脱贫攻坚战，确保与全国同步全面建成小康社会，接续推进全面脱贫与乡村振兴战略有效衔接作出重要指示。习近平总书记在视察宁夏时指出，“脱贫摘帽不是终点，而是新生活、新奋斗的起点。要推进全面脱贫与乡村振兴有效衔接，抓好美丽乡村建设，促进农业强、农村美、农民富。”这为我们不断深化改革、推动发展、做好新时代农业农村工作指明了方向。近年来，宁夏坚持以习近平新时代中国特色社会主义思想为指导，一以贯之、不折不扣贯彻落实习近平总书记在宁考察时重要讲话精神，高度重视将巩固拓展脱贫攻坚成果同乡村振兴有效衔接，加强法律实施，统筹疫情防控和经济社会发展，推动现代农业提质增效，建设宜居宜业美丽乡村，保持了农业稳产保供、农村稳定安宁、农民稳步增收的良好发展态势，广大基层干部群众牢记习近平总书记殷殷嘱托、感恩奋进创造更加美好的生活，乡村振兴实现了良好开局。

下面，结合大家介绍的情况，我就全面贯彻实施乡村振兴促进法，坚持走中国特色社会主义乡村振兴道路，再讲几点意见。

一是推动形成新型工农城乡关系，为走好城乡融合发展之路提供法治保障。处理好城乡关系，走城乡融合发展之路，关乎社会主义现代化建设全局。党的十八大以来，以习近平同志为核心的党中央采取一系列政策措施推动工业反哺农业、城市支持乡村，坚持多予少取放活，持续加大强农惠农富农政策力度，推动城乡融合发展和现代化建设不断取得新进展、开创新局面。

全面贯彻实施乡村振兴促进法，必须立足保障和促进城乡融合发展，推动解决乡村人才、土地、资金等要素单向流向城市问题，加快补齐农业农村发展的短板和弱项。要贯彻实施好乡村振兴促进法关于鼓励城市人才向乡村流动、健全城乡人才交流机制的法律规定，打通经营管理、教育培训、医疗卫生、法律服务、社会工作、科技文化等各类人才返乡通道，引导各类人才积极投身乡村振兴。要不断拓宽乡村振兴投入渠道，按照取之于农、主要用之于农的原则，依法逐步提高土地出让收入用于农业农村的比例；健全完善金融机构乡村振兴考核评估机制，明确支农服务责任，将更多金融资源配置到农业农村发展的薄弱环节；发挥财政资金引领作用，撬动更多社会资本投入乡村经营性项目建设运营。要统筹推进城镇化发展和乡村建设，以县域为重点促进城乡基础设施共建共享、互联互通，城乡公共服务全面覆盖、普惠共享，逐步实现城乡居民基本权益平等化、收入均衡化、要素配置合理化、产业发展融合化。

二是促进农民持续稳定增收，为走好共同富裕之路提供法治保障。共同富裕是社会主义的本质要求，是广大农民群众的共同期盼。习近平总书记强调，增加农民收入是“三农”工作的中心任务，检验农村工作实效的一个重要尺度，就是看农民的钱袋子鼓起来没有。坚持走共同富裕之路，让广大农民群众尽快富裕起来，体现了坚持以人民为中心的发展思想，回答了发展为了谁、发展成果由谁享有的问题。

全面贯彻实施乡村振兴促进法，必须立足保障和促进农民农村共同富裕，推动解决当前乡村产业发展和农民增收中面临的突出问题，持续拓展增收渠道，提高农民生活水平和科技文化素质，有效保障农民权益、增进农民福祉。宁夏在推动农民增收方面成效明显，农村居民收入增速连续 12 年高于城镇居民，今年上半年，农村居民人均可支配收入达到 6032 元，增速排名全国第 7 位，下一步还要采取有效措施、积极应对疫情对乡村产业发展和农民增收的影响。要贯彻落实党中央再延长土地承包期三十年的政策要求，保障农民依法享有的土地承包经营权，让农民吃上长效“定心丸”。农民增收离不开产业支撑，要将乡村产业发展的立足点放在增加农民收入上，有针对性地开展符合产业需要的职业技能培训，建立完善覆盖城乡的公共就业服务体系，在推动就地就近就业、增加工资性收入的基础上，支持农民通过发展股份合作，与各类新型经营主体建立利益共享、风险共担的产业共同体，让农民更多分享产业发展的增值收益。要不断深化农村产权制度改革，推动集体资源变资产、资金变股金、农民变股东，做大做强农村集体经济，通过依法保障集体成员收益分配权，不断增加农民财产性收入。

三是推动现代农业发展，为走好质量兴农之路提供法治保障。农业的根本出路在于现代化，产业是乡村振兴的基础。近年来，宁夏积极推进国家农业高质量先行区建设，葡萄酒、枸杞、奶业、肉牛和滩羊、绿色食品等特色产业已经有了很好的基础，但仍要关注产业发展质量效益不够高、竞争力不够强、结构性矛盾等问题，要在保障国家粮食安全和重要农产品有效供给的同时，加快转变农业发展方式，走出一条集约、高效、安全、持续的现代农业发展道路。

全面贯彻实施乡村振兴促进法，必须立足保障和促进农业现代化建设，不断深化农业供给侧结构性改革，加快转变农业发展方式、优化供给结构、转换增长动力。走质量兴农之路，需要正确处理好现代农业发展与保障国家粮食安全的关系，一方面必须始终坚持将解决好吃饭问题作为治国理政的头等大事，贯彻实施乡村振兴促进法关于实施粮食安全战略的法律规定，抓住耕地和种子两个要害，在不断提高粮食综合生产能力的基础上，着力延伸粮食产业链、提升价值链、打造供应链；另一方面要不断优化农业生产力布局，推进农业结构调整，促进产品培优、品质提升、品牌打造和标准化生产，更好满足广大人民群众对绿色优质农产品的需要。要推动构建现代农业产业体系、生产体系、经营体系，不断提高现代农业质量效益和全要素生产率，实现粮食安全和现代高效农业相统一。

四是加强农村生态环境保护，为走好乡村绿色发展之路提供法治保障。绿色是农业农村高质量发展的重要底色，以绿色发展引领乡村振兴是一场深刻革命。宁夏推进黄河流域生态保护走深走实，为筑牢祖国西北生态屏障做出了重要贡献。进一步推动乡村绿色发展，必须始终坚持人与自然和谐共生，正确处理好经济发展与生态环境保护的关系，推动农业生产、农民生活、生态保护协调发展，为老百姓留住鸟语花香的田园风光，为子孙后代留下永续发展的环境资源。

全面贯彻实施乡村振兴促进法，必须立足保障和促进乡村绿色发展，保持打好农业农村污染治理攻坚战的战略定力。要依法加强农业面源污染防治，推动农业生产废弃物回收处置，推进秸秆、畜禽粪污资源化利用，支持节水、节肥、节药、节能技术研发，通过促进农业投入品减量化、生产清洁化、废弃物资源化、产业模式生态化，切实改变农业生产过度依赖资源消耗的发展方式。要系统实施国土综合整治和生态修复，严格落实禁止污染向农村转移的法律责任，推动耕地养护、修复、休耕和草原、森林、河流、湖泊休养生息。要深入实施乡村建设行动，因地制宜推进农村改厕、生活垃圾处理和污水治理，使农民农村生产生活条件切实得到改善，持续改善农村人居环境。要践行“绿水青山就是金山银山”的理念，建立健全乡村生态保护补偿机制，推动乡村自然资本加快增值，促进乡村产业生态化、生态产业化，把生态效益转化为经济效益和社会效益。

五是提升乡村文明程度，为走好乡村文化兴盛之路提供法治保障。乡村文明是中华民族文明史的主体，农耕文化是中华文化的重要组成部分，习近平总书记将弘扬优秀乡村文化作为振兴乡村的铸魂之举。推动乡村文化兴盛，要坚持以社会主义核心价值观为引领，深入挖掘优秀传统农耕文化蕴含的思想观念、人文精神、道德规范，培育文明乡风、良好家风、淳朴民风，改善农民精神风貌，焕发乡村文明新气象。

全面贯彻实施乡村振兴促进法，必须立足保障和促进乡村文化繁荣，不断加强农村精神文明建设，提高乡村社会文明程度。宁夏是我国西北农耕文化较为丰富的地区之一，有不少历史文化名镇名村、少数民族特色村寨，有陕甘宁边区等红色遗迹，还有不少民间艺术、戏曲文艺、手工技艺、民族服饰、民俗活动等非物质文化遗产，要依法加大保护力度，让这些有形的乡村文化留得住，让活态的乡土文化传下去。要把保护传承和开发利用有机结合起来，推动农业文化展示区、文化产业特色村落建设，活跃繁荣乡村文化市场，推进乡村文化产业发展。要依法拓展乡村文化服务渠道，弘扬社会主义核心价值观，加强爱国主义、集体主义、社会主义教育，用民族精神和时代精神提振农村精气神，增强农民凝聚力。要铸牢中华民族共同体意识，促进民族团结进步，共同为乡村振兴贡献力量。

六是健全乡村治理体系，为走好乡村善治之路提供法治保障。乡村振兴离不开和谐稳定的社会环境，稳定也关乎广大农民的切身利益。走乡村善治之路，要发扬党管农村工作的优良传统，抓住农村基层党组织建设这个关键，确保党始终总揽全局、协调各方，建立健全党委领导、政府负责、社会协同、公众参与、法治保障的现代乡村社会治理体制。

全面贯彻实施乡村振兴促进法，必须立足保障和促进乡村实现善治，始终旗帜鲜明地坚持党对“三农”工作的领导，确保党的农村基层组织发挥全面领导乡村振兴作用，建立完善以党的基层组织为核心、村民自治和村务监督组织为基础、集体经济组织和农民合作组织为纽带、各种经济社会服务组织为补充的农村组织体系。要依法加强农业农村干部队伍建设，完善农村基层干部选拔任用制度，打造一支高素质的农村基层党组织带头人队伍。要推进法治乡村和平安乡村建设，深入开展法治宣传教育和人民调解工作，做好矛盾纠纷源头化解和突发事件应急处置工作，健全自治、法治、德治相结合的乡村治理体系，让农村社会既充满活力又和谐有序。

七是推动巩固拓展脱贫攻坚成果同乡村振兴有效衔接，为走好中国特色减贫之路提供法治保障。脱贫攻坚与乡村振兴是持续发展的过程，脱贫攻坚是乡村振兴的基础，乡村全面振兴是巩固脱贫成果的长远保障，两者体现的是发展阶段论和不断发展论的有机统一。宁夏是全国脱贫攻坚的重点西部省区，在打赢脱贫攻坚战中，累计有 123 万农村贫困人口实施了政策性移民搬迁，约占当时自治区人口总数的 20%，成绩来之不易。目前宁夏已经实现了从苦甲天下到全面小康的根本性转变，下一步还需要巩固拓展脱贫攻坚成果，接续做好乡村全面振兴这篇大文章。

全面贯彻实施乡村振兴促进法，必须立足推动巩固拓展脱贫攻坚成果同乡村振兴实现有效衔接，建立健全农村低收入人口、欠发达地区长效帮扶机制。要坚持以全面振兴乡村为引领，推进脱贫攻坚和乡村振兴的领导体制、工作力量、规划编制、项目实施、帮扶措施实现有效衔接，不断增强脱贫地区的内生发展能力。要依法加强对易返贫致贫人口的动态监测和分类帮扶，落实摘帽不摘责任、摘帽不摘政策、摘帽不摘帮扶、摘帽不摘监管要求，坚决守住不发生规模性返贫的底线。要稳步提高农村特困人员供养和社会救助水平，加强对农村留守儿童、妇女、老年人、残疾人的关爱服务，不断提升人民群众的获得感、幸福感、安全感。

同志们,我们要始终坚持以习近平新时代中国特色社会主义思想为指导,完整、准确、全面贯彻新发展理念,按照产业兴旺、生态宜居、乡风文明、治理有效、生活富裕的总要求,全面落实乡村振兴各项部署要求,落实乡村振兴促进法各项规定,充分发挥法治的引领、规范、保障作用,依法促进农业高质高效、乡村宜居宜业、农民富裕富足,加快推进农业农村现代化,扎扎实实建设宜居宜业美丽乡村。

依法推进和保障乡村"五大振兴"确保党中央决策部署全面落地见效

——在湖北省乡村振兴促进法实施情况座谈会上的讲话

(2022 年 8 月 16 日)

王　晨

这次到湖北开展乡村振兴促进法执法检查,是深入贯彻落实习近平总书记关于"三农"工作重要论述的一项具体举措,也是全国人大常委会今年监督工作的一项重要任务。全国人大常委会于 2021 年 4 月 29 日审议通过了乡村振兴促进法,自 2021 年 6 月 1 日起施行。这部法律颁布实施仅一年多时间,全国人大常委会就开展执法检查,目的是为了在法治轨道上推动促进乡村振兴,确保党中央决策部署全面落地见效。

刚才,蒋超良副主任委员代表检查组介绍了此次执法检查的相关情况。王蒙徽书记主持今天的会议,王忠林省长介绍了湖北贯彻实施乡村振兴促进法的相关工作,资料详实,内容丰富。省政府农业农村厅、发展改革委、财政厅、自然资源厅、生态环境厅、乡村振兴局等有关部门负责同志作了发言,大家讲的都很好。对于湖北依法推动乡村振兴的好做法好经验,检查组要认真归纳总结,对于提出的意见和建议要深入研究,吸纳到执法检查报告中。

"湖广熟,天下足。"湖北省是我国重要的粮油生产基地和蔬菜、水果、茶叶生产大省,粮食产量连续 9 年稳定在 500 亿斤以上,生猪产量居于全国前列,淡水产品产量位居全国首位,为确保国家粮食安全和重要农产品有效供给做出了重要贡献。党的十八大以来,湖北省坚持以习近平新时代中国特色社会主义思想为指导,深入贯彻落实习近平总书记对湖北提出的"四个着力"重要指示精神(即"着力在推进经济发展方式转变和产业结构调整上取得新突破,着力在推进农业现代化上不断取得新成果,着力在保障和改善民生上不断取得新进展,着力在生态文明建设上取得新成效"),坚决贯彻落实党中央关于乡村振兴的部署要求,统筹推进疫后重振和农业农村高质量发展,在全国率先制定乡村振兴促进条例,及时制定修订配套地方性法规,积极破除城乡二元结构,促进城乡融合一体化发展,在巩固拓展脱贫攻坚成果的基础上接续推动乡村振兴迈出坚实步伐,全面振兴乡村实现了良好开局。

下面,结合大家介绍的情况,我就全面贯彻实施乡村振兴促进法,再讲几点意见。

一、依法推进和保障乡村"五大振兴"

实施乡村振兴战略是一篇大文章,具有鲜明的目标导向。乡村振兴促进法将实现农业农村现代化的乡村振兴总目标,转化为推动农业全面升级、农村全面进步、农民全面发展的法律规范,对依法推进和保障乡村产业、人才、文化、生态、组织"五大振兴"和推进城乡融合发展提出明确要求、作出制度性设计,为全面实施乡村振兴战略提供了有力法治保障。

乡村振兴,产业发展是核心。产业振兴能够增强乡村的吸引力、向心力、凝聚力,这是解决农业农村问题的前提。多年来,湖北坚决扛起确保国家粮食安全的政治责任,加快建设农业产业强省,去年粮食产量 552.9 亿斤,取得了明显成效。进一步推动乡村产业振兴,还需要贯彻落实乡村振兴促进法关于发展优势特色产业的法律规定,在确保粮食和重要农产品有效供给的基础上,不断深化农业供给侧结构性改革,推动解决现代农业发展中存在的深层次矛盾,促进乡村产业高质量发展。

乡村振兴,人才为要。人走了、村空了、地闲了,乡村振兴就成了一句空话。湖北高度重视乡村人才队伍建设,职业农民培训、实用技能人才培养、人才返乡创新创业等工作成效明显。同时要高度重视乡村人才单向流向城市,农村医疗、教育、科技等专业人才力量不足等问题,在建立健全激励服务机制、细化落实创新创业扶持措施、持续改善人才队伍建设政策环境等方面多下功夫,推动构建本土人才、引进人才、专业人才共同服务乡村振兴的工作格局。

乡村振兴,既要塑形,也要铸魂。加强农村精神文明建设,提升乡村社会文明程度,可以为乡村振兴提供持久精神动力。湖北依托农村新时代文明实践中心建设,积极开展文化惠民、移风易俗文明实践活动,有效提振了农村农民精气神。下一步还要不断加大对湖北荆楚历史文化、传统农耕文明、乡村民俗、民族特色等文化遗产的保护力度,将保护传承和开发利用结合起来,发挥文旅融合的赋能催化作用,繁荣活跃农村文化市场。

乡村振兴的一个重要任务,是推行绿色发展方式和生活方式。湖北是长江流经里程最长的省份,也是南水北调中线工程重要水源地,保护长江生态环境责任重大。全国人大常委会执法检查组去年7月来鄂开展固体废物污染环境防治法执法检查后,湖北聚焦磷石膏污染等突出问题,统筹谋划污染防治和综合利用工作,及时制定《湖北省磷石膏污染防治条例》,通过地方立法为长江大保护提供了法治保障。对于打赢环境污染防治攻坚战的艰巨性,我们必须有清醒认识,必须严格落实加强农业农村污染防治的法律责任,在去存量的同时遏增量,改变以往过度依赖资源消耗的发展模式;在治已病的同时治未病,坚决守住乡村生态红线;在逐步还旧账的同时杜绝欠新账,让良好生态成为乡村振兴的重要支撑。乡村生态环境治理是保证水源水质达标的重要保障,湖北十分重视保护农村生态环境,推动建设美丽乡村、宜居乡村、环境优美乡村,但目前看农村生活污水治理水平还有提升空间。进一步加强乡村生态保护和环境治理,锦上添花不如雪中送炭,还要聚焦薄弱环节和痛点难点,因地制宜推动解决农村饮用水保障、污水与黑臭水体治理、卫生厕所建设和改造等问题。

乡村振兴,治理有效是基础。加强乡村治理是推进国家治理体系和治理能力现代化的基石。湖北厚植乡村治理力量,强化村级组织经费保障,加大网格化管理和服务力度,促进农村社会发展既充满活力,又和谐有序。进一步推动乡村组织振兴,必须在确保农村基层党组织发挥领导核心作用的基础上,依法推动农村基层自治组织、集体经济组织、基层群团组织、新型农业经营主体和社会化服务组织等各类农村基层组织规范化发展,不断夯实乡村善治的基础。农村集体经济比较薄弱是全国较为普遍的一个现象,加快发展壮大农村集体经济,是推动实施乡村振兴促进法必须要重视解决的一个问题,否则农村很多事情办不了。

二、持之以恒、因地制宜推动乡村振兴

实施乡村振兴战略是一项长期而艰巨的任务。实现乡村“五大振兴”不能一蹴而就,也不会毕其功于一役。我们要有足够的历史耐心,坚定不移把推进乡村振兴作为全面建设社会主义现代化国家的一项重大任务,严格落实乡村振兴促进法各项规定,保持战略定力,遵循客观规律,加强法律实施,因地制宜、精准施策,持之以恒推进乡村全面振兴的各项具体工作。

一是全面振兴乡村,既要主动进取、尽力而为,也要实事求是、量力而行。在推动乡村产业发展方面,湖北重点推进十大农业重点产业链建设,这是乡村产业发展的主攻方向,要靶向瞄准重点产业,发挥好政府在规划引导、政策支持、市场监管、法治保障等方面的积极作用,优化配置好资金、人才、技术、信息等资源要素,及时研究、推动解决特色产业发展中遇到的实际问题,做大做强乡村特色产业。同时,每个地方的资源禀赋和发展条件各不相同,具体发展什么产业还需要明确自身在产业链发展中的定位,做到发挥优势、立足实际选择产业项目,实现人无我有、人有我优、人优我特,这样才能确保产业立得住、走得稳。湖北的稻米、潜江小龙虾、恩施玉露等都是很有特色的,要把这些特色产业的优势发挥出来。

二是全面振兴乡村,既要统筹兼顾、分类推进,也要突出重点、典型示范。湖北目前已累计建设3000个美丽乡村,农民生产生活条件得到明显改善。进一步推动乡村建设,必须科学把握不同村庄的变迁发展和差异性,明确不同村庄、不同阶段乡村建设的具体目标任务,坚持先点后面、示范引领,做到数量服从质量、进度服从实效,分梯次、有重点、多样化建设宜居宜业美丽乡村。同时,要协同推进城镇发展和乡村建设,突出县域这个城乡融合发展的重要切入点,扎实推进城乡经济良性互动、基础设施城乡互联互通、社会保障制度城乡统筹、基本公共服务城乡均等。

三是全面振兴乡村,既要激发农民群众内生动力,也要汇聚社会各方面强大力量。在实现巩固拓

展脱贫攻坚成果同乡村振兴有效衔接方面，湖北在打赢脱贫攻坚战后保持帮扶政策措施不脱钩、工作不断档、力量不减弱，守住了不发生规模性返贫的底线。持续推进脱贫地区实现乡村振兴，必须坚持把发展壮大农村集体经济作为促进脱贫地区可持续发展的重要途径，将转变思想观念、增强主体意识作为提升脱贫群众乡村振兴参与度的重要手段，不断增强脱贫地区和脱贫群众的内生发展能力。在此基础上，还要努力把乡村内部和外部的各种有利条件都充分利用起来，把社会各方面的力量都充分调动起来，共同推动乡村全面振兴。

三、加强党对乡村振兴工作的领导

办好农村的事情，实现乡村振兴，关键在党。贯彻实施乡村振兴促进法，推动乡村全面振兴，必须旗帜鲜明地坚持党的领导，确保党始终总揽全局、协调各方，提高新时代党全面领导农村工作的能力和水平。要把好乡村振兴战略的政治方向，认真贯彻落实中央统筹、省负总责、市县乡抓落实的乡村振兴工作机制，建立健全市县党政领导班子和领导干部推进乡村振兴战略的实绩考核制度。湖北成立了由省委书记、省长担任组长的省实施乡村振兴战略领导小组，体现了省委、省政府对乡村振兴工作的高度重视。各级政府必须依法落实向本级人大和上一级政府报告乡村振兴促进情况的法律责任，这是乡村振兴促进法的明确规定，必须抓好贯彻落实。

从材料中看到，湖北在推动乡村振兴中始终坚持以党的建设为统领，大力实施“红色头雁”工程，2021 年选派 1.77 万名村第一书记、1.2 万支驻村工作队、4.26 万名工作人员深入到乡村振兴一线，为全面振兴乡村提供了坚强的政治保障和组织保障。从基层实践看，每个村的发展水平和基础条件不同，但只要建设一个好支部、培育一支好队伍、选派一位好支书，乡村振兴就能有所作为，也能大有所为。加强党对乡村振兴工作的领导，必须抓住强化农村基层党组织建设这个“牛鼻子”，选优配强农村党支部带头人、领头雁，加强农村干部培养、配备、管理、使用，培养一支公道正派、作风过硬、务实奉献的农村基层干部队伍，让农村基层党组织成为宣传党的主张、贯彻党的决定、领导基层治理、团结动员群众、推动改革发展的坚强战斗堡垒，让农村基层党员干部成为带领农民群众全面振兴乡村、实现共同富裕的主心骨和贴心人，不断增强广大农民群众的获得感、幸福感、安全感，确保党中央乡村振兴战略部署在基层得到贯彻落实，确保党的强农惠农富农政策在农村落地落实，赢得农民群众对党的信任和拥护。

全面推进乡村振兴是实现中华民族伟大复兴的一项重大任务。我们要紧密团结在以习近平同志为核心的党中央周围，深入贯彻落实习近平总书记关于“三农”工作的重要论述，切实增强政治判断力、政治领悟力、政治执行力，将法律确立的制度规范和责任要求转化为全面振兴乡村的具体举措，奋力实现新时代乡村振兴的目标任务。

强化法律实施推进乡村全面振兴
谱写新时代“三农”工作新篇章

——在全国人大常委会乡村振兴促进法执法检查组第二次全体会议上的讲话

（2022 年 9 月 26 日）

王　晨

开展乡村振兴促进法执法检查，是全国人大常委会今年监督工作的一项重要任务。执法检查组第一次全体会议后，各检查小组深入学习贯彻习近平总书记关于“三农”工作的重要论述，严格对照法律规定，坚持问题导向，赴地方开展实地检查工作，广泛听取各方面意见和建议。受委托省级人大常委会认真组织自查，及时将检查情况反馈给执法检查组。在赴地方检查时，各地党委、人大、政府都很重视，精心准备、周密安排，如实反映法律贯彻实施情况和存在的主要问题。全国人大常委会办公厅有关工作机构与所赴地方密切配合，严格落实疫情防控规定，确保了执法检查工作顺利开展。

乡村振兴促进法施行以来，各地区各部门建立健全工作机制，夯实乡村振兴产业基础，加强乡村生态环境治理，广大农民群众的获得感、幸福感、安全感持续增强，法律实施取得积极成效。同时，通过执法检查也发现一些地方农村集体经济实力薄弱、乡村人才短缺、基本公共服务资源不足等短板和问题。新征程上，我们要深刻领悟“两个确立”的决定性意义，增强“四个意识”、坚定“四个自信”、做到“两个维护”，强化法律实施，加大监督力度，扎实推进乡村振兴，奋力谱写新时代“三农”工作新篇章。下面，结合检查情况和大家的发言，再讲几点意见。

第一，全面贯彻实施乡村振兴促进法，始终坚持党全面领导“三农”工作这一根本原则，巩固党在农村的执政基础。实施乡村振兴战略是由中国共产党的宗旨和使命决定的。习近平总书记多次强调要加强和改善党对“三农”工作的领导，提高新时代党全面领导农业农村工作的能力和水平，这是做好新时代“三农”工作、全面振兴乡村的根本保证。从执法检查的情况看，各地区各部门坚持以党的建设为统领，普遍建立了由党政一把手任双组长的乡村振兴领导小组，完善体制机制，实施乡村振兴实绩考核，确保党中央决策部署在基层得到贯彻落实。同时也要看到，当前一些地方的农村基层党组织、基层干部队伍建设还需要加强。我们在宁夏检查时，地方反映村“两委”干部后备力量储备不足问题，一些基层干部推动乡村振兴的能力素质有待提升，基层组织“人选难、选人难”、工作力量“小马拉大车”现象较为普遍。

进一步贯彻实施好乡村振兴促进法，必须始终坚持党的领导，推动法律实施与贯彻落实党的农村工作条例有效衔接，推动工作年度报告制度与开展党政领导班子和领导干部推进乡村振兴战略实绩考核有机结合，把党管农业农村工作落到实处。要依法落实关于党的农村基层组织全面领导乡村振兴的法律规定，不断强化农村基层党组织建设，加强农村基层干部力量配备，提升基层干部能力素质，通过配强班长、建强班子、育强梯队，把基层党组织建设成为团结动员群众、全面振兴乡村、实现共同富裕的坚强战斗堡垒。

在切实保障农村基层党组织发挥领导核心作用的基础上，需要处理好发挥农民主体作用与社会广泛参与的关系，将激发农民群众内生动力和汇聚各方面力量有机结合起来。一方面，要进一步发挥农民主体作用，通过创新村民议事方式，拓展议事协商范围，真正实现民事民议、民事民管，加快形成共建共治共享的现代乡村社会治理格局。另一方面，要依法保障农村基层自治组织发挥管理基层公共事务、发展公共事业的作用，农村集体经济组织发挥经营管理集体资源资产的作用，基层群团组织发挥桥梁纽带作用，新型农业经营主体和社会化服务组织发挥带动服务作用，法律服务组织发挥矛盾纠纷调处化解作用。

第二，全面贯彻实施乡村振兴促进法，加快农业农村现代化，构建城乡融合发展的体制机制。全面推进乡村振兴是实现中华民族伟大复兴的一项重大任务。习近平总书记指出，民族要复兴，乡村必振兴，没有农业农村现代化就没有国家现代化。实现中华民族伟大复兴，必须始终坚持农业农村优先发展，坚持农业现代化和农村现代化建设一体设计、一并推进，推动乡村振兴更好融入新发展格局。从执法检查的情况看，各地区各部门积极培育乡村特色产业，实施乡村建设行动，取得了积极成效。但执法检查组也发现，当前农业发展仍以传统种养业为主，产业链条短、产品附加值低、品牌影响力弱是普遍现象，乡村产业基础不牢固问题依然存在，一些地方的乡村基础设施建设历史欠账较多，教育、医疗等公共服务资源不足，还存在一些亟需加快补齐的短板和弱项。

加快农业农村现代化，需要处理好促进农业全面升级与推动乡村特色产业发展的关系，依法落实关于发展现代高效农业的法律规定，通过深化农业供给侧结构性改革，不断调整优化农业生产力布局，促进农业产业链向二产、三产延伸，实现融合发展，推动构建现代农业产业体系、生产体系、经营体系；同时，引导和支持地方因地制宜、因村施策，坚持以资源禀赋为定位器、以市场需求为导航灯，做大做强做精做优特色产业。推动现代农业转型升级和乡村特色产业发展，必须贯彻新发展理念，加强创新引领，以加快全过程、全产业链技术创新为动力，提升现代农业发展质量效益，增强乡村特色产业市场竞争力。产业振兴是全面振兴乡村的基础。我们前不久到宁夏参观了习近平总书记当年亲自谋划部署、推动建立的闽宁村，现在已经发展为闽宁镇，当地的一个主导产业是枸杞种植，再通过电商销售到全国各地。在宁夏看到的另一个优势特色产业是葡萄酒，目前宁夏酿酒葡萄种植面积达到 52.5 万亩、占全国种植面积的 1/3。执法检查组在一个建在戈壁滩上的葡萄酒庄看到，原来寸草不生的戈壁滩上已经种上了耐旱的葡萄品种，这是做葡萄酒的好原料，生产的葡萄酒品质也很好，既延伸了产业链，提高了产品附加值，还带动了一大批当地农民就业，这就是找到了适合自己的乡村振兴产业发展路径。

加快农业农村现代化，还需要处理好"物"的现代化与"人"的现代化的关系，依法落实关于推进乡村建设、强化乡村人才支撑的法律规定，统筹推进改善农村生产生活条件和培育乡村人才队伍等软硬件建设。在执法检查中，各地普遍反映农村基础设施建设滞后、基本公共服务城优乡劣问题，农村基础设施和公共服务供给质量已经难以满足广大农民群众对美好生活的向往。我们到宁夏、湖北检查，了解到宁夏有16.2%的村庄房屋空置率在40%以上，湖北乡村留守人口中劳动力占比不到28%，人才缺乏成为制约全面振兴乡村的突出问题。进一步推动乡村建设，要协同推进乡村建设和新型城镇化发展，积极开展以县域为重点的城乡融合发展改革探索，不断强化县域内资源统筹和布局优化，实现城乡基础设施互联互通、城乡基本公共服务均等。要加强乡村人才队伍建设，坚持内育、外引并举，建立完善县域专业人才统筹使用和农村人才定向委托培育机制，推动构建乡村本土人才、引进人才、专业人才共同服务乡村振兴的工作格局。我们在湖北看到，好几个村的支部书记都是由返乡大学生担任的，他们带着村民一起干，群众很信任，这些村都有很大变化。

第三，全面贯彻实施乡村振兴促进法，锚定实现农业强、农村美、农民富的目标任务，促进农业农村高质量发展。乡村振兴具有鲜明的目标导向。习近平总书记强调，农业强不强、农村美不美、农民富不富，决定着亿万农民的获得感和幸福感，决定着我国全面小康社会的成色和社会主义现代化的质量。农业在国民经济中的基础性地位、乡村守护的绿色空间、农耕文明承载的中华民族的思想智慧和精神追求，要求我们任何时候都不能忽视农业、忘记农民、淡漠农村。从执法检查的情况看，各地各部门稳步提升农业综合生产能力，抓好粮食和重要农产品稳产保供，积极推动绿色农业发展，持续改善农村人居环境，农民收入实现持续稳定增长。但在执法检查中，一些地方也反映当前农业大而不强、产品多而不优、打赢农业农村污染防治攻坚战的任务依然艰巨、农民增收面临较大压力等问题。

实现农业强，需要处理好调整优化农业结构与确保国家粮食安全的关系。农业结构调整的前提是粮食安全有保障，必须发挥好乡村在保障粮食安全和农产品供给中的特有功能，始终坚持将确保重要农产品特别是粮食供给安全作为实施乡村振兴战略的首要任务。当前需要关注的一个问题，是如何有效调动产区抓粮和农民种粮这两个积极性。执法检查组在黑龙江省了解到，近10年黑龙江农民的经营性收入占比始终保持在50%以上，但由于种粮比较效益低，黑龙江农民收入增速低于全国平均水平，粮食丰收但种粮农民不增收，这一问题需要引起高度重视。进一步保障粮食供给安全，需要健全完善主产区利益补偿机制，采取有效措施不断提高农民种粮收益。要抓住耕地和种子两个要害，依法落实"藏粮于地、藏粮于技"战略，夯实筑牢粮食生产基础。

实现农村美，需要处理好乡村建设发展与生态环境保护的关系，坚持将良好生态作为乡村建设的重要内容，绝不能以牺牲生态环境为代价来换取乡村产业发展。当前农村人居环境整治中的一个突出短板，是农村生活污水处理、卫生厕所改造、黑臭水体治理能力仍待提升。从全国情况看，农村生活污水治理率还有较大提升空间。从执法检查组所赴地方情况看，各地治理水平不一，但总体都较弱，比如安徽、山西、黑龙江、宁夏的农村生活污水处理水平与全国平均水平仍有不小差距。贯彻实施乡村振兴促进法，要先把与农民利益紧密相关的事抓好，比如一定不能让饮用水有污染，要确保农民喝上干净的水，确保农村饮用水质量是合格的；还有农村生活污水、生活垃圾要得到有效处置，把相关处理设施建好，下功夫把与农民群众生活最紧密的问题先解决了。要保持打赢污染防治攻坚战的战略定力，依法落实关于加强农业农村生态保护和环境治理的法律规定，以钉钉子精神持续推进农业农村两方面、生产生活各环节污染防治工作，进一步推动宜居宜业美丽乡村建设。

实现农民富，需要处理好加强外部"输血"帮扶与增强内部"造血"能力的关系，在依法落实有关财政、金融、土地等扶持政策措施的同时，通过不断深化农村改革，着力激发农村资源要素活力，不断拓宽农民稳定增收渠道，增强自我发展能力。当前农村集体经济实力较弱、带动农民增收乏力，是执法检查中各地反映比较集中的问题。我们所到的湖北省，2021年无经营收入的村占3.7%，收益不足10万元的占28.4%。进一步促进农村农民共同富裕，必须坚持以人民为中心的发展思想，推动巩固拓展脱贫攻坚成果同乡村振兴实现有效衔接。要加快农村集体经济组织立法，探索集体资产保值增值的有效途径，依法保障农民享有的集体收益分配权，健全完善推动农民收入持续稳定增长的长效机制，更好保护农民权益、增进农民福祉。

在黑龙江省乡村振兴促进法贯彻实施座谈会上的讲话

（2022 年 7 月 22 日，黑龙江哈尔滨）

曹建明

同志们：

党的十八大以来，以习近平同志为核心的党中央始终坚持把解决好“三农”问题作为全党工作的重中之重，坚持走中国特色社会主义乡村振兴道路，党的十九大部署实施乡村振兴战略，加快农业农村现代化建设，推动农业农村取得历史性成就、发生历史性变革。习近平总书记强调，实施乡村振兴战略是党中央从党和国家事业全局出发、着眼于实现“两个一百年”奋斗目标、顺应亿万农民对美好生活的向往作出的重大决策，是加快农业发展、改善农民生活、推动城乡一体化发展的重大战略，是中国特色社会主义进入新时代做好农业农村工作的总抓手。

实现乡村全面振兴，法治是重要保障。为依法保障和促进乡村振兴战略有效实施，在以习近平同志为核心的党中央领导下，全国人大常委会于 2021 年 4 月 29 日审议通过了《中华人民共和国乡村振兴促进法》，自 2021 年 6 月 1 日起实施。按照全国人大常委会监督工作计划，在法律颁布实施一年之际，开展乡村振兴促进法执法检查，这是全国人大常委会深入贯彻落实习近平总书记关于“三农”工作重要论述和党中央决策部署的重要举措，也是今年常委会监督工作的重点任务。栗战书委员长、王晨副委员长高度重视乡村振兴促进法贯彻实施工作，提出明确要求，我们要深入贯彻落实。这部法律将党中央实施乡村振兴战略的总方针、总目标法定化，将实施乡村振兴战略的总要求、制度保障转化为法律规范，这有利于确保乡村振兴政策的稳定性、权威性，有利于推动各地各部门久久为功促进乡村全面振兴，有利于发挥法治对实施乡村振兴战略的保障作用，要深刻认识在法治轨道上推进乡村全面振兴，对于全面建设社会主义现代化国家全局，对于顺利实现第二个百年奋斗目标，对于实现中华民族伟大复兴的重要意义。

这次我和检查组的同志们来黑龙江，主要是了解黑龙江贯彻实施乡村振兴促进法的有关情况，研究分析法律贯彻实施中面临的主要问题，听取大家对推动法律贯彻实施的意见和建议。在座谈会前，我们先后到牡丹江、哈尔滨等地开展了实地检查，边走边看边学习，有很多收获。刚才，许勤书记和省政府有关负责同志又向检查组介绍了黑龙江贯彻实施乡村振兴促进法的总体情况，农村农业厅等有关部门负责同志围绕法律规定、结合部门职责作了补充发言，大家都作了认真准备，介绍的情况和提出的建议都很好，我们还进行了提问交流，对我们做好此次执法检查工作很有帮助。

黑龙江是农业大省和国家重要的粮食产区，在确保国家粮食安全中发挥着“压舱石”的作用。党的十八大以来，习近平总书记一直关注黑龙江，始终牵挂着这片黑土地，习近平总书记先后两次到黑龙江考察调研，对黑龙江提高粮食综合生产能力和生产效益，保护好黑土地这个“耕地中的大熊猫”，加快绿色农业发展，奋力走出全面振兴新路子作出重要指示，为黑龙江做好新时代农业农村工作指明了方向，提供了根本遵循。

近年来，黑龙江始终坚持以习近平新时代中国特色社会主义思想为指导，深入贯彻落实习近平总书记对黑龙江作出的重要指示批示精神，坚持党的全面领导如期打赢脱贫攻坚战，聚焦争当农业现代化建设排头兵的战略要求，全面实施乡村振兴战略，以科技农业、绿色农业、质量农业、品牌农业为建设方向，多措并举保护黑土地，大力实施高标准农田建设，积极开展种业振兴行动，全力抓好粮食生产和重要农产品供给；坚持科技强农、科技兴农，加快农业科技创新推广，坚持把发展现代农业作为振兴发展的重要内容；深入推进一二三产业融合发展，聚焦富民产业促进乡村发展，乡村产业发展步伐明显加快；坚持乡村规划引领，扎实推进乡村建设，健全乡村治理体系，加大政策保障和体制机制创新力度，农业农村发展活力充分释放，乡村振兴实现了良好开局。特别是，中央今年 4 月通报的 2021 年度巩固拓展脱贫攻坚成果同乡村振兴有效衔接考核评估情况中，黑龙江在综合评价好的 15 个省区市中排列第二。对于黑龙江贯彻实施乡村振兴促进法，推动乡村全面振兴的经验和做法，检查组要认真总结归纳,对于同志们提出的建议,要认真研究,吸纳到执法检查报告中。

法律的生命和权威在于实施。栗战书委员长强调,“人大执法检查是国家权力机关对法律实施情况的检查监督”,“目的是保障法律全面有效实施,让法律制度的牙齿真正‘咬合’起来”,“督促有关国家机关把法律执行到位、落到实处”,“自觉履行法定责任和法律义务”。下面,结合大家介绍的情况,我就全面贯彻实施乡村振兴促进法,确保法律规定的各项制度规范和法律责任得到全面、依法、严格贯彻落实,再讲几点意见:

一是要确保党对“三农”工作的全面领导

提高党全面领导农业农村工作的能力和水平,是做好新时代“三农”工作,推动乡村全面振兴的根本保证。习近平总书记强调,办好农村的事情,关键在党。依法推动乡村振兴,必须旗帜鲜明的坚持党的领导,要贯彻实施好乡村振兴促进法(第一章“总则”第4条和第七章“组织建设”第42条)关于党的农村基层组织全面领导乡村振兴的法律规定,贯彻落实(第一章“总则”第9条)中央统筹、省负总责、市县抓落实的工作机制。要(按照第一章“总则”第9条、第九章“监督检查”第68条要求)建立市县党政领导班子和领导干部推进乡村振兴战略的实绩考核制度,依法严格落实(第九章“监督检查”第71条)地方各级政府应当每年向上一级政府报告乡村振兴促进工作情况的法律责任,确保党的“三农”工作方针政策和乡村振兴战略决策部署得到不折不扣的贯彻落实。(第七章“组织建设”第43条)要依法加强农业农村干部队伍的培养、配备、管理、使用,积极培育一支懂农业、爱农村、爱农民的农村工作队伍,不断夯实筑牢党在农村的执政基础。

二是要推动乡村产业高质量发展

实现乡村全面振兴,产业发展是核心。当前,乡村产业发展还处于初级阶段,规模小、布局散、链条短是普遍现象,品种、品质、品牌水平还不高,一些地方产业同质化问题需要引起高度重视。依法推动乡村振兴,(第一章“总则”第8条)要正确处理好确保国家粮食安全与现代农业发展之间的关系,始终坚持把保障国家粮食安全和(第二章“产业发展”第13条)重要农产品有效供给作为实施乡村振兴战略的首要任务,依法调整优化农业生产力布局和农业结构,建立健全安全高效的农产品供给保障体系。要立足新发展阶段,(第一章“总则”第6条)着力推动城乡经济实现良性互动,(第二章“产业发展”第12条)加快农村一二三产融合发展,坚持以产业技术创新为动力,(第二章“产业发展”第13条)培育壮大乡村特色产业,增强市场竞争力。(第二章“产业发展”第19条)要支持地方立足特色资源、遵循市场规律、因地制宜选择产业发展项目,拓展农业多种功能、提升乡村多元价值,促进产业提质增效、提高综合生产效益,推动乡村特色产业实现高质量发展。

三是要促进农民持续稳定增收

为人民谋幸福是党的初心和使命,是习近平总书记强调的“国之大者”。农业农村工作,说一千、道一万,增加农民收入是关键。依法推动乡村振兴,(第二章“产业发展”第21条)要立足不断拓宽农民增收渠道,在增加农民经营性、工资性、财产性、转移性收入方面多下功夫。要贯彻实施好乡村振兴促进法(第二章“产业发展”第20条、第七章“城乡融合”第55条)关于支持农民创业创新的法律规定,加快建立覆盖城乡的公共就业服务体系,(第二章“人才支撑”第26条)通过加大职业技能培训,促进农民多渠道转移就业。要落实好乡村振兴促进法(第二章“产业发展”第12条)关于促进集体资产保值增值,确保农民受益的法律要求,推动集体资源变资产、资金变股金、农民变股东,通过依法保障集体成员收益分配权,增加农民财产性收入。要坚持将产业发展的落脚点放在推动农民增收上,实施好乡村振兴促进法(第二章“产业发展”第21条、第七章“城乡融合”第55、56条)支持各类新型经营主体、社会化服务组织联农带农的政策措施,通过与农民建立紧密的利益联结机制,让农民共享全产业链增值收益。

四是要持续深化农村改革

习近平总书记强调,必须用好改革这个推动乡村振兴的重要法宝。持续深化农村改革,要立足激发农村资源要素活力,靶向瞄准农村改革的重点领域和关键环节,着力破除束缚城乡资源要素自由流动的体制机制弊端。依法推动乡村振兴,要按照乡村振兴促进法(第一章“总则”)确立的目标和第八章“扶持措施”要求,不断深化农村土地制度改革,(第八章“扶持措施”第67条)盘活农村存量建设用地,完善新增建设用地保障机制,通过探索实施集体经营性建设用地入市制度,激活农村土地资源;(第八章“扶持措施”第65条)要依法明确金融机构支农服务法律责任,不断深化农村金融改革,通过完善金融支持乡村振兴考核评估机制,推动将更多金融资源配置到乡村振兴的薄弱环节;(第七章“城乡融合”第55条)要维护好、保障好进城落户农民依法享有的土地承包经营权、宅基地使用权、集体收益分配权，不断深化户籍制度改革，通过探索完善财政转移支付与农业转移人口市民化挂钩机制，推动进城落户农民平等享受城镇公共服务。

五是要构建城乡融合发展的体制机制

坚定不移走城乡融合发展之路，是推进社会主义现代化国家建设的决胜一招。长期以来，同我国工业化、城镇化的快速推进相比，农业农村发展还存在明显短板和弱项，城乡之间“一条腿长、一条腿短”问题仍比较突出。依法推动乡村振兴，要按照乡村振兴促进法第七章“城乡融合”要求，坚持整体筹划城镇和乡村发展的理念原则（第七章“城乡融合”第 50 条），坚持实施乡村振兴战略和新型城镇化战略一体设计、一并推进；（第 51 条）突出县域这个城乡融合发展的关键支撑，以县域为基本单位推进城乡基础设施建设和基本公共服务向村覆盖、向户延伸。要坚持规划先行，贯彻实施好乡村振兴促进法关于编制分类型村庄规划的法律要求（第 51 条），有序推进乡村建设，积极实施乡村建设行动，大力推动城乡基础设施互联互通和基本公共服务均等化（第 52、53 条）。要将改善和保障民生作为重点，贯彻好乡村振兴促进法关于完善城乡统筹的社会保障制度的法律规定（第 54 条），更好满足农民群众更多方面、更高层次的美好生活需求。

六是要加大乡村振兴投入力度

推动乡村振兴，需要大量真金白银的投入。坚持农村农村优先发展，就是要对“三农”多予少取，通过构建多元化投入格局，逐步解决农业农村发展历史欠账较多的问题。依法推动乡村振兴，要贯彻落实好乡村振兴促进法（第一章“总则”第 4 条、第八章“扶持措施”第 58 条）关于财政优先保障、（第 61 条）提高土地出让收入投入比例、（第 62 条）建立乡村振兴基金等法律规定，在确保财政资金投入力度持续增加的前提下（第 64 条），支持地方通过发行项目融资和收益自平衡的专项债券、推动涉农资金统筹整合、（第 63 条）完善政府性融资担保机制等方式，不断拓宽乡村振兴的投入渠道。（第 59 条）要加大对脱贫地区、欠发达地区的倾斜支持力度，在守住不发生规模性返贫底线的基础上，推动这些地区实现更宽领域、更可持续的发展。（第 62 条）要发挥财政资金引领作用，鼓励和支持地方探索建设有一定收益的公益性项目，撬动金融和社会资本投入乡村经营性项目建设运营。

七是要促进乡村实现善治

加强乡村治理，是推进国家治理体系和治理能力现代化的基石。实现乡村善治，要着眼于当前一些地方存在的组织涣散、力量分散、人心离散等问题，推动构建自治、法治、德治、智治相结合的乡村治理体系。依法推动乡村振兴，要贯彻实施好乡村振兴促进法第六章关于乡村组织建设的法律规定，依法保障党的基层组织发挥领导核心作用（第 42 条）、村民自治（第 45 条）和农村集体经济组织（第 46 条）发挥基础性管理作用、基层群团组织（第 47 条）发挥桥梁纽带作用、新型农业经营主体（第 46 条）和社会化服务组织发挥带动服务作用、法律服务组织（第 48 条）发挥矛盾纠纷调处化解作用，确保农村社会长期和谐稳定。要坚持物质文明和精神文明一起抓，依法强化乡村优秀传统文化的保护传承、开发利用，发挥好村规民约作用，培育文明乡风、良好家风、淳朴民风，为推动乡村全面振兴提供持久精神动力。

同志们，在我国进入全面建设社会主义现代化国家的新阶段、向第二个百年目标进军的新征程中，全面贯彻实施乡村振兴促进法，依法保障和促进乡村实现全面振兴，责任重大、使命光荣。衷心祝愿黑龙江在省委的坚强领导下，牢记总书记的殷殷嘱托，坚决落实“四个坚持”、实现“五个要发展”、做好“三篇大文章”，以新气象新担当新作为走好新的赶考之路，奋力谱写黑龙江乡村全面振兴、全方位振兴的绚丽篇章！

在新疆维吾尔自治区乡村振兴促进法贯彻实施座谈会上的讲话

（2022 年 9 月 23 日，新疆阿克苏）

曹建明

同志们：

我们这次来新疆，主题是开展乡村振兴促进法执法检查。在以习近平同志为核心的党中央领导下，全国人大常委会于 2021 年 4 月 29 日审议通过了《中华人民共和国乡村振兴促进法》，自 2021 年 6 月 1 日起实施。按照全国人大常委会监督工作计划，在法律颁布实施一年之际，开展乡村振兴促进法执法检查，这是全国人大常委会深入贯彻落实习近平总书记关于“三农”工作重要论述和党中央决策部署的重要举措，也是今年常委会监督工作的重点任务。非常感谢自治区党委、政府、人大对我们这次执法检查的高度重视，精心准备，全力支持。感谢兴瑞书记和艾尔肯主席百忙之中亲自出席座谈会，兴瑞书记还作了重要讲话，充分体现了自治区党委、政府、人大对加强“三农”工作、实施乡村振兴战略的高度重视。

刚才，鹿心社同志代表执法检查组通报了此次执法检查的有关情况，自治区政府副主席芒力克同志介绍了新疆贯彻实施乡村振兴促进法的总体情况，自治区农村农业厅等 5 部门负责同志围绕法律规定、结合部门职责作了补充发言，自治区还有财政厅等部门、阿克苏地区和阿克苏市等 15 个单位和部门提供了详实的书面材料。大家讲得都很好，检查组成员还与大家进行了座谈交流，对我们做好此次执法检查工作很有帮助。在召开座谈会前，检查组在阿克苏开展了实地检查，深入了解乡村特色产业发展、新型经营主体培育、农村生态保护和人居环境整治、完善乡村治理体系、开展育种创新、促进民族团结、共同发展等情况。我们边走边看，边学习边交流，非常振奋，也很受鼓舞，有很多收获。

新疆是我国陆地面积最大的省级行政区，是全国五大牧区之一，国家最重要的棉花生产基地，久负盛名的“瓜果之乡”，在我国农业农村经济发展中具有重要地位。作为我国五个少数民族自治区之一，新疆是一个由多民族组成的大家庭。同时，新疆地处欧亚大陆腹地，与多个国家毗邻，战略位置十分重要，做好新疆工作历来是全党全国工作的大事。党的十八大以来，习近平总书记高度重视新疆工作，一直十分关心新疆的建设发展，两次赴新疆视察（2014，2022 年），先后两次主持召开新疆工作座谈会（2014，2020 年），今年 4 月，还主持中央政治局常委会，专题研究部署新疆工作，从战略和全局高度亲自谋划、亲自部署、亲自推动新疆工作，明确提出了新时代党的治疆方略。特别是，今年 7 月 12 日至 15 日，习近平总书记再次亲临新疆视察，看望慰问各族干部群众，并发表重要讲话，是做好新形势下新疆工作的根本遵循和行动指南。

经过几天的检查和今天的座谈交流，检查组更加真切感受到，自治区党委坚持以习近平新时代中国特色社会主义思想为指导，全面深入贯彻落实习近平总书记视察新疆重要指示精神和新时代党的治疆方略，明确提出 15 个方面重点任务，扎实推进事关新疆长治久安的根本性基础性长远性工作。全区上下按照自治区党委十届五次全会要求，牢牢扭住社会稳定和长治久安的总目标，团结一心、踔厉奋发，充分展现了在新时代新征程上奋力建设美好新疆的良好精神风貌。

自治区党委和兴瑞书记高度重视人大工作，召开自治区党委人大工作会议，聚焦新时代新疆工作总目标，出台了《自治区党委关于新时代坚持和完善人民代表大会制度、加强和改进新疆人大工作的实施意见》。今年春节长假后的第一个工作日，兴瑞书记率常委会班子集体到人大机关调研。6 月 9 日，自治区党委理论学习中心组学习会，专题学习全面践行发展全过程人民民主。据新疆人大同志讲，人大同志在自治区党委理论学习中心组学习会上专题授课，在自治区历史上尚属首次。9 月 14 日，自治区就扎实做好新疆新时代人大工作、发展全过程人民民主、发挥人大职能作用，召开“履职为民、助力发展”百名人大代表座谈会，听取意见建议，艾尔肯主席出席，兴瑞书记讲话。自治区党委和兴瑞书记对各级人大和人大代表提出明确要求，强调要把学习贯彻习近平总书记关于坚持和完善人民代表大会制度的重要思想，特别是总书记在中央人大工作会议重要讲话精神同学习总书记视察新疆重要指示精神结合起来，完整准确贯彻新时代党的治疆方略，切实加强党对人大工作的领导，坚决围绕中心、服务大局，不断发展全过程人民民主，推动人民代表大会制度在新疆创新发展，扎实做好新时代新疆人大工作，为努力开创新时代新疆人大工作新局面指明了方向。

在几天的检查中，检查组全体同志都更加真切感受到，自治区党委和兴瑞书记高度重视乡村振兴工作，坚持把乡村振兴促进法贯彻实施作为有效保障和全面推进乡村振兴的主要工作来抓，新疆各地各部门贯彻实施法律的责任明确、落实到位，依法推动乡村全面振兴的措施得力、成效明显。自法律颁布实施以来，新疆及时制定出台乡村振兴配套性地方法规，加强涉农地方法规建设，不断健全完善乡村振兴法治体系；立足新疆资源禀赋和区位优势，加快推动现代农业发展，充分发挥粮食、棉花、果蔬等资源和产业在全国经济大局中的重要作用，不断夯实粮食和重要农产品稳产保供基础；坚持以人民为中心的发展思想，持续巩固脱贫攻坚成果同乡村振兴有效衔接，积极推动乡村建设，增进民生福祉，各族群众的获得感、幸福感、安全感不断提升。特别是，中央今年 4 月通报的 2021 年度巩固拓展脱贫攻坚成果同乡村振兴有效衔接考核评估情况中，新疆在综合评价好的 15 个省区中排列第三。我们感到，主要体现在以下几个方面：**一是粮食和重要农副产品保障有力**。新疆把抓好粮食生产作为首要任务、第一责任，将国家下达的粮食生产目标分解到地州、到县乡、到农户、到地块，分品种、分区域制定粮食稳产增产方案，全区粮食面积、单产、总产连年增加，人均粮食占有量达 627 公斤、高出全国平均水平 144 公斤，实现口粮绝对安全；在阿克苏检查中，我们也高兴看到棉花品种结构持续优化，品质指标持续提升，全产业链发展有序推进，棉花产业高质量发展取得新成效；畜产品、特色瓜果等产销两旺，线上展销、直播带货等新业态新模式蓬勃发展，新疆特产在全国的影响力日益增强。**二是农业科技装备支撑有力**。新疆积极推进机械化技术推广示范区建设，创建主要农作物全程机械化示范县（市、区），截止 2021 年末，全区农作物综合机械化水平达 85.2%，比全国平均水平（72.03%）高 13 个百分点。执法检查组昨天在阿瓦提县看的鑫汇诚农机服务农民专业合作社联合社，拥有拖拉机、播种机、收割机、采棉机等农机具 200 余台，今年已完成耕地轮作 3 万亩，小麦、棉花订单式社会化服务 6.5 万亩。可以说，这次检查组在新疆看到了现代化大农业全程机械化的发展方向。新疆还围绕着农业“卡脖子”痛点，遴选主推 27 项技术，全面实施种业振兴行动，启动大豆油料科技行动，实施基层农技推广体系改革与建设项目，农业科技支撑作用日益增强。**三是美丽乡村建设推进有力**。在执法检查中，我们感到新疆立足使农村具备基本现代生活条件目标，出台了乡村建设行动实施方案，召开全区乡村建设工作会，人居环境整治、农村厕所革命等重点工作已取得阶段性成效，基本公共服务和社会事业向逐步农村覆盖，各类短板弱项加快补齐，高品质乡村建设务实高效推进。执法检查组在阿克苏市依干其镇巴格其村、阿瓦提县塔木格拉克镇拉帕村、温宿县克孜勒镇乌克铁热克村都看到了美丽乡村建设的显著成效，给我们一行“人在画中游”的感受。**四是乡村社会文明程度提升有力**。新疆通过常态化开展习近平新时代中国特色社会主义思想进万家活动和“听党话、感党恩、跟党走”宣讲活动，深入实施“文化润疆”工程，推进移风易俗和文明新风进万家等一系列举措，持续巩固农村意识形态阵地，推动中华优秀传统文化下乡进村，新疆各族人民的中华民族共同体意识进一步铸牢。在阿瓦提县塔木格拉克镇拉帕村的国学堂等各检查点位上，我们看到了习近平总书记在今年 7 月考察新疆时提出的“中华传统文化教育抓早抓小、久久为功、潜移默化、耳濡目染”的生动实践，也看到了习近平总书记要求的“要多角度全方位构建展现中华文化共同性、新疆各族人民交往交流交融历史事实的话语体系和有效载体”的生动案例。**五是乡村治理体系不断完善**。新疆坚持党对“三农”工作的全面领导，强化“五级书记抓乡村振兴”机制，深化“一支部三中心”建设，实现了农村党的基层组织网格化管理全覆盖，全区行政村党组织架构健全率达 100%；通过推行“两委”正职一肩挑，探索清单制、积分制管理，完善平安乡村建设机制，村党组织领导的自治、德治、法治相结合的治理体系不断健全完善。在执法检查中，我们也真切感受到各族群众的获得感、幸福感、满意度不断增强。总体来说，乡村振兴促进法所规定的主要制度和责任在新疆都得到了有效实施和落实，有力保障了新疆农业农村保持稳中有进、持续向好的发展态势。

在肯定成绩的同时，我们也感到在世纪疫情冲击、经济下行压力、百年变局加速演进的情况下，新疆农村农村的发展环境和全国其他地区一样更趋复杂严峻，全面推进乡村振兴仍面临一些困难和问题。**一是乡村产业发展质量仍需提升**。新疆不少地方还存在以农产品生产、传统种养业为主，产业链条短、产品附加值低的问题，农产品加工业发展相对滞后。**二是巩固脱贫攻坚成果任务依然艰巨**。新疆是我国脱贫攻坚战的主战场，虽然已打赢脱贫攻坚战，但脱贫基础总体还比较脆弱，群众抵御风险能力仍相对较弱。受疫情蔓延影响，近年来脱贫劳动力外出打工受阻和返乡回流并存，一些脱贫群众收入受到影响，仍需持续做好脱贫群众持续稳定增收工作。**三是乡村振兴人才支撑尚需强化**。还存在人才流失和自然减员无法补充现象，存在人才总量不足、结构失衡、素质偏低、老龄化严重等问题。**四是乡村建设短板弱项需要加快补齐**。新疆基础设施建设虽然有了较大改善，但仍相对不足，与农民群众对美好生活的期盼还有差距。

总之，检查组认为，新疆依法推动乡村全面振兴取得了良好开局，推进农业农村现代化建设迈出了新步伐。对于新疆全面振兴乡村的好做法好经验，检查组要认真总结，对于座谈中同志们提出的问题、意见和建议，检查组也要认真梳理消化，研究吸收到执法检查报告中。

法律的生命和权威在于实施。栗战书委员长强调，“人大执法检查是国家权力机关对法律实施情况的检查监督”，“目的是保障法律全面有效实施，让法律制度的牙齿真正‘咬合’起来”，“督促有关国家机关把法律执行到位、落到实处”，“自觉履行法定责任和法律义务”。下面，结合大家介绍的情况，我就全面贯彻实施乡村振兴促进法，确保法律规定的各项制度规范和法律责任得到全面、依法、严格贯彻落实，谈一点体会和想法：

一是坚持将产业发展作为乡村振兴的重中之重，依法保障和促进乡村产业振兴

全面振兴乡村，产业发展是核心，产业振兴是乡村振兴的物质基础，只有产业振兴了，才能增强乡村吸引力、向心力、凝聚力，这是解决农业农村问题的前提。习近平总书记在新疆考察时强调，“要加快经济高质量发展，培育壮大特色优势产业”，“强化农业科技和装备支撑，因地制宜发展优势农产品、壮大优势产业，促进农牧业绿色高效发展。”近年来，新疆深入推进稳粮、优棉、强果、兴畜、促特色，2021年粮食总产量增长9.6%，创5年来新高，不断推动棉花种植向优势区集中，品质指标显著提升，水果、畜产品等特色产业实现高效优质发展。检查中，我们也感受到下一步还要聚焦产业发展规模小、布局散、链条短等问题，在不断优化品种结构、提升产品品质、打造知名品牌上下功夫，不断提升乡村产业发展质量和竞争力。

进一步保障和促进乡村产业振兴，必须贯彻实施好乡村振兴促进法第13条关于推进农业结构调整的法律规定，正确处理好确保国家粮食安全与现代农业发展之间的关系，坚持把保障国家粮食安全和重要农产品有效供给作为乡村振兴的首要任务，不断优化农业生产力布局，推动建立健全安全高效的农产品供给保障体系。要贯彻落实好第16条、第19条规定，以产业技术创新为动力，支持地方立足特色资源、遵循市场规律、因地制宜选择产业项目，不断拓展农业多种功能、提升乡村多元价值，推动乡村一二三产深度融合，促进乡村产业实现高质量发展。坚持把第21条规定的有利于促进农民增收作为乡村产业发展的出发点和落脚点，将发挥联农带农作用、建立紧密的利益联结机制，作为新型农业经营主体培育的关键，让农民更多分享产业链增值收益。要落实好第59条关于巩固拓展脱贫攻坚成果同乡村振兴实现有效衔接的规定，持续加大对农村低收入人口、欠发达地区的帮扶力度，通过发展壮大、做优做强扶贫产业，增强脱贫地区和脱贫群众的内生发展动力。

二是坚持将人才队伍建设作为乡村振兴的关键要素，依法保障和促进乡村人才振兴

乡村振兴，人才为要，人才兴则乡村兴。推动乡村振兴，人才是第一资源，要让愿意留在乡村、建设家乡的人留得安心，让愿意上山下乡、回报乡村的人更有信心，激励各类人才在农村大施所能、大展才华、大显身手。新疆稳步推进义务教育城乡一体化建设和优质均衡发展，大力实施新型职业农民培训，着力办好县级技工学校，实现市县全覆盖，推动乡村人才队伍建设取得明显成效，但也要高度关注当前农村人口特别是青壮年劳动力单向流入城市，乡村人才流失问题。

进一步保障和促进乡村人才振兴，必须贯彻实施好乡村振兴促进法第24条关于健全乡村人才工作体制机制的法律规定，构建本土人才、引进人才、专业人才共同服务乡村振兴的工作格局。检查组在阿克苏浙疆果业有限公司高兴看到，浙疆果业不仅是核桃产业国家科技创新联盟常务理事长单位，还建立了博士工作站，中国林业科学研究院林业研究所国家核桃首席专家、博士生导师裴东教授带领学生，每年在浙疆果业从事核桃研究都在半年以上。落实好第26条关于加强职业技能培训的要求，发挥新型职业农民培训在培育乡村实用技能人才中的主渠道作用，加大“土专家”、“田秀才”、能工巧匠等乡村人才培养力度。要健全完善第28条关于鼓励各类人才参与乡村建设的激励服务机制，细化落实引进人才返乡创新创业扶持措施，持续改善人才返乡政策环境。贯彻好第25条支持各类专业人才服务乡村的要求，探索创新城乡、区域、校地人才合作模式，通过开展挂职兼职、项目合作、联合攻关、委托培养等方式，鼓励和引导农村教育、医疗卫生、经营管理、法律服务等各类专业人才投身乡村建设和发展。

三是坚持将提高乡村文明程度作为乡村振兴的铸魂之举，依法保障和促进乡村文化振兴

加强农村精神文明建设，不断提高乡村社会文明程度，可以提振农村精气神，增强农民凝聚力，为乡村全面振兴提供持久精神动力。习近平总书记在新疆考察时指出，“文化认同是最深层次的认同”，“中华文明博大精深、源远流长，是由各民族优秀文化百川汇流而成”，“要加强非物质文化遗产保护传承，把各民族优秀传统文化发扬光大。”执法检查中，我们真切感受到，新疆各地深入实施“文化润疆”工程，大力开展“万村千乡文化产品惠民行动”，不仅推动公共文化服务精准对接各族群众需求，极大丰富了各族群众精神文化生活；更重要的是，让中华民族共同体意识深植各族人民心头深处，滋养中华民族共有精神家园。

进一步保障和促进乡村文化振兴，必须贯彻实施好乡村振兴促进法第 31 条关于健全完善乡村公共文化服务网络和运行机制的法律规定，加强宣传主阵地建设和管理，积极弘扬主旋律、转播正能量，多角度全方位构建展现中华文化共同性、新疆同内地各民族交往交流交融历史事实的话语体系和有效载体，教育引导各种群众树立正确的国家观、历史观、民族观、文化观、宗教观，不断增强各族群众的“五个认同”，不断加大对反映新疆历史文化、民族特色、乡村发展成果等文艺作品创作的扶持力度，铸牢中华民族共同体意识。要落实好第 32 条保护农业文化遗产和非物质文化遗产的法律责任，按照第 33 条活跃繁荣乡村文化市场的要求，把保护传承和开发利用结合起来，通过推动文化产业发展，发挥文旅融合的赋能催化作用，将新疆特有的文化资源优势转化为产业发展优势，赋予新的时代内涵。我们看的阿瓦提县的刀郎部落，不仅具有独特的自然景观，也具有鲜明的民族特色。

四是坚持将良好生态作为乡村振兴的重要支撑，依法保障和促进乡村生态振兴

良好生态环境既是广大农民的殷切期盼，也是乡村振兴的重要支撑，实施乡村振兴战略的一个重要任务，就是推行绿色发展方式和生活方式。习近平总书记在新疆考察时强调，“要坚持山水林田湖草沙一体化保护和系统治理，推进生态优先、绿色发展，深入打好污染防治攻坚战，严守生态保护红线。”新疆积极践行绿水青山就是金山银山的理念，累计治理沙化土地 660 万亩、修复草原 634 万亩、恢复湖泊湿地 226.5 万亩，目前 32.4% 的村生活污水得到有效处理，主要农作物绿色防控覆盖率达到 42%，成绩来之不易。特别是，柯柯牙精神深深感染了我们检查组每一名同志。

进一步保障和促进乡村生态振兴，必须贯彻实施好乡村振兴促进法第 37 条关于持续改善农村人居环境的法律规定，以农村生活垃圾和污水处理为工作突破口，因地制宜推动农村改厕，稳步提升农村垃圾源头分类和就地资源化利用水平，推动宜居宜业美丽乡村建设。贯彻好第 35 条关于加强农业面源污染防治的要求，加大农业面源污染排放监测力度，完善病死畜禽、畜禽粪污、农作物秸秆、废旧农膜等农业废弃物多元化利用的财政补贴政策，改变过度依赖资源消耗的农业发展模式。要严格落实第 40 条关于禁止污染向农业农村转移的法律责任，守住乡村生态红线，让农民成为绿色空间的守护人。

五是坚持将完善乡村治理体系作为乡村振兴的重要基础，依法保障和促进乡村组织振兴

乡村振兴，治理有效是基础，加强乡村治理是推进国家治理体系和治理能力现代化的基石。习近平总书记在新疆考察时指出，“要充分发挥社区基层党组织的战斗堡垒作用，把工作重心下沉，紧贴各族居民所思所想所盼，帮助大家办好事、办实事、解难题，促进各族群众手足相亲、守望相助，共建美好家园、共创美好未来。”在检查中，我们都真切感受到，新疆在推动乡村振兴中，始终坚持以党的建设为统领，不断加强农村基层党组织建设，为确保乡村社会充满活力、安定有序提供了坚强政治保障和组织保障，也为新疆社会大局向“由稳到治”不断迈进奠定了坚实基础。

进一步保障和促进乡村组织振兴，必须贯彻实施好乡村振兴促进法第 42 条关于党的农村基层组织全面领导乡村振兴的法律规定，旗帜鲜明的坚持党对农业农村工作的领导，不断提高农村基层党组织全面领导乡村振兴的能力和水平。贯彻好第 43 条关于加强农业农村干部队伍建设的规定，提高基层干部推动乡村振兴的能力素质，培育一支懂农业、爱农村、爱农民的基层干部队伍。在依法保障农村基层党组织发挥领导核心作用的基础上，要贯彻实施好第 45 条至 48 条的相关规定，依法保障村民自治和农村集体经济组织发挥基础性管理作用、基层群团组织发挥桥梁纽带作用、新型农业经营主体和社会化服务组织发挥带动服务作用、法律服务组织发挥矛盾纠纷化解作用，推动建立健全党委领导、政府负责、民主协商、社会协同、公众参与、法治保障、科技支撑的现代乡村社会治理体制，构建自治、法治、德治相结合的乡村社会治理体系，确保农村社会长期和谐稳定。

今天是秋分，也是第五个中国农民丰收节。总书记向全国广大农民和工作在“三农”展现的同志们致以节日祝贺和诚挚慰问，并要求扎实推进乡村振兴，推动实现农村更富裕、生活更幸福、乡村更美丽。衷心祝愿新疆在自治区党委的坚强领导下，牢记习近平总书记的殷殷嘱托，在建设团结和谐、繁荣富裕、文明进步、安居乐业、生态良好的美好新疆进程中，奋力谱写乡村全面振兴的绚丽篇章。

实施乡村振兴战略要统筹兼顾全面发展

——在江苏省乡村振兴促进法执法检查时的讲话

（2022 年 7 月 15 日）

吉炳轩

乡村振兴促进法是去年审议通过，公布实施的，今年就进行执法检查，说明这项工作的重要，这部法律的重要。

农业是基础，农民是根基，农村是仓廪，更是我们兴旺发达的根据地，还是我们的家乡、故园，是祖宗们长存的地方。乡村振兴，民之所望，是以习近平同志为核心的党中央的英明决策，战略抉择，是当前和今后一个时期农村工作的最大的事情。农业丰，百业兴；农村安，国家宁；农民富，世泰平。乡村振兴意义重大！

几天来，在江苏省委、省人大、省政府的大力支持和精心安排下，在全国人大常委会农业农村委员会副主任，也是四川省的老书记清华同志的组织带领下，在你们的老书记、也是现任全国人大常委会财经委员会副主任勤俭同志的指导帮助下，在省人大常委会副主任国强同志的支持引领下，我们看了淮安、宿迁、扬州、南京的一些乡村，深受教育和启发。一路上，深切感受到了江苏省经济社会发展所取得的重大成就，看到了党员干部奋发有为的精神风貌，看到社会主义新农村的壮美画卷，看到了乡村振兴促进法在江苏顺利实施所取得的进展和一些宝贵经验。到南京后，省委书记政隆同志专门向检查组的同志介绍了江苏省经济社会的发展情况和乡村振兴促进法的贯彻实施情况。今天下午省长昆林同志、副省长马欣同志和有关厅局委办的负责同志同检查组的同志进行座谈，昆林同志专门介绍了江苏省贯彻落实乡村振兴促进法的情况，有关部门的负责同志作了发言。国强同志又专门讲了省人大常委会在推动乡村振兴促进法贯彻实施中所做的工作和省人大为江苏的乡村振兴所提供的法律支持，特别是认真梳理了在乡村振兴中所碰到困难和问题，正在研究依法解决的办法。所看、所听、所闻，使我们深深感到，江苏乡村振兴的各项工作都抓得很紧、很实、很有成效，是走在全国的前列的，正在按照习总书记所提出的“经济强、百姓富、环境美、社会文明程度高”的要求大步前行。

到江苏来，就是学习和总结好经验，没有什么新话要说。这里我想谈的是，到江苏来进行乡村振兴促进法的执法检查，包括到浙江、广东珠江三角洲地区这些经济社会发展水平较高的地方进行乡村振兴促进法的执法检查或调查研究，我认为需要有更广阔的视野和更高一些的要求。乡村振兴是一项关乎中国特色社会主义现代化建设和中华民族伟大复兴的战略任务，按照第二个百年奋斗目标的要求，就全国来说，需要坚持不懈地奋斗几十年。但由于地理、环境、基础、条件等多种因素，全国各地发展是不平衡的，快慢差距还是比较大的。这就不可能齐步走、一边齐，而是要因地制宜，区别对待，都要从自己的实际出发，积极而又扎实地推进乡村振兴。乡村振兴是全面的振兴，涉及经济、文化、环境等诸多方面，是经济建设、政治建设、文化建设、社会建设、生态文明建设五位一体的，缺一不可的。但在具体的工作步骤和抓法上，或阶段性的任务上，则需要在一定的时间内，突出重点，抓住关键，进行突破。这虽是个工作方法的问题，但也是个很关键的问题。就中西部地区，或较大多数的地区来说，有的可以先把重点放在千方百计增加农民收入上；有的可以先把重点放在改善生产条件打基础上；有的可以集中力量放在抓产业发展上；有的可以相对地把重点放在突出深化改革活化农村经济上；也有的可能会把重点先放在整治村容村貌强化社会治理上；还有的也会把重点先放在着力保护修复生态环境上，等等，这都是切实可行的，都需从实际出发，找准一个出发点，或者叫突破口，率先干起来。当然，突出重点并不是只抓一点而不顾其他，也要统筹兼顾，像弹钢琴一样，十指并用，有节奏地进行。而江苏目前已经发展到了一定的水平，也可以说是较高的水平，所以，一般化的思考和要求不行。不但在进度上要快一些，而且在质量和标准上也更应该高一些。党的十九大，我是江苏选出的代表；十三届全国人民代表大会，我又是江苏选出的代表。我虽不是江苏人，也没有在江苏工作过，但我已把自己作为了江苏的一员，经常站在江苏这块土地上来思考如何贯彻落实好党中央的决策部署，干出江苏的样子。乡村振兴促进法的执法检查也是一样，思考江苏应该如何实施乡村振兴法，依法来推动江苏的乡村振兴。根据以往了解到的情况和这几天看到的一些典型，我就想，在江苏依法推进乡村振兴，是不是应该做到统筹兼顾，全面发展，就是要落实好习总书记所提出的“经济强、百姓富、环境美、社会文明程度高”的要求，而且还要上水平、上档次，走在全国的前列，创造新鲜经验，提供示范借鉴。

对于实施乡村振兴战略，就全国来说，党中央、国务院已经有十分明确而具体的规划；习近平总书记有多次重要讲话，作出了明确指示，提出了科学的理论指导；乡村振兴促进法也讲的十分清晰明确。就大的方面来说，到 2035 年，农业农村现代化要基本实现。具体一点的目标任务就是：农业结构得到根本性改善，农民就业质量显著提高，相对贫困进一步缓解，共同富裕迈出坚实步伐；城乡基本公共服务均等化基本实现，城乡融合发展机制更加完善；乡风文明达到新高度，乡村治理体系更加完善；农村生态根本好转，生态宜居的美丽乡村基本实现。到 2050 年，乡村全面振兴，农业强、农村美、农民富全面实现。这些表述都是理性的，也是概念性的定性的目标，在具体的规划中，都还有一些定量的标准要求。总的来说，乡村振兴需要构建乡村发展新格局，统筹城乡发展空间，优化乡村发展布局，分类推进乡村发展；需要加快农业现代化步伐，夯实农业生产能力基础，加快农业转型升级，建立现代农业经营体系，强化农业科技支撑，完善农业支持保护制度；需要发展壮大乡村产业，推动农村产业深度融合，完善紧密型利益联结机制，激发农村创新创业活力；需要建设生态宜居的美丽乡村，推进农业绿色发展，持续改善农村人居环境，加强乡村生态保护与修复；需要繁荣发展乡村文化，加强农村思想道德建设，弘扬中华优良传统，丰富乡村文化生活；需要健全现代乡村治理体系，加强农村基层党的建设，促进乡村自治、法治、德治有机结合，夯实基层政权这个基础。乡村振兴最为关键的是要保障和改善民生，加强农村基础设施建设，提升农村劳动力就业质量，增加农村公共服务供给，不断提高农民收入水平和生活质量，等等。这些，在乡村振兴法中都有明确体现，就是要依法促进和保障这些工作落实，任务完成，目标实现。

这几天，在江苏看到的情况，这些工作都在推进，在不少方面都做出了成绩，而且有不少是高标准的，带有开创性、经验性的。结合在江苏苏北和苏中看到的一些情况，这些还不是江苏农村最富裕发达的地区，苏南的水平更高一些，仅就我们看到的几个地方，对照乡村振兴法和党中央、国务院的乡村振兴战略规划，我有几点体会，借此提出来，和江苏的同志一块讨论。

一、依法促进乡村振兴，还是要高度重视粮食生产

推进乡村振兴，需要干很多事情，都需要着力抓好，但抓好粮食生产，确保国家粮食安全，确保人民吃饱饭、吃好饭仍是头等大事，必须首先抓好。

“民为国基，谷为民命。”解决好十四亿人口的吃饭问题，始终是我国国计民生的重大问题。乡村要振兴，饭碗要端稳。中国人的饭碗一定要牢牢端在我们自己手上，并且应该主要装中国的粮食，这是一个最基本的问题，也是一个最根本的问题。我们已连续多年的粮食丰收，可以说是缸也满、囤也流，有时连库里也装不下，财政的负担也有点大，但这并不是粮食多了，用不完了。对粮食问题，一定要始终保持一个十分清醒地头脑，要透过现象看本质。在我们这样一个有 14 亿人口的大国，粮食多了一些，好像也是个问题，主要是收储问题、保存保质问题，包括一些深度加工问题，但不可怕，需要进一步调节好、解决好，在收储保存调运加工等方面多做些文章。但粮食如果少了，不够用了，那可是个大问题，而且是很大的问题，要命的问题。这是两种不同性质的问题。多了是库存压力，是财政压力；少了是社会压力，是整个大局的压力。人们如果没有饭吃，或吃不饱饭，那社会就要生乱，这是被历史反复证明了的一个真理。现在，粮食供求相对比较宽松，农副产品价格也比较稳定，老百姓心里踏实，不会出现心慌意乱，社会也很安定。新冠肺炎疫情肆虐连续三年，许多行业生产受阻，但我国始终保持社会康宁，国泰民安，各种生活物资供应顺畅富足，除了党的领导坚强、社会主义制度优越这一政治因素外，就经济工作来说，最根本的就是农村稳、农民安、农业丰。“手中有粮，心里不慌，脚踏实地，喜气洋洋。”这是农业丰收，粮食安全的功劳。但如果出现大的减产，粮食供应不足，一旦吃不饱饭，市场供应不足，物价就会上涨，整个经济社会稳定就会出大麻烦。对粮食问题，一定要从战略上来看，从全局上来看，要看得深一点、看得远一点。

保障粮食安全,关键是要保粮食生产能力,确保需要时能产得出、供得上。这就要求我们坚决守住全国18亿亩耕地红线,并要把高标准农田建设好,把粮食生产功能区规划好建设好,真正把藏粮于地、藏粮于技战略落到实处。要积极利用国内国外两个市场、两种资源,适度增加一些国内紧缺农产品进口,为我国耕地、水资源等休养生息腾出空间,更好地优化农业资源配置。但一定要把握好度,拿捏好分寸,依靠进口来解决我国农产品不足问题,把勺子把交给国际市场是不行的,也是靠不住的。

确保粮食安全,在确保粮食丰收,在产量上不下降,不出现大的波动的前提下,还要高度重视并切实抓好提质增效。质量就是效益,质量也是竞争力。过去,由于粮食长期短缺,为吃不饱肚子而发愁,所以搞农业主要是盯着产量,以提高产量为目标。现在,情况变了,我国农业的主要矛盾已经由总量不足转变为结构性矛盾,突出表现为结构性供过于求和供给不足并存。这些年来,一些大宗农产品偶有总量过剩的问题,库存出了积压现象,价格也有时下行,要对农业生产结构和生产力布局进行一些适当的调整。但粮食结构调整要十分慎重,不能盲目。前几年玉米多了些,库存压力增大,就减少面积,结果仅两年时间,就不够用了,还要从国外进口一些。我国几大粮食作物小麦、水稻、玉米、土豆,基本上结构布局还是比较合理的,不可盲动。油料,主要是大豆严重不足,这是需要下决心解决的一个问题。大豆产量上不去,比较效益低,农民缺乏积极性,这仅是一个方面。还有一个方面,耕地就那么多,种瓜就不能种豆,种豆就无法种瓜。扩大油料作物种植,势必要挤占粮田,这个矛盾也要处理好。这两年已经采取了一些积极措施,见到了一些成效。此外,食用油料的生产还要多头多路,要多种油料作物同时发展,如花生、芝麻、棉籽、茶油、油菜等,多门路来统筹解决。不管怎么说,粮食安全,必须要保住粮田面积,这一点决不能含糊。改革开放以来,特别是近20多年以来,我国粮食市场没有出现大的波动,要总结好这方面的经验。

江苏也是个产粮大省,而且还是有贡献的省,除了自食自用外,每年还要调出一些。这些年,江苏省年产粮食一直保持在750亿斤左右,每年为国家贡献,即调出100多亿斤,进出平衡,还可净调出50亿斤左右。现正在全力打造5000万亩高标准农田,建成后,每亩年产按吨粮来计,粮食产能可达1000亿斤,贡献就会更大。江苏的粮食生产、种植水平、水利条件、机械装备和科技能力都是很强的,完全可以走在全国前列。江苏省农业科学院溧水植物科学基地、南京国家农业高新技术产业示范区、元丰种业有限公司、扬州广陵区现代农业科技产业园、泗洪张洪程院士创新试验基地等,都在用现代科技武装农业,实现育繁难、产供销一体化和产业发展方面进行了积极探索,积累了新鲜经验。特别要看到,江淮大平原是我国粮食优质产区,一定要看护好,耕种好,为国家粮食安全做出贡献。

二、依法促进乡村振兴,必须要下力抓好农村产业

乡村要振兴,产业来支撑。

实现农业产业化是建设农业现代化、推动乡村振兴、加快农民富裕步伐的重要支撑。需要进一步认清看明的是,发展农村产业,不仅仅是办几个厂子,有个挣钱的门路,能够安排一些剩余劳动力,更重要的是,要深入推进农业产业化发展,把农业生产的产前、产中、产后等环节有机结合起来,把分散的农户组织起来、分散的作业统一起来、分散的经营联合起来,使生产规模化、产品商品化、流通市场化,使千千万万的“小农户”、“小生产”与纷繁复杂的“大市场”、“大需求”联系起来,为广大农民进入市场构筑起畅通牢固的桥梁。有条件的地方,都应以打造大龙头、大链条、大产业、大品牌为目标,加快构建现代农业产业体系。要加快农牧林果渔业的商品生产基地建设,推广“龙头企业 + 合作社 + 农户”经营模式,引导和支持农民专业合作组织、村集体经济组织、农业技术推广部门、专业大户、农民经纪人等各类市场主体积极参与进来。要鼓励支持龙头企业根据需求建设优质粮、肉蛋奶、瓜菜、糖料、饲草、水产、山特产品生产基地,提高基地建设规模、生产总量及专业化水平。要着力培育壮大龙头企业,鼓励支持农产品加工企业引进先进适用的生产加工设备,改造升级贮藏、保鲜、烘干、精选、分级、包装等设施装备,支持企业以资本运营和优势品牌为纽带,开展跨区域、跨行业、跨所有制的联合与合作,推进优势产品向优势企业集中、优势企业向优势产业和优势区域集聚,打造一批在市场上叫得响、占有率高的名牌产品,积极参与国际竞争,占领更多市场。

一定要看到,产业兴旺是实现乡村振兴的基础和前提。只有产业兴起了、兴旺了,才能让农民就近增收致富,才能让农村留得住人、成为安居乐业的美丽家园。过去,乡村产业主要是传统种养业,产业链条短、增值空间小、就业岗位少,带动农民增

收的能力非常有限。农产品加工流通业等产业，主要布局在城市。现在，随着交通、通信等基础设施不断改善，物流运输更加便利，加上人工、土地等成本较低，农村发展二三产业的条件越来越好。近几年我们大力发展农村新产业新业态，推进一二三产业融合，取得了初步成效。今后要进一步丰富乡村产业类型，创新产业融合方式，大力发展现代种养业、农产品加工流通业和乡村新型服务业，支持发展乡村特色产业、休闲农业、乡村旅游、农村信息服务业、农村电商等产业，大幅提高产业经营效益和农民收入。发展这些产业不仅靠在乡村的农民，还要鼓励外出农民工、高校毕业生、退伍军人、城市各类人才返乡下乡创新创业，给他们提供创业服务平台，完善扶持政策，让他们在乡村能干事、干成事。

需要注意的是，发展农村产业，要始终坚持把农民更多分享增值收益作为基本出发点，着力增强农民参与融合能力。要创新收益分享模式，健全联农带农有效激励机制，让农民更多分享产业融合发展的增值收益。要引导农村集体经济组织挖掘集体土地、房屋、设施等资源和资产潜力，依法通过股份制、合作制、股份合作制、租赁等形式，积极参与产业融合发展。要积极培育社会化服务组织，加强农技指导、信用评价、保险推广、市场预测、产品营销等服务，为农民参与产业融合创造良好条件。要鼓励行业协会或龙头企业与合作社、家庭农场、普通农户等组织共同营销，开展农产品销售推介和品牌运作，让农户更多分享产业链增值收益。

江苏是个农村产业化发展的大省、强省；也是个靠农村产业持续快速发展而使农民走向富裕、农村面貌剧变的出经验的先进典型。江苏乡镇工业发达，农业加工业发达，都已积累了丰富的经验，还要继续抓紧抓好，应再上一层楼，创造新经验。特别是在城乡融合发展，产品提质增效、创新农村业态等方面，能再出好经验。我们这次所看到的，周子未来食品科技有限公司、淮安兰花科技园、百汇园黑莓产业园、华绿生物食用菌工厂化栽培、洋酒斯味特果品产业园、王官集现代休闲农业产业园、宿城现代农业产业园等现代农业的产业项目，不论其规模、装备、科技水平、产品质量都是高水平的，为农业产业的创新发展提供了新鲜经验。

三、依法促进乡村振兴，要坚持不断改善生产条件

推动乡村振兴，建设农业农村现代化，必须要着力改善农业生产条件，促进农村生产力有更大发展。

农业的发展，从根本上讲，还是要进一步解放和发展生产力。在农村生产力的诸多要素中，人依然是最关键的、最核心的要素，也是起决定性作用的要素。推动农业发展，农村建设，实现乡村振兴，从根本上来说，是要发挥广大农民的积极性、创造性和主观能动性。除了这一核心要素外，生产条件和生产手段也是十分重要的因素。农业生产受制于天，受限于地，受各种自然环境的约束。而要与天抗争，与地奋斗，与各种各样的自然灾害斗争，就必须要借助于一定的生产工具和生产条件。现代社会已经进入了工业化、科技化、信息化阶段，而支撑这个社会发展的农业，也应该进入科技化、信息化、现代化，否则这个基础就要被动摇，现代化社会的大厦就不牢靠，就难以巩固。

推动乡村振兴，改善生产条件，需要建设的内容很多，但有几条是最基本的，必须优先推进。

一是还要下力推进农田水利现代化建设。水利是农业的命脉，现代农业必须有现代水利作保障。要解决靠天收的问题，就要建设可靠的旱涝保收田、高产稳产田，而旱涝保收、高产稳产，其中旱能浇、涝能排的水利设施是最为关键的。治水需要工程，有工程才能有水利，有水源无工程难以成为水利。我们在水利工程建设方面已经取得了巨大成绩，积累了丰富的经验，也发挥了巨大效益，但仍然有大量工程急需建设。防洪除涝需要工程，城乡供水需要工程，农业灌溉需要工程，治污清流需要工程，保持生态需要工程，节约用水需要工程，等等，可以说，没有工程建设，保护水资源，优化水环境，兴水利、除水害都是难以办到的。仅就农业生产来说，确保粮食生产旱涝保收、高产稳产，必须着力解决兴水利、除水害问题，否则就永远处于被动局面。频繁发生的水患和干旱灾害不停地告诫我们，农田水利基础设施不足仍是影响农业稳定发展和国家粮食安全的重大制约。习近平总书记高度重视水利工程建设和水资源保护和节约用水，就抗旱除涝，保护水环境，作出过一系列重要指示。我们一定要落实好总书记的重要指示，继续抓紧抓好农田水利工程建设，做到科学用水、节约用水，防洪除涝、兴利除弊，管住水，用好水。江苏是水资源最为丰富的省份，江河湖泊一应俱全，分布广泛，水利这篇文章还需要进一步做好。除水害、兴水利，创水业、聚水财，还可干许多事情。

二是要加快推进农业机械现代化建设。农业机械是最为直接的生产力，发展农村生产力，推进

现代农业发展，就必须用现代机械来装备农业。现在，我国正处在由传统农业向现代农业转变的关键时期，我国农业机械化正处在加快发展、结构改善、质量提升、领域拓宽的重要阶段。虽然我国是世界农机第一制造大国，但在现代农业机械的研制、开发、生产上与发达国家的差距是极大的，大多数国产农机产品仅相当于发达国家上世纪70年代80年代的水平。国内农机企业特别是小型农机企业原始创新乏力，多数没有核心关键技术研发能力，主要靠仿制国外和国内知名农机企业产品为生。很多农机产品质量不稳定、可靠性不高，制约了农机水平的整体提升。这个问题确实需要引起高度重视，该下力气解决了。应积极培育农机发展主体，制定完善促进农业机械化发展的法律法规和政策措施，鼓励和支持现代化农机装备制造，鼓励和支持农机专业合作社、农机作业服务公司等新型农业生产经营主体加快发展，大力引导土地、劳动力、资金、装备、技术、信息等生产要素向农机合作社和服务组织集聚，加快实现主要粮食作物生产、饲草生产和加工、畜禽养殖等全程机械化。要加强农机化基础和前沿技术研究，开发具有自主知识产权的多功能、智能化、经济型农机装备科研成果，重点在田间作业、设施栽培、健康养殖、精深加工、储运保鲜等环节取得新进展。江苏是我国装备制造的大省、强省，完全可以在农业机械化建设发展上走在全国前列，提供新鲜经验。

三是积极推进农业科技现代化建设。农业科技现代化是建设农业现代化、实现乡村振兴的根本保障。人类历史发展表明，一部农业发展史就是农业科技进步史，每一次农业科技的重大突破，都带来了农业发展新的飞跃。我国以不到世界7%左右的耕地，养活占世界21%的人口，关键就在于紧紧依靠农业科技自主创新来不断促进农业生产力发展。建设现代农业，推动乡村振兴，就要始终坚持科技兴农，大力研发推广先进适用技术，不断提高农业生产科技含量，向良种良法要产量，向科学技术要效益，加快促进科技成果向现实生产力转化。要进一步深化农业科技体制改革，打破部门、区域、学科界限，有效整合科技资源，建立协同创新机制，从科研、试验、示范、推广等环节入手，推动产学研、农科教紧密结合。要完善以产业需求为导向、以农产品为单元、以产业链为主线、以综合试验站为基点的新型农业科技资源组合模式，充分发挥技术创新、试验示范、辐射带动的积极作用，利用农业科技来改造农业、经营农业、管理农业，走出一条依靠科技进步不断提高土地产出率、资源利用率和劳动生产率的农业现代化发展道路。

江苏是水资源最为丰富的大省，是农业机械生产的大省，是科技力量很强的大省，又是土地平坦、最适宜农业机械化耕作、科技化栽培和水利最为便利的省，应在农业的现代水利化，现代机械化，现代科技化方面走在前列，为全国提供示范和创造经验。

四、依法促进乡村振兴，一定要坚决守住绿水青山

推进农业绿色发展，是贯彻新发展理念、推进农业供给侧结构性改革的必然要求，是加快农业现代化、促进农业可持续发展的重大举措，是守住绿水青山、建设美丽中国的时代担当，更是实施乡村振兴的必要条件，这对于保障国家食品安全，资源安全和生态安全，维系当代人福祉和保障子孙后代永续发展都具有重大意义。

习近平总书记、党中央、国务院对保护农村生态环境，推动农业绿色发展高度重视，并作为一个攻坚战役来打。党的十八大以来，习近平总书记就保护好生态环境作出了一系列重大指示和重大决策部署、取得了明显成效。但从总体上来看，我们的农业生产主要依靠资源消耗的粗放经营方式还没有完全改变，农业面源污染和生态退化的趋势尚未彻底遏制，绿色优质农产品和生态产品供给还不能有效满足人民群众日益增长的需求，农业的支撑保障制度体系还有待进一步健全。保护农村青山绿水的良好生态环境，特别需要牢固树立和贯彻落实新的发展理念，认真落实党中央、国务院的决策部署，以绿水青山就是金山银山为指引，以资源环境承载力为基准，以推进农业供给侧结构改革为主线，切实做到尊重农业发展规律，转变农业发展方式，优化空间布局，节约利用资源，保护产地环境，提升生态功能，并强化约束监管，着力构建人与自然和谐共生的农业发展新格局。

保护青山绿水，推动绿色发展，必须要坚持以空间优化、资源节约、环境友好、生态稳定为基本路径。要牢固树立节约集约循环利用的资源观，始终坚持把保护生态环境放在优先位置。要构建生态功能保障基线、环境质量安全底线、自然资源利用上线。要把绿色发展导向贯穿农业发展全过程，乡村振兴各方面。保护青山绿水、推动绿色发展，必须要坚持以粮食安全、绿色供给、农民增收为基本任务，切实做到保供给、保收入、保生态的协调统

一。要坚持以制度创新、政策创新、科技创新为基本动力,全面深化改革,着力构建以资源管控、环境监控和产业准入负面清单为主要内容的农业绿色发展制度体系,着力构建绿色循环发展的农业产业体系、科学适度有序的农业空间布局体系,着力构建以绿色生态为导向的政策支持体系和科技创新推广体系,努力激活农业绿色发展的内生动力。保护青山绿水,推动绿色发展,必须要坚持做到以农民为主体,以市场为导向,以政府依法监管为基本遵循。要做到既要明确生产经营者的主体责任,又要做到通过市场引导和政府支持,来调动广大农民参与绿色发展的积极性、创造性。

保护青山绿水,推动绿色发展,必须要有明确的目标要求和任务措施。党中央、国务院已十分明确地提出:要把农业绿色发展摆在生态文明建设全局中最为突出的位置,全面建立以绿色生态为导向的制度体系,形成与资源环境承载能力相匹配、与生产生活生态相协调的农业发展格局,切实做到耕地数量不减少、耕地质量不下降,地下水资源不超采,化肥农药使用零增长,秸秆、畜禽粪便、农膜全利用,实现农业可持续发展,以使农民的生活更加富裕、乡村更加美丽。

江苏是一个经济大省,也是一个经济强省和富省,完全有能力在推动现代农业绿色发展中走在前列,创造经验,提供示范。我们这次沿途看了黄河故道、洪泽湖区和长江沿岸几处湿地的整治、保护,建成了几处风景秀美、水天一色、绿树成荫、鸟语花香的湿地公园,令人十分兴奋,虽有高温酷暑的炙烤,但也令人兴致高涨,流连忘返。如扬州北湖国家湿地公园、运河三湾公园、宿迁黄河故道湿地整治和保护等,包括全省的城市建设,城镇建设、美丽乡村建设等,都对环境保护高度重视,绿水青山就是金山银山已深深扎根于江苏大地,并付诸于行动之中,也创造了很多好的经验。

五、依法促进乡村振兴,要做到科学推进乡村建设

安居乐业是实施乡村振兴战略的基本内容,重要任务。安居,简单说就是住的安稳,走的顺畅;乐业,就是有活干,有钱挣。一句话,就是建设美丽乡村,发展农村产业。这里仅说安居。

就现阶段来说,安居,就是先要把人民的住房问题解决好,并围绕着安居,解决好水的问题、路的问题、电的问题、通讯的问题、网络的问题,以及学的问题、医的问题、买的问题、卖的问题,还有供气的问题、取暖的问题,各种污水、垃圾、废弃物的处理问题等。住房问题目前仍然是现阶段城乡居民要求较为迫切的问题。就城市来说,有没房住的问题,有住房小的问题,有住房差的问题,有想改善居住条件和优美环境的问题,等等。农村同样对住房有新的需要和高的要求。可以说,多数人对住房都有需求,这是经济社会发展和历史进步的表现,是好事,说明社会安定,经济发展,人民的幸福指数在上升。只有社会安定,经济发展,人们才知道置业,如果兵荒马乱,民不聊生,谁还会有心事去考虑住房大小、好坏、多少呢?只有有吃有喝有钱花,而且还有事情做,才会对住房有新的和高的需求。

但需要明确的是,安居并不是追求豪华高档的住宅。搞小城镇建设、美丽乡村建设,不能都去盖独栋别墅。过去有一部分村庄和住户有能力盖的好了一点,已经住上了乡村别墅,我们当时也是欢迎的,但现在不能去大范围提倡和推广。一是这需要量力而行;二是我们土地有限,盖别墅占地较多,特别是大别墅、大宅子,所谓的深宅大院,我们是不能赞成的。安居主要是舒服、敞亮,人们住在里面感到踏实、安全、温馨。我国人多地少,不能占用太多的土地去建深宅大院,还要提倡小而精巧,小而舒适,小而温馨。特别是在实施乡村振兴战略中,建设美丽乡村,对农民的住宅的建设或改造,一定要避免现在的许多城市建设那样,千城一面、百城莫辨。各地山水不同,文化多样,风俗也有不同,形成了丰富多彩的文化传统,这其中就有住宅文化传统。我们还要传承好中华优秀文化传统,根据现代人的住房需求,多搞些改造修缮,少搞些大扒大建。重点在通风、透光、环保,解决好水、电、暖、交通、通讯、网络等基础设施的完善上下功夫,使人们看着养眼,住着舒心,走着顺畅,用着方便。特别是要着力办好教育、卫生、文化、科技、体育等公共服务方面的事情,逐步解决城乡公共资源占有差别过大的分配不公问题。耕作在广袤的田野里,居住在现代化的城镇里,这个现代化的村庄、城镇,应该是山水田林路融为一体的、有地方特色和文化品位的、千姿百态各展风彩的、传统与现代完美结合的、各类现代服务社会设施齐全完善的、环境十分优美的美丽乡村。

安居乐业,必须要强化社会管理,必须把夯实基层基础作为固本之策。要建立健全党委领导、政府负责、社会协同、公众参与、法治保障的现代乡村社会治理体制,坚持自治、法治、德治相结合,确保乡村社会充满活力、和谐有序。要加强农村基层党

组织建设，突出政治功能，提升组织能力，切实把农村基层党组织建成坚强战斗堡垒。要深化完善村民自治制度，发挥好村民自治章程、村规民约的积极作用，建立健全村务监督委员会，推行村级事务阳光工程。要依托村民会议、村民代表会议、村民议事会、村民理事会、村民监事会等，形成民事民议、民事民办、民事民管的多层次基层协商格局。要建设法治乡村，坚持法治为本，树立依法治理理念，强化法律在维护农民权益、规范市场运行、农业支持保护、生态环境治理、化解农村社会矛盾等方面的权威地位。要提高农民法治素养，引导广大农民增强尊法学法守法用法意识。要提升乡村德治水平，深入挖掘乡村文化中所蕴含的道德规范，结合时代要求进行创新，教育农民向上乐善、孝老爱亲、重义守信、勤俭持家。要建立道德激励约束机制，引导农民自我管理、自我教育、自我服务、自我提高，实现家庭和睦、邻里和谐、干群融洽。

江苏省在推进美丽乡村建设和农村城镇建设，消除城乡二元结构，实现城乡发展一体化方面，是走在全国的前列的，在城乡规划、村镇建设、产业发展、基础设施、公共服务、就业社保、社会管理和乡村文化建设等方面，都有一大批先进典型，创造了很好的经验。就我们这次仅在苏北、苏中看到的，淮安市张兴社区、扬州市方巷镇沿湖村、仪征市庙山村、宿迁市唐圩新型农村社区、瑶沟乡溪桥悦农房改善等美丽乡村建设和农村住房改造，结合产业发展，乡村整治、文明建设等，都作出了示范，创造了经验。在乡村振兴中，需要把江苏这方面的经验总结好、完善好、深入发展好，以建设出更多的、全面的、更加美丽的乡村。

六、依法促进乡村振兴，要始终着眼于人的全面发展

人民群众是推动人类历史发展的根本动力，广大农民是推进乡村振兴的主体力量。实施乡村振兴战略，实现农村现代化，必须要坚持以人为本，在大力发展经济和进行社会建设的同时，努力促进人的全面发展，使广大农民的整体素质有很大的提高。

广大农民是农村经济发展的主体、农村民主政治的主人、农村文化繁荣的主角、农村社会进步的主力。他们既是乡村振兴的建设者，也是乡村振兴的受益者。只有真正发挥广大农民的主体作用，激发农民群众所蕴藏的巨大潜能，农民的事情由农民去办，才能真正实现乡村振兴。江苏有许多村子已十分富裕，建成了社会主义现代化的新农村，成为了乡村振兴的典范，但这些村子无一不是通过发挥农民主体作用，使农村落后面貌得到了根本改变。当然，十分关键的是这些率先发展起来的村，都是有一个好的带头人，有一个坚强的党支部，是党支部、带头人，组织带领农民干出来的，而且干出了伟业，创出了奇迹。

发挥农民主体作用，首先要切实保护广大农民的积极性、创造性。改革开放40多年来，广大农民的生活从温饱不足达到全面小康，有一部分农村率先实现了富裕的现代化生活，根本的原因是实行了家庭联产承包责任制，把广大农民的积极性充分调动了起来，发展了形式多样的农工商多种经营，形成了农业生产向产业化、市场化发展，农村建设向城镇化迈进的新局面。在新的历史发展阶段，我们要实施乡村振兴战略，就仍然需要依靠农民积极性、创造性的充分发挥。应把亿万农民动员起来、组织起来、调动起来。还要引导广大农民发扬自力更生、艰苦奋斗的优良传统，通过自己的辛勤劳动来改善生产生活条件，建设幸福美好家园。要充分尊重农民意愿，办什么、不办什么，先办什么、后办什么，都应广泛征求农民意见。在现代农业和乡村振兴的建设上，农民最有发言权。有些事情，在农民想不通时应多引导，在农民不同意时不能强制，在农民看不清时要先示范，在农民积极性高涨时需多扶持，一定要动员广大农民靠自己的力量来推进乡村振兴。要建立和完善民意表达机制，把农民的合理意愿和要求体现到乡村振兴的伟大实践中来。

一定要十分清醒地看到，广大农民群众是推动生产力发展最活跃、最积极的因素。我国的农业生产土地承包、农村乡镇企业发展、农村小城镇建设、农业产业兴起、进行村民自治等重大改革，都是农民群众的伟大创造。我们要实施乡村振兴战略，仍然需要农民群众的聪明才智。我们要倡导和鼓励农民围绕乡村振兴的目标任务大胆探索、大胆实践，支持农民去试、去干、去闯，并及时总结和推广他们创造的新鲜经验。要进一步激发广大农民自主创业的潜能，大力营造鼓励农民干事业、帮助农民干成事业的社会氛围，并为农民群众创业致富提供有力的支持和帮助。在推进乡村振兴的过程中，一定要把农民的利益放在首位，紧紧围绕农业增产、农民增收、农村繁荣来开展工作，下力解决广大农民最为关注、最为急迫的问题。要切实尊重农民的权利，保障广大农民的参与权、决策权和监督权，依法确保农民群众当家作主。

同时还要看到，只有培养大批具有现代文明的新型农民，不断提高农民的思想道德素质和文化水准，才能促进现代农业快速发展和乡村振兴顺利推进。要在农村大力倡导形成健康文明的新风尚，弘扬以爱国主义为核心的民族精神和以改革创新为核心的时代精神，大力实施公民道德建设工程，积极推动群众性精神文明创建活动，引导农民崇尚科学、抵制迷信、移风易俗、破除陋习，树立文明意识、健康意识、卫生意识，推动形成文明向上的社会风貌。我们通过小城镇建设和新农村建设，全国各地不少农民住上了宽敞明亮的新居，吃上了自来水，用上了室内厕所，使上了液化气，置办了现代家具，还有了文化娱乐健身场所，形成了健康祥和、和谐稳定的农村社会环境和良好的人际关系，农民的精神面貌发生了巨大变化。这就是存在决定意识，环境影响观念，符合马克思主义的哲学原理。我们现在仍然需要继续按照“生产发展、生活宽裕、乡风文明、村容整洁、管理民主”的要求，加快推进新农村建设，完善农村供水、排水、道路、电力、通讯等基础设施，不断改善农村生活环境和村容村貌，加强农村公共文化设施建设，不断满足广大农民群众物质和精神文化需求。

让农民过上好生活、新生活，富裕安康的现代化生活，这是我们共产党人的责任，也只有这样发展下去才能充分体现社会主义制度的优越性，我们应该为此而加倍努力。

对大家在座谈中提的意见和建议，我们如数带回，认真研究并很好解决。

最后，对江苏省委、省人大、省政府对我们这次执法检查的高度重视和大力支持表示衷心的感谢！对所有支持、帮助我们这次执法检查的市、县、部门、单位和接待、服务单位的同志，表示衷心的感谢！

乡村振兴的目的是富裕农民

——在安徽省乡村振兴促进法执法检查时的讲话

（2022 年 8 月 19 日）

吉炳轩

几天来，在安徽省委、省人大、省政府的大力支持和精心安排下，我们看了安庆、铜陵、芜湖、马鞍山、合肥的一些村镇，深受教育和启发。一路上，看到了安徽省在中国特色社会主义新时代取得的新的重大成就，在全面建设社会主义现代化国家新征程上的新作为新气象，看到了乡村振兴促进法在安徽顺利实施所取得的进展和宝贵经验。刚才，全国人大农业农村委员会副主任委员彭清华介绍了执法检查的相关情况，张曙光副省长介绍了安徽省贯彻实施乡村振兴促进法的有关情况，政府有关部门作了发言，大家作了认真准备，讲得都很好。对于大家提出的意见建议，我们将带回去认真研究，有的问题会及时向有关方面反映。所看、所听、所闻，使我们深深感到，安徽省乡村振兴的各项工作都抓得很紧、很实、很有成效，正在按照习近平总书记所提出的“在构建以国内大循环为主体、国内国际双循环相互促进的新发展格局中实现更大作为，在加快建设美好安徽上取得新的更大进展”的要求砥砺前行。

实施乡村振兴战略，是以习近平同志为核心的党中央着眼党和国家事业全局，深刻把握现代化建设规律和城乡关系变化特征，顺应亿万农民对美好生活的追求作出的重大决策部署。习近平总书记就如何实施乡村振兴战略发表了一系列重要讲话，作出了许多重要指示；党中央、国务院作出了发展规划，制定了有关政策；全国人大常委会根据党中央的要求，专门制定了乡村振兴促进法；全国各地都正在进行积极的探索实践，并取得了不少经验，产生了许多典型。乡村振兴正在如火如荼地开展，形势非常喜人。

这些年，全国人大常委会围绕乡村振兴战略的实施，进行了立法调研，专题调研，发现了不少好的典型，也听到了许多意见和建议。全面推进乡村振兴，涉及到众多方面，除了要实现五个方面的振兴外，还有农业农村现代化的发展问题，城乡一体化发展问题，深化农村改革问题，也都是乡村振兴的题中应有之一。有许多工作是要统筹兼顾，同时做好的。由于时间关系，结合学习总书记关于实施乡村振兴战略的一系列重要讲话，在这里我仅谈一个观点，也是一条建议，即实施乡村振兴战略，必须要着眼于富裕农民，提出来和同志们进行交流。

推动乡村振兴，要在富裕农民。我们共产党人奋斗的目的,就是让人民富裕起来,国家强盛起来,没有贫穷,没有剥削,没有战争,没有动乱,让人民过上幸福安康的好日子。这是我们工作的全部。对于农村来说,当前的主要任务就是要让广大农民富裕起来,安居乐业,幸福康宁。实施乡村振兴战略,最主要的任务和目的就是富裕农民,这是根本。

富裕农民可干的事情很多,而且富裕的内容和标准各个时期也各不相同。过去流行的说法,在新中国成立之初,就是:"三五亩地一头牛,老婆孩子热炕头",这是当时农民追求的富裕生活,觉得有这样的日子过也就很满足了。以后又提出:"楼上楼下,电灯电话",认为能过上这样的日子才算富裕。如果闹了灾荒,遭了年景,吃不饱肚子,能有饭吃,能吃饱饭,也很知足,相对于饿肚子来说,这就是富裕。长期以来,春节老百姓家里贴对联,多用"六畜兴旺"、"瑞雪丰年"、"五谷丰登"、"大吉大利"等表达愿望,也是在追求心目中的富裕生活。冬天下雪了,下了大雪,中原地区的农民就很高兴,多会说:"雪盖三层被,枕着油馍睡"。意思是一冬下了三场大雪,来年肯定小麦大丰收,人就可以枕着油馍睡觉了,追求的就是每天都能有白面油馍吃,这就是富裕。改革开放后,实行了联产承包责任制,农民有了种植的自主权,生产热情空前高涨,温饱问题解决了,吃白面馍馍没有问题,但又提出能成为万元户,才算富裕,即一个家庭一年能收入一万元钱。以后万元户也不吃香了,现在五口之家,一万元的纯收入还算贫困户,而追求的富裕标准是人均年收入在一万元、数万元。过去的住房、家什、交通都没有多少讲究,能有个遮风避雨的屋子,有个桌椅板凳,有辆自行车就很不错了。而现在则追求小庭院、小别墅。过去那种家里能有"三转一响(手表、自行车、缝纫机,收音机)的奢侈追求也已进入历史,而现在追求的是数字大彩电、大冰箱和汽车、摩托车等。富裕的要求和标准也是与时俱进的,而且是没有穷尽的。随着我国经济社会的发展,农村面貌的改变,农民富裕的标准要求还会更高。富裕农民的内容很多,既要富口袋,还要富脑袋;既要物质丰,还要环境美;既要条件优,还要精神乐;既要住得舒适,还要行得顺畅,等等。各地乡村情况不同,要求也不同,工作的重点也不同,但就普遍的来说,当前最主要的任务还是要进一步富口袋,即千方百计增加农民收入,收入多了,购买力增强了,一切都好办。

较长的时间以来,农民是为了能吃上饱饭而奋斗,追求的是能多打些粮食,缸里满,囤里流,一年下来,人吃马喂还能有些剩余,以备荒年之需。我们的父辈、祖辈都是这样走过来的,很少去计算一年的钱财收入有多少,只要有食粮,心里就不慌,钱多钱少不大算计。改革开放以来,农业持续丰收,吃饭的问题可以说解决了,也可以说根本解决了,只要没有大范围的、涉及到全国性的特大自然灾害,我们吃饭的粮食还是没有问题的。只要全国粮食年产量每年都能保持在12000亿斤以上,就不会出现粮食口粮危急,这个底气我们还是有的。对于农民来说,现在最突出的问题是没有钱花、缺钱花,或者说是钱不够花。农民现在对钱比对粮看得还要重,因为花钱的地方太多,没有钱什么事情也办不成。儿孙上学要花钱,娶妻嫁女要花钱,修房盖屋要花钱,人来人往也要花钱,需要花钱的地方多了去了。仅就正常的农业生产、日常开销,没有钱就办不成事。种子、化肥、农药、地膜得花钱去买,就连浇地也得花钱买电费和水费。至于日常生活,油、盐、醋,衣、被、鞋,这都是最基本的、必不可少的,也都需要靠钱去买。现在能自己纺线织布、做衣衲鞋的人基本上没有了,一切生活所需都要靠到市场上去买。花钱如流水,这也成了常态。而在缺钱花的老百姓眼里,现在的钱又同过去不同,用老百姓的话讲是"有点发毛",就是手里有些钱而又感觉到不是钱,几块钱,几十块钱,几百块钱,甚至几千块钱就不算钱。过去出门,兜里揣几十块钱就感到很有钱,坐车、吃饭、住店都不用发愁,而现在兜里装几千块钱出门就不踏实,总怕不够用。当然,现在青年们不怕这些,拿着手机就行,可以通过办卡向银行透支,然后再还。我们这一代人不行,至少我不行,口袋里不装钱是不敢出门的。这是闲话,就此打住。这也是借此说明农民对钱的看重,增长农民收入的重要。农民的收入稳定增长了,农村的购买力增大了,才能够更加富裕起来,农村也才能够建设得更好,农业、农村也才能够顺利进入现代化,也才能够实现乡村振兴,这是一个很普通的道理。没有钱是富裕不起来的,也是建设不了美丽乡村的。所以,推动实施乡村振兴战略,建设农业农村现代化,很要害的一条,就是要体现在农民收入的稳定增长上。虽然这仅是一个方面,但确是很重要的一个方面。

依法保障农民收入稳定增长,不是通过各种政府补贴、社会资助来保证农民的收入增长,而是要依法推动和保障搞活农村经济,使农民通过诚实劳动,合法经营,多门路、多渠道获得收入。只有把农村经济搞活,门路搞通,进行政策支持和法律保障,这才有可能使农民的收入稳定增长。农民很苦,农民很累,单靠农业种植,特别是种植粮食,一家一户在几亩地上耕作,是很难富裕起来的,或者说是根本富裕不起来。一些种粮大户富起来了,但他是通过土地流转,获得了众多土地资源进行规模经营,而被流转出去土地的农民就要另谋生路,这不是所有土地承包户的种粮致富、增长收入。从现实情况看,凡是收入较高的地区或村庄、农户,都是靠多业经营而实现的。

根据多年来的农村调研和工作实践来看,农民收入的渠道主要有以下几个方面:

一是农林种植业收入。种植业收入中有种粮收入,这是一大部分,但收入不高;也有种瓜果、蔬菜、花卉、中药材等的收入,这些收入稍高一些。全国 18 亿亩耕地,人均也就是二亩多一点(指农民),而多数地方人均只有一亩来地,有的城郊只有几分地。有些地方除黑龙江、吉林、内蒙古外,虽然人均土地有二亩、三亩不等,但土地条件很差,质量不高,产出很低。一亩旱田、沙土田、盐碱地,还不如好田、水田三四分地收获得多。就按人均二亩耕地来算,种小麦、水稻、玉米,这些主要粮食作物,每亩地一年的毛收入都不超过两千元,一般在一千五六百元左右。如果人均一亩地,年收入也就是千八百元。如果去掉化肥、种子、农药的投资,一亩地净收入也就五六百块钱,这还是好的,而且是不算劳动力本身的活劳动投入。这还是风调雨顺,高产高效的,即粮食能够卖得出去,卖个好价钱。但有相当大的一部分农民种粮还是自家吃的,是卖不了钱的,卖了自己就没有饭吃。这样的收入对于产粮自食的农民来说,也仅是个纸面上的理论数字,是变不了现的。真正农业种植业的收入,除了一些种粮大县、大户,像黑龙江、吉林等地,种粮就是卖钱外,中原、西北、西南、华东、华南等地区多是靠一定规模的种菜、种瓜、种果、种花、种树、种竹等来获取收入的。一部分农民靠种菜而增加收入,走上了致富之路,象山东的寿光等地,各省都有一批蔬菜种植合作社和专业大户,有的还有蔬菜加工厂,象一些榨菜加工厂、酱菜加工厂等。这些农户大规模地种葱、种蒜、种姜、种萝卜、白菜而致了富,但有时也有风险,不断出现多了就烂在地里卖不出去的情况,而使农民遭受巨大损失。这些年,土豆、白菜、萝卜、大葱、大蒜、黄姜连续不断地出现多了多了、少了少了的问题,市场经常波动,农民收入也跟着起伏变化。这是对市场的把握预测和有关管理不当的问题,也有信息不畅问题,还有运输、储存、保鲜不足等问题。但不管怎么说,种菜的收入,特别是设施蔬菜种植,反季节蔬菜种植的收入还是较高的,远远高于粮食种植。此外还有种果瓜而增加收入的,特别是种植水果的收入。一些地区利用其地理和气候优势而种植瓜果,收入也相当可观,而且也使当地农民走上了富裕之路。包括种苹果、橙子、柚子、梨、杏、桃、西瓜、香瓜、哈密瓜等,还有大枣、柿子、核桃等,凡是有一定规模的,并有畅销的渠道,较规范地进行市场经营的,收入都不错,全国各地也都有不同的典型,靠种瓜果富裕了一批农民、一些地方。种植鲜花、制作干花、香料等,是改革开放以后逐渐发展起来的一个新兴农业产业,虽然也经历了市场波动,但总体上还是向前发展的,也发展了一些地方,富裕了一些农民,这也是一条增收的渠道。此外,还有种树、种竹而增加收入,但周期较长,来得较慢。靠种苗木而致富的有一些,虽然为数不多,但也是一条渠道。也有少数地方靠种中药材而致富的,等等。绝大多数农民通过种植业获取收入的主要是粮食、蔬菜和瓜果,这是较为普遍的。

安庆潜山市黄铺村就是靠种植业致富,并由种植业发展起来了农产品加工业而增加农民收入的。全村 7000 多口人,年人均纯收入去年已达到 26000 多元,高于潜山市一万多元。他们靠一个好的党组织,好的科技队伍,好的发展思路和好的民主管理制度,特别是一个好的带头人,通过土地流转,规模经营和科学地进行区域种植粮食、菜油、浆果等农林果作物,把一个土地零散、土质脊薄的丘陵山林,建设成了一个富庶文明的现代化文明村、富裕村。用创新实践回答了农林果也能富,靠自身、靠土地也能兴旺发达,走出乡村振兴的好路子。

安庆怀宁县蓝莓产业园,也是通过蓝莓的种植来带动产业发展,并富裕农民,增加收入的。

铜陵枞阳的茶叶种植和羊肚菌种植,也是通过发展种植业,从而又发展到茶叶和羊肚菌的加工业,并同时带动蔬菜种植业、电商销售业的发展,形成了一个产业体系和链条,带动农民增收致富。

铜陵市的生姜种植和加工,药用牡丹的种植和加工、金塔村的药材种植和加工,都是在农业的种植业上做文章,发挥其地理和气候的优越条件,并通过加工业的发展,而走向市场,带动了产业发展和农民致富。

芜湖无为无城镇的黄汰村,是个贫困村,通过蓝莓、火龙果、车厘子、蝴蝶兰的种植和小龙虾的养殖,不但脱了贫,而且还走上了富裕发达的乡村振兴之路。

芜湖无为的紫约农业科技有限公司,是个蓝莓种植的加工的龙头企业,带动蓝莓种植 11260 亩,也是依靠种植和加工来带领农民致富的。

马鞍山市当涂县桃花村，靠种植大桃而富裕农民，全村6350口人，种植桃园近万亩，年人均纯收入35500多元，成了远近闻名的富裕村，并带动了全村旅游业的发展。

马鞍山市郑蒲港新区官塘村，是个贫困村，通过帮扶和瓜蒌种植而脱贫并又发展起了石斛种植，阔步走上了乡村振兴之路。

合肥肥东县桥头集现代农业产业园，是通过安徽开垦、上海雾耕等多家高端农业企业，利用雄厚的资金、高端的人才、现代的设施和科学的技术，建设起了现代化的农业设施，依靠科学技术的管理、种植阳光大棚蔬菜，而带领农民致富的。去年开始建设，今年就得到了很好的效益，使3700多户农民都实现了增收，年增收5700万元。

芜湖市南陵县奎湖村，通过生态旅游、经济作物种植和水产养殖，也带动了农民致富。

峨山镇东岛村，也是通过青梅、葡萄、黄桃、莲藕的种植，来引领农民致富。

安徽靠农业特色种植业和农产品加工业富裕的乡村很多，创造了新鲜经验，是很值得研究的。

二是家庭养殖业收入。过去农村流传着几句俗语，来反映农村家庭收入的状况，一句是“养鸡下蛋，买油换盐”；一句是“鸡鸭成群，财源滚滚”；还有一句是“六畜兴旺，家和业昌”；还有“栽桐树，养母猪，三年变成一个小财主”等。这些都反映了传统农业社会、小农经济家庭经营而获得钱财收入的一些门路。长期以来，我国的多数农民家里都有鸡窝、猪圈、牛舍、羊栏、马厩和兔穴，多数家庭都会养几头猪、几只鸡、几只羊、一头牛或一头驴、一匹马，有的还养几只兔，一两只狗，还有的家养几箱蜂，这都是在农事劳作之余，顺手捎带着干的。养牛、养驴、养骡马，主要是为了耕地拉车，作为人的生产帮手，很少作为食用肉出售，历史上宰杀耕牛是犯法的，骡马是军用的，军用民养，战时征调。养猪、养羊、养兔则是为了吃肉，首先是自家过年用，多余的拿到市场上去卖，换得几个小钱花花。养鸡下蛋，换取油盐酱醋之钱。而养狗则是为了看家护院。也正是这些家庭养殖业，支撑起了农民家庭的日常开销，能过上较为安稳的日子，当然是要求不高的穷日子。但农民是乐意的，“吃不愁穿不愁，零花小钱年年有”，这就是当时农民的快乐心情。中国的农民要求不高，很容易满足，有吃有喝，日常开销能支应下来，就十分满足了，别无他求。这是中国农民的质朴。进入商品社会后，人们的观念变了，生产方式和生活方式也变了。因为不变也不行，社会在逼着农民变，一家一户的散养不允许了，赚的几个小钱也解决不了日常的生活开销。过去一个鸡蛋五分钱，两个鸡蛋就可以买一斤盐或一斤酱油。而现在可能十个鸡蛋也买不了一斤酱油。这就出现了规模养殖，有养鸡的大户、养猪的大户、养牛的大户、养兔的大户，还有养蛇的、养蝎的、养鱼的、养鸭的、养鹅的、养鳖的、养虾的、养蟹的等等，各种各样的规模不等的养殖业应运而生，由此也带动了这些畜牧水产加工业的兴起，形成了一个较为系统完整的产业链条。各类各样的养殖业成为了一部分农民增加收入、致富发家的重要渠道。市场上对各类肉蛋奶的需求一直是上升的，中国人的食物构成也在发生变化，而且已经发生了很大变化，有过去主要以食粮为主，而转上肉蛋奶蔬果和粮共用。而且肉蛋果蔬的比例在上升，粮的比例在下降。这是好事，营养更加均衡了。过去一个成年人每天一斤半的粮食供应不够吃，经常挨饿，而且现在一天吃不到一斤粮食，六七两、七八两就差不多了，有许多人一天还吃不了半斤粮食，主要是靠肉蛋奶来增加营养。肉蛋奶和各类果蔬需求旺盛，还会推动家庭养殖业的发展。我们要支持这个发展，而不能限制这个发展，不能为这个发展而附加太多条件，更不能设置障碍。农民增收的这个渠道潜力还是很大的，应当去拓宽并提供法律的支持和保障。

芜湖无为市蓝田农业集团有限公司进行龟鳖繁育、特色规模养殖和水产品加工、休闲观光带动当地农民致富，增加收入，已建生产基地8000多亩，不但发展壮大了特色水产产业，也把农民带动起来，通过养龟鳖而走上了富裕之路。

这是特色养殖业的一个好典型。

马鞍山市当涂县七房村靠养蟹苗富裕农民，全村2400多口人，年人均纯收入已达35000多元。

三是个体手工业收入。中国是一个传统农业历史悠久的国家，几千年的封建社会，除了一些军用和宫廷用物资是由专业的工厂，也叫造办处、制造局之类的机构负责制作之外，绝大多数工业用品是民间的小作坊，也是家庭作坊制作的，包括一些兵器，农具、工具、布帛、丝绸、炼钢、冶铁、晒盐、金银制品、家中日用器皿、陶器、瓷器、竹木器具等，多都来自于民间的家庭手工作坊。全国各地城镇乡村，铁匠铺、木匠铺，小炉匠、金银匠，陶坊、瓷窑、纺织坊等，随处可见。中国农村积淀了大量的手工艺文化，也是传统工业文化、科技文化的一部分。有许多制造业，新的科学技术，也多来自民间，出自农民。中国农村的手艺人，多数是亦农亦工亦技亦艺,多是在农闲之余而从事手工业生产,以换取一些收入补贴家用。过去家里有个手艺人,如果经营得好,基本上可以支应一家的日用花销,如果规模稍大一点,开个作坊、门店,还可以有所积蓄。改革开放后,初期出去到城里打工,而逐步积累一些资金开办公司的,有相当一部分是手艺人。如盖楼房的砖瓦匠,做家具的木匠等,有不少走出了规模生产经营之路。如河南林县的建筑队,曾经走遍大半个中国,建设了无数高楼大厦,而这些建筑队,多是由石匠、木匠、砖瓦匠、泥水匠组成的。有许多家俱厂,也是最初由木匠领办的,以后越做越大。一些陶瓷工艺加工厂,多是由高级农民艺师创办的,知名的现代唐三彩仿制工艺品,就是由民间的三彩工艺师创造出来并领办的企业生产的,并开拓出了广阔的市场。现在有不少地方出现了书法专业村、绘画专业村、刺绣专业村、雕塑专业村、针织专业村等,也都是或多是一些农村手工艺大师们领办起来的。河南有专画牡丹的专业村,专画梅花的专业村,专画虎、画鱼的专业村,而且水平都不低,虽没有所谓大家的名头,但画作的艺术水平并不差,有的堪称上品,这都是农民领办起来的。农村是一个藏龙卧虎之地,各种各样的技艺人才都有,如果引导支持得好,开发拓展得好,完全可靠技艺致富成为一种财富。农民靠一技之长而增加收入,发家致富的有一部分人,虽然为数不是很多,但确实富了起来,并能带动一部分农户也能跟着富起来,这样的典型不少。靠技艺致富需要一定的本领,即技艺能力和水平,但如果能够很好地组织开发,完全可以带动一部分富裕起来。现在有不少的手工艺专业村就是证明。对于农村的传统技艺,家庭手工业,应该持积极的支持态度,鼓励其发展。瑞士的手表很出名,意大利的皮革服装也很有名,都占据了国际大市场,但迄今仍然多是家庭作坊式的手工制作。社会进入工业化、信息化、现代化,但也不要看不起,甚至忽视农村的传统手工业,这方面还有很大潜力可挖。家庭作坊制作也可以走向现代化,运用现代技术手段、工具和市场经营理念来做。这也是安排农村剩余劳动力增加农民收入的一条很好渠道。

安庆潜山市痘姆乡古陶的非遗传承基地,既是在保护、挖掘、展示中国古老的传统陶瓷文化,同时也是一种技艺的传承和新产品的开发,是靠传统的手工业来发展产业,增加收入的。

四是乡镇工业收入。农村工业过去叫乡镇企业,即农民个人或集体办的工业企业。改革开放以来的前 20 年,是乡镇企业大发展的时期,广东、江苏、浙江、山东、河南等省市区通过大办乡镇企业使一些地、市、县、乡村的经济飞速发展,很快富裕了起来。可以说没有乡镇企业的发展,广东、江苏、浙江、山东和河南就不可能有现在的经济发展水平和城乡建设面貌。广东靠大进大出、“三来一补”而兴办了一大批乡镇企业,特别是珠江三角洲,由此而走上了飞速发展之路。江苏靠乡村集体大办乡镇企业,而快速走上了富裕发达之路。浙江靠小商品,大市场,前店后坊、下店上厂而快速发展起来。山东、河南在上世纪七八十年代,一直到 90 年代,始终坚持两条腿走路,即农业工业同时发展,特别是大办乡镇企业;坚持县、乡、村、组、个体,五个轮子一齐转,一些搞得好的地市很快发展起来。到了上世纪 90 年代后期和 21 世纪初期,这些乡镇企业,不论是集体的还是个人的,多数根据市场的变化,进行了改制重组,有一部分成了股份制企业,有一部分成了私营企业,有的成了跨国经营的大公司,所生产的产品走向了世界。是乡镇企业带活了农村经济,富裕了一方农民,这个功绩是很大的,功不可没。现在不怎么提乡镇企业这个词了,因为所有的企业都是一样的,都实行了现代企业制度,都在市场上进行竞争,在政策上也多是一样的,除了一些大型国有企业,一些特殊行业外,所有的企业没有多少差别,所不同的是大小不同,行业不同。当然有不少微小企业同过去的乡镇企业差不多,在发展中,困难还比较多,如贷款难,开拓市场难,竞争能力不强,抗风险能力较弱等。正是这些农村工业安排了大量的农村劳动力,使一部分农民离开土地进入工厂,拿到了工资收入,增加了家庭收入,而且比种地的收入要稳固、可靠和多得多,只要企业不倒闭、不破产,产品在市场上有销路,这部分进入农村工厂的农民的收入就是牢靠的。农村工业的成本要比城市工业的成本低很多,劳动力也便宜得多。农村工业还需要发展,也应该更大发展。农村工业发展起来了,农民就业就有了门路,收入就有了渠道,而且也能够增加农村集体的收入,还能够带动农村面貌的改变。需要明确的是,农村工业也包含现在正在发展的农业产业,是农业产业化中的工业。也包括各类农牧产品的加工业,等等。各种各类的工业产品,只要在农村能够生产的,都可以开办。德国为拉动农村经济增长,有许多工业项目就摆在了农村。我们也应该把这条路走出来。

芜湖市南陵县同福集团,靠农产品的加工、营养粥品、蛋白饮料、果汁以及连锁餐饮店建设、提供特供食品，走出了一条发展经济，带动农民致富增收的路子。

芜湖市湾沚区殷洪艺创小镇，是一个文化创艺产业园，靠吸引人才聚集，开阔视野，开拓市场，以文化产业为主、发展出人才培养、艺术创作、文创设计、多种产品开发，包括文化交流等多个产业项目，带动了农民致富和一些大学生就业，通过文化发展，而推动乡村振兴，把物质文明和精神文明很好结合起来，融为一体，共同发展。

肥东县长临河镇山口凌美丽乡村建设，也是通过发展文化创意产业，通过公司资金、人才、技术下乡，来进行乡村的综合开发和运营，做到了产业发展，农民收益，企业得利，乡村面貌改变，是一举多得的好事。现在还正在建设，并已有个好的开端。

五是外出打工收入。20世纪八九十年代以来，全国形成了一股农民工进城打工的热潮。形成这个热潮的原因主要有两个方面：一个方面是联产承包责任制的实行，极大极快地解放了农村生产力，农业生产逐步实现机械化耕作和科技化栽培，有限的耕地无需更多的劳动力，大量农村劳动力剩余，在农村没有多少事儿干，而土地上的收入又是有限的，不能满足农民的开支需求，这就需要另谋出路，特别是能赚钱的路。另一个方面是城市改革、工业改革，城市大规模快速发展，各类工商企业迅速崛起，城市进入了快速的发展期，需要大量的劳动力。一个农村劳动力剩余，一个城市劳动力缺乏，而且农村劳动力成本又低，属于廉价的，这就促成了农民工大量进城务工找活儿干，来城里挣钱的局面。而城里也有活可干，有钱可挣，而且比在土地刨食要容易一些。农民工进城打工是很苦的，找活儿干也是有很多条件限制的。我曾组织过河南青年到广东珠江三角洲地区打工。广州、佛山、顺德、中山、珠海、深圳、东莞、惠州这些城市及其企业，我都几乎跑遍，同他们签订协议，送河南青年到刚刚兴起的工厂里做工，曾先后送出十来万人，这是有组织输出。而大量的农民工进城打工是没有组织的，是人带人，人托人，靠亲戚朋友，约同乡老表结伴而行进城挣钱。正是在艰难困苦中，一些农村或者说是不少农村，走出了一条外出务工赚钱的路子，农民不但挣了钱，也开了窍、长了见识，有的还学到了技艺和市场经营的本领，也有的以此开办了公司，做了老板。改革开放过程中的打工潮意义重大，是值得研究的。这是一支推动经济社会发展的重要力量，也是改革开放的重大成果，其作用还在发挥着，影响也将是深远的。农民进城务工讨生活，是人类社会进入工业化城市急剧扩张的一个较为普遍的现象。这在西方发达的国家，德国、法国、英国也都出现过。一方面城市发展的需要，一方面农民挣钱的需求，是两者结合的社会产物。这是社会进步的一种表现，也是城乡经济社会发展的一种反应，总体来说是好事，特别是对增加农民收入来说更是利大的好事。一个农民工在外打工，一年中大体有十来个月时间，每月按3000元计，年收入就可达30000元。按2000元计，也可收入20000元，有的一个月可收入4000来块钱，如有特种技术，收入可能会更多。一年打工相当于20至30亩地的收入，这是吸引农民进城打工最为直接的原因。外出打工比在家种地挣钱，而且挣钱快，是真金白银，实际而实惠。当然，也经常出现一些企业主拖欠农民工工资的，这属于社会管理问题。当然，大量的农民工进城打工也带来了一系列的问题，如城市的社会管理和公共服务压力增大问题，农民工随身子女的入学问题，农村空巢老人、留守儿童生产生活困难问题，个别土地搁荒问题，基层的组织建设和社会管理问题等，但这都是属于发展中的问题、前进中的问题，比起增加农民收入、富裕农民、搞活农村经济来说都是小事，只要重视，就能找到妥善解决的办法。不能因为农民进城打工找活干，有这样或那样的问题，就限制农民进城，正确的做法应该是大开城门，为农民进城打工挣钱提供政策和法律支持，并提供相应的社会服务，这也是执政为民的一个重要体现。当然，一个城市能容纳多少农民工进城务工，这是与这个城市的经济社会发展有关的。凡是发展快、体量大的城市，农民工进城务工的岗位机会就多，反之，机会就少。

外出务工收入，在多数农村比较普遍，安徽外出打工的农民也不少，这是增加农民收入的一个重要渠道。

六是土地流转收入。土地流转收入，实质上也是土地种植收入，所不同的是自己不种而把土地流转给经营者种。不少农民愿意进行土地流转，原因很复杂，有外出打工无力经营的，有企业经营而可以进企业务工的，有大型商贸企业投资作为生产基地而开出优惠条件的等等。不论多少原因，最重要的一条是土地种植的收入是不牢靠的。丰年灾年不同，所种的作物不同，而收入就大不相同，而且还要投资，还要付出很多的劳动才能获得。而土地流转出去给经营大户、合作组织、农产品加工企业或其他经营者，所得到的是：无论丰年灾年都可拿到不受任何影响的较为固定的收入。全国各地土地流转的收入多少不等？少者二三百元一亩，多者一两千元一亩，多数在五六百元、七八百元之间，基本上是种植粮食作物所获得的收入。流转的方式也多种多样。流转的好处主要是土地实现了规模化、集约化生产，可以进行机械化、科技化耕作和市场化、商品化经营。流转出去的土地，在一定规模的经营者手里，投入也大了，产出也高了，效益也更好了。多数流转土地的农户不但不投入不劳作就可以拿到一份稳定的收入，而且有一部分甚至较大一部分农民还可以返聘到经营土地的公司或合作组织中来打工，甚至仍是在自家的土地上为企业打工，还能再拿到一份打工的钱。据调查了解到的一些地方和企业，农户把土地流转出去，到经营土地的公司或企业打工挣到的钱，每人每年两到三万不等，少者也有一万多元，多者可达三四万元，这主要看经营土地企业的规模和效益。土地流转出去后，农户对土地投资减少，甚至再没有什么投资，而收入又固定，多数还可以再拿到一份打工的钱。有的农户土地流转出去后，全家进城务工，并在城里买了房子、搞了经营，收入就更多。三权分置，土地流转，对于农民增收来说，特别是对于那些自身经营不力，难以在有限的土地上获取更多收益的农户来说，不失为一个增收的好办法。但前提条件是要有人来经营土地，能安排流转出去土地的农民来企业或公司就业，而且土地的用途不能改变，种粮的田地不能变更、不能减少。土地流转还在流转之中，也还在探索实践之中，需要及时总结经验，加强引导和组织协调，在农户自愿的前提下，有组织、有秩序地进行。要通过土地流转，使农民得到更好的收益，这才能顺利流转。

芜湖湾沚区六郎镇周皋村，通过土地流转，建立家庭农场，种植水稻 618 亩，年收入 30—40 万元，土地经营者、种粮大户，也走出了富裕的路子。

七是政府补贴收入。政府补贴性收入，是党的利农惠农好政策给予的，也是党和政府送给种地农民的改革红利，农民对这份红利是很看重的，也是感恩戴德的，是自古以来从未有过的。这是中国共产党的领导，社会主义制度优越性的具体体现。人类社会自古以来，古今中外都是靠剥夺农民来建设和巩固上层建筑的。中国奴隶社会后期、封建社会初期的井田制，就是把一部分土地分给农民去种，而农民首先要种好田地中央的“公田”，即王室、贵族的田地，然后才能经营私田。私田上收获的庄稼，还要拿出一部分交给“公家”，即王室、贵族；包括每年还要上交一定数量的兽皮、猎物、猪羊牛鸭等物品，还要服一定时间的劳役，即为官家干活。西方社会在封建社会时期也大致如此。中国封建社会主要采取税赋制度，而税赋主要由农民来承担，种田不但要交税，而且还要贡赋，还要服役。西方社会在封建社会中期，即公元 1000 年—1500 年间，仍实行采邑制度，这同中国封建社会早期的分封制差不多。采邑是封建贵族的土地，也是私人庄园，大部分土地成为大小贵族的采邑，被他们所占领。所谓的农庄，就是农民耕作的庄园，实际是农奴被限制在贵族的庄园里耕作。农民不能随便离开庄园，靠种植和养殖来养活占有土地的贵族统治者。虽然这些农民在农庄中也拥有一小块土地，以养一家人的生计，但作为对土地领主的回报，必须先耕种好领主们的土地，然后才能种自家的土地，并要把自家土地的产品拿出一部分献给领主，还要到领主家中服杂役。古今中外，封建社会的根基是建立在剥削农民劳动和收获之上的。改革开放以来，我们党不断推出惠民利民的政策，不但取消了所有的负担，而且还取消了农业税，种地不但不交税纳粮，而且还给予了许多补贴，这是盘古开天辟地以来从未有过的，也是世界人类发展史上从未有过的。党的利农惠农的好政策稳了农民的心，暖了农民的心，使农民同党的感情更近了，关系更密了，我们党的根基也更加坚固牢靠了。党和国家对农民的政策性补贴有很多，有农业支持保护方面的好政策，有支持农业产业发展方面的好政策，有支持脱贫攻坚方面的好政策，有支持新型农业经营主体发展方面的好政策，有农业资源环境保护利用方面的好政策，有农业科技人才支撑方面的好政策，有深化农村改革方面的好政策，有支持乡村建设方面的好政策，有农村社会公共服务方面的好政策，等等，尽管这些好的政策有些没有把钱直接分配给每一户农民，而是用于农村农业的发展建设和管理，但也都是用到了改善农民生活身上，是另外一种间接的社会分配方式，广大农民都得到了益处。此外，还有直接发给农民的各种补贴，如：种植粮食补贴、耕地保护补贴、种植稻谷补贴、农机购置补贴、农机报废补贴、农机深耕作业补贴、大豆种植补贴、培植良种补贴、规模养殖补贴、渔业油价补贴、退耕还林还草补贴、耕地轮作休耕补贴等，这些补贴多是真金白银发到了农民手上。农民种地不交税还拿补贴，这在古今中外绝无仅有。这些好的政策需要坚持下去，不断完善。

八是个人财产收入。对于个人财产性收入，现在还比较模糊，不是年年月月都有的，多是一次性的,临时性的,很难持久下去。但往往财产性收入有时数额比较大,也比较高。如征地拆迁补偿性收入,处于城市近郊的一些农民,因城市扩张而动迁,有的一次性补偿多达数百万元,上千万元。当然,动迁成本也很大,农民还要另谋住房,也需要花钱,即使回迁,也得花钱。更重要的是永久失去了土地,依靠土地生存的时代一去不复返了,而要靠在城中打工来谋生。财产性收入,房地产应是一个主要方面,但如果是盖了新房,需要一大笔投资,虽然新房盖成后,多数其价值要比投资高许多,而随着房地产市场的紧俏,房产也在不断升值、增值,但多是变不了现的,属于概念性的收入数字,应该说是不动产的折价、库存,属于固定资产的增长,不能作为当年的实际收入。此外,宅基地上的附属物,主要是树木,成材的树木,经允许砍伐后,卖了出去,可以作为一种收入来源,但这也很有限。宅子里长成几棵大树需要假以时日,少则一二十年,多则四五十年。中原地区在家中多栽泡桐,属于速生林,但长为可用之材也需10—15年。其他树种如榆树、槐树等生长很慢,成材需要三四十年。这虽然都算收入,但不成材,不能伐,卖不掉是不能作为收入的。现在计算农民的财产收入,包括金融资产、住房等非金融资产和自然资源,但不是每家每户都有的。前边提到房产,房子是为了居住的,虽是一大笔资产,但不能变现,变了现就无家可归,作为收入是不妥当的,或是不现实的。农民的财产如果从广义上来讲是很多的,不但房产、一些自然资源,还有宅基地、滩涂、水面、山林等,都是可贵的资源,但多数没能成为资产,没能变成资本,更没有成为资金,农民只能望物兴叹,可谓守着宝山不得宝。这有体制和机制的障碍,还有法律、政策上的约束,需要深化农村改革来解决。如果能把农村的资源搞活,各类资产搞活,同农民的利益挂起钩来,在严加保护的前提下,依法科学地进行开发,把资源变资产,把资产变资本,使资本成为活化的资金,农村这盘棋就能活起来,农民的收入就会有较大的增长。搞活了,农村的资源也会增长,资本也会增大,资金也会更多。

除了以上所谈之外,国家统计部门在计算城乡居民可支配的收入中,还包含有工资性收入、经营净收入、财产净收入和转移净收入等。所谓转移净收入,也是政府补贴性的,如养老金或退休金、社会救济和补助,政策性生产补贴、政策性生活补贴、救灾款、经常性捐赠和赔偿、报销医疗费等等。

我简要地罗列论述了一些农民收入的基本构成,可能还有一些其他渠道,如一些其它经营性收入,包括炒股、中介、社会化服务方面等,但不普遍、不是主要渠道。我之所以专讲这个问题,就是希望我们在实施乡村振兴战略中,把增加农民收入、富裕农民作为大事来抓,千方百计增加农民收入的渠道来源。只要农民收入多了,富起来了,一切也就比较相对好办了。希望安徽在这方面能创造更多新鲜经验。

关于脱贫攻坚成果的巩固和乡村振兴的有效衔接,各地都很重视,也做得很好。从在安徽我们所看到的情况看,一是做到了领导体制上的有效衔接,压实了领导责任,有专门的力量,持之以恒地在抓。脱贫攻坚胜利了,但现在还不能放手,还要坚持,乘胜推进乡村振兴,在振兴中巩固成果。二是做到制度上的衔接,建立了动态监测机制、开发扶持机制、保障帮扶制度和救济救助制度等,用制度来保证不再返贫,用制度推动开发发展。三是做到了政策上的衔接,坚持用好扶贫政策和乡村振兴的好政策及一系列利农惠农的好政策,用政策来保证脱贫攻坚成果的巩固和乡村振兴的发展。四是做到了产业发展上的衔接,通过努力发展农村产业来巩固脱贫攻坚的成果和支撑乡村振兴的发展。这些做法都是很好的,需要坚持下去。对于贫困县、贫困乡、贫困村来说,当前第一位的工作还是脱贫攻坚成果的巩固,这不仅是经济问题、民生问题,还是政治问题,一定要高度重视,决不能松劲。在巩固的基础上,去推动乡村振兴,运用乡村振兴的成果来更好地巩固脱贫攻坚所取得的一系列成就。

最后,再次感谢安徽省委、省人大、省政府和我们所去的地方党委、人大、政府及省市县有关部门所给予我们的支持和帮助!

对检查乡村振兴促进法实施情况报告的意见和建议

10月29日,十三届全国人大常委会第三十七次会议审议了全国人大常委会副委员长王晨作的全国人大常委会执法检查组关于检查乡村振兴促进法实施情况的报告,共有20人次发言。现根据会议发言,将常委会组成人员和列席人员的主要意见整理如下。

出席人员普遍认为，乡村振兴促进法颁布实施以来，国务院及地方各级政府认真贯彻落实法律规定，全面实施乡村振兴战略，推进城乡融合发展实现新突破，农业农村现代化建设迈上新台阶，全面振兴乡村取得新进展。全国人大常委会在法律实施仅一年多时间即开展执法检查，目的是在法治轨道上推动乡村全面振兴，确保党中央重大决策部署全面落地见效。出席人员充分肯定执法检查组的工作，认为执法检查报告反映情况客观、查找问题深入、提出建议可行，希望国务院及其有关部门认真研究落实。出席人员强调，要按照党的二十大关于农业农村工作的决策部署，聚焦制约农业农村高质量发展的突出问题，依法推进粮食安全、产业发展、共同富裕、人才队伍建设等工作，推动以良法促进发展、保障善治。审议中，大家还提出了一些具体意见和建议。

一、巩固国家粮食安全保障基础

部分出席人员提出，应坚持把实施国家粮食安全战略摆在更加突出位置，发挥乡村保障粮食安全和农产品供给功能。有的出席人员提出，高标准农田是粮食安全的基础，党的二十大明确要求加强高标准农田建设，建议：(1)把高标准农田建设与促进土地流转结合起来，提高农业规模化水平；(2)高度重视高标准农田的管理，建立人财物相适应的管理机制；(3)对过去已建成的高标准农田开展“回头看”，继续推进提升改造；(4)在扩大内需投资中，把高标准农田建设、灌溉灌区建设作为重点领域。有的出席人员认为，我国粮食安全总体有保障，但也存在结构性矛盾，如我国大豆对外依存度超过80%。建议在保障谷物粮食产量的基础上，着力解决大豆的生产问题。

二、促进乡村产业高质量发展

部分出席人员提出，应坚持把产业发展作为全面振兴乡村的核心，通过延伸产业链、完善供应链、重塑价值链、打通利益链，赋能乡村产业高质量发展。有的出席人员认为，当前各地乡村产业发展有了很好的基础，但也存在产业同质化、与农民利益联结不强的问题。一些地方乡村产业的市场竞争力较弱、发展可持续性不强，一些地方产业规模越做越大，但农民的参与程度比较低。建议对此引起重视。有的出席人员建议，应持续抓好优势特色产业发展，进一步夯实乡村振兴的产业基础：(1)强化科技支撑，重点抓好优良品种、种养技术、病虫害防治等环节工作；(2)提高农业生产经营的组织化程度，推动形成规模化、标准化的种养和专业化、社会化的服务；(3)做好农产品精深加工、储运以及与市场的对接、营销服务，使农产品能够卖得出、卖得好，增加附加值。

三、推动农民增收致富

部分出席人员提出，应坚持把促进农民增收作为产业发展的落脚点，推动巩固拓展脱贫攻坚成果同乡村振兴有效衔接，扎实推进农村农民共同富裕。有的出席人员认为，执法检查报告显示，2021年低收入组农民人均收入增速仅为3.7%，远低于中间偏下至高收入组的10%，说明农民内部的贫富差距有扩大趋势。建议抓紧建立解决相对贫困问题的长效机制，保障农民特别是脱贫人口的收入持续稳定增长。有的出席人员建议，对农村失去劳动能力的特殊残疾人群体，应进一步做好兜底保障工作。

四、强化农业农村人才队伍建设

部分出席人员提出，应坚持内育、外引并举，构建乡村本土人才、引进人才、专业人才共同服务乡村振兴的工作格局。有的出席人员建议，着力改变人才单一从农村流向城市的现状，出台有针对性的措施吸引特定群体人才走入农村：(1)以培养新型农民、农村创业人才、基层党政干部为主要目标，畅通高校毕业生回流渠道；(2)对乡村创业人员提供小额融资、人才创业保险等政策支持，创造适宜的创业环境；(3)有规模、有计划地组织城市专业人才下乡挂职、投资、兴业，利用高校、科研院所的知识人才资源，鼓励科研人员到农村一线开展技术指导和人才培养，将农业生产或科技企业的新技术、新方法带回农村。

五、深化农业农村改革

有的出席人员提出，全面推进乡村振兴，必须用好改革这一法宝。建议国务院有关部门立足激发农村资源要素活力，持续深化重点领域和关键环节改革，促进城乡资源要素畅通流动：(1)深化农村土地制度改革，盘活农村存量建设用地，完善农村新增建设用地保障机制，加快实施集体经营性建设用地入市制度；(2)深化农村金融改革，通过完善金融支持乡村振兴考核评估机制，将更多金融资源配置到乡村振兴的薄弱环节；(3)深化户籍制度改革，建立健全完善财政转移支付与农业转移人口市民化挂钩机制，提高农业转移人口市民化质量。

有的出席人员提出，发展新型农村集体经济是推进农村农民共同富裕的重要保障。建议：(1)建立完善符合新时代发展要求的县乡村一体化组织体系，在坚持现有体制前提下，创新组织形式、经营方式、管理机制，推动农村社区组织化和城乡产业化组织体系有效结合；(2)积极探索农村集体经济的现代法人治理结构和管理方式，推动形成现代化经济体系；(3)鼓励财政资金、国有和民营资本加大投入力度，与农村集体经济组织共建股份制企业。

六、提高乡村社会文明程度

有的出席人员认为，当前乡村文明建设还有不少亟待加强的方面，一些农村特别是中西部农村地区高价彩礼现象仍比较普遍，有的地方彩礼甚至超人均年收入的10倍，一些农村地区人情“比阔风”愈演愈烈，甚至把丧事办成“娱乐盛事”。针对农村中存在的大操大办、厚葬薄养、人情攀比等不良习俗，应大力开展乡村文明创建活动，提升农民精神风貌，培育文明乡风、良好家风、淳朴民风。有的出席人员提出，应利用好农业文化遗产资源禀赋，深入发挥农业文化遗产的文化功能和技术功能，进一步发掘乡土优秀文化、农耕智慧和乡村民俗，带动乡风文明，推动乡村治理。

七、完善乡村振兴法律法规制度

有的出席人员认为，金融服务乡村振兴取得不错的效果，但政策集成还不够，主要靠部门规章来推动和保障。建议出台保障农村金融服务的相关法律，促进金融为乡村全面振兴发挥更大作用。有的出席人员提出，乡村振兴促进法的规定重在综合性和基础性，为确保法律全面有效实施，建议尽快出台与乡村振兴促进法相配套的行政法规。

全国人民代表大会常务委员会执法检查组关于检查《中华人民共和国外商投资法》实施情况的报告

——2022年10月28日在第十三届全国人民代表大会常务委员会第三十七次会议上

全国人大常委会副委员长 陈 竺

全国人民代表大会常务委员会：

外商投资法是外商投资领域的基础性法律，2020年1月1日起施行。为全面贯彻落实党中央关于对外开放的重大决策部署，建设更高水平开放型经济新体制，营造市场化法治化国际化营商环境，推动外商投资法的贯彻实施，根据2022年度监督工作计划，全国人大常委会对《中华人民共和国外商投资法》实施情况开展了检查。现将执法检查的主要情况报告如下。

一、开展外商投资法执法检查契合当前的形势和需要

党中央、国务院对新的历史条件下扩大对外开放、促进外商投资作出了一系列重大决策部署。在新冠疫情仍在蔓延，外部环境复杂严峻，国内改革发展稳定任务繁重的形势下，进一步稳外贸稳外资、助力经济稳固恢复显得尤为重要。全国人大常委会今年对外商投资法实施情况开展检查正当其时，契合了当前的形势和需要，是贯彻落实党中央决策部署的重要举措，对于进一步彰显我国继续扩大开放的信心和决心，提高对外开放法治化水平，提振外商投资信心，巩固经济回稳向好，提升我国整体竞争力，具有十分重要的意义。

全国人大常委会高度重视这次执法检查工作，栗战书委员长审定批准执法检查方案，万鄂湘、陈竺、王东明、白玛赤林四位副委员长分别带队赴北京、河北、浙江、安徽、福建、河南、湖南、广东等8个省(市)开展实地检查。检查组还委托辽宁、上海、

江苏、山东、湖北、广西、海南、重庆等8个省(区、市)人大常委会对本行政区域内外商投资法实施情况进行检查。本次执法检查工作有以下几个特点:

(一)执法检查覆盖面广。执法检查组克服疫情影响,统筹部署安排,通过实地检查、委托检查、专项检查的方式,对16个省(区、市)外商投资法的实施情况进行了全面检查,对天津、南京、青岛、苏州4市进行了专项检查。执法检查工作覆盖了全国多半省份,这些省份外商投资额占全国的90%以上,具有广泛的代表性。通过执法检查,比较全面掌握了外商投资法贯彻实施的情况。

(二)执法检查重点突出。通过前期调研和听取国务院有关部门、最高人民法院、中国贸促会等15个部门单位关于法律实施情况及存在问题的介绍,将准入前国民待遇加负面清单管理制度、外商投资促进制度、外商投资权益保护制度、外商投资管理制度的落实情况等7个方面作为执法检查重点。在开展面上检查的基础上,再筛选出负面清单管理、内外资公平对待、外商投资权益保护等3个问题深入开展专项检查,深挖问题,分析原因。

(三)注重听取外商投资企业意见。累计听取了200余家外商投资企业和10余家外国商协会关于法律实施情况的意见和建议。在实地检查中,走进外商投资企业了解情况,与外商投资企业的投资人、管理层、职工深入沟通交流,充分听取他们对法律实施情况和改进工作的意见。专门召开执法检查专题座谈会,听取了在华的欧盟商会、美国商会、德国商会、日本商会、韩国商会、美中贸易全国委员会等外国商协会和部分知名外商投资企业的意见建议。

(四)继续创新方式方法。在以往运用法律评估、大数据分析等方式执法检查取得良好效果基础上,继续探索创新。委托国家信息中心对外商投资法实施情况开展大数据分析研究,为更加全面真实反映外商投资法实施情况提供了有力支持。同时,就外商投资法实施中的若干重要问题分别委托商务部国际贸易经济合作研究院、中国政法大学世界贸易组织研究中心开展课题研究,进一步深化了对法律实施中存在问题的认识。

在执法检查中,国务院有关部门积极配合,地方人大给予大力支持,注重发挥人大代表作用,包括常委会组成人员在内共有30余位全国人大代表参加了检查工作。人民日报、经济日报和地方新闻媒体对执法检查工作进行了广泛报道,有力推动了外商投资法的宣传普及。本次执法检查共形成了1份前期调研报告、5份实地检查报告、8份委托检查报告、2份专项检查报告、2份课题研究报告、1份大数据分析报告,这些报告材料为起草执法检查报告奠定了扎实基础。

二、外商投资法实施取得积极成效

在党中央坚强领导下,各级政府深入贯彻实施外商投资法,建立健全外商投资促进、保护、管理各项制度和工作机制,外商投资环境持续改善,吸收外商投资规模不断提升,法律实施取得了积极成效。一是外商投资金额稳步上升。在全球跨国投资低迷的背景下,我国吸收外资逆势增长,2020年和2021年分别实际使用外商直接投资金额10000亿元和11494亿元人民币,占全球外国直接投资的比重连续两年超过10%。今年1月至8月实际使用外资金额8927亿元。二是外商投资企业数量持续增长。2020年和2021年我国年均新设外商投资企业4.3万户,截至今年9月底登记在册外商投资企业45.5万户(不含分支机构)。跨国公司在华设立地区总部、研发中心超过2000家。三是外商投资布局不断优化。服务业实际使用外资占比达80%,制造业外商投资企业效益提升,高技术产业实际使用外资金额占比近30%。东部地区新设外商投资企业数量和实际使用外资金额占全国80%以上,中西部地区吸收外资快速增长。四是外商投资的作用贡献日益凸显。外商投资企业带动了全国约1/10的城镇就业,贡献了约1/5的工业增加值、1/6的税收收入、1/3的进出口总值,为我国国民经济持续健康发展提供了有力支撑。大数据分析显示,2021年1月至2022年6月,社会公众对外商投资法贯彻实施情况的舆论平均满意度达到98.2%。

(一)大力开展法律宣传,提振外商投资预期和信心。各地区各部门高度重视外商投资法的贯彻实施工作,大力开展普法宣传,提升外商投资领域依法行政和依法经营水平。一是深入普及外商投资法律知识。国务院有关部门举办外资企业、外国商协会政策说明会、座谈会等交流活动170余场,地方商务主管部门、投资促进机构组织开展培训60余场。广东举办新时代外商投资法律制度系列宣讲,重庆深入开展“法律进园区、进外企”主题普法活动,河南在基层开展外商投资法律知识系统学习,提高外商投资管理部门和外资企业依从法律的意识和能力。二是加强法律咨询服务。各地创新方式方法为外国投资者和外商投资企业提供法律咨询和法务培训等服务，江苏建成全省跨部门法律政策信息发布一站式平台，天津编制多语种的外商投资政策要点汇编，上海举办外商投资企业信息报告业务培训，便利外资企业获取法律服务，推动法律规定的贯彻落实。三是组织新闻媒体广泛宣传。组织新闻媒体对外商投资法及时深入报道，引起国内外高度关注，提振了外国投资者和外商投资企业对华投资的预期和信心。商务部联合中国政府网对3130家外资企业调查显示，近九成企业认为外商投资法落实较好，投资环境得到优化，法律实施后对中国市场的预期和信心均有提升。

（二）强化配套制度建设，完善外商投资法律制度体系。外商投资法确立了我国新时期外商投资法律制度的基本框架，各级政府部门、司法机关努力做好制度配套工作。一是积极开展法规文件清理工作。深入清理与外商投资法不相符的法规及规范性文件，累计推动各地区各部门修订或废止399部法规、规章和规范性文件，取消了一系列涉及外资企业设立和变更事项审批的规定，外商投资更加便捷高效。二是出台配套法规和部门规章。国务院制定出台了外商投资法实施条例，有关部门出台外商投资企业投诉工作办法、外商投资信息报告办法、外商投资安全审查办法、资本项目外汇业务指引等多部配套规章和规范性文件，外商投资法律制度不断健全。三是做好相关司法解释和审判工作。最高人民法院制定、修改适用外商投资法和审理外商投资企业纠纷案件相关司法解释，发布系列司法指导意见、会议纪要、典型案例，加强对地方人民法院的指导和培训，平等保护中外当事人合法权益。北京成立国际商事法庭，设立国际商事纠纷多元解纷中心，提升涉外商事案件和纠纷调解的能力。四是地方政府出台落实举措。各地加快制定相关地方性法规和制度政策，法律实施以来出台了100余件地方性法规和文件，上海出台外商投资条例，广东出台外商投资权益保护条例，重庆、安徽等地出台自贸试验区条例，为外商投资工作提供法治保障。

（三）建立健全工作机制，依法推进外商投资工作。各级政府加强外商投资相关工作机制建设，保障外商投资促进、保护、管理工作有序开展。一是积极开展投资促进，保障重大项目落地实施。国务院组建外贸外资协调机制重点外资项目工作专班，全流程跟踪服务项目落地。发布中国外商投资指引，有效整合各类投资信息。出台保障外资企业公平参与政府采购制度，并对落实情况组织开展检查。鼓励和支持外资企业平等参与国家标准、行业标准、地方标准的制定工作。支持外资企业通过资本市场直接融资，2020年以来共有45家外资企业实现上市、45家外资企业实现再融资。针对新冠疫情给产业链供应链造成的冲击，对集成电路、汽车、高端装备等领域外资企业平等给予政策帮扶。各地加大外商投资促进服务体系建设，海南设立国际投资服务“单一窗口”，广西建设外商投资企业“一站式”服务平台，青岛对投资者境外登记注册实施“容缺容错”办理措施，有力促进了外商投资落地。二是加强投资保护，有效保护外商投资合法权益。建立外商投资企业投诉工作部际联席会议制度，地方形成覆盖省、市、县的外商投诉工作网络，积极为外资企业排忧解难。完善知识产权行政保护与司法保护衔接机制，持续加大涉外企专利侵权纠纷办案力度，有效打击恶意抢注涉外企商标注册行为。优化外汇管理，精简外汇账户类型，简化外汇业务办理材料，依法保证外资企业资金汇兑自由，并试点进一步扩大资本项目收入资金使用范围，提高外资企业资金使用效率和效益。上海编写外商投资企业权益保护白皮书，天津建立外商投资权益保护工作联席会议制度，有效保护外商投资合法权益。三是改进投资管理，提升外商投资便利化水平。商务主管部门全面取消对外商投资企业设立变更的审批和备案，投资主管部门全面简化外商投资项目的核准和备案程序，99%以上的外资项目已由地方政府实行告知性备案和线上办理，海南办理外商投资项目核准时间缩减至3个工作日，备案时间缩减至1个工作日，投资便利水平显著提高。健全外商投资安全审查机制，加快安全审查进度。全面实施外商投资信息报告制度，外资企业设立、变更、注销登记及年度信息报告在商务、市场监管部门间实现互联共享，山东加强系统推送数据的关联匹配程度，有效提高了推送信息的成功率和准确性，进一步减轻了外资企业负担。

（四）多措并举深入贯彻实施，持续优化外商投资环境。各地积极出台相关政策措施，努力打造市场化、法治化、国际化投资环境。一是持续缩减外商投资准入负面清单。2021年全国版和自贸试验区版的外商投资准入特别管理措施（负面清单）已分别减至31条、27条，自贸试验区版制造业条目清零，由此宝马、巴斯夫等跨国公司扩大了在华投资。放开金融领域外资准入限制，实现了负面清单全国版和自贸试验区版金融业条目清零，截至今年8月底外国金融机构在华共设立41家外资法人银行、

117 家外国银行分行、68 家外资保险机构。二是推出鼓励外商投资产业目录。发布《鼓励外商投资产业目录(2020 年版)》,引导外资更多投向制造业、生产性服务业和中西部地区。根据中西部地区资源禀赋特点和招商引资需要持续更新《中西部外商投资优势产业目录》。地方按照鼓励外商投资产业目录,制定发布外商投资指引、投资地图导览、投资机遇清单等,为外商投资提供服务便利。充分发挥国家级经开区、自贸试验区、服务业扩大开放综合示范试点等开放平台作用,吸引外资企业进入,形成产业集聚效应。三是完善外商投资政策体系。各地加大招商引资工作力度,出台高水平利用外资政策文件,建立外商投资议事协调机制,协调解决外资企业项目落地和生产经营中的困难。重庆建立外商投资"行政服务"管家制度,实现对外资企业常态化直接联系服务的全覆盖。湖南建立外资企业困难问题台账制度,明确责任单位,及时解决困难和问题。四是积极助力外商投资企业应对疫情影响。针对疫情以来外资企业反映较多的物流运输不畅、人员流动受限、生产经营停顿等困难,国务院成立服务外资企业工作专班,及时收集和推动解决外商合理诉求,山东、江苏、浙江等地建立外资企业复工复产协调机制,出台保障措施,帮助外资企业稳定生产经营。

三、外商投资法实施中存在的主要困难和问题

外商投资法实施取得积极成效的同时,有关方面反映当前仍然存在负面清单制度未完全落实、内外资区别待遇、外商投资权益保护不足、外商投资管理有待优化等方面的困难和问题。大数据分析显示,27.4% 的舆论期盼提升外商投资法律制度的执行效果。

(一)外商投资准入前国民待遇加负面清单管理制度有待完善。对外商投资实行准入前国民待遇加负面清单管理制度,是外商投资法确立的外商投资基础制度,法律第 4 条、第 28 条、第 30 条作了相关规定。外商投资企业反映,由于配套制度不够完善,在负面清单之外的领域,"准入不准营"问题比较突出,投资自由化水平还不够高。一是负面清单限制或禁止进入领域不够具体和明确。负面清单的文本规定了限制或禁止外商投资的领域,缺少对具体行业的说明,尽管相关部门可以通过窗口指导等方式进行解释,但是对于基层执行部门和外商投资而言,容易出现理解偏差,往往"拿不定、吃不准"。有的地方提出,负面清单中关于"医疗机构限于合资""禁止投资人体干细胞、基因诊断与治疗技术开发和应用"等规定没有进一步细分行业,不利于外商投资在相关领域创新发展。二是负面清单与部分行业政策不够一致。负面清单与某些行业政策不衔接,有的承诺落实起来存在困难,例如负面清单取消了乘用车制造外资股比限制,但是外国汽车制造商反映在华投资新能源汽车项目的审核批准程序复杂。有的领域存在负面清单与相关行业政策冲突的情况,例如负面清单规定"禁止投资电影制作公司、发行公司、院线公司以及电影引进业务",但《电影企业经营资格准入暂行规定》(广电总局令 2015 年第 3 号)则允许中方与境外公司、企业和其他经济组织合资、合作设立电影制片公司。三是外商投资对进入负面清单以外领域缺乏明确预期。外国投资者多将投资负面清单以外领域理解为实施普遍备案制,但在负面清单以外的个别行业领域,外商投资项目与内资项目均需按照《政府核准的投资项目目录》及有关规定办理项目核准手续,外国投资者对于投资项目能否获得批准缺乏明确预期。四是安全审查制度不够明确。法律第 35 条规定国家建立外商投资安全审查制度,《外商投资安全审查办法》进一步明确了相关工作机制。部分外国投资者反映,目前安全审查范围、对象等实体内容不明晰,影响外国投资者进行自我合规审查与预判。

(二)外商投资促进工作仍需改进。法律要求建立完善外商投资促进机制,保障外商投资企业公平参与市场竞争。法律第 9 条、第 14 条、第 15 条、第 16 条对外商投资企业平等适用国家政策、享受优惠待遇、参与标准制定、参与政府采购活动等作了明确规定。实践中,外商投资企业对内外资一致公平待遇方面存在问题的反映和诉求较多,中国日本商会《中国经济与日本企业白皮书》显示,"确保公平性"已连续 8 年成为日本企业在华经营的首要诉求。一是在招投标和政府采购中被区别对待。少数地方在政府采购中区别对待外资企业,有的要求外资企业提供本国认证、本国专利、本国奖励、本国案例等,或以采购"本国产品"为由排除外资企业在中国境内生产的具有较高国产化率的产品和提供的服务;有的以封闭招标、压缩公示采购招标信息时限的方式优待本土企业;有的以无法查询到外籍法定代表人社会信用信息为由限制外商投资企业参与。除了政府采购,国有企事业单位在招标采购中也存在区别对待内外资企业的情况,特别是在医

药及医疗器械领域，外资企业对平等参与集中采购的问题反映较为突出。二是参与标准制定工作受限。中国欧盟商会报告显示，18%的受访欧洲企业在参与相关行业政策和标准制定中受到不平等对待，即使企业的技术水平在行业内处于领先，参与制定行业标准的机会也较少。在数字经济、信息与通信技术等较为前沿的领域，相关标准处于探索形成阶段，外资企业对公平参与相关标准制定工作的愿望较为强烈。三是获得政府支持和补贴的机会不平等。有些外资企业反映，在获取政策支持和财政补贴方面，未享受到与内资企业同等待遇。中国美国商会2022年调查显示，超过三成的企业认为其在政府财政支持或补贴方面遭遇不公平待遇。有的外资企业反映，近年来地方政府向本土医疗器械生产商提供专项补贴的情形有所增加，外资企业并不掌握相关的补贴信息和申请程序。一些拥有高新技术的跨国企业由于满足不了相关认定标准，无法获得高新技术企业资质认定并享受相应的税收优惠。四是参与国家重大项目的机会受限。国家允许外资企业参与承担国家科技计划项目，有些外资企业反映，不清楚获取项目信息的渠道。有的项目主办方通过选择性通知或者要求研究团队具有一定数量的院士或长江学者等规定，排除外资企业的参与。有的项目虽然允许外资企业参与，但缺少针对外资企业参与项目的考核标准，评审合规风险较大。

（三）外商投资权益保护有待加强。国家依法保护外国投资者在中国境内的投资、收益和其他合法权益是外商投资法确立的重要原则，法律第20条、第22条、第25条、第26条从征收征用、知识产权、政府承诺、投诉机制等方面对保护外商投资权益作了规定。外商投资企业普遍赞赏我国近年持续加大外商投资合法权益保护力度，同时对该领域工作表达了更高期待。一是知识产权保护仍有困难。美中贸易全国委员会2022年8月的调查显示，尽管外资企业认可我国在知识产权保护工作方面的进展，但仍有部分企业认为，中国的知识产权保护存在不足，起诉知识产权侵权行为的效果不佳，影响外资企业在华开展研发活动以及商品的生产销售。二是商业秘密保护仍有短板。有的外资企业反映，个别员工通过跳槽离职等方式窃取企业核心商业秘密，对企业经营造成了较大影响，但维权获取侵权证据比较困难。三是投诉工作机制有待完善。法律实施以来，部分省份尚未受理过外商投诉事项。外资企业反映，外商投资企业投诉工作机制约束力较弱，跨部门跨地区协调处理力度不够，投诉处理机制在解决外商投资企业困难问题中的作用还没有得到有效发挥。四是个别地方政府履行承诺不到位。虽然法律规定了地方政府及其有关部门应当履行向外国投资者、外商投资企业依法作出的政策承诺以及订立的各类合同，但实践中有的因涉及土地资源制约、环境污染等因素无法履行承诺，有的因超过政府实际承受能力而无法落实，有的因政府换届和领导干部调整而不履行承诺。

（四）对外商投资的管理水平有待提升。国家实行高水平投资自由化便利化政策，营造稳定、透明、可预期和公平竞争的市场环境是外商投资法确立的重要原则，法律第四章规定了对外商投资的相关管理制度。各方面在肯定外商投资领域市场化改革和相关制度建设取得显著成效的同时，期盼进一步提升外商投资的管理水平。一是外商投资信息报告制度不够完备。外国投资者或者外商投资企业通过市场监管部门的企业登记系统以及企业信用信息公示系统向商务部门报送投资信息，市场监管部门向商务部门推送信息并实现共享。其他有关部门要求外商投资企业报送的信息并未纳入信息报告制度，部门之间也没有实现共享。部分企业存在不报、漏报、错报现象，部门监督检查不够严格。相关部门全面准确掌握外商投资信息和加强部门地方协同监管存在障碍。二是政策的稳定性、透明度、可预期性不高。外资企业反映，有些政策在制定过程中部门间地区间协同衔接不够，也未听取相关外资企业意见，有的政策调整过于突然，甚至直接冲击企业生产经营。三是行政执法存在随意性。外资企业反映，由于对政策理解不一致等因素，行政部门执法自由裁量空间较大。中国欧盟商会2021年调查显示，超过半数的企业反映经历过不同地方对同一法律法规采取不同落实措施的情况。中国美国商会的调查反映，相当部分的科技企业表示面临的首要挑战是"执法模糊产生的合规问题"。四是新兴领域制度政策不完善。外资企业反映，近年来我国持续加大网络数据安全和个人信息保护力度，但是数据出境管理制度仍不完善，透明度、可预期性、可操作性不强，一些外资企业对数据出境存在疑虑和担忧，迫切需要明确相关制度规则，为正常商业活动所需数据的跨境流动提供明确指引，降低企业合规风险。

（五）对外商投资违法违规行为的监管存在薄弱点。法律第32条规定，外商投资企业应当遵守法律法规有关劳动保护、社会保险的规定，依照法律法规和有关规定办理税收、会计、外汇等事宜，并接受监督检查。对于外商投资企业在生产经营中的违法违规行为,监管还存在一些薄弱点。一是存在偷逃税款等违法违规行为。个别外资企业通过瞒报利润、内部分摊费用、关联交易等方式降低应纳税额,采用隐性或变相的股息分配、故意抬高或压低转让价格、费用分摊等方式,达到避税或逃税目的。个别外资企业存在不为职工按时缴纳社会保险费的情况。二是存在垄断和不正当竞争等违法违规行为。有的外资企业竞争合规意识不够强,没有建立安全有效的竞争合规制度,未能及时控制经营风险;个别外资企业存在垄断和不正当竞争等违法违规行为,冲击公平竞争市场秩序。相关部门和地方对上述问题的有效监管和规制不够。需要指出的是,目前外商投资企业组织形式转换进度滞缓。法律第 42 条规定,外商投资法实施前按照原有法律设立的外商投资企业,可以在法律施行后 5 年内保留原企业组织形式等,具体实施办法由国务院规定。外资企业组织形式调整涉及修改公司章程、重新分配董事席位、调整企业控制权、变更盈余分配方式等敏感问题,组织形式转换工作量较大。目前已经转换组织形式的企业比例较低,到 5 年实施过渡期满后,存在未能完成组织形式转换、企业组织形式不合法的风险。

此外,外商投资法自 2020 年实施以来,正遇新冠疫情全球肆虐,增加了外商投资企业在华经营发展的不确定性,对法律实施效果带来一定影响。一些外商投资企业反映,受疫情管控措施影响,企业的正常生产经营以及员工生活受到不同程度影响,境外人员商务签证办理周期较长,许多外籍员工因繁琐审批程序无法顺利返回中国,在华外籍员工因防疫限制与家人长期分离,跨国企业总部与在华投资企业的业务沟通频次降低,影响中国市场在企业全球战略布局中的重要性。一些地方政府部门反映,新冠疫情以来,境外招商引资活动出现停摆,工作重点放在存量项目落地和建设,新洽项目较少,不利于外商投资的可持续发展。当前,这些因素对外国投资者和外商投资企业影响较大,意见反映比较集中。

四、产生问题的原因

产生上述问题的原因主要有以下几个方面:

(一)法律和配套制度还不完善。外商投资法的施行开启了我国外商投资法制建设的新时代,各项配套制度建设正在加快进行,但目前外商投资法律制度体系还不能完全适应发展需求。一是衔接协调不够影响执法司法。外商投资法律制度涵盖众多领域,各领域的制度性文件层次多元、体系庞杂,仍然存在现行有效法律法规的内容与外商投资法及其配套制度不衔接或者相互矛盾的情况,给外商投资监管和司法带来法律适用困难。各方面反映,《关于中外合资经营企业注册资本与投资总额比例的暂行规定》(工商企字〔1987〕第 38 号)、《关于外商投资举办投资性公司的规定》(商务部令 2004 年第 22 号,根据商务部令 2015 年第 2 号修正)、《关于外商投资企业境内投资的暂行规定》(外经贸部、工商局令 2000 年第 6 号,根据商务部令 2015 年第 2 号修正)、《关于外国投资者并购境内企业的规定》(商务部令 2009 年第 6 号)、《外商投资项目核准和备案管理办法》(国家发改委令 2014 年第 12 号)等现行有效规定有必要根据外商投资法和外商投资发展实践加快进行修订或废止。二是信息获取渠道不畅影响法律实施效果。国家层面和地方层面出台了大量有关"外商投资"的法律法规和制度政策,涉及税收、保险、会计、审计、金融、证券、外汇、知识产权、劳动人事、土地、市场等众多领域。以"外商投资"为标题可检索到现行有效的法律法规和政策文件 2807 项,包括中央层面 768 项,其中法律、行政法规、司法解释 36 项,部门规章、规范性文件、工作文件、行政许可批复 721 项,行业规定 11 项;地方层面 2039 项,其中地方性法规 63 项,地方政府规章、规范性文件、工作文件、行政许可批复 1976 项。外资企业反映,目前还缺乏统一权威便捷完备的获取法律法规和制度政策的信息渠道,影响外商投资法律的高效实施。三是高水平国际投资规则需要国内法律制度更好衔接。虽然外商投资法已经囊括投资准入、投资促进、投资保护、投资管理、争端解决等内容,为外商投资的"整个生命周期"建立了全面、原则、包容的权利义务框架,但国际投资规则不断演变,尚未形成统一、协调的多边投资规则体系。我国已经加入或者今后可能签订或加入的区域全面经济伙伴关系协定(RCEP)、中欧全面投资协定(CAI)、全面与进步跨太平洋伙伴关系协定(CPTPP)、数字经济伙伴关系协定(DEPA)等国际经贸投资规则,对统筹国内法治和涉外法治发展提出了更高要求。

(二)"放管服"改革尚未完全到位。随着改革开放日益深化,外商投资门槛不断降低,领域不断扩大,壁垒不断缩减,但"放管服"改革尚未完全到位,优化外商投资环境工作还存在着一些短板。一是依法行政的意识和能力有待提高。长期以来不少地方习惯依靠优惠政策吸引外资,法律对外商投资的直接促进作用有限,地方政府依法促进、保护、管理外商投资的意识和能力还不够高。一些地方制定超出权限和能力范围的优惠政策,少数地方不履行政策承诺,少数地方存在“不作为、乱作为”现象,少数地方处理外商投资纠纷不公允,外国投资者和外商投资企业对一些地方政府和法院公允解决争端存在疑虑。二是各地外商投资环境不均衡。外资企业的经营活动受到地方政府法治能力影响,中西部地区与东部沿海发达地区在正确处理政企关系、营造良好投资环境方面存在差距,导致法律制度实施效果上的差别化,影响对外商投资法律法规政策的评价。此外,尽管我国知识产权、技术合作、合同履约等方面的政策框架逐步走向成熟,但各地因政策理解、执法尺度、执行评估等不一致,执法效果差别较大,给外资企业投资经营造成一定困惑。三是推进事中事后监管存在难点。信息报告制度取代备案制后,减轻了企业日常报告的负担,但也存在信息掌握不全面、穿透式监管落地难、柔性管理不足、部门间工作协调难度大等问题,行业主管部门对外资企业的事中事后监管缺乏有效的抓手。

(三)国内外形势发生深刻调整。近年来,我国吸引外资工作的国内外环境发生深刻变化,实施外商投资法律制度面临更加复杂的形势。从内部环境看,我国经济转型升级,部分外商投资重新布局。尽管大多数外资企业在华经营保持盈利水平,看好在华长期发展前景,但随着土地、劳动力等要素成本升高,随着竞争主体增多、市场竞争更加充分,随着营商环境更加规范、特殊优惠政策逐步减少,一些劳动密集型、加工贸易型、传统产业企业的优势减弱,盈利能力下降,投资意愿降低,有些经营困难的外资企业甚至选择退出中国市场。从外部环境看,国际形势严峻复杂,外商投资外迁风险加大。当前全球经济增长乏力,跨国投资持续萎缩,美西方国家对我遏制打压升级,实施“长臂管辖”,加快吸引制造业回流,推行“近岸外包”“友岸外包”,重构产业链和供应链,一些企业被迫采取切割在华业务和投资的方式规避风险。同时,一些新兴经济体加大开放力度,打造政策洼地,吸引外商投资。国际地缘政治冲突加剧,近期乌克兰危机引发的金融、贸易制裁和供应链冲击,加剧外资企业对经营环境的担忧。总的来看,当前国内外形势的发展变化,更加凸显贯彻实施外商投资法律制度的紧迫性。

五、对贯彻实施外商投资法的意见建议

新时代贯彻实施外商投资法,要在党的二十大精神指引下,坚持以习近平新时代中国特色社会主义思想为指导,深入学习贯彻习近平法治思想和习近平经济思想,着眼构建更高水平开放型经济新体制,持续优化外商投资环境,提高对外开放法治化水平,为外商投资持续健康发展提供有力法治保障。

(一)加强配套制度建设,健全外商投资法律制度体系。通过构建完备的外商投资法律制度,进一步规范对外商投资的行政管理,明晰外资市场主体权利义务,降低企业经营合规风险,提升外商投资结果的可预期性。一是修订完善相关配套制度。国务院应督促相关部门继续清理不符合外商投资法的有关规章制度,及时修订依据原“外资三法”制定的部门规章、规范性文件,废止无法律依据的针对外商投资企业的特殊管理制度。继续优化外商投资准入负面清单,合理缩减负面清单项目,细化相关特别管理措施,提高负面清单的精准度。建立科学的外商投资认定标准,明确外商间接投资的种类、投资新建项目的具体涵义。完善外商投资项目核准和备案管理制度,规范告知性备案程序。加快更新相关司法解释,加大指导性案例、典型案例发布力度,明确标准尺度,统一法律适用。制定依“外资三法”成立外资企业转换组织形式变更的“章程范本”“变更企业组织形式的股东协议范本”等格式化文件,引导相关外资企业实现组织形式的平稳过渡。加快出台2022版《鼓励外商投资产业目录》。对照我国已缔结生效的投资协定和拟加入的投资协定,进一步梳理和完善现有法律法规,特别是知识产权保护方面的法律法规,保障相关投资协定的高质量实施。二是支持地方相关立法。支持地方制定实施外商投资法的地方性法规,因地制宜优化外商投资法治环境。鼓励自由贸易试验区和海南自由贸易港探索外商投资制度创新,推进更高层次扩大开放,聚焦更高质量引进外资,凸显更加平等外商保护,提供更加便捷高效政务服务。

(二)全面落实内外资一致原则,不断优化外商投资环境。对在中国境内注册的各类企业要平等对待、一视同仁,保障内外资公平竞争,整合有韧性的国内市场和国内产业链供应链,推动包容不排他的全球市场和全球产业链供应链。一是保障外资企业公平参与竞争。政府采购和招投标项目中,严

格禁止根据企业性质、所在地等对供应商设置不合理条件或歧视性要求。除涉及国家安全等特殊情况外，支持外资企业依法平等参与各种标准制定工作。制定外资企业申报科技计划项目相关办法，支持有条件的外资企业申请国家科技计划、科技创新重点课题，参与建设和共享共用研发公共服务平台。二是切实维护外商投资合法权益。完善外商投资企业投诉工作机制，加大投诉受理协调工作力度，推动解决跨部门跨地区外商投诉事项。完善知识产权保护相关制度，建立健全重点领域知识产权侵权快速查处机制，加大对知识产权侵权行为的处罚力度。三是建立完善外商投资纠纷多元解决制度。强化国内救济在定分止争中的作用，制定完善相关法律，进一步明确行政复议、行政诉讼的有关程序，促进和规范商事调解、仲裁制度的发展应用，增强对外国投资者和外商投资企业的适用性。

（三）完善外商投资管理制度，提升外商投资便利化水平。深化“放管服”改革，提高依法行政意识和水平，改进外商投资管理制度，着力促诚信、保公平、稳预期、利长远，让外资企业进得来、留得住、发展得好。一是提高政策法规的透明度。相关涉外资政策法规的制定要依法进行，提高外资相关政策制定、实施、执行的透明度，政策出台前要以适当方式听取相关外资企业和外国商协会意见。二是推进信息数据协同共享。推动建立商务、市场监管、投资、外汇、海关、税务、社保、科技、公安、移民等部门和单位有关外商投资信息的共享机制，加强部门监管协同。注重对外资企业投资信息报告的指导和监管，提高信息报告质量。三是健全新兴领域管理制度。推动新兴产业监管创新，适应数字经济等领域发展态势，建立健全数据跨境安全传输的法律配套制度，保障外资企业正常的数据跨境流动需求和数据业务的合规发展，发挥好数据生产要素对外资企业生产经营的重要作用。

（四）加大法律宣传普及力度，推进外商投资法深入实施。做好外商投资法及相关政策的宣传普及、法律解释、政策解读。一是加强外商投资法宣传普及。通过多种形式深入宣传外商投资法和我国对外开放政策，营造外商投资兴业的良好社会氛围。国务院商务主管部门、投资主管部门和其他有关部门单位要严格落实法律责任，依法推进工作。外商投资企业要依法生产经营，依法维护权益。二是建立完善获取外商投资法律法规和制度政策的权威渠道。以需求为导向，建立完善公开获取外商投资相关法律法规和制度政策的权威便捷高效渠道。当前，针对外资企业因疫情所产生的困难，要加强政策宣导，为外资企业利用纾困政策提供服务和便利，指导外资企业用足用好各类优惠政策。

以上报告，请审议。

在全国人大常委会外商投资法执法检查组第一次全体会议上的讲话

（2022 年 6 月 30 日）

王东明

根据《全国人大常委会 2022 年度监督工作计划》，今年将对外商投资法实施情况进行检查。今天召开执法检查组第一次全体会议，正式启动这项工作。

刚才，绍史同志介绍了前期准备工作和执法检查方案。这个方案是在广泛调研充分听取国务院有关部门意见的基础上形成的，并报经栗战书委员长等领导同志批准，是这次执法检查总的遵循，检查组要认真学习领会、贯彻落实。商务部、国家发展改革委、工业和信息化部、市场监管总局、国务院台办、国家网信办、中国银保监会、最高人民法院、中国贸促会等 9 个单位的负责同志汇报了贯彻实施外商投资法的情况，财政部、农业农村部、中国证监会、国家外汇局、国家知识产权局等 5 个单位提交了书面材料，发言和书面材料都很好，大家都做了认真准备，既讲了法律实施情况，包括所做工作和取得的成效，也分析了存在的突出问题，提出了下一步工作考虑，有的还对搞好这次执法检查提了意见建议，对检查组很有帮助，对进一步推动法律有效实施、改进外资工作都有参考价值。下面，结合大家的发言，我讲三点意见。

一、提高政治站位，充分认识开展外商投资法执法检查的重要意义

外商投资法是我国外商投资领域的一部基础性法律，它确立了我国新型外商投资法律制度的基本框架，对外商投资的准入、促进、保护、管理等作出了统一规定。这部法律是全国人大及其常委会贯彻党中央决策部署，适应我国对外开放新形势新要求取得的重大立法成果，2019 年 3 月经十三届全国人大二次会议审议通过，于 2020 年 1 月起正式施行，实施以来取得了积极成效。法律实施的两年多时间，正赶上新冠肺炎疫情肆虐，保护主义、单边主义抬头，多边主义和自由贸易受到严重冲击，尽管如此，我国利用外资仍逆势增长，而且实现了引资总量、增长幅度、全球占比“三提升”。最近有关部门发布的情况显示，2020 年我国连续第四年保持全球第二大外资流入国地位，2021 年我国进出口规模达到 6.05 万亿美元，实际利用外资同比增长 14.9%，连续两年跻身前 10 位全球营商环境改善最快的经济体。这些成绩的取得，是以习近平同志为核心的党中央坚强领导、科学决策的结果，是各地区各部门攻坚克难、扎实工作的结果，同时也说明，良好的外商投资法律制度对促进外贸外资持续健康发展起到了重要作用。实践充分证明，制定和实施外商投资法，是新的历史条件下改善我国营商环境、扩大对外开放、提高利用外资质量水平的有效举措。这次对外商投资法实施情况进行检查，是法律实施后首次开展执法检查，目的是要贯彻党中央重大决策部署，全面了解法律实施情况，总结成效和经验，认真查找问题和不足，督促各地各部门依法推进外商投资工作，为新时代全面深化改革开放、加快形成对外开放新格局提供有力法治保障。开展这次执法检查，对于统筹推进疫情防控和经济社会发展，稳定宏观经济大盘，加快构建新发展格局，推动高质量发展，具有重要现实意义。

（一）*开展执法检查是贯彻落实党中央改革开放决策部署的重要举措。*党的十八大以来，习近平总书记在扩大对外开放、促进外商投资方面作出一系列重要论述，在多个重要场合向国内外宣示我国进一步扩大开放的坚定决心，强调新的历史条件下中国开放的大门不会关闭，只会越开越大。前不久，总书记在主持金砖国家领导人会晤、出席金砖国家工商论坛开幕式时再次重申，中国将继续提高对外开放水平，建设更高水平开放型经济新体制，持续打造市场化、法治化、国际化营商环境。这几年中央出台一系列重要文件，对健全外商投资负面清单管理制度、创新外商投资管理体制、优化对外开放区域布局、推动制度型开放等作出战略部署和安排。外商投资法既为外商投资经营活动提供了基本制度框架和规则，也为有关部门和各地履行外资促进和管理职责提供了法律依据，为贯彻党中央有关决策部署提供了有力法律支撑。开展这次执法检查，有利于通过深入实施外商投资法，进一步彰显我国扩大对外开放、促进外商投资的信心和决心，依法打造内外资公平竞争的市场环境，推动党中央改革开放决策部署不折不扣得到全面贯彻和有效实施。

（二）*开展执法检查是构建新发展格局和推动高质量发展的有力抓手。*当前我国面临的外部发展环境异常严峻复杂。新冠肺炎疫情冲击，世界百年变局加速演进，经济全球化遭遇严重挫折，特别是美国对我打压遏制变本加厉、无所不用其极，不断恶化我国际环境。同时，我国经济发展面临需求收缩、供给冲击、预期转弱三重压力，稳定经济增长、完成全年经济社会发展目标任务的难度明显增大。外商投资企业是我国国民经济的重要组成部分，是扩大贸易、增加就业、优化产业结构、畅通国民经济循环、促进经济平稳持续发展的有生力量。开展这次执法检查，有利于通过深入实施外商投资法，推动落实稳字当头、稳中求进要求，稳定外商投资企业预期，提振信心、激发活力，推动落实“六稳”“六保”任务，切实保持宏观经济大局稳定；有利于立足新发展阶段，贯彻新发展理念，推动更好利用国内国际两个市场、两种资源，打造我国国际竞争新优势，以高水平开放促进改革和创新，加快构建新发展格局，推动高质量发展。

（三）*开展执法检查是提高对外开放法治化水平的内在要求。*社会主义市场经济本质上是法治经济。进一步扩大对外开放、完善社会主义市场经济体制，离不开健全的法治保障。平等竞争是市场经济运行的重要动力，也是外商既担心又看好的因素。外商投资法注重同国际经贸规则对接，明确了内外资一致管理、强制性标准平等适用、政府采购平等对待等原则，对保护产权特别是知识产权作出明确规定，积极回应外商关切，奠定了建立市场经济公平竞争机制的法治基础。开展这次执法检查，有利于通过深入实施外商投资法，进一步落实贸易和投资自由化便利化政策，推动完善外商投资法律

制度,不断提高对外开放法治化水平。

(四)开展执法检查是统筹发展与安全的重要举措。改革开放 40 多年来,外商投资企业为我国经济社会发展作出了重要贡献。许多外资企业在我国产业链供应链中居于重要地位,成为行业龙头、隐形冠军,事关产业安全和经济安全。新形势下,既要对外商投资加强促进和保护,也要进一步规范管理,趋利避害、扬长避短,使外商投资更好地发挥积极作用。外商投资法明确了外商投资企业生产经营活动按照内外资一致原则实施管理,规定外国投资者并购境内企业要依法接受经营者集中审查,同时还建立了国际通行的安全审查制度等。开展这次执法检查,有利于通过深入实施外商投资法,依法加强外商投资管理,使外商投资企业进得来、留得住、发展得好,充分发挥稳链固链强链作用,更好地统筹发展与安全,夯实发展的安全基础。

二、坚持问题导向,突出重点,全面检查外商投资法实施情况

外商投资法共 6 章 42 条,条文数量不多,但涵盖了外商投资促进、保护和管理的方方面面。这次会议之前,全国人大财经委组织开展了前期调研,在认真听取意见建议的基础上,梳理了七个方面的执法检查重点。检查组要全面把握,紧扣重点制度和法律条文,严格依照法律规定,全面检查法律实施情况。这里我再强调以下几点。

一是准入前国民待遇加负面清单管理制度的落实情况。外商投资法首次从法律层面确立了外商投资准入前国民待遇加负面清单管理制度。这次执法检查,要重点了解有关部门和单位落实这项外资管理制度的情况,重点检查外资准入负面清单“非禁即入”落实过程中是否存在法律执行“放水”失管或是“加码”设限等情况;负面清单之外有没有对外商投资变相设置前置审批,在对外商投资实施行业许可、进行投资项目核准或备案中,有没有按照与内资一致的条件和程序实施;外商投资企业有没有违反负面清单规定的情况,等等。

二是外商投资促进规定的落实情况。外商投资法明确国家实行高水平投资自由化便利化政策,鼓励外国投资者依法在中国境内投资,建立和完善外商投资促进机制,营造稳定、透明、可预期和公平竞争的市场环境。这次执法检查,要重点检查有关部门和单位出台和落实外商投资促进政策情况,在政府资金安排、土地供应、税费减免、人力资源政策等方面是否依法保障外资企业平等适用支持政策;国家标准、行业标准、地方标准和团体标准制定和修订工作中,有没有保障外资企业平等参与;政府采购中,采购信息发布、供应商条件确定、资格审查和评标标准是否规范,有没有对外商投资企业在中国境内生产的产品、提供的服务与内资企业一致对待;在评先评优试点示范企业认定等工作中,是否对外资企业存在歧视性做法,等等。

三是保障外商投资企业合法权益规定的落实情况。外商投资法设立“投资保护”专章,对各级政府保护外商投资合法权益作出明确规定。这次执法检查,要重点检查是否存在对外国投资者的投资实行征收的情况,征收是否履行了法定程序并依法给予补偿;对外国投资者和外商投资企业知识产权、商业秘密的保护情况,是否存在强制转让技术的情况;与外商投资企业订立合同的履行情况,地方政府对外商投资企业所作政策承诺的履行情况,以及外商投资企业投诉工作体系的建立和运行情况,等等。

四是外商投资管理制度落实情况。外商投资法按照内外一致原则对外商投资管理作出具体规定。这次执法检查,要重点检查外商投资在部分行业准入中是否依法依规取得行业许可、进行投资项目核准或者备案;各地区在行政执法中对外资是否存在歧视性或者区别性对待,是否存在给予“超国民待遇”情况;外国投资者并购中国境内企业或者参与经营者集中的,是否依法接受经营者集中审查;有关部门是否对可能影响国家安全的外商投资进行安全审查,等等。

需要强调一点,外商投资法配套和关联的法律法规比较多。执法检查中,检查组既要紧紧围绕外商投资法律本身进行检查,也要认真了解配套法律法规以及关联法律规定的实施情况,要紧紧抓住影响法律实施的关键问题,认真查找执法、司法、普法等各环节的短板和不足,广泛听取意见建议,包括对进一步修改完善法律、加强外商投资领域法制建设的意见建议,积极推动外商投资法全面有效实施。

三、加强沟通配合,精心组织,切实增强执法检查实效

外商投资法执法检查报告的审议安排在 10 月份,完成各项工作时间紧、任务重,要求也很高。特别是这次执法检查专业性强,涉及部门多,社会各方面普遍关注。检查组要进一步提升政治站位,切实增强“四个意识”、坚定“四个自信”、做到“两个维

护”，认真学习领会习近平总书记关于深化改革开放的重要论述，深刻认识新时代坚持对外开放基本国策的重大意义，准确把握开展这次执法检查的重要性和现实针对性，全面贯彻外商投资法总体要求，加强组织领导和统筹协调，以严肃认真的态度、求真务实的作风开展工作，高标准、高质量完成检查任务。

一要严格依法开展检查。执法检查要严格“依照法定职责、限于法定范围、遵守法定程序”进行，做到正确监督、有效监督、依法监督。检查组要认真学习外商投资法及相关法律法规，认真阅读执法检查方案和参阅资料，对法律规定和工作要求了然于胸，严格按照《全国人大常委会执法检查办法》开展有关工作。检查过程中要紧扣法律条文，坚持实事求是，敢于动真碰硬，客观公正地反映发现的问题，切实担负起监督职责，充分体现人大执法检查的权威性。

二要全面深入开展检查。外商投资涉及部门多，地域分布和行业分布都很广。执法检查必须既要考虑代表性，又要兼顾广泛性。检查组既要听取地方政府及其有关部门、司法机关的情况介绍，更要深入基层、深入企业一线，通过现场调研、个别座谈、问卷调查等多种方式，发现和掌握问题，广泛了解对法律实施的意见建议。要落实发展全过程人民民主要求，充分发挥人大代表的作用，邀请代表参与检查工作。同时，要与时俱进创新方式方法，运用第三方评估和大数据分析，为准确掌握法律实施情况提供支持。

三要切实增强检查实效。要围绕检查重点，着重发现那些影响法律实施、制约外资工作的突出问题，剖析问题根源，提出对策建议，督促有关方面切实落实法律责任、依法改进工作。同时，也要注意总结好的做法和经验，为进一步完善法律提供参考。财经委要依法做好跟踪监督，对检查发现的问题及常委会审议时提出的意见，督促有关方面及时整改，按时向常委会报告研究处理情况。

四要加强法律普及宣传。执法检查本身就是一个很好的宣传普法过程。检查组要把执法检查同法律宣传教育有机结合起来，推动有关部门和各地加大外商投资法普法力度，提高外资法律法规的知晓度，积极回应外企法律关切，不断增强全社会法治思维和法治意识，努力提高外资工作法治化水平。要做好执法检查的新闻宣传报道，营造促进外商投资发展的良好社会氛围。

这里再强调一下，检查组要严格执行中央八项规定及其实施细则精神，赴地方检查时要轻车简从，厉行节约，坚决杜绝形式主义和官僚主义。当前疫情防控处于常态化阶段，外防输入、内防反弹的压力仍然突出。检查组要充分考虑各地疫情形势，遵守防控要求，合理安排工作，确保健康安全。

在全国人大常委会外商投资法执法检查组听取河北省工作汇报会议上的讲话

（2022 年 7 月 12 日）

万鄂湘

同志们：

很高兴来到河北。河北省区委优势明显，产业基础深厚，交通优势突出，近年来京津冀协同发展向纵深推进，雄安新区已进入承接北京非首都功能疏解和大规模建设同步推进的重要时期，中国（河北）自贸试验区建设稳步推进，河北在我国外贸领域发挥着越来越重要的作用。刚才听了大家的汇报，总的来说，省委、省人大、省政府高度重视稳外资促发展工作，深入贯彻落实党中央决策部署和外商投资法，采取了一系列有效措施，取得了一定成效。大家围绕法律贯彻实施和外商投资发展情况相互探讨，深入互动，共同开了一场高质量的座谈会，使检查组更加深入具体地了解情况、听取意见，为做好下一步执法检查工作打下了良好基础。下面，围绕这次执法检查我再重点强调两个方面。

一、深刻认识稳外资促发展的重要性，切实增强依法做好优化营商环境的责任感和紧迫感

外商投资法是我国外商投资领域的基础性法律，它确立了我国新型外商投资法律制度的基本框

架，对外商投资的准入、促进、保护、管理等作出了统一规定。这部法律是全国人大及其常委会贯彻党中央决策部署，适应我国对外开放新形势新要求取得的重大立法成果，2019 年 3 月经十三届全国人大二次会议审议通过，于 2020 年 1 月起正式施行，实施以来取得了积极成效。法律实施的两年多时间，正赶上新冠肺炎疫情肆虐，保护主义、单边主义抬头，多边主义和自由贸易受到严重冲击，尽管如此，我国利用外资仍逆势增长，而且实现了引资总量、增长幅度、全球占比“三提升”，2020 年我国连续第四年保持全球第二大外资流入国地位，2021 年我国进出口规模达到 6.05 万亿美元，实际利用外资同比增长 14.9%，连续两年跻身前 10 位全球营商环境改善最快的经济体。这些成绩的取得，是以习近平同志为核心的党中央坚强领导、科学决策的结果，是各地区各部门扎实工作、攻坚克难的结果，同时也说明，良好的外商投资法律制度对促进外贸外资持续健康发展起到了重要作用。实践充分证明，制定和实施外商投资法，是新的历史条件下改善我国营商环境、扩大对外开放、提高利用外资质量水平的有效举措。这次对外商投资法实施情况进行检查，是法律实施后首次开展执法检查，目的是要贯彻党中央重大决策部署，全面了解法律实施情况，总结成效和经验，认真查找问题和不足，督促各地各部门依法推进外商投资工作，为新时代全面深化改革开放、加快形成对外开放新格局提供有力法治保障。开展这次执法检查，对于统筹推进疫情防控和经济社会发展，稳定宏观经济大盘，加快构建新发展格局，推动高质量发展，具有重要现实意义。

二、坚持问题导向，突出检查重点，推动外商投资法有效实施

我们开展外商投资法执法检查，要紧紧抓住影响法律实施的关键问题、制约外商投资兴业的重点问题、外资企业反映的突出问题，深入研究，“对症下药”，补齐普法、执法工作中的短板，加强法律实施薄弱环节，推进外商投资法全面深入实施。这次执法检查在全面检查外商投资法贯彻实施情况的基础上，要重点突出以下几个方面：

一是准入前国民待遇加负面清单管理制度的落实情况。外商投资法首次从法律层面确立了外商投资准入前国民待遇加负面清单管理制度。这次执法检查，要重点了解有关部门和单位落实这项外资管理制度的情况，重点检查外资准入负面清单“非禁即入”落实过程中是否存在法律执行“放水”失管或是“加码”设限等情况；负面清单之外有没有对外商投资变相设置前置审批，在对外商投资实施行业许可、进行投资项目核准或备案中，有没有按照与内资一致的条件和程序实施，等等。同时，也要对外商投资兴业有没有违反负面清单规定的情况予以关注。

二是外商投资促进规定的落实情况。外商投资法明确国家实行高水平投资自由化便利化政策，鼓励外国投资者依法在中国境内投资，建立和完善外商投资促进机制，营造稳定、透明、可预期和公平竞争的市场环境。这次执法检查，要重点了解有关部门和单位出台和落实外商投资促进政策情况，在政府资金安排、土地供应、税费减免、人力资源政策等方面是否依法保障外资企业平等适用支持政策；国家标准、行业标准、地方标准和团体标准制定和修订工作中，有没有保障外资企业平等参与；政府采购中，采购信息发布、供应商条件确定、资格审查和评标标准是否规范，有没有对外商投资企业在中国境内生产的产品、提供的服务与内资企业一致对待；在评先评优试点示范企业认定等工作中，是否对外资企业存在歧视性做法，等等。

三是保障外商投资企业合法权益规定的落实情况。外商投资法设立“投资保护”专章，对各级政府保护外商投资合法权益作出明确规定。这次执法检查，要重点了解是否存在对外国投资者的投资实行征收的情况，征收是否履行了法定程序并依法给予补偿；对外国投资者和外商投资企业知识产权、商业秘密的保护情况，是否存在强制转让技术的情况；与外商投资企业订立合同的履行情况，地方政府对外商投资企业所作政策承诺的履行情况，以及外商投资企业投诉工作体系的建立和运行情况，等等。

四是外商投资管理制度落实情况。外商投资法按照内外一致原则对外商投资管理作出具体规定。这次执法检查，要重点了解外商投资在部分行业准入中，是否依法依规取得行业许可、进行投资项目核准或者备案；各地区在行政执法中对外资是否存在歧视性或者区别性对待，是否存在给予“超国民待遇”情况；外国投资者并购中国境内企业或者参与经营者集中的，是否依法接受经营者集中审查；有关部门是否对可能影响国家安全的外商投资进行安全审查，等等。

五是相关法律法规和配套法规规章的制定落实情况。外商投资法配套和关联的法律、法规、规章比较多。执法检查中，我们既要紧紧围绕外商投资法律本身检查，也要认真了解配套法规规章以及关联法律规定的实施情况，要紧紧抓住影响法律实施的关键问题，认真查找执法、司法、普法以及立法各环节的短板和不足，广泛听取意见建议，包括对修改完善法律、加强外商投资领域法制建设的意见建议，积极推动外商投资法全面有效实施。

今天是执法检查的第一天，执法检查组初步听取了河北省外商投资法贯彻实施的有关情况，接下来，检查组还要到有关企业进行考察座谈，全面了解情况。希望大家能够密切配合，结合工作实际，对深入贯彻实施外商投资法提出意见和建议。在这里，我也代表执法检查组表个态，严格遵守中央八项规定的要求，轻车简从、廉洁自律、简化形式、注重实效，多听取地方同志、人民代表和群众的意见，与地方同志一道努力，共同把这次执法检查工作做好，确保取得实实在在的成效。

我就说这些。

在全国人大常委会外商投资法执法检查组第二次全体会议上的讲话

（2022 年 9 月 29 日下午）

陈　竺

鄂湘、东明、白玛赤林副委员长，

同志们：

根据全国人大常委会外商投资法执法检查方案，我们今天召开执法检查组第二次全体会议，主要是总结前一阶段工作，研究讨论执法检查报告。刚才，绍史同志介绍了执法检查工作和报告起草情况，大家进行了认真讨论，对执法检查工作给予肯定，对报告稿的框架和主要内容都原则同意，同时结合各自部门职能提了意见建议。会后，执法检查组要认真研究大家的意见，对报告作进一步修改完善，做好提请全国人大常委会审议的各项准备工作。

外商投资法执法检查是今年全国人大常委会监督工作的一项重点任务，自 6 月底第一次全体会议以来，执法检查组和有关方面努力克服疫情带来的不利影响，圆满完成了执法检查工作任务。全国人大财经委和常委会办公厅加强组织协调，国务院有关部门积极配合、密切协作，特别是商务部派人全程参加，执法检查组所到地方的党委、人大、政府、法院也都高度重视、大力支持，受委托开展检查的地区按要求认真开展相关工作，人民日报、经济日报等新闻媒体通过积极宣传报道为执法检查工作营造了良好氛围。

经过大家共同努力，这次执法检查工作取得了积极成效。一是这次执法检查紧紧围绕党中央关于健全外商投资准入负面清单管理制度、创新外商投资管理体制、优化对外开放区域布局、推动制度型开放等重大决策部署，认真检查法律实施情况，督促有关方面依法开展工作，在推动落实党中央决策部署上发挥了积极作用。二是这次执法检查聚焦重点难点问题，确定了 7 个方面问题作为执法检查的重点，与外商投资企业和外国商协会面对面沟通，广泛听取意见建议，了解诉求和呼声。在全面检查的基础上，抓住外商投资准入负面清单管理、内外资公平对待、保护外商投资合法权益等问题开展专项检查，重点突出。三是这次执法检查继续完善和创新执法检查方式方法，通过委托课题研究和大数据分析全方位了解法律实施情况，深化对外商投资领域存在困难和问题的认识，不断探索改进监督工作。四是这次执法检查紧扣法律制度、法律规定、法律条文开展，围绕检查重点，坚持问题导向，督促有关方面履行法定职责，落实法律责任，促进法律实施，努力增强监督的针对性和实效性。

下一步，围绕这次执法检查，常委会还将开展听取审议执法检查报告、跟踪整改、督促落实等一系列后续工作，完成这些工作时间紧、任务重，要求也很高。希望执法检查组全体同志和有关方面继续努力，全力以赴做好后续工作，确保执法检查取得实实在在的成效。这里我再强调几项重点工作。

一、认真修改完善执法检查报告

执法检查报告是执法检查工作成果的集中体

现。检查组要认真研究、吸收采纳有关方面的意见建议，集中力量修改完善，按时拿出一份高质量的执法检查报告。一要进一步贯彻落实党中央重大决策部署。以中央关于扩大对外开放、促进外商投资的精神为指导，确保执法检查报告与党中央决策部署目标同向、工作合拍、步调一致，以法治力量推动高质量发展。二要进一步用好委托课题研究和大数据分析成果。这次执法检查运用委托课题研究和大数据分析的方法，取得了大量分析成果，要把这些成果充分运用到执法检查报告中。三要进一步紧扣法律条文分析问题。执法检查报告总结成效、分析问题、提出建议，都要紧紧围绕法律本身进行，特别是法律规定落实不到位和法律规定不完善的问题。四要进一步完善关于改进工作的意见建议。执法检查报告要多从法律制度、体制机制、政策举措等层面提出有针对性的、务实管用的意见建议，健全外商投资制度。执法检查中地方的同志特别是工作在一线的同志提出了不少改进工作和完善法律法规的意见建议，要切实重视，认真研究采纳这些意见。

二、进一步加大外商投资法实施力度

今年是实施“十四五”规划、开启全面建设社会主义现代化国家新征程承上启下的关键之年。当前，国际形势发生深刻复杂变化，百年变局与世纪疫情相互交织，经济全球化遭遇逆流，产业链供应链价值链正在重构，对我国经济稳定增长带来新的挑战，给外商投资法的实施带来一定影响和阻力。在这种形势下，对外商投资法开展执法检查，督促加大外商投资法实施力度，目的就是为了打造市场化、法治化、国际化的营商环境，促进外商投资健康发展，稳定宏观经济大盘，巩固经济回升向好趋势，为统筹推进疫情防控和经济社会发展提供坚实的法治保障。

工作中要坚持对外商投资企业一视同仁、平等对待，依法保障外商投资企业平等适用国家各项政策，平等获取资金、土地等生产要素，平等参与标准制定和政府采购、招投标等工作，切实保障外商投资企业合法权益。要加强对法律的宣传普及，提供获取外商投资相关法律法规和制度政策的权威、高效、便捷渠道，加强对法律和政策的咨询解读，帮助外商企业深化对外商投资法和地方法规、规章的理解运用。要深入推进“放管服”改革，优化对外商投资项目的核准和备案管理，提升外商投资便利化水平，以制度型开放推动高水平对外开放。

三、认真做好跟踪监督和整改落实

根据全国人大常委会 2022 年度监督工作计划，10 月份召开的常委会会议将听取和审议外商投资法执法检查报告。办公厅和财经委等要认真做好相关工作。常委会会议后，办公厅要及时将执法检查报告和审议意见送交国务院办公厅，有关部门要认真研究处理，提出有针对性的政策措施和整改举措，并在 6 个月内将研究处理执法检查报告和常委会审议意见的情况向常委会书面报告。常委会办公厅和财经委要严格落实工作方案，加强统筹协调，按照时间节点抓紧做好跟踪落实，督促有关方面按照执法检查报告和常委会审议意见不断加强和改进工作，切实增强执法检查和人大监督工作的实效。希望国务院有关部门继续配合，密切协作，共同做好有关工作。

最后，我代表全国人大常委会外商投资法执法检查组，对各部门和单位、新闻媒体及有关方面积极配合、大力支持全国人大外商投资法执法检查工作表示衷心的感谢！

祝大家国庆节愉快！

在全国人大常委会外商投资法执法检查组听取河南省工作汇报会议上的讲话

（2022 年 7 月 11 日）

白玛赤林

这次来河南开展外商投资法执法检查，是全国人大常委会执法检查组赴地方检查的第一站。对外商投资法执法检查是今年全国人大常委会监督工作的一项重点任务，是深入贯彻习近平法治思想和党中央重大决策部署的重要举措。外商投资法是我国外商投资领域的一部基础性法律，实施两年多来，虽然赶上新冠肺炎疫情肆虐，保护主义、单边主义抬头，但我国利用外资仍逆势增长，引资规模稳居发展中国家首位，2021 年实际使用外资达到 1.15 万亿元人民币，连续第五年保持全球第二大外资流入国地位，连续两年跻身前 10 位全球营商环境改善最快的经济体。这些成绩的取得，是以习近平同志为核心的党中央坚强领导、科学决策的结果，是各地区各部门扎实工作、攻坚克难的结果，同时也说明，良好的外商投资法律制度对提升外资利用水平、促进外资外贸持续健康发展起到了重要作用。

今年是党的二十大召开之年，也是实施“十四五”规划、开启全面建设社会主义现代化国家新征程承上启下的关键之年。对外商投资法实施情况进行检查，具有十分重要的意义，有利于进一步彰显新时代我国继续扩大对外开放的信心和决心；有利于更好利用国内国际两个市场、两种资源，打造参与国际合作和竞争新优势；有利于提高对外开放法治化水平，让外国投资者更加放心地在华投资；有利于落实稳中求进的工作要求，提振外商投资兴业信心，夯实发展安全基础。

全国人大常委会选择对外商投资法实施情况开展检查，主要目的是加大外商投资法的贯彻实施力度，更好发挥法律制度对促进、保障和规范外商投资活动的重要作用，以法治力量推动高质量发展。通过这次执法检查，要全面了解法律实施情况，及时总结成效和经验，认真查找问题和不足，督促有关部门和单位及地方采取有效措施，打造内外资公平竞争的市场环境，推动构建开放型经济新体制，提升我国经济竞争力。

外商投资法的执法检查工作方案确定了七个方面的执法检查重点，特别是准入前国民待遇加负面清单管理制度、外商投资促进规定、保障外商投资企业合法权益规定、外商投资管理制度四个方面法律规定的落实情况。刚才，省政府围绕检查重点对法律实施情况作了全面汇报，有关部门和单位负责同志、外商投资协会和外商投资企业结合各自业务工作分别作了汇报。听后我们总的感到，河南省委、人大、政府及其有关部门单位，有关外资企业高度重视这次执法检查，都作了认真准备。近年来河南积极推动外商投资法贯彻实施，持续优化营商环境，切实加强外商投资服务保障工作，有效保障外资企业合法权益，做了大量扎实细致的工作，也积累了宝贵的经验，给人留下深刻印象。同时，大家也反映了法律实施中存在的一些个案问题，包括负面清单缩减空间有限、政府采购以及招投标等领域对外资企业存在隐性门槛、部分领域“大门打开小门不开”、监管透明度不够、政策出台的可预期性不足等，提出了一些改进工作的意见建议，都很有建设性。下一步，检查组要全面总结梳理河南在法律实施中的做法、经验、成效和问题，认真研究会上提出的意见建议，把大家的智慧和工作成果反映到立法、执法、司法的实践中去。这里，结合大家的发言再提几点希望。

第一，贯彻落实党中央重大决策部署，深入推进外商投资法有效实施。

党的十八大以来，习近平总书记在扩大对外开放、促进外商投资方面作出一系列重要论述，在多个重要场合向国内外宣示我国进一步扩大开放的坚定决心，强调新的历史条件下中国开放的大门不会关闭，只会越开越大。前不久，总书记在主持金砖国家领导人会晤、出席金砖国家工商论坛开幕式时再次重申，中国将继续提高对外开放水平，建设更高水平开放型经济新体制，持续打造市场化、法治化、国际化营商环境。在总书记亲自指挥部署下，党中央出台一系列重要文件和重大决策部署，对健全外商投资负面清单管理制度、创新外商投资管理体制、优化对外开放区域布局、推动制度型开放等作出战略部署和安排。外商投资法的出台为贯彻党中央有关决策部署提供了有力法律支撑。各地区各部门要提高政治站位，增强政治自觉，深刻领会“两个确立”的决定性意义，增强“四个意识”、坚定“四个自信”、做到“两个维护”，切实贯彻习近平总书记重要讲话精神，贯彻党中央相关重大决策部署，充分认识外商投资法的重大意义和重要作用，推动法律全面深入有效实施，推动党中央决策部署不折不扣得到贯彻落实。

第二，严格依法履职，统筹推进外商投资促进、保护和管理各项工作。

外商投资法确立了外商投资领域的一系列基本制度和基本规则，对外商投资的准入、促进、保护、管理等作出了统一规定，为有关部门和地方履行外资促进和管理职责提供了法律依据。社会主义市场经济是法治经济，完善的法治是营商环境的重要保障。地方对招商引资有热情和愿望，特别是外商投资企业，很多是明星企业，新时代做好外商投资工作，很重要的是运用法治思维和法治方式推进工作，提升依法工作的能力水平，落实好宪法和法律赋予的各项职责。在做好管理工作的同时，特别要加强对外商投资的促进和保护工作，落实好法律关于外资企业平等参与标准制定、平等协商技术合作条件、公平参与政府采购活动等方面的规定，使外商投资法真正成为一部外商投资的促进法、保护法。

第三,落实稳中求进工作总基调,充分发挥外商投资在稳定经济中的重要作用。

当前我国面临的外部发展环境复杂严峻。在新冠肺炎疫情冲击下,世界百年变局加速演进,经济全球化遭遇严重挫折。从国内看,我国经济发展面临需求收缩、供给冲击、预期转弱三重压力,稳定经济增长、完成全年经济社会发展目标任务的难度增大。外商投资企业是我国国民经济的重要组成部分,改革开放 40 多年来,外商投资企业为经济社会发展作出了重要贡献,在扩大贸易、增加就业、优化产业结构、畅通国民经济循环方面发挥了重要作用。许多外资企业在我国产业链供应链中居于重要地位,有些是行业龙头,有些是隐形冠军,他们的发展事关我国产业安全和经济安全。通过深入贯彻实施外商投资法,要进一步优化市场环境,稳定外资企业预期,让外资企业进得来、留得住、发展得好,充分发挥外资企业的稳链固链强链作用,保持宏观经济大局稳定,夯实发展的安全基础。

第四,解决好影响外商投资的突出困难和问题。

这次执法检查的重要目的是着力解决外商投资中存在的突出困难和问题,鼓励和激发外商投资热情。外商投资涉及部门多,行业分布广,遇到的困难和问题各有特点。今天的会上有关部门和单位、外商投资企业都反映了一些情况,下一步执法检查组还将广泛听取各方面的意见,深入外资企业实地检查,对那些影响法律实施、制约外资工作的突出问题和典型问题,将剖析问题根源,提出改进意见。当然,人大的执法检查是以法律为依据,重点是督促有关方面落实法律责任、依法改进工作。实践中,外商投资企业还可能面临方方面面的困难和问题,有关部门和地方要多从企业的角度想问题,在法律范围内为外商投资企业积极排忧解难,切实解决实际问题。

今天是我们在河南执法检查的第一天,会议开得很好,接下来几天,检查组还要到一些地市和企业进行检查。希望大家能够密切配合,结合工作实际,对深入贯彻实施外商投资法多提宝贵意见。希望在大家的共同努力下,把这次执法检查工作做好,确保取得实实在在的成效。

最后,对河南省给予检查组的大力支持表示衷心感谢!

在全国人大常委会外商投资法执法检查组听取湖南省工作汇报会议上的讲话

(2022 年 9 月 15 日)

白玛赤林

这次到湖南开展外商投资法执法检查,是今年全国人大常委会监督工作的重点任务。外商投资法是我国外商投资领域的基础性法律,实施两年多来,虽然赶上新冠肺炎疫情,再加上保护主义抬头,但我国利用外资仍逆势增长,2021 年实际使用外资 1.15 万亿元人民币,连续 5 年保持全球第二大外资流入国地位,连续 30 年稳居发展中国家首位。成绩的取得是以习近平同志为核心的党中央坚强领导、科学决策的结果,是各地区各部门扎实工作、攻坚克难的结果,同时也说明,良好的外商投资法律制度对提升外资利用水平、促进外资外贸持续健康发展起到了重要作用。

今年是党的二十大召开之年,也是实施“十四五”规划、开启全面建设社会主义现代化国家新征程承上启下的关键之年。对外商投资法实施情况进行检查,是深入贯彻习近平法治思想和党中央重大决策部署的重要举措,对于进一步彰显我国继续扩大开放的信心和决心、提高对外开放法治化水平、提振外商投资信心、提升我国整体竞争力具有十分重要的意义。

全国人大常委会开展外商投资法执法检查,主要目的是检查法律的实施是否到位,督促加大外商投资法的贯彻实施力度,更好发挥法律制度对促进、保障和规范外商投资活动的重要作用,以法治力量推动高质量发展。通过执法检查,要全面了解法律实施情况,及时总结成效和经验,认真查找问题和不足,促进有关部门和单位及地方采取有效措施,打造内外资公平竞争的市场环境,推动构建开放型经济新体制。为此,执法检查工作方案确定了七个方面的检查重点,特别是准入前国民待遇加负面清单管理制度、外商投资促进、保障外商投资企业合法权益、外商投资管理四个方面法律规定的落实情况。

湖南是外商投资大省，实际使用外资金额和外商投资企业数量在中部地区处于前列，外商投资企业成为湖南经济发展的重要引擎。刚才，省政府围绕检查重点对法律实施情况作了全面汇报，有关部门和单位负责同志、外商投资企业结合各自工作分别作了介绍。听后我们总的感到，湖南省委、人大、政府及其有关部门、法院，有关外资企业高度重视这次执法检查，在时间很紧的情况下，都作了认真准备，把两年多来湖南省贯彻实施外商投资法的情况作了很好的介绍，包括持续优化外商投资环境，建立外商投资企业"一站式"服务联系点，出台外商投诉工作办法，建立外商投诉工作联席会议制度，及时解决外商投资中的困难问题，宣传外商投资的积极贡献等，看得出来相关部门做了大量扎实有效的工作，外商投资法的贯彻实施情况是好的。

同时，大家也反映了法律实施中存在的一些个案问题，包括政府采购以及招投标等领域对外资企业存在隐性门槛，打击知识产权违法行为存在薄弱环节，并提出了一些改进工作和完善立法的意见建议。下一步，检查组要全面总结梳理湖南在法律实施中的做法、经验、成效和问题，认真研究会上提出的意见建议，把大家的智慧和工作成果反映到立法、执法、司法的实践中去。这里，结合大家的发言再提几点希望。

第一，贯彻落实党中央重大决策部署，深入推进外商投资法有效实施。党的十八大以来，习近平总书记在扩大对外开放、促进外商投资方面作出一系列重要论述，在多个重要场合向国内外宣示我国进一步对外开放的坚定决心，强调新的历史条件下中国开放的大门不会关闭，只会越开越大。今年以来，总书记在主持金砖国家领导人会晤、出席金砖国家工商论坛开幕式时再次重申，中国将继续提高对外开放水平，建设更高水平开放型经济新体制，持续打造市场化、法治化、国际化营商环境。在总书记亲自指挥部署下，党中央出台了一系列重要文件和重大决策部署，对健全外商投资负面清单管理制度、创新外商投资管理体制、优化对外开放区域布局、推动制度型开放等作出安排。外商投资法的出台为贯彻党中央有关决策部署提供了有力法律支撑。我们要提高政治站位，增强政治自觉，切实贯彻习近平总书记重要讲话精神，充分认识外商投资法的重大意义和重要作用，推动法律全面深入有效实施，推动党中央决策部署不折不扣贯彻好、落实好。

第二，严格依法履职，统筹推进外商投资促进、保护和管理各项工作。外商投资法确立了外商投资领域的一系列基本制度和基本原则，对外商投资的准入、促进、保护、管理等作出了统一规定，为有关部门和地方履行外资促进和管理责任提供了法律依据。社会主义市场经济是法治经济，完善的法治是营商环境的重要保障。各地都在招商引资，外商投资企业很多是明星企业，更受到欢迎，但新时代做好外商投资工作，很重要的是运用法治思维和法治方式推进工作，提升依法工作的能力水平，落实好法律赋予的各项职责。在做好管理工作的同时，特别要加强对外商投资的促进和保护工作，落实好法律关于外资企业平等参与标准制定、平等协商技术合作条件、公平参与政府采购活动等方面的规定，使外商投资法真正成为一部外商投资的促进法、保护法。

第三，落实稳中求进工作总基调，充分发挥外商投资在稳经济中的重要作用。当前我国面临的外部发展环境严峻复杂。在新冠肺炎疫情冲击下，世界百年变局加速演进，经济全球化遭遇严重挫折。从国内看，我国经济发展面临需求收缩、供给冲击、预期转弱三重压力，稳定经济增长、完成全年经济社会发展目标任务的难度确实增大。改革开放40多年来，外商投资企业为经济社会发展作出了重要贡献，在扩大贸易、增加就业、优化产业结构、畅通国民经济循环方面发挥了重要作用。许多外资企业在我国产业链供应链中居于重要地位，有些是龙头企业，有些是隐形冠军，他们的发展事关我国产业安全和经济安全。通过深入贯彻实施外商投资法，要进一步优化市场环境，稳定外资企业预期，让外资企业进得来、留得住、发展得好。

第四，解决好影响外商投资的突出困难和问题。这次执法检查的重要目的是着力解决外商投资中存在的突出困难和问题，鼓励和激发外商投资热情。外商投资涉及部门多，行业分布广，有的行业专业性强，遇到的困难和问题各有特点。执法检查是以法律为依据，重点是督促有关方面落实法律责任，依法改进工作、解决问题。实践中，外资企业可能面临方方面面的困难和问题，有关部门和地方要从企业的角度多想困难、多想问题，在法律范围内为外商投资企业积极排忧解难，切实解决实际问题。

今天的会议是我们在湖南执法检查的第一项

安排,会议开得很好,接下来检查组还要到企业进行检查。在湖南的检查工作,也是整个外商投资法执法检查的最后一站,下个月召开的全国人大常委会就将听取执法检查报告。希望在大家的共同努力下,把这次执法检查工作做好,把外商投资法贯彻实施好,确保取得实实在在的成效。

最后,对湖南省克服疫情影响,给予检查组的大力支持表示衷心感谢!

对检查外商投资法实施情况报告的意见和建议

10 月 29 日,十三届全国人大常委会第三十七次会议审议了全国人大常委会副委员长陈竺作的全国人大常委会执法检查组关于检查外商投资法实施情况的报告,共有 7 人次发言。现根据会议发言情况,将出席人员和列席人员的主要意见整理如下。

出席人员普遍认为,以习近平同志为核心的党中央高度重视扩大对外开放、促进外商投资工作,把“稳外资”作为“六稳”工作的重要内容,领导和推动外资工作在当前世界经济复杂背景下取得积极成效。全国人大常委会认真贯彻落实党中央决策部署,积极适应当前的形势和需要,对外商投资法实施情况进行检查。出席人员充分肯定执法检查组的工作,普遍赞成执法检查报告,认为报告总结成效全面客观,分析问题及原因准确深入,提出的意见建议针对性、指导性和可操作性都很强,希望国务院及其有关部门认真研究落实。出席人员强调,应始终保持战略定力,坚持扩大对外开放不动摇,不断增强法治意识、优化营商环境,全面有效实施外商投资法,进一步推动外商投资工作创新发展。审议中,大家还提出了一些具体意见和建议。

一、完善法律配套制度

有些出席人员认为,外商投资法是外商投资领域的基础性法律,需要一系列配套法规、规章来保障其实施,目前外商投资法的配套制度体系还不能完全适应发展需求。建议:(1)抓紧出台完善相关配套制度规定,重点细化完善准入前国民待遇加负面清单、知识产权保护、公平参与市场竞争、地方政府履约等一系列法律确立的重要外商投资制度,提高吸引外资政策的稳定性、透明度和可预期性。(2)全面清理各类配套制度,对中央层面 700 多项法律法规和政策文件、地方层面 2000 多项法规、规章、规范性文件等进行全面梳理,该保留的保留、该取消的取消、该修改的修改,使配套制度更加科学、系统、完备。有的出席人员认为,应加强外商投资领域的制度创新,充分发挥各自由贸易试验区和海南自由贸易港先行先试作用,围绕促进贸易和投资自由便利,在法律实施和外商投资促进、保护、管理等方面工作,加快形成更多可复制、可推广的制度创新成果和经验。高度关注新兴领域引进外商和外资工作,把握新兴领域吸引外资的特点,制定有益于外资进入新兴领域、新兴行业产业的便利措施,完善相关制度。

二、加强对外商投资企业的法律服务和政策指导

有的出席人员提出,一些外商投资企业反映,对我国法律理解把握不准,与政府部门的沟通不够顺畅,在配合政府部门监管等方面存在困难。建议:(1)进一步加大法律的宣传普及力度,各级政府及其有关部门应充分了解法律规定,积极回应外企关切,不断提高依法促进、保护、管理外商投资的意识和能力;加强面向外商的法律服务,让外商了解和知悉我国对外开放政策和法律的各项规定,依法生产经营,维护合法权益。(2)构建统一的涉外商投资领域法律法规、制度政策的信息发布渠道,便利外商获取相关法律信息,充分发挥外国商会的沟通作用。

三、提高对外开放水平

部分出席人员认为,地方政府法治能力、营商环境、对外开放平台建设等,都是吸引外商投资的重要因素。目前,一些中西部地区的经济开发区、高新技术开发区、国家级新区等对外开放平台建设整体水平不高,成为制约外商投资的薄弱环节。建议国家有关部门进一步加大对中西部对外开放平台建设的指导,促进其根据区域定位、产业特色等更好发挥作用,吸引更多外商、外资到中西部地区投资。有的出席人员建议,应落实法律规定的安全审查制度,维护国家信息安全、产业安全、经济安全。

全国人民代表大会常务委员会执法检查组关于检查《中华人民共和国长江保护法》实施情况的报告

——2022 年 12 月 28 日在第十三届全国人民代表大会常务委员会第三十八次会议上

全国人大常委会副委员长　王　晨

全国人民代表大会常务委员会：

为贯彻落实习近平总书记关于长江保护的重要讲话、重要指示批示精神和党中央决策部署，按照全国人大常委会2022 年度监督工作计划，今年 6 月至 9 月，全国人大常委会组织开展了长江保护法执法检查。全国人大常委会委员长栗战书同志带队赴湖北省检查。全国人大常委会副委员长王晨同志担任执法检查组组长，与沈跃跃、丁仲礼、郝明金副委员长分别带队赴江西省、湖南省、重庆市、青海省、云南省、贵州省开展检查。全国人大常委会委员、环资委委员和部分全国人大代表共 42 人参加检查，检查组深入到 19 个地市，实地查看了 94 个单位和项目，召开 12 次座谈会，听取地方政府和有关部门汇报，与各级人大代表、专家学者和基层执法人员、企业代表座谈交流。

这次执法检查突出几个特点：一是坚持以习近平新时代中国特色社会主义思想为指导，深入贯彻习近平生态文明思想，贯彻落实习近平总书记关于长江保护重要讲话、重要指示批示精神，以法治方式推动党中央决策部署贯彻落实。二是坚持全过程人民民主，邀请人大代表就地就近就便参加执法检查，召开座谈会广泛听取各级人大代表、专家学者和基层执法人员、企业代表意见建议。三是大力宣传长江保护法，组织开展“学习强国”长江保护法知识专项答题，共有 5980 多万人次参与答题，委托省级人大常委会开展问卷调查，共有约 18 万人参与调查。四是坚持问题导向，委托长江流域内各省（自治区、直辖市）人大常委会和国务院相关部门对法律实施中存在的问题进行研究梳理，委托生态环境部环境规划院等 6 家技术单位开展长江保护法实施情况第三方评估研究。五是坚持上下联动，委托长江流域内各省（区、市）人大常委会同步对本行政区域内长江保护法的实施情况进行检查。现将这次执法检查的主要情况报告如下：

一、法律实施进展情况

长江流域各地和国务院相关部门深入学习贯彻习近平生态文明思想和习近平总书记关于推动长江保护系列重要讲话、重要指示批示精神，坚决落实党中央、国务院决策部署，认真贯彻实施长江保护法等相关法律法规和制度要求，坚持生态优先、绿色发展，坚持共抓大保护、不搞大开发，依法治江护江兴江取得积极进展。长江流域水环境质量持续改善，经济发展质量不断提高，2021 年长江流域国控断面水质优良比例达 97.1%，长江干流水质连续两年达到Ⅱ类标准，长江经济带经济总量占全国比重达 46.6%，实现了在发展中保护、在保护中发展。

（一）提高政治站位，强化长江大保护的使命担当

长江保护法颁布实施后，各地各部门高度重视，积极组织学习宣传，扎实推动法律贯彻实施。推动长江经济带发展领导小组办公室发挥统筹协调、督促检查职责，组织会同有关部门、地方深入推动长江保护法落实，推动建立国家长江流域协调机制，推进长江流域信息共享。举办 5 期长江保护法专题学习培训，累计培训近 6 万人次，组织刊发转载 67 万条宣传报道，在人民日报刊发办公室署名文章，组织专家发表解读文章，深入宣传解读长江保护法各项规定。重庆市委书记主持市委理论学习中心组专题学习长江保护法，湖南省、云南省党委常委会议专题研究部署，高位推动长江保护法贯彻实施。湖北省作出推进长江保护法贯彻实施相关决定，江西省制定长江流域江西重点水域禁捕工作决定，把法律制度优势转化为治理效能。财政部通过多项转移支付持续加大支持力度，2021—2022

年,累计安排长江保护相关转移支付资金 4407.75 亿元,2022 年较上年度增加 11.26 个百分点。国家发展改革委 2021—2022 年累计安排中央预算内投资超过 500 亿元,支持长江保护相关重大项目建设。最高法配套发布贯彻实施长江保护法的实施意见,制定出台贯彻实施长江保护法工作推进会议纪要,加强长江流域生态环境司法保护工作。最高检成立长江经济带协作工作领导小组,连续举办四届长江检察论坛,定期发布典型案例,提高服务保障长江经济带发展实效。

(二)统筹立改废释,加强长江保护法治保障

各地各部门着力完善制度体系、抓好法规清理,促进长江保护法落地落细。推动长江经济带发展领导小组办公室印发长江经济带发展负面清单指南,强化对产业发展、区域开发、岸线利用的分类管控。司法部协调推进长江保护法 20 个条款中需要制修订的配套规定,备案审查 40 余件有关地方性法规规章。生态环境部、国家发展改革委等 17 个部门和单位联合印发深入打好长江保护修复攻坚战行动方案,明确到 2025 年长江流域生态环境保护目标和重点任务;落实长江保护法关于实行长江流域生态环境保护责任制和考核评价制度要求,构建长江流域水生态考核指标体系,督促各地履行水生态保护修复责任。自然资源部会同相关部门联合印发长江重点生态区生态保护和修复重大工程建设规划,统筹谋划未来 15 年长江流域生态保护和修复工作。交通运输部制定贯彻实施长江保护法的意见,会同相关部门印发实施建立健全长江经济带船舶和港口污染防治长效机制的意见等。水利部完成长江河道采砂管理条例修正草案起草,制定长江流域控制性水工程联合调度管理办法。农业农村部发布长江水生生物保护管理规定、长江生物多样性保护实施方案、长江流域水生生物完整性指数评价办法,健全长江水生生物保护管理制度体系;制定长江流域重点水域禁捕的相关规定,与公安部、市场监管总局等部门联合印发完善长江流域禁捕执法长效管理机制的意见等文件,落实长江十年禁渔。国家林草局组织编制的国家公园空间布局方案已经国务院批复同意,将长江流域作为三个重点区域之一进行科学布局,高质量推进国家公园建设。青海省制定出台生态文明建设促进条例、节约用水管理办法等地方性法规和政府规章,推动地方性法规与法律有效衔接。云贵川以“共同决定” + “条例”的方式开展赤水河流域保护共同立法,推进地方流域立法模式创新。国务院相关部门和长江流域 19 个省(区、市)对标长江保护法的规定,对涉及长江流域保护的行政法规、部门规章、地方政府规章等相关规范性文件开展专项清理,拟废止和修订 14 件部门规章和规范性文件、178 件地方政府规章和规范性文件、107 件地方性法规、5 件自治条例、15 件单行条例。

(三)聚焦重点问题,深入推进污染防治攻坚

各地各部门落实法律规定,加大水污染防治和监管力度,狠抓生态环境突出问题整改,长江经济带生态环境警示片披露的 623 个问题,已基本完成整改 511 个。落实法律第四章规定,深入实施城镇污水垃圾处理、化工污染治理、农业面源污染治理、船舶污染治理和尾矿库污染治理“4 + 1”工程,2021 年以来,长江经济带新建和改造污水管网超过 1.69 万公里,新建污水处理厂规模 600 多万立方米/日,推动化工企业搬改关转超过 1000 家,畜禽粪污综合利用率达到 78.1%,支持 5400 多艘船舶实施受电设施改造,深入推进长江经济带 1137 座尾矿库污染治理。组织开展长江干流岸线利用项目清理整治,累计清理整治违法违规项目 2441 个。推进河湖“清四乱”(乱占、乱采、乱堆、乱建)常态化规范化,2021 年清理整治长江流域“四乱”问题 1.4 万个。落实法律第 9 条规定,建立覆盖长江干流、主要支流和重点湖库的长江流域水生态监测网络。落实法律第 22 条规定,2021 年底长江流域各省份完成“三线一单”生态环境分区管控方案发布。落实法律第 46 条规定,印发长江流域总磷污染控制方案编制指南,指导地方强化总磷污染控制,开展江苏、湖北等 7 省份“三磷”整治专项行动“回头看”,立案查处违法违规问题企业 30 家,罚款近 1000 万元。将磷矿开采加工、磷肥制造和含磷农药制造等排污单位纳入排污许可管理,强化长江流域固定污染源环境监管。落实法律第 47 条规定,排查整治长江入河排污口,截至 2022 年 9 月,排污口监测工作基本完成,溯源任务完成 9 成以上,整治各类入河排污口 2 万余个,推动解决了 2 万余个污水直排乱排问题。落实法律第 51 条规定,全面落实剧毒化学品和危险化学品在长江流域禁运要求。落实法律第 72 条规定,加强船舶污染物接收转运处置有效衔接,2022 年前三季度,长江经济带内河港口接收船舶垃圾 1.4 万吨、生活污水 62.8 万吨、含油污水 15.2 万吨。长江干线 13 座水上洗舱站开展洗舱作业 857 艘次。组织开发运行船舶污染物联合监管与服务系统,基本实现全过程电子联单闭环管理,初步实现船舶污染物来源可溯、去向可寻,

构建了部门联合监管新格局。

（四）注重系统施治，推进长江流域生态环境修复

各地各部门统筹推进长江流域生态环境保护和修复。落实法律第24条、39条规定，大力推动三江源国家公园、大熊猫国家公园建设，统筹推进长江流域自然保护地优化整合，加大长江上游珍稀特有鱼类国家级自然保护区建设投入力度。落实法律第25条规定，严格河湖管理和保护，强化河湖长制管理，建立长江流域省级河湖长联席会议机制。落实法律第28条规定，严格采砂管理，实施长江河道采砂管理规划，组织开展采砂综合整治行动和采砂船舶专项治理，2021年办结非法采砂行政处罚案件1867起。落实法律第31条规定，加强生态用水保障，累计确定85条跨省河湖131个断面的生态流量保障目标，完善长江流域生态流量监管平台。强化水资源统一调度，将长江流域111座水工程纳入调度范围。落实法律第40条、57条规定，建设长江流域防护林体系，完成营造林任务665万亩，将长江流域各省份纳入全面保护天然林政策实施范围，强化长江流域天然林保护修复。加大长江流域重点生态区草原修复投入力度，加强长江流域重要湿地保护修复。2021年全国新认定182处省级重要湿地中，长江流域103处，占比57%。落实法律第42条、59条规定，健全长江水生生物保护管理制度体系，强化珍稀濒危物种就地保护和迁地保护，实施物种资源保护项目41项，加强水生生物多样性保护。发布第一批长江流域水生生物重要栖息地名录，建立长江流域水生生物资源监测15个省级站和700多个监测点位，基本做到长江流域重点水域全覆盖。落实法律第52条规定，在长江流域布局实施了一批山水林田湖草沙一体化保护和修复工程。落实法律第53条规定，推进长江十年禁渔，强化退捕渔民安置保障，16.45万名退捕渔民实现转产就业，22.18万人参加基本养老保险，实现应帮尽帮。落实法律第61条规定，实施长江上中游及三峡、丹江口库区等重点区域水土流失综合防治，2021年治理水土流失面积8851平方公里。落实法律第62条规定，支持地方实施长江干流和主要支流两侧各10公里范围内历史遗留废弃露天矿山（含采矿点）生态修复，治理面积1.3万公顷。落实法律第75条规定，探索完善市场化多元化投入机制，经中央深改委审议同意，国务院办公厅印发鼓励和支持社会资本参与生态保护修复的意见，建立“谁修复、谁受益”的市场化机制。

（五）促进绿色转型，推进长江流域绿色发展

各地各部门坚持生态优先、绿色发展，推动减污降碳协同增效，促进经济社会发展全面绿色转型。落实法律第64条规定，着力优化产业布局，推动沿江省市创建209家国家新型工业化产业示范基地，聚焦集成电路、生物医药、工程机械、轨道交通装备、高端纺织等优势领域，培育有国际竞争力的先进制造业集聚集群发展。落实法律第66条规定，科学有序推动城镇人口密集区危险化学品生产企业搬迁改造，推动产业科学布局、有序转移。截至2022年8月底，沿江省市列入搬迁改造计划的574家企业中，562家已完成搬迁改造，其余12家正按搬迁改造方案有序推进，确保2025年底前全面完成。沿江各省市距离长江干流、主要支流1公里范围内列入搬改关计划的363家化工企业中，299家已按计划完成，其余64家正有序推进。落实法律第38条、68条规定，促进水资源集约节约利用，严格取用水总量控制和消耗强度控制管理，流域水资源开发利用率控制在21%左右。推动重点行业和重点用水单位节水技术改造，2021年以来支持长江经济带11省市创建266家绿色工厂、28家绿色工业园区、448项绿色设计产品、43家绿色供应链企业，推广34家先进工业节水技术装备，遴选一批水效领跑者，推动企业提升能源资源利用效率。落实法律第71条规定，加快长江干线14个铁水联运项目建设，5个已建设完成，推动大宗货物集疏港运输向铁路和水路转移，提升长江黄金水道功能。2021年长江经济带沿线港口集装箱铁水联运量完成231万标箱，同比增长21%。落实法律第72条、73条规定，推动长江流域船舶岸电改造升级。修订发布港口和船舶岸电管理办法，将船舶配备岸电装置纳入船舶技术法规，推动将船舶受电设施改造纳入“十四五”中央预算内资金支持范围。2022年前三季度，长江经济带港口和水上服务区使用岸电5469万度、同比增长25.8%。

（六）严格执法监管，彰显长江保护法治威力

农业农村、公安、市场监管、水利等部门联合执法机制不断强化，建立网格化监管体系，成立长江渔政特编执法船队，建立16个部省共建共管渔政基地，沿江15省市签署跨省交界水域执法合作协议。2021年至今，累计清理“三无”涉渔船舶1万余艘、违规网具近30万顶，查办涉案人员约1.6万人，查获涉案船舶1910艘，形成严查严管良好态势。生态环境、最高检、公安等部门连续3年在全国开展打击危险废物违法犯罪专项行动，沿江省市查处6700多

起环境违法行为，在渝鄂、黔赣、川渝等地区分别建立专案查办、区域交叉检查、联合执法等制度。2022年前三季度，交通运输部门检查长江流域船舶37.7万艘次，查处偷排漏排船舶1987艘次。水利等部门对重点领域、敏感水域实行常态化滚动排查整治，开展长江干流、三峡水库、洞庭鄱阳两湖地区执法监督检查，强化日常监管执法，持续推进取用水管理专项整治及“回头看”，集中整治无证取水、未按规定条件取水等违法问题。印发水行政执法效能提升行动方案，健全常态化执法巡查、专项执法行动、执法协同联动、重大案件挂牌督办、行刑衔接等机制。长江流域各级人民法院设立环境资源专门审判机构或组织1203个，实行环境资源案件跨行政区划集中管辖，19家高级人民法院中有17家实行环境资源刑事、民事、行政案件“三合一”归口审理模式，构建流域环境资源审判新机制，实现专门化审判机构对流域重点区域全覆盖。最高检联合水利部出台建立健全水行政执法与检察公益诉讼协作机制的意见。推动建立长江流域省界断面跨行政区划管辖行政公益诉讼协作机制。全国检察机关持续聚焦长江水污染、非法捕捞等问题，加大检察办案力度。2021年3月至2022年10月，长江经济带11省市检察机关共起诉破坏环境资源犯罪案件1.7万余件3.1万余人，立案办理生态环境和资源保护领域公益诉讼案件6.2万余件，有力打击了危害长江生态的犯罪行为。

二、存在的主要问题

法律实施一年多来，各地各部门依法推进长江保护取得显著成效，同时也存在一些短板和不足，需要引起高度重视，在实践中不断推动解决。

（一）生态保护和修复力度需进一步加大

长江保护法的核心是长江流域生态环境修复。法律第25条、58条明确加强长江流域河道、湖泊保护，改善湖泊生态系统质量等。长江流域约26%的重要湖泊水库存在富营养化问题，部分支流湖泊污染较为突出。法律第28条对长江流域河道采砂管理做出规定。检查发现，沿江各地砂石供需矛盾较为突出，受暴利驱使，偷采案件仍有发生。不法分子改装船舶、隐藏采砂机具，非法采砂隐蔽性增强，基层执法能力不足，采砂管理存在薄弱环节。法律第56条明确加强三峡库区、丹江口库区等重点库区消落区的生态环境保护和修复。检查中了解到，三峡库区“消落区”地质灾害防治和生态修复任务重、难度大，科技支撑不足。法律第62条规定矿山污染治理和生态环境修复的内容。流域内历史遗留废弃矿山存量大，矿山矿渣未建立稳定长效的治理机制，整治修复走过场、打折扣等现象不容忽视，部分矿山甚至未进行任何修复。一些磷矿山整治难度大，磷石膏综合利用率不高，存在环境污染隐患。

（二）水污染防治存在短板弱项

法律第四章针对长江流域水污染防治的形势及其特殊性规定了相关制度措施，但法律实施效果还有待进一步提升。法律第47条规定统筹配套管网建设，开展排污口整治等内容。长江流域污水收集处理设施欠账较多，城镇污水收集效能不高，检查中多地反映管网排查治理和运行维护保障存在困难。部分沿江工业企业通过雨水涵洞、截洪沟、私设管道等方式偷排长江，污染物浓度严重超标，排污口溯源整治工作还需持续跟进。长江流域污水排放量约占全国的40%，一些江河沿岸工业企业密集分布，与饮用水源犬牙交错，环境风险不容忽视。法律第48条规定加强农业面源污染防治。检查中了解到，流域内化肥、农药不合理使用情况依然存在，畜禽养殖废弃物资源化利用率低、配套设施不完善。部分小流域水产养殖户未配套建设尾水处理设施。一些农村地区存在垃圾随意倾倒、污水直排、畜禽粪污随意处置等问题，直接影响长江流域水质。法律第72条明确建设船舶污染物接收转运处置设施等内容。船舶和港口污染防治工作基础不够牢固，生产生活方式特别是船员的生活习惯转变还需久久为功，船舶和港口污染防治长效机制还需深入推进。

（三）相关配套法规标准不够完备

长江保护法规定了需要国务院及其有关部门制定或修改的20多项配套规定，目前相关配套法规制度尚未健全完善，有些工作任务进度缓慢，影响了法律全面有效实施。法律第19条要求编制长江流域国土空间规划，第55条要求确定岸线修复指标等，相关法规和规范性文件均未出台。第三方评估报告对法律明确需要建立的机制和规划等情况进行了梳理，梳理出法律明确需要建立的33项机制和规划，目前仅有4项基本建立，23项正在推进，6项尚未开展。

一些地方和部门提出，由于长江河道采砂管理条例、渔业法实施细则、自然保护区条例等行政法规先于长江保护法颁布实施，存在法律概念界定不统一、相关规定不够衔接等问题。各地在开展涉及长江流域保护的法规规章规范性文件专项清理工作中发现,部分地方性法规规章存在与长江保护法规定不一致、不衔接等问题,部分法规需要根据长江保护法补充完善内容,需要新制定法规填补空白,有关地方和部门已经提出了废止和修订相关法规规章规范性文件的计划,但尚未全部完成。

法律第7条规定建立健全长江流域水环境质量和污染物排放、生态环境修复、水资源节约集约利用、生物多样性保护、水产养殖、防灾减灾等标准体系。目前有关规范标准尚未健全,基层相关工作缺乏依据。法律第八章法律责任规定了“五万元以上五十万元以下罚款”、“货值金额二倍以上二十倍以下罚款”、“二十万元以上二百万元以下罚款”、“五十万元以上五百万元以下罚款”等。地方反映,实际操作中自由裁量权过大,难以准确把握处罚标准,造成各地处罚标准不统一、类案不同判等问题。

检查中,各地反映对于法律中一些概念的配套规定不够,影响法律实施。比如,适用长江保护法的县级行政区还不够明确,“一公里”、“三公里”范围如何划定还不够清晰,“化工项目”、“沿河湖”、“生产性捕捞”等有待细化,“二级以下支流”是否属于法律适用范围在实施中还存在争议。

(四)协作机制有待健全完善

法律第4条明确规定国家建立长江流域协调机制,第9条、12条、13条规定了国家长江流域协调机制在健全监测网络系统和监测信息共享机制、设立专家咨询委员会、统筹建立健全信息共享系统等方面的职责。法律第6条规定长江流域相关地方根据需要建立协作机制。检查中地方反映,长江流域协调机制运行、责任落实等还要加大力度。长江流域省际间交界河流众多,跨区域河流交错纵横,虽然省际间及县市间建立了一些协商合作机制,但是协商制度不够健全,联合执法的管辖协调、职责协同、协作规模、协作方式等尚未形成体系,存在合作虚多实少、效果不够稳定等问题。跨部门、跨区域信息共享不够充分,一些监测项目存在重复建设问题,系统性科学性不足。流域生态补偿制度落实较为缓慢,横向补偿协调推进机制需进一步完善。

(五)法律实施中出现的新情况新问题

禁渔工作需要持续细化。在长江禁捕退捕工作中,退捕渔民通过参加基本养老保险、培训就业等方式获取生活保障。地方和部门反映,有的渔民因年龄不够无法参保,只能领取基本生活保障,有的渔民学历低、劳动技能单一,就业渠道少、就业稳定性差,存在失业返捕风险。在高压严打态势下,非法捕捞呈现新趋势,白天转向黑夜、干流转向支汊、水上捕捞转向水下设置暗网等,及时发现和打击难度增大。2021年查扣的涉案船舶中“三无”(无船名船号、无船舶证书、无船籍)船比例达到71%,监管较为困难。

一些湖库出现鱼类资源过高影响生态系统问题。地方反映,受增殖放流、养殖逃逸等因素综合作用,禁捕后洪湖、鄱阳湖、洞庭湖等湖库四大家鱼、三峡水库银鱼等部分水生生物资源恢复快,一些封闭型水域鱼类资源量过高,存在影响湖库生态系统健康风险。

部分规定需要深入研究落实。法律第42条规定禁止在长江流域开放水域养殖、投放外来物种等,第85条规定了相关法律责任,由农业农村部门责令限期捕回,逾期不捕回的由有关农业农村部门代为捕回或者采取降低负面影响的措施,所需费用由违法者承担。有的地方和部门反映,实施中“开放水域”难以界定,长江水面宽阔且与海洋连接,由行为人限期捕回难以做到。行为人逾期捕回的,农业农村部门采取何种补救措施不够明确,违法者难以承担高昂费用。

法律实施中的问题既有法律实施时间较短的客观原因,也存在对“生态优先、绿色发展”的认识不够到位,对“把修复长江生态环境摆在压倒性位置”理解不够透彻,在实际工作中统筹处理好经济发展与环境保护关系的决心和手段还存在欠缺等问题;一些地方对长江保护法学习宣传不够深入,对长江保护法律制度不够熟悉、掌握不够全面,运用法律解决问题的办法不够多,依法办事的自觉性和主动性还不够强;按照山水林田湖草沙系统治理思路统筹长江流域整体保护、系统修复、综合治理还不够,上中下游、江河湖库尚未形成保护合力。

三、意见和建议

各地各部门要进一步提高思想认识,加强对法律学习宣贯和理解,积极主动作为,提高工作的系统性和整体性,进一步把依法保护长江落到实处,做到规定明确、实效明显、配套完备、发挥作用。

(一)强化学习宣传,全面贯彻实施长江保护法

要持续深入学习习近平生态文明思想,贯彻落实习近平总书记关于长江保护系列重要讲话和重要指示批示精神,按照党中央部署和要求,完整、准确、全面贯彻新发展理念,把做到“两个维护”的高度自觉,体现到做好长江保护工作中,依法守护好

长江母亲河。要充分认识贯彻实施长江保护法的重要意义,进一步加强和改进长江保护法的宣传普及工作。长江流域各地要把学习宣传长江保护法作为一项重点工作,创新宣传方式方法,用好传统媒体和新媒体等多种平台,注重以案释法、以案普法,定期发布执法司法典型案例,发挥典型案例教育引导作用,推动机关、企业、社区、农村认真学习宣传,真正把长江保护法学好用好。党政机关特别是执法部门要原原本本地学,准确理解掌握、全面贯彻执行法律;企业要重点学习与其经营行为相关的制度规定,自觉履行法律责任;群众要学习法律的主要精神和内容,做到知法、懂法、守法、用法,自觉支持和参与长江生态环境保护工作。

（二）突出生态修复,依法推动长江生态环境保护

要严格落实长江保护法规定,突出生态环境修复这一核心,实施好长江流域生态环境修复相关规划和行动方案,组织实施重大生态环境修复工程,统筹推进长江流域各项生态环境修复工作。选择长江干流及主要支流、重要湖泊和水库等具有代表性的水体,开展水生态考核试点,建立健全长江流域水生态考核机制。持续推进河道综合整治,保障自然岸线比例,恢复河湖岸线生态功能。有序疏通通江达海的骨干河道,加强长江河口生态保护和修复,实施河湖生态流量管控,构建健康的水生态系统。实施好长江十年禁渔,做实做细退捕渔民安置保障工作,确保社会和谐稳定。在一些鱼类数量偏多、群落结构失衡的湖库,经过科学论证和严格审批后实施生态调控型捕捞,保持湖库生态平衡。系统开展长江流域森林、草原、湿地修复,防治长江流域水土流失。加强对珍稀濒危野生动植物和栖息地的保护,恢复和改善长江流域生态系统功能和生物多样性。继续用足用好法律在重点产业升级改造、促进城乡整合发展、提升长江黄金水道等方面的支持性、保障性措施,加快发展方式转型和增长动力转换,持续推进长江流域绿色发展。

（三）落实法定职责,依法强化长江流域生态环境治理

各级政府部门要按照法律规定,严格落实污染防治措施,协同推进化工污染整治、水环境治理、农业面源污染治理等。将长江保护法贯彻实施情况纳入后续中央生态环境保护督察和长江经济带生态环境警示片现场调查拍摄范畴,进一步推动责任落实。持续推动生态环境突出问题整改,在逐个解决警示片披露问题的同时,举一反三开展专项整治,做到系统彻底整改。深入开展入河排污口溯源整治,明确责任主体,分类管理,精准施策。巩固提升工业园区污水处理设施整治、“三磷”专项排查整治成效。尽快补齐生活污水处理能力缺口,加快配套管网建设,提高城市生活污水集中收集率。加快实施管网建设改造等工程,全面提升现有设施效能。加强农业面源污染防治,持续推进化肥农药减量增效,深化畜禽和水产养殖污染治理、农村环境整治,减少农业农村污染物入河排放。强化科技支撑,加强对三峡库区“消落区”生态修复等重点难点问题的研究攻关和成果推广应用。推进历史遗留矿业固体废物综合利用,推动矿山污染治理和生态修复。沿江地方人民政府依法统筹规划建设船舶污染物接收转运处置设施,因地制宜加快连接港区的城镇污水管网建设,强化接收转运处置有效衔接,有关部门进一步加大联合监管执法力度,推动港口接收设施建设及运营管理。

（四）加强顶层设计,凝聚长江大保护工作合力

各地各部门要进一步增强系统思维、积极主动作为,推动上中下游、江河湖库、左右岸、干支流协同治理、协调发展。加快健全国家长江流域协调机制,明确组成人员、组织形式、运行模式、协调的规范与程序及约束机制等,提升长江保护工作的系统性、整体性、协同性。涉长江生态环境保护的各地区、各部门加快建立信息共享、案件通报、执法协作、宣传配合、沟通保障等常态化工作机制,加强互补、互促,进一步凝聚长江大保护的合力。强化流域涉水监测网络的统筹规划、整体联动,推进共建共管共享,为共抓大保护提供基础数据支撑。进一步推动建立统一完善的长江流域综合执法体系和协作联动执法机制,强化日常监管执法和联合执法,依法严厉打击非法采砂、非法捕捞等违法行为。加大检察公益诉讼力度,加强行政执法与司法衔接,提升长江系统性保护整体合力和成效。就执法、司法中的一些具体、关键问题加强沟通、凝聚共识,统一执法司法标准和尺度,推动实现类案同判,全面提升执法司法规范化水平。

（五）健全法规标准,完善长江保护法治体系

国务院相关部门要加快出台法律明确要求的配套规定及规范标准,确保长江保护法关于规划与管控、资源保护、水污染防治、生态环境修复、绿色发展、保障与监督的要求,在配套规定中得到体现和细化。抓紧修订长江河道采砂管理条例、自然保护区条例等行政法规和部门规章,使法规规章与法律规定相协调。加大环境技术规范和标准研究力

度,尽快建立健全长江流域水环境质量和污染物排放、生态环境修复、水资源节约集约利用、生态流量、生物多样性保护、水产养殖、防灾减灾等标准体系。加快研究出台法律的配套规定,做好长江保护法适用县级行政区域范围、干支流岸线等概念的明确和细化工作。明确适用的县级行政区域名单和长江支流名录,界定长江干支流岸线"一公里"、"三公里"管控范围,明晰"化工项目"范畴,科学划定禁止航行区域和限制航行区域,明确"沿河湖"范围,准确定义"生产性捕捞"、"开放水域"等,指导流域各地正确把握实施好长江保护法,切实维护法治统一权威。流域内各地要充分利用好地方立法权,积极主动作为,结合当地实际,及时制定、修改相关地方性法规。要继续对现行法规、规章和各类规范性文件进行清理,形成长效机制,切实解决好与长江保护法规定不一致、不衔接、不相适应的问题。各方面要共同努力,推动形成以长江保护法为统领、相关法规规章和规范性文件为支撑,层次分明、结构协调、体例科学、务实管用的长江保护法律制度体系,切实推动法律全面有效贯彻实施,依法保护长江母亲河。

同志们,党的二十大对新时代新征程生态文明建设作出重大决策部署。我们要更加紧密地团结在以习近平同志为核心的党中央周围,全面贯彻习近平新时代中国特色社会主义思想,深入贯彻党的二十大精神,深刻领悟"两个确立"的决定性的意义,不断增强"四个意识"、坚定"四个自信"、做到"两个维护",确保党中央关于生态文明建设的决策部署落地见效,为全面建设社会主义现代化国家,全面推进中华民族伟大复兴做出新的贡献。

以上报告,请审议。

在长江保护法执法检查座谈会上的讲话

（2022 年 7 月 3 日）

栗战书

2020 年 12 月 26 日,全国人大常委会审议通过长江保护法。2021 年 3 月 1 日,长江保护法正式实施。时隔一年多,我们就开展长江保护法执法检查,第一站选择湖北。过去几天,检查组前往宜昌、荆州、武汉等地的产业园区、三峡坝区、航站码头、生态修复现场以及一些湖泊岸线实地检查,在荆州召开了一个涉长江基层单位人员座谈会,今天召开长江保护法执法检查座谈会。

刚才,蒙徽书记作了讲话,忠林省长汇报了湖北省贯彻实施长江保护法的有关情况,几位专家、人大代表和有关方面同志提出了很好的意见建议,我们将带回去认真研究,有的问题会及时向有关方面反映。在这里,我围绕贯彻落实习近平总书记关于长江保护的重要指示精神和党中央决策部署、推动长江保护法全面实施谈几点意见。

一、实施长江保护法,既要全面总体推进,更要突出生态环境修复这一核心内容

习近平总书记高度重视长江保护,多次讲到长江是中华民族的母亲河、生命河,多次深入长江沿岸省(区、市)调研,主持召开推动长江经济带发展座谈会并发表重要讲话,强调要"共抓大保护、不搞大开发","把修复长江生态环境摆在压倒性位置",实现"人民保护长江、长江造福人民"。党中央对长江经济带建设进行总体部署、印发一系列重要文件。2016 年 1 月,习近平总书记在重庆主持召开推动长江经济带发展座谈会,首次提出要制定长江保护法。本届全国人大常委会按照习近平总书记的指示要求,贯彻落实党中央重大决策部署,用两年时间完成起草审议工作。这部法律共有 9 章 96 条,第 1 章是总则,第 2 章到第 8 章分别是规划与管控、资源保护、水污染防治、生态环境修复、绿色发展、保障与监督、法律责任,第 9 章是附则。

长江保护法对长江流域资源保护、水污染防治、生态环境修复、绿色发展等作出法律规定,这其中核心的是长江流域整个生态环境的修复。长江流域以 20% 左右的国土面积,支撑起全国超 45% 的经济总量,涵养着超过四成的人口,占据全国"半壁江山"。长期以来,长江生态环境严重透支,沿江污

染物排放基数大，流域环境风险隐患突出，长江生物完整性指数到了最差的“无鱼”等级，正如习近平总书记指出的，“长江病了，而且病得还不轻”。这个“病”说来说去，不仅是水污染、化工围江、航道拥堵、水土流失、洪涝灾害，而是整个长江流域生态系统、生态环境受到了极大损害，这才是“长江病”的病根。我理解，主要有这么几个方面：一是过度捕捞危害长江流域生态系统的多样性。由于过度捕捞水产品，导致鱼类数量减少，长江流域生态链遭到破坏。长江流域水生生物中列入《中国濒危动物红皮书》的濒危鱼类物种有 92 种，列入《濒危野生动植物国际贸易公约》附录的物种已近 300 种。二是非法砍伐、过度开垦开采导致洪涝灾害频发。过去大量滥砍滥伐、毁林开荒，还有矿产开采等，水土流失严重，这在长江上游更为突出，但影响危害是全流域的。三是水资源污染造成流域生态环境严重破坏，危及人民群众生产生活。以前工业排放、生活污水、农业面源污染造成水污染的情况是很严重的，现在有了很大好转。长江流域是以“水”为核心而形成的生态系统，水资源是长江流域生态系统中最为核心的资源，水资源一旦恶化，其危害将会通过水系影响到长江周边及其附近流域，河流、土壤、空气、植被均会受到影响。四是江和岸盲目无序开发特别是沿江乱建化工企业和游乐设施、河道挖砂、船舶碳污大量排放等加剧了生态恶化。保护长江，首先要修复长江流域生态，如果长江全身伤痕累累、疮痍遍体，何谈保护！这就是总书记为什么特别强调把修复长江生态环境摆在压倒性位置的原因和理由。实际上，修复的过程也是保护。

长江保护法详细规定了生态环境修复的主体、方式、保障、监督等内容，为保护长江开出了突出抓紧修复、重在修复这一治病除根的“法治药方”。我理解，法律专章规定了生态环境修复，而其他章节规定也都是围绕长江生态环境修复展开的，也都是为了实现生态环境修复的目的。我们在学习贯彻长江保护法时，就不能仅仅理解为是长江流域的水污染防治，而是要着眼长江整个流域涉及到的 19 个省（区、市），包括干支流流域整个生态环境的修复。我们在实施长江保护法时，站位要高、视野要宽、要求要严，要着眼整个长江生态系统修复、保护、恢复，统筹江河湖泊丰富多样的生态要素，构建以长江干支流为径脉、以山水林田湖草沙冰为有机整体，江湖关系和谐、流域水质优良、生态流量充足、水土保持有效、生物种类多样的生态安全格局，给子孙后代留下一条清洁美丽的万里长江。

二、依法推进长江保护工作迈出了坚实步伐，进一步形成了“共抓大保护、不搞大开发”的强大合力

长江保护法坚持以生态环境修复为核心，贯穿了“共抓大保护、不搞大开发”的理念。这部法律的颁布实施，标志着长江流域进入依法治江、依法护江的新阶段。从这几天的检查情况看，湖北贯彻实施长江保护法认识是到位的、措施是有力的、成效是明显的，长江水变清了，岸变绿了，生物多样性逐步恢复了，人民群众的幸福感增强了。

一是习近平生态文明思想深入人心，依法保护长江的思想认识得到加强。检查组感到，实施长江保护法，也形成了宣传贯彻习近平总书记关于长江保护重要指示精神的浓厚氛围，推动了习近平生态文明思想的落地落实。我们在宜昌长江边看到了长江大保护的纪念雕塑，上面是习近平主席签署的长江保护法主席令。有的人大代表努力当好长江保护法政策法规的宣讲员、落实监督员、联络员，有的同志作为法治宣讲员走进校园开展普法。7 月 2 日在荆州召开座谈会时，就有代表说，长江保护法实施以来，最大的感受是“三变”，即“变在思想观念、变在沿江岸线、变在产业发展”。

二是依法保护长江的工作格局正在形成。针对条块分割、部门分割、多头管理的问题，长江保护法以国家和地方流域统筹协调机制为核心，确立了长江流域管理体制的基本框架，大体上划定了各方职责边界，建立起统分结合、整体联动的长江流域管理体制。法律实施以来，各相关部门切实担负起行业监管指导职责，各地方切实担负起属地监管职责，共同推动形成流域治理协调机制，加强联合执法。比如，海政、渔事、水利、生态环境等部门加强联合巡查执法，包括湖北的五省市共同签署“十年禁渔”联合执法合作协议。目前，国家长江流域协调机制正在抓紧筹划组建。涉长江生态环境保护的各地区、部门正在加快建立信息共享、案件通报、执法协作、宣传配合、沟通保障等常态化工作机制，加强互补、互促，进一步凝聚长江大保护的合力。

三是依法保护长江的法治威力更加彰显。长

江保护法明确了各方面的权利义务和应当承担的法律责任，规定得很具体、很严格。法律实施以来，通过加大执法司法力度，形成了严厉打击破坏长江生态环境违法行为的高压态势，刚才忠林同志汇报了湖北总的情况，这几天的检查中各地也都讲到了一些执法案例。在荆州时，有一位检察官讲了两个办案小故事，其中，2021 年荆州市人民检察院办理了一起捕、运、销全链条的非法捕捞案件，依据的就是长江保护法。

四是依法保护长江的法治网络越织越密。长江保护法的实施，需要通过行政法规、地方性法规、规章等不同层级的规范性文件加以细化、具体化。对标长江保护法的规定，全国人大常委会法工委开展了涉及长江流域保护的法规规章规范性文件专项清理。湖北关于长江保护法的配套法规建设做得也是好的，法律出台后，省人大常委会就及时通过了推进长江保护法贯彻实施的有关决定。针对磷石膏对长江水环境构成较大风险隐患这一情况，制定磷石膏污染防治条例，以“小切口”立法形式，从根源上推动解决磷石膏污染环境问题。荆州市制定了《长湖保护条例》，“一湖一法”因地制宜地延展了法律的触角、延伸了监管的“探头”。省内不少地方也都制定了与长江保护相关的地方性法规。

这一路走来，我们最大的感受，是湖北对于长江保护法的实施高度重视，成效是非常直观的、明显的。宜昌兴发集团，经过“关停、转型、搬迁、治污、复绿”五大工程，沿江的生产岸线逐步变成了生态岸线。荆州把长湖生态修复作为长江大保护重要内容，坚持铁腕治污，推进流域综合治理，做好“增绿”、“生金”文章，水清岸绿景美，湖泊生态质量显著改善。今天上午看了汉口江滩码头，那里经过整治，共拆除清理各类码头 380 个，清理腾退岸线 47 公里，还江于民、还岸于民后，江滩面貌焕然一新，这才是名符其实的“金外滩”。我们还了解到，湖北强力推进长江大保护十大标志性战役、长江经济带绿色发展十大战略性举措、“四个三”重大生态工程等措施，实施长江高水平保护十大攻坚提升行动，推动长江流域生态环境持续改善，2021 年长江干流湖北段水质保持在Ⅱ类。大家都说，过去是“村村点火、处处冒烟”的“化工围江”，现在是“水清岸绿、江豚逐浪”的美好景象，人民的幸福感、获得感、满足感持续增强，一幅绿色画卷在荆楚大地、长江两岸徐徐展开。希望你们继续抓下去，让这幅画卷更加美丽。

三、进一步推动制度规定的落地落实，确保长江保护法全面有效实施

长江流域生态环境保护是一项系统工程，需要久久为功。从一些先进国家的流域治理经验看，需要 50 年左右生态平衡才能基本恢复。因此，必须依靠制度、依靠法治，持续有序推进长江保护工作。而且，长江保护法是我国第一部流域性法律，不仅国内没有先例，与国外相关流域立法也有所不同。新设的很多制度规定，需要通过实践来检验其效果。要有针对性地采取措施，推动法律全面有效实施。

一是突出生态环境修复这一核心。长江保护法明确规定，政府为修复主体，并规定了规划性修复、禁止性修复、措施性修复、自然性修复 4 种修复方式。规划性修复主要是从宏观层面制定具体修复内容，对某一区域或某一类生态环境进行修复规划，这是政府的工作；禁止性修复主要是以源头治理的方式，切断污染源，防止污染破坏生态环境的行为发生；措施性修复主要根据生态环境损害类型和地区的不同，因地制宜进行具体修复行为，大部分需要工程措施；自然性修复主要是在修复中导入自然恢复的手段，在环境逐步好转的情况下，让生态环境系统能自行修复。目前修复方式还是以前三种为主，自然性修复也采取了一些，我认为自然性修复在将来可能是一种重要的方式。

在推进长江流域生态环境修复方面，要按照法律规定，突出重点，编制实施好长江流域生态环境修复规划，组织实施重大生态环境修复工程，统筹推进长江流域各项生态环境修复工作。要对长江流域重点水域实行严格捕捞管理，在长江流域水生生物保护区全面禁止生产性捕捞，特别是抓好“十年禁渔”。刚才有同志提出对部分湖泊实行生态捕捞，这个问题可以研究，从科学角度作出决策，总的是要保持湖泊的生态平衡。要制定并组织实施好长江干流和重要支流的河湖水系连通修复方案，逐步改善长江流域河湖连通状况，恢复河湖生态流量，维护河湖水系生态功能。按照长江流域河湖岸线保护规划、修复规范和指标要求，制定并组织实施河湖岸线修复计划，保障自然岸线比例，恢复河湖岸线生态功能。岸线修复好后，若干年内要保持稳定，进行必要的维护就行，不能三天两头作大的改变，也不要搞太多的旅游设施。还要加强对长江

重点库区消落区的生态环境保护和修复，认真组织实施长江流域森林、草原、湿地修复计划，加强对极度濒危野生动植物和栖息地的保护，防治长江流域水土流失重点预防区和重点治理区的水土流失。刚才有同志讲，过去长江分为上游、中游、下游三段，三峡大坝建成后形成了坝上、坝下两段。那么相应地，坝上、坝下针对长江保护的措施是有区别的，维护生态平衡稳定的重点也是有区别的。坝上主要应以水源涵养、水土保持为主，坝下主要是推动绿色转型、绿色发展，解决产业发展对长江的污染问题。当然也有一些是共同的，比如不要搞污染江水的工厂、工程，这对坝上、坝下都是一样的。在生态环境修复工作中，要高度重视制定相应的生态环境修复标准，使各项修复工作有科学、统一的要求。

二是认真研究解决法律实施中存在的问题。有关方面梳理提出了长江保护法实施中存在的5个方面问题，即对干支流、重要支流等概念界定不够清晰，致使相关规定难以实施；各地对法律的宣传落实力度不一，存在层层衰减现象；行政处罚与刑事处罚“倒挂”，法律衔接不畅；配套性立法和技术标准未及时跟上，地区、部门间协作机制虚多实少；法律标准尺度不一，长江干流省份间同类案不同判，等等。这些问题，是就全国来讲的，湖北也不同程度存在，或者是涉及到这些问题。我经常讲，不能想着用一部法律解决一辈子的问题，一部法律也不可能把方方面面都照顾到，需要在实践中不断改进完善。

要做好法律的衔接配套。切实解决好与长江保护法规定不一致、不衔接、不相适应的问题。比如，关于非法采砂问题，长江保护法第91条规定，非法采砂“并处货值金额二倍以上二十倍以下罚款；货值金额不足十万元的，并处二十万元以上二百万元以下罚款”，而之前，“两高”司法解释入刑货值标准是5万元，长江河道采砂管理条例规定的是10万元以上30万元以下，这就不统一，检查中大家对此也有很多反映。

要建立国家长江流域协调机制。法律实施后，长江流域的流域性执法机构加强了执法协作，地方之间也加强了协作，但这只是协作机制，缺乏相应的配套性规定，管辖协调、职责协同、协作规模、协作方式等尚未形成体系，影响法律实施的稳定性。有关方面要加快进度，尽快把国家层面的长江流域协调机制建立起来。

要研究完善法律制度。有关方面反映了一些法律概念的问题。比如，法律所规定的长江流域，是指由长江干流、支流和湖泊形成的集水区域所涉及的19省（区、市）相关县级行政区域，但对集水区域没有明确界定，导致法律具体适用的县级行政区域不明确。还有，“长江支流”的界定不够清晰，实践中对“二级以下支流”是否属于岸线管控范围争议较大。对“化工项目”、“改建项目”的定义也不够明确。还有同志建议，出台关于规范河湖长制工作的法律法规等。除了反映的这些问题，长江保护法本身还有哪些短板和不足，还有哪些相关法律需要修改完善？请全国人大环资委、常委会法工委结合执法检查查漏补缺、全面梳理，研究提出意见。

三是切实加大普法宣传力度。这次执法检查的一个重要任务，就是进行法律宣传。从各地材料和检查情况看，这方面的工作还有差距，有的单位和领导干部对法律不熟悉、不掌握，甚至还有不知道有这部法律的情形。法律立出来了，如果领导干部不熟悉、不掌握，如果法律没有在全社会得到宣传普及，怎么搞依法治江呢！长江沿线各地要把学习宣传长江保护法作为一项重点工作，推动机关、企业、社区、农村认真学习宣传。在荆州召开座谈会时，一位负责岸线管护的同志就介绍说，他们把长江保护法做成了“口袋书”，方便学习使用。党政机关特别是执法部门更要原原本本地学，全面贯彻执行法律；企业要认真学习与其经营行为相关的规定，自觉履行法律责任；群众要学习法律的主要精神和内容，做到知法、懂法、守法、用法，自觉支持和配合长江生态环境保护工作。参加今天会议的还有部分人大代表，希望你们自觉当好法律宣传员，向群众宣传普及法律法规和政策措施，带动群众共同保护长江生态环境。

湖北是长江干线径流里程最长的省份和国家重要生态屏障，在长江生态环境保护和推动长江经济带发展中具有极为重要的地位，也负有极其重要的职责。在这些年的执法检查等监督工作中，我们越来越认识到法律的重要性，体会到法治的力量。希望湖北在长江保护工作中，更多更好遵循法律、依靠法治，让法律制度的牙齿有力地“咬合”，充分发挥法律的规范、引领、推动、保障作用，守护好长江一江碧水向东流。

深入学习贯彻习近平生态文明思想加强监督依法守护中华民族母亲河

——在全国人大常委会长江保护法执法检查组第一次全体会议上的讲话

（2022年6月28日）

王　晨

为深入贯彻落实习近平总书记关于长江保护的重要讲话、重要指示批示精神和党中央决策部署，按照《全国人大常委会2022年度监督工作计划》，全国人大常委会将开展长江保护法执法检查。刚才，全国人大环境与资源保护委员会高虎城主任委员介绍了这次执法检查的安排和前期准备工作情况，国家发展和改革委员会、司法部、自然资源部、生态环境部、交通运输部、水利部、农业农村部等部门汇报了贯彻实施长江保护法的基本情况，工业和信息化部、财政部、住房和城乡建设部、国家林业和草原局、最高人民法院、最高人民检察院、中国长江三峡集团等部门提供了书面材料。大家都做了充分准备，紧扣法律制度规定介绍了长江保护法实施情况，有针对性地提出了问题和建议，听了很受启发。下面，我讲几点意见。

一、以习近平生态文明思想作为推动长江保护工作的指引和遵循

习近平总书记高度重视长江保护，三次主持召开推动长江经济带发展座谈会，在中央一系列重要会议上以及赴地方考察时，多次对长江保护作出重大部署，提出明确要求。经过初步梳理，以下几个方面尤为重要。**一是要充分认识长江保护的重大意义**。长江是中华民族的母亲河，是中华民族发展的重要支撑。推动长江经济带发展必须从中华民族长远利益考虑，走生态优先、绿色发展之路，使绿水青山产生巨大生态效益、经济效益、社会效益，使母亲河永葆生机活力。**二是要共抓大保护，不搞大开发**。共抓大保护和生态优先讲的是生态环境保护问题，是前提；不搞大开发和绿色发展讲的是经济发展问题，是结果；共抓大保护、不搞大开发侧重当前和策略方法；生态优先、绿色发展强调未来和方向路径，彼此是辩证统一的。**三是要治好“长江病”**。“长江病了”，而且病得还不轻。要从生态系统整体性和流域系统性出发，追根溯源、系统治疗，防止头痛医头、脚痛医脚。**四是要把修复长江生态环境摆在压倒性位置**。长江拥有独特的生态系统，是我国重要的生态宝库。要把实施重大生态修复工程作为推动长江经济带发展项目的优先选项。开展长江生态环境大普查，系统梳理和掌握各类生态隐患和环境风险。严守生态红线，持续开展生态修复和环境污染治理工程。**五是要加强生态环境系统保护修复**。统筹考虑水环境、水生态、水资源、水安全、水文化和岸线等多方面的有机联系，推进长江上中下游、江河湖库、左右岸、干支流协同治理，改善长江生态环境和水域生态功能。要实施好长江防护林体系建设、水土流失及岩溶地区石漠化治理、退耕还林还草、水土保持、河湖和湿地生态保护修复等工程，增强水源涵养、水土保持等生态功能，提升生态系统质量和稳定性。**六是要破解港口岸线无序发展问题**。优化已有岸线使用效率，把水安全、防洪、治污、港岸、交通、景观等融为一体，抓紧解决沿江工业、港口岸线无序发展的问题。非法码头和非法采砂治理成果来之不易，必须建立长效机制，坚决防止反弹。**七是要抓好长江“十年禁渔”**。“十年禁渔”是长江保护的战略性举措，主要还是为了恢复长江的生态。长江禁渔是件大事，关系30多万渔民的生计，代价不小，但比起全流域的生态保护还是值得的。要把相关工作做细做实，多开发就业渠道和公益性岗位，让渔民们稳得住、能致富。**八是要推进上中下游协同联动发展**。强化生态环境、基础设施、公共服务共建共享，引导下游地区资金、技术、劳动密集型产业向中上游地区有序转移，留住产业链关键环节。要勇于创新，坚持把经济发展的着力点放在实体经济上，围绕产业基

础高级化、产业链现代化，发挥协同联动的整体优势，全面塑造创新驱动发展新优势。**九是要保护传承弘扬长江文化**。长江造就了从巴山蜀水到江南水乡的千年文脉，是中华民族的代表性符号和中华文明的标志性象征，是涵养社会主义核心价值观的重要源泉。要把长江文化保护好、传承好、弘扬好，延续历史文脉，坚定文化自信。

习近平总书记关于长江保护的重要讲话和重要指示批示，为做好长江保护工作提供了科学指引和根本遵循。我们要深入学习践行习近平生态文明思想，贯彻落实习近平总书记重要讲话和重要指示批示精神，按照党中央关于长江保护的部署和要求，完整、准确、全面贯彻新发展理念，共抓大保护、不搞大开发，对照法律规定，把修复长江生态环境摆在压倒性位置，加强系统保护修复，促进长江流域经济社会发展全面绿色转型，依法守护好中华民族母亲河。

二、全面有效贯彻实施长江保护法，依法推进长江大保护

全国人大常委会坚决贯彻落实党中央决策部署，用一年时间起草完成长江保护法，又用一年时间进行3次审议，2次向社会公布草案全文，广泛吸收各方面意见建议，于2020年12月审议通过了长江保护法，自2021年3月1日起施行。长江保护法从中华民族长远利益出发，坚持生态优先、绿色发展的战略定位，是我国第一部江河流域专门法律，建立了长江流域生态环境保护和修复的重要基础性制度。这部法律共9章、96条，既与其他相关法律紧密衔接，又聚焦长江保护的特殊性，规定了许多具有针对性、适用性、可操作性的制度措施。法律实施一年多来，推动长江流域污染防治和生态文明建设取得积极进展，为促进经济社会高质量发展提供了有力法治保障。这次执法检查，既是了解法律实施的效果，也是查找法律实施一年多来出现的问题，深入分析原因，推动各地区各部门全面准确理解法律的主要制度和重要内容，推动法律全面有效贯彻实施。检查中要注意把握好以下几个重点。

一是相关管理机制建立和法律责任落实情况。为统一指导、统筹协调长江保护工作，法律第4条明确建立长江流域协调机制，并概括性规定其有关职责。第6条明确长江流域相关地方建立协作机制，规定了长江流域区域协同立法、执法的有关内容。规划是加强长江保护的重要基础性工作，法律第17条明确建立以国家发展规划为统领，以空间规划为基础，以专项规划、区域规划为支撑的长江流域规划体系，强化“多规合一”要求，发挥规划对推进长江流域生态环境保护和绿色发展的引领、指导和约束作用。这次检查要加强监督力度，深入了解长江流域协调机制等相关管理机制的建立和运行情况，依法推动形成综合协调管理的整体合力。

长江保护法明确了各方面的权利义务和应当承担的法律责任，特别是对违反岸线管理、生态环境准入、水生生物保护、总磷污染控制、危化品运输等管理规定的行为，有针对性地增加了处罚方式，加大了处罚力度。检查时要深入了解相关法律责任落实情况，行政处罚与刑事处罚衔接等情况，确保各种处罚方式依法有效施行，彰显法律威力。

二是主要法律制度规定落实情况。长江保护法在资源保护、污染防治、生态修复等方面建立了一系列硬约束机制。在保护生物多样性方面，法律第39至42条明确了建设自然保护地体系，保护长江流域天然林、草原和湿地，保护水生生物等内容。法律第53条明确对长江流域重点水域实行严格捕捞管理。这些规定都突出了对野生动植物资源的保护，重点在于促进恢复和改善长江流域生态系统功能。在污染防治方面，法律第4章设立水污染防治专章，用9个条款规定了加大水污染防治力度，控制总磷排放，开展排污口整治，防治农业面源和固体废物污染等内容。在生态环境修复方面，法律第5章用12个条款规定了长江流域生态系统治理、连通河湖水系、修复河湖岸线、修复森林草原湿地、保护野生动植物等内容。这次执法检查要深入了解这些制度措施贯彻实施的情况，严格防范和整治违法行为，依法推动保护和修复长江生态环境。

长江保护法在促进绿色发展方面也规定了一系列支持性、保障性又具有约束性的措施。法律第66条规定推动重点产业升级改造和重污染企业清洁化改造，第68条规定加强节水型城市和海绵城市建设，第69条规定提升城乡人居环境质量，第71条规定提升长江黄金水道功能等。这次检查要对照法律规定，推动各地加快形成节约资源和保护生态环境的产业结构、增长方式、消费模式，促进长江流域经济社会发展全面绿色转型。

三是法律有关配套规定的制定修改情况。长

江保护法规定了需要国务院及其有关部门制定或修改的20项配套规定。在规划方面，包括长江流域发展规划、国土空间规划、生态环境修复规划、河湖岸线保护规划等；在指标目标方面，包括长江流域各省级行政区域重点污染物排放总量控制指标、工农业用水效率目标、水生生物完整性指数评价体系等；在标准方面，包括建立健全长江流域水环境质量和污染物排放、生态环境修复、水资源节约集约利用、生态流量、生物多样性保护、水产养殖、防灾减灾等标准体系；还要求国务院有关部门制定船舶污染责任保险与财务担保、重点水域严格捕捞管理、重点生态功能区转移支付有关的具体办法等。据了解，这些配套规定有些已经制定，还有一些需要协调衔接现有规定以加快工作进度。按照立法法的要求，有关国家机关应当在法律实施一年内作出配套规定。这次执法检查，要推动有关方面抓紧制定和修改相关配套法规和制度规定。有立法权的地方，要进一步加强地方立法，及时清理不符合不衔接不适应长江保护法规定的法规规章和规范性文件。

四是法律实施过程中存在的突出问题。长江保护法是我国首部全流域专门法，打破了行政区划界限，建立了一系列基本制度和措施。经过一年多的实施，也暴露出来一些问题。比如，法律第26条规定，禁止在长江干支流岸线一公里范围内新建、扩建化工园区和化工项目。具体实践中，一些地方对二级以下支流是否属于岸线管控范围还有不同理解。法律第91条规定了非法采砂的行政处罚措施，具体实施中对是否入刑以及入刑标准，各地处罚尺度存在不一致问题。这次执法检查，要认真听取各地方、各部门和各方面的意见建议，深入研究法律实施中存在的问题，从落实法律制度、完善法规配套、加强法律衔接等方面查找短板，提出推动法律实施及修改完善相关法律的意见和建议。

三、扎实开展好长江保护法执法检查，增强监督实效

习近平总书记在中央人大工作会议上对做好人大监督工作、增强监督实效提出了明确要求。我们要认真贯彻落实，按照栗战书委员长和常委会党组要求，严格落实监督法规定，周密安排、精心组织，确保长江保护法执法检查取得实实在在的效果。

一要紧扣法律规定，注重法律宣传。要以法律规定为准绳，逐条逐项对照，检查法定职责是否履行、法律规定是否落实、法律责任是否承担、法律执行效果是否明显。执法检查组要带头学习习近平生态文明思想，学习习近平总书记重要讲话和重要指示批示精神，带头学习法律，在检查中大力宣传普及法律知识，努力使执法检查全过程成为普法的全过程，推动全社会增强法治意识和生态文明理念，推动长江保护深入人心，确保长江保护在法治轨道上运行。

二要坚持问题导向，推动问题解决。检查中既要了解法律实施的全面情况，又要查找法律实施一年多来发现的问题，认真分析、追根溯源，找准症结所在，推动把依法保护长江落到实处。要坚持问题导向，针对相关法律制度衔接不够、配套法规和技术标准不够完善等问题，补短板强弱项，推动有关方面切实加以改进。对于执法中的问题，督促立行立改；对于情况复杂、涉及面广、带有普遍性的问题，要提出对策建议，推动共性问题的整体解决。

三要尊重发挥代表作用，广泛汇集民智民意。在检查过程中，要坚持全过程人民民主，尊重人大代表主体地位，发挥各级人大代表作用，邀请人大代表就地就近就便参加执法检查，召开座谈会广泛听取各级人大代表、专家学者和基层执法人员、企业代表等各方面意见建议，形成推动法律全面有效实施的强大合力。

四要改进工作作风，完善方式方法。要贯彻好中央八项规定及其实施细则精神，力戒形式主义和官僚主义，增强检查实效。本次执法检查继续开展第三方评估、法律知识“学习强国”专项答题和问卷调查，这比较符合长江保护法执法检查的内容和特点，有利于提高执法检查的科学性和针对性，要务实做好相关工作。检查中，要严格落实中央关于疫情防控的各项要求，遵守地方疫情防控规定，确保检查安全有序，确保大家身体健康。

深入践行习近平生态文明思想
奋力打好长江保护修复攻坚战

——在江西省长江保护法实施情况座谈会上的讲话

（2022 年 7 月 6 日，南昌）

王　晨

根据《全国人大常委会 2022 年度监督工作计划》，我们执法检查组一行来江西开展长江保护法执法检查，这项工作是深入学习贯彻习近平生态文明思想的实际行动，是今年全国人大常委会监督工作的一项重要内容。围绕贯彻落实党中央决策部署，全国人大常委会连续五年开展生态环保领域重要法律的执法检查。今年是本届全国人大常委会履职的最后一年，但工作力度不减，安排了环境保护法和长江保护法两部法律的执法检查，目的就是积极运用法律武器推动生态环境高水平保护、促进经济社会高质量发展。

刚才，执法检查组副组长高虎城同志介绍了这次执法检查的主要任务和有关要求。江西省委、省人大、省政府高度重视此次执法检查，省委书记易炼红同志主持今天的会议，省长叶建春同志代表省政府全面介绍了贯彻实施长江保护法的有关情况，有关部门结合工作职责作了汇报，两位人大代表也作了很好的发言，既讲成绩和进展，也谈到在法律实施中存在的困难和差距，有针对性地提出了意见建议，对我们进一步了解长江保护法的实施情况，推动全面贯彻实施好这部法律很有帮助。

下面，我就深入贯彻实施长江保护法、做好这次执法检查工作，讲几点意见。

一、深入学习贯彻习近平生态文明思想特别是习近平总书记关于长江保护的重要指示要求，全面推动落实党中央关于长江保护的重大决策部署

党的十八大以来，习近平总书记高度重视长江保护，亲自谋划、亲自部署、亲自推动一系列重大战略举措，多次强调长江是中华民族的母亲河、生命河，多次深入长江沿岸省（区、市）调研，先后三次主持召开专题座谈会，对长江保护作出重大部署，为长江流域高水平保护与高质量发展把脉定向。习近平总书记强调，“推动长江经济带发展必须从中华民族长远利益考虑，走生态优先、绿色发展之路，使绿水青山产生巨大生态效益、经济效益、社会效益，使母亲河永葆生机活力”；提出“当前和今后相当长一个时期，要把修复长江生态环境摆在压倒性位置，共抓大保护，不搞大开发”。习近平总书记关于长江保护的重要论述、重要指示批示精神，为我们做好长江保护工作提供了科学指引和根本遵循。从这些年的长江保护情况，我们可以看出前所未有的巨大变化、进展和成就，长江沿岸省（区、市）更有这方面的体会。

党中央对长江经济带建设进行总体部署，印发《长江经济带发展规划纲要》等一系列重要文件。长江经济带发展战略实施六年以来，长江经济带生态环境保护发生转折性变化，经济社会发展取得历史性成就，这充分说明生态环境保护不仅不影响经济发展，反而有力促进了高质量发展，进一步印证了走生态优先、绿色发展道路的正确性。

全国人大常委会坚决贯彻落实习近平总书记重要指示要求和党中央决策部署，紧紧围绕党和国家工作大局，认真履行宪法法律赋予的职责，综合运用立法、监督、听取工作报告等多种形式，打好“组合拳”，依法推动长江大保护。2019 年，全国人大常委会以长江流域为重点开展水污染防治法执法检查；2020 年 12 月，审议通过长江保护法；2021 年 6 月，听取和审议国务院关于长江流域生态环境保护工作情况的报告；2022 年，把开展长江保护法执法检查作为监督工作的重要任务。做好这次执法检查，我们要坚持以习近平新时代中国特色社会主义思想为指导，深入学习贯彻习近平生态文明思想和习近平总书记关于长江保护的重要指示精神，推动各级政府和部门切实担负起法定职责，把长江

保护的各项规定落到实处，为推动长江生态环境系统修复保护、促进长江经济带经济社会绿色转型发展提供法治保障。

二、认真贯彻实施长江保护法，依法推动长江大保护

长江保护法自2021年3月1日实施以来，各地区各部门各方面充分认识这部法律出台的重大意义和深远影响，把全面实施好这部法律作为一项重大政治任务，大力开展法律宣传和培训等工作，抓紧落实各项制度措施，扎实推进各项污染治理工程，全力打好长江保护修复攻坚战，在促进长江流域高质量发展、实现长江大保护方面取得了良好的效果。

江西省约97%的国土面积位于长江流域，每年平均向长江提供15.5%水量，是长江流域生态环境保护的重点省份之一。习近平总书记始终十分关心江西的生态环境，党的十八大以来两次赴江西考察，明确提出要加快构建生态文明体系，做好治山理水、显山露水的文章，打造美丽中国"江西样板"。江西省坚持以习近平生态文明思想为指导，自觉践行"生态优先、绿色发展"的理念，坚决落实"共抓大保护、不搞大开发"的战略要求，认真实施长江保护法等法律，依法深入打好污染防治攻坚战，扎实推进"五河两岸一江一湖"全流域保护修复，打造长江最美岸线，打通"两山"转换通道，把对接融入长江经济带发展战略与建设国家生态文明试验区有机结合，为构筑长江中下游生态安全屏障作出了积极贡献。

刚才听了江西省法律实施情况介绍，有几点感受：一是变化大。江西省生态环境质量多项指标都很过硬，有几项位居全国前列。比如，地表水国考断面水质优良比例达到97.7%，高于全国平均12个百分点，保持全国前列；长江干流Ⅱ类水质比例保持100%；提前一年完成重点水域禁捕退捕任务，取得渔船处置完成率、渔民退捕率、适龄渔民参保率、有劳动能力和就业意愿渔民就业率"四个百分百"的阶段性成效等。二是举措实。采取了一系列符合实际、成效扎实的措施。比如，在全国率先出台《江西省流域生态补偿办法（试行）》，全部100个县（市、区）实施了纵向流域生态补偿，2016年至2022年累计落实财政资金近210亿元。三是重制度。着力推进长江保护法配套法规体系建设，连续两年对与长江保护法不一致的法规规章进行全面清理，共涉及60余部地方性法规、20余部省政府规章，并提出一揽子修改、适时修改的意见。

座谈中，大家也提出了法律实施中面临的一些困难和问题。结合前期调研和座谈中一些部门和地方反映的情况来看，主要表现在：长江流域污染排放基数较大，有的地区和行业污染问题仍然存在；流域协调机制尚未建立；法律实施中存在规定不够衔接、配套不够完备等问题。有些问题具有普遍性，需要从国家层面统筹研究，抓紧协调解决。同时，地方各级政府也要进一步对照长江保护法各项规定，查找差距，全面落实法律规定、履行法定职责，推动法律实施工作不断取得新进展。实施好这部法律，下一步要注意把握好以下几个方面。

一是处理好保护和发展的关系。天蓝地绿、水净山青的环境，正是人民群众对美好生活的向往。而在现实中统筹兼顾经济发展与环境保护，对地方来说往往是一个考验，需要有壮士断腕的决心，坚定不移地在发展中保护、在保护中发展。长江保护法的定位，首先是一部生态环境保护法，在总则中明确了"长江流域经济社会发展，应当坚持生态优先、绿色发展"的基本原则，在资源保护、污染防治、生态修复等方面建立了一系列硬约束机制。法律实施中要始终把保护和修复生态环境摆在压倒性位置，依法严格规范各类开发、建设活动，防范和纠正各种影响、破坏生态环境的行为，促进人与自然和谐共生。

长江保护法也是一部绿色发展促进法，在推动重点产业升级改造和重污染企业清洁化改造、促进城乡融合发展、改善城乡人居环境质量、加强节水型城市和海绵城市建设、提升长江黄金水道功能等方面规定了许多支持性、保障性同时又有约束性的措施。各级政府及相关部门在法律实施中，一方面要严守环保红线，严格监管执法，依法破解制约长江保护的热点、痛点、难点问题；另一方面也要加快完善环境基础设施建设，采取措施鼓励和支持企业选择合适的治污技术，激发企业实现绿色发展的内在动力，促进传统产业优化升级，加快发展绿色生态产业，走上生态美、产业兴、百姓富的绿色低碳发展道路。

二是处理好流域和区域的关系。现行水法确立了流域管理基本制度，国务院和有关省（区、市）依据水法制定了一些流域方面的行政法规和地方性法规。但针对特定流域的全国性法律，长江保护

法是第一部，这是十三届全国人大常委会在生态环保领域立法方面的创新。长江保护法根据长江流域自然地理状况，打破了行政区划界线，把长江流域生态环境保护和资源合理开发利用作为整体，统筹调整发展与保护、流域与区域的关系，明确建立统筹协调流域保护重大政策、重大规划、重大事项的体制机制，对建立上中下游、干支流、左右岸协同治理的体制机制和相应的生态补偿机制作出规定。落实这些法律规定，国家长江流域协调机制正在抓紧筹划组建。各地方也要切实履行好本行政区域内保护长江的法定职责，按照法律的要求，在地方立法、规划编制、监督执法等方面建立协作机制，协同推进长江流域生态环境保护修复。

长江保护法实施以来，长江流域各地方立法机构贯彻山水林田湖草沙系统治理的理念，不断强化长江流域综合治理、依法治理，积极探索在流域层面以地方立法形式促进协调配合，结合区域性特点进行针对性制度设计，推动形成上下游联动、干支流统筹、左右岸合力的法治格局。在监督执法方面，长江流域各地方也积极探索建立流域治理协调机制，加强联合执法。如湖北、安徽、江西、湖南、重庆五省(市)共同签署《长江流域重点水域“十年禁渔”联合执法合作协议》，明确联席会商、执法联络员等制度，建立联合巡查、协作共治、应急协同、信息共享等机制，推动跨部门、跨区域的联合执法和行动成为长江流域保护工作的常态。在推进长江保护法实施过程中，对这些流域协同立法、协作监督执法的经验和实践要认真总结，继续探索完善。

三是处理好长江保护法和其他法律的关系。长江保护法作为流域专门法律，与其他生态环保方面的法律以及行政处罚法、刑法等相关法律互为补充、互相支撑，是特别法、专门法与一般法的关系。这部法律重在解决相关法律没有涉及或者规定较为原则，但影响长江流域污染防治、生态保护修复的重点领域、关键问题。比如，在有关法律规定的基础上，进一步完善了污染防治的内容，针对磷矿、磷肥、磷化工和相关尾矿等较为突出的污染问题，明确长江流域控制总磷排放；针对跨行政区域固体废物非法转移和倾倒的行为，作出限制性的规定和相应处罚；针对长江禁渔、岸线保护、非法采砂等重点问题，补充细化相关规定，大幅提高罚款额度，增加处罚方式，加大处理力度，充分体现了“责任更大更严，违法处罚更重更硬”的要求。法律实施中要紧扣法律规定，依法严厉打击破坏自然资源、污染流域环境、损害生态系统的违法行为，加强行政执法与刑事司法的衔接，确保各种处罚方式严格依法有效执行，充分彰显法律力量，让长江母亲河永葆生机活力。

三、精心组织，扎实开展好长江保护法执法检查

习近平总书记在中央人大工作会议上强调，要加强对法律法规实施情况的监督，完善人大监督制度。党的十九届四中全会决定提出，健全人大对“一府一委两院”监督制度。贯彻落实习近平总书记重要讲话精神和党中央决策部署，根据监督法等有关法律，2021 年 11 月委员长会议审议通过《全国人大常委会执法检查工作办法》，对做好执法检查工作、增强监督实效提出具体要求。在长江保护法执法检查中，我们要认真贯彻落实，让法律制度的牙齿更加有力“咬合”。

一要严格依法监督，坚持问题导向。坚持依照法定职责、限于法定范围、遵守法定程序、紧扣法律规定、突出法律责任开展执法检查，逐条对照检查法定职责履行情况、法律责任落实情况以及法律执行效果。既要注重总结法律实施的成效和经验，又要注意查找法律实施一年多来发现的问题。对于执法中发现的突出问题，督促立行立改；对于情况复杂、涉及面广、带有普遍性的典型问题，要深入分析原因，提出对策建议，推动共性问题的整体解决。

二要深入基层实际，广泛听取意见。在检查过程中，要深入基层、深入群众、深入实际，多听取地方同志和群众的意见。要坚持全过程人民民主，发挥各级人大代表作用，充分凝聚推动法律全面有效实施的强大合力。

三要改进工作作风，完善方式方法。坚决落实中央八项规定及其实施细则精神，坚决杜绝形式主义、官僚主义。本次执法检查继续开展第三方评估、法律知识“学习强国”专项答题和问卷调查。要务实做好相关工作，增强检查实效。

加强生态修复强化污染治理促进绿色转型依法保护长江

——在全国人大常委会长江保护法执法检查组第二次全体会议上的讲话

（2022年9月23日）

王　晨

召开长江保护法执法检查组第二次全体会议，是要总结前一段执法检查工作，讨论修改执法检查报告稿，研究部署下一步工作。栗战书委员长亲自率执法检查组在湖北宜昌、荆州、武汉等地实地检查。沈跃跃、丁仲礼、郝明金三位副委员长和我分别带队到湖南、重庆、青海、云南、贵州、江西等省（市）进行了检查。受委托检查的省级人大常委会按照工作方案，紧扣法律规定，坚持问题导向，认真负责地开展检查。国务院及其有关部门、最高人民法院、最高人民检察院和各省（区、市）积极配合检查工作。生态环境部环境规划院等单位严谨细致地开展了评估研究并提出报告。经过大家的密切配合、共同努力，这次执法检查工作进展顺利、富有成效。全国人大环资委在汇总各方面检查情况的基础上，研究起草了执法检查报告稿，提交这次会议讨论。

刚才，全国人大环资委主任委员高虎城同志已经介绍了执法检查报告稿的起草情况和主要内容，长江保护法实施情况评估专家组介绍了评估情况。国家发展改革委等十几个部门和"两高"负责同志作了发言，与会同志进行了深入讨论。大家作了认真准备，提出了不少意见建议，讲得都很好。下面结合大家的发言，我讲几点意见。

一、把习近平生态文明思想特别是习近平总书记关于长江保护的重要指示精神始终贯穿执法检查全过程

党的十八大以来，习近平总书记高度重视长江保护，亲自谋划、亲自部署、亲自推动一系列重大战略举措，多次深入长江沿岸省（区、市）调研，先后三次主持召开专题座谈会，对长江保护作出重大部署，为长江流域高水平保护与高质量发展把脉定向。习近平总书记多次强调，"长江是中华民族的母亲河，也是中华民族发展的重要支撑"、"长江拥有独特的生态系统，是我国重要的生态宝库。当前和今后相当长一个时期，要把修复长江生态环境摆在压倒性位置，共抓大保护，不搞大开发"、"长江、黄河是生态文明建设的主战场"、"长江流域要抓好十年禁渔"、"要强化国土空间管控和负面清单管理，严守生态红线，持续开展生态修复和环境污染治理工程，保持长江生态原真性和完整性"等等。

习近平总书记关于长江保护的重要论述、重要指示批示精神，为我们做好长江保护工作提供了科学指引和根本遵循。无论是开展执法检查、起草执法检查报告稿还是依法做好长江保护各项工作，首先要学习贯彻习近平生态文明思想特别是习近平总书记关于长江保护的重要指示要求，统一思想、凝聚共识、加快推动，把加强长江流域生态环境保护和修复以及实现人与自然和谐共生、中华民族永续发展等重要指示精神贯穿其中、落到实处，努力通过加强生态修复，强化污染治理，促进绿色转型，依法保护长江，让中华民族母亲河水清岸绿、永葆生机。

二、突出重点，推动长江保护法律制度有效实施

长江保护法实施一年多来，各地区各部门坚决贯彻落实党中央决策部署，认真实施长江保护法，坚持共抓大保护、不搞大开发，统筹推进污染防治和生态环境修复，加大法律学习宣传力度，"生态优先、绿色发展"等观念深入人心，依法保护长江的思想认识不断提高。各部门和沿江省市统筹立改废释，建立健全长江保护相关法规制度，加强长江保护法治保障，依法打好污染防治攻坚战，长江干流全线达到Ⅱ类水质标准。加强长江流域生态环境

修复,促进经济社会发展全面绿色转型,其力度之大、规模之广、影响之深前所未有,长江经济带生态环境保护发生转折性变化,经济社会发展取得历史性成就。有人大代表指出,长江保护法实施以来,最大的感受是“三变”,即“变在思想观念、变在沿江岸线、变在产业发展”。可以说,依法治江护江兴江取得积极进展,法律实施取得显著成效。

同时,通过执法检查了解到,作为我国第一部流域立法的长江保护法在实施中也遇到一些问题,比如一些配套法规还跟不上,有的法律责任还要进一步压实,有的法律制度落实还不到位。我们要充分认识贯彻实施好长江保护法的重要意义,认真研究法律实施中的相关问题,重点从以下几个方面来加强法律实施、加大工作力度。

第一,坚持问题导向,突出生态环境修复这一核心内容。长江保护法的核心是长江流域生态环境修复,不仅通过专章作出规定,其他章节规定也是围绕这一目标进行立法,以实现生态环境修复的目的。法律针对影响长江流域污染防治、生态保护修复的重点领域和关键问题作出了专门规定。例如,针对磷矿、磷肥、磷化工和相关尾矿等较为突出的污染问题,明确长江流域控制总磷排放;针对长江禁渔、岸线保护、非法采砂等重点问题,细化相关规定,大幅提高罚款额度,增加处罚方式,加大处理力度。从执法检查情况看,有的地方化工园区位于长江岸线一公里范围内存在安全隐患,有的地方矿山整治修复不到位,有的企业违规毁林,三峡库区“消落区”治理难度大,采砂管理存在薄弱环节,一些重要湖泊水库存在富营养化问题,等等。各地区各部门要始终坚持生态优先、绿色发展,着眼长江流域整个生态环境的修复、保护、恢复,深入理解法律的核心要义,以更高的站位、更宽的视野、更严的要求,紧扣法律规定,严格落实法律责任,依法严厉打击破坏自然资源、污染流域环境、损害生态系统的违法行为,不断改善长江生态环境和水域生态功能。

第二,坚持系统观念,严格落实各项法律制度。针对条块分割、部门分割、多头管理的问题,长江保护法以国家和地方流域统筹协调机制为核心,确立了长江流域管理体制的基本框架,建立起统分结合、整体联动的长江流域管理体制。贯彻实施好长江保护法,要从长江生态系统整体性和长江流域系统性出发,统筹推进全流域的整体保护、系统修复、综合治理,形成上中下游、江河湖库共同保护的合力。从执法检查情况看,长江流域协调机制运行、责任落实等方面还要加大力度,涉及跨区域跨部门重大政策、重大规划、重大事项等方面的协作难度较大,合作虚多实少、效果不够稳定。要依法加快健全国家层面的协调运行机制,明确长江流域协调机制的组成人员、组织形式、协调方式、协调程序等,增强长江保护和修复的系统性、整体性、协同性。涉长江生态环境保护的各地区、各部门要加快建立信息共享、案件通报、执法协作、宣传配合、沟通保障等常态化工作机制,在共抓长江大保护上取得新进展。

第三,加快完善法律配套法规制度,织密保护长江的法治网。长江保护法规定了需要国务院及其有关部门制定或修改的 20 项配套规定。根据立法法的规定,法律颁布实施后,相关配套法规一般要在一年内制定。从检查情况看,长江流域国土空间规划、长江流域饮用水水源地名录、长江流域生态环境修复规划、岸线修复指标等配套法规和规范性文件尚未出台,一定程度上影响了法律全面有效实施。检查中有地方反映,法律中一些概念配套规定不够,影响了法律的有效实施。例如,法律实施中具体适用的县级行政区域不够明确,对“二级以下支流”是否属于岸线管控范围、“岸线一公里”管控范围如何界定还有不同认识,建议国务院有关部门做好解释说明工作。同时,一些地方还反映,实践中存在相关的一些法规与长江保护法规定不一致、不衔接、不适应等问题。长江保护法实施后,全国人大常委会法工委开展了涉及长江流域保护的行政法规、部门规章、地方政府规章和其他规范性文件专项清理。从目前情况看,这方面工作还在进行,有的规定还没有完全落实到位,需要加快工作进度,做好制度衔接。

第四,加强法律宣传力度,形成全社会自觉学法用法良好氛围。知法是守法的前提。这次执法检查的一个重点就是加强对法律的宣传普及,这也是法律实施的薄弱环节。从检查情况看,各地区各部门都加大了对长江保护法的宣传力度,但也还有干流地区强于支流地区、省市县层层衰减等问题。法律宣传的广度和深度有待提高,有的单位领导干部对法律不熟悉、不掌握,不善于运用法律来解决问题、推动工作。下一步,还要把学习宣传长江保护法作为一项重点工作,推动机关、企业、社区、农村认真学习宣传。党政机关特别是执法部门要原原本本地学,全面贯彻执行法律;企业要认真学习与其经营行为相关的规定,自觉履行法律责任；群众要学习法律的主要精神和内容，增强爱护长江、保护长江的法律意识，自觉支持和配合长江生态环境保护工作，共同守护好万里长江。

在全国人大常委会长江保护法执法检查组听取贵州省政府汇报会上的讲话

（2022 年 7 月 18 日，贵阳）

郝明金

同志们：

这次来贵州的主要任务是开展长江保护法执法检查。这次执法检查是全国人大常委会持续深入学习贯彻习近平生态文明思想、习近平法治思想的实际行动，是贯彻落实习近平总书记重要指示精神和党中央决策部署、推动长江保护法全面有效实施的具体举措。全国人大常委会高度重视，栗战书委员长亲自带领执法检查组赴湖北省进行执法检查，王晨副委员长带队赴江西省检查，6 月 28 日执法检查组召开第一次全体会议，对执法检查工作作出全面部署，提出明确要求。刚才，于伟国同志介绍了这次执法检查的主要安排和重点内容。贵州省委、人大和政府对这次执法检查非常重视，做了充分准备和精心安排。王忠同志主持会议，郭锡文同志全面介绍了贯彻实施长江保护法有关情况，分析了存在的问题，提出了意见建议，政府相关部门、有关专家学者、人大代表、基层执法人员、企业代表的同志也作了很好的发言，听了很受启发，对做好这次执法检查工作很有帮助。下面，我讲三点意见。

一、深入学习贯彻习近平生态文明思想，贯彻落实习近平总书记重要讲话、重要指示批示精神，深刻认识依法保护长江的重要意义

长江是中华民族的发源地，是中华民族的摇篮。习近平总书记高度重视长江保护，三次主持召开推动长江经济带发展座谈会，并在中央政治局会议、中央经济工作会议以及赴长江沿岸考察时，多次对长江保护作出重要部署，提出明确要求。强调要“共抓大保护、不搞大开发”，“把修复长江生态环境摆在压倒性位置”，实现“人民保护长江、长江造福人民”。党中央对长江经济带建设进行总体部署、印发一系列重要文件。2016 年 1 月，习近平总书记在重庆主持召开推动长江经济带发展座谈会，首次提出要制定长江保护法。

全国人大常委会坚决贯彻落实习近平总书记重要指示精神和党中央决策部署，用一年时间起草完成长江保护法，又用一年时间进行 3 次审议，2 次向社会公布草案全文，广泛吸收各方面意见建议，于 2020 年 12 月审议通过了长江保护法，把习近平总书记关于长江保护的重要指示要求和党中央重大决策部署以法律的形式确定下来。栗战书委员长高度重视，2019 年亲自主持召开长江保护法立法座谈会，法律出台后，2021 年又亲自主持召开长江保护法实施座谈会，今年又率队去湖北开展长江保护法执法检查。

我们要进一步提高政治站位，充分认识依法保护长江的重要意义，切实增强贯彻实施长江保护法的责任感和使命感。**一是**长江保护法把习近平总书记关于长江保护的重要指示要求和党中央重大决策部署转化为国家意志和全社会的行为准则。实施好长江保护法，就是践行习近平生态文明思想的实际举措，就是推动生态优先、绿色发展，共抓大保护、不搞大开发，统筹协调、科学规划、创新驱动、系统治理等长江保护理念要求和决策部署的贯彻落实。**二是**贯彻实施好长江保护法关系中华民族的生存发展，关系人民群众的切身利益。长江流域以 20% 左右的国土面积，支撑起全国超 45% 的经济总量，涵养着超过四成的人口，占据全国“半壁江山”。近年来，全国人大代表在全国人大会议期间多次提出长江保护的议案建议，十三届全国人大五次会议期间就有 33 件关于长江保护的代表建议。实施好长江保护法，保护好长江母亲河，给子孙后代留下一条清洁美丽的万里长江是我们的使命和责任。**三是**长江保护法是我国首部江河流域专门法律，标志着长江流域进入依法治江、依法护江的新阶段。长江保护法确立了长江流域管理体制的

基本框架，建立起统分结合、整体联动的长江流域管理体制，明确了各方面的权利义务和应当承担的法律责任，为推进长江流域生态环境保护和经济社会高质量发展提供了法治保障。

我们要进一步增强“四个意识”，坚定“四个自信”，做到“两个维护”，坚持以习近平新时代中国特色社会主义思想为指导，深入贯彻习近平生态文明思想，完整、准确、全面贯彻新发展理念，把习近平总书记关于保护长江的重要指示要求和党中央决策部署不折不扣贯彻落实好，共抓大保护、不搞大开发，把长江保护法制度规定落地、落细、落实。要把修复长江生态环境摆在压倒性位置，加强系统保护修复，促进长江流域经济社会全面绿色转型，让中华民族母亲河永葆生机活力。

二、严格落实法律制度规定，确保长江保护法全面有效实施

长江保护法共 9 章、96 条，既与其他相关法律紧密衔接，又聚焦长江保护的特殊性，规定了许多具有针对性、适用性、可操作性的制度措施。法律实施一年多来，推动长江流域污染防治和生态文明建设取得积极进展，依法推进长江保护工作迈出了坚实步伐。栗战书委员长在湖北检查时指出，习近平生态文明思想深入人心，依法保护长江的思想认识得到加强；依法保护长江的工作格局正在形成；依法保护长江的法治威力更加彰显；依法保护长江的法治网络越织越密。并从三个方面对推动法律全面有效实施提出了要求。**一是突出生态环境修复这一核心**。加强全流域的规划性修复、禁止性修复、措施性修复和自然性修复。要按照法律规定，突出重点，编制实施好长江流域生态环境修复规划，组织实施重大生态环境修复工程，统筹推进长江流域各项生态环境修复工作，更加重视自然性修复这一方式。重视制定相应的生态环境修复标准，使各项修复工作有科学、统一的要求。**二是认真研究解决法律实施中存在的问题**。长江保护法是我国第一部流域性法律，不仅国内没有先例，与国外相关流域立法也有所不同。新设的很多制度规定，需要通过实践来检验其效果，需要在实践中不断改进完善。要做好法律的衔接配套。切实解决好与长江保护法规定不一致、不衔接、不相适应的问题。**三是切实加大普法宣传力度**。长江沿线各地要把学习宣传长江保护法作为一项重点工作，推动机关、企业、社区、农村认真学习宣传。党政机关特别是执法部门更要原原本本地学，全面贯彻执行法律；企业要认真学习与其经营行为相关的规定，自觉履行法律责任；群众要学习法律的主要精神和内容，做到知法、懂法、守法、用法，自觉支持和配合长江生态环境保护工作。

贵州是长江上游重要生态安全屏障，全省国土面积的 65.7% 属于长江流域，88 个县（市、区）中有 69 个属长江防护林保护区范围，是支撑构建长江上游生态安全战略格局的重点生态功能区，生态地位十分突出。贵州八大水系中有四大水系（牛栏江—横江水系、乌江水系、赤水河—綦江水系、沅江水系）属于长江流域。做好长江重要支流生态环境保护和修复工作，对确保长江水资源安全、筑牢长江上游生态屏障、增进人民福祉等具有十分重要的意义。习近平总书记十分关心贵州生态环境保护，党的十八大以来，习近平总书记两次深入贵州考察调研，他强调，优良生态环境是贵州最大的发展优势和竞争优势。2021 年 2 月，总书记在乌江六冲河段考察期间，指示贵州要牢固树立绿水青山就是金山银山的理念，守住发展和生态两条底线，努力走出一条生态优先、绿色发展的新路子。

贵州省深入学习贯彻习近平生态文明思想，坚决落实习近平总书记关于长江保护的重要讲话精神和党中央决策部署，深入践行习近平总书记关于长江“共抓大保护、不搞大开发”“生态优先、绿色发展”的重要指示精神，扎实推进长江流域生态环境保护和修复工作。贵州省委省政府高度重视长江流域保护工作。省委主要负责同志谋划、研究、部署、督导长江保护修复攻坚行动，省政府成立以省长为组长的推动长江经济带发展领导小组。制定出台了《贵州省长江经济带环境保护规划》等一系列配套实施方案。省人大常委会在 2012 年率先出台全国首部针对流域保护的地方性法规——《贵州省赤水河流域保护条例》的基础上，协同四川、云南开展赤水河流域保护共同立法，颁布实施赤水河流域保护“共同决定 + 条例”，以系统性思维和法治观念完善三省协同保护机制，形成上下游联动、干支流统筹、左右岸合力，推动省际间跨区域生态环境保护共同治理，构建赤水河流域共抓大保护新格局。这是贯彻落实长江保护法，依法加强赤水河流域生态环境保护修复的实际行动；是地方开展流域区域立法，深入推进生态文明法治建设的探索创新。2021 年，贵州全省长江流域四大水系水体水质综合评价均为“优”，水质优良比例达到 96.25%，赤水河、乌江等长江上游重要支流水质明显改善，赤

水河干流水质总体稳定在Ⅱ类，水质优良率为100%，乌江干流水质总体提升至Ⅱ类，水质优良率为96.7%，贵州省依法治江管水取得积极成效。

同时，也要看到长江保护形势依然复杂，隐患依然较多，绿色发展水平还不够高，就全流域来讲，各地反映，法律贯彻实施中也存在不少共性的问题，包括干支流、重要支流等概念界定不够清晰，各地对法律的宣传落实力度不一，行政处罚与刑事处罚“倒挂”，配套性立法和技术标准未及时跟上，地区、部门间协作机制虚多实少等等。这些问题有些属于对法律法规理解不到位的，要加强宣传培训力度，真正把长江保护法学好用好；属于执行不到位的，要加强检查执法，使法律规定落到实处；属于配套规定问题的，继续开展清理，避免政出多门、相互打架；属于不衔接、不协调问题的，各部门主动联系、共同推动解决。特别注意重视在法律实施中坚持生态优先绿色发展，在乡村振兴中加强美丽乡村建设和城乡人居环境质量提升，做好重点支柱产业布局的优化调整，推动生态环境与经济协调发展。希望贵州以这次执法检查为契机，进一步加大工作力度，加强法律的学习宣传普及，严格执行重要法律制度，强化落实法定职责，对照长江保护法各项规定查找差距，推动法律实施不断取得新进展，以实际行动迎接党的二十大胜利召开。

三、扎实开展好长江保护法执法检查，增强监督实效

我们要认真贯彻落实习近平生态文明思想、习近平法治思想和中央人大工作会议精神，认真贯彻落实习近平总书记对人大监督工作的明确指示，按照栗战书委员长和常委会党组要求，严格落实监督法规定，坚持和完善这些年来行之有效的经验做法，周密安排、精心组织，确保长江保护法执法检查取得实实在在的效果。

一是要加强学习宣传。要把学习宣传习近平生态文明思想、学习习近平总书记重要讲话指示批示精神放在首位、贯穿始终。要认真学习法律，大力宣传普及法律知识，使执法检查全过程成为普法的全过程，推动全社会增强法治意识和生态文明理念，推动长江保护深入人心，确保长江保护在法治轨道上运行。

二是要坚持全过程人民民主。持续深化代表参与执法检查工作，在执法检查全过程各环节充分发挥代表作用。邀请人大代表就地就近就便开展监督，召开座谈会广泛听取各级人大代表、专家学者和基层执法人员、企业代表等各方面意见建议，充分凝聚推动法律全面有效实施的强大合力。

三是要改进工作作风。贯彻好中央八项规定及其实施细则精神，力戒形式主义和官僚主义，轻车简从，注重实效。目前，疫情防控形势依然严峻复杂，要落实好常态化疫情防控各项举措，遵守当地防控要求，确保检查安全有序。

最后，我代表检查组对贵州省委、人大、政府对这次执法检查的高度重视和精心安排表示感谢！

对检查长江保护法实施情况报告的意见和建议

12月29日，十三届全国人大常委会第三十八次会议审议了全国人大常委会副委员长王晨作的全国人大常委会执法检查组关于检查长江保护法实施情况的报告，共有11人次发言。现根据会议发言情况，将常委会组成人员和列席会议人员的主要意见整理如下。

出席人员普遍认为，十三届全国人大常委会深入贯彻习近平生态文明思想，贯彻习近平总书记关于长江保护重要讲话、重要指示批示精神和党中央决策部署，2020年通过长江保护法，以法治方式促进长江保护，建设美丽中国。全国人大常委会2022年对这部法律开展执法检查，推动法律全面有效实施。国务院及其有关部门、长江流域各级地方政府认真贯彻实施长江保护法，坚持共抓大保护、不搞大开发，持续改善长江水环境质量，依法治江护江兴江，取得明显成效。出席人员充分肯定执法检查组的工作，赞成执法检查报告，希望国务院及其有关部门认真研究处理。大家强调，要深入贯彻落实长江保护法，坚持生态优先、绿色发展，把修复长江生态环境摆在突出位置，促进长江流域经济社会发展全面绿色转型，依法守护好中华民族母亲河。审议中，大家还提出了一些具体意见和建议。

进一步推进污染防治攻坚。有些出席人员提出，应加快补齐长江流域城镇污水收集短板，以污水管网排查为切入点，分步分批分片实施管网更新、清淤堵漏、雨污分流等改造项目。完善城镇污水处理统计评价方式，全面反映城镇污水收集和处理情况，定期公布重点城市数据。有些出席人员认为，应严格执行法律规定，依法打击化工污染、尾废矿污染等严重污染长江流域生态环境的违法行为；加强长江危化品运输安全风险防范工作，落实船舶运输企业安全主体责任。有的出席人员提出，以小流域治理为抓手，综合整治湖泊富营养化问题，因地制宜采取控源截污、清淤疏浚、生态修复、水系连通等措施，提升水体自净能力，增加水环境容量。

统筹推进生态环境修复工作。有的出席人员认为，应完善长江流域水生态监测考核机制，建立监测网络和评价体系，全面加强对水生生物资源的监测调查及管理。有的出席人员认为，应加强对珍稀濒危水生生物洄游通道的保护与生态调度。有的出席人员认为，应采取生态调控型捕捞等合理措施，解决封闭型水域鱼类资源量过高影响湖库生态系统健康的问题。有的出席人员建议，对三峡库区“消落区”地质灾害进行专门调查，并提出相应治理措施。

建立健全长江流域保护协调机制。有的出席人员认为，应从长江生态保护的全局出发，增强长江保护和修复的系统性、整体性、协同性，统筹好中央与地方、上中下游、不同地区和部门之间的关系，形成上下游、左右岸、干支流协同保护长江的合力。有的出席人员建议，以河湖长制为抓手，搭建长江流域跨区域议事协商和协调协作平台，形成流域统筹、区域协调、部门联动的河湖管理保护格局。

加快完善配套法规体系。有些出席人员建议，国务院及其相关部门抓紧制定长江保护法配套行政法规和规范性文件，尽快出台法律明确要求的规划、名录等。有的出席人员提出，应加快构建水环境、水资源、水生态等领域标准体系，尽快制定入河排污口整治、新污染物整治等技术标准，作为长江保护法实施的重要配套措施。有的出席人员认为，应进一步发挥地方立法作用，推动指导长江流域相关省、区、市完善长江保护相关法规制度。

四、规范性文件备案审查

行政法规备案目录

（25 件）

法规名称	公布时间	报备时间	施行时间	立法形式
中华人民共和国水下文物保护管理条例	2022-1-23	2022-1-23	2022-4-1	修改
外商投资电信企业管理规定	2022-3-29	2022-3-29	2022-5-1	修改
医疗机构管理条例	2022-3-29	2022-3-29	2022-5-1	修改
中华人民共和国进出口商品检验法实施条例	2022-3-29	2022-3-29	2022-5-1	修改
保安服务管理条例	2022-3-29	2022-3-29	2022-5-1	修改
中华人民共和国道路运输条例	2022-3-29	2022-3-29	2022-5-1	修改
农药管理条例	2022-3-29	2022-3-29	2022-5-1	修改
中华人民共和国海关统计条例	2022-3-29	2022-3-29	2022-5-1	修改
中华人民共和国海关行政处罚实施条例	2022-3-29	2022-3-29	2022-5-1	修改
中华人民共和国海关稽查条例	2022-3-29	2022-3-29	2022-5-1	修改
互联网上网服务营业场所管理条例	2022-3-29	2022-3-29	2022-5-1	修改
旅馆业治安管理办法	2022-3-29	2022-3-29	2022-5-1	修改
中华人民共和国计量法实施细则	2022-3-29	2022-3-29	2022-5-1	修改
中华人民共和国母婴保健法实施办法	2022-3-29	2022-3-29	2022-5-1	修改
放射性药品管理办法	2022-3-29	2022-3-29	2022-5-1	修改
国务院关于通用航空管理的暂行规定	2022-3-29	2022-3-29	2022-5-1	废止
工业产品质量责任条例	2022-3-29	2022-3-29	2022-5-1	废止
水路货物运输合同实施细则	2022-3-29	2022-3-29	2022-5-1	废止
铁路货物运输合同实施细则	2022-3-29	2022-3-29	2022-5-1	废止
国有企业监事会暂行条例	2022-3-29	2022-3-29	2022-5-1	废止
信访条例	2022-3-29	2022-3-29	2022-5-1	废止
地名管理条例	2022-3-30	2022-3-30	2022-5-1	修改
促进个体工商户发展条例	2022-10-1	2022-10-1	2022-11-1	制定
个体工商户条例	2022-10-1	2022-10-1	2022-11-1	文中废止
缔结条约管理办法	2022-10-16	2022-10-16	2023-1-1	制定
中国人民解放军文职人员条例	2022-12-10	2022-12-10	2023-1-1	修改

北京市地方性法规目录

（18 件）

法规名称	通过或批准时间	公布时间	报备时间	施行时间	立法形式
北京市人民代表大会议事规则	2022 年 1 月 10 日北京市第十五届人民代表大会第五次会议修改	2022-1-10	2022-1-14	2022-1-10	修改
关于议案的若干暂行规定	在《北京市人民代表大会议事规则》中被明文予以废止	2022-1-10	2022-1-14	2022-1-10	文中废止
北京市种子条例	2022 年 1 月 10 日北京市第十五届人民代表大会第五次会议通过	2022-1-10	2022-1-14	2022-4-1	制定
北京市实施《中华人民共和国种子法》办法	在《北京市种子条例》中被明文予以废止	2022-1-10	2022-1-14	2022-4-1	文中废止
中国（北京）自由贸易试验区条例	2022 年 3 月 31 日北京市第十五届人民代表大会常务委员会第三十八次会议通过	2022-3-31	2022-4-1	2022-5-1	制定
北京市知识产权保护条例	2022 年 3 月 31 日北京市第十五届人民代表大会常务委员会第三十八次会议通过	2022-3-31	2022-4-1	2022-7-1	制定
北京市人民代表大会常务委员会关于促进国家服务业扩大开放综合示范区建设的决定	2022 年 5 月 25 日北京市第十五届人民代表大会常务委员会第三十九次会议通过	2022-5-25	2022-5-30	2022-5-25	制定
北京市安全生产条例	2022 年 5 月 25 日北京市第十五届人民代表大会常务委员会第三十九次会议修改	2022-5-25	2022-5-30	2022-8-1	修改
北京市住房租赁条例	2022 年 5 月 25 日北京市第十五届人民代表大会常务委员会第三十九次会议通过	2022-5-25	2022-5-30	2022-9-1	制定
北京中轴线文化遗产保护条例	2022 年 5 月 25 日北京市第十五届人民代表大会常务委员会第三十九次会议通过	2022-5-25	2022-5-30	2022-10-1	制定
北京市国民经济和社会发展计划审查监督条例	2022 年 5 月 25 日北京市第十五届人民代表大会常务委员会第三十九次会议通过	2022-5-26	2022-5-30	2022-7-1	制定
北京市优化营商环境条例	2022 年 8 月 29 日北京市第十五届人民代表大会常务委员会第四十二次会议修改	2022-8-29	2022-8-31	2022-8-29	修改
北京市公共文化服务保障条例	2022 年 9 月 23 日北京市第十五届人民代表大会常务委员会第四十三次会议通过	2022-9-23	2022-9-29	2023-1-1	制定
北京市土壤污染防治条例	2022 年 9 月 23 日北京市第十五届人民代表大会常务委员会第四十三次会议通过	2022-9-23	2022-9-29	2023-1-1	制定
北京市人民代表大会常务委员会议事规则	2022 年 11 月 25 日北京市第十五届人民代表大会常务委员会第四十五次会议修改	2022-11-25	2022-12-8	2022-11-25	修改
北京市数字经济促进条例	2022 年 11 月 25 日北京市第十五届人民代表大会常务委员会第四十五次会议通过	2022-11-25	2022-12-8	2023-1-1	制定
北京市人民代表大会常务委员会关于京津冀协同推进大运河文化保护传承利用的决定	2022 年 11 月 25 日北京市第十五届人民代表大会常务委员会第四十五次会议通过	2022-11-25	2022-12-8	2023-1-1	制定

续表

法规名称	通过或批准时间	公布时间	报备时间	施行时间	立法形式
北京市城市更新条例	2022年11月25日北京市第十五届人民代表大会常务委员会第四十五次会议通过	2022-11-25	2022-12-8	2023-3-1	制定
北京市节水条例	2022年11月25日北京市第十五届人民代表大会常务委员会第四十五次会议通过	2022-11-25	2022-12-8	2023-3-1	制定
北京市实施《中华人民共和国水法》办法	2022年11月25日北京市第十五届人民代表大会常务委员会第四十五次会议修改	2022-11-25	2022-12-8	2023-3-1	修改

天津市地方性法规目录

（27件）

法规名称	通过或批准时间	公布时间	报备时间	施行时间	立法形式
天津市促进海水淡化产业发展若干规定	2022年1月7日天津市第十七届人民代表大会常务委员会第三十一次会议通过	2022-1-7	2022-1-7	2022-3-1	制定
天津市市场主体登记管理若干规定	2022年1月7日天津市第十七届人民代表大会常务委员会第三十一次会议通过	2022-1-7	2022-1-7	2022-3-1	制定
天津市人民代表大会议事规则	2022年2月14日天津市第十七届人民代表大会第六次会议修改	2022-2-14	2022-2-14	2022-2-14	修改
天津市人民代表大会常务委员会关于促进和保障制造业立市推动高质量发展的决定	2022年3月30日天津市第十七届人民代表大会常务委员会第三十二次会议通过	2022-3-30	2022-3-30	2022-3-30	制定
天津市人民代表大会常务委员会关于促进和保障构建“津城”“滨城”双城发展格局的决定	2022年3月30日天津市第十七届人民代表大会常务委员会第三十二次会议通过	2022-3-30	2022-3-30	2022-3-30	制定
天津市绿化条例	2022年3月30日天津市第十七届人民代表大会常务委员会第三十二次会议修改	2022-3-30	2022-3-30	2022-3-30	修改
天津市区人民代表大会常务委员会街道工作委员会工作条例	2022年7月27日天津市第十七届人民代表大会常务委员会第三十六次会议通过	2022-7-27	2022-7-27	2022-7-27	制定
天津市人民代表大会常务委员会关于加强城市重点区域天际线管控的决定	2022年7月27日天津市第十七届人民代表大会常务委员会第三十六次会议通过	2022-7-27	2022-7-27	2022-7-27	制定
天津市平安建设条例	2022年7月27日天津市第十七届人民代表大会常务委员会第三十六次会议通过	2022-7-27	2022-7-27	2022-8-1	制定
天津市社会治安综合治理条例	在《天津市平安建设条例》中被明文予以废止	2022-7-27	2022-7-27	2022-8-1	文中废止
天津市旅游促进条例	2022年7月27日天津市第十七届人民代表大会常务委员会第三十六次会议通过	2022-7-27	2022-7-27	2022-9-1	制定

续表

法规名称	通过或批准时间	公布时间	报备时间	施行时间	立法形式
天津市旅游条例	在《天津市旅游促进条例》中被明文予以废止	2022-7-27	2022-7-27	2022-9-1	文中废止
中国(天津)自由贸易试验区条例	2022 年 9 月 27 日天津市第十七届人民代表大会常务委员会第三十七次会议修改	2022-9-27	2022-9-27	2022-9-27	修改
天津市标准化条例	2022 年 9 月 27 日天津市第十七届人民代表大会常务委员会第三十七次会议通过	2022-9-27	2022-9-27	2022-11-1	制定
天津市实施《中华人民共和国标准化法》办法	在《天津市标准化条例》中被明文予以废止	2022-9-27	2022-9-27	2022-11-1	文中废止
天津市生态文明教育促进条例	2022 年 9 月 27 日天津市第十七届人民代表大会常务委员会第三十七次会议通过	2022-9-27	2022-9-27	2022-11-1	制定
天津市环境教育条例	在《天津市生态文明教育促进条例》中被明文予以废止	2022-9-27	2022-9-27	2022-11-1	文中废止
天津市未成年人保护条例	2022 年 9 月 27 日天津市第十七届人民代表大会常务委员会第三十七次会议修改	2022-9-27	2022-9-27	2022-11-1	修改
天津市预防未成年人犯罪条例	2022 年 9 月 27 日天津市第十七届人民代表大会常务委员会第三十七次会议修改	2022-9-27	2022-9-27	2022-11-1	修改
天津市人民代表大会常务委员会关于加强新时代检察机关法律监督工作的决定	2022 年 12 月 1 日天津市第十七届人民代表大会常务委员会第三十八次会议通过	2022-12-1	2022-12-1	2022-12-1	制定
天津市人民代表大会常务委员会议事规则	2022 年 12 月 1 日天津市第十七届人民代表大会常务委员会第三十八次会议修改	2022-12-1	2022-12-1	2022-12-1	修改
天津市人民代表大会代表议案条例	2022 年 12 月 1 日天津市第十七届人民代表大会常务委员会第三十八次会议修改	2022-12-1	2022-12-1	2022-12-1	修改
天津市人民代表大会代表建议、批评和意见工作条例	2022 年 12 月 1 日天津市第十七届人民代表大会常务委员会第三十八次会议修改	2022-12-1	2022-12-1	2022-12-1	修改
天津市信访工作若干规定	2022 年 12 月 1 日天津市第十七届人民代表大会常务委员会第三十八次会议废止	2022-12-1	2022-12-1	2022-12-1	废止
天津市人民代表大会常务委员会关于京津冀协同推进大运河文化保护传承利用的决定	2022 年 12 月 1 日天津市第十七届人民代表大会常务委员会第三十八次会议通过	2022-12-1	2022-12-1	2023-1-1	制定
天津市矛盾纠纷多元化解条例	2022 年 12 月 1 日天津市第十七届人民代表大会常务委员会第三十八次会议通过	2022-12-1	2022-12-1	2023-1-1	制定
天津市轨道交通运营安全条例	2022 年 12 月 1 日天津市第十七届人民代表大会常务委员会第三十八次会议通过	2022-12-1	2022-12-1	2023-1-1	制定
天津市家庭医生签约服务若干规定	2022 年 12 月 1 日天津市第十七届人民代表大会常务委员会第三十八次会议通过	2022-12-1	2022-12-1	2023-1-1	制定
天津市华侨权益保护条例	2022 年 12 月 1 日天津市第十七届人民代表大会常务委员会第三十八次会议通过	2022-12-1	2022-12-1	2023-1-1	制定
天津市科学技术进步促进条例	2022 年 12 月 1 日天津市第十七届人民代表大会常务委员会第三十八次会议修改	2022-12-1	2022-12-1	2023-1-1	修改

续表

法规名称	通过或批准时间	公布时间	报备时间	施行时间	立法形式
天津市全民健身条例	2022年12月1日天津市第十七届人民代表大会常务委员会第三十八次会议修改	2022-12-1	2022-12-1	2023-1-1	修改

河北省地方性法规目录

（48件）

法规名称	通过或批准时间	公布时间	报备时间	施行时间	立法形式
河北省宗教事务条例	2022年1月8日河北省第十三届人民代表大会常务委员会第二十八次会议修改	2022-1-8	2022-1-24	2022-2-1	修改
河北省大运河文化遗产保护利用条例	2022年3月30日河北省第十三届人民代表大会常务委员会第二十九次会议通过	2022-3-30	2022-4-19	2022-6-1	制定
河北省土地管理条例	2022年3月30日河北省第十三届人民代表大会常务委员会第二十九次会议修改	2022-3-30	2022-4-19	2022-6-1	修改
河北省医疗纠纷预防和处理条例	2022年3月30日河北省第十三届人民代表大会常务委员会第二十九次会议通过	2022-3-30	2022-4-19	2022-7-1	制定
唐山市截瘫疗养院保护利用条例	2022年2月28日唐山市第十六届人民代表大会常务委员会第四次会议通过，2022年3月30日河北省第十三届人民代表大会常务委员会第二十九次会议批准	2022-3-30	2022-4-19	2022-5-1	制定
石家庄市爱国卫生条例	2021年12月22日石家庄市第十五届人民代表大会常务委员会第三次会议通过，2022年3月30日河北省第十三届人民代表大会常务委员会第二十九次会议批准	2022-4-2	2022-4-19	2022-5-1	制定
石家庄市全民健身条例	2021年12月22日石家庄市第十五届人民代表大会常务委员会第三次会议通过，2022年3月30日河北省第十三届人民代表大会常务委员会第二十九次会议批准	2022-4-3	2022-4-19	2022-5-1	制定
石家庄市养犬管理条例	2021年12月22日石家庄市第十五届人民代表大会常务委员会第三次会议修改，2022年3月30日河北省第十三届人民代表大会常务委员会第二十九次会议批准修改	2022-4-3	2022-4-19	2022-6-15	修改
邯郸市志愿服务条例	2021年12月31日邯郸市第十六届人民代表大会常务委员会第二次会议通过，2022年3月30日河北省第十三届人民代表大会常务委员会第二十九次会议批准	2022-4-8	2022-4-19	2022-5-1	制定
保定市城市园林绿化条例	2021年12月29日保定市第十六届人民代表大会常务委员会第二次会议通过，2022年3月30日河北省第十三届人民代表大会常务委员会第二十九次会议批准	2022-4-8	2022-4-19	2022-6-1	制定
河北省餐饮服务从业人员佩戴口罩规定	2022年5月27日河北省第十三届人民代表大会常务委员会第三十次会议通过	2022-5-27	2022-6-15	2022-5-27	制定

续表

法规名称	通过或批准时间	公布时间	报备时间	施行时间	立法形式
河北省实施《中华人民共和国人民防空法》办法	2022 年 5 月 27 日河北省第十三届人民代表大会常务委员会第三十次会议修改	2022-5-27	2022-6-15	2022-5-27	修改
河北省数字经济促进条例	2022 年 5 月 27 日河北省第十三届人民代表大会常务委员会第三十次会议通过	2022-5-27	2022-6-15	2022-7-1	制定
沧州市大运河文化遗产保护若干规定	2021 年 10 月 27 日沧州市第十五届人民代表大会常务委员会第二次会议通过，2022 年 5 月 27 日河北省第十三届人民代表大会常务委员会第三十次会议批准	2022-6-2	2022-6-15	2022-8-1	制定
邢台市社会信用促进条例	2022 年 3 月 22 日邢台市第十六届人民代表大会常务委员会第六次会议通过，2022 年 5 月 27 日河北省第十三届人民代表大会常务委员会第三十次会议批准	2022-6-8	2022-6-15	2022-7-1	制定
河北省港口污染防治条例	2022 年 7 月 28 日河北省第十三届人民代表大会常务委员会第三十二次会议通过	2022-7-28	2022-8-22	2022-10-1	制定
河北省中小企业促进条例	2022 年 7 月 28 日河北省第十三届人民代表大会常务委员会第三十二次会议修改	2022-7-28	2022-8-22	2022-10-1	修改
青龙满族自治县村集体经济组织财务管理条例	2022 年 1 月 28 日青龙满族自治县第九届人民代表大会第二次会议修改，2022 年 7 月 28 日河北省第十三届人民代表大会常务委员会第三十二次会议批准修改	2022-7-29	2022-8-22	2022-7-29	修改
围场满族蒙古族自治县立法条例	2022 年 1 月 29 日围场满族蒙古族自治县第八届人民代表大会第二次会议通过，2022 年 7 月 28 日河北省第十三届人民代表大会常务委员会第三十二次会议批准	2022-8-1	2022-8-22	2022-8-1	制定
唐山市城镇国有土地使用权出让转让管理条例	2022 年 5 月 26 日唐山市第十六届人民代表大会常务委员会第六次会议废止，2022 年 7 月 28 日河北省第十三届人民代表大会常务委员会第三十二次会议批准废止	2022-8-1	2022-8-22	2022-8-1	废止
保定市快递业促进条例	2022 年 6 月 16 日保定市第十六届人民代表大会常务委员会第八次会议通过，2022 年 7 月 28 日河北省第十三届人民代表大会常务委员会第三十二次会议批准	2022-8-1	2022-8-22	2022-10-1	制定
张家口市机动车停车场管理条例	2022 年 5 月 31 日张家口市第十五届人民代表大会常务委员会第五次会议通过，2022 年 7 月 28 日河北省第十三届人民代表大会常务委员会第三十二次会议批准	2022-8-3	2022-8-22	2022-9-1	制定
秦皇岛市山海关古城保护条例	2022 年 6 月 17 日秦皇岛市第十五届人民代表大会常务委员会第九次会议通过，2022 年 7 月 28 日河北省第十三届人民代表大会常务委员会第三十二次会议批准	2022-8-3	2022-8-22	2022-9-1	制定
承德市城镇住宅物业管理条例	2022 年 4 月 28 日承德市第十五届人民代表大会常务委员会第八次会议通过，2022 年 7 月 28 日河北省第十三届人民代表大会常务委员会第三十二次会议批准	2022-8-4	2022-8-22	2022-9-1	制定

续表

法规名称	通过或批准时间	公布时间	报备时间	施行时间	立法形式
承德市旅游市场管理条例	2022年4月28日承德市第十五届人民代表大会常务委员会第八次会议通过,2022年7月28日河北省第十三届人民代表大会常务委员会第三十二次会议批准	2022-8-4	2022-8-22	2022-9-1	制定
河北省供热用热管理规定	2022年9月28日河北省第十三届人民代表大会常务委员会第三十三次会议通过	2022-9-28	2022-10-19	2022-9-28	制定
河北省信访条例	2022年9月28日河北省第十三届人民代表大会常务委员会第三十三次会议废止	2022-9-28	2022-10-19	2022-9-28	废止
河北省优化行政审批条例	2022年9月28日河北省第十三届人民代表大会常务委员会第三十三次会议通过	2022-9-28	2022-10-19	2022-12-1	制定
河北省固体废物污染环境防治条例	2022年9月28日河北省第十三届人民代表大会常务委员会第三十三次会议修改	2022-9-28	2022-10-19	2022-12-1	修改
河北省乡村振兴促进条例	2022年9月28日河北省第十三届人民代表大会常务委员会第三十三次会议通过	2022-9-28	2022-10-19	2023-1-1	制定
河北省人力资源市场条例	2022年9月28日河北省第十三届人民代表大会常务委员会第三十三次会议通过	2022-9-28	2022-10-19	2023-1-1	制定
河北省人才市场管理条例	在《河北省人力资源市场条例》中被明文予以废止	2022-9-28	2022-10-19	2023-1-1	文中废止
唐山市职工工资集体协商条例	2022年7月8日唐山市第十六届人民代表大会常务委员会第八次会议修改,2022年9月28日河北省第十三届人民代表大会常务委员会第三十三次会议批准修改	2022-9-29	2022-10-19	2022-9-29	修改
承德市机动车停车场条例	2022年6月23日承德市第十五届人民代表大会常务委员会第十次会议通过,2022年9月28日河北省第十三届人民代表大会常务委员会第三十三次会议批准	2022-9-29	2022-10-19	2022-11-1	制定
石家庄市供热用热条例	2022年8月24日石家庄市第十五届人民代表大会常务委员会第九次会议修改,2022年9月28日河北省第十三届人民代表大会常务委员会第三十三次会议批准修改	2022-10-2	2022-10-19	2022-10-10	修改
石家庄市滹沱河保护条例	2022年6月22日石家庄市第十五届人民代表大会常务委员会第八次会议通过,2022年9月28日河北省第十三届人民代表大会常务委员会第三十三次会议批准	2022-10-4	2022-10-19	2022-11-1	制定
沧州市公共停车场管理规定	2022年8月30日沧州市第十五届人民代表大会常务委员会第十次会议通过,2022年9月28日河北省第十三届人民代表大会常务委员会第三十三次会议批准	2022-10-8	2022-10-19	2022-10-15	制定
保定市接诉即办工作条例	2022年8月24日保定市第十六届人民代表大会常务委员会第十次会议通过,2022年9月28日河北省第十三届人民代表大会常务委员会第三十三次会议批准	2022-10-8	2022-10-19	2022-11-1	制定

续表

法规名称	通过或批准时间	公布时间	报备时间	施行时间	立法形式
河北省实施《中华人民共和国全国人民代表大会和地方各级人民代表大会代表法》办法	2022 年 11 月 29 日河北省第十三届人民代表大会常务委员会第三十四次会议修改	2022-11-29	2022-12-27	2022-11-29	修改
河北省退役军人保障条例	2022 年 11 月 29 日河北省第十三届人民代表大会常务委员会第三十四次会议通过	2022-11-29	2022-12-27	2023-1-1	制定
河北省反家庭暴力条例	2022 年 11 月 29 日河北省第十三届人民代表大会常务委员会第三十四次会议通过	2022-11-29	2022-12-27	2023-1-1	制定
河北省预防和制止家庭暴力条例	在《河北省反家庭暴力条例》中被明文予以废止	2022-11-29	2022-12-27	2023-1-1	文中废止
河北省人民代表大会常务委员会关于京津冀协同推进大运河文化保护传承利用的决定	2022 年 11 月 29 日河北省第十三届人民代表大会常务委员会第三十四次会议通过	2022-11-29	2022-12-27	2023-1-1	制定
唐山市生态环境保护条例	2022 年 10 月 28 日唐山市第十六届人民代表大会常务委员会第十次会议通过,2022 年 11 月 29 日河北省第十三届人民代表大会常务委员会第三十四次会议批准	2022-11-30	2022-12-27	2023-3-1	制定
秦皇岛市物业管理条例	2022 年 10 月 19 日秦皇岛市第十五届人民代表大会常务委员会第十三次会议修改,2022 年 11 月 29 日河北省第十三届人民代表大会常务委员会第三十四次会议批准修改	2022-12-1	2022-12-27	2022-12-1	修改
廊坊市农村公路条例	2022 年 10 月 28 日廊坊市第八届人民代表大会常务委员会第十二次会议通过,2022 年 11 月 29 日河北省第十三届人民代表大会常务委员会第三十四次会议批准	2022-12-1	2022-12-27	2023-3-1	制定
张家口市文明行为促进条例	2022 年 9 月 29 日张家口市第十五届人民代表大会常务委员会第八次会议通过,2022 年 11 月 29 日河北省第十三届人民代表大会常务委员会第三十四次会议批准	2022-12-8	2022-12-27	2022-12-20	制定
沧州市排水与污水处理条例	2022 年 10 月 21 日沧州市第十五届人民代表大会常务委员会第十一次会议通过,2022 年 11 月 29 日河北省第十三届人民代表大会常务委员会第三十四次会议批准	2022-12-8	2022-12-27	2023-1-1	制定
衡水市城市供水用水管理条例	2022 年 8 月 30 日衡水市第七届人民代表大会常务委员会第十次会议通过,2022 年 11 月 29 日河北省第十三届人民代表大会常务委员会第三十四次会议批准	2022-12-12	2022-12-27	2023-1-1	制定
衡水市快递条例	2022 年 8 月 30 日衡水市第七届人民代表大会常务委员会第十次会议通过,2022 年 11 月 29 日河北省第十三届人民代表大会常务委员会第三十四次会议批准	2022-12-12	2022-12-27	2023-1-1	制定

山西省地方性法规目录

（56 件）

法规名称	通过或批准时间	公布时间	报备时间	施行时间	立法形式
太原市农村自建房管理服务条例	2021 年 12 月 6 日太原市第十四届人民代表大会常务委员会第五十次会议通过，2022 年 1 月 15 日山西省第十三届人民代表大会常务委员会第三十三次会议批准	2022-1-17	2022-2-10	2022-5-1	制定
晋城市农村自建房管理条例	2021 年 10 月 28 日晋城市第七届人民代表大会常务委员会第四十八次会议通过，2022 年 1 月 15 日山西省第十三届人民代表大会常务委员会第三十三次会议批准	2022-1-17	2022-2-10	2022-5-1	制定
大同市农村自建房屋质量管理条例	2021 年 12 月 27 日大同市第十五届人民代表大会常务委员会第四十四次会议通过，2022 年 1 月 15 日山西省第十三届人民代表大会常务委员会第三十三次会议批准	2022-1-17	2022-2-10	2022-5-1	制定
大同市泉域水资源保护条例	2021 年 12 月 27 日大同市第十五届人民代表大会常务委员会第四十四次会议通过，2022 年 1 月 15 日山西省第十三届人民代表大会常务委员会第三十三次会议批准	2022-1-17	2022-2-10	2022-5-1	制定
大同市城市绿化条例	2021 年 12 月 27 日大同市第十五届人民代表大会常务委员会第四十四次会议修改，2022 年 1 月 15 日山西省第十三届人民代表大会常务委员会第三十三次会议批准修改	2022-1-17	2022-2-10	2022-5-1	修改
忻州市机动车停车管理条例	2021 年 11 月 3 日忻州市第四届人民代表大会常务委员会第三十九次会议通过，2022 年 1 月 15 日山西省第十三届人民代表大会常务委员会第三十三次会议批准	2022-1-18	2022-2-10	2022-5-1	制定
吕梁市村民自建房用作经营场所质量安全管理条例	2021 年 12 月 29 日吕梁市第三届人民代表大会常务委员会第五十八次会议通过，2022 年 1 月 15 日山西省第十三届人民代表大会常务委员会第三十三次会议批准	2022-1-20	2022-2-10	2022-3-1	制定
吕梁市禁牧休牧条例	2021 年 12 月 29 日吕梁市第三届人民代表大会常务委员会第五十八次会议通过，2022 年 1 月 15 日山西省第十三届人民代表大会常务委员会第三十三次会议批准	2022-1-20	2022-2-10	2022-10-1	制定
晋中市农村自建房屋质量管理条例	2021 年 12 月 23 日晋中市第四届人民代表大会常务委员会第五十一次会议通过，2022 年 1 月 15 日山西省第十三届人民代表大会常务委员会第三十三次会议批准	2022-1-23	2022-2-10	2022-7-1	制定
阳泉市城市绿化条例	2021 年 12 月 23 日阳泉市第十五届人民代表大会常务委员会第四十七次会议修改，2022 年 1 月 15 日山西省第十三届人民代表大会常务委员会第三十三次会议批准修改	2022-1-25	2022-2-10	2022-1-25	修改

续表

法规名称	通过或批准时间	公布时间	报备时间	施行时间	立法形式
阳泉市市容和环境卫生管理条例	2021年12月23日阳泉市第十五届人民代表大会常务委员会第四十七次会议修改，2022年1月15日山西省第十三届人民代表大会常务委员会第三十三次会议批准修改	2022-1-25	2022-2-10	2022-1-25	修改
阳泉市农村自建房屋质量管理办法	2021年12月23日阳泉市第十五届人民代表大会常务委员会第四十七次会议通过，2022年1月15日山西省第十三届人民代表大会常务委员会第三十三次会议批准	2022-1-25	2022-2-10	2022-5-1	制定
朔州市神头泉域水资源保护条例	2021年12月31日朔州市第六届人民代表大会常务委员会第五十七次会议通过，2022年1月15日山西省第十三届人民代表大会常务委员会第三十三次会议批准	2022-2-8	2022-2-10	2022-5-1	制定
朔州市湿地公园保护条例	2021年12月31日朔州市第六届人民代表大会常务委员会第五十七次会议通过，2022年1月15日山西省第十三届人民代表大会常务委员会第三十三次会议批准	2022-2-8	2022-2-10	2022-5-1	制定
朔州市农村自建房管理条例	2021年12月31日朔州市第六届人民代表大会常务委员会第五十七次会议通过，2022年1月15日山西省第十三届人民代表大会常务委员会第三十三次会议批准	2022-2-8	2022-2-10	2022-5-1	制定
山西省汾河保护条例	2022年1月23日山西省第十三届人民代表大会第六次会议通过	2022-1-23	2022-2-10	2022-3-1	制定
山西省汾河流域水污染防治条例	在《山西省汾河保护条例》中被明文予以废止	2022-1-23	2022-2-10	2022-3-1	文中废止
山西省汾河中上游流域水资源管理和水环境保护条例	在《山西省汾河保护条例》中被明文予以废止	2022-1-23	2022-2-10	2022-3-1	文中废止
山西省汾河流域生态修复与保护条例	在《山西省汾河保护条例》中被明文予以废止	2022-1-23	2022-2-10	2022-3-1	文中废止
山西省燃气管理条例	2022年3月30日山西省第十三届人民代表大会常务委员会第三十四次会议修改	2022-3-30	2022-4-22	2022-7-1	修改
忻州市农村自建房屋管理条例	2021年12月24日忻州市第四届人民代表大会常务委员会第四十次会议通过，2022年3月30日山西省第十三届人民代表大会常务委员会第三十四次会议批准	2022-4-6	2022-4-22	2022-7-1	制定
长治市国家湿地公园保护条例	2021年12月28日长治市第十四届人民代表大会常务委员会第五十次会议通过，2022年3月30日山西省第十三届人民代表大会常务委员会第三十四次会议批准	2022-4-11	2022-4-22	2022-7-1	制定
山西省安全技术防范条例	2022年5月27日山西省第十三届人民代表大会常务委员会第三十五次会议修改	2022-5-27	2022-6-23	2022-5-27	修改
山西省女职工劳动保护条例	2022年5月27日山西省第十三届人民代表大会常务委员会第三十五次会议修改	2022-5-27	2022-6-23	2022-5-27	修改
山西省农业机械化条例	2022年5月27日山西省第十三届人民代表大会常务委员会第三十五次会议修改	2022-5-27	2022-6-23	2022-5-27	修改

续表

法规名称	通过或批准时间	公布时间	报备时间	施行时间	立法形式
山西省水资源管理条例	2022年5月27日山西省第十三届人民代表大会常务委员会第三十五次会议修改	2022-5-27	2022-6-23	2022-5-27	修改
山西省风景名胜区条例	2022年5月27日山西省第十三届人民代表大会常务委员会第三十五次会议修改	2022-5-27	2022-6-23	2022-5-27	修改
山西省实施《中华人民共和国工会法》办法	2022年5月27日山西省第十三届人民代表大会常务委员会第三十五次会议修改	2022-5-27	2022-6-23	2022-7-1	修改
山西省外商投资企业工会条例	在《山西省实施〈中华人民共和国工会法〉办法》中被明文予以废止	2022-5-27	2022-6-23	2022-7-1	文中废止
山西省私营企业工会条例	在《山西省实施〈中华人民共和国工会法〉办法》中被明文予以废止	2022-5-27	2022-6-23	2022-7-1	文中废止
山西省中医药条例	2022年5月27日山西省第十三届人民代表大会常务委员会第三十五次会议通过	2022-5-27	2022-6-23	2022-8-1	制定
山西省发展中医药条例	在《山西省中医药条例》中被明文予以废止	2022-5-27	2022-6-23	2022-8-1	文中废止
山西省社会信用条例	2022年5月27日山西省第十三届人民代表大会常务委员会第三十五次会议通过	2022-5-27	2022-6-23	2022-10-1	制定
山西省信访条例	2022年7月22日山西省第十三届人民代表大会常务委员会第三十六次会议废止	2022-7-22	2022-8-18	2022-7-23	废止
山西省教育督导条例	2022年7月22日山西省第十三届人民代表大会常务委员会第三十六次会议通过	2022-7-22	2022-8-18	2022-10-1	制定
山西省小杂粮保护促进条例	2022年7月22日山西省第十三届人民代表大会常务委员会第三十六次会议通过	2022-7-22	2022-8-18	2022-10-1	制定
晋城市机动车停车条例	2022年6月23日晋城市第八届人民代表大会常务委员会第三次会议通过，2022年7月22日山西省第十三届人民代表大会常务委员会第三十六次会议批准	2022-7-25	2022-8-18	2023-1-1	制定
大同市长城保护条例	2022年6月30日大同市第十六届人民代表大会常务委员会第三次会议通过，2022年7月22日山西省第十三届人民代表大会常务委员会第三十六次会议批准	2022-7-28	2022-8-18	2022-10-1	制定
晋中市漳河流域生态保护与修复条例	2022年6月23日晋中市第五届人民代表大会常务委员会第二次会议通过，2022年7月22日山西省第十三届人民代表大会常务委员会第三十六次会议批准	2022-7-28	2022-8-18	2023-1-1	制定
阳泉市滹沱河生态修复与保护条例	2022年5月31日阳泉市第十六届人民代表大会常务委员会第二次会议通过，2022年7月22日山西省第十三届人民代表大会常务委员会第三十六次会批准	2022-8-2	2022-8-18	2022-9-1	制定
山西省绿色建筑发展条例	2022年9月28日山西省第十三届人民代表大会常务委员会第三十七次会议通过	2022-9-28	2022-10-24	2022-12-1	制定
山西省反不正当竞争条例	2022年9月28日山西省第十三届人民代表大会常务委员会第三十七次会议修改	2022-9-28	2022-10-24	2022-12-1	修改
山西省泉域水资源保护条例	2022年9月28日山西省第十三届人民代表大会常务委员会第三十七次会议修改	2022-9-28	2022-10-24	2022-12-1	修改

续表

法规名称	通过或批准时间	公布时间	报备时间	施行时间	立法形式
山西省社区居家养老服务条例	2022 年 9 月 28 日山西省第十三届人民代表大会常务委员会第三十七次会议通过	2022-9-28	2022-10-24	2023-1-1	制定
忻州市五台山风景名胜区条例	2022 年 6 月 29 日忻州市第五届人民代表大会常务委员会第三次会议修改,2022 年 9 月 28 日山西省第十三届人民代表大会常务委员会第三十七次会议批准修改	2022-10-9	2022-10-24	2022-10-9	修改
晋中市国家湿地公园保护条例	2022 年 8 月 26 日晋中市第五届人民代表大会常务委员会第三次会议通过,2022 年 9 月 28 日山西省第十三届人民代表大会常务委员会第三十七次会议批准	2022-10-9	2022-10-24	2023-1-1	制定
太原市城市绿化条例	2022 年 8 月 19 日太原市第十五届人民代表大会常务委员会第四次会议修改,2022 年 9 月 28 日山西省第十三届人民代表大会常务委员会第三十七次会议批准修改	2022-10-10	2022-10-24	2022-10-10	修改
太原市城市供水管理办法	2022 年 8 月 19 日太原市第十五届人民代表大会常务委员会第四次会议修改,2022 年 9 月 28 日山西省第十三届人民代表大会常务委员会第三十七次会议批准修改	2022-10-10	2022-10-24	2022-10-10	修改
太原市雷电灾害防御条例	2022 年 8 月 19 日太原市第十五届人民代表大会常务委员会第四次会议修改,2022 年 9 月 28 日山西省第十三届人民代表大会常务委员会第三十七次会议批准修改	2022-10-10	2022-10-24	2022-10-10	修改
太原市流动人口服务管理条例	2022 年 8 月 19 日太原市第十五届人民代表大会常务委员会第四次会议修改,2022 年 9 月 28 日山西省第十三届人民代表大会常务委员会第三十七次会议批准修改	2022-10-10	2022-10-24	2022-10-10	修改
山西省整沟治理促进条例	2022 年 12 月 9 日山西省第十三届人民代表大会常务委员会第三十八次会议通过	2022-12-9	2022-12-27	2023-1-1	制定
山西省煤炭清洁高效利用促进条例	2022 年 12 月 9 日山西省第十三届人民代表大会常务委员会第三十八次会议通过	2022-12-9	2022-12-27	2023-1-1	制定
山西省禁牧轮牧休牧条例	2022 年 12 月 9 日山西省第十三届人民代表大会常务委员会第三十八次会议通过	2022-12-9	2022-12-27	2023-1-1	制定
山西省数字经济促进条例	2022 年 12 月 9 日山西省第十三届人民代表大会常务委员会第三十八次会议通过	2022-12-9	2022-12-27	2023-1-1	制定
山西省安全生产条例	2022 年 12 月 9 日山西省第十三届人民代表大会常务委员会第三十八次会议修改	2022-12-9	2022-12-27	2023-3-1	修改
吕梁市停车条例	2022 年 10 月 26 日吕梁市第四届人民代表大会常务委员会第四次会议通过,2022 年 12 月 9 日山西省第十三届人民代表大会常务委员会第三十八次会议批准	2022-12-13	2022-12-27	2023-1-1	制定
吕梁市城市绿化条例	2022 年 10 月 26 日吕梁市第四届人民代表大会常务委员会第四次会议修改,2022 年 12 月 9 日山西省第十三届人民代表大会常务委员会第三十八次会议批准修改	2022-12-13	2022-12-27	2023-1-1	修改

续表

法规名称	通过或批准时间	公布时间	报备时间	施行时间	立法形式
晋城市物业管理条例	2022年10月26日晋城市第八届人民代表大会常务委员会第七次会议通过,2022年12月9日山西省第十三届人民代表大会常务委员会第三十八次会议批准	2022-12-13	2022-12-27	2023-5-1	制定
晋城市延河泉域和三姑泉域水资源保护条例	2022年10月26日晋城市第八届人民代表大会常务委员会第七次会议通过,2022年12月9日山西省第十三届人民代表大会常务委员会第三十八次会议批准	2022-12-13	2022-12-27	2023-5-1	制定
大同市政务信息公开条例	2022年8月25日大同市第十六届人民代表大会常务委员会第六次会议废止,2022年12月9日山西省第十三届人民代表大会常务委员会第三十八次会议批准废止	2022-12-16	2022-12-27	2022-12-16	废止
晋中市云竹湖保护条例	2022年10月21日晋中市第五届人民代表大会常务委员会第四次会议通过,2022年12月9日山西省第十三届人民代表大会常务委员会第三十八次会议批准	2022-12-16	2022-12-27	2023-1-1	制定
长治市漳河流域生态修复与保护条例	2022年9月1日长治市第十五届人民代表大会常务委员会第三次会议通过,2022年12月9日山西省第十三届人民代表大会常务委员会第三十八次会议批准	2022-12-18	2022-12-27	2023-3-1	制定

内蒙古自治区地方性法规目录

(98件)

法规名称	通过或批准时间	公布时间	报备时间	施行时间	立法形式
内蒙古自治区人口与计划生育条例	2022年1月7日内蒙古自治区第十三届人民代表大会常务委员会第三十三次会议修改	2022-1-7	2022-1-11	2022-1-10	修改
通辽市农用地膜污染防治条例	2021年11月3日通辽市第五届人民代表大会常务委员会第四十次会议通过,2022年1月7日内蒙古自治区第十三届人民代表大会常务委员会第三十三次会议批准	2022-1-11	2022-1-22	2022-3-1	制定
包头市养犬管理条例	2021年11月2日包头市第十五届人民代表大会常务委员会第三十七次会议修改,2022年1月7日内蒙古自治区第十三届人民代表大会常务委员会第三十三次会议批准修改	2022-1-13	2022-1-22	2022-5-1	修改
包头市供热条例	2021年11月2日包头市第十五届人民代表大会常务委员会第三十七次会议修改,2022年1月7日内蒙古自治区第十三届人民代表大会常务委员会第三十三次会议批准修改	2022-1-13	2022-1-22	2022-5-1	修改

续表

法规名称	通过或批准时间	公布时间	报备时间	施行时间	立法形式
巴彦淖尔市阴山岩画保护条例	2021年11月12日巴彦淖尔市第四届人民代表大会常务委员会第二十六次会议通过,2022年1月7日内蒙古自治区第十三届人民代表大会常务委员会第三十三次会议批准	2022-1-17	2022-1-22	2022-3-1	制定
内蒙古自治区人民代表大会议事规则	2022年1月24日内蒙古自治区第十三届人民代表大会第六次会议修改	2022-1-24	2022-1-26	2022-3-1	修改
内蒙古自治区标准化条例	2022年3月29日内蒙古自治区第十三届人民代表大会常务委员会第三十四次会议通过	2022-3-29	2022-4-6	2022-5-1	制定
内蒙古自治区实施《中华人民共和国标准化法》办法	在《内蒙古自治区标准化条例》中被明文予以废止	2022-3-29	2022-4-6	2022-5-1	文中废止
内蒙古自治区燃气管理条例	2022年3月29日内蒙古自治区第十三届人民代表大会常务委员会第三十四次会议修改	2022-3-29	2022-4-6	2022-7-1	修改
鄂温克族自治旗草原管理条例	2022年1月14日鄂温克族自治旗第十四届人民代表大会第一次会议废止,2022年3月29日内蒙古自治区第十三届人民代表大会常务委员会第三十四次会议批准废止	2022-4-6	2022-4-15	2022-4-6	废止
鄂温克族自治旗土地管理条例	2022年1月14日鄂温克族自治旗第十四届人民代表大会第一次会议废止,2022年3月29日内蒙古自治区第十三届人民代表大会常务委员会第三十四次会议批准废止	2022-4-6	2022-4-15	2022-4-6	废止
鄂温克族自治旗动物防疫管理条例	2022年1月14日鄂温克族自治旗第十四届人民代表大会第一次会议废止,2022年3月29日内蒙古自治区第十三届人民代表大会常务委员会第三十四次会议批准废止	2022-4-6	2022-4-15	2022-4-6	废止
鄂温克族自治旗民族教育条例	2022年1月14日鄂温克族自治旗第十四届人民代表大会第一次会议废止,2022年3月29日内蒙古自治区第十三届人民代表大会常务委员会第三十四次会议批准废止	2022-4-6	2022-4-15	2022-4-6	废止
鄂伦春自治旗民族教育条例	2022年1月15日鄂伦春自治旗第十六届人民代表大会第一次会议废止,2022年3月29日内蒙古自治区第十三届人民代表大会常务委员会第三十四次会议批准废止	2022-4-6	2022-4-15	2022-4-6	废止
鄂伦春自治旗城市市容和环境卫生管理条例	2022年1月15日鄂伦春自治旗第十六届人民代表大会第一次会议废止,2022年3月29日内蒙古自治区第十三届人民代表大会常务委员会第三十四次会议批准废止	2022-4-6	2022-4-15	2022-4-6	废止
鄂伦春自治旗农药管理条例	2022年1月15日鄂伦春自治旗第十六届人民代表大会第一次会议废止,2022年3月29日内蒙古自治区第十三届人民代表大会常务委员会第三十四次会议批准废止	2022-4-6	2022-4-15	2022-4-6	废止

续表

法规名称	通过或批准时间	公布时间	报备时间	施行时间	立法形式
莫力达瓦达斡尔族自治旗民族教育条例	2022年1月15日莫力达瓦达斡尔族自治旗第十四届人民代表大会第一次会议废止,2022年3月29日内蒙古自治区第十三届人民代表大会常务委员会第三十四次会议批准废止	2022-4-6	2022-4-15	2022-4-6	废止
鄂尔多斯市电梯安全管理条例	2021年12月28日鄂尔多斯市第四届人民代表大会常务委员会第三十五次会议通过,2022年3月29日内蒙古自治区第十三届人民代表大会常务委员会第三十四次会议批准	2022-4-6	2022-4-15	2022-5-1	制定
赤峰市城镇供热条例	2021年12月30日赤峰市第七届人民代表大会常务委员会第三十次会议通过,2022年3月29日内蒙古自治区第十三届人民代表大会常务委员会第三十四次会议批准	2022-4-6	2022-4-15	2022-7-1	制定
内蒙古自治区人工影响天气管理条例	2022年5月26日内蒙古自治区第十三届人民代表大会常务委员会第三十五次会议通过	2022-5-26	2022-6-7	2022-7-1	制定
内蒙古自治区人民代表大会常务委员会任免工作办法	2022年5月26日内蒙古自治区第十三届人民代表大会常务委员会第三十五次会议修改	2022-5-26	2022-6-8	2022-6-1	修改
内蒙古自治区各级人民代表大会常务委员会信访条例	2022年5月26日内蒙古自治区第十三届人民代表大会常务委员会第三十五次会议废止	2022-5-26	2022-6-8	2022-6-1	废止
内蒙古自治区中医药条例	2022年5月26日内蒙古自治区第十三届人民代表大会常务委员会第三十五次会议通过	2022-5-26	2022-6-8	2022-7-1	制定
内蒙古自治区蒙医药中医药条例	在《内蒙古自治区中医药条例》中被明文予以废止	2022-5-26	2022-6-8	2022-7-1	文中废止
内蒙古自治区公证条例	2022年5月26日内蒙古自治区第十三届人民代表大会常务委员会第三十五次会议修改	2022-5-26	2022-6-8	2022-7-1	修改
内蒙古自治区实施《中华人民共和国母婴保健法》办法	2022年5月26日内蒙古自治区第十三届人民代表大会常务委员会第三十五次会议修改	2022-5-26	2022-6-8	2022-7-1	修改
内蒙古自治区特种设备安全监察条例	2022年5月26日内蒙古自治区第十三届人民代表大会常务委员会第三十五次会议修改	2022-5-26	2022-6-8	2022-7-1	修改
内蒙古自治区查处生产和销售假冒伪劣商品行为的规定	2022年5月26日内蒙古自治区第十三届人民代表大会常务委员会第三十五次会议修改	2022-5-26	2022-6-8	2022-7-1	修改
内蒙古自治区实施《中华人民共和国消费者权益保护法》办法	2022年5月26日内蒙古自治区第十三届人民代表大会常务委员会第三十五次会议修改	2022-5-26	2022-6-8	2022-7-1	修改

续表

法规名称	通过或批准时间	公布时间	报备时间	施行时间	立法形式
莫力达瓦达斡尔族自治旗达斡尔民族民间优秀传统文化保护条例	2022年1月15日莫力达瓦达斡尔族自治旗第十四届人民代表大会第一次会议通过,2022年5月26日内蒙古自治区第十三届人民代表大会常务委员会第三十五次会议批准	2022-6-1	2022-6-8	2022-6-1	制定
莫力达瓦达斡尔族自治旗达斡尔民族民间传统文化保护条例	在《莫力达瓦达斡尔族自治旗达斡尔民族民间优秀传统文化保护条例》中被明文予以废止	2022-6-1	2022-6-8	2022-6-1	文中废止
莫力达瓦达斡尔族自治旗气象灾害防御条例	2022年1月15日莫力达瓦达斡尔族自治旗第十四届人民代表大会第一次会议修改,2022年5月26日内蒙古自治区第十三届人民代表大会常务委员会第三十五次会议批准修改	2022-6-1	2022-6-8	2022-6-1	修改
莫力达瓦达斡尔族自治旗旅游条例	2022年1月15日莫力达瓦达斡尔族自治旗第十四届人民代表大会第一次会议修改,2022年5月26日内蒙古自治区第十三届人民代表大会常务委员会第三十五次会议批准修改	2022-6-1	2022-6-8	2022-6-1	修改
莫力达瓦达斡尔族自治旗尼尔基水利枢纽下游内蒙古灌区管理条例	2022年1月15日莫力达瓦达斡尔族自治旗第十四届人民代表大会第一次会议修改,2022年5月26日内蒙古自治区第十三届人民代表大会常务委员会第三十五次会议批准修改	2022-6-1	2022-6-8	2022-6-1	修改
呼和浩特市户外广告管理条例	2022年4月28日呼和浩特市第十六届人民代表大会常务委员会第二次会议废止,2022年5月26日内蒙古自治区第十三届人民代表大会常务委员会第三十五次会议批准废止	2022-6-2	2022-6-8	2022-6-2	废止
呼和浩特市牛的人工授精管理办法	2022年4月28日呼和浩特市第十六届人民代表大会常务委员会第二次会议废止,2022年5月26日内蒙古自治区第十三届人民代表大会常务委员会第三十五次会议批准废止	2022-6-2	2022-6-8	2022-6-2	废止
乌海市住宅物业管理条例	2022年3月9日乌海市第十届人民代表大会常务委员会第一次会议通过,2022年5月26日内蒙古自治区第十三届人民代表大会常务委员会第三十五次会议批准	2022-6-2	2022-6-8	2022-7-1	制定
乌海市矿区环境综合治理条例	2022年4月20日乌海市第十届人民代表大会常务委员会第二次会议通过,2022年5月26日内蒙古自治区第十三届人民代表大会常务委员会第三十五次会议批准	2022-6-2	2022-6-8	2022-7-1	制定
包头市人民代表大会议事规则	2022年2月14日包头市第十六届人民代表大会第一次会议修改,2022年5月26日内蒙古自治区第十三届人民代表大会常务委员会第三十五次会议批准修改	2022-6-2	2022-6-8	2022-7-1	修改

续表

法规名称	通过或批准时间	公布时间	报备时间	施行时间	立法形式
内蒙古自治区法治宣传教育条例	2022年7月28日内蒙古自治区第十三届人民代表大会常务委员会第三十六次会议通过	2022-7-28	2022-8-12	2022-9-1	制定
内蒙古自治区法制宣传教育条例	在《内蒙古自治区法治宣传教育条例》中被明文予以废止	2022-7-28	2022-8-12	2022-9-1	文中废止
内蒙古自治区公共图书馆条例	2022年7月28日内蒙古自治区第十三届人民代表大会常务委员会第三十六次会议通过	2022-7-28	2022-8-12	2022-9-1	制定
内蒙古自治区公共图书馆管理条例	在《内蒙古自治区公共图书馆条例》中被明文予以废止	2022-7-28	2022-8-12	2022-9-1	文中废止
内蒙古自治区无线电管理条例	2022年7月28日内蒙古自治区第十三届人民代表大会常务委员会第三十六次会议修改	2022-7-28	2022-8-12	2022-9-1	修改
内蒙古自治区公路条例	2022年7月28日内蒙古自治区第十三届人民代表大会常务委员会第三十六次会议修改	2022-7-28	2022-8-12	2022-9-1	修改
内蒙古自治区高速公路条例	2022年7月28日内蒙古自治区第十三届人民代表大会常务委员会第三十六次会议修改	2022-7-28	2022-8-12	2022-9-1	修改
内蒙古自治区道路运输条例	2022年7月28日内蒙古自治区第十三届人民代表大会常务委员会第三十六次会议修改	2022-7-28	2022-8-12	2022-9-1	修改
内蒙古自治区重要经济目标防护管理条例	2022年7月28日内蒙古自治区第十三届人民代表大会常务委员会第三十六次会议通过	2022-7-28	2022-8-12	2022-10-1	制定
内蒙古自治区禁毒条例	2022年7月28日内蒙古自治区第十三届人民代表大会常务委员会第三十六次会议通过	2022-7-28	2022-8-12	2022-10-1	制定
包头市义务教育条例	2022年5月11日包头市第十六届人民代表大会常务委员会第三次会议废止,2022年7月28日内蒙古自治区第十三届人民代表大会常务委员会第三十六次会议批准废止	2022-8-1	2022-8-12	2022-8-1	废止
包头市建筑工程和内部装修工程防火条例	2022年5月11日包头市第十六届人民代表大会常务委员会第三次会议废止,2022年7月28日内蒙古自治区第十三届人民代表大会常务委员会第三十六次会议批准废止	2022-8-1	2022-8-12	2022-8-1	废止
包头市土地储备条例	2022年5月11日包头市第十六届人民代表大会常务委员会第三次会议废止,2022年7月28日内蒙古自治区第十三届人民代表大会常务委员会第三十六次会议批准废止	2022-8-1	2022-8-12	2022-8-1	废止

续表

法规名称	通过或批准时间	公布时间	报备时间	施行时间	立法形式
包头市实施《中华人民共和国集会游行示威法》规定	2022 年 5 月 11 日包头市第十六届人民代表大会常务委员会第三次会议废止,2022 年 7 月 28 日内蒙古自治区第十三届人民代表大会常务委员会第三十六次会议批准废止	2022-8-1	2022-8-12	2022-8-1	废止
包头市清真食品管理条例	2022 年 5 月 11 日包头市第十六届人民代表大会常务委员会第三次会议废止,2022 年 7 月 28 日内蒙古自治区第十三届人民代表大会常务委员会第三十六次会议批准废止	2022-8-1	2022-8-12	2022-8-1	废止
包头市奶牛良种繁育管理条例	2022 年 5 月 11 日包头市第十六届人民代表大会常务委员会第三次会议废止,2022 年 7 月 28 日内蒙古自治区第十三届人民代表大会常务委员会第三十六次会议批准废止	2022-8-1	2022-8-12	2022-8-1	废止
包头市基本菜田保护建设管理条例	2022 年 5 月 11 日包头市第十六届人民代表大会常务委员会第三次会议废止,2022 年 7 月 28 日内蒙古自治区第十三届人民代表大会常务委员会第三十六次会议批准废止	2022-8-1	2022-8-12	2022-8-1	废止
呼和浩特市禁牧休牧条例	2022 年 6 月 29 日呼和浩特市第十六届人民代表大会常务委员会第三次会议通过,2022 年 7 月 28 日内蒙古自治区第十三届人民代表大会常务委员会第三十六次会议批准	2022-8-2	2022-8-12	2022-10-1	制定
呼伦贝尔市城市市容和环境卫生管理条例	2022 年 6 月 28 日呼伦贝尔市第五届人民代表大会常务委员会第四次会议修改,2022 年 7 月 28 日内蒙古自治区第十三届人民代表大会常务委员会第三十六次会议批准修改	2022-8-3	2022-8-11	2022-8-3	修改
呼和浩特市节约用水管理条例	2022 年 6 月 29 日呼和浩特市第十六届人民代表大会常务委员会第三次会议修改,2022 年 7 月 28 日内蒙古自治区第十三届人民代表大会常务委员会第三十六次会议批准修改	2022-8-3	2022-8-12	2022-8-3	修改
呼和浩特市城市绿化条例	2022 年 6 月 29 日呼和浩特市第十六届人民代表大会常务委员会第三次会议修改,2022 年 7 月 28 日内蒙古自治区第十三届人民代表大会常务委员会第三十六次会议批准修改	2022-8-3	2022-8-12	2022-8-3	修改
内蒙古自治区人民代表大会常务委员会经济工作监督办法	2022 年 9 月 28 日内蒙古自治区第十三届人民代表大会常务委员会第三十七次会议废止	2022-9-28	2022-12-8	2022-9-28	废止
内蒙古自治区城镇供热条例	2022 年 9 月 28 日内蒙古自治区第十三届人民代表大会常务委员会第三十七次会议修改	2022-9-28	2022-12-8	2022-10-15	修改

续表

法规名称	通过或批准时间	公布时间	报备时间	施行时间	立法形式
内蒙古自治区志愿服务条例	2022年9月28日内蒙古自治区第十三届人民代表大会常务委员会第三十七次会议通过	2022-9-28	2022-12-8	2022-11-1	制定
内蒙古自治区消防条例	2022年9月28日内蒙古自治区第十三届人民代表大会常务委员会第三十七次会议修改	2022-9-28	2022-12-8	2022-12-1	修改
内蒙古自治区动物防疫条例	2022年9月28日内蒙古自治区第十三届人民代表大会常务委员会第三十七次会议修改	2022-9-28	2022-12-8	2022-12-1	修改
内蒙古自治区实施《中华人民共和国农村土地承包法》办法	2022年9月28日内蒙古自治区第十三届人民代表大会常务委员会第三十七次会议修改	2022-9-28	2022-12-8	2022-12-1	修改
内蒙古自治区实施《中华人民共和国水法》办法	2022年9月28日内蒙古自治区第十三届人民代表大会常务委员会第三十七次会议修改	2022-9-28	2022-12-8	2022-12-1	修改
内蒙古自治区规章设定罚款限额规定	2022年9月28日内蒙古自治区第十三届人民代表大会常务委员会第三十七次会议修改	2022-9-28	2022-12-8	2022-12-1	修改
内蒙古自治区固体废物污染环境防治条例	2022年9月28日内蒙古自治区第十三届人民代表大会常务委员会第三十七次会议通过	2022-9-28	2022-12-8	2023-1-1	制定
通辽市极端天气应对条例	2022年8月30日通辽市第六届人民代表大会常务委员会第五次会议通过，2022年9月28日内蒙古自治区第十三届人民代表大会常务委员会第三十七次会议批准	2022-9-30	2022-12-8	2022-11-1	制定
呼和浩特市人民代表大会常务委员会工作条例	2022年8月31日呼和浩特市第十六届人民代表大会常务委员会第四次会议修改，2022年9月28日内蒙古自治区第十三届人民代表大会常务委员会第三十七次会议批准修改	2022-10-9	2022-12-8	2022-10-9	修改
呼和浩特市社会治理促进条例	2022年8月31日呼和浩特市第十六届人民代表大会常务委员会第四次会议通过，2022年9月28日内蒙古自治区第十三届人民代表大会常务委员会第三十七次会议批准	2022-10-9	2022-12-8	2022-11-1	制定
赤峰市禁牧休牧和草畜平衡条例	2022年9月2日赤峰市第八届人民代表大会常务委员会第三次会议修改，2022年9月28日内蒙古自治区第十三届人民代表大会常务委员会第三十七次会议批准修改	2022-10-26	2022-12-8	2022-10-26	修改
赤峰市地下水保护条例	2022年9月2日赤峰市第八届人民代表大会常务委员会第三次会议修改，2022年9月28日内蒙古自治区第十三届人民代表大会常务委员会第三十七次会议批准修改	2022-10-26	2022-12-8	2022-10-26	修改

续表

法规名称	通过或批准时间	公布时间	报备时间	施行时间	立法形式
赤峰市红山文化遗址群保护条例	2022 年 9 月 2 日赤峰市第八届人民代表大会常务委员会第三次会议修改,2022 年 9 月 28 日内蒙古自治区第十三届人民代表大会常务委员会第三十七次会议批准修改	2022-10-26	2022-12-8	2022-10-26	修改
赤峰市农村牧区人居环境治理条例	2022 年 9 月 2 日赤峰市第八届人民代表大会常务委员会第三次会议修改,2022 年 9 月 28 日内蒙古自治区第十三届人民代表大会常务委员会第三十七次会议批准修改	2022-10-26	2022-12-8	2022-10-26	修改
赤峰市文明行为促进条例	2022 年 9 月 2 日赤峰市第八届人民代表大会常务委员会第三次会议通过,2022 年 9 月 28 日内蒙古自治区第十三届人民代表大会常务委员会第三十七次会议批准	2022-10-26	2022-12-8	2022-11-1	制定
乌兰察布市岱海黄旗海保护条例	2022 年 8 月 25 日乌兰察布市第五届人民代表大会常务委员会第三次会议修改,2022 年 9 月 28 日内蒙古自治区第十三届人民代表大会常务委员会第三十七次会议批准修改	2022-11-14	2022-12-8	2022-11-14	修改
乌兰察布市物业管理条例	2022 年 8 月 25 日乌兰察布市第五届人民代表大会常务委员会第三次会议修改,2022 年 9 月 28 日内蒙古自治区第十三届人民代表大会常务委员会第三十七次会议批准修改	2022-11-14	2022-12-8	2022-11-14	修改
内蒙古自治区革命文物保护利用条例	2022 年 11 月 23 日内蒙古自治区第十三届人民代表大会常务委员会第三十八次会议通过	2022-11-23	2022-12-8	2023-1-1	制定
内蒙古自治区煤炭管理条例	2022 年 11 月 23 日内蒙古自治区第十三届人民代表大会常务委员会第三十八次会议通过	2022-11-23	2022-12-8	2023-1-1	制定
内蒙古自治区河湖保护和管理条例	2022 年 11 月 23 日内蒙古自治区第十三届人民代表大会常务委员会第三十八次会议通过	2022-11-23	2022-12-8	2023-1-1	制定
内蒙古自治区档案条例	2022 年 11 月 23 日内蒙古自治区第十三届人民代表大会常务委员会第三十八次会议修改	2022-11-23	2022-12-8	2023-1-1	修改
内蒙古自治区安全生产条例	2022 年 11 月 23 日内蒙古自治区第十三届人民代表大会常务委员会第三十八次会议修改	2022-11-23	2022-12-8	2023-1-1	修改
内蒙古自治区科学技术协会条例	2022 年 11 月 23 日内蒙古自治区第十三届人民代表大会常务委员会第三十八次会议修改	2022-11-23	2022-12-8	2023-1-1	修改
内蒙古自治区电力设施保护条例	2022 年 11 月 23 日内蒙古自治区第十三届人民代表大会常务委员会第三十八次会议修改	2022-11-23	2022-12-8	2023-1-1	修改

续表

法规名称	通过或批准时间	公布时间	报备时间	施行时间	立法形式
内蒙古自治区城市房地产开发经营管理条例	2022年11月23日内蒙古自治区第十三届人民代表大会常务委员会第三十八次会议修改	2022-11-23	2022-12-8	2023-1-1	修改
内蒙古自治区邮政条例	2022年11月23日内蒙古自治区第十三届人民代表大会常务委员会第三十八次会议修改	2022-11-23	2022-12-8	2023-1-1	修改
呼和浩特市长城保护条例	2022年8月31日呼和浩特市第十六届人民代表大会常务委员会第四次会议通过，2022年11月23日内蒙古自治区第十三届人民代表大会常务委员会第三十八次会议批准	2022-11-25	2022-12-15	2023-1-1	制定
巴彦淖尔市城市养犬管理条例	2022年8月31日巴彦淖尔市第五届人民代表大会常务委员会第三次会议通过，2022年11月23日内蒙古自治区第十三届人民代表大会常务委员会第三十八次会议批准	2022-12-8	2022-12-15	2023-1-1	制定
包头市五当召保护管理条例	2022年8月31日包头市第十六届人民代表大会常务委员会第五次会议修改，2022年11月23日内蒙古自治区第十三届人民代表大会常务委员会第三十八次会议批准修改	2022-12-12	2022-12-15	2022-12-12	修改
包头市社会治安综合治理条例	2022年8月31日包头市第十六届人民代表大会常务委员会第五次会议废止，2022年11月23日内蒙古自治区第十三届人民代表大会常务委员会第三十八次会议批准废止	2022-12-12	2022-12-15	2022-12-12	废止
包头市预算审查监督条例	2022年8月31日包头市第十六届人民代表大会常务委员会第五次会议废止，2022年11月23日内蒙古自治区第十三届人民代表大会常务委员会第三十八次会议批准废止	2022-12-12	2022-12-15	2022-12-12	废止
包头市物业管理条例	2022年8月31日包头市第十六届人民代表大会常务委员会第五次会议修改，2022年11月23日内蒙古自治区第十三届人民代表大会常务委员会第三十八次会议批准修改	2022-12-12	2022-12-15	2023-1-1	修改
鄂尔多斯市黄河河道管理条例	2022年6月30日鄂尔多斯市第五届人民代表大会常务委员会第三次会议通过，2022年11月23日内蒙古自治区第十三届人民代表大会常务委员会第三十八次会议批准	2022-12-13	2022-12-15	2023-3-1	制定
鄂尔多斯市不可移动文物保护条例	2022年8月26日鄂尔多斯市第五届人民代表大会常务委员会第五次会议通过，2022年11月23日内蒙古自治区第十三届人民代表大会常务委员会第三十八次会议批准	2022-12-13	2022-12-15	2023-3-1	制定

续表

法规名称	通过或批准时间	公布时间	报备时间	施行时间	立法形式
内蒙古自治区商品交易市场管理条例	2022年12月27日内蒙古自治区第十三届人民代表大会常务委员会第三十九次会议废止	2022-12-27	2023-1-6	2022-12-27	废止
内蒙古自治区实施《中华人民共和国农业技术推广法》办法	2022年12月27日内蒙古自治区第十三届人民代表大会常务委员会第三十九次会议废止	2022-12-27	2023-1-6	2022-12-27	废止
内蒙古自治区家庭教育促进条例	2022年12月27日内蒙古自治区第十三届人民代表大会常务委员会第三十九次会议通过	2022-12-27	2023-1-6	2023-3-1	制定
内蒙古自治区实施《中华人民共和国土地管理法》办法	2022年12月27日内蒙古自治区第十三届人民代表大会常务委员会第三十九次会议修改	2022-12-27	2023-1-6	2023-3-1	修改
呼和浩特市接诉即办工作条例	2022年11月22日呼和浩特市第十六届人民代表大会常务委员会第五次会议通过，2022年12月27日内蒙古自治区第十三届人民代表大会常务委员会第三十九次会议批准	2022-12-28	2023-1-6	2023-1-1	制定
呼和浩特市电动自行车消防安全管理条例	2022年11月22日呼和浩特市第十六届人民代表大会常务委员会第五次会议通过，2022年12月27日内蒙古自治区第十三届人民代表大会常务委员会第三十九次会议批准	2022-12-28	2023-1-6	2023-1-1	制定
通辽市沙化土地治理条例	2022年10月28日通辽市第六届人民代表大会常务委员会第六次会议通过，2022年12月27日内蒙古自治区第十三届人民代表大会常务委员会第三十九次会议批准	2022-12-30	2023-1-6	2023-3-1	制定

辽宁省地方性法规目录

（63 件）

法规名称	通过或批准时间	公布时间	报备时间	施行时间	立法形式
辽宁省人民代表大会常务委员会关于授权省人民政府在冬奥会、冬残奥会赛时管控期规定临时性行政措施的决定	2022年1月11日辽宁省第十三届人民代表大会常务委员会第三十一次会议通过	2022-1-11	2022-1-11	2022-1-30	制定
辽宁省食品安全条例	2022年4月21日辽宁省第十三届人民代表大会常务委员会第三十二次会议修改	2022-4-21	2022-5-5	2022-4-21	修改
辽宁省建设工程质量条例	2022年4月21日辽宁省第十三届人民代表大会常务委员会第三十二次会议修改	2022-4-21	2022-5-5	2022-4-21	修改

续表

法规名称	通过或批准时间	公布时间	报备时间	施行时间	立法形式
辽宁省煤矿安全生产监督管理条例	2022年4月21日辽宁省第十三届人民代表大会常务委员会第三十二次会议修改	2022-4-21	2022-5-5	2022-4-21	修改
辽宁省安全生产条例	2022年4月21日辽宁省第十三届人民代表大会常务委员会第三十二次会议修改	2022-4-21	2022-5-5	2022-4-21	修改
辽宁省城镇燃气管理条例	2022年4月21日辽宁省第十三届人民代表大会常务委员会第三十二次会议修改	2022-4-21	2022-5-5	2022-4-21	修改
辽宁省环境保护条例	2022年4月21日辽宁省第十三届人民代表大会常务委员会第三十二次会议修改	2022-4-21	2022-5-5	2022-4-21	修改
辽宁省大气污染防治条例	2022年4月21日辽宁省第十三届人民代表大会常务委员会第三十二次会议修改	2022-4-21	2022-5-5	2022-4-21	修改
辽宁省水污染防治条例	2022年4月21日辽宁省第十三届人民代表大会常务委员会第三十二次会议修改	2022-4-21	2022-5-5	2022-4-21	修改
辽宁省消费者权益保护条例	2022年4月21日辽宁省第十三届人民代表大会常务委员会第三十二次会议修改	2022-4-21	2022-5-5	2022-4-21	修改
辽宁省专利条例	2022年4月21日辽宁省第十三届人民代表大会常务委员会第三十二次会议修改	2022-4-21	2022-5-5	2022-4-21	修改
辽宁省信访条例	2022年4月21日辽宁省第十三届人民代表大会常务委员会第三十二次会议废止	2022-4-21	2022-5-5	2022-5-1	废止
辽宁省道路运输管理条例	2022年4月21日辽宁省第十三届人民代表大会常务委员会第三十二次会议修改	2022-4-21	2022-5-5	2022-6-1	修改
铁岭市农村生活垃圾分类及资源化利用管理条例	2021年12月3日铁岭市第八届人民代表大会常务委员会第三十二次会议通过，2022年4月21日辽宁省第十三届人民代表大会常务委员会第三十二次会议批准	2022-4-27	2022-5-26	2022-5-1	制定
鞍山市大气污染防治条例	2021年11月29日鞍山市第十六届人民代表大会常务委员会第三十六次会议修改，2022年4月21日辽宁省第十三届人民代表大会常务委员会第三十二次会议批准修改	2022-4-29	2022-5-26	2022-4-29	修改
鞍山市生活垃圾分类管理条例	2021年12月27日鞍山市第十六届人民代表大会常务委员会第三十七次会议修改，2022年4月21日辽宁省第十三届人民代表大会常务委员会第三十二次会议批准修改	2022-4-29	2022-5-26	2022-4-29	修改
葫芦岛市电动自行车管理条例	2021年12月24日葫芦岛市第六届人民代表大会常务委员会第三十次会议通过，2022年4月21日辽宁省第十三届人民代表大会常务委员会第三十二次会议批准	2022-5-10	2022-6-1	2022-9-1	制定
本溪市生活垃圾分类管理条例	2021年11月26日本溪市第十六届人民代表大会常务委员会第三十三次会议通过，2022年4月21日辽宁省第十三届人民代表大会常务委员会第三十二次会议批准	2022-5-13	2022-5-26	2022-12-1	制定

续表

法规名称	通过或批准时间	公布时间	报备时间	施行时间	立法形式
朝阳市城市机动车停车管理条例	2021 年 12 月 7 日朝阳市第十一届人民代表大会常务委员会第二十七次会议通过，2022 年 4 月 21 日辽宁省第十三届人民代表大会常务委员会第三十二次会议批准	2022-5-13	2022-5-30	2022-6-15	制定
锦州市生活垃圾分类管理条例	2021 年 12 月 27 日锦州市第十六届人民代表大会常务委员会第三十四次会议通过，2022 年 4 月 21 日辽宁省第十三届人民代表大会常务委员会第三十二次会议批准	2022-5-24	2022-6-1	2022-8-1	制定
桓仁满族自治县浑江流域野生鱼类保护条例	2021 年 12 月 9 日桓仁满族自治县第八届人民代表大会第一次会议通过，2022 年 4 月 21 日辽宁省第十三届人民代表大会常务委员会第三十二次会议批准	2022-5-25	2022-6-13	2022-5-25	制定
桓仁满族自治县中华蜜蜂品种资源保护条例	2021 年 12 月 9 日桓仁满族自治县第八届人民代表大会第一次会议通过，2022 年 4 月 21 日辽宁省第十三届人民代表大会常务委员会第三十二次会议批准	2022-5-25	2022-6-13	2022-5-25	制定
本溪满族自治县林下中药材产业发展条例	2021 年 12 月 9 日本溪满族自治县第八届人民代表大会第一次会议通过，2022 年 4 月 21 日辽宁省第十三届人民代表大会常务委员会第三十二次会议批准	2022-7-1	2022-7-19	2022-7-1	制定
丹东市城乡规划条例	2021 年 12 月 23 日丹东市第十六届人民代表大会常务委员会第三十八次会议修改，2022 年 4 月 21 日辽宁省第十三届人民代表大会常务委员会第三十二次会议批准修改	2022-7-21	2022-8-3	2022-7-21	修改
辽宁省大数据发展条例	2022 年 5 月 31 日辽宁省第十三届人民代表大会常务委员会第三十四次会议通过	2022-5-31	2022-6-24	2022-8-1	制定
辽宁省精神卫生条例	2022 年 5 月 31 日辽宁省第十三届人民代表大会常务委员会第三十四次会议通过	2022-5-31	2022-6-24	2022-10-1	制定
大连市城市商业网点规划建设管理条例	2022 年 4 月 26 日大连市第十七届人民代表大会常务委员会第三次会议修改，2022 年 5 月 31 日辽宁省第十三届人民代表大会常务委员会第三十四次会议批准修改	2022-6-9	2022-6-29	2022-6-9	修改
大连市城市绿化管理条例	2022 年 4 月 26 日大连市第十七届人民代表大会常务委员会第三次会议修改，2022 年 5 月 31 日辽宁省第十三届人民代表大会常务委员会第三十四次会议批准修改	2022-6-9	2022-6-29	2022-6-9	修改
大连市技术市场条例	2022 年 4 月 26 日大连市第十七届人民代表大会常务委员会第三次会议修改，2022 年 5 月 31 日辽宁省第十三届人民代表大会常务委员会第三十四次会议批准修改	2022-6-9	2022-6-29	2022-6-9	修改
大连市引水供水工程设施保护条例	2022 年 4 月 26 日大连市第十七届人民代表大会常务委员会第三次会议修改，2022 年 5 月 31 日辽宁省第十三届人民代表大会常务委员会第三十四次会议批准修改	2022-6-9	2022-6-29	2022-6-9	修改

续表

法规名称	通过或批准时间	公布时间	报备时间	施行时间	立法形式
大连市旅游条例	2022年4月26日大连市第十七届人民代表大会常务委员会第三次会议修改,2022年5月31日辽宁省第十三届人民代表大会常务委员会第三十四次会议批准修改	2022-6-9	2022-6-29	2022-6-9	修改
大连市船舶修理和地方船舶建造管理条例	2022年4月26日大连市第十七届人民代表大会常务委员会第三次会议废止,2022年5月31日辽宁省第十三届人民代表大会常务委员会第三十四次会议批准废止	2022-6-9	2022-6-29	2022-6-9	废止
沈阳市物业管理条例	2022年4月29日沈阳市第十七届人民代表大会常务委员会第二次会议修改,2022年5月31日辽宁省第十三届人民代表大会常务委员会第三十四次会议批准修改	2022-6-14	2022-6-23	2022-7-1	修改
沈阳市再生资源回收利用管理条例	2022年4月29日沈阳市第十七届人民代表大会常务委员会第二次会议废止,2022年5月31日辽宁省第十三届人民代表大会常务委员会第三十四次会议批准废止	2022-6-14	2022-6-23	2022-7-1	废止
抚顺市动物及动物产品检疫监督条例	2022年4月26日抚顺市第十七届人民代表大会常务委员会第三次会议废止,2022年5月31日辽宁省第十三届人民代表大会常务委员会第三十四次会议批准废止	2022-6-16	2022-7-6	2022-6-16	废止
抚顺市机动车停车条例	2022年4月26日抚顺市第十七届人民代表大会常务委员会第三次会议通过,2022年5月31日辽宁省第十三届人民代表大会常务委员会第三十四次会议批准	2022-6-16	2022-7-6	2022-10-1	制定
新宾满族自治县农村公路管理条例	2021年12月9日新宾满族自治县第十届人民代表大会第一次会议修改,2022年5月31日辽宁省第十三届人民代表大会常务委员会第三十四次会议批准修改	2022-6-20	2022-7-6	2022-6-20	修改
新宾满族自治县农村生活垃圾分类及资源化利用管理条例	2021年12月9日新宾满族自治县第十届人民代表大会第一次会议修改,2022年5月31日辽宁省第十三届人民代表大会常务委员会第三十四次会议批准修改	2022-6-20	2022-7-6	2022-6-20	修改
新宾满族自治县土地管理条例	2021年12月9日新宾满族自治县第十届人民代表大会第一次会议废止,2022年5月31日辽宁省第十三届人民代表大会常务委员会第三十四次会议批准废止	2022-6-20	2022-7-6	2022-6-20	废止
新宾满族自治县林业管理条例	2021年12月9日新宾满族自治县第十届人民代表大会第一次会议废止,2022年5月31日辽宁省第十三届人民代表大会常务委员会第三十四次会议批准废止	2022-6-20	2022-7-6	2022-6-20	废止
锦州市城市管理综合执法条例	2022年4月27日锦州市第十七届人民代表大会常务委员会第三次会议废止,2022年5月31日辽宁省第十三届人民代表大会常务委员会第三十四次会议批准废止	2022-6-29	2022-7-19	2022-6-29	废止
辽宁省林业有害生物防治条例	2022年7月27日辽宁省第十三届人民代表大会常务委员会第三十五次会议通过	2022-7-27	2022-7-29	2022-10-1	制定

续表

法规名称	通过或批准时间	公布时间	报备时间	施行时间	立法形式
辽宁省港口管理规定	2022 年 7 月 27 日辽宁省第十三届人民代表大会常务委员会第三十五次会议修改	2022-7-27	2022-7-29	2022-10-1	修改
辽宁省消防条例	2022 年 7 月 27 日辽宁省第十三届人民代表大会常务委员会第三十五次会议修改	2022-7-27	2022-7-29	2022-11-9	修改
大连市医疗纠纷预防和处理条例	2022 年 6 月 24 日大连市第十七届人民代表大会常务委员会第四次会议通过,2022 年 7 月 27 日辽宁省第十三届人民代表大会常务委员会第三十五次会议批准	2022-8-2	2022-8-17	2022-10-1	制定
鞍山市矿产资源保护条例	2022 年 6 月 24 日鞍山市第十七届人民代表大会常务委员会第三次会议修改,2022 年 7 月 27 日辽宁省第十三届人民代表大会常务委员会第三十五次会议批准修改	2022-8-5	2022-8-22	2022-8-5	修改
鞍山市人民代表大会常务委员会规范性文件备案审查条例	2022 年 6 月 24 日鞍山市第十七届人民代表大会常务委员会第三次会议废止,2022 年 7 月 27 日辽宁省第十三届人民代表大会常务委员会第三十五次会议批准废止	2022-8-5	2022-8-22	2022-8-5	废止
鞍山市客运出租汽车管理条例	2022 年 6 月 24 日鞍山市第十七届人民代表大会常务委员会第三次会议废止,2022 年 7 月 27 日辽宁省第十三届人民代表大会常务委员会第三十五次会议批准废止	2022-8-5	2022-8-22	2022-8-5	废止
沈阳市道路货运市场管理条例	2022 年 6 月 24 日沈阳市第十七届人民代表大会常务委员会第三次会议废止,2022 年 7 月 27 日辽宁省第十三届人民代表大会常务委员会第三十五次会议批准废止	2022-8-8	2022-8-17	2022-9-1	废止
营口市地热水资源管理条例	2022 年 6 月 29 日营口市第十七届人民代表大会常务委员会第三次会议通过,2022 年 7 月 27 日辽宁省第十三届人民代表大会常务委员会第三十五次会议批准	2022-8-8	2022-8-17	2022-10-1	制定
营口市生活垃圾分类管理条例	2022 年 6 月 29 日营口市第十七届人民代表大会常务委员会第三次会议通过,2022 年 7 月 27 日辽宁省第十三届人民代表大会常务委员会第三十五次会议批准	2022-8-9	2022-8-17	2022-9-1	制定
抚顺市节约用水条例	2022 年 6 月 30 日抚顺市第十七届人民代表大会常务委员会第四次会议修改,2022 年 7 月 27 日辽宁省第十三届人民代表大会常务委员会第三十五次会议批准修改	2022-8-11	2022-8-22	2022-8-11	修改
辽宁省基层群众性自治组织工作清单管理规定	2022 年 9 月 21 日辽宁省第十三届人民代表大会常务委员会第三十六次会议通过	2022-9-21	2022-9-26	2022-10-1	制定
辽宁省城市供热条例	2022 年 9 月 21 日辽宁省第十三届人民代表大会常务委员会第三十六次会议修改	2022-9-21	2022-9-26	2022-11-1	修改
朝阳市文明行为促进条例	2022 年 8 月 26 日朝阳市第十二届人民代表大会常务委员会第五次会议通过,2022 年 9 月 21 日辽宁省第十三届人民代表大会常务委员会第三十六次会议批准	2022-9-28	2022-10-26	2022-11-1	制定

续表

法规名称	通过或批准时间	公布时间	报备时间	施行时间	立法形式
沈阳市城市社区建设促进条例	2022年8月23日沈阳市第十七届人民代表大会常务委员会第四次会议通过,2022年9月21日辽宁省第十三届人民代表大会常务委员会第三十六次会议批准	2022-10-12	2022-11-10	2022-11-1	制定
阜新市工业遗产保护条例	2022年8月29日阜新市第十七届人民代表大会常务委员会第五次会议通过,2022年9月21日辽宁省第十三届人民代表大会常务委员会第三十六次会议批准	2022-10-25	2022-11-10	2023-1-1	制定
辽宁省人民代表大会常务委员会关于批准辽宁省契税具体适用税率的调整方案的决议	2022年11月29日辽宁省第十三届人民代表大会常务委员会第三十七次会议通过	2022-11-29	2022-12-1	2023-1-1	制定
沈阳市城市地下空间开发利用管理条例	2022年10月21日沈阳市第十七届人民代表大会常务委员会第五次会议通过,2022年11月29日辽宁省第十三届人民代表大会常务委员会第三十七次会议批准	2022-12-6	2022-12-29	2023-1-1	制定
抚顺市政务数据资源共享开放条例	2022年11月4日抚顺市第十七届人民代表大会常务委员会第六次会议通过,2022年11月29日辽宁省第十三届人民代表大会常务委员会第三十七次会议批准	2022-12-7	2022-12-29	2023-3-1	制定
锦州市城市市容和环境卫生管理条例	2022年9月23日锦州市第十七届人民代表大会常务委员会第八次会议修改,2022年11月29日辽宁省第十三届人民代表大会常务委员会第三十七次会议批准修改	2022-12-13	2022-12-29	2023-1-1	修改
丹东市城市市容和环境卫生管理条例	2022年9月27日丹东市第十七届人民代表大会常务委员会第四次会议通过,2022年11月29日辽宁省第十三届人民代表大会常务委员会第三十七次会议批准	2022-12-19	2023-1-11	2023-3-1	制定
鞍山市物业管理条例	2022年10月28日鞍山市第十七届人民代表大会常务委员会第七次会议通过,2022年11月29日辽宁省第十三届人民代表大会常务委员会第三十七次会议批准	2022-12-29	2023-1-11	2023-6-1	制定

吉林省地方性法规目录

(45件)

法规名称	通过或批准时间	公布时间	报备时间	施行时间	立法形式
长春市科技创新条例	2021年12月27日长春市第十五届人民代表大会常务委员会第四十三次会议通过,2022年1月14日吉林省第十三届人民代表大会常务委员会第三十二次会议批准	2022-1-18	2022-1-29	2022-2-1	制定
长春市科学技术进步条例	在《长春市科技创新条例》中被明文予以废止	2022-1-18	2022-1-29	2022-2-1	文中废止

续表

法规名称	通过或批准时间	公布时间	报备时间	施行时间	立法形式
长春市技术市场管理条例	在《长春市科技创新条例》中被明文予以废止	2022-1-18	2022-1-29	2022-2-1	文中废止
吉林省预防职务犯罪工作条例	2022 年 5 月 7 日吉林省第十三届人民代表大会常务委员会第三十四次会议废止	2022-5-7	2022-5-30	2022-5-7	废止
吉林省药品管理条例	2022 年 5 月 7 日吉林省第十三届人民代表大会常务委员会第三十四次会议通过	2022-5-7	2022-5-30	2022-9-1	制定
吉林省药品监督管理条例	在《吉林省药品管理条例》中被明文予以废止	2022-5-7	2022-5-30	2022-9-1	文中废止
白山市燃放烟花爆竹管理条例	2021 年 12 月 20 日白山市第八届人民代表大会常务委员会第四十三次会议修改，2022 年 5 月 7 日吉林省第十三届人民代表大会常务委员会第三十四次会议批准修改	2022-5-12	2022-5-30	2022-5-12	修改
长春市反餐饮浪费条例	2021 年 12 月 27 日长春市第十五届人民代表大会常务委员会第四十三次会议通过，2022 年 5 月 7 日吉林省第十三届人民代表大会常务委员会第三十四次会议批准	2022-5-12	2022-5-30	2022-6-1	制定
松原市爱国卫生条例	2022 年 3 月 7 日松原市第七届人民代表大会常务委员会第一次会议通过，2022 年 5 月 7 日吉林省第十三届人民代表大会常务委员会第三十四次会议批准	2022-5-12	2022-5-30	2022-6-1	制定
长春市物业管理条例	2021 年 12 月 27 日长春市第十五届人民代表大会常务委员会第四十三次会议修改，2022 年 5 月 7 日吉林省第十三届人民代表大会常务委员会第三十四次会议批准修改	2022-5-13	2022-5-30	2022-7-1	修改
松原市大气污染防治条例	2022 年 3 月 7 日松原市第七届人民代表大会常务委员会第一次会议修改，2022 年 5 月 7 日吉林省第十三届人民代表大会常务委员会第三十四次会议批准修改	2022-6-1	2022-6-2	2022-6-1	修改
吉林省禁毒条例	2022 年 7 月 28 日吉林省第十三届人民代表大会常务委员会第三十五次会议通过	2022-7-28	2022-8-24	2022-9-1	制定
吉林省献血条例	2022 年 7 月 28 日吉林省第十三届人民代表大会常务委员会第三十五次会议修改	2022-7-28	2022-8-24	2022-9-1	修改
吉林省机动车和非道路移动机械排放污染防治条例	2022 年 7 月 28 日吉林省第十三届人民代表大会常务委员会第三十五次会议通过	2022-7-28	2022-8-24	2022-10-1	制定
吉林省城市机动车排气污染防治条例	在《吉林省机动车和非道路移动机械排放污染防治条例》中被明文予以废止	2022-7-28	2022-8-24	2022-10-1	文中废止
吉林省大气污染防治条例	2022 年 7 月 28 日吉林省第十三届人民代表大会常务委员会第三十五次会议修改	2022-7-28	2022-8-24	2022-10-1	修改
伊通满族自治县城区供热管理条例	2021 年 11 月 26 日伊通满族自治县第八届人民代表大会第一次会议通过，2022 年 7 月 28 日吉林省第十三届人民代表大会常务委员会第三十五次会议批准	2022-8-4	2022-9-5	2022-9-1	制定

续表

法规名称	通过或批准时间	公布时间	报备时间	施行时间	立法形式
辽源市城市供热管理条例	2022年5月19日辽源市第九届人民代表大会常务委员会第二次会议修改,2022年7月28日吉林省第十三届人民代表大会常务委员会第三十五次会议批准修改	2022-8-8	2022-8-24	2022-8-8	修改
辽源市柞蚕产业发展条例	2022年2月28日辽源市第九届人民代表大会常务委员会第一次会议通过,2022年7月28日吉林省第十三届人民代表大会常务委员会第三十五次会议批准	2022-8-8	2022-8-24	2022-10-1	制定
长春市人才发展促进条例	2022年6月29日长春市第十六届人民代表大会常务委员会第二次会议通过,2022年7月28日吉林省第十三届人民代表大会常务委员会第三十五次会议批准	2022-8-31	2022-8-24	2022-9-27	制定
延边朝鲜族自治州促进人参产业发展条例	2022年1月14日延边朝鲜族自治州第十六届人民代表大会第一次会议修改,2022年7月28日吉林省第十三届人民代表大会常务委员会第三十五次会议批准修改	2022-9-1	2022-9-5	2022-9-1	修改
延边朝鲜族自治州法律援助条例	2022年1月14日延边朝鲜族自治州第十六届人民代表大会第一次会议废止,2022年7月28日吉林省第十三届人民代表大会常务委员会第三十五次会议批准废止	2022-9-1	2022-9-5	2022-9-1	废止
吉林省人民代表大会常务委员会人事任免工作条例	2022年9月28日吉林省第十三届人民代表大会常务委员会第三十六次会议修改	2022-9-28	2022-10-27	2022-9-28	修改
吉林省各级人民代表大会常务委员会规范性文件备案审查条例	2022年9月28日吉林省第十三届人民代表大会常务委员会第三十六次会议修改	2022-9-28	2022-10-27	2022-9-28	修改
吉林省农民负担管理条例	2022年9月28日吉林省第十三届人民代表大会常务委员会第三十六次会议废止	2022-9-28	2022-10-27	2022-9-28	废止
吉林省农业集体经济组织积累资金管理条例	2022年9月28日吉林省第十三届人民代表大会常务委员会第三十六次会议废止	2022-9-28	2022-10-27	2022-9-28	废止
吉林省农业综合开发条例	2022年9月28日吉林省第十三届人民代表大会常务委员会第三十六次会议废止	2022-9-28	2022-10-27	2022-9-28	废止
吉林省信访条例	2022年9月28日吉林省第十三届人民代表大会常务委员会第三十六次会议废止	2022-9-28	2022-10-27	2022-9-28	废止
四平市城市供热条例	2022年7月29日四平市第九届人民代表大会常务委员会第三次会议通过,2022年9月28日吉林省第十三届人民代表大会常务委员会第三十六次会议批准	2022-9-30	2022-10-27	2022-10-1	制定
四平市海绵城市建设管理条例	2022年7月29日四平市第九届人民代表大会常务委员会第三次会议通过,2022年9月28日吉林省第十三届人民代表大会常务委员会第三十六次会议批准	2022-10-10	2022-11-3	2022-11-1	制定
吉林省人民代表大会常务委员会关于加强经济工作监督的决定	2022年11月30日吉林省第十三届人民代表大会常务委员会第三十七次会议修改	2022-11-30	2022-12-29	2022-11-30	修改

续表

法规名称	通过或批准时间	公布时间	报备时间	施行时间	立法形式
吉林省高速公路路政管理条例	2022年11月30日吉林省第十三届人民代表大会常务委员会第三十七次会议修改	2022-11-30	2022-12-29	2022-11-30	修改
吉林省公路水运工程质量和安全生产条例	2022年11月30日吉林省第十三届人民代表大会常务委员会第三十七次会议修改	2022-11-30	2022-12-29	2022-11-30	修改
吉林省道路运输条例	2022年11月30日吉林省第十三届人民代表大会常务委员会第三十七次会议修改	2022-11-30	2022-12-29	2022-11-30	修改
吉林省城市公共客运管理条例	2022年11月30日吉林省第十三届人民代表大会常务委员会第三十七次会议修改	2022-11-30	2022-12-29	2022-11-30	修改
吉林省公路条例	2022年11月30日吉林省第十三届人民代表大会常务委员会第三十七次会议修改	2022-11-30	2022-12-29	2022-11-30	修改
吉林省农村公路条例	2022年11月30日吉林省第十三届人民代表大会常务委员会第三十七次会议修改	2022-11-30	2022-12-29	2022-11-30	修改
吉林省水路交通条例	2022年11月30日吉林省第十三届人民代表大会常务委员会第三十七次会议修改	2022-11-30	2022-12-29	2022-11-30	修改
吉林省贸易计量监督条例	2022年11月30日吉林省第十三届人民代表大会常务委员会第三十七次会议修改	2022-11-30	2022-12-29	2022-11-30	修改
吉林省产品质量监督条例	2022年11月30日吉林省第十三届人民代表大会常务委员会第三十七次会议修改	2022-11-30	2022-12-29	2022-11-30	修改
吉林省城市房屋拆迁管理条例	2022年11月30日吉林省第十三届人民代表大会常务委员会第三十七次会议废止	2022-11-30	2022-12-29	2022-11-30	废止
吉林省土地管理条例	2022年11月30日吉林省第十三届人民代表大会常务委员会第三十七次会议修改	2022-11-30	2022-12-29	2023-2-1	修改
吉林省黑土地保护条例	2022年11月30日吉林省第十三届人民代表大会常务委员会第三十七次会议修改	2022-11-30	2022-12-29	2023-4-1	修改
四平市农田水网条例	2022年10月21日四平市第九届人民代表大会常务委员会第五次会议通过，2022年11月30日吉林省第十三届人民代表大会常务委员会第三十七次会议批准	2022-12-1	2022-12-29	2022-12-1	制定
长春市农作物秸秆露天禁烧和综合利用管理条例	2022年6月29日长春市第十六届人民代表大会常务委员会第二次会议修改，2022年11月30日吉林省第十三届人民代表大会常务委员会第三十七次会议批准修改	2022-12-4	2022-12-29	2022-12-4	修改
通化市国有土地上房屋征收与补偿条例	2022年6月30日通化市第九届人民代表大会常务委员会第三次会议通过，2022年11月30日吉林省第十三届人民代表大会常务委员会第三十七次会议批准	2022-12-5	2022-12-29	2023-1-1	制定
长春市城乡社区治理促进条例	2022年10月27日长春市第十六届人民代表大会常务委员会第四次会议通过，2022年11月30日吉林省第十三届人民代表大会常务委员会第三十七次会议批准	2022-12-16	2022-12-29	2023-1-1	制定
长春市街道办事处工作条例	2022年10月27日长春市第十六届人民代表大会常务委员会第四次会议通过，2022年11月30日吉林省第十三届人民代表大会常务委员会第三十七次会议批准	2022-12-16	2022-12-29	2023-1-1	制定

续表

法规名称	通过或批准时间	公布时间	报备时间	施行时间	立法形式
吉林市文明祭祀管理条例	2022年9月20日吉林市第十七届人民代表大会常务委员会第五次会议通过,2022年11月30日吉林省第十三届人民代表大会常务委员会第三十七次会议批准	2022-12-19	2022-12-29	2023-1-1	制定

黑龙江省地方性法规目录

（44件）

法规名称	通过或批准时间	公布时间	报备时间	施行时间	立法形式
黑龙江省促进中小企业发展条例	2022年5月13日黑龙江省第十三届人民代表大会常务委员会第三十三次会议修改	2022-5-13	2022-5-20	2022-5-13	修改
黑龙江省公共场所和特种行业治安管理条例	2022年5月13日黑龙江省第十三届人民代表大会常务委员会第三十三次会议修改	2022-5-13	2022-5-20	2022-5-13	修改
黑龙江省促进大数据发展应用条例	2022年5月13日黑龙江省第十三届人民代表大会常务委员会第三十三次会议通过	2022-5-13	2022-5-20	2022-7-1	制定
黑龙江省社会信用条例	2022年5月13日黑龙江省第十三届人民代表大会常务委员会第三十三次会议通过	2022-5-13	2022-5-20	2022-7-1	制定
黑龙江省罚没和扣押财物管理条例	2022年5月13日黑龙江省第十三届人民代表大会常务委员会第三十三次会议修改	2022-5-13	2022-5-20	2022-7-1	修改
牡丹江市住宅物业管理条例	2022年3月17日牡丹江市第十七届人民代表大会常务委员会第一次会议修改,2022年5月13日黑龙江省第十三届人民代表大会常务委员会第三十三次会议批准修改	2022-5-16	2022-5-20	2022-6-1	修改
双鸭山市中心城区停车管理条例	2021年12月17日双鸭山市第十六届人民代表大会常务委员会第三十五次会议通过,2022年5月13日黑龙江省第十三届人民代表大会常务委员会第三十三次会议批准	2022-5-16	2022-5-20	2022-7-1	制定
哈尔滨市校车安全管理条例	2021年12月28日哈尔滨市第十五届人民代表大会常务委员会第四十二次会议通过,2022年5月13日黑龙江省第十三届人民代表大会常务委员会第三十三次会议批准	2022-5-16	2022-5-20	2022-7-1	制定
佳木斯市城市绿化条例	2021年12月30日佳木斯市第十六届人民代表大会常务委员会第三十六次会议通过,2022年5月13日黑龙江省第十三届人民代表大会常务委员会第三十三次会议批准	2022-5-16	2022-5-20	2022-8-1	制定

续表

法规名称	通过或批准时间	公布时间	报备时间	施行时间	立法形式
齐齐哈尔市水资源管理条例	2022年3月15日齐齐哈尔市第十七届人民代表大会常务委员会第一次会议修改，2022年5月13日黑龙江省第十三届人民代表大会常务委员会第三十三次会议批准修改	2022-5-17	2022-5-20	2022-5-17	修改
齐齐哈尔市再生资源回收利用管理条例	2022年3月15日齐齐哈尔市第十七届人民代表大会常务委员会第一次会议修改，2022年5月13日黑龙江省第十三届人民代表大会常务委员会第三十三次会议批准修改	2022-5-17	2022-5-20	2022-5-17	修改
齐齐哈尔市历史街区历史建筑保护条例	2022年3月15日齐齐哈尔市第十七届人民代表大会常务委员会第一次会议修改，2022年5月13日黑龙江省第十三届人民代表大会常务委员会第三十三次会议批准修改	2022-5-17	2022-5-20	2022-5-17	修改
齐齐哈尔市城乡规划条例	2022年3月15日齐齐哈尔市第十七届人民代表大会常务委员会第一次会议修改，2022年5月13日黑龙江省第十三届人民代表大会常务委员会第三十三次会议批准修改	2022-5-17	2022-5-20	2022-5-17	修改
黑龙江省人民代表大会常务委员会人事任免条例	2022年6月24日黑龙江省第十三届人民代表大会常务委员会第三十四次会议修改	2022-6-24	2022-6-30	2022-6-24	修改
黑龙江省人民代表大会常务委员会关于任命黑龙江省监察委员会副主任、决定代理主任的办法的决定	在《黑龙江省人民代表大会常务委员会人事任免条例》中被明文予以废止	2022-6-24	2022-6-30	2022-6-24	文中废止
黑龙江省哲学社会科学普及条例	2022年6月24日黑龙江省第十三届人民代表大会常务委员会第三十四次会议通过	2022-6-24	2022-6-30	2022-10-1	制定
黑龙江省安全生产条例	2022年8月26日黑龙江省第十三届人民代表大会常务委员会第三十五次会议修改	2022-8-26	2022-9-7	2022-11-1	修改
鹤岗市城市公共厕所管理办法	2022年7月22日鹤岗市第十七届人民代表大会常务委员会第三次会议通过，2022年8月26日黑龙江省第十三届人民代表大会常务委员会第三十五次会议批准	2022-8-26	2022-9-7	2022-10-1	制定
齐齐哈尔市市容和环境卫生管理条例	2022年7月21日齐齐哈尔市第十七届人民代表大会常务委员会第三次会议修改，2022年8月26日黑龙江省第十三届人民代表大会常务委员会第三十五次会议批准修改	2022-8-30	2022-9-7	2022-10-1	修改
七台河市机动车停车条例	2022年7月18日七台河市第十二届人民代表大会常务委员会第三次会议通过，2022年8月26日黑龙江省第十三届人民代表大会常务委员会第三十五次会议批准	2022-8-30	2022-9-7	2022-11-1	制定

续表

法规名称	通过或批准时间	公布时间	报备时间	施行时间	立法形式
哈尔滨市生活垃圾分类管理条例	2022 年 6 月 27 日哈尔滨市第十六届人民代表大会常务委员会第二次会议通过，2022 年 8 月 26 日黑龙江省第十三届人民代表大会常务委员会第三十五次会议批准	2022-8-30	2022-9-7	2022-12-15	制定
鸡西市文明祭祀条例	2022 年 7 月 27 日鸡西市第十六届人民代表大会常务委员会第二次会议通过，2022 年 8 月 26 日黑龙江省第十三届人民代表大会常务委员会第三十五次会议批准	2022-8-31	2022-9-7	2023-1-1	制定
黑龙江省人民代表大会常务委员会关于加强环境资源审判工作的决定	2022 年 11 月 3 日黑龙江省第十三届人民代表大会常务委员会第三十六次会议通过	2022-11-3	2022-11-13	2022-12-1	制定
黑龙江省建筑市场管理条例	2022 年 11 月 3 日黑龙江省第十三届人民代表大会常务委员会第三十六次会议修改	2022-11-3	2022-11-13	2023-1-1	修改
七台河市文明祭祀条例	2022 年 9 月 15 日七台河市第十二届人民代表大会常务委员会第四次会议通过，2022 年 11 月 3 日黑龙江省第十三届人民代表大会常务委员会第三十六次会议批准	2022-11-3	2022-11-13	2022-12-1	制定
哈尔滨市农业机械化促进条例	2022 年 8 月 24 日哈尔滨市第十六届人民代表大会常务委员会第三次会议废止，2022 年 11 月 3 日黑龙江省第十三届人民代表大会常务委员会第三十六次会议批准废止	2022-11-4	2022-11-13	2022-11-4	废止
哈尔滨市再生资源回收利用管理条例	2022 年 8 月 24 日哈尔滨市第十六届人民代表大会常务委员会第三次会议废止，2022 年 11 月 3 日黑龙江省第十三届人民代表大会常务委员会第三十六次会议批准废止	2022-11-4	2022-11-13	2022-11-4	废止
哈尔滨市太阳岛风景名胜区管理条例	2022 年 8 月 24 日哈尔滨市第十六届人民代表大会常务委员会第三次会议废止，2022 年 11 月 3 日黑龙江省第十三届人民代表大会常务委员会第三十六次会议批准废止	2022-11-4	2022-11-13	2022-11-4	废止
哈尔滨市新型墙体材料发展应用和建筑节能管理条例	2022 年 8 月 24 日哈尔滨市第十六届人民代表大会常务委员会第三次会议废止，2022 年 11 月 3 日黑龙江省第十三届人民代表大会常务委员会第三十六次会议批准废止	2022-11-4	2022-11-13	2022-11-4	废止
哈尔滨市重点污染物排放总量控制条例	2022 年 8 月 24 日哈尔滨市第十六届人民代表大会常务委员会第三次会议废止，2022 年 11 月 3 日黑龙江省第十三届人民代表大会常务委员会第三十六次会议批准废止	2022-11-4	2022-11-13	2022-11-4	废止

续表

法规名称	通过或批准时间	公布时间	报备时间	施行时间	立法形式
牡丹江市餐厨废弃物管理条例	2022 年 9 月 15 日牡丹江市第十七届人民代表大会常务委员会第五次会议修改，2022 年 11 月 3 日黑龙江省第十三届人民代表大会常务委员会第三十六次会议批准修改	2022-11-7	2022-11-13	2022-11-7	修改
伊春市红松保护条例	2022 年 8 月 29 日伊春市第十五届人民代表大会常务委员会第五次会议通过，2022 年 11 月 3 日黑龙江省第十三届人民代表大会常务委员会第三十六次会议批准	2022-11-7	2022-11-13	2023-1-1	制定
黑河市反餐饮浪费条例	2022 年 8 月 31 日黑河市第七届人民代表大会常务委员会第四次会议通过，2022 年 11 月 3 日黑龙江省第十三届人民代表大会常务委员会第三十六次会议批准	2022-11-11	2022-11-13	2022-11-11	制定
大庆市物业管理条例	2022 年 10 月 14 日大庆市第十一届人民代表大会常务委员会第五次会议修改，2022 年 11 月 3 日黑龙江省第十三届人民代表大会常务委员会第三十六次会议批准修改	2022-11-24	2022-11-25	2023-1-1	修改
黑龙江省人民代表大会常务委员会关于助力加快建设"六个龙江"奋力谱写全面建设社会主义现代化国家龙江新篇章的决定	2022 年 12 月 22 日黑龙江省第十三届人民代表大会常务委员会第三十九次会议通过	2022-12-26	2023-1-5	2022-12-26	制定
黑龙江省人民代表大会常务委员会关于推进落实少捕慎诉慎押刑事司法政策的决定	2022 年 12 月 22 日黑龙江省第十三届人民代表大会常务委员会第三十九次会议通过	2022-12-26	2023-1-5	2022-12-26	制定
黑龙江省优化营商环境条例	2022 年 12 月 22 日黑龙江省第十三届人民代表大会常务委员会第三十九次会议修改	2022-12-26	2023-1-5	2023-3-1	修改
黑龙江省土地管理条例	2022 年 12 月 22 日黑龙江省第十三届人民代表大会常务委员会第三十九次会议修改	2022-12-26	2023-1-5	2023-3-1	修改
黑龙江省医疗保障基金监督管理条例	2022 年 12 月 22 日黑龙江省第十三届人民代表大会常务委员会第三十九次会议通过	2022-12-26	2023-1-5	2023-4-1	制定
黑龙江省电动车管理条例	2022 年 12 月 22 日黑龙江省第十三届人民代表大会常务委员会第三十九次会议通过	2022-12-26	2023-1-5	2023-5-1	制定
哈尔滨市中央大街步行街区条例	2022 年 10 月 28 日哈尔滨市第十六届人民代表大会常务委员会第四次会议通过，2022 年 12 月 22 日黑龙江省第十三届人民代表大会常务委员会第三十九次会议批准	2022-12-26	2023-1-5	2023-2-1	制定
齐齐哈尔市人民代表大会常务委员会议事规则	2022 年 9 月 21 日齐齐哈尔市第十七届人民代表大会常务委员会第四次会议修改，2022 年 12 月 22 日黑龙江省第十三届人民代表大会常务委员会第三十九次会议批准修改	2022-12-27	2023-1-5	2023-1-1	修改
哈尔滨市城市道路机动车停车泊位管理规定	2022 年 10 月 28 日哈尔滨市第十六届人民代表大会常务委员会第四次会议通过，2022 年 12 月 22 日黑龙江省第十三届人民代表大会常务委员会第三十九次会议批准	2022-12-27	2023-1-5	2023-3-1	制定

续表

法规名称	通过或批准时间	公布时间	报备时间	施行时间	立法形式
双鸭山市餐厨垃圾管理条例	2022年11月29日双鸭山市第十七届人民代表大会常务委员会第五次会议通过，2022年12月22日黑龙江省第十三届人民代表大会常务委员会第三十九次会议批准	2022-12-27	2023-1-5	2023-5-1	制定
佳木斯市城市市容和环境卫生管理条例	2022年10月31日佳木斯市第十七届人民代表大会常务委员会第五次会议通过，2022年12月22日黑龙江省第十三届人民代表大会常务委员会第三十九次会议批准	2022-12-28	2023-1-5	2023-5-1	制定

上海市地方性法规目录

（48件）

法规名称	通过或批准时间	公布时间	报备时间	施行时间	立法形式
上海市人民代表大会议事规则	2022年1月23日上海市第十五届人民代表大会第六次会议修改	2022-1-23	2022-2-7	2022-1-23	修改
中国（上海）自由贸易试验区临港新片区条例	2022年2月18日上海市第十五届人民代表大会常务委员会第三十九次会议通过	2022-2-18	2022-2-25	2022-3-1	制定
上海市科学技术普及条例	2022年2月18日上海市第十五届人民代表大会常务委员会第三十九次会议通过	2022-2-18	2022-2-25	2022-3-1	制定
上海市预防未成年人犯罪条例	2022年2月18日上海市第十五届人民代表大会常务委员会第三十九次会议通过	2022-2-18	2022-2-25	2022-3-1	制定
上海市禁毒条例	2022年2月18日上海市第十五届人民代表大会常务委员会第三十九次会议修改	2022-2-18	2022-2-25	2022-3-1	修改
上海市未成年人保护条例	2022年2月18日上海市第十五届人民代表大会常务委员会第三十九次会议修改	2022-2-18	2022-2-25	2022-3-1	修改
上海市浦东新区市场主体登记确认制若干规定	2022年2月18日上海市第十五届人民代表大会常务委员会第三十九次会议通过	2022-2-18	2022-2-25	2022-3-15	制定
上海市人民代表大会常务委员会关于进一步促进和保障城市运行“一网统管”建设的决定	2022年5月24日上海市第十五届人民代表大会常务委员会第四十次会议通过	2022-5-24	2022-6-1	2022-5-24	制定
上海市人民代表大会常务委员会关于加强新时代检察机关法律监督工作的决定	2022年5月24日上海市第十五届人民代表大会常务委员会第四十次会议通过	2022-5-24	2022-6-1	2022-6-1	制定
上海市人民代表大会常务委员会关于加强检察机关法律监督工作的决议	在《上海市人民代表大会常务委员会关于加强新时代检察机关法律监督工作的决定》中被明文予以废止	2022-5-24	2022-6-1	2022-6-1	文中废止
上海市工会条例	2022年5月24日上海市第十五届人民代表大会常务委员会第四十次会议修改	2022-5-24	2022-6-1	2022-6-1	修改

续表

法规名称	通过或批准时间	公布时间	报备时间	施行时间	立法形式
上海市人民代表大会常务委员会任免国家机关工作人员条例	2022 年 6 月 22 日上海市第十五届人民代表大会常务委员会第四十一次会议修改	2022-6-22	2022-7-4	2022-6-22	修改
上海市浦东新区绿色金融发展若干规定	2022 年 6 月 22 日上海市第十五届人民代表大会常务委员会第四十一次会议通过	2022-6-22	2022-7-4	2022-7-1	制定
上海市红十字会条例	2022 年 6 月 22 日上海市第十五届人民代表大会常务委员会第四十一次会议修改	2022-6-22	2022-7-4	2022-7-1	修改
上海市浦东新区推进市场准营承诺即入制改革若干规定	2022 年 6 月 22 日上海市第十五届人民代表大会常务委员会第四十一次会议通过	2022-6-22	2022-7-4	2022-8-1	制定
上海市公安机关警务辅助人员管理条例	2022 年 6 月 22 日上海市第十五届人民代表大会常务委员会第四十一次会议通过	2022-6-22	2022-7-4	2022-8-1	制定
上海市人民代表大会常务委员会关于进一步做好当前促进就业工作的决定	2022 年 7 月 21 日上海市第十五届人民代表大会常务委员会第四十二次会议通过	2022-7-21	2022-8-16	2022-7-21	制定
上海市浦东新区化妆品产业创新发展若干规定	2022 年 7 月 21 日上海市第十五届人民代表大会常务委员会第四十二次会议通过	2022-7-21	2022-8-16	2022-8-1	制定
上海市人民代表大会常务委员会关于加强经济工作监督的决定	2022 年 7 月 21 日上海市第十五届人民代表大会常务委员会第四十二次会议通过	2022-7-21	2022-8-16	2022-8-1	制定
上海市消费者权益保护条例	2022 年 7 月 21 日上海市第十五届人民代表大会常务委员会第四十二次会议修改	2022-7-21	2022-8-16	2022-8-1	修改
上海市环境保护条例	2022 年 7 月 21 日上海市第十五届人民代表大会常务委员会第四十二次会议修改	2022-7-21	2022-8-16	2022-8-1	修改
上海市乡村振兴促进条例	2022 年 8 月 27 日上海市第十五届人民代表大会常务委员会第四十三次会议通过	2022-8-27	2022-9-5	2022-9-1	制定
上海市浦东新区文物艺术品交易若干规定	2022 年 8 月 27 日上海市第十五届人民代表大会常务委员会第四十三次会议通过	2022-8-27	2022-9-5	2022-10-1	制定
上海市人民代表大会常务委员会议事规则	2022 年 9 月 22 日上海市第十五届人民代表大会常务委员会第四十四次会议修改	2022-9-22	2022-10-8	2022-9-22	修改
上海市促进人工智能产业发展条例	2022 年 9 月 22 日上海市第十五届人民代表大会常务委员会第四十四次会议通过	2022-9-22	2022-10-8	2022-10-1	制定
上海市推进长三角区域社会保障卡居民服务一卡通规定	2022 年 9 月 22 日上海市第十五届人民代表大会常务委员会第四十四次会议通过	2022-9-22	2022-10-8	2022-10-1	制定
上海市服务办好中国国际进口博览会条例	2022 年 9 月 22 日上海市第十五届人民代表大会常务委员会第四十四次会议通过	2022-9-22	2022-10-8	2022-10-1	制定
上海市机关运行保障条例	2022 年 9 月 22 日上海市第十五届人民代表大会常务委员会第四十四次会议通过	2022-9-22	2022-10-8	2022-11-1	制定
上海市浦东新区推进住宅小区治理创新若干规定	2022 年 9 月 22 日上海市第十五届人民代表大会常务委员会第四十四次会议通过	2022-9-22	2022-10-8	2022-11-1	制定
上海市市容环境卫生管理条例	2022 年 9 月 22 日上海市第十五届人民代表大会常务委员会第四十四次会议修改	2022-9-22	2022-10-8	2022-12-1	修改

续表

法规名称	通过或批准时间	公布时间	报备时间	施行时间	立法形式
上海市公共场所控制吸烟条例	2022年10月28日上海市第十五届人民代表大会常务委员会第四十五次会议修改	2022-10-28	2022-11-3	2022-10-28	修改
上海市河道管理条例	2022年10月28日上海市第十五届人民代表大会常务委员会第四十五次会议修改	2022-10-28	2022-11-3	2022-10-28	修改
上海市建筑市场管理条例	2022年10月28日上海市第十五届人民代表大会常务委员会第四十五次会议修改	2022-10-28	2022-11-3	2022-10-28	修改
上海市住宅物业管理规定	2022年10月28日上海市第十五届人民代表大会常务委员会第四十五次会议修改	2022-10-28	2022-11-3	2022-10-28	修改
上海市计量监督管理条例	2022年10月28日上海市第十五届人民代表大会常务委员会第四十五次会议修改	2022-10-28	2022-11-3	2022-10-28	修改
上海市实施《中华人民共和国全国人民代表大会和地方各级人民代表大会代表法》办法	2022年10月28日上海市第十五届人民代表大会常务委员会第四十五次会议修改	2022-10-28	2022-11-3	2022-10-28	修改
上海市人民代表大会关于代表议案的规定	2022年10月28日上海市第十五届人民代表大会常务委员会第四十五次会议修改	2022-10-28	2022-11-3	2022-10-28	修改
上海市人民代表大会关于代表建议、批评和意见的规定	2022年10月28日上海市第十五届人民代表大会常务委员会第四十五次会议修改	2022-10-28	2022-11-3	2022-10-28	修改
上海市企业名称登记管理规定	2022年10月28日上海市第十五届人民代表大会常务委员会第四十五次会议废止	2022-10-28	2022-11-3	2022-10-28	废止
上海市授予荣誉市民称号规定	2022年10月28日上海市第十五届人民代表大会常务委员会第四十五次会议废止	2022-10-28	2022-11-3	2022-10-28	废止
上海市促进虹桥国际中央商务区发展条例	2022年10月28日上海市第十五届人民代表大会常务委员会第四十五次会议通过	2022-10-28	2022-11-3	2022-11-1	制定
上海市浦东新区优化揭榜挂帅机制促进新型研发机构发展若干规定	2022年10月28日上海市第十五届人民代表大会常务委员会第四十五次会议通过	2022-10-28	2022-11-3	2022-12-1	制定
上海市动物防疫条例	2022年10月28日上海市第十五届人民代表大会常务委员会第四十五次会议修改	2022-10-28	2022-11-3	2022-12-1	修改
上海市学前教育与托育服务条例	2022年11月23日上海市第十五届人民代表大会常务委员会第四十六次会议通过	2022-11-23	2022-12-5	2023-1-1	制定
上海市妇女权益保障条例	2022年11月23日上海市第十五届人民代表大会常务委员会第四十六次会议通过	2022-11-23	2022-12-5	2023-1-1	制定
上海市实施《中华人民共和国妇女权益保障法》办法	在《上海市妇女权益保障条例》中被明文予以废止	2022-11-23	2022-12-5	2023-1-1	文中废止
上海市住房租赁条例	2022年11月23日上海市第十五届人民代表大会常务委员会第四十六次会议通过	2022-11-23	2022-12-5	2023-2-1	制定
上海市房屋租赁条例	在《上海市住房租赁条例》中被明文予以废止	2022-11-23	2022-12-5	2023-2-1	文中废止
上海市浦东新区促进无驾驶人智能网联汽车创新应用规定	2022年11月23日上海市第十五届人民代表大会常务委员会第四十六次会议通过	2022-11-23	2022-12-5	2023-2-1	制定

续表

法规名称	通过或批准时间	公布时间	报备时间	施行时间	立法形式
上海市浦东新区固体废物资源化再利用若干规定	2022年12月21日上海市第十五届人民代表大会常务委员会第四十七次会议通过	2022-12-21	2022-12-28	2023-2-1	制定
上海市船舶污染防治条例	2022年12月21日上海市第十五届人民代表大会常务委员会第四十七次会议通过	2022-12-21	2022-12-28	2023-3-1	制定

江苏省地方性法规目录

（107件）

法规名称	通过或批准时间	公布时间	报备时间	施行时间	立法形式
江苏省教育督导条例	2022年1月14日江苏省第十三届人民代表大会常务委员会第二十八次会议通过	2022-1-14	2022-2-8	2022-4-1	制定
江苏省知识产权促进和保护条例	2022年1月14日江苏省第十三届人民代表大会常务委员会第二十八次会议通过	2022-1-14	2022-2-8	2022-4-26	制定
江苏省公共交通治安管理条例	2022年1月14日江苏省第十三届人民代表大会常务委员会第二十八次会议通过	2022-1-14	2022-2-8	2022-5-1	制定
无锡市公共信用信息条例	2021年12月28日无锡市第十六届人民代表大会常务委员会第四十四次会议废止，2022年1月14日江苏省第十三届人民代表大会常务委员会第二十八次会议批准废止	2022-1-18	2022-2-8	2022-1-18	废止
徐州市村集体经济组织财务管理条例	2021年12月31日徐州市第十六届人民代表大会常务委员会第五十次会议修改，2022年1月14日江苏省第十三届人民代表大会常务委员会第二十八次会议批准修改	2022-1-20	2022-2-8	2022-3-1	修改
徐州市堤坝管理条例	2021年12月31日徐州市第十六届人民代表大会常务委员会第五十次会议修改，2022年1月14日江苏省第十三届人民代表大会常务委员会第二十八次会议批准修改	2022-1-20	2022-2-8	2022-3-1	修改
徐州市工会劳动法律监督条例	2021年12月31日徐州市第十六届人民代表大会常务委员会第五十次会议修改，2022年1月14日江苏省第十三届人民代表大会常务委员会第二十八次会议批准修改	2022-1-20	2022-2-8	2022-3-1	修改
徐州市无偿献血条例	2021年12月31日徐州市第十六届人民代表大会常务委员会第五十次会议修改，2022年1月14日江苏省第十三届人民代表大会常务委员会第二十八次会议批准修改	2022-1-20	2022-2-8	2022-3-1	修改

续表

法规名称	通过或批准时间	公布时间	报备时间	施行时间	立法形式
徐州市旅游条例	2021年12月31日徐州市第十六届人民代表大会常务委员会第五十次会议修改，2022年1月14日江苏省第十三届人民代表大会常务委员会第二十八次会议批准修改	2022-1-20	2022-2-8	2022-3-1	修改
徐州市市区农贸市场管理条例	2021年12月31日徐州市第十六届人民代表大会常务委员会第五十次会议修改，2022年1月14日江苏省第十三届人民代表大会常务委员会第二十八次会议批准修改	2022-1-20	2022-2-8	2022-3-1	修改
徐州市城乡网格化服务管理条例	2021年12月31日徐州市第十六届人民代表大会常务委员会第五十次会议通过，2022年1月14日江苏省第十三届人民代表大会常务委员会第二十八次会议批准	2022-1-20	2022-2-8	2022-5-1	制定
苏州市土地登记条例	2021年12月29日苏州市第十六届人民代表大会常务委员会第三十九次会议废止，2022年1月14日江苏省第十三届人民代表大会常务委员会第二十八次会议批准废止	2022-1-24	2022-2-8	2022-1-24	废止
苏州市城市房屋权属登记条例	2021年12月29日苏州市第十六届人民代表大会常务委员会第三十九次会议废止，2022年1月14日江苏省第十三届人民代表大会常务委员会第二十八次会议批准废止	2022-1-24	2022-2-8	2022-1-24	废止
苏州市城市房屋拆迁管理条例	2021年12月29日苏州市第十六届人民代表大会常务委员会第三十九次会议废止，2022年1月14日江苏省第十三届人民代表大会常务委员会第二十八次会议批准废止	2022-1-24	2022-2-8	2022-1-24	废止
南京市雨花台烈士陵园保护条例	2021年12月30日南京市第十六届人民代表大会常务委员会第三十四次会议通过，2022年1月14日江苏省第十三届人民代表大会常务委员会第二十八次会议批准	2022-1-24	2022-2-8	2022-4-5	制定
南京市雨花台风景名胜区管理条例	在《南京市雨花台烈士陵园保护条例》中被明文予以废止	2022-1-24	2022-2-8	2022-4-5	文中废止
苏州市文明行为促进条例	2021年12月29日苏州市第十六届人民代表大会常务委员会第三十九次会议通过，2022年1月14日江苏省第十三届人民代表大会常务委员会第二十八次会议批准	2022-1-24	2022-2-8	2022-5-1	制定
南通市文明行为促进条例	2021年11月18日南通市第十五届人民代表大会常务委员会第四十三次会议通过，2022年1月14日江苏省第十三届人民代表大会常务委员会第二十八次会议批准	2022-1-25	2022-2-8	2022-6-1	制定
江苏省人民代表大会议事规则	2022年1月23日江苏省第十三届人民代表大会第五次会议修改	2022-1-23	2022-2-8	2022-1-23	修改

续表

法规名称	通过或批准时间	公布时间	报备时间	施行时间	立法形式
江苏省就业促进条例	2022年1月23日江苏省第十三届人民代表大会第五次会议通过	2022-1-23	2022-2-8	2022-5-1	制定
江苏省院前医疗急救条例	2022年3月31日江苏省第十三届人民代表大会常务委员会第二十九次会议通过	2022-3-31	2022-4-14	2022-5-1	制定
江苏省洪泽湖保护条例	2022年3月31日江苏省第十三届人民代表大会常务委员会第二十九次会议通过	2022-3-31	2022-4-14	2022-5-1	制定
江苏省土壤污染防治条例	2022年3月31日江苏省第十三届人民代表大会常务委员会第二十九次会议通过	2022-3-31	2022-4-14	2022-9-1	制定
徐州市基础教育促进条例	2022年2月25日徐州市第十六届人民代表大会常务委员会第五十四次会议通过，2022年3月31日江苏省第十三届人民代表大会常务委员会第二十九次会议批准	2022-4-1	2022-4-14	2022-5-1	制定
江苏省实施《中华人民共和国母婴保健法》办法	2022年5月31日江苏省第十三届人民代表大会常务委员会第三十次会议修改	2022-5-31	2022-6-21	2022-5-31	修改
江苏省人民代表大会常务委员会关于禁止非医学需要胎儿性别鉴定和选择性别人工终止妊娠的决定	2022年5月31日江苏省第十三届人民代表大会常务委员会第三十次会议修改	2022-5-31	2022-6-21	2022-5-31	修改
江苏省数字经济促进条例	2022年5月31日江苏省第十三届人民代表大会常务委员会第三十次会议通过	2022-5-31	2022-6-21	2022-8-1	制定
江苏省精神卫生条例	2022年5月31日江苏省第十三届人民代表大会常务委员会第三十次会议通过	2022-5-31	2022-6-21	2022-9-1	制定
淮安市农贸市场管理条例	2022年4月27日淮安市第九届人民代表大会常务委员会第二次会议通过，2022年5月31日江苏省第十三届人民代表大会常务委员会第三十次会议批准	2022-6-7	2022-6-21	2022-9-1	制定
南通市濠河风景名胜区条例	2022年3月17日南通市第十六届人民代表大会常务委员会第一次会议修改，2022年5月31日江苏省第十三届人民代表大会常务委员会第三十次会议批准修改	2022-6-8	2022-6-21	2022-7-1	修改
江苏南通狼山国家森林公园管理条例	2022年3月17日南通市第十六届人民代表大会常务委员会第一次会议修改，2022年5月31日江苏省第十三届人民代表大会常务委员会第三十次会议批准修改	2022-6-8	2022-6-21	2022-7-1	修改
扬州市生活垃圾分类管理条例	2022年4月29日扬州市第九届人民代表大会常务委员会第二次会议通过，2022年5月31日江苏省第十三届人民代表大会常务委员会第三十次会议批准	2022-6-14	2022-6-21	2022-9-1	制定
江苏省人民代表大会常务委员会关于加强经济工作监督的决定	2022年7月29日江苏省第十三届人民代表大会常务委员会第三十一次会议通过	2022-7-29	2022-8-25	2022-7-29	制定
江苏省人民代表大会常务委员会议事规则	2022年7月29日江苏省第十三届人民代表大会常务委员会第三十一次会议修改	2022-7-29	2022-8-25	2022-7-29	修改

续表

法规名称	通过或批准时间	公布时间	报备时间	施行时间	立法形式
江苏省实施宪法宣誓制度办法	2022年7月29日江苏省第十三届人民代表大会常务委员会第三十一次会议修改	2022-7-29	2022-8-25	2022-7-29	修改
江苏省实施《中华人民共和国全国人民代表大会和地方各级人民代表大会代表法》办法	2022年7月29日江苏省第十三届人民代表大会常务委员会第三十一次会议修改	2022-7-29	2022-8-25	2022-7-29	修改
江苏省人民代表大会常务委员会讨论决定重大事项的规定	2022年7月29日江苏省第十三届人民代表大会常务委员会第三十一次会议修改	2022-7-29	2022-8-25	2022-7-29	修改
江苏省人民代表大会代表建议、批评和意见处理办法	2022年7月29日江苏省第十三届人民代表大会常务委员会第三十一次会议修改	2022-7-29	2022-8-25	2022-7-29	修改
江苏省各级人民代表大会常务委员会人事任免工作条例	2022年7月29日江苏省第十三届人民代表大会常务委员会第三十一次会议修改	2022-7-29	2022-8-25	2022-7-29	修改
江苏省乡镇人民代表大会工作条例	2022年7月29日江苏省第十三届人民代表大会常务委员会第三十一次会议修改	2022-7-29	2022-8-25	2022-7-29	修改
江苏省市辖区、不设区的市人民代表大会常务委员会街道工作委员会工作条例	2022年7月29日江苏省第十三届人民代表大会常务委员会第三十一次会议修改	2022-7-29	2022-8-25	2022-7-29	修改
江苏省人民代表大会常务委员会关于加强对法律法规实施情况检查监督的若干规定	2022年7月29日江苏省第十三届人民代表大会常务委员会第三十一次会议废止	2022-7-29	2022-8-25	2022-7-29	废止
江苏省授予荣誉居民称号条例	2022年7月29日江苏省第十三届人民代表大会常务委员会第三十一次会议废止	2022-7-29	2022-8-25	2022-7-29	废止
江苏省哲学社会科学促进条例	2022年7月29日江苏省第十三届人民代表大会常务委员会第三十一次会议通过	2022-7-29	2022-8-25	2022-9-1	制定
江苏省对台经济文化交流合作促进条例	2022年7月29日江苏省第十三届人民代表大会常务委员会第三十一次会议通过	2022-7-29	2022-8-25	2022-9-1	制定
江苏省保护和促进香港澳门投资条例	2022年7月29日江苏省第十三届人民代表大会常务委员会第三十一次会议通过	2022-7-29	2022-8-25	2022-10-1	制定
江苏省保护和促进香港澳门同胞投资条例	在《江苏省保护和促进香港澳门投资条例》中被明文予以废止	2022-7-29	2022-8-25	2022-10-1	文中废止
江苏省行政程序条例	2022年7月29日江苏省第十三届人民代表大会常务委员会第三十一次会议通过	2022-7-29	2022-8-25	2022-11-1	制定
镇江市节约用水条例	2022年6月28日镇江市第九届人民代表大会常务委员会第三次会议通过，2022年7月29日江苏省第十三届人民代表大会常务委员会第三十一次会议批准	2022-8-4	2022-8-25	2022-10-1	制定
连云港市文明行为促进条例	2022年6月29日连云港市第十五届人民代表大会常务委员会第三次会议修改，2022年7月29日江苏省第十三届人民代表大会常务委员会第三十一次会议批准修改	2022-8-5	2022-8-25	2022-8-5	修改

续表

法规名称	通过或批准时间	公布时间	报备时间	施行时间	立法形式
淮安市永久性绿地保护条例	2022 年 6 月 24 日淮安市第九届人民代表大会常务委员会第三次会议修改,2022 年 7 月 29 日江苏省第十三届人民代表大会常务委员会第三十一次会议批准修改	2022-8-5	2022-8-25	2022-8-5	修改
淮安市地下管线管理条例	2022 年 6 月 24 日淮安市第九届人民代表大会常务委员会第三次会议修改,2022 年 7 月 29 日江苏省第十三届人民代表大会常务委员会第三十一次会议批准修改	2022-8-5	2022-8-25	2022-8-5	修改
泰州市住宅物业管理条例	2022 年 6 月 28 日泰州市第六届人民代表大会常务委员会第三次会议修改,2022 年 7 月 29 日江苏省第十三届人民代表大会常务委员会第三十一次会议批准修改	2022-8-5	2022-8-25	2022-8-5	修改
徐州市骆马湖水环境保护条例	2022 年 6 月 29 日徐州市第十七届人民代表大会常务委员会第三次会议通过,2022 年 7 月 29 日江苏省第十三届人民代表大会常务委员会第三十一次会议批准	2022-8-5	2022-8-25	2022-11-1	制定
南京市农田水利条例	2022 年 6 月 29 日南京市第十六届人民代表大会常务委员会第三十九次会议修改,2022 年 7 月 29 日江苏省第十三届人民代表大会常务委员会第三十一次会议批准修改	2022-8-8	2022-8-25	2022-8-8	修改
南京市献血条例	2022 年 6 月 29 日南京市第十六届人民代表大会常务委员会第三十九次会议修改,2022 年 7 月 29 日江苏省第十三届人民代表大会常务委员会第三十一次会议批准修改	2022-8-8	2022-8-25	2022-8-8	修改
南京市院前医疗急救条例	2022 年 6 月 29 日南京市第十六届人民代表大会常务委员会第三十九次会议修改,2022 年 7 月 29 日江苏省第十三届人民代表大会常务委员会第三十一次会议批准修改	2022-8-8	2022-8-25	2022-8-8	修改
南京市蔬菜使用农药管理规定	2022 年 6 月 29 日南京市第十六届人民代表大会常务委员会第三十九次会议修改,2022 年 7 月 29 日江苏省第十三届人民代表大会常务委员会第三十一次会议批准修改	2022-8-8	2022-8-25	2022-8-8	修改
南京市民办中小学条例	2022 年 6 月 29 日南京市第十六届人民代表大会常务委员会第三十九次会议废止,2022 年 7 月 29 日江苏省第十三届人民代表大会常务委员会第三十一次会议批准废止	2022-8-8	2022-8-25	2022-8-8	废止
苏州市河道管理条例	2022 年 6 月 27 日苏州市第十七届人民代表大会常务委员会第二次会议修改,2022 年 7 月 29 日江苏省第十三届人民代表大会常务委员会第三十一次会议批准修改	2022-8-8	2022-8-25	2022-10-1	修改

续表

法规名称	通过或批准时间	公布时间	报备时间	施行时间	立法形式
苏州市道路交通安全条例	2022年6月27日苏州市第十七届人民代表大会常务委员会第二次会议修改,2022年7月29日江苏省第十三届人民代表大会常务委员会第三十一次会议批准修改	2022-8-8	2022-8-25	2022-10-1	修改
苏州市生活垃圾分类管理条例	2022年6月27日苏州市第十七届人民代表大会常务委员会第二次会议修改,2022年7月29日江苏省第十三届人民代表大会常务委员会第三十一次会议批准修改	2022-8-8	2022-8-25	2022-10-1	修改
苏州市养犬管理条例	2022年6月27日苏州市第十七届人民代表大会常务委员会第二次会议修改,2022年7月29日江苏省第十三届人民代表大会常务委员会第三十一次会议批准修改	2022-8-8	2022-8-25	2022-10-1	修改
宿迁市骆马湖水环境保护条例	2022年6月22日宿迁市第六届人民代表大会常务委员会第三次会议通过,2022年7月29日江苏省第十三届人民代表大会常务委员会第三十一次会议批准	2022-8-8	2022-8-25	2022-11-1	制定
江苏省人民代表大会常务委员会关于省人民政府重大决策出台前向省人民代表大会常务委员会报告的决定	2022年9月29日江苏省第十三届人民代表大会常务委员会第三十二次会议通过	2022-9-29	2022-10-25	2022-9-29	制定
江苏省人民代表大会常务委员会关于加强省级预算审查监督的决定	2022年9月29日江苏省第十三届人民代表大会常务委员会第三十二次会议修改	2022-9-29	2022-10-25	2022-9-29	修改
江苏省推进长三角区域社会保障卡居民服务一卡通规定	2022年9月29日江苏省第十三届人民代表大会常务委员会第三十二次会议通过	2022-9-29	2022-10-25	2022-10-1	制定
江苏省公共法律服务条例	2022年9月29日江苏省第十三届人民代表大会常务委员会第三十二次会议通过	2022-9-29	2022-10-25	2022-12-1	制定
江苏省养老服务条例	2022年9月29日江苏省第十三届人民代表大会常务委员会第三十二次会议修改	2022-9-29	2022-10-25	2022-12-1	修改
江苏省交通建设工程质量和安全生产监督管理条例	2022年9月29日江苏省第十三届人民代表大会常务委员会第三十二次会议通过	2022-9-29	2022-10-25	2023-1-1	制定
无锡市城市绿化管理条例	2022年8月30日无锡市第十七届人民代表大会常务委员会第六次会议修改,2022年9月29日江苏省第十三届人民代表大会常务委员会第三十二次会议批准修改	2022-10-10	2022-10-25	2022-10-10	修改
无锡市建设工程安全生产管理条例	2022年8月30日无锡市第十七届人民代表大会常务委员会第六次会议修改,2022年9月29日江苏省第十三届人民代表大会常务委员会第三十二次会议批准修改	2022-10-10	2022-10-25	2022-10-10	修改
镇江市人民代表大会常务委员会关于加强长江江豚保护的决定	2022年8月26日镇江市第九届人民代表大会常务委员会第四次会议通过,2022年9月29日江苏省第十三届人民代表大会常务委员会第三十二次会议批准	2022-10-10	2022-10-25	2022-10-24	制定

续表

法规名称	通过或批准时间	公布时间	报备时间	施行时间	立法形式
扬州市城市书房条例	2022 年 8 月 30 日扬州市第九届人民代表大会常务委员会第四次会议通过,2022 年 9 月 29 日江苏省第十三届人民代表大会常务委员会第三十二次会议批准	2022-10-10	2022-10-25	2022-12-1	制定
淮安市建筑垃圾管理条例	2022 年 8 月 26 日淮安市第九届人民代表大会常务委员会第四次会议通过,2022 年 9 月 29 日江苏省第十三届人民代表大会常务委员会第三十二次会议批准	2022-10-10	2022-10-25	2023-1-1	制定
南通市机动车停车条例	2022 年 7 月 22 日南通市第十六届人民代表大会常务委员会第三次会议通过,2022 年 9 月 29 日江苏省第十三届人民代表大会常务委员会第三十二次会议批准	2022-10-10	2022-10-25	2023-2-1	制定
盐城市养犬管理条例	2022 年 8 月 25 日盐城市第九届人民代表大会常务委员会第五次会议通过,2022 年 9 月 29 日江苏省第十三届人民代表大会常务委员会第三十二次会议批准	2022-10-10	2022-10-25	2023-3-1	制定
南京市人民代表大会常务委员会关于加强长江江豚保护的决定	2022 年 8 月 18 日南京市第十六届人民代表大会常务委员会第四十次会议通过,2022 年 9 月 29 日江苏省第十三届人民代表大会常务委员会第三十二次会议批准	2022-10-11	2022-10-25	2022-10-24	制定
徐州市水路交通运输条例	2022 年 9 月 1 日徐州市第十七届人民代表大会常务委员会第四次会议通过,2022 年 9 月 29 日江苏省第十三届人民代表大会常务委员会第三十二次会议批准	2022-10-11	2022-10-25	2022-12-1	制定
徐州市水上交通安全管理条例	在《徐州市水路交通运输条例》中被明文予以废止	2022-10-11	2022-10-25	2022-12-1	文中废止
徐州市航道管理条例	在《徐州市水路交通运输条例》中被明文予以废止	2022-10-11	2022-10-25	2022-12-1	文中废止
徐州市港口条例	在《徐州市水路交通运输条例》中被明文予以废止	2022-10-11	2022-10-25	2022-12-1	文中废止
南京市长江岸线保护条例	2022 年 8 月 18 日南京市第十六届人民代表大会常务委员会第四十次会议通过,2022 年 9 月 29 日江苏省第十三届人民代表大会常务委员会第三十二次会议批准	2022-10-11	2022-10-25	2023-1-1	制定
常州市租赁住房安全管理条例	2022 年 8 月 31 日常州市第十七届人民代表大会常务委员会第四次会议通过,2022 年 9 月 29 日江苏省第十三届人民代表大会常务委员会第三十二次会议批准	2022-10-11	2022-10-25	2023-7-1	制定
苏州市集贸市场管理条例	2022 年 8 月 25 日苏州市第十七届人民代表大会常务委员会第三次会议废止,2022 年 9 月 29 日江苏省第十三届人民代表大会常务委员会第三十二次会议批准废止	2022-10-12	2022-10-25	2022-10-12	废止
苏州市平安建设条例	2022 年 8 月 25 日苏州市第十七届人民代表大会常务委员会第三次会议通过,2022 年 9 月 29 日江苏省第十三届人民代表大会常务委员会第三十二次会议批准	2022-10-12	2022-10-25	2023-1-1	制定

续表

法规名称	通过或批准时间	公布时间	报备时间	施行时间	立法形式
苏州市古建筑保护条例	2022年8月25日苏州市第十七届人民代表大会常务委员会第三次会议修改,2022年9月29日江苏省第十三届人民代表大会常务委员会第三十二次会议批准修改	2022-10-12	2022-10-25	2023-1-1	修改
苏州市轨道交通条例	2022年8月25日苏州市第十七届人民代表大会常务委员会第三次会议修改,2022年9月29日江苏省第十三届人民代表大会常务委员会第三十二次会议批准修改	2022-10-12	2022-10-25	2023-1-1	修改
苏州市禁止开山采石条例	2022年8月25日苏州市第十七届人民代表大会常务委员会第三次会议修改,2022年9月29日江苏省第十三届人民代表大会常务委员会第三十二次会议批准修改	2022-10-12	2022-10-25	2023-1-1	修改
宿迁市海绵城市条例	2022年8月25日宿迁市第六届人民代表大会常务委员会第四次会议通过,2022年9月29日江苏省第十三届人民代表大会常务委员会第三十二次会议批准	2022-10-13	2022-10-25	2022-10-30	制定
江苏省长江船舶污染防治条例	2022年11月25日江苏省第十三届人民代表大会常务委员会第三十三次会议通过	2022-11-25	2022-12-15	2023-3-1	制定
江苏省乡村振兴促进条例	2022年11月25日江苏省第十三届人民代表大会常务委员会第三十三次会议通过	2022-11-25	2022-12-15	2023-3-1	制定
江苏省机动车和非道路移动机械排气污染防治条例	2022年11月25日江苏省第十三届人民代表大会常务委员会第三十三次会议通过	2022-11-25	2022-12-15	2023-5-1	制定
江苏省机动车排气污染防治条例	在《江苏省机动车和非道路移动机械排气污染防治条例》中被明文予以废止	2022-11-25	2022-12-15	2023-5-1	文中废止
常州市人民代表大会常务委员会关于推行使用公筷公勺的决定	2022年10月28日常州市第十七届人民代表大会常务委员会第五次会议通过,2022年11月25日江苏省第十三届人民代表大会常务委员会第三十三次会议批准	2022-11-29	2022-12-15	2023-1-1	制定
镇江市房屋安全条例	2022年10月31日镇江市第九届人民代表大会常务委员会第五次会议通过,2022年11月25日江苏省第十三届人民代表大会常务委员会第三十三次会议批准	2022-11-30	2022-12-15	2023-3-1	制定
徐州市建筑垃圾管理条例	2022年11月1日徐州市第十七届人民代表大会常务委员会第六次会议通过,2022年11月25日江苏省第十三届人民代表大会常务委员会第三十三次会议批准	2022-11-30	2022-12-15	2023-5-1	制定
南通市住宅物业管理条例	2022年10月27日南通市第十六届人民代表大会常务委员会第五次会议修改,2022年11月25日江苏省第十三届人民代表大会常务委员会第三十三次会议批准修改	2022-12-1	2022-12-15	2022-12-1	修改
无锡市社会治理促进条例	2022年10月27日无锡市第十七届人民代表大会常务委员会第七次会议通过,2022年11月25日江苏省第十三届人民代表大会常务委员会第三十三次会议批准	2022-12-1	2022-12-15	2023-1-1	制定

续表

法规名称	通过或批准时间	公布时间	报备时间	施行时间	立法形式
南通市城市建筑垃圾管理条例	2022年10月27日南通市第十六届人民代表大会常务委员会第五次会议修改,2022年11月25日江苏省第十三届人民代表大会常务委员会第三十三次会议批准修改	2022-12-1	2022-12-15	2023-1-1	修改
连云港石化产业基地高质量发展条例	2022年11月1日连云港市第十五届人民代表大会常务委员会第七次会议通过,2022年11月25日江苏省第十三届人民代表大会常务委员会第三十三次会议批准	2022-12-1	2022-12-15	2023-2-1	制定
盐城市物业管理条例	2022年10月28日盐城市第九届人民代表大会常务委员会第六次会议通过,2022年11月25日江苏省第十三届人民代表大会常务委员会第三十三次会议批准	2022-12-1	2022-12-15	2023-2-1	制定
南通市房屋安全管理条例	2022年10月27日南通市第十六届人民代表大会常务委员会第五次会议通过,2022年11月25日江苏省第十三届人民代表大会常务委员会第三十三次会议批准	2022-12-1	2022-12-15	2023-3-1	制定
南京市国土空间规划条例	2022年10月27日南京市第十六届人民代表大会常务委员会第四十一次会议通过,2022年11月25日江苏省第十三届人民代表大会常务委员会第三十三次会议批准	2022-12-2	2022-12-15	2023-1-1	制定
南京市城乡规划条例	在《南京市国土空间规划条例》中被明文予以废止	2022-12-2	2022-12-15	2023-1-1	文中废止
南京市残疾人保障条例	2022年10月27日南京市第十六届人民代表大会常务委员会第四十一次会议通过,2022年11月25日江苏省第十三届人民代表大会常务委员会第三十三次会议批准	2022-12-2	2022-12-15	2023-1-1	制定
泰州市全民健身条例	2022年10月28日泰州市第六届人民代表大会常务委员会第五次会议通过,2022年11月25日江苏省第十三届人民代表大会常务委员会第三十三次会议批准	2022-12-2	2022-12-15	2023-3-1	制定
宿迁市古黄河马陵河西民便河水环境保护条例	2022年10月27日宿迁市第六届人民代表大会常务委员会第六次会议修改,2022年11月25日江苏省第十三届人民代表大会常务委员会第三十三次会议批准修改	2022-12-5	2022-12-15	2022-12-5	修改
宿迁市农村公路条例	2022年10月27日宿迁市第六届人民代表大会常务委员会第六次会议通过,2022年11月25日江苏省第十三届人民代表大会常务委员会第三十三次会议批准	2022-12-5	2022-12-15	2022-12-31	制定
苏州市数据条例	2022年10月28日苏州市第十七届人民代表大会常务委员会第四次会议通过,2022年11月25日江苏省第十三届人民代表大会常务委员会第三十三次会议批准	2022-12-6	2022-12-15	2023-3-1	制定
苏州市城市绿化条例	2022年10月28日苏州市第十七届人民代表大会常务委员会第四次会议修改,2022年11月25日江苏省第十三届人民代表大会常务委员会第三十三次会议批准修改	2022-12-6	2022-12-15	2023-3-12	修改

续表

法规名称	通过或批准时间	公布时间	报备时间	施行时间	立法形式
扬州市农贸市场管理条例	2022年10月28日扬州市第九届人民代表大会常务委员会第五次会议修改,2022年11月25日江苏省第十三届人民代表大会常务委员会第三十三次会议批准修改	2022-12-8	2022-12-15	2022-12-8	修改
扬州市河道管理条例	2022年10月28日扬州市第九届人民代表大会常务委员会第五次会议修改,2022年11月25日江苏省第十三届人民代表大会常务委员会第三十三次会议批准修改	2022-12-8	2022-12-15	2022-12-8	修改
扬州市扬尘污染防治条例	2022年10月28日扬州市第九届人民代表大会常务委员会第五次会议通过,2022年11月25日江苏省第十三届人民代表大会常务委员会第三十三次会议批准	2022-12-8	2022-12-15	2023-2-1	制定

浙江省地方性法规目录

（52件）

法规名称	通过或批准时间	公布时间	报备时间	施行时间	立法形式
衢州市围棋发展振兴条例	2021年9月28日衢州市第七届人民代表大会常务委员会第三十六次会议通过,2021年11月25日浙江省第十三届人民代表大会常务委员会第三十二次会议批准	2022-3-15	2022-3-23	2022-4-1	制定
浙江省人民代表大会常务委员会关于授权省人民政府在杭州市暂时调整适用《浙江省建设工程质量管理条例》《浙江省计量监督管理条例》有关规定的决定	2022年1月15日浙江省第十三届人民代表大会常务委员会第三十四次会议通过	2022-1-15	2022-1-25	2022-1-15	制定
浙江省公共数据条例	2022年1月21日浙江省第十三届人民代表大会第六次会议通过	2022-1-21	2022-1-25	2022-3-1	制定
浙江省人民代表大会常务委员会关于授权省和设区的市人民政府为保障亚运会、亚残运会筹备和举办工作规定临时性行政措施的决定	2022年3月18日浙江省第十三届人民代表大会常务委员会第三十五次会议通过	2022-3-18	2022-3-23	2022-3-18	制定
中国(浙江)自由贸易试验区条例	2022年3月18日浙江省第十三届人民代表大会常务委员会第三十五次会议修改	2022-3-18	2022-3-23	2022-5-1	修改
浙江省禁毒条例	2022年3月18日浙江省第十三届人民代表大会常务委员会第三十五次会议修改	2022-3-18	2022-3-23	2022-5-1	修改
金华市物业管理条例	2021年12月28日金华市第七届人民代表大会常务委员会第四十一次会议通过,2022年3月18日浙江省第十三届人民代表大会常务委员会第三十五次会议批准	2022-3-29	2022-4-1	2022-6-1	制定

续表

法规名称	通过或批准时间	公布时间	报备时间	施行时间	立法形式
金华双龙风景名胜区条例	2021 年 12 月 28 日金华市第七届人民代表大会常务委员会第四十一次会议通过，2022 年 3 月 18 日浙江省第十三届人民代表大会常务委员会第三十五次会议批准	2022-3-29	2022-4-1	2022-6-1	制定
宁波市再生资源回收利用管理条例	2021 年 12 月 30 日宁波市第十五届人民代表大会常务委员会第四十二次会议修改，2022 年 3 月 18 日浙江省第十三届人民代表大会常务委员会第三十五次会议批准修改	2022-3-29	2022-4-11	2022-7-1	修改
台州市居家养老服务条例	2021 年 12 月 30 日台州市第五届人民代表大会常务委员会第四十三次会议通过，2022 年 3 月 18 日浙江省第十三届人民代表大会常务委员会第三十五次会议批准	2022-3-30	2022-4-2	2022-5-1	制定
宁波市非物质文化遗产保护条例	2021 年 12 月 30 日宁波市第十五届人民代表大会常务委员会第四十二次会议通过，2022 年 3 月 18 日浙江省第十三届人民代表大会常务委员会第三十五次会议批准	2022-3-30	2022-4-11	2022-6-1	制定
宁波市建筑垃圾管理条例	2021 年 12 月 30 日宁波市第十五届人民代表大会常务委员会第四十二次会议通过，2022 年 3 月 18 日浙江省第十三届人民代表大会常务委员会第三十五次会议批准	2022-3-30	2022-4-11	2022-7-1	制定
嘉兴市危险化学品安全管理条例	2021 年 12 月 29 日嘉兴市第八届人民代表大会常务委员会第三十九次会议通过，2022 年 3 月 18 日浙江省第十三届人民代表大会常务委员会第三十五次会议批准	2022-4-2	2022-4-11	2022-5-1	制定
杭州市大型群众性活动安全管理规定	2021 年 12 月 30 日杭州市第十三届人民代表大会常务委员会第四十次会议通过，2022 年 3 月 18 日浙江省第十三届人民代表大会常务委员会第三十五次会议批准	2022-4-6	2022-4-11	2022-6-1	制定
杭州市大型活动安全管理条例	在《杭州市大型群众性活动安全管理规定》中被明文予以废止	2022-4-6	2022-4-11	2022-6-1	文中废止
杭州西溪国家湿地公园保护管理条例	2021 年 12 月 30 日杭州市第十三届人民代表大会常务委员会第四十次会议修改，2022 年 3 月 18 日浙江省第十三届人民代表大会常务委员会第三十五次会议批准修改	2022-4-6	2022-4-11	2022-6-1	修改
浙江省铁路安全管理条例	2022 年 5 月 27 日浙江省第十三届人民代表大会常务委员会第三十六次会议通过	2022-5-27	2022-6-2	2022-7-1	制定
浙江省生态环境保护条例	2022 年 5 月 27 日浙江省第十三届人民代表大会常务委员会第三十六次会议通过	2022-5-27	2022-6-2	2022-8-1	制定
杭州市社会信用条例	2022 年 3 月 7 日杭州市第十三届人民代表大会常务委员会第四十三次会议通过，2022 年 5 月 27 日浙江省第十三届人民代表大会常务委员会第三十六次会议批准	2022-6-6	2022-6-10	2022-7-1	制定

续表

法规名称	通过或批准时间	公布时间	报备时间	施行时间	立法形式
杭州市国有土地上房屋征收与补偿条例	2022年3月7日杭州市第十三届人民代表大会常务委员会第四十三次会议通过，2022年5月27日浙江省第十三届人民代表大会常务委员会第三十六次会议批准	2022-6-6	2022-6-10	2022-8-1	制定
杭州市城市房屋拆迁管理条例	在《杭州市国有土地上房屋征收与补偿条例》中被明文予以废止	2022-6-6	2022-6-10	2022-8-1	文中废止
湖州市太湖溇港世界灌溉工程遗产保护条例	2022年3月9日湖州市第八届人民代表大会常务委员会第四十一次会议通过，2022年5月27日浙江省第十三届人民代表大会常务委员会第三十六次会议批准	2022-6-6	2022-6-30	2022-6-20	制定
温州市居家养老服务促进条例	2021年12月23日温州市第十三届人民代表大会常务委员会第四十四次会议通过，2022年5月27日浙江省第十三届人民代表大会常务委员会第三十六次会议批准	2022-6-8	2022-6-14	2022-7-1	制定
舟山市国家级海洋特别保护区管理条例	2022年2月28日舟山市第七届人民代表大会常务委员会第四十七次会议修改，2022年5月27日浙江省第十三届人民代表大会常务委员会第三十六次会议批准修改	2022-6-24	2022-6-30	2022-7-1	修改
浙江省失业保险条例	2022年7月29日浙江省第十三届人民代表大会常务委员会第三十七次会议修改	2022-7-29	2022-8-3	2022-8-1	修改
浙江省海塘建设管理条例	2022年7月29日浙江省第十三届人民代表大会常务委员会第三十七次会议修改	2022-7-29	2022-8-3	2022-9-1	修改
浙江省哲学社会科学工作促进条例	2022年7月29日浙江省第十三届人民代表大会常务委员会第三十七次会议通过	2022-7-29	2022-8-3	2022-10-1	制定
浙江省反不正当竞争条例	2022年7月29日浙江省第十三届人民代表大会常务委员会第三十七次会议修改	2022-7-29	2022-8-3	2022-10-1	修改
浙江省道路运输条例	2022年7月29日浙江省第十三届人民代表大会常务委员会第三十七次会议修改	2022-7-29	2022-8-3	2022-10-1	修改
温州市市政设施管理条例	2022年6月16日温州市第十四届人民代表大会常务委员会第四次会议通过，2022年7月29日浙江省第十三届人民代表大会常务委员会第三十七次会议批准	2022-8-11	2022-8-26	2022-10-1	制定
宁波市公筷使用规定	2022年6月29日宁波市第十六届人民代表大会常务委员会第三次会议通过，2022年7月29日浙江省第十三届人民代表大会常务委员会第三十七次会议批准	2022-8-11	2022-8-26	2022-10-1	制定
杭州市邮政通信管理条例	2022年5月30日杭州市第十四届人民代表大会常务委员会第二次会议废止，2022年7月29日浙江省第十三届人民代表大会常务委员会第三十七次会议批准废止	2022-8-12	2022-8-26	2022-8-12	废止
浙江省民生实事项目人大代表票决制规定	2022年9月29日浙江省第十三届人民代表大会常务委员会第三十八次会议通过	2022-9-29	2022-10-13	2022-10-1	制定
浙江省电力条例	2022年9月29日浙江省第十三届人民代表大会常务委员会第三十八次会议通过	2022-9-29	2022-10-13	2023-1-1	制定

续表

法规名称	通过或批准时间	公布时间	报备时间	施行时间	立法形式
浙江省电网设施建设保护和供用电秩序维护条例	在《浙江省电力条例》中被明文予以废止	2022-9-29	2022-10-13	2023-1-1	文中废止
浙江省公安机关警务辅助人员条例	2022年9月29日浙江省第十三届人民代表大会常务委员会第三十八次会议通过	2022-9-29	2022-10-13	2023-1-1	制定
浙江省知识产权保护和促进条例	2022年9月29日浙江省第十三届人民代表大会常务委员会第三十八次会议通过	2022-9-29	2022-10-13	2023-1-1	制定
浙江省固体废物污染环境防治条例	2022年9月29日浙江省第十三届人民代表大会常务委员会第三十八次会议修改	2022-9-29	2022-10-13	2023-1-1	修改
浙江省信访条例	2022年9月29日浙江省第十三届人民代表大会常务委员会第三十八次会议废止	2022-9-29	2022-10-14	2022-9-29	废止
浙江省推进长三角区域社会保障卡居民服务一卡通规定	2022年9月29日浙江省第十三届人民代表大会常务委员会第三十八次会议通过	2022-9-29	2022-10-14	2022-10-1	制定
浙江省县级以上人民政府行政执法监督条例	2022年9月29日浙江省第十三届人民代表大会常务委员会第三十八次会议修改	2022-9-29	2022-10-14	2022-10-1	修改
湖州市居家养老服务条例	2022年8月25日湖州市第九届人民代表大会常务委员会第四次会议通过,2022年9月29日浙江省第十三届人民代表大会常务委员会第三十八次会议批准	2022-10-9	2022-10-25	2023-1-1	制定
绍兴市"枫桥经验"传承发展条例	2022年8月31日绍兴市第九届人民代表大会常务委员会第五次会议通过,2022年9月29日浙江省第十三届人民代表大会常务委员会第三十八次会议批准	2022-10-10	2022-10-25	2022-11-1	制定
温州市生态环境服务机构管理条例	2022年8月31日温州市第十四届人民代表大会常务委员会第五次会议通过,2022年9月29日浙江省第十三届人民代表大会常务委员会第三十八次会议批准	2022-10-12	2022-10-25	2023-1-1	制定
杭州市非道路移动机械排气污染防治规定	2022年8月31日杭州市第十四届人民代表大会常务委员会第四次会议通过,2022年9月29日浙江省第十三届人民代表大会常务委员会第三十八次会议批准	2022-10-13	2022-10-25	2022-12-1	制定
舟山市普陀山风景名胜区条例	2022年8月29日舟山市第八届人民代表大会常务委员会第三次会议通过,2022年9月29日浙江省第十三届人民代表大会常务委员会第三十八次会议批准	2022-10-14	2022-10-25	2023-1-1	制定
浙江省普陀山风景名胜区条例	2022年11月24日浙江省第十三届人民代表大会常务委员会第三十九次会议废止	2022-11-24	2022-12-21	2023-1-1	废止
浙江省安全生产条例	2022年11月24日浙江省第十三届人民代表大会常务委员会第三十九次会议修改	2022-11-24	2022-12-21	2023-3-1	修改
金华市居家养老服务条例	2022年10月28日金华市第八届人民代表大会常务委员会第五次会议通过,2022年11月24日浙江省第十三届人民代表大会常务委员会第三十九次会议批准	2022-11-27	2022-12-21	2023-1-1	制定

续表

法规名称	通过或批准时间	公布时间	报备时间	施行时间	立法形式
杭州市街道居民议事工作规定	2022年11月2日杭州市第十四届人民代表大会常务委员会第五次会议通过，2022年11月24日浙江省第十三届人民代表大会常务委员会第三十九次会议批准	2022-12-1	2022-12-21	2023-1-1	制定
丽水市居家养老服务条例	2022年9月30日丽水市第五届人民代表大会常务委员会第四次会议通过，2022年11月24日浙江省第十三届人民代表大会常务委员会第三十九次会议批准	2022-12-1	2022-12-21	2023-3-1	制定
衢州市人大代表联络站工作条例	2022年8月31日衢州市第八届人民代表大会常务委员会第四次会议通过，2022年11月24日浙江省第十三届人民代表大会常务委员会第三十九次会议批准	2022-12-5	2022-12-21	2023-1-1	制定
衢州市养犬管理条例	2022年9月30日衢州市第八届人民代表大会常务委员会第五次会议通过，2022年11月24日浙江省第十三届人民代表大会常务委员会第三十九次会议批准	2022-12-5	2022-12-21	2023-3-1	制定
嘉兴市城市绿化条例	2022年10月31日嘉兴市第九届人民代表大会常务委员会第六次会议通过，2022年11月24日浙江省第十三届人民代表大会常务委员会第三十九次会议批准	2022-12-5	2022-12-29	2023-3-1	制定
宁波市预防和制止家庭暴力条例	2022年11月29日宁波市第十六届人民代表大会常务委员会第六次会议修改，2022年12月23日浙江省第十三届人民代表大会常务委员会第四十次会议批准修改	2022-12-30	2023-1-29	2023-1-1	修改

安徽省地方性法规目录

（82件）

法规名称	通过或批准时间	公布时间	报备时间	施行时间	立法形式
宣城市燃放烟花爆竹管理条例	2021年10月29日宣城市第四届人民代表大会常务委员会第三十七次会议通过，2021年12月22日安徽省第十三届人民代表大会常务委员会第三十一次会议批准	2022-1-5	2022-1-7	2022-5-1	制定
安徽省港口条例	2022年3月25日安徽省第十三届人民代表大会常务委员会第三十三次会议修改	2022-3-25	2022-4-15	2022-3-25	修改
安徽省林木种子条例	2022年3月25日安徽省第十三届人民代表大会常务委员会第三十三次会议修改	2022-3-25	2022-4-15	2022-3-25	修改
安徽省实施《中华人民共和国渔业法》办法	2022年3月25日安徽省第十三届人民代表大会常务委员会第三十三次会议修改	2022-3-25	2022-4-15	2022-3-25	修改
安徽省实施《中华人民共和国水法》办法	2022年3月25日安徽省第十三届人民代表大会常务委员会第三十三次会议修改	2022-3-25	2022-4-15	2022-3-25	修改

续表

法规名称	通过或批准时间	公布时间	报备时间	施行时间	立法形式
安徽省实施《中华人民共和国防洪法》办法	2022年3月25日安徽省第十三届人民代表大会常务委员会第三十三次会议修改	2022-3-25	2022-4-15	2022-3-25	修改
安徽省抗旱条例	2022年3月25日安徽省第十三届人民代表大会常务委员会第三十三次会议修改	2022-3-25	2022-4-15	2022-3-25	修改
安徽省水工程管理和保护条例	2022年3月25日安徽省第十三届人民代表大会常务委员会第三十三次会议修改	2022-3-25	2022-4-15	2022-3-25	修改
安徽省节约用水条例	2022年3月25日安徽省第十三届人民代表大会常务委员会第三十三次会议修改	2022-3-25	2022-4-15	2022-3-25	修改
安徽省湖泊管理保护条例	2022年3月25日安徽省第十三届人民代表大会常务委员会第三十三次会议修改	2022-3-25	2022-4-15	2022-3-25	修改
安徽省建设工程造价管理条例	2022年3月25日安徽省第十三届人民代表大会常务委员会第三十三次会议修改	2022-3-25	2022-4-15	2022-3-25	修改
安徽省规章设定罚款限额规定	2022年3月25日安徽省第十三届人民代表大会常务委员会第三十三次会议修改	2022-3-25	2022-4-15	2022-3-25	修改
安徽省多元化解纠纷促进条例	2022年3月25日安徽省第十三届人民代表大会常务委员会第三十三次会议修改	2022-3-25	2022-4-15	2022-3-25	修改
安徽省老年教育条例	2022年3月25日安徽省第十三届人民代表大会常务委员会第三十三次会议修改	2022-3-25	2022-4-15	2022-3-25	修改
安徽省实施《中华人民共和国归侨侨眷权益保护法》办法	2022年3月25日安徽省第十三届人民代表大会常务委员会第三十三次会议修改	2022-3-25	2022-4-15	2022-3-25	修改
安徽省收费管理条例	2022年3月25日安徽省第十三届人民代表大会常务委员会第三十三次会议废止	2022-3-25	2022-4-15	2022-3-25	废止
安徽省农民负担管理条例	2022年3月25日安徽省第十三届人民代表大会常务委员会第三十三次会议废止	2022-3-25	2022-4-15	2022-3-25	废止
安徽省村内兴办集体公益事业筹资筹劳条例	2022年3月25日安徽省第十三届人民代表大会常务委员会第三十三次会议废止	2022-3-25	2022-4-15	2022-3-25	废止
安徽省禁止非医学需要鉴定胎儿性别和选择性别终止妊娠的规定	2022年3月25日安徽省第十三届人民代表大会常务委员会第三十三次会议废止	2022-3-25	2022-4-15	2022-3-25	废止
安徽省预防职务犯罪工作条例	2022年3月25日安徽省第十三届人民代表大会常务委员会第三十三次会议废止	2022-3-25	2022-4-15	2022-3-25	废止
中国(安徽)自由贸易试验区条例	2022年3月25日安徽省第十三届人民代表大会常务委员会第三十三次会议通过	2022-3-25	2022-4-15	2022-5-1	制定
安徽省教育督导条例	2022年3月25日安徽省第十三届人民代表大会常务委员会第三十三次会议通过	2022-3-25	2022-4-15	2022-6-1	制定
安徽省实施《中华人民共和国公共图书馆法》办法	2022年3月25日安徽省第十三届人民代表大会常务委员会第三十三次会议通过	2022-3-25	2022-4-15	2022-6-1	制定
阜阳市养犬管理条例	2021年12月31日阜阳市第五届人民代表大会常务委员会第四十七次会议通过，2022年3月25日安徽省第十三届人民代表大会常务委员会第三十三次会议批准	2022-4-1	2022-4-15	2022-5-1	制定

续表

法规名称	通过或批准时间	公布时间	报备时间	施行时间	立法形式
合肥市燃气管理条例	2021年12月10日合肥市第十六届人民代表大会常务委员会第三十一次会议修改，2022年3月25日安徽省第十三届人民代表大会常务委员会第三十三次会议批准修改	2022-4-1	2022-4-15	2022-5-1	修改
池州市农村村民住房建设管理条例	2021年12月22日池州市第四届人民代表大会常务委员会第三十七次会议通过，2022年3月25日安徽省第十三届人民代表大会常务委员会第三十三次会议批准	2022-4-8	2022-4-15	2022-5-1	制定
淮南市住宅小区物业管理条例	2021年12月28日淮南市第十六届人民代表大会常务委员会第三十四次会议通过，2022年3月25日安徽省第十三届人民代表大会常务委员会第三十三次会议批准	2022-4-11	2022-4-15	2022-5-1	制定
安徽省促进大别山等革命老区振兴发展条例	2022年5月27日安徽省第十三届人民代表大会常务委员会第三十四次会议通过	2022-5-27	2022-6-7	2022-7-1	制定
安徽省人民代表大会常务委员会立法征求意见工作规定	2022年5月27日安徽省第十三届人民代表大会常务委员会第三十四次会议通过	2022-5-27	2022-6-7	2022-7-1	制定
安徽省科学技术进步条例	2022年5月27日安徽省第十三届人民代表大会常务委员会第三十四次会议修改	2022-5-27	2022-6-7	2022-7-1	修改
安徽省实施《中华人民共和国土地管理法》办法	2022年5月27日安徽省第十三届人民代表大会常务委员会第三十四次会议修改	2022-5-27	2022-6-7	2022-12-1	修改
合肥市科学技术进步条例	2022年5月12日合肥市第十七届人民代表大会常务委员会第二次会议废止，2022年5月27日安徽省第十三届人民代表大会常务委员会第三十四次会议批准废止	2022-5-31	2022-6-7	2022-5-31	废止
合肥市职工民主管理条例	2022年5月12日合肥市第十七届人民代表大会常务委员会第二次会议废止，2022年5月27日安徽省第十三届人民代表大会常务委员会第三十四次会议批准废止	2022-5-31	2022-6-7	2022-5-31	废止
马鞍山市文物保护条例	2022年4月29日马鞍山市第十七届人民代表大会常务委员会第二次会议通过，2022年5月27日安徽省第十三届人民代表大会常务委员会第三十四次会议批准	2022-6-1	2022-6-7	2022-10-1	制定
安徽省粮食作物生长期保护规定	2022年7月29日安徽省第十三届人民代表大会常务委员会第三十五次会议通过	2022-7-29	2022-8-18	2022-8-10	制定
安徽省消防条例	2022年7月29日安徽省第十三届人民代表大会常务委员会第三十五次会议修改	2022-7-29	2022-8-18	2022-9-1	修改
安徽省地方金融条例	2022年7月29日安徽省第十三届人民代表大会常务委员会第三十五次会议通过	2022-7-29	2022-8-18	2022-10-1	制定
安徽省铁路安全管理条例	2022年7月29日安徽省第十三届人民代表大会常务委员会第三十五次会议通过	2022-7-29	2022-8-18	2022-10-1	制定
安徽省实施《中华人民共和国反家庭暴力法》办法	2022年7月29日安徽省第十三届人民代表大会常务委员会第三十五次会议通过	2022-7-29	2022-8-18	2022-11-1	制定

续表

法规名称	通过或批准时间	公布时间	报备时间	施行时间	立法形式
淮北市优化营商环境条例	2022年6月24日淮北市第十七届人民代表大会常务委员会第四次会议通过,2022年7月29日安徽省第十三届人民代表大会常务委员会第三十五次会议批准	2022-7-30	2022-8-18	2022-10-1	制定
淮南市电梯安全管理条例	2022年5月30日淮南市第十七届人民代表大会常务委员会第二次会议通过,2022年7月29日安徽省第十三届人民代表大会常务委员会第三十五次会议批准	2022-8-9	2022-8-18	2022-9-1	制定
合肥市公园条例	2022年6月27日合肥市第十七届人民代表大会常务委员会第三次会议通过,2022年7月29日安徽省第十三届人民代表大会常务委员会第三十五次会议批准	2022-8-9	2022-8-18	2022-10-1	制定
蚌埠市医疗废物管理条例	2022年6月30日蚌埠市第十七届人民代表大会常务委员会第四次会议通过,2022年7月29日安徽省第十三届人民代表大会常务委员会第三十五次会议批准	2022-8-10	2022-8-18	2022-10-1	制定
安庆市菱湖风景区条例	2022年6月29日安庆市第十八届人民代表大会常务委员会第三次会议修改,2022年7月29日安徽省第十三届人民代表大会常务委员会第三十五次会议批准修改	2022-8-11	2022-8-18	2022-10-1	修改
六安市革命遗址遗迹保护条例	2022年6月28日六安市第六届人民代表大会常务委员会第四次会议通过,2022年7月29日安徽省第十三届人民代表大会常务委员会第三十五次会议批准	2022-8-12	2022-8-18	2023-1-1	制定
安徽省信访条例	2022年9月29日安徽省第十三届人民代表大会常务委员会第三十六次会议废止	2022-9-29	2022-10-21	2022-9-29	废止
安徽省推进长三角区域社会保障卡居民服务一卡通规定	2022年9月29日安徽省第十三届人民代表大会常务委员会第三十六次会议通过	2022-9-29	2022-10-21	2022-10-1	制定
安徽省养老服务条例	2022年9月29日安徽省第十三届人民代表大会常务委员会第三十六次会议通过	2022-9-29	2022-10-21	2022-12-1	制定
安徽省实施《中华人民共和国乡村振兴促进法》办法	2022年9月29日安徽省第十三届人民代表大会常务委员会第三十六次会议通过	2022-9-29	2022-10-21	2022-12-1	制定
安徽省街道人大工作条例	2022年9月29日安徽省第十三届人民代表大会常务委员会第三十六次会议通过	2022-9-29	2022-10-21	2022-12-1	制定
安徽省实施《中华人民共和国农民专业合作社法》办法	2022年9月29日安徽省第十三届人民代表大会常务委员会第三十六次会议修改	2022-9-29	2022-10-21	2022-12-1	修改
蚌埠市养犬管理条例	2022年6月30日蚌埠市第十七届人民代表大会常务委员会第四次会议修改,2022年9月29日安徽省第十三届人民代表大会常务委员会第三十六次会议批准修改	2022-10-8	2022-10-21	2022-10-8	修改
马鞍山市养犬管理条例	2022年8月31日马鞍山市第十七届人民代表大会常务委员会第五次会议修改,2022年9月29日安徽省第十三届人民代表大会常务委员会第三十六次会议批准修改	2022-10-8	2022-10-21	2022-10-8	修改

续表

法规名称	通过或批准时间	公布时间	报备时间	施行时间	立法形式
马鞍山市人民代表大会常务委员会关于加强长江江豚保护的决定	2022年8月31日马鞍山市第十七届人民代表大会常务委员会第五次会议通过，2022年9月29日安徽省第十三届人民代表大会常务委员会第三十六次会议批准	2022-10-8	2022-10-21	2022-10-24	制定
合肥市非机动车安全管理条例	2022年8月31日合肥市第十七届人民代表大会常务委员会第四次会议通过，2022年9月29日安徽省第十三届人民代表大会常务委员会第三十六次会议批准	2022-10-13	2022-10-21	2022-11-1	制定
合肥市养犬管理条例	2022年8月31日合肥市第十七届人民代表大会常务委员会第四次会议修改，2022年9月29日安徽省第十三届人民代表大会常务委员会第三十六次会议批准修改	2022-10-13	2022-10-21	2022-11-1	修改
池州市养犬管理条例	2022年8月30日池州市第五届人民代表大会常务委员会第五次会议修改，2022年9月29日安徽省第十三届人民代表大会常务委员会第三十六次会议批准修改	2022-10-14	2022-10-21	2022-10-14	修改
池州市松材线虫病防治条例	2022年8月30日池州市第五届人民代表大会常务委员会第五次会议通过，2022年9月29日安徽省第十三届人民代表大会常务委员会第三十六次会议批准	2022-10-14	2022-10-21	2022-11-1	制定
安庆市文明行为促进条例	2022年8月31日安庆市第十八届人民代表大会常务委员会第五次会议通过，2022年9月29日安徽省第十三届人民代表大会常务委员会第三十六次会议批准	2022-10-14	2022-10-21	2023-1-1	制定
黄山市养犬管理条例	2022年8月30日黄山市第八届人民代表大会常务委员会第四次会议修改，2022年9月29日安徽省第十三届人民代表大会常务委员会第三十六次会议批准修改	2022-10-17	2022-10-21	2022-10-17	修改
阜阳市停车场建设与管理条例	2022年9月9日阜阳市第六届人民代表大会常务委员会第五次会议通过，2022年9月29日安徽省第十三届人民代表大会常务委员会第三十六次会议批准	2022-10-17	2022-10-21	2022-11-1	制定
滁州市乡村旅游促进条例	2022年8月31日滁州市第七届人民代表大会常务委员会第五次会议通过，2022年9月29日安徽省第十三届人民代表大会常务委员会第三十六次会议批准	2022-10-17	2022-10-21	2023-1-1	制定
芜湖市建筑垃圾管理条例	2022年7月7日芜湖市第十七届人民代表大会常务委员会第三次会议修改，2022年9月29日安徽省第十三届人民代表大会常务委员会第三十六次会议批准修改	2022-10-18	2022-10-21	2022-11-1	修改
安徽省学校安全条例	2022年11月18日安徽省第十三届人民代表大会常务委员会第三十八次会议通过	2022-11-21	2022-12-12	2023-1-1	制定
安徽省实施《中华人民共和国土壤污染防治法》办法	2022年11月18日安徽省第十三届人民代表大会常务委员会第三十八次会议通过	2022-11-21	2022-12-12	2023-1-1	制定
安徽省社会科学普及条例	2022年11月18日安徽省第十三届人民代表大会常务委员会第三十八次会议通过	2022-11-21	2022-12-12	2023-1-1	制定

续表

法规名称	通过或批准时间	公布时间	报备时间	施行时间	立法形式
安徽省自建房屋安全管理条例	2022 年 11 月 18 日安徽省第十三届人民代表大会常务委员会第三十八次会议通过	2022-11-21	2022-12-12	2023-1-1	制定
亳州市城市道路交通秩序管理条例	2022 年 10 月 20 日亳州市第五届人民代表大会常务委员会第七次会议通过,2022 年 11 月 18 日安徽省第十三届人民代表大会常务委员会第三十八次会议批准	2022-11-23	2022-12-12	2023-1-1	制定
宿州市优化营商环境条例	2022 年 9 月 21 日宿州市第六届人民代表大会常务委员会第四次会议通过,2022 年 11 月 18 日安徽省第十三届人民代表大会常务委员会第三十八次会议批准	2022-11-29	2022-12-12	2023-1-1	制定
淮南市爱国卫生条例	2022 年 10 月 20 日淮南市第十七届人民代表大会常务委员会第六次会议通过,2022 年 11 月 18 日安徽省第十三届人民代表大会常务委员会第三十八次会议批准	2022-11-29	2022-12-12	2023-1-1	制定
淮北市居家养老服务条例	2022 年 10 月 26 日淮北市第十七届人民代表大会常务委员会第七次会议通过,2022 年 11 月 18 日安徽省第十三届人民代表大会常务委员会第三十八次会议批准	2022-11-30	2022-12-12	2023-1-1	制定
宣城市居家养老服务条例	2022 年 10 月 28 日宣城市第五届人民代表大会常务委员会第六次会议通过,2022 年 11 月 18 日安徽省第十三届人民代表大会常务委员会第三十八次会议批准	2022-11-30	2022-12-12	2023-3-1	制定
六安市物业管理条例	2022 年 9 月 23 日六安市第六届人民代表大会常务委员会第六次会议修改,2022 年 11 月 18 日安徽省第十三届人民代表大会常务委员会第三十八次会议批准修改	2022-12-2	2022-12-12	2022-12-2	修改
黄山市实施《中华人民共和国非物质文化遗产法》办法	2022 年 10 月 25 日黄山市第八届人民代表大会常务委员会第五次会议通过,2022 年 11 月 18 日安徽省第十三届人民代表大会常务委员会第三十八次会议批准	2022-12-5	2022-12-12	2023-1-1	制定
铜陵市养犬管理条例	2022 年 10 月 26 日铜陵市第十七届人民代表大会常务委员会第五次会议通过,2022 年 11 月 18 日安徽省第十三届人民代表大会常务委员会第三十八次会议批准	2022-12-7	2022-12-12	2023-3-1	制定
安徽省实施《中华人民共和国职业教育法》办法	2022 年 12 月 15 日安徽省第十三届人民代表大会常务委员会第三十九次会议通过	2022-12-16	2023-1-9	2023-2-1	制定
安徽省职业教育条例	在《安徽省实施〈中华人民共和国职业教育法〉办法》中被明文予以废止	2022-12-16	2023-1-9	2023-2-1	文中废止
安徽省质量促进条例	2022 年 12 月 15 日安徽省第十三届人民代表大会常务委员会第三十九次会议通过	2022-12-16	2023-1-9	2023-3-1	制定
安徽省实施《中华人民共和国电力法》办法	2022 年 12 月 15 日安徽省第十三届人民代表大会常务委员会第三十九次会议通过	2022-12-16	2023-1-9	2023-3-1	制定
安徽省电动自行车管理条例	2022 年 12 月 15 日安徽省第十三届人民代表大会常务委员会第三十九次会议通过	2022-12-16	2023-1-9	2023-3-1	制定

续表

法规名称	通过或批准时间	公布时间	报备时间	施行时间	立法形式
蚌埠市公共资源交易监督管理条例	2022年11月25日蚌埠市第十七届人民代表大会常务委员会第七次会议通过,2022年12月15日安徽省第十三届人民代表大会常务委员会第三十九次会议批准	2022-12-22	2023-1-9	2023-3-1	制定
合肥市消防条例	2022年10月28日合肥市第十七届人民代表大会常务委员会第五次会议修改,2022年12月15日安徽省第十三届人民代表大会常务委员会第三十九次会议批准修改	2022-12-27	2023-1-9	2023-1-1	修改
安庆市优化营商环境条例	2022年10月28日安庆市第十八届人民代表大会常务委员会第六次会议通过,2022年12月15日安徽省第十三届人民代表大会常务委员会第三十九次会议批准	2022-12-27	2023-1-9	2023-3-1	制定

福建省地方性法规目录

（40件）

法规名称	通过或批准时间	公布时间	报备时间	施行时间	立法形式
福建省人民代表大会议事规则	2022年1月25日福建省第十三届人民代表大会第六次会议修改	2022-1-27	2022-1-29	2022-1-27	修改
福建省全民健身条例	2022年3月30日福建省第十三届人民代表大会常务委员会第三十二次会议通过	2022-3-30	2022-4-14	2022-3-30	制定
福建省人民代表大会常务委员会任免国家机关工作人员条例	2022年3月30日福建省第十三届人民代表大会常务委员会第三十二次会议修改	2022-3-30	2022-4-14	2022-3-30	修改
福建省人口与计划生育条例	2022年3月30日福建省第十三届人民代表大会常务委员会第三十二次会议修改	2022-3-30	2022-4-14	2022-3-30	修改
福建省优化营商环境条例	2022年3月30日福建省第十三届人民代表大会常务委员会第三十二次会议通过	2022-3-30	2022-4-14	2022-5-1	制定
福建省生态环境保护条例	2022年3月30日福建省第十三届人民代表大会常务委员会第三十二次会议通过	2022-3-30	2022-4-14	2022-5-1	制定
福建省环境保护条例	在《福建省生态环境保护条例》中被明文予以废止	2022-3-30	2022-4-14	2022-5-1	文中废止
福建省司法鉴定管理条例	2022年3月30日福建省第十三届人民代表大会常务委员会第三十二次会议修改	2022-3-30	2022-4-14	2022-7-1	修改
福建省流动人口计划生育管理办法	2022年3月30日福建省第十三届人民代表大会常务委员会第三十二次会议废止	2022-3-30	2022-5-6	2022-3-30	废止
福建省禁止非医学需要鉴定胎儿性别和选择性别终止妊娠条例	2022年3月30日福建省第十三届人民代表大会常务委员会第三十二次会议废止	2022-3-30	2022-5-6	2022-3-30	废止

续表

法规名称	通过或批准时间	公布时间	报备时间	施行时间	立法形式
南平市文明行为促进条例	2021 年 11 月 30 日南平市第五届人民代表大会常务委员会第三十八次会议通过，2022 年 3 月 30 日福建省第十三届人民代表大会常务委员会第三十二次会议批准	2022-4-1	2022-4-14	2022-6-1	制定
福建省气象条例	2022 年 5 月 27 日福建省第十三届人民代表大会常务委员会第三十三次会议修改	2022-5-27	2022-6-6	2022-5-27	修改
福建省失业保险条例	2022 年 5 月 27 日福建省第十三届人民代表大会常务委员会第三十三次会议修改	2022-5-27	2022-6-6	2022-5-27	修改
福建省水土保持条例	2022 年 5 月 27 日福建省第十三届人民代表大会常务委员会第三十三次会议修改	2022-5-27	2022-6-6	2022-5-27	修改
福建省土地管理条例	2022 年 5 月 27 日福建省第十三届人民代表大会常务委员会第三十三次会议通过	2022-5-27	2022-6-6	2022-7-1	制定
福建省实施《中华人民共和国土地管理法》办法	在《福建省土地管理条例》中被明文予以废止	2022-5-27	2022-6-6	2022-7-1	文中废止
福建省邮政条例	2022 年 5 月 27 日福建省第十三届人民代表大会常务委员会第三十三次会议修改	2022-5-27	2022-6-6	2022-7-1	修改
福建省地方金融监督管理条例	2022 年 5 月 27 日福建省第十三届人民代表大会常务委员会第三十三次会议通过	2022-5-27	2022-6-6	2022-8-1	制定
福建省土壤污染防治条例	2022 年 5 月 27 日福建省第十三届人民代表大会常务委员会第三十三次会议通过	2022-5-27	2022-6-6	2022-9-1	制定
福建省中医药条例	2022 年 5 月 27 日福建省第十三届人民代表大会常务委员会第三十三次会议通过	2022-5-27	2022-6-6	2022-10-22	制定
福建省实施《中华人民共和国反恐怖主义法》办法	2022 年 7 月 28 日福建省第十三届人民代表大会常务委员会第三十四次会议通过	2022-7-28	2022-8-11	2022-9-1	制定
福建省禁止中小学幼儿园学生携带手机进入课堂的规定	2022 年 7 月 28 日福建省第十三届人民代表大会常务委员会第三十四次会议通过	2022-7-28	2022-8-11	2022-9-1	制定
福建省动物防疫条例	2022 年 7 月 28 日福建省第十三届人民代表大会常务委员会第三十四次会议通过	2022-7-28	2022-8-11	2022-10-1	制定
宁德市电动自行车管理条例	2022 年 6 月 23 日宁德市第五届人民代表大会常务委员会第四次会议通过，2022 年 7 月 28 日福建省第十三届人民代表大会常务委员会第三十四次会议批准	2022-8-2	2022-8-11	2022-10-1	制定
福建省养老服务条例	2022 年 9 月 28 日福建省第十三届人民代表大会常务委员会第三十五次会议通过	2022-9-30	2022-10-13	2023-1-1	制定
三明市人民代表大会常务委员会关于加强闽江流域水生态环境协同保护的决定	2022 年 8 月 30 日三明市第十四届人民代表大会常务委员会第五次会议通过，2022 年 9 月 28 日福建省第十三届人民代表大会常务委员会第三十五次会议批准	2022-9-28	2022-10-13	2022-9-28	制定
莆田市人民代表大会常务委员会关于加强闽江流域水生态环境协同保护的决定	2022 年 8 月 26 日莆田市第八届人民代表大会常务委员会第四次会议通过，2022 年 9 月 28 日福建省第十三届人民代表大会常务委员会第三十五次会议批准	2022-9-29	2022-10-13	2022-9-29	制定

续表

法规名称	通过或批准时间	公布时间	报备时间	施行时间	立法形式
南平市人民代表大会常务委员会关于加强闽江流域水生态环境协同保护的决定	2022年8月2日南平市第六届人民代表大会常务委员会第四次会议通过,2022年9月28日福建省第十三届人民代表大会常务委员会第三十五次会议批准	2022-9-30	2022-10-13	2022-9-30	制定
龙岩市人民代表大会常务委员会关于加强闽江流域水生态环境协同保护的决定	2022年7月29日龙岩市第六届人民代表大会常务委员会第五次会议通过,2022年9月28日福建省第十三届人民代表大会常务委员会第三十五次会议批准	2022-9-30	2022-10-13	2022-9-30	制定
龙岩市农村人居环境治理条例	2022年7月29日龙岩市第六届人民代表大会常务委员会第五次会议通过,2022年9月28日福建省第十三届人民代表大会常务委员会第三十五次会议批准	2022-9-30	2022-10-13	2022-12-1	制定
泉州市人民代表大会常务委员会关于加强闽江流域水生态环境协同保护的决定	2022年6月24日泉州市第十七届人民代表大会常务委员会第三次会议通过,2022年9月28日福建省第十三届人民代表大会常务委员会第三十五次会议批准	2022-10-10	2022-10-13	2022-10-10	制定
宁德市人民代表大会常务委员会关于加强闽江流域水生态环境协同保护的决定	2022年8月11日宁德市第五届人民代表大会常务委员会第五次会议通过,2022年9月28日福建省第十三届人民代表大会常务委员会第三十五次会议批准	2022-10-10	2022-10-13	2022-10-10	制定
福州市人民代表大会常务委员会关于加强闽江流域水生态环境协同保护的决定	2022年6月29日福州市第十六届人民代表大会常务委员会第三次会议通过,2022年9月28日福建省第十三届人民代表大会常务委员会第三十五次会议批准	2022-10-11	2022-10-13	2022-10-11	制定
福建省公安机关警务辅助人员管理条例	2022年11月24日福建省第十三届人民代表大会常务委员会第三十六次会议通过	2022-11-24	2022-12-8	2023-1-1	制定
福建省海上搜寻救助条例	2022年11月24日福建省第十三届人民代表大会常务委员会第三十六次会议通过	2022-11-24	2022-12-8	2023-1-1	制定
福建省红色文化遗存保护条例	2022年11月24日福建省第十三届人民代表大会常务委员会第三十六次会议通过	2022-11-24	2022-12-8	2023-1-1	制定
福建省湿地保护条例	2022年11月24日福建省第十三届人民代表大会常务委员会第三十六次会议修改	2022-11-24	2022-12-8	2023-1-1	修改
漳州市政务服务条例	2022年8月30日漳州市第十七届人民代表大会常务委员会第六次会议通过,2022年11月24日福建省第十三届人民代表大会常务委员会第三十六次会议批准	2022-11-29	2022-12-8	2023-1-1	制定
莆田市城市园林绿化管理条例	2022年8月26日莆田市第八届人民代表大会常务委员会第四次会议通过,2022年11月24日福建省第十三届人民代表大会常务委员会第三十六次会议批准	2022-11-29	2022-12-8	2023-1-1	制定
龙岩市客家文化保护条例	2022年7月29日龙岩市第六届人民代表大会常务委员会第五次会议通过,2022年11月24日福建省第十三届人民代表大会常务委员会第三十六次会议批准	2022-12-1	2022-12-8	2023-1-1	制定

续表

法规名称	通过或批准时间	公布时间	报备时间	施行时间	立法形式
福州市闽江河口湿地自然保护区管理办法	2022年10月28日福州市第十六届人民代表大会常务委员会第五次会议修改,2022年11月24日福建省第十三届人民代表大会常务委员会第三十六次会议批准修改	2022-12-1	2022-12-8	2023-1-1	修改
泉州市文化旅游发展促进条例	2022年10月28日泉州市第十七届人民代表大会常务委员会第五次会议通过,2022年11月24日福建省第十三届人民代表大会常务委员会第三十六次会议批准	2022-12-2	2022-12-8	2023-1-1	制定

江西省地方性法规目录

(52件)

法规名称	通过或批准时间	公布时间	报备时间	施行时间	立法形式
江西省人民代表大会议事规则	2022年1月20日江西省第十三届人民代表大会第六次会议修改	2022-1-20	2022-1-29	2022-2-1	修改
江西省实施《中华人民共和国土地管理法》办法	2022年3月29日江西省第十三届人民代表大会常务委员会第三十七次会议修改	2022-3-29	2022-4-6	2022-6-1	修改
江西省征收土地管理办法	2022年3月29日江西省第十三届人民代表大会常务委员会第三十七次会议修改	2022-3-29	2022-4-6	2022-6-1	修改
萍乡市城市公园和广场管理条例	2021年12月29日萍乡市第十六届人民代表大会常务委员会第二次会议通过,2022年3月29日江西省第十三届人民代表大会常务委员会第三十七次会议批准	2022-4-14	2022-5-5	2022-6-1	制定
抚州市养犬管理条例	2021年10月21日抚州市第四届人民代表大会常务委员会第四十一次会议通过,2022年3月29日江西省第十三届人民代表大会常务委员会第三十七次会议批准	2022-4-18	2022-5-5	2022-5-1	制定
江西省林长制条例	2022年5月31日江西省第十三届人民代表大会常务委员会第三十九次会议通过	2022-5-31	2022-6-14	2022-7-1	制定
江西省社会保障卡一卡通条例	2022年5月31日江西省第十三届人民代表大会常务委员会第三十九次会议通过	2022-5-31	2022-6-14	2022-10-1	制定
南昌市蔬菜基地保护条例	2022年2月28日南昌市第十六届人民代表大会常务委员会第五次会议废止,2022年5月31日江西省第十三届人民代表大会常务委员会第三十九次会议批准废止	2022-6-16	2022-6-28	2022-6-16	废止
南昌市赣江饮用水水源保护条例	2022年2月28日南昌市第十六届人民代表大会常务委员会第五次会议废止,2022年5月31日江西省第十三届人民代表大会常务委员会第三十九次会议批准废止	2022-6-16	2022-6-28	2022-6-16	废止

续表

法规名称	通过或批准时间	公布时间	报备时间	施行时间	立法形式
南昌市流动人口计划生育工作条例	2022 年 2 月 28 日南昌市第十六届人民代表大会常务委员会第五次会议废止，2022 年 5 月 31 日江西省第十三届人民代表大会常务委员会第三十九次会议批准废止	2022-6-16	2022-6-28	2022-6-16	废止
江西省人民代表大会常务委员会关于加强检察公益诉讼工作的决定	2022 年 7 月 26 日江西省第十三届人民代表大会常务委员会第四十次会议通过	2022-7-26	2022-8-1	2022-9-1	制定
江西省矿山生态修复与利用条例	2022 年 7 月 26 日江西省第十三届人民代表大会常务委员会第四十次会议通过	2022-7-26	2022-8-1	2022-12-1	制定
江西省信访条例	2022 年 7 月 26 日江西省第十三届人民代表大会常务委员会第四十次会议废止	2022-7-26	2022-8-3	2022-7-26	废止
江西省乡镇人民代表大会工作条例	2022 年 7 月 26 日江西省第十三届人民代表大会常务委员会第四十次会议修改	2022-7-26	2022-8-3	2022-8-1	修改
江西省实施《中华人民共和国工会法》办法	2022 年 7 月 26 日江西省第十三届人民代表大会常务委员会第四十次会议修改	2022-7-26	2022-8-3	2022-8-1	修改
江西省集体合同条例	2022 年 7 月 26 日江西省第十三届人民代表大会常务委员会第四十次会议修改	2022-7-26	2022-8-3	2022-8-1	修改
江西省企业工资集体协商条例	2022 年 7 月 26 日江西省第十三届人民代表大会常务委员会第四十次会议修改	2022-7-26	2022-8-3	2022-8-1	修改
江西省工会劳动法律监督条例	2022 年 7 月 26 日江西省第十三届人民代表大会常务委员会第四十次会议修改	2022-7-26	2022-8-3	2022-8-1	修改
江西省企业工会工作条例	2022 年 7 月 26 日江西省第十三届人民代表大会常务委员会第四十次会议修改	2022-7-26	2022-8-3	2022-8-1	修改
江西省人民代表大会常务委员会关于加强经济工作监督的决定	2022 年 7 月 26 日江西省第十三届人民代表大会常务委员会第四十次会议修改	2022-7-26	2022-8-3	2022-9-1	修改
江西省军人军属权益保障条例	2022 年 7 月 26 日江西省第十三届人民代表大会常务委员会第四十次会议修改	2022-7-26	2022-8-3	2022-8-1	修改
江西省实施《中华人民共和国母婴保健法》办法	2022 年 7 月 26 日江西省第十三届人民代表大会常务委员会第四十次会议修改	2022-7-26	2022-8-3	2022-8-1	修改
江西省残疾人保障条例	2022 年 7 月 26 日江西省第十三届人民代表大会常务委员会第四十次会议修改	2022-7-26	2022-8-3	2022-8-1	修改
江西省统计管理条例	2022 年 7 月 26 日江西省第十三届人民代表大会常务委员会第四十次会议修改	2022-7-26	2022-8-3	2022-8-1	修改
江西省实施《中华人民共和国国家通用语言文字法》办法	2022 年 7 月 26 日江西省第十三届人民代表大会常务委员会第四十次会议修改	2022-7-26	2022-8-3	2022-8-1	修改
江西省农业机械管理条例	2022 年 7 月 26 日江西省第十三届人民代表大会常务委员会第四十次会议修改	2022-7-26	2022-8-3	2022-8-1	修改
江西省气象灾害防御条例	2022 年 7 月 26 日江西省第十三届人民代表大会常务委员会第四十次会议修改	2022-7-26	2022-8-3	2022-8-1	修改

续表

法规名称	通过或批准时间	公布时间	报备时间	施行时间	立法形式
江西省气候资源保护和利用条例	2022年7月26日江西省第十三届人民代表大会常务委员会第四十次会议修改	2022-7-26	2022-8-3	2022-8-1	修改
江西省实施《中华人民共和国气象法》办法	2022年7月26日江西省第十三届人民代表大会常务委员会第四十次会议修改	2022-7-26	2022-8-3	2022-8-1	修改
江西省实施河长制湖长制条例	2022年7月26日江西省第十三届人民代表大会常务委员会第四十次会议修改	2022-7-26	2022-8-3	2022-8-1	修改
江西省烟草专卖条例	2022年7月26日江西省第十三届人民代表大会常务委员会第四十次会议修改	2022-7-26	2022-8-3	2022-8-1	修改
江西省渔业条例	2022年7月26日江西省第十三届人民代表大会常务委员会第四十次会议修改	2022-7-26	2022-8-3	2022-8-1	修改
上饶市突发公共卫生事件应急条例	2022年6月24日上饶市第五届人民代表大会常务委员会第六次会议通过,2022年7月26日江西省第十三届人民代表大会常务委员会第四十次会议批准	2022-8-5	2022-8-29	2022-9-1	制定
抚州市农村村民住房建设管理条例	2022年5月31日抚州市第五届人民代表大会常务委员会第五次会议通过,2022年7月26日江西省第十三届人民代表大会常务委员会第四十次会议批准	2022-8-16	2022-9-2	2022-12-1	制定
江西省人民代表大会常务委员会议事规则	2022年9月29日江西省第十三届人民代表大会常务委员会第四十一次会议修改	2022-9-29	2022-10-12	2022-9-30	修改
江西省人民代表大会常务委员会主任会议议事规则	2022年9月29日江西省第十三届人民代表大会常务委员会第四十一次会议修改	2022-9-29	2022-10-12	2022-9-30	修改
江西省人民代表大会常务委员会人事任免办法	2022年9月29日江西省第十三届人民代表大会常务委员会第四十一次会议修改	2022-9-29	2022-10-12	2022-9-30	修改
江西省非道路移动机械排气污染防治条例	2022年9月29日江西省第十三届人民代表大会常务委员会第四十一次会议通过	2022-9-29	2022-10-12	2022-12-1	制定
江西省未成年人保护条例	2022年9月29日江西省第十三届人民代表大会常务委员会第四十一次会议修改	2022-9-29	2022-10-12	2022-12-1	修改
萍乡市电动车管理条例	2022年8月31日萍乡市第十六届人民代表大会常务委员会第九次会议通过,2022年9月29日江西省第十三届人民代表大会常务委员会第四十一次会议批准	2022-10-13	2022-10-25	2023-1-1	制定
九江市饮用水水源保护条例	2022年7月28日九江市第十六届人民代表大会常务委员会第七次会议通过,2022年9月29日江西省第十三届人民代表大会常务委员会第四十一次会议批准	2022-10-17	2022-10-28	2023-5-1	制定
吉安市城市绿化管理条例	2022年8月31日吉安市第五届人民代表大会常务委员会第七次会议通过,2022年9月29日江西省第十三届人民代表大会常务委员会第四十一次会议批准	2022-10-17	2022-11-1	2023-1-1	制定
新余市文明行为促进条例	2022年8月30日新余市第十届人民代表大会常务委员会第八次会议通过,2022年9月29日江西省第十三届人民代表大会常务委员会第四十一次会议批准	2022-10-17	2022-11-3	2022-11-1	制定

续表

法规名称	通过或批准时间	公布时间	报备时间	施行时间	立法形式
江西省平安建设条例	2022年11月25日江西省第十三届人民代表大会常务委员会第四十二次会议通过	2022-11-25	2022-12-6	2023-1-1	制定
江西省社会治安综合治理条例	在《江西省平安建设条例》中被明文予以废止	2022-11-25	2022-12-6	2023-1-1	文中废止
江西省山茶油发展条例	2022年11月25日江西省第十三届人民代表大会常务委员会第四十二次会议通过	2022-11-25	2022-12-6	2023-1-1	制定
江西省无线电管理条例	2022年11月25日江西省第十三届人民代表大会常务委员会第四十二次会议通过	2022-11-25	2022-12-6	2023-3-1	制定
景德镇市爱国卫生条例	2022年9月20日景德镇市第十六届人民代表大会常务委员会第六次会议通过，2022年11月25日江西省第十三届人民代表大会常务委员会第四十二次会议批准	2022-12-7	2022-12-22	2023-1-1	制定
南昌市爱国卫生工作条例	2022年10月28日南昌市第十六届人民代表大会常务委员会第十次会议通过，2022年11月25日江西省第十三届人民代表大会常务委员会第四十二次会议批准	2022-12-7	2022-12-22	2023-1-1	制定
赣州市农村住房建设管理条例	2022年10月28日赣州市第六届人民代表大会常务委员会第十二次会议通过，2022年11月25日江西省第十三届人民代表大会常务委员会第四十二次会议批准	2022-12-7	2022-12-22	2023-3-1	制定
南昌市数字经济促进条例	2022年10月28日南昌市第十六届人民代表大会常务委员会第十次会议通过，2022年11月25日江西省第十三届人民代表大会常务委员会第四十二次会议批准	2022-12-7	2022-12-26	2023-1-1	制定
宜春市城区农贸市场管理条例	2022年10月28日宜春市第五届人民代表大会常务委员会第九次会议通过，2022年11月25日江西省第十三届人民代表大会常务委员会第四十二次会议批准	2022-12-7	2022-12-26	2023-1-1	制定
九江市松材线虫病防治条例	2022年9月27日九江市第十六届人民代表大会常务委员会第八次会议通过，2022年11月25日江西省第十三届人民代表大会常务委员会第四十二次会议批准	2022-12-14	2022-12-26	2023-5-1	制定

山东省地方性法规目录

（73件）

法规名称	通过或批准时间	公布时间	报备时间	施行时间	立法形式
青岛市民用建筑节能条例	2021年12月29日青岛市第十六届人民代表大会常务委员会第三十七次会议修改，2022年1月21日山东省第十三届人民代表大会常务委员会第三十三次会议批准修改	2022-1-21	2022-2-21	2022-1-21	修改

续表

法规名称	通过或批准时间	公布时间	报备时间	施行时间	立法形式
青岛市旅游条例	2021 年 12 月 29 日青岛市第十六届人民代表大会常务委员会第三十七次会议修改，2022 年 1 月 21 日山东省第十三届人民代表大会常务委员会第三十三次会议批准修改	2022-1-21	2022-2-21	2022-1-21	修改
青岛市劳动保障监察条例	2021 年 12 月 29 日青岛市第十六届人民代表大会常务委员会第三十七次会议修改，2022 年 1 月 21 日山东省第十三届人民代表大会常务委员会第三十三次会议批准修改	2022-1-21	2022-2-21	2022-1-21	修改
青岛市燃气管理条例	2021 年 12 月 29 日青岛市第十六届人民代表大会常务委员会第三十七次会议修改，2022 年 1 月 21 日山东省第十三届人民代表大会常务委员会第三十三次会议批准修改	2022-1-21	2022-2-21	2022-1-21	修改
菏泽市物业管理条例	2021 年 12 月 29 日菏泽市第十九届人民代表大会常务委员会第四十一次会议修改，2022 年 1 月 21 日山东省第十三届人民代表大会常务委员会第三十三次会议批准修改	2022-1-21	2022-2-21	2022-1-21	修改
济南市优化营商环境条例	2021 年 12 月 10 日济南市第十七届人民代表大会常务委员会第二十四次会议通过，2022 年 1 月 21 日山东省第十三届人民代表大会常务委员会第三十三次会议批准	2022-1-21	2022-2-21	2022-3-1	制定
潍坊市物业管理条例	2021 年 12 月 31 日潍坊市第十七届人民代表大会常务委员会第四十九次会议通过，2022 年 1 月 21 日山东省第十三届人民代表大会常务委员会第三十三次会议批准	2022-1-21	2022-2-21	2022-3-1	制定
泰安市志愿服务促进条例	2021 年 12 月 29 日泰安市第十七届人民代表大会常务委员会第四十一次会议通过，2022 年 1 月 21 日山东省第十三届人民代表大会常务委员会第三十三次会议批准	2022-1-21	2022-2-21	2022-3-1	制定
青岛市海洋牧场管理条例	2021 年 12 月 29 日青岛市第十六届人民代表大会常务委员会第三十七次会议通过，2022 年 1 月 21 日山东省第十三届人民代表大会常务委员会第三十三次会议批准	2022-1-21	2022-2-21	2022-5-1	制定
烟台市海洋牧场管理条例	2021 年 12 月 22 日烟台市第十七届人民代表大会常务委员会第四十三次会议通过，2022 年 1 月 21 日山东省第十三届人民代表大会常务委员会第三十三次会议批准	2022-1-21	2022-2-21	2022-5-1	制定
潍坊市海洋牧场管理条例	2021 年 12 月 31 日潍坊市第十七届人民代表大会常务委员会第四十九次会议通过，2022 年 1 月 21 日山东省第十三届人民代表大会常务委员会第三十三次会议批准	2022-1-21	2022-2-21	2022-5-1	制定

续表

法规名称	通过或批准时间	公布时间	报备时间	施行时间	立法形式
日照市全民健身促进条例	2021年11月11日日照市第十八届人民代表大会常务委员会第三十九次会议通过，2022年1月21日山东省第十三届人民代表大会常务委员会第三十三次会议批准	2022-1-21	2022-2-21	2022-5-1	制定
日照市海洋牧场管理条例	2022年1月4日日照市第十八届人民代表大会常务委员会第四十次会议通过，2022年1月21日山东省第十三届人民代表大会常务委员会第三十三次会议批准	2022-1-21	2022-2-21	2022-5-1	制定
日照市养老服务条例	2022年1月4日日照市第十八届人民代表大会常务委员会第四十次会议通过，2022年1月21日山东省第十三届人民代表大会常务委员会第三十三次会议批准	2022-1-21	2022-2-21	2022-5-1	制定
威海市海洋牧场管理条例	2021年12月21日威海市第十七届人民代表大会常务委员会第三十七次会议通过，2022年1月21日山东省第十三届人民代表大会常务委员会第三十三次会议批准	2022-1-22	2022-2-21	2022-5-1	制定
济宁市农村人居环境治理条例	2021年12月30日济宁市第十七届人民代表大会常务委员会第五十次会议通过，2022年1月21日山东省第十三届人民代表大会常务委员会第三十三次会议批准	2022-1-26	2022-2-21	2022-5-1	制定
山东省燃气管理条例	2022年3月30日山东省第十三届人民代表大会常务委员会第三十四次会议修改	2022-3-30	2022-4-19	2022-3-30	修改
山东省机动车排气污染防治条例	2022年3月30日山东省第十三届人民代表大会常务委员会第三十四次会议修改	2022-3-30	2022-4-19	2022-3-30	修改
山东省气象灾害防御条例	2022年3月30日山东省第十三届人民代表大会常务委员会第三十四次会议修改	2022-3-30	2022-4-19	2022-3-30	修改
山东省胶东调水条例	2022年3月30日山东省第十三届人民代表大会常务委员会第三十四次会议修改	2022-3-30	2022-4-19	2022-3-30	修改
山东省道路运输条例	2022年3月30日山东省第十三届人民代表大会常务委员会第三十四次会议修改	2022-3-30	2022-4-19	2022-3-30	修改
山东省土地监察规定	2022年3月30日山东省第十三届人民代表大会常务委员会第三十四次会议废止	2022-3-30	2022-4-19	2022-3-30	废止
山东省城市国有土地使用权出让转让规划管理办法	2022年3月30日山东省第十三届人民代表大会常务委员会第三十四次会议废止	2022-3-30	2022-4-19	2022-3-30	废止
山东省农村集体经济承包合同管理条例	2022年3月30日山东省第十三届人民代表大会常务委员会第三十四次会议废止	2022-3-30	2022-4-19	2022-3-30	废止
山东省知识产权保护和促进条例	2022年3月30日山东省第十三届人民代表大会常务委员会第三十四次会议通过	2022-3-30	2022-4-19	2022-5-1	制定
山东省知识产权促进条例	在《山东省知识产权保护和促进条例》中被明文予以废止	2022-3-30	2022-4-19	2022-5-1	文中废止
山东省税收保障条例	2022年3月30日山东省第十三届人民代表大会常务委员会第三十四次会议通过	2022-3-30	2022-4-19	2022-7-1	制定
山东省地方税收保障条例	在《山东省税收保障条例》中被明文予以废止	2022-3-30	2022-4-19	2022-7-1	文中废止

续表

法规名称	通过或批准时间	公布时间	报备时间	施行时间	立法形式
济南市物业管理条例	2022 年 2 月 24 日济南市第十七届人民代表大会常务委员会第二十五次会议通过，2022 年 3 月 30 日山东省第十三届人民代表大会常务委员会第三十四次会议批准	2022-3-30	2022-4-19	2022-5-1	制定
淄博市养犬管理条例	2021 年 12 月 29 日淄博市第十五届人民代表大会常务委员会第五十二次会议通过，2022 年 3 月 30 日山东省第十三届人民代表大会常务委员会第三十四次会议批准	2022-4-8	2022-4-19	2022-7-1	制定
山东省人民代表大会常务委员会人事任免办法	2022 年 6 月 9 日山东省第十三届人民代表大会常务委员会第三十五次会议修改	2022-6-9	2022-6-20	2022-6-9	修改
山东省实施宪法宣誓制度办法	2022 年 6 月 9 日山东省第十三届人民代表大会常务委员会第三十五次会议修改	2022-6-9	2022-6-20	2022-6-9	修改
山东省人民代表大会代表建议、批评和意见办理工作条例	2022 年 6 月 9 日山东省第十三届人民代表大会常务委员会第三十五次会议修改	2022-6-9	2022-6-20	2022-6-9	修改
山东省乡镇人民代表大会工作若干规定	2022 年 6 月 9 日山东省第十三届人民代表大会常务委员会第三十五次会议修改	2022-6-9	2022-6-20	2022-6-9	修改
山东省红十字会条例	2022 年 6 月 9 日山东省第十三届人民代表大会常务委员会第三十五次会议通过	2022-6-9	2022-6-20	2022-7-1	制定
山东省实施《中华人民共和国红十字会法》办法	在《山东省红十字会条例》中被明文予以废止	2022-6-9	2022-6-20	2022-7-1	文中废止
山东省科学技术协会条例	2022 年 6 月 9 日山东省第十三届人民代表大会常务委员会第三十五次会议修改	2022-6-9	2022-6-20	2022-7-1	修改
山东省人民代表大会常务委员会关于加强山东现代水网建设的决定	2022 年 7 月 28 日山东省第十三届人民代表大会常务委员会第三十六次会议通过	2022-7-28	2022-8-12	2022-7-28	制定
山东省反食品浪费规定	2022 年 7 月 28 日山东省第十三届人民代表大会常务委员会第三十六次会议通过	2022-7-28	2022-8-12	2022-7-28	制定
山东省公安机关警务辅助人员条例	2022 年 7 月 28 日山东省第十三届人民代表大会常务委员会第三十六次会议通过	2022-7-28	2022-8-12	2022-10-1	制定
山东省人工影响天气管理条例	2022 年 7 月 28 日山东省第十三届人民代表大会常务委员会第三十六次会议通过	2022-7-28	2022-8-12	2022-10-1	制定
山东省人口与计划生育条例	2022 年 7 月 28 日山东省第十三届人民代表大会常务委员会第三十六次会议修改	2022-7-28	2022-8-12	2022-11-1	修改
临沂市文明乡村条例	2022 年 6 月 24 日临沂市第二十届人民代表大会常务委员会第二次会议通过，2022 年 7 月 28 日山东省第十三届人民代表大会常务委员会第三十六次会议批准	2022-7-28	2022-8-12	2022-10-1	制定
泰安市养犬管理条例	2022 年 6 月 28 日泰安市第十八届人民代表大会常务委员会第三次会议通过，2022 年 7 月 28 日山东省第十三届人民代表大会常务委员会第三十六次会议批准	2022-7-29	2022-8-12	2022-11-1	制定

续表

法规名称	通过或批准时间	公布时间	报备时间	施行时间	立法形式
淄博市统计条例	2022 年 6 月 28 日淄博市第十六届人民代表大会常务委员会第三次会议废止,2022 年 7 月 28 日山东省第十三届人民代表大会常务委员会第三十六次会议批准废止	2022-8-1	2022-8-12	2022-8-1	废止
淄博市农业技术推广若干规定	2022 年 6 月 28 日淄博市第十六届人民代表大会常务委员会第三次会议废止,2022 年 7 月 28 日山东省第十三届人民代表大会常务委员会第三十六次会议批准废止	2022-8-1	2022-8-12	2022-8-1	废止
淄博市土地监察条例	2022 年 6 月 28 日淄博市第十六届人民代表大会常务委员会第三次会议废止,2022 年 7 月 28 日山东省第十三届人民代表大会常务委员会第三十六次会议批准废止	2022-8-1	2022-8-12	2022-8-1	废止
潍坊市出租汽车经营服务管理若干规定	2022 年 6 月 16 日潍坊市第十八届人民代表大会常务委员会第二次会议通过,2022 年 7 月 28 日山东省第十三届人民代表大会常务委员会第三十六次会议批准	2022-8-3	2022-8-12	2022-8-3	制定
聊城市献血办法	2022 年 6 月 21 日聊城市第十八届人民代表大会常务委员会第四次会议通过,2022 年 7 月 28 日山东省第十三届人民代表大会常务委员会第三十六次会议批准	2022-8-3	2022-8-12	2022-10-1	制定
山东省残疾预防和残疾人康复条例	2022 年 9 月 21 日山东省第十三届人民代表大会常务委员会第三十八次会议通过	2022-9-21	2022-10-9	2023-1-1	制定
山东省齐长城保护条例	2022 年 9 月 21 日山东省第十三届人民代表大会常务委员会第三十八次会议通过	2022-9-21	2022-10-9	2023-1-1	制定
山东省固体废物污染环境防治条例	2022 年 9 月 21 日山东省第十三届人民代表大会常务委员会第三十八次会议通过	2022-9-21	2022-10-9	2023-1-1	制定
山东省实施《中华人民共和国固体废物污染环境防治法》办法	在《山东省固体废物污染环境防治条例》中被明文予以废止	2022-9-21	2022-10-9	2023-1-1	文中废止
山东省治理货物运输车辆超限超载条例	2022 年 9 月 21 日山东省第十三届人民代表大会常务委员会第三十八次会议通过	2022-9-21	2022-10-9	2023-1-1	制定
济南市客运出租汽车管理条例	2022 年 8 月 25 日济南市第十八届人民代表大会常务委员会第二次会议通过,2022 年 9 月 21 日山东省第十三届人民代表大会常务委员会第三十八次会议批准	2022-9-21	2022-10-9	2022-12-1	制定
济南市城市客运出租汽车管理条例	在《济南市客运出租汽车管理条例》中被明文予以废止	2022-9-21	2022-10-9	2022-12-1	文中废止
潍坊市文明行为促进条例	2022 年 8 月 30 日潍坊市第十八届人民代表大会常务委员会第四次会议通过,2022 年 9 月 21 日山东省第十三届人民代表大会常务委员会第三十八次会议批准	2022-9-22	2022-10-9	2022-10-15	制定
滨州市供热条例	2022 年 8 月 24 日滨州市第十二届人民代表大会常务委员会第三次会议修改,2022 年 9 月 21 日山东省第十三届人民代表大会常务委员会第三十八次会议批准修改	2022-9-22	2022-10-9	2022-11-1	修改

续表

法规名称	通过或批准时间	公布时间	报备时间	施行时间	立法形式
滨州市城镇容貌和环境卫生管理条例	2022年8月24日滨州市第十二届人民代表大会常务委员会第三次会议修改,2022年9月21日山东省第十三届人民代表大会常务委员会第三十八次会议批准修改	2022-9-22	2022-10-9	2022-11-1	修改
烟台市海洋生态环境保护条例	2022年8月25日烟台市第十八届人民代表大会常务委员会第四次会议通过,2022年9月21日山东省第十三届人民代表大会常务委员会第三十八次会议批准	2022-9-22	2022-10-9	2022-12-1	制定
烟台市安全生产监督管理条例	2022年8月25日烟台市第十八届人民代表大会常务委员会第四次会议修改,2022年9月21日山东省第十三届人民代表大会常务委员会第三十八次会议批准修改	2022-9-22	2022-10-9	2022-12-1	修改
日照市机动车停车条例	2022年8月30日日照市第十九届人民代表大会常务委员会第四次会议通过,2022年9月21日山东省第十三届人民代表大会常务委员会第三十八次会议批准	2022-9-26	2022-10-9	2023-1-1	制定
菏泽市旅游促进条例	2022年8月24日菏泽市第二十届人民代表大会常务委员会第四次会议通过,2022年9月21日山东省第十三届人民代表大会常务委员会第三十八次会议批准	2022-9-27	2022-10-9	2023-1-1	制定
枣庄市优化营商环境条例	2022年8月30日枣庄市第十七届人民代表大会常务委员会第五次会议通过,2022年9月21日山东省第十三届人民代表大会常务委员会第三十八次会议批准	2022-9-28	2022-10-9	2022-11-1	制定
山东省人民代表大会常务委员会关于济南新旧动能转换起步区行政管理有关事项的决定	2022年12月21日山东省第十三届人民代表大会常务委员会第三十九次会议通过	2022-12-21	2023-1-6	2022-12-21	制定
山东省信访条例	2022年12月21日山东省第十三届人民代表大会常务委员会第三十九次会议废止	2022-12-21	2023-1-6	2022-12-21	废止
山东省华侨权益保护条例	2022年12月21日山东省第十三届人民代表大会常务委员会第三十九次会议通过	2022-12-21	2023-1-6	2023-1-1	制定
青岛市历史建筑和传统风貌建筑保护利用条例	2022年10月28日青岛市第十七届人民代表大会常务委员会第四次会议通过,2022年12月21日山东省第十三届人民代表大会常务委员会第三十九次会议批准	2022-12-21	2023-1-6	2023-1-1	制定
烟台市房屋使用安全管理条例	2022年10月26日烟台市第十八届人民代表大会常务委员会第五次会议通过,2022年12月21日山东省第十三届人民代表大会常务委员会第三十九次会议批准	2022-12-21	2023-1-6	2023-1-1	制定
济宁市电梯安全条例	2022年11月7日济宁市第十八届人民代表大会常务委员会第五次会议通过,2022年12月21日山东省第十三届人民代表大会常务委员会第三十九次会议批准	2022-12-21	2023-1-6	2023-5-1	制定

续表

法规名称	通过或批准时间	公布时间	报备时间	施行时间	立法形式
东营市社会治理网格化服务管理条例	2022年10月31日东营市第九届人民代表大会常务委员会第四次会议通过，2022年12月21日山东省第十三届人民代表大会常务委员会第三十九次会议批准	2022-12-22	2023-1-6	2023-1-1	制定
泰安市停车管理条例	2022年10月27日泰安市第十八届人民代表大会常务委员会第五次会议通过，2022年12月21日山东省第十三届人民代表大会常务委员会第三十九次会议批准	2022-12-22	2023-1-6	2023-1-1	制定
威海市气瓶安全管理条例	2022年11月4日威海市第十八届人民代表大会常务委员会第五次会议通过，2022年12月21日山东省第十三届人民代表大会常务委员会第三十九次会议批准	2022-12-22	2023-1-6	2023-1-1	制定
日照市12345政务服务便民热线条例	2022年10月28日日照市第十九届人民代表大会常务委员会第五次会议通过，2022年12月21日山东省第十三届人民代表大会常务委员会第三十九次会议批准	2022-12-22	2023-1-6	2023-1-1	制定
德州市城市绿化条例	2022年9月27日德州市第十九届人民代表大会常务委员会第八次会议通过，2022年12月21日山东省第十三届人民代表大会常务委员会第三十九次会议批准	2022-12-22	2023-1-6	2023-1-1	制定
德州市反餐饮浪费条例	2022年9月27日德州市第十九届人民代表大会常务委员会第八次会议通过，2022年12月21日山东省第十三届人民代表大会常务委员会第三十九次会议批准	2022-12-22	2023-1-6	2023-1-1	制定
枣庄市网格化服务管理条例	2022年11月12日枣庄市第十七届人民代表大会常务委员会第七次会议通过，2022年12月21日山东省第十三届人民代表大会常务委员会第三十九次会议批准	2022-12-25	2023-1-6	2023-3-1	制定
枣庄市烟花爆竹燃放管理条例	2022年11月12日枣庄市第十七届人民代表大会常务委员会第七次会议通过，2022年12月21日山东省第十三届人民代表大会常务委员会第三十九次会议批准	2022-12-29	2023-1-6	2023-1-1	制定

河南省地方性法规目录

（81件）

法规名称	通过或批准时间	公布时间	报备时间	施行时间	立法形式
郑州市城市养犬管理条例	2021年10月29日郑州市第十五届人民代表大会常务委员会第二十八次会议修改，2021年11月27日河南省第十三届人民代表大会常务委员会第二十八次会议批准修改	2022-1-1	2022-1-24	2022-1-1	修改

续表

法规名称	通过或批准时间	公布时间	报备时间	施行时间	立法形式
郑州市企业职工基本养老保险条例	2021年10月29日郑州市第十五届人民代表大会常务委员会第二十八次会议修改，2021年11月27日河南省第十三届人民代表大会常务委员会第二十八次会议批准修改	2022-1-1	2022-1-24	2022-1-1	修改
郑州市城市道路交通安全管理条例	2021年10月29日郑州市第十五届人民代表大会常务委员会第二十八次会议修改，2021年11月27日河南省第十三届人民代表大会常务委员会第二十八次会议批准修改	2022-1-1	2022-1-24	2022-1-1	修改
郑州市城市园林绿化条例	2021年10月29日郑州市第十五届人民代表大会常务委员会第二十八次会议修改，2021年11月27日河南省第十三届人民代表大会常务委员会第二十八次会议批准修改	2022-1-1	2022-1-24	2022-1-1	修改
郑州市轨道交通条例	2021年10月29日郑州市第十五届人民代表大会常务委员会第二十八次会议修改，2021年11月27日河南省第十三届人民代表大会常务委员会第二十八次会议批准修改	2022-1-1	2022-1-24	2022-1-1	修改
郑州市建筑市场管理条例	2021年10月29日郑州市第十五届人民代表大会常务委员会第二十八次会议修改，2021年11月27日河南省第十三届人民代表大会常务委员会第二十八次会议批准修改	2022-1-1	2022-1-24	2022-1-1	修改
郑州市文明行为促进条例	2021年10月29日郑州市第十五届人民代表大会常务委员会第二十八次会议修改，2021年11月27日河南省第十三届人民代表大会常务委员会第二十八次会议批准修改	2022-1-1	2022-1-24	2022-1-1	修改
郑州市中小学校学生人身伤害事故预防与处理条例	2021年10月29日郑州市第十五届人民代表大会常务委员会第二十八次会议修改，2021年11月27日河南省第十三届人民代表大会常务委员会第二十八次会议批准修改	2022-1-1	2022-1-24	2022-1-1	修改
郑州市客运出租汽车管理条例	2021年10月29日郑州市第十五届人民代表大会常务委员会第二十八次会议修改，2021年11月27日河南省第十三届人民代表大会常务委员会第二十八次会议批准修改	2022-1-1	2022-1-24	2022-1-1	修改
郑州市旅游业管理条例	2021年10月29日郑州市第十五届人民代表大会常务委员会第二十八次会议修改，2021年11月27日河南省第十三届人民代表大会常务委员会第二十八次会议批准修改	2022-1-1	2022-1-24	2022-1-1	修改

续表

法规名称	通过或批准时间	公布时间	报备时间	施行时间	立法形式
郑州市燃气管理条例	2021年10月29日郑州市第十五届人民代表大会常务委员会第二十八次会议修改，2021年11月27日河南省第十三届人民代表大会常务委员会第二十八次会议批准修改	2022-1-1	2022-1-24	2022-1-1	修改
郑州市儿童计划免疫条例	2021年10月29日郑州市第十五届人民代表大会常务委员会第二十八次会议废止，2021年11月27日河南省第十三届人民代表大会常务委员会第二十八次会议批准废止	2022-1-1	2022-1-24	2022-1-1	废止
郑州市信访条例	2021年10月29日郑州市第十五届人民代表大会常务委员会第二十八次会议废止，2021年11月27日河南省第十三届人民代表大会常务委员会第二十八次会议批准废止	2022-1-1	2022-1-24	2022-1-1	废止
郑州市建设项目审计条例	2021年10月29日郑州市第十五届人民代表大会常务委员会第二十八次会议废止，2021年11月27日河南省第十三届人民代表大会常务委员会第二十八次会议批准废止	2022-1-1	2022-1-24	2022-1-1	废止
郑州市城市房屋租赁管理条例	2021年10月29日郑州市第十五届人民代表大会常务委员会第二十八次会议废止，2021年11月27日河南省第十三届人民代表大会常务委员会第二十八次会议批准废止	2022-1-1	2022-1-24	2022-1-1	废止
郑州市国有土地有偿使用条例	2021年10月29日郑州市第十五届人民代表大会常务委员会第二十八次会议废止，2021年11月27日河南省第十三届人民代表大会常务委员会第二十八次会议批准废止	2022-1-1	2022-1-24	2022-1-1	废止
郑州市饲料和饲料添加剂管理条例	2021年10月29日郑州市第十五届人民代表大会常务委员会第二十八次会议废止，2021年11月27日河南省第十三届人民代表大会常务委员会第二十八次会议批准废止	2022-1-1	2022-1-24	2022-1-1	废止
开封市优化营商环境条例	2021年10月29日开封市第十五届人民代表大会常务委员会第二十次会议通过，2021年12月28日河南省第十三届人民代表大会常务委员会第二十九次会议批准	2022-1-12	2022-2-7	2022-2-1	制定
周口市港口和航道条例	2021年11月25日周口市第四届人民代表大会常务委员会第三十三次会议通过，2021年12月28日河南省第十三届人民代表大会常务委员会第二十九次会议批准	2022-1-12	2022-2-7	2022-3-1	制定
洛阳市水资源条例	2021年10月12日洛阳市第十五届人民代表大会常务委员会第二十八次会议通过，2021年12月28日河南省第十三届人民代表大会常务委员会第二十九次会议批准	2022-1-24	2022-2-7	2022-3-1	制定

续表

法规名称	通过或批准时间	公布时间	报备时间	施行时间	立法形式
洛阳市水资源管理条例	在《洛阳市水资源条例》中被明文予以废止	2022-1-24	2022-2-7	2022-3-1	文中废止
河南省南水北调饮用水水源保护条例	2022年1月8日河南省第十三届人民代表大会第六次会议通过	2022-1-8	2022-2-7	2022-3-1	制定
信阳市停车场建设管理条例	2021年12月28日信阳市第五届人民代表大会常务委员会第三十七次会议通过，2022年2月22日河南省第十三届人民代表大会常务委员会第三十次会议批准	2022-3-22	2022-4-15	2022-6-1	制定
河南省餐饮服务从业人员佩戴口罩规定	2022年3月30日河南省第十三届人民代表大会常务委员会第三十一次会议通过	2022-3-30	2022-4-15	2022-7-1	制定
河南省矛盾纠纷多元预防化解条例	2022年3月30日河南省第十三届人民代表大会常务委员会第三十一次会议通过	2022-4-1	2022-4-15	2022-7-1	制定
南阳市城市管理综合执法条例	2022年3月4日南阳市第六届人民代表大会常务委员会第三十二次会议通过,2022年3月30日河南省第十三届人民代表大会常务委员会第三十一次会议批准	2022-5-26	2022-6-10	2022-7-1	制定
河南省中医药条例	2022年5月26日河南省第十三届人民代表大会常务委员会第三十二次会议通过	2022-5-27	2022-6-10	2022-10-1	制定
河南省中医条例	在《河南省中医药条例》中被明文予以废止	2022-5-27	2022-6-10	2022-10-1	文中废止
新乡市文明行为促进条例	2022年4月28日新乡市第十三届人民代表大会常务委员会第三十五次会议通过，2022年5月26日河南省第十三届人民代表大会常务委员会第三十二次会议批准	2022-6-14	2022-7-1	2022-8-1	制定
开封市城市饮用水水源保护条例	2022年4月29日开封市第十五届人民代表大会常务委员会第二十四次会议修改，2022年5月26日河南省第十三届人民代表大会常务委员会第三十二次会议批准修改	2022-6-15	2022-7-1	2022-6-15	修改
郑州市不动产登记服务条例	2022年4月20日郑州市第十五届人民代表大会常务委员会第三十三次会议通过，2022年5月26日河南省第十三届人民代表大会常务委员会第三十二次会议批准	2022-6-20	2022-7-1	2022-10-1	制定
郑州市房屋登记条例	在《郑州市不动产登记服务条例》中被明文予以废止	2022-6-20	2022-7-1	2022-10-1	文中废止
驻马店市文明行为促进条例	2022年4月28日驻马店市第四届人民代表大会常务委员会第三十八次会议通过，2022年5月26日河南省第十三届人民代表大会常务委员会第三十二次会议批准	2022-6-21	2022-7-1	2022-8-1	制定
安阳市城市市容和环境卫生管理条例	2022年4月26日安阳市第十四届人民代表大会常务委员会第三十二次会议通过，2022年5月26日河南省第十三届人民代表大会常务委员会第三十二次会议批准	2022-6-21	2022-7-1	2022-9-1	制定
平顶山市优化营商环境条例	2022年4月27日平顶山市第十一届人民代表大会常务委员会第二十九次会议通过,2022年5月26日河南省第十三届人民代表大会常务委员会第三十二次会议批准	2022-6-25	2022-7-1	2022-8-1	制定

续表

法规名称	通过或批准时间	公布时间	报备时间	施行时间	立法形式
河南省气象信息服务条例	2022年7月30日河南省第十三届人民代表大会常务委员会第三十四次会议通过	2022-7-30	2022-8-9	2022-12-1	制定
河南省科学院发展促进条例	2022年7月30日河南省第十三届人民代表大会常务委员会第三十四次会议通过	2022-7-31	2022-8-9	2022-9-1	制定
河南省养老服务条例	2022年7月30日河南省第十三届人民代表大会常务委员会第三十四次会议通过	2022-8-1	2022-8-8	2022-10-1	制定
河南省反家庭暴力条例	2022年7月30日河南省第十三届人民代表大会常务委员会第三十四次会议通过	2022-8-1	2022-8-8	2022-10-1	制定
河南省人民代表大会常务委员会关于预防和制止家庭暴力的决定	在《河南省反家庭暴力条例》中被明文予以废止	2022-8-1	2022-8-8	2022-10-1	文中废止
焦作市文明行为促进条例	2022年7月5日焦作市第十三届人民代表大会常务委员会第四十二次会议通过，2022年7月30日河南省第十三届人民代表大会常务委员会第三十四次会议批准	2022-8-18	2022-9-8	2022-10-1	制定
许昌市居民住宅区消防安全管理条例	2022年6月27日许昌市第七届人民代表大会常务委员会第五十一次会议通过，2022年7月30日河南省第十三届人民代表大会常务委员会第三十四次会议批准	2022-8-18	2022-9-8	2022-11-1	制定
濮阳市扬尘污染防治条例	2022年6月29日濮阳市第八届人民代表大会常务委员会第三十四次会议通过，2022年7月30日河南省第十三届人民代表大会常务委员会第三十四次会议批准	2022-8-19	2022-9-8	2022-10-1	制定
洛阳市二里头遗址保护条例	2022年6月21日洛阳市第十五届人民代表大会常务委员会第三十四次会议通过，2022年7月30日河南省第十三届人民代表大会常务委员会第三十四次会议批准	2022-8-22	2022-9-8	2022-10-1	制定
洛阳市偃师二里头遗址和尸乡沟商城遗址保护条例	在《洛阳市二里头遗址保护条例》中被明文予以废止	2022-8-22	2022-9-8	2022-10-1	文中废止
商丘市居民住宅区消防安全管理条例	2022年6月21日商丘市第五届人民代表大会常务委员会第三十九次会议通过，2022年7月30日河南省第十三届人民代表大会常务委员会第三十四次会议批准	2022-8-22	2022-9-8	2022-10-1	制定
漯河市河湖保护管理条例	2022年6月21日漯河市第七届人民代表大会常务委员会第四十七次会议通过，2022年7月30日河南省第十三届人民代表大会常务委员会第三十四次会议批准	2022-8-22	2022-9-8	2022-12-1	制定
信阳市城市排水管理条例	2022年6月29日信阳市第五届人民代表大会常务委员会第四十二次会议通过，2022年7月30日河南省第十三届人民代表大会常务委员会第三十四次会议批准	2022-8-23	2022-9-8	2022-11-1	制定
安阳市社会治理促进条例	2022年6月17日安阳市第十四届人民代表大会常务委员会第三十五次会议通过，2022年7月30日河南省第十三届人民代表大会常务委员会第三十四次会议批准	2022-8-25	2022-9-8	2022-10-1	制定

续表

法规名称	通过或批准时间	公布时间	报备时间	施行时间	立法形式
鹤壁市电动自行车管理条例	2022年6月23日鹤壁市第十一届人民代表大会常务委员会第三十五次会议通过，2022年7月30日河南省第十三届人民代表大会常务委员会第三十四次会议批准	2022-8-25	2022-9-8	2022-12-1	制定
周口市电梯安全管理条例	2022年6月29日周口市第四届人民代表大会常务委员会第三十八次会议通过，2022年7月30日河南省第十三届人民代表大会常务委员会第三十四次会议批准	2022-8-29	2022-9-8	2022-11-1	制定
郑州市实施《中华人民共和国家庭教育促进法》办法	2022年7月1日郑州市第十五届人民代表大会常务委员会第三十六次会议通过，2022年7月30日河南省第十三届人民代表大会常务委员会第三十四次会议批准	2022-8-31	2022-9-8	2022-10-1	制定
南阳市优化营商环境条例	2022年6月22日南阳市第六届人民代表大会常务委员会第三十五次会议通过，2022年7月30日河南省第十三届人民代表大会常务委员会第三十四次会议批准	2022-9-8	2022-9-22	2022-10-1	制定
河南省科学技术协会条例	2022年9月30日河南省第十三届人民代表大会常务委员会第三十五次会议修改	2022-9-30	2022-11-7	2022-11-1	修改
河南省公共文化服务保障促进条例	2022年9月30日河南省第十三届人民代表大会常务委员会第三十五次会议通过	2022-9-30	2022-11-7	2022-12-1	制定
河南省人力资源市场条例	2022年9月30日河南省第十三届人民代表大会常务委员会第三十五次会议通过	2022-9-30	2022-11-7	2023-1-1	制定
河南省劳动力市场条例	在《河南省人力资源市场条例》中被明文予以废止	2022-9-30	2022-11-7	2023-1-1	文中废止
河南省人才流动条例	在《河南省人力资源市场条例》中被明文予以废止	2022-9-30	2022-11-7	2023-1-1	文中废止
平顶山市汝瓷文化保护条例	2022年8月16日平顶山市第十一届人民代表大会常务委员会第三十三次会议通过，2022年9月30日河南省第十三届人民代表大会常务委员会第三十五次会议批准	2022-10-11	2022-11-7	2023-1-1	制定
漯河市物业管理条例	2022年8月31日漯河市第七届人民代表大会常务委员会第四十九次会议通过，2022年9月30日河南省第十三届人民代表大会常务委员会第三十五次会议批准	2022-10-31	2022-11-22	2023-1-1	制定
焦作市养老服务促进条例	2022年8月30日焦作市第十三届人民代表大会常务委员会第四十三次会议通过，2022年9月30日河南省第十三届人民代表大会常务委员会第三十五次会议批准	2022-11-3	2022-11-22	2023-1-1	制定
洛阳市养犬管理条例	2022年8月26日洛阳市第十五届人民代表大会常务委员会第三十五次会议通过，2022年9月30日河南省第十三届人民代表大会常务委员会第三十五次会议批准	2022-11-8	2022-11-22	2023-1-1	制定
洛阳市市区养犬管理规定	在《洛阳市养犬管理条例》中被明文予以废止	2022-11-8	2022-11-22	2023-1-1	文中废止

续表

法规名称	通过或批准时间	公布时间	报备时间	施行时间	立法形式
濮阳市城乡供水条例	2022年8月31日濮阳市第八届人民代表大会常务委员会第三十五次会议通过，2022年9月30日河南省第十三届人民代表大会常务委员会第三十五次会议批准	2022-11-11	2022-11-22	2023-1-1	制定
新乡市河道保护管理条例	2022年8月31日新乡市第十三届人民代表大会常务委员会第三十八次会议通过，2022年9月30日河南省第十三届人民代表大会常务委员会第三十五次会议批准	2022-11-15	2022-11-22	2023-1-1	制定
三门峡市红色资源保护利用条例	2022年9月9日三门峡市第七届人民代表大会常务委员会第四十一次会议通过，2022年9月30日河南省第十三届人民代表大会常务委员会第三十五次会议批准	2022-11-15	2022-11-22	2023-1-1	制定
商丘古城保护条例	2022年8月25日商丘市第五届人民代表大会常务委员会第四十次会议修改，2022年9月30日河南省第十三届人民代表大会常务委员会第三十五次会议批准修改	2022-11-15	2022-12-8	2022-11-15	修改
商丘市文明行为促进条例	2022年8月25日商丘市第五届人民代表大会常务委员会第四十次会议修改，2022年9月30日河南省第十三届人民代表大会常务委员会第三十五次会议批准修改	2022-11-15	2022-12-8	2022-11-15	修改
商丘市城市市容和环境卫生管理条例	2022年8月25日商丘市第五届人民代表大会常务委员会第四十次会议修改，2022年9月30日河南省第十三届人民代表大会常务委员会第三十五次会议批准修改	2022-11-15	2022-12-8	2022-11-15	修改
鹤壁市辛村遗址保护条例	2022年8月22日鹤壁市第十一届人民代表大会常务委员会第三十六次会议通过，2022年9月30日河南省第十三届人民代表大会常务委员会第三十五次会议批准	2022-11-15	2022-12-8	2022-12-1	制定
郑州市会展业促进条例	2022年8月31日郑州市第十五届人民代表大会常务委员会第三十八次会议通过，2022年9月30日河南省第十三届人民代表大会常务委员会第三十五次会议批准	2022-11-15	2022-12-8	2022-12-1	制定
周口市水资源管理条例	2022年8月30日周口市第四届人民代表大会常务委员会第三十九次会议通过，2022年9月30日河南省第十三届人民代表大会常务委员会第三十五次会议批准	2022-11-16	2022-12-8	2023-1-1	制定
郑州市轨道交通条例	2022年8月31日郑州市第十五届人民代表大会常务委员会第三十八次会议修改，2022年9月30日河南省第十三届人民代表大会常务委员会第三十五次会议批准修改	2022-11-17	2022-12-8	2022-11-17	修改
郑州市规范城市客运行为若干规定	2022年8月31日郑州市第十五届人民代表大会常务委员会第三十八次会议修改，2022年9月30日河南省第十三届人民代表大会常务委员会第三十五次会议批准修改	2022-11-17	2022-12-8	2022-11-17	修改

续表

法规名称	通过或批准时间	公布时间	报备时间	施行时间	立法形式
郑州市房屋使用安全管理条例	2022 年 8 月 31 日郑州市第十五届人民代表大会常务委员会第三十八次会议修改，2022 年 9 月 30 日河南省第十三届人民代表大会常务委员会第三十五次会议批准修改	2022-11-17	2022-12-8	2022-11-17	修改
郑州市旅游业管理条例	2022 年 8 月 31 日郑州市第十五届人民代表大会常务委员会第三十八次会议废止，2022 年 9 月 30 日河南省第十三届人民代表大会常务委员会第三十五次会议批准废止	2022-11-17	2022-12-8	2022-11-17	废止
郑州市非公有制企业权益保障条例	2022 年 8 月 31 日郑州市第十五届人民代表大会常务委员会第三十八次会议废止，2022 年 9 月 30 日河南省第十三届人民代表大会常务委员会第三十五次会议批准废止	2022-11-17	2022-12-8	2022-11-17	废止
驻马店市城市公共汽车客运条例	2022 年 8 月 31 日驻马店市第四届人民代表大会常务委员会第四十一次会议通过，2022 年 9 月 30 日河南省第十三届人民代表大会常务委员会第三十五次会议批准	2022-11-18	2022-12-8	2022-12-1	制定
郑州航空港经济综合实验区条例	2022 年 11 月 26 日河南省第十三届人民代表大会常务委员会第三十六次会议修改	2022-11-26	2023-1-4	2022-11-26	修改
河南省国家安全技术保卫条例	2022 年 11 月 26 日河南省第十三届人民代表大会常务委员会第三十六次会议修改	2022-11-26	2023-1-4	2022-11-26	修改
河南省禁止非医学需要胎儿性别鉴定和选择性别人工终止妊娠条例	2022 年 11 月 26 日河南省第十三届人民代表大会常务委员会第三十六次会议修改	2022-11-26	2023-1-4	2022-11-26	修改
河南省实施《中华人民共和国归侨侨眷权益保护法》办法	2022 年 11 月 26 日河南省第十三届人民代表大会常务委员会第三十六次会议修改	2022-11-26	2023-1-4	2022-11-26	修改
河南省安置教育刑满释放和解除劳动教养人员的暂行规定	2022 年 11 月 26 日河南省第十三届人民代表大会常务委员会第三十六次会议废止	2022-11-26	2023-1-4	2022-11-26	废止
河南省创新驱动高质量发展条例	2022 年 11 月 26 日河南省第十三届人民代表大会常务委员会第三十六次会议通过	2022-11-26	2023-1-4	2023-1-1	制定
河南省机关运行保障条例	2022 年 11 月 26 日河南省第十三届人民代表大会常务委员会第三十六次会议通过	2022-11-26	2023-1-4	2023-1-1	制定
河南省事业单位改革发展条例	2022 年 11 月 26 日河南省第十三届人民代表大会常务委员会第三十六次会议通过	2022-11-26	2023-1-4	2023-1-1	制定
河南省中原科技城总体规划管理条例	2022 年 11 月 26 日河南省第十三届人民代表大会常务委员会第三十六次会议通过	2022-11-26	2023-1-4	2023-1-1	制定
河南省网络安全条例	2022 年 11 月 26 日河南省第十三届人民代表大会常务委员会第三十六次会议通过	2022-11-26	2023-1-4	2023-6-1	制定

续表

法规名称	通过或批准时间	公布时间	报备时间	施行时间	立法形式
信阳市政务服务条例	2022年10月31日信阳市第五届人民代表大会常务委员会第四十五次会议通过，2022年11月26日河南省第十三届人民代表大会常务委员会第三十六次会议批准	2022-12-2	2023-1-4	2022-12-10	制定

湖北省地方性法规目录

（109件）

法规名称	通过或批准时间	公布时间	报备时间	施行时间	立法形式
荆州市中心城区机动车停车条例	2021年10月27日荆州市第五届人民代表大会常务委员会第三十九次会议通过，2021年11月26日湖北省第十三届人民代表大会常务委员会第二十七次会议批准	2022-1-1	2022-1-17	2022-3-1	制定
荆门市实施《湖北省非物质文化遗产条例》办法	2021年12月3日荆门市第九届人民代表大会常务委员会第四十三次会议通过，2021年12月29日湖北省第十三届人民代表大会常务委员会第二十八次会议批准	2022-1-13	2022-2-8	2022-5-1	制定
湖北省人民代表大会常务委员会关于武汉长江新区行政管理等有关事项的决定	2022年3月31日湖北省第十三届人民代表大会常务委员会第三十次会议通过	2022-3-31	2022-4-21	2022-3-31	制定
湖北省水污染防治条例	2022年3月31日湖北省第十三届人民代表大会常务委员会第三十次会议修改	2022-3-31	2022-4-21	2022-3-31	修改
湖北省统计管理条例	2022年3月31日湖北省第十三届人民代表大会常务委员会第三十次会议修改	2022-3-31	2022-4-21	2022-3-31	修改
湖北省实施《中华人民共和国产品质量法》办法	2022年3月31日湖北省第十三届人民代表大会常务委员会第三十次会议修改	2022-3-31	2022-4-21	2022-3-31	修改
湖北省林地管理条例	2022年3月31日湖北省第十三届人民代表大会常务委员会第三十次会议修改	2022-3-31	2022-4-21	2022-3-31	修改
湖北省人大常委会关于政府规章设定行政处罚罚款限额的规定	2022年3月31日湖北省第十三届人民代表大会常务委员会第三十次会议修改	2022-3-31	2022-4-21	2022-3-31	修改
黄冈市白莲河库区水环境保护条例	2021年12月22日黄冈市第五届人民代表大会常务委员会第四十一次会议修改，2022年3月31日湖北省第十三届人民代表大会常务委员会第三十次会议批准修改	2022-4-13	2022-4-21	2022-4-13	修改
黄冈市城市公共交通条例	2021年12月22日黄冈市第五届人民代表大会常务委员会第四十一次会议修改，2022年3月31日湖北省第十三届人民代表大会常务委员会第三十次会议批准修改	2022-4-13	2022-4-21	2022-4-13	修改

续表

法规名称	通过或批准时间	公布时间	报备时间	施行时间	立法形式
随州市文明行为促进条例	2021 年 12 月 31 日随州市第四届人民代表大会常务委员会第三十三次会议通过，2022 年 3 月 31 日湖北省第十三届人民代表大会常务委员会第三十次会议批准	2022-4-18	2022-5-6	2022-7-1	制定
武汉市实施《中华人民共和国红十字会法》办法	2022 年 2 月 28 日武汉市第十五届人民代表大会常务委员会第一次会议修改，2022 年 3 月 31 日湖北省第十三届人民代表大会常务委员会第三十次会议批准修改	2022-4-23	2022-5-6	2022-5-8	修改
武汉市预算审查监督条例	2022 年 2 月 28 日武汉市第十五届人民代表大会常务委员会第一次会议修改，2022 年 3 月 31 日湖北省第十三届人民代表大会常务委员会第三十次会议批准修改	2022-4-24	2022-5-6	2022-6-1	修改
咸宁市文明行为促进条例	2021 年 12 月 21 日咸宁市第五届人民代表大会常务委员会第三十六次会议通过，2022 年 3 月 31 日湖北省第十三届人民代表大会常务委员会第三十次会议批准	2022-4-26	2022-5-6	2022-10-1	制定
咸宁市城市管理条例	2021 年 12 月 21 日咸宁市第五届人民代表大会常务委员会第三十六次会议通过，2022 年 3 月 31 日湖北省第十三届人民代表大会常务委员会第三十次会议批准	2022-4-26	2022-5-6	2022-10-1	制定
湖北省信访条例	2022 年 5 月 26 日湖北省第十三届人民代表大会常务委员会第三十一次会议废止	2022-5-26	2022-6-10	2022-5-26	废止
湖北省实施《中华人民共和国母婴保健法》办法	2022 年 5 月 26 日湖北省第十三届人民代表大会常务委员会第三十一次会议修改	2022-5-26	2022-6-13	2022-5-26	修改
湖北省邮政条例	2022 年 5 月 26 日湖北省第十三届人民代表大会常务委员会第三十一次会议修改	2022-5-26	2022-6-13	2022-5-26	修改
湖北省实施《中华人民共和国老年人权益保障法》办法	2022 年 5 月 26 日湖北省第十三届人民代表大会常务委员会第三十一次会议修改	2022-5-26	2022-6-13	2022-5-26	修改
湖北省中医药条例	2022 年 5 月 26 日湖北省第十三届人民代表大会常务委员会第三十一次会议修改	2022-5-26	2022-6-13	2022-5-26	修改
湖北省畜牧条例	2022 年 5 月 26 日湖北省第十三届人民代表大会常务委员会第三十一次会议修改	2022-5-26	2022-6-13	2022-5-26	修改
湖北省药品管理条例	2022 年 5 月 26 日湖北省第十三届人民代表大会常务委员会第三十一次会议修改	2022-5-26	2022-6-13	2022-5-26	修改
湖北省人口与计划生育条例	2022 年 5 月 26 日湖北省第十三届人民代表大会常务委员会第三十一次会议修改	2022-5-26	2022-6-13	2022-5-26	修改
湖北省城市市容和环境卫生管理条例	2022 年 5 月 26 日湖北省第十三届人民代表大会常务委员会第三十一次会议修改	2022-5-26	2022-6-13	2022-5-26	修改
湖北省实验动物管理条例	2022 年 5 月 26 日湖北省第十三届人民代表大会常务委员会第三十一次会议修改	2022-5-26	2022-6-13	2022-5-26	修改
湖北省涉案财物价格认定条例	2022 年 5 月 26 日湖北省第十三届人民代表大会常务委员会第三十一次会议通过	2022-5-26	2022-6-13	2022-9-1	制定

续表

法规名称	通过或批准时间	公布时间	报备时间	施行时间	立法形式
湖北省涉案财物价格鉴证条例	在《湖北省涉案财物价格认定条例》中被明文予以废止	2022-5-26	2022-6-13	2022-9-1	文中废止
湖北省磷石膏污染防治条例	2022年5月26日湖北省第十三届人民代表大会常务委员会第三十一次会议通过	2022-5-26	2022-6-13	2022-9-1	制定
湖北省人民代表大会常务委员会关于加强省级预算审查监督的决定	2022年5月26日湖北省第十三届人民代表大会常务委员会第三十一次会议修改	2022-5-26	2022-6-26	2022-5-26	修改
长阳土家族自治县矿产资源管理条例	2022年2月15日长阳土家族自治县第十届人民代表大会第二次会议修改，2022年5月26日湖北省第十三届人民代表大会常务委员会第三十一次会议批准修改	2022-5-30	2022-6-29	2022-5-30	修改
长阳土家族自治县城镇建设管理条例	2022年2月15日长阳土家族自治县第十届人民代表大会第二次会议修改，2022年5月26日湖北省第十三届人民代表大会常务委员会第三十一次会议批准修改	2022-5-30	2022-6-29	2022-5-30	修改
长阳土家族自治县乡村公路条例	2022年2月15日长阳土家族自治县第十届人民代表大会第二次会议修改，2022年5月26日湖北省第十三届人民代表大会常务委员会第三十一次会议批准修改	2022-5-30	2022-6-29	2022-5-30	修改
长阳土家族自治县学校安全条例	2022年2月15日长阳土家族自治县第十届人民代表大会第二次会议修改，2022年5月26日湖北省第十三届人民代表大会常务委员会第三十一次会议批准修改	2022-5-30	2022-6-29	2022-5-30	修改
长阳土家族自治县森林资源保护条例	2022年2月15日长阳土家族自治县第十届人民代表大会第二次会议修改，2022年5月26日湖北省第十三届人民代表大会常务委员会第三十一次会议批准修改	2022-5-30	2022-6-29	2022-5-30	修改
长阳土家族自治县农产品质量安全条例	2022年2月15日长阳土家族自治县第十届人民代表大会第二次会议修改，2022年5月26日湖北省第十三届人民代表大会常务委员会第三十一次会议批准修改	2022-5-30	2022-6-29	2022-5-30	修改
长阳土家族自治县旅游条例	2022年2月15日长阳土家族自治县第十届人民代表大会第二次会议修改，2022年5月26日湖北省第十三届人民代表大会常务委员会第三十一次会议批准修改	2022-5-30	2022-6-29	2022-5-30	修改
长阳土家族自治县河流保护条例	2022年2月15日长阳土家族自治县第十届人民代表大会第二次会议修改，2022年5月26日湖北省第十三届人民代表大会常务委员会第三十一次会议批准修改	2022-5-30	2022-6-29	2022-5-30	修改
长阳土家族自治县清江库区管理条例	2022年2月15日长阳土家族自治县第十届人民代表大会第二次会议修改，2022年5月26日湖北省第十三届人民代表大会常务委员会第三十一次会议批准修改	2022-5-30	2022-6-29	2022-5-30	修改

续表

法规名称	通过或批准时间	公布时间	报备时间	施行时间	立法形式
长阳土家族自治县实施《中华人民共和国水土保持法》的补充规定	2022 年 2 月 15 日长阳土家族自治县第十届人民代表大会第二次会议修改,2022 年 5 月 26 日湖北省第十三届人民代表大会常务委员会第三十一次会议批准修改	2022-5-30	2022-6-29	2022-5-30	修改
长阳土家族自治县生态环境保护条例	2022 年 2 月 15 日长阳土家族自治县第十届人民代表大会第二次会议修改,2022 年 5 月 26 日湖北省第十三届人民代表大会常务委员会第三十一次会议批准修改	2022-5-30	2022-6-29	2022-5-30	修改
长阳土家族自治县农村合作经济承包合同管理条例	2022 年 2 月 15 日长阳土家族自治县第十届人民代表大会第二次会议废止,2022 年 5 月 26 日湖北省第十三届人民代表大会常务委员会第三十一次会议批准废止	2022-5-30	2022-6-29	2022-5-30	废止
鄂州市养犬管理条例	2022 年 5 月 9 日鄂州市第九届人民代表大会常务委员会第二次会议通过,2022 年 5 月 26 日湖北省第十三届人民代表大会常务委员会第三十一次会议批准	2022-6-17	2022-7-7	2022-9-1	制定
武汉市公共场所治安管理规定	2022 年 4 月 27 日武汉市第十五届人民代表大会常务委员会第二次会议修改,2022 年 5 月 26 日湖北省第十三届人民代表大会常务委员会第三十一次会议批准修改	2022-6-23	2022-7-21	2022-6-23	修改
武汉市机关、团体、企业、事业单位治安保卫工作条例	2022 年 4 月 27 日武汉市第十五届人民代表大会常务委员会第二次会议修改,2022 年 5 月 26 日湖北省第十三届人民代表大会常务委员会第三十一次会议批准修改	2022-6-23	2022-7-21	2022-6-23	修改
武汉市水上治安管理条例	2022 年 4 月 27 日武汉市第十五届人民代表大会常务委员会第二次会议修改,2022 年 5 月 26 日湖北省第十三届人民代表大会常务委员会第三十一次会议批准修改	2022-6-23	2022-7-21	2022-6-23	修改
武汉市实施《中华人民共和国道路交通安全法》办法	2022 年 4 月 27 日武汉市第十五届人民代表大会常务委员会第二次会议修改,2022 年 5 月 26 日湖北省第十三届人民代表大会常务委员会第三十一次会议批准修改	2022-6-23	2022-7-21	2022-6-23	修改
武汉市城市节约用水条例	2022 年 4 月 27 日武汉市第十五届人民代表大会常务委员会第二次会议修改,2022 年 5 月 26 日湖北省第十三届人民代表大会常务委员会第三十一次会议批准修改	2022-6-23	2022-7-21	2022-6-23	修改
武汉市水土保持条例	2022 年 4 月 27 日武汉市第十五届人民代表大会常务委员会第二次会议修改,2022 年 5 月 26 日湖北省第十三届人民代表大会常务委员会第三十一次会议批准修改	2022-6-23	2022-7-21	2022-6-23	修改
武汉市水资源保护条例	2022 年 4 月 27 日武汉市第十五届人民代表大会常务委员会第二次会议修改,2022 年 5 月 26 日湖北省第十三届人民代表大会常务委员会第三十一次会议批准修改	2022-6-23	2022-7-21	2022-6-23	修改
武汉市湖泊保护条例	2022 年 4 月 27 日武汉市第十五届人民代表大会常务委员会第二次会议修改,2022 年 5 月 26 日湖北省第十三届人民代表大会常务委员会第三十一次会议批准修改	2022-6-23	2022-7-21	2022-6-23	修改

续表

法规名称	通过或批准时间	公布时间	报备时间	施行时间	立法形式
武汉市城市公园管理条例	2022年4月27日武汉市第十五届人民代表大会常务委员会第二次会议修改,2022年5月26日湖北省第十三届人民代表大会常务委员会第三十一次会议批准修改	2022-6-23	2022-7-21	2022-6-23	修改
武汉市促进科技成果转化条例	2022年4月27日武汉市第十五届人民代表大会常务委员会第二次会议修改,2022年5月26日湖北省第十三届人民代表大会常务委员会第三十一次会议批准修改	2022-6-23	2022-7-21	2022-6-23	修改
武汉市技术市场条例	2022年4月27日武汉市第十五届人民代表大会常务委员会第二次会议修改,2022年5月26日湖北省第十三届人民代表大会常务委员会第三十一次会议批准修改	2022-6-23	2022-7-21	2022-6-23	修改
武汉市市容环境卫生管理条例	2022年4月27日武汉市第十五届人民代表大会常务委员会第二次会议修改,2022年5月26日湖北省第十三届人民代表大会常务委员会第三十一次会议批准修改	2022-6-23	2022-7-21	2022-6-23	修改
武汉市城市综合管理条例	2022年4月27日武汉市第十五届人民代表大会常务委员会第二次会议修改,2022年5月26日湖北省第十三届人民代表大会常务委员会第三十一次会议批准修改	2022-6-23	2022-7-21	2022-6-23	修改
武汉市物业管理条例	2022年4月27日武汉市第十五届人民代表大会常务委员会第二次会议修改,2022年5月26日湖北省第十三届人民代表大会常务委员会第三十一次会议批准修改	2022-6-23	2022-7-21	2022-6-23	修改
武汉市文化市场管理办法	2022年4月27日武汉市第十五届人民代表大会常务委员会第二次会议修改,2022年5月26日湖北省第十三届人民代表大会常务委员会第三十一次会议批准修改	2022-6-23	2022-7-21	2022-6-23	修改
武汉市测绘管理条例	2022年4月27日武汉市第十五届人民代表大会常务委员会第二次会议修改,2022年5月26日湖北省第十三届人民代表大会常务委员会第三十一次会议批准修改	2022-6-23	2022-7-21	2022-6-23	修改
武汉市实施《中华人民共和国环境保护法》办法	2022年4月27日武汉市第十五届人民代表大会常务委员会第二次会议修改,2022年5月26日湖北省第十三届人民代表大会常务委员会第三十一次会议批准修改	2022-6-23	2022-7-21	2022-6-23	修改
武汉市建筑节能与新型墙体材料应用管理条例	2022年4月27日武汉市第十五届人民代表大会常务委员会第二次会议修改,2022年5月26日湖北省第十三届人民代表大会常务委员会第三十一次会议批准修改	2022-6-23	2022-7-21	2022-6-23	修改
武汉市文明行为促进条例	2022年4月27日武汉市第十五届人民代表大会常务委员会第二次会议修改,2022年5月26日湖北省第十三届人民代表大会常务委员会第三十一次会议批准修改	2022-6-23	2022-7-21	2022-6-23	修改
武汉市遗体捐献条例	2022年4月27日武汉市第十五届人民代表大会常务委员会第二次会议修改,2022年5月26日湖北省第十三届人民代表大会常务委员会第三十一次会议批准修改	2022-6-23	2022-7-21	2022-6-23	修改

续表

法规名称	通过或批准时间	公布时间	报备时间	施行时间	立法形式
武汉市实施《中华人民共和国循环经济促进法》办法	2022年4月27日武汉市第十五届人民代表大会常务委员会第二次会议修改，2022年5月26日湖北省第十三届人民代表大会常务委员会第三十一次会议批准修改	2022-6-23	2022-7-21	2022-6-23	修改
武汉市再生资源回收管理条例	2022年4月27日武汉市第十五届人民代表大会常务委员会第二次会议修改，2022年5月26日湖北省第十三届人民代表大会常务委员会第三十一次会议批准修改	2022-6-23	2022-7-21	2022-6-23	修改
武汉市人民防空条例	2022年4月27日武汉市第十五届人民代表大会常务委员会第二次会议修改，2022年5月26日湖北省第十三届人民代表大会常务委员会第三十一次会议批准修改	2022-6-23	2022-7-21	2022-6-23	修改
武汉市艾滋病性病防治管理条例	2022年4月27日武汉市第十五届人民代表大会常务委员会第二次会议废止，2022年5月26日湖北省第十三届人民代表大会常务委员会第三十一次会议批准废止	2022-6-23	2022-7-21	2022-6-23	废止
武汉市农业投资保障条例	2022年4月27日武汉市第十五届人民代表大会常务委员会第二次会议废止，2022年5月26日湖北省第十三届人民代表大会常务委员会第三十一次会议批准废止	2022-6-23	2022-7-21	2022-6-23	废止
武汉市农业经营合同条例	2022年4月27日武汉市第十五届人民代表大会常务委员会第二次会议废止，2022年5月26日湖北省第十三届人民代表大会常务委员会第三十一次会议批准废止	2022-6-23	2022-7-21	2022-6-23	废止
武汉市村集体经济组织财务管理条例	2022年4月27日武汉市第十五届人民代表大会常务委员会第二次会议废止，2022年5月26日湖北省第十三届人民代表大会常务委员会第三十一次会议批准废止	2022-6-23	2022-7-21	2022-6-23	废止
武汉市房产管理条例	2022年4月27日武汉市第十五届人民代表大会常务委员会第二次会议废止，2022年5月26日湖北省第十三届人民代表大会常务委员会第三十一次会议批准废止	2022-6-23	2022-7-21	2022-6-23	废止
武汉市禁止生产和销售假冒伪劣商品条例	2022年4月27日武汉市第十五届人民代表大会常务委员会第二次会议废止，2022年5月26日湖北省第十三届人民代表大会常务委员会第三十一次会议批准废止	2022-6-23	2022-7-21	2022-6-23	废止
武汉市商品交易市场管理条例	2022年4月27日武汉市第十五届人民代表大会常务委员会第二次会议废止，2022年5月26日湖北省第十三届人民代表大会常务委员会第三十一次会议批准废止	2022-6-23	2022-7-21	2022-6-23	废止
武汉市公路路政管理规定	2022年4月27日武汉市第十五届人民代表大会常务委员会第二次会议废止，2022年5月26日湖北省第十三届人民代表大会常务委员会第三十一次会议批准废止	2022-6-23	2022-7-21	2022-6-23	废止
武汉市劳动力市场管理条例	2022年4月27日武汉市第十五届人民代表大会常务委员会第二次会议废止，2022年5月26日湖北省第十三届人民代表大会常务委员会第三十一次会议批准废止	2022-6-23	2022-7-21	2022-6-23	废止

续表

法规名称	通过或批准时间	公布时间	报备时间	施行时间	立法形式
武汉市人才市场管理条例	2022年4月27日武汉市第十五届人民代表大会常务委员会第二次会议废止,2022年5月26日湖北省第十三届人民代表大会常务委员会第三十一次会议批准废止	2022-6-23	2022-7-21	2022-6-23	废止
武汉市外商投资企业管理条例	2022年4月27日武汉市第十五届人民代表大会常务委员会第二次会议废止,2022年5月26日湖北省第十三届人民代表大会常务委员会第三十一次会议批准废止	2022-6-23	2022-7-21	2022-6-23	废止
五峰土家族自治县矿产资源管理条例	2022年2月23日五峰土家族自治县第十届人民代表大会第二次会议修改,2022年5月26日湖北省第十三届人民代表大会常务委员会第三十一次会议批准修改	2022-8-1	2022-8-29	2022-8-1	修改
五峰土家族自治县水电条例	2022年2月23日五峰土家族自治县第十届人民代表大会第二次会议废止,2022年5月26日湖北省第十三届人民代表大会常务委员会第三十一次会议批准废止	2022-8-1	2022-8-29	2022-8-1	废止
咸宁市古桂花树保护条例	2022年6月23日咸宁市第六届人民代表大会常务委员会第三次会议通过,2022年7月29日湖北省第十三届人民代表大会常务委员会第三十二次会议批准	2022-8-26	2022-9-22	2022-11-1	制定
黄冈市畜禽养殖污染防治条例	2022年6月24日黄冈市第六届人民代表大会常务委员会第三次会议通过,2022年7月29日湖北省第十三届人民代表大会常务委员会第三十二次会议批准	2022-8-26	2022-9-22	2023-1-1	制定
湖北省人民代表大会常务委员会关于加强国有资产管理情况监督的决定	2022年9月29日湖北省第十三届人民代表大会常务委员会第三十三次会议通过	2022-9-29	2022-10-10	2022-9-29	制定
湖北省人民代表大会专门委员会工作条例	2022年9月29日湖北省第十三届人民代表大会常务委员会第三十三次会议通过	2022-9-29	2022-10-24	2022-11-1	制定
湖北省公共图书馆条例	2022年9月29日湖北省第十三届人民代表大会常务委员会第三十三次会议修改	2022-9-29	2022-10-24	2022-12-1	修改
湖北省全民健身条例	2022年9月29日湖北省第十三届人民代表大会常务委员会第三十三次会议修改	2022-9-29	2022-10-24	2022-12-1	修改
荆门市屈家岭遗址保护条例	2022年8月23日荆门市第十届人民代表大会常务委员会第五次会议通过,2022年9月29日湖北省第十三届人民代表大会常务委员会第三十三次会议批准	2022-10-27	2022-11-17	2023-1-1	制定
荆州市电动自行车管理条例	2022年8月30日荆州市第六届人民代表大会常务委员会第五次会议通过,2022年9月29日湖北省第十三届人民代表大会常务委员会第三十三次会议批准	2022-12-20	2023-1-3	2023-3-1	制定
湖北省高速公路管理条例	2022年11月25日湖北省第十三届人民代表大会常务委员会第三十四次会议修改	2022-11-25	2022-12-25	2022-11-25	修改
中国(湖北)自由贸易试验区条例	2022年11月25日湖北省第十三届人民代表大会常务委员会第三十四次会议修改	2022-11-25	2022-12-25	2022-11-25	修改

续表

法规名称	通过或批准时间	公布时间	报备时间	施行时间	立法形式
湖北省实施《中华人民共和国产品质量法》办法	2022 年 11 月 25 日湖北省第十三届人民代表大会常务委员会第三十四次会议修改	2022-11-25	2022-12-25	2022-11-25	修改
湖北省实施《中华人民共和国水法》办法	2022 年 11 月 25 日湖北省第十三届人民代表大会常务委员会第三十四次会议修改	2022-11-25	2022-12-25	2022-11-25	修改
湖北省湖泊保护条例	2022 年 11 月 25 日湖北省第十三届人民代表大会常务委员会第三十四次会议修改	2022-11-25	2022-12-25	2022-11-25	修改
湖北省实施《中华人民共和国水土保持法》办法	2022 年 11 月 25 日湖北省第十三届人民代表大会常务委员会第三十四次会议修改	2022-11-25	2022-12-25	2022-11-25	修改
湖北省河道采砂管理条例	2022 年 11 月 25 日湖北省第十三届人民代表大会常务委员会第三十四次会议修改	2022-11-25	2022-12-25	2022-11-25	修改
湖北省实施《中华人民共和国气象法》办法	2022 年 11 月 25 日湖北省第十三届人民代表大会常务委员会第三十四次会议修改	2022-11-25	2022-12-25	2022-11-25	修改
湖北省气象灾害防御条例	2022 年 11 月 25 日湖北省第十三届人民代表大会常务委员会第三十四次会议修改	2022-11-25	2022-12-25	2022-11-25	修改
湖北省清江流域水生态环境保护条例	2022 年 11 月 25 日湖北省第十三届人民代表大会常务委员会第三十四次会议修改	2022-11-25	2022-12-25	2022-11-25	修改
湖北省实施《中华人民共和国工会法》办法	2022 年 11 月 25 日湖北省第十三届人民代表大会常务委员会第三十四次会议修改	2022-11-25	2022-12-25	2022-11-25	修改
湖北省统计管理条例	2022 年 11 月 25 日湖北省第十三届人民代表大会常务委员会第三十四次会议修改	2022-11-25	2022-12-25	2022-11-25	修改
湖北省侨属企业条例	2022 年 11 月 25 日湖北省第十三届人民代表大会常务委员会第三十四次会议废止	2022-11-25	2022-12-25	2022-11-25	废止
湖北省实施《中华人民共和国乡镇企业法》办法	2022 年 11 月 25 日湖北省第十三届人民代表大会常务委员会第三十四次会议废止	2022-11-25	2022-12-25	2022-11-25	废止
湖北省机关、团体、企业、事业单位治安保卫工作条例	2022 年 11 月 25 日湖北省第十三届人民代表大会常务委员会第三十四次会议废止	2022-11-25	2022-12-25	2022-11-25	废止
湖北省实施《中华人民共和国农业技术推广法》办法	2022 年 11 月 25 日湖北省第十三届人民代表大会常务委员会第三十四次会议废止	2022-11-25	2022-12-25	2022-11-25	废止
湖北省优化营商环境条例	2022 年 11 月 25 日湖北省第十三届人民代表大会常务委员会第三十四次会议通过	2022-11-25	2022-12-25	2023-3-1	制定
湖北省优化经济发展环境条例	在《湖北省优化营商环境条例》中被明文予以废止	2022-11-25	2022-12-25	2023-3-1	文中废止
湖北省安全生产条例	2022 年 11 月 25 日湖北省第十三届人民代表大会常务委员会第三十四次会议修改	2022-11-25	2022-12-25	2023-3-1	修改
十堰市社会保障卡一卡通服务管理条例	2022 年 10 月 25 日十堰市第六届人民代表大会常务委员会第五次会议通过，2022 年 11 月 25 日湖北省第十三届人民代表大会常务委员会第三十四次会议批准	2022-12-8	2023-1-3	2023-3-1	制定
宜昌市养犬管理条例	2022 年 10 月 28 日宜昌市第七届人民代表大会常务委员会第五次会议通过，2022 年 11 月 25 日湖北省第十三届人民代表大会常务委员会第三十四次会议批准	2022-12-8	2023-1-3	2023-3-1	制定

续表

法规名称	通过或批准时间	公布时间	报备时间	施行时间	立法形式
襄阳市鱼梁洲生态保护条例	2022年11月1日襄阳市第十八届人民代表大会常务委员会第五次会议通过,2022年11月25日湖北省第十三届人民代表大会常务委员会第三十四次会议批准	2022-12-15	2023-1-3	2023-3-1	制定
孝感市停车场建设和管理条例	2022年10月31日孝感市第七届人民代表大会常务委员会第八次会议通过,2022年11月25日湖北省第十三届人民代表大会常务委员会第三十四次会议批准	2022-12-26	2023-1-3	2023-3-1	制定
黄石市养犬管理条例	2022年10月26日黄石市第十五届人民代表大会常务委员会第六次会议通过,2022年11月25日湖北省第十三届人民代表大会常务委员会第三十四次会议批准	2022-12-28	2023-1-3	2023-3-1	制定
武汉市地质灾害防治和地质环境保护条例	2022年9月21日武汉市第十五届人民代表大会常务委员会第五次会议通过,2022年11月25日湖北省第十三届人民代表大会常务委员会第三十四次会议批准	2022-12-29	2023-1-11	2023-2-1	制定

湖南省地方性法规目录

(62件)

法规名称	通过或批准时间	公布时间	报备时间	施行时间	立法形式
中国(湖南)自由贸易试验区条例	2022年1月11日湖南省第十三届人民代表大会常务委员会第二十八次会议通过	2022-1-11	2022-1-18	2022-3-1	制定
湖南省先进制造业促进条例	2022年1月11日湖南省第十三届人民代表大会常务委员会第二十八次会议通过	2022-1-11	2022-1-21	2022-3-1	制定
湘西土家族苗族自治州农村集体经济促进和管理条例	2021年12月24日湘西土家族苗族自治州第十四届人民代表大会常务委员会第三十七次会议通过,2022年1月11日湖南省第十三届人民代表大会常务委员会第二十八次会议批准	2022-1-18	2022-2-10	2022-5-1	制定
张家界市户外广告和招牌设置管理条例	2021年11月24日张家界市第七届人民代表大会常务委员会第四十次会议通过,2022年1月11日湖南省第十三届人民代表大会常务委员会第二十八次会议批准	2022-1-25	2022-2-14	2022-6-1	制定
怀化市住宅物业管理若干规定	2021年12月24日怀化市第五届人民代表大会常务委员会第五十次会议通过,2022年1月11日湖南省第十三届人民代表大会常务委员会第二十八次会议批准	2022-2-8	2022-2-14	2022-5-1	制定
湖南省实施《中华人民共和国土地管理法》办法	2022年1月19日湖南省第十三届人民代表大会第五次会议修改	2022-1-19	2022-2-15	2022-3-1	修改
湖南省土地管理实施办法	在《湖南省实施〈中华人民共和国土地管理法〉办法》中被明文予以废止	2022-1-19	2022-2-15	2022-3-1	文中废止

续表

法规名称	通过或批准时间	公布时间	报备时间	施行时间	立法形式
江华瑶族自治县野外用火管理条例	2021年10月26日江华瑶族自治县第十八届人民代表大会第一次会议通过，2022年3月30日湖南省第十三届人民代表大会常务委员会第三十次会议批准	2022-4-19	2022-5-16	2022-5-1	制定
湖南省社会信用条例	2022年5月26日湖南省第十三届人民代表大会常务委员会第三十一次会议通过	2022-5-26	2022-5-26	2022-9-1	制定
湖南省水能资源开发利用管理条例	2022年5月26日湖南省第十三届人民代表大会常务委员会第三十一次会议修改	2022-5-26	2022-6-20	2022-5-26	修改
湖南省劳动保障监察条例	2022年5月26日湖南省第十三届人民代表大会常务委员会第三十一次会议修改	2022-5-26	2022-6-20	2022-5-26	修改
湖南省实施《中华人民共和国义务教育法》办法	2022年5月26日湖南省第十三届人民代表大会常务委员会第三十一次会议修改	2022-5-26	2022-6-20	2022-5-26	修改
湖南省实施《中华人民共和国水法》办法	2022年5月26日湖南省第十三届人民代表大会常务委员会第三十一次会议修改	2022-5-26	2022-6-20	2022-5-26	修改
湖南省实施《中华人民共和国港口法》办法	2022年5月26日湖南省第十三届人民代表大会常务委员会第三十一次会议修改	2022-5-26	2022-6-20	2022-5-26	修改
湖南省饮用水水源保护条例	2022年5月26日湖南省第十三届人民代表大会常务委员会第三十一次会议修改	2022-5-26	2022-6-20	2022-5-26	修改
湖南省行政事业性收费管理条例	2022年5月26日湖南省第十三届人民代表大会常务委员会第三十一次会议修改	2022-5-26	2022-6-20	2022-5-26	修改
湖南省社会科学普及条例	2022年5月26日湖南省第十三届人民代表大会常务委员会第三十一次会议修改	2022-5-26	2022-6-20	2022-5-26	修改
湖南省物业管理条例	2022年5月26日湖南省第十三届人民代表大会常务委员会第三十一次会议修改	2022-5-26	2022-6-20	2022-5-26	修改
湖南省预算审查监督条例	2022年7月28日湖南省第十三届人民代表大会常务委员会第三十二次会议通过	2022-7-28	2022-7-28	2022-10-1	制定
湖南省县级以上人民代表大会常务委员会预算审查监督条例	在《湖南省预算审查监督条例》中被明文予以废止	2022-7-28	2022-7-28	2022-10-1	文中废止
湖南省安全生产条例	2022年7月28日湖南省第十三届人民代表大会常务委员会第三十二次会议修改	2022-7-28	2022-7-29	2022-9-1	修改
湖南省地方金融监督管理条例	2022年7月28日湖南省第十三届人民代表大会常务委员会第三十二次会议通过	2022-7-28	2022-8-4	2022-10-1	制定
湖南省通用航空条例	2022年7月28日湖南省第十三届人民代表大会常务委员会第三十二次会议通过	2022-7-28	2022-8-12	2022-10-1	制定
湖南省规范性文件备案审查条例	2022年7月28日湖南省第十三届人民代表大会常务委员会第三十二次会议修改	2022-7-28	2022-8-19	2022-7-28	修改
长沙市平安建设条例	2022年6月28日长沙市第十六届人民代表大会常务委员会第五次会议通过，2022年7月28日湖南省第十三届人民代表大会常务委员会第三十二次会议批准	2022-8-9	2022-8-31	2022-10-1	制定

续表

法规名称	通过或批准时间	公布时间	报备时间	施行时间	立法形式
张家界市旅游市场秩序管理规定	2022年6月28日张家界市第八届人民代表大会常务委员会第四次会议通过,2022年7月28日湖南省第十三届人民代表大会常务委员会第三十二次会议批准	2022-8-15	2022-8-31	2022-9-1	制定
怀化市城市市容和环境卫生管理条例	2022年6月30日怀化市第六届人民代表大会常务委员会第四次会议修改,2022年7月28日湖南省第十三届人民代表大会常务委员会第三十二次会议批准修改	2022-8-17	2022-9-6	2022-8-17	修改
娄底市农村人居环境治理条例	2022年5月31日娄底市第六届人民代表大会常务委员会第三次会议通过,2022年7月28日湖南省第十三届人民代表大会常务委员会第三十二次会议批准	2022-8-19	2022-8-31	2022-10-1	制定
常德市住宅小区电动车充电安全管理规定	2022年6月29日常德市第八届人民代表大会常务委员会第四次会议通过,2022年7月28日湖南省第十三届人民代表大会常务委员会第三十二次会议批准	2022-8-23	2022-9-6	2022-10-1	制定
常德市生活垃圾管理条例	2022年6月29日常德市第八届人民代表大会常务委员会第四次会议通过,2022年7月28日湖南省第十三届人民代表大会常务委员会第三十二次会议批准	2022-8-23	2022-9-6	2022-10-1	制定
常德市城乡生活垃圾管理条例	在《常德市生活垃圾管理条例》中被明文予以废止	2022-8-23	2022-9-6	2022-10-1	文中废止
邵阳市乡村清洁条例	2022年6月28日邵阳市第十七届人民代表大会常务委员会第三次会议修改,2022年7月28日湖南省第十三届人民代表大会常务委员会第三十二次会议批准修改	2022-8-25	2022-9-13	2022-8-25	修改
邵阳市邵水保护条例	2022年6月28日邵阳市第十七届人民代表大会常务委员会第三次会议修改,2022年7月28日湖南省第十三届人民代表大会常务委员会第三十二次会议批准修改	2022-8-25	2022-9-13	2022-8-25	修改
永州市文明行为促进条例	2022年6月23日永州市第六届人民代表大会常务委员会第四次会议通过,2022年7月28日湖南省第十三届人民代表大会常务委员会第三十二次会议批准	2022-8-26	2022-9-6	2022-12-1	制定
湖南省工会劳动法律监督条例	2022年9月26日湖南省第十三届人民代表大会常务委员会第三十三次会议通过	2022-9-26	2022-9-26	2022-12-1	制定
湖南省知识产权保护和促进条例	2022年9月26日湖南省第十三届人民代表大会常务委员会第三十三次会议通过	2022-9-26	2022-9-29	2023-1-1	制定
湖南省职业病防治若干规定	2022年9月26日湖南省第十三届人民代表大会常务委员会第三十三次会议通过	2022-9-26	2022-9-29	2023-1-1	制定
湖南省实施《中华人民共和国固体废物污染环境防治法》办法	2022年9月26日湖南省第十三届人民代表大会常务委员会第三十三次会议修改	2022-9-26	2022-10-13	2022-9-26	修改
湖南省茶产业发展促进条例	2022年9月26日湖南省第十三届人民代表大会常务委员会第三十三次会议通过	2022-9-26	2022-10-13	2022-12-1	制定

续表

法规名称	通过或批准时间	公布时间	报备时间	施行时间	立法形式
湘西土家族苗族自治州保靖黄金茶古茶树资源保护若干规定	2022 年 8 月 29 日湘西土家族苗族自治州第十五届人民代表大会常务委员会第五次会议通过,2022 年 9 月 26 日湖南省第十三届人民代表大会常务委员会第三十三次会议批准	2022-9-29	2022-10-12	2022-10-1	制定
益阳市生活垃圾分类管理条例	2022 年 8 月 30 日益阳市第七届人民代表大会常务委员会第五次会议通过,2022 年 9 月 26 日湖南省第十三届人民代表大会常务委员会第三十三次会议批准	2022-10-11	2022-10-26	2023-3-1	制定
长沙市轨道交通条例	2022 年 8 月 31 日长沙市第十六届人民代表大会常务委员会第六次会议通过,2022 年 9 月 26 日湖南省第十三届人民代表大会常务委员会第三十三次会议批准	2022-10-21	2022-10-28	2023-5-1	制定
长沙市轨道交通管理条例	在《长沙市轨道交通条例》中被明文予以废止	2022-10-21	2022-10-28	2023-5-1	文中废止
常德市饮用水水源保护条例	2022 年 8 月 25 日常德市第八届人民代表大会常务委员会第五次会议通过,2022 年 9 月 26 日湖南省第十三届人民代表大会常务委员会第三十三次会议批准	2022-10-24	2022-10-26	2022-11-1	制定
常德市饮用水水源环境保护条例	在《常德市饮用水水源保护条例》中被明文予以废止	2022-10-24	2022-10-26	2022-11-1	文中废止
湖南省人民代表大会常务委员会关于加强经济工作监督的决定	2022 年 11 月 23 日湖南省第十三届人民代表大会常务委员会第三十四次会议通过	2022-11-23	2022-11-23	2022-11-23	制定
湖南省乡村振兴促进条例	2022 年 11 月 23 日湖南省第十三届人民代表大会常务委员会第三十四次会议通过	2022-11-23	2022-11-25	2023-1-1	制定
湖南省农村扶贫开发条例	在《湖南省乡村振兴促进条例》中被明文予以废止	2022-11-23	2022-11-25	2023-1-1	文中废止
湖南省社区居家养老助餐服务若干规定	2022 年 11 月 23 日湖南省第十三届人民代表大会常务委员会第三十四次会议通过	2022-11-23	2022-11-25	2023-1-1	制定
湖南省气象灾害防御条例	2022 年 11 月 23 日湖南省第十三届人民代表大会常务委员会第三十四次会议通过	2022-11-23	2022-11-25	2023-3-1	制定
湖南省居民自建房安全管理若干规定	2022 年 11 月 23 日湖南省第十三届人民代表大会常务委员会第三十四次会议通过	2022-11-23	2022-11-30	2023-1-1	制定
湖南省人民代表大会常务委员会人事任免办法	2022 年 11 月 23 日湖南省第十三届人民代表大会常务委员会第三十四次会议修改	2022-11-23	2022-12-14	2022-11-23	修改
湖南省人民代表大会议事规则	2022 年 11 月 23 日湖南省第十三届人民代表大会常务委员会第三十四次会议修改	2022-11-23	2022-12-14	2022-11-23	修改
湖南省乡镇人民代表大会工作条例	2022 年 11 月 23 日湖南省第十三届人民代表大会常务委员会第三十四次会议修改	2022-11-23	2022-12-14	2022-11-23	修改
湖南省实施《中华人民共和国军事设施保护法》办法	2022 年 11 月 23 日湖南省第十三届人民代表大会常务委员会第三十四次会议修改	2022-11-23	2022-12-14	2022-11-23	修改

续表

法规名称	通过或批准时间	公布时间	报备时间	施行时间	立法形式
湖南省实施《中华人民共和国母婴保健法》办法	2022年11月23日湖南省第十三届人民代表大会常务委员会第三十四次会议修改	2022-11-23	2022-12-14	2022-11-23	修改
湖南省信访条例	2022年11月23日湖南省第十三届人民代表大会常务委员会第三十四次会议废止	2022-11-23	2022-12-14	2022-11-23	废止
湘潭市平安建设条例	2022年9月23日湘潭市第十六届人民代表大会常务委员会第六次会议通过，2022年11月23日湖南省第十三届人民代表大会常务委员会第三十四次会议批准	2022-12-1	2022-12-30	2023-1-1	制定
长沙市湘江流域水污染防治条例	2022年10月28日长沙市第十六届人民代表大会常务委员会第八次会议修改，2022年11月23日湖南省第十三届人民代表大会常务委员会第三十四次会议批准修改	2022-12-2	2022-12-12	2022-12-2	修改
长沙市水资源管理条例	2022年10月28日长沙市第十六届人民代表大会常务委员会第八次会议修改，2022年11月23日湖南省第十三届人民代表大会常务委员会第三十四次会议批准修改	2022-12-2	2022-12-12	2022-12-2	修改
长沙市城市中小学校幼儿园规划建设管理条例	2022年10月28日长沙市第十六届人民代表大会常务委员会第八次会议修改，2022年11月23日湖南省第十三届人民代表大会常务委员会第三十四次会议批准修改	2022-12-2	2022-12-12	2022-12-2	修改
湘西土家族苗族自治州文明行为促进条例	2022年10月31日湘西土家族苗族自治州第十五届人民代表大会常务委员会第六次会议通过，2022年11月23日湖南省第十三届人民代表大会常务委员会第三十四次会议批准	2022-12-7	2022-12-12	2023-1-1	制定
岳阳市危险货物道路运输站场管理规定	2022年10月27日岳阳市第九届人民代表大会常务委员会第十次会议通过，2022年11月23日湖南省第十三届人民代表大会常务委员会第三十四次会议批准	2022-12-12	2022-12-30	2023-5-1	制定
株洲市农村村庄规划建设管理条例	2022年9月28日株洲市第十六届人民代表大会常务委员会第六次会议修改，2022年11月23日湖南省第十三届人民代表大会常务委员会第三十四次会议批准修改	2022-12-14	2022-12-30	2022-12-14	修改
株洲市城市综合管理条例	2022年9月28日株洲市第十六届人民代表大会常务委员会第六次会议修改，2022年11月23日湖南省第十三届人民代表大会常务委员会第三十四次会议批准修改	2022-12-14	2022-12-30	2022-12-14	修改
株洲市工业遗产保护条例	2022年9月28日株洲市第十六届人民代表大会常务委员会第六次会议修改，2022年11月23日湖南省第十三届人民代表大会常务委员会第三十四次会议批准修改	2022-12-14	2022-12-30	2022-12-14	修改
郴州市居家养老服务条例	2022年10月26日郴州市第六届人民代表大会常务委员会第六次会议通过，2022年11月23日湖南省第十三届人民代表大会常务委员会第三十四次会议批准	2022-12-14	2022-12-30	2023-3-1	制定

续表

法规名称	通过或批准时间	公布时间	报备时间	施行时间	立法形式
衡阳市机动车停车管理条例	2022 年 10 月 28 日衡阳市第十六届人民代表大会常务委员会第六次会议通过,2022 年 11 月 23 日湖南省第十三届人民代表大会常务委员会第三十四次会议批准	2022-12-21	2022-12-30	2023-5-1	制定

广东省地方性法规目录

(69 件)

法规名称	通过或批准时间	公布时间	报备时间	施行时间	立法形式
广东省外商投资权益保护条例	2022 年 1 月 16 日广东省第十三届人民代表大会常务委员会第三十九次会议通过	2022-1-16	2022-1-27	2022-3-1	制定
广东省中新广州知识城条例	2022 年 1 月 16 日广东省第十三届人民代表大会常务委员会第三十九次会议通过	2022-1-16	2022-1-27	2022-3-1	制定
广东省革命遗址保护条例	2022 年 1 月 16 日广东省第十三届人民代表大会常务委员会第三十九次会议通过	2022-1-16	2022-1-27	2022-3-1	制定
广州市生态环境保护条例	2021 年 10 月 27 日广州市第十五届人民代表大会常务委员会第五十六次会议通过,2022 年 1 月 16 日广东省第十三届人民代表大会常务委员会第三十九次会议批准	2022-1-22	2022-2-10	2022-6-5	制定
广州市学校安全管理条例	2021 年 12 月 14 日广州市第十五届人民代表大会常务委员会第六十一次会议通过,2022 年 1 月 16 日广东省第十三届人民代表大会常务委员会第三十九次会议批准	2022-1-22	2022-2-11	2022-5-1	制定
佛山市文明行为促进条例	2021 年 11 月 9 日佛山市第十五届人民代表大会常务委员会第五十一次会议通过,2022 年 1 月 16 日广东省第十三届人民代表大会常务委员会第三十九次会议批准	2022-1-27	2022-2-14	2022-3-1	制定
阳江市扬尘污染防治条例	2021 年 12 月 20 日阳江市第七届人民代表大会常务委员会第五十一次会议通过,2022 年 1 月 16 日广东省第十三届人民代表大会常务委员会第三十九次会议批准	2022-2-18	2022-3-4	2022-5-1	制定
广东省人民代表大会议事规则	2022 年 1 月 22 日广东省第十三届人民代表大会第五次会议修改	2022-1-22	2022-1-27	2022-1-22	修改
广东省知识产权保护条例	2022 年 3 月 29 日广东省第十三届人民代表大会常务委员会第四十一次会议通过	2022-3-29	2022-4-11	2022-5-1	制定
广东省司法鉴定管理条例	2022 年 3 月 29 日广东省第十三届人民代表大会常务委员会第四十一次会议通过	2022-3-29	2022-4-11	2022-7-1	制定
广东省实施《中华人民共和国消防法》办法	2022 年 3 月 29 日广东省第十三届人民代表大会常务委员会第四十一次会议修改	2022-3-29	2022-4-12	2022-7-1	修改

续表

法规名称	通过或批准时间	公布时间	报备时间	施行时间	立法形式
湛江市优化营商环境条例	2021年12月31日湛江市第十四届人民代表大会常务委员会第五十六次会议通过，2022年3月29日广东省第十三届人民代表大会常务委员会第四十一次会议批准	2022-4-2	2022-4-11	2022-5-1	制定
中山市文明行为促进条例	2022年1月10日中山市第十五届人民代表大会常务委员会第五十三次会议通过，2022年3月29日广东省第十三届人民代表大会常务委员会第四十一次会议批准	2022-4-6	2022-4-20	2022-5-1	制定
广州市数字经济促进条例	2021年12月31日广州市第十五届人民代表大会常务委员会第六十二次会议通过，2022年3月29日广东省第十三届人民代表大会常务委员会第四十一次会议批准	2022-4-6	2022-4-20	2022-6-1	制定
云浮市文明行为促进条例	2021年12月16日云浮市第六届人民代表大会常务委员会第三十八次会议通过，2022年3月29日广东省第十三届人民代表大会常务委员会第四十一次会议批准	2022-5-9	2022-5-24	2022-7-1	制定
广东省土地权属纠纷处理条例	2022年6月1日广东省第十三届人民代表大会常务委员会第四十三次会议修改	2022-6-1	2022-6-11	2022-6-1	修改
广东省公路条例	2022年6月1日广东省第十三届人民代表大会常务委员会第四十三次会议修改	2022-6-1	2022-6-11	2022-6-1	修改
广东省全民义务植树条例	2022年6月1日广东省第十三届人民代表大会常务委员会第四十三次会议修改	2022-6-1	2022-6-11	2022-6-1	修改
广东省林木林地权属争议调解处理条例	2022年6月1日广东省第十三届人民代表大会常务委员会第四十三次会议修改	2022-6-1	2022-6-11	2022-6-1	修改
广东省信访条例	2022年6月1日广东省第十三届人民代表大会常务委员会第四十三次会议废止	2022-6-1	2022-6-11	2022-6-1	废止
广东省优化营商环境条例	2022年6月1日广东省第十三届人民代表大会常务委员会第四十三次会议通过	2022-6-1	2022-6-11	2022-7-1	制定
广东省失业保险条例	2022年6月1日广东省第十三届人民代表大会常务委员会第四十三次会议修改	2022-6-1	2022-6-11	2022-7-1	修改
广东省土地管理条例	2022年6月1日广东省第十三届人民代表大会常务委员会第四十三次会议通过	2022-6-1	2022-6-11	2022-8-1	制定
广东省实施《中华人民共和国土地管理法》办法	在《广东省土地管理条例》中被明文予以废止	2022-6-1	2022-6-11	2022-8-1	文中废止
广东省乡村振兴促进条例	2022年6月1日广东省第十三届人民代表大会常务委员会第四十三次会议通过	2022-6-1	2022-6-11	2022-9-1	制定
广东省农村扶贫开发条例	在《广东省乡村振兴促进条例》中被明文予以废止	2022-6-1	2022-6-11	2022-9-1	文中废止
汕头市禁止燃放烟花爆竹规定	2022年4月27日汕头市第十五届人民代表大会常务委员会第四次会议通过，2022年6月1日广东省第十三届人民代表大会常务委员会第四十三次会议批准	2022-6-6	2022-6-16	2022-8-1	制定

续表

法规名称	通过或批准时间	公布时间	报备时间	施行时间	立法形式
佛山市市场主体服务条例	2022 年 4 月 28 日佛山市第十六届人民代表大会常务委员会第四次会议通过,2022 年 6 月 1 日广东省第十三届人民代表大会常务委员会第四十三次会议批准	2022-6-7	2022-6-22	2022-7-1	制定
广州市按比例安排残疾人就业办法	2022 年 3 月 25 日广州市第十六届人民代表大会常务委员会第二次会议废止,2022 年 6 月 1 日广东省第十三届人民代表大会常务委员会第四十三次会议批准废止	2022-6-9	2022-6-24	2022-6-9	废止
珠海市企业工资支付条例	2022 年 3 月 31 日珠海市第十届人民代表大会常务委员会第三次会议废止,2022 年 6 月 1 日广东省第十三届人民代表大会常务委员会第四十三次会议批准废止	2022-6-10	2022-6-24	2022-6-10	废止
东莞市气象灾害防御条例	2022 年 2 月 28 日东莞市第十七届人民代表大会常务委员会第二次会议通过,2022 年 6 月 1 日广东省第十三届人民代表大会常务委员会第四十三次会议批准	2022-6-14	2022-6-22	2022-8-1	制定
乳源瑶族自治县文化遗产保护条例	2022 年 1 月 19 日乳源瑶族自治县第十三届人民代表大会第二次会议通过,2022 年 6 月 1 日广东省第十三届人民代表大会常务委员会第四十三次会议批准	2022-7-29	2022-8-10	2022-8-1	制定
阳江市农村生活垃圾管理条例	2021 年 12 月 20 日阳江市第七届人民代表大会常务委员会第五十一次会议通过,2022 年 6 月 1 日广东省第十三届人民代表大会常务委员会第四十三次会议批准	2022-8-1	2022-8-10	2022-10-1	制定
广东省各级人民代表大会常务委员会人事任免办法	2022 年 7 月 28 日广东省第十三届人民代表大会常务委员会第四十五次会议修改	2022-7-28	2022-8-8	2022-7-28	修改
肇庆市供电设施建设与保护条例	2022 年 4 月 26 日肇庆市第十四届人民代表大会常务委员会第三次会议通过,2022 年 7 月 28 日广东省第十三届人民代表大会常务委员会第四十五次会议批准	2022-8-3	2022-8-12	2022-9-1	制定
汕头市噪声污染防治条例	2022 年 5 月 30 日汕头市第十五届人民代表大会常务委员会第五次会议修改,2022 年 7 月 28 日广东省第十三届人民代表大会常务委员会第四十五次会议批准修改	2022-8-3	2022-8-16	2022-10-1	修改
茂名市文明行为促进条例	2022 年 4 月 25 日茂名市第十三届人民代表大会常务委员会第四次会议通过,2022 年 7 月 28 日广东省第十三届人民代表大会常务委员会第四十五次会议批准	2022-8-4	2022-8-12	2022-9-1	制定
深圳市员工工资支付条例	2022 年 3 月 28 日深圳市第七届人民代表大会常务委员会第八次会议修改,2022 年 7 月 28 日广东省第十三届人民代表大会常务委员会第四十五次会议批准修改	2022-8-4	2022-8-16	2022-8-4	修改
广州市依法行政条例	2022 年 5 月 26 日广州市第十六届人民代表大会常务委员会第三次会议修改,2022 年 7 月 28 日广东省第十三届人民代表大会常务委员会第四十五次会议批准修改	2022-8-13	2022-8-28	2022-10-1	修改

续表

法规名称	通过或批准时间	公布时间	报备时间	施行时间	立法形式
广州市绿化条例	2022年5月26日广州市第十六届人民代表大会常务委员会第三次会议修改,2022年7月28日广东省第十三届人民代表大会常务委员会第四十五次会议批准修改	2022-8-13	2022-8-31	2022-10-1	修改
东莞市养犬管理条例	2022年5月27日东莞市第十七届人民代表大会常务委员会第五次会议修改,2022年7月28日广东省第十三届人民代表大会常务委员会第四十五次会议批准修改	2022-8-29	2022-9-26	2022-8-29	修改
东莞市饮用水源水质保护条例	2022年5月27日东莞市第十七届人民代表大会常务委员会第五次会议修改,2022年7月28日广东省第十三届人民代表大会常务委员会第四十五次会议批准修改	2022-8-29	2022-9-26	2022-8-29	修改
广东省统计条例	2022年9月29日广东省第十三届人民代表大会常务委员会第四十六次会议通过	2022-9-29	2022-10-10	2022-11-1	制定
广东省统计管理条例	在《广东省统计条例》中被明文予以废止	2022-9-29	2022-10-10	2022-11-1	文中废止
广东省版权条例	2022年9月29日广东省第十三届人民代表大会常务委员会第四十六次会议通过	2022-9-29	2022-10-10	2023-1-1	制定
肇庆市城市市容和环境卫生管理条例	2022年6月21日肇庆市第十四届人民代表大会常务委员会第四次会议通过,2022年9月29日广东省第十三届人民代表大会常务委员会第四十六次会议批准	2022-10-8	2022-10-19	2022-11-1	制定
肇庆市城区市容和环境卫生管理条例	在《肇庆市城市市容和环境卫生管理条例》中被明文予以废止	2022-10-8	2022-10-19	2022-11-1	文中废止
茂名市城市市容和环境卫生管理条例	2022年8月29日茂名市第十三届人民代表大会常务委员会第六次会议修改,2022年9月29日广东省第十三届人民代表大会常务委员会第四十六次会议批准修改	2022-10-9	2022-10-20	2022-10-9	修改
茂名市畜禽养殖污染防治条例	2022年8月29日茂名市第十三届人民代表大会常务委员会第六次会议修改,2022年9月29日广东省第十三届人民代表大会常务委员会第四十六次会议批准修改	2022-10-9	2022-10-20	2022-10-9	修改
惠州市文明行为促进条例	2022年7月22日惠州市第十三届人民代表大会常务委员会第六次会议通过,2022年9月29日广东省第十三届人民代表大会常务委员会第四十六次会议批准	2022-10-12	2022-10-20	2022-10-20	制定
梅州市文明行为促进条例	2022年7月28日梅州市第八届人民代表大会常务委员会第七次会议通过,2022年9月29日广东省第十三届人民代表大会常务委员会第四十六次会议批准	2022-10-13	2022-10-19	2022-11-1	制定
河源市暴雨灾害预警与响应条例	2022年9月1日河源市第八届人民代表大会常务委员会第七次会议通过,2022年9月29日广东省第十三届人民代表大会常务委员会第四十六次会议批准	2022-11-1	2022-11-7	2023-1-1	制定
广东省机动车排气污染防治条例	2022年11月30日广东省第十三届人民代表大会常务委员会第四十七次会议修改	2022-11-30	2022-12-2	2022-11-30	修改

续表

法规名称	通过或批准时间	公布时间	报备时间	施行时间	立法形式
广东省散居少数民族权益保障条例	2022 年 11 月 30 日广东省第十三届人民代表大会常务委员会第四十七次会议修改	2022-11-30	2022-12-2	2022-11-30	修改
广东省固体废物污染环境防治条例	2022 年 11 月 30 日广东省第十三届人民代表大会常务委员会第四十七次会议修改	2022-11-30	2022-12-2	2022-11-30	修改
广东省环境保护条例	2022 年 11 月 30 日广东省第十三届人民代表大会常务委员会第四十七次会议修改	2022-11-30	2022-12-2	2022-11-30	修改
广东省湿地保护条例	2022 年 11 月 30 日广东省第十三届人民代表大会常务委员会第四十七次会议修改	2022-11-30	2022-12-2	2022-11-30	修改
广东省大气污染防治条例	2022 年 11 月 30 日广东省第十三届人民代表大会常务委员会第四十七次会议修改	2022-11-30	2022-12-2	2022-11-30	修改
广东省农民负担管理条例	2022 年 11 月 30 日广东省第十三届人民代表大会常务委员会第四十七次会议废止	2022-11-30	2022-12-2	2022-11-30	废止
广东省行政执法队伍管理条例	2022 年 11 月 30 日广东省第十三届人民代表大会常务委员会第四十七次会议废止	2022-11-30	2022-12-2	2022-11-30	废止
广东省粤菜发展促进条例	2022 年 11 月 30 日广东省第十三届人民代表大会常务委员会第四十七次会议通过	2022-11-30	2022-12-12	2023-1-1	制定
广东省地理标志条例	2022 年 11 月 30 日广东省第十三届人民代表大会常务委员会第四十七次会议通过	2022-11-30	2022-12-12	2023-1-1	制定
广东省气候资源保护和开发利用条例	2022 年 11 月 30 日广东省第十三届人民代表大会常务委员会第四十七次会议通过	2022-11-30	2022-12-12	2023-3-1	制定
广东省建筑垃圾管理条例	2022 年 11 月 30 日广东省第十三届人民代表大会常务委员会第四十七次会议通过	2022-11-30	2022-12-13	2023-3-1	制定
广东省艾滋病防治条例	2022 年 11 月 30 日广东省第十三届人民代表大会常务委员会第四十七次会议通过	2022-11-30	2022-12-13	2023-3-1	制定
汕尾市农村建房条例	2022 年 10 月 31 日汕尾市第八届人民代表大会常务委员会第八次会议通过,2022 年 11 月 30 日广东省第十三届人民代表大会常务委员会第四十七次会议批准	2022-12-2	2022-12-13	2023-1-1	制定
韶关市红色资源保护条例	2022 年 10 月 25 日韶关市第十五届人民代表大会常务委员会第八次会议通过,2022 年 11 月 30 日广东省第十三届人民代表大会常务委员会第四十七次会议批准	2022-12-2	2022-12-13	2023-5-1	制定
江门市门楼号牌管理条例	2022 年 10 月 28 日江门市第十六届人民代表大会常务委员会第八次会议通过,2022 年 11 月 30 日广东省第十三届人民代表大会常务委员会第四十七次会议批准	2022-12-5	2022-12-12	2023-1-1	制定
湛江市文明行为促进条例	2022 年 10 月 20 日湛江市第十五届人民代表大会常务委员会第十次会议通过,2022 年 11 月 30 日广东省第十三届人民代表大会常务委员会第四十七次会议批准	2022-12-5	2022-12-13	2023-1-1	制定
清远市住宅小区物业管理条例	2022 年 6 月 24 日清远市第八届人民代表大会常务委员会第五次会议通过,2022 年 11 月 30 日广东省第十三届人民代表大会常务委员会第四十七次会议批准	2022-12-7	2022-12-24	2023-2-1	制定

续表

法规名称	通过或批准时间	公布时间	报备时间	施行时间	立法形式
深圳市人民代表大会常务委员会任免国家机关工作人员条例	2022年10月28日深圳市第七届人民代表大会常务委员会第十二次会议修改,2022年11月30日广东省第十三届人民代表大会常务委员会第四十七次会议批准修改	2022-12-8	2022-12-26	2022-12-8	修改
东莞市零散工业废水管理条例	2022年10月31日东莞市第十七届人民代表大会常务委员会第八次会议通过,2022年11月30日广东省第十三届人民代表大会常务委员会第四十七次会议批准	2022-12-15	2022-12-24	2023-4-1	制定
潮州市文明行为促进条例	2022年10月21日潮州市第十六届人民代表大会常务委员会第七次会议通过,2022年11月30日广东省第十三届人民代表大会常务委员会第四十七次会议批准	2022-12-16	2022-12-24	2023-1-1	制定

广西壮族自治区地方性法规目录

（46件）

法规名称	通过或批准时间	公布时间	报备时间	施行时间	立法形式
南宁市城镇排水与污水处理条例	2021年9月30日南宁市第十四届人民代表大会常务委员会第三十九次会议通过,2022年1月15日广西壮族自治区第十三届人民代表大会常务委员会第二十七次会议批准	2022-2-8	2022-2-19	2022-3-1	制定
贺州市历史文化街区和历史建筑保护条例	2021年10月29日贺州市第五届人民代表大会常务委员会第一次会议通过,2022年1月15日广西壮族自治区第十三届人民代表大会常务委员会第二十七次会议批准	2022-2-8	2022-2-20	2022-3-1	制定
贵港市户外广告和招牌设置管理条例	2021年8月25日贵港市第五届人民代表大会常务委员会第三十八次会议通过,2022年1月15日广西壮族自治区第十三届人民代表大会常务委员会第二十七次会议批准	2022-2-8	2022-2-20	2022-5-1	制定
广西壮族自治区人民代表大会议事规则	2022年1月21日广西壮族自治区第十三届人民代表大会第五次会议修改	2022-1-21	2022-2-8	2022-1-21	修改
广西壮族自治区人口和计划生育条例	2022年3月24日广西壮族自治区第十三届人民代表大会常务委员会第二十八次会议修改	2022-3-24	2022-3-26	2022-3-24	修改
广西壮族自治区人力资源市场条例	2022年3月24日广西壮族自治区第十三届人民代表大会常务委员会第二十八次会议通过	2022-3-24	2022-3-26	2022-5-1	制定
广西壮族自治区乡村振兴促进条例	2022年3月24日广西壮族自治区第十三届人民代表大会常务委员会第二十八次会议通过	2022-3-24	2022-3-26	2022-5-1	制定

续表

法规名称	通过或批准时间	公布时间	报备时间	施行时间	立法形式
大化瑶族自治县七百弄鸡保护条例	2022 年 1 月 23 日大化瑶族自治县第九届人民代表大会第二次会议通过，2022 年 3 月 24 日广西壮族自治区第十三届人民代表大会常务委员会第二十八次会议批准	2022-3-28	2022-4-1	2022-5-1	制定
桂林市养犬管理条例	2021 年 10 月 12 日桂林市第五届人民代表大会常务委员会第四十次会议通过，2022 年 3 月 24 日广西壮族自治区第十三届人民代表大会常务委员会第二十八次会议批准	2022-4-1	2022-4-21	2022-7-1	制定
南宁市扬美古镇保护管理条例	2021 年 10 月 27 日南宁市第十五届人民代表大会常务委员会第一次会议通过，2022 年 3 月 24 日广西壮族自治区第十三届人民代表大会常务委员会第二十八次会议批准	2022-4-11	2022-5-5	2022-5-1	制定
柳州市公园广场条例	2021 年 12 月 30 日柳州市第十五届人民代表大会常务委员会第二次会议通过，2022 年 3 月 24 日广西壮族自治区第十三届人民代表大会常务委员会第二十八次会议批准	2022-4-11	2022-5-5	2022-6-1	制定
百色市扬尘污染防治条例	2021 年 11 月 22 日百色市第五届人民代表大会常务委员会第一次会议通过，2022 年 3 月 24 日广西壮族自治区第十三届人民代表大会常务委员会第二十八次会议批准	2022-4-11	2022-5-5	2022-10-1	制定
广西壮族自治区公安机关警务辅助人员条例	2022 年 5 月 13 日广西壮族自治区第十三届人民代表大会常务委员会第二十九次会议通过	2022-5-13	2022-5-14	2022-8-1	制定
广西壮族自治区科技创新条例	2022 年 5 月 13 日广西壮族自治区第十三届人民代表大会常务委员会第二十九次会议通过	2022-5-13	2022-5-18	2022-7-1	制定
广西壮族自治区科学技术进步条例	在《广西壮族自治区科技创新条例》中被明文予以废止	2022-5-13	2022-5-18	2022-7-1	文中废止
广西壮族自治区固体废物污染环境防治条例	2022 年 5 月 13 日广西壮族自治区第十三届人民代表大会常务委员会第二十九次会议通过	2022-5-13	2022-5-18	2022-7-1	制定
广西壮族自治区乡、民族乡、镇人民代表大会工作条例	2022 年 5 月 13 日广西壮族自治区第十三届人民代表大会常务委员会第二十九次会议修改	2022-5-13	2022-6-10	2022-5-13	修改
柳州市机动车停车条例	2022 年 1 月 13 日柳州市第十五届人民代表大会第二次会议通过，2022 年 5 月 13 日广西壮族自治区第十三届人民代表大会常务委员会第二十九次会议批准	2022-5-26	2022-6-24	2022-8-1	制定
崇左市经营性露天烧烤管理规定	2022 年 2 月 17 日崇左市第五届人民代表大会常务委员会第三次会议通过，2022 年 5 月 13 日广西壮族自治区第十三届人民代表大会常务委员会第二十九次会议批准	2022-6-9	2022-6-24	2022-7-1	制定

续表

法规名称	通过或批准时间	公布时间	报备时间	施行时间	立法形式
广西壮族自治区企业投资项目承诺制规定	2022年7月28日广西壮族自治区第十三届人民代表大会常务委员会第三十二次会议通过	2022-7-28	2022-7-30	2022-9-1	制定
广西壮族自治区高速公路条例	2022年7月28日广西壮族自治区第十三届人民代表大会常务委员会第三十二次会议通过	2022-7-28	2022-7-30	2022-10-1	制定
广西壮族自治区红色资源保护传承条例	2022年7月28日广西壮族自治区第十三届人民代表大会常务委员会第三十二次会议通过	2022-7-28	2022-7-30	2022-10-1	制定
河池市城市养犬管理条例	2022年5月19日河池市第五届人民代表大会常务委员会第八次会议通过,2022年7月28日广西壮族自治区第十三届人民代表大会常务委员会第三十二次会议批准	2022-8-12	2022-9-7	2022-9-1	制定
防城港市农贸市场管理条例	2022年5月10日防城港市第七届人民代表大会常务委员会第六次会议通过,2022年7月28日广西壮族自治区第十三届人民代表大会常务委员会第三十二次会议批准	2022-8-13	2022-9-7	2022-11-1	制定
钦州市农贸市场管理条例	2022年4月28日钦州市第六届人民代表大会常务委员会第五次会议通过,2022年7月28日广西壮族自治区第十三届人民代表大会常务委员会第三十二次会议批准	2022-8-13	2022-9-8	2022-10-1	制定
来宾市停车场管理条例	2022年5月31日来宾市第五届人民代表大会常务委员会第六次会议通过,2022年7月28日广西壮族自治区第十三届人民代表大会常务委员会第三十二次会议批准	2022-8-18	2022-9-8	2022-10-1	制定
玉林市城市绿化条例	2022年4月25日玉林市第六届人民代表大会常务委员会第八次会议通过,2022年7月28日广西壮族自治区第十三届人民代表大会常务委员会第三十二次会议批准	2022-8-18	2022-9-8	2022-11-1	制定
广西壮族自治区人民代表大会常务委员会议事规则	2022年9月23日广西壮族自治区第十三届人民代表大会常务委员会第三十三次会议修改	2022-9-23	2022-9-23	2022-9-23	修改
广西壮族自治区人民代表大会常务委员会人事任免办法	2022年9月23日广西壮族自治区第十三届人民代表大会常务委员会第三十三次会议修改	2022-9-23	2022-9-23	2022-9-23	修改
广西壮族自治区人民代表大会常务委员会关于促进铝产业高质量发展的决定	2022年9月23日广西壮族自治区第十三届人民代表大会常务委员会第三十三次会议通过	2022-9-23	2022-9-26	2022-9-23	制定
广西壮族自治区人民代表大会常务委员会联系自治区人民代表大会代表办法	2022年9月23日广西壮族自治区第十三届人民代表大会常务委员会第三十三次会议修改	2022-9-23	2022-9-26	2022-9-23	修改

续表

法规名称	通过或批准时间	公布时间	报备时间	施行时间	立法形式
环江毛南族自治县喀斯特世界自然遗产保护条例	2022 年 1 月 23 日环江毛南族自治县第九届人民代表大会第二次会议通过，2022 年 9 月 23 日广西壮族自治区第十三届人民代表大会常务委员会第三十三次会议批准	2022-9-27	2022-9-29	2022-11-1	制定
梧州市养犬管理条例	2022 年 7 月 29 日梧州市第十五届人民代表大会常务委员会第六次会议通过，2022 年 9 月 23 日广西壮族自治区第十三届人民代表大会常务委员会第三十三次会议批准	2022-10-8	2022-11-3	2023-1-1	制定
百色市城市绿化条例	2022 年 6 月 29 日百色市第五届人民代表大会常务委员会第五次会议通过，2022 年 9 月 23 日广西壮族自治区第十三届人民代表大会常务委员会第三十三次会议批准	2022-10-8	2022-11-3	2023-1-1	制定
柳州市柳州螺蛳粉产业发展条例	2022 年 9 月 14 日柳州市第十五届人民代表大会常务委员会第八次会议通过，2022 年 9 月 23 日广西壮族自治区第十三届人民代表大会常务委员会第三十三次会议批准	2022-10-11	2022-11-3	2022-11-1	制定
广西壮族自治区大数据发展条例	2022 年 11 月 25 日广西壮族自治区第十三届人民代表大会常务委员会第三十四次会议通过	2022-11-25	2022-11-28	2023-1-1	制定
广西壮族自治区养老服务条例	2022 年 11 月 25 日广西壮族自治区第十三届人民代表大会常务委员会第三十四次会议通过	2022-11-25	2022-11-28	2023-1-1	制定
贵港市鹏山保护条例	2022 年 8 月 30 日贵港市第六届人民代表大会常务委员会第八次会议通过，2022 年 11 月 25 日广西壮族自治区第十三届人民代表大会常务委员会第三十四次会议批准	2022-12-8	2022-12-30	2023-1-1	制定
北海市非物质文化遗产保护条例	2022 年 10 月 13 日北海市第十六届人民代表大会常务委员会第八次会议通过，2022 年 11 月 25 日广西壮族自治区第十三届人民代表大会常务委员会第三十四次会议批准	2022-12-9	2022-12-30	2022-12-20	制定
河池市红色文化遗址保护条例	2022 年 9 月 29 日河池市第五届人民代表大会常务委员会第十一次会议通过，2022 年 11 月 25 日广西壮族自治区第十三届人民代表大会常务委员会第三十四次会议批准	2022-12-12	2022-12-30	2023-1-1	制定
百色市万峰湖保护条例	2022 年 8 月 30 日百色市第五届人民代表大会常务委员会第六次会议通过，2022 年 11 月 25 日广西壮族自治区第十三届人民代表大会常务委员会第三十四次会议批准	2022-12-12	2022-12-30	2023-1-1	制定
崇左市壮族天琴艺术传承发展条例	2022 年 10 月 21 日崇左市第五届人民代表大会常务委员会第八次会议通过，2022 年 11 月 25 日广西壮族自治区第十三届人民代表大会常务委员会第三十四次会议批准	2022-12-12	2022-12-30	2023-1-1	制定

续表

法规名称	通过或批准时间	公布时间	报备时间	施行时间	立法形式
南宁市全域旅游促进条例	2022年8月25日南宁市第十五届人民代表大会常务委员会第九次会议通过，2022年11月25日广西壮族自治区第十三届人民代表大会常务委员会第三十四次会议批准	2022-12-13	2022-12-30	2023-1-1	制定
柳州市天然水域垂钓管理规定	2022年8月31日柳州市第十五届人民代表大会常务委员会第七次会议通过，2022年11月25日广西壮族自治区第十三届人民代表大会常务委员会第三十四次会议批准	2022-12-14	2022-12-30	2023-1-1	制定
玉林市秸秆露天禁烧和综合利用管理条例	2022年8月30日玉林市第六届人民代表大会常务委员会第十次会议通过，2022年11月25日广西壮族自治区第十三届人民代表大会常务委员会第三十四次会议批准	2022-12-19	2022-12-30	2023-5-1	制定
桂林市会仙喀斯特国家湿地公园保护管理规定	2022年8月29日桂林市第六届人民代表大会常务委员会第七次会议通过，2022年11月25日广西壮族自治区第十三届人民代表大会常务委员会第三十四次会议批准	2022-12-20	2023-1-14	2023-1-1	制定
桂林市青狮潭水库饮用水水源保护管理规定	2022年8月29日桂林市第六届人民代表大会常务委员会第七次会议通过，2022年11月25日广西壮族自治区第十三届人民代表大会常务委员会第三十四次会议批准	2022-12-20	2023-1-14	2023-1-1	制定

海南省地方性法规目录

（40件）

法规名称	通过或批准时间	公布时间	报备时间	施行时间	立法形式
三亚市机动车停车场管理条例	2021年11月12日三亚市第七届人民代表大会常务委员会第五十四次会议通过，2021年12月30日海南省第六届人民代表大会常务委员会第三十二次会议批准	2022-1-6	2022-1-25	2022-2-1	制定
海南省各级国家机关、事业单位机构设置和编制管理条例	2022年3月25日海南省第六届人民代表大会常务委员会第三十五次会议废止	2022-3-25	2022-3-25	2022-3-25	废止
海南省城镇从业人员基本养老保险条例	2022年3月25日海南省第六届人民代表大会常务委员会第三十五次会议废止	2022-3-25	2022-3-25	2022-3-25	废止
海南省人民代表大会常务委员会关于批准海南生态省建设规划纲要的决定	2022年3月25日海南省第六届人民代表大会常务委员会第三十五次会议废止	2022-3-25	2022-3-25	2022-3-25	废止

续表

法规名称	通过或批准时间	公布时间	报备时间	施行时间	立法形式
海南省人民代表大会常务委员会关于批准《海南生态省建设规划纲要(2005年修编)》的决定	2022年3月25日海南省第六届人民代表大会常务委员会第三十五次会议废止	2022-3-25	2022-3-25	2022-3-25	废止
海南自由贸易港海口国家高新技术产业开发区条例	2022年3月25日海南省第六届人民代表大会常务委员会第三十五次会议通过	2022-3-25	2022-3-25	2022-5-1	制定
海南省城镇从业人员基本医疗保险条例	2022年3月25日海南省第六届人民代表大会常务委员会第三十五次会议修改	2022-3-25	2022-3-28	2022-3-25	修改
海南省城镇从业人员生育保险条例	2022年3月25日海南省第六届人民代表大会常务委员会第三十五次会议修改	2022-3-25	2022-3-28	2022-3-25	修改
海南自由贸易港游艇产业促进条例	2022年3月25日海南省第六届人民代表大会常务委员会第三十五次会议通过	2022-3-25	2022-3-28	2022-7-1	制定
保亭黎族苗族自治县自治条例	2022年1月8日保亭黎族苗族自治县第十六届人民代表大会第一次会议修改,2022年3月25日海南省第六届人民代表大会常务委员会第三十五次会议批准修改	2022-4-1	2022-4-12	2022-4-1	修改
海口市扬尘污染防治办法	2021年12月28日海口市第十六届人民代表大会常务委员会第五十四次会议修改,2022年3月25日海南省第六届人民代表大会常务委员会第三十五次会议批准修改	2022-4-2	2022-4-12	2022-4-2	修改
海口市生活垃圾分类管理办法	2021年12月28日海口市第十六届人民代表大会常务委员会第五十四次会议修改,2022年3月25日海南省第六届人民代表大会常务委员会第三十五次会议批准修改	2022-4-2	2022-4-12	2022-4-2	修改
海南省自然保护区条例	2022年5月31日海南省第六届人民代表大会常务委员会第三十六次会议修改	2022-5-31	2022-5-31	2022-5-31	修改
海南省森林保护管理条例	2022年5月31日海南省第六届人民代表大会常务委员会第三十六次会议修改	2022-5-31	2022-5-31	2022-5-31	修改
海南省沿海防护林建设与保护规定	2022年5月31日海南省第六届人民代表大会常务委员会第三十六次会议修改	2022-5-31	2022-5-31	2022-5-31	修改
海南省古树名木保护管理规定	2022年5月31日海南省第六届人民代表大会常务委员会第三十六次会议修改	2022-5-31	2022-5-31	2022-5-31	修改
海南经济特区换地权益书管理办法	2022年5月31日海南省第六届人民代表大会常务委员会第三十六次会议修改	2022-5-31	2022-5-31	2022-5-31	修改
海南省土地权属确定与争议处理条例	2022年5月31日海南省第六届人民代表大会常务委员会第三十六次会议修改	2022-5-31	2022-5-31	2022-5-31	修改
海南省生态保护红线管理规定	2022年5月31日海南省第六届人民代表大会常务委员会第三十六次会议修改	2022-5-31	2022-5-31	2022-5-31	修改
海南省法律援助规定	2022年5月31日海南省第六届人民代表大会常务委员会第三十六次会议修改	2022-5-31	2022-5-31	2022-7-1	修改
海南省非物质文化遗产规定	2022年5月31日海南省第六届人民代表大会常务委员会第三十六次会议通过	2022-5-31	2022-6-16	2022-7-1	制定

续表

法规名称	通过或批准时间	公布时间	报备时间	施行时间	立法形式
海南省规章设定罚款限额规定	2022年7月27日海南省第六届人民代表大会常务委员会第三十七次会议修改	2022-7-27	2022-7-27	2022-7-27	修改
海南省企业和企业经营者权益保护条例	2022年7月27日海南省第六届人民代表大会常务委员会第三十七次会议修改	2022-7-27	2022-7-27	2022-7-27	修改
海南省人民代表大会常务委员会人事任免规定	2022年7月27日海南省第六届人民代表大会常务委员会第三十七次会议修改	2022-7-27	2022-7-27	2023-1-1	修改
海南省人民代表大会常务委员会任免海南省监察委员会副主任、委员暂行办法	在《海南省人民代表大会常务委员会人事任免规定》中被明文予以废止	2022-7-27	2022-7-27	2023-1-1	文中废止
海南省人民代表大会常务委员会议事规则	2022年9月29日海南省第六届人民代表大会常务委员会第三十八次会议修改	2022-9-29	2022-9-29	2022-9-29	修改
海南省妇女权益保障若干规定	2022年9月29日海南省第六届人民代表大会常务委员会第三十八次会议修改	2022-9-29	2022-9-29	2022-9-29	修改
海南省实施《中华人民共和国母婴保健法》办法	2022年9月29日海南省第六届人民代表大会常务委员会第三十八次会议修改	2022-9-29	2022-9-29	2022-9-29	修改
海南省实施《中华人民共和国村民委员会组织法》办法	2022年9月29日海南省第六届人民代表大会常务委员会第三十八次会议修改	2022-9-29	2022-9-29	2022-9-29	修改
海南省实施《中华人民共和国民族区域自治法》若干规定	2022年9月29日海南省第六届人民代表大会常务委员会第三十八次会议修改	2022-9-29	2022-9-29	2022-9-29	修改
海南省绿色建筑发展条例	2022年9月29日海南省第六届人民代表大会常务委员会第三十八次会议通过	2022-9-29	2022-9-29	2023-1-1	制定
海南自由贸易港药品进口便利化若干规定	2022年9月29日海南省第六届人民代表大会常务委员会第三十八次会议通过	2022-9-29	2022-10-17	2022-12-1	制定
海口市城市容貌管理若干规定	2022年9月2日海口市第十七届人民代表大会常务委员会第五次会议修改,2022年9月29日海南省第六届人民代表大会常务委员会第三十八次会议批准修改	2022-10-17	2022-11-4	2022-10-17	修改
海口市房屋租赁管理条例	2022年9月2日海口市第十七届人民代表大会常务委员会第五次会议修改,2022年9月29日海南省第六届人民代表大会常务委员会第三十八次会议批准修改	2022-10-17	2022-11-4	2022-10-17	修改
海口市传统村落保护规定	2022年9月2日海口市第十七届人民代表大会常务委员会第五次会议通过,2022年9月29日海南省第六届人民代表大会常务委员会第三十八次会议批准	2022-10-17	2022-11-4	2022-12-1	制定
海南省人民代表大会常务委员会关于在海南自由贸易港取消乙级水利工程质量检测单位资质认定等六项行政许可事项的决定	2022年11月30日海南省第六届人民代表大会常务委员会第三十九次会议通过	2022-11-30	2022-11-30	2022-11-30	制定
海南自由贸易港生态环境保护考核评价和责任追究规定	2022年11月30日海南省第六届人民代表大会常务委员会第三十九次会议通过	2022-11-30	2022-11-30	2023-1-1	制定

续表

法规名称	通过或批准时间	公布时间	报备时间	施行时间	立法形式
海南省人民代表大会常务委员会关于将排污许可证核发等省级管理权限调整由儋州市实施的决定	2022 年 11 月 30 日海南省第六届人民代表大会常务委员会第三十九次会议通过	2022-11-30	2022-12-2	2022-11-30	制定
海南自由贸易港博鳌乐城国际医疗旅游先行区医疗药品器械管理规定	2022 年 11 月 30 日海南省第六届人民代表大会常务委员会第三十九次会议通过	2022-11-30	2022-12-2	2023-1-1	制定
海南省宗教事务管理若干规定	2022 年 11 月 30 日海南省第六届人民代表大会常务委员会第三十九次会议修改	2022-11-30	2022-12-5	2023-1-1	修改
海口市病媒生物预防控制管理办法	2022 年 10 月 31 日海口市第十七届人民代表大会常务委员会第六次会议修改，2022 年 11 月 30 日海南省第六届人民代表大会常务委员会第三十九次会议批准修改	2022-12-2	2022-12-9	2022-12-2	修改

重庆市地方性法规目录

（42 件）

法规名称	通过或批准时间	公布时间	报备时间	施行时间	立法形式
重庆市人民代表大会议事规则	2022 年 1 月 21 日重庆市第五届人民代表大会第五次会议修改	2022-1-21	2022-1-28	2022-3-1	修改
重庆市各级人民代表大会常务委员会规范性文件备案审查条例	2022 年 3 月 30 日重庆市第五届人民代表大会常务委员会第三十三次会议通过	2022-3-30	2022-4-1	2022-5-1	制定
重庆市铁路安全管理条例	2022 年 3 月 30 日重庆市第五届人民代表大会常务委员会第三十三次会议通过	2022-3-30	2022-4-1	2022-5-1	制定
重庆市数据条例	2022 年 3 月 30 日重庆市第五届人民代表大会常务委员会第三十三次会议通过	2022-3-30	2022-4-1	2022-7-1	制定
重庆市红色资源保护传承规定	2022 年 6 月 10 日重庆市第五届人民代表大会常务委员会第三十四次会议通过	2022-6-10	2022-6-10	2022-7-1	制定
重庆市各级人民代表大会常务委员会人事任免工作条例	2022 年 6 月 10 日重庆市第五届人民代表大会常务委员会第三十四次会议修改	2022-6-10	2022-6-20	2022-6-10	修改
重庆市信访条例	2022 年 6 月 10 日重庆市第五届人民代表大会常务委员会第三十四次会议废止	2022-6-10	2022-6-20	2022-6-10	废止
重庆市人民代表大会代表议案工作条例	2022 年 6 月 10 日重庆市第五届人民代表大会常务委员会第三十四次会议通过	2022-6-10	2022-6-20	2022-8-1	制定
重庆市乡村振兴促进条例	2022 年 7 月 22 日重庆市第五届人民代表大会常务委员会第三十五次会议通过	2022-7-22	2022-7-28	2022-9-1	制定
重庆市农村扶贫条例	在《重庆市乡村振兴促进条例》中被明文予以废止	2022-7-22	2022-7-28	2022-9-1	文中废止

续表

法规名称	通过或批准时间	公布时间	报备时间	施行时间	立法形式
重庆市慈善条例	2022 年 7 月 22 日重庆市第五届人民代表大会常务委员会第三十五次会议通过	2022-7-22	2022-7-28	2022-9-1	制定
重庆市地名管理条例	2022 年 7 月 22 日重庆市第五届人民代表大会常务委员会第三十五次会议修改	2022-7-22	2022-7-28	2022-9-1	修改
重庆市实施《中华人民共和国农民专业合作社法》办法	2022 年 7 月 22 日重庆市第五届人民代表大会常务委员会第三十五次会议修改	2022-7-22	2022-7-28	2022-9-1	修改
重庆市城市供水节水条例	2022 年 7 月 22 日重庆市第五届人民代表大会常务委员会第三十五次会议通过	2022-7-22	2022-7-28	2022-12-1	制定
重庆市城市供水节水管理条例	在《重庆市城市供水节水条例》中被明文予以废止	2022-7-22	2022-7-28	2022-12-1	文中废止
重庆市测绘地理信息条例	2022 年 9 月 28 日重庆市第五届人民代表大会常务委员会第三十七次会议通过	2022-9-28	2022-10-10	2023-1-1	制定
重庆市测绘管理条例	在《重庆市测绘地理信息条例》中被明文予以废止	2022-9-28	2022-10-10	2023-1-1	文中废止
重庆市反不正当竞争条例	2022 年 9 月 28 日重庆市第五届人民代表大会常务委员会第三十七次会议修改	2022-9-28	2022-10-16	2023-1-1	修改
重庆市旅游条例	2022 年 9 月 28 日重庆市第五届人民代表大会常务委员会第三十七次会议修改	2022-9-28	2022-10-28	2022-11-1	修改
重庆市计算机信息系统安全保护条例	2022 年 9 月 28 日重庆市第五届人民代表大会常务委员会第三十七次会议修改	2022-9-28	2022-10-28	2022-11-1	修改
重庆市实施《中华人民共和国档案法》办法	2022 年 9 月 28 日重庆市第五届人民代表大会常务委员会第三十七次会议修改	2022-9-28	2022-10-28	2022-11-1	修改
重庆市烟草专卖管理条例	2022 年 9 月 28 日重庆市第五届人民代表大会常务委员会第三十七次会议修改	2022-9-28	2022-10-28	2022-11-1	修改
重庆市液化石油气经营管理条例	2022 年 9 月 28 日重庆市第五届人民代表大会常务委员会第三十七次会议修改	2022-9-28	2022-10-28	2022-11-1	修改
重庆市劳动保障监察条例	2022 年 9 月 28 日重庆市第五届人民代表大会常务委员会第三十七次会议修改	2022-9-28	2022-10-28	2022-11-1	修改
重庆市职工权益保障条例	2022 年 9 月 28 日重庆市第五届人民代表大会常务委员会第三十七次会议修改	2022-9-28	2022-10-28	2022-11-1	修改
重庆市医疗机构管理条例	2022 年 9 月 28 日重庆市第五届人民代表大会常务委员会第三十七次会议修改	2022-9-28	2022-10-28	2022-11-1	修改
重庆市实施《中华人民共和国渔业法》办法	2022 年 9 月 28 日重庆市第五届人民代表大会常务委员会第三十七次会议修改	2022-9-28	2022-10-28	2022-11-1	修改
重庆市村民委员会选举办法	2022 年 9 月 28 日重庆市第五届人民代表大会常务委员会第三十七次会议修改	2022-9-28	2022-10-28	2022-11-1	修改
重庆市殡葬管理条例	2022 年 9 月 28 日重庆市第五届人民代表大会常务委员会第三十七次会议修改	2022-9-28	2022-10-28	2022-11-1	修改
重庆市水利工程管理条例	2022 年 9 月 28 日重庆市第五届人民代表大会常务委员会第三十七次会议修改	2022-9-28	2022-10-28	2022-11-1	修改

续表

法规名称	通过或批准时间	公布时间	报备时间	施行时间	立法形式
重庆市河道管理条例	2022 年 9 月 28 日重庆市第五届人民代表大会常务委员会第三十七次会议修改	2022-9-28	2022-10-28	2022-11-1	修改
重庆市环境保护条例	2022 年 9 月 28 日重庆市第五届人民代表大会常务委员会第三十七次会议修改	2022-9-28	2022-10-28	2022-11-1	修改
重庆市市政设施管理条例	2022 年 9 月 28 日重庆市第五届人民代表大会常务委员会第三十七次会议修改	2022-9-28	2022-10-28	2022-11-1	修改
重庆市户外广告管理条例	2022 年 9 月 28 日重庆市第五届人民代表大会常务委员会第三十七次会议修改	2022-9-28	2022-10-28	2022-11-1	修改
重庆市公园管理条例	2022 年 9 月 28 日重庆市第五届人民代表大会常务委员会第三十七次会议修改	2022-9-28	2022-10-28	2022-11-1	修改
重庆市风景名胜区条例	2022 年 9 月 28 日重庆市第五届人民代表大会常务委员会第三十七次会议修改	2022-9-28	2022-10-28	2022-11-1	修改
重庆市水上交通安全管理条例	2022 年 9 月 28 日重庆市第五届人民代表大会常务委员会第三十七次会议修改	2022-9-28	2022-10-28	2022-11-1	修改
重庆市水路运输管理条例	2022 年 9 月 28 日重庆市第五届人民代表大会常务委员会第三十七次会议修改	2022-9-28	2022-10-28	2022-11-1	修改
重庆市建筑管理条例	2022 年 9 月 28 日重庆市第五届人民代表大会常务委员会第三十七次会议修改	2022-9-28	2022-10-28	2022-11-1	修改
重庆市建筑节能条例	2022 年 9 月 28 日重庆市第五届人民代表大会常务委员会第三十七次会议修改	2022-9-28	2022-10-28	2022-11-1	修改
重庆市建设工程勘察设计管理条例	2022 年 9 月 28 日重庆市第五届人民代表大会常务委员会第三十七次会议修改	2022-9-28	2022-10-28	2022-11-1	修改
重庆市养犬管理条例	2022 年 12 月 14 日重庆市第五届人民代表大会常务委员会第三十八次会议通过	2022-12-14	2022-12-15	2023-6-1	制定
重庆市新闻媒体广告管理条例	2022 年 12 月 14 日重庆市第五届人民代表大会常务委员会第三十八次会议废止	2022-12-14	2022-12-16	2022-12-14	废止
重庆市授予荣誉市民称号条例	2022 年 12 月 14 日重庆市第五届人民代表大会常务委员会第三十八次会议废止	2022-12-14	2022-12-16	2022-12-14	废止
重庆市大足石刻保护条例	2022 年 12 月 29 日重庆市第五届人民代表大会常务委员会第三十九次会议修改	2022-12-29	2023-1-4	2022-12-29	修改

四川省地方性法规目录

（69 件）

法规名称	通过或批准时间	公布时间	报备时间	施行时间	立法形式
四川省《中华人民共和国反恐怖主义法》实施办法	2022 年 3 月 31 日四川省第十三届人民代表大会常务委员会第三十四次会议通过	2022-3-31	2022-4-22	2022-5-1	制定
四川省现代农业园区条例	2022 年 3 月 31 日四川省第十三届人民代表大会常务委员会第三十四次会议通过	2022-3-31	2022-4-22	2022-5-1	制定

续表

法规名称	通过或批准时间	公布时间	报备时间	施行时间	立法形式
四川省铁路安全管理条例	2022年3月31日四川省第十三届人民代表大会常务委员会第三十四次会议通过	2022-3-31	2022-4-22	2022-5-1	制定
四川省红十字会条例	2022年3月31日四川省第十三届人民代表大会常务委员会第三十四次会议通过	2022-3-31	2022-4-22	2022-5-8	制定
四川省《中华人民共和国红十字会法》实施办法	在《四川省红十字会条例》中被明文予以废止	2022-3-31	2022-4-22	2022-5-8	文中废止
四川省《中华人民共和国中小企业促进法》实施办法	2022年3月31日四川省第十三届人民代表大会常务委员会第三十四次会议修改	2022-3-31	2022-4-22	2022-7-1	修改
四川省水资源条例	2022年3月31日四川省第十三届人民代表大会常务委员会第三十四次会议通过	2022-4-1	2022-4-22	2022-7-1	制定
凉山彝族自治州移风易俗条例	2022年1月12日凉山彝族自治州第十二届人民代表大会第一次会议通过，2022年3月31日四川省第十三届人民代表大会常务委员会第三十四次会议批准	2022-4-1	2022-4-22	2022-5-1	制定
凉山彝族自治州施行《中华人民共和国民法典》婚姻家庭编的变通规定	2022年1月12日凉山彝族自治州第十二届人民代表大会第一次会议通过，2022年3月31日四川省第十三届人民代表大会常务委员会第三十四次会议批准	2022-4-1	2022-4-22	2022-5-1	制定
凉山彝族自治州施行《中华人民共和国婚姻法》的规定	在《凉山彝族自治州施行〈中华人民共和国民法典〉婚姻家庭编的变通规定》中被明文予以废止	2022-4-1	2022-4-22	2022-5-1	文中废止
成都市地下空间开发利用管理条例	2021年12月31日成都市第十七届人民代表大会常务委员会第三十二次会议通过，2022年3月31日四川省第十三届人民代表大会常务委员会第三十四次会议批准	2022-4-6	2022-4-22	2022-6-1	制定
自贡市村规划管理条例	2021年8月31日自贡市第十七届人民代表大会常务委员会第四十三次会议通过，2022年3月31日四川省第十三届人民代表大会常务委员会第三十四次会议批准	2022-4-8	2022-4-22	2022-8-1	制定
阿坝藏族羌族自治州宗教事务条例	2022年1月11日阿坝藏族羌族自治州第十三届人民代表大会第一次会议修改，2022年3月31日四川省第十三届人民代表大会常务委员会第三十四次会议批准修改	2022-4-11	2022-4-22	2022-4-11	修改
四川省人民代表大会常务委员会任免国家机关工作人员条例	2022年6月9日四川省第十三届人民代表大会常务委员会第三十五次会议修改	2022-6-9	2022-7-4	2022-6-9	修改
四川省高速公路条例	2022年6月9日四川省第十三届人民代表大会常务委员会第三十五次会议修改	2022-6-9	2022-7-4	2022-6-9	修改
四川省乡镇人民代表大会主席团工作条例	2022年6月9日四川省第十三届人民代表大会常务委员会第三十五次会议修改	2022-6-9	2022-7-4	2022-6-9	修改
四川省暂住人口治安管理条例	2022年6月9日四川省第十三届人民代表大会常务委员会第三十五次会议废止	2022-6-9	2022-7-4	2022-6-9	废止

续表

法规名称	通过或批准时间	公布时间	报备时间	施行时间	立法形式
四川省固体废物污染环境防治条例	2022年6月9日四川省第十三届人民代表大会常务委员会第三十五次会议修改	2022-6-9	2022-7-4	2022-9-1	修改
绵阳市养犬管理条例	2022年3月10日绵阳市第八届人民代表大会常务委员会第五次会议通过,2022年6月9日四川省第十三届人民代表大会常务委员会第三十五次会议批准	2022-6-15	2022-7-4	2022-12-1	制定
北川羌族自治县投资促进条例	2022年2月24日北川羌族自治县第五届人民代表大会第二次会议通过,2022年6月9日四川省第十三届人民代表大会常务委员会第三十五次会议批准	2022-6-17	2022-7-4	2022-8-1	制定
峨边彝族自治县实施《四川省人口与计划生育条例》的变通规定	2022年3月31日峨边彝族自治县第十届人民代表大会第二次会议废止,2022年6月9日四川省第十三届人民代表大会常务委员会第三十五次会议批准废止	2022-6-20	2022-7-4	2022-6-20	废止
宜宾市机动车停车条例	2022年4月21日宜宾市第六届人民代表大会常务委员会第三次会议通过,2022年6月9日四川省第十三届人民代表大会常务委员会第三十五次会议批准	2022-6-20	2022-7-4	2022-9-1	制定
四川省《中华人民共和国台湾同胞投资保护法》实施办法	2022年7月28日四川省第十三届人民代表大会常务委员会第三十六次会议修改	2022-7-28	2022-8-24	2022-7-28	修改
四川省通用航空条例	2022年7月28日四川省第十三届人民代表大会常务委员会第三十六次会议通过	2022-7-28	2022-8-24	2022-9-1	制定
四川省市辖区、不设区的市人民代表大会常务委员会街道工作委员会工作条例	2022年7月28日四川省第十三届人民代表大会常务委员会第三十六次会议通过	2022-7-28	2022-8-24	2022-10-1	制定
成都市公共厕所管理条例	2022年7月1日成都市第十七届人民代表大会常务委员会第三十六次会议通过,2022年7月28日四川省第十三届人民代表大会常务委员会第三十六次会议批准	2022-7-29	2022-8-24	2022-12-1	制定
成都市客运出租汽车管理条例	2022年7月1日成都市第十七届人民代表大会常务委员会第三十六次会议修改,2022年7月28日四川省第十三届人民代表大会常务委员会第三十六次会议批准修改	2022-7-29	2022-8-24	2022-12-1	修改
达州市物业管理条例	2022年6月23日达州市第五届人民代表大会常务委员会第五次会议通过,2022年7月28日四川省第十三届人民代表大会常务委员会第三十六次会议批准	2022-8-2	2022-8-24	2022-10-1	制定
德阳市大气污染防治条例	2022年6月28日德阳市第九届人民代表大会常务委员会第五次会议通过,2022年7月28日四川省第十三届人民代表大会常务委员会第三十六次会议批准	2022-8-2	2022-8-24	2022-11-1	制定

续表

法规名称	通过或批准时间	公布时间	报备时间	施行时间	立法形式
攀枝花市文明行为促进条例	2022年6月24日攀枝花市第十一届人民代表大会常务委员会第三次会议通过，2022年7月28日四川省第十三届人民代表大会常务委员会第三十六次会议批准	2022-8-3	2022-8-24	2022-8-15	制定
攀枝花市城市市容和环境卫生管理条例	2022年6月24日攀枝花市第十一届人民代表大会常务委员会第三次会议修改，2022年7月28日四川省第十三届人民代表大会常务委员会第三十六次会议批准修改	2022-8-3	2022-8-24	2022-9-1	修改
雅安市青衣江流域水环境保护条例	2022年5月18日雅安市第五届人民代表大会常务委员会第二次会议修改，2022年7月28日四川省第十三届人民代表大会常务委员会第三十六次会议批准修改	2022-8-4	2022-8-24	2022-8-4	修改
甘孜藏族自治州传统村落保护与利用条例	2022年6月27日甘孜藏族自治州第十三届人民代表大会常务委员会第三次会议通过，2022年7月28日四川省第十三届人民代表大会常务委员会第三十六次会议批准	2022-8-4	2022-8-24	2022-10-1	制定
自贡市物业管理条例	2022年6月24日自贡市第十八届人民代表大会常务委员会第四次会议修改，2022年7月28日四川省第十三届人民代表大会常务委员会第三十六次会议批准修改	2022-8-4	2022-8-24	2022-10-1	修改
自贡市畜禽养殖污染防治条例	2022年6月24日自贡市第十八届人民代表大会常务委员会第四次会议通过，2022年7月28日四川省第十三届人民代表大会常务委员会第三十六次会议批准	2022-8-4	2022-8-24	2023-1-1	制定
内江市甜城湖保护条例	2022年7月5日内江市第八届人民代表大会常务委员会第五次会议修改，2022年7月28日四川省第十三届人民代表大会常务委员会第三十六次会议批准修改	2022-8-5	2022-8-24	2022-9-1	修改
泸州市海绵城市建设管理条例	2022年6月30日泸州市第九届人民代表大会常务委员会第四次会议通过，2022年7月28日四川省第十三届人民代表大会常务委员会第三十六次会议批准	2022-8-12	2022-8-24	2022-10-1	制定
乐山市三江岸线保护条例	2022年8月29日乐山市第八届人民代表大会常务委员会第七次会议通过，2022年9月30日四川省第十三届人民代表大会常务委员会第三十七次会议批准	2022-9-30	2022-10-26	2022-12-1	制定
成都市养老服务促进条例	2022年7月1日成都市第十七届人民代表大会常务委员会第三十六次会议修改，2022年9月30日四川省第十三届人民代表大会常务委员会第三十七次会议批准修改	2022-10-9	2022-10-26	2022-10-9	修改
成都市饮用水水源保护条例	2022年7月1日成都市第十七届人民代表大会常务委员会第三十六次会议修改，2022年9月30日四川省第十三届人民代表大会常务委员会第三十七次会议批准修改	2022-10-9	2022-10-26	2022-10-9	修改

续表

法规名称	通过或批准时间	公布时间	报备时间	施行时间	立法形式
成都市《中华人民共和国渔业法》实施办法	2022 年 7 月 1 日成都市第十七届人民代表大会常务委员会第三十六次会议修改,2022 年 9 月 30 日四川省第十三届人民代表大会常务委员会第三十七次会议批准修改	2022-10-9	2022-10-26	2022-10-9	修改
成都市罚没财产管理规定	2022 年 7 月 1 日成都市第十七届人民代表大会常务委员会第三十六次会议废止,2022 年 9 月 30 日四川省第十三届人民代表大会常务委员会第三十七次会议批准废止	2022-10-9	2022-10-26	2022-10-9	废止
广安市文明行为促进条例	2022 年 8 月 31 日广安市第六届人民代表大会常务委员会第四次会议通过,2022 年 9 月 30 日四川省第十三届人民代表大会常务委员会第三十七次会议批准	2022-10-9	2022-10-26	2022-12-1	制定
泸州市生活垃圾分类管理条例	2022 年 8 月 31 日泸州市第九届人民代表大会常务委员会第五次会议通过,2022 年 9 月 30 日四川省第十三届人民代表大会常务委员会第三十七次会议批准	2022-10-9	2022-10-26	2023-1-1	制定
雅安市绿色(有机)农产品基地保护若干规定	2022 年 7 月 19 日雅安市第五届人民代表大会常务委员会第三次会议通过,2022 年 9 月 30 日四川省第十三届人民代表大会常务委员会第三十七次会议批准	2022-10-9	2022-10-26	2023-1-1	制定
遂宁市城市生活垃圾分类管理条例	2022 年 7 月 29 日遂宁市第八届人民代表大会常务委员会第九次会议通过,2022 年 9 月 30 日四川省第十三届人民代表大会常务委员会第三十七次会议批准	2022-10-9	2022-10-26	2023-4-1	制定
达州市市容和环境卫生管理条例	2022 年 8 月 30 日达州市第五届人民代表大会常务委员会第七次会议修改,2022 年 9 月 30 日四川省第十三届人民代表大会常务委员会第三十七次会议批准修改	2022-10-10	2022-10-26	2022-10-10	修改
阿坝藏族羌族自治州文明行为促进条例	2022 年 8 月 25 日阿坝藏族羌族自治州第十三届人民代表大会常务委员会第五次会议通过,2022 年 9 月 30 日四川省第十三届人民代表大会常务委员会第三十七次会议批准	2022-10-10	2022-10-26	2023-1-1	制定
资阳市物业管理条例	2022 年 9 月 9 日资阳市第五届人民代表大会常务委员会第七次会议通过,2022 年 9 月 30 日四川省第十三届人民代表大会常务委员会第三十七次会议批准	2022-10-10	2022-10-26	2023-1-1	制定
成都市城镇排水与污水处理条例	2022 年 8 月 30 日成都市第十七届人民代表大会常务委员会第三十八次会议通过,2022 年 9 月 30 日四川省第十三届人民代表大会常务委员会第三十七次会议批准	2022-10-25	2022-10-26	2022-12-1	制定
成都市文明行为促进条例	2022 年 8 月 30 日成都市第十七届人民代表大会常务委员会第三十八次会议通过,2022 年 9 月 30 日四川省第十三届人民代表大会常务委员会第三十七次会议批准	2022-10-25	2022-10-26	2022-12-1	制定

续表

法规名称	通过或批准时间	公布时间	报备时间	施行时间	立法形式
成都市公共场所控制吸烟条例	2022年8月30日成都市第十七届人民代表大会常务委员会第三十八次会议通过，2022年9月30日四川省第十三届人民代表大会常务委员会第三十七次会议批准	2022-10-25	2022-10-26	2023-1-1	制定
成都市公共场所禁止吸烟规定	在《成都市公共场所控制吸烟条例》中被明文予以废止	2022-10-25	2022-10-26	2023-1-1	文中废止
成都市历史文化名镇名村和传统村落保护条例	2022年8月30日成都市第十七届人民代表大会常务委员会第三十八次会议通过，2022年9月30日四川省第十三届人民代表大会常务委员会第三十七次会议批准	2022-10-25	2022-10-26	2023-1-1	制定
四川省人民代表大会代表建议、批评和意见工作条例	2022年12月2日四川省第十三届人民代表大会常务委员会第三十八次会议通过	2022-12-2	2022-12-28	2022-12-2	制定
四川省人民代表大会常务委员会议事规则	2022年12月2日四川省第十三届人民代表大会常务委员会第三十八次会议修改	2022-12-2	2022-12-28	2022-12-2	修改
四川省水文条例	2022年12月2日四川省第十三届人民代表大会常务委员会第三十八次会议通过	2022-12-2	2022-12-28	2023-1-1	制定
四川省数据条例	2022年12月2日四川省第十三届人民代表大会常务委员会第三十八次会议通过	2022-12-2	2022-12-28	2023-1-1	制定
四川省民族团结进步条例	2022年12月2日四川省第十三届人民代表大会常务委员会第三十八次会议通过	2022-12-2	2022-12-28	2023-1-1	制定
四川省机关运行保障条例	2022年12月2日四川省第十三届人民代表大会常务委员会第三十八次会议通过	2022-12-2	2022-12-28	2023-1-1	制定
四川省盐业管理条例	2022年12月2日四川省第十三届人民代表大会常务委员会第三十八次会议修改	2022-12-2	2022-12-28	2023-1-1	修改
四川省医疗机构管理条例	2022年12月2日四川省第十三届人民代表大会常务委员会第三十八次会议修改	2022-12-2	2022-12-28	2023-3-1	修改
四川省《中华人民共和国土地管理法》实施办法	2022年12月2日四川省第十三届人民代表大会常务委员会第三十八次会议修改	2022-12-2	2022-12-28	2023-3-1	修改
四川省人民代表大会常务委员会关于《四川省〈中华人民共和国土地管理法〉实施办法》第八条第一项的解释	在《四川省〈中华人民共和国土地管理法〉实施办法》中被明文予以废止	2022-12-2	2022-12-28	2023-3-1	文中废止
成都市优化营商环境条例	2022年10月27日成都市第十七届人民代表大会常务委员会第三十九次会议通过，2022年12月2日四川省第十三届人民代表大会常务委员会第三十八次会议批准	2022-12-2	2022-12-28	2023-1-1	制定
成都市大遗址保护条例	2022年10月27日成都市第十七届人民代表大会常务委员会第三十九次会议通过，2022年12月2日四川省第十三届人民代表大会常务委员会第三十八次会议批准	2022-12-2	2022-12-28	2023-2-1	制定
成都市绿色建筑促进条例	2022年10月27日成都市第十七届人民代表大会常务委员会第三十九次会议通过，2022年12月2日四川省第十三届人民代表大会常务委员会第三十八次会议批准	2022-12-2	2022-12-28	2023-3-1	制定

续表

法规名称	通过或批准时间	公布时间	报备时间	施行时间	立法形式
广元市文明行为促进条例	2022 年 11 月 1 日广元市第八届人民代表大会常务委员会第七次会议通过，2022 年 12 月 2 日四川省第十三届人民代表大会常务委员会第三十八次会议批准	2022-12-5	2022-12-28	2023-1-1	制定
南充市红色资源保护传承条例	2022 年 11 月 1 日南充市第七届人民代表大会常务委员会第六次会议通过，2022 年 12 月 2 日四川省第十三届人民代表大会常务委员会第三十八次会议批准	2022-12-5	2022-12-28	2023-1-1	制定
雅安市自然灾害应急避险若干规定	2022 年 11 月 7 日雅安市第五届人民代表大会常务委员会第五次会议通过，2022 年 12 月 2 日四川省第十三届人民代表大会常务委员会第三十八次会议批准	2022-12-6	2022-12-28	2022-12-20	制定
遂宁市城区农贸市场管理条例	2022 年 10 月 13 日遂宁市第八届人民代表大会常务委员会第十次会议通过，2022 年 12 月 2 日四川省第十三届人民代表大会常务委员会第三十八次会议批准	2022-12-6	2022-12-28	2023-2-1	制定
凉山彝族自治州中医药保护条例	2022 年 10 月 19 日凉山彝族自治州第十二届人民代表大会常务委员会第六次会议通过，2022 年 12 月 2 日四川省第十三届人民代表大会常务委员会第三十八次会议批准	2022-12-7	2022-12-28	2023-2-1	制定
宜宾市蜀南竹海风景名胜区保护条例	2022 年 10 月 31 日宜宾市第六届人民代表大会常务委员会第六次会议通过，2022 年 12 月 2 日四川省第十三届人民代表大会常务委员会第三十八次会议批准	2022-12-14	2022-12-28	2023-3-1	制定

贵州省地方性法规目录

（43 件）

法规名称	通过或批准时间	公布时间	报备时间	施行时间	立法形式
贵州省社会科学普及条例	2022 年 3 月 30 日贵州省第十三届人民代表大会常务委员会第三十一次会议通过	2022-3-30	2022-4-25	2022-5-17	制定
贵州省石油天然气管道建设和保护条例	2022 年 3 月 30 日贵州省第十三届人民代表大会常务委员会第三十一次会议通过	2022-3-30	2022-4-25	2022-6-1	制定
贵州省人民代表大会常务委员会讨论决定重大事项的规定	2022 年 3 月 30 日贵州省第十三届人民代表大会常务委员会第三十一次会议修改	2022-3-30	2022-4-25	2022-6-1	修改
贵阳市住宅小区人口和计划生育管理服务规定	2021 年 12 月 29 日贵阳市第十四届人民代表大会常务委员会第四十四次会议废止，2022 年 3 月 30 日贵州省第十三届人民代表大会常务委员会第三十一次会议批准废止	2022-4-2	2022-4-29	2022-4-2	废止

续表

法规名称	通过或批准时间	公布时间	报备时间	施行时间	立法形式
贵阳市推进全民健身规定	2021年12月29日贵阳市第十四届人民代表大会常务委员会第四十四次会议通过，2022年3月30日贵州省第十三届人民代表大会常务委员会第三十一次会议批准	2022-4-2	2022-4-29	2022-5-1	制定
贵阳市全民健身规定	在《贵阳市推进全民健身规定》中被明文予以废止	2022-4-2	2022-4-29	2022-5-1	文中废止
三都水族自治县都柳江渔业条例	2022年1月9日三都水族自治县第十七届人民代表大会第一次会议修改，2022年3月30日贵州省第十三届人民代表大会常务委员会第三十一次会议批准修改	2022-4-26	2022-5-10	2022-4-26	修改
三都水族自治县村寨人居环境治理条例	2022年1月9日三都水族自治县第十七届人民代表大会第一次会议通过，2022年3月30日贵州省第十三届人民代表大会常务委员会第三十一次会议批准	2022-4-26	2022-5-10	2022-8-1	制定
贵州省信访条例	2022年5月25日贵州省第十三届人民代表大会常务委员会第三十二次会议废止	2022-5-25	2022-6-24	2022-5-26	废止
贵州省安全生产条例	2022年5月25日贵州省第十三届人民代表大会常务委员会第三十二次会议修改	2022-5-25	2022-6-24	2022-6-1	修改
贵州省各级人民代表大会常务委员会人事任免条例	2022年5月25日贵州省第十三届人民代表大会常务委员会第三十二次会议修改	2022-5-25	2022-6-24	2022-6-1	修改
贵州省人民代表大会代表议案和建议办理条例	2022年5月25日贵州省第十三届人民代表大会常务委员会第三十二次会议修改	2022-5-25	2022-6-24	2022-6-1	修改
贵州省优秀民族文化传承发展促进条例	2022年5月25日贵州省第十三届人民代表大会常务委员会第三十二次会议通过	2022-5-25	2022-6-24	2022-9-1	制定
贵州省动物防疫条例	2022年5月25日贵州省第十三届人民代表大会常务委员会第三十二次会议修改	2022-5-25	2022-6-24	2022-9-1	修改
贵阳市街道办事处工作条例	2021年12月29日贵阳市第十四届人民代表大会常务委员会第四十四次会议通过，2022年5月25日贵州省第十三届人民代表大会常务委员会第三十二次会议批准	2022-6-1	2022-6-24	2022-9-1	制定
毕节市乡村环境卫生管理条例	2022年3月16日毕节市第三届人民代表大会常务委员会第二次会议通过，2022年5月25日贵州省第十三届人民代表大会常务委员会第三十二次会议批准	2022-6-6	2022-6-24	2022-9-1	制定
贵州省各级人民代表大会常务委员会规范性文件备案审查条例	2022年7月29日贵州省第十三届人民代表大会常务委员会第三十四次会议通过	2022-7-29	2022-8-25	2022-10-1	制定
贵州省公安机关警务辅助人员条例	2022年7月29日贵州省第十三届人民代表大会常务委员会第三十四次会议通过	2022-7-29	2022-8-25	2023-1-1	制定
毕节市居家养老服务条例	2022年4月27日毕节市第三届人民代表大会常务委员会第三次会议通过，2022年7月29日贵州省第十三届人民代表大会常务委员会第三十四次会议批准	2022-8-10	2022-8-25	2022-10-1	制定

续表

法规名称	通过或批准时间	公布时间	报备时间	施行时间	立法形式
贵阳市城镇生活垃圾分类管理条例	2022年4月26日贵阳市第十五届人民代表大会常务委员会第三次会议通过,2022年7月29日贵州省第十三届人民代表大会常务委员会第三十四次会议批准	2022-8-15	2022-8-25	2022-9-15	制定
镇宁布依族苗族自治县水资源管理条例	2022年5月11日镇宁布依族苗族自治县第十四届人民代表大会第二次会议废止,2022年7月29日贵州省第十三届人民代表大会常务委员会第三十四次会议批准废止	2022-8-22	2022-8-25	2022-8-22	废止
贵州省乡村振兴促进条例	2022年10月14日贵州省第十三届人民代表大会常务委员会第三十五次会议通过	2022-10-14	2022-11-10	2023-1-1	制定
贵州省科学技术协会条例	2022年10月14日贵州省第十三届人民代表大会常务委员会第三十五次会议通过	2022-10-14	2022-11-10	2023-1-1	制定
贵州省保障科学技术协会活动条例	在《贵州省科学技术协会条例》中被明文予以废止	2022-10-14	2022-11-10	2023-1-1	文中废止
贵州省社会信用条例	2022年10月14日贵州省第十三届人民代表大会常务委员会第三十五次会议通过	2022-10-14	2022-11-10	2023-1-1	制定
贵州省老年教育条例	2022年10月14日贵州省第十三届人民代表大会常务委员会第三十五次会议通过	2022-10-14	2022-11-10	2023-1-1	制定
贵州省中小企业促进条例	2022年10月14日贵州省第十三届人民代表大会常务委员会第三十五次会议修改	2022-10-14	2022-11-10	2023-1-1	修改
六盘水市城镇生活垃圾分类管理条例	2022年8月17日六盘水市第九届人民代表大会常务委员会第四次会议通过,2022年10月14日贵州省第十三届人民代表大会常务委员会第三十五次会议批准	2022-10-18	2022-11-17	2023-1-1	制定
毕节市供热用热管理条例	2022年8月18日毕节市第三届人民代表大会常务委员会第五次会议通过,2022年10月14日贵州省第十三届人民代表大会常务委员会第三十五次会议批准	2022-10-21	2022-11-17	2023-1-1	制定
遵义市城市绿化条例	2022年6月29日遵义市第六届人民代表大会常务委员会第四次会议通过,2022年10月14日贵州省第十三届人民代表大会常务委员会第三十五次会议批准	2022-10-25	2022-11-17	2023-1-1	制定
安顺市城市节约用水条例	2022年6月27日安顺市第五届人民代表大会常务委员会第六次会议通过,2022年10月14日贵州省第十三届人民代表大会常务委员会第三十五次会议批准	2022-10-27	2022-11-17	2023-1-1	制定
贵州省人民代表大会常务委员会议事规则	2022年12月1日贵州省第十三届人民代表大会常务委员会第三十六次会议修改	2022-12-1	2022-12-30	2023-2-1	修改
贵州省乌江保护条例	2022年12月1日贵州省第十三届人民代表大会常务委员会第三十六次会议通过	2022-12-1	2022-12-30	2023-3-1	制定

续表

法规名称	通过或批准时间	公布时间	报备时间	施行时间	立法形式
贵州省赤水河流域酱香型白酒生产环境保护条例	2022年12月1日贵州省第十三届人民代表大会常务委员会第三十六次会议通过	2022-12-1	2022-12-30	2023-3-1	制定
贵州省信息基础设施条例	2022年12月1日贵州省第十三届人民代表大会常务委员会第三十六次会议修改	2022-12-1	2022-12-30	2023-3-1	修改
贵州省农作物种子条例	2022年12月1日贵州省第十三届人民代表大会常务委员会第三十六次会议修改	2022-12-1	2022-12-30	2023-3-1	修改
贵州省土地管理条例	2022年12月1日贵州省第十三届人民代表大会常务委员会第三十六次会议修改	2022-12-1	2022-12-30	2023-3-1	修改
贵州省法律援助条例	2022年12月1日贵州省第十三届人民代表大会常务委员会第三十六次会议修改	2022-12-1	2022-12-30	2023-3-1	修改
铜仁市中心城区山体保护条例	2022年8月31日铜仁市第三届人民代表大会常务委员会第四次会议通过,2022年12月1日贵州省第十三届人民代表大会常务委员会第三十六次会议批准	2022-12-2	2022-12-30	2023-2-1	制定
铜仁市锦江干流大江沿岸建设管理条例	2022年10月29日铜仁市第三届人民代表大会常务委员会第六次会议通过,2022年12月1日贵州省第十三届人民代表大会常务委员会第三十六次会议批准	2022-12-2	2022-12-30	2023-3-1	制定
黔西南布依族苗族自治州万峰湖保护条例	2022年8月26日黔西南布依族苗族自治州第九届人民代表大会常务委员会第三次会议通过,2022年12月1日贵州省第十三届人民代表大会常务委员会第三十六次会议批准	2022-12-12	2022-12-30	2023-1-1	制定
六盘水市韭菜坪景区保护条例	2022年10月27日六盘水市第九届人民代表大会常务委员会第五次会议通过,2022年12月1日贵州省第十三届人民代表大会常务委员会第三十六次会议批准	2022-12-13	2022-12-30	2023-3-1	制定
六盘水市人大常委会关于加强韭菜坪景区共同保护的决定	2022年10月27日六盘水市第九届人民代表大会常务委员会第五次会议通过,2022年12月1日贵州省第十三届人民代表大会常务委员会第三十六次会议批准	2022-12-13	2022-12-30	2023-3-1	制定
毕节市韭菜坪景区保护条例	2022年10月20日毕节市第三届人民代表大会常务委员会第六次会议通过,2022年12月1日贵州省第十三届人民代表大会常务委员会第三十六次会议批准	2022-12-13	2022-12-30	2023-3-1	制定
毕节市人大常委会关于加强韭菜坪景区共同保护的决定	2022年10月20日毕节市第三届人民代表大会常务委员会第六次会议通过,2022年12月1日贵州省第十三届人民代表大会常务委员会第三十六次会议批准	2022-12-13	2022-12-30	2023-3-1	制定

云南省地方性法规目录

（49 件）

法规名称	通过或批准时间	公布时间	报备时间	施行时间	立法形式
云南省人民代表大会常务委员会关于加强国有资产管理情况监督的决定	2022 年 1 月 17 日云南省第十三届人民代表大会常务委员会第二十八次会议通过	2022-1-17	2022-1-26	2022-1-17	制定
云南省人口与计划生育条例	2022 年 1 月 17 日云南省第十三届人民代表大会常务委员会第二十八次会议修改	2022-1-17	2022-1-27	2022-1-17	修改
曲靖市多元化解纠纷促进条例	2021 年 12 月 14 日曲靖市第五届人民代表大会常务委员会第二十八次会议通过，2022 年 1 月 17 日云南省第十三届人民代表大会常务委员会第二十八次会议批准	2022-1-20	2022-1-27	2022-3-1	制定
丽江市旅游条例	2021 年 12 月 28 日丽江市第四届人民代表大会常务委员会第二十八次会议通过，2022 年 1 月 17 日云南省第十三届人民代表大会常务委员会第二十八次会议批准	2022-1-25	2022-1-28	2022-3-1	制定
云南省土壤污染防治条例	2022 年 1 月 23 日云南省第十三届人民代表大会第五次会议通过	2022-1-23	2022-1-27	2022-5-1	制定
昭通市扬尘污染防治条例	2021 年 12 月 30 日昭通市第四届人民代表大会常务委员会第四十次会议通过，2022 年 3 月 25 日云南省第十三届人民代表大会常务委员会第二十九次会议批准	2022-3-28	2022-4-2	2022-6-1	制定
德宏傣族景颇族自治州芒市城中田园保护条例	2021 年 12 月 28 日德宏傣族景颇族自治州第十五届人民代表大会常务委员会第二十九次会议通过，2022 年 3 月 25 日云南省第十三届人民代表大会常务委员会第二十九次会议批准	2022-3-30	2022-4-2	2022-5-1	制定
德宏傣族景颇族自治州非物质文化遗产保护条例	2021 年 12 月 28 日德宏傣族景颇族自治州第十五届人民代表大会常务委员会第二十九次会议通过，2022 年 3 月 25 日云南省第十三届人民代表大会常务委员会第二十九次会议批准	2022-4-2	2022-4-7	2022-5-1	制定
昆明市物业管理条例	2021 年 12 月 30 日昆明市第十四届人民代表大会常务委员会第四十一次会议通过，2022 年 3 月 25 日云南省第十三届人民代表大会常务委员会第二十九次会议批准	2022-4-14	2022-4-26	2022-6-1	制定
昆明市社会医疗保险条例	2021 年 12 月 30 日昆明市第十四届人民代表大会常务委员会第四十一次会议通过，2022 年 3 月 25 日云南省第十三届人民代表大会常务委员会第二十九次会议批准	2022-4-14	2022-4-26	2022-7-1	制定
云南省楚雄彝族自治州彝医药条例	2022 年 2 月 15 日楚雄彝族自治州第十三届人民代表大会第一次会议修改，2022 年 3 月 25 日云南省第十三届人民代表大会常务委员会第二十九次会议批准修改	2022-4-18	2022-4-27	2022-4-18	修改

续表

法规名称	通过或批准时间	公布时间	报备时间	施行时间	立法形式
云南省大理白族自治州大理历史文化名城保护条例	2022年2月18日大理白族自治州第十五届人民代表大会第一次会议修改,2022年3月25日云南省第十三届人民代表大会常务委员会第二十九次会议批准修改	2022-4-18	2022-5-6	2022-7-1	修改
云南省新平彝族傣族自治县旅游条例	2022年1月16日新平彝族傣族自治县第十八届人民代表大会第一次会议通过,2022年3月25日云南省第十三届人民代表大会常务委员会第二十九次会议批准	2022-4-27	2022-5-7	2022-7-1	制定
云南省西双版纳傣族自治州自然保护区管理条例	2022年2月18日西双版纳傣族自治州第十四届人民代表大会第一次会议修改,2022年3月25日云南省第十三届人民代表大会常务委员会第二十九次会议批准修改	2022-4-28	2022-5-6	2022-5-1	修改
云南省普洱哈尼族彝族自治县环境污染防治条例	2022年1月17日宁洱哈尼族彝族自治县第十八届人民代表大会第一次会议废止,2022年3月25日云南省第十三届人民代表大会常务委员会第二十九次会议批准废止	2022-5-20	2022-5-31	2022-5-20	废止
云南省迪庆藏族自治州民族团结进步条例	2022年2月21日迪庆藏族自治州第十四届人民代表大会第一次会议修改,2022年3月25日云南省第十三届人民代表大会常务委员会第二十九次会议批准修改	2022-5-30	2022-6-6	2022-9-1	修改
西双版纳傣族自治州乡村清洁条例	2022年4月28日西双版纳傣族自治州第十四届人民代表大会常务委员会第二次会议通过,2022年5月25日云南省第十三届人民代表大会常务委员会第三十次会议批准	2022-6-1	2022-6-7	2022-7-1	制定
红河哈尼族彝族自治州蒙自城市管理条例	2022年4月14日红河哈尼族彝族自治州第十三届人民代表大会常务委员会第一次会议修改,2022年5月25日云南省第十三届人民代表大会常务委员会第三十次会议批准修改	2022-6-7	2022-6-9	2022-6-20	修改
云南省怒江傈僳族自治州林业管理条例	2022年2月19日怒江傈僳族自治州第十二届人民代表大会第一次会议修改,2022年5月25日云南省第十三届人民代表大会常务委员会第三十次会议批准修改	2022-6-29	2022-7-12	2022-10-1	修改
云南省迪庆藏族自治州白马雪山国家级自然保护区管理条例	2022年2月21日迪庆藏族自治州第十四届人民代表大会第一次会议修改,2022年5月25日云南省第十三届人民代表大会常务委员会第三十次会议批准修改	2022-7-25	2022-7-29	2022-9-1	修改
云南省维西傈僳族自治县城市管理条例	2022年1月24日维西傈僳族自治县第十八届人民代表大会第一次会议修改,2022年5月25日云南省第十三届人民代表大会常务委员会第三十次会议批准修改	2022-7-28	2022-7-29	2022-10-1	修改

续表

法规名称	通过或批准时间	公布时间	报备时间	施行时间	立法形式
云南省宁洱哈尼族彝族自治县林业管理条例	2022 年 1 月 17 日宁洱哈尼族彝族自治县第十八届人民代表大会第一次会议通过，2022 年 5 月 25 日云南省第十三届人民代表大会常务委员会第三十次会议批准	2022-7-29	2022-7-29	2022-7-29	制定
云南省普洱哈尼族彝族自治县林业管理条例	在《云南省宁洱哈尼族彝族自治县林业管理条例》中被明文予以废止	2022-7-29	2022-7-29	2022-7-29	文中废止
云南省公共文化服务保障条例	2022 年 7 月 28 日云南省第十三届人民代表大会常务委员会第三十二次会议通过	2022-7-28	2022-7-29	2022-9-1	制定
云南省预算审查监督条例	2022 年 7 月 28 日云南省第十三届人民代表大会常务委员会第三十二次会议修改	2022-7-28	2022-7-29	2022-10-1	修改
云南省预防未成年人犯罪条例	2022 年 7 月 28 日云南省第十三届人民代表大会常务委员会第三十二次会议修改	2022-7-28	2022-8-2	2022-10-1	修改
云南省实施《中华人民共和国未成年人保护法》办法	2022 年 7 月 28 日云南省第十三届人民代表大会常务委员会第三十二次会议修改	2022-7-28	2022-8-2	2022-10-1	修改
昆明市流动人口计划生育条例	2022 年 6 月 29 日昆明市第十五届人民代表大会常务委员会第四次会议废止，2022 年 7 月 28 日云南省第十三届人民代表大会常务委员会第三十二次议批准废止	2022-7-29	2022-8-11	2022-7-29	废止
曲靖市城乡网格化服务管理条例	2022 年 6 月 27 日曲靖市第六届人民代表大会常务委员会第三次会议通过，2022 年 7 月 28 日云南省第十三届人民代表大会常务委员会第三十二次会议批准	2022-7-31	2022-8-15	2022-9-1	制定
云南省优化营商环境条例	2022 年 9 月 28 日云南省第十三届人民代表大会常务委员会第三十三次会议通过	2022-9-28	2022-10-8	2022-12-1	制定
云南省人民代表大会常务委员会任免地方国家机关工作人员办法	2022 年 9 月 28 日云南省第十三届人民代表大会常务委员会第三十三次会议修改	2022-9-28	2022-10-9	2022-11-1	修改
玉溪市新平哀牢山县级自然保护区条例	2022 年 9 月 9 日玉溪市第六届人民代表大会常务委员会第四次会议修改，2022 年 9 月 28 日云南省第十三届人民代表大会常务委员会第三十三次会议批准修改	2022-9-29	2022-10-14	2022-9-29	修改
云南省宁蒗彝族自治县林业管理条例	2022 年 7 月 12 日宁蒗彝族自治县第十八届人民代表大会第二次会议废止，2022 年 9 月 28 日云南省第十三届人民代表大会常务委员会第三十三次会议批准废止	2022-10-24	2022-10-31	2022-10-24	废止
云南省社会信用条例	2022 年 11 月 30 日云南省第十三届人民代表大会常务委员会第三十五次会议通过	2022-11-30	2022-12-5	2023-1-1	制定
云南省固体废物污染环境防治条例	2022 年 11 月 30 日云南省第十三届人民代表大会常务委员会第三十五次会议通过	2022-11-30	2022-12-5	2023-3-1	制定
云南省实施《中华人民共和国工会法》办法	2022 年 11 月 30 日云南省第十三届人民代表大会常务委员会第三十五次会议修改	2022-11-30	2022-12-12	2022-11-30	修改
云南省古茶树保护条例	2022 年 11 月 30 日云南省第十三届人民代表大会常务委员会第三十五次会议通过	2022-11-30	2022-12-12	2023-3-1	制定

续表

法规名称	通过或批准时间	公布时间	报备时间	施行时间	立法形式
云南省实施《中华人民共和国归侨侨眷权益保护法》办法	2022年11月30日云南省第十三届人民代表大会常务委员会第三十五次会议修改	2022-11-30	2022-12-27	2022-11-30	修改
云南省道路交通安全条例	2022年11月30日云南省第十三届人民代表大会常务委员会第三十五次会议修改	2022-11-30	2022-12-27	2022-11-30	修改
云南省信访条例	2022年11月30日云南省第十三届人民代表大会常务委员会第三十五次会议废止	2022-11-30	2022-12-27	2022-11-30	废止
云南省内部审计条例	2022年11月30日云南省第十三届人民代表大会常务委员会第三十五次会议废止	2022-11-30	2022-12-27	2022-11-30	废止
文山壮族苗族自治州文明行为促进条例	2022年11月11日文山壮族苗族自治州第十五届人民代表大会常务委员会第八次会议通过，2022年11月30日云南省第十三届人民代表大会常务委员会第三十五次会议批准	2022-11-30	2022-12-12	2023-1-1	制定
文山壮族苗族自治州河道管理条例	2022年11月11日文山壮族苗族自治州第十五届人民代表大会常务委员会第八次会议修改，2022年11月30日云南省第十三届人民代表大会常务委员会第三十五次会议批准修改	2022-12-1	2022-12-12	2023-1-1	修改
普洱市思茅城区河道管理条例	2022年11月10日普洱市第五届人民代表大会常务委员会第五次会议通过，2022年11月30日云南省第十三届人民代表大会常务委员会第三十五次会议批准	2022-12-1	2022-12-26	2023-1-1	制定
普洱市景迈山古茶林文化景观保护条例	2022年11月10日普洱市第五届人民代表大会常务委员会第五次会议通过，2022年11月30日云南省第十三届人民代表大会常务委员会第三十五次会议批准	2022-12-1	2022-12-26	2023-1-1	制定
曲靖市乡村清洁条例	2022年11月2日曲靖市第六届人民代表大会常务委员会第五次会议通过，2022年11月30日云南省第十三届人民代表大会常务委员会第三十五次会议批准	2022-12-1	2022-12-27	2023-1-1	制定
昆明市安全生产条例	2022年11月1日昆明市第十五届人民代表大会常务委员会第七次会议通过，2022年11月30日云南省第十三届人民代表大会常务委员会第三十五次会议批准	2022-12-2	2022-12-12	2023-2-1	制定
临沧市鲁史古镇保护条例	2022年10月25日临沧市第五届人民代表大会常务委员会第五次会议通过，2022年11月30日云南省第十三届人民代表大会常务委员会第三十五次会议批准	2022-12-5	2022-12-12	2023-1-1	制定
楚雄彝族自治州河湖岸线保护管理条例	2022年10月28日楚雄彝族自治州第十三届人民代表大会常务委员会第五次会议通过，2022年11月30日云南省第十三届人民代表大会常务委员会第三十五次会议批准	2022-12-6	2022-12-21	2023-1-1	制定

续表

法规名称	通过或批准时间	公布时间	报备时间	施行时间	立法形式
保山市文明行为促进条例	2022 年 10 月 28 日保山市第五届人民代表大会常务委员会第四次会议通过，2022 年 11 月 30 日云南省第十三届人民代表大会常务委员会第三十五次会议批准	2022-12-8	2022-12-21	2023-1-1	制定

西藏自治区地方性法规目录

（15 件）

法规名称	通过或批准时间	公布时间	报备时间	施行时间	立法形式
拉萨市文明行为促进条例	2021 年 10 月 29 日拉萨市第十一届人民代表大会常务委员会第三十二次会议通过，2021 年 12 月 9 日西藏自治区第十一届人民代表大会常务委员会第三十五次会议批准	2022-1-25	2022-1-30	2022-1-25	制定
林芝市市容和环境卫生管理条例	2022 年 2 月 22 日林芝市第二届人民代表大会常务委员会第六次会议通过，2022 年 3 月 31 日西藏自治区第十一届人民代表大会常务委员会第三十九次会议批准	2022-4-2	2022-4-19	2022-6-1	制定
林芝市城市市容和环境卫生管理条例	在《林芝市市容和环境卫生管理条例》中被明文予以废止	2022-4-2	2022-4-19	2022-6-1	文中废止
那曲市制定地方性法规条例	2022 年 1 月 16 日那曲市第一届人民代表大会第五次会议通过，2022 年 3 月 31 日西藏自治区第十一届人民代表大会常务委员会第三十九次会议批准	2022-4-8	2022-4-19	2022-5-1	制定
西藏自治区乡村振兴促进条例	2022 年 5 月 26 日西藏自治区第十一届人民代表大会常务委员会第四十次会议通过	2022-6-6	2022-6-9	2022-8-1	制定
西藏自治区平安建设条例	2022 年 5 月 26 日西藏自治区第十一届人民代表大会常务委员会第四十次会议通过	2022-6-6	2022-6-9	2022-8-1	制定
西藏自治区社会治安综合治理条例	在《西藏自治区平安建设条例》中被明文予以废止	2022-6-6	2022-6-9	2022-8-1	文中废止
西藏自治区药品管理条例	2022 年 5 月 26 日西藏自治区第十一届人民代表大会常务委员会第四十次会议通过	2022-6-6	2022-6-9	2022-8-1	制定
西藏自治区实施《中华人民共和国药品管理法》办法	在《西藏自治区药品管理条例》中被明文予以废止	2022-6-6	2022-6-9	2022-8-1	文中废止
西藏自治区公安机关警务辅助人员管理条例	2022 年 5 月 26 日西藏自治区第十一届人民代表大会常务委员会第四十次会议通过	2022-6-6	2022-6-9	2022-9-1	制定
西藏自治区消防条例	2022 年 5 月 26 日西藏自治区第十一届人民代表大会常务委员会第四十次会议修改	2022-6-6	2022-6-9	2022-9-1	修改

续表

法规名称	通过或批准时间	公布时间	报备时间	施行时间	立法形式
拉萨市南北山绿化管理条例	2022年4月27日拉萨市第十二届人民代表大会常务委员会第四次会议通过,2022年5月26日西藏自治区第十一届人民代表大会常务委员会第四十次会议批准	2022-5-31	2022-6-9	2022-5-31	制定
西藏自治区人民代表大会常务委员会关于加强新时代检察公益诉讼工作的决定	2022年11月15日西藏自治区第十一届人民代表大会常务委员会第四十二次会议通过	2022-11-15	2022-12-12	2022-11-15	制定
西藏自治区人民代表大会常务委员会关于加强经济工作监督的决定	2022年11月15日西藏自治区第十一届人民代表大会常务委员会第四十二次会议修改	2022-11-15	2022-12-12	2022-11-15	修改
西藏自治区人民代表大会常务委员会关于加强自治区级预算审查监督的决定	2022年11月15日西藏自治区第十一届人民代表大会常务委员会第四十二次会议修改	2022-11-15	2022-12-12	2022-11-15	修改
西藏自治区涉案财物价格认定条例	2022年11月15日西藏自治区第十一届人民代表大会常务委员会第四十二次会议通过	2022-11-15	2022-12-12	2023-1-1	制定
西藏自治区涉案财物价格鉴证条例	在《西藏自治区涉案财物价格认定条例》中被明文予以废止	2022-11-15	2022-12-12	2023-1-1	文中废止
西藏自治区各级人民代表大会常务委员会规范性文件备案审查条例	2022年11月15日西藏自治区第十一届人民代表大会常务委员会第四十二次会议修改	2022-11-15	2022-12-12	2023-1-1	修改
西藏自治区动物防疫条例	2022年11月15日西藏自治区第十一届人民代表大会常务委员会第四十二次会议通过	2022-11-15	2022-12-12	2023-3-1	制定
西藏自治区实施《中华人民共和国动物防疫法》办法	在《西藏自治区动物防疫条例》中被明文予以废止	2022-11-15	2022-12-12	2023-3-1	文中废止

陕西省地方性法规目录

（37件）

法规名称	通过或批准时间	公布时间	报备时间	施行时间	立法形式
西安市工业节能条例	2021年10月28日西安市第十六届人民代表大会常务委员会第四十七次会议通过,2021年11月26日陕西省第十三届人民代表大会常务委员会第二十九次会议批准	2022-2-11	2022-2-15	2022-3-1	制定
西安市灞河重点区域风貌管控条例	2021年10月28日西安市第十六届人民代表大会常务委员会第四十七次会议通过,2021年11月26日陕西省第十三届人民代表大会常务委员会第二十九次会议批准	2022-2-11	2022-2-15	2022-3-1	制定

续表

法规名称	通过或批准时间	公布时间	报备时间	施行时间	立法形式
西安市建筑装饰装修条例	2021 年 10 月 28 日西安市第十六届人民代表大会常务委员会第四十七次会议修改，2021 年 11 月 26 日陕西省第十三届人民代表大会常务委员会第二十九次会议批准修改	2022-2-11	2022-2-15	2022-3-1	修改
陕西省地方金融条例	2022 年 3 月 24 日陕西省第十三届人民代表大会常务委员会第三十二次会议通过	2022-3-24	2022-3-24	2022-7-1	制定
商洛市大气污染防治条例	2022 年 1 月 12 日商洛市第四届人民代表大会常务委员会第三十五次会议通过，2022 年 3 月 24 日陕西省第十三届人民代表大会常务委员会第三十二次会议批准	2022-4-19	2022-5-9	2022-10-1	制定
西安市反餐饮浪费条例	2022 年 1 月 27 日西安市第十六届人民代表大会常务委员会第四十八次会议通过，2022 年 3 月 24 日陕西省第十三届人民代表大会常务委员会第三十二次会议批准	2022-4-21	2022-5-9	2022-4-21	制定
西安市土地储备条例	2022 年 1 月 27 日西安市第十六届人民代表大会常务委员会第四十八次会议修改，2022 年 3 月 24 日陕西省第十三届人民代表大会常务委员会第三十二次会议批准修改	2022-4-21	2022-5-9	2022-6-1	修改
榆林市文明行为促进条例	2021 年 12 月 28 日榆林市第四届人民代表大会常务委员会第四十六次会议通过，2022 年 3 月 24 日陕西省第十三届人民代表大会常务委员会第三十二次会议批准	2022-4-26	2022-5-9	2022-6-1	制定
陕西省人口与计划生育条例	2022 年 5 月 25 日陕西省第十三届人民代表大会常务委员会第三十四次会议修改	2022-5-25	2022-5-25	2022-5-25	修改
陕西省流动人口计划生育管理办法	2022 年 5 月 25 日陕西省第十三届人民代表大会常务委员会第三十四次会议废止	2022-5-25	2022-5-25	2022-5-25	废止
陕西省实施《中华人民共和国动物防疫法》办法	2022 年 5 月 25 日陕西省第十三届人民代表大会常务委员会第三十四次会议修改	2022-5-25	2022-5-25	2022-9-1	修改
陕西省食盐管理条例	2022 年 7 月 28 日陕西省第十三届人民代表大会常务委员会第三十五次会议通过	2022-7-28	2022-7-28	2022-7-28	制定
陕西省盐业条例	在《陕西省食盐管理条例》中被明文予以废止	2022-7-28	2022-7-28	2022-7-28	文中废止
陕西省人民代表大会常务委员会任免国家机关工作人员办法	2022 年 7 月 28 日陕西省第十三届人民代表大会常务委员会第三十五次会议修改	2022-7-28	2022-7-28	2022-7-28	修改
陕西省律师条例	2022 年 7 月 28 日陕西省第十三届人民代表大会常务委员会第三十五次会议通过	2022-7-28	2022-7-28	2022-11-1	制定
西安市制止价格欺诈和牟取暴利条例	2022 年 6 月 29 日西安市第十七届人民代表大会常务委员会第二次会议修改，2022 年 7 月 28 日陕西省第十三届人民代表大会常务委员会第三十五次会议批准修改	2022-9-14	2022-9-16	2022-9-14	修改

续表

法规名称	通过或批准时间	公布时间	报备时间	施行时间	立法形式
西安市旅游条例	2022年6月29日西安市第十七届人民代表大会常务委员会第二次会议修改,2022年7月28日陕西省第十三届人民代表大会常务委员会第三十五次会议批准修改	2022-9-14	2022-9-16	2022-9-14	修改
西安市黑河引水系统保护条例	2022年6月29日西安市第十七届人民代表大会常务委员会第二次会议修改,2022年7月28日陕西省第十三届人民代表大会常务委员会第三十五次会议批准修改	2022-9-14	2022-9-16	2022-9-14	修改
西安市城市管理综合行政执法条例	2022年6月29日西安市第十七届人民代表大会常务委员会第二次会议修改,2022年7月28日陕西省第十三届人民代表大会常务委员会第三十五次会议批准修改	2022-9-14	2022-9-16	2022-9-14	修改
西安市秦岭生态环境保护条例	2022年6月29日西安市第十七届人民代表大会常务委员会第二次会议修改,2022年7月28日陕西省第十三届人民代表大会常务委员会第三十五次会议批准修改	2022-9-14	2022-9-16	2022-9-14	修改
西安市民用建筑节能条例	2022年6月29日西安市第十七届人民代表大会常务委员会第二次会议修改,2022年7月28日陕西省第十三届人民代表大会常务委员会第三十五次会议批准修改	2022-9-14	2022-9-16	2022-9-14	修改
西安市公园条例	2022年6月29日西安市第十七届人民代表大会常务委员会第二次会议修改,2022年7月28日陕西省第十三届人民代表大会常务委员会第三十五次会议批准修改	2022-9-14	2022-9-16	2022-9-14	修改
西安市水环境保护条例	2022年6月29日西安市第十七届人民代表大会常务委员会第二次会议修改,2022年7月28日陕西省第十三届人民代表大会常务委员会第三十五次会议批准修改	2022-9-14	2022-9-16	2022-9-14	修改
西安市流动人口计划生育条例	2022年5月31日西安市第十七届人民代表大会常务委员会第一次会议废止,2022年7月28日陕西省第十三届人民代表大会常务委员会第三十五次会议批准废止	2022-9-14	2022-9-16	2022-9-14	废止
陕西省实施《中华人民共和国土地管理法》办法	2022年9月29日陕西省第十三届人民代表大会常务委员会第三十六次会议修改	2022-9-29	2022-9-29	2022-12-1	修改
陕西省实施《中华人民共和国红十字会法》办法	2022年9月29日陕西省第十三届人民代表大会常务委员会第三十六次会议修改	2022-9-29	2022-9-29	2022-12-1	修改
陕西省实施《中华人民共和国禁毒法》办法	2022年9月29日陕西省第十三届人民代表大会常务委员会第三十六次会议通过	2022-9-29	2022-9-29	2023-1-1	制定
陕西省大数据条例	2022年9月29日陕西省第十三届人民代表大会常务委员会第三十六次会议通过	2022-9-29	2022-9-29	2023-1-1	制定
汉中市电动车管理条例	2022年8月25日汉中市第六届人民代表大会常务委员会第四次会议通过,2022年9月29日陕西省第十三届人民代表大会常务委员会第三十六次会议批准	2022-11-14	2022-11-22	2023-3-1	制定

续表

法规名称	通过或批准时间	公布时间	报备时间	施行时间	立法形式
西安市城市轨道交通条例	2022年8月31日西安市第十七届人民代表大会常务委员会第三次会议修改,2022年9月29日陕西省第十三届人民代表大会常务委员会第三十六次会议批准修改	2022-11-17	2022-11-22	2022-11-17	修改
陕西省人民代表大会常务委员会关于依法防范化解重大风险的决定	2022年12月1日陕西省第十三届人民代表大会常务委员会第三十七次会议通过	2022-12-1	2022-12-1	2022-12-1	制定
陕西省人民代表大会常务委员会议事规则	2022年12月1日陕西省第十三届人民代表大会常务委员会第三十七次会议修改	2022-12-1	2022-12-1	2022-12-1	修改
陕西省革命文物保护利用条例	2022年12月1日陕西省第十三届人民代表大会常务委员会第三十七次会议通过	2022-12-1	2022-12-1	2023-1-1	制定
陕西省养老服务条例	2022年12月1日陕西省第十三届人民代表大会常务委员会第三十七次会议通过	2022-12-1	2022-12-1	2023-1-1	制定
陕西省各级人民代表大会常务委员会国有资产管理情况监督条例	2022年12月1日陕西省第十三届人民代表大会常务委员会第三十七次会议通过	2022-12-1	2022-12-1	2023-4-1	制定
陕西省渭河保护条例	2022年12月1日陕西省第十三届人民代表大会常务委员会第三十七次会议修改	2022-12-1	2022-12-1	2023-4-1	修改
安康市汉江水质保护条例	2022年10月20日安康市第五届人民代表大会常务委员会第六次会议通过,2022年12月1日陕西省第十三届人民代表大会常务委员会第三十七次会议批准	2022-12-12	2023-1-4	2023-3-1	制定
安康市汉江流域水质保护条例	在《安康市汉江水质保护条例》中被明文予以废止	2022-12-12	2023-1-4	2023-3-1	文中废止
汉中市汉江水质保护条例	2022年11月15日汉中市第六届人民代表大会常务委员会第五次会议通过,2022年12月1日陕西省第十三届人民代表大会常务委员会第三十七次会议批准	2022-12-13	2023-1-4	2023-3-1	制定
汉中市汉江流域水环境保护条例	在《汉中市汉江水质保护条例》中被明文予以废止	2022-12-13	2023-1-4	2023-3-1	文中废止

甘肃省地方性法规目录

（78 件）

法规名称	通过或批准时间	公布时间	报备时间	施行时间	立法形式
甘肃省人民代表大会议事规则	2022年1月20日甘肃省第十三届人民代表大会第六次会议通过	2022-1-20	2022-1-26	2022-3-1	制定
甘肃省各级人民代表大会议事规则	在《甘肃省人民代表大会议事规则》中被明文予以废止	2022-1-20	2022-1-26	2022-3-1	文中废止

续表

法规名称	通过或批准时间	公布时间	报备时间	施行时间	立法形式
甘肃省酒类商品管理条例	2022年3月31日甘肃省第十三届人民代表大会常务委员会第三十次会议废止	2022-3-31	2022-4-13	2022-3-31	废止
甘肃省人民代表大会常务委员会视察办法	2022年3月31日甘肃省第十三届人民代表大会常务委员会第三十次会议废止	2022-3-31	2022-4-13	2022-3-31	废止
甘肃省人民代表大会常务委员会关于新设置行政区召开人民代表大会若干问题的规定	2022年3月31日甘肃省第十三届人民代表大会常务委员会第三十次会议废止	2022-3-31	2022-4-13	2022-3-31	废止
甘肃省实施《中华人民共和国渔业法》办法	2022年3月31日甘肃省第十三届人民代表大会常务委员会第三十次会议修改	2022-3-31	2022-4-13	2022-5-1	修改
甘肃省防震减灾条例	2022年3月31日甘肃省第十三届人民代表大会常务委员会第三十次会议修改	2022-3-31	2022-4-13	2022-5-1	修改
甘肃省计量监督管理条例	2022年3月31日甘肃省第十三届人民代表大会常务委员会第三十次会议修改	2022-3-31	2022-4-13	2022-5-1	修改
甘肃省烟草专卖若干规定	2022年3月31日甘肃省第十三届人民代表大会常务委员会第三十次会议修改	2022-3-31	2022-4-13	2022-5-1	修改
甘肃省草原条例	2022年3月31日甘肃省第十三届人民代表大会常务委员会第三十次会议修改	2022-3-31	2022-4-13	2022-5-1	修改
甘肃省道路运输条例	2022年3月31日甘肃省第十三届人民代表大会常务委员会第三十次会议修改	2022-3-31	2022-4-13	2022-5-1	修改
平凉市饮用水水源地保护条例	2021年11月10日平凉市第四届人民代表大会常务委员会第三十五次会议通过，2022年3月31日甘肃省第十三届人民代表大会常务委员会第三十次会议批准	2022-4-11	2022-4-21	2022-8-1	制定
金昌市城市市容和环境卫生管理条例	2021年11月23日金昌市第八届人民代表大会常务委员会第四十四次会议通过，2022年3月31日甘肃省第十三届人民代表大会常务委员会第三十次会议批准	2022-4-12	2022-4-21	2022-5-1	制定
兰州市轨道交通条例	2021年10月21日兰州市第十六届人民代表大会常务委员会第三十九次会议通过，2022年3月31日甘肃省第十三届人民代表大会常务委员会第三十次会议批准	2022-4-14	2022-5-7	2022-5-1	制定
嘉峪关市制止餐饮浪费行为条例	2021年11月30日嘉峪关市第十届人民代表大会常务委员会第三十九次会议通过，2022年3月31日甘肃省第十三届人民代表大会常务委员会第三十次会议批准	2022-4-18	2022-5-7	2022-5-1	制定
天水市文明行为促进条例	2021年11月30日天水市第七届人民代表大会常务委员会第四十八次会议通过，2022年3月31日甘肃省第十三届人民代表大会常务委员会第三十次会议批准	2022-4-29	2022-5-17	2022-6-1	制定
甘肃省政府非税收入管理条例	2022年6月2日甘肃省第十三届人民代表大会常务委员会第三十一次会议废止	2022-6-2	2022-6-17	2022-6-2	废止
甘肃省促进个体私营经济发展条例	2022年6月2日甘肃省第十三届人民代表大会常务委员会第三十一次会议废止	2022-6-2	2022-6-17	2022-6-2	废止

续表

法规名称	通过或批准时间	公布时间	报备时间	施行时间	立法形式
甘肃省农业技术推广条例	2022 年 6 月 2 日甘肃省第十三届人民代表大会常务委员会第三十一次会议废止	2022-6-2	2022-6-17	2022-6-2	废止
甘肃省娱乐场所管理条例	2022 年 6 月 2 日甘肃省第十三届人民代表大会常务委员会第三十一次会议废止	2022-6-2	2022-6-17	2022-6-2	废止
甘肃省村务公开条例	2022 年 6 月 2 日甘肃省第十三届人民代表大会常务委员会第三十一次会议废止	2022-6-2	2022-6-17	2022-6-2	废止
甘肃省湿地保护条例	2022 年 6 月 2 日甘肃省第十三届人民代表大会常务委员会第三十一次会议废止	2022-6-2	2022-6-17	2022-6-2	废止
甘肃省信访条例	2022 年 6 月 2 日甘肃省第十三届人民代表大会常务委员会第三十一次会议废止	2022-6-2	2022-6-17	2022-6-2	废止
甘肃省单用途预付消费卡管理条例	2022 年 6 月 2 日甘肃省第十三届人民代表大会常务委员会第三十一次会议通过	2022-6-2	2022-6-17	2022-8-1	制定
甘肃省公共文化服务保障条例	2022 年 6 月 2 日甘肃省第十三届人民代表大会常务委员会第三十一次会议通过	2022-6-2	2022-6-17	2022-8-1	制定
甘肃省水利工程设施管理保护条例	2022 年 6 月 2 日甘肃省第十三届人民代表大会常务委员会第三十一次会议修改	2022-6-2	2022-6-17	2022-8-1	修改
甘肃省气象条例	2022 年 6 月 2 日甘肃省第十三届人民代表大会常务委员会第三十一次会议修改	2022-6-2	2022-6-17	2022-8-1	修改
甘肃省消费者权益保护条例	2022 年 6 月 2 日甘肃省第十三届人民代表大会常务委员会第三十一次会议修改	2022-6-2	2022-6-17	2022-8-1	修改
甘肃省气象灾害防御条例	2022 年 6 月 2 日甘肃省第十三届人民代表大会常务委员会第三十一次会议修改	2022-6-2	2022-6-17	2022-8-1	修改
甘肃省残疾人保障条例	2022 年 6 月 2 日甘肃省第十三届人民代表大会常务委员会第三十一次会议修改	2022-6-2	2022-6-17	2022-8-1	修改
甘肃省农村能源条例	2022 年 6 月 2 日甘肃省第十三届人民代表大会常务委员会第三十一次会议修改	2022-6-2	2022-6-17	2022-8-1	修改
甘肃省非物质文化遗产条例	2022 年 6 月 2 日甘肃省第十三届人民代表大会常务委员会第三十一次会议修改	2022-6-2	2022-6-17	2022-8-1	修改
武威市防沙治沙条例	2022 年 4 月 21 日武威市第五届人民代表大会常务委员会第三次会议修改，2022 年 6 月 2 日甘肃省第十三届人民代表大会常务委员会第三十一次会议批准修改	2022-6-9	2022-7-1	2022-6-9	修改
甘肃省肃南裕固族自治县家畜家禽防疫条例	2021 年 11 月 22 日肃南裕固族自治县第十九届人民代表大会第一次会议废止，2022 年 6 月 2 日甘肃省第十三届人民代表大会常务委员会第三十一次会议批准废止	2022-6-27	2022-7-1	2022-6-27	废止
庆阳市物业管理条例	2022 年 4 月 22 日庆阳市第五届人民代表大会常务委员会第二次会议修改，2022 年 6 月 2 日甘肃省第十三届人民代表大会常务委员会第三十一次会议批准修改	2022-6-29	2022-7-4	2022-6-29	修改
庆阳市燃气管理条例	2022 年 4 月 22 日庆阳市第五届人民代表大会常务委员会第二次会议通过，2022 年 6 月 2 日甘肃省第十三届人民代表大会常务委员会第三十一次会议批准	2022-6-29	2022-7-4	2022-8-1	制定

续表

法规名称	通过或批准时间	公布时间	报备时间	施行时间	立法形式
甘南藏族自治州城乡饮用水安全管理条例	2022年4月26日甘南藏族自治州第十七届人民代表大会常务委员会第三次会议修改,2022年6月2日甘肃省第十三届人民代表大会常务委员会第三十一次会议批准修改	2022-6-29	2022-7-21	2022-6-29	修改
甘肃省兰州白银国家自主创新示范区条例	2022年7月29日甘肃省第十三届人民代表大会常务委员会第三十二次会议通过	2022-7-29	2022-8-9	2022-11-1	制定
甘肃省电信设施建设和保护条例	2022年7月29日甘肃省第十三届人民代表大会常务委员会第三十二次会议通过	2022-7-29	2022-8-9	2022-11-1	制定
甘肃省专业技术人员继续教育条例	2022年7月29日甘肃省第十三届人民代表大会常务委员会第三十二次会议修改	2022-7-29	2022-8-9	2022-11-1	修改
甘肃省地震安全性评价管理条例	2022年7月29日甘肃省第十三届人民代表大会常务委员会第三十二次会议修改	2022-7-29	2022-8-9	2022-11-1	修改
甘肃省农民教育培训条例	2022年7月29日甘肃省第十三届人民代表大会常务委员会第三十二次会议修改	2022-7-29	2022-8-9	2022-11-1	修改
甘肃省循环经济促进条例	2022年7月29日甘肃省第十三届人民代表大会常务委员会第三十二次会议修改	2022-7-29	2022-8-9	2022-11-1	修改
甘肃省农村饮用水供水管理条例	2022年7月29日甘肃省第十三届人民代表大会常务委员会第三十二次会议修改	2022-7-29	2022-8-9	2022-11-1	修改
甘肃省老年人权益保障条例	2022年7月29日甘肃省第十三届人民代表大会常务委员会第三十二次会议修改	2022-7-29	2022-8-9	2022-11-1	修改
甘肃省城市房地产管理条例	2022年7月29日甘肃省第十三届人民代表大会常务委员会第三十二次会议修改	2022-7-29	2022-8-9	2022-12-1	修改
平凉市古树名木保护条例	2022年4月28日平凉市第五届人民代表大会常务委员会第三次会议通过,2022年7月29日甘肃省第十三届人民代表大会常务委员会第三十二次会议批准	2022-8-1	2022-8-19	2022-11-1	制定
张掖七彩丹霞保护条例	2022年5月16日张掖市第五届人民代表大会常务委员会第三次会议通过,2022年7月29日甘肃省第十三届人民代表大会常务委员会第三十二次会议批准	2022-8-19	2022-8-29	2022-9-25	制定
甘肃省甘南藏族自治州土地管理办法	2021年12月10日甘南藏族自治州第十七届人民代表大会第一次会议废止,2022年7月29日甘肃省第十三届人民代表大会常务委员会第三十二次会议批准废止	2022-8-26	2022-9-6	2022-8-26	废止
甘肃省甘南藏族自治州矿产资源管理条例	2021年12月10日甘南藏族自治州第十七届人民代表大会第一次会议废止,2022年7月29日甘肃省第十三届人民代表大会常务委员会第三十二次会议批准废止	2022-8-26	2022-9-6	2022-8-26	废止
白银市农作物秸秆露天禁烧和利用条例	2022年6月16日白银市第十届人民代表大会常务委员会第五次会议通过,2022年7月29日甘肃省第十三届人民代表大会常务委员会第三十二次会议批准	2022-8-29	2022-9-1	2022-9-1	制定

续表

法规名称	通过或批准时间	公布时间	报备时间	施行时间	立法形式
白银市爱国卫生条例	2022年6月16日白银市第十届人民代表大会常务委员会第五次会议通过,2022年7月29日甘肃省第十三届人民代表大会常务委员会第三十二次会议批准	2022-8-29	2022-9-1	2022-9-1	制定
甘肃省实施《中华人民共和国工会法》办法	2022年9月23日甘肃省第十三届人民代表大会常务委员会第三十三次会议修改	2022-9-23	2022-9-30	2022-12-1	修改
甘肃省实施《中华人民共和国体育法》办法	2022年9月23日甘肃省第十三届人民代表大会常务委员会第三十三次会议修改	2022-9-23	2022-9-30	2022-12-1	修改
甘肃省档案条例	2022年9月23日甘肃省第十三届人民代表大会常务委员会第三十三次会议修改	2022-9-23	2022-9-30	2022-12-1	修改
甘肃省奖励和保护见义勇为人员条例	2022年9月23日甘肃省第十三届人民代表大会常务委员会第三十三次会议修改	2022-9-23	2022-9-30	2022-12-1	修改
甘肃省农业机械管理条例	2022年9月23日甘肃省第十三届人民代表大会常务委员会第三十三次会议修改	2022-9-23	2022-9-30	2022-12-1	修改
甘肃省职工代表大会条例	2022年9月23日甘肃省第十三届人民代表大会常务委员会第三十三次会议修改	2022-9-23	2022-9-30	2022-12-1	修改
甘肃省公众参与制定地方性法规办法	2022年9月23日甘肃省第十三届人民代表大会常务委员会第三十三次会议修改	2022-9-23	2022-9-30	2022-12-1	修改
甘肃省会计管理条例	2022年9月23日甘肃省第十三届人民代表大会常务委员会第三十三次会议修改	2022-9-23	2022-9-30	2022-12-1	修改
武威市文明行为促进条例	2022年8月9日武威市第五届人民代表大会常务委员会第五次会议通过,2022年9月23日甘肃省第十三届人民代表大会常务委员会第三十三次会议批准	2022-9-27	2022-10-10	2022-11-1	制定
定西市城镇供热用热条例	2022年8月2日定西市第五届人民代表大会常务委员会第四次会议通过,2022年9月23日甘肃省第十三届人民代表大会常务委员会第三十三次会议批准	2022-9-29	2022-10-10	2022-10-1	制定
陇南市养犬管理条例	2022年8月5日陇南市第五届人民代表大会常务委员会第三次会议通过,2022年9月23日甘肃省第十三届人民代表大会常务委员会第三十三次会议批准	2022-10-8	2022-10-28	2023-1-1	制定
平凉市养犬管理条例	2022年6月29日平凉市第五届人民代表大会常务委员会第四次会议通过,2022年9月23日甘肃省第十三届人民代表大会常务委员会第三十三次会议批准	2022-10-20	2022-11-15	2023-2-1	制定
张掖市文明行为促进条例	2022年8月5日张掖市第五届人民代表大会常务委员会第五次会议通过,2022年9月23日甘肃省第十三届人民代表大会常务委员会第三十三次会议批准	2022-10-24	2022-11-15	2022-11-1	制定
甘南藏族自治州住宅物业管理条例	2022年6月29日甘南藏族自治州第十七届人民代表大会常务委员会第四次会议通过,2022年9月23日甘肃省第十三届人民代表大会常务委员会第三十三次会议批准	2022-10-25	2022-11-16	2022-12-1	制定

续表

法规名称	通过或批准时间	公布时间	报备时间	施行时间	立法形式
甘肃省人民代表大会常务委员会关于加强经济工作监督的决定	2022年11月25日甘肃省第十三届人民代表大会常务委员会第三十四次会议通过	2022-11-25	2022-11-28	2022-12-1	制定
甘肃省乡村振兴促进条例	2022年11月25日甘肃省第十三届人民代表大会常务委员会第三十四次会议通过	2022-11-25	2022-11-28	2023-1-1	制定
甘肃省预算审查监督条例	2022年11月25日甘肃省第十三届人民代表大会常务委员会第三十四次会议通过	2022-11-25	2022-11-28	2023-1-1	制定
甘肃省预算审批监督条例	在《甘肃省预算审查监督条例》中被明文予以废止	2022-11-25	2022-11-28	2023-1-1	文中废止
甘肃省邮政条例	2022年11月25日甘肃省第十三届人民代表大会常务委员会第三十四次会议修改	2022-11-25	2022-11-28	2023-1-1	修改
甘肃省安全生产条例	2022年11月25日甘肃省第十三届人民代表大会常务委员会第三十四次会议修改	2022-11-25	2022-11-28	2023-1-1	修改
甘肃省义务教育条例	2022年11月25日甘肃省第十三届人民代表大会常务委员会第三十四次会议修改	2022-11-25	2022-11-28	2023-1-1	修改
甘肃省专利条例	2022年11月25日甘肃省第十三届人民代表大会常务委员会第三十四次会议修改	2022-11-25	2022-11-28	2023-1-1	修改
甘肃省边境管理条例	2022年11月25日甘肃省第十三届人民代表大会常务委员会第三十四次会议修改	2022-11-25	2022-11-28	2023-1-1	修改
甘肃省临夏回族自治州非公有制经济保护条例	2021年12月9日临夏回族自治州第十六届人民代表大会第一次会议废止，2022年11月25日甘肃省第十三届人民代表大会常务委员会第三十四次会议批准废止	2022-12-4	2022-12-23	2022-12-4	废止
酒泉市城市绿化管理条例	2022年9月16日酒泉市第五届人民代表大会常务委员会第六次会议通过，2022年11月25日甘肃省第十三届人民代表大会常务委员会第三十四次会议批准	2022-12-8	2023-1-3	2023-1-1	制定
酒泉市扬尘污染防治条例	2022年9月16日酒泉市第五届人民代表大会常务委员会第六次会议通过，2022年11月25日甘肃省第十三届人民代表大会常务委员会第三十四次会议批准	2022-12-8	2023-1-3	2023-1-1	制定
甘肃省甘南藏族自治州实施《甘肃省计划生育条例》的变通规定	2021年12月10日甘南藏族自治州第十七届人民代表大会第一次会议废止，2022年11月25日甘肃省第十三届人民代表大会常务委员会第三十四次会议批准废止	2022-12-9	2022-12-23	2022-12-9	废止
天水市海绵城市建设管理条例	2022年9月23日天水市第八届人民代表大会常务委员会第五次会议通过，2022年11月25日甘肃省第十三届人民代表大会常务委员会第三十四次会议批准	2022-12-20	2023-1-9	2023-1-1	制定

青海省地方性法规目录

（41件）

法规名称	通过或批准时间	公布时间	报备时间	施行时间	立法形式
青海省实施《中华人民共和国政府采购法》办法	2022年1月13日青海省第十三届人民代表大会常务委员会第二十九次会议修改	2022-1-13	2022-1-17	2022-1-13	修改
青海省可可西里自然遗产地保护条例	2022年1月13日青海省第十三届人民代表大会常务委员会第二十九次会议修改	2022-1-13	2022-1-17	2022-1-13	修改
青海湖流域生态环境保护条例	2022年1月13日青海省第十三届人民代表大会常务委员会第二十九次会议修改	2022-1-13	2022-1-17	2022-1-13	修改
青海省行政许可监督管理条例	2022年1月13日青海省第十三届人民代表大会常务委员会第二十九次会议修改	2022-1-13	2022-1-17	2022-1-13	修改
青海省实施《中华人民共和国道路交通安全法》办法	2022年1月13日青海省第十三届人民代表大会常务委员会第二十九次会议修改	2022-1-13	2022-1-17	2022-1-13	修改
青海省司法鉴定条例	2022年1月13日青海省第十三届人民代表大会常务委员会第二十九次会议修改	2022-1-13	2022-1-17	2022-1-13	修改
青海省物业管理条例	2022年1月13日青海省第十三届人民代表大会常务委员会第二十九次会议修改	2022-1-13	2022-1-17	2022-1-13	修改
青海省农村牧区扶贫开发条例	2022年1月13日青海省第十三届人民代表大会常务委员会第二十九次会议废止	2022-1-13	2022-1-17	2022-1-13	废止
青海省生态环境保护条例	2022年3月29日青海省第十三届人民代表大会常务委员会第三十次会议通过	2022-3-29	2022-4-28	2022-5-1	制定
青海省中医药条例	2022年3月29日青海省第十三届人民代表大会常务委员会第三十次会议通过	2022-3-29	2022-4-28	2022-6-1	制定
青海省发展中医藏医蒙医条例	在《青海省中医药条例》中被明文予以废止	2022-3-29	2022-4-28	2022-6-1	文中废止
青海省发展中药藏药蒙药条例	在《青海省中医药条例》中被明文予以废止	2022-3-29	2022-4-28	2022-6-1	文中废止
海北藏族自治州中国第一个核武器研制基地旧址保护管理条例	2022年2月24日海北藏族自治州第十五届人民代表大会第二次会议修改，2022年3月29日青海省第十三届人民代表大会常务委员会第三十次会议批准修改	2022-5-27	2022-5-30	2022-6-1	修改
玉树藏族自治州财政预算管理条例	2022年3月17日玉树藏族自治州第十四届人民代表大会第二次会议废止，2022年6月1日青海省第十三届人民代表大会常务委员会第三十三次会议批准废止	2022-6-1	2022-6-2	2022-6-1	废止
玉树藏族自治州社会治安综合治理条例	2022年3月17日玉树藏族自治州第十四届人民代表大会第二次会议废止，2022年6月1日青海省第十三届人民代表大会常务委员会第三十三次会议批准废止	2022-6-1	2022-6-2	2022-6-1	废止

续表

法规名称	通过或批准时间	公布时间	报备时间	施行时间	立法形式
循化撒拉族自治县自治条例	2022年2月24日循化撒拉族自治县第十八届人民代表大会第二次会议修改,2022年6月1日青海省第十三届人民代表大会常务委员会第三十三次会议批准修改	2022-8-31	2022-9-2	2022-9-1	修改
黄南藏族自治州水资源保护条例	2022年2月18日黄南藏族自治州第十六届人民代表大会常务委员会第四次会议通过,2022年6月1日青海省第十三届人民代表大会常务委员会第三十三次会议批准	2022-9-6	2022-9-9	2022-10-1	制定
黄南藏族自治州城乡社区治理促进条例	2022年2月22日黄南藏族自治州第十六届人民代表大会第二次会议通过,2022年6月1日青海省第十三届人民代表大会常务委员会第三十三次会议批准	2022-9-6	2022-9-9	2022-10-1	制定
青海省电梯安全条例	2022年7月27日青海省第十三届人民代表大会常务委员会第三十四次会议通过	2022-7-27	2022-8-26	2022-10-1	制定
海西蒙古族藏族自治州施行《中华人民共和国民法典》结婚年龄的变通规定	2022年2月24日海西蒙古族藏族自治州第十五届人民代表大会第二次会议通过,2022年7月27日青海省第十三届人民代表大会常务委员会第三十四次会议批准	2022-7-27	2022-8-20	2022-7-27	制定
海西蒙古族藏族自治州关于施行《中华人民共和国婚姻法》结婚年龄的变通规定	在《海西蒙古族藏族自治州施行〈中华人民共和国民法典〉结婚年龄的变通规定》中被明文予以废止	2022-7-27	2022-8-20	2022-7-27	文中废止
大通回族土族自治县施行《中华人民共和国民法典》结婚年龄的变通规定	2022年3月3日大通回族土族自治县第十八届人民代表大会第二次会议通过,2022年7月27日青海省第十三届人民代表大会常务委员会第三十四次会议批准	2022-7-27	2022-8-22	2022-7-27	制定
大通回族土族自治县关于实施《中华人民共和国婚姻法》结婚年龄的变通规定	在《大通回族土族自治县施行〈中华人民共和国民法典〉结婚年龄的变通规定》中被明文予以废止	2022-7-27	2022-8-22	2022-7-27	文中废止
黄南藏族自治州林木保护条例	2022年2月22日黄南藏族自治州第十六届人民代表大会第二次会议通过,2022年7月27日青海省第十三届人民代表大会常务委员会第三十四次会议批准	2022-9-6	2022-9-22	2022-10-1	制定
黄南藏族自治州林木管护条例	在《黄南藏族自治州林木保护条例》中被明文予以废止	2022-9-6	2022-9-22	2022-10-1	文中废止
西宁市物业管理条例	2022年6月2日西宁市第十七届人民代表大会常务委员会第六次会议修改,2022年7月27日青海省第十三届人民代表大会常务委员会第三十四次会议批准修改	2022-9-8	2022-9-22	2022-9-8	修改
大通回族土族自治县乡村产业振兴促进条例	2022年3月3日大通回族土族自治县第十八届人民代表大会第二次会议通过,2022年7月27日青海省第十三届人民代表大会常务委员会第三十四次会议批准	2022-9-13	2022-9-22	2022-10-1	制定
化隆回族自治县自治条例	2022年4月24日化隆回族自治县第十八届人民代表大会第二次会议修改,2022年7月27日青海省第十三届人民代表大会常务委员会第三十四次会议批准修改	2022-9-27	2022-9-28	2022-10-1	修改

续表

法规名称	通过或批准时间	公布时间	报备时间	施行时间	立法形式
青海省促进中小企业发展条例	2022年9月28日青海省第十三届人民代表大会常务委员会第三十五次会议通过	2022-9-28	2022-10-17	2022-12-1	制定
青海省实施《中华人民共和国中小企业促进法》办法	在《青海省促进中小企业发展条例》中被明文予以废止	2022-9-28	2022-10-17	2022-12-1	文中废止
青海省农民专业合作社条例	2022年9月28日青海省第十三届人民代表大会常务委员会第三十五次会议通过	2022-9-28	2022-10-17	2022-12-1	制定
海西蒙古族藏族自治州冷湖天文观测环境保护条例	2022年6月30日海西蒙古族藏族自治州第十五届人民代表大会常务委员会第七次会议通过，2022年9月28日青海省第十三届人民代表大会常务委员会第三十五次会议批准	2022-10-13	2022-10-28	2023-1-1	制定
海东市城市地下综合管廊管理条例	2022年6月27日海东市第三届人民代表大会常务委员会第七次会议通过，2022年9月28日青海省第十三届人民代表大会常务委员会第三十五次会议批准	2022-10-27	2022-11-7	2022-11-1	制定
青海省邮政条例	2022年11月29日青海省第十三届人民代表大会常务委员会第三十六次会议修改	2022-11-29	2022-12-27	2022-11-29	修改
青海省实施《中华人民共和国招标投标法》办法	2022年11月29日青海省第十三届人民代表大会常务委员会第三十六次会议修改	2022-11-29	2022-12-27	2022-11-29	修改
青海省非税收入管理条例	2022年11月29日青海省第十三届人民代表大会常务委员会第三十六次会议修改	2022-11-29	2022-12-27	2022-11-29	修改
青海省实施《中华人民共和国母婴保健法》办法	2022年11月29日青海省第十三届人民代表大会常务委员会第三十六次会议修改	2022-11-29	2022-12-27	2022-11-29	修改
青海省气象条例	2022年11月29日青海省第十三届人民代表大会常务委员会第三十六次会议修改	2022-11-29	2022-12-27	2022-11-29	修改
青海省人民代表大会常务委员会关于加强经济工作监督的决定	2022年11月29日青海省第十三届人民代表大会常务委员会第三十六次会议修改	2022-11-29	2022-12-27	2022-11-29	修改
青海省预算管理条例	2022年11月29日青海省第十三届人民代表大会常务委员会第三十六次会议废止	2022-11-29	2022-12-27	2022-11-29	废止
青海省农业技术推广条例	2022年11月29日青海省第十三届人民代表大会常务委员会第三十六次会议废止	2022-11-29	2022-12-27	2022-11-29	废止
青海省实施《中华人民共和国消费者权益保护法》办法	2022年11月29日青海省第十三届人民代表大会常务委员会第三十六次会议废止	2022-11-29	2022-12-27	2022-11-29	废止
青海省信访条例	2022年11月29日青海省第十三届人民代表大会常务委员会第三十六次会议废止	2022-11-29	2022-12-27	2022-11-29	废止
青海省预算绩效管理条例	2022年11月29日青海省第十三届人民代表大会常务委员会第三十六次会议通过	2022-11-29	2022-12-27	2023-1-1	制定
青海省公安机关警务辅助人员管理条例	2022年11月29日青海省第十三届人民代表大会常务委员会第三十六次会议通过	2022-11-29	2022-12-27	2023-1-1	制定
青海省全民健身条例	2022年11月29日青海省第十三届人民代表大会常务委员会第三十六次会议通过	2022-11-29	2022-12-27	2023-1-1	制定

续表

法规名称	通过或批准时间	公布时间	报备时间	施行时间	立法形式
玉树藏族自治州国际生态旅游目的地建设促进条例	2022年10月28日玉树藏族自治州第十四届人民代表大会常务委员会第八次会议通过,2022年11月29日青海省第十三届人民代表大会常务委员会第三十六次会议批准	2022-12-30	2022-12-30	2023-1-1	制定

宁夏回族自治区地方性法规目录

（24件）

法规名称	通过或批准时间	公布时间	报备时间	施行时间	立法形式
宁夏回族自治区建设黄河流域生态保护和高质量发展先行区促进条例	2022年1月23日宁夏回族自治区第十二届人民代表大会第五次会议通过	2022-1-23	2022-1-26	2022-3-1	制定
宁夏回族自治区优化营商环境条例	2022年4月18日宁夏回族自治区第十二届人民代表大会常务委员会第三十三次会议通过	2022-4-18	2022-4-20	2022-6-1	制定
宁夏回族自治区中小企业促进条例	2022年4月18日宁夏回族自治区第十二届人民代表大会常务委员会第三十三次会议通过	2022-4-18	2022-4-20	2022-6-1	制定
宁夏回族自治区促进中小企业发展条例	在《宁夏回族自治区中小企业促进条例》中被明文予以废止	2022-4-18	2022-4-20	2022-6-1	文中废止
宁夏回族自治区节约用水条例	2022年6月2日宁夏回族自治区第十二届人民代表大会常务委员会第三十五次会议修改	2022-6-2	2022-6-6	2022-6-2	修改
宁夏回族自治区水工程管理条例	2022年6月2日宁夏回族自治区第十二届人民代表大会常务委员会第三十五次会议修改	2022-6-2	2022-6-6	2022-6-2	修改
宁夏回族自治区劳动合同条例	2022年6月2日宁夏回族自治区第十二届人民代表大会常务委员会第三十五次会议废止	2022-6-2	2022-6-6	2022-6-2	废止
宁夏回族自治区枸杞产业促进条例	2022年6月2日宁夏回族自治区第十二届人民代表大会常务委员会第三十五次会议修改	2022-6-2	2022-6-6	2022-7-1	修改
宁夏回族自治区预防职务犯罪工作条例	2022年7月29日宁夏回族自治区第十二届人民代表大会常务委员会第三十六次会议废止	2022-7-29	2022-8-3	2022-7-29	废止
宁夏回族自治区公共文化服务保障条例	2022年7月29日宁夏回族自治区第十二届人民代表大会常务委员会第三十六次会议通过	2022-7-29	2022-8-3	2022-9-1	制定

续表

法规名称	通过或批准时间	公布时间	报备时间	施行时间	立法形式
宁夏回族自治区人民代表大会常务委员会议事规则	2022年7月29日宁夏回族自治区第十二届人民代表大会常务委员会第三十六次会议修改	2022-7-29	2022-8-3	2022-9-1	修改
宁夏回族自治区乡镇人民代表大会工作条例	2022年7月29日宁夏回族自治区第十二届人民代表大会常务委员会第三十六次会议修改	2022-7-29	2022-8-3	2022-9-1	修改
宁夏回族自治区实施《中华人民共和国红十字会法》办法	2022年7月29日宁夏回族自治区第十二届人民代表大会常务委员会第三十六次会议修改	2022-7-29	2022-8-3	2022-9-1	修改
宁夏回族自治区安全生产条例	2022年7月29日宁夏回族自治区第十二届人民代表大会常务委员会第三十六次会议修改	2022-7-29	2022-8-3	2022-10-1	修改
银川市城市供热条例	2022年6月29日银川市第十六届人民代表大会常务委员会第四次会议修改,2022年7月29日宁夏回族自治区第十二届人民代表大会常务委员会第三十六次会议批准修改	2022-8-6	2022-8-10	2022-9-1	修改
宁夏回族自治区污染物排放管理条例	2022年11月4日宁夏回族自治区第十二届人民代表大会常务委员会第三十七次会议修改	2022-11-4	2022-11-14	2022-11-4	修改
宁夏回族自治区道路交通安全条例	2022年11月4日宁夏回族自治区第十二届人民代表大会常务委员会第三十七次会议修改	2022-11-4	2022-11-14	2022-11-4	修改
宁夏回族自治区烟花爆竹安全管理条例	2022年11月4日宁夏回族自治区第十二届人民代表大会常务委员会第三十七次会议修改	2022-11-4	2022-11-14	2022-11-4	修改
宁夏回族自治区土地管理条例	2022年11月4日宁夏回族自治区第十二届人民代表大会常务委员会第三十七次会议修改	2022-11-4	2022-11-14	2023-1-1	修改
宁夏回族自治区爱国卫生工作条例	2022年11月4日宁夏回族自治区第十二届人民代表大会常务委员会第三十七次会议修改	2022-11-4	2022-11-14	2023-1-1	修改
石嘴山市城市公园管理条例	2022年8月30日石嘴山市第十五届人民代表大会常务委员会第五次会议通过,2022年11月4日宁夏回族自治区第十二届人民代表大会常务委员会第三十七次会议批准	2022-11-7	2022-11-24	2023-1-1	制定
中卫市养犬管理条例	2022年8月30日中卫市第五届人民代表大会常务委员会第五次会议通过,2022年11月4日宁夏回族自治区第十二届人民代表大会常务委员会第三十七次会议批准	2022-11-9	2022-11-24	2023-1-1	制定

续表

法规名称	通过或批准时间	公布时间	报备时间	施行时间	立法形式
银川市水资源管理条例	2022年8月30日银川市第十六届人民代表大会常务委员会第五次会议修改,2022年11月4日宁夏回族自治区第十二届人民代表大会常务委员会第三十七次会议批准修改	2022-11-10	2022-11-24	2023-1-1	修改
固原市城市市容管理条例	2022年8月31日固原市第五届人民代表大会常务委员会第七次会议通过,2022年11月4日宁夏回族自治区第十二届人民代表大会常务委员会第三十七次会议批准	2022-11-16	2022-11-24	2023-1-1	制定
宁夏回族自治区固体废物污染环境防治条例	2022年11月30日宁夏回族自治区第十二届人民代表大会常务委员会第三十八次会议通过	2022-11-30	2022-12-9	2023-1-1	制定

新疆维吾尔自治区地方性法规目录

（47件）

法规名称	通过或批准时间	公布时间	报备时间	施行时间	立法形式
新疆维吾尔自治区乡村振兴促进条例	2022年1月27日新疆维吾尔自治区第十三届人民代表大会第五次会议通过	2022-1-27	2022-2-11	2022-3-1	制定
新疆维吾尔自治区人民代表大会常务委员会关于加强国有资产管理情况监督的决定	2022年3月25日新疆维吾尔自治区第十三届人民代表大会常务委员会第三十二次会议通过	2022-3-25	2022-4-1	2022-3-25	制定
新疆维吾尔自治区人民代表大会常务委员会关于加强自治区国有资产监督的决定	在《新疆维吾尔自治区人民代表大会常务委员会关于加强国有资产管理情况监督的决定》中被明文予以废止	2022-3-25	2022-4-1	2022-3-25	文中废止
新疆维吾尔自治区关键信息基础设施安全保护条例	2022年3月25日新疆维吾尔自治区第十三届人民代表大会常务委员会第三十二次会议通过	2022-3-25	2022-4-1	2022-6-15	制定
博尔塔拉蒙古自治州温泉新疆北鲵自然保护区管理条例	2022年1月14日博尔塔拉蒙古自治州第十五届人民代表大会第一次会议修改,2022年3月25日新疆维吾尔自治区第十三届人民代表大会常务委员会第三十二次会议批准修改	2022-4-11	2022-5-6	2022-4-11	修改
伊犁河谷新疆黑蜂资源保护条例	2022年2月14日伊犁哈萨克自治州第十五届人民代表大会第一次会议废止,2022年3月25日新疆维吾尔自治区第十三届人民代表大会常务委员会第三十二次会议批准废止	2022-4-25	2022-5-6	2022-4-25	废止

续表

法规名称	通过或批准时间	公布时间	报备时间	施行时间	立法形式
伊犁哈萨克自治州施行《中华人民共和国婚姻法》补充规定	2022 年 2 月 14 日伊犁哈萨克自治州第十五届人民代表大会第一次会议废止,2022 年 3 月 25 日新疆维吾尔自治区第十三届人民代表大会常务委员会第三十二次会议批准废止	2022-4-25	2022-5-6	2022-4-25	废止
伊犁哈萨克自治州制定单行条例程序规定	2022 年 2 月 14 日伊犁哈萨克自治州第十五届人民代表大会第一次会议废止,2022 年 3 月 25 日新疆维吾尔自治区第十三届人民代表大会常务委员会第三十二次会议批准废止	2022-4-25	2022-5-6	2022-4-25	废止
伊犁哈萨克自治州新疆黑蜂遗传资源保护条例	2021 年 8 月 30 日伊犁哈萨克自治州第十四届人民代表大会常务委员会第三十六次会议通过,2022 年 3 月 25 日新疆维吾尔自治区第十三届人民代表大会常务委员会第三十二次会议批准	2022-4-25	2022-5-6	2022-5-1	制定
昌吉回族自治州旅游条例	2022 年 1 月 13 日昌吉回族自治州第十六届人民代表大会第一次会议废止,2022 年 3 月 25 日新疆维吾尔自治区第十三届人民代表大会常务委员会第三十二次会议批准废止	2022-5-9	2022-5-24	2022-5-9	废止
昌吉回族自治州物业管理条例	2022 年 1 月 13 日昌吉回族自治州第十六届人民代表大会第一次会议废止,2022 年 3 月 25 日新疆维吾尔自治区第十三届人民代表大会常务委员会第三十二次会议批准废止	2022-5-9	2022-5-24	2022-5-9	废止
昌吉回族自治州农作物种子生产经营管理条例	2022 年 1 月 13 日昌吉回族自治州第十六届人民代表大会第一次会议废止,2022 年 3 月 25 日新疆维吾尔自治区第十三届人民代表大会常务委员会第三十二次会议批准废止	2022-5-9	2022-5-24	2022-5-9	废止
昌吉回族自治州城乡网格化管理服务条例	2022 年 1 月 13 日昌吉回族自治州第十六届人民代表大会第一次会议通过,2022 年 3 月 25 日新疆维吾尔自治区第十三届人民代表大会常务委员会第三十二次会议批准	2022-5-9	2022-5-24	2022-6-1	制定
昌吉回族自治州城镇供热条例	2022 年 1 月 13 日昌吉回族自治州第十六届人民代表大会第一次会议修改,2022 年 3 月 25 日新疆维吾尔自治区第十三届人民代表大会常务委员会第三十二次会议批准修改	2022-5-9	2022-5-24	2022-6-1	修改
巴里坤哈萨克自治县旅游发展促进条例	2022 年 1 月 5 日巴里坤哈萨克自治县第十八届人民代表大会第二次会议通过,2022 年 3 月 25 日新疆维吾尔自治区第十三届人民代表大会常务委员会第三十二次会议批准	2022-5-12	2022-5-24	2022-6-1	制定

续表

法规名称	通过或批准时间	公布时间	报备时间	施行时间	立法形式
新疆维吾尔自治区便民警务站条例	2022年5月27日新疆维吾尔自治区第十三届人民代表大会常务委员会第三十三次会议通过	2022-6-1	2022-6-13	2022-6-1	制定
新疆维吾尔自治区实施《中华人民共和国国家安全法》办法	2022年5月27日新疆维吾尔自治区第十三届人民代表大会常务委员会第三十三次会议通过	2022-6-1	2022-6-13	2022-7-1	制定
新疆维吾尔自治区未成年人保护条例	2022年5月27日新疆维吾尔自治区第十三届人民代表大会常务委员会第三十三次会议修改	2022-6-2	2022-6-13	2022-6-2	修改
新疆维吾尔自治区实施《中华人民共和国促进科技成果转化法》办法	2022年5月27日新疆维吾尔自治区第十三届人民代表大会常务委员会第三十三次会议修改	2022-6-3	2022-6-13	2022-6-3	修改
新疆维吾尔自治区人口与计划生育条例	2022年5月27日新疆维吾尔自治区第十三届人民代表大会常务委员会第三十三次会议修改	2022-6-4	2022-6-13	2022-6-4	修改
新疆维吾尔自治区街道人大工作条例	2022年5月27日新疆维吾尔自治区第十三届人民代表大会常务委员会第三十三次会议通过	2022-6-7	2022-6-13	2022-6-7	制定
新疆维吾尔自治区人民代表大会常务委员会关于加强自治区本级预算审查监督的决定	2022年5月27日新疆维吾尔自治区第十三届人民代表大会常务委员会第三十三次会议通过	2022-6-8	2022-6-13	2022-6-8	制定
新疆维吾尔自治区人民代表大会常务委员会关于加强新时代检察机关法律监督工作的决议	2022年5月27日新疆维吾尔自治区第十三届人民代表大会常务委员会第三十三次会议通过	2022-6-8	2022-6-13	2022-6-8	制定
新疆维吾尔自治区人民代表大会常务委员会关于加强检察机关法律监督工作的决定	在《新疆维吾尔自治区人民代表大会常务委员会关于加强新时代检察机关法律监督工作的决议》中被明文予以废止	2022-6-8	2022-6-13	2022-6-8	文中废止
新疆维吾尔自治区人民代表大会常务委员会关于胡杨河市、新星市耕地占用税适用税额的决定	2022年5月27日新疆维吾尔自治区第十三届人民代表大会常务委员会第三十三次会议通过	2022-6-11	2022-6-13	2022-6-11	制定
克拉玛依市社会信用条例	2022年4月26日克拉玛依市第十五届人民代表大会常务委员会第二次会议通过，2022年5月27日新疆维吾尔自治区第十三届人民代表大会常务委员会第三十三次会议批准	2022-6-10	2022-6-24	2023-1-1	制定
巴音郭楞蒙古自治州库尔勒香梨产业高质量发展促进条例	2021年10月29日巴音郭楞蒙古自治州第十四届人民代表大会常务委员会第三十六次会议通过，2022年5月27日新疆维吾尔自治区第十三届人民代表大会常务委员会第三十三次会议批准	2022-6-13	2022-6-24	2022-6-13	制定

续表

法规名称	通过或批准时间	公布时间	报备时间	施行时间	立法形式
乌鲁木齐市大气污染防治条例	2022年4月19日乌鲁木齐市第十七届人民代表大会常务委员会第二次会议修改，2022年5月27日新疆维吾尔自治区第十三届人民代表大会常务委员会第三十三次会议批准修改	2022-6-14	2022-6-24	2022-6-14	修改
乌鲁木齐甘泉堡经济技术开发区（工业区）条例	2022年4月19日乌鲁木齐市第十七届人民代表大会常务委员会第二次会议通过，2022年5月27日新疆维吾尔自治区第十三届人民代表大会常务委员会第三十三次会议批准	2022-6-14	2022-6-24	2022-7-1	制定
伊犁河谷生态环境保护条例	2022年4月30日伊犁哈萨克自治州第十五届人民代表大会常务委员会第二次会议修改，2022年5月27日新疆维吾尔自治区第十三届人民代表大会常务委员会第三十三次会议批准修改	2022-7-16	2022-7-22	2022-7-16	修改
新疆维吾尔自治区实施《中华人民共和国土地管理法》办法	2022年7月29日新疆维吾尔自治区第十三届人民代表大会常务委员会第三十四次会议修改	2022-8-5	2022-9-1	2022-11-1	修改
新疆维吾尔自治区实施《中华人民共和国动物防疫法》办法	2022年7月29日新疆维吾尔自治区第十三届人民代表大会常务委员会第三十四次会议修改	2022-8-8	2022-9-1	2022-9-1	修改
新疆维吾尔自治区信访条例	2022年7月29日新疆维吾尔自治区第十三届人民代表大会常务委员会第三十四次会议修改	2022-8-9	2022-9-1	2022-8-9	修改
新疆维吾尔自治区消防条例	2022年7月29日新疆维吾尔自治区第十三届人民代表大会常务委员会第三十四次会议修改	2022-8-10	2022-9-1	2022-9-1	修改
新疆维吾尔自治区老年人权益保障条例	2022年7月29日新疆维吾尔自治区第十三届人民代表大会常务委员会第三十四次会议通过	2022-8-12	2022-9-1	2022-9-1	制定
新疆维吾尔自治区保护老年人合法权益条例	在《新疆维吾尔自治区老年人权益保障条例》中被明文予以废止	2022-8-12	2022-9-1	2022-9-1	文中废止
乌鲁木齐市地下综合管廊管理条例	2022年6月14日乌鲁木齐市第十七届人民代表大会常务委员会第三次会议通过，2022年7月29日新疆维吾尔自治区第十三届人民代表大会常务委员会第三十四次会议批准	2022-8-10	2022-9-10	2022-9-1	制定
乌鲁木齐市机动车停车场管理条例	2022年6月14日乌鲁木齐市第十七届人民代表大会常务委员会第三次会议修改，2022年7月29日新疆维吾尔自治区第十三届人民代表大会常务委员会第三十四次会议批准修改	2022-8-10	2022-9-10	2022-9-1	修改

续表

法规名称	通过或批准时间	公布时间	报备时间	施行时间	立法形式
克孜勒苏柯尔克孜自治州城市供热管理条例	2022年6月28日克孜勒苏柯尔克孜自治州第十五届人民代表大会常务委员会第三次会议通过,2022年7月29日新疆维吾尔自治区第十三届人民代表大会常务委员会第三十四次会议批准	2022-8-24	2022-9-20	2022-10-1	制定
库鲁斯台草原生态保护条例	2022年6月12日伊犁哈萨克自治州第十五届人民代表大会常务委员会第三次会议修改,2022年7月29日新疆维吾尔自治区第十三届人民代表大会常务委员会第三十四次会议批准修改	2022-12-24	2022-12-31	2022-12-24	修改
塔城市河流生态保护条例	2022年6月12日伊犁哈萨克自治州第十五届人民代表大会常务委员会第三次会议修改,2022年7月29日新疆维吾尔自治区第十三届人民代表大会常务委员会第三十四次会议批准修改	2022-12-24	2022-12-31	2022-12-24	修改
新疆维吾尔自治区实施《中华人民共和国中小企业促进法》办法	2022年9月28日新疆维吾尔自治区第十三届人民代表大会常务委员会第三十五次会议修改	2022-10-4	2022-12-31	2022-11-1	修改
新疆维吾尔自治区人民调解条例	2022年9月28日新疆维吾尔自治区第十三届人民代表大会常务委员会第三十五次会议通过	2022-10-6	2022-12-31	2022-12-1	制定
新疆维吾尔自治区人民代表大会常务委员会讨论决定重大事项的规定	2022年9月28日新疆维吾尔自治区第十三届人民代表大会常务委员会第三十五次会议通过	2022-10-7	2022-12-31	2022-10-7	制定
新疆维吾尔自治区人民代表大会常务委员会议事规则	2022年9月28日新疆维吾尔自治区第十三届人民代表大会常务委员会第三十五次会议修改	2022-10-10	2022-12-31	2022-10-10	修改
新疆维吾尔自治区粮食安全保障条例	2022年9月28日新疆维吾尔自治区第十三届人民代表大会常务委员会第三十五次会议通过	2022-10-10	2022-12-31	2022-11-1	制定
博尔塔拉蒙古自治州农田防护林保护条例	2022年9月2日博尔塔拉蒙古自治州第十五届人民代表大会常务委员会第五次会议通过,2022年9月28日新疆维吾尔自治区第十三届人民代表大会常务委员会第三十五次会议批准	2022-12-8	2022-12-31	2023-1-1	制定
博尔塔拉蒙古自治州精河枸杞产业促进条例	2022年9月2日博尔塔拉蒙古自治州第十五届人民代表大会常务委员会第五次会议通过,2022年9月28日新疆维吾尔自治区第十三届人民代表大会常务委员会第三十五次会议批准	2022-12-8	2022-12-31	2023-1-1	制定
新疆塔城重点开发开放试验区条例	2022年11月30日新疆维吾尔自治区第十三届人民代表大会常务委员会第三十六次会议通过	2022-12-6	2022-12-31	2023-1-1	制定

续表

法规名称	通过或批准时间	公布时间	报备时间	施行时间	立法形式
新疆维吾尔自治区边境管理条例	2022 年 11 月 30 日新疆维吾尔自治区第十三届人民代表大会常务委员会第三十六次会议修改	2022-12-8	2022-12-31	2022-12-8	修改

深圳经济特区法规目录

（12 件）

法规名称	通过或批准时间	公布时间	报备时间	施行时间	立法形式
深圳经济特区矛盾纠纷多元化解条例	2022 年 3 月 28 日深圳市第七届人民代表大会常务委员会第八次会议通过	2022-3-28	2022-4-19	2022-5-1	制定
深圳经济特区绿色建筑条例	2022 年 3 月 28 日深圳市第七届人民代表大会常务委员会第八次会议通过	2022-3-28	2022-4-19	2022-7-1	制定
深圳经济特区建筑节能条例	在《深圳经济特区绿色建筑条例》中被明文予以废止	2022-3-28	2022-4-19	2022-7-1	文中废止
深圳经济特区智能网联汽车管理条例	2022 年 6 月 23 日深圳市第七届人民代表大会常务委员会第十次会议通过	2022-6-30	2022-7-21	2022-8-1	制定
深圳经济特区社会建设条例	2022 年 6 月 23 日深圳市第七届人民代表大会常务委员会第十次会议通过	2022-6-30	2022-7-21	2022-8-1	制定
深圳经济特区安全生产监督管理条例	2022 年 6 月 23 日深圳市第七届人民代表大会常务委员会第十次会议通过	2022-6-30	2022-7-21	2022-9-1	制定
深圳经济特区学前教育条例	2022 年 6 月 23 日深圳市第七届人民代表大会常务委员会第十次会议通过	2022-6-30	2022-7-21	2022-9-1	制定
深圳经济特区医疗条例	2022 年 6 月 23 日深圳市第七届人民代表大会常务委员会第十次会议修改	2022-6-30	2022-7-21	2023-1-1	修改
深圳经济特区人工智能产业促进条例	2022 年 8 月 30 日深圳市第七届人民代表大会常务委员会第十一次会议通过	2022-9-5	2022-9-19	2022-11-1	制定
深圳经济特区数字经济产业促进条例	2022 年 8 月 30 日深圳市第七届人民代表大会常务委员会第十一次会议通过	2022-9-5	2022-9-19	2022-11-1	制定
深圳经济特区外商投资条例	2022 年 8 月 30 日深圳市第七届人民代表大会常务委员会第十一次会议通过	2022-9-5	2022-9-19	2022-11-1	制定
深圳经济特区信访条例	2022 年 10 月 28 日深圳市第七届人民代表大会常务委员会第十二次会议废止	2022-10-31	2022-11-14	2022-10-31	废止
深圳市人民代表大会常务委员会关于暂时停止适用《深圳经济特区房地产转让条例》有关规定的决定	2022 年 12 月 29 日深圳市第七届人民代表大会常务委员会第十四次会议通过	2022-12-29	2023-1-12	2022-12-29	制定

珠海经济特区法规目录

（10 件）

法规名称	通过或批准时间	公布时间	报备时间	施行时间	立法形式
珠海经济特区民营企业权益保护规定	2022 年 3 月 31 日珠海市第十届人民代表大会常务委员会第三次会议通过	2022-3-31	2022-4-12	2022-5-1	制定
珠海市私营企业权益保护条例	在《珠海经济特区民营企业权益保护规定》中被明文予以废止	2022-3-31	2022-4-12	2022-5-1	文中废止
珠海经济特区工业用地控制线管理规定	2022 年 4 月 29 日珠海市第十届人民代表大会常务委员会第四次会议通过	2022-4-29	2022-5-10	2022-6-1	制定
珠海经济特区无障碍城市建设条例	2022 年 7 月 28 日珠海市第十届人民代表大会常务委员会第六次会议通过	2022-7-29	2022-8-2	2022-12-3	制定
珠海市人民代表大会常务委员会关于厘清机动车违规停放执法边界　加强机动车停放管理的决定	2022 年 9 月 29 日珠海市第十届人民代表大会常务委员会第七次会议通过	2022-10-1	2022-10-8	2022-10-1	制定
珠海经济特区市场主体登记管理条例	2022 年 9 月 29 日珠海市第十届人民代表大会常务委员会第七次会议通过	2022-10-9	2022-10-12	2023-1-1	制定
珠海经济特区商事登记条例	在《珠海经济特区市场主体登记管理条例》中被明文予以废止	2022-10-9	2022-10-12	2023-1-1	文中废止
珠海经济特区养犬管理条例	2022 年 9 月 29 日珠海市第十届人民代表大会常务委员会第七次会议修改	2022-10-11	2022-10-14	2022-10-11	修改
珠海经济特区电力设施保护规定	2022 年 9 月 29 日珠海市第十届人民代表大会常务委员会第七次会议修改	2022-10-11	2022-10-14	2022-10-11	修改
珠海经济特区规范政府投资建设工程发包与承包行为若干规定	2022 年 9 月 29 日珠海市第十届人民代表大会常务委员会第七次会议通过	2022-10-25	2022-10-28	2022-12-1	制定
珠海经济特区安全生产条例	2022 年 11 月 30 日珠海市第十届人民代表大会常务委员会第九次会议修改	2022-12-2	2022-12-12	2023-1-1	修改
珠海经济特区居家养老服务促进条例	2022 年 11 月 30 日珠海市第十届人民代表大会常务委员会第九次会议通过	2022-12-2	2022-12-12	2023-2-1	制定

汕头经济特区法规目录

（14 件）

法规名称	通过或批准时间	公布时间	报备时间	施行时间	立法形式
汕头经济特区警务辅助人员条例	2022 年 4 月 27 日汕头市第十五届人民代表大会常务委员会第四次会议通过	2022-4-27	2022-4-29	2022-6-1	制定

续表

法规名称	通过或批准时间	公布时间	报备时间	施行时间	立法形式
汕头经济特区现代产业用地管理条例	2022 年 5 月 30 日汕头市第十五届人民代表大会常务委员会第五次会议通过	2022-5-30	2022-6-1	2022-7-1	制定
汕头经济特区建筑外立面管理规定	2022 年 5 月 30 日汕头市第十五届人民代表大会常务委员会第五次会议通过	2022-5-30	2022-6-1	2022-7-1	制定
汕头经济特区知识产权保护条例	2022 年 5 月 30 日汕头市第十五届人民代表大会常务委员会第五次会议通过	2022-5-30	2022-6-1	2022-7-1	制定
汕头经济特区科技创新条例	2022 年 5 月 30 日汕头市第十五届人民代表大会常务委员会第五次会议通过	2022-5-30	2022-6-1	2022-7-1	制定
汕头经济特区促进科技成果转化条例	在《汕头经济特区科技创新条例》中被明文予以废止	2022-5-30	2022-6-1	2022-7-1	文中废止
汕头经济特区突发公共卫生事件应急条例	2022 年 5 月 30 日汕头市第十五届人民代表大会常务委员会第五次会议通过	2022-5-30	2022-6-1	2022-7-1	制定
汕头市人民代表大会常务委员会关于促进和保障第三届亚洲青年运动会筹备和举办工作的决定	2022 年 6 月 28 日汕头市第十五届人民代表大会常务委员会第六次会议废止	2022-6-28	2022-7-11	2022-6-28	废止
汕头市人民代表大会常务委员会关于调整《汕头市人民代表大会常务委员会关于促进和保障第三届亚洲青年运动会筹备和举办工作的决定》实施期限的决定	2022 年 6 月 28 日汕头市第十五届人民代表大会常务委员会第六次会议废止	2022-6-28	2022-7-11	2022-6-28	废止
汕头经济特区户外广告设施和招牌设置管理条例	2022 年 6 月 28 日汕头市第十五届人民代表大会常务委员会第六次会议通过	2022-6-28	2022-7-11	2022-8-1	制定
汕头经济特区城市景观照明条例	2022 年 6 月 28 日汕头市第十五届人民代表大会常务委员会第六次会议通过	2022-6-28	2022-7-11	2022-8-1	制定
汕头经济特区禁止生产销售燃放烟花爆竹规定	2022 年 6 月 28 日汕头市第十五届人民代表大会常务委员会第六次会议废止	2022-6-28	2022-7-11	2022-8-1	废止
汕头市人民代表大会议事规则	2022 年 12 月 18 日汕头市第十五届人民代表大会第二次会议修改	2022-12-18	2023-1-4	2023-2-1	修改
汕头经济特区基层医疗卫生服务条例	2022 年 12 月 30 日汕头市第十五届人民代表大会常务委员会第十二次会议通过	2022-12-30	2023-1-4	2023-2-1	制定
汕头经济特区消防条例	2022 年 12 月 30 日汕头市第十五届人民代表大会常务委员会第十二次会议修改	2022-12-30	2023-1-4	2023-2-1	修改

厦门经济特区法规目录

（8 件）

法规名称	通过或批准时间	公布时间	报备时间	施行时间	立法形式
厦门市人民代表大会常务委员会关于完善多元化纠纷解决机制的决定	2022 年 4 月 26 日厦门市第十六届人民代表大会常务委员会第四次会议废止	2022-4-26	2022-5-16	2022-4-26	废止
厦门经济特区公安机关警务辅助人员条例	2022 年 8 月 26 日厦门市第十六届人民代表大会常务委员会第六次会议通过	2022-8-26	2022-9-13	2022-10-1	制定
厦门经济特区粮食安全保障规定	2022 年 10 月 28 日厦门市第十六届人民代表大会常务委员会第七次会议通过	2022-10-28	2022-11-28	2022-12-1	制定
厦门经济特区医疗卫生人员职业暴露防护若干规定	2022 年 10 月 28 日厦门市第十六届人民代表大会常务委员会第七次会议通过	2022-10-28	2022-11-28	2022-12-1	制定
厦门经济特区河湖长制条例	2022 年 10 月 28 日厦门市第十六届人民代表大会常务委员会第七次会议通过	2022-10-28	2022-11-28	2023-1-1	制定
厦门市各级人民代表大会常务委员会人事任免办法	2022 年 10 月 28 日厦门市第十六届人民代表大会常务委员会第七次会议修改	2022-10-28	2022-11-28	2023-1-1	修改
厦门经济特区气象灾害防御条例	2022 年 12 月 27 日厦门市第十六届人民代表大会常务委员会第九次会议修改	2022-12-27	2023-1-19	2022-12-27	修改
厦门经济特区数据条例	2022 年 12 月 27 日厦门市第十六届人民代表大会常务委员会第九次会议通过	2022-12-27	2023-1-19	2023-3-1	制定

司法解释备案目录

（22 件）

名称	通过情况	公布时间	报备时间	施行时间	立法形式
最高人民法院关于审理生态环境侵权纠纷案件适用惩罚性赔偿的解释（法释〔2022〕1 号）	2021 年 12 月 27 日最高人民法院审判委员会第 1858 次会议通过	2022-1-12	2022-1-17	2022-1-20	制定
最高人民法院关于审理证券市场虚假陈述侵权民事赔偿案件的若干规定（法释〔2022〕2 号）	2021 年 12 月 30 日最高人民法院审判委员会第 1860 次会议通过	2022-1-21	2022-2-16	2022-1-22	制定
最高人民法院关于审理证券市场因虚假陈述引发的民事赔偿案件的若干规定（法释〔2003〕2 号）	在《最高人民法院关于审理证券市场虚假陈述侵权民事赔偿案件的若干规定》（法释〔2022〕2 号）中被明文予以废止	2022-1-21	2022-2-16	2022-1-22	文中废止
最高人民法院关于审理涉执行司法赔偿案件适用法律若干问题的解释（法释〔2022〕3 号）	2021 年 12 月 20 日最高人民法院审判委员会第 1857 次会议通过	2022-2-8	2022-2-16	2022-3-1	制定
最高人民法院关于内地与香港特别行政区法院相互认可和执行婚姻家庭民事案件判决的安排（法释〔2022〕4 号）	2017 年 5 月 22 日最高人民法院审判委员会第 1718 次会议通过	2022-2-14	2022-2-24	2022-2-15	制定

续表

名称	通过情况	公布时间	报备时间	施行时间	立法形式
最高人民法院关于审理非法集资刑事案件具体应用法律若干问题的解释(法释〔2022〕5 号)	2021 年 12 月 30 日最高人民法院审判委员会第 1860 次会议通过	2022-2-23	2022-2-24	2022-3-1	修改
最高人民法院关于适用《中华人民共和国民法典》总则编若干问题的解释(法释〔2022〕6 号)	2021 年 12 月 30 日最高人民法院审判委员会第 1861 次会议通过	2022-2-24	2022-2-28	2022-3-1	制定
最高人民法院关于内地与澳门特别行政区就仲裁程序相互协助保全的安排(法释〔2022〕7 号)	2022 年 2 月 15 日最高人民法院审判委员会第 1864 次会议通过	2022-2-24	2022-3-2	2022-3-25	制定
最高人民法院关于审理网络消费纠纷案件适用法律若干问题的规定(一)(法释〔2022〕8 号)	2022 年 2 月 15 日最高人民法院审判委员会第 1864 次会议通过	2022-3-1	2022-3-3	2022-3-15	制定
最高人民法院关于适用《中华人民共和国反不正当竞争法》若干问题的解释(法释〔2022〕9 号)	2022 年 1 月 29 日最高人民法院审判委员会第 1862 次会议通过	2022-3-16	2022-3-17	2022-3-20	制定
最高人民法院关于审理不正当竞争民事案件应用法律若干问题的解释(法释〔2007〕2 号)	在《最高人民法院关于适用〈中华人民共和国反不正当竞争法〉若干问题的解释》(法释〔2022〕9 号)中被明文予以废止	2022-3-16	2022-3-17	2022-3-20	文中废止
最高人民法院关于审理行政赔偿案件若干问题的规定(法释〔2022〕10 号)	2021 年 12 月 6 日最高人民法院审判委员会第 1855 次会议通过	2022-3-20	2022-4-6	2022-5-1	修改
最高人民法院关于适用《中华人民共和国民事诉讼法》的解释(法释〔2022〕11 号)	2022 年 3 月 22 日最高人民法院审判委员会第 1866 次会议通过	2022-4-1	2022-4-6	2022-4-10	修改
最高人民法院、最高人民检察院关于办理破坏野生动物资源刑事案件适用法律若干问题的解释(法释〔2022〕12 号)	2021 年 12 月 13 日最高人民法院审判委员会第 1856 次会议、2022 年 2 月 9 日最高人民检察院第十三届检察委员会第八十九次会议通过	2022-4-6	2022-4-7	2022-4-9	制定
最高人民法院关于审理破坏野生动物资源刑事案件具体应用法律若干问题的解释(法释〔2000〕37 号)	在《最高人民法院、最高人民检察院关于办理破坏野生动物资源刑事案件适用法律若干问题的解释》(法释〔2022〕12 号)中被明文予以废止	2022-4-6	2022-4-7	2022-4-9	文中废止
最高人民法院关于第一审知识产权民事、行政案件管辖的若干规定(法释〔2022〕13 号)	2021 年 12 月 27 日最高人民法院审判委员会第 1858 次会议通过	2022-4-20	2022-4-26	2022-5-1	制定
最高人民法院关于审理人身损害赔偿案件适用法律若干问题的解释(法释〔2022〕14 号)	2022 年 2 月 15 日最高人民法院审判委员会第 1864 次会议通过	2022-4-24	2022-4-27	2022-5-1	修改
最高人民法院、最高人民检察院关于办理海洋自然资源与生态环境公益诉讼案件若干问题的规定(法释〔2022〕15 号)	2021 年 12 月 27 日最高人民法院审判委员会第 1858 次会议、2022 年 3 月 16 日最高人民检察院第十三届检察委员会第九十三次会议通过	2022-5-10	2022-5-18	2022-5-15	制定
最高人民法院关于审理森林资源民事纠纷案件适用法律若干问题的解释(法释〔2022〕16 号)	2022 年 4 月 25 日最高人民法院审判委员会第 1869 次会议通过	2022-6-13	2022-6-30	2022-6-15	制定
最高人民法院关于办理人身安全保护令案件适用法律若干问题的规定(法释〔2022〕17 号)	2022 年 6 月 7 日最高人民法院审判委员会第 1870 次会议通过	2022-7-14	2022-9-26	2022-8-1	制定
最高人民法院关于涉外民商事案件管辖若干问题的规定(法释〔2022〕18 号)	2022 年 8 月 16 日最高人民法院审判委员会第 1872 次会议通过	2022-11-14	2022-11-21	2023-1-1	制定

续表

名称	通过情况	公布时间	报备时间	施行时间	立法形式
最高人民法院、最高人民检察院关于办理危害生产安全刑事案件适用法律若干问题的解释(二)(法释〔2022〕19号)	2022年9月19日最高人民法院审判委员会第1875次会议、2022年10月25日最高人民检察院第十三届检察委员会第一百零六次会议通过	2022-12-15	2022-12-29	2022-12-19	制定
最高人民法院关于成渝金融法院案件管辖的规定(法释〔2022〕20号)	2022年9月19日最高人民法院审判委员会第1875次会议通过	2022-12-20	2022-12-29	2023-1-1	制定
最高人民法院、最高人民检察院关于办理危害药品安全刑事案件适用法律若干问题的解释(高检发释字〔2022〕1号)	2022年2月28日最高人民法院审判委员会第1865次会议、2022年2月25日最高人民检察院第十三届检察委员会第九十二次会议通过	2022-3-3	2022-3-11	2022-3-6	制定
最高人民法院、最高人民检察院关于办理危害药品安全刑事案件适用法律若干问题的解释(法释〔2014〕14号)	在《最高人民法院、最高人民检察院关于办理危害药品安全刑事案件适用法律若干问题的解释》(高检发释字〔2022〕1号)中被明文予以废止	2022-3-3	2022-3-11	2022-3-6	文中废止
最高人民法院、最高人民检察院关于办理药品、医疗器械注册申请材料造假刑事案件适用法律若干问题的解释(法释〔2017〕15号)	在《最高人民法院、最高人民检察院关于办理危害药品安全刑事案件适用法律若干问题的解释》(高检发释字〔2022〕1号)中被明文予以废止	2022-3-3	2022-3-11	2022-3-6	文中废止
最高人民检察院关于先后受理同一犯罪嫌疑人涉嫌职务犯罪和其他犯罪的案件审查起诉期限如何起算问题的批复(高检发释字〔2022〕2号)	2022年11月9日最高人民检察院第十三届检察委员会第一百零八次会议通过	2022-11-15	2022-11-22	2022-11-18	制定

五、特别行政区报送备案的法律目录

香港特别行政区法律目录

（共 17 件）

1.《2022 年收入（税务宽免）条例》（2022 年第 1 号条例）

2.《商业租户短期保护措施（2019 冠状病毒病疫情）条例》（2022 年第 2 号条例）

3.《2022 年拨款条例》（2022 年第 3 号条例）

4.《2022 年雇佣及退休计划法例（抵销安排）（修订）条例》（2022 年第 4 号条例）

5.《2022 年雇佣（修订）条例》（2022 年第 5 号条例）

6.《2022 年仲裁及法律执业者法例（与仲裁结果有关的收费架构）（修订）条例》（2022 年第 6 号条例）

7.《2022 年税务（修订）（关于住宅租金的税项扣除）条例》（2022 年第 7 号条例）

8.《2022 年乡郊代表选举（修订）条例》（2022 年第 8 号条例）

9.《2022 年专业会计师（修订）条例》（2022 年第 9 号条例）

10.《2022 年税务（修订）（与航运有关的某些活动的税务宽减）条例》（2022 年第 10 号条例）

11.《内地民商事判决（相互强制执行）条例》（2022 年第 11 号条例）

12.《2022 年领港（修订）条例》（2022 年第 12 号条例）

13.《追加拨款（2021—2022 年度）条例》（2022 年第 13 号条例）

14.《2022 年国际组织（特权及豁免权）（修订）条例》（2022 年第 14 号条例）

15.《2022 年打击洗钱及恐怖分子资金筹集（修订）条例》（2022 年第 15 号条例）

16.《2022 年版权（修订）条例》（2022 年第 16 号条例）

17.《2022 年税务（修订）（指明外地收入征税）条例》（2022 年第 17 号条例）

澳门特别行政区法律目录

（共 19 件）

1.《修改第 5/2017 号法律〈税务信息交换法律制度〉》（第 1/2022 号法律）

2.《修改第 9/2006 号法律〈非高等教育制度纲要法〉及第 10/2017 号法律〈高等教育制度〉》（第 2/2022 号法律）

3.《修改第 3/2010 号法律〈禁止非法提供住宿〉》（第 3/2022 号法律）

4.《修改〈2022 年财政年度预算案〉》（第 4/2022 号法律）

5.《以电子方式送交诉讼文书及支付诉讼费用》（第 5/2022 号法律）

6.《以电子方式出示驾驶车辆所需文件》（第 6/2022 号法律）

7.《修改第 16/2001 号法律〈娱乐场幸运博彩经营法律制度〉》（第 7/2022 号法律）

8.《修改〈2022 年财政年度预算案〉》（第 8/2022 号法律）

9.《修改第 2/2004 号法律〈传染病防治法〉附

件的传染病表》(第 9/2022 号法律)

10.《通讯截取及保障法律制度》(第 10/2022 号法律)

11.《修改〈旅游税规章〉》(第 11/2022 号法律)

12.《危险品监管法律制度》(第 12/2022 号法律)

13.《修改第 5/2011 号法律〈预防及控制吸烟制度〉》(第 13/2022 号法律)

14.《升降设备安全法律制度》(第 14/2022 号法律)

15.《信托法》(第 15/2022 号法律)

16.《娱乐场幸运博彩经营业务制度》(第 16/2022 号法律)

17.《非高等教育私立补充教学辅助中心业务法》(第 17/2022 号法律)

18.《都市更新法律制度》(第 18/2022 号法律)

19.《2023 年财政年度预算案》(第 19/2022 号法律)

人事任免

第十三届全国人民代表大会常务委员会第三十三次会议决定任免、批准任免、任免名单

全国人民代表大会常务委员会任命名单

（2022 年 2 月 28 日第十三届全国人民代表大会常务委员会第三十三次会议通过）

一、任命李玉姝（女）为第十三届全国人民代表大会华侨委员会副主任委员。

二、任命李纪恒为第十三届全国人民代表大会农业与农村委员会副主任委员。

全国人民代表大会常务委员会任免名单

（2022 年 2 月 28 日第十三届全国人民代表大会常务委员会第三十三次会议通过）

一、免去郭雷的第十三届全国人民代表大会常务委员会副秘书长职务。

二、任命欧阳昌琼为第十三届全国人民代表大会常务委员会副秘书长。

中华人民共和国主席令

第一〇九号

根据中华人民共和国第十三届全国人民代表大会常务委员会第三十三次会议于 2022 年 2 月 28 日的决定：

免去李纪恒的民政部部长职务；

任命唐登杰为民政部部长。

中华人民共和国主席　习近平

2022 年 2 月 28 日

全国人民代表大会常务委员会决定任免的名单

（2022 年 2 月 28 日第十三届全国人民代表大会常务委员会第三十三次会议通过）

免去李纪恒的民政部部长职务；

任命唐登杰为民政部部长。

全国人民代表大会常务委员会任免名单

（2022 年 2 月 28 日第十三届全国人民代表大会常务委员会第三十三次会议通过）

一、任命吴景丽（女）为最高人民法院民事审判第一庭副庭长。

二、任命张卫兵为最高人民法院第二巡回法庭副庭长。

三、免去牛克乾的最高人民法院刑事审判第二庭副庭长、审判员职务。

四、免去姜永义的最高人民法院刑事审判第三庭副庭长职务。

五、免去方文军的最高人民法院第五巡回法庭副庭长职务。

六、免去田宏杰(女)的最高人民法院刑事审判第四庭副庭长、审判员职务。

七、任命陈健、郭鑫(女)为最高人民法院审判员。

八、免去董文濮、刘京香(女)、牛建华、夏君丽(女)、孟凡平、卢路生、张颖新(女)、王涛、肖峰、司伟、寇秉辉、季伟明的最高人民法院审判员职务。

全国人民代表大会常务委员会任免名单

(2022 年 2 月 28 日第十三届全国人民代表大会常务委员会第三十三次会议通过)

一、任命宫鸣为最高人民检察院检察委员会委员、检察员。

二、免去迪里夏提·沙依木、刘强云、刘霞(女)、刘颖(女)、覃剑峰的最高人民检察院检察员职务。

全国人民代表大会常务委员会批准任免的名单

(2022 年 2 月 28 日第十三届全国人民代表大会常务委员会第三十三次会议通过)

一、批准任命查庆九为青海省人民检察院检察长。

二、批准免去宫鸣的天津市人民检察院检察长职务。

关于驻外大使的任免名单

2022 年 3 月 7 日　中华人民共和国主席习近平根据全国人民代表大会常务委员会的决定任免下列驻外大使:

一、免去肖千的中华人民共和国驻印度尼西亚共和国特命全权大使职务;

任命陆慷为中华人民共和国驻印度尼西亚共和国特命全权大使。

二、免去金智健的中华人民共和国驻冰岛共和国特命全权大使职务;

任命何儒龙为中华人民共和国驻冰岛共和国特命全权大使。

三、免去成竞业的中华人民共和国驻澳大利亚联邦特命全权大使职务;

任命肖千为中华人民共和国驻澳大利亚联邦特命全权大使。

第十三届全国人民代表大会常务委员会第三十四次会议决定任免、批准任免、任免名单

全国人民代表大会常务委员会任命名单

（2022年4月20日第十三届全国人民代表大会常务委员会第三十四次会议通过）

一、任命应勇为第十三届全国人民代表大会宪法和法律委员会副主任委员。

二、任命陈润儿为第十三届全国人民代表大会农业与农村委员会副主任委员。

三、任命王建军为第十三届全国人民代表大会社会建设委员会副主任委员。

中华人民共和国主席令

第一一三号

根据中华人民共和国第十三届全国人民代表大会常务委员会第三十四次会议于2022年4月20日的决定：

免去王蒙徽的住房和城乡建设部部长职务。

中华人民共和国主席　习近平

2022年4月20日

全国人民代表大会常务委员会决定免职的名单

（2022年4月20日第十三届全国人民代表大会常务委员会第三十四次会议通过）

免去王蒙徽的住房和城乡建设部部长职务。

全国人民代表大会常务委员会任免名单

（2022年4月20日第十三届全国人民代表大会常务委员会第三十四次会议通过）

一、免去姜伟的最高人民法院副院长职务。

二、免去李勇的最高人民法院刑事审判第三庭庭长职务。

三、任命何莉（女）、滕伟（女）为最高人民法院审判委员会委员。

四、任命马岩为最高人民法院刑事审判第三庭庭长，免去其最高人民法院刑事审判第五庭副庭长职务。

五、任命周伦军为最高人民法院民事审判第二庭副庭长。

六、任命陈文全为最高人民法院审判员。

七、免去董蓓（女）、敖卫春、刘艾涛、周波、关晓海、潘才敏、张纯（女）、张能宝的最高人民法院审判员职务。

全国人民代表大会常务委员会免职名单

（2022 年 4 月 20 日第十三届全国人民代表大会常务委员会第三十四次会议通过）

一、免去万春的最高人民检察院检察委员会委员职务。

二、免去郑新俭的最高人民检察院检察委员会委员、检察员职务。

关于驻外大使的任免名单

2022 年 4 月 29 日 中华人民共和国主席习近平根据全国人民代表大会常务委员会的决定任免下列驻外大使：

一、免去张涛的中华人民共和国驻伊拉克共和国特命全权大使职务；

任命崔巍为中华人民共和国驻伊拉克共和国特命全权大使。

二、免去李杰的中华人民共和国驻赞比亚共和国特命全权大使职务；

任命杜晓晖为中华人民共和国驻赞比亚共和国特命全权大使。

三、免去刘彬的中华人民共和国驻塔吉克斯坦共和国特命全权大使职务；

任命吉树民为中华人民共和国驻塔吉克斯坦共和国特命全权大使。

第十三届全国人民代表大会常务委员会第三十五次会议决定任免、批准任免、任免名单

全国人民代表大会常务委员会任命名单

（2022 年 6 月 24 日第十三届全国人民代表大会常务委员会第三十五次会议通过）

一、任命王志民为第十三届全国人民代表大会民族委员会副主任委员。

二、任命信春鹰（女）为第十三届全国人民代表大会宪法和法律委员会副主任委员。

三、任命王东峰为第十三届全国人民代表大会财政经济委员会副主任委员。

四、任命石泰峰为第十三届全国人民代表大会教育科学文化卫生委员会副主任委员。

五、任命傅自应为第十三届全国人民代表大会外事委员会副主任委员。

六、任命咸辉（女）为第十三届全国人民代表大会华侨委员会副主任委员。

七、任命邱水平为第十三届全国人民代表大会环境与资源保护委员会副主任委员。

八、任命彭清华为第十三届全国人民代表大会农业与农村委员会副主任委员。

全国人民代表大会常务委员会免职名单

（2022 年 6 月 24 日第十三届全国人民代表大会常务委员会第三十五次会议通过）

免去信春鹰（女）的第十三届全国人民代表大会常务委员会副秘书长职务。

中华人民共和国主席令

第一一八号

根据中华人民共和国第十三届全国人民代表大会常务委员会第三十五次会议于2022年6月24日的决定：

一、免去陈小江的国家民族事务委员会主任职务；

任命潘岳为国家民族事务委员会主任。

二、免去赵克志兼任的公安部部长职务；

任命王小洪为公安部部长。

三、免去张纪南的人力资源和社会保障部部长职务；

任命周祖翼为人力资源和社会保障部部长。

四、免去陆昊的自然资源部部长职务；

任命王广华为自然资源部部长。

五、任命倪虹为住房和城乡建设部部长。

六、免去孙绍骋的退役军人事务部部长职务；

任命裴金佳为退役军人事务部部长。

中华人民共和国主席　习近平

2022年6月24日

全国人民代表大会常务委员会决定任免的名单

（2022年6月24日第十三届全国人民代表大会常务委员会第三十五次会议通过）

一、免去陈小江的国家民族事务委员会主任职务；

任命潘岳为国家民族事务委员会主任。

二、免去赵克志兼任的公安部部长职务；

任命王小洪为公安部部长。

三、免去张纪南的人力资源和社会保障部部长职务；

任命周祖翼为人力资源和社会保障部部长。

四、免去陆昊的自然资源部部长职务；

任命王广华为自然资源部部长。

五、任命倪虹为住房和城乡建设部部长。

六、免去孙绍骋的退役军人事务部部长职务；

任命裴金佳为退役军人事务部部长。

全国人民代表大会常务委员会任免名单

（2022年6月24日第十三届全国人民代表大会常务委员会第三十五次会议通过）

一、任命李勇为最高人民法院副院长。

二、免去姜伟的最高人民法院审判委员会委员、第四巡回法庭庭长、审判员职务。

三、免去韩维中的最高人民法院审判监督庭庭长、审判员职务。

四、任命胡仕浩为最高人民法院审判监督庭庭长，免去其最高人民法院第一巡回法庭副庭长职务。

五、任命赵晋山为最高人民法院第一巡回法庭副庭长。

六、任命安翱为最高人民法院第二巡回法庭副庭长，免去其最高人民法院刑事审判第一庭副庭长职务。

七、任命付向波为最高人民法院第五巡回法庭副庭长、审判员。

八、任命蔡金芳（女）为最高人民法院刑事审判第一庭副庭长。

九、任命祝二军为最高人民法院刑事审判第三庭副庭长，免去其最高人民法院第二巡回法庭副庭长职务。

十、任命郝银钟为最高人民法院刑事审判第四庭副庭长，免去其最高人民法院第五巡回法庭副庭长职务。

十一、任命董朝阳（女）为最高人民法院审判监督庭副庭长。

十二、任命齐素（女）为最高人民法院第三巡回法庭副庭长，免去其最高人民法院第六巡回法庭副庭长职务。

十三、免去马岩的最高人民法院第三巡回法庭副庭长职务。

十四、任命王灯、卢正新、刘清启、刘鹏、吴红权为最高人民法院审判员。

十五、免去郭锋、贺禔（女）、王艳彬（女）、王蔚东、钱建国、李锋、薛淼、詹靖康、董胜的最高人民法院审判员职务。

全国人民代表大会常务委员会免职名单

（2022 年 6 月 24 日第十三届全国人民代表大会常务委员会第三十五次会议通过）

免去刘小青（女）、陈玉栋的最高人民检察院检察员职务。

关于驻外大使的任免名单

2022 年 6 月 9 日 中华人民共和国主席习近平根据全国人民代表大会常务委员会的决定任免下列驻外大使：

一、免去洪小勇的中华人民共和国驻新加坡共和国特命全权大使职务；

任命孙海燕（女）为中华人民共和国驻新加坡共和国特命全权大使。

二、免去李名刚的中华人民共和国驻科威特国特命全权大使职务；

任命张建卫为中华人民共和国驻科威特国特命全权大使。

三、免去倪坚的中华人民共和国驻阿拉伯联合酋长国特命全权大使职务；

任命张益明为中华人民共和国驻阿拉伯联合酋长国特命全权大使。

四、免去饶宏伟的中华人民共和国驻卢旺达共和国特命全权大使职务；

任命王雪坤为中华人民共和国驻卢旺达共和国特命全权大使。

五、免去李健的中华人民共和国驻布基纳法索特命全权大使职务；

任命卢山为中华人民共和国驻布基纳法索特命全权大使。

六、免去李岩（女）的中华人民共和国驻格鲁吉亚特命全权大使职务；

任命周谦为中华人民共和国驻格鲁吉亚特命全权大使。

七、免去姜瑜（女）的中华人民共和国驻罗马尼亚特命全权大使职务；

任命韩春霖为中华人民共和国驻罗马尼亚特命全权大使。

八、免去陈立的中华人民共和国驻芬兰共和国特命全权大使职务；

任命王同庆为中华人民共和国驻芬兰共和国特命全权大使。

九、免去田琦的中华人民共和国驻牙买加特命全权大使职务；

任命陈道江为中华人民共和国驻牙买加特命全权大使。

第十三届全国人民代表大会常务委员会第三十六次会议决定任免、批准任免、任免名单

中华人民共和国主席令

第一二一号

根据中华人民共和国第十三届全国人民代表大会常务委员会第三十六次会议于2022年9月2日的决定：

一、免去肖亚庆的工业和信息化部部长职务；任命金壮龙为工业和信息化部部长。

二、免去黄明的应急管理部部长职务；任命王祥喜为应急管理部部长。

中华人民共和国主席　习近平

2022年9月2日

全国人民代表大会常务委员会决定任免的名单

（2022年9月2日第十三届全国人民代表大会常务委员会第三十六次会议通过）

一、免去肖亚庆的工业和信息化部部长职务；任命金壮龙为工业和信息化部部长。

二、免去黄明的应急管理部部长职务；任命王祥喜为应急管理部部长。

全国人民代表大会常务委员会免职名单

（2022年9月2日第十三届全国人民代表大会常务委员会第三十六次会议通过）

免去张春生的国家监察委员会委员职务。

全国人民代表大会常务委员会任免名单

（2022年9月2日第十三届全国人民代表大会常务委员会第三十六次会议通过）

一、任命贺小荣为最高人民法院第四巡回法庭庭长，免去其最高人民法院第二巡回法庭庭长职务。

二、任命李勇为最高人民法院第二巡回法庭庭长。

三、免去郑学林的最高人民法院民事审判第一庭庭长职务。

四、任命陈宜芳（女）为最高人民法院民事审判第一庭庭长。

五、免去张明的最高人民法院刑事审判第五庭庭长、审判员职务。

六、任命李睿懿为最高人民法院刑事审判第五庭庭长，免去其最高人民法院刑事审判第三庭副庭长职务。

七、免去王锦亚的最高人民法院立案庭副庭长职务。

八、免去包剑平（女）的最高人民法院立案庭副庭长、审判员职务。

九、任命李伟（女）为最高人民法院审判员。

十、免去闫燕（女）、贾劲松、郭凌川、秦冬红（女）、赵敏（女）、董俊武的最高人民法院审判员职务。

全国人民代表大会常务委员会任免名单

（2022 年 9 月 2 日第十三届全国人民代表大会常务委员会第三十六次会议通过）

一、任命应勇为最高人民检察院副检察长、检察委员会委员。

二、免去孙立泉的最高人民检察院检察员职务。

全国人民代表大会常务委员会批准任免的名单

（2022 年 9 月 2 日第十三届全国人民代表大会常务委员会第三十六次会议通过）

一、批准任命陈凤超为天津市人民检察院检察长。

二、批准免去陈勇的山东省人民检察院检察长职务。

三、批准免去张本才的上海市人民检察院检察长职务。

关于驻外大使的任免名单

中华人民共和国主席习近平根据全国人民代表大会常务委员会的决定任免下列驻外大使：

2022 年 7 月 19 日

一、免去李连和的中华人民共和国驻阿尔及利亚民主人民共和国特命全权大使职务；

任命李健为中华人民共和国驻阿尔及利亚民主人民共和国特命全权大使。

二、免去杜小丛的中华人民共和国驻佛得角共和国特命全权大使职务；

任命徐杰为中华人民共和国驻佛得角共和国特命全权大使。

三、免去刘豫锡的中华人民共和国驻非盟使团团长、特命全权大使职务；

任命胡长春为中华人民共和国驻非盟使团团长、特命全权大使。

四、任命陈曦为中华人民共和国驻尼加拉瓜共和国特命全权大使。

2022 年 9 月 8 日

一、免去胡长春的中华人民共和国驻加蓬共和国特命全权大使职务；

任命李津津为中华人民共和国驻加蓬共和国特命全权大使。

二、免去马建春的中华人民共和国驻冈比亚共和国特命全权大使职务；

任命刘晋为中华人民共和国驻冈比亚共和国特命全权大使。

三、免去刘洪洋的中华人民共和国驻马拉维共和国特命全权大使职务；

任命龙舟为中华人民共和国驻马拉维共和国特命全权大使。

四、免去杨小茸（女）的中华人民共和国驻卢森堡大公国特命全权大使职务；

任命华宁为中华人民共和国驻卢森堡大公国特命全权大使。

五、免去周海成的中华人民共和国驻瓦努阿图共和国特命全权大使职务；

任命李名刚为中华人民共和国驻瓦努阿图共和国特命全权大使。

六、免去梁宇的中华人民共和国驻秘鲁共和国特命全权大使职务；

任命宋扬为中华人民共和国驻秘鲁共和国特命全权大使。

中华人民共和国香港特别行政区第十四届全国人民代表大会代表选举会议成员名单

（2022年9月2日第十三届全国人民代表大会常务委员会第三十六次会议通过）

（1423人，按姓名笔划排列）

丁天立	丁良辉	丁炜章	丁铁翔	卜国明	于健安	于常海
卫炳江	马介钦	马光如（女）	马志成	马陈志	马忠礼	马绍祥
马春玲（女）	马恩国	马逢国	马浩文	马　骏	马清扬	马鸿铭
马淑燕（女）	马煜文	马豪辉	马耀添	王力平	王广汉	王子成
王少华（女）	王东明	王冬胜	王吉显	王亚南	王再兴	王观强
王志良	王丽萍（女）	王沛诗（女）	王宏业	王　坤	王英伟	王国强[①]
王国强[②]	王明凡	王明洋	王鸣峰	王育民	王绍基	王贵国
王香君（女）	王庭聪	王冠明	王祖兴	王桂埙	王家惠	王葛鸣（女）
王敏超	王彭彦	王惠成	王惠贞（女）	王紫云	王赐豪	王舜义
王　谦	王　瑞（女）	王锦彪	王锦辉	王　磊	王耀莹	韦志成
韦国洪	云天壮	云海清	支志明	区子安	区永熙	车弘健
贝钧奇	文孔义	文美桂	文裕明	文嘉豪	文颖怡（女）	方文雄
方永昌	方仲伦	方俊文	方淑君（女）	方智辉	计艳莉（女）	尹惠玲（女）
孔令成	孔昭华	孔美琪（女）	孔祥兆	孔继明	邓小梅（女）	邓子平
邓　飞	邓开荣	邓日燊	邓志强	邓声兴	邓佑财	邓明慧（女）
邓贺年	邓海莲（女）	邓家彪	邓铭心（女）	邓竟成	邓清河	邓雯蕙（女）
邓焯谦	邓瑞民	邓煖勋	邓镕耀	甘文锋	艾历斯	古扬邦
左汇雄	石汉基	布伟华	布家玲（女）	龙子明	龙汉标	龙瑞卿（女）
卢凤仪（女）	卢文端	卢业梁	卢永雄	卢伟国	卢华基	卢金荣
卢绍杰	卢荫强	卢晓枫	卢浩宏	卢萃霖	卢婉婷（女）	卢鼎儒
卢温胜	卢瑞安	卢锦钦	卢煜明	卢镇威	卢懿杏（女）	叶子建
叶少明	叶长春	叶长清	叶文斌	叶永成	叶吉江	叶伟明
叶刘淑仪（女）		叶国谦	叶建明	叶柳青（女）	叶映均（女）	叶顺兴（女）
叶振都	叶恭正	叶傲冬	叶嘉安	叶毅成	田北辰	史立德
丘耀诚	白水清	尔冬升	包文骏	包鸿勋	邝天立	邝月心（女）
邝正炜	邝永铨	邝保罗	邝美云（女）	邝家贤（女）	冯丹藜（女）	冯玉麟
冯权开	冯伟昌	冯仲佳	冯华健	冯　玖（女）	冯志康	冯国强
冯树发	冯星航	冯钰锋	冯健忠	司徒志仁	司徒亮	司徒家成
成　龙	吕东孩	吕伟强	吕庆耀	吕　坚	吕晓东	吕爱平
吕浩源	吕鸿宾	吕联勤	吕慧瑜（女）	吕耀东	朱丹璠（女）	朱叶玉如（女）
朱立夫	朱立伟	朱立威	朱李月华（女）		朱丽玲（女）	朱沛坤
朱国强	朱育青	朱建兰（女）	朱珏欣（女）	朱　恩	朱浩贤	朱浴龙
朱铭泉	朱淦明	朱鼎健	朱新胜	朱嘉盈（女）	伍子权	伍永裕
伍荣发	伍俊达	伍淑清（女）	任达荣	任咏华（女）	任景信	华美玲（女）

---

① 王国强——全国政协文史和学习委员会副主任，香港金城营造集团主席兼行政总裁

② 王国强——香港政府人员协会地区主任

庄子雄　庄元苳　庄成鑫　庄任明　庄忠平　庄学山　庄绍绥
庄哲猛　庄健成　庄家彬　庄惠明　庄紫祥　刘与量　刘小康
刘天倪　刘少文　刘长乐　刘文君(女)　刘允怡　刘业强　刘　央(女)
刘汉铨　刘芝达　刘伟光　刘庆扬　刘江华　刘兴华　刘志成
刘志强　刘启康　刘国勋　刘国辉　刘佩玉(女)　刘金凤(女)　刘诗韵(女)
刘炳章　刘珮珊(女)　刘振江　刘根森　刘铁成　刘爱丽(女)　刘　娟(女)
刘培杰　刘　崧　刘智仁　刘智鹏　刘舜婷(女)　刘燊涛　关百豪
关继祖　关颢琴(女)　江玉欢(女)　江达可　江惠周(女)　江智蛟　汤仲敏(女)
汤恩佳　汤　涛　汤家骅　汤律抡　汤耀光　祁丽媚(女)　许文杰
许汉忠　许汉卿(女)　许华杰　许丽琼(女)　许奇锋　许明金　许彼得
许金桂　许荣茂　许　涛　许家印　许培婷(女)　许　斐(女)　许智文
阮曾媛琪(女)　孙少文　孙荣聪　孙剑峰　孙道弘　纪海鹏
麦少芬(女)　麦邓碧仪(女)　麦庆欢(女)　麦建华　麦美仪(女)　严　刚
严建平　严　彬　苏子杨　苏长荣　苏丽珍(女)　苏国辉　苏泽光
苏绍聪　苏炳辉　苏洁莹(女)　苏栢灿　苏清栋　苏惠良　苏彰德
苏耀波　杜家驹　杜源申　巫成锋　李　一　李一萍(女)　李大壮
李小加　李　山　李广宇　李子良　李子健　李少榕　李日龙
李月民　李凤琼(女)　李文俊　李文斌　李方冲　李引泉　李世荣
李汉城　李汉祥　李汉雄　李永富　李民桥　李民斌　李圣泼
李达伟　李成祚　李帆风　李伟斌　李伟强　李　进　李志峰
李丽贤(女)　李连君　李旷怡　李秀恒　李秀琼(女)　李　彤(女)　李应生
李君豪　李贤义　李国凤　李国兴　李国栋　李国章　李　明
李炜敏(女)　李泽昌　李泽钜　李泽楷　李宗德　李建华　李细燕(女)
李贵生　李思廉　李胜帜　李胜堆　李炳权　李炳光　李洪森
李恒颖　李冠华　李冠洪　李　胥　李振庭　李　莉(女)　李致慧(女)
李　健　李健民　李浩然　李家良　李家杰　李家诚　李家驹
李家祥①　李家祥②　李家超　李梓敬　李彩华　李清霞(女)　李惟宏
李博恩　李惠森　李焯芬　李锦芬(女)　李　静　李碧仪(女)　李嘉欣(女)
李銮辉　李慧琼(女)　李镇强　李德康　李德麟　李耀辉　李耀斌
李耀新　杨万里　杨上进　杨子熙　杨开强　杨永杰　杨华勇
杨全盛　杨兴本　杨志红(女)　杨志雄　杨连碧　杨位醒　杨　钊
杨卓明　杨国强③　杨国强④　杨罗观翠(女)　杨育城　杨诗杰
杨建文　杨孟瑋　杨绍信　杨玳诗(女)　杨政龙　杨荣辉　杨　勋
杨亮贤　杨莉珊(女)　杨　维　杨嘉成　杨　毅(女)　杨燕芝(女)　连少冬(女)
连洲杰　连浩民　连镇恩　肖　凯　吴天海　吴凤亮　吴文杰
吴仕福　吴汉良　吴永顺　吴永恩　吴永嘉　吴华江　吴自豪
吴旭洋　吴志华　吴志斌　吴宏斌　吴良好　吴英鹏　吴杰庄
吴国安　吴金龙　吴育智　吴学明　吴宝强　吴宗权　吴承华
吴秋北　吴亮星　吴哲歆　吴换炎　吴彩华　吴清焕　吴超洪
吴惠权　吴辉体　吴智敏　吴楚珠(女)　吴锦华　吴锦鸿　吴静怡(女)
吴慧仪(女)　吴德晓　吴毅荣　吴熹安　岑少雄　岑国欣(女)　利蕴莲(女)

---

① 李家祥——香港佛教联合会常务董事、法律顾问
② 李家祥——全国政协委员，信永中和(香港)会计师事务所有限公司荣誉主席
③ 杨国强——全国政协委员，碧桂园控股有限公司董事局主席兼执行董事
④ 杨国强——金鹰(福建)有限公司董事长兼总经理

邱少雄　邱允恭　邱玉麟　邱达昌　邱达根　邱伟铭　邱安仪(女)
邱松庆　邱咏筠(女)　邱建新　邱带娣(女)　邱浩波　邱锦平　何一心
何力治　何文琪(女)　何玉生　何世杰　何立基　何汉文　何汉权
何汉贤　何庆濂　何安诚　何志豪　何君尧　何坤洲　何国伟
何绍基　何柱国　何显明　何钜业　何顺文　何俊贤　何淑瑛(女)
何超平　何超琼(女)　何超蕸(女)　何德心　何毅强　佘常光　佘德聪
余汉坤　余伟杰　余仲良　余秀珠(女)　余国贤　余国春　余国樑
余敏　余智荣　余鹏春　狄志远　应炳囡(女)　辛聪金　汪明荃(女)
汪慧敏(女)　沙意　沈华　沈明达　沈南鹏　沈家燊　沈朝生
沈豪杰　沈慧林　宋东　宋启明　宋嘉桓　张力　张大恩
张少强　张仁良　张文光　张火有　张心瑜(女)　张立　张汉明
张伟儒　张仲哲　张华峰　张旭红(女)　张宇人　张志刚①　张志刚②
张志祥　张志聪　张利平　张佐姣(女)　张松桥　张国荣　张明杰
张明敏　张凯荣　张佩华(女)　张欣宇　张炜生　张学明　张学修
张彦南　张姚彬　张勇邦　张泰超　张振海　张桂英(女)　张健强
张展鹏　张培刚　张琪腾　张雅丽(女)　张锦如　张锦灵　张鹏
张颖娴(女)　张群湘　张德胜　张德熙　张懿宸　陆颂雄　陆海(女)
陆瀚民　陈又诚　陈万联应　陈上智　陈少山　陈月明(女)　陈文
陈文洲　陈文博　陈文慧(女)　陈允诚　陈邓源　陈正欣　陈东
陈冯富珍(女)　陈礼安　陈永光　陈永华　陈永安　陈永坚
陈永棋　陈永德　陈弘毅③　陈弘毅④　陈幼南　陈有海　陈伟明
陈伟聪　陈伟趯　陈延山(女)　陈仲尼　陈华裕　陈仿阳　陈兆华
陈旭明　陈庆龙　陈红天　陈进强　陈志光　陈志明　陈志炜
陈志荣　陈志球　陈志辉　陈克勤　陈丽芳(女)　陈秀钦(女)　陈亨利
陈灶良　陈灿标　陈沛良　陈纯纯(女)　陈武　陈杰　陈郁杰
陈卓禧　陈贤翰　陈昆　陈国民　陈国伟　陈国威　陈国盛
陈国超　陈国旗　陈国璋　陈凯　陈凯欣(女)　陈凯荣　陈欣耀
陈炎光　陈泽华　陈学锋　陈宗彝　陈建业　陈建年　陈细明
陈绍雄　陈南坡　陈美宝(女)　陈美燕(女)　陈恒镔　陈祖恒　陈勇
陈耘(女)　陈振英　陈振彬　陈莹莹(女)　陈晓津　陈晓峰　陈晓锋
陈笑权　陈健文　陈健平　陈健波　陈爱菁(女)　陈浩华　陈润才
陈家乐　陈家伟　陈家亮　陈家珮(女)　陈家强　陈曼琪(女)　陈铭润
陈清泉　陈清霞(女)　陈淑玲(女)　陈婉珊(女)　陈维端　陈博智　陈惠平(女)
陈晴(女)　陈智文　陈智思　陈舜瑜(女)　陈斌　陈善明(女)　陈瑞娟(女)
陈颐进　陈鉴林　陈照男　陈锦荣⑤　陈锦荣⑥　陈颖欣(女)　陈新滋
陈嘉贤(女)　陈嘉辉　陈嘉龄　陈蔼怡(女)　陈聪聪(女)　陈磊明　邵贤伟
邵家辉　招祥麒　范凯杰　范荣彰　范骏华　范鸿龄　范强
林力山　林大辉　林天行　林天赋　林云峰　林心廉　林玉珍(女)
林世豪　林龙安　林永祥　林伟文　林伟江　林伟强　林华

---

① 张志刚——全国政协委员，香港“一国两制”研究中心总裁
② 张志刚——澧信工程顾问有限公司董事
③ 陈弘毅——山浩咨询专项服务有限公司创办人
④ 陈弘毅——全国人大常委会香港基本法委员会委员，香港大学法律学院教授
⑤ 陈锦荣——香港立信德豪会计师事务所有限公司董事总经理
⑥ 陈锦荣——电子世界电业工程公司董事

林向红(女)　林宇星　林赤有　林志秀　林志挺　林佑碧　林青峻
林国强　林凯章　林炜桥　林定强　林建岳　林树哲　林顺潮
林奕权　林冠良　林素蔚(女)　林振伟　林振昇　林哲玄　林晓东
林晓辉　林晓毅　林　峰[1]　林　峰[2]　林积灿　林健荣　林健锋
林浩辉　林家荣　林梓鸿　林铭森　林淑仪(女)　林　琳(女)　林雄申
林智彬　林港坤　林蓓茵(女)　林楚昭　林锦仪(女)　林筱鲁　林新强
林　群(女)　林群声　林翠玲(女)　林德兴　林颢伊(女)　郁德芬(女)　欧阳伯权
欧志辉　易志明　易嘉濂　罗广财　罗少杰　罗凤仪(女)　罗正杰
罗启邦　罗咏诗(女)　罗宝文(女)　罗俊谦　罗洛彤(女)　罗竟成　罗家聪
罗清源　罗嘉瑞　金泽培　金　玲(女)　周小松　周文港　周玉堂
周永健　周伟淦　周伟强　周兆鸿　周安达源　周志贤　周志堂
周伯展　周松岗　周转香(女)　周淑英(女)　周治平　周春玲(女)　周厚立
周炳辉　周振基　周莉莉(女)　周浩鼎　周维正　周超常　周群飞(女)
周嘉弘　周耀基　冼汉迪　冼伟伦　庞爱兰(女)　庞维仁　郑少华
郑文聪　郑文德　郑亚玲(女)　郑仲邦　郑志刚　郑志雯(女)　郑克和
郑秀娟(女)　郑松岩　郑国屏　郑泳舜　郑　祎(女)　郑建岗　郑承峰
郑　临(女)　郑思榕　郑彦钧　郑振华　郑家安　郑康祥　郑景文
郑　程(女)　郑皓明(女)　郑翔玲(女)　郑强峰　郑慕智　郑慧贤(女)　郑　臻(女)
郑耀棠　屈　恩(女)　屈颖妍(女)　孟丽红(女)　孟　毅　赵子翘　赵　云
赵凤仪(女)　赵东平　赵必匡　赵华娟(女)　赵秀娴(女)　赵　青(女)　赵国春
赵国雄　赵柏基　赵　珺(女)　赵　爽　赵锦权　赵　磊　胡文新
胡汉清　胡　池　胡志禧　胡应湘　胡明峰　胡定旭　胡经昌
胡春月(女)　胡剑江　胡　珠　胡振辉　胡晓明　胡绰谦　胡景豪
胡耀锋　柯文华　柯耀华　查毅超　蚁星略　哈奇伟　钟小平
钟子权　钟永贤　钟伟平　钟国辉　钟泽晖　钟健楷　钟展鸿
钟清莲(女)　钟港武　钟瑞明　段崇智　侯永昌　俞培俤　施永泰
施连灯　施金城　施荣怀　施荣恒　施俊明　施能狮　施清流
施维雄　施颖茵(女)　施熙德(女)　姜玉堆　姜　岩(女)　洪为民　洪丕正
洪顶超　洪明基　洪定腾　洪奕钧　洪美容(女)　洪祖杭　洪祖星
洪清农　洪超群　洪　雯(女)　洪锦铉　宣宏雁(女)　祝庆台　姚志胜
姚来文　姚茂龙　姚国威　姚　珏(女)　姚柏良　姚勋雄　姚祖辉
姚　珩　姚　铭　姚逸华(女)　姚鹏辉　姚嘉俊　骆百强　骆　勇
袁　武　袁国勇　袁国强　莫仲辉　莫华伦　莫树联　莫海涛
莫裕生　莫锦贵　莫静璇(女)　莫毅明　夏中建　钱国强　徐王美伦(女)
徐　帆　徐志坚　徐汶纬　徐美云(女)　徐　莉(女)　徐晋晖　徐海山
徐道睦　徐锡汉　徐新英(女)　徐耀祥　翁志明　凌友诗(女)　凌伟业
凌伟汉　凌志强　凌俊杰　高永文　高志伟　高志森　高克宁
高佩璇(女)　高彦明　高美懿(女)　高敏坚　高维基　高敬德　郭二澈
郭少明　郭汉华　郭伟强　郭庆桓　郭志华　郭芙蓉(女)　郭英兰(女)
郭宝贤　郭诗慧(女)　郭玲丽(女)　郭柏威　郭彦丽(女)　郭炳联　郭珮芳(女)
郭振华　郭晋升　郭浩景　郭基泓　郭基煇　郭誌有　郭耀伟
唐本忠　唐伟邦　唐伟年　唐伟章　唐安英(女)　唐英年　唐梓恩(女)

---

① 林　峰——香港城市大学法学院副院长

② 林　峰——观塘四顺分区会副主席兼防火会主席、林峰律师行首席合伙人

唐跃峰　唐赓尧　涂辉龙　容永祺　容　冰　容海恩(女)　陶匡淳
陶桂英(女)　陶锡源　黄一峰　黄乃正　黄才立　黄万成　黄子文
黄子荣　黄天祐　黄元山　黄元弟　黄友忠　黄友嘉　黄少康
黄文汉　黄文杰　黄火金(女)　黄火钦　黄书锐　黄玉山　黄　平
黄业坤　黄兰茜(女)　黄汉权　黄汉兴　黄必文　黄永光　黄有权
黄达东　黄成益　黄光辉　黄光耀　黄伟杰　黄伟鸿　黄仲文
黄华康　黄自强　黄守正　黄进达　黄进辉　黄远辉　黄均瑜
黄良柏　黄幸怡(女)　黄若虹　黄英豪　黄　杰　黄贤樟　黄　国
黄国平　黄畅然　黄泽恩　黄泽峰　黄宝基　黄祉颖(女)　黄绍基
黄春平　黄玲玲(女)　黄柏良　黄贵泉　黄秋萍(女)　黄俊硕　黄炳文
黄炳逢　黄祖仕　黄振鸿　黄栢鸣　黄根仔　黄钲凯　黄健荣
黄颂良　黄浩明　黄浩源　黄家和　黄祥发　黄继儿　黄培吉
黄敏利　黄维安　黄　敬　黄惠山　黄楚标　黄楚恒　黄楚基
黄锦良　黄锦辉　黄碧娇(女)　黄嘉纯　黄　震　黄毅辉　黄醒林
萧木龙　萧劲桦　萧咏仪(女)　萧浪鸣　萧惠君(女)　萨智生　曹元石
曹其东　曹　晖　龚广培　龚永德　龚杨恩慈(女)　龚俊龙
盛智文　崔景恒　脱瑞康　阎　峰　梁广灏　梁子颖　梁日昌
梁日辉　梁文广　梁世民　梁礼贤　梁永鸿　梁永铿　梁光健
梁伟浩　梁兆贤　梁兆基　梁观好(女)　梁志伟　梁志坚　梁志祥
梁　励(女)　梁君彦　梁国鸿　梁昌明　梁明坚　梁金福　梁炜茵(女)
梁定邦　梁思韵(女)　梁钜海　梁亮胜　梁美芬(女)　梁炳坤　梁冠华
梁振华　梁振英　梁颂恩(女)　梁淑仪(女)　梁腾丰　梁满林　梁嘉丽(女)
梁嘉杰　梁嘉彦　梁嘉铭(女)　梁　熙　梁毓伟　梁德华　梁　麟
屠海鸣　彭长纬　彭华根　彭兆基　彭祥喜　彭楚夫　彭韵僖(女)
彭耀佳　葛兆源　葛珮帆(女)　董吴玲玲(女)　董建华　董清世
蒋东强　蒋超伟　蒋瑞福(女)　韩阳光　程岸丽(女)　程振明　程莉元(女)
程　燕(女)　傅　军　傅　剑　储汉松　舒　心　释宏明　释妙慈(女)
释果德(女)　释衍空　释悟藏(女)　释宽运　释提轮　释道平　鲁志薪
曾凤珠(女)　曾伟雄　曾庆祥　曾灯发　曾安业　曾志文(女)　曾志伟
曾国家　曾国强　曾超庆　曾智明　曾毓群　曾德成　曾耀棠
湛家雄　温子杰　温来喜　温启明　温幸平　温和达　温和辉
温悦球　游伟光　谢小玲(女)　谢永恒　谢伟俊　谢伟铨　谢作伟
谢宏儒　谢　青(女)　谢宝达　谢承润　谢　战　谢俊明　谢珮怡(女)
谢晓虹(女)　谢爱红(女)　谢涌海　谢景华　靳丽娟(女)　蓝建平　蒙建强
蒙美玲(女)　楼家强　赖　心　赖永明　赖旭辉　赖荣春　赖俊霖
雷启莲(女)　雷洁娴(女)　雷添良　简兆祺　简志豪　简松年　简铭东
简植航　简慧敏(女)　詹剑仑　詹　胜　詹美清(女)　詹洪良　蔡永忠
蔡加赞　蔡志婷(女)　蔡宏兴　蔡宗建　蔡宗富　蔡建四　蔡荣星
蔡思聪　蔡俊杰　蔡冠深　蔡素玉(女)　蔡　敏　蔡德昇　蔡德理
蔡　毅　管胡金爱(女)　管浩鸣　廖于勤　廖长江　廖长城
廖凤香(女)　廖圣鹏　廖伊曼(女)　廖宇轩　廖宜建　廖凌康　谭光舜
谭志源　谭志聪　谭国荣　谭咏麟　谭岳衡　谭金莲(女)　谭雪欣(女)
谭惠珠(女)　谭嗣篆　谭锦球　谭肇卓　谭耀宗　翟美卿(女)　熊力颋
熊汉生　缪江霞(女)　樊敏华　黎汉群(女)　黎全娣　黎定国　黎荣浩
黎栋国　黎胜仔　黎惠莲(女)　黎德全　滕锦光　颜汶羽　颜金炜

颜宝铃(女) 颜培增 潘乐陶 潘庆基 潘志成 潘苏通 潘国山
潘国华 潘佩璆 潘荣辉 潘家穰 潘淑娴(女) 潘耀明 薛光林
薛博然 霍伟栋 霍启山 霍启刚 霍俊文 霍健明 霍震寰
戴志强 戴希立 戴德丰 魏明德

中华人民共和国澳门特别行政区第十四届全国人民代表大会代表选举会议成员名单

(2022 年 9 月 2 日第十三届全国人民代表大会常务委员会第三十六次会议通过)

(517 人,按姓名笔划排列)

万　群(女) 山度士 飞安达 飞迪华(女) 马有礼 马有恒 马志成
马志毅 马秀立 马若龙 马建章 马静雯(女) 马嘉美(女) 马耀锋
王正伟 王世民 王孝仁 王劲秋(女) 王国英 王国强 王国蓉(女)
王彬成 王淑梓(女) 韦辉樑 区天香(女) 区秉光 区金蓉(女) 区宗杰
区荣智 尤胜当 尤淑瑞(女) 尤端阳 方永强 方健坤 尹一桥(女)
邓凤珍(女) 邓君明 邓祖基 邓健威 邓锦灿 邓锦富 石立炘
布小玲(女) 卢伟石 卢观平 卢国强 卢建春 卢景昭 卢瑞仪(女)
卢勤心(女) 卢德华(女) 叶任庭 叶兆佳 叶孝光 叶绍文 叶荣发
田洁冰(女) 白琪文 邝子丰 邝伟文 邝应华 邝荣杰 邝炽明
冯为钊 冯志强 冯国康 冯信坚 冯健富 冯家健 冯家超
冯家辉 冯焕文 司徒民义 司徒荻林 吕联发 吕联选 吕强光
朱月霞(女) 朱文立 朱振荣 朱锦凤(女) 伍志平 伍志伟 华年达
刘弋云 刘艺良 刘文尧 刘本立 刘永诚 刘伟强 刘玫瑰(女)
刘国栋 刘金玲(女) 刘炎新 刘润辉 刘家裕(女) 刘雪雯(女) 刘雅煌
刘焯华 刘富业 刘锦成 刘擎云 关荣丰 关树权 关翠杏(女)
江美芬(女) 江晓瑜 江超育 江锐辉 江　毅 汤泽森 许文曲
许文帛 许世元 许龙川 许乐敏(女) 许礼坚 许国璇 许健华
许健康 许　朗(女) 许辉年 阮宇华(女) 阮若华 阮建昆 阮爱武
阮毓明 孙恩光 麦瑞权 严肇基 劳灼荣 苏中兴 苏伟良
苏荣安 苏树辉 苏映璇(女) 苏　崑 杜琪新 李子丰 李天赏
李少群 李从正 李文钦 李　玉 李伟斌 李自松 李向玉
李汝荣 李观鼎 李志健 李志强 李沛霖 李良汪 李卓君
李国泰 李明基 李佳鸣(女) 李宝田(女) 李宝来 李柏辉 李秋林
李勇辉 李振宇 李桂馨(女) 李雪屏(女) 李集招 李婺芳(女) 李静仪(女)
李德胜 杨允中 杨秀雯(女) 杨俊文 杨浩然 杨道匡 吴士芳
吴小丽(女) 吴仕明 吴立胜 吴在权 吴志良 吴志诚 吴利勋
吴秀琼(女) 吴柱邦 吴皆妍(女) 吴炳鋕 吴素宽(女) 吴培娟(女) 吴　福
吴碧珊(女) 吴慧红(女) 岑玉霞(女) 岑展平 邱金海 邱显哲 邱庭彪
何少金(女) 何玉棠 何伟添 何仲传 何国明 何佩芬(女) 何厚铧
何美华(女) 何桂兴 何桂铃(女) 何海明 何润生 何雪卿(女) 何敬麟
何蒋棠 何舜发 何富强 何锦霞(女) 何猷龙 何嘉伦 余　昇
余建栋 余荣让 余健楚 余惠莺(女) 汪长南 汪　东(女) 汪　淇(女)

沈日光	沈振耀	宋碧琪(女)	张文绍	张文宽	张乐田	张伟智
张丽玛(女)	张国然	张明星	张宗真	张建洪	张健中	张　捷
张淑霞(女)	张　裕	陆永根	陆　波	陆南德	陆惠德	陆　曦
陈汉标	陈永杰	陈华强	陈冰冰(女)	陈亦立	陈均辉	陈志君
陈志杰	陈志明	陈步倩	陈杰恒	陈雨润	陈明金	陈泽武
陈宝仪(女)	陈建邦	陈建英	陈春新	陈荣光	陈　虹(女)	陈思恒(女)
陈俊拔	陈美仪(女)	陈炳华	陈洁瑛(女)	陈振华	陈振豪	陈晓平
陈健英	陈浩星	陈家良	陈锐洸	陈锦鸣	陈锦联	陈满祥
陈翠娟(女)	招银英(女)	林中贤	林玉凤(女)	林伟濠	林伦伟	林宇滔
林卓华	林金城	林　定	林　南	林香生	林　昶	林笑云(女)
林润垣	林敏芝(女)	林淑源(女)	林婉妹(女)	林婉珊(女)	林碧玲(女)	林翠倩(女)
林燕妮(女)	欧宇雄	欧安利	欧阳广球	欧润荣	欧家明	欧家辉
罗加鸿	罗华杰	罗肖金(女)	罗奕龙	罗盛宗	罗崇雯(女)	罗彩燕(女)
罗掌权	罗德明	周华建	周宜心(女)	周绍湘	周惠仪(女)	周锦辉
冼志扬	冼志耀	庞　川	郑成业	郑仲锡	郑安庭	郑志强
郑坚立	郑秀明(女)	郑杰钊	郑国恒	郑洪光	官世海	赵兰瑛(女)
赵步云	胡玉沛	胡达忠	胡松辉	胡宝莲(女)	胡顺谦	胡祖杰
胡景光	胡锦汉	柯为湘	柯　岚(女)	柯海帆(女)	柯清煌	柳智毅
钟小健	钟国荣	施利亚	施家伦	施绮华(女)	姚伟彬	姚汝祥
姚思源	姚健池	姚继光	姚鸿明	贺一诚	贺定一(女)	袁小菱(女)
袁松山	袁惠清(女)	莫子铭	莫伟成	莫兆基	莫均益	莫志伟
莫锦培	贾　瑞	徐达明	徐伟坤	徐德明	凌世威	凌世豪
凌　晨	高开贤	高展明	高展鸿	高锦辉	郭良顺	郭宝泉
郭敬文	郭潮辉	唐志坚	唐坚燊	唐晓晴	容永恩(女)	谈宝容(女)
黄义满	黄天松	黄仁民	黄玉诗(女)	黄永谦	黄永曦	黄共流
黄伟麟	黄华强	黄宇光	黄如楷	黄　进	黄志成	黄丽卿(女)
黄国胜	黄昇雄	黄宝仪(女)	黄树森	黄显辉	黄洁贞(女)	黄祖添
黄健中	黄浩彪	黄琼成	黄耀荣	菲能地	萧东文	萧志伟
萧彼德	萧绍雯(女)	萧顺轩	萧婉仪(女)	萧绮明(女)	曹其真(女)	曹国希
曹锦泉	龚树根	崔世平	崔世安	崔世昌	崔志涛	崔煜林
符　仁	梁少培	梁玉华(女)	梁仕友	梁伟峰	梁　华	梁　全
梁庆庭	梁庆球	梁安琪(女)	梁孙旭	梁　励(女)	梁拔祥	梁咏琴(女)
梁金泉	梁官汉	梁荫冲	梁树森	梁显达	梁奕华	梁冠峰
梁颂衍	梁晚年	梁铭恩(女)	梁鸿细	梁婉怡(女)	梁维特	梁智生
梁普宇	蒋永兴	韩　电	韩佩诗(女)	韩　静(女)	程顺明	傅建国
傅铁生	释心慧(女)	释戒晟	释闻证(女)	曾华雅(女)	曾旭明	曾志龙
曾炽明	曾展南	曾德岱	温　泉	温能汉	温锦明	谢广汉
谢思训	谢美玲(女)	谢家铭	谢硕文	谢路生(女)	谢誓宏	蓝中港
赖百龄	甄李睿恒(女)		甄瑞权	蔡文兰(女)	蔡安安	蔡志龙
蔡　坚(女)	蔡锦富	廖子馨(女)	廖玉麟	廖泽云	廖倩芸	谭百业
谭伯源	谭启汉	黎日隆	黎世祺	黎仲勋	黎振强	颜延龄
颜奕恒	潘志明	潘国庆	霍志钊	霍丽斯(女)	戴华浩	戴黄桂玲(女)

关于《中华人民共和国香港特别行政区第十四届全国人民代表大会代表选举会议成员名单(草案)》和《中华人民共和国澳门特别行政区第十四届全国人民代表大会代表选举会议成员名单(草案)》的说明

——2022 年 8 月 30 日在第十三届全国人民代表大会常务委员会第三十六次会议上

全国人大常委会秘书长　杨振武

全国人民代表大会常务委员会:

第十三届全国人民代表大会第五次会议通过的《中华人民共和国香港特别行政区选举第十四届全国人民代表大会代表的办法》和《中华人民共和国澳门特别行政区选举第十四届全国人民代表大会代表的办法》规定,香港特别行政区、澳门特别行政区分别成立第十四届全国人民代表大会代表选举会议,选举产生第十四届全国人民代表大会代表。据此,全国人大常委会办公厅于 2022 年 6 月 15 日以电子邮件方式分别向香港特别行政区、澳门特别行政区第十四届全国人民代表大会代表选举会议组成范围内的人员发出征求意见函和选举会议成员登记表,征询是否愿意参加选举会议。为了使上述范围内人员周知征询意见及递交登记表的具体安排,全国人大常委会办公厅于当日在香港、澳门的主要中文报纸上刊登公告并在中国人大网刊载相关材料。同时,在北京设立选举会议成员登记处,于 7 月 5 日至 20 日期间,通过电子邮件和传真方式集中接收选举会议成员登记表。根据征询意见情况,委员长会议拟订了《中华人民共和国香港特别行政区第十四届全国人民代表大会代表选举会议成员名单(草案)》和《中华人民共和国澳门特别行政区第十四届全国人民代表大会代表选举会议成员名单(草案)》,提请本次会议审议。受委员长会议的委托,我就两个名单草案作如下说明。

一、关于《中华人民共和国香港特别行政区第十四届全国人民代表大会代表选举会议成员名单(草案)》

根据《中华人民共和国香港特别行政区选举第十四届全国人民代表大会代表的办法》第五条的规定,香港特别行政区第十四届全国人民代表大会代表选举会议由香港特别行政区选举委员会委员中的中国公民组成。但本人提出不愿参加的除外。香港特别行政区行政长官为香港特别行政区第十四届全国人民代表大会代表选举会议的成员。

全国人大常委会办公厅向上述范围内的人员征询意见,共发出征询意见函和《中华人民共和国香港特别行政区第十四届全国人民代表大会代表选举会议成员登记表》1462 份,交回选举会议成员登记表并通过初步审核的有 1431 人,包括香港特别行政区行政长官李家超。经复核,有 1 人被认定为非中国公民。7 月 20 日以后,有 6 人辞去香港特别行政区选举委员会委员职务,从而失去选举会议成员资格,有 1 人去世。

根据《中华人民共和国香港特别行政区选举第十四届全国人民代表大会代表的办法》的规定,香港特别行政区第十四届全国人民代表大会代表选举会议成员共计 1423 人。

二、关于《中华人民共和国澳门特别行政区第十四届全国人民代表大会代表选举会议成员名单(草案)》

根据《中华人民共和国澳门特别行政区选举第十四届全国人民代表大会代表的办法》第五条的规定,澳门特别行政区第十四届全国人民代表大会代表选举会议,由参加过澳门特别行政区第十三届全国人民代表大会代表选举会议的人员,以及不是上述人员的澳门特别行政区居民中的中国人民政治协商会议第十三届全国委员会委员、澳门特别行政区第五任行政长官选举委员会委员中的中国公民和澳门特别行政区第七届立法会议员中的中国公民组成。但本人提出不愿参加的除外。澳门特别行政区行政长官为澳门特别行政区第十四届全国人民代表大会代表选举会议的成员。

全国人大常委会办公厅向上述范围内的人员征询意见，共发出征询意见函和《中华人民共和国澳门特别行政区第十四届全国人民代表大会代表选举会议成员登记表》564 份，交回选举会议成员登记表并通过初步审核的有 517 人，包括澳门特别行政区行政长官贺一诚。经复核，以上人员均符合选举会议成员条件。

根据《中华人民共和国澳门特别行政区选举第十四届全国人民代表大会代表的办法》的规定，澳门特别行政区第十四届全国人民代表大会代表选举会议成员共计 517 人。

《中华人民共和国香港特别行政区第十四届全国人民代表大会代表选举会议成员名单（草案）》和《中华人民共和国澳门特别行政区第十四届全国人民代表大会代表选举会议成员名单（草案）》及以上说明是否妥当，请审议。

第十三届全国人民代表大会常务委员会第三十七次会议决定任免、批准任免、任免名单

全国人民代表大会常务委员会免职名单

（2022 年 10 月 30 日第十三届全国人民代表大会常务委员会第三十七次会议通过）

免去石泰峰的第十三届全国人民代表大会教育科学文化卫生委员会副主任委员职务。

中华人民共和国主席令

第一二五号

根据中华人民共和国第十三届全国人民代表大会常务委员会第三十七次会议于 2022 年 10 月 30 日的决定：

免去陈文清的国家安全部部长职务；

任命陈一新为国家安全部部长。

中华人民共和国主席　习近平

2022 年 10 月 30 日

全国人民代表大会常务委员会决定任免的名单

（2022 年 10 月 30 日第十三届全国人民代表大会常务委员会第三十七次会议通过）

免去陈文清的国家安全部部长职务；

任命陈一新为国家安全部部长。

全国人民代表大会常务委员会任免名单

（2022 年 10 月 30 日第十三届全国人民代表大会常务委员会第三十七次会议通过）

一、免去杨晓超、徐令义的国家监察委员会副主任职务。

二、任命孙新阳、刘学新、张福海为国家监察委员会副主任。

三、免去卢希（女）、白少康、陈超英、姜信治、凌激、崔鹏的国家监察委员会委员职务。

四、任命王晓萍（女）、王爱文、许罗德、李欣然、赵世勇、阎柏、穆红玉（女）为国家监察委员会委员。

全国人民代表大会常务委员会任免名单

（2022 年 10 月 30 日第十三届全国人民代表大会常务委员会第三十七次会议通过）

一、免去郑学林的最高人民法院审判委员会委员、审判员职务。

二、任命孟伟为最高人民法院刑事审判第一庭副庭长。

三、任命翟超为最高人民法院刑事审判第三庭副庭长，免去其最高人民法院刑事审判第一庭副庭长职务。

四、任命陈学勇为最高人民法院刑事审判第三庭副庭长。

五、任命刘小飞（女）为最高人民法院环境资源审判庭副庭长。

六、免去朱和庆的最高人民法院刑事审判第三庭副庭长、审判员职务。

七、免去叶邵生的最高人民法院刑事审判第四庭副庭长、审判员职务。

八、免去虞政平的最高人民法院审判监督庭副庭长、审判员职务。

九、任命刘颖（女）、杨凌萍（女）、焦新慧（女）、胡晓晖、邢会丽（女）、何正玲（女）、刘雪峰、兰丹丹（女）、黄睿（女）为最高人民法院审判员。

十、免去王锦亚、姚爱华（女）、朱伟德、常朝晖、李德申、曾宏伟的最高人民法院审判员职务。

全国人民代表大会常务委员会免职名单

（2022 年 10 月 30 日第十三届全国人民代表大会常务委员会第三十七次会议通过）

免去聂建华的最高人民检察院检察委员会委员、检察员职务。

全国人民代表大会常务委员会关于接受程立峰辞去第十三届全国人民代表大会常务委员会委员等职务的请求的决定

（2022 年 10 月 30 日第十三届全国人民代表大会常务委员会第三十七次会议通过）

根据《中华人民共和国全国人民代表大会组织法》第二十三条和《中华人民共和国全国人民代表大会议事规则》第四十三条的有关规定，第十三届全国人民代表大会常务委员会第三十七次会议决定：接受程立峰辞去第十三届全国人民代表大会常务委员会委员及全国人民代表大会环境与资源保护委员会副主任委员职务的请求，并将接受程立峰辞去第十三届全国人民代表大会常务委员会委员职务事项向第十四届全国人民代表大会第一次会议报告。

关于驻外大使的任免名单

中华人民共和国主席习近平根据全国人民代表大会常务委员会的决定任免下列驻外大使：

2022 年 11 月 11 日

一、免去华宁的中华人民共和国驻南苏丹共和国特命全权大使职务；

任命马强为中华人民共和国驻南苏丹共和国特命全权大使。

二、免去李津津的中华人民共和国驻乍得共和国特命全权大使职务；

任命王晰宁为中华人民共和国驻乍得共和国特命全权大使。

三、免去张建敏的中华人民共和国驻捷克共和国特命全权大使职务；

任命冯飚为中华人民共和国驻捷克共和国特命全权大使。

四、免去刘晋的中华人民共和国驻黑山特命全权大使职务；

任命范琨为中华人民共和国驻黑山特命全权大使。

第十三届全国人民代表大会常务委员会第三十八次会议决定任免、批准任免、任免名单

全国人民代表大会常务委员会免职名单

（2022年12月30日第十三届全国人民代表大会常务委员会第三十八次会议通过）

免去王晓萍（女）的国家监察委员会委员职务。

全国人民代表大会常务委员会决定任免的名单

（2022年12月30日第十三届全国人民代表大会常务委员会第三十八次会议通过）

一、免去王毅兼任的外交部部长职务；

任命秦刚为外交部部长。

二、免去周祖翼的人力资源和社会保障部部长职务；

任命王晓萍（女）为人力资源和社会保障部部长。

全国人民代表大会常务委员会任免名单

（2022年12月30日第十三届全国人民代表大会常务委员会第三十八次会议通过）

一、免去高憬宏的最高人民法院第三巡回法庭庭长职务。

二、任命王淑梅（女）为最高人民法院第三巡回法庭庭长，免去其最高人民法院民事审判第四庭庭长职务。

三、任命高晓力（女）为最高人民法院民事审判第四庭庭长，免去其最高人民法院第六巡回法庭副庭长职务。

四、任命张卫兵为最高人民法院立案庭副庭长，免去其最高人民法院第二巡回法庭副庭长职务。

五、任命王丽英（女）为最高人民法院立案庭副庭长、审判员。

六、任命孙长山为最高人民法院刑事审判第一庭副庭长，免去其最高人民法院第三巡回法庭副庭长职务。

七、任命汪斌为最高人民法院刑事审判第五庭副庭长，免去其最高人民法院第四巡回法庭副庭长职务。

八、任命李相波为最高人民法院环境资源审判庭副庭长，免去其最高人民法院第五巡回法庭副庭长职务。

九、任命骆电为最高人民法院审判监督庭副

庭长。

十、任命刘峥为最高人民法院第一巡回法庭副庭长。

十一、任命蔡金芳（女）为最高人民法院第一巡回法庭副庭长。

十二、任命刘小飞（女）为最高人民法院第二巡回法庭副庭长。

十三、任命王振宇为最高人民法院第四巡回法庭副庭长。

十四、任命杨占富为最高人民法院第五巡回法庭副庭长。

十五、任命罗智勇为最高人民法院第六巡回法庭副庭长。

十六、任命耿宝建为最高人民法院知识产权法庭副庭长，免去其最高人民法院第一巡回法庭副庭长职务。

十七、免去郝银钟的最高人民法院刑事审判第四庭副庭长、审判员职务。

十八、免去刘敏（女）的最高人民法院民事审判第一庭副庭长、审判员职务。

十九、免去汪国献的最高人民法院第三巡回法庭副庭长职务。

二十、免去陈宜芳（女）的最高人民法院第四巡回法庭副庭长职务。

二十一、免去王富博的最高人民法院第四巡回法庭副庭长职务。

二十二、任命张华（女）、张寒松（女）、刘晓军、汤笑然（女）、卫华（女）、杜丽霞（女）、周耀为最高人民法院审判员。

二十三、免去何东宁、毕东升、洪清沪、杜柏海、邵长茂的最高人民法院审判员职务。

全国人民代表大会常务委员会免职名单

（2022 年 12 月 30 日第十三届全国人民代表大会常务委员会第三十八次会议通过）

免去王卫东、李高生的最高人民检察院检察员职务。

全国人民代表大会常务委员会任免名单

（2022 年 12 月 30 日第十三届全国人民代表大会常务委员会第三十八次会议通过）

免去程东方的中国人民解放军军事检察院检察长职务；

任命张进为中国人民解放军军事检察院检察长。

全国人民代表大会常务委员会任免名单

（2022 年 12 月 30 日第十三届全国人民代表大会常务委员会第三十八次会议通过）

免去刘立根的中国人民解放军军事法院院长职务；

任命程东方为中国人民解放军军事法院院长。

中国人民解放军选举委员会主任、副主任、委员名单

（2022 年 12 月 30 日第十三届全国人民代表大会常务委员会第三十八次会议批准）

主　任：张又侠

副主任：何卫东

委　员：李尚福　刘振立　苗　华　张升民　钟绍军　王仁华　何宏军　王成男　孙　斌

代表工作

一、代表议案审议

全国人民代表大会民族委员会关于第十三届全国人民代表大会第五次会议主席团交付审议的代表提出的议案审议结果的报告

全国人民代表大会常务委员会：

第十三届全国人民代表大会第五次会议主席团将云南代表团提出的“关于制定民族团结进步促进法的议案”（第78号）交付民族委员会审议。该议案提出，民族团结是我国各族人民的生命线，党和国家历来高度重视民族团结，始终将民族团结进步事业作为基础性事业常抓不懈。但由于目前我国没有专门促进民族团结进步事业的专项法律，对于以铸牢中华民族共同体意识为主线深入开展民族团结进步创建工作，促进各民族共同团结奋斗共同繁荣发展，促进各民族交往交流交融尚缺系统规范，建议制定《中华人民共和国民族团结进步促进法》，依法保障民族团结进步事业。

民族委员会高度重视议案办理工作，在认真总结多年来开展民族团结进步立法调研工作的基础上，与中央统战部、全国人大常委会法工委、国家民委、司法部等相关部门座谈论证，并就议案办理工作与云南省人大常委会负责同志交换了意见。民族委员会于2022年8月29日举行第十七次会议，对议案进行了审议。现将审议结果报告如下。

习近平总书记指出，回顾党的百年奋斗历程，党的民族工作取得的最大成就，就是走出了一条中国特色解决民族问题的正确道路。党的十八大以来，以习近平同志为核心的党中央就民族团结工作作出一系列重大决策部署，推动我国民族团结进步事业取得了新的历史性成就。党的十九大报告提出，全面贯彻党的民族政策，深化民族团结进步教育，铸牢中华民族共同体意识，加强各民族交往交流交融，促进各民族像石榴籽一样紧紧抱在一起，共同团结奋斗、共同繁荣发展。2019年10月，中办国办印发《关于全面深入持久开展民族团结进步创建工作铸牢中华民族共同体意识的意见》，明确提出了新时代做好民族团结进步创建工作的新要求。2021年中央民族工作会议上，习近平总书记强调，做好新时代党的民族工作，就是要把铸牢中华民族共同体意识作为党的民族工作的主线，这是巩固和发展平等团结互助和谐社会主义民族关系的必然要求。党的二十大报告提出，以铸牢中华民族共同体意识为主线，加强和改进党的民族工作。

用法律来保障民族团结，是中央民族工作会议的具体要求，也是我国的一贯做法。宪法总则明确规定“中华人民共和国是全国各族人民共同缔造的统一的多民族国家。平等团结互助和谐的社会主义民族关系已经确立，并将继续加强。”宪法第四条和第五十二条分别规定了民族团结的基本原则和公民维护民族团结的义务。民族区域自治法在总则中规定“上级国家机关和民族自治地方的自治机关维护和发展各民族的平等、团结、互助的社会主义民族关系。禁止对任何民族的歧视和压迫，禁止破坏民族团结和制造民族分裂的行为。”在其他章节的具体规定中，始终贯彻民族平等团结的基本原则，细化维护民族团结的权利义务。国家安全法、教育法、居民委员会组织法等十几部法律对民族团结作出了规定。国务院实施民族区域自治法若干规定、宗教事务条例、出版管理条例等40余件行政法规对民族团结的法律规定进一步具体化。近年来，内蒙古、广西、西藏等8个省（自治区）以及15个市、自治州、自治县等结合本地实际情况制定出台了民族团结方面的地方性法规、单行条例等。这些法律法规，规定了我国民族团结工作的基本原则，从不同领域保障民族平等团结，推动各民族共同繁荣进步，促进各民族交往交流交融，为我国民族团结进步事业提供了法制保障。

基于以上情况，考虑到我国的民族政策和法律法规是一个有机整体，出台全国性的民族团结进步促进法要综合考虑现有法律法规情况和各地具体情况，尚需进一步研究论证。各地可以根据实际情况制定或修改完善相关地方性法规、自治条例和单行条例、政府规章。建议国务院及其有关部门根据有关法律法规的规定认真履行职责，依法加强对民族团结进步相关规定的贯彻落实。民族委员会将按照党中央统一决策部署，以铸牢中华民族共同体意识为主线，继续加强对民族团结进步立法工作的调研论证，共同推动民族团结进步事业取得进一步发展。

以上报告，请审议。

全国人民代表大会民族委员会
2022 年 10 月 27 日

全国人民代表大会监察和司法委员会关于第十三届全国人民代表大会第五次会议主席团交付审议的代表提出的议案审议结果的报告

全国人民代表大会常务委员会：

第十三届全国人民代表大会第五次会议主席团交付监察和司法委员会审议代表提出的议案 47 件，其中 17 件要求制定法律 10 项，27 件要求修改法律 11 项，3 件要求开展执法检查 3 项。

监察和司法委员会坚持以习近平新时代中国特色社会主义思想为指导，深入学习贯彻习近平法治思想和习近平总书记关于坚持和完善人民代表大会制度的重要思想，全面贯彻落实中央人大工作会议精神，根据栗战书委员长“内容高质量、办理高质量”“既要重结果、也要重过程”指示精神，按照全国人大常委会 2022 年度代表工作计划有关要求，扎实做好议案办理各环节工作，努力提高代表议案办理质量。一是密切与代表的联系，积极邀请有关代表参与委员会立法、监督工作。通过电话、邮件、走访、座谈、邀请调研等多种方式，听取代表对议案办理的意见建议，对议案所提立法、监督项目不能及时列入工作规划或者计划的，做好沟通解释工作，使代表满意。二是加强与有关单位的协同，以书面形式将议案报送中央网信办、最高人民法院、最高人民检察院、公安部、司法部、财政部，各方密切配合，认真研究并提出办理意见。三是将代表议案办理融入立法工作，积极吸收采纳代表意见建议。20 件议案提出的项目，已经列入十三届全国人大常委会立法规划或者立法工作计划；12 件议案提出的项目，已有相关法律法规或者规范性文件作出规定；13 件议案提出的项目，建议适时列入全国人大常委会立法工作计划或者监督工作计划。2022 年 9 月 2 日，我委召开第 23 次全体会议对代表议案逐件审议，意见如下。

一、20 件议案提出的 6 项立法，已经列入十三届全国人大常委会立法规划或者立法工作计划

1. 关于修改治安管理处罚法的议案 5 件
2. 关于修改道路交通安全法的议案 5 件
3. 关于修改人民警察法的议案 3 件
4. 关于修改仲裁法的议案 3 件
5. 关于修改律师法的议案 2 件
6. 关于修改监狱法的议案 2 件

我委将加强与牵头起草单位的联系，加快推动相关立法进程。

二、12 件议案提出的 9 项立法，已有相关法律法规或者规范性文件作出规定

7. 关于制定法律监督法的议案 2 件
8. 关于制定公共法律服务法的议案 2 件
9. 关于制定调解法的议案 1 件
10. 关于制定司法救助法的议案 1 件
11. 关于制定法律职业行为法的议案 1 件
12. 关于制定法官人身安全保护法的议案 1 件
13. 关于制定反网络暴力法的议案 2 件
14. 关于修改居民身份证法的议案 1 件
15. 关于修改人民陪审员法的议案 1 件

上述 9 项立法，已有相关法律法规或者规范性

文件作出规定，建议有关部门做好法律实施工作，及时总结经验成果，在相关法律的制定或者修改等工作中统筹考虑代表议案提出的意见建议。

三、13件议案提出的6项立法、1项监督，建议适时列入全国人大常委会立法工作计划或者监督工作计划

16. 关于制定检察公益诉讼法的议案5件

17. 关于制定司法鉴定法的议案1件

18. 关于制定法治宣传教育法的议案1件

19. 关于修改公证法的议案3件

20. 关于修改人民调解法的议案1件

21. 关于修改户口登记条例的议案1件

上述6项立法，相关单位和部门已经开展大量工作，有的已起草法律草案稿，有的正在抓紧调研论证，为下一步立法工作打下较好基础，建议适时列入全国人大常委会立法工作计划。

22. 关于开展行政诉讼法执法检查的议案1件

行政诉讼法经过2014年和2017年2次修改，扩大了行政诉讼受案范围，确立了检察机关提起公益诉讼制度。为深入了解法律实施情况，进一步加强法律实施，建议全国人大常委会适时检查行政诉讼法实施情况。

四、2件议案提出的2项监督，建议待法律施行一段时间或者修改后再开展执法检查

23. 关于开展行政处罚法执法检查的议案1件

24. 关于开展仲裁法执法检查的议案1件

行政处罚法于2021年进行了首次全面修订，仲裁法已列入全国人大常委会2022年度立法工作计划，有关部门正在抓紧立法工作。建议待相关法律施行一段时间，或者修改完成并施行一段时间后，再开展执法检查。

上述47件议案的主要内容及具体审议意见，详见附件。

以上报告，请审议。

附件：全国人民代表大会监察和司法委员会关于第十三届全国人民代表大会第五次会议主席团交付审议的代表提出的议案的审议意见

全国人民代表大会监察和司法委员会

2022年10月27日

附件：

全国人民代表大会监察和司法委员会关于第十三届全国人民代表大会第五次会议主席团交付审议的代表提出的议案的审议意见

一、20件议案提出的6项立法，已经列入十三届全国人大常委会立法规划或者立法工作计划

1. 崔荣华、黄超、李宗胜、张晓庆、陈玮等152名代表提出修改治安管理处罚法的议案5件（第76、182、188、301、480号）。议案提出，随着社会治安形势发展，社会治理过程中新情况新问题不断涌现，现行治安管理处罚法已不适应实际需要。建议修改治安管理处罚法，针对新情况新问题完善处罚种类、幅度，明确违法行为要件；调整未成年人治安管理处罚年龄；增加对考试作弊、泄露或者非法获取公民个人信息、妨碍安全驾驶行为的处罚，降低故意损毁财物等行为的处罚幅度；完善禁止令的宣告、执行、监督程序；增加对非国家工作人员职务违法处罚的相应条款；加强与刑法、民法典、行政处罚法等法律衔接等。

司法部表示，在广泛征求意见建议、反复研究论证的基础上，目前已形成治安管理处罚法修订草案稿。代表议案中的多数内容已充分研究论证，部分内容还未形成一致意见，将继续深入研究代表意见建议，推进修法工作。

2. 陈靖、陈凤珍、曾庆洪、陈建银、陈玮等 159 名代表提出修改道路交通安全法的议案 5 件（第 11、140、266、307、479 号）。议案提出，现行道路交通安全法部分条款难以适应新形势下道路交通安全管理的客观需要。建议修改道路交通安全法，增加关于自动驾驶、智能网联汽车道路管理等新问题的规定；完善道路交通事故调查、调解、责任鉴定、处罚、救济程序和执法模式，加强对事故责任认定的监督；明确长时间占用公共停车资源、违反涉路施工作业安全规定等行为的法律责任；加大对机动车和非机动车驾驶人交通违法及非法占用应急车道等行为的处罚力度；增加对逾期不处理违法行为的处罚措施；加强与行政处罚法等法律衔接等。

司法部表示，目前的道路交通安全法修订草案送审稿是对现行法律的全面修订，其中包括代表意见建议涉及的多方面内容，现正在广泛听取各方面意见建议。下一步将认真研究代表意见建议，会同公安部深入研究论证，稳妥推进修法工作。

3. 海南代表团和杨震生、魏春等 61 名代表提出修改人民警察法的议案 3 件（第 133、187、409 号）。议案提出，现行人民警察法难以适应国家法治化建设和现代警务需求，建议适应新形势任务需要，进一步明确立法指导思想，阐明人民警察的性质和任务；科学界定人民警察范围，进一步明确人民警察职权和职责；完善警械和武器使用、着装规范等相关规定；完善人民警察任职条件、遴选机制，细化人民警察的抚恤优待、表彰奖励等规定；促进与相关法律衔接。

公安部表示，在反复研究并广泛征求意见建议基础上，已形成人民警察法修订草案稿。代表所提意见建议，在目前草案稿中已基本吸收。下一步，将待草案稿成熟完善后按立法程序提交审议，争取早日出台。

4. 上海代表团和肖胜方、龙翔等 62 位代表提出修改仲裁法的议案 3 件（第 18、250、422 号）。议案提出，党的十八届四中全会要求“完善仲裁制度，提高仲裁公信力”。2019 年，中办国办印发《关于完善仲裁制度提高仲裁公信力的若干意见》。仲裁法实施已经 28 年，社会经济环境发生了很大变化，有必要进行全面修改。建议对仲裁范围、仲裁机构组织形式、仲裁员名册、仲裁程序、涉外仲裁特别规定、仲裁协会的性质与职责进行修改完善，增加“仲裁地”概念、临时仲裁等制度，严格规范设立商事仲裁机构，明确人民法院有权撤销虚假仲裁裁决、检察机关有权对虚假仲裁履行监督职责等。

司法部表示，经前期调研、专家论证、广泛征求社会公众和有关部门意见，形成了仲裁法修订草案。2022 年 2 月，已将草案送中央有关单位、地方政府和部分仲裁机构征求意见。5 月 30 日，全国政协聚焦仲裁法修订召开“双周协商座谈会”，提出了意见建议。代表们在议案中提出的都是修改过程中的重点问题。下一步，将认真研究议案所提意见建议，结合有关方面意见，做好修改工作。司法部已经成立中国仲裁协会筹备领导小组，正在抓紧推进筹建工作。

最高人民法院原则赞同代表们提出的增加“仲裁地”概念、完善仲裁机构组织形式和仲裁员名册管理、规范商事仲裁机构设立、成立中国仲裁协会等意见；同时提出，不宜将国际投资纳入仲裁范围，对我国仲裁机构能力和仲裁员素质能否承担审查临时措施、作出临时仲裁等职责表示担忧，除仲裁裁决违反社会公共利益，法院不应主动行使司法审查权。

5. 李宗胜、买世蕊等 60 位代表提出修改律师法的议案 2 件（第 190、305 号）。议案提出，党的十八届四中全会、十九届四中全会要求完善律师制度；中央全面深化改革领导小组审议通过《关于深化律师制度改革的意见》等文件，对修改律师法提出明确要求。律师法部分内容已不适应新时代律师行业发展需要，建议针对律师职责定位、律师和律师事务所准入和退出机制、规范律师和律师事务所执业行为、公职律师和公司律师的法律地位、设立中国律师节等问题进行修改完善。

司法部表示，正在按照党中央、国务院部署要求，积极推进律师法修改工作。议案所提意见建议，反映了全面依法治国和律师行业发展新要求，将根据代表们的意见建议，进一步明确律师法修改的基本原则、需要研究解决的重点问题和下一步工作的基本思路，稳步推进修改工作。

6. 海南代表团和高明芹等 32 名代表提出修改监狱法的议案 2 件（第 142、143 号）。议案提出，现行监狱法已经不能适应当前刑罚执行工作需要。建议修改监狱法，做好与刑法、刑事诉讼法等法律的衔接，进一步规范立法语言，厘清监狱管理体制，规范监狱组织建设和监督管理，细化监狱人民警察职权和职业保障、收监程序、罪犯的管理及权力保障等内容，增加监狱分类分级、监狱企业、罪犯危险性评估、外籍罪犯管理、特赦等内容。

司法部表示，在广泛征求意见、赴地方调研等工作基础上，已经形成监狱法修订草案稿。代表提出的意见和建议，很多都是正在研究的重点问题，将在监狱法修订工作中认真吸收采纳。

上述6项立法，已经列入十三届全国人大常委会立法规划或者立法工作计划。我委将密切关注立法工作，认真研究有关重点难点问题，加强与牵头起草单位的联系，就有关草案提出意见建议，加快推动立法进程。

二、12件议案提出的9项立法，已有相关法律法规或者规范性文件作出规定

7. 冯帆、贾宇等60名代表提出制定法律监督法的议案2件（第103、471号）。议案提出，我国现行法律监督规范体系散乱，有关规定散见于三大诉讼法和其他相关法律法规，不能满足法律监督实践需要，影响法律监督实效。建议制定法律监督法，明确人民检察院法律监督的对象、职责范围、监督职权、监督程序、工作保障、法律责任等，构建系统完备、规范高效的法律监督制度体系，促进法律监督职能有效运行。

最高人民检察院表示，制定法律监督法符合社会发展需求和人民群众期待。通过制定法律监督法，进一步明确检察机关法律监督的职能定位、职责权限、措施方式、监督效力等，有利于解决当前法律监督工作面临的实际问题，更好地发挥检察机关法律监督职能作用。

我委认为，多部现行法律对检察机关法律监督职能和监督程序作了规定。2021年6月，中共中央印发《关于加强新时代检察机关法律监督工作的意见》，对全面提升法律监督工作提出了明确要求。建议最高人民检察院抓好中央文件的贯彻落实，全面依法履行法律监督职能，同时对制定法律监督法进一步开展研究论证。

8. 崔海霞、李鸿彬等61名代表提出制定公共法律服务法的议案2件（第310、311号）。议案提出，公共法律服务体系建设是全面依法治国的基础性、服务性和保障性工作，建议制定公共法律服务法，明确公共法律服务的范围和设施建设、提供公共法律服务的内容和方式、公共法律服务的保障激励和监督管理等，加强和规范基层群众性自治组织法律顾问工作，推进公共法律服务体系建设，促进公共法律服务城乡均衡发展。

司法部表示，2019年中办、国办印发《关于加快推进公共法律服务体系建设的意见》，对建设覆盖城乡、便捷高效、均等普惠的现代公共法律服务体系作出全面部署安排。近年来，相关法律、法规不断健全完善，公共法律服务能力水平显著提高，公共法律服务协调机制已经建立，基本公共法律服务均等化水平明显提升。司法部将认真研究议案所提建议，全面总结地方经验，深入开展立法可行性和必要性的调研论证，积极推动公共法律服务立法。

2021年，全国人大常委会检查公证法实施情况，就进一步促进公证法实施和公证事业健康发展，推进现代公共法律服务体系建设，提出了意见建议。我委认为，公共法律服务体系包括人民调解、仲裁、公证、司法鉴定、律师、法律援助等，上述领域均有专门立法（包括全国人大常委会关于司法鉴定管理问题的决定）。十三届全国人大常委会第三十次会议审议通过法律援助法，并于2022年1月正式施行。制定司法鉴定法，修改人民调解法、仲裁法、公证法、律师法，我委已建议适时列入全国人大常委会立法工作计划。建议有关部门在制定或者修改专门法律时，统筹考虑代表意见建议，妥善解决议案所提问题。

9. 佘梅等33名代表提出制定调解法的议案1件（第104号）。议案提出，人民调解、行政调解和司法调解存在不衔接、不配套、不统一的问题，不能满足人民群众对多元化纠纷解决的实际需要。建议制定调解法，推动形成协调联动的大调解机制，明确调解概念、范围和原则，规定调解运作规则等。

司法部表示，党的十八大和十八届三中、四中全会以及党的十九届四中、五中全会多次对人民调解、行政调解、司法调解联动工作体系作出决策部署。2015年中办、国办印发《关于完善矛盾纠纷多元化解机制的意见》，对规范加强各类调解工作提出要求。议案所提建议具有积极意义，确有必要对各类调解的概念、范围、原则等作出统一规范。司法部将加强与有关部门沟通，认真研究论证立法的有关问题。

我委认为，目前人民调解法、劳动争议调解仲裁法、农村土地承包经营纠纷调解仲裁法、民事诉讼法、治安管理处罚法等法律对各类调解进行了规

定。建议司法部会同有关方面认真研究代表议案所提意见建议，在修改相关法律时统筹考虑，并在实践中总结经验，对调解工作的立法模式作进一步研究，着力推动构建以人民调解为基础，人民调解、行政调解、司法调解优势互补、有机衔接、协调联动的大调解工作格局。

10. 黄超等 31 名代表提出制定司法救助法的议案 1 件（第 274 号）。议案提出，当前司法救助制度总体较为原则，实践中存在司法救助经费不足、救助资金审批程序繁琐、发放渠道不畅、救助范围较窄、救助标准不统一、救助信访化偏向等问题。建议制定司法救助法，建立健全司法救助制度体系，规范、促进司法救助工作。

最高人民法院、最高人民检察院、公安部表示，近年来，为深入开展司法救助工作，推动司法救助工作取得实效，先后出台了有关实施意见、工作细则、救助细则等文件，召开了工作推进会、现场会，并积极协调民政、人社等部门推动司法救助与社会救助衔接。制定司法救助法，将有助于解决司法救助工作中的实际问题，建立统一、明确、稳定的司法救助制度体系，进一步发挥司法救助制度功效。司法部表示，将继续依法履职，并积极配合做好立法等相关工作。

我委认为，司法救助在维护当事人合法权益、保障社会公平正义、推动矛盾纠纷化解、促进社会和谐稳定等方面发挥了重要作用，但在实践中确实存在一些有待解决的问题。针对议案所提问题，建议有关部门进一步总结各地经验做法，完善司法救助相关制度，对司法救助专门立法进一步加强研究论证。

11. 朱读稳等 31 名代表提出制定法律职业行为法的议案 1 件（第 327 号）。议案提出，为统一法律职业行为的规范标准，防止司法人员利用权力寻租，确保司法公正，建议制定法律职业行为法，明确法律职业基本准则和基本原则，明确法律职业共同体的概念及范围，规范各类主体接触交往行为，加强监管和责任追究等。

近年来，司法部全面加强律师行业党的建设，强化律师队伍政治引领和教育管理，取得良好成效，特别是结合全国政法队伍教育整顿，着力整治了“律师与司法人员不正当接触交往”等问题。司法部认为，议案所提建议对加强法治专门队伍和法律服务工作队伍建设具有积极意义，但法律职业和法律职业行为的界定比较复杂，人员身份、法律地位、职责任务、管理体制等均不相同，如何界定法律职业的范畴、规范法律职业行为以及实现法律职业行为法与现行法官法、检察官法、律师法、公证法等法律的衔接，还需进行深入研究论证。

加强社会主义法治工作队伍建设，规范法律职业行为，对推进全面依法治国具有重要意义。我委建议有关方面在修改相关法律时，统筹考虑议案所提建议，采取措施加强法律实施，积极推动解决议案提出的有关问题。同时，建议司法部会同有关方面对法律职业行为综合立法、现行专门立法的调整范围和相互衔接作深入研究。

12. 张军等 30 名代表提出制定法官人身安全保护法的议案 1 件（第 186 号）。议案提出，法官法等现行法律法规对法官人身安全保护的相关规定亟待细化完善，可操作性和惩治力度有待加强。建议制定法官人身安全保护法，进一步明确保护机构、保护对象、适用情形、保护手段、配套措施、法律责任等内容。

最高人民法院表示，议案所提建议具有较强的针对性和现实意义，制定法官人身安全保护法有利于提高保护层级、整合部门力量、建立有效工作机制。关于建立法官人身安全保护机构，最高人民法院正在积极指导地方各级人民法院建立法官权益保障机构，并推动将法院干警人身保护融入智慧警务建设。为加强法官人身安全教育培训指导，最高人民法院先后印发有关指导意见、安全防护指南、安全管理规范等文件。目前，正在会同最高人民检察院起草有关规范性文件，持续加强法官人身安全保护制度建设。

我委认为，必须高度重视法官人身安全保护，维护法官合法权益，维护司法权威和司法公信力。在严格依法审理侵害法官及其近亲属人身安全案件、严惩相关犯罪行为基础上，建议最高人民法院认真研究议案内容，进一步完善配套制度建设，建立健全案件风险评估和预防机制，强化法官人身安全培训和社会法治宣传教育，同时对制定法官人身安全保护法作进一步研究论证。

13. 张雄、杨悦等 78 名代表提出制定反网络暴力法的议案 2 件（第 485、486 号）。议案提出，随着经济社会发展和互联网应用普及，通过网络实施的欺凌、诽谤、跟踪、骚扰等网络暴力违法犯罪行为时有发生，给互联网监管、人民群众合法权益保护带来新的考验。目前，尚无反网络暴力的专门法律，涉反网络暴力内容法规系统性、操作性不强，打击力度不够。建议开展反网络暴力专门立法，明确

“网络暴力”定义和网络施暴者的法律责任；明确互联网企业、网络媒体监管责任；加大对“网络暴力”行为惩处力度等。

公安部表示，网络暴力是对在网络空间实施的一些侵权行为的统称，根据不同行为性质，民法典、治安管理处罚法、刑法、个人信息保护法等法律法规相应作了规定。在实践中落实网络实名制和加强公民个人信息保护，可以起到对网络暴力的遏制作用。是否制定反网络暴力专项立法，还要从必要性、可行性、可操作性等角度研究论证。

我委建议有关部门在相关法律修改中，认真研究代表所提意见建议，织密反制网络暴力的法网，并不断加强和改进工作，净化纯洁网络环境，妥善处理和解决网络暴力问题。

14. 崔荣华等30名代表提出修改居民身份证法的议案1件（第75号）。议案提出，随着科技进步，电子身份证的应用愈加广泛，但现行法律尚未规定电子证照相关问题。建议修改居民身份证法，增加电子身份证制发、相关法律责任等，从法律层面对其进行效力认定和规范管理。

公安部表示，加快推进居民身份证电子化是完善我国居民身份证管理制度的重大创新，对深化放管服改革，加强公民身份信息保护具有重要意义。目前正在开展居民身份证电子证照试点工作，将统筹考虑相关法律修改问题，并在条件成熟时启动修法程序。

我委建议有关部门重点关注代表议案所提意见建议，及时总结试点经验，认真开展立法研究。

15. 乞国艳等30名代表提出修改人民陪审员法的议案1件（第184号）。议案提出，现行人民陪审员法关于人民陪审员任职回避情形的规定不完善，人民陪审工作存在履职补助标准不统一、经费保障渠道不统一等问题。建议修改人民陪审员法第7条、第31条，增加基层法院辖区法官、检察官的直系亲属作为人民陪审员任职回避情形；规定人民陪审员所需经费由同级政府财政予以全额保障，参审补助以地级市为单位统一标准计发。

最高人民法院、司法部提出，关于禁止基层法院辖区法官、检察官的直系亲属担任陪审员，应当审慎研究。《〈中华人民共和国人民陪审员法〉实施中若干问题的答复》规定：人民陪审员适用民事、刑事、行政诉讼法中诉讼回避的规定，不适用法官法中法官任职回避的规定。可以借鉴法官法第23条有关规定予以完善，但限制不宜过严，以免影响人民陪审员来源的广泛性和代表性。最高人民法院、司法部正积极配合财政部研究出台人民陪审员经费保障管理办法，强化履职保障。

我委认为，人民陪审员法自2018年实施以来，在规范人民陪审员选任工作、加强人民陪审员履职保障、促进司法民主等方面发挥了重要作用。建议最高人民法院、司法部、财政部跟踪了解人民陪审员法实施情况，就人民陪审员任职回避、履职保障、经费保障等问题，认真总结实践经验，对修改人民陪审员法作进一步研究。

三、13件议案提出的6项立法、1项监督，建议适时列入全国人大常委会立法工作计划或者监督工作计划

16. 陈靖、尤立增、杨小天、贾宇、买世蕊等152名代表提出制定检察公益诉讼法的议案5件（第21、141、273、303、392号）。议案提出，目前检察公益诉讼有关规定较为原则、分散，难以满足检察公益诉讼司法实践需要。建议制定检察公益诉讼法，强化与其他诉讼法等法律的衔接，规定案件范围，明确案件管辖、诉前程序、审判程序、执行程序、举证规则、证明标准等；强化调查核实权，确立刑事附带民事公益诉讼制度，规范公益诉讼赔偿金的管理和使用等。

最高人民检察院表示，制定检察公益诉讼法确有必要。几年来，最高人民检察院按照《法治中国建设规划（2020—2025年）》《中共中央关于加强新时代检察机关法律监督工作的意见》要求，积极推动检察公益诉讼立法研究，推进专门立法进程；推动反垄断法等单行法设立检察公益诉讼条款。此外，通过办理议案、建议、提案，制定司法解释等工作，推动检察公益诉讼制度不断完善。下一步，将继续加强立法研究，积极推进公益诉讼专门立法。

我委在2020年和2021年的代表议案审议结果报告中，连续2年建议将制定检察公益诉讼法适时列入全国人大常委会立法工作计划或者立法规划。同时，积极推动有关单行法增设检察公益诉讼条款。建议将制定检察公益诉讼法适时列入全国人大常委会立法工作计划。下一步，我委将会同最高人民检察院与有关方面继续开展立法研究

论证，并在立法工作中认真研究采纳议案所提建议。

17. 肖胜方等 31 名代表提出制定司法鉴定法的议案 1 件（第 252 号）。议案提出，当前司法鉴定存在职能定位不清、管理体制机制不健全、保障不足等问题。建议制定司法鉴定法，明确司法鉴定职能定位，规定鉴定机构的法律性质、设立条件，鉴定人的登记条件、执业规范、法律责任等；完善司法鉴定管理体制机制，加强行政管理、行业管理；强化行业保障，完善鉴定、出庭费用标准，规定纳税优惠政策等。

司法部表示，司法鉴定中存在的问题，需要通过立法加以解决。目前，已成立立法工作小组，开设课题、举办立法研讨会，并积极推动司法鉴定地方立法。将深入开展立法研究，加强沟通协调，加快推动司法鉴定立法。

我委在 2020 年和 2021 年的代表议案审议结果报告中，连续 2 年建议将制定司法鉴定法适时列入全国人大常委会立法工作计划或者立法规划。我委认为，制定司法鉴定法符合当前司法鉴定工作实际需要，建议适时列入全国人大常委会立法工作计划。我委将继续加强与司法部联系，协助推进立法进程。

18. 肖胜方等 30 名代表提出制定法治宣传教育法的议案 1 件（第 265 号）。议案提出，法治宣传教育是全面依法治国的长期基础性工作，建议制定法治宣传教育法，明确立法目的、适用范围、基本原则、保障机制、法律责任等，进一步加强法治宣传教育，深化法治文化创建，促进全民守法，为全面依法治国奠定坚实社会基础。

司法部表示，正在积极推进法治宣传教育法立法相关工作，已起草法律草案稿，书面征求了各地司法行政机关意见，正对草案稿进行修改完善。议案所提建议有的已经体现在草案稿中，其他合理建议将尽可能吸收。

制定法治宣传教育法是中共中央印发的《法治社会建设实施纲要（2020—2025 年）》和全国人大常委会作出的“八五”普法决议的明确要求，全民普法工作开展 36 年来积累的经验、取得的制度性成果需要以国家法律的形式加以固定和推广。我委建议将制定法治宣传教育法适时列入全国人大常委会立法工作计划，并将加强与司法部的沟通交流，推动相关议案早日提请全国人大常委会审议。

19. 李宗胜、阎武、孙宪忠等 98 名代表提出修改公证法的议案 3 件（第 193、242、268 号）。议案提出，为适应社会发展对公证活动的需要，建议修改公证法，明确公证的法律性质，拓宽公证服务范围和方式；完善公证机构设立及其职能定位，放宽公证员任职条件；明确公证协会组织规则，加强公证档案管理；建立告知承诺制，完善执业保障制度；强化公证行为的公信力，增加公证赔偿及公证法定事项的规定等。

现行公证法自 2005 年颁布以来，在推动公证预防化解矛盾纠纷、保障经济社会持续健康发展中发挥了重要作用。但随着我国经济社会的高速发展，全面依法治国的深入推进，公证体制机制改革逐步深入，公证法的部分条款内容已不足以全面深入引领我国公证改革发展的实践。2021 年 6 月，经中央全面深化改革委员会审议通过，司法部印发《关于深化公证体制机制改革促进公证事业健康发展的意见》，明确提出要健全完善中国特色社会主义公证制度体系。2021 年全国人大常委会检查了公证法的实施情况，在执法检查组提请全国人大常委会审议的报告中，专门就完善公证法律制度提出了建议。

司法部表示，高度重视公证法修改工作，已着手启动公证法修改的研究论证，下一步将结合议案所提意见建议，就有关问题开展调查研究。

我委认为，修改公证法确有必要，建议适时列入全国人大常委会立法工作计划。我委将与司法部加强沟通，协助做好修法的前期准备工作。

20. 马永平等 31 名代表提出修改人民调解法的议案 1 件（第 306 号）。议案提出，人民调解存在规范化水平不高、受案范围不清晰、经费保障不足等问题。建议修改人民调解法，合理定位人民调解的性质、明确人民调解与其他纠纷解决机制的衔接方式，理顺传统调解组织与行业性、专业性调解组织的关系及各自受案范围，加大财政支持力度等。

司法部表示，人民调解法颁布实施以来，人民调解工作随着社会的发展发生了很大变化，实践中行之有效的经验做法需要上升为法律，一些突出的问题需要通过修改法律予以明确，相关法律之间的衔接也需要通过修改法律来实现，赞同议案所提修改人民调解法的建议。司法部将加强与有关部门沟通，积极做好人民调解法修改相关工作。

我委认为，人民调解作为多元化纠纷解决机制中的重要一环，应不断适应人民群众的新期待和社会形势发展的新要求。人民调解法颁布实施已有十多年,一些规定已不能满足当前人民调解工作的实际需求,确有必要与时俱进予以修改完善,建议适时列入全国人大常委会立法工作计划。

21. 李征等31名代表提出修改户口登记条例的议案1件(第130号)。议案提出,户口登记条例制定年代较早,很多内容已不适应户籍管理实际,内容不完善、处罚措施不到位等问题较为突出,已出台的户籍管理规范体系不健全,亟需通过立法工作巩固和保障户籍改革成果。建议以居住证为载体,推动人口迁移立法;加强人口信息管理,明确户口登记机关及其工作人员的法律责任;加强与有关部门对接,规范出生登记、死亡注销、收养登记等户口登记内容;进一步整合现行法规体系,借鉴国外立法经验,推动户籍立法更加完善。

公安部表示,户口登记条例已严重滞后于社会管理和执法实践的需要,近年来国务院先后出台了一系列政策文件明确户籍制度改革方向,各地在户籍管理实践中不断探索,立法时机已经基本成熟。目前,正在研究启动有关法律修订工作。下一步,将会同有关部门广泛开展调查研究,做好立法工作。

我委认为,以户口登记条例为主要依据的户籍管理制度越来越难以适应国家治理体系和治理能力现代化的要求。由于户籍立法涉及面广,需要统筹多部门、多方面问题,我委将持续关注有关工作进展,与有关部门共同研究立法模式和途径,推动户籍法律制度建设。

22. 袁友方等30名代表提出开展行政诉讼法执法检查的议案1件(第308号)。议案提出,修改后的行政诉讼法自2015年实施以来,行政诉讼案件数量大幅增长,建议全国人大常委会开展行政诉讼法执法检查,重点对行政诉讼中审判人员专业水平与集中管辖是否相适应、行政诉讼审判和执行中是否受到不正当干扰、行政机关依法遵守并执行行政诉讼法的情况等开展检查。

我委认为,行政诉讼法经过2014年和2017年2次修改,扩大了行政诉讼受案范围,实行立案登记制,完善了管辖制度、诉讼参与人制度、证据制度、民事争议和行政争议交叉的处理机制等,确立了检察机关提起公益诉讼制度。为全面了解行政诉讼法实施情况,发现法律实施中存在的问题和困难,进一步推动法律有效实施,建议全国人大常委会适时开展行政诉讼法执法检查。

四、2件议案提出的2项监督,建议待法律施行一段时间或者修改后再开展执法检查

23. 李亚兰等30名代表提出开展行政处罚法执法检查的议案1件(第429号)。议案提出,行政处罚法实施中存在乡镇政府、街道办事处承接处罚权后实施情况不够理想、沟通协调机制不完善等问题,建议全国人大常委会开展行政处罚法执法检查,重点围绕法律学习宣传贯彻情况,乡镇政府、街道办事处承接处罚权的现状、困难和问题,行政执法信息互联互通共享等内容,全面检查法律实施情况。

我委认为,2021年1月,十三届全国人大常委会第二十五次会议对行政处罚法进行了修订,这是该法自1996年颁布实施以来的首次全面修订。新修订的行政处罚法把党的十八大以来全面依法治国、深化行政执法领域改革的重要成果落实在法律中,进一步丰富和完善了行政处罚的基本制度和规则。新修订的行政处罚法实施仅一年多,建议继续施行一段时间后再开展执法检查。我委将会同有关方面认真研究议案提出的意见建议,适时开展专题调研,了解法律实施情况,推动解决法律实施中存在的问题和困难。

24. 杨震等30名代表提出开展仲裁法执法检查的议案1件(第389号)。议案提出,仲裁法对于营造法治化国际化营商环境,促进经济社会发展具有重要意义。仲裁法实施中存在着学习宣传贯彻不够、对优化营商环境作用发挥不充分等问题。建议全国人大常委会开展仲裁法执法检查,围绕提高仲裁公信力、通过法律实施优化营商环境等方面,全面检查仲裁法实施情况。

修改仲裁法已列入全国人大常委会2022年度立法工作计划,司法部已形成修订草案征求意见稿,目前正在加快推动立法进程。我委一直积极参与该项立法工作,将会同有关方面认真研究解决议案提出的法律实施中存在的问题。建议待法律修改完成并施行一段时间后,再安排立法后评估或者执法检查。

全国人民代表大会财政经济委员会关于第十三届全国人民代表大会第五次会议主席团交付审议的代表提出的议案审议结果的报告

全国人民代表大会常务委员会：

第十三届全国人民代表大会第五次会议主席团交付全国人大财经委审议的代表提出的议案110件，其中要求修改法律的议案56件、制定法律的议案53件、开展执法检查的议案1件。将内容相同或相近的归类后，共有64个立法项目和1个执法检查项目。

根据全国人大常委会关于代表议案办理工作的要求，2022年3月16日，全国人大财经委召开代表议案办理工作会议，邀请中央网信办、全国人大常委会法工委、全国人大常委会预算工委、国家发展改革委、工业和信息化部、司法部、财政部等29个部门和单位的同志共同研究议案办理工作，就分工提出议案初步处理意见作出安排，明确相关要求。各承办部门高度重视议案办理工作，认真研究议案内容，根据《全国人大常委会2022年度代表工作计划》要求，在办理过程中积极与代表联系沟通，采取电话视频、当面汇报、召开专题座谈会、实地调研等多种方式征求代表的意见。从承办单位反馈汇总的情况看，代表对议案答复意见及办理工作表示认可满意。同时，全国人大财经委结合议案办理工作，对已列入常委会立法规划或年度立法工作计划中负责联系审议的立法项目，召开联系审议立法工作座谈会，督促有关部门加快立法工作进度。在上述工作基础上，对每件议案分别研究提出了处理意见。9月29日，全国人大财经委召开第七十三次全体会议，对议案进行了审议。现将审议结果报告如下：

一、2件议案提出的项目已完成。建议修改反垄断法（1件）已由全国人大常委会审议通过，建议开展外商投资法执法检查（1件）已由全国人大常委会列入2022年度监督工作计划，并由全国人大财经委组织实施。

二、代表提出的建议修改企业破产法（12件）、反不正当竞争法（1件）、铁路法（3件）、保险法（1件）、商业银行法（4件）、税收征收管理法（1件）、城市房地产管理法（1件）、反洗钱法（2件）、民用航空法（1件）、产品质量法（1件），建议制定能源法（2件）、电信法（3件）、金融稳定法（2件）、社会信用法（5件），共39件议案涉及的14个立法项目已列入十三届全国人大常委会立法规划或2022年度立法工作计划，建议有关单位加快工作进程，按时完成立法任务。

三、代表提出的建议修改邮政法（2件）、票据法（1件）、消费者权益保护法（1件）、商标法（3件）、节约能源法（1件）、政府采购法（1件）、公路法（2件）、信托法（2件）、建筑法（4件）、个人所得税法（1件）、银行业监督管理法（1件）、企业国有资产法（1件）、对外贸易法（1件）、海关法（2件）、环境保护税法（1件），建议制定数据资产登记法（1件）、商业秘密法（2件）、商事调解法（2件）、数字经济促进法（5件）、发展规划法（2件）、彩票法（2件）、地理标志保护法（1件）、金融消费者权益保护法（1件）、物业管理法（1件）、住房租赁法（2件）、航空产业促进法（1件）、征信管理法（2件）、贸易调整援助法（1件）、存款保险法（1件）、城市地下综合管廊法（1件）、普惠金融促进法（2件）、金融控股公司法（1件）、业主委员会选举法（1件）、房屋安全管理法（1件）、国债法（1件）、公益广告法（1件）、大数据管理法（1件）、交通运输法（1件）、数据产权法（1件）、房地产交易法（1件），共60件议案涉及的40个立法项目确有立法必要，建议有关部门加强调研论证，待条件成熟时，争取列入全国人大常委会今后立法规划或年度立法工作计划。

四、代表提出的建议修改中小企业促进法（1件）、标准化法（1件）、进出口商品检验法（1件）、证券法（1件），制定无人机飞行管理法（1件）、工业遗产保护和利用法（1件）、通用航空法（1件）、政务数据共享法（1件）、外空安全法（1件），共9件议案提出的9个立法项目，建议通过进一步加大现行法律法规执法力度，或完善相关法律法规政策，改进工作，解决议案所提问题。

以上报告，请审议。

附件：全国人民代表大会财政经济委员会关于第十三届全国人民代表大会第五次会议主席团交付审议的代表提出的议案的审议意见

全国人民代表大会财政经济委员会

2022年10月27日

附件：

全国人民代表大会财政经济委员会关于第十三届全国人民代表大会第五次会议主席团交付审议的代表提出的议案的审议意见

一、2 件议案提出的项目已完成，建议修改反垄断法已由全国人大常委会审议通过，建议开展外商投资法执法检查已由全国人大常委会列入 2022 年度监督工作计划，并由全国人大财经委组织实施

1. 李志强等 30 名代表（第 50 号议案）提出，反垄断法不能适应当前和今后一段时期我国市场经济高质量发展的需要，为强化反垄断和防止资本无序扩张，建议修改反垄断法，建立与统一执法相适应的规则体系，妥善处理互联网领域的反垄断问题，健全反垄断案件管辖规则，增加境外反垄断合规内容等。十三届全国人大常委会第三十一次会议对反垄断法修正草案进行初次审议后，全国人大常委会法工委按照党中央关于强化反垄断和防止资本无序扩张的决策部署，根据常委会审议意见和各方意见对修正草案进行了修改完善。其间对议案进行了认真研究，吸收了部分意见，进一步明确反垄断相关制度在平台经济领域的具体适用规则，加大对垄断行为的惩治力度，明确国务院反垄断执法机构负责反垄断统一执法工作。2022 年 6 月，十三届全国人大常委会第三十五次会议审议通过了关于修改反垄断法的决定。

2. 杲云等 32 名代表（第 25 号议案）提出，为促进法律贯彻落实、优化营商环境、促进外商投资、展示对外开放成果，建议全国人大常委会组织开展外商投资法执法检查，全面检查法律实施情况，及时总结法律实施经验，深入分析存在的问题与困难，有针对性提出贯彻实施外商投资法的意见。全国人大常委会高度重视外商投资法执法检查工作，将其列入 2022 年度监督工作计划，由全国人大财经委具体组织实施。万鄂湘、陈竺、王东明、白玛赤林四位副委员长分别带队，分 4 个检查组赴北京等 8 个省（市）开展实地检查，同时委托辽宁等 8 个省（区、市）人大常委会对本行政区域内外商投资法贯彻实施情况进行检查。将外商投资负面清单管理制度、公平一致对待外资企业、保障外资企业合法权益三个重点难点作为专题赴天津市、江苏省南京市和苏州市、山东省青岛市开展专项检查。检查期间，同步委托有关单位和研究机构开展了课题研究及大数据分析，为全面了解法律实施情况提供了有力支撑。10 月，十三届全国人大常委会第三十七次会议将听取和审议外商投资法执法检查报告。下一步，全国人大财经委将加强跟踪督查，推动有关方面认真实施法律、切实解决问题、加强改进工作、完善制度措施，把这次执法检查的成果充分运用好落实好，促进外商投资健康发展。

二、39 件议案提出的 14 个立法项目已列入十三届全国人大常委会立法规划或 2022 年度立法工作计划，建议有关单位加快工作进程，按时完成立法任务

要求修改法律的议案 27 件

3. 陈晶莹等 30 名代表、上海代表团、聂永平等 30 名代表、云南代表团、曹宝华等 31 名代表、白鹤翔等 30 名代表、肖胜方等 31 名代表、王景武等 32 名代表、张晓庆等 31 名代表、李亚兰等 30 名代表、王静成等 42 名代表、胡季强等 31 名代表（第 22 号、第 31 号、第 49 号、第 54 号、第 192 号、第 244 号、第 253 号、第 260 号、第 351 号、第 352 号、第 456 号、第 467 号议案）提出，企业破产法对于规范企业破产行为，推动市场主体有序退出、化解过剩产能，维护社会主义市场经济秩序，优化资源要素配置，改善营商环境、激发市场活力等方面发挥了重要作用，同时实践中也出现了一些新问题，建议修改企业破产法，完善破产财产、债权人保护、管理人、重整及清算转重整、跨境破产、法律责任等内容，增加个人破产、府院协调、预重整、破产简易程序和金融机构破

产专章等。全国人大财经委对议案进行了认真研究梳理,认为代表提出的建议针对性强,具有重要的借鉴意义和参考价值。企业破产法(修改)已列入十三届全国人大常委会立法规划和2022年度立法工作计划。全国人大财经委自2019年牵头成立起草组以来,深入开展修法调研,广泛征求各方意见,对法律实施情况开展法律评估、课题研究、大数据分析,组织实施执法检查,对修法涉及的重大问题开展专题调研,委托有关部门和高校科研机构开展专题研究,多次召开起草组会议,加强沟通协调,积极推进起草工作,经过反复研究修改形成企业破产法修订草案。议案提出的建议多数在修订草案中已有体现。全国人大财经委将继续认真研究吸收议案所提意见和建议,进一步修改完善修订草案,按照程序加快推进立法进程,争取尽早提请全国人大常委会审议。

4. 马玉红等30名代表(第26号议案)提出,当前我国已进入高质量发展阶段,市场竞争行为更为纷繁复杂,不正当竞争的形式也更加多样化,建议修改反不正当竞争法,扩大反不正当竞争规制范围。市场监管总局提出,该局积极推进反不正当竞争法制建设,持续加大反不正当竞争执法力度,加快推进反不正当竞争法修订工作。中央全面依法治国委员会将反不正当竞争法(修改)列入2022年度工作要点,由市场监管总局牵头,目前已多方征集意见,开展修法研究,并运用大数据技术梳理国际经验和舆论关注。下一步,该局将积极配合做好反不正当竞争法修订各项工作,对议案提出的数据造假、域名抢注等具体问题认真研究分析,充分调研论证,继续与代表加强沟通交流,听取相关意见建议并充分研究吸收。全国人大财经委同意市场监管总局的意见,建议加快工作进度,尽早提请全国人大常委会审议。

5. 陈靖等31名代表、陈爱莲等30名代表、杨伟军等30名代表(第74号、第123号、第246号议案)提出,随着我国铁路成网、高铁快速发展,铁路事业迅猛发展,铁路管理体制、运输经营、安全管理发生了深刻变化,铁路法有关条款规定已不能适应新时代铁路发展的需求,建议修改铁路法。国家铁路局赞成议案所提意见建议。该局于2014年启动了铁路法修订工作,已形成铁路法修订草案送审稿,由交通运输部呈报国务院。司法部根据各方面意见建议,对草案进行反复修改,目前基本定稿。议案提出的持续深化铁路改革、明确铁路监管职能定位和地方铁路管理规定、增加铁路防护设施与警示标志的规定等建议在修订草案中已经采纳。该局将进一步研究吸收代表意见,积极配合司法部立法审查工作。全国人大财经委建议有关部门加快推动立法进程,尽早提请全国人大常委会审议。

6. 张智富等30名代表(第98号议案)提出,为更好发挥保险保障功能、促进行业发展、提升服务实体经济效能,建议修改保险法,加强法律统筹衔接,扩大法律适用范围,界定保险消费者概念,健全保险业风险防范处置机制。中国人民银行提出,保险法部分条款已不适应行业发展和监管需求,亟需修改完善,保险法(修改)已列入全国人大常委会2022年度立法工作计划。该行牵头成立修法领导小组和工作小组,已形成保险法修改建议稿向相关部门、市场机构、行业协会、专家学者征求意见。议案所提建议对于进一步规范保险法律行为、完善保险公司监管具有重要意义,将予以深入研究吸收。全国人大财经委同意中国人民银行意见,建议加快修法工作进度,尽早提请全国人大常委会审议。

7. 张智富等30名代表、海南代表团、樊芸等30名代表、周振海等30名代表(第99号、第124号、第348号、第373号议案)提出,经过二十多年的实践,我国银行业进入了新发展阶段,商业银行法在立法原则、监管理念、公司治理、业务规则、客户权益保护、风险处置、金融违法处罚力度等方面已不能适应现实需要,建议修改商业银行法,扩大法律适用范围,明确分类监管理念,健全商业银行风险管理机制,完善业务经营规则,健全客户权益保护机制。中国人民银行提出,商业银行法(修改)已列入十三届全国人大常委会立法规划和全国人大常委会2022年度立法工作计划。该行牵头成立修法领导小组和工作小组,已形成商业银行法修改建议稿向社会公开征求意见,目前正根据各方意见修改完善。议案所提建议为立法工作提供了有益思路,大部分已在修改建议稿中有所体现。全国人大财经委同意中国人民银行意见,建议加快修法工作进度,尽早提请全国人大常委会审议。

8. 余维祥等30名代表(第173号议案)提出,商事登记制度改革后,注册资本实缴登记制改为注册资本认缴登记制,管理方式从“重审批轻监管”转变为“轻审批重监管”,各地税务部门已实施多项便捷措施,税收征收管理法第十五条关于税务登记的规定已明显滞后,建议修改税收征收管理法。税务总局赞同议案所提建议,在税收征收管理法修改工作中已有考虑，对在市场监督管理部门办理设立登记的市场主体，以其营业执照作为税务登记证件，税务机关不再另行进行税务登记，并将积极配合司法部加快推动修法工作进程。税收征收管理法（修改）已列入十三届全国人大常委会立法规划，全国人大财经委建议有关部门加快修法工作进度，争取早日提请全国人大常委会审议。

9. 倪海琼等31名代表（第203号议案）提出，城市房地产管理法实施以来，对加强城市房地产管理、维护房地产市场秩序、保障房地产权利人合法权益发挥了重要作用，随着我国经济发展进入新常态，房地产市场形势发生了较大改变，出现了一些亟待解决的问题，建议修改城市房地产管理法。城市房地产管理法（修改）已列入十三届全国人大常委会立法规划，住房城乡建设部提出，该部已形成修订草案初稿。下一步，将认真研究吸收议案所提建议，组织各方专家力量深入研究，广泛听取意见，推动建立适应新发展模式的配套制度，配合有关部门完善房地产用地、财税、金融政策，及时将成熟有效的制度和政策纳入城市房地产管理法的修订内容，同时，推动出台住房租赁条例、住房销售管理条例、物业管理条例等行政法规，为修法工作奠定基础。全国人大财经委同意住房城乡建设部的意见，建议加快修法工作进度，尽早提请全国人大常委会审议。

10. 王景武等32名代表、陈建华等31名代表（第248号、第340号议案）提出，反洗钱法实施以来，我国反洗钱工作制度不断完善，反洗钱监管效能显著增强，打击洗钱和上游犯罪取得成果，但仍然存在着反洗钱协调合作机制不够顺畅、打击洗钱犯罪不够有力、反洗钱义务机构履职能力不足等问题，建议修改反洗钱法，进一步明晰国家反洗钱治理架构，强化反洗钱信息共享机制，规范相关个人法律责任，完善反洗钱调查相关规定。中国人民银行提出，反洗钱法（修改）已列入全国人大常委会2022年度立法工作计划。该行在前期研究论证基础上，牵头起草了反洗钱法修订草案，并根据征求意见情况进行修改完善，已于2021年底上报国务院。议案所提建议具有很强的针对性和借鉴意义，大部分已在修订草案有所体现。全国人大财经委同意中国人民银行的意见，建议加快修法工作进度，争取早日提请全国人大常委会审议。

11. 买世蕊等30名代表（第330号议案）提出，为加快建设贯通南北、连接东西的现代立体交通体系和现代物流体系，将自贸试验区建设成为服务于“一带一路”建设的现代综合交通枢纽、全面改革开放试验田和内陆开放型经济示范区，建议修改民用航空法，增加多式联运企业豁免的相关规定。中国民航局认为，为维护航空运输市场秩序，保证航空运输安全，多式联运企业如申请成为公共航空运输企业，应当按民用航空法和有关规章设立的条件申请办理。同时，为了保证航班运输的安全保障、运行秩序和市场秩序，航空运输企业的不定期运输需要经过民航主管部门的批准，多式联运相关的不定期运输行为亦须符合上述要求。目前，该局正在配合司法部开展民用航空法的全面修订，配合商务部开展自贸试验区的改革试点，对代表提出的意见会在相关工作中进行论证考虑。民用航空法（修改）已列入十三届全国人大常委会立法规划，全国人大财经委建议加快修法工作进度，争取早日提请全国人大常委会审议。

12. 张淑芬等30名代表（第380号议案）建议修改产品质量法，强化抽查结果处理，依法查封、扣押不合格产品，明确生产和销售企业的整改、复查要求；调整监管形式，运用经济激励、信息工具和先进管理手段，发挥市场机制作用，提升质量总体水平。产品质量法（修改）列入十三届全国人大常委会立法规划后，市场监管总局组建了修法工作领导小组、专家咨询委员会、评估起草组，开展法律实施情况评估，已形成修订草案稿并广泛吸取各方意见。议案所提建议在修订草案稿中已有一定体现，该局将认真听取各方建议，进一步完善有关条款。全国人大财经委建议有关部门加大工作力度，积极推进立法进程，争取早日提请全国人大常委会审议。

要求制定法律的议案12件

13. 史贵禄等30名代表、云南代表团（第23号、第51号议案）提出，能源问题关系国家安全、经济发展、生态环境保护，我国目前尚未制定出台能源领域的基础性法律，有关单行法无法解决国家能源安全的法律保障不充分、能源利用与环境保护有效协调滞后、能源综合监管措施缺乏等深层次问题，建议制定能源法。司法部提出，2020年收到国家发展改革委报送国务院的能源法草案送审稿后，该部征求有关方面意见，召开专家论证会和立法调研座谈会，开展针对部分企业的书面调研。目前，正会同国家发展改革委、国家能源局等有关部门，根据征求意见情况修改完善能源法草案，抓紧推进立法审查工作。能源法已列入十三届全国人大常委会立法规划和2022年度立法工作计划，全国人大财经委建议有关部门认真研究议案所提意见建议，加快工作进程，争取早日提请全国人大常委会审议。

14. 史贵禄等 30 名代表、周文涛等 31 名代表、胡茎等 30 名代表（第 29 号、第 341 号、第 400 号议案）提出，随着我国电信多运营商竞争格局的逐步形成以及信息技术的快速发展，电信条例明显落后于行业发展，对电信基础设施的保护不完善，对运营商职责、规划建设等问题缺乏具体规定，建议制定电信法。电信法列入十三届全国人大常委会立法规划后，工业和信息化部加快推进立法工作，在充分听取各方意见基础上，已形成电信法草案报送国务院，目前正配合司法部开展立法审查。议案所提电信网络建设、市场经营秩序、网络安全及个人隐私、电信市场准入、运营商数据保存范围和期限、公权力机关调查范围、电信网络诈骗治理等内容在草案中大多已有规定，将在后续工作中进一步研究吸收代表意见。全国人大财经委同意上述意见，建议有关部门加快工作进度，争取早日提请全国人大常委会审议。

15. 刘新华等 30 名代表、白鹤祥等 31 名代表（第 80 号、第 247 号议案）提出，防范化解金融风险是我国实现高质量发展必须跨越的关口，建议制定金融稳定法，明确由金融稳定委员会或者中央银行负责系统性金融风险的防范和处置；强化系统性重要金融机构监管，防范“大而不能倒”；强化风险监测预警和早期纠正；健全风险处置机制，保障问题机构有序退出；设立专门的风险处置基金，为市场提供紧急的流动性支持。中国人民银行赞同议案关于制定金融稳定法的建议，正会同国家发展改革委、司法部、财政部、中国银保监会、中国证监会、国家外汇局积极推进金融稳定立法工作，已起草形成金融稳定法草案征求意见稿，并向社会公开征求意见。金融稳定法已列入全国人大常委会 2022 年度立法工作计划，全国人大财经委建议中国人民银行深入研究论证，加强部门间沟通协调，争取早日提请全国人大常委会审议。

16. 田纯刚等 31 名代表、谢勇等 30 名代表、沈昌健等 30 名代表、买世蕊等 30 名代表、周铁根等 32 名代表（第 164 号、第 166 号、第 269 号、第 338 号、第 459 号议案）建议制定社会信用法、社会信用奖惩法，明确信用信息范围，规范信用信息采集、披露与应用，健全信用信息管理，确立守信激励与失信惩戒的内容与措施，加强信息主体的权益保护，强化信用宣传教育，规范和促进信用服务行业发展，完善社会信用体系建设。国家发展改革委、中国人民银行认为，法治中国建设规划（2020—2025 年）、法治社会建设实施纲要（2020—2025 年）等文件都明确提出“加快推进社会信用立法”，征信业管理条例、企业信息公示暂行条例等法规规章和规范性文件的出台为制定社会信用法提供了重要参考，地方信用立法先行先试为国家层面立法积累了实践经验，社会信用立法时机已经成熟，均表示将积极推动信用立法工作。社会信用立法已列入十三届全国人大常委会立法规划，全国人大财经委建议有关部门深入研究论证立法涉及重点难点问题，加大协调力度，加快立法工作进度，争取早日提请全国人大常委会审议。

三、60 件议案提出的 40 个立法项目确有立法必要，建议有关部门加强调研论证，待条件成熟时，争取列入全国人大常委会今后立法规划或年度立法工作计划

要求修改法律的议案 23 件

17. 陈靖等 30 名代表、买世蕊等 30 名代表（第 9 号、第 334 号议案）建议修改邮政法，建立快递企业特许经营制度，规定快递企业可以寄递向社会公开或者不涉及国家秘密的国家机关公文，明确禁止快递企业寄递国家机关公文的具体情形，对自贸区内的快递业务经营许可进行审批权限下放等。国家邮政局认为，议案提出的将快递的定义修改为“按照约定的时限、方式快速完成的寄递活动”和修改邮政法中有关合同法内容和邮政企业定义，可以直接采用作为邮政法相关条文的修改方案。同时，当前认定公文有明确的依据，可以为执行邮政法关于快递企业禁止寄递国家机关公文的规定提供清晰指引；各地对国际快递业务经营许可下放的需求不一样，邮政法不宜在下放问题上“一刀切”，下放国际快递业务经营许可的经验正在不断推广。全国人大财经委同意上述意见，建议积极开展研究论证，待条件成熟时提出修法建议。

18. 马玉红等 30 名代表（第 27 号议案）提出，建议修改票据法，明确电子票据的法律效力，体现票据行为无因性原则，确立融资性票据合法地位，允许当事人约定部分付款，完善有关票据金额记载不一致的规定。中国人民银行认为，随着经济金融环境变化，票据法部分规定已不能满足现实需求，有必要进行修改。议案提出的立法建议为完善票

据法提供了有益思路，该行将充分研究借鉴，继续推动票据法修订工作，明确电子票据法律地位，研究票据部分付款制度的可行性，并将积极完善票据配套制度，建立商业汇票的信用管理框架，强化商业汇票的市场化约束等。全国人大财经委同意中国人民银行的意见，建议在修改完善有关配套制度的同时，积极开展研究论证，待条件成熟时提出修法建议。

19. 上海代表团（第 30 号议案）提出，为保护消费者的合法权益，规范经营者行为，加强消费环境建设，建议修改完善消费者权益保护法，完善关于立法宗旨、消费者权益、经营者责任、网络新消费方式、消费者组织、消费维权方式、特殊群体保护等规定。市场监管总局认为，议案所提建议对完善消费者权益保护法律体系，顺应消费升级趋势，强化消费者权益保护具有非常重要的参考价值。下一步将认真研究代表意见，不断强化消费领域监管执法和消费者诉求渠道建设，配合有关部门尽快出台消费者权益保护法实施条例，加强修法研究论证，不断提升消费者权益保护效能。全国人大财经委同意市场监管总局的意见，建议待条件成熟时提出修法建议。

20. 崔荣华等 30 名代表、樊芸等 30 名代表、曾光安等 31 名代表（第 53 号、第 259 号、第 333 号议案）建议修改商标法，完善关于商标使用原则、注册商标专用权、打击恶意注册商标、驰名商标特殊保护等规定。国家知识产权局提出，围绕商标领域存在的突出问题，全国人大常委会于 2019 年对商标法进行了个别条款的修改，在打击商标恶意注册和强化商标权保护等方面取得显著成效，但未能全面解决商标领域存在的问题。该局已将商标法及其实施条例修改列入其 2022 年立法工作计划，并就打击商标恶意注册、强化商标使用义务、优化授权确权程序等重点问题多次开展深入专题研究和调研论证，积极做好推进商标法新一轮全面修改的准备工作。全国人大财经委同意国家知识产权局的意见，建议加快完善配套法规规章，积极开展修法研究论证，待条件成熟时，列入全国人大常委会后续立法规划。

21. 崔荣华等 30 名代表（第 73 号议案）提出，为提升全社会节约能源意识，推动相关节能财政支持措施更好落地，建议修改节约能源法第六十条，增加财政专项资金“建立和完善国家级和省级信息化平台建设”的规定。全国人大财经委提出，节约能源法的实施对于推进全社会节约能源、保护环境，促进经济社会可持续发展发挥了重要作用。目前，国家和地方相关主管部门和社会组织已建设了许多国家级和省级节能信息平台，对于开展节能宣传、政策推广和信息报送等工作发挥了很好的作用。全国人大财经委将密切跟踪关注节约能源法的实施情况，积极开展调研，适时向全国人大常委会提出修法建议，推动节约能源法的修改完善。

22. 章联生等 31 名代表（第 90 号议案）建议修改政府采购法，将节约资源、保护生态环境等作为政府采购基本原则，完善政府采购活动不受地区或者部门限制、发布政府采购信息、集中行使对政府采购监督管理职责等方面的相关规定。财政部赞同代表意见，认为政府采购法部分规定已不能满足新形势新发展的需要，为创新解决实践中的突出问题，优化政府采购法律制度体系，该部研究起草了政府采购法修订草案，向社会公开征求意见，目前正在根据反馈意见修改完善。代表的意见很有针对性，为修法提供了很好的参考。全国人大财经委同意财政部的意见，建议继续研究吸收议案所提意见，进一步完善修订草案，抓紧研究论证，适时提出修法建议。

23. 李洪亮等 30 名代表、唐岳等 30 名代表（第 96 号、第 331 号议案）提出，随着公路行业特别是货运市场发展，货车超限超载问题日渐突出，危害巨大，相关法律法规条款已不能完全适应当前治理需要，建议修改公路法，完善车辆超限超载相关管理制度。交通运输部认为，议案提出的关于增加利用电子技术监控设备收集和固定违法事实、全面提升信息化科技手段等建议，对于完善超限超载治理制度设计具有重要的参考意义。该部正在积极推进公路法修订工作，将进一步研究吸收代表意见，并会同有关部门按照“依法严管、标本兼治、立足源头、长效治理”的思路，不断强化源头治超、科技治超、信用治超，积极探索非现场执法试点，深入推进车辆超限超载治理。全国人大财经委同意交通运输部意见，建议抓紧研究论证，适时提出修法建议。

24. 张智富等 30 名代表、王景武等 31 名代表（第 97 号、第 261 号议案）提出，人民群众对财富管理与传承、公益事业与社会保障的需求不断增加，为引导信托业健康发展，在防范化解金融风险的同时充分发挥信托在资产管理、三次分配方面积极作用，建议修改信托法，扩大信托法适用范围，明确信托财产所有权归属，完善信托财产登记制度，明确信托税收政策。中国人民银行会同中国银保监会、中国信托业协会开展了信托法立法后评估工作,并牵头成立了信托法修改领导小组和工作小组,组织开展立法研究。议案所提建议为修法工作提供了有益思路,该行将认真研究并推动修改信托法列入全国人大常委会立法规划。全国人大财经委同意中国人民银行意见,建议积极完善信托登记制度,加强研究论证,待条件成熟时推动修法工作。

25. 倪海琼等31名代表、陈爱莲等30名代表、邹彬等31名代表、彭寿等48名代表(第120号、第122号、第350号、第461号议案)提出,建筑业转型升级过程中科技含量日益提高、建造方式发生较大变化、专业分工越来越细,出现了一些亟待解决的问题,建议修改建筑法,拓展法律适用范围,明确施工许可制度,增加工程担保内容,加强对建设单位的约束,增加工程总承包内容,保障工程质量监督管理,细化建设工程造价规定,增加对实际施工人的规范条款,增设绿色发展章节等。住房城乡建设部赞同修改建筑法,认为议案对促进建筑行业健康发展具有重要的借鉴意义。该部一直积极推进修改建筑法立法研究论证工作,建议列入全国人大常委会和国务院年度立法工作计划。下一步将认真研究吸收代表意见,加快推动建筑法修订工作。全国人大财经委同意住房城乡建设部的意见,建议加强研究论证,适时提出修法建议。

26. 杨松等30名代表(第207号议案)提出,实践中地方通过个人所得税优惠政策吸引人才、鼓励创业投资,导致部分高收入个人承担与自身收入财产状况明显不符的低个人所得税,有违公平税负原则,建议修改个人所得税法,引入最低税负制。财政部认为,议案所提建议对完善个人所得税制、提高税收公平性有一定的积极作用。建立最低税负制是一项复杂的系统工程,要避免对正常经济秩序造成干扰,还需要建立完善统一涉税信息系统等配套征管条件。该部将积极开展相关研究,完善综合与分类相结合的个人所得税制度,加强对高收入者的税收调节和监管。全国人大财经委同意上述意见,建议财政部对议案所提意见进一步调研论证,待条件成熟时提出修法建议。

27. 王景武等31名代表(第258号议案)提出,我国经济金融形势发生了深刻变化,银行业金融机构资产规模持续增长,金融市场化程度不断提高,银行业监督管理法在股东监管、风险处置、金融消费者保护等方面存在着滞后性,一些重要领域仍然无法可依,建议修改银行业监督管理法,引导银行业更好服务实体经济,完善大股东监管制度,健全风险处置和市场退出机制,增加金融消费者权益保护规定等。中国银保监会提出,银行业监督管理法难以满足监管实践的需要,确实需要修改。该会已于2020年7月启动修改工作,深入开展评估调研,广泛听取各方意见,扎实开展立法论证,特别对公司治理、股东监管、风险处置机制、金融消费者保护、第三方机构监管等重点问题进行了专题研究,目前已形成修订草案征求意见稿,议案所提建议对修法工作具有重要参考价值。全国人大财经委同意中国银保监会的意见,建议深入开展调研论证,积极推进修法工作,待条件成熟时提出修法建议。

28. 周文涛等30名代表(第342号议案)提出,为巩固深化国有企业治理改革成果,完善中国特色现代企业制度,促进国有经济高质量发展,建议修改企业国有资产法,进一步完善国资监管体制机制,推进企业国有资产集中统一监管,加强基础管理制度建设等。全国人大财经委会同有关部门对议案内容进行了认真研究,认为议案所提建议为完善相关法律规定提供了重要参考。有关部门和单位已经着手对综合性国有资产立法、企业国有资产法修改和国资监管法规制度体系完善等开展研究。全国人大财经委将结合人大国资监督工作,会同有关部门认真研究梳理企业国有资产法及相关法律法规的实施情况及存在的问题,总结国资国企改革发展经验,进一步研究吸收议案提出的意见建议,为企业国有资产法修改做好准备工作,适时向全国人大常委会提出修改企业国有资产法的建议。

29. 李康等30名代表(第372号议案)提出,当前边境贸易发展增速慢、水平低、规模小,是国家对外贸易体系的短板,不利于发挥边境贸易在保障和促进边境地区发展中的作用,建议修改对外贸易法,增加边境贸易专章,对边境贸易发展涉及的重点问题作出特别规定。商务部认为,对外贸易法对边境贸易作出了原则性规定,并就制定具体办法有明确授权,通过配套法规、规章及政策文件作出细化规定并及时优化调整,适应边境贸易发展的需要。下一步将结合边境贸易发展情况和实践需求,细化管理制度和有关规则,为推动边境贸易创新发展提供更加有力的法治保障。全国人大财经委同意上述意见,建议相关部门认真研究吸收议案所提意见,深入开展调研论证,待条件成熟时提出修法建议。

30. 买世蕊等30名代表、刘蕾等30名代表(第377号、第386号议案)提出,随着国际贸易不断发展,现行海关法中的部分规定已不能满足海关贸易管制执法的实际需要,不利于海关充分履行维护国家安全职责,建议修改海关法,强化海关监管职能,严厉打击走私违法犯罪活动。海关总署赞同议案所提建议,认为迫切需要对海关法进行修改完善。2018年即启动海关法修改工作,目前已起草形成具体修改条文,建议尽快列入全国人大常委会立法规划。议案涉及的技术进出口问题,事关国家科技安全,确有必要加强监管,将配合主管部门做好对外贸易法与海关法统筹衔接,明确技术进出口的监管部门与职责配合。对于议案涉及的多式联运承运人作为申报主体、国际服务贸易禁限管理统一表述、分章表述、质疑权、验核证件职责、电子数据联网核查法律效力等问题,将深入调研论证,加强部门间协商沟通,在修法工作研究吸收。全国人大财经委同意海关总署的意见。

31. 温娟等30名代表(第384号议案)提出,臭氧污染日益凸显,而挥发性有机物是形成臭氧和细颗粒物污染的重要前体物,现行应税污染物中属于挥发性有机物只有22种,未能全面覆盖,建议修改环境保护税法,在所附应税污染物和当量值表中增加挥发性有机物及其污染当量值的设定。财政部、生态环境部等部门近年来持续开展对挥发性有机物征收环境保护税相关问题研究,认为挥发性有机物排放源涉及的众多行业领域,当前对其征税需要综合考虑减排目标、产业竞争力、企业成本、群众负担等因素,还需要完善挥发性有机物监测技术和排放量计算方法,并做好与排污许可、污染源普查、环境统计等其他环境管理制度的衔接,从经济、环境、社会影响等方面进行全方位测算评估。全国人大财经委建议相关部门继续研究吸收议案所提意见,进一步完善相关制度,待条件成熟时提出修法建议。

要求制定法律的议案37件

32. 邵志清等30名代表(第1号议案)提出,我国正在大力发展数字经济,已具备数据要素流通和数据资源配置的市场化基础,但数据要素存在"确权难、定价难、入场难、互信难、监管难"等问题,数据资产登记平台分散且功能少,标准缺失,参与登记的企业和机构数量少,建议制定数据资产登记法,规范数据资产登记证书,明确登记程序,规范流通与保护,制定技术规则和标准等。国家发展改革委认为,议案所提建议对于构建数据基础制度、加快我国数据要素发展、推进数据要素市场化改革、激活数据要素价值具有很强借鉴意义。该委正与有关部门和地方一起探索推进数据资产登记研究,指导相关单位积极参与数据资产相关国际标准制定,不断完善数据法律与标准规范体系,将在下一步工作中认真研究采纳代表意见。全国人大财经委同意国家发展改革委的意见,建议进一步加强研究论证,适时提出立法建议。

33. 王霞等30名代表、杨震等30名代表(第7号、第379号议案)提出,我国的商业秘密立法内容分散,法律间有关规定不协调,司法实践中法律适用不统一,一定程度上阻碍了创新经济发展,建议制定商业秘密法。市场监管总局提出,加强商业秘密保护是强化反不正当竞争的重要任务,是强化知识产权保护的重要内容,对推动创新发展、高质量发展具有重要意义。2017年、2019年,全国人大常委会两次修改反不正当竞争法,对商业秘密保护条款进行系统修改完善,进一步明确了侵犯商业秘密的情形,扩大了侵权行为的主体范围,强化了侵犯商业秘密行为的法律责任,商业秘密保护力度大为增强。议案提出的加强商业秘密领域立法、完善商业秘密保护法律制度的意见具有很强的前瞻性,对于与时俱进做好商业秘密保护和反不正当竞争工作具有重要的参考价值。将系统总结近年来商业秘密的行政和司法保护经验,借鉴先进国家和地区的做法,对商业秘密保护相关制度进行进一步修改完善,夯实我国商业秘密保护的法治基础。全国人大财经委同意市场监管总局的意见,建议对代表所提问题进一步研究论证,适时提出立法建议。

34. 王俊峰等30名代表、肖胜方等30名代表(第10号、第256号议案)提出,为建立健全中国特色商事调解制度,完善诉讼与非诉讼相衔接的多元化矛盾纠纷解决机制,建议在总结我国商事调解实践经验基础上,借鉴和参照《联合国国际贸易法委员会国际商事调解示范法》以及《联合国关于调解所产生的国际和解协议公约》,制定商事调解法。商务部赞同议案所提意见,认为商事调解立法对于完善多元纠纷解决机制、优化营商环境具有积极意义。该部两次提出将制定商事调解法列入国务院立法计划的建议,同时在仲裁法修订工作中推动加强仲裁与调解的衔接。全国人大财经委同意商务部的意见,建议加强对议案所提商事调解有关重点难点问题的研究论证,待条件成熟时提出立法建议。

35. 吕建中等 31 名代表、雷健坤等 30 名代表、田纯刚等 31 名代表、田立坤等 30 名代表、陈保华等 30 名代表(第 24 号、第 60 号、第 162 号、第 374 号、第 460 号议案)提出,数字经济已成为引领全球经济社会变革、推动我国经济高质量发展的重要引擎,当前我国数字经济相关的法律规范日益完善,涵盖网络安全、知识产权、市场竞争、消费者权益保护等多方面议题,为推动数字经济高质量发展,建议制定数字经济促进法,加强不同领域、不同规范之间的协调和衔接,建立完善政府、平台、企业、行业组织和社会公众多元参与、有效协同的数字经济治理新格局。国家发展改革委认为,议案所提立法建议对于完善促进数字经济发展的法治环境,加快推进数字化转型具有积极意义。数字经济的持续健康发展离不开法律制度保障,该委将会同相关部门进一步落实数据安全法、个人信息保护法,配合有关部门加快推动出台网络数据安全管理条例,研究制定数据安全评估、数据安全认证等配套法规制度,规范网络数据处理活动,保障网络数据安全,促进数据安全有序流动,着力推进数字经济相关法律体系建设工作。全国人大财经委同意国家发展改革委的意见,建议加强研究论证,待条件成熟时提出立法建议。

36. 史贵禄等 30 名代表、杨震等 30 名代表(第 28 号、第 375 号议案)提出,制定中长期规划指导经济社会发展是治国理政的重要方式,当前发展规划在编制、调整、实施、追责等方面缺少法律依据,为更好发挥发展规划的导向作用,建议制定发展规划法。司法部赞同议案所提意见,认为应该加强对发展规划编制和实施的管理,为科学编制和有效实施发展规划提供法制保障。国家发展改革委在征求有关部门意见的基础上,聚焦国家发展规划的制定和实施,已形成发展规划法草案稿,对国家发展规划的定位编制、审查批准、监测评估、法律责任等作出了规定,议案提出的重点问题在草案稿中均有体现。全国人大财经委同意司法部的意见,建议有关部门继续研究推进国家发展规划立法,待条件成熟时争取列入全国人大常委会今后立法规划。

37. 普尔巴·图格杰加甫等 30 名代表、耿学梅等 30 名代表(第 52 号、462 号议案)提出,实践中违法集团滥用彩票公信力、互联网违规销售等情况屡禁不止,彩票管理条例等规章制度法律层次和效力较低,彩票管理水平滞后,为加强彩票业的监督管理,建议制定彩票法。全国人大财经委会同全国人大常委会法工委对议案进行了认真研究,认为制定一部符合我国实际、能切实解决问题的彩票法具有必要性和可行性,已会同各部门成立彩票立法调研小组,搜集各方意见建议,梳理近年来关于制定彩票法的议案建议和提案,整理研究现行法规规章相关规定,对境外彩票立法进行研究,对重点问题开展专题调研。目前,在彩票管理体制机制等方面仍存在一些问题需统一认识、深入研究。下一步将继续关注彩票立法进程,在相关立法工作中对代表提出的问题进行认真研究。

38. 云南代表团(第 55 号议案)提出,地理标志是各国普遍承认和保护的一种知识产权,建议制定地理标志保护法,确定专门的主管机关,明确地理标志申请人的主体资格、持有人使用和管理的责任以及地理标志产品生产者的责任等。国家知识产权局提出,目前我国地理标志制度采取专门保护和商标保护并行,正在修订地理标志产品保护规定,并印发《关于进一步加强地理标志保护的指导意见》,为加强地理标志保护提供政策支持。该局高度重视地理标志专门立法工作,成立专项工作组,围绕立法必要性、两种保护模式的协调、专门立法框架等持续开展研究论证工作,为地理标志统一立法提供支撑。下一步将积极推进地理标志专门立法工作,认真研究吸收议案所提具体建议,尽快形成地理标志法草案初稿。全国人大财经委同意国家知识产权局的意见,建议加强研究论证,适时提出立法建议。

39. 刘桂平等 32 名代表(第 84 号议案)提出,金融消费者权益保护制度是金融制度的重要组成部分,其健全度、成熟度直接影响金融消费者权益实现、金融机构行为模式和金融监管水平,我国现行金融消费者权益保护体系存在立法层级不高、条款分散、保护力度不够、监管口径不一等突出问题,不能适应我国金融领域出现的新形势、新情况和新问题,建议制定金融消费者权益保护法。中国人民银行认为,确有必要推动金融消费者权益保护专门立法,议案提出的明确金融消费者的范围和基本权利、健全协调统一监管体系、合理设置法律责任、设立第三方金融投诉纠纷处理机构等建议,对推动立法工作提供了有益思路。该行将积极配合相关部门进一步推进金融消费者权益保护立法及相关研究工作。全国人大财经委同意中国人民银行意见,建议加强研究论证,适时提出立法建议。

40. 魏洪义等 31 名代表(第 95 号议案)提出,

物业管理工作与人民群众切身利益、社区治理水平以及社会和谐稳定休戚相关，但物业管理条例制度设计有缺陷，效力级别较低且可操作性较弱，实践中拖欠物业费、违章搭建及不合理改造、管理乱收费、服务不规范等物业纠纷频发，建议制定物业管理法。住房城乡建设部赞同议案所提意见，认为随着民法典颁布实施和物业管理实践发展，确有必要完善物业管理法律制度。该部启动了物业管理条例修订工作，已形成修订草案，正在按照立法程序征求有关方面意见。下一步将认真研究吸收议案提出的建议，进一步加强对物业管理相关问题的调查研究，完善制度设计，加快推进条例修订工作，条件成熟时将相关制度上升为法律规定。全国人大财经委同意上述意见。

41. 倪海琼等31名代表、买世蕊等30名代表（第119号、第335号议案）提出，我国最初房地产法律制度将商品房开发、销售作为发展住房的重点，大量条文都是针对房屋买卖作出的规定，而在房屋租赁立法上相对不足，对于市场监管、租期、租价和租赁期间租赁双方的诸多权益没有明确规定，导致租户居住环境、尊严、基本权益得不到有效保障，当前城市住房正在逐步由"重售轻租"向"租售并举"转变，为规范和促进住房租赁市场健康有序发展，建议制定住房租赁法。住房城乡建设部赞同议案所提意见。该部正在配合司法部推动出台住房租赁条例，已完成向社会公开征求意见、征求相关部门和地方意见等工作，根据各方意见进一步修改完善。议案提出的鼓励和规范多方主体参与住房租赁、明确各级职能部门责任、明确租购同权、明确租赁双方的权利义务、对严重侵害租赁当事人权益行为予以禁止等问题，在草案中已有规定。下一步将结合代表提出的建议，做好后续立法工作，推动条例尽快出台，条件成熟时再将相关制度上升为法律。全国人大财经委同意上述意见。

42. 向巧等30名代表（第121号议案）提出，建议制定航空产业促进法，围绕航空强国建设目标，聚焦制约航空产业全产业链自主创新发展的薄弱环节和瓶颈，加快突破大飞机、航空发动机等领域"卡脖子"问题。工业和信息化部认为，议案所提建议为加快推动航空工业法治化进程提供了基础支撑。该部正在起草的武器装备采购供应法、国防工业法均涉及航空工业内容。同时，2022年1月该部与国家发展改革委、财政部、国家国防科工局和中国民航局等部门联合印发的《航空工业中长期发展规划（2021—2035年）》中明确提出了研究制定航空法，航空法将重点针对航空工业立法。工业和信息化部将会同有关部门积极推进航空立法工作，在该议案的基础上尽快启动立法研究论证工作。全国人大财经委同意工业和信息化部的意见，建议有关部门加强沟通协调，深入研究论证，待条件成熟时提出立法建议。

43. 陈建华等31名代表、白鹤祥等34名代表（第197号、第245号议案）提出，我国征信业在新形势下面临诸多挑战，征信法律效力位阶较低、传统征信监管模式相对滞后、新旧法律法规适用衔接不畅等问题日渐凸显，建议制定征信管理法、征信法，明确征信边界和范围，区分信用信息种类，加强信息主体权益保护，建立信用信息共享制度，设立信用评级等业务规则，健全市场监管与行业自律，全面规范征信市场发展。中国人民银行提出，拟在社会信用立法中安排征信专章，按照明确征信体系范畴、完善市场准入退出机制、统一基本业务规则、加强权益保护等方面完善相关制度，以解决当前征信法律制度和征信管理的不足的问题。议案所提建议立足于我国征信管理的现实问题，具有宝贵借鉴和参考价值，该行将认真研究吸收，及时调整和优化征信法律制度体系。全国人大财经委建议有关部门积极推进社会信用立法，在总结实践经验基础上，深入研究论证，待条件成熟时提出立法建议。

44. 朱惠英等31名代表（第204号议案）提出，受疫情和各国贸易管控措施影响，很多企业的正常生产经营受到冲击，为了补偿贸易损失、帮助恢复活力、促进产业调整，建议制定贸易调整援助法，对受影响的企业或职工实施贸易调整援助。商务部认为，建立贸易调整援助制度，对于应对国际形势变化，构建与更高水平对外开放相适应的经济安全保障体系，推进贸易高质量发展具有重要意义。对外贸易法相关条款为实施贸易调整援助提供了法律依据，该部会同相关部门制定出台了关于推进贸易调整援助工作的意见。下一步将在跟踪总结地方实践基础上，研究完善相关配套立法，推动建立具有中国特色的贸易调整援助制度。全国人大财经委同意商务部的意见，建议认真研究吸收议案所提意见，改进贸易调整援助工作机制，待条件成熟时提出立法建议。

45. 王玉玲等30名代表（第218号议案）提出，存款保险是市场经济条件下保护存款人利益的重要措施，是维护金融稳定的基础性制度安排，为保障存款保险规范高效发挥作用，建议制定存款保险法，规范存款保险基金有关管理制度，完善存款保险风险监测、早期纠正制度，健全存款保险风险处置制度，进一步完善金融稳定法律框架。中国人民银行高度重视存款保险制度建设，结合国际经验和我国处置实践进行了深入研究，充分征求存款保险基金管理机构意见，在制定金融稳定法、修改中国人民银行法和商业银行法等工作中对涉及存款保险的条款进行了完善。议案所提建议对于完善存款保险法律制度具有重要借鉴意义，该行将充分吸收借鉴，继续推动相关立法工作，同时抓紧对存款保险立法相关重点问题开展研究论证，为研究制定存款保险法打牢基础，待条件成熟时及时启动立法程序。全国人大财经委同意中国人民银行意见。

46. 亢德芝等 36 名代表（第 224 号议案）提出，我国地下工程建设严重滞后，城市地下管廊是解决城市反复开挖、街道网式架空线等问题的最好办法，建议制定城市地下综合管廊法，推进城市地下综合管廊建设运营管理。住房城乡建设部提出，有序推进城市地下综合管廊建设，迫切需要建立完善相关法规制度，该部将认真研究议案提出的建议，加强对城市地下综合管廊相关问题的调查研究，完善有关制度设计，加快推动出台城镇地下管线管理条例，待条件成熟时，再将相关制度上升为法律。全国人大财经委同意住房城乡建设部的意见，建议积极稳妥推进立法进程，待条件成熟时提出立法建议。

47. 白鹤祥等 32 名代表、徐诺金等 30 名代表（第 243 号、第 347 号议案）提出，我国普惠金融建设取得较大发展，但部分人民群众和市场主体获得金融服务相对较少，小微企业融资难融资贵问题比较突出，为引导金融资源向普惠金融领域配置，建议制定普惠金融促进法，建立普惠金融基本制度，建立差异化评估机制，明确激励约束机制并完善保障措施等。中国人民银行认为，完善普惠金融法律法规体系对于推动普惠金融高质量发展、构建现代金融体系具有重要意义。议案所提建议对推动完善普惠金融法律法规体系具有较好参考意义，该行将充分研究借鉴代表们提出的建议，在充分评估既有政策实施效果的基础上有序推进立法，同时积极推动相关文件的修订制定，持续优化完善配套管理制度，进一步完善普惠金融相关法律法规体系。全国人大财经委同意中国人民银行意见，建议加强研究评估工作，待条件成熟时推动普惠金融立法工作。

48. 白鹤祥等 30 名代表（第 255 号议案）提出，金融控股公司监管制度构建处于初始阶段，存在体系不完备、效力层级较低、覆盖范围有限等问题，在金融控股公司监督管理试行办法落实过程中面临约束作用弱化、政策规定冲突、协调成本增加等障碍和难点，建议制定金融控股公司法，以适应现阶段开展金融控股公司准入管理和持续监管的客观要求。中国人民银行认为，金融控股公司监督管理试行办法作为部门规章存在法律层级不高的问题，可能会影响监管有效性，该行在积累监管经验的过程中，尝试通过多种方式推动提升金融控股公司监管的立法层级。该行将与中国银保监会共同研究在商业银行法、保险法、银行业监督管理法等修改现行立法项目中完善非金融企业投资形成的金融控股公司以及银行保险机构跨业投资控股形成的金融集团的监管规则，并将总结金融控股公司发展和监管经验，加强金融控股公司监管与公司法等相关法律的协调衔接，统筹考虑从法律层面完善金融控股公司监管制度。同时，继续加强对跨行业、跨市场金融业态的跟踪研究和风险研判，完善相应监管规则，健全风险防控长效机制。全国人大财经委同意中国人民银行的意见，建议进一步完善金融控股公司监管制度，待条件成熟时提出立法建议。

49. 买世蕊等 30 名代表（第 316 号议案）提出，业主自治是基层群众自治的重要组成部分，为了规范业主大会和业主委员会的活动，维护业主的合法权益，建议制定业主委员会选举法。住房城乡建设部提出，规范业主委员会的选举，是促进群众在城乡社区治理、基层公共事务中依法自我管理、自我服务、自我教育、自我监督的重要举措。该部已启动物业管理条例修订工作，在深入调研和广泛听取各方面意见基础上，起草形成了物业管理条例修订草案征求意见稿，正在按照立法程序开展征求意见工作。对议案提出的业主大会、业主委员会成立难、选举不规范等问题，物业管理条例修订草案征求意见稿已有针对性的规定，下一步将认真研究吸收议案提出的建议，加强对业主大会、业主委员会成立等有关问题研究，完善制度设计，积极推进条例修订工作。待条件成熟时，再将条例确定的相关制度上升为法律。全国人大财经委同意住房城乡建设部的意见。

50. 田春艳等 30 名代表（第 336 号议案）提出，房屋建筑安全与人民群众的生命财产安全息息相关，为完善房屋运营使用阶段管理，提高房屋使用安全水平、减少房屋安全事故，建议制定房屋安全管理法。住房城乡建设部总体赞同议案提出的加强房屋建筑安全管理立法的建议。近日，国务院办公厅印发《全国自建房安全专项整治工作方案》，要求加快建立健全农村房屋建设管理和城镇房屋安全管理相关法规。该部正在抓紧推进城镇房屋安全管理条例、农村房屋建设管理条例立法工作，在条例中落实房屋安全责任，推动规划、建设和管理有效衔接。代表们提出的意见和建议在条例中已有体现，该部将抓紧推动有关条例尽快出台，待条件成熟时，将条例确定的相关制度上升为法律规定。全国人大财经委同意住房城乡建设部的意见。

51. 买世蕊等30名代表（第337号议案）提出，我国现有的国债法律制度只有行政法规和部门规章，且颁布时间较早，一些规定内容简单，缺乏可操作性，建议制定国债法，规范国债发行、流通、使用、管理和偿还全过程。全国人大常委会预算工委认为，为有效发挥财政职能作用、建立规范的国债融资机制、切实防范化解政府债务风险、保障党中央重大方针政策落实落地，迫切需要制定国债法，严格规范政府债务管理，全面提升我国预算治理水平。下一步将会同财政部等方面，结合议案内容深入研究国债立法问题，推动列入全国人大常委会立法规划。全国人大财经委同意全国人大常委会预算工委的意见，建议加快推进立法研究工作，待条件成熟时提出立法建议。

52. 买世蕊等30名代表（第339号议案）提出，公益广告是社会主义精神文明建设的有效载体，目前我国公益广告的管理不健全，选题、制作水平有待提升，建议制定公益广告法，明确规定在收视、收听、阅读率较高的电视、广播节目、报刊栏目中增加公益广告，建立公益广告内容的听证制度，明确公益广告的知识产权、制作要求、招投标方法、法律责任等。市场监管总局认为，公益广告发展还存在较大差距，实践中存在公益广告资金保障不充分、互联网媒介落实发布义务不到位等问题，议案对当前推动公益广告发展工作具有借鉴意义。广播电视广告播出管理办法对广播电视节目播出公益广告提出了明确要求，该局和中央网信办、广电总局等部门认真履行相关职责，不断完善制度建设，多措并举积极促进公益广告发展。下一步将加强与有关部门的沟通，推动修订公益广告促进和管理暂行办法，并根据修订后的暂行办法实施情况和公益广告发展情况，适时开展条例或法律等更高层级的立法研究。全国人大财经委同意上述意见，建议加强研究论证，待条件成熟时提出立法建议。

53. 周文涛等30名代表（第343号议案）提出，当前大数据发展日新月异，为了加快培育数据要素市场，推动数据开放共享，规范数据基础设施建设，促进数据产业发展和应用，加强数据安全保护，规范数据跨境流动，建议制定大数据管理法。国家发展改革委会同中央网信办、工业和信息化部研究后提出，近年来国务院及相关部门印发“十四五”数字经济发展规划、促进大数据发展行动纲要、“十四五”大数据产业发展规划，组建数字经济发展部际联席会议，持续做好数据管理和数据安全保护等方面的统筹规划和顶层设计。围绕更好发挥数据要素作用，着力构建数据产权、交易流通、收益分配、安全治理等数据基础制度，促进数据要素安全合规高效流通使用。同时，加快研究起草数据条例，推动出台网络数据安全管理条例，建立完善数据安全保障和个人信息收集、使用、开放、共享相关法律制度建设。全国人大财经委同意国家发展改革委的意见，建议加强对议案所提意见的研究论证，待条件成熟时提出立法建议。

54. 杜彦良等30名代表（第381号议案）提出，随着我国交通运输事业发展，铁路、民航、道路、水路运输综合发展取得重要成果，交通运输领域现行法律多着重于各种运输方式本身，缺乏构建、促进及完善综合交通运输体系的综合性法律，建议制定交通运输法，为加快建设交通强国提供法治保障。交通运输部赞同议案所提建议，认为制定交通运输法具有重要意义和现实紧迫性。该部自2018年起连续将交通运输法列入其年度立法工作计划，目前正积极推进交通运输法研究起草工作。议案所提建议为制定交通运输法提供了有益思路，将在下一步工作中认真研究吸收。全国人大财经委同意交通运输部的意见，建议加强研究论证，待条件成熟时提出立法建议。

55. 周铁根等31名代表（第382号议案）提出，数据是数字经济时代的重要生产要素，目前法律缺乏对数据权属的明确界定，影响市场主体创新动力，阻碍数据资源顺畅交易，增大数据权益维护难度，建议制定数据产权法，根据数据性质完善数据产权，明确数据的分类标准、权属范围、处理规则。国家发展改革委会同中央网信办、工业和信息化部研究后提出，近年来国务院及相关部门围绕更好发挥数据要素作用，着力构建数据产权、交易流通、收益分配、安全治理等数据基础制度。当前数据产权制度亟待破题，但又难以在短期内达成共识，为解决市场主体遇到的实际问题，应该在民法典等相关法律框架下，以保障国家主权安全、企业商业秘密、个人信息隐私保护为前提，探索构建数据产权制度框架体系，推动数据相关权利结构性分置与有序流通。同时，推动完善相关政策体系和法律制度，进一步细化数据产权制度体系。全国人大财经委同意国家发展改革委的意见，建议加强对议案所提意见的研究论证，待条件成熟时提出立法建议。

56. 胡荃等 30 名代表（第 455 号议案）提出，为促进房地产市场健康发展，规范房地产交易行为，维护房地产市场各方合法权益，建议制定房地产交易法。住房城乡建设部认为，议案提出的明确房地产交易管理的主要内容和相关部门职责、建立健全严格的信息发布和披露制度、加强对行业组织和从业人员的管理等建议，对于促进房地产市场健康发展具有重要借鉴意义。目前，该部正在研究制定与房地产交易活动相关的法律法规，拟在住房销售管理条例中确立实名交易、信息披露、资金监管等制度，并积极开展城市房地产管理法修订研究工作，完善相关制度设计。议案提出的建议具有重要参考价值，将在推动房地产交易立法工作时认真研究、充分吸纳。全国人大财经委同意住房城乡建设部意见。

四、9 件议案提出的 9 个立法项目，建议通过进一步加大现行法律法规执法力度，或完善相关法律法规政策，改进工作，解决议案所提问题

要求修改法律的议案 4 件

57. 史贵禄等 30 名代表（第 32 号议案）提出，由于受到新冠疫情，产业结构调整，土地、劳动力、原材料成本增加等影响，中小企业所处环境发生了重大变化，大量企业经营状况面临着巨大挑战，中小企业促进法已不能完全适应目前形势变化与支持中小企业发展的需要，建议修改中小企业促进法，确定中小企业局在统筹中小企业发展中的法律地位，增加中小企业发展基金对知识产权保护方面的专项支持，增加对中小企业融资难问题的根本解决途径。全国人大财经委会同工业和信息化部进行了认真研究，认为 2017 年修订后的中小企业促进法坚持发挥市场决定性作用、强化政府支持力度、着力解决突出问题、注重增强法律的可操作性，作为当前促进中小企业发展工作的基本法律遵循，具有十分重要的意义，在实践中发挥了重要作用。全国人大财经委将继续密切关注中小企业发展，在相关立法、监督工作中认真研究吸收议案提出的具体意见和建议，推动解决议案所提问题，不断健全完善中小企业法律制度。

58. 闫傲霜等 32 名代表（第 267 号议案）提出，地方政府与国务院有关行政主管部门对标准化法是否保留地方在特定领域制定强制标准的理解存在分歧，建议修改标准化法，允许地方政府在特定领域制定严于国家标准的地方性强制标准。市场监管总局提出，2017 年新修订的标准化法规定，国家标准分为强制性标准、推荐性标准，行业标准、地方标准是推荐性标准。考虑到我国现有强制性标准数量多、涉及范围广、影响面大，以及标准化管理的历史沿革和特殊情况，还规定“法律、行政法规和国务院决定对强制性标准的制定另有规定的，从其规定”。环境保护法、食品安全法、农业转基因生物安全管理条例等法律法规和深化标准化工作改革方案，对强制性标准制定另有规定。上述规定能够满足地方对强制性标准的特殊需求，地方还可以提出强制性国家标准立项建议。下一步将积极吸纳议案有关内容，认真贯彻落实国家标准化发展纲要，坚持推动标准化改革创新。全国人大财经委同意市场监管总局的意见，建议加大执法力度，解决议案所提问题。

59. 买世蕊等 30 名代表（第 346 号议案）建议修改进出口商品检验法，将第五条第三款修改为：“本条第一款规定的进出口商品，其中符合国家规定的免予检验条件的，由收货人、发货人或者多式联运承运人申请，经海关检验部门审查批准，可以免予检验”，增加“多式联运承运人”作为免予检验的申请主体。海关总署提出，进出口商品检验法规定，对符合国家规定的免予检验条件的进出口商品，经过法定程序，可以免予检验。免予检验是一种特殊的检验模式，不是不予检验。为落实上述规定，进出口商品免验办法规定了免予检验的主要条件和程序。在免予检验有关申请、审查、监督管理中，需要商品生产企业的协作配合。因此，收发货人作为在海关备案的对外签订并执行进出口贸易合同的主体，由其作为免予检验的申请主体是更为合适的安排。多式联运承运人与商品生产企业一般情况下并不相关，由其作为免予检验的申请主

体,在履行相关程序中或面临实际困难。下一步将认真考虑代表意见,加强研究论证,并保持积极沟通,不断改进工作。全国人大财经委同意海关总署的意见。

60. 樊芸等30名代表(第388号议案)提出,目前科创板存在上市评价标准和企业科技属性认定标准有待完善,先进制造业上市难度大,企业上市成本过高等问题,建议修改证券法,完善有关注册制的内容。中国证监会赞同要从顶层设计上完善制度机制,扎实推进注册制改革。2019年修订的证券法按照全面推行证券发行注册制的基本定位,对证券发行制度作了系统的修改完善。该会据此对有关规章制度进行了专项清理,开展证券法实施情况评估,为注册制改革提供更为有力的法治保障。设立科创板并试点注册制具有开创性和突破性,各项制度安排需要在实践中不断调整完善。该会将结合议案提出的具体建议,坚持注册制改革的正确方向,深入总结试点经验,及时研究新情况、解决新问题,扎实推进注册制改革各项工作,着力提升资本市场功能。全国人大财经委同意中国证监会的意见,建议深入研究实践中发现的问题,不断完善证券法配套制度和工作机制,稳步推进注册制改革。

要求制定法律的议案5件

61. 邵志清等30名代表(第8号议案)提出,在无人机技术、应用、产业高速发展的同时,无人机监管基本处于无法可依状态,为对无人机的飞行活动进行规范管理,建议制定无人机飞行管理法,实行注册登记和分类管理制度。国家空管办提出,自2014年8月该办启动了无人驾驶航空器飞行管理暂行条例草案起草工作,先后多次征求有关部委意见,于2019年5月形成呈审稿,目前已提请国务院、中央军委常务会议审议。条例重点对无人驾驶航空器的管理体制、分级分类、操控人员、飞行活动、监督和应急处置、职责分工以及法律责任等作出规定。议案所提建议在条例中已得到体现,能有效地解决代表所关切的问题。全国人大财经委同意国家空管办的意见。

62. 侯华梅等31名代表(第257号议案)提出,工业建筑遗产不仅有珍贵历史档案价值,还具有改造再利用的现实价值,近年来我国对工业遗产的保护和利用取得了积极进展,但是该领域的法律法规建设相对滞后,目前主要依据部门制定的国家工业遗产管理暂行办法,建议制定工业遗产保护和利用法,明确将工业遗产保护纳入经济社会发展规划,进行价值评估,设立保护基金和机构。工业和信息化部认为,加强工业遗产保护法制建设具有重要意义,为促进工业遗产保护利用可持续健康发展,该部在国家工业遗产管理暂行办法的基础上,研究吸收地方法治实践创新成果,调整和优化了国家工业遗产的评价标准、发布程序、分级保护和动态管理等方面的要求,目前已形成国家工业遗产管理办法公示稿,有望年底前发布实施,同时积极推进工业遗产保护与文物保护法相衔接。全国人大财经委同意工业和信息化部的意见,建议认真研究吸收议案所提意见,加快出台国家工业遗产管理办法,推动工业遗产保护利用取得新进展新成效。

63. 单晓明等31名代表(第349号议案)提出,国务院2003年制定的通用航空飞行管制条例有许多规范与现实的发展已经不相适应,在通用航空产业蓬勃发展的形势下,为积极回应产业需求,建议制定通用航空法,为通用航空产业发展提供法律保障。中国民航局经商国家空管办后提出,2022年2月,该局印发了《"十四五"通用航空发展专项规划》,提出优化两大保障体系,为通用航空发展保驾护航。同时完善有关制度促进通用航空产业发展,在修改民用航空法中将非经营性通用航空的审批改为备案。目前,该局正在配合司法部审查民用航空法修订草案送审稿。通过整合通用航空飞行管制条例、飞行基本规则、民用航空安全保卫条例等法规中对通用航空的一般规定,对通用航空管理的基本原则、主要制度进行完善,吸收到修订草案中,为制定通用航空管理规则提供法律依据。待民用航空法修订完成后再对是否制定通用航空法进行研究论证。民用航空法(修改)已列入十三届全国人大常委会立法规划,全国人大财经委建议有关部门结合代表议案,进一步加强协调沟通,深入研究论证,抓紧修订工作,早日提请全国人大常委会审议。

64. 谢津秋等30名代表(第394号议案)提出,为促进和规范政务数据开放和利用,最大限度地利用大数据提升政府治理能力、促进经济转型升级、推动经济社会高质量发展,建议尽快启动政务数据资源共享国家层面立法,制定政务数据共享法。国务院办公厅提出,近年来我国政务数据共享工作虽取得了积极成效,但实践中仍存在一定问题,迫切需要通过开展政务数据共享立法工作进一步完善。国务院办公厅已会同有关部门、有关地方及科研院所等深入开展调研,研究起草了政务数据共享条例草案送审稿，现已正式转司法部开展下一步立法工作。建议待条例审议通过施行一段时间并加以总结完善后，再推进政务数据共享法的立法工作。全国人大财经委同意国务院办公厅的意见，建议加强研究论证，待条件成熟时提出立法建议。

65. 石嘉兴等 30 名代表（第 425 号议案）提出，外层空间已经成为当今维护国家安全和发展利益所必须关注的战略制高点，建议制定外空安全法，完善空间法律制度体系。外空安全立法应涵盖管理、授权、登记、保护、责任和促进等 6 个方面，以促进航天事业全面、协调和可持续发展。国家国防科工局认为，该议案客观反映了我国航天立法现状和维护外空安全的急迫需求，对推进航天法治建设，保障航天事业高质量发展有重要的参考价值。目前，航天法已列入十三届全国人大常委会立法规划，国家国防科工局会同有关部门，组建了相应的工作机构，积极推进航天法起草，已形成航天法草案初稿，在起草过程中已充分考虑到外空安全有关问题并与国家安全法、国防法等现有法律的衔接。全国人大财经委认为，航天法已连续列入十二届、十三届全国人大常委会立法规划，建议有关部门加大工作力度，积极推动立法进程，争取早日提请全国人大常委会审议。

全国人民代表大会教育科学文化卫生委员会关于第十三届全国人民代表大会第五次会议主席团交付审议的代表提出的议案审议结果的报告

全国人民代表大会常务委员会：

第十三届全国人民代表大会第五次会议主席团交付全国人民代表大会教育科学文化卫生委员会（以下简称教科文卫委）审议的代表议案共 73 件，分别由 21 个代表团共计 2313 代表人次提出，其中教育方面 26 件、科技方面 3 件、文化方面 10 件、人口卫生方面 34 件，共涉及 45 个立法项目和 2 个监督项目。

教科文卫委坚持以习近平新时代中国特色社会主义思想为指导，深入学习贯彻习近平法治思想、坚持和完善人民代表大会制度的重要思想以及总书记在中央人大工作会议上的重要讲话精神，认真落实栗战书委员长关于高质量做好代表议案工作的指示要求，提高政治站位，把代表议案办理工作与立法监督工作结合起来，加强对议案内容的梳理和研究，不断提升议案办理工作质效。按照教育科学文化卫生四个方面明确责任，组成由副主任委员、委员参加的议案办理小组。深入调查研究，采取赴地方开展专题调研、召开视频座谈会议、邀请代表参加立法调研、执法检查、召开座谈会和赴代表所在地征求意见等多种方式，做到与每一位议案领衔代表面对面沟通交流，认真反馈议案办理结果，做到件件有回音，提议有着落。

2022 年 9 月 15 日，教科文卫委召开第 41 次全体会议对代表议案的办理意见进行审议，艾力更·依明巴海、蔡达峰副委员长参加了审议。现将审议结果报告如下：

一、34 件议案提出的 16 个立法项目，已列入十三届全国人大常委会立法规划、2022 年度立法工作计划，或者已纳入强化公共卫生法治保障立法修法工作计划

1. 关于制定学前教育法的议案 3 件
2. 关于制定学位法、修改学位条例的议案 2 件
3. 关于修改教师法的议案 6 件
4. 关于修改科普法的议案 1 件
5. 关于制定文化产业促进法的议案 1 件
6. 关于修改文物保护法的议案 1 件
7. 关于修改传染病防治法的议案 5 件
8. 关于制定突发公共卫生事件应对法的议案 4 件
9. 关于制定药师法的议案 1 件
10. 关于修改献血法的议案 2 件
11. 关于修改中医药法的议案 2 件
12. 关于修改精神卫生法的议案 2 件
13. 关于修改药品管理法的议案 1 件
14. 关于修改食品安全法的议案 1 件

15. 关于修改疫苗管理法的议案 1 件

16. 关于修改职业病防治法的议案 1 件

二、20 件议案提出的 12 个立法项目，建议有关部门认真研究论证，适时开展相关法律草案起草工作，条件成熟时，列入十四届全国人大常委会立法规划或者年度立法工作计划

1. 关于修改国家通用语言文字法的议案 2 件

2. 关于制定终身教育法、全民终身教育法的议案 2 件

3. 关于修改民办教育促进法的议案 1 件

4. 关于修改高等教育法的议案 1 件

5. 关于制定红色文化资源保护法的议案 3 件

6. 关于制定全民阅读促进法的议案 1 件

7. 关于修改公共文化服务保障法的议案 1 件

8. 关于制定广播电视法的议案 1 件

9. 关于制定护士法的议案 4 件

10. 关于制定罕见病诊疗及管理法的议案 1 件

11. 关于制定爱国卫生法的议案 1 件

12. 关于制定婴幼儿托育服务法、婴幼儿托育保障法的议案 2 件

三、15 件议案提出的 15 个立法项目，建议加强研究，在制定或者修改相关法律时统筹考虑、充分吸收采纳代表议案所提出的立法建议

1. 关于修改教育法的议案 1 件

2. 关于制定学校安全法的议案 1 件

3. 关于制定高校学生实习法的议案 1 件

4. 关于制定专门教育法的议案 1 件

5. 关于制定在线教育法的议案 1 件

6. 关于制定校外培训监管法的议案 1 件

7. 关于制定拔尖创新人才教育促进法的议案 1 件

8. 关于制定人才发展促进法的议案 1 件

9. 关于制定大运河文化遗产保护法的议案 1 件

10. 关于制定孝文化促进法的议案 1 件

11. 关于制定公共卫生法的议案 1 件

12. 关于制定人口促进法的议案 1 件

13. 关于制定中医药传统知识保护法的议案 1 件

14. 关于制定公共场所禁烟法的议案 1 件

15. 关于制定细胞研究和应用促进法的议案 1 件

四、2 件议案提出的 2 个立法项目，建议通过制定或者修改相关行政法规、加大现行法律法规的贯彻实施力度，同时加强和改进相关工作，认真吸收代表建议，以解决议案所提出的问题

1. 关于修改义务教育法的议案 1 件

2. 关于制定繁荣哲学社会科学促进法的议案 1 件

五、2 件议案提出的 2 个监督项目，建议适时列入全国人大常委会年度监督工作计划

1. 关于开展民办教育促进法执法检查的议案 1 件

2. 关于开展食品安全法执法检查的议案 1 件

上述 73 件议案的主要内容和具体审议意见，详见附件。

以上报告，请审议。

附件：全国人民代表大会教育科学文化卫生委员会关于第十三届全国人民代表大会第五次会议主席团交付审议的代表提出的议案的审议意见

全国人民代表大会教育科学
文化卫生委员会
2022 年 10 月 27 日

附件：

全国人民代表大会教育科学文化卫生委员会关于第十三届全国人民代表大会第五次会议主席团交付审议的代表提出的议案的审议意见

第十三届全国人民代表大会第五次会议主席团交付全国人民代表大会教育科学文化卫生委员会审议的代表提出的议案共73件，涉及45个立法项目、2个监督项目。2022年9月15日教科文卫委召开第41次全体会议对代表议案的办理意见进行了审议。具体意见如下：

一、34件议案提出的16个立法项目，已列入十三届全国人大常委会立法规划、2022年度立法工作计划，或者已纳入强化公共卫生法治保障立法修法工作计划

1. 河南代表团王中立等35名代表、安徽代表团陈静等31名代表、河北代表团陈凤珍等31名代表提出关于制定学前教育法的议案3件（第4号、第288号、第295号）。议案提出，学前教育立法条件基本成熟，应认真总结实践成效，充分吸收借鉴地方立法经验，明确立法重点，加快学前教育立法进程，为促进新形势下学前教育事业健康有序发展、维护教育公平提供法治保障。

制定学前教育法已列入全国人大常委会2022年度立法工作计划。2021年4月，教育部向国务院报送学前教育法草案送审稿。目前国务院有关部门正在对草案作进一步修改完善。我委已促请有关部门认真研究吸纳议案提出的意见建议，抓紧修改法律草案，尽早提请全国人大常委会审议。

2. 广西代表团潘桂仙等31名代表提出关于制定学位法的议案（第105号），湖北代表团周洪宇等32名代表提出关于修改学位条例的议案（第126号）。议案提出，学位条例已不能适应改革实践与现实需要，迫切需要全面修改并制定学位法。建议在征求意见稿的基础上，对学位授予性质、权利救济、同行评议、高等职业教育学位等问题再作研究，适应新形势下人才培养和学位管理工作的需要。

修改学位条例已列入常委会2022年立法工作计划。2021年11月，教育部向国务院报送将学位条例修改为学位法的草案送审稿。目前国务院有关部门正在对草案作进一步修改完善。有关部门表示，将认真研究议案提出的立法建议，加快工作进度，尽快提交全国人大常委会审议。全国人大常委会法工委表示，将按照立法工作计划积极做好相关工作，代表议案提出的有关具体建议将在下一步修法工作中认真研究。我委已促请有关部门认真研究吸纳议案提出的意见建议，抓紧修改法律草案，尽早提请全国人大常委会审议。

3. 重庆代表团刘希娅等31名代表、湖北代表团周洪宇等31名代表、辽宁代表团王家娟等31名代表、河北代表团陈凤珍等30名代表、黑龙江代表团张斌等30名代表、广西代表团李康等30名代表提出关于修改教师法的议案6件（第85号、第179号、第191号、第200号、第366号、第430号）。议案提出，教师法的部分规定已不适应新时代教育改革发展和教师队伍建设的要求，建议加快修改教师法工作进程，通过修法明确政府责任，提高教师社会地位和待遇，完善教师权利义务规定，保障教师合法权益，加强教师队伍管理。

修改教师法已列入常委会2022年度立法工作计划。2021年11月，教育部将教师法修订草案征求意见稿面向社会公开征求意见，目前正在作进一步修改。国务院有关部门表示，议案中部分建议已在修订草案中吸收和体现，下一步将认真研究议案提出的关键问题，吸收采纳有关建议，积极配合做好修法工作。全国人大常委会法工委表示，将按照立法工作计划积极做好相关工作，对议案提出的有关具体建议将在下一步修法工作中认真研究。我委已促请有关部门认真研究吸纳代表议案提出的意见和建议，抓紧修改完善法律草案，尽早提请全国人大常委会审议。

4. 新疆代表团张雁等31名代表提出关于修改科普法的议案1件（第39号）。议案认为，随着我国经济社会飞速发展，科普法已经不能适应新时代新形势的需要，亟待从总则、组织管理、社会责任、

保障措施等方面予以修改完善，以更好服务新时代科普事业的发展。

科普法修改已列入常委会2022年度立法工作计划，国务院有关部门正抓紧修改起草工作，目前已初步形成修改草案稿。我委已结合全国人大常委会开展的科学技术普及法执法检查，就法律修改向有关部门提出了建议，同时促请有关部门认真研究吸纳代表议案提出的意见和建议，抓紧修改完善法律草案，尽早提请全国人大常委会审议。

5. 河南代表团买世蕊等31名代表提出关于制定文化产业促进法的议案1件（第294号）。议案建议制定文化产业促进法，明确各级政府将促进文化产业发展纳入规划，加强人才培养，鼓励文化产业内容、技术、业态等方面的创新，维护文化市场秩序，促进人才、技术、信息等要素合理流动，促进文化产业健康持续发展。

制定文化产业促进法已列入十三届全国人大常委会立法规划，由国务院牵头起草并提请审议。2019年12月，文化和旅游部已向国务院报送文化产业促进法草案送审稿。目前，司法部与文化和旅游部等部门正在抓紧修改完善法律草案稿。我委已促请有关部门在修改完善法律草案稿时认真研究吸纳代表议案提出的意见和建议，加快立法步伐，尽早提请全国人大常委会审议。

6. 湖北代表团周洪宇等31名代表提出关于修改文物保护法的议案1件（第178号）。议案提出，当前文物事业发展面临新形势新任务，为适应文物保护利用改革和经济社会发展需要，建议修改文物保护法，进一步明确文物概念，丰富文物的类型以及认定标准，加强不可移动文物保护和馆藏文物保护利用，支持引导社会力量参与，规范文物流通，建立健全文物保护相关监督检查制度。

修改文物保护法已列入十三届全国人大常委会立法规划、2022年度立法工作计划和国务院2022年度立法工作计划，由国务院牵头起草并提请审议。2021年2月，国家文物局已向国务院报送文物保护法修订草案送审稿。目前，司法部与国家文物局等部门正在抓紧修改完善法律草案稿。我委已促请有关部门在修改完善法律草案稿时认真研究吸纳代表议案提出的意见和建议，加快立法步伐，尽早提请全国人大常委会审议。

7. 广西代表团陆爱益等31名代表、河北代表团乞国艳等31名代表、辽宁代表团庄艳等30名代表、黑龙江代表团丰晓敏等30名代表、河南代表团买世蕊等30名代表提出关于修改传染病防治法的议案5件（第102号、第189号、第196号、第397号、第438号）。议案提出，现行的传染病防治法对疫情防控起到了重要的作用，但随着经济社会的发展和传染病的变化，已不能完全适应当前传染病防治的需要，建议修改传染病防治法，完善法定传染病信息通报和预警制度、重大传染病疫情隔离管控措施等规定。

全国人大常委会高度重视传染病防治法修改工作，将其列入2022年度立法工作计划。2022年2月，中央编办公布国家卫生健康委、国家疾控局“三定”规定。司法部在国家卫生健康委、国家疾控局的配合下，根据国家疾病预防控制体系改革方案和“三定”规定，在认真研究新冠肺炎疫情防控中的新情况新问题的基础上，对修订草案作了进一步完善。我委多次就修订草案涉及的主要问题开展调研，提出修改完善的建议，并促请司法部等部门认真研究吸纳代表议案提出的意见和建议，加快立法进程，尽快将传染病防治法修订草案提请全国人大常委会审议。

8. 湖北代表团周洪宇等31名代表、河北代表团温秀玲等31名代表、辽宁代表团杨松等30名代表、浙江代表团张天任等30名代表提出关于制定突发公共卫生事件应对法的议案4件（第157号、第194号、第195号、第472号）。议案提出，新冠肺炎疫情防控暴露出我国在突发公共卫生应急法治保障方面存在短板弱项，突发公共卫生事件的预防体系有待进一步加强，建议加快推进突发公共卫生事件应对法立法进程，提高突发公共卫生事件应急准备和监测预警能力，规范突发公共卫生事件应急处置环节，完善突发公共卫生事件应急保障体系。

全国人大常委会高度重视突发公共卫生事件应对法的立法工作，已将其列入2022年度立法工作计划。国家卫生健康委及时推进立法工作，组建起草工作专班，在总结突发公共卫生事件应急条例实践经验和新冠肺炎疫情应对经验的基础上，形成了突发公共卫生事件应对法草案；国家疾控局“三定”规定发布后，根据国家卫生健康委、国家疾控局的职责分工，以及代表提出的意见对草案进行了修改。我委多次就草案涉及的主要问题开展调研，提出修改完善的建议，并促请国家卫生健康委等相关部门抓紧修改完善草案，尽快将突发公共卫生事件应对法草案提请全国人大常委会审议。

9. 陕西代表团史贵禄等30名代表提出关于制定药师法的议案1件（第20号）。议案提出，目前不合理用药问题比较普遍，侵害了公众的身心健康，淡化了药师的地位、作用和责任，建议制定药师法，构建有效的药师管理制度，完善药师的权利和义务，明确药师的法律责任。

药师法制定已列入全国人大常委会 2022 年度立法工作计划的预备审议项目。国家卫生健康委已形成三稿药师法（草案征求意见稿），分别于 2017 年、2020 年和 2021 年征求有关方面意见；目前正在会同国家药监局、国家中医药局等部门开展调研工作，进一步修改完善草案的内容。我委已促请有关部门认真研究吸纳代表议案提出的意见和建议，抓紧修改完善草案，尽快将药师法草案提请全国人大常委会审议。

10. 山西代表团杨林花等 32 名代表、贵州代表团傅信平等 30 名代表提出关于修改献血法的议案 2 件（第 163 号、第 167 号）。议案提出，随着我国人均寿命延长、新的医疗技术及大数据技术的发展，献血法部分内容与实际需要已不相适应，建议修改献血法，调整献血者年龄、献血间隔，建立全国献血者数据共享库，完善制约采供血和用血的规定，增加对无偿献血者权益保障方面的规定。

献血法修改已列入十三届全国人大常委会强化公共卫生法治保障立法修法工作计划。国家卫生健康委积极推动无偿献血事业发展，建立全国血液联动应急保障机制，不断完善血液管理制度体系。在广泛听取各方面意见基础上，国家卫生健康委起草了献血法（修订草案）。我委已促请有关部门深入开展调研，认真研究吸纳代表议案提出的意见和建议，抓紧修改完善修订草案，尽快将献血法修订草案提请全国人大常委会审议。

11. 河南代表团庞国明等 30 名代表、安徽代表团杜延安等 30 名代表提出关于修改中医药法的议案 2 件（第 64 号、第 289 号）。议案提出，中医药法在管理机构设置、传统理论研究、知识产权保护、人才培养机制、基层网点建设等方面同人民群众对中医药服务的需求有差距，中医的医保配套政策、广告发布审批、中药制剂备案等规定不符合工作实际，建议修订中医药法，切实推进中医药事业与产业高质量发展。

中医药法实施以来，国家中医药局积极推动相关部委出台中医药法相关配套制度和政策，不断健全中医药法律制度。全国人大常委会高度重视中医药法治建设，将中医药法修改列入十三届全国人大常委会强化公共卫生法治保障立法修法工作计划，并于 2021 年对中医药法实施情况开展了检查。我委已促请有关部门认真研究吸纳代表议案提出的意见和建议，不断解决制约中医药传承创新发展的困难和问题，并结合修改传染病防治法、制定突发公共卫生事件应对法等立法工作，组织开展立法调研，尽快将中医药法修订草案提请全国人大常委会审议。

12. 上海代表团陈国民等 30 名代表、广西代表团黄花春等 31 名代表提出关于修改精神卫生法的议案 2 件（第 6 号、第 291 号）。议案提出，近年来精神健康治理出现了新的问题和挑战，建议修订精神卫生法，加强严重精神障碍患者管理，保障精神疾病患者救治救助权益，促进心理咨询服务健康发展。

国家卫生健康委 2018 年起组织专家研究起草《精神卫生法实施办法》，重点研究心理服务机构和人员规范管理等内容。有关部门印发了《严重精神障碍管理治疗工作规范（2018 年版）》《全国社会心理服务体系试点工作方案》等文件。全国人大常委会高度重视精神卫生领域立法工作，将精神卫生法修改列入十三届全国人大常委会强化公共卫生法治保障立法修法工作计划。我委结合代表议案提出的重点问题，组织开展了相关调研，并促请相关部门认真研究吸纳代表议案提出的意见和建议，尽快将精神卫生法修订草案提请全国人大常委会审议。

13. 福建代表团章联升等 31 名代表提出关于修改药品管理法的议案 1 件（第 88 号）。议案提出，2019 年修订的药品管理法在加强药品管理、保证药品质量、保障公众用药安全等方面发挥了重要作用，但药品管理法一些条款已不能适应新形势的需要，建议对相关条款做出修改。

药品管理法修改已列入十三届全国人大常委会强化公共卫生法治保障立法修法工作计划。国家药监局依据修订后的药品管理法，修改了《药品注册管理办法》《药品生产监督管理办法》等规章，颁布了《药品上市后变更管理办法（试行）》等规范性文件和《药品委托生产质量协议指南》等技术指导原则，目前正在修订《药品管理法实施条例》。我委已促请有关部门认真研究吸纳代表议案提出的意见和建议，不断完善药品管理法规制度体系，尽快将药品管理法修订草案提请全国人大常委会审议。

14. 河北代表团周松勃等 31 名代表提出关于修改食品安全法的议案 1 件（第 222 号）。议案提出，为落实党中央关于食品安全工作相关政策文件的要求，建议修改食品安全法，强化食品风险分级，规范餐饮食品安全，加强社会共治，解决食品安全监管方面的突出问题，提升食品全链条质量安全。

食品安全法修改已列入十三届全国人大常委会强化公共卫生法治保障立法修法工作计划。国家市场监管总局深入贯彻落实食品安全“四个最严”要求，不断完善食品安全法配套规章制度，落实食品生产经营者主体责任，强化食品安全风险意识，指导督促地方落实属地管理责任，加大监督检查力度，推动食品安全社会共治，筑牢食品安全防线。我委已促请有关部门认真研究吸纳代表议案提出的意见和建议，紧盯群众关心、社会关切、影响较大的重点问题，加强研究论证，尽快将食品安全法修订草案提请全国人大常委会审议。

15. 黑龙江代表团丰晓敏等30名代表提出关于修改疫苗管理法的议案1件（第370号）。议案提出，疫苗管理法对疫苗生产和流通环节关注较多，对疫苗接种环节等问题及对监管权力的约束重视不足，建议对疫苗管理法进行修改，补充完善相关规定。

疫苗管理法修改已列入十三届全国人大常委会强化公共卫生法治保障立法修法工作计划。国家药监局积极开展配套规章制度制定修订工作，出台了《生物制品批签发管理办法》《疫苗生产流通管理规定》等规章、规范性文件，进一步明确了疫苗注册、生产、批签发和流通的具体管理要求，议案提出的一些建议已在相关制度中体现。国家药监局在修订《药品管理法实施条例》时，将对代表提出的意见认真研究。国家疾控局提出，将继续加强非免疫规划疫苗接种管理，严格做好预防接种规范化管理，按照“四个最严”要求，完善预防接种政策措施。我委已促请有关部门认真研究吸纳代表议案提出的意见和建议，贯彻实施好疫苗管理法和相关配套规定，加强疫苗接种环节监管，同时开展立法调研论证工作，尽快将疫苗管理法修订草案提请全国人大常委会审议。

16. 辽宁代表团庄艳等30名代表提出关于修改职业病防治法的议案1件（第241号）。议案提出，人力资源社会保障部相关规定已明确，医护及相关工作人员因履行工作职责感染新冠肺炎的，应认定为工伤，建议职业病防治法将接触恶性传染病病原体纳入职业病定义中的有害因素。

职业病防治法修改已列入十三届全国人大常委会强化公共卫生法治保障立法修法工作计划。2020年，国家卫生健康委启动了职业病防治法修改工作，研究起草了职业病防治法（修改草案），正在征求相关部门和单位的意见。国家卫生健康委与人力资源社会保障部启动了《职业病分类和目录》的修订工作，将综合考虑我国经济社会水平、工伤保险基金承受能力等因素，适时对《职业病分类和目录》进行调整。我委已促请有关部门在修订职业病防治法和《职业病分类和目录》时，认真研究吸纳代表议案提出的意见和建议，深入研究论证，尽快将职业病防治法修订草案提请全国人大常委会审议。

二、20件议案提出的12个立法项目，建议有关部门认真研究论证，适时开展相关法律草案起草工作，条件成熟时，列入十四届全国人大常委会立法规划或者年度立法工作计划

1. 新疆代表团库尔班·尼亚孜等30名代表、湖北代表团周洪宇等31名代表提出关于修改国家通用语言文字法的议案2件（第63号、第172号）。议案提出，近年来语言生活日益复杂，人民群众语言文字学习使用需求更加多元，现有的国家通用语言文字法已不能适应当前需要。建议将修改国家通用语言文字法列入全国人大常委会2022年度立法工作计划，进一步明确国家通用语言文字的地位和使用原则，在学习使用国家通用语言文字方面坚持权利义务相统一，细化法律责任，推动筑牢中华民族共同体意识。

教育部认为，随着经济社会发展和信息化步伐加快，语言文字工作遇到许多新情况新问题，法律的贯彻实施面临新形势新挑战，有必要适时修改国家通用语言文字法。2021年，教育部已完成修订草案稿并征求过意见。本次修法拟突出国家通用语言文字的主体地位，改革管理制度、落实各方职责，强化制度刚性、增加法律责任。全国人大常委会法工委表示，将在下一步编制立法规划和立法工作计划时，认真研究代表议案提出的建议。我委已促请有关部门认真研究吸收代表议案所提建议，建议加强调研，进一步完善法律草案，争取列入十四届全国人大常委会立法规划或者年度立法工作计划。

2. 江苏代表团戴雅萍等32名代表提出关于制定全民终身教育法的议案1件（第239号），河南代表团买世蕊等30名代表提出关于制定终身教育法的议案1件（第298号）。议案建议制定（全民）终身教育法，构建终身教育体系，满足社会发展对教育培养人才的需求，保障公民学习权利，促进社会

和谐稳定发展。建议在立法中明确政府、社会、教育机构、家庭和个人的职责分工，为全民学习、终身学习提供体制、机制和资源保障。

党中央、国务院高度重视终身教育，将推进终身学习、建设学习型社会作为一项战略任务进行部署。教育部在借鉴地方立法经验的基础上，积极推进终身教育立法工作，正在起草终身学习促进法。教育部表示，将在工作中认真研究吸收采纳代表意见建议，推动将终身教育法列入全国人大常委会立法规划。我委建议有关部门应进一步开展终身教育立法研究论证工作，条件成熟时，争取列入十四届全国人大常委会立法规划或者年度立法工作计划。

3. 湖南代表团屈胜等 30 名代表提出关于修改民办教育促进法的议案 1 件（第 131 号）。议案提出，现行的民办教育促进法部分法律条款不明晰，操作性不强，已不适应新时期民办教育工作的发展需要。建议修改民办教育促进法，加强与相关法律衔接，更好落实民办学校在毕业生就业、税收优惠等方面的同等待遇。

民办教育是社会主义教育事业的组成部分。全国人大常委会于 2016 年、2018 年修改了民办教育促进法，国务院于 2021 年修改了民办教育促进法实施条例，对支持和规范民办教育作出进一步明确规定。有关部门认为，代表们提出的意见建议具有很强的针对性和实践性，反映出法律在实施过程中遇到的现实问题。其中有些问题在实施条例中已有具体规定，有些需要通过完善配套政策解决，有些正在进一步研究。有关部门表示，将按照民办教育促进法及其实施条例的规定，继续做好支持民办教育相关政策落实工作，加强对税收政策的宣传，促进民办教育高质量发展。我委已促请有关部门认真研究吸收代表议案所提建议，积极推动民办教育事业健康有序发展，同时，开展修法研究论证工作，条件成熟时，争取列入十四届全国人大常委会立法规划或者年度立法工作计划。

4. 河北代表团陈树波等 31 名代表提出关于修改高等教育法的议案 1 件（第 254 号）。议案提出，为服务经济社会高质量发展，适应人才培养需要，建议修改高等教育法，加快完善高等教育法律规范体系。

党中央、国务院高度重视高等教育工作，在全面落实立德树人根本任务、夯实人才培养中心地位、探索本科层次职业学校的特色发展路径、落实高校办学自主权等方面加快推进，推动高等教育高质量发展。全国人大常委会 2021 年 4 月修改教育法，将党的领导、坚持以习近平新时代中国特色社会主义思想为指导写入总则；2022 年 4 月，修改职业教育法，规定了发展本科层次的职业教育等内容，这些都适用于高等教育。正在开展的教师法、学位条例修改工作，也涉及高等教育领域有关问题。代表们提出的修改建议，有些内容已在相关法律法规和实际工作中予以体现。我委已促请有关部门在贯彻实施教育法、职业教育法和修改教师法、学位条例时，认真吸纳代表议案提出的意见和建议。同时，开展修法研究论证工作，条件成熟时，争取列入十四届全国人大常委会立法规划或者年度立法工作计划。

5. 上海代表团陈力等 30 名代表、河北代表团陈树波等 31 名代表、黑龙江代表团杨震等 30 名代表提出关于制定红色文化资源保护法的议案 3 件（第 2 号、第 270 号、第 378 号）。议案提出，红色文化具有重大的历史意义和政治、教育、文化价值，建议尽快制定红色文化资源保护法，进一步规范红色资源的保护传承，明确保护责任，强化保障措施，使红色文化资源的传承与创新工作在法治轨道上行稳致远，进一步发挥制度对红色文化资源传承和保护的引导、激励、规范作用。

依法保护红色文化资源具有重要意义。建议有关部门进一步深入系统研究红色文化保护与传承相关法律的调整对象、基本原则、制度设计、法律责任等主要问题，研究与其他法律的内容衔接，总结保护、管理、运用红色资源的做法经验，并在制定文化产业促进法、修改文物保护法等相关法律法规时，认真研究吸纳该议案的有关内容，加强对红色文化资源的保护利用。我委已促请有关部门积极开展调研，条件成熟时，争取列入十四届全国人大常委会立法规划或者年度立法工作计划。

6. 河南代表团买世蕊等 31 名代表提出关于制定全民阅读促进法的议案 1 件（第 332 号）。议案提出，全民阅读和公共文化服务已上升到国家经济、文化战略高度。建议制定全民阅读促进法，明确政府责任，加强全民阅读设施建设，重点保障未成年人等特殊群体的基本阅读需求，设立读书节，地方政府和群众性自治组织应定期开展阅读活动，鼓励文化团体、教育机构等社会组织和个人提供公益阅读服务。

2020 年 10 月，中宣部印发了《关于促进全民阅读工作的意见》，确定了促进全民阅读工作的指导思想、基本原则和阶段性目标等。目前，全国已有

17个省(区、市)及地级市颁布了促进全民阅读的地方性法规。我委已促请有关部门在已有工作基础上,认真研究代表议案提出的意见和建议,积极开展立法调研论证工作,条件成熟时,争取列入十四届全国人大常委会立法规划或者年度立法工作计划。

7. 河北代表团陈树波等30名代表提出关于修改公共文化服务保障法的议案1件(第262号)。议案提出,随着经济社会发展,现代公共文化服务体系建设与满足人民日益增长的美好生活需要、建设社会主义文化强国的要求相比还有一定差距。同时,公共文化服务保障法实施中出现了一些新问题,如政府保障责任不到位、服务效能发挥不充分、社会力量参与不够、专业人才紧缺等,一些规定已不能适应公共文化发展的新形势,需要对有关条文进行修订。

公共文化服务保障法构筑了我国公共文化服务基本法律制度体系的框架。针对议案中提到的实践中的问题,公共文化服务保障法已作出规定,但一些地方贯彻实施不到位,国务院有关部门已经提出了有针对性的工作举措。我委已促请有关部门认真研究吸纳代表意见和建议,进一步加强公共文化服务保障法贯彻实施,积极开展调研,条件成熟时,争取列入十四届全国人大常委会立法规划或者年度立法工作计划。

8. 陕西代表团史贵禄等30名代表提出关于制定广播电视法的议案1件(第19号)。议案提出,广播电视作为媒体工具,具有重要的宣传教育娱乐功能,影响社会生活各方面。我国广播电视行业长期缺少专门法律,存在监管空白。建议制定广播电视法,将线上线下的全部传媒活动纳入调整范围,健全监管体系,明确监管责任,提升监管能力,加大对广播电视行业的扶持,依法打击违法犯罪行为。

制定广播电视法是促进广播电视行业高质量发展的现实需要,已列为国务院2022年度立法工作计划中的预备项目。目前,有关部门正在抓紧开展调研,广泛听取各有关方面意见建议,研究起草法律草案稿。我委已促请有关部门认真研究吸纳代表议案提出的意见和建议,抓紧起草法律草案稿,条件成熟时,争取列入十四届全国人大常委会立法规划或者年度立法工作计划。

9. 海南代表团、河北代表团祝淑钗等30名代表、湖南代表团胡春莲等30名代表、河南代表团宋静等30名代表提出关于制定护士法的议案4件(第107号、第165号、第272号、第369号)。议案提出,目前护士多元化职业需求无法得到满足,不同类别护士职责不明,临床一线护士数量配备不足,护士规范化培训不能有效落实,建议在总结护士条例实施经验的基础上加快制定护士法,促进护理事业健康持续发展。

国务院于2008年1月颁布了护士条例,并于2020年根据"放管服"改革对条例进行了修订。2022年4月,国家卫生健康委印发了《全国护理事业发展规划(2021—2025)》,对完善护理服务体系,补齐护理短板弱项,加强护理队伍建设,推动护理高质量发展提出了更高的要求。我委已促请有关部门加大工作力度,针对护理工作面临的新挑战新要求开展有针对性的调研,对行业发展和管理工作中的若干重大问题抓紧论证,条件成熟时将护士法列入十四届全国人大常委会立法规划或者年度立法工作计划。

10. 山东代表团王威东等32名代表提出关于制定罕见病诊疗及管理法的议案1件(第134号)。议案提出,我国现有法律法规对罕见病的定义、认定、诊疗、药品研发、医疗保障等各方面缺少界定、约束和保障,建议开展罕见病立法,全面提升我国罕见病诊疗及管理水平,保护广大罕见病患者的合法权益。

国家卫生健康委会同科技部、工信部、国家药监局等五部门联合发布了我国《第一批罕见病目录》;制定了《罕见病诊疗指南》;建立了全国罕见病诊疗协作网;建立了我国罕见病病例信息登记制度;发布了《中国罕见病防治与保障事业发展》报告。国家药监局出台了《罕见疾病药物临床研发技术指导原则》等技术指南,扎实推进审评审批制度改革,加快防治罕见病的创新药和改良型新药上市进程,并将在《药品管理法实施条例》修订时,认真研究代表的意见。全国人大常委会高度重视罕见病防治立法工作,常委会领导带队开展调研,加强研究论证。我委对罕见病立法涉及的主要问题进行了专题研究,并促请相关部门认真研究吸纳代表议案提出的意见和建议,尽快出台行政法规或者规章,条件成熟时将罕见病立法列入十四届全国人大常委会立法规划或者年度立法工作计划。

11. 广西代表团甘楚林等30名代表提出关于制定爱国卫生法的议案1件(第100号)。议案提出,爱国卫生运动是群众路线运用于卫生防病工作的成功实践。目前爱国卫生工作主要是以国务院文件和地方性法规为依据开展工作,面对新情况新问题有必要加快爱国卫生立法进程,推动爱国卫生工作规范化、法治化。

国家卫生健康委、农业农村部、住房城乡建设部等部门认为，运用法治思维推进爱国卫生工作，改善城乡人居环境，具有重要意义。目前，近30个省（区、市）颁布了爱国卫生工作地方性法规，为国家立法奠定了基础。国家卫生健康委委托有关方面多次开展立法调研，已形成爱国卫生条例（征求意见稿），正在第二次征求相关部门的意见。我委已促请有关部门积极推进爱国卫生条例的立法进程，尽快颁布实施，同时开展爱国卫生法的调研论证工作，条件成熟时将爱国卫生法列入十四届全国人大常委会立法规划或者年度立法工作计划。

12. 安徽代表团孙正东等30名代表提出关于制定婴幼儿托育服务法的议案1件（第391号），浙江代表团罗卫红等34名代表提出关于制定婴幼儿托育保障法的议案1件（第458号）。议案提出，在全面实施三孩生育政策背景下，婴幼儿照护难、生育养育经济负担重、影响女性职业发展，已成为影响广大育龄家庭生育意愿的重要因素。为提高生育率、释放生育潜能，建议制定婴幼儿托育服务（保障）法，用法律保障婴幼儿托育服务的普惠性与可及性。

2021年，《中共中央国务院关于优化生育政策促进人口长期均衡发展的决定》作出实施三孩生育政策及配套支持措施的重大决策，明确将发展普惠托育服务体系作为配套支持措施之一。国家卫生健康委会同有关方面起草了《托育服务管理条例（草案）》，吸收了代表议案的相关内容；针对代表提出的其他具体建议，将会同相关部门进一步完善相关规范，加强托育服务机构的监管，加快推进社区托育服务设施及配套安全设施建设。我委已促请相关部门坚持问题导向，总结实践经验，积极组织开展立法研究，条件成熟时将托育立法列入十四届全国人大常委会立法规划或者年度立法工作计划。

三、15件议案提出的15个立法项目，建议加强研究，在制定或者修改相关法律时统筹考虑、充分吸收采纳代表议案所提出的立法建议

1. 河北省代表团尤立增等30名代表提出关于修改教育法的议案1件（第199号）。议案建议修改教育法，从推动教育发展方式从规模增长向质量提升转变、建成高水平的人才培养体系、加快推进教育治理体系和治理能力现代化、推进教育公平、建设高水平的教师队伍等五个方面破解当前教育发展问题，为建设教育强国、构建高质量教育体系提供法制保障。

我国现行教育法于1995年公布施行，于2009年、2015年、2021年进行过三次修正。议案中所提的完善国民教育体系、提高教育现代化水平、促进教育公平、推动义务教育均衡发展、加强教师队伍建设等建议，都是贯彻实施教育法时要关注的重要内容。我委建议有关部门在学习宣传和贯彻实施新修订的教育法工作中，要认真研究代表意见，并在制定学前教育法、修改教师法等工作中予以吸收。

2. 江苏省代表团葛道凯等30名代表提出关于制订学校安全法的议案1件（第44号）。议案提出，校园安全事关学生的身心健康，事关教育事业健康发展。近年来校园内学生欺凌、食物中毒、意外伤害等案事件多发，严重干扰学校的正常教育教学秩序和安全稳定。建议制定学校安全法，明确学校安全工作原则、相关方面责任和事故处置要求。

学校安全尤其是学生安全问题，一直受到党中央、国务院和社会各界的高度关注。国务院及其有关部门发布了《校车安全管理条例》《国务院办公厅关于加强中小学幼儿园安全风险防控体系建设的意见》《未成年人学校保护规定》《学生伤害事故处理办法》等文件，与学校安全相关的制度规范不断完善。教育部在立法研究和调研工作的基础上，已形成学校安全条例草案稿。我委建议有关部门抓好现有规章制度的落实，对学校安全立法必要性作进一步调研论证，同时在制定和修改其他法律时，充分吸收代表意见建议。

3. 上海代表团汤亮等30名代表提出关于制定高校学生实习法的议案1件（第70号）。议案建议制定高校学生实习法，将高校学生实习纳入法治轨道，明确政府、学校、实习单位等主体责任，建立健全奖励、合作及监管机制，完善实习学生权益保障制度，提高人才培养质量。

2022年新修订的职业教育法对高等职业学校学生的实习保障作出规定，有关部门已出台《关于加强和规范普通本科高校实习管理工作的意见》《职业学校学生实习管理规定》等政策文件，下一步将在高校学生管理相关工作中，不断完善对学生实习的制度保障。教育部提出，从立法的规划布局和效益的角度，就高校实习问题单独立法，其必要性有待进一步研究，建议在修改高等教育法等相关法律时，对高校学生实习保障的相关原则与内容加以

完善。我委赞同有关部门的意见，并促请其认真研究采纳代表议案提出的意见建议，做好有关工作，并在相关法律修改时予以吸收考虑。

4. 河北代表团尤立增等30名代表提出关于制定专门教育法的议案1件（第128号）。议案建议制定专门教育法，明确规定专门教育的组织实施、学校开设主体、评价体系、队伍建设以及适用条件、矫治期限、评估标准、转出程序等内容。

专门教育是国民教育体系的组成部分，是对有严重不良行为对未成年人进行教育和矫治的重要保护处分措施。在预防未成年人犯罪法、《关于加强专门学校建设和专门教育工作的意见》《中小学教育惩戒规则（试行）》和《未成年人学校保护规定》《中小学法治副校长聘任与管理办法》等法律文件中都对专门学校和专门教育作出明确规定，下一步将加快出台专门学校建设和专门教育具体办法。我委已促请有关部门在相关法律修改时认真研究吸纳代表议案中的意见和建议，并进一步加大法律的贯彻实施力度，做好专门教育工作，切实保障未成年人合法权益。

5. 河北代表团王凤巧等30名代表提出关于制定在线教育法的议案1件（第290号）。议案建议制定在线教育法，明确指导思想和发展目标，建立规范化标准体系和准入制度，确立多元化投入支持机制，加强监管，强化行业自律。

近年来，国务院及有关部门加大投入力度，以教育信息化助力教育现代化，并加强在线教育网站及应用软件监管，强化个人信息保护、网络和数据安全保护，有效防范知识产权和信息安全风险。有关部门认为，议案提出的规范在线教育、加大投入力度、纳入政府购买服务指导性目录等建议，在现有法律、政策和实际执行中已有所体现。2019年以来，教育部先后印发《关于促进在线教育健康发展的指导意见》《教育信息化2.0行动计划》等规范性文件，加强在线教育的顶层设计。下一步，将探索以部门联合规章或者规范性文件等形式规范在线教育，并支持鼓励地方先行出台地方性法规。我委建议有关部门加强和改进相关工作，解决议案提出的问题，在相关立法中，研究吸纳代表提出的立法建议。

6. 山东代表团张志勇等31名代表提出关于制定校外培训监管法的议案1件（第300号）。议案建议制定校外培训监管法，维护教育公益属性、保障教育公平、促进教育事业健康发展。在立法中明确校外培训的目的、属性和原则，规范校外培训机构的设立、组织与活动、变更与终止，强化校外培训机构监督管理，明晰相关主体的权力义务和法律责任等。

党和国家高度重视校外培训监管工作。2021年7月，中共中央办公厅、国务院办公厅印发《关于进一步减轻义务教育阶段学生作业负担和校外培训负担的意见》，深化校外培训机构治理，促进学生全面发展、健康成长。教育部出台相关配套措施，持续开展综合治理，实现学科类校外培训机构数量大幅压减。目前，教育部正在研究制定校外教育培训监管条例。民政部表示，将配合做好立法论证工作，推进深化校外培训机构治理，形成综合监管合力。今年，全国人大常委会听取和审议了国务院关于有效减轻过重作业负担和校外培训负担、促进义务教育阶段学生全面健康发展情况报告。为做好有关准备工作，我委开展了义务教育改革发展专题调研，认真研究了议案提出的意见建议。我委同意教育部、民政部意见，建议有关部门在相关立法工作中认真吸收代表提出的意见和建议，推动中央决策部署落实。

7. 江苏代表团葛道凯等30名代表提出关于制定拔尖创新人才教育促进法的议案1件（第41号）。议案提出，培养拔尖创新人才是加快建成社会主义现代化强国的重要基础。当前，我国拔尖创新人才培养在思想认识、实践探索、政策支持和法律保障等方面还存在薄弱环节。建议制定拔尖创新人才教育促进法，明确立法宗旨、适用范围和培养原则，从教育地位、主体责任、培养过程、选拔评价机制等方面加强制度设计，完善政策保障措施，促进拔尖创新人才教育发展。

国家一直重视拔尖创新人才培养。在《关于加强基础学科人才培养的意见》《中国教育现代化2035》等文件中提出，以基础学科拔尖学生培养为重点，统筹推进人才培养工作，探索发现与培养具有特殊才能和潜质学生机制，为创新人才培养和成长提供更加有利的环境。教育部于2009年启动实施基础学科拔尖学生培养计划，2013年启动中学生“英才计划”，在培养拔尖创新人才方面做了初步探索。我委建议有关部门在相关立法和实践探索中，研究吸收代表议案提出的意见建议，完善制度机制，为拔尖创新人才培养提供政策保障和制度支持。

8. 广东代表团陈瑞爱等54名代表提出关于制定人才发展促进法的议案1件（第264号）。议案提出，人才是衡量一个国家综合国力的重要指标，但目前我国在人才法律法规和体制机制方面，还不能满足实现人才强国战略目标与任务的需要,仍有进一步完善的空间。议案建议制定人才发展促进法,从法律层面为人才的培养、引进与流动、评价、激励、服务与保障等方面提供制度依据。

有关部门认为,议案所提内容具有重要参考价值,人才工作是一项关系全局的系统性工程,涉及到多个领域、多个部门,且人才定义的内涵外延还在随着经济社会发展不断发生变化,需要结合工作实际作深入系统的研究。我委将进一步促请有关部门强化人才强国战略的实施,在相关立法工作中充分研究吸纳议案中的建议,推动中央人才工作会议精神的贯彻落实,助力建设世界重要人才中心和创新高地。

9. 河北代表团崔海霞等 31 名代表提出关于制定大运河文化遗产保护法的议案 1 件(第 127 号)。议案提出,为保护、传承、利用大运河文化遗产,促进大运河沿线经济社会高质量发展,建议制定大运河文化遗产保护法,明确保护利用的原则、责任主体和协作机制;坚持科学规划;对大运河物质文化遗产保护、非物质文化遗产保护传承和文化遗产利用作出规定;明确监督管理责任和违法责任追究等。

2019 年,中办、国办先后印发了《大运河文化保护传承利用规划纲要》和《长城、大运河、长征国家文化公园建设方案》,明确提出深化对大运河沿线文物和文化遗产保护法律问题研究和立法建议论证,研究制定大运河保护条例。我委已促请有关部门加大对规划文件实施指导和协调力度,进一步深入研究论证相关法律问题,加快推动制定大运河保护条例。同时,建议有关部门结合目前正在进行的修改文物保护法和制定文化产业促进法的工作,认真研究吸纳代表议案提出的立法建议。

10. 河南代表团买世蕊等 30 名代表提出关于制定孝文化促进法的议案 1 件(第 345 号)。议案提出,孝文化是中国传统文化的重要组成部分。为提升我国文化软实力,构建新时代孝文化体系,建议制定孝文化促进法,加强孝文化研究,促进孝文化融入教育,鼓励孝文化艺术发展,设立中国的母亲节、父亲节,将重阳节列为国家法定节假日,推动孝文化新媒体传播,建立海外人士表彰制度等。

孝老敬老是中华民族传统美德,议案中关于进一步传承中华孝文化的建议具有积极意义。关于通过立法增加孝文化相关法定节假日的建议,有关部门认为应进一步审慎研究论证。我委已促请有关部门在工作中认真吸收议案所提建议,积极传承和弘扬孝老爱亲等中华优秀传统文化,在制定或者修改相关法律时,认真研究吸纳代表议案提出的立法建议。

11. 福建代表团郑奎城等 39 名代表提出关于制定公共卫生法的议案 1 件(第 132 号)。议案提出,新冠肺炎疫情防控暴露出我国在公共卫生法治保障方面存在短板弱项,建议以国家总体安全观为引领,从国家战略高度把公共卫生安全作为国家安全的重要内容,制定公共卫生法。

根据全国人大常委会 2022 年度立法工作计划,司法部、国家卫生健康委、国家疾控局正在修订传染病防治法和制定突发公共卫生事件应对法,将新冠肺炎疫情防控工作中积累的经验和做法上升为法律制度。议案提出的主要意见和建议,已在传染病防治法(修订草案)和突发公共卫生事件应对法(草案征求意见稿)中有所体现。我委已促请有关部门在传染病防治法、突发公共卫生事件应对法立法中进一步加强统筹,认真研究吸纳代表议案提出的意见和建议。

12. 河南代表团宋静等 30 名代表提出关于制定人口促进法的议案 1 件(第 399 号)。议案提出,我国相继实施全面二孩、三孩政策以来,人口增长速度和幅度持续放缓,人口老龄化速度加快,劳动力人口持续减少,建议制定人口促进法,完善生育支持配套政策,促进人口均衡可持续发展。

近年来,国家卫生健康委采取多种措施,力求在生育支持措施方面有新的突破。比如,加强对地方的指导,确保生育支持配套政策落实到位;印发《人类辅助生殖技术配置规划指导原则》《全国出生缺陷综合防治方案》等,指导各地科学规划辅助生殖技术应用,减少出生缺陷发生。财政部表示,中央财政积极支持优化生育政策,通过多种渠道支持降低生育、养育、教育成本,支持出生缺陷干预防治工作,加大妇幼人才培养力度。我委已促请相关部门在制定或者修改相关法律时,认真研究吸纳代表议案提出的意见和建议,回应议案提出的问题,促进人口长期均衡发展。

13. 河北代表团张军等 30 名代表提出关于制定中医药传统知识保护法的议案 1 件(第 135 号)。议案提出,中医药传统知识保护是传承发展中医药事业的重要组成部分,为了贯彻落实中医药法,解决存在的突出问题,加强对中医药传统知识的保护,亟需制定中医药传统知识保护法。

国家中医药局于 2017 年启动了中医药传统知识保护条例的起草工作,目前已形成草案稿。我委已促请相关部门认真吸纳代表议案提出的意见和建议,尽快出台中医药传统知识保护条例。我委将促请有关部门继续关注中医药法关于保护中医药知识产权规定的实施情况,密切关注中医药传统知识保护、传承发展中的新情况,在制定或者修改相关法律时认真研究吸纳代表议案提出的意见和建议,全面推动中医药法治建设。

14. *河南代表团买世蕊等30名代表提出关于制定公共场所禁烟法的议案1件(第398号)*。议案提出,我国多地制定了地方性法规,严格控制室内吸烟。同时,控烟是我国政府对国际社会的庄严承诺,为保护社会公众身体健康,建议制定公共场所禁烟法。

为了贯彻基本医疗卫生与健康促进法、未成年人保护法有关控烟的规定,落实《健康中国行动(2019—2030年)》提出的相关控烟目标,国家卫生健康委会同相关部门,认真开展控烟立法相关研究,多途径推进国家控烟立法进程,同时推动省会城市和副省级城市率先立法,扩大无烟法规保护人群,加强控烟普法宣传,营造全社会支持公共场所禁烟的良好氛围。我委已促请有关部门认真落实现行法律法规中有关控烟的规定,在制定或者修改相关法律时认真研究吸纳代表议案提出的意见和建议,积极推进公共场所控烟法治建设。

15. *云南代表团提出关于制定细胞研究和应用促进法的议案1件(第125号)*。议案提出,目前细胞研究应用和产业发展面临着伦理、安全和监管等方面的挑战,需要通过专门立法予以规范,为促进细胞研究应用及细胞健康产业有序发展提供法律支撑。

生物安全法规定国家加强对生物技术研究、开发与应用活动的安全管理。《人类遗传资源管理条例》对于细胞研究中的样本采集、保藏、使用,以及出入境、国际合作等作出了明确规定。科技部发布的《生物技术研究开发安全管理办法》全面规范了生物技术研究开发活动。原国家食药总局先后发布了《细胞治疗产品研究与评价技术指导原则(试行)》《免疫细胞治疗产品临床试验技术指导原则(试行)》等技术规范。国家卫生健康委将与国家药监局密切配合,加强监督管理,继续完善相关管理制度和技术标准,为细胞研究和应用营造良好的发展环境。我委对议案涉及的主要问题进行了认真研究,开展了相关调研,并促请有关部门在制定或者修改相关法律时,认真研究吸纳代表议案提出的意见和建议,加强研究论证,强化细胞研究和应用方面监管,促进细胞健康产业规范有序发展。

四、2件议案提出的2个立法项目,建议通过制定或者修改相关行政法规、加大现行法律法规的贯彻实施力度,同时加强和改进相关工作,认真吸收代表建议,以解决议案所提出的问题

1. *河南省代表团买世蕊等30名代表提出关于修改义务教育法的议案1件(第297号)*。议案建议修改义务教育法,明确各级政府对义务教育的投入职责,加大中央财政对边远地区和农村地区的扶持,延长义务教育年限,逐步将学前教育和高中阶段教育纳入义务教育范畴,保障流动儿童的受教育权利。

有关部门认为,教育法、义务教育法都对义务教育学制作出明确规定,即国家实行九年义务教育制度。当前义务教育实现优质均衡发展和城乡一体化的目标任务艰巨,应坚持实事求是、守住底线的原则,解决好义务教育"乡村弱、城镇挤"等问题,办好办强九年义务教育。延长义务教育年限需要结合经济社会发展水平、学生的认知能力和特点等多方面因素综合考量,深入研究论证。有关部门高度重视随迁子女受教育问题,积极完善义务教育入学政策,推动各地以流入地政府为主、以公办学校为主接收随迁子女入学。我委赞同有关部门意见,已促请其认真研究代表意见建议,深入开展相关法律制度问题的调查研究,加快健全国家基本公共服务制度体系,促进义务教育优质均衡发展。

2. *浙江代表团沈满洪等32名代表提出关于制定繁荣哲学社会科学促进法的议案1件(第302号)*。议案提出,哲学社会科学发展水平是经济社会发展水平的标志之一,但是我国哲学社会科学发展仍然滞后于时代,呈现出"数量多、质量低"的状况。要着力构建中国特色哲学社会科学体系,从法律制度层面保障和繁荣哲学社会科学。

2022年2月,中央办公厅印发了《国家"十四五"时期哲学社会科学发展规划》,这是指导"十四五"时期我国哲学社会科学发展的纲领性文件,从加快中国特色社会科学"三大体系"建设、加强中国特色新型智库建设、提升我国哲学社会科学国际影响力、加强新时代哲学社会科学人才队伍建设等方面作出了部署。我委已促请有关部门加大对规划文件实施指导和协调力度,并结合科学技术普及法

的修改及实施，回应议案提出的相应关切。

五、2 件议案提出的 2 个监督项目，建议适时列入全国人大常委会年度监督工作计划

1. 河北代表团崔海霞等 30 名代表提出关于开展民办教育促进法执法检查的议案 1 件（第 111 号）。议案提出，近年来民办教育发展过程中出现一些新情况、新问题，建议全国人大常委会开展民办教育促进法执法检查，重点检查民办学校的办学条件、教育教学水平及招生、收费、广告宣传等办学行为，促进各地依法行政，提高依法办学水平，保障师生合法权益。

全国人大常委会高度重视民办教育事业发展。2018 年以来，常委会在开展高等教育法执法检查和听取审议国务院关于学前教育事业改革发展情况报告、教师队伍建设和教师法实施情况的报告时，都对民办教育发展十分关注，将有关问题列入调研重点。我委在开展学前教育立法、教师法修改和义务教育改革发展专题调研时，都将民办学校及教师列入调研范围，认真了解有关情况，听取意见建议。我委已促请教育部对法律实施情况进行深入调查研究，不断改进工作，同时将结合代表议案提出的意见和建议开展相关研究，视情建议常委会开展监督工作。

2. 湖南代表团朱登云等 30 位代表提出关于开展食品安全法执法检查的议案 1 件（第 263 号）。议案提出，我国食品安全保障仍存在诸多问题，大气、土地环境污染，农药、兽药残留超标，添加剂乱用滥用，制假、售假问题不断发生，食品安全标准、风险监测及评估等基础工作薄弱等，食品安全形势不容乐观，建议全国人大常委会组织开展食品安全法执法检查，形成全社会“齐抓共管”食品安全的新局面。

全国人大常委会高度重视食品安全工作，2009 年、2011 年、2016 年先后 3 次组织开展食品安全法执法检查，2016 年结合听取和审议执法检查报告开展了专题询问。我委将密切关注食品安全法贯彻实施情况，结合代表议案提出的意见和建议开展相关研究，适时向全国人大常委会提出对食品安全法实施情况开展检查或者听取审议专项工作报告等监督工作建议。

全国人民代表大会外事委员会关于第十三届全国人民代表大会第五次会议主席团交付审议的代表提出的议案审议结果的报告

全国人民代表大会常务委员会：

第十三届全国人民代表大会第五次会议主席团交付外事委员会审议的代表议案有 1 件，即浙江代表团陈玮等 31 名代表提出的“关于修改《中华人民共和国出境入境管理法》的议案”（第 478 号）。

外事委员会高度重视代表议案审议工作，按照《关于加强和改进全国人大代表工作的具体措施》要求，制定工作方案，与领衔代表联系沟通，向有关部门征询意见，认真研究该议案涉及修改法律的必要性、可行性等问题。

一、议案情况及相关部门意见

第 478 号议案提出，根据现行出境入境管理法第六十条第一款，盘问程序是对涉嫌违反出境入境管理规定的外国人采取拘留审查措施的唯一前置条件。第 478 号议案建议，应当与人民警察法有关盘问的规定相衔接，修改出境入境管理法第六十条第一款，扩大对涉嫌违反出境入境管理的外国人采取拘留审查措施所适用前置条件的范围。

外事委员会分别向全国人大监察和司法委员会、全国人大常委会法工委、外交部、公安部、司法部、国家移民管理局等部门书面征求意见。公安部和国家移民管理局表示，实际工作中除当场查获外，对于经传唤、群众扭送或主动投案等其他方式发现的有违法犯罪嫌疑的外国人，确有适用拘留审查措施的客观需要。全国人大常委会法工委和外交部建议结合执法工作实践并借鉴其他主要国家做法，论证扩大适用拘留审查的前置条件范围。司法部表示，该问题涉及对出境入境管理法和人民警察法有关条款的理解和适用，实践中做法不尽相同，有待在这两部法律的修订工作中深入研究。

二、外事委员会审议意见

9月2日,外事委员会第二十一次全体会议审议上述代表议案。综合各有关部门意见,外事委员会认为,拘留审查是公安机关、移民管理机构在查处外国人"三非"等违法行为中依法行使的一项强制措施,对查明外国人违法事实、规范外国人管理秩序、维护国家安全发挥了重要作用。出境入境管理法第六十条第一款的规定在一定程度上影响了执法效果,不利于打击外国人"三非"等违法行为。第478号议案客观反映了拘留审查制度运行不够顺畅的现实问题及成因,反映了出境入境管理法的有关规定与其他法律不够衔接等问题。

目前,国家移民管理局正在研究推动出境入境管理法修订工作,公安部正在研究起草人民警察法修订草案。有关部门将结合第478号议案提出的意见建议,研究扩大对外国人适用拘留审查措施前置条件范围的必要性和可行性,在修改出境入境管理法与人民警察法时予以统筹考虑。

以上报告,请审议。

全国人民代表大会外事委员会

2022年10月27日

全国人民代表大会环境与资源保护委员会关于第十三届全国人民代表大会第五次会议主席团交付审议的代表提出的议案审议结果的报告

全国人民代表大会常务委员会:

第十三届全国人民代表大会第五次会议主席团交付全国人民代表大会环境与资源保护委员会(以下简称环资委)审议的代表提出的议案共42件,涉及26个立法项目和1个监督项目。其中,建议制定法律的议案23件,涉及17个立法项目;建议修改法律的议案18件,涉及9个立法项目;建议开展执法检查的议案1件,涉及1个监督项目。

环资委坚持以习近平新时代中国特色社会主义思想为指导,深入学习贯彻习近平生态文明思想、习近平法治思想和习近平总书记关于坚持和完善人民代表大会制度的重要思想,全面贯彻落实党中央决策部署,落实栗战书委员长提出的"既要重结果,也要重过程""要以对人民高度负责的精神,审议、办理好代表议案"的要求,完善代表议案办理工作机制,积极践行全过程人民民主,把加强与代表的沟通联系贯穿代表议案办理全过程,将办理代表议案与立法、监督、调研等工作紧密结合,通过议案办理推动提高立法质量、增强监督实效。一是明确议案办理责任,加强与部门的协同配合。制定议案办理计划,建立议案办理联系负责制,明确委员会领导牵头负责,多位委员参与办理;召开18家中央和国务院有关部门参加的代表议案办理工作会议,共同研究办理工作,形成议案办理合力。二是创新议案办理方式,加强与代表的沟通交流。通过全国人大代表信息化平台、政务微信建立"一议案一群组"以及视频会议、电话、座谈、调研等多种方式,反馈议案办理情况,听取代表意见建议,同时委托议案领衔代表转达、征求其他附议代表意见建议。2022年,环资委召开8次议案办理视频会议,与代表面对面沟通交流,并邀请有关方面专家学者参加。全年邀请代表参加立法调研、座谈会、执法检查等活动共73人次。做到办理每一件议案都与领衔代表沟通联系,办理结果都向每一位提案代表反馈。三是积极采纳代表意见建议,提高议案办理实效。在海洋环境保护法修改和环境保护法执法检查等工作中,深入研究、积极采纳代表意见建议并体现到法律修订草案和法律实施情况报告中。对国家公园法、原子能法等已经列入立法规划但尚未提请审议的立法项目,多次与起草部门深入交换意见,推动加快立法工作步伐。

2022年9月22日,环资委召开第三十八次全体会议对42件议案的办理意见进行了审议。现将审议结果报告如下:

一、14件议案涉及的8个立法项目,已列入本届全国人大常委会立法规划、年度立法工作计划,建议抓紧做好起草、研究论证工作

1. 关于修改海洋环境保护法的议案2件

2. 关于修改矿产资源法的议案2件

3. 关于制定南极活动与环境保护法的议案1件

4. 关于制定原子能法的议案1件

5. 关于制定国家公园法的议案4件

6. 关于修改草原法的议案2件

7. 关于制定资源综合利用法的议案1件

8. 关于制定国土空间规划法的议案1件

二、7件议案涉及的5个立法项目确有必要，建议条件成熟时列入立法规划、年度立法工作计划

9. 关于修改可再生能源法的议案2件

10. 关于制定碳达峰碳中和促进法、应对气候变化法的议案3件

11. 关于制定电磁辐射污染防治法的议案1件

12. 关于修改防洪法的议案1件

三、20件议案涉及的13个立法项目，建议进一步研究，或在相关法律的制定或者修改等工作中统筹考虑

13. 关于制定核损害赔偿法的议案1件

14. 关于制定自然保护区法的议案1件

15. 关于制定地下水资源保护法的议案1件

16. 关于制定南四湖流域保护法的议案1件

17. 关于修改土地管理法的议案3件

18. 关于修改固体废物污染环境防治法的议案2件

19. 关于制定淮河保护法的议案3件

20. 关于制定环境教育法的议案1件

21. 关于修改环境保护法的议案3件

22. 关于制定节约用水法的议案1件

23. 关于修改深海海底区域资源勘探开发法的议案1件

24. 关于制定水库泄洪法的议案1件

25. 关于制定生态文明建设促进法的议案1件

四、1件议案提出的1个监督项目，法律实施情况的报告已经提请全国人大常委会审议

26. 关于开展环境保护法执法检查的议案1件

以上报告，请审议。

附件：全国人民代表大会环境与资源保护委员会关于第十三届全国人民代表大会第五次会议主席团交付审议的代表提出的议案的审议意见

全国人民代表大会环境与资源保护委员会

2022年10月27日

附件：

全国人民代表大会环境与资源保护委员会关于第十三届全国人民代表大会第五次会议主席团交付审议的代表提出的议案的审议意见

第十三届全国人民代表大会第五次会议主席团交付全国人民代表大会环境与资源保护委员会（以下简称环资委）审议的代表提出的议案共42件，涉及26个立法项目和1个监督项目。其中，建议制定法律的议案23件，涉及17个立法项目；建议修改法律的议案18件，涉及9个立法项目；建议开展执法检查的议案1件，涉及1个监督项目。

2022年9月22日，环资委召开第三十八次全体会议对42件议案的办理意见进行了审议。审议意见如下：

一、14件议案涉及的8个立法项目，已列入本届全国人大常委会立法规划、年度立法工作计划，建议抓紧做好起草、研究论证工作

1. 张玉珍、李桂杰等63名代表提出关于修改

海洋环境保护法的议案2件(第112、198号)。议案提出,海洋环境保护出现了诸多新问题,海洋生态环境保护管理体制机制发生重大变化,建议修改海洋环境保护法,进一步明确有关部门职责,加强陆海统筹,完善生态保护补偿、海洋生态损害赔偿等制度,增加防治放射性污染物、塑料垃圾等污染源损害海洋环境的规定,强化法律责任等。

全国人大常委会高度重视海洋环境保护工作,将海洋环境保护法修改列入全国人大常委会2022年度立法工作计划,成立由常委会有关领导同志牵头,环资委主任委员为组长,委员会部分组成人员、国务院相关单位负责同志参加的工作专班,积极开展法律修改工作。环资委高度重视代表议案提出的问题和建议,赴沿海省、市开展立法调研,召开海洋环境保护法修改及议案办理工作座谈会,与代表进行沟通交流,认真研究吸收代表意见建议。海洋环境保护法修订草案已经环资委第三十八次全体会议审议。议案提出的进一步明确有关部门职责,加强陆海统筹,完善生态保护补偿、海洋生态损害赔偿制度等主要建议,已在海洋环境保护法修订草案中作出相关规定。下一步,将根据各方面意见建议继续修改完善,按程序提请全国人大常委会审议。

2. 张学政、谢生瑞等68名代表提出关于修改矿产资源法的议案2件(第38、457号)。议案提出,现行矿产资源法内容整体滞后,不能适应生态文明建设和市场对资源配置起决定性作用的要求,难以保障矿产资源国家所有者权益和矿业权人权利。建议修改矿产资源法,将"绿色可持续发展"的理念作为矿产资源法的基本原则,依法保护矿产资源相关权益流转,适当放宽探矿权、采矿权转让条件,增设地质勘探监理制度,统筹兼顾行政监管与市场配置的关系,保障矿产资源的合理开发利用。

矿产资源保护法修改列入十三届全国人大常委会立法规划和2022年度立法工作计划,由国务院牵头起草并提请审议。自然资源部已经形成矿产资源法修订草案。目前,司法部正在开展立法审查工作。修订草案确立了保护资源、绿色发展、节约集约等基本原则;建立矿区生态修复制度,明确修复主体和修复要求;畅通矿业权流转渠道,取消矿业权流转审批制度,规范矿业权流转形式、流转程序、监管措施等;规范地质资料管理,强化伪造矿产资源储量报告以及其他地质资料的法律责任等。议案提出的依法保护矿产资源相关权益流转等主要建议,已经在修订草案中作出相关规定。环资委建议国务院有关部门加快立法进程,尽快将修订草案提请全国人大常委会审议。

3. 王江滨等31名代表提出关于制定南极活动与环境保护法的议案1件(第215号)。议案提出,南极立法事关国家重大、长远利益,是国家发展战略的重要组成部分。为履行南极条约体系规定的相关义务,维护我国极地权益,保护南极环境,加强对我国南极活动的管理,促进南极的和平利用,建议尽早出台我国有关南极事务的相关法律。

落实习近平总书记关于南极工作的重要指示要求和党中央重大决策部署,全国人大常委会将南极活动与环境保护法列入十三届全国人大常委会立法规划,由环资委牵头起草并提请审议。环资委高度重视,成立立法领导小组和工作小组,制定立法工作方案和计划,从组织、任务、责任、时间四个方面认真落实,全面开展南极立法工作,赴上海、辽宁等地调研,多次召开座谈会征求中央有关单位、国务院有关部门、科研单位以及专家学者意见,就重点难点问题开展专题研究,在广泛听取意见和深入研究的基础上,形成《中华人民共和国南极活动与环境保护法(草案)》。草案已经环资委全体会议审议,将适时提请全国人大常委会审议。

4. 刘光萍等32名代表提出关于制定原子能法的议案1件(第234号)。议案提出,为了促进核能产业高质量健康发展,有效排除核安全隐患,建议加快制定原子能法,对正在起草过程中的原子能法草案进一步修改完善,建立全国核设施辐射环境周期性空间监测制度,制定完善监测技术标准和操作规程,建立核安全监督管理协调机制等。

全国人大常委会高度重视原子能事业,将制定原子能法列入十三届全国人大常委会立法规划,由国务院牵头起草并提请审议。对议案提出的问题和建议,环资委高度重视,与代表进行沟通交流,并就议案内容征求了相关部门意见。国防科工局、生态环境部提出,尽快出台原子能法,通过法律形式把发展原子能事业的大政方针、发展政策、有关制度和保障措施等确定下来,能够更好地规范和推动我国原子能事业高质量发展;关于完善辐射环境监测相关内容,核安全法和放射性污染防治法等法律法规中已经作出系统规定,原子能法主要是做好内容上的衔接。

环资委建议国务院有关部门加快推进原子能法立法进程,对议案提出的加强核设施周围辐射环境监测工作等意见,建议国务院有关部门认真研究,结合环境安全要求和国家经济技术条件,改进监测方法,完善监测手段,持续提升核与辐射监测能力。

5. 史贵禄、侯蓉、郭乃硕、郭素萍等 122 名代表提出关于制定国家公园法的议案 4 件(第 16、56、202、404 号)。议案提出,第一批国家公园正式设立,标志着我国国家公园建设迈入新阶段。然而因上位法的缺失,国家公园管理中存在保护对象不明确、自然资源权属与管制不明晰、缺乏跨区域生态保护与修复的规定、保护区管理机构权责不明确、缺乏利益分享机制等问题。建议制定国家公园法,将国家公园管理纳入法治轨道,以达到保护国家公园原真性和完整性的管理目标。

十三届全国人大常委会将国家公园法列入立法规划,由国务院牵头起草并提请审议。目前,国家林草局已形成国家公园法草案(征求意见稿)并公开征求社会各界意见。按照全国人大常委会工作部署安排,环资委提前介入,全力支持国务院有关部门起草工作。成立国家公园法联系审议工作领导小组,加强组织协调,积极推动立法进程。多次召开会议并开展实地调研,听取国家林草局等部门和有关地方关于国家公园立法情况的介绍和意见建议。对议案提出的问题和建议,环资委高度重视,与代表进行沟通交流,并就议案内容征求了相关部门意见。

环资委经研究认为,国家公园是生态价值和保护强度最高的自然保护地,社会认可度高,战略意义重大。随着 2021 年 10 月我国第一批国家公园正式设立,其保护管理工作亟待立法予以保障。落实习近平总书记关于国家公园的重要讲话精神和党中央决策部署,建议国务院有关部门加快国家公园立法工作步伐,力争按时完成本届立法规划任务。环资委将按照全国人大常委会的部署要求,积极参与,加强立法联系推动工作。议案提出的明确国家公园的设立条件、区域划定、管理机构和职责,建立健全监督管理机制等主要建议,建议国务院有关部门在法律起草过程中认真研究采纳。

6. 郝俊海、冯艳玲等 62 名代表提出关于修改草原法的议案 2 件(第 114、212 号)。议案提出,现行草原法的部分条款已不能适应新形势下草原保护管理的需要,建议修改草原法,进一步明确草原定义和法律调整范围,把绿色发展的理念要求纳入总则,完善基本草原保护制度,提升草原监管部门执法能力,强化草原所有者和经营者的生态环境保护责任,完善考核制度和法律责任,做好与其他法律的有效衔接。

全国人大常委会高度重视草原保护管理工作,将草原法修改列入十三届全国人大常委会立法规划,由国务院牵头起草和提请审议。目前,国家林草局已形成草原法修改建议稿并征求地方林草主管部门意见,正在进一步修改完善。议案提出的明确草原定义、完善基本草原保护内容、提升草原执法监督能力、完善法律责任等主要建议,已在修改草案稿中作出相关规定。对议案提出的将风险预防理念纳入草原法等其他建议,环资委建议国务院有关部门在法律修改过程中认真研究考虑。环资委将继续加强与国务院有关部门沟通联系,积极推动草原法修改进程。

7. 郭乃硕等 31 名代表提出关于制定资源综合利用法的议案 1 件(第 278 号)。议案提出,工业废渣长期堆积,污染环境,浪费资源。十九届四中全会明确提出全面建立资源高效利用制度。建议加快资源综合利用法的研究论证进程,尽早出台资源综合利用法,明确资源综合利用的基本原则和方针、政府及相关部门职责、生产者及相关方的权利义务,建立健全规划、资格资质、公众参与等制度,建立标准和回收处理体系,鼓励相关科学研究和技术应用,明确政策支持和法律责任等。

资源综合利用立法列入十三届全国人大常委会立法规划研究论证类项目。环资委会同发展改革委等有关部门认真开展立法研究论证工作,召开座谈会听取有关部门、行业协会和专家学者的意见和建议,委托发展改革委牵头会同有关部门研究起草资源综合利用法草案。2021 年 7 月底,发展改革委向环资委报送研究论证报告。2022 年 9 月 22 日,环资委召开全体会议,听取了关于资源综合利用立法研究论证有关情况的报告。

环资委经研究认为,完善资源高效利用法律制度,全面提高资源利用效率十分重要。考虑到资源综合利用涉及自然资源开发利用、生态保护、污染防治等多类多部法律,目前各方面关于资源综合利用立法定位、适用范围等还有不同意见,建议国务院有关部门落实党中央关于加强资源节约和高效利用的部署要求,聚集资源高效利用亟待解决的重点难点问题和关键环节,研究完善资源高效利用制度和措施。

8. 张春生等 31 名代表提出关于制定国土空间规划法的议案 1 件(第 40 号)。议案提出,建立国土空间规划体系是党中央、国务院作出的重大部署,也是坚持以人民为中心、实现高质量发展的重要手段。为填补国土空间规划管理制度空白,实现全域全要素“一张图”全覆盖的目标,建议制定国土空间规划法。明确国土空间规划的法律定位和相关概念,落实"多规合一"要求,并在央地权限划分、部门职责衔接等方面加以明确,鼓励地方先行先试为国家提供经验积累。

强化国土空间对各专项规划的指导约束作用,是党中央、国务院做出的重大部署。空间规划立法已经列入十三届全国人大常委会立法规划研究论证类项目。环资委认真开展研究论证和法律起草工作,赴国务院有关部门和地方开展调研,召开座谈会听取有关部门、研究机构和专家学者的意见和建议,委托自然资源部牵头起草国土空间规划法草案(建议稿)。2021 年 3 月,自然资源部向环资委报送研究论证报告和法律草案建议稿。2022 年 5 月 31 日,环资委召开全体会议,听取了关于国土空间规划立法研究论证有关情况的报告。

环资委经研究认为,制定国土空间规划法具有必要性和可行性。目前,国土空间规划体系已总体形成,《全国国土空间规划纲要(2020—2035 年)》编制工作已经基本完成,立法工作已经具备比较好的基础。建议在全国国土空间规划纲要编制出台并实施一段时间后,在总结实践经验的基础上开展立法工作。

二、7 件议案涉及的 5 个立法项目确有必要,建议条件成熟时列入立法规划、年度立法工作计划

9. 郭乃硕、鲍守坤等 61 名代表提出关于修改可再生能源法的议案 2 件(第 209、407 号)。议案提出,碳达峰碳中和目标对可再生能源快速发展提出了新任务、新要求,可再生能源法的部分内容已经不能适应可再生能源持续快速发展的实际需要,建议修改法律,推动解决发展中遇到的可再生能源电力消纳保障措施不够完善、电网建设与可再生能源发展不同步、与用地政策统筹不足等突出问题。

环资委高度重视议案提出的问题和建议,与代表进行沟通交流,并就议案内容征求了相关部门意见。生态环境部、发展改革委和国家能源局提出,可再生能源已进入快速发展的新阶段,综合消纳能力已成为制约其持续快速增长的主要因素,修订可再生能源法,进一步理顺可再生能源消纳机制,加强电网建设统筹规划,完善可再生能源用地政策等,对于推动可再生能源持续健康发展、优化能源结构具有重要意义。

环资委经研究认为,《中共中央　国务院关于完整准确全面贯彻新发展理念做好碳达峰碳中和工作的意见》明确提出修改可再生能源法。落实党中央决策部署,建议将可再生能源法修改列入十四届全国人大常委会立法规划、年度立法工作计划。同时,考虑到适应大规模高比例新能源接网和消纳的新型电力系统正在加快构建,支撑新时代可再生能源高质量发展的主要法律制度和措施还需要进一步深入系统研究,建议国务院有关部门继续做好法律修改前期准备工作,开展修改重点问题研究论证。对议案提出的完善可再生能源规划的落实措施、强化支持可再生能源技术创新、增加支持电网规划修编及新能源配套送出工程建设的规定、补充可再生能源用地支持措施等主要建议,建议国务院有关部门在研究论证中认真研究采纳。

10. 高红卫、方兰、张天任等 96 名代表提出关于制定碳达峰碳中和促进法、应对气候变化法的议案 3 件(第 57、411、470 号)。议案提出,推进碳达峰碳中和工作、积极参与和引领全球气候治理需要法律保障。建议制定相关法律,明确立法目标、定位、基本原则、基本制度与措施,强化优化管理体制和部门职责等,统筹协调好碳达峰碳中和与污染防治、生态保护、核安全监管等之间的关系。

《中共中央　国务院关于完整准确全面贯彻新发展理念做好碳达峰碳中和工作的意见》明确提出研究制定碳中和专项法律。党中央、国务院成立碳达峰碳中和工作领导小组,国务院印发《2030 年前碳达峰行动方案》,碳达峰碳中和时间表、路线图和"1 + N"政策体系陆续发布。落实党中央决策部署,规范引导经济社会发展绿色低碳转型,依法助力实现碳达峰碳中和,环资委建议国务院有关部门根据我国"双碳"工作整体布局,统筹规划和考虑相关立法时机,积极开展碳达峰碳中和促进、应对气候变化立法研究论证工作,条件成熟时提请列入全国人大常委会立法规划、年度立法工作计划。

11. 李征等 31 名代表提出关于制定电磁辐射污染防治法的议案 1 件(第 115 号)。议案提出,电磁辐射已成为除大气、水、噪声、固体废物外第五大环境信访投诉来源。建议制定电磁辐射污染防治法,规范电磁辐射污染防治行为,分类管理电磁波发射设施,明确政府部门、行业和企业的职责,将电磁辐射纳入分区管控和排污许可管理,加强监测监督,完善电磁环境监测和信息公开制度。

环资委高度重视议案提出的问题和建议,与代表进行沟通交流,并就议案内容征求了相关部门意

见。生态环境部、工业和信息化部提出，依法加强电磁辐射污染防治，促进新型基础设施建设和数字经济绿色健康发展，非常必要。生态环境部持续强化电磁辐射环境法规标准体系建设，制定了电磁环境质量等十余项环境标准，积极开展电磁辐射污染防治立法工作，已形成法律草案初稿。工业和信息化部与中国电信、中国移动、中国联通、中国铁塔公司共同签署《通信基站环境保护工作备忘录》，根据无线电管理条例制定发布《关于加强无线电监测工作的指导意见》等文件，加强通信基站电磁辐射环境保护、无线电台（站）管理和无线电监测方面的行业监管。

环资委建议国务院有关部门继续开展立法研究论证工作，在法律草案起草过程中认真研究吸收代表议案提出的意见建议，条件成熟时提请列入全国人大常委会立法规划、年度立法工作计划。

12. 周潮洪等 30 名代表提出关于修改防洪法的议案 1 件（第 410 号）。议案提出，为进一步理顺体制机制，实现防洪工作的责权统一，建议修改防洪法。根据机构改革后的部门职责分工，将防汛指挥机构调整为应急部门，规定水行政主管部门负责调度各类防洪工程，明确蓄滞洪区启用及群众转移的决策部门、河道清障的职能部门等，加强防汛宣传。

环资委高度重视议案提出的问题和建议，与代表进行沟通交流，并就议案内容征求了国务院有关部门意见。水利部和应急管理部提出，机构改革后，国家防汛抗旱指挥部办公室由水利部改设至应急管理部，国务院办公厅多次印发协调意见，明确应急管理部门和水利部门在防洪调度、蓄滞洪区启用等方面的权责关系、具体操作程序，相关内容涉及防洪管理体制调整，需要修改防洪法予以明确。水利部正在组织开展防洪法修订前期研究工作，将适时向立法机关提出建议。

环资委经研究认为，落实党和国家机构改革要求，需要对防洪法做出相应修改完善，为相关部门依法履职提供依据。建议国务院有关部门认真研究吸收代表议案提出的意见建议，继续开展防洪法修改的调研论证工作，条件成熟时提请列入全国人大常委会立法规划、年度立法工作计划。

三、20 件议案涉及的 13 个立法项目，建议进一步研究，或在相关法律的制定或者修改等工作中统筹考虑

13. 丁照民等 31 名代表提出关于制定核损害赔偿法的议案 1 件（第 277 号）。议案提出，核事故可能给人身、财产和环境造成严重损害，建议尽快开展核损害赔偿立法，明确立法目的、适用范围，健全管理体制，建立核事故监测预警机制、核事故应急处置机制和核损害赔偿责任机制，规定核损害赔偿程序和赔偿额度等，为我国核电"走出去"提供法治保障。

环资委高度重视议案提出的问题和建议，与代表进行沟通交流，就议案内容征求了相关部门意见。国防科工局、发展改革委和财政部提出，核损害赔偿不仅是核安全制度体系中不可或缺的重要内容，更是核能开发利用活动的重要保障；开展核损害赔偿相关立法，建立健全核损害赔偿制度，对于维护社会稳定和广大人民群众利益，保障核工业健康可持续发展，促进核电与核技术"走出去"具有重要意义。国防科工局已开展核损害赔偿立法论证和草案起草工作。生态环境部提出，《国务院关于核事故损害赔偿责任问题的批复》明确提出"受到核事故损害的自然人、法人以及其他组织有权请求核事故赔偿。在起草《中华人民共和国原子能法（草案）》时，对上述各项内容以及诉讼实效、法院管辖等应当作出明确规定"；建议在原子能法起草过程中落实国务院批复要求，对核损害赔偿制度作出规定；如确实难以在原子能法草案中对核损害赔偿制度作出具体细化规定，可研究制定专门的核损害赔偿法。

环资委经研究认为，核损害赔偿制度是核电发展的重要法治保障；开展核损害赔偿相关立法，完善核领域法律法规体系，有利于增强核事故应对能力、促进核电安全高效发展。对议案提出的建立核事故监测预警、应急处置机制，明确核损害赔偿责任、赔偿额度、赔偿办法和程序等主要建议，建议国务院相关部门结合原子能法起草工作积极研究考虑。如确实难以在原子能法草案中对核损害赔偿制度作出明确细化规定，建议加快核损害赔偿立法研究论证工作。

14. 史贵禄等 30 名代表提出关于制定自然保护区法的议案 1 件（第 15 号）。议案提出，自然保护区是对具有代表性的自然生态系统、珍稀濒危野生动植物物种的天然集中分布区，以及有特殊意义的自然遗迹所在的陆地、水域或海域，依法划出一定面积予以特殊保护和管理的区域。目前自然保护区管理存在法律位阶较低、管理权与执法权配置不合理、法律责任不健全等问题。建议制定自然保护区法，完善自然资源保护立法体系，完善自然保

护区调整范围，健全自然保护区管理体制，健全法律责任追究机制。

环资委高度重视议案提出的问题和建议，与代表进行沟通交流，并就议案内容征求了相关部门意见。司法部、自然资源部和国家林草局提出，2019年，中共中央办公厅、国务院办公厅印发《关于建立以国家公园为主体的自然保护地体系的指导意见》，提出逐步形成以国家公园为主体、自然保护区为基础、各类自然公园为补充的自然保护地分类系统；加快推进自然保护地相关法律法规和制度建设，加大法律法规立改废释工作力度，修改完善自然保护区条例，突出以国家公园保护为主要内容，推动制定出台自然保护地法，研究提出各类自然公园的相关管理规定。落实中央文件精神，自然资源部、国家林草局正在研究修订自然保护区条例，将进一步理顺自然保护区管理职责，强化管控措施，优化功能分区。

当前，国家林草局已经形成自然保护区条例修订草案（征求意见稿）并公开征求社会各界意见。环资委建议国务院有关部门加快自然保护区条例的修改工作，认真研究议案提出的意见建议，在条例修改中作出相关规定。

15. *史贵禄等30名代表提出关于制定地下水资源保护法的议案1件（第17号）*。议案提出，地下水资源是基础性的自然资源、战略性的经济资源。由于过度开采、污染防范意识不足、制度保障不力等原因，我国地下水遭到轻度甚至重度污染，地下水资源浪费、枯竭和污染等问题正变得日益严重。建议制定地下水资源保护法，对地下水的规划制定、开采利用、污染治理等行为予以规制。

环资委高度重视议案提出的问题和建议，与代表进行沟通交流，并就议案内容征求了国务院有关部门意见。水利部、自然资源部、生态环境部、住房城乡建设部提出，为了加强地下水管理，防治地下水超采和污染，保障地下水质量和可持续利用，《地下水管理条例》于2021年10月21日颁布，自2021年12月1日起施行。议案提出的对地下水资源保护规划、开采利用、治理标准和法律责任作出明确规定等主要建议，已在地下水管理条例中作出相关规定。

环资委经研究认为，地下水资源具有重要的资源属性和生态功能，做好地下水管理工作对于保障我国城乡供水、支持经济社会发展和维系良好生态环境具有重要作用。建议国务院有关部门根据地下水管理条例的贯彻实施情况，适时开展制定地下水资源保护法的研究论证工作。

16. *于安玲等40名代表提出关于制定南四湖流域保护法的议案1件（第58号）*。议案提出，南四湖位于山东省南部微山县境内，是南水北调东线工程重要输水廊道和调蓄湖泊，地处鲁苏皖豫四省交界处，涉及34个县（市、区），53条入湖河流。当前南四湖的管理存在排污、执法等标准不统一的问题，治理难度很大，亟需针对南四湖流域生态保护专门立法，建立南四湖生态污染治理长效机制，四省共同遵守，有力保障南水北调水质安全。

环资委高度重视议案提出的问题和建议，与代表进行沟通交流，并就议案内容征求了国务院有关部门意见。发展改革委建议进一步加强南四湖综合管理，理顺协调管理机制，平衡各方用水权益，不断巩固治理成果，在总结实践经验的基础上，论证南四湖保护立法的必要性、可行性和立法重点。生态环境部联合最高人民检察院，会同山东、江苏两省共同研究流域生态环境问题，在向国务院报送的《关于加强南四湖流域生态环境保护工作的报告》中提出，建立流域联防联控机制，统一流域排放标准，推动各方共同保护南四湖。农业农村部建议，抓好《山东省南四湖保护条例》的贯彻实施工作，通过细化条例规定，规范南四湖流域的生态环境治理。水利部提出，加强南四湖流域保护治理工作，需要南四湖流域四省地方统筹水资源、水生态、水环境和水灾害，强化四省统一规划、统一调度、统一治理，建议南四湖有关地方开展协同立法，共同出台有关地方性法规或者规章。

环资委经研究认为，议案提出的问题和意见建议非常重要，建议南四湖流域四省在有关实践的基础上，借鉴赤水河流域地方共同立法的经验，开展南四湖流域地方共同立法的探索，为做好南四湖流域保护工作提供法治保障。

17. *李秀香、买世蕊、孙斌等90名代表提出关于修改土地管理法的议案3件（第94、309、406号）*。议案提出，现行土地管理法部分内容存在部门职责分工不清、职责交叉等问题，已无法满足我国经济社会发展的需要，建议修改土地管理法，进一步明确相关部门职责，规范土地征用范围和征地程序，建立健全农村土地流转和相关收益使用有关制度，以及征地补偿、土地征用听证等制度，增加宅基地“三权分置”的内容。

环资委高度重视议案提出的问题和建议，与代表进行沟通交流，并就议案内容征求了相关部门意见。自然资源部提出，2022年3月，中共中央办公厅、国务院办公厅印发试点通知,进一步明确"自然资源部牵头负责非住宅类房屋专项整治试点工作;农业农村部牵头负责住宅类房屋专项整治试点工作";2021 年修订的土地管理法实施条例,对土地征收、集体经营性建设用地入市、宅基地管理等作了细化规定。农业农村部提出,依法规范宅基地"三权分置"是宅基地制度改革的重要目标,当前对宅基地"三权分置"的改革探索仍在进行中,一些好做法好经验有待进一步实践检验,本着稳妥审慎的原则,现阶段宜着重开展理论研究和改革探索,及时总结经验成果,将来逐步推进上升为法律法规。

环资委经研究认为,议案提出的问题和意见建议非常重要,对议案提出的明确相关部门职责的意见,建议国务院有关部门进一步加强沟通;对议案提出的完善征收征用程序及有关制度等意见,建议国务院有关部门抓紧研究,完善配套法规、标准,进一步开展有益探索,积累经验,条件成熟时提出法律修改建议。

18. 陈隆梅、陈玮等 61 名代表提出关于修改固体废物污染环境防治法的议案 2 件(第 101、473 号)。议案提出,固体废物污染环境防治法存在罚则过重、缺少对个人违法行为的追究等问题,建议修改固体废物污染环境防治法,充分考虑小微企业违法成本,审慎确定罚款数额;增加对个人非法倾倒建筑垃圾等违法行为的处罚;修改相关名词解释,强化行政执法与刑事司法的衔接。

环资委高度重视议案提出的问题和建议,与代表进行沟通交流,并就议案内容征求了国务院有关部门和最高人民法院、最高人民检察院的意见。对议案提出的增加对个人违法行为处罚的建议,住房城乡建设部提出,将积极开展《城市生活垃圾管理办法》《城市建筑垃圾管理规定》等部门规章修订工作。对议案提出的充分考虑小微企业违法成本,审慎确定罚款数额的建议,生态环境部提出,将加大对地方制定自由裁量规则和基准的指导,在执法中依法落实过罚相当的处罚原则;最高人民检察院建议,在法律规定范围内适当采取暂缓缴纳、分期缴纳等措施,减少对小微企业经营的影响。对议案提出的修改固体废物污染环境防治法第一百二十四条第(九)项和最高人民法院、最高人民检察院《关于办理环境污染刑事案件适用法律若干解释》第十六条相关名词定义,加强行刑衔接的建议,最高人民法院、最高人民检察院提出,司法解释第十六条不是对"处置"行为的定义,而是对一种常见的非法处置危险废物并构成犯罪情形的明确,目前正在开展相关司法解释的修订工作,将认真考虑议案所提建议,提高司法解释的针对性、可操作性,做好与相关法律的协调衔接。

环资委经研究认为,2020 年修订并实施的固体废物污染环境防治法针对防治工作中的突出问题,建立了一系列新的制度措施,完善了监管制度,对防治固体废物污染环境、保障公众健康、维护生态安全、推进生态文明建设发挥了重要作用。对议案针对法律实施中产生问题提出的意见,建议有关部门结合相关部门规章和司法解释修订工作认真研究,加快完善相关配套法规、标准制度。

19. 黄久生、皇甫立、崔建梅等 188 名代表提出关于制定淮河保护法的议案 3 件(第 113、118、292 号)。议案提出,淮河流域是中华文明的重要发源地,是我国重要的商品粮、煤炭和能源基地,在我国经济社会发展全局中具有重要地位。近些年,随着沿淮省市经济的快速发展和城市化进程的持续推进,淮河流域面临的水资源短缺问题日益凸显,水质污染和水生态环境恶化问题依然严重,水旱灾害易发多发问题十分突出,建议制定淮河保护法,加强淮河流域综合治理和系统保护。

环资委高度重视议案提出的问题和建议,与有关地方人大和代表进行沟通交流,并就议案内容征求了国务院有关部门意见。司法部、生态环境部、水利部和农业农村部提出,淮河流域立法综合性较强,涉及面广,建议在总结实践经验的基础上,对立法必要性和立法重点等开展研究论证。党和国家高度重视淮河流域生态环境保护,1995 年国务院颁布《淮河流域水污染防治暂行条例》,2018 年出台《淮河生态经济带发展规划》,对淮河流域水资源保护、生态保护修复、环境污染综合治理进行系统部署。生态环境部组建淮河流域生态环境监督管理局,按照《水污染防治行动计划》提出的"到 2030 年全国重点流域水质优良比例达到 75% 以上"的要求,确定了流域重点任务和年度目标。农业农村部开展农业面源污染监测、资源化利用和治理等工作。

十三届全国人大常委会高度重视大江大河流域立法工作,制定长江保护法、黄河保护法。环资委经研究认为,加强淮河流域综合治理和系统保护非常必要,建议国务院有关部门在总结长江保护法、黄河保护法等流域立法经验的基础上,适时启动淮河保护立法的研究论证工作。

20. 秦和等 31 名代表提出关于制定环境教育法的议案 1 件(第 217 号)。议案提出,环境教育是提高国民环境意识、树立正确发展观的重要手段,建议尽快制定环境教育法，明确环境教育的主管部门、相关主体的责任义务、社区的环保宣传教育义务、各阶段学校教育的内容和方式，以及非政府组织、环保社会组织的义务等。

环资委高度重视议案提出的问题和建议，与代表进行沟通交流，并就议案内容征求了国务院有关部门意见。生态环境部开展环境教育立法比较研究和相关立法调研论证，发布《公民生态环境行为规范（试行）》《“美丽中国，我是行动者”提升公民生态文明意识行动计划（2021—2025年）》等文件，引导公民践行生态环境责任，开展生态环境保护社会宣传、中小学教师生态环境保护培训等工作，积极推进环境教育。教育部推动各地落实加强中小学环境教育相关文件的要求，把环境教育作为中小学生德育工作的重要内容，指导地方和学校开展多种形式的环境教育主题活动，发挥课堂教育主要渠道，发挥综合实践的培养作用，引导高校加强环境学科领域人才培养。

环资委经研究认为，加强环境教育对引导公民有序参与环境保护、维护公众环境健康权益、促进经济社会可持续发展、加强生态文明建设具有重要意义。建议国务院有关部门认真研究议案提出的意见和建议，持续大力推进环境教育工作力度，开展相关立法的前期调研论证工作。

21. 胡成中、庹勤慧、方同华等90名代表提出关于修改环境保护法的议案3件（第285、296、403号）。议案提出，为适应我国经济体制改革和国际经济、环境的变化，满足人民群众美好生活需求，建议修改环境保护法，调整立法目的，引入先进环保理念，完善农村环境保护、生态安全、土壤污染防治、有毒化学品污染防治、外来物种入侵防治、物种保护等内容，明确政府的环境职责及其追责制度；增加“应对气候变化”一章，确立应对气候变化基本原则相关法律制度；明确社会组织可以对未履行相关法定义务的机关提起环境行政诉讼，促进公众参与机制的完善与发展。

全国人大常委会高度重视环境保护法实施，将开展环境保护法实施情况的检查列入2022年度监督工作计划。2022年8月，十三届全国人大常委会第三十六次会议听取审议执法检查报告并开展专题询问。结合环境保护法执法检查工作，环资委会同国务院有关部门和最高人民法院、最高人民检察院对议案提出的意见建议进行了认真研究。各方面一致认为，贯彻党中央关于推进生态文明建设的一系列新部署新要求，2014年修改的环境保护法将“推进生态文明建设，促进经济社会可持续发展”写入立法目的，在理念、制度、保障措施等方面都有重大突破和创新，为我国生态环境保护提供了基础性、全局性法治保障。但是随着经济社会发展，法律实施中也出现一些新问题。对于议案提出的增加应对气候变化、完善相关制度、加大处罚力度、完善公众参与机制等意见，环资委建议国务院有关部门结合落实环境保护法执法检查报告和审议意见进行认真研究，开展相关立法的前期调研论证工作。

22. 陈凤珍等31名代表提出关于制定节约用水法的议案1件（第293号）。议案提出，近年来，节约用水工作取得明显成效。但水资源供需矛盾突出、刚性约束不够、利用效率不高，公众节水意识不强，内生动力不足等问题依然较为明显，亟需通过加强立法予以解决。建议制定节约用水法，将严格取水监管，推进农业节水增效、工业节水减排、城镇节水降损以及非常规水源利用等方面的成功经验以法律形式固定下来。

环资委高度重视议案提出的问题和建议，与代表进行沟通交流，并就议案内容征求了国务院有关部门意见。国务院有关部门提出，落实节水优先方针，加大水资源节约保护力度，全面提高水资源利用效率，是解决我国水资源短缺问题的根本出路。按照党中央、国务院部署要求，水利部会同发展改革委、住房城乡建设部完成节约用水条例的起草工作，并于2021年12月联合报送国务院。议案提出的健全节水管理体制、建立节水管理制度、落实行业领域节水措施、建立节水激励机制等主要建议，已在节约用水条例草案中作出相关规定。

环资委经研究认为，节约用水是推进生态文明建设、保障水安全的重要举措，也是推动经济社会高质量发展的必然要求。建议国务院有关部门在节约用水条例起草和审议过程中认真研究、充分吸收议案提出的意见建议，加快立法进程，切实加强水资源节约保护工作。

23. 李亚兰等30名代表提出关于修改深海海底区域资源勘探开发法的议案1件（第402号）。议案提出，深海海底区域资源勘探开发法存在活动主体范围规定不明确、海洋环境保护规定较为原则、争议解决方式规定缺失等问题，与国际立法新动向有差距，不能适应新阶段开发的需要。建议将法律名称修改为深海海底区域资源开发法，将资源开发全过程纳入法律适用范围，增加履约保证金、商业保险、利益攸关方、环境范围影响报告等规定，明确活动主体资格的确定标准，完善环境保护的相关条款。

环资委高度重视议案提出的问题和建议，与代表进行沟通交流，并就议案内容征求了国务院有关部门意见。自然资源部提出，随着《深海海底区域资源勘探开发许可管理办法》《深海海底区域资源勘探开发样品管理暂行办法》《深海海底区域资源勘探开发资料管理暂行办法》等法规规章的颁布实施，促进深海海底区域资源勘探开发的制度措施不断完善。当前，我国正在参与《"区域"内矿产资源开发规章》谈判工作，虽然该谈判已进入实质性阶段，但成员国对惠益分享机制、经济援助制度、技术转让制度、深海环境保护等问题仍存在较大争议。考虑到《"区域"内矿产资源开发规章》尚未正式出台，修改深海海底区域资源勘探开发法的时机和条件暂不成熟。

环资委经研究认为，我国是国际海底事务的积极参与者和贡献者，当前国际海底规则还在持续建立中，对议案提出的意见，建议国务院有关部门在吸收国外立法经验以及追踪国际最新趋势的基础上，结合正在进行的《"区域"内矿产资源开发规章》谈判活动，在相关立法工作中积极研究考虑。

24. 徐晓等 30 名代表提出关于制定水库泄洪法的议案 1 件(第 436 号)。议案提出，现行法律法规仅对水库放水泄洪作出一般性规定，没有具体执行细则，更没有责任追究机制。水库放水泄洪的超前性、随意性、预警性问题得不到根本解决。建议制定水库泄洪法，确立以人为本、人民至上的指导思想，细化机构设置、职责权限、运行机制、灾害赔偿、工作监督和责任追究等内容，保障人民生命财产安全。

环资委高度重视议案提出的问题和建议，与代表进行沟通交流，并就议案内容征求了国务院有关部门意见。水利部和应急管理部提出，水库安全是防汛安全的重中之重，防洪法第三十一条对水库泄洪作出了原则性规定，《防汛条例》《水库大坝安全管理条例》等法规对水利工程调度运用、泄洪预警等作出规定，水利部出台的《汛限水位监督管理规定(试行)》《水工程防洪抗旱调度运用监督检查办法(试行)》《大中型水库汛期调度运用规定(试行)》等规章对汛期调度方案、监测预报、调度管理等提出具体要求；建议在总结相关法律法规实施情况的基础上，与正在推进的防洪法修订工作统筹考虑，健全完善水库泄洪相关制度。

环资委经研究认为，水库泄洪是防洪工作的重要组成部分，是汛期防洪调度的重要措施。对于议案提出的意见，建议国务院有关部门结合防洪法、防汛条例等法律法规的修订工作认真研究考虑，充实水库泄洪管理的制度措施，完善防洪管理法律制度。

25. 胡季强等 30 名代表提出关于制定生态文明建设促进法的议案 1 件(第 465 号)。议案提出，现行立法关于生态文明建设的内容较为分散，缺少明确、统一的要求，建议制定生态文明建设促进法。明确生态文明的定义，规定生态文明建设的目标、战略、任务、路径和方法，明晰各部门职责，强化评价与考核、自然资源资产离任审计、领导干部生态环境损害责任追究等相关制度。

环资委高度重视议案提出的问题和建议，与代表进行沟通交流，并就议案内容征求了国务院有关部门意见。生态环境部提出，生态环境保护综合性法律、单项法律，以及行政法规、地方性法规、部门规章和地方政府规章等构成的较为完整的生态环境保护法律体系已基本形成。下一步是制定一部宏观的综合性法律，对生态文明建设的各个方面作出全面系统的规定，还是进一步完善生态环境保护法律体系，全面推进生态文明建设，需要深入研究论证。发展改革委、自然资源部提出，将积极配合做好生态文明建设相关立法和立法研究论证工作，加快推进生态文明法治体系建设。

环资委经研究认为，党的十八大以来，生态环境保护领域立法不断丰富完善，覆盖全面、务实管用、严格严密的中国特色社会主义生态环保法律体系初步形成。新时代对生态文明法治建设提出新任务新要求，需要进一步完善生态环保法律体系，增强系统性、整体性、协同性。对于议案提出的意见建议，环资委将会同有关方面，在今后的立法工作中认真研究。

四、1 件议案提出的 1 个监督项目，法律实施情况的报告已经提请全国人大常委会审议

26. 党永富等 30 名代表提出关于开展环境保护法执法检查的议案 1 件(第 116 号)。议案提出，我国生态环境保护发生历史性、转折性、全局性变化，但仍面临资源约束趋紧等问题。建议开展环境保护法执法检查，全面检查法律规定落实情况、政府及相关部门环保责任落实情况，了解法律实施中的新问题、新情况，督促政府及相关部门依法行政、

严格执法，强化执法能力建设，加大对违法行为的监管和惩处力度等。

按照全国人大常委会2022年度监督工作计划，2022年3月至6月，全国人大常委会组织开展了环境保护法执法检查。栗战书委员长和张春贤、沈跃跃、丁仲礼副委员长分别带队赴黑龙江等7个省(自治区)开展检查，同时委托24个省(自治区、直辖市)人大常委会对本行政区域的法律实施情况开展检查，实现执法检查"全覆盖"。2022年8月，十三届全国人大常委会第三十六次会议听取审议执法检查报告并开展专题询问。

全国人民代表大会社会建设委员会关于第十三届全国人民代表大会第五次会议主席团交付审议的代表提出的议案审议结果的报告

全国人民代表大会常务委员会：

十三届全国人大五次会议主席团交付社会委审议的63件议案(同比增加12.5%)，由19个代表团2001名代表提出，共涉及27个立法项目、3个监督项目。其中：关于制定法律(16部)的议案33件，关于修改法律(11部)的议案26件，关于执法检查的议案4件。主要围绕社会救助、社会保险、慈善事业、养老服务、劳动就业、社会治理、安全生产、反家庭暴力、特殊群体权益保障等9个方面内容。

社会委以习近平新时代中国特色社会主义思想为指导，深入贯彻党的十九大和十九届历次全会精神及中央人大工作会议精神，深入学习贯彻习近平法治思想、总书记关于坚持和完善人民代表大会制度的重要思想，贯彻落实栗战书委员长关于以对人民高度负责的精神，审议、办理好代表议案的指示精神，践行全过程人民民主，密切同人大代表、人民群众联系，以提高办理质量为重点，以推进社会建设领域法治建设为目标，精心部署安排，扎实有序推进。一是通过多种方式同代表保持密切联系，邀请提议案领衔代表或其他代表参与相关立法、监督、调研工作，深入了解代表所思所想，全面掌握所提问题基本情况，积极向代表展示办理过程和办理结果。二是加强同国务院有关部门及相关单位沟通，向23家单位发函征求研究意见，同民政部、财政部、国家税务总局、银保监会、中央网信办、共青团中央等部门座谈，广泛听取意见建议，共同研究办好议案。三是充分利用同国务院有关部门座谈、调研等机会，全面介绍议案内容、反映群众期盼，支持和推动相关部门制定完善政策、加强改进工作，督促解决事关群众切身利益的实际问题。

2022年8月，社会委对63件代表议案的办理意见进行了审议，现将审议结果报告如下。

一、25件议案提出9个立法项目，其中：22件涉及的6个项目已经列入十三届全国人大常委会立法规划或2022年度立法工作计划，3件涉及的项目与其密切相关，在立法工作中一并研究考虑，将按规划或计划提请全国人大常委会审议

1. 关于制定《无障碍环境建设法》的议案9件

制定《无障碍环境建设法》已列入全国人大常委会2022年度立法工作计划，由社会委牵头负责。在深入开展前期调研和委托研究基础上，经广泛征求中央有关部门、31个省级人大社会委、专家学者、基层残疾人和老年人代表的意见，形成《无障碍环境建设法》草案，已提请10月份常委会会议审议。

2. 关于修改《慈善法》的议案4件

修改《慈善法》已列入全国人大常委会2022年度立法工作计划。社会委成立修法工作专班，深入开展调查研究，多次召开沟通协调会，全面征求中央有关部门、31个省级人大社会委、民政系统、慈善组织、专家学者和全国人大代表意见，形成《慈善法》修订草案，拟于年内提请常委会审议。

3. 关于制定《社会救助法》的议案4件

制定《社会救助法》已列入十三届全国人大常委会立法规划第一类项目和2022年度立法工作计划，由国务院提请审议，社会委负责联系。国务院

有关部门已形成《社会救助法(草案送审稿)》,正按程序进行审查。张春贤副委员长带队到河南、福建等地开展调研,协调推动立法进程。社会委成立社会救助立法联系审议工作领导小组,多次召开协调推进会,加强与相关部门的联系沟通,推动有关部门加快立法进程,尽早提请全国人大常委会审议。

4. 关于制定《危险化学品安全法》的议案1件

制定危险化学品安全法已列入全国人大常委会2022年度立法工作计划,由国务院提请审议,社会委负责联系。国务院有关部门已形成《危险化学品安全法(草案送审稿)》,正按程序进行审查。社会委赴地方开展立法调研,了解立法重点难点问题,密切同有关部门联系,督促尽快修改完善草案,按计划提请全国人大常委会审议。

5. 关于基层治理领域的议案2件,其中关于修改《村民委员会组织法》的1件,关于制定《城乡社区治理促进法》的1件(通过修改"两委"组织法吸收议案内容,解决所提问题)

修改《城市居民委员会组织法》《村民委员会组织法》已列入十三届全国人大常委会立法规划第二类项目,由国务院提请审议,社会委负责联系。国务院有关部门已形成《城市社区居民委员会组织法(修订草案送审稿)》《村民委员会组织法(修订草案征求意见稿)》。张春贤副委员长带队到内蒙古等地开展调研,协调推动立法进程。社会委成立联系审议工作领导小组,开展立法调研,多次召开协调推进会,连续两年举办"基层社会治理与'两委'组织法修改"研讨会,推动国务院有关部门加快"两委"组织法修法步伐,争取在本届内提请常委会审议。

6. 关于医疗保障领域的议案5件,其中关于制定《医疗保障法》的3件议案,关于制定《长期护理保险法》、制定《生育保险法》的各1件(通过制定《医疗保障法》吸收议案内容,解决所提问题)

制定《医疗保障法》已经列入全国人大常委会2022年立法工作计划,由国务院提请审议,社会委负责联系。国务院有关部门已形成《医疗保障法(征求意见稿)》。张春贤副委员长和何毅亭主任委员带队到国家医保局、重庆、上海开展调研,协调推动立法进程。社会委多次参加国家医保局组织的立法调研活动,提出意见建议,积极推动立法进程,待草案成熟时提请全国人大常委会审议。

二、9件议案提出的4个立法项目有立法必要,建议加强调研起草工作,条件成熟时,提请列入全国人大常委会年度立法工作计划

1. 关于修改《消防法》的议案3件

社会委贯彻落实党中央关于深化消防执法改革、消防救援队伍改革的决策部署,根据《"十四五"国家消防工作规划》总体要求,结合执法检查中发现的问题,社会委将会同有关部门,抓紧对《消防法》修改的研究论证工作,条件成熟时,建议纳入全国人大常委会立法规划或年度立法工作计划。

2. 关于制定《志愿服务法》的议案1件

社会委将会同有关部门适时开展志愿服务领域立法调研,加快志愿服务立法的研究论证,条件成熟时,建议列入常委会立法规划。

3. 关于修改《矿山安全法》的议案1件

国务院有关部门已成立矿山安全法修改工作领导小组,启动《矿山安全法》修改工作。社会委将积极联系有关部门,广泛开展调查研究,深入论证相关问题,推动加快形成修改草案,条件成熟时,提请列入常委会年度立法工作计划。

4. 关于制定《养老服务法》的议案4件

国务院有关部门已经启动《养老服务法》立法工作。社会委将在今年开展"实施积极应对人口老龄化国家战略、推动老龄事业高质量发展"专题调研的基础上,加强对养老服务领域立法的研究论证,推动加快立法进程,条件成熟时,提请列入常委会年度立法工作计划。

三、16件议案提出的5个立法项目、3个执法检查项目,建议在完善相关法律法规的同时,加大现行法律法规政策的贯彻实施力度

1. 关于修改《未成年人保护法》的议案2件

去年修订的《未成年人保护法》增加网络保护专章,对防止未成年人沉迷网络作出了明确规定。国务院及其有关部门正在研究制定《未成年人网络保护条例》等行政法规和部门规章,提出防范未成年人沉迷网络的具体措施。国务院未成年

人保护工作领导小组办公室印发《未成年人文身治理工作办法》，明确禁止向未成年人提供文身服务。建议有关部门加快制定法规规章，加大宣传教育和贯彻实施力度，进一步保护好未成人合法权益。

2. 关于残疾人权益保护方面的议案 3 件，其中修改《残疾人保障法》的 1 件、开展《残疾人保障法》执法检查的 2 件

社会委牵头起草的《无障碍环境建设法》已提请常委会审议，对创建无障碍环境、为残疾人出行提供便利作出规定。在开展就业促进法执法检查、老年人权益保障法实施情况专题调研、社会保险制度改革和社会保险法实施情况专题调研等时，把保护残疾人的权益作为一个重点内容，积极推动残疾人参与社会生活、融入社会。建议各地方根据当地实际，研究制定残疾人免费乘坐市内公共交通工具的优惠措施。社会委将继续关注和研究残疾人权益保障领域的新情况新问题，适时提出开展《残疾人保障法》执法检查的建议。

3. 关于家庭教育方面的议案 2 件，其中修改《家庭教育促进法》的 1 件、开展《家庭教育促进法》执法检查的 1 件

《家庭教育促进法》自 2022 年 1 月 1 日起施行。法律遵循家庭教育规律，明确了父母作为子女教育的第一监护人责任，对减轻学生学习负担等都有相应规定。建议有关部门制定完善配套政策措施，加大贯彻实施力度，保证法律全面有效实施。社会委将聚焦法律实施过程中的重点难点问题，加强调查研究，适时提出开展《家庭教育促进法》执法检查的建议。

4. 关于修改《反家庭暴力法》的议案 3 件

《妇女权益保障法》修订草案增加了反家庭暴力的相关规定，加大了对家庭暴力的处罚力度。修订草案已提请常委会审议。建议法律出台后，有关部门加强宣传教育，完善配套法规措施和司法解释，加大贯彻实施力度，推动反家庭暴力工作取得实效。

5. 关于修改《老年人权益保障法》的议案 5 件

党中央、国务院印发《关于加强新时代老龄工作的意见》《"十四五"国家老龄事业发展和养老服务体系规划》等一系列文件，对实施积极应对人口老龄化国家战略，加强新时期老龄工作，保障老年人权益，作出了一系列部署。党的十八大以来，全国人大常委会先后三次修改老年人权益保障法，为保护老年人权益提供了法治保障。建议有关部门全面贯彻落实中央文件精神，加大对相关法律的宣传实施力度，切实维护老年人权益。

6. 关于开展《妇女权益保障法》执法检查的议案 1 件

《妇女权益保障法》修订草案于 2021 年 12 月提请常委会审议。2022 年 4 月，常委会进行了二审，拟于近期三审后通过。修订草案在现行法基础上，做了大幅修改完善。社会委将持续关注和研究妇女权益保障工作领域的新情况新问题，适时提出开展《妇女权益保障法》执法检查的建议。

四、13 件议案提出的 9 个立法项目，在制定相关法律吸纳部分内容的同时，建议有关方面对议案所提建议和问题继续分析研究，开展调研论证

1. 关于劳动就业方面的议案 4 件，其中修改《劳动合同法》的 3 件、制定《中老年人就业促进法》的 1 件

社会委围绕健全完善劳动法律制度体系、编纂《劳动法典》等问题进行了系统研究，形成专题报告报常委会党组。加强新业态从业人员劳动权益保护和社会保障、完善超龄劳动者权益保障等问题是其中一个重要内容，并提出修订《劳动合同法》等劳动法律制度的意见建议。以上议案所提意见，大部分内容将在制定《基本劳动标准法》、修改《劳动法》《劳动合同法》时加以吸纳解决；其他内容经征求有关方面意见，建议根据经济社会发展实际，开展前期研究和论证，为完善法律奠定基础。

2. 关于制定《儿童福利法》的议案 2 件

社会委经研究，建议有关部门在儿童福利法现有立法工作基础上，围绕儿童福利立法的核心问题，广泛听取各方面意见，继续开展深入研究论证和实践探索，为制定完善法律提供理论和实践支撑。

3. 关于制定《社会组织登记管理法》的议案 1 件

社会委经研究，建议有关部门加快《社会组织登记管理条例》制定工作，并认真研究吸收议案所提意见建议，做好社会组织立法的前期调研论证工作。

4. 关于制定《殡葬法》的议案 1 件

制定殡葬法已纳入十三届全国人大常委会立

法规划第三类项目。社会委经研究，建议国务院有关部门加快《殡葬管理条例》修订工作，并认真研究吸收议案所提意见建议，做好殡葬法的前期调研论证工作。

5. 关于制定《文明行为促进法》的议案 1 件、制定《企业职工基本养老保险法》的议案 1 件、制定《企业民主管理法》的议案 1 件、修改《社会保险法》的议案 2 件

社会委经研究，建议有关部门继续开展立法可行性、必要性研究，加强调研和论证，适时启动立法工作。

以上报告，请审议。

附件：1. 63 件议案审议结果报告有关数据统计

2. 全国人民代表大会社会建设委员会关于第十三届全国人民代表大会第五次会议主席团交付审议的代表提出的议案的审议意见

全国人民代表大会社会建设委员会

2022 年 10 月 27 日

附件 1：

63 件议案审议结果报告有关数据统计

议案及审议结果分类情况 63 件议案由 19 个代表团 2001 名代表提出，涉及 27 个立法项目、3 个监督项目。其中：关于制定法律（16 部）的议案 33 件，关于修改法律（11 部）的议案 26 件，关于执法检查的议案 4 件。主要围绕社会救助、社会保险、慈善事业、养老服务、劳动就业、社会治理、安全生产、反家庭暴力、特殊群体权益保障等 9 个方面内容。		议案数 （代表团名称）	提议案 代表人数
一	**25 件议案提出 16 个立法项目，其中：22 件涉及的 6 个项目已经列入十三届全国人大常委会立法规划或 2022 年度立法工作计划，3 件涉及的项目与其密切相关，在立法工作中一并研究考虑，将按规划或计划提请全国人大常委会审议**	**25**	**844**
1	制定无障碍环境建设法的第 3、150、158、213、214、326、344、432、469 号议案	上海团 陕西团 湖北团 辽宁团 吉林团 安徽团 浙江团 江苏团 浙江团	66 30 30 30 31 31 32 31 75
2	修改慈善法的第 66、108、275、481 号议案	陕西团 海南团 全团议案 吉林团 浙江团	30 25 31 30
3	制定社会救助法的第 208、329、360、453 号议案	辽宁团 河北团 黑龙江团 安徽团	30 30 30 30
4	制定危险化学品安全法的第 33 号议案	陕西团	30
5	修改村民委员会组织法的第 81 号议案	湖北团	31
6	制定城乡社区治理促进法的第 206 号议案	山西团	30

续表

7	制定医疗保障法的第34、177、317号议案	陕西团 河北团 湖南团	30 30 30
8	制定长期护理保险法的第147号议案	福建团	39
9	制定生育保险法的第315号议案	广西团	32
二	**9件议案提出的4个立法项目有立法必要，建议加强调研起草工作，条件成熟时，提请列入全国人大常委会年度立法工作计划**	**9**	**273**
10	修改消防法的第5、36、91号议案	上海团 陕西团 福建团	30 30 32
11	制定志愿服务法的第160号议案	河北团	30
12	修改矿山安全法的第362号议案	黑龙江团	30
13	制定养老服务法的第418、451、452、487号议案	黑龙江团 浙江团 安徽团 河北团	30 30 31 30
三	**16件议案提出的5个立法项目、3个执法检查项目，建议在完善相关法律法规的同时，加大现行法律法规政策的贯彻实施力度**	**16**	**489**
14	修改未成年人保护法的第67、415号议案	陕西团 江苏团	30 30
15	修改残疾人保障法的第82号议案	陕西团	30
16	开展残疾人保障法执法检查的第148、328号议案	山东团 河北团	31 31
17	修改家庭教育促进法的第420号议案	黑龙江团	30
18	开展家庭教育促进法执法检查的第419号议案	天津团	30
19	修改反家庭暴力法的第216、417、454号议案	广西团 黑龙江团 江苏团	30 30 32
20	修改老年人权益保障法的第109、110、149、211、361号议案	陕西团 广西团 河北团 辽宁团 天津团	31 31 31 30 32
21	开展妇女权益保障法执法检查的第423号议案	湖南团	30
四	**13件议案提出的9个立法项目，在制定相关法律吸纳部分内容的同时，建议有关方面对议案所提建议和问题继续分析研究，开展调研论证**	**13**	**395**
22	修改劳动合同法的第412、136、371号议案	黑龙江团 贵州团 河北团	30 30 31
23	制定中老年人就业促进法的第79号议案	陕西团	30

续表

24	制定儿童福利法的第 416、450 号议案	黑龙江团 安徽团	30 33
25	制定社会组织管理登记法的第 35 号议案	陕西团	30
26	制定殡葬法的第 424 号议案	黑龙江团	30
27	制定文明行为促进法的第 408 号议案	黑龙江团	30
28	制定企业职工基本养老保险法的第 325 号议案	江苏团	30
29	制定企业民主管理法的第 238 号议案	河北团	31
30	修改社会保险法的第 276、363 号议案	北京团 黑龙江团	30 30

附件 2：

全国人民代表大会社会建设委员会关于第十三届全国人民代表大会第五次会议主席团交付审议的代表提出的议案的审议意见

十三届全国人大五次会议主席团交付社会委审议的 63 件议案（同比增加 12.5%），由 19 个代表团 2001 名代表提出，共涉及 27 个立法项目、3 个监督项目。其中：关于制定法律（16 部）的议案 33 件，关于修改法律（11 部）的议案 26 件，关于执法检查的议案 4 件。主要围绕社会救助、社会保险、慈善事业、养老服务、劳动就业、社会治理、安全生产、反家庭暴力、特殊群体权益保障等 9 个方面内容。

2022 年 9 月，社会委对 63 件代表议案的办理意见进行了审议，现将审议意见报告如下。

一、25 件议案提出 9 个立法项目，其中：22 件涉及的 6 个项目已经列入十三届全国人大常委会立法规划或 2022 年度立法工作计划，3 件涉及的项目与其密切相关，在立法工作中一并研究考虑，将按规划或计划提请全国人大常委会审议

1. 上海团陈国民等 66 名代表、陕西团方燕等 30 名代表、湖北团李莉等 30 名代表、辽宁团杨松等 30 名代表、吉林团秦和等 31 名代表、安徽团高莉等 31 名代表、浙江团郑杰等 32 名代表、江苏团王嘉鹏等 31 名代表、浙江团吕世明等 75 名代表关于制定无障碍环境建设法的 9 件议案（第 3、150、158、213、214、326、344、432、469 号）。议案提出，无障碍环境是广大人民群众美好生活需要的重要组成部分，无障碍环境建设迫切需要高质量发展。建议全国人大加快无障碍环境建设立法工作。

中央网信办、教育部、工业和信息化部、公安部、民政部、住房城乡建设部、交通运输部、文化和旅游部、国家卫生健康委、最高人民检察院、中国残联认为，赞同制定无障碍环境建设法，将积极配合有关部门开展立法调研、论证工作，推动形成立法共识，促进相关法律尽快出台。司法部认为，制定无障碍环境建设法需要广泛听取意见，对无障碍环境范围、无障碍设施改造、资金保障、执法监督等问题作深入研究论证。

社会委经研究，同意上述有关方面意见。无障碍环境建设立法已列入全国人大常委会 2022 年度立法工作计划，由社会委牵头起草。社会委在前期调研的基础上，开展委托调研，并广泛征求中央有关部门、专家学者和 31 个省级人大社会委、5.4 万基层残疾人和老年人代表的意见，经过深入研究论证，形成无障碍环境建设法草案，已于 10 月份提请全国人大常委会审议。

2. 陕西团崔荣华等 30 名代表、海南团、吉林团初建美等 31 名代表、浙江团张天任等 30 名代表关

于修改慈善法的4件议案(第66、108、275、481号)。议案提出,为贯彻落实党中央关于发挥第三次分配作用,推动共同富裕的战略部署,应对慈善事业发展面临的新情况、新问题,建议修改慈善法,增加税收优惠和网络慈善专章,建立健全慈善应急和部门协调机制、完善慈善组织认定和退出制度、健全慈善监管体系等。

社会委经研究,同意议案所提建议。修改《慈善法》已列入十三届全国人大常委会2022年度立法工作计划,由社会委牵头成立了慈善法(修改)工作专班,采取请进来和走出去、线上线下研讨相结合、有关部门和专家学者及慈善组织代表面对面交流等方式,深入地方开展调查研究,多次召开沟通协调会,走访有关部门和慈善行业组织,认真研讨分析重点难点问题,全面征求各地方、民政系统、慈善组织、专家学者和全国人大代表意见,形成了修订草案征求意见稿,并征求"一府两院"意见。代表议案所提意见建议,在起草过程中均有研究吸收。修订草案拟于年内提请全国人大常委会审议。

3. 辽宁团杨松等30名代表、河北团杨震生等30名代表、黑龙江团谢宝禄等30名代表、安徽团耿学梅等30名代表关于制定社会救助法的4件议案(第208、329、360、453号)。议案提出,社会救助工作法治不够健全,《社会救助暂行办法》立法位阶较低,不能有效回应困难群众对美好生活的向往和诉求;社会救助还存在制度不完善、体系不统一、衔接不顺畅、程序性规定缺失等问题,建议尽快出台《社会救助法》。

民政部、财政部、司法部表示,已形成《社会救助法(草案)》,目前正按照国务院办公厅的要求,积极推进《社会救助法》立法工作进程。议案提出的增加受助者自理理念、完善社会救助法律责任、推进社会救助制度城乡统筹等建议,已在草案中采纳吸收;其他意见,将在进一步修改完善《社会救助法(草案)》过程中,认真研究论证,合理吸收采纳。

社会委经研究,同意民政部、财政部、司法部意见。制定《社会救助法》已列入十三届全国人大常委会立法规划第一类项目和2022年度立法工作计划。社会委于2018年成立社会救助立法联系审议工作领导小组,加强与相关部门的联系沟通,多次召开协调推进会,深入开展调查研究,积极推进立法工作。建议国务院有关部门认真研究议案所提意见建议,加快立法进程,尽早提请全国人大常委会审议。

4. 陕西团史贵禄等30名代表关于制定危险化学品安全法的1件议案(第33号)。议案提出,目前危险化学品监管组织不健全、监管部门较多,存在职责不清、监管缺失,未建立企业安全生产责任机制,缺乏完善的危险化学品应急救援联动机制等问题。建议尽快制定《危险化学品安全法》。

应急管理部、司法部表示,目前正在按照立法程序对《危险化学品安全法(草案稿)》开展有关审查工作。草案稿进一步明确了危险化学品安全监管的部门职责分工,完善了监管机制和手段,压实生产经营单位的安全生产主体责任,加大违法行为惩处力度等。将对代表提出的具体意见认真研究论证,并予以充分考虑。

社会委经研究,同意应急管理部、司法部意见。制定危险化学品安全法已列入全国人大常委会2022年度立法工作计划。社会委与有关部门密切联系,赴地方开展立法调研,了解立法重点难点问题。建议国务院有关部门抓紧起草法律草案,认真研究吸收议案所提意见建议,从各环节、全过程加强危险化学品的安全管理,同时做好草案与《安全生产法》《突发事件应对法》以及环境保护等方面法律的衔接,按计划提请全国人大常委会审议。

5. 湖北团王能干等31名代表关于修改村民委员会组织法的1件议案(第81号)。议案提出,现行《村民委员会组织法》关于对村民委员会成员"给予适当补贴"的规定,不适应农村工作实际和乡村振兴的需要。建议修改法律,建立与村干部工作成效相匹配的报酬保障机制。

民政部提出,已形成《村民委员会组织法》(修订草案征求意见稿),并就村民委员会成员工作保障问题增加了相应条款。下一步,将会同相关部门加快推进修法工作,加大政策扶持力度,探索建立村民委员会成员报酬保障机制,推动纳入地方财政预算。司法部表示,将积极配合做好相关工作。

社会委经研究,同意民政部、司法部意见。修改《村民委员会组织法》已纳入十三届全国人大常委会立法规划第二类项目。目前已完成第一步修改,即"法定任期由3年改为5年"。社会委成立了联系审议工作领导小组,多次召开协调推进会,开展立法调研,连续两年举办"基层社会治理与'两委'组织法修改"研讨会。建议国务院有关部门认真研究吸收代表意见建议,回应加强基层基础工作的现实需要,加快推进《村民委员会组织法》修法工作,尽快提请全国人大常委会审议。

6. 山西团杨蓉等30名代表关于制定城乡社区治理促进法的1件议案(第206号)。议案提出,建议制定《城乡社区治理促进法》，明确社区建设、社区治理、社区服务、保障措施、法律责任等方面内容，推动我国城乡社区治理在法治轨道上有序进行。

民政部表示，已形成《城市居民委员会组织法（修订草案送审稿）》，司法部正按立法程序进行审查工作，《村民委员会组织法》的修订工作也在加快推进。议案提出的加强党对社区治理工作的领导、减轻社区工作负担、建立社区治理制度体系等方面内容在两法修订草案稿中均有所体现；其他方面的建议，将在进一步修改时予以研究吸收。司法部表示，将认真研究议案所提建议，积极配合民政部做好相关工作。

社会委经研究，同意民政部、司法部意见。修改《城市居民委员会组织法》《村民委员会组织法》已纳入十三届全国人大常委会立法规划第二类项目，修改《城市居民委员会组织法》也列入全国人大常委会 2022 年度立法工作计划，议案所提意见建议可通过修法予以研究吸收。建议国务院有关部门抓紧工作，加快推进《城市居民委员会组织法》《村民委员会组织法》的系统修订，将实践中城乡社区治理的创新经验做法体现到法律中，争取尽快提请全国人大常委会审议。

7. 陕西团史贵禄等 30 名代表、河北团祝淑钗等 30 名代表、湖南团徐云波等 30 名代表关于制定医疗保障法的 3 件议案（第 34、177、317 号）。议案提出，目前医疗保障领域法治建设基础薄弱，法律体系不系统、不完善，散见于《社会保险法》《基本医疗卫生与健康促进法》等单行法或行政法规及部分政策文件中，各项医疗保障制度间存在漏洞，无法在制度衔接、法律责任追究等方面形成统一的法律规范，建议尽快推进《医疗保障法》单独立法。

国家医保局表示，将加快医疗保障法立法步伐，围绕重点领域开展广泛调研，组织进行重难点梳理研究，推动医疗保障立法工作。财政部、国家卫生健康委表示，赞同制定《医疗保障法》，将积极配合开展立法调研，听取地方有关部门、专家学者的意见建议，参与具体条款的起草工作。司法部认为，医疗保障立法涵盖基本医疗保险、医疗救助等多种保障制度，既涉及与现有的法律、行政法规的衔接，也涉及参保人员、用人单位、定点医药机构、经办机构等多方面的权利义务，还涉及长期护理保险、社会保险费征收体制等多项改革事项，法律关系复杂、社会关注度高，需要广泛听取意见，深入研究论证。

社会委经研究，赞成有关部门意见。制定《医疗保障法》已经列入全国人大常委会立法工作计划（预备审议项目）。社会委大力推进医疗保障法立法进程，张春贤副委员长带队到国家医保局、重庆、上海开展调研，协调并推动立法进程。社会委办事机构派工作人员多次参加国家医保局组织的医保立法调研活动，并对《医疗保障法》（征求意见稿）提出意见建议。制定《医疗保障法》应以《中共中央、国务院关于深化医疗保障制度改革的意见》为基本依据，着力解决医疗保障发展不平衡不充分的问题。建议国家医保局等部门加快立法步伐，尽早形成成熟的法律草案，适时提请全国人大常委会审议。

8. 福建团郑奎城等 39 名代表关于制定长期护理保险法的 1 件议案（第 147 号）。议案提出，建议采用以社会保险为主体的模式，加快制定适合我国国情的长期护理保险法。

国家医保局表示，长期护理保险是一项全新的制度，相关管理运行机制还要在试点中加大探索力度。下一步将指导地方积极稳妥推进长期护理保险试点工作，及时总结经验，力争在“十四五”期间，基本形成适合我国国情的长期护理保险制度框架。待时机成熟后，纳入法治轨道。财政部表示，目前正会同社科院开展相关课题研究，对 49 个城市开展试点情况进行总结评估。下一步将积极配合国家医保局建立健全长期护理保险互助共济、责任共担的多渠道筹资机制。司法部提出，目前长期护理保险正在部分地方试点，还需积累经验、逐步完善，待条件成熟后再考虑制定长期护理保险法。

社会委经研究，同意上述单位意见。自 2016 年开展试点工作以来，已取得了阶段性成效，切实减轻了失能人员家庭经济和事务性负担。建议国家医保局等部门及时总结实践中好的经验做法，深入开展研究论证，为将来长期护理保险立法工作提供理论和实践支撑，推进长期护理保险的法制化、规范化。

9. 广西团孙燕等 32 名代表关于制定生育保险法的 1 件议案（第 315 号）。议案提出，1995 年起试行的《企业职工生育保险试行办法》已不适应新形势发展的需要，需要通过制定和统一生育保险制度，建立生育社会保险中央统筹调剂金，保障生育家庭生儿、育儿等基本需要，确保生育女性基本的生育权益，提高女性的生育积极性。

国家医疗保障局表示，生育保险覆盖范围、统筹层次、医疗服务管理、基金监管等内容在 2011 年实施的《社会保险法》和《关于全面推进生育保险和职工基本医疗保险合并实施的意见》(国办发〔2019〕10号)均已作出明确规定。关于将未就业居民纳入覆盖范围、引入个人缴费责任等内容,涉及重大制度调整,需要进一步审慎研究。财政部表示,考虑到生育保险和医疗保险已经合并,不宜单独就生育保险基金建立中央调剂金。目前正在配合国家医保局研究制定《关于加强和完善生育保险制度全面提升制度保障功能的意见》,探索将灵活就业人员纳入覆盖范围,均衡个人、用人单位和政府三方责任,强化生育津贴保障功能。司法部认为,社会保险法设专章对生育保险参保范围、缴费渠道、待遇项目和标准作了规定,《女职工劳动保护特别规定》规定了孕期、产期、哺乳期假期天数及待遇。制定生育保险法,需要统筹有关法律法规实施等情况,进一步研究论证。

社会委经研究,同意上述有关方面意见。《社会保险法》和国家政策文件对生育保险制度运行和实践发挥了重要作用,下一步,将加强社会保险领域立法研究,广泛听取各方意见,在制定《医疗保障法》、修改《社会保险法》时统筹考虑,一并研究议案所提意见。

二、9件议案提出的4个立法项目有立法必要,建议加强调研起草工作,条件成熟时,提请列入全国人大常委会年度立法工作计划

1. 上海团陈靖等30名代表、陕西团史贵禄等30名代表、福建团章联生等32名代表关于修改消防法的3件议案(第5、36、91号)。议案提出,消防法中火灾预防、灭火救援、监督检查、法律责任等内容不够完善,现阶段消防事业仍滞后于人民群众消防安全的需要。建议修改消防法,进一步理顺消防管理体制,夯实消防安全责任,增加新领域新业态消防安全内容,加强数字化消防安全风险管控,健全法律责任追究体系。

应急管理部表示,将深入贯彻消防法,推进消防执法改革,完善配套法规制度,结合制定消防救援队伍和人员法,组织开展消防法修改的调研论证。住房城乡建设部表示,将强化消防法实施监督,及时梳理汇总各地存在的问题,向有关部门提出消防法修改建议。司法部表示,将积极配合有关方面做好修改消防法的研究论证工作。

社会委经研究,同意上述部门意见。全国人大常委会于2021年开展了消防法执法检查,并于今年进行了跟踪监督。执法检查报告和常委会审议意见明确了法律实施存在的问题,并提出完善消防法律法规、适时修改消防法的建议。代表议案提出的问题和意见内容具体、针对性强,建议有关部门认真研究采纳,按照党中央关于深化消防执法改革、消防救援队伍改革的决策部署,结合落实《"十四五"国家消防工作规划》,针对新形势下消防工作遇到的新情况、新问题,以及近年来重特大火灾暴露的突出问题,抓紧对消防法修改的研究论证工作,条件成熟时,建议纳入立法规划或立法计划。

2. 河北团杨震生等30名代表关于制定志愿服务法的1件议案(第160号)。议案提出,近年来志愿者在赈灾抢险、抗击疫情等重大事件中发挥了积极作用。目前,存在志愿服务活动的主体多元化、开展不够规范、保障力度不够等问题,建议尽快制定志愿服务法。

中央文明办提出,建议加强志愿服务顶层设计,完善志愿服务机制,尽快制定出台志愿服务法。民政部提出,提升志愿服务立法层级,将为志愿服务的健康发展提供更加坚强有力的保障。下一步,将推动完善志愿服务政策法规,健全志愿服务激励机制、保险保障制度,做好立法的前期调研论证工作。司法部提出,2017年出台了志愿服务条例,建议总结条例实施经验,将积极配合做好相关工作。共青团中央提出,我国志愿服务发展迅速,在社会治理中发挥了积极作用。为促进志愿服务事业发展,急需国家层面的法律保障,建议尽快列入全国人大立法计划。

社会委经研究,同意上述单位意见。志愿服务是社会文明进步的重要标志,在创新社会治理及推动社会进步等方面发挥着重要作用。建议国务院有关部门认真研究议案所提意见建议,加快志愿服务立法的研究论证工作;社会委将适时开展立法调研,条件成熟时,建议纳入全国人大常委会立法规划或年度立法工作计划。

3. 黑龙江团李亚兰等30名代表关于修改矿山安全法的1件议案(第362号)。议案提出,《矿山安全法》规范内容过于简单,无法满足当前保障矿山生产安全的客观需要。建议增加制定国家矿山安全应急预案、明确矿山事故调查的配合义务等条款;调整关于行政复议申请期限、行政诉讼起诉期限规定,与行政复议法、行政诉讼法相关规定保持一致。

应急管理部提出，国家矿山安全监察局已启动《矿山安全法》修改工作，将结合议案所提建议，对有关法律问题进行深入研究论证，加快起草《矿山安全法》修订草案，为矿山安全工作提供坚实法治保障。司法部表示，将积极配合有关方面做好相关工作。

社会委经研究，同意应急管理部、司法部意见。《矿山安全法》实施近 30 年来，未进行过实质性修订。矿山安全领域的新矛盾新问题需要通过修法予以回应和解决，矿山安全生产方面的新经验新做法及监察监管体制改革成果需要通过修法予以明确和规范。议案所提具体修法建议，具有针对性和可操作性。建议国务院有关部门加快研究和起草工作，加强与《安全生产法》及正在修改的《突发事件应对法》等法律的衔接；社会委将适时开展立法调研，条件成熟时提请纳入常委会立法规划或年度立法工作计划。

4. 黑龙江团郑功成等 30 名代表、浙江团陈保华等 30 名代表、安徽团张冬云等 31 名代表、河北团温秀玲等 30 名代表关于制定养老服务法的 4 件议案（第 418、451、452、487 号）。议案提出，我国养老服务体系已有雏形但还未健全，政府、社会、市场和家庭责任边界不明晰，存在服务设施、机构、人员和资金要素保障不到位、区域发展不平衡等问题，不能完全满足老人多层次多样化需求。建议尽快制定养老服务法，推进养老事业和产业的持续健康发展。

民政部认为，目前已形成了养老服务法（文本建议稿），下一步将认真研究代表议案所提建议，将有关内容吸收到法律文本中，会同有关部门按照立法程序和既定工作安排，积极推进立法工作。国家卫生健康委表示，将积极配合做好养老服务有关法律、制度及配套措施制定等相关工作，为满足老年人日益增长的健康养老服务需求提供支撑和保障。司法部认为，《关于加强新时代老龄工作的意见》《“十四五”国家老龄事业发展和养老服务体系规划》等文件，对完善养老服务作出顶层设计。养老服务涉及政府、社会、家庭等多方面，相关政策措施正在引导推进过程中，法律制度尚处于前期研究论证阶段，建议认真研究。

社会委经研究，同意上述有关方面意见。全国人大社会委自成立以来，高度重视人口老龄化问题，积极推动养老服务相关工作。下一步，社会委将会同有关方面，进一步加强对养老服务领域立法的研究论证，积极开展调查研究，推动加快立法进程，条件成熟时，提请列入常委会年度立法工作计划。

三、16 件议案提出的 5 个立法项目、3 个执法检查项目，建议在完善相关法律法规的同时，加大现行法律法规政策的贯彻实施力度

1. 陕西团崔荣华等 30 名代表、江苏团李甦雁等 30 名代表关于修改未成年人保护法的 2 件议案（第 67、415 号）。议案提出，未成年人沉迷网络，严重影响其身心健康和个人发展。文身低龄化问题日益严重，对未成年人身体健康带来潜在的风险，且影响成年后的就业。建议修改未成年人保护法，明确网络游戏服务提供者、网络直播服务提供者的相关责任；增加“禁止为未成年人提供文身、文眉、文唇等服务”的规定。

中央网信办表示，正积极推进制定《未成年人网络保护条例》，将对网络沉迷防治等方面工作进行规范。已制定出台的《互联网信息服务算法推荐管理规定》《网络信息内容生态治理规定》等部门规章，明确算法推荐服务提供者的未成年人网络保护义务，要求其不得利用算法推荐服务诱导未成年人沉迷网络。司法部表示，新修订的未成年人保护法增加网络保护专章，对防止未成年人沉迷网络提出明确要求。司法部将积极配合有关单位，做好未成年人保护方面相关配套法规、文件的制定工作。

社会委经研究，同意中央网信办、司法部意见。2022 年 6 月 6 日国务院未成年人保护工作领导小组办公室印发《未成年人文身治理工作办法》，明确禁止向未成年人提供文身服务。国务院正在研究制定的《未成年人网络保护条例》将对未成年人沉迷网络问题进行具体规范。与未成年人保护法相衔接配套的法规规章已将代表议案所提问题纳入规范管理范围。建议待有关法规规章实施一段时间后，再研究考虑修法问题。

2. 陕西团昝林森等 30 名代表关于修改残疾人保障法的 1 件议案（第 82 号）。议案提出，残疾人保障法规定盲人持有效证件可免费乘坐市内公共交通工具，残疾人包括视力残疾、听力残疾、言语残疾、肢体残疾、智力残疾、精神残疾、多重残疾和其他残疾的人，盲人相较于其他类型残疾人，出行相对较少。建议放宽免费乘坐市内公共交通工具的残疾人范围。

中国残联认为，目前，全国已有10个省（区、市）将免乘范围由盲人扩大到所有残疾人，13个省（区、市）将免乘范围扩大到盲人和重度残疾人或重度肢体残疾人。扩大免乘政策范围，已经具备了一定基础。建议全国人大常委会尽快启动残疾人保障法修订工作，扩大免乘政策范围。司法部认为，放宽免费乘坐市内交通工具的残疾人范围，需要对残疾人出行情况和需求、财政负担、可操作性等问题进行深入研究论证。

社会委经研究，同意中国残联、司法部意见。建议各地结合本地实际，总结经验做法，推动落实残疾人免费乘坐市内公共交通工具的具体措施。对于是否在法律中明确放宽免乘范围，建议待修改残疾人保障法时再一并研究考虑。

3. 山东团孙建博等31名代表、河北团杨震生等31名代表关于开展残疾人保障法执法检查的2件议案（第148、328号）。议案提出，残疾人的数量、结构和需求有了新变化，个别企业、单位对于残疾人工作重视不够，残疾人在基本生活保障、医疗康复、就业、教育、无障碍环境建设和管理方面还存在很多亟待解决的问题。建议开展残疾人保障法执法检查，推动解决残疾人保障领域中存在的突出问题。

社会委经研究认为，本届全国人大常委会高度重视残疾人权益保障工作，社会委先后组织开展常委会老年人权益保障法实施情况专题调研、就业促进法执法检查、社会保险制度改革和社会保险法实施情况专题调研、无障碍环境建设立法等工作。这些工作涉及残疾人养老服务、劳动就业、社会保险、无障碍环境建设等多个领域，一定程度上推动了残疾人保障法的贯彻实施，为残疾人参与社会生活、融入社会创造了更好条件。社会委将持续关注和研究残疾人保障工作领域的新情况、新问题，适时向全国人大常委会提出开展执法检查的建议。

4. 黑龙江团曹永鸣等30名代表关于修改家庭教育促进法的1件议案（第420号）。议案提出，家庭教育促进法中关于教育问题的社会化治理方面有待强化，建议一是明晰父母作为子女教育的第一监护人责任，二是明确规定违反家庭教育促进法需承担的法律责任，三是体现对家庭教育规律性的重视，四是强化义务教育“双减”政策，用法律支持性条款治理教育社会性问题。

教育部、司法部表示，议案所提建议在家庭教育促进法中均已有明确规定。其中第四条、第十四条明确了未成年人父母作为第一责任人的内涵；第五章对不履行家庭教育职责等行为规定了相应法律责任；第五条规定家庭教育应当尊重未成年人身心发展规律、遵循家庭教育特点、贯彻科学的家庭教育理念和方法，实质上已经包含充分重视家庭教育规律的要求；第二十二条明确未成年人的父母或者其他监护人在减轻学生学习负担方面的责任。下一步，将按照国务院妇儿工委的要求，与有关单位积极配合，做好家庭教育法的贯彻落实工作。

社会委经研究，同意教育部、司法部意见。家庭教育促进法自2022年1月1日起施行，实施尚不足一年，法律实施效果如何，尚待实践检验，建议暂不考虑启动法律修改。社会委将加强对法律实施情况的监督，重点关注代表议案所提问题和建议，切实推动法律的贯彻落实。

5. 天津团温娟等30名代表关于开展家庭教育促进法执法检查的1件议案（第419号）。议案提出，建议对家庭教育促进法开展执法检查，进一步指导、检查、督促各地各部门全面推进家庭教育工作，实现学校教育和家庭教育相互配合，切实发挥家庭教育促进法的法律保障作用。

社会委经研究认为，家庭教育促进法自2022年1月1日起施行，实施尚不足一年，开展执法检查的实践基础尚不具备。社会委将关注代表议案所提建议，聚焦法律实施过程中的重点难点问题，加强相关调研，待法律实施一段时间后，再适时向全国人大常委会提出开展执法检查的建议。

6. 广西团黄花春等30名代表、黑龙江团刘蕾等30名代表、江苏团王静成等32名代表关于修改反家庭暴力法的3件议案（第216、417、454号）。议案提出，现行反家庭暴力法作为专门性的、遏制和惩罚家庭暴力行为的法律，原则性规定较多、内容较为单薄、对加害者的威慑力不够，难以真正发挥预防和处罚家庭暴力行为、保障受害者合法权益的作用。建议修改反家庭暴力法，提升预防和制止家庭暴力工作实效。

公安部、司法部、最高人民法院、全国妇联认为，反家庭暴力法规定了县级以上人民政府负责妇女儿童工作的机构，负责组织、协调、指导、督促有关部门做好反家庭暴力工作；设专章对家庭暴力的预防、家庭暴力的处置、人身安全保护令制度作了规定。有关部门就家庭暴力受害人庇护、人身安全保护令制度贯彻实施等出台了一些规范性文件，最高人民法院出台《关于人身安全保护令案件适用法律若干问题的规定》对家庭暴力行为进行了扩充。对于性暴力、冷暴力、经济控制等是否纳入家庭暴力范围，建议充分考虑调查认定和实际执行的困难。对加害人处罚过重，难以从根本上解决问题，而且可能导致受害人及其他社会成员失去家庭经济来源等问题，建议对加大处罚力度持谨慎态度。

社会委经研究，同意上述有关方面意见。目前常委会审议中的妇女权益保障法修订草案已扩展了反家庭暴力的内容和措施。当前我国反家庭暴力工作领域的困难和问题，有的是由于理解不到位、实施力度不够造成的，有的可以通过出台相关司法解释加以解决。建议有关部门加强宣传教育，完善配套法规措施和司法解释，加大贯彻实施力度，推动反家庭暴力工作取得实效。

7. 陕西团方燕等 31 名代表、广西团黄超等 31 名代表、河北团祝淑钗等 31 名代表、辽宁团李潞等 30 名代表、天津团王艳等 32 名代表关于修改老年人权益保障法的 5 件议案（第 109、110、149、211、361 号）。议案提出，我国老年人规模较大，公共基础设施适老化改造、老年人监护与照料需求量进一步提升，老年人无法跟上智能化发展的浪潮、养老机构虐待老人、老人就医难等问题屡见不鲜，保障老年人合法权益面临着更多的压力与挑战。建议修改老年人权益保障法，解决老年人生活中的实际问题，更好维护老年人权益。

工业和信息化部、民政部、人力资源社会保障部、国家卫生健康委、最高人民法院认为，随着我国人口老龄化进程不断加快，老龄事业发展不断涌现出新情况、新矛盾、新问题，保障老年人合法权益工作日益复杂、艰巨，有必要对老年人权益保障法修改工作开展研究。议案提出的建议贴合老年人实际需求，具有较强的针对性，工作中将认真研究，积极吸收借鉴。司法部表示，近两年党中央、国务院印发了《关于加强新时代老龄工作的意见》《“十四五”国家老龄事业发展和养老服务体系规划》等一系列文件，对实施积极应对人口老龄化国家战略，加强新时期老龄工作，提出了政策指导。修改老年人权益保障法要贯彻落实文件精神，广泛听取意见，深入研究论证。

社会委经研究，同意上述有关方面意见。党的十八大以来，全国人大常委会先后三次修改老年人权益保障法，确立了社会养老服务体系框架，对老龄工作机制、经费保障、养老机构的发展和规范管理等重要问题从立法层面作出顶层设计和前瞻性的制度安排，为保护老年人权益提供了法治保障。建议国务院有关部门加大对相关法律法规的贯彻实施力度，认真贯彻落实上述中央文件精神，同时，在工作中加强对新情况新问题的研究论证，进一步积累经验，为该法的修改完善做好前期准备。

8. 湖南团秦玥飞等 30 名代表关于开展妇女权益保障法执法检查的 1 件议案（第 423 号）。议案提出，全国人大常委会上一次开展妇女权益保障法执法检查距今已近 12 年。12 年来，我国妇女权益保障工作成果显著，但也暴露出新问题。建议全国人大常委会尽快启动妇女权益保障法执法检查，并带动地方人大开展执法检查，并在修法时吸纳执法检查成果。

社会委经研究认为，妇女权益保障法修订草案正在审议中，尚不具备开展执法检查的条件。待修改后的妇女权益保障法出台后，我委将积极关注该法的实施情况，督促有关方面依法做好妇女权益保障相关工作，提高妇女权益保障水平。

四、13 件议案提出的 9 个立法项目，在制定相关法律吸纳部分内容的同时，建议有关方面对议案所提建议和问题继续分析研究，开展调研论证

1. 贵州团韩德洋等 30 名代表、黑龙江团李寅等 30 名代表关于修改劳动合同法的 2 件议案（第 136 号、第 412 号）。议案提出，建议修改《劳动合同法》，通过补充认定劳动关系、公开算法规则、调整企业和工人缴纳保险的方式等条款，明确平台企业的劳动保护责任，加强对新就业形态劳动者权益的保障。

人力资源社会保障部、全国总工会表示，当前已采取政策先行的方式，制定印发了《关于维护新就业形态劳动者劳动保障权益的指导意见》，建立健全新就业形态劳动者劳动报酬、休息、劳动安全等劳动权益保障制度。下一步，充分考虑劳动领域发展变化，在实践检验基础上逐步将政策成果上升到修法层面，并加强劳动法律监督工作。司法部认为，构建新就业形态劳动权益保障制度体系，需要在实践中进一步探索，应广泛听取意见，充分研究论证，根据改革进程稳妥推进。

社会委经研究，同意以上意见。新就业形态带动劳动关系结构发生了新的变化，从业者数量庞

大，维护其合法权益意义重大。去年，贯彻落实党中央决策部署，根据经济社会发展实际，社会委围绕新业态从业人员劳动权益保护和社会保障问题、健全完善劳动法律制度体系进行了系统研究，并委托多家单位同步研究提出立法修法意见建议，已形成专题报告报常委会党组，提出适时启动《劳动合同法》等劳动法律制度修订工作的意见。建议有关部门结合代表议案，立足构建和谐社会劳动关系，深入调查研究，广泛听取意见，为完善劳动法律制度提供理论和实践支撑。

2. 河北团曹宝华等31名代表关于修改劳动合同法的1件议案（第371号）。议案提出，建议修改《劳动合同法》，把超过法定退休年龄的劳动者纳入保护范畴，允许用人单位为其缴纳工伤保险，推进渐进式延迟退休政策，解除用人单位和超龄劳动者的后顾之忧。

人力资源社会保障部、全国总工会表示，我国劳动法律法规对劳动者权益保障是建立在劳动关系的基础上，对超龄劳动者与用人单位的关系一般按劳务关系处理，存在权益保障不足的问题，现已开展劳动合同法适用范围研究等工作，各部门、各地区也对允许超龄人员参加工伤保险进行了积极探索。下一步，将研究完善超龄劳动者权益保障政策，科学制定实施延迟退休政策，并做好相关法律法规的立改废释工作。司法部认为，议案所提建议涉及用人单位和职工切身利益，需根据改革进程稳妥推进。

社会委经研究，同意上述有关方面意见。我国已经进入老龄化社会，超龄劳动者再就业将日渐普遍。建议有关部门认真研究代表议案，广泛征求各方意见，尽早凝聚社会共识，为修改《劳动合同法》创造必要条件。同时，按照党的十九届五中全会关于“实施渐进式延迟法定退休年龄”决策部署，科学合理制定延迟退休政策，并在起草《基本劳动标准法》时，对劳动年龄予以明确规定。

3. 陕西团崔荣华等30名代表关于制定中老年人就业促进法的1件议案（第79号）。议案提出，建议制定中老年人就业促进法，将退休再就业人员纳入劳动法保护范围，通过建立弹性退休年龄和工作时间政策、鼓励民间人力资源组织参与、建立中老年人才信息库、提供再就业资金支持等措施促进中老年人就业、缓解“未富先老”。

人力资源社会保障部表示，我国已进入中度老龄化社会，有部分超出法定退休年龄的人员仍然从事相关工作，需要关注他们的就业权益。人社部高度重视超龄务工人员基本权益的保护问题，近年来，依法依规开展了“将超龄农民工纳入公共就业服务体系、加强职业技能培训”等多项相关工作。下一步将积极关注现行劳动法律法规与超龄劳动者权益保障之间的关系、充分吸纳社会各界关于渐进式延迟退休灵活退休的意见建议，凝聚社会共识，适时向立法机关提出完善劳动合同法等法律制度的建议。全国总工会表示，促进中老年人积极就业是实施积极应对人口老龄化国家战略的具体体现，有其紧迫性与正当性，但立法仍需谨慎。建议在保持现有法律制度基本稳定的前提下，针对老年就业人员特点，完善就业保障，统筹考虑劳动关系法律界定、延迟法定退休年龄等问题。司法部认为，制定中老年就业促进法，需要根据延迟法定退休年龄改革进程稳妥推进。

社会委经研究，同意上述有关方面意见。党的十九届五中全会将积极应对人口老龄化上升为国家战略，老龄化将成为长期伴随我国发展的基本国情。去年，社会委联合中央党校（国家行政学院）、全国总工会、中国社会科学院等部门完成《完善劳动法律制度体系和编纂〈劳动法典〉研究报告汇编》，对劳动领域法律法规存在的问题进行总结分析。今年，社会委开展“实施积极应对人口老龄化国家战略、推动老龄事业高质量发展的专题调研”，配合常委会听取和审议国务院“关于加强和推进老龄工作进展情况的专项报告”“关于就业工作情况的报告”，开展就业专项调研，在积极应对人口老龄化的大背景下，进一步研究当前就业工作存在的问题和关于完善法律法规的意见建议，为“稳就业”工作提供法律支撑。

4. 黑龙江团郑功成等30名代表、安徽团耿学梅等33名代表关于制定儿童福利法的2件议案（第416、450号）。议案提出，发展儿童福利事业，让亿万儿童共享国家发展成果，是在出生率低、少子高龄化现象日益加剧背景下的必要举措，更是完善我国社会保障体系的内在要求。多年来，各地各部门开展实践探索，儿童福利体制机制不断完善，为制定儿童福利法奠定了制度、理论和实践基础。建议加快制定儿童福利法。

民政部表示，正积极推进儿童福利立法工作，通过委托课题研究、开展立法研讨、组织立法调研等方式，已形成儿童福利法（专家建议稿初稿）。下一步，将继续广泛听取各方面意见建议，加快推进儿童福利法文稿修改完善工作。司法部表示，制定儿童福利法涉及婴幼儿发展、健康管理、家庭育儿服务、母婴设施配套等方面，建议统筹考虑社会需求、财政承受能力、福利制度的可持续等问题。

社会委经研究，同意民政部、司法部意见。建议民政部围绕儿童福利立法的核心问题，广泛听取各方面意见，继续开展深入研究论证和实践探索。社会委将持续跟踪相关工作进展。

5. 陕西团史贵禄等 30 名代表关于制定社会组织登记管理法的 1 件议案(第 35 号)。议案提出，当前社会组织法律体系不健全，登记管理和动态监管机制不完善。建议制定社会组织登记管理法，构建统一登记、各司其职、协调配合、分级负责、依法监管的体制，充分发挥社会组织参与社会治理、提供社会服务的活力。

民政部表示，正在稳步推进制定《社会组织登记管理条例》工作，将在条例中研究吸收议案所提建议。议案关于健全社会组织法律体系的建议具有积极意义，将认真配合做好相关法律项目的前期调研论证工作。司法部建议，待《社会组织登记管理条例》出台后，总结条例实施经验，条件成熟时再考虑制定法律，将积极配合做好相关工作。

社会委经研究，同意民政部、司法部意见。社会组织登记管理事务属于行政机关的法定职权，建议国务院有关部门加快《社会组织登记管理条例》制定工作，并认真研究吸收议案所提建议，做好社会组织立法的前期调研论证工作。

6. 黑龙江团郑功成等 30 名代表关于制定殡葬法的 1 件议案(第 424 号)。议案提出，现行《殡葬管理条例》及配套规章无法满足新时代的殡葬服务诉求。制定殡葬法，有利于长效规范各方主体的殡葬行为，完善综合性的殡葬制度体系，从根本上解决当前政策不稳定、惠民公共服务不到位、地方管理水平不高、市场乱象频发的问题。

民政部表示，已于 2018 年 11 月将《殡葬管理条例(修订草案送审稿)》提交国务院。议案所提建议对强化殡葬法治保障、促进殡葬事业发展具有积极意义，将认真研究。下一步将配合司法部加快《殡葬管理条例》修订工作，围绕基本服务保障、设施管理、服务监管、行政执法等重点难点问题完善制度设计。司法部认为，议案提出的建议，对完善殡葬管理法规制度、在条件成熟时制定殡葬法具有借鉴意义，将积极配合做好相关工作。

社会委经研究，同意民政部、司法部意见。殡葬事关民生，制定殡葬法已纳入十三届全国人大常委会立法规划第三类项目。建议国务院有关部门加快《殡葬管理条例》修订工作，并认真研究吸收议案所提意见建议，做好殡葬法的前期调研论证工作。

7. 黑龙江团杨震等 30 名代表关于制定文明行为促进法的 1 件议案(第 408 号)。议案提出，文明行为促进立法，是精神文明建设法治化的现实需要，也是国家经济社会发展的现实需求。有必要总结各省市文明行为促进立法经验，在国家层面制定《文明行为促进法》。

中央文明办提出，赞同代表提出的关于制定《文明行为促进法》的建议。目前全国已经有 12 个省份制定出台或者修订文明行为促进条例，有 189 个地级以上城市出台了文明行为促进条例，63 个地级以上城市正在研究制定相关条例。制定出台文明行为促进法具备一定的法律基础和实践基础，很有必要和切实可行。司法部表示，建议有关主管部门进一步研究论证该法与我国已有的规范公民行为、促进文明生活方式的法律法规、政策文件之间的关系，以及其拟解决的主要问题、拟规定的主要制度措施、预期执行效果等。

社会委研究认为，通过文明行为立法，把社会主义核心价值观要求融入法治建设和社会治理，是推进国家治理体系和治理能力现代化的重要举措。制定全国性《文明行为促进法》涉及面广、争议点多，需要明确文明行为定义，厘清相关道德规范与法律规范的边界，平衡法律条款原则性与可操作性的关系，做好与有关法律法规的衔接。建议有关部门做好文明行为促进立法的可行性、必要性研究；社会委将适时开展立法调研论证，为法律的制定提供理论和实践支撑，创造必要条件。

8. 江苏团佘才高等 30 名代表关于制定企业职工基本养老保险法的 1 件议案(第 325 号)。议案提出，建议尽快出台企业职工基本养老保险法，将新业态从业人员纳入保障范围，确定基本养老保险全国统筹制度，建立完善退休审批制度和职工基本养老金计发规则。

财政部、人力资源社会保障部认为，根据《社会保险法》相关规定，新业态从业人员可以灵活就业人员身份参加职工基本养老保险。国务院《关于印发企业职工基本养老保险全国统筹制度实施方案的通知》明确自 2022 年 1 月 1 日起，基本养老保险全国统筹制度正式启动实施。对经实践证明符合改革方向且行之有效的有关养老保险政策，现阶段可先通过修订社会保险法的形式予以明确。目前，延迟法定退休年龄、病残津贴等重大改革政策尚未出台，着手制定养老保险法律的时机还不成熟，将在推动养老保险制度改革的同时，继续加强立法方面的研究和评估。全国总工会表示，从解决基本养老保险制度与目前劳动就业模式不够匹配、养老保险全国统筹推进过程中存在地方保护、养老保险法律制度总体上比较分散等问题着眼，有必要对企业职工基本养老保险作出统一规范。司法部提出，制定企业职工基本养老保险法，需要根据新就业形态劳动者权益保护、延迟法定退休年龄等改革进程稳妥推进。

社会委经研究，同意上述单位意见。目前我国已建立了较为完善的基本养老保险制度体系，参保范围不断扩大，养老保险待遇稳步提高，有力地保障了广大企业职工退休后的基本生活。2020年，我委围绕“社会保险制度改革和《社会保险法》实施情况”开展专题调研，在提交常委会的报告中提出“加快实现基本养老保险基金全国统筹”“完善灵活就业人员社保政策”的建议。2021年，围绕新业态从业人员劳动权益保护和社会保障问题、健全完善劳动法律制度体系进行了系统研究。2022年，我委开展“实施积极应对人口老龄化国家战略、推动老龄事业高质量发展”专题调研，加强对“养老保险制度改革和养老保险资金状况”等事项的梳理研究。建议有关部门认真研究、积极采纳议案所提建议，适时开展立法、修法研究论证工作，切实维护企业职工合法权益。

9. 河北团曹宝华等31名代表关于制定企业民主管理法的1件议案（第238号）。议案提出，《全民所有制工业企业职工代表大会条例》法律位阶较低，许多内容与当前经济社会发展和现代企业管理制度下的新情况不相适应。建议制定企业民主管理法，加快推进企业民主管理制度建设，维护企业职工合法权益，促进企业劳动关系和社会的和谐稳定。

人力资源社会保障部认为，加强企业民主管理对于构建和谐劳动关系，促进劳动争议源头治理、维护劳动关系双方合法权益具有重要意义。议案提出的问题具有现实针对性，实践中确实存在部分劳动者民主参与企业管理权利难以实现的问题。下一步将认真做好调研，适时提出立法建议，推动企业民主管理制度不断创新完善，维护和谐劳动关系与社会稳定。司法部认为，制定企业民主管理法需要广泛听取意见，深入研究论证。

社会委经研究，同意人力资源社会保障部和司法部意见。现行工会法赋予了工会参与民主管理的权利和义务。2012年施行的企业民主管理条例进一步细化了以职工代表大会为基本形式的企业民主管理制度。我委将持续关注相关工作进展，督促有关方面继续深入调研论证，推动解决实际问题，待条件成熟时再考虑提出立法建议。

10. 北京团伊彤等30名代表、黑龙江代表团谢宝禄等30名代表关于修改社会保险法的2件议案（第276、363号）。议案提出，《社会保险法》是我国现代化社会建设的重要保障，随着社会保险改革与发展，逐渐暴露出诸多不足，影响实施的效果。建议修改《社会保险法》，并在规范参保人员、工伤和医疗保险第三方追偿、社保费补缴时限和滞纳金等方面提出具体修改意见。

人力资源社会保障部表示，在参保人员方面，已出台相关文件对城乡居民养老保险、公务员和参公人员养老保险制度进行了规范；对于《社会保险法》实施以前因各种原因退保的人员，由于涉及时间跨度长、人员范围广、情形复杂，不宜重新作政策调整；对实践中存在的社保费补缴时限、滞纳金上限等问题需进一步研究。社会保险制度具有复杂性和敏感性，代表提出的建议还需进一步研究论证、反复测算、审慎决策，下一步将总结实践经验，适时完善相关法律规定。财政部表示，关于“规范城镇居民社会养老保险制度和新型农村合作医疗制度，规范公务员和参照公务员法管理的工作人员养老保险制度”等建议，现行政策文件中已经得到体现；关于“补充退休人员恢复续保，明确社保补缴时间和设置滞纳金上限”等建议，将在相关立法修法时予以认真研究。司法部认为，修改《社会保险法》，涉及调整多项社会保险政策，需要广泛听取各方意见，深入研究论证。

社会委经研究，同意上述意见。近年来，社会保险制度改革持续推进，《社会保险法》的一些规定滞后于改革与发展的形势。社会委高度重视社会保险领域的法治建设，组织开展社会保险制度改革和《社会保险法》实施情况专题调研，在提交常委会第十九次会议的专题调研报告中提出，要抓紧修订完善《社会保险法》。社会委坚决贯彻落实习近平总书记提出的“加强社会保障立法工作，加快制定或修订社会保险、社会救助、社会福利等方面的相关法律”的重要论述精神，坚持立法与改革相统一、相衔接，把中央决策和改革成果纳入法律范畴。建议有关部门认真研究议案，广泛听取各方面意见，开展修法前期论证，为完善法律创造必要条件。

全国人民代表大会宪法和法律委员会关于第十三届全国人民代表大会第五次会议主席团交付审议的代表提出的议案审议结果的报告

全国人民代表大会常务委员会：

第十三届全国人民代表大会第五次会议主席团交付全国人民代表大会宪法和法律委员会审议的代表提出的议案共 123 件，其中要求制定法律的 10 件、修改法律的 106 件、作出授权决定的 1 件、编纂法典的 6 件，共涉及 31 个立法项目。

宪法和法律委员会、法制工作委员会深入学习贯彻党的二十大和二十届一中全会精神，坚持以习近平新时代中国特色社会主义思想为指导，认真贯彻落实习近平法治思想和习近平总书记关于坚持和完善人民代表大会制度的重要思想，全面贯彻落实党中央决策部署，按照栗战书委员长高质量做好代表议案建议工作的指示要求，积极践行全过程人民民主重大理念，扎实、深入、全面做好议案办理工作。**一是**加强与代表联系沟通。通过电话、邮件、传真和拜访、座谈、视频会议、邀请调研等方式，与代表点对点联系、面对面沟通。宪法和法律委员会组成人员、法制工作委员会负责同志在出差调研过程中，专门走访联系代表。发挥基层立法联系点、法工委新闻发言人等平台机制作用，拓宽与代表沟通反馈渠道。**二是**同有关方面共同研究推动。与议案提出立法项目的负责单位加强沟通，共同对立法项目的立项、起草、修改等进行研究论证，形成议案办理工作合力。对理论性、实践性较强的立法项目委托相关部门、专家学者进行深入研究，为议案办理工作提供支持。**三是**议案办理工作与立法工作深度融合、相互促进。根据议案提出的立法项目所处阶段、成熟程度，分类施策、精准办理。立法项目已提请常委会审议或者已列入立法规划计划的，利用拜访列席常委会会议代表、座谈和邀请调研等机会，当面进一步听取代表意见，探索议案领衔代表全程参与相关立法工作的新做法。立法项目较为可行的，邀请代表参与立法规划计划起草相关工作，并保持密切联系。立法项目条件暂不具备的，与代表保持沟通，深入交换意见，共同探讨研究，取得代表理解和认可。**四是**充分研究吸纳代表意见建议。2022 年办理的 123 件议案共 31 个立法项目中，102 件议案涉及的 22 个立法项目已由常委会审议通过、已提请常委会审议、列入立法规划计划或者作出立法安排，占议案总数的 83%。在期货和衍生品法、职业教育法、黑土地保护法、农产品质量安全法、反电信网络诈骗法、妇女权益保障法、野生动物保护法等重要法律的制定修改过程中，相关议案的意见建议得到较为充分体现。

2022 年 11 月 29 日，宪法和法律委员会召开会议，对 123 件议案的办理意见进行了审议，现将审议结果报告如下：

一、23 件议案涉及的 8 个立法项目已由全国人大常委会审议通过

1. 关于制定期货和衍生品法的议案 1 件

期货和衍生品法已于 2022 年 4 月 20 日由十三届全国人大常委会第三十四次会议审议通过。在立法过程中，宪法和法律委员会、法制工作委员会对议案内容进行了认真研究，综合各方面意见，提出将草案名称由期货法改为期货和衍生品法的修改方案。议案提出的完善衍生品交易相关制度、加强监管等主要建议，已在期货和衍生品法中体现。

2. 关于修改职业教育法的议案 4 件

修订后的职业教育法已于 2022 年 4 月 20 日由十三届全国人大常委会第三十四次会议审议通过。在修法过程中，宪法和法律委员会、法制工作委员会对议案内容进行了认真研究。议案提出的理顺职业教育管理体制，适度发展高等职业教育，提高职业教育经费投入标准，加大对职业学校学生实习期间合法权益的保障力度等主要建议，已在修订后的职业教育法中体现。

3. 关于修改体育法的议案 2 件

修订后的体育法已于 2022 年 6 月 24 日由十三届全国人大常委会第三十五次会议审议通过。在修法过程中，宪法和法律委员会、法制工作委员会对议案内容进行了认真研究，着重对加强学校体育提出修改方案，议案提出的相关建议已在修订后的体育法中体现。

4. 关于制定黑土地保护法的议案 1 件

黑土地保护法已于 2022 年 6 月 24 日由十三届全国人大常委会第三十五次会议审议通过。在立法过程中，宪法和法律委员会、法制工作委员会对议案内容进行了认真研究。议案提出的加强政府统筹协调，推动黑土地保护规划及相关信息向社会公开，完善土壤修复制度等主要建议，以及相关文字修改意见，已在黑土地保护法中体现。

5. 关于修改农产品质量安全法的议案 2 件

修订后的农产品质量安全法已于 2022 年 9 月 2 日由十三届全国人大常委会第三十六次会议审议通过。在修法过程中，宪法和法律委员会、法制工作委员会对议案内容进行了认真研究。议案提出的加强农产品生产、收购、储藏、运输等环节的责任，补齐农产品批发市场监督管理制度短板，加强对农产品电商经营者的教育管理，强化执法监管能力建设，加大对违法行为的惩处力度等主要建议，已在修订后的农产品质量安全法中体现。

6. 关于制定反电信网络诈骗法的议案 3 件

反电信网络诈骗法已于 2022 年 9 月 2 日由十三届全国人大常委会第三十六次会议审议通过。在立法过程中，宪法和法律委员会、法制工作委员会对议案内容进行了认真研究。议案提出的增加电信网络诈骗防范性制度建设，建立反电信网络诈骗的协同治理机制，明确部门职责分工；银行账户实行实名开户、实人操作；建立严格的个人数据保护制度；加大处罚力度，建立健全信用惩戒机制；加强救济渠道建设和对电信网络诈骗受害人的救助等主要建议，已在反电信网络诈骗法中体现。

7. 关于修改妇女权益保障法的议案 7 件

修订后的妇女权益保障法已于 2022 年 10 月 30 日由十三届全国人大常委会第三十七次会议审议通过。在修法过程中，宪法和法律委员会、法制工作委员会对议案内容进行了认真研究。议案提出的贯彻落实男女平等基本国策，加大对妇女的政治权利、人身和人格权益、文化教育权益、劳动和社会保障权益、财产权益、婚姻家庭权益的保障力度；健全预防和打击拐卖妇女、性骚扰、家庭暴力等违法犯罪行为的相关机制等主要建议，已在修订后的妇女权益保障法中体现。

8. 关于修改野生动物保护法的议案 3 件

野生动物保护法修订草案拟提请本次常委会会议三次审议并建议通过。在修法过程中，宪法和法律委员会、法制工作委员会对议案内容进行了认真研究。议案提出的完善人工繁育野生动物管理制度，鼓励社会公众参与野生动物保护工作，加大对违法行为的处罚力度等主要建议，已在修订后的野生动物保护法中体现。

二、25 件议案涉及的 6 个立法项目，已提请全国人大常委会审议

9. 关于修改公司法的议案 5 件

公司法修订草案已提请本次常委会会议二次审议。议案提出的防止股东损害债权人利益，规范股权转让责任承担，完善国家出资公司的董事会建设等建议，已在公司法修订草案中作出相应规定。在下一步草案研究修改工作中，宪法和法律委员会、法制工作委员会将继续认真研究、积极吸收体现议案提出的意见建议。

10. 关于修改突发事件应对法的议案 1 件

突发事件应对管理法草案已于 2021 年 12 月由十三届全国人大常委会第三十二次会议初次审议。议案提出的完善主管部门职责、信息发布公开、社会动员机制、物资供给储备等建议，已在突发事件应对管理法草案中作出相应规定。宪法和法律委员会、法制工作委员会正在抓紧草案研究修改工作，将认真研究、积极吸收体现议案提出的意见建议。

11. 关于制定民事强制执行法的议案 1 件

民事强制执行法草案已于 2022 年 6 月由十三届全国人大常委会第三十五次会议初次审议。议案提出的设立被执行人主动报告制度，简化民事执行程序的流程环节等建议，已在民事强制执行法草案中作出相应规定。宪法和法律委员会、法制工作委员会正在开展草案研究修改工作，将认真研究、积极吸收体现议案提出的意见建议。

12. 关于修改行政复议法的议案 2 件

行政复议法修订草案已于 2022 年 10 月由十三届全国人大常委会第三十七次会议初次审议。议案提出的扩大行政复议范围等建议，已在行政复议法修订草案中作出相应规定。宪法和法律委员会、法制工作委员会正在抓紧草案研究修改工作，将认真研究、积极吸收体现议案提出的意见建议。

13. 关于修改民事诉讼法的议案 10 件

民事诉讼法修正草案已于 2022 年 12 月由十三届全国人大常委会第三十八次会议初次审议。议案提出的明确单方虚假诉讼行为及其法律责任，完善证据制度等建议，已在民事诉讼法修正草案中作出相应规定。在下一步草案研究修改工作中，宪法和法律委员会、法制工作委员会将认真研究、积极

吸收体现议案提出的意见建议。

14. 关于修改行政诉讼法的议案 6 件

行政诉讼法修正草案已于 2022 年 12 月由十三届全国人大常委会第三十八次会议初次审议。议案提出的完善行政诉讼案件管辖制度等建议，已在行政诉讼法修正草案中作出相应规定。在下一步草案研究修改工作中，宪法和法律委员会、法制工作委员会将认真研究、积极吸收体现议案提出的意见建议。

三、54 件议案涉及的 8 个立法项目，已列入本届全国人大常委会立法规划、年度立法工作计划或者作出立法安排，推动牵头起草单位抓紧做好起草和研究论证工作

15. 关于修改各级人民代表大会常务委员会监督法的议案 5 件

各级人民代表大会常务委员会监督法修改已列入全国人大常委会 2022 年度立法工作计划，法制工作委员会正在抓紧研究起草，适时提请常委会审议。宪法和法律委员会、法制工作委员会将积极开展立法工作，在研究起草法律草案时吸收体现议案提出的具体建议。

16. 关于修改国防教育法的议案 1 件

国防教育法修改已列入全国人大常委会 2022 年度立法工作计划，中央有关部门正在抓紧研究起草。宪法和法律委员会、法制工作委员会将积极推动有关方面开展草案起草工作，吸收体现议案提出的具体建议。

17. 关于修改人民防空法的议案 1 件

人民防空法修改已列入十三届全国人大常委会立法规划，有关部门正在开展研究起草工作。对议案提出的建议，宪法和法律委员会、法制工作委员会将积极配合有关方面认真研究论证。

18. 关于制定行政程序法的议案 1 件

我国行政程序方面的立法分别体现在行政处罚法、行政许可法、行政强制法、行政复议法、行政诉讼法等法律中，对行政处罚、行政许可、行政强制实施程序以及行政复议程序、行政诉讼程序作了规定。2021 年修改的行政处罚法进一步完善了行政处罚实施程序。行政程序方面的立法项目已列入十三届全国人大常委会立法规划，对议案提出的建议，宪法和法律委员会、法制工作委员会将积极配合有关方面认真研究论证，推动行政程序法律制度的完善。

19. 关于编纂相关领域法典的议案 6 件

全国人大常委会 2022 年度立法工作计划对研究启动条件成熟的相关领域法典编纂工作作了安排。宪法和法律委员会、法制工作委员会根据立法工作安排，梳理相关领域立法整体情况，委托有关部门和科研机构进行专题研究，评估论证法典编纂的条件和基础。对议案提出的建议，宪法和法律委员会、法制工作委员会将按照党中央决策部署和全国人大常委会立法工作要求，继续做好相关研究论证工作。

20. 关于修改网络安全法的议案 1 件

目前，中央有关部门正在开展网络安全法研究修改工作，形成草案后适时提请常委会审议。宪法和法律委员会、法制工作委员会将积极推动有关方面开展草案起草工作，吸收体现议案提出的具体建议。

21. 关于制定爱国主义法的议案 1 件

贯彻落实习近平总书记重要指示精神和党中央重大决策部署，法制工作委员会正会同中央有关部门牵头开展爱国主义教育法草案起草工作。宪法和法律委员会、法制工作委员会将在研究起草法律草案时吸收体现议案提出的具体建议。

22. 关于修改刑法的议案 38 件

宪法和法律委员会、法制工作委员会深入研究了议案提出的意见建议，对完善拐卖妇女儿童罪的建议，可待条件成熟时，在刑法等相关法律修改中作统筹考虑；对刑法规定适用问题，可以考虑通过推动完善相关司法解释等方式予以体现；对增加、废除有关罪名等建议，将在刑事立法工作中认真研究、积极吸收体现。

四、21 件议案涉及的 9 个立法项目，有的可待条件成熟时列入立法规划、年度立法工作计划，有的可在相关法律的制定或者修改等工作中统筹考虑，作进一步研究

23. 关于修改国家赔偿法的议案 2 件

24. 关于修改国籍法的议案 2 件

25. 关于修改反分裂国家法的议案 1 件

26. 关于制定备案审查法的议案 1 件

27. 关于修改民法典的议案 5 件

28. 关于修改行政强制法的议案 1 件

29. 关于制定行政补偿法的议案 1 件

30. 关于修改刑事诉讼法的议案 7 件

31. 关于授权最高人民检察院在深圳开展涉企业犯罪附条件不起诉试点工作的议案 1 件

以上报告，请审议。

附件：全国人民代表大会宪法和法律委员会关于第十三届全国人民代表大会第五次会议主席团交付审议的代表提出的议案的审议意见

全国人民代表大会宪法和法律委员会

2022 年 12 月 27 日

附件：

全国人民代表大会宪法和法律委员会关于第十三届全国人民代表大会第五次会议主席团交付审议的代表提出的议案的审议意见

第十三届全国人民代表大会第五次会议主席团交付全国人民代表大会宪法和法律委员会审议的代表议案共 123 件，其中要求制定法律的 10 件、修改法律的 106 件、作出授权决定的 1 件、编纂法典的 6 件，共涉及 31 个立法项目。

一、23 件议案涉及的 8 个立法项目已由全国人大常委会审议通过

1. 关于制定期货和衍生品法的议案 1 件

杨松等代表提出的第 201 号议案，建议制定期货和衍生品法，对衍生品交易作出明确界定，完善衍生品跨境监管、衍生品交易主协议备案等监督制度。

期货和衍生品法已于 2022 年 4 月 20 日由十三届全国人大常委会第三十四次会议审议通过。在立法过程中，宪法和法律委员会、法制工作委员会对议案内容进行了认真研究、积极吸收体现，综合各方面意见，提出将名称由期货法改为期货和衍生品法的修改方案。期货和衍生品法明确衍生品交易的定义、主协议的效力、合同范本及备案制度等，对跨境衍生品交易的法律适用和监管协作作出规定。

2. 关于修改职业教育法的议案 4 件

丁光宏等代表提出的第 13 号议案、刘希娅等代表提出的第 87 号议案、屈胜等代表提出的第 153 号议案、秦和等代表提出的第 219 号议案，建议修改职业教育法，理顺职业教育管理体制，构建职业教育体系，适度发展高等职业教育，提高职业教育经费投入标准，加大对职业学校学生实习权益的保障力度等。

修订后的职业教育法已于 2022 年 4 月 20 日由十三届全国人大常委会第三十四次会议审议通过。在修法过程中，宪法和法律委员会、法制工作委员会对议案内容进行了认真研究、积极吸收体现。修订后的职业教育法规定国务院建立职业教育工作协调机制，统筹协调全国职业教育工作；高等职业学校教育由专科、本科及以上教育层次的高等职业学校和普通高等学校实施；国家优化教育经费支出结构，使职业教育经费投入与职业教育发展需求相适应；实习单位应当保障学生在实习期间享有休息休假、获得劳动安全保护、参加相关保险、取得劳动报酬等权利。

3. 关于修改体育法的议案 2 件

张淑琴等代表提出的第 151 号议案、李亚兰等代表提出的第 401 号议案，建议修改体育法，加强学校体育，明确学校体育设施要向学生和公众开放，对学校体育伤害事故作出界定并完善归责原则等。

修订后的体育法已于 2022 年 6 月 24 日由十三届全国人大常委会第三十五次会议审议通过。在修法过程中，宪法和法律委员会、法制工作委员会对议案内容进行了认真研究，着重对加强学校体育提出修改方案。修订后的体育法增加规定确保体育课时不被占用，学生在校期间每天参加不少于一小时体育锻炼，鼓励学校组建高水平运动队，同时完善体育考核等内容。对代表提出的有关学校体育伤害事故方面的建议，将在今后的立法工作中继续认真研究、积极吸收体现。

4. 关于制定黑土地保护法的议案 1 件

丁光宏等代表提出的第 12 号议案，建议制定黑土地保护法，完善公众参与的“大保护”机制，科学界定行政主管机关的职责，做好与土壤污染防治法等法律的衔接，并对部分条文表述提出修改意见。

黑土地保护法已于 2022 年 6 月 24 日由十三届全国人大常委会第三十五次会议审议通过。在立法过程中，宪法和法律委员会、法制工作委员会对议案内容进行了认真研究、积极吸收体现。黑土地保护法明确加强政府统筹协调，推动黑土地保护规划及相关信息向社会公开，完善土壤修复制度等。

5. 关于修改农产品质量安全法的议案 2 件

乔彬等代表提出的第 227 号议案、陈瑞爱等代表提出的第 237 号议案，建议修改农产品质量安全法，增加农产品生产经营者的义务，加强农产品生产、收购、储藏、运输等环节的责任，补齐农产品批发市场监督管理制度短板，加强对农产品电商经营者的教育管理，强化执法监管能力建设，加大对违法行为的惩处力度等。

修订后的农产品质量安全法已于 2022 年 9 月 2 日由十三届全国人大常委会第三十六次会议审议通过。在修法过程中，宪法和法律委员会、法制工作委员会对议案内容进行了认真研究、积极吸收体现。修订后的农产品质量安全法明确把农户、农民专业合作社、农业生产企业及收储运环节等都纳入监管范围，压实各方农产品质量安全责任；强化农产品质量安全风险管理和标准制定、实施，完善农产品生产经营全过程管控措施，增强农产品质量安全监督管理的实效；加大对农产品生产经营者实施相关违法行为的处罚力度等。

6. 关于制定反电信网络诈骗法的议案 3 件

史贵禄等代表提出的第 37 号议案、陈建华等代表提出的第 322 号议案、罗东川等代表提出的第 463 号议案，建议制定反电信网络诈骗法，建立反电信网络诈骗的协同治理机制，明确部门职责分工；银行账户实行实名开户、实人操作，引导账户所有人采用延时支付方式转账；建立严格的个人数据保护制度；加大处罚力度，限制涉诈人员出境，建立健全信用惩戒机制；建立按比例先行赔付、冻结资金置换机制；加强电信网络诈骗受害人救助等。

反电信网络诈骗法已于 2022 年 9 月 2 日由十三届全国人大常委会第三十六次会议审议通过。在立法过程中，宪法和法律委员会、法制工作委员会对议案内容进行了认真研究、积极吸收体现。反电信网络诈骗法明确规定各部门、企业和地方政府反电信网络诈骗的职责，加强协同联动工作机制建设；电话卡、物联网卡、金融账户、互联网账号实行实名制；建立涉案资金紧急止付、快速冻结和资金返还制度；防范个人信息被用于电信网络诈骗，对潜在受害人预警劝阻，开展被害人救助；对有关涉电信网络诈骗人员可以采取限制出境、记入信用记录等措施，加大对非法买卖、出租、出借金融账户、互联网账号等违法行为的惩处力度等。

7. 关于修改妇女权益保障法的议案 7 件

杨震等代表提出的第 46 号议案、潘越等代表提出的第 62 号议案、方燕等代表提出的第 145 号议案、朱列玉等代表提出的第 282 号议案、黄超等代表提出的第 324 号议案、陈建银等代表提出的第 376 号议案、胡季强等代表提出的第 426 号议案，建议修改妇女权益保障法，明确国家要进一步采取必要措施，促进男女平等，消除对妇女的歧视；加大对妇女在政治参与、文化教育、劳动就业、人身财产和婚姻家庭等方面权益的保障力度；健全预防和打击拐卖妇女、性骚扰、家庭暴力等违法犯罪行为的相关机制等。

修订后的妇女权益保障法已于 2022 年 10 月 30 日由十三届全国人大常委会第三十七次会议审议通过。在修法过程中，宪法和法律委员会、法制工作委员会对议案内容进行了认真研究、积极吸收体现。修订后的妇女权益保障法明确建立男女平等评估机制、妇女发展状况和权益统计调查制度，采取措施支持女性人才成长，保障女性平等享有接受中高等教育的权利和机会，保障孕产期女职工依法享有休息休假权益，明确妇女对夫妻共同财产享有要求记载其姓名的权利，同时还增设“人身和人格权益”专章，建立针对疑似拐卖、绑架妇女行为的发现报告制度，明确政府及其有关部门、基层群众性自治组织的具体职责，有效预防和处理侵害妇女权益的违法犯罪行为等。

8. 关于修改野生动物保护法的议案 3 件

郝俊海等代表提出的第 174 号议案、买世蕊等代表提出的第 321 号议案、郑裕财等代表提出的第 474 号议案，建议修改野生动物保护法，扩大野生动物保护范围，完善人工繁育野生动物管理制度，实行严格禁食野生动物管理制度，鼓励社会公众参与野生动物保护工作，加大对违法行为的处罚力度等。

野生动物保护法修订草案拟提请本次常委会会议三次审议并建议通过。在修法过程中，宪法和法律委员会、法制工作委员会对议案内容进行了认真研究、积极吸收体现。修订后的野生动物保护法完善对其他陆生野生动物的具体保护管理措施，及时将有关陆生野生动物列入保护名录，对使用禁猎工具或方法猎捕其他陆生野生动物增加相应的法律责任；明确人工繁育野生动物实行分类分级管理；健全野生动物致害补偿制度；与全国人大常委会全面禁食野生动物决定相衔接；完善法律责任，加大处罚力度。

二、25 件议案涉及的 6 个立法项目，已提请全国人大常委会审议

9. 关于修改公司法的议案 5 件

易捷等代表提出的第 205 号议案、胡建文等代表提出的第 210 号议案、李亚兰等代表提出的第 396 号议案、张学武等代表提出的第 427 号议案、胡季强等代表提出的第 468 号议案，建议修改公司法，为员工持股提供充分法律依据，防止股东利用认缴制期限损害债权人利益；明确控股股东利用关联公司损害债权人利益的，关联公司承担连带责任，以及公司滥用有限责任损害公司股东债权人利益的，公司对股东的债务承担连带责任；明确执行董事的含义，完善国家出资公司中董事长、副董事长产生方式，明确规模较小的有限责任公司可以不设监事会或监事等。

公司法修订草案已提请本次常委会会议二次审议，草案对完善公司的设立和退出制度，优化公司组织机构设置，健全公司资本制度，规范股东出资和股权交易行为等方面内容作了规定。在下一步草案研究修改工作中，宪法和法律委员会、法制工作委员会将继续认真研究、积极吸收体现议案提出的意见建议。

10. 关于修改突发事件应对法的议案 1 件

买世蕊等代表提出的第 448 号议案，建议修改突发事件应对法，完善部门职责、信息发布公开、社会动员机制、物资供给储备等方面的规定。

突发事件应对管理法草案已于 2021 年 12 月由十三届全国人大常委会第三十二次会议初次审议。草案明确人民政府及有关部门的职责，理顺突发事件应对管理工作领导和管理体制；畅通信息报送和发布渠道，建立网络直报、自动速报制度；充分发挥社会力量作用，鼓励和支持社会力量建立应急救援队伍；完善应急保障制度，加强应急物资、运力、能源保障等。宪法和法律委员会、法制工作委员会正在抓紧草案的研究修改工作，将认真研究、积极吸收体现议案提出的意见建议。

11. 关于制定民事强制执行法的议案 1 件

肖胜方等代表提出的第 440 号议案，建议制定民事强制执行法，设立被执行人主动报告制度，明确由法院主动启动强制执行程序，简化民事执行程序的流程环节，规定执行不能的案件可以依法转入破产程序，补充追究刑事责任的情形等。

民事强制执行法草案已于 2022 年 6 月由十三届全国人大常委会第三十五次会议初次审议。草案对民事强制执行的基本原则、执行机构和人员、执行程序、执行救济等内容作了规定，并对金钱债权、非金钱债权的实现和保全执行作了明确规定。宪法和法律委员会、法制工作委员会正在开展草案研究修改工作，将认真研究、积极吸收体现议案提出的意见建议。

12. 关于修改行政复议法的议案 2 件

杨林等代表提出的第 175 号议案、李亚兰等代表提出的第 447 号议案，建议修改行政复议法，扩大行政复议范围，明确将侵犯已经依法取得的自然资源的所有权或者使用权行政行为，政府特许经营协议、土地房屋征收补偿协议等行政协议争议纳入行政复议受案范围等。

行政复议法修订草案已于 2022 年 10 月由十三届全国人大常委会第三十七次会议初次审议，草案明确对行政协议行为不服的可以申请行政复议，同时进一步完善了行政复议受理程序的规定。宪法和法律委员会、法制工作委员会正在抓紧草案研究修改工作，将认真研究、积极吸收体现议案提出的意见建议。

13. 关于修改民事诉讼法的议案 10 件

曾丽等代表提出的第 152 号议案、方燕等代表提出的第 156 号议案、查艳等代表提出的第 170 号议案、张海波等代表提出的第 240 号议案、沈昌健等代表提出的第 283 号议案、阳海玲等代表提出的第 319 号议案、李晓林等代表提出的第 355 号议案、杨震等代表提出的第 395 号议案、王静成等代表提出的第 433 号议案、肖胜方等代表提出的第 441 号议案，建议修改民事诉讼法，规定被告为政府机关或直属国有企业的经济纠纷案件，原告可以选择在异地法院起诉，不受专属管辖的限制；明确当事人对基层法院一审民事案件申请再审的，由基层法院受理；对当事人申请再审的案件，在庭审结束前当事人可以增加上诉请求；扩大民事公益诉讼的案件适用范围；明确非串通型的单方虚假诉讼行为及其法律责任；增加电子证据、律师调查令等内容。

民事诉讼法修正草案已于 2022 年 12 月由十三

届全国人大常委会第三十八次会议初次审议，对单方虚假诉讼行为及其法律责任，完善证据制度等作出相应规定。在下一步草案研究修改工作中，宪法和法律委员会、法制工作委员会将认真研究、积极吸收体现议案提出的意见建议。

14. 关于修改行政诉讼法的议案 6 件

方燕等代表提出的第 155 号议案、庹必光等代表提出的第 161 号议案、杨莉等代表提出的第 280 号议案、张淑芬等代表提出的第 367 号议案、魏春等代表提出的第 431 号议案、买世蕊等代表提出的第 445 号议案，建议修改行政诉讼法，扩大检察行政公益诉讼范围，明确检察机关开展行政争议实质性化解工作的原则、范围和方法，增加行政机关负责人无正当理由不出庭应诉的法律责任，完善行政诉讼案件管辖、起诉期限、诉前调解、附带审查、申请再审等制度。

行政诉讼法修正草案已于 2022 年 12 月由十三届全国人大常委会第三十八次会议初次审议，对行政诉讼一审和再审案件的管辖相关规定作了修改。在下一步草案研究修改工作中，宪法和法律委员会、法制工作委员会将认真研究、积极吸收体现议案提出的意见建议。

三、54 件议案涉及的 8 个立法项目，已列入本届全国人大常委会立法规划、年度立法工作计划或者作出立法安排，推动牵头起草单位抓紧做好起草和研究论证工作

15. 关于修改各级人民代表大会常务委员会监督法的议案 5 件

洪波等代表提出的第 89 号议案、海南代表团提出的第 106 号议案、李宗胜等代表提出的第 220 号议案、刘杰等代表提出的第 413 号议案、崔建梅等代表提出的第 449 号议案，建议修改各级人民代表大会常务委员会监督法，将各级监察机关纳入监督范围，加强对国有资产管理情况等经济工作监督；细化监督程序，对转交一府一委两院办理的事项附问题清单，对研究处理情况进行跟踪督办；完善特定问题调查、备案审查制度等。各级人民代表大会常务委员会监督法修改已列入全国人大常委会 2022 年度立法工作计划，法制工作委员会正在抓紧研究起草，适时提请常委会审议。宪法和法律委员会、法制工作委员会将积极开展立法工作，在研究起草法律草案时吸收体现议案提出的具体建议。

16. 关于修改国防教育法的议案 1 件

张学锋等代表提出的第 439 号议案，建议修改国防教育法，强化党对国防教育的领导，细化国防教育具体内容，创新国防教育方式方法，突出国防教育的重点对象，完善社会参与机制，增强可操作性等。国防教育法修改已列入全国人大常委会 2022 年度立法工作计划，中央有关部门正在抓紧研究起草。宪法和法律委员会、法制工作委员会将积极推动有关方面开展草案起草工作，吸收体现议案提出的具体建议。

17. 关于修改人民防空法的议案 1 件

李征等代表提出的第 180 号议案，建议修改人民防空法，明确政府职责和个人义务、人防工程产权和维护管理责任、防空地下室配建规则、群众专业队数量及经费保障，加强重要经济目标防护，增加信息化建设等相关内容。人民防空法修改已列入十三届全国人大常委会立法规划，有关部门正在开展研究起草工作。对议案提出的建议，宪法和法律委员会、法制工作委员会将积极配合有关方面认真研究论证。

18. 关于制定行政程序法的议案 1 件

买世蕊等代表提出的第 390 号议案，建议制定行政程序法，将其定位为规范行政权力的基本法，主要包括行政执法原则、执法机关与人员、执法程序、执法监督、法律责任等内容。我国行政程序方面的立法分别体现在行政处罚法、行政许可法、行政强制法、行政复议法、行政诉讼法等法律中，对行政处罚、行政许可、行政强制实施程序以及行政复议程序、行政诉讼程序作了规定。2021 年修改的行政处罚法进一步完善了行政处罚实施程序。行政程序方面的立法项目已列入十三届全国人大常委会立法规划，对议案提出的建议，宪法和法律委员会、法制工作委员会将积极配合有关方面认真研究论证，推动行政程序法律制度的完善。

19. 关于编纂相关领域法典的议案 6 件

张天任等代表提出的第 477 号议案，建议借鉴民法典编纂经验，编纂行政基本法典，明确法典编纂的基本路径和框架，可分步实施，近期编纂一般行政法律规范，中长期编纂部门行政法律规范等。全国人大常委会 2022 年度立法工作计划对研究启动条件成熟的相关领域法典编纂工作作了安排。宪法和法律委员会、法制工作委员会持续跟踪行政基本法典编纂理论研究工作，委托国家高端智库进行了专题研究。对议案提出的建议，宪法和法律委员会、法制

工作委员会将按照党中央决策部署和全国人大常委会立法工作要求,继续做好相关研究论证工作。

周光权等代表提出的第443号议案,建议编纂刑法典,坚持统一刑法典的立法模式,进一步落实罪刑法定原则,增设必要的总则性规定和必要的轻罪,促进刑罚及配套处罚制度的合理化、体系化等。对议案提出的建议,宪法和法律委员会、法制工作委员会作了认真研究,刑法已是一部实质意义上的法典,全面修订现行刑法并重新编纂刑法典较为重大、复杂,需要结合我国经济社会发展情况和刑事政策等因素作进一步研究论证。

杨震等代表提出的第414号议案,建议编纂知识产权法典,明确主要知识产权法律制度,科学规定适用范围,对知识产权的权利类型作开放式规定等。党的十八大以来,全国人大及其常委会按照党中央决策部署,编纂民法典,多次修改专利法、著作权法、商标法等知识产权相关法律,作出有关设立知识产权法院、优化知识产权案件诉讼程序等授权决定。对议案提出的建议,宪法和法律委员会、法制工作委员会将会同有关方面认真研究论证。

法蒂玛等代表提出的第59号议案、马杰等代表提出的第353号议案、郑功成等代表提出的第385号议案,建议编纂劳动法典,以现行相关法律为基础,设立总则编、劳动执法编、劳动合同编、就业编、劳动保护编、劳动争议处理编、法律责任编等,整合现有劳动法律制度,系统解决劳动法律体系规划不足、部分法律规定滞后等问题,为加强劳动权益保护、促进和谐劳动关系建设提供更加完善的法治保障。对议案提出的建议,宪法和法律委员会、法制工作委员会将会同有关方面认真研究论证。

20. 关于修改网络安全法的议案1件

田立坤等代表提出的第482号议案,建议修改网络安全法,完善个人信息的定义,将个人信息明确为"以电子或者其他方式记录的与已识别或可识别的自然人有关的各种信息,不包括匿名化处理后的信息",加强相关法律制度的统筹协调等。目前,中央有关部门正在开展网络安全法研究修改工作,形成草案后适时提请常委会审议。宪法和法律委员会、法制工作委员会将积极推动有关方面开展草案起草工作,吸收体现议案提出的具体建议。

21. 关于制定爱国主义法的议案1件

孙春旺等代表提出的第65号议案,建议制定爱国主义法,维护国家整体安全,将爱国作为对公民的基本要求和行使政治权利的前提条件等。党的十八大以来,以习近平同志为核心的党中央高度重视爱国主义教育工作,作出重要决策部署,推动爱国主义教育取得显著成效。全国人大常委会贯彻落实习近平总书记重要指示精神和党中央重大决策部署,积极推动爱国主义教育立法工作,法制工作委员会正会同中央有关部门牵头开展草案起草工作。宪法和法律委员会、法制工作委员会将在研究起草法律草案时吸收体现议案提出的具体建议。

22. 关于修改刑法的议案38件

潘向黎等代表提出的第14号议案、崔荣华等代表提出的第61号议案、法蒂玛等代表提出的第83号议案、李秀香等代表提出的第92号议案、庹庆明等代表提出的第144号议案、杨林花等代表提出的第159号议案、杨松等代表提出的第221号议案、亢德芝等代表提出的第226号议案、齐玫等代表提出的第236号议案、聂鹏举等代表提出的第284号议案、樊芸等代表提出的第286号议案、陈凤珍等代表提出的第318号议案、张灼华等代表提出的第323号议案、方兰等代表提出的第354号议案、李亚兰等代表提出的第364号议案、王贻芳等代表提出的第393号议案、秦玥飞等代表提出的第405号议案、李孝轩等代表提出的第421号议案、买世蕊等代表提出的第428号议案、朱明春等代表提出的第444号议案、胡季强等代表提出的第466号议案、陈玮等代表提出的第475号议案、蒋胜男等代表提出的第483号议案、蔡继明等代表提出的第484号议案,建议修改刑法,加大对拐卖妇女儿童犯罪的惩治力度,提高拐卖妇女儿童罪的法定刑,对收买被拐卖妇女、儿童的行为与拐卖行为同等处罚,扩大对相关共同犯罪的打击范围等。对议案提出的建议,宪法和法律委员会、法制工作委员会高度重视,通过多次会同有关部门专题研究、多种形式调研、当面听取代表意见等方式,结合代表提出的意见和全国公安机关打拐专项行动经验,深入开展刑法修改研究工作。目前,正在会同有关方面深入评估刑法修正案(九)通过后收买被拐卖妇女儿童罪等相关规定的执行效果,深入研究收买妇女儿童犯罪的新情况新问题。宪法和法律委员会、法制工作委员会将坚持问题导向,认真研究议案提出的建议,积极回应社会关切,待条件成熟时在刑法等相关法律修改中作统筹考虑,为依法惩治犯罪、切实保护妇女儿童权益提供有效法律保障。

张志良等代表提出的第45号议案,建议将在安全保护区内违规钻探作业纳入危险作业罪。云南代表团提出的第139号议案,建议提高偷越国(边)境罪的量刑幅度,加大对此类犯罪的打击力度。殷红梅等代表提出的第 146 号议案，建议明确刑法第八十八条中“立案侦查”、“控告”、“逃避侦查或者审判”的具体含义。张德芹等代表提出的第 168 号议案，建议修改刑法第二百四十六条第三款，加大对网络侮辱诽谤犯罪的打击力度。黄东兵等代表提出的第 169 号议案，建议明确刑法第六十四条中“供犯罪所用的本人财物”的含义。李潞等代表提出的第 223 号议案，建议修改刑法第二百六十条之一，严厉打击养老机构虐待老年人的行为。才华等代表提出的第 383 号议案，建议明确侵犯商业秘密罪“情节严重”的具体含义。对议案提出的建议，如对安全保护区内违规钻探作业行为如何适用刑法规定，明确“情节严重”具体含义等，与司法工作关系密切，可以考虑通过推动完善相关司法解释等方式予以体现，宪法和法律委员会、法制工作委员会将加强与最高人民法院、最高人民检察院、公安部等部门的沟通协调，认真研究论证。

肖胜方等代表提出的第 47 号议案，建议废除寻衅滋事罪，对该罪处罚的四种行为，分别适用故意伤害罪、侮辱罪等罪名，或者适用治安管理处罚法相关规定。李彬等代表提出的第 68 号议案，建议增设毒驾罪。刘希娅等代表提出的第 86 号议案，建议增设网络暴力罪。高琛等代表提出的第 225 号议案，建议修改刑法第三百一十九条，将骗取出境证件罪修改为骗取出入境证件罪，删除“为组织他人偷越国（边）境使用的”目的相关规定。王文全等代表提出的第 320 号议案，建议加大对行贿犯罪惩处力度。樊芸等代表提出的第 356 号议案，建议修改刑法第二百零五条第一款，在虚开增值税专用发票罪中增加“以骗取国家税款为目的”的构成要件。陈玮等代表提出的第 476 号议案，建议将从事介绍外国人入境非法婚嫁、非法务工等中介活动规定为犯罪。对议案提出的上述修改刑法的意见建议，宪法和法律委员会、法制工作委员会将在刑事立法工作中认真研究、积极吸收体现。

四、21 件议案涉及的 9 个立法项目，有的可待条件成熟时列入立法规划、年度立法工作计划，有的可在相关法律的制定或者修改等工作中统筹考虑，作进一步研究

23. 关于修改国家赔偿法的议案 2 件

王雅丽等代表提出的第 228 号议案、买世蕊等代表提出的第 446 号议案，建议修改国家赔偿法，进一步完善赔偿范围，提高赔偿标准，规范免责条款适用，健全赔偿监督程序，加强赔偿费用保障，做好与监察法、刑事诉讼法等相关法律的衔接等。最高人民法院正在积极推进国家赔偿法研究修改工作。对议案提出的建议，宪法和法律委员会、法制工作委员会将积极配合有关方面在立法工作中认真研究论证。

24. 关于修改国籍法的议案 2 件

周洪宇等代表提出的第 232 号议案、石嘉兴等代表提出的第 365 号议案，建议修改国籍法，完善自动丧失国籍的规则，有限度承认双重国籍，明确加入我国国籍的条件，为引进科技、文化、教育、艺术和体育方面的急需人才提供法律依据等。对议案提出的建议，宪法和法律委员会、法制工作委员会将积极配合有关方面在立法工作中认真研究论证。

25. 关于修改反分裂国家法的议案 1 件

法蒂玛等代表提出的第 72 号议案，建议修改反分裂国家法，扩大该法适用范围，将包括台独分裂势力在内的一切分裂国家的势力和行为纳入其中。对议案提出的建议，宪法和法律委员会、法制工作委员会将在立法工作中认真研究论证。

26. 关于制定备案审查法的议案 1 件

袁友方等代表提出的第 281 号议案，建议以全国人大常委会委员长会议通过的《法规、司法解释备案审查工作办法》为蓝本，总结吸纳地方各级人大常委会备案审查工作的经验做法，制定备案审查法。备案审查是保障宪法法律实施、维护国家法治统一的重要制度。党中央高度重视备案审查，对备案审查工作提出明确要求。近年来备案审查工作在制度建设方面取得了积极成果。2019 年 12 月十三届全国人大常委会第 44 次委员长会议通过《法规、司法解释备案审查工作办法》，对规范性文件备案审查工作作了全面规定。2022 年 3 月，十三届全国人大五次会议通过关于修改地方各级人民代表大会和地方各级人民政府组织法的决定，将“听取和审议备案审查工作报告”列为地方各级人大常委会法定职责。对议案提出的建议，宪法和法律委员会、法制工作委员会将在立法法、监督法等相关法律修改工作中统筹考虑，进一步完善备案审查制度。

27. 关于修改民法典的议案 5 件

崔荣华等代表提出的第 77 号议案、翁国星等代

表提出的第 154 号议案、周云杰等代表提出的第 171 号议案、朱献福等代表提出的第 235 号议案、李亚兰等代表提出的第 358 号议案，建议修改民法典，完善离婚冷静期的规定，有需要抚养的未成年子女的应适当延长冷静期，存在家暴、转移财产等情形或者有证据证明夫妻关系确已破裂的，不受离婚冷静期的限制；明确数据产权保护相关规定，加快推进数据资产确权；增加仓单管理、签发、转让和担保融资等内容；增加规定无行为能力人实施的纯获利益的民事法律行为或者与其年龄、智力、精神健康状况相适应的民事法律行为有效等。对议案提出的建议，宪法和法律委员会、法制工作委员会进行了认真研究。民法典编纂工作中已经对自然人民事行为能力、离婚冷静期等制度作了研究，并广泛听取各方面意见，下一步将继续推动做好法律适用和法治宣传等工作。对数据产权保护与利用、完善仓单相关法律制度等建议，宪法和法律委员会、法制工作委员会将在制定修改相关法律时认真研究、积极吸收体现。

28. 关于修改行政强制法的议案 1 件

魏春等代表提出的第 387 号议案，建议修改行政强制法，适当缩小非诉讼行政执行受案范围，建立在建违法建筑快速拆除机制，增加选定第三人代履行的程序等。对议案提出的建议，宪法和法律委员会、法制工作委员会将在立法工作中认真研究论证。

29. 关于制定行政补偿法的议案 1 件

肖胜方等代表提出的第 437 号议案，建议制定行政补偿法，明确行政补偿的性质和“完全补偿为原则，适当补偿为例外”的原则；在确定行政补偿范围过程中加强公众参与机制建设；完善行政补偿程序，确定“先补偿，后行政”的程序性原则；确立行政补偿主体责任，明确补偿时限要求；做好与行政复议和行政诉讼程序的衔接，建立应急补偿机制等。对议案提出的建议，宪法和法律委员会、法制工作委员会将在立法工作中认真研究论证。

30. 关于修改刑事诉讼法的议案 7 件

31. 关于授权最高人民检察院在深圳开展涉企业犯罪附条件不起诉试点工作的议案 1 件

肖胜方等代表提出的第 48 号议案、冯帆等代表提出的第 93 号议案、孟平红等代表提出的第 129 号议案、才华等代表提出的第 299 号议案、李亚兰等代表提出的第 357 号议案、沈昌健等代表提出的第 435 号议案、王静成等代表提出的第 442 号议案，建议修改刑事诉讼法，建立暂停执行刑罚制度、企业附条件不起诉制度，完善阅卷期限、暂予监外执行相关规定等。樊庆峰等代表提出的第 464 号议案，建议由全国人大常委会作出决定，授权最高人民检察院在深圳开展涉企业犯罪附条件不起诉试点。2018 年刑事诉讼法修改以来，最高人民法院、最高人民检察院、公安部、国家安全部、司法部制定或修改相关司法解释、规范性文件，对执行刑事诉讼的有关程序作了具体规定。实践中有关部门也开展了一些有益的探索。宪法和法律委员会、法制工作委员会密切关注刑事诉讼法的实施情况，研究进一步完善刑事诉讼制度的相关问题。对议案提出的建议，宪法和法律委员会、法制工作委员会将会同有关方面认真研究论证。

全国人民代表大会农业与农村委员会关于第十三届全国人民代表大会第五次会议主席团交付审议的代表提出的议案审议结果的报告

全国人民代表大会常务委员会：

第十三届全国人民代表大会第五次会议主席团交付全国人民代表大会农业与农村委员会审议的代表议案共 27 件，其中提出制定法律的 17 件，修改法律的 8 件，开展执法检查的 2 件，共涉及 14 个立法项目和 2 个监督项目。

按照代表议案办理的有关法律规定和全国人大常委会代表议案办理工作要求，农业与农村委员会加强代表议案办理工作的领导，就代表议案办理广泛征求中央和国务院有关部门及相关人大代表的意见，结合委员会立法和监督工作，加强与代表的沟通联系，认真做好代表议案办理工作。2022 年 10 月 30 日，农业与农村委员会全体会议对代表议案进行了审议。现将审议结果报告如下：

一、4件议案提出的1个立法项目,已列入十三届全国人大常委会立法规划和2022年度立法工作计划,已提请全国人大常委会审议

1. 关于制定农村集体经济组织法的议案4件

制定农村集体经济组织法已列入十三届全国人大常委会立法规划,全国人大常委会2022年度立法工作计划明确农村集体经济组织法由我委负责牵头起草,我委抓紧工作,及时形成农村集体经济组织法草案征求意见稿,并以全国人大常委会办公厅名义征求国务院办公厅意见,已在修改完善后提请本次全国人大常委会会议审议。在草案起草过程中已多次征求代表意见,代表议案提出的建议基本吸收和采纳。

二、4件议案提出的3个立法项目,已列入十三届全国人大常委会立法规划或年度立法工作计划,建议继续列入十四届全国人大常委会立法规划,适时提请全国人大常委会审议

2. 关于制定粮食安全保障法的议案1件

3. 关于修改渔业法的议案2件

4. 关于制定耕地质量保护法的议案1件

以上议案涉及的立法项目已列入十三届全国人大常委会立法规划或年度立法工作计划,由国务院提请审议。粮食安全保障法(草案)已经国务院常务会议审议并原则通过,修改完善后将及时提请全国人大常委会审议。渔业法修订草案处于司法部立法审查阶段,有关部门正在抓紧工作;耕地保护法已形成征求意见稿。我委将继续加强与有关部门的沟通,推动有关部门认真研究和吸收代表议案所提意见和建议,修改完善有关内容。

三、4件议案提出的2个立法项目,建议列入十四届全国人大常委会立法规划

5. 关于制定植物保护法的议案2件

6. 关于修改水法的议案2件

以上议案涉及的立法问题,经征求国务院有关部门意见后研究认为,代表议案所提意见和建议符合我国植物防疫和治水实际,提出的2个立法项目确具必要性和可行性,建议将制定植物保护法和修改水法列入十四届全国人大常委会立法规划。

四、4件议案提出的3个立法项目,建议开展立法调研论证,适时推进相关立法工作

7. 关于修改农业法的议案2件

8. 关于制定农产品批发市场法的议案1件

9. 关于制定供销合作社法的议案1件

以上议案涉及的立法问题,经征求中央和国务院有关部门意见后研究认为,代表议案所提意见和建议具有一定的针对性和现实意义,建议有关部门加强沟通,广泛听取意见和建议,深入开展农业法修改的立法调研论证后,适时启动法律修改工作。制定供销合作社条例是国务院立法工作计划内的项目,已进入司法部立法审查阶段,待供销合作社条例通过实施后,在总结经验的基础上,再研究制定供销合作社法。综合考虑农产品批发市场的立法基础和条件,建议先行研究制定农产品批发市场条例,积累立法实践经验,适时推进相关立法工作。

五、9件议案提出的5个立法项目,有的在相关立法中统筹考虑,有的通过改进相关工作解决议案提出的问题

10. 关于修改农村土地承包法的议案2件

11. 关于制定种业促进法的议案1件

12. 关于制定农业生产托管法的议案1件

13. 关于制定人参产业发展法的议案1件

14. 关于制定反虐待动物法(伴侣动物保护和管理法)的议案4件

以上议案涉及的立法问题,经征求中央和国务院有关部门意见后研究认为,有的已经有相关法律法规予以规范和支持,有的可以通过改进相关工作予以解决,有的需要进一步总结经验,加强立法研究论证,建议国务院有关部门在今后的工作中,重点关注代表议案所提意见和建议,不断积累实践经验,进一步提高相关工作质量。我委将在相关立法工作中对代表议案提出的问题继续

予以重点关注。

六、2件议案提出的2个监督项目，乡村振兴促进法执法检查已于2022年组织实施，建议适时将森林法执法检查列入全国人大常委会监督工作计划

15. 关于开展乡村振兴促进法执法检查的议案1件

16. 关于开展森林法执法检查的议案1件

乡村振兴促进法执法检查已列入全国人大常委会2022年度监督工作计划，执法检查报告已提请2022年10月召开的全国人大常委会会议审议。新修改的森林法深入贯彻习近平生态文明思想，践行绿水青山就是金山银山理念，为更好地贯彻实施森林法，建议适时将森林法执法检查列入全国人大常委会监督工作计划。

以上报告，请审议。

附件：全国人民代表大会农业与农村委员会关于第十三届全国人民代表大会第五次会议主席团交付审议的代表提出的议案的审议意见

全国人民代表大会农业与农村委员会

2022年12月27日

附件：

全国人民代表大会农业与农村委员会关于第十三届全国人民代表大会第五次会议主席团交付审议的代表提出的议案的审议意见

第十三届全国人民代表大会第五次会议主席团交付全国人民代表大会农业与农村委员会审议的代表议案共27件，其中提出制定法律的17件，修改法律的8件，开展执法检查的2件，共涉及14个立法项目和2个监督项目。2022年10月30日，农业与农村委员会全体会议对代表议案进行了审议，审议意见如下：

一、4件议案提出的1个立法项目，已列入十三届全国人大常委会立法规划和2022年度立法工作计划，已提请全国人大常委会审议

1. 陈保善、孙宪忠、陈静、方兰等127名代表提出关于制定农村集体经济组织法的议案4件（第181、271、304、368号）。议案提出，我国农村集体经济组织相关法律规定分散、立法层级低、相关制度不够系统，不利于推动乡村振兴。建议制定农村集体经济组织法，明确其法律地位、设立条件、机构设置、成员资格、财产制度、监督管理、扶持措施、法律责任等内容，完善内部治理机制，推进农村集体经济组织健康发展。

制定农村集体经济组织法已列入十三届全国人大常委会立法规划，全国人大常委会2022年度立法工作计划明确农村集体经济组织法由我委负责牵头起草，我委抓紧工作，及时形成农村集体经济组织法草案征求意见稿，并以全国人大常委会办公厅名义征求国务院办公厅意见。草案征求意见稿对农村集体经济组织的立法宗旨、法律定位、职能职责、成员确认以及权利义务、组织机构以及登记、财产管理和收益分配、扶持措施、争议解决和法律责任等内容作了规定。在起草过程中已多次征求代表意见，代表议案提出的建议基本吸收和采纳。已在修改完善后，提请本次全国人大常委会审议。

二、4件议案提出的3个立法项目，已列入十三届全国人大常委会立法规划或年度立法工作计划，建议继续列入十四届全国人大常委会立法规划，适时提请全国人大常委会审议

2. 陈静等32名代表提出关于制定粮食安全保

障法的议案1件(第313号)。议案提出,粮食安全是关系国计民生的重大问题,建议制定粮食安全保障法,明确政府责任,建立粮食风险基金和粮食储备风险防控、粮食救济制度,完善粮食市场机制、加强对闲置荒芜耕地的监管,健全划定和保护基本良田、粮食增产工程等相关制度。

制定粮食安全保障法已列入十三届全国人大常委会立法规划和2022年度立法工作计划,由国务院提请审议。2021年底,国务院常务会议审议并原则通过粮食安全保障法(草案),有关部门正在对草案进行修改完善,代表议案所提意见和建议将在修改完善中认真研究和吸收。我委将继续积极发挥作用,参与粮食安全保障立法工作,推动粮食安全保障立法进程,建议制定粮食安全保障法继续列入十四届全国人大常委会立法规划。

3. 于普松、莫华福等62名代表提出关于修改渔业法的议案2件(第183、185号)。议案提出,现行渔业法在发展理念、治理模式和具体制度设计等方面无法满足渔业高质量绿色发展的新形势新要求。建议修改渔业法,加强水产种质资源保护,明确投入产出双向控制压减捕捞强度,规范发展远洋渔业,强化渔船安全生产监管,强化监督管理,完善法律责任和增加渔业涉刑案件的追诉标准。

修改渔业法已列入十三届全国人大常委会立法规划。司法部正在会同农业农村部等有关部门,抓紧进行渔业法修订立法审查工作,审查修改过程中将认真研究和吸收代表议案所提意见和建议。我委将继续加强与有关部门的沟通,积极推动进一步修改完善有关内容。建议修改渔业法继续列入十四届全国人大常委会立法规划。

4. 秦光蔚等31名代表提出关于制定耕地质量保护法的议案1件(第42号)。议案提出,保障粮食安全,需要加强耕地质量保护工作。建议制定耕地质量保护法,明确耕地保护和监督责任,建立耕地资源高质量发展保障机制,明确法律责任。

制定耕地保护法已列入全国人大常委会2022年度立法工作计划,由国务院提请审议。目前,自然资源部已形成了耕地保护法(征求意见稿),征求意见稿重点围绕耕地保护基本原则、耕地保护在国土空间规划中的优先序、强化耕地总量平衡、加强质量与生态保护、完善监督和保障等方面,健全完善相应法律制度。农业农村部表示耕地质量保护立法具有现实迫切性,提出加强耕地质量保护和建设。司法部建议起草部门认真研究代表议案所提意见和建议。我委将加强与有关部门的沟通,提前介入耕地保护立法,推动代表议案所提意见和建议的吸收。建议制定耕地保护法列入十四届全国人大常委会立法规划。

三、4件议案提出的2个立法项目,建议列入十四届全国人大常委会立法规划

5. 党永富、陈静等63名代表提出关于制定植物保护法的议案2件(第117、312号)。议案提出,植物防疫是全球公认的三大防疫体系之一,事关国家生物安全、粮食安全、生态安全、农产品有效供给和质量安全。建议制定植物保护法,明确政府部门工作职责,健全防疫体系队伍,建立重大病虫害监测预警机制,完善外来植物疫情防控与检疫制度,明确生产经营者防控主体责任等。

农业农村部、国家林业和草原局认为,制定综合性的植物保护法,整合现有植物检疫、野生植物保护、外来入侵物种防控等内容,有利于形成较为完整的制度体系。司法部表示,有关部门在论证立法必要性并提出具体建议后,将积极配合支持相关工作。我委认为,重大植物病虫害严重威胁粮食及重要农产品生产安全,我国植物保护领域的立法严重滞后,相关条例对植物保护在不同环节作出规定,缺乏系统协调,保障措施乏力。近年来,农业法、森林法、农作物病虫害防治条例、植物检疫条例等法律法规的实施,积累了丰富的实践经验和研究基础。建议将制定植物保护法列入十四届全国人大常委会立法规划。

6. 陈杰、陈瑞爱等84名代表提出关于修改水法的议案2件(第43、251号)。议案提出,现行水法在立法理念、立法原则、制度约束和机制等方面已无法适应需要。建议修改水法,厘清涉水部门相关职责,明确河湖长制法律地位,完善水权交易制度,加强河湖治理与水生态保护修复,促进水资源高效利用,开创治水兴水新局面。

水利部认为,水法实施20年来,对防治水害,实现水资源的可持续利用发挥了重要作用,面对新形势新任务新要求,有必要修订完善水法,推动解决我国水问题,保障国家水安全。司法部表示将积极配合做好有关工作。我委认为,我国水资源水生态水环境约束趋紧,河湖生态环境问题仍然突出,有效防御水旱灾害面临严峻挑战。党的十八大以来,习近平总书记提出“节水优先、空间均衡、系统治

理、两手发力”的治水思路，党中央、国务院先后作出多项治水节水用水的决策部署，亟需通过修订水法予以贯彻落实。建议将修改水法列入十四届全国人大常委会立法规划。

四、4件议案提出的3个立法项目，建议开展立法调研论证，适时推进相关立法工作

7. 陈春芳、王萌萌等63名代表提出关于修改农业法的议案2件（第176、434号）。议案提出，针对农业和农村经济发展出现的新情况新问题，建议修改农业法，增加乡村振兴战略和党的十八大以来农村综合改革的决策部署相关内容，增加承包地“三权分置”、集体经营性建设用地入市、农业产业化联合体、农产品电子商务、重要农产品有效供给、农产品质量安全等内容。

中央农办、农业农村部认为，农业发展面临的形势任务和工作要求已经发生深刻变化，一系列政策和实践成果确有必要进一步上升为法律规范。司法部建议可就代表议案所提的各事项是否有必要在农业法中作具体规定进行研究论证。我委认为，近年来，树立大食物观、落实最严格的耕地保护制度、完善农村基本经营制度、改革完善农业支持保护制度等一系列政策和实践成果深刻影响和促进农业发展，应当把行之有效的政策法定化，保障政策实施效果。鉴于农业法在农业领域的基础地位，涉及面广，建议先行开展立法前期调研，在广泛听取意见建议、充分论证基础上，条件成熟时启动农业法修法工作。代表议案中有的意见和建议可以通过加强和改进相关工作予以解决。

8. 乔彬等33名代表提出关于制定农产品批发市场法的议案1件（第231号）。议案提出，农产品批发市场建设管理方面缺少法律规定，制约了农产品批发市场科学健康发展。建议制定农产品批发市场法，明确批发市场公益性，加强规划管理，建立准入和退出机制以及审批制度，加强农产品市场监管，加大对基础设施改造和转型升级支持力度，明确用地和税费支持，支持行业协会发挥作用。

国家发展和改革委、农业农村部、商务部认为，农产品批发市场具有公益属性，作为我国农产品流通的主渠道，近年来，为城市应急保障供应作出了重要贡献。但是我国农产品批发市场一直处于完全竞争和无序发展的状态，建议通过立法将农产品批发市场建设和管理纳入法治轨道。司法部认为，有关法律和政策文件对农产品批发市场的规划、建设、管理等已有一系列规定，建议在加强贯彻执行的基础上，进一步研究论证专门立法的必要性、可行性。我委认为，农产品批发市场在农产品应急保供、加快现代流通体系构建、推进农产品流通现代化等方面发挥重要作用，建议国务院有关部门认真总结实践经验，研究代表议案建议，加强沟通协调，开展立法调研论证，可以先行研究制定农产品批发市场条例，待条件成熟后，再研究制定农产品批发市场法。

9. 周松勃等32名代表提出关于制定供销合作社法的议案1件（第233号）。议案提出，深化供销合作社综合改革取得重大进展，在长期的为农服务实践中，形成了独具中国特色的组织体系和服务体系，建议制定供销合作社法，推进供销合作社社企分开，促进供销合作社改革发展。

全国供销合作总社提出，中央明确要求抓紧制定供销合作社条例，适时启动供销合作社法立法工作，有关部门积极开展相关工作。目前，供销合作社条例正处于司法部审查阶段。司法部表示，将依照职责积极配合做好有关工作。我委认为，可以待供销合作社条例通过实施后，在总结经验基础上，再启动供销合作社法立法工作，建议国务院有关部门在相关工作中认真研究和吸收代表议案所提意见和建议。

五、9件议案提出的5个立法项目，建议有的在相关立法工作中统筹考虑，有的通过改进相关工作解决议案提出的问题

10. 崔荣华、李宗胜等62名代表提出关于修改农村土地承包法的议案2件（第71、229号）。议案提出，现行农村土地承包法未明确规定农民集体能否统一经营和流转集体所有土地，有的地方人地矛盾突出和土地流转不畅导致集约化经营受阻。为适应农业生产集约化的需要，建议修改农村土地承包法，明确集体统一经营和流转的情形；完善承包地退出、调整机制，为集约化生产创造条件，缓解有的地方人地矛盾。

农业农村部、国家林业和草原局提出，新修改的农村土地承包法、森林法对承包地调整、收回，未实行承包经营的集体林地以及林地上的林木经营

作了具体规定。司法部、农业农村部、国家林业和草原局认为,代表议案所提具体意见和建议有的涉及我国农村土地承包经营基本制度,应当广泛听取意见建议,审慎研究论证。我委同意以上意见,依据宪法,农村集体经济组织实行家庭承包经营为基础、统分结合的双层经营体制,必须巩固和完善农村基本经营制度,保持土地承包关系稳定并长久不变。建议国务院有关部门就代表议案所提相关问题深入研究,改进和完善相关工作。

11. 李登海等 33 名代表提出关于制定种业促进法的议案 1 件(第 138 号)。议案提出,农业现代化,种子是基础,要打好种业翻身仗,建议制定种业促进法,在政策、项目资金、金融等方面扶持民族种业,调整现行种业审批制度的标准,提升知识产权保护的力度,加快培养种业人才,强化新技术的引进和创新,加大打击各种侵权违法行为的力度。

中央农办、司法部、农业农村部、国家林业和草原局、国家知识产权局认为,新修订的种子法对激励育种原始创新、加强植物新品种知识产权保护、完善侵权赔偿制度等作了规定。国家知识产权局认为,制定种业促进法具有一定必要性,但要处理好与相关法律的关系。我委认为,种子法实施以来,在保障农业用种安全、推动种业发展方面发挥了重要作用,新修改的种子法涵盖了促进种业产业发展及监管的全链条各环节,首次建立实质性派生品种制度,为种业原始创新提供了强有力的法治保障。建议国务院有关部门加强种子法的宣传贯彻,完善相关配套规章制度,采取有效措施,解决代表议案中所提具体意见和建议,推动种业振兴。

12. 郭迎光等 31 名代表提出关于制定农业生产托管法的议案 1 件(第 69 号)。议案提出,农业生产托管发展中面临服务主体服务能力不强、服务领域不宽、政策支持力度不够等问题,建议推动农业生产托管立法,明确政府及其部门职责,加强农业生产托管服务体系建设,规范农业生产托管服务,加大农业生产托管服务政策支持,完善农业生产托管综合信息服务平台,明确法律责任。

司法部、农业农村部认为,农业生产托管是农业社会化服务的重要方式和有效抓手,由民事合同进行规范。综合考虑农业社会化服务以及农业生产托管的发展实际,专门立法条件尚不成熟。我委同意以上意见,建议有关部门加强行业指导,加大扶持,更多运用市场化手段,多措并举促进农业社会化服务健康稳定发展,改进相关工作解决代表议案所提出意见和建议。

13. 郭乃硕等 32 名代表提出关于制定人参产业发展法的议案 1 件(第 279 号)。议案提出,为保护和开发人参资源,促进人参产业高质量发展,建议制定人参产业发展法,加强我国人参种质资源保护,明确产业规划、行业检测标准,保障人参种植条件和人参资源科学保护与利用,规范生产经营秩序,确保人参质量安全,推动人参产业标准化、规范化、规模化、品牌化发展。

农业农村部认为,推动人参产业立法有利于加强人参资源保护利用和开发。司法部、国家林业和草原局、国家中医药管理局认为,代表议案所提意见和建议在现有法律法规和工作中已有规范,需要论证专门立法必要性。我委认为,中药材是中医药事业传承和发展的物质基础。近年来,有关部门推动中药材产业高质量发展,支持林草中药材种植,积极开展人参标准优化、质量保障等工作。农业法、种子法、森林法、农产品质量安全法等法律对代表议案所提意见和建议作出了规定,建议国务院有关部门加大有关法律的宣传贯彻,采取切实措施支持东北地区人参产业发展。

14. 朱列玉、买世蕊、孙元华、新甲旦真等 126 名代表提出制定反虐待动物法(伴侣动物保护和管理法)的议案 4 件(第 249、314、230、287 号)。议案提出,确立管理和保护并重的立法理念,对动物实行分类保护,明确监督管理主管部门和职责,建立动物的饲养条件和档案制度,规定文明饲养、限制利用、防疫义务以及救助等内容,强化法律责任。

司法部、农业农村部、国家林业和草原局认为,畜牧法、野生动物保护法、动物防疫法、实验动物管理条例等法律、行政法规就动物保护以及防疫的内容作出了相关规定。制定专门的反虐待动物法(伴侣动物保护和管理法),需要处理好与现行有关动物保护管理的法律规定之间的关系,并充分考虑国情实际和社会发展需求,以及宗教、文化、经济发展水平等情况。建议通过完善现有动物保护相关法律制度和技术规定,加强依法保护动物的舆论宣传,促进社会各界关爱动物、保护动物,循序渐进解决动物保护中的问题。我委同意上述意见,建议国务院有关部门综合考虑我国经济社会发展和社会精神文明进步水平,加强动物保护执法。同时,进一步完善加强动物保护的相关规定,各地也可根据本地区实际先行先试,积累立法经验。

六、2件议案提出的2个监督项目，乡村振兴促进法执法检查已于2022年组织实施，建议将森林法执法检查列入全国人大常委会2023年度监督工作计划

15. 杨宝玲等31名代表提出关于乡村振兴促进法执法检查的议案1件(第359号)。议案提出，乡村振兴促进法为全面推进乡村振兴战略实施、加快农业农村现代化提供了坚实法治保障。建议重点就产业发展、人才支撑、文化繁荣、扶持措施、生态环境保护、乡村治理等方面开展乡村振兴促进法实施情况执法检查，提高全社会对乡村振兴促进法的认识，推动乡村振兴工作中难点问题的解决，促进法律的贯彻落实。

乡村振兴促进法执法检查已经列入全国人大常委会2022年度监督工作计划，主要对促进乡村产业发展，健全乡村人才工作体制机制，传承农村优秀传统文化，加强农村生态环境保护，促进城乡融合发展，建立乡村振兴目标责任制和考核评价制度以及配套规章制度等情况进行执法检查，执法检查报告已提请2022年10月召开的全国人大常委会会议审议。

16. 孙建博等32名代表提出关于森林法执法检查的议案1件(第137号)。议案提出，森林法对于保护和合理利用森林资源、加快国土绿化和生态建设、保障和促进林业发展发挥了重要作用。建议开展森林法执法检查，全面检查森林法宣传贯彻、林业发展总体规划实施、森林资源保护、林业执法队伍建设等情况。

森林法深入贯彻习近平生态文明思想，践行绿水青山就是金山银山理念，坚持生态优先、保护优先、促进森林资源可持续发展的原则，从森林权属、发展规划、森林保护、造林绿化、经营管理、监督检查、法律责任等方面作出详细规定。为进一步深入贯彻实施森林法，建议适时将森林法执法检查列入全国人大常委会监督工作计划。

二、代表建议办理

在十三届全国人大五次会议代表建议、批评和意见交办会上的讲话

（2022 年 4 月 1 日）

王 晨

今天，我们召开全国人大代表建议、批评和意见交办会，深入学习贯彻习近平新时代中国特色社会主义思想，学习贯彻习近平总书记在今年全国“两会”期间的重要讲话精神，贯彻落实十三届全国人大五次会议精神，向各承办单位统一交办大会期间代表提出的建议、批评和意见，全面启动今年的代表建议办理工作。

刚才，全国人大常委会副秘书长郭振华同志向大家通报了今年大会代表提出建议的情况。中央办公厅副主任孔绍逊同志、国务院副秘书长李宝荣同志分别作了发言，介绍了中办、国办加强代表建议办理工作的好经验好做法和部署考虑，希望同志们结合各单位实际情况认真落实。

过去一年是党和国家历史上具有里程碑意义的一年。以习近平同志为核心的党中央团结带领全党全国各族人民，隆重庆祝中国共产党成立一百周年，胜利召开党的十九届六中全会、制定党的第三个历史决议，如期打赢脱贫攻坚战，如期全面建成小康社会，开启全面建设社会主义现代化国家新征程。去年在人民代表大会制度史上也是具有特殊重要意义的一年。党中央首次召开人大工作会议，习近平总书记发表重要讲话，党中央印发关于新时代坚持和完善人民代表大会制度、加强和改进人大工作的意见，为做好人大各项工作，包括做好代表建议办理工作提供了指引和遵循。在具有里程碑意义的一年里，代表建议办理工作取得了新的进展，积累了新的经验，推动解决了一批实际问题，为党和国家事业发展作出了贡献。194 家承办单位坚持以人民为中心，认真研究、逐件办理代表建议 8993 件，密切与人大代表联系，坚持高质量办理代表建议，积极回应社会关切，努力推动代表建议落地见效，生动诠释了最广泛、最真实、最管用的社会主义民主，充分体现了“国家一切权力属于人民”的宪法原则。在此，我代表全国人大常委会，向各承办单位，向各单位建议办理人员表示衷心感谢！

在以习近平同志为核心的党中央坚强领导下，十三届全国人大五次会议圆满成功，彰显了民主、团结、求实、奋进的主旋律。大会期间，2900 多名全国人大代表忠实为民履职，依法行使职权，认真参加审议和表决，高票通过各项报告、议案，同时有 2200 多位、占比近四分之三的代表提出对各方面工作的建议、批评和意见 9203 件，数量创历史新高，展现了全国人大代表履职的积极性和主动性。全国人大常委会办公厅会同有关方面，对代表提出的建议进行了认真梳理和分析，依法交由 208 家承办单位研究办理。下面，我就做好今年的代表建议办理工作，讲几点意见。

一、紧紧围绕党和国家大局办理代表建议，推动党中央重大决策部署贯彻落实

2022 年是我国进入全面建设社会主义现代化国家、向第二个百年奋斗目标进军新征程的重要一年，我们党将召开具有重大而深远意义的第二十次全国代表大会，这是党和国家政治生活中的一件大事。习近平总书记在参加内蒙古代表团审议时发表的重要讲话中明确要求，各方面工作要贯彻党中央决策部署，围绕迎接二十大、贯彻二十大精神来

谋划和开展，着力保持平稳健康的经济环境、国泰民安的社会环境、风清气正的政治环境。在十三届全国人大五次会议期间，代表们无论是审议发言，还是提出议案建议，都聚焦迎接党的二十大，体现了稳中求进工作总基调和贯彻新发展理念、构建新发展格局、推动高质量发展的要求，展现了代表的大局观念、责任意识和专业精神。

从全国人大常委会办公厅对代表建议汇总分析的情况看，涉及科教文卫、发展规划、社会及公共事务等领域的建议数量，占建议总数的一半以上，内容都紧扣当前经济社会发展重点工作和存在的薄弱环节，有很强的针对性。比如，围绕构建新发展格局，推动高质量发展，建议加快推进农业产业化，巩固脱贫攻坚成果与乡村振兴有效衔接，支持革命老区建设，促进特殊类型地区振兴发展；围绕强化创新引领，稳定产业链供应链，建议加快推动数字经济发展，深入实施产业基础再造工程，打造区域科技创新高地，强化知识产权全链条保护，营造更好创新环境；围绕实施扩大内需战略，推进新型城镇化建设，建议积极扩大有效投资，建设重点水利工程，有序推进城市更新，构建国家综合立体交通网，加强战略骨干通道建设；围绕加强和创新社会治理，改善人民生活品质，建议促进技能型社会建设，落实落细稳就业举措，推动三孩生育政策落地见效，深入推进健康中国行动，优化城乡养老服务供给，加强个人信息司法保护；围绕加强生态文明建设，推动绿色低碳发展，建议加强生态环境综合治理，完善国家公园体制，优化绿色金融体系，有序推进"双碳"工作，等等。这些建议事关改革发展稳定全局，充分展现了全国人大代表积极服务党和国家工作大局的履职担当。

办好代表建议，既是各承办单位的法定职责，也体现了对人民负责、受人民监督的宪法精神。代表建议承办单位绝大多数是中央国家机关，既是党中央决策部署的执行者，又是具体政策的制定者。希望各承办单位认真办理每一件代表建议，把办理代表建议同贯彻落实党中央对经济社会发展的决策部署结合起来，同做好政府工作报告确定的重点工作结合起来，同履行好本部门的职责任务结合起来，深入挖掘、分析代表建议中的好思路、金点子，进一步推动解决问题、改进工作、完善制度，推动党中央决策部署落地见效。

按照工作惯例，全国人大常委会办公厅围绕贯彻党中央重大决策部署，对代表反映比较集中的问题认真研究筛选，与有关专门委员会、承办单位办事机构"两上两下"沟通，确定了 22 项重点督办建议选题，涵盖代表建议 200 多件，交由 20 家单位牵头办理。各承办单位的主要负责同志要亲自部署过问，相关业务部门要集中力量研究办理，以点带面，努力实现"办好一项重点督办建议、解决一个方面问题、促进一个领域工作"的目标。全国人大有关专门委员会要继续做好沟通协调和跟踪督办工作，深化提出有关建议的代表对办理工作的参与。

二、不断发展全过程人民民主，在办理代表建议中努力做到"民有所呼、我有所应"

党的十八大以来，以习近平同志为核心的党中央深化对民主政治发展规律的认识，提出全过程人民民主重大理念。在去年 10 月召开的中央人大工作会议上，习近平总书记首次全面系统深刻阐述全过程人民民主的重大理念，指出人民代表大会制度是实现我国全过程人民民主的重要制度载体，要保证人民的知情权、参与权、表达权、监督权落实到人大工作各方面各环节全过程。

人大代表是国家权力机关的组成人员，是党和国家联系人民群众的桥梁。代表对各方面工作提出建议、批评和意见，是代表人民执行代表职务、参加行使国家权力的重要内容。代表密切联系人民群众，听取群众意愿诉求，形成建议、批评和意见，交由各有关国家机关办理，回应人民关切，解决民生问题，这是全过程人民民主的生动实践。各承办单位要从坚持和发展全过程人民民主的高度来认识和把握代表建议办理工作的重要性，充分认识办好代表建议，就是确保党和国家在决策、执行、监督落实各个环节都能听到来自人民的声音，把人民当家作主具体地、现实地体现到党治国理政的政策措施上，具体地、现实地体现到党和国家机关各个方面各个层级工作上，具体地、现实地体现到实现人民对美好生活向往的工作上。

贯彻全过程人民民主，要充分发挥人大代表作用，广泛吸纳民意，汇集民智，把各方面社情民意统一于最广大人民的根本利益之中。各承办单位要贯彻党的群众路线，加强调查研究，把办理代表建议同解决人民群众急难愁盼问题结合起来，倾听人民呼声，回应人民期盼，让各项工作更好接地气、察民情、聚民智、惠民生。要深入分析代表建议所承载的民意，把群众的诉求了解得更深、更广一些，把问题的症结剖析得更透一些，把改进的举措落得更实一些。要通过办理代表建议推进科学决策、民主决策、依法决策，对涉及到项目建设、资金安排的建议，不仅要与提出建议的代表联系，还要同有关部门、地方、行业加强沟通，做好可行性论证，形成各方共识，作出合理安排。要继续加强与代表的全过程沟通联系，在沟通内容上做深，在沟通形式上做优，在沟通环节上做全，做到“办前沟通”了解诉求、明确重点，“办中沟通”理清思路、找准方向，“办后沟通”说明办理情况、回应反馈意见，将建议办理从“有来有往”向“常来常往”转变。对于以代表团名义提出的建议，有关承办单位还要认真听取相关省（区、市）人大常委会的意见，共同做好办理工作。

三、继续在提高代表建议办理质量上下功夫，切实推动解决问题、改进工作、完善制度

全国人大代表对建议办理情况和效果是十分关心的。今年大会期间，代表们在审议有关议题时，对提高代表建议办理质量提出不少意见建议，包括提升与代表沟通效率，增强答复的针对性和落实的有效性，做好跨年度、跨届代表建议办理工作等。特别是一些代表希望承办单位在办理时不松劲、不松懈，善始善终做好本届全国人大代表任期最后一年的建议办理工作。各承办单位要把办理高质量要求贯穿工作全过程各环节，主办单位要发挥牵头组织作用，协办单位要密切配合，共同努力、高效协作，确保每一件代表建议办实办细办妥。对答复代表的内容要健全审核机制，把情况和问题说清说实，认真听取代表的反馈意见，做好说明解释，按程序推进代表建议办理答复情况向社会公开。

做好落实代表建议的“后半篇”文章，是推动建议办理从“答复满意”向“结果满意”转变的关键。很多代表提出的建议有一定的前瞻性，需要根据实际情况、创造条件落实。本届以来，常委会办公厅推动建立了答复承诺解决事项落实机制。在有关方面共同努力下，这项工作取得了明显成效。2021 年 12 月，常委会办公厅对 91 家承办单位作出的 4276 件答复承诺解决事项落实情况进行了梳理分析，其中已落实的 3834 件，占比 90%。各承办单位要注重开展代表建议办理工作“回头看”，对本届以来答复中向代表作出的承诺、提出的措施安排和工作计划，要紧抓不放、持续用力，建好工作台账，抓好跟踪落实。对已经具备条件的，抓紧推进，力争在承诺时限内尽早解决问题、反馈代表；对办理难度较大、综合性较强的，积极协调有关部门合力攻坚，创造条件落实。

全国人大代表工作信息化平台建设是近年来全国人大常委会办公厅着力推进的一项重点工程。栗战书委员长对这项工作高度重视，考察了平台试运行情况并作出指示，要求把代表工作信息化平台建设成为代表学习平台、履职工作平台、联系群众服务支撑平台。今年 2 月，这一平台正式启用，实现了代表建议提出、交办、办理、沟通、答复、反馈、查询全环节在线运行，代表在闭会期间也能通过平台提出建议，并进行交办和办理。希望承办单位运用好信息化平台的工作场景，推进部署推广，通过平台接收交办建议，上传答复意见、协办意见、办理进展情况以及相关工作资料，推动代表建议全流程在线办理。对使用过程中发现的需要进一步改进完善的地方，请及时向全国人大常委会办公厅反馈，我们将进一步改进优化，为代表建议办理工作提供更高水平的数字化、信息化服务保障。

四、认真总结办理经验，推动代表建议工作高质量发展

十三届全国人大常委会履职以来，总结和把握代表工作规律，在支持和保障代表依法履职、充分发挥代表作用方面探索创新，做了大量工作，完善了制度机制。2018 年，修改全国人大代表建议、批评和意见处理办法；2019 年，出台关于加强和改进全国人大代表工作的 35 条具体措施，提出“内容高质量、办理高质量”和“既要重结果、也要重过程”的代表建议工作要求。从十三届全国人大一次会议到四次会议，共收到代表建议 33472 件，均已全部办理完毕，代表对办理结果总体表示满意，加强和改进代表建议办理工作取得了实实在在的成效。

中央和国家机关高度重视代表建议办理工作。中共中央办公厅提高政治站位，认真做好习近平总书记每年大会期间参加代表团审议时相关代表建议办理工作，架起中南海与人民群众的“连心桥”；对代表反映的经济社会发展、民生领域的重点难点问题，通过多种方式开展调查研究和督促检查，推动党中央有关决策部署落到实处。“一府一委两院”将办理代表建议作为吸纳民意、汇集民智的重要抓手，积极回应人大代表、人民群众关切，努力改进工作，为人民服务。国务院每年召开常务会议，

听取代表建议办理情况汇报，强调将代表意见建议吸收转化为做好政府工作的硬招实招。国家监委要求增强做好代表建议办理工作的责任感，充分发挥人民代表大会制度的优势和功效。最高人民法院、最高人民检察院要求把办好代表建议作为一项重要政治任务，通过邀请代表座谈交流、视察调研等多种形式，直接听取代表意见建议。在办理代表建议过程中，各承办单位认真贯彻落实全国人大常委会的有关工作制度和工作措施，创新工作方式方法，积累了大量成熟经验。有的单位制定或修改了本单位的建议办理工作办法，明确了办理工作的责任要求、时限流程等，使建议办理有章可循。有的单位建立了走访代表的工作机制，专门制定工作计划，结合会议、调研、出差等积极与代表见面沟通。有的单位注重分类施策，研究确定内部重点建议，深入分析、积极解决代表关注集中、连续多年提出的问题。有的单位将代表建议办理纳入绩效考核和专项督查，建立了年度表彰激励机制，提高了建议办理的时效和质量。全国人大有关专门委员会认真履行督办职责，推动形成代表建议办理合力，努力使更多的代表建议落地见效。全国人大常委会办公厅高度重视代表建议办理工作好经验好做法的总结和交流，本届以来国务院扶贫办、农业农村部、国家卫生健康委、教育部等单位，在常委会会议上报告了建议办理工作情况，交流了经验做法，反响很好。今年，希望各承办单位在继续认真办理代表建议的同时，注重总结本届以来办理工作的好经验好做法，研究新情况新问题，提出进一步加强和改进工作的建议，形成总结报告送全国人大常委会办公厅。办公厅有关部门要做好汇总工作，作为常委会总结五年工作的重要内容。

代表建议办理是一项政治性、法律性、政策性、时效性都很强的工作。让我们在以习近平同志为核心的党中央坚强领导下，以习近平新时代中国特色社会主义思想为指导，深入学习贯彻习近平法治思想、习近平总书记关于坚持和完善人民代表大会制度的重要思想，贯彻落实中央人大工作会议精神，通力协作，密切配合，以对党对人民高度负责的精神高质量办理代表建议，以实际行动迎接党的二十大胜利召开！

全国人民代表大会常务委员会办公厅关于第十三届全国人民代表大会第五次会议代表建议、批评和意见办理情况的报告

——2022 年 12 月 28 日在第十三届全国人民代表大会常务委员会第三十八次会议上

全国人大常委会副秘书长 郭振华

全国人民代表大会常务委员会：

现在，我代表常委会办公厅报告十三届全国人大五次会议期间全国人大代表提出的建议、批评和意见（以下简称建议）办理情况。

党的二十大报告强调，加强人大代表工作能力建设，密切人大代表同人民群众的联系。健全吸纳民意、汇集民智工作机制。全国人大常委会以习近平新时代中国特色社会主义思想为指导，认真学习宣传贯彻党的二十大精神，全面贯彻落实中央人大工作会议精神，推动代表建议工作更好接地气、察民情、聚民智、惠民生，充分发挥人大代表在发展全过程人民民主中的重要作用。栗战书委员长指出，代表议案、建议装着满满的民意，体现了我国社会主义民主不仅有完整的制度程序，而且有完整的参与实践，要认真听取、研究、吸纳代表提出的意见建议，推动代表建议转化为促发展、惠民生、暖民心的政策举措。各承办单位切实增强使命感、责任感，高度重视，认真负责，高质量做好代表建议办理工作。

一、统筹部署，扎实推进，顺利完成代表建议办理工作

十三届全国人大五次会议期间，2200 多位、将近 3/4 的代表提出对各方面工作的建议、批评和意见 9203 件，数量创历史新高。4 月 1 日，王晨副委员长出席代表建议交办会，对办理好今年代表建议作出部署、提出要求。中共中央办公厅、全国人大常委会办公厅、国务院办公厅有关负责同志出席会

议并发言，就代表建议办理工作提出要求。按照全国人大组织法和代表法的有关规定，9203 件建议统一交由 208 家承办单位研究办理。闭会期间，代表们通过代表工作信息化平台，依法提出代表建议 126 件，已按规定交由 83 家承办单位研究办理。代表们应邀列席常委会会议、参加列席代表座谈会、参与执法检查等活动提出的建议，以及常委会组成人员联系代表转交的代表建议，也及时交由相关单位研究办理。代表建议的交办、办理情况均逐一向代表通报。目前，今年的代表建议提、交、办工作顺利推进，圆满完成。

经归纳梳理，今年的代表建议主要有以下特点：一是重点突出。代表们紧扣当前经济社会发展重点工作和存在的薄弱环节，提出发展规划、科教文卫、社会及公共事务等领域的建议 5411 件，占建议总数的一半以上。代表建议还涉及稳定产业链供应链，加强和创新社会治理，贯彻新发展理念，构建新发展格局等重要内容。二是聚焦民生。代表们紧紧抓住人民最关心最直接最现实的利益问题，通过提出建议反映群众意愿和诉求，其中，776 件涉及办好人民满意的教育，661 件涉及推进健康中国建设，126 件涉及保障妇女儿童合法权益。三是综合性强。需要多部门共同办理的达 7751 件、占比 84.2%，较十二届五次大会增长约 20 个百分点。很多建议是代表结合调研实践提出，具有越来越强的现实意义。

为进一步突出重点、以点带面，增强代表建议办理实效，常委会办公厅围绕贯彻党中央重大决策部署，对代表反映比较集中的问题认真研究筛选，与有关专门委员会、承办单位沟通，确定了 22 项重点督办建议选题，涉及代表建议 243 件，交由水利部等 20 家单位牵头办理，全国人大 7 个专门委员会负责督办。

二、提高政治站位，压实办理责任，切实做到民有所呼、我有所应

2022 年是我国进入全面建设社会主义现代化国家、向第二个百年奋斗目标进军新征程的重要一年。党的二十大在这个关键时刻召开。各有关方面坚持对人民负责、受人民监督的宪法精神，认真办理每件代表建议，积极回应社会关切。主要有以下做法：

（一）以上率下，高位推动建议办理工作。习近平总书记参加代表团审议时，与代表们面对面深入交流，认真听取代表们的发言。相关代表建议由中共中央办公厅统筹研究、督促办理，架起中南海与人民群众的“连心桥”，对建议办理工作起到示范引领作用。国务院领导同志主持召开国务院常务会议听取代表建议办理情况汇报，要求以更高标准办理好建议，把代表真知灼见更好体现到政府工作中。国家监委领导同志强调要把建议办理工作作为重要政治任务，始终坚持人民立场，结合职能职责把每件建议办好办实。最高人民法院、最高人民检察院领导同志主持召开建议交办会，强调以求极致精神、下水磨功夫，将建议办理工作作为践行全过程人民民主的重要途径。各承办单位负责同志越来越多地参与建议办理工作。科技部、林草局、疾控局等单位主要负责同志带队座谈调研，充分听取代表意见建议。常委会法工委、国家发展改革委、国防科工局、证监会等单位主要负责同志召开专题会议，亲自动员部署。教育部、公安部、民政部、司法部、铁路局等单位主要负责同志要求用心用情，认真周密负责地做好办理工作。中宣部、常委会预算工委、市场监管总局、武警部队等单位主要负责同志审定办理工作方案，明确任务分工。广电总局、银保监会等单位主要负责同志认真审改答复意见。

（二）开门办理，加强与代表的全过程沟通联系。一是面对面调研座谈。财政部通过“网格化”服务代表、“接地气”走访调研，当面向代表反馈办理情况，听取代表意见。人力资源社会保障部要求确保 10% 比例的建议办理与代表当面沟通。退役军人事务部、中医药局、药监局、共青团中央等坚持走出去与请进来相结合，通过调研、座谈、走访等多种方式，与代表深入交流。二是点对点沟通衔接。中央编办、常委会港澳基本法委、教育部、自然资源部、国资委、气象局、军委装备发展部等主动靠前沟通服务，及时反馈解释答复内容。港澳办将沟通作为办理工作的硬性标准，并要求各承办司选出业务精、善沟通的干部与代表沟通，做到“先满意再答复”。三是屏对屏、端到端，通过全国人大代表工作信息化平台等密切联系。常委会办公厅按照“一件一群组”原则分别搭建 9000 多个政务微信群组，将代表建议办理与即时通讯功能结合，进一步完善了沟通方式、拓展了联系渠道。最高人民法院、最高人民检察院、全国人大华侨委、医保局、银保监会等通过全国人大机关政务微信组织视频会议和直播连线，得到了代表的认可。四是实打实优化沟通服务。税务总局认真梳理部分对税收工作起到重要作用的建议，制作办理反馈书，以感谢函形式当面

送交代表。生态环境部寄送答复同时附带部门门户网站网址和微信、微博二维码，粮食局将具体承办人姓名电话邮箱等通报代表，交通运输部邀请代表参加部内决策咨询、现场调研和专题座谈，进一步加强了沟通交流。

（三）突出效果，做好重点督办建议工作。在督办环节，全国人大教科文卫委、农业农村委等专门委员会连续多年组织相关单位调研座谈，深入分析研究，提出切实可行的工作措施。监察司法委、财经委、环资委把重点督办建议办理与立法监督工作有机结合，主动加强沟通联系，参与调查研究。民委、社会委详细制定督办工作方案，做好沟通协调和跟踪督办工作，确保取得实实在在的办理效果。在办理环节，国家卫生健康委、人力资源社会保障部、生态环境部、农业农村部等单位分管负责同志采取登门拜访、邀请调研等方式，着力推动建议办理。工业信息化部、文化和旅游部、住房城乡建设部、人民银行等多次实地调查研究，深入了解情况。水利部就8件重点督办建议分别深入实地调研座谈，知识产权局累计组织3场座谈交流、2次实地调研、1次登门走访，文物局组织4次线上协商会，充分交流研讨，共商解决对策。此外，外交部、统计局、河北省人民政府等主动遴选部分建议作为内部重点，有针对性地强化督查督办，确保办理实效。

（四）建章立制，优化建议办理全流程管理和实效性评价。办前以制度促分析、立规范。国家发展改革委梳理代表提出的6方面18个领域重点关注问题，形成分析报告供司局研究参考。常委会法工委组织交流办理经验。国铁集团对建议办理10个步骤30个环节作出全流程规范。办中以制度强督办、提质量。中央统战部、国家卫生健康委、应急管理部、体育总局、证监会等强化审核机制，严把关口努力保证答复质量。科技部、自然资源部、全国妇联实行动态跟踪管理，确保按时办结、如期答复。司法部建立了协办建议提前办结制，湖南省人民政府要求主办协办单位负同等责任。中组部对涉及多项政策、多个部门、难度较大的建议组织集中研究答复口径。海关总署组建跨司局、跨层级的临时办理小组，共同探讨解决办法。办后以制度严考评、增效益。公安部、文化和旅游部、林草局等开展建议办理考核评议，表彰先进单位和个人，调动承办司局和人员积极性。财政部对已解决的承诺事项加强分析研判，拿出一揽子解决措施。商务部建立办理答复和公开同步审查机制，广东省人民政府制订建议办理公开办法，中央台办、乡村振兴局、民航局等加强建议办理宣传报道，进一步增强了代表建议工作的社会效益。发展研究中心、建设银行、中共四川省委、内蒙古自治区人民政府等虽然建议办理量较小，仍不打折扣、不降标准，认真细致做好办理工作。

三、以新发展理念统领代表建议工作，通过高质量办理助推高质量发展

各有关方面深入贯彻党的群众路线，坚持以人民为中心的发展思想，认真办理十三届全国人大五次会议期间代表提出的建议并答复代表，提高办理效率，抓好成果转化，进一步增强代表建议办理实效。

（一）积极吸纳代表意见，把代表的真知灼见转化为完善治理体系、提升治理效能的政策举措。知识产权局以重点督办建议办理为抓手，积极研究、累计采纳13项代表建议，出台相关政策措施12项，如《关于强化知识产权协同保护的意见》《国家知识产权局信用管理规定》等，完善信用管理制度，不断加大知识产权侵权行为惩处力度。针对提升涉外司法能力的建议，最高人民法院不断完善国际商事纠纷解决机制，加快推进涉外审判体系现代化，十三届全国人大常委会第三十七次会议听取并审议相关专项报告。最高人民检察院结合相关建议办理，开展严厉打击行业内幕泄露个人信息行为专项行动，会同有关部门修订《关于办理信息网络犯罪案件适用刑事诉讼程序若干问题的意见》，严密打击网络犯罪的刑事法网。文物局结合建议办理工作，积极与有关部门沟通，就切实推动文物考古职工野外工作津贴政策调整形成一致意见，同时积极推进央地合作，与地方政府签订协议，切实推动汉长安城大遗址保护利用。生态环境部结合相关办理工作，制定实施方案，推进农业面源污染治理监督指导。

（二）深入挖掘代表建议中的好思路、金点子，着力推动高质量发展。水利部积极研究代表建议的相关水利项目，将黄河宁夏段综合治理、鄱阳湖水利枢纽等列入今年重点推进前期工作的55项重大水利工程清单，将引大济岷、兴仁水库等纳入《“十四五”水安全保障规划》，积极支持引江补汉输水沿线补水工程建设。财政部参考代表提出的减税降费相关建议，扩大再担保业务规模，加快企业留抵退税政策实施进度，截至8月底共完成再担保业务规模2.29万亿元，预计2022年新增留抵退税约1.5万亿元，服务各类市场主体216万户，真金白银帮助企业减负纾困。工业信息化部针对相关代

表建议，制定制造业数字化转型行动计划，截至9月底，我国重点工业企业关键工序数控化率、数字化研发设计工具普及率分别达到57.2%和76.0%。国家发展改革委结合建议办理工作，印发支持革命老区振兴的多项专项政策，支持组建中国稀土集团并落户赣州，支持大别山、左右江等革命老区加强生态安全屏障体系建设。

（三）把办理代表建议同解决人民群众急难愁盼问题结合起来，回应人民期盼，增进民生福祉。住房城乡建设部结合5位代表关于支持老旧小区既有建筑加装电梯的建议，联合5部门印发通知，部署推动有条件的楼栋结合城镇老旧小区改造同步加装电梯，加快探索符合当地实际的加装电梯技术路径、政策机制。医保局结合代表反映的医保目录内谈判药品的问题，首次从国家层面提出将定点零售药店纳入医保药品的供应保障范围，与定点医疗机构形成谈判药品供应的“双通道”，截至9月底，新版国家医保目录中谈判药品在全国19.6万家定点医药机构配备，其中定点医疗机构和定点零售药店分别为5.01万家、14.6万家。烟草局充分采纳代表连续多年提出的加强电子烟监管的建议，从立法层面加强电子烟管理并发布国家标准，构筑了可靠制度保障。人力资源社会保障部充分借鉴代表强化就业服务的建议，稳定脱贫人口务工规模，强化困难群众就业援助，相继出台《关于促进失业人员就业创业的通知》《加强企业招聘用工服务的通知》等，持续落实落细稳就业举措，积极推动就业服务更加专业高效。

四、深入贯彻落实“内容高质量、办理高质量”，代表建议工作机制日臻完善

十三届全国人大期间，代表们忠实为民履职，依法行使职权，共提出大会期间建议42675件，闭会期间建议1055件，为党和国家事业发展提供了重要决策参考。全国人大常委会高度重视代表建议工作。栗战书委员长强调，提出议案和建议，是代表行使权利、依法履职的重要内容。对代表议案、建议工作，提出“内容高质量、办理高质量”和“既要重结果、也要重过程”的要求。在总结历届全国人大常委会特别是本届全国人大常委会代表建议工作经验和做法的基础上，十三届全国人大及其常委会先后修改全国人大组织法、全国人大议事规则和全国人大常委会议事规则，委员长会议制定《关于加强和改进全国人大代表工作的具体措施》，修改《全国人民代表大会代表建议、批评和意见处理办法》，代表建议工作机制不断健全，推动代表建议提出、交办、分析、督办、办理、沟通、反馈、答复、评价、公开全流程、各环节日趋规范化、机制化，充分彰显了全过程人民民主最广泛、最真实、最管用的特点和优势。

（一）建立代表提出建议前沟通机制。依法组织代表开展集中视察、专题调研等履职活动，深入基层、深入实际，听取人民群众意见。及时召开代表情况通报会，多种方式向代表推送、提供参考资料，积极协助代表在建议选题、酝酿过程加强同承办单位沟通，了解现行政策和工作举措，增强代表建议的针对性和可行性，努力通过“内容高质量”为“办理高质量”夯实基础。

（二）加强代表提出建议的履职培训机制。开展代表履职基础知识、应用知识学习培训，组织交流履职经验，编印《全国人大代表议案选编》和《全国人大代表建议选编》，为代表提出高质量建议提供借鉴。鼓励代表坚持问题导向，反映实际情况，一事一议、明确具体，提出建议注重质量不追求数量，对联名提出建议作出规范。今年大会代表单独提出建议的比例为82.2%，达到历史最高，五年来每次大会平均提高2.6个百分点。

（三）健全代表建议交办协调和综合分析机制。完善建议交办协调工作机制，保持交办意见的准确性、时效性。连续五年召开代表建议交办会，王晨副委员长、杨振武秘书长等常委会领导同志出席并部署办理工作。连续四年以常委会办公厅名义，采取一人一函方式逐一向代表反馈交办情况。积极做好代表建议综合分析、专项分析、办理答复分析，形成近30份满载民意民智的分析报告，送有关方面统筹研究，增强政策性针对性。承办单位强化综合分析，找准代表意见最集中、反映最突出的问题，有针对性地制定办理方案、推动改进工作。

（四）完善代表建议重点督办工作机制。不断增强重点督办建议的全局性、针对性和与中心工作的协同性，优化选题、办理和督办机制，共确定重点督办建议95项，涉及代表建议1210件、较十二届增长40.7%。鼓励承办单位确定内部办理重点。全国人大有关专门委员会加大调研和督办力度，承办单位加强组织协调、集中力量办理，有力推动了一批群众关心、社会关注的重点难点问题解决。

（五）优化代表建议办理协调管理机制。强化

跟踪督办，加强与承办单位沟通联络，督促办理落实。组织四次代表建议办理工作座谈会，总结交流行之有效的经验做法，开展多次承办单位工作人员培训。协调推进相关承办单位密切配合、高效完成3万多件需多部门共同办理的代表建议。代表建议所提问题得到解决或计划逐步解决的占建议总数的70%以上。

（六）健全建议办理全过程沟通机制。建立人大代表、全国人大常委会办公厅、省级人大常委会、承办单位间沟通联系的“直通车”，通过信息化平台、政务微信增强同代表沟通交流的及时性、便捷性。推进承办单位在办前、办中、办后综合运用线上线下方式。加强与代表联系，加强同有关部门、地方、行业沟通，将建议办理从“有来有往”向“常来常往”转变，从“文来文往”向“人来人往”转变，办理过程中与代表的沟通率基本达到100%。协同承办单位邀请代表开展建议办理调研、座谈、走访、视频会议等200余场次，重视调研、提高面商率成为新趋势。

（七）建立代表建议答复承诺事项跟踪落实工作机制。推进建立办理代表建议答复承诺解决事项台账，跟踪督办、滚动督办。承办单位努力兑现答复承诺，及时向代表通报落实情况，推动建议办理从“答复满意”向“结果满意”转变。一次大会至三次大会期间，共有91家承办单位作出4276件B类答复承诺解决事项，其中落实的3834件，占比达到90%。

（八）有序推进完善代表建议及办理情况向社会公开机制。常委会办公厅每年向常委会报告代表建议办理情况，按规定向代表通报、向社会公开。积极稳妥推进答复公开工作，承办单位按照应公开尽公开原则公开建议办理结果和办理总体情况，主动接受社会监督。

（九）规范闭会期间代表建议工作机制。落实代表法关于闭会期间代表建议的规定，代表在大会期间和闭会期间提出的建议同等重视、同样办理。对列席常委会会议代表座谈会上代表提出的意见建议，常委会组成人员联系代表时转交的代表建议，即收即办、逐一通报，切实做到代表闭会期间建议办理无遗漏。五年间，代表闭会期间提出的建议数量较十二届翻了一番。

（十）推进代表建议全流程信息化保障机制。全国人大代表工作信息化平台于2021年部署试用，2022年2月正式启用，五次大会的9203件建议全部通过平台提交、批分、分析、交办，全流程向代表公开。相关单位扎实部署推广，通过平台接收交办，上传答复和协办意见等，积极用好信息化平台的工作场景。平台方便了代表、节约了资源、提升了效率。

（十一）扎实推进高质量办理代表建议的宣传表扬鼓励工作机制。杨振武秘书长主持编写的《我当代表为人民——人大代表议案建议故事》，受到广大代表、地方人大和社会公众的一致好评。研究起草《关于建立高质量办理代表议案建议宣传表扬鼓励工作机制的实施意见》，已经委员长会议审议通过。深入调研27家承办单位、省级人大常委会高质量办理代表议案建议宣传表扬鼓励工作的相关规范性文件。向各承办单位征集高质量办理代表建议的典型案例300余份并积极做好宣传工作，主流媒体开辟专栏刊发办理情况。

在全国人大常委会的有力领导下，在各有关方面的共同努力下，本届以来的代表建议工作取得了积极成效。在实践中，进一步加深了对代表建议工作的认识。人大代表来自人民、植根人民，始终同人民群众保持密切联系，忠实代表人民利益和意志，了解民情、反映民意、集中民智，对发现的具有共性、普遍性的突出问题，从法律制度、方针政策、工作措施等方面提出建设性的、有针对性的意见建议，以法治方式维护人民权益，增进人民福祉，当好党和国家联系人民群众的桥梁。有关国家机关、组织为人民服务、对人民负责，支持和保障代表依法履职，将代表建议作为国家机关吸纳民意、汇集民智的重要渠道，认真研究、充分沟通，通过办理代表建议推进科学决策民主决策依法决策，加强代表建议与部门工作的有机联动，完善政策举措、加强改进工作、回应社会关切，把人民当家作主具体地、现实地体现到实现人民对美好生活向往的工作上来。代表建议工作是全过程人民民主的生动实践，使发挥人大代表作用成为人民当家作主的重要体现。

我们清醒地认识到，代表建议办理工作还存在一些不足，与代表的期望还有不少差距。在今后工作中，要深入学习宣传贯彻党的二十大精神，全面贯彻落实中央人大工作会议精神，围绕“四个机关”建设，不断加强代表工作能力建设，不断加强和改进代表建议工作，更好发挥代表作用。

工业和信息化部关于第十三届全国人民代表大会第五次会议代表建议、批评和意见办理情况的报告

——2022年12月28日在第十三届全国人民代表大会常务委员会第三十八次会议上

工业和信息化部部长 金壮龙

全国人民代表大会常务委员会：

根据会议安排，我向会议报告工业和信息化部办理第十三届全国人民代表大会第五次会议代表建议、批评和意见的情况。

一、坚决扛起政治责任，按时高质量办理代表建议

党的十八大以来，以习近平同志为核心的党中央高度重视坚持和完善人民代表大会制度，专门召开中央人大工作会议。习近平总书记强调，要支持人大代表依法履行职责，发挥好代表在反映群众诉求、解决民生难题中的积极作用。全国人大代表十分关心工业和信息化发展。十三届全国人大以来，我部共承办代表建议4895件。承办十三届全国人大五次会议代表建议1151件，其中牵头办理317件、协办568件、参阅266件。这些建议凝聚着代表的心血、汇聚着人民的智慧，为推动工业和信息化高质量发展发挥了重要作用。

我部深入学习贯彻习近平总书记关于坚持和完善人民代表大会制度的重要思想，认真落实中央人大工作会议精神，把办好代表建议作为坚持以人民为中心的发展思想、发展全过程人民民主的重要内容，作为政府科学民主决策、更好履职为民的内在要求，不断提高政治站位，切实增强代表建议办理工作的使命感责任感。

一是高度重视建议办理工作。部党组会议专题研究部署代表建议办理工作，部党组书记、部长审签重点建议复文，分管部领导主持办理全国人大重点督办建议，层层压实责任，形成办理一件、带动一片的示范带动效果。

二是规范高效办理代表建议。深入贯彻栗战书委员长讲话精神和《全国人民代表大会代表建议、批评和意见处理办法》要求，优化办理机制，加强同代表全方位、深层次、多样化的沟通联系。在全国两会前召开部分代表座谈会，听取意见建议，介绍有关情况、服务代表履职。在部门户网站开通“网上建议通道”，全天候听取代表意见建议，回应代表关切。在全国人大常委会指导和有关部委支持下，代表建议办理工作实现按时办结率、沟通协商率、代表满意率3个100%。

三是推动建议答复事项落实。对一至三年内可落实的“B”类答复承诺事项建立台账，明确专人督办，定期跟踪提醒。十三届全国人大以来，387件“B”类答复已完成343件，其余正在按计划推进落实。围绕规范办理、成果转化，开展日常监测、效果评价和年终考核，表彰先进承办单位、先进个人和优秀复文，促进办理效果提升。

二、深入调查研究，着力把代表建议转化为推动工业和信息化高质量发展的政策成果和实践措施

我部认真研究、积极吸纳代表建议，及时将代表意见建议转化为推动工业和信息化高质量发展的政策成果和实践措施。2022年，我部根据代表建议共出台政策措施39项，相关政策采纳代表意见122条，有力推进工业和信息化高质量发展取得实效。

一是着力提升产业基础能力。今年，我部牵头办理全国人大重点督办建议选题“深入实施产业基础再造工程，提升制造业核心竞争力”11件建议。部里逐件制定办理工作方案，邀请提出建议的代表，和全国人大财经委、民委和常委会办公厅到有关地方和行业企业调研，组织召开10场调研座谈会，研究解决代表提出的问题，共同推动建议转化落实。针对加快芯片材料研发、推动国产高性能纤维材料发展、加快化工新材料创新、建设新材料创新载体等方面建议，吸收代表的好思路好办法，结合实施有关“十

四五”规划，完善政策支持，布局建设一批创新平台，完善产学研用深度协同的创新模式，增强关键共性技术供给，扩大产业化规模和应用示范。针对推进战略性机床产品技术发展的建议，推动成立工业母机产业投资基金，引导金融资源有效支持制造业创新。推进五轴加工中心产业链“链主”企业试点，联合开展产业链协同创新。采纳加强产业用纺织品行业战略基础能力建设相关建议，制定发布《关于产业用纺织品行业高质量发展的指导意见》，指导地方筹建省级产业用纺织品制造业创新中心，加快行业高端化、数字化、绿色化、服务化转型升级。结合促进工业软件发展的建议，梳理编制船舶、汽车等重点领域工业软件应用图谱。推进编制工业软件供给能力目录，加大国产工业软件采购力度。

二是大力推动产业结构优化升级。今年代表围绕产业结构优化升级方面共提出98件建议。针对加快高新技术产业发展的有关建议，实施先进制造业集群发展专项行动，引导机器人、大数据、新能源汽车等产业创新发展，新能源汽车产销量突破600万辆，全国高技术制造业增加值同比增长10.6%，高技术制造业和装备制造业占规上工业增加值比重提升到15.1%和32.4%。吸收加快制造业智能化转型方面建议，持续推进智能制造试点示范，新一代信息技术赋能产业加速数字化转型，全国重点工业企业关键工序数控化率、数字化研发设计工具普及率分别达到57%和76%。建成工业互联网5大标识解析国家顶级节点和183个二级节点，具有一定影响力的工业互联网平台超过150家，服务工业企业超过160万家。结合推进制造业绿色低碳转型方面建议，实施制造业绿色低碳转型行动，制定实施工业领域、有色金属建材等行业碳达峰方案。支持启动42个技改项目，推进重点领域节能降碳技术改造。

三是加快关键领域创新突破。今年代表围绕芯片、新材料、医疗器械等关键核心领域创新提出了61件建议。针对加强关键领域创新基础能力方面的建议，今年新组建石墨烯等3个国家制造业创新中心，创新中心总数达到24个，推动各地依托特色优势建设一批省级制造业创新中心，在重点领域取得了一系列创新成果。针对支持重大装备国产化研发及推广应用方面的建议，统筹推进重大工程、重大项目实施，大国重器亮点纷呈。C919大型客机研制成功，获颁型号合格证和生产许可证，12月9日首架机交付运营。加快推动船舶工业高端化转型，首制大型邮轮实现主发电机动车，“深海1号”海洋油气平台和500米级水下生产系统投产采气。针对加快关键核心材料和元器件攻关方面的建议，推动航天装备用高强高模碳纤维、5G射频芯片等一批制约产业竞争力提升的关键材料、器件实现自主研发和批量应用，有效缓解我国重要产业链“卡脖子”问题。针对提升重点医药产业供给保障能力方面的建议，开展医药产业链强链补链行动，推动上下游企业协同攻关，自主研发的PD－1抑制剂等肿瘤治疗药物投入临床应用，国产体外膜肺氧合设备（ECMO）进入注册取证阶段。协调疫苗生产企业稳产增产，新冠病毒疫苗产能产量全球第一，新冠肺炎治疗药物产能快速提升，有力支撑疫情防控。

四是激发涌现更多专精特新中小企业。今年代表提出了32件关于中小企业专精特新发展的建议，为我部制定相关促进中小企业发展政策提供数据支撑和科学依据。结合减负增效精准帮扶小微企业等方面建议，发挥国务院促进中小企业发展协调机制办公室作用，推动纾困惠企政策加快落地，今年累计为中小微企业新增减税降费及退税缓税超3.7万亿元。深入实施“一起益企”服务行动，累计服务企业超过4720万家（次）。开展防范和化解拖欠中小企业账款专项行动，今年共化解543亿元，无分歧账款化解率达95%。在代表关注的培育优质中小企业方面，持续推动构建由创新型中小企业、专精特新中小企业、专精特新“小巨人”企业构成的优质中小企业梯度培育体系，新增第四批专精特新“小巨人”企业4328家，数量接近前三批数量之和。累计培育专精特新中小企业7万余家、制造业单项冠军企业1186家，中小企业稳链强链补链支撑更加有力。结合促进中小企业专精特新发展的建议办理，举办2022全国专精特新中小企业发展大会，习近平总书记致贺信，进一步坚定中小企业专精特新发展的信心和决心。推进大中小企业融通创新和中小企业数字化转型试点，组建一批大中小融通、产学研用协同的创新联合体。

五是全力保持产业链供应链稳定。今年代表围绕提升产业链供应链韧性和竞争力提出了23件建议。对于代表高度关注的畅通产业链问题，我部创建“白名单”制度，保障重点地区重点行业企业生产稳定，确保产业链供应链畅通。着力打通断点堵点，芯片保供稳价成效显著，有力支撑我国汽车产业恢复向好。开发覆盖消费品、装备、原材料、电子信息等4个重点行业的产业链供需平台，纳入平台服务的重点企业1802家，关键原材料和零部件供应保障能力进一步增强。吸纳提升产业链韧性方面的建议，编制实施《“十四五”产业基础发展规划》和

6 个基础领域行动计划，推动轨道交通用关键轴承、高性能海工钢等一批重点基础产品实现产业化突破。针对推动产业链供应链自主可控方面的建议，完成我国重点产业链自主可控能力评估，制定实施制造业重点产业链自主可控行动方案。落实习近平总书记倡议，成功举办产业链供应链韧性与稳定国际论坛，会同 6 个伙伴国发起“构建稳定和富有韧性的产业链供应链国际合作倡议”。

六是持续提升信息通信服务供给能力。今年代表围绕网络基础设施建设、电信普遍服务、信息技术融合应用等方面提出了 21 件建议。我部吸纳代表意见建议，加快实施网络强国战略，推动信息通信业加快迭代发展。针对加快 5G 应用规模发展、加强千兆光网建设等建议，着力加快网络基础设施建设，推进偏远地区通信基础设施水平提升，今年开通 5G 基站 80 万个、累计 225 万个，实现全国“村村通宽带”“县县通 5G”“市市通千兆”，5G 移动电话用户达 5.24 亿户。算力基础设施达到世界领先水平，算力总规模排名全球第二。结合打造 5G 融合应用创新引领区、加快发展工业互联网等建议，积极推动 5G 在智慧教育、智慧医疗、数字政务等领域融合应用，应用案例累计超过 5 万个。召开“5G + 工业互联网”现场会，发布《全连接工厂建设指南》，工业互联网已全面融入 45 个国民经济大类，产业规模突破万亿元大关，打造了“5G + 工业互联网”中国名片，有力支撑了产业数字化转型。

三、深入贯彻落实党的二十大精神，全面提高代表建议办理能力和水平

我部高度重视代表建议、批评和意见办理工作，但与全国人大和代表们的期待相比还有一定差距。下一步，我部将按照栗战书委员长讲话精神和本次会议要求，采取措施，不断提升代表建议办理工作能力和水平。

一是加强重点建议跟踪督办。积极推进“B”类答复承诺事项落实，对今年全国重点督办建议的答复落实情况开展“回头看”检查，邀请相关代表实地调研、座谈交流，进一步巩固办理成果，促进代表建议高质量办结。

二是做实做细代表联络工作。围绕社会普遍关心的重大技术装备、汽车、信息通信等行业，通过邀请代表调研、座谈、走访等常态化联络形式，介绍情况、解读政策、回应关切，凝聚共识、赢得支持。

三是强化多方协同联动办理。针对综合性强、涉及面广的建议，发挥牵头部门作用，加强与相关部门横向协调、与地方纵向联动，汇聚工作合力，推进建议办好办实。

四是深化拓展办理成果运用。利用大数据等手段，开展建议综合分析，挖掘好运用好建议大数据这个富矿，加强成果共享，为科学决策提供重要参考。

衷心感谢全国人大常委会和全国人大代表对工业和信息化工作的关心、支持和帮助。工业和信息化部将坚持以习近平新时代中国特色社会主义思想为指导，深入贯彻落实党的二十大精神，虚心听取人大代表意见、自觉接受人大代表监督，加快推进新型工业化，加快建设制造强国和网络强国，为实现第二个百年奋斗目标作出新的贡献。

三、代表资格审查

全国人民代表大会常务委员会公告

〔十三届〕第二十六号

广东省第十三届人大常委会第四十次会议补选王伟中为第十三届全国人民代表大会代表。重庆市第五届人大常委会第三十二次会议补选胡衡华为第十三届全国人民代表大会代表。第十三届全国人民代表大会常务委员会第三十三次会议根据代表资格审查委员会提出的报告，确认王伟中、胡衡华的代表资格有效。

河南省人大常委会决定罢免张延明的第十三届全国人民代表大会代表职务。广东省人大常委会决定罢免袁志敏的第十三届全国人民代表大会代表职务。广西壮族自治区人大常委会决定罢免刘宏武、崔瑜的第十三届全国人民代表大会代表职务。陆军选举委员会决定接受缪中辞去第十三届全国人民代表大会代表职务。依照《中华人民共和国全国人民代表大会和地方各级人民代表大会代表法》的有关规定，张延明、袁志敏、刘宏武、崔瑜、缪中的代表资格终止。

截至目前，第十三届全国人民代表大会实有代表2951人。

特此公告。

全国人民代表大会常务委员会

2022年2月28日

第十三届全国人民代表大会常务委员会代表资格审查委员会关于个别代表的代表资格的报告

（2022年2月28日第十三届全国人民代表大会常务委员会第三十三次会议通过）

全国人民代表大会常务委员会：

2022年2月16日，广东省第十三届人大常委会第四十次会议补选广东省委副书记，省人民政府党组书记、省长，深圳市委书记王伟中为第十三届全国人民代表大会代表。2022年2月21日，重庆市第五届人大常委会第三十二次会议补选重庆市委副书记，市人民政府党组书记、市长胡衡华为第十三届全国人民代表大会代表。经全国人民代表大会常务委员会代表资格审查委员会审查，王伟中、胡衡华的代表资格有效，提请全国人民代表大会常务委员会确认并予以公告。

由河南省选出的第十三届全国人大代表，河南省郑州市政协原主席张延明，因涉嫌职务违法，2022年2月22日，河南省第十三届人大常委会第三十次会议决定罢免其第十三届全国人民代表大会代表职务。由广东省选出的第十三届全国人大代表，广东省工商联副主席、广州市工商联主席、金发科技股份有限公司董事长袁志敏，因涉嫌内幕交易犯罪，2022年2月16日，广东省第十三届人大常委会第四十次会议决定罢免其第十三届全国人民代表大会代表职务。由广西壮族自治区选出的第十三届全国人大代表，广西壮族自治区人民政府原副主席，自治区发展和改革委员会原主任、党组书记刘宏武，因涉嫌严重违纪违法，2022年1月15日，广西壮族自治区第十三届人大常委会第二十七次会议决定罢免其第十三届全国人民代表大会代表职务。由广西壮族自治区选出的第十三届全国人大代表，城银清算服务有限责任公司原董事长、党委书记崔瑜，因涉嫌严重违纪违法，2022 年 1 月 15 日，广西壮族自治区第十三届人大常委会第二十七次会议决定罢免其第十三届全国人民代表大会代表职务。依照《中华人民共和国全国人民代表大会和地方各级人民代表大会代表法》的有关规定，张延明、袁志敏、刘宏武、崔瑜的代表资格终止。

由解放军选出的第十三届全国人大代表，中国人民解放军 73071 部队政治工作部宣传科原科长缪中，因受撤销党内职务处分，2021 年 12 月 20 日，陆军选举委员会召开会议，接受其辞去第十三届全国人民代表大会代表职务。依照《中华人民共和国全国人民代表大会和地方各级人民代表大会代表法》的有关规定，缪中的代表资格终止。

本次全国人民代表大会个别代表的代表资格变动后，第十三届全国人民代表大会实有代表 2951 人。

以上报告，请审议。

第十三届全国人民代表大会
常务委员会代表资格审查委员会
2022 年 2 月 27 日

全国人民代表大会常务委员会公告

〔十三届〕第二十七号

天津市人大常委会决定罢免孔晓艳的第十三届全国人民代表大会代表职务。福建省人大常委会决定罢免陈家东的第十三届全国人民代表大会代表职务。湖南省人大常委会决定罢免阳卫国、杨懿文的第十三届全国人民代表大会代表职务。云南省人大常委会决定罢免王喜良、杨小平、段文泉的第十三届全国人民代表大会代表职务。依照《中华人民共和国全国人民代表大会和地方各级人民代表大会代表法》的有关规定，孔晓艳、陈家东、阳卫国、杨懿文、王喜良、杨小平、段文泉的代表资格终止。

截至目前，第十三届全国人民代表大会实有代表 2944 人。

特此公告。

全国人民代表大会常务委员会
2022 年 4 月 20 日

第十三届全国人民代表大会常务委员会代表资格审查委员会关于个别代表的代表资格的报告

（2022 年 4 月 20 日第十三届全国人民代表大会常务委员会第三十四次会议通过）

全国人民代表大会常务委员会：

由天津市选出的第十三届全国人大代表，天津市国有资产监督管理委员会原一级巡视员孔晓艳，因涉嫌职务犯罪，2022 年 3 月 30 日，天津市第十七届人大常委会第三十二次会议决定罢免其第十三届全国人民代表大会代表职务。由福建省选出的第十三届全国人大代表，福建省厦门市人大常委会原主任、党组书记陈家东，因涉嫌严重违纪违法，2022 年 3 月 30 日，福建省第十三届人大常委会第三十二次会议决定罢免其第十三届全国人民代表大会代表职务。由湖南省选出的第十三届全国人大代表，湖南省委台湾工作办公室（湖南省人民政府台湾事务办公室）原主任阳卫国，湖南省常德市委原书记杨懿文，因涉嫌严重违纪违法，2022 年 3 月 30 日，湖南省第十三届人大常委会第三十次会议决定罢免阳卫国、杨懿文第十三届全国人民代表大会代表职务。由云南省选出的第十三届全国人大代表，云南省人大财政经济委员会原副主任委员王喜良，中国人民银行昆明中心支行原党委书记、行长杨小平，云南省属国有企业原专职外部董事段文泉，因涉嫌严重违纪违法，2022 年 3 月 25 日，云南省第十三届人大常委会第二十九次会议决定罢免王喜良、杨小平、段文泉第十三届全国人民代表大会代表职务。依照《中华人民共和国全国人民代表大会和地方各级人民代表大会代表法》的有关规定，孔晓艳、陈家东、阳卫国、杨懿文、王喜良、杨小平、段文泉的代表资格终止。

本次全国人民代表大会个别代表的代表资格变动后，第十三届全国人民代表大会实有代表 2944 人。

以上报告，请审议。

第十三届全国人民代表大会常务委员会
代表资格审查委员会
2022 年 4 月 18 日

全国人民代表大会常务委员会公告

〔十三届〕第二十八号

辽宁省人大常委会决定罢免郝春荣的第十三届全国人民代表大会代表职务。黑龙江省人大常委会决定罢免冯燕的第十三届全国人民代表大会代表职务。西藏自治区人大常委会决定罢免旺堆、彭措的第十三届全国人民代表大会代表职务。依照《中华人民共和国全国人民代表大会和地方各级人民代表大会代表法》的有关规定，郝春荣、冯燕、旺堆、彭措的代表资格终止。

第十三届全国人民代表大会代表廖国勋去世。廖国勋的代表资格自然终止。

截至目前，第十三届全国人民代表大会实有代表 2939 人。

特此公告。

全国人民代表大会常务委员会
2022 年 6 月 24 日

第十三届全国人民代表大会常务委员会代表资格审查委员会关于个别代表的代表资格的报告

（2022 年 6 月 24 日第十三届全国人民代表大会常务委员会第三十五次会议通过）

全国人民代表大会常务委员会：

由辽宁省选出的第十三届全国人大代表，辽宁省人民政府原副省长郝春荣，因涉嫌严重违纪违法，2022 年 4 月 21 日，辽宁省第十三届人大常委会第三十二次会议决定罢免其第十三届全国人民代表大会代表职务。由黑龙江省选出的第十三届全国人大代表，哈尔滨亿丰集团董事长冯燕，因涉嫌行贿问题，2022 年 1 月 20 日，黑龙江省第十三届人大常委会第三十次会议决定罢免其第十三届全国人民代表大会代表职务。由西藏自治区选出的第十三届全国人大代表，西藏自治区政协农业和农村委员会副主任旺堆，西藏自治区阿里地区原地委副书记、行署专员彭措，因涉嫌严重违纪违法，2022 年 5 月 26 日，西藏自治区第十一届人大常委会第四十次会议决定罢免旺堆、彭措第十三届全国人民代表大会代表职务。依照《中华人民共和国全国人民代表大会和地方各级人民代表大会代表法》的有关规定，郝春荣、冯燕、旺堆、彭措的代表资格终止。

由上海市选出的第十三届全国人民代表大会代表，十九届中央纪委委员，天津市委副书记，市人民政府市长、党组书记廖国勋，于 2022 年 4 月 27 日去世。廖国勋的代表资格自然终止。

本次全国人民代表大会个别代表的代表资格变动后，第十三届全国人民代表大会实有代表 2939 人。

以上报告，请审议。

第十三届全国人民代表大会
常务委员会代表资格审查委员会
2022 年 6 月 21 日

全国人民代表大会常务委员会公告

〔十三届〕第二十九号

黑龙江省人大常委会决定罢免方同华的第十三届全国人民代表大会代表职务。上海市人大常委会决定罢免张本才的第十三届全国人民代表大会代表职务。山东省人大常委会决定罢免秦玉峰的第十三届全国人民代表大会代表职务。广东省人大常委会决定罢免陈如桂的第十三届全国人民代表大会代表职务。四川省人大常委会决定罢免王波的第十三届全国人民代表大会代表职务。贵州省人大常委会决定罢免高卫东的第十三届全国人民代表大会代表职务。依照《中华人民共和国全国人民代表大会和地方各级人民代表大会代表法》的有关规定，方同华、张本才、秦玉峰、陈如桂、王波、高卫东的代表资格终止。

第十三届全国人民代表大会代表任鸣因病去世。全国人民代表大会常务委员会对任鸣代表的去世表示哀悼。任鸣的代表资格自然终止。

截至目前，第十三届全国人民代表大会实有代表 2932 人。

特此公告。

全国人民代表大会常务委员会
2022 年 9 月 2 日

第十三届全国人民代表大会常务委员会代表资格审查委员会关于个别代表的代表资格的报告

（2022 年 9 月 2 日第十三届全国人民代表大会常务委员会第三十六次会议通过）

全国人民代表大会常务委员会：

由黑龙江省选出的第十三届全国人大代表，黑龙江创达集团有限公司董事长方同华，因涉嫌单位行贿问题，2022 年 6 月 24 日，黑龙江省第十三届人大常委会第三十四次会议决定罢免其第十三届全国人民代表大会代表职务。由上海市选出的第十三届全国人大代表，上海市人民检察院检察长、原党组书记张本才，因涉嫌严重违纪违法，2022 年 6 月 21 日，上海市第十五届人大常委会第四十一次会议决定罢免其第十三届全国人民代表大会代表职务。由山东省选出的第十三届全国人大代表，东阿阿胶股份有限公司原党委书记、总裁秦玉峰，因涉嫌严重违纪违法，2022 年 7 月 28 日，山东省第十三届人大常委会第三十六次会议决定罢免其第十三届全国人民代表大会代表职务。由广东省选出的第十三届全国人大代表，广东省人大常委会原副主任陈如桂，因涉嫌严重违纪违法，2022 年 6 月 24 日，广东省第十三届人大常委会第四十四次会议决定罢免其第十三届全国人民代表大会代表职务。由四川省选出的第十三届全国人大代表，四川省生态环境厅原厅长王波，因涉嫌严重违纪违法，2022 年 7 月 28 日，四川省第十三届人大常委会第三十六次会议决定罢免其第十三届全国人民代表大会代表职务。由贵州省选出的第十三届全国人大代表，贵州省煤田地质局原局长高卫东，因涉嫌严重违纪违法，2022 年 7 月 29 日，贵州省第十三届人大常委会第三十四次会议决定罢免其第十三届全国人民代表大会代表职务。依照《中华人民共和国全国人民代表大会和地方各级人民代表大会代表法》的有关规定，方同华、张本才、秦玉峰、陈如桂、王波、高卫东的代表资格终止。

由北京市选出的第十三届全国人大代表，全国人大教育科学文化卫生委员会委员，北京人民艺术剧院党组副书记、院长任鸣，因病于 2022 年 6 月 19 日去世。代表资格审查委员会对任鸣代表的去世表示哀悼。任鸣的代表资格自然终止。

本次全国人民代表大会个别代表的代表资格变动后，第十三届全国人民代表大会实有代表 2932 人。

以上报告，请审议。

第十三届全国人民代表大会
常务委员会代表资格审查委员会
2022 年 8 月 30 日

全国人民代表大会常务委员会公告

〔十三届〕第三十号

山西省人大常委会决定罢免李晋平的第十三届全国人民代表大会代表职务。安徽省人大常委会决定罢免王诚的第十三届全国人民代表大会代表职务。广东省人大常委会决定罢免麦教猛的第十三届全国人民代表大会代表职务。海南省人大常委会决定罢免邓小刚的第十三届全国人民代表大会代表职务。云南省人大常委会决定罢免戴世宏的第十三届全国人民代表大会代表职务。依照《中华人民共和国全国人民代表大会和地方各级人民代表大会代表法》的有关规定，李晋平、王诚、麦教猛、邓小刚、戴世宏的代表资格终止。

第十三届全国人民代表大会代表王巍（江苏）因病去世。全国人民代表大会常务委员会对王巍代表的去世表示哀悼。王巍的代表资格自然终止。

截至目前，第十三届全国人民代表大会实有代表 2926 人。

特此公告。

全国人民代表大会常务委员会
2022 年 10 月 30 日

第十三届全国人民代表大会常务委员会代表资格审查委员会关于个别代表的代表资格的报告

（2022 年 10 月 30 日第十三届全国人民代表大会常务委员会第三十七次会议通过）

全国人民代表大会常务委员会：

由山西省选出的第十三届全国人大代表，山西省发展和改革委员会原主任、党组书记李晋平，因涉嫌严重违纪违法，2022 年 9 月 28 日，山西省第十三届人大常委会第三十七次会议决定罢免其第十三届全国人民代表大会代表职务。由安徽省选出的第十三届全国人大代表，安徽省人民政府原副秘书长王诚，因涉嫌严重违纪违法，2022 年 7 月 29 日，安徽省第十三届人大常委会第三十五次会议决定罢免其第十三届全国人民代表大会代表职务。由广东省选出的第十三届全国人大代表，广东省市场监督管理局原局长、党组书记麦教猛，因涉嫌严重违纪违法，2022 年 9 月 29 日，广东省第十三届人大常委会第四十六次会议决定罢免其第十三届全国人民代表大会代表职务。由海南省选出的第十三届全国人大代表，海南省地质局原局长、党组副书记邓小刚，因涉嫌严重违纪违法，2022 年 9 月 29 日，海南省第六届人大常委会第三十八次会议决定罢免其第十三届全国人民代表大会代表职务。由云南省选出的第十三届全国人大代表，中国进出口银行客户服务管理部原总经理戴世宏,因涉嫌严重违纪违法,2022 年 9 月 28 日,云南省第十三届人大常委会第三十三次会议决定罢免其第十三届全国人民代表大会代表职务。依照《中华人民共和国全国人民代表大会和地方各级人民代表大会代表法》的有关规定,李晋平、王诚、麦教猛、邓小刚、戴世宏的代表资格终止。

由江苏省选出的第十三届全国人大代表,中国航天科工集团有限公司航天海鹰(镇江)特种材料有限公司装配制造技术中心副主任王巍,因病于 2022 年 9 月 22 日去世。代表资格审查委员会对王巍代表的去世表示哀悼。王巍的代表资格自然终止。

本次全国人民代表大会个别代表的代表资格变动后,第十三届全国人民代表大会实有代表 2926 人。

以上报告,请审议。

第十三届全国人民代表大会
常务委员会代表资格审查委员会
2022 年 10 月 27 日

全国人民代表大会常务委员会公告

〔十三届〕第三十一号

辽宁省人大常委会决定罢免李和忠的第十三届全国人民代表大会代表职务。江西省人大常委会决定罢免郭安的第十三届全国人民代表大会代表职务。湖南省人大常委会决定罢免赵应云的第十三届全国人民代表大会代表职务。依照《中华人民共和国全国人民代表大会和地方各级人民代表大会代表法》的有关规定,李和忠、郭安、赵应云的代表资格终止。

第十三届全国人民代表大会代表杨绪松因病去世。全国人民代表大会常务委员会对杨绪松代表的去世表示哀悼。杨绪松的代表资格自然终止。

截至目前,第十三届全国人民代表大会实有代表 2922 人。

特此公告。

全国人民代表大会常务委员会
2022 年 12 月 30 日

第十三届全国人民代表大会常务委员会代表资格审查委员会关于个别代表的代表资格的报告

(2022 年 12 月 30 日第十三届全国人民代表大会常务委员会第三十八次会议通过)

全国人民代表大会常务委员会:

由辽宁省选出的第十三届全国人大代表,原营口港务集团有限公司党委书记、董事长李和忠,因涉嫌严重违纪违法,2022 年 11 月 29 日,辽宁省第十三届人大常委会第三十七次会议决定罢免其第十三届全国人民代表大会代表职务。由江西省选出的第十三届全国人大代表,江西省人大教育科学文化卫生委员会原主任委员郭安,因涉嫌严重违纪违法,2022 年 11 月 25 日,江西省第十三届人大常委会第四十二次会议决定罢免其第十三届全国人民代表大会代表职务。由湖南省选出的第十三届全国人大代表,湖南省农村信用社联合社原党委书记,湖南省政协原常务委员、经济科技委员会原副主任赵应云,因涉嫌严重违纪违法,2022 年 11 月 23 日,湖南省第十三届人大常委会第三十四次会议决定罢免其第十三届全国人民代表大会代表职务。依照《中华人民共和国全国人民代表大会和地方各级人民代表大会代表法》的有关规定,李和忠、郭安、赵应云的代表资格终止。

由广东省选出的第十三届全国人大代表,广东省深圳市人大常委会原党组成员杨绪松，因病于2022年11月8日去世。代表资格审查委员会对杨绪松代表的去世表示哀悼。杨绪松的代表资格自然终止。

本次全国人民代表大会个别代表的代表资格变动后，第十三届全国人民代表大会实有代表2922人。

以上报告，请审议。

第十三届全国人民代表大会
常务委员会代表资格审查委员会
2022年12月27日

对外交往

一、委员长国内外事活动

同萨尔瓦多议长卡斯特罗举行会谈

新华社北京1月20日电　全国人大常委会委员长栗战书20日在北京人民大会堂以视频方式同萨尔瓦多议长卡斯特罗举行会谈。

栗战书说，萨尔瓦多是中国在拉美和加勒比地区的重要伙伴。在习近平主席和布克尔总统的战略引领下，中萨关系发展迅速，各领域务实合作成果丰硕。疫情发生后，双方携手抗疫、共克时艰，中萨友谊得到了进一步升华。中方愿同萨方一道努力，深入落实好两国元首的重要共识，不断推动中萨关系走深走实，更好造福两国和两国人民。

栗战书指出，过去几年两国关系的发展充分说明，中萨建交是符合世界大势、符合萨尔瓦多国家和人民根本利益的正确抉择。中方高度赞赏萨方恪守一个中国原则，这是中萨建交的政治基础，也是建交以来两国关系快速发展的根本前提。希望双方按照两国元首指明的方向，密切高层交往，深化政治互信。拓展务实合作，让双方人民分享更多合作成果。中国作为最早向萨尔瓦多提供抗疫支持的国家，愿同萨方进一步深化抗疫合作，共建人类卫生健康共同体。

栗战书强调，两国立法机构为促进中萨关系行稳致远发挥了重要作用。中国全国人大愿同萨国民议会继续保持高层交往，深化各专门委员会、代表议员间各层次、各方面的沟通交流。及时批准、修订或出台有利于双边关系发展的法律文件，为推动高质量共建“一带一路”和各领域合作提供法治保障。相互学习借鉴立法、监督和治国理政经验，拓展在社会治理、民生改善等领域经验交流。加强在各国议会联盟等多边场合的协调配合，维护好彼此核心利益和重大关切。

卡斯特罗表示，两国建交以来，双边关系发展硕果累累。萨尔瓦多坚定恪守一个中国原则，感谢中方在抗击疫情、促进发展等方面给予萨方的无私援助和重要支持，愿不断深化对华友好合作，造福两国人民。萨国民议会愿加强同中国全国人大的交往，为推动两国关系发展和增进人民友谊作出贡献。

同马来西亚国会下议院议长爱资哈尔举行会谈

新华社北京1月21日电　全国人大常委会委员长栗战书21日在北京人民大会堂以视频方式同马来西亚国会下议院议长爱资哈尔举行会谈。

栗战书说，中马传统友好历久弥新，是相互信任的好邻居、守望相助的好朋友、合作共赢的好伙伴。在两国领导人战略引领下，中马全面战略伙伴关系持续深化、不断发展，为两国各自发展和地区和平稳定作出了积极贡献。

栗战书指出，中方珍视同马来西亚的友好关系，愿同马方一道高质量推进各领域务实合作，为两国人民创造更多福祉。一是巩固战略互信，在涉及彼此核心利益和重大关切问题上始终相互支持。二是拓展抗疫合作，加强在疫苗灌装生产、药物研发等方面合作。三是携手共同发展，大力推进“两国双园”等重点项目合作，拓展发展新机遇。落实全球发展倡议，打造合作新高地。以《区域全面经济伙伴关系协定》正式生效为契机，促进区域经济一体化。四是夯实民意基础，密切在文化、旅游、体育等人文领域交流。中国将秉持绿色、共享、开放、廉洁理念，向世界呈现一届“简约、安全、精彩”的冬奥会。

栗战书强调，中马立法机构长期保持密切交

往，对深化两国关系发挥了重要作用。中国全国人大愿同马来西亚国会一道，延续友好传统，加强交流合作。继续保持高层交往，促进各专门委员会、友好小组、代表议员间的沟通交流。发挥立法机构的重要作用，为推动高质量共建“一带一路”和各领域务实合作提供法治保障。深化学习互鉴，加强在法制建设、减贫发展、现代农业等领域经验交流。在各国议会联盟、亚洲议会大会等多边场合协调配合，共同维护两国和发展中国家利益。

爱资哈尔表示，马来西亚高度重视发展对华关系，愿不断拓展两国在各领域的互利合作。感谢中方在抗击新冠肺炎疫情和水灾中给予马方的支持。马国会愿加强同中国全国人大的友好交往，加强治国理政经验交流，促进马中全面战略伙伴关系深入发展。

同韩国国会议长朴炳锡举行会谈

新华社北京 2 月 5 日电 全国人大常委会委员长栗战书 5 日在北京人民大会堂同韩国国会议长朴炳锡举行会谈。

栗战书欢迎朴炳锡率团出席北京冬奥会开幕式。栗战书指出，中韩是永远的近邻。在习近平主席和文在寅总统的战略引领下，双方秉持相互尊重、合作共赢的精神，双边关系全面发展，给两国人民带来了实实在在的利益，也为促进地区和平与发展作出了积极贡献。新冠肺炎疫情以来，两国守望相助，推动双边关系克服疫情影响取得重要新发展。

栗战书指出，今年是中韩建交 30 周年，对两国关系具有特殊意义。中方愿同韩方一道，不断深化两国战略合作伙伴关系。一是加强政治互信。密切高层交往，加强政府、政党间的沟通联系，增进相互了解和互信。二是促进互利合作。加强疫情联防联控合作，巩固抗疫成果。加快发展战略对接和自贸协定第二阶段谈判，实现高质量融合发展。三是加强人文交流。借助建交 30 周年、“中韩文化交流年”等契机和平台，推动媒体、教育、体育、青少年等各领域交流，增进两国人民的相互理解和友好感情。四是妥善处理敏感问题，共同维护中韩关系大局和长远利益。

栗战书强调，立法机构交往是两国关系的重要组成部分。中国全国人大愿同韩国国会一道，延续友好传统，密切交流合作，为中韩关系发展作出新贡献。希望双方继续用好定期交流机制等平台，扩大立法机构各层级交往，分享法治建设、治国理政、经济发展等方面经验，为两国各领域合作营造良好的政策和法律环境，增强国民友好的社会基础，助力双边关系发展。

栗战书指出，北京冬奥会是全世界共同的体育盛事。感谢韩国政府和各界积极支持中方办会，预祝韩国运动员在冬奥会上取得佳绩。中方将继续支持韩方办好 2024 年江原道冬青奥会。

双方还就朝鲜半岛问题交换了意见。栗战书指出，中方愿同韩方继续保持密切沟通，合力维稳促谈，为政治解决半岛问题、实现半岛长治久安作出积极努力。

朴炳锡表示，韩中建交 30 年来，两国关系发展取得巨大成就。希不断加强在经济、人文、体育、抗疫等各领域合作，共同规划未来 30 年双边关系发展。韩方愿同中方一道推进半岛和平进程。韩国会愿加强同中国全国人大的友好交往，为促进两国关系发展不懈努力。预祝北京冬奥会取得圆满成功。

同新西兰议长马拉德举行会谈

新华社北京 2 月 17 日电 全国人大常委会委员长栗战书 17 日在北京人民大会堂以视频方式同新西兰议长马拉德举行会谈。

栗战书指出，今年是中新建交 50 周年，两国关系取得长足发展，给两国和两国人民带来实实在在的利益。习近平主席同阿德恩总理就新形势下中新关系健康稳定发展达成重要共识。中方愿同新方一道，共同落实好两国领导人重要共识，推动中新全面战略伙伴关系取得更大发展。

栗战书强调，中新之所以能成为不同社会制

度、历史文化、发展阶段、经济体量国家合作共赢的典范，最根本的一条经验就是坚持相互尊重、平等相待。希望双方一是加强政治互信，密切高层交往，坚守两国共同利益和两国人民福祉，确保中新关系始终沿着正确方向前行。二是拓展务实合作，确保升级版自贸协定高质量实施，促进两国贸易投资自由化便利化，开拓绿色发展合作新领域。三是深化人文交流，推动教育、体育、旅游等领域合作，增进地方友好和两国民众相互理解，让“路易·艾黎精神”在两国人民特别是青年人之间传承发展。四是增进多边事务协调，加强在联合国、世贸组织等多边框架内的沟通，合作应对气候变化等全球性挑战，为促进地区繁荣和世界和平发展作出贡献。

栗战书表示，中新立法机构长期保持着多层级、多领域的友好往来。中国全国人大愿同新西兰议会加强各层级交流，分享农业食品、生物医疗、清洁能源、数字经济等方面法治建设经验，依法监督各项协议落地，为两国各领域合作营造良好的政策和法律环境，服务各自经济社会发展，助力双边关系发展。

马拉德说，新中全面战略伙伴关系在经济、政治、文化、教育等各领域都非常重要。新方高度评价中方为北京冬奥会成功举办作出的非凡努力。新坚定奉行一个中国政策。希双方共同努力，以新中建交50周年为契机，不断推动两国关系取得新发展。新议会愿加强同中国全国人大的交流，为促进两国各领域合作、增进人民友谊作出积极贡献。

同阿尔及利亚国民议会议长布加利举行会谈

新华社北京2月22日电　全国人大常委会委员长栗战书22日在北京人民大会堂以视频方式同阿尔及利亚国民议会议长布加利举行会谈。

栗战书表示，中阿传统友谊深厚，两国关系有着丰富的历史内涵和战略意义。建交64年来，中阿关系始终平稳发展，务实合作成果丰硕，给两国人民带来了实实在在的好处，堪称发展中国家合作的典范。中方愿同阿方深化传统友谊，在两国元首的战略引领下，共同推动中阿全面战略伙伴关系不断向前发展。

栗战书指出，中阿长期相互支持、平等合作、共同发展，两国牢不可破的兄弟情谊值得倍加珍惜，双方要携手努力，实现不断发展。一是进一步加强政治上的相互支持。中方始终从战略高度和长远角度看待中阿关系，坚定支持阿方走符合自身国情的发展道路。中方赞赏阿方在涉及中国核心利益和重大关切问题上给予的宝贵支持。北京冬奥会成功举办，感谢阿方的坚定支持。二是不断深化务实合作。结合联合国2030年可持续发展议程，共同推进全球发展倡议落地。加强发展战略对接，推动商签重要双边合作文件，推进重大务实项目合作。三是继续加强抗疫合作。习近平主席去年底在中非合作论坛第八届部长级会议上宣布，将再向非洲提供10亿剂疫苗。中方正积极履行这一庄严承诺，愿支持阿方早日战胜疫情。四是加强在国际和地区事务中的沟通。坚定维护以联合国为核心的国际体系、以国际法为基础的国际秩序，共同维护广大发展中国家的合法权益。

栗战书强调，立法机构交往是中阿友好合作的重要组成部分。中国全国人大和阿国民议会保持着友好交往传统，愿加强各层级、各专门委员会的对口交流，分享金融、农业、教育、外商投资等方面的立法和监督经验，密切在多边议会场合和事务中的协调，为促进两国关系发展作出积极贡献。

布加利说，阿中友谊源远流长，两国全面战略伙伴关系不断取得新发展。阿坚定奉行一个中国政策。祝贺中国成功举办北京冬奥会。希进一步拓展双方在经贸、投资、科技、文化、抗疫等各领域的务实合作。阿国民议会愿加强同中国全国人大的交流互鉴，促进两国共同发展，不断增进人民友谊。

同克罗地亚议长扬德罗科维奇举行会谈

新华社北京3月22日电　全国人大常委会委员长栗战书22日在北京人民大会堂以视频方式同克罗地亚议长扬德罗科维奇举行会谈。

栗战书说，中克两国长期相互尊重、相互理解，在两国元首的战略引领下，中克关系保持了高水平、高质量的发展。双方政策沟通更加密切，共建“一带一路”成果丰硕，在抗击新冠肺炎疫情中相互支持，谱写了中克友好的新篇章。

栗战书指出，今年是中克建交 30 周年。站在两国关系承上启下的新起点上，中方愿同克方共同努力，推动中克全面合作伙伴关系迈上新台阶，为两国和两国人民带来更多福祉。一是增强政治互信，尊重彼此核心利益和重大关切。中方一贯坚持从战略高度和长远角度看待中克关系，赞赏克方坚持一个中国原则。二是推动务实合作，在基础设施建设、科技创新、中小企业、环保等领域打造新的合作亮点，推动共建“一带一路”，实现互利共赢。三是坚持真正的多边主义，维护以联合国为核心的国际体系和以国际法为基础的国际秩序，积极参与全球发展倡议，致力于构建相互尊重、公平正义、合作共赢的新型国际关系。

栗战书指出，克罗地亚是中国在欧盟内的好朋友。中欧有着广泛的共同利益和深厚的合作基础。中方愿同欧方一道，加强发展战略对接，深化务实合作，加强在国际事务中的沟通协调。中国－中东欧国家合作是中欧关系的重要组成部分。希望克方继续支持和积极参与中国－中东欧国家合作，以今年合作平台建立 10 周年为契机，推动合作取得更大发展。

栗战书强调，中国全国人大和克罗地亚议会一直保持着友好交往的传统。双方可继续加强各层级、友好小组、专门委员会等对口交流，互学互鉴在农业、清洁能源、绿色经济等方面的发展和立法经验，为企业投资兴业和双方务实合作营造良好环境。

扬德罗科维奇表示，克中友好关系具有丰富内涵并不断取得新发展。克坚定奉行一个中国政策。在佩列沙茨大桥等重大项目中，双方合作取得重要成果。中方在抗击新冠肺炎疫情等方面给予克方重要支持，克方对此表示感谢。克愿在促进欧中关系发展中发挥积极作用。克议会愿加强同中国全国人大的友好交往，为促进两国关系发展、增进人民友谊作出贡献。

同吉尔吉斯斯坦议长马梅托夫举行会谈

新华社北京 3 月 25 日电 全国人大常委会委员长栗战书 25 日在北京人民大会堂以视频方式同吉尔吉斯斯坦议长马梅托夫举行会谈。

栗战书说，两国元首的战略引领始终是中吉关系行稳致远的最坚实保障。上个月，习近平主席同来华出席北京冬奥会开幕式的扎帕罗夫总统会晤，达成重要共识，为下阶段两国关系发展指明了方向。

栗战书指出，中方愿同吉方一道，落实好两国元首达成的重要共识，推动中吉全面战略伙伴关系取得更多新成果，更好造福两国和两国人民。要进一步加强政治上相互支持，中方赞赏吉方在台湾、涉疆、涉港等涉及中国核心利益和重大关切问题上给予中方坚定支持，将一如既往坚定支持吉方自主选择的发展道路。继续开展抗疫合作，深化医疗卫生、传统医学等领域合作，共同构建两国卫生健康共同体。拓展务实合作，加强发展战略对接，扩大经贸合作规模，高质量共建“一带一路”，不断深化人文交流。

栗战书指出，中吉互为近邻、安危与共、命运与共，是利益共同体，也是安全共同体。要加强交流合作，积极开展联合行动，主动采取预防性措施，坚决防止“东伊运”等暴恐势力回流中亚，共同防范外部势力在本地区策动“颜色革命”，携手维护两国及地区的安全稳定。

栗战书强调，中吉立法机构长期保持友好交往，为推动双边关系发展发挥了重要作用。两国立法机构可进一步发挥友好小组平台作用，继续加强各层级、专门委员会的对口交流；分享在农业、数字经济等方面的立法经验，加强互学互鉴，实现共同发展；密切在各国议会联盟等多边场合的协调配合，捍卫国际公平正义。

马梅托夫表示，祝贺吉中两国建交 30 周年。吉中两国是友好邻居和亲密伙伴，发展对华关系是吉对外政策的优先方向。经过双方共同努力，两国建立了相互信任、相互尊重、互利合作的双边关系。感谢中方在抗击新冠肺炎疫情中给予吉方的宝贵支持。祝贺中方成功举办冬奥会、冬残奥会，召开十三届全国人大五次会议。吉议会愿加强同中国全国人大的友好交往，为促进两国关系发展作出积极贡献。

同尼泊尔众议长萨普科塔举行会谈

新华社北京4月8日电　全国人大常委会委员长栗战书8日在北京人民大会堂以视频方式同尼泊尔众议长萨普科塔举行会谈。

栗战书说，2019年，习近平主席对尼泊尔进行历史性访问，两国领导人将中尼关系提升为面向发展与繁荣的世代友好的战略合作伙伴关系，为双边关系发展作出战略指引。中尼守望相助，携手抗疫，各领域务实合作稳步推进，谱写了传统友谊的新篇章。中方愿同尼方共同努力，落实好两国领导人达成的重要共识，携手打造中尼更加紧密的命运共同体，造福两国和两国人民。

栗战书指出，中尼是互尊互信的好朋友、互惠互利的好伙伴、互学互鉴的好邻居、互帮互助的好兄弟，时代要求两国加强合作，共创美好未来。一是进一步加强政治上相互支持，保持两国高层交往势头，坚定支持彼此核心利益和重大关切。二是深化抗疫和医疗卫生领域合作，中方愿在力所能及的范围内继续向尼方提供支持，帮助尼方改善疾病防控和医疗救治条件。三是高质量共建"一带一路"，深化在贸易投资、产业园区、能源电力、口岸通关等方面合作，稳步推进跨喜马拉雅立体互联互通网络建设，扩大旅游、文化等领域交流。四是密切在多边领域的协作，共同维护以联合国为核心的国际体系，捍卫以国际法为基础的国际秩序，积极支持和参与全球发展倡议，推动落实2030年可持续发展议程。

栗战书强调，立法机构交往是中尼关系的重要组成部分。中国友好政策面向尼泊尔所有党派、全体人民。希望两国立法机构加强各层级友好交流，分享在教育、乡村振兴、环境保护等方面的立法监督工作经验；及时批准、修订或出台有利于双边关系发展的法律文件，为各领域务实合作提供法治保障；加强在各国议会联盟等多边场合的协调配合，维护广大发展中国家的共同利益。

萨普科塔表示，尼中友谊源远流长。尼坚定奉行一个中国政策，不允许任何势力利用尼领土进行任何反华活动。尼对中国成功举办冬奥会和取得经济社会发展巨大成就表示衷心祝贺，祝愿中国共产党二十大取得圆满成功。感谢中方在抗击新冠肺炎疫情等各方面给予尼方的重要支持。尼议会愿加强同中国全国人大的友好交往，共同致力于促进尼中关系不断发展。

同俄罗斯联邦委员会主席马特维延科举行会谈

新华社北京4月15日电　全国人大常委会委员长栗战书15日在北京人民大会堂以视频方式同俄罗斯联邦委员会主席马特维延科举行会谈。

栗战书说，在习近平主席和普京总统擘画引领下，中俄始终坚持"四个相互坚定支持"共识，有力支持彼此维护主权、安全、发展利益，始终坚持本着"世代友好、合作共赢"精神发展两国全方位互利合作，始终坚持以公平正义为理念引领全球治理体系改革，不断巩固和发展中俄新时代全面战略协作伙伴关系。基于不结盟、不对抗、不针对第三方原则的中俄关系成熟、坚韧、稳定，具有强大的内生动力和独立价值。

栗战书指出，中俄立法机构交往要把落实两国元首共识作为首要任务，结合各自国内发展和双边合作需要，从立法机构角度推动落实《中俄睦邻友好合作条约》，推动双边关系发展。一是充分发挥两国立法机构合作委员会的重要平台作用，提升机制化交流水平，夯实两国合作的法律基础，维护两国政治安全，推动各领域务实合作。二是继续开展各对口委员会、友好小组、人大代表和议员之间的交往，推动更多青年代表和议员参加到中俄友好事业中来。三是加强治国理政经验交流，支持对方探索实践符合本国国情的发展道路，坚定实践符合本国国情的民主制度。四是不断丰富地方合作的内涵，继续办好立法机构地方合作交流等活动。五是密切在多边领域的协作，坚定支持真正的多边主义和经济全球化，共同维护以联合国为核心的国际体系、以国际法为基础的国际秩序、以联合国宪章宗旨和原则为基础的国际关系基本准则。

马特维延科说，在两国元首的战略引领下，俄中新时代全面战略协作伙伴关系不断发展。祝贺中国成功举办北京冬奥会和冬残奥会。俄联邦委员会愿深化同中国全国人大的合作，进一步发挥俄中立法机构定期交流机制作用，为促进两国在经济、环保、地方、青年、体育等各领域务实合作，增进人民友谊作出积极贡献。

会谈后，栗战书接受俄方授予俄罗斯"友谊勋章"。

全国人大常委会副委员长曹建明参加上述活动。

同墨西哥参议长桑切斯举行会谈

新华社北京 4 月 19 日电　全国人大常委会委员长栗战书 19 日在北京人民大会堂以视频方式同墨西哥参议长桑切斯举行会谈。

栗战书说，2013 年习近平主席访问墨西哥，中墨关系升级为全面战略伙伴关系，成为两国关系发展史上的重要里程碑。今年 2 月，习近平主席同洛佩斯总统就两国建交 50 周年互致贺电，开启了双方关系发展的新阶段。面对世纪疫情，中墨守望相助，两国友好得到进一步深化。中方愿同墨方一道，积极落实两国元首重要共识，推动中墨全面战略伙伴关系不断迈上新台阶。

栗战书指出，中墨关系之所以发展得好，得益于双方始终坚持相互尊重、平等相待，特别是在涉及彼此核心利益和重大关切问题上相互支持。一个中国原则是中墨友好关系的基石，中方高度赞赏墨方长期以来坚持一个中国原则。墨西哥是拉美和加勒比地区的重要国家，中方愿同包括墨方在内的拉共体成员国一道，持续完善中拉论坛建设，推动新时代中拉关系不断向前发展。两国在国际事务中拥有广泛共同利益，要密切多边协作，在联合国、二十国集团等国际多边场合加强沟通，捍卫真正的多边主义。

栗战书强调，中墨都是具有重要影响的发展中大国，合作潜力巨大，双方要坚持互利共赢，深化务实合作。中方欢迎墨方积极参与中国国际进口博览会，合作共建"一带一路"。中墨同为文明古国和文化大国，要进一步扩大人文交流合作，传承中墨友谊。

栗战书指出，立法机构交往是中墨关系的重要组成部分。中国全国人大愿同墨参议院共同努力，保持立法机构高层交往势头，开展多渠道、多领域合作，加强立法、监督和治国理政经验交流，为两国合作提供更加完善的法律保障，为中墨关系发展注入更多正能量，密切在各国议会联盟等事务中的协调，维护发展中国家共同利益。

桑切斯表示，墨中友谊大树茁壮成长、结出累累硕果。墨方坚定奉行一个中国政策。感谢中方在抗击新冠肺炎疫情中给予墨方的重要支持。墨参议院愿深化同中国全国人大的友好交流，为推进两国在经贸、投资、人文等各领域合作，促进墨中全面战略伙伴关系发展作出新贡献。

全国人大常委会副委员长沈跃跃参加会谈。

同马拉维议长哈拉举行会谈

新华社北京 4 月 20 日电　全国人大常委会委员长栗战书 20 日在北京人民大会堂以视频方式同马拉维议长哈拉举行会谈。

栗战书说，马拉维是中国在非洲重要的合作伙伴。在习近平主席与查克维拉总统共同引领下，中马关系平稳健康发展，各领域务实合作持续推进，两国人民友谊不断加深。今年是中马建交 15 周年，中方愿同马方一道，落实好两国元首达成的重要共识，推动中非合作论坛第八届部长级会议成果尽早在马拉维落地，促进两国发展和人民福祉。

栗战书指出，中方支持马方自主探索符合本国国情的发展道路，愿同马方在涉及彼此核心利益和重大关切问题上继续相互支持。希加强双方各领域务实合作，积极推进共建"一带一路"倡议同马拉维"2063 愿景"发展战略对接，拓展在基础设施建设、农业、医疗卫生、教育文化等领域的互利合作。携手抗击新冠肺炎疫情，开展常态化、机制化的对口医院合作。密切在多边领域的协作，共同倡导真正的多边主义。中国将同发展中国家、中小国家一道，共同维护国际公平正义。

栗战书强调，立法机构交往是两国关系的重要组成部分。中国全国人大愿不断深化同马拉维议会的合作，为推动双边关系发展作出积极贡献。保持立法机构高层交往，推动双方对口委员会、人大代表和议员之间开展更多交流，鼓励青年和女性代表积极参与。在减贫脱贫、公共卫生、妇女儿童保护等领域，进一步开展经验交流，为企业在对方国家投资兴业提供公平公正、透明平等的法律环境。加强在多边场合的配合，维护发展中国家的共同利益。中国全国人大为亚非国家议员开设了研讨班，欢迎马方积极参加。

哈拉表示，马拉维和中国建交以来，两国关系取得长足发展，希不断深化双方在各领域的合作。马坚定奉行一个中国政策。感谢中方在经济社会发展、抗击新冠肺炎疫情等方面给予马方的支持帮助。马议会愿加强同中国全国人大的友好交往，为促进马中友谊贡献力量。

同挪威议长加拉哈尼举行会谈

新华社北京4月27日电　全国人大常委会委员长栗战书27日在北京人民大会堂以视频方式同挪威议长加拉哈尼举行会谈。

栗战书说，在习近平主席和挪威领导人的共同引领下，双方政治互信不断增强，经贸、海洋、气候变化、环保、可持续发展等领域的合作稳步推进，两国关系保持良好发展势头。中方愿同挪方一道，落实好两国领导人达成的重要共识，坚持相互尊重、平等相待，进一步增进相互了解和信任，不断巩固两国关系健康发展的政治基础，推动中挪关系持续健康稳定发展。

栗战书指出，中挪各领域务实合作前景广阔。习近平主席在博鳌亚洲论坛2022年年会上强调，不论世界发生什么样的变化，中国改革开放的信心和意志都不会动摇。中挪自贸协定是双边关系的重要议题，有利于推动双边经贸合作进一步发展。双方可加强在绿色发展领域的合作，推动《巴黎协定》全面实施。希望深化双方人文交流，拓展在冬季运动人才培养、赛事管理、场馆建设等领域的合作。要共同维护以联合国为核心的国际体系、以国际法为基础的国际秩序、以联合国宪章宗旨和原则为基础的国际关系基本准则，维护世界和平与稳定。

栗战书强调，挪威是最早同中国开展立法机构交往的西方国家之一。中国全国人大与挪威议会互访不断，为增进人民友谊、促进务实合作发挥了重要作用。希望双方立法机构保持高层交往，推动各层级对口交流，扩大青年和女性代表的参与；分享在公共卫生、教育科研等领域的有益做法，努力为两国务实合作营造稳定、开放、公平、透明的法制环境；加强在各国议会联盟等多边场合的沟通，照顾彼此核心利益和重大关切。

栗战书还介绍了中国实行全过程人民民主情况。

加拉哈尼表示，挪中拥有广泛的共同利益，在双边和多边领域开展了良好合作。面对诸多全球性挑战，基于多边主义、国际法的国际合作具有前所未有的重要性。祝贺中国成功举办北京冬奥会和冬残奥会。挪议会愿加强同中国全国人大的交流，促进两国务实合作，不断增进两国友好的民意基础。

同塔吉克斯坦议会上院议长鲁斯塔姆·埃莫马利举行会谈

新华社北京5月17日　电全国人大常委会委员长栗战书17日在北京人民大会堂以视频方式同塔吉克斯坦议会上院议长鲁斯塔姆·埃莫马利举行会谈。

栗战书说，在习近平主席和拉赫蒙总统的战略引领和直接推动下，两国率先建立发展共同体和安全共同体，政治互信不断巩固，各领域合作持续深化，共建“一带一路”成果丰硕。今年2月，两国元首举行会晤，就双边关系发展和各领域合作达成重要共识，为中塔关系发展指明了方向。中方愿同塔方一道，落实好两国元首共识，共同推动双边关系取得更大发展。

栗战书指出，牢不可破的政治互信、坚定有力的相互支持，是中塔关系历久弥坚的最宝贵经验。中方感谢塔方长期以来在涉及中方核心利益和重大关切问题上的坚定支持，将一如既往支持塔方走符合本国国情的发展道路。两国要推进互利合作，高质量共建“一带一路”，积极推进共建“一带一路”与塔“2030 年前国家发展战略”对接，加强在工业、农业、能源、基建、数字经济等方面合作，深化团结抗疫，扩大人文交流，促进两国民众特别是青年人之间的友好往来。习近平主席提出全球安全倡议，就是要以共同、综合、合作、可持续的安全观为理念指引，走出一条对话而不对抗、结伴而不结盟、共赢而非零和的新型安全之路。双方要共同努力，进一步提升安全合作水平，维护地区安全稳定。

栗战书强调，中塔立法机构在完善立法职能、服务本国发展方面，有着广泛的交流与合作空间。中国全国人大愿与塔议会继续保持高层交往，推动专门委员会、友好小组、人大代表和议员之间交流；开展减贫脱贫、乡村振兴、农业发展等领域的经验交流，为两国企业到对方国家投资兴业提供公平公正、透明平等的法律环境；加强在多边场合的协调配合，照顾好彼此核心利益和重大关切。

鲁斯塔姆·埃莫马利表示，今年是塔中建交 30 周年。两国元首为推动塔中全面战略伙伴关系发展发挥了战略引领作用。塔积极支持共建“一带一路”，两国在经贸、人文、地方、安全、抗击新冠肺炎疫情等各领域开展了富有成果的合作。塔议会愿深化同中国全国人大的友好交往，为促进两国关系发展、推进全方位合作发挥立法机构的积极作用。

同希腊议长塔苏拉斯举行会谈

新华社北京 5 月 24 日电 全国人大常委会委员长栗战书 24 日在北京人民大会堂以视频方式同希腊议长塔苏拉斯举行会谈。

栗战书说，在习近平主席和希腊领导人的战略引领下，中希高层交往频繁，政治互信不断深化，务实合作持续推进，人文交流更加密切，始终坚定支持彼此核心利益和重大关切，始终相互理解、相互支持，树立了国与国之间友好交往的典范。今年是中希建交 50 周年。中方愿同希方一道，落实好两国领导人达成的重要共识，推动中希全面战略伙伴关系取得更大发展。

栗战书指出，当前，国际形势正经历深刻复杂演变，中希关系的重要性、战略性更加凸显。双方要以政治互信为根本，坚定相互支持配合，共同推动构建更加公正合理的全球治理体系。中方赞赏希方长期坚持一个中国原则，支持希方维护自身核心利益和合法权益。希腊长期以来在促进中欧关系发展方面发挥了积极作用，中方愿同包括希方在内的有关国家共同努力，促进中欧合作不断深化。

栗战书表示，希望双方进一步推进两国互利合作，将共建“一带一路”同“希腊 2.0”国家复苏计划对接，打造好比雷埃夫斯港等标志性项目，拓展在航运、能源、基础设施、绿色和数字经济等领域合作。欢迎希腊企业积极参加中国国际进口博览会。感谢希方大力支持北京冬奥会和冬残奥会。中希都是文明古国，期待进一步加强人文交流，促进两国人民相知相亲。

栗战书强调，立法机构交往是中希全面战略伙伴关系的重要组成部分。中国全国人大愿同希腊议会继续密切高层及专门委员会、友好小组、人大代表和议员之间的交流，分享立法和监督工作经验，为两国各领域务实合作提供法律支撑；加强在多边议会组织中的沟通配合，为维护世界和平、推动共同发展作出积极努力。

塔苏拉斯表示，希中建交 50 年来，两国关系发展取得累累硕果。希腊坚定奉行一个中国政策。希腊议会愿加强同中国全国人大的友好交往，为推动共建“一带一路”，促进经贸、投资、旅游等各领域务实合作，深化文明交流互鉴，共同维护国际公平正义作出立法机构的积极贡献。

同约旦参议长法耶兹举行会谈

新华社北京 5 月 25 日电 全国人大常委会委员长栗战书 25 日在北京人民大会堂以视频方式同约旦参议长法耶兹举行会谈。

栗战书说，在习近平主席和阿卜杜拉二世国王的亲自关心下，两国政治互信不断巩固，各领域合作取得丰硕成果。双方在抗击新冠肺炎疫情中相互支持，传统友谊得到进一步深化。中方赞赏约方坚持一个中国原则，坚定支持约方探索适合本国国情的发展道路和治理模式。今年是中约建交45周年。中方愿同约方携手努力，落实好两国元首达成的重要共识，丰富中约战略伙伴关系内涵，更好造福两国和两国人民。

栗战书指出，约旦是共建"一带一路"的重要合作伙伴，双方可进一步挖掘潜力，促进发展战略对接，加强贸易、基础设施建设等各领域互利合作，实现合作提质升级。习近平主席近期提出了全球安全倡议。这一重要倡议强调人类是不可分割的安全共同体，倡导秉持真正的多边主义，面向全球开放，欢迎约方积极支持参与。中方始终支持包括约旦在内的中东国家团结协作解决地区安全问题，主张国际社会充分尊重中东国家意愿，为促进中东地区和平、帮助中东国家发展贡献正能量。中方愿同约方加强沟通合作，共同捍卫不干涉内政原则，共同维护联合国宪章重要原则和国际关系基本准则。

栗战书强调，立法机构交往是两国关系的重要组成部分。中国全国人大愿同约旦议会密切各层级友好往来，在能源、通信、交通、农业、数字经济等方面分享立法和监督工作经验，为企业在对方国家投资兴业提供公平公正、透明平等的法律环境；加强在各国议会联盟等多边议会组织中的沟通配合，维护发展中国家共同利益。

法耶兹说，约中友好关系建立在相互尊重的基础之上，具有深厚性和牢固性。约旦坚定奉行一个中国政策，反对对中国内政的干涉。感谢中国在促进经济社会发展和维护国际公平正义等多方面给予约旦的坚定支持。约旦参议院愿加强同中国全国人大的交流，共同促进两国在经贸、投资、人文等各领域合作，推动两国战略伙伴关系不断走深走实。

同圭亚那议长纳迪尔举行会谈

新华社北京6月15日电　全国人大常委会委员长栗战书15日在北京人民大会堂以视频方式同圭亚那议长纳迪尔举行会谈。

栗战书说，在习近平主席和阿里总统的共同引领下，两国各领域交流密切，合作成果丰硕，中圭友好深入人心，树立了世界上大小国家平等相待、合作共赢的典范。今年是中圭建交50周年。中方愿同圭方一道，落实好两国元首重要共识，推动双方友好关系迈上新台阶。

栗战书指出，政治互信是中圭关系健康稳定发展的坚实基础和重要保障。两国始终坚持相互尊重、平等相待，在探索符合各自国情发展道路的努力中相互理解，在涉及彼此核心利益和重大关切的问题上坚定相互支持。中方赞赏圭亚那长期坚持一个中国原则。中圭经济互补性强，在推动"一带一路"倡议与圭方"低碳发展战略2030"对接，拓展贸易投资、气候变化、文化卫生等各领域合作方面发展潜力巨大。中圭同属发展中国家，在重大国际和地区问题上有着相同或相似的立场。欢迎圭方积极支持和参与全球发展倡议和全球安全倡议，共同维护以联合国为核心的国际体系和以国际法为基础的国际秩序，推动构建人类命运共同体。

栗战书表示，中国和加勒比国家是共同发展的好朋友、好伙伴。今年也是中加开启外交关系50周年。中方愿同包括圭方在内的加勒比各国携手努力，推动中加全面合作伙伴关系不断向前发展。

栗战书强调，中国全国人大愿同圭亚那国民议会加强交流合作，促进两国传统友好关系行稳致远。双方可保持高层交往，积极开展对口委员会、人大代表和议员之间的交流互鉴；不断完善相关法律文件，优化营商环境，为双方合作提供法治保障；加强在各国议会联盟、拉美议会等多边场合的协调，维护发展中国家共同利益。

纳迪尔说，圭亚那高度重视发展对华关系，坚定恪守一个中国原则。祝贺中国取得的巨大发展成就。感谢中方在抗击新冠肺炎疫情中给予圭方的重要支持。圭国民议会期待同中国全国人大共同努力，加强法治交流，为促进两国各领域务实合作发挥立法机构积极作用。

在泰国国会成立 90 周年庆祝活动上发表视频致辞

新华社北京 6 月 27 日电 全国人大常委会委员长栗战书 27 日应邀在泰国国会成立 90 周年庆祝活动上发表视频致辞。

栗战书在致辞中代表中国全国人民代表大会向泰国国会成立 90 周年致以诚挚祝贺。他表示，长期以来，泰国国会为维护泰国社会公正、促进经济发展作出了积极贡献。中泰两国立法机构保持友好交往，为推进中泰各领域合作、增进两国人民友谊发挥了积极作用。

栗战书指出，中泰一家亲。今年也是两国建立全面战略合作伙伴关系 10 周年。中方愿同泰方共同努力，落实好两国高层重要共识，推动双边关系大踏步向前发展，为两国和两国人民带来更大福祉。

栗战书表示，当前，世界面临多重挑战。习近平主席先后提出全球发展倡议和全球安全倡议，为推动世界可持续发展、应对全球安全治理难题贡献了中国方案。中方愿同泰方一道，维护以联合国为核心的国际体系和以国际法为基础的国际秩序，捍卫发展中国家的共同利益，为维护世界和平与发展作出贡献。

同哈萨克斯坦议会下院议长科沙诺夫举行会谈

新华社北京 6 月 28 日电 全国人大常委会委员长栗战书 28 日在北京人民大会堂以视频方式同哈萨克斯坦议会下院议长科沙诺夫举行会谈。

栗战书说，在两国元首的战略引领和直接推动下，中哈关系不断实现跨越式发展，达到永久全面战略伙伴关系的新高度。北京冬奥会期间，习近平主席同托卡耶夫总统举行会晤，为新时期两国关系发展指明了方向。今年是中哈建交 30 周年。中方愿同哈方共同努力，落实好两国元首重要共识，延续世代友好，坚定推进合作，携手开创中哈关系发展的又一个黄金三十年。

栗战书指出，发展中哈关系，最重要的是不断增强政治互信，加大在涉及彼此核心利益和重大关切问题上的相互支持力度。中方支持哈方走符合本国国情的发展道路。双方要继续加强国际协作，共同维护两国安全和发展利益，捍卫国际社会公平正义。中方支持哈方在国际和地区事务中发挥更多建设性作用，支持哈方办好亚信第六次峰会，希共同推动上合组织健康稳定发展。

栗战书表示，中哈共建“一带一路”结出了累累硕果。面对疫情挑战，两国务实合作呈现出强大韧劲。希望双方继续以高质量共建“一带一路”为主线，深挖合作潜力。习近平主席日前在全球发展高层对话会上就落实全球发展倡议宣布了一系列重要举措。哈方积极支持全球发展倡议和全球安全倡议，中方对此表示赞赏。中方期待同包括哈方在内的国际社会一道，共同落实好高层对话会成果。

栗战书强调，中国全国人大同哈议会长期保持友好交往。希望双方立法机构加强交流互鉴，及时修改完善相关法律文件，为务实合作提供公平公正、透明平等的法治环境，并加强在多边议会组织中的协调。积极鼓励更多青年人参与到中哈立法机构交往中来，不断夯实世代友好的根基。

科沙诺夫说，在两国元首的亲自引领下，哈中永久全面战略伙伴关系不断实现新发展。在中国共产党坚强领导下，中国取得了经济社会发展的辉煌成就。预祝中国共产党二十大取得圆满成功。哈方高度评价习近平主席提出的全球发展倡议和全球安全倡议，愿同中方一道，推进“一带一路”建设，共同推动落实联合国 2030 年可持续发展议程。哈议会愿加强同中国全国人大的交流，为促进两国合作和增进人民友谊作出贡献。

全国人大常委会副委员长曹建明参加会谈。

同乌兹别克斯坦最高会议参议院主席纳尔巴耶娃举行会谈

新华社北京7月6日电　全国人大常委会委员长栗战书6日在北京人民大会堂以视频方式同乌兹别克斯坦最高会议参议院主席纳尔巴耶娃举行会谈。

栗战书说，在习近平主席和米尔济约耶夫总统的战略引领和亲自推动下，中乌政治互信持续深化，各领域合作成果丰硕，两国全面战略伙伴关系不断向前发展。今年是中乌建交30周年。中方愿与乌方一道，认真落实两国元首重要共识，继续加强共建"一带一路"倡议同"新乌兹别克斯坦"战略的对接合作，不断开创两国关系发展新局面。

栗战书指出，发展中乌关系，要进一步增强政治互信，加大在涉及彼此核心利益和重大关切问题上的相互支持力度。中方感谢乌方在台湾、涉港、涉疆、涉藏、打击"东突"等问题上一贯支持中方立场，中方将一如既往坚定支持乌方走符合本国国情的发展道路，支持乌方为维护国家主权、独立和领土完整所作的努力。中方愿与乌方共同践行全球安全倡议，携手维护本地区的安全稳定，加强沟通协作，推动国际秩序朝着更加公正合理的方向发展。

栗战书表示，近日，习近平主席在全球发展高层对话会上就落实全球发展倡议宣布了一系列重要举措。中方赞赏乌方重视并支持全球发展倡议，期待同包括乌方在内的国际社会一道，共同落实好高层对话会成果。经过中乌双方共同努力，两国重点项目合作稳步推进，互利合作取得新进展。希望双方进一步开拓创新，扩大相互经贸投资，提升能源合作水平，优化互联互通格局，加强团结抗疫，深化人文和减贫经验交流，推动中乌共建"一带一路"合作高质量发展。

栗战书强调，立法机构交往是中乌全面战略伙伴关系的重要组成部分。中国全国人大愿与乌最高会议参议院开展各层级的交流互鉴，及时修改完善和推动落实相关法律文件，为务实合作提供公平公正、透明平等的法治环境，继续加强在多边议会组织中的协调配合。

纳尔巴耶娃说，乌中两国元首保持密切沟通，为乌中全面战略伙伴关系发展不断注入新的强大动力。乌高度评价中国在各领域取得的巨大发展成就，坚定奉行一个中国政策。乌参议院愿同中国全国人大加强友好往来，为促进两国各领域合作、深化人民友谊、维护地区和平稳定不懈努力。

同孟加拉国国民议会议长乔杜里举行会谈

新华社北京7月19日电　全国人大常委会委员长栗战书19日在北京人民大会堂以视频方式同孟加拉国国民议会议长乔杜里举行会谈。

栗战书说，中孟是传统友好邻邦。在习近平主席和孟加拉国领导人的战略引领下，两国关系步入快速发展的新阶段，政治互信持续加深，经贸往来稳步推进，抗疫合作成果丰硕，给两国人民带来实实在在的福祉。中方愿与孟方携手努力，落实好两国领导人达成的重要共识，推动双边关系取得更大发展。

栗战书指出，中方高度重视发展同孟加拉国的战略合作伙伴关系。中方赞赏孟方在台湾、涉疆、涉藏、人权等问题上给予中方的宝贵支持，将一如既往支持孟方探索符合本国国情的发展道路。希望双方继续加强政治互信，进一步密切战略沟通，坚定支持彼此核心利益和重大关切，促进双边关系健康稳定发展。中方愿在共建"一带一路"框架下，加强两国发展战略对接，助力实现"金色孟加拉"梦想，推进基建、经贸、清洁能源、绿色科技等各领域合作，增进在教育、文化、青年、体育等领域交流，不断壮大支持中孟友好的民间力量。当前，安全和发展是各国的共同关切。习近平主席提出的全球安全倡议和全球发展倡议，是中方为应对全球性挑战提供的重要国际公共产品，欢迎孟方积极支持参与，共同促进全球和平与繁荣。

栗战书表示，两国立法机构长期保持友好往来，是中孟关系的重要组成部分。中国全国人大愿与孟国民议会深化各层级、各领域交流，扩大立法和监督工作的互学互鉴，及时出台、修改完善并推动落实相关法律法规，为双方各领域务实合作提供法治保障和政策支持。继续加强在各国议会联盟、亚洲议会大会等多边场合的协作,维护两国和发展中国家的共同利益。

乔杜里说,习近平主席2016年对孟加拉国进行成功国事访问,是两国关系发展中的里程碑。孟方坚定支持中方的核心利益和重大关切。在和平共处五项原则基础上,孟中战略合作伙伴关系不断取得新发展。孟国民议会愿同中国全国人大一道,为促进两国各领域合作、加强团结抗疫、拓展人文交流、增进人民友谊作出贡献。

同汤加议长法卡法努阿举行会谈

新华社北京8月17日电　全国人大常委会委员长栗战书17日在北京人民大会堂以视频方式同汤加议长法卡法努阿举行会谈。

栗战书说,汤加是中国在南太地区的好伙伴、好兄弟。在习近平主席和图普六世国王的共同引领下,中汤全面战略伙伴关系快速发展,给两国人民带来了实实在在的利益。中方愿与汤方共同努力,以两国元首达成的重要共识为引领,推动中汤关系不断迈上新台阶,携手构建更加紧密的中国同太平洋岛国命运共同体。

栗战书指出,中汤作为全面战略伙伴,要继续加强政治互信与相互支持,打造相互尊重、合作共赢的典范。中方愿同汤方加强战略对接,推动高质量共建"一带一路",在经贸投资、基础设施等领域取得更多合作成果。中方感谢汤方支持全球发展倡议。两国人文交往潜力巨大,希进一步拓展在文化、旅游、地方等领域合作。

栗战书阐述了中方在台湾问题上的原则立场。他说,中方对汤加长期以来坚持一个中国原则表示高度赞赏。一个中国原则是中国同所有国家发展双边关系的政治基础。两岸统一的历史大势是任何人任何势力都无法阻挡的,任何分裂中国企图都是痴心妄想。

栗战书表示,中国与汤加等太平洋岛国同属发展中国家,希望汤方积极支持和参与全球安全倡议,共同捍卫国际公平正义,维护以联合国为核心的国际体系和以国际法为基础的国际秩序。中方愿积极推动国际社会全面落实《巴黎协定》,深化同太平洋岛国应对气候变化南南合作。中方支持不久前太平洋岛国论坛领导人会议通过的"蓝色太平洋大陆2050发展战略"。

栗战书强调,中汤立法机构一直保持友好交往,为推动双边关系发展发挥了重要作用。中国全国人大愿同汤加议会开展多渠道、多层级沟通交流,及时出台、修改完善并推动落实相关法律法规,为拓展两国务实合作提供法治保障。双方可鼓励更多青年代表参与到两国交往中来,不断夯实中汤友好的民意基础。

法卡法努阿说,汤加坚定支持一个中国政策,积极支持习近平主席提出的全球发展倡议。感谢中方在抗击自然灾害、防控新冠肺炎疫情和促进经济社会发展等多方面给予汤加的无私帮助。汤加议会将同中国全国人大一道,发挥立法机构的积极作用,为深化两国全面战略伙伴关系、拓展各领域合作作出贡献。

同土耳其大国民议会议长申托普举行会谈

新华社北京8月24日电　全国人大常委会委员长栗战书24日在北京人民大会堂以视频方式同土耳其大国民议会议长申托普举行会谈。

栗战书说,在习近平主席和埃尔多安总统的战略引领下,中土战略合作关系保持良好发展势头,各领域务实合作不断推进。去年中土共同庆祝建交50周年,两国元首互致贺电并通话,为双边关系发展注入了新的动力。中方愿同土方共同努力,全面落实两国元首重要共识,推动双方战略合作关系健康稳定向前发展。

栗战书指出,发展中土关系,要进一步加强政治互信和相互支持。中方坚定支持土方维护国家主权、独立和领土完整,尊重土方根据自身国情选择发展道路,支持土方打击恐怖主义。一个中国原则是中国同各国交往的政治基础。中方赞赏土方长期以来恪守一个中国原则,赞赏土方多次表示不允许任何人在土耳其领土上从事反华分裂活动。涉疆问题的本质是反暴恐、去极端化、反分裂问题。希望土方在涉疆问题上秉持客观立场，夯实双边关系基础。中土同为发展中大国，对于促进地区和国际安全稳定负有共同的责任。希望土方积极支持和参与习近平主席提出的全球安全倡议。这一倡议的精髓要义是以新安全观为理念指引，以相互尊重为基本遵循，走出一条对话而不对抗、结伴而不结盟、共赢而非零和的新型安全之路。中方愿同土方加强合作，坚持真正的多边主义，促进世界与地区的和平安宁。

栗战书表示，土耳其是最早同中方签署共建“一带一路”合作政府间协议的国家。希望双方进一步对接共建“一带一路”倡议和土方“中间走廊”计划，推进经贸、投资等各领域互利合作，加强人文交往，增进两国人民之间相互了解。

栗战书强调，中国全国人大愿同土耳其大国民议会开展多层级、多渠道的沟通交流，继续把友好小组平台用好用足。通过立法、推动法律实施以及批准双边条约等多种方式，推动两国各领域务实合作。加强在多边议会组织中的协调配合，维护好彼此核心利益和重大关切。

申托普说，土耳其重视发展对华友好关系，坚定奉行一个中国政策，愿不断拓展同中方在共建“一带一路”、经贸投资、人文、卫生等各领域合作。土耳其大国民议会希加强同中国全国人大的交流，发挥立法机构的积极作用，共同致力于促进土中关系取得新发展。

会见俄罗斯驻华大使杰尼索夫

新华社北京8月31日电　全国人大常委会委员长栗战书31日在京会见即将离任的俄罗斯驻华大使杰尼索夫。

栗战书说，在习近平主席和普京总统的战略引领下，中俄关系始终保持正确前进方向，双方相互坚定支持，持续增进政治互信，密切战略协作，深化务实合作，用实际行动诠释了中俄新时代全面战略协作伙伴关系的丰富内涵，更加彰显出两国关系的特殊价值。

栗战书强调，中国全国人大愿密切同俄联邦会议的友好交往，为两国关系发展和各领域合作提供坚实法律保障。

栗战书高度评价杰尼索夫为中俄友好作出的重要贡献，希望他继续为促进两国交流合作不懈努力。

杰尼索夫说，在两国元首的战略引领下，俄中新时代全面战略协作伙伴关系不断发展。愿继续努力，为增进两国友谊添砖加瓦。

会见越共中央总书记阮富仲

新华社北京11月1日电　11月1日，全国人大常委会委员长栗战书在钓鱼台国宾馆会见越共中央总书记阮富仲。

栗战书在会见时表示，习近平总书记昨天同阮富仲总书记同志成功会晤，达成一系列重要共识，在两国和世界上产生重要影响，为两国社会主义事业注入了强劲动力。栗战书介绍了中共二十大的重大政治成果和重要意义，表示中国共产党和中国人民正热烈响应二十大号召，在以习近平同志为核心的中共中央领导下，信心百倍朝着以中国式现代化全面推进中华民族伟大复兴的目标而团结奋斗。中国全国人大愿进一步密切同越南国会的交流合作，为深化新时代中越全面战略合作伙伴关系贡献力量。

阮富仲表示，期待越南国会同中国全国人大进一步加强交流，共同落实好两党最高领导人达成的共识，推动“同志加兄弟”的中越友好合作结出新硕果。

全国人大常委会副委员长沈跃跃参加会见。

会见巴基斯坦总理夏巴兹

新华社北京 11 月 2 日电 全国人大常委会委员长栗战书 2 日在人民大会堂会见巴基斯坦总理夏巴兹。

栗战书表示，总理先生在中共二十大胜利闭幕不久就来华进行正式访问，体现了两国特殊友好。中方愿同巴方弘扬“铁杆”友谊，加强战略协作，深化务实合作，密切人文交流，推动构建更加紧密的中巴命运共同体。习近平再次当选中共中央总书记，反映了 9600 多万中共党员对习总书记的衷心拥护，也反映了亿万中国人民紧跟新时代领路人开创伟大事业的坚定决心。中国全国人大愿同巴议会加强各层级交往合作。

夏巴兹祝贺中共二十大胜利闭幕，表示相信在习近平主席英明领导下，中国未来发展一定会取得更大成就。巴中是全天候朋友，始终相互坚定支持，巴方将与中方一道推动两国关系深入发展。

张春贤参加会见。

会见坦桑尼亚总统哈桑

新华社北京 11 月 3 日电 全国人大常委会委员长栗战书 3 日在人民大会堂会见坦桑尼亚总统哈桑。

栗战书表示，坦桑尼亚是中国重要伙伴。中方将以两国元首重要共识为指引，同坦方更好对接落实中非合作论坛成果，在涉及彼此核心利益问题上坚定相互支持。中国将始终秉持真实亲诚理念，加强同非洲国家等发展中国家团结合作。中非加强合作，就能维护好发展中国家共同利益，守住国际公平正义。中国人民将在以习近平同志为核心的党中央坚强领导下，在实现中华民族伟大复兴中国梦的道路上砥砺前行。中国全国人大愿同坦议会加强各层级交往合作。

哈桑祝贺中共二十大成功召开，表示坦坚持一个中国政策，致力于进一步巩固坦中关系，和中方一道推动坦中友好合作迈向更高水平。

曹建明参加会见。

同尼加拉瓜国民议会议长波拉斯举行会谈

新华社北京 11 月 16 日电 全国人大常委会委员长栗战书 16 日在北京人民大会堂以视频方式同尼加拉瓜国民议会议长波拉斯举行会谈。

栗战书说，去年 12 月，中尼在一个中国原则基础上复交，翻开两国关系新的历史篇章。习近平主席同奥尔特加总统互致信函，为双边关系快速发展发挥重要的战略引领作用。中方愿以庆祝两国复交一周年为契机，落实好两国元首重要共识，将中尼关系打造成不同规模、不同国情国家友好合作、共同发展的典范。

栗战书指出，中尼关系发展的积极成果充分证明，两国复交顺应历史大势和时代潮流，符合两国和两国人民的根本利益。发展双边关系，最重要的是要加强政治上的相互信任与支持，充分发挥元首外交的把舵领航作用，确保中尼关系始终沿着正确方向前行。中方坚定支持尼方维护主权独立、民族尊严以及探索符合本国国情发展道路的努力，高度赞赏尼方在涉及中方核心利益和重大关切问题上给予的宝贵支持，相信尼方将继续理解和支持中方捍卫国家主权和领土完整的正义事业。中方愿同尼方一道落实好习近平主席提出的全球发展倡议和全球安全倡议，共同构建人类命运共同体。两国各领域互利合作成效显著，中方愿以共建“一带一路”为统领，同尼方加强发展战略对接，把互补优势转化为全面合作动力，继续开展人文交流，不断夯实两国友好的民意基础。

栗战书强调，中国全国人大愿同尼加拉瓜国民议会继续加强多层次、多渠道、多形式的交流合作，充分发挥双边友好小组的平台作用；加快完善关于投资合作的相关法律，推动优化营商环境；加强在各国议会联盟等多边场合的协调配合。

波拉斯表示，尼加拉瓜为尼中友好关系感到骄傲，希望不断加强各领域务实合作。尼方坚定坚持一个中国原则。感谢中方在促进经济社会发展、抗击新冠肺炎疫情等多方面给予尼方的重要支持。尼国民议会愿深化同中国全国人大的友好交流，为促进两国关系发展作出贡献。

全国人大常委会副委员长曹建明参加会谈。

在东盟各国议会间大会第 43 届年会闭幕式上发表视频致辞

新华社北京 11 月 24 日电　应东盟各国议会间大会主席、柬埔寨国会主席韩桑林邀请，全国人大常委会委员长栗战书 24 日在东盟各国议会间大会第 43 届年会闭幕式上发表视频致辞。

栗战书表示，今年是东盟成立 55 周年，也是东盟各国议会间大会成立 45 周年。中方对东盟共同体的建设成就和东盟各国议会间大会的发展壮大感到由衷高兴，对此次大会顺利召开表示热烈祝贺。

栗战书说，中国与东盟山水相连、人文相通，是命运与共的好邻居、好朋友、好伙伴。在习近平主席和东盟各国领导人的战略引领和亲自推动下，中国东盟关系发展进入快车道、跑出加速度。当前，双方发展全面战略伙伴关系开局良好，“五大家园”建设取得可喜成果。

栗战书表示，不久前举行的中共二十大明确了未来一个时期中国共产党的中心任务就是团结带领全国各族人民全面建成社会主义现代化强国、实现第二个百年奋斗目标，以中国式现代化全面推进中华民族伟大复兴。习近平主席强调，中国式现代化是走和平发展道路的现代化。中方将继续致力于维护世界和平、促进共同发展，坚持亲诚惠容和与邻为善、以邻为伴的周边外交方针，深化同周边国家的友好互信和利益融合。中方坚信，中国东盟合作将继续走在时代前列，为促进亚太地区的和平与发展贡献力量。

栗战书指出，中国东盟在各自发展过程中有许多理念是相通的。中方积极倡导以人为本、以人民为中心的发展理念，中国全国人大和地方各级人大坚持人民至上，践行全过程人民民主。《东盟宪章》也将“以人为本”列为重要原则，《东盟共同体愿景2025》则重申“以人为本的发展”。长期以来，东盟各国议会间大会秉持相同理念，大力开展相关领域合作，为东盟一体化建设作出了重要贡献。

栗战书强调，立法机构交流合作是中国东盟关系的重要组成部分。中国全国人大愿继续同东盟各国议会间大会和东盟各国议会开展多层次、多渠道的友好往来，增进团结合作，共同加强能力建设，造福本国和本地区人民，丰富发展中国东盟全面战略伙伴关系内涵，为构建更为紧密的中国－东盟命运共同体作出新贡献。

会见古共中央第一书记、古巴国家主席迪亚斯－卡内尔

新华社北京 11 月 25 日电　全国人大常委会委员长栗战书 25 日在人民大会堂会见古共中央第一书记、古巴国家主席迪亚斯－卡内尔。

栗战书表示，中古是彼此信赖、肝胆相照的好朋友、好同志、好兄弟，两国关系牢不可破。中方坚定支持古方维护主权独立、反对外部干涉，愿同古方一道落实好两国元首达成的重要共识，推动两党两国关系进一步深入发展。在以习近平同志为核心的党中央坚强领导下，中国特色社会主义事业进入新时代，取得历史性成就。中国全国人大愿同古巴立法机构进一步加强交流合作，为双方各领域合作提供积极有力的法律保障。

迪亚斯－卡内尔再次热烈祝贺中共二十大成功举行，习近平主席再次当选中共中央总书记，表示古方衷心祝愿中方通过中国式现代化实现民族复兴，希进一步深化两国各领域友好合作。

吉炳轩参加会见。

会见蒙古国总统呼日勒苏赫

新华社北京 11 月 28 日电 全国人大常委会委员长栗战书 28 日在人民大会堂会见蒙古国总统呼日勒苏赫。

栗战书表示,中蒙是近邻和重要伙伴,相信在两国元首战略引领下,中蒙关系必将在新时代取得新发展。中方愿同蒙方一道,继续在涉及彼此核心利益和重大关切问题上相互坚定支持,深化发展战略对接和政策沟通协调,密切人文交流,深入开展多边协调合作。以习近平同志为核心的党中央坚强领导和习近平新时代中国特色社会主义思想的指引,是我国全面建设社会主义现代化国家、实现中华民族伟大复兴最根本的政治保障。中方愿继续同蒙方保持立法机构高层交往,加强对话合作,为两国各领域务实合作提供立法保障。

呼日勒苏赫祝贺中共二十大成功召开,表示蒙方愿同中方巩固长期睦邻友好,加强互利合作,不断深化蒙中全面战略伙伴关系。

白玛赤林参加会见。

会见老挝人革党中央总书记、国家主席通伦

新华社北京 11 月 30 日电 11 月 30 日,全国人大常委会委员长栗战书在人民大会堂会见老挝人革党中央总书记、国家主席通伦。

栗战书表示,中老是山水相连的社会主义友好邻邦,是具有战略意义的命运共同体。进入新时代,在两党两国最高领导人战略引领下,中老关系步入历史最好时期。中国全国人大将在以习近平同志为核心的中共中央坚强领导下,为全面建设社会主义现代化国家提供法治保障。我们愿同老挝国会一道,落实好习近平总书记、国家主席同通伦总书记、国家主席达成的重要共识,深化交流合作,为推动中老关系向更高水平发展作出新的贡献。

通伦感谢中国全国人大一直以来为老挝立法机构提供的宝贵支持和帮助,老国会愿同中国全国人大加强治国理政经验交流,促进两党两国关系更大发展。

王东明参加会见。

会见欧洲理事会主席米歇尔

新华社北京 12 月 1 日电 全国人大常委会委员长栗战书 1 日在人民大会堂会见欧洲理事会主席米歇尔。

米歇尔对江泽民同志因病逝世表示沉痛哀悼。

栗战书感谢欧方哀悼,表示中方将继承江泽民同志遗志,进一步推动中欧关系稳定健康发展。

栗战书指出,当前中欧关系处于继往开来的关键时期。习近平主席同主席先生达成很多重要共识,为推动中欧关系发展提供了战略引领,注入了新的动力。中方愿同欧方一道,落实好双方领导人共识,坚持相互尊重、平等相待、互利共赢,实现和平共处、共同发展,共同推动中欧全面战略伙伴关系不断取得新进展,为世界和平与繁荣作出更多贡献。中国全国人大愿同欧洲议会、欧盟成员国议会开展多形式、多层次、多渠道的交往,为中欧务实合作提供立法保障。

米歇尔表示,欧盟愿同中方加强对话沟通,增进相互理解,共同应对气候变化、能源安全、粮食安全等全球性挑战。

郝明金参加会见。

二、委员长出国访问

栗战书将访问俄罗斯、蒙古国、尼泊尔和韩国并在俄出席第七届东方经济论坛全会

应俄罗斯国家杜马主席沃洛金、蒙古国国家大呼拉尔主席赞丹沙塔尔、尼泊尔众议院议长萨普科塔、韩国国会议长金振杓的邀请，全国人大常委会委员长栗战书将于9月7日至17日对俄罗斯、蒙古国、尼泊尔和韩国进行正式友好访问，并在俄出席第七届东方经济论坛全会。

栗战书主持第八届金砖国家议会论坛并作主旨发言

新华社北京9月6日电　全国人大常委会委员长栗战书6日晚在北京人民大会堂以视频方式主持第八届金砖国家议会论坛并作主旨发言。

栗战书在开幕词中说，习近平主席今年6月主持金砖国家领导人第十四次会晤，与会领导人就维护世界和平、促进经济复苏、深化务实合作等重大问题深入交流，形成一系列开创性、引领性、机制性的成果，推动金砖合作进入高质量发展的新阶段。金砖五国立法机构长期保持友好往来，为金砖各领域合作提供了法治保障和政策支持。中国全国人大愿同金砖国家的立法机构加强合作，共同落实好领导人重要共识，推动金砖国家伙伴关系深入发展，维护世界和平稳定，助力世界经济复苏和可持续发展。

栗战书在主旨发言中表示，金砖国家立法机构要结合自身特点优势，积极发挥作用，助力巩固金砖团结，深化各领域合作，为世界注入积极、稳定、建设性力量。一是坚持公平正义，维护和平安全。习近平主席提出的全球安全倡议，系统阐述了中方促进世界安危与共、维护世界和平安宁的立场主张，强调人类是不可分割的安全共同体。欢迎金砖伙伴积极支持和参与全球安全倡议。五国立法机构要用好各国议会联盟等合作框架，加强政策沟通协调，共同捍卫联合国宪章和国际法权威。二是坚持同舟共济，促进发展繁荣。习近平主席提出的全球发展倡议，以构建全球发展共同体为目标，旨在推动国际社会切实重视发展问题，重振全球发展事业。已有100多个国家和包括联合国在内的多个国际组织积极支持这一倡议，60多个国家加入“全球发展倡议之友小组”。要继续加强协作，从解决发展中国家面临的最紧迫问题入手，加快落实联合国2030年可持续发展议程。三是坚持开放融通，拓展务实合作。要努力把领导人共识落到实处，让民众实实在在受益，永葆金砖机制的生机和活力。坚持创新驱动，推进金砖国家新工业革命伙伴关系，为新技术、新产业提供法治保障。加强互联互通，为促进贸易便利化、实现经济复苏提供新的增长点。四是坚持包容互鉴，扩大对话交流。立法机构交往是金砖合作的重要组成部分。要不断完善立法机构合作机制，利用好、发展好议会论坛这一重要平台，积极拓展五国立法机构的对口交流和友好往来。加强治国理政经验交流，提高立法质量，提升科学决策、民主决策水平。推动金砖人文交流，夯实金砖合作的民意基础。

南非国民议会议长马皮萨－恩卡库拉、省务院主席马桑多，巴西参议院议长帕谢科，俄罗斯联邦委员会主席马特维延科、国家杜马主席沃洛金，印度议会外交委员会主席乔杜里以视频方式出席论坛。各方围绕“发挥立法机构作用，推动构建高质量金砖伙伴关系”的论坛主题进行了深入交流。

栗战书出席第七届东方经济论坛全会并致辞

新华社符拉迪沃斯托克9月8日电 第七届东方经济论坛全会7日下午在俄罗斯符拉迪沃斯托克举行。中国全国人大常委会委员长栗战书出席并作了题为《推动世界多极化进程 开启区域合作新篇章》的致辞。俄罗斯总统普京、缅甸国家管理委员会主席敏昂莱、蒙古国总理奥云额尔登、亚美尼亚总理帕什尼扬出席会议并致辞。印度总理莫迪、马来西亚总理伊斯迈尔、越南总理范明政发表视频致辞。

栗战书说，习近平主席先后两次应普京总统邀请出席东方经济论坛并发表重要致辞，阐述了中方对发展中俄关系、推进区域互利合作、维护地区和平稳定的主张和倡议，在国际社会引发热烈反响。本届东方经济论坛以“通向多极世界之路”为主题，正当其时。世界多极化是历史发展的大势，也是国际社会的普遍期待。去年以来，习近平主席先后提出全球发展倡议和全球安全倡议，得到联合国等国际组织以及包括俄罗斯在内的众多国家响应支持，为世界注入稳定性和正能量，为破解时代难题贡献了中国智慧和中国方案。中方愿继续同国际社会一道，以持续有力的举措，推动两大倡议落地生根、开花结果，为世界各国人民带来实实在在的利益。

栗战书指出，今年2月，习近平主席同普京总统就拓展两国全方位务实合作、践行共商共建共享的全球治理观达成许多重要共识。中国是俄罗斯远东开发的重要合作伙伴，中俄开展远东合作是两国元首亲自推动和规划的重要合作内容。中方将进一步加强同俄罗斯的贸易、能源、农业、基础设施建设、科技、教育、医疗、文化等领域的全方位合作，继续支持和参与俄罗斯远东开发，助推中国东北全面振兴与俄远东开发国家战略深度对接，促进中俄在远东合作取得丰硕成果。

栗战书强调，东北亚是当今世界最具活力的地区之一。深化远东开发与合作，将为促进本地区的安全与发展提供重要机遇。一是要践行全球安全倡议，维护地区和平稳定。建设和谐安宁的共同家园，别无他法，唯有各方携手合力，秉持共同、综合、合作、可持续的安全观，对话而不对抗，结伴而不结盟，团结而非分裂，坚持安全不可分割，不断为维护地区和平稳定注入正能量。二是要落实全球发展倡议，促进区域开放融合。要提振发展伙伴关系，汇聚合作资源和平台，加强发展政策联通，挖掘创新增长潜力，维护产业链供应链安全畅通，打造更加稳定、安全、自由的贸易投资环境，为促进经济全球化进程注入新动力。三是要深化发展战略对接，提升中俄远东合作。中方将全面落实好习近平主席和普京总统达成的重要共识，积极开展“一带一路”建设和欧亚经济联盟对接合作，丰富中俄远东合作内涵。两国立法机构要加强协作，为此提供立法保障。

栗战书表示，中国是世界多极化的坚定支持者和积极推动者。中国愿同包括俄罗斯在内的区域各国一道，深化共建“一带一路”，谱写东北亚区域合作美好篇章，为推动构建人类命运共同体而不懈努力。

在互动交流环节，栗战书就当前中俄关系以及中俄远东合作前景回答了全会主持人提问。

8日上午，栗战书会见了俄罗斯滨海边疆区行政长官科热米亚科，并考察了中方参与建设的符拉迪沃斯托克艺术文化综合体。

栗战书对俄罗斯进行正式友好访问

新华社莫斯科9月10日电 应俄罗斯国家杜马主席沃洛金邀请，中国全国人大常委会委员长栗战书7日至10日对俄罗斯进行正式友好访问，在符拉迪沃斯托克会见总统普京，在莫斯科与国家杜马主席沃洛金、联邦委员会主席马特维延科分别举行会谈，并会见国家杜马五大党团负责人。

会见普京时，栗战书首先转达习近平主席的亲切问候和良好祝愿。栗战书说，在习近平主席和普京总统的战略引领和亲自推动下，中俄新时代全面战略协作伙伴关系始终保持强劲发展势头。两国政治互信、战略协作、务实合作都达到了新高度，成为大国、邻国睦邻友好、合作共赢的典范。中俄都处在发展振兴的关键历史阶段，合作潜力巨大、前景广阔。中方愿继续同俄方一道，在涉及彼此核心利益和重大关切问题上相互坚定支持，践行习近平主席提出的全球发展倡议和全球安全倡议，把高水平政治互信转化为更多务实合作成果。坚信在习近平主席和普京总统的领导下，新时代中俄关系将不断迈上新台阶，中俄两国一定能够沿着符合本国国情的发展道路走下去，实现各自国家发展、民族复兴的伟大目标。栗战书祝贺俄方成功举办第七届东方经济论坛，介绍了即将召开的中共二十大有关情况。

普京请栗战书转达对习近平主席的美好祝福。他说，俄中新时代全面战略协作伙伴关系具有特殊性和重要性，俄方对两国关系和各领域合作成果感到满意。特别是在新冠肺炎疫情形势下，双边贸易呈现积极发展势头，相信会迈向更高的合作目标。俄中立法机构加强交流，将为促进两国关系发展发挥积极作用。预祝中共二十大胜利召开。

与沃洛金、马特维延科分别会谈时，栗战书说，中俄立法机构合作的重要任务，就是推动落实两国元首达成的各项重要共识，为双边关系健康稳定发展提供法治保障。中国全国人大愿继续深化与俄国家杜马、联邦委员会的交流合作，发挥定期交流机制平台作用，保持高层交往良好势头，促进友好小组、专门委员会对口交流。通过立法和审批条约、协定，为务实合作创造良好环境。加强治国理政和反干涉、反制裁、反长臂管辖等方面的立法经验交流。感谢俄方在台湾问题上给予中方的坚定支持。沃洛金和马特维延科都再次谴责佩洛西窜访中国台湾地区，表示俄坚定奉行一个中国政策，愿在相互尊重、平等互利基础上深化对华合作。沃洛金说，俄中立法机构合作应进一步提质升级，拓展合作模式，丰富合作内容，共同落实好两国元首重要共识，为两国关系发展作贡献。马特维延科祝贺中国共产党领导中国人民取得的伟大成就，表示俄中关系深入发展赋予立法机构合作新的使命，双方应积极推进两国政治、经贸、金融、青年、地方、人文等各领域合作。

会见国家杜马五大党团负责人时，栗战书表示，各党团一致积极支持加强对华友好合作，充分表明发展好中俄新时代全面战略协作伙伴关系是俄各党派、社会各界的广泛共识。中方愿同俄各党派保持密切沟通与交流，夯实中俄友好和务实合作的基础。国家杜马五大党团负责人表示，愿积极发挥党团作用，加强俄中党际交流，为深入发展俄中关系、造福两国和两国人民不懈努力。

在莫斯科期间，栗战书向无名烈士墓敬献了花圈，参观了列宁故居。

栗战书对蒙古国进行正式友好访问

新华社乌兰巴托9月12日电　应蒙古国国家大呼拉尔主席赞丹沙塔尔邀请，中国全国人大常委会委员长栗战书10日至12日对蒙古国进行正式友好访问，在乌兰巴托会见总统呼日勒苏赫、总理奥云额尔登，与赞丹沙塔尔举行会谈。

会见呼日勒苏赫时，栗战书首先转达了习近平主席的亲切问候和良好祝愿。栗战书说，中蒙是搬不走、金不换的好邻居。发展中蒙睦邻友好关系符合两国根本和长远利益。在习近平主席和蒙领导人的战略引领下，中蒙全面战略伙伴关系不断迈上新台阶。新冠肺炎疫情发生后，双方团结抗疫，谱写了“羊来茶往”的佳话。中国始终秉持亲诚惠容的周边外交理念，积极发展与蒙古国的友好合作关系。希望双方进一步深化政治互信，继续在涉及彼此核心利益和重大关切问题上相互坚定支持，加强在国际和地区事务上的协调配合，深入推进多双边互利合作。

呼日勒苏赫请栗战书转达对习近平主席的诚挚问候。他说，蒙方对中国特色社会主义事业在习近平主席和中国共产党正确领导下取得历史性成就感到由衷高兴，蒙中友好合作是国与国关系发展的典范，希望双方加强高层交往，深化政治互信，拓展各领域交流合作，将蒙中关系不断推向更高水平，共同促进两国发展和亚洲繁荣稳定。两国立法机构的交流对于深化蒙中睦邻友好、充实两国全面战略伙伴关系具有重要意义。

会见奥云额尔登时，栗战书说，发展经济、改善民生、强国富民是中蒙双方共同的目标。中蒙经济互补优势明显，合作潜力巨大。中方愿与蒙方加强发展战略对接和政策沟通协调，进一步推动基础设施互联互通，促进区域一体化进程，做好疫情形势下口岸通关工作，落实好已有合作项目，开展绿色能源合作，扩大贸易往来，实现中蒙协同发展、互利共赢。双方还可加强政党、青年、人文等领域的交流合作。奥云额尔登说，发展同中国的睦邻友好和互利合作是蒙古国对外政策的首要目标。中国快速发展是蒙古国发展振兴的重大机遇。愿积极深化在经贸、物流、口岸、资源、教育等领域合作，推动蒙"新复兴政策"同中国"一带一路"倡议等发展战略对接。

与赞丹沙塔尔举行会谈时，栗战书说，中蒙要做常来常往的善邻、互利合作的益友、多边合作的伙伴，更好造福两国和两国人民。两国立法机构要积极落实两国领导人达成的重要共识，加强治国理政及立法工作经验交流，为推动中蒙各领域合作提供法律保障。加强在各国议会联盟等多边场合协调，从立法机构角度发出坚持多边主义、完善全球治理体系的共同声音。赞丹沙塔尔表示，立法机构友好交往是两国关系的重要组成部分。希望深化两国立法机构专门委员会、友好小组间的互动交流。蒙国家大呼拉尔愿为增进蒙中政治互信、推动务实合作、加深人民友谊作出积极努力。

栗战书向蒙方介绍了即将召开的中共二十大有关情况。蒙方表示，将坚定奉行一个中国原则，积极支持习近平主席提出的全球发展倡议和全球安全倡议，愿同中方共同努力，推动蒙中全面战略伙伴关系不断实现新发展。预祝中共二十大胜利召开。

访蒙期间，栗战书还考察了"蒙古游牧"草原生态区。

栗战书对尼泊尔进行正式友好访问

新华社加德满都 9 月 15 日电 应尼泊尔众议院议长萨普科塔邀请，中国全国人大常委会委员长栗战书 12 日至 15 日对尼泊尔进行正式友好访问，在加德满都会见总统班达里、总理德乌帕，与众议院议长萨普科塔和联邦院主席蒂米尔西纳分别举行会谈。

会见班达里时，栗战书首先转达了习近平主席的亲切问候和良好祝愿。栗战书说，中尼山水相连、世代友好。习近平主席 2019 年对尼泊尔进行历史性的国事访问，两国元首宣布将中尼关系提升为面向发展与繁荣的世代友好的战略合作伙伴关系，为中尼关系长远发展提供了战略引领。感谢尼方始终不渝坚持一个中国原则，在台湾、涉藏、涉疆、人权等问题上支持中方立场。中方将继续坚定支持尼方维护主权独立和领土完整、实现繁荣富强。欢迎尼方积极参加习近平主席提出的全球发展倡议和全球安全倡议。祝贺尼即将迎来 9 月 20 日国庆日。

班达里请栗战书转达对习近平主席的诚挚问候。她说，习近平主席 2019 年访尼在两国关系史上具有里程碑意义。中国始终是尼泊尔最可信赖的好朋友、好伙伴。感谢中方在经济社会发展、抗震救灾、抗击新冠肺炎疫情等方面给予尼的无私帮助。中国快速发展，已成为全球发展典范，为维护世界和平稳定发挥着重要作用。希望尼中加强各领域务实合作，推进重要项目落实。

会见德乌帕时，栗战书说，中方始终将尼泊尔置于周边外交优先方向。双方要继续在涉及彼此核心利益和重大关切问题上相互理解、相互支持，共同坚持真正的多边主义。推进高质量共建"一带一路"，加强经贸投资、基础设施、口岸通关等各领域交流合作，携手打造跨喜马拉雅立体互联互通网络，切实为两国人民带来福祉。德乌帕说，尼中都坚持和平共处五项原则，双边关系具有坚实的政治基础。尼泊尔的发展转型，离不开中国的支持和帮助。愿加强同中方各层次友好往来，拓展经济、民生、教育、旅游、文化等领域务实合作，实现共同发展繁荣。

与萨普科塔、蒂米尔西纳分别会谈时，栗战书说，中国全国人大愿同尼议会一道，落实好两国领导人达成的重要共识，密切专门委员会、友好小组之间的交往，加强治国理政经验交流，为两国务实合作提供法律保障。萨普科塔说，习近平主席强调的合作共赢理念，在中国的对外政策中得到了充分体现。希两国立法机构进一步密切交往，推动互联互通、民生改善等项目落地见效。蒂米尔西纳表示，尼议会积极支持"一带一路"建设，愿学习借鉴中国经济社会发展、脱贫攻坚经验。

栗战书向尼方介绍了即将召开的中共二十大有关情况。尼方领导人表示，作为友好邻邦，尼泊尔为中国共产党领导中国人民取得的伟大发展成就感到高兴。在习近平总书记领导下，中国一定能顺利实现第二个百年奋斗目标。预祝中共二十大胜利召开。尼方领导人一致重申，尼始终坚定坚持一个中国原则，不允许任何势力利用尼领土从事反华活动、损害中国利益。

访尼期间，栗战书分别会见了尼共（联合马列）主席奥利、尼共（毛主义中心）主席普拉昌达。栗战书还与萨普科塔共同签署了《中华人民共和国全国人民代表大会与尼泊尔联邦议会众议院合作谅解备忘录》，会见了尼外长卡德加，考察了巴德岗杜巴广场震后重建情况。

栗战书对韩国进行正式友好访问

新华社首尔9月17日电　应韩国国会议长金振杓邀请，中国全国人大常委会委员长栗战书15日至17日对韩国进行正式友好访问，在首尔会见总统尹锡悦，与国会议长金振杓举行会谈。

会见尹锡悦时，栗战书首先转达了习近平主席的亲切问候和良好祝愿。栗战书说，今年是中韩建交30周年，习近平主席同尹锡悦总统互致贺函，总结中韩关系发展成就和重要经验，共同为两国关系发展指明方向。中方始终将同韩国的关系置于重要位置。中方愿同韩方加强沟通，把握大势，排除干扰，聚焦合作，夯实友好，共同推动中韩关系行稳致远，更好造福两国和两国人民。经贸合作是两国关系的重要亮点。双方应进一步深化合作，加强发展战略对接，尽快完成中韩自贸协定第二阶段谈判，确保产业链供应链安全稳定，共同维护基于规则的自由贸易体系。国民友好感情是两国关系发展的基础。要进一步加强双方在人文、媒体、智库等领域交流，增进两国人民之间的相互理解和友谊。妥善处理敏感问题对于确保中韩关系健康稳定发展至关重要。中方愿同韩方就地区和全球性重大议题加强沟通协作，共同为促进地区和世界和平稳定、发展进步作出贡献。

尹锡悦请栗战书转达对习近平主席的诚挚问候。他说，在韩中建交30周年之际，我同习近平主席互致贺函，共同回顾两国关系发展历程，确认了致力于在未来30年实现两国关系进一步发展的意志。建交以来，韩中关系取得长足发展，在经贸、人文等领域交流合作成果丰硕。希望双方加强高层交往和各层级对话沟通，坚持互利共赢，扩大共同利益，推动两国关系取得实实在在的成果，增进两国民众特别是年轻一代友好感情，密切人文和体育交流，在国际和地区事务中紧密开展合作，推动韩中关系在未来30年取得更大发展。

与金振杓会谈时，栗战书说，中韩互为友好近邻和重要合作伙伴。习近平主席提出全球发展倡议和全球安全倡议，得到了国际社会的积极响应。中国全国人大愿同韩国国会一道，促进各领域务实合作，推动中韩关系持续健康稳定发展。要用好定期交流机制，增强针对性和实效性，为深化各领域互利合作提供法律保障。在发展经济、改善民生等方面互学互鉴，鼓励更多青年参与到中韩交往中来，为夯实两国友好的社会和民意基础营造良好氛围。金振杓说，两国立法机构保持密切往来，为促进韩中关系发挥了重要作用。韩国国会愿同中国全国人大加强交流，为推进两国经贸合作，维护产业链供应链安全，保护环境和应对气候变化，维护半岛和平稳定，拓展文化交流，增进人民友谊，作出立法机构的积极贡献。

会谈后，栗战书与金振杓共同会见了记者。

访韩期间，栗战书分别会见了前议长朴炳锡和韩国各界友好人士，参观了LG研发中心。栗战书说，中国始终是世界和平的建设者、全球发展的贡献者、国际秩序的维护者。中韩关系基础深厚，具备向更高水平迈进的条件。中方愿与韩方各界共同努力，以建交30周年和“中韩文化交流年”为契机，相知相亲，携手同行，让友谊之树深深植根于两国人民心中。

中韩双方还就朝鲜半岛形势等共同关心的问题交换了意见。

栗战书委员长访问俄罗斯、蒙古、尼泊尔、韩国并在俄出席第七届东方经济论坛情况的书面报告

全国人民代表大会常务委员会：

2022年9月7日至17日，全国人大常委会委员长栗战书应邀对俄罗斯、蒙古、尼泊尔、韩国进行正式友好访问，并在俄出席第七届东方经济论坛。全国人大常委会秘书长杨振武，全国人大监察和司法委员会主任委员吴玉良、财政经济委员

会主任委员徐绍史、外事委员会主任委员张业遂，外交部部长助理吴江浩陪同。现将主要情况报告如下：

栗战书委员长此访是在党的二十大召开前夕，在世纪疫情和乌克兰危机交织叠加、国际格局深刻复杂演变背景下，我面向大国和周边地区采取的一次重要外交行动。访问贯彻“增进互信、深化合作、相互支持、共谋发展”方针，推动落实习近平主席同四国领导人达成的重要共识，宣介习近平新时代中国特色社会主义思想特别是习近平外交思想，宣介中国发展成就和中国道路、中国制度的优越性，深化同四国立法机构交流合作，为党的二十大胜利召开营造良好外部环境。

栗战书委员长在11天时间里，先后到访符拉迪沃斯托克、莫斯科、乌兰巴托、加德满都、首尔5座城市，出席双边、多边活动45场，行程紧凑高效，内容丰富，取得丰硕成果。出席在符拉迪沃斯托克举行的第七届东方经济论坛，作题为《推动世界多极化进程开启区域合作新篇章》的致辞。访问期间，先后与俄罗斯总统普京、国家杜马主席沃洛金、联邦委员会主席马特维延科，蒙古国总统呼日勒苏赫、总理奥云额尔登、国家大呼拉尔主席赞登沙特尔，尼泊尔总统班达里、总理德乌帕、众议长萨普科塔、联邦院主席蒂米尔西纳，韩国总统尹锡悦、国会议长金振杓进行会见会谈，就双边关系、务实合作、立法机构交往以及共同关心的国际和地区问题深入交换意见。会见俄国家杜马五大党团负责人、滨海边疆区行政长官科热米亚科，尼外长卡德加、尼共（联合马列）主席奥利、尼共（毛中心）主席普拉昌达，韩国会议员、前议长朴炳锡以及韩国各界友好人士，重点就加强两国党际交往、地方合作、人文交流等共同探讨。访问达到预期目的，取得圆满成功。

四国高度重视、热烈欢迎栗战书委员长到访，给予热情友好接待、高度评价和积极报道。俄总统普京第一时间确认会见安排，蒙古国家大呼拉尔主席赞登沙特尔陪同考察“蒙古游牧”草原生态区，尼众议长萨普科塔率议会高级官员到机场盛情迎接，韩总统在出访前夕专门安排会见，国会议长金振杓调整日程提前回国接待。四国领导人和当地媒体盛赞，栗战书委员长疫情以来的首次访问，充分体现了双边关系的高水平，生动诠释了习近平主席亲诚惠容理念，对于保持立法机构间的友好交往、促进互利合作、深化人民友谊具有重要意义。

一、出席第七届东方经济论坛并致辞，就促进世界多极化、推动东北亚区域合作阐明中方立场和主张

东方经济论坛是俄罗斯为推动远东地区经济发展、扩大国际合作搭建的重要平台。9月5日至8日，第七届东方经济论坛在符拉迪沃斯托克成功举行，主题是“通向多极世界之路”，来自67个国家和地区的约5000名代表参会。

栗战书委员长应俄总统普京邀请出席第七届东方经济论坛全会并致辞、参与互动答问。在致辞中，他说，习近平主席先后两次出席东方经济论坛并发表重要致辞，阐述了中方对发展中俄关系、推进区域互利合作、维护地区和平稳定的主张和倡议，在国际社会引发强烈反响。本届东方经济论坛以“通向多极世界之路”为主题，正当其时。世界多极化是历史发展的大势，也是国际社会的普遍期待。去年以来，习近平主席先后提出全球发展倡议和全球安全倡议，得到联合国等国际组织以及包括俄罗斯在内的众多国家响应支持，为变乱交织的世界注入了稳定性和正能量，为破解时代难题贡献了中国智慧和中国方案。中方愿继续同国际社会一道，以持续有力的举措，推动两大倡议落地生根、开花结果，为世界各国人民带来实实在在的利益。

栗战书委员长说，中俄开展远东合作是两国元首亲自关注和规划的重要合作内容。深化远东开发与合作，将为促进本地区的安全与发展提供重要机遇。一是践行全球安全倡议，维护地区和平稳定。秉持共同、综合、合作、可持续的安全观，对话而不对抗，结伴而不结盟，团结而非分裂，坚持安全不可分割，不断为维护地区和平稳定注入正能量。二是落实全球发展倡议，促进区域开放融合。提振发展伙伴关系，加强发展政策联通，挖掘创新增长潜力，维护产业链供应链安全畅通，打造更加稳定、安全、自由的贸易投资环境，为促进经济全球化进程注入新动力。三是深化发展战略对接，提升中俄远东合作。开展“一带一路”建设和欧亚经济联盟对接合作，丰富中俄远东合作内涵，用好现有机制平台，为更多企业参与中俄远东合作创造更有利环境。

在互动交流环节，栗战书委员长重点就当前中俄关系和中俄远东合作回答提问。他表示，中俄关系建立在不结盟、不对抗、不针对第三国基础之上，

不受国际风云变幻影响，具有强大内生动力和独立价值。中俄加强互利合作，最终造福的是两国人民，促进的是国际社会共同发展繁荣。他指出，深化中俄远东合作，双方在口岸基础设施建设、交通物流和海运、农业全产业链、绿色低碳产业等领域可以做的事情很多。希望双方抓住机遇，加强协调对接，推动中俄远东合作不断取得更多成果。

二、着力增进政治互信，深化战略协作，巩固双边关系的政治基础

栗战书委员长每到一国，都强调习近平主席与往访国领导人之间的相互信任和真诚友谊，是引领和推动国家关系发展的首要保证。四国领导人对此高度赞同，请栗战书委员长转达对习近平主席的亲切问候和良好祝愿。

中俄是紧密邻邦和战略协作伙伴。在习近平主席和普京总统的战略引领和亲自推动下，中俄新时代全面战略协作伙伴关系始终保持强劲发展势头，两国政治互信、战略协作、务实合作达到新高度，成为大国、邻国睦邻友好、合作共赢的典范。栗战书委员长强调，高水平元首外交是中俄关系的最大政治优势。坚信在习近平主席和普京总统的坚强领导下，新时代中俄关系将不断迈上新台阶，两国一定能够沿着符合本国国情的发展道路走下去，实现各自国家发展、民族复兴的伟大目标。栗战书委员长表示，此访最重要的任务就是落实两国元首达成的重要共识，愿继续同俄方一道，在涉及彼此核心利益和重大关切问题上相互坚定支持，在金砖国家、上合组织等框架内深化合作，进一步提升两国政治互信和战略协作水平。普京总统表示，俄中新时代全面战略协作伙伴关系具有特殊性和重要性，对双边关系现状感到满意。俄议会和地方领导人表示，尽管国际形势复杂严峻，俄发展对华关系的方针不会改变，对华友好政策在俄国内受到广泛支持。

中蒙地缘相近、利益交融，两国关系保持良好发展势头。2021 年，习近平主席同呼日勒苏赫总统通电话，就丰富中蒙全面战略伙伴关系的时代内涵达成重要共识。栗战书委员长指出，中蒙是搬不走、金不换的好邻居，发展睦邻友好合作关系符合两国和两国人民根本和长远利益。新冠肺炎疫情发生后，两国团结抗疫，谱写了“羊来茶往”的佳话。中方愿同蒙方一道，推动落实两国领导人重要共识，加强发展战略对接和政策沟通协调，弘扬传统友谊，深化双多边沟通合作，使两国关系在新的历史时期焕发出新的生机。蒙方领导人表示，发展同中国的睦邻友好和互利合作是蒙古国对外政策的首要目标。希望双方保持高层交往良好势头，深化政治互信，将双边关系推向更高水平，共同促进两国发展和亚洲繁荣稳定。

中尼是山水相连的传统友好邻邦。2019 年，习近平主席和班达里总统实现历史性互访，将两国关系提升为面向发展与繁荣的世代友好的战略合作伙伴关系。栗战书委员长说，中尼关系是邻国间平等相待、友好合作、互利共赢的典范。喜马拉雅山再高，也阻隔不了两国的深厚友谊和务实合作。中方愿同尼方一道，落实好习近平主席对尼历史性访问成果，加强政治沟通，维护共同安全，弘扬世代友好，携手打造中尼更加紧密的命运共同体。尼方领导人说，尼中关系像喜马拉雅山一样高耸、像大海一样深邃，愿加强同中方各层次友好往来，实现共同发展繁荣。感谢中方在经济发展、灾后重建、抗击疫情等方面给予尼泊尔的无私帮助。

中韩是隔海相望的永久邻邦，两国人民友好交往源远流长。今年是中韩建交 30 周年，8 月习近平主席和尹锡悦总统互致贺函，就共创两国关系更加美好的未来达成重要共识。栗战书委员长说，前不久，习近平主席总结两国建交以来辉煌成就，提炼了坚持登高望远、互尊互信、合作共赢、开放包容等 4 条宝贵经验。中方愿同韩方一道，以中韩建交 30 周年为契机，坚定践行 4 条宝贵经验，把握大势、排除干扰、夯实友好、聚焦合作，推动中韩战略合作伙伴关系与时俱进、行稳致远。韩方领导人表示，愿本着互尊互惠精神，推动两国关系提质升级。韩总统尹锡悦强调，希望双方密切高层交往，定期开展面对面会晤，就共同关心的问题加强沟通、坦诚交流，为地区乃至世界发展繁荣携手努力。

党际交往是中国特色大国外交的重要体现。栗战书委员长在会见往访国领导人、议会党团和政党负责人时，积极评价中国共产党与往访国政党的友好交往成果，指出发展对华友好关系是往访国各政党、社会各界的广泛共识，这是人民友谊的体现，也是务实合作的基础。希望在“求同存异、相互尊重、互学互鉴”新型政党关系基础上，分享经验、密切合作，推动党际交往深入发展。

在涉及彼此核心利益和重大关切问题上相互理解、相互支持，是双边关系长远健康发展的基础所在。栗战书委员长重申，中方尊重各国根据国情选择的政治制度和发展道路，支持各国为捍卫国家

独立、主权、领土完整，实现本国发展振兴所作的不懈努力，共同反对以任何借口干涉别国内政。四国领导人重申坚定奉行一个中国政策，理解支持中方在台湾、涉港、涉疆、涉藏、南海等问题上的立场。俄方领导人重申，坚定恪守一个中国原则，谴责个别国家在涉及中国核心利益问题上采取挑衅行动。蒙方领导人强调，反对任何外部势力干涉台湾等中国内部事务。尼方领导人表示，绝不允许任何势力利用尼领土从事反华活动、损害中国利益。栗战书委员长对此表示赞赏和感谢。

三、深化发展战略对接，促进重点合作项目落实，推动各领域务实合作上新台阶

栗战书委员长针对四国情况提出深化各领域合作的建议，推动将双方互补优势和合作意愿转化为更多现实合作成果。

俄罗斯幅员辽阔、资源丰富，正加快实施远东发展规划。中俄务实合作具有政治优势和机遇优势。我国连续 12 年稳居俄罗斯第一大贸易伙伴国地位。2021 年双边贸易额突破 1400 亿美元，向着两国元首确定的 2000 亿美元目标迈进。栗战书委员长指出，中俄在基础设施建设、能源、农业、科技、数字经济、人工智能、航空航天、教育卫生等领域的合作，拥有良好基础和广阔空间。双方应推动共建“一带一路”与欧亚经济联盟对接，执行好既有合作项目，联通产业链供应链，畅通交通和物流，把高水平政治互信转化为更多务实合作成果。希望俄方在优惠政策、签证手续、劳务配额等方面为中方企业提供更多便利。栗战书委员长很关心中俄地方合作，强调充分发挥“东北—远东”、“长江—伏尔加河”等机制及各类民间平台的作用，以务实的态度推动地方各领域合作。在符拉迪沃斯托克，考察了中方企业承建的艺术文化综合体项目，向在海外施工的中方员工表示慰问。

近年来中蒙经贸合作取得长足发展，中国成为蒙古第一大贸易伙伴、第二大外资来源国，也是蒙古主要对外合作通道。栗战书委员长指出，发展经济、改善民生、强国富民是中蒙两国共同的目标。中方愿同蒙方加强“一带一路”建设同“草原之路”倡议等契合对接，推动中蒙俄经济走廊建设，加快基础设施互联互通，实现两国协同发展、互利共赢。针对蒙方领导人关切，栗战书委员长表示，中方愿在通道建设、口岸合作、矿产贸易、防沙治沙、绿色能源等方面，同蒙方密切沟通、加强合作。

尼泊尔积极参与共建“一带一路”，是我在南亚地区的重要发展合作伙伴。栗战书委员长认为，双方应加紧商签《中尼“一带一路”倡议实施方案》，推进高质量共建“一带一路”。希望双方维护好建设好公路、铁路、航空、口岸、电网、光缆等跨境项目，扎实推进跨喜马拉雅立体互联互通网络建设，帮助尼泊尔尽早从“陆锁国”变为“陆联国”。回应尼方关注的在华采购物资因疫情滞留中尼边境问题，栗战书委员长表示，中方已作出特殊安排，恢复尼泊尔物资通关，确保尼方德赛节物资需求。

中韩互为重要经贸伙伴，双边贸易额从建交之初的 50 多亿美元增长到 3600 多亿美元，相互投资累计超过 1000 亿美元，已形成深度融合的产业合作格局。栗战书委员长指出，面对全球化遭遇逆流，全球经济风险上升、下行压力增大，中韩作为经济全球化和贸易自由化的受益者和贡献者，应加强发展战略对接，尽快完成自贸协定第二阶段谈判，深化高科技制造、数字经济、人工智能、尖端材料等高新技术领域合作，共同维护产业链供应链稳定畅通，实现高质量融合发展。在同韩企业界和友好团体人士座谈、参观 LG 麻谷科技园时，栗战书委员长积极宣介中国疫情防控、发展经济取得的新成就，表示愿同韩方分享市场机遇和发展红利，欢迎更多韩国企业来华投资兴业。希望两国企业互融互通、共谋发展，共同反对“脱钩断链”，捍卫自由贸易体系。

中国与往访四国地理相邻、人缘相亲，人民一向怀有友好感情。面对新冠肺炎疫情、严重地震灾害等困难挑战，中国人民和四国人民相互关心、患难与共。栗战书委员长的到访，带来了中国政府和人民对往访国人民抗疫斗争的诚挚慰问。四国领导人对四川泸定严重地震灾害造成的人员伤亡和财产损失，表示深切哀悼和慰问。访问期间，栗战书委员长广泛接触四国各界人士，在莫斯科向无名烈士墓敬献花圈、参观列宁故居，强调中俄两国人民抗击法西斯和日本军国主义的功勋将被永远铭记，中方愿同俄方共同捍卫二战胜利成果和正确二战史观。他对韩方领导人表示，中方愿同韩方以“中韩文化交流年”为契机，加强在人文、媒体、智库、青年等方面交流合作，增进两国人民的相互理解和彼此认同。栗战书委员长还在乌兰巴托参观“蒙古游牧”生态区、加德满都考察巴德岗杜巴广场震后重建情况。

四国领导人赞赏栗战书委员长的精辟分析和务实建议，表示愿与中方共同努力，推动双边经贸、科技、人文、旅游、地方、青年等合作向更宽领域更高水平发展。俄方领导人认为，在疫情形势下，双边贸易呈积极发展势头，相信会迈向更高合作目标。蒙方领导人说，中国的快速发展将惠及蒙古民众，期盼分享“中国机遇”。尼方领导人表示，尼泊尔的发展转型，离不开中国的支持和帮助，希望打造双方合作旗舰项目、树立协同发展标杆。韩方领导人表示，愿适应新形势推动韩中务实合作，维护产业链供应链稳定，让两国民众特别是青年人加深友好感情，密切人文和体育交流。

四、拓展立法机构交流，增强合作针对性实效性，为国家关系健康稳定发展提供法治保障

栗战书委员长对俄罗斯的访问，是疫情以来首访的第一站；对蒙古国、韩国的访问，分别是中国全国人大常委会委员长时隔9年、时隔7年的再次到访；对尼泊尔的访问，是中尼建交67年来中国全国人大常委会委员长第一次到访。栗战书委员长此次欧亚之行的一个重要目的，就是全面提升中国全国人大同四国议会友好交往水平。

栗战书委员长积极评价中俄立法机构定期交流机制成效，重点围绕保持良好交往势头、深化定期机制交流、开展立法领域合作等提出建议。他指出，深化中俄立法机构合作，应以落实两国元首共识为根本遵循，发挥定期交流机制平台作用，愿同俄方重点就完善反干涉、反制裁、反制“长臂管辖”等方面的法律制度开展对话交流，以法治方式有力维护国家安全。俄议会领导人认为，俄中关系的深入发展赋予立法机构合作新的使命，希望拓展合作模式，丰富合作内容，推动各专门委员会、办事机构以及议员和人大代表之间开展对话，为国家关系发展作出更大贡献。

中国全国人大同蒙古国家大呼拉尔、韩国国会建有定期交流机制，迄今已分别举行4次、12次机制交流活动。访尼期间，栗战书委员长与众议长萨普科塔共同签署《中国全国人大与尼泊尔联邦议会众议院合作谅解备忘录》。会谈中，栗战书委员长和三国议会领导人就深化合作达成重要共识，一致表示愿继续用好定期交流机制、双边友好小组等平台，加强立法机构各层级、多渠道对口交往，围绕治国理政、发展经济、改善民生、脱贫减贫等议题互学互鉴，开展重点领域立法经验交流研讨。更好发挥立法机构职能和作用，加快双边合作文件和项目的审批，督促有关方面落实双方已达成的合作共识，为对接发展战略、促进互利合作、优化营商环境等提供坚实法治保障，加强在各国议会联盟、亚洲议会大会等多边议会组织中的协调配合。鼓励更多青年议员参与到立法机构交往中来，为两国世代友好积蓄力量。三国议会领导人都认为，立法机构交往是国家关系的重要组成部分，希望采取灵活方式保持定期机制交流，适时签署文件深化合作，提升立法机构交往的规范化、机制化水平，为国家关系发展夯实社会和民意基础。

五、讲述中国故事，宣介中国理念倡议，增进相互了解和信任

访问期间，栗战书委员长在会见会谈、参观考察、出席活动等场合，重点介绍了中国发展取得的历史性成就，深刻阐释了中国道路、中国制度显著优势，在往访四国产生良好效果。

在谈到全球发展倡议和全球安全倡议时，栗战书委员长指出，习近平主席在7个月时间里先后提出两大倡议，为全球发展与安全事业注入新的思想动力。和平与发展仍是当今时代主题，也是时代命题，合作共赢、共同发展和普遍安全是各国人民的普遍诉求。然而，个别国家固守冷战思维，推行霸权主义和强权政治，搭建各类“小圈子”，挑动阵营对抗，阻断经济全球化，推动北约全球化，掏空二战后的国际体系，对世界和平与发展造成极大威胁。两大倡议是对单边主义、保护主义以及地缘政治安全论的超越，摒弃零和博弈和集团政治，坚持真正的多边主义，为完善全球发展和安全治理体系发挥建设性作用。中方愿同国际社会一道，让两大倡议落地生根、开花结果，让世界更加和平、安全、繁荣。欢迎四国积极参与。

栗战书委员长应询介绍了中共十八大以来我国各项事业取得的历史性成就。他说，这10年来，中国经济实力跃上新台阶，成为世界第二大经济体、第一大工业国、第一大货物贸易国、第一大外汇储备国，对世界经济增长贡献率超过30%。我们历史性解决了绝对贫困问题，实现9899万农村贫困人口全部脱贫，全面建成了小康社会，实现了第一个百年奋斗目标。在谈到中国共产党第二十次代表大会有关情况时，栗战书委员长介绍说，即将召开

的党的二十大，是在迈上全面建设社会主义现代化国家新征程、向第二个百年奋斗目标进军的关键时刻召开的一次十分重要的大会。大会将全面总结中国改革发展取得的重大成就和宝贵经验，展望全面建成社会主义现代化强国“两步走”战略安排，部署未来 5 年乃至更长时期战略任务和重大举措。中国共产党和中国人民对自己的发展道路和宏伟蓝图充满信心。

栗战书委员长向有关国家及政党领导人介绍了中国共产党治国理政的体会和经验。一是不断推进马克思主义中国化时代化。中国共产党坚持的马克思主义不是教条的，而是把握其科学世界观和方法论，一切从中国具体实际出发，同中华传统优秀文化相结合，确立和坚持符合中国国情的政治制度和发展道路。二是代表最广大人民根本利益。中国共产党从一成立就把为人民谋幸福、为民族谋复兴作为初心使命，百年来始终坚定不渝。习近平主席提出和践行以人民为中心的发展思想，集中体现了全心全意为人民服务的根本宗旨。三是全党高度团结统一。中国共产党历史上也曾出现过分歧甚至斗争，但最终通过自我革命保持和维护了团结统一。四是我们党中央和全党有坚强、有力的领导核心。全党全国各族人民紧密团结在以习近平同志为核心的党中央周围，拥戴核心、维护核心、紧跟核心，以习近平新时代中国特色社会主义思想为指导推进国家各项事业。五是坚持独立自主和平外交政策。我们倡导和坚持和平共处五项原则，中国永远不会称霸，过去是、现在是、也将一直是维护世界和平的重要力量。

栗战书委员长还应询介绍了人民代表大会制度和中国共产党领导的多党合作和政治协商制度有关情况。他说，人民代表大会制度是中国根本政治制度。我们的人大代表来自全国各地区、各民族、各行业，各党派成员都有被选为人大代表的，这就能够广泛地反映各方面声音，从多角度围绕经济社会发展提出建议，更好服务于国家发展、民族复兴。中国共产党领导的多党合作和政治协商制度是中国基本政治制度之一。中国共产党是执政党，还有 8 个民主党派，他们是参政党。共产党执政，涉及国家和人民的重大事项，都与各党派进行协商，广泛听取他们的意见，最大限度凝聚共识。

四国领导人纷纷表示，为近邻中国的快速发展和惊人成就深感骄傲，由衷钦佩中国共产党执政理念和经验，希望深入学习借鉴。预祝中共二十大取得圆满成功，期待在中国共产党坚强领导下，顺利实现第二个百年奋斗目标。蒙古总统呼日勒苏赫说，对习近平主席坚定不移、砥砺前行的革命家风范印象深刻，对中国在疫情下保障了 14 亿人民生命安全深感钦佩；国家大呼拉尔主席赞登沙特尔说，正认真研读《习近平谈治国理政》。尼总统班达里表示，佩服中国打赢脱贫攻坚战，希望学习中国宝贵经验。

以上报告，请审议。

全国人民代表大会常务委员会办公厅

2022 年 10 月 27 日

三、对外定期交流机制

中国全国人大与塞尔维亚国民议会合作委员会第三次会议

2022 年 11 月 15 日下午，中国全国人大与塞尔维亚国民议会合作委员会第三次会议以视频方式举行。全国人大常委会副委员长、中塞立法机构合作委员会中方主席郝明金与塞尔维亚国民议会副议长、合作委员会塞方主席博日奇共同主持会议。全国人大外事委员会副主任委员张志军、教育科学文化卫生委员会副主任委员杨志今、外事委员会委员陈晋、财政经济委员会委员蔡玲等出席。双方就中塞关系和立法机构交往、维护国际关系基本准则、经贸和人文等领域合作、治国理政经验等交换了意见。

中国全国人大与加拿大议会交流机制负责人会晤

2022 年 12 月 15 日上午，中国全国人大与加拿大议会交流机制负责人会晤以视频方式举行。全国人大外事委员会副主任委员、中加议会协会副主席陈国民与加拿大议会加中议会协会共同主席马西科特参议员、董晗鹏众议员出席。双方就中加关系、立法机构交往等共同关心的问题交换了意见。

四、发表的谈话、声明

全国人大外事委员会发言人就日本国会众议院审议通过所谓“涉华人权决议”发表谈话

新华社北京 2 月 1 日电 2 月 1 日，针对日本国会众议院审议通过所谓“涉华人权决议”，全国人大外事委员会发言人尤文泽发表谈话。全文如下：

2 月 1 日，日本国会众议院不顾中方严正交涉，执意通过所谓“涉华人权决议”。日方上述做法粗暴干涉中国内政，严重违背国际关系基本准则和中日四个政治文件原则，损害两国政治互信，对中日关系改善发展造成严重干扰破坏。我们坚决反对日方打着“人权”的幌子搞政治操弄。对于任何企图干涉中国内政、损害中国利益的恶劣行径，中方必将予以坚决有力回击。

尊重和保障人权是中国宪法规定的重要原则。中国坚持以人民为中心的人权理念，通过建立健全法律法规和制度体系，发展国家各项事业，推动宪法实施，落实宪法规定的人权保障原则和精神，公民的政治、经济、文化、社会等各方面权利充分实现，中国人权事业取得举世瞩目的巨大成就。

中国人权状况怎么样，中国人民最有发言权，不需要他国来评判。日本应该做的是深刻反省自身历史和人权劣迹，而不是追随他国炒作涉华议题、恶意抹黑中国、横加干涉中国内政。将人权问题政治化、工具化不得人心，是注定要失败的。

全国人大外事委员会就美国国会众议院通过“2022 年美国竞争法案”发表声明

新华社北京 2 月 8 日电 2 月 8 日，针对美国国会众议院通过“2022 年美国竞争法案”，全国人大外事委员会发表声明。全文如下：

美国国会众议院近日通过的“2022 年美国竞争法案”涉华内容充斥冷战思维和意识形态偏见，诋毁抹黑中国发展道路和内外政策，鼓吹对华战略竞争，借涉台、涉疆、涉港、涉藏等问题干涉中国内政。中国全国人大对此表示强烈不满和坚决反对。

该法案名为增强美国竞争力，实为遏制和打压中国的创新与发展，维护美国的全球霸权地位。美国如何提升自身竞争能力是美国自己的事情，处处将中国作为战略竞争对手的做法只会破坏中美互信，严重破坏中美在经贸、教育、科技等领域的合作，也必将损害美国自身利益。

法案相关涉台条款严重违反一个中国原则和中美三个联合公报规定。新疆、西藏、香港等事务纯属中国内政，不容任何外国干涉。对于任何企图干涉中国内政、损害中国利益的恶劣行径，中方必将予以坚决有力回击。

相互尊重、和平共处、合作共赢是新时期中美正确的相处之道。我们强烈敦促美国国会客观理性看待中国的发展，立即停止推进该法案，以实际行动维护两国关系的大局。

全国人大外事委员会发言人就美国“2022 财年综合拨款法案”涉华消极条款发表谈话

新华社北京 3 月 16 日电　3 月 16 日，针对美国“2022 财年综合拨款法案”签署成法，全国人大外事委员会发言人尤文泽发表谈话。全文如下：

当地时间 3 月 15 日，美方不顾中方多次严正交涉，执意将含有涉台、涉港、涉藏、涉疆等多项涉华消极条款的“2022 财年综合拨款法案”签署成法，严重损害中国国家利益，粗暴干涉中国内政。我们对此坚决反对。

世界上只有一个中国，台湾是中国领土不可分割的一部分，这是历史和法理事实。任何正确标示台湾地区的地图，都基于上述事实。美方妄图借所谓台湾地区地图问题大搞政治操弄，制造“两个中国”和“一中一台”，是对一个中国原则的挑战和破坏，是极其危险的政治挑衅。涉港、涉藏、涉疆事务纯属中国内政。美方借有关问题干涉中国内政、遏制中国发展、破坏中国国家安全和社会稳定的图谋不可能得逞。

中国维护国家主权、安全、发展利益的决心坚定不移。我们强烈敦促美方充分认清有关涉华消极条款的严重危害性，停止纵容支持“台独”行径，停止借有关问题干涉中国内政。

全国人大外事委员会发言人就欧洲议会通过所谓“新疆人权形势”决议发表谈话

新华社北京 6 月 10 日电　6 月 10 日，针对欧洲议会通过所谓“新疆人权形势”决议，全国人大外事委员会发言人尤文泽发表谈话。全文如下：

我们强烈谴责欧洲议会通过的所谓“新疆人权形势”决议，坚决反对欧洲议会打着“人权”的幌子搞政治操弄，粗暴干涉中国内政。

尊重和保障人权是中国宪法的重要原则。新中国成立 70 多年来，新疆人权事业不断得到新的发展和进步。中国依法开展反恐和去极端化斗争，有效遏制了恐怖活动多发频发势头，最大限度地保障了新疆各族人民群众的生命财产安全，为世界人权事业和全球反恐事业作出了积极贡献。当前新疆社会安宁稳定、经济繁荣发展、人民安居乐业，正处于历史上最好的发展时期。

事实不容歪曲，真相不容否认。欧洲议会一些反华势力出于政治私利，罔顾客观事实，诋毁抹黑中国治疆政策，恶意散布涉疆谎言谣言，将人权问题政治化、工具化，其目的就是挑拨中国民族关系、诋毁中国形象、遏制中国发展，其所作所为注定不会得逞。

涉疆问题根本不是什么人权、民族、宗教问题，而是反暴恐和反分裂问题。新疆事务纯属中国内政，任何外部势力无权干涉。我们敦促欧洲议会立即停止借涉疆问题干涉中国内政。

全国人大常委会发言人就美国国会众议长佩洛西窜访中国台湾地区发表谈话

新华社北京 8 月 2 日电　8 月 2 日，针对美国国会众议长佩洛西窜访中国台湾地区，全国人大常委会发言人代表全国人大常委会发表谈话。全文如下：

8 月 2 日，美国国会众议长佩洛西不顾中方严正交涉和坚决反对，执意窜访中国台湾地区。此举严重违反一个中国原则和中美三个联合公报规定，严重损害中国主权和领土完整，严重冲击中美关系的政治基础,向"台独"分裂势力发出严重错误信号。中国全国人大对此坚决反对,予以强烈谴责。

世界上只有一个中国,台湾是中国领土不可分割的一部分,中华人民共和国政府是代表全中国的唯一合法政府。一个中国原则是中美建立外交关系的前提,也是中美关系的政治基础。美国在台湾问题上向中方作出过郑重承诺,但在行动中却不断提升美台实质关系和官方往来,纵容支持"台独"分裂势力,搞"以台制华",严重损害台海和平稳定。中国政府和人民已经并将继续采取果断、有力措施,坚决维护自身主权、安全、发展利益。

台湾问题事关中国主权和领土完整,中国没有任何妥协退让的余地。《反分裂国家法》对坚持一个中国原则、遏制"台独"分裂、反对外部势力干涉台湾问题等重大问题作出明确规定。中国政府和中国人民在台湾问题上的立场一以贯之,坚决维护中国国家主权和领土完整是 14 亿多中国人民的坚定意志。任何阻挠中国完全统一和民族伟大复兴的企图注定失败。

全国人大外事委员会发言人就美国“2023 财年国防授权法案”涉华消极条款发表谈话

新华社北京 12 月 24 日电 12 月 24 日,针对美方将"2023 财年国防授权法案"签署成法,全国人大外事委员会发言人尤文泽发表谈话。全文如下:

当地时间 12 月 23 日,美方将"2023 财年国防授权法案"签署成法。该法案含有多项涉华消极条款,大肆操弄涉台、涉港、涉疆等问题,无端抹黑中国发展道路,粗暴干涉中国内政,严重损害中方主权安全发展利益。我们对此表示强烈不满和坚决反对。

世界上只有一个中国,台湾是中国领土不可分割的一部分,中华人民共和国政府是代表全中国的唯一合法政府。台湾除了作为中国的一部分,没有其他国际法地位。这既是不容改变的历史和法理事实,也是不容挑战的现状。美方在中美三个联合公报中,就台湾问题作出过严肃承诺。美方无权将国内法凌驾于国际法之上,更不得借此干涉中国内政。任何搞"以台制华"、支持纵容"台独"分裂势力的图谋只会进一步加剧台海紧张局势,进一步冲击中美关系政治基础。香港、新疆事务纯属中国内政,任何外国无权干涉。

中国始终坚持走和平发展道路,秉持共同、综合、合作、可持续的安全观,坚定奉行防御性国防政策,中国人民追求美好生活的权利神圣不可侵犯。

我们强烈敦促美方摒弃冷战零和思维,不得实施有关法案中的涉华消极条款,不要低估中国捍卫国家主权和领土完整的坚定意志和强大能力,不要在涉及中国主权和核心利益问题上存有侥幸冒险心理。任何企图干涉中国内政、损害中国利益的挑衅行径,都必将遭到中方坚决反制。

专门委员会工作

第十三届全国人民代表大会民族委员会五年工作总结

（2022 年 12 月 26 日第十三届全国人民代表大会民族委员会第十八次会议审议通过）

五年主要工作

十三届全国人大民族委员会任期的五年，是党和国家事业取得历史性成就、发生历史性变革的重要五年。民族委员会坚持以习近平新时代中国特色社会主义思想为指导，深入学习贯彻党的十九大和十九届历次全会、党的二十大精神，深刻学习领会习近平法治思想、习近平总书记关于坚持和完善人民代表大会制度的重要思想、习近平总书记关于加强和改进民族工作的重要思想，认真贯彻落实习近平总书记重要指示批示精神，紧紧围绕党中央重大决策部署和全国人大常委会中心工作履职尽责，扎实做好深入研究民族法治建设重大问题、以人大履职实践坚持和发展全过程人民民主、以铸牢中华民族共同体意识为主线推动新时代党的民族工作高质量发展三件大事，推进新时代人大民族工作不断取得新成就、开创新局面。五年来，党中央、全国人大常委会领导同志先后作出 50 余次指示批示，对民族委员会的各项工作给予充分肯定，为民族委员会更加积极主动有效地做好新时代人大民族工作指明了努力方向，提供了重要遵循。

一、深入学习贯彻习近平新时代中国特色社会主义思想，坚定坚持人大民族工作正确政治方向

民族委员会始终把学习贯彻习近平新时代中国特色社会主义思想作为首要政治任务，作为做好人大民族工作的根本保证。五年来，共召开 27 次分党组会议，18 次全体会议，每次会议的第一项议程，都是及时跟进学习习近平总书记重要讲话、重要指示精神和党中央重要会议、重要文件精神，切实用习近平新时代中国特色社会主义思想统一思想、统一意志、统一行动，深刻领悟“两个确立”的决定性意义，增强“四个意识”、坚定“四个自信”、做到“两个维护”，坚定不移走中国特色社会主义政治发展道路，坚定不移走中国特色解决民族问题的正确道路。栗战书委员长多次在民族委员会报送的学习情况报告上作出重要批示。民族委员会分党组充分发挥把方向、管大局、保落实的重要作用，扎实开展党的十九大、二十大精神学习贯彻活动，开展“不忘初心、牢记使命”主题教育、党史学习教育，开展推动落实习近平总书记重要指示和党中央经济决策部署专项工作，牢记“国之大者”，不断提高政治判断力、政治领悟力、政治执行力，坚定坚持人大民族工作正确政治方向。分党组成员认真落实党史学习教育关于“我为群众办实事”的实践活动要求，赴地方调研时，走访慰问内地西藏、新疆民族中学师生；委托办事机构赴北京市怀柔区民族乡走访慰问少数民族生活困难家庭，把学习教育成果落实到为群众办实事、解难题的具体行动上。强化政治机关意识，全面提升履职能力和水平。围绕深入学习贯彻党的十九大、二十大精神，贯彻落实中央民族工作会议精神等专题，共举办专题学习讲座 20 余讲，委员会组成人员在《求是》《人民日报》《学习时报》《中国人大》等媒体发表文章 10 余篇，强化理论武装，坚定理想信念，自觉在思想上政治上行动上同以习近平同志为核心的党中央保持高度一致。

二、认真贯彻落实习近平总书记重要指示批示精神，深入开展民族法治建设重要专项研究等工作，持续推进依法治理民族事务

认真贯彻落实习近平总书记重要指示批示精神，按照栗战书委员长一系列指示要求，民族委员会就与时俱进贯彻党的民族理论政策、突出铸牢中华民族共同体意识主线、维护国家统一和民族团结大局、确保宪法有关规定得到全面实施、健全民族工作法律法规体系等有关民族法治建设重大问题进行专门研究，形成 10 篇研究报告报全国人大常委会党组，其中 2 篇分别以全国人大常委会党组、全国人大常委会办公厅名义报党中央，习近平总书记在有关报告上作出重要批示。栗战书委员长，王晨、曹建明、张春贤、吉炳轩、艾力更·依明巴海、王东

明、白玛赤林等7位副委员长对报告给予充分肯定，共作出30多次指示批示，计5400余字，这是对民族委员会工作的高度肯定和鼓励，也为下一步工作打下了坚实基础。

在栗战书委员长、王晨副委员长、曹建明副委员长等全国人大常委会领导同志的悉心指导和安排部署下，民族委员会成立多个工作专班，认真梳理汇总党的十八大以来习近平总书记关于民族工作的重要论述、以习近平同志为核心的党中央就民族工作作出的重大决策部署，以及党中央关于民族工作的重大方针政策，对现行民族法律法规和相关政策进行梳理、评估，加强与中央依法治国办、中央统战部、全国人大常委会法工委、国家民委等部门的沟通交流，开展专题调研，征求专家学者意见建议，努力把理论上存在的误区搞清楚，把工作中存在的薄弱环节搞清楚，把加强和改进工作的思路和举措搞清楚，提出有针对性的意见和建议，推动将铸牢中华民族共同体意识的思想理念融入各项法律法规之中，将保障各民族合法权益、维护民族团结的各项要求融入国家整个法治体系之中。

民族委员会深入研究评估民族区域自治法实施情况和修改完善问题，对修法思路、修法时机以及与宪法有关条款等修法重大事项进行深入分析；研究梳理涉藏涉疆有关法律法规问题，就涉藏涉疆对外斗争是否需要完善民族区域自治法、是否需要开展专门立法等问题提出意见；研究涉民族事务地方立法修改完善问题，推动开展涉民族事务地方立法清理完善试点工作，及时调研总结宁夏做法，多渠道、多途径加强对清理完善工作的协调，持续推动全国范围内涉民族事务地方立法修改完善工作；研究涉民族宗教法律法规有关问题，提出要加强与中央统战部、国务院有关部门的联系，共同指导地方稳妥修订完善涉宗教法规；研究“中华民族”相关概念在宪法和相关法律中的法律地位问题，提出涉法律的相关意见；研究分析少数民族语言文字使用和翻译方面存在的问题和隐患，对规范相关法律条款提出立、改、废、释意见。工作中，民族委员会坚持守正创新，突出问题导向，把握实践要求，推动党中央关于民族事务的大政方针和决策部署贯彻落实，确保涉民族事务法律法规同宪法规定保持一致，为推动民族事务治理体系和治理能力现代化提供法治保障和法治遵循。

民族委员会认真配合全国人大常委会做好合宪性审查和备案审查工作，对相关自治条例、单行条例的修改完善提出意见建议，对存在不符合宪法法律规定、明显不适当等问题的，指导制定机关予以改正，维护国家法治统一、尊严、权威。结合民族工作实际，就有关政策文件的制定出台提出意见建议，推动把党中央关于民族工作的决策部署转化为指引民族工作高质量发展的约束性规范。

民族委员会高度关注和支持地方开展民族团结进步立法工作。多次开展民族团结进步立法问题调研，总结推广地方人大和有关方面的经验做法。就西藏、内蒙古等地方人大在开展民族团结进步立法过程中提出的具体问题，认真研究并提出意见和建议。支持吉林、贵州、云南、青海等地制定修改完善单行条例和有关地方性法规，认真研究地方反映的立法问题，妥善处理民族文化保护与传承、民族地区生态环境建设等社会关切，提高立法质量。指导贵州、宁夏等地紧扣法规规定，开展民族工作领域相关法规的执法检查，进行有针对性的监督检查，促进民族工作全面提升。

民族委员会组成人员在参加全国人大常委会审议法律案时，紧紧围绕党和国家工作大局，围绕铸牢中华民族共同体意识，维护民族团结和社会稳定，推动各民族共同走向社会主义现代化，认真提出意见建议，许多审议意见被采纳，促进了相关法律的制定、修改和完善。如在修订森林法、地方组织法等法律时，采纳了民族委员会提出的有关意见建议，对民族自治地方的森林保护和林业发展、地方人大和地方政府关于民族工作的职责等作出修改完善，体现宪法和民族区域自治法的有关原则精神。

三、围绕中心、服务大局、突出重点，认真做好专题调研等工作

五年来，民族委员会组织实施的常委会专题调研有6项，参与实施的常委会专题调研有2项，调研组由曹建明副委员长任组长，白春礼主任委员任副组长，各调研组深入民族地区基层一线，了解情况、听取意见建议，共形成15份专题调研报告和55份调研分报告，报送全国人大常委会并转相关部门，为党和国家有关决策提供参考。习近平总书记在党的十九届四中全会上的报告中对全国人大常委会民族教育、脱贫攻坚专题调研给予肯定，这极大地激励和鞭策了民族委员会组成人员再接再厉，取得更大的成绩。

民族委员会在组织实施专题调研工作时，注重从以下三个方面把握：**一是突出重点，科学选题**。

民族委员会围绕党和国家工作大局，紧跟党中央重大决策部署，聚焦民族地区发展，科学选题、精心谋划，提出开展关于脱贫攻坚、兴边富民、铸牢中华民族共同体意识等专题调研。2017 年至 2019 年，连续三年开展脱贫攻坚专题调研，为完成脱贫攻坚、全面建成小康社会的历史任务作出了努力和贡献。贯彻落实习近平总书记“治国必治边”的战略思想，连续两年开展兴边富民行动专题调研，栗战书委员长对“十四五”规划纲要编制工作若干重要问题中关于深入推进兴边富民行动情况的报告给予充分肯定，作出重要指示。报告报送中央有关文件起草组、国务院办公厅和有关部门，督促和支持有关方面“十四五”时期全面加强边疆治理工作。**二是创新工作机制和方法**。2020 年，民族委员会认真学习贯彻栗战书委员长关于加强和改进调研工作的指示要求，就贵州省人大连续六年开展“一法两规定”贯彻实施情况执法检查的做法成效开展专项调研，解剖麻雀，挖掘经验，立足通过“小切口”解决实际问题。栗战书委员长在调研报告上作出长篇重要批示，对民族委员会采取专项调研解剖麻雀、发现典型总结经验的法律监督形式给予充分肯定。疫情发生后，民族委员会在严格落实各项疫情防控措施的前提下，根据项目多、任务重、时间紧的实际，采取一路调研兼顾多题，多路调研同时推进，实地调研与委托调研结合等方式，切实提升调研的实效性。践行全过程人民民主重大理念，多次邀请全国人大代表参加专题调研，发挥人大代表密切联系人民群众的桥梁纽带作用。**三是重视调研成果转化运用**。根据民族工作实际，本届民族委员会还开展了民族地区草原生态环境保护、民族文化保护传承、民族地区巩固拓展脱贫攻坚成果同乡村振兴有效衔接等 6 项调研，持续推进政策措施落实，保障增进民生福祉。有关调研报告对于督促和支持国务院有关部门加大工作力度，依法帮助少数民族和民族地区加快全面建设社会主义现代化步伐，推动探索民族地区可持续高质量发展发挥了积极作用。中办、国办出台的《关于全面深入持久开展民族团结进步创建工作铸牢中华民族共同体意识的意见》等文件，吸收了民族委员会调研报告的有关意见。

民族委员会和全国人大农业与农村委员会一起，做好服务全国人大常委会开展《中华人民共和国乡村振兴促进法》执法检查，听取和审议国务院关于脱贫攻坚工作情况的报告、关于巩固拓展脱贫攻坚成果同乡村振兴有效衔接情况的报告等工作。

四、认真审议办理代表议案、建议和委员提案

五年来，民族委员会共审议代表议案 1 件、办理代表建议 5 件、委员提案 6 件，这些议案、建议、提案涉及修改民族区域自治法、制定民族团结进步促进法等，政治性强、敏感度高，社会也比较关注。在审议和办理工作中，民族委员会始终坚持把党的领导、维护民族团结和国家统一放在首位，与党中央关于民族工作的重大决策部署保持高度一致。充分践行全过程人民民主重大理念，加强与代表、委员的联系沟通，广泛听取各方意见建议。如在审议关于出台民族团结进步促进法的议案时，委员会负责同志积极与中央统战部、国家民委等部门联系沟通，与提出议案的代表团主要负责同志交换意见，审议意见得到了代表团和常委会委员的赞同。

民族委员会共督办重点处理代表建议 8 项 94 件，主要涉及深入实施兴边富民行动、加大对人口较少民族发展的支持、巩固脱贫成果等内容。民族委员会认真制定督办工作方案，明确督办举措和责任人员；与办理单位开展联合调研，深入了解情况；召开委员会会议和座谈会，听取各方面意见；强化跟踪督促，持续推动落实。经过不懈努力，建议办理工作取得积极成效，推动解决代表所关注的民族地区发展不平衡不充分问题和人民群众急难愁盼问题，为促进各民族共同团结进步、共同繁荣发展作出积极贡献。

五、尊重代表主体地位，支持和保障代表依法履职

建立民族委员会联系代表工作机制。民族委员会制定《全国人大民族委员会联系全国人大代表办法（试行）》，确定全国人大民族委员会直接联系 56 个民族各 1 名基层代表，为代表开通反映意见建议的“直通车”，帮助代表反映“加大发展边境旅游扶持力度”“促进草原保护与修复工程”“大力推进民族团结进步创建活动”等建议。邀请基层少数民族全国人大代表参加调研、列席会议，推进相关工作的开展。民族委员会联系的塔吉克族唯一的全国人大代表拉齐尼・巴依卡英勇牺牲后，全国人大常委会办公厅和民族委员会对其家属表示慰问，民族委员会加强与退役军人事务部等单位的沟通交

流，为拉齐尼·巴依卡同志的家乡解决实际问题，积极宣传拉齐尼·巴依卡同志促进民族团结、忠诚履职的光荣事迹，弘扬主旋律，传播正能量；贯彻落实宪法和法律有关规定，积极推动新疆依法补选塔吉克族护边员多来提曼为十三届全国人大代表，保障了少数民族行使人民当家作主的权利。栗战书委员长专门作出批示，对民族委员会联系代表工作给予肯定。

举办少数民族全国人大代表学习班。加强少数民族全国人大代表学习培训，是全国人大代表培训工作的一项重要内容。全国人大常委会高度重视，栗战书委员长作出重要批示，强调一定要注意加强对少数民族代表的政治引导，使其正确履行代表职责。五年来，民族委员会举办了 2 期少数民族全国人大代表学习班，培训少数民族全国人大代表 180 余人次。根据少数民族代表大多来自基层、来自中西部省（区、市）的实际，把举办地放在青岛、深圳等沿海发达地区，围绕学习贯彻习近平新时代中国特色社会主义思想、坚持完善人民代表大会制度和民族区域自治制度等开展专题讲座，组织代表到高新企业、工业园区、爱国主义教育基地开展现场教学，帮助全国人大代表正确认识其角色定位、职责使命和行权方式，筑牢代表维护党中央权威和集中统一领导的思想根基，深刻认识中国特色社会主义道路的鲜明特点和独特优势，坚定不移走中国特色社会主义政治发展道路，坚定不移走中国特色解决民族问题的正确道路。

六、加强联系沟通和宣传报道，形成新时代人大民族工作合力

加强与地方人大工作联系。研究制定《全国人大民族委员会加强与地方人大工作联系办法》，以个别指导、联合或委托调研、会议培训交流等多种形式，与地方人大及人大民委保持密切沟通，努力构建上下联动的工作格局。举办 3 期全国人大民族工作干部学习班，培训 31 个省（区、市）、5 个计划单列市人大民族工作机构负责同志 430 余人次。曹建明副委员长、白春礼主任委员分别赴西藏、贵州出席中西部十七省（区、市）人大民族工作座谈会并讲话。召开部分省（区、市）人大常委会领导和民族工作部门负责同志座谈会、30 个自治州和 11 个自治县（旗）人大常委会负责同志座谈会，交流工作经验，听取意见建议。委员会组成人员及办事机构同志参加河北、安徽、重庆、云南等省（市）人大民族工作干部学习班，围绕学习贯彻中央民族工作会议精神等作主题讲座。参加全国少数民族自治县（旗）人大工作联席会和民族自治地方成立庆祝活动，接待北京、贵州、青海、宁夏等省（区、市）人大常委会及人大民委负责同志来访，加强沟通交流，增强工作实效。

加强与有关部门联系沟通。坚持“请进来”和“走出去”相结合，与中央统战部、国家民委、教育部、全国政协民宗委等单位多次座谈沟通，就完善法律法规、开展联合调研、办理代表建议和委员提案等交流意见，共同做好工作。加强联系协作，五年来，共研究答复中央依法治国办、中宣部、中央统战部、全国人大常委会法工委、国家民委等有关单位征求意见函 50 余件，许多意见被采纳吸收。与中央统战部、国家民委、全国政协民宗委、北京市人民政府等部门共同举办“中华人民共和国成立 70 周年民族工作创新与发展座谈会”“首都各界纪念西藏百万农奴解放 60 周年座谈会”“首都各民族人士迎春茶话会”，唱响“中华民族一家亲、同心共筑中国梦”的时代主题。多次协助配合国家民委开展外事接待工作，派人支援司法部等部门有关少数民族语言文字翻译工作。

加强宣传报道。办好《民族法制通讯》，5 年共编发 20 期约 130 余万字，宣传民族法律法规和政策理论，交流各级人大民族工作的好经验好做法。编发 55 期民族委员会简报，及时向全国人大常委会、有关部门和地方反映情况、问题和意见建议，推动共同做好新时代人大民族工作。用好机关内网、中国人大网等多种平台，优化栏目设置，及时更新资料，增强宣传内容的针对性、时效性和可读性。编印《第十二届全国人民代表大会民族委员会文件资料汇编》《第十三届全国人民代表大会民族委员会文件资料汇编》和有关民族法律法规汇编，做好《中国民族年鉴》相关条目编纂工作，积极宣传阐释人民代表大会制度和民族区域自治制度的优越性，对有关问题及时发声、正确发声。

七、发挥优势特点，积极参与人大对外交往工作

根据全国人大外事工作统一安排，共组织 3 个代表团，成功访问缅甸、泰国、瑞典、塞尔维亚、马来西亚、印度尼西亚等国。委员会组成人员陪同常委会领导同志出访科摩罗、坦桑尼亚、挪威、奥地利、匈牙利、摩洛哥、布隆迪、肯尼亚等国，参加接见津

巴布韦、哈萨克斯坦、缅甸、巴基斯坦、芬兰、越南、坦桑尼亚、塞浦路斯等国家议会代表团。疫情发生后，灵活采取线上线下方式，统筹做好疫情防控常态化背景下对外交往交流工作。以视频方式同希腊、老挝等国国会有关人员举行会谈。参加常委会领导同志同蒙古、老挝、塞浦路斯等国国会有关人员的视频会谈。在外事活动中，委员会组成人员充分发挥熟悉民族工作的优势，广泛宣传习近平新时代中国特色社会主义思想、人民代表大会制度、民族区域自治制度和民族地区经济社会发展取得的巨大成就，广泛宣传西藏、新疆等民族地区政治稳定、经济发展、民族团结、社会和谐的大好局面，有力回击了西方敌对势力的造谣、污蔑，增进了解互信，加强务实合作，推动全国人大与有关国家议会友好关系的发展。

八、按照"四个机关"定位全面加强自身建设，提升能力水平

民族委员会坚持党对民族工作的集中统一领导，坚持把政治建设摆在首位，不断提高政治能力和履职水平，努力建设让党中央放心、让人民群众满意的政治机关、国家权力机关、工作机关、代表机关。民族委员会分党组坚持请示报告制度，认真学习贯彻党章，严守党的纪律规矩，严肃党内政治生活，认真召开分党组会议和专题民主生活会，在专题调研、召开会议、举办学习班等各项工作中严格贯彻中央八项规定及其实施细则精神，严格落实疫情防控相关政策，力戒形式主义、官僚主义，以严实作风推进工作落实，依法履职尽责、主动担当作为，保障了党中央政令畅通、令行禁止。

办事机构在民族委员会分党组、机关党组和机关党委的领导支持下，按照新时代党的建设总要求，深入贯彻落实全面从严治党各项部署，坚持以政治建设为统领，全面加强自身建设，完善集体讨论研究工作机制，发挥工作专班作用，坚持用制度管人管事，编印《全国人大民族委员会及办事机构工作制度汇编》，打造政治坚定、服务人民、尊崇法治、发扬民主、勤勉尽责的人大工作队伍，更好地服务全国人大及其常委会、民族委员会依法履职。民委机关党支部被命名为"中央和国家机关'四强'党支部""全国人大机关先进基层党组织"，民委办公室秘书处被国务院评为"全国民族团结进步模范集体"。

回顾过去五年的工作，我们清醒地认识到：当今世界正经历百年未有之大变局，我国正处于中华民族伟大复兴的关键时期，民族工作面临许多新形势新任务，涉民族法律法规研究的系统性、针对性、有效性、前瞻性需要进一步增强，依法监督、正确监督、有效监督的方式方法还需要进一步改进，委员会及办事机构能力建设还有待进一步加强。这些都要在今后的工作中切实改进。

几点体会建议

做好新时代人大民族工作，责任重大，使命光荣。十三届全国人大民族委员会任期的五年，是全体组成人员怀着对民族工作的极大热情和对各族群众的深厚感情，不忘初心、牢记使命，深入基层，深入实际，了解民情，积极思考问题，扎实开展研究，提出意见建议，富有成效地开展工作的五年。五年来的工作使我们深刻认识到，在我国这样一个统一的多民族国家里，民族工作成功与否，事关祖国统一和边疆稳固，事关民族团结和社会稳定，事关国家长治久安和中华民族伟大复兴。要始终保持清醒政治头脑，坚定正确政治方向，站稳正确政治立场，本着对党和人民高度负责的态度，认真履行职责，加强中华民族大团结、中华儿女大团结，为实现中华民族伟大复兴创造条件、凝聚力量。

一、做好新时代人大民族工作，必须始终坚持党的全面领导

习近平总书记强调，加强和完善党的全面领导，是做好新时代党的民族工作的根本政治保证。五年来，民族委员会把坚持党的全面领导作为首要政治原则，以实际行动坚决捍卫"两个确立"，增强"四个意识"，坚定"四个自信"，做到"两个维护"。民族委员会建立党中央重大决策部署和习近平总书记重要指示批示精神抓落实机制，认真报送贯彻落实习近平总书记重要指示批示情况台账。重要工作、重要事项坚持请示报告，不折不扣贯彻落实习近平总书记重要指示要求和党中央决策部署。贯彻落实常委会部署安排和栗战书委员长批示要求，紧紧围绕党和国家工作大局依法履职尽责，坚定不移把维护国家统一和民族团结作为各民族最高利益，确保把党的领导贯穿人大民族工作各方面全过程。党的二十大对人大工作和民族工作提出了许多新理念、新要求和新任务。民族委员会要坚持不懈用习近平新时代中国特色社会主义思想凝

心聚魂，自觉用党的创新理论阐释的基本原理和蕴含的世界观方法论来指导和推动新时代人大民族工作，牢记“三个务必”，坚定历史自信，全面贯彻党的民族理论和政策，不断巩固和加强平等团结互助和谐的社会主义民族关系，推动中华民族成为认同度更高、凝聚力更强的命运共同体。

二、做好新时代人大民族工作，必须坚持铸牢中华民族共同体意识

习近平总书记深刻指出，“铸牢中华民族共同体意识是新时代党的民族工作的‘纲’，所有工作要向此聚焦。”五年来，民族委员会深刻理解把握人大民族工作部门在推动铸牢中华民族共同体意识工作中的着力点，精准发力，久久为功。紧密结合当前民族工作实际，做好依法推广普及国家通用语言文字、保护传承优秀传统文化等工作，全面推进中华民族共有精神家园建设。加强与中央统战部、国家民委、地方人大民族工作部门的联系配合，深入推进民族团结进步创建，深入推进新时代守边固边兴边，做好城市民族工作，促进各族人民全面交往、广泛交流、深度交融。坚定不移贯彻总体国家安全观，坚持底线思维，增强忧患意识，积极稳妥研究应对涉民族因素的意识形态问题，增强“五个认同”。习近平总书记在党的二十大报告中指出：“团结奋斗是中国人民创造历史伟业的必由之路。”民族委员会要牢牢把握团结奋斗的时代要求，深刻认识民族团结是我国各族人民的生命线，中华民族共同体意识是民族团结之本；深刻认识铸牢中华民族共同体意识是新时代党的民族工作的“纲”，所有工作要向此聚焦；要坚持把维护中华民族根本利益放在首位，按照增进共同性的方向改进民族工作，夯实我国民族关系发展的思想基础，巩固发展和睦相处、和衷共济、和谐发展的良好局面，汇聚起各民族团结奋斗的强大力量。

三、做好新时代人大民族工作，必须坚持推动各民族共同走向中国式现代化

习近平总书记强调，中国式现代化是人口规模巨大的现代化，是全体人民共同富裕的现代化。全面建设社会主义现代化国家是 56 个民族作为一个整体实现的共同发展进步，全面建设社会主义现代化国家，一个民族也不能少。从党的十八大开始，中国特色社会主义进入新时代。新时代的 10 年，是民族地区发展最好、变化最大、群众得实惠最多的 10 年。民族委员会始终坚持把推动各民族为全面建设社会主义现代化国家共同奋斗作为重要任务，深入贯彻落实党中央决策部署，全面贯彻落实民族政策法规，紧紧围绕民族地区生态文明建设、教育卫生事业、人口较少民族发展、边境地区建设等重点热点问题深入开展调研、强化监督检查，持续推动完善差别化区域支持政策，支持民族地区实现巩固拓展脱贫攻坚成果同乡村振兴有效衔接，推动落实上级国家机关职责，在推动高质量发展、促进共同富裕上不断取得新成效。当前，民族地区发展不平衡不充分问题仍然相对突出，满足各族群众日益增长的美好生活需要的任务仍然非常艰巨，民族委员会要牢牢把握以人民为中心的发展思想，完整、准确、全面贯彻新发展理念，推动民族地区融入新发展格局、提升自我发展能力、实现高质量发展，赋予所有改革发展以彰显中华民族共同体意识的意义，以维护统一、反对分裂的意义，以改善民生、凝聚人心的意义。

四、做好新时代人大民族工作，必须坚持提升民族事务治理法治化水平

依法治理民族事务是推进民族事务治理体系和治理能力现代化的重要内容，是坚持中国特色解决民族问题正确道路的关键环节，是党和国家民族工作的一条基本经验。五年来，民族委员会牢固树立宪法意识，坚决维护宪法权威，落实好民族区域自治法，坚持和完善民族区域自治制度，把维护国家统一和民族团结作为实施这一制度的根本目的，确保党中央政令畅通，确保国家法律法规实施；深入开展民族法治建设重要专项研究，指导地方开展法规规章和规范性文件集中清理整治工作，推动地方开展民族团结进步立法工作，推动健全完善民族工作法律法规体系；推动加强涉民族工作法律法规备案审查制度和能力建设，确保民族工作法律法规与党中央决策部署一致、与法律规定衔接、与时代要求相符。完善民族区域自治法及相关法律法规是一项系统工程，必须立足长远，在党中央统一领导下，依法有效稳妥推进。民族委员会要按照习近平总书记关于“坚持正确的、调整过时的、更好

地保障各民族群众合法权益”的重要指示，坚持以宪法为根本，围绕铸牢中华民族共同体意识这一主线，继续全面检视民族法治建设方面的短板弱项，有序推进涉民族事务相关法律法规的立、改、废、释等工作；继续加强对民族法治建设相关重大问题的研究，审慎稳妥地推进相关立法修法工作。

五、做好新时代人大民族工作，必须坚持充分发挥专门委员会职能作用

专门委员会是最高国家权力机关的重要组成部分，是全国人大及其常委会履行职责的重要基础和保障。习近平总书记和栗战书委员长多次就加强专门委员会建设、发挥专门委员会作用作出重要指示。五年来，民族委员会继承和发扬历届民族委员会工作的宝贵经验，依法按程序履行职责，充分发挥委员会组成人员积极性，认真做好全国人大常委会各项法律草案审议工作，注重从源头上提高立法质量。组织实施好全国人大常委会专题调研、听取审议专项工作报告等监督工作，不断增强监督工作实效。审议办理好代表议案建议，建立完善委员会联系代表办法，建立健全与地方人大民族工作部门之间顺畅高效的沟通联系机制，做好人大对外交往，加强自身建设，为全国人大及其常委会履行职责提供有力保障。民族工作覆盖面广，涉及方方面面，需要各部门聚焦主责主业，加强统筹协调，形成工作合力。民族委员会要充分发挥专门委员会职能作用，不断探索人大民族工作的特点和规律，全面发展全过程人民民主，在健全民族工作法律法规体系、健全人大民族工作体制机制方面下功夫，与时俱进，开拓创新，为全面推进民族团结进步事业、全面建设社会主义现代化国家、全面推进中华民族伟大复兴贡献力量。

第十三届全国人民代表大会宪法和法律委员会五年工作总结

（2023年2月3日第十三届全国人民代表大会宪法和法律委员会第二百三十二次全体会议通过）

第十三届全国人大宪法和法律委员会在党中央和全国人大及其常委会领导下，坚持以习近平新时代中国特色社会主义思想为指导，深入学习贯彻习近平法治思想和习近平总书记关于坚持和完善人民代表大会制度的重要思想，全面贯彻党的十九大和十九届历次全会精神，认真学习贯彻党的二十大精神，积极贯彻落实中央全面依法治国工作会议和中央人大工作会议精神，按照加快完善中国特色社会主义法律体系的目标要求，坚持党的领导、人民当家作主、依法治国有机统一，紧紧围绕党和国家工作大局，认真履行宪法法律赋予的职责，恪尽职守、扎实工作，较好完成了各项任务。

一、全面加强理论武装和政治建设，不断提高履职能力和水平

五年来，宪法法律委一以贯之地将政治建设摆在首位，弘扬伟大建党精神，赓续红色血脉，深刻领悟“两个确立”的决定性意义，增强“四个意识”、坚定“四个自信”、做到“两个维护”，始终在思想上政治上行动上同以习近平同志为核心的党中央保持高度一致。

（一）认真学习贯彻党的二十大精神，深刻感悟“两个确立”的决定性意义，深化习近平新时代中国特色社会主义思想的学习贯彻落实

党的二十大是在全党全国各族人民迈上全面建设社会主义现代化国家新征程、向第二个百年奋斗目标进军的关键时刻召开的一次十分重要的大会，在政治上、理论上、实践上都取得了一系列重大成果。会议召开后，宪法法律委第一时间原原本本、逐字逐句学习党的二十大报告和党章及有关决议，学习习近平总书记在党的二十届一中全会上的重要讲话精神，深刻领会党中央在各领域的重大部署要求，特别是把学习宣传贯彻党的二十大精神与学习贯彻习近平法治思想、习近平总书记关于坚持和完善人民代表大会制度的重要思想和落实中央人大工作会议精神有机结合起来，在全面学习、全面把握、全面落实上下功夫，深化学习成效，将党的二十大精神转化为指导实践、推动工作的强大力量。按照全国人大常委会党组和机关党组部署要

求,组成人员积极参加机关党组理论学习中心组学习贯彻党的二十大精神专题读书班。宪法法律委分党组结合工作实际及时制定《宣传贯彻党的二十大精神的方案》,认真贯彻落实,积极推动学习贯彻常态化。通过学习交流,宪法法律委更加深刻认识到,前进道路上必须坚持和加强党的全面领导,坚定不移地将坚持党的领导作为立法工作的最高政治原则,确保立法工作正确政治方向;必须坚持以人民为中心的发展思想,尊重人民主体地位,全面贯彻全过程人民民主重大理念,确保审议制定的每部法律都符合宪法精神、反映人民意志、得到人民拥护;必须坚持在法治轨道上推进国家治理体系和治理能力现代化,有效发挥立法职能作用,加快完善以宪法为核心的中国特色社会主义法律体系,以良法促进发展、保障善治。

在认真学习贯彻党的二十大精神的同时,宪法法律委始终把深入学习贯彻习近平新时代中国特色社会主义思想特别是习近平法治思想和习近平总书记关于坚持和完善人民代表大会制度的重要思想作为首要政治任务,始终把全面学习贯彻习近平总书记的重要讲话和批示指示精神作为“第一议题”,第一时间传达学习,第一时间研究贯彻落实举措,自觉对标对表讲话和批示指示精神推进各项工作,自觉用党的创新理论武装头脑、引领和指导依法履职。组成人员通过集中学习和自学等方式认真学习各卷《习近平谈治国理政》、《习近平新时代中国特色社会主义思想三十讲》、《习近平新时代中国特色社会主义思想学习纲要》、《习近平法治思想学习纲要》等书目,深入学习习近平总书记在庆祝中国共产党成立 100 周年大会、中央全面依法治国工作会议、中央人大工作会议、十三届全国人大历次会议期间的重要讲话精神等,在学懂弄通做实上下功夫,把学习融入日常工作,强化理论武装,不断增强学习的自觉性坚定性,不断提高政治站位和政治能力,不断增强工作责任感、使命感。

(二)深刻领会和把握设立宪法和法律委员会的重大决策和重要意义,提高政治站位,履行法定职责

党的十八大以来,习近平总书记高度重视宪法在治国理政中的重要作用,强调要坚持依宪执政、依宪治国,健全保证宪法全面实施的体制机制,加强宪法实施和监督。习近平总书记在党的十九大报告中强调,完善人大专门委员会设置,加强宪法实施和监督,推进合宪性审查工作,维护宪法权威。贯彻落实习近平总书记重要指示精神和党中央决策部署,2018 年 3 月,十三届全国人大一次会议修改宪法,把法律委员会更名为宪法和法律委员会。2018 年 6 月,全国人大常委会就宪法法律委职责作出决定,明确宪法法律委在继续承担统一审议法律草案等工作的基础上,增加推动宪法实施、开展宪法解释、推进合宪性审查、加强宪法监督、配合宪法宣传等工作职责。栗战书委员长、王晨副委员长对宪法法律委履行好法定职责作了重要指示、提出明确要求,王晨副委员长还出席了宪法法律委第一次全体会议并作了重要讲话。作为首任宪法法律委组成人员,大家深感使命光荣、责任重大,认真学习领会习近平总书记关于宪法的重要论述,认真学习领会栗战书委员长、王晨副委员长的指示要求,集体学习逐条研读宪法全文,深入开展宪法有关理论问题专项研究,把握宪法精髓、领悟宪法精神,夯实履职基础。宪法法律委不断提高政治站位,赴杭州“五四宪法”历史资料陈列馆集体参观,现场开展学习交流,深刻体悟党和国家老一辈领导人对于宪法的深刻认识和卓越贡献,从源头中汲取力量,坚定宪法自信,增强宪法自觉,准确把握关于设立宪法法律委的重要意义。认真制定履行有关宪法工作职责的议事规则,健全工作机制,规范议事程序,打牢依法履职的制度基础,提升履职能力,坚决将党中央、宪法和法律对宪法法律委的新定位新要求新任务新职责贯彻落实到实际工作中。2021 年 9 月,落实中央编办要求,汇总并上报《宪法和法律委员会成立以来履职尽责情况》。

(三)按照“四个机关”的定位和要求,全面抓好委员会自身建设

深刻学习领会习近平总书记在中央人大工作会议上提出的“四个机关”的定位和要求,以政治建设为统领,增强做好新时代立法工作的责任感使命感,抓好委员会自身建设。

一是,扎实开展“不忘初心、牢记使命”主题教育、党史学习教育等活动。紧密结合工作实际制定活动方案,严格按照党中央和常委会党组统一部署,高度重视、精心组织,扎实完成“规定动作”,创造性开展“自选动作”,有力推进分党组与法制工作机构党史学习教育联学活动,积极围绕党史、法治史、军史讲授专题党课。坚持把开展主题教育与推进宪法实施和监督、法律案统一审议等工作相结合,做到两手抓、两促进,坚持以主题教育改进工作作风、破解立法难题、提高立法质量和效率。五年来,每年结合重大立法任务开展分党组专题学习调研,瞻仰红色纪念地,赴上海、杭州、瑞金、上杭、遵

义、延安、林州红旗渠等学习考察,筑牢"初心"和"使命"的思想根基,增强活动实效。

二是,严明政治纪律和政治规矩,充分发挥分党组的作用。分党组坚定把"两个维护"作为立法工作最根本的政治纪律和政治规矩,在政治立场、政治方向、政治原则、政治道路上同以习近平同志为核心的党中央保持高度一致,始终做到"五个必须",坚决防止"七个有之"。始终保持高度的政治责任感使命感,及时传达学习党中央精神,不折不扣地完成好党中央交办的立法任务,研究落实举措,明确时限要求,及时开展办理情况"回头看",确保"件件有回音,事事有着落",确保党的主张通过法定程序转化为国家意志,成为全社会一体遵循的规矩和活动准则。坚持重大事项向上级请示报告,审议意见向有关部门反馈送达,邀请全国人大代表列席有关会议,及时开展法律实施效果评估等相关工作,推进法律案统一审议工作规范化、制度化、程序化。制定实施《宪法和法律委员会分党组向常委会党组请示报告事项清单》、《关于加强宪法和法律委员会分党组党建工作的意见》、《加强宪法和法律委员会分党组政治领导,做好统一审议法律案工作的具体办法》等,强化分党组全面落实管党治党的政治责任。

三是,不断加强理论研究。以高度的政治责任感,贯彻落实中央领导同志重要批示精神等,就宪法宣誓制度立法、宪法学教材和教学、检察机关公益诉讼制度、健全金融法治体系、完善监狱管理制度以及外国法"长臂管辖"、互联网、大数据、人工智能、基因编辑、生物安全等热点、前沿问题开展深入研究,完成相关专题报告和研究意见,报送常委会领导,推动相关工作开展。

四是,不断改进和加强工作作风。紧密结合本职工作,践行全过程人民民主,加强和改进调查研究,深入基层、深入群众,确保各项工作听民声、接地气。注重发挥代表来自人民、植根人民的特点和优势,积极邀请基层代表参与立法调研,在审议法律案过程中充分吸收基层代表意见建议,坚持把人民群众的声音和愿望体现在立法工作中。自觉遵守中央八项规定及其实施细则精神,深入整改和坚决防治"四风"。紧紧围绕重大立法项目,先后到相关专门委员会座谈调研,就立法中的难点重点问题深入交换意见、听取建议,努力凝聚立法共识,推动立法进程。自觉接受监督,做到清正廉洁、秉公用权。严格会风会纪,认真执行常委会有关要求,确保组成人员协调好工作安排,按时出席统一审议会议。

二、主要工作

(一)认真做好宪法实施和监督相关工作,维护宪法尊严和权威

宪法是国家的根本法,是治国安邦的总章程,具有最高的法律地位、法律权威、法律效力。党的十八大以来,习近平总书记高度重视发挥宪法在治国理政中的重要作用,多次强调坚持依宪治国、依宪执政。党的十九大、十九届二中、三中、四中全会以及党的二十大,都对加强宪法实施和监督提出明确要求。五年来,宪法法律委严格遵照宪法和法律规定,全面贯彻落实全国人大常委会关于宪法法律委职责问题的决定赋予的职能定位,认真履行推动宪法实施、开展宪法解释、推进合宪性审查、加强宪法监督、配合宪法宣传等工作职责,不断取得新进展新成效。

一是,审议完善宪法相关法律,在立法中不断健全保证宪法全面实施的制度体系。宪法相关法是与宪法相配套、直接保障宪法实施和国家政权运作等方面的法律规范。宪法法律委积极加强宪法相关法的审议工作,推动和保障宪法全面实施。审议全国人大组织法修正草案、全国人大议事规则修正草案、全国人大常委会议事规则修正草案,总结改革开放以来人民代表大会制度的实践经验,坚持和发展全过程人民民主,完善全国人大及其常委会的组织和工作制度。审议全国人大和地方各级人大选举法修正草案、地方组织法修正草案、立法法修正草案,通过立法不断健全保证宪法全面实施的制度体系,加强国家政权建设,健全国家治理体系。审议关于解放军选举全国人大和县级以上地方各级人大代表的办法修正草案,更好地保障军人依法行使民主权利、依法参与管理国家事务。审议国旗法修正草案、国徽法修正草案,完善国家标志制度。审议英雄烈士保护法草案,积极回应人民群众关切,维护英雄烈士荣誉和权益。落实宪法关于衔级制度的有关规定,审议关于士兵衔级制度的决定草案,填补了在士兵军衔制度领域的法律空白。审议关于加强中央预算审查监督的决定修订草案、关于加强经济工作监督的决定修订草案,进一步加强经济财政监督工作,增强监督实效。贯彻宪法尊重和保障人权原则,在审议民法典等一系列法律时,将宪法有关所有权、财产权、继承权、平等权、人身自由、人格尊严、婚姻家庭等规定通过立法予以实施,不断健全完善保障公民基本权利的法律制度。

二是，积极推进合宪性审查工作。认真贯彻落实党中央关于推进合宪性审查工作的指导性文件，在统一审议法律案过程中，注重用宪法条文、宪法精神作为标尺，认真履行合宪性审查工作职责，提出有关合宪性研究意见，确保全国人大及其常委会通过的法律和作出的决定决议符合宪法规定、宪法原则和宪法精神。比如，在刑事诉讼法、人民法院组织法、人民检察院组织法、外商投资法、公职人员政务处分法、人口与计划生育法、审计法、法律援助法等法律草案审议过程中，以及在对部分服刑罪犯予以特赦、设立上海金融法院、国家监察委员会制定监察法规、授权澳门特别行政区对横琴口岸澳方口岸区及相关延伸区实施管辖等决定草案审议过程中，认真研究宪法有关规定，提出合宪性研究意见，确保有关规定、制度符合宪法规定、原则和精神。

三是，维护香港特别行政区宪制秩序、法治秩序。审议关于建立健全香港特别行政区维护国家安全的法律制度和执行机制的决定草案、香港特别行政区维护国家安全法草案、关于香港特别行政区维护国家安全法第十四条和第四十七条的释法案文建议稿，有效维护国家安全和香港长治久安、长期繁荣发展。审议关于香港特别行政区第六届立法会继续履行职责的决定草案，为维护香港法治秩序、确保香港特别行政区政府有效施政和立法机关正常运作提供宪制依据。审议关于香港特别行政区立法会议员资格问题的决定草案和关于完善香港特别行政区选举制度的决定草案，就完善香港特别行政区选举制度、推动适合香港实际的民主政治发展作出新的宪制性制度安排。审议修改香港基本法附件一香港特别行政区行政长官的产生办法、附件二香港特别行政区立法会的产生办法和表决程序草案，全面落实“爱国者治港”原则，以法治方式确保香港管治权牢牢掌握在爱国爱港力量手中，为推动香港局势实现由乱到治重大转折提供有力法治保障。

四是，配合做好宪法宣传工作，弘扬宪法精神。结合国家宪法日、新中国成立 70 周年、现行宪法公布施行四十周年等重大时间节点，开展一系列重要活动，就学习贯彻习近平总书记关于宪法的重要论述、推动宪法的实施和监督等撰写有关文章，在全国人大常委会举办的有关座谈会上作重点发言，汇报学习认识和体会，提出有关工作思路和建议。组成人员积极到中央国家机关、有关省（区、市）等进行宪法专题讲座，深入法学院校、基层政府部门、司法机关开展宪法宣传教育，讲好中国宪法故事。这些工作，对于普及宪法知识、增强宪法意识、弘扬宪法精神、维护宪法权威起到了积极作用。

（二）认真做好统一审议法律案工作，完善以宪法为核心的中国特色社会主义法律体系

统一审议法律案是法律规定的宪法法律委的一项基本职责。五年来，宪法法律委深刻认识我国社会主要矛盾发展变化带来的新特征，准确把握我国全面建成小康社会、开启全面建设社会主义现代化国家新征程的历史方位，主动适应立法工作覆盖广、数量多、节奏快、要求高的新特点新要求，自觉遵循立法活动规律，丰富立法形式，加快立法进程，提高立法质量，坚持科学立法、民主立法、依法立法，充分听取采纳人大代表、常委会组成人员、各专门委员会、社会各界的意见建议，尽职尽责做好法律案统一审议工作，不断推进重点领域、新兴领域、涉外领域立法，不断健全国家治理急需、满足人民日益增长的美好生活需要必备的法律制度，不断增强法律体系的系统性、整体性、协同性、时效性。五年来，宪法法律委共召开全体会议 234 次，对 210 件法律案进行了统一审议，向全国人大及其常委会提出法律案修改稿 304 件、建议表决稿 151 件，各类审议报告 358 件。其中，大会和常委会已审议通过新的法律 47 件，修改法律 111 件，作出法律解释 1 件和有关法律问题的决定 52 件。

一是，圆满完成编纂民法典的审议工作。十三届全国人大三次会议高票通过的民法典是新中国第一部以法典命名的法律，是一部固根本、稳预期、利长远的基础性法律，开创了我国法典编纂立法的先河，是推进全面依法治国、完善中国特色社会主义法律体系的重要标志性立法。宪法法律委十分重视民法典草案的审议工作，共召开 34 次委员会会议（含前身法律委员会）深入审议民法典草案，认真提出审议意见，完善草案稿和草案修改稿，有力保障大会全体会议表决通过，完成了新中国几代人的夙愿，为新时代改革开放和社会主义现代化建设提供了更加完备的民事法制保障。这次民法典编纂工作为其他领域法典化立法提供了很好的范例，对于适时推动条件成熟的其他领域法典编纂立法、加快完善以宪法为核心的中国特色社会主义法律体系具有十分重要的意义。

二是，审议完善国家机构组织、加强法治政府建设和基层民主建设相关法律案。审议监察法草案、关于国家监察委员会制定监察法规的决定草案，深化国家监察体制改革。审议监察官法草案，坚持和加强党对监察工作的领导，建设高素质专业

化监察官队伍。审议公务员法修订草案，贯彻党中央关于公务员职务与职级并行制度的改革决策部署，建设高素质专业化公务员队伍。审议公职人员政务处分法草案，强化对公职人员的管理和监督，推进政务处分的法治化、规范化。审议人民法院组织法修订草案、人民检察院组织法修订草案、法官法修订草案、检察官法修订草案，确认和巩固深化司法体制改革成果。审议村委会组织法、城市居委会组织法修正案草案，将党中央决策部署转化为法律规定，发展基层自治和民主。审议审计法修正草案，明确党对审计工作的集中统一领导，努力构建集中统一、全面覆盖、权威高效的审计监督体系。审议消防救援衔条例草案，建设正规化、专业化、职业化的国家综合性消防救援队伍。审议行政处罚法修订草案，健全行政处罚规则，推进严格规范公正文明执法。审议密码法草案，规范密码应用和管理，保障网络与信息安全。

三是，审议健全维护国家安全制度体系法律案。贯彻坚持总体国家安全观、统筹发展和安全的根本要求，加快推进国家安全领域立法，积极构建国家安全法律制度体系。审议出口管制法草案，建立统一的出口管制法律制度框架，加强和规范出口管制，维护国家安全和发展利益。审议反外国制裁法草案，构建我国对外反制裁的总体法律框架，为反击霸权主义和强权政治、维护国家和人民利益提供法治支撑。审议陆地国界法草案，保障陆地国界及边境的安全稳定，维护国家主权、安全和领土完整。审议生物安全法草案，加强国家生物安全风险防控和治理体系建设，提高国家生物安全治理能力。审议数据安全法草案，着力解决数据安全领域突出问题，促进数据依法合理有效利用，提升国家数据安全保障能力。审议海上交通安全法修订草案，全面提升海上交通安全管理水平，更好维护人民群众生命财产安全。正在审议反间谍法修订草案。

四是，审议推进深化国防和军队改革法律案。坚决贯彻习近平强军思想、党中央关于国防和军队建设决策部署，巩固和深化军队改革成果，密切同中央军委有关部门沟通联系，重大军事立法提前介入，积极推动，确保有关法律按时保质出台。审议国防法修订草案，突出目标引领和问题导向，建设强大巩固的现代化国防，维护国家主权、安全、发展利益。审议武警法修订草案，突出党对武警力量的集中统一领导，优化和完善武警部队的力量构成和指挥管理体制。审议海警法草案，完善海上维权执法体制机制，为海警机构依法履行职责，维护国家主权、安全和海洋权益提供法治保障。审议兵役法修订草案，聚焦备战打仗，建设巩固国防和强大军队。审议军人地位和权益保障法草案，紧贴军人职业特殊属性，明确军人地位和权益保障的基本原则制度，切实保障军人地位和合法权益。审议预备役人员法草案，适应预备役部队调整改革，加强预备役人员现代化建设。审议军事设施保护法修订草案，健全领导管理体制，完善保护制度措施，压实军地单位责任。审议退役军人保障法草案，将退役军人保障工作纳入法治化轨道。审议关于军队战时调整适用刑事诉讼法部分规定的决定草案。还审议了军事领域其他相关法律案。这些法律的及时制定和修改，为全面推进国防和军队现代化建设提供了坚实的法治保障。

五是，审议市场经济领域和促进高质量发展法律案。财税立法方面，审议个人所得税法修正草案，及时完善个人所得税收制度；审议耕地占用税法、车辆购置税法、资源税法、城市维护建设税法、契税法、印花税法草案，按照税制平移的思路，将暂行条例上升为法律，并进一步完善相关制度。金融立法方面，审议证券法修订草案，推动证券行业和资本市场改革创新、健康发展；审议期货和衍生品法草案，健全资本市场监管体系，促进期货市场和衍生品市场稳健发展。市场秩序方面，审议反垄断法修正草案，强化反垄断和防止资本无序扩张，处理好规范与发展的关系；审议电子商务法草案，规范电子商务行为，促进电子商务持续健康发展。深化改革和开放方面，审议外商投资法草案、对外贸易法修正草案，继续实行积极主动的开放政策，以高水平对外开放促进经济高质量发展；审议关于修改台湾同胞投资保护法的决定草案，更好地鼓励和促进台湾同胞投资；审议海南自由贸易港法草案，以贸易投资自由化便利化为重点，对生产要素自由有序安全便捷流动、特殊的税收制度、现代产业发展、生态环境保护等作出制度安排；审议公司法修订草案，加强产权保护，深化国有企业改革；审议产品质量法等 17 部法律、道路交通安全法等 8 部法律、建筑法等 8 部法律修正草案，加快推进“放管服”改革，激发市场主体发展活力，优化营商环境。知识产权方面，审议专利法修正草案，加强知识产权保护，强化保护技术创新；审议著作权法修正草案，适应网络化、数字化技术发展应用的新形势新要求，促进我国文化和科学事业的发展与繁荣；审议科学技术进步法修订草案，深入实施创新驱动发展战略,健全科技创新保障措施,提升原始创新能力,完善和优化国家创新体系,加快建设创新型国家和科技强国。“三农”方面,审议乡村振兴促进法草案,依法促进农业全面升级、农村全面进步、农民全面发展;审议农村土地承包法修正草案,依法维护农村土地承包经营当事人的各项权利,助力乡村振兴战略有效实施;审议土地管理法修正草案、城市房地产管理法修正草案,改革完善土地征收制度,巩固所有权、承包权和经营权改革成果;审议黑土地保护法草案,全面保护黑土地这一“耕地中的大熊猫”,铸牢国家粮食安全法治屏障;审议农产品质量安全法修订草案,按照“四个最严”的要求,强化农产品质量安全法治保障;审议种子法修正草案,推动建立鼓励和支持育种原始创新的制度体系,筑牢粮食安全和现代农业发展基础;审议畜牧法修订草案,加强畜禽遗传资源保护和利用,规范畜牧业生产经营行为,促进我国畜牧业高质量发展。

六是,审议生态环保领域法律案。审议长江保护法草案,坚持生态优先、绿色发展,突出共抓大保护、不搞大开发,这是我国第一部全国性流域法律。审议黄河保护法草案,强化黄河流域生态保护和高质量发展重大国家战略法治保障。审议土壤污染防治法草案,聚焦净土保卫战,坚持让人民群众吃得放心、住得安心。审议噪声污染防治法草案,切实解决人民群众关心的突出噪声问题。审议固体废物污染环境防治法修订草案,健全固体废物污染环境防治长效机制,推动形成简约适度、绿色低碳生活新风尚。审议湿地保护法草案,加强湿地资源管理和湿地保护规划,完善湿地保护修复各项制度措施。审议森林法修订草案,实现森林资源可持续发展。审议野生动物保护法修订草案,促进野生动物保护事业发展。积极推动青藏高原生态保护法草案的起草和审议工作,突出保护导向。

七是,审议社会民生领域法律案。审议教育法修订草案,体现新时代教育指导思想和方针,丰富教育内容,强化法律责任。审议职业教育法修订草案,营造职业教育发展良好社会环境。审议家庭教育促进法草案,科学指导和推进家庭教育,保障未成年人健康成长和全面发展。审议未成年人保护法修订草案,完善家庭保护、学校保护和司法保护等内容,最大限度保护未成年人健康成长。审议预防未成年人犯罪法修订草案,健全教育、干预、矫治、帮教等措施,建立“专门矫治教育”制度取代“收容教养”制度。审议妇女权益保障法修订草案,贯彻落实男女平等基本国策,优化妇女发展环境,保障妇女合法权益。审议人口与计划生育法修正草案,贯彻落实党中央有关生育政策,促进人口长期均衡发展。审议个人信息保护法草案,建立健全个人信息保护体制机制。审议法律援助法草案,丰富和扩大法律援助形式范围,明确法律援助程序,完善法律援助保障和监督制度。审议反食品浪费法草案,以法治方式治理人民群众长期反映强烈的餐饮浪费顽疾。审议体育法修订草案,完善体育法律制度框架,推进体育强国和健康中国建设。审议档案法修订草案,完善档案开放利用制度,保障公民基本文化权益。审议工会法修正草案,突出坚持党的领导,完善工会职责定位,扩大基层工会组织的覆盖面等。审议安全生产法修正草案,强化生产经营单位主体责任,完善政府安全监管体制机制和责任制度,防范化解重大安全生产风险。

八是,审议公共卫生领域法律案。审议基本医疗卫生与健康促进法草案,确立基本医疗卫生与健康工作的基本原则、主要制度和保障促进措施,引领推动卫生健康事业发展。审议疫苗管理法草案,实行最严格的管理制度,建立健全疫苗研制、生产、流通和预防接种全过程监管制度。审议药品管理法修订草案,完善药品审评审批和储备供应等管理制度,保障药品安全、有效、可及。审议医师法草案,加强医师队伍建设,保障医师合法权益,提高医师教育、培训和职业发展的科学化、法治化水平。审议动物防疫法修订草案,健全动物卫生管理法律制度,提升公共卫生安全保障水平。审议关于全面禁止非法野生动物交易、革除滥食野生动物陋习、切实保障人民群众生命健康安全的决定草案,维护人民群众的健康和生命安全。

九是,审议完善诉讼程序和刑事司法相关法律案。审议人民陪审员法草案,切实保障人民群众对审判工作的知情权、参与权、监督权,更好地推进和体现司法公正。审议民事诉讼法修正草案,完善民事司法程序,优化司法资源配置,维护司法公平正义。审议刑事诉讼法修正草案,加强反腐败法律制度建设,建立刑事缺席审判制度,实行认罪认罚从宽制度和速裁程序等。审议国际刑事司法协助法草案,完善反腐败追逃追赃法律制度,规范和加强国际刑事司法协助合作。审议社区矫正法草案,推动我国社区矫正工作健康发展。审议刑法修正案(十一)草案,对人民群众关心的冒名顶替上大学、性侵害未成年人、低龄未成年人犯罪、危险作业、高空抛物、妨害驾驶安全、食品药品安全、非法集资、环境保护等领域惩治犯罪的规定作出修改完善,注重统筹发挥刑法对于国家安全、社会稳定和保护人民的重要功能。审议反有组织犯罪法草案，推动扫黑除恶工作机制化、常态化开展，建设更高水平的平安中国。审议反电信网络诈骗法草案，为反电信网络诈骗工作提供全面有力的法治保障。

十是，做好有关法律问题决定的审议工作，为相关领域深化改革、扩大开放提供法律依据和法治保障。审议关于授权国务院在自由贸易试验区暂时调整适用有关法律规定的决定草案，推进“放管服”改革，加快政府职能转变。审议关于授权国务院在粤港澳大湾区内地九市开展香港法律执业者和澳门执业律师取得内地执业资质和从事律师职业试点工作的决定草案，推动发挥港澳法律人才的专业优势，推动香港、澳门更好融入国家发展大局。审议关于延长药品上市许可持有人制度试点期限的决定，做好与药品管理法修改以及疫苗管理法立法工作的衔接和协调。审议关于废止有关收容教育法律规定和制度的决定草案，废止收容教育制度。审议关于授权最高人民法院在部分地区开展民事诉讼程序繁简分流改革试点工作的决定草案、关于授权最高人民法院在该院和部分地区开展四级法院审级职能定位改革试点工作的决定草案，完善我国诉讼制度，优化司法资源配置，促进司法公正。审议关于设立海南自由贸易港知识产权法院的决定草案，推进中国特色自由贸易港建设。审议关于设立上海金融法院的决定草案、关于设立北京金融法院的决定草案、关于设立成渝金融法院的决定草案，运用法治手段防范化解金融风险，加大金融司法保护力度。审议关于授权上海市人民代表大会及其常务委员会制定浦东新区法规的决定草案，为浦东深化改革开放进一步提供法治保障。审议关于在深化国防动员体制改革期间暂时调整适用相关法律规定的决定草案，确保深化国防动员体制改革于法有据、稳妥推进。还审议了系列打包修改的有关法律草案，对改革急需、职责调整比较明确、各方面意见一致的相关法律条款进行修改。

（三）认真履行其他职责

一是，参与配合中央全面依法治国委员会立法协调小组有关工作。按照中央依法治国委工作分工，宪法法律委协助常委会领导同志，充分发挥中央依法治国委立法协调小组职能作用。贯彻落实中央依法治国委工作部署，系统梳理总结了全国人大及其常委会贯彻实施宪法的有关情况，形成《全国人大宪法和法律委员会关于宪法实施情况的报告》，上报中央依法治国办决策参考。组织召开多次立法协调小组会议，深入学习习近平法治思想和中央全面依法治国工作会议、中央人大工作会议精神，针对列入中央依法治国委年度工作要点的重要立法项目，听取有关牵头部门和起草部门的工作汇报，逐件进行研究，协调有关部门加强立法工作配合，并对法律草案起草进展情况进行督促检查，推动有关重点立法项目按照时间进度提出法律草案和提请全国人大常委会进行审议。

二是，做好议案办理工作。办理代表议案是国家机关的法定职责，是立法工作密切联系群众、贯彻党的群众路线的重要途径。宪法法律委践行全过程人民民主，充分尊重代表主体地位，认真落实《关于加强和改进全国人大代表工作的具体措施》，不断完善代表议案办理工作机制，提高办理质量和实效。1. 将议案办理与立法工作紧密结合，深入研究、积极采纳代表提出的意见建议。十三届全国人大各次会议主席团交付宪法法律委审议的代表议案共647件，涉及205个立法项目。240件议案涉及的62个立法项目，已由全国人大及其常委会审议通过或者正在审议；262件议案涉及的69个立法项目，已列入立法规划、年度立法工作计划，正在起草或研究；对于其余议案提出的立法项目也进行了认真研究，待条件成熟时纳入立法规划或年度立法工作安排，或者在相关法律的制定或修改工作中统筹考虑。2. 健全议案办理工作机制，推动议案办理提质增效。认真落实栗战书委员长提出的“内容高质量、办理高质量”和“既要重结果、也要重过程”要求，邀请提出议案的代表参与立法调研、起草、论证、审议、评估等工作，认真听取并研究采纳代表意见。加强议案整理分析，优化办理流程，落实工作责任，注重与有关部门协作沟通，提高议案办理成效。拓宽联系渠道，充分利用代表参加人大代表专题培训、组成人员调研走访基层代表等形式，加强与代表面对面沟通交流；在疫情防控形势下，积极采取电话、视频等多种方式与代表进行沟通交流，介绍议案办理情况，听取代表意见。

三是，加强对外交往工作。宪法法律委按照常委会对外交往工作统一安排，积极开展与有关国家对口委员会和司法机构的交流工作。本届以来，组织了3个代表团出访了7个国家，先后接待了10个国家的代表团来访，同往访国有关方面和来访代表团进行务实会谈。受新冠肺炎疫情影响，2020年之后的外事活动主要采用视频会议形式开展。宪法法律委主任委员、副主任委员和有关组成人员主持同外国议会友好小组、有关专门委员会、宪法法院等方面的视频会谈 5 次。在对外交往中，积极宣介习近平新时代中国特色社会主义思想，特别是习近平法治思想和习近平总书记关于坚持和完善人民代表大会制度的重要思想，宣传我国人民代表大会制度的发展以及推进依法治国的成就和经验，介绍我国宪法实施和立法方面的工作情况，加强立法经验交流互鉴，讲好中国故事、宪法故事、立法故事，取得良好效果。

宪法法律委五年工作取得的成绩，根本在于有习近平总书记作为党中央的核心、全党的核心领航掌舵，在于有习近平新时代中国特色社会主义思想科学指引，是栗战书委员长、王晨副委员长和全国人大常委会党组有力领导和具体指导的结果，是全国人大代表、常委会组成人员和各专门委员会、工作委员会大力支持的结果。法治是国家治理体系和治理能力的重要依托，本届立法工作与时代同频共振，与实践同行相伴，反映党和国家事业取得的伟大成就与伟大变革，将攻克的许多难题、办成的许多大事要事的成果体现在立法上，为党和国家事业发展提供可靠的法治保障，有力推进了国家治理体系和治理能力现代化。立法工作取得的这些重要成绩是社会主义法治国家建设深入推进的重要体现，已经成为十九大以来五年伟大成就和新时代十年伟大变革的重要方面。宪法法律委为能有效发挥职能作用，积极参与这一伟大历史进程并作出积极贡献，深感荣耀和自豪。站在新的历史起点，踏上新征程，宪法法律委要全面贯彻习近平新时代中国特色社会主义思想特别是习近平法治思想，坚定不移地走中国特色社会主义法治道路，坚持党的领导、人民当家作主、依法治国有机统一，践行全过程人民民主，恪尽职守、担当作为，推动立法工作实现更高质量发展，为奋力谱写全面建设社会主义现代化国家的崭新篇章提供更加有力的法治保障，作出更加优异的成绩。

五年来，宪法法律委工作在取得成绩的同时，也存在不足。主要是：宪法实施和监督工作的理论研究还要进一步深化，合宪性审查工作的力度还需进一步加大；对重要立法项目的提前介入还需进一步加强，更好推动制度设计科学化、合理化；审议过程中还要进一步广泛听取各方面意见，做好反馈沟通，对审议中的不同意见做好回应解释，更好凝聚共识。宪法法律委要虚心听取代表、委员和各方面意见建议，不断加强和改进工作，更好履行宪法法律赋予的职责。

三、主要体会

领域更宽、数量更多、节奏更快、要求更高，是本届全国人大及其常委会立法工作的鲜明特点。栗战书委员长、王晨副委员长多次要求，要准确把握立法工作面临的新形势新任务，聚焦党和国家中心工作，紧跟党中央决策部署，紧贴人民群众美好生活对法治建设的呼声期盼，紧扣国家治理体系和治理能力现代化提出的法律需求实际，坚持党对立法工作的全面领导，发挥人大在立法工作中的主导作用，遵循立法活动规律，立足体系建设，丰富立法形式，在保证质量的前提下加快立法工作步伐，提高立法效率，特别是在大事要事上行动要快、有担当、善作为，坚持发扬斗争精神，为推动重大工作部署、应对重大风险挑战、维护国家安全等及时提供法律支持和保障。五年来，宪法法律委心怀“两个大局”，牢记“国之大者”，认真贯彻落实栗战书委员长、王晨副委员长的指示要求，继承彭真、习仲勋等老一代领导人开拓立法事业特别能吃苦、特别能战斗、特别能奉献的优良传统和作风，以“时时放心不下”的使命担当，把推动宪法实施监督工作和统一审议法律案工作，作为为党为国家为民族奉献智慧和力量、作为人生闪亮光彩的宏大舞台。全体组成人员增强责任意识，发扬斗争精神，加强统筹协调，精诚团结、紧密合作、兢兢业业、精益求精、担当作为、踔厉奋发，为全国人大及其常委会确保立法工作质量、加快立法工作步伐提供服务和保障，较好完成了各项工作任务。主要感悟和体会是：

（一）坚持党中央对立法工作的集中统一领导，及时将党的主张通过法定程序转化为国家意志，确保立法正确政治方向

宪法法律委始终把坚持党中央集中统一领导作为最高政治原则，坚决贯彻党中央重大决策部署，贯彻习近平总书记对立法工作的重要指示要求，提高政治站位，把牢政治方向，确保党的主张通过法定程序转化为国家意志，将党的领导贯彻到宪法法律委工作的全过程各方面。**一是，强化理论武装，坚持以党的理论创新成果指引立法工作。**加强政治理论学习，坚持以习近平新时代中国特色社会主义思想，特别是习近平经济思想、法治思想、生态文明思想、外交思想、强军思想和习近平总书记关于坚持和完善人民代表大会制度、港澳工作等领域的重要思想和论述为指导，在宪法实施与监督，市场经济、生态环境、国防军事、港澳工作等相关领域

法律案审议等工作中充分贯彻体现其内容和要求。**二是，提高政治站位，全力做好党中央确定的重大立法事项统一审议工作**。坚持围绕中心、服务大局，在编纂民法典和审议外商投资法、香港国安法、反外国制裁法、海南自由贸易港法、疫苗管理法、人口与计划生育法等党中央确立的重要立法工作中，与有关方面共同做好调查研究、沟通协调及修改完善等工作，完成好党中央部署的重要立法任务。**三是，严格落实向党中央请示报告制度，确保一切立法活动始终在党中央领导下进行**。在审议民法典草案、监察法草案、公职人员政务处分法草案、长江保护法草案、黄河保护法草案、生物安全法草案、出口管制法草案、外商投资法草案、海南自由贸易港法草案、数据安全法草案、反电信网络诈骗法草案等重要立法工作中，对于重大原则和重要问题都及时报请全国人大常委会党组向党中央请示报告，并在法律草案审议中不折不扣地贯彻落实习近平总书记和党中央作出的决策。**四是，推动党的领导入法入规，推动实现党的领导制度化、法治化**。全面落实宪法关于党的领导的规定，旗帜鲜明地通过立法坚持和完善党的领导制度体系和党对各方面事业的全面领导，在全国人大组织法、乡村振兴促进法、兵役法、海警法、预备役人员法、军事设施保护法、审计法、体育法、职业教育法等法律中增加规定坚持中国共产党的领导的内容和要求，明确党的领导的法律地位。

（二）坚持和践行全过程人民民主，深入推进科学立法民主立法依法立法

宪法法律委坚持和践行全过程人民民主，坚持科学立法民主立法依法立法，确保每一项立法决策都符合宪法精神、反映人民意愿、得到人民拥护。**一是，深入开展立法调研和专题调研，认真提出科学的审议意见**。宪法法律委在依法履职过程中，坚持把全过程人民民主重大理念真实、生动、具体地体现在立法过程中，围绕法律案中的重大制度安排和关键问题，深入开展调查研究工作，多层次、多方位、多渠道调查了解情况，为法律案统一审议等各项工作提供坚实支撑。本届以来，共就 120 余部法律案开展调研 248 次，走访调研点近 500 个。每部法律案分管的主任委员、副主任委员都亲自带队，与法工委有关部门一道深入一线、深入基层、深入实际进行考察、调研、座谈，并且积极组织基层立法联系点、基层人大代表等直接参与，广泛听取各方面意见建议，了解掌握第一手情况，确保法律案统一审议工作最大限度吸纳民意、汇集民智。比如，制定黄河保护法开展实地调研，遍布上游到下游的各主要河段和水利设施；制定陆地国界法深入西藏、新疆等边境地区进行一线调研。此外，宪法法律委根据部署还就相关事项积极开展专题调研工作。比如，落实中央依法治国委 2021 年工作部署，宪法法律委组成人员率队，组织常委会办公厅研究室、法制工作委员会有关部门赴新疆维吾尔自治区、新疆生产建设兵团专题调研学习贯彻习近平法治思想和中央全面依法治国工作会议精神的进展情况。又如，按照全国人大常委会 2021 年度监督工作计划，宪法法律委认真组织和实施“关于设区的市地方立法在维护国家法制统一中的作用”专题调研，分别在沈阳、南京、贵阳召开座谈会，广泛听取了 27 个省、自治区和 102 个设区的市的意见建议，并且深入农村，走访企业，听取基层群众意见建议等，形成专项调研报告。在调研考察工作中，宪法法律委都要深刻把握全面深化改革大背景下体制机制深刻变革所带来的法律关系的复杂性、多样性、变动性，加强调查研究，切实找准体制性障碍、结构性矛盾、政策性问题，把有关情况了解清楚，把问题原因分析透彻，把不同意见考虑充分，把解决方案研究妥当，审慎提出科学审议意见。**二是，坚持和践行全过程人民民主重大理念，彰显中国式民主制度优势**。在立法过程中广泛充分听取各方面意见，审议的法律草案都及时向社会公布征求意见并积极反馈，发挥基层立法联系点“直通车”作用，吸纳民意、汇集民智，确保立法项目的确定、起草、审议、通过等各个环节都听到来自人民群众的声音，努力做到人民有所呼、立法有所应。比如，设立基层立法联系点以来，32 个联系点共就 152 部法律草案和立法规划稿提出 15000 余条意见，其中有 2800 多条意见被吸收采纳。又如，宪法法律委在审议基本医疗卫生与健康促进法草案过程中，围绕疫苗管理中存在的突出问题，提出单独制定疫苗管理法的建议并积极推动落实，有效回应了人民群众对疫苗问题的重大关切。积极推动在全国人大组织法、全国人大常委会议事规则、地方组织法等国家组织机构相关法律中增加坚持和践行全过程人民民主的内容。**三是，坚持问题导向，加强立法决策量化论证，提高立法精细化水平**。加强立法决策的量化论证，是提高立法科学化、精细化水平的重要举措。宪法法律委积极加强立法决策的量化论证，通过对立法所要调整社会关系的客观情况进行量化分析研究，选择最佳方案，通过立法加以规范，切实增强法律规范的可执行性和可操作性。比如，在

个人所得税、耕地占用税等法律制定修改过程中，注重运用大数据方法助力立法决策，加强对网络等各方面意见的数据研究和分析，“用数据说话、用数据决策”，在此基础上审慎提出审议意见，确保立法决策科学、精准。

（三）遵循立法规律，丰富立法形式，增强立法的系统性、整体性、协同性、时效性

新时代党和国家各项事业呈现出许多新面貌新特征，对立法工作提出许多新课题新要求。立法工作必须充分体现党和国家事业发展要求，积极回应人民群众呼声期盼。适应新形势新任务新要求，宪法法律委创造性开展立法工作。**一是，加强重点领域、新兴领域、涉外领域立法，推进法律制度完善创新发展**。改革开放、经济发展、国家安全、卫生健康、公共文化等重要领域的基础性、综合性、统领性的法律相继出台，生态环境、教育科技等重要领域的法律进行了全面系统修改完善，电子商务、网络数据、生物安全等新兴领域填补立法空白取得突破，统筹推进国内法治和涉外法治，加强外商投资、出口管制、反外国制裁等涉外领域立法，完善中国特色社会主义法律体系取得显著进展，系统性、整体性、协同性、时效性不断增强。比如，良好生态环境是最普惠的民生福祉，党的十八大以来，全国人大常委会全面贯彻落实习近平生态文明思想和党中央决策部署，共制定修改了20多部生态环保法律，有的重要法律还经过多次修改，生态环保立法实现了从量到质的全面提升，涵盖了水、气、土壤各类环境要素和山水林田湖草沙等自然生态系统，生态环保法律体系初步形成。宪法法律委审议法律草案时注重推进法律制度创新发展，努力提高制度设计的科学性。比如，作为我国第一部流域法律，审议的长江保护法草案强化有关长江流域生态修复和环境治理以及绿色发展的特殊性问题，把法律的一般性规定与特殊性规定有机结合，突出特殊性，并且明确该法覆盖全流域各类生产生活、开发建设等活动，具有很强针对性。又如，乡村振兴促进法是一部“三农”领域的基础性、综合性法律，作为促进法，重点在坚持贯彻新发展理念，通过建立健全法律制度和政策措施，促进乡村全面振兴和城乡融合发展，在起草审议草案时尽量做到条文的规定与农业法等涉农法律的规定不重复，同时又做了必要的衔接性规定和补充性规定。**二是，统筹运用多种立法形式，法律类型更加丰富多元**。坚持立改废释纂和决定并举，发挥不同立法形式在完善中国特色社会主义法律体系中的作用。编纂完成新中国成立以来第一部以“法典”命名的重要法律——民法典，共7编、1260条、10多万字，是一部具有中国特色、体现时代精神、反映人民意愿、保障民事权利、维护社会公平正义的法典，宣告中国“民法典”时代正式到来。注重运用“小快灵”、“小切口”立法及时解决食品浪费、电信网络诈骗等突出问题，在较短时间内完成相关法律草案审议工作。审议有关法律或决定草案，完善法律法规新类型，监察法规、海南自由贸易港法规、浦东新区法规、海警规章等新类型法律法规更加配套完善。法律制定或修改后，及时向有关部门发函，转达全国人大常委会组成人员审议意见，建议抓紧制定相关配套法规规章，有效落实法律规定。**三是，坚持改革决策和立法决策相衔接，立法服务改革发展大局**。以法治思维和法治方式引领、推动改革发展，同步考虑改革涉及的立法问题，及时制定修改有关法律以确认或巩固重大改革成果。比如，建立检察机关提起公益诉讼制度、加强对国家利益和社会公共利益的保护，是党中央作出的一项重大改革部署，在十二届全国人大常委会通过授权决定开展试点和修改民事诉讼法、行政诉讼法确立检察机关提起公益诉讼制度基础上，本届制定的英雄烈士保护法拓展了公益诉讼范围，修改的人民检察院组织法、检察官法将公益诉讼检察职权写入法律，进一步推进公益诉讼法治化、规范化建设，走出了一条具有中国特色的公益司法保护道路。又如，制定外商投资法、海南自由贸易港法等，助力更高水平对外开放。通过授权决定、改革决定等保证改革先行先试依法有序进行，积累试点经验，形成制度成果，再制定和修改完善相关法律，是新时代立法工作的一个显著特点。本届以来，宪法法律委服务全国人大常委会先后作出18件授权决定和改革决定，通过立法推动和保障改革走深走实、系统集成、协同高效。此外，灵活运用“打包修改”法律的形式及时落实改革要求。

（四）团结协作、担当作为、加强协调，努力完成各项工作任务

适应新时代全面依法治国新形势新要求，本届全国人大及其常委会的立法数量同以往相比大幅增加；同时，全面深化改革进入深水区，数据信息、生物安全等新技术新领域发展日新月异，法律调整的社会关系的难度增加，对审议工作提出新的挑战。宪法法律委加强学习研究，发挥集体力量，敢于担当作为，注重提升遵循规律、发扬民主、加强协调、凝聚共识的能力，发展完善长期以来和法制工作委员会形成的良好工作机制，共同推进提高立法

质量和立法效率。**一是,群策群力、团结协作,积极发挥全体组成人员的集体智慧、专业专长和特点优势**。宪法法律委由具有教育、医疗、科技、军事、法律等不同教育背景或工作经历的人员组成。适应新兴领域、涉外领域立法明显增多的工作任务要求,在审议相关领域的法律案时,既注重发挥组成人员的专业特长,加强对有关新兴前沿问题的理论研究,又充分发扬民主、求真务实,深入细致地讨论矛盾焦点问题,及时提出切实可行的立法决策和问题解决方案。**二是,敢于担当、善作善成,充分体现高度的政治责任感和使命感**。全面深化改革进程中各种矛盾焦点错综复杂,需要从立法上破除体制机制障碍,做好顶层设计,发挥引领推动作用。宪法法律委本着对党和人民高度负责的态度,深入把握法律调整的社会关系,坚持把政治决策、法律规范、实践需求、公众感受有机统一起来,坚决守住法治统一的底线和红线,坚决避免立法部门化、行政化、利益化倾向,敢于善于在矛盾焦点上砍一刀,为全国人大常委会适时作出政治决策和法律决断做好服务保障,力求法律制度设计符合客观实际,尊重和体现客观规律。**三是,加强立法统筹协调,广泛凝聚共识**。立法是为国家定规矩、为社会定方圆的神圣工作,必然涉及到方方面面的利益和关切,统一审议时往往成为矛盾汇聚的焦点。宪法法律委注重加强同中央机关有关部门、全国人大有关专门委员会、国务院、国家监察委员会、最高人民法院、最高人民检察院、军队有关部门等的沟通协调,反复研究论证,努力推动形成最大的共识,提出科学的审议意见。

第十三届全国人民代表大会监察和司法委员会五年工作总结

(2023年2月7日第十三届全国人民代表大会监察和司法委员会第二十五次全体会议通过)

五年来,全国人大监察和司法委员会坚持以习近平新时代中国特色社会主义思想为指导,在全国人大及其常委会领导下,深入学习贯彻习近平法治思想和习近平总书记关于坚持和完善人民代表大会制度的重要思想,认真贯彻落实党的十九大、十九届历次全会和二十大精神,全面贯彻落实中央人大工作会议精神,深刻领悟“两个确立”的决定性意义,增强“四个意识”、坚定“四个自信”、做到“两个维护”,坚持党的领导、人民当家作主、依法治国有机统一,恪尽职守、团结奋发、求真务实、开拓创新,圆满完成了各项工作任务。

一、五年来的主要工作

本届监察和司法委员会,是根据深化党和国家机构改革方案更名后的第一届。五年来,监察司法委紧紧围绕党中央决策部署和全国人大常委会工作要求,认真履行宪法和法律赋予的职责,负责或推动25项立法工作,其中,牵头或参与起草并提请审议4件法律草案(3件通过、1件在审),修改完善并提交审议1项决议,协助作出7项有关法律问题和重大问题的决定,联系审议或参与研究论证13个立法项目;组织实施25项监督工作,其中,听取审议15项工作报告,开展1项执法检查、3次专题询问、6项专题调研;审议181件代表议案,办理122件代表建议;组织开展10项外事工作。

(一)积极务实开展立法

坚持科学立法、民主立法、依法立法,紧跟党中央重大决策部署,立足务实管用,发挥主导作用,积极推进国家安全、监察、执法司法、社会治理等领域法律制度建设。

围绕贯彻落实总体国家安全观,组织起草反间谍法修订草案,与有关单位组成工作专班,广泛听取职能部门、专家学者、基层一线意见建议,参考借鉴国外立法经验,聚焦反间谍安全防范机制不完善等问题,进一步健全中国特色国家安全法律制度。

围绕构建全面覆盖、权威高效的国家监督体系,参与起草公职人员政务处分法,将法律草案名称由“政务处分法”修改为“公职人员政务处分法”,明确政务处分的主体、种类、情形、程序等内容,使政务处分匹配党纪处分、衔接刑事处罚,与公务员法等现行法律法规的规定保持协调,保证法律体系的内在一致性。

围绕保障监察官依法履行职责,参与起草监察官法,细化监察官的义务、管理、监督、惩戒、保障等规定,进一步完善监察法律体系。在监察官法草案起草过程中,我委积极推动将“加强纪检监察学科建设”写入草案,为建设高素质专业化监察官队伍提供有力人才支撑。2022年9月,纪检监察学已正式成为法学门类下的一级学科。

围绕切实保障人民群众法律服务需求，牵头起草法律援助法草案，扩大法律援助提供渠道和援助范围，明确经费保障、申请程序、监督考核等主要内容，让更多人享受到更加便利、更加优质的法律服务。参与起草修改“八五”普法决议，促进全社会尊法学法守法用法。

围绕服务深化司法体制改革，先行审议关于专利等知识产权案件诉讼程序若干问题、民事诉讼程序繁简分流和四级法院审级职能定位改革试点工作以及设立海南自由贸易港知识产权法院、上海金融法院、北京金融法院、成渝金融法院等决定草案，再由常委会作出决定，确保改革于法有据。坚持在改革中完善法治，先行审议民事强制执行法草案、行政诉讼法修正草案、民事诉讼法修正草案，推动将改革成果固化为法律。

此外，我委还参与审议“两院”组织法、法官法、检察官法、社区矫正法等多部法律草案，积极推动修改治安管理处罚法、人民警察法、仲裁法、道路交通安全法、监狱法、律师法以及制定法治宣传教育法、检察公益诉讼法、看守所法等立法修法进程。

（二）依法有效实施监督

坚持正确监督、有效监督、依法监督，聚焦行政权、监察权、审判权、检察权的依法正确行使，推动解决监察司法领域人民群众反映强烈的突出问题，维护社会公平正义。

一是稳步探索人大监督监察工作。反复学习习近平总书记关于深化国家监察体制改革的重要论述，深刻领会党中央改革目的，加强与国家监委沟通联系，紧紧围绕新增加的“配合深化国家监察体制改革、完善国家监察制度体系、推动实现党内监督和国家机关监督有机统一”三项职责开展监督监察工作。2018 年提出“审慎稳妥、不可冒进”的原则，防范冒进倾向影响改革进行；2019 年调整为“审慎稳妥、依法有序”，引导地方人大从专题调研入手开展监督；2020 年根据中央部署，协助常委会首次听取和审议了国家监委关于反腐败国际追逃追赃工作的专项报告；2021 年按照“自上而下统筹推进”的要求，加强对省级人大监察司法委的工作指导，31 个省级和部分市、县级人大常委会顺利听取审议了本级监委专项报告。其间，我委跟进了解地方人大监督监察工作情况，定期统计上报相关数据。协助常委会开展监察体制改革和监察法实施情况、监察监督全覆盖情况、监察机关推进监察工作规范化法治化正规化建设等专题调研，以目标和问题为导向，研究提出对策建议，推动监察工作提质增效。

二是不断深化对司法工作监督。认真做好每年 10 月全国人大常委会听取和审议“两高”专项报告的组织实施工作，精心确定选题，深入开展调研，撰写调研报告供常委会审议时参考。五年来，协助常委会听取审议了最高人民法院关于基本解决“执行难”问题、刑事审判、民事审判、知识产权审判、涉外审判工作情况的报告，最高人民检察院关于加强民事诉讼和执行活动法律监督、公益诉讼检察、适用认罪认罚从宽制度、办理控告申诉案件、未成年人检察工作情况的报告，并对基本解决“执行难”问题、民事诉讼和执行活动法律监督、检察公益诉讼 3 个议题开展专题询问，做好审议意见落实情况的跟踪监督，推动“两高”不断改进工作。2019 年，在对基本解决“执行难”问题开展跟踪监督时，在我委建议推动下，常委会专门听取审议了最高法院落实常委会组成人员审议意见的反馈报告，进一步巩固基本解决“执行难”成果。协助常委会听取并审议最高人民法院关于民事诉讼程序繁简分流和四级法院审级职能定位改革试点情况的中期报告、关于专利等知识产权案件诉讼程序若干问题决定实施情况的报告，及时了解改革情况，确保试点工作依法推进。

三是积极拓展对国家安全、公安、司法行政工作的监督。连续三年开展国家安全领域监督工作，2019 年开展国家安全法实施情况专题调研，2020 年向常委会提交关于贯彻总体国家安全观情况的调研报告，2021 年以委员会名义开展反间谍法实施情况专题调研，推动各地区各部门贯彻总体国家安全观、提升依法维护国家安全的意识和能力。协助常委会听取和审议国务院关于公安机关执法规范化建设情况的报告，督促公安机关严格公正文明规范执法，积极推动袭警罪写入刑法修正案（十一）。组织实施公证法执法检查，坚持实地检查、委托检查和前期调研相结合，通过随机抽查、现场交流、回访、第三方评估等方式，深入了解公证工作开展情况，督促有关部门落实公证改革举措，促进公证事业健康发展。协助常委会听取审议国务院关于“七五”普法决议实施情况的报告，推动普法工作走深走实。

（三）创新推进代表工作

坚持尊重代表、依靠代表、服务代表，完善工作机制，强化服务意识，创新方式方法，拓宽参与渠道，为代表依法履职提供优质高效的服务保障，切实践行全过程人民民主。

一是推进代表联系工作常态化机制化。制定《全国人大监察和司法委员会联系全国人大代表办法》,修改委员会工作规则中有关代表工作的规定。从与我委工作相关的领域确定70余名全国人大代表作为固定联系的代表,通过召开代表座谈会,“一对一”走访,面对面沟通,寄送信息简报,邀请参加培训、执法检查、调研、外事活动,征询对法律草案的意见等方式,加强日常联系,服务代表履职。五年来,共邀请代表参加我委活动240人次。

二是提升代表议案建议办理质效。健全办前、办中、办结全过程联系代表机制,通过电话、走访、座谈、邀请参与调研等方式听取代表意见、反馈办理情况。将代表议案办理融入立法、监督工作,积极研究采纳代表意见建议。对议案所提立法、监督项目不能及时列入工作计划的,做好沟通解释工作。对代表普遍关注并持续多年提出的78件建议涉及的6方面问题进行了重点督办,推动解决相关问题。连续3年跟踪督办关于检察公益诉讼制度的代表建议,推动最高检高质量办理有关代表建议24件,促进了公益诉讼检察工作的健康有序发展,代表普遍表示满意。

(四)积极开展内外交流

坚持多维度对内交流、多层次对外交往,促进交流互鉴,凝聚工作合力,提高人大监察司法工作整体水平。

一是加强对内交流合作。采取“请进门”和“上门去”相结合的方式,就立法、监督项目工作中的重要问题,及时与有关对口单位座谈交流或开展联合调研。五年来,赴联系单位走访座谈47次,开展联合调研33次,答复征求意见函302件。加强同地方人大及其监察司法委的沟通协作,开展联合调研71次、委托调研51次、调查统计6次,努力构建上下联动的工作格局。组织召开全国人大监察和司法工作培训班、座谈会6次,开展相关业务培训,总结交流各地经验,研究改进工作方法,不断提升工作质量和水平。

二是积极开展对外交往。配合常委会开展外事工作,委员会组成人员9人次陪同常委会领导出访、出席多边议长会议、会见或视频会晤外宾,30人次参加世界议长会议、双边友好小组视频会议等活动。加强专门委员会层面的对外交往,建立对口交流机制,组织2个代表团访问巴西、南非等5个国家,接待来自俄罗斯、哥伦比亚等4个国家的4个访华代表团,同南非、泰国等4个国家举行4场视频会议,就社区矫正制度、警察法律制度、法治宣传教育、反腐败工作、打击有组织犯罪国际司法合作等议题进行深入交流,互学互鉴,增进了解,促进合作。

(五)扎实推进自身建设

聚焦“四个机关”目标定位,抓好“两支队伍”建设,切实提高委员会履职能力,充分发挥办事机构参谋助手和服务保障作用。

一是加强委员会建设。委员会分党组坚决贯彻落实党中央和常委会党组决策部署,加强政治建设,深化理论武装,强化责任担当,切实履行把方向、管大局、抓落实责任,召开分党组会议30次,传达学习习近平总书记重要讲话和中央会议精神、研讨中央有关文件、研究贯彻落实意见,指导机关党支部成立“学习中央人大工作会议精神”课题小组并撰写《人民代表大会制度若干问题研究》,召开委员会全体会议25次,研究审议议案、部署推进工作。组成人员依法履职、主动作为,积极参与党内集中教育,严格执行中央八项规定及其实施细则精神,充分发挥各自专业优势,深入开展调查研究,认真审议议案报告,积极建言献策,圆满完成各项工作任务。

二是加强办事机构建设。落实关于全国人大机构改革的要求,调整办事机构设置,组建监察室,负责与国家监察有关的立法、监督、代表等方面的服务工作。坚持党建引领,认真组织开展“不忘初心、牢记使命”主题教育和党史学习教育,开展主题党日活动47次,组织党课36次,制作宣传展板20期,制定修改规章制度22项,探索形成“三抓一讲”支部工作法(即:抓班子做表率、抓制度促规范、抓落实求实效,以及每季度开展一次廉政讲评)和“三个一”工作法(即:提前一步谋划,提前一步完成,完成后放一放以便修改完善)。坚持每周召开办事机构负责人会、每月召开党员大会、每季度开展廉政讲评,统筹推进理论学习、廉政教育和业务工作,共召开办事机构负责人会议170次、党员大会60次,开展廉政讲评15次。党组织创造力凝聚力战斗力不断增强,机关党支部获得先进基层党组织、脱贫攻坚先进集体等荣誉称号,司法室被评为创建模范机关先进单位,多名同志荣获各级表彰。

二、工作体会

五年来,全国人大监察司法委坚持在实践中摸索经验、总结规律,不断深化对推动人大监察司法工作高质量发展的认识,形成了一些工作体会。

(一)必须坚持习近平新时代中国特色社会主义思想引领和党中央集中统一领导

在习近平新时代中国特色社会主义思想引领下,全面、系统、整体落实党中央集中统一领导,是做好人大工作的根本保证。监察司法委负责联系的监察、审判、检察、公安、国家安全、司法行政等领域工作,在社会主义法治建设中具有重要作用,是推进全面深化改革、全面依法治国的重要保障,只有在党的创新理论科学指引下,在党中央集中统一领导下,才能有力推进、行稳致远。始终将坚持党的领导贯穿到委员会立法、监督、代表、外事等工作的各方面和全过程,具体而言就是在重大事项、重要问题上,必须及时向党中央、常委会党组请示报告,任何时候任何情况下都做到政治立场不移、政治方向不偏。

(二)必须践行全过程人民民主

全过程人民民主是社会主义民主政治的本质属性,是最广泛、最真实、最管用的民主。人民代表大会制度是实现全过程人民民主的重要制度载体。作为人大的专门委员会,只有在工作的各方面各环节全过程认真听取人大代表、职能部门、专家学者、基层一线意见建议,才能把各方面社情民意统一于最广大人民根本利益之中。必须加强代表工作能力建设,拓展代表参与委员会工作渠道,保障代表知情权、参与权、表达权、监督权,有效发挥代表桥梁纽带作用,更好吸纳民意、汇集民智,更好做到民有所呼、我有所应,充分彰显中国特色社会主义制度的显著优势。

(三)必须善于运用法治思维和法治方式

人大是立法机关,也是监督宪法和法律实施的专门机关,在全面依法治国中居于特殊地位。做好人大监察司法工作,必须牢固树立法治意识,严格依照宪法和法律规定履职尽责,以自身严格依法履职推进联系部门依法办案办事,形成推进全面依法治国的强大合力,才能不断提升治理能力,更好助力建设社会主义法治国家。当前,监察体制改革、司法体制改革还在不断深化,很多改革需要人大授权,专门委员会必须发挥好把关作用,对于需要先行试点的,及时建议作出授权决定,对于经过实践证明行之有效的,积极推动修改相关法律,确保改革在法治轨道上有序推进。

(四)必须坚持守正创新

人民代表大会制度历经近70载依然具有旺盛的生机活力,一个重要原因就是守住了坚持党的领导、人民当家作主、依法治国有机统一的本质要求,同时与时俱进完善、发展、创新。作为2018年党和国家机构改革后更名组建的专门委员会,只有深刻领会党中央改革精神,准确把握职责定位,积极转变工作理念、拓展工作领域、创新工作方式,才能适应形势任务发展要求履好职、尽好责,实现改革目标。必须立足人大职能,坚持问题导向,推动监督工作与立法工作贯通衔接,做深做实对司法机关的监督,探索加强对监察、公安和国家安全机关的监督,实现工作成果最大化利用,努力取得更多制度性成果和更大治理效能。

(五)必须坚持系统观念

人大工作是党和国家事业的一部分,人大监察司法工作是人大工作的一部分。只有运用普遍联系的、全面系统的、发展变化的观点,把局部置于全局之中统筹谋划推进,才能取得更大工作成效。必须做好全局谋划、加强横向协调、促进上下联动,把全国人大监察司法工作同中央部署、实践需要和人民期盼结合起来,同所联系单位的重点任务结合起来,同地方人大监察司法委的工作实践结合起来,认真编制好全年工作计划,通过协同立法、同题监督、联合或委托调研等方式,形成整体合力,增强工作实效。

(六)必须深入开展调查研究

调查研究是党的优良传统和基本工作方法,也是人大专门委员会监督的有效方式。监察和司法工作专业性很强,只有深入开展调查研究,掌握真实鲜活的第一手资料,提出切实可行的对策建议,才能确保所立之法务实管用,所提监督意见让被监督者心悦诚服。必须持续改进调研方法和作风,调查要"沉下去",深入基层、深入一线、深入群众倾听意见,看"实景"不看"盆景",既听成绩,更找问题;研究要"浮上来",站在全局的高度看问题,善于抓住事物的本质和规律,少说空话套话,做到言之有物,拿出有效管用的实招,以高质量的调查研究支撑人大监察和司法工作高质量发展。

第十三届全国人民代表大会财政经济委员会五年工作总结

(2023年2月2日第十三届全国人民代表大会财政经济委员会第七十九次全体会议通过)

过去的五年,是极不寻常、极不平凡的五年。五年来,以习近平同志为核心的党中央,统筹中华民族伟大复兴战略全局和世界百年未有之大变局,团结带领全党全军全国各族人民有效应对严峻复杂的国际形势和接踵而至的巨大风险挑战，以奋发有为的精神将新时代中国特色社会主义不断推向前进。全国人大财政经济委员会(以下简称财经委)在全国人大及其常委会领导下，认真贯彻以习近平同志为核心的党中央决策部署，全面落实党的十九大、二十大和历次中央全会、中央人大工作会议、中央经济工作会议精神，自觉服务党和国家工作大局，认真落实十三届全国人大及其常委会的决定和决议，按照十三届全国人大常委会的工作部署，坚持党的领导、人民当家作主、依法治国有机统一，认真履行宪法和法律赋予的职责，坚持和发展全过程人民民主，高质量推进财经立法、财经监督，注重调查研究，注重自身建设，注重守正创新，圆满完成各项任务。

一、坚持和加强党的全面领导

坚持和加强党的全面领导，是各项工作取得新成效的根本保证，也是本届全国人大财经委工作的一个突出特点。五年来，财经委深入学习贯彻习近平新时代中国特色社会主义思想，以习近平经济思想为统领，深刻领悟“两个确立”的决定性意义，增强“四个意识”、坚定“四个自信”、做到“两个维护”，努力使各项工作更好围绕中心服务大局，使党的全面领导更好转化为实际工作成效。

(一)坚持把学习贯彻习近平新时代中国特色社会主义思想作为首要政治任务

把全面系统学同及时跟进学结合起来，把读原著、学原文、悟原理同领会精神实质、抓好贯彻落实结合起来，重点加强对习近平经济思想、习近平法治思想和习近平总书记关于坚持和完善人民代表大会制度的重要思想的学习，分党组会议、财经委全体会议上传达学习习近平总书记重要讲话92篇，对党代会、中央全会、中央经济工作会议、中央人大工作会议等重要会议和文件反复多次深入学习。扎实开展“不忘初心、牢记使命”主题教育和党史学习教育，在严格完成规定动作的基础上，结合财经委工作需要深化学习，接受思想洗礼、深入查摆问题、振奋创新精神、明确前进方向。

(二)坚持把政治建设摆在首位

牢牢把握政治机关定位，自觉同党的基本理论、基本路线、基本方略对标对表，同党中央大政方针和决策部署对标对表，不断提高政治判断力、政治领悟力、政治执行力。坚决贯彻落实习近平总书记重要指示批示，建立工作台账，逐项狠抓落实，在打击治理电信网络诈骗、反对不正当竞争、涉外法治建设、健全金融法律体系、私募基金监管等相关领域开展深入研究，提出意见建议，形成落实闭环，并及时上报常委会领导同志。主任委员和部分副主任委员担任中办国办复工复产赴地方调研组组长、全国政法队伍教育整顿中央督导组组长、“不忘初心、牢记使命”主题教育和党史学习教育中央指导组组长等，圆满完成党中央交办的重要任务。

(三)坚持把委员会分党组建设作为重要抓手

以分党组建设引领带动委员会和办事机构党的建设，召开分党组会议60次，开展学习、研究工作、部署任务，发挥了把方向、管大局、保落实的作用。分党组成员带头，充分发挥组成人员作用，完善委员会负责同志联系办事机构各室机制，确定侧重计划、预算以及税收立法的小组人员，制定年度工作要点及其分解落实方案，鼓励组成人员自主开展调查研究，发挥各自特长、汇聚集体智慧。

(四)坚持把“四个机关”建设作为工作目标

注重加强政治机关建设，始终坚持党对人大财经工作的全面领导，胸怀“国之大者”，围绕中心、服务大局，注重从政治上分析问题解决问题。注重加强建章立制，制定委员会工作规则、外事工作办法，为委员会依法依规履职提供更加细化、符合新要求的制度遵循。注重加强作风建设，落实中央八项规定及其实施细则精神，坚持民主集中制，依法按程序办事，严肃会议纪律，厉行勤俭节约，坚持轻车简从，切实减轻基层负担。注重办事机构队伍建设，委员会负责同志每年定期同各室同志进行集体谈心座谈，配合机关党组做好干部选拔任用，推动干部轮岗交流，着力营造干事创新的浓厚氛围。

二、在守正创新中履职尽责

五年来，财经委不断提高运用科学理论指导实际工作的能力，紧跟党中央重大决策部署、紧贴人民群众美好生活对法治建设的呼声期盼、紧扣国家治理体系和治理能力现代化提出的法律需求实际推进人大财经工作，明确工作主线，创新工作方法，增强工作实效，各项工作取得新进展新成效。

(一)围绕完善社会主义市场经济法律制度，积极发挥人大主导作用，高标准推进人大财经立法

本届初始，栗战书委员长就指示财经委要在完善社会主义市场经济法律制度上下功夫。财经委配合制订常委会立法规划，研究提出关于完善社会

主义市场经济法律制度的意见和建议，全面加强立法研究、起草和审议工作，对立法规划和立法计划中有关立法任务按照“任务、人员、时间、责任”进行分解落实，扎实有序推进各项立法工作，牵头起草的 4 部法律审议通过，联系审议的 18 部法律提请审议，其中 16 部法律审议通过。

在立法工作中注意积极发挥人大主导作用。**一是起草法律草案，努力提高“质效”**。严把法律草案质量关，通过实地调研、座谈等广泛征求各方面意见，委托有关地方人大、部门和专家学者开展专题研究，从党和国家工作大局考虑立法工作，将重点问题列出清单、逐个研究，对草拟的草案条文逐条逐句逐字精心推敲、反复打磨，同法律涉及的有关方面提前沟通、形成共识，努力做到立得住、行得通、真管用。牵头起草的电子商务法、证券法（修改）、期货和衍生品法、全国人大常委会关于加强经济工作监督的决定（修改）已经常委会审议通过。在证券法修订草案的审议工作中，坚持立法与改革相衔接，积极推进股票发行注册制改革，密切配合宪法法律委、常委会法工委开展证券法修改工作。在期货法起草工作中，先后三次召开期货法起草组全体会议，听取起草组成员单位对修改完善草案工作的意见建议，开展立法调研，对重大问题组织课题研究，推动有关部门对立法中的重点难点问题，特别是在监管分工、监管体制等重大问题上达成原则共识，在此基础上形成了期货法草案，提请常委会第二十八次会议进行初次审议。和宪法法律委、常委会法工委召开座谈会，征求中央和地方有关部门、市场机构、专家学者及社会公众等各方面对期货法草案的意见建议，并就期货法名称修改事宜专门召开座谈会进行研究，综合各方面意见，法律名称修改为“期货和衍生品法”。2022 年 4 月，常委会第三十四次会议审议通过了期货和衍生品法，为期货市场发展提供法治保障。**二是审议法律草案，主动加强“联系”**。创新建立立法项目联系机制并实行台账管理，对每部联系审议的法律都明确人员、明确责任，按季度或每半年以会议或书面等方式了解进展情况，定期更新立法台账，督促有关部门及时完成常委会立法规划和年度立法工作计划确定的目标任务。召开全体会议先后对公司法修正案草案、外商投资法草案、台湾同胞投资保护法修正案草案、城市房地产管理法修正案草案、出口管制法草案、海上交通安全法修订草案、反垄断法修正草案、金融稳定法草案、对外贸易法修正案草案进行审议并提出审议意见；在预算工委协助下对个人所得税法修正草案、车辆购置税法草案、耕地占用税法草案、资源税法草案、契税法草案、城市维护建设税法草案、印花税法草案、审计法修正草案、增值税法草案进行审议并提出审议意见。积极参与常委会关于全面禁止非法野生动物交易、革除滥食野生动物陋习、切实保障人民群众生命健康安全的决定草案和反食品浪费法、反电信网络诈骗法草案等法律草案研究起草和公司法、立法法、各级人民代表大会常务委员会监督法等修改工作。**三是重要立法工作，着力深化“研究”**。重点领域方面，开展了健全完善我国金融法律体系、金融稳定立法、反电信网络诈骗、实施和完善企业破产法律制度、交通运输立法修法、健全完善政府采购法律制度等专项调研。新兴领域方面，参与司法部牵头的互联网金融立法专题研究，开展数据立法研究工作。涉外领域方面，开展涉外财经领域立法修法研究。通过开展立法研究，分别形成专题报告报常委会领导同志，为有关立法工作提供重要参考。**四是提出答复意见，做实提前“介入”**。五年来，先后答复有关部门关于出口管制法、统计法修改、金融稳定法、外商投资法实施条例等 80 余件（次）法律法规草案的征求意见来函，通过深入研究提出修改完善的意见建议，并及时与起草单位及司法部做好沟通，了解掌握有关立法修法中的重大问题。

（二）围绕落实立法规划重要起草任务，加强组织领导和统筹协调，有序推进企业破产法修改工作

企业破产法（修改）是十三届全国人大常委会立法规划项目，由全国人大财经委牵头组织起草，自 2019 年组织成立起草组以来，坚持市场化法治化方向，立足国情与国际视野相结合，坚持问题导向和系统观念，扎实推进起草工作。**一是深入开展修法调研，梳理修改重点难点问题**。对法律实施情况开展法律评估和大数据分析，委托有关单位就法律适用范围、重整等重要制度开展课题研究，与有关部门和专家进行座谈，赴地方开展实地调研，组织实施企业破产法执法检查，就金融机构、上市公司、国有企业和民营企业破产以及破产涉税等重大问题开展专题调研，充分听取和了解有关方面对修改企业破产法的意见和建议。在此基础上系统梳理和归纳了企业破产法修改涉及的十个方面的重点难点问题，并对这些问题及相关意见深入分析研究，提出解决的初步建议。**二是积极推进修订草案稿起草**。在起草组对有关重点难点问题及解决建议达成初步共识的基础上，充分研究吸收各成员单位以及执法检查、修法调研、专题座谈研讨中有关

方面对法律修改提出的意见建议，组织由起草组成员单位和专家参加的改稿会，起草形成企业破产法修订草案稿，多次通过书面征求意见和起草组全体会议听取起草组成员意见，与有关部门沟通协调，对草案稿反复修改完善，在重大问题上达成共识，并经财经委全体会议审议原则通过，做好提请常委会审议的各项准备工作。

（三）围绕增强监督实效，健全完善人大财经监督制度，扎实做好规划计划、预算决算审查和经济形势分析

认真履行宪法和法律赋予的规划计划审查等经济工作监督和中央预算审查监督相关职责，按照党中央关于经济工作决策部署，根据新的形势变化和工作需要，不断健全完善人大财经监督的法律依据、工作机制，监督实效不断增强。

一是推动修订常委会关于加强经济工作监督的决定，做好规划计划审查监督。在总结规划计划审查等经济工作监督有益经验、深入开展调研的基础上，经报常委会同意，对常委会关于加强经济工作监督的决定进行了研究修订，2021 年提请常委会审议通过。修订后的决定由原来的 11 条扩展为 29 条，明确指导思想，细化和完善规划计划初步审查及执行监督，拓展了金融工作监督和重大工程项目监督，人大经济工作监督迈上新台阶。认真贯彻落实党的十九届五中全会和历次中央经济工作会议精神，配合代表大会对“十四五”规划纲要和 2035 年远景目标草案、各年度计划报告和计划草案进行审查，配合常委会对“十三五”规划纲要实施开展中期评估，开展“十四五”规划纲要编制工作若干重要问题专题调研。**二是落实新修订制定的预算审查监督、国资监督决定，做好预算审查监督和国资监督**。积极支持配合修订常委会关于加强中央预算审查监督的决定，在预算工委协助下，对各年度预算报告及预算草案进行初步审查，结合审计工作报告对各年度中央决算草案进行初步审查，做好预算执行监督和审计查出突出问题跟踪监督有关工作。积极支持配合制定常委会关于加强国有资产管理情况监督的决定，会同预算工委，配合常委会做好听取和审议国务院国有资产管理年度综合报告和专项报告工作，连续五年开展国有资产报告初步审议，提出初步审议意见。**三是着力增强前瞻性和针对性，扎实开展季度经济形势分析**。按季度开展经济形势分析是经济工作监督的重要内容。财经委建立与 14 个国务院有关部门的联络员制度，增强分析会前实地调研的力度和听取意见建议的广度，听取地方情况的范围实现 31 个省区市全覆盖，会前的座谈会由原来的 3 个半天增加至 5 个半天，已召开 76 场座谈会，听取 14 个有关部门、15 个行业协会和累计 112 家企业、96 人次专家学者的意见建议。在分析中，特别关注经济运行中的苗头性、倾向性、潜在性问题，着力提升分析的深度和质量，形成分析报告向委员长会议汇报，并印发常委会参阅。经济形势分析中提前提出的研判和建议，与党中央关于经济工作的判断部署是相符的、一致的，更好推动国务院有关部门将党中央经济工作决策部署落到实处。

（四）围绕激发市场主体活力和优化营商环境，创新方式方法，精心组织实施执法检查

按照党中央营造公平透明营商环境的决策部署，紧贴国内外经济环境的发展变化和经济运行的态势，着眼于增强法治保障，充分发挥执法检查作用，抓住关键环节，严格依法履职，主动担当作为，助力稳定市场主体、优化营商环境，对执法检查工作进行了整体谋划、系统布局。本届以来协助常委会先后组织实施统计法、中小企业促进法、反不正当竞争法、企业破产法、外商投资法等 5 部法律的执法检查工作，覆盖市场基础制度的完善、主要市场主体的促进、新兴市场主体的规制、困难市场主体的退出、外资市场主体的发展等各环节，推动解决一批市场主体高度关切的重点问题，有力推动统计法修改、促进中小企业款项支付条例出台、互联网平台强制“二选一”等问题规制、相关法律与企业破产法衔接修改等工作。

在执法检查组织实施中着力创新方式方法，实现“五个结合”。**一是将执法检查与法律实施情况评估相结合**。委托第三方机构和地方人大对法律开展全面评估和重点评估，为全面了解法律实施情况提供有力支撑。**二是将执法检查与大数据分析相结合**。委托国家信息中心对法律实施情况开展大数据分析，抓取互联网舆情、搜索指数、司法判决、学术期刊论文等海量数据进行分析，为找准法律实施痛点、难点问题提供技术支持。**三是将全面检查与专项检查相结合**。对全面检查中发现的重点难点问题，直插基层一线开展专项检查，进一步延伸检查深度。**四是将执法检查与修法工作相结合**。将法律修改涉及的重点问题列入执法检查工作重点，通过执法检查为修法奠定基础。**五是将执法检查与关联法律分析相结合**。在执法检查中认真梳理关联法律法规衔接协调情况，通过检查提出整体修改建议，助推法法衔接高效顺畅。持续开展的探索创新，形成了立法、执法、评估、修法的动态闭

环，为提高检查质量、推动法律完善、增强检查实效提供了有力支撑，许多已经成为常委会开展执法检查的常用做法。随着工作机制的不断创新与完善，近几年的执法检查在推动改进工作、完善制度、普及法律、促进发展等方面产生积极效果，取得良好社会反响。

（五）围绕经济发展重点难点堵点问题，构建财经调研体系，深入开展调查研究

将调查研究作为做好各项工作的基本功，深刻把握我国经济处在转变发展方式、优化经济结构、转换增长动力的攻关期这一时代背景，聚焦新旧动能转换这个主题，配合常委会听取国务院专项工作报告牵头组织开展 6 项专项调研，按照常委会安排开展 4 项专题调研，委员会自主开展 7 项专题调研，组成人员开展 9 项个人调研，在推动相关立法修法和政策制定实施中发挥积极作用。其中，针对规划编制和实施，组织开展“十三五”规划纲要实施中期评估、“十四五”规划编制调研；针对经济工作监督新要求，组织开展金融工作、西部陆海新通道重大工程项目建设调研；针对新空间新产业新动能，组织开展发展海洋经济加快建设海洋强国、加快外贸转型升级推进贸易强国建设、建设现代综合交通运输体系、产业优化升级、提升产业基础能力和产业链现代化水平、数据要素市场建设、数字经济发展情况调研；针对重点改革事项，组织开展股票发行注册制改革、自由贸易试验区建设、海南自由贸易港建设调研；针对重大风险防范，组织开展防范化解系统性金融风险、健全金融法律体系调研。配合预算工委，服务常委会，先后聚焦医疗卫生、生态环保、农业农村、交通运输、社会保障等领域听取审议国务院专项工作报告，开展监督调研。

为加强调查研究，在调研层级、调研方式、调研成果等方面下功夫。**一是丰富调研层次**。形成配合常委会听取审议国务院专项工作报告的专项调研、委员会选定题目的专题调研、委员个人跟踪研判调研的梯次调研结构，各层级调研成果相互转化，调研工作更加立体丰富。**二是完善调研方式**。采用“一题多地”、“一地多题”等方式提高调研效率，视情况召开片区座谈会全面了解情况，委托专业研究机构就重要问题开展深入研究，充分发挥“外脑”作用，调研更加扎实深入。**三是提高调研成果质量**。报告起草注重体现大情景、大轮廓、大判断，注意深入剖析存在的突出矛盾及其背后的原因，问题抓得准、建议提得实，多份调研报告报送党中央并得到有关领导同志批示，不少突出问题通过常委会监督得到推动解决。

（六）围绕支持代表履职，加大协调督办力度，认真做好代表议案建议办理工作

坚持尊重代表主体地位、充分发挥代表作用。十三届全国人大历次会议主席团交付财经委审议的代表议案共 454 件，已全部办结。常委会办公厅转交的 78 件代表建议办理和 24 项重点建议督办工作已顺利完成。

按照“既要重结果，也要重过程”的要求，加强与代表的沟通联系，全力做好办理工作，着力让办理结果使代表满意。**一是健全和完善代表议案办理工作机制**。及时组织国务院有关部门召开议案交办会议，研究议案办理工作分工，落实议案承办单位，明确议案办理时限、程序、质量等具体要求，并适时开展协调督办。**二是注重代表议案建议办理与立法、监督工作相结合**。对代表在议案建议中提出的意见认真梳理，加以研究吸收，体现到人大财经各项工作当中，将议案建议转化为法律草案、执法检查等实际工作成果。**三是邀请代表参与办理过程和相关工作**。财经委和有关部门在议案建议办理的座谈交流、相关的立法、执法检查、实地调研等工作中，邀请代表参加，同时向领衔代表反馈办理进展，认真听取代表意见和建议、接受代表的监督。

（七）围绕讲好中国人大故事，服务外交工作大局，务实开展对外交往工作

人大对外交往是国家总体外交的重要组成部分，按照全国人大及其常委会外事工作统一安排，财经委积极发挥专门委员会在立法机构交往中的作用和在财经领域的专业优势，拓展外事工作方式，增强外事工作的针对性、有效性。

一是紧扣一个中心。在外事工作中始终坚持以习近平外交思想为指引，把服务国家外交大局和人大对外交往工作作为中心任务予以全力保障。本届以来，财经委组成人员 6 人次陪同常委会领导同志出访，18 人次陪同常委会领导同志会见外国议会代表团，29 人次陪同常委会领导同志以视频形式与外国议会领导人会晤，为不断增进立法机构间交流合作做出积极贡献。**二是丰富工作方式**。共组成 3 个代表团访问 5 个国家和 1 个地区议会组织，接待来自 5 个国家和地区的 9 个团组访华。发挥双边友好小组在对外交流中的作用，49 人次参加双边友好小组交流和定期交流机制，以双边友好小组主席、委员会主任委员名义向对方双边友好小组主席、对口专门委员会主席致（复）信函 34 件。积极参与议会多边活动，20 人次参加各国议会联盟、世界议联、亚太地区议会、东盟各国议会等组织的多

边活动。加强与有关国家青年议员和重要议员助手的联系，多方面、多层次开展交流。**三是发挥专业优势**。在双边多边外交活动中，积极宣传介绍中国改革开放特别是新时代经济社会发展取得的重大成就和经验，就我国深化改革扩大开放、共建“一带一路”、推动可持续发展、实现共同富裕等重大战略进行深入解读，就维护多边贸易体制、推动中欧投资协定谈判、加强贸易投资合作等积极做工作，就发展全过程人民民主和加强改进财经立法、监督等具体工作进行交流，讲好中国故事、传递中国声音，努力为我国发展营造更有利的外部环境。

(八)围绕加强人大财经工作合力，创新平台，持续增强与地方人大联系

坚持以学习为引领，不断加强与地方人大联系，在坚持和完善人民代表大会制度的具体实践中团结协作、携手前行。

一是连续举办15期全国人大财经干部培训班。本届伊始即组织举办全国人大财经干部培训班，精选题目、优选专家，实现网络直播、二维码扫码回放等多种方式便利收看，围绕“碳达峰和碳中和问题”、“全球产业链供应链重构：趋势、挑战和对策”、“我国金融体系、金融发展改革中的重大问题和防范化解系统性金融风险”、“在高质量发展中分阶段促进共同富裕”等热点主题，杜祥琬、王一鸣、谢多、王昌林、李雪松等多位专家分别授课，培训覆盖地方各级人大财经委、预算工委干部、部分全国人大代表以及感兴趣的各地人大机关干部，近期视频培训受众保持在1万个观看点以上，新华社、人民日报、光明日报等多家中央级媒体分别对培训班进行了宣传报道。**二是多渠道密切工作交流**。和预算工委共同组织召开两次全国人大财经工作座谈会，以及加强国有资产监督、预算监督向支出预算和政策拓展、加强地方政府债务监督等全国范围座谈会，召开落实常委会关于加强经济工作监督的决定视频会。在财经立法、财经调研和经济形势分析等工作中，常态化邀请地方人大财经委参加会议、委托开展相关调研，协同联动开展工作。先后与20多个省(区、市)人大财经委、预算工委负责同志进行工作座谈，交流人大财经工作经验，研究推进重点工作。在人大财经工作增刊上刊载地方人大的有益探索和成功经验19期，鼓励开拓创新，加强交流互鉴，更好地形成了人大财经工作合力。**三是推动上下联动**。在各项工作中加强与地方沟通协调，委托地方人大财经委同步开展执法检查、专项调研、课题研究等工作，努力实现工作同频共振、作用更好发挥。

五年来，人大财经工作取得的成绩，离不开全国人大及其常委会和常委会党组的坚强领导，这是取得新进展新成效的重要保证。栗战书委员长高度重视人大财经工作，多次作出重要指示批示、提出明确要求，王晨、陈竺、王东明副委员长等常委会领导同志十分关心人大财经工作，予以悉心指导和大力支持。全国人大代表大力支持财经委工作，常委会办公厅、相关专门委员会、工作委员会、国务院有关部门和地方人大积极配合，为做好各项工作提供了有力帮助。财经委和办事机构全体同志尽职尽责、兢兢业业，常委会预算工委同志团结协作、密切配合，贡献了智慧和力量，付出了辛劳和汗水。在此，财经委向大家表示崇高敬意和衷心感谢！

回首五年，我们也深深感到，与党中央关于加强和改进新时代人大工作的要求相比，与人民群众的期待相比，工作中还有不足和差距。主要是：在推动发展完善社会主义市场经济法律体系方面，进一步补短板、强弱项，人大财经立法的质量有待进一步提高；着眼推动解决制约经济社会发展的突出矛盾和问题，人大财经监督的实效还需要进一步提高，监督成果转化还需要加强；充分发挥代表作用，代表工作的常态化机制还要健全完善，联系代表、服务代表的能力仍需进一步提高等，需要在今后的工作中不断研究改进和提高。

三、经验和体会

落实新时代新要求，直面新困难新挑战，在奋力推进人大财经工作不断前行中，财经委探索形成了一些经验和体会。

(一)坚持党的全面领导，才能使人大财经工作正确发挥作用

人民代表大会制度作为我国根本政治制度，是党把马克思主义基本原理同中国具体实际相结合、领导人民经过长期奋斗和探索得来的，是党实施对国家和社会领导的重要制度载体。坚持党的全面领导既是做好人大工作的根本要求，也是职责所在、使命所系。要做好人大财经工作，充分发挥人大财经职能作用，绝不能偏离党的全面领导。党的全面领导是理论的原则的，更是现实的具体的，主要体现在三个方面。**一是学习贯彻党的指导思想是做好各项工作的前提**。习近平新时代中国特色社会主义思想实现了马克思主义中国化时代化新的飞跃，是做好新时代人大财经工作的根本遵循。

特别是习近平经济思想、习近平法治思想和习近平总书记关于坚持和完善人民代表大会制度的重要思想，对财经委做什么工作、如何做工作都有十分明确具体的指引，真正学懂弄通，才能做实做好。**二是坚决贯彻落实党中央决策部署是取得实效的保证**。坚持党的领导，发挥党总揽全局、协调各方的领导核心作用，是我国社会主义市场经济体制的一个重要特征。党中央准确研判经济形势，全面部署经济工作，要点清晰、指向明确，为做好人大财经工作划出了重点、指明了方向。坚决贯彻落实党中央决策部署，推动重点难点工作得到更好落实，财经委的工作才能够顺应经济发展大势、服务国家发展大局，才能够收获成效、体现价值。**三是确保正确政治方向是工作不偏向不偏航的基础**。人大机关首先是政治机关，必须把讲政治挺在前面，不断提高政治判断力、政治领悟力、政治执行力。财经委在各项工作中首先同习近平总书记重要指示批示精神、同党中央有关决策部署对标对表，在大是大非面前、在政治原则问题上做到头脑清醒、立场坚定。就党的建设、重要立法事项、重点工作主动向常委会党组请示报告 30 余次，得到常委会党组领导的及时批复和指示，常委会党组的领导，机关党组的统筹、指导，为把好政治关提供了保证。

（二）坚持全过程人民民主，才能使人大财经工作找准着力点

人民代表大会制度是发展全过程人民民主的重要途径和最高实现形式。财经委作为人大的专门委员会，行使的是人民赋予的权力，肩负践行和发展全过程人民民主的重要责任，探索取得积极成效。**一是将人民群众所需所盼作为工作努力方向**。在人大财经各项工作中都高度重视倾听人民呼声、回应人民期待，把人民群众最关心的事项、最直接的声音、最现实的问题作为开展重点工作的选题，把相关情况的对策建议向党中央和各有关方面反映，为推动解决拖欠中小企业账款、网络平台不正当竞争等一批社会反映强烈的问题积极发挥作用。**二是将发挥人大代表作用作为工作的重要方式**。财经委本身就是由全国人大代表组成的，各位组成人员发挥自身优势特长，在各项工作中积极建言献策、主动发挥作用，将社会各方面的意见建议体现到工作成果中。特别注意发挥人大代表反映社情民意的作用，认真办好代表议案建议，在立法、执法检查、调研等工作中邀请超过 200 人次基层人大代表参加，让基层的声音直达全国人大。**三是将汇聚社会力量作为工作的重要支撑**。最大限度听取方方面面意见，最大限度用好社会力量，在立法中反复研究、反复论证、反复征求意见，在经济工作监督中广泛听取部门、协会、企业和专家意见，在调研中委托部门、地方人大和专业机构开展重点研究，最大限度凝聚社会共识。

（三）坚持依法立法、依法监督、依法履职，才能使人大财经工作不缺位、不越位

财经委积极协助全国人大及其常委会充分发挥在全面依法治国中的职能作用，不断完善以宪法为核心的中国特色社会主义法律体系，推动形成完备的法律规范体系、高效的法治实施体系、严密的法治监督体系、有力的法治保障体系。**一是在法律框架下履职尽责**。在履行宪法法律赋予的各项职责时，严格依照法定职责、限于法定范围、遵守法定程序，用足用好法定职权，深耕自己的责任田。**二是在法治建设中注重补短板、强弱项**。在中国特色社会主义市场经济法律体系形成并不断完善的情况下，重点针对还存在的薄弱环节发力。本届通过的电子商务法、期货和衍生品法等，都是填补了有关领域的法律空白。**三是推动立法和监督工作相贯通**。在开展执法检查、专项调研等监督工作中，始终坚持法治思维，注意查找法律实施中存在的问题，有针对性提出立法修改建议。开展的现代综合交通运输体系建设专项调研有力推动综合交通立法，开展的企业破产法执法检查也为修法打下重要基础。

（四）坚持不断开拓创新，才能使人大财经工作取得新成效、迈上新台阶

立足于进一步坚持好、完善好、实践好人民代表大会制度这一根本政治制度，充分发挥专门委员会作用，倡导委员会和办事机构全体同志根据党中央决策部署、根据工作需要打破思维定势、行为惯性、路径依赖，守正创新推动工作提质增效。**一是完善制度设计**。在总结实践经验的基础上，推动修订或制定出台常委会关于加强经济工作监督的决定、中央预算审查监督的决定和国有资产管理情况监督的决定，为进一步加强人大财经监督提供了更加有力的法律遵循，对促进政府更好地坚持以人民为中心、更好地推进经济社会发展改革工作和依法行政，发挥积极作用，在人大财经工作中具有重要的现实意义。**二是丰富工作内容**。按照党中央决策部署，主动适应新形势新要求，开展大量开创性工作。推动建立常委会定期听取国务院关于金融工作情况的报告、国有资产管理情况的报告，开展重大工程项目监督等机制，人大财经监督工作不断

拓展和创新，宪法法律赋予的监督权进一步用足用实用好。**三是创新工作机制**。在工作中注重创新，在立法工作中建立联系机制并实行台账管理，在经济工作监督中建立与国务院有关部门的联络员制度，在执法检查中开展法律实施情况评估、大数据分析、关联法律分析等，通过创新方式方法，不断提高工作实效。特别是坚决贯彻“疫情要防住、经济要稳住、发展要安全”的部署，在各项工作中积极推动国务院有关部门落实“六稳”、“六保”各项政策措施，积极适应常态化疫情防控要求，通过视频连线、书面审查审议等方式保障各项工作顺利推进，切实做到两手抓、两不误。

（五）坚持正确工作策略和方法，才能使人大财经工作更有效率、更具效能

加强宏观思考和统筹谋划，以更加有力的举措、更加科学的方法，扎实稳妥做好人大财经各项工作。**一是坚持系统观念**。对人大财经工作进行通盘考虑，加强前瞻性思考和全局性谋划，工作的一致性、延续性不断增强。在开展重大金融风险防范专项调研后，持续开展健全金融法律体系调研，提出整体立法修法建议有力推动相关工作进程。在自贸试验区专题调研基础上，开展自由贸易港建设专题调研，为自由贸易港法的起草作出积极贡献。**二是坚持问题导向**。跟着问题走、奔着问题去，把推动解决党中央决策部署落实中的问题、人民群众普遍关心的问题、市场主体反映强烈的问题作为工作出发点，精准选取了反不正当竞争法执法检查、外商投资法执法检查、数字经济发展情况专项调研等监督工作题目，社会关注度高、工作成效好，有力提升人大财经工作影响力。**三是以钉钉子精神抓落实**。着力提高抓落实能力，主要负责同志重要任务亲自部署、关键环节亲自把关、落实情况亲自督查，委员会组成人员团结协作、相互支持，办事机构努力跟进，每年制定工作计划及工作任务分解落实方案、调研工作方案，按月汇总印发工作进展，做实做细各项工作。

第十三届全国人民代表大会教育科学文化卫生委员会五年工作总结

（2023 年 1 月 11 日第十三届全国人民代表大会教育科学文化卫生委员会第四十四次会议通过）

过去的五年，是党和国家发展进程中极不寻常、极不平凡的五年。五年来，全国人大教育科学文化卫生委员会（以下简称教科文卫委）在以习近平同志为核心的党中央坚强领导下，坚持以习近平新时代中国特色社会主义思想为指导，深入学习贯彻党的十九大、二十大精神和中央人大工作会议精神，认真贯彻落实全国人大及其常委会部署安排，深刻认识“两个确立”的决定性意义，增强“四个意识”、坚定“四个自信”、做到“两个维护”，坚持党的领导、人民当家作主、依法治国有机统一，牢记初心使命，奋力担当进取，依法履职尽责，各项工作取得了新进展新成效。

过去五年工作回顾

本届全国人大教科文卫委履职于“两个一百年”奋斗目标的历史交汇期，使命光荣、责任重大。在这一伟大变革的恢弘历史进程中，教科文卫委锚定时代方位，立足职责使命，深刻认识和把握新时代奋斗目标明确的新任务，深刻认识和把握人民群众对美好生活的新期待提出的新要求，深刻认识和把握坚持和完善人民代表大会制度需要回答的新课题，深刻认识和把握外部环境的深刻变化带来的新挑战，以强烈的政治责任感和历史使命感，切实履行宪法和法律赋予的职责，努力在教科文卫立法监督等履职实践中实现新进步，在助力相关领域改革发展中展现新作为，在自身建设中取得新成效。**一是教科文卫领域法律制度更加健全完善**。牵头起草修订科学技术进步法、执业医师法等 2 部法律，推动完成教育法、职业教育法、专利法、档案法、著作权法、基本医疗卫生与健康促进法、药品管理法、疫苗管理法、人口与计划生育法等 9 部法律的制定或修改工作，积极推进学前教育法、教师法、学位法、科学技术普及法、文化产业促进法、文物保护法、传染病防治法、国境卫生检疫法、突发公共卫生事件应对法、药师法等 10 余项立法修法进程，及时填补法律空白，有效弥补制度短板，为进一步健全完善教科文卫领域法律制度奠定重要基础、作出积极贡献。**二是监督工作刚性和实效明显增强**。负责组织实施高等教育法、科学技术普及法、防震减灾法、公共文化服务保障法、传染病防治法、中医药法等6次执法检查，听取国务院有关部门关于义务教育、学前教育、教师队伍建设、科技创新、国家重大专项、文物保护、文化产业、执业医师、儿童健康促进等10个方面的专项工作报告，开展调查研究，为常委会开展监督工作提供意见建议，推动法律有效实施。**三是联系代表工作更为扎实有效**。办理代表议案342件，重点督办代表建议22项270件，确保与每一位议案领衔代表"面对面"沟通，做到每一件议案有着落有回音，为代表依法履职、发挥作用提供有力支持和保障。**四是专题调研质量有新的提升**。围绕教科文卫领域"十四五"规划建议、重点领域和新兴领域立法、社会主义核心价值观入法等重大议题以及有关立法、监督、代表议案建议办理等工作，深入开展专题调研，提出前瞻性意见建议，为党和国家作出决策、为常委会审议提供参考。**五是对外交流更显特色优势**。按照常委会统一部署安排，积极参与外事活动80余次，发挥专门委员会特色优势，深化对口合作交流，为讲好中国人大故事、服务国家整体外交方面作出应有贡献。**六是自身建设得到进一步加强**。充分发挥分党组把方向、管大局、保落实的重要作用，突出政治建设，深化理论武装，强化责任担当，健全制度机制，全面从严治党。五年来召开分党组会议58次、委员会会议45次、主任委员办公会33次、全国性交流座谈会3次，组织各类调研200余次，印发研究报告24期、情况反映231期，为依法履职尽责、顺利完成各项工作提供坚实保障。

主要开展的工作如下：

(一)紧扣"国之大者"，紧贴民生关切，着力推进教科文卫领域法律制度建设

认真落实习近平总书记关于加快完善中国特色社会主义法律体系的明确要求，推动宪法实施，坚持科学立法、民主立法、依法立法，在发挥人大立法主导作用中积极作为，落实常委会立法规划和年度工作计划重点任务，为推动教育高质量发展、加快建设创新型国家、推进文化自信自强、实施健康中国战略提供有力法治保障。

围绕教育强国建设，进一步完善教育法律制度。推动完成**教育法**修改工作，落实全国教育大会精神，在完善指导思想、强化教育地位、充实教育方针、丰富教育内容、维护教育公平等五个方面对教育法作出修正。大力推动完成**职业教育法**修订工作，在明确职业教育是与普通教育具有同等重要地位的教育类型，着力提升职业教育认可度，深化产教融合、校企合作，提高职业教育适应性，完善职业教育保障制度和措施等方面作出重要规范，为推动职业教育高质量发展奠定法治基础。积极推进**学前教育法**、**学位条例**和**教师法**等立法工作，开展大量立法调研，加强与有关部门协调力度，督促立法进程取得积极进展，有望较快提请全国人大常委会审议。

围绕科技强国建设，加快修订科技法律制度。牵头负责起草、推动顺利完成**科学技术进步法**修改工作，在明确指导方针、重视基础研究、强化战略力量、激励人才创新、完善创新体系、推动成果应用、优化区域布局、弘扬科学家精神等方面作出了重要制度安排，为我国实现科技自立自强、建设世界科技强国奠定重要制度基础、提供关键法治保障。推动完成**专利法**修订工作，着重加强对专利权人合法权益保护、促进专利实施和运用、完善专利授权制度等主要方面，为维护权利、解决纠纷提供制度支持。积极推进**科学技术普及法**修法进程，结合开展科学技术普及法执法检查，做好修法前期论证，提出修改具体建议，推动该项修订草案尽早提请常委会审议。

围绕文化强国建设，积极推进文化法制建设。推动完成**著作权法**修改，着眼解决实践中的突出问题特别是新技术发展带来的问题，在完善作品定义、完善权利制度、加大侵权打击力度，完善执法手段、与我国加入的国际公约和其他法律法规做好衔接等方面进一步作出修订完善，切实加强著作权保护，为版权事业创新发展提供基本制度支持。推动完成**档案法**修改，突出档案工作的政治定位，理顺档案工作体制机制，优化档案科学管理、安全管理和开放利用有关制度，完善档案监督检查和法律责任，为新时代档案事业高质量发展提供坚强法治保障。积极推进**文化产业促进法**和**文物保护法**立法修法进程。结合开展执法检查、听取专项工作报告和代表议案建议办理工作，积极开展调研，听取各方面意见，加强沟通联系，促请有关部门抓紧修改完善法律草案，尽早提请常委会审议。

围绕健康中国建设，大力推进卫生健康和人口领域立法修法进程。推动通过**基本医疗卫生与健康促进法**。这是我国卫生健康领域的第一部基础性、综合性法律。在上一届工作的基础上，本届教科文卫委接续做好该项立法工作。该法确立基本

医疗卫生服务制度，进一步完善医疗卫生服务体系，加强医疗卫生队伍建设，提升医疗卫生服务质量，强化公民获得基本医疗卫生服务的权利保障，对完善卫生健康法治体系，加快推进健康中国建设，提升全民健康水平具有重大意义。牵头负责起草、推动顺利完成**医师法**制定工作。将执业医师法修改为医师法，在保障医师合法权益、完善医师职责义务、优化考试注册管理、规范教育培训考核、健全法律责任等方面作了较大幅度修改，为践行人民至上、生命至上，有效实施健康中国战略提供有力法律支撑和制度保障。积极推动出台**疫苗管理法**，成为“小切口”立法解决民生“大问题”的具体实践。该法对疫苗的研制、生产、流通、接种、监管等作了全过程全链条的规定，具有开创性和首创性，是世界上首部对疫苗管理作出全面系统规定的综合性法律，为应对突发公共卫生事件、防控新发突发重大传染性疾病、维护人民群众身体健康提供了有力法治保障。推动完成修改**药品管理法**，进一步完善了药品管理法的立法宗旨，确定了药品管理的基本原则，确立了药品上市许可持有人制度、药品全程追溯制度、药物警戒制度、附条件审批制度、优先审批制度等一系列制度，强化了药品监管体系和监管能力建设，为推进药品监管体系和监管能力现代化，保障公众用药安全、有效和可及提供了更加强有力的法律制度保障。及时推动完成**人口与计划生育法**修法工作。该法在调整生育政策、提出支持生育的积极措施方面作出规定，响应了人民所愿所盼，体现了党的主张和意志，为促进人口与经济、社会、资源和环境协调可持续发展提供有力法治保障。持续推进**传染病防治法、国境卫生检疫法、突发公共卫生事件应对法、药师法**等立法进程。及时跟进学习贯彻习近平总书记关于依法防控疫情、强化公共卫生法治保障的系列重要讲话精神和党中央决策部署，贯彻落实常委会工作部署和栗战书委员长指示要求，聚焦重点任务，积极主动作为，提出具体措施和建议。在常委会领导的直接领导下，及时组织成立有关专班，落实专项任务，高质高效完成所担负的传染病防治法评估工作，同步协同推进传染病防治法、国境卫生检疫法修法，提前介入突发公共卫生事件应对法和药师法立法，开展调研，提出建议。

围绕社会主义核心价值观入法，推动健全完善教科文卫领域相关法律制度。认真学习贯彻习近平总书记重要指示精神和党中央决策部署，落实全国人大常委会工作部署和要求，对照社会主义核心价值观融入法治建设立法修法规划和常委会立法规划确定的立法任务，研究制定落实意见和举措，开展社会主义核心价值观融入教科文卫领域立法修法专题调研，认真总结做法和经验，深入分析问题和原因，反复论证意见和建议，积极建言献策。在工作中守正创新，坚持依法治国与以德治国相结合，推动立法引领和改革实践相促进，注重发挥人大主导作用，注重把握教科文卫领域工作特点，注重与部门和地方间的沟通协调，根据不同法律的性质特点，全面系统、有针对性地推动社会主义核心价值观融入教科文卫领域立法修法。例如，修改教育法，落实立德树人根本任务，加大教育公平的保障力度；修改科技进步法，注重发扬科技界优良传统，弘扬科学家精神和工匠精神；修改专利法和著作权法，强化知识产权创造、保护、运用，使公正、法治、诚信等价值理念得到进一步彰显；制定基本医疗卫生与健康促进法、医师法，弘扬敬佑生命、救死扶伤、甘于奉献、大爱无疆的崇高职业精神。

立法工作过程中，注重把握以下几点：**一是坚持对标对表，把以习近平同志为核心的党中央重大决策部署贯彻到立法中**。坚持党对立法工作的全面领导，在每一项立法工作中都自觉同习近平总书记重要指示批示和党中央决策部署对标对表，把党的主张切实转化为国家意志和法律制度。**二是围绕重点领域，在基础性综合性法律上聚焦用力**。增强全局观念和系统思维，把健全完善教科文卫领域的基础性综合性法律摆在突出位置、重点推进，在教育领域推动修改教育法，在科技领域牵头修订科技进步法，在文化领域着力推动制定文化产业促进法，在卫生健康领域做好基本医疗卫生与健康促进法立法工作，在人口领域及时推进修改人口与计划生育法。**三是针对突出问题，在解难题、补短板上求突破**。坚持目标导向、问题导向和结果导向相统一，着力解决国家治理亟需、社会反映强烈的问题。对于学前教育入园难入园贵、职业教育产教融合职普融通、专利权著作权侵权成本低、疫苗安全质量等问题，认真听取多方意见，加大协调推进力度，以扎实的立法成果回应人民群众关切。**四是注重立法与监督紧密结合，提高立法质量**。围绕重点立法安排相应监督项目，把监督工作与立法工作紧密结合起来，通过监督工作深入查找突出问题、促进解决立法难点，提高立法的针对性和实效性。

（二）围绕发展大局，聚焦中心工作，进一步增强监督工作刚性和实效

认真贯彻落实习近平总书记对人大监督工作

的明确要求，坚持围绕中心、服务大局、突出重点，聚焦党中央重大决策部署，聚焦人民群众所思所盼所愿，推动解决制约经济社会发展的突出矛盾和问题。按照全国人大常委会监督工作计划，坚持正确监督、有效监督、依法监督，依法推动解决问题，保障法律有效实施。五年来，协助常委会负责组织实施了6项执法检查，听取和审议了10个方面工作情况的专项报告，实现教科文卫领域全覆盖。

各项执法检查情况如下：

——**开展传染病防治法执法检查**，全面了解传染病防治法贯彻实施情况，指出目前传染病防治工作存在的四大薄弱环节和法律实施存在的七大问题，提出强化基层防控能力、加强重点防控措施、形成管理合力、加快修改法律等方面的建议，督促各有关方面全力保障传染病防治法的有效实施，为健康中国建设和防控新冠疫情提供了有力法治保障。

——**开展防震减灾法执法检查**，与社会建设委共同研究方案、负责组织实施，提出加大对城市老旧房屋和农村民居抗震设防工作支持、提升"防大震救大灾"应急救援能力、进一步完善防震减灾法律法规体系和体制机制建设等建议，对督促有关部门全面履行法定职责，提高全社会防震减灾意识，促进防震减灾工作法治化、规范化和现代化水平具有重要意义。

——**开展高等教育法执法检查**，针对目前我国高等教育发展存在的薄弱环节和突出问题，提出加强党的全面领导、坚持立德树人、提升服务支撑能力、建设高素质教师队伍、落实办学自主权、优化区域布局等建议，为进一步强化高等教育法实施和监督，助推我国高等教育高质量发展发挥了积极作用。

——**开展公共文化服务保障法执法检查**，提出加快推进城乡公共文化服务体系一体建设、进一步引导和支持社会力量参与公共文化服务、深化文化体制改革等方面的建议，为树立法律权威、进一步提升我国公共文化服务建设水平发挥了积极作用。

——**开展中医药法执法检查**，建议健全中医药服务体系、完善中医药管理体制机制、严格中药质量监管、提高中医药教育整体水平、加大中医药法宣传普及力度等，切实加大法律贯彻实施力度，为依法保护和促进中医药发展、推进健康中国建设发挥了重要作用。

——**开展科学技术普及法执法检查**，建议完善科普工作体制机制、增强科普服务效能、提高投入和保障能力、加快法律修订进程等，进一步推动形成"科学普及与科技创新同等重要"的战略共识和制度安排，助力提升全民科学素质、建设科技强国。

各专项工作报告情况如下：

——**教育方面**。听取和审议国务院关于推动城乡义务教育一体化发展、提高农村义务教育水平工作情况的报告，督促国务院及其有关部门进一步落实好义务教育法，更加重视解决农村义务教育政府投入和基础设施、教师队伍建设等关键问题，提升义务教育均衡发展水平。听取和审议国务院关于学前教育事业改革和发展情况的报告，督促政府部门破解长期制约学前教育改革发展的瓶颈问题，加快学前教育立法进程，为学前教育健康可持续发展提供制度保障。听取和审议国务院关于教师队伍建设和教师法实施情况的报告，聚焦师德师风建设、教师权利义务、教师待遇保障等问题，督促加快教师法修订进程。听取和审议国务院关于有效减轻过重作业负担和校外培训负担、促进义务教育阶段学生全面健康发展情况的报告，督促政府全面贯彻落实党中央决策部署，形成校内外协同育人格局，减轻家长和学生负担，促进学生全面发展、健康成长。

——**科技方面**。听取和审议国务院关于坚持创新驱动发展深入推进国家科技重大专项工作情况的报告、关于贯彻落实创新驱动发展战略推进科技进步法实施情况的报告，推动贯彻落实创新驱动发展战略，助力科技强国建设，加快推进科技创新法律制度健全完善。

——**文化方面**。听取和审议国务院关于文化产业发展工作情况、关于文物工作和文物保护法实施情况的报告，督促政府加快发展文化产业、依法做好文物工作，加快文化产业促进法立法和文物保护法修法进程。

——**卫生健康方面**。听取和审议国务院关于医师队伍管理情况和执业医师法实施情况的报告，进一步推动深化执业医师制度改革、加强全科医生和乡村医生队伍建设、完善激励保障机制、提高医师队伍质量，更好地维护人民健康。听取和审议国务院关于儿童健康促进工作情况的报告，为推动健全儿童健康促进保障制度机制、形成全社会关爱儿童协同支持体系提供了有力支持。

监督工作中，着力做好以下几个方面：**一是择需择要选好题目，提出监督建议**。抓住教科文卫领域亟需解决、人民群众普遍关心的突出问题，向常委会提出监督项目建议。**二是紧扣法律规定，维护法律权威**。执法检查过程中，坚持问题导向，对照法律具体条款，逐条研究梳理落实情况，听取意见建议;执法检查报告综合分析法律的总体实施情况,逐一点明指出法律实施中存在的问题,明确提出改进意见,有效维护法律权威。**三是抓住关键环节,健全听取专项工作报告机制**。认真组织开展前期调研,向常委会提出调研报告。预先听取有关部门报告,提出修改意见建议。听取常委会审议发言,做好审议意见综合整理。加强后期调研,召开委员会会议听取有关部门落实审议意见情况报告,持续抓好跟踪问效。**四是积极探索创新,提升监督实效**。创新执法检查工作机制,在会议听取汇报、实地检查基础上,采取随机抽查、委托检查、上下联动、第三方评估、问卷调查等方式,深入了解情况。应对疫情影响,科普法执法检查还采用视频会议 +(委托)实地检查相结合的方式。同时,针对人民群众强烈关注的一些热点难点问题,开展跟踪监督,持续用力依法推动解决问题。

(三)着眼长远发展,结合实际工作,开展相关专题调研

紧密结合委员会立法、监督和代表议案建议办理工作情况,认真开展专题调研,提出调研报告,为党中央决策和常委会审议有关议题建言献策。

积极参与"十四五"规划纲要编制工作专题调研。紧紧围绕"十四五"期间教科文卫领域重点问题,就高等医学教育改革发展、深入实施创新驱动发展战略建设科技强国、健全现代文化产业体系和市场体系等三个方面开展了专题调研,提出切实可行建议,为党中央决策和国务院编制"十四五"规划提供参考,为全国人民代表大会审议规划奠定基础。

开展科技创新重点领域和新兴领域立法专题研究。召开完善科技法律体系加强重点领域和新兴领域立法专家座谈会、人工智能与科技创新部门专题座谈会,赴有关部门和企事业单位进行专题调研,听取有关部门、科技前沿企业和专家学者意见。同时,梳理科技方面法律、行政法规、地方性法规,撰写综合调研报告,提出有针对性的对策建议,提高立法监督工作实效。

同时,着眼教科文卫事业长远发展,回应人民群众关切,积极开展其他专题研究。比如,对制定教育法典、修订国家通用语言文字法、双一流大学和学科建设、集中连片特困地区义务教育问题、促进科技成果转化、军民融合发展、社会主义核心价值观入法、网络安全、影视娱乐圈乱象整治、国家公共卫生应急管理体系建设、罕见病医疗保障等议题开展研究、提出意见或报告,为有关决策和将来立法修法提供材料、奠定基础。

(四)坚持以人民为中心,践行全过程人民民主,全力支持代表依法履职发挥作用

按照习近平总书记对新时代人大工作、代表工作提出的明确要求,高度重视代表联系工作。把高质量办理代表议案建议作为充分发挥代表作用、保障人民当家作主的重要体现,作为践行全过程人民民主的重要环节,努力做到思想认识到位、办理工作到位、联系互动到位,密切联系代表,为代表依法履职提供服务保障。

切实提高议案办理质量和实效。十三届全国人民代表大会历次大会主席团交付我委审议的代表议案共 342 件。历年来,我委均高度重视、认真开展议案办理工作。**一是加强研究部署**。制定具体工作方案,在不同阶段召开专门会议,压实工作责任,推动工作落实。每一件议案均由委领导牵头办理、办事机构负责同志具体负责。**二是认真协商办理**。及时召开有关部门参加的代表议案办理工作会议,协调分工、明确要求,促请有关部门按时提出初步意见。**三是深入调查研究**。注重与立法、监督等工作紧密结合,坚持问题导向,加强综合分析,把专题调研和工作调研结合起来,对梳理出的重点议题开展专题调研,与议案领衔代表直接交流,努力提高议案办理的针对性、实效性。**四是做好沟通反馈**。通过当面交谈、视频会议、电话沟通、邀请座谈和共同调研等方式,认真听取每一项议案领衔代表和部分附议代表的意见建议。疫情期间通过视频会议,线上"面对面"交流,确保同样做到与每一位议案领衔代表沟通,确保每一件议案都有着落、有回音。**五是跟踪促进落实**。对一些需要相关部门进入工作的代表议案,在协商沟通之后,注重跟踪了解工作进展情况,促进合理议案往实处落。委员会每年召开全体会议对代表议案办理意见进行审议,将议案分门别类,提出审议结果报告,按程序提请常委会会议审议。

认真做好建议办理工作。常委会办公厅转交我委重点督办代表建议共计 22 项 270 件,还有少量主办、协办建议和政协提案。对重点督办建议,专门召开重点督办建议推进会,密切与有关部门沟通,联合开展调研,跟踪办理进展,督促及时反馈,并在相关立法监督工作中认真吸收建议内容。对主办建议,邀请提建议代表参加调研,当面听取代表意见,做到每件代表建议都与代表沟通后再答复。

积极拓展代表参与委员会工作的方式和渠道,切实保障代表依法履职。邀请代表参加议案建议专题调研,上门听取代表意见建议。邀请代表参加

委员会相关立法和监督工作调研、列席全体会议和有关座谈会。疫情期间，通过视频会议方式与代表线上“面对面”交流。认真落实常委会委员联系全国人大代表制度，我委共有 17 位常委会委员，与 39 名基层代表常年保持密切联系。通过联系代表，虚心听取代表意见，深入了解民众关切，加强了同人民群众的联系。

（五）服务外交大局，发挥特色优势，积极参与人大对外交往交流

深入学习贯彻习近平外交思想，服务国内国际两个大局，根据全国人大常委会统一安排和部署，组织或参与了 80 余次对外交往活动。一是积极参加常委会安排的重要外事活动，陪同领导同志出席有关会见会谈。二是与伊朗、土耳其等国议会对华友好小组开展视频交流，同亚非地区国家议会对华友好小组进行信函往来，努力增进相互了解和友谊。三是接待波兰、哥伦比亚、俄罗斯等国家议会相关委员会代表团来访，应约与 13 个来华团组进行座谈交流。四是积极参与“云外交”。新冠肺炎疫情暴发后，通过视频方式参与定期交流机制、友好小组框架内相关活动 20 余次，以抗疫合作为重点，配合有关方面积极开展工作。五是组团赴德国、黑山、瑞士、阿联酋和突尼斯等 5 个国家进行友好访问，深入开展对口交流与合作。六是继续用好亚洲议员人口与发展论坛这一多边交流平台，组团赴蒙古、哈萨克斯坦、老挝和马来西亚出席 4 次论坛相关会议，2020 年后派员出席线上会议 3 次。

在对外交往中，着眼国内国际两个大局，充分发挥委员会组成人员专业优势和特点，全面介绍我国教科文卫事业最新发展成就和立法工作情况，积极与国外议员就教育公平、科技创新、文化发展、医疗卫生和健康促进等方面开展交流，为宣传人民代表大会制度、讲好中国故事和中国人大故事作出了积极贡献。

（六）加强沟通协调，密切协同配合，不断提高人大教科文卫工作整体效能

加强与地方人大和有关部门的沟通联系，协同推动工作，是做好人大教科文卫工作的一个重要环节和优良传统。

高度重视与有关部门的配合协作。与宪法法律委和常委会法工委密切配合，共同研究重点立法问题，提出审议意见；落实监督法有关规定，参加财经委和预算工委有关会议，协助做好计划和预算审查工作。密切与国务院有关部门联系，加强主动走访、座谈交流、共同调研、听取报告等，合力推动有关立法和监督工作的落实。

加强同地方人大的工作联系，充分发挥地方工作的积极性创造性，进一步促进经验学习交流。在联系过程中，逐步形成了一些制度机制。一是召开工作交流座谈会或者举办交流培训班。二是邀请部分地方人大教科文卫委列席委员会会议。三是与部分地方人大教科文卫委共同开展调研。四是围绕调研专题组织部分地方人大教科文卫委负责同志召开片会听取意见。五是刊印转发地方有关工作情况报告。六是与来京地方人大同志座谈交流。这些做法促进了上下互动，加强了工作协同，提升了整体效能。

（七）坚持“四个机关”定位要求，不断改进作风，全面加强自身建设

“四个机关”建设是习近平总书记对人大自身建设指明的正确方向，是新时代加强人大自身建设的新定位、新目标、新抓手。围绕“四个机关”定位，坚持以政治建设为统领，全面加强委员会思想、组织、纪律、作风、能力、制度建设，着力提升依法履职能力和工作质量水平。

一是牢牢把握政治机关定位。坚持以政治建设为统领，提高政治站位，把握政治方向，坚决拥护“两个确立”，增强“四个意识”、坚定“四个自信”、做到“两个维护”，不断增强政治判断力、政治领悟力、政治执行力，以更高标准、更严要求走好“第一方阵”，把党的领导贯穿于人大教科文卫工作的各方面全过程。

二是持续深入加强理论武装。深入学习贯彻习近平新时代中国特色社会主义思想，坚持不懈加强理论武装。全面深入学习贯彻党的二十大精神，深刻领悟“两个确立”的决定性意义，深刻把握新时代新征程上人大教科文卫工作使命任务。认真组织学习《习近平谈治国理政》，坚持读原著、学原文、悟原理，推进学习教育常态化制度化。扎实开展“不忘初心、牢记使命”主题教育、党史学习教育，牢记初心使命，感悟思想伟力，弘扬伟大建党精神。认真学习贯彻中央人大工作会议精神，深刻理解和把握全过程人民民主的丰富内涵和做好新时代人大工作的新理念新要求，结合委员会职责定位，及时研究提出 4 个方面 29 项具体落实举措。认真学习贯彻习近平法治思想和习近平总书记关于坚持和完善人民代表大会制度的重要思想，认真学习贯彻习近平总书记关于教育、科技、文化、卫生与健康的重要论述，结合工作实际，有计划分专题进行学习交流，不断推动新时代党的创新理论入脑入心、

走深走实。

三是发挥好分党组把方向、管大局、保落实的作用。分党组充分发挥政治引领作用，不断提高政治站位，把牢正确方向，确保党中央大政方针和决策部署在教科文卫委各项工作中得到有效落实。五年来，召开分党组会议58次，认真开展政治理论学习，研究贯彻落实常委会党组部署要求，把党建与履职深度融合，运用法治思维和法治方式谋划、推进教科文卫各项工作，做到党中央决策部署到哪里，分党组工作就跟进落实到哪里，委员会的力量就汇聚到哪里。

四是建立健全工作制度机制。注重在实践中不断探索、总结、完善工作制度机制，推动委员会工作进一步规范化制度化。坚持分党组学习制度，制定年度学习计划和专项学习计划，加强理论武装，把握正确方向，指导工作实践。建立分工联系、推动落实机制，届初即按照全面参与、各有侧重的原则，明确委员会每一位负责同志重点联系的领域，同时根据委员会的特点在教科文卫四个方面各确定一名同志具体组织推动落实工作。健全委员工作参与机制，根据工作需要、结合个人专长，明确委员会每一位组成人员重点参与的工作，更好发挥委员作用。形成定期督促落实机制，每季度召开专题会议听取各领域关于落实常委会"一要点、三计划"等相关重点工作情况，总结阶段性工作，协调推进重点任务落实。深化与地方人大联系机制，形成工作合力，提高整体效能。实践证明，通过上述工作制度机制，委员会工作质量和效率显著提高。

五是坚持不懈改进工作作风。认真落实全面从严治党要求，加强党风廉政建设，强化作风纪律意识，持续改进工作作风。严肃党内政治生活，严明政治纪律和政治规矩，严格执行请示报告制度，强化制度刚性约束。持之以恒落实中央八项规定及其实施细则精神，坚决反对"四风"。践行群众路线，密切联系基层代表和群众，深入调查研究，全心全意为代表办实事、为群众办实事。改进会风，严格请假制度，提高议事效率。

六是努力打造守正创新、团结协作的集体。认真贯彻落实习近平总书记关于"四个机关"建设明确定位和新时代人大工作队伍建设要求，坚持民主集中制，营造严肃活泼、风清气正的政治生态，形成勤勉尽责、求真务实、团结协作、奋进创新的工作氛围。委员会各位组成人员以高度责任感使命感积极主动投入各项工作，充分发挥特长优势，依法履职、担当作为，认真负责做好各项任务。办事机构队伍建设展现新风貌，依法履职能力和参谋助手作用进一步提升。

回顾五年来的工作实践，我们深知，十三届全国人大教科文卫工作成绩的取得，根本在于以习近平同志为核心的党中央的坚强领导，在于习近平新时代中国特色社会主义思想的科学指引。成绩来之不易，是在全国人大及其常委会直接领导下，常委会领导同志高度重视、亲切关怀的结果，是全国人大代表密切关心、积极参与的结果，是教科文卫委全体组成人员勇于担当、依法履职的结果，是全国人大常委会办公厅和有关专工委、中央各有关部门、地方人大常委会和教科文卫委大力支持、密切配合的结果，是教科文卫委办事机构全体同志辛勤工作、服务保障的结果。对此，全国人大教科文卫委表示衷心感谢！

同时，我们也深深感到，教科文卫委在履职中还有一些问题和差距。主要是：立法工作质量和效率需要进一步提升，在牵头起草立法中还需要更好发挥人大在立法工作中的主导作用；监督工作的实效性需要进一步提升，在持续跟踪监督、综合运用监督工作成果方面还需要加强；代表联系工作水平需要进一步提升，在办理代表议案建议、服务代表依法履职方面还要继续深入；自身能力建设方面需要进一步提升，在加强办事机构研究能力上还需要更加重视。我们将高度重视这些问题，在今后的工作中切实加以改进和提高。

回顾过去五年的工作，我们也在实践中深化了一些共识，形成了一些体会。主要有以下六个方面：

一是坚持党的全面领导。旗帜鲜明讲政治，忠诚拥护"两个确立"，增强"四个意识"、坚定"四个自信"、做到"两个维护"，确保在思想上政治上行动上同以习近平同志为核心的党中央保持高度一致。自觉以党的创新理论统揽和指导人大教科文卫工作，在学懂弄通做实上下功夫，深入学习贯彻习近平法治思想和习近平总书记关于坚持和完善人民代表大会制度的重要思想，自觉对标对表，提出落实举措，努力推动落实，把党的领导具体地现实地贯彻落实到人大教科文卫工作各方面全过程。

二是坚持以人民为中心。时时谨记以最广大人民群众的根本利益作为工作的出发点和落脚点，践行全过程人民民主理念，更好发挥人民代表大会制度的重要载体作用，使人民依法享有的知情权、参与权、表达权、监督权具体地体现到人大教科文卫工作的各方面全过程，努力使教科文卫领域的立法、监督等工作更加切合实际、更加符合民意、更加扎实有效。

三是坚持围绕中心服务大局。心怀“国之大者”,深切领悟教育为基、科技为要、文化为魂、健康为本,紧跟党中央重大决策部署,紧贴人民群众美好生活需要,紧扣推进国家治理体系和治理能力现代化、全面建设社会主义现代化国家的需求,在大局下发挥职能作用、展现担当作为,提出工作思路举措和重点任务,推动解决教科文卫领域一些战略性基础性根本性的问题,为推动高质量发展提供制度支撑。

四是坚持目标导向、问题导向、结果导向相统一。针对每一项立法和监督工作,都从大处着眼,确定方向、明确目标,抓住具体问题和突出矛盾,深入开展调查研究,提出方案和建议,同时强化责任分工、注重过程监督,提高工作质效。

五是坚持系统观念。把依法履职同服务党和国家工作大局结合起来,加强顶层设计和整体谋划。抓住重点,聚焦主要矛盾,集中力量攻克难点。协同配合,密切与全国人大内外各相关部门沟通联系。树牢“一盘棋思想”,合理分工、各司其职,相互协调、团结协力,整体谋划和统筹推进立法、监督等各项工作。

六是坚持守正创新。守根本制度之正、创思路方法之新,发挥主观能动性,创造性开展工作。积极探索立法工作新模式,拓展监督工作新途径,健全规章制度,完善工作机制,转变工作作风,推动工作推陈出新,不断赋予人大教科文卫工作鲜明的时代特色和实践特色。

第十三届全国人民代表大会外事委员会五年工作总结

(2023 年 2 月 7 日第十三届全国人民代表大会外事委员会第二十三次全体会议通过)

党的十九大以来的五年极不寻常、极不平凡。五年来,外事委员会以习近平新时代中国特色社会主义思想为指导,全面贯彻落实党的十九大和二十大精神,深刻认识“两个确立”的决定性意义,增强“四个意识”、坚定“四个自信”、做到“两个维护”,坚决贯彻落实党中央的决策部署,在全国人大常委会的领导下,按照栗战书委员长、王晨副委员长的指示精神和工作要求,紧紧围绕党和国家工作大局、全国人大及其常委会中心任务依法履职,全力推动涉外立法、对外交往、涉外发声和自身建设等各项工作展现新作为、取得新进展。

一、涉外立法工作

按照党中央关于加强重点领域和涉外领域立法、加快涉外法治工作战略布局的决策部署和常委会工作要求,积极推动涉外法律体系建设,认真做好法律草案起草和审议工作,深入研究破解立法中的焦点难点问题,着力推动重点涉外立法项目,注重从源头上提高立法质量。

(一)圆满完成《中华人民共和国陆地国界法》立法任务。作为牵头起草部门,外事委坚持把党的集中统一领导贯穿立法全过程,确保立法工作的正确政治方向。全力推进立法进程,确保该法按时提请全国人大常委会审议并于 2021 年 10 月审议通过。

立法过程中,坚持把陆地国界法作为国界工作领域的基本法,发挥立法的基础性、指导性作用。加强体系设计,明确规范国界工作的内涵和外延以及相关工作制度的框架结构和主要内容,为“下位法”提供依据、预留空间。坚持问题导向,在法律草案中作出明确的、有针对性的规范,通过“法律责任”条款增强法律的权威性和可操作性。通过调研、座谈、论证等方式,全面、广泛、深入了解各地方各部门情况。派调研组分赴边境省区,就重难点问题开展深入调研。充分听取边境省区、有关部门、专家学者的意见和建议,多次与有关部门深入沟通、协调立场。陆地国界法适应国家安全和发展形势,把以习近平同志为核心的党中央关于管边治边的理念和部署以法律形式固定下来,把国界确定、国界及边境防卫和管理、国界事务国际合作的基本原则和成功经验上升为法律制度,体现了党的十八大以来党和国家机构改革、军队和国防体制机制改革成果,为新时代党政军警民合力强边固防以及边境地区的长远发展奠定了法治基础。

(二)认真做好就外国国家豁免法研提审议意见等相关工作。国家豁免制度涉及国家对外关系和利益,是涉外法律体系的重要制度之一。在经济全球化背景下,绝大多数国家对外国国家从事商业活动等非主权行为不再给予豁免,允许本国法院行使管辖权。当前,我国对外交往持续扩大,我国企业和公民与外国国家之间的经济合作越来越频繁。为适应新形势新变化,助力高水平对外开放和推动共建“一带一路”高质量发展,有必要制定外国国家豁免法,合理扩大我国法院管辖对象。与有关部门保持密切沟通,就法律草案稿多次研提意见。结合办理“制定外国国家豁免法”的代表议案,向多个部门征求有关意见,召集专家学者研讨重点问题。2022 年 12 月,向全国人大常委会提出了关于外国国家豁免法(草案)的审议意见,推动该法顺利提请审议。

(三)积极参与涉外领域立法、涉外法律实施情况调研。积极参与涉外领域多项立法工作,推动充实应对挑战、防范风险的法律“工具箱”。积极参加关于反外国制裁法、外商投资法、海南自由贸易港法等的研究和审议;参与国际刑事司法协助法二审草案稿的修改完善等。先后派出调研组赴江苏、上海、山东,对国籍法实施情况开展调研。多次召开有全国人大和国务院相关部门参加的专题座谈会,研究国籍法实施中存在的问题,有针对性地提出工作建议。

(四)全力协助全国人大常委会听取和审议国务院关于深化“三非”外国人治理情况报告。全面加强来华外国人管理、持续深化非法入境、非法居留、非法就业(简称“三非”)外国人治理,有利于维护国家政治安全、社会安定、人民安宁,建设更高水平平安中国,有利于保障中外人员合法权益、规范和促进国际交流,推动实现更大范围、更宽领域、更深层次的对外开放。根据近年来华外国人管理和“三非”外国人治理的新情况新问题,开展广泛深入调研,委托 21 个省区市提供书面调研报告。与有关部门多次座谈,派调研组赴山东、江西、浙江实地调研,预先听取有关部门汇报专项工作报告稿。撰写委员会调研报告并向全国人大常委会会议提供参阅资料,为 2022 年 12 月常委会听取和审议专项工作报告提供参考。

(五)协助全国人大常委会审议条约议案。条约是国际规则的重要载体。依据全国人大常委会议事规则,提请批准或加入条约和重要协定的议案,交外事委员会审议,由外事委员会提出审议结果的报告。五年来,共审议国务院拟提请全国人大常委会审议的条约议案 35 件(涉及条约 36 项。其中,双边条约 24 项、多边条约和重要协定 12 项)常委会决定批准相关双边条约进一步规范和深化了我国与 17 个相关国家司法领域的合作,有利于服务我国反腐败追逃追赃等工作;决定批准或加入相关多边条约和重要协定,为维护国家安全,推动经济、文化、社会、生态文明建设提供保障,有利于我国积极参与相关领域全球治理,推动构建人类命运共同体。特别是决定批准《1930 年强迫劳动公约》和《1957 年废除强迫劳动公约》,彰显我国反对强迫劳动的既定立场。

(六)统筹做好代表议案建议办理工作。共承办大会主席团交付审议的 7 件代表议案、常委会办公厅交付办理的 11 件代表建议,按照“内容高质量、办理高质量”和“既要重结果、也要重过程”的要求,遵循法定程序制定工作方案,做到办理工作程序规范、结论清晰、答复及时,得到了人大代表的认可。在推进陆地国界立法工作中,重点采纳了 9 件代表议案和建议中关于国界和边境管理规范、边民权利和义务、配套法规建设、未定界地区防卫和管理的意见。做好 2 件关于制定海洋法、2 件关于制定移民法和修改出境入境管理法、2 件关于制定国家豁免法的议案和建议办理工作。

二、对外交往工作

运用线下、视频、致函等方式,就涉我核心利益和重大关切问题深入细致做有关国家议会工作。稳妥推进与外国议会机制化交流。同俄罗斯、法国、肯尼亚、韩国、智利等 15 国议会举行 33 次机制交流会议,围绕双边关系和立法机构交往以及共同关心的问题深入交流。进一步加强做周边和发展中国家议会对口委员会工作。以深化中非合作论坛和“一带一路”框架下合作为重点,推动与非洲国家议会友好交往。通过事先召开座谈会、函询等方式,深入了解我“走出去”企业经营状况,在同有关国家议员和政要交流中,重点就我企业海外经营遇到的法律和政策问题做工作,推动对方健全相关领域法律制度、采取必要措施优化投资环境。结合全国人大常委会在重点领域、新兴领域、涉外领域立法实践,分享中国强化公共卫生法治保障体系、运用法治思维和法治方式抗击疫情、实现经济可持续发展、减贫脱贫、乡村振兴的成功经验。就反外国制裁法、外商投资法等与相关国家议会交流立法经验。

坚定维护真正的多边主义。根据事情本身的是非曲直阐述中方在有关国际和地区热点问题上的立场和政策,坚定维护国际关系基本准则,坚定维护国际公平正义。积极参与各国议会联盟、地区议会组织活动，以线下、线上方式出席国际会议，广泛接触各国议员，呼吁国际社会共同捍卫真正的多边主义，坚定维护以联合国为核心的国际体系、以国际法为基础的国际秩序、以联合国宪章宗旨和原则为基础的国际关系基本准则。

三、涉外发声工作

充分发挥外事委涉外发声职能作用，不断提升涉外发声的权威性、法理性、实效性，有力配合国家外交大局，坚定捍卫国家主权、安全、发展利益。

对美方宣布制裁全国人大常委会副委员长、美国国会众议长佩洛西窜访中国台湾地区等重大政治挑衅发表谈话，深入揭批美方的政治霸凌和双重标准，坚定阐明我在涉港、涉台问题上的严正立场和必将予以坚决有力反制的严正态度，提高反制震慑力，引起强烈舆论反响。境内民众一致谴责美方践踏国际法和国际关系基本准则、粗暴干涉中国内政、破坏地区和平稳定的卑劣行径，普遍支持中方采取必要反制措施维护国家核心利益和法律尊严，沉重打击了美国国会政客“祸中乱港”、“以台制华”的嚣张气焰。

就美国国会所谓“美国创新和竞争法案”、“台北法案”、“维吾尔强迫劳动预防法案”、“维吾尔人权政策法案”、“香港人权与民主法案”、“对等进入西藏法案”、“涉无人飞艇事件决议案”以及欧洲议会涉台报告等发表声明，对美西方议会无端指责我治港、治疆、治藏政策、遏制中国发展、蓄意煽动对立，搞冲突对抗的恶劣行径表示坚决反对、予以强烈谴责，严正表明中方维护主权和领土完整、正当发展权利的坚强信心和坚定意志。

就美国国会“战略竞争法案”、“国防授权法案”、“综合拨款法案”涉华消极条款以及美欧议会涉港决议、涉疆动议、日本国会所谓“涉华人权决议”、英国议会错误决定等发表发言人谈话，以事实和法理驳斥美欧议会的诬蔑抹黑，对其固守冷战思维和意识形态偏见、借有关问题搞政治操弄的险恶用心进行严正批驳。

四、大会发言人工作

担任全国人大会议发言人是外事委承担的一项重要职责。本届大会发言人充分发挥新闻发布会的窗口作用，聚焦党和国家确定的发展目标和中心任务，全力为大会胜利召开营造良好氛围。发布大会议程，就境内外广泛关注的脱贫攻坚、团结抗疫、“一带一路”、国际国内双循环等问题答疑释惑。立足人大职能，加强阐释人民代表大会制度、全过程人民民主，用事实和数据介绍人民代表大会制度的优势和功效。全面宣介全国人大常委会在立法、监督、代表等各领域的工作成就，聚焦民法典、公共卫生、污染防治等民生领域立法，弘扬以人民为中心的立法理念。直面香港国安法、国防预算、国际疫苗合作、中美关系等热点敏感问题，精准释放信息。针对十三届全国人大三次、四次、五次会议新闻发布会采用网络视频直播方式的新情况，注意开拓创新，精心设计预案，充分发挥网络平台和新媒体作用，取得良好舆论效果。

五、与地方人大联系工作

举办“人大外事（工作）委员会工作培训班”、“人大涉外立法和监督工作培训班”，深入学习习近平外交思想、习近平总书记关于坚持和完善人民代表大会制度的重要思想和栗战书委员长重要讲话精神，就充分发挥人大对外交往优势、进一步做好新形势下人大涉外立法和监督工作、加强工作协同等议题进行深入研讨。创新工作方式，将实地考察与委托调研相结合，多次委托相关省（自治区、直辖市）就有关问题开展专题调研，在相关法律起草中积极吸纳地方人大的意见建议。

六、自身建设工作

（一）以党的政治建设为统领，不断提高政治站位。始终把党的政治建设摆在首位，认真贯彻落实习近平总书记在中央和国家机关党的建设工作会议上的重要讲话精神、栗战书委员长关于加强全国人大机关党的政治建设的重要批示要求，深刻认识和把握党的政治建设是根本性建设的要求，认真履行管党治党责任，切实做到在委员会各项工作中发挥把方向、管大局、保落实的作用，切实把做到“两个维护”落实到外事委工作的全过程、各方面。委员会组成人员及时跟进学习习近平总书记重要讲话、重要指示和党中央重要会议、重要文件精神，自觉用习近平新时代中国特色社会主义思想武装头脑、指导实践、推动工作。扎实开展“不忘初心、牢记使命”主题教育和党史学习教育，深刻领悟党的二十大精神、党的百年奋斗的初心使命、“两个确立”的决定性意义、全过程人民民主重大理念的理论创新意义和实践指导意义，进一步坚定对人民代表大会制度这一根本政治制度和走中国特色社会主义政治发展道路的政治自觉。

（二）深入开展调查研究，不断提高履职能力。密切跟踪美西方议会涉华消极动向，有针对性地提出应对工作建议。按照党中央关于坚持统筹推进国内法治和涉外法治，加强重点领域、新兴领域、涉外领域立法的要求，深入开展涉外法律问题研究，为推动完善涉外法律体系，统筹打好涉外斗争舆论战、法律战、反制战打下基础。扎实开展条约工作调研，积极推动条约审议工作规范化、信息化建设。

（三）着力培养一支忠诚干净担当的干部队伍。按照“四个机关”的定位要求，指导办事机构深入开展“不忘初心、牢记使命”主题教育、党史学习教育，教育引导全体党员干部提高政治站位，守住纪律和规矩的第一道防线，以实际行动践行“两个维护”。以提升组织力为重点，持之以恒抓好“四强”党支部建设。推动党建业务深度融合，全面加强干部法律、语言、沟通、调研等综合素质能力建设，注重涉外法治复合型人才培养，着力打造一支政治过硬、适应新时代要求的服务保障团队。

党的二十大科学谋划了未来一个时期党和国家事业发展的目标任务和大政方针，擘画了以中国式现代化全面推进中华民族伟大复兴的宏伟蓝图。要把深入学习宣传贯彻党的二十大精神作为当前和今后一个时期首要政治任务，认真领悟党的二十大提出的新思想新论断、作出的新部署新要求，根据全国人大常委会的统一部署，统筹推进外事委各项工作，进一步发挥专门委员会在涉外法律工作中的职能作用和影响，为更好维护国家主权、安全、发展利益作出新的更大贡献。

第十三届全国人民代表大会华侨委员会五年工作总结

（2023 年 1 月 13 日第十三届全国人民代表大会华侨委员会第十四次全体会议通过）

过去的五年，是党和国家发展进程中极不寻常、极不平凡的五年，是人民代表大会制度更加成熟、更加定型的五年，是人大工作取得历史性成就的五年。五年来，在全国人大及其常委会的正确领导下，第十三届全国人民代表大会华侨委员会（以下简称华侨委）以习近平新时代中国特色社会主义思想为指导，深入学习贯彻习近平法治思想、习近平总书记关于坚持和完善人民代表大会制度的重要思想以及关于侨务工作的重要论述，全面贯彻党的十九大及十九届历次全会精神，认真学习贯彻党的二十大及二十届一中全会精神，深刻领悟“两个确立”的决定性意义，增强“四个意识”、坚定“四个自信”、做到“两个维护”，紧扣党和国家工作大局，贯彻全过程人民民主重大理念，认真履行宪法和法律赋予的职责，踔厉奋发、勇毅前行，不断推动新时代人大侨务工作实现新突破、取得新成就。

一、本届工作情况

（一）强化政治建设，把牢人大侨务工作正确方向

华侨委始终坚持以党的创新理论为指导，牢牢把握坚持党的全面领导这一最高政治原则，始终在思想上政治上行动上同以习近平同志为核心的党中央保持高度一致。

持续强化理论武装。把深入学习习近平新时代中国特色社会主义思想，特别是习近平法治思想、习近平总书记关于坚持和完善人民代表大会制度的重要思想及关于侨务工作的重要论述作为首要政治任务，在学懂弄通做实上下功夫。华侨委负责同志参加常委会党组的集中学习、专题辅导等。华侨委组成人员积极参加常委会专题学习。坚持集体学习制度。及时安排学习习近平总书记最新重要讲话精神，学习贯彻党的十九大及十九届历次全会和二十大及二十届一中全会精神，中央人大工作会议、中央统战工作会议等重要会议精神，深入推进“两学一做”学习教育常态化制度化，积极开展“不忘初心、牢记使命”主题教育和党史学习教育，认真学习《习近平谈治国理政》一至四卷、习近平《论中国共产党历史》《中国共产党简史》等著作。通过分党组成员讲党课、专题学习辅导、集体研讨等多种形式，共组织 21 次专题学习交流，成效明显。华侨委坚持专题学习的做法得到常委会领导的肯定。

始终把党的政治建设摆在首位。坚持以习近平新时代中国特色社会主义思想指导、推动人

大侨务工作，切实把“两个维护”贯彻到人大侨务工作的全过程各方面，努力把习近平总书记重要指示要求和党中央决策部署转化为推动人大侨务工作的有效举措和强大动力。围绕学习贯彻庆祝中国共产党成立 100 周年大会等重要会议精神，结合华侨委工作实际，提出侨务工作完善坚持党的全面领导制度机制、落实发展全过程人民民主举措和持续推进侨务法治建设、全面加强自身建设等，并纳入华侨委年度工作要点，不断推动落实。

严格落实常委会党组部署要求。栗战书、王晨、白玛赤林、杨振武等全国人大常委会领导同志高度重视华侨委工作，多次作出批示，为做好新时代人大侨务工作明确了工作重点和目标任务。华侨委分党组全面落实常委会党组工作部署要求，定期向常委会党组汇报重大事项、重要情况。五年来，共向常委会党组报告工作 29 次，主要包括分党组年度工作、民主生活会、组织生活会、党的建设，学习贯彻党的二十大等重要会议精神。分党组坚持民主集中制原则，对重大方向性、原则性、政治性问题集体研究、民主决策，充分发挥分党组在委员会工作中把方向、管大局、保落实的作用，紧紧围绕党和国家工作大局统筹安排侨务立法、监督、调研、代表、外事等工作，守正创新，锐意进取，持续推动新时代人大侨务工作高质量发展。

（二）坚持稳中求进，不断加强侨务法治建设

华侨委坚持以习近平法治思想和习近平总书记关于侨务工作的重要论述为指导，按照栗战书委员长“紧扣人大职责，努力为侨胞参与改革开放和现代化建设提供法律支持，为维护侨胞合法权益提供法治保障，为促进侨胞及其眷属与祖国人民的团结和谐创造法治环境”要求，扎实推进侨务法治建设稳步前行。

推进华侨权益保护立法进程。按照全国人大立法工作机制，华侨委认真开展华侨权益保护法立项论证工作，在认真总结历届华侨委工作经验和做法、广泛征求各方面意见的基础上，起草了华侨权益保护立法项目建议报告，提出立法思路和相关建议。2018 年 7 月，十三届全国人大常委会立法规划将华侨权益保护立法列入第三类项目。华侨委认真贯彻落实常委会立法规划，紧紧抓住华侨权益保护面临的困难和关键，重点围绕亟需且可能解决、需慎重研究解决、比较敏感且存在争议的 3 大类 9 个问题，组织力量认真开展研究。五年来，通过研讨论证、调查研究、召开座谈会、办理议案建议、广泛听取意见建议等多种方式，不断完善立法基础、凝聚立法共识。

推动归侨侨眷权益保护法贯彻实施。2020 年 10 月，华侨委与国务院侨办等中央涉侨部门共同召开座谈会，纪念归侨侨眷权益保护法颁布 30 周年，以进一步推动该法的贯彻实施。白玛赤林副委员长在会上强调，要“切实加强涉侨法律法规实施的监督，着力改善侨界民生，推动侨务工作改革创新”。国务院侨务办等涉侨部门负责人发言，全面回顾归侨侨眷权益保护法颁布 30 年来各部门贯彻落实侨法、维护侨益的工作情况、取得的成果和积累的宝贵经验。五年来，华侨委还通过听取专题汇报、开展专题调研、办理议案建议、召开座谈会等多种形式推动归侨侨眷权益保护法、出入境管理法、慈善法等涉侨法律的贯彻实施。

制定涉侨立法修法研究工作规划。根据全面依法治国和完善中国特色社会主义法治体系总体部署，在梳理总结以往涉侨立法修法研究工作的基础上，结合当前国内外侨情和侨务工作实际，2021 年制定《全国人大华侨委员会涉侨立法修法研究工作规划》，明确开展涉侨立法修法研究工作的指导思想、基本原则、总体目标，就完善涉侨法律规范体系提出工作设想和具体措施。华侨委通过召开座谈会、专题调研、专题理论研究等方式积极落实《规划》。

支持地方制定华侨权益保护法规。2018 年 10 月，召开全国人大侨委工作座谈会，支持和鼓励各省区市人大结合地方实际情况，积极开展地方侨务立法工作。加强立法前沟通交流。辽宁省和大连市人大民族侨务外事委员会负责同志，就大连市华侨权益保护立法的有关问题来华侨委进行研究讨论。做好征求意见答复工作。华侨委分别就山东、海南、四川、贵州等省市华侨权益保护条例（草案）征求意见稿进行讨论研究，提出相关修改意见并书面答复，得到地方人大常委会及侨委的重视和采纳。截至 2022 年底，共有 10 个省区市和两个重点侨乡的市人大出台了华侨权益保护条例。进行地方立法比较研究。针对已经制定出台的地方华侨权益保护条例及相关立法文件，将条文内容分为十几个专题进行比较研究，为国家层面开展华侨权益保护立法工作提供借鉴。

（三）依法维护侨益，加强涉侨监督工作

华侨委按照栗战书委员长适应新时代侨胞、侨眷新情况新变化并适时跟进监督等相关工作批示精神，认真履行宪法法律赋予的职责，多措并举推进涉侨监督工作。

为常委会听取和审议专项工作报告做好有关工作。2018年4月,华侨委听取了国务院侨办关于华侨权益保护情况的报告并提出意见和建议,国务院侨办认真研究并对专项工作报告作出修改完善。该报告在十三届全国人大常委会第二次会议审议时引起积极反响,4位副委员长、32位常委会委员和专委会组成人员及6位全国人大代表发表了审议意见。为督促国务院有关部门抓好审议意见的研究处理工作,华侨委于10月召开全体会议,审议并通过国务院侨办《关于落实全国人大常委会对华侨权益保护工作情况报告审议意见的报告》。报告印发了十三届全国人大常委会第六次会议。

听取涉侨部门专题汇报。2021年4月,华侨委召开全体会议,听取外交部、国家发展改革委、教育部、商务部、文化和旅游部、国务院侨办等部门就近年来发挥海外侨胞在共建"一带一路"中重要作用工作情况所做的专题汇报,听取了全国政协港澳台侨委、致公党中央、中国侨联的有关情况介绍。2021年6月,华侨委召开全体会议,白玛赤林副委员长出席,会议听取了外交部有关负责同志就我国领事保护工作情况所做的专题汇报。2023年1月,华侨委召开全体会议,听取外交部、教育部、科技部、工业和信息化部、国家移民局、国务院侨办等部门就围绕新时代海外侨界高层次人才引进等工作所做的专题汇报,听取中央组织部人才工作局、致公党中央、中国科协、中国侨联情况介绍。

做好涉侨信访工作。按照全国人大机关信访工作有关规定,指导华侨委员会办事机构对涉侨来信逐一登记,并将符合要求的来信转办公厅信访局处理。对涉侨来访人员做好耐心细致的接待、解释等工作。五年来共转办群众来信近600件次。

(四)坚持深入实际,扎实开展调查研究工作

华侨委"把加强调查研究摆在突出位置",紧紧围绕党和国家工作大局,密切关注海内外侨情的新特点、新变化,聚焦海外侨胞和归侨侨眷关注的重点、热点、难点问题,有针对性地进行了29次调研,调研工作有新进展、新开拓、新成效。

完成全国人大常委会安排的调研任务。根据全国人大常委会2020年度监督工作计划和"十四五"规划纲要编制工作若干重要问题专题调研方案的要求,白玛赤林副委员长和王光亚主任委员分别率调研组赴江苏、甘肃,就进一步加强侨务法治建设、充分发挥侨务资源优势助力国家发展战略开展专题调研。在深入调研、充分讨论、认真研究的基础上,向常委会报送专题调研报告。报告建议在编制"十四五"规划纲要时,把发挥我国侨务资源的独特作用作为一项原则确定下来,并把"深入研究新时代侨务工作的新特点与新优势,进一步加强侨务法治建设""强化涉侨工作合力,努力形成大侨务工作格局"等内容写入规划纲要。根据全国人大常委会2021年度监督工作计划,白玛赤林副委员长、王光亚主任委员和曹鸿鸣副主任委员分别率调研组赴广西、陕西、福建,围绕进一步发挥海外侨胞在共建"一带一路"中的重要作用开展专题调研。同时,委托其他28个省区市人大侨委对本地区有关情况进行调研。举行了旅意侨胞代表人士视频座谈会和侨胞代表人士国庆座谈会,听取情况介绍,在此基础上形成调研报告,并于10月报送常委会。调研报告总结了当前促进海外侨胞参与共建"一带一路"的基本情况,从加强思想政治引领、广泛凝聚共识、完善法律法规、加强多部门协作等方面提出具体建议。

围绕侨务法治建设和侨务工作进行专题调研。**一是就加强侨务法治建设调研**。2018年白玛赤林副委员长和王光亚主任委员、黄龙云副主任委员分别率调研组赴上海、浙江、福建和贵州,就华侨权益保护及涉侨法律实施情况开展调研。形成的调研报告就抓紧做好涉侨立法工作、着力解决华侨权益保护面临的突出问题、努力开拓侨务工作新局面、合力提升为侨服务水平提出了有针对性的建议。2019年白玛赤林副委员长、王光亚主任委员和罗保铭、黄龙云、曹鸿鸣副主任委员分别率调研组赴北京、内蒙古、辽宁、湖北、广东、西藏、青海就侨务法治建设、归侨侨眷权益保护、人大侨务工作等问题开展调研。形成的调研报告就做好涉侨立法有关问题的调研论证、加强涉侨法律法规的贯彻实施、着力解决华侨权益保护面临的突出问题等提出了意见建议。2019年赴中央统战部(国务院侨办)、国家移民管理局就侨务机构改革落实情况、华侨权益保护立法的意见建议、国籍法实施中遇到的涉侨问题及对策、我国永久居留制度实施成效和立法进展情况等进行调研。2021年10月,白玛赤林副委员长率调研组赴江西省,就进一步加强侨务法治建设,发挥侨界科技人才优势助力国家创新驱动发展战略实施进行调研。形成的调研报告就坚持思想政治引领、开创侨务工作新局面,加强侨务法治建设、探索维护侨益新举措,加大政策倾斜力度、助力中西部地区深挖侨务资源优势等提出建议。2021年12月,王光亚主任委员带队赴致公党中央,就涉

侨立法及监督工作等听取意见建议。**二是就侨务工作落实发展全过程人民民主开展专题调研**。2022年6月至2023年2月，白玛赤林副委员长、王光亚主任委员、罗保铭副主任委员和黄龙云副主任委员带队，分别赴黑龙江、北京、山东、四川等省市及全国政协港澳台侨委员会调研，同时委托天津、吉林、上海、江苏、浙江、福建、广东、重庆等8个省市开展相关调研。在梳理汇总13个分报告基础上，形成了专题调研总报告报送常委会。报告就更加深刻认识侨务工作落实发展全过程人民民主的重要意义、积极推进华侨权益保护立法进程、改进人大归侨代表工作、提升为侨服务水平等方面提出了意见建议。

注重调研成果的转化运用。根据常委会领导要求，华侨委着力拓宽渠道、创新方式推进调研成果的转化运用，取得明显成效。2020年形成的调研成果《进一步加强侨务法治建设，充分发挥侨务资源助力国家发展战略》以《全国人大专报信息》形式报送中办秘书局，并刊登在中办内部刊物上。2021年5月，白玛赤林副委员长率调研组在广西调研，形成的调研报告建议广西推进原华侨农林场归侨侨眷生产生活中有关问题的解决，广西壮族自治区党委、人大、政府高度重视，组织有关部门对全区22个原华侨农林场经济社会发展情况开展全面深入调研，并出台相关文件支持其加快发展。最高人民法院负责同志分别在《关于进一步发挥海外侨胞在共建“一带一路”中的重要作用的调研报告》《关于赴江西省调研情况的报告》上作出批示，就人民法院积极支持配合侨务法治建设相关工作、探索建立涉侨矛盾纠纷化解协调机制等提出要求。2020年7月，中国侨联负责同志在华侨委的调研报告上批示：反映的问题具有代表性，建议针对性强、有指导作用。在赴地方调研期间，华侨委坚持将涉侨调研与解决侨界民生问题相结合，开展慰问华侨农场和贫困归难侨工作，本届以来共走访慰问贫困归难侨职工家庭420户。这些举措推动了调研成果的转化落实，切实提高了调研工作的实效性。

（五）提升代表工作水平，支持归侨代表充分发挥作用

华侨委遵循和把握代表工作规律，认真落实关于加强和改进全国人大代表工作的具体措施，密切联系代表特别是归侨代表，不断提高代表工作质量和水平。

做好议案建议办理工作。高度重视办理工作，按时完成相关任务。本届以来，华侨委共收到大会主席团交付的代表议案7件，其中6件为制定华侨权益保护法，1件为修改归侨侨眷权益保护法，提出议案的代表共计239人次。代表建议32件，其中独办10件，主办12件，协办6件，参阅4件。创新办理方式方法，完善办理机制。结合议案建议有关内容，通过与代表“面对面”交流等形式，深入了解代表诉求。赴中央统战部（国务院侨办）、国家移民管理局等涉侨部门及地方开展调研，听取意见和建议。形成书面答复意见后逐一答复代表，逐一征询代表对办理情况的意见。办理结束后召开视频座谈会进一步征询协办部门、归侨代表意见，不断健全“办理前沟通、办理中调研、办理后交流”的建议办理机制。提高办理效率，推动有关问题解决。在用好用足传统办理方式的同时，充分依托全国人大代表工作信息化平台，通过微信、视频等新兴媒介，加强与代表和协办单位沟通交流，提升了工作质量和效率。本届以来通过建议办理，推动华侨国内身份证件使用不便、参加社保政策不健全、侨胞银行卡被大面积冻结等问题的逐步解决，增强了代表履职的获得感、成就感。

为归侨代表发挥作用创造条件。**一是完善制度，加强与代表联系**。修改完善《全国人大华侨委进一步加强与全国人大代表联系办法》。华侨委组成人员按照《办法》要求分别联系39名十三届全国人大归侨代表，通过座谈、走访、微信等形式密切与代表的联系，广泛听取代表意见建议，做到常联系、真联系、全覆盖。**二是扩大归侨代表对常委会和华侨委工作的参与，服务保障代表依法履职**。本届以来，21位全国人大归侨代表列席常委会会议，并参加栗战书委员长主持的全国人大代表座谈交流。邀请47人次全国人大代表参加华侨委组织的调研和座谈等活动。2022年9月，华侨委专门召开归侨代表座谈会，听取归侨代表履职经验介绍及对加强和改进人大侨务工作的意见建议。**三是广泛宣传履职经验，讲好归侨代表故事**。多次在《中国人大》杂志社的刊、网、微、端和《人大侨委通讯》刊登本届归侨代表履职故事和履职经验。

（六）围绕服务大局，积极开展侨务外事工作

华侨委深入学习贯彻习近平外交思想、习近平总书记关于做好新时代党的统一战线工作的重要思想，坚持服从服务于国家总体发展战略和对外工作大局，按照全国人大常委会对外交往的总体部署，积极开展侨务外事、侨务对台等工作。

贯彻落实中央统一战线工作领导小组的部署要求。按照有关协作机制要求，一是加强思想政治

引领，增进海外侨胞和出国留学人员等对祖（籍）国的热爱和对中国共产党、中国特色社会主义的理解认同。**二是**邀请回国（来华）参与重大政治活动、考察交流，引领侨胞代表人士传承弘扬爱国爱乡光荣传统，增进对中国道路、中国制度的认同和支持，发挥他们在侨界群众中的引领作用。**三是**认真听取海外侨胞意见建议，加强海外侨情分析研判，及时向中央有关部门提出针对性建议。

完成常委会外事工作任务。按照全国人大常委会对外交往工作整体安排，积极承担并完成相关外事工作。王光亚主任委员等华侨委组成人员多次陪同常委会领导同志出国访问、参加外事会见会谈以及出席各国议会联盟大会、亚太议会论坛等重要外事活动。

做好涉侨出访来访工作。主动“走出去”，先后组团访问新西兰、菲律宾、巴拿马、古巴等国家，并派员参加全球华侨华人促进中国和平统一大会、欧洲华侨华人社团联合会、国际潮团联谊年会等会议。积极“请进来”，邀请、推荐侨领参加庆祝新中国成立70周年、中国共产党成立100周年、纪念辛亥革命110周年等庆典活动；举办4次海外侨胞代表人士国庆座谈会，共邀请400多人次海外侨胞代表参会；邀请11个国家的侨领代表团回国考察访问；接待其他涉侨部门和我驻外使领馆推荐的代表团组20余批400多人次。利用出访、参加国际会议等机会向海外侨胞宣讲党的十九大、二十大等重要会议精神和习近平总书记关于侨务工作的重要指示，介绍中国发展成就和经验，讲好中国故事和中国人大故事，宣传我国侨务政策，团结海内外支持和拥护反“独”促统的侨界爱国力量，阐述我国政府维护侨胞正当权益的原则和立场，关心、关注我国海外侨胞的生存发展状况，努力维护侨胞在住在国的合法权益。

深化“侨助冬奥”主题外事活动。充分调动海内外侨界群众关注、支持2022年北京冬奥会的热情和积极性，深入推进“侨助冬奥”主题外事活动。自开展“侨助冬奥”活动以来，华侨委领导先后两次率队赴北京冬奥会张家口赛区调研；邀请阿拉伯联合酋长国、泰国、菲律宾、德国、匈牙利、斯洛伐克、荷兰、塞尔维亚等国家的多批访问团组考察北京冬奥筹办、举办情况；积极协助相关侨团、侨领加强与张家口崇礼区和张北县的联系并开展对口捐赠、设立助学基金等活动；2021年12月，举办全国人大华侨委“侨助冬奥”主题外事活动视频会，邀请多国侨领、冬奥会主办地人大负责同志、冬奥学校代表等参会，以实际行动助力北京冬奥建设。

（七）坚持“大侨务”工作理念，与涉侨部门形成工作合力

华侨委坚持在“大侨务”工作格局中统筹谋划人大侨务工作，高度重视并着力加强与中央涉侨部门及地方人大侨委等相关方面的交流联系和协同配合，侨务工作合力不断增强。

加强与中央涉侨部门协调配合。多次参加中国侨联主办的“习近平总书记关于侨务工作重要论述研讨会”。赴中央统战部（国务院侨办）、全国政协港澳台侨委员会、致公党中央等涉侨部门就新时代侨务工作新使命、侨务法治建设、侨务机构改革落实情况等开展工作调研、情况交流。参加中央统战部和最高人民法院组织的涉侨司法调研。受邀参加中国和平统一促进会、国家法官学院等部门举办“海外侨胞深度参与‘一带一路’建设座谈会”“第九届世界华侨华人社团联谊大会和中华海外联谊会五届一次理事大会”“中国侨联青年委员会第四次委员大会”等有关会议和调研活动。这些活动的开展，进一步加强了与中央涉侨部门在侨务法治建设等方面的团结协作、交流互促、携手共进。

积极与地方人大侨委联系交流。2018年、2019年分别在北京、安徽合肥召开全国人大侨委工作座谈会。2022年在浙江宁波举办全国人大侨委工作培训班，邀请全国各省级人大和大连、青岛、南京、厦门、宁波等重点侨乡人大侨委负责同志和干部参加。认真做好地方人大同志来京交流研讨工作，接待了北京、河北、内蒙古、辽宁、黑龙江、江苏、浙江、安徽、福建、湖北、湖南、四川、云南、青海和大连、广州人大常委会及人大侨委负责同志来华侨委座谈，共同交流探讨推进新时代人大侨务立法、监督、代表等工作。

加大人大侨务宣传力度。配合办公厅新闻局组织人民日报社、新华社等媒体对纪念归侨侨眷权益保护法颁布30周年有关活动进行宣传报道。王光亚主任委员多次在《人民日报》《中国人大》等报刊发表涉侨文章。更新和丰富机关工作内网华侨委网页，补充国内外侨情和工作动态。办好《人大侨委通讯》，推出“纪念归侨将军叶飞专栏”“归侨代表园地”等创新性栏目，不断提升杂志质量和水平，将其打造为交流人大侨务工作的有效介质和平台。本届共编辑刊印20期、近万册《人大侨委通讯》，并每年印制合订本。大力支持地方人大侨务法治宣传工作，先后在青海、河南、广西、江苏、河北等人大侨委举办的培训班上受邀宣讲我国侨务法治建设成就与经验。

(八)重视自身建设,加强对办事机构的督促和指导

华侨委高度重视加强自身建设,持续提升华侨委及其办事机构的工作能力和水平。

持之以恒加强作风建设。坚持全面从严治党,严守政治纪律和政治规矩,自觉遵守和执行中央八项规定及其实施细则精神,巩固深化集中整治官僚主义、形式主义成果,自觉抵制不良风气腐蚀,持续治“四风”树新风,严防“四风”反弹回潮。坚持每年召开民主生活会,分党组成员认真开展批评和自我批评。围绕学习贯彻习近平总书记关于家庭、家教和家风的重要论述,召开专题组织生活会。栗战书委员长批示指出,华侨委专题组织生活会“主题选得好,有必要,效果也很好”。

加大对办事机构党建工作指导督促力度。认真履行全面从严治党主体责任,定期听取华侨委机关党支部工作情况汇报,帮助其不断提高政治站位,切实提升党建工作的能力和水平。支持机关党组对华侨委机关党支部开展巡视工作,督促办事机构做好巡视整改各项工作。指导支部做好发展党员工作,实现办事机构全体干部均为党员。

支持办事机构加强干部队伍建设。大力支持配合全国人大机关关于华侨委办事机构干部任职、培训、交流、挂职等队伍建设的安排。鼓励党员干部积极参加中央党校、中央国家机关党校、人大机关党校及中国干部网络学院、全国人大网络学院开展的各类学习培训。办事机构干部队伍建设展现良好精神风貌,依法履职能力和参谋助手作用进一步提升。

十三届全国人大华侨委五年来所取得的成绩,是在以习近平新时代中国特色社会主义思想指导下,在全国人大及其常委会的正确领导下,华侨委全体组成人员和办事机构同志履职尽责、辛勤工作的结果,是有关部门密切配合、通力协作的结果,是侨界群众和广大人民充分信任、大力支持的结果。在肯定成绩的同时,也要清醒地认识到,与全国人大常委会领导、全国人大代表的要求相比,与海外侨胞、归侨侨眷的新期待相比,华侨委的工作还存在一些不足和差距,主要表现在:涉侨立法、监督、代表等工作有待深化,华侨权益保护问题研究还需深入,与中央涉侨部门及地方人大侨委的沟通联系还需加强等,这些不足需要在今后的工作实践中不断加以改进。

二、主要体会

本届以来,华侨委坚决落实栗战书委员长关于把“四个意识”“四个自信”“两个维护”融入具体工作和“政治引领、形成共识、组织参与”要求,在立法、监督、调研、代表、外事以及自身建设等方面积极进取,创新发展,取得了一些进展和成绩,积累了一些经验和体会,主要集中在六个方面。

(一)始终坚持党的全面领导,进一步坚定人大侨务工作正确政治方向。党的领导是全面的、系统的、整体的,必须全面、系统、整体加以落实。华侨委把坚持党的全面领导作为最高政治原则,始终在思想上政治上行动上同以习近平同志为核心的党中央保持高度一致。本届华侨委不折不扣将党的全面领导贯穿到人大侨委工作全过程各方面,牢记“国之大者”,深刻领悟“两个确立”的决定性意义,增强“四个意识”、坚定“四个自信”、做到“两个维护”,确保全国人大侨务工作始终沿着正确政治方向前进。

(二)始终坚持以党的创新理论为指导,全面贯彻落实习近平总书记关于侨务工作的重要论述。新时代党和国家事业之所以能够取得历史性成就、发生历史性变革,根本在于有习近平总书记掌舵领航,在于有习近平新时代中国特色社会主义思想科学指引。华侨委认真学习贯彻习近平新时代中国特色社会主义思想,始终用党的创新理论武装头脑,按照习近平总书记关于侨务工作重要论述的要求,把当好海外侨胞和归侨侨眷的贴心人、成为侨务工作的实干家作为基本功,把依法维护侨益作为人大侨务工作基本职责,牢牢把握实现中华民族伟大复兴的中国梦这一工作主题和中心任务,坚守“根、魂、梦”的新时代侨务工作主线,坚持“三个有利于”工作原则,着力构建“大侨务”工作格局,持续推进人大侨务工作不断前进。

(三)始终坚持人大侨务工作服从服务于党和国家工作大局,充分发挥侨务资源的优势和作用。华侨委始终坚持将人大侨务工作放在新时代党和国家工作大局中去思考和谋划,充分发挥侨务资源在推动高质量发展、全面推进中华民族伟大复兴方面的优势和作用。华侨委根据党和国家重大决策部署安排,组织开展“十四五”规划编制、发挥海外侨胞在共建“一带一路”中重要作用、侨务工作落实发展全过程人民民主情况等专题调研,听取有关部门关于华侨权益保护、海外人才工作等情况介绍,持续开展“侨助冬奥”等活动,为助力国家推进全面建成小康社会等国家重大战略凝聚侨界人心、发挥侨界智慧、贡献侨界力量。党的二十大报告提出一系列新目标新战略新任务新要求,华侨委紧跟党中央重大决策部署,坚持守正创新、与时俱进,坚持服

务大局、突出重点，把握好海内外侨情的新特点、新变化，找准工作切入点、着力点和结合点，切实做到党和国家工作重点在哪里，华侨委的工作就跟进到哪里，力量就汇聚到哪里，作用就发挥到哪里。

（四）始终坚持以人民为中心，推动全过程人民民主重大理念在人大侨务工作中贯彻落实。党的十八大以来，以习近平同志为核心的党中央坚持以人民为中心，提出全过程人民民主重大理念，强调人民代表大会制度是实现我国全过程人民民主的重要制度载体，为新时代新征程坚持和发展全过程人民民主、坚持和完善人民代表大会制度指明前进方向，也赋予人大侨务工作新的动力、方向、任务和使命。本届华侨委认真践行全过程人民民主理念，强化对海外侨胞和归侨侨眷的思想政治引领，充分发挥人大归侨代表作用，扩大他们对华侨委工作参与，广泛听取侨胞关于人大工作特别是华侨委工作的意见建议。2022 年华侨委就侨务工作落实"发展全过程人民民主、扩大人民有序政治参与"开展专题调研，有力推动相关工作，得到涉侨部门肯定和侨胞的赞赏。

（五）始终坚持问题导向和系统观念，推动人大侨务工作高质量发展。深刻学习领悟习近平总书记关于坚持问题导向和系统观念的重要论述，注重广泛了解侨界群众关注的热点难点痛点问题，坚持目标导向、问题导向和结果导向相统一，推动有关涉侨问题的解决。牢固树立系统观念，坚持协同配合，注重加强与人大代表尤其是归侨代表、中央涉侨部门及地方人大等各方面的沟通和联系，不断完善工作机制、创新工作方式，系统谋划和统筹推进涉侨立法、监督、代表、外事等各项工作。新时代新征程上，面对世界之变、时代之变、历史之变，华侨委践行党的创新理论的立场观点和方法，进一步树牢问题导向和系统观念，推动解决侨胞热切期盼解决而国家又有能力解决的问题，协调推进人大侨务各项工作高质量发展，将二十大报告提出的"加强和改进侨务工作"等要求落实落细落地。

（六）始终坚持依法护侨，团结引领广大侨胞致力于实现中华民族伟大复兴。本届华侨委坚持以法治思维和法治方式维护侨胞权益，引领广大侨胞投身社会主义现代化建设事业。五年来，在华侨委努力推动下，华侨权益保护立法列入十三届全国人大常委会立法规划，涉侨立法修法研究取得积极进展，华侨权益保护地方立法取得明显成效，依法护侨的合力更加强大，进一步提振和增强了广大侨胞自觉投身实现中华民族伟大复兴中国梦的信心和力量。党的二十大报告提出要"维护我国公民、法人在海外合法权益""加强海内外中华儿女大团结，形成同心共圆中国梦的强大合力"等目标要求，为新时代人大侨务创新发展进一步指明了方向、提供了根本遵循。华侨委将继续全面把握全面贯彻落实党中央决策部署，进一步发挥好、涵养好侨务资源，依法维护广大侨胞根本利益，积极引领、广泛团结广大侨胞为全面推进中华民族伟大复兴贡献智慧和力量。

第十三届全国人民代表大会环境与资源保护委员会五年工作总结

（2023 年 2 月 9 日第十三届全国人民代表大会环境与资源保护委员会第三十九次会议通过）

过去五年来，以习近平同志为核心的党中央团结带领全国各族人民坚持和发展中国特色社会主义，创造了新时代中国特色社会主义建设的伟大成就，实现了第一个百年奋斗目标，开启了第二个百年奋斗目标新征程。全国人大环资委在全国人大及其常委会的领导下，坚持以习近平新时代中国特色社会主义思想为指导，认真学习贯彻习近平总书记关于坚持和完善人民代表大会制度的重要思想和习近平生态文明思想、习近平法治思想，全面贯彻落实党的十九大和十九届历次全会精神，贯彻落实中央人大工作会议精神，在栗战书委员长的关心指导下，在沈跃跃、丁仲礼副委员长的直接带领下，紧紧围绕推进生态文明法治建设，勇于担当、履职尽责，生态环境保护立法取得新进展，法律监督实效取得新突破，代表工作取得新进步，为不断推进全过程人民民主、建设美丽中国做出新贡献。

五年来主要工作情况

五年来，环资委工作任务艰巨繁重，立法监督项目之多、时间之紧、节奏之快、要求之高，为历史之最。环资委坚定履职尽责，勇于担当，敢于斗争，提高政治站位，提高立法质量和效率，加强监督刚性，紧密代表联系，注重开拓创新，狠抓队伍建设，圆满完成各项任务。这五年，是环资委砥砺奋进的五年，成果丰硕的五年，不辱使命的五年。

一、强化思想理论武装，提高政治站位

环资委认真贯彻落实党中央决策部署和全国人大及其常委会部署要求，始终将深入学习贯彻习近平总书记关于坚持和完善人民代表大会制度的重要思想和习近平生态文明思想、习近平法治思想作为首要政治任务，形成制度性安排，贯穿工作始终。

把强化理论武装摆在首位。坚持全面系统学，读原著、学原文、悟原理，在常委会领导同志领学促学下，环资委分党组召开 37 次会议（其中专题集中学习研讨 29 次）、委员会召开 39 次全体会议，全面学习、系统交流习近平生态文明思想、习近平法治思想的理论著述和重大理念，深刻领会核心要义、精神实质。坚持及时跟进学，对习近平总书记最新重要讲话第一时间组织委员会全体组成人员跟进学习，作为委员会会议的第一议题，定期汇编形成《习近平总书记关于加强生态文明建设和生态环境保护的重要论述摘编》5 册，梳理归纳重要讲话 279 篇，共计 12 万余字，更加全面深入准确理解和把握各项战略部署和要求。坚持联系实际学，结合人大环境资源保护工作实际，提高观察问题、思考问题的政治站位，切实做到用以武装头脑、指导实践、推动工作，把学习成效转化为自觉行动和工作成果。

把贯彻落实习近平总书记重要指示批示作为重大政治任务。践履知行合一，把坚决贯彻落实习近平总书记重要指示批示精神作为增强“四个意识”、坚定“四个自信”、做到“两个维护”的检验标尺。贯彻落实习近平总书记关于野生动物保护、长江禁渔、雄安新区和白洋淀水资源保护、青藏高原生态保护等重要指示批示 13 件，第一时间学习领会、研究部署，建立贯彻落实工作台账，在立法工作和法律监督中贯彻落实，做到“件件有落实、事事有报告”。

把坚持党的全面领导贯穿工作始终。围绕党和国家工作大局谋划提出立法监督项目建议，扎实开展立法监督等各项工作。落实党中央决策部署，做好制定生物安全法、长江保护法、修改野生动物保护法等牵头起草工作，做好生态环境保护法律和相关决定的执法检查。定期向全国人大常委会党组报告工作情况。对长江保护法、黄河保护法、青藏高原生态保护法立法工作中遇到的重大问题、重要情况，及时向党中央、全国人大常委会党组请示报告，按照党中央、全国人大常委会党组要求抓好贯彻落实。把党的十九大和十九届历次全会精神、中央人大工作会议精神贯穿体现于法律起草和监督实施中，把党的主张通过法律形式确定下来、贯彻下去，用法律的武器助力打好污染防治攻坚战，用法治的力量守护好绿水青山，推动美丽中国建设。

二、发挥人大立法主导作用，积极推进生态环保法律体系不断完善

十三届全国人大常委会加快生态环保领域立法步伐，在法治轨道上推进生态文明建设，中国特色社会主义生态环保法律体系基本形成。五年来，环资委认真贯彻落实全国人大常委会关于生态环境保护立法的部署安排。根据十三届全国人大常委会立法规划和年度立法工作计划安排，全国人大环资委负责提请审议、联系审议和研究论证的立法项目共 21 项（包括新增年度立法工作计划立法任务 5 项），其中负责牵头起草和提请审议的立法项目 9 项，已完成 8 项；负责联系沟通配合审议的立法项目 10 项，已完成审议 4 项；负责牵头研究论证项目 2 项，已全部完成。此外，还配合全国人大常委会起草决议 1 项。

开先河，流域、区域生态保护立法取得新突破。制定重要流域、区域的生态保护法律是本届立法的特点和亮点。全国人大常委会贯彻落实习近平总书记和党中央关于长江流域、黄河流域、青藏高原区域保护的重大决策部署，将长江保护法、黄河保护法和青藏高原生态保护法列入立法计划。栗战书委员长高度重视，7 次召开座谈会、开展调研。沈跃跃、丁仲礼副委员长直接牵头立法工作专班，制定工作方案，做到“任务、时间、组织、责任”四落实。环资委知重负重、集中力量、突破难点，在较短时间内完成了长江保护法和青藏高原生态保护法起草任务，积极推进联系审议的黄河保护法制定工作，为两大母亲河、雪域高原的保护和高质量发展提供强有力的法治保障。

强弱项，用法律助力污染防治攻坚战。五年来，环资委聚焦人民群众感受最深刻、要求最迫切的突出环境问题，持续推进完善污染防治类法律。从十三届全国人大常委会第一年全票通过土壤污染防治法，到全面修订固体废物污染环境防治法、

出台噪声污染防治法，标志着我国大气、水、土壤、固废、噪声等主要污染防治法律制定修订工作已经基本全面完成。为加强海洋环境保护，全面启动相关法律修改工作。在污染防治立法中用严格制度、严密法治保护环境，坚持问题导向，注重法律制度创新、法律措施严谨、法律主体职责明晰、法律责任严厉，并将其体现在源头预防、过程管控、后果严惩的全过程、各方面，为深入打好污染防治攻坚战提供坚强、完备的法律保障。

填空白，推进生态和资源保护法治化进程。湿地保护法是我国首部从保护角度对生态系统的立法，填补生态系统保护立法空白。生物安全法的制定，标志着我国生物安全进入依法治理的新阶段。修改土地管理法，完善资源保护利用法律制度。修改野生动物保护法，加强对野生动物的分级分类管理，回应社会关切。积极推进国家公园立法和国土空间规划立法进程，引领推动改革发展、纵深推进生态文明建设。

重实施，推动法律宣传教育普及工作。配合常委会组织召开生物安全法、长江保护法、湿地保护法和噪声污染防治法4部法律实施座谈会，栗战书委员长亲自出席会议并作了重要讲话。与生态环境部联合召开土壤污染防治法和固体废物污染环境防治法2部法律实施座谈会，推动有关方面在法律通过后进一步完善配套制度制定，加强实施工作。会同全国人大常委会法工委，推动配套法规制度建设。同有关部门配合，组织媒体做好法律实施宣传报道工作，运用"学习强国"专题答题等新媒体、新形式宣传普及法律。通过多种方式开展法律宣传贯彻，推动习近平生态文明思想进一步深入人心，推动尊法学法守法用法成为自觉，使绿色生产方式和生活方式成为全社会的共同行动。

共推动，加强同地方立法工作的沟通联系。落实栗战书委员长指示要求，加强与有关地方人大及有关机构沟通交流，在国家立法中听取地方人大和政府的意见建议，总结借鉴地方立法鲜活经验，共同健全和完善环境资源法律体系。积极推动参与地方人大开展区域协同立法和流域共治立法，为白洋淀生态环境治理和保护立法、赤水河流域保护共同立法提供支持，推进地方流域区域立法模式的创新。

三、坚持正确监督、有效监督、依法监督，扎实做好环境资源领域监督工作

十三届全国人大常委会高度重视生态文明建设，将生态环保领域作为监督工作的重中之重，规格之高、力度之大、影响之广、成效之好前所未有。环资委先后配合常委会开展了10部法律和相关决定的执法检查，结合执法检查开展5次专题询问，听取和审议12次国务院专项工作报告和1次专题调研报告，组织开展21次专题调研，为依法打好污染防治攻坚战、推进生态文明建设贡献力量。

持续用力开展执法检查，推动法律全面有效实施。环资委配合全国人大常委会连续五年开展生态环保领域执法检查工作，形成了新时代人大监督品牌。在开展大气、水、土壤、固废等单项环保法基础上开展环境保护法执法检查，把年度安排与任期整体工作结合起来，充分反映法律实施以来生态环保法治建设工作成效。坚持高位推动，栗战书委员长先后6次担任组长，10次带队赴地方开展执法检查，亲自向常委会作执法检查报告、主持专题询问。王晨、张春贤、沈跃跃、丁仲礼、白玛赤林、郝明金6位副委员长以及全国人大常委会委员、环资委组成人员、全国人大代表260余人次参加执法检查。坚持依法原则，执法检查组坚持依照法定职责、限于法定范围、遵守法定程序，在宪法法律范围内履职尽责。坚持紧扣法律规定，以法律制度落实、法定职责履行、法律责任追究作为检查重点，对照法律条文逐条逐项检查，推动在法治轨道上治理污染、保护生态环境。坚持动真碰硬，率先开展暗访和随机抽查，深入查找重点地区、重点领域、重点行业存在的突出违法问题，执法检查报告用案例和数据说话，增强监督刚性。坚持全面覆盖，委托地方人大同步检查，大气污染防治法等6部法律和1个决定的执法检查实现了31个省(区、市)全覆盖，海洋环境保护法执法检查实现沿海省份"全覆盖"，长江保护法执法检查实现长江流域"全覆盖"。坚持创新方式方法，率先组织开展法律实施情况第三方评估，对6部法律实施情况委托第三方进行评估，提高执法检查的科学性、专业性。组织地方有关部门和企业负责人等近90万余人参加法律知识问卷调查、1.78亿人次在"学习强国"平台参加法律专项答题，引导和推动全社会参与生态环境保护和建设。

综合运用多种监督方式，打好监督工作"组合拳"。围绕推动落实党中央关于生态环保决策部署，在持续开展执法检查同时，统筹运用听取审议专项报告、专题询问、开展专题调研等多种监督形式开展监督工作。认真配合常委会听取审议专项工作报告，连续5年做好听取和审议国务院年度环

境状况和环境保护目标完成情况的报告、听取和审议长江流域生态环境保护、雄安新区和白洋淀生态保护等专项报告相关工作。扎实开展专题调研，配合常委会听取和审议《全国人民代表大会常务委员会关于全面加强生态环境保护依法推动打好污染防治攻坚战的决议》落实情况等专题调研报告，推动有关方面扎实深入打好污染防治攻坚战。在"十四五"规划和2035年远景目标纲要编制过程中，开展黄河流域生态环境保护等6项专题调研，为党中央决策提供参考。在执法检查前开展专题调研，确保执法检查重点突出、有的放矢。坚持问题导向开展专题询问，连续5年配合常委会开展专题询问，国务院及其有关部门和最高人民法院、最高人民检察院的负责同志到会听取意见、回答询问，推动从制度层面解决生态环保突出问题。

始终发扬"钉钉子"精神，深入开展跟踪监督。环资委紧盯重点难点问题，持续跟进监督。连续9年赴京津冀重点区域开展北方地区秋冬季大气污染防治调研，依法助力解决生态环保领域突出问题。大气污染防治法等5部法律执法检查报告和审议意见的反馈报告从书面审议改为听取审议，环资委开展执法检查"回头看"，对照执法检查报告及审议意见，列出问题清单、任务清单和责任清单，督促相关部门明确任务书、时间表，推动整改落实取得实效。在听取长江流域生态环境保护工作报告后开展长江保护法执法检查，持续推动解决长江流域突出生态环境问题，用法治力量守护长江母亲河。

四、尊重和发挥代表主体作用，上下联动形成合力

十三届全国人大高度重视代表工作。环资委坚持以人民为中心，高度重视发挥代表作为党和国家联系人民群众的重要桥梁和纽带作用，不断深化拓展代表参与常委会、委员会工作的形式与内容。加强与地方人大及环资委的交流，推动形成工作合力。

积极加强改进代表议案建议办理工作。提出议案建议是全国人大代表依法履职基本的、主要的方式，反映人民群众的意愿和呼声。环资委高度重视代表议案、建议办理和重点建议督办工作，五年来，共收到十三届全国人大历次大会主席团交付审议的议案283件，办理代表建议79件，重点督办代表建议148件。环资委完善代表议案建议办理工作机制，制定议案建议办理工作计划，健全交办、研究、汇总、沟通、反馈、审议工作机制，加强与各部门协作配合。将议案、建议办理工作与立法、监督、调研等工作相结合、同推进，邀请相关议案领衔代表参与立法监督工作。委托议案领衔代表传达、征求其他附议代表和社会公众意见建议，让立法"触角"延伸到人民群众身边。对代表提出的建议赴地方开展实地调研，加强与重点办理建议承办单位的沟通、协调、联络，积极推动代表反映问题得到解决。创新议案建议办理工作方式，加强与提出议案建议代表的联系和沟通。采取电话、视频会议、座谈会、信函、调研以及通过政务微信"一议案一群组"等多种方式，拓宽与人大代表沟通渠道，做到办理过程中与每一件议案的领衔代表沟通联系，办理结果向每一位附议代表反馈。注重议案建议办理工作实效，将议案办理工作落实到立法监督成果中去，努力使人大代表议案落地见效。在青藏高原生态保护法、野生动物保护法、海洋环境保护法等法律制修订工作和环境保护法等法律实施情况检查中合理吸收采纳人大代表意见建议并反映到修订草案和法律实施情况报告中。

持续扩大人大代表对全国人大环资委工作的参与。在法律立项、起草、审议等环节，环资委积极邀请环境资源领域或具有相关专业背景的人大代表全过程参与立法，吸收采纳代表意见建议。人大代表从参加实地检查，逐渐延伸拓展到前期调研、实地检查、报告起草、分组审议等执法检查全过程。固体废物污染环境防治法执法检查中，首次组织240余名全国人大代表开展专题调研，之后每次执法检查均组织全国人大代表参加，充分发挥代表作用。在环境保护法执法检查中，环资委与常委会办公厅共同组织汇编代表相关意见建议，作为执法检查参阅资料。在执法检查和立法监督调研中，召开五级人大代表座谈会，广泛听取全国人大代表、基层人大代表和群众的意见建议。充分发挥环资委组成人员联系全国人大代表作用，在征求对环资委工作意见建议，改进环资委工作方面发挥了重要作用，取得了良好效果。

加强与地方人大的联系与交流。环资委高度重视与地方人大交流互鉴，总结交流有益探索和经验做法，凝聚起人大环资委推进生态文明法治建设的强大工作合力。加强指导培训。以现场和"现场+视频"等会议方式连续五年召开全国人大环境与资源保护工作座谈会，围绕年度工作要点，总结交流各地经验做法，研究推动共性问题解决，努力提

升工作水平。加强沟通交流。2022 年 9 月，在“绿水青山就是金山银山”重要理念发源地——浙江湖州召开全国人大环境与资源保护工作座谈交流会，回顾 5 年工作，总结交流经验，共谋依法推进美丽中国建设开创新局面。环资委负责同志与地方人大常委会有关负责同志座谈交流，利用简报、网络、视频会议等各种形式加强与地方人大在环资立法监督等工作的联系、沟通和协调。在立法监督工作中，征求地方人大对法律草案的意见，委托地方人大共同开展执法检查、听取国务院有关工作报告、委员会专题调研等工作。

五、把政治建设放在首位，持续加强委员会自身建设

环资委围绕“四个机关”要求，坚持政治坚定、服务人民、尊崇法治、发扬民主、勤勉尽责，全面加强委员会自身建设。

全面加强政治建设。贯彻落实党中央全面从严治党战略部署，坚持把政治建设摆在首位，坚决维护党中央权威和集中统一领导，在全国人大常委会党组领导下，环资委分党组充分履行把方向、管大局、保落实的政治责任，统筹抓好疫情防控和工作开展，确保党中央决策部署和全国人大常委会党组的工作要求在环资委得到全面贯彻和有效落实。严格执行重大事项请示报告制度，落实全国人大各专门委员会分党组工作规则，推进分党组工作规范化、制度化。五年来，向党中央和全国人大常委会党组请示报告 12 件次。深入开展“不忘初心、牢记使命”主题教育和党史学习教育，“不忘初心、牢记使命”主题教育期间，召开 3 次专题会议，进行 6 次集中学习交流，开展 6 批次调查研究。党史学习教育期间，贯彻“学史明理、学史增信、学史崇德、学史力行”的要求，举行 8 次专题学习研讨。更加深刻认识党的十八大以来党和国家事业取得的历史性成就、发生的历史性变革，更加深刻感受习近平新时代中国特色社会主义思想的实践伟力，更加坚定了捍卫“两个确立”、做到“两个维护”的政治自觉，增强了学党史、悟思想、办实事、开新局的行动自觉。

坚持不懈加强作风建设。严守党的政治纪律和政治规矩，全面贯彻中央八项规定及其实施细则精神，驰而不息纠治形式主义、官僚主义问题。始终把调查研究作为履职基本功，开展 70 次调查研究，深入基层、深入实际，掌握实情、找准问题，推动人大环资委工作更好地贴近人民群众所思所盼所愿。适应疫情防控常态化需要，合理安排会议和各项活动，运用“云视频”等信息化手段召开远程视频会议，提高会议质量。不断加强环资委机关党支部建设，强化政治机关意识，做好中央巡视整改及其“回头看”和机关内部巡视整改，打造生态文明建设坚强堡垒，走好美丽中国建设第一方阵，努力建设“让党中央放心、让人民群众满意”的模范机关，服务保障常委会和委员会履职的质量和水平不断提高。

此外，环资委积极开展对外交往工作，圆满完成常委会安排的外事任务。组织 2 个出访团进行友好访问。组团或以线上方式出席两次北极地区议员大会、第十九届亚太议员环境与发展大会、两届南极议员大会、第 26 届联合国气候变化大会前的议会会议，接待中非国民议会友华小组代表团、新加坡环境及水源部部长来访，应邀会见卢森堡驻华大使、法国驻华大使等。重点宣传我国生态文明建设、建设美丽中国取得的主要进展和重大成就，与有关国家交流积极应对气候变化、固体废弃物处置管理和资源循环利用等制度进展、河湖流域管理、国家公园为主体的自然保护地体系建设、国家公园和湿地立法等。

几点认识体会

五年来，美丽中国建设迈出重大步伐，我国生态环境保护发生历史性、转折性、全局性变化，我们深刻感悟到根本在于习近平总书记领航掌舵，在于以习近平同志为核心的党中央坚强领导，在于习近平生态文明思想的科学指引。我们有几点认识体会如下：

一、必须坚持以习近平生态文明思想为指导

生态文明建设是关乎中华民族永续发展的根本大计。习近平生态文明思想是新时代生态文明建设的根本遵循和行动指南。我们体会到，做好新时代人大环境资源保护工作，要始终以习近平生态文明思想为引领，在持续跟进学中深化对习近平生态文明思想丰富内涵、核心要义的理解把握，将习近平生态文明思想贯彻落实到环境与资源保护工作各方面全过程。按照生态文明建设要求，找准

人大环境资源保护工作的着力点和切入点，构建最严格的生态环境保护法律制度，推动法律得到正确有效实施，推动生态文明建设重大决策部署得到全面贯彻、有效执行。

二、必须坚持党的全面领导

中国共产党领导是中国特色社会主义最本质的特征，是中国特色社会主义制度的最大优势，是党和国家的根本所在、命脉所在，是全国各族人民的利益所系、命运所系。我们体会到，坚持正确的政治方向，完整准确领会贯彻落实党中央决策部署是提高立法监督工作质量的根本保障。要不断增强“四个意识”、坚定“四个自信”、做到“两个维护”，立法要对标对表，善于把党的主张、方针、政策转化为法律制度措施，监督要贯彻党中央生态文明建设的战略部署，重大问题要主动及时向党中央和全国人大常委会党组请示汇报，切实做到党和国家工作重心在哪里，人大工作就跟进到哪里，力量就汇聚到哪里，作用就发挥到哪里。

三、必须坚持以人民为中心

环境就是民生，青山就是美丽，蓝天也是幸福。良好生态环境是最公平的公共产品，是最普惠的民生福祉。我们体会到，要始终坚持以人民为中心的发展思想，把“人民”二字贯穿立法监督全过程。在立法工作中坚持问题导向，紧盯影响人民群众的突出环境问题，切实解决人民群众“急难愁盼”的生态环境问题。在监督工作中，坚持开门监督，深入基层、深入群众、深入一线，广泛倾听民意、集中民智、问计于民，了解最基层、最真实的情况，积极回应人民群众对优美生态环境的期盼。更好发挥人大在发展全过程人民民主中的重要作用，把人民当家作主具体地、现实地体现到人大各个方面、各个层级、各个环节的工作之中。

四、必须坚持依法履职尽责

保护生态环境必须依靠制度、依靠法治，让制度成为刚性的约束和不可触碰的高压线。我们体会到，做好人大环资委工作，要全面担负起宪法法律赋予的各项职责，依法履职尽责，勇于担当作为。坚持科学立法、民主立法、依法立法，不断完善生态环保法律体系，以良法保善治。坚持正确监督、有效监督、依法监督，加大监督力度，增强“刚性”约束，推动法律有效实施。依法推动各部门各地方生态环保法律责任落实，推动全社会依法保护生态环境意识不断提高，为贯彻新发展理念、促进高质量发展提供法治支撑。

五、必须坚持守正创新

坚持和完善人民代表大会制度，建设中国特色社会主义法治体系是坚持和发展中国特色社会主义的内在要求。我们体会到，要坚持守正创新，提升人大工作整体质效，创造性地做好立法、监督等工作。坚持整体谋划，统筹推进立法监督代表工作，提升人大工作的系统性。坚持机制创新，创新方法、灵活运用多种工作方式，不断增强工作实效。坚持加强调查研究，以问题为导向。坚持上下联动，形成人大立法监督工作合力。坚持继续探索、及时总结经验做法，推动立法监督工作高质量发展。

同时我们也清醒地认识到，环资委工作中还存在一些差距和不足。面对生态文明建设繁重的立法监督任务，我们在系统把握、融会贯通习近平新时代中国特色社会主义思想上还需进一步加强，把习近平生态文明思想贯彻落实到环境资源立法监督工作还需要进一步努力，在健全联系全国人大代表工作机制、加强与地方人大的密切沟通联系等方面还需要进一步完善，这些都要在今后工作中不断改进。

第十三届全国人民代表大会农业与农村委员会五年工作总结

（2023 年 2 月 22 日第十三届全国人民代表大会农业与农村委员会第十八次会议通过）

五年来，在全国人大及其常委会领导下，第十三届全国人大农业与农村委员会坚持以习近平新时代中国特色社会主义思想为指导，深刻领悟“两个确立”的决定性意义，增强“四个意识”、坚定“四个自信”、做到“两个维护”，认真贯彻落实全过程人民民主重大理念，坚持和完善人民代表大会制度，坚持党的领导、人民当家作主与依法治国有机统一，认真履行宪法和法律赋予的职责，推动全面实施乡村振兴战略，加强“三农”法治建设，做出积极贡献。

五年工作总结

本届委员会任期的五年，我国“三农”事业取得历史性成就、发生历史性变革。党中央坚持把解决好“三农”问题作为全党工作的重中之重，粮食和重要农产品供给充裕，全面打赢脱贫攻坚战，解决了绝对贫困问题，如期全面建成小康社会，全面推进实施乡村振兴战略实现良好开局，农村生产生活条件持续改善，乡村面貌焕然一新。委员会在栗战书委员长和王晨、吉炳轩、武维华副委员长的关心指导下，按照党中央和全国人大常委会关于“三农”工作的安排部署，认真履职尽责，勇于担当作为，不断加强自身建设，圆满完成各项任务，取得显著成效。

一、不断加强委员会党的建设

委员会分党组高度重视加强委员会党的建设和党的工作，认真落实全面从严治党要求，切实履行管党治党政治责任，不断加强理论武装和思想政治建设。始终坚持把深入学习贯彻习近平新时代中国特色社会主义思想作为首要政治任务，真学真用、入脑入心、融会贯通。通过个人自学、集中学习、专题研讨以及列席常委会党组和机关党组理论学习中心组有关学习活动等方式，持续跟进深入学习习近平新时代中国特色社会主义思想，认真开展“不忘初心、牢记使命”主题教育和党史学习教育。多次召开分党组会议和委员会全体会议，传达学习习近平总书记最新重要讲话精神，学习领会党的十九大和十九届历次全会、党的二十大精神，结合工作实际，专题学习领会习近平总书记在全国两会、中央经济工作会议、中央农村工作会议、中央人大工作会议等会议上的重要讲话及会议精神，结合做好新时代人大农业农村工作深入开展交流讨论，研究部署委员会贯彻落实的具体工作安排，自觉用党的创新理论成果推动人大农业农村工作高质量推进。

通过学习教育，进一步提高政治站位，不断强化坚定拥护“两个确立”、坚决做到“两个维护”的思想自觉、政治自觉和行动自觉，进一步把握好人大工作正确方向，不断提高政治判断力、政治领悟力、政治执行力，增强做好新时代人大工作的使命感责任感，贯彻落实党中央重大决策部署更加坚定、自觉。

委员会分党组紧紧围绕党中央新时期对“三农”工作的总体要求、乡村振兴和脱贫攻坚重点任务，积极做好涉农立法、监督等各项工作，把坚持党对人大工作的领导、坚持和完善人民代表大会制度贯穿于依法履职的全过程、各方面，认真把党中央和全国人大常委会党组关于“三农”工作的决策部署落到实处，切实发挥好把方向、管大局、保落实的重要作用。分党组指导办事机构党支部切实加强党的建设，增强政治能力。办事机构政治素质好、业务能力强，工作质量和效率高，服务委员会圆满完成各项工作任务，被评为中央和国家机关“四强”党支部。

委员会不断加强作风建设，身体力行，做好表率。从严落实中央八项规定及其实施细则精神，旗帜鲜明反对“四风”特别是形式主义、官僚主义，大兴调查研究之风，深入基层、深入农村、深入农民开展调研，掌握真实情况，认识客观规律，深入解剖问题，提出切实可行的意见建议，推进农业农村法治建设，促进有关部门改进工作。

二、立法工作

五年来，委员会把法律草案起草和审议工作放在重要位置，按照全国人大常委会立法规划和年度立法计划安排，牵头组织起草法律草案 8 件，已审议通过 6 件，包括起草乡村振兴促进法、农村集体经济组织法、黑土地保护法、粮食安全保障法以及修改森林法、动物防疫法、畜牧法、种子法，积极介入农产品质量安全法修改工作，努力推动进出境动植物检疫法修改工作，还认真配合做好上一届提请审议的农村土地承包法修正草案的继续审议工作。

（一）紧紧围绕党中央关于乡村振兴重大战略部署，为全面推进乡村振兴提供法治保障

积极推进乡村振兴促进法审议通过和贯彻实施。2018 年制定乡村振兴促进法列入十三届全国人大常委会立法规划，由农委牵头起草。委员会高度重视，陈锡文主任委员亲自牵头，围绕指导思想、基本原则、章节结构等进行认真研究，深入开展调

研，广泛听取意见，反复修改完善，2020 年 6 月草案提请常委会审议，2021 年 4 月审议通过。

乡村振兴促进法是在迎接建党 100 周年、开启第二个百年奋斗目标之际通过的一部重要法律。制定乡村振兴促进法坚持以习近平总书记关于乡村振兴战略的重要论述为根本遵循，把党中央关于乡村振兴的重大决策部署转化为法律规范，确保乡村振兴战略部署得到落实，把促进乡村振兴的政策措施，特别是坚持农业农村优先发展、健全城乡融合发展的体制机制、建立新型城乡关系方面的政策，通过立法确定下来，为全面促进乡村振兴提供有力法治保障。

乡村振兴促进法颁布后，委员会积极做好法律宣传贯彻工作。2021 年 5 月委员会与常委会办公厅共同组织召开乡村振兴促进法实施座谈会，栗战书委员长出席会议并发表重要讲话，对乡村振兴促进法的贯彻实施作出部署，提出要求。会议邀请 7 名基层全国人大代表、基层干部代表参会，把法治宣传教育的声音传到基层。2022 年 6 月底在乡村振兴促进法实施一周年之际，委员会又与农业农村部联合召开乡村振兴促进法实施座谈会，吉炳轩副委员长出席会议并讲话，积极营造"乡村振兴、法治先行"氛围，为全面推进乡村振兴、加快农业农村现代化夯实了法治基础。委员会还加强与省（区、市）人大农委沟通联系，协助地方人大按照栗战书委员长的要求，结合地方实际，抓紧制定乡村振兴促进条例，深入贯彻落实乡村振兴促进法。

努力推动农村集体经济组织法草案按计划提请审议。2018 年十三届全国人大常委会将制定农村集体经济组织法列入立法规划，由农业农村部负责起草。为加快立法进程，全国人大常委会 2022 年立法工作计划明确，由农委牵头，在农业农村部已有工作基础上组织起草农村集体经济组织法草案，陈锡文主任委员担任起草领导小组组长，杜德印、彭清华、王宪魁、廖晓军、鹿心社、李纪恒、蒋超良、陈润儿副主任委员等参与，积极努力，抓紧工作，总结吸收农村集体产权制度改革实践经验，深入研究农村集体经济组织和集体经济发展面临的主要问题，深入调查研究，广泛征求意见，形成法律草案，于 2022 年 12 月提请常委会初次审议。

起草工作深入贯彻党的十九大、十九届历次全会、党的二十大报告和中央经济工作会议、农村工作会议精神，深入贯彻习近平总书记系列重要讲话精神和治国理政新理念新思想新战略，努力为促进农村集体经济组织健康发展，增强集体经济活力，壮大集体经济实力，巩固完善社会主义基本经济制度和农村基本经营制度，促进乡村全面振兴和实现共同富裕，提供有力法治保障。

（二）坚持国家总体安全观，通过立法工作促进建立长效机制，保障国家粮食安全

抓紧完成黑土地保护法起草工作。2020 年底中央农村工作会议后，委员会积极研究落实中央一号文件精神，提出相关的立法和监督工作建议，其中之一是起草黑土地保护法。十三届全国人大四次会议期间，委员会收到"关于制定黑土地保护法的议案"和多件关于黑土地保护立法的代表建议，大会闭幕后，委员会安排王宪魁副主任委员牵头，抓紧开展黑土地保护法起草工作，赴东北三省一区开展调查研究，广泛征求有关部门、地方、基层人大代表和基层群众意见，形成了黑土地保护法草案，于 2021 年 12 月提请全国人大常委会审议，2022 年 6 月三审通过。2022 年 7 月在黑土地保护法实施之际，委员会组织召开黑土地保护法实施座谈会，吉炳轩副委员长出席会议并讲话，会议采取现场加视频形式，中央和国家有关部门、东北三省一区人大和政府负责同志参加，进一步加强了法律的学习宣传，推进了法律的有效实施。

制定黑土地保护法是贯彻落实习近平总书记重要指示精神的一项"小切口、小快灵"立法，全国人大代表提出议案后，当年启动立法，当年就提请审议，在近些年的立法工作中是第一次。起草工作中认真贯彻落实习近平总书记关于黑土地保护和国家粮食安全的重要指示精神，深刻理解和准确把握习近平总书记关于保护好黑土地这一"耕地中的大熊猫"的重要指示，紧扣黑土地的性质和特点，采取法律措施，对宝贵、珍稀的黑土地给予特殊保护，促进黑土地资源可持续利用，维护生态系统平衡，保障国家粮食安全。

持续推进粮食安全保障法草案修改工作。制定粮食安全保障法列入十三届全国人大常委会立法规划，由国家发展改革委、国家粮食和物资储备局、全国人大农委共同牵头起草，杜德印副主任委员任起草领导小组副组长，委员会多次专门听取起草工作情况汇报，就立法思路、重点问题开展研究，提出意见建议，特别是就草案如何强化节约粮食反对浪费进行深入研究，提出具体建议，包括设立专章对节约粮食作出规定，增加和充实关于粮食生产经营者的节粮减损责任、国家采取措施降低粮食损耗率、增强粮食储备轮换的科学合理性、保护粮食和粮食设施、倡导珍惜和节约粮食等内容，主要建

议已体现在草案中。

及时完成种子法修改工作。2020年中央经济工作会议、中央农村工作会议提出，要大力推动自主创新，保护知识产权，打好种业翻身仗。中央农村工作领导小组审议的打好种业翻身仗行动方案，将修改种子法作为其中的重要任务。2021年3月委员会牵头启动修法工作，刘振伟副主任委员牵头抓紧工作，聚焦健全完善种业知识产权保护制度，深入开展调查研究、广泛征求有关部门及专家意见，修正草案于2021年8月份提请全国人大常委会审议，12月审议通过。

种子法修改着重围绕保护植物新品种权、促进自主创新，从扩大植物新品种权的保护范围、建立实质性派生品种制度、加大侵权赔偿力度、强化法律责任等方面进行了修改完善。

接续推进农村土地承包法修改工作。2017年10月第十二届全国人大农委提出的农村土地承包法修正草案进行了初次审议。本届以来，委员会认真研究农村土地承包法修改相关问题，提出完善修正草案的建议，配合做好修正草案的继续审议工作。修正案草案于2018年12月审议通过。

农村土地承包法修改明确农村集体土地所有权、土地承包权和土地经营权"三权"分置，确立土地经营权法律地位；落实稳定农村土地承包关系并长久不变的要求，明确耕地承包期届满后再延长三十年；允许土地经营权融资担保、入股；维护进城务工和落户农民的土地承包权益；保护妇女土地承包权益等，对于稳定农村基本经营制度发挥了积极作用。

（三）认真贯彻落实习近平生态文明思想，圆满完成森林法修改工作

森林法修改列入十三届全国人大常委会立法规划，由农委负责牵头起草修订草案，王宪魁副主任委员牵头负责起草工作。本次修改坚持以习近平生态文明思想为指导，坚持保护优先，坚持问题导向，抓紧时间，深入开展调研，广泛征求意见，多次召开座谈会对法律修改的重点、焦点、难点问题反复研究讨论，尽量吸收采纳各方面意见，经反复修改完善，修订草案已于2019年6月提请审议，12月审议通过。

修改森林法适应我国森林功能定位转变和林业发展需要，充分吸收集体林权制度改革、国有林场和国有林区改革等林业改革发展的实践经验，建立了森林分类经营管理制度，完善了森林权属制度和林木采伐等林业管理制度，加大了森林资源保护和造林绿化力度，有利于保护、培育和合理利用森林资源，保障我国森林安全，发挥森林多种功能，推动现代林业发展，实现人与自然和谐共生。

（四）坚决落实中央精神做好强化公共卫生立法修法工作，修改涉农相关法律

按照全国人大常委会强化公共卫生法治保障立法修法工作计划，农委负责推进动物防疫法、畜牧法、进出境动植物检疫法的修改工作。委员会及时组织成立三个工作专班，分别负责推进三部法律的修改工作。

动物防疫法修改工作顺利完成。刘振伟副主任委员牵头负责。经过两年多的深入调查研究、广泛听取意见、反复论证，修改完善，2019年底形成了修订草案。2020年初发生疫情后，委员会认真学习领会习近平总书记重要讲话和批示精神，结合疫情防控法律制度建设的要求，按照全面提升动物卫生水平和全力防控人畜共患传染病的目标，着力解决动物防疫面临的制度性问题，对动物防疫方针、保障公共卫生安全和人体健康的工作机制、防疫责任体系、制度体系、监管体系和法律责任等调整完善，构建科学、合理、健全的动物防疫法律制度。修订草案于2020年4月提请全国人大常委会审议，2021年1月审议通过。

修订后的动物防疫法在七个方面得到强化：一是强化对重点动物疫病的净化、消灭，在全面防控基础上，推动重点动物疫病从有效控制到逐步净化、消灭转变，调整了动物防疫方针；二是强化人畜共患传染病的防控机制；三是强化对非食用性利用野生动物的检疫和疫源疫情监测预警；四是强化生产经营者的防疫主体责任、行政部门的监管责任和地方政府的属地管理责任；五是强化动物防疫制度体系；六是强化基层动物防疫体系和保障措施；七是强化法律责任。

认真做好畜牧法修改工作。李家洋副主任委员牵头负责。委员会组织就相关问题与有关部门共同进行研究，赴地方开展调研，广泛听取意见和建议，明确修改的总体思路、指导思想和主要内容，强调修法要坚持问题导向，突出解决涉及公共卫生领域的问题，注意与野生动物保护法、动物防疫法等法律修改的联动和衔接。经过深入调查研究，广泛听取意见，反复修改完善，形成修订草案于2021年10月提请全国人大常委会审议，2022年10月审议通过。

畜牧法修改针对畜牧业发展的薄弱环节和出

现的新情况、新问题，加强畜禽遗传资源保护和利用、鼓励畜禽种业自主创新，规范畜禽养殖、粪污资源化利用、屠宰等畜牧业生产经营行为，支持草原畜牧业发展，统筹畜牧业公共卫生安全和高质量发展，保障重要畜禽产品有效供给，促进现代畜牧业发展。

努力推动进出境动植物检疫法修改工作。按照全国人大常委会强化公共卫生法治保障立法修法工作计划的安排，由农业农村部牵头起草修改草案。委员会先后两次召开会议，听取农业农村部关于进出境动植物防疫法修改工作进展情况的汇报，并着重就修法应遵循的原则、拟解决的主要问题、难点问题等进行座谈讨论，强调修法要坚持与国际规则接轨并符合我国实际情况，弥补法律空白、构建严密的防范境外动植物病害风险的管理链条、加强部门之间的协调配合等，督促加快工作步伐。农业农村部正抓紧起草修改草案。

委员会还积极关注和推动制定反食品浪费法，修改农产品质量安全法、渔业法等，提出了意见和建议。

三、监督工作

委员会深入贯彻落实习近平总书记关于“三农”工作的重要论述，坚持把推动党中央关于实施乡村振兴战略的决策部署全面落地见效，作为涉农监督工作的主线，认真履职尽责，取得显著成效。

（一）主要工作情况

按照常委会年度监督工作计划和委员会年度监督工作安排，在做好执法检查、听取和审议专项工作报告、开展专题调研和重点建议督办等“规定动作”的基础上，还围绕“三农”重点问题，突出问题导向，做好“自选动作”。

五年来，委员会组织实施了农产品质量安全法、渔业法、农业机械化促进法、畜牧法、乡村振兴促进法等 5 部涉农法律的执法检查，配合常委会听取和审议了国务院关于构建现代农业体系深化农业供给侧结构性改革、乡村产业发展、农村集体产权制度改革、脱贫攻坚情况、加快构建新型农业经营主体推动小农户和现代农业发展有机衔接、巩固拓展脱贫攻坚成果同乡村振兴有效衔接情况等 6 个专项工作报告，开展了乡村振兴、脱贫攻坚、深度贫困地区脱贫攻坚、确保国家粮食安全、高标准农田建设、珍惜粮食反对浪费、加强种质资源保护和育种创新、推动小农户和现代农业发展有机衔接、盐碱化耕地改良等 9 个专题调研。

五年来，委员会还就动物防疫法、种子法贯彻实施情况开展执法调研，并主动就荒漠化治理、深化农村土地制度改革、农村集体产权制度改革、构建现代农业体系、保障进城落户农民财产权益、保持粮食生产能力、油料油脂供需和油茶产业发展、加强县域农产品质量安全等开展调研，提出完善法律制度，改进相关工作的意见，推动了相关法的完善和相关工作。

（二）基本做法

委员会认真贯彻落实习近平总书记关于坚持和完善人民代表大会制度的重要思想，实行正确监督、有效监督、依法监督，不断丰富监督工作方式，增强监督工作实效，提升监督工作质量，一些调研成果为推动立法、完善政策、改进工作提供了重要参考，得到充分肯定。

始终紧扣党中央重大决策部署确定涉农监督工作选题。委员会紧紧围绕党和国家工作大局、紧紧围绕农村改革发展稳定中的热点难点问题、紧紧围绕关系广大农民群众切身利益的急难愁盼问题，确定委员会监督工作选题，向常委会提出建议。如对标对表 2020 年全面建成小康社会的目标任务，针对农村贫困这一全面小康的突出短板，坚持将推动打赢脱贫攻坚战作为人大涉农监督工作的重点，连续四年聚焦脱贫攻坚领域。2020 年 8 月贯彻落实习近平总书记关于坚决制止餐饮浪费行为的重要指示精神，及时向常委会提出开展珍惜粮食反对浪费专题调研建议，被增加纳入常委会年度监督工作计划后，委员会认真组织开展调研，调研报告提请常委会审议受到普遍好评。

把完善政策、改进工作作为开展涉农监督工作的落脚点。2019 年为配合常委会听取和审议国务院关于乡村产业发展情况的报告，组织开展专题调研并及时提交调研报告，栗战书委员长对报告给予充分肯定并批示：调研报告内容很详实，针对性也比较强，这些调研成果应当充分利用。2021 年就油料油脂供需和推动油茶产业高质量发展情况开展专题调研，其中推动油茶产业高质量发展增加油料油脂供给的调研报告，以常委会办公厅调研专刊形式呈报中央办公厅，习近平总书记圈阅了报告，栗战书委员长将报告批转胡春华副总理，胡春华副总理作出批示：请中央农办、林草局认真贯彻总书记、战书同志批示要求，按照常务会通过的方案，认真抓好落实，多措并举推动油茶产业发展。

主动创新工作方式切实增强涉农监督工作实

效。创新涉农监督工作方式,2018年开展农产品质量安全法执法检查,通过问卷调查方式充分反映人民群众呼声,这是涉农法律监督工作的首次探索;2019年开展渔业法执法检查,邀请法律专家对渔业法的立法目的、基本原则、主要制度进行解读;2020年开展农业机械化促进法执法检查,严格对照法律规定逐条检查,检查的法律条款占全部条文的77%;开展畜牧法、乡村振兴促进法执法检查,采取常规检查和随机抽查相结合的方式进行,深入了解法律贯彻实施情况。推动监督方式融合,开展农产品质量安全法检查、乡村振兴专题调研时,注重与加强农产品质量安全追溯体系建设、实施乡村振兴战略重点建议督办有机结合,邀请提出建议的代表参与,既充分发挥代表作用,又提高工作效率。注意开展持续跟踪监督,通过听取审议专项报告、开展专题调研和专题询问等方式,持续关注、连续监督脱贫攻坚问题,切实增强涉农监督实效。

四、议案、建议办理和重点建议督办工作

委员会始终把代表议案、建议办理和重点建议督办工作作为发展全过程人民民主、保证人民当家作主的具体实践,同履行好立法、监督职责相结合,推动加快立法、完善政策、改进工作、解决问题,取得较好成效。

五年来,第十三届全国人民代表大会主席团交付我委审议的代表议案共114件,涉及33个立法项目和2个执法检查项目。按照代表议案办理的有关法律规定和全国人大常委会代表议案办理工作要求,委员会加强代表议案办理工作的领导,就代表议案办理广泛征求中央和国务院有关部门及相关人大代表的意见,结合委员会立法和监督工作,加强与代表的沟通联系,认真做好代表议案办理工作,全部议案已办理完毕,并向常委会作出报告。其中,关于制定乡村振兴促进法、黑土地保护法、农村集体经济组织法,修改农村土地承包法、森林法、动物防疫法、畜牧法、种子法、农产品质量安全法的相关议案已通过或者提交全国人大常委会审议;制定粮食安全保障法、耕地保护法,修改渔业法等已列入立法工作计划。

十三届全国人大期间,我委共承办代表建议44件,其中主办20件、会办21件、参阅3件;交由我委督办的重点建议14项,涉及代表建议165件,所有建议均认真按期办结。廖晓军、李春生副主任委员等先后带队就推动乡村振兴战略有效实施、加强干盐湖盐碱荒漠化治理和推动干盐湖地区农牧业生态循环发展、加强对口支援青海、支持内蒙古河套地区盐碱化耕地改良、加快实施引江补汉输水线路沿线补水工程建设等重点建议,组织代表和有关部门开展督办调研,督促解决代表建议提出的问题,取得良好效果。

2019年督办巩固脱贫成果防止返贫重点建议,结合全国人大机关定点帮扶工作,推动解决全国人大定点帮扶地区的马铃薯产业化发展、现代农业产业园区申报等问题。督办加强对口支援青海和加大青海藏区基础设施建设重点建议,提出有针对性的调研报告,武维华副委员长批示:报告反映的问题和提出的建议对进一步推进青海藏区经济社会发展、生态文明建设工作有重要借鉴意义和参考价值,要统筹考虑保护与发展的问题、应加大对青海作为我国重要江河源头的生态和资源补偿力度。

五、对外交往工作

委员会按照全国人大常委会统一安排,加强与外国议会相关委员会和其他有关组织的交流。委员会先后组团出访德国、匈牙利、爱尔兰、捷克、乌兹别克斯坦,接待南非国家议会相关代表团来访。2020年以来,克服疫情影响,发挥组成人员在"三农"领域的理论、实践专长,积极开展线上对外交往,先后与泰国、哈萨克斯坦等国议会相关委员会,美国国会助手团、联合国粮农组织、美国参议员桑德斯、日本谷物检定协会等开展视频交流,积极宣介习近平新时代中国特色社会主义思想、建党百年伟大成就、党的十八大以来我国农业农村发展取得的巨大成就,交流、介绍我国全面打赢脱贫攻坚战、建成小康社会和实施乡村振兴战略的成效和经验,深化了与外国议会相关委员会、有关国际组织的合作交流,巩固了双边互信,取得良好效果。陈锡文主任委员主持与美国国会参议员桑德斯围绕扶贫减贫开展视频交流,效果很好,受到好评。

委员会组成人员还根据全国人大常委会外事工作安排,参加全国人大常委会代表团出访,参加外国议会代表团访华的会谈、会见和视频交流等外事活动。

五年来,结合立法、监督工作和调查研究,委员会共编印《人大农业与农村工作》180期、增刊2期,加强了委员会与有关部门和地方人大的沟通联系,促进了人大农业与农村工作交流。

2018 年,委员会组织召开全国人大农业农村工作座谈会,与各省(区、市)人大农委的同志交流工作体会和经验,吉炳轩、武维华副委员长出席会议。委员会组成人员还先后接待地方人大及农委负责同志前来沟通情况,交流工作。

几点工作经验和体会

一是要坚持围绕中心、服务大局,认真履职尽责。委员会坚持以习近平新时代中国特色社会主义思想为指导,持续加强思想理论武装,及时跟进学习习近平总书记最新重要讲话和重要指示批示精神,找准人大农委工作在党和国家全局工作中的位置,正确认识大局、自觉服从大局、坚决维护大局,在吃准摸透党的精神和理论路线方针政策的基础上,依法履职尽责,确保把党的主张通过法定程序转化为国家意志,成为人民的共同行动,推动党中央各项决策部署得到切实贯彻落实。牵头起草乡村振兴促进法草案,着力抓住“五大振兴”和城乡融合,将其分别作为一章写入法律,完善相关法律制度,从法律上保障党中央重大决策部署得到落实。2018 年牵头修改农村土地承包法,认真贯彻落实党中央对稳定和完善农村基本经营制度、深化农村集体土地制度改革的一系列方针政策,将承包地“三权分置”、稳定农村土地承包关系并长久不变、维护进城农民的土地承包权益等作为修法重点内容。2021 年为贯彻落实习近平总书记关于采取有效措施把黑土地这个“耕地中的大熊猫”保护好、利用好的重要指示精神,及时启动黑土地保护立法。为落实习近平总书记关于“创新是引领发展的第一动力,保护知识产权就是保护创新”和“实现种业科技自强自立、种源自主可控”等重要论述以及 2020 年中央经济工作会议和中央农村工作会议关于打好种业翻身仗的要求,将完善植物新品种权制度作为种子法的修改重点,扩大植物新品种权的保护范围及保护环节,建立实质性派生品种制度,完善侵权赔偿制度,着力用制度导向激发原始创新活力。

二是要坚持以人民为中心,践行全过程人民民主。委员会始终牢记习近平总书记“让人民幸福是‘国之大者’”的殷切嘱托,坚持发展为了人民、发展依靠人民、发展成果由人民共享,开展涉农立法工作,注重发挥人大代表反映社情民意、汇聚民心民智的重要作用,认真听取领衔提出议案、建议的全国人大代表的意见;组织召开座谈会、论证会,深入地方开展立法调研,都注意直接听取各级人大代表、基层干部和农民群众的意见建议。开展涉农监督工作,主动邀请相关全国人大代表参加执法检查、专题调研、重点建议督办等,并且认真听取、研究、吸纳代表对相关问题的意见和建议。积极推动涉农立法、监督工作都尽可能贴近农业农村实际,靠近农民群众,做到察民情、汇民智、解民忧,把全过程人民民主的重大理念落实到涉农立法、监督工作各方面、各环节。

三是要适应新形势新任务新要求,不断丰富和改进工作方法。委员会坚持涉农立法与监督工作有机结合,推动立法与监督工作相互促进。2018 年、2019 年先后开展农产品质量安全法、渔业法执法检查,针对法律贯彻实施中存在的突出问题,对健全完善相关法律制度提出建议,为修改法律提供了重要参考,推动农产品质量安全法和渔业法修改工作。2021 年把畜牧法修改与开展畜牧法执法检查、把种子法修改与开展种质资源保护和育种创新专题调研、把农产品质量安全法修改与开展加强县域农产品质量安全监管情况调研等工作密切结合,同频共振,同向发力。一方面着力将监督工作中发现的、有效解决事关广大农民切身利益突出问题的政策措施转化为法律规范,不断夯实立法的实践基础,提高立法的针对性和可操作性;另一方面督促有关部门全面有效贯彻实施法律,增强监督实效。同时,委员会适应立法工作新形势,主动丰富立法工作方式,采取“小切口、小快灵”方式,开展黑土地保护立法,不求内容多、条文多,着眼于解决黑土地保护面临的突出问题,为保护黑土地、保障国家粮食安全提供法律支撑。

第十三届全国人民代表大会社会建设委员会五年工作总结

(2022 年 12 月 31 日第十三届全国人民代表大会社会建设委员会审议通过)

2018 年 3 月全国人大社会建设委员会组建设立,是近 20 年全国人大唯一增设的专门委员会。5 年来,社会委坚持以习近平新时代中国特色社会主义思想为指导,立足党和国家工作大局,紧扣宪法和法律，锚定职责定位，充分发挥人大专委会的政治优势、制度优势、人才优势，大力发扬首创精神、奋斗精神、学习精神，统筹把握社会建设规律和人大工作规律，富有特色和创造性地开展工作，形成了人民至上的工作理念、问题导向的工作思路、系统观念的工作方法、务实高效的工作作风、上下联动的工作格局，实现了理论上和实践上的双成果，尽职尽责地完成了首届全国人大社会委的使命任务，为在全面建设社会主义现代化国家新征程上强化社会领域法治建设奠定了坚实基础。

过去五年的工作情况

过去的2022年，社会委围绕健全国家治理急需、满足人民美好生活需要必备的法律制度，围绕促进法律全面正确有效实施，牵头制定《无障碍环境建设法》、修订《慈善法》，推动《体育法》《妇女权益保障法》审议通过；开展积极应对人口老龄化、促进就业等5项监督工作；办理63件议案和24件建议；组织召开第二次全国人大社会建设工作座谈会；继续开展《劳动法典》编纂等研究工作。这些成果，既有对前4年工作的拓展、总结和收官，也有对下一阶段工作的准备、启动和铺垫。

过去五年，社会委高点起步、高效运转、高质量履职尽责，实现了社会领域法治建设的重点突破和整体完善。共牵头起草8部法律（5个表决通过、3个草案提请审议），是十三届全国人大常委会立法规划中社会委负责项目的2.7倍，联系推进12项立法（7个表决通过，5个草案基本成熟），对国务院和地方人大报送的近500件行政法规和地方性法规开展备案审查；覆盖执法检查、专项报告、专题调研等3种法定形式，组织实施12项监督工作；办理246件议案、118件建议、9项重点督办建议；开展20多个领域的专题研究，形成了系统化的工作成果。

一、深入学习贯彻习近平新时代中国特色社会主义思想

坚持理论引领，把学习贯彻习近平新时代中国特色社会主义思想作为贯穿社会委工作的首要政治任务，以理论清醒保证政治坚定，深刻领悟“两个确立”的决定性意义，不断增强“四个意识”，坚定“四个自信”，做到“两个维护”。

突出重大会议。围绕党的二十大、党的十九大和十九届中央历次全会、中央人大工作会议、中央全面依法治国工作会议以及历年“两会”精神，社会委分党组累计召开30多次专题会议，带头进行集中学习、交流研讨，落实习近平总书记的重要讲话和中央精神，研究部署社会委的跟进工作，建立任务分解清单，把总书记的重要思想、指示要求和中央精神落到实处。

注重学深悟透。深刻理解习近平新时代中国特色社会主义思想是马克思主义中国化时代化新的飞跃，开辟了马克思主义中国化时代化新境界。深入学习和掌握这一科学理论的世界观和方法论，坚持和运用贯穿其中的立场观点方法指导实践，做到知其言更知其义、知其然更知其所以然。社会委组成人员受邀在《人民日报》《光明日报》《经济日报》《学习时报》《中国行政管理》等媒体和学术平台，刊发近百篇署名文章，深刻领会党的创新理论蕴含的道理学理哲理，大力宣传习近平新时代中国特色社会主义思想的历史地位、科学内涵和精神实质。

紧密结合实际。重点学习贯彻习近平法治思想、习近平总书记关于坚持和完善人民代表大会制度的重要思想、关于社会建设的重要论述。3次编辑和修订《习近平总书记关于社会建设重要论述摘编》，涵盖8个领域、31个方面的讲话和指示精神。社会委累计30多项立法和监督工作，统一围绕习近平总书记的相关重要论述开展专题学习，精准把握其科学内涵和精髓要义，确保贯彻到工作各方面、全过程。

二、保护特殊群体合法权益，推动社会文明进步

未成年人、妇女、残疾人和老年人是最受社会关注的群体。社会委一成立便最先从这个领域着手，推动制定和修改了7部法律，组织实施了4项监督工作，有力促进社会公平正义，促进人的全面发展。

修改《未成年人保护法》。牵头起草修订草案，新增网络保护、政府保护专章，条文从72条增至132条，增加83%。围绕影响未成年人健康成长的突出问题，强调国家兜底监护责任、建立留守儿童照护制度、筑牢网络安全“防火墙”、建立校园欺凌防控制度、增设发现未成年人权益受侵害强制报告制度、确立密切接触未成年人行业从业查询及禁止

制度。2019 年 10 月提请常委会初次审议，2020 年 10 月常委会第 22 次会议表决通过，为保护未成年人合法权益提供了综合性、基础性法律依据。

修改《预防未成年人犯罪法》。与修订《未成年人保护法》一并考虑、同步推进，明确了分级预防原则，重点规范对不良行为的干预、对严重不良行为的矫治。与刑法修正案（十一）相衔接，改革收容教养制度，完善专门教育制度，最大限度防止未成年人违法犯罪或者重新犯罪。2019 年 10 月提请常委会初次审议。2020 年 12 月常委会第 24 次会议表决通过。

制定《家庭教育促进法》。落实习近平总书记关于注重家庭家教家风的重要指示精神，在张春贤、沈跃跃副委员长指导下牵头起草法律草案，把家事上升为国事。从家庭责任、国家支持、社会协同、法律责任等方面作出系统规范。2021 年，常委会一年内 3 次审议，10 月第 31 次会议表决通过。栗战书委员长亲自出席《家庭教育促进法》实施座谈会，强调这是一部调动全社会力量共同做好家庭教育工作的法律。

以上 3 部法律相互配合、相互支撑，从保护、预防和教育等 3 个层面，从家庭、学校、社会、政府、司法和网络等多个维度，与现行法共同全方位、全链条保障未成年人健康成长。

修改《妇女权益保障法》。落实习近平总书记关于"要把保障妇女权益系统纳入法律法规"的指示要求，牵头起草修订草案。明确歧视妇女含义，重点防止就业性别歧视、保障女性劳动权和生育权、突出对妇女人身和人格权益的保护、保障农村妇女土地权益、建立拐卖妇女等侵权行为强制报告制度。2021 年 12 月提请常委会初次审议，之后两次公开征求意见，分别收到 40 多万条和 30 多万条意见（数量接近民法典），是近年来最受社会关注的法律草案之一。2022 年 10 月常委会第 37 次会议表决通过，为落实党的二十大"坚持男女平等基本国策，保障妇女儿童合法权益"的战略部署提供法律支撑。

制定《无障碍环境建设法》。牵头起草法律草案，共 7 章 72 条，坚持面向全体社会成员、突出重点人群，政府主导、共建共享，立足实际、适度前瞻，系统思维、统筹推进的总体思路，明确规范无障碍设施建设、无障碍信息交流、无障碍社会服务、监督保障、法律责任等，大幅度丰富和发展了现有法规政策的受益人群、制度机制、服务范围。2022 年 10 月，提请常委会第 37 次会议审议。

积极应对人口老龄化。围绕实施积极应对人口老龄化国家战略，连续开展 6 项工作。**一是**配合常委会打包修改《老年人权益保障法》；**二是**研究制定《养老服务法》，形成专家建议稿；**三是**开展关于养老机构"放管服"工作的专题调研；**四是**开展关于推动老龄事业高质量发展的专题调研；**五是**配合常委会听取审议国务院关于加强和推进老龄工作进展情况的报告；**六是**联合预算工委开展养老保险资金预算的专项审查。通过这 6 项工作，全面掌握我国人口老龄化的基本情况、发展趋势和主要问题，提出健全法律和改进工作的意见建议。按照栗战书委员长指示，社会委起草综合报告，以常委会党组名义报送中共中央，供决策参考。

我国有近 3 亿未成年人、6.9 亿女性、8500 万残疾人、2.67 亿老年人。这些立法和监督工作覆盖了近 10 亿人口，极大范围、极大程度保障了特殊群体合法权益，回应了社会关心关切，引发社会各界热烈反响。

三、增进民生福祉，健全社会保障和公共服务体系

社会委聚焦人民群众日益增长的美好生活需要，推动制定和修改 6 部法律，组织实施 5 项监督工作，着力解决人民群众急难愁盼问题，不断提高人民生活品质。

修改《体育法》。这是法律实施 27 年来第一次全面修订。社会委负责牵头起草修订草案，由 8 章 54 条增至 12 章 122 条，增长 126%，对全民健身、青少年和学校体育、竞技体育、反兴奋剂、体育组织、体育产业、保障条件、体育仲裁、监督管理等进行规范。2021 年 10 月，提请常委会初次审议，2022 年 6 月，常委会第 35 次会议表决通过，建立了更加完善的体育法治框架和法律制度，促进体育强国和健康中国建设。

发展慈善事业。**一是**组织实施《慈善法》执法检查。王晨、张春贤和白玛赤林副委员长担任组长，何毅亭主任委员任副组长。坚持普遍调查和重点检查相统一、专业评估和数据分析相结合，提出 5 个方面 16 个主要问题，以及推动法律普及宣传、法律制度落到实处、法律法规修改完善等 3 个方面 20 多条建议。**二是**牵头修改《慈善法》。结合执法检查中发现的问题，成立修法工作专班，多次召开有关部门和专家学者研讨会，广泛征求意见，形成修订草案。草案贯彻党的二十大精神，以"充分发挥慈善在第三次分配中的作用，推动共同富裕"为指

导思想，优化慈善促进措施和监管机制，新增应急慈善专章，充实慈善信托制度和网络慈善制度，“引导、支持有意愿有能力的企业、社会组织和个人积极参与公益慈善事业”。2022 年 12 月提请常委会第 38 次会议审议。

健全社会保障。**一是**配合常委会打包修改《社会保险法》，确保“基本医疗保险基金和生育保险基金合并实施”改革于法有据。**二是**联系审议《退役军人保障法》，对退役安置、就业创业、优待抚恤等重点问题提出意见。**三是**推进《社会救助法》《医疗保障法》的制定研究工作，法律草案基本成熟。**四是**配合常委会听取审议关于推进社会救助工作情况的报告，助力打赢脱贫攻坚战。**五是**专题调研社会保险制度改革和《社会保险法》实施情况，对参保范围、待遇水平、筹资缴费、风险应对、法治建设等 5 个方面提出建议。**六是**联合财经委开展财政社会保障资金分配和使用情况的专题调研。通过统筹开展 6 项工作，全面掌握我国社会保障体系建设取得的历史成就，系统分析存在的主要问题，以及改进的方向和举措，并起草形成专题报告，以常委会办公厅名义报送党中央，供决策参考。

促进高质量充分就业。**一是**组织实施《就业促进法》执法检查。张春贤、吉炳轩和艾力更·依明巴海副委员长担任组长，何毅亭主任委员任副组长，11 位常委会委员和社会委委员、12 位全国人大代表参加。通过开展前期调研和补充调研、抽查暗访和问卷调查、广泛检查和样本分析，提出了 3 个类别、10 个方面的突出问题和 5 条实施法律的具体要求，推动国务院研究部署使用 1000 亿元失业保险基金结余实施技能提升行动、“适应灵活就业健全相关社会保障”等措施。**二是**配合常委会听取审议国务院关于就业工作情况的报告。围绕“实施就业优先战略，强化就业优先政策”，开展实地调研和委托调研，向常委会提交调研报告，对重点群体就业支持、统筹城乡就业、健全劳动法律法规等提出意见建议。**三是**与全国总工会开展《工会法》实施情况联合调研，推动有关部门依法维护职工权益，构建和谐劳动关系。通过跟踪监督、持续监督，为落实劳动就业法律，实现“稳就业”“保就业”发挥了富有针对性和实效性的推动作用。

四、统筹发展和安全，坚决维护国家安全和社会稳定

社会委贯彻总体国家安全观，推动制定和修改 5 部法律，组织实施 2 项监督工作，努力建设更高水平的平安中国。

修改《突发事件应对法》。新冠肺炎疫情暴发后，党中央高度重视依法防控、依法治理，明确把修改《突发事件应对法》列入中央政治局常委会工作要点。张春贤副委员长牵头成立修法专班，社会委成立协调联系组，研究重大问题和主要制度规范，指导 15 个成员单位共同推进修法。修订草案由现行法的 70 条增加到 104 条，增添 49%；修改 55 条，占现行法的 79%，重点理顺领导和管理体制，畅通信息报送和发布渠道，加强突发事件应对管理能力建设，充分发挥社会力量作用，保障社会各主体合法权益。2021 年 12 月，提请常委会第 32 次会议审议。这次专班修法，发挥人大主导作用，集中各方优势力量，把分歧化解在起草阶段，为创新立法形式、提高立法质量积累了重要经验。

联系审议《安全生产法》。督促应急管理部完善修正草案，进一步明确安全生产工作的原则要求，强化和落实生产经营单位的主体责任，明确地方政府和有关部门的监督管理职责，加大对生产经营单位及其负责人安全生产违法行为的处罚力度。2021 年 6 月，常委会第 29 次会议表决通过。

联系审议《消防救援衔条例》。适应消防救援队伍改革，明确消防救援衔的设置、编制、授予、晋级、保留、降级和取消等，促进国家综合性消防救援队伍正规化、专业化、职业化，2018 年 10 月，常委会第 6 次会议表决通过。

强化基层治理。立足完善基层群众自治制度，统筹城乡社区治理，修改《村民委员会组织法》《城市居民委员会组织法》。根据党中央全面深化改革的部署，先行完成小幅修正。连续 2 年召开基层治理和“两委”组织法修法研讨会，联合有关部门开展调研座谈，推动全面修订，已经形成成熟草案。

组织实施《消防法》执法检查。王晨、张春贤、王东明和白玛赤林副委员长担任组长，何毅亭主任委员任副组长。同步开展实地检查、地方自查、问卷调查和抽查暗访，对检查发现的消防安全隐患开列问题清单，督促相关单位边查边改、立查立改。明确法律实施存在的 2 类、4 个方面、12 条问题，并提出抓紧全面整改、抓好跟踪监管、完善法规制度体系、制定国家综合性消防救援队伍和人员法、适时修改消防法等 10 条意见，推动以更高标准更严要求实施消防法律法规，保障人民安全、公共安全。

组织实施《防震减灾法》执法检查。张春贤、艾力更·依明巴海和蔡达峰副委员长担任组长。社

会委联合教科文卫委检查法律实施情况，紧扣法律规定，敢于动真碰硬，系统分析法律实施存在的主要问题，提出有针对性、可操作的意见建议，推动有关部门和地方落实法律责任，切实改进工作，最大限度保护人民生命和财产安全。

通过5年工作，对公共卫生、自然灾害防治、安全生产、消防安全等4个重点领域实现全覆盖，有效夯实了基层基础，努力为经济社会高质量发展创造稳定和安全环境。

五、发扬全过程人民民主，提升代表工作水平

尊重代表主体地位，充分发挥代表作用，把议案建议办理同立法和监督工作相结合，同解决人民群众急难愁盼问题相结合，推动完善相关法律制度，推动“一府两院”加强和改进工作，更好实现人民意志。

代表议案。5年来，社会委共办理代表议案246件，探索建立“以联系代表为主线，抓好前中后三阶段”的方法。办理前：认真核验、接收、梳理代表议案，加强与代表沟通，准确把握代表意图。办理中：与立法监督项目有机结合，邀请代表特别是常委会领导同志、常委会委员直接联系的代表及议案领衔代表参与调研座谈，积极吸收代表和有关方面提出的意见建议。办理后：向议案领衔代表做好反馈说明工作，形成议案审议结果报告。全部议案涉及50多个立法和监督项目，主要分为3类：**一是**已经列入常委会立法和监督工作计划的；**二是**有立法必要且条件比较成熟的；**三是**仍需调研论证的。目前，已有117项议案开展了专门立法或在法律修改中予以体现，24项议案开展了监督工作，105项议案进行了研究论证，为后续立法奠定基础。

代表建议。5年来，社会委共办理代表建议118件，含独办2件、主(分)办49件，协办51件，参阅16件；办理重点督办建议9项、111件。制定《代表建议办理及重点建议督办工作方案》，全面加强办理工作的指导、协调、督促。在建议办理中，明确办理时限、办理责任、办理程序，不断提高办理质量和效率。在重点督办中，明确目标要求、方式方法、工作进度、责任单位，多次召开专题会议，落实督办责任，推动有关部门认真反馈和改进工作。全部建议均及时办理完毕，得到代表和相关单位的充分肯定。

政协提案。5年来，社会委共办理政协提案30件，涉及生育保障、劳动权益、青年发展、男女平等、应急管理等10多个领域。社会委坚持认真研究、及时答复，已围绕20件提案开展相关立法修法，2件提案开展监督工作，8件提案进行了调研。

通过办理代表议案建议和政协提案，发扬全过程人民民主，切实解决民生问题，做到民有所呼，我有所应。

六、深入开展调查研究，实现理论和实践双成果

调查研究是专门委员会的法定职责之一。社会委坚持理论和实践双成果的目标，大力开展基础性、综合性、前瞻性研究，撰写340多期简报，编订4卷《社会领域法治建设理论与实践资料汇编》，理论研究取得显著成效。

社会保障。起草两个重要报告：**一是**社会委组成人员起草《关于完善社会保障体系亟待强化系统思维与精准施策的报告》；**二是**社会委负责起草《关于加快推进社会保障立法的报告》。这两个报告全面总结我国社会保障立法基本情况，提出完善社会保障法律体系的总体考虑。明确从国情民情和实际需要出发，有序提高社会保障水平，确保适度、可持续；形成打包修改、专项立法、整体完善等3个层次的工作安排。习近平总书记先后对两个报告作出重要批示，栗战书委员长和张春贤副委员长等6位党和国家领导同志也相继作出重要批示，为完善社会保障法律体系确定了方向。

劳动法典。社会委联合中央党校(国家行政学院)、全国总工会、中国社会科学院、中国社会保障学会、浙江省人大社会委、对外经济贸易大学以及平台用工企业，研究起草29篇、共36万字的《完善劳动法律制度体系和编纂〈劳动法典〉研究报告汇编》。在此基础上，起草形成《关于探索启动〈劳动法典〉编纂工作的报告》《关于编纂〈劳动法典〉的预可行性研究报告》，明确编纂《劳动法典》具备基础条件，总结劳动领域法律法规存在的问题，提出编纂工作的总体计划和法典的指导思想、基本原则、编章结构、主要内容等。栗战书委员长和张春贤副委员长对这3套材料作出重要批示，给予高度评价，为正式编纂《劳动法典》奠定了坚实基础。

基础研究。**一是**联合中共中央党校(国家行政学院)，围绕社会建设的含义和内容、我国社会建设的探索与经验、当前面临的突出问题和应对思路、发达国家社会领域法治状况，以及社会学的主要流

派和重要观点进行研究,形成11篇近10万字的“社会建设理论与法治课题研究”报告。**二是**联合中国社会保障学会,围绕社会法的现状、与其他部门法的关系、社会法的内部结构和相互关系、国外社会法的概况和启示等,形成11篇近7万字的“社会法系列研究”报告。通过2个系列的基础研究,对社会建设和社会法的基本概念、基本情况、主要问题和主要任务有了全面系统的掌握。

此外,围绕社会领域突出问题,对社会保险、社会救助、突发事件应对、体育事业、医疗保障等近20个大的方面,进行实地考察、座谈研讨、田野调查、蹲点调研、视频调研、书面交流等多种形式的研究,发挥了重要理论支撑作用。

七、加强纵向横向交流联系,增强社会建设整体实效

社会委密切联系31个省区市人大社会委,与近20个相关部门、30多个科研院所、上百个社会组织等紧密合作,形成了推进社会建设的强大合力。

第一次全国系统会议。2019年4月,面对各地人大社会委刚刚成立,工作职责、工作重点和工作方法尚不清晰的情况,组织召开全国人大社会建设工作座谈会。集中学习习近平总书记关于社会建设的重要论述,共同研究社会领域法治建设存在的实际问题,交流机构组建、人员选配和工作起步中遇到的现实困惑,明确了社会委工作的价值导向、职能定位、使命任务、重点领域和方式方法,形成了协调联动、畅通联系,协同做好人大社会建设工作的共识。

第二次全国系统会议。2022年6月,为深入贯彻中央人大工作会议精神,组织召开全国人大社会建设工作座谈会。系统学习习近平总书记关于坚持和完善人民代表大会制度的重要思想和关于社会建设的重要论述,全面总结社会委成立以来的工作进展和成效,交流分享履职经验和体会,集体研究人大社会建设面临的形势任务和发展趋势,形成了对社会委工作的指导思想、工作方向和重点任务更深刻、更精准、更系统的认识。

这两次会议,张春贤副委员长出席并讲话,何毅亭主任委员主持并讲话,全国人大社会委组成人员、31个省区市人大常委会和社会委的有关负责同志以及工作人员参会并发言,切实达到了学习会、交流会、培训会的效果,有针对性地解决了各级人大的社会委所遇到的普遍问题。

密切联系地方。与31个省区市人大社会委,建立了以“业务合作、调研座谈、培训授课、信息沟通”等4种方式为主的联系机制。**一是**业务合作。及时沟通立法和监督工作计划,在项目安排和推进上有效配合、互相支持。**二是**调研座谈。深入基层、深入一线,听取地方意见,实现31个省区市全覆盖。**三是**培训授课。全国人大社会委组成人员为20多个地方培训班授课,协助辽宁、内蒙古人大社会委在北京举办培训班,有效夯实业务基础。**四是**信息沟通。利用文件、简报、电话、网络等多种途径,做好人大社会委交流的纽带,印发30多期地方情况简报,推动互相学习借鉴,形成全国人大社会委示范带动,各级人大社会委优势互补、协同工作的强大合力。

拓宽联系广度。张春贤副委员长和何毅亭主任委员及部分组成人员,到最高人民法院、民政部、国家医保局、人力资源社会保障部等有关部门走访座谈,结合立法和监督工作开展近40次联合调研。联系中国社会科学院、国务院发展研究中心、中国社会保障学会、北京大学、清华大学等20多家科研院所,共同开展法律研究。联系阿里巴巴、腾讯、百度、字节跳动、美团、新浪等10余家企业,围绕未成年人网络保护、新零工经济从业人员权益保障等,对与市场主体密切相关的社会问题进行探讨交流。联系中华慈善总会、中国红十字会等社会组织,研究慈善事业和社会治理立法问题。通过广泛联系、协同联动,有效扩大了社会领域法治建设的影响力、凝聚力。

八、服务党和国家外交大局,积极开展对外交往

社会委严格按照党中央要求和常委会安排开展外事活动,增进中外友好关系,增强立法机构交流合作,积极宣介中国道路和中国制度。

组织外事出访。何毅亭主任委员率团对波兰、北马其顿进行友好访问。完成了赴白俄罗斯、吉尔吉斯斯坦两国的组团出访。出访团组同各国议会的社会救助、安全生产、未成年人保护等部门座谈,实地考察退伍军人和劳工福利中心、儿童康复中心、中小学校和双方合作项目等,加强双边友好关系和工作交流。社会委组成人员陪同常委会领导同志出访3次;办事机构工作人员随团出访,重点了解国外社会建设基本情况和经验做法,为我方开展立法和监督工作提供借鉴。

接待外事来访。作为中俄两国高层密切交往的延伸，社会委落实栗战书委员长与俄联邦委员会主席达成的重要共识，精心筹备“俄罗斯联邦委员会社会政策委员会代表团”来访接待工作。张春贤副委员长会见代表团，双方就社会保险、青年政策、体育等议题进行深入探讨，达成了加强沟通、深化合作共识。何毅亭主任委员陪同栗战书委员长在人民大会堂会见老挝总理通伦，社会委组成人员陪同会见外国团组来访 9 次，参加联合国人权理事会访华会谈，积极宣传我国社会建设和法治建设的历史性成就。

灵活开展外事活动。组织召开全国人大中国—新西兰友好小组与新西兰议会北中亚友好小组视频会议。何毅亭主任委员参加第六届金砖国家议会论坛视频会议。社会委组成人员参加全国人大中国欧洲议会关系小组与欧洲议会欧中友好小组视频会议、第五次世界议长大会视频会议、中国白俄罗斯立法机构友好小组视频会议、第 7 届 20 国集团议长会议、中墨议会对话论坛第五次会议等；参加常委会领导同志以视频方式与委内瑞拉全国代表大会主席、阿根廷众议长、爱尔兰众议长、秘鲁国会主席、摩尔多瓦议长、多哥国民议会副议长等多场外事会晤。何毅亭主任委员以全国人大中国—阿根廷友好小组、中国—乌拉圭友好小组、中国—新西兰友好小组组长身份，向国外议会及其负责人致贺信。

配合有关部门访问。结合实际工作，配合对口部门出国出境访问。围绕“青少年权益保护专业能力建设”“青少年发展权益法律政策”主题，受团中央邀请，赴香港、台湾开展交流培训。围绕《体育法》修改，受国家体育总局邀请，赴希腊参加“第 24 届世界体育法大会”。围绕制定《医疗保障法》，受国家医疗保障局邀请，赴德国、瑞士访问。学习各国经验，拓宽视野、开拓思路，推动立法修法工作。

九、以政治建设为统领，夯实委员会自身建设

社会委作为新设立的专门委员会，坚持把抓好自身建设作为重要任务，以政治建设为统领，统筹推进思想建设、组织建设、作风建设、纪律建设和制度建设。

政治建设摆在首位。强化政治机关意识，提高政治站位，坚定政治立场，走好践行“两个维护”第一方阵。认真贯彻《分党组工作规则》，充分发挥分党组“把方向、管大局、保落实”的重要作用，不断提高政治判断力、政治领悟力、政治执行力，从政治高度谋划和推进社会委工作。

学习教育落到实处。认真开展“不忘初心、牢记使命”主题教育和党史学习教育。深刻领悟习近平总书记有关重要论述，深刻感悟党百年奋斗的光辉历程。突出集中学习和个人自学相结合、实地教育和网络学习相结合、分党组和党支部相结合，把这两次教育融入日常、融入工作，实现主题教育和学习教育常态化、机制化、长效化。

制度建设贯穿始终。制定《社会建设委员会议事规则》，为组成人员科学依法依规议事提供依据。制定《社会委加强保密工作相关规定》《社会委文件管理及传阅办法》《社会委档案管理使用规定》《社会委关于群众来信办理工作规程》等规章制度。从成立第一年即在专门委员会首创编纂《第十三届全国人民代表大会社会建设委员会年鉴》，形成了完整的档案资料和工作依据。

自我革命坚定不移。坚持自我净化、自我完善、自我革新、自我提高，保证干部队伍清正廉洁。严格执行中央八项规定及其实施细则精神，坚决反对“四风”，严防形式主义、官僚主义新表现。及时召开民主生活会，开展批评与自我批评。大兴干事创业之风，坚持快节奏、高标准、严要求，严谨细致、雷厉风行，不断激发党员干部的积极性、主动性和创造性。

机关建设提质增效。建强机关党支部和办事机构，认真开展机关内部巡视、基层党组织建设质量提升 3 年行动、学查改评专项工作、“灯下黑”问题专项整治。落实“三会一课”制度，探索形成“五个融合”支部工作法和“四围绕、四提升”党小组工作法。做实代表、保密、信息、档案、信访等日常工作，分别在机关内部进行经验交流和宣传推广。把关心关怀干部和培养锻炼干部结合起来，统筹推进工会和青年工作。通过交流、遴选等方式，办事机构工作人员由来自 8 个部门的 18 人增加到 25 人（退休和交流 8 人、新进 13 人），40 岁以下青年干部由 4 人增加到 8 人，干部队伍素质不断增强，结构不断优化，为服务常委会和社会委履职提供了有效保障。

过去五年，社会委在新时代法治建设实践中取得丰硕成果，积累了宝贵经验。同时，也面临许多挑战，存在一些不足。**一是**社会委职责广泛，涉及 40 多部法律、近 20 个部门，5 年来围绕主要领域和骨干法律开展了大量工作，但是个别细分和新兴领

域还没有深入。**二是**社会问题纷繁复杂，包括很多重大民生课题，例如编纂劳动法典、完善社会治理和基层治理体系等。首届社会委开了头，仍需长期持续研究。**三是**新征程任务艰巨，对照党的二十大关于全面建设社会主义现代化国家的宏伟目标和战略部署，社会委在改善民生、保障安全、维护稳定等方面，有一系列重要法律亟待制定和修改，需要进一步加快工作节奏、提升工作效果。

五年履职经验和体会

过去五年，极不寻常、极不平凡。我们党和国家实现第一个百年奋斗目标，全面建成小康社会，开启全面建设社会主义现代化国家新征程。在新时代的恢弘背景中，在"两个一百年"奋斗目标的历史交汇期，社会委全力推进人大社会建设事业，形成了一些经验、思考和体会。

（一）坚持以习近平新时代中国特色社会主义思想为指导，坚持和加强党的全面领导，是发展人大社会建设事业的根本保证。党的十八大以来这10年，党和国家事业取得历史性成就、发生历史性变革，在党史、新中国史、改革开放史、社会主义发展史、中华民族发展史上具有里程碑意义。其根本原因就在于有习近平总书记掌舵领航，有习近平新时代中国特色社会主义思想科学指引。做好社会委的工作，最根本最重要的就是要深刻领悟"两个确立"的决定性意义，坚决做到"两个维护"。

（二）坚持以人民为中心的发展思想，坚持全过程人民民主，是发展人大社会建设事业的基本原则。新时代我国社会主要矛盾已经转化为人民日益增长的美好生活需要和不平衡不充分的发展之间的矛盾。我们统筹推进社会建设，根本目的就是解决发展不平衡不充分问题，保障和改善民生，不断满足人民日益增长的美好生活需要。社会委的职责都是涉及人民最关心最直接最现实的利益问题，必须坚持人民至上，密切联系人大代表和人民群众，倾听人民呼声和各界群众意见，力求实现"最大公约数"，在平衡社会利益、调节社会关系、规范社会行为的立法和监督工作实践中体现民意、惠及民生，把人民当家作主具体地、现实地体现到实现人民对美好生活向往的工作上来。

（三）坚持全面依法治国，坚持建设中国特色社会主义法治体系，是发展人大社会建设事业的主要方式。法治是治国理政的基本方式。党和国家机构改革方案明确规定，社会委的主要职责是研究、拟订、审议劳动就业、社会保障、民政事务、群团组织、安全生产等方面的有关议案、法律草案，开展有关调查研究，开展有关执法检查等。概括地讲，就是以立法、监督等法治方式进行社会建设。社会委履职尽责，首先要深入贯彻习近平法治思想，按照人大专委会职能定位，履行法定职责，促进良法善治，推进社会领域法律制度的健全完善和全面实施，为推进法治国家、法治政府、法治社会一体建设，推进国家治理体系和治理能力现代化作出应有的贡献。

（四）坚持服务党和国家工作大局，坚持系统观念，是发展人大社会建设事业的基础方法。社会建设是"五位一体"的重要组成部分。社会委是唯一与"五位一体"直接对应的人大专门委员会。这就必须坚持从党和国家事业全局出发，前瞻性思考、整体性谋划、系统性推进社会委工作。体现在工作部署上，主要是每年有所侧重、前后衔接连续、一届形成体系，把重要的、紧迫的、经过努力可以办成的事情作为突破口，以点带面、举一反三，务实有效地推进社会建设。体现在工作效果上，主要是从全局出发，以宏观视野和战略思维发现问题、解决问题，坚持立法、监督、代表、外事等相结合，通过多形式、持续化的工作促进诸法协调和有效实施，切实增强社会领域法律制度的系统性、整体性、协同性。

常委会重要活动

一、认真学习贯彻党的二十大精神深入学习贯彻习近平总书记关于坚持和完善人民代表大会制度的重要思想交流会

认真学习贯彻党的二十大精神强化思想引领、把牢正确方向推动新时代人大制度和人大工作完善发展

（2022年12月26日）

栗战书

同志们：

经党中央批准，今天我们召开深入学习贯彻习近平总书记关于坚持和完善人民代表大会制度的重要思想交流会。这是本届全国人大常委会连续第5年召开专一题目的学习交流会，目的是认真学习贯彻党的二十大精神，在总结人大制度建设和人大工作成就经验的基础上，持续深化对学习贯彻习近平总书记关于坚持和完善人民代表大会制度的重要思想的认识体会，推动党的二十大精神和中央人大工作会议部署要求贯彻落实，推动新时代人大制度和人大工作完善发展。可以说，这既是一次学习会，也是一次总结会、工作推进会。

学习宣传贯彻党的二十大精神，是当前全党全国的一项重要政治任务。这段时间，各级人大都开展了形式多样的学习宣传贯彻活动，认识、思考和实践都在不断深化。人大的同志学习贯彻党的二十大精神，紧紧抓住了以下关键：**一是**新时代十年伟大变革的里程碑意义。十年历史性成就、历史性变革，包括了人大制度建设和人大工作取得的成就。各级人大履职尽责，为党和国家事业发展作出了重要贡献，要在总结成就经验的基础上再接再厉、继续奋斗。**二是**“两个确立”的决定性意义。“两个确立”是新时代取得的重大政治成果，是引领党和国家事业从胜利走向新的胜利的根本政治保证。各级人大要深刻领悟“两个确立”的决定性意义，牢记“国之大者”，更加自觉地在思想上政治上行动上同以习近平同志为核心的党中央保持高度一致。**三是**马克思主义中国化时代化的新飞跃新境界。习近平新时代中国特色社会主义思想，是“两个结合”的光辉典范，是当代中国马克思主义、二十一世纪马克思主义，是全党全国人民团结奋斗的共同思想基础。各级人大要坚持不懈用这一创新理论武装头脑、指导实践、推动工作，运用贯穿其中的立场观点方法分析、回答、解决时代和实践提出的重大问题。**四是**新时代新征程的使命任务。各级人大要增强责任感使命感，自觉把人大工作放在党和国家工作大局中来谋划和考虑，找准在推进“五位一体”总体布局、“四个全面”战略布局和中国式现代化进程中的定位和着力点，发挥好人大职能作用。**五是**党的二十大对人大工作的部署要求。对照党的二十大提出的目标任务，结合人大职责，研究提出贯彻落实的具体措施，扎实有效落到实处。

下面，我围绕这次交流会的主题，结合本届全国人大及其常委会五年工作，对学习贯彻党的二十大精神，做好新时代人大工作，谈几点认识和体会，同大家交流。

一、坚持党的全面领导是最高政治原则，必须把党的领导全面地贯彻落实到人大工作各方面全过程

人民代表大会制度是坚持党的领导、人民当家作主、依法治国有机统一的根本政治制度安排。其中，党的领导是根本保证，党的领导坚持得越好，人民当家作主就实现得越充分，依法治国就发展得越顺利，人民代表大会制度的优越性就越能得到彰显。本届人大工作最大的体会、最鲜明的特点，就是坚定坚持党的全面领导特别是党中央集中统一领导。2018 年，十三届全国人大一次会议通过宪法修正案，将“中国共产党领导是中国特色社会主义最本质的特征”写入宪法总纲，全国人大常委会制定修改的多部法律，都在总则部分规定了坚持党的领导。人大立法、监督等各项工作，都坚持在党的领导下进行，都坚决贯彻党的大政方针和决策部署。大家都说，这几年，全国人大最大的变化是党的领导加强了，跟以习近平同志为核心的党中央更近更紧了。

人大坚持党的全面领导，就是人大一切工作都要听党中央的，服务党中央工作大局，坚决贯彻落实党中央决策部署。**一是**，树牢“四个意识”、做到“两个维护”，始终保持对党的忠诚、对党中央的忠诚、对党的核心的忠诚，经常同党中央、总书记的思想理论、工作部署对标对表，确保党中央集中统一领导贯彻体现到人大工作各方面全过程。**二是**，不折不扣贯彻落实总书记对人大工作的重要指示批示和党中央关于人大工作的决策部署，这些都是党中央直接交给人大的任务。比如，按照党中央部署安排，常委会采取“决定 + 立法”、“决定 + 修法”等形式，完成一系列涉港重大立法任务，维护香港特别行政区宪制秩序、法治秩序。建立健全贯彻落实总书记重要指示批示的工作机制，拉单列条，设立台账，一项一项抓好落实。2018 年以来，总书记作出的关于人大工作的重要指示批示有 171 件，已落实 166 件。**三是**，人大主动担当作为，紧紧围绕党中央关于改革发展稳定的重大决策部署，依法履职尽责、积极主动开展工作，保证党的路线方针政策和决策部署在国家工作中得到全面贯彻和有效执行。本届全国人大常委会先后制定修改生态环保法律 19 件次，连续 5 年检查生态环保领域 11 件法律和 1 个决定的实施情况，听取审议 13 个相关工作报告，开展 5 次专题询问、2 次专题调研，为打好污染防治攻坚战作出了人大的贡献。这样的工作还有很多，真正做到了党和国家工作重心在哪里，人大工作就跟进到哪里，职能作用就发挥到哪里。**四是**，严格执行请示报告制度。本届全国人大常委会党组向党中央请示报告 302 件次，还通过常委会办公厅向中央办公厅、中央改革办等部门请示报告 117 件次，保证一切重要工作、重大事项都在党中央领导下进行。**五是**，全覆盖、全过程、全方位坚持党的领导，既体现在人大工作中，也体现在人大党的建设、人大机关风气、人大工作人员的工作生活中。人大的一举一动、人大同志的一言一行，都要符合党的要求、维护党的形象、遵守党的纪律和规矩，使一切行动听党指挥成为自觉和习惯。

地方人大坚持党的领导是坚决有力的，也有很多经验做法。我们下去调研，看到很多地方对习近平总书记的重要讲话、重要指示批示精神，都是“第一议题”抓学习、“第一遵循”抓贯彻、“第一政治要件”抓落实。总的看，不管是哪个地方、哪级人大，都做到了听从党的号召、紧跟党的步伐，在坚持党的全面领导、落实党中央决策部署方面更加自觉、更有成效了。

二、习近平新时代中国特色社会主义思想是党和国家的指导思想，必须坚持用以统揽和指导人大工作，确保人大工作沿着正确的方向前进

以党的创新理论为引领，学懂弄通做实习近平新时代中国特色社会主义思想，是坚持和完善人民代表大会制度、加强和改进人大工作的“金钥匙”。**首先是**“学懂”。这就要求人大建立健全学习制度，全面、持续、深入学习领会习近平新时代中国特色社会主义思想。本届全国人大常委会党组认真开展“不忘初心、牢记使命”主题教育、党史学习教育，认真学习习近平谈治国理政一至四卷，通过党组会议、集体学习、专题讲座等认真学习习近平总书记重要讲话和党中央重要会议、重要文件精神，把党的创新理论武装融入日常、抓在经常，以思想自觉引领行动自觉。**第二是**“弄通”。这就要求真正领会掌握习近平新时代中国特色社会主义思想的核心要义和丰富内涵，坚持好、运用好贯穿其中的立场观点方法。我们开展每一项工作，首先是学习领

会总书记的论述要求和指示批示，主动从党的创新理论中找方向、找智慧、找方法。这么干工作，心里就有底了，思路就清晰了，就能收到事半功倍的效果。**第三是“做实”**。这就要求把理论学习同履职尽责、开展工作结合起来，把总书记的重要思想、重大理念、部署要求贯彻体现到每一项立法中，贯彻体现到监督、代表、外事工作和自身建设的实际成效上。

学习贯彻习近平总书记关于坚持和完善人民代表大会制度的重要思想，是做好人大工作的必修课和基本功。本届全国人大常委会连续5年举行学习交流会，每年确定一、两个交流重点，引领带动各级人大的同志深化学习思考，加强经验总结，不断提升做好新时代人大工作的政治站位和理论水平。学习交流会只是一个平台和载体，之所以能取得很好的效果，关键在于各级人大的同志对总书记的重要思想真学了、真信了、真用了，切实把学习成果转化为推进工作的强大动力，引领人大工作不断取得新成效、积累新经验。这些是大家共同的认识和体会。

以党的创新理论为引领，加强人大理论研究和宣传阐释工作是本届全国人大常委会的重要任务。我们跟进梳理汇编习近平总书记关于人民代表大会制度的重要论述，在《人民日报》、《求是》、《旗帜》、《中国人大》等报刊发表一系列文章，组织编写了《人民当家作主——人民代表大会制度的运行和发展》、《人民代表大会制度从这里走来》、《中国共产党对国家制度和法律制度的百年探索》等书籍。人大制度理论研究会推动各方面参与理论研究，发挥了重要平台载体作用。各级人大还统筹运用各类传统媒体和新兴媒体，通过新闻报道、权威解读、答记者问、理论文章、图文视频等形式，用生动鲜活、深入浅出、喜闻乐见的方式，展现人大工作成效、代表履职风采。人民群众普遍反映，对国家根本政治制度更了解、更自信了，对人大工作更熟悉、更认可了。

三、人民代表大会制度是实现我国全过程人民民主的重要制度载体，必须坚持一切为了人民、一切依靠人民，充分发挥人大在发展全过程人民民主中的重要作用

全过程人民民主重大理念，是习近平总书记思考民主性质规律、比较中外民主异同、总结我国民主发展经验提出的重大理论创新成果，为新时代发展中国特色社会主义民主、更好保证人民当家作主提供了指引和遵循。党的二十大报告把发展全过程人民民主确定为中国式现代化的本质要求，对“发展全过程人民民主，保障人民当家作主”作出全面部署。习近平总书记在中央人大工作会议上对全过程人民民主作了全面阐述，指出人民代表大会制度是实现我国全过程人民民主的重要制度载体，对发挥人大在发展全过程人民民主中的作用提出明确要求。我们要深刻领会全过程人民民主的重大意义、性质特征和实践要求，贯彻党中央决策部署和习近平总书记指示要求，担当起人大在发展全过程人民民主中的职责使命。

在人大工作中落实全过程人民民主要求，必须牢固树立国家一切权力属于人民的宪法理念，坚持一切为了人民、一切依靠人民，把维护好实现好发展好最广大人民根本利益作为人大工作的出发点和落脚点，倾听人民呼声，汇聚人民智慧，回应人民期待，保证人民当家作主具体地、现实地落实到国家政治生活和社会生活之中。

要为健全人民当家作主制度体系提供法治支撑和保障。通过修改宪法和推动宪法实施，坚持人民民主专政的国体和人民代表大会制度的政体，保证宪法规定的公民基本权利和义务得到落实。通过制定修改选举法、全国人大组织法、地方组织法、立法法、监督法、代表法、民族区域自治法、村民委员会组织法、城市居民委员会组织法、工会法等法律并保证这些法律有效实施，确保人民依法实行民主选举、民主协商、民主决策、民主管理、民主监督。地方各级人大要根据宪法和相关法律，健全完善发展全过程人民民主的法规和制度机制，切实支持和保证人民当家作主。

要坚持以人民为中心的发展思想，推动解决群众最关心最直接最现实的利益问题。本届全国人大及其常委会完成了民法典编纂的重大任务，这是守护人民美好生活的重要法律。围绕民生热点难点问题加大立法监督力度，从大气到土壤，从疫苗管理到用药就医，从学校教育到家庭教育，从反食品浪费到农产品质量安全，从个人信息保护到反电信网络诈骗等，人民群众关注的重要问题在人大工作中得到了回应，见到了实效。今后，还要继续加强人权法治保障，制定完善民事、刑事、行政以及经济、文化、社会、生态环境等领域法律，做好人大监

督工作，以法治方式维护人民利益、增进民生福祉。

要完善人大的民主民意表达平台和载体，更好吸纳民意、汇集民智。经过多年实践，全国人大常委会已经形成了一整套比较定型、管用的民主民意表达平台和载体，包括法律草案征求意见系统、国家法律法规数据库、备案审查信息平台、网上信访平台、代表工作信息化平台、基层联系点等，还有调研、座谈、论证、评估、问卷调查等工作机制。现在，人民群众参与人大工作、提出意见建议的渠道更加顺畅、更加便捷了。本届全国人大常委会共有 141 件次法律草案通过网络向社会公布征求意见，参与人次 108 万，提出意见 330 多万条。设立 32 个立法联系点，实现了 31 个省（区、市）全覆盖，带动省、设区的市两级人大设立联系点 5500 多个。地方人大在畅通民意表达渠道方面也做了许多探索，积累了不少新鲜经验。比如，有的地方实施民生实事项目人大代表票决制；有的地方坚持公民旁听代表大会和常委会会议制度；有些地方针对群众关心关切问题开展民意调查、创设“人民议事厅”，等等。实践证明，人民群众对人大工作的参与度越高，意见建议反映得越充分，人大工作的民意基础就越牢靠，得到的支持和肯定就越多。

充分发挥各级人大代表作用，是人民当家作主的重要体现，是做好人大工作的重要基础。本届全国人大常委会牢固树立为代表服务的意识，加强代表工作能力建设，更好支持和保障代表依法履职。我们制定加强和改进全国人大代表工作的 35 条具体举措，健全常委会组成人员、专门委员会直接联系人大代表制度，建立列席代表座谈会机制；按照“内容高质量、办理高质量”“既要重结果、也要重过程”的要求，认真审议办理代表在大会期间提出的议案 2282 件和建议 42675 件、代表在闭会期间提出的建议 1055 件；安排代表参加全国人大常委会有关活动，不断拓展代表对常委会、专门委员会工作的参与；组织好代表视察、调研、培训等工作。全国人大代表忠实代表人民利益和意志，依法参加行使国家权力，密切联系群众，察民情、汇民意、聚民智，积极宣传并带头贯彻党中央大政方针政策和宪法法律，当好党和国家联系人民群众的桥梁。经过多年的实践探索，地方各级人大都建立起了一套支持和保障代表联系群众的工作机制，代表活动搞得有声有色。近年来，各地设立了 22 万多个代表之家、代表联络站，已基本覆盖乡镇、街道，成为代表履职、学习、联系群众的阵地和窗口。许多老百姓说，看到人大代表密切联系群众、帮助群众解决实际问题，直观感受到人大作为国家权力机关发挥着作用，也深刻感受到国家根本政治制度的优势。

四、推进全面依法治国是人大及其常委会的重要职责，必须发挥好人大职能作用，以法治方式推进国家治理体系和治理能力现代化

党的二十大报告将法治建设单独作为一部分专章论述、专门部署，充分体现了以习近平同志为核心的党中央对全面依法治国的高度重视。人大及其常委会是立法机关，是法律实施监督机关，在全面依法治国工作中承担重要职责。要制定完善法律法规，推动宪法法律法规全面有效实施，督促“一府一委两院”依法正确行使权力，全面推进国家各方面工作法治化。

全面贯彻实施宪法是建设社会主义法治国家的首要任务和基础性工作，也是坚持和完善人民代表大会制度的必然要求。本届全国人大常委会认真履行宪法实施监督职责，坚持依宪立法，把宪法规定、宪法原则、宪法精神贯彻到立法中、体现到各项法律中；完善宪法相关法，实施宪法规定的功勋表彰和特赦制度；着力提高合宪性审查和备案审查质量，五年共审查报送备案的规范性文件 7261 件，研究处理公民、组织提出的审查建议 17769 件，组织开展多个领域的专项审查和清理工作，有力维护了国家法治统一；大力宣传新修改的宪法，组织好国家宪法日活动，组织国家工作人员 130 人次进行宪法宣誓，弘扬宪法精神，增强宪法意识，维护宪法权威。在纪念现行宪法公布施行 40 周年之际，习近平总书记发表署名文章《谱写新时代中国宪法实践新篇章》，这是对我国宪法实践经验的全面总结，也是对全面贯彻实施宪法的动员部署，具有重大理论和实践指导意义。各级人大的同志要带头学习领会、带头贯彻落实习近平总书记的这篇重要文章，在谱写新时代中国宪法实践新篇章中展现人大的担当作为。

完善以宪法为核心的中国特色社会主义法律体系，这是党的二十大报告提出的任务要求，也是人大最重要、最紧张的一项工作。本届全国人大及其常委会在保证质量的前提下加快立法工作步伐，呈现出覆盖广、数量多、节奏快、要求高的新特点。

一是立法跑出“加速度”。通过宪法修正案1件，制定法律46件，修改法律109件次，作出有关法律问题和重大问题的决定51件次，数量是历届中最多的。**二是**立法领域深化拓展。经济、政治、社会、文化、生态文明各领域立法全面推进，特别是国家安全立法加快完善，生态环保立法形成“1 + N + 4”的基本格局，涉外领域立法实现新的突破。**三是**立法形式更加丰富。既有民法典这样的“大块头”，也有全面禁止野生动物非法交易和食用的决定、反食品浪费法这样的“小快灵”；及时作出授权决定和改革决定、打包修改相关法律，保证重大改革于法有据，也是本届立法工作的突出特点。**四是**立法工作机制更加健全完善，特别是发挥人大在立法工作中的主导作用有不少新探索。常委会制定专项立法计划，组建立法工作专班，更好发挥专门委员会、工作委员会牵头起草法律草案的作用；单月加开一次委员长会议，专门审议即将交付表决的法律草案等。这些举措推进了科学立法、民主立法、依法立法，促进了立法质量和效率的提升。这些年，地方人大积极发挥地方立法的实施性、补充性、探索性功能，创造性地开展立法工作，制定修改了一大批体现时代特征、反映地方特色的法规，探索形成了“小切口”“小快灵”立法、区域协同立法等创新立法模式和经验。要继续总结交流人大立法工作经验，共同推动做好新时代立法工作。

人大既要把法律制定好修改好，还要监督法律有效实施，推动各国家机关依法行使职权。本届全国人大常委会已检查29件法律及1件决定的实施情况，听取审议103个有关监督工作报告，开展11次专题询问、33项专题调研，作出5项决议。习近平总书记指出人大要实行正确监督、有效监督、依法监督，这是本届全国人大常委会监督工作始终遵循的重要原则。坚持正确监督，就是在党的领导下，从大局和全局出发开展监督工作，寓支持于监督之中，形成加强和改进工作的合力。坚持有效监督，就是把宪法赋予人大的监督权用起来，深入查找问题，准确提出建议，强化督促整改，切实保证宪法法律全面有效实施，切实推动有关国家机关解决问题、改进工作、完善制度，切实维护人民群众合法权益。坚持依法监督，就是严格依照法定职责、限于法定范围、遵守法定程序、监督检查法律实施，确保有关方面履行法定职责、落实法律责任、依法推进工作。这些是做好人大监督工作的实践经验，也是人民代表大会制度的特色优势所在。

五、“四个机关”是新时代人大工作和建设的新定位新要求，必须始终把政治建设摆在首位，全面加强人大及其常委会自身建设

习近平总书记在中央人大工作会议上提出的“四个机关”要求，深刻回答了什么是人大、建设什么样的人大、怎样发挥人大职能作用等重大理论和实践课题，鲜明指出了人大的本质属性和职责使命，既是人大及其常委会加强自身建设的目标方向，也是做好人大各项工作的明确要求。

人大首先是党领导下的政治机关，在政治上必须过硬，不能出任何问题。我多次讲，人大及其常委会自身建设，核心和管总的是党的政治建设。这些年来，全国人大常委会始终把政治建设摆在首位，强化政治机关意识，加强人大常委会党组、机关党组、专门委员会分党组建设，采取了一些新的措施。比如，修订常委会党组工作规则、机关党组工作规则，制定并修订专门委员会分党组工作规则；每年听取机关党组和专门委员会分党组党建工作情况汇报；督促机关党组认真接受中央巡视监督，开展四轮内部巡视；健全完善并严格执行机关党组落实全面从严治党主体责任清单，向党中央报告年度落实全面从严治党主体责任情况。全国人大党建工作质量和水平的全面提升，为确保“两个维护”、为高质量推进人大工作提供了坚强保证。

在突出抓好政治建设的同时，本届全国人大及其常委会在推进组织建设、制度建设、纪律作风建设等方面也做了大量工作。近两年，集中修改了一批人大组织、运行方面的法律，制定修改了执法检查工作办法、推进调研成果转化运用的措施等，推动各项工作高质量、高效率进行。按照紧凑高效的原则，合理安排大会和常委会会议日程，适当压缩会期，优化会议流程，严肃会风会纪，提高审议质量。落实“政治坚定、服务人民、尊崇法治、发扬民主、勤勉尽责”的要求，加强人大工作队伍建设，更好适应新时代人大工作需要。我们到地方调研的时候，都要到人大机关去看一看，明显感受到地方人大干部政治性、专业性很强，都有那么一股子干好事、履好职的精气神。有了这样一支队伍，人大的工作就能做好，就能出成绩，就能让党和人民放心、满意。

刚才讲的五个方面，主要是对过去五年人大工作作了一个简要回顾和初步总结，既有履职中形成的做法，也有开展工作的经验体会，大家在后面的分组讨论中还可以进一步深化交流，在总结经验的基础上，提出贯彻落实党的二十大精神和深入落实中央人大工作会议部署要求的思考建议。

同志们，明年是全面贯彻党的二十大精神的开局之年。我们要深入学习贯彻习近平新时代中国特色社会主义思想，深刻领悟“两个确立”的决定性意义，增强“四个意识”，坚定“四个自信”，做到“两个维护”，更加紧密地团结在以习近平同志为核心的党中央周围，以党的二十大精神统领、谋划、推进各项工作，在新时代新征程作出人大新的贡献。

在认真学习贯彻党的二十大精神 深入学习贯彻习近平总书记关于 坚持和完善人民代表大会制度的重要思想 交流会上的主持讲话

（2022 年 12 月 26 日）

王　晨

同志们：

经党中央批准，今天我们召开认真学习贯彻党的二十大精神、深入学习贯彻习近平总书记关于坚持和完善人民代表大会制度的重要思想交流会。全国人大常委会委员长栗战书同志出席会议并将作重要讲话。全国人大机关党组成员，全国人大各专门委员会、常委会工作委员会负责同志，全国人大机关有关部门和单位负责同志，各省（区、市）人大常委会、副省级城市人大常委会负责同志等参加会议。

这次交流会，是在全党全国认真学习贯彻党的二十大精神之际召开的。党的二十大，宣示了新征程上中国共产党举什么旗、走什么路、以什么样的精神状态、朝着什么样的目标继续前进等一系列方向性、根本性的重大问题，在政治上、理论上、实践上取得了一系列重大成果，为新时代新征程党和国家事业发展指明了前进方向、确立了行动指南。本届全国人大常委会召开第五次交流会，就是要认真学习贯彻党的二十大精神，推动各级人大深刻领会“两个确立”的决定性意义，增强“四个意识”，坚定“四个自信”，做到“两个维护”，在总结人大制度建设和人大工作成就经验的基础上，奋发进取、担当尽责，切实把党的二十大精神、习近平总书记关于坚持和完善人民代表大会制度的重要思想、党中央关于人大工作的决策部署学习好、贯彻好、落实好，不断提升新时代人大工作质量和水平。

按照会议安排，今天上午举行第一次全体会议，全体会议结束后即进行分组讨论。下午举行第二次全体会议，进行大会交流发言和会议总结。

现在，请全国人大常委会委员长栗战书同志讲话。

……

（讲话结束）

同志们，栗战书委员长的重要讲话，鲜明指出人大同志学习贯彻党的二十大精神的关键要点，从坚持党的全面领导，坚持以习近平新时代中国特色社会主义思想统揽和指导人大工作，发展全过程人民民主，发挥人大在全面依法治国中的职能作用，全面加强“四个机关”建设等五个方面，回顾了这些年来人大工作取得的成就和经验，深刻阐述了推进人民代表大会制度理论和实践创新必须坚持的重大原则，对学习贯彻党的二十大精神、做好新时代人大工作提出了明确要求。委员长的讲话具有很强的政治性、思想性、针对性、实践性，是对五年来学习贯彻工作的全面总结，对于各级人大强化思想引领、把牢正确方向，切实担负起新时代新征程赋予人大的新使命新任务具有重要指导意义。会后，要及时传达学习栗战书委员长重要讲话和会议精神，推动各级人大深入学习贯彻党的二十大精神和中央人大工作会议精神，持续深入学习贯彻习近平总书记关于坚持和完善人民代表大会制度的重要思想，把学习成果转化为做好本职工作、推动事业发展的生动实践，为推进国家治理体系和治理能力现代化、全面建设社会主义现代化国家贡献人大力量。

第一次全体会议到此结束。接下来，请与会同志进行分组讨论。希望大家聚焦会议主题，结合工作实际踊跃发言、深入探讨，把这次交流会开好开出成效。

依法助力深入打好污染防治攻坚战 推动生态文明法治建设取得新成效

全国人大环境与资源保护委员会副主任委员　王洪尧

习近平总书记关于坚持和完善人民代表大会制度的重要思想，为新时代坚持和完善人民代表大会制度、加强和改进人大工作提供了科学指引和行动指南。全国人大环资委在全国人大及其常委会的领导下，坚持以习近平新时代中国特色社会主义思想为指导，坚持把学习贯彻习近平总书记关于坚持和完善人民代表大会制度的重要思想同学习贯彻习近平生态文明思想、习近平法治思想紧密结合，贯彻落实党中央决策部署和中央人大工作会议精神，紧紧围绕推进生态文明建设，依法助力打赢蓝天、碧水、净土保卫战，勇于担当、履职尽责，为不断推进全过程人民民主、建设美丽中国作出新贡献。下面，我结合做好新时代人大环境资源保护工作，谈几点学习体会和认识。

一要始终坚持党的全面领导，不折不扣贯彻落实习近平总书记重要指示要求和党中央决策部署。环资委始终把深入学习贯彻习近平生态文明思想作为首要政治任务。历次环资委全体会议都将学习习近平生态文明思想作为第一项议题。定期汇编习近平总书记重要论述，及时跟进学习习近平总书记最新重要讲话精神。坚决贯彻落实习近平总书记重要指示批示，建立台账，做到件件有着落。认真落实请示报告制度，对立法和监督工作中的重要内容，及时向党中央、常委会党组请示报告。高质量做好党中央确定的重大立法任务的牵头起草和提请审议工作，确保党的主张通过法定程序成为国家意志。连续五年开展生态环保领域执法检查，用法治力量推动党中央决策部署落到实处。

二要充分发挥人大立法主导作用，持续推进中国特色社会主义生态环保法律体系不断完善。党的十八大以来，生态环境领域法治建设进入"快车道"。立法工作机制持续健全，对重要立法项目，成立常委会领导同志牵头的工作专班，组建各有关部门参加的起草小组，组织研究提出立法重点问题向中央领导请示汇报，在立法过程中注重听取人大代表和各方面意见建议等。制定重要区域、流域的生态保护法律是本届立法的特点和亮点。制定长江保护法、黄河保护法，实现了对长江、黄河两大母亲河的立法保护；常委会正在审议的青藏高原生态保护法作为我国首部区域生态保护法，为雪域高原生态保护和高质量发展提供强有力的法治保障。制定土壤污染防治法、修改固体废物污染环境防治法、通过噪声污染防治法，标志着我国大气、水、土壤、固废、噪声等主要污染防治法律制修订工作全面完成。制定生物安全法，推动我国生物安全进入依法治理的新阶段。积极推动参与地方人大开展区域协同立法和流域共治立法，为白洋淀生态环境治理和保护立法、赤水河流域保护共同立法提供支持。目前，我国已有生态环保类的法律30余件、行政法规100多件、地方性法规1000余件，基本形成了覆盖全面、务实管用、严格严密的生态环保法律体系。

三要坚持依法监督、正确监督、有效监督，扎实做好环境资源领域监督工作。用法律武器治理污染，用法治力量守护绿水青山是本届全国人大常委会监督工作的鲜明特征。环资委连续5年配合常委会开展了10件法律和相关决定的执法检查，每年听取和审议国务院年度环境状况及环境保护目标完成情况报告，开展专题询问和专题调研，深入开展跟踪监督，打出人大监督工作"组合拳"。栗战书委员长先后6次担任执法检查组长，10次带队赴地方开展执法检查，亲自向常委会作执法检查报告、主持专题询问。坚持紧扣法律开展执法检查，采取明察与暗访相结合，聚焦空气质量改善、污水管网建设、农用地和建设用地安全、生活垃圾分类等群众普遍关心的问题，深入查找，点名曝光，形成监督压力。召开五级人大代表座谈会，组织代表就地就近就便开展监督；引入第三方评估，提高执法检查工作的科学性、客观性、专业性、权威性；检查组每到一地都积极宣讲习近平生态文明思想，推动习近平生态文明思想深入人心；组织90余万人参加环境保护法律知识问卷调查，1.78亿人次参与"学习强国"法律知识专项答题，推动全社会形成尊法学法守法用法的法治氛围。人民群众对优美生态环境的获得感、幸福感、安全感显著增强。

四要尊重和发挥代表主体作用，做到民有所呼、我有所应。积极践行全过程人民民主，持续深化代表对人大环境资源立法监督工作的参与。在法律立项、起草、审议等环节，邀请人大代表特别是相关议案领衔代表和具有专业背景的相关代表参与调研、立法论证等工作，让立法"触角"延伸到人民群众身边。在执法检查全过程、各环节中邀请代表参加，充分发挥代表示范带头作用。按照"既要重结果，也要重过程"的要求，不断完善代表议案建议办理工作机制，健全交办、汇总、研究、反馈、审议五个环节全链条工作流程，提高办理工作实效。在疫情防控常态化下，采取电话、视频会议、政务微信"一案一群组"等多种方式，与代表加强沟通交流，切实做到件件有回音、件件有着落。

党的二十大对新时代新征程推进美丽中国建设、促进人与自然和谐共生作出战略部署，对生态文明建设和生态环境保护提出了新的更高要求。环资委将深入学习贯彻党的二十大精神，把握新时代对生态文明法治建设提出的新任务新要求，慎终如始、一以贯之，加快推进生态文明立法工作，持续强化法律实施监督，以良法促进发展、保障善治，为实现人与自然和谐共生的中国式现代化作出新的贡献。

强化思想引领　坚持创新竞进
奋力开创新时代天津人大工作新局面

天津市人大常委会党组书记、主任　段春华

在全国上下深入贯彻落实党的二十大精神之际，全国人大举办第五次交流会，对于发展全过程人民民主、加强人民当家作主制度保障、推动人大工作高质量发展，具有重要意义。栗战书委员长的重要讲话，政治站位高、思想内涵深、工作要求实，对地方人大开展工作具有重要指导作用，我们一定要认真学习领会、抓好贯彻落实。

近年来，天津市人大常委会深入学习贯彻习近平总书记关于坚持和完善人民代表大会制度的重要思想和中央人大工作会议精神，重点做了以下几项工作：

一是强化理论武装，夯实思想之基。党的二十大召开后，我们把深入学习宣传贯彻大会精神作为首要政治任务，按照在全面学习、全面把握、全面落实上下功夫的要求，作出专题部署安排，精心组织学习培训，扎实开展交流研讨，深入基层宣传宣讲，努力做到入脑入心、走深走实。五年来，我们坚持用党的创新理论凝心铸魂，健全党组带头学、常委会集体学、专委会专题学、人大代表履职学、机关工作人员日常学等多层面常态化学习机制，把学习贯彻习近平总书记重要讲话精神作为常委会和党组会议第一议题、党组理论学习中心组第一主题、党员干部学习培训第一主课，领会道理学理哲理，把握立场观点方法，努力做到学思结合促长效、学悟结合重成效、学用结合求实效。本届以来，市人大常委会党组已开展学习216次，每年举办专题培训班，深入学、系统学、务实学，进一步深化了坚定捍卫"两个确立"、坚决做到"两个维护"的思想自觉政治自觉行动自觉。

二是坚持党的领导，把握政治方向。我们牢牢把握坚持党的全面领导这一最高政治原则，切实做到党和国家工作重心在哪里，人大工作就跟进到哪里，力量就汇聚到哪里，作用就发挥到哪里。紧紧围绕市委贯彻落实党中央大政方针的决策部署，集中力量、全力以赴，积极推动、坚决落实。严格执行请示报告制度，人大重要会议、重要立法、重要工作、重大事项及时向市委请示，主动报告工作。本届以来，向市委请示报告337件次。

三是深化民主实践，厚植民意基础。我们深入践行全过程人民民主，拓展立法、监督等工作的民主参与渠道，共建成各类实体工作平台1783个，形成了代表联系群众的完整体系，在全市所有区、乡镇全部实施民心工程代表票决制，推动街道实行代表会商制，做到了议题来自民众、主题突出民生、解决依靠民主、结果赢得民心。

四是创新立法实践，促进良法善治。我们坚持科学立法、民主立法、依法立法，抓住立法质量这个关键，在选题创新、形式创新、制度创新上作了积极的探索和实践，立法工作呈现出分量重、数量多、节奏快、质量高的特点。制定了碳达峰碳中和、促进智能制造发展、预防和治理校园欺凌、城市重点区域天际线管控等一大批务实、管用、行得通、有特色之法。本届以来，已审议通过地方性法规和有关法规的决定102件，为改革发展稳定安全提供了坚实法治保障。

五是增强监督实效，服务中心大局。我们在监督工作上，不断加大力度，改进方式，增强实效。在执法检查中，突出问题导向，敢于较真、敢于叫板、敢于碰硬，既看点又看面，既明察又暗访，多层面、多维度、多渠道收集问题线索。在所有执法检查报告中，都用二分之一以上篇幅来晒问题、找原因，对责任主体一一点名，做到“帽子底下有人”，充分发挥了“法律巡视”利剑作用，真正彰显法律的尊严和刚性。

六是发挥代表作用，提升履职实效。我们在代表工作上求活求实求严，积极为代表执行职务创造条件、提供支持，丰富畅通“双联系”的方式和渠道，建立健全代表建议两次答复、两次评价机制，组织代表分专题参与立法监督工作，严格规范履职行为，推动代表工作的组织方式活起来、服务保障实起来、管理监督严起来。本届市人大代表提出的389件议案和5908件建议已全部审议处理完毕。

七是加强自身建设，扛起使命担当。我们高度重视自身建设，注重强化一流意识、瞄准一流标准、建设一流队伍、创造一流业绩，在本届初就作出关于加强自身建设的决定。召开发展全过程人民民主交流会和立法、监督、代表等工作会议，完善人大及其常委会运行机制，深化理论研究与调查研究，锤炼过硬作风，强化责任担当，务实高效履职行权，全面建设“四个机关”。

会后，我们将认真学习贯彻落实战书委员长的重要讲话和振武秘书长的讲话精神，深入学习贯彻党的二十大精神，主动担当、积极作为，不断推进制度创新、实践创新、工作创新，奋力开创新时代我市人大工作新局面。

感悟思想伟力　凝聚奋进力量
谱写新时代吉林人大工作新篇章

吉林省人大常委会党组书记、副主任　高广滨

吉林省人大常委会深入学习贯彻习近平总书记关于坚持和完善人民代表大会制度的重要思想，落实中央人大工作会议部署要求，坚持党的领导、聚焦中心工作、履行法定职责、发挥代表作用、建好“四个机关”，努力推动新时代吉林人大工作高质量发展。

一、深学笃行习近平新时代中国特色社会主义思想，始终保持人大工作正确政治方向

我们牢牢把握人大是党领导下政治机关的政治定位，坚持以理论上的清醒保持政治上的坚定。深入贯彻习近平总书记关于全面学习、全面把握、全面落实的重要指示要求，把学习宣传贯彻党的二十大精神作为首要政治任务，第一时间召开常委会党组会议、理论中心组集体学习会、常委会会议进行传达学习，班子成员带头到全国人大在我省的基层立法联系点和其他立法联系点进行宣讲，组织省人大代表开展专题培训，使常委会组成人员、代表和机关干部深刻领悟“两个确立”决定性意义，增强“四个意识”、坚定“四个自信”、做到“两个维护”，始终在思想上政治上行动上同以习近平同志为核心的党中央保持高度一致。坚持用马克思主义中国化时代化最新成果武装头脑。把学习贯彻习近平新时代中国特色社会主义思想作为常委会党组会议第一议题、组成人员履职第一讲、代表初任培训第一课、常委会抓工作落实第一部署。今年以来，33次召开党组会议、理论中心组集体学习会，跟进学习习近平总书记重要讲话重要指示重要文章精神，组织开展常委会组成人员履职交流、代表全员培训，切实把学习成果转化为推动工作的具体举措和实际成效。持续深入推动中央人大工作会议精神在吉林落地落实。吉林省紧跟党中央部署要求，及时召开省委人大工作会议，制定实施意见

和重点任务分工方案。落实总书记提出的“六个必须坚持”“六个方面重点任务”重要指示要求，制定学习贯彻习近平总书记在中央人大工作会议上重要讲话精神的意见，7 位常委会副主任分别带队深入市县开展专题调研，及时调度各地各部门贯彻落实情况，召开市县人大主任座谈会，开设专栏总结交流各地经验做法，扎实推动中央人大工作会议精神落地见效。在贯彻落实习近平总书记对吉林工作的重要指示批示精神上体现新担当新作为。落实习近平总书记关于黑土地保护的重要指示，制定黑土地保护条例，并依据黑土地保护法及时作出修改，用最严格制度最严密法治保护好、利用好宝贵的黑土地资源。落实习近平总书记对辽河污染问题的重要批示，在一年时间内出台辽河流域水环境保护条例，依法还辽河一片碧水清波。落实习近平总书记关于维护国家粮食安全的重要指示，监督推进“千亿斤粮食”工程建设，2021 年粮食产量达到 807 亿斤创历史新高。落实习近平总书记关于“走出振兴发展新路”的重要指示，制定优化营商环境条例等法规，以法治方式助力新时代吉林振兴发展。

二、围绕中心、服务大局、突出重点，为新时代吉林全面振兴取得新突破提供法治保障

我们按照习近平总书记关于“地方人大及其常委会要创造性地做好立法、监督等工作”的重要指示要求，把提升人大工作质量和水平作为工作重点，不断加强和改进新时代地方人大工作。以提高立法质量为核心做好立法工作。今年制定了提高立法质量的意见，将中央人大工作会议对立法工作的要求进一步具体化。充分发挥人大主导作用，人大提出的立法项目在立法规划中占比达到 46%；自主和牵头起草促进大数据发展应用条例等 21 部法规，占出台法规总数三分之一。乡村振兴促进条例等重要立法实行“双组长”制，成立立法工作专班，有效协调解决立法中的重大问题。今年成立立法规划编制工作领导小组，科学编制未来五年立法规划，突出科技创新、人才强省、乡村振兴等重点领域和新兴领域立法。以增强监督实效为重点做好监督工作。制定加强人大监督工作的意见，注重打好监督“组合拳”，综合运用视察检查、听取审议专项工作报告、开展专题询问等多种监督形式，有效形成监督合力；围绕党中央和省委决策部署贯彻落实持续发力，连续 3 年对脱贫攻坚、连续 4 年对优化营商环境、连续 5 年对生态环保开展监督，推动相关工作取得扎实成效。以发展全过程人民民主为要求做好代表工作。在完善机制、建好平台、拓展载体、开展培训上不断强化工作举措，为代表依法履职提供有力保障。落实“双联系”制度，制定专门委员会、工作机构联系人大代表工作办法；完善民主民意表达平台和载体，建成代表之家和联络站 3520 个、省级基层立法联系点 10 个；推进代表培训专题化，共培训代表 1600 余人次；健全代表履职评价和激励机制，制定代表履职档案管理办法；积极引导代表提出高质量建议，在今年全国人代会上以代表团名义提出“千亿斤粮食”、“千万头肉牛”和现代种业创新发展等 3 份建议，得到大会高度重视，有关部委已纳入规划有效实施。

三、牢牢把握“四个机关”全新定位，全面加强常委会及其机关自身建设

我们把贯彻落实习近平总书记关于“四个机关”建设和打造政治坚定、服务人民、尊崇法治、发扬民主、勤勉尽责人大工作队伍的重要指示要求，作为长期性、根本性政治任务摆在重要位置。一是党建引领抓落实。坚持以政治建设为统领，强化人大工作的政治站位和政治效果，召开加强“四个机关”建设大会、抓党建促工作会议，落实常委会党组、机关党组、机关党委和基层党支部抓党建工作责任制，以高质量党建推动工作落实。二是完善制度促落实。修订各项议事规则，制定完善常委会组成人员守则、机关干部守则等 21 项常委会建设、党风廉政建设、干部队伍建设等方面的制度措施，强化用制度管人、管事、管权，加强对执行情况的监督检查，确保制度执行到人、落实到事。三是强化责任保落实。坚持重点工作“清单化”管理、“图表化”推进、“手册化”指导、“模板化”运行、“机制化”落实，制定 6 个清单、21 个图表、11 个手册、15 个模板、9 个专班，形成目标任务、时限进度、责任分工、督导问效全链条工作闭环，强化机关干部知责明责、担责尽责的责任意识，不断提高人大工作质量和水平，为新时代吉林全面振兴贡献人大力量。

历史性的成就　根本性的变化

湖北省人大常委会党组成员、副主任　刘雪荣

党的二十大报告鲜明指出，“十九大以来的五年，是极不寻常、极不平凡的五年。”以习近平同志为核心的党中央团结带领我们，攻克了许多长期没有解决的难题，办成了许多事关长远的大事要事，推动党和国家事业取得举世瞩目的伟大成就。这五年，也是我国民主政治建设取得巨大成就的时期。五年来，在习近平总书记关于坚持和完善人民代表大会制度的重要思想指引下，在全国人大常委会的全力推动和表率示范下，人大工作取得历史性成就、发生根本性变革，人民代表大会制度更加深入人心，人大工作和建设全面加强，人大地位和作用显著提升，人大工作迎来历史上最好的时期。今年6月底7月初，栗战书委员长到湖北检查调研，专门到省人大机关召开座谈会，对湖北人大工作给予巨大鼓励，我们倍受感动、倍感振奋、倍增动力。回顾这几年的工作，有五点深切体会。

一、习近平总书记重要思想指引人大工作取得历史性成就。习近平总书记重要思想是人大工作的根本遵循和“看家本领”。持续抓好重要思想的学习贯彻，是栗战书委员长和全国人大常委会最重视、最关心的大事，每年举办一次学习交流会，推动各级人大共同学习。可以说，这五年既是马克思主义中国化时代化不断开辟新境界的五年，也是全国人大系统贯彻落实习近平新时代中国特色社会主义思想取得丰硕成果的五年。湖北省人大常委会这一届在这方面也用心最多、用功最深，建立“思想引领、学习在先”机制，常委会会议、党组会议“第一议题”、依法履职“第一课”都是学习重要思想。通过几年全覆盖、多层次、不间断地学习交流，进一步加深了对人民代表大会制度的理解，廓清了思想迷雾和模糊认识，增强了政治意识和政治自觉。我们深切体会到，全国人大常委会抓总书记重要思想的学习，抓到了“根”上、抓住了关键，我们必须持续学思践悟重要思想，用以统揽和指导新时代人大工作。

二、人民代表大会制度在党和国家工作大局中发挥了重要作用。本届以来，栗战书委员长和全国人大常委会围绕贯彻落实习近平总书记重要思想，提出一系列新理念新要求新举措，丰富了人民代表大会制度内涵，创新了人大工作运行机制，拓展了人大职能职责，办成了一系列大事、要事、难事，充分展示了最高国家权力机关的担当作为。过去五年工作和新时代十年伟大变革最具标志性的重要成果之一，就是我国制度优势更加彰显，创造和丰富了人类文明新形态。我们按照全国人大常委会的要求，把围绕中心服务大局作为鲜明主题，以“功成不必在我、功成必定有我”的境界，聚焦抗疫斗争、脱贫攻坚、长江大保护、科技创新、省域治理现代化等重点，综合运用人大职能，加强法规制度供给，推动党中央决策部署落实，汇聚起万众一心、共克时艰的磅礴力量，助力打赢武汉保卫战、湖北保卫战，推动经济发展重回“主赛道”。经历大战大考，人民群众发自内心地拥护中国共产党，拥护人民代表大会制度。

三、党对人大工作的领导全面加强。党中央高度重视人大制度和人大工作，出台一系列重要文件，首次召开中央人大工作会议。湖北省委和各级党委将人大工作纳入总体部署，将党委领导人大工作纳入实绩考核，同部署、同推进、同落实；省委连续两年召开人大工作会议，解决了许多长期制约人大工作的突出问题。省人大常委会党组充分发挥把方向、管大局、保落实的重要作用，重要会议、重要立法、重要工作都向省委请示报告，保证正确政治方向。我们深切体会到，党的领导是做好人大工作的最大优势和根本保证，人大工作离不开党委的重视和支持。人大是党领导下的政治机关，必须忠诚拥护“两个确立”、坚定做到“两个维护”，始终自觉把党的领导贯穿到人大工作各方面全过程。

四、人大代表主体地位和作用全面彰显。本届全国人大常委会加强代表工作的力度前所未有，出台并实施“35条”，每次常委会会议期间栗战书委员长亲自召开列席代表座谈会。代表们深受感动，都说常委会同代表的联系更紧了、更近了。按照全国人大常委会要求，我们着重加强代表思想引领和履职保障，服务代表“会议期间议大事、闭会期间办实事”。在全省持续开展“代表行动”，其中，今年聚焦“察民情、聚民智、惠民生”主题，收集意见建议2.33万条，转化为书面建议1.18万件，已办理6652件，推动美好环境与幸福生活共同缔造，切实保障人民

的知情权、参与权、表达权、监督权。咸宁、黄冈等地开展“湾子夜话”“代表见面日”活动，取得良好效果，深受群众欢迎。这些年，代表职务意识明显增强，履职激情特别高涨，自觉站稳政治立场，忠诚为人民代言，成为人民代表大会制度的坚定信仰者、忠实实践者、有力推动者。代表们对常委会工作越来越满意，这几年省人大常委会工作报告决议赞成率都在 99% 以上。

五、地方各级人大工作和建设发生根本性变化。本届全国人大常委会工作抓得特别紧、力度特别大、作风特别实，委员长和各位副委员长以上率下，为我们树立了榜样和标杆。我们持续抓好常委会组成人员、人大代表、机关干部“三支队伍”建设，健全人大组织制度、议事制度，人大机关面貌焕然一新，干部队伍素质全面提升，想干事、能干事、干成事形成风气。人大干部有归属感，人大代表有成就感，人民群众有获得感。人大同志越干越想干、越干越会干，全省人大工作呈现生机蓬勃、竞相发展的崭新局面。

党的二十大科学谋划了全面建设社会主义现代化国家、实现第二个百年奋斗目标的宏伟蓝图，作出了以中国式现代化全面推进中华民族伟大复兴一系列重大部署。特别是二十大报告 9 次论述全过程人民民主，23 次强调“法治”；第六章、第七章分别就发展全过程人民民主、推进法治中国建设进行专章论述、专门部署。这些对做好新时代人大工作提出了新的更高要求。湖北省人大常委会高度重视党的二十大精神学习，对照“五个牢牢把握”“七个聚焦”的要求，第一时间召开党组会议传达学习，常委会会议第一议题进行集中学习，并采取宣讲辅导、主题党日、研讨交流等方式，迅速掀起学习宣传贯彻二十大精神的热潮。下一步，我们将按照这次会议要求，深入学习贯彻落实党的二十大精神和中央人大工作会议精神，一丝不苟学习贯彻习近平总书记关于湖北工作的重要讲话和重要指示批示精神，推动新时代湖北人大工作高质量发展，丰富和发展全过程人民民主的基层实践，奋力谱写社会主义民主政治建设的新篇章。

牢记嘱托　感恩奋进
以高质量人大工作助力陕西高质量发展

陕西省人大常委会党组成员、副主任　郭　青

习近平总书记关于坚持和完善人民代表大会制度的重要思想，为新时代坚持和完善人民代表大会制度、加强和改进人大工作提供了科学指引和行动指南。五年来，习近平总书记先后三次来陕考察，为陕西高质量发展擘画了蓝图。在全国人大精心指导和省委坚强领导下，陕西省人大常委会坚持不懈用总书记这一重要思想凝心铸魂，坚定不移把总书记来陕考察重要讲话重要指示作为工作总纲，同学习贯彻党的二十大和中央人大工作会议精神等结合起来，以实际行动和工作成效坚定拥护“两个确立”、坚决做到“两个维护”。

一、以制度化安排深学践悟真理伟力。建立履职学习制度，汇编总书记关于坚持和完善人民代表大会制度的重要思想《学习资料》，全面系统学习领悟。坚持“第一议题”制度，实行常委会会议审议立法、监督等议题和执法检查前，党组会议、主任会议专题学习总书记相关重要论述并研讨交流，深入把握实践要求。五年来，党组累计集体学习 81 次、研讨交流 46 次。强化学习推进制度，每年至少召开 1 次学习贯彻交流会，连续举办 8 期省人大代表培训班，组织的网络知识答题竞赛吸引包括兄弟省区市在内的 818 万名干部群众参与。围绕贯彻中央人大工作会议精神，细化 120 项具体措施。出台学习贯彻党的二十大精神《实施意见》，推动全省各级人大掀起了学习宣传贯彻热潮。坚持理论联系实际，努力把学习成果转化为创新举措和实践成果。2021 年以来，全国人大常委会办公厅《工作简报》等对陕西人大推进高质量立法、加强预算和国有资产管理监督、发挥代表作用、培树典型带动基层人大工作等创新做法进行了多次宣传推介。全省人大干部、人大代表从新时代十年的伟大变革和陕西人大工作的生动实践里，深刻感悟总书记重要思想和重要讲话重要指示的真理伟力，对“两个确立”决定性意义的领悟不断深化，沿着总书记指引方向勇毅前行更加坚定自觉。

二、用系统化思维推动总书记来陕考察重要讲话重要指示落地落实。紧扣贯通落实总书记关于“五个扎实”“五项要求”“谱写陕西高质量发展新篇

章”等殷殷嘱托，打出立法、监督组合拳。围绕推动经济高质量发展，制定修订大数据条例、地方金融条例等法规，听取审议先进制造业、高质量项目建设等专项报告，对科技创新进行专题询问，助力创新链产业链融合发展。围绕打造内陆改革开放高地，制定中国（陕西）自贸区条例，出台优化营商环境条例并连续3年开展执法检查，听取审议稳投资、中小企业发展、法治政府建设等专项报告，促进构筑内陆地区效率高成本低服务优的国际贸易通道。围绕推动生态环境质量持续好转，持续织密织牢以中华祖脉秦岭为重点的青山、以黄河最大支流渭河和长江最大支流汉江为重点的碧水、以汾渭平原为重点的大气以及固废等污染防治的法治防护网。特别是2019年修订秦岭生态环境保护条例之后，已连续3年开展执法检查，久久为功当好秦岭生态卫士。围绕加强民生保障和社会建设，制定修订计划生育、养老服务、社会信用、城市综合管理执法等条例，听取审议脱贫攻坚、教育“双减”、公共文化服务等专项报告，开展扫黑除恶专项斗争等专题询问，持续推动解决人民群众急难愁盼问题。围绕弘扬延安精神和加强文物保护，制定革命文物保护利用条例，修订延安革命旧址保护条例、秦始皇陵保护条例，开展文旅强省等专题调研，秦腔艺术保护传承发展条例的出台促进了传统文化的保护发展。围绕更好统筹发展和安全，制定国有资产管理情况监督条例、防范化解重大风险的决定、加强公共卫生应急管理体系建设的决定、防灾避险人员安全转移规定，听取审议安全生产等专项报告，积极助力“防疫情、稳经济、保安全”。

三、在对标对表中推动人大工作高质量发展。对标“以良法促进发展、保障善治”，坚持立法工作格局，立法计划、拟通过法规都报省委审批，对政府部门牵头起草的法规案提前介入、主导制定。对社会高度关注的立法项目广泛征集意见、增加审次，在法规通过前举行立法咨询专家论证会逐条“会诊”。对特定领域、特殊问题，对症下药开展“小快灵”立法。对标“正确监督、有效监督、依法监督”，采取“实地检查＋问题清单”，累计对47件法律法规进行执法检查。先后听取审议5名副省长、12名厅长和9名省法检两院副职履行法定职责的情况报告。制定地方人大预算和国有资产联网监督系统建设运行标准，实现省市县三级人大预算联网系统与财政一体化系统的实时联通。对标“充分发挥人大代表作用”，践行全过程人民民主理念，密切组成人员、委员会与代表、代表与人民群众“三个联系”。建好用好全省5500多个代表联络站和117个基层立法联系点。狠抓“提、办、评”三个环节，破解议案建议“重答复、轻办理”问题。分“基础、专业、专题”三类培训，加强代表工作能力建设。对标“四个机关”建设新定位，坚持政治统领，强化常委会及机关各级党组织的政治功能和主体责任。提升履职能力，在9个委员会建立咨询专家库，建成信息化统一平台。强化作风保障，对重点任务实行“挂图作战”，大兴勤快严实精细廉之风。强化基层基础，协同省委组织部、省编办印发规范和优化市县乡三级人大机构和人员编制的《意见》，规定设区市、县人大分别至少设10个和6个专工委、组成人员编制单列等。

下一步，我们将认真学习贯彻本次会议精神，更加坚定自觉地紧跟总书记、奋进新征程、交出好答卷。

二、制度建设

关于加强和改进全国人大代表学习培训工作的若干意见

（2022 年 2 月 18 日第十三届全国人民代表大会常务委员会第 109 次委员长会议原则通过）

党的十八大以来，以习近平同志为核心的党中央从关系党和国家事业兴旺发达的高度，把加强学习作为一项重大战略任务来安排和推进。中央人大工作会议对新时代坚持和完善人民代表大会制度、加强和改进人大工作作出全面部署，强调充分发挥代表作用，加强代表工作能力建设。全国人大代表是最高国家权力机关的组成人员，代表人民的利益和意志，依法参加行使国家权力。加强和改进全国人大代表学习培训工作，对于加强代表政治、思想、能力、作风建设，支持和保障代表更好依法履职，具有十分重要的意义。为深入贯彻落实习近平总书记重要指示和中央人大工作会议精神，根据代表法等法律的规定，总结代表学习培训工作经验，现就新时代加强和改进全国人大代表学习培训工作提出如下意见。

一、代表学习培训的总体要求

（一）指导思想。坚持以马克思列宁主义、毛泽东思想、邓小平理论、“三个代表”重要思想、科学发展观、习近平新时代中国特色社会主义思想为指导，深入学习贯彻习近平法治思想、习近平总书记关于坚持和完善人民代表大会制度的重要思想，增强“四个意识”、坚定“四个自信”、做到“两个维护”，坚持党的领导、人民当家作主、依法治国有机统一，提高代表政治站位和依法履职能力，建设政治坚定、服务人民、尊崇法治、发扬民主、勤勉尽责的人大代表队伍，充分发挥代表在发展全过程人民民主中的重要作用。

（二）工作原则。(1)坚持党的全面领导，切实做到党中央决策部署开展到哪里，代表学习贯彻就跟进到哪里。(2)服务代表依法履职，加强代表培训工作的系统化、规范化、专业化。(3)坚持学以致用，努力做到代表学习培训需求、对象、内容、形式“四个精准”。(4)利用现代化信息技术，推进代表学习培训线上线下融合发展。

二、代表学习培训的主要内容

（三）政治学习。坚持把深入学习贯彻习近平新时代中国特色社会主义思想作为代表学习培训的首要政治任务，持续深入学习、全面准确领会习近平法治思想、习近平总书记关于坚持和完善人民代表大会制度的重要思想。增强政治学习及时性，每次组织代表集中学习培训，把学习贯彻习近平总书记重要讲话和党中央重要会议、重要文件精神作为第一项内容，并形成制度化安排。深入学习党的基本理论、基本路线、基本方略，学习党中央重大决策部署和党史、新中国史、改革开放史、社会主义发展史。

（四）宪法法律学习。坚持把学习宪法作为代表依法履职的基本功和学习培训的必修课，增强宪法意识，忠实尊崇宪法、自觉遵守宪法、模范实施宪法、坚定捍卫宪法。认真学习中国特色社会主义法律体系，重点学习涉及人大组织、职权等方面的法律，最新制定、修改的重要法律和代表所在领域的重要法律，以及与代表履职密切相关的法律。

（五）人民代表大会制度学习。系统学习人民代表大会制度和理论，全面了解人民代表大会制度探索、建立、发展、完善的过程，准确把握其历史逻辑、理论逻辑、实践逻辑，深刻认识其本质特征、基本内涵、制度优势和巨大功效，特别是人民代表大会制度在发展全过程人民民主中的作用，增强坚定不移走中国特色社会主义政治发展道路、坚持和完善人民代表大会制度的责任感使命感。

（六）代表履职基础知识和应用知识学习。学习国家制度与国家机构的设置、职权和运行；学习人大议事规则，特别是审议各项报告、议案，审查批准国民经济和社会发展规划计划、预决算，依法参加立法、监督工作，依法参加选举、表决，提出议案、建议等内容；就提升代表履职能力，特别是联系人民群众、开展视察调研、参与全国人大常委会和专门委员会工作等加强学习；学习如何与媒体打交道、讲好代表故事；学习处理群众来信来访等相关知识技能。

（七）经济、政治、文化、社会、生态文明建设等各方面知识学习。紧紧围绕党和国家重大发展战略、发展规划，围绕全国人大及其常委会重大任务、重点工作，围绕人民群众关注的社会热点、难点问题，结合代表履职需要，有针对性地安排专题学习、专题讲座。

（八）代表履职规范和会风会纪教育。代表肩负人民赋予的光荣职责，要站稳政治立场，履行政治责任，模范遵守宪法和法律，密切同人民群众的联系，展现新时代人大代表的良好形象。通过学习培训，引导代表正确认识代表的角色定位、职责使命和行权方式，依法履职、正确履职，确保人民赋予的权力用来为人民服务。加强纪律、作风建设，严格遵守廉洁自律各项规定。

三、代表系统学习培训制度

（九）按照任期制特点建立代表系统学习培训制度，分为初任学习、履职基础学习、专题学习三个阶段。代表新当选后应当进行初任学习，原则上安排在每届全国人大一次会议召开之前，由中央有关部门会同全国人大常委会办公厅和代表选举单位组织实施。代表在任期的前两年重点进行履职基础学习，全国人大常委会办公厅组织的集中学习培训重点向基层代表倾斜，实现每届新任代表履职基础学习全覆盖。及时组织代表分领域进行专题学习。代表学习培训中，应当结合学习内容，加强履职经验交流。

（十）代表在一届任期内一般参加 2 至 3 次集中学习培训，累计时间不少于 15 天；也可以通过全国人大网络学院完成相关学习培训，一般不少于 100 个学时。

四、代表学习培训的组织实施

（十一）全国人大常委会加强对全国人大代表学习培训工作的领导。全国人大常委会年度工作要点、年度代表工作计划等对组织代表学习培训作出原则安排、提出明确要求。代表学习培训中的重大问题、重要事项，及时向常委会党组会议、委员长会议请示报告。代表学习培训年度计划，提请秘书长办公会议审议通过后实施。

（十二）全国人大常委会办公厅负责培训工作的组织实施，全国人大专门委员会、常委会工作委员会协助常委会办公厅举办相关专题学习班。根据工作需要，专门委员会、工作委员会可以举办代表学习班，或者邀请代表参加相关学习培训。

（十三）各选举单位协助本选举单位的全国人大代表参加全国人大常委会组织的代表履职学习，邀请本选举单位的全国人大代表参加本选举单位组织的各类学习培训。各选举单位将代表参加学习培训情况纳入全国人大代表履职档案。

（十四）代表应当自觉加强履职学习。全国人大常委会办公厅、各选举单位和代表所在单位应当为代表履职学习提供支持和保障。

（十五）组织代表学习培训要严格贯彻落实中央八项规定及其实施细则精神，坚持厉行节约，严肃会风会纪，营造良好学习氛围。

五、代表学习培训网络平台建设

（十六）加快建设全国人大代表工作信息化平台，开设全国人大网络学院，坚持政治引领，突出人大特色，使其成为学习内容权威、使用安全可靠、覆盖全体代表的网络学习平台，成为代表加强思想理论武装、提高依法履职素养的重要学习渠道。

（十七）推进线上线下学习培训融合发展，充分发挥网络学习平台特点和优势，多途径多方式充实学习资源，积极应用多媒体、新技术，提升网络课程针对性和吸引力，方便代表及时学、随时学，更好满足代表个性化学习需求。探索与地方人大共享网络学习资源，扩大学习培训覆盖面。

（十八）加强网络学习培训基础设施建设，严格落实等级保护制度，及时更新和维护网络学习平台软、硬件，建立健全学习培训内容发布机制，严格落实网络安全保护措施。

六、代表学习培训的服务保障

（十九）全国人大常委会办事机构承担全国人大代表学习培训服务保障工作，要牢固树立服务代表意识，加强代表工作能力建设，提高服务保障代表学习培训的能力和水平。要广泛征求代表意见，深入了解代表学习需求，在此基础上研究起草年度学习培训计划；按照经批准的计划，研究制定每期代表学习培训班方案，并具体实施；健全代表学习培训主讲人遴选制度和讲稿审核制度，加强全国人大网络学院日常运行维护。各选举单位代表联络机构协助做好本选举单位的全国人大代表参加学习培训的服务保障工作。

（二十）代表学习培训经费列入全国人大机关部门预算，统筹保障，专款专用。代表参加履职学习，其所在单位按正常出勤对待，享受所在单位的工资和其他待遇。无固定工资收入的代表参加统一组织的学习培训，按照规定发放临时补助。代表学习培训经费管理，严格执行国家有关规定，厉行节约、勤俭办学。

三、副委员长和秘书长讲话及有关文稿

提升文物保护管理利用法治化水平 更加坚定历史自信文化自信

——在国家文物局开展文物保护法实施情况调研时的讲话

（2022 年 1 月 25 日）

王　晨

2022 年是文物保护法颁布实施 40 周年。在这样一个时间节点，开展这次调研活动，就是要深入学习贯彻习近平总书记关于文物工作重要论述精神，进一步了解文物保护法的实施情况及存在的问题，听取关于完善文物保护法律制度的意见建议，推动提升文物保护管理利用法治化水平，更好发挥文物对传承发展中华优秀传统文化、弘扬革命传统和革命文化的重要作用，更加坚定历史自信、文化自信，发扬历史主动精神，为全面建设社会主义现代化国家、实现中华民族伟大复兴提供强大精神动力。

文化和旅游部、国家文物局十分重视这次调研活动。胡和平部长参加有关活动，李群副部长主持会议并介绍了总体工作情况，内容丰富、资料翔实，我们很有收获。故宫博物院、中国国家博物馆、中国文化遗产研究院、北京市文物局负责同志作了发言，山西省、河南省文物局负责同志通过视频方式发言，大家围绕落实法律规定、做好文物保护工作，讲成效、谈问题、提建议，对我们这次调研很有帮助。我们还要到国博、故宫等一线文博单位实地调研，进一步了解有关情况。

下面，我讲几点意见。

一、深入学习贯彻习近平总书记关于文物工作重要论述精神，依法推进文物保护工作

党的十八大以来，以习近平同志为核心的党中央高度重视文物工作，重视发挥文物在传承中华文明、砥砺民族品格、坚定文化自信等方面的重要作用。习近平总书记站在继承发展中华优秀传统文化、弘扬革命文化和传承红色基因、实现中华民族伟大复兴的战略高度，就做好新时代文物工作多次发表重要讲话、作出重要指示批示，强调要统筹好文物保护与经济社会发展，全面贯彻“保护为主、抢救第一、合理利用、加强管理”的工作方针；各级文物部门要提高依法管理水平，依法严格保护长城等文物；要严打文物犯罪，对失职渎职行为严肃问责等。习近平总书记的重要论述，为做好文物工作、推进文物事业高质量发展提供了根本遵循。刚才，通过视频短片、书籍刊物、工作介绍，充分展示了贯彻习近平总书记重要论述、加强和改进文物工作取得的显著成效，比如，文物普查和长城、石窟寺等专项调查工作扎实推进；普查登记全国不可移动文物 76.67 万处、国有可移动文物 1.08 亿件套，文物资源家底不断廓清；文物保护状况明显改善，全社会文物保护意识进一步增强等。我国文物事业发展迎来历史最好时期。

文物是中华民族悠久的历史进程中老祖宗留给我们的宝贵遗产，发挥着承载灿烂文明、传承历史文化、维系民族精神的重要作用。保护好、利用好文物，使之传于后世、永续传承，让文物真正活起来，激发民族自豪感和自信心，是我们的历史责任、政治责任、法律责任。党中央有关文件对依法推进文物保护工作作出重要部署，明确提出“坚持依法保护利用”、“坚持依法管理”，要求健全文物保护利用法律制度和标准规范，加大执法力度，严肃查处

违法行为，严厉打击文物犯罪等。2021 年 8 月，十三届全国人大常委会第三十次会议听取和审议了国务院《关于文物工作和文物保护法实施情况的报告》（以下简称《报告》）。常委会组成人员对《报告》给予充分肯定，普遍认为《报告》内容全面、重点突出，提出的建议切实可行，同时还提出了一些改进和加强工作的具体意见建议。通过这次专项工作报告，我们感到文物保护工作开展情况、文物保护法实施情况、存在的问题难题、改进的方向和思路都更加清晰明确，提出的修改完善文物保护法律制度的建议为下一步修法工作提供了有益的基础。

面对新征程新任务，我们要深入学习贯彻习近平总书记关于文物工作重要论述精神，按照党中央部署要求，更加有力实施文物保护法及相关法律法规，实行依法保护、依法管理、依法利用，提高文物工作的规范化、制度化、法治化水平，积极运用法治力量不断推进文物工作改革创新。

二、健全完善我国文物保护法律制度体系，推进文物保护法治实践创新发展

1982 年 11 月，五届全国人大常委会第二十五次会议审议通过文物保护法，这是我国文物领域的一部基础性法律，为开展文物保护工作提供了有力法治保障。党的十八大以来，我国文物保护法律制度体系日益完善，文物保护法治实践创新发展。全国人大常委会坚持把文化立法作为重点领域，统筹谋划、积极完善文物保护制度，分别于 2013 年、2015 年、2017 年对文物保护法个别条款作了修正。将修改文物保护法列入十三届全国人大常委会立法规划一类项目和 2022 年立法工作计划初次审议项目，拟进行系统修订完善。2018 年，制定英雄烈士保护法，内容包括加强对革命文物保护的规定；2021 年，通过民法典，对“国家所有的文物”的所有权作出规定，与文物保护法的相关规定作了衔接。2019 年，全国人大常委会作出《关于授予国家勋章和国家荣誉称号的决定》，国家主席习近平签署第三十四号主席令，授予敦煌研究院名誉院长、研究馆员樊锦诗同志“文物保护杰出贡献者”国家荣誉称号，充分彰显了党和国家对文物工作者的重视和支持。国务院及有关部门制定修改《博物馆条例》、《文物保护法实施条例》等行政法规以及相关部门规章，各地方也相继出台了一批文物保护、红色革命文物保护方面的地方性法规、政府规章，最高人民法院、最高人民检察院出台《关于办理妨害文物管理等刑事案件适用法律若干问题的解释》等，都从不同规范层级、不同工作角度丰富完善了我国文物保护法律制度体系。

我国宪法第二十二条第二款规定，国家保护名胜古迹、珍贵文物和其他重要历史文化遗产。我们要站在依宪治国、推动宪法全面实施的高度来看待文物保护工作，通过科学完备的文物保护法律规范和制度体系具体落实宪法相关规定。

第一，坚持问题导向，在总结法律实施经验的基础上进一步完善文物保护法律制度。随着中国特色社会主义进入新时代，文物事业发展面临新形势新任务新要求，文物保护法在实施过程中遇到新问题新挑战，需要与时俱进地完善法律制度来应对解决。国务院专项工作报告中指出了一些问题，比如，有些法律条款规定不很明确、可操作性不够强，在文物合理利用、社会力量参与、文物保护补偿等方面需要进一步加以强化；文物违法成本低，罚款额度偏低，行政强制措施少，违法行为整改不到位，法律震慑和警示作用就不强等等，并有针对性地提出对文物保护法修改完善的意见建议，我们在研究修法时都会统筹考虑、认真研究。文物保护法修订是今年的一项重要立法工作，下一步我们要深入推进科学立法、民主立法、依法立法，继续通过调研、座谈等形式，广泛听取各方面意见建议，汇聚更多民意民智，争取更多立法共识，为后续工作打好基础。全国人大宪法法律委、教科文卫委和常委会法工委要加强与文化和旅游部、司法部、国家文物局等有关方面的沟通联系、配合协作，共同推进修法工作。

第二，加强配套法规制度建设，不断健全法律实施体制机制。法律的有效实施需要有不同层级的规范性文件来细化补充、配套支撑。目前，文物保护法律制度体系中已经有相当数量的配套行政法规、地方性法规以及各类规章、司法解释，但有些规范性文件制定时间较早，条文已显陈旧，比如《水下文物保护管理条例》等，需要及时修订；有些规范性文件条文规定，也需要进一步细化，比如革命文物保护利用，需要地方根据实际情况作出规定；有一些事项涉及“放管服”改革，需要及时修改法律法规提供依据。各个地方和部门都要坚持系统观念，着眼制度体系完善发展，坚持立改废释多措并举，做好配套法规制度建设，从体制机制上保障文物保护法的有效实施。

第三，积极稳妥、守正创新，探索文物保护法治

新途径。最近，我们到最高人民检察院调研公益诉讼制度实施进展情况，广东省开平市检察院通过视频连线向调研组介绍了以公益诉讼检察推进“五邑侨乡碉楼保护”的情况。据统计，目前全国有20多个省级人大常委会作出加强检察公益诉讼工作的专项决定，多数明确将文物、文化遗产保护纳入公益诉讼新领域案件范围。一些地方检察机关与文物部门密切配合，建立信息共享、案件线索移送研判、案件协查等协调联动机制，充分发挥检察机关法律监督职能，推动负有文物保护监管职责的行政机关全面履行法定职责，取得了积极成效。各地方各部门要在现有制度框架下、现有法律基础上，积极稳妥、开拓创新，总结试点经验，探索加强文物保护工作的更好方法、更优方案，进一步丰富文物保护法治工作的方式和途径。

三、完整、准确、全面贯彻文物工作十六字方针，以法治力量推动文物领域各项改革、促进文物工作开创新局面

文物保护法第四条规定，文物工作贯彻保护为主、抢救第一、合理利用、加强管理的方针，习近平总书记在对文物工作的重要批示中予以强调。这十六字方针是我国文物工作的实践总结，是正确处理文物保护和利用关系的法律依据。要结合党中央关于文物工作的决策部署和文物保护法各项制度规定，在新的历史条件下完整、准确、全面把握十六字方针的法律内涵，按照党中央要求不断深化文物领域各项改革，依法推动新时代文物保护工作开创新局面、取得新进展。

第一，压实地方各级政府法定责任。按照文物保护法的规定，地方各级政府是承担“保护、抢救、利用、管理”这四项文物保护工作基本任务的责任主体，政府主导在文物保护工作格局中处于关键位置。地方各级政府要坚持党对文物工作的领导，始终树立“保护文物也是政绩”的科学理念，从经济社会发展全局出发，切实扛起主体责任，科学规划、统筹安排，兼顾当前与长远，坚决杜绝大拆大建、违法建设、过度开发等突出问题，确保文物保护与经济发展、城乡建设、旅游开发、人民群众生产生活相互协调、相互促进。要高度重视加强革命文物保护利用，结合党史学习教育，充分发挥革命文物在革命传统教育、爱国主义教育、弘扬社会主义核心价值观等方面的重要作用，教育引导广大人民群众坚定不移听党话、跟党走。

第二，筑牢文物安全底线。习近平总书记指出，历史文化遗产是不可再生、不可替代的宝贵资源，要始终把保护放在第一位。文物保护法以“保护”为名，表明立法的首要目的就是加强对文物的保护。这就要求我们必须坚持保护第一，划定文物保护利用的红线和底线，落实文物安全责任制，严格实施安全措施，严厉打击文物犯罪，依法追究违法行为的法律责任，防范化解文物安全重大风险，不断完善文物安全长效机制。同时，要贯彻落实好习近平总书记“要让收藏在博物馆里的文物、陈列在广阔大地上的遗产、书写在古籍里的文字都活起来”的重要指示精神，依法促进文物合理利用，使文物保护成果更多更好惠及群众，不断满足人民群众多样化、多层次、多方面的精神文化需求。

第三，全面深化文物领域改革。党中央部署的文物领域“放管服”等各项改革，有利于着力解决制约文物事业发展的重点难点问题，调动社会力量参与文物保护利用的积极性，促进文物市场活跃有序发展，不断激发市场和社会的创新活力。文物部门要把握好文物工作的发展规律，进一步转变职能、改进工作方式，积极适应行政审批制度改革，探索更科学有效的监管模式方式，实施好《“十四五”文物保护和科技创新规划》，努力走出一条符合我国国情的文物保护利用之路，实现新时代文物事业的繁荣发展。

第四，发挥法治宣传教育在文物保护中的重要作用。文物保护离不开人民群众的支持和参与，提升全社会文物保护法治意识是发展文物事业的基础性工作。这项工作做得好，文物保护则事半功倍。与新时代文物事业发展的要求相比，当前人民群众文物保护的法治意识还有待进一步提高，法律宣传普及工作还需要进一步加强。要把握文物工作的特点，落实好“谁执法、谁普法”的普法责任制，把宣讲习近平法治思想和文物保护具体实践结合起来，把普法工作和法律实施结合起来，通过人民群众喜闻乐见的形式讲好文物保护的中国故事、法治故事，提升宣传教育质效，营造“保护文物人人有责”的良好社会氛围，把文物保护法的贯彻实施提升到一个新的水平。

保护文物功在当代、利在千秋。新时代做好文物工作，迫切需要发挥法治固根本、稳预期、利长远的重要作用，有赖于我们守正笃实、久久为功，坚持不懈推进文物保护法治化进程、提升法治化水平。

我们要坚持习近平新时代中国特色社会主义思想的科学指导，深入学习贯彻习近平法治思想，依法加强文物工作，推动文物保护法律制度体系有效实施，为赓续中华文脉、传承红色基因、坚定文化自信、建设社会主义文化强国努力奋斗，以实际行动迎接党的二十大胜利召开。

发展全过程人民民主　推进法治中国建设

——在第十五届中国法学家论坛上的主旨演讲

王　晨

党的十八大以来，以习近平同志为核心的党中央不断深化对中国特色社会主义民主政治发展规律的认识，提出“全过程人民民主”“全面依法治国”“建设法治中国”等原创性重大理念。2021 年 10 月，在中央人大工作会议上，习近平总书记对全过程人民民主进行了系统全面、完整深刻的阐释，指出我国全过程人民民主实现了过程民主和成果民主、程序民主和实质民主、直接民主和间接民主、人民民主和国家意志相统一，是全链条、全方位、全覆盖的民主，是最广泛、最真实、最管用的社会主义民主。党的十九届六中全会通过的《中共中央关于党的百年奋斗重大成就和历史经验的决议》，把“发展全过程人民民主”作为习近平新时代中国特色社会主义思想的重要内容，并纳入党的十八大以来党和国家事业取得的历史性成就进行总结，从以史为鉴、开创未来的战略高度作出部署。新的征程上，我们要全面贯彻习近平新时代中国特色社会主义思想，深入学习贯彻习近平法治思想，坚持党的领导、人民当家作主、依法治国有机统一，不断发展全过程人民民主，用法治保障人民当家作主，奋力推动建设良法善治的法治中国。

一、深刻认识和把握全过程人民民主的重大理念

（一）全过程人民民主是对马克思主义民主政治理论的原创性贡献。马克思和恩格斯说过：“民主是什么呢？它必须具备一定的意义，否则它就不能存在。因此全部问题在于确定民主的真正意义。”对这一“民主之问”，中国共产党人作出了科学的回答：“人民民主是社会主义的生命，没有民主就没有社会主义，就没有社会主义的现代化，就没有中华民族伟大复兴。”党领导人民坚持中国特色社会主义民主政治发展道路，在发展社会主义民主新的伟大实践中，进一步回答了民主的时代之问、人民之问、世界之问。全过程人民民主，丰富和发展了民主的中国精神和时代内涵，是中国共产党团结带领人民追求民主、发展民主、实现民主的伟大创造，是党不断推进民主理论创新、制度创新、实践创新的重大成果，是马克思主义民主政治理论同中国具体实际相结合、同中华优秀传统文化相结合的产物，开辟了马克思主义民主政治理论新境界。

（二）全过程人民民主深刻揭示了中国特色社会主义民主政治的本质特征。人民当家作主是社会主义民主政治的本质和核心。中国共产党领导人民实行人民民主，就是保证和支持人民当家作主。全过程人民民主是人民当家作主的生动实践和必由之路。全过程人民民主，充分彰显人民主体地位，体现了国家一切权力属于人民的宪法原则，有效保证人民享有更加广泛、更加充实的权利和自由，保证人民广泛参加国家治理和社会治理，保证人民当家作主落实到国家政治生活和社会生活之中。全过程人民民主不仅有完整的制度程序，而且有完整的参与实践，让民主的理念成为人民当家作主的事实，成为扎根中国大地的制度形态和治理机制，有效防止了人民形式上有权、实际上无权等现象。全过程人民民主充分体现了我国社会主义民主政治的特点和优势，充分彰显了中国特色社会主义民主的巨大优越性。

（三）全过程人民民主为丰富和发展人类政治文明贡献了中国智慧、中国方案。民主是全人类的共同价值，而实现民主的形式是丰富多样的，不可能千篇一律，不能拘泥于刻板的模式，更不能说只有一种放之四海而皆准的评判标准。习近平总书记强调：“用单一的标尺衡量世界丰富多彩的政治制度，用单调的眼光审视人类五彩缤纷的政治文明，本身就是不民主的。”民主是中国共产党和中国人民始终不渝坚持的重要理念。经过一百年的奋斗，我们党团结带领人民实现了最广泛的人民民

主，中国人民真正成为国家、社会和自己命运的主人。在这一过程中，人民当家作主的内涵不断丰富、渠道不断拓宽、效能不断提升，我国民主不断向前推进，这在中国政治发展史乃至世界政治发展史上都是具有划时代意义的。中国的现代化，没有走西方老路，没有照搬照抄西方民主模式。全过程人民民主，既体现全人类共同价值，又具有鲜明的中国特色，为人类民主事业发展探索了新的路径，为丰富和发展人类政治文明贡献了中国智慧。

二、全过程人民民主是法治中国建设的重要基础

民主与法治是现代政治文明的基石。邓小平同志指出，“民主和法制，这两个方面都应该加强，没有广泛的民主是不行的，没有健全的法制也是不行的”。习近平总书记指出，“我们要以更大的力度、更实的措施发展社会主义民主，坚持党的领导、人民当家作主、依法治国有机统一，建设社会主义法治国家”。发展全过程人民民主与法治中国建设密切联系、相互促进，必须一体推动、一体落实，更好发挥中国特色社会主义制度的优势。

*（一）全过程人民民主是中国特色社会主义民主政治区别于西方形形色色资产阶级民主的显著特征。*民主政治的模式，特别是国家制度和政党制度模式直接决定和影响着一个国家的法治模式。社会主义法治与资本主义法治的根本区别就在于民主政治基础不同。中国的民主是中国共产党领导的人民民主，是社会主义民主，与西方国家的资产阶级民主有本质的区别。推进全面依法治国，根本目的是依法保障人民权益。我国社会主义制度保证了人民当家作主的主体地位，也保证了人民在全面推进依法治国中的主体地位。这是我们的制度优势，也是中国特色社会主义法治区别于资本主义法治的根本所在。

*（二）坚持发扬社会主义民主，形成社会政治生活充满活力、安定有序的局面，是我国社会主义民主法治建设的重要经验。*人民民主是中国共产党始终高举的旗帜。我们党始终坚持人民当家作主，发展全过程人民民主，密切联系群众，紧紧依靠人民推动国家发展，创造了经济快速发展和社会长期稳定“两大奇迹”。我国的民主，真正把发展为了人民、发展依靠人民、发展成果由人民共享落到实处，充分调动起人民的主观能动性，这是中国之治的“密码”，是中国民主的力量。习近平总书记指出：“全面依法治国最广泛、最深厚的基础是人民，必须坚持为了人民、依靠人民”，“人民权益要靠法律保障，法律权威要靠人民维护”。新的征程上，推进法治中国建设必须坚持人民主体地位，发展全过程人民民主，坚持法治为了人民、依靠人民、造福人民、保护人民，紧紧依靠人民推动法治领域改革，充分调动人民群众投身全面依法治国实践的积极性和主动性，使全体人民都成为社会主义法治的忠实崇尚者、自觉遵守者、坚定捍卫者，汇聚起为建设法治中国而团结奋斗的强大力量。

*（三）没有全过程人民民主，就没有高水平法治中国。*我国社会主义法治发展的历史经验证明，法治和民主不可分割，二者互为条件、相互保障。习近平总书记指出：“中国特色社会主义民主政治具有强大生命力，中国特色社会主义政治发展道路是符合中国国情、保证人民当家作主的正确道路”，“实践证明，我国政治制度和法治体系是适合我国国情和实际的制度，具有显著优越性”。在新征程上，人民群众对美好生活的向往更多向民主、法治、公平、正义、安全、环境等方面延展。推进法治中国建设，必须坚定不移地走中国特色社会主义民主政治发展道路，坚持以人民为中心，健全民主制度，丰富民主形式，拓宽民主渠道，发展更加广泛、更加充分、更加健全的全过程人民民主，让社会主义民主的优越性更加充分展示出来，把法治现代化建立在中国特色社会主义民主政治的基础上，确保法治现代化新道路行稳致远。

三、在法治轨道上有序推进全过程人民民主建设

发展社会主义民主政治，保证人民当家作主，必然要求全面推进依法治国，推进社会主义民主政治制度化、规范化、程序化，为党和国家兴旺发达、长治久安提供更加完善的制度保障。

*（一）发展人民民主必须坚持依法治国、维护宪法法律权威，使民主制度化、法律化。*党的十一届三中全会在深刻总结历史经验教训的基础上，提出“为了保障人民民主，必须加强社会主义法制，使民主制度化、法律化，使这种制度和法律具有稳定性、连续性和极大的权威”。党的十五大报告强调“发展民主必须同健全法制紧密结合，实行依法治国”。党的十六大报告指出“发展社会主义民主政治，最根本的是要把坚持党的领导、人民当家作主和依法治国有机统一起来”。党的十八大以来，以习近平

同志为核心的党中央对社会主义民主的认识进一步深化，加快推进社会主义民主政治制度化、规范化、程序化。党的十九大报告提出，“扩大人民有序政治参与，保证人民依法实行民主选举、民主协商、民主决策、民主管理、民主监督”。党的十九届四中全会提出，“坚持和完善人民当家作主制度体系，发展社会主义民主政治”。在以习近平同志为核心的党中央坚强领导下，民主选举、民主协商、民主决策、民主管理、民主监督全面推进，选举民主与协商民主协同推进，人民当家作主制度体系更加健全，人民依法有序政治参与不断扩大，人民的民主生活愈加丰富多彩。

（二）坚持和完善人民当家作主制度体系，用法治保障人民当家作主。我国实行工人阶级领导的、以工农联盟为基础的人民民主专政的国体，实行人民代表大会制度的政体，人民代表大会制度是我国人民当家作主的根本途径和最高实现形式，是实现全过程人民民主的重要制度载体。人民代表大会制度，坚持国家一切权力属于人民，最大限度保障人民当家作主，把党的领导、人民当家作主、依法治国有机结合起来，有效保证国家治理跳出治乱兴衰的历史周期率。人民当家作主制度体系是中国共产党和中国人民的伟大创造，有力保障人民当家作主具体地、现实地体现到党治国理政的政策措施上，具体地、现实地体现到党和国家机关各个方面各个层级工作上，具体地、现实地体现到实现人民对美好生活向往的工作上，使社会主义民主政治焕发出勃勃生机。在坚持和完善人民代表大会制度的根本政治制度基础上，我们依照宪法，实行中国共产党领导的多党合作和政治协商制度、民族区域自治制度、基层群众自治制度等基本政治制度，巩固和发展最广泛的爱国统一战线，形成了全面、广泛、有机衔接的人民当家作主制度体系，构建了多样、畅通、有序的民主渠道。我们要用法治保障人民当家作主，保证人民在党的领导下通过各种途径和形式依法管理国家事务、管理经济和文化事业、管理社会事务，使各方面制度和国家治理更好体现人民意志、保障人民权益、激发人民创造力。

（三）加快推进法治中国建设，不断发展全过程人民民主。全过程人民民主不仅强调立法过程的人民民主，也强调执法、司法、守法过程的人民民主；不仅通过民主程序将人民的意志上升为国家法律，更要通过行政机关严格执法、司法机关公正司法、全体人民守法用法将国家法律所凝聚的人民意志落到实处。在全面依法治国实践中，人民知情权、参与权、表达权、监督权得到切实保障，全过程人民民主的重大理念得到充分彰显和全面贯彻。要坚持把依法治国作为党领导人民治理国家的基本方略、把法治作为治国理政的基本方式，不断把法治中国建设推向前进。要弘扬社会主义法治精神，依照宪法法律来展开和推进国家各项事业和各项工作，保证人民平等参与、平等发展权利，维护社会公平正义，尊重和保障人权，实现国家各项工作法治化。要不断创新和深化依法治国实践，更好发挥法治固根本、稳预期、利长远的作用，更好在法治轨道上发展全过程人民民主，保证人民当家作主。

做好新时代人大工作的行动指南

——学习习近平总书记在中央人大工作会议上重要讲话的体会

王　晨

2021 年 10 月 13 日至 14 日，党中央召开了中央人大工作会议，这在党的历史上、人民代表大会制度历史上都是第一次，在我国社会主义民主政治建设进程中具有重大里程碑意义。习近平总书记在会上发表重要讲话，全面总结我国人民代表大会制度的发展历程，深刻回答新时代发展中国特色社会主义民主政治、坚持和完善人民代表大会制度的一系列重大理论和实践问题，系统阐述全过程人民民主的重大理念，明确提出了做好人大工作的重大原则、思路举措、重点任务，为新时代坚持和完善人民代表大会制度、加强和改进人大工作提供了科学指引和行动指南。我们要认真学习、全面贯彻习近平总书记重要讲话精神，毫不动摇坚持、与时俱进完善人民代表大会制度，不断开创人大工作新局面，切实担负起新时代赋予人大工作的历史使命。

一、认真学习领会习近平总书记关于坚持和完善人民代表大会制度的重要思想，坚定历史自信，把人民代表大会制度坚持好、完善好、发展好

习近平总书记在中央人大工作会议上指出，“人民代表大会制度是符合我国国情和实际、体现社会主义国家性质、保证人民当家作主、保障实现中华民族伟大复兴的好制度，是我们党领导人民在人类政治制度史上的伟大创造，是在我国政治发展史乃至世界政治发展史上具有重大意义的全新政治制度”。60多年特别是改革开放40多年来，人民代表大会制度坚持中国共产党领导，坚持国家一切权力属于人民，把党的领导、人民当家作主、依法治国有机统一起来，正确处理事关国家前途命运的一系列重大政治关系，有效保证国家沿着社会主义道路前进，有效保证国家治理跳出“其兴也勃焉，其亡也忽焉”的治乱兴衰历史周期率，有效保证国家政治生活既充满活力又安定有序，为我们党领导人民创造经济快速发展奇迹和社会长期稳定奇迹提供了重要制度保障，也为世界政治发展史上的国家治理提供了中国方案。

制度竞争是综合国力竞争的重要方面，制度优势是一个国家赢得战略主动的重要优势。当前，“中国之治”和“西方之乱”形成鲜明对比，充分展现了中国特色社会主义制度的巨大优越性，充分彰显了我国人民代表大会制度的政治优势和治理效能，进一步增强了我们坚定人民代表大会制度这一根本政治制度自信的底气。对于党领导人民历经千辛万苦、付出巨大代价建立的这一国家根本政治制度，我们必须倍加珍惜、长期坚持，全面贯彻、不断完善。

党的十八大以来，以习近平同志为核心的党中央立足新的历史方位，从坚持党的领导、巩固中国特色社会主义制度的战略高度出发，坚持中国特色社会主义政治发展道路，坚定不移推进社会主义民主政治建设，全面加强党对人大工作的领导，通过完善制度体系保证人民有序参与国家治理、实现人民当家作主，指导推动人大工作取得历史性成就。在中央人大工作会议上，习近平总书记深入总结新时代推进人民代表大会制度理论和实践创新的新理念新思想新要求，明确提出“六个必须坚持”，即：必须坚持中国共产党领导；必须坚持用制度体系保障人民当家作主；必须坚持全面依法治国；必须坚持民主集中制；必须坚持中国特色社会主义政治发展道路；必须坚持推进国家治理体系和治理能力现代化。同时，习近平总书记对加强和改进新时代人大工作作出部署要求，提出六个方面的重要任务，即：全面贯彻实施宪法，维护宪法权威和尊严；加快完善中国特色社会主义法律体系，以良法促进发展、保障善治；用好宪法赋予人大的监督权，实行正确监督、有效监督、依法监督；充分发挥人大代表作用，做到民有所呼、我有所应；强化政治机关意识，加强人大自身建设；加强党对人大工作的全面领导。习近平总书记提出的新思想新理念新要求思想深邃、内涵丰富，体现出对人民代表大会制度发展规律、社会主义民主政治发展规律的深刻认识和科学把握，标志着习近平总书记关于坚持和完善人民代表大会制度的重要思想正式形成，是习近平新时代中国特色社会主义思想的重要组成部分。我们要把深入学习贯彻习近平总书记关于坚持和完善人民代表大会制度的重要思想作为当前和今后一个时期的重大政治任务，切实增强贯彻落实的思想自觉、政治自觉、行动自觉，创造性地开展工作，真正把人民代表大会制度坚持好、完善好、发展好。

中央人大工作会议以来，全国人大和地方各级人大结合实际，深入开展多种形式的学习宣传贯彻活动，努力将学习成果转化为新的工作成效。全国人大常委会坚持在保证立法质量的前提下加快立法步伐，4个月来相继制定家庭教育促进法、陆地国界法、湿地保护法、噪声污染防治法、反有组织犯罪法，修改审计法、科学技术进步法、种子法、工会法、民事诉讼法等，审议地方组织法修正草案和有关黄河保护、反电信网络诈骗等法律草案；听取审议固体废物污染环境防治法执法检查报告，国有自然资源资产管理情况的专项报告，2020年度审计整改报告，代表建议、批评和意见办理情况的报告等。这些工作的开展，有利于更好保证党的路线方针政策和决策部署在国家工作中全面贯彻和有效执行，有利于更好把人民当家作主具体地、现实地体现到党治国理政的政策措施上来，具体地、现实地体现到党和国家机关各个方面各个层级工作上来，具体地、现实地体现到实现人民对美好生活的向往上来。

二、深入学习贯彻全过程人民民主重大理念，把保证人民当家作主贯穿人大工作全过程各环节

民主是全人类的共同价值，是中国共产党和中国人民始终不渝坚持的重要理念，也是社会主义核心价值观的基本内容。2019年11月，习近平总书记在上海虹桥街道考察全国人大常委会法工委基层立法联系点时，提出我国的“人民民主是一种全过程的民主”。2021年7月，在庆祝中国共产党成立100周年大会上，习近平总书记强调要“践行以人民为中心的发展思想，发展全过程人民民主”。2021年10月，在中央人大工作会议上，习近平总书记对民主问题特别是全过程人民民主作出系统阐述，鲜明提出评判民主的“八个能否”、“四个要看、四个更要看”标准，概括了我们党始终高举人民民主的旗帜、坚持和发展人民民主的“五个基本观点”，即：人民民主是社会主义的生命，没有民主就没有社会主义，就没有社会主义的现代化，就没有中华民族伟大复兴；人民当家作主是社会主义民主政治的本质和核心，发展社会主义民主政治就是要体现人民意志、保障人民权益、激发人民创造活力，用制度体系保证人民当家作主；中国特色社会主义政治发展道路是符合中国国情、保证人民当家作主的正确道路，是近代以来中国人民长期奋斗历史逻辑、理论逻辑、实践逻辑的必然结果，是坚持党的本质属性、践行党的根本宗旨的必然要求；人民通过选举、投票行使权利和人民内部各方面在重大决策之前进行充分协商，尽可能就共同性问题取得一致意见，是中国社会主义民主的两种重要形式，共同构成了中国社会主义民主政治的制度特点和优势；发展社会主义民主政治关键是要把我国社会主义民主政治的特点和优势充分发挥出来，不断推进社会主义民主政治制度化、规范化、程序化，为党和国家兴旺发达、长治久安提供更加完善的制度保障。习近平总书记的这些重要论述，全面系统阐明了我们党关于民主的立场、观点、方法，深刻指出了我国全过程人民民主的本质特征和实践要求，形成了完整的社会主义民主政治理论体系，体现出深邃的政治思维、理论思维、实践思维，标志着我们党对民主政治发展规律的认识达到新的高度，为新时代坚持和完善人民代表大会制度、发展中国特色社会主义民主政治提供了根本遵循，为推动人类政治文明发展贡献了中国智慧。

如何把民主价值和理念转化为科学有效的制度安排，转化为具体现实的民主实践，需要注重历史和现实、理论和实践、形式和内容有机统一，找到正确的体制机制和方式方法。人民代表大会制度是保证人民当家作主的根本政治制度。习近平总书记关于“人民代表大会制度是实现我国全过程人民民主的重要制度载体”的重要论述，进一步拓展和深化了人民代表大会制度的科学内涵、特征优势和实践要求，对新时代坚持和完善人民代表大会制度、加强和改进人大工作提出了新的更高要求。我们要深刻认识发展全过程人民民主就是支持和保证人民当家作主，就是更好坚持和完善人民代表大会制度，把推进全过程人民民主建设作为发展社会主义民主政治的重要内容，贯穿到人大工作全过程各环节。

发展全过程人民民主，必须坚持党的领导、人民当家作主、依法治国有机统一，保证国家一切权力属于人民，有效维护和发展最广大人民的根本利益。要在党的领导下，不断健全完善保证人民当家作主的制度体系，不断扩大人民有序政治参与，加强人权法治保障，保证人民依法享有广泛权利和自由。要完善人民通过法定途径、方式、程序参与国家治理各方面各环节工作的制度机制，确保党和国家在决策、执行、监督落实各个环节都能听到来自人民的声音。要完善人大的民主民意表达平台和载体，通过调研、座谈、论证、咨询、听证、公开征求意见、基层立法联系点等方式，推进人大协商、立法协商，最大限度吸纳民意、汇集民智、凝聚民力，把各方面社情民意统一于最广大人民根本利益之中。要更好发挥我国全过程人民民主完整的制度程序和完整的参与实践优势，让其始终成为实现过程民主和成果民主、程序民主和实质民主、直接民主和间接民主、人民民主和国家意志相统一的全链条、全方位、全覆盖的民主，始终体现最广泛、最真实、最管用的社会主义民主性质。要始终保持政治上的清醒，坚定不移走中国特色社会主义政治发展道路，坚定人民代表大会制度自信，决不走西方“宪政”、多党竞选、“三权鼎立”、“两院制”、“司法独立”的路子。要加强对中国特色社会主义民主政治、人民代表大会制度的理论研究和宣传阐释，讲清楚我国民主政治制度的特点和优势，讲好中国的民主故事。

三、按照“四个机关”要求加强人大自身建设，推动新时代人大工作高质量发展

习近平总书记强调，各级人大及其常委会要“成为自觉坚持中国共产党领导的政治机关、保证人民当家作主的国家权力机关、全面担负宪法法律赋予的各项职责的工作机关、始终同人民群众保持密切联系的代表机关”。这些重要论述准确把握、鲜明体现了人大及其常委会的政治属性、法定职责、工作特点，具有很强的针对性和指导性，为新时代加强人大自身建设指明了方向。各级人大及其常委会要扎扎实实按照“四个机关”要求，坚持以政治建设为统领，强化政治机关意识，加强思想政治、组织制度、纪律作风建设，努力打造政治坚定、服务人民、尊崇法治、发扬民主、勤勉尽责的人大工作队伍，推动新时代人大工作高质量发展。

一是坚持党对人大工作的全面领导这一最高政治原则。习近平总书记指出，“人民代表大会制度是党领导国家政权机关的重要制度载体，也是党在国家政权中充分发扬民主、贯彻群众路线的重要实现形式。”要毫不动摇坚持党的全面领导，深刻认识“两个确立”的决定性意义，增强“四个意识”、坚定“四个自信”、做到“两个维护”，把党的政治建设摆在首位，认真执行党的领导各项制度，不断提高政治判断力、政治领悟力、政治执行力。要不折不扣贯彻落实习近平总书记重要指示要求和党中央决策部署，紧紧围绕党和国家工作大局谋划推进人大工作，善于使党的主张通过法定程序成为国家意志。要严格执行请示报告制度，凡是重大问题、重要事项、重点工作，都要按规定及时向党中央或同级党委请示报告，确保人大各项工作都在党的领导下进行。

二是充分发挥国家权力机关的职能作用。要维护宪法权威，加强宪法实施监督，用科学有效、系统完备的制度体系保证宪法确立的制度、原则、规则得到全面实施。要加强和改进立法工作，加快完善中国特色社会主义法律体系，在立法中推进全过程人民民主，确保每一项立法都符合宪法精神、反映人民意愿、得到人民拥护，以良法促进发展、保障善治。要更好发挥人大监督在党和国家监督体系中的重要作用，坚持围绕中心、服务大局、突出重点，聚焦党中央重大决策部署，聚焦人民群众所思所盼所愿，推动解决经济社会发展的突出矛盾和问题，坚持正确监督、有效监督、依法监督，不断提升人民群众的获得感、幸福感。要推动立法、监督、人事任免、重大事项决定等各项工作制度创新完善，形成充满活力、运行高效的运行机制，充分发挥国家权力机关职能作用，推动人大工作高质量发展，让人民代表大会制度优势更好转化为国家治理效能。

三是密切联系人民群众，充分发挥人大代表作用。要把好人大代表和常委会组成人员“入口关”，突出政治标准，注重履职能力，优化人员结构，保证代表充分代表人民发挥作用。人大代表和常委会组成人员要站稳政治立场，履行政治责任，加强思想作风建设，严格遵守政治纪律，模范遵守宪法法律；要忠实代表人民利益和意志，认真履行法定职责，依法参加行使国家权力，保证人民当家作主；要充分发挥来自人民、扎根人民的特点优势，丰富联系人民群众的内容和形式，虚心听取人民群众意见建议，及时反映人民群众心声，让各项工作更好接地气、察民情、聚民智、惠民生，做到民有所呼、我有所应，真正代表和反映人民意愿。

四是加强人大机关工作队伍建设。人大机关工作队伍是各级人大及其常委会依法行使国家权力的参谋助手，是坚持和完善人民代表大会制度、推进社会主义民主政治建设、加快社会主义法治建设的重要力量。做好新时代人大工作，离不开一支具有丰富的政治、法律、经济、社会、文化等各方面知识的人才队伍。要牢固树立社会主义民主政治和法治理念，做到忠诚于党、忠诚于国家、忠诚于人民、忠诚于宪法法律，不断提升服务保障人大及其常委会全面担负宪法法律赋予各项职责的能力水平，切实当好“四个机关”的参谋助手，推动新时代人大工作实现更高质量发展。

大力弘扬北京冬奥精神加强体育法治建设为体育事业高质量发展提供有力法治保障

——在国家体育总局专题调研时的讲话

（2022 年 4 月 15 日）

王 晨

这次我们来国家体育总局就《中华人民共和国体育法》修订工作进行专题调研，是为了深入学习贯彻习近平总书记关于体育的重要论述，特别是总书记在北京冬奥会、冬残奥会总结表彰大会上的重要讲话精神，进一步了解体育法的实施情况和存在的问题，共同研究加强体育法治建设，为推进体育治理体系和治理能力现代化、加快体育强国和健康中国建设、推动我国体育事业高质量发展提供更加有力的法治保障。

国家体育总局对这次调研活动十分重视。昨天，调研组到国家速滑馆、中国反兴奋剂中心，实地考察冬奥场馆赛后运行情况和反兴奋剂工作情况。国家速滑馆是北京冬奥会的标志性建筑，规模宏大、设备先进、注重环保，“当惊世界殊”，令人震撼。今天会前，还参观了国家体育总局训练局荣誉馆，观摩了国家体操队、跳水队日常训练，与运动员和教练员交流。刚才，苟仲文局长介绍了体育事业发展情况，教育部、北京市政府、清华大学、体育协会的负责同志和运动员代表、专家学者、体育企业负责人也结合各自工作，从赛事筹办、运动员权益保障、全民体育与竞技体育关系、国内法与国际规则的接轨、体育仲裁制度等方面作了发言。大家都讲得很好，有总体介绍，也有具体案例，有深入思考，也有建设性意见，听了之后很受启发。我们要在体育法修订工作中认真研究吸纳。

下面，结合体育法治建设，我讲几点意见。

一、习近平总书记关于体育的重要论述是做好新时代体育工作的根本遵循

党的十八大以来，习近平总书记站在国家强盛、民族复兴的战略高度，就发展体育事业作出一系列重要指示批示，对体育领域的若干重大关系和基本问题进行了顶层设计和系统部署，提出一系列新理念新思想新战略。特别是习近平总书记今年 4 月 8 日在北京冬奥会、冬残奥会总结表彰大会上发表重要讲话，全面回顾七年筹办备赛的不凡历程，充分肯定中国体育代表团取得的优异成绩，深刻总结筹备举办的宝贵经验，对弘扬北京冬奥精神、运用好冬奥遗产、加快体育强国建设等提出了明确要求。习近平总书记强调，要坚持以增强人民体质、提高全民族身体素质和生活质量为目标，高度重视并充分发挥体育在促进人的全面发展中的重要作用，继续推进体育改革创新，加强体育科技研发，完善全民健身体系，增强广大人民群众特别是青少年体育健身意识，增强我国竞技体育的综合实力和国际竞争力，加快建设体育强国步伐。

习近平总书记关于体育的指示批示和重要论述，内容十分丰富，思想十分深刻。我们学习理解，以下几个方面的内容尤为重要：**一是**坚持党对体育事业的全面领导。要坚持党的领导，这是党和国家的根本所在、命脉所在，是全国各族人民的利益所在、幸福所在，也是体育事业发展的根本保证。**二是**坚持推进体育强国建设。建设体育强国是全面建设社会主义现代化国家的重要组成部分，是实现中华民族伟大复兴中国梦的必然要求。我们要在本世纪中叶建成社会主义现代化强国，如果体育拖后腿，那就算不上强国。**三是**加快体育改革创新步伐。科学研判体育发展面临的新形势，坚持问题导向，聚焦重点领域和关键环节，深化改革创新，不断开创体育事业发展新局面。**四是**弘扬中华体育精神。广大体育工作者在长期实践中总结出以“为国争光、无私奉献、科学求实、遵纪守法、团结协作、顽强拼搏”为主要内容的中华体育精神。在冬奥申办、筹办、举办过程中，共同创造了“胸怀大局、自信开放、迎难而上、追求卓越、共创未来”的北京冬奥精神。要将弘扬中华体育精神与培育和践行社会

主义核心价值观结合起来，切实抓紧抓好体育文化建设。**五是**广泛开展全民健身活动。要充分认识体育对提高人民健康水平的积极意义，普及全民健身运动，通过全民健身实现全民健康。**六是**培育青少年强健体魄。少年强、青年强则中国强。要深入贯彻落实“健康第一”的教育理念，把体育和文化教育有机结合起来，在深化体教融合中促进青少年健康成长。**七是**发扬奥林匹克精神，促进竞技体育更好更快更高更强，团结友谊和平的奥林匹克精神在中国深入人心。我国从体育大国向体育强国迈进，需要增强竞技体育综合实力，坚持和完善竞技体育举国体制，全面提升为国争光能力。**八是**坚决推进反兴奋剂斗争。树立“拿道德金牌、风格金牌、干净金牌”理念，构建反兴奋剂长效治理体系，坚决做到兴奋剂问题“零出现”、“零容忍”。**九是**加强体育行业作风建设。把体育工作作为社会主义精神文明建设的重要组成部分，反对“黑哨”等体育领域不良现象，讲求体育道德，体现体育风尚。**十是**加强中外体育人文交流。将体育作为对外交往的重要手段和推动构建人类命运共同体的重要途径，提升我国在全球体育治理格局中的参与度和贡献度。

习近平总书记关于体育的重要论述，擘画了我国体育事业发展的宏伟蓝图，为做好新时代体育工作提供了根本遵循，为我国体育法治建设指明了前进方向。我们要坚持以习近平新时代中国特色社会主义思想为指导，坚决贯彻落实好党中央关于新时代中国特色社会主义体育发展的功能定位、基本方针、目标任务、实践要求等决策部署，大力弘扬北京冬奥精神，加快体育强国建设，以更加坚定的自信、更加坚决的勇气，奋力推动我国体育事业高质量发展。

二、深入总结我国体育事业发展的成就和经验，清醒认识面对的困难和问题

党的十八大以来，在以习近平同志为核心的党中央坚强领导下，我国体育事业取得长足发展，迈上了新的台阶。全民健身国家战略深入实施，全民健身公共服务体系不断完善，人均体育场地面积、每千人拥有的体育社会指导员数、经常参加体育锻炼的人数比例都有了很大提高；多次成功举办国际国内重要赛事，特别是北京冬奥会、冬残奥会如期安全顺利举办，向世界奉献了一届简约、安全、精彩的奥运盛会，极大地激发了海内外中华儿女万众一心、接续奋斗的昂扬激情；竞技体育方面成绩斐然，运动健儿勇于拼搏，为国争光，里约奥运会、东京奥运会均跻身金牌榜前三位，北京冬奥会、冬残奥会更是分别取得9枚金牌、15枚奖牌和18枚金牌、61枚奖牌的历史最好成绩；学校体育不断加强，青少年体育活动广泛开展，青少年参加体育活动的意识不断增强，竞技体育后备人才培养取得新进展；体育产业发展迅速，潜力巨大，在国民经济中的地位和作用显著提升，已逐渐成为经济转型发展的新动能；体育法治建设不断完善，制定修改一系列法规规章，等等。这些成绩的取得，是以习近平同志为核心的党中央坚强领导的结果，是广大体育工作者不懈努力、辛勤付出的丰硕回报。在座的大多数同志都参与了这一事业，是这项重要工作的实践者、参与者、贡献者，有的同志还是这些可喜成绩的获得者、创造者，要向你们表示诚挚的祝贺和衷心的感谢！感谢大家为我国体育事业做出的贡献，给予全国人民精神上的巨大鼓舞和激励。

我国体育事业发展取得巨大成就的同时，也积累了宝贵的经验。**一是**坚持党的集中统一领导。新中国成立70多年来的体育实践证明，坚持党的领导是我国体育事业发展的根本经验，是战胜前进道路上的各种艰难险阻、做好各项体育工作的根本保证。**二是**坚持以人民为中心。体育是关系人民健康和幸福的事业，是人民美好生活的重要组成部分。1952年，毛泽东同志为中华全国体育总会成立题词“发展体育运动，增强人民体质”，明确了我国体育事业发展的根本方针和任务。习近平总书记强调，要坚持以人民为中心的思想，把人民作为发展体育事业的主体，把满足人民健身需求、促进人的全面发展作为体育工作的出发点和落脚点。三是坚持集中力量办大事。举国体制蕴藏着社会主义的独特制度优势，体现了我国非凡的组织动员能力、统筹协调能力和贯彻执行能力。北京冬奥会、冬残奥会的成功举办，再次充分证明了这一宝贵经验。

我国体育事业发展取得的巨大成就来之不易，取得的成功经验弥足珍贵。我们办成了许多发达国家办不成的事情，我国的体育事业是走在世界前列的。与此同时，要清醒地看到，当前体育事业发展仍然面临一些突出困难和问题，其中有一些是发展不平衡不充分的问题，例如全民健身公共服务体系不健全，竞技体育项目发展不均衡，核心竞争力不强，体育组织发展不规范，体育产业发展不平衡，青少年体质存在下降趋势；还有一些是体育事业发展中遇到的新问题，例如体育仲裁缺失，兴奋剂问

题带来的政治风险等。我们要系统总结经验，坚持问题导向，统筹推进体育法治体系建设，更好发挥法治的引领、规范和保障作用，推动我国体育事业发展再上新台阶。

三、修改完善好体育法，为建设体育强国提供有力法治保障

我国宪法第二十一条明确规定："国家发展体育事业，开展群众性的体育活动，增强人民体质。"宪法的这一要求在体育法中得到贯彻和体现。作为体育领域的基础性法律，体育法自 1995 年制定实施以来，各级政府及有关部门、各有关方面积极践行立法宗旨，认真落实法律规定，广泛开展普法宣传，法律实施成效显著。体育法中很重要的一点，就是发展我国体育事业的主要责任在各级政府及其有关部门。

全国人大常委会正在对体育法修订草案进行审议，这是该法制定实施以来首次大的修改，是推动我国体育法治建设发展的一项重大举措。我们要深入学习贯彻习近平总书记关于体育的重要论述精神，系统总结我国体育事业发展经验，准确把握建设体育强国这一"国之大者"的深刻内涵和实践要求，注重加强顶层设计，对构建完善体育法治体系进行通盘考虑和系统规划，推动群众体育、青少年和学校体育、竞技体育、体育产业、体育文化等各方面协同发展，充分发挥体育在全面建设社会主义现代化国家新征程中的重要作用。针对有关方面提出的体育法有些规定过于原则、可操作性不强的意见建议，要坚持实事求是的原则，对于各方面形成共识、能够规定清楚的，要尽可能作出明确规定；对于缺少实践基础、需要进一步探索的，可以作出前瞻性的原则规定，或者提前安排、预留接口，为下一步细化立法留下空间。

体育法修改与人民群众利益直接相关，社会各界高度关注。修法过程中，要深入践行全过程人民民主理念，坚持科学立法、民主立法、依法立法，汇聚民心民意，凝聚广泛共识。下一步，要继续做好以下工作：**一是**广泛征求意见。体育法修订草案初次审议后，已经征求了各方面意见，进行了修改完善，二审后还要进一步征求各方面意见。今天的座谈会上，来自不同工作岗位的同志为立法决策积极建言献策，这也是全过程人民民主的生动实践。**二是**扎实开展立法调研。通过这两天的调研座谈，我们更加深入了解了我国体育事业发展取得的成就，以及当前体育领域存在的实际困难。宪法法律委、社会建设委、法工委要认真梳理研究各方面意见，密切同体育总局等方面的沟通，研究解决体育领域存在的根本性、基础性、整体性问题，为我国体育事业长远发展搭建好"四梁八柱"，确保修改出一部让党中央放心、让人民群众满意、符合新时代发展需求的体育法，更好运用法治方式推动我国体育事业发展，以实际行动迎接党的二十大胜利召开。

在白俄罗斯法律家联盟第十届大会开幕式上的视频致辞

（2022 年 5 月 27 日）

中共中央政治局委员、全国人大常委会副委员长、中国法学会会长　王　晨

尊敬的各位同事，

女士们，先生们，朋友们：

值此白俄罗斯法律家联盟第十届大会开幕之际，我谨代表中国法学会向大会的召开致以热烈的祝贺！

今年是中白建交 30 周年。30 年来，两国关系砥砺前行，传统友好历久弥坚。在习近平主席与卢卡申科总统的共同引领下，双方政治互信牢不可破，已经成为相互信任、合作共赢的全面战略伙伴。双方共建"一带一路"合作稳步推进，双边贸易额在 30 年间增长 50 倍，中白工业园、中欧班列等一批大项目落地开花，各领域合作成果丰硕，树立了国与国友好交往、互利合作的典范。新冠肺炎疫情发生后，两国守望相助、携手应对，彰显风雨同舟的兄弟情谊。

习近平主席高度重视法治在共建"一带一路"进程中的重要作用，深刻指出推动共建"一带一路"，需要法治进行保障。中国坚持开放包容、互利

互赢,愿同各方一道,积极开展国际法治合作,构建公正、合理、透明的国际经贸规则体系,推动共建“一带一路”高质量发展,更好造福各国人民。这为我们积极开展“一带一路”法治合作指明了方向。

白俄罗斯法律家联盟是中国法学会多年的好朋友。双方携手同行、共谋发展,围绕“一带一路”法治合作开展了形式多样、内容丰富的交流活动,务实合作不断深化。米茨克维奇主席曾于2018年来华出席“一带一路”法治合作国际论坛,之后又两次以视频方式出席中国法治国际论坛,充分体现了对深化双边法治交流合作的高度重视。中国法学会愿同白俄罗斯法律家联盟一道努力,以两国建交30周年为契机,进一步凝聚法治共识、增进法治互信,共同推动两国法治合作不断走深走实,为高质量共建“一带一路”贡献法治力量。

女士们、先生们,

当下,世界之变、时代之变、历史之变正以前所未有的方式展开,人类还未走出世纪疫情阴霾,又面临新的传统安全风险,全球经济复苏仍脆弱乏力,世界进入新的动荡变革期。各国人民对和平发展的期盼更加殷切,对公平正义的呼声更加强烈,对合作共赢的追求更加坚定。作为国际法治的坚定维护者和积极建设者,中方愿同各国法学法律界并肩奋斗,坚定维护以联合国为核心的国际体系,坚定维护以国际法为基础的国际秩序,坚定维护以联合国宪章宗旨和原则为基础的国际关系基本准则,坚持真正的多边主义,共同维护世界和平安宁;坚定维护以世界贸易组织为核心的多边贸易体制,深化国际法治合作,共同促进经济复苏;践行共商共建共享的全球治理观,弘扬全人类共同价值,推动全球治理变革,推动构建人类命运共同体。

中国有句古话,单则易折,众则难摧。让我们和衷共济、行而不辍,努力汇聚起法治合作共赢的伟力,战胜前进道路上的各种挑战,共同创造更加美好的明天。

预祝大会取得圆满成功!

在湖南调研时的讲话

(2022年6月8日)

王　晨

这次来湖南,主要是学习贯彻习近平总书记在中央人大工作会议上的重要讲话精神,围绕持续深入贯彻落实中央人大工作会议各项部署要求进行调研,围绕党和国家大局,推动进一步做好新时代人大工作,聚焦人民美好生活需要,长期坚持和不断完善人民代表大会制度,更好地把我们的制度优势转化为国家治理效能。

湖南省委、省人大对这次调研十分重视,省委书记张庆伟同志在外出开会前作了安排,省委副书记朱国贤同志主持今天的座谈会并全面介绍了省委贯彻落实中央人大工作会议精神的情况。省人大常委会党组书记、副主任刘莲玉同志,长沙市人大常委会主任文树勋同志分别介绍了湖南省人大和长沙市人大的贯彻落实情况。谢良琼、王军两位省市人大代表结合履职情况作了发言。大家讲的都很好,让我们了解了不少情况,很受鼓舞,留下很深印象。大家在发言中提到的一些意见建议,包括对有关法律的修改意见,我们将带回去认真研究,积极推动落实。

湖南是一方红色热土,是中国共产党和中国革命的重要策源地之一,是毛主席的家乡,大批共产党人在这片土地上谱写了感天动地的英雄壮歌。习近平总书记一直牵挂着三湘大地的建设发展,党的十八大以来先后三次莅临湖南考察,为湖南的经济社会发展把脉定向。2020年考察时,习近平总书记从党和国家战略全局高度,对湖南提出了“三高四新”的奋斗目标,即打造国家重要先进制造业、具有核心竞争力的科技创新、内陆地区改革开放的高地,在推动高质量发展上闯出新路子,在构建新发展格局中展现新作为,在推动中部地区崛起和长江经济带发展中彰显新担当,奋力谱写新时代坚持和发展中国特色社会主义的湖南新篇章。我们要深入学习领会,全面准确把握,坚决贯彻落实。

近年来,湖南省面对艰巨繁重的改革发展稳定任务和新冠肺炎疫情冲击,在以习近平同志为核心的党中央坚强领导下,坚持以习近平新时代中国特色社会主义思想为指导,深入学习贯彻党的十九大和十九届历次全会精神,全面贯彻落实习近平总书记对湖南的重要讲话和重要指示精神，坚持稳中求进工作总基调，统筹疫情防控和经济社会发展，坚定不移贯彻新发展理念，推动高质量发展，经济结构不断优化，生态文明建设取得新发展，民生福祉达到新水平，与全国同步历史性地解决了绝对贫困问题，全面建成小康社会。就人大工作来说，各级人大深入学习贯彻习近平总书记关于坚持和完善人民代表大会制度的重要思想，认真落实党中央重大决策部署和党委工作要求，切实履行宪法法律赋予的各项职权，扎实推进人大立法、监督、代表等各项工作，助力地方经济社会高质量发展取得新进展。

第一，学习贯彻习近平总书记重要讲话和中央人大工作会议精神举措实、有成效。中央人大工作会议召开以来，湖南省各方面认真学习贯彻会议精神，及时作出工作部署，抓好推动落实。省委召开了贯彻落实会议精神推进会，张庆伟书记作了讲话，提出明确要求；组织开展中央人大工作会议和省委推进会贯彻落实情况的专项督查调研。省人大常委会突出系统谋划，作出开展一轮宣讲、召开一个会议、出台一个文件、进行一轮督查、开展一次回头看“五个一”的总体安排部署，制定落实方案和责任分工办法，加强宣传阐释和理论研究，确保会议精神转化为具体举措和务实行动，融入到立法、监督、代表等各项工作中，推动人大工作更好服务中心大局。长沙市人大在常委会上就贯彻落实会议精神也作了具体安排。这些充分表明，湖南省市两级领导对深入学习贯彻习近平总书记在中央人大工作会议上的重要讲话和会议精神是高度重视的，抓学习、促落实要求明确，提出的贯彻落实举措扎实可行，组织学习宣传活动富有成效，工作走深走实，取得明显效果。

第二，地方立法工作创新发展，再上新台阶。自觉把地方立法工作放在党和国家工作大局中考虑、谋划和推进，坚持立法决策与重大改革决策相衔接，加强重点领域、新兴领域立法，深入推进科学立法、民主立法、依法立法，增强地方立法特色，为地方经济社会发展提供了坚实法治保障。比如，省人大常委会坚持以人民为中心的立法理念，立法工作聚焦“学位、床位、车位、厕位”等人民群众关注的急难愁盼问题，推进惠民立法取得更多成果。据了解，2018 年以来，先后制定和修改了学校学生人身伤害事故预防和处理、物业管理、中小学校幼儿园规划建设、现场救护等 10 余件民生领域立法，依法推进民生福祉，保证人民群众更好地共享改革发展成果。又比如，习近平总书记考察湖南时用“十步之内必有芳草”来高度评价湖南省丰富的红色资源。省人大常委会立足人大职能作用，积极贯彻省委决策部署，运用法治思维和法治方式加强红色资源保护利用，推进红色资源保护有关立法工作取得很好效果。我记得，在去年召开的第二十七次全国地方立法工作座谈会上，湖南就作了“红色资源保护和利用条例”的立法情况介绍，令人印象深刻。再比如，长沙市人大贯彻统筹发展和安全的要求，制定了“烟花爆竹安全生产与产业引导条例”，推进传统产业转型发展，《人民日报》以“为产业发展提供坚实的法治保障”作了宣传报道。长沙“4·29”特别重大居民自建房倒塌事故后，省人大常委会积极运用法治力量防范化解重大安全风险，吸取深刻教训，已经启动了“居民自建房屋工程质量和安全生产管理若干规定（草案）”起草工作，而且要加强依法依规检查。人大工作一定要坚持问题导向，充分运用法治思维、法治方式全力遏制类似事故的发生，推动经济社会安全稳定发展。

第三，坚持正确监督、有效监督、依法监督，人大监督刚性和实效明显增强。全面贯彻实施宪法法律要求，科学确定监督议题，创新监督方式，加大监督力度。比如，2021 年，省人大开展扫黑除恶常态化机制化专题调研，聚焦扫黑除恶“打伞破网”，首次听取审议省监察委员会专项工作报告，推动在深挖彻查、“伞网”界定、完善机制、行业整治等方面下更大功夫，为平安湖南建设提供有力支撑。长沙市人大围绕推进供给侧结构性改革和做大做强实体经济，开展“放管服”改革专题询问和全市营商环境、民营经济发展、招投标工作等专题调研，作出设立长沙“企业家日”的决定，助推长沙连续两年获评国际化营商环境建设标杆城市。

第四，充分发挥人大代表主体作用，不断深化拓展代表工作。认真贯彻中央加强和改进人大代表工作要求，强化代表机关建设，支持和保障代表依法履职，密切同人大代表和人民群众的联系。比如，省人大不断丰富代表履职形式，推进民生实事代表票决制，基层民生实事人大代表票决工作在全省 1524 个乡镇如期实现全覆盖，并在 26 个县市区本级实行，加强票决事项的跟踪监督，努力把民生实事办好办实，真正办到老百姓心坎上。长沙市人大全面建立代表活动室、代表联络站和网上平台“三位一体、线上线下双轮驱动”的代表工作体系，全市建成 1019 个代表活动室，实现五级人大代表全员进站履职，形成“代表议事会”、“民声工作室”、“代表讲堂”等代表活动品牌。

第五，紧扣提升履职能力和工作水平，持续加强自身建设取得新进展。坚持以党的政治建设为统领，结合“四史”学习，巩固深化“不忘初心、牢记使命”主题教育成果，自觉运用党的创新理论武装头脑、推动工作。省人大坚持党对人大工作的全面领导，加强创新理论武装，坚持第一议题制度，及时跟进学习习近平总书记重要讲话指示精神，深入学习党的十九届六中全会精神，在领悟“两个确立”中坚决做到“两个维护”，提高政治能力。长沙市十五届人大期间选派19名干部援藏、下基层锻炼和帮助企业疫情防控、乡村振兴、产业链建设等全市中心工作，促进机关干部在实践中长才干、在基层工作中强能力。

这次中央人大工作会议的召开，对于人大制度建设和人大工作发展具有里程碑意义，充分体现了以习近平同志为核心的党中央对人民代表大会制度和人大工作的高度重视和关怀期望，彰显了我们党坚定不移走中国特色社会主义政治发展道路的决心和信心。对这次会议，我体会有几点特别需要我们予以重视和把握。一是党中央专门召开人大工作会议，习近平总书记发表重要讲话，这在我们党的历史上和国家制度建设史上都是第一次，意义十分重大。二是会议的召开标志着习近平总书记关于坚持和完善人民代表大会制度的重要思想正式形成，为做好新时代的人大工作提供了根本遵循和行动指南。三是习近平总书记全面系统完整地阐述了全过程人民民主的重大理念、重大思想，为人类民主政治发展贡献了中国智慧、中国方案。新征程上，我们要持续深入学习贯彻好中央人大工作会议精神，把握好“四个机关”定位要求，全面履行宪法法律赋予的各项职责，不断开创人大工作新局面。

一要深入学习贯彻习近平总书记关于坚持和完善人民代表大会制度的重要思想，坚定制度自信。人民代表大会制度是中国特色社会主义制度的重要组成部分，也是支撑中国国家治理体系和治理能力的根本政治制度。60多年来特别是改革开放40多年来，人民代表大会制度不断得到巩固和发展，展现出蓬勃生机活力。党的十八大以来，以习近平同志为核心的党中央立足新的历史方位，统筹中华民族伟大复兴战略全局和世界百年未有之大变局，从坚持党的领导、巩固中国特色社会主义制度的战略高度出发，坚持中国特色社会主义政治发展道路，坚定不移推进社会主义民主政治建设，全面加强党对人大工作的领导，通过完善制度体系保证人民有序参与国家治理、实现人民当家作主，指导推动人大工作发生历史性变革、取得历史性成就。在中央人大工作会议上，习近平总书记深入总结新时代推进人民代表大会制度理论和实践创新的新理念新思想新要求，明确提出“六个必须坚持”，对加强和改进新时代人大工作提出六个方面的重要任务，体现出对人民代表大会制度发展规律、社会主义民主政治发展规律的深刻认识和科学把握，正式形成了习近平总书记关于坚持和完善人民代表大会制度的重要思想，是做好新时代人大工作的根本遵循和行动指南。我们要把深入学习贯彻习近平总书记关于坚持和完善人民代表大会制度的重要思想作为重大政治任务，切实增强贯彻落实的思想自觉、政治自觉、行动自觉，创造性地开展工作，真正把人民代表大会制度坚持好、完善好、发展好。

二要坚持党对人大工作的全面领导，坚定不移走中国特色社会主义政治发展道路。人民代表大会制度是坚持党的领导、人民当家作主、依法治国有机统一的根本政治制度安排，是党领导国家政权机关的重要制度载体。做好新时代人大工作，必须坚持党对人大工作的全面领导这一最高政治原则。当前，世界百年未有之大变局加速演进，新冠肺炎疫情全球大流行影响深远，我国面临着更趋复杂严峻的外部环境和不确定性。越是在这样的形势下，我们越要强化政治机关意识，深刻认识“两个确立”的决定性意义，增强“四个意识”，坚定“四个自信”，做到“两个维护”，不断提高政治判断力、政治领悟力、政治执行力。要把党的领导贯穿于人大工作各方面全过程，坚定不移地走中国特色社会主义政治发展道路，决不走西方“宪政”、多党竞选、“三权鼎立”、“两院制”、“司法独立”的路子。要胸怀“国之大者”，紧紧围绕党和国家工作大局履职尽责，坚决贯彻落实党中央决策部署和习近平总书记重要指示精神，创造性地开展工作，将制度优势更好转化为国家治理效能。

三要坚定人民立场，将全过程人民民主重大理念贯彻到人大工作各方面全过程，确保人民当家作主。习近平总书记在中央人大工作会议上全面阐述了全过程人民民主这一重大理念，明确指出“人民代表大会制度是实现我国全过程人民民主的重要制度载体”，进一步拓展和深化了人民代表大会制度的科学内涵、特征优势和实践要求，对新时代坚持和完善人民代表大会制度、做好人大工作提出了新的更高要求。我们要深刻认识各级人大在推进全过程人民民主建设中承担的重要职责和光荣使命，把发展全过程人民民主的要求贯彻体现到人大各项工作中。要不断完善人民通过法定途径、方式、程序参与国家治理各方面各环节工作的制度机制，完善人大的民主民意表达平台和载体，健全吸纳民意、汇集民智的工作机制，通过调研、座谈、论证、咨询、听证、公开征求意见、立法联系点和基层联系点等方式，做好人大协商、立法协商，保障人大代表和人民群众全过程参与立法、监督等工作，切实把人民的知情权、参与权、表达权、监督权落实到人大工作各方面各环节全过程。

四要履职尽责，开拓进取，创造性做好人大各项工作，全面提升人大工作质量和水平。要认真贯彻落实中央人大工作会议精神，按照党中央关于人大工作的要求，围绕地方党委贯彻落实党中央大政方针的决策部署，结合地方实际，创造性地做好立法监督工作，更好助力经济社会发展和改革攻坚任务。要完善党委领导、人大主导、政府依托、各方参与的立法工作格局，坚持问题导向，突出地方特色，不断增强立法的针对性、适用性、可操作性，以良法促进发展、保障善治。要用好宪法法律赋予人大的监督权，坚持围绕中心、服务大局、突出重点，聚焦党中央重大决策部署，聚焦人民群众所思所盼所愿，推动解决制约经济社会发展的突出矛盾和问题，实行正确监督、有效监督、依法监督，增强监督刚性和实效，确保行政权、监察权、审判权、检察权依法正确行使，确保宪法法律有效实施，不断满足人民对依法实现美好生活的向往。要密切同人民群众的联系，更好发挥人大代表主体作用，发挥代表来自人民、扎根人民的特点优势，丰富人大代表联系群众的内容和形式，让各项工作更好接地气、察民情、聚民智、惠民生，做到民有所呼、我有所应。特别是即将面临换届，要深刻吸取“衡阳贿选案”的教训，认真把好各级人大代表和常委会组成人员“入口关”，突出政治标准，注重履职能力，优化人员结构，保证选出的代表充分代表人民发挥作用，行使国家权力。

五要强化政治机关意识，按照“四个机关”的定位和要求，全面加强人大及其常委会自身建设。习近平总书记在中央人大工作会议上发表的重要讲话，要求各级人大及其常委会“成为自觉坚持中国共产党领导的政治机关、保证人民当家作主的国家权力机关、全面担负宪法法律赋予的各项职责的工作机关、始终同人民群众保持密切联系的代表机关”，鲜明指出了人大的本质属性和职责使命，既是人大加强自身建设的目标方向，也是依法履职、做好工作的明确要求，具有很强的针对性、适应性、指导性。要深刻学习领会总书记提出的“四个机关”的定位和要求，以政治建设为统领，加强人大机关党的建设，持之以恒抓好纪律作风建设；要筑牢思想政治根基，增强依法履职观念，提升履职能力水平，努力打造政治坚定、服务人民、尊崇法治、发扬民主、勤勉尽责的人大工作队伍，增强做好新时代人大工作的责任感使命感，担当进取，恪尽职守，推动新时代人大工作实现更高质量发展，不辜负党和人民的重托。

2019 年，我曾率队来湖南就水污染防治法开展执法检查，沿长江水域进行了考察；2020 年，我来湖南韶山参加中国延安精神研究会举办的理论研讨会，之后又在长沙进行调研，对湖南经济社会发展留下深刻印象。刚才听了同志们的情况介绍，我们对湖南工作有了新感受。接下来，我们还要去几个地方调研，相信一定会有新的收获。让我们共同努力，把中央人大工作会议精神学习好、贯彻好、落实好，在实现第二个百年奋斗目标、全面建设社会主义现代化国家新征程上展现新担当、取得新成效。

深入学习研究习近平法治思想原创性贡献
为加快建设社会主义法治国家而努力奋斗

——在深入学习研究阐释习近平法治思想研讨会上的讲话

（2022 年 6 月 14 日）

王　晨

中国法学会召开这次研讨会，对深入学习研究阐释习近平法治思想特别是习近平法治思想的原创性贡献进一步作出部署，将继续在聚焦核心要义上下功夫，全面系统阐述这一重大理论创新成果的深刻内涵和完整体系，推动习近平法治思想学习研究、宣传贯彻取得新进展新成果，团结引领广大法学法律工作者自觉以科学理论为指导，更好服务全面依法治国实践，为加快建设中国特色社会主义法治体系、建设社会主义法治国家而努力奋斗。

一、充分认识学习研究阐释习近平法治思想原创性贡献的重大意义

党的十八大以来，习近平总书记以马克思主义政治家、思想家、战略家的非凡理论勇气、卓越政治智慧、强烈使命担当，在领导全面依法治国、建设法治中国的伟大实践中，创造性提出关于全面依法治国的一系列具有原创性、标志性的新理念新思想新战略，创立了习近平法治思想，为发展马克思主义法治理论作出了历史性贡献。习近平法治思想博大精深，学习研究阐释习近平法治思想原创性贡献，具有十分重要的意义。

（一）学习研究阐释习近平法治思想原创性贡献，是坚持理论创新，深刻领会“两个确立”的决定性意义，增强“四个意识”、坚定“四个自信”、做到“两个维护”的必然要求。坚持理论创新是中国共产党百年奋斗的历史经验。习近平法治思想从历史和现实相贯通、国际和国内相关联、理论和实际相结合上，创造性地回答了新时代为什么实行全面依法治国、怎样实行全面依法治国等一系列重大问题，是一个内涵丰富、论述深刻、逻辑严密、系统完备的科学理论体系，实现了马克思主义法治理论中国化新的历史性飞跃。习近平法治思想是我们党在法治领域具有里程碑意义的原创性理论。深入学习研究阐释习近平法治思想原创性贡献，充分彰显习近平法治思想的科学性、真理性、开创性，必将进一步增进广大干部群众对习近平法治思想的政治认同、思想认同、理论认同、情感认同，巩固全党全国人民团结奋斗的共同思想基础。

（二）学习研究阐释习近平法治思想原创性贡献，是坚定不移走中国特色社会主义法治道路的必然要求。习近平总书记指出，“我们的哲学社会科学有没有中国特色，归根到底要看有没有主体性、原创性。”习近平法治思想总结中国特色社会主义法治实践规律，传承中华法律文化精华，汲取世界法治文明有益成果，同我们党长期形成的法治理论既一脉相承又与时俱进，在理论上有许多重大突破、重大创新、重大发展，开辟了中国特色社会主义法治理论和实践新境界。深入学习研究阐释习近平法治思想的原创性贡献，深刻领悟习近平法治思想蕴含的历史逻辑、理论逻辑、实践逻辑，必将进一步坚定我们走中国特色社会主义法治道路的信心和决心。

（三）学习研究阐释习近平法治思想原创性贡献，是回答中国之问、人民之问、时代之问，实现中华民族伟大复兴中国梦的必然要求。习近平法治思想针对时代和实践提出的重大任务、重大问题、重大挑战提供了法治解决之道，为我们在危机中育先机、于变局中开新局提供了法治上的战略指引。深入学习研究阐释习近平法治思想的原创性贡献，必将进一步发挥习近平法治思想的实践伟力，筑法治之基、行法治之力、积法治之势，在法治轨道上推进国家治理体系和治理能力现代化，为实现第二个百年奋斗目标、实现中华民族伟大复兴的中国梦提供有力法治保障。

（四）学习研究阐释习近平法治思想原创性贡献，是讲好中国法治故事，提升中国法治的国际话语权和影响力的必然要求。习近平法治思想凝聚了法治建设的中国经验和中国智慧，提出了一整套有别于西方法治模式、西方法治理论的新理念新思想新战略，为发展中国家走向现代化提供了全新选择，为人类政治文明进步作出了中国贡献，为全球治理体系变革提供了中国方案。深入学习研究阐释习近平法治思想的原创性贡献，必将进一步彰显中国特色社会主义法治优越性和新时代法治建设实践成果，让国际社会更深入地了解中国特色社会主义法治，展示真实、立体、全面的法治中国。

二、深刻领会习近平法治思想的原创性贡献

习近平法治思想的原创性贡献，集中体现在习近平总书记在中央全面依法治国工作会议上明确提出并深刻阐述的“十一个坚持”之中。

在“坚持党对全面依法治国的领导”中创造性提出，党的领导是我国社会主义法治之魂，是社会主义法治最根本的保证，是我国法治同西方资本主义国家法治最大的区别；党的领导和社会主义法治是一致的，社会主义法治必须坚持党的领导，党的领导必须依靠社会主义法治；“党大还是法大”是一个政治陷阱，是一个伪命题；坚持依法治国和依规治党有机统一，确保党既依据宪法法律治国理政，又依据党内法规管党治党、从严治党……这些重要思想，深刻揭示了党的领导对社会主义法治的决定

性作用，充分表明了党的领导在全面依法治国中的统领性、全局性地位。

在“坚持以人民为中心”中创造性提出，我国社会主义制度保证了人民当家作主的主体地位，也保证了人民在全面推进依法治国中的主体地位，这是我们的制度优势，也是中国特色社会主义法治区别于资本主义法治的根本所在；全面依法治国最广泛、最深厚的基础是人民，必须坚持为了人民、依靠人民；不断发展全过程人民民主，我国全过程人民民主是全链条、全方位、全覆盖的民主，是最广泛、最真实、最管用的社会主义民主……这些重要思想，明确了全面依法治国的根本立场，始终将人民作为依法治国的主体和力量源泉，推动我国法治建设不断与时俱进。

在“坚持中国特色社会主义法治道路”中创造性提出，中国特色社会主义法治道路是建设社会主义法治国家的唯一正确道路；只有传承中华优秀传统法律文化，从我国革命、建设、改革的实践中探索适合自己的法治道路，同时借鉴国外法治有益成果，才能为全面建设社会主义现代化国家、实现中华民族伟大复兴夯实法治基础；推进全面依法治国，决不照搬别国模式和做法，决不走西方所谓“宪政”、“三权鼎立”、“司法独立”的路子……这些重要思想，深刻阐释了坚持中国特色社会主义法治道路的客观必然性和巨大优越性，坚定了全党全国各族人民的自信、底气和定力。

在“坚持依宪治国、依宪执政”中创造性提出，宪法是国家的根本法，是治国安邦的总章程，是我们党长期执政的根本法律依据；坚持依法治国首先要坚持依宪治国，坚持依法执政首先要坚持依宪执政；我们讲依宪治国、依宪执政，同西方所谓“宪政”有着本质区别；全面贯彻实施宪法是全面依法治国、建设社会主义法治国家的首要任务和基础性工作……这些重要思想，集中阐明了宪法在治国理政、全面依法治国中的重要作用，引领全党全国各族人民坚定宪法自信、维护宪法权威、保证宪法实施。

在“坚持在法治轨道上推进国家治理体系和治理能力现代化”中创造性提出，法治是国家治理体系和治理能力的重要依托，法治体系是国家治理体系的骨干工程；一个现代化国家必然是法治国家，法治兴则民族兴，法治强则国家强；在全面建设社会主义现代化国家新征程上，我们要更加重视法治、厉行法治，更好发挥法治固根本、稳预期、利长远的保障作用……这些重要思想，深刻揭示了法治与现代化、法治与国家强盛之间的必然逻辑，推动中国制度优势更好转化为治理效能，开辟“中国之治”新境界。

在“坚持建设中国特色社会主义法治体系”中创造性提出，全面推进依法治国，总目标是建设中国特色社会主义法治体系，建设社会主义法治国家；中国特色社会主义法治体系是推进全面依法治国的总抓手；中国特色社会主义法治体系是中国特色社会主义制度的重要组成部分，必须牢牢把握中国特色社会主义这个定性，在坚持党的全面领导、保证人民当家作主等重大问题上做到头脑特别清晰、立场特别坚定……这些重要思想，推动我国法治建设实现了从建设中国特色社会主义法律体系到建设中国特色社会主义法治体系的历史转型，创造了令国人振奋、令世人惊叹的法治建设新成就。

在“坚持依法治国、依法执政、依法行政共同推进，法治国家、法治政府、法治社会一体建设”中创造性提出，全面依法治国是一个系统工程，必须统筹兼顾、把握重点、整体谋划；依法治国、依法执政、依法行政是一个有机整体，关键在于党要坚持依法执政、各级政府要坚持依法行政；法治国家、法治政府、法治社会三者各有侧重、相辅相成，法治国家是法治建设的目标，法治政府是建设法治国家的重点，法治社会是构筑法治国家的基础……这些重要思想，擘画了全面依法治国的工作布局，增强了法治建设系统性、整体性、协同性，引领法治中国建设开创新局面。

在“坚持全面推进科学立法、严格执法、公正司法、全民守法”中创造性提出，推进科学立法、民主立法、依法立法，统筹立改废释纂，增强立法系统性、整体性、协同性；推进严格规范公正文明执法，让遵法守纪者扬眉吐气，让违法失德者寸步难行；坚持公正司法，努力让人民群众在每一个司法案件中感受到公平正义；在全社会弘扬社会主义法治精神，让法治成为全民思维方式和行为习惯……这些重要思想，指明了推进全面依法治国的重要环节，实现了从“有法可依、有法必依、执法必严、违法必究”到“全面推进科学立法、严格执法、公正司法、全民守法”的历史性转型。

在“坚持统筹推进国内法治和涉外法治”中创造性提出，加快涉外法治工作战略布局，推动我国法域外适用的法律体系建设，提升涉外执法司法效能；运用法治手段开展国际斗争，坚决维护国家主权、安全、发展利益；坚定维护以联合国为核心的国际体系，坚定维护以国际法为基础的国际秩序，坚定维护以联合国宪章宗旨和原则为基础的国际法基本原则和国际关系基本准则;推动全球治理体系变革,推动构建人类命运共同体……这些重要思想,深刻回答了国内治理和国际治理、国内法治和涉外法治的关系问题,为运用法治方式维护国家和人民利益提供了根本遵循。

在"坚持建设德才兼备的高素质法治工作队伍"中创造性提出,全面推进依法治国,必须着力建设一支忠于党、忠于国家、忠于人民、忠于法律的社会主义法治工作队伍;全面推进依法治国,首先要把专门队伍建设好;把拥护中国共产党领导、拥护我国社会主义法治作为法律服务人员从业的基本要求;坚持立德树人、德法兼修、明法笃行,努力培养造就更多具有坚定理想信念、强烈家国情怀、扎实法学根底的法治人才……这些重要思想,深刻回答了新时代法治工作队伍构成及其建设标准问题,为加快建设社会主义法治国家提供强有力的组织和人才保障。

在"坚持抓住领导干部这个'关键少数'"中创造性提出,领导干部具体行使党的执政权和国家立法权、行政权、监察权、司法权,是全面依法治国的关键;领导干部要不断提高运用法治思维和法治方式深化改革、推动发展、化解矛盾、维护稳定、应对风险的能力,做尊法学法守法用法的模范;法治之下,没有免罪的"丹书铁券",也没有"铁帽子王";把能不能遵守法律、依法办事作为考察干部的重要内容;各级领导班子一把手是"关键少数"中的"关键少数"……这些重要思想,深刻论述了领导干部在全面依法治国中肩负的重要责任,为更好发挥领导干部在法治建设中的"关键少数"作用明确了政治要求、确立了行为准则。习近平法治思想的原创性贡献还突出体现在习近平总书记对中国共产党执政规律、社会主义法治建设规律、人类法治文明发展规律的科学揭示和原创性阐释上,提出"法治是治国理政不可或缺的重要手段""法治是人类政治文明的重要成果""法治的精髓和要旨对于各国国家治理和社会治理具有普遍意义""弘扬和平、发展、公平、正义、民主、自由的全人类共同价值"等一系列原创性的理论和命题,推动中国特色社会主义法治理论和实践实现新飞跃。

三、全面加强习近平法治思想原创性贡献的学习研究宣传

各级法学会和广大法学法律工作者要集中力量开展习近平法治思想原创性贡献的学习研究宣传工作,真正做到学深、悟透、笃行,把习近平法治思想的学习研究宣传阐释贯彻不断引向深入。

(一)聚焦习近平法治思想的核心要义,深化习近平法治思想原创性贡献学习研究。坚持读原著、学原文、悟原理,在习近平新时代中国特色社会主义思想指导下,以习近平法治思想原创性概念、判断、范畴、理论为着力点,深入研究阐释习近平法治思想对丰富和发展马克思主义法治理论作出的原创性贡献、对传承和发展中华优秀传统法律文化作出的历史性贡献、对推动人类法治文明进步作出的世界性贡献,推动中国特色社会主义法治理论创新发展,加快构建中国特色法学学科体系、学术体系和话语体系。把习近平法治思想融入法学研究和学校教育,运用好《习近平法治思想概论》《习近平法治思想学习纲要》等,做好进教材、进课堂、进头脑工作,努力培养更多社会主义法治人才。

(二)加强习近平法治思想原创性贡献的宣传阐释,推动习近平法治思想进一步深入人心、落地生根。坚持网上网下结合,深入开展习近平法治思想原创性贡献的宣传阐释,用好"百名法学家百场报告会""青年普法志愿者法治文化基层行"等法治宣讲平台,统筹《中国法学》《民主与法制周刊》《民主与法制时报》等资源和力量,发挥好各级法学会融媒体中心和基层普法阵地作用,发挥首席法律咨询专家作用,进一步推动习近平法治思想入脑入心入行。加强习近平法治思想原创性贡献的对外宣介,通过举办法治国际论坛、学术研讨、法律研修班等多种形式,宣传习近平法治思想的强大真理力量、独特思想魅力和巨大实践伟力,提升我国法治体系和法治理论的国际影响力和话语权。

(三)充分发挥习近平法治思想研究中心重要作用,不断把习近平法治思想学习研究宣传引向深入。进一步做好习近平法治思想研究中心各项工作,发挥研究中心示范带动作用,设立一批习近平法治思想原创性贡献专项课题,整合法学法律界研究力量,努力推出更多有分量、有价值的研究成果。精心组织第二届习近平法治思想论坛,办好《习近平法治思想研究与实践》专刊,做好《习近平法治思想词条》编写出版等工作,进一步建好用好省级法学会"习近平法治思想研究"课题组工作平台,引导广大法学法律工作者深入开展习近平法治思想原创性贡献的高水平、集成性研究。深入

学习研究阐释习近平法治思想是全国法学法律界的重大政治任务。让我们更加紧密地团结在以习近平同志为核心的党中央周围，坚持用习近平法治思想武装头脑、指导实践、推动工作，做习近平法治思想的坚定信仰者、积极传播者、模范践行者，在新时代全面依法治国新征程中展现新担当、实现新作为，以实际行动迎接党的二十大胜利召开。

依法推进中医药事业取得显著成效 促进中医药高质量发展建设健康中国

——在中医药法实施五周年座谈会上的讲话

（2022 年 6 月 27 日）

王 晨

在《中华人民共和国中医药法》实施五周年之际，国家中医药管理局召开这次中医药法实施五周年座谈会，很有意义，有益于我们深入学习贯彻习近平法治思想和习近平总书记关于中医药工作的重要论述和重要指示精神，深入推进中医药法贯彻落实，为中医药传承创新发展提供更加有力的法治保障。

刚才，国家卫生健康委员会党组成员、国家中医药管理局党组书记、副局长余艳红同志主持会议并作了很好的发言。国家中医药管理局局长于文明、国家发展和改革委员会副秘书长苏伟、科技部副部长张雨东、国家医疗保障局副局长施子海、国家药品监督管理局副局长赵军宁等同志先后介绍了法律的实施情况。广东省人民政府副省长张新，浙江省卫生健康委主任、省中医药管理局局长王仁元，中国工程院院士、天津中医药大学名誉校长张伯礼和北京同仁堂（集团）有限责任公司副总经理马保健等同志交流了相关经验和做法。教育部、财政部、人力资源社会保障部、农业农村部、商务部、文化和旅游部、国家卫生健康委、市场监管总局等部门提供了书面交流材料。可以看出，各部门、各地方认真履行法定职责，措施有效有力，形成了部门协同、上下联动、社会支持的良好法律实施氛围。下面，我讲几点意见。

一、中医药法贯彻实施取得显著成效

党的十八大以来，以习近平同志为核心的党中央把中医药工作摆在更加突出的位置，中医药改革发展取得显著成绩。中医药法就是在这样一个大背景、大形势下应运而生的。该法于 2016 年 12 月 25 日通过，2017 年 7 月 1 日起施行，是我国中医药领域第一部法律。中医药法贯彻落实习近平总书记对中医药工作的重要论述和重要指示精神，贯彻党中央对中医药事业发展作出的重大决策部署，把发展中医药的重要经验及规律通过法律形式加以规范化、制度化，因此这部法律不仅是一部中医药领域的综合性、全局性、基础性法律，也是一部具有鲜明中国特色、中国风格、体现深厚历史底蕴和文化自信的重要法律，完善了卫生健康法律体系，为促进中医药继承创新发展提供了坚实法律保障。该法实施五年来，我国中医药传承创新发展整体水平稳步提升，中医药在维护和促进人民健康、推动健康中国建设中的独特作用越发显著。

一是中医药法实施形成良好机制。该法实施以来，国务院建立完善了国家中医药工作部际联席会议制度，各成员单位强化联动、密切配合、形成合力，中医药管理体系建设得到加强。国家卫生健康委、国家中医药局、国家药监局制定实施《中医诊所备案管理暂行办法》等六项配套制度，提升了基层中医药服务能力，促进了中药新药研发，有效增加了中医药服务供给。国家发展改革委、财政部加大资金项目保障力度，国家医保局出台支持中医药发展的医保倾斜政策，教育部、科技部、农业农村部在加强中医药师承教育、推动中医药科技体系建设、提升中药材质量等方面，推出一系列政策保障举措，为中医药传承创新发展提供了有力的政策支持和条件保障。地方各级党委高度重视，各级政府全面履行法定职责，对中医药事业的推进力度空前加大，很多省份加大了财政投入力度，加强了中医药管理体系建设,26个省份颁布新制定、修订的地方中医药法规。各地各部门采取多种形式开展普法宣传,中医药的社会关注度和群众认可度显著提升。各级人大积极指导和监督中医药法的贯彻落实。全国人大常委会法工委、全国人大教科文卫委会同有关部门组织编写法律释义,引导全面准确把握中医药法的精神实质和基本内容;在中医药法即将实施之际组织召开中医药法宣传贯彻座谈会,督促各级政府及有关部门落实贯彻中医药法的主体责任,确保法律有效实施。特别是去年全国人大常委会对中医药法开展执法检查,全面系统了解法律实施的成效和问题,推动发挥法律引领、规范和保障作用。中医药法实施形成的良好机制,为中医药传承创新发展提供了强有力的支撑。

二是中医药为保障人民健康作出重大贡献。五年来,中医药法的贯彻实施,始终坚持把人民健康放在优先发展战略地位,融预防保健、疾病治疗和康复于一体的优质高效中医药服务体系加快建立,服务能力稳步提升,中医药服务可得性、可及性明显提升,有效满足了广大人民群众多层次、多样化的中医药服务需求。特别是新冠肺炎疫情发生以来,中医药发挥重要作用,为我国疫情防控取得重大战略成果作出重要贡献,受到人民群众和全社会的高度关注和认可。世界卫生组织发布专家评估报告,肯定中医药治疗新冠肺炎的安全性、有效性,这在历史上尚属首次,充分说明了中医药历久弥新,是不可或缺的重要的卫生资源。在疫情防控中,科技部、国家中医药局、国家药监局等坚持临床科研一体化,中医药抗疫疗效获得广泛证据支持,为临床诊疗方案制定优化提供有力支撑。组织筛选出"三药三方"等临床有效方药,并推动转化为中药新药,为进一步精准抗击疫情提供有力武器。新冠肺炎疫情防控,已成为中医药传承精华、守正创新的具体实践,中医药在维护和促进人民群众健康福祉、推动健康中国建设中的独特作用愈发得以彰显。

三是中医药为服务国家战略发挥积极作用。中医药法实施以来,有力地推动中医药产业快速发展,中医药在贯通一二三产业,激活经济、吸纳就业、建设生态文明等方面的多元价值得到充分体现。中医药在健康扶贫、产业扶贫等方面发挥积极作用,助力脱贫攻坚和乡村振兴成果显著。基层中医药服务阵地不断筑牢,基层服务供给显著提升,有效改善了农村地区因病致贫、因病返贫现象。中药材特色产业不断发展壮大,成为很多贫困地区脱贫致富的重要抓手。中医药融入京津冀、长三角、粤港澳大湾区等区域发展战略,打造中医药高地,布局国家中医药综合改革示范区,形成推动中医药高质量发展的区域增长极。中医药纳入中华优秀传统文化传承发展工程,成为传承中华优秀传统文化的示范。中医药高质量融入共建"一带一路",布局建设了30个海外中医药中心和56个中医药国际合作基地,打造为对外交流的示范窗口。特别是以抗疫为契机,中医药纳入主场外交和元首外交重要内容,与世界卫生组织以及共建"一带一路"重点国家交流合作进一步拓展加强,为国际抗疫贡献了"中国力量",国际认可度和影响力持续提升,已成为促进东西方文明互鉴的靓丽名片,成为中国与各国共同增进健康福祉、建设人类命运共同体的重要载体。

二、深刻认识继续推进中医药法贯彻实施的重要意义

中医药是中华民族的瑰宝。扎实推进中医药法贯彻实施,对于依法促进中医药治理体系和治理能力现代化,推动中医药传承精华、守正创新、实现高质量发展具有重要意义。

第一,传承创新发展中医药是中华民族伟大复兴的大事,需要更好发挥法治的引领、规范、保障作用。习近平总书记强调,中医药是打开中华文明宝库的钥匙。2019年,中共中央、国务院印发《关于促进中医药传承创新发展的意见》,明确指出传承创新发展中医药是新时代中国特色社会主义事业的重要内容,是中华民族伟大复兴的大事。中医药作为中华文明中绵延至今仍在传承使用并发挥重要作用的优秀代表,凝聚着中华民族深邃的哲学智慧,不仅为中华民族繁衍昌盛作出卓越贡献,在今天仍对人民的生产生活产生着重大影响。当前,我国正处于实现中华民族伟大复兴的关键时期,积极运用法治的力量促进、保障中医药事业的发展,推动中华优秀文化得到广泛传播,形成文化认同与共识,对于增强民族自信、坚定文化自信,实现中华民族伟大复兴的中国梦具有深远意义。

第二,推进中医药法贯彻实施是完善中国特色社会主义法治体系、推进全面依法治国的重要举措。进入新发展阶段,推动高质量发展,提高人民生活品质,都对法治建设提出了新的更高要求。中医药法将党和国家的中医药方针政策以法律的形式转化为国家意志,开辟了依法促进保障中医药事

业发展的新局面，是推进全面依法治国战略在中医药领域的重要成果，是健全国家治理急需、满足人民日益增长的美好生活需要必备的法律制度。扎实推进中医药法贯彻实施，以良法促发展、保善治，不断满足人民日益增长的美好生活需要，对于构建“扎根中国文化、立足中国国情、解决中国问题”的中国特色社会主义法治体系、稳定筑牢改革发展法治根基、推进全面依法治国都具有重要意义。

第三，推进中医药法贯彻实施是构建中国特色卫生健康发展模式、推动健康中国建设的重要内容。“全面推进健康中国建设”是党的十九届五中全会从党和国家事业发展全局出发作出的重大战略部署，充分体现了以习近平同志为核心的党中央坚持以人民为中心的发展理念和增进民生福祉的发展取向。习近平总书记深刻指出，坚持中西医并重，推动中医药和西医药相互补充、协调发展，是我国卫生与健康事业的显著优势。进入新发展阶段，人民群众对健康有了更高的需求，渴望享受到全方位、多环节的健康服务。一方面，中医药强调整体观、系统论和辨证论治思维，具有简单易行、经济方便、便于推广的鲜明特点，在解决看病难、看病贵方面能够发挥更大作用。另一方面，中医药讲究“天人合一”，运用自然的调节来维护健康，保护生态，促进人和自然的和谐共生，也与现代健康理念十分相符。推进中医药法贯彻实施，更好发挥中医药在治未病、重大疾病治疗和疾病的康复方面的独特优势，对于提高医疗卫生服务的公平可及、扩大优质健康服务供给，增进人民健康福祉具有重要意义。

三、全面深入贯彻实施中医药法，为中医药传承创新发展提供坚实法律保障

法律的生命力在于实施，法律的权威也在于实施。五年来，各地各部门紧紧围绕促进中医药传承创新发展，落实党中央、国务院印发的《关于促进中医药传承创新发展的意见》，深入贯彻实施中医药法，我国中医药事业发展取得显著成就。同时，法律实施中也存在一些问题，如法律的社会知晓度还不够高，中西医并重方针仍需全面落实等，特别是去年执法检查中发现的中药质量、人才培养等问题，需要引起重视并着力解决。我们要坚持党的领导，坚持以人民为中心，积极运用法治力量促进和保障中医药事业高质量发展，不断增强人民群众获得感、幸福感、安全感。要坚持中西医并重，推动中医药和西医药相互补充、协调发展。要坚持继承和创新相结合，保持和发挥中医药的特色和优势，切实解决法律实施中存在的问题和短板，不断推进中医药现代化。

一是深入学习贯彻习近平法治思想，进一步提升中医药法社会知晓度和影响力。宣传普及法律，是法律实施的长期性基础性工作。各级政府和有关部门要以习近平法治思想为指导，以中医药法实施五周年为契机，对中医药法实施成效和经验做法开展集中宣传，提升中医药法知晓度和影响力。要紧扣中医药高质量发展，抓住中医药法与人民生活息息相关的内容，拓展宣传的广度和深度，增强针对性和实效性。要创新宣传方式，促进单向式传播向互动式、服务式、场景式传播转变，使普法更接地气，更为群众喜闻乐见，推动人民群众切实知晓法律、认同法治精神、参与法治实践，在全社会营造珍视、热爱、发展中医药的良好氛围。

二是加快推进全国人大常委会中医药法执法检查报告的落实。去年，全国人大常委会对中医药法实施情况进行了执法检查，形成中医药法实施情况报告，聚焦法律实施中的突出问题和薄弱环节，提出一些切实可行的意见建议。国务院向全国人大常委会报送了落实中医药法执法检查报告及审议意见的报告，提出了改进和加强工作的具体措施。经过近一年的时间，其中一些政策举措已经出台实施，一些还在稳步推进。各地各部门要深刻认识落实中医药法执法检查报告是深入推进中医药法贯彻落实的重要抓手，将落实执法检查报告同推进“十四五”中医药发展规划、实施中医药振兴发展重大工程结合起来，切实抓紧抓好相关政策措施的研究出台和推动落实。国家中医药局要发挥中医药工作部际联席会议办公室统筹协调职能，牵头 22 个部委进一步推动相关具体措施落实落细见效。全国人大有关方面要加强对执法检查报告落实的掌握和督导，坚持监督与支持相统一，形成推动工作的合力。

三是贯彻中央人大工作会议精神，进一步健全完善中医药领域法律法规体系。2021 年 10 月，党中央首次召开了中央人大工作会议，我们要认真学习贯彻习近平总书记重要讲话精神，牢牢把握以人民为中心的根本立场，进一步健全完善中医药领域法律法规体系，更好地将制度优势转化为治理效能。要加强调查研究，对中医药法实施过程中的问题深入分析根源，属于制度落实层面的要加强督促

指导，属于制度设计层面的要及时与主管部门沟通，适时纳入法律修订计划。对立法工作中涉及中医药相关制度设计的，要注重与中医药法的立法精神、法律规定相衔接，做到符合中医药特点规律，适应中医药发展需求。地方人大要结合地方实际，通过地方立法着力解决本区域内中医药传承创新发展的实际问题。同时，各级人大要加强对中医药领域相关法律法规实施情况的监督，持续推动相关配套措施的建立、完善，及时总结和推广好的经验，进一步推动法律的有效实施。

中医药法的颁布实施，开启了中医药法治建设的新篇章，有效保障了中医药传承创新发展行稳致远。我们要在以习近平同志为核心的党中央坚强领导下，同心协力，奋发有为，把这部法律贯彻好实施好，奋力推动中医药高质量发展，以实际行动迎接党的二十大胜利召开。

依法加强罕见病防治能力建设
切实守护人民健康福祉

——在国家药监局、北京协和医院等单位专题调研时的讲话

（2022 年 7 月 22 日）

王　晨

这次就罕见病防治法治保障工作开展专题调研，了解罕见病防治工作情况、取得的进展和存在的问题、困难，是为了深入学习贯彻习近平总书记关于健康中国的重要论述和关于罕见病防治的重要指示精神，加强罕见病防治能力建设，提升罕见病防治工作法治化水平，努力解决群众“急难愁盼”问题，切实守护人民健康福祉。

国家卫生健康委、国家药监局等部门对这次调研活动很重视。会前，我们到国家药监局药品审评中心受理大厅、化药临床一部和生物制品临床部，了解罕见病相关国产、进口药品的资料受理和审评审批工作情况，同药品审评一线工作人员交流并听取了他们对于罕见病防治的意见建议。刚才，国家药监局、科技部、工业和信息化部、国家卫生健康委、国家医保局和国家中医药局的负责同志分别发言，在各自领域介绍了我国罕见病防治工作进展情况；北京协和医院的专家也结合自身研究，对加强罕见病防治提出了意见建议。大家做了认真准备，讲现状、谈问题、提建议，听了之后很受启发。今天下午，我们还要到北京协和医院、神州细胞工程有限公司等单位，分别调研罕见病多学科综合诊疗和药品研发生产情况。我们感到，各有关部门和方面认真贯彻落实以习近平同志为核心的党中央决策部署，急百姓之所急，忧百姓之所忧，重视和加强罕见病防治工作，积极贯彻落实罕见病防治相关法律制度，出台政策措施，加强罕见病研究、诊疗和药品供应，完善罕见病医疗保障和社会保障体系，实实在在地做了不少工作，取得了良好成效。同时也要看到，我国罕见病防治工作还存在一些问题，需要有关方面继续努力，加强沟通协调，采取有针对性的措施，形成工作合力，依法依规不断推进罕见病防治事业发展。

下面，我讲几点意见。

一、深入学习贯彻习近平总书记关于健康中国的重要论述，深刻认识加强罕见病防治工作的重要意义

党的十八大以来，以习近平同志为核心的党中央把维护人民健康摆在更加突出的位置，召开全国卫生与健康大会，确立新时代卫生与健康工作方针，发出建设健康中国的号召。习近平总书记指出，健康是促进人的全面发展的必然要求，是经济社会发展的基础条件，是民族昌盛和国家富强的重要标志，也是广大人民群众的共同追求；强调没有全民健康，就没有全面小康，要把人民健康放在优先发展的战略地位，努力全方位、全周期保障人民健康。习近平总书记关于健康中国的重要论述，为发展新时代卫生与健康事业指明了方向，是做好卫生与健康工作的根本遵循。

作为实现全民健康的重要内容，罕见病这一特殊疾病及防治受到广泛关注。与常见病相比，罕见

病虽然总体发病率低，据统计约为万分之一至万分之五，但大多数疾病威胁患者生命或需终身药物治疗，给患者及家庭带来沉重的疾病与经济负担。以习近平同志为核心的党中央高度重视罕见病防治工作，2018 年 1 月，习近平总书记在主持召开中央全面深化改革领导小组第二次会议上指出，要从群众需求出发，把防治重大传染病和罕见病用药等作为重点，促进仿制药研发创新，提升质量疗效，提高药品供应保障能力，更好保障广大人民群众用药需求。党中央印发有关文件对加强罕见病防治工作作出部署，明确提出支持罕见病治疗药品医疗器械研发，完善罕见病用药保障政策，探索罕见病用药保障机制。

我国人口基数大，罕见病患者占比虽小但绝对数已达上千万。国家药监局数据显示我国罕见病患者有近两千万。在位于北京协和医院的国家罕见病注册系统中，几年来已有 50 多万患者注册，约 40 万人得到确认，6 万余患者在北京协和医院得到治疗。加强罕见病防治，事关广大人民群众健康福祉。我们要以习近平新时代中国特色社会主义思想为指导，深入学习贯彻习近平总书记关于健康中国的重要论述和关于罕见病防治的重要指示精神，坚决贯彻党中央决策部署，在健康中国建设道路上，坚持对每一个困难群体都要关爱、都不能放弃。要从保障人民生命安全和身体健康、推进健康中国建设的高度，加强罕见病防治相关法治建设，提升罕见病防治能力与保障水平，维护罕见病患者健康权益，造福广大人民群众。

二、依法加强罕见病预防与诊疗，提高罕见病药品供应与医疗保障能力

刚才同志们在发言中谈到罕见病防治存在的问题，从世界范围看，罕见病患者主要面临三大难题：一是诊断难，罕见病患者人数相对较少，很多病症缺乏基础流行病学数据，导致误诊率高，有的无法诊断。二是治疗难，由于研发成本高、风险大、市场小，企业对罕见病药品研发动力不足，缺医少药是罕见病诊疗的一大难题。三是治疗贵，在世界上罕见病药品普遍定价高，有的被称为“天价救命药”，没钱买药是普遍现象，很多家庭因病致贫、因病返贫，有的甚至一人患病、全家拖垮。我国也存在上述问题。近年来，我们高度重视罕见病防治法治建设工作，在基本医疗卫生与健康促进法、母婴保健法、人口与计划生育法、药品管理法、中医药法、医师法等相关法律以及有关配套行政法规、地方性法规、规章中对罕见病防治作了有针对性的规定，为解决上述问题提供了法治方案和制度保障。这里，强调几点：

第一，加强罕见病预防，降低罕见病发生率。预防是最经济最有效的健康策略。据统计，全球罕见病患者中，约半数为儿童，80% 的罕见病属于遗传性疾病，因此科学预防是关键。我国的基本医疗卫生与健康促进法、母婴保健法、人口与计划生育法对预防出生缺陷作出规定，明确国家采取措施，为公民提供婚前保健、孕产期保健等服务，促进生殖健康。民法典还规定，一方患有重大疾病的，应当在结婚登记前如实告知另一方；不如实告知的，另一方可以向人民法院请求撤销婚姻。这些制度举措，有利于抓好源头防控，提高罕见病发现率和干预率，促进早诊早治，阻断代际传递。

第二，加强罕见病诊疗，提高诊疗能力。刚才国家卫生健康委负责同志介绍，2018 年国家卫生健康委会同有关部门发布了《第一批罕见病目录》，将 121 种罕见病纳入目录管理，明确了我国罕见病的概念和病种范围。下一步还要与时俱进、补充完善。此外，还组织制定了《罕见病诊疗指南（2019 年版）》，对罕见病目录内所有病种逐一制定诊疗指南，有效提升了我国罕见病诊疗水平。北京协和医院作为全国疑难重症诊治指导中心和全国罕见病诊疗协作网牵头医院，牵头运行中国罕见病诊疗服务信息系统，建立几十位专家参与的罕见病多学科“一站式”诊疗模式和国家罕见病生物样本库，积极开发罕见病辅助诊疗工具、开展国际合作交流，在努力推动罕见病防治实现早发现、能诊断、可治疗、长管理、有药用、能负担上做了很多工作。许多医疗专家坚守在罕见病防治第一线，为成千上万患者解除病痛、挽救生命，展现出了“医者仁心”的大爱和严谨、求实、不断攀登医学科技高峰的崇高品格。但是也要看到，至今仍有大量罕见病缺乏有效治疗手段，需要各有关方面继续努力，共同破解罕见病救治难题。基本医疗卫生与健康促进法、医师法对加强医学临床研究等作了规定。医师法规定了超说明书用药制度，明确在尚无有效或者更好治疗手段等特殊情况下，医师可以采用药品说明书中未明确但具有循证医学证据的药品用法实施治疗。药品管理法规定了同情用药制度，经审查、知情同意后，可以在临床试验机构内满足罕见病患者预先使用处于临床试验阶段的药物。上述制度举措，为尚无有效治疗手段疾病的诊疗提供了充分、有效的法律依据，为罕见病患者获得有效治疗方案提供了法

律制度支持。

第三，促进罕见病药品研制生产，提升药品供应保障水平。据2021年国家卫生健康委发布的《中国罕见病防治与保障事业发展》，全球7000余种罕见病中，有获批的相应治疗方案或者药物的病种不足10%，大量罕见病仍"无药可治"。党中央高度重视罕见病患者用药问题，2017年中办、国办印发的《关于深化审评审批制度改革鼓励药品医疗器械创新的意见》明确要求支持罕见病治疗药品医疗器械研发。贯彻落实党中央决策部署，新修订的药品管理法、基本医疗卫生与健康促进法对促进罕见病药品研制生产作出专门规定，明确国家鼓励治疗罕见病等的新药研制，支持防治罕见病、重大疾病等药品的研制、生产，并规定了具体制度措施，包括附条件批准、优先审评审批等制度。此外，药品管理法还规定了默示许可、伦理审查、拓展性临床试验等临床试验管理制度，建立了关联审评审批制度，目的就是使急需治疗的患者，包括罕见病患者能第一时间用上新药。药品管理法、中医药法、医师法还对促进中药科学技术研究和药物开发作了规定，发挥中药优势提高罕见病治疗水平。上述制度举措，建立了一条药品研制生产的"绿色通道"。在会前的调研中，我们了解到我国2017年至2021年共批准罕见病用药54个，其中进口药与国产药各占一半，每年罕见病药物批准数量已从2017年的3个增长到2021年的21个，纳入加快通道的罕见病药物审评时限已从8个月缩短至3个月，受到了患者由衷的欢迎，我国药品审评审批工作的巨大变化和进展来之不易，要再接再厉，在保证药品质量和安全性的基础上，最大限度提速临床急需药品研制生产，提升药品供应保障水平。

第四，加强罕见病医疗保障，减轻患者及家庭负担。罕见病医疗保障问题是社会各界关注的焦点。据了解，前几年，70万元一针的治疗脊髓性肌肉萎缩症用药"诺西那生钠注射液"，被称为"天价救命药"。2021年底，经多轮医保谈判，该药进入医保目录，从每针70万元降至3万余元，极大减轻了患者负担。为了使群众看得起病，基本医疗卫生与健康促进法建立了以基本医疗保险为主体，商业健康保险、医疗救助、职工互助医疗和医疗慈善服务等为补充的、多层次的医疗保障体系，明确了基本医疗保险基金支付范围的制定主体和程序。罕见病防治不仅是一个医学问题，也是一个社会问题。罕见病患者除了面对用药难、用药贵等问题，还要面对因病失业、经济负担重等现实问题，急需关怀。社会保险法、劳动法、慈善法对社会保险、社会救助、社会福利等作了制度安排，为完善罕见病社会保障提供法治支撑。要认真实施法律，落实各项法律规定。

三、提升罕见病防治工作法治化水平，进一步推动罕见病防治事业发展

推进健康中国建设，是我们党对人民的郑重承诺。做好罕见病防治工作，维护罕见病患者健康权益，对于提高全民健康水平、推进健康中国建设意义重大。目前，我国罕见病防治仍然存在诊疗能力不足、药品缺乏、部分药品价格偏高、药物研发创新能力有待提高等问题，罕见病防治工作依然任重而道远，需要我们高度重视，在法治轨道上积极推动和保障罕见病防治工作。

第一，完善罕见病防治相关制度措施，加强部门协作，形成制度合力。我国相关法律对罕见病预防、诊疗、药品研制生产、医疗保障等作了规定。刚才大家也介绍了，近年来，国务院及其有关部门出台了不少政策措施，内容涉及罕见病诊疗、药品研发、科技、税收、医保政策等诸多方面，为加强罕见病防治提供了有力支持。但总的来看，相关制度措施还比较分散，系统性、协同性有待加强。罕见病防治工作涉及多个部门，需要多部门综合施策，齐抓共管，加强政策协同，让制度红利惠及更多罕见病患者。我们也了解到，实践中对于罕见病定义、具体范围、医疗保障等问题还存在不同认识，有关方面要加强研究论证，广泛听取各方面意见，有必要又可行的，可以进一步研究完善相关制度措施，作出有针对性的制度安排。法律是最重要的制度，刚才也有部分专家包括药品审评中心的专家建议进行专门立法。从疫苗管理法的实施效果来看，专门立法有专门立法的好处，可以集中解决问题；同时，在相关法律法规中分别予以针对性地规定也是一种路径，聚焦短板、弱项抓好现有法律的贯彻落实，也可以解决问题。不论以哪种形式完善制度，都要坚持问题导向，从国情实际出发，广泛听取意见建议，加强科学研究和深入论证，进一步为罕见病防治事业发展提供有力法治保障。

第二，发挥科技创新的作用，推进罕见病科学研究和药物攻关。罕见病病因复杂，开展罕见病病因、药物等相关科学研究，是推动我国医学临床研究、取得科研创新突破的重要契机，对从根本上提升我国罕见病防治能力具有十分重要的作用。要

综合多学科力量，开展罕见病病例分析研究，及时总结推广有效诊疗方案，加强罕见病防治科研攻关。要加强罕见病药品和医疗器械研发，填补相关领域药物空白，同时促进仿制药研发创新，提升仿制药质量疗效。有关方面要积极落实促进药品研发创新的法律制度，加大对罕见病科研攻关的支持力度，把法律赋予的制度措施用好用足，不断提升我国罕见病临床诊疗能力和水平。

第三，加强中西医结合，发挥中医药在罕见病综合治疗中的独特优势。中医药在我国有几千年的发展历史，在罕见病综合治疗中也具有独特优势。有关方面围绕中医治疗具有优势的罕见病病种，制定了中医诊疗方案和临床路径并推广应用，有效提高了患者生存质量。要深入贯彻实施中医药法等法律，落实中西医并重方针，彰显中医药在罕见病治疗中的优势，更好发挥中医药在维护和促进人民健康中的独特作用。

第四，加强医疗保障，让更多罕见病患者用得起药、治得起病。对罕见病患者而言，是否有药可用是治疗过程中的一大难题，能否用得起药、治得起病，是又一大挑战。在西方国家，罕见病患者支付难题主要依赖于商业保险解决。在我国，党中央高度重视人民健康，建立了覆盖全民的基本医疗保障制度。这一制度是减轻群众就医负担、增进民生福祉的重大制度安排，是群众看病就医最主要的支付方式。近年来，国家医保目录纳入的罕见病药物数量逐年增多，部分罕见病用药价格大幅降低，特别是一些“救命药”纳入医保后，从根本上减轻了罕见病患者经济负担。要深入贯彻落实医疗保障方面的法律制度，进一步探索罕见病用药等保障机制，持续推进医保目录调整。同时，积极推进完善多层次医疗保障体系建设，发挥基本医疗保险、大病保险、医疗救助、医疗慈善等保障作用，既尽力而为又量力而行，在财力允许、能力可及的范围内尽最大努力，不断推进罕见病患者医疗保障工作，努力使“疾病罕见，保障常见”，让更多罕见病患者吃得起药、看得起病。一些发达国家慈善基金、慈善组织、慈善家在罕见病防治上发挥了很大作用，要认真加以借鉴。

第五，加强医疗队伍建设，为罕见病防治提供有力人才保障。不少同志反映，罕见病罕见，治疗罕见病的医生更罕见。针对罕见病领域专业人才短缺、医生诊疗能力不足等问题，要做好罕见病教材编写工作，完善更新罕见病诊疗指南，开展罕见病诊疗全国培训，推动罕见病防治人才队伍建设跨越式发展。

全过程人民民主是社会主义民主政治的本质属性

王　晨

党的二十大报告把发展全过程人民民主确定为中国式现代化本质要求的一项重要内容，强调全过程人民民主是社会主义民主政治的本质属性，对“发展全过程人民民主，保障人民当家作主”作出全面部署、提出明确要求。这对于新时代新征程更好发挥我国社会主义政治制度优势、全面建设社会主义现代化国家、全面推进中华民族伟大复兴具有十分重要的意义。

一、全过程人民民主是新时代我们党领导人民推进社会主义政治建设取得的重大理论和实践创新成果

人民民主是我们党始终高举的旗帜。在革命、建设、改革各个历史时期，我们党团结带领各族人民为实现人民当家作主进行艰辛探索、不懈奋斗，逐步建立健全一套完整的制度体系和程序机制，成功开辟和坚持了中国特色社会主义政治发展道路，人民民主成为社会主义国家的政治基石和社会主义制度的显著优势。党的十八大以来，以习近平同志为核心的党中央立足新的历史方位，深刻把握我国社会主要矛盾发生的新变化，积极回应人民对民主法治、公平正义的新要求新期待，坚持党的领导、人民当家作主、依法治国有机统一，深化对民主政治发展规律的认识，提出全过程人民民主重大理念，健全人民当家作主制度体系，发挥社会主义协商民主重要作用，丰富民主形式，畅通民主渠道，从各层次各领域扩大人民有序政治参与，推动全过程人民民主取得历史性成就，成为新时代我国民主政治领域具有重大创新意义的标志性成果。

2019年11月，习近平总书记在上海虹桥街道考察全国人大常委会法工委基层立法联系点时深刻指出："我们走的是一条中国特色社会主义政治发展道路，人民民主是一种全过程的民主。"2021年7月1日，习近平总书记在庆祝中国共产党成立100周年大会上强调要"践行以人民为中心的发展思想，发展全过程人民民主"。2021年10月，习近平总书记在中央人大工作会议上对全过程人民民主重大理念和实践要求作出系统精辟的阐述。党的十九届六中全会通过的《中共中央关于党的百年奋斗重大成就和历史经验的决议》，把"发展全过程人民民主"作为习近平新时代中国特色社会主义思想的重要内容纳入"十个明确"之中。

习近平总书记关于全过程人民民主的重要论述思想深邃、视野宏阔、内涵丰富，是一个系统完备的科学理论体系。通过学习领会，感到有以下重要特征和核心要义。一是人民立场。人民民主是社会主义的生命，没有民主就没有社会主义，就没有社会主义的现代化，就没有中华民族伟大复兴；全过程人民民主是社会主义民主政治的本质属性，发展社会主义民主政治就是要体现人民意志、保障人民权益、激发人民创造活力，用制度体系保障人民当家作主。二是历史必然。我们党始终高举人民民主的旗帜，坚持人民主体地位；中国特色社会主义政治发展道路是符合中国国情、保证人民当家作主的正确道路，是近代以来中国人民长期奋斗历史逻辑、理论逻辑、实践逻辑的必然结果，是坚持党的本质属性、践行党的根本宗旨的必然要求。三是制度保障。我国实行工人阶级领导的、以工农联盟为基础的人民民主专政的国体，实行人民代表大会制度的政体，实行中国共产党领导的多党合作和政治协商制度、民族区域自治制度、基层群众自治制度等基本政治制度，巩固和发展最广泛的爱国统一战线，形成了全面、广泛、有机衔接的人民当家作主制度体系，构建了多样、畅通、有序的民主渠道。四是全程贯通。我国全过程人民民主不仅有完整的制度程序，而且有完整的参与实践。全体人民依法实行民主选举、民主协商、民主决策、民主管理、民主监督，依法通过各种途径和形式管理国家事务，管理经济和文化事业，管理社会事务。五是真实管用。我国全过程人民民主实现了过程民主和成果民主、程序民主和实质民主、直接民主和间接民主、人民民主和国家意志相统一，是全链条、全方位、全覆盖的民主，是最广泛、最真实、最管用的社会主义民主。六是动态推进。坚持党的领导、人民当家作主、依法治国有机统一，发展全过程人民民主，把人民当家作主具体地、现实地体现到党治国理政的政策措施上来，具体地、现实地体现到党和国家机关各个方面各个层级工作上来，具体地、现实地体现到实现人民对美好生活向往的工作上来。七是系统评价。关于中国共产党始终高举人民民主旗帜的"五个基本观点"的精辟概括，关于评价一个国家政治制度是不是民主的、有效的主要看"八个能否"的衡量标准，关于一个国家民主不民主关键在于是不是真正做到了人民当家作主的"四个要看、四个更要看"的审视尺度，关于发展社会主义民主政治关键是要增加和扩大我们的优势和特点而不是要削弱和缩小我们的优势和特点、做到"六个切实防止"的深刻阐述等，都是系统观察、系统思考、系统总结评价的重要成果。

习近平总书记关于全过程人民民主的重要论述，使我们党对于民主理论和实践的认识达到历史新高度，是新时代践行党的初心使命和全心全意为人民服务根本宗旨在民主政治方面的集中体现，极大地增强了全党全国各族人民对中国特色社会主义民主政治的自信和底气。我们要深入学习贯彻习近平总书记关于全过程人民民主的重要论述精神，强化使命担当，加强全过程人民民主制度建设，深入推进参与实践，巩固和发展生动活泼、安定团结的政治局面。

二、我国全过程人民民主是全链条、全方位、全覆盖的民主

发展社会主义民主政治，建设社会主义政治文明，是全面建设社会主义现代化国家的内在要求和重要目标。邓小平说过，"我们进行社会主义现代化建设，是要在经济上赶上发达的资本主义国家，在政治上创造比资本主义国家的民主更高更切实的民主"。我国全过程人民民主深深扎根于中国社会土壤中，是中国共产党领导人民百年奋斗的重大成果，是我国人民民主的最新发展，具有全链条、全方位、全覆盖的显著特征。实践充分证明，我国全过程人民民主是能够保证亿万人民当家作主、把国家和民族的前途命运牢牢掌握在自己手中的新型民主。

从政治过程看，我国全过程人民民主是民主选举、民主协商、民主决策、民主管理、民主监督各个环节紧密联系、相互贯通的全链条民主。一是在选举环节，人民通过选举、投票行使权利，选出代表自己意愿的人来掌握并行使权力，包括国家机构选

举、村(居)委会选举、企事业单位职工代表大会选举等。二是在协商环节,人民在重大决策之前和决策实施之中进行充分协商,尽可能就共同性问题取得一致意见。三是在决策环节,人民通过座谈听证、评估咨询、民意调查等多种方式,广泛参与到决策过程中,使越来越多来自基层的声音直达各级决策层,越来越多的群众意见转化为党和政府的重大决策。四是在管理环节,人民行使宪法赋予的各项权利、承担宪法赋予公民的责任义务,积极主动参加选举、协商、决策、监督等,在各个层级、各个领域参与国家政治生活和社会生活的管理。五是在监督环节,建立健全各种监督制度,形成了一套有机贯通、相互协调的监督体系,人民可以对各级国家工作人员履职情况进行监督,使国家和社会各种公共事务始终在人民全过程监督下运行,保证人民赋予的权力始终用来为人民谋利益。

从政治体系看,我国全过程人民民主是贯通国家政治生活和社会生活各层面各维度的全方位民主。在我国,国家一切权力属于人民,人民通过人民代表大会行使国家权力。我国有全国、省级、设区的市级、县级、乡镇级五级人民代表大会,各级人大代表都由民主选举产生、对人民负责、受人民监督,各级人大选举产生本级人大常委会、人民政府、监察机关、审判机关、检察机关领导人员和组成人员。各级国家机关都按照民主集中制原则来组织并贯彻实施国家宪法法律和方针政策,保证国家治理成为充分体现人民意志、保障人民权益、激发人民创造活力的政治实践,保证实现全体人民共享现代化建设和发展成果。协商民主是实践全过程人民民主的重要形式。我国已建立起行之有效的制度化协商渠道,包括政党协商、人大协商、政府协商、政协协商、人民团体协商、基层协商以及社会组织协商。在中国社会主义制度下,有事好商量,众人的事情由众人商量,找到全社会意愿和要求的最大公约数,是人民民主的真谛。广泛商量的过程就是发扬民主、集思广益的过程,就是统一思想、凝聚共识的过程,就是科学决策、民主决策的过程,就是实现人民当家作主的过程。

从政治领域看,我国全过程人民民主是涵盖国家各项事业各项工作的全覆盖民主。毛泽东说过:“民主必须是各方面的,是政治上的、军事上的、经济上的、文化上的、党务上的以及国际关系上的,一切这些,都需要民主。”我国全过程人民民主坚持以人民为中心,坚持人民主体地位,人民当家作主充分体现在中国特色社会主义经济建设、政治建设、文化建设、社会建设、生态文明建设“五位一体”总体布局和全面建设社会主义现代化国家、全面深化改革、全面依法治国、全面从严治党“四个全面”战略布局的方方面面,实现了全领域、全过程整体性覆盖和贯通。同时,通过全过程人民民主最广泛地动员和组织全体人民以主人翁地位投身社会主义现代化建设,有力推动了国家各项事业的发展和各方面工作的开展,有力推动了实现人民对美好生活的向往、全体人民共同富裕和人的全面发展的历史进程,向着建成富强民主文明和谐美丽的社会主义现代化强国、实现中华民族伟大复兴的宏伟目标不断迈进。

三、发展全过程人民民主必须遵循的重要原则

党的二十大报告第六部分专门论述“发展全过程人民民主,保障人民当家作主”,对新时代新征程发展全过程人民民主作出总体部署,提出加强人民当家作主制度保障、全面发展协商民主、积极发展基层民主、巩固和发展最广泛的爱国统一战线等任务要求和工作重点。全面贯彻党的二十大精神,发展全过程人民民主,必须遵循以下重要原则。

——坚持中国共产党领导。中国特色社会主义最本质的特征是中国共产党领导,中国特色社会主义制度的最大优势是中国共产党领导,中国共产党是最高政治领导力量。我们要提高政治站位,深刻领悟“两个确立”的决定性意义,增强“四个意识”、坚定“四个自信”、做到“两个维护”。坚持党总揽全局、协调各方的领导核心作用,坚决维护以习近平同志为核心的党中央权威和集中统一领导。健全党在政治生活中居于领导地位的制度机制,保证把党关于全过程人民民主的价值理念、原则精神、目标任务以及运行程序、规范要求等,落实到人民当家作主各环节,落实到人民群众参与国家和社会治理的具体实践中,坚持正确政治方向,保证党领导人民有效治理国家。

——坚持人民主体地位。我国宪法规定,中华人民共和国的一切权力属于人民。中国共产党始终代表最广大人民根本利益。发展全过程人民民主,必须坚持以人民为中心,维护人民根本利益,不断实现发展为了人民、发展依靠人民、发展成果由人民共享。党领导人民发展全过程人民民主,就是支持和保证人民当家作主,把体现人民利益、反映人民愿望、维护人民权益、增进人民福祉贯彻落实到党治国理政的各领域全过程。要健全民主制度,

创新民主实践，保证人民在党的领导下通过各种途径和形式管理国家事务、管理经济文化事业、管理社会事务，保证人民平等参与、平等发展权利，发展更加广泛、更加充分、更加健全的全过程人民民主。

——坚持全面依法治国。正反两方面经验证明，民主与法治是紧密联系、相辅相成的，全过程人民民主是全面依法治国的政治基础，全面依法治国是全过程人民民主的制度保障。我们要加快建设中国特色社会主义法治体系，依法保障全体人民和社会成员参与民主选举、民主协商、民主决策、民主管理、民主监督等基本政治权利，充分激发人民积极性、主动性、创造性，充分调动一切积极因素，在法治轨道上推进国家治理体系和治理能力现代化。深化法治领域改革，使全过程人民民主重大理念在立法、执法、司法、守法上实现全覆盖和全贯通。增强全过程人民民主的系统性、规范性、有效性，发展机制更健全、保障更有力、运行更顺畅的全过程人民民主。

——坚持中国道路。习近平总书记指出："走自己的路，是党的全部理论和实践立足点，更是党百年奋斗得出的历史结论。"全过程人民民主是新时代中国特色社会主义的伟大创造，也是当代中国民主区别于西方民主的显著特征。世界上不存在完全相同的政治制度，也不存在适用于一切国家的政治制度模式；实现民主有多种方式，不可能千篇一律。我们要坚定中国特色社会主义制度自信，坚定不移走中国特色社会主义政治发展道路，把我国社会主义民主政治的特点和优势充分发挥出来，注重吸收借鉴人类政治文明一切有益成果，但决不照抄照搬别国政治制度模式，决不走西方所谓"宪政"、"三权鼎立"、多党轮流执政的路子。

四、充分发挥人民代表大会制度在发展全过程人民民主中的重要制度载体作用

党的十八大以来，以习近平同志为核心的党中央高度重视坚持和完善人民代表大会制度，全面加强党对人大工作的领导，推动人大工作取得历史性成就。2021 年 10 月，党中央召开中央人大工作会议，习近平总书记发表重要讲话，强调指出："人民代表大会制度是实现我国全过程人民民主的重要制度载体。"习近平总书记的这一重要论述，进一步拓展了人民代表大会制度的时代内涵和实践要求，明确了新时代新征程坚持和完善人民代表大会制度的使命任务。新时代新征程发展全过程人民民主，保障人民当家作主，必须深入学习贯彻习近平总书记关于坚持和完善人民代表大会制度的重要思想，切实增强责任感、使命感，认真履职尽责、担当作为，充分发挥人民代表大会制度在发展全过程人民民主中的重要制度载体作用。

在党中央集中统一领导下，全国人大及其常委会以习近平新时代中国特色社会主义思想为指导，忠实履行宪法法律赋予的职责，推进全过程人民民主不断取得新成就、实现新发展。近年来，全国人大先后修改全国人民代表大会组织法、地方各级人民代表大会和地方各级人民政府组织法等法律，对坚持和发展全过程人民民主作出明确规定，把全过程人民民主重大理念转化为法律制度规范，为全国人大及其常委会和地方各级政权机关行使职权、履行职责、开展工作提供了法律依据、活动遵循和制度保障。从 2021 年上半年开始，新一轮县乡两级人大换届选举依法陆续展开，全国 10 亿多选民直接选举产生 260 多万名县乡两级人大代表，组成地方基层国家权力机关。各级人大代表来自人民、扎根人民、代表人民的优势和作用得到进一步发挥，在立法、监督、决定等工作中，广泛听取人民群众和各方面意见的渠道和形式不断丰富拓展。全国人大常委会法工委建立 32 个基层立法联系点，覆盖全国 31 个省、自治区、直辖市，辐射带动全国各地设立 509 个省级基层立法联系点和近 5000 个设区的市级基层立法联系点，丰富了全过程人民民主的生动实践，有利于立法工作和人大工作更好接地气、察民情、聚民智、惠民生。

发展全过程人民民主，充分发挥人民代表大会制度的重要载体作用，需要重点做好以下几方面工作。一是坚持党的领导、人民当家作主、依法治国有机统一，把党中央关于发展全过程人民民主的工作部署和各项举措落实到人大立法、监督、代表等工作中，不断扩大人民有序政治参与，保证人民依法享有广泛权利和自由，确保党和国家在决策、执行、监督落实各个环节上都能听到来自人民的声音。二是落实宪法法律关于民主的相关制度机制，用科学有效、系统完备的人民当家作主制度体系保证宪法法律确立的制度、原则、规则得到全面实施，把宪法法律赋予的职权用起来，维护国家法治统一、尊严、权威。三是完善中国特色社会主义法律体系，发挥人大及其常委会在立法工作中的主导作用，坚持法治为了人民、依靠人民、造福人民、保护

人民，深入推进科学立法、民主立法、依法立法，建设好基层立法联系点，不断提高立法质量，以良法促进发展、保障善治。四是切实加强人大监督，实行正确监督、有效监督、依法监督，确保法律法规得到有效实施，确保行政权、监察权、审判权、检察权依法正确行使，积极回应人民关切。五是充分发挥人大代表作用，做到民有所呼、我有所应，保持同人民的密切联系，倾听人民意见和建议，接受人民监督，加强代表工作能力建设，努力为人民服务。六是完善人大的民主民意表达平台，健全吸纳民意、汇集民智的工作机制，丰富民主实践，把各方面社情民意统一于最广大人民根本利益之中，广泛凝聚推动中国特色社会主义事业发展的正能量。七是强化政治机关意识，把各级人大及其常委会建设成为坚持中国共产党领导的政治机关、保证人民当家作主的国家权力机关、全面担负宪法法律赋予的各项职责的工作机关、始终同人民群众保持密切联系的代表机关，努力打造政治坚定、服务人民、尊崇法治、发扬民主、勤勉尽责的人大工作队伍，为发展全过程人民民主、保障人民当家作主作出新贡献。

用党的二十大精神指导推动新时代人大工作

——在常委会学习习近平总书记重要讲话和二十大精神时的发言

（2022 年 10 月 26 日）

曹建明

在党的二十大和一中全会刚刚闭幕之际，常委会专门用一天时间学习贯彻党的二十大精神，意义深远。我完全赞成和拥护党的二十大报告和大会通过的各项决议，完全赞成和拥护党的二十大和二十届一中全会选举产生的以习近平同志为核心的新一届中央领导集体。

党的二十大是在全党全国各族人民迈上全面建设社会主义现代化国家新征程、向第二个百年奋斗目标进军的关键时刻召开的一次十分重要的大会，在党和国家历史上树起了又一座里程碑。习近平总书记再次全票当选中央委员会总书记、中央军委主席，充分体现了全党全军全国各族人民的共同心愿和衷心拥戴。

聆听总书记报告和重要讲话，无比振奋，深受教育、鞭策和鼓舞！总书记所作的二十大报告，是一个旗帜鲜明、思想深邃、求真务实、催人奋进的好报告，也是一个把握时代大势、回答时代之问、应对时代之变、引领时代发展的好报告，通篇闪耀着马克思主义的真理光芒，是引领全党全国各族人民迈向第二个百年奋斗目标的政治宣言和行动纲领，吹响了奋进新征程、实现新时代党的历史使命的进军号。

聆听总书记报告，回顾过去，深深感到，党的十九大以来的五年，波澜壮阔，是极不寻常、极不平凡的五年；党的十八大以来的十年，彪炳史册，是具有里程碑意义的十年。这十年，最重大的政治成果是“两个确立”，确立习近平同志党中央的核心、全党的核心地位，我们党和国家就有了最可靠的主心骨；确立习近平新时代中国特色社会主义思想的指导地位，我们在新时代迈向第二个百年奋斗目标就有了行动上的指南针。“两个确立”是新时代实现伟大复兴的关键所在。面对世纪疫情，面对国际局势急剧变化，总书记以非凡政治勇气、强烈使命担当和深厚人民情怀，洞察大势、领航掌舵，率领全党全国各族人民经千难而百折不挠、历万险而矢志不渝。总书记精辟阐述的新时代十年“3 + 16 + 4”的伟大变革，为我们全面建成社会主义现代化强国、实现中华民族伟大复兴奠定了雄厚的物质基础、构建了完善的制度机制、开辟了广阔的前景。

学习党的二十大报告，我体会到，报告全面阐述了党的十九大以来的重大成就和新时代十年的伟大变革，充分彰显了百年大党坚守初心使命、实现民族复兴的宏大志向；全面阐述了习近平新时代中国特色社会主义思想的世界观和方法论，不断开辟马克思主义中国化时代化新境界；全面阐述了以中国式现代化推进民族复兴，庄严宣示了新时代新征程中国共产党的使命任务；全面阐述了新时代党的建设总要求，充分展现了坚持和加强党的全面领导、坚持全面从严治党、依靠党的自我革命跳出治乱兴衰历史周期率的坚定意志。

展望未来，党的二十大报告对新时代新征程全面建设社会主义现代化国家作了全面部署，中心任务明确、总体战略安排明确、主要任务目标明确，我们对实现第二个百年奋斗目标、实现中华民族伟大复兴中国梦更加充满信心和力量。总书记在二十大报告中，对新时代党领导人民坚定不移走中国特色社会主义政治发展道路、坚持和完善我国根本政治制度、发展全过程人民民主、完善以宪法为核心的中国特色社会主义法律体系、健全人大对行政机关、监察机关、审判机关、检察机关监督制度提出新的更高要求，指明了前进方向。特别是，发展全过程人民民主，是总书记对根植中国大地的人民民主实践的全新论述，鲜明体现了中国社会主义民主政治的本质属性、鲜明特色和显著优势，是中国特色社会主义民主伟大实践的时代创新，是推进实现国家治理体系和治理能力现代化的重要内容，也是全面建设社会主义现代化国家的时代命题，对于我们坚持走中国特色社会主义道路具有深远的意义。

我们一定要更加深刻感悟“两个确立”的决定性意义，更加自觉增强“四个意识”、坚定“四个自信”、坚决做到“两个维护”，把思想和行动统一到总书记重要讲话精神上来，完整、全面、准确把握党的二十大报告提出的重要思想、重要观点、重大战略、重大举措，全面贯彻落实党的二十大作出的战略部署，牢记“国之大者”，牢记“三个务必”，恪尽职守，勤奋工作，团结奋斗，以高度的政治责任感、良好的精神状态和严谨的作风扎实做好人大各项工作，奋力实现党的二十大所确定的各项目标任务。

乘势而上　踔厉奋发
赓续开拓新时代人大社会建设工作新局面

——在第二次全国人大社会建设工作座谈会上的讲话

（2022 年 6 月 28 日）

张春贤

今年“两会”期间，习近平总书记发表一系列重要讲话，明确提出 5 个必由之路，揭示新时代中国的成功密码；明确提出 5 个战略性的有利条件，展望中国发展的光明前景；明确提出 4 个方面系统要求，指明新时代人大工作的前进方向。这 4 个方面要求与总书记在中央人大工作会议上的重要讲话精神是一以贯之的，为坚持和完善人大制度、加强和改进人大工作提供了根本遵循。

2019 年 4 月，我们在北京召开了第一次全国人大社会建设工作座谈会，传达学习习近平总书记有关设立人大社会委的重要讲话精神，以及栗战书委员长关于“抓住几件事先做起来”的重要批示精神，明确了社会委的职责范围和功能定位，达成了“围绕中心，突出重点，协同推进各级人大社会委工作”的广泛共识。

3 年来，地方人大社会委面对历史交汇期社会建设的复杂局面和艰巨任务，历经 2 年多仍在持续的新冠肺炎疫情，披荆斩棘、开拓进取，克服了许多阻碍，战胜了许多困难。3 年来，地方人大社会委在探索中履职，在履职中发展，在发展中提高，取得了卓越成绩，创造了新鲜经验。3 年来，地方人大社会委与全国人大社会委协同配合、上下联动，全力推进立法、监督、代表等各项工作，为社会领域法治建设作出了突出贡献。

时隔 3 年，我们在广西召开第二次全国人大社会建设工作座谈会，主要是为了深入学习贯彻习近平总书记关于社会建设的重要论述精神，贯彻落实党的十九大和十九届中央历次全会、中央人大工作会议以及十三届全国人大五次会议精神，全面总结人大首届社会委取得的经验和成绩，集体研究人大社会建设工作面临的形势和任务，共同推进社会领域法治建设高质量发展。

下面，结合近年来人大社会委工作，我讲几点意见。

一、在新时代的恢弘背景中，深刻认识和把握中国特色社会主义社会建设

党的十八大以来，以习近平同志为核心的党中央统筹推进“五位一体”总体布局，协调推进“四个全面”战略布局，在社会建设上，发展了人民安居乐

业、社会安定有序的良好局面，续写了社会长期稳定奇迹，取得了历史性成就、发生历史性变革。总书记站在百年未有之大变局和中华民族伟大复兴战略全局的政治高度，围绕社会建设提出一系列新理念新思想新战略，构成了系统完整的理论体系，为我们深刻认识和全面推进新时代社会建设事业提供了科学理论指引。初步梳理，主要有 10 个坚持。

一是坚持党对社会建设的全面领导

总书记强调，党政军民学，东西南北中，党是领导一切的，是最高政治领导力量。党的领导必须是全面的、系统的、整体的，必须体现到经济建设、政治建设、文化建设、社会建设、生态文明建设等各个方面。

1954 年，毛泽东同志在第一届全国人大一次会议上强调，“领导我们事业的核心力量是中国共产党。”2018 年，十三届全国人大一次会议表决通过宪法修正案，将“中国共产党领导是中国特色社会主义最本质的特征”写入宪法总纲第一条。历史和人民选择了中国共产党。一百年来，党领导全国各族人民进行伟大奋斗，创造伟大成就，用事实证明，只有在党的领导下，才能团结一切可以团结的力量，才能为中国人民谋幸福，为中华民族谋复兴。

二是坚持以人民为中心的思想

总书记强调，人民对美好生活的向往，就是我们的奋斗目标。要坚持人民至上、生命至上，始终把人民放在心中最高位置，更好增进人民福祉，推动人的全面发展、社会全面进步。

这从根本上回答了社会建设为了谁、目的是什么、出发点和落脚点在哪的问题。以人民为中心的发展思想，不是一个抽象的、玄奥的概念，不能只停留在口头上、止步于思想环节，而要体现在经济社会发展的各个环节。党的十八大以来，我们决战脱贫攻坚，近一亿农村贫困人口脱贫，实现了“小康路上一个都不能少”；抗击新冠肺炎疫情，从出生仅 30 多个小时的婴儿到 100 多岁的老人，每一个生命都得到全力护佑。面对贫穷与疾病这两个世界难题，我们取得举世瞩目的成绩，把以人民为中心体现得淋漓尽致，充分彰显了中国特色社会主义社会建设的价值导向。

三是坚持以高质量发展为主题

总书记强调，高质量发展不只是一个经济要求，而是对经济社会发展方方面面的总要求。明确指出，抓民生也是抓发展，要改善人民生活品质；安全是发展的前提，要统筹发展和安全，建设更高水平的平安中国。

总书记的重要论述厘清了民生和发展、安全和发展的辩证关系，明确了要推进高质量、高品质、高水平的社会建设。进入新时代，我国社会主要矛盾发生变化，人民群众的美好生活需要更加广泛、更加多元、更加复合。过去有饭吃、有学上、有房住是基本需求，现在人民群众有收入稳步提升、优质医疗服务、教育公平等更多层次的需求。这些新需求，已经不是有没有，而是好不好的问题。只有不断提高社会建设水平，才能适应社会结构、社会关系、社会行为和社会心理的深刻变化。

四是坚持促进共同富裕

总书记强调，要正确处理效率和公平的关系，坚决防止两极分化，防止社会阶层固化，畅通向上流动通道，给更多人创造致富机会，使全体人民朝着共同富裕目标扎实迈进。

邓小平同志在改革开放初期创造性地提出了先富带动后富，最终达到共同富裕的思想，并极具预见性地提出，“中国发展到一定的程度后，一定要考虑分配问题”，“达到小康水平的时候，就要突出地提出和解决这个问题。”党的十九届五中全会立足“两个一百年”奋斗目标历史交汇期，首次提出到 2035 年“全体人民共同富裕取得更为明显的实质性进展”。习近平总书记在中央财经委员会第十次会议上围绕分阶段推进共同富裕，提出总的思路、4 条原则和 6 项要求，系统回答了什么是共同富裕、为什么要共同富裕，以及怎么实现共同富裕的时代课题。

五是坚持共建共治共享

总书记强调，要完善党委领导、政府负责、社会协同、公众参与、法治保障的社会治理体制，实现政府治理同社会调节、居民自治良性互动，建设人人有责、人人尽责、人人享有的社会治理共同体。

社会治理是国家治理的重要组成部分，特别是基层治理对我们党长期执政、国家长治久安，至关重要。放眼世界，无论是发展中国家，还是发达国家，社会动荡和分化对立的不在少数。中国能创造社会长期稳定奇迹，得益于党的领导和中国特色社会主义制度的显著优势，也得益于人民群众的广泛参与和共同努力。毛泽东同志早有论断，“只有人人起来负责，才不会人亡政息”，才能跳出治乱兴衰的历史周期率。

六是坚持长远眼光和底线思维

总书记强调，要正确认识和把握中长期经济社会发展问题，着眼长远、把握大势，提高工作预见性和主动性。要兜住兜牢民生底线，着力防范化解重大风险，从源头上提升维护社会稳定能力和水平。

社会问题的产生和发展往往具有惯性，趋势一旦形成，短期内难以逆转，需要持续的政策投入和长久的积极努力才能妥善解决。以人口老龄化为例，我国从1999年进入老龄化社会，到现在已经20多年，处于快速老龄化的关键阶段，正面临着养老服务、医养结合等一系列问题。预计2050年左右，我国老年人口规模将达到峰值，也就是说还有近30年时间。由此可以体会，社会建设既要近察，又要远观，既要从细微处入手，脚踏实地解决最急需、最紧迫的问题，也要从长周期中把握趋势规律，提前谋划，久久为功，掌握战略主动，化风险于无形。

七是坚持尽力而为和量力而行

总书记强调，要实事求是，不脱离实际、不超越阶段。要坚持全覆盖、保基本、多层次、可持续的方针，做那些现实条件下可以做到的事情，让群众得到看得见、摸得着的实惠。

社会建设在直观上是“花钱”而不是“营利”，是支出而不是收入，这与经济建设开展工作的角度是不同的。民生怎样改善和保障、政策聚焦到哪些领域、财力是否可以长期支持，是社会建设需要搞清楚的问题。现实中，社会主体的利益诉求复杂多样，地域之间和群体之间千差万别，整体协调难度很大。特别是在过紧日子的基调下，要平衡应急和日常、需要和可能，精打细算，真正把钱花在刀刃上。既要尽力而为，最大程度上改善民生；也要量力而行，确保适度和可持续。

八是坚持分类施策和因地制宜

社会建设在不同领域、不同地方有着不同的特点和基础。习近平总书记围绕劳动就业、社会保障、社会治理等各领域，都有专门论述和重要指示。特别是总书记在地方考察调研过程中，因地制宜地提出一系列发展社会事业的明确要求。例如，在贵州考察时强调，就业是巩固脱贫攻坚成果的基本措施；在青海指出，一个社区要搞好，一定要有非常强的党组织领导的基层组织，把群众自治性的事情组织好；在西藏强调，要更加聚焦群众普遍关注的民生问题，办好就业、教育、社保、医疗、养老、托幼、住房等民生实事。

这些既是习近平总书记对特定领域和某个地方的具体要求，也是总书记社会建设理论的重要组成部分，为我们区分情况，有重点、有针对性地开展工作提供了行动指南。

九是坚持在深化改革中推进社会建设

总书记强调，要与时俱进，用改革的办法和创新的思维解决发展中的问题。把为人民谋幸福作为检验改革成效的标准，做到老百姓关心什么、期盼什么，改革就要抓住什么、推进什么，通过改革给人民群众带来更多获得感。

改革是最强大的发展动力。党的十一届三中全会以来，我国社会建设的各个领域都实现了质的飞跃。例如，社会保险制度。仅用40多年时间，就逐步实现了从单一责任主体到多方分担责任、从城镇劳动者到覆盖全民、从单一层次到多层次化的重大转变。截至2021年底，城乡居民基本医疗保险覆盖13.6亿人，基本养老保险覆盖超10亿人，建成世界上最大的社会保障网。没有改革开放和全面深化改革造就的经济基础和制度体系，这是不可想象的。

十是坚持在法治轨道上推进社会建设

总书记强调，要加强民生领域立法，努力健全国家治理急需、满足人民日益增长的美好生活需要必备的法律制度，把体现人民利益、反映人民愿望、维护人民权益、增进人民福祉落实到全面依法治国各领域全过程。

社会文明在动态变化中不断延展，总会出现例外，出现新的现象。相应的，法律和制度也会存在滞后性，需要不断调整完善。法治和改革如鸟之两翼、车之两轮。一方面，要把立法决策同改革发展决策更好结合起来，以法治思维和法治方式推进社会建设。另一方面，有些问题在初始阶段不适于出台法律，可以授权有关部门改革制度、更新政策，条件成熟时，再以法律形式把改革成果巩固确定下来。

以上提到的这10个坚持，涵盖了社会建设的领导力量、中心思想、发展主题、目标任务、思维方式和工作方法，是对整体社会建设而言的，不限于人大的社会建设工作。这10个坚持，具有鲜明的中国特色，既与党的创新理论和优秀传统文化一脉相承，又有新时代的显著特征和全新创造，是社会建设理论一次新的飞跃。这10个坚持，只是在学习领会的基础上作的初步梳理，总书记关于社会建设的重要论述高屋建瓴、内涵丰富，希望大家一道研究，分享交流。

二、在习近平总书记关于社会建设重要论述的科学指引下，人大首届社会委各项工作取得显著成效

2018年，党的十九届三中全会通过《深化党和国家机构改革方案》，决定组建全国人大社会建设

委员会。栗战书委员长和常委会党组高度重视社会建设工作。去年四次大会修改《全国人大组织法》,明确设立社会建设委员会。今年五次大会修改《地方组织法》,明确省、设区的市两级人大根据需要可以设立社会建设委员会,是5个具名的专委会之一。这两部组织法,进一步从法律层面为各级人大社会委的组建和运行提供了基本依据。

自成立以来,人大社会委坚持以习近平新时代中国特色社会主义思想为指导,深入贯彻习近平法治思想、总书记关于坚持和完善人民代表大会制度的重要思想,以及关于社会建设的重要论述,坚决落实党中央决策部署和栗战书委员长指示批示精神,认真履行宪法法律赋予的职责。从抓住几件事先做起来,到高点起步、高效运转,再到成熟地、高质量地履职尽责,短短几年时间,已经形成体系化的工作成果,为人大社会建设工作奠定了坚实基础、提供了深刻启迪,切实做到了不负期望、不辱使命!

(一)社会领域法治建设取得新进展、实现新突破

本届以来,全国人大社会委已经牵头推进8部法律的制定和修改(3部通过、3部审议、2部正起草),联系审议10部法律,组织实施7项常委会监督工作,办理246件议案、119件建议、8项重点督办建议。31个省级人大社会委制定和修改165个地方性法规、自治条例及法规性决定,开展286项监督工作,办理近1000件议案建议。这些工作覆盖了社会建设的各个方面,推动社会领域法治建设水平达到新高度。具体来讲,主要集中在3个领域。

第一个领域是特殊群体权益保障

一个国家对特殊群体的态度和政策,直接体现其社会文明程度。习近平总书记反复强调,要保障妇女儿童合法权益,健全老年人、残疾人关爱服务体系。

在这方面,全国人大社会委主要开展了6项立法、1项监督。分别是牵头制定《家庭教育促进法》、修订《未成年人保护法》《预防未成年人犯罪法》和《妇女权益保障法》,起草《无障碍环境建设法》,联系审议《老年人权益保障法》,开展应对人口老龄化专题调研。其中,关于未成年人的3部法律,从"正反"两个方面,以及国家、社会、家庭、学校等多个维度,系统完善了未成年人保护法律制度。特别是在一些关键问题上,既体现了对当下现实和社会舆论的体察,也体现了对历史经验和潮流趋势的把握。

例如,收容教养问题。近年来,未成年人犯罪恶性案件屡屡发生。有观点认为,应升级原《预防未成年人犯罪法》关于收容教养的规定。修法领导小组经过反复研究、慎重考虑,纵观我国"劳动教养、收容教育、收容遣送"等制度的演变,未采取调整收容教养制度的方案,删除原有条文,并提出修改刑法的具体建议,为与刑法修正案有效衔接保留了空间。还有《家庭教育促进法》,与中央大力推行的"双减"政策方向一致、互相配合。全国人大常委会一年内3次审议并表决通过。2021年11月,栗战书委员长亲自出席《家庭教育促进法》实施座谈会,强调这是一部促进未成年人全面健康成长的法律。

地方人大社会委也普遍制定和修改了未成年人法规。另外,黑龙江、宁夏、福建等围绕妇女权益保障、女职工劳动保护进行立法。河北、甘肃、青海、新疆等围绕应对人口老龄化开展立法监督工作。其中,甘肃对老年人权益保障条例的"一条一款"进行执法检查,探索"点穴式"监督,取得了很好的效果。各级人大社会委聚焦特殊群体,维护合法权益,用法律刚性保障社会温度,有力促进了人的全面发展和社会全面进步。

第二个领域是公共安全

安全稳定工作连着千家万户。平安是老百姓解决温饱后的第一需求,是极重要的民生,也是最基本的发展环境,必须防患于未然。

在这方面,全国人大社会委主要开展了3项立法、2项监督。分别是牵头修订《突发事件应对法》,联系审议《安全生产法》《消防救援衔条例》,组织实施《消防法》和《防震减灾法》执法检查。其中,修订《突发事件应对法》是立法规划之外临时的紧急任务。新冠肺炎疫情暴发后,党中央高度重视依法防控、依法治理,明确把修改《突发事件应对法》列入《中央政治局常委会工作要点》。全国人大常委会认真落实党中央决策部署,栗战书委员长主持召开专题会议,制定专项立法计划,明确成立修法专班。专班以新冠肺炎疫情防控暴露的短板和不足为线索,深刻总结改革成果和应急经验,起草形成《突发事件应对管理法》草案,已经提请全国人大常委会初次审议。

地方人大社会委统筹发展和安全,也开展了大量工作。例如,北京制定《突发公共卫生事件应急条例》,海南制定《自由贸易港消防条例》,天津、内蒙古、陕西、河南等围绕消防事业、安全生产开展执法检查、听取专项报告。这些工作,直指实际生产生活中的突出问题,切实消除了隐患,防范了风险,

筑牢了国家安全、公共安全和人民安全的坚固防线。

第三个领域是社会保障

社会保障是治国安邦的大问题，是促进经济社会发展、实现广大人民群众共享改革发展成果的重要制度安排。

在这方面，全国人大社会委主要起草2个重要报告，牵头修订1部法律，开展3项监督工作。其中2个报告，**一是**社会委组成人员起草《关于完善社会保障体系亟待强化系统思维与精准施策的报告》；**二是**社会委负责起草《关于加快推进社会保障立法的报告》。这两个报告全面总结我国社会保障立法基本情况，提出完善社会保障法律体系的总体考虑，针对20部法律法规，形成打包修改、专项立法、整体完善等3个层次的工作安排。令人振奋的是，习近平总书记在近2个月时间内，连续对这两个报告作出重要批示，确定了当前和今后一段时期社会保障立法的基本方向，充分体现了党中央对人大社会建设工作的高度重视，给予了社会委极大的鼓舞和鞭策。

社会保障有三大支柱，分别是政府兜底的社会救助，政府、机构和个人分担负责的社会保险，以及依靠社会力量的慈善事业。全国人大社会委围绕三大支柱，综合运用3种监督方式，服务常委会听取和审议国务院关于社会救助的专项报告，开展社会保险专题调研，组织实施《慈善法》执法检查。目前，正根据监督情况，抓紧修订《慈善法》，争取近期提请常委会审议。

社会保障制度只有落实到基层，才能真正惠及民生。地方人大社会委离群众更近，社会保障工作也更现实。例如，辽宁、广东、广西、山西等围绕社会保险的各个险种开展了有针对性的立法和监督；湖南、吉林、山东、湖北等围绕慈善事业、志愿服务进行立法修法。其中，湖南的《实施慈善法若干规定》，坚持务实高效的原则，全文仅10条，是“小快灵”立法的有益尝试。正是通过各级人大社会委从上到下、从顶层设计到法律实施的扎实工作，有力推动了社会保障事业高质量发展。

除了特殊群体、公共安全和社会保障3个领域。人大社会委还围绕促进就业、基层治理、体育事业等，开展了许多重要的、富有特色的专项工作。总的来说，通过各级人大社会委的共同努力，社会领域法律制度更加系统、更加完备，法律实施更加到位、更加规范。

（二）探索形成科学有效的思想方法、工作方法

毛泽东同志曾讲，“思想方法和工作方法是互相结合的”，“我们不但要提出任务，而且要解决完成任务的方法问题”。人大社会委的履职成果，不仅体现在完成的具体任务上，也体现在从实践中总结提炼出来的思想和工作方法上。

一是践行全过程人民民主。人民代表大会制度是党在国家政权中充分发扬民主、贯彻群众路线的重要实现形式。2019年，习近平总书记在上海虹桥街道基层立法联系点，首次提出“人民民主是一种全过程的民主”。去年，在中央人大工作会议上，总书记系统阐述了全过程人民民主理论，提出“八个能否”“四个要看、四个更要看”的民主标准。

社会委深入践行全过程人民民主，密切联系人大代表和人民群众，广泛听取有关部门和专家学者意见建议。全国人大社会委主动邀请近400人次代表参加立法监督工作；在历次执法检查中，通过委托权威媒体平台、开设专门微信公众号等方式，进行民意调查，征求各界意见，切实推进议案建议和人民声音转化为法律条文和监督行动。地方人大社会委也是一样。我注意到，四川围绕家庭教育立法、性别平等发放14000份调查问卷。重庆在制定《文明行为促进条例》时，超过30万人参与线上调查，为立法提供了有力的实践依据和民意基础。

二是遵循系统观念。系统观念是党的十九届五中全会明确的“具有基础性的思想和工作方法”，是“十四五”时期经济社会发展必须遵循的原则。从社会委工作来看，系统观念体现在工作谋划上，主要是每年有所侧重、前后衔接连续、一届形成体系，把重要的、紧迫的、经过努力可以得到解决的问题作为突破口，以点带面、举一反三，务实有效地推进社会建设。系统观念体现在工作效果上，主要是从全局出发，以宏观视野和战略思维发现问题、解决问题，促进诸法协调和内部一致，切实增强了社会领域法律制度的系统性、整体性、协同性。其中，上海、江苏、浙江和安徽开展长三角区域协同立法，以及云南接连开展“两未法”修订和执法检查等，都是坚持系统观念的有益实践。

三是理论联系实际。全国人大社会委广泛开展调查研究，深入开展理论研究，探索田野调查、蹲点调研、联合研究、第三方评估等方式，编纂了4册200多万字的《社会领域法治理论与实践资料汇编》和300多期研究性工作简报，为立法监督工作提供理论支撑。

特别是关于《劳动法典》的研究具有典型意义。全国人大社会委联合7家单位，研究起草29篇、共36万字的《完善劳动法律制度体系和编纂〈劳动法

典〉研究报告汇编》。在此基础上，起草形成《关于探索启动〈劳动法典〉编纂工作的报告》和《预可行性研究报告》，明确编纂法典具备基础条件，总结劳动领域法律法规存在的问题，提出编纂工作的总体计划和法典的指导思想、基本原则、编章结构、主要内容等。栗战书委员长对这 3 套材料作出重要批示，给予充分肯定，为正式编纂《劳动法典》奠定了坚实基础。

地方人大社会委结合实际，开展了有针对性的研究工作。例如，贵州的“探索地方立法注重小切口角度研究”，江西开展《中华苏维埃时期社会建设的实践经验及其对新时代人大社会建设工作的启示》研究，西藏的《新时代长治久安和高质量发展重点领域立法研究》等，既很有特色、也很有价值。

四是党建业务深度融合。社会委的职责范畴，都是人民群众关心关注的切身利益问题，天然具有与初心使命相契合、与党的建设相连接的独特优势，天然具有走好群众路线、为群众办实事的内在要求。各级人大社会委党组织充分发挥“把方向、管大局、保落实”的重要作用，认真开展“不忘初心、牢记使命”主题教育和党史学习教育，把落实习近平总书记重要指示批示精神和党中央决策部署，作为党建和业务的结合点、着力点，坚持一起谋划、一起部署、一起落实、一起检查，实现了党建和业务相互促进、相得益彰。

这 4 条思想和工作方法是人大社会委四年多履职尽责积累的宝贵经验，在今后工作中需要认真把握和丰富发展。

万事开头难。各级人大首届社会委从无到有、勇于开拓、迎难而上、奋发作为，从事了许多具有开创意义的重要工作。借此机会，感谢各级党委和党组对人大社会委的支持和帮助，感谢各级人大社会委组成人员的担当尽责和辛勤付出，感谢各级人大社会委工作人员的服务保障和艰苦努力！

三、在全面建设社会主义现代化国家的新征程上，奋力开拓人大社会建设工作新局面

2021 年 7 月，习近平总书记向世界庄严宣告，我们实现了第一个百年奋斗目标，正在意气风发向着第二个百年奋斗目标迈进。踏入新征程，人大社会建设事业的工作基础是已经全面建成的小康社会，工作背景是百年变局和世纪疫情，工作主题是高质量发展，工作目标是全面建设社会主义现代化国家。这样的基础、背景、主题和目标，决定了人大社会建设工作的根本任务和基本方向。

立足现实，瞻望前途。人大社会委要适应社会发展的日新月异，解决社会建设的短板弱项，满足人民群众的美好向往，推动社会领域法律制度的成熟定型，服务国家治理体系和治理能力的现代化，使命光荣、任务艰巨。就此，提几点希望。

第一，坚持党的领导，把“两个确立”切实转化为坚决做到“两个维护”的思想自觉、政治自觉和行动自觉

人民代表大会制度是党领导国家政权机关的重要制度载体。人大社会委要深刻领会“两个确立”的决定性意义，增强“四个意识”，坚定“四个自信”，做到“两个维护”。

坚持党的领导就要以习近平新时代中国特色社会主义思想为指导。党的第三个历史决议指出，习近平新时代中国特色社会主义思想是当代中国马克思主义、二十一世纪马克思主义，是中华文化和中国精神的时代精华，实现了马克思主义中国化新的飞跃。要全面学习、融会贯通，系统掌握这一科学理论揭示的基本规律、蕴含的深邃思想，用这一科学理论的马克思主义立场、观点、方法来分析形势、解决问题。要结合工作、联系实际，深入学习贯彻习近平法治思想，习近平总书记关于坚持和完善人民代表大会制度的重要思想，以及关于社会建设的重要论述，在学深悟透做实上下功夫，切实把总书记的重要思想和重要论述转化为改善民生实践和社会治理效能。

坚持党的领导就要以政治建设为统领。习近平总书记在中央人大工作会议上提出建设“四个机关”的要求，第一个就是自觉坚持中国共产党领导的政治机关。这既是对各级人大及常委会的要求，也是对专门委员会的要求。人大社会委要增强政治意识，严明政治纪律和政治规矩，严格执行新形势下党内政治生活若干准则。按照习近平总书记的要求，打造一支政治坚定、服务人民、尊崇法治、发扬民主、勤勉尽责的工作队伍，始终在思想上政治上行动上同以习近平同志为核心的党中央保持高度一致。要提升政治站位，牢记民生是最大的政治，民心是最大的政治，站在政治高度去思考、谋划和推进社会委工作，不断增强政治判断力、政治领悟力、政治执行力，确保党的理论和路线方针政策的贯彻落实，确保党的主张通过法定程序成为国家意志。

这次修订《突发事件应对法》，专班统筹协调15个成员单位合力修法，对重大问题及时向全国人大常委会党组请示报告，专门提请中央政治局审议草案。草案重点总结党领导突发事件应对和管理工作的成功经验，对领导体制、指挥体制、管理体制进行了全面规范。这次修法的一个突出体会，就是不仅要在工作中坚持党的领导，还要用工作成效体现和加强党的领导，用人大社会建设的实际成果保障党的长期执政。归根结底，只有坚持党的领导，工作才有目标和方向；只有坚持党的领导，才能赢得支持、凝聚力量；只有坚持党的领导，才能最大程度上实现人大工作的价值意义，发挥人大制度的伟大功效。

第二，坚持人民至上，把人民当家作主具体地、现实地体现到实现人民美好生活向往的工作上来

人大社会建设事业范围广阔，可为的领域很多，在新阶段必须精准选择工作方向，努力有更大的作为。

一要坚持目标导向。党的十九大对实现第二个百年奋斗目标作出分两个阶段推进的战略安排，明确到2035年，要实现人民生活更为宽裕，全体人民共同富裕迈出坚实步伐；现代社会治理格局基本形成，社会充满活力又和谐有序。党的十九届五中全会指出，“十四五”时期要推动民生福祉达到新水平，社会治理特别是基层治理水平明显提高。党的十九届六中全会强调，要坚持在发展中保障和改善民生，促进共同富裕。今年下半年，党的二十大还将进一步作出战略部署和全面规划。

这些目标都是党中央的重大决策，是国家大事。人大社会委要锚定目标，立足职权职责，细化分解为社会领域法治建设的具体任务，形成可操作的阶段性计划，有步骤、有层次和富有成效地开展工作。

二要坚持问题导向。习近平总书记反复强调，与经济快速发展奇迹相比，我国民生保障存在短板，社会治理还有弱项。要抓住社会主要矛盾，以法治方式着力解决发展不平衡、不充分问题和人民群众“急难愁盼”问题，推动社会建设与经济建设相适应、相协调。

同时也要看到，发展起来以后的问题不比不发展时少。提高社会建设质量与扩大规模、加快速度相比只会更困难、更复杂。要把握新发展阶段、贯彻新发展理念、构建新发展格局，顺应新时代的发展需要和人民呼声，开展具有前瞻性、引领性、开创性的立法监督工作，不断提高社会建设水平。

所谓目标导向和问题导向，总结成一句话，就是既符合方向，又立足实际，在长远考虑和整体谋划中具体有序地推进工作。

第三，坚持依法治国，把人大专门委员会的特点和优势充分发挥到社会领域法治建设中去

专门委员会是国家权力机关的重要组成部分，具有法定性、专业性、经常性的特点，是人大及其常委会履行职责的重要基础和保障。专门委员会与一府两院或者群团组织有所不同，最主要的职责通常不是直接地、具体地处理问题和纠纷，而是以法治建设为履职方式，承担着大量的立法和监督工作。人大社会委要遵循社会建设和法治建设规律，紧扣人大的定位、特别是专门委员会工作的特点和优势，把握好4个方面。

一是把握好快和慢。立法和监督涉及的都是一个领域的体系问题，需要花时间研究推进，甚至经年累月。一个监督项目通常要半年多组织实施。一部法律从立项论证、调研起草到审议通过，整个周期快的一两年，慢的要一届甚至跨届才能完成。

这种长周期的特点，要求我们既要持续用力，久久为功，确保做一项工作就解决一个领域的问题；更要以时不我待、只争朝夕的精神，加快节奏、雷厉风行，高效率高质量地开展工作。

二是把握好虚和实。人大的社会建设工作不好量化，难以通过约束性和指导性等一整套指标体系去规定、评价和考核。如果只是表面化地泛泛提出问题、浅尝辄止地谈论建议，那就难以实质性地推进工作。

这就要求我们，一方面，要脚踏实地搞研究，深刻把握社会问题的发展趋势，首先把事实搞清楚，由表及里、由浅入深、去粗取精，得到真知灼见；另一方面，要立法和监督并重，既通过立法修法从中长期和顶层设计上解决问题，也通过执法检查、专题调研等协调推动有关方面现实地、尽早地解决问题，做到既不失职、也不越权，依法保障社会事业健康可持续发展。

三是把握好上和下。全国人大和地方人大不是领导关系，因此，各级人大社会委在工作上没有直接指挥。当然，社会建设是一个整体，各级人大社会委面对的是同一个社会，从事的是同样的事业，履行着相近的职责。

一方面，在全国人大社会委的立法监督工作中，省级人大社会委承担了大量任务。以监督为例，平均每个项目要到6个省区市实地检查调研，委托7—10个省区市自行检查调研。4年来，平均每个省都承担了2次以上任务，发挥了重要保障作用。另一方面，地方人大社会委负责的地方性法规、开展的监督工作与全国人大社会委协调配合、互相呼应，发挥了叠加的效果。希望大家总结经验，在这种上下协同中，把人大工作的整体实效发挥出来。

四是把握好内和外。各级人大社会委人才荟聚，有党政工作经验丰富的领导干部，有长期从事理论研究的专家学者，还有一批从人大成长起来专业过硬的业务骨干。要激发内在活力，提升工作能力，充分发挥组成人员和办事机构的作用。

另外，人大社会建设工作超脱于部门权利，有利于甄别和吸纳各方面意见，兼听则明。要坚持全过程人民民主，密切联系人大代表和人民群众，广泛联系有关部门、社会组织和专家学者，充分发挥“外脑”作用，集思广益，最大程度上凝聚社会共识，客观公正地表达社会意愿。

道阻且长，行则将至。**同志们**：党和国家一切工作的根本目的就是提高人民生活水平。社会建设事业关乎党的初心使命。要坚持以习近平新时代中国特色社会主义思想为指导，胸怀“国之大者”，全面加强社会领域法治建设，一件事情接着一件事情办，一届接着一届干，使人民群众获得感、幸福感、安全感更加充实、更有保障、更可持续，以优异成绩迎接党的二十大胜利召开！

把贯彻落实党的二十大精神作为首要任务 加强中国特色社会主义法治建设

——在全国人大常委会会议上学习党的二十大精神时的讲话

（2022年10月16日）

张春贤

深入学习宣传贯彻党的二十大精神，是当前和今后一个时期全党全国的首要政治任务。全国人大常委会会议进行了集体学习，下面，我谈谈自己的学习体会。

第一，党的二十大取得丰硕成果，具有深远影响，习近平同志当选中央委员会总书记，是全党所愿、众望所归，要坚决做到“两个维护”。要深刻认识新时代的伟大成就，根本原因在于习近平新时代中国特色社会主义思想的科学指引，在于习近平总书记作为党中央的核心、全党的核心掌舵领航。要站在实现中华民族伟大复兴的高度，深刻领悟“两个确立”的决定性意义，不断增强做到“两个维护”的政治自觉和行动自觉。

第二，党的二十大报告高瞻远瞩、统揽全局，是马克思主义中国化时代化的纲领性文献，要全面学习领会其丰富内涵和精髓要义。在习近平总书记亲自主持下形成的二十大报告，以宏大的格局、宏阔的视野，纵览过去十年的历史变革，展望未来三十年的复兴全局，系统阐述了新征程的指导思想、奋斗目标、历史使命和具体任务，具有深刻的政治性、理论性、实践性和指导性。二十大报告明确了中国式现代化的本质要求，提出了5个突出特征，以及未来相当长时期的基本原则，为广大发展中国家实现现代化提供了全新选择和中国方案。

第三，把贯彻落实党的二十大精神作为首要任务，结合实际、立足职责，坚持和完善人民代表大会制度，加强中国特色社会主义法治建设。

贯彻二十大精神，首先要坚持党的全面领导。这是报告明确的中国式现代化的第一原则。五年来，全国人大常委会认真落实党中央决策部署，充分发挥党组“把方向、管大局、保落实”重要作用，围绕党和国家大局，制定专项立法计划和每年的工作计划，凡是全国人大常委会拟通过的法律案，都由党组先行讨论研究、修改完善，一些涉及国家重要制度的法律案，提前报中央政治局审议，把党的领导体现在工作的全过程。

贯彻二十大精神，要发扬全过程人民民主。这是新征程上12项战略任务之一。人民代表大会制度是实现我国全过程人民民主的重要制度载体。五年来，栗战书委员长坚持在全国人大常委会会议期间召开列席代表座谈会，听取代表意见建议。全国人大常委会制定了一系列密切联系代表和群众的制度规范，设立32个基层立法联系点，覆盖31个省区市。五年间，全国人大代表共提出议案近2300

件、建议约4.2万件。这成千上万的议案建议，每一件都是从基层一线直通最高国家权力机关和各主管部门的民声民意。这就是中国式民主的重要体现。

贯彻二十大精神，要推进全面依法治国。这也是党的二十大部署的12项战略任务之一。全国人大常委会落实习近平法治思想，全力推进立法和监督工作。本届以来，通过了宪法修正案，制定法律46件，修改法律109件次，通过有关法律问题和重大问题的决定51件，立法修法数量是历届全国人大及其常委会中最多的。立法既有关系国计民生、国家安全的“大块头”，编纂了民法典、出台香港国安法等一批重要法律，也有针对实际需要的“小快灵”，有力完善了中国特色社会主义法律体系。当前，我们正在研究下一届的立法规划和明年的立法、监督工作计划。要对照党的二十大精神，健全国家治理急需的、满足人民美好生活需要必备的法律制度，进一步完善以宪法为核心的中国特色社会主义法律体系，为全面依法治国、推进法治中国建设打下更为坚实的基础。

在广西关于脱贫攻坚和乡村振兴有效衔接调研时的讲话

（2022年6月11日）

吉炳轩

广西是个好地方，山清水秀，地沃物丰，钟山川之灵，毓人间之秀，不但山水甲天下，而且人的生活也和谐安宁，幸福指数很高。多次来广西执法检查和调查研究，都体会多多，收获多多，可谓受益很深。

这次来广西进行关于脱贫攻坚和乡村振兴的有效衔接的调研，在自治区党委、人大、政府的精心安排和大力支持下，由全国人大农委副主任，也是广西的老书记心社同志的亲自带领和具体指导，自治区党委书记刘宁同志，主席天立同志的共同参与、一同调研和指导帮助，异决秘书长和跃飞、小东副主任、革冰秘书长的周到安排和分别陪同，我们一行沿广西东北部到东南部走了一趟，看了桂林、贺州、梧州、玉林、贵港一些村镇。下午还要到南宁再看一些村镇。跑了一路，看了一路，学了一路，也是受教育了一路。这条线路我前几次没有去过，在广西也多不是最发达的、最富庶的地方，还多是丘陵山区。我们只是沿公路线选点，顺路而观，可谓走马看花。但就是这走马看花，也大有收获，深受教育。正如心社书记沿途所介绍的，我们不但看到了沿途的经济社会发展成就，人们幸福安逸的生活状况，看到了脱贫攻坚所取得的丰硕成果，看到了乡村振兴的蓬勃之势，更看到了巨大的发展潜能和广阔而美好的发展前景。大美广西、大富广西就在眼前。我们不但看到了有形的生态环境、精神面貌、发展成就；而且看到了人民群众所得到的实实在在的利益，实实在在的发展经验和实际实效的发展举措；更看到了各级干部和人民群众的高涨热情、奋发作为和精气神，这是极其宝贵的。今天上午，又同大家进行了座谈，听取了春明副主席关于脱贫攻坚成果巩固拓展与乡村振兴有效衔接工作的情况介绍，有关部门的负责同志都谈了很好的意见和建议，也很受教育和启发。

就一路所看所闻，我深切地感受到：

广西自治区党委、人大、政府高度重视脱贫攻坚成果巩固拓展和乡村振兴的有效衔接，认真贯彻落实习近平总书记重要指示精神和党中央、国务院的决策部署，坚持抓好防返贫动态监测帮扶，大力促进脱贫群众就业增收，注重强化衔接资金和项目管理，进一步深化粤桂东西部协作，着力推进脱贫地区乡村产业发展，扎实推进乡村建设工作，不断完善农村基础设施等等，各项工作都做得很好，很有成效。更可贵的是，中央的精神，自治区的部署都很好地落实到了基层。就我们一路所看到的，各地都能坚持从各自的实际出发，按照中央的要求和自治区的安排，创造性地开展工作，都取得了很了的效果。如：

桂林市严格落实“四个不摘”要求，保持过渡期内主要帮扶政策总体稳定，确保责任不松动、力度不减弱、政策不断档，做到了领导体制衔接、政策体系衔接、帮扶机制衔接、发展规划衔接、考核机制衔接。

贺州市坚持把巩固拓展脱贫攻坚成果放在突

出位置，坚持早发现、早干预、早帮扶“三个到位”，探索推广了“三阶七步”防贫预警干预机制（三个阶段：精准识别、跟踪帮扶、取消监测；七个步骤：信息收集、数据对比、入户评估、集中会审、跟踪帮扶、政策干预、取消监测）建立了“旬分析、月调度、月通报”工作模式，牢牢守住了不发生规模性返贫底线；依托肇庆—贺州东西部协作帮扶，持续深化产业、劳务、基础设施等“九大协作”，全力融入粤港澳大湾区整体发展的布局已初见成效。

梧州市聚焦“守底线、抓衔接、促振兴”工作主线，扎实推进巩固拓展脱贫攻坚成果同乡村振兴有效衔接各项工作，紧盯脱贫群众持续增收，大力推进六堡茶产业及脱贫地区特色产业发展，已形成“一县一业”“一镇一特”“一村一品”格局；持续抓好脱贫劳动力就业服务，鼓励和推荐脱贫劳动力转移就业并做好跨省就业交通补助发放，顺利完成了外出务工人数稳中有增的目标任务。

玉林市通过调整优化帮扶政策、健全过渡期帮扶机制、完善防止返贫制度、开展常态化分类帮扶等举措，切实巩固拓展脱贫攻坚成果。打赢脱贫攻坚战后继续推行扶智扶志工作，加强职业技能教育，开展各类脱贫劳动力和致富带头人培训活动，注重发挥乡贤在巩固拓展脱贫攻坚成果中的积极作用，使我们看到了脱贫地区实现人才振兴具体实现路径。

贵港市坚持把做好有效衔接工作作为最大的政治责任和第一民生工程，完善工作机制、强化政策衔接、突出产业就业，并着力推进乡村建设、加强社会治理，纵深推进巩固拓展脱贫攻坚成果同乡村振兴有效衔接。目前，已基本实现村村通水泥路沥青路，脱贫群众无一人住危房，所用脱贫村实现动力电供应，行政村垃圾处理全覆盖。

南宁市从提供的材料看，持续强化易地扶贫搬迁后续扶持，大力发展搬迁安置点产业，积极推进安置点公共服务设施建设，不断提升安置点管理水平，基本实现了搬迁群众稳得住、有就业、逐步能致富的目标。

总的来说，就我们所看到的听到的情况，各方面的劲头很足，精神很好，保持了健康发展的好势头。

在调研中我们还看到，广西壮族自治区人大及其常委会坚持以习近平新时代中国特色社会主义思想为指导，深入学习贯彻习近平法治思想、习近平总书记关于坚持和完善人民代表大会制度的重要思想，按照“四个机关”建设的新要求，践行“全过程人民民主”的新要求，紧跟党的理论和路线方针政策，坚决、迅速、全面落实党中央决策部署，积极回应人民期待，为推动为新时代广西高质量发展贡献了人大力量。各地市人大及其常务会立足于按照新发展阶段、贯彻新发展理念、构建新发展格局的要求，始终把牢正确政治方向，确保在党的领导下推进人大各项工作；始终紧扣中心大局，切实把人民代表大会制度优势转化为治国理政效能；充分发挥代表作用，充分彰显全过程人民民主；着力夯实工作基础，“四个机关”建设迈出新步伐。总的来说，广西壮族自治区各级人大常委会综合运用执法检查、专题工作调研、代表建议重点督办等方式助力巩固拓展脱贫攻坚成果同乡村振兴有效衔接，依法保障了乡村振兴战略的顺利实施，各方面工作符合党中央决策部署，符合习近平总书记的新思想新理念新要求。

这几天，看了很多，也想了很多，从广西的做法和经验中，我有几点较为深刻的体会：

一、要始终保持十分清醒地头脑，看到脱贫攻坚成果巩固和乡村振兴的复杂性、艰巨性和至关重要性，做好思想认识上的衔接

我们打赢了脱贫攻坚战，这是世界奇迹，丰功伟绩，在人类社会的发展上是独有的。这靠的是总书记的英明决策，社会主义制度的无比优越，我们党的领导的政治优势，包括社会各界的齐心协力，无私援助，也是社会主义道德的发扬，还有科学的决策，艰苦的工作，群众积极性的发挥和各级干部的拼搏。成绩来之不易，经验十分珍贵。贫困问题是人类社会发展中的一大难题，也是一个很难根绝、彻底解决的问题，而且是一个不断发展变化的动态过程，是不能毕其功于一役、一劳永逸的事情。老的贫困问题解决了，新的贫困出现了；这一代的问题解决了，下一代的问题又来了，这是一个无穷无尽，需要永久不停地解决好的问题。这是人类社会发展的客观存在，也是不依人的意志为转移的。造成贫困的原因十分复杂，有天灾、有人祸，有意想不到的灾难，包括战争的出现，气候的变化，疫病的流行等。新冠肺炎的持续流行，就为我们脱贫攻坚成果的巩固带来了很大困难，许多生产经营受到影响，其中有不少涉及脱贫攻坚的开发项目，包括农民外出打工，也受到了很大影响。收入减少，就有可能返贫。我们有些地方，也包括一些项目，是在政策支持、外力支援等条件下快速建起来的，缺乏

市场的考验，再加上疫情的影响等多种因素，而出现经营困难，这都影响到了成果的巩固和乡村振兴的开发。各种各样的情况还有很多，一定要十分清醒地看到这个问题，始终坚持把脱贫攻坚成果的巩固当作大事来抓，决不可等闲视之。切不可认为攻坚战胜利了，任务完成，就可以万事大吉了。创业难，守业更难；脱贫难，巩固也难，还要坚持毫不松懈地抓下去。要劲头不减，措施不变，发现什么问题就解决什么问题，决不能再退回去，不能出现因工作不到位而造成新的贫困。同时，乡村振兴也是很复杂很艰巨的，绝非轻轻松松就能实现的，也有付出艰苦的努力，也不亚于脱贫攻坚的付出，甚至还大于脱贫攻坚的付出，也特别需要有坚强的领导，得力的措施。对此都要有充分的认识。

二、脱贫攻坚成果的巩固和乡村振兴的有效衔接，很重要的一条就是领导体制的建立和完善，做到领导体制上的有机衔接

事在人为，业在人创，人在人领导。我们脱贫攻坚成果的取得，是在以习近平同志为核心的党中央坚强领导下所实现的，是党的坚强领导的结果。全国各级党委、政府，包括各行各业，各个部门、单位、基层党的干部，都亲临一线，包县、包乡、包村、包户，包保帮扶到人、到项目，而且吃住在下面，真正同群众打成了一片，共谋脱贫攻坚之计，共开脱贫攻坚之路，许多事情都是手把手、手拉手建起来的，出现了许多感人的事迹。脱贫攻坚集中战役结束了，但有许多事情是松不开手的，还需要继续领导下去，指导下去，手把手地帮助干下去，直到农村的内力增强，工作上路，成为常态，也才能抽身离腿。现在还不行，至少在不少方面还不行，还松不开，放不下，松开了，放下了，就可能出问题。对于这一点，也要有十分清醒地认识，领导决不能放松，劲头也不能下来。中央提出五年过渡期就充分考虑到了这个问题。只要领导继续强化，就能及时解决存在的问题，并去奋力开拓乡村振兴的新途。各级领导、各有关部门，还要把脱贫攻坚成果的巩固当作大事来抓，在巩固成果的同时，帮助贫困地区迈开乡村振兴的步伐。这个领导责任必须压上，并要压实。对于乡村振兴，也应同实施脱贫攻坚工程一样，压实领导责任，切实加强领导，只有如此，才能使乡村振兴这一伟大工程顺利实施。火车跑得快，全靠车头带。领导是关键，领导很关键，这是被历史实践证明了的真理。

三、脱贫攻坚成果的巩固和乡村振兴的有效衔接，很关键的一个问题是要切实加强制度建设，做好制度上的衔接

要巩固好脱贫攻坚战的成果，并引导组织农民走上致富之路，就需要使扶贫工作走上正常化、常态化、制度化的管理，这还需要采取一系列有力的措施，其中很重要的一个方面就是要进行制度设计，加强并完善制度建设。**一是要建立动态式评价制度**。扶贫是项长期任务，不可能一劳永逸。因为贫困是个动态的过程，脱贫还会返贫，这是个客观存在，也是人类社会活动的一般规律。贫困线有个标准，随着经济社会的发展变化，这条线也会变化。标准高了，就会出现新的贫困群体。贫困问题是相对的，而不是绝对的。还有一些天灾事故也会引发新的贫困。所以，对于是否贫困，该不该帮扶，要进行动态管理，有贫就扶，要扶必脱，这当成为我们今后的日常工作，永远不停地抓下去。**二是要建立开发式扶持制度**。脱贫攻坚是阶段性目标，在大力扶持下脱贫了，松开了帮扶之手，一些贫困的农户能不能站得住，站住了能不能走起来、跑起来，在致富的道路上奔跑，这就要看脱贫攻坚后是否有可以使其能站得住、跑起来的发展项目。开发式扶贫是解决问题的根本之策，即我们现在常说的产业扶贫，凡有劳动能力的，就不能让其再返贫，应使其有活干、有钱挣，能够逐步富裕起来。要给他们提供技术的支持、项目的支持和智力的支持，提高其就业和创业的能力。**三是要建立保障性帮扶制度**。贫困的成员有多种多样，其中有一部分人是需要提供社会保障的，如残疾人，憨傻痴呆之人，久病而丧失劳动能力之人，五保户等等，即自身根本没有能力通过劳动而自食其力的人。这些民众必须要靠政府及社会相关团体组织保养起来，才能摆脱贫困而过上安稳的日子。对于这些人要建档立卡，建立起可靠的生活保障制度，必须有固定可靠的生活来源，一直到老，都要保障下去。**四是要建立救济式救助制度**。有些过去贫困，经过脱贫攻坚战，不再贫困了，但有了突发的情况和事故，如大病、灾祸等，就又返贫了。还有的原就不在贫困的行列，不是脱贫攻坚的对象，但在临近这个边界的线上，一年甚

至一季收成不好，收入减少，就有可能跌进贫困线里。也有本来很富裕的农户，由于突发的事故，而一下子进入了贫困的境地。这种事情是经常发生的，脱贫攻坚战后，要高度关注此类问题，制定必要的制度，及时给予救济，不使其进入新的贫困行列。

四、脱贫攻坚成果的巩固和乡村振兴的有效衔接，很关键的一条是要坚持和完善党的富民利民的好政策，做好政策衔接

政策的威力是巨大的。“人努力，天帮忙，政策带来丰收粮”，这是广大农民在联产承包责任制实行以后，粮食获得大丰收，以无比喜悦的心情唱出了歌谣，既是心声，也是实情，更是感恩，感谢党的富民利民好政策，使粮食连年丰收，很快解决了温饱问题。政策就犹如一盏指路的明灯，指引着广大农民在富裕的道路上奔跑。解决温饱需要党的好政策的扶持、激励和指引，脱贫攻坚也是靠的党的好政策的扶持、激励和指引，全面建成小康社会更是靠党的好政策的扶持和指引，而要实施乡村振兴，也仍然需要党的好政策的扶持和指引。党的十一届三中全会以来，四十多年间，已近半个世纪，我们党在富裕农民、振兴乡村方面始终如一，不断制定推出了许多利民惠民的好政策，细算起来，已有100 多项，诸如：在农业支持保护方面、在耕地保护和粮食安全方面、在农村产业发展方面、在新兴农业经营主体发展方面、在农业资源环境保护利用方面、在农业科技人才支撑方面、在深化农村改革方面、在乡村建设方面、在农村社会公共服务方面、在农村金融服务方面、在涉农税费优惠政策方面，等等，都制定了许多利民富民的优惠政策，正因为有了这些好的政策，才保持了农村的持久稳定、农业的持续发展和农民收入的不断提高，乡村面貌的巨大变化。实施脱贫攻坚工程，我们党又制定和推出了一系列好的政策措施，使这一伟大工程得以顺利实施和圆满完成如此艰巨的任务，创造了人类社会发展的奇迹。实施乡村振兴战略，也需要党的利民惠民的好政策来支持、激励和指引。我们应该充分看到党的富民利民的好政策所产生的巨大威力和作用，在巩固脱贫成果同乡村振兴的衔接中，把这些政策衔接好，凡有利于脱贫攻坚成果巩固和乡村振兴 建设的好政策，都要继续坚持下去，并不断进行完善，包括一些地方制定的好政策，也要坚持下去，并不断完善。各地都应根据不同条件，来完善好这些好政策，以保证脱贫攻坚成果的巩固和乡村振兴的顺利实施。

五、脱贫攻坚成果的巩固和乡村振兴的有效衔接，最为实际实效的是要着力发展好农村产业，做好产业发展支撑的衔接

脱贫攻坚需要产业支撑，乡村振兴更需要产业支撑，没有农村产业的蓬勃发展，脱贫攻坚的任务很难完成，成果更难巩固，而对于乡村振兴来说，没有产业的发展和繁荣，是很难振兴起来的。一定要看到，产业兴旺是完成脱贫攻坚任务的支柱，更是巩固脱贫攻坚成果的支撑，还是实现乡村振兴的基础和前提。只有产业兴起了、兴旺了，才能让农民就近增收致富，才能让农村留得住人，成为安居乐业的美丽家园。更要看到的是，深入推进农业农村产业化发展，能够把农业生产的产前、产中、产后等环节有机结合起来，把分散的作业统一起来、把分散的经营联合起来，使千千万万小农户、小生产同大市场、大需求联系起来，为广大农民勤劳致富，乡村走向振兴构筑起畅通的的桥梁。在脱贫攻坚中，各地都发展了许多农村产业，发挥了重大作用。这些产业都在进行着市场竞争的考验和疫情流行的影响，需要尽力去巩固、去提高，并还有努力有所发展。乡村振兴更需要更多的产业发展，需要推动农村六畜兴旺，百业繁荣。农村产业发展空间广阔，潜力巨大，关键是如何认识和怎样开发。诸如：在农业种植业还可以提高，在农村养殖业上还可以发展，在农业加工业上还可以扩大，在农业手工业上还可深挖，在农村旅游业上还可以开拓，在农村文化业上还可以创新。总之，可以干的事情很多，需要精心谋划，因地制宜地下力去抓。

六、脱贫攻坚成果的巩固和乡村振兴的有效衔接，要紧紧抓住人是生产力核心要素这个根本，做好农村人才使用和培养的衔接

任何事情都是靠人干的，人是生产力要素中最为重要、最为核心的因素。脱贫攻坚需要人才，乡村振兴更需要人才。农业种植业需要良好的种子、

科学的栽培，没有农业技术人才不行；农村的养殖业、加工业、物流业，也都需要有技术、懂经营、会管理的人才，没有人才也不行；农村产业的发展更需要技术人才、经营人才和企业管理人才，没有人才，项目就立不起来、建不起来，也发展不起来。包括环境的治理，乡村的建设，架电、修路、搞水利，等等，都需要各类人才，没有人才，什么事情也办不成或办不好。凡是搞得好的农村，都是靠人才来组织、带动和经营的，人才太重要了。巩固脱贫攻坚成果，必须要有人才来经营和管理，实施乡村振兴，也需要人才来谋划和开发，人才的培养、使用和引进是至关重要的。要建设好农村党支部、村委会、把带领群众致富的带头人选好、配好，标准就是公道、能干，两者缺一不可。只公道不能干，没有本事带领群众致富；只能干不公道，人民不信服。要鼓励支持外出打工多年、有了一些经营本领的人回乡带领群众创业致富；可提倡鼓励离休干部、工人，身体尚好，懂经营、会管理，有一技之长的人回乡、返乡帮助、指导农民致富；要组织动员城市、企业、科研单位的技术人才，经营人才，管理人才到农村去，创办企业，领办项目，帮助农民发展起来。还要下力办好农村各类教育，加快提高广大农民的科学文化素质，增强实施乡村振兴的本领和内生动力。

最后，再占用大家一点时间，再具体谈一下产业发展问题，这是因为脱贫攻坚成果的巩固和推动乡村要振兴，都需要产业来支撑。

过去农村有一句歌谣："农林牧，也能富；种养加，财能发。"常在农村工作的同志都知道，一些富裕的农村所走出来的路子，多是农林牧副渔各业都发展了起来、兴旺了起来，种植业、养殖业、加工业都轰轰烈烈地搞了起来。六畜兴旺、百业繁荣，照样能够发展起来、富裕起来，而不是仅靠什么"独门绝技"、"奇思妙想"。全国各地有不少富裕起来的村子，多是或者都是靠多种经营而发展起来的。当然不是每个村、每个农户什么业都搞，而是各取所长，各展所优，或是种植业，或是养殖业，或是加工业，相对集中发展起来，形成一定的规模优势、专业优势、产品优势、品牌优势，占领一定的市场份额，就能走上繁荣发达之路。有的靠种植瓜果蔬菜花卉而致富，有的靠规模养殖鸡猪牛羊鱼虾而致富，有的靠农产品的加工、收蓄、冷藏、运输而致富，有的靠开发乡村旅游，开农家饭店、旅店而致富，等等。可以说各有各的致富门路，各有各的经营招数，都走上了依法经营、劳动致富的宽广大道。这些方面的经验是很值得总结的。乡村振兴要靠多业多能，形成百业兴旺、各展其能的局面，这才能发展起来、振兴起来。

根据全国一些发达农村，包括我多次来广西所看到的一些村镇的经验和做法，至少有六大行业是可以在巩固脱贫攻坚成果和乡村振兴中发挥巨大作用的。

一是农业种植业还可深挖。就农业种植业来说，可分为粮食作物种植和经济作物种植两大类，这两大类作物的种植发展潜力和市场需求都还很大。先就粮食生产来说，主要粮食作物小麦、水稻、玉米、大豆这四大类，我国近些年除了玉米一段时间稍有剩余外，小麦基本自给，水稻粳米不足、糙米有余，需要进一步提高品质。整体上水稻可基本自给，少量进口。玉米一度虽略有剩余，但加工能力增大后，也多不了多少，有时还略有不足，近两年就需要进口一些玉米。大豆缺口较大，食用油和豆粕明显不足，需要大量进口。粮食种植作为一个十分重要的大产业，需要解决好两个方面的问题：一是要提高品质，调整结构，在高产的前提下，重点解决优质高效的问题。不但小麦有个高产优质高效的问题，而且水稻、玉米、大豆都有个高产优质高效的问题，特别是提高品质的问题。只要品质提高了，在保持现有产量的前提下，效益就可以大幅增长。强筋小麦、可制作面包面粉的小麦和优质粳米、优质玉米，出油率、产量高的大豆的市场价格和市场需求要比普通的小麦、水稻、玉米、大豆大得多，效益也要好得多，至少价格要高很多。我们的主要粮食作物既高产，又优质，还高效的潜力还是很大的。第二个是适度规模经营问题。现在多数地方，一家一户仅种五六亩地，不论怎样折腾，仅靠种植粮食是富不起来的，而通过土地流转，进行粮食生产规模经营，种粮的大户或合作社就可以发展起来，通过种粮也能富裕起来。黑龙江三江平原、兴凯湖一带，有些市县乡村户种 100 亩到 200 亩水稻，年收入均在 8 万元到 15 万元之间，说明种粮是可以富裕起来的，也能成为一个大的产业。土地流转出去的农户可以去经营其他，逐步实现农业的分业分工和农村劳动力的分流。这是现代农业，也是富裕农业的一个发展方向。我们应逐步往这条道路上引领，否则，就永远摆脱不了小农经济的束缚。这里的前提是要多业发展，百业兴旺，土地流转出去的农户能有活儿干、有钱挣，即有业可就。此外，各种小杂粮，如绿豆、黑豆、扁豆、荞麦、燕麦、高粱等粮食作物的市场需求也越来越旺，荞麦、燕麦的市场需求量就很大，都可以规模化生产和商品化经营，并努力成为一个个品牌，打造成一个个产业。需要一提的是土豆的生产和种植潜力还很大，完全可以成为一个很大的产业，主要是解决好深度加工和市场开拓问题。总之，把农业的粮食种植业，作为一个产业来经营，潜力还是很大的，前景也是广阔的，我们在这方面还仅仅是起步，开始有了一些典型，离形成规模和气候还差的很远很远。农业种植业中的经济作物种植在一些地方已经形成了有一定规模的产业，这方面的典型很多，如甘蔗种植、苹果种植、大枣种植、西瓜种植、火龙果种植、蔬菜种植、葡萄种植，还有核桃种植、柑橘种植，各种各样的水果、浆果、坚果、干果种植等，都兴起了一批产业，富裕了一方农民，有的还带动了加工业、物流业的迅速发展，而形成了一个个产业链条。这方面的发展仍然红红火火，方兴未艾。在江西已有很多典型，发展的都很好，而且潜力还很大。特别是广西特殊的地理气候条件，是个水果大省，也可成为一个蔬菜大省，这个产业的潜力还很大很大，可做的文章还很多。瓜果蔬菜的种植，就全国普遍的情况来看，主要问题是市场波动较大，一直处于多了多了、少了少了的循环往复之中，赔赔赚赚的事情经常发生，每年都会有一些产品多了或少了，价格涨了或落了，甚至有时卖不掉的问题。这是市场规律在起作用，说明我们把握得不好，指导得不力，也有各类保鲜、储藏设施不足和运输不畅的问题。就拿白菜、萝卜和苹果这些大路的蔬菜和水果来说，丰收了，到了集中收获季节，一些大规模种植的产地就卖不出去，甚至烂在地里，而大城市超市却仍然供不应求，而且价格还很高。这是信息不对称，保鲜、储藏和收输能力不足所造成的，也是我们的组织领导不到位和服务不给力的问题。发展农村产业，就种植业来说，潜力仍然是巨大的，工作很多，任务很重，需要我们很好地去研究、去谋划，围绕种植业大的产业发展问题来提供有效的指导、引领、示范和服务，能使农业种植业真正成为一个红红火火的大的产业，健康顺利的发展起来，以使农民在农业种植业上获得更大的收益，也能为市场提供更为丰富的各类优质农产品。这是我们应该做到的。我们的法律和相关工作也要往这些方面着力。

二是农业养殖业市场广阔。农业养殖业也可以从两个方面来说。一是畜牧养殖业，二是水产养殖业。畜牧养殖业这里不说内蒙古、青海、西藏和新疆等地有集中连片的大面积草原的牧民养殖，而就传统农村中的农户养殖来说，有一部分农民通过一定规模的养猪、养鸡、养肉牛或奶牛，而走上了富裕安康之路。自改革开放以来，出现了不少这样的专业户，甚至专业村。过去传统的一家一户散养几只鸡，一头猪或一只羊、一头牛的家庭养殖，属于副业捎带，只能到年底换几个小钱补贴家用，发达富裕不了。而规模养殖则完全不同，是作为一个家业、产业，可以富裕发达的。我看过许多专业的养殖户，有养 1000 到 2000 只鸡的，有养四五十头猪的，有养七八头牛的，年收入多在 10 到 15 万元左右，搞得好的还可达到 20 来万元，所需劳动力多是夫妻二人。家庭一定规模的养殖需要一个较大的庭院，院落太小了不行，受条件限制。同时由于环境保护的要求，不少地方取缔了家庭一定规模的养殖，这个做法还需要进一步研究。家庭一定规模的养殖是农民致富的好路子，需要解决好防疫、饲料和环境保护以及销售渠道问题，包括解决一些能集中养殖的场地问题，而不是简单的取消。对于环保问题，主要是及时处理好鸡、鸭、牛、羊、猪等的粪便问题，而不是简单地予以取缔。鸡、鸭、牛、羊、猪的粪便都是优质农家肥，是土地的营养品，对于活化土壤，提高地力有好处。这是个管理方面的问题，即怎样处理粪便的问题，一刀切限养禁养的措施偏激了，不利于富裕农民，也不利于市场繁荣。当然，对于满足市场供应来说，建立大型的现代化养殖场进行规模经营，是可以解决的，但对于一家一户的农民来说，收入可就差得多了。同时，家庭规模养殖还可以弥补市场供应不足的问题，前几年的猪肉市场波动就是明证。国务院紧急出台政策，倡导家养户养，很快发展了家庭养殖，仅仅一年多时间，就大大缓解了市场猪肉紧张的局面。发展适度规模的家庭畜牧养殖，是符合当前中国国情的，应予以支持，并在法律上提供保证。政府及相关部门有责任为家庭的适度规模养殖业发展提供服务，包括防疫、饲料、环境保护等，也包括一些场地和销售渠道、技术支持等。家庭养殖也要走向现代化，运用先进的养殖技术和科学管理来进行。一个家庭能养什么，能养多少，这要根据不同的情况和条件来定。要致力于发展一批现代化经营的家庭养殖专业户，使其成为一个支撑农业发展、农民富裕的产业。肉蛋奶的市场需求是很大的，也是改善中国人的膳食结构，提高身体素质所必需的。对于水产养殖来说，主要是水资源条件。一段时间以来，水产养殖蜂拥而起，出现了过量养殖和水体污染的问题，从保护生态环境和持久发展出发，大部分地区包括近海水域都采取了过硬的限养和禁养措施，这是对的。再不限养、禁养，也就没有好水可以养鱼养虾了。但水产养殖也是富裕部分农民的一个好产业，还需要引导和规范发展，实行生态养殖、科学养殖，在确保水环境不被污染的前提下来养殖。特别是沿海一带应着重发展深海养殖、远海养殖，以利用好广阔的海域洋面。内陆江河湖泊的淡水养殖，要统筹规划，以水而定，能承载多少鱼虾，就规划多少养殖，这项工作还要做好。特别要推广环保的、集约的现代养殖技术。辽宁盘锦的稻蟹共养，湖北潜江的稻虾共养都走出了新路，包括广西的稻田养殖小龙虾，都取得了很好的经济效益，使稻虾稻蟹双丰收，需要很好总结推广。水产养殖业是近水楼台之事，需要水利资源，有水依水之地多能办到，应该去认真规划发展。我们这次在广西看到的集装箱高密度现代化养鱼、圈养鹧鸡、稻田、光伏发电太阳板下挖池养小龙虾，还有钦州的江海流动水牧大蚝等，都很有特色，也很有成效，也都做成了产业。

三是农业加工业道路宽广。近些年来，农业产业化的发展主要集中在农牧渔、林果蔬的加工销售和储运方面，而且发展势头良好。农产品、畜产品、渔业产品和林果蔬菜等产品的加工是农产品的龙头企业、龙头产业，也是起带动作用的龙头企业、龙头产业。农产品加工企业一头连着市场，一头连着种植和养殖的农户，发展壮大了，搞活搞强了，既可以满足市场供应，又可以拉动农业种植业和畜牧养殖业生产。不论是粮食加工业、饲料加工业，还是牛、羊、鸡、鸭和猪的屠宰冷藏及果蔬的收储保鲜和运输等行业，都关乎的生产的发展和市场的供应。这一龙头产业抓好了，对于发展经济、活跃市场意义重大，仍然需要大力发展。从各地的农产品加工业情况来看，不论是米面加工业，还是屠宰冷藏业，利润都不是很高，多在8%—10%之间。低于8%经营起来就比较困难，高于10%就属于效益比较好的。有不少农产品加工业有自己的原料生产基地，有的通过土地流转，由企业来管理经营，而有的则与农户签订合同，农户按企业要求来种植养殖。农产品加工企业，特别是一些大的农产品加工企业，多有自己的冷链物流和销售渠道，整体经营是不错的。以大型加工企业为龙头来带动一些农产品的区域种植和规模养殖，既发展了企业，又富裕了农户，这条路子走得是对的，而且是好的。山东的粮食、蔬菜、大蒜、大葱加工，河南的双汇猪肉加工、鸭王肉食品加工，四川眉山的泡菜加工，广西的水果进口种植和集中贸易，包括一些简单的包装、加工，以及黑龙江的稻米加工，吉林的玉米加工等，走的都是这样的路子，不但企业发展壮大了，而且还带动了一批农户发展。山东的农业产业化发展，主要是通过农产品加工业发展而带动基地建设，做得一直很好。几十年来，山东的大葱、大蒜、黄姜等产业一直很发达，市场信誉度也好，一些农民也都成了种植专业户，而获得了很好的收益。山东的大蒜、黄姜加工，品种也很多，而且走向了海外，成为了有一定规模的外贸出口产品，销路一直不错。河南双汇在全国许多地方都建有加工厂和冷库，一个加工厂就带动了一定区域内的养猪产业发展及为加工厂服务配套的相关产业发展。四川的眉山泡菜也走向海外，销路很广，很受欢迎。我们这次看到，广西的米粉加工很有特色，如桂平三浔记食品加工，罗秀米粉就有一定规模，扬名在外，很受欢迎，市场前景很好。全国各地都有农产品加工企业，搞得好的典型也都曾有些曲折艰辛和失败的教训，但正是在这痛苦艰辛失败的教训中越办越好，逐步走出了一条农业产业化发展的宽广道路。农业产业化的发展，特别是农牧渔林果蔬加工业的发展，还拉动了农民工就业，安排了大量的农村剩余劳动力，使这部分农民进城镇企业当了工人，这是一举多得的好事，应该支持大力发展。需要特别指出的是，我们的许多农产品加工还是初级的、低档的，要逐步走向高品质的精细化，还有大量工作要做。现在有不少农产品加工还很不够，如土豆、红薯等，产业的链条很长，我们的加工仅是简单的、初级的。还有许多农产品的副产品少有加工，如谷糠、秸秆之类，还有进一步深加工的潜力。一些时令瓜果蔬菜的加工、保鲜、储藏和及时运输销售更不够，也还有很大潜力可挖。存在的问题就包含着发展的潜力，解决了问题也就挖掘了潜力，挖出了潜力也就是经济效益。我们的农产品的精深加工、精细加工余地非常大，这篇文章需要继续大力做好。在农产品精深精细加工的机械设备上，我们既有先进的，如食用油的精细加工，已经实现了数字化操作，但也有很多原始的简单的作坊式的生产，规范化、科技化、信息化的操作和经营还有许多文章要做，还需要下很大的功夫。农产品精深加工搞好了，产业兴旺了，我相信我们的农牧渔业生产将会出现一个新的面貌，还会有一个更大发展。

四是农村手工业根基雄厚。我国作为一个历史悠久的传统农业大国，有许多工业产品在历史上多是农村的手工作坊生产的，所以在我国许多能工巧匠多散布在农村各地。进入工业化社会后，能工巧匠多集中在城市的工厂和一些科研单位，但许多传统的手工业产品还多集中在农村、散布在民间。

特别是一些手工纺织业、针织业、刺绣业、陶瓷烧造业、石木砖瓦泥漆等雕塑雕刻业、玉制品加工业、金银饰品加工业、竹革柳荆编织业、各种灯笼制造业，包括建筑业、餐饮业、手工艺剪纸、版画、风筝等工艺美术业，不少能工巧匠也多散布在农村各地。我国农村藏龙卧虎，人才济济。就生产经营来说，过去是作坊生产，现在是农闲小造，始终没有成为一个有规模、上水平、占市场的大产业。也有个别地方通过能人带动，基层党组织牵引和提供帮助，形成了一些产业，有了一定规模，并在市场上占据了一块天地。如福建一些农村的石雕石刻石制品就形成了不小的规模，在全国都有销路。河南省有几个农村绘画专业村也形成了产业规模。江西、浙江、河南、山东、河北等历史上的一些瓷都名窑，至今仍有一大批能工巧匠在农村的工厂、作坊中生产，并世代相传，带动了陶瓷烧造业的发展，成为了知名产业。河南有个唐三彩烧制专业村，叫南石山，很有名气，产品销往全国各地和海外，并作为国礼赠送给外宾，就是有一批世代相传的能工巧匠，并由他们带动家家户户塑制烧造，并以此走上了富裕之路。河南镇平县有一个很大的玉制品市场，而支撑这个市场的就是众多的玉制品手工作坊，多采用前店后厂或下店上厂的做法，边加工、边经营，带动了许多农户参与进来，或参与经营，或在玉制品作坊打工，也都走上了富裕之路。目前，全国有一定规模的农村手工业加工厂和大市场不少，多都形成了一定的产业规模。广西这方面的资源丰富，人才众多，而且还有地域和民族特色，正在发展之中，还可以更大发展。过去我国工业基础薄弱，在新中国成立前，可以说，基本上没有什么象样的工业，多数工业产品要么是手工作坊生产的，要么是从国外进口的。凡进口的工业产品都要带上一个洋字，如：洋火、洋蜡、洋布、洋油、洋钉、洋米、洋面等等。由于没有什么工业企业，所以市场需求主要靠农村作坊来生产。现在我国已建立起了强大的工业基础，并且成为了制造业大国，虽然在一些方面还落后于世界先进水平，如飞机制造业、精密装备制造业等，但就绝大多数产品来说，中国制造已经达到了世界先进水平，其产品畅销海内外。现代工业发展了，还要不要农村手工业发展，农村作坊式的生产还要不要？我的观点是：要得！而且非常要得！现代化大工业的发展同农村手工业的发展不是矛盾的、对立的，而是互为补充的、相互促进的。现代化大工业可以制造许多过去靠手工生产的产品，但还不能取代所有的手工产品，特别是一些手工工艺品。现代化工业，流水线生产，标准化产品，的确是很好的，但对于一些市场份额较小，而人们又需要的产品，也就生产不了，主要是形不成批量规模，如果生产就会抬高成本，而少有效益。也还有些产品，目前现代工艺水平还解决不了。如烧瓷出现的窑变，就不是流水线、标准化工艺能够解决得了的。一些雕刻制品，全凭的是工匠的技艺或心灵感悟和手上功夫，成品有不可复制性，也是现代工业的流水线、标准化所解决不了的。如此等等，农村手工业有许多产品还是大有市场值得挖掘和发展的，这方面也还有大量工作要做，是可以富裕一部分怀有一技之长的农民的。

五是农村旅游业前程似锦。就山水风光、自然资源和生态环境来说，好山好水好风光多在农村。农村有青山、绿水、翠竹、鲜花，有深潭、溪流、瀑布、幽谷等等自然美景。就自然风光游来说，草原游、沙丘游等等，不到农村是游不了的。还有近几年逐渐兴起的“慢城”游、休闲游、养生游、康乐游，也需要到农村去。就包括要吃最新鲜最美味的好食品，也需要到农村去。虽然城里大饭店、高档宾馆有许多名厨做出了许多佳肴，这是偏远乡村做不出来的，但许多名优特色小吃和最本味最鲜活的食材食品，城里大饭店也是做不出来的，即使经过精细加工也能做出些样子，但却做不出本味。所以，特色的饮食文化游，也要到乡村去。乡村旅游前程似锦。现在还兴起了温泉浴、冷泉浴、药泥浴等养生健体的旅游项目，而这些温泉、冷泉、青泥也多在农村，只有到了农村才能享受得到。现在城市病突出，主要是拥挤、堵塞、快节奏、强压力，给许多人造成了精神上的高度紧张和压抑，加上人口密度大，空气也不太好，喧闹之人不绝于耳。亚健康一词就来自于城市病。而要缓解这些压力，多数人盼望能抽出时间或在假期里到清闲的农村去走一走，看一看，享受一下清新空气，放慢一些生活节奏，陶冶在山水田林之中，使身心得以放松、精力体力得到恢复。这是一种乡村生活游，不图什么景致和好吃好喝，就图能清闲一些、放松一些。黑龙江的冰雪游，森林氧吧游，界江界湖游，甚至到大农田里看一看，进到农家吃顿铁锅炖鱼或大炖菜，就感到十分欣慰和快乐。每年的北极村乡村游，漠河机场是一票难求；每年的黑龙江冬季冰雪游，也多是宾馆一床难求。北极村、雪乡有不少农户年收入都在10万元以上，还有的在20万元以上，就是靠旅游开农家饭店而走上了致富之路。浙江有许多地方，靠青山绿水和休闲的农村慢生活，开发了农村旅游，发展得非常好，成为了一个朝气蓬勃的支柱产业，许多大公司和高等院校大学毕业生参与其中进行开发经营，而且档次和水平很高，有的还把这里的开发项目复制到了国外。全国各地通过开发乡村旅游而形成一个个大产业，带动了当地经济发展和农民富裕。说农村旅游业是个活力十足的朝阳产业是不为过的。名茶、名酒、名花多在乡村，以茶为媒，以酒为媒，以花为媒，发展起来的旅游也不少，而且还在发展之中。乡村旅游业前程似锦，前提条件是必须切实保护好青山绿水。青山绿水就是金山银山，就是源源不断的摇钱树、聚宝盆。要让这棵摇钱树能够枝繁叶茂，永远摇下去；这个聚宝盆能够坚固牢靠，不断生出宝贝来，就要倍加珍惜农村青山绿水这棵摇钱树和聚宝盆，在保护中合理开发，在合理开发中切实保护，而不能不加节制地胡乱开发，更不能掠夺和破坏。广西在乡村旅游上已经有了许多很好的典型，而且上了一定的水平和档次，坚持抓下去，必定大见成效。美丽的乡村，壮丽的山河就是发展乡村旅游最为宝贵的财富。广西的大量农村在青山绿水秀美景色之中，如仙境，如画中，不但山美水美林草美，而且人也美，和谐安宁就是财富，就是可开发的旅游胜地。乡村旅游正在发展之中，需要加强规划和引导，更需要加强管理和规范，要在有秩序、上档次、上水平上下些功夫。在这方面，广西的一些农村已经积累了丰富的经验，需要总结推广，学习借鉴。

六是农村文化业潜力巨大。文化可以成为产业，而且可以成为很大的产业，这在国际国内都已有许多经验。美国的迪士尼，德国的贝塔斯曼都成了世界性超大文化产业。世界大型文化产业很多，国内近些年也有很多，如浙江的横店影视基地，就做得很大也很好。还有许多互联网产业，动漫制作产业，出版发行产业等，也都做得很大。这些都属于大公司现代化经营的，有着雄厚的资本和大批经营管理人才的大型文化企业，不属于农村文化产业。我在这里所说的农村文化产业是指从农村的文化资源出发而形成的一定规模和影响的产业。一部《少林寺》电影，催生和兴起了河南登封的习拳热，而形成了少林武术大产业，海内外许多青少年慕名而来，至今仍然十分红火。陈家沟的太极拳，也因一些电影电视剧的宣传而出名，也成为了一个大产业。山东潍坊的风筝，天津杨柳青的年画，河北吴桥的杂技，也都是很有影响力的文化产业。全国各地不同的农村都有一些文化品牌，如排鼓、腰鼓、唢呐，特别是一些富有地域和民族特色的文化，也包括一些节庆文化，都可以成为一种产业，而且有的已经形成了产业。有许多曲艺节目在农村，农村一些曲艺艺人的水平是很高的，而且他们手中有不少流传下来的好段子、好曲目，只是缺乏组织和挖掘，更缺乏宣传和推广。充分挖掘农村优秀的传统文化，不仅能活跃群众文化生活，还能成为一些产业，并培养一批传承人才，带动一些人就业发展。农村可以发展成为文化产业的项目有很多，诸如说唱艺术类、吹弹演奏类、雕刻编织类、杂技杂耍类等等，只要挖掘得好，就能形成一定的产业规模，而带动农村经济发展，带领一些群众致富。同时，农村还有深厚的历史文化积淀，许多重大考古发现也出自农村。农村地下文化宝藏无数，但不能随意挖掘，而要很好保护。就地面上来说，也有许多历史文化遗存，如宫城遗址，宫殿遗址、寺庙遗址，还有一些古老建筑，都有很高的文化价值，如果在保护中能够加以利用，有的还是可以成为一个个产业的，至少可以成为文化旅游项目来开发。广西文化很有特色，是岭南文化和中原文化的有机融合，又有浓郁的民族特色，可用丰富多彩来形容。印象刘三姐火遍全国、影响全国，做成了一个大产业；有许多古镇、古村、古码头、古市埠都在开发之中；还有一些地方戏、地方歌舞等也在挖掘开发之中。包括饮食文化、服饰文化、医药文化，广西都是丰厚而有特色的，发展潜力很大。我国有五千多年的文明史，祖宗们为我们留下了极其雄厚和宝贵的文化遗产，关键是如何去保护好、开发好、利用好，这要看我们的眼光和本事了。

除了上述六个方面以外，农村还有许多资源尚待开发利用，而不仅仅是我们眼前所看到的土地、山水和农舍。只要扑下身子，深入农村，心系农民，就一定能够有所发现、有所创造和开发建设出巨大成就。正如习近平总书记所指出的："创新农村经济发展方式，发展农村新业态。随着时代发展，乡村价值要重新审视。现如今，乡村不再是单一从事农业的地方，还有重要的生态涵养功能，令人向往的休闲观光功能，独具魅力的文化体验功能。乡村越来越成为人们养生养老、创新创业、生活居住的新空间。人们向往田园风光、诗意山水、乡土文化、民俗风情、农家美食，追求与自然和谐相处的乡村生活成为一种时尚。'竹篱茅舍风光好，高楼大厦总不如'。田园变公园，农房变客房，劳作变体验，这是现代人的一种新的生活追求，也是生活需求。乡村环境优美，有绿水青山，有白云蓝天，良好生态成为了珍贵稀缺资源，经济社会越发展进步，人民的生活水平越提高改变，乡村的经济价值、生态价值、社会价值和文化价值就日益凸显。一些地方适应城乡居民需求新变化，休闲农业乡村旅游蓬勃兴起，农村一二三产业融合发展模式不断丰富创新，为农村创新创业开辟了新天地，为农民就业增收打开了新空间。我们要认清这个发展趋势，抓住这个发展机遇，推动农村新产业新业态加快发展，推动农产品加工业优化升级，并要把现代信息技术引入农业产加销各个环节，推动发展乡村休闲旅游、文化体验、养生养老、农村电商等，组织引导和帮助鼓励在乡村地区兴办环境友好型企业，实现乡村经济多元化发展。”

同志们在座谈中提了许多好的意见和建议，我们都带回去，提交国务院和有关部门研究解决。

对广西省委、省人大、省政府和有关市县、部门的热情接待和提供的帮助表示衷心感谢！

要引导组织农民进入农业现代化

——在浙江省小农户和现代农业发展有机衔接专题调研座谈会上的谈话要点（一）

（2022 年 11 月 16 日）

吉炳轩

我和清华、心社、勤俭、沁荣和晓燕几位同志到浙江省开展专题调研，主要是围绕推动小农户和现代农业发展有机衔接这个题目来进行，这既是全国人大常委会深入学习贯彻党的二十大精神，全面推进乡村振兴，加快建设农业强国的具体举措，也是常委会依法履行监督职责，针对国务院落实整改情况开展的跟踪监督检查，目的是确保党中央关于实施乡村振兴战略的决策部署全面落地见效，为新时代新征程实现中华民族伟大复兴，全面建设社会主义现代化国家提供法律支撑。

我们先后到金华、温州、台州、绍兴等地开展了实地调研，看了各类新型农业经营主体、农业社会化服务组织、农村集体经济组织发展情况，看了现代牧场、文旅融合、共享田园、产村融合等乡村新产业、新业态培育情况，看了历史文化村落保护、农村改革、金融和科技支农服务情况，看了未来乡村、数字乡村、共富乡村建设情况，深入了解各地各部门在健全完善小农户利益联结机制、不断改善小农户生产设施条件、提升小农户科技装备运用能力、促进小农户持续稳定增收等方面的实践经验和成功做法。一路上边走、边看、边学习，很受启发，有很多收获。刚才，刘忻副省长又向我们介绍了浙江省推动小农户和现代农业发展有机衔接工作的总体情况，省政府农业农村厅、发展改革委等相关部门负责同志也作了一些情况介绍，并提出了一些意见和建议。调研组的同志们同大家进行了座谈交流，讲的都很好。我们将认真梳理总结浙江省的这些好经验、好做法、好建议，反映到专题调研报告中，为进一步完善政策、改进工作提供依据和参考。

习近平总书记在浙江工作期间就高度重视农业农村工作，将统筹城乡经济社会发展、加快推进城乡一体化，作为“八八战略”的重要内容，亲自谋划、亲自部署，推动实施“千村示范、万村整治”工程，提出“绿水青山就是金山银山”的发展理念，探索推进生产、供销、信用“三位一体”的合作经济发展思路等农业农村重大改革举措，不仅为浙江推动解决城乡二元结构问题、加快农业农村现代化建设提供了根本遵循和行动指引，也为新时代实施乡村振兴战略积累了思想基础和实践经验。党的十八大以来，浙江省始终坚持以习近平新时代中国特色社会主义思想为指导，一以贯之，忠实践行，扎实推进“八八战略”，坚持干在实处、走在前列，着力促进城乡融合发展，积极探索共同富裕路子，农民群众的幸福感、获得感、安全感不断提升。浙江省各地各部门采取一系列政策措施，推动小农户和现代农业发展有机衔接的思路明确、措施得力、落实到位、成效明显，乡村全面振兴取得了新进展、新成效，走出了一条生态美、产业兴、百姓富的可持续发展好路。

我是浙江选出的党的二十大代表，二十大期间，同浙江的同志一起学习讨论，很受教育和启发，对进入新时代以来浙江取得的辉煌成绩、发生的精彩蝶变，由衷地感到鼓舞和振奋。这次到浙江调研主要是学习和总结好经验。下面，结合此次调研情况，我也就推动小农户和现代农业发展有机衔接，谈几点认识，同大家进行交流。

第一，要深入学习贯彻党的二十大精神，深刻认识推动小农户和现代农业发展有机衔接的重大意义。

党的二十大是在全党全国各族人民迈上全面建设社会主义现代化国家新征程、向第二个百年奋斗目标进军的关键时刻召开的一次十分重要的大会。会议确立了新时代新征程全面建成社会主义现代化强国、实现第二个百年奋斗目标，以中国式现代化全面推进中华民族伟大复兴的党的中心任务，明确了从2020年到2035年基本实现社会主义现代化，从2035年到本世纪中叶建成社会主义现代化强国的战略部署。习近平总书记在党的二十大报告中指出，全面建设社会主义现代化国家，最艰巨最繁重的任务仍然在农村，强调要全面推进乡村振兴，坚持农业农村优先发展，坚持城乡融合发展，畅通城乡要素流动，加快建设农业强国，扎实推动乡村产业、人才、文化、生态、组织振兴。习近平总书记在党的二十大后第一次外出考察调研，就把主题选定为乡村振兴。10月26日，习近平总书记在延安市南沟村考察时强调："要认真学习贯彻党的二十大精神，全面推进乡村振兴，把富民政策一项一项落实好，加快推进农业农村现代化，让老乡们生活越来越红火。"

农业是基础，农民是根基，农村是仓廪，农业农村农民问题始终是关系国计民生的根本性问题。全面振兴乡村、加快农业农村现代化建设是实现中华民族伟大复兴的重大历史任务。到2035年基本实现现代化的重头在农村，到本世纪中叶建成现代化强国的基础也在农村。深入学习贯彻党的二十精神，完成二十大确立的中心任务，落实两步走的战略安排，要求我们到任何时候都必须要高度重视农业，切实抓好农业、积极发展农业。必须要准确把握"三农"工作新的历史方位，坚持将实施乡村振兴战略作为做好新时代"三农"工作的总抓手，不断增强做好新时代"三农"工作的历史主动性，让亿万农民在共同富裕的道路上跑起来，确保农业农村农民同国家同步实现现代化。

全面推进乡村振兴，加快建设农业强国，必须立足我国"大国小农"的基本国情农情。人均一亩三分地、户均不过十亩田的小规模农业生产方式，是我们必须长期面对的现实情况，这是党中央将实现小农户和现代农业发展有机衔接，确立为实施乡村振兴战略的目标任务的原因所在。习近平总书记反复强调要用大历史观和辩证的方法看待小农户问题，曾指出："一方面，我们要看到，规模经营是现代农业发展的重要基础，分散的、粗放的农业经营方式难以建成现代农业。另一方面，我们也要看到，改变分散的、粗放的农业经营方式是一个较长的历史过程，需要时间和条件，不可操之过急，很多问题要放在历史大进程中审视，一时看不清的不要急着去动。"习近平总书记曾强调："要注重发挥新型农业经营主体带动作用，培育各类专业化市场化服务组织，提升小农生产经营组织化程度，改善小农户生产设施条件，提升小农户抗风险能力，扶持小农户拓展增收空间，把小农生产引入现代农业发展轨道。"

深入学习贯彻党的二十大精神和习近平总书记关于"三农"工作的重要论述，必须深刻认识推动小农户和现代农业发展有机衔接的重大意义。

要深刻认识到，推动小农户和现代农业发展有机衔接，关系巩固党在农村的执政基础，是确保农村社会长期稳定的重大政治问题。实施乡村振兴战略是由党的使命决定的。习近平总书记在党的二十大报告中明确指出："江山就是人民，人民就是江山。中国共产党领导人民打江山、守江山，守的是人民的心。"我们党自成立以来就一直把依靠农民、为广大农民群众谋幸福作为重要使命。要深刻认识到，在现阶段和未来相当长时期内，经营自己承包耕地的普通农户仍然占大多数，确保农村土地承包关系稳定并长久不变，是亿万农民的共同期盼，是广大农村的人心所在。我们要从确保农村社会长期稳定的大局出发，始终坚持农村土地农民集体所有、坚持稳定土地承包关系、坚持土地承包权属于农民家庭，在切实保障农民对承包地占有、使用、收益、流转权利的基础上，积极探索小农户和现代农业发展衔接的有效途径，不断夯实农村土地政策的基础，筑牢党的农村政策的基石。

要深刻认识到，推动小农户和现代农业发展有机衔接，关系确保家庭承包经营的基础性地位，是巩固和完善农村基本经营制度的重大理论问题。以家庭承包经营为基础，统分结合的双层经营体制，是我国农村基本经营制度，是实施乡村振兴战略的制度基础。习近平总书记在党的二十大报告中指出：要"巩固和完善农村基本经营制度，发展新型农村集体经济，发展新型农业经营主体和社会化服务，发展农业适度规模经营。"当前，随着城镇化进程的快速推进，流转土地经营权的农户越来越多，农户家庭经营、专业大户经营、农村集体经营、合作社经营、企业经营共同发展的新型农业经营体系正在加快构建，这些经营方式都是对农村基本经营制度的丰富和发展。要充分认识到，无论土地经营权如何流转，前提都是坚持农户家庭经营的基础性地位，这是农村基本经营制度的根本。我们要适应土地经营权流转、农业经营方式的多样化发展，支持广大小农户走同现代农业相结合的发展道路，使农村基本经营制度始终充满活力。

要深刻认识到，推动小农户和现代农业发展有机衔接，关系广大农民群众的切身利益，是推动农村农民实现共同富裕的重大现实问题。实施乡村振兴战略的目的是富裕农民。推进社会主义农业现代化建设，既要解决好现代农业发展问题，也要解决好农民持续稳定增收问题。习近平总书记在党的二十大报告中指出："中国式现代化是全体人民共同富裕的现代化"，全面推进乡村振兴要"发展乡村特色产业，拓宽农民增收致富渠道。"促进农民持续稳定增收，要推动和保障搞活农村经济，使农民通过诚实劳动，合法经营，多门路、多渠道获得收入。要清醒认识到，单靠传统农业种植业，靠一家一户在几亩地上的耕作，农民是很难富裕起来的，从现实情况看，凡是收入较高的地区或村庄、农户，都是靠多业经营实现的。我们要通过推动小农户和现代农业发展有机衔接，让农民成为适度规模经营的积极参与者和真正受益者，通过促进乡村多业繁荣，使广大农民一道实现共同富裕。

第二，要坚持从实际出发，因地制宜地走出小农户和现代农业有机衔接的发展道路。

从浙江的情况来看，也就我们在几个市县看到的：

小农户和现代化农业的衔接将是个逐步发展、不断进步的过程，会随着经济的发展、生活的变化而变化。这个过程在浙江甚至会是在一种自觉不自觉之中实现的，并通过多业并举发展的。产业兴起，市场经营，人员流动，生产关系和社会关系的变化，特别是一大部分农民走出土地，经营企业，一家一户的小农经济和小户经营，也就自然融入到了社会化的大生产之中，也就自觉不自觉地走上了现代化的发展之路。人的生活的现代化和生产的现代化，虽不一定是同步发生的，但是互为作用的，共同向前的。现代人的生活已使广大农民普遍进入了信息、家电时代的现代化，而农业生产的现代化也会随之而来，因为这是农民的愿望和需求。这就给我们的工作以很大启示，即怎样教育农民，引导农民，组织农民，帮助农民，使农民在生产生活中共同进入现代化，并着手建设社会主义新农村的现代化。之所以这样讲，是因为，浙江的广大农村多是多业经营，农业种植业所占的比重在整个经济发展中仅是一部分，而且还是比较小的一部分，从事工商业和非农产业的农民数量，要大大多于从事农业种植业的数量。换句话说，仅就人的日常生活和经济发展的层面来说，浙江的广大农村已经进入了现代化，同现代化的经济、现代化的社会融合的非常紧密。但这也并不能说，浙江就没有小农户同现代农业的衔接问题。就土地的经营管理、农业种植业的生产来说，在很大程度上，还有不少小生产的经营方式，这方面的任务也还是有的，甚至说，还是比较重的，只不过在发展过程中，进入现代化的方式方法会有不同，可能会形成浙江特色，这也是浙江的整体经济社会发展所决定的。正如我前面所说的，浙江的经济社会发展已经达到了一定的水平，而且还是比较高的水平，小农户和现代农业的衔接会走出富有特色的浙江之路。

实现小农户和现代农业有机衔接，既要搞清小农户的生产经营状况，也要搞清现代农业的特点。在这里，仅就现代农业来说，或农业现代化来说，有个概念要搞清楚，就是达到什么样水平才算达到了农业现代化？我简要地把它归纳为八个方面：现代水利化，即耕种的大部分土地，能做到旱能浇、涝能排，旱涝保收。就是建设稳产、高产、优质的高标准农田；现代机械化，即农业生产全程机械化操作，数字化管理，大大减少人的劳动强度，而且是有一定水平的现代机械化，全产业链的现代机械化，耕、种、管、收、运贮、保鲜等，都是机械化的；现代科技化，即用现代科学技术来武装农业，科学从事农业的生产经营，包括科学种植，科学管理，科学经营，建设数字农业，设施农业等，就如浙江的工厂化石斛种植、工厂化用饲料养蚕等，这些现代化的高科技生产经营；现代产业化，即大力发展农村产业，农业产业，以市场为导向，形成品牌、形成规模，建成龙头企业，进行公司经营，以公司带农户，有规模地生产经营农业商品；现代合作化，即以土地、技术、资本、人才等各种要素组织的新型合作组织，包括产业基地生产，公司 + 农户 + 市场，农企、校农、技农合作，资本、技术下乡同农户合作等，多种形式的现代化的合作经营，进行农业生产和产业开发；现代市场化，即种养加都是为了卖，就如温州的小商品大市场，义乌的买全国卖全国、买世界卖世界那样，全面进入市场；现代城镇化，也就是美丽乡村建设，各种设施齐全，公共服务也比较健全；最后一个是现代生态化，就是青山绿水，金山银山。当然，这个概括也不一定全面、准确，每一化中还有许多具体内容，但这八个方面则是农业现代化、也是现代农业的基本要求。之所以我在“八化”前面都加了“现代”二字，就是要有现代的特色，现代的内涵。比如水利化、机械化、合作化、科技化，过去我们都搞过，也达到了一定的水平，但那是低层次的、不全面的，是不适应现代社会的发展需求的。

要实现农业现代化，使我们一家一户的小生产进入现代化的社会化大生产，需要做很多工作，但其中有十个方面是必须要关照到的：一是要确立现代化的意识。不论是干部、群众都要树立建设现代化农业、现代化农村，成为现代化农民的思想观念。要知道我们要干成什么样的现代化，奋斗目标必须清楚明白，也可以说，对乡村振兴的目标任务必须清楚明白；二是要学习现代化的知识。要建设现代化，必须要有建设现代化的能力和本领，这就需要很好地学习。干部群众都要学习，但不是仅向书本学习，而是要多向实践学习，向发达的国家、地区学习。浙江可学的典型就有很多，但也还要互相学习，其他省也有很好的典型。省内也要互相学习。三是要享受现代化的生活，在现代化的生活中，来体验和感悟建设现代化的意义和增长在生产方面进行现代化建设的压力、责任和本领；四是进行现代化的耕作。就是要用现代机械、现代科技、现代经营理念和方式来进行农业生产，发展农村生产力，提高农业经营水平，增加农业生产的收益；五是要发展现代产业。乡村要振兴，产业来支撑，没有现代化农业产业，就不会有现代化的大农业，乡村也难以振兴。浙江之所以发展快，最主要的是农村产业发展得好，而且是多业并奉，竞相繁荣；六是建设现代化的乡村。就是总书记所提出的美丽乡村建设，山水田林路统一整治，各类设施建设齐全，适应现代人的现代化生活需求；七是开展现代化的活动。这些活动不仅是传统的各种文化活动，应包括经济活动、科技活动、体育活动、社会活动、国际交流，等等，能同经济社会发展融为一体的，人民群众乐于参与的，经济效益和社会效益、物质文明和精神文明都能得到发展和收益的各种各样的活动。浙江这方面的活动在农村很多，是值得研究和总结推广的。八是管理现代化的社会。能建设现代化，也能管理现代化，包括基层的民主法治建设，精神文明建设等，都要配套和完善；九是提供现代化的服务。这主要是教育、医疗、科技、文化、法律等方面的公共服务，要发展、要健全、要完善；十是树立现代化的形象。不仅是人的形象，也包括现代化的物的现象，诸如现代化的乡镇，现代化的乡村，现代化的交通等。当然，更重要的是人的精神面貌、举止行为，要符合现代化的要求，就是社会主义核心价值观的要求。

以上是几天来的一些体会和感悟，讲出来同浙江的同志交流，也是请教。

但就全国来说，由于发展水平不同，小农户与现代化农业的有机衔接有几个方面的事情还是要抓好的。这是我要讲的另一个问题，即：

第三，要坚持目标导向和问题导向相结合，正确处理好推动小农户和现代农业发展有机衔接的关系。

推动小农户和现代农业发展有机衔接是有鲜明目标导向的，党中央有明确要求和具体部署。**对于提升小农户组织化程度：**2018 年一号文件提出，统筹兼顾培育新型农业经营主体和扶持小农户，发展多样化的联合与合作，发挥新型经营主体带动作用；2019 年一号文件提出，突出抓好家庭农场、农民合作社两类新型农业经营主体，启动家庭农场培育计划，开展农民合作社规范提升行动；2020 年一号文件又提出，重点培育家庭农场、农民合作社等新型农业经营主体，培育农业产业化联合体。**对于增强服务小农户能力：**2018 年一号文件提出，改善小农户生产设施条件，提升小农户抗风险能力，加快培育各类专业化市场化服务组织，推进农业生产全程社会化服务；2021 年一号文件提出，支持市场主体建设区域性农业全产业链综合服务中心，将先进适用的品种、投入品、技术、装备导入小农户；2022 年一号文件提出，加快发展农业社会化服务，支持专业服务公司、合作社、农村集体经济组织、基层供销合作社等各类主体发展单环节、多环节、全程生产托管服务。**对于促进小农户增收：**2018 年一号文件提出，开展农超对接、农社对接，扶持小农户发展生态农业、设施农业、体验农业、定制农业，提高产品档次和附加值；2019 年一号文件提出，健全农村一二三产业融合发展利益联结机制，让农民更多分享产业增值收益；2020 年一号文件提出，通过订单农业、入股分红、托管服务等方式，将小农户融入农业产业链，建立健全农民分享产业链增值收益机制。

近年来，各地各部门注重发挥适度规模经营的引领作用、新型农业经营主体的带动作用、农业社会化服务组织的服务作用，推动将小农户引入现代农业发展轨道取得积极成效。从全国情况看，目前共培育农民专业合作社近 230 万家、家庭农场 390 万个，发展县级以上农业产业化龙头企业 9 万家，其中国家级重点龙头企业 1959 家，发展农业社会化服务组织95.5万个,可以为全国一半以上的农户提供多样化专业化生产服务。应当说,促进有效衔接的组织体系和服务体系正在加快建立健全。但也要看到,当前农户经营组织化程度不高、抗风险能力不强、科技推广难、经营成本高等情况依然存在;小规模农业生产受资金、信息、技术等客观条件制约,劳动生产效率仍有待提升,贷款额度小、贷款困难多等问题仍未破题;一些新型农业经营主体对小农户的带动作用不强,利益联结不紧密,合作模式单一等现象较为普遍;农业社会化服务主要集中在生产环节,产后服务明显不足,特别是小农户急需的收储、加工等服务很不够,这都需要引起高度重视,努力加以解决。

进一步将小农户纳入现代农业发展轨道,必须坚持目标导向和问题导向相结合,既要持续深化农业农村改革,也要保持足够的历史耐心,关键是要进行积极的探索。

在工作中,有几个关系要处理好:

一要处理好发展农业适度规模经营与坚持家庭承包经营基础性地位之间的关系。发展多种形式适度规模经营,是建设现代农业的前进方向和必由之路,在现阶段工业化、城镇化快速推进的背景下,发展现代农业,就需要推动土地经营权有序流转,积极发展农业适度规模经营。但推动土地流转决不能简单化,不能搞强制命令一刀切,更不能损害承包者的利益。处理农业规模经营和农户家庭承包经营关系的关键是把握好度,尽力做到农村土地流转的规模要与城镇化进程相衔接、相适应,与农村劳动力转移规模相衔接、相适应,与农业科技进步水平相衔接、相适应,与农业社会化服务能力相衔接、相适应。要充分尊重农民意愿,保障农民权益,把流转土地的选择权交给农民,让农民自己选择而不是代替农民作主。

二要处理好培育新型农业经营主体与扶持小农户生产之间的关系。农民专业合作社、家庭农场、农业龙头企业等各类新型主体可以提高农业生产经营的集约化、专业化、组织化、社会化、产业化程度,是农村基本经营制度新的实现形式,而小规模家庭经营是我国农业的本源性制度,家家包地、户户务农是农村基本经营制度的基本实现形式。推动农业经营体系创新,也要充分尊重普通农户的选择,做到利益联结、互惠双赢。处理新型农业经营主体与小农户关系的关键是推动建立两者之间的紧密利益联结机制,不断增强新型农业经营主体联农带农能力,让农户广泛参与到产业发展之中,在产业链上形成两者优势互补、分工合作的格局,让农民在产业发展中有活干、有钱赚,更多分享产业增值收益。

三要处理好推动乡村振兴与新型城镇化建设之间的关系。推动小农户融入现代农业发展是一个长期渐进的历史进程,也是农业现代化和农业生产效率提高的一个必然结果。随着农村经济的多业兴起,全面发展,机械化、科技化水平提高,农业劳动力的比重会逐步降低,小农户的数量也会逐渐减少,这是发展趋势,也是客观规律。安置农业生产中转移出的富余劳动力,需要乡村和城镇共同努力,让农民在城乡之间可进可退,这是我们应对风险挑战的回旋余地和特殊优势。协同推动乡村振兴和新型城镇化建设的关键是抓住县域融合发展这个重点,要以提升县城和一些中心集镇的人口承载能力和发展质量为突破口,推动城乡经济良性互动、基本公共服务城乡共享。要以乡村产业振兴为核心促进农业转移劳动力就地就近就业,以健全完善常住地提供公共服务机制为抓手,不断提高农业转移人口市民化质量。

第四,健全完善适合我国国情农情的农业经营体系,探索小农户和现代农业发展衔接的有效途径。

进一步推动小农户和现代农业发展有机衔接,要始终坚持以习近平新时代中国特色社会主义思想为指导,深入学习贯彻党的二十大关于全面推进乡村振兴,加强建设农业强国的新部署、新要求,在发展多种形式适度规模经营的同时,充分尊重小农户、服务小农户、帮助小农户、改造小农户、富裕小农户,通过不断强化多元主体培育、拓宽社会化服务领域、加大政策扶持力度,积极探索推动小农户和现代农业发展相衔接的有效途径。

一是促进新型农业经营主体高质量发展,提升小农户组织化程度。各地的自然条件和农业资源禀赋不同,要根据不同地区的农业生产实际,根据农林牧副渔等不同产业的特点,因地制宜地培育种养大户、家庭农场、农民专业合作社、农业产业化龙头企业、社会化服务组织等各类新型经营主体,因地制宜地推动土地流转、股份合作、产业化经营等各种合作经营方式,因地制宜地探索不同类型小农户发展现代农业的有效路径。要突出抓好各类新型农业经营主体的规范化管理工作,发挥其提升小农户组织化程度、带动小农户发展、培养农业经营管理人才的主渠道作用,支持各类主体通过组建产业联盟和联合体,延长农业产业链、完善供应链、重塑价值链、打通利益链,促进农业专业化布局和规模化生产，提高现代农业发展质量和效益。

二是加快构建专业化社会化服务体系，增强服务小农户能力。发挥好农业社会化服务组织扶持小农户生产的主力军作用，培育一批区域性、行业性服务骨干力量，以现代农业发展方向、市场化需求和农户实际需求为导向，推动服务范围从大宗农作物向特色经济作物等领域拓展，从传统种养殖业向农资供应、技术指导、农产品加工、品牌营销、信息服务等领域推进，从产前、产中向产后环节以及金融保险等配套服务等领域延伸，在不断提升小农户服务覆盖面的基础上，积极探索单环节、多环节和全程生产托管等服务模式，提高全要素生产率。要积极推动新型农村集体经济发展，引导集体经济组织为小农户提供更多农业生产服务，发挥农村集体经济组织统一经营功能，支持其利用土地资源，经营集体资产，引领带动小农户发展现代农业。

三是建立完善更加紧密的利益联结机制，促进小农户持续稳定增收。要按照服务农户、富裕农民的基本方向，健全完善各类新型农业经营主体、社会化服务组织带动服务农民持续稳定增收的产业模式和利益联结机制，将建立紧密的利益联结机制作为新型农业经营主体、社会化服务组织培育的关键环节，推动形成谁联农利农就扶持谁、谁利益联结机制更紧密获得支持就多的政策导向。要建立工商资本租赁农村土地的风险防范机制，将推动小农户融入现代农业产业体系、确保农民持续稳定增收作为工商企业进入农业农村的前提条件。要积极探索带动农民增收的产业发展模式，积极培育乡村新产业、新业态，完善利益分享机制，加快构建百业兴旺、各展其能的乡村产业发展格局，夯实农村农民共同富裕的产业基础。

四是加大强农惠农利农政策力度，优化有利于小农户发展的政策环境。农业是弱质产业，农民是弱势群体，推动小农户和现代农业发展有机衔接需要真金白银的投入。要不断完善农业支持保护制度，加大财政投入、税费优惠、金融支持、保险保障、人才培养、信息服务等扶持政策力度，增强国家强农惠农政策的普惠性。要发挥各级财政资金的导向作用，支持地方创新投融资方式，建立吸引社会资本投入的合理回报机制。要增强农村金融服务的有效性，完善政策性融资担保机制，引导金融机构向乡村下沉服务力量，创新符合小农户生产实际需要的信贷模式，推动政策性农业保险增量扩面。要推动现代农业数字化转型，通过数字乡村、“互联网＋”现代农业建设，不断提升小农户生产经营的信息化水平。

五是强化农业科技和装备运用，提高小农户发展现代农业水平。将小农户纳入现代农业发展轨道，仅靠政府部门推动、社会积极参与是不够的，在强化政策扶持的同时，还必须激发农民内生动力，增强小农户自身发展能力。要不断改善小农户生产基础设施条件，在逐步把永久基本农田全部建成高标准农田基础上，完善高标准农田建后管护机制，确保农村集体和农民管好、用好高标准农田，长久发挥效用。要实施以小农户为重点的新型职业农民培育工程，通过职业技术教育与技能培训不断提升小农户综合素质，增强农户参与产业链、供应链的实用技能。要持续加大科技支农服务力度，向小农户集成示范推广先进适用的农业生产经营技术，支持小农户运用优良品种、先进技术、适用农机发展智慧农业、设施农业、循环农业等现代农业产业。

以上是我学习党的二十大精神和习近平总书记关于“三农”工作的重要论述，对全面推进乡村振兴，加快建设农业强国，推动小农户和现代农业发展有机衔接的几点思考和体会，和同志们一起交流研讨。浙江经济社会发展快、发展好，各方面都走在全国的前列，相信在推动小农户和现代农业发展有机衔接方面，定能创造出大量新鲜的经验，为全国做出示范。

实施乡村振兴战略要坚持从实际出发

——在浙江省小农户和现代农业发展有机衔接专题调研座谈会上的谈话要点（二）

（2022 年 11 月 16 日）

吉炳轩

这几天，在浙江调研，所看到的，听到的都在谈乡村振兴，都在积极推进乡村振兴，所看到的也多是乡村振兴的发展成就。就乡村振兴来说，各地谈的最多的是如何推动城乡一体化发展，如何实现共同富强。我也借此谈点学习体会。

乡村振兴是一项关乎中国特色社会主义现代化建设和中华民族伟大复兴的战略任务，按照第二个百年奋斗目标的要求，就全国来说，需要坚持不懈地奋斗几十年，这是一项长期任务，现在也仅是刚刚起步。浙江发展的快一些，已经达到了一定的水平，走在了全国的前列。但就全国来看，由于地理、环境、基础、条件等多种因素，发展是不平衡的，快慢差距还是比较大的。实施乡村振兴战略，东西南北不可能正步走、一边齐，而是要因地制宜，区别对待，都需要从自己的实际出发，积极而又扎实地向前推进。

乡村振兴是全面的振兴，涉及经济、文化、环境等诸多方面，是经济建设、政治建设、文化建设、社会建设、生态环境建设五位一体的，缺一不可。但在具体的工作步骤和抓法上，或阶段性的任务上，则需要在一定的时间内，突出重点，抓住关键，进行突破。这虽是个工作方法的问题，但也是个很关键的问题。浙江的发展比较全面，可以向更高的水平和层次发展，但就中西部地区，或较大多数的地区来说，有的可以先把重点放在千方百计增加农民收入上；有的可以先把重点放在改善生产条件打基础上；有的可以集中力量放在抓产业发展上；有的可以相对地把重点放在突出深化改革活化农村经济上；也有的可能会把重点先放在整治村容村貌强化社会治理上；还有的也会把重点先放在着力保护修复生态环境上，等等，这都是切实可行的，都需从实际出发，找准一个出发点、突破口或着力点。当然，突出重点并不是只抓一点而不顾其他，也要统筹兼顾，像弹钢琴一样，十指并用，有节奏地进行。

对于实施乡村振兴战略，就全国来说，党中央、国务院已经有十分明确而具体的规划；习近平总书记有多次重要讲话，作出了明确指示，提出了科学的理论指导；乡村振兴促进法也讲的十分清晰明确。就大的方面来说，到 2035 年，农业农村现代化要基本实现。具体一点的目标任务就是：农业结构得到根本性改善，农民就业质量显著提高，共同富裕迈出坚实步伐；城乡基本公共服务均等化基本实现，城乡融合发展机制更加完善；乡风文明达到新高度，乡村治理体系更加完善；农村生态根本好转，舒适宜居的美丽乡村基本实现。到 2050 年，乡村全面振兴，农业强、农村美、农民富全面实现。这些表述都是理性的，也是概念性的定性的目标，在具体的规划中，都还有一些定量的标准要求。总的来说，乡村振兴需要构建乡村发展新格局，统筹城乡发展空间，优化乡村发展布局，分类推进乡村发展；需要加快农业现代化步伐，夯实农业生产能力基础，加快农业转型升级，建立现代农业经营体系，强化农业科技支撑，完善农业支持保持制度；需要发展壮大乡村产业，推动农村产业深度融合，完善紧密型利益联结机制，激发农村创新创业活力；需要建设生态宜居的美丽乡村，推进农业绿色发展，持续改善农村人居环境，加强乡村生态保护与修复；需要繁荣发展乡村文化，加强农村思想道德建设，弘扬中华优良传统，丰富乡村文化生活；需要健全现代乡村治理体系，加强农村基层党的建设，促进乡村自治、法治、德治有机结合，夯实基层政权这个基础。就当前多数地方来说，我个人的看法，乡村振兴就大多数地区、特别是中西部地区来说，最为关键的还是要进一步发展农村生产力，更好地保障和改善民生，加强农村基础设施建设，提升农村劳动力就业质量，增加农村公共服务供给，不断提高农民收入水平和生活质量，等等。

总的来说，依法推进乡村振兴，需要干很多事情，都需要着力抓好。乡村振兴，就政府的工作层面来说，除了制定好相关的规划和政策外，应把重点放在如何调动乡村振兴的主体——农民的积极性、创造性方面，要让这个主体动起来、活起来、干起来，就如搞大包干时那样，发挥出主观能动性；另一个是要通过深化改革，努力把农村的资产、资源搞活、增大，使农村的经济活起来，有自我发展的活力和能力。这方面的工作任务很重。只有使农村经济活起来，有了活力，才能加快发展，实现振兴；第三个是要放权给基层，放权给农民，使农村农民敢于去探索创造振兴发展的路子。全国各地情况不同，发展的环境、条件和水平也不同，各地都要因地制宜，走出自己振兴发展的路子，这就需要探索创新。

这三个方面需要下点功夫来抓，并深入进行研究，及时总结基层的经验。

除了这三个方面外，还有很重要的一项工作，就是着力去打牢基础，把乡村振兴的基础打牢。

推动乡村振兴，就基础工作来说，很重要的一条，就是要着力改善农业生产条件，促进农村生产力有更大发展。

农业的发展，农民的富裕，农村面貌的改变，实施乡村振兴，从根本上讲，还是要进一步解放和发展生产力。在农村生产力的诸多要素中，人依然是最关键的、最核心的要素，也是起决定性作用的要素。推动农业发展，农村建设，实现乡村振兴，就是要去发挥广大农民的积极性、创造性和主观能动性。但除了这一核心要素外，生产条件和生产手段也是十分重要的因素。农业生产受制于天，受限于地，受各种自然环境的约束。而要与天抗争，与地奋斗，与各种各样的自然灾害斗争，就必须要借助于一定的生产工具和生产条件。现代社会已经进入了工业化、科技化、信息化阶段，而支撑这个社会发展的农业，也应该进入科技化、信息化、现代化，否则这个基础就要被动摇，现代化社会的大厦就不牢靠，就难以巩固。

推动乡村振兴，改善生产条件，需要建设内容很多，但有三条是最基本的，必须优先推进。

一是还要下力推进农田水利现代化建设。水利是农业的命脉，现代农业必须有现代水利作保障。要解决靠天收的问题，就要建设可靠的旱涝保收田、高产稳产田，而旱涝保收、高产稳产，其中旱能浇、涝能排的水利设施是最为关键的。这是建设高标准农田最为根本的问题。治水需要工程，有工程才能有水利，有水源无工程难以成为水利。我们在水利工程建设方面已经取得了巨大成绩，积累了丰富的经验，也发挥了巨大效益，但仍然有大量工程急需建设。防洪除涝需要工程，城乡供水需要工程，农业灌溉需要工程，治污清淤需要工程，保护生态需要工程，节约用水需要工程，等等，可以说，没有工程建设，保护水资源，优化水环境，兴水利、除水害都是难以办到的。仅就农业生产来说，确保粮食生产旱涝保收、高产稳产，必须着力解决兴水利、除水害问题，否则就永远处于被动局面。频繁发生的水患和干旱灾害不停地告诫我们，农田水利基础设施不足仍是影响农业稳定发展和国家粮食安全的重大制约。习近平总书记高度重视水利工程建设和水资源保护和节约用水，就抗旱除涝，保护水环境，作出过一系列重要指示。我们一定要落实好总书记的重要指示，继续抓紧抓好农田水利工程建设，做到科学用水、节约用水，防洪除涝、兴利除弊，管住水，用好水。

二是要加快推进农业机械现代化建设。农业机械是最为直接的生产力，发展农村生产力，推进现代农业发展，就必须用现代机械来装备农业。现在，我国正处在由传统农业向现代农业转变的关键时期，我国农业机械化正处在加快发展、结构改善、质量提升、领域拓宽的重要阶段。虽然我国是世界农机第一制造大国，但在现代农业机械的研制、开发、生产上与发达国家的差距是很大的，大多数国产农机产品仅相当于发达国家上世纪70年代80年代的水平。国内农机企业特别是小型农机企业原始创新乏力，多数没有核心关键技术研发能力，主要靠仿制国外和国内知名农机企业产品为生。很多农机产品质量不稳定、可靠性不高，制约了农机水平的整体提升。这个问题确实需要引起高度重视，应该下力气来解决。这几年力度很大，发展很快，还要再努力，再快些。应积极培育农机发展主体，制定完善促进农业机械化发展的政策措施，鼓励和支持现代化农机装备制造，鼓励和支持农机专业合作社、农机作业服务公司等新型农业生产经营主体发展壮大。要引导土地、劳动力、资金、装备、技术、信息等生产要素向农机合作社和服务组织集聚，加快实现主要粮食作物生产、饲草生产和加工、畜禽养殖等全程机械化。要加强农机化基础和前沿技术研究，开发具有自主知识产权的多功能、智能化、经济型农机装备科研成果，重点在田间作业、设施栽培、健康养殖、精深加工、储运保鲜等环节取得新进展。

三是积极推进农业科技现代化建设。农业科技现代化是建设农业现代化、实现乡村振兴的根本保障。人类历史发展表明，一部农业发展史就是农业科技进步史，每一次农业科技的重大突破，都带来了农业发展新的飞跃。我们常讲，我国以不到世界7%左右的耕地，养活占世界21%的人口，这里的关键就在于我们紧紧依靠农业科技自主创新来不断促进农业生产力发展。建设现代农业，推动乡村振兴，就要始终坚持科技兴农，大力研发推广先进适用技术，不断提高农业生产科技含量，向良种良法要产量，向科学技术要效益，加快促进科技成果向现实生产力转化。要进一步深化农业科技体制改革，打破部门、区域、学科界限，有效整合科技资源，建立协同创新机制，从科研、试验、示范、推广等环节入手，推动产学研、农科教紧密结合。要完善以产业需求为导向、以农产品为单元、以产业链为主线、以综合试验站为基点的新型农业科技资源组合模式，充分发挥技术创新、试验示范、辐射带动的积极作用，利用农业科技来改造农业、经营农业、管理农业，走出一条依靠科技进步不断提高土地产出率、资源利用率和劳动生产率的农业现代化发展道路。

推动乡村振兴，这些基础性的工作一定要下力抓好。乡村振兴没有捷径，优化生产条件，搞活农村经济，完善各类设施，什么时候都是需要去下力抓好的。

以上所讲，是就全国来说，或主要是针对中西部地区来说。而东南沿海改革率先起步，发展比较快的地区，则需要全面发展，提高质量和水平，按照总书记和党中央的要求，做出样子，带动示范。浙江的乡村振兴已经达到了一定的水平，或较高的水平，也就需要向更高的层次和水平发展。

这里，就我们这几天所看到的一些发展典型，谈点粗浅的认识。

推动乡村振兴任务很多，其中，推动城乡一体化发展，实现共同富裕，是十分重要的方面。如何推动城乡一体化发展，怎样去实现共同富裕，这也是一篇大文章。浙江这些方面做了大量工作，也积累了不少的经验，现正在奋力向前推进。

推动城乡一体化发展，实现共同富裕，首要的一条还是发展经济，把基础打牢。只有经济基础牢固了，全面发展才有了条件。当然，精神与物质的关系也是辩证的，互为作用的，物质可以变精神，精神也可以变物质。推动乡村振兴，实现共同富裕，不能忽视了精神的力量，即人的积极性、创造性，人还是生产力中最核心的要素。但调动人的积极性、创造性的目的，还是要发展经济，使人民富起来，国家强起来，把我们的各项事业办得更好。所以，抓发展始终是第一位，进一步解放和发展农村生产力仍然是最为关键的。浙江发展很快，经济实力很强，城乡面貌变化很大，用群众的话说，农民已经很富了，也很有钱，还要不要发展？回答是肯定的；“要得”！不但“要得”，而且是很要得！浙江的发达、富裕，都是靠发展得来的。虽然浙江已经达到了一定的水平，而且还是较高的水平，但继续推动农村经济又好又快地发展，还是必须的，仍然是第一位的。不但要继续发展、全面发展，而且要向高质量、高水平发展。抓发展最主要的，还要全面发展农村产业，要做到百业兴旺，万紫千红，在现有多业繁荣的基础，再上一层楼，创造新经验。

浙江的农村产业种类众多，发展的都很好，涵盖了农、工、商、文、游等诸多方面，而且有许多产业农、工、商、文、旅、贸一体化发展，交汇融合，互促共荣。多种产业共同发展，混合发展，是浙江农村产业的一大特色，很值得总结。这也是农村产业发展到一定阶段，上升到一定水平的表现，即农村产业发展的新阶段，形成了一种新业态，进入了互为利用、共同发展的新阶段。这种混合型、融合型、互利型的新型产业，同时也是农村各类产业规模的扩大，品质的提升和优势的更大发挥，市场的进一步扩大。浙江的农村产业多姿多彩、兴旺发达，还在快速发展之中，令人十分欣喜。

推动乡村振兴，推动城乡一体化发展，努力实现共同富裕，除了把经济基础做大做强打牢固以外，还要努力推动公共资源合理公平分配，做到城乡共享，尽量在城乡公共服务方面缩小差别，努力实现公平共享。

过去，我们在进行社会主义现代化建设中，曾提出的一个主要任务就是消灭三大差别：城乡差别、工农差别、脑力劳动和体力劳动的差别。现在不提消除三大差别了，因为三大差别随着经济社会的发展已经不怎么明显了，或基本不存在了。城乡差别还有，但差在哪里呢？已经不是我们提出这“三大差别”之初时的概念了。当时提出城乡差别主要表明在工作上、生活上、学习上、待遇上，等等，而且还表现在体制上，表现在城乡户籍身份上，也包括公共资源的占有和享用上。首先在衣食住行用上就有很大差别。当时城里人吃的普遍比农村好，住的也普遍比农村好，家中各类生活器具也普遍比农村高级，穿的戴的也比农村阔气、洋气，交通条件更比农村好得多，看病、上学、文化娱乐也是大不一样的，即城里人和乡下人，是两种待遇，明显不同。城里人是自豪的，农村人是卑躬的，有低人一等之感，这是明显的事实。简单说，吃的，用的，学的，玩的，城乡都大不一样。所以当时农村人很羡慕城里人，总想进到城里能成为城里人，一些人为之一生奋斗而想实现这个目标，甚至能到城里捡垃圾谋生就行，只要有城里人身份，就很自豪，男子就好找个好媳妇，女子就好找个好婆家。城里青年当了兵，转业了可以安排工作，乡里青年当了兵，转业了，就只能哪里来到哪里去，照样种田去。这就是社会不公平。两种管理体制，全民所有制，集体所有制，把城乡分开了，挖了一道鸿沟，使之不能跨越。我们曾试图解决这三大差别问题，但在当时的计划经济条件下，或当时的发展水平上，根本不可能，而且还愈演愈烈，差别起来越大。至今城乡有许多差别还是很大的，如户籍管理制度、各种教育、卫生设施，文化供给、城乡保险水平，离乡进城的各种条件限制等，仍然是存在的，但在发展中正在逐步解决，有些篱笆已经拆除，障碍已经冲破，而且还在清除之中。

城乡差别就生产生活而言，现在已基本消除，而且在一些方面农村还要好于城市，如吃的粮食、肉蛋、蔬菜，这都多比城里要好，更新鲜、更丰富些。不少农民住的房屋，也好于城市，特别是比较发达的一些村庄，农民有不少住上了高档别墅。在穿的方面，有许多不比城里差。汽车、摩托车这些现代化的交通工具，许多农民家庭也有，有的档次还很高。至于电视、冰箱、洗衣机、电饭煲这一类生活用品，城乡根本没有什么区别。在生产上，传统的耕作方式，重体力劳动已经很少了，多数地方都实现了机械化耕作，在一些地区，已实现了数字化耕作和管理。现在农民的日子过得是很好的，当然，这是同过去比。但有一个现象需要注意，农民的日子越来越好，但仍有不少农民还是千方百计、千辛万苦要往城里跑。为什么许多农民如此向往城里，要撇家离子到城里打工？还要千辛万苦把积累下来的钱到城里高价买房？还是觉得农村差、农业苦、农民累呢？

当代的农民为什么向往城市？差在哪里？苦在哪里？累在哪里？这是我们需要认真思考的问题。

农村差、农业苦、农民累，并不是环境有多差、生活有多苦，生产有多累，而是在农村有许多作难之事、苦恼之事、累心之凭事一家一户，或靠农民自己的力量还解决不了，解决不好。总书记指出，人民对美好生活的向往，就是我们的奋斗目标，也是我们的工作和责任。现代社会广大农民追求什么？除了有饭吃，有钱花以外，还有几个方面的需求是很迫切的。一是子女上学的问题。都希望能把书读好，成为有知识、有本领的人。都想上好学、上大学，能有专业技能，有在社会上打拼创业的本事。而我们现在还只能普及九年制义务教育，也就是读到初中毕业，连高中都还保证不了，所以，对于教育的渴望是很迫切的，而农村的教育资源同城里人比起来差距很大，农村孩子的大学升学率要明显低于城市。为儿女上学而苦劳，是农村很普遍的问题。二是有病就医问题。农村人看病难，看病贵、看病累的问题并没有从根本上解决，特别是城乡医疗资源的占有差别很大，难、贵、累自然也就来了。虽然现在有了新农合，有了大病统筹，有了医疗保险，但农村人看病还是花费高昂的，特别是十分累人的，这是一个现实的问题，主要是医疗资源占有不均衡，也是不公平而导致的看病难，看病累的问题。三是文化供给问题，农村同城市根本无法相比。现在电视、互联网普及了，农民获得文化知识的渠道增多了，同城里没有多少区别，但文化饥渴的问题仍然是存在的，同城里人享受到的文化服务差别也是很大的，不单单是电视、电影的问题，各种各样的文化活动，农村远不如城里有档次和水平，文化的精神、智慧力量，在农村是欠缺的。有文化、没文化或少文化，虽不再是城里人或乡下人的身份区别，但文化上的差别、知识上的差别，城乡还是存在而十分明显的。这是由于所处的文化环境和条件不同。文明需要养成，这一养成的客观环境、城市要大大优于农村。四是科技、体育、金融等各种各样的社会服务，包括法律服务，农村也是资源占有少，许多服务得不到。公共资源和公共服务欠缺，在农村表现得很突出。

在浙江调研这几天，各地都在谈要推动城乡一体化发展，着力实现共同富裕，而且都采取了不少措施，进行了积极探索，也使我们深受启发和教育，就产生了以上一些想法，意思是希望浙江能创造出更多更好的经验，在解决城乡公共资源占有不公，农村公共服务不足方面，为全国开出新路，做出示范。

这里还需要说清的是，城乡不同是个客观存在，不论发展到什么程度，城乡都是有所不同的，规模不同，产业不同，人口数量不同，建筑大小高低不同，各种设施不同，社会管理不同，等等，这都是客观实在的，是不可能消除的。城是城，乡是乡，功能有所不同，都是很正常的，不能求其一模一样，毫无差别。城里人有城里人的生活，乡下人有乡下人的生活，公共资源的占有，也有所不同，都很正常，不能求其绝对的平均。解决公共资源的占有不同，解决公共服务均衡分配，也不是朝夕之事，一日之功，而要随着经济社会的发展，逐步推进。我们的目的，是让城乡人民都过上好日子，都能幸福安乐，而不是生活完全一模一样。现在主要是农村的公共服务不能满足农民群众的需求，所以，要积极努力去解决。解决这些问题，也不是让农村人都过上和城里人一样的生活。实际上，现在城里人，在不少方面还不如农村人过得舒坦。所以，解决城乡差别问题要头脑十分清醒，以幸福安康为衡量标准，而不是互相比照。

总之，这次浙江调研很兴奋，可谓收获满满。

一路上看了一些，但没看够，跑马观花，难以细赏；一路上想了不少，但没有想透，有许多经验还需要消化；一路上也讲了不少，但都肤皮潦草，言不及义，没有什么价值和意义。浙江的好经验太多，可用数不胜数，目不暇接来形容。感受最深的是农村是一个广阔的天地，是可以大有作为的，这是上个世纪60年代毛主席他老人家讲的，在今日的浙江得到了印证。浙江农村的发展就显示出农村的广阔前景，有多大的本事，都可以施展开来，创出伟业；劳动人民是最伟大的，是历史的创造者，伟大的建设者，真正的英雄，也是毛主席说的。人民，只有人民,才是推动历史进步的动力。浙江大地上的一切辉煌成就,都是浙江人民在党的领导下,改革创新、艰苦奋斗干出来的。把养猪做成文化,做成观光,做成一种生活;把石斛种在树上,蔚然成林,铺在石上,种植成园;养蚕不用桑叶用饲料,而且是工厂化,大规模地养殖,这都是革命性的伟大创举。这些创举都是我们的新时代农民企业家,经营者和科技工作者搞出来的,其经营生产的主体都是农民。浙江农村的创举很多,看后都令人惊叹,这就是人民的智慧和力量。只要相信人民,依靠人民,支持人民,把人民的积极性、创造性发挥出来,就一定能创造出人间奇迹。这是我们这次浙江之行最大的收获,也是接受到的最好的群众路线,群众观点教育。

最后,感谢浙江的同志们为我们这次调研所提供的大力支持和热忱服务。

要用科学的理论来指导乡村振兴

——乡村振兴浙江行(一)

(2022 年 11 月 22 日)

吉炳轩

浙江的乡村振兴如火如荼,可以说成效十分显著,各个方面的工作都走在了全国的前列。为什么浙江的乡村振兴各项工作能够取得十分显著的成效,就总结经验来说,可以列出诸多方面、许多条,但我们在调研中感受最深的还是得益于科学的理论指导,即习近平新时代中国特色社会主义思想的指导。

浙江的乡村振兴起步于习近平总书记任浙江省委书记期间,虽然当时没有提出乡村振兴这个概念,但实际工作已是今日我们所提出的乡村振兴的内容。

在浙江调研,所到之处,我们都十分清晰地看到、听到、感受到,习近平总书记在浙江工作期间,高度重视农业农村工作,将统筹城乡经济社会发展,加快推进城乡一体化,作为“八八战略”的重要内容,亲自谋划、亲自部署,并着力推动实施“千村示范、万村整治”工程,提出了“绿水青山就是金山银山”的发展理念,积极探索推进生产、供销、信用“三位一体”的合作经济发展思路等农业农村重大改革举措,不仅为浙江推动解决城乡二元结构问题、加快农业农村现代化建设提供了根本遵循和行动指引,也为新时代实施乡村振兴战略积累了思想基础和实践经验。党的十八大以来,浙江省始终坚持以习近平新时代中国特色社会主义思想为指导,一以贯之,忠实践行,扎实推进“八八战略”,干在实处,走在前列,着力促进城乡融合发展,积极探索共同富裕的路子,广大农民的幸福感、获得感、安全感不断提升,走出了一条生态美、产业兴、百姓富的可持续发展的好路。

科学的理论、正确的抉择、伟大的实践、实干的精神,其威力和成效是巨大的。

实施乡村振兴战略,是以习近平同志为核心的党中央着眼党和国家事业全局,深刻把握现代化建设规律和城乡关系变化特征,顺应亿万农民对美好生活的期待做出的重大决策部署,在我国“三农”发展进程中具有里程碑意义。

实施乡村振兴战略,立足于解决社会主要矛盾,体现了鲜明的问题导向。进入新时代,我国社会主要矛盾已经转化为人民日益增长的美好生活需要和不平衡不充分的发展之间的矛盾。而发展不平衡,在城乡表现得最为明显;发展不充分,在乡村表现得最为突出。当前,我国经济社会发展最明显的短板仍然在“三农”,城乡差距大是社会主要矛盾的突出表现。比如城乡居民收入,1978 年到 2018 年,农民收入从 134 元增长到 14617 元,城镇居民收入从 343 元增长到 39251 元,绝对差距从 209 元扩大到 24634 元,相对差距从 2.56∶1 扩大到 2.69∶1。农村基础设施和公共服务与城市的差距也是越来越大,农村城市仍是两个天地,一些村庄空心化、“三留守”问题突出。有些同志认为,只要城镇化搞好了,农民都进城了,“三农”问题也就解决了。但实际情况是,我国还有近 6 亿人生活在农村,即便将来城镇化率达到 70% 以上,农村还会有 4 亿多人。如果城乡差距进一步扩大,一边是越来越发达的城市,一边是越来越萧条的乡村,那就不能算是实现了中华民族的伟大复兴,也不符合党的十八大、十九大、二十大所坚持倡导的更好推动人的全面发展、社会全面进步的要求。实施乡村振兴战略,就是要从根本上解决城乡发展不平衡、乡村发展不充分的问题,以更好满足农民群众对美好生活的需要。

实施乡村振兴战略,立足实现“两个一百年”奋斗目标,体现了鲜明的目标导向。党的十九大和党的二十大,都明确提出要分阶段实现“两个一百年”奋斗目标的战略安排,到2020年,全面建成小康社会;到2035年,基本实现社会主义现代化;到本世纪中叶,把我国建成富强民主文明和谐美丽的社会主义现代化强国。这是新时代我国社会主义现代化建设的整体战略安排。习近平总书记强调,全面建成小康社会和全面建设社会主义现代化强国,最艰巨最繁重的任务在农村,最广泛最深厚的基础在农村,最大的潜力和后劲也在农村。如果说,在决胜全面小康阶段,我们的重中之重是打赢脱贫攻坚战,消除绝对贫困;那么,在全面建设现代化强国阶段,就要补齐农业农村发展短板,缩小城乡差距。2018年中央一号文件明确了实施乡村振兴战略的阶段性目标任务,总体上也是分三个阶段。到2020年,乡村振兴取得重要进展,制度框架和政策体系基本形成;到2035年,乡村振兴取得决定性进展,农业农村现代化基本实现;到2050年,乡村全面振兴,农业强、农村美、农民富全面实现。第一个阶段的任务已胜利完成,紧接着就开启了后两个阶段的战略规划的实施。党的二十大重申了这个战略安排。这三个阶段的安排与经济社会发展总体的战略安排是协调契合的。所以,实施乡村振兴战略,不是年度性的工作任务,也不是五年、十年的规划,而是贯穿全面建设社会主义现代化国家全过程的历史任务,最终目标是彻底改变千百年来农村贫困落后的面貌,实现农业全面升级、农村全面进步、农民全面发展。

实施乡村振兴战略,立足我国当前的发展阶段,体现了鲜明的机遇意识和历史担当。换句话说,我国已经到了统筹解决“三农”问题,全面振兴乡村的历史阶段。从农业发展看,改革开放40多年来,我国农业现代化取得了长足进步,特别是党的十八大以来,以习近平同志为核心的党中央,高度重视“三农”工作,不断加强和改善对“三农”工作的领导,提出并贯彻新发展理念,推动“三农”工作理论创新、实践创新、制度创新,农业农村发展取得了历史性成就,发生了历史性变革。目前,我国粮食供给总体充裕,肉蛋奶、果菜鱼产量稳居世界第一,过去是8亿人吃不饱饭,现在是14亿人吃不完粮,所不足的是食用油料。就吃饭来说,粮食还是丰足有余的,这在中国千百年来就是破天荒的创举。农业物质技术装备水平大幅提升,农业科技进步贡献率达到60%左右,主要农作物耕种收综合机械化水平超过70%,现代生产要素和手段已成为农业发展的主要驱动力。农业现代化水平的快速提高,把亿万农民从面朝黄土背朝天的农耕劳作中解放出来,从过去缺吃少穿的困难生活中解脱出来,追求美好生活、建设美丽家园的愿望更加强烈。从农村发展看,当前我国农村正面临千百年来未有之大变局。随着工业化、城镇化的快速推进,大量农村青壮年劳动力流向城市,农村的人口结构、就业结构、产业结构、治理结构、村庄布局,乃至人们的生产生活方式,都在发生着深刻变化。过时的发展方式已不适用,固有的治理模式多不管用,迫切需要实施乡村振兴战略,提升乡村发展水平,使乡村迈进现代化的轨道。从经济社会发展看,改革开放以来,我国综合国力显著增强,工业化、城镇化已经到了较高水平,有较强的经济实力作支撑,我们现在完全能够加大工业反哺农业、城市支持乡村的力度,有能力加大“三农”投入力度。同时,乡村的多种功能价值日趋凸显,化解当前的一些大城市病,满足城市居民在环境、健康等方面的需要,越来越多的人把目光投向农村。可以说,实施乡村振兴战略有基础、有条件、有需求。只有处理好工农关系、城乡关系,才能避免乡村衰落,避免出现城市“贫民窟”,防止陷入“中等收入陷阱”。以习近平同志为核心的党中央在这个时候提出这项重大战略,充分体现了对国情农情的深刻洞察,对重大历史契机的准确把握,可谓正当其时。

在农村改革发展波澜壮阔的历史进程中,实施乡村振兴战略将和那些具有标志意义的重大农村改革一样,成为影响深远的关键大事,具有里程碑意义。改革开放之初,实行家庭联产承包责任制,理顺了农民和集体的关系,放活了农民生产经营自主权,带动农产品自由流通、农村劳动力自由流动,率先打破计划经济体制,开启了市场经济发展的先河。新世纪之初,推进农村税费改革,取消了延续2600多年的“皇粮国税”,理顺了农民与国家的关系,改善了农村党群干群关系,实现了对农民从“取”到“予”的历史性转变,为农村全面建成小康社会提供了制度保障。进入新时代,中央提出实施乡村振兴战略,重塑工农城乡关系,推动城乡融合发展,实现农业农村现代化,必将成为推动社会主义现代化国家建设和中华民族伟大复兴的重大举措而铸就新的辉煌。

习近平总书记高度重视“三农”工作，对做好“三农”工作作出了一系列重要论述，特别是党的十九大以来，对实施乡村振兴战略作出许多重要指示，科学回答了为什么要振兴乡村、怎样振兴乡村等一系列重大认识问题和实践问题。总书记关于“三农”工作的重要论述，是习近平新时代中国特色社会主义思想的重要组成部分，也是实施乡村振兴战略、做好新时期“三农”工作的根本遵循。实施乡村振兴战略，必须要把习近平总书记关于“三农”工作的重要论述学懂弄通做实，贯彻落实到乡村振兴的各个方面、全过程之中。诸如：

要坚持作为“三农”工作总抓手。习近平总书记指出，实施乡村振兴战略，是关系全面建设社会主义现代化国家的全局性、历史性任务，是我们党“三农”工作一系列方针政策的继承和发展，是新时代做好“三农”工作的总抓手。总书记强调，要把振兴乡村作为实现中华民族伟大复兴的一个重大任务，以更大的决心、更明确的目标、更有力的举措，书写好中华民族伟大复兴的“三农”新篇章。总书记的重要论述，指明了实施乡村振兴战略在整个经济社会发展全局中的战略定位，明确了新时代做好“三农”工作的总要求。要充分认识新时代“三农”工作的时代特征和发展规律，以实施乡村振兴战略来统领整个“三农”工作，通过乡村振兴，来加快农业农村现代化步伐，实现从农业大国向农业强国的跨越，为推进社会主义现代化建设、实现“两个一百年”奋斗目标提供有力支撑。

要坚持推进乡村全面振兴。习近平总书记对实施乡村振兴战略提出了五句话二十个字的总要求，即：产业兴旺、生态宜居、乡风文明、治理有效、生活富裕。习近平总书记指出，乡村振兴是“五位一体”总体布局、“四个全面”战略布局在“三农”工作中的体现。习总书记强调，要统筹推进农村经济建设、政治建设、文化建设、社会建设、生态文明建设和党的建设，促进乡村全面发展。总书记的重要论述，深刻阐明了乡村振兴的全面性、整体性、系统性，对做好新时代“三农”工作提出了更高要求。要顺应广大农民群众日益增长的美好生活需要，坚持农业现代化和农村现代化一体设计、一并推进，把工作重心从“一农”拓展到“三农”，既要见物也要见人，从增产增收拓展到全面振兴，以产业兴旺为重点、生态宜居为关键、乡风文明为保障、治理有效为基础、生活富裕为根本，统筹推进乡村各项事业全面均衡发展。

要坚持农业农村优先发展。习近平总书记指出，坚持农业农村优先发展是实施乡村振兴战略的总方针，要始终把解决好“三农”问题作为全党工作重中之重，在干部配备上优先考虑，在要素配置上优先满足，在资金投入上优先保障，在公共服务上优先安排，加快补齐农业农村发展短板，不断缩小城乡差距。农业是国计民生，农民是执政基础，农村是战略后院。总书记的重要论述，是我们党对“三农”战略地位认识的发展和创新，阐明了工农城乡发展的战略考量，强化了对“三农”多予少取放活的大政方针。要针对实践中“三农”工作“说起来重要、干起来次要、忙起来不要”的问题，真正把乡村振兴摆在各地区各部门工作的优先位置，真刀真枪地干、真金白银地投，抓重点、补短板、强弱项，形成加快推进农业农村现代化的强大合力。

要坚持遵循社会发展规律。习近平总书记指出，实施乡村振兴战略，首先要按规律办事，在我们这样一个拥有 13 亿多人口的大国，实现乡村振兴是前无古人、后无来者的伟大创举，没有现成的、可照抄照搬的经验，我国乡村振兴道路怎么走，只能靠我们自己去探索。总书记强调，实施乡村振兴战略要遵循乡村建设规律，一件事情接着一件事情办，一年接着一年干，久久为功，积小胜为大成。总书记的重要论述，贯穿了辩证唯物主义的世界观和方法论，体现了深刻的历史思维、辩证思维、底线思维，为实施乡村振兴战略提供了理论指导。要切实把握和遵循乡村建设发展规律，坚持一切从实际出发，保持足够的历史耐心，不搞强迫命令急躁冒进，不刮风不搞运动，更不能走弯路，犯颠覆性错误。要结合各地实际情况，分类指导、精准施策，注重同农村经济发展水平相适应，同当地文化和风土人情相协调。要充分尊重农民意愿，切实保障农民物质利益和民主权利，让广大农民群众成为乡村振兴的主体，全程参与进来，既是建设者，更是受益者。

要坚持切实加强党的领导。习近平总书记强调，办好农村的事情，实现乡村振兴，关键在党，必须提高党把方向、谋大局、定政策、促改革的能力和定力，确保党始终总揽全局、协调各方，提高新时代党全面领导农村工作的能力和水平。总书记强调，实施乡村振兴战略，各级党委和党组织必须加强领导，汇聚起全党上下、社会各方的强大力量，并强调提出五级书记抓乡村振兴。总书记的重要论述，深刻指明了党的领导在实施乡村振兴战略中定海神针的作用，也为做好新时代“三农”工作提供了坚强的政治保证。要毫不动摇地坚持党管农村工作，加快健全五级书记抓乡村振兴的领导体制和工作机制，强化各级党委农村工作部门的统筹协调作用，切实抓实建强农村基层党组织，确保农村改革发展始终沿着正确的方向前进，凝聚全党全社会力量共同推进乡村振兴。

理论来自实践，理论指导实践，实践产生理论，实践需要理论。乡村振兴是伟大的生产实践、发展实践、群众实践，更需要产生于实施的科学理论来指导。只要我们坚定自觉地用习近平新时代中国特色社会主义思想为指导，就一定能够把实施乡村振兴这一伟大事业办好。

绿水青山　金山银山

——乡村振兴浙江行(二)

(2022 年 11 月 22 日)

吉炳轩

建设社会主义现代化，实现第二个百年奋斗目标，很重要的一项任务，就是要推动乡村振兴。浙江在乡村振兴中走在了全国的前列，创造了许多新鲜经验。

11 月 12 日 至 11 月 17 日，我们在浙江进行了 6 天的乡村振兴——推动小农户和现代农业发展有机衔接的调查研究，先后到金华、温州、台州、绍兴、杭州等地农村、企业参观学习，看了一些新型农业经营主体、农业社会化服务组织、农村集体经济组织发展情况，看了现代牧场、文旅融合、共享田园、产业融合等乡村新产业、新业态培育情况，看了历史文化村落保护、农村改革、金融和科技支农服务情况，看了未来乡村、数字乡村、共享乡村建设情况，较深入地了解了各地各部门在健全完善小农户利益联结机制、不断改善小农户生产设施条件、提升小农户科技装备运用能力、促进小农户持续稳定增收等方面的实践经验和成功做法。一路上边走、边看，边问、边听，边学习、边研究，很受教育和启发，也有很多收获。其中绿水青山就是金山银山的发展理念和发展成就是给我们最深刻的教育和启发。

“绿水青山就是金山银山”的发展理念是习近平总书记在浙江省委任书记的时候鲜明提出来的，已经在浙江全省深入人心，落地生根，成为一种自觉意识和主动精神，至今已成为全党农村工作的重要指导思想，也是新的发展理念和经济工作的重大原则。在浙江的调研活动中，所到之处，我们所看到的、听到的，都把这一发展理念，作为一种铁律而严格遵守，也都在保护青山绿水中得到了巨大收益。

在浙江调研的 6 天时间里，可谓风驰电掣般地驱车飞奔，马不停蹄地走村串户，虽十分劳累，却异常兴奋，因为所行之路、所到之处都风光秀美，令人陶醉。高速公路四通八达，各种车辆穿梭而行，到处是一派繁荣发达的景象。山清水秀、天蓝云洁，山坳里、江河边，各种楼房、别墅一座座、一排排、一片片、一团团，有红砖绿瓦，有白墙粉黛，镶嵌在青松翠竹之间。还有点点片片的稻田泛着金光，展现出丰收的景象，就如一幅锦绣山河壮美的大画卷，铺展在浙江的大地上，顺着东西南北纵横交错的公路向前延伸着、延伸着，不停地延伸着，令人目不暇接，神往而陶醉。陶渊明的千载名篇桃花源记中难有如此美景。毫不夸张地说，浙江大地上就是一幅中国特色社会主义新农村的锦绣山河画卷，福寿康宁乐图。一路上，我一直在想，中国的农村如果都能达到浙江广大农村目前的发展程度和生活水平，那中国将会是一个什么样子呢？乡村振兴是肯定的！伟大复兴也是肯定的！社会主义的完全胜利也是肯定的！

“绿水青山就是金山银山”，绿水青山还能生出金山银山。浙江广大农村不仅环境保护的意识浓烈和坚定，而且还在保护中寻求新的发展商机，可谓在严格的保护下，利用可贵的生态优势进行经济开发，并在开发中进行更好地保护。

金华市金东区北山口村，坐落在金华市北山澧壶山脉前沿，共有村民近 740 户 1756 人。该村致力于发挥佛手产业优势，走出了一条因村制宜、强村富民的特色发展之路。2021 年村集体经济收入达到 50 万元。2022 年，截至目前，村集体经济收入达到 100 万元，村民人均可支配收入达 6 万元，是全省平均水平的 1.6 倍。该村作为佛手产业特色村，已有600余年种植历史。早些年，只有“青衣”一个品种，产量不高、价格低廉。在推进乡村振兴、建设未来乡村、壮大村集体经济的过程中，他们在村党支部的带领下，通过“走出去、请进来”的方式，加大品种培育，现有“青衣”、千指百态、招财、锦上添花 4 个品种，年产鲜果产量提高至1000 吨，市场价由 15 元/公斤提高至今年的 70 元/公斤，网上售价高达 180 元/公斤。他们还成立了佛手产业振兴党小组，及时帮助农户解决种植和销售难题。目前，全村佛手种植面积约1200 亩，亩均收入超过 6 万元。他们不但在市场设立专门的摊位供农户销售佛手，同时，还搭上“电商”快车道，通过制订政策、搭建平台、完善配套、组织培训等一系列举措，吸引年轻人回村做电商。截至目前，已成立 10 家佛手电商，2022 年 8—11 月旺季单家电商平均销量 600 单/天，平均销售鲜果近 600 斤，销售额近 4 万元，截至目前通过电商销售产值超过 6000 万元。

他们积极拓展佛手产业链条，打造“佛手礼道”品牌，不断丰富产业形态，由单一的佛手果向食品、日用品、工艺品、观赏型转变，推进研发佛手唇膏、佛手蜜饯、佛手酒等系列产品 10 余件。新建 150 平方米公共储藏冷库，延长佛手产品保鲜周期。2022年，截至目前，全产业链产值超过 8000 万元。他们还以佛手产业为依托，结合农业、旅游、文化、创意，打造集佛手文化展示、现代农业观光、农产品展销、休闲娱乐等 7 大功能于一体现代农业产业，开发一桌“共富菜”，制作一批“共富娃”，唱响一首“共富歌”。开发了佛手醉甲鱼、佛手炖雪梨、佛手炖土鸡、佛手南瓜、佛手果盘、佛手虾仁、佛手糕点、佛手山口、佛手素包等各种美味佳肴；制作佛手书签、佛手小糖人、佛手衍纸画、佛手简笔画、佛手把玩、佛手花盆、佛手小插花等旅游创意产品，让游客体验到与众不同的地方，使游客有新奇新鲜的感受。“家在山里边，传说住神仙。一朵佛手花，年年展神颜。佛手花儿开，千里梦常圆。结出佛手果，日子金灿灿”，这是北山口的村歌“佛手花开”，是村民们的生活和心情写照。

临上车前，村书记把两只佛手果放在了车上，满车清香四溢。这两只佛手果一直伴随我们在浙江的调研行程，清香如初，经久不散。

源头村位于温州永嘉县岩坦镇，地处楠溪江上游，名取楠溪江舴艋舟第一埠头之意。村域面积7.9 平方公里，户籍人口 2043 人，常住人口 734 人，荣获全国乡村治理示范村、省级生态宜居村、省级全域旅游精品村、省 3A 级旅游村、省生态文明教育基地等荣誉称号。近年来，源头村深入推进乡村振兴战略，发挥村两委示范带头作用，以环境整治为切入口，于 2017 年开展环境整治百日攻坚行动。村两委干部带头拆除露天粪坑、牛栏、猪圈等，彻底改变了“脏乱差”村庄面貌，创造成浙江首个“零污染”村庄。在此基础上，又以共同富裕示范带建设为契机，组建“共富娘子军”，组织妇女开展就地创业，通过盘活闲置房屋，植入民宿、咖啡馆等旅游业态，复活了消失 30 多年的千年舴艋舟，打造舴艋舟文化馆，推出了“老梅馄饨”、“小嫂麦饼”等特色农产饮食品牌。2021 年，全村接待游客超 21 万人次、旅游总收入达 421 万元，特色农产品销售为农户人均年增收 2000 元以上，舴艋舟等旅游项目为集体经济增加 10 多万元的收入，成为了远近闻名的网红村。

温州市永嘉县下日川村位于永嘉县岩头镇，户籍人口 3050 人，常住人口约 800 人，村内有潒下溪穿村而过，223 省道沿村而行，交通便利、风光优美，曾获得国家森林乡村、省级美丽乡村特色精品村、温州市十大最美村庄等荣誉。2005 年 5 月 20 日，时任中共浙江省委书记习近平曾来到永嘉县岩头镇下日川村考察，指示要保护好美丽的生态环境，科学开发乡村旅游，造福人民群众。近年来，永嘉深入贯彻落实习近平总书记在下日川村视察时的重要指示精神，把旅游作为强村富民的战略性主导产业，按照村企民共建共富的思路，发挥村两委的带动作用，依托下日川村独有的狮子岩“渔樵风韵”等旅游资源优势，积极推动该村与浙旅、县旅投集团等合作，主动引进艺术家驻村绘画摄影搞创作，打造了狮子岩摄影点等一批网红打卡点，完成了潒下溪沿线环境整治、下日川至桃花源旅游步道建设等工作，呈现了村旅融合发展互惠双赢的好局面。目前，下日川村拥有酒店 1 家，特色民宿 17 家，旅游床位 300 余张，购物点 10 家、咖啡吧 1 座，停车场 4 个、车位 250 余个。2021 年，该村接待游客 45 万人次，村集体收入 164 万元、其中经营性收入 140 万元，户均年增收 1 万余元。

我们在永嘉县看的这两个村庄，都是依靠乡村旅游而富裕发达了起来的。开展乡村旅游的先决条件就有青山绿水的好环境，有整洁干净的好住宿，有风味独特的好饭菜，这是城里人下乡住民宿游山水的基本要求，他们不但做到了，而且都做得很好。他们不但精心保护绿水青山，而且还精心装扮绿水青山，下决心进行环境整治，使山更清，水更绿，村更美，人更亲，使八方游客云集，凡来者都享受到了大自然之美，品味到了农家情之乐，也使村民们富了口袋。青山绿水摇出了金山银山。

11 月 14 日晚，我们住宿在温州乐清市的雁荡山庄。宾馆就建在雁荡山的山坳里。晚饭后，温州市和乐清县的同志提出可以到雁荡山看一看。我想都没想就答应了，认为就住在雁荡山的脚下，到雁荡山的一座山顶上去，可以看到温州市的夜景，也是一件好事。谁知来到一个山口，导游引导我们进入一个幽深的峡谷，介绍说，“来到雁荡山，进山不上山，观山不见山，会别有一番情趣”，并介绍自古以来有多位文人名士来此一游。我很纳闷，怎么“进山不上山，观山不见山”呢？就跟随导游在细雨濛濛中撑伞前行。走了一趟出来，才有所感悟：可谓稀里糊涂应承，黑灯瞎火前行。懵懵懂懂游览，回味思考无穷。回到宾馆，难以入睡，就写了几句白话诗文来记述夜游雁荡山之事。

夜游雁荡山，朦胧踏石行。
细雨轻轻下，薄雾层层生。
进谷不知幽，临涧无水声。
远处灯火闪，疑似天上星。
猛然抬头看，悬崖峭壁横。
奇峰泛白光，上下皆不同。
玉兔月宫卧，嫦娥舞太空。
高峰立菩萨，巨石坐钓翁。
情侣相依偎，叟姥互盼等。
灯光闪烁处，青松翠竹浓。
古木参天高，高山剪纸影。
伸手指不见，唯有天际明。
导游兴致高，动情更煽情。
夸张又演绎，比喻加形容。
似是而非是，民愿民意诚。
进山未登山，入谷不见形。
喜其山神奇，乐于游朦胧。
居山吃仙饭，临水腾蛟龙。
山水皆灵秀，造福众百姓。
绿水青山在，福寿悦康宁。

实施乡村振兴战略要紧紧抓住生态宜居这个关键

——乡村振兴浙江行（三）

（2022 年 11 月 23 日）

吉炳轩

这次浙江调研，感触多多，其中最为深刻的还是“绿水青山就是金山银山”这一发展理念，在浙江全省上下深入人心，成为了一种自觉行动。在浙江乡村，就我们所看到的，很少有冒出浓烟的大烟囱，很少看到工业废水的流出、工矿废渣的堆放和生活垃圾的随意抛洒。所到之处，街道洁净，环境优美，个个村庄都很靓丽，看着养眼，走着顺畅，使人赏心悦目。我们伫足停留，调查了解的虽然是极少数村镇，也可能是较好的典型，但乘车沿途隔窗所望，在浙江的所有地方，村民的住宅建设得都很好，给人一种天地人十分和谐康宁的感觉。这不能不说，这是认真贯彻新的发展理念，精心保护生态环境的结果。

前文我以散记的方式记述了我们在浙江调研期间就保护绿水青山的一些见闻，并聊发了一点诗情，用白话诗的语言对绿水青山就是金山银山进行了赞赏，但仍感到言犹未尽，还想就绿水青山就是金山银山发点感慨。

乡村振兴，生态宜居是关键。良好生态环境是农村最大优势和宝贵财富。实施乡村振兴战略，必须要尊重自然、顺应自然、保护自然，推动乡村自然资本加快增值，实现百姓富、生态美的统一。

习近平总书记深刻指出，实施乡村振兴战略，一个重要任务就是推行绿色发展方式和生活方式，让生态美起来、环境靓起来，再现山清水秀、天蓝地绿、村美人和的美丽画卷。良好生态环境是农村最大优势和宝贵财富，要守住生态保护红线，让良好生态成为乡村振兴的支撑点。

当前，习近平总书记关于“绿水青山就是金山银山”的重要发展思想已经深入人心，各地在发展中也都在深入贯彻落实。但还需要看到的是，在一些地方，不顾资源环境而盲目发展的事仍时有发生，这是需要特别注意的。特别是农村环境的整治，任务还相当艰巨。秸秆、粪便、污水、废弃农膜还没有得到彻底的有效治理和利用。土壤重金属污染问题，仍是我们的心腹大患。在乡村振兴中，我们必须把保护生态环境、治理肮乱差和制止盲目开发作为大事要事来抓，切实处理好经济发展和生态环境保护的关系。浙江的发展已告诉我们，农村生态环境好了，土地上就会长出金元宝，生态也就会变成摇钱树，田园风光、湖光山色、秀美乡村就可以成为聚宝盆，生态农业、养生养老、森林康养、乡村旅游就会红火起来。一定要看到，以绿色发展引领乡村振兴是一场深刻革命。在推进乡村振兴中，一定要健全以绿色生态为导向的农业政策支持体系，建立起绿色低碳循环的农业产业体系，加快构建科学适度有序的农业空间布局体系，切实改变农业过度依赖资源消耗的发展模式。

推动乡村振兴，保护绿水青山就要统筹山水林田湖草的系统治理，把山水林田湖草作为一个生命共同体，进行统一保护、统一修复。要深入实施好重要生态系统保护和修复工程，健全耕地草原森林河流湖泊休养生息制度，继续分类有序退出超载的边际产能。还要进一步实行耕地轮作休耕制度，坚定执行江河湖海限捕、禁捕规定，进一步健全水生态保护修复制度。还要实行水资源消耗总量和强度双控行动，继续开展河湖水系连通和农村河塘清淤整治，坚定地全面地推行河长制、湖长制，并压实责任，完善管理。要开展国土绿化行动，坚定推进荒漠化、石漠化、水土流失综合治理。要继续强化湿地保护和恢复，继续开展退耕还湿还水。要进一步完善天然林保护制度，把所有天然林都纳入保护范围。要继续实施三北防护林体系建设等林业重点工程，实施森林质量精准提升工程。继续实施草原生态保护补助奖励政策，实施生物多样性保护重大工程，有效防范外来生物入侵。

推进乡村振兴，保护绿水青山，还要深入推进农村环境突出问题综合整治，加强农业面源污染防治，开展农业绿色发展行动。要坚定推进、尽快实现投入品减量化、生产清洁化、废弃物资源化、产业模式生态化。要大力推进并做好有机肥替代化肥、畜禽粪污处理、农作物秸秆综合利用、废弃农膜回收、病虫害绿色防控等工作。要切实加强农村水环境治理和农村饮用水水源保护，实施农村生态清洁小流域建设。要强力推进重金属污染耕地防控和修复，开展土壤污染治理与修复技术应用，加大所有耕地的保护力度。要实施流域环境和近岸海域综合治理，严禁工业和城镇污染向农业农村转移。要加强农村环境监管能力建设，发现问题，及时解决。要运用科学的手段和系统的观念来切实保护好农村的青山绿水。

推进乡村振兴，保护绿水青山，还要不断完善市场化多元化生态补偿机制，切实落实农业功能区制度，加大重点生态功能区转移支付力度，完善生态保护成效与资金分配挂钩的激励约束机制。要鼓励各地在重点生态区位推行商品林赎买制度，健全地区间、流域上下游之间横向生态保护补偿机制，积极建立生态产品购买、森林碳汇等市场化补偿制度。要完善重点水域禁捕补偿制度，继续推行生态建设和保护以工代赈做法，以提供更多生态公益岗位。要不断增加农业生态产品和服务供给，正确处理开发与保护的关系，运用现代科技和管理手段，将乡村生态优势转化为发展生态经济的优势，提供更多更好的绿色生态产品和服务，促进生态和经济良性循环。要加快发展森林草原旅游、河湖湿地观光、冰雪海上运动、野生动物驯养观赏等产业，应像浙江那样，积极开发观光农业、游憩休闲、健康养生、生态教育等服务，打造出一大批特色生态旅游示范村镇和精品线路，打造出绿色生态环保的乡村生态旅游产业链。

这里需要特别提出的是，前些年针对一些地方陡坡开荒，过量放牧，尤其是在改革开放前的一段时间，为解决吃饱饭问题，而提出"以粮为纲"，对其它"全面砍光"，大肆毁林毁草去种植粮食，致使水土严重流失，生态环境遭受极大破坏，结果粮食也没有多收多少，反而造成了的生态恶化、气候异常、极端恶劣天气增多等不良后果的情况，为解决这些问题，党中央、国务院做出了退耕还林还草的重大决策，使不宜种粮而强行种粮的土地又回到了适宜的种林种草之中，这是好事。但近些年，一些地方在城市建设中，包括一些小城镇建设中，为搞绿化、美化，大肆进行种花、种草，提出要建造森林城市、花园城市，要让"城在林中，林在城中"，要做到"四季青草鲜花常盛不衰、常开不败"等等。建设园林城市，花园城市，让林在城中，或城在林中，这都没有错，目的是改善人们的居住环境。但问题出在了不加节制地、或不合时宜地大量占用良田沃土，侵占极其宝贵的耕地来进行绿化美化。这就大错特错了。我国人多地少，耕地极其宝贵，中央为此划出了 18 亿亩的红线，反复强调不能逾越，而且运用法律手段来严加保护。但还是在一些地方逾越了，虽然搞了占补平衡，则是以劣补优，玩了数字游戏。对于侵占良田而搞所谓的绿化美化，中央提出必须确保基本农田不能占用，不能侵占，不能改做它用，并为此对各地下达了良田的确保面积。确保被不当占用的良田还耕是必须的，但一些地方机械教条地执行，又出现了不辨土质、不分优劣，一刀切地毁林毁草而改种粮食的情况。究竟哪些该退耕还林，究竟哪些该退林还耕，是需要慎重研究的。

青山绿水必须保护，这是毫无疑问的；良田沃土必须保护，这也是毫无疑问的。希望各地都要从实际出发，做出科学的决策，拿出可行的措施，千万不能刮风！这是我在浙江调研并写下这段散记的想法。

要以产业融合来助推乡村振兴

——乡村振兴浙江行（四）

（2022年11月23日）

吉炳轩

乡村要振兴，产业来支撑。

实施乡村振兴战略是一项很重要的任务，就是大力发展农村产业。

现代农业的一个显著特点就是产业化经营。所谓产业化经营，就是把农业生产及其与农业生产有关的种植业、林果业、畜牧业、养殖业、加工业等，作为一个大的、系统的产业来经营，形成具有先进装备和科技支撑、各种设施配套完备的现代化农业大产业。种植、养殖、加工、销售等农业生产经营是一个大系统，在这个系统中，具体的种植、养殖、加工、销售等是这个系统中的相互关联的环节，或者叫一条产业链上的链条。过去，我国传统农业种养加销等多是分割的，不但不成系统，也不成规模。农民种植、养殖多是自种、自养、自吃，只是把多余的部分拿到市场上去卖，或者为了钱花，而口里省、肚里减，把尚不足糊口的食物拿到市场上去换一点救急用的钱。农民种植、养殖、狩猎，第一位的是先把“皇粮国税”给交纳了。“交了粮，自在王”。交纳了“皇粮国税”，没有了官吏上门，农民才可以过相对安宁的自在日子，否则日子是过不安稳的。在漫长的封建社会，官吏催粮催款是很大的事情，农民交粮纳款也是很大的事情。我们在实行联产承包责任制初期，广大农民欢欣鼓舞，拥护这一好政策，唱出的歌谣就是：“交够国家的，留足集体的，剩余都是自己的。”这就是简单质朴的农民意识和农业传统生产经营现状，也是小农经济、温饱经济农业经营的真实写照。这样的传统农业生产观念和农业生产经营，自给自足的温饱经济，不是现代农业经济。现代农业经济必须以市场为导向，以产业为支撑，进行产业化的生产经营。农民的生产活动必须按照产业化经营的要求来进行，也必须要把农牧渔产品作为商品来经营，通过市场来进行销售，并按照市场的需要来组织生产。

现代农业也可以说是商品农业，企业农业、市场农业。现代农业同传统农业在经营活动上一个很大的区别就是一切经营活动或绝大多数经营活动要通过市场来进行。商品经济是市场经济，资源的配置要靠市场来进行，生产活动要依据市场需要来安排，生产资料也需要市场来提供，生产的收益也是通过市场来完成的。传统农业经营是自备自给自用型的，多数生产活动及其所需要的资料及其产品是不进入市场的，或者多数活动与市场无关。土地是自家的，种什么，不种什么，根据自家需要来定。种子自己留，肥料自己积，设施自己建，工具自己造，到市场上去购置的多是自家不会或不能自制的东西。中国农民很勤奋，忍耐力很强，但也确实很苦很累，这是自耕自足经济的结果。现代农业需要把整个农业纳入市场中来经营，一切通过市场来解决。这是一个很大的转变，而且这些年正在转，有不少地方转的很好，但困难和问题还仍然不少。在农业生产经营中，面临的许多困难，特别是缺资金，少技术，许多该干、想干也必须要抓紧干的事情还干不了，主要是农业的生产经营市场化程度太低，远远不能适应现代农业发展的需要，更不能适应农民致富的需要。农业是国民经济发展的基础，我们的经济发展所需要的资源绝大多数在农村，但这些资源多与农民的生产经营无关，或关系不大。包括土地资源、水利资源、山林资源、矿产资源，绝大多数在农民的脚下，但这些资源对农民来说，还变不成资产，更不能成为开发现代农业、发展农村经济的资本。就连农民自家的宅基地、承包田，也不能成为资本和资产，想以此换取资金来发展经济是很难的。发展现代农业生产、实现农村经济的市场化经营困难重重，但又迫在眉睫，这个问题不解决，农村经济就活不起来，也强不起来，就会迟滞现代农业的进程。这是一个坎，这个坎必须要过，要在深化农村改革中来探索经验。

所以，实施乡村振兴战略，必须要创新农村经济发展方式，发展农村新业态。习总书记曾深刻指出，要重新审视和开发利用乡村价值。要看到，乡村已不再是单一从事农业的地方，还有重要的生态涵养功能，令人向往的休闲观光功能，独具魅力的文化体验功能。乡村越来越成为人们养生养老、创新创业、生活居住的新空间。现在有不少人向往田园风光、诗意山水、乡土文化、民俗风情、农家美食，追求与自然和谐相处的乡村生活已成为一种新时尚。田园变公园，农房变客房，劳作变体验，这是现代人的一种新的生活追求，也是生活需求。乡村环境优美，有绿水青山，有白云蓝天，良好生态成为了珍贵稀缺资源，经济社会越发展进步，人民的生活水平越提高改变，乡村的经济价值、生态价值、社会价值和文化价值就日益凸显。一些地方适应城乡居民需求新变化，休闲农业乡村旅游蓬勃兴起，农村一二三产业融合发展模式不断丰富创新，为农村创新创业开辟了新天地，为农民就业增收打开了新空间。我们要认清这个发展趋势，抓住这个发展机遇，推动农村新产业新业态加快发展，推动农产品加工业优化升级，并要把现代信息技术引入农业产加销各个环节，推动发展乡村休闲旅游、文化体验、养生养老、农村电商等，组织引导和帮助鼓励在乡村地区兴办环境友好型企业，实现乡村经济多元化发展。

发展壮大农村产业，就要大力开发农业多种功能，延长产业链、提升价值链、完善利益链，通过保底分红、股份合作、利润返还等多种形式，让农民合理分享全产业链增值收益。要实施农产品加工业提升行动，鼓励企业兼并重组，淘汰落后产能，支持主产区农产品就地加工转化增值。要着力解决好农产品销售中的突出问题，加强农产品产后分级、包装、营销，建设现代化农产品冷链仓储物流体系，打造农产品销售公共服务平台，支持供销、邮政及各类企业把服务网点延伸到乡村，健全农产品产销稳定衔接机制，大力建设具有广泛性的促进农村电子商务发展的基础设施，鼓励支持各类市场主体创新发展。要深入实施电子商务进农村综合服务示范工程建设，加快推进农村流通现代化。要实施休闲农业和乡村旅游精品工程，建设一批设施完备、功能多样的休闲观光园区、森林人家、康养基地、乡村民宿、特色小镇等。要大力推进发展乡村共享经济、创意农业、特色文化产业等新的产业经营。

应充分利用互联网这个平台，借助“互联网＋”、“旅游＋”、“生态＋”、“文化＋”等优势，推动农村一二三产业融合发展，延长产业链、提升价值链、打造供应链。要促进农村电商“从有到优”，满足消费者对于特色农产品差异化需求。目前多数农产品电商还定位在销售初级农产品的“搬运工”角色上，需要“提档升级”。应加快农产品现货市场与产业电商对接，搭建区域性的农产品电商交易平台，由平台统一对接产销环节。要建立完善统一的农产品定价、分级、质量标准。要制定完善贫困地区区域共同体农产品产销扶贫供应链战略、供应链产地质量与品牌提升计划以及供应链市场与公共服务平台协同计划等，深入解决好农产品“出山难”难题。应继续加强县域物流配送网络建设，建设好县域物流配送中心、乡镇物流配送站、村物流配送点，彻底打通农村电商每一个环节。

要牵住农产品加工业这个“牛鼻子”。发展产业，不能局限于种植养殖等第一产业，凡有条件的地方，农村二三产业都可发展。要支持农产品就地加工，改变农村卖原料、城市搞加工的格局，尽可能把产业链留在农村，让农产品不出村或不出乡就能卖上好价钱。要以“粮头食尾”、“农头工尾”为抓手，支持主产区依托县域形成农产品加工业集群，尽可能把产业留在县域，让农民分享更多产业增值收益。要支持发展适合家庭农场和合作社经营的农产品初加工，建成一批农产品专业村镇和加工强县，提升产品附加值，真正把农产品资源优势转化为产业优势。要进一步支持食品行业，特别是龙头企业的相关基础研究工作，加大对龙头企业标准化研究的扶持，以标准引领实现品质升级。

要推动乡村旅游差异化发展。促进乡村旅游发展，应统筹规划、有序开发，以小景点串联大景点，以小景区丰富大景区；加快交通体系、标识系统等各项服务功能和配套设施建设；探索机制创新，激活市场主体，引导多方共同参与乡村旅游建设。要进一步整合绿色资源配置，鼓励各地同质资源共享、异质资源互补、联动共赢发展，因地制宜打造富有特色的生态旅游品牌。要完善管理机制，出台规范性的行业指导意见和标准细则，进一步提升服务品质。应引进和培育“文体＋旅游”、“文体＋商贸”、“文体＋教育”项目，形成以乡村特色资源为本底、精品文化内容为核心、文创活动及园区等为载体支撑的乡村品牌生态圈。

现代农业是开放农业，既要立足国内市场，也要面向国际市场，利用好国际国内两种资源、两个市场来加快发展。要构建农业对外开放新格局，优化资源配置，着力节本增效，努力提高我国农产品国际竞争力。要推动实施特色优势农产品出口提升行动，扩大高附加值农产品出口。要进一步优化农产品进口结构和来源渠道，适度增加国内紧缺农产品进口，严格进口农产品质量安全监管。要加快建立健全我国农业贸易政策体系，加强农产品关税配额管理、动植物检验检疫、农业贸易谈判、农产品贸易救济等方面协调工作。要深化与“一带一路”沿线国家和地区农产品贸易关系，加强沿线国家和地区港口、仓储、物流设施等战略性布局。要积极支持农业走出去，培育具有国际竞争力的大粮商和农业企业集团。要支持国内商品期货交易所做大做强，逐步扩大我国期货市场对外开放，增强大宗商品国际定价权和国际贸易话语权。要积极参与全球粮食安全治理和农业贸易规则制定，促进形成更加公平合理的农业国际贸易秩序。

浙江的农村、农业产业发展很旺盛，而且富有特色。正是做到了百业兴旺、特色明显，才使浙江的农村发生了翻天覆地的变化，使浙江农民富裕了起来。

金华市金东区白色森林·生日小镇项目，是由浙江山山家食品产业发展有限公司全资建造的，位于金东区岭下镇，毗邻金东名山积道山脚，占地233亩，是国内唯一一个以生日文化为主题的开放式面包工坊，集旅游休闲、创意景观、生态环保等为一体的文化产业园。自2018年12月开园以来，深受游客热捧，先后获评“国家AAA级旅游景区”、“浙江省工业旅游示范企业”、“青年创业创新学院”、“大学生实习基地”、“巾帼创业示范基地”、“红色研学基地”等多项荣誉。园区设计独特、主题突出，拥有国内首个3600透明环视观光的面包工厂，首个生日文化博物馆，浙江省首个全国学雷锋教育示范基地。建有3000多平米音乐广场、烘焙DIY体验工坊、5000余平米迷你农场、能容纳300人的大型阶梯式多功能影视厅等，是承办婚庆典礼、生日聚会、团队等活动的理想场所。建有寻山民宿，轰趴馆等私人宴会场所。美食风暴街区设有披萨店、茶饮店、日式面包店、汉堡店、伴手礼店等业态。有中式和西式两个餐厅，可同时接待1500人就餐。园区最大承载量可达1万人。项目的建成，有效带动了周边农户增收。截至目前，园区已与周边4个村集体签订农产品供货协议，积极带动周边农民就业，年均销售农户种植的草莓、柑桔、南瓜、毛芋等农产品55吨、禽蛋280吨。

金华市磐安县“江南药镇”位于磐安新城区，规划面积3.9平方公里，核心区块1平方公里。近年来，磐安县委县政府将江南药镇作为共同富裕山区县建设的重大平台来抓，累计投入70亿元，完成平台能级提升、基础设施配套、综合功能完善，推动平台迭代升级。当前江南药镇集生产、生活、生态“三生融合”于一体，10分钟的交通圈、1平方公里的产业圈、3.9平方公里蓝绿交织的生态圈初具雏形。2020年江南药镇被省委省政府正式命名为省级特色小镇，先后被评定为国家3A级旅游景区、省首批“大花园”耀眼明珠、“科创中国”浙江创新基地、省首批现代服务业创新发展区。2021年、2022年连续两年承办浙江省中药材博览会，品牌影响力和美誉度不断提高。通过六年的建设，药镇经历了从无到有，从有到特，从特到精，综合承载力全面提升，中药材全产业链高质量发展的不断跨越过程，总投资达38.33亿元，总产出超80亿元，累计税收超5.8亿元。2021年度，实现中医药总产值32.71亿元，其中工业总产值20.37亿元，完成税收1.18亿元以上，已成为华东地区规模最大的中药材集散市场中心——“浙八味”药材城，汇聚中药经营主体636家，2021年交易额达到48亿元，90%以上的浙产道地药材从这里走向全国和世界，形成了“买全国、卖全球”的区域中药材交易中心。

他们还以中药文化为魂魄，深挖中医养生文化内涵，全域美化药镇环境，建设了中药材文化展示馆、游客接待中心等多功能为一体的小镇客厅和药镇服务中心；建成参茸保健品一条街、药膳一条街、悬壶济世广场、中药文化风情街、智慧小镇、樱花主题公园、中药养生大道等17个主题旅游景点及旅游配套设施，形成了“串点连线、连线成片”、“药在景中、景在镇中”的整体效果。药镇于2018年12月，被评为国家3A级旅游景区，成为游客“磐安购”的最大基地，年游客人数突破100万人次。他们特别注重产业集群发展，引进以一方制药、康恩贝等为龙头的中药制药、配方颗粒、饮片加工企业139家，中药营销保健企业783家，实现了江南药镇世界500强企业从无到有、中国民营企业500强从无到有。其中，通过GMP认证的中药饮片企业6家、高新技术企业12家。打造“千亩百亿”中医药大健康产业园，围绕中药上下游全产业链布局，先后引进浙产药材综合流通中心、俞同春、济百川等65个特色产业项目；围绕以中药为核心的生活性现代服务业，先后引进国药文化城、浙中影创城等 10 个重点产业项目；围绕以中药材"产供销"一体化建设和大健康全产业链融合发展，培育悦达冷链、天地网、九州通等大型互联网企业 7 家，成功打造华东地区"线上线下"最大的浙八味药材城、浙产道地药材集散与交易中心。

以文兴农也可做成大产业

——乡村振兴浙江行（五）

（2022 年 11 月 24 日）

吉炳轩

乡村要振兴，多业来繁荣。

推动乡村振兴，必须需要产业来支撑。全国各地一些富裕起来的农村，多是农林牧副渔各业兴旺发达，种植业、养殖业、加工业，包括农村工业、商业、交通运输业都轰轰烈烈搞了起来，有了强力的产业支撑，然后才得以繁荣昌盛。

发展农村经济，需要多业繁荣，其中，大力发展农村文化产业也是一个很重要的方面。文化可以成为产业，而且可以成为很大的产业，这在国际国内都已有许多经验。美国的迪士尼、德国的贝塔斯曼都成了世界性超大文化产业。世界大型文化产业很多，国内近些年也有很多，如浙江的横店影视基地，就做得很大也很好。还有许多互联网产业，动漫制作产业，出版发行产业等，也都做得很大。这些都属于大公司现代化经营的，有着雄厚的资本和大批经营管理人才的大型文化企业，不属于农村文化产业。我在这里所说的农村文化产业是指从农村的文化资源出发而形成的一定规模和影响的产业。一部《少林寺》电影，催生和兴起了河南登封的习拳热，而形成了少林武术大产业，海内外许多青少年慕名而来，至今仍然十分红火。陈家沟的太极拳，也因一些电影电视剧的宣传而出名，也成为了一个大产业。山东潍坊的风筝，天津杨柳青的年画，河北吴桥的杂技，也都是很有影响力的文化产业。全国各地不同的农村都有一些文化品牌，如排鼓、腰鼓、唢呐，特别是一些富有地域和民族特色的文化，也包括一些节庆文化，都可以成为一种产业，而且有的已经形成了产业。有许多曲艺节目在农村，农村一些曲艺艺人的水平是很高的，而且他们手中有不少流传下来的好段子、好曲目，只是缺乏组织和挖掘，更缺乏宣传和推广。充分挖掘农村优秀的传统文化，不仅能活跃群众文化生活，还能成为一些产业，并培养一批传承人才，带动一些人就业发展。农村可以发展成为文化产业的项目有很多，诸如说唱艺术类、吹弹演奏类、雕刻编织类、杂技杂耍类等等，只要挖掘得好，就能形成一定的产业规模，而带动农村经济发展，带领一些群众致富。同时，农村还有深厚的历史文化积淀，许多重大考古发现也出自农村。农村地下文化宝藏无数，但不能随意挖掘，而要很好保护。就地面上来说，也有许多历史文化遗存，如宫城遗址，宫殿遗址、寺庙遗址，还有一些古老建筑，都有很高的文化价值，如果在保护中能够加以利用，有的还是可以成为一个个产业的，至少可以成为文化旅游项目来开发。我国有五千多年的文明史，祖宗们为我们留下了极其雄厚和宝贵的文化遗产，关键是如何去保护好、开发好、利用好，这要看我们的眼光和本事了。

这次浙江调研，来到金华市义乌义亭镇缸窑村和温州市乐清大荆镇下山头村，考察了"铁定有趣·三金共富"未来乡村建设，可谓大开眼界，对农村发展文化产业又有了新的认识。

缸窑村位于全球最大的小商品集散地义乌市，曾出土过汉代陶器文物，自北宋时期开始烧窑制缸，人群集聚后渐成村落，呈现出清晰的历史脉络和厚重的文化积淀，是国际商贸背景下难得的传统古村落，现有龙窑、制陶、酿酒、婺剧四大特色主题文化。缸窑村村庄面积 1.8 平方公里，耕地面积 623.29 亩，户籍人口 997 人，常住人口约 1437 人，预计到 2022 年年底，村集体经营性收入可达 106 万元，村民人均可支配收入能达到 4.8 万元。景区年接待人数可达 10 万人次，农文旅产业收入可达 200 万元，农商行普惠签约率可达 40%。截至目前，缸窑村累计获得"全国民主法治示范村"、"中国传统村落"、"国家级 3A 景区"、"浙江省美丽宜居示范村"、"浙江省美丽特色精品村"、"浙江省保护利用开发重点村"等多项国家级、省级荣誉。在未来乡村建设中,缸窑村以“窑、陶、酒、戏”四大文化为核心,创新镇企结对共建机制,引进省内高校智库智力支持、社会资本资金支持和市属国有企业专业运营团队,编制规划和建设方案,统筹开发特色乡村亲子游、非遗技艺传承与研学、万亩粮食生产功能区等项目,以“复兴古村、面向未来”为目标,构建旅游、研学、现代农业三大支柱产业格局,探索出一条“窑”旺未来、“陶”礼天下、历“酒”弥新、好“戏”连台的共同富裕之路。通过乡村规划与应用、场景打造,缸窑村实现公共服务水平大幅提升、乡村风貌逐步优化、群众获得感持续加强、村集体和村民收入跨越式增长。

现在,他们正在推进产业多元融合发展,成立了义乌市缸窑旅游开发有限责任公司,谋划推动旅游研学产业共同发展,进一步丰富恒风缸窑风景区项目打造,开展智慧旅游。着力打造共享田园,以农田为基底,以文化为灵魂,促进农旅融合,形成文化即生活、农田即景区的农文旅场景。建造共享菜园,形成与产学研相结合的农田休闲观光区。建设御医馆,发展康养旅游,打造健康生活目的地。鼓励引导村民利用村内闲置资源进行创业,目前已培育一批餐饮店,包含土馄饨、烤饼、粽子等多样传统美食,丰富乡村美食旅游内容,推动餐饮等乡村众创业态发展。

铁定溜溜田园综合体位于乐清市大荆镇下山头村,规划面积15.4平方公里,核心区面积1.3平方公里,产业链总投资21.98亿元,获国家AAAA级旅游风景区、省中医药文化养生旅游示范基地、“省森林人家”等多项荣誉。其中铁定溜溜项目依托雁荡山绝美风景与深厚文化,首创“铁皮石斛+文创旅游”模式,包含溜溜乐园、石斛文化园、农耕乐园三大主题园区。现建有一条全亚洲最长的虎溜溜1620米,一座世界第二高的溜溜塔61.8米,并配套主题民宿及特色主题商业等综合性体验式业态。建有桃花谷、樱花树、葡萄园及茶园等环村十景,全面满足游客美景养眼、美食养胃、乐活养心的休闲旅居度假需求。目前一期项目已投资8亿元,自2020年10月开园至今共计接待社会各界人士60万余人次,营收近1亿元。二期项目总投资6亿元,主要包括冰雪乐园、航空馆、水世界、度假酒店等,项目建成后将进一步提升游客接待能力并带动周边农村旅游经济快速发展。

浙江省以文兴村、文旅结合的典型很多,仅就以上两个典型而论,就给我们很大启示:农村不但优秀的传统文化值得发掘,而且还可以创造发展新的业态。农业的种植业、养殖业、加工业、旅游业、商贸业都可以做出文化产业来,而也都能兴旺发达起来,关键在于谁来做,如何做。

启示一:推动乡村振兴,要立足乡村文明建设,弘扬传统民俗,丰富节日文化,增强文化自信。要深入挖掘传统民俗中的节日文化特征,赋予民俗新的时代内涵,积极创新形式和载体,不断丰富节日文化活动,使传统民俗成为展示和传播优秀传统文化的重要窗口,成为弘扬和培育乡风文明的重要载体。中华民族的节日文化可谓绚丽多姿,丰富多彩。从春节开始一年四季 可谓节日不断。春节、元宵节、清明节、端午节、中秋节、重阳节,除了这些传统的节日外,还有“三八妇女节”、“五一国际劳动节”、“十一国庆节”,现代青年人还喜欢的“情人节”、“母亲节”等等。这些节日都有丰富的文化内涵和丰富活跃的活动方式。节日是亲情、友情、民族情、爱国情的迸发和连结之载体,对于传播精神文明十分有利。人类都很看重节日,世界各国的节日活动,特别是一些全民族参与的重大节日活动是很隆重的。节日文化、节日生活,已经成为人类文化和生活不可分割的重要组成部分。老人常说,再苦、再累、再难,节还是要过的,而且还要努力把节过好,尽量使节日的气氛详和些、欢乐些。建设乡村文明,振兴乡村文化,就要注意利用节日喜庆或纪念之时,来传播精神文明,把节日的活动搞得浓郁些、热烈些、丰富多彩些,发挥正能量,宣扬真善美。

启示二:推动乡村振兴,要立足传统工艺振兴,推进文化创造性转化、创造性发展,开启传统文化保护新模式。非物质文化遗产是一笔十分重要和宝贵的文化遗产,保护开发利用得好,就可以形成一个新的产业,不但能安排众多劳动力就业,而且能够富裕农民,振兴乡村,还能够很好地传播精神文明,是一举多得地大好事。我国民族众多,地域广阔,各地文化特色个性突出,多姿多彩。就民族来说,我们有56个民族,各个民族的文化特色都很浓厚,且都有自己的传统工艺和优势产业。就地域来说,文化特点也很突出,如:重农守成的中原文化,敦厚朴实的三秦文化,重礼讲义的齐鲁文化,侠肝义胆的燕赵文化,婉约安适的吴越文化,洒脱豪放的荆楚文化,安逸乐道的巴蜀文化,以及耐劳乐奉的黑水文化,豪放粗旷的草原文化和开放包容的岭南文化等。各种地域文化都极富特色,魅力十足,也都由此而形成了许多标志性的文化物产,诸如:编织、雕塑、石刻、剪纸、绘画、乐器、刺绣、制革、烧瓷，等等。由于文化不同，习俗有别，衣食住行也有很大不同，对生产生活的需求也就有所不同。这些不同也是需求，都需要一定的产业来支撑。

进入工业化、现代化，人们的消费需求差别小了，日用所需多由工业品代替，一些传统产业、文化遗产萎缩消失，这是需要抢救的。而这些传统文化产业，只要开发利用得好，还是有很大的市场空间的，甚至可以成为大的支柱产业。如一些纺织工艺、烧陶工艺、刺绣工艺、雕刻工艺等，在一些地方都形成了大的产业，焕发出时代新姿和生机。这方面还大有文章可做。

启示三：推动乡村振兴，要立足文化遗产整体保护，加强历史传统村落和非遗主题小镇保护建设，推进乡村文化生态区建设。要加强乡村文化生态整体保护，将传统的优秀文化遗产原状原貌地保存在其所属的区域及环境之中，以保护乡村的历史记忆和环境岁月，实现“见人、见物、见生活”，并将文化资源转化为旅游资源，产业资源，兴起旅游文化产业，支持乡村的振兴和可持续发展。文化是历史的，也是传承的，古村落、古建筑、民宅、民俗都是文化的载体、历史的见证和宝贵的遗产和资源。各个地区都或多或少有一些反映地域文化特色的古村落、古建筑和民宅民居。陕北的窑洞、河南的地坑院、山西的大院，等等，虽然为数不多，但很有历史的厚重感，成为了不可多得的极其珍贵的文化资源。现在全国各地都重视了对这些难得的文化资源的保护和开发利用，开辟了一些旅游项目，形成了新的产业。这是一件好事，也是一种文化的传承。人类走上现代化，但不能忘了祖宗、摔了牌位，不能一切以洋为好，以洋为荣，而要留住我们文化的根，学习借鉴，继承发扬，兼收并蓄，中西合璧。当然，保护文化遗产不是也不能都去复古，大搞仿制性的原汁原味的古建筑，那也没有多大意义，也没有什么价值。关键是对现有的不要再去毁坏，而是要保护好，进行必要的修缮，在保护中适当开发，打造旅游景点，形成新的产业。农村城镇化建设一定要有文化特色、文化品位，切忌一阵风，不能千村一面，类同重复，而是要注意地域特点、文化特色。要同地域文化和生态环境相协调，打造出文化品位来。有品位、有特色，才能有价值，才可利用、可开发，这是需要特别注意的。

启示四：推动乡村振兴，要立足公共文化服务，加强基础设施建设，提升服务效能，保障农民基本公共文化权益。要按照有标准、有网络、有内容、有人才的要求，健气乡村公共文化服务体系，推进公共文化服务标准化、均等化、多样化、社会化。要注意发挥好县级公共文化服务机构的辐射作用，把服务延伸到乡村，加强基层综合性文化服务中心建设，完善农村文化设施的建、管、用长效机制，实现乡村两级公共文化服务全覆盖，提升服务效能。要实施好公共文化数字工程，积极发挥新媒体的作用、使乡村群众能便捷获取优质数字文化资源。要加强乡村文化阵地建设、文化服务供给、文化活动开展、文化人才培养，不断增强乡村文化的生机和活力。要丰富农村文化生活，深入推进文化惠民工程，为乡村提供更多更好的文化产品和服务。要建立群众文化需求反馈机制，加大政府向社会购买公共文化服务的力度，可以开展“订单式”或“菜单式”服务。要继续开展送书下乡、送戏下乡活动，鼓励各级文艺团体深入乡村开展惠民演出。要大力支持农村题材的文艺创作生产，鼓励文艺工作者到基层去，到农村去，走近农民，贴近生活，创作出具有时代精神和时代风范的优秀作品。要支持鼓励各种各样丰富多彩、人民喜闻乐见的、健康有益的乡村文化活动，让人们得到欢乐和享受。

启示五：推动乡村振兴，要立足农村各业发展，实现文企文旅融合，促进农村产业繁荣。随着农业生产的发展，人们生活水平的提高和农业科技的进步，农业生产中出现了示范农业、观光农业，把农业产业同科技推广和普及，同农业产业化发展，农业旅游很好地结合起来，这是很有意义的，是农业发展进步的表现。这些产业，也是开发农村旅游和农村文化活动的载体，只要利用得好，结合得益，就能发挥出更大效益。现在棚式农业，设施农业很发达，在有限的耕地上，不惧环境条件的影响，而搞出高效优质的农业来，充分挖掘和展现农业的发展潜力，是令人十分兴奋的。红薯每颗可以培育出四十斤、五十斤，甚至七八十斤；一个南瓜可以长到二三百斤，一个西瓜也可以长到一百多斤乃至二百来斤；一粒小麦分蘖率可以达到四五十株；一根丝瓜可以长到三米长，乃至四米长；一棵西红柿可以覆盖十几平米，结出数百个果；一棵黄瓜可以让其不停地开花结果，把蔓盘起来继续长下去。辣椒、茄子可长成树，桔子、柚子可栽进盆，而且都能硕果累累。现代设施农业、科技农业的威力是无限的，潜力是无限的，其中的文化涵量也是很大的，这既是科技的威力，科技的潜力，同时也是文化的威力、文化的潜力。此外，还有示范农业，就是一些种植业、养殖业的示范田、示范区，乃至示范乡、示范县，即进行一定规范的区域种植，进行规范化的栽培，以推广优良品种和先进的农业科学技术。示范农业，就是实验示范，带动发展，如推广优良的品种和先进的科学技术，都要通过示范带动，这是推广先进的农业科学技术最有效的手段。做给农民看，带着农民干，农民最讲实际，他亲眼看到了，就会去积极学习并仿照。各种示范田、示范片、示范乡等，也都有很多文化产业资源，都是宝贵的资产和载体，都大有文化文章可做。

发展不尽的各类产业，挖掘不尽的农业文化，既可以成为产业，又是知识的学习和教育，还是文化的传承和弘扬。农村文化产业、农业文化产业潜力巨大，值得去很好的挖掘和经营。

农村旅游业前程似锦

——乡村振兴浙江行(六)

(2022 年 11 月 24 日)

吉炳轩

这次浙江之行，我们看的最多的，是农村经济发展中文旅结合，互为促进，融合发展。金华市婺城区熊猫猪猪，两头乌国际牧场；金华市金东区赤松镇北山口村锦林佛手文化园；温州市永嘉县岩坦镇源头村美丽乡村建设；永嘉县岩头镇苍坡古村历史文化村落保护；温州乐清市清江镇北塘村现代农业园区，农旅融合，展示展销；下山头村“铁定有趣·三金共富”，农旅融合发展等，都是在发展产业，进行村镇建设中，同时进行旅游开发，实现产业、旅游同时兴旺的好局面，取得了双丰收。

这里再举两例：

一例是温州乐清市清江镇北塘村。该村位于乐清市清江镇南大门，地处雁荡山麓，村域面积 2.3 平方公里，全村户籍人口 3101 人。2021 年村集体经济总收入 550 万元，经营性收入 350 万元，村民人均年收入 6 万元。该村曾先后荣获“全国农村改革试验区”“国家级绿色村庄”“州浙江省美丽乡村特色精品村”“浙江森林村庄”“温州市先进基层党组织”“温州市十大最美村庄”等荣誉。近年来，北塘村坚持党建统领，深入践行“绿水青山就是金山银山发展的理念，探索“头雁领航、产村融合”发展模式，创新落实“五金一险”惠民政策，走出一条强村富民新路子。村党组织牵头成立北塘果蔬专业合作社，集中流转 1300 亩土地，建成“花果飘香”田园综合体，大力发展集特色农业、体闲观光、亲子采摘、科普研学为一体的现代生态农业，实现了从单纯的农业种植到“三产”融合发展的华丽转变。

另一例是金华婺城区熊猫猪猪·两头乌国际牧场。熊猫猪猪·两头乌国际牧场位于金华市婺城区长山乡，毗邻世界灌溉工程遗产“白沙溪三十六堰”，是全球首家以世界级珍稀猪种——金华两头乌为 IP 形象，集智慧养殖观光、科普教育、研学团建、休闲游乐、美食体验、亲子趣玩、网红打卡于一体的复合型亲情互动乐园、未来牧场。该项目总开发面积 1200 亩，总投资 3.6 亿元，以国家 4A 级景区标准设计建造，园内建有两头乌博物馆、两头乌文创中心、5G 智能数字化养殖中心、两头乌产业开发研究中心、欢乐小猪村、欧式城堡花园等场馆，实现“互联网 +”“旅游 +”“生态 +”“文化 +”与乡村振兴深度融合，打造全国知名农文旅融合示范基地。该牧场以农业数字化转型有力提升养殖现代化、生态化、智能化水平，是国际第一个将饲养全过程可视化并可参观旅游的 5G 智慧养殖牧场。应用 5G、物联网、传感、无线通信、实时监控、AI 智能养殖等技术，也极大降低了猪瘟爆发概率。

婺城区以该项目为核心，按照“党建引领、区域联动、优势互补、抱团发展”的整体思路，组建了熊猫猪猪共创共富联盟，以“党建共建、规划共绘、产业共兴、资源共享、文化共育、生态共护”的“六共”机制为支撑，带动周边 3 镇 9 村奔向共同富裕。一是坚持下好发展联盟“一盘棋”，将周边 6 个景区、30 余处旅游景点进行整合，做大做强以熊猫猪猪·两头乌国际牧场为核心的旅游产业，打造乡村振兴全域旅游熊猫猪猪综合体。二是积极寻找融合发展“交汇点”，深化党建整体智能建设，集成“美丽乡村 + 数字乡村 + 共富乡村 + 人文乡村 + 善治乡村”建设，探索打造以“熊猫猪猪——新昌桥村”为主体的产村融合的未来新社区。三是努力画好共同富裕“同心圆”，熊猫猪猪国际牧场实现土地流转 1000 余亩，为周边 3 个村促进村集体增收 1520 万元。

浙江乡村的农旅融合，文旅融合做得很好，而且很有档次和水平，也给我们很大的启示。

就山水风光、自然资源和生态环境来说，好山好水好风光多在农村。农村有青山、绿水、翠竹、鲜花，有深潭、溪流、瀑布、幽谷等等自然美景。就自然风光游来说，草原游、沙丘游等等，不到农村是游不了的。还有近几年逐渐兴起的“慢城”游、休闲游、养生游、康乐游，也需要到农村去。就包括要吃最新鲜最美味的好食品，也需要到农村去。虽然城里大饭店、高档宾馆有许多名厨做出了许多佳肴，这是偏远乡村做不出来的，但许多名优特色小吃和最本味最鲜活的食材食品，城里大饭店也是做不出来的，即使经过精细加工也能做出些样子，但却做不出本味。所以，特色的饮食文化游，也要到乡村去。乡村旅游前程似锦。现在还兴起了温泉浴、冷泉浴、药泥浴等养生健体的旅游项目，而这些温泉、冷泉、青泥也多在农村，只有到了农村才能享受得到。

现在城市病突出，主要是拥挤、堵塞、快节奏、强压力，给许多人造成了精神上的高度紧张和压抑，加上人口密度大，空气也不太好，喧闹之声不绝于耳。亚健康一词就来自于城市病。而要缓解这些压力，多数人盼望能抽出时间或在假期里到清闲的农村去走一走，看一看，享受一下清新空气，放慢一些生活节奏，陶冶在山水田林之中，使身心得以放松、精力体力得到恢复。这是一种乡村生活游，不图什么景致和好吃好喝，就图能清闲一些、放松一些。黑龙江的冰雪游，森林氧吧游，界江界湖游，甚至到大农田里看一看，进到农家吃顿铁锅炖鱼或大炖菜，就感到十分欣慰和快乐。每年的北极村乡村游，漠河机场是一票难求；每年的黑龙江冬季冰雪游，也多是宾馆一床难求。北极村、雪乡有不少农户年收入都在 10 万元以上，还有的在 20 万元以上，就是靠旅游开农家饭店而走上了致富之路。浙江有许多地方，靠青山绿水和休闲的农村慢生活，开发了农村旅游，发展得非常好，成为了一个朝气蓬勃的支柱产业，许多大公司和高等院校大学毕业生参与其中进行开发经营，而且档次和水平很高，有的还把这里的开发项目复制到了国外。全国各地通过开发乡村旅游而形成一个个大产业，带动了当地经济发展和农民富裕。说农村旅游业是个活力十足的朝阳产业是不为过的。

名茶、名酒、名花多在乡村，以茶为媒，以酒为媒，以花为媒，发展起来的旅游也不少，而且还在发展之中。

乡村旅游业前程似锦，前提条件是必须切实保护好青山绿水。青山绿水就是金山银山，就是源源不断的摇钱树、聚宝盆。要让这棵摇钱树能够枝繁叶茂，永远摇下去；这个聚宝盆能够坚固牢靠，不断生出宝贝来，就要倍加珍惜农村青山绿水这棵摇钱树和聚宝盆，在保护中合理开发，在合理开发中切实保护，而不能不加节制地胡乱开发，更不能掠夺和破坏。

乡村旅游正在发展之中，需要加强规划和引导，更需要加强管理和规范，要在有秩序、上档次、上水平上下些功夫。在这方面，浙江的一些农村已经积累了丰富的经验，需要总结推广，学习借鉴。

安居乐业百姓之福

——乡村振兴浙江行（七）

（2022 年 11 月 25 日）

吉炳轩

在浙江调研，给我们感受很深的另一个印象是：浙江农村安定祥和，人民群众安居乐业，幸福感满满。

浙江农村是靠发展小商品经济而发达的，是靠艰苦奋斗拼搏出来的。1985 年，我在河南偃师任县委书记，曾带领一些乡党委书记来到浙江的温州、金华、宁波、杭州等地乡村，进行小商品生产的考察学习。当时看到的是浙江农村不少家庭办起了手工作坊式的小工厂，生产各种各样的生活日用小商品，有的还开了门面，前边营业卖货，后院进行生产，被形容是“前店后厂”；有的是盖了两层小楼，楼下卖货，楼上生产，被称其为“下店上厂”。不论是“前店后厂”，还是“下店上厂”，都是家庭小作坊和家庭小商店相兼顾，加上还种有承包田，可谓农工商三大行业在一个家庭中汇合齐全,共同发展,很是热闹非凡,生机盎然。开店、做工、种田,一家男女老少齐上阵,忙的是“四脚朝天”,不亦乐乎。但农民们心里很高兴,因为改革开放的好政策,为他们开辟了能通往幸福安康的金光大道,浙江农村也由此走上了富裕发达之路,并大步流星地向前迈进。

农工商并举,贸工农齐活,的确是很苦很累的。说句近似玩笑的话,当时的浙江广大农村,忙于发展商品经济,连因为一些矛盾纠纷而去打架斗殴、吵嘴评理的功夫都没有。我在温州曾遇到一件事:两个骑自行车的年轻人在路上相撞,而且撞得不轻,都从车上跌了下来,摔倒在地。两个人各自爬起来,互相瞅了一眼,各自检查一下自己的自行车,扶正了车把,谁都没有一句话,都骑上车飞快地走了。我很好奇,就问路边摆摊的老人,他们怎么什么都不说就走了?老人回答我,都耽误不起工夫。我也把这件事讲给曾接待我们的当地干部,他说这很正常,大家都忙于做生意挣钱,只要不是太大的事,多不会去吵架,打官司的也很少。这件事对我触动很大:只要把农民引上了致富之路,有活去干,有钱去赚,就会省去许多民事纠纷。因此也可以看出,当时浙江人努力拼搏去发展的劲头和辛苦,归纳为一个字,就是:“忙”。

这次到浙江调研,没有再看到温州当时“前店后厂”,“下店上厂”的日夜劳作的繁忙景象,而看到的是多种多样的农村产业和现代化的生产、管理和运营。所到之处,给人的印象是安居乐业,愉悦祥和。

11 月 15 日下午,我们来到了台州市天台县赤城街道塔后村,考察这里的康养产业。村子不大,但非常整洁,比现代化的城区还要整洁清静。村里多是新盖的两层、三层或四层楼房,都很宽大,样式大气新颖,类似独栋大别墅。每户人家都有十来个房间,主要用于康养旅游。接待条件可谓上乘,比城里四星级饭店、五星级饭店的房内陈设不差。有的还在一层开了大客厅,小酒吧和卡拉 OK 演唱厅。楼外临街都有一个小广场,有的放石桌石礅,有的摆藤桌藤椅,还有的摆放木制家具,可供游客品茶、就餐,观看山景。这个村是建在寺院的塔后,俗称建在了神屁股后边,是不被神照顾的,但现在却富裕得很。我问了几户,都说年收入在二三十万元以上,也都笑逐颜开,十分自豪而乐呵。看来佛祖、神灵不能给百姓带来福气,而共产党改革开放的好政策,脱贫攻坚的大决策,乡村振兴的好形势,给农民开通了一条致富路、幸福路。现在许多城里人,到了双休日、节假日,多会举家邀友到美丽的农村去住上一两天,看看农村美景,吃吃农家饭菜,体验田园之趣,休闲快乐康生游也就随之而起。

在浙江塔后村这样的典型很多,发展康养产业的也有许多,而且都搞得很好,可谓乐了城中客,富了乡下人。考察浙江农村轰轰烈烈兴起的康养产业,引发了我对城乡居民幸福感的思考,也是中国汉语中的一句常用语“安居乐业”的进一步思考。

我们常说“安居乐业”,这既是好的期盼和祝愿,也是现实的希望和追求。但何谓安居乐业呢?我个人认为,安居方能乐业,乐业需要安居,这是一个互为作用、或互为条件的辩证关系,但次序是有先后的,也是不能随意颠倒的。在特定的条件下,是可以颠倒的,如外出打工,就要先乐业,然后才能安居。而在农村就要先安居而后乐业。安居乐业,这是我国农耕文明的一个生动写照。农耕文明的一个突出特点,也是一个基本要求,就是必须安居。开垦出一块农田,春季耕作,夏季管理,秋季收获,冬季储藏,到了来年还要继续在这块田地上春耕夏耘秋收冬藏,然后年复一年,一代接一代地永不停歇地耕作下去。如果离开了这个地方,土地就会荒芜,也就没有了收成。所以,中国的农耕文明是安居的文明,安居了才能精耕细作,获得好的收成。正因为安居了,就有了修房盖屋,就有了街道里弄,就有了围绕农业生产和人民生活的百工、百业和市场贸易,以及教育、科技、卫生、体育等各种各样的较为集中的生产与生活需求,就随之而有了人的村屯、集镇集中居住的社会管理,人们的精神文化需求也就在这村屯、集镇中产生了,并由此根据物流的需要和交通的便利,乃至工业的发展、社会管理需要的政治机构的建立,一些城市和较大的城市、特大的城市也就应运而生了。人多了,房多了,各种需求自然也就多了,人流大了,物流自然就大,信息流也自然就多,资金流也自然就更快。安居带来了乐业,乐业促进了安居。没有安居,就不能乐业;没有乐业,也无法安居。安居和乐业是一个事物的两个方面,道理十分简单。我们考虑民生问题,为人民办实事办好事,最需要考虑和办好的就是安居和乐业问题。

就现阶段来说,安居,就是先要把人民的住房问题解决好,并围绕着安居,解决好水的问题、路的问题、电的问题、通讯的问题、网络的问题,以及学的问题、医的问题、买的问题、卖的问题,还有供气的问题、取暖的问题,各种污水、垃圾、废弃物的处理问题等。住房问题目前仍然是现阶段城乡居民要求较为迫切的问题。有没房住的问题,有住房小的问题,有住房差的问题,有想改善居住条件和优美环境的问题,等等。多数人对住房都有需求,这是经济社会发展和历史进步的表现,是好事,说明社会安定,经济发展,人民的幸福指数在上升。只有社会安定,经济发展,人们才知道置业,如果兵荒马乱,民不聊生,谁还会有心事去考虑住房大小、好坏、多少呢?只有有吃有喝有钱花,而且还有事情做,才会对住房有新的和高的需求。安居并不是追求豪华高档的住宅。搞小城镇建设、美丽乡村建设,农村文明村镇建设,不能都去盖独栋别墅,过去有一部分村庄和住户有能力盖的好了一点,已经住上了乡村别墅,我们当时也是欢迎的,但不能去大范围提倡和推广。一是这需要量力而行;二是我们土地有限,盖别墅占地较多,特别是大别墅、大宅子,所谓的深宅大院,我们是不能赞成的。安居主要是舒服、敞亮,人们住在里面感到踏实、安全、温馨。我国人多地少,不能占用太多的土地去建深宅大院,还要提倡小而精巧,小而舒适,小而温馨。特别是在实施乡村振兴战略中,建设美丽乡村,对农民的住宅的建设或改造,一定要避免现在的许多城市建设那样,千城一面、百城莫辨。各地山水不同,文化多样,风俗也有不同,形成了丰富多彩的文化传统,这其中就有住宅文化传统。我们还要传承好中华优秀文化传统,根据现代人的住房需求,多搞些改造修缮,少搞些大扒大建。重点在通风、透光、环保,解决好水、电、暖、交通、通讯、网络等基础设施的完善上下功夫,使人们看着养眼,住着舒心,走着顺畅,用着方便。特别是要着力办好教育、卫生、文化、科技、体育等公共服务的事情,逐步解决城乡公共资源占有差别过大的分配不公问题。耕作在广袤的田野里,居住在现代化的城镇里,这个现代化的村庄、城镇,应该是山水田林路融为一体的、有地方特色和文化品位的、千姿百态各展风彩的、传统与现代完美结合的、各类现代服务社会设施齐全完善的、环境十分优美的美丽村镇。

安居还要乐业,只有乐业了才能踏踏实实地安居下来。所谓乐业,就是有活干,有钱赚,有为之奋斗的事业。人均只有一亩来地,实现了机械化耕作,适度规模经营,不少农户的土地流转了出去,以农耕为业在许多农民看来,这个业也没有了。离开土地干什么?即要解决好农村的剩余劳动力的出路问题,这是现阶段人们是否能够乐业的一个重大问题,也是一个迫切问题。几十年的飞速发展,我们的经济社会发展进人了一个新时代,人们的乐业观念和需求也随之发生了很大变化。上世纪的走南闯北打工潮,出现了所谓的"蓝领工人"、"白领阶层",富了一部分人,培养了一部分人,也造就了一部分人。而现在,现代服务行业、信息产业,又叫IT产业的兴起,特别互联网的出现和飞速发展,人们现代化工作、生活节奏的飞速加快,工业、商业、教育、卫生、文化等等,包括人的逛街购物、出门坐车,也都同互联网密切相关。现在写信的人少了、打手机的人多了;打电话说事问候的少了,发短信、微博进行沟通联系的多了;逛商店买东西现金支付的少了,用网购刷卡支付、手机支付、送货上门的多了;到影剧院看戏看电影的少了,倦曲在床头沙发里玩游戏看平板的多了,等等,手机支付、扫码、刷脸成了新的生活常态。现在人们择业的标准也高了,门路也广了,但同时门坎也高了。社会在变,产业在变,人们的就业观念也在变,不知道现代化的社会变化,不要说就不了业,就连购物、坐车、吃饭都会有困难。这就给我们提出一个问题,给大量的富余劳动力、农村劳动力提供什么样的业?怎样使他们有活干、有钱赚,既能够安居,也能够乐业?现代化的发展,新的行业有很多,我们应该努力去开辟、去扩大,并为农民就业提供必要的技能培训,这是政府需要努力去做的,也是我们要着力去积极推动的。

需要明确的是,新时代的安居乐业已不是过去"三五亩地一头牛,老婆孩子热炕头";也不是"吃不愁,穿不愁,零花小钱年年有"的温饱型和自足型生活。新时代的安居乐业从大处讲就是社会主义现代化,是高度的物质文明、政治文明、精神文明、社会文明、生态文明。具体一点讲,就是要通过实施乡村振兴战略,着力建设美丽乡村,做到农业强、农村美、农民富,实现农业、农村、农民现代化。要让人民安居乐业,就要以产业兴旺为重点,生态宜居为关键、乡风文明为保障,治理有效为基础,生活富裕为根本,推动农业全面升级,农村全面进步、农民全面发展。要重塑城乡关系,走城乡融合发展之路;要巩固和完善农村基本经营制度,走共同富裕之路;要深化农业供给侧结构性改革,走质量兴农之路;要坚持人与自然和谐共生,走乡村绿色发展之路;要传承发展提升农耕文明,走乡村文化兴盛之路;要创新乡村治理体系,走乡村善治之路。要打造出科学农业、现代农业、满意山水、良好环境、和谐社会、幸福家庭,使我们的农业、农村、农民焕发出文明新气象,时代新风采。

这是考察浙江在乡村振兴中推进美丽乡村建设而引发出的思考,故记之。

要特别注意调动好保护好农民的积极性创造性

——乡村振兴浙江行(八)

(2022 年 11 月 25 日)

吉炳轩

这次浙江之行,感受很多,其中还有两条十分深刻:一条是农村是一个广阔的天地,巨大的舞台,可干的事情很多,任何一个人,只要醉心于干事创业,都可以在这个天地里施展身上,都可以在这个舞台上表现表演;另一条是人民群众中蕴藏着巨大的能量有无限的智慧和本领,只要组织、引导、保护得好,一旦释放出来,就可以成就宏大伟业。浙江农村百兴兴旺,万事亨通,只有你想不到的,没有人们干不成的。把石斛一根一根平铺在如铁路渣石的台阶上,捆绑在如森林般的树桩上,放在各种果树的树杆树枝上,进行了现代化的果园化、设施化、工厂化的石斛种植,这又是怎样想到的,开发出来的呢?把只有在大城市才可以建筑的各种溜索、滑道建在了群山环抱、远离大中城市的乡野中,造出了奇特的农村旅游项目,而且还十分火爆,这又是怎样想到的,办到的呢?把猪养进花园式的大庄园,建立会员制度,人同猪可以同室而眠,观光猪的生长全过程,形成了独特的猪文化、猪游览,这又是怎样想到的、办到的?养蚕不用桑叶,而全部用复合饲料,既有营养,蚕又爱吃,形成了国际上目前独一份的工厂化、饲料化养蚕和蚕丝加工大企业,这又是怎样发明创造出来的?农民企业家敢想敢干,走南闯北,跑遍中华大地,走向世界各方,把中国的商品送出去,外边的技术引进来,而且走到国外办工厂、开商店、建市场,这又是何等的胸怀和气魄!

浙江农民很伟大!

中国农民很伟大!

只要让他们放开手脚,就能创造出惊世奇迹。

浙江农村由小商品的加工、销售而起步、兴起,逐步发展起来,至今现代企业遍布全省,各种产业兴旺发达,四十多年的改革开放路,四十多年的艰苦奋斗史,值得总结的经验太多了。浙江的农村伟业,是由广大农民创造的。山还是这片山,水还是这片水,在广大农民的精心保护和科学利用、综合开发下,变的更加秀美,不能不使人深感农村天地的广阔,农民的伟大,可以成就各种各样辉煌的事业,锻造各种不同的、都可大放异彩的光辉人生。

浙江农村的快速发展,浙江农民造就的伟业,给我们以很大启发。

启发一,农村是个广阔的天地,可以开发兴起的产业有很多,而且多是人民迫切需要,市场前景看好的优势产业。浙江有许多新兴的农村产业,而且这些产业有不少是由城市的一些公司下去创办的,不但安排了大量农村生产力,而且还吸引了许多大学毕业生到这些农村的产业公司工作。诸如乡村绿色食品生产加工业、乡村旅游业、乡村林果业、乡村花卉业、乡村的古村落和乡土文化的保护开发业等,多是由高水平的大学毕业生,有一定的专业技术智能的人来领办、创力和经营的,使城市的资本、技术、人才下了乡,融入到了乡村振兴之中,不但产生了很好的经济效益,还带来了很好的社会效益,带动了乡村面貌的迅速改变和社会管理的水平提升及农民素质的快速提高。

启发二,农民是农业农村发展的根本力量,是乡村振兴的主体。改革开放 40 多年来,农村工作的一条重要经验:就是充分调动农民的积极性、创造性,切实保护好农民的积极性、创造性。实施乡村振兴战略,也必须要发挥好农民的主体作用和首创精神。现在,一些地方在农村建设、人居环境整治中,存在农民成了“局外人”、“等靠要”的现象。“干部领着干、农民旁边看”,“剃头挑子一头热”是不能建成美好家园的。正确的做法应该是,政府要把该干的事情干好、干到位,同时,要着力把农民群众组织动员起来,坚持用自己的双手来改变乡村面貌。一定要健全农民参与的引导机制,更多采用事前竞争、事后奖补等政策,引导农民办好自己的事。一定要充分相信农民,广泛发动农民,科学教育农民,积极引导农民,想方设法把农民的积极性、创造性发挥出来。农民的事,农民办,要给农民以充分的自主权,不要指手划脚,横加指责,强行干预,需要做的是服务。要创新乡村建设管理方式,简化审批程序,为农民创业发展创造条件。

启发三，就全国多数地方来看，人才缺乏是制约乡村振兴的突出短板，需要尽快打造一支懂农业、爱农村、爱农民并愿意投身乡村建设的高素质人才队伍。要创造条件，吸引各类人才能到农村来，来开发经营农村农业。一定要看到，只有农村工作机会多了、生活环境好了、福利待遇好了，人才才能留下来，才能留得住。对优秀人才下乡，要在住房医疗、养老保险等方面给予支持。要加大优质教育资源、医疗资源等公共服务向乡村转移，进一步改善广大农村人居环境、交通、水电暖等基础设施条件，让美丽宜居的乡村能留得住人才，有用武之地。要建立农业农村人才引入激励机制，对返乡青年人、返乡创业大学生等，应给予相应的人才认定，包括职称的评定等，并在贷款贴息、土地政策、创业绿色通道服务等方面提供支持。使其能乐意安心长期扎根在农村。

启发四，人才在于培养，要大力支持农业职业院校产教融合发展，整合农业职业学校、农业技术推广服务中心、科技科普示范园区等各类教育培训资源，发挥中高职院校在教学、培训、技术推广、资格认证等环节的主体作用。要建立城乡、区域、校地之间人才培养合作与交流机制，为人才队伍“加油充电”。要以农企和院校为主体，建立政府、社会与企业、院校等相结合的多元化培训体系，制定长期有效的培训计划。要充分发挥“田教授、土博士、水秀才”作用，做到“实训”与“实用”相结合，同时提供技术、市场和政策等信息，从多方面提升培训的质量和效果。应推行“学校 + 农户 + 基地 + 公司”产业联动培训等模式，立足农村产业发展，兼顾生产技能和经营管理能力培训，将集中培训和现场实训相结合，以培育出更多的实用人才。

启发五，要尊重人才、用好人才。应充分挖掘农村中有胆识、有魄力的乡贤能人，使其成为乡村振兴的“领头雁”。浙江在这方面做得很好，一大批创业成功者回乡再创业，带领人民群众共同致富，得到了广大人民的盛赞。要把优秀干部充实到“三农”战线、充实到基层一线，特别是要把优秀青年党员吸收充实到基层党组织中。要探索建立村干部干事创业的激励机制，使其带领群众专心聚力地进行乡村振兴的伟大事业。要探索“城乡合伙人”新模式，柔性“引进”人才，他们并不一定长时间居住在农村，但可以把技术、资金、知识，甚至一些人脉，包括市场资源，都用来服务农村。农村本地志愿者也是乡村振兴的宝贵资源，在发展经济、乡村治理、矛盾调解、扶弱济困、助推文明等方面发挥了重要作用。要进一步创新观念和体制机制，给予农村志愿服务者以大力支持，表彰先进榜样，增强发展动力，为乡村振兴作出更大贡献。

我们还要精心做好海文章

——乡村振兴浙江行（九）

（2022 年 11 月 26 日）

吉炳轩

这次浙江之行，长途奔波，连续不停，在浙江东南地区进行了六天的学习调研，深受教育和启发。浙江的好经验很多，好的发展典型遍地皆是，不论走到哪里，都生机勃勃，富庶康宁，乡村振兴可谓争先恐后，你追我赶，都在撸起袖子加油干，甩开膀子可劲干，昂首阔步向前冲。

江浙的农村工作成效显著，经验丰富，难以一一言表。当然，浙江的各项工作都发展得很好，也都成效显著，经验丰富。特别是城乡面貌的巨变，商品经济的发展，外贸经济的繁荣，科技经济的发达，在全国也都是名列前茅的，在国际上也是颇有影响的。浙江的商品遍布世界各地，走进亿万家庭；浙江人经商做生意的足迹，也踏遍世界各地、各个角落。浙江人改革创新的拼搏精神，开拓前行的毅力勇气，吃苦耐劳的优秀品质，不畏艰险的胆量气魄，勇攀高峰的志向决心，都是令人佩服和赞叹的。浙江的伟业是奋斗出来的！

调研中，我一直在思考一个问题，自改革开放以来，全国各地都在解放思想，开拓前行，党的好政策都是一样的，为什么东西南北发展的差距那么大？浙江、江苏、广东、上海等，东南沿海地区，包括辽宁、山东、福建的沿海地区发展都比较快？原因可能有许多，而且也不尽相同。党的政策好这是肯定的；有个好班子，这也是必须的；有条好思路，这也是至关重要的；等等，但还有一个十分重要的客观因素，就是地理环境的优势。这个优势就在于临海，有能够顺利走出去的出海大通道，可以同世界经济的发展相联结，有较为有利的市场开拓条件。当然，东南沿海诸地区的发展快慢也不一样，那就是另有原因了，应该是既有意识方面的因素，也有视野方面的因素，还有思路方面的因素，也当有决心方面的因素，包括措施方面的因素等，当然，也包括一些客观条件、基础设施，如交通、能源等。但我看，主要还是人的因素。因为有利的沿海环境都是一样的。当然，也有些不同。同样是沿海，水浅水深不同，沙滩、石滩、岩滩和泥滩也不同，港口的吞吐能力也不一样，这都是影响或决定发展的客观因素。但主要的还是人，即人的认识、人的视野、人的规划、人的努力，等等。人是决定一切的。凡是发展快的、好的，都是由人干出来的。

还回到沿海这一优势条件上来说。

东南沿海的快速发展，除了党的改革开放的好政策，各级干部群众的奋发作为，这一根本因素外，就环境条件来说，或地缘优势来说，毗邻大海也是一个非常重要的因素。自古以来，绝大多数地区的城市、乡村，凡是人口相对集中，能够兴旺发达的地方，都是因水而起，因水而建，因水而兴。世界上所有的大都市，富庶发达地区，无一不是依水而建，靠水而荣。要么是海岸城市，要么是江河湖泊交通枢纽要道之地。不论是欧洲、亚洲、非洲、南北美洲、大洋洲，无处不是。放下国际上的城市的不说，就拿我国来说，历史上的七大古都，西安、洛阳、开封、安阳、北京、南京、杭州，无一不是因水而建，因水而兴。当然，也有政治、经济和军事等重要因素，但水是第一位的，也是最基本的。今日的中国各大城市、中小城市，也无一不是因水而建，因水而兴。即使一些因矿藏的开采和加工而兴起的油城、煤城，也要建在有水的地方。这个道理很简单，水不但利于交通，更是生产生活所必须，没有水，或少了水，水不足，也就建不成城市，特别是大城市，想发达则根本是不可能的。

历史上，或在中世纪以前，人们多重视江河湖泊之水，生产生活也多集中在江河湖泊沿岸。中世纪以后，特别是公元1500年以后，人类进入工业革命的近现代社会，也是殖民文化开始兴起并扩张的时期，多数地方，特别是欧洲和美洲，则更加注重海洋，重视码头、港口，特别是能避风拒浪的深水港，海洋经济和海洋文明也由此兴起，沿海一带快步进入了繁荣发展的黄金期，近现代所兴起的所有大都市，几乎都在海岸线上，几乎都有交通四方的港口和通往内陆的公路铁路。这也是人类社会和经济发展的一般规律，也是依水而兴，因水而荣。从江河走向海洋，视野更为开阔，市场更为宽广，经济发展的天地更为远大，谁能不重视海洋呢？

我国有五千年的文明发展史，但多是江河文明发展史，主要是长江和黄河两大流域。由于我国地大物博，地形多样，气候多种，陆地物产十分丰富，而且农耕和游牧并存，在几千年的发展中，很少走向海外，即使同外交往，也多是通过丝绸之路陆路进行。明代郑和七下西洋，是世界上大规模船队走出去最早的，也是规模最大的。遗憾的是朱棣死后，其儿子即位，一上台就取消了出洋的船队，认为无意义，不需要。这个缺乏国际眼光的孩子仅在位一年来时间就死掉了，其儿子即位，即朱棣的孙子，朱元璋的重孙子，又提出下洋出海，并授权郑和全权负责，但郑和已经老了，虽然又勉强出了一次海，但回来后，明朝也基本上停止了出海的活动。中国不出海了，葡萄牙才开始走了出来，并开始了海外殖民掠夺，欧洲社会也因此兴起。明代中后期和有清一朝，四百多年的时间，我国基本上是禁海的闭关锁国，不与外界来往，认为我泱泱中华，地球中心，什么都有，是最富有最强大的。火车、汽车、飞机都出现了，我们仍是骑马坐轿、人拉牛耕。封建的守成、闭关文化对后世影响很大，影响我们对海洋的认识、了解、开发和利用。时至今日，我们有许多同志在思路上、眼界上、工作的谋划上，仍然偏重于高山大川，而对海洋则研究不够，谋划不多。

改革开放以来，东南沿海快速崛起，既得益于海洋，就要很好的了解海洋、谋划海洋，凡沿海地区，都应把经略海洋放在十分重要的位置。

如何经略好海洋，这不是我们这次调研的题目，也不是关乎乡村振兴的主要任务，这里不去更深入地探讨。简单说，打造港口中心城市，建成内连多地，外连诸国的海陆空立体交通网络，成为商贸物流中心，现代企业基地、科技研发场所和国际旅游热点，则都是可行的、必须的，现在也是这样做的。沿海城市围绕经略海洋的眼界还需要再开阔些，开发的思路也应更广阔些，这方面的潜力还非常大。这里仅谈一个很小的观点，即如何保护好、经营好我国众多的海洋岛屿。我们长期以来，在众多人的眼里、心里、意识里，始终认为我们是个大陆国家，一谈到海洋，就自然想到的是澳大利亚、新西兰、冰岛、菲律宾、印度尼西业等岛国，他们四面环海，是海洋国家。殊不知，我国既是一个地域广阔的大陆国家，同时也是一个海洋面积广阔、海岛众多的海洋国家。这个认识一定要树立起来。放眼海洋谈发展、抓发展、图振兴。特别是沿海地区,必须要把这个观念树立起来。

我之所以提出这个问题,就是因为我们有广阔海洋而少用,有众多海岛多不知。特别是 11 月 13 日,我们来到温州,住宿在瓯海区建在山顶上的雪山饭店,可望见满城灯光闪烁,更想到温州的港口不知何等景象。桌上有一套市委、市人大摆放的温州发展规划,其中提出"拥江向海",发挥江海优势,拓展发展空间,开拓更大市场,引起了我极大的兴趣,为温州有此规划而高兴,并想到了以上和下面这些话,随手记下。在吃饭时,也同市委的领导同志进行了交流。

应该清楚看到的是,我国是一个海洋大国,这是不可非议的。我国不但有 300 多万平方公里的海域,这是我们的领地,而且海岛众多,也是一个海岛大国。在我国的渤海、黄海、东海和南海四大海域中,分布着数以万计的海岛,大小不一,星罗棋布。根据《2017 年海岛统计调查报告》,我国的海岛数量达 11000 多个,海岛面积占陆地总面积的 0.8%。按照海岛所处的海域,由北向南可以将我国海岛划分为渤海岛屿区、黄海岛屿区、东海岛屿区和南海岛屿区四个区域。其中东海岛屿区数量最多,约占我国海岛总量的 59%;南海岛屿区次之,约占 30%;而黄海、渤海岛屿区海岛最少,约占 11%。就省份来说,浙江的海岛数量最多,约占全国海岛总量的 37%,即三分海岛有其一。这也是我在浙江调研提出这个问题的意义所在。其次是福建和广东,约占 20%、16%。还有一些可以或若干年后可形成岛屿的地质体,其中仅江苏省沿海的南黄海辐射沙脊群,面积就超过 2 万平方公里,相当于现在江苏省面积的近五分之一。现在在低潮时,就有几千平方公里的沙洲露出,即使在大潮来时,也经常有 70 多条沙脊露出水面。

这么多海岛的意义有多大?仅仅疆域概念来讲,以三沙市来说,三沙市是我国总面积最大,但陆地面积又最小、人口也最少的城市。2012 年 7 月 24 日正式成立,所辖范围包括南海"九段线"内的西沙、中沙、南沙和暗沙滩及其海域组成,陆地面积仅 20 多平方公里,而陆海面积则约有 200 万平方公里。三沙市的范围与"九段线"之间的关系密不可分。它用断续国界线的形式将我国南海这片热带海域上的蓝色国土囊括进来。上世纪 30 年代,地理学家白眉初先生在《中国南海疆界图》中,第一次在地图上用一条连续、完整的实线将我国的南海诸岛围合了起来,这就是后来的我国南海 U 线,即今天所说的"九段线"雏形。《联合国海洋公约》1994 年开始实施,我国加入了这个公约。这个公约对毗邻海洋的国家规定了一系列海洋权益,比如提出沿海各国可以拥有从低潮时的海岸线向外 12 海里的领海,24 海里的毗连区、200 海里的经济专属区。这个公约的实施,在世界范围内引起了对海洋领土的高度重视,沿海和外海的海岛更加凸显了其对于国家版土的重大意义。这可以从两个方面来说。一个方面是,假如沿海的国家没有海岛,那它的领海只能从低潮时的海岸线开始计算;假如有海岛,则可以以这些海岛作为基点,两两连线为领海基线,其领海基线将向海洋推进,由此可带来领海、毗连区、专属经济区的扩大,以增加国家的版土。另一个方面是,假如一个国家在远离陆地的外海有海岛,则这个海岛就可以像陆地一样取得领海、毗连区、专属经济区,成为国家领土的一部分。由此可见大洋中海岛的极端重要性。

以上所谈还仅是疆域方面,具有极其重要的军事意义、战略意义,同时在经济方面意义也特别重大。在地球上,海洋面积远远大于陆地,海洋的矿藏、生物,包括动物和各种物质也远远多于陆地。人类未来的发展,肯定要从陆地走向海洋,向海洋索取人类生存发展所需要的各类物质。开发海洋是迟早的事情,但不仅是捕鱼捞虾和海洋养殖,也不仅仅是开采一些天然气、可燃冰之类,人类生产生活所需要的一切,都有可能绝大部分要取之于海洋。由此来看,海岛的意义就更为重大了。仅就目前来说,建立海洋牧场,开发海岛旅游,也是沿海地区实现乡村振兴,发展乡村产业的有效途径。

经略海岛意义重大。

在我国的各大海域中,以东海的岛屿数量最多,约占全国海岛总数的一半以上。东海岛屿以江苏省启东嘴与韩国济州岛之间的连线为北界,以广东省东北部的南澳岛与台湾岛南端鹅銮鼻的连续为南界,包括上海市、浙江省、福建省的全部岛屿和江苏省、台湾省的部分岛屿。这些岛屿绝大部分为基岩岛,并以群岛或列岛的形式有规律地分布。我国最大的群岛舟山群岛就分布于此。舟山群岛由嵊泗列岛、崎岖列岛、中街山列岛等 10 个列岛组成,有大小 1800 多个岛屿。舟山群岛不仅富庶,而且风景还十分美丽,如最外围的壁下岛,风景就十分独特而秀美。当然,这非我新眼所见,是有关资料介绍的,我见到过航拍的照片。舟山群岛还有深水码头,上海就在距上海仅有 30 多公里的小洋山岛和大洋山岛建造了深水国际集装箱码头和深水原油码头，被称为经济发展进入“岛港时代”。海岛经济潜力巨大，前景光明，方兴未艾。

我国这么多的海岛，四大海域从北到南，气候条件也有很大不同，但各种物产都很丰富，各种资源也很丰厚，有许多有独特的区域特色，通向世界的路径也都可四通八达，优越便利，当然，这需要有港口，有完善的各种设施，以及内通外出的各种条件。如何经略好这些岛屿，是一篇很大的文章。浙江的岛屿最多，希望能在国家的统一规划下，切实搞好保护和科学有序开发，能创造出海洋经济和海洋文明的新辉煌。这也是我提起这个话题的一点愿望。

实施乡村振兴战略要坚持从实际出发

——乡村振兴浙江行(十)

(2022年11月27日)

吉炳轩

乡村振兴是一项关乎中国特色社会主义现代化建设和中华民族伟大复兴的战略任务，按照第二个百年奋斗目标的要求，就全国来说，需要坚持不懈地奋斗几十年，这是一项长期任务，需要持续进行，久久为功。浙江发展的快一些，已经达到了一定的水平，走在了全国的前列。但就全国来看，由于地理、环境、基础、条件等多种因素，发展是不平衡的，快慢差距还是比较大的。实施乡村振兴战略，东西南北不可能正步走、一边齐，而是要因地制宜，区别对待，都需要从自己的实际出发，积极而又扎实地向前推进。

乡村振兴是全面的振兴，涉及经济、文化、环境等诸多方面，是经济建设、政治建设、文化建设、社会建设、生态环境建设五位一体的，缺一不可。但在具体的工作步骤和抓法上，或阶段性的任务上，则需要在一定的时间内，突出重点，抓住关键，进行突破。这虽是个工作方法的问题，但也是个很关键的问题。浙江的发展比较全面，可以向更高的水平和层次发展，但就中西部地区，或较大多数的地区来说，有的可以先把重点放在千方百计增加农民收入上；有的可以先把重点放在改善生产条件打基础上；有的可以集中力量放在抓产业发展上；有的可以相对地把重点放在突出深化改革活化农村经济上；也有的可能会把重点先放在整治村容村貌强化社会治理上；还有的也会把重点先放在着力保护修复生态环境上，等等，这都是切实可行的，都需从实际出发，找准一个出发点、突破口或着力点。当然，突出重点并不是只抓一点而不顾其他，也要统筹兼顾，像弹钢琴一样，十指并用，有节奏地进行。

对于实施乡村振兴战略，就全国来说，党中央、国务院已经有十分明确而具体的规划；习近平总书记有多次重要讲话，作出了明确指示，提出了科学的理论指导；乡村振兴促进法也讲的十分清晰明确。就大的方面来说，到2035年，农业农村现代化要基本实现。具体一点的目标任务就是：农业结构得到根本性改善，农民就业质量显著提高，共同富裕迈出坚实步伐；城乡基本公共服务均等化基本实现，城乡融合发展机制更加完善；乡风文明达到新高度，乡村治理体系更加完善；农村生态根本好转，生态宜居的美丽乡村基本实现。到2050年，乡村全面振兴，农业强、农村美、农民富全面实现。这些表述都是理性的，也是概念性的定性的目标，在具体的规划中，都还有一些定量的标准要求。总的来说，乡村振兴需要构建乡村发展新格局，统筹城乡发展空间，优化乡村发展布局，分类推进乡村发展；需要加快农业现代化步伐，夯实农业生产能力基础，加快农业转型升级，建立现代农业经营体系，强化农业科技支撑，完善农业支持保持制度；需要发展壮大乡村产业，推动农村产业深度融合，完善紧密型利益联结机制，激发农村创新创业活力；需要建设生态宜居的美丽乡村，推进农业绿色发展，持续改善农村人居环境，加强乡村生态保护与修复；需要繁荣发展乡村文化，加强农村思想道德建设，弘扬中华优良传统，丰富乡村文化生活；需要健全现代乡村治理体系，加强农村基层党的建设，促进乡村自治、法治、德治有机结合，夯实基层政权这个基础。就当前多数地方来说，我个人的看法，乡村振兴就大多数地区、特别是中西部地区来说，最为关键的还是要大力发展农村生产力，发展壮大农村产业，切实保障和改善民生，加强农村基础设施建设，提升农村劳动力就业质量，增加农村公共服务供给，不断提高农民收入水平和生活质量，等等。

总的来说，依法推进乡村振兴，需要干很多事情，都需要着力抓好。乡村振兴，就政府的工作层面来说，除了制定好相关的规划和政策外，应把重点放在如何调动乡村振兴的主体——农民的积极性、创造性方面，要让这个主体动起来、活起来、干起来，就如搞大包干时那样，发挥出主观能动性；另一个是要通过深化改革，努力把农村的资产、资源搞活、增大，使农村的经济活起来，有自我发展的活力和能力。这方面的工作任务很重。只有使农村经济活起来，有了活力，才能加快发展，实现振兴；第三个是要放权给基层，放权给农民，使农村农民敢于去探索创造振兴发展的路子。全国各地情况不同，发展的环境、条件和水平也不同，各地都要因地制宜，走出自己振兴发展的路子，这就需要探索创新。

这三个方面需要下点功夫来抓，并深入进行研究，及时总结基层的经验。

除了这三个方面外，还有很重要的一项工作，就是着力去打牢基础，把乡村振兴的基础打牢。

推动乡村振兴，就基础工作来说，很重要的一条，就是要着力改善农业生产条件，促进农村生产力有更大发展。

农业的发展，农民的富裕，农村面貌的改变，实施乡村振兴，从根本上讲，还是要进一步解放和发展生产力。在农村生产力的诸多要素中，人依然是最关键的、最核心的要素，也是起决定性作用的要素。推动农业发展，农村建设，实现乡村振兴，就是要去发挥广大农民的积极性、创造性和主观能动性。但除了这一核心要素外，生产条件和生产手段也是十分重要的因素。农业生产受制于天，受限于地，受各种自然环境的约束。而要与天抗争，与地奋斗，与各种各样的自然灾害斗争，就必须要借助于一定的生产工具和生产条件。现代社会已经进入了工业化、科技化、信息化阶段，而支撑这个社会发展的农业，也应该进入科技化、信息化、现代化，否则这个基础就要被动摇，现代化社会的大厦就不牢靠，就难以巩固。

推动乡村振兴，改善生产条件，需要建设内容很多，但有三条是最基本的，必须优先推进。

一是还要下力推进农田水利现代化建设。水利是农业的命脉，现代农业必须有现代水利作保障。要解决靠天收的问题，就要建设可靠的旱涝保收田、高产稳产田，而旱涝保收、高产稳产，其中旱能浇、涝能排的水利设施是最为关键的。这是建设高标准农田最为根本的问题。治水需要工程，有工程才能有水利，有水源无工程难以成为水利。我们在水利工程建设方面已经取得了巨大成绩，积累了丰富经验，也发挥了巨大效益，但仍然有大量工程急需建设。防洪除涝需要工程，城乡供水需要工程，农业灌溉需要工程，治污清淤需要工程，保持生态需要工程，节约用水需要工程，等等，可以说，没有工程建设，保护水资源，优化水环境，兴水利、除水害都是难以办到的。仅就农业生产来说，确保粮食生产旱涝保收、高产稳产，必须着力解决兴水利、除水害问题，否则就永远处于被动局面。频繁发生的水患和干旱灾害不停地告诫我们，农田水利基础设施不足仍是影响农业稳定发展和国家粮食安全的重大制约。习近平总书记高度重视水利工程建设和水资源保护和节约用水，就抗旱除涝，保护水环境，作出过一系列重要指示。我们一定要落实好总书记的重要指示，继续抓紧抓好农田水利工程建设，做到科学用水、节约用水，防洪除涝、兴利除弊，管住水，用好水。

二是要加快推进农业机械现代化建设。农业机械是最为直接的生产力，发展农村生产力，推进现代农业发展，就必须用现代机械来装备农业。现在，我国正处在由传统农业向现代农业转变的关键时期，我国农业机械化正处在加快发展、结构改善、质量提升、领域拓宽的重要阶段。虽然我国是世界农机第一制造大国，但在现代农业机械的研制、开发、生产上与发达国家的差距还是很大的，大多数国产农机产品仅相当于发达国家上世纪 70 年代 80 年代的水平。国内农机企业特别是小型农机企业原始创新乏力，多数没有核心关键技术研发能力，主要靠仿制国外和国内知名农机企业产品为生。很多农机产品质量不稳定、可靠性不高，制约了农机水平的整体提升。这个问题确实需要引起高度重视，应该下力气来解决。这几年力度很大，发展很快，还要再努力，再快些。应积极培育农机发展主体，制定完善促进农业机械化发展的政策措施，鼓励和支持现代化农机装备制造，鼓励和支持农机专业合作社、农机作业服务公司等新型农业生产经营主体发展壮大。要引导土地、劳动力、资金、装备、技术、信息等生产要素向农机合作社和服务组织集聚，加快实现主要粮食作物生产、饲草生产和加工、畜禽养殖等全程机械化。要加强农业机械基础和前沿技术研究，开发具有自主知识产权的多功能、智能化、经济型农机装备科研成果，重点在田间作业、设施栽培、健康养殖、精深加工、储运保鲜等环节取得新进展。

三是积极推进农业科技现代化建设。农业科技现代化是建设农业现代化、实现乡村振兴的根本保障。人类历史发展表明，一部农业发展史就是农业科技进步史，每一次农业科技的重大突破，都带来了农业发展新的飞跃。我们常讲，我国以不到世界7%左右的耕地，养活占世界21%的人口，这里的关键就在于我们紧紧依靠农业科技自主创新来不断促进农业生产力发展。建设现代农业，推动乡村振兴，就要始终坚持科技兴农，大力研发推广先进适用技术，不断提高农业生产科技含量，向良种良法要产量，向科学技术要效益，加快促进科技成果向现实生产力转化。要进一步深化农业科技体制改革，打破部门、区域、学科界限，有效整合科技资源，建立协同创新机制，从科研、试验、示范、推广等环节入手，推动产学研、农科教紧密结合。要完善以产业需求为导向、以农产品为单元、以产业链为主线、以综合试验站为基点的新型农业科技资源组合模式，充分发挥技术创新、试验示范、辐射带动的积极作用，利用农业科技来改造农业、经营农业、管理农业，走出一条依靠科技进步不断提高土地产出率、资源利用率和劳动生产率的农业现代化发展道路。

推动乡村振兴，这些基础性的工作一定要下力抓好。乡村振兴没有捷径，优化生产条件，搞活农村经济，完善各类设施，什么时候都是需要去下力抓好的。

以上所谈，是看了浙江一些乡村后的想法。浙江的乡村振兴已经发展到一定程度，而且也有了一定的档次和水平，现正在向实现城乡一体化发展和共同富裕迈进。而全国东西南北条件差异很大，发展也不一样，就需要从各自的实际出发，抓住重点，统筹协调，逐步向前推进。东南沿海改革率先起步，一些发展比较快的地区，则需要推动全面发展，提高质量和水平，按照总书记和党中央的要求，作出样子，带动示范。

宏伟大业来自于改革创新

——乡村振兴浙江行(十一)

(2022年11月27日)

吉炳轩

习总书记深刻指出，改革是乡村振兴的重要法宝。在浙江的乡村振兴调查研究中，充分看到和证实这一重要论断的科学真理性，是无比正确的。

浙江的快步发展是自党的十一届三中全会做出改革开放的重大决策后开始的，在四十多年的发展历程中，几经蝶变，由小商品大市场，到成为百业兴旺，千帆竞发，经济、社会、科技、教育、文化、卫生全面兴旺发达，特别是广大农村万象更新、生机勃勃，仍在向更高的目标奔驰，靠的是什么？回答就是一句话，靠的是在党的坚强领导下的改革开放。当然，也是艰苦奋斗、开拓进取、创新创造的结果，等等。但这一些都是以改革开放为引领，或者以改革开放为前提，是在改革开放过程中的奋发有为。浙江乡村振兴的实践，全国经济发展的实践，都充分证明，改革是前进的动力，发展的活力。我们靠改革开放取得了举世瞩目的伟大成就，今后的持续发展，再攀高峰，实现第二个百年奋斗目标，还要依靠改革开放来激发动力，注入活力。

浙江改革开放的辉煌成就，也使我在这次调研中想到了许多。1985年，我在河南任偃师县委书记，曾带领一些乡党委书记和科局长到长江三角洲的江苏、浙江和珠江三角洲的广东进行了一个多月的学习考察。学习江苏大办乡镇企业的做法，学习浙江家家户户制作销售小商品的做法，学习广东利用海外的技术、原料、市场，“三来一补”、“大进大出”发展外向型经济的做法。其中，大办乡村集体企业，组织家家户户搞小商品生产，都见到了很大成效，带动了一部分农民致富，时至今日，所办的一些企业，生产的一些商品仍然充满生机，只是管理的形式发生了变化，多实行了股份合作的现代企业制度。由此，也使我更加深刻地感觉到，我们党做出果断决策，在农村实行家庭联产承包责任制，将土地所有权和承包权分离，所有权归集体，承包经营权归农户，这是一个划时代的创举。也正是这一重大举措，开创了整个中国改革开放的先河，使中华民族快速走上了改革创新之路、兴盛发达之路。也正是这一改革壮举，极大地调动了亿万农民的积极性、创造性，很快解决了困扰中国人多年的温饱问题,并走上了小康生活之路。也正是这一改革壮举及取得的巨大成效,使整个中国农业的发展、中国农村的面貌发生了翻天覆地的变化,也带动了整个中国的经济、整个中国的面貌发生了翻天覆地的变化。也正是这一改革壮举,不但推动了农村生产力的极大释放和发展,而发展的成果和带来的新的发展变化,又对农村农业的生产关系和生产方式提出了新的改革要求,即改革的成就和变化、新的发展需要又呼唤着更为深入的改革开放和新的探索创造。

改革创造奇迹,奇迹带来变化,变化产生问题,问题需要改革,这是人类社会进步的规律,也是改革发展的规律。

改革是个永久的话题,也是个永久的任务。中国的古人在 3000 多年前就提出了“苟日新,日日新”的思想观念,就是年年月月、旬旬日日不停地发展,不停地创新,不停地改革,不停地进步。只有改革才能创新,唯有创新才能进步,进步和创新都需要改革。中国最早的哲学著作《周易》中,就提出“与时消息”、“与时偕行”的观念,也是讲的改革创新,与时俱进,强调社会进步不能始终抱着一定的体制不变。现在,农村经济发展进入了多业并举、多方投资、多种形式发展的多元时代;现代农业的生产经营发展到了土地所有权、承包权、经营权三权分置的阶段。这是农村经济进入新时代的新的发展变化和要求,是农村经济管理制度多元发展的新变化和新要求,也是基本经营制度,在“两权”分设基础上的又一次改革,是农村经济体制和经营方式改革的进一步深化。这一新的改革也是农村基本经营制度的进一步完善,它符合生产关系适应生产力发展的客观规律。就土地的管理经营这一根本的经济制度来说,它有利于明晰土地产权关系,更好地维护农民集体、承包农户、经营主体的权益;有利于促进土地资源合理利用,构建新型农业经营体系,发展多种形式适度规模经营;有利于提高土地产出率、劳动生产率和资源利用率,推动现代农业快速发展。这一改革合民需、应民意,是适时的,也是必须的。

改革是攻坚、改革是克难,改革是探索、改革是创新,改革激发活力、改革产生威力、改革提高效率,改革更能增加巨大的效益。改革是为了解决发展中出现的各种各样的矛盾和问题,没有矛盾和问题就不需要进行改革,也不可能出现改革。没有问题,革什么呢?改革是攻坚克难,没有平坦大道可走,也没有现成的经验可资借鉴,需要去探索创新。探索创新是改革的手段、路径和法器,没有探索创新,也就迈不开改革的步子,走不出改革的路子,更创不出改革的业绩,也不可能形成新的制度。深化农村改革,由一家一户的小生产而走上规模经营的社会化大生产,由小农经济而走上市场经济,由传统农业而走上现代农业,各种各样的困难矛盾是很多的。仅就农村土地的“三权分置”来说,各种各样的困难和矛盾就有很多很多。即使“三权分置”的问题解决了,怎样放活土地的经营权,也有许多困难和问题。从“两权”到“三权”,不单是农村土地经营权的剥离问题,转移问题,而是农业生产经营、农村生产关系的又一次巨大的变革,这个变革的意义和影响随着改革的深入、现代农业的发展会日益显现出来,其对推动中国经济社会的发展进步将是巨大的,也是现在难以想象的。这一新的改革要获得成功,就要进行大胆地探索创新。我们支持和鼓励探索创新,因为唯有探索创新才能发展进步。

农村改革成就巨大,但农村改革还任重道远。不论是建设现代农业,还是推进城乡发展一体化,实现共同富裕,现阶段,首要的任务还是发展农村生产力。没有农村生产力水平的提高,就不会有农村经济的快速发展和农民收入的大幅增长,也不会有城乡一体化发展和农村、农业的现代化建设。之所以在经济社会发展中出现城乡二元结构,其根本原因就在于农村生产力相对落后,发展缓慢。而要改变二元结构的状况,实现一体化发展,就必须要加快农村生产力的发展。城乡经济社会中出现的种种差距,其本质也是由于生产力水平低下、发展缓慢造成的,而要缩小这种差距,就要大力发展农村生产力。

农村生产力水平相对低下、经济不发达,造成这种状况的原因十分复杂,有历史原因、文化原因、环境条件、科技人才等诸多方面,但不可否认,也有体制机制方面的因素,从某种意义上说,体制机制还是一个十分重要的原因。在传统农业向现代农业的转换时期,在推动城乡发展一体化的关键时期,一些体制机制性障碍已经严重影响了农业的现代化进程和城乡协同发展的步伐。这些年在涉农法律的执法检查和一些专题调研中,各地普遍反映的农村资源转化为有效资本难,农业生产条件改善、特别是水利建设、科技建设商业运作难,城市资金下乡投资难,农村土地、宅基地及其附属物抵押、质押难,农业现代化大规模跨区域耕作经营难,农民进城务工待遇不平等、身份转换难,农村人口自然增减而土地承包权合理调整难,等等。这些“难”,追根溯源,无不牵涉到体制机制的制约和束缚,使其难以逾越。这些问题必须通过深化农村改革来解决，但深化农村改革必须要在基层大胆探索实践的基础上才能做出科学决策。诸如，改革完善农村的土地经营制度，建立土地所有权、承包权、经营权相分离的新的农业经营体系；改革完善农业支持保护制度，强化农业补贴政策，加大财政对农业的补贴力度，完善粮食主产区利益补偿、耕地保护补偿、生态环境补偿，农业补偿应适应并能促进新的农业经营体系的建立，特别是新型合作化组织的发展、农业产业化的推进、农村城镇化的建设，农业新科技的推广等；改革完善农村金融服务制度，加大政策性金融的投放规模，加强商业性金融的支农力度，鼓励城市资本参与农业的开发经营等；改革完善农村公共服务制度，积极推进城乡公共资源均衡配置等等。许许多多的改革深化，既需要顶层设计，更需要基层实践探索。实践是检验真理的唯一标准，真理要放到实践去检验，才能确定是否是真理。真理来源于实践，唯有在实践中产生的真理，才能经得起实践的检验。改革的方案不是凭空想出来的，而是在实践中一步一步探索出来的。农村改革又碰到了体制机制的硬骨头，啃下这块硬骨头，需要支持鼓励各地去开拓创新。作为立法机关，我们制定的所有涉农法律，都要支持、鼓励、保护农村农民实践创造、开拓创新，这样才能推动农村改革深入，推动经济发展、社会繁荣，城乡发展一体化才能够顺利实现。

习近平总书记高度重视并亲自领导深化农村的改革工作，做出一系列重大决策部署，以土地制度改革为牵引，深入推进新一轮农村改革，以其全面激活主体、激活要素、激活市场，着力破解制约乡村振兴的体制机制障碍，增强乡村发展活力。当前及今后一段时间，有四个方面的改革是需要深入推进的：

一是要继续深化农村土地制度改革。新时代深化农村改革，主线仍然是处理好农民和土地的关系。当前重点是保持农村土地承包关系稳定并长久不变，落实好第二轮土地承包到期后再延长30年的政策，完善承包地“三权分置”的配套政策和法律法规。总结农村土地制度三项改革试点经验，巩固改革成果。要完善配套制度，全面推开农村土地征收和集体经营性建设用地入市改革，加快建立城乡统一的建设用地市场。稳妥审慎地推进农村宅基地制度改革，拓展改革试点，丰富试点内容，完善制度设计。

二是要深化农村集体产权制度改革。这项改革对于增强集体经济实力、增加农民财产性收入、完善乡村治理都具有重要意义。要在清产核资，摸清家底的基础上，推行集体经营性资产股份合作制度，探索集体经济有效实现形式，构建起归属清晰、权能完整、流转顺畅、保护严格的集体产权制度，努力发展壮大农村集体经济。

三是要着力培育农村经济新型经营主体。“大国小农”是我国的基本国情，今后很长一个时期内，小农户家庭经营仍将是我国农业的基本经营方式。要正确处理发展适度规模经营和扶持小农户的关系，既发挥适度规漠经营的引领化用，又要照顾到小农户这个基本面。要不断总结和推广“农户＋合作社”、“农户＋合作社＋公司”的新的经营方式，完善利益联结机制，积极培育多类型的社会化服务组织，推动农户小规模生产与现代化大而场有效对接。

四是完善农业支持保护制度。我国是农业大国，农业是弱质产业，多是小规模分散经营，抗风险能力很弱，必定给予支持和保护，包括必要的惠农补贴，这也是国际通行的做法。要按照增加总量、优化存量、提高效能的要求，坚持高质量绿色发展为导向，制定完善农业支持保护政策。特别是要为农村的多业发展、多元投资提供政策和法律支持。

坚持以习近平新时代中国特色社会主义思想为指导 推动新时代人大教科文卫工作高质量发展

——在全国人大教科文卫工作交流座谈会上的讲话

（2022年9月7日）

艾力更·依明巴海

在全党全国各族人民喜迎党的二十大胜利召开之际，我们在湖南召开全国人大教科文卫委工作交流座谈会，具有特殊的意义。这次会议的主题是以习近平新时代中国特色社会主义思想为指导，深入学习贯彻中央人大工作会议精神，总结交流人大教科文卫工作取得的成效和经验，研究讨论人大教科文卫工作面临的形势和任务，推动新时代人大教科文卫工作高质量发展。

十三届全国人大常委会成立以来，面对我国社会重要矛盾的历史性变化对人大教科文卫工作带来的挑战，面对历史交汇期艰巨繁重的改革发展任务，特别是突如其来的新冠肺炎疫情，全国人大教科文卫委员会积极进取、团结协作，主动作为、勇于担当，在立法、监督、代表工作、对外交往以及委员会自身建设等方面做了大量富有成效的工作，取得了可喜成绩。这些成绩的取得，是以习近平同志为核心的党中央坚强领导和习近平新时代中国特色社会主义思想科学指引的结果，是全国人大常委会党组和栗战书委员长关心、重视和领导的结果，同时也是教科文卫委员会全体组成人员依法履职、担当尽责的结果，是教科文卫委员会办事机构全体工作人员当好参谋、扎实服务的结果。

四年多来，地方人大积极支持全国人大的工作，形成新时代人大工作整体合力。地方人大教科文卫委与全国人大教科文卫委密切协同、上下联动，全力推进立法、监督、代表等各项工作，创造了许多新鲜经验。作为联系教科文卫委员会的委员长会议组成人员，我多次带领调研组到一些省（区、市）开展执法检查和调研工作，切身感受到人大教科文卫工作战线的同志，不论是“老人”还是“新兵”，都充满着深厚的为民情怀，呈现出奋发有为、积极进取的精神面貌和工作干劲，为推动教科文卫领域法治建设以及治理体系和治理能力现代化建设作出了积极贡献。

本届教科文卫委员会履职以来，在工作实践中形成了一些共识，积累了一些经验。主要有以下六个方面：一是坚持党的全面领导，用党的创新理论武装头脑、指导实践，确保党的路线方针政策和党中央决策部署落地见效；二是坚持以人民为中心，以最广大人民群众的最根本利益作为工作的出发点和落脚点；三是坚持围绕中心、服务大局，紧扣“国之大者”，紧贴民生关切，解决好教科文卫领域发展不充分不平衡问题；四是坚持目标导向、问题导向、结果导向相统一，着力提高立法质量，增强监督实效；五是坚持系统观念，密切协同配合，整体谋划和统筹推进立法、监督等各项工作；六是坚持守正创新，健全完善工作机制，创新工作方式方法，不断提升履职能力和水平。这些经验和体会，还可以进一步提炼和丰富，进而运用到我们的实际工作中去。

去年10月召开的中央人大工作会议，在党的历史上、人民代表大会制度历史上都是第一次，在我国社会主义民主政治建设进程中具有里程碑意义。习近平总书记出席会议并发表重要讲话，深刻回答了新时代发展中国特色社会主义民主政治、坚持和完善人民代表大会制度等一系列重大理论和实践问题，全面阐释了全过程人民民主的内涵和要义，为长期坚持、不断完善人民代表大会制度，做好新时代人大工作提供了根本遵循和行动指南。

结合学习贯彻习近平总书记关于坚持和完善人民代表大会制度的重要思想，就做好新时代人大教科文卫工作，谈几点认识。

一、坚持党对人大工作的全面领导这一最高政治原则，坚定不移走中国特色社会主义政治发展道路

中国共产党领导是中国特色社会主义最本质的特征。当前，世界百年未有之大变局加速演进，我国发展需要应对的风险和挑战、需要解决的矛盾和问题比以往更加错综复杂。越是形势复杂、越是任务艰巨，越是需要领导核心的掌舵定向、科学理论的指引领航。我们要强化政治机关意识，旗帜鲜明、坚定不移把坚持党的全面领导这一最高政治原则贯彻好、落实好，深刻认识“两个确立”的决定性意义，增强“四个意识”，坚定“四个自信”，做到“两个维护”，确保人大各项工作都在党的领导下进行。

第一，要坚持以习近平新时代中国特色社会主义思想指导人大工作。对人大工作的同志来说，用习近平新时代中国特色社会主义思想武装头脑，深入学习贯彻习近平法治思想、习近平总书记关于坚持和完善人民代表大会制度的重要思想，是坚持党的领导的重要体现，也是基本功和必修课。只有加强理论武装，提高政治站位，对党中央的大政方针和决策部署才能领会得更透彻，工作起来才能更有预见性和主动性。要自觉把深入学习贯彻习近平总书记关于坚持和完善人民代表大会制度的重要思想作为重大政治任务，深刻领会、准确把握核心要义、丰富内涵和实践要求，不断提升运用党的创新理论指导实践、推动工作的能力，做到理论上更清醒、政治上更坚定，理解上更深入、落实上更到位，切实把学习成果转化为做好人大工作的强大动力和实际效能，推动人民代表大会制度与时俱进、不断完善。

第二，要把“两个维护”贯彻落实到履职的各方面全过程。坚持党对人大工作的全面领导，要体现到“两个维护”上来。在人大工作，凡是涉及重要会议、重要立法、重要工作、重大事项的，都要按规定及时向党中央和同级党委请示报告，这就是坚持党的全面领导、做到“两个维护”的具体体现。近年来，全国人大常委会请示报告制度机制不断健全，有效推动党对人大工作全面领导的具体化、制度化、常态化。常委会党组在修订党组工作规则时，将“请示报告”专门列为一章，并明确了必须向党中央请示的重要事项和报告的重要情况。全国人大教科文卫委分党组充分发挥“把方向、管大局、保落实”的重要作用，不断完善工作机制和工作规则，指导和支持委员会依法履职、开展工作，确保党中央决策部署在工作中得到全面贯彻、有效执行。

第三，要紧紧围绕党和国家工作大局开展工作。栗战书委员长强调，人大工作必须“紧跟党中央重大决策部署，紧贴人民群众美好生活对法治建设的呼声期盼，紧扣国家治理体系和治理能力现代化提出的法律需求实际”。这是新时代人大工作高质量发展的基本思路和鲜明主题。坚持党对人大工作的全面领导，同反映人民意愿、维护人民利益是完全一致的。因此，人大工作必须紧跟党中央重大决策部署，在大事要事上不畏难、不回避，关键时刻勇于出拳亮剑，有力维护最广大人民根本利益，切实做到党和国家工作重心在哪里，人大工作就跟进到哪里，力量就汇聚到哪里，作用就发挥到哪里。2020 年初，面对突如其来的新冠肺炎疫情，全国人大常委会强化公共卫生法治保障，及时制定专项立法修法工作计划，成立工作专班，分批推进传染病防治法、国境卫生检疫法、执业医师法等 30 部法律的制定和修改工作，以法治思维、法治方式应对风险挑战，为保障人民健康提供有力的法律支撑。全国人大教科文卫委落实全国人大常委会立法规划和立法工作计划，协助做好教育、科技、文化、卫生健康领域 21 部法律立法修法工作，为推动教育高质量发展、加快建设创新型国家、建设社会主义文化强国、健康中国战略实施提供法治保障，让改革发展成果更多更公平惠及全体人民。

二、准确把握新时代人大工作的新任务新要求，深入践行全过程人民民主

习近平总书记在中央人大工作会议上，系统阐述了“全过程人民民主”的重大理念，明确提出新时代加强和改进人大工作的指导思想、重大原则和主要任务。我们要深刻认识和准确把握人民代表大会制度在国家制度和国家治理体系中的新职能、新任务，不断增强新时代依法履职的责任感和使命感，充分发挥人民代表大会制度作为实现全过程人民民主的重要制度载体作用，保障人大代表和人民群众全过程参与立法、监督等工作，切实把人民的知情权、参与权、表达权、监督权落实到人大工作各方面全过程。

一是在立法实践中不断实现和发展全过程人民民主。充分发挥人大及其常委会在立法中的主导作用，坚持科学立法、民主立法、依法立法相结合、相统一，就要求我们不断完善民主立法的渠道和形式，努力倾听人民心声，让立法的各环节都凝聚最大共识。全国人大常委会不断完善法律草案向社会公开工作机制。党的十八大以来，已有 217 件次法律草案向社会征求意见，约有 120 多万人次提出 380 多万条意见建议。在审议过程中，不仅公布法律草案的一审稿、二审稿，还公布起草说明和修改说明。常委会还设立了 32 个基层立法联系点，搭建了基层群众参与立法的民意“直通车”，原汁原味的基层立法建议直达立法机关。在编制立法计划的过程中，不仅注重增强立法的系统性、整体性、协调性，还根据经济社会发展新形势和人民群众新期待，及时增加新的立法项目。2021 年、2022 年教科文卫领域新增修改教育法、人口与计划生育法、科学技术普及法等立法项目，就是针对社会关注、代表反映集中的问题，及时跟进研究，抓紧填补空白点、补强薄弱点。2018 年 7 月吉林长春长生疫苗案件发生后，全国人大常委会第一时间研究疫苗管理法立项和起草，教科文卫委参与专班工作，当年 12 月常委会即安排审议疫苗管理法草案，2019 年 6 月草案三审通过，为新冠肺炎病毒疫苗的研制和使用提供了坚实的法律保障。

二是在人大监督中不断实现和发展全过程人民民主。人大监督是民主监督的重要组成部分。各级人大依法开展法律监督和工作监督，要积极回应社会热点诉求，重点关注涉及人民群众切身利益、社会普遍关注的法律和相关工作。十三届全国人大常委会围绕人民群众关心的教育、医疗、环保、脱贫攻坚等民生领域确定了 50 余个监督项目，其中教科文卫领域有 6 部法律开展了执法检查，听取和审议了国务院 9 个专项工作报告。开展监督工作时，广泛听取人民群众的意见建议，做到情况摸清、

问题找准、对策提实，确保宪法法律得到有效实施，推动解决群众的急难愁盼问题。教科文卫委不断创新工作方式，增强监督工作的代表性、针对性和实效性。比如，高等教育法、科学技术普及法、公共文化服务保障法、传染病防治法执法检查组在实地检查的基础上，均增加了随机抽查、问卷调查、视频会议、第三方评估等形式，多层次、多方位调查了解实际情况。在河北、江苏开展学前教育监督专题调研时，邀请了 9 省（市）人大教科文卫负责同志座谈。大家普遍认为，以这样的形式进行专题讨论、听取意见，效率高、效果好。

三是在代表工作中不断实现和发展全过程人民民主。发挥人大代表来自人民、扎根人民的优势，增强代表履职的积极性和主动性，把反映民意、开展监督和协助解决问题有机结合起来，真正做到民有所呼、我有所应。议案建议办理工作"既要重结果、也要重过程"。要加强与代表"面对面""点对点"沟通，做到件件有回音、有着落、有反馈，将代表的真知灼见转化为促发展、惠民生的具体政策和实际举措。比如，2018 年、2021 年代表提出的关于规范校外培训、减轻中小学学生负担的建议被列为重点督办建议，教科文卫委在认真督办的基础上，建议常委会听取"双减"工作专项报告，已得到采纳并列入了今年监督工作计划。同时，努力推进代表联系工作制度化、规范化，全国人大常委会组成人员直接联系 439 位全国人大代表，"做到真联系、取得真效果"。本届以来，全国人大常委会、各专门委员会邀请人大代表参加立法调研、执法检查，组织代表座谈和列席有关会议，已经形成制度，教科文卫委仅立法调研和会议就邀请了 100 余人次代表参加。

三、立足"四个机关"定位要求，不断开创人大教科文卫工作新局面

习近平总书记在中央人大工作会议上，对各级人大及其常委会提出"四个机关"（政治机关、国家权力机关、工作机关、代表机关）的要求，鲜明指出了人大的本质属性和职责使命。作为人大教科文卫委的同志，要认真思考和深入领会人大在新时代党和国家事业全局中的定位、承担的使命、努力的方向，落实党对人大工作的新要求，回应人民群众的新期待，让人民代表大会制度优势更好转化为国家治理效能，助力经济社会发展和改革攻坚任务。

一是心怀"国之大者"，依法履行职责。教科文卫事业"顶天立地"，关系国计民生，既是"国之大者"，又是人民关切，既有芯片制造、神舟飞天这样的高精尖，也有就学、就业、就医这些让老百姓牵肠挂肚的民生问题。我们要清醒地看到，教科文卫领域风险挑战交织叠加，利益关系错综复杂，立法需求多元面广，新时代人大教科文卫工作的任务更重了，要求也更高了。要抓牢抓实调查研究，做好法律草案的研究、起草、审议工作，提高法律草案起草和审议质量，立良善之法、管用之法。坚持寓支持于监督之中，紧扣法律规定，让法律的"牙齿"真正"咬合"，努力把监督工作做深做实。

二是找准职责定位，积极发挥作用。要发挥好专门委员会法定性、专业性、经常性的特点优势，聚焦教科文卫领域事关全局、事关长远、事关人民福祉的重大问题，不断完善工作机制，用好行之有效的平台和载体，切实履行好宪法法律规定的职责。在立法工作中，要提前介入，认真研究、破解立法中的焦点难点问题。既要充分发扬民主，广泛征求意见建议，夯实立法的民意基础，又要坚持民主基础上的集中，促进各方认识不断深化、形成普遍共识，加快推进立法进程。

三是立足"四个机关"，加强自身建设。要牢牢抓住人大及其常委会政治机关的第一属性，以政治建设为统领，不断加强自身建设。教科文卫领域涉及面很广，这就要求我们在认真学习领会习近平总书记关于坚持和完善人民代表大会制度的重要思想上下功夫，重点要学懂弄通习近平总书记关于教育、科技、文化、卫生领域的重要论述，把学习与工作、理论与实践结合起来，不断增强服务人大及其常委会、专委会工作的能力和水平，扎实履行职责使命，确保党中央决策部署落地见效。

即将召开的党的二十大，是在进入全面建设社会主义现代化国家新征程的关键时刻召开的一次十分重要的大会，事关党和国家事业继往开来，事关中国特色社会主义前途命运，事关中华民族伟大复兴。这是今年党和国家政治生活中的一件大事。我们要在人大及其常委会领导下，认真做好立法、监督、代表、对外交往等各项工作，知责于心、担责于身、履责于行，勇于担当开新局、勇毅前行写新篇，持续推动新时代人大教科文卫工作高质量发展，以实际行动迎接党的二十大胜利召开。

在亚太议会论坛第30届年会上的视频发言

万鄂湘

主席先生，各位同事：

首先，我谨代表中国全国人大向泰国国会为此次会议所作的精心准备与周到安排表示衷心感谢！

当前，百年未有之大变局加速演进，全球疫情、地区冲突、粮食危机、气候变化等热点问题相互交织，冷战思维沉渣泛起，经济复苏脆弱乏力，国际形势中不稳定、不确定因素日益突出，世界进入新的动荡变革期。亚太地区总体保持和平稳定，这一局面来之不易，是各方共同努力的结果，值得亚太各国倍加珍惜，共同守护。身处世界之变、时代之变、历史之变，如何走好亚太未来之路，关乎地区发展，更关乎各国人民未来。各方应继续秉承论坛宗旨，为维护地区和平安全、促进疫后经济复苏、深化区域合作发挥更大作用，推动构建亚太命运共同体。我愿提出三点建议：

第一，坚持和衷共济，维护亚太和平安全。人类是不可分割的安全共同体，亚太各国更是休戚相关、安危与共。我们应坚定践行真正的多边主义，毫不动摇维护以联合国为核心的国际体系和以国际法为基础的国际秩序。应坚守和平、发展、公平、正义、民主、自由的全人类共同价值，构建相互尊重、公平正义、合作共赢的新型国际关系。应充分重视各国合理安全关切，坚持通过对话协商以和平方式解决争端，为世界注入稳定性和正能量。习近平主席郑重提出全球安全倡议，倡导坚持共同、综合、合作、可持续的安全观，为消弭和平赤字提供了治本之策。中国全国人大愿同亚太各国议会一道，支持各国政府和衷共济，坚持走和平发展道路，用实际行动践行全球安全倡议。

第二，坚持共同发展，促进亚太经济复苏。当前，新冠肺炎疫情吞噬全球多年发展成果，疫后经济复苏不均衡加剧全球发展不平等，如期实现可持续发展目标不容乐观。习近平主席提出全球发展倡议，以构建全球发展共同体为目标，为破解全球发展难题提供了中国方案，得到国际社会广泛响应。中国始终将发展作为执政兴国的第一要务，已历史性消除绝对贫困，全面建成小康社会，正朝着全面建成社会主义现代化强国的第二个百年奋斗目标迈进。中方愿同亚太各国加强团结合作，把发展置于国际议程中心位置，共同维护以世界贸易组织为核心的多边贸易体制，推动建设开放型世界经济，助力实现更加强劲、绿色、健康的全球发展。

第三，坚持开放包容，推进亚太区域合作。亚太地区多样性突出，国情千差万别，文化多种多样，发展高度互补，利益深度交融，合作潜力巨大。各国应发挥各自优势，形成更大合力，实现互利共赢。要互商互谅，通过友好协商化解分歧，通过对话合作凝聚共识；要互学互鉴，增进文明交流，携手深化互信、包容、合作、共赢的亚太伙伴关系；要开放融通，推进区域经济一体化，早日建成高水平亚太自由贸易区。中国正在扩大高水平对外开放，推动高质量建设“一带一路”，促进亚太互联互通，维护区域产业链供应链安全稳定。我们愿以自身新发展为亚太地区各国经济发展注入新动能。

不久前，中国共产党第二十次全国代表大会成功举行，描绘了中国未来一个时期的基本方略和发展蓝图。站在新的历史起点，中国将坚定不移走和平发展道路，始终做世界和平的建设者、全球发展的贡献者、国际秩序的维护者，坚定不移推进改革开放，为各国发展创造更多机遇。中国全国人大愿继续同亚太议会论坛和各国立法机构加强交流合作，为亚太地区的和平稳定和共同发展作出更大贡献，共同开创亚太美好新未来！

谢谢大家！

在贯彻实施"关于加强经济工作监督的决定"工作座谈会上的讲话

陈　竺

同志们：

大家上午好！很高兴参加今天的贯彻实施《决定》工作座谈会。刚才，东明副委员长代表常委会党组讲了很多重要意见，系统全面，重点突出，具有很强的指导性，我都赞成。按照全国人大常委会委员长会议组成人员的分工，我协助东明副委员长一起联系财经委，我们也可以说是人大经济工作监督队伍的一员。看到《决定》从修订启动，到草案形成并不断完善，再到提请常委会审议并获得高票通过，现在又紧锣密鼓地开展宣传贯彻，我感到由衷的欣慰和高兴。借此机会，我就贯彻落实新修订的《决定》简单谈几点意见。

首先，我要对《决定》的顺利通过表示热烈祝贺。事非经过不知难。作为人大经济工作监督大家庭的一员，我和东明副委员长全程参与了《决定》的修订过程。一路走来，我们都看在眼里，记在心上。2020 年 10 月，财经委就《决定》的修订专门向我和东明副委员长作了汇报。然后，财经委分党组向常委会党组报送请示，经批准后正式启动了《决定》修订工作。我们都知道，去年财经委的工作任务十分繁重。除了配合代表大会对年度计划、预算进行审查外，还有对"十四五"规划纲要进行审查，这既是落实党的十九届五中全会精神的一项重要任务，也是财经委承担的一项重点工作。此外还有其他立法、季度经济形势分析、调研等重要工作。在做好这些工作的同时，财经委组织抽调精干力量，同步开展《决定》重点问题研究和草案起草工作。在常委会党组的悉心指导和财经委分党组直接领导下，起草组开展大量扎实有效的具体工作，克服了许多困难和挑战，化解了不少问题和矛盾，在保证质量的前提下加快修订工作步伐，确保《决定》修订工作在较短的时间内顺利完成，在常委会上得到高票通过。在此，向大家表示热烈的祝贺。

第二，我对在《决定》修订中付出艰辛努力、作出重要贡献的各有关方面表示衷心感谢。修订工作历时一年多，起草组明确指导思想，研究梳理相关法律文件，前后召开 10 多场专题座谈会，广泛征求吸收各方面意见建议。**比如，地方人大的意见就征集了两轮。**根据工作人员统计的数字，31 个省（区、市）和 15 个副省级城市人大财经委共反馈了 300 多条书面意见。起草组对这些意见进行了认真梳理和总结提炼，将其中的成熟经验和有效做法转化为法律规范。我看了一下，新修订的《决定》有许多亮点和创新之处，如改进和加强年度计划审查、监督和调整，依法开展五年规划初步审查和中期评估，健全完善相关工作机制；明确重大事项报告，对重大工程项目和重点工作开展专项监督；借助"外脑"或引入第三方评估机制，为监督工作提供有力支撑；充分发挥人大代表和专门委员会的作用，不断丰富拓展监督方式方法，切实增强监督实效等。**与此同时，积极主动与全国人大有关机构和国务院有关部门沟通协商，就一些重大问题反复协调直至达成共识。**起草组多次召开部门座谈会进行研讨，书面征求全国人大有关机构和国务院有关部门意见共 37 条，最后又通过常委会办公厅正式征求国务院办公厅的意见，并都予以充分吸收和采纳。例如，关于五年规划和年度计划初步审查、执行监督和调整，重大事项报告和重大工程项目监督等，就得到了国家发展改革委等部门的大力支持；开展金融工作监督并明确常委会每年听取和审议金融专项工作报告，也得到了人民银行等部门的积极配合。在座的很多部门都提供了很多很好的意见和建议，帮助起草组更好地修改完善修订草案，为常委会顺利审议并表决通过作出了重要贡献。可以说，正是由于起草组的不辞劳苦、全力以赴，加之各部门各地方的共同努力，汇集了各方面的经验智慧和辛勤汗水，《决定》才得以初次审议就获得常委会表决通过。在此，向大家表示衷心的感谢。

最后，希望大家继续努力，以《决定》修订出台实施为契机，开启人大经济工作监督新篇章。法律的生命在于实施。下一步，各方面要深入贯彻落实中央人大工作会议和习近平总书记重要讲话精神，切实把党中央各项决策部署贯穿于人大监督各方面各环节全过程，按照栗战书委员长的指示要求，根据东明副委员长的讲话精神，坚决执行《决定》各项规定，担当起新时代赋予的人大经济工作监督新使命，不断提升新时代人大监督质量和水平。要坚持正确监督、有效监督、依法监督，寓支持于监督之中，通过监督体现支持和保障高质量发展，确保党中央重大方针政策和重要决策部署切实落到实处。今天在座的很多部门都是财经委计划审查和经济工作监督的联络员单位，其他部门也都与财经委工作联系非常紧密，希望各部门一如既往地支持和配合全国人大常委会和财经委的工作，扎实推进《决定》贯彻实施，自觉主动接受人大监督，更好地推动经济社会高质量发展。

我就说这么多，谢谢大家。

坚定不移走中国特色社会主义道路　坚持和完善人民代表大会制度　不断加强和改进人大财经工作

——在全国人大财经工作座谈会上的讲话

（2022 年 9 月 28 日）

陈　竺

恰逢金秋、喜迎盛会，今天我们召开全国人大财经工作座谈会，进一步深刻领悟“两个确立”的决定性意义，增强“四个意识”、坚定“四个自信”、做到“两个维护”，以实际行动迎接党的二十大胜利召开。

过去的 5 年，极不寻常、极不平凡。以习近平同志为核心的党中央统筹中华民族伟大复兴战略全局和世界百年未有之大变局，团结带领全党全军全国各族人民有效应对严峻复杂的国际形势和接踵而至的巨大风险挑战，以奋发有为的精神把中国特色社会主义推向前进，新时代党和国家事业取得历史性成就、发生历史性变革。去年，党中央首次召开人大工作会议，在我国社会主义民主政治建设进程中具有里程碑意义。习近平总书记站在坚持中国特色社会主义政治发展道路的高度，充分肯定人民代表大会制度的历史意义和伟大成就，深入阐述全过程人民民主重大理念，为坚持和完善人民代表大会制度、加强和改进新时代人大工作指明了方向。今天，大家齐聚一堂，共话 5 年成果、共谋未来发展，将在新时代新形势下推动人大财经工作百尺竿头、更进一步！

下面，结合联系财经委的工作情况，我谈几点看法。

一、本届人大财经工作取得丰硕成果，成绩来之不易，值得充分肯定

常委会领导同志对人大财经工作高度重视，栗战书委员长在届初就专门作出批示，明确要求加强自身建设，突出抓好几项针对性强、具有基础性和探索性意义的工作。本届以来，全国人大财经委、常委会预算工委（以下简称“两委”）坚持以习近平新时代中国特色社会主义思想为指导，全面落实党中央决策部署，认真落实常委会领导同志指示批示要求，围绕中心、服务大局、突出重点、讲求实效，坚持科学立法、民主立法、依法立法，实行正确监督、有效监督、依法监督，人大财经工作呈现新面貌、迈上新台阶、展现新气象。让我印象比较深的有这么几个方面。

第一，贯彻落实党中央决策部署坚决有力。“两委”始终紧跟党中央决策部署，做到党中央决策部署到哪里，人大财经工作就跟进到哪里，人大财经职能作用就发挥到哪里。一是贯彻落实习近平总书记重要指示批示有力有效。“两委”将落实习近平总书记重要讲话精神及有关重要指示批示作为重大政治任务，建立工作台账并抓好贯彻落

实。**二是**贯彻落实党中央交办的重要事项有力有效。“两委”认真落实党的十九大和十九届历次全会、中央人大工作会议、中央经济工作会议精神及其有关重点任务分工，认真研究谋划落实举措，加强重点领域、新兴领域、涉外领域立法研究，推动出台多份中央文件，高质量推进多项中央改革任务，为推动党中央决策部署落地见效发挥了积极作用。**三是**贯彻落实新时代加强党的政治建设有力有效。“两委”将政治建设摆在首要位置，把方向、管大局、保落实，在政治立场、政治方向、政治原则、政治道路上同以习近平同志为核心的党中央保持高度一致，把政治建设的成效体现在贯彻落实党中央决策部署的实际行动上，有力保障人大财经工作始终沿着正确方向前进。

第二，各项工作高质量推进。一是着力提高立法质量，人大财经立法取得新进展。“两委”认真贯彻栗战书委员长“要在完善社会主义市场经济法律制度上多下功夫”的要求，牢牢抓住提高立法质量这个关键，建立健全立法工作制度，抓紧抓好法律草案起草和联系审议等工作。组织起草的电子商务法、证券法（修改）、期货和衍生品法，联系审议的反垄断法（修改）、个人所得税法（修改）、外商投资法等法律草案已提请全国人大及其常委会审议通过；企业破产法（修改）正在抓紧做好提请常委会审议的准备工作。这些法律的出台和实施，对促进社会主义市场经济持续健康发展具有重要意义。**二是**着力提升审查效果，规划计划和预决算审查相关工作取得新成绩。“两委”始终坚持与党中央决策部署对标对表，坚持回应人民群众关切，坚持依法推动问题整改，工作程序更加细化完善，审查内容更加明确、重点更加突出，将党中央擘画的宏伟蓝图细化为具体的指标、项目和举措，有效促进了规划计划、预算的进一步完善，有效协助代表大会对规划计划、预算的审查和通过。**三是**着力强化监督实效，人大财经监督迈上新台阶。“两委”聚焦党中央重大决策部署，聚焦人民群众所思所盼所愿，中小企业促进法、反不正当竞争法执法检查等监督选题精准及时，产业链供应链等专题调研客观深入，经济形势分析前瞻性针对性有效性不断增强，国有资产监督实现良好开局并不断提质增效，政府债务监督逐步做实做细，有效推动解决制约经济社会发展的突出矛盾和问题。**四是**着力坚持科学化法治化，认真落实统筹疫情防控和经济社会发展各项要求。“两委”坚决贯彻“疫情要防住、经济要稳住、发展要安全”的部署，在各项工作中积极推动国务院有关部门落实“六稳”、“六保”各项政策措施，助力经济恢复向好发展。积极适应常态化疫情防控要求，通过视频连线、书面审查审议等方式保障各项工作顺利推进，切实做到两手抓、两不误。

第三，开拓创新取得丰硕成果。一是完善顶层设计。“两委”在总结实践经验的基础上，修订或制定出台常委会关于加强经济工作监督的决定、中央预算审查监督的决定和国有资产管理情况监督的决定，为进一步加强财经监督提供了更加有力的法律遵循，对促进政府更好地坚持以人民为中心、更好地推进经济社会发展改革工作和依法行政，发挥了积极作用，在人大财经工作历史上具有非常重要的意义。**二是**丰富工作内容。“两委”按照党中央决策部署，主动适应新形势新要求，开展了大量开创性工作。推动建立常委会定期听取国务院关于金融工作情况的报告、国有资产管理情况的报告，开展重大工程项目监督等机制，预算审查监督重点向支出预算和政策拓展，加强地方人大对政府债务的审查监督，人大财经监督工作不断拓展和创新，宪法法律赋予的监督权进一步用足用实用好。**三是**创新工作机制。“两委”在工作中注重守正创新，在立法工作中建立联系机制并实行台账管理，在经济工作监督中建立与国务院有关部门的联络员制度，在执法检查中开展法律实施情况评估、大数据分析、关联法律分析等，扎实开展预算联网监督工作，在国有资产监督中建立健全人大监督评价指标体系，推进预算工委基层联系点建设，健全完善联系代表工作机制，通过创新方式方法，工作实效不断提高。

第四，始终保持昂扬向上的精神状态。一是积极担当作为。“两委”同志以高度的政治责任感和历史使命感，牢记“国之大者”，加强统筹协调，注重长远谋划，主要负责同志亲自抓、负总责，相关负责同志和组成人员主动担责、积极作为。“两委”注重协同配合、相互支持，圆满完成了各项工作任务。办事机构同志兢兢业业、勤奋工作，较好发挥了集体参谋助手和服务保障作用。**二是**凝聚形成合力。地方人大同志围绕党中央决策部署、围绕地方发展大局，依法履行职责，创新开展工作，为服务地方经济社会发展作出了应有贡献，为人大财经工作开拓创新作出了积极探索。同时，积极配合支持全国人大的各项工作，提升了做好人大财经工作的整体合力。**三是**注重能力提升。积极适应新形势新任务新要求，努力克服本领恐慌、能力不足的问题，通过组织举办系列全国人大财经干部培训班、专题培训班、财税大讲堂等多种方式，加强学习、补足短板、提升能力，为各项工作高质量开展打下坚实基础。

多年来，大家始终坚持围绕中心、服务大局，辛勤努力、无私奉献，相互支持、相互配合，全国人大与地方人大在财经工作方面开展了许多有益探索和创新，各级人大财经交流沟通持续增强，在原有基础上，又取得了新的进展和成就。成绩来之不易，值得充分肯定。在此，向大家表示衷心的感谢并致以崇高的敬意。

二、积极适应形势变化，主动担负时代使命

党的十八大以来，以习近平同志为核心的党中央立足新的历史方位，从坚持和完善党的领导、巩固中国特色社会主义制度的战略高度出发，继续推进人民代表大会制度理论和实践创新，提出一系列新理念、新思想、新要求。即将召开的党的二十大，将科学谋划未来5年乃至更长时期党和国家事业发展的目标任务和大政方针，人大工作也将迎来新的要求、新的任务。我们要以习近平新时代中国特色社会主义思想为指导，坚定走好中国特色社会主义发展道路，切实承担起时代赋予人大财经工作的使命任务。

第一，肩负起发挥制度优势、参与制度竞争的时代使命。制度优势是一个国家的最大优势，制度竞争是国家间最根本的竞争。人民代表大会制度是符合我国国情和实际、体现社会主义国家性质、保证人民当家作主、保障实现中华民族伟大复兴的好制度。在全面建设社会主义现代化国家新征程上，人民代表大会制度将在完善和发展中国特色社会主义制度、推进国家治理体系和治理能力现代化上，愈益发挥更大优势、释放蓬勃力量。人大财经工作是人大工作的重要方面，坚持和完善人民代表大会制度、加强和改进新时代人大工作，我们责无旁贷。要在党的全面领导下，认真落实中央人大工作会议精神，高质量完成党中央交付的各项任务，增强人大财经工作的创新力、影响力，为与时俱进坚持和完善人民代表大会制度作出积极贡献，推动更好发挥中国特色社会主义制度优势。

第二，肩负起坚持和发展全过程人民民主的时代使命。我国全过程人民民主不仅有完整的制度程序，而且有完整的参与实践，实现了过程民主和成果民主、程序民主和实质民主、直接民主和间接民主、人民民主和国家意志相统一。人民代表大会制度是实现全过程人民民主的重要制度载体。作为人大财经工作者，坚持和发展全过程人民民主，我们责无旁贷。要在党的全面领导下，牢固树立人民公仆意识，加强同人大代表和人民群众的联系，广泛征求、充分听取各方面意见，积极探索完善民主民意表达平台和载体，最大限度吸纳民意、汇集民智，保证人民的知情权、参与权、表达权、监督权落实到人大财经工作各方面各环节。

第三，肩负起贯彻全面依法治国战略的时代使命。经过长期努力，中国特色社会主义法律体系已经形成，国家和社会生活各方面总体上实现了有法可依，这是人类法治史上一项了不起的成就。同时，时代在进步，实践在发展，不断对法律体系建设提出新需求。我们承担着大量立法任务，贯彻全面依法治国战略责无旁贷。要在党的全面领导下，发挥人大主导作用，加快完善中国特色社会主义市场经济法律体系，聚焦法律制度的空白点和冲突点，统筹谋划和整体推进财经立法工作，以立法引领和推动改革，以良法促进发展、保障善治。

第四，肩负起推动经济高质量发展的时代使命。高质量发展是“十四五”乃至更长时期我国经济社会发展的主题，关系我国社会主义现代化建设全局。新时代新征程的发展也必然是高质量发展。实现高质量发展，就是要切实转变发展方式，从“有没有”转向“好不好”，推动质量变革、效率变革、动力变革，使发展成果更好惠及全体人民，不断实现人民对美好生活的向往。人大财经工作作为党和国家经济工作的重要组成部分，推动高质量发展责无旁贷。要在党的全面领导下，立足新发展阶段、贯彻新发展理念、构建新发展格局，以立法保障高质量发展，以监督推动高质量发展，努力稳定宏观经济大盘、促进经济运行在合理区间，助力破解发展难题，增强发展动力，塑造发展优势。

三、坚持以习近平新时代中国特色社会主义思想为指导，坚持和完善人民代表大会制度，进一步做好人大财经工作

新思想引领新征程，新形势呼唤新作为。要及时认真学习领会党的二十大精神，提高站位、奋发有为，认真履行宪法法律赋予的职责，不断提高立法、监督等工作服务经济社会发展的成效，奋力开

创人大财经工作新局面，为实现第二个百年奋斗目标、实现中华民族伟大复兴的中国梦作出积极贡献。

第一，始终坚持党的全面领导。中国共产党是领导我们事业的核心力量，人民代表大会制度是党领导国家政权机关的重要制度载体。我们要旗帜鲜明、坚定不移坚持党对人大财经工作的全面领导这一最高政治原则，确保人大财经工作始终在党的领导下进行。**一是**始终坚持正确政治方向。坚决维护党中央权威和集中统一领导，以党的旗帜为旗帜、以党的方向为方向、以党的意志为意志，始终在思想上政治上行动上同以习近平同志为核心的党中央保持高度一致。**二是**在党的领导下加强和改进立法工作。落实党对立法工作的集中统一领导，围绕贯彻落实党中央大政方针，主动对接经济社会发展和改革攻坚急需的立法需求，加强重点领域、新兴领域、涉外领域立法研究，不断提高财经立法质量，推动健全完善社会主义市场经济法律体系。**三是**在党的领导下加强和改进监督工作。更好发挥人大监督在党和国家监督体系中的重要作用，担负起宪法法律赋予的监督职责，坚持围绕中心、服务大局、突出重点，聚焦党中央重大决策部署，聚焦人民群众所思所盼所愿，寓支持于监督之中，通过依法监督、正确监督、有效监督，助力经济社会发展和改革攻坚行稳致远。

第二，深入学习习近平新时代中国特色社会主义思想。习近平新时代中国特色社会主义思想是我们做好工作的根本遵循，要在学懂弄通做实上下更大功夫。**一是**突出统领作用，切实把思想和行动统一到习近平新时代中国特色社会主义思想上来。深入领会这一科学理论的世界观和方法论，坚持好、运用好贯穿其中的立场观点，将理论自觉润化为情感自发、使思想自觉转化为行动自觉，更加深刻领悟“两个确立”的决定性意义。**二是**突出问题导向，切实用习近平新时代中国特色社会主义思想指导实践。这一科学理论贯穿着强烈的问题意识、鲜明的实践导向，是指导我们工作的强大思想武器。要敢于较真碰硬、迎难而上，持续推动解决群众身边急难愁盼问题、持续推动解决制约经济社会发展的突出矛盾和问题。**三是**突出重点任务，把习近平新时代中国特色社会主义思想具体要求落到实处。这一科学理论内涵丰富、系统完备、逻辑严密，实践指导上贯穿改革发展稳定、内政外交国防、治党治国治军各个方面，其中不少是与人大财经工作息息相关的。要在学习中注意加强梳理，抓好党中央有关决策部署的贯彻落实，切实以新理论引领新实践、开创新局面、取得新成效。

第三，坚持和完善人民代表大会制度。要坚定中国特色社会主义制度自信，毫不动摇坚持和完善人民代表大会制度，不断发展全过程人民民主，为把制度优势更好转化为治理效能作出应有贡献。**一是**更好发挥“两委”职能作用。要继续落实好承担的中央有关重大改革任务，特别是抓好中央人大工作会议及其有关重要文件、重点任务的落实，在服务大局、深化改革中不断实现工作提质增效。要紧扣常委会重点工作，认真履职尽责，严格依法办事，在法治轨道上推进各项工作。要进一步发挥“两委”人才荟萃、专业突出的优势，积极履职、大胆创新、提升能力，以饱满的工作热情投入人大财经工作。**二是**充分发挥人大代表作用。人大代表是人民代表大会的主体，更好发挥人大代表作用是坚持和完善人民当家作主的重要体现，是人大工作保持生机和活力的重要基础。要高度重视和做好代表工作，健全完善好专门委员会、工作委员会直接联系代表制度，高质量做好代表议案和建议办理工作，积极回应代表关切。要不断扩大代表对财经立法、监督、调研等工作的参与，认真听取和反映代表意见，支持代表更好依法履职，使发挥人大代表作用成为人民当家作主的重要体现。**三是**加强与地方人大联系。加强与地方人大的联系，最重要的是加强思想政治建设和重大工作的互动联动，推动党的基本理论、基本路线、基本方略和重大决策部署的贯彻落实，推动宪法和法律的实施落实。在此基础上，“两委”要加大与地方人大在工作上的沟通、协调、交流、联动和干部学习培训，积极宣传地方人大的好做法、好经验，为全国人大和地方人大以及地方人大之间加强交流创造条件，不断提升做好人大财经工作的整体合力。

同志们，全面建设社会主义现代化国家新征程已进入关键时刻，我们要更加紧密地团结在以习近平同志为核心的党中央周围，深刻领悟“两个确立”的决定性意义，进一步增强“四个意识”、坚定“四个自信”、做到“两个维护”，坚定信心、团结奋斗，奋力谱写全面建设社会主义现代化国家崭新篇章！

在贯彻实施“关于加强经济工作监督的决定”工作座谈会上的讲话

（2022 年 2 月 25 日）

王东明

这次会议主要是为了贯彻实施新修订的《全国人民代表大会常务委员会关于加强经济工作监督的决定》，与国务院相关部门负责同志进行座谈交流。刚才，全国人大财经委尹中卿同志介绍了《决定》的修订过程和主要内容，以及下一步做好贯彻实施工作的初步考虑。十二个部门的负责同志汇报了支持配合做好《决定》贯彻实施工作的安排和打算，也谈了意见建议，大家讲得都很好，都对贯彻实施好《决定》作了积极表态，提出的工作思路和意见建议很有针对性和建设性。一会儿，陈竺副委员长要作讲话，提出要求，绍史同志要对会议作总结，希望大家结合会议精神一并抓好贯彻落实。

去年 12 月份召开的十三届全国人大常委会第三十二次会议，修订了“关于加强经济工作监督的决定”。这是《决定》实施 20 多年来的首次修订，也是一次全面修订。这次修订对人大经济工作监督的指导思想、监督重点、监督程序、监督机制等作了全面充实完善，是贯彻习近平经济思想和党中央经济工作决策部署的必然要求，是落实中央人大工作会议精神、提升人大监督工作水平的重要举措，为全国人大常委会进一步加强和改进经济工作监督提供了有力制度规范和法治保证。贯彻实施好新修订的《决定》，对于更好地发挥人民代表大会制度这一根本政治制度的功效和作用，推进人大经济工作监督规范化、法治化、制度化，不断提升监督实效，推动落实党中央决策部署，具有十分重要的意义。全国人大常委会党组高度重视，栗战书委员长作出指示，对加强宣传解读、完善落实措施、确保有效实施提出明确要求，强调要把握好人大职责定位，寓支持于监督之中，体现支持和保障经济高质量发展。我们要认真学习领会，统筹工作部署，明确任务分工，切实抓好贯彻落实。希望财经委、预算工委会同有关专门委员会，与国务院有关部门和有关单位加强沟通、密切配合，共同做好《决定》的贯彻实施工作。从以上发言看，大家都对《决定》进行了初步学习，还需要进一步深化。只有监督者和被监督者都学好了，才能把《决定》贯彻落实好。当前，要把学习宣传作为重点任务，采取多种方式和有力措施，广泛深入开展传达学习和宣传解读。要深刻认识《决定》颁布实施的重要意义，准确把握《决定》的立法精神，明确出台背景、指导思想、基本内容和实施要求，不断强化法治思维和法治观念，增强依法监督和依法履职意识，进一步细化贯彻实施举措，认真履行法定职责，不断加强经济工作监督，推动各方面扎实做好经济工作。这里，重点围绕如何贯彻落实《决定》、进一步加强对经济工作的监督讲几点意见。

第一，要紧紧围绕贯彻习近平经济思想加强经济工作监督。党的十八大以来，以习近平同志为核心的党中央对经济形势进行科学判断，对发展理念和思路及时作出调整，推动我国经济社会发展取得历史性成就，续写了“两大奇迹”新篇章。在成功驾驭我国经济发展大局的丰富实践中，习近平总书记对做好经济工作提出一系列新理念新思想新战略新要求，形成了习近平经济思想。2021 年 1 月 11 日，习近平总书记在省部级主要领导干部学习贯彻党的十九届五中全会精神专题研讨班上发表重要讲话，系统概括了这一重要思想的主要内容，共十三个方面：一是坚持以人民为中心的发展思想，强调人民对美好生活的向往就是我们的奋斗目标，要坚定不移走共同富裕的道路；二是不再简单以国内生产总值增长率论英雄，强调不能不顾客观条件、违背规律盲目追求高速度；三是我国经济处于“三期叠加”时期，强调要准确认识我国经济发展的阶段性特征，实事求是进行改革调整；四是经济发展进入新常态，强调认识新常态、适应新常态、引领新常态是当前和今后一个时期我国经济发展的大逻辑；五是使市场在资源配置中起决定性作用、更好发挥政府作用，强调市场配置资源是最有效率的形式，对市场作用作了全新定位；六是绿水青山就是金山银山，强调建设生态文明、建设美丽中国是我们的一项战略任务；七是坚持新发展理念，强调贯彻新发展理念是关系我国发展全局的一场深刻变革,要完整、准确、全面贯彻落实;八是推进供给侧结构性改革,强调要抓好“去产能、去库存、去杠杆、降成本、补短板”,贯彻“巩固、增强、提升、畅通”总方针;九是发展不平衡不充分,强调我国社会主要矛盾已经转化为人民日益增长的美好生活需要和不平衡不充分的发展之间的矛盾;十是推动高质量发展,强调我国经济已由高速增长阶段转向高质量发展阶段,要推动经济发展质量变革、效率变革、动力变革;十一是建设现代化经济体系,强调这是跨越关口的迫切要求和我国发展的战略目标,要着力建设市场机制有效、微观主体有活力、宏观调控有度的经济体制;十二是构建新发展格局,强调这是把握未来发展主动权的先手棋和战略布局,要加快构建以国内大循环为主体、国内国际双循环相互促进的新发展格局;十三是统筹发展和安全,强调要牢牢树立安全发展理念,主动防范化解“黑天鹅”“灰犀牛”等重大风险。这一重要思想系统回答了我国经济社会发展的政治保障、制度基础、主题主线、发展理念、发展路径和工作方法等一系列重大理论和实践问题,解决了新时代经济形势“怎么看”、经济工作“怎么干”的问题,为做好新时代经济工作提供了科学指引和根本遵循。贯彻实施好《决定》,加强人大经济工作监督,推动做好经济工作,要深刻领悟“两个确立”的决定性意义,进一步增强“四个意识”、坚定“四个自信”、做到“两个维护”,始终坚持以习近平经济思想为指导,深刻把握这一重要思想的精神实质、核心要义和实践要求,切实用以武装头脑、指导实践、推动工作。要不断提高政治判断力、政治领悟力、政治执行力,把拥护“两个确立”、做到“两个维护”体现在实际行动上和具体工作中,无论是审查规划计划预算、开展经济形势分析,还是监督计划预算执行、进行财经专题调研,都要一以贯之以这一重要思想为指导,都要努力推动这一重要思想更加深入人心,切实转化为各级人大财经工作者和各地各部门做好经济工作的实际行动,转化为经济社会高质量发展的生动实践。

第二,要紧紧围绕落实党中央重大决策部署加强经济工作监督。坚持党对经济工作的领导,是我国社会主义市场经济体制的一个重要特征,也是推动我国经济不断克难前行、行稳致远的独特制度优势和根本保证。人大开展经济工作监督,不是自己另搞一套,而是依据宪法和法律的规定,坚持党的领导、人民当家作主、依法治国相统一,通过法定程序把党对经济工作的主张转化为国家意志,通过加强监督推动党的经济工作决策部署的贯彻落实。贯彻实施好《决定》,加强人大经济工作监督,推动做好经济工作,要始终坚持党对经济工作的全面领导,在党中央的集中统一领导下,通过法治方式保障党的经济工作路线方针政策和决策部署得到全面贯彻和有效落实。制定、审查五年规划和年度计划、预算,开展经济形势分析、监督经济运行等,都要做到与党中央对标对表,用党中央对经济形势的判断和决策部署统一思想,努力推动党中央经济工作决策部署的贯彻落实。

当前和今后一个时期要聚焦以下几个方面。**一要聚焦贯彻新发展理念、推动高质量发展开展监督**。贯彻创新、协调、绿色、开放、共享五大理念,把发展质量和效益放在更加突出位置,努力推动完整、准确、全面贯彻新发展理念,实现更高质量、更有效率、更加公平、更可持续的发展。**二要聚焦构建新发展格局开展监督**。推动深入实施扩大内需战略,集中力量开展关键核心技术攻关,加快科技自立自强步伐,推进产业链供应链优化升级,着力畅通国民经济大循环,加快构建以国内大循环为主、国内国际双循环相互促进的新发展格局。**三要聚焦五个重大理论和实践问题开展监督**。正确认识和把握实现共同富裕的战略目标和实践途径、资本的特性和行为规律、初级产品供给保障、防范化解重大风险、碳达峰碳中和等重大理论和实践问题,深入贯彻党中央关于积极稳妥推进共同富裕,坚决遏制资本无序扩张,保障初级产品供给安全,筑牢发展的安全基础,坚定不移、科学有序推进碳达峰碳中和等决策部署,推动有关方面统筹协调、分类施策、压实责任,朝着党中央确定的目标稳步推进。**四要聚焦坚持稳中求进工作总基调开展监督**。推动有关方面正确处理稳和进的关系,保持战略定力和耐心,坚持以经济建设为中心,把稳增长放在更加重要的位置,把握好政策时度效,保持宏观大局稳定,坚持先立后破、稳扎稳打,锚定转方式、调结构、促改革、惠民生等目标稳步推进、久久为功,等等。党中央关于经济工作的重大决策部署还有很多,这里只是列举了一些重要的方面点点题,希望大家结合工作实际进一步提升站位、深化认识、推动落实。

第三,要紧紧围绕重要领域、重大项目和重点工作加强经济工作监督。这次《决定》修订的一个突出特点,就是适应新形势新要求,进一步明确了人大经济工作监督的重点,强化对重要经济领域、重点经济工作和重大建设项目的监督，突出加强对中央预算内投资、金融工作、重大事项报告等的监督。其中不少是新增加的监督内容，在制定常委会年度工作要点和立法、监督、代表工作计划中要统筹考虑，合理安排，特别是要突出监督重点，运用好多种监督方式，不断增强监督实效。具体要聚焦以下几点。**一要突出对重大宏观政策执行情况的监督，**特别是对财政政策、货币政策、就业政策的监督，推动优化财政支出结构，保持流动性合理充裕，促进充分就业，确保经济运行始终保持在合理区间。**二要突出对重大建设项目的监督，**重点加强对国家"十四五"规划重大项目、中央预算内投资重大项目安排以及实施情况的监督，推动积极扩大有效投资。**三要突出对实施重大国家战略的监督，**推动深入实施扩大内需战略、乡村振兴战略、新型城镇化战略、区域重大战略、区域协调发展战略、制造强国战略等国家重大战略，形成多点多极竞相发展的局面。**四要突出对加强科技创新的监督，**推动深入实施创新驱动发展战略，强化国家战略科技力量，持续加强基础研究，完善支持创新政策体系，深化科技管理体制改革，促进创新链和产业链融合，不断增强自主创新能力。**五要突出对深化改革开放的监督，**推动深化财税、金融、要素市场化配置、国企国资、行政管理体制、营商环境、农业农村等重点领域和关键环节改革，建设更高水平开放型经济新体制，激发发展的动力活力。**六要突出对金融工作的监督，**着力加强对金融业运行、金融服务实体经济、防范化解金融风险的等方面工作的监督，守住不发生系统性金融风险底线，促进金融业持续健康发展。在具体开展监督工作过程中，国务院有关部门要切实增强对人大负责、受人大监督的意识，自觉接受监督，明确监督重点和监督程序，努力做到在实际工作中严格执行和正确适用，积极配合做好提供资料、听取意见、回答询问等有关工作。

第四，要紧紧围绕人民群众所思所想、所急所盼加强经济工作监督。党的十八大以来，以习近平同志为核心的党中央顺应人民群众美好生活新向往，统筹经济发展和民生改善，着力解决发展不平衡不充分问题和人民群众急难愁盼问题，切实维护人民权益、增进人民福祉，充分体现出发展为了人民、发展依靠人民、发展成果由人民共享。贯彻实施好《决定》，加强人大经济工作监督，推动做好经济工作，要始终坚持以人民为中心的发展思想，坚持在发展中保障和改善民生，牢记初心使命，站稳人民立场，进一步密切同人大代表和人民群众的联系，倾听人民呼声，反映人民意愿，回应人民期待，推动解决人民群众最关心最直接最现实的利益问题，不断增强人民群众的获得感幸福感安全感。具体要聚焦以下几点。**一要加强对巩固脱贫攻坚成果的监督，**推动实现脱贫攻坚与乡村振兴有效衔接，推动实现城镇生活困难职工解困脱困与提高生活品质有效衔接。**二要加强对民生领域补短板、强弱项的监督，**推进基本公共服务均等化，加快补齐医疗、教育、养老、公共卫生等民生领域短板，兜牢基本民生底线。**三要加强对促进居民增收的监督，**推动调节收入分配结构，持续增加居民收入特别是低收入群体收入，逐步扩大中等收入群体，推动全体人民共同富裕取得更为明显的实质性进展。**四要加强对就业工作的监督，**推动强化就业优先导向，采取有效措施积极稳定和扩大就业，推动抓好下岗失业人员、大学生、农民工、退役军人等重点群体就业，加大职业教育和技术培训力度，不断提升劳动者素质和就业质量。

需要强调的是，人大代表是党和国家联系人民群众的桥梁，代表人民行使国家权力。更好发挥代表作用，是保证和实现人民当家作主的重要体现。确定监督项目、开展监督工作，要充分发挥人大代表的作用，邀请代表参加有关工作，认真听取代表的意见建议，主动回应代表关切，支持代表依法履职。要建立健全经济工作监督联系代表工作机制，积极发展全过程人民民主，最大限度吸纳民意、汇集民智、凝聚民力，把人民当家作主具体地、现实地体现到人大工作、经济工作和国家各项工作当中去。

第五，要紧紧围绕相关法律实施加强经济工作监督。市场经济本质上是法治经济。法治是市场经济的内在要求，市场经济越发达，法治也就越发展。改革开放以来，随着市场经济快速发展，我国经济法律制度建设明显加快，特别是党的十八大以来，全面依法治国进入新时代，我国不断推进市场经济法治建设，社会主义市场经济法律体系日趋完备，市场法治环境不断改善。全国人大及其常委会运用法治思维和法治方式依法履职，不断加强重点经济领域立法，加强对相关法律实施情况的监督，加强对贯彻党中央经济工作决策部署、推进改革发展稳定等工作情况的监督，形成了许多行之有效的做法，对维护国家法治统一和权威、确保法律有效实施发挥了重要作用，为完善中国特色社会主义市场经济体制、推动高质量发展提供了坚实法治基础。贯彻实施好《决定》，加强人大经济工作监督，推动做好经济工作，要继续发扬人大监督的好经验、好做法,统筹运用听取审议专项工作报告、执法检查、专题询问、专题调研等法定监督方式,加强对相关法律实施的监督,更好发挥法治固根本、稳预期、利长远的保障作用,推动经济平稳持续健康发展。要重点加强对市场主体、市场行为、市场秩序等领域相关法律实施情况的监督,推动改善营商环境、规范市场秩序、激发市场主体活力,进一步夯实市场经济发展基础。要统筹立法和监督工作,通过法律实施监督发现法律本身存在的问题,推动修改完善相关法律,坚持科学立法、民主立法、依法立法,创新立法方式方法,不断加强重点领域、新兴领域、涉外领域立法,更好发挥立法对改革的引领和保障作用,从实际需要出发,在确保立法质量的前提下进一步提高立法效率,为推动高质量发展提供有力法治保障。各地区各部门要深入贯彻习近平法治思想和党中央推进全面依法治国决策部署,不断提高运用法治思维和法治方式推动发展、深化改革、化解矛盾和维护稳定的能力,在法治轨道上推进国家治理体系和治理能力现代化,以良法善治促进高质量发展。

第六,要紧紧围绕人大监督工作定位加强经济工作监督。监督权是宪法和法律赋予人大的一项重要职权。人大监督的实质是代表国家和人民进行的监督,是具有法律效力的监督。人大监督的目的,在于确保党中央决策部署得到贯彻落实,确保宪法和法律得到有效实施,确保人民的合法权益得到尊重和维护。贯彻实施好《决定》,加强人大经济工作监督,推动做好经济工作,要牢牢把握人大职责定位,坚持围绕中心、服务大局,寓支持于监督之中,严格依照法定职责、限于法定范围、遵守法定程序,做到正确监督、有效监督、依法监督。财经委和有关专门委员会要切实担负起法定职责,以《决定》修订为契机,主动谋划、担当作为,用足用好《决定》规定的职能和手段,扎实做好人大经济工作监督。要加强跟踪监督,督促有关部门贯彻执行代表大会及其常委会作出的决议和决定,认真研究处理意见建议并及时反馈,强化监督成果运用和法律效力,不断健全完善人大经济工作监督机制。近两年,全国人大常委会除了修订"关于加强经济工作监督的决定"外,还相继制定了"关于加强国有资产管理情况监督的决定",修订了"关于加强中央预算审查监督的决定"。这三个"决定"既各有侧重,又存在着有机联系,构成了为人大经济工作监督提供法律支撑的统一整体。要将三个"决定"的贯彻实施紧密结合起来,进一步突出监督重点,坚持问题导向,创新监督方式方法,加大监督力度,充分发挥监督合力,不断提高人大经济工作监督的质效,推动人大财经工作迈上新台阶。

今年下半年将召开党的二十大,这是党和国家政治生活中的一件大事。为确保大会顺利召开,党中央要求必须保持平稳健康的经济环境、国泰民安的社会环境、风清气正的政治环境。做好今年的经济工作,保持社会大局稳定具有特殊重要的意义。全国"两会"召开在即,审查批准年度计划、年度预算报告和草案,是大会的两项重要议程。全国人大财经委正在开展初步审查工作。这是《决定》修订之后第一次开展计划、预算初步审查工作。希望财经委、预算工委会同有关专门委员会,与国务院有关部门密切沟通配合,深入贯彻中央经济工作会议精神和中央人大工作会议精神,紧扣《决定》的规定和要求,明确审查重点,突出重点工作,提高审查质量,增强审查实效,共同搞好初步审查,为代表大会顺利审查批准作好充分准备,也为做好全年经济工作打下良好基础。要通过加强人大经济工作监督,更好地贯彻落实党中央确定的年度经济工作总体要求、政策取向、主要目标和重点任务,坚持稳字当头、稳中求进,坚持以经济建设为中心,把稳增长放在更加突出的位置,继续做好"六稳"工作,扎实落实"六保"任务,切实营造和保持平稳健康的经济环境,以实际行动迎接党的二十大胜利召开。

在全国人大财经委 2022 年第一季度经济形势分析会上的讲话

(2022 年 4 月 15 日)

王东明

这次会议开得很好。会前,全国人大财经委作了认真细致的准备,召开若干个座谈会,与国务院有关部门、行业协会、企业和专家学者座谈,以视频方式召开地方座谈会,全面了解经济运行情况,广泛听取意见建议。上午,与会各单位全面介绍了一季度经济运行情况,以及开展的工作和取得的成效,分析了面临的形势、困难和挑战,提出了下一步的思路和对策,准备得也很充分。陈竺副委员长讲了很好的意见,对下一步工作提出了要求。下午,财经委的同志们认真分析当前经济形势,对做好下一步经济工作提出了意见建议,大家讲得都很好,很有针对性和建设性。这次会议贯彻了战书委员长关于"人大财经工作监督要寓支持于监督之中、体现支持和保障经济高质量发展作用"的指示精神,体现了新修改的加强经济工作监督的决定的要求。希望有关部门认真研究、充分吸纳大家提出的意见建议,进一步加强改进经济工作,推动党中央决策部署得到更好贯彻落实。结合汇报情况和讨论发言,我讲两个方面意见,第一是关于当前经济形势,第二是关于下一步工作的建议和希望。

一、关于当前经济形势

总的赞成各部门和大家讨论中对经济形势的分析。今年以来,面对复杂严峻的国际形势和国内外诸多风险挑战,在以习近平同志为核心的党中央坚强领导下,各地区各部门认真贯彻党中央、国务院决策部署,统筹推进疫情防控和经济社会发展,认真抓好"六稳"、"六保"工作。从经济运行情况看,一季度延续了恢复态势,主要指标基本运行在合理区间,简单梳理一下,一些标志性和趋势性指标取得可喜成果,不少指标和总体运行状态令人鼓舞。比如:财政一般公共预算收入和支出同比分别增长8.6%和8.3%,投资增长9.3%,其中制造业投资增长15.6%,高技术产业投资增长27%,进出口较快增长,货物贸易顺差扩大了46%,利用外资持续向好,广义货币供应量M2余额增长9.7%,社会融资规模增长10.6%,普惠小微企业贷款增长24.6%,投向制造业的中长期贷款增长29.5%,农业农村经济运行总体平稳,特别是夏收粮油生产形势好于预期,城镇新增就业285万人,居民收入实际增长5.1%。总的来看,就业物价总体稳定,改革开放稳步推进,发展质量有所提升,绿色低碳转型持续向好,民生不断改善,社会大局和谐稳定,经济运行实现了平稳开局。在百年变局持续演进、世纪疫情反复冲击、美对我打压持续升级等重重压力下,这样的成绩来之不易,是以习近平同志为核心的党中央统揽全局、科学决策、坚强领导的结果,是各地区各部门担当作为、攻坚克难、扎实工作的结果,是全党全国各族人民团结奋战、苦干实干的结果,根本在于有习近平总书记举旗定向、掌舵领航,有习近平新时代中国特色社会主义思想的科学指引。

在充分肯定成绩的同时,也要看到当前面临的困难和挑战。**从国际上看,外部发展环境更趋复杂。一是全球疫情形势依然严峻。**新冠肺炎病毒持续变异并在全球蔓延,多个国家选择放宽防疫政策甚至完全"躺平",全球疫情反弹风险增大,我国"外防输入、内防反弹"的压力明显加大。**二是俄乌冲突影响深远。**俄乌冲突是百年大变局中的一个重大事件,其影响是长期的、全方位的,包括对全球政治、经济、金融、安全等都将产生深远影响,影响程度仍需持续观察。当前从经济角度看,俄乌冲突已严重影响世界经济复苏进程,经合组织(OECD)预测将拉低今年全球经济增长1个百分点。世界银行测算,冲突将导致乌克兰和俄罗斯经济分别萎缩45.1%和11.2%。更为重要的是,俄、乌两国都是世界资源特别是一些战略资源重地。俄罗斯是石油、天然气、煤炭以及工业原材料出口大国,在全球的占比很高,石油产量世界第二,天然气产量世界第一。两国都是世界粮仓之一,小麦出口占全球市场约三分之一,玉米出口占比约五分之一。俄乌冲突一方面造成能源、粮食、贵金属及关键原材料供应紧张,甚至出现断供,大大加剧了全球供应链中断风险,另一方面推升全球大宗商品价格,冲突以来国际油价和天然气价格分别上涨52%和64%,明显抬高了全球通胀预期,也加大了我国输入性通胀风险。**三是美西方对我的打压遏制变本加厉、持续升级。**美国从政治、外交、科技、经贸、金融等领域对我全方位打压,不断借涉疆、涉藏、涉港、涉台等问题粗暴干涉我内政,持续恶化我外部发展环境,对我国经济社会发展的冲击逐步深化。**四是主要经济体货币政策收缩外溢风险加大。**美联储进入加息周期,一些新兴国家面临跨境资本大规模流出的冲击,国际金融市场动荡,风险向我国传导的压力也在加大。综合来看,受疫情、地缘政治等因素影响,全球经济运行未来将呈现高成本特征,包括全球资源配置成本、地缘政治成本、债务偿还成本、绿色转型成本、人力资源成本、健康防护成本等都将居高不下,我国经济发展将面临这样一个高成本大环境、大背景,必须做好长期的、必要的应对准备。

从国内来看,国民经济运行遇到超出预期的困

难。**一是疫情散发多发,统筹疫情防控和经济社会发展难度加大**。疫情反复、散发多发给正常经济活动带来较大影响,消费和服务业发展持续受到冲击,部分地区企业因疫情防控停产减产,加重经济运行困难。当然,影响到什么程度还有待观察和评估,但做好疫情防控工作、保持经济平稳运行的困难明显增多、难度明显加大。

二是需求收缩、供给冲击、预期转弱三重压力叠加,经济下行压力明显加大。有效需求受到抑制,就业和居民增收压力明显加大。供给改善受到制约,能源、原材料价格持续高位,缺芯、缺柜等要素短缺制约仍未得到根本缓解,特别是物流不畅、市场分割问题突出,产业链供应链堵点、卡点仍然较多,大大增加了经济运行成本。市场预期受到影响,部分行业和企业生产经营难度加大,小微企业、个体工商户等困难尤为突出,市场主体对发展前景存在担忧,既存在预期偏弱的问题,也存在预期不稳的问题。

三是主要指标明显放缓,完成全年预期目标难度加大。3月份以来,一些指标出现放缓,简单梳理一下,感觉其中有些指标的变化值得高度关注。比如:社会消费品零售总额下降了3.5%,商务部重点联系的1000家零售企业销售额下降6.4%,全国购物中心客流量下降25.9%;制造业采购经理人指数(PMI)为49.5%,下降0.9个百分点,再次跌至荣枯线以下;服务业商务活动指数为46.7%,比上月回落3.8个百分点;城镇调查失业率升至5.8%,为2020年6月以来最高水平;制造业和私营企业利润同比下降4.2%和1.7%,企业亏损面达到29.8%;有关部门对2.5万家重点企业问卷调查显示,二季度预计产值同比增长的仅为37.5%,比去年同期下降15.1个百分点;从税收情况看,1—2月份增长8.1%,但3月份税收收入出现负增长,减少了0.8%,税务部门调查显示,93%的小微企业反映生产成本上涨,增产不增收、增收不增利的矛盾比较突出;新订单增长乏力,3月份小型企业新订单指数为44%,连续11个月处于临界点以下,新出口订单指数40.6%,连续17个月处于临界点以下;规模以上工业企业产销率为94.5%,下降2个百分点,工业产成品存货增长了16.8%,等等。以上指标变化集中反映,当前供给需求改善明显趋缓,企业特别是小微企业生产经营困难明显增多,产销衔接水平下降,企业效益不高,就业压力特别是重点群体就业难度加大,经济恢复动能明显放缓,实现全年预期目标面临较大困难。

四是部分领域风险不断累积,统筹发展和安全的难度加大。外部风险因素增多和国内经济运行趋紧,使一些领域潜在风险不断积聚,风险暴露的可能性加大。既有金融风险、债务违约风险、房地产市场风险、资本大规模流出风险、海外资产安全风险、金融基础设施风险等,也有粮食能源安全风险、规模性失业风险、安全生产风险等,经济与非经济领域风险交织,传统与非传统安全风险叠加,统筹发展与安全的难度进一步增加。

面对各种困难和风险挑战,各地区各部门要贯彻习近平总书记重要指示精神,一以贯之强化底线思维、增强风险意识,把困难估计得更充分一些,把风险思考得更深入一些,把预案准备得更完备一些,做好充足的思想准备和工作准备,有力有效加以应对。

二、关于下一步工作的建议和希望

面对复杂形势和严峻挑战,做好今年经济工作,最重要的是统一思想、坚定信心。要坚持全面、辩证、长远看待经济形势,既要看到困难和挑战,树立底线思维、增强风险意识,更要看到,我国经济长期向好的基本面没有变,经济潜力足、韧性大、回旋空间大、政策工具多的基本特点没有变,我国发展具备多方面优势和条件,有改革开放以来积累的雄厚物质技术基础,有全球最完整的产业体系、超大规模国内市场和丰富的人力资源,有社会大局和谐稳定作保障,还有近几年积累的应对重大风险挑战的成功经验和对经济发展规律性的认识与把握,特别是有以习近平同志为核心的党中央坚强领导和中国特色社会主义制度优势,我们一定能够凝聚起亿万人民的磅礴力量,战胜前进道路上的一切艰难险阻,推动我国经济行稳致远。要把思想和行动进一步统一到党中央对形势的分析判断和决策部署上来,坚定战略自信、保持战略定力、树立必胜信心,继续按照党中央的决策部署扎实做好各项经济工作。

面对复杂形势和严峻挑战,继续赢得战略主动、抢占发展先机,最关键的是转变作风、埋头苦干、狠抓落实。去年底召开的中央经济工作会议,明确了今年经济发展的总体要求、政策取向、主要目标和重点任务。刚刚闭幕的十三届全国人大五次会议,批准了政府工作报告和年度计划、预算,对重点工作、重大项目、重要政策、重要举措作出全面的安排部署。近期,党中央、国务院又陆续出台了一系列稳增长、促改革、惠民生的决策部署和重大举措，包括最近刚刚发布的关于加快建设全国统一大市场的意见等。可以说，做好今年经济工作的思路、目标和任务都是非常明确的，关键是各地区各部门要结合实际，主动担当作为，层层压实责任，以钉钉子精神抓好落实。这里从推动落实的角度提几点希望。

第一，要围绕中心抓落实，努力完成全年主要预期目标和任务。经过不懈奋斗，我国已全面建成小康社会，开启了全面建设社会主义现代化国家、向第二个百年奋斗目标进军的新征程。但我国仍处于并将长期处于社会主义初级阶段的基本国情并没有变，作为世界最大发展中国家的国际地位也没有变。"十四五"乃至未来相当长的一个时期，必须毫不动摇贯彻党的基本路线，坚持以经济建设为中心，坚持发展是第一要务，统筹推进"五位一体"总体布局，协调推进"四个全面"战略布局，集中力量办好自己的事，不断壮大我国经济实力、科技实力和综合国力，努力实现高质量发展。今年是"十四五"时期承前启后的关键一年，党中央明确把筹备召开、宣传贯彻好党的二十大作为全党工作的主线，要求必须保持平稳健康的经济环境、国泰民安的社会环境、风清气正的政治环境。做好全年经济工作、保持社会大局和谐稳定具有特殊重要性。各地区各部门要进一步增强政治判断力、政治领悟力、政治执行力，胸怀"两个大局"，对"国之大者"心中有数，紧紧围绕中心、服务大局，牢牢抓住工作主线，立足新发展阶段，完整准确全面贯彻新发展理念，加快构建新发展格局，持续推动高质量发展。要坚持稳字当头、稳中求进，把稳增长放在更加突出的位置，扎扎实实推进稳就业、稳金融、稳外贸、稳外资、稳投资、稳预期工作，全面落实"六保"任务，着力稳定宏观经济大盘。要加强形势跟踪分析和走势研判，科学把握政策的时度效，精准做好预调微调，提高宏观调控的前瞻性和针对性，努力保持经济运行在合理区间。要做到守土有责、守土负责、守土尽责，切实担负起稳定宏观经济的责任，把相关工作适当往前赶，政策举措要靠前发力、适时加力，已出台的要尽快落实到位，拟推出的要尽量提前，同时针对新情况新问题前瞻性研究准备新的政策和工作预案，千方百计完成全年主要预期目标和任务。

第二，要统筹协调抓落实，切实发挥政策合力。在去年的中央经济工作会议上，习近平总书记首次系统阐述了做好经济工作的七大政策取向。这七大政策取向统筹宏观与微观、经济与社会、发展与民生、整体与局部、当前与长远，贯穿了稳中求进总要求，明确了各项政策的着力点，充分体现了系统性和整体性。我们要认真领会，真正落实。**落实宏观政策**，要突出稳健有效，积极的财政政策要提升效能，更加精准、更可持续，稳健的货币政策要灵活适度，实现跨周期和逆周期宏观调控政策的有机结合。**落实微观政策**，要持续激发市场主体活力，实施好公平竞争政策，破除地方保护和市场分割，打造市场化法治化国际化营商环境，提升市场主体信心。**落实结构政策**，要着力畅通国民经济大循环，加快科技自立自强，提升产业链供应链安全，积极实施技术改造投资，大力发展数字经济，持续推进转方式、调结构。**落实科技政策**，要重在扎实落地，强化国家战略科技力量，集中力量解决关键核心技术"卡脖子"问题，完善科技管理体制机制，充分调动科技人才的积极性、主动性、创造性。**落实改革开放政策**，要注重激活发展动力，处理好市场与政府的关系，深化重点领域和关键环节改革，鼓励各地因地制宜、主动改革，积极扩大高水平对外开放。**落实区域政策**，要着力增强发展的平衡性协调性，深入实施区域重大战略和区域协调发展战略，全面推进乡村振兴，加快以人为核心的新型城镇化建设。**落实社会政策**，要切实兜住兜牢民生底线，加快补齐民生领域短板，落实好就业优先政策，不断完善社会保障制度，切实增进人民福祉。总之，在制定和落实各项政策过程中，要聚焦"六稳"工作、"六保"任务，坚持系统观念，做好统筹协调，既要防止顾此失彼，又要防止"一刀切"和层层加码，切实加强政策联动，形成整体合力，提高政策执行效果。**这里再强调一下落实疫情防控政策**，要切实贯彻党中央确定的防控方针和策略，坚持"外防输入、内防反弹"，坚持科学精准、动态清零，毫不放松落实常态化防控措施，最大限度减少疫情对经济社会发展的影响。

第三，要突出重点抓落实，以重点工作带动各项工作整体推进。一要以扩大内需为重点持续巩固经济恢复态势。要深入实施扩大内需战略，适度超前开展基础设施投资，加快城市更新和旧城改造，加快中央基建投资预算下达进度和地方政府专项债券发行进度，采取有效措施促进居民消费持续恢复，稳步扩大住房、汽车等大宗消费，培育新消费热点，进一步改善消费环境。**二要以助企纾困为重点有力支持实体经济发展。**要继续优化实施减税降费政策，加大对小微企业、个体工商户的精准帮扶力度，切实缓解小微企业融资难、融资贵，加强反垄断和反不正当竞争，不断优化营商环境，稳定市场预期，提振市场主体发展信心。**三要以实施国家重大战略为重点推进区域协调发展**。要深入实施西部大开发、东北振兴、中部崛起、东部率先发展等区域发展总体战略，加快推进京津冀协同发展、长江经济带发展、粤港澳大湾区建设、长三角一体化、黄河流域生态保护和高质量发展，增强区域发展协调性。**四要以建设全国统一大市场为重点加快构建新发展格局**。要加强现代流通体系建设，打破地方保护和市场分割，着力解决好保物流畅通问题，促进资源要素和商品服务顺畅流动，贯通生产、分配、流通、消费各环节，畅通国内经济大循环。**五要以农业转移人口市民化为重点加快推进新型城镇化和城乡统筹发展**。要畅通农业转移人口进城落户渠道，健全常住地提供基本公共服务制度，为在城镇稳定就业生活的农业转移人口提供可及的教育、医疗、住房等社会保障，促进农业转移人口融入城市。要推进城镇基础设施和公共服务向乡村延伸，加大农村低收入人口帮扶力度，实现脱贫攻坚成果同乡村振兴有效衔接，同时要持续开展对城镇困难职工的常态化帮扶，实现脱困解困与提高生活品质有效衔接。**六要以补齐民生短板为重点稳步推进共同富裕**。要把稳就业、保就业放在更加突出位置，对受疫情影响大的就业群体加大援企稳岗力度，支持发展灵活就业，扩大公益性岗位安置，着力调整收入分配结构，重点增加低收入群体收入，扩大中等收入群体，健全多层次社会保障体系，切实解决群众各种急难愁盼，在总结共同富裕试点经验的基础上加强顶层设计，积极稳妥推进。

第四，要守正创新抓落实，坚定不移推进改革开放。多年来的实践表明，改革因问题而生，又在解决问题中不断深化。发展环境越复杂，面临的风险挑战越多，越需要发挥改革的突破和引领作用，用改革的办法应对危机、解决问题。只有持续推进改革，才能不断突破瓶颈、打破束缚，进一步理顺体制机制，激发动力活力，促进经济持续健康发展。当前形势下，要坚持问题导向，把改革与“六稳”“六保”工作特别是与稳增长、稳就业、防风险更好地有机统一起来，合理确定落实改革的时机、方式、节奏，一揽子谋划推进相关改革。对有助于促进复工复产、居民就业、投资消费、小微企业发展、增进民生福祉、增强发展后劲的改革举措，要集中力量加快推进。对发展中的短板弱项和风险挑战要有前瞻性研判谋划，聚焦公共卫生、初级产品保障、金融、防灾减灾、社会治理等重点领域，以深化改革的举措不断加强能力建设，主动作为，从根本上解决问题。对事关经济高质量发展的体制机制问题，要抓住完善市场化配置资源、转变政府职能、优化营商环境、稳定产业链供应链、加快科技创新、扩大高水平开放等方面，统筹部署不失时机地加以推进，使改革更符合实际、更符合经济社会发展新要求、更符合人民群众新期待。要进一步扩大高水平开放，落实好外资企业国民待遇，推动重大外资项目加快落地，稳住外贸外资基本盘，不断开拓新的增长点。

第五，要守牢底线抓落实，有效防范化解重大风险。坚持稳字当头、稳中求进，这里的“稳”也包含着稳定的含义。当前，我国各类风险交织叠加，虽然总体可控，但有些问题不及时解决可能对经济运行和社会大局稳定构成威胁，安全形势日益复杂严峻。必须贯彻总书记提出的总体国家安全观，更好地统筹发展和安全，要进一步强化底线思维，坚决守住不发生系统性风险的底线，在这个基础上要见微知著，抓早抓小，打好主动仗，着力补短板、堵漏洞、强弱项，为发展提供坚实的安全基础。当前形势下，要不误农时抓好春耕生产，加快推进高标准农田建设，加强战略谋划，统筹用好国际国内两个市场、两种资源，增强初级产品供给和战略储备能力，有效保障我国粮食安全和能源安全。要有序推进高风险金融机构处置，加强地方政府债务管理和化解，加大不良资产处置力度，运用市场化、法治化手段化解债务风险。要高度重视和妥善处置房地产市场风险，压实属地和主管部门责任，切实维护社会稳定，促进房地产市场平稳运行和健康发展。要加强就业形势跟踪研判，做好大学生、农民工、复转军人等重点群体就业工作，以更大力度落实帮扶和保障措施，做好新业态劳动者和灵活就业群体的维权服务，防止出现规模性裁员、侵害合法权益等问题引发群体性事件，切实维护劳动领域政治安全。要落实全国安全生产专项检查要求，全面排查整治风险隐患，从源头上遏制各类安全生产事故，切实保障人民群众生命健康和财产安全。

第六，要转变作风抓落实，努力增强经济工作实效。抓而不紧，等于不抓；抓而不实，等于白抓。作风扎不扎实直接关系着各项工作的实际效果。做好当前经济工作，要贯彻“三严三实”要求，紧密结合各地各部门实际抓好落实。要加强调查研究，领导干部带头深入基层、深入一线，广泛听取意见建议，特别是听取企业家、基层人民群众的意见，做到听实话、摸实情、出实招、求实效，了解市场主体对政策的真实感受，对经济前景的看法和预期，了解人民群众的急难愁盼和主要关切，科学评估和调整优化有关政策。要坚持实事求是、一切从实际出发，坚决反对不担当、不作为，也要反对简单化、乱作为，力戒形式主义、官僚主义。要抓住关键少数，以上率下，不断提升各级领导干部做好经济工作的能力，强化抓部署、抓落实、抓考核、抓督查，切实解决抓而不实、抓而不力、抓而不紧的问题，确保各项经济工作按照党中央的决策部署抓紧抓好、抓出成效。

总之，今年一季度国民经济实现了平稳开局，同时也遇到不少超出预期的突发因素和风险挑战，发展面临的形势仍然严峻复杂。我们要更加紧密地团结在以习近平同志为核心的党中央周围，进一步增强"四个意识"、坚定"四个自信"、做到"两个维护"，认真贯彻中央经济工作会议和十三届全国人大五次会议精神，以高度负责的态度和饱满的精神状态迎难而上、锐意进取、真抓实干，全力抓好党中央经济工作决策部署的落地落实，努力实现党中央确定的、人代会批准的经济社会发展主要目标任务，以实际行动迎接党的二十大胜利召开。

在全国人大财经委2022年上半年经济形势分析会上的讲话

（2022年7月14日）

王东明

为了开好这次会，全国人大财经委做了大量前期工作，作了精心准备，绍史同志在会议开始时作了通报。上午，国务院有关部门对上半年经济运行情况和工作情况作了全面汇报。陈竺副委员长讲了指导性意见。下午，各位委员都作了很好的发言。希望有关部门重视大家提出的意见建议，认真研究、充分吸纳，进一步做好下半年经济工作。下面，结合各部门汇报和大家的讨论我讲三点意见。

一、充分认识上半年经济运行呈现的积极变化，坚定做好全年经济工作的决心

总的赞成大家在讨论中对当前经济形势的分析。今年以来我国经济形势变化比较快。前2个月实现了平稳开局，进入3月份之后，国内外出现一些超预期因素，特别是乌克兰危机和新冠肺炎疫情，给经济运行带来很大不确定性和挑战，3、4月份经济下行压力不断增大。面对复杂严峻的国际形势和风险挑战，以习近平同志为核心的党中央统揽全局、科学决策、稳中求进，有力统筹疫情防控和经济社会发展。各地区各部门认真贯彻落实党中央决策部署，扎实推进"六稳""六保"工作，加快落实稳经济一揽子措施。5月份以来，政策效果逐步显现，生产需求稳步复苏，主要指标持续改善，经济运行逐步企稳回升，而且呈现出越来越多的积极变化。根据大家的汇报，至少可以从以下几个方面反映出来。

一是从生产来看，农业生产形势良好，夏粮再获丰收。工业生产企稳回升，规模以上工业增加值增速5月份由负转正，6月份进一步回升至3.9%。5月份规模以上工业企业出口交货值增速由4月份的下降1.9%转为增长11.1%。**二是从内需来看**，固定资产投资同比增长6.1%，5、6两个月连续回升，大项目投资带动作用增强。6月份，社会消费品零售总额由5月份下降6.7%转为同比增长3.1%。**三是从外需来看**，进出口起到重要支撑作用。货物进出口总额同比增长9.4%。6月份货物进出口总额增长14.3%，比上月加快4.7个百分点。实际使用外资按可比口径增长17.4%，表明我国仍然是全球外商投资的主要目的地。**四是从效益来看**，扣除留抵退税因素影响，全国一般公共预算收入增长3.3%。5月份，规模以上工业企业营业收入同比增长6.8%，增速较上月回升。**五是从要素支撑来看**，铁路货运量5月份和6月份同比分别增长6.6%和7.4%，单月货物发送量连续两月创新高。公路、港口货运量5、6月份降幅均大幅收窄。全国工业用电量从5月份下降0.4%转为6月份增长1.2%。6月末广义货币（M2）增长11.4%，6月份当月新增人民

币贷款 2.81 万亿元，社会融资规模新增 5.17 万亿元，双双创下历史同期新高。特别是资本市场活跃度回升明显，上半年沪深两市新上市(IPO)150 家公司，融资金额超过 3000 亿元，居全球首位。**六是从新动能来看**，高技术产业投资同比增长 20.2%，高于全部投资 14.1 个百分点。规模以上高技术制造业增加值同比增长 9.6%，增速高于全部规模以上工业 6.2 个百分点。数字经济规模占 GDP 的比重提升至 40% 左右，新能源汽车、移动通信基站设备产量快速增长，新业态新产品对经济的拉动作用进一步增强。**七是从先行指标来看**，6 月份我国制造业采购经理指数(PMI)和非制造业商务活动指数分别回升到 50.2% 和 54.7%，比上月分别上升 0.6 个和 6.9 个百分点，表明企业生产经营重回扩张态势，经济恢复进程加快。**八是从就业和民生来看**，全国城镇新增就业 654 万人，完成全年目标任务的 59.5%。物价温和上涨 1.7%，控制在 3% 左右的年度目标之内。全国居民人均可支配收入同比实际增长 3.0%，与经济增速基本同步，城乡收入差距进一步缩小。

从上述积极变化来看，上半年我国经济顶住了国内外超预期因素带来的冲击和压力，总体保持了恢复发展态势，近期呈现出明显的企稳回升势头，积极变化和有利因素在不断积累，特别是就业和物价总体平稳，民生持续改善，结构调整扎实推进，改革开放不断深化，社会大局保持稳定。这样的成绩确实来之不易，是以习近平同志为核心的党中央坚强领导、科学决策的结果，是各地区各部门攻坚克难、苦干实干的结果，必须充分肯定。实践证明，党中央关于统筹疫情防控和经济社会发展的决策部署是完全正确的。这些积极变化也表明，我国经济稳中向好、长期向好的基本面没有变，经济潜力足、韧性大、回旋空间大、政策工具多的基本特点没有变，要保持战略定力，坚定发展信心，继续按照党中央的决策部署扎实做好各项经济工作，努力实现全年经济社会发展主要目标任务。

二、充分认识稳经济面临的严峻形势，科学有效应对风险挑战

在充分肯定成绩的同时必须看到，我国经济持续恢复的基础仍不牢固，稳增长、稳就业、稳物价面临许多新的挑战。

从国际来看，外部环境更趋严峻复杂。一是新冠肺炎疫情持续冲击。病毒不断变异，疫情继续在全球蔓延，多国放松防疫政策甚至“躺平”，我国“外防输入、内防反弹”的压力空前增大。疫情对世界经济的冲击仍在发酵，加剧了全球供应链紧张，一些国家带疫复工复产，对我产业链安全和产业竞争力形成压力。科学应对疫情面临更高要求和更大挑战。**二是世界经济陷入滞胀的风险上升。**乌克兰危机持续推高粮食、能源等大宗商品价格，与西方国家超常规刺激政策对价格形成的需求拉动作用相叠加，导致全球通胀水平高涨。美国 6 月份 CPI 上涨 9.1%，创 40 年来新高；欧元区 6 月份通胀率也达到 8.6%，创下历史新高；部分新兴市场国家出现 20% 至 80% 的通胀。受高通胀、能源紧张、供应链瓶颈等制约，世界经济复苏乏力，发达经济体与发展中国家经济走势继续分化，国际货币基金组织、世界银行纷纷调低了全球增长预期。国际上对美国等主要经济体和全球经济陷入衰退的担忧明显增大。**三是国外宏观政策外溢风险加大。**为遏制通胀，主要经济体宏观政策加快调整。美联储 5 月份、6 月份分别加息 50 个和 75 个基点，幅度为 1994 年以来最大，并同步实施缩表，超出市场预期，引发金融市场大幅波动。一些新兴国家面临跨境资本大规模流出的冲击，国际金融市场出现动荡，风险向我国传导的压力明显增加。**四是美对我打压遏制不断升级。**美国无所不用其极，拉帮结伙实施“小院高墙”战略，从“五眼联盟”到“四边机制”“三国联盟”，近期又推出“印太经济框架”、“关键矿产伙伴关系”“半导体联盟”等，从宏观到微观，从产业链供应链、地缘政治、区域发展战略等领域对我实施全方位围堵，动用经济、金融、科技、政治、外交等一切手段对我极限施压，持续恶化我国际环境。这种影响具有长期性、复杂性。

从国内来看，经济运行持续稳定恢复仍面临许多困难。一是需求收缩、供给冲击、预期转弱三重压力仍未根本缓解。今年是疫情爆发的第三年，3 月份以来又反复出现散发多发，对经济运行造成较大冲击。居民收入增长放缓，内需特别是消费需求受到严重抑制，4、5 月份连续出现负增长，恢复起来面临较大制约。供给改善受要素价格上涨、物流不畅、市场分割等影响，产业链供应链堵点卡点仍然较多。企业生产经营面临较大困难，小微企业、个体工商户等困难仍然突出，市场主体预期普遍转弱，部分企业出现不敢投资、不敢接单、不敢投产情况。**二是就业压力明显加大。**上半年，全国城镇调查失业率平均为 5.7%，高于往年同期。特别是大学生、农民工、困难家庭等重点群体就业困难突出，

同时劳动领域争议矛盾也明显增多,给维权服务和维护社会稳定带来很大压力。**三是一些重点领域风险不容忽视**。包括部分高负债市县收支平衡难度较大,输入性通胀压力加大,部分房地产企业接连债务违约,有的地方中小银行风险加速暴露,一些地方、行业安全生产事故多发,等等,对一些苗头性、倾向性问题要给予足够重视,防患于未然。

面对复杂形势和严峻挑战,各地区各部门要进一步强化底线思维、增强风险意识,把困难估计得更充分一些,把风险思考得更深入一些,做好充足的思想准备和工作准备,有力有效加以应对。

三、坚定信心、攻坚克难,千方百计稳住宏观经济大盘

下半年,各地区各部门要坚决贯彻落实党中央"疫情要防住、经济要稳住、发展要安全"的决策部署,正视困难、坚定信心、扎实工作,千方百计稳住宏观经济大盘。这里再强调以下几个方面。

(一)稳经济必须坚定贯彻党中央决策部署。去年的中央经济工作会议对做好今年经济工作作了全面安排部署。今年3月份全国人代会批准了政府工作报告和年度计划、预算。近几个月,党中央、国务院作出一系列稳经济、扩内需、惠民生决策部署,出台一系列重要文件,包括《扩大内需战略规划纲要(2022—2035)》、《关于加快建设全国统一大市场的意见》、《关于推进以县城为重要载体的城镇化建设的意见》等,推出了一大批重大举措,包括6方面33条稳经济一揽子措施等。各地区各部门必须不断提高政治判断力、政治领悟力、政治执行力,不折不扣贯彻落实党中央有关决策部署。要突出稳字当头、稳中求进,把稳增长放在更加突出的位置,更好地统筹疫情防控和经济社会发展,科学精准做好疫情防控,继续做好"六稳""六保"工作,持续改善民生,着力稳定宏观经济大盘,努力争取全年经济运行保持在合理期间。当前正处于经济恢复的关键时间点。各地区各部门要紧密结合自身实际和职能职责,主动担当作为,层层压实责任,以钉钉子精神抓好党中央决策部署的落地落实,不断巩固拓展经济企稳回升的势头,为稳定宏观经济大盘做出不懈努力。

(二)稳经济必须进一步突出政策重点。习近平总书记在中央经济工作会议上的重要讲话中明确了七大政策取向,贯穿稳中求进总要求,突出体现了系统性和整体性。各地区各部门在制定出台具体政策措施中,特别是在政策执行中,要结合实际进一步找准着力点。**宏观政策**要更加稳健有效,积极的财政政策要着力提升效能,更加精准、更可持续,稳健的货币政策要灵活适度,实现跨周期和逆周期宏观调控政策的有机结合。**微观政策**要着力激发市场主体活力,在助企纾困、帮助企业渡过难关的同时,要实施好公平竞争政策,着力破除地方保护和市场分割,打造市场化法治化国际化营商环境,改善市场预期,提振企业信心。**结构政策**要着力畅通国际国内循环,解决好复工达产、产业链协同复产等问题,积极实施技术改造投资,大力发展数字经济,持续推进转方式、调结构。**科技政策**要着力强化国家战略科技力量,集中力量解决关键核心技术"卡脖子"问题,完善科技管理体制机制,加快科技自立自强步伐。**改革开放政策**要着力激活发展动力,处理好市场与政府的关系,深化重点领域和关键环节改革,鼓励各地因地制宜、主动改革。**区域政策**要着力增强发展的平衡性协调性,深入实施区域重大战略和区域协调发展战略,全面推进乡村振兴,加快以人为核心的新型城镇化建设。**社会政策**要着力兜住兜牢民生底线,加快补齐民生领域短板,落实就业优先政策,不断完善社会保障制度,切实增进人民福祉。在制定和落实各项政策时,要坚持系统观念,做好统筹。要统筹疫情防控和经济社会发展,按照党中央决策部署科学精准做好疫情防控。要统筹经济与社会、发展与民生,发展与安全,统筹宏观与微观、整体与局部、当前与长远,有效加强政策联动,形成整体合力,提高政策执行效果。要坚持依法行政,注重运用法治思维和法治方式,不断提高政策制定和实施的法治化水平。

(三)稳经济必须进一步发挥内需支撑作用。**一要更好发挥有效投资的关键作用**。总书记在4月份中央财经委员会第十一次会议上发表重要讲话,对全面加强基础设施建设作了系统阐述,提出明确要求。我理解,其核心要义是把加强基础设施建设同保障国家安全、促进区域协调发展、推进基本公共服务均等化、提升城镇化水平等重大战略紧密结合起来,适度超前谋划布局基础设施投资,推动一批既利当前又谋长远、既拉动经济又惠及民生的基础设施项目落地落实。要逐步补齐城市防洪排涝、地下管网、轨道交通等领域基础设施短板,加快老旧小区改造,提升医疗卫生、养老托育、文化体育等领域基础设施水平,提高居民生活品质。要大力改

善农村基础设施，加强农村道路等基础设施建设，实施农村规模化供水工程，改善提升农村电网和信息基础设施。要立足应对极端情况，加强粮食、油气、关键矿产资源、应急物资等储备能力基础设施建设，加强事关金融安全、网络安全的基础设施建设。各地各部门要系统梳理项目储备和前期工作，积极协调项目融资支持，加强用地、用能等要素保障，推进重点项目特别是“十四五”规划中的 102 项重大工程及时落地，加快形成实物工作量。要在重点工程中加大以工代赈实施力度，为农民工、脱贫人口等提供更多务工岗位，努力增加农民务工收入。**二要综合施策释放消费潜力**。要加大对住宿、餐饮、旅游等受疫情影响严重的服务业支持，促进服务业加快恢复。要稳定和扩大住房、汽车等大宗消费，鼓励地方调整优化限购措施，增加号牌指标，促进新能源汽车消费。要继续培育消费热点，拓展消费场景，激发县乡消费潜力，鼓励开展绿色智能家电下乡和以旧换新。要加大税收、社保、转移支付等调节力度，增加低收入群体收入，扩大中等收入群体比重，加快形成有利于扩大内需和实现共同富裕的收入分配格局。**三要通过实施国家重大战略带动内需**。要深入实施区域重大战略和区域协调发展战略，全面推进乡村振兴，加快新型城镇化建设，积极稳妥推进农业转移人口市民化，充分发挥县城连接城市、服务乡村的作用，以县城为重要载体推进城乡融合发展和乡村振兴。**四要进一步推动形成全国统一大市场**。要加快健全市场体系基础制度，建设现代流通体系，破除妨碍生产要素市场化配置和商品服务流通的体制机制障碍，有效提高市场运行和流通效率，促进生产和需求有效衔接。

（四）稳经济必须进一步推进改革开放。要依靠改革开放激发市场活力，增强发展后劲。上半年总书记三次主持召开中央深改委会议，聚焦重点领域改革和重大发展议题，研究部署了一大批具有战略引导作用的重大举措。各地区各部门要贯彻党中央改革开放决策部署，加快构建市场在资源配置中起决定性作用、更好发挥政府作用的体制机制。要加快推进省以下财政体制改革，在分税制框架内科学合理划分省以下各级政府财政事权和支出责任，健全省以下转移支付制度，着力建立县级财政保障长效机制。要加快科技管理体制改革，完善科技激励机制，改革科技人员评价管理方式，加大科技创新和成果转化力度，更好发挥科技创新对经济增长的支撑作用。要大力发展数字经济，加强关键核心技术攻关，加快培育数据要素市场，推进产业数字化转型升级，推动数字产业创新发展，不断完善数字经济治理体系，更好发挥数据要素服务实体经济作用。要以正在进行的外商投资法执法检查为契机，推动深入实施外商投资法律法规，进一步优化贸易和投资自由化便利化政策，打造市场化法治化国际化营商环境，加大吸引外资力度，稳步推进制度型开放，加快构建开放型经济新体制。

（五）稳经济必须进一步守牢风险底线。这里讲的“风险底线”，既包括一些系统性风险，也包括稳就业和稳物价的底线。当前就业压力比较突出，而且仍会继续增大，物价虽然上涨温和，但综合考虑输入性通胀等因素，未来存在较大上涨压力。要密切跟踪研判就业形势，落实就业优先政策，加大援企稳岗力度，拓展市场化和公益性就业岗位，加强困难群体就业帮扶和服务，重点向特殊困难家庭、低保家庭、零就业家庭提供就业援助，坚决防止出现规模性失业。要加强物价动态监测，严厉打击囤积居奇行为，做好粮食、猪肉、煤炭、成品油、重要矿产等的稳价保供工作。各地区各部门要一以贯之强化底线思维，增强“时时放心不下”的责任感，坚持守土有责、守土尽责，做到未雨绸缪、见微知著、抓早抓小、主动作为，有序化解财政、金融、房地产等重点领域风险，全面排查防范安全生产风险隐患，防止各类“灰犀牛”和“黑天鹅”事件，坚决守住不发生系统性风险底线。

总之，上半年国民经济顶住了较大的下行压力，呈现出逐步企稳回升的势头，但持续向好、回归正轨仍然面临很多困难和挑战，发展形势仍然严峻复杂。我们要更加紧密地团结在以习近平同志为核心的党中央周围，进一步增强“四个意识”、坚定“四个自信”、做到“两个维护”，深入贯彻党中央各项经济工作决策部署，科学把握当前经济形势，坚定信心、迎难而上，主动担当、真抓实干，努力稳住宏观经济大盘，努力保持平稳健康的经济环境、国泰民安的社会环境、风清气正的政治环境，以实际行动迎接党的二十大胜利召开。

深入贯彻习近平经济思想　扎实做好人大财经工作　推动经济社会高质量发展

——在全国人大财经工作座谈会上的讲话

（2022 年 9 月 28 日）

王东明

今年是十三届全国人大财经委履职的第五个年头，下个月我们将迎来党的二十大，在这样的背景下，召开一次座谈会，通过回顾总结工作，相互交流经验、认识、体会，有利于进一步提高人大财经工作水平，更好地推动贯彻落实党中央经济工作决策部署。五年来，常委会党组高度重视人大财经工作，切实加强组织领导，特别是栗战书委员长多次对财经立法、监督工作作出指示批示，提出明确要求，悉心加以指导，为人大财经工作不断取得新进展新成效提供了遵循。刚才，陈竺副委员长作了讲话，对全国人大财经委、常委会预算工委的工作予以充分肯定，对进一步做好人大财经工作提出了要求。我完全赞成。接下来，绍史同志和耀斌同志还要作主旨发言，系统总结五年来全国人大财经委、常委会预算工委工作，交流认识和体会。下午，部分地方人大财经委、常委会预算工委负责同志将作交流发言。希望大家通过相互交流学习，互相促进、共同提高，不断加强和改进人大财经工作。这里，我结合贯彻中央人大工作会议精神讲三点意见。

一、贯彻落实习近平经济思想，人大财经工作取得新进展新成效

党的十八大以来这十年，在党史、新中国史、改革开放史、社会主义发展史、中华民族发展史上具有里程碑意义。以习近平同志为核心的党中央团结带领全党全国各族人民，砥砺奋进、攻坚克难，奋力推动党和国家事业取得历史性成就、发生历史性变革，续写了“两大奇迹”新篇章，全面建成小康社会，乘势而上开启了全面建设社会主义现代化国家新征程。在这个波澜壮阔的历史进程中，我国人民代表大会制度更加成熟、更加定型，焕发出新的生机活力，彰显出独特优势。十三届全国人大及其常委会始终坚持党中央集中统一领导，扎实推进人大各项工作，充分发挥职能作用，为党和国家事业发展做出了新的重要贡献，得到习近平总书记和党中央的充分肯定，也受到各级人大和社会各界的高度评价。人大财经工作是人大工作的重要组成部分。近五年来，在全国人大常委会党组直接领导下，全国人大财经委、常委会预算工委紧紧围绕党和国家工作大局，主动担当作为、依法履职尽责，不断推动人大财经工作取得新进展新成效，为坚持和完善人民代表大会制度、推动经济高质量发展做出了积极贡献。在 2018 年底召开的全国人大财经工作座谈会上，我着重谈了学习习近平经济思想的认识和体会，明确提出这一重要思想是做好经济工作的根本遵循，也是人大财经工作的行动指南，必须以这一重要思想为统领扎实做好人大财经工作。五年来，全国人大财经委、常委会预算工委围绕贯彻落实习近平经济思想认真履职尽责，做了大量卓有成效的工作。

（一）围绕全面建成小康社会推进人大财经工作。习近平经济思想从战略和全局高度提出全面建成小康社会新的目标任务，强调要紧扣新时代我国社会主要矛盾变化，把发展作为第一要务，着力解决发展不平衡不充分问题，夺取全面建成小康社会决定性胜利。几年来，人大财经工作通过立法和监督，特别是通过开展“十三五”规划纲要实施情况中期评估、审查年度计划预算并监督执行情况，以及开展相关专题调研等，推动贯彻党中央重大决策部署，聚焦全面建成小康社会存在的短板弱项，推动有关部门适应经济发展新常态，不断提高经济发展质量和效益，推动打好防范化解重大风险、精准脱贫、污染防治三大攻坚战，助力如期实现全面建成小康社会目标任务。

（二）围绕贯彻新发展理念推进人大财经工作。新发展理念是习近平经济思想的精髓，是党的十八

大以来党中央关于经济社会发展众多理论和理念中最重要、最主要的。几年来，人大财经工作通过立法和监督，特别是通过财税立法、审查“十四五”规划纲要和2035年远景目标、开展经济形势分析等，着力推动贯彻新发展理念，把创新、协调、绿色、开放、共享五大发展理念体现在制定经济政策、推进经济工作当中，着力推进财经领域关键环节改革创新，推动建立与新发展理念相适应的体制机制。

（三）围绕坚持以人民为中心推进人大财经工作。习近平经济思想突出以人民为中心的发展思想，强调要坚持发展为了人民、发展依靠人民、发展成果由人民共享，坚定不移走共同富裕道路。几年来，人大财经工作通过立法和监督，特别是通过加强预决算审查监督、审计整改监督、重点财政资金分配使用情况监督以及建立基层联系点等，推动解决就业、教育、医疗、社保等人民群众急难愁盼问题，着力加强保障和改善民生，切实增强人民群众的获得感、幸福感、安全感。

（四）围绕构建新发展格局推进人大财经工作。习近平经济思想明确提出，构建新发展格局是党中央适应世界格局深刻变化、把握未来发展主动权的先手棋和战略布局，强调要畅通国民经济循环，形成以国内大循环为主体、国内国际双循环相互促进的新发展格局。几年来，人大财经工作通过立法和监督，特别是通过修改反垄断法，检查外商投资法、中小企业促进法、反不正当竞争法、企业破产法等法律实施情况，开展加快外贸转型升级、海南自由贸易港建设、西部陆海新通道建设等专题调研，积极推动建设全国统一大市场，不断改善营商环境，提高对外开放水平，加快构建新发展格局。

（五）围绕建设现代化经济体系推进人大财经工作。习近平经济思想把建设现代化经济体系定位为跨越结构调整关口的迫切要求和我国发展的战略目标，强调要着力建设市场机制有效、微观主体有活力、宏观调控有度的经济体制。几年来，人大财经工作通过立法和监督，特别是通过制定期货和衍生品法、电子商务法，修改企业破产法、证券法，研究推动金融稳定、数字经济立法以及国有资产管理综合立法，开展建设现代综合交通运输体系、发展数字经济、发展海洋经济等专题调研，推动不断完善社会主义市场经济法律制度和体制机制，深化供给侧结构性改革，促进实体经济发展，加快转方式、调结构和新旧动能转换，助力经济高质量发展。

（六）围绕统筹发展与安全推进人大财经工作。习近平经济思想蕴含着一以贯之的忧患意识和底线思维，强调要牢固树立安全发展理念，主动防范化解重大风险，坚决守住不发生系统性风险的底线。几年来，人大财经工作通过立法和监督，特别是通过完善金融法律法规体系、加强计划预算审查和经济形势分析、开展提升产业链价值链水平专题调研等，深入分析研究财政、金融、粮食、能源、房地产、产业链、地方政府债务等重点领域风险情况，推动贯彻总体国家安全观，未雨绸缪做好应对预案，防范化解重大经济风险，筑牢发展的安全基础。

通过几年来的实践，我们对做好人大财经工作形成了几点认识和体会。**一是必须坚持党对经济工作的全面领导**。这是推动我国经济克难前行、行稳致远的独特制度优势，也是做好人大财经工作的根本保障。人大财经工作要始终坚持党的全面领导，坚持以习近平新时代中国特色社会主义思想为指导，时刻与习近平总书记和党中央对标对表，始终用党中央对经济形势的分析判断和决策部署统一思想和行动，努力推动贯彻落实总书记重要指示批示和党中央重大经济决策部署。**二是必须坚持以人民为中心**。这是做好人大财经工作的出发点和落脚点。人大财经工作要贯彻以人民为中心的发展思想，紧扣人民群众对美好生活的期盼，积极回应人民诉求，推动解决人民群众最关心最直接最现实的利益问题，用法治保障人民权益、增进人民福祉。**三是必须突出法治思维和法治方式**。这是做好人大财经工作的基本方式。人大财经工作要深入贯彻全面依法治国要求，科学把握职能定位，寓支持于监督之中，弘扬法治精神，严格依照法定职责、限于法定范围、遵守法定程序，依法推动发展、保障善治。**四是必须不断推进工作的制度化、规范化和法治化**。这是做好人大财经工作的重要保证。人大财经工作要及时总结实践中的有效做法和成功经验，提升转化为法律法规和制度规范，健全完善工作长效机制，不断夯实工作的制度基础。**五是必须坚持正确的工作策略和方法**。这是做好人大财经工作的科学方法论。人大财经工作要坚持以习近平经济思想为统领，运用贯穿其中的马克思主义立场、观点和方法，不断强化战略思维、辩证思维、历史思维，突出底线思维、系统思维、创新思维，坚持稳中求进工作总基调，坚持问题导向、目标导向和结果导向，切实增强工作实效。

二、深入学习贯彻中央人大工作会议精神，科学把握人大财经工作新形势新要求

党的十八大以来，习近平总书记和党中央高度重视人大工作，出台一系列重大举措，推动人大工作取得历史性成就，人民代表大会制度的功效和作用更加彰显，为创造“两个奇迹”提供了重要制度保障。去年在建党100周年之际，党中央首次召开了中央人大工作会议，习近平总书记出席会议并发表重要讲话，栗战书委员长作总结讲话，党中央印发《关于新时代坚持和完善人民代表大会制度、加强和改进人大工作的意见》，为做好新时代人大工作指明了前进方向，提供了根本遵循。进一步做好人大财经工作，要深入学习贯彻中央人大工作会议精神，科学把握人大财经工作面临的新形势新要求。

（一）深刻认识和把握坚持党的全面领导，坚决拥护“两个确立”、做到“两个维护”。习近平总书记指出，中国共产党的领导，就是支持和保证人民实现当家作主，必须坚持党总揽全局、协调各方的领导核心作用，通过人民代表大会制度，保证党的路线方针政策和决策部署在国家工作中得到全面贯彻和有效执行。这一重要论述深刻揭示出，坚持党的领导是人大工作的首要政治原则和根本政治保证。作为人大财经工作者，要始终把坚持党的领导作为最高政治原则，深刻认识“两个确立”的决定性意义，进一步增强“四个意识”、坚定“四个自信”、做到“两个维护”，始终在思想上政治上行动上同以习近平同志为核心的党中央保持高度一致。要坚持用习近平经济思想统领人大财经工作，把党的领导贯穿工作各方面和全过程，认真执行请示报告制度，人大财经工作涉及的重大问题、重要事项、重点工作，都要及时向党中央和同级党委请示报告，积极推动贯彻落实党中央大政方针和决策部署。

（二）深刻认识和把握根本政治方向，不断增强道路自信、制度自信。习近平总书记深刻阐述了中国特色社会主义民主政治的历史必然和显著优势，强调这一政治发展道路为党和国家兴旺发达、长治久安提供了有力制度保障。当今世界，“中国之治”和“西方之乱”对比更加鲜明，再次彰显了中国共产党领导和中国特色社会主义制度的显著优势。作为人大财经工作者，无论形势怎么发展、情况如何变化，在政治道路、政治制度这个事关党和国家前途命运的重大问题上，都必须立场坚定、旗帜鲜明。要坚定不移坚持中国特色社会主义制度，坚定走中国特色社会主义政治发展道路，决不走西方所谓“宪政”、“三权鼎立”、“两院制”、“司法独立”的路子，切实维护国家政治安全、制度安全。要深刻认识人民代表大会制度的重大成就和显著优势，坚持党的领导、人民当家作主、依法治国三者有机统一，牢牢把握人大制度、人大工作在坚持“三者有机统一”中的职责定位，把人民代表大会制度坚持好、完善好、发展好，不断推进国家治理体系和治理能力现代化。

（三）深刻认识和把握全过程人民民主重大理念，切实保障人民当家作主。习近平总书记深刻论述了我们党关于民主的基本立场、观点和方法，重申了判断一个国家是否民主的“八个能否”标准，创造性地提出“四个要看、四个更要看”，第一次系统论述了全过程人民民主重大理念，强调人民代表大会制度是实现我国全过程人民民主的重要制度载体。这些重要论断掷地有声、振聋发聩，不仅向全世界清楚表明了中国共产党的“民主观”，而且有力回击了一些西方国家长期以来对我国社会主义民主的傲慢攻击和无端指责，标志着我们党对民主政治发展的规律性认识达到了一个新高度。作为人大财经工作者，要进一步砥砺初心使命，始终坚持人民主体地位，密切联系人大代表和人民群众，最大限度吸纳民意、汇集民智、凝聚民力，有效保障人民当家作主。要积极践行全过程人民民主重大理念，更好地发挥来自人民、植根人民的优势，深入调查研究，畅通社情民意表达和反映渠道，倾听人民呼声、反映人民意愿、回应人民期待，通过财经立法、监督等着力推动解决突出民生问题，做到为人民用权、为人民履职、为人民服务。

（四）深刻认识和把握全面依法治国实践要求，不断强化法治思维和法治方式。中央人大工作会议对坚持和完善人民代表大会制度、深入推进全面依法治国作出重大部署，强调要全面贯彻实施宪法、维护宪法权威和尊严，加快完善中国特色社会主义法律体系，依法推进国家各项事业和各项工作。作为人大财经工作者，要深入贯彻习近平法治思想，坚持走中国特色社会主义法治道路，充分发挥人大在全面依法治国中的重要作用，加强重点领域、新兴领域、涉外领域立法，持续推进科学立法、

严格执法、公正司法、全民守法,更加突出运用法治思维和法治方式,推动贯彻落实党中央决策部署,努力提升国家各项工作的法治化水平,不断推进国家治理体系和治理能力现代化。

(五)深刻认识和把握人大财经工作定位,切实增强做好工作的责任感和使命感。中央人大工作会议明确了新时代加强和改进人大工作的指导思想、重大原则和主要任务,对人大财经工作提出了新要求新任务。当前,世界百年变局加速演进,美对我实施全方位遏制打压,毫无底线、无所不用其极,国际环境异常严峻复杂,国内改革发展稳定任务艰巨繁重,我国发展面临的风险之多、挑战之大前所未有。应对各种风险挑战,必须保持战略定力,坚定发展信心,坚持发展是第一要务,推动经济社会持续健康发展,不断增强我国经济实力、科技实力和综合国力。作为人大财经工作者,要始终胸怀"两个大局",明确"国之大者",找准人大财经工作职能定位,切实增强使命感和责任感,以奋发有为的精神状态谋划推进各项工作。要把人大财经工作放到党和国家经济工作大局中去谋划推进,立足我国社会主义初级阶段基本国情,坚持以经济建设为中心,通过财经立法和监督推动贯彻落实党的路线方针政策和经济工作重大决策部署,推动经济社会持续健康发展。要把人大财经工作放到实现第二个百年奋斗目标、全面建设社会主义现代化国家中去谋划推进,通过财经立法和监督推动实施国家重大战略部署,努力完成各阶段发展目标任务,为实现党中央擘画的现代化宏伟蓝图贡献力量。要把人大财经工作放到国家民主法治建设中去谋划推进,通过财经立法和监督推动坚持党的领导、人民当家作主、依法治国有机统一,为坚持和完善人民代表大会制度做出新的更大贡献。

三、继续扎实做好人大财经工作,在全面建设社会主义现代化国家新征程上展现新担当新作为

(一)要在学懂弄通做实习近平总书记重要思想上下更大功夫。要按照党中央和全国人大常委会党组安排部署,及时传达学习贯彻党的二十大精神,把学习贯彻习近平新时代中国特色社会主义思想和党的二十大精神作为首要政治任务,坚持以习近平新时代中国特色社会主义思想为指导,深入学习贯彻习近平法治思想、习近平总书记关于坚持和完善人民代表大会制度的重要思想,特别是要进一步学深悟透习近平经济思想的精神实质、核心要义和实践要求,切实用以武装头脑、指导实践、推动工作,牢牢把握人大财经工作正确政治方向。无论是开展经济形势分析、规划计划预算审查,还是进行财经专题调研、监督计划预算执行,都要以习近平经济思想为根本遵循,努力推动这一重要思想更加深入人心,切实转化为各级人大财经工作者和各地各部门做好经济工作的实际行动,转化为经济社会高质量发展的生动实践。

(二)要紧紧围绕落实党中央重大决策部署加大工作力度。做好人大财经工作的关键,就在于通过法定程序推动党中央经济工作决策部署的贯彻落实,把党对经济工作的主张转化为国家意志,转化为全民行动。要推动完成中央确定的重大财经立法任务,突出立法重点,坚持立改废释并举,在保证立法质量的基础上全力以赴推进党中央确定的重大财经立法任务,进一步完善社会主义市场经济法律制度。加强财经立法统筹谋划,及时研究提出财经立法修法意见。要推动落实新理念新思想新战略,围绕统筹推进"五位一体"总体布局、协调推进"四个全面"战略布局,科学把握新发展阶段,推动完整准确全面贯彻新发展理念,加快构建新发展格局,为推动高质量发展提供法治保障。要推动实施国家重大发展战略和重大工程项目,推动深入实施扩大内需战略、乡村振兴战略、新型城镇化战略、区域重大战略、区域协调发展战略、制造强国战略等国家重大战略,重点加强对国家"十四五"规划重大工程项目、中央预算内投资重大项目安排以及实施情况的监督,推动扩大有效投资,增强新的发展动力。要推动科技创新和自立自强,推动深入实施创新驱动发展战略,持续加强基础研究,完善支持创新政策体系,深化科技管理体制改革,促进创新链和产业链融合,不断增强自主创新能力和科技成果转化能力。要推动全面深化改革开放,积极推动深化财税、金融、要素市场化配置、国企国资、行政管理体制、营商环境等重点领域和关键环节改革,建设更高水平开放型经济新体制。要把立法决策同改革决策结合起来,通过法治保障、推动和落实重大改革举措,做到重大经济改革于法有据。要推动解决党中央确定的重大理论和实践问题,聚焦积极稳妥推进共同富裕、坚决遏制资本无序扩张、保障初级产品安全、防范化解重大风险、科学有序推进碳达峰碳中和等重大理论和实践问题,推动有关

方面统筹协调、科学论证、分类施策、压实责任，认真贯彻党中央有关决策部署。要推动保持宏观经济大局稳定，加强经济形势分析和计划、预算执行情况监督，推动贯彻落实党中央确定的年度经济工作总体要求、政策取向、主要目标和重点任务，坚持稳字当头、稳中求进，把稳增长放在更加突出的位置，推动进一步做好“六稳”“六保”工作，切实营造和保持平稳健康的经济环境。

（三）要聚焦人民群众所思所想、所急所盼履职尽责。人大财经工作要始终贯彻以人民为中心的发展思想，进一步密切同人大代表和人民群众的联系，努力推动在发展中保障和改善民生。要着力推动落实就业优先政策。就业是民生之本。要加强对就业优先政策落实情况的监督，加大劳动领域相关法律执法检查，推动抓好下岗失业人员、大学生、农民工、退役军人等重点群体就业，加大职业教育和技术培训力度，不断提升劳动者素质和就业质量，有力促进稳岗和扩大就业。要着力推动巩固脱贫攻坚成果，推动加快乡村振兴步伐，防止规模性返贫，实现脱贫攻坚与乡村振兴有效衔接，实现城镇生活困难职工解困脱困与提高生活品质有效衔接。要着力推动民生领域补短板、强弱项，推动加快基本公共服务均等化，加快补齐医疗、教育、养老、公共卫生等民生领域短板，兜牢基本民生底线。要着力推动增加居民收入，通过财税立法、预决算审查监督等，推动调节收入分配结构，持续增加居民收入特别是低收入群体收入，逐步扩大中等收入群体，促进全体人民共同富裕取得更为明显的进展。要进一步健全完善人大财经工作联系代表机制，践行全过程人民民主理念，认真听取人大代表的意见建议，支持代表依法履职，充分发挥代表的作用，积极反映人民诉求、回应人民关切，把人民当家作主具体地、现实地体现到人大财经工作和各项经济工作当中去。

（四）要紧扣人大定位更好地发挥职能作用。人大工作强调坚持党的领导、人民当家作主、依法治国相统一，每项工作都要努力确保党中央决策部署得到贯彻落实，确保宪法和法律得到有效实施，确保人民的合法权益得到尊重和维护。要牢牢把握人大财经工作职能定位，坚持围绕中心、服务大局，严格依照法定职责、限于法定范围、遵守法定程序开展人大财经工作，做到寓支持于监督之中。要统筹人大财经立法和监督工作，通过法律实施监督发现法律本身存在的问题，推动修改完善相关法律，坚持科学立法、民主立法、依法立法，从实际需要出发，兼顾开展“大块头”和“小快灵”特色立法，为推动高质量发展提供有力法治保障。要继续发扬人大监督的好经验、好做法，统筹运用听取审议专项工作报告、执法检查、专题询问、专题调研等法定监督方式，加强对相关法律实施的监督，做到正确监督、有效监督、依法监督。要不断提升依法履职的能力和本领，提高运用法治思维和法治方式推动发展、深化改革、化解矛盾和维护稳定的能力，更好地发挥法治固根本、稳预期、利长远的保障作用，以良法善治促进高质量发展。

（五）要着力增强人大财经工作实效。人大财经工作要践行“三严三实”要求，坚持实事求是、一切从实际出发，发扬钉钉子精神，围绕中心、突出重点、守正创新、转变作风抓好各项工作的落实。要加强跟踪监督，聚焦突出问题，加大跟踪监督力度，加强与有关部门的沟通配合，督促有关部门贯彻执行代表大会及其常委会作出的决议和决定，认真研究处理意见建议，强化监督成果运用和法律效力。要深入开展调查研究。调查研究在人大工作中不仅是工作方法，也是法定职责。要结合职能和工作实际，研究确定重大财经题目，深入基层一线，广泛深入持久开展调查研究。要进一步加强调研成果的转化应用，为科学决策、加强改进工作提供参考。要进一步加强上下交流互鉴。这些年，地方人大财经工作机构依法履职、开拓创新，为坚持和完善人民代表大会制度进行了丰富实践，作出了积极探索。要进一步密切各级人大财经工作机构的工作联系，不断加强自身建设，加强相互交流、相互促进，切实增强人大财经工作实效。

同志们！新时代赋予人大财经工作新使命，新征程呼唤人大财经工作新作为！让我们更加紧密地团结在以习近平同志为核心的党中央周围，勇于担当作为，依法履职尽责，共同推动新时代人大财经工作取得新成效，以实际行动迎接党的二十大胜利召开，为坚持和完善人民代表大会制度、促进我国经济高质量发展做出新的更大贡献！

以习近平经济思想为统领扎实做好人大财经工作为全面建设社会主义现代化国家作出新的更大贡献

王东明

党的十八大以来这十年，在党史、新中国史、改革开放史、社会主义发展史、中华民族发展史上具有里程碑意义。以习近平同志为核心的党中央团结带领全党全国各族人民，砥砺奋进、攻坚克难，奋力推动党和国家事业取得历史性成就、发生历史性变革，续写了“两大奇迹”新篇章，全面建成小康社会，乘势而上开启了全面建设社会主义现代化国家新征程。在这个波澜壮阔的历史进程中，我国人民代表大会制度更加成熟、更加定型，焕发出新的生机活力，彰显出独特优势。十三届全国人大及其常委会始终坚持党中央集中统一领导，扎实推进人大各项工作，充分发挥职能作用，为党和国家事业发展作出了新的重要贡献，得到习近平总书记和党中央的充分肯定，也受到各级人大和社会各界的高度评价。人大财经工作是人大工作的重要组成部分。近五年来，在全国人大常委会党组和栗战书同志直接领导下，人大财经工作紧紧围绕党和国家工作大局担当作为、履职尽责，不断取得新进展新成效，为坚持和完善人民代表大会制度、推动经济高质量发展作出了积极贡献，特别是围绕贯彻落实习近平经济思想做了大量工作，取得了积极成效。

第一，围绕全面建成小康社会推进人大财经工作。习近平经济思想从战略和全局高度提出全面建成小康社会新的目标任务，强调要紧扣新时代我国社会主要矛盾变化，把发展作为第一要务，着力解决发展不平衡不充分问题，夺取全面建成小康社会决定性胜利。几年来，人大财经工作通过立法和监督，特别是通过开展“十三五”规划纲要实施情况中期评估、审查年度计划预算并监督执行情况，以及开展相关专题调研等，推动贯彻党中央重大决策部署，聚焦全面建成小康社会存在的短板弱项，推动有关部门适应经济发展新常态，不断提高经济发展质量和效益，推动打好防范化解重大风险、精准脱贫、污染防治三大攻坚战，助力如期实现全面建成小康社会目标任务。

第二，围绕贯彻新发展理念推进人大财经工作。新发展理念是习近平经济思想的精髓，是党的十八大以来党中央关于经济社会发展众多理论和理念中最重要、最主要的。几年来，人大财经工作通过立法和监督，特别是通过财税立法、审查“十四五”规划纲要和 2035 年远景目标、开展经济形势分析等，着力推动贯彻新发展理念，把创新、协调、绿色、开放、共享五大发展理念体现在制定经济政策、推进经济工作当中，着力推进财经领域关键环节改革创新，推动建立与新发展理念相适应的体制机制。

第三，围绕坚持以人民为中心推进人大财经工作。习近平经济思想突出以人民为中心的发展思想，强调要坚持发展为了人民、发展依靠人民、发展成果由人民共享，坚定不移走共同富裕道路。几年来，人大财经工作通过立法和监督，特别是通过加强预决算审查监督、审计整改监督、重点财政资金分配使用情况监督以及建立基层联系点等，推动解决就业、教育、医疗、社保等人民群众急难愁盼问题，着力加强保障和改善民生，切实增强人民群众的获得感、幸福感、安全感。

第四，围绕构建新发展格局推进人大财经工作。习近平经济思想明确提出，构建新发展格局是党中央适应世界格局深刻变化、把握未来发展主动权的先手棋和战略布局，强调要畅通国民经济循环，形成以国内大循环为主、国内国际双循环相互促进的发展格局。几年来，人大财经工作通过立法和监督，特别是通过修改反垄断法，检查外商投资法、中小企业促进法、反不正当竞争法、企业破产法等法律实施情况，开展加快外贸转型升级、海南自由贸易港建设、西部陆海新通道建设等专题调研，积极推动建设全国统一大市场，不断改善营商环境，提高对外开放水平，加快构建新发展格局。

第五，围绕建设现代化经济体系推进人大财经工作。习近平经济思想把建设现代化经济体系定位为跨越结构调整关口的迫切要求和我国发展的战略目标，强调要着力建设市场机制有效、微观主体有活力、宏观调控有度的经济体制。几年来，人大财经工作通过立法和监督，特别是通过制定期货和衍生品法、电子商务法，修改企业破产法、证券法，研究推动金融稳定、数字经济立法以及国有资产管理综合立法，开展建设现代综合交通运输体系、发展数字经济、发展海洋经济等专题调研，推动不断完善社会主义市场经济法律制度和体制机制，深化供给侧结构性改革，促进实体经济发展，加快转方式、调结构和新旧动能转换，助力经济高质量发展。

第六，围绕统筹发展与安全推进人大财经工作。习近平经济思想蕴含着一以贯之的忧患意识和底线思维，强调要牢固树立安全发展理念，主动防范化解重大风险，坚决守住不发生系统性风险的底线。几年来，人大财经工作通过立法和监督，特别是通过完善金融法律法规体系、加强计划预算审查和经济形势分析、开展提升产业链价值链水平专题调研等，深入分析研究财政、金融、粮食、能源、房地产、产业链、地方政府债务等重点领域风险情况，推动贯彻总体国家安全观，未雨绸缪做好应对预案，防范化解重大经济风险，筑牢发展的安全基础。

通过几年来的实践，我们对做好人大财经工作形成了几点认识和体会。**一是必须坚持党对经济工作的全面领导**。这是推动我国经济克难前行、行稳致远的独特制度优势，也是做好人大财经工作的根本保障。人大财经工作要始终坚持党的全面领导，坚持以习近平新时代中国特色社会主义思想为指导，时刻与习近平总书记和党中央对标对表，始终用党中央对经济形势的分析判断和决策部署统一思想和行动，努力推动贯彻落实总书记重要指示批示和党中央重大经济决策部署。**二是必须坚持以人民为中心**。这是做好人大财经工作的出发点和落脚点。人大财经工作要贯彻以人民为中心的发展思想，紧扣人民群众对美好生活的期盼，积极回应人民诉求，推动解决人民群众最关心最直接最现实的利益问题，用法治保障人民权益、增进人民福祉。**三是必须突出法治思维和法治方式**。这是做好人大财经工作的基本方式。人大财经工作要深入贯彻全面依法治国要求，科学把握职能定位，寓支持于监督之中，弘扬法治精神，严格依照法定职责、限于法定范围、遵守法定程序，依法推动发展、保障善治。**四是必须不断推进工作的制度化、规范化和法治化**。这是做好人大财经工作的重要保证。人大财经工作要及时总结实践中的有效做法和成功经验，提升转化为法律法规和制度规范，健全完善工作长效机制，不断夯实工作的制度基础。**五是必须坚持正确的工作策略和方法**。这是做好人大财经工作的科学方法论。人大财经工作要坚持以习近平经济思想为统领，运用贯穿其中的马克思主义立场、观点和方法，不断强化战略思维、辩证思维、历史思维，突出底线思维、系统思维、创新思维，坚持稳中求进工作总基调，坚持问题导向、目标导向和结果导向，切实增强工作实效。

踏上新征程，人大财经工作面临新的形势和任务。当前，世界百年变局加速演进，美对我实施全方位遏制打压，国际环境异常严峻复杂，国内改革发展稳定任务艰巨繁重，我国发展面临的风险之多、挑战之大前所未有。去年在建党100周年之际，党中央首次召开了中央人大工作会议，习近平总书记出席会议并发表重要讲话，党中央印发《关于新时代坚持和完善人民代表大会制度、加强和改进人大工作的意见》，为做好新时代人大工作指明了前进方向，提供了根本遵循。新形势赋予了人大财经工作新的使命和任务，对人大财经工作提出了新的更高要求。广大人大财经工作者要始终胸怀“两个大局”，明确“国之大者”，科学把握人大财经工作面临的新形势新任务，找准职能定位，切实增强使命感和责任感，以奋发有为的精神状态谋划推进各项工作，在全面建设社会主义现代化国家新征程上展现新担当新作为。

第一，要始终坚持党的全面领导，坚决拥护“两个确立”、做到“两个维护”。要始终把坚持党的全面领导作为最高政治原则，深刻认识“两个确立”的决定性意义，进一步增强“四个意识”、坚定“四个自信”、做到“两个维护”，始终在思想上政治上行动上同以习近平同志为核心的党中央保持高度一致。要把学习贯彻习近平新时代中国特色社会主义思想和党的二十大精神作为首要政治任务，在学懂弄通做实习近平总书记重要思想上下更大功夫，切实用以武装头脑、指导实践、推动工作。要始终坚持以习近平经济思想统领人大财经工作，进一步学深悟透这一重要思想的精神实质、核心要义和实践要求，牢牢把握人大财经工作正确政治方向，努力推动这一重要思想更加深入人心，切实转化为各级人大财经工作者和各地各部门做好经济工作的实际行动，转化为经济社会高质量发展的生动实践。

第二，要深入贯彻中央人大工作会议精神，不断增强道路自信、制度自信。习近平总书记在中央人大工作会议上深刻阐述了中国特色社会主义民主政治的历史必然和显著优势，全面论述了我们党关于民主的基本立场、观点和方法。这些重大论断掷地有声、振聋发聩，不仅向全世界清楚表明了中国共产党的“制度观”、“民主观”，而且有力回击了一些西方国家长期以来对我国制度和社会主义民主的傲慢攻击和无端指责,标志着我们党对民主政治发展的规律性认识达到了一个新高度。要深入贯彻习近平总书记重要讲话精神和中央人大工作会议精神,坚定不移坚持中国特色社会主义制度,坚定走中国特色社会主义政治发展道路,决不走西方所谓"宪政"、"三权鼎立"、"两院制"、"司法独立"的路子,切实维护国家政治安全、制度安全。要深刻认识人民代表大会制度的重大成就和显著优势,坚持党的领导、人民当家作主、依法治国三者有机统一,把人民代表大会制度坚持好、完善好、发展好,不断推进国家治理体系和治理能力现代化。

第三,要紧紧围绕落实党中央重大决策部署加大工作力度。要突出立法重点,坚持立改废释并举,全力以赴推进党中央确定的重大财经立法任务,进一步完善社会主义市场经济法律制度。要加强经济形势分析和计划、预算执行情况监督,推动贯彻落实党中央经济工作重大决策部署,坚持稳字当头、稳中求进,把稳增长放在更加突出的位置,推动进一步做好"六稳""六保"工作,切实营造和保持平稳健康的经济环境。要紧紧围绕统筹推进"五位一体"总体布局、协调推进"四个全面"战略布局,科学把握新发展阶段,推动实施国家重大发展战略和重大工程项目,加快科技创新和自立自强步伐,持续深化重点领域和关键环节改革,推动完整、准确、全面贯彻新发展理念,加快构建新发展格局,促进高质量发展。

第四,要聚焦人民群众所思所想、所急所盼履职尽责。要着力推动落实就业优先政策,加大劳动领域相关法律执法检查,推动抓好重点群体就业,有力促进稳岗和扩大就业。要着力推动巩固脱贫攻坚成果,加快乡村振兴步伐,推动脱贫攻坚与乡村振兴有效衔接,城镇生活困难职工解困脱困与提高生活品质有效衔接。要着力推动加快基本公共服务均等化,补齐医疗、教育、养老、公共卫生等民生领域短板,兜牢基本民生底线。要通过财税立法、预决算审查监督等,推动调节收入分配结构,持续增加居民收入特别是低收入群体收入,促进全体人民共同富裕取得更为明显的进展。要践行全过程人民民主理念,进一步健全完善人大财经工作联系代表机制,充分发挥代表的作用,倾听人民呼声、反映人民意愿、回应人民期待,把人民当家作主具体地、现实地体现到人大财经工作和各项经济工作当中去。

第五,要紧扣人大财经工作定位更好地发挥职能作用。要坚持围绕中心、服务大局,严格依照法定职责、限于法定范围、遵守法定程序开展人大财经工作,做到寓支持于监督之中。要统筹人大财经立法和监督工作,通过法律实施监督推动修改完善相关法律,坚持科学立法、民主立法、依法立法,从实际需要出发,兼顾开展"大块头"和"小快灵"特色立法,为推动高质量发展提供有力法治保障。要统筹运用听取审议专项工作报告、执法检查、专题询问、专题调研等法定监督方式,加强对相关法律实施的监督,做到正确监督、有效监督、依法监督。要不断提高运用法治思维和法治方式推动发展、深化改革、化解矛盾和维护稳定的能力,以良法善治促进高质量发展。

第六,要着力增强人大财经工作实效。要践行"三严三实"要求,发扬钉钉子精神,围绕中心、突出重点、守正创新、转变作风抓好各项工作的落实。要加强跟踪监督,聚焦突出问题,加强与有关部门的沟通配合,督促有关部门贯彻执行代表大会及其常委会作出的决议和决定,认真研究处理意见建议,强化监督成果运用和法律效力。要深入开展调查研究,结合职能和工作实际,研究确定重大财经题目,深入基层一线,广泛深入持久开展调查研究,进一步加强调研成果的转化应用,为科学决策和加强改进工作提供参考。

新时代赋予人大财经工作新使命,新征程呼唤人大财经工作新作为。让我们更加紧密地团结在以习近平同志为核心的党中央周围,勇于担当作为,依法履职尽责,共同扎实做好人大财经工作,以实际行动迎接党的二十大胜利召开,为坚持和完善人民代表大会制度、推动我国经济高质量发展、全面建设社会主义现代化国家作出新的更大贡献!

捍卫核心地位、维护核心权威、紧跟核心奋斗
以实际行动迎接党的二十大胜利召开

白玛赤林

党的十九届六中全会,是在世界百年未有之大变局背景下,我们党带领人民完成第一个百年奋斗目标、踏上第二个百年奋斗目标新征程的历史时刻召开的一次重要会议,全面总结了党的百年奋斗重

大成就和历史经验，为我们奋进第二个百年奋斗目标、实现中华民族伟大复兴中国梦发出了动员令，必将在中国共产党历史上、在中华民族历史上留下浓墨重彩的一笔。将“两个确立”写入党的十九届六中全会审议通过的《中共中央关于党的百年奋斗重大成就和历史经验的决议》，是深刻总结党的百年奋斗历史、深刻总结党的十八大以来的伟大实践得出的郑重历史结论。

2021年是实施“十四五”规划、开启全面建设社会主义现代化国家新征程的第一年，是我们党成立100周年，是党和国家历史上具有里程碑意义的一年。世界百年未有之大变局和新冠肺炎疫情全球大流行交织影响，外部环境更趋复杂严峻，国内新冠肺炎疫情防控和经济社会发展各项任务极为繁重艰巨。以习近平同志为核心的党中央，统筹国内国际两个大局，统筹疫情防控和经济社会发展，统筹发展和安全，战胜多种严重自然灾害，我国经济发展和疫情防控保持全球领先地位，党和国家各项事业取得新的重大成就，“十四五”实现良好开局。这些成绩来之不易，历经艰难险阻，根本在于有以习近平同志为核心的党中央领航掌舵，有习近平新时代中国特色社会主义思想指引航向，再次彰显了“两个确立”对党和国家事业的决定性意义。

实践证明，核心就是力量，核心就是方向，核心就是未来。坚决维护习近平同志党中央的核心、全党的核心地位，全党就有“定盘星”，全国人民就有“主心骨”，中华“复兴”号巨轮就有掌舵者。在向第二个百年奋斗目标进军的新征程中，必须保持党的领导核心和指导思想长期稳定，继续集聚全党全国全社会的力量战胜一切风险挑战，把红色江山传承下去，不断从胜利走向新的胜利。

一、深刻感悟“两个确立”的决定性意义，更加坚定地做到“两个维护”，坚决捍卫核心地位、维护核心权威、紧跟核心奋斗

党的十八大以来这些年极不寻常、极不平凡，党面临形势环境的复杂性和严峻性、肩负任务的繁重性和艰巨性世所罕见、史所罕见。在新时代中国特色社会主义事业砥砺奋进中，习近平总书记以马克思主义政治家的恢宏气魄、远见卓识、雄韬伟略，惊涛骇浪中坚如磐石，风险挑战中运筹帷幄，充分展现了大党大国领袖的政治智慧、战略定力、使命担当、为民情怀、领导艺术，赢得了全党全军全国各族人民的衷心爱戴和高度信赖。党确立习近平同志党中央的核心、全党的核心地位，确立习近平新时代中国特色社会主义思想的指导地位，反映了全党全军全国各族人民共同心愿，对新时代党和国家事业发展、对推进中华民族伟大复兴历史进程具有决定性意义，是时代呼唤、历史选择、民心所向。正是因为确立了习近平同志党中央的核心、全党的核心地位，党的面貌、国家的面貌、人民的面貌、军队的面貌、中华民族的面貌才发生了前所未有的变化。正是因为有习近平总书记掌舵领航，全党才有了“顶梁柱”，14亿多中国人民才有了“主心骨”；正是因为有了习近平新时代中国特色社会主义思想的科学指引，全党全军全国各族人民才有了思想上的“定盘星”、行动上的“指南针”。以史为鉴，开创未来，更需要领袖的领航掌舵，更需要思想的指引航向。我们必须深刻领会中华民族从站起来、富起来到强起来的历史逻辑、理论逻辑和实践逻辑，深刻理解中国共产党为什么“能”、马克思主义为什么“行”、中国特色社会主义为什么“好”，在学思践悟中把“两个确立”的思想自觉转化为“两个维护”的实际行动。

我们必须把坚决维护、长期坚持习近平同志党中央的核心、全党的核心地位作为最大的政治、最大的大局，不断增强维护党中央集中统一领导的政治自觉、思想自觉、行动自觉，在政治上维护核心，在思想上认同核心，在组织上服从核心，在情感上拥戴核心，在行动上跟随和捍卫核心，始终在政治立场、政治方向、政治原则、政治道路上同以习近平同志为核心的党中央保持高度一致，一切行动听从习近平总书记和党中央指挥，确保习近平总书记重要指示要求条条落实、件件落地、事事见效，确保党中央各项决策部署全面贯彻落实。

我们必须深刻地认识到，“两个维护”是具体的、现实的，常思常新、常做常新，不断增强维护意识、坚定维护行动、提高维护能力、确保维护效果，坚定不移向习近平总书记看齐，向党中央看齐，把“两个维护”体现在坚决贯彻落实党中央决策部署的行动上，体现在履职尽责、做好本职工作的实效上，体现在自己的日常言行上。坚持把讲政治要求化为内心自觉、内在行动，经常同党中央精神对表对标，切实做到党中央提倡的坚决响应、党中央决定的坚决照办、党中央禁止的坚决不做，不讲条件、不搞变通，不掉队、不走偏。

二、深刻感悟真理的力量，坚持不懈用习近平新时代中国特色社会主义思想武装头脑，更加自觉地高举新时代党的思想旗帜

党的十八大以来，习近平总书记在领导进行具有许多新的历史特点的伟大斗争中，以马克思主义政治家、思想家、战略家的非凡理论勇气、卓越政治智慧、强烈使命担当，应时代之变迁、立时代之潮头、发时代之先声，提出一系列原创性的治国理政新理念新思想新战略，为习近平新时代中国特色社会主义思想的创立发挥了决定性作用、作出了决定性贡献，习近平总书记是这一思想的主要创立者。习近平新时代中国特色社会主义思想源自实践，又指导实践，是从新时代中国特色社会主义全部实践中产生的理论结晶，是推动新时代党和国家事业不断向前发展的科学指南，是经过实践检验、富有实践伟力的强大思想武器。

我们必须始终把学习贯彻党的创新理论作为思想武装的重中之重，切实在学懂弄通做实上下功夫，筑牢信仰之基、补足精神之钙、把稳思想之舵。坚持自觉主动学，不断强化学习自觉，不断增强学习的内生动力，在集体学习的基础上，利用业余时间强化学习。坚持及时跟进学，对习近平总书记发表的重要讲话、作出的重要批示，对党中央作出的新的决策部署、出台的新的文件，及时认真学习领会。认真参加党组集体学习和常委会讲座，积极参加党支部集体学习，珍惜这些极好的学习机会。坚持联系实际学，自觉弘扬理论联系实际的学风，紧密联系思想和人大工作实际，始终把研究解决问题作为学习的着眼点，带着问题学，在学习中解决问题，在问题里深化学习，学出坚定信仰、学出使命担当，切实把学习成果落实到干好本职工作、推进事业发展上。

习近平总书记的伟大历史主动精神、强烈历史担当情怀，是全党增强历史主动精神、战胜前进道路上一切困难挑战的最大政治动力和精神动力。我们必须认真学习领会习近平总书记关于学习党史的一系列重要论述，充分认识开展党史学习教育的重大意义，深入学习党的百年奋斗重大成就和历史经验，联系实际学、带着问题学、结合工作学，深刻认识党先进的政治属性、崇高的政治理想、高尚的政治追求、纯洁的政治品质，找准历史坐标、把握历史方位、心怀“国之大者”，不断提高政治判断力、政治领悟力、政治执行力。认真学习习近平总书记在省部级主要领导干部学习贯彻党的十九届六中全会精神专题研讨班上的重要讲话精神，切实把思想和行动统一到讲话精神上来，统一到党中央决策部署上来，继续把党史总结、学习、教育、宣传引向深入，做到学以致用、知行合一、真抓实干。

三、深刻感悟奋斗的力量，深刻汲取党史中正反两方面经验，更加自觉地严守党的政治纪律和政治规矩

中国共产党的一百年，是为马克思主义信仰不懈奋斗并在实践中不断发展马克思主义的一百年，是为中国人民幸福不懈奋斗并将历史推进到更加接近中华民族伟大复兴的一百年，是为人类进步事业不懈奋斗并改变世界发展格局的一百年。党的历史就是一部直面问题、认识问题、解决问题的历史，涵盖政治、经济、文化、军事、党的建设等方方面面，蕴含着丰富的治党治国治军智慧。百年来，在领导中国革命、建设和改革的过程中，我们党经历过残酷的环境，遭遇过失败的挫折，背负过沉重的压力，面临过各种各样的风险、挑战和考验。党的十八大以来，党和国家事业取得的历史性成就，为实现中华民族伟大复兴提供了更为完善的制度保证、更为坚实的物质基础、更为主动的精神力量。今天，我们比历史上任何时期都更接近、更有信心和能力实现中华民族伟大复兴的目标。

敢于斗争、敢于胜利，是党和人民不可战胜的强大精神力量，党和人民取得的一切成就，不是天上掉下来的，不是别人恩赐的，而是通过不断斗争取得的。历史反复证明，不管在什么历史条件下，不管遇到什么情况，个人遇到什么困难，我们都要坚信社会主义、坚信共产党。我们必须切实增强做好新时代人大工作的责任感、使命感、紧迫感，立足岗位和工作实际，强化底线思维，发扬斗争精神、坚定斗争意志、增强斗争本领，顽强奋斗、不懈奋斗，在原则问题上不当软骨头，在风险挑战面前敢于斗争、善于斗争，坚决维护国家安全特别是以政权安全、制度安全为核心的政治安全，维护中国共产党长期执政地位，维护社会主义制度。

我们必须深刻地认识到，从党的百年奋斗历史看，我们党要不变质、不变色、不变味，一靠人民监督，二靠自我革命，党的高级干部必须自觉发扬党

的光荣传统和优良作风，勇于自我革命，敢于刀刃向己，严于修身律己，切实发挥“头雁”作用、当好示范表率。认真学习贯彻习近平总书记在十九届中央纪委历次全会上的重要讲话精神，自觉加强党性修养，严格遵守党的政治纪律和政治规矩，严格遵守中央八项规定及其实施细则精神。坚持把党的利益摆在第一位，用党性原则处理各种关系，坚决防止山头主义、宗派主义、圈子文化、码头文化，坚决反对和自觉抵制拉拉扯扯、吹吹拍拍、阿谀奉承、拉帮结派、人身依附、结成利益集团等行为，与同志们一起努力营造风清气正的政治生态。以严重违纪违法案件为警示，不断增强政治敏锐性和政治鉴别力，在大是大非问题、政治原则问题上态度鲜明、立场坚定。坚持把讲团结作为干事创业的基础、作为力量的源泉，自觉维护党性原则基础上的团结，把班子的团结体现在工作的各个环节，体现在相处共事的点点滴滴，共同维护好班子的良好形象。坚持廉洁齐家，严格家教家风，从严管好家属子女和身边工作人员。自觉执行“三会一课”制度，认真参加民主生活会，进一步坚定理想信念、树牢宗旨意识，弘扬伟大建党精神，坚持党的百年奋斗历史经验，坚定历史自信，不忘初心使命，勇于担当作为，走好新的赶考之路。

四、深刻领悟全过程人民民主的重大理念，聚焦党中央大政方针和决策部署践行以人民为中心的发展思想，以实际行动迎接党的二十大胜利召开

为人民而生，因人民而兴，始终同人民在一起，为人民利益而奋斗，是我们党立党兴党强党的根本出发点和落脚点。制度稳则国家稳，制度强则国家强。人民当家作主是社会主义民主政治的本质和核心。人民代表大会制度为党领导人民创造经济快速发展奇迹和社会长期稳定奇迹提供了重要制度保障。实践充分证明，人民代表大会制度是人民当家作主的重要途径和最高实现形式，也是实现全过程人民民主的重要制度载体。

当今世界正经历百年未有之大变局，制度竞争是综合国力竞争的重要方面，制度优势是一个国家赢得战略主动的重要优势。在这次的全国县乡两级人大换届选举工作中，有超过10亿选民参加选举。这是中国全过程人民民主的生动实践，是中国民主具有科学有效的制度安排的具体体现。在新时代，坚持和完善人民代表大会制度，对于坚持和完善人民当家作主制度体系，发展社会主义民主政治，充分发挥中国特色社会主义制度和国家治理体系优越性，具有十分重要的意义。当前，“中国之治”与“西方之乱”对比更加鲜明，习近平总书记作为党中央的核心、全党的核心引领着中国特色社会主义的航船继续乘风破浪、坚毅前行。

习近平总书记在中央人大工作会议上，从完善和发展中国特色社会主义制度、推进国家治理体系和治理能力现代化的战略高度，明确提出了新时代加强和改进人大工作的指导思想、重大原则和主要工作，为我们在新征程上坚持和完善人民代表大会制度、开创人大工作新局面指明了前进方向、提供了根本遵循。我们必须认真学习领会习近平法治思想，坚持党的领导、落实党的要求，把坚持党的领导体现到时时处处事事，使一切行动听党指挥成为自觉和习惯。自己的一举一动、一言一行，都符合党的要求、维护党的形象、遵守党的纪律和规矩。凡事都要好好想一想，党中央是怎样决定的，习近平总书记有什么指示要求，怎样做才最有利于党和人民的事业。始终牢记江山就是人民，人民就是江山，践行以人民为中心的发展思想，紧紧围绕党和国家中心任务做好人大工作，切实把“四个意识”“四个自信”“两个维护”贯彻落实到履职尽责的全过程和各方面。特别是结合工作和岗位实际，多深入群众和基层一线，多解决一些群众的操心事、烦心事、揪心事，不断实现好、维护好、发展好最广大人民的根本利益，让人民群众的获得感、幸福感、安全感更加充实、更有保障、更可持续。

2022年是开启全面建设社会主义现代化国家新征程的重要一年，我们党将召开具有重大而深远意义的第二十次全国代表大会。我们必须认真学习领会习近平总书记关于全过程人民民主的重要论述，深刻认识和把握习近平总书记提出的“八个能否”“四个要看、四个更要看”标准和关于民主的立场、理念、观点，坚定对我国社会主义民主政治的自信和底气。深入学习贯彻习近平总书记在中央人大工作会议、在中央政治局第三十五次集体学习时、在全国两会期间的重要讲话精神，深刻把握“五个有利条件”“五个必由之路”两个重大论断的历史意义和丰富内涵，贯彻落实《中共中央关于新时代坚持和完善人民代表大会制度、加强和改进人大工作的意见》，紧跟党中央重大决策部署，紧贴人民美好生活需要，紧扣推进国家治理体系和治理能力现

代化、全面建设社会主义现代化国家的需求，坚持法治体系建设正确方向，把贯彻落实党中央决策部署作为重大政治任务，积极担当、主动作为，确保党中央决策部署到哪里，人大工作就跟进到哪里，人大职能就发挥到哪里，以求真务实精神做好新时代人大工作，完成好自己的使命任务。

习近平总书记告诫全党同志，在新的赶考之路上，我们能否继续交出优异答卷，关键在于有没有坚定的历史自信。面对新时代新征程、新形势新要求，我们必须更加紧密地团结在以习近平同志为核心的党中央周围，更加坚定地做到“两个维护”，回答好“从哪里来、往哪里去”这个基本命题，更加坚决地贯彻落实习近平总书记重要指示批示和党中央决策部署，始终把党和人民放在心中最高位置，时刻牢记自己的第一身份是共产党员，第一职责是为党工作，不忘初心、牢记使命，忠于职守、埋头苦干，以实际行动迎接党的二十大胜利召开。

在中国人权研究会第五届理事会第一次会议上的讲话

（2022 年 7 月 19 日）

白玛赤林

各位理事、同志们：

中国人权研究会第五届理事会第一次会议，是在中国共产党成立 101 周年、全国上下喜迎党的二十大之际召开的。这是我国人权研究领域的一件大事，也是中国人权研究会发展史上的一个重要时刻。

在中央宣传部的大力指导下，在全体理事的共同努力下，会议审议并通过了中国人权研究会第四届理事会工作报告和《中国人权研究会章程（修改草案）》等文件，选举产生了中国人权研究会新一届理事会、常务理事会，并选举我担任中国人权研究会会长。我和中国人权研究会新一届领导机构全体成员深感使命光荣、责任重大，衷心感谢各位同志的信任与支持，并借此机会向向巴平措同志和中国人权研究会第四届理事会的全体同志致以崇高的敬意！向广大人权研究工作者和长期以来关心、支持中国人权研究会事业发展的社会各界朋友表示衷心的感谢！

党的十八大以来，在以习近平同志为核心的党中央坚强领导下，中国人权研究会深入宣传阐释习近平总书记关于尊重和保障人权的重要论述，持续推进中国特色人权理论体系和话语体系建设，广泛开展国际交流交往合作，积极参与联合国人权事务，扎实推进人权教育和知识普及，不断加强人才队伍建设，办成了一系列大事、难事，取得了一系列重要成绩。实践证明，中国人权研究会的各位理事，是一支政治立场坚定、专业素养过硬的精良之师、专业之师，是能够始终与党同心同德、与人民同向同行的人权研究国家队，是推动我国人权事业全面发展、提升中国人权话语影响力不可或缺的重要力量。

以习近平同志为核心的党中央高度重视人权工作，习近平总书记围绕尊重和保障人权发表一系列重要论述。今年 2 月 25 日，习近平总书记在主持中央政治局第三十七次集体学习时发表重要讲话，全面总结新时代我国人权理论和实践成就，系统论述新时代中国人权立场、观点和发展道路，并对人权理论研究和中国人权研究会发展作出重要指示。习近平总书记强调，要依托我国人权事业发展的生动实践，提炼原创性概念，发展我国人权学科体系、学术体系、话语体系；要加强人权智库和人权研究基地建设，着力培养一批理论扎实、学术精湛、熟悉国际规则、会讲中国人权故事的高端人权专家；要充分发挥中国人权研究会、中国人权发展基金会等的作用，增强对联合国等多边人权机构的影响力；要通过多种形式、多种渠道、多种场合广泛开展人权宣传和知识普及，在全社会营造尊重和保障人权的良好氛围；要在全体人民特别是广大青少年中开展人权知识教育，把马克思主义人权观、当代中国人权观教育纳入国民教育体系，等等。这一系列重要论述和指示要求，充分体现了总书记对中国人权研究和教育工作的高度重视，为更好推动我国人权事业发展指明了前进方向，是对中国人权研究会进一步守正创新、开展好各项工作的极大鼓舞和激励。

各位理事，同志们！

新时代呼唤新担当，新征程需要新作为。今年是全面建设社会主义现代化国家、向第二个百年奋斗目标进军新征程的重要一年，也是中国人权研究会第五届理事会履职的启程之年。我们要坚持以习近平新时代中国特色社会主义重要思想为指导，深入学习贯彻党的十九大和十九届历次全会精神，团结带领广大人权工作者心怀国之大者，保持昂扬姿态，汇聚奋斗伟力，勇于担当作为，积极开拓创新，主动投身新时代中国人权事业伟大实践，奋力谱写中国人权研究会发展新篇章。

第一，提高政治站位，始终坚持以习近平总书记关于尊重和保障人权的重要论述为引领。习近平总书记关于尊重和保障人权的重要论述，以富有原创性、原理性的新理念新论断新观点，构建起思想深刻、内涵丰富、逻辑严谨的人权理论和话语体系。要把深入研究、系统阐释习近平总书记关于尊重和保障人权的重要论述作为头等大事来抓，通过各种途径、打造各种平台，扎实推进学理化阐释、学术化表达和体系化构建，推出具有重大理论价值和实践意义的研究成果。持续推动《习近平关于尊重和保障人权论述摘编》学习宣传和多语种发行，通过新书发布会、读者见面会、理论研讨会等形式在国内外广泛做好对《论述摘编》的学习宣传阐释工作。通过推动设立"马工程"人权重大课题、国家社科基金人权重大课题、国家人权教育与培训基地重大课题等形式，资助出版著作、组织撰写文章、召开学术研讨等方式，系统推进对习近平总书记关于尊重和保障人权重要论述的研究阐释。

第二，坚持守正创新，不断增强人权理论研究和话语体系建设的原创能力。创新人权理论和人权话语体系是新形势下我国人权事业全面发展的内在要求，也是党中央赋予理论界、学术界光荣而艰巨的任务。要深刻认识新时代中国人权事业发展面临的新形势新任务，加快构建中国人权话语和叙事体系，着力增强当代中国人权观的学术支撑和学理厚度。要深入研究阐释中国共产党百年来争取人权、尊重人权、保障人权、发展人权的理念和行动，善于从物质文明、政治文明、精神文明、社会文明、生态文明协调发展的生动实践中不断总结提炼新理论、新论断，打造融通中外、东西共鸣的人权新概念。要充分抓住后疫情时代国际话语格局再平衡的关键时期，紧盯学术前沿，深度参与国际人权话语重塑，引导推动我人权学者和研究机构联合国际学术力量围绕人权标准、人权理念开展持续深入讨论，广泛凝聚共识，不断提升中国对国际人权话语的塑造力和引领力。在项目资助、著作出版、文章发表、奖项设立、学术平台建设等方面向原创性、高质量人权研究项目倾斜，形成一系列重大人权理论研究成果。不断提高《人权》《人权研究》《人权法学》等人权类学术期刊和人权蓝皮书、有关人权类年刊的编辑出版质量和水平。

第三，坚持主动作为，有效凝聚国际社会对中国人权的认知认同。习近平总书记强调，要弘扬全人类共同价值，坚持平等互信、包容互鉴、合作共赢、共同发展的理念，推动全球人权治理朝着更加公平、公正、合理、包容的方向发展。中国人权研究会的各位同志，既要脚踏实地开展好理论研究，也要善于讲好中国人权故事，更要胸怀天下积极投身全球人权治理。要广泛开展对外交流交往工作，主动与联合国人权机构及国外非政府组织、人权机构和智库、高校等进行交流合作。要继续办好北京人权论坛、南南人权论坛、中欧人权研讨会等品牌论坛，支持国内人权研究机构探索创建国别人权和区域人权交流平台，搭建层次丰富、形式多样、内容广泛的人权交流合作平台，涵养人脉资源。要加强与联合国等多边机构的交流合作，探索在日内瓦设立办事处，跳到外线作战。要引导支持鼓励更多人权专家学者参与竞聘联合国人权机构职位，积极参与国际人权规则制定，推动将中国人权理念和主张写入联合国等国际组织官方文件，提升我国在国际人权领域的话语权和定义权。

第四，加强自身建设，着力提升研究会履职尽责的能力水平。打铁必须自身硬。加强研究会自身建设，进一步提升履职尽责能力，既是党中央对我们的殷切期待，也是新形势下我国人权事业发展的必然要求。要以政治建设为引领，依法依章程开展工作，推进和完善研究会运行机制建设规范化、标准化。要加强研究会未来五年工作整体规划，更好服务党和国家工作大局、服务国家整体人权战略。要进一步发挥研究会专家库的作用，成立专家委员会，经常深入基层深入实际调查研究，积极向党和国家建言献策。要加强人才队伍建设，打造一支国际知名的人权专家队伍，着重加强对青年人才的培养锻炼，不断拓展各方面参与研究会工作的渠道。要加强对国家人权教育与培训基地的指导，积极推进人权学科和人权国际教育交流中心建设，抢占全球人权研究与教育的学科制高点和学术高地。

各位理事、同志们！

让我们更加紧密地团结在以习近平同志为核心的党中央周围，扎实工作，勇毅前行，以强烈的历史主动精神肩负起新时代中国人权事业全面发展的使命担当，以实际行动迎接党的二十大胜利召开，为全面建设社会主义现代化国家、实现中华民族伟大复兴的中国梦作出新的更大贡献！

谢谢大家！

在“2022·北京人权论坛”开幕式上的致辞

（2022年7月26日）

全国人大常委会副委员长、中国人权研究会会长　白玛赤林

尊敬的黄孟复理事长，

女生们，先生们，朋友们：

大家好！

非常高兴同各位朋友在线下和云端相聚。首先，我谨代表中国人权研究会，对论坛的召开表示热烈的祝贺，向出席本次论坛的国内外与会嘉宾致以最诚挚的欢迎！

实现人人享有人权，是人类社会的共同追求。当前，世界百年变局和世纪疫情相互交织，全球经济复苏步履维艰，可持续发展遭遇严重挫折，人人得享充分人权面临严峻挑战。同时，各国人民求和平、谋发展、促合作、同进步的愿望更加强烈。本次论坛以“公平公正合理包容：携手推动人权事业发展”为主题，恰逢其时，具有重要现实意义。

当前，中国已开启全面建设社会主义现代化国家、向第二个百年奋斗目标进军的新征程，朝着共同富裕方向稳步前进。中国国家主席习近平指出，实现中华民族伟大复兴中国梦的过程，本质上就是实现社会公平正义和不断推动人权事业发展的进程。经过长期艰苦奋斗，中国走出了一条顺应时代潮流、适合本国国情的人权发展道路。

中共十八大以来，以习近平同志为核心的中共中央坚持把尊重和保障人权作为治国理政的一项重要工作，在中国人权事业发展的实践中，奉行以人民为中心的人权理念，坚持生存权和发展权是首要的基本人权、人民幸福生活是最大的人权，发展全过程人民民主，强化人权法治保障，中国人民的人权得到前所未有的保障。中国历史性地解决绝对贫困问题，全面建成小康社会，14亿多中国人民的获得感、幸福感、安全感更加充实、更有保障、更可持续。依法科学精准有效防控疫情，从出生仅30个小时的婴儿至100多岁的老人，全力抢救每一位患者的生命，生动诠释“人民至上、生命至上”的人权价值。推动实现更加充分、更高质量的就业，建成世界上规模最大的教育体系、社会保障体系、医疗卫生体系，大力改善人民生活环境质量，持续增进人民福祉、促进人的全面发展。中国秉持人类命运共同体理念，积极参与联合国人权事务，先后批准或加入了29项国际人权文书，助力发展中国家提升人权保障水平，贡献全球人权治理的中国理念和方案。

女士们、先生们、朋友们！

发展人权是全人类共同的事业，需要世界各国相向而行、共同努力。当前，世界进入新的动荡变革期，联合国2030年可持续发展议程落实进程受阻，南北鸿沟继续拉大，人类发展指数30年来首次下降，超过8亿人仍然生活在极端贫困之中，粮食安全、教育、就业、医药卫生等民生领域面临更多困难。

与此同时，有些国家将人权议题政治化、工具化，大行双重标准，人为制造分裂和对抗，不仅罔顾自身人权问题日益凸显的事实，还打着人权旗号肆意干涉他国内政，实施极限制裁，甚至导致一些国家战乱频发、社会长期动荡、人民流离失所。这种逆时代潮流而动的行径，既不利于本国人权状况改善，也严重制约全球人权事业发展。

借此机会，我愿提几点建议，供各位朋友参考。

第一，坚持命运与共，更好增进人类福祉。只有各国人民都过上好日子，繁荣才能持久，安全才有保障，人权才有基础。去年9月，习近平主席站在全人类福祉的高度，在联合国提出全球发展倡议，以构建全球发展共同体为目标，推动加快落实联合国2030年可持续发展议程，致力实现更加强劲、绿色、健康的全球发展。国际社会要坚持合作发展，共同营造有利于发展的国际环境，努力实现更高质量、更有效率、更加公平、更可持续、更为安全的发展，在发展中保障和改善民生、促进和保护人权。

第二，坚持包容互鉴，丰富人权文明形态。社会因包容而丰富，文明因多样而精彩。各国人权发展理念和实践的丰富多彩，应该成为国际人权事业欣欣向荣的源泉，而不应成为各方对抗对立的根源。各国都有权利自主选择适合本国国情的人权

发展道路，不同国家、文明和族群之间应平等交流，相互借鉴，取长补短，共同进步。一个国家的人权道路行不行，关键在于是否符合本国国情和顺应时代发展潮流，是否能得到本国人民的拥护和支持。一个国家的人权状况好不好，关键在于是否能增强人民的获得感、幸福感、安全感，是否能为人类人权事业的进步作出积极贡献。要在坚持多元、自主、可持续发展中共同丰富人类人权文明形态，开创人类人权保障美好未来。

第三，坚持平等对话，完善全球人权治理。全球人权治理体系要由各国共同建设，人权发展成果要由各国人民共同分享。在人权问题上不存在十全十美的"理想国"，不需要对别国颐指气使的"教师爷"，更不能把人权当作向别国施压、干涉内政的工具。我们要高举多边主义旗帜，恪守联合国宪章宗旨和原则，捍卫国际法和国际关系准则，秉持普遍、公正、客观、非选择性、非政治化原则，通过平等对话来化解人权分歧。要大力弘扬全人类共同价值，在广泛协商、凝聚共识基础上构建更加公平公正合理包容的全球人权治理体系。

第四，坚持求同存异，凝聚人权发展共识。实现人人得享充分人权的伟大梦想，需要汇聚各方力量，致力于人权事业发展的各政府部门、国际组织和专家学者，应加强沟通、增进互信、求同存异。自2008年北京人权论坛创办以来，本届论坛恰逢第十届。十年耕耘，十年收获。北京人权论坛不断发展，成为大家交流思想，分享经验，汇聚人权保障真知灼见的重要国际平台。希望各位专家学者胸怀"环球同此凉热"的真情实感和经世致用的责任使命，借此机会深入探讨，坦诚交流，就如何携手推动人权事业发展提出更多见解，贡献更多智慧，达成更多共识。

女士们、先生们、朋友们！

中国的人权事业是在世界目光的关注中不断前进的，各方给予了我们很多建设性的意见和建议。在大家的共同努力下，中国人权事业和世界人权事业同发展、共进步。在此，我要向长期以来关心和支持中国人权事业发展的各国朋友表示衷心感谢！

再过几个月，中国共产党将召开第二十次全国代表大会，擘画下一个阶段中国发展蓝图，届时，中国人权事业将迎来新的发展阶段，中国也必将为世界人权事业发展作出新的更大贡献。我们愿与各国朋友一道，携手合作、勠力同心，为促进世界人权事业发展、推动构建人类命运共同体不懈努力。

最后，预祝"2022 · 北京人权论坛"取得圆满成功！

谢谢大家！

在"深入学习贯彻党的二十大精神坚持走中国人权发展道路"研讨会上的讲话

（2022年11月8日）

白玛赤林

在中国共产党第二十次全国代表大会胜利召开的浓厚氛围下，我们举办"深入学习贯彻党的二十大精神 坚持走中国人权发展道路"研讨会，十分及时，很有意义。在此，我结合学习宣传贯彻党的二十大精神，谈几点认识体会。

一、深刻认识党的二十大重大政治意义，坚定不移走中国人权发展道路

党的二十大是在全党全国各族人民迈上全面建设社会主义现代化国家新征程、向第二个百年奋斗目标进军的关键时刻召开的一次十分重要的大会。大会回顾总结了过去五年的工作和新时代十年的伟大变革，阐述了开辟马克思主义中国化时代化新境界、中国式现代化的中国特色和本质要求等重大问题，在政治上、理论上、实践上取得了一系列重大成果，就新时代新征程党和国家事业发展制定了大政方针和战略部署，是我们党团结带领人民全面建设社会主义现代化国家、全面推进中华民族伟大复兴的政治宣言和行动纲领。

新时代的伟大变革，根本在于党确立习近平同志党中央的核心、全党的核心地位，确立习近平新时代中国特色社会主义思想的指导地位。以习近平同志为核心的党中央统筹中华民族伟大复

兴战略全局和世界百年未有之大变局，团结带领全党全国各族人民踔厉奋发、勇毅前行，经受住了来自多方面的风险挑战考验，推动党和国家事业取得历史性成就、发生历史性变革，推动中华民族伟大复兴进入不可逆转的历史进程。

党的二十大精神内容十分丰富，政治上的高瞻远瞩、理论上的深邃思考、目标上的科学设定和工作上的战略部署相互联系、有机统一。当前，全党全国正在掀起学习宣传贯彻党的二十大精神的热潮。我们要紧密团结在以习近平同志为核心的党中央周围，深刻领悟“两个确立”的决定性意义，增强“四个意识”、坚定“四个自信”、做到“两个维护”，加深对习近平新时代中国特色社会主义思想、马克思主义中国化时代化、中国式现代化等重大问题的认识，深刻领悟党的二十大关于党和国家事业发展大政方针和战略部署的历史逻辑、理论逻辑、实践逻辑，切实把思想和行动统一到党中央精神上来，用党的二十大精神指引中国人权理论研究和话语体系建设各项工作，增强走中国人权发展道路的自觉自信。

二、深刻认识党的二十大重大人权意义，推动新时代中国人权事业全面发展

人权得到切实尊重和保障，是党的十八大明确提出的全面建成小康社会和全面深化改革开放的一项重要目标。习近平总书记在党的二十大报告中充分肯定新时代十年来中国人权事业取得的历史性成就，指出人权得到更好保障，人民群众获得感、幸福感、安全感更加充实、更有保障、更可持续。在实现第一个百年奋斗目标基础上，党的二十大擘画新时代新征程全党全国各族人民奋斗目标，以执政党最高权力机构权威文件郑重宣示坚持走中国人权发展道路，积极参与全球人权治理，推动人权事业全面发展。我们要深刻学习领会以习近平同志为核心的党中央，在新的更高水平上推进中国人权事业前所未有的历史主动精神、历史创造精神。

我们要深刻认识党的二十大对于中国人权发展道路的权威性引领。尊重和保障人权是中国共产党人的不懈追求。今年 2 月 25 日，习近平总书记在主持十九届中央政治局第三十七次集体学习时发表重要讲话指出，党的百年奋斗史，贯穿着党团结带领人民为争取人权、尊重人权、保障人权、发展人权而进行的不懈努力。在推进我国人权事业发展的实践中，我们把马克思主义人权观同中国具体实际相结合、同中华优秀传统文化相结合，总结我们党团结带领人民尊重和保障人权的成功经验，借鉴人类优秀文明成果，走出了一条顺应时代潮流、适合本国国情的人权发展道路。道路决定命运，道路开创未来。党的二十大明确提出，坚持走中国人权发展道路，积极参与全球人权治理，推动人权事业全面发展，鲜明回答了新时代新征程中国共产党、中国政府举什么样的人权旗帜、走什么样的人权道路、担负什么样的人权使命等一系列重大问题，体现了我们党一以贯之团结带领人民创造美好生活的政治自觉和历史主动，发出了新时代中国共产党人矢志不渝尊重和保障人权的政治宣言。

我们要深刻认识党的二十大对于中国人权事业发展的战略性谋划。党的二十大明确，从现在起，中国共产党的中心任务就是团结带领全国各族人民全面建成社会主义现代化强国、实现第二个百年奋斗目标，以中国式现代化全面推进中华民族伟大复兴。习近平总书记强调，实现中华民族伟大复兴中国梦的过程，本质上就是实现社会公平正义和不断推动人权事业发展的进程。党的二十大作出的以中国式现代化全面推进中华民族伟大复兴的战略谋划，阐明了以中国式现代化全面推进中国人权事业的实践路径。人口规模巨大、全体人民共同富裕、物质文明和精神文明相协调、人与自然和谐共生、走和平发展道路的中国式现代化，意味着人类历史上第一次十亿规模以上人口整体迈入现代化，普遍享有高水平、高质量、可持续的人权保障，将为推进世界人权事业、构建人类命运共同体作出新的重大贡献。

我们要深刻认识党的二十大对于中国人权事业发展的系统性部署。习近平总书记强调，我们要统筹国内国际两个大局，深刻认识做好人权工作的重要性和紧迫性，更加重视尊重和保障人权，推动我国人权事业健康发展。党的二十大继续统筹推进“五位一体”总体布局、协调推进“四个全面”战略布局，对未来五年全面建设社会主义现代化国家开局起步关键时期的目标任务作了全方位部署。坚持以人民为中心统筹推进经济发展、民主法治、思想文化、公平正义、社会治理、环境保护等建设，全面做好就业、收入分配、教育、社保、医疗、住房、养老、扶幼等各方面工作。这是顺应人民对高品质美好生活的期待，不断满足人民日益增长的多方面的权利需求，在物质文明、政治文明、精神文明、社会文明、生态文明协调发展中全方位提升各项人权保障水平的系统性顶层设计。

我们要深刻认识党的二十大对于中国人权事业发展的时代性把握。当前，世界之变、时代之变、历史之变正以前所未有的方式展开。面对错综复杂的国际形势和艰巨繁重的国内改革发展稳定任务，以习近平同志为核心的党中央深刻把握国际国内形势变化，作出我国发展进入战略机遇和风险挑战并存、不确定难预料因素增多的时期这一重大判断。党的二十大突出强调“加快构建新发展格局，着力推动高质量发展”“坚持全面依法治国，推进法治中国建设”“推进国家安全体系和能力现代化，坚决维护国家安全和社会稳定”，体现了新时代以安全呵护人权、以法治保障人权、以发展促进人权的鲜明特征和迫切要求。

我们要深刻认识党的二十大对于积极参与全球人权治理的坚定性宣示。发展人权是全人类共同的事业。中国共产党是为中国人民谋幸福、为中华民族谋复兴的党，也是为人类谋进步、为世界谋大同的党。习近平总书记在党的二十大报告中强调，我们要拓展世界眼光，深刻洞察人类发展进步潮流，积极回应各国人民普遍关切，为解决人类面临的共同问题作出贡献，以海纳百川的宽阔胸襟借鉴吸收人类一切优秀文明成果，推动建设更加美好的世界。着眼人人享有充分人权的美好追求，弘扬全人类共同价值，践行真正多边主义，积极参与包括人权在内的全球治理体系改革和建设，推动构建人类命运共同体，是新时代中国共产党立己达人、兼济天下的人类情怀和世界担当，也是中国人民同世界人民携手开创人类更加美好未来的崇高宣示。

三、以党的二十大精神为引领，讲好新时代中国人权故事

党的十八大以来，以习近平同志为核心的党中央，坚持把尊重和保障人权作为治国理政的一项重要工作，推动我国人权事业取得历史性成就，中国人权得到更好保障。新时代十年中国人权事业取得的历史性成就，在中国人权事业发展史、世界人权史、人类文明史上具有里程碑意义。党的二十大作出全面建成社会主义现代化强国分两步走战略安排，提出到二〇三五年基本实现社会主义现代化我国发展的总体目标，擘画出在新的更高水平上尊重和保障人权、推动人权事业全面发展的宏伟蓝图，锚定了党团结带领人民在新时代新征程上将要筑造的新的人权丰碑。

中国人权研究会要团结引领全国人权研究工作者，深入学习贯彻、研究阐释党的二十大精神。要坚持以习近平新时代中国特色社会主义思想为指导，把握好这一重要思想的世界观方法论，坚持好、运用好贯穿其中的立场观点方法，增强政治自觉、思想自觉、行动自觉，坚持不懈用党的创新理论武装头脑、指导实践、推动工作。要将学习宣传贯彻党的二十大精神作为当前和今后一段时期的首要政治任务，牢记“三个务必”，胸怀“国之大者”，立足本职工作和岗位带头学习、带头思考、带头贯彻，以学术话语讲好新时代新征程中国党和政府尊重人权、保障人权、发展人权的故事。要聚焦党的二十大重大论断和决策部署进一步夯实人权理论研究支撑，着眼国际前沿、结合中国实际，挖掘新材料、发现新问题、提出新观点、构建新理论，增强中国人权理论的主体性、原创性和竞争力。

新时代孕育新思想，新思想指导新实践、催生新理论。中国人权事业成就的取得、中国人权发展道路的开辟，都向世界展示了社会主义社会人权发展的制度优越性和现实可行性。我们要始终同以习近平同志为核心的党中央保持高度一致，自觉主动学习宣传阐释习近平新时代中国特色社会主义思想的丰富人权内涵，立足中国人权实践，弘扬当代中国人权观，努力提炼具有国际影响的新概念新范畴新表述，不断推进马克思主义人权理论中国化时代化，开创中国人权理论和话语体系建设新局面！

学习好、贯彻好党的二十大精神　为谱写全面建设社会主义现代化国家崭新篇章不懈奋斗

白玛赤林

党的二十大报告通篇闪耀着马克思主义思想光辉，是指引全党全国各族人民把新时代中国特色社会主义不断推向前进，向着全面建成社会主义现代化强国的第二个百年奋斗目标、向着中华民族伟

大复兴的中国梦奋勇前进的政治宣言和行动纲领。党的二十届一中全会选举产生了以习近平同志为核心的新一届中央领导集体，一批经验丰富、德才兼备、奋发有为的同志进入中央领导机构，充分显示出中国特色社会主义事业蓬勃兴旺、充满活力。我完全赞成、坚决拥护。

党的十九大以来的五年极不寻常、极不平凡。新时代十年的伟大变革，在党史、新中国史、改革开放史、社会主义发展史、中华民族发展史上具有里程碑意义。印象最深刻的有这几点：一是脱贫攻坚取得重大历史性成就。我们打赢人类历史上最大规模脱贫攻坚战，现行标准下近 1 亿农村贫困人口实现脱贫，这是彪炳史册的人间奇迹。二是反腐败斗争取得历史性成就。以习近平同志为核心的党中央以“得罪千百人、不负十四亿”的使命担当，推进党风廉政建设和反腐败斗争，推进八项规定深刻改变中国，党同人民群众的血肉联系更加紧密。三是生态文明建设取得历史性成就。习近平生态文明思想深入人心，我们制定与修改了生物安全法、森林法、野生动物保护法、湿地保护法等 20 多部法律法规，生态保护的法治保障更加有力。四是统筹疫情防控和经济社会发展取得重大积极成果。在党和国家事业的关键时刻，在关系人民群众根本利益的紧要关头，习近平总书记以见叶知秋的敏锐、运筹帷幄的韬略、坚毅果敢的意志、许党许国的担当和我将无我、不负人民的境界情怀，充分发挥了举旗定向、掌舵领航的核心和领袖作用。五是民族团结进步事业取得新的历史性成就。我国少数民族的面貌、民族地区的面貌、民族关系的面貌发生了翻天覆地的历史性巨变，中华民族共同体意识思想基础不断巩固，中华民族凝聚力向心力空前增强，形成了同心共筑中国梦的强大力量。

新时代的伟大变革，最根本的原因在于有习近平总书记作为党中央的核心、全党的核心掌舵领航，在于有习近平新时代中国特色社会主义思想科学指引。在以习近平同志为核心的党中央坚强领导下，只要党、国家和人民有需要，全国人大就毫不犹豫站在一线进行法律的、政治的、外交的斗争，为发展社会主义民主政治、推进国家治理体系和治理能力现代化作出新的更大贡献。

今天，中国人民更加自信、自立、自强，极大增强了志气、骨气、底气。未来 5 年是全面建设社会主义现代化国家开局起步的关键时期。我们一定要深刻领悟“两个确立”的决定性意义，不断增强“四个意识”、坚定“四个自信”、做到“两个维护”，不断增强政治判断力、政治领悟力、政治执行力，学习好、贯彻好党的二十大精神，为谱写全面建设社会主义现代化国家崭新篇章不懈奋斗。

以中国品牌助力中国式现代化

——在 2022 中国品牌论坛开幕式上的致辞

（2022 年 12 月 8 日）

白玛赤林

各位嘉宾、同志们、朋友们：

今天与各位相聚人民日报社，共同参加 2022 中国品牌论坛，我感到十分高兴。举世瞩目的党的二十大，擘画了以中国式现代化全面推进中华民族伟大复兴的宏伟蓝图，发出了为全面建设社会主义现代化国家、全面推进中华民族伟大复兴而团结奋斗的伟大号召，为党和国家事业进一步发展指明了前进方向。在向第二个百年奋斗目标迈进的新征程上，大力推动中国品牌做大做强、建设品牌强国，对于助推中国经济高质量发展、助力中国式现代化具有特别重要的意义。

品牌是高质量发展的重要象征，加强品牌建设是满足人民美好生活需要的重要途径。新时代的 10 年，紧紧围绕习近平总书记关于“推动中国制造向中国创造转变、中国速度向中国质量转变、中国产品向中国品牌转变”的重要指示，我国品牌建设取得积极进展，品牌影响力稳步提升，对供需结构升级的推动引领作用显著增强，越来越多的中国品牌正在走出国门、走向世界。同时也要看到，随着新一轮科技革命和产业变革深入发展，品牌发展理念和实践深刻变革，我国品牌发展水平与全面建设现代化国家的要求相比仍有差距。

党的二十大报告提出，“以中国式现代化全面推进中华民族伟大复兴”，“加快构建新发展格局，着力推动高质量发展”，为我国未来发展指明了前进的方向，也对品牌建设提出了新的更高要求。我们要深入学习贯彻党的二十大精神，高质量推进品牌建设工作，全面提升我国品牌发展总体水平，不断推动我国从品牌大国向品牌强国迈进，为谱写中国式现代化新篇章贡献力量。借此机会，我谈几点看法。

第一，建设品牌强国，要聚焦实体经济，建设好现代化产业体系。实体经济是国家经济的命脉所在。党的二十大报告提出，“坚持把发展经济的着力点放在实体经济上，推进新型工业化，加快建设制造强国、质量强国、航天强国、交通强国、网络强国、数字强国”。实体经济各类企业特别是制造业企业，要实实在在、心无旁骛做好做强主业，稳扎稳打练好内功、做好产品，让发展之路越走越宽、金字招牌越擦越亮。要支持专精特新企业发展，推动制造业高端化、智能化、绿色化发展；加快发展数字经济，促进数字经济和实体经济深度融合；优化基础设施布局、结构、功能和系统集成，构建现代化基础设施体系。

第二，建设品牌强国，要坚持创新驱动，加快实现高水平科技自立自强。创新是引领发展的第一动力，是品牌生命力的源泉。党的二十大对加快实施创新驱动发展战略作出重要部署，要求“加快实现高水平科技自立自强”。我们要大力弘扬创新精神，增强自主创新能力和实力，努力实现关键核心技术自主可控，把创新发展主动权牢牢掌握在中国人自己手中。持续加大研发投入特别是基础研究投入，引导企业向应用基础研究等创新链前端延伸，催生更多自主创新、颠覆性创新成果。推动产业链和创新链深度融合，促进各类创新要素向企业集聚，健全以企业为主体、市场为导向、产业研相结合的技术创新体系。要进一步改革完善知识产权保护体系、建立健全质量品牌监管和惩戒体系、严厉打击仿冒侵权行为，为中国品牌高质量发展保驾护航。

第三，建设品牌强国，要适应国内需求，不断满足人民对美好生活的向往。习近平总书记指出：“实施扩大内需战略，是当前应对疫情冲击的需要，是保持我国经济长期持续健康发展的需要，也是满足人民日益增长的美好生活的需要。”我国已全面建成小康社会，大部分领域“有没有”的问题基本解决，“好不好”的问题更加突出，需要通过高质量发展解决，不断满足人民群众个性化、多样化、不断升级的需求。我国有14亿多人口，人均国内生产总值已突破1万美元，是全球最大、最有潜力的消费市场。我国约有4亿中等收入人口，绝对规模世界最大。我们要有效挖掘内需潜力，构建全国统一大市场，破除妨碍国内大循环的各种障碍；引导企业主动融入科技进步、产业变革的进程，持续研发新技术、新产品，适应新业态，不断满足、激发和引领新需求，做大做强民族品牌，更好满足人民群众对美好生活的需要，不断提高人民群众的获得感、幸福感、安全感。

第四，建设品牌强国，要弘扬企业家精神，激发企业活力、创造力。市场活力来自于人，特别是来自于企业家，来自于企业家精神。我们要激发企业和企业家能动性，为他们营造好的政策和制度环境，让敢干、敢闯、敢投的企业多起来。要坚持和完善社会主义基本经济制度，深化国资国企改革，推动国有资本和国有企业做强做优做大，提升企业核心竞争力。优化民营企业发展环境，依法保护民营企业产权和企业家权益，促进民营经济发展壮大。完善中国特色现代企业制度，加快建设世界一流企业。支持中小微企业发展。深化简政放权、放管结合、优化服务改革。要为资本设置好“红绿灯”，依法规范和引导资本健康发展。支持企业家长期聚焦主业，深耕实业，从根本上夯实品牌建设的基础。

第五，建设品牌强国，要坚持文化自信自强，将中华优秀传统文化融入品牌建设。品牌承载着一个国家的文化自信。中国文化凝聚着中华民族五千年的经验智慧，并在新时代焕发出新的活力，呈现新的内涵。中国的企业和品牌要想走出同质化竞争的困境，点亮自我特色，就要以高度的文化自信为品牌注入差异化的品牌性格和深厚的文化底蕴，善于从中华优秀文化宝库中汲取营养、提炼精华、培育有中国特色的品牌文化，让中国品牌成为中华文化的独特标识。同时，也要加强与国际社会的交流和沟通，提升国际市场对中国品牌的文化认同，在促进跨文化沟通中擦亮中国品牌，推动更多中国品牌走向全球，增强中华文明传播力影响力。

同志们，朋友们，新时代新征程，中国经济前景光明，中国品牌前程远大。人民日报主办“中国品牌论坛”，以权威公信的媒体平台、交流平台、智力平台助力中国品牌加速发展，为中国品牌建设和发展发挥了重要作用、作出了积极贡献。希望大家充分发挥论坛的平台作用，积极建言，畅所欲言，推动中国品牌在新征程上实现新飞跃。

预祝本次论坛圆满成功！谢谢大家！

深入学习贯彻中共二十大精神 在新时代新征程上展现新作为

丁仲礼

举世瞩目的中共二十大于10月下旬胜利闭幕。大会圆满完成总结过去工作，明确今后党和国家前进方向、奋斗目标、行动纲领，选举新一届中央委员会的重大使命。习近平总书记所作的报告举旗定向、指路引航、气势恢宏、催人奋进，是以中国式现代化全面推进中华民族伟大复兴的政治宣言和行动纲领。二十届一中全会选举产生新一届中央领导机构，选举习近平同志继续担任党的总书记。对此我完全赞同，坚决拥护。

第一，深入学习贯彻中共二十大精神，做习近平新时代中国特色社会主义思想的忠诚信奉者和坚定实践者。中共十八大以来，党和国家事业之所以能够取得历史性成就、发生历史性变革，之所以能够克服重重困难、战胜各种风险挑战和惊涛骇浪，最根本的就是有习近平总书记驾驭全局、掌舵领航，有习近平新时代中国特色社会主义思想科学指引。这次大会一致同意把党的十九大以来习近平新时代中国特色社会主义思想新发展写入党章，反映了全党全军全国各族人民的共同心声。在实现第二个百年奋斗目标的新征程上，我们要坚持以习近平新时代中国特色社会主义思想为指导，进一步增强“四个意识”、坚定“四个自信”，切实把“两个维护”作为最高政治原则和根本政治规矩，沿着习近平总书记指引的道路奋勇前进。

第二，深入学习贯彻中共二十大精神，为发展全过程人民民主献计出力。习近平总书记在二十大报告中指出：“全过程人民民主是社会主义民主政治的本质属性，是最广泛、最真实、最管用的民主”，并从加强人民当家作主制度保障、全面发展协商民主、积极发展基层民主、巩固和发展最广泛的爱国统一战线等四个方面作出部署，为进一步发展全过程人民民主指明了方向。这些年在人大的工作经历，让我对此深有体会，完全赞同。作为一名在人大工作的民主党派成员，我将认真履行在人大的职责，同时紧密团结本党派成员和所联系的人民群众，在发展协商民主、巩固和发展统一战线等方面多做工作，发挥积极作用，切实为发展全过程人民民主贡献力量。

第三，深入学习贯彻中共二十大精神，以中国式现代化全面推进中华民族伟大复兴。中共二十大报告首次阐述了中国式现代化的中国特色和本质要求，为中国实现现代化指明了方向和道路。中国式现代化不走“老路”，不走“邪路”，而是坚持把国家和民族发展放在自己力量的基点上、把中国发展进步的命运牢牢掌握在自己手中。当前，世界百年未有之大变局加速演进，中华民族伟大复兴进入关键时期。正如总书记所强调指出：“新征程是充满光荣和梦想的远征”，“道阻且长，行则将至”。我们相信，中国人民一定能够在以习近平同志为核心的中共中央坚强领导下，克服前进道路上的一切艰难险阻，中国的社会主义现代化国家建设事业一定能够取得辉煌的成就。

道阻且长　行则将至

——学习贯彻中共十九届六中全会精神和中央人大工作会议精神

全国人大常委会副委员长、民盟中央主席　丁仲礼

在中国共产党百年华诞的重要时刻、“两个一百年”奋斗目标历史交汇关键节点上，中共十九届六中全会审议通过《中共中央关于党的百年奋斗重大成就和历史经验的决议》（以下简称《决议》），这是中国共产党立足百年辉煌历史、面向中华民族伟大复兴作出的重大举措，表明了中国共产党在新的

征程上牢记初心使命、开创美好未来的坚定意志和历史担当，具有重大的现实意义和深远的历史意义。

《决议》全面总结了中国共产党的百年奋斗重大成就和历史经验，强调“两个确立”的决定性意义，是一篇光辉的马克思主义纲领性文献，是新时代中国共产党领导人民实现中华民族伟大复兴的行动指南。必将推动全党从百年光辉历程中汲取奋进力量，提高执政能力和水平，团结带领全国各族人民进一步夺取新时代中国特色社会主义伟大胜利。同时，也必将使国际社会更为清晰地认识到中国共产党的卓越成就、伟大情怀和崇高理想。

百年以来，中国共产党领导人民不断创造奇迹、从胜利走向更大胜利，深刻改变了中国人民和中华民族的前途命运，实现了中华民族从站起来、富起来到强起来的伟大飞跃。回首波澜壮阔、创造奇迹的百年历程，令人感慨万千。民盟与中国共产党风雨同舟、携手奋进80年，亲历和见证了历史的变迁。对于新中国的建立，民盟前主席张澜先生曾深有感触地说：“中国被帝国主义者压迫有一百一十年了，在这段国家被压迫的历史中我就活了七十余年，我真是幸运，我活到了八十，看到了中国共产党领导的人民革命的成功，看到了我们的国家有这样光明灿烂的前途。”对于建设中国特色社会主义，民盟前主席费孝通先生也说：“这一件大事我们有机会参与，真是我们的光荣，也是人生的意义。”余生也晚，属于“生在新社会，长在红旗下”的一代，对于革命成功没有民盟前辈那样真切的感受，但我也常常思索，中国共产党何以能团结带领中国人民开辟伟大道路、创造伟大事业、取得伟大成就？对以下几点历史经验我感受尤深：

一是中国共产党始终坚持马克思主义在意识形态领域的指导地位，并结合中国实际和时代特征与时俱进、守正创新，不断推进马克思主义中国化，从而保证各项事业在先进理论指导下沿着正确轨道发展。

二是中国共产党始终坚持党中央的集中统一领导，围绕核心，形成坚强的战斗集体，从而保证全党的思想统一、意志统一、目标一致、步调一致。

三是中国共产党始终坚持人民至上，始终坚守为人民谋幸福、为民族谋复兴的初心和使命，由此获得不竭的精神动力，也调动起全国各族人民的积极性、主动性和创造性，从而汇聚起了团结奋进的强大力量。

四是中国共产党始终坚持自我革命，善于学习创新、善于总结经验、善于自我净化、善于革故鼎新，永葆党的先进性和纯洁性，不断提高应对风险挑战的能力水平，确保党始终走在时代前列，始终成为中国特色社会主义事业的坚强领导核心。

五是中国共产党始终坚持发挥统一战线的重要法宝作用，实现最广泛的政治团结，为集中力量办大事、落实决策科学化民主化、满足最广大人民根本利益提供了有力保障，对人类政治文明作出重大贡献。

六是中国共产党始终心怀“国之大者”，瞄准战略目标，把握推动历史发展的主动权，走出了一条符合中国国情、独立自主的现代化新道路。这其中，除了经济快速发展和社会长期稳定两大奇迹而外，尤其值得称道的是中国共产党开创、坚持和发展中国特色社会主义民主政治所取得的伟大成就，以及这种全新政治制度所建立的无可比拟的制度优势。

在2021年召开的中央人大工作会议上，习近平总书记深刻指出：当今世界正经历百年未有之大变局，制度竞争是综合国力竞争的重要方面，制度优势是一个国家赢得战略主动的重要优势。他从历史的高度，用“八个能否”“四个要看、四个更要看”深刻回答了什么样的民主才是真正的民主，国家如何在实践中真正体现民主这一全人类的共同价值。这既是对我国全过程人民民主包括人民代表大会制度、新型政党制度等实践的系统总结，也是中国特色社会主义民主未来要坚持、发展、完善的重要内容。

中共十八大以来，以习近平同志为核心的中共中央毫不动摇坚持和加强党的全面领导，坚定不移推进全面从严治党，党的政治领导力、思想引领力、群众组织力、社会号召力显著增强。以习近平同志为主要代表的中国共产党人坚持理论创新、实践创新和制度创新，提出一系列重大原创性思想观点，形成了习近平新时代中国特色社会主义思想。习近平新时代中国特色社会主义思想把马克思主义基本原理同中国具体实际相结合、同中华优秀传统文化相结合，科学回答了历史之问、时代之问、人民之问，深化了党对共产党执政规律、社会主义建设规律、人类社会发展规律的认识，为党和国家启航全面建设社会主义现代化国家新征程提供了更加有力的思想指导和行动指南，是当代中国马克思主义、二十一世纪马克思主义，是全党全国人民的思想之旗、精神之魂。正是在习近平新时代中国特色社会主义思想指引下，中国共产党总揽全局、协调各方，新时代党和国家事业取得历史性成就、发生历史性变革，党的面貌、国家的面貌、人民的面貌、军队的面貌、中华民族的面貌才发生了前所未有的变化，进一步彰显了中国共产党的领导和中国特色社会主义制度的巨大优势。《决议》充分论述了“两个确立”的决定性意义，反映了全党全军全国各族人民的共同心愿。我们坚信，有坚强的领导核心和科学的理论指导，中国共产党必将能步调一致向前进，带领全国各族人民为实现第二个百年奋斗目标砥砺前行，不断开辟中华民族伟大复兴的光明前景。

中国共产党的百年奋斗历史，也包含着中国共产党和各民主党派肝胆相照、携手前进的同心奋斗史。《决议》把坚持统一战线列为中国共产党百年奋斗的十方面历史经验之一，强调建立最广泛的统一战线是党克敌制胜的重要法宝，也是党执政兴国的重要法宝，体现了以习近平同志为核心的中共中央对统一战线重要法宝作用的充分肯定。民盟作为中国共产党领导的爱国统一战线的组成部分，深受鼓舞，也深感责任重大。

民盟成立于烽火连天的抗日战争时期，其成立伊始，就同中国共产党一道，共同反对国民党反动派的独裁统治，为全国人民努力争取民主的政治权力。新中国成立之后，民盟同志在中国共产党领导下，围绕国家建设、发展的大政方针，献计献策，以尽绵薄之力，同时也为新型政党制度的发展完善、为中国特色社会主义民主政治的发展完善做出了应有的贡献。近年来，民盟深入学习习近平新时代中国特色社会主义思想，从思想上、政治上、情感上、行动上更加自觉认同中国特色社会主义政治发展道路，也更加深刻地理解了民盟作为一个有光荣历史和崇高追求的民主党派所肩负的历史责任。

新征程新阶段，民盟作为中国特色社会主义参政党，将更加紧密地团结在以习近平同志为核心的中共中央周围，深入学习贯彻习近平新时代中国特色社会主义思想，自觉从中国共产党百年光辉历程和多党合作光荣历史中汲取智慧和力量，继续秉持民盟先贤“奔走国是、关注民生”的优良传统，以“出主意、想办法、做好事、做实事”的务实态度，围绕党和国家工作大局积极参政履职，努力在中国特色的全过程人民民主政治发展道路上留下足以被铭记的成果，切实担负起新型政党制度的参与者、实践者、推动者的责任，自觉做中国共产党的“好参谋、好帮手、好同事”，为充分发挥中国特色社会主义制度优势，早日建成社会主义现代化强国、实现中华民族伟大复兴作出应有贡献。

在江苏调研监察机关推进监察工作规范化法治化正规化建设情况座谈会上的讲话要点

（2022 年 9 月 7 日　南京）

郝明金

按照全国人大常委会 2022 年度监督工作计划，监察司法委负责组织实施监察机关推进监察工作规范化法治化正规化建设专题调研，并于 12 月向常委会提交调研报告。这次，我和全国人大监察司法委的几位同志，以及周立成、赵皖平两位代表来江苏调研，就是围绕这一专题听听大家的意见和建议。

江苏辖江临海，经济繁荣，教育发达，文化昌盛。江苏的发展承载着习近平总书记和党中央的深切关怀、殷切期望。党的十八大以来，江苏全省上下坚持以习近平新时代中国特色社会主义思想为指导，全面落实习近平总书记关于江苏工作系列重要讲话指示精神，深入贯彻新发展理念，积极应对错综复杂的宏观环境和前所未有的风险挑战，紧扣“强富美高”（经济强、百姓富、环境美、社会文明程度高）总目标，统筹推进“五位一体”总体布局、协调推进“四个全面”战略布局，着力推动高质量发展，高水平全面建成小康社会，全省人均 GDP 连续 13 年位居全国各省区第一。今年以来，全省上下认真贯彻中央“疫情要防住、经济要稳住、发展要安全”的明确要求和扎实稳住经济的一揽子政策措施，在省委的领导下，坚持稳字当头、稳中求进，统筹疫情防控和经济社会发展，有效实施一系列政策措施，推动经济运行企稳回升，就业物价总体稳定,民生保障有力有效,高质量发展稳步推进。在多重冲击的形势下,这些成绩的取得实属来之不易。

刚才,有关方面的同志都作了发言。大家讲得很好,介绍的情况全面详实,提出的问题具有典型性,意见建议也很有针对性,听了很受启发。可以看出,江苏各级纪检监察机关坚持以习近平新时代中国特色社会主义思想为指导,深入贯彻落实十九届中央纪委历次全会精神,在中央纪委国家监委和省委领导下,持续深化监察体制改革,积极推进"三化"建设,取得了显著成效。我们将全面汇总大家介绍的有关情况,认真梳理有关意见建议,在调研报告中,把江苏的经验总结上去、困难反映上去、意见建议吸纳进去。

党的十八大以来,习近平总书记反复强调:"要善于用法治思维和法治方式反对腐败"。2018 年 12 月,总书记在主持中央政治局第十一次集体学习时指出:"要保持战略定力,持续深化改革,促进执纪执法贯通,有效衔接司法,推进反腐败工作法治化、规范化"。2021 年 7 月,中央政治局常委会审议监察官法草案时,总书记在"规范化、法治化"基础上,增加了"正规化"的要求,形成了"三化"的表述,为纪检监察工作高质量发展指明了前进方向。我理解,总书记强调"三化"建设的目的就是要管好权力,实现纪检监察机构、职能、权限、程序、责任规范化法定化,加强内部和外部监督约束,为履行好监督执纪问责和监督调查处置职责夯实基础。这既是形势使然,也是客观必然。纪检监察机关作为进行伟大自我革命、推动伟大社会革命的重要力量,承担着重要职责使命,必须加强规范化、法治化、正规化建设,充分发挥监督保障执行、促进完善发展作用,为实现中华民族伟大复兴提供有力保障。

"三化"建设是一个大课题,还需要在理论层面深入研究、在实践层面不断探索。下面,我谈几点思考,和大家交流。

一是坚持和加强党对纪检监察工作的领导。坚持和加强党的领导,是深化纪检监察体制改革的根本目标,是推动全面从严治党、反腐败斗争向纵深发展的根本保证,也是纪检监察工作规范化、法治化、正规化的根本遵循。党的领导是具体的、不是抽象的,纪检监察机关推进"三化建设",要把坚持和加强党的领导体现在工作的方方面面,特别是要落实好请示报告制度,把请示报告和主动履职尽责统一起来,讲担当善作为,不断强化党的全覆盖、全方位、全过程领导。

二是认真学习、严格贯彻执行监察法等法律法规。监察体制改革以来,包括监察法、公职人员政务处分法、监察官法、监察法实施条例在内的监察法律法规日益丰富、完善,既为监察机关正确行使权力提供了重要遵循,也是进一步完善监察权运行机制,推进监察工作"三化"建设的重要制度保障。十九届中央纪委六次全会要求,推动全系统认真学习并严格执行监察法、监察法实施条例等法律法规。各级监察机关要深入贯彻落实全会部署,认真学习宣传、严格贯彻执行监察法律法规,坚持依规依纪依法履职,增强纪法双施双守本领,以学习宣传、贯彻执行为抓手,从严用好监督调查处置权力,进一步提升监察工作规范化法治化正规化水平。

三是健全完善制度机制。在党中央集中统一领导下,国家监委配合全国人大常委会研究制定公职人员政务处分法、研究起草监察官法,制定监察法实施条例,制定关于加强和完善监察执法与刑事司法衔接机制的意见,近期又配合中共中央办公厅制定出台《纪检监察机关派驻机构工作规则》等,地方各级纪委监委也制定出台了多种制度规定,为推进规范化法治化正规化建设夯实制度基础。但工作实践中,仍存在制度机制有欠缺、一些操作程序不够具体明确的情况。各级纪检监察机关要深入学习党的十九届六中全会和十九届中央纪委六次全会精神,健全完善监督执纪执法制度,完善内部纪法贯通、外部法法衔接机制,构建系统完备的监督执纪执法制度体系;健全专项监督、专项治理制度,完善党内监督与其他监督的贯通协同机制,推动监督制度机制更加健全、更加成熟、更加定型。

四是加强队伍建设。打铁还需自身硬。新时代推进纪检监察工作高质量发展,充分发挥纪检监察体制改革的制度优势,最终都要靠一支高素质的干部队伍来实现。习近平总书记多次对加强纪检监察干部队伍建设提出明确要求,强调"努力建设一支政治素质高、忠诚干净担当、专业化能力强、敢于善于斗争的纪检监察铁军"。监察官法的颁布实施,对纪检监察干部队伍建设提出了新要求。要抓住落实监察官法这一契机,在队伍高素质专业化上下功夫,加强思想淬炼、政治历练、实践锻炼、专业训练,不断提高政治判断力、政治领悟力、政治执行力,不断增强法治意识、程序意识、证据意识,抓实全员培训,推动学用结合,紧紧围绕党和国家工作大局发挥监督保障执行作用。

下个月,党的二十大即将召开,这是在全党全国各族人民迈上全面建设社会主义现代化国家新征程、向第二个百年奋斗目标进军的关键时刻召开的一次十分重要的大会,举国关注、举世瞩目,我们要坚决贯彻习近平总书记重要指示精神和党中央决策部署,进一步增强履职责任感和使命感,以实际行动迎接党的二十大胜利召开!

此次调研座谈得到了江苏省人大、监委、法院、检察院等有关方面的高度重视和大力支持,与会各单位都作了精心准备,提出了很有价值的意见建议,应该说今天的座谈会很成功、很有成效,我代表调研组全体同志表示诚挚的感谢!

学习贯彻党的二十大精神 围绕党和国家工作大局履行职责

郝明金

党的二十大是在全党全国各族人民迈上全面建设社会主义现代化国家新征程,向第二个百年奋斗目标进军的关键时刻召开的一次十分重要的大会。

十三届全国人大常委会第三十七次会议在党的二十大会议闭幕四天后在北京举行,这次会议紧紧围绕党中央关于当前和今后一个时期的重大部署依法开展和推进人大工作,安排学习贯彻党的二十大精神,十分及时、十分重要。

习近平总书记所作的二十大报告,进一步指明了党和国家事业的前进方向,是党团结带领全国各族人民在新时代新征程,坚持和发展中国特色社会主义的政治宣言和行动纲领。当前全国人民都在深入学习贯彻党的二十大精神,10 月 17 日上午,习近平总书记在参加党的二十大广西代表团讨论时,对学习贯彻党的二十大精神提出了“五个牢牢把握”的要求,为学习贯彻党的二十大精神进一步明确了重点,提出了要求。

党的十九大以来的五年,在习近平新时代中国特色社会主义思想指引下,以习近平同志为核心的党中央团结带领全国各族人民面对严峻复杂的国际形势和艰巨繁重的国内改革发展稳定任务,克服重重困难,有效应对风险挑战,党和国家事业取得了举世瞩目的重大成就,开启了全面建设社会主义现代化国家新征程。

人民代表大会工作是党和国家事业重要组成部分,在过去五年也取得了重大成就。党中央召开了首次人大工作会议,习近平总书记对全过程人民民主进行了深刻阐述。全国人大常委会深入贯彻落实习近平法治思想,紧紧围绕党和国家工作大局,认真行使宪法法律赋予的职责,不断加强重点领域、新兴领域、涉外领域立法,先后制定了香港特别行政区维护国家安全法、外商投资法、海南自由贸易港法、长江保护法、乡村振兴法等法律,立法质量、立法效率都有新的提高。创新立法方式,社会影响更广,发挥作用更大,取得效果更好,很好地服从和服务了党和国家中心工作。在监督方面,深入贯彻习近平生态文明思想,坚持鲜明的政治导向,连续 5 年开展生态环境保护领域执法检查,决心和力度空前,为加强生态文明法治建设,依法推动生态环境质量持续改善作出了巨大贡献。代表工作也有新的创新和发展,进一步体现了全过程人民民主的人民本质属性。

党的二十大选举产生了以习近平同志为核心的新一届中央领导集体,反映了全党全国各族人民的共同心声。在新的征程上,有习近平总书记作为党中央的核心,全党的核心继续掌舵领航,有习近平新时代中国特色社会主义思想科学指引,中华民族伟大复兴号巨轮将乘风破浪,扬帆远航。我们要深刻认识“两个确立”的决定性意义,增强“四个意识”、坚定“四个自信”、做到“两个维护”,更加紧密地团结在以习近平同志为核心的党中央周围,心往一处想,劲往一处使,为全面建设社会主义现代化国家、全面推进中华民族伟大复兴而团结奋斗。

学习贯彻中共二十大精神
在新征程上作出新贡献

蔡达峰

中国共产党第二十次全国代表大会高举中国特色社会主义伟大旗帜，全面贯彻习近平新时代中国特色社会主义思想，为全面建设社会主义现代化国家，实现第二个百年奋斗目标作出了战略部署，提供了强大动力，在中华民族伟大复兴的历史进程中具有里程碑意义。

学习宣传贯彻二十大精神，首要的是学习习近平总书记所作的《高举中国特色社会主义伟大旗帜 为全面建设社会主义现代化国家而团结奋斗》的报告，切实做到聚精会神地学、原原本本地学、广泛持久地学，全面准确地理解其精神实质和丰富内涵，深刻领悟“两个确立”的决定性意义，增强“四个意识”、坚定“四个自信”、做到“两个维护”，切实把思想和行动统一到中共二十大精神上来。

要深刻领会新时代伟大变革。新时代的奋斗历程极不寻常、极不平凡，新时代的伟大成就来之不易、意义非凡。在以习近平同志为核心的中共中央坚强领导下，在习近平新时代中国特色社会主义思想的指导下，我国有效应对严峻复杂形势和巨大风险挑战，完成了具有重大现实意义和深远历史意义的“三件大事”，推进了具有新的时代特征的“十六个方面”的伟大建设，取得了一系列历史性胜利、历史性成就、历史性变革。事实再次雄辩地证明，中国共产党不愧为伟大、光荣、正确的马克思主义政党，不愧为领导全国各族人民坚持和发展中国特色社会主义的核心力量，不愧为中华民族伟大复兴的中流砥柱。

要深刻领会马克思主义中国化时代化的新境界。习近平新时代中国特色社会主义思想是马克思主义中国化时代化的最新成果，为奋进新征程、把握新形势、开展新实践，提供了重要理论依据和思想指导，开辟了马克思主义中国化时代化新境界。全面系统地领会习近平新时代中国特色社会主义思想，要着力把握其精神实质和核心要义，深刻理解贯穿其中的立场观点方法，不断提升思想理论水平，准确把握马克思主义同中国具体实际相结合、同中华优秀传统文化相结合的思想原则和实践要求，切实贯彻“六个必须”，坚持“五个必由之路”，为谱写马克思主义中国化时代化新篇章、推进中国式现代化建设贡献智慧和力量。

要深刻领会新时代新征程的目标任务。中共二十大庄严地宣告了新时代新征程中国共产党的中心任务，深刻阐述了中国式现代化的内涵特征、本质要求等重大理论和现实问题，确立了全面建成社会主义现代化强国分两步走的战略安排、2035年总体发展目标和“五个坚持”的重大原则，周密部署了未来五年的主要目标任务和十二个方面的重大举措，这是事关党和国家事业继往开来，事关中国特色社会主义前途命运，事关中华民族伟大复兴的大政方针，是需要全党全社会团结奋斗、攻坚克难、坚定不移地贯彻落实的战略任务。

要把学习宣传贯彻二十大精神的成效体现在自身思想素养和实践能力的提高上，体现新的精神面貌和工作业绩中，积极响应中共二十大号召，以昂扬奋发的姿态、求真务实的作风，守正创新，勇毅前行，努力在新征程上作出取得无愧于伟大时代的新贡献！

深入学习贯彻党的二十大精神
为全面建设社会主义现代化国家而团结奋斗

武维华

党的二十大是在全国各族人民迈上全面建设社会主义现代化国家新征程、向第二个百年奋斗目标进军的关键时刻召开的一次十分重要的大会，是一次高举旗帜、凝聚力量、团结奋进的大会。全面学习领会二十大精神实质,全面把握二十大思想理论内涵,全面贯彻落实二十大对工作目标任务的战略部署,是我们当前和今后一个时期的首要政治任务和工作职责。

一、从新时代伟大变革中深刻领悟“两个确立”的决定性意义,毫不动摇地坚持中国共产党领导

实践证明,新时代党和国家事业之所以能够取得历史性成就、发生历史性变革,归其根本在于有习近平总书记作为党中央的核心、全党的核心掌舵领航,在于有习近平新时代中国特色社会主义思想科学指引。“两个确立”符合中国实际、反映中国人民意愿、适应时代发展要求,是实现新时代新征程目标任务的根本保证。在新征程上,我们要进一步深入领会“两个确立”对新时代党和国家事业发展、对推进中华民族伟大复兴历史进程具有的决定性意义,不断增强“四个意识”、坚定“四个自信”、做到“两个维护”,更加自觉地在思想上政治上行动上同以习近平同志为核心的党中央保持高度一致。

二、在团结奋进的时代主题中,准确把握新时代新征程赋予的历史使命

二十大报告以“高举中国特色社会主义伟大旗帜 为全面建设社会主义现代化国家而团结奋斗”为题,明确指出团结奋斗是中国人民创造历史伟业的必由之路,强调要不断巩固全国各族人民大团结,加强海内外中华儿女大团结,形成同心共圆中国梦的强大合力。进入新时代,迈上新征程,爱国统一战线在维护国家主权、安全、发展利益上的作用更加重要,在围绕中心、服务大局上的作用更加重要,在增强党的阶级基础、扩大党的群众基础上的作用更加重要。作为人大代表中的民主党派成员,我们要自觉承担起加强思想政治引领、广泛凝聚共识的工作职责,把本党派成员和所联系的群众更加紧密地团结在中国共产党周围,最大限度凝聚起共同奋斗的力量,为发展全过程人民民主、保障人民当家作主作出新贡献。

三、在以中国式现代化推进中华民族伟大复兴的使命任务中,找准履职方向、勇于开拓创新

二十大对推进中国式现代化的战略安排、重点任务作出明确部署,为全面建设社会主义现代化国家提供了根本遵循。特别是二十大报告在党代会历史上首次将“实施科教兴国战略,强化现代化建设人才支撑”单章论述,强调科技是第一生产力、人才是第一资源、创新是第一动力,充分体现了教育、科技、人才在社会主义现代化建设全局中的关键作用。过去十年,我国科技教育人才队伍不断壮大,科技创新能力不断提升,一些关键核心技术实现突破,我国已进入创新型国家行列。进入新时代新征程,作为人大代表中的科技工作者,我们要牢牢把握以中国式现代化推进民族复兴的使命任务对科技创新提出的更高更迫切要求,把科技创新工作与中国式现代化的战略需求和目标任务紧密结合起来,找准履职方向,紧扣工作重点,勇于开拓创新,为实现科技自立自强作出新贡献。

在全国人大机关党史学习教育总结会议上的讲话

（2022 年 1 月 10 日）

杨振武

同志们:

今天,我们召开会议,目的是学习贯彻习近平总书记关于不断巩固拓展党史学习教育成果的重要指示和去年 12 月 24 日党中央召开的党史学习教育总结会议精神,总结全国人大机关开展党史学习教育的工作和收获,对机关进一步巩固和拓展学习教育成果、持续推进机关党的建设进行部署。

在全党开展党史学习教育,是以习近平同志为核心的党中央立足党的百年历史新起点、统筹中华民族伟大复兴战略全局和世界百年未有之大变局、

为动员全党全国满怀信心投身全面建设社会主义现代化国家而作出的重大决策。习近平总书记亲自谋划、亲自部署、亲自推动，从党史学习教育动员大会到庆祝中国共产党成立100周年大会，再到党的十九届六中全会和党史学习教育总结会议，总书记发表一系列重要讲话、作出重要指示，引领全党不断深化对党的历史、成就、经验的认识和把握，为全党开展好党史学习教育提供了科学理论指导和根本遵循；在考察福建、广西、河南、青海、西藏、陕西等地时，总书记结合历史、对照现实，对开展党史学习教育提出明确要求，推动学习教育不断引向深入。总书记亲身示范、谆谆教诲，为全党开展好党史学习教育作出了榜样，指明了方向。

全国人大常委会党组高度重视机关党史学习教育工作，栗战书委员长作出明确指示，要求认真学习贯彻习近平总书记的重要讲话精神，真正从思想上重视起来，以实际行动贯彻落实好党中央决策部署，确保学习教育取得扎扎实实的效果。常委会党组以身作则开展党史学习教育，党组领导同志与机关党员干部两次“同上党史课”，将党史学习教育融入专题调研，以普通党员身份参加支部学习活动、讲授专题党课。党的十九届六中全会召开后，王晨副委员长以中央宣讲团成员身份到机关，为党员领导干部作全会精神宣讲报告。常委会党组的领导、关心和示范，为全国人大机关高质量开展党史学习教育提供了坚实保障。

全国人大常委会机关党组认真贯彻落实党中央统一部署和常委会党组要求，提高思想站位、坚持守正创新，把开展党史学习教育作为贯穿全年的一项重大政治任务，成立机关党史学习教育领导小组，履行主体责任、加强组织领导，把学习习近平新时代中国特色社会主义思想贯穿始终，把学史明理、学史增信、学史崇德、学史力行贯穿始终，把学党史、悟思想、办实事、开新局贯穿始终，推动全机关高标准高质量开展党史学习教育。机关各级党组织和广大党员干部职工以高度的政治自觉和饱满的精神状态，求实、务实、扎实开展党史学习教育，从党的历史中感悟思想伟力、锤炼坚强党性、增强历史主动、树牢宗旨信念、强化使命担当，把学习教育成果转化为做好新时代人大工作的强大动力。

*在党史学习教育中，全国人大机关始终把学习贯彻习近平新时代中国特色社会主义思想摆在首要位置，不断增强理论思维、历史思维。*紧跟学习习近平总书记重要讲话和重要指示批示精神，第一时间认真学习贯彻习近平总书记“七一”重要讲话精神，深刻领会其中蕴含的重大理论意义、实践要求、方法指导、价值追求和思想风范；及时传达学习党的十九届六中全会精神，围绕《决议》中对习近平新时代中国特色社会主义思想作出的“十个明确”最新阐释，系统把握其核心要义、精神实质、丰富内涵，深刻领会贯穿其中的马克思主义立场观点方法，提高学懂弄通做实能力。坚持读原著、学原文、悟原理，深入学习习近平总书记关于学习党史的重要论述，精读细读习近平《论中国共产党历史》，坚持唯物史观，树立正确党史观，学习大历史观，把准党的历史发展的主题主线、主流本质，把牢学习党史的正确方向。围绕学习贯彻习近平总书记在中央人大工作会议上的重要讲话精神，推动学习贯彻习近平总书记关于坚持和完善人民代表大会制度的重要思想不断走向深入，学好人大工作的“必修课”。

*在党史学习教育中，全国人大机关着力强化政治机关意识，统筹推进机关党的建设高质量发展，走好践行“两个维护”第一方阵。*坚决贯彻落实以习近平同志为核心的党中央关于人大工作的决策部署，严格落实习近平总书记重要指示批示办理机制，确保每一项指示批示落实落地。严格执行请示报告制度，认真落实机关党组重大事项请示报告工作规定、全国人大机关严格执行向党中央请示报告制度的工作办法。抓紧抓实中央巡视整改工作，开展机关党组第四轮巡视，实现机关内部常规巡视全覆盖。举行重温入党誓词政治仪式，开展“赓续百年精神血脉、永葆清廉政治本色”党风廉政宣传教育周活动、“学党章、严党规、守党纪，强化政治机关意识，庆祝建党百年华诞”党章党规制度集中学习月活动，参观新时代中央和国家机关党的建设成就巡礼展，推动建设模范机关。

*在党史学习教育中，全国人大机关结合自身实际、创新方式方法，切实增强学习教育的针对性和实效性。*机关党组制定实施方案，突出学习重点，明确目标任务，细化进度安排；发挥党组理论学习中心组领学促学作用，认真组织专题学习，举办专题读书班，集中时间开展学习研讨。机关党组同志自觉执行“三会一课”制度，为机关党员干部讲授专题党课，认真参加所在党支部的专题组织生活会，与党员干部职工交流学习心得体会，明确努力方向；带领机关党员干部赴中国共产党历史展览馆，参观“不忘初心·牢记使命——中国共产党历史展览”，铭记光辉历程，感悟初心使命，坚定理想信念。在机关开展“人民代表大会制度历史”专题学习研讨、党史征文暨中国人大故事汇主题活动等，把学

习党史同学习人民代表大会制度史结合起来，同回顾总结全国人大机关优良传统结合起来。积极组织离退休老同志开展好党史学习教育，举办“光荣在党50年”纪念章颁发仪式，学习和弘扬老同志对党忠诚、无私奉献的精神风范。充分发挥青年理论学习小组作用，深入实施青年理论学习提升工程，推动年轻干部传承红色基因和机关优良作风。机关各级党组织紧密联系实际，积极用好用活红色资源，推动党史学习教育与自身业务、本职工作的深度融合，机关上下共同唱响共产党好、社会主义好、伟大祖国好的时代主旋律。

在党史学习教育中，全国人大机关立足工作职责，认真开展“我为群众办实事”实践活动，努力为群众做好事、办实事、解难事。机关党组负责的20件重点民生实事均已完成或取得阶段性成果，部分项目在完成后还将继续推进；31家直属党组织提出的202件具体事项均如期完成或取得阶段性成果。坚持把服务保障全国人大及其常委会做好民生领域立法、监督工作作为党史学习教育中要办好的最大民生实事，推动通过立法来实现好维护好发展好最广大人民群众的根本利益，推动依法解决人民群众急难愁盼问题。重点做好巩固拓展内蒙古太仆寺旗、察右前旗脱贫攻坚成果，助力“两旗”全面推进乡村振兴，在深化智志双扶、加大资金和物资投入、助销农产品等方面推出一批实招硬招。关心关怀机关干部职工、老同志工作生活，完善机关医疗费报销管理制度，启动大郊亭住房第二阶段调售工作，增加电动车充电桩等，积极回应大家在医疗、住房、子女就学、出行等方面的关切。刚才，6家单位交流了“我为群众办实事”实践活动的做法经验，从不同角度反映了机关把党史学习教育同解决实际问题结合起来，践行党的群众路线，切实解决基层困难事、群众烦心事上取得的成效。

在党史学习教育中，全国人大机关坚持围绕中心、服务大局，把党史学习教育激发出来的热情转化为攻坚克难、干事创业的成效。一年来，机关党组带领机关全体干部职工履职尽责、担当进取，全力以赴做好中央人大工作会议准备和服务工作。做好十三届全国人大四次会议和8次常委会会议的服务保障工作，为全国人大及其常委会制定法律17件，修改法律26件，作出有关法律问题和重大问题的决定11件，听取审议24个有关监督方面的报告，检查6部法律的实施情况，开展2次专题询问、7项专题调研做了大量基础性工作。服务常委会联系全国人大代表、代表联系人民群众，邀请151人次代表列席常委会会议，400多人次代表参加执法检查、立法和监督调研、计划和预算初步审查等工作，27名代表参加全国人大外事活动；高质量办理代表在十三届全国人大四次会议期间提出的473件议案、8993件建议。全国人大及其常委会立法、监督、代表、对外交往、自身建设等各方面工作取得的新进展，与机关发挥的参谋助手作用是分不开的，这也检验了机关党史学习教育的成效。

党史学习教育期间，机关党史学习教育领导小组办公室认真履行学习教育的组织实施、督促协调职责，做好重点活动统筹安排和服务保障工作；机关13个教育联络组采取多种方式，对机关各单位进行全覆盖督导检查，加强调研指导；机关各级党组织落实主体责任，严密学习安排、严肃学习纪律，力戒形式主义、官僚主义，各单位主要负责同志履行第一责任人职责，作出表率，先学一步、学深一层，形成了做好党史学习教育工作的合力。

党史学习教育开展以来，中央第十六指导组组长孔泉同志、副组长赵猛同志和方庆峰同志等指导组成员全程指导机关党史学习教育，及时传达党中央、中央党史学习教育领导小组的部署要求，督促指导全国人大机关落实各项任务，有力保证了机关党史学习教育扎实有序推进并取得实实在在的成效。全国人大各专门委员会分党组大力支持机关党史学习教育，分党组领导同志参加办事机构党支部学习，为党员干部讲党课、作辅导报告，发挥了重要的引领推动作用。在此，我代表机关党组，向中央第十六指导组、向各专门委员会分党组表示衷心感谢！

同志们，通过一年来的党史学习教育，人大机关党员干部受到了一次全面深刻的政治教育、思想淬炼、精神洗礼，历史自觉、历史自信更加坚定，政治意识、革命精神、时代责任显著增强，参谋助手和服务保障能力明显提高，达到了学党史、悟思想、办实事、开新局的目的。

我们更加深刻地理解“两个确立”重大政治成果的决定性意义，提高做到“两个维护”的政治自觉。百年党史启示我们，坚决维护党中央的核心、全党的核心是党在重大时刻凝聚共识、果断抉择的关键，是党团结统一、胜利前进的重要保证。党的十八大以来，我们党确立习近平总书记党中央的核心、全党的核心地位，确立习近平新时代中国特色社会主义思想的指导地位，这是新时代党和国家事业发展取得的最重大政治成果，是全党全国人民奋进新征程、实现第二个百年奋斗目标的根本保障。全国人大机关是党中央领导下的政治机关，必须把做到“两个维护”作为最高政治原则和根本政治规矩，不断提高政治判断力、政治领悟力、政治执行力，自觉在思想上政治上行动上同以习近平同志为核心的党中央保持高度一致，坚决把党中央决策部署和总书记重要指示批示落到实处，确保党中央集中统一领导贯穿于人大工作全过程各方面。

我们更加深刻地感悟习近平新时代中国特色社会主义思想的伟力，坚定做好新时代人大工作的思想引领。习近平新时代中国特色社会主义思想是当代中国马克思主义、二十一世纪马克思主义，是中华文化和中国精神的时代精华，实现了马克思主义中国化新的飞跃。必须高举习近平新时代中国特色社会主义思想旗帜，切实用党的创新理论武装头脑、指导实践、推动工作。要深入学习贯彻习近平法治思想、习近平总书记关于坚持和完善人民代表大会制度的重要思想，系统把握新时代推进全面依法治国的政治方向、重要地位、工作布局、主要任务，系统把握新时代坚持和完善人民代表大会制度的“六个必须坚持”、六方面重点任务，系统把握建设“四个机关”的定位和要求，不断提高做好新时代人大工作的政治站位和理论水平。

我们更加深刻地牢记人民至上，增强发展全过程人民民主的使命担当。民主是中国共产党和中国人民始终不渝坚持的重要理念。习近平总书记提出全过程人民民主的重大创新理论，为新时代发展社会主义民主政治、坚持和完善人民代表大会制度指明了方向。全国人大机关必须坚持以人民为中心，坚持党的群众路线，服务保障全国人大及其常委会更好为人民履职、为人民造福，完善人大的民主民意表达平台和载体，健全吸纳民意、汇集民智的工作机制，保证人民的知情权、参与权、表达权、监督权落实到人大工作各方面各环节全过程，确保党和国家在决策、执行、监督落实各个环节都能听到来自人民的声音，充分发挥人民代表大会制度作为实现我国全过程人民民主的重要制度载体的优势和功效。

我们更加深刻地铭记伟大建党精神，鼓足奋进新时代的精气神。坚持真理、坚守理想，践行初心、担当使命，不怕牺牲、英勇斗争，对党忠诚、不负人民的伟大建党精神集中体现了党的坚定信念、根本宗旨、优良作风，凝聚着中国共产党人艰苦奋斗、牺牲奉献、开拓进取的伟大品格，深深融入我们党、国家、民族、人民的血脉之中。全国人大机关必须铭记、传承、弘扬伟大建党精神，锻造政治忠诚、旗帜鲜明的思想品格，营造锐意进取、开拓创新的精神面貌，塑造埋头苦干、真抓实干的优良作风，坚决反对一切精神懈怠、庸政懒政、不思进取、斗志涣散的思想和行为，坚决反对形式主义、官僚主义，打造政治坚定、服务人民、尊崇法治、发扬民主、勤勉尽责的人大机关干部队伍。

我们更加深刻地领悟“国之大者”，不断提高新时代人大工作质量和水平。我们已经踏上实现第二个百年奋斗目标新的赶考之路，在新时代新征程上，必须牢记中国共产党是什么、要干什么这个根本问题，坚定历史自信，牢记初心使命，不断把为中国人民谋幸福、为中华民族谋复兴、为人类谋进步、为世界谋大同的事业推向前进。全国人大机关必须紧紧围绕党和国家工作大局，紧紧围绕全国人大及其常委会中心任务，完整、准确、全面贯彻新发展理念，加快构建新发展格局，更加注重统筹发展和安全，坚持底线思维，增强忧患意识，增强斗争精神，提高斗争本领，对照习近平总书记提出的“四个机关”要求，认真履行参谋服务保障职责，确保新时代人大工作为党和国家事业发展作出更大贡献。

同志们，学习党史，既是为了勿忘昨天的苦难辉煌，更要无愧今天的使命担当，不负明天的伟大梦想。我们要认真贯彻落实党中央决策部署和习近平总书记重要指示精神，不断巩固和拓展党史学习教育成果，进一步提升机关党的建设和参谋服务保障工作水平，以强烈的历史主动精神奋进新征程、建功新时代。

一要坚定不移把党的政治建设摆在首位，坚决做到“两个维护”。始终把旗帜鲜明讲政治作为各项工作的生命线，不断增强“四个意识”、坚定“四个自信”、做到“两个维护”，严格执行维护党中央集中统一领导的各项制度，不折不扣抓好习近平总书记重要指示批示和党中央决策部署贯彻落实，进一步健全跟踪问效和“回头看”工作机制，严格执行请示报告制度。持续加强政治机关建设，深入开展政治机关意识教育，坚决拥护“两个确立”，教育引导党员干部以实际行动践行“两个维护”。

二要坚定不移强化理论武装，推进学习型机关建设。要持续深入学习习近平新时代中国特色社会主义思想，抓好机关《深入学习贯彻习近平总书记关于坚持和完善人民代表大会制度的重要思想的意见（2018—2022）》贯彻落实，把学习成果转化为做好新时代人大工作的思路举措。着力把学习宣传贯彻党的十九届六中全会精神引向深入，引导党员干部更好地用党中央精神统一思想、统一意志、统一行动。推进党史学习常态化、长效化，真正学深悟透四史。要发挥机关党组理论学习中心组的领学促学作用，落实集体学习和党建活动制度，带动机关大学习大培训，建设学习型机关、学习型支部。

三要坚定不移推进自我革命，推动全面从严治党向纵深发展。扎实做好机关党委、机关纪委换届工作，严格程序步骤，对加强和改进机关党的建设进行研究部署，落实中央和国家机关工委部署要求，切实推动机关各级党组织担负起管党治党主体责任。持续推进党支部标准化规范化建设，打造“四强”党支部。加强和改进对机关党组织的分类指导，提高工作针对性、实效性。做好机关内部巡视整改回头看工作。严格贯彻执行中央八项规定精神，巩固作风建设成果。

四要坚定不移推动党建业务深度融合，更好发挥参谋助手和服务保障作用。充分发挥机关党建工作领导小组作用，加强对机关不同类型不同层级党组织党建工作统一领导、统筹规划、推动落实，有效整合资源，提高抓党建实效。坚持党建工作和业务工作共同谋划、共同部署、共同落实、共同检查，更好发挥基层党组织战斗堡垒作用和党员先锋模范作用，为全国人大及其常委会开展立法、监督、代表服务以及对外交往、新闻舆论和理论研究等工作提供坚强政治保证，为贯彻落实常委会工作要点和各项工作计划提供高质量的参谋服务保障。

同志们，让我们更加紧密地团结在以习近平同志为核心的党中央周围，以习近平新时代中国特色社会主义思想为指导，切实把党史学习教育成果转化为奋进新征程、建功新时代的强大动力，不断提高人大工作质量和水平，以实际行动迎接党的二十大胜利召开。

在2022年全国人大机关落实全面从严治党要求加强党风廉政建设工作会议上的讲话

（2022 年 1 月 26 日）

杨振武

同志们：

1 月 18 日至 20 日，十九届中央纪委召开第六次全体会议，习近平总书记在会上发表重要讲话，会议审议通过了赵乐际同志代表中央纪委常委会所作的工作报告。21 日上午，召开了中央和国家机关党的工作暨纪检工作会议，对机关党的工作和纪检工作提出明确要求。今天，我们召开全国人大机关落实全面从严治党要求、加强党风廉政建设工作会，主要是深入学习贯彻习近平总书记在中央纪委六次全会上的重要讲话和会议精神，对 2022 年全国人大机关党的建设工作进行部署安排。刚才，王立山同志传达了习近平总书记的重要讲话和中央纪委六次全会精神。下面，我结合人大机关工作实际，讲几点意见。

第一，深入学习贯彻十九届中央纪委六次全会精神，自觉把握和运用党的百年奋斗历史经验，努力开创全面从严治党新局面

十九届中央纪委第六次全体会议是在进入全面建设社会主义现代化国家、向第二个百年奋斗目标进军新征程的重要时间节点召开的一次十分重要的会议。习近平总书记在会上的重要讲话，深刻总结新时代党的自我革命的成功实践，深刻阐述全面从严治党取得的历史性、开创性成就，产生的全方位、深层次影响，对坚持不懈把全面从严治党向纵深推进、迎接党的二十大胜利召开作出战略部署。讲话立意高远、思想深邃、内涵丰富，充分体现了以习近平同志为核心的党中央信念坚定、无私无畏的境界情怀，正视问题、刀刃向内的政治勇气，不忘初心、勇毅前行的使命担当，具有很强的政治性、指导性、针对性，是一篇马克思主义光辉文献，为推进新时代党的建设新的伟大工程指明了方向、提供了遵循。

党的十八大以来，以习近平同志为核心的党中央举旗定向、力挽狂澜，直面党内存在的突出问题，把全面从严治党纳入“四个全面”战略布局，以前所未有的勇气和定力推进党风廉政建设和反腐败斗争，刹住了一些多年未刹住的歪风邪气，解决了许多长期想解决而没有解决的顽瘴痼疾，清除了党、国家、军队内部存在的严重隐患，把新时代党的自我革命的理论和实践提升到新高度。据国家统计局调查显示，2020 年 95.8% 的群众对全面从严治党、遏制腐败充满信心，比 2012 年的调查数据提高了 16.5 个百分点。可以说，在中华民族伟大复兴的关键时刻，我们党以全面从严治党的实际成效，赢得了人民群众的信心、信任和信赖，我们党经受了深刻洗礼并锻造得更加坚强，以更加昂扬的姿态带领全国各族人民迈进全面建设社会主义现代化国家新征程。

全会强调，勇于自我革命是我们党区别于其他政党的显著标志，是党跳出治乱兴衰历史周期率、历经百年沧桑更加充满活力的成功秘诀。关于跳出历史周期率的问题，习近平总书记这些年经常讲、反复强调。毛泽东同志在延安的窑洞里给出了第一个答案，那就是“只有让人民来监督政府，政府才不敢松懈”。经过百年奋斗特别是党的十八大以来新的实践，我们党又给出了第二个答案，这就是自我革命。这个答案写入了党的第三个历史决议，成为我们党百年奋斗历史经验中重要的一条。这次全会明确提出了习近平总书记关于党的自我革命的战略思想，用“六个必须”阐述了百年大党在新时代勇于自我革命的新境界，用“九个坚持”概括了新时代全面从严治党的规律性认识，这是对党百年奋斗“坚持自我革命”宝贵经验的深刻总结，是对党的先进性质、鲜明品格、显著标志和政治优势的高度概括，是中国特色社会主义党建理论的重大发展，标志着我们党对自身建设规律和执政规律的认识达到了新的高度。

在2021年这个具有里程碑意义的年份里，我们隆重庆祝中国共产党成立一百周年，胜利召开十九届六中全会、制定党的第三个历史决议，开展党史学习教育，如期打赢脱贫攻坚战，全面建成小康社会、实现第一个百年奋斗目标，开启全面建设社会主义现代化国家、向第二个百年奋斗目标进军新征程，党和国家各项事业取得新的重大成就，“十四五”实现良好开局。在这一系列大事要事里，党的旗帜始终高高飘扬。全党全国各族人民深切感受到，风雨袭来时，党的坚强领导、党中央的权威是最坚实的靠山。全面从严治党作为锻造全党的战略选择，能够不断塑造党长期执政的领导能力和制度优势，从而形成强大的政治力量、真理力量、引领力量。实践充分证明，只要我们党不断清除一切损害党的先进性和纯洁性的因素，不断清除一切侵蚀党的健康肌体的病毒，就一定能够确保党永不变质、永不变色、永不变味，确保党在新时代坚持和发展中国特色社会主义的历史进程中始终成为担当时代使命、挺起民族脊梁的坚强领导核心。

我们要把学习贯彻习近平总书记重要讲话和全会精神作为重大政治任务，以学习贯彻习近平新时代中国特色社会主义思想为科学指引，认真学习贯彻习近平总书记关于全面从严治党的重要论述和重要指示批示，自觉把思想和行动统一到党中央对全面从严治党形势的分析判断和工作的部署要求上来，不断提高政治判断力、政治领悟力、政治执行力，以永远在路上的清醒，坚定不移将全国人大机关党风廉政建设和反腐败斗争进行到底，确保全面从严治党在全国人大机关不断向纵深发展。

第二，突出政治引领和政治保障作用，全面加强机关党的建设各项工作，全面从严治党取得扎实成效

过去一年，是党和国家历史上浓墨重彩的一年，也是人民代表大会制度历史上具有特殊重要意义的一年。在建党百年的重要历史节点，党中央首次召开人大工作会议，习近平总书记发表重要讲话，擘画了新征程上人大制度和人大工作的发展蓝图，人大的同志倍感振奋、倍受鼓舞，深感使命光荣、责任重大。去年8月，栗战书委员长在连续第3年听取机关党建工作汇报时，充分肯定了机关全面从严治党成效，进一步增强了我们抓好党建各项工作的使命感责任感。回顾过去一年，在党中央坚强领导和常委会党组直接领导下，机关党组切实履行管党治党主体责任，不断深化党的建设，发挥全面从严治党的政治引领和政治保障作用，以党建工作新成效推动提升服务保障工作的质量和水平，各专门委员会分党组的党建工作取得新的进展，机关全体党员干部走好践行“两个维护”第一方阵，经受了砥砺磨炼，交出了合格答卷。

一是扎实开展党史学习教育，从党的百年奋斗历史中汲取智慧和力量。坚持把党史学习教育作为贯穿全年的重要政治任务，按照学史明理、学史增信、学史崇德、学史力行的要求，在机关全面推开、纵深推进。一方面是“规定动作”做到位，成立领导小组，制定实施方案，扎实开展专题学习，党组成员和各专门委员会分党组负责同志带头讲好专题党课，机关落实20件民生实事，召开专题民主生活会，做好总结评估各项工作。另一方面是“自选动作”有特色，把学习“四史”与研究宣传人大制度史结合起来，坚持线上线下相结合，不断提升学习教育实效。坚持把学习贯彻十九届六中全会精神作为党史学习教育重要内容，第一时间进行传达学习、研究贯彻落实举措，通过参加中央宣讲报告会、举办集中轮训班、开设全国人大网络学院学习专栏等方式，推动学习贯彻全覆盖、见实效。通过一年来的党史学习教育，全体党员干部深刻认识党的百年奋斗重大成就和历史经验，特别是党的十八大以来的历史性成就、历史性变革，深刻领悟“两个确立”的决定性意义，自觉把“两个确立”的政治认同、情感认同转化为做到“两个维护”的思想自觉、行动自觉，进一步增加历史自信、增进团结统一、增强斗争精神，把从党史中汲取的智慧力量体现落实到高质量推进各项工作之中，转化为干事创业的强大动力。

二是强化政治意识，走好践行“两个维护”第一方阵。自觉用党的创新理论统揽和指导人大工作，充分发挥机关党组领学示范作用，及时传达学习习近平总书记重要讲话和指示批示、党中央有关会议和文件精神，把学习贯彻习近平法治思想、习近平总书记关于坚持和完善人民代表大会制度的重要思想作为必修课和基本功，抓好机关五年规划的贯彻落实，努力从习近平总书记有关重要讲话、论述、指示中去找智慧、找方向、找答案。把贯彻落实习近平总书记重要指示批示作为首要政治责任，及时传达学习，逐条落实责任，不折不扣抓好贯彻落实。严格执行请示报告制度，机关工作中的重大问题、重要事项、重要情况等，都及时向党中央请示报告，或者以常委会办公厅名义向中央办公厅、中央深改办等部门请示报告。强化做好意识形态工作的政治担当，扎实做好重要会议活动和日常工作的宣传报道，加强理论阐释和宣介，制定关于遏制法学界错误思潮蔓延的工作举措，做好常委会、外事委、法工委发言人主动发声相关工作。严格政治纪律和政治规矩，及时传达学习关于孙力军政治团伙严重违纪违法问题及其教训警示的通报，牢记“五个必须”，严防“七个有之”，坚决同各种违背党的政治原则、与党离心离德、损害党中央权威和集中统一领导的现象和行为作斗争。现在，机关党员干部想问题、办事情、干工作首先考虑政治效果，“四个意识”更加牢固，“四个自信”更加坚定，“两个维护”更加自觉。

三是全力做好中央人大工作会议的组织筹备和学习宣传贯彻工作。召开中央人大工作会议是党中央的重大决策部署。做好会议组织筹备工作，是党中央、常委会党组交给全国人大机关的一项重大政治任务。机关党组、各专门委员会分党组以高度的使命感责任感，全力以赴、周密细致做好专题调研、文稿起草、会议服务、新闻宣传等工作。会议召开之后，第一时间传达学习，起草贯彻落实会议精神的重点任务分工方案，组织召开第二十七次全国地方立法工作座谈会、第八个国家宪法日座谈会、第四次学习贯彻习近平总书记关于坚持和完善人民代表大会制度的重要思想交流会，把学习宣传贯彻中央人大工作会议精神作为重要内容，推动各级人大学习交流和贯彻落实。机关全体党员干部在会议各项服务保障工作中，进一步深刻认识人大制度在推进国家治理体系和治理能力现代化、全面建设社会主义现代化国家中的职能作用，深刻认识做好新时代人大工作必须牢牢把握的政治原则和任务要求，进一步强化政治意识和政治担当，以实际行动肩负起新时代新征程赋予人大的新使命新任务。

四是建强抓实各级党组织，提升党组织的凝聚力战斗力。以提升组织力为重点，总结评估基层党组织建设质量提升行动成效，评选出“四强”党支部 44 个。出台关于加强和改进机关党校工作的意见，优化管理体制，改善办学条件，办好新机制下首期处级干部进修班。举办基层党组织书记、组织委员和党员发展对象培训班，提升党建业务能力。加强党支部建设创新案例和精品党课学习宣传交流，开展优秀党课展播和党史课题研究。去年，在中央和国家机关评选中，机关 2 名共产党员、2 名党务工作者和 2 个基层党组织获得“两优一先”表彰，3 个单位荣获创建模范机关先进单位称号。讲德论才重实干的鲜明导向贯彻体现到选人用人各项工作之中，党员干部的精神状态和工作作风更加积极，干事创业的氛围更加浓厚。

五是深化作风建设，监督执纪问责更加精准有力。严格执行中央八项规定及其实施细则精神，深入纠“四风”树新风。做好十三届全国人大四次会议的组织筹备工作，延续节俭办会作风，确保大会紧凑高效、安全有序，推动会风改进再上新台阶。推动落实整治形式主义为基层减负的有关部署，严控会议文件的规模和数量，严格执行机关公务出差预报公示制度，深入推进会议文件、资料电子化。坚决贯彻落实党中央“过紧日子”要求，全面压减一般性支出，推进节能减排，反对餐饮浪费，弘扬艰苦奋斗、勤俭办事的良好风尚。持续开展机关党风廉政宣传教育周活动，抓好重要节日节点教育提醒。针对考勤、因私离京、因私出国（境）等制度执行情况，开展专项检查。自觉接受派驻纪检监察组的监督和指导，落实会商机制，加强工作沟通和衔接，有力推动中央巡视整改、“一把手”和领导班子监督等工作，做深做实涉及干部职工切身利益问题的监督工作。一年来，在派驻纪检监察组的监督指导和大力支持下，精准运用监督执纪“四种形态”，谈话提醒 1 人、批评教育 4 人、诫勉谈话 2 人，给予党内警告处分 1 人、党内严重警告处分 1 人、开除党籍 3 人，作出政务处分 2 人，机关党风廉政建设和反腐败斗争不断走向深入。

六是持续完善制度，在强化执行上下功夫。坚持把制度建设作为全面从严治党的长远之策，对标党中央决策部署，结合机关实际，制定修改关于落实全面从严治党主体责任、加强对“一把手”和领导班子监督、联系基层党组织建设等一系列制度规定。目前，按照栗战书委员长指示要求，机关已基本形成了贯彻党中央全面从严治党部署、体现新时代特点、符合人大工作实际的党建制度体系，逐步建立起年初谋划部署、全年狠抓落实、年终考核评估的完整党建工作机制。坚持完善制度与强化执行并重，汇编印发制度规定，加强制度执行的监督检查，将党建制度落实情况纳入年度考核和党建述职考核的重要内容，强化制度的刚性约束。

七是抓好问题整改，深化中央巡视和机关内部巡视工作。机关党组把接受中央巡视作为重大政治任务，实事求是汇报情况、查找问题，中央巡视组反馈意见后，把巡视整改作为检验“四个意识”的试金石，强化抓好整改的政治意识和责任担当，全力以赴推进整改各项工作。先后召开机关党组会议、专题民主生活会，研究部署整改工作，成立整改工作领导小组，对照巡视反馈指出的4方面、14项、23个问题，提出153条整改措施，建立可量化、可检查、可问责的工作台账，一项一项抓好落实。目前，23个问题整改中，已经完成的有11个，正在推进的有8个，长抓不懈的有4个。贯彻落实栗战书委员长指示要求，去年机关组织实施了第四轮内部巡视，对9家直属党组织开展巡视，实现了机关内部巡视全覆盖。两年多来，我们主动发现和查找问题，加强自我监督，党员干部的纪律规矩意识更强、履职尽责更有担当，求真务实、清正廉洁的新风正气更加浓厚。

第三，深入学习贯彻习近平总书记关于党的自我革命的战略思想，坚持严的主基调不动摇，坚持不懈把全面从严治党向纵深推进

召开党的二十大是今年党和国家政治生活中的头等大事，也是全党工作的主线。全国人大机关要坚持以习近平新时代中国特色社会主义思想为指导，深入学习贯彻党的十九大和十九届历次全会精神，全面贯彻落实中央纪委六次全会精神，增强“四个意识”，坚定“四个自信”，做到“两个维护”，自觉把握和运用党的百年奋斗历史经验，弘扬伟大建党精神，永葆自我革命精神，坚持全面从严治党战略方针，按照“四个机关”的定位要求，紧紧围绕党的二十大这条主线来谋划、部署和推进机关党的建设，以实际行动迎接党的二十大胜利召开。

一是在加强党的政治建设上要坚定不移。对于各级党组织和全体党员干部来说，只有政治过硬，才能做到全面过硬。栗战书委员长指出，这几年，全国人大最大的变化是党的领导加强了，跟总书记、跟党中央更近更紧了；人大机关建设最显著的成效是机关干部职工的政治意识增强了，政治判断力、政治领悟力、政治执行力提高了。这既是对机关政治建设的高度肯定，也是对我们持续加强这方面工作的要求和鞭策。要牢牢把握全国人大机关首先是政治机关这个第一属性，牢牢把握党对人大工作的领导是全面的、绝对的这个深层要求，在任何时候、任何情况下，都把旗帜鲜明讲政治作为机关各项工作的生命线。要坚决捍卫“两个确立”，不断增强做到“两个维护”的政治自觉、思想自觉、行动自觉，把坚持党的全面领导贯彻落实到机关工作全过程和各方面。要把贯彻落实习近平总书记重要指示批示作为最首要的政治责任，做到坚定坚决、不折不扣、有力有效。要时刻同党中央决策部署对标对表，吃透党中央精神，找准职责定位，增强工作的主动性、前瞻性，推动党中央决策部署落地见效。要严格执行坚持党的领导各项制度，深入开展政治机关意识教育，让机关全体党员干部在政治、思想、组织、工作、学习、生活、纪律等各方面各环节，都坚持党的领导、落实党的要求，使一切行动听党指挥成为自觉和习惯，真正当好“三个表率”。

二是在深化党的理论武装上要持续用力。习近平新时代中国特色社会主义思想是一座思想宝库，要系统学习领会、全面贯彻落实，在学懂弄通做实、深化消化转化上下功夫。要坚持以习近平新时代中国特色社会主义思想统揽和指导人大工作，学深悟透习近平法治思想、习近平总书记关于坚持和完善人民代表大会制度的重要思想，把学习成果转化为推动人大工作的强大动力和思路举措，使人大工作的方向更明确、思路更清晰、效果更显著。要持之以恒巩固和拓展党史学习教育成果，把党史学习教育中的好经验好做法转化为日常党建工作机制，加强对党忠诚教育，让初心使命在内心深处真正扎根，把忠诚于党和人民落实到履职尽责的实际行动上。要围绕党的二十大组织系列理论学习、主题活动，引导大家自觉把思想和行动统一到党中央的要求上来，把智慧和力量凝聚到迎接党的二十大的各项工作上来。

三是在落实全面从严治党主体责任上要不折不扣。按照“四个机关”的定位要求，认真履行全面从严治党主体责任，以党的政治建设为统领，全面加强机关党的建设。要总结推广机关“四强”党支部的好经验好做法，打造上下贯通、执行有力的战斗堡垒。要以钉钉子精神加强作风建设，严格执行中央八项规定及其实施细则精神，特别是严防形式主义、官僚主义，大力弘扬党的光荣传统和优良作风。要在现有党建制度的基础上，持续抓好制度“精装修”，增强机关各项制度的科学性、协调性、衔接性，并在深化执行上下更大功夫。要坚持严字当头，始终保持反腐败高压态势，始终保持严的主基调，特别要抓住“关键少数”以上率下，进一步修订和执行好对“一把手”和领导班子监督的相关规定，教育引导党员干部筑牢拒腐防变的精神堤坝，把纪律的螺丝拧得紧而又紧，营造风清气正的政治生态。要按照建设“政治坚定、服务人民、尊崇法治、发扬民主、勤勉尽责”的人大工作队伍要求，加强干部队伍监督管理，特别要注重对年轻干部的思想淬炼、政治历练，帮助他们炼就做好新时代人大工作的铁肩膀和真本领。要对照习近平总书记重要讲话和十九届中央纪委六次全会精神，对照中央和国家机关党的工作暨纪检工作会议精神，对照派驻纪检监察组提出的工作建议，抓紧研究制定 2022 年度全国人大机关全面从严治党工作要点，争取在 2 月中旬以前印发。中央近期印发了《中国共产党纪律检查委员会工作条例》，要认真抓好学习贯彻，进一步加强机关纪委建设。机关各级纪委要坚持严格监督执纪问责，准确运用“四种形态”，切实把纪律挺在前面。

要把中央巡视整改作为加强党风廉政建设的一项重要内容，持续深入抓好落实。认真学习贯彻中央关于加强巡视整改和成果运用的意见，建立健全巡视整改工作机制，坚定不移落实巡视整改政治任务，对已完成的整改任务，着力巩固拓展整改成效、防止问题反弹；对需长期整改的任务，分阶段明确目标，紧盯不放、久久为功。要在党的二十大召开前，对整改情况进行一次全面“回头看”，及时研究解决问题，在加强党的领导、推进党的建设方面建立起切实管用的长效机制。

四是在做好参谋服务保障工作上要提质增效。机关党的建设成效，最终要体现到围绕党和国家工作大局，服务保障全国人大及其常委会依法履职的工作实效上。委员长会议已经原则通过常委会 2022 年工作要点和立法、监督、代表工作计划，要抓紧部署、安排落实，能往前赶的尽量往前。今年是现行宪法公布施行 40 周年，相关纪念活动要尽早谋划、做好准备。十三届全国人大五次会议的组织筹备工作已经启动，要抓紧做好会务组织、文件起草、法案准备、后勤服务、安全保卫、疫情防控等各项工作，为大会召开创造良好环境。新的一年里，机关全体党员干部要进一步弘扬担当进取、苦干实干的优良作风，一如既往高标准高质量地做好各项参谋服务保障工作，为开创新时代人大工作新局面作出应有贡献！

走好第一方阵，我为二十大作贡献

（2022 年 7 月 5 日）

杨振武

同志们：

根据 2022 年全国人大机关全面从严治党工作要点和机关党组理论学习中心组的安排，围绕“走好第一方阵，我为二十大作贡献”，由我来为大家讲一堂专题党课。同时，今天这堂党课也是对 2022 年机关党风廉政宣传教育周活动和集中学习月活动进行动员。这次宣传教育周活动的主题是“加强清廉机关建设，喜迎党的二十大”，集中学习月活动的主题是“对党忠诚，始于足下，喜迎党的二十大”。大家可能都注意到了，今年各项学习宣传活动突出了一个关键词——“二十大”。今年下半年，我们党将召开第二十次全国代表大会，这是党和国家政治生活中的头等大事，是一次承前启后、继往开来、具有里程碑意义的重要会议。

第一，二十大是我们党迎来百年华诞之后第一次召开的党的全国代表大会。2021 年是中国共产党成立一百周年，去年 11 月召开的党的十九届六中全会作出第三个历史决议，全面总结党的百年奋斗重大成就和历史经验，对推动全党统一思想、统一意志、统一行动，产生重大而深远的影响。党领导人民用近 30 年时间完成了新民主主义革命、建立了新中国，在社会主义革命和建设的基础上用 40 多年时间进行改革开放、全面建成小康社会，实现第一个百年奋斗目标，向人民、向历史交出了一份优异的答卷。现在，党团结带领中国人民又踏上了实现第二个百年奋斗目标的新征程。党的二十大必将在新的历史起点上，凝聚起全党全国人民全面建设社会主义现代化国家、实现中华民族伟大复兴的磅礴力量。

第二，二十大是中国特色社会主义进入新时代十年这个重要时间节点上召开的党的全国代表大会。党的十八大以来，中国特色社会主义进入新时代。以习近平同志为核心的党中央统筹把握中华民族伟大复兴战略全局和世界百年未有之大变局，以伟大的历史主动精神、巨大的政治勇气、强烈的责任担当，解决了许多长期想解决而没有解决的难题，办成了许多过去想办而没有办成的大事，推动党和国家事业取得历史性成就、发生历史性变革。中华民族迎来了从站起来、富起来到强起来的伟大飞跃，实现中华民族伟大复兴进入了不可逆转的历史进程、展现出前所未有的光明前景。新时代这十年，可以说是百年党史上最精华、最壮阔的一个篇章。党的二十大必将在新的历史起点上，把新时代中国特色社会主义推向新的伟大胜利。

下面，我从牢记初心使命、坚守理想信念、加强政治建设、坚持人民至上、发扬斗争精神、勇于自我革命这6个方面，与大家一道回顾和把握党的历史发展的主题主线，领悟党不断从走胜利走向胜利的成功经验，同时结合人大制度和人大工作，就如何走好第一方阵，以实际行动迎接二十大召开、为二十大作贡献，谈一谈认识和体会，与大家交流。

一、牢记初心使命，为中国人民幸福、中华民族复兴不懈奋斗

建党为了谁、建党为什么，是对一个政党立党兴党强党最缘起的叩问，本质上揭示了政党安身立命之本和存亡发展之道。我们党从诞生那一天起，就同中国人民和中华民族的前途命运紧密联系在一起。在那个国家蒙辱、人民蒙难、文明蒙尘的黑暗年代，中国共产党横空出世，震醒了沉寂已久的中华大地，勇敢地担负起为中国人民谋幸福、为中华民族谋复兴的历史责任。我们党之所以能够在近代以后各种政治力量反复较量中脱颖而出、赢得人民信任、取得重大成就，根本原因就在于党在坚持初心使命上矢志不渝、坚定如磐。一百多年来，党的一切奋斗、一切创造都是为了笃定守护这个初心、接续完成这个使命。

初心和使命，在不同的历史时期有着不同的内涵和体现，但从根本上都是服从服务于为中国人民谋幸福、为中华民族谋复兴。革命战争时期，为实现民族独立、人民解放，我们党百折不挠、浴血奋战，团结带领人民夺取了新民主主义革命胜利，建立了新中国，实现了人民当家作主。新中国成立后，为改变我国一穷二白的落后面貌，我们党迎难而上、艰苦奋斗，团结带领人民确立了社会主义基本制度，取得社会主义建设重大成就。改革开放新时期，为推进改革开放和社会主义现代化建设，我们党解放思想、实事求是、与时俱进，团结带领人民开辟了中国特色社会主义道路，使中华民族大踏步赶上时代，以崭新姿态屹立于世界民族之林。

党的十八大以来，初心和使命贯穿于以习近平同志为核心的党中央治国理政的全部活动。习近平总书记反复强调，党的初心和使命是党的性质宗旨、理想信念、奋斗目标的集中体现；谆谆告诫全党同志，越是长期执政，越不能丢掉马克思主义政党的本色，越不能忘记党的初心使命，越不能丧失自我革命精神。2012年11月，在参观《复兴之路》展览时，总书记首次提出了实现中华民族伟大复兴的中国梦。2016年7月，总书记在庆祝中国共产党成立九十五周年大会上发出“不忘初心、继续前进”的伟大号召。党的十九大把“不忘初心，牢记使命”写入大会主题。十九大刚闭幕，总书记就带领新一届中央政治局常委前往上海和浙江嘉兴，瞻仰中共一大会址和南湖红船，回顾建党历史，重温入党誓词。总书记到地方考察，都要到当地的革命老区。河北西柏坡、山东临沂、福建古田、陕西延安、贵州遵义、江西井冈山、宁夏将台堡，这些在我们党的历史上有标志性意义的红色圣地，都留下了总书记的足迹。

循着总书记的思想脉络、踏着总书记的足迹，我们可以深深感受到我们党立党为公、执政为民的价值理念和不忘初心、牢记使命的精神品格。总书记用自己的一言一行生动诠释了什么是初心、为什么要不忘初心、怎样不忘初心，为全党作出了示范、树立了标杆。在前进的道路上，无论形势和任务如何变化，无论遇到什么样的惊涛骇浪，无论走得再远、走到再光辉的未来，我们都要牢记总书记的教诲，不能忘记走过的过去，不能忘记为什么出发，始终做到初心不改、使命在肩。

人民代表大会制度承载着党的初心和使命，是党领导人民经过长期奋斗、艰辛探索建立和发展起

来的。越是了解人民代表大会制度的历史，越是感到我们的这个制度来之不易，感到它有着巨大优势和强大生命力。为了建立符合中国国情的新型政治制度，我们党领导人民进行了罢工工人大会、农民协会、苏维埃代表大会、以“三三制”为原则的参议会、人民代表会议等探索和实践。毛泽东同志是人民代表大会制度的奠基人。在大革命时期，毛泽东同志担任过全国农民协会临时执行委员会常务委员兼组织部长，主持举办农民运动讲习所，发动农民建立自己的政权。在中华苏维埃第一次全国代表大会上，毛泽东同志当选为中央执行委员会主席和人民委员会主席，以前人们都称他为“毛党代表”“毛委员”“毛总政委”，自此开始称为“毛主席”。他还写出了《兴国长冈乡的苏维埃工作》和《上杭才溪乡的苏维埃工作》两篇调查报告，并作为“乡苏工作的模范”材料，印发中华苏维埃第二次全国代表大会。在延安的时候，毛泽东同志对我们建立什么样的政权组织形式，进行了系统深入的思考，写下了《新民主主义论》、《论联合政府》等著作，表明我们党关于人民代表大会制度的理论已经趋于成熟。在建国前夕，毛泽东同志十分重视各地人民代表会议建立和工作情况，从 1949 年 8 月至 12 月，他签发的关于召开各界人民代表会议的文电有 19 篇之多，要求把召开各界人民代表会议“当作一件大事去办”。为了迎接第一届全国人民代表大会一次会议的召开，制定好新中国第一部宪法，毛泽东同志率领宪法起草小组在杭州西湖边奋战了 77 个日夜，前后修改了一二十个稿子。1954 年宪法以国家根本法的形式确立了人民代表大会制度。这个伟大而艰辛的探索历程，彰显了我们党、彰显了以毛泽东同志为代表的老一辈无产阶级革命家的初心和使命。

人民代表大会制度在党的领导下探索建立，在党的领导下巩固、完善、发展，为实现党的初心和使命、推进社会主义建设和改革开放、创造经济快速发展和社会长期稳定两大奇迹提供了重要制度保障。在新的奋斗征程上，我们在人大机关工作的同志，要牢记中国共产党人的初心和使命，牢记人民代表大会制度的初心和使命，倍加珍惜、长期坚持、全面贯彻、不断完善这一符合我国国情和实际、体现社会主义国家性质、保证人民当家作主、保障实现中华民族伟大复兴的好制度，充分发挥人民代表大会制度的根本政治制度作用，继续通过人民代表大会制度牢牢把国家和民族前途命运掌握在人民手中。

二、坚守理想信念，筑牢为党和人民拼搏奉献的信仰根基

理想信念是事关马克思主义政党、社会主义国家的精神力量和前途命运的根本问题。1961 年 9 月，毛泽东同志接见英国陆军元帅蒙哥马利。蒙哥马利问：“你们为什么把自己党叫做共产党，而不叫社会党呢？”毛泽东同志回答：“因为共产主义是我们的最高目标。”中国共产党是为了共同的理想信念走到一起的，而不是因为利益结成的政治团体，一向是用革命的理想来凝聚人心，用信仰的力量来塑造队伍。革命圣地延安高耸的宝塔山，这座红色信仰的精神坐标，让千千万万热血青年魂牵梦绕、心驰神往，“打断骨头连着筋，扒了皮肉还有心，只要还有一口气，爬也要爬到延安城”。对马克思主义的信仰，对社会主义和共产主义的信念，是共产党人的政治灵魂，是共产党人经受任何考验的精神支柱。

一百多年来，中国共产党一次又一次从困顿逆境、挫折失败中奋起，经千难而百折不挠，历万险而矢志不渝，归根到底，靠的就是对共产主义和社会主义至坚的信念、至真的信仰。大革命失败后，党由近 6 万人锐减到 1 万多人。第五次反“围剿”失败后，党和红军的力量遭受极大削弱。长征途中，湘江战役一战，中央红军从长征出发时的 8.6 万多人锐减至 3 万多人。在革命前途变得十分黯淡的时刻，党对自己的信念毫不动摇，在困境中发展壮大，在逆境中毅然奋起，在绝境中突出重围。新中国成立后，面对军事上、经济上、国际上的困难和挑战，党领导人民发扬“一不怕苦、二不怕死”的革命精神，坚定信心，克服困难，使社会主义中国巍然屹立在世界东方。上世纪 80 年代末 90 年代初，世界社会主义运动陷入低潮，党领导人民顶住逆流，排除干扰，沿着中国特色社会主义道路坚定前行，把社会主义这面大旗举住了、举稳了。进入新时代，面对国内改革、发展、稳定的繁重任务，面对严峻的国际形势和外部压力，党领导人民进行具有许多新的历史特点的伟大斗争，把中国特色社会主义继续推向前进。回望历史，困难、失败和挫折从来没有阻挡住中国共产党的前进，只是使她更加坚强、更加成熟。在重大历史关头和危难时刻，党坚守理想信念，不畏惧、不退缩，迎难而上、勇往直前，一次次彰显了党的力量，一次次增强了人民对党的信任和信心，一次次扭转了党和国家的前途命运，一次次把

社会主义事业推向前进。

在革命年代，共产党人依靠坚定的理想信念，经受住血与火的考验，为了革命的胜利前赴后继、舍生忘死、英勇奋战。现存有实物可查最早的入党誓词，是1931年江西省永新县农民贺页朵写在一块土布上的，内容是："牺牲个人，严守纪律，阶级斗争，努力革命，服从党纪，永不叛党"，誓词一共24个字，开头4个字就是"牺牲个人"。据不完全统计，从1921年到1949年，我们党领导的革命队伍中，有名可查的烈士就达370多万名。陈延年"革命者光明磊落、视死如归，只有站着死，绝不跪下"，瞿秋白"此地正好，开枪吧"，方志敏"敌人只能砍下我们的头颅，决不能动摇我们的信仰"，夏明翰"砍头不要紧，只要主义真"，赵一曼"未惜头颅新故国，甘将热血沃中华"……这些视死如归、大义凛然的誓言生动表达了中国共产党人对远大理想的坚贞。在"狼牙山五壮士"的故事中，5位战士完成阻击敌人任务撤退时，刚走不远，发现前面是个岔路口：向北去是主力部队和群众转移的方向，他们可以很快归队，可敌人肯定会追上来，那将使主力部队和群众处于危险境地；向南去，通向棋盘陀是一条绝路。他们义无反顾地选择了牺牲自己、保全同志和群众的那条路。舍生取义的革命先烈，他们完全都可以有另外的选择，究竟是什么精神，支撑他们作出这个选择？我想就是为了理想信念。理想之光不灭，信念之光不灭。我们一定要铭记烈士们的遗愿，永志不忘他们为之流血牺牲的伟大理想。

进入和平年代，共产党人依靠坚定的理想信念，抵御住名和利的诱惑，为了党和人民的事业艰苦奋斗、默默奉献、鞠躬尽瘁。共产主义战士雷锋、"铁人"王进喜、"两弹元勋"邓稼先、深藏功名的张富清，还有党员领导干部的楷模焦裕禄、孔繁森、杨善洲，等等，坚守理想信念的英雄模范灿若群星、熠熠生辉，他们是中国共产党人的精神脊梁。今年6月25日，是邓稼先同志诞辰98周年。这里，我再讲讲邓稼先的故事。1950年8月，26岁的邓稼先在美国拿到了博士学位，当时被称为"娃娃博士"。美国方面想用优越的科研条件、丰厚的生活待遇把他留下，导师也挽留他。但他拿到博士学位9天后便收拾行李返回了中国。那个时候新中国刚刚成立，我们与美国的差距恐怕真可以用天壤之别来形容。1958年8月的一天，中科院原子能研究所所长钱三强把邓稼先叫到办公室，对他说："稼先同志，国家要放一个大炮仗，调你去做这项工作，怎么样？"这是改变他命运的一席谈话。邓稼先回去后，只跟夫人说，要调动工作，去哪儿、做什么都不能说。他的夫人说，那给我一个回信信箱的号码吧！他说也许这都不行。从此以后，邓稼先开始了28年的隐姓埋名岁月，一个大活人，就这样消失了。他去哪儿了？去的是与世隔绝、荒凉的戈壁滩。中国一共进行过45次核试验，邓稼先就参加了32次，有15次是现场总指挥。1979年，一次爆炸实验失败，为了找到原因，他一个人去那颗原子弹被摔碎的地方找重要部件，并用手捧着走了出来。他的身体因此受到了严重的辐射，后来患上了癌症。在生命的最后时刻，他说："假如生命终结后可以再生，那么，我仍选择中国，选择核事业。"

理想因其远大而为理想，信念因其执着而为信念。我们机关全体党员干部要保持在理想追求上的政治定力，努力向革命先烈、英雄模范学习，从他们身上感受人格的光辉、理想的力量，筑牢信仰之基、补足精神之钙、把稳思想之舵，守护好共产党人的政治灵魂，自觉做共产主义远大理想和中国特色社会主义共同理想的坚定信仰者、忠实实践者，在全面建设社会主义现代化国家、实现中华民族伟大复兴中国梦的历史进程中充分发挥先锋模范作用。

三、加强政治建设，自觉维护党的团结和集中统一

中国共产党是按照民主集中制原则组织起来的马克思主义政党。维护党中央权威，保证党的团结统一是党的生命，是我们党能成为百年大党、创造世纪伟业的关键所在。从党的历史看，我们党走过了从不够成熟到坚定成熟、从不够有力到坚强有力的成长历程。遵义会议前，党还不成熟，特别是没有形成一个成熟的党中央，没有形成全党的团结统一。这是党和人民事业在革命早期屡遭挫折甚至面临失败危险的重要原因。1935年遵义会议，事实上确立了毛泽东同志在党中央和红军的领导地位，在最危急关头挽救了党、挽救了红军、挽救了中国革命。1945年党的七大，确立毛泽东思想为党的指导思想，使全党在思想上政治上组织上达到空前统一和团结。正如后来邓小平同志总结的："从毛刘周朱开始，中国共产党才真正形成了一个稳定的成熟的领导集体。以前的领导都是很不稳定，也很不成熟的。"

党的十八大以来，针对有一段时间讲政治淡化、党的领导弱化的问题，以习近平同志为核心的党中央把加强党的集中统一领导作为全党共同的

政治责任，采取一系列有力举措，使全党思想上更加统一、政治上更加团结、行动上更加一致。党的十九大强调，“党是最高政治领导力量”。十三届全国人大一次会议通过宪法修正案，在宪法序言确定党的领导地位的基础上，又在总纲中明确规定中国共产党领导是中国特色社会主义最本质的特征。党的十九届六中全会明确提出“两个确立”，这是党的十八大以来最重大的政治成果，反映了全党全军全国各族人民共同心愿，对党和国家事业发展、对推进中华民族伟大复兴历史进程具有决定性意义。

历史和现实都证明，党的团结统一是党和国家前途和命运所系，是全国各族人民根本利益所在，任何时候任何情况下都不能含糊、不能动摇。今天，实现中华民族伟大复兴进入关键时期，面临挑战的严峻程度、进行斗争的尖锐程度、统一思想的艰难程度，丝毫不亚于革命时期。目标越是远大，航程越是风高浪急，就越需要有领导核心的掌舵定向、科学理论的指引领航。新时代十年来波澜壮阔、砥砺奋进的光辉历程向我们展示：习近平总书记是风雨来袭时新时代中国共产党和中国人民最坚实可靠的主心骨，习近平新时代中国特色社会主义思想是新时代“中华号”航船劈波斩浪最科学正确的指南针。这是贯通历史与现实的必然逻辑和客观规律的深刻总结，也是中国共产党、中国人民、中华民族走向更加辉煌未来的根本保证。

全国人大机关是党中央领导下的重要政治机关。栗战书委员长高度肯定机关政治建设，指出：这几年，全国人大最大的变化是党的领导加强了，跟总书记、跟党中央更近更紧了；人大机关建设最显著的成效是机关干部职工的政治意识增强了，政治判断力、政治领悟力、政治执行力提高了，这是对我们的极大鼓励，更是要求和鞭策。我们要牢牢把握全国人大机关是政治机关这个第一属性，牢牢把握党对人大工作的领导是全面的、绝对的这个深层次要求，提高政治站位，把牢政治方向，站稳政治立场，严守政治纪律，把听从号令、保持一致印刻在思想深处、体现在一言一行上，在党的旗帜下团结成“一块坚硬的钢铁”，步调一致向前进。

维护党的团结和集中统一，首先要深刻认识“两个确立”的决定性意义，把对“两个确立”的政治认同、情感认同转化为“两个维护”的思想自觉、行动自觉。“两个维护”是具体的、实在的，不是空洞的、抽象的。在人大，重要会议、重要工作、重大问题及时向党中央请示报告，就是“两个维护”的具体体现。这些年，人大请示报告的意识不断增强，制度也越来越健全，代表大会、常委会会议、重要专题会议召开前都要向党中央请示，会议结束后第一时间向党中央报告有关情况和成果，常委会党组集体学习、机关党组学习、重要工作进展情况等也及时向党中央请示和报告。本届常委会党组修订了党组工作规则，其中，第三章就是“请示报告”，明确了常委会党组必须向党中央请示的十个方面重要事项和必须向党中央报告的九个方面重要情况。机关党组制定了《全国人大机关严格执行向党中央请示报告制度的工作办法》，共6章24条，详细地规定了请示报告的原则、清单管理机制、报送机制、内容与形式、监督与责任追究制度等。办公厅还就贯彻落实习近平总书记重要指示批示，建立起专门的台账，把指示批示内容、责任单位、时间进度、落实情况等逐项记录，加强督办，确保不折不扣落到实处。这些制度措施，有效推动了党对人大工作全面领导的具体化、规范化、制度化、常态化。

维护党的团结和集中统一，要深入学习贯彻习近平新时代中国特色社会主义思想，坚持以党的创新理论来统揽和指导人大工作，以理论上的清醒保持政治上的坚定。对于我们人大的同志来说，学习贯彻习近平法治思想、习近平总书记关于坚持和完善人民代表大会制度的重要思想是基本功和必修课。习近平总书记关于坚持和完善人民代表大会制度的重要思想，内涵丰富、博大精深，有方向性、理论性、基础性的论述，也有具体的指导性要求，有的是重大原则，有的是工作思路和方法，也有一些是提出了重大课题，需要我们深入学习领会、研究阐释，结合人大工作实际贯彻落实。本届以来，围绕总书记的重要思想我们每年召开一次学习交流会，就是要把学习贯彻工作不断引向深入，切实把学习成果转化为推进工作的强大动力。习近平新时代中国特色社会主义思想是一个科学理论体系，我们在开展相关领域工作时，在系统学习、全面领会的基础上，还要有针对性地加强学习、研究和运用。比如，为计划和预算审查监督、经济工作监督做好服务保障，就要学习习近平经济思想；为生态环保方面的立法、监督工作做好服务保障，就要学习习近平生态文明思想；为人大对外交往做好服务保障，就要学习习近平外交思想。我到人大工作四年多了，越来越体会到，把总书记的思想学深了、悟透了，结合实际贯彻好了，人大工作就能够保证正确政治方向，取得党和人民满意的效果。

四、坚持人民至上，把最广大人民根本利益作为一切工作的出发点和落脚点

中国共产党作为马克思主义政党，党性和人民性从来都是一致的、统一的。党来自于人民，为人民而生，因人民而兴，始终代表最广大人民根本利益，没有任何自己特殊的利益，从来不代表任何利益集团、任何权势团体、任何特权阶层的利益。建党百年来，我们党坚持一切为了人民、一切依靠人民、一切造福人民，与人民有福同享、有难同当，想在一起、干在一起，所以才能够赢得民心，得到人民群众的信赖、支持和拥护。毛泽东同志在《为人民服务》中写道，"我们这个队伍完全是为着解放人民的，是彻底地为人民的利益工作的"。邓小平同志曾经说，"我是中国人民的儿子，我深情地爱着我的祖国和人民"。习近平总书记指出，"我们讲宗旨，讲了很多话，说到底还是为人民服务这句话"，"江山就是人民、人民就是江山，打江山、守江山，守的是人民的心"。这些经典论述，彰显了我们党坚定不移的人民立场、至深至厚的人民情怀。

带领人民创造美好生活，是新时代中国共产党人的奋斗目标。2012 年 11 月 15 日，党的十八届一中全会刚刚闭幕，习近平总书记在同中外记者见面时就代表党中央和全党庄严宣告："人民对美好生活的向往，就是我们的奋斗目标。"全面深化改革，为的是让改革发展成果更多惠及人民群众；开展脱贫攻坚、推进共同富裕，为的是让人民群众过上更好的日子；打好污染防治攻坚战，推进生态文明建设，为的是解决人民群众反映强烈的突出环境问题，还老百姓蓝天白云、清水绿岸；深入推进党风廉政建设和反腐败斗争，"得罪千百人，不负十四亿"，为的是保持同人民群众的血肉联系。2018 年 2 月，总书记在四川成都郫都区战旗村考察时，一位 82 岁的老人紧握着总书记的手由衷地说："您是我们的好领袖，中国人民的福星！"总书记答道："谢谢，我是人民的勤务员。""人民的勤务员"这六个字，饱含着总书记对人民群众最深厚、最真挚的感情，也是总书记对全体党员、干部的期望和要求。我们要牢记总书记的殷殷叮嘱，时刻把人民群众的冷暖挂在心上，真心诚意地为人民群众办实事、做好事、解难事，以为民谋利、为民尽责的实际成效取信于民。

坚持人民至上，维护最广大人民群众根本利益，在政治上必然要求实行人民民主、保证和支持人民当家作主。我们党自成立之日起就高举人民民主旗帜，团结带领中国人民为创建人民民主政权、建立新型政治制度进行了艰辛探索。大家都很熟悉"窑洞对"。1945 年 7 月，面对黄炎培提出的历朝历代"其兴也勃焉，其亡也忽焉"的历史周期率问题，毛泽东同志胸有成竹地回答："我们已经找到新路，我们能跳出这周期率。这条新路，就是民主。"新中国成立 70 多年特别是改革开放 40 多年来，我们党领导人民成功开辟中国特色社会主义政治发展道路，坚持党的领导、人民当家作主、依法治国有机统一，发展社会主义民主政治，建设社会主义政治文明，实现了内容广泛、层次丰富的人民当家作主。

党的十八大以来，以习近平同志为核心的党中央从坚持和完善中国特色社会主义制度、推进国家治理体系和治理能力现代化的战略高度，全面推进社会主义民主政治制度化、规范化、程序化，人民依法享有和行使民主权利的内容更加丰富、渠道更加便捷、形式更加多样，我国人民民主的伟大实践展现出前所未有的蓬勃生机。在总结实践经验的基础上，习近平总书记深刻阐述我们党关于民主的立场、观点、方法，先后提出"八个能否"和"四个要看、四个更要看"的民主评价标准，创造性地提出全过程人民民主的重大理念，清楚表明了中国共产党的民主观和中国政治制度运行的内在逻辑，丰富和发展了马克思主义国家学说和社会主义民主政治理论，我们党对民主政治发展规律的认识达到了新的高度。

人民代表大会制度深深植根于人民之中，是实现全过程人民民主的重要制度载体。在人民代表大会制度架构下，国家一切权力属于人民，各级国家机关及其工作人员，包括我们人大机关的同志，不论做何种工作，说到底都是为人民用权、为人民履职、为人民服务。

发展全过程人民民主，密切联系人民群众，努力做到民有所呼、我有所应，是实行人民代表大会制度的必然要求，是人大工作保持生机和活力的重要基础。这些年来，人大的民主民意表达平台和载体不断健全完善。审议制定法律、审查批准计划预算、讨论决定重大事项，都要通过调研、座谈、论证、听证、协商等方式广泛征求和充分听取各方面意见。凡是常委会审议的法律草案，原则上都在中国人大网上公布，重要法律草案还要在中央主要新闻媒体上公布；不仅公布一审稿，二审稿也公布；不仅

公布法律草案，起草、修改的说明也公布。党的十八大以来，共有 217 件次法律草案向社会征求意见，约有 120 多万人次提出 380 多万条意见建议。民法典编纂过程中，先后 10 次通过中国人大网公开征求意见，累计收到 42.5 万人提出的 102 万条意见建议，其中人民群众关心的一些焦点问题，如夫妻共同债务认定、高空抛物坠物致害责任承担等，都在民法典中得到回应。立法联系点从 2015 年的 4 个扩大到目前的 22 个，覆盖全国三分之二的省份，很好发挥了反映基层群众意见的"直通车"作用。尊重代表主体地位、支持保障代表依法履职，是人民当家作主的重要体现。最近我们编写了一本书《我当代表为人民——人大代表议案建议故事》，已经由人民出版社出版发行，选取了十三届全国人大代表提出的 100 件议案建议，都是人大代表坚持人民至上、回应人民期待、依法履职尽责的生动例子，从中也反映出本届以来代表作用发挥越来越充分，代表工作质量和水平有了显著提升。作为人大机关工作人员，我们要牢固树立为人民服务、为人大及其常委会服务、为人大代表服务的意识，用好行之有效的平台和载体，为最大限度吸纳民意、汇聚民智创造条件，使人大各项工作建立在坚实的民意基础之上，更好地维护人民权益、增进人民福祉。

五、发扬斗争精神，紧紧围绕党和国家工作大局履职尽责、担当作为

敢于斗争、勇于担当，是中国共产党的优良传统和鲜明品质。我们党在内忧外患中诞生、在历经磨难中成长、在攻坚克难中壮大。为了肩负历史重任，为了党和人民事业，无论敌人如何强大、道路如何艰险、挑战如何严峻，党总是绝不畏惧、绝不退缩，不怕牺牲、百折不挠。当年，面对世界上经济实力最雄厚、军事力量最强大的美帝国主义的武装威胁和挑衅，是否出兵入朝作战，毛泽东同志说，这是他一生中最难作出的决策之一。党中央和毛泽东同志以"打得一拳开，免得百拳来"的战略远见，以"不惜国内打烂了重新建设"的决心和气魄，作出抗美援朝、保家卫国的历史性决策，避免了侵略者陈兵国门的危局，捍卫了新中国安全。上世纪 80 年代，中英就香港问题进行会谈，撒切尔夫人挟马岛战争余威而来，强硬地表示，香港的繁荣有赖于英国，不能单方面废除有关香港的三个条约。对此，邓小平同志斩钉截铁地说，主权问题不是一个可以讨论的问题。他指出，如果说宣布收回香港就会"带来灾难性的影响"，那我们要勇敢地面对这个灾难，做出决策。必要时，中国将不得不对收回香港的时间和方式另作考虑。通过这次斗争，中方彻底掌握了收回香港的主动权。

一个时期有一个时期的历史使命和任务，一代人有一代人的历史担当和责任。我们党依靠斗争创造历史，更要依靠斗争赢得未来。党的十八大以来，我们党清醒认识到，中华民族伟大复兴，绝不是轻轻松松、敲锣打鼓就能实现的，前进道路上会出现各种可以预测和不可预测的困难和挑战。习近平总书记向全党反复强调，必须进行具有许多新的历史特点的伟大斗争，必须准备付出更为艰巨、更为艰苦的努力，必须高度重视和切实防范化解各种重大风险。我们面临的各种斗争不是短期的而是长期的，将伴随实现第二个百年奋斗目标全过程。在重大风险、强大对手面前，总想过太平日子、不想斗争是不切实际的，主动迎战、坚决斗争才有生路出路，才能战胜前进道路上的一切艰难险阻，才能赢得尊严、求得发展。

以前有人说人大是"二线"，吴邦国同志说人大不是"二线"、是"一线"，张德江同志说人大有时候也是"火线"，我到人大工作后，切身体会到了这一点。60 多年来特别是改革开放以来，全国人大及其常委会围绕中心、服务大局，依法履职尽责，积极担当作为，始终奋战在民主法治建设第一线，为推进社会主义建设和改革开放各项事业发挥了重要职能作用。这里我讲几个例子。改革开放初期，贯彻党的十一届三中全会提出的发展社会主义民主、加强社会主义法制的重大决策，全国人大及其常委会迅速把工作重点放到立法工作上来。1979 年，五届全国人大二次会议一次审议通过了选举法、地方组织法、人民法院组织法、人民检察院组织法、刑法、刑事诉讼法、中外合资经营企业法等 7 部法律。这 7 部法律是在 3 个多月时间内完成起草工作的，当时彭真同志已经 77 岁高龄，带领法制委员会的同志夜以继日、拼命工作，把一腔热血都投入到新时期立法工作中。邓小平同志高度评价这几部法律的出台："全国人民都看到了严格实行社会主义法制的希望。这不是一件小事情啊！"1992 年 10 月党的十四大明确提出了建立社会主义市场经济的改革目标，1993 年党中央进一步提出加快经济立法的要求。整个 90 年代，全国人大及其常委会密集开展经济立法，通过了公司法、合伙企业法、反不正当竞争法、消费者权益保护法、商业银行法、预算法、价格法等一大批经济和民商事法律制度。党的十八大

以来，坚持立法与改革决策相衔接，保证重大改革于法有据是人大的一项重要任务。党的十八届三中全会确定了336项重要改革举措，党的十八届四中全会确定了190项重要举措，全国人大通过高质量、高效率的立法、修法、作出改革决定和试点决定、制定出台工作文件等形式，有力推动和保障了一批各领域重大改革举措落地生根。

本届以来，紧跟党中央决策部署，在大事要事上不避难、不退缩，关键时刻勇于出拳亮剑，是人大工作的一个突出特点。贯彻习近平总书记关于惩治“精日”言论的重要批示精神，本届常委会届初就通过了英雄烈士保护法，以国家立法的形式维护英雄烈士尊严和合法权益，有力打击各类歪曲、丑化、亵渎、诋毁英雄烈士的行为，抵制历史虚无主义，在社会各界产生积极反响。2020年疫情暴发后，第一时间作出全面禁止非法交易和食用野生动物的决定，成立专班分批推进公共卫生领域30部法律的制定和修改工作，为公共卫生安全提供强有力的法治保障。面对香港乱局，按照党中央统一部署，2020年5月十三届全国人大三次会议作出关于香港维护国家安全的决定，之后，常委会在6月连续召开两次会议，审议通过香港维护国家安全法并决定将其列入香港基本法附件三，由香港特别行政区在当地公布实施，8月常委会第21次会议作出关于香港第六届立法会继续履职的决定，11月常委会第23次会议又作出香港立法会议员资格问题的决定。这一系列立法和决定，重拳出击，打中要害，让敌对势力措手不及，打击了反中乱港分子的嚣张气焰，使香港迎来由乱转治、由治及兴的历史新时期。去年，我们又通过修改香港基本法附件一和附件二，形成一套符合香港法律地位和实际情况的民主选举制度，确保中央牢牢掌握对港全面管治权，确保“爱国者治港”，确保“一国两制”实践行稳致远。还有，出台反外国制裁法，坚决维护国家主权、尊严和核心利益；建立健全常委会发言人、外事委发言人、法工委发言人等机制，在涉藏、涉疆、涉港、涉台、涉海和抗疫、人权等问题上阐明立场、正声辟谣。正如栗战书委员长在常委会工作报告中讲的：“在任何时候、任何情况下，只要党、国家和人民需要，人大就将毫不犹豫站到一线进行法律的、政治的、外交的斗争，伸出肩膀扛起应尽的政治责任。”

对于人大机关干部来说，担当是政治要求，也是职业操守和成事之要。担当最能体现一个干部的胸怀、勇气、格局。有多大担当才能干多大事业，尽多大责任才会有多大成就。人大机关干部队伍是一支优秀、可靠的队伍，这些年来在服务人大及其常委会立法、监督、代表、对外交往和自身建设等方面做了大量扎实有效的工作。前几年，我们还说，有的干部担当精神不够，遇事推诿扯皮，做事拖沓、慢半拍。经过这几年的建设和努力，人大机关干部的精神状态明显提升，干事创业的氛围日益浓厚，“马上就办、真抓实干”已经成为新风尚，涌现出一批勇于担当、甘于奉献的先进集体和个人。去年，在中央和国家机关评选中，机关2名共产党员、2名党务工作者和2个基层党组织获得“两优一先”表彰，1个单位荣获创建模范机关先进单位称号。随着党和国家事业发展，人大工作任务越来越重，要求也越来越高。我们要坚定斗争意志，掌握斗争规律，增强斗争本领，保持一股韧劲、拼劲、闯劲、干劲，不断提高工作质量和效率，以实际行动展现人大干部的担当作为。

六、勇于自我革命，永远保持清正廉洁的政治本色

勇于自我革命，是我们党最鲜明的品格和最大的优势，是我们党区别于其他政党的显著标志。党之所以伟大，不在于不犯错误，而在于从不讳疾忌医，敢于直面问题，勇于自我革命。从八七会议、古田会议到遵义会议，从延安整风到七届二中全会提出“两个务必”，从新中国成立初期整党整风和“三反”运动到改革开放以后的全面整党和开展的一系列集中性教育活动，从严肃处理刘青山、张子善等人的案件到不断增强拒腐防变能力、建立健全惩治和预防腐败体系，回顾党的历史，我们党总是在推动社会革命的同时，自觉进行自我革命，一次次拿起手术刀来革除自身的毒瘤，一次次解决自身问题，从而引领伟大的社会变革。正是因为具备这种独有的政治品格，我们党才能穿越百年风风雨雨，多次在危难之际重新奋起、失误之后拨乱反正，成为打不倒、压不垮的马克思主义政党，历经沧桑而初心不改、饱经风霜而本色依旧。习近平总书记在党的十九届六中全会上深刻总结：我们党历史这么长、规模这么大、执政这么久，如何跳出治乱兴衰的历史周期率？毛泽东同志在延安的窑洞里给出了第一个答案，这就是“只有让人民来监督政府，政府才不敢松懈”。经过百年奋斗特别是党的十八大以来新的实践，我们党又给出了第二个答案，这就是自我革命。

党的十八大以来，以习近平同志为核心的党中央直面党内存在的突出问题，把全面从严治党纳入

“四个全面”战略布局，以前所未有的勇气和定力推进党风廉政建设和反腐败斗争，坚定不移“打虎”、“拍蝇”、“猎狐”，刹住了一些多年未刹住的歪风邪气，解决了许多长期想解决而没有解决的顽瘴痼疾，清除了党、国家、军队内部存在的严重隐患，把新时代党的自我革命的理论和实践提升到新高度。今年6月30日，在中央宣传部举行的新闻发布会上，中央纪委有关负责同志介绍，党的十八大以来，截至今年4月底，全国纪检监察机关共立案审查调查438.8万件、470.9万人；查处违反中央八项规定精神问题72.3万起，给予党纪政务处分64.4万人。国家统计局的调查显示，95.8%的群众对全面从严治党、遏制腐败充满信心，这比党的十八大前2012年的调查提高了16.5个百分点。从这些数字就可以看出我们党开展反腐败斗争的决心。世界上那么多执政党，有几个敢像我们党这样大规模、大力度、坚持不懈反腐败？有些人吹捧西方多党轮流执政、“三权鼎立”那一套，不相信我们党能够刀刃向内、自剜腐肉。中国共产党勇于自我革命的实践给了他们响亮有力的回答。

全国人大机关深入学习贯彻习近平总书记关于党的自我革命的战略思想，坚决贯彻落实党中央关于全面从严治党的部署要求，坚持把落实管党治党政治责任作为最根本的政治担当，持之以恒正风肃纪反腐，推动机关党建工作质量和水平全面提升。这些年来，机关把制度建设作为全面从严治党的长远之策，全面梳理机关党建制度，从机关党组、机关党委及各级党组织等不同层面同步抓紧立、改、废工作，补齐短板、堵塞漏洞，扎紧织密制度笼子，逐步构建了一套贯彻党中央全面从严治党部署、体现新时代特点、符合人大工作实际的党建制度体系，建立起年初谋划部署、全年狠抓落实、年终考核评估的完整党建工作机制。比如，机关党组每年年初召开落实全面从严治党要求、加强党风廉政建设工作会，传达学习中央纪委全会精神，统筹部署全年机关党建工作。机关党组研究部署机关党建工作实现常态化、机制化。机关党委与各单位党组织签订落实全面从严治党要求责任书，开展基层党组织书记述职评议考核，层层压实责任、传导压力。坚持抓早抓小、防微杜渐，通过谈话提醒批评教育月报、节假期间遵规守纪情况报告、信访举报台账等，发现问题及时咬耳扯袖、提醒纠正。党风廉政宣传教育周活动连续开展了十几年，近年来采取线上线下相结合的方式，进一步丰富拓展了活动内容。机关内部巡视是本届以来的一项重要举措，我们用两年多时间开展4轮内部巡视，实现了各单位全覆盖，并且把内部巡视与中央巡视整改有机结合起来，通过内部巡视持续推动中央巡视整改落地见效。栗战书委员长每年主持常委会党组会议听取机关党建工作汇报，对机关全面从严治党成效予以充分肯定，进一步增强了我们抓好党建各项工作的使命感责任感。

过去，很多人包括我们自己同志都认为，人大机关不审批项目，不掌管人、财、物，是清水衙门、世外桃源。通过这些年持续不断的宣传教育，已经扭转了这种错误认识。前几年机关查处的于涛、杨绍丞、李国、王立国等违纪违法案件，也为机关全体党员干部敲响了警钟。无数案例证明，党员犯法，始于违纪。党员干部出“大问题”，往往始于破坏“小规矩”。全面从严治党，没有人能置身事外，任何人不可心存侥幸。同志们要时刻提醒自己，干净是从政底线。2014年5月8日，习近平总书记在同中央办公厅各单位班子成员和干部职工代表座谈时，讲了这么一席话：“鱼和熊掌不可兼得，当干部就不要想发财，想发财就不要当干部。要发财可以合法发财，自己经营，靠勤劳致富、靠能力致富、靠智慧致富，光明正大、理直气壮，这么干不是很好吗？为什么要在为党和人民服务的岗位上戴着假面具去干那些伤天害理的事?！自己的良心难道一点没有发现吗？睡得着觉吗？把这些事情想清楚了，干事自然有底线，自然有高度，自然不会做那些虽充满诱惑，但随时可能掉入陷阱、随时可能‘一失足成千古恨’的事情。”总书记讲话语重心长、令人警醒，蕴含的深意和教诲需要我们每个人都铭记。我们一定要算清廉洁这本账，牢固树立正确的世界观、人生观、价值观，时刻保持如临深渊、如履薄冰的警醒，始终坚持君子检身、常若有过的自省，面对利益诱惑时，三思而后行，多想想自己的寒窗岁月，多想想组织的信任重托，多想想家人期待的目光，清清白白做人、干干净净干事、坦坦荡荡为官。

同志们！党和国家千秋伟业，建党精神薪火相传，历史任务接力推进。我们要深刻认识党百年奋斗的光辉历程和伟大成就，特别是新时代中国特色社会主义的历史性成就和历史性变革，从党的奋斗历程中汲取智慧和力量，增强历史主动和使命担当，在思想政治、履职工作、纪律作风等各方面走在前、作表率，努力建设让党中央放心、让人民群众满意的模范机关，以实际行动迎接二十大召开、为二十大作贡献，以更加昂扬的姿态奋进新征程、建功新时代！

全面准确深刻学习贯彻党的二十大精神 担当新时代发展全过程人民民主新使命

（2022 年 11 月 10 日）

杨振武

同志们：

前几天，王晨副委员长为读书班上了开班“第一课”，从七个方面梳理了党的二十大报告内容，帮助大家全面深化了对大会精神的学习理解。根据机关党组理论学习中心组学习贯彻党的二十大精神专题读书班工作方案安排，今天由我作学习贯彻党的二十大精神的宣讲，主要谈谈自己的学习体会。作为党的二十大代表，现场聆听过习近平总书记所作的报告，这些天每次再学、再读，都能回忆起会议现场热烈的场景，依旧是心潮澎湃、热血沸腾，也愈发觉得鼓舞和振奋。有这么几点突出感受：

一是选举习近平同志继续担任中央委员会总书记、中央军委主席，凝聚了全体代表和委员的共同意愿，体现了 9600 多万名党员对习近平总书记的衷心爱戴，反映了亿万人民紧跟伟大复兴领路人开创更加美好未来的坚定信心。栗战书委员长多次讲过，“国家之间的竞争，看的是经济实力、科技实力、综合国力，但关键还是最高领导人的执政水平”。正是有了习近平总书记作为党中央核心、全党的核心，带领我们战胜了各种风险挑战，取得了新时代十年党和国家事业的历史性成就和历史性变革，这些成绩举世瞩目，人民群众高度认可，我们每一位同志都是参与者、亲历者。二十大和一中全会选举产生的新一届中央领导集体，政治过硬、信念坚定、经验丰富、奋发有为，顺利实现了党的中央领导层新老交替，为新时代新征程上夺取新的伟大胜利、实现中华民族伟大复兴的宏伟目标提供了坚强领导保证。

二是党的二十大宣示了新征程上中国共产党举什么旗、走什么路、以什么样的精神状态、朝着什么样的目标继续前进等一系列方向性、根本性的重大问题。习近平总书记所作的党的二十大报告，主题鲜明、目标明确、大气磅礴、催人奋进，充分总结了党的十八大以来理论创新、实践创新、制度创新的丰硕成果和宝贵经验，全面宣示了百年大党的执政理念、历史使命和责任担当，系统阐述了中国式现代化的基本特征、本质要求和必须牢牢把握的重大原则，科学部署了全面建设社会主义现代化强国两步走战略安排，是新时代新征程上中国共产党人的政治宣言和行动纲领，是马克思主义的纲领性文献，吹响了以中国式现代化全面推进中华民族伟大复兴的进军号角。

三是过去五年的工作和新时代十年的伟大变革，在党史、新中国史、改革开放史、社会主义发展史、中华民族发展史上具有里程碑意义。我用五个“前所未有”表达过我的心情和体会：扶贫举措之实、脱贫范围之广、百姓受益之广，前所未有；生态文明建设意志之坚、毅力之强、成效之显著，前所未有；疫情爆发时间之长、抗疫决心之大、死亡人数之少，前所未有；反腐败斗争力度之大、影响之深、惩治贪官污吏之多，前所未有；大国外交成果之丰硕、中国在国际舞台上的分量之重，前所未有。之所以取得这些前所未有的伟大成就，根本在于确立了习近平总书记党中央的核心、全党的核心地位，确立了习近平新时代中国特色社会主义思想的指导地位。新时代新征程上把中国特色社会主义事业推向前进，必须深刻领悟“两个确立”的决定性意义，进一步增强“四个意识”、坚定“四个自信”，做到“两个维护”，坚定不移在思想上政治上行动上同以习近平同志为核心的党中央保持高度一致。

四是习近平新时代中国特色社会主义思想是当代中国的马克思主义、二十一世纪的马克思主义，是“两个结合”的光辉典范，开辟了马克思主义中国化时代化的新境界，为新时代党和国家事业发展提供了理论指导和根本遵循。党的二十大报告深刻阐明了“两个结合”的基本内涵和实践意义，系统阐述了“六个坚持”的党的创新理论的世界观方法论和贯穿其中的立场观点方法，为我们深入学习领会习近平新时代中国特色社会主义思想提供了总钥匙，也为我们解决问题、推进工作提供了科学方法和指南。

五是“团结奋斗”是贯穿党的二十大报告的主题词，以中国式现代化推进中华民族伟大复兴，要靠团结奋斗来实现。二十大报告有一个突出的词就是“团结奋斗”。我回顾了多个党的代表大会报告，最后压脚都是“奋斗”，党的十九大用的是“不懈奋斗”，党的十八大、十七大、十六大用的是“奋斗”，起首和落脚都是“奋斗”。这次大会的主题 86 个字，突出的就是“团结奋斗”，大会报告的结尾也是“团结奋斗”。我在常委会党组、机关党组的集体学习就是围绕“团结奋斗”作的发言。历数十年来取得的一系列标志性成果，都是举国同心、上下同力，党政军民学、劲往一处使，东西南北中、拧成一股绳，都是党带领全国人民团结奋斗的成果。习近平总书记提出学习贯彻党的二十大精神要牢牢把握团结奋斗的时代要求，要将团结奋斗与时代任务紧密结合。团结奋斗的落脚点是在“奋斗”上，关键点在“团结”上。在新征程上团结奋斗，就是要维护全党的团结统一，就是要巩固和发展全国人民、全国各民族、全体中华儿女的大团结，就是要把握好团结和斗争的关系，在斗争中争取团结，在斗争中谋求合作，在斗争中争取共赢。

党的二十大精神全面系统、博大精深，学习贯彻党的二十大精神，必须全面、准确、深刻。除了党的二十大报告，习近平总书记还在党的二十大预备会议、主席团会议和常务主席会议、参加所在代表团讨论、党的二十大闭幕会以及党的二十届一中全会、新一届中央政治局常委与中外记者见面会上，发表了一系列重要讲话，这些都是二十大精神的重要内容。我们认真学习领会这些重要讲话，把学习贯彻党的二十大精神作为首要政治任务，在全面、准确、深刻上下功夫，切实把思想和行动统一到党的二十大精神上来，把党的二十大精神转化为武装头脑、指导实践、推动工作的强大力量。

党的二十大报告中与人大工作最直接最密切的是第六部分“发展全过程人民民主，保障人民当家作主”和第七部分“坚持全面依法治国，推进法治中国建设”，当然其他方面的安排部署也与人大工作密切相关。我们学习领会党的二十大精神，就是要统一思想、统一意志、统一行动，把人大工作摆在党和国家工作大局中去谋划思考，认真学习报告中涉及人大工作的重点内容，找准定位、抓住要点、明确责任、提出措施，确保党的二十大精神全面准确、不折不扣地贯彻落实到人大各项工作中。今天，我重点围绕发展全过程人民民主讲一些学习体会，同大家交流。主要讲三个方面的内容。

一、全过程人民民主是社会主义民主政治的本质属性，是党领导人民创建的新型政治文明形态，是中国式现代化的一项重要本质要求，是对我国社会主义民主理论和实践的全新概括

全过程人民民主理念是习近平总书记创造性提出的。2019 年 11 月 2 日，习近平总书记在上海虹桥考察全国人大常委会法工委基层立法联系点时，第一次提出“人民民主是一种全过程的民主”的重大判断，引起了全国上下包括各级人大的高度关注和热烈讨论。2020 年 5 月，十三届全国人大三次会议将“全过程民主”写入新修改的全国人大组织法。2021 年 7 月，习近平总书记在庆祝中国共产党成立 100 周年大会上的重要讲话中提出“发展全过程人民民主”。在去年 10 月召开的中央人大工作会议上，总书记全面系统阐述全过程人民民主的重大理念。在党的十九届六中全会通过的《中共中央关于党的百年奋斗重大成就和历史经验的决议》中，把“发展全过程人民民主”作为习近平新时代中国特色社会主义思想的重要内容纳入“十个明确”之中。党的二十大报告 9 次提到“全过程人民民主”，强调全过程人民民主是社会主义民主政治的本质属性，把发展全过程人民民主确定为中国式现代化本质要求，专门对“发展全过程人民民主，保障人民当家作主”作出全面部署、提出明确要求。新修改的党章中提出，“发展更加广泛、更加充分、更加健全的全过程人民民主”。

全过程人民民主是新时代我国民主政治领域具有重大创新意义的标志性成果，是新的伟大创造。习近平总书记关于全过程人民民主的重要论述，思想深邃、视野宏阔、内涵丰富，已经形成了系统完备的理论体系，为新时代发展社会主义民主、建设社会主义政治文明提供了方向指引和根本遵循。我体会，首先要理解和把握好四个方面。

一是，全过程人民民主是社会主义民主政治的本质属性，主体是人民，彰显了“以人民为中心”的价值导向和全过程参与的鲜明特征。我国宪法第 1 条规定了我国人民民主专政的社会主义国家的性质，这就从根本上规定了全过程人民民主的政治本质和发展方向。宪法第 2 条规定“中华人民共和国的一切权力属于人民”、“人民依照法律规定，通过

各种途径和形式，管理国家事务，管理经济和文化事业，管理社会事务”，指明了全过程人民民主的主体是中国人民，“一切”和“各种”两个词表明了我国社会主义民主的“全过程”属性，权力来自人民、服务人民、保障人民，从人民中来，到人民中去，实现全过程的人民当家作主。实际上，我国的各项制度都是围绕人民当家作主设计和构建的，整个国家治理体系都是围绕人民当家作主运转的，国家机关的一切工作和活动都是围绕人民当家作主展开的。1948 年 9 月，毛泽东同志在擘画新中国的政治制度时就说，“我们是人民民主专政，各级政府都要加上‘人民’二字，各种政权机关都要加上‘人民’二字”。习近平总书记也指出，“我们国家的名称，我们各级国家机关的名称，都冠以‘人民’的称号，这是我们对中国社会主义政权的基本定位”。如人民代表大会、人民政府、人民法院、人民检察院，都冠以“人民”二字，还有，中国人民政治协商会议，党中央机关报为人民日报，军队为中国人民解放军，我国的货币叫人民币，等等，都能体现我国社会主义国家政权的基本定位。这一基本定位，什么时候都不能含糊、不能淡化。各级国家机关及其工作人员，不论做何种工作，说到底都是为人民用权、为人民履职、为人民服务。发展全过程人民民主，就是要体现人民意志、保障人民权益、激发人民创造活力，用制度体系保障人民当家作主。

二是，全过程人民民主是我们党团结带领人民追求民主、发展民主、实现民主的伟大创造，是党不断推进中国民主理论创新、制度创新、实践创新的经验结晶，党的领导是发展全过程人民民主的根本政治保证。我们党自成立之日起就高举人民民主旗帜，团结带领中国人民为创建人民民主政权、建立新型政治制度进行了艰辛探索。1945 年 7 月，在著名的“窑洞对”中，面对黄炎培提出的历朝历代“其兴也勃焉，其亡也忽焉”的历史周期率问题，毛泽东同志胸有成竹地回答：“我们已经找到新路，我们能跳出这周期率。这条新路，就是民主。只有让人民来监督政府，政府才不敢松懈；只有人人起来负责，才不会人亡政息。”1949 年 10 月 1 日，中华人民共和国诞生，实现了中国从几千年封建专制向人民民主的伟大飞跃，人民当家作主从梦想变为现实。1954 年 9 月，全国人大一次会议召开，通过“五四宪法”，正式建立人民代表大会制度这一全新政治制度，构建起巍然耸立的人民民主大厦，在我国政治发展史乃至世界政治发展史上具有划时代的意义。新中国成立 70 多年特别是改革开放 40 多年来，我们党领导人民成功开辟中国特色社会主义政治发展道路，坚持党的领导、人民当家作主、依法治国有机统一，发展社会主义民主政治，建设社会主义政治文明，实现了内容广泛、层次丰富的人民当家作主。特别是党的十八大以来，以习近平同志为核心的党中央从坚持和完善中国特色社会主义制度、推进国家治理体系和治理能力现代化的战略高度，全面推进社会主义民主政治制度化、规范化、程序化，全面发展全过程人民民主，人民依法享有和行使民主权利的内容更加丰富、渠道更加便捷、形式更加多样，我国人民民主的伟大实践展现出前所未有的蓬勃生机。

事实充分表明，中国共产党波澜壮阔的百年历史，就是团结带领人民探索、形成、发展和实现全过程人民民主的奋斗历程；只有在中国共产党领导下，坚持党中央集中统一领导，全过程人民民主才能有序推进，人民当家作主才能充分实现。邓小平同志就指出：“不要党的领导的民主，不要纪律和秩序的民主，决不是社会主义民主。”“削弱甚至取消党的领导，事实上只能导致无政府主义，导致社会主义事业的瓦解和覆灭。”

三是，发展全过程人民民主是中国式现代化的本质要求，是推进国家治理体系和治理能力现代化的重要内容，是政治领域现代化的具体体现。党的二十大报告把发展全过程人民民主列为中国式现代化的本质要求之一，这是中国共产党团结带领人民不断推进中国式现代化得出的重要结论。改革开放初期，邓小平同志就指出“没有民主就没有社会主义，就没有社会主义的现代化”，“我们进行社会主义现代化建设，是要在经济上赶上发达的资本主义国家，在政治上创造比资本主义国家的民主更高更切实的民主”。党的十八大以来，我们党提出国家治理体系和治理能力现代化的目标，民主与现代化更加紧密地结合在一起。习近平总书记指出，人民民主是社会主义的生命，是全面建设社会主义现代化国家的应有之义。没有民主就没有社会主义，就没有社会主义的现代化，就没有中华民族伟大复兴。经过理论和实践上的不断创新突破，我们党成功推进和拓展了中国式现代化，使发展全过程人民民主成为全面建设社会主义现代化国家的时代命题。具体如何理解，我想有两个方面：（1）建设富强民主文明和谐美丽的社会主义现代化强国，就是要推进经济、政治、文化、社会、生态领域的协调发展。发展全过程人民民主，就是政治领域现代化的具体体现，是以高质量民主来推进国家治理体系和治理能力现代化。(2)中国式现代化,创造主体是人民群众,实践主体是人民群众,成果享有是人民群众,归根结底是以人民为中心的现代化。在中国式现代化建设过程中,必须紧紧依靠人民,团结人民,凝聚全体人民的智慧和力量。这就要求我们不断发展全过程人民民主,从各层次各领域拓展人民有序政治参与的广泛性和持续性,更好地把社会主义制度优势转化为治理效能,更好地激发人民群众的积极性、主动性、创造性,形成全面建设社会主义现代化国家、全面推进中华民族伟大复兴的强大力量。

四是,全过程人民民主有着一套系统完整的评价体系,清楚表明了我们党的"民主观"和中国政治制度运行的内在逻辑,为人类政治文明发展贡献了中国智慧和中国方案,为世界各国发展民主提供了有益借鉴。党的十八大以来,习近平总书记深刻指出民主不是装饰品,不是用来做摆设的,而是要用来解决人民需要解决的问题的;全面阐述中国共产党关于人民民主的"五个基本观点";提出评价一个国家政治制度是不是民主的、有效的"八个能否"的标准和鉴别真假民主的"四个要看、四个更要看"的标准;提出发展社会主义民主政治关键是要增加和扩大我们的优势和特点的重大论断等,系统形成了新时代中国共产党人和中国人民的"民主观"和民主理论。我国的全过程人民民主实现了过程民主和成果民主、程序民主和实质民主、直接民主和间接民主、人民民主和国家意志相统一,是最广泛、最真实、最管用的社会主义民主。这些论述以及贯穿其中的马克思主义立场观点方法,不仅是中国特色的,也是具有世界意义的。

习近平总书记提出全过程人民民主的重大理念,是中国特色社会主义民主政治理论和制度成熟自信的表现。民主是全人类共同价值,但民主的实现形式各不相同,现实中也不存在完全一样的民主制度。长期以来,一些国家以民主"教师爷"自居,以单一的标尺、单调的眼光衡量审视别国的民主道路、民主制度和民主实践,把民主作为政治工具,以民主名义干涉别国内政、侵犯别国主权、服务自身政治目的,打着民主旗号在世界上煽动对抗与分裂,成为世界乱源。事实反复证明,在那些被强行输入"民主"的国家里,不仅没有繁荣稳定,反而陷入发展长期停滞、社会持续动荡的"民主泥潭"。过去我们在这方面处于相对被动局面,有理说不出或者说不好,社会上一些人缺乏对我国政治制度的认识和自信,总觉得在制度建设上,"外国月亮比中国的圆",把所谓的"西式民主"奉为金科玉律。大家可能也注意到,二十大报告里讲到十年前的形势,专门有一句"一些人对中国特色社会主义政治制度自信不足",所以总书记这些年一直反复强调"自信"问题。现在这个状况有了根本性改变。我们通过推进人民民主理论与实践创新,发展全过程人民民主,回答了"民主之问",廓清了"民主迷思",对少数国家自诩"民主灯塔"、垄断民主标准、输出民主模式进行了有力回击,极大地增强了全党全国各族人民对中国特色社会主义民主政治的自信和底气,在参与构建民主话语理论体系上迈出了更为积极、更为主动的一大步。

二、我国全过程人民民主不仅有完整的制度程序,而且有完整的参与实践,是全链条、全方位、全覆盖的民主,是最广泛、最真实、最管用的民主

习近平总书记指出,"保证和支持人民当家作主不是一句口号、不是一句空话,必须落实到国家政治生活和社会生活之中,保证人民依法有效行使管理国家事务、管理经济和文化事业、管理社会事务的权力。"之所以说我国全过程人民民主是全链条、全方位、全覆盖的民主,是最广泛、最真实、最管用的民主,根本在于其不仅有完整的制度程序,而且有完整的参与实践。

(一)我国全过程人民民主具有完整的制度程序。民主的价值理念转化为具体现实的民主实践,需要科学有效的制度安排予以保障。围绕"加强人民当家作主制度保障",二十大报告指出"坚持和完善我国根本政治制度、基本政治制度、重要政治制度",指的就是这一套制度安排。我们党领导人民,经过浴血奋战和艰辛探索,建立和实行人民代表大会制度的根本政治制度和中国共产党领导的多党合作和政治协商制度、民族区域自治制度、基层群众自治制度等基本政治制度,不断完善相关重要政治制度,共同构成了人民当家作主制度体系。

人民代表大会制度是我国的政体,是人民当家作主的重要途径和最高实现形式,是实现全过程人民民主的重要制度载体。人民代表大会制度的设计和安排,体现了发展全过程人民民主的要求。在人民代表大会制度架构下,国家一切权力属于人民;人民行使国家权力的机关是全国人民代表大会和地方各级人民代表大会;各级人大都由民主选举产

生、对人民负责、受人民监督，各级行政机关、监察机关、审判机关、检察机关都由人大产生、对人大负责、受人大监督，各级人大代表忠实代表人民利益和意志参加行使国家权力。人民代表大会制度的运行和实践，将民主选举、民主协商、民主决策、民主管理、民主监督有机统一，有力保障了实现全过程人民民主。

中国共产党领导的多党合作和政治协商制度，是我国的一项基本政治制度，也是具有中国特色的社会主义政党制度。在中国，除了中国共产党，还有八个民主党派。中国共产党是执政党，八个民主党派是接受中国共产党领导、同中国共产党亲密合作的参政党，是中国共产党的好参谋、好帮手、好同事。在中国，没有反对党，也没有在野党。中国既不是一党专政，也不是多党竞争、轮流执政，而是“共产党领导、多党派合作，共产党执政、多党派参政”。在人民民主的共同旗帜下，中国共产党与各民主党派长期共存、互相监督、肝胆相照、荣辱与共。中国人民政治协商会议是实行中国共产党领导的多党合作和政治协商制度的重要机构。人民政协作为专门协商机构，在协商中促进广泛团结、推进多党合作、实践人民民主，既秉承历史传统，又反映时代特征，充分体现了中国社会主义民主有事多商量、遇事多商量、做事多商量的特点和优势，是国家治理体系的重要组成部分和具有中国特色的制度安排。

基层群众自治制度是人民群众在党的领导下，对农村村级、城市社区公共事务和公益事业直接行使当家作主民主权利的基本政治制度。宪法规定城市和农村按居民居住地区设立的居民委员会或者村民委员会是基层群众性自治组织，规定国有企业依照法律规定，通过职工代表大会和其他形式，实行民主管理；集体经济组织实行民主管理，依照法律规定选举和罢免管理人员，决定经营管理的重大问题。这确立了村民委员会、居民委员会、职工代表大会是实行基层群众自治制度的主要渠道和方式。基层群众自治制度保障广大人民群众直接行使民主权利，依法办理自己的事情，实行自我管理、自我服务、自我教育、自我监督，体现了民主的直接性、广泛性、真实性，提升了基层治理实效，促进了社会和谐稳定。

巩固和发展最广泛的爱国统一战线，是发展全过程人民民主的重要途径。人心是最大的政治，统一战线是凝聚人心、汇聚力量的强大法宝，其中**民族区域自治制度**是富有中国特色的实现民族平等、保障少数民族权利的基本政治制度，是指在国家统一领导下，各少数民族聚居的地方实行区域自治，设立自治机关，行使自治权的制度。我国155个民族自治地方的人大常委会中，都有实行区域自治民族的公民担任主任或者副主任，民族自治地方政府的主席、州长、县长或旗长，均由实行区域自治的本民族的公民担任。民族区域自治制度的实施，既保证了国家统一，又实现了各民族共同当家作主，为巩固和发展平等团结互助和谐的社会主义民族关系发挥了重要作用。

重要政治制度是指由根本政治制度和基本政治制度派生而来的，国家政治生活领域各方面各环节的具体主体性制度，我理解包括选举制度、特别行政区制度、立法制度、国家机构组织制度等。

包括国家根本政治制度和各项基本政治制度、重要政治制度在内的人民当家作主制度体系，涵盖和调整了人民与国家、国家机关与国家机关、中央与地方以及政党、民族、人民群众内部等一系列重大政治关系，构建了多样、畅通、有序的民主渠道。通过这个制度体系，人民实现了内容广泛、层次丰富的当家作主，既有直接行使民主权利的渠道，也能够通过各种途径表达意愿诉求，既参与管理国家事务以及经济和文化、社会发展方面大事要事，也管理与自身利益直接相关的公共事务、公益事业，既尊重多数人的意愿，充分体现和维护最广大人民的根本利益，也统筹兼顾各方面群众的具体利益，照顾少数人的合理要求。

（二）我国全过程人民民主具有完整的参与实践。习近平总书记讲，全过程人民民主是全链条、全方位、全覆盖的民主。这是对完整参与实践的生动描述，也深刻阐明了我国全过程人民民主的特点和优势。从过程看，全过程人民民主贯穿民主选举、民主协商、民主决策、民主管理、民主监督各个环节，体现了“全链条”。从体系看，全过程人民民主贯通国家政治生活和社会生活各层面各维度，体现了“全方位”。从领域看，全过程人民民主涵盖经济、政治、文化、社会、生态文明等各个方面，体现了“全覆盖”。也就是说，党和国家要做什么、如何做、做得怎么样，人民参与贯穿始终。这里，我重点讲一下全过程人民民主的各个环节。

民主选举是民主政治的基础和逻辑起点。我国的民主选举是广泛的，包括人大代表和党代表的选举，也包括党和国家机关领导人员的选举，还包括村（居）民委员会、职工代表大会等基层群众自治组织的选举。其中，选举人大代表是人民行使国家权力的重要方式，坚持普遍、平等、差额、无记名投票、直接选举和间接选举相结合等原则，保证人民依法行使选举权利，民主选举产生人大代表。早在1941年1月，毛泽东同志在《陕甘宁边区政府为改选和选举各级参议会的指示信》中就说过：“民主的第一着，就是由老百姓来选择代表他们出来议事管事的人。”西方国家经常标榜自己实行的普选制度，甚至把“一人一票”当成所谓民主的唯一标准。实际上，选举制度是否民主，并在多大程度上体现民主，需要依赖于选举权、选区划分、投票规则等多种具体制度，不同的选举制度可能产生不同甚至截然相反的选举结果。比如，美国总统选举实行的就是较为复杂的选举人团制度。看起来大选热热闹闹，一人一票，但并不是谁得票多就能当选，而是由来自各州的538名选举人组成选举人团，获得半数（270票）以上选举人票者才能当选总统，老百姓并没有直接控制权和决定权。大家对上次美国总统大选可能还有记忆，那次选举凸显和加剧了美国的社会撕裂和对抗，国会大厦都沦陷了，可以说是震惊全球的。当时的英国首相约翰逊发推特表示，美国国会发生的事件非常可耻。法国总统马克龙讲话称，在世界最古老民主国家之一的美国，“一人一票”的普世价值正遭受重创。下次美国总统大选是2024年，今年年底是中期选举，气氛现在就有点紧张了，现在美国的民调显示，近九成的美国民众认为由政治分歧引发的暴力活动风险越来越大。而我国从1979年到2018年共进行了11次乡级人大代表直接选举和10次县级人大代表直接选举，参选率都在90%左右。去年上半年到今年6月底，我们又完成了新一轮县乡两级人大换届选举，全国10.64亿选民直接选举产生约262万多名县乡人大代表，人数较上届增加约15万名，他们都是一人一票直接选举产生的。县乡人大换届选举依法、安全、平稳、有序，实现了选举环境风清气正、选举结果人民满意，这就是全过程人民民主最生动的实践。我国选举选出来的人大代表，是各行各业的优秀分子，其中很大一部分是基层一线工人、农民、专业技术人员。在中国，决不允许依据地位、财富、关系分配政治权力，坚决防止出现“红顶商人”、政商“旋转门”等现象，这与西方国家选举受金钱操控、沦为有钱人的游戏形成了鲜明对比。

民主协商是人民内部各方面在重大决策之前进行广泛的商量，尽可能就共同性问题取得一致意见，是实践全过程人民民主的重要形式。毛泽东同志说过：“国家各方面的关系都要协商。”“我们政府的性格，你们也都摸熟了，是跟人民商量办事的”，“可以叫它是个商量政府”。周恩来同志说过：“新民主主义的议事精神不在于最后的表决，主要是在于事前的协商和反复的讨论。”在中国，民主协商和民主选举这两种形式不是互相替代、互相否定的，而是互相补充、相得益彰的。我们研究民主制度，衡量一个制度是否能体现民主，不能只看表面上是不是存在竞争性的选举，是不是全民直选，如果是就把它贴上民主的标签，反之就认为是不民主的，这是肤浅的、偏颇的。民主，既要看人民的投票权，也要看人民的参与权，要看国家政治生活和社会生活各环节是否都能体现人民意愿、反映人民心声，最终的结果是否真正做到了人民当家作主。党的十八大以来至2021年底，党中央召开或委托有关部门召开的政党协商会议就达170余次，广泛凝聚了社会共识。说到协商，二十大报告提出“统筹推进政党协商、人大协商、政府协商、政协协商、人民团体协商、基层协商以及社会组织协商”。也就是说，不要认为协商都是政协的事，我们的人大工作也有民主协商的内容。通过多种形式的协商，可以广泛听取意见和建议，广泛接受批评和监督，达成决策和工作的最大共识。

民主决策是党和国家各项决策最大限度吸纳民意、汇集民智，保证决策科学化民主化。我国实行民主决策，主要是贯彻民主集中制的原则，各级党委和国家机关都按照这一原则要求来作出决策。比如党中央作出重大决策部署，从决策议题的提出到决策内容的形成，都事先广泛征求和充分听取各有关方面的意见，通过会议形式，集体讨论、集体决策。党中央的决策部署需要成为国家意志的，还要按法定程序由全国人大及其常委会立法或作出决议、决定。“十四五”规划纲要的制定是开门问策、集思广益的一个典范，习近平总书记亲自主持召开7场座谈会，还开展了网上征求意见，收到100多万条留言，基层一线的声音直接传入了中南海。党的十九届五中全会审议通过“十四五”规划和2035年远景目标建议后，国务院在此基础上起草形成规划纲要草案，再提请十三届全国人大四次会议审查批准，进一步吸纳民意修改完善，通过法定程序上升为国家意志。这一过程，真正实现了顶层设计与问计于民相统一，把党的主张、国家意志、人民意愿紧密融合在一起。这次党的二十大报告起草也展现了全过程人民民主的重大理念，仅网络征求意见活动中，就收到留言超过854.2万条，形成9个方面具有建设性、代表性的意见建议1675条。

民主管理是人民在基层公共事务和公益事业中进行自我管理、自我服务、自我教育、自我监督，在各个层级、各个领域参与国家政治生活和社会生活的管理。在我国,基层民主是全过程人民民主的重要体现。近年来,基层群众自治创新十分活跃。从城乡社区里的村(居)民议事会、村(居)民论坛、民主恳谈会、民主听证会到党代表、人大代表、政协委员联合进社区,从“小院议事厅”到“板凳民主”,从线下“圆桌会”到线上“议事群”,中国人民在火热的基层生活中,摸索创造了一个又一个充满烟火气的民主形式。2019 年 2 月,习近平总书记考察北京前门草厂四条 44 号院内的“小院议事厅”,同正在议事的居民亲切交谈,指出“‘居民的事居民议,居民的事居民定’,有利于增强社区居民的归属感和主人翁意识,提高社区治理和服务的精准化、精细化水平。”

民主监督是人民根据宪法赋予的权利,对各级国家机关和公职人员进行监督,包括人大监督、民主监督、行政监督、监察监督、司法监督、审计监督、群众监督、舆论监督等。根据我国宪法规定,公民对于任何国家机关和国家工作人员都有提出批评和建议的权利,对于任何国家机关和国家工作人员的违法失职行为都有向有关国家机关提出申诉、控告或者检举的权利。我国 1989 年制定行政诉讼法,并先后进行两次修改,通过完善行政诉讼制度保障“民告官”的权利,还建立并不断健全独具中国特色的信访制度。人大开展执法检查、对“一府一委两院”工作的监督,这是代表人民进行的、有法律效力的监督。无论是哪种类型的监督,都是代表人民意志进行的,目的都是保证权力运行得到有效制约,保证人民赋予的权力始终用来为人民谋幸福。

三、发挥人民代表大会制度在实现我国全过程人民民主中的重要制度载体作用,把人民当家作主具体地、现实地体现到人大工作各方面各环节

习近平总书记在中央人大工作会议上指出,“人民代表大会制度是实现我国全过程人民民主的重要制度载体”。宪法第 2 条第 2 款规定,“人民行使国家权力的机关是全国人民代表大会和地方各级人民代表大会”。就人大制度和人大工作来讲,无论是立法、监督、代表等工作,还是人大履职运行的各方面各环节,都体现了全过程人民民主的特点和要求,为保障和实现全过程人民民主发挥着重要作用。

(一)行使立法权践行全过程人民民主,为实现人民当家作主提供法治保障。民主和法治是紧密相连、相辅相成的,民主必须通过法治来体现和保障。邓小平同志那句“为了保障人民民主,必须加强法制”,至今铿锵有力。人大作为立法机关,必须坚持以人民为中心,把实现好维护好发展好最广大人民的根本利益作为立法工作的价值追求,通过完备的法治保障人民权益、增进民生福祉。

宪法是保证人民当家作主、发展全过程人民民主的最高法律规范和根本法治保障,充分体现并科学规范了全过程人民民主的政治本质和发展方向。二十大报告提出,坚持依法治国首先要坚持依宪治国,坚持依法执政首先要坚持依宪执政,坚持宪法确定的中国共产党领导地位不动摇,坚持宪法确定的人民民主专政的国体和人民代表大会制度的政体不动摇。我认为坚持这“两个不动摇”是发展全过程人民民主、完善以宪法为核心的中国特色法律体系的核心要义,不可忘记。全国人大制定和修改宪法,把发展全过程人民民主的理念和要求贯穿于我国宪法各处。起草“八二宪法”时,邓小平同志亲自决定,把“公民的基本权利和义务”一章摆在“国家机构”一章前面,从公民的选举权、人身权、劳动权等,到妇女儿童、老人、残障人士、少数民族等特定群体的权利,对公民的各项权利和自由作出了充分规定。2004 年修改宪法,明确规定国家尊重和保障人权。我们的宪法是完备、周密、准确的,从国家根本法的高度切实保障人民真正掌握国家权力,真正成为国家和社会的主人,真实有效参与国家政治生活和社会生活的管理。

在我国,人民当家作主制度体系是法治化的制度体系,根本政治制度、基本政治制度、重要政治制度主要是由完善的法律规定和明确的。民主选举、民主协商、民主决策、民主管理、民主监督等各环节,都有相应的法律,像选举法、国家机构组织方面的法律、立法法、监督法、代表法、民族区域自治法、村民委员会组织法、居民委员会组织法、工会法等。人大组织制度、议事规则和各项工作机制都要体现全过程人民民主的要求,比如本届全国人大及其常委会先后修改全国人大组织法、全国人大议事规则、地方组织法、全国人大常委会议事规则,对坚持和发展全过程人民民主作出明确规定。人大要不断健全完善扩大人民有序政治参与的具体组织制度、工作制度和运行机制,保证人民的知情权、参与权、表达权、监督权落实到人大工作各方面全过程。

实现人民对美好生活的向往,离不开法律的支

撑和保障。全国人大及其常委会通过制定完善民事、刑事、行政以及经济、文化、社会、生态环境等领域法律,维护和发展人民各方面的权益。本届全国人大及其常委会审议通过宪法修正案、新制定法律46件,修改法律109件次,作出有关法律问题和重大问题的决定51件,创改革开放以来人大立法工作之“最”。特别是这些年来,我们加快推进民生立法。2020年5月通过的民法典,就是一部保障人民各方面权利的百科全书。还有疫苗管理法,针对吉林长春长生公司疫苗案件,全国人大常委会在不到一年时间就审议通过了这部法律,创造了立法的“特快”速度。2020年,我们坚持人民至上、生命至上,制定并实施了强化公共卫生法治保障立法修法工作计划,为维护公共卫生安全、维护人民身体健康提供法治保障。

（二）开展法律监督和工作监督,保证人民赋予的权力始终用来为人民谋幸福。人民代表大会制度的重要原则和制度设计的基本要求,就是任何国家机关及其工作人员的权力都要受到制约和监督。人大依法行使监督职权,实质上是代表国家和人民进行的具有法律效力的监督,体现了国家一切权力属于人民的宪法原则。

这些年来,人大监督工作在推动解决人民急难愁盼问题、维护人民合法权益方面发挥着越来越重要的作用。这里举两个例子。本届全国人大常委会开展执法检查的一个重点,就是持续助力打好污染防治攻坚战。履职第一年,就开展了大气污染防治法、海洋环境保护法执法检查,2019年检查水污染防治法、2020年检查土壤污染防治法、2021年检查固体废物污染环境防治法、今年检查环境保护法和长江保护法的实施情况。应该说,这些执法检查在全国还是有较大影响的,对工作有很大推动。栗战书委员长和几位副委员长亲自带队深入实地开展检查,无论是执法检查的数量和规模,还是力度和影响,都是前所未有的。还有合宪性审查,全国人大及其常委会近几年在制定修改刑事诉讼法、香港国安法、人口与计划生育法等多件法律和决定时,对社会关切的合宪性、涉宪性问题进行研究,并作出妥善处理和安排。同时还督促纠正了一些地方性法规与宪法规定、原则和精神不一致的问题。像2019年督促修改地方性法规中关于调查交通事故的交警可以查阅、复制当事人通讯记录的规定,2021年督促修改某地方人口与计划生育条例中关于强制亲子鉴定的条款等,都是在解决影响老百姓切身利益的法律问题。

（三）把发挥代表作用摆在突出位置,支持和保障代表依法履职、密切联系群众。人大代表由人民选举产生,代表人民参加行使国家权力,是党和国家联系人民群众的桥梁纽带。人大制度的优势能否充分彰显,人大工作能否得到人民群众的认可,很大程度上要看人大代表的履职担当和作用发挥。所以说,人大常委会和人大机关要牢固树立为代表服务的意识,把代表工作摆在突出位置,使充分发挥代表作用成为人民当家作主的重要体现。党的二十大报告对代表工作专门提出了要求,即“加强人大代表工作能力建设,密切人大代表同人民群众的联系”。这与习近平总书记在中央人大工作会议上的重要讲话一脉相承。本届全国人大常委会把支持和保障代表依法履职作为一项重要基础性工作,不断加强代表工作能力建设。出台加强和改进代表工作的35条具体措施;按照“内容高质量、办理高质量”和“既要重结果、也要重过程”的要求,提升代表议案建议工作水平;建立常委会会议列席代表座谈会机制,在立法调研、执法检查时召开五级代表座谈会,充分听取代表意见建议,深化代表对常委会各项工作的参与。地方人大在服务代表方面也有很多新的进展,比如各地建立的22万多个代表家站、2万多个网络平台,已经成为各级人大代表联系群众、履职活动的重要载体,发挥了“民意窗”、“连心桥”的重要作用。在这方面,我们还要不断总结经验,继续探索和实践,在完善工作机制、整合工作力量等方面下更大的功夫,把党中央提出的任务要求贯彻好落实好。

（四）完善人大的民主民意表达平台和载体,把人大各项工作建立在坚实的民意基础之上。人大是人民的人大。人民代表大会制度之所以具有强大生命力和显著优越性,关键在于它深深植根于人民之中。必须把一切为了人民、一切依靠人民作为人大工作的出发点和立足点,始终倾听人民呼声、凝聚人民智慧、回应人民期待,做到民有所呼、我有所应。党的二十大和中央人大工作会议都对健全吸纳民意、汇集民智工作机制提出了明确要求。这是各级人大及其常委会推进全过程人民民主建设的重要环节。我梳理了一下,现在全国人大层面的民主民意表达平台主要有这么几个:**一是**人大代表密切联系群众。代表充分发挥植根人民的优势,通过视察、专题调研、参加执法检查、提出议案建议等多种形式和渠道,听取和反映人民群众的意见建议。各国家机关依法认真研究办理代表提出的议案、建议,许多被吸纳进政策决策中。**二是**法律草案征求意见平台，这是国家立法的一项重要制度，也是人民群众参与立法的最直接、最便捷、最有效途径。本届以来，人民群众参与立法的大门越开越大，截至2022年9月，共有137件次法律草案在网上公开征求意见，参与人次近108万，提出意见建议330多万条，都进行了认真研究采纳。**三是**备案审查工作平台，这是人民群众对法规、司法解释制定工作进行监督的重要渠道。本届以来，共收到公民提交的审查建议近1.8万件，其中通过中国人大网在线提交的审查建议近1.2万件。**四是**基层联系点，包括立法联系点和预算联系点。目前全国人大的32个基层立法联系点覆盖全国31个省（区、市），辐射带动全国各地设立5000多个基层立法联系点。仅去年一年，就有39件法律案在联系点征求到意见5000多条。还建了5个预算联系点，听取人民群众关于财政预算、财税立法的意见建议，推动中央财政惠民政策第一时间传递到基层。**五是**人大信访工作平台，这是常委会直接联系人民群众的重要途径，为立法、监督等工作提供了重要民意参考。本届以来，截至今年8月31号，累计处理信访总量40多万件次，其中网上信访平台受理4万多件次。此外，全国人大及其常委会在立法、监督等工作中，通过调研、座谈、论证、听证、评估、问卷调查等方式，广泛听取和吸纳人民群众的意见建议。地方人大层面，有覆盖广泛的代表之家、代表联络站，还有探索创新的民生实事项目人大代表票决制、民意调查、“人民议事厅”等。这些平台和载体在畅通人民群众利益表达、促进有序政治参与方面发挥了重要作用，可以说已经比较定型、管用。下一步，要在“全”上下功夫，向全链条、全方位、全覆盖方向发展，特别是要适应时代趋势，推进线上线下民主民意表达融通发展，加强与人民群众的互动和交流，让人民群众更加广泛、更加深入地参与到人大工作之中。

（五）讲好人大故事，展现中国民主的特点和优势。习近平总书记多次强调要讲好中国故事，传播好中国声音。在今年全国两会的代表通道上，来自贵州的基层代表杨昌芹说：“全过程人民民主就是老百姓的话、老百姓的思想能够直接从最基层到最顶端，这是我的理解。”她的话被世界很多媒体所报道、所称道。但应该看到，在讲好人大故事、民主故事方面我们还有不小差距，研究不够、阐释不深、传播不广，特别是民主制度优势没有转化为民主话语优势，对民主存在有理说不出、有理说不清、说了也传不开的问题。这几年，常委会加强了对中国特色社会主义民主、对人民代表大会制度的研究宣传工作。比如，我们在外事场合积极宣介中国道路和中国制度，展示中国特色社会主义民主政治制度的优势和功效；深化人大会议和立法、监督工作全过程报道，像每年全国两会上的“代表通道”、“部长通道”已经成为亮丽的名片。我们围绕全过程人民民主积极发声，推出了一系列理论文章，专门委员会、工作委员会的主任委员都在人民日报发表了文章；编写了《人民代表大会制度从这里走来》、《人民当家作主—人民代表大会制度的运行和发展》等书籍，前不久又出版了《我当代表为人民—人大代表议案建议故事》，原汁原味地讲述100件代表议案建议的故事，人民日报也在择要发表这些故事。今后要坚持守正创新，进一步提升讲故事的意识，增强讲故事的本领，推动人民代表大会制度深入人心，彰显中国民主的特点和优势。

同志们，学习宣传贯彻党的二十大精神，是全国人大机关当前和今后一个时期的首要政治任务。坚持和完善人民代表大会制度，不断发展全过程人民民主，是中国特色社会主义的成功实践，也是每一位人大工作同志的神圣职责。在新征程上，我们要进一步坚定中国特色社会主义政治制度自信，增强责任感、使命感，更加奋发有为、勤勉尽责地做好人大工作，为发展全过程人民民主、保障人民当家作主作出新贡献。

深刻认识和把握全过程人民民主重大理念
发挥人大在发展全过程人民民主中的重要作用

杨振武

2019年11月，习近平总书记在上海虹桥街道考察全国人大常委会法工委基层立法联系点时，明确提出“人民民主是一种全过程的民主”。在庆祝中国共产党成立100周年大会上，习近平总书记强调“发展全过程人民民主”。在中央人大工作会议上,习近平总书记对全过程人民民主作出全面阐述、提出明确要求。党的十九届六中全会审议通过的《中共中央关于党的百年奋斗重大成就和历史经验的决议》把“发展全过程人民民主”列为习近平新时代中国特色社会主义思想的重要内容。全过程人民民主这一重大理念,丰富和发展了社会主义民主政治理论,集中概括了党领导人民发展社会主义民主特别是党的十八大以来民主政治建设的理论和实践成果,为新时代发展社会主义民主政治、建设社会主义政治文明提供了科学指引和根本遵循。

全过程人民民主是我们党带领人民追求民主、发展民主、实现民主的伟大创造

发展全过程人民民主本质上是保证人民当家作主。中国共产党自成立之日起,就以实现人民当家作主为己任,坚持把马克思主义基本原理同中国具体实际相结合、同中华优秀传统文化相结合,积极探索实现人民民主的发展道路和制度模式。1945 年,毛泽东同志同民主人士黄炎培就跳出历史周期率问题进行了著名的“窑洞对”,鲜明指出“我们已经找到新路,我们能跳出这周期率。这条新路,就是民主。只有让人民来监督政府,政府才不敢松懈。只有人人起来负责,才不会人亡政息”。我们党团结带领中国人民夺取新民主主义革命伟大胜利,成立中华人民共和国,实现了中国从几千年封建专制政治向人民民主的伟大飞跃,亿万中国人民从此真正成为国家、社会和自己命运的主人。

新中国成立后,我们党着力建设中国人民行使当家作主权利的政治制度,推进社会主义民主不断向前发展。改革开放和社会主义现代化建设新时期,我们党坚持党的领导、人民当家作主和依法治国有机统一,成功开辟和坚持了中国特色社会主义政治发展道路。

党的十八大以来,以习近平同志为核心的党中央总结深化对中国民主政治发展规律的认识,积极回应人民对民主的新要求新期盼,全面推进全过程人民民主建设,人民当家作主的制度体系和法治保障更加有力,人民依法享有和行使民主权利的内容更加丰富、渠道更加便捷、形式更加多样,中国的民主之路越走越宽广。事实充分表明,中国共产党波澜壮阔的百年历史,就是团结带领人民探索、形成、发展和实现全过程人民民主的奋斗历程;只有在中国共产党领导下,坚持党中央集中统一领导,全过程人民民主才能有序推进,人民当家作主才能充分实现。

全过程人民民主体现国家一切权力属于人民的宪法原则,通过完整的制度程序,能够有效保障人民依法实行民主选举、民主协商、民主决策、民主管理、民主监督,把人民当家作主具体地、现实地体现到党治国理政的政策措施上,具体地、现实地体现到党和国家机关各个方面各个层级工作上,具体地、现实地体现到实现人民对美好生活向往的工作上。我们党领导人民依法有效治理国家,实现了中国经济快速发展和社会长期稳定“两大奇迹”,充分彰显了全过程人民民主的重要制度保障作用。作为全过程人民民主的建设者、参与者、维护者和最大受益者,广大人民群众对中国民主政治的特点和优势有真切体会,更加坚定走中国特色社会主义政治发展道路,更加坚定制度自信,更加坚定推进社会主义民主制度化、规范化、程序化,中国特色社会主义民主政治也必将更加成熟、更加定型。

人民代表大会制度是实现我国全过程人民民主的重要制度载体

民主的价值理念转化为具体现实的民主实践,需要科学有效的制度安排予以保障。中国共产党坚持人民主体地位,从我国国情和实际出发,围绕实现人民当家作主构建完善国家各项制度,建立起以人民代表大会制度这一根本政治制度、中国共产党领导的多党合作和政治协商制度、民族区域自治制度、基层群众自治制度等为主要内容的人民当家作主制度体系,为维护最广大人民根本利益奠定了坚实制度基础。其中,人民代表大会制度是坚持党的领导、人民当家作主、依法治国有机统一的根本政治制度安排,是保证人民当家作主的根本途径和最高实现形式,是实现全过程人民民主的重要制度载体。

人民代表大会制度的设计和安排,全面体现了发展全过程人民民主。在人民代表大会制度架构下,国家一切权力属于人民;人民行使国家权力的机关是全国人民代表大会和地方各级人民代表大会;各级人大都由民主选举产生、对人民负责、受人

民监督，各级行政机关、监察机关、审判机关、检察机关都由人大产生、对人大负责、受人大监督，各级人大代表忠实代表人民利益和意志参加行使国家权力。这些从根本上，是对人民负责、受人民监督。

人民代表大会制度的运行和实践，有力保障了实现全过程人民民主。人民代表大会制度将民主选举、民主协商、民主决策、民主管理、民主监督融会贯通，在各个环节都坚持民主原则，保证人民不仅在选举时有投票的权利，在日常政治生活和社会管理中也有广泛参与的权利。人大及其常委会通过法律法规、作出决定决议，都要广泛征求意见、反复酝酿讨论，按照大多数人的意见集体作出决定，将各方面社情民意统一于人民的根本利益之中。宪法确立的各项制度和大政方针都体现了人民当家作主。各级人大及其常委会通过制定完善法律法规，为发展人民民主、增进人民福祉提供法治支撑。2021 年 3 月，十三届全国人大四次会议对全国人大组织法和全国人大议事规则作出修改，将坚持全过程民主写进法律；今年十三届全国人大五次会议对地方组织法作出修改，进一步从制度运行上保证人大充分发扬民主、始终同人民保持密切联系。

人民代表大会制度的优势及其转化的治理效能，充分展现了全过程人民民主的生机与活力。从 1953 年到现在，我们通过人民代表大会制度，把党的主张和人民的意愿统一起来，先后制定和实施 14 个五年规划（计划），取得了举世瞩目的辉煌成就。民法典编纂过程中先后 10 次公开征求意见，征集到各方面意见 102 万余条，“开门立法”成为全过程人民民主的一张亮丽名片。人民通过人民代表大会制度这一渠道参与民主的实践越来越广泛，意愿表达越来越充分，人民当家作主的实现更加真实、更有成效。

在新时代人大工作中贯彻落实全过程人民民主重大理念

习近平总书记在中央人大工作会议上对继续推进全过程人民民主建设提出明确要求，对发挥人大在发展全过程人民民主中的重要作用作出全面部署。各级人大及其常委会紧紧围绕发展全过程人民民主这一主题，加强和改进新时代人大工作，充分发挥国家权力机关职能作用，更好把人民代表大会制度优势转化为国家治理效能。

加强人权法治保障，保证人民依法享有广泛权利和自由。通过制定完善民事、刑事、行政以及经济、文化、社会、生态环境等领域的一系列法律法规，推动宪法规定的公民各方面的权利和自由不断落到实处。始终坚持人民主体地位，坚持以人民为中心，把实现好维护好发展好最广大人民的根本利益作为人大立法工作的价值追求，用更加完备的法律保障人民民主、维护人民权益。

不断完善人大及其常委会的组织制度、会议制度、议事程序和工作机制，保证党和国家在决策、执行、监督落实各个环节都能听到来自人民的声音。坚持集体行使职权、集体决定问题，充分发扬民主，实行正确集中，确保制定的法律法规和作出的决议决定体现人民意志、凝聚最大共识。要抓紧完善全国人大常委会议事规则等相关法律，进一步健全发展全过程人民民主的机制和程序，保证人民通过法定的途径、渠道、方式、程序全过程参与人大工作。

完善人大的民主民意表达平台和机制，使人大各项工作建立在坚实的民意基础之上。审议制定法律法规、审查批准计划预算、讨论决定重大事项，都要通过调研、座谈、论证、听证、协商等方式广泛征求和充分听取各方面意见。全国人大常委会已经建立了常态化的法律草案公开征求意见机制，党的十八大以来，共有 202 件次法律草案向社会征求意见，超过 119 万人次提出 350 多万条意见建议。立法联系点从 2015 年的 4 个扩大到目前的 22 个，覆盖全国三分之二的省份，很好发挥了反映基层群众意见的“直通车”作用。要坚持并不断完善这些行之有效的平台和机制，最大限度吸纳民意、汇聚民智，依法维护人民权益、增进人民福祉。

支持和保障人大代表依法履职，充分发挥人大代表来自人民、扎根人民的特点优势。这些年来，各级人大常委会与人大代表、人大代表与人民群众的联系越来越紧密，并形成一系列制度化安排。地方人大建立了 22 万多个代表之家、代表联络站，成为所在地各级人大代表联系群众、履职活动的重要平台。要进一步拓展代表参与常委会工作的广度和深度，丰富代表联系群众的内容和形式，发挥好人大代表在党和国家联系人民群众方面的桥梁作用，做到民有所呼、我有所应。

（来源：《旗帜》2022 年第 3 期）

深入学习贯彻习近平总书记重要讲话精神 以人大工作新风貌新成绩迎接党的二十大胜利召开

全国人大常委会机关党组

7 月 26 日，习近平总书记在省部级主要领导干部专题研讨班上发表重要讲话，深刻阐述了过去 5 年工作和新时代 10 年的伟大变革，深刻阐释了新时代坚持和发展中国特色社会主义的重大理论和实践问题，深刻阐明了未来一个时期党和国家事业发展的大政方针和行动纲领，明确宣示中国共产党在新征程上举什么旗、走什么路、以什么样的精神状态、朝着什么样的目标继续前进，为奋进全面建设社会主义现代化国家新征程指明了方向。深入学习领会、全面贯彻落实习近平总书记重要讲话精神，对于深刻领悟“两个确立”的决定性意义，增强“四个意识”、坚定“四个自信”、做到“两个维护”，对于全面提升新时代人大工作质量和水平，以实际行动迎接党的二十大胜利召开，具有十分重大的指导意义。

坚持以马克思主义中国化时代化最新成果为指导，不断提升做好新时代人大工作的政治站位、思想站位

党的十八大以来，以习近平同志为主要代表的中国共产党人，坚持用马克思主义之“矢”去射新时代中国之“的”，把马克思主义基本原理同中国具体实际相结合、同中华优秀传统文化相结合，创立了习近平新时代中国特色社会主义思想，实现了马克思主义中国化新的飞跃。实践充分证明，习近平新时代中国特色社会主义思想是当代中国马克思主义、二十一世纪马克思主义，是中华文化和中国精神的时代精华。在当代中国，坚持和发展习近平新时代中国特色社会主义思想，就是真正坚持和发展马克思主义，就是真正坚持和发展科学社会主义。

以习近平同志为核心的党中央高度重视人民代表大会制度和人大工作，从坚持和完善党的领导、巩固中国特色社会主义制度的战略高度出发，深入推进人民代表大会制度理论和实践创新。习近平总书记发表一系列重要讲话，提出一系列新理念新思想新要求，深刻回答了新时代发展中国特色社会主义民主政治、坚持和完善人民代表大会制度的一系列重大理论和实践问题，形成了习近平总书记关于坚持和完善人民代表大会制度的重要思想。这一重要思想内涵丰富、系统完备，凝聚了我们党百年来探索、坚持、发展中国特色社会主义政治制度的理论精华和宝贵经验，阐明了人民代表大会制度的优势特点、基本原则，指明了新时代坚持和完善人民代表大会制度的目标任务、工作重点，标志着我们党对国家根本政治制度理论和实践的认识达到了一个新高度，成为习近平新时代中国特色社会主义思想的重要组成部分。

十三届全国人大及其常委会履职以来，坚持以习近平新时代中国特色社会主义思想为引领，深入学习、研究、宣传、贯彻习近平总书记关于坚持和完善人民代表大会制度的重要思想，从理论和实践上把坚持党的领导、人民当家作主、依法治国真正打通、有机统一起来，不断提升做好新时代人大工作的政治站位、思想站位。连续 4 年召开习近平总书记关于坚持和完善人民代表大会制度的重要思想交流会，持续推动各级人大把学习成果转化为推进人大工作的强大动力和思路举措。在新征程上，必须始终坚持以习近平总书记关于坚持和完善人民代表大会制度的重要思想为指导，长期坚持、全面贯彻、不断发展人民代表大会制度，更好把制度优势转化为治理效能。

新时代 10 年伟大变革具有里程碑意义，人大工作取得历史性成就

党的十八大以来，以习近平同志为核心的党中央统筹中华民族伟大复兴战略全局和世界百年未有之大变局，以伟大的历史主动精神、巨大的政治勇气、强烈的责任担当，团结带领全党全军全国各族人民推进新时代中国特色社会主义伟大事业，推动党和国家事业取得历史性成就、发生历史性变革。10 年历程极不寻常、极不平凡，10 年成就极其瞩目、

极其辉煌,这在党史、新中国史、改革开放史、社会主义发展史、中华民族发展史上具有里程碑意义。

10 年来,以习近平同志为核心的党中央全面加强党对人大工作的领导,推动人大工作取得历史性成就。隆重庆祝全国人民代表大会成立 60 周年,召开党的历史上首次中央人大工作会议,引领新时代人大制度建设和人大工作与时俱进。全国人大及其常委会始终坚持党的全面领导这一最高政治原则,不断坚定做到“两个维护”的政治自觉,坚决贯彻落实党中央重大决策部署,依法履职、担当作为。通过第五个《中华人民共和国宪法修正案》,完善保障宪法实施的法律制度,有序推进合宪性审查工作,加强备案审查制度和能力建设。制定《中华人民共和国香港特别行政区维护国家安全法》,完善香港特别行政区选举制度,维护宪法和基本法确定的香港特别行政区宪制秩序。充分发挥人大对立法工作的主导作用,加强重点领域、新兴领域、涉外领域立法,立法工作数量多、分量重、节奏快,中国特色社会主义法律体系更加系统完备、科学有效,现行有效的法律达到 293 件,“良法善治”效果充分彰显。认真行使宪法法律赋予的监督权,综合运用法定监督形式,加强对法律实施情况和“一府一委两院”工作的监督,预算审查监督重点拓展和国有资产管理情况监督等重点改革任务落地落实,人大监督的理念、思路、制度、机制实现新发展。充分发挥人大代表作用,完善代表工作机制,建立健全常委会组成人员联系人大代表机制,拓展代表对常委会、专门委员会工作的参与,加强代表思想政治建设,保障人大代表忠实代表人民利益执行职务。全面加强人大组织制度、选举制度、工作制度和议事规则建设,授予设区的市地方立法权,加强地方人大特别是县乡人大工作和建设。10 年来,我国的人民代表大会制度更加成熟、更加定型,为推进国家治理体系和治理能力现代化,为实现党和国家事业兴旺发达、长治久安提供了坚实的根本政治制度保障。

牢牢把握新时代新征程党的中心任务,为全面建成社会主义现代化强国贡献人大力量

一百多年来,中国共产党团结带领中国人民进行的一切奋斗、一切牺牲、一切创造,归结起来就是一个主题:实现中华民族伟大复兴。今天,在以习近平同志为核心的党中央坚强领导下,我们实现这一目标有着更为完善的制度保证、更为坚实的物质基础、更为主动的精神力量。在新征程上,要紧紧围绕党中央关于全面建成社会主义现代化强国的战略部署和“两步走”战略安排,紧紧围绕迎接、宣传、贯彻党的二十大这条主线,踔厉奋发、勇毅前行、团结奋斗,奋力谱写全面建设社会主义现代化国家崭新篇章。

人大工作是党和国家工作的重要组成部分,在保证人民当家作主、建设社会主义法治国家中发挥着不可替代的作用。新时代新征程,要坚定不移走中国特色社会主义政治发展道路,坚持党的领导、人民当家作主、依法治国有机统一,毫不动摇坚持、与时俱进完善人民代表大会制度,开创新时代人大工作新局面。

坚持党对人大工作的全面领导,坚定正确政治方向。人民代表大会制度是党领导国家政权机关的重要制度载体,也是党在国家政权中充分发扬民主、贯彻群众路线的重要实现形式。要坚持党总揽全局、协调各方的领导核心作用,维护党中央权威和集中统一领导,保证党的理论和路线方针政策在国家工作中得到全面贯彻和有效执行。坚持把贯彻落实党中央决策部署作为人大首要政治任务,做到党中央决策部署到哪里,人大工作就跟进到哪里,人大职能作用就发挥到哪里。

坚持人民至上,发展全过程人民民主。人民代表大会制度是实现我国全过程人民民主的重要制度载体。要坚持国家一切权力属于人民,支持和保证人民通过人民代表大会行使国家权力。保证人民依法行使选举权利,保证人民的知情权、参与权、表达权、监督权落实到人大工作各方面各环节全过程,完善人大的民主民意表达平台和载体,健全吸纳民意、汇集民智的工作机制,确保党和国家在决策、执行、监督落实各个环节都能听到来自人民的声音,确保各方面社情民意统一于最广大人民根本利益之中。

坚持围绕党和国家工作大局,依法行使人大各项职权。要聚焦党中央重大决策部署,聚焦人民群众所思所盼所愿,行使好宪法法律赋予人大的立法权、监督权、决定权、任免权,把全面贯彻实施宪法摆在突出位置,完善宪法相关法律制度,维护宪法权威和尊严;加快完善中国特色社会主义法律体系,健全国家治理急需、满足人民日益增长的美好生活需要必备的法律制度;实行正确监督、有效监督、依法监督,发挥人大监督在党和国家监督体系

中的重要作用;坚持民有所呼、我有所应,支持和保障代表更好依法履职,使发挥各级人大代表作用成为人民当家作主的重要体现。

坚持“四个机关”定位,全面加强人大自身建设。以政治建设为统领,全面推进党的政治建设、思想建设、组织建设、作风建设、纪律建设,把制度建设贯穿其中,深入推进反腐败斗争,不断提高党的建设质量。使各级人大及其常委会成为坚持中国共产党领导的政治机关、保证人民当家作主的国家权力机关、全面担负宪法法律赋予的各项职责的工作机关、始终同人民群众保持密切联系的代表机关。坚持全面从严治党永远在路上、党的自我革命永远在路上,持之以恒加强人大机关党的建设,落实全面从严治党主体责任,建设让党中央放心、让人民群众满意的模范机关,打造政治坚定、服务人民、尊崇法治、发扬民主、勤勉尽责的人大工作队伍。

(来源:《旗帜》2022 年第 9 期)

坚持党的全面领导　推动新时代人大制度建设和人大工作高质量发展

——党的十九大以来人大工作综述

全国人大常委会办公厅

党的十九大以来,以习近平同志为核心的党中央高度重视、全面加强对人大工作的领导,首次召开人大工作会议,印发指导性文件,推动人大制度建设和人大工作取得新的重大成就。全国人大及其常委会坚持以习近平新时代中国特色社会主义思想为指导,全面贯彻党的十九大和十九届历次全会精神,贯彻落实中央人大工作会议精神,深入学习领会“两个确立”的决定性意义,增强“四个意识”、坚定“四个自信”、做到“两个维护”,坚持党的领导、人民当家作主、依法治国有机统一,发展全过程人民民主,全面提升宪法实施和监督、立法、监督、代表、对外交往等各项工作水平,加强自身建设,人大工作高质量发展迈上新台阶。

一、把坚持党的全面领导作为首要政治原则,确保党的领导贯彻于人大工作各方面全过程

新时代坚持和完善人民代表大会制度、加强和改进人大工作,最根本的是要坚持党的全面领导,保证党领导人民依法有效治理国家。全国人大及其常委会毫不动摇坚持党中央集中统一领导,把对“两个确立”的政治认同、情感认同转化为“两个维护”的实际行动,确保人大制度按照党中央指明的方向发展,确保人大工作沿着党中央确定的道路前进。

坚持以党的创新理论统揽和指导人大工作。深入学习贯彻习近平新时代中国特色社会主义思想,特别是把学习贯彻习近平法治思想、习近平总书记关于坚持和完善人民代表大会制度的重要思想作为基本功和必修课。常委会党组、机关党组每次会议的第一项议程,都是传达学习习近平总书记重要讲话和党中央重要会议、重要文件精神,已经成为制度化安排。连续 4 年召开深入学习贯彻习近平总书记关于坚持和完善人民代表大会制度的重要思想交流会,推动各级人大学习贯彻工作走深走实、入脑入心。

胸怀“国之大者”,聚焦党和国家工作大局积极主动履职尽责。健全和执行习近平总书记重要指示批示和党中央决策部署的落实和督办工作机制,建立贯彻落实台账,确保一项项落到实处。围绕全面建成小康社会、助力打好三大攻坚战、推动高质量发展、保障和改善民生等加强立法、监督等工作,推动党中央重大决策部署落地见效。

完善和落实党领导人大工作的制度机制,确保人大各项工作都在党的领导下进行。严格执行请示报告制度,常委会党组每年向中央政治局常委会汇报年度工作,人大重要会议、重要立法、重要工作、重大事项等,都及时向党中央请示报告。常委会党组、机关党组全面履行领导责任,完善党组工作规则,充分发挥党组把方向、管大局、保落实的作用。党员干部牢固树立党的意识,带头贯彻党的主张和意图,担当尽责、作出表率,确保党的理论、路线、方针政策和决策部署在人大工作中得到全面贯

彻和有效执行。

二、践行全过程人民民主重大理念，把人大各项工作建立在坚实的民意基础之上

人民代表大会制度是实现我国全过程人民民主的重要制度载体。全国人大及其常委会认真贯彻落实发展全过程人民民主的要求，不断扩大人民有序政治参与，通过法定和有序的途径、渠道、方式、程序，保证人民的知情权、参与权、表达权、监督权落实到人大工作各方面各环节全过程，确保在决策环节、执行环节、监督落实环节都能听到来自人民的声音。

健全保障全过程人民民主的法律制度。修改全国人大组织法和全国人大议事规则，将坚持全过程民主、发挥代表在全过程民主中的作用等写进法律。修改选举法有关规定，增加县乡两级人大代表名额约31万名，代表的广泛性、代表性显著提升。目前，新一轮县乡人大换届选举工作已基本完成，全国10亿多选民一人一票直接选举产生200多万名县乡两级人大代表。今年还将对地方组织法、全国人大常委会议事规则进行修改，进一步完善发展全过程人民民主的措施和要求。

完善人大的民主民意表达平台和机制。人大审议制定法律法规，决定经济社会发展重大问题和事关人民群众切身利益的事项等，都通过调查研究、座谈、论证、咨询、听证、恳谈等方式，最大限度吸纳民意、汇聚民智。建立常态化的法律草案公开征求意见机制，本届以来，共有128件次法律草案向社会公布征求意见，97万多人次参与，提出296万余条意见。民法典制定过程中，先后10次公开征求意见，累计收到42.5万人提出102余万条意见建议。设立基层立法联系点22个、基层预算审查监督联系点5个，推动全国各地设立“代表家站”22万多个，通过这些联系群众的工作平台，深入听取人民群众意见建议，保障人民群众、人大代表更加有效地参与人大工作，参与管理国家和社会事务。

三、全面贯彻实施宪法，保证宪法确立的制度、原则、规则得到全面实施

切实担负起推动宪法贯彻实施的法定职责和光荣使命，全面贯彻实施宪法，履行宪法监督职责，坚决维护宪法权威和尊严。

修改宪法，完善宪法相关法律制度。贯彻党中央决策部署，完成宪法修改的崇高任务，夯实国家长治久安的制度根基。修改国旗法、国徽法等，弘扬爱国主义精神。制定监察法，作出国务院机构改革有关决定，修改人民法院组织法、人民检察院组织法等，健全国家机构组织和工作法律制度。建立健全香港特别行政区维护国家安全的法律制度和执行机制，完善香港特别行政区选举制度，维护香港宪制秩序、法治秩序。

实施宪法规定的特赦和授勋制度。新中国成立70周年之际，作出关于授予国家勋章和国家荣誉称号的决定、关于对部分服刑罪犯予以特赦的决定。2020年，作出关于授予在抗击新冠肺炎疫情斗争中作出杰出贡献的人士国家勋章和国家荣誉称号的决定。

认真开展合宪性审查、备案审查工作。成立全国人大宪法和法律委员会，增加宪法实施和监督、宪法解释等工作职责。制定实施关于推进合宪性审查工作的实施意见。2018年以来，共审查报送备案的行政法规、监察法规、地方性法规等6497件，认真研究公民、组织提出的审查建议12852件，坚决纠正违宪违法问题，维护国家法治统一。

加强宪法宣传教育。认真落实宪法宣誓制度，组织好宪法宣誓，增强国家工作人员宪法意识，带头做宪法的忠实崇尚者、自觉遵守者、坚定捍卫者。开展好国家宪法日活动，带动各级各地开展丰富多彩的宪法宣传活动。推动实施“七五”普法决议、作出开展“八五”普法的决议，召开深入学习宣传和贯彻实施宪法座谈会、澳门基本法实施20周年座谈会等，在全社会形成尊崇宪法、尊法守法用法的良好氛围。

四、加快完善中国特色社会主义法律体系，为全面建设社会主义现代化国家提供法律保障

深入贯彻习近平法治思想，坚持科学立法、民主立法、依法立法，在确保质量的前提下加快立法工作步伐，以良法促进发展、保障善治。本届以来，共制定法律41件，修改法律101件次，作出有关法律问题和重大问题的决定44件，立法数量和质量明显提升。

加强重点领域、新兴领域、涉外领域立法。制定外商投资法、电子商务法、海南自由贸易港法、乡

村振兴促进法，修改科技进步法、证券法等，以高质量立法推动高质量发展。作出有关授权决定和改革决定 44 件，涉及自由贸易试验区发展、营商环境创新、房地产税改革试点、司法体制改革等领域，确保国家发展、重大改革于法有据。加快国家安全立法，制定出口管制法、数据安全法、反外国制裁法，修改反恐怖主义法、国家情报法等。制定修改长江保护法、固体废物污染环境防治法等 10 多部相关法律，用最严格的制度、最严密的法治划定生态红线，守护绿水青山。

丰富立法形式。统筹立改废释纂，坚持既要搞"大块头"，又要搞"小快灵"，增强立法的针对性、适用性、可操作性。民法典共 7 编 1260 条，是新中国成立以来第一部以"法典"命名的法律。积极开展"小切口"立法，制定反食品浪费法、反外国制裁法等，推动立法工作进一步向专业化、具体化方向发展。应对新冠肺炎疫情，制定实施专项立法修法计划，统筹推进 30 件立法修法项目，强化公共卫生法治保障体系。

充分发挥人大在立法工作中的主导作用。紧扣党中央决策部署，围绕中心、服务大局，注重发挥在确定立法选题、组织法案起草、审议把关中的主导作用。本届以来，已制定的 41 件法律中，由人大提请审议或牵头起草的法律案占总数的 44%，较往届同期有明显提升。生物安全法、湿地保护法、陆地国界法等重要法律案由全国人大有关专门委员会牵头。

五、用好宪法赋予人大的监督权，实行正确监督、有效监督、依法监督

牢牢把握依照法定职责、限于法定范围、遵守法定程序的原则，深入落实党中央决策部署，围绕大局、贴近民生、突出重点开展监督工作。本届以来，听取审议专项工作报告 128 个，检查 1 个决定和 24 部法律实施情况，开展专题询问 10 次，专题调研 25 次，全面加强对法律实施和"一府一委两院"工作的监督。

加强专项工作监督。围绕供给侧结构性改革、贯彻创新驱动发展战略、生态环保、脱贫攻坚、乡村振兴、建设现代综合交通运输体系、文化产业发展等听取国务院专项工作报告，推动法律更好实施和做好有关工作。探索加强对监察、司法工作的监督，首次听取审议国家监察委员会专项工作情况报告，首次对"两高"专项工作报告开展专题询问。听取审议关于常委会组成人员审议意见办理情况报告，跟踪监督力度进一步强化。出台加强调研成果转化运用的办法，专题调研服务人大工作、提供决策和工作参考的作用进一步凸显。

认真履行预算审查监督和国有资产管理监督职责。推动预算审查监督工作重点向支出预算和政策拓展，实现绩效评价结果与完善政策和安排预算挂钩。就审计查出突出问题整改情况监督制定有关意见、开展专题询问，突出整改问效。指导地方人大加强政府债务审查监督。制定国有资产监督五年规划，连续 4 年听取审议国务院关于国有资产管理情况的年度综合报告和专项报告，基本摸清各类别国有资产家底。推动实现省级、设区的市级、县级地方建立国有资产管理情况报告制度全覆盖。

紧扣法律规定开展执法检查。聚焦法律制度和法律职责的落实，逐条对照法律规定开展检查，采用实地检查、暗访、点名曝光、第三方评估等做法，确保法律的"牙齿"真正咬合，法律监督的刚性得到真正体现。连续 4 年分别开展大气污染防治法、水污染防治法、土壤污染防治法、固体废物污染环境防治法等生态环保领域重要法律的执法检查，一条条对照检查法律实施情况，以法治方式助力打好污染防治攻坚战。

六、加强代表工作能力建设，服务和保障人大代表依法履职

树立为代表服务意识，完善代表工作制度机制，制定并落实加强和改进代表工作的 35 条具体措施，推动代表工作全面提质增效。

密切常委会同代表、代表同人民群众的联系。常委会组成人员直接联系 439 位全国人大代表，通过面谈、座谈、走访、微信、邮件等多种形式，切实做到真联系，取得真效果。健全预算审查联系代表、专门委员会对口联系代表等机制。建立常委会会议期间与列席代表座谈机制，本届以来召开 14 次列席代表座谈会，共有 700 余人次代表参加。

做好代表议案和建议办理工作。按照"内容高质量、办理高质量""既要重结果，也要重过程"的要求，高度重视代表议案和建议工作。本届以来，收到代表提出的议案 1795 件、建议 33400 余件。大会期间代表提出的议案和建议均办理完毕并反馈。闭会期间代表提出的建议按规定交由有关单位研究办理，做到即收即办、逐件反馈。完善代表议案建议交办协调工作机制，协调解决意见最集中、反映最突出的问题，推动议案建议转化为促发展、惠

民生、暖民心的政策举措。

*支持和保障代表依法履职。*服务 2800 余人次代表参加“一府一委两院”活动；组织 5700 余人次代表参加专题调研，并形成 280 篇调研报告；组织港澳全国人大代表通过视频、座谈等方式开展调研。加强代表履职能力建设，开设全国人大网络学院，开设人大特色专栏，举办网络视频学习班和线上线下相结合的代表学习班，建设代表工作信息化平台。不仅扩大代表培训覆盖面，而且满足代表多样化、个性化的学习需求，推动人大代表思想政治水平、法律政策水平、专业知识水平进一步提高。

七、推进人大对外交往工作，更好发挥立法机构对外交往特点优势

贯彻习近平外交思想，发挥自身特点优势，以推动落实国家元首外交共识为主线，积极推动立法机构间交流合作，更好服务国家战略、维护国家利益。

*深化立法机构双边和多边交往。*全国人大成立了 132 个对外友好小组，与 22 个国家议会建立了定期交流机制，与近 190 个国家和地区议会保持交往与联系，与 50 多个国家议会签署了友好合作协议。新冠肺炎疫情发生以来，通过视频会晤等方式，举行双边视频活动 170 场，线上出席国际会议 100 场，通话交流 36 场，线下外事活动 60 场，外交信函 1400 多件，同各国议会双边交往不降反增。充分利用双边交往和各国议会联盟、二十国集团议长会议等多边场合，积极宣介习近平新时代中国特色社会主义思想，宣介中国共产党百年奋斗重大成就和历史经验，宣介阐释“人类命运共同体”等理念，推动国际社会深入了解中国道路、中国制度、中国主张。在重要时间节点、围绕重大问题与各国议会互致信函，通过“鸿雁传书”，增进理解和互信。

*发声亮剑、善于斗争。*坚持底线思维、发扬斗争精神，围绕涉疆、涉藏、涉港、涉台、涉海、涉疫和人权等问题，进行法律的、政治的、外交的斗争，坚决维护国家主权、安全、发展利益。用好对外发声平台，通过常委会发言人、外事委发言人、法工委发言人等机制及时正声辟谣，力度和时效性进一步增强。

八、牢牢把握“四个机关”基本定位，全面加强常委会自身建设

围绕做到政治可靠、尊崇法治、发扬民主、服务人民、运行高效，努力建设自觉坚持中国共产党领导的政治机关、保证人民当家作主的国家权力机关、全面担负宪法法律赋予的各项职责的工作机关、始终同人民群众密切联系的代表机关。

*加强思想政治建设。*自觉把党的政治建设摆在首位，提高政治判断力、政治领悟力、政治执行力。按照党中央统一部署，扎实开展“两学一做”学习教育、“不忘初心、牢记使命”主题教育、党史学习教育等，增加历史自信、增进团结统一、增强斗争精神。常委会党组每年听取机关党组党建工作汇报，指导机关党组自觉接受中央巡视并认真做好整改工作，用两年时间完成机关内部巡视全覆盖，推动全国人大党的建设质量不断提升。

*完善工作制度机制。*严肃会风会纪，常委会会议平均出席率超过 96%。适应疫情防控常态化需要，制定全国人大例会和其他重要会议改进会风的具体措施。按照紧凑高效的原则，合理安排会议日程，优化会议流程，提高审议质量，提升大会网络视频会议、“云听会”质量。开办国家法律法规数据库。

*充分发挥专门委员会作用。*成立专门委员会分党组，修订专门委员会分党组工作规则，推进分党组工作规范化、制度化。各专门委员会高质量、高效率完成立法、监督、代表议案建议办理等工作，协助常委会做好备案审查工作，组织开展专题调研，持续跟踪监督常委会审议意见研究处理情况。

（来源：《党建》2022 年第 3 期）

大事记

2022年大事记

一　月

1月6日　中共中央政治局常务委员会召开会议，听取全国人大常委会、国务院、全国政协、最高人民法院、最高人民检察院党组工作汇报，听取中央书记处工作报告。中共中央总书记习近平主持会议并发表重要讲话。

会议指出，治理好我们这个拥有9500万党员的大党、这个拥有14亿多人口的大国，必须坚持党的全面领导特别是党中央集中统一领导。党的十八大以来，党和国家事业取得历史性成就、发生历史性变革，根本原因就在于我们坚持党的领导不动摇，坚持党中央权威和集中统一领导不动摇。党中央每年听取全国人大常委会、国务院、全国政协、最高人民法院、最高人民检察院党组工作汇报和中央书记处工作报告，对坚持党的全面领导、维护党中央权威和集中统一领导起到了示范作用，要长期坚持下去。

会议认为，过去一年是党和国家历史上具有里程碑意义的一年。全国人大常委会、国务院、全国政协、最高人民法院、最高人民检察院党组毫不动摇坚持党中央集中统一领导，认真贯彻落实党中央决策部署，围绕党和国家工作全局履行职责，加强党组自身建设，为实现"十四五"良好开局作出积极贡献，为庆祝建党一百周年营造良好环境，各方面工作取得了新成效。

会议认为，过去一年，中央书记处按照党中央部署要求履职尽责，在推动党中央决策部署落实、加强党内法规制度建设、指导群团工作和群团改革等方面做了大量工作。

会议强调，今年是进入全面建设社会主义现代化国家、向第二个百年奋斗目标进军新征程的重要一年，我们党将召开二十大。全国人大常委会、国务院、全国政协、最高人民法院、最高人民检察院党组要以习近平新时代中国特色社会主义思想为指导，全面贯彻党的十九大和十九届历次全会精神，增强"四个意识"、坚定"四个自信"、做到"两个维护"，弘扬伟大建党精神，不断提高政治判断力、政治领悟力、政治执行力，深入学习领会"两个确立"的决定性意义，始终在思想上政治上行动上同以习近平同志为核心的党中央保持高度一致。要胸怀中华民族伟大复兴战略全局和世界百年未有之大变局，紧扣筹备和召开党的二十大聚焦发力，坚持稳中求进工作总基调，坚定历史自信，保持历史主动，增强忧患意识，提升斗争本领，察大势、应变局、观未来，凝心聚力、担当作为，以钉钉子精神做好各项工作。要按照新时代党的建设总要求，以党的政治建设为统领，加强党组自身建设，认真履行全面从严治党主体责任，严格执行中央八项规定及其实施细则精神，教育引导广大党员、干部不断从党的百年奋斗重大成就和历史经验中汲取智慧和力量，满怀自豪感，振奋精气神，以实际行动迎接党的二十大胜利召开。

会议强调，中央书记处要增强"四个意识"、坚定"四个自信"、做到"两个维护"，围绕中央政治局和中央政治局常委会部署要求，立足自身职责定位，突出重点抓好落实，深入开展调查研究，完成好党中央交办的各项任务。

同日　栗战书委员长会见土库曼斯坦总统谢尔达尔·别尔德穆哈梅多夫。丁仲礼副委员长参加会见。

1月7日　十三届全国人大五次会议秘书处第一次筹备工作会议召开，王晨副委员长主持会议。

1月11日　栗战书委员长出席省部级主要领导干部学习贯彻党的十九届六中全会精神专题研讨班开班式。

1月12日至13日　王晨副委员长在最高人民检察院就公益诉讼工作进行调研。

1月13日　王晨副委员长主持中国全国人大与德国"中国之桥"协会第三次视频会议。

1月14日　栗战书委员长出席生态环保立法工作座谈会并讲话，沈跃跃副委员长主持会议，丁仲礼副委员长出席会议。

栗战书指出，党的十八大以来，以习近平同志为核心的党中央把生态文明建设纳入中国特色社会主义事业总体布局，在推进生态文明建设的实践中，形成了习近平生态文明思想。这一思想，揭示了人与自然是生命共同体的根本规律，揭示了经济发展与生态环境保护的辩证关系，揭示了生态产品的本质属性，揭示了生态是统一的、平衡的自然系统，是相互依存、紧密联系的有机链条，为我国生态文明建设提供了理论指导和行动指南，也是生态文明法治建设的根本遵循。

栗战书指出，在习近平生态文明思想引领下，生态环境领域立法工作取得显著成效，相关法律达到 31 件，还有 100 多件行政法规和 1000 余件地方性法规，初步形成了生态环保法律体系。这一法律体系，包括环境保护法、生物安全法等综合性法律，针对大气、水、土壤、固体废物、噪声、放射性等污染防治的专门法律，涉及防沙治沙、水土保持、野生动物保护等环境和生物多样性保护的法律，森林、草原、湿地等资源保护利用的法律，长江保护法和正在审议的黄河保护法草案等流域性生态环保法律，正在审议的黑土地保护法草案和拟启动制定的青藏高原生态保护法等特殊地理地域类法律。这些法律和相关法规涵盖山、水、林、田、湖、草、沙等各类自然系统，是一个覆盖全面、务实管用、严格严密的法律体系。

栗战书强调，要深入贯彻习近平生态文明思想，不断增强立法的系统性、整体性、协同性，使生态环保法律体系更加科学完备、协调统一。一是抓紧填补空白点、补强薄弱点。对现有生态环保法律进行梳理，看看需要新制定哪些、修改哪些，系统谋划，通盘考虑，加快推进。二是提升法律制度设计的科学性和专业性。深入研究论证，注重听取专家学者和有关方面的意见建议，把情况和问题摸清楚、研究透，把握科学规律，提高立法质量，确保法律管用有效。三是加强法律体系协同配套工作。加强和改进行政法规、地方性法规制定、修改、清理等工作，认真做好各类相关法规、规章、司法解释、国家标准、规范性文件制定修改工作，增强法律体系整体功效。（全文见本书 218 页）

1 月 17 日 全国人大环境与资源保护工作交流会召开，沈跃跃、丁仲礼副委员长出席会议并讲话。

1 月 18 日 栗战书委员长出席十九届中央纪委第六次全体会议。

同日 武维华副委员长在北京市就“助力乡村振兴 促进共同富裕”课题进行调研。

1 月 20 日 栗战书委员长以视频方式同萨尔瓦多议长卡斯特罗举行会谈。

1 月 21 日 中共全国人大常委会党组举行会议，学习习近平总书记在十九届中央纪委六次全会上的重要讲话和全会精神，结合人大工作实际，研究部署贯彻落实工作。栗战书委员长主持会议并讲话。

会议认为，习近平总书记在中央纪委六次全会上的重要讲话，深刻总结新时代党的自我革命的成功实践，深刻阐述全面从严治党取得的历史性开创性成就、产生的全方位深层次影响，高屋建瓴、气势磅礴、催人奋进，具有很强的政治性、指导性、针对性。全国人大常委会党组要深入学习贯彻，推进全面从严治党向纵深发展，推进新时代党的建设新的伟大工程，以实际行动迎接党的二十大胜利召开。

会议指出，要把“两个确立”的政治共识转化为“两个维护”的实际行动。坚强的领导核心和科学的理论指导，是关乎党和国家前途命运、党和人民事业成败的根本性问题。要坚持以习近平新时代中国特色社会主义思想武装头脑，统揽和指导人大工作，确保人大制度不偏不倚按照党中央、总书记指明的方向发展，确保人大工作不偏不倚沿着党中央、总书记确定的道路前进。要胸怀“国之大者”，聚焦党中央重大决策部署和习近平总书记指示要求积极主动履职尽责。

会议指出，要坚定历史自信，把人民代表大会制度坚持好、贯彻好、发展好。习近平总书记在中央人大工作会议上用“六个必须坚持”阐明了人民代表大会制度的制度内涵，用“三个有效保证”概括了人民代表大会制度的制度功效。要坚定制度自信，把牢正确政治方向，坚决防范和抵制西方所谓“宪政”、多党轮流执政、三权鼎立、两院制、司法独立的侵蚀影响，通过依法履职，不断发展全过程人民民主。要巩固拓展党史学习教育成果，不断加强和改进新时代人大工作，在新的历史起点上推动全国人大各项工作迈上新台阶。

会议强调，要以高度的历史主动和政治自觉推进自我革命，坚持不懈把全面从严治党向纵深推进。党的十八大以来，全面从严治党取得了历史性、开创性成就，开辟了百年大党自我革命的新境界。要认真贯彻落实习近平总书记重要讲话精神，以更大的政治勇气、更扎实的行动举措，继续推进自我革命，切实担负起管党治党责任。要坚持以政治建设为统领，坚持严的主基调不动摇，全面提高全国人大党的建设质量，继续打好党风廉政建设和反腐败斗争攻坚战持久战。党员领导干部要带头遵守党的纪律和规矩，严以律己，始终保持清正廉洁、一尘不染。

副委员长王晨、张春贤、沈跃跃、吉炳轩、艾力更·依明巴海、王东明、白玛赤林，秘书长杨振武出席会议并发言。

同日　栗战书委员长以视频方式同马来西亚国会下议院议长爱资哈尔举行会谈。

1月25日　栗战书委员长主持召开部分在京全国人大代表座谈会，就全国人大常委会工作报告稿听取意见建议，王晨副委员长参加座谈会。

同日　王晨副委员长在国家文物局等单位就文物保护法实施情况开展专题调研。

1月30日　栗战书委员长出席中共中央、国务院2022年春节团拜会。

二　月

2月1日　全国人大外事委员会发言人就日本国会众议院通过所谓“涉华人权决议”发表谈话。全国人大外事委员会发言人表示，日本国会众议院不顾中方严正交涉，执意通过所谓“涉华人权决议”。日方上述做法粗暴干涉中国内政，严重违背国际关系基本准则和中日四个政治文件原则，损害两国政治互信，对中日关系改善发展造成严重干扰破坏。我们坚决反对日方打着“人权”的幌子搞政治操弄。对于任何企图干涉中国内政、损害中国利益的恶劣行径，中方必将予以坚决有力回击。尊重和保障人权是中国宪法规定的重要原则。中国坚持以人民为中心的人权理念，通过建立健全法律法规和制度体系，发展国家各项事业，推动宪法实施，落实宪法规定的人权保障原则和精神，公民的政治、经济、文化、社会等各方面权利充分实现，中国人权事业取得举世瞩目的巨大成就。中国人权状况怎么样，中国人民最有发言权，不需要他国来评判。日本应该做的是深刻反省自身历史和人权劣迹，而不是追随他国炒作涉华议题、恶意抹黑中国、横加干涉中国内政。将人权问题政治化、工具化不得人心，是注定要失败的。

2月4日　栗战书委员长出席第二十四届冬季奥林匹克运动会开幕式。

2月5日　栗战书委员长同韩国国会议长朴炳锡举行会谈。

2月8日　全国人大外事委员会就美国国会众议院通过“2022年美国竞争法案”发表声明。全国人大外事委员会发言人表示，美国国会众议院近日通过的“2022年美国竞争法案”涉华内容充斥冷战思维和意识形态偏见，诋毁抹黑中国发展道路和内外政策，鼓吹对华战略竞争，借涉台、涉疆、涉港、涉藏等问题干涉中国内政。中国全国人大对此表示强烈不满和坚决反对。该法案名为增强美国竞争力，实为遏制和打压中国的创新与发展，维护美国的全球霸权地位。美国如何提升自身竞争能力是美国自己的事情，处处将中国作为战略竞争对手的做法只会破坏中美互信，严重破坏中美在经贸、教育、科技等领域的合作，也必将损害美国自身利益。法案相关涉台条款严重违反一个中国原则和中美三个联合公报规定。新疆、西藏、香港等事务纯属中国内政，不容任何外国干涉。对于任何企图干涉中国内政、损害中国利益的恶劣行径，中方必将予以坚决有力回击。相互尊重、和平共处、合作共赢是新时期中美正确的相处之道。我们强烈敦促美国国会客观理性看待中国的发展，立即停止推进该法案，以实际行动维护两国关系的大局。

2月14日　十三届全国人大五次会议秘书处第二次筹备工作会议召开，王晨副委员长主持并讲话。

同日　沈跃跃副委员长到生态环境部就贯彻实施环境保护法情况开展执法检查前期调研座谈。

2月15日　全国人大常委会办公厅举行部分全国人大代表情况通报会，为代表出席十三届全国人大五次会议作必要的准备。杨振武秘书长主持会议，通报了2021年全国人大常委会主要工作、2022年工作初步安排等情况。国家发展改革委、财政部负责同志分别向代表通报了2021年国民经济和社会发展计划执行情况、2021年中央预算执行和财政工作情况，最高人民法院、最高人民检察院和国务院有关部门提供了书面通报材料。本次通报会采取现场会议和视频会议相结合的形式，在京全国人大代表出席会议，香港、澳门全国人大代表以视频方式出席。会后还将通过多种方式向京外全国人大代表通报。

2月16日至17日　王晨副委员长在山东省调研，深入中国重汽集团、山东大学、齐鲁制药集团、中国铁路济南局集团，与代表互动交流，还到济南市槐荫区振兴街道人大代表工作站，听取代表履职情况介绍。

2月17日　栗战书委员长以视频方式同新西

兰议长马拉德举行会谈。

2 月 18 日 十三届全国人大常委会委员长会议召开第一百零九次会议，栗战书委员长主持会议。会议决定，十三届全国人大常委会第三十三次会议 2 月 27 日至 28 日举行。

2 月 20 日 栗战书委员长出席第二十四届冬季奥林匹克运动会闭幕式。

2 月 22 日 栗战书委员长以视频方式同阿尔及利亚国民议会议长布加利举行会谈。

2 月 23 日 全国人大代表工作信息化平台正式启用，杨振武秘书长出席仪式。

2 月 27 日至 28 日 十三届全国人大常委会举行第三十三次会议。

会议听取中央军委委员、中央军委政治工作部主任苗华关于中国人民解放军现役士兵衔级制度的决定草案的说明。在审议的基础上，会议印发全国人大宪法和法律委员会对关于中国人民解放军现役士兵衔级制度的决定草案审议结果的报告。经过审议，会议通过《全国人民代表大会常务委员会关于中国人民解放军现役士兵衔级制度的决定》。本决定自 2022 年 3 月 31 日起施行。

会议听取最高人民法院院长周强关于设立成渝金融法院的决定草案的说明。在审议的基础上，会议印发全国人大宪法和法律委员会对关于设立成渝金融法院的决定草案审议结果的报告。经过审议，会议通过《全国人民代表大会常务委员会关于设立成渝金融法院的决定》。本决定自 2022 年 3 月 1 日起施行。

会议听取全国人大常委会代表资格审查委员会主任委员吴玉良关于个别代表的代表资格的报告。经过审议，会议通过这个报告。

会议听取并审议最高人民法院院长周强关于全国人民代表大会常务委员会关于专利等知识产权案件诉讼程序若干问题的决定实施情况的报告。

会议原则通过全国人大常委会工作报告稿，并委托栗战书委员长代表常委会向十三届全国人大五次会议报告工作。

会议通过十三届全国人大五次会议议程草案、主席团和秘书长名单草案，决定提请十三届全国人大五次会议预备会议审议。会议通过十三届全国人大五次会议列席人员名单。

会议任命李玉妹为全国人大华侨委员会副主任委员，李纪恒为全国人大农业与农村委员会副主任委员。

会议免去郭雷的全国人大常委会副秘书长职务，任命欧阳昌琼为全国人大常委会副秘书长。

会议决定免去李纪恒的民政部部长职务，任命唐登杰为民政部部长。

会议批准任命查庆九为青海省人民检察院检察长。批准免去宫鸣的天津市人民检察院检察长。

会议还通过其他任免事项。

会议闭幕时，栗战书发表讲话。栗战书指出，本次会议有 3 项议程与全面深化改革有关。适应深化国防和军队改革需要，作出关于中国人民解放军现役士兵衔级制度的决定，明确士兵军衔的性质、等级、称谓等制度和具体规范；作出关于设立成渝金融法院的决定，服务和保障成渝地区双城经济圈建设；听取审议最高人民法院关于专利等知识产权案件诉讼程序若干问题的决定实施情况的报告。本届以来，常委会坚持把改革发展决策同立法决策更好结合起来，确保国家发展、重大改革于法有据，先后作出 20 多个改革决定和授权决定，统筹修改 80 多件次法律，为各领域改革创新提供更完善的法治保障。对人大作出的改革决定和授权决定，要继续加强跟踪监督、调研和评估。实践证明行之有效的改革举措，需要上升为法律的，要及时制定修订法律；实践证明需要延期或扩大试行的，要及时作出新的授权决定，确保立法与改革紧密衔接。

栗战书强调，即将召开的十三届全国人大五次会议，是我国政治生活中的一件大事。开好这次大会，对于统一思想、坚定信心，动员全国各族人民把智慧和力量凝聚到党中央决策部署上来，以实际行动迎接党的二十大胜利召开，具有十分重要的意义。要增强“四个意识”、坚定“四个自信”、做到“两个维护”，坚决贯彻落实党中央决策部署和习近平总书记重要指示精神，确保十三届全国人大五次会议顺利举行、圆满成功。要紧紧围绕今年党和国家工作主线，突出民主、团结、求实、奋进的主基调，展现朝气蓬勃、团结向上的精神风貌。要深入贯彻全过程人民民主，营造畅所欲言、求真务实的会议氛围，把人民群众的呼声和要求反映上来，真正做到民有所呼、我有所应。要以高度的责任感使命感，周密细致做好组织筹备工作，坚持改进会风、精简办会，高度重视、严格做好疫情防控工作，确保大会紧凑高效、安全有序。

栗战书指出，向全国人民代表大会报告工作，是全国人大常委会的法定职责，也是接受代表和人民监督的重要体现。常委会组成人员充分肯定常委会一年来的工作，普遍赞成常委会工作报告稿。抓紧对报告稿修改完善后，按程序提请十三届全国

人大五次会议审议。（全文见本书207页）

会议结束后，十三届全国人大常委会举行第二十七讲专题讲座，栗战书委员长主持。外交部国际法咨询委员会主任委员黄惠康作题为《从战略高度认知和推进涉外法治建设》的讲座。

2月27日　十三届全国人大常委会委员长会议召开第一百一十次会议，栗战书委员长主持会议。会议听取有关草案、议案审议情况的汇报，决定提交常委会会议审议。

2月28日　十三届全国人大常委会委员长会议召开第一百一十一次会议，栗战书委员长主持会议。会议研究提请常委会会议表决事项。

同日　十三届全国人大常委会举行宪法宣誓仪式，陈竺副委员长主持并监誓。十三届全国人大常委会第三十一次会议任命吴英杰为全国人大教育科学文化卫生委员会副主任委员。十三届全国人大常委会第三十三次会议任命李纪恒为全国人大农业与农村委员会副主任委员；决定任命唐登杰为民政部部长；任命欧阳昌琼为全国人大常委会副秘书长。全国人大机关有关负责同志参加了宣誓活动。

同日　全国人大常委会发布公告。公告说，广东省第十三届人大常委会第四十次会议补选王伟中为第十三届全国人民代表大会代表。重庆市第五届人大常委会第三十二次会议补选胡衡华为第十三届全国人民代表大会代表。第十三届全国人民代表大会常务委员会第三十三次会议根据代表资格审查委员会提出的报告，确认王伟中、胡衡华的代表资格有效。河南省人大常委会决定罢免张延明的第十三届全国人民代表大会代表职务。广东省人大常委会决定罢免袁志敏的第十三届全国人民代表大会代表职务。广西壮族自治区人大常委会决定罢免刘宏武、崔瑜的第十三届全国人民代表大会代表职务。陆军选举委员会决定接受缪中辞去第十三届全国人民代表大会代表职务。依照《中华人民共和国全国人民代表大会和地方各级人民代表大会代表法》的有关规定，张延明、袁志敏、刘宏武、崔瑜、缪中的代表资格终止。截至目前，第十三届全国人民代表大会实有代表2951人。

同日　根据党中央有关规定，中央政治局委员、书记处书记，全国人大常委会、国务院、全国政协党组成员、最高人民法院、最高人民检察院党组书记向党中央和习近平总书记述职，习近平认真审阅述职报告并提出重要要求，强调要继续发扬历史主动精神，以实际行动迎接党的二十大胜利召开。

三　月

3月3日　王晨副委员长主持召开十三届全国人大五次会议代表团召集人会议。

3月4日　十三届全国人大五次会议、政协十三届全国委员会五次会议党员负责同志会议召开，习近平总书记作重要讲话。

同日　十三届全国人大常委会委员长会议召开第一百一十二次会议，栗战书委员长主持会议。会议研究提请大会预备会议选举和表决事项。

同日　十三届全国人大五次会议举行预备会议。栗战书委员长主持会议。出席2763人，缺席188人，出席人数符合法定人数。栗战书在主持会议时宣布：十三届全国人大五次会议于2022年3月5日召开，大会的各项准备工作已经全部就绪。栗战书指出，十三届全国人大五次会议的指导思想是：以习近平新时代中国特色社会主义思想为指导，全面贯彻落实党的十九大和十九届历次全会、中央人大工作会议精神，增强“四个意识”、坚定“四个自信”、做到“两个维护”，坚持党的领导、人民当家作主、依法治国有机统一，坚持和完善人民代表大会制度，不断发展全过程人民民主，紧紧围绕党和国家工作大局，认真履行宪法和法律赋予的职责，圆满完成大会各项任务，将大会开成一个民主、团结、求实、奋进的大会，动员全国各族人民更加紧密地团结在以习近平同志为核心的党中央周围，攻坚克难、开拓奋进，为全面建设社会主义现代化国家、夺取新时代中国特色社会主义伟大胜利、实现中华民族伟大复兴的中国梦不懈奋斗，以实际行动迎接党的二十大胜利召开。

会议选举产生由175人组成的大会主席团和秘书长。主席团成员有：丁仲礼、丁薛祥、乃依木·亚森、万鄂湘、习近平、马伟明、马兴瑞、马逢国、王东明、王东峰、王宁、王光亚、王刚、王岐山、王沪宁、王君正、王建军、王砚蒙、王宪魁、王勇超、王莉霞、王晨、王银香、支月英、尤权、尹力、尹弘、邓丽、邓凯、艾力更·依明巴海、艾尔肯·吐尼亚孜、左中一、石泰峰、旦正草、叶诗文、史大刚、史耀斌、白玛赤林、白春礼、丛斌、冯淑玲、吉狄马加、吉炳轩、吕世明、朱国萍、向巧、刘艺良、刘宁、刘远坤、刘国中、刘海星、齐玉、江天亮、许为钢、许立荣、许宁生、许其亮、许勤、苏嘎尔布、杜德印、李干杰、李飞、李飞跃、李伟、李作成、李希、李学勇、李钺锋、李家俊、李鸿、李鸿忠、李强、李静海、杨洁篪、杨洪波、杨振武、杨蓉、肖开提·依明、肖怀远、吴月、吴玉良、吴政隆、邱勇、何健忠、何毅亭、邹晓东、应勇、冷溶、汪其德、汪洋、汪鸿雁、沙沨、沈春耀、沈晓明、沈跃跃、张又侠、张少琴、张升民、张平、张业遂、张庆伟、张志军、张轩、张伯军、张国清、张春贤、张毅、陆东福、陈全国、陈希、陈竺、陈润儿、陈敏尔、陈锡文、武维华、苗华、林武、林建华、易炼红、罗保铭、罗萍、罗毅、郑军里、郑栅洁、郑奎城、降巴克珠、赵乐际、赵宪庚、赵贺、郝明金、咸辉、哈尼巴提·沙布开、段春华、信春鹰、洛桑江村、姚建年、骆惠宁、袁驷、袁家军、栗战书、夏伟东、徐延豪、徐绍史、徐留平、殷一璀、高红卫、高虎城、郭声琨、黄久生、黄龙云、黄志贤、黄坤明、黄楚平、黄路生、曹建明、曹鸿鸣、康志军、谌贻琴、彭清华、董中原、蒋卓庆、韩立平、景俊海、傅自应、傅莹、谢经荣、蓝天立、楼阳生、嘉木样·洛桑久美·图丹却吉尼玛、赫捷、蔡达峰、蔡奇、廖晓军、谭耀宗、魏后凯。秘书长为王晨。会议通过十三届全国人大五次会议议程。

同日 十三届全国人大五次会议主席团举行第一次会议，栗战书委员长主持会议。

会议推选栗战书、王晨、曹建明、张春贤、沈跃跃、吉炳轩、艾力更·依明巴海、万鄂湘、陈竺、王东明、白玛赤林、丁仲礼、郝明金、蔡达峰、武维华、杨振武为主席团常务主席。

会议通过十三届全国人大五次会议日程、大会全体会议执行主席。会议决定杨振武、信春鹰、李飞、张业遂、孙绍逊、李宝荣为大会副秘书长。会议指定张业遂兼任大会发言人。

会议决定大会期间代表提出议案的截止时间为 3 月 8 日 12 时。

同日 代表团、代表按法律规定讨论和提出议案或建议。

同日 十三届全国人大五次会议举行新闻发布会，大会发言人张业遂就会议议程和人大有关工作回答中外记者提问。

3 月 5 日 《人民日报》发表题为《在新征程上凝聚奋斗力量书写新的华章》的社论，热烈祝贺十三届全国人大五次会议开幕。

3 月 5 日至 13 日 十三届全国人大五次会议举行。

5 日上午，十三届全国人大五次会议开幕。出席 2790 人，缺席 161 人，出席人数符合法定人数。会议执行主席是：栗战书、王晨、曹建明、张春贤、沈跃跃、吉炳轩、艾力更·依明巴海、万鄂湘、陈竺、王东明、白玛赤林、丁仲礼、郝明金、蔡达峰、武维华、杨振武，由栗战书主持。

会议听取国务院总理李克强代表国务院向大会作政府工作报告。报告共分三个部分：一、2021 年工作回顾；二、2022 年经济社会发展总体要求和政策取向；三、2022 年政府工作任务。

大会审查国务院关于 2021 年国民经济和社会发展计划执行情况与 2022 年国民经济和社会发展计划草案的报告及 2022 年国民经济和社会发展计划草案、国务院关于 2021 年中央和地方预算执行情况与 2022 年中央和地方预算草案的报告及 2022 年中央和地方预算草案。

会议听取王晨副委员长关于地方各级人民代表大会和地方各级人民政府组织法修正草案的说明。他指出，地方组织法是关于地方人大、地方政府的组织和工作制度的基本法律，是宪法关于地方政权建设规定的立法实施，是地方各级国家权力机关、行政机关行使职权、履行职责的重要制度保障。党的十八大以来，以习近平同志为核心的党中央高度重视国家政权机关工作和建设，作出一系列重大部署、推进一系列重大工作、取得一系列重大成果。贯彻习近平法治思想、习近平总书记关于坚持和完善人民代表大会制度的重要思想，落实党中央重大决策部署和中央人大工作会议精神，有必要在认真总结实践经验基础上，对地方组织法作出修改完善。草案共 48 条，主要修改内容包括：充实“总则”一章内容；完善地方各级人大及其常委会的组织、职权等相关规定；完善地方各级人民政府的组织、职权等相关规定；适应监察体制改革需要增加相关内容；明确区域发展合作机制；充实铸牢中华民族共同体意识等内容并完善相关规定。

会议听取王晨副委员长关于十四届全国人大代表名额和选举问题的决定草案的说明。他指出，根据宪法和有关法律的规定，第十三届全国人民代表大会到 2023 年 3 月任期届满，第十四届全国人民代表大会代表应于 2023 年 1 月选出。做好全国人大代表选举工作，是党和国家政治生活中的一件大事，对于巩固党长期执政基础，加强国家政权建设，发展全过程人民民主，坚持和完善人民代表大会制度，推进国家治理体系和治理能力现代化，凝聚各方面智慧和力量全面建设社会主义现代化国家，具有十分重要的意义。按照宪法、选举法的有关规定，在广泛征求各有关方面意见的基础上，全国人大常委会委员长会议拟定了十三届全国人大五次会议关于十四届全国人大代表名额和选举问题的决定草案，于2021年12月提请十三届全国人大常委会第三十二次会议审议，会议决定提请十三届全国人大五次会议审议。

会议听取王晨副委员长关于香港特别行政区选举十四届全国人大代表的办法草案的说明和关于澳门特别行政区选举十四届全国人大代表的办法草案的说明。他指出，按照选举法规定，香港特别行政区、澳门特别行政区应选全国人大代表的名额和代表产生办法，由全国人民代表大会另行规定。为此，在本届全国人大任期届满前，需制定香港、澳门选举十四届全国人大代表的办法。根据有关工作安排，全国人大常委会法工委、港澳基本法委会同中央有关部门共同研究起草了香港特别行政区、澳门特别行政区选举十四届全国人大代表的办法草案，并征询了香港特别行政区行政长官、澳门特别行政区行政长官，香港特别行政区和澳门特别行政区全国人大代表、全国政协委员的意见。

澳门特别行政区行政长官贺一诚列席会议并在主席台就座。出席全国政协十三届五次会议的政协委员列席大会。中央和国家机关有关部门、解放军有关单位、各人民团体有关负责人列席或旁听了大会。外国驻华使节旁听了大会。

同日下午，各代表团召开全体会议审议政府工作报告。

国家主席习近平参加内蒙古团审议，全国政协主席汪洋参加四川团审议，中央书记处书记王沪宁参加河北团审议，中央纪委书记赵乐际参加黑龙江团审议，国务院副总理韩正参加陕西团审议，国家副主席王岐山参加湖南团审议。

栗战书委员长参加江西团审议。在听取杨贵平、陈康平、李秀香等代表的发言后，栗战书说，李克强总理所作的政府工作报告，坚持以习近平新时代中国特色社会主义思想为指导，全面贯彻落实党中央关于今年经济社会发展的决策部署，是一篇求真务实、开拓创新、鼓舞人心的好报告。完全赞同这个报告。栗战书说，过去一年是党和国家历史上具有里程碑意义的一年，以习近平同志为核心的党中央团结带领全党全国各族人民，沉着应对百年变局和世纪疫情，推动党和国家事业取得了新的重大成就，实现“十四五”良好开局。党的十八大以来，党和国家事业取得历史性成就、发生历史性变革，为实现中华民族伟大复兴提供了更为完善的制度保证、更为坚实的物质基础、更为主动的精神力量，党正领导人民在中国特色社会主义道路上不可逆转地走向中华民族伟大复兴。马克思主义中国化时代化不断取得成功，使马克思主义以崭新形象展现在世界上，使世界范围内社会主义和资本主义两种意识形态、两种社会制度的历史演进及其较量发生了有利于社会主义的重大转变。党领导人民成功走出中国式现代化道路，创造了人类文明新形态，推动构建人类命运共同体，为解决人类重大问题贡献中国智慧、中国方案、中国力量，深刻影响了世界历史进程。栗战书强调，江西是一片红色的土地。要深刻认识“两个确立”的决定性意义，深入学习贯彻习近平新时代中国特色社会主义思想，坚决维护习近平总书记党中央的核心、全党的核心地位，坚决维护党中央权威和集中统一领导。要把习近平总书记对江西工作的指示要求落细落实，完整、准确、全面贯彻新发展理念，加快构建新发展格局，统筹疫情防控和经济社会发展，统筹发展和安全，继续做好“六稳”、“六保”工作，持续改善民生，在加快江西高质量发展上作示范，在推动中部地区崛起上勇争先。栗战书指出，做好新时代人大工作，要深入学习贯彻中央人大工作会议精神，坚持党的全面领导，围绕中心、服务大局，不断提高人大工作质量水平，依法行使立法权、监督权、决定权、任免权，确保各项工作沿着党中央指引的方向前进。要从人大工作的角度，为保持平稳健康的经济环境、国泰民安的社会环境、风清气正的政治环境作出应有贡献，以实际行动迎接党的二十大胜利召开。

王晨副委员长参加浙江团审议。王晨说，完全赞成李克强总理所作的政府工作报告。2021年，以习近平同志为核心的党中央团结带领全党全国各族人民办好一件件大事要事，战胜一个个风险挑战，推动党和国家事业取得新的重大成就。这些成绩的取得，充分体现了以习近平同志为核心的党中央高超的政治智慧和卓越的领导能力，充分体现了全党全国各族人民万众一心、攻坚克难的顽强斗志和拼搏精神，充分体现了中国特色社会主义制度的独特优势和显著功效。我们要坚持以习近平新时代中国特色社会主义思想为指导，深刻认识和领悟“两个确立”的决定性意义，扎实履职尽责，全力做好今年各项工作，以实际行动迎接党的二十大胜利召开。

张春贤副委员长参加湖北团审议。张春贤说，完全赞成李克强总理作的政府工作报告。报告朴实简洁、重点突出，措施针对性强，是一份实事求是、稳中求进的好报告。2021 年，以习近平同志为核心的党中央从容应对百年变局和世纪疫情，奋力完成改革发展艰巨任务，实现“十四五”良好开局。前段时间成功举办简约、安全、精彩的冬奥盛会，体现了我们的制度优势和文化自信，也展现了新时代中国开放、包容、友善、自信的大国形象。要深刻领会“两个确立”的决定性意义，增强“四个意识”、坚定“四个自信”、做到“两个维护”。要积极应对人口老龄化，直面问题和挑战，加强社会保障和服务，社会参与，全民行动，推动我国老龄事业高质量发展。

沈跃跃副委员长参加福建团审议。沈跃跃说，赞同政府工作报告。过去一年意义非凡、成绩卓著。以习近平同志为核心的党中央团结带领全党全国各族人民劈波斩浪、勇毅前行，隆重庆祝建党 100 周年，胜利召开党的十九届六中全会、制定党的第三个历史决议，如期打赢脱贫攻坚战，全面建成小康社会，开启全面建设社会主义现代化国家新征程，经济发展和疫情防控保持全球领先，各项事业取得新的重大成就。根本在于有习近平总书记掌舵领航，有习近平新时代中国特色社会主义思想科学指引。妇联要牢记“两个确立”，做到“两个维护”，引领妇女听党话感党恩跟党走，服务广大妇女，动员妇女群众奋进新征程、建功新时代，以实际行动迎接党的二十大胜利召开。

吉炳轩副委员长参加江苏团审议。吉炳轩说，完全赞同政府工作报告。2021 年是具有特殊意义的一年。我们庆祝了党的百年华诞，全面建成小康社会。在新冠肺炎疫情仍在全球肆虐的形势下，我们不但使各项工作有效运行，而且成功举办了一系列重大活动，这是世所罕见的。我们有以习近平同志为核心的党中央坚强领导，有全国人民的同心协力，有制度优势的强力支撑，有科学理论的光辉指引，才有今天的安宁和谐、繁荣昌盛。伟大的实践，使我们更加坚定道路、理论、制度和文化自信，也使我们高举旗帜更加坚定自觉、维护核心更加坚定自觉、尽职尽责更加坚定自觉。实干创业、奋斗兴邦，我们的道路会越走越宽广，我们的国家会越来越强盛。

艾力更·依明巴海副委员长参加新疆团审议。艾力更·依明巴海说，完全赞成政府工作报告。报告贯穿坚决捍卫“两个确立”、做到“两个维护”的政治自觉，充分贯彻以人民为中心的发展思想。尽管面临很多困难，我国高质量发展的步伐更加坚实有力。必须深刻认识“两个确立”决定性意义，一切行动听从习近平总书记和党中央的指挥。走好第二个百年新征程，实现中华民族伟大复兴，离不开习近平总书记这个核心，离不开习近平新时代中国特色社会主义思想的正确指导。要紧紧围绕铸牢中华民族共同体意识这个主题做好民族工作，增强各族群众对伟大祖国、中华民族、中华文化、中国共产党、中国特色社会主义的认同，以优异成绩迎接党的二十大胜利召开。

陈竺副委员长参加宁夏团审议。陈竺说，政府工作报告坚持以习近平新时代中国特色社会主义思想为指导，全面回顾 2021 年我国经济社会发展取得的不平凡成绩；科学研判经济形势，提出今年经济社会发展的总体要求和政策取向；完整、准确、全面贯彻新发展理念，对今年工作作出系统部署，重点突出、切实可行。完全赞成和拥护。要正视困难、坚定信心，坚定不移办好自己的事，加强和改善宏观调控，保持经济运行在合理区间；科学精准做好常态化疫情防控，为经济发展提供良好基础；深入实施创新驱动发展战略，不断培育壮大新动能新产业；加大改革力度，促进共同富裕；加强和创新社会治理，促进社会安定有序，以优异成绩迎接党的二十大胜利召开。

白玛赤林副委员长参加西藏团审议。白玛赤林说，完全赞成政府工作报告。过去一年，以习近平同志为核心的党中央团结带领全党全国各族人民沉着应对百年变局和世纪疫情，奋力完成改革发展艰巨任务，实现了“十四五”良好开局，再次彰显了“两个确立”对党和国家事业的决定性意义。实践证明，核心就是力量，核心就是方向，核心就是未来。坚决维护习近平同志党中央的核心、全党的核心地位，全党就有“定盘星”，全国人民就有“主心骨”，中华“复兴”号巨轮就有掌舵者。要切实增强“四个意识”、坚定“四个自信”、做到“两个维护”，坚决贯彻落实党中央决策部署，努力完成今年发展目标任务，以实际行动迎接党的二十大胜利召开。

丁仲礼副委员长参加上海团审议。丁仲礼说，一年来，面对严峻的新冠疫情和复杂的国内外形势，在以习近平同志为核心的中共中央坚强领导下，国务院各组成部门围绕大局，坚持目标导向和问题导向，经济社会平稳健康发展，GDP 实现 8.1% 的增长，在全球主要经济体中保持领先，经济结构和区域布局继续优化，创新能力进一步增强，改革开放不断深化，生态文明建设持续推进，人民生活水平稳步提升，应对风险挑战能力大大提高，北京冬奥会圆满举办，“十四五”实现良好开局。李克强总理作的政府工作报告，部署今年工作目标明确、重点突出、措施有力，充分体现了以人民为中心的发展思想和稳中求进工作总基调，是凝聚力量、引领发展的好报告，我完全赞同。

郝明金副委员长参加湖北团审议。郝明金说，政府工作报告总结工作实事求是，部署任务目标明确，是一个鼓舞人心、催人奋进的好报告，我完全赞成。以习近平同志为核心的党中央团结带领全国各族人民，如期打赢脱贫攻坚战，全面建成小康社会，我国发展又取得新的重大成就。今年将召开中共二十大，要以习近平新时代中国特色社会主义思想为指导，坚持稳中求进工作总基调，完整、准确、全面贯彻新发展理念，努力实现全年经济社会发展目标任务。建议强化职业教育在实施教育强国战略中的重要地位，压实政府主体责任，健全职业教育经费投入机制，优化教育支出结构，持续增加财政性职业教育经费投入，推动职业教育高质量发展。

蔡达峰副委员长参加江苏团审议。蔡达峰说，过去的一年，在以习近平同志为核心的党中央坚强领导下，我国经济发展和疫情防控保持全球领先，实现“十四五”良好开局。政府工作报告客观总结政府工作成绩，准确研判形势变化，对今年工作的总体要求完整准确、指向明确，政策取向积极、稳健、务实，工作任务内容全面、重点突出、切实可行，充分展现了坚定信念、发展信心、责任担当和务实作风。今年政府要发挥引导作用，着力保持平稳健康的经济环境、国泰民安的社会环境、风清气正的政治环境，防范重大风险。要全面总结工作，巩固和深化发展成果，迎接挑战、再创佳绩，为党的二十大召开营造良好氛围。

武维华副委员长参加河南团审议。武维华说，2021 年，面对复杂严峻的国际形势和艰巨繁重的国内改革发展稳定任务，以习近平同志为核心的党中央，沉着应对百年变局和世纪疫情，团结带领全党全国各族人民，战胜了一系列风险挑战，推动党和国家事业取得新的重大成就，实现了“十四五”开门红。政府工作报告以习近平新时代中国特色社会主义思想为指导，坚持稳字当头、稳中求进，确定的今年经济社会发展总体要求和政策取向研判科学有据，提出的工作建议任务明确、措施具体，回应了很多重点难点问题和普遍关切。相信在以习近平同志为核心的党中央坚强领导下，我们一定会完成全年目标任务，以优异成绩迎接党的二十大胜利召开。完全赞同这个报告。

同日，十三届全国人大五次会议开幕会开始前举行首场“代表通道”，邀请 8 位全国人大代表通过网络视频方式与媒体记者交流互动。开幕会结束后，举行首场“部长通道”采访活动，邀请部分列席会议的国务院部委负责人通过网络视频方式接受采访。

6 日，各代表团召开代表小组会议审议政府工作报告，审查计划报告和草案、预算报告和草案。

国务院总理李克强参加广西团审议。

曹建明副委员长参加四川团审议。曹建明说，李克强总理所作的报告是一个实事求是、凝聚力量、催人奋进的好报告，完全赞成。一年来，以习近平同志为核心的党中央统筹国内国际两个大局，统筹疫情防控和经济社会发展，统筹发展与安全，保持战略定力，坚持稳中求进，引领中国经济稳中向好，党和国家事业取得新的重大成就，极大增强了全党全国各族人民的自信心自豪感和凝聚力向心力。一年来的奋斗极为不易、成就极不寻常，充分彰显了以习近平同志为核心的党中央非凡的政治智慧、强烈的使命担当、深厚的为民情怀和高超的领导能力，充分彰显了“中国之治”独特的政治优势和制度优势，充分彰显了中国经济的强劲韧性和巨大潜力。

万鄂湘副委员长参加河南团审议。万鄂湘说，完全赞同李克强总理所作的政府工作报告。报告充分体现民主，务实进取，凝心聚力，令人鼓舞。报告站位高，通篇贯穿了习近平新时代中国特色社会主义思想，突出体现了坚持“两个确立”、做到“两个维护”的坚定立场，彰显了中国特色社会主义制度的巨大优越性。报告落点实，全面总结去年工作，实事求是，数据详实，总结成绩不浮夸，直面问题不回避，讲实话，交实底。报告聚心气，对新一年安排，紧贴人民群众对美好生活的期盼，统筹疫情防控和经济社会发展，积极应对各种风险挑战，坚持稳字当头、稳中求进，目标合理，任务明确，政策协调，部署合理，举措扎实，鼓舞了士气，提振了信心。

王东明副委员长参加四川团审议。王东明说，完全赞成政府工作报告。过去一年，以习近平同志为核心的党中央团结带领全党全国各族人民砥砺奋进、克难前行，推动党和国家各项事业取得新的重大成就，实现了“十四五”良好开局，续写了“两大奇迹”新篇章。做好今年各项工作，必须坚定拥护“两个确立”，进一步增强“四个意识”、坚定“四个自信”、做到“两个维护”，把党中央决策部署落到实处。各级工会要认真履行政治责任,引导亿万职工听党话、感党恩、跟党走,团结动员广大职工为实现第二个百年奋斗目标建功立业。要扎实做好维权服务工作,坚定维护劳动领域政治安全,以实际行动迎接党的二十大胜利召开。

7 日,各代表团召开代表小组会议,审查计划报告和草案、预算报告和草案,审议地方各级人民代表大会和地方各级人民政府组织法修正草案、关于十四届全国人大代表名额和选举问题的决定草案、香港特别行政区选举十四届全国人大代表的办法草案、关于澳门特别行政区选举十四届全国人大代表的办法草案。

同日,国家主席习近平到解放军和武警部队团与代表一起审议。国务院副总理韩正分别参加香港、澳门团审议。

同日,十三届全国人大五次会议举行视频记者会,国务委员兼外交部长王毅就中国外交政策和对外关系回答中外记者提问。

同日,第十三届全国人大财政经济委员会召开全体会议,在初步审查的基础上,根据各代表团和有关专门委员会的审查意见,对 2022 年计划报告和计划草案、2022 年预算报告和预算草案作进一步审查。在充分讨论的基础上,会议通过《第十三届全国人民代表大会财政经济委员会关于 2021 年国民经济和社会发展计划执行情况与 2022 年国民经济和社会发展计划草案的审查结果报告》和《第十三届全国人民代表大会财政经济委员会关于 2021 年中央和地方预算执行情况与 2022 年中央和地方预算草案的审查结果报告》,并决定提交大会主席团。

同日,第十三届全国人大宪法和法律委员召开全体会议,根据各代表团的审议意见,对地方各级人民代表大会和地方各级人民政府组织法修正草案、关于第十四届全国人民代表大会代表名额和选举问题的决定草案、香港特别行政区选举第十四届全国人民代表大会代表的办法草案、澳门特别行政区选举第十四届全国人民代表大会代表的办法草案进行统一审议,分别提出审议结果的报告和草案修改稿。

8 日上午,十三届全国人大五次会议举行第二次全体会议,大会执行主席是:王晨、王君正、尹弘、刘宁、许其亮、许勤、李飞、吴政隆、何毅亭、张业遂、张庆伟、张轩、张国清、陈润儿、林武、易炼红、郑栅洁、段春华、徐绍史、高虎城、谌贻琴、楼阳生,由王晨主持。会议听取栗战书委员长作全国人大常委会工作报告。栗战书指出,2021 年在人民代表大会制度历史上具有特殊重要意义。党中央首次召开人大工作会议,习近平总书记发表重要讲话,深刻回答了新时代发展中国特色社会主义民主政治、坚持和完善人民代表大会制度的一系列重大理论和实践问题,为做好新时代人大工作指明了前进方向、提供了根本遵循。常委会工作报告分两个部分,关于过去一年的主要工作:一是进一步完善宪法相关法,维护宪法的最高法律地位、权威和效力。二是围绕党和国家工作大局,加快立法修法步伐,为全面建设社会主义现代化国家提供法律保障。三是强化监督力度和实效,监督"一府一委两院"依法履职,保障党中央重大决策部署贯彻落实。四是支持和保障代表依法履职,使发挥代表作用成为人民当家作主的重要体现。五是紧紧围绕国家总体外交目标任务,推进人大对外工作。六是推进全过程人民民主建设,坚持人大常委会基本定位,加强人大常委会自身建设。今后一年的主要任务:一是深入贯彻党的十九届六中全会精神和中央人大工作会议精神。二是用系统完备的制度体系保证宪法实施。三是增强立法工作系统性、整体性、协同性。四是认真做好法律监督和工作监督。五是充分发挥人大代表作用。六是认真做好人大对外工作。七是按照"四个机关"要求加强常委会自身建设。

会议听取最高人民法院院长周强关于最高人民法院工作报告、最高人民检察院检察长张军关于最高人民检察院工作报告。

同日下午,各代表团召开代表小组会议,审议全国人大常委会工作报告。

同日,十三届全国人大五次会议举行"代表通道"采访活动,邀请部分全国人大代表接受采访。

同日,十三届全国人大五次会议举行第二场部长通道采访活动,邀请部分列席会议的国务院有关部委负责人通过网络视频方式接受采访。

同日,十三届全国人大五次会议主席团常务主席第一次会议举行。大会主席团常务主席、全国人大常委会委员长栗战书主持会议。

会议听取大会主席团常务主席、大会副秘书长、全国人大常委会秘书长杨振武作的大会秘书处关于政府工作报告审议和修改情况的汇报,审议了关于政府工作报告的决议草案代拟稿。

会议听取全国人大财政经济委员会主任委员徐绍史作的全国人大财政经济委员会关于 2021 年国民经济和社会发展计划执行情况与 2022 年国民经济和社会发展计划草案的审查结果报告有关情

况的汇报，审议了审查结果报告。

会议听取全国人大财政经济委员会副主任委员史耀斌作的全国人大财政经济委员会关于2021年中央和地方预算执行情况与2022年中央和地方预算草案的审查结果报告有关情况的汇报，审议了审查结果报告。

会议听取杨振武作的大会秘书处关于2021年国民经济和社会发展计划执行情况与2022年国民经济和社会发展计划的决议草案代拟稿、关于2021年中央和地方预算执行情况与2022年中央和地方预算的决议草案代拟稿的汇报，审议了两个决议草案代拟稿。

会议听取全国人大宪法和法律委员会主任委员李飞作的全国人大宪法和法律委员会关于地方各级人民代表大会和地方各级人民政府组织法修正草案、十四届全国人大代表名额和选举问题的决定草案、香港和澳门选举十四届全国人大代表的办法草案审议结果的报告，审议了相关草案和草案修改稿。

会议同意将上述草案、报告、草案修改稿等提请大会主席团第二次会议审议。

同日，十三届全国人大五次主席团举行第二次会议。主席团常务主席、全国人大常委会委员长栗战书主持会议。

关于政府工作报告，主席团常务主席根据各代表团的审议意见和报告修改情况，建议批准政府工作报告，并代拟了关于政府工作报告的决议草案。会议决定将十三届全国人大五次会议关于政府工作报告的决议草案提请各代表团审议。

全国人大财政经济委员会主任委员徐绍史向会议作财政经济委员会关于2021年国民经济和社会发展计划执行情况与2022年国民经济和社会发展计划草案的审查结果报告。建议第十三届全国人民代表大会第五次会议批准国务院提出的《关于2021年国民经济和社会发展计划执行情况与2022年国民经济和社会发展计划草案的报告》，批准2022年国民经济和社会发展计划草案。

全国人大财政经济委员会副主任委员史耀斌向会议作财政经济委员会关于2021年中央和地方预算执行情况与2022年中央和地方预算草案的审查结果报告。建议第十三届全国人民代表大会第五次会议批准国务院提出的《关于2021年中央和地方预算执行情况与2022年中央和地方预算草案的报告》，批准2022年中央预算草案，同时批准2022年地方政府一般债务余额限额158289.22亿元，专项债务余额限额218185.08亿元。

会议通过财政经济委员会的两个审查结果报告。

主席团常务主席根据各代表团的审查意见、国务院作出的修改和财政经济委员会的审查结果报告，建议批准计划报告和计划草案、预算报告和中央预算草案，并代拟了关于计划报告和计划、预算报告和预算的两个决议草案。会议决定将关于2021年国民经济和社会发展计划执行情况与2022年国民经济和社会发展计划的决议草案、关于2021年中央和地方预算执行情况与2022年中央和地方预算的决议草案提请各代表团审议。

全国人大宪法和法律委员会主任委员李飞作关于地方各级人民代表大会和地方各级人民政府组织法修正草案、关于十四届全国人大代表名额和选举问题的决定草案、关于香港特别行政区选举十四届全国人大代表的办法草案、关于澳门特别行政区选举十四届全国人大代表的办法草案审议结果的报告。会议通过了这四个审议结果的报告、一个修改法律的决定草案、一个决定草案修改稿、两个办法草案修改稿，并决定将修改法律的决定草案、决定草案修改稿、两个办法草案修改稿提请各代表团审议。

9日，各代表团召开代表小组会议，审议关于修改地方各级人民代表大会和地方各级人民政府组织法的决定草案、关于第十四届全国人大代表名额和选举问题的决定草案修改稿、香港特别行政区选举第十四届全国人大代表的办法草案修改稿、澳门特别行政区选举第十四届全国人大代表的办法草案修改稿、最高人民法院工作报告、最高人民检察院工作报告。

10日上午，各代表团召开代表小组会议，审议关于政府工作报告、年度计划、年度预算的三个决议草案。

同日下午，各代表团召开代表小组会议，审议关于全国人大常委会工作报告、最高人民法院工作报告、最高人民检察院工作报告的三个决议草案。

同日，十三届全国人大五次会议主席团常务主席第二次会议举行。大会主席团常务主席、全国人大常委会委员长栗战书主持会议。

会议听取全国人大宪法和法律委员会主任委员李飞分别作的全国人大宪法和法律委员会关于修改地方各级人民代表大会和地方各级人民政府组织法的决定草案、关于十四届全国人大代表名额和选举问题的决定草案修改稿、关于香港特别行政区选举十四届全国人大代表的办法草案修改稿、关于澳门特别行政区选举十四届全国人大代表的办法草案修改稿修改意见的报告，审议了这四个草案表决稿。

会议听取大会主席团常务主席、大会副秘书长、全国人大常委会秘书长杨振武分别作的大会秘书处关于全国人大常委会工作报告、最高人民法院工作报告、最高人民检察院工作报告审议和修改情况的汇报，审议了三个报告的决议草案代拟稿。

会议听取并审议大会副秘书长、全国人大常委会副秘书长信春鹰作的大会秘书处关于代表提出议案处理意见的报告。

会议同意将有关修改意见的报告及草案表决稿、决议草案和报告提请大会主席团第三次会议审议。

同日 十三届全国人大五次会议主席团举行第三次会议。主席团常务主席栗战书主持会议。

主席团会议听取全国人大宪法和法律委员会主任委员李飞作的全国人大宪法和法律委员会关于修改地方各级人民代表大会和地方各级人民政府组织法的决定草案、关于十四届全国人大代表名额和选举问题的决定草案修改稿、关于香港特别行政区选举十四届全国人大代表的办法草案修改稿、关于澳门特别行政区选举十四届全国人大代表的办法草案修改稿修改意见的报告。会议通过上述报告和草案表决稿，决定将草案提请大会全体会议表决。

会议决定将十三届全国人大五次会议关于全国人大常委会工作报告的决议草案提请各代表团审议。

会议决定将十三届全国人大五次会议关于最高人民法院工作报告的决议草案、最高人民检察院工作报告的决议草案提请各代表团审议。

会议听取大会副秘书长信春鹰关于十三届全国人大五次会议秘书处关于代表提出议案处理意见的报告。信春鹰说，到 3 月 8 日 12 时，大会秘书处共收到代表提出的议案 487 件，其中，代表团提出的 15 件，30 名以上的代表联名提出的 472 件。在这些议案中，有关立法方面的 474 件，有关监督方面的 13 件。代表议案绝大多数为法律案，其中涉及制定法律的 193 件，修改法律的 274 件，编纂法典的 6 件，有关决定事项的 1 件。内容主要集中在：加强重要领域立法；推进新兴领域立法；加强民生、社会领域立法；完善社会主义市场经济法律制度；完善国家机构组织和职能立法；研究启动条件成熟领域法典编纂工作等。大会秘书处对代表提出的议案逐件认真分析研究，认为没有需要列入本次会议审议的议案。大会秘书处建议，将代表提出的议案分别交由全国人大有关专门委员会审议。有关专门委员会对上述议案进行审议后，向全国人大常委会提出审议结果报告，经全国人大常委会审议通过后，印发第十四届全国人民代表大会第一次会议，同时向十三届全国人大代表作出反馈。大会秘书处就代表议案审议和相关工作提出如下建议：坚持党中央对立法工作的集中统一领导，以良法促进发展、保障善治；坚持发展全过程人民民主，使发挥代表作用成为人民当家作主的重要体现；坚持科学立法、民主立法、依法立法，实现立法政治效果、法治效果、社会效果最大化；推进议案审议结果报告规范化，提升议案工作整体成效。

会议通过十三届全国人大五次会议秘书处关于代表提出议案处理意见的报告。

同日 十三届全国人大五次会议主席团常务主席第三次会议举行。大会主席团常务主席、全国人大常委会委员长栗战书主持会议。

会议听取大会主席团常务主席、大会副秘书长、全国人大常委会秘书长杨振武作的大会秘书处关于政府工作报告、2021 年国民经济和社会发展计划执行情况与 2022 年国民经济和社会发展计划、2021 年中央和地方预算执行情况与 2022 年中央和地方预算、全国人大常委会工作报告、最高人民法院工作报告、最高人民检察院工作报告的六个决议草案审议情况的汇报，审议了这六个决议草案表决稿。

会议同意将上述决议草案表决稿提请大会主席团第四次会议审议。

同日 十三届全国人大五次会议主席团举行第四次会议。主席团常务主席栗战书主持会议。

会议决定将十三届全国人大五次会议关于政府工作报告、2021 年国民经济和社会发展计划执行情况与 2022 年国民经济和社会发展计划、2021 年中央和地方预算执行情况与 2022 年中央和地方预算、全国人大常委会工作报告、最高人民法院工作报告、最高人民检察院工作报告的六个决议草案表决稿，提请大会全体会议表决。

同日下午，栗战书委员长看望参加十三届全国人大五次会议新闻报道的中央主要媒体负责同志和新闻工作者，代表大会主席团和全国人大常委会，向参加大会新闻报道的全体新闻工作者表示诚挚问候和衷心感谢。

11 日上午，十三届全国人大五次会议举行闭幕会。会议执行主席是栗战书、王晨、曹建明、张春贤、沈跃跃、吉炳轩、艾力更·依明巴海、万鄂湘、陈竺、王东明、白玛赤林、丁仲礼、郝明金、蔡达峰、武维华、杨振武，由栗战书主持。

会议通过《第十三届全国人民代表大会第五次会议关于政府工作报告的决议》、《第十三届全国人民代表大会第五次会议关于 2021 年国民经济和社会发展计划执行情况与 2022 年国民经济和社会发展计划的决议》、《第十三届全国人民代表大会第五次会议关于 2021 年中央和地方预算执行情况与 2022 年中央和地方预算的决议》、《第十三届全国人民代表大会第五次会议关于全国人民代表大会常务委员会工作报告的决议》、《第十三届全国人民代表大会第五次会议关于最高人民法院工作报告的决议》、《第十三届全国人民代表大会第五次会议关于最高人民检察院工作报告的决议》。

会议通过《全国人民代表大会关于修改〈中华人民共和国地方各级人民代表大会和地方各级人民政府组织法〉的决定》。本决定自 2022 年 3 月 12 日起施行。

会议通过《第十三届全国人民代表大会第五次会议关于第十四届全国人民代表大会代表名额和选举问题的决定》、《中华人民共和国香港特别行政区选举第十四届全国人民代表大会代表的办法》、《中华人民共和国澳门特别行政区选举第十四届全国人民代表大会代表的办法》。

大会完成各项议程后，栗战书发表讲话。栗战书说，十三届全国人大五次会议已经圆满完成了各项议程。会议审议批准政府工作报告和其他报告，审议通过关于修改地方组织法的决定，关于十四届全国人大代表名额和选举问题的决定，香港特别行政区、澳门特别行政区选举十四届全国人大代表的两个办法。会议取得的成果，展现了在全面建设社会主义现代化国家、推进国家治理体系和治理能力现代化新征程上党和国家事业取得的新的重大成就，进一步激发了全国各族人民在以习近平同志为核心的党中央坚强领导下意气风发、步调一致向前进的坚定决心。

栗战书指出，本届全国人大及其常委会履职以来，在以习近平同志为核心的党中央坚强领导下，在党和国家事业大踏步前进的时代背景下，全国人大及其常委会的工作也取得了新的成绩。这从根本上得益于全面贯彻习近平总书记关于坚持和完善人民代表大会制度的重要思想，在新的奋斗征程上，必须深入学习和认真贯彻这一全新政治制度理论，坚定不移走中国特色社会主义政治发展道路；得益于坚持党的全面领导这一宪法核心原则，全国人大及其常委会监督宪法的实施，最为根本的就是确保党的指导思想、党的领导地位不动摇，确保党中央集中统一领导和人民当家作主、依法治国得以全面实现；得益于坚持国家一切权力属于人民，要充分发挥人民代表大会制度作为实现全过程人民民主的重要制度载体作用，保证人民当家作主落实到国家政治生活和社会生活之中；得益于依法正确行使权力、履行职责，既支持“一府一委两院”高效推进各项事业，又确保行政权、监察权、审判权、检察权依法正确行使；得益于着力推进国家治理体系和治理能力现代化，要把人民代表大会制度的特点和优势充分发挥出来，推动人大制度和运行机制更加完善更加定型，有效保证国家沿着社会主义道路前进。

栗战书指出，本届全国人大及其常委会履职以来，各位代表肩负党和人民重托，积极参加会议审议，提出高质量、有分量的议案和建议，从不同角度参与重要法律的制定修改，为党和国家事业发展作出了重要贡献。要保持永不放松、永不懈怠的精神状态，认真履行代表职务，在各自岗位上作出新的更大成绩。

栗战书说，今年是党和国家事业发展进程中十分重要的一年。要深入贯彻落实中央人大工作会议精神，深刻认识人民代表大会制度在国家制度和国家治理体系中的新使命新任务，坚持党的全面领导，全面实施宪法，加快完善中国特色社会主义法律体系，依法监督“一府一委两院”工作，发展全过程人民民主，保证人民当家作主，全面提升人大工作质量和水平，以实际行动迎接党的二十大胜利召开。（全文见本书 27 页）

同日，十三届全国人大五次会议举行记者会，国务院总理李克强应大会发言人张业遂的邀请会见中外记者，并回答记者提问。

3 月 12 日　《人民日报》发表题为《团结奋斗创造新的伟业》社论，热烈庆祝十三届全国人大五次会议胜利闭幕。

3 月 16 日　针对美国“2022 财年综合拨款法案”签署成法，全国人大外事委员会发言人发表谈话。全文如下：当地时间 3 月 15 日，美方不顾中方多次严正交涉，执意将含有涉台、涉港、涉藏、涉疆等多项涉华消极条款的“2022 财年综合拨款法案”签署成法，严重损害中国国家利益，粗暴干涉中国内政。我们对此坚决反对。

世界上只有一个中国,台湾是中国领土不可分割的一部分,这是历史和法理事实。任何正确标示台湾地区的地图,都基于上述事实。美方妄图借所谓台湾地区地图问题大搞政治操弄,制造“两个中国”和“一中一台”,是对一个中国原则的挑战和破坏,是极其危险的政治挑衅。涉港、涉藏、涉疆事务纯属中国内政。美方借有关问题干涉中国内政、遏制中国发展、破坏中国国家安全和社会稳定的图谋不可能得逞。

中国维护国家主权、安全、发展利益的决心坚定不移。我们强烈敦促美方充分认清有关涉华消极条款的严重危害性,停止纵容支持“台独”行径,停止借有关问题干涉中国内政。

3月19日 第九届、十届全国人大常委会副委员长何鲁丽同志因病于2022年3月19日0时45分在北京逝世,享年88岁。

3月21日 陈竺副委员长以视频方式出席各国议会联盟第144届大会。

3月22日 栗战书委员长以视频方式同克罗地亚议长扬德罗科维奇举行会谈。

3月22日至24日 王晨副委员长在四川省调研,先后赴成都市、自贡市的企业、产业园区、科研院所等地,还来到四川省人大机关看望机关干部并了解立法、监督等工作服务经济社会发展取得的成效。

3月23日 栗战书委员长主持召开环境保护法执法检查组会议,听取国务院法律实施主管部门落实环境保护法情况的汇报,副委员长张春贤、沈跃跃、丁仲礼出席会议,国务委员王勇出席会议并讲话。各省(区、市)人大常委会负责同志通过视频方式参会。

栗战书指出,党的十八大以来,以习近平同志为核心的党中央谋划开展了一系列根本性、开创性、长远性工作,推动我国生态文明建设从认识到实践都发生了历史性、转折性、全局性的变化。全国人大及其常委会统筹推进相关立法和监督工作,生态环保立法实现了从量到质的全面提升,助力打好打赢污染防治攻坚战,持续加大执法检查力度,推进生态文明建设,实效不断增强。

栗战书强调,随着全面依法治国深入推进,各方面学习法律、遵守法律的自觉性不断增强,法律实施取得显著成效。同时也要看到,在实际工作中不少法律还没有得到全面、严格实施。法律是党的主张和人民意志的集中体现,凝聚着长期的实践经验和广泛的社会共识,一部法律对相应领域的工作都有全面的制度性规定,且带有强制性。全面贯彻落实好了,相应领域工作的质量和水平就一定能够得到显著提升。

栗战书指出,环境保护法是一部在生态环保领域起统领作用的基础性、综合性法律,全面落实环保法,实际上也就是推动党中央关于生态环保工作决策部署的落实。要坚持紧扣法律规定开展执法检查,突出法律关于促进绿色低碳发展的政策措施、污染防治的制度措施、生态保护和修复的制度措施、政府法定职责的落实情况,确保法律规定的重要制度、措施、责任落实见效。要注重全面系统理解法律、实施法律,对照法律规定逐条逐项检查法律制度是否有效落实、法定职责是否切实履行、法律责任是否严格追究,对检查发现的问题要跟踪监督整改,推动在法治轨道上防治污染、保护生态环境和人民生命健康安全,建设美丽中国。

栗战书强调,要把学习宣传习近平生态文明思想贯穿检查的各环节全过程。继续完善生态环保法律体系,深入开展法治宣传教育,使建设美丽中国成为全体人民的自觉行动。践行全过程人民民主理念,充分吸纳民意、汇集民智,推动解决老百姓身边的突出生态环境问题。

此次执法检查由栗战书委员长任组长,分为4个检查小组赴8个省区开展实地检查,同时委托其他省级人大常委会开展检查,实现31个省(区、市)“全覆盖”。

3月24日 全国人大常委会预算工委召开个人所得税专题调研部门座谈会暨调研组全体会议,副委员长陈竺、王东明出席会议并讲话。

3月25日 栗战书委员长以视频方式同吉尔吉斯斯坦议长马梅托夫举行会谈。

3月28日至31日 沈跃跃副委员长率全国人大常委会执法检查组在宁夏回族自治区对环境保护法贯彻实施情况进行检查。

3月28日至4月1日 丁仲礼副委员长率全国人大常委会执法检查组在四川省对环境保护法贯彻实施情况进行检查。

3月30日 种子法实施座谈会召开,吉炳轩副委员长出席并讲话。

3月30日至4月2日 栗战书委员长在安徽省就深入学习贯彻中央人大工作会议精神和职业教育法修订进行调研。他先后来到黄山市、宣城市、合肥市的乡村、企业、院校和省人大机关调研,同干部群众深入交流,主持召开学习贯彻中央人大工作会议精神座谈会、五级人大代表座谈会、职业教育法修订座谈会，了解有关情况，听取对做好新时代人大工作的意见建议。栗战书对安徽学习贯彻中央人大工作会议精神的举措和成效予以充分肯定。

栗战书还来到宣城职业技术学院、科大讯飞股份有限公司调研职业教育发展情况，听取对职业教育法修订工作的意见。调研期间，栗战书考察了乡村振兴、科技创新等情况，瞻仰了泾县新四军军部旧址。（全文见本书221、223、225、227页）

四　　月

4月1日　王晨副委员长出席十三届全国人大五次会议代表建议交办会并讲话，杨振武秘书长主持。

4月6日　王晨副委员长与尼日尔国民议会第一副议长卡拉举行视频会晤。

4月7日　副委员长曹建明、张春贤、沈跃跃、吉炳轩、艾力更·依明巴海、陈竺、王东明、白玛赤林、郝明金、武维华，全国人大常委会秘书长、副秘书长、机关党组成员，各专门委员会、工作委员会负责人，在北京市丰台区青龙湖植树场地参加义务植树活动。

4月8日　栗战书委员长出席北京冬奥会、冬残奥会总结表彰大会。

同日　栗战书委员长以视频方式同尼泊尔众议长萨普科塔举行会谈。

4月11日　十三届全国人大常委会召开第一百一十四次委员长会议，栗战书委员长主持会议。会议决定，十三届全国人大常委会第三十四次会议4月18日至20日举行。

会议审议通过全国人大常委会2022年度工作要点和立法、监督、代表工作计划，审议通过全国人民代表大会会议工作程序。

同日　全国人大常委会科学技术普及法执法检查组召开第一次全体会议，副委员长张春贤、吉炳轩、艾力更·依明巴海、蔡达峰出席。

4月14日至15日　王晨副委员长在国家体育总局就体育法修订工作开展专题调研。

4月14日至15日　艾力更·依明巴海副委员长率全国人大常委会执法检查组在北京市对科学技术普及法贯彻实施情况进行检查。

4月15日　栗战书委员长以视频方式同俄罗斯联邦委员会主席马特维延科举行会谈。

同日　全国人大常委会机关党组理论学习中心组召开集体学习扩大会议，认真学习领会习近平经济思想、中央经济工作会议精神、习近平总书记关于中国式现代化道路和共同富裕的重要论述，深入学习习近平法治思想、习近平总书记关于坚持和完善人民代表大会制度的重要思想、习近平总书记在中央人大工作会议上的重要讲话精神。全国人大常委会秘书长、机关党组书记杨振武主持会议并讲话。

4月18日至20日　十三届全国人大常委会举行第三十四次会议。

会议听取全国人大宪法和法律委员会主任委员李飞关于期货和衍生品法草案审议结果的报告。在审议的基础上，会议印发全国人大宪法和法律委员会关于期货和衍生品法草案三次审议稿修改意见的报告。经过审议，会议通过《中华人民共和国期货和衍生品法》。

《中华人民共和国期货和衍生品法》共13章，115条，包括：总则、期货交易和衍生品交易、期货结算与交割、期货交易者、期货经营机构、期货交易场所、期货结算机构、期货服务机构、期货业协会、监督管理、跨境交易与监管协作、法律责任、附则。本法自2022年8月1日起施行。

会议听取全国人大宪法和法律委员会主任委员李飞关于职业教育法修订草案审议结果的报告。在审议的基础上，会议印发全国人大宪法和法律委员会关于职业教育法修订草案三次审议稿修改意见的报告。经过审议，会议通过修订后的《中华人民共和国职业教育法》。

修订后的《中华人民共和国职业教育法》共8章，69条，包括：总则、职业教育体系、职业教育的实施、职业学校和职业培训机构、职业教育的教师与受教育者、职业教育的保障、法律责任、附则。本法自2022年5月1日起施行。

会议听取全国人大常委会副秘书长信春鹰关于第十四届全国人民代表大会代表名额分配方案草案的说明、关于第十四届全国人民代表大会少数民族代表名额分配方案草案的说明、关于台湾省出席第十四届全国人民代表大会代表协商选举方案草案的说明。在审议的基础上,会议通过《第十四届全国人民代表大会代表名额分配方案》,《第十四届全国人民代表大会少数民族代表名额分配方案》,《台湾省出席第十四届全国人民代表大会代表协商选举方案》。

会议听取公安部副部长王小洪关于提请审议批准《关于修改二〇〇二年六月七日在圣彼得堡(俄罗斯联邦)签署的〈上海合作组织成员国关于地区反恐怖机构的协定〉的议定书》的议案的说明,人力资源和社会保障部部长张纪南关于提请审议批准《1930 年强迫劳动公约》的议案的说明、关于提请审议批准《1957 年废除强迫劳动公约》的议案的说明。经过审议,会议通过全国人民代表大会常务委员会关于批准《关于修改二〇〇二年六月七日在圣彼得堡(俄罗斯联邦)签署的〈上海合作组织成员国关于地区反恐怖机构的协定〉的议定书》的决定、全国人民代表大会常务委员会关于批准《1930 年强迫劳动公约》的决定、全国人民代表大会常务委员会关于批准《1957 年废除强迫劳动公约》的决定。

会议听取全国人大宪法和法律委员会副主任委员徐辉关于体育法修订草案修改情况的汇报,全国人大宪法和法律委员会副主任委员刘季幸关于黑土地保护法草案修改情况的汇报,全国人大宪法和法律委员会副主任委员丛斌关于妇女权益保障法修订草案修改情况的汇报,并对这三部法律草案进行再次审议。

会议听取并审议生态环境部部长黄润秋关于 2021 年度环境状况和环境保护目标完成情况的报告。

会议听取全国人大常委会代表资格审查委员会主任委员吴玉良关于个别代表的代表资格的报告。经过审议,会议通过了这个报告。

会议任命应勇为全国人大宪法和法律委员会副主任委员,任命陈润儿为全国人大农业与农村委员会副主任委员,任命王建军为全国人大社会建设委员会副主任委员。

会议批准免去王蒙徽的住房和城乡建设部部长职务。

会议批准免去姜伟的最高人民法院副院长职务。

会议还通过其他任免事项。

会议闭幕时,栗战书委员长发表讲话。栗战书指出,本次会议审议通过的期货和衍生品法、新修订的职业教育法,全面贯彻以习近平同志为核心的党中央有关决策部署,是经济金融和教育领域的重要法律。各有关方面要加强宣传解读,认真履行法定职责,完善配套规定,确保法律全面准确实施。会议在听取审议国务院关于 2021 年度环境状况和环境保护目标完成情况的报告时认为,2021 年全国生态环境质量明显改善,实现"十四五"生态环境保护良好开局。要进一步完善好、实施好这项报告制度,依法持续推进生态文明建设。

栗战书指出,要按照党中央关于人大代表换届选举工作的部署要求,依照宪法、选举法等相关法律文件,坚持党的领导、坚持人民当家作主、严格依法办事、严明换届纪律,把好代表"入口关",主持好十四届全国人大代表选举,指导、督促各选举单位做好选举工作,确保选举工作风清气正、选举结果人民满意。

栗战书强调,本届全国人大及其常委会成立以来的工作使我们深深认识到,人大工作涉及党中央重大决策部署的贯彻落实,涉及全面依法治国的顺利推进,涉及国家安全,涉及道路、制度问题,这都不是小事而是大事。要始终保持清醒政治头脑,坚定正确政治方向,站稳正确政治立场,本着对党和人民高度负责的态度,认真履行职责,全力以赴完成好本届人大的历史使命,努力向党和人民交出一份满意答卷。

栗战书强调,要继续抓好中央人大工作会议精神的贯彻落实,以很强的政治能力、高度的历史自觉、强烈的使命担当,勤勉尽责、主动作为,作出应有贡献。一是把坚持党中央集中统一领导作为最高政治原则,始终坚持以习近平新时代中国特色社会主义思想为统领,深刻认识"两个确立"的决定性意义,深刻领悟"国之大者",把党的领导贯穿人大工作全过程、各方面。二是紧紧围绕党中央的重大决策部署谋划推进人大各项工作,人大工作要服从服务和维护保障党的二十大召开这个大局,立足自身职能特点,认真做好立法、监督、代表、外事等工作。三是始终保持永不放松、永不懈怠的精神状态,不忘初心、牢记使命,善始善终、善作善成,担当起应有责任,完成全年工作任务。四是牢牢守住廉洁从政、严格自律的政治本色,坚持廉政建设永远在路上,更加严格要求自己,确保党和人民赋予的权力始终用来为人民服务。(全文见本书 208 页)

会议结束时,十三届全国人大常委会举行第二十八讲专题讲座,栗战书委员长主持。水利部黄河水利委员会党组书记、主任汪安南作题为《从黄河流域生态演变看人与河的关系》的讲座。

4月18日　栗战书委员长与列席十三届全国人大常委会第三十四次会议的全国人大代表座谈。王晨副委员长主持座谈会。座谈会上，代表们围绕践行全过程人民民主问题，交流履职体会，提出意见建议。听取大家发言后，栗战书说，习近平总书记深刻论述了全过程人民民主重大理念，指出人民代表大会制度是实现我国全过程人民民主的重要制度载体，人大代表密切联系群众、依法履职尽责，是全过程人民民主的重要内容和生动实践。这些重要思想和论述，为人大代表履职提出了明确要求。要充分认识人大代表肩负的职责，更好接地气、察民情、聚民智、惠民生，把各方面社情民意统一于最广大人民根本利益之中。

栗战书指出，在人大代表履职工作特别是践行全过程人民民主中，要把握好以下几条基本准则。一是坚持正确政治方向是代表依法履职的前提和根本，必须深刻理解"两个确立"的决定性意义，转化为思想自觉、政治自觉、行动自觉。二是充分发挥代表作用是坚持和完善人民代表大会制度的必然要求，是人大工作保持生机和活力的重要基础，必须全面、准确、有效地贯彻体现到工作中。三是支持和保障代表依法履职是各国家机关的法定职责，是保证人民当家作主的重要体现。各国家机关要自觉接受代表和人民监督。各级人大的办事机构和工作机构要支持和保障代表履职。四是人大代表肩负着党和人民赋予的光荣使命，肩负着宪法法律赋予的重要职责，要忠实代表人民利益和意志，依法参加行使国家权力。五是充分发挥代表来自人民、扎根人民的特点优势，密切同人民群众的联系，当好党和国家联系人民群众的桥梁。六是严格依法履职，加强思想、作风建设，模范遵守宪法法律，在全面依法治国实践中发挥带头作用。

栗战书强调，人大代表要正确认识代表的角色定位、职责使命和行权方式，做到对代表身份的认识不能走偏、对肩负职责的定位不能走偏、对履职行权的范围不能走偏。要以高标准要求自己，自觉树立人大代表良好形象，无愧于人大代表这个光荣称号。（全文见本书230页）

4月19日　十三届全国人大常委会委员长会议召开第一百一十五次会议，栗战书委员长主持会议。会议决定，将草案修改稿、草案等提交常委会会议审议。

同日　栗战书委员长以视频方式同墨西哥参议长桑切斯举行会谈。

4月20日　十三届全国人大常委会委员长会议召开第一百一十六次会议，栗战书委员长主持会议。会议研究提请常委会会议表决事项。

同日　十三届全国人大常委会举行宪法宣誓仪式，王东明副委员长主持并监誓。全国人大宪法和法律委员会副主任委员应勇、全国人大农业与农村委员会副主任委员陈润儿、全国人大社会建设委员会副主任委员王建军进行宪法宣誓。全国人大机关有关负责同志参加了宣誓活动。

同日　全国人大常委会发布公告。公告说，天津市人大常委会决定罢免孔晓艳的第十三届全国人民代表大会代表职务。福建省人大常委会决定罢免陈家东的第十三届全国人民代表大会代表职务。湖南省人大常委会决定罢免阳卫国、杨懿文的第十三届全国人民代表大会代表职务。云南省人大常委会决定罢免王喜良、杨小平、段文泉的第十三届全国人民代表大会代表职务。依照《中华人民共和国全国人民代表大会和地方各级人民代表大会代表法》的有关规定，孔晓艳、陈家东、阳卫国、杨懿文、王喜良、杨小平、段文泉的代表资格终止。截至目前，第十三届全国人民代表大会实有代表2944人。

同日　栗战书委员长以视频方式同马拉维议长哈拉举行会谈。

4月22日　青藏高原生态保护法立法座谈会召开，栗战书委员长出席会议并讲话。沈跃跃副委员长主持会议，丁仲礼副委员长出席。栗战书强调，要深入学习领会习近平总书记关于青藏高原生态保护的重要指示精神和党中央决策部署，充分认识青藏高原生态保护立法的重大意义、特点要求，进一步凝聚共识，高质量做好立法工作，切实保护中华民族永续发展的生态根基。

栗战书指出，要本着对历史负责、对人民负责和对世界负责的态度，推进青藏高原生态保护立法。要全面系统做好制度设计，增强立法的针对性、适用性、可操作性。一是"坚持生态保护第一"，坚持在高水平保护中促进高质量发展，在推动高质量发展中实现高水平保护。二是突出构建生态安全格局，在法律中明确国家构建青藏高原生态安全屏障，守住生态安全底线，建立分区分类用途管制和生态环境分区管控制度，促进重点生态功能区生态系统质量与稳定性提升。三是突出生态保护修复，坚持保护优先、预防先行、自然恢复为主，坚持山水林田湖草沙冰系统治理，增强青藏高原的生物多样性及生态系统的原真性和完整性。四是强化生态风险防控，建立健全全领域统一的和分区域的气候和生态环境监测评估制度。五是科学促进生态、生产、生活协调平衡,构建与资源环境承载力相适应的产业布局,形成有利于促进生态良性发展的生活方式。栗战书强调,推进青藏高原生态保护立法,标准要求高、立法难度大,要加强组织协调,继续做好调研论证和听取意见工作,做好与其他法律的衔接。(全文见本书 231 页)

同日 王晨副委员长以视频方式会见古巴全国人民政权代表大会副主席马查多。

4 月 24 日至 26 日 王晨副委员长在内蒙古自治区调研,先后来到当地企业、科研院所等地,详细了解地方人大贯彻落实中央人大工作会议精神情况,并在包头市昆工路街道看望基层人大代表。

4 月 26 日 丁仲礼副委员长出席中国全国人大与非洲法语国家议会线上研讨会开幕式并致辞。

4 月 27 日 栗战书委员长以视频方式同挪威议长加拉哈尼举行会谈。

4 月 28 日 全国人大常委会办公厅 2022 年全国县级人大常委会负责同志网络学习班开班,本次学习班通过全国人大网络学院、以线上学习的形式组织开展,全国 2800 多个县级人大常委会的负责同志参加。

五 月

5 月 10 日 栗战书委员长出席庆祝中国共产主义青年团成立 100 周年大会。

同日 王晨副委员长以视频方式与泰国国会下议院第一副议长素察·陈乍仑举行会晤。

5 月 11 日 全国人大常委会举行湿地保护法实施座谈会,栗战书委员长出席座谈会并讲话,丁仲礼副委员长主持会议,沈跃跃副委员长出席会议。

栗战书强调,要深入学习贯彻习近平生态文明思想,认真落实习近平总书记关于湿地保护的重要指示要求,宣传好、贯彻好、实施好湿地保护法,引领我国湿地保护工作全面进入法治化轨道。

栗战书指出,党的十八大以来,以习近平同志为核心的党中央高度重视湿地保护和修复工作,把湿地保护作为生态文明建设的重要内容,作出一系列强化保护修复、加强制度建设的决策部署。湿地保护法贯彻了习近平生态文明思想,把科学保护湿地的理念原则和有益做法经验上升为法律制度,立足湿地生态系统的整体性保护修复,确立了"保护优先、严格管理、系统治理、科学修复、合理利用"的原则,填补了我国生态系统立法空白,丰富完善了我国生态文明制度体系。要完整、准确、全面贯彻落实法律规定,认真做好法律宣传解读工作,凝聚全社会珍爱湿地、保护湿地的共识,用法治方式保护大美湿地,推动湿地保护高质量发展。

栗战书强调,法律的生命在于实施。要压实各级政府及有关部门保护湿地的主体责任,严格落实湿地分级管理及名录制度,依法做好湿地名录认定工作,规范名录发布程序和内容,合理划定纳入生态保护红线的湿地范围,加快构建全国统一的湿地分级保护体系。要完善落实有关保护和利用的制度,始终坚持保护优先、绿色发展,坚决纠正追求高强度物质输出和过度商业化开发,推动实现生态效益、社会效益、经济效益相统一。要认真抓好湿地修复制度的落实,坚持自然恢复为主、自然恢复与人工修复相结合,重要湿地要依法编制修复方案,依法公开修复情况,确保湿地修复更加科学有效。要全面落实政府法定职责,国务院及有关部门要加快制定完善相关法规和标准,省区市和设区的市、自治州根据本地实际制定湿地保护具体办法,搞好法律配套衔接,织密扎牢湿地保护的"制度网",形成一体推进、合力保护湿地的工作格局。要全面加强执法司法力度,增强法律的刚性和权威,综合采取检查、审计、约谈、处罚、公益诉讼、民事赔偿等多种方式,切实加大执法司法工作力度,让严格的法律责任落到实处。(全文见本书 234 页)

5 月 16 日至 19 日 沈跃跃副委员长率全国人大常委会执法检查组在福建省对环境保护法贯彻实施情况进行检查。

5 月 17 日 栗战书委员长以视频方式与塔吉克斯坦议会上院议长鲁斯塔姆·埃莫马利举行会谈。

5 月 24 日 栗战书委员长以视频方式同希腊议长塔苏拉斯举行会谈。

同日 沈跃跃副委员长以视频方式同联合国人权事务高级专员巴切莱特会晤。

5 月 25 日 栗战书委员长以视频方式同约旦参议长法耶兹举行会谈。

5 月 26 日 全国人大常委会举行噪声污染防

治法实施座谈会，栗战书委员长出席座谈会并讲话，沈跃跃副委员长主持会议，丁仲礼副委员长出席会议。

栗战书强调，要深入贯彻习近平总书记“还自然以宁静、和谐、美丽”的重要指示精神和党中央决策部署，积极回应社会对热点问题的关切，回应人民群众对优美环境的新要求新期待，使法律制度成为宁静环境的守护神。

栗战书指出，以习近平同志为核心的党中央高度重视法律实施工作。十三届全国人大常委会切实承担法律职责，认真抓好宪法实施，坚持围绕中心、服务大局、突出重点，深入细致地做好执法检查、备案审查和法规清理工作，切实解决法律实施中存在的问题、法律法规之间不一致不协调甚至相互“打架”的问题，深入推动法律实施。全国人大及其常委会对监督保障法律实施负有重要职责。要按照宪法法律规定，从整体上推动法律制度的贯彻落实，维护我国社会主义法律体系的完整、统一、协调、顺畅。

栗战书强调，噪声污染防治是重要民生问题，人民群众对法律实施效果充满期待。要重点抓好法律中新制度新规定新要求的贯彻实施，切实把“纸上的法律”变为“行动中的法律”，使之成为防噪、降噪、治噪的有力武器。要严格落实各级政府和有关部门的法定职责和法律责任，一个条款一个条款对照落实，切实把法律制度的引领、规范、保障作用发挥出来。要抓紧完善相关标准体系和配套法规，出台相关标准，制定修订配套规章和规范性文件，完善有关地方性法规，并借鉴国际上噪声污染防治的一些管用措施办法。要发动全社会力量共同参与防治，形成建设宁静和谐的美好人居环境的合力。噪声污染防治法受众面广、专业性强，要加强法律的宣传普及，尽量用通俗易懂的语言解读法条，用生动具体的案例阐释规定，推动形成人人有责、人人参与、人人受益的噪声污染防治氛围，让全社会共享一片宁静的空间。（全文见本书237页）

同日 王晨副委员长以视频方式与委内瑞拉全国代表大会第一副主席巴雷拉举行会晤。

5月27日 王晨副委员长应邀在白俄罗斯法律家联盟第十届大会开幕式上发表视频致辞。

5月30日 十三届全国人大常委会召开第一百一十八次委员长会议，栗战书委员长主持会议。会议决定，十三届全国人大常委会第三十五次会议6月21日至24日举行。

同日 栗战书委员长录制集体安全条约组织议会大会全体会议致辞视频。

六 月

6月1日 王晨副委员长在公安部就反电信网络诈骗工作和法制建设情况调研。

6月6日 栗战书委员长在集体安全条约组织议会大会全体会议上发表视频致辞。

6月6日至10日 曹建明副委员长率全国人大常委会调研组在江苏省围绕人民法院涉外审判工作情况和人民检察院未成年人检察工作情况进行调研。

6月6日至10日 张春贤副委员长率全国人大常委会执法检查组在山西省对环境保护法贯彻实施情况进行检查。

6月6日至11日 蔡达峰副委员长率全国人大常委会执法检查组在新疆维吾尔自治区对科学技术普及法贯彻实施情况进行检查。

6月7日至10日 王晨副委员长在湖南省进行调研，强调要深入学习贯彻习近平总书记在中央人大工作会议上的重要讲话精神，围绕党中央决策部署，着眼人民群众美好生活需要，长期坚持、不断完善人民代表大会制度，推动制度优势更好转化为国家治理效能。

6月7日至11日 吉炳轩副委员长率全国人大常委会调研组在广西壮族自治区桂林市围绕巩固拓展脱贫攻坚成果同乡村振兴有效衔接情况进行调研。

6月10日 全国人大外事委员会发言人就欧洲议会通过所谓“新疆人权形势”决议发表谈话。全文如下：我们强烈谴责欧洲议会通过的所谓“新疆人权形势”决议，坚决反对欧洲议会打着“人权”的幌子搞政治操弄，粗暴干涉中国内政。尊重和保障人权是中国宪法的重要原则。新中国成立70多年来，新疆人权事业不断得到新的发展和进步。中国依法开展反恐和去极端化斗争，有效遏制了恐怖活动多发频发势头，最大限度地保障了新疆各族人民群众的生命财产安全，为世界人权事业和全球反恐事业作出了积极贡献。当前新疆社会安宁稳定、经济繁荣发展、人民安居乐业,正处于历史上最好的发展时期。事实不容歪曲,真相不容否认。欧洲议会一些反华势力出于政治私利,罔顾客观事实,诋毁抹黑中国治疆政策,恶意散布涉疆谎言谣言,将人权问题政治化、工具化,其目的就是挑拨中国民族关系、诋毁中国形象、遏制中国发展,其所作所为注定不会得逞。涉疆问题根本不是什么人权、民族、宗教问题,而是反暴恐和反分裂问题。新疆事务纯属中国内政,任何外部势力无权干涉。我们敦促欧洲议会立即停止借涉疆问题干涉中国内政。

6月10日至13日　栗战书委员长率全国人大常委会执法检查组在黑龙江省对环境保护法贯彻实施情况进行检查,并就黑土地保护立法进行调研。

检查组先后来到齐齐哈尔、佳木斯、哈尔滨开展检查,深入中国一重集团、哈尔滨工业大学城市水资源与水环境国家重点实验室了解工业废水废渣无害化处理、环保科技研发情况,还到黑瞎子岛、扎龙自然保护区、同江三江汇流处等地,实地考察检查农业面源污染防治、水资源和湿地保护等情况,召开环保法执法检查座谈会,听取法律实施情况汇报和有关意见建议。栗战书指出,黑龙江认真贯彻实施环保法,生态环境显著改善,是新时代美丽中国建设成就的一个缩影。

栗战书强调,要坚持以习近平生态文明思想作为贯彻实施环境保护法律的根本遵循,引领生态环保领域法律制度完善发展,推动法律法规深入有效实施。要坚持把经济社会发展与环境保护相协调作为贯彻实施法律的重要原则,完整、准确、全面贯彻新发展理念,走出一条生态优先、绿色低碳的高质量发展新路子。要坚持把以人民为中心的发展思想作为贯彻实施法律的出发点和落脚点,满足人民日益增长的优美生态环境需要。要坚持把落实法定职责作为贯彻实施法律的重要抓手,形成各司其职、齐抓共管的环境治理格局。要不断完善环境保护法律体系,积极发挥地方立法作用,推动生态环保法律制度落细落实,增强法律体系整体功效。

栗战书来到黑龙江省黑土保护利用研究院、北大荒农垦集团建三江等地就黑土地保护立法进行调研,召开座谈会听取科研人员、种粮户、人大代表的意见建议。在黑龙江期间,栗战书还考察了哈尔滨新区深哈产业园、同江中俄黑龙江铁路大桥的建设情况,并到省人大机关调研。栗战书说,黑龙江正处于全面振兴、全方位振兴的关键时期,要全面贯彻习近平总书记对黑龙江工作的重要指示要求,履行好政治责任,推进高质量发展,在东北振兴大局中展现新气象新担当新作为。要落实中央人大工作会议精神,践行“四个机关”要求,为新时代坚持和完善人民代表大会制度、更好服务党和国家工作大局作出应有贡献。(全文见本书240、242页)

6月11日至14日　丁仲礼副委员长率全国人大常委会执法检查组在江苏省对环境保护法贯彻实施情况进行检查。

6月12日至13日　艾力更·依明巴海副委员长率全国人大常委会执法检查组在山东省对科学技术普及法贯彻实施情况进行检查。

6月12日至14日　郝明金副委员长率全国人大常委会调研组在福建省围绕人民法院涉外审判工作情况和人民检察院未成年人检察工作情况进行调研。

6月13日　乡村振兴促进法实施座谈会召开,吉炳轩副委员长出席并讲话。

6月13日至18日　张春贤副委员长率全国人大常委会执法检查组在西藏自治区对环境保护法贯彻实施情况进行检查。

6月14日　王晨副委员长出席深入学习研究阐释习近平法治思想研讨会并讲话。

6月15日　栗战书委员长以视频方式同圭亚那议长纳迪尔举行会谈。

6月16日　全国人大常委会法制工作委员会举行记者会,法工委发言人介绍立法工作有关情况并回答记者提问。

6月21日至24日　十三届全国人大常委会举行第三十五次会议。

会议听取全国人大宪法和法律委员会副主任委员徐辉关于体育法修订草案审议结果的报告。在审议的基础上,会议印发全国人大宪法和法律委员会关于体育法修订草案三次审议稿修改意见的报告。经过审议,会议通过修订后的《中华人民共和国体育法》。

修订后的《中华人民共和国体育法》共12章,122条,包括:总则、全民健身、青少年和学校体育、竞技体育、反兴奋剂、体育组织、体育产业、保障条件、体育仲裁、监督管理、法律责任、附则。本法自2023年1月1日起施行。

会议听取全国人大宪法和法律委员会副主任委员刘季幸关于黑土地保护法草案审议结果的报告。在审议的基础上,会议印发全国人大宪法和法律委员会关于黑土地保护法草案三次审议稿修改意见的报告。经过审议,会议通过《中华人民共和国黑土地保护法》。

《中华人民共和国黑土地保护法》共38条。本法自2022年8月1日起施行。

会议听取全国人大宪法和法律委员会副主任委员胡可明关于反垄断法修正草案审议结果的报告。在审议的基础上，会议印发全国人大宪法和法律委员会关于修改反垄断法的决定草案修改意见的报告。经过审议，会议通过《全国人民代表大会常务委员会关于修改〈中华人民共和国反垄断法〉的决定》。本决定自2022年8月1日起施行。《中华人民共和国反垄断法》根据本决定作相应修改并对条文顺序作相应调整，重新公布。

会议听取全国人大宪法和法律委员会副主任委员沈春耀关于全国人民代表大会常务委员会议事规则修正草案审议结果的报告。在审议的基础上，会议印发全国人大宪法和法律委员会关于全国人民代表大会常务委员会关于修改全国人大常务委员会议事规则的决定草案修改意见的报告。经过审议，会议通过《全国人民代表大会常务委员会关于修改〈中华人民共和国全国人民代表大会常务委员会议事规则〉的决定》。本决定自2022年6月25日起施行。《中华人民共和国全国人民代表大会常务委员会议事规则》根据本决定作相应修改并对条文顺序作相应调整，重新公布。

会议听取全国人大宪法和法律委员会副主任委员周光权关于反电信网络诈骗法草案修改情况的汇报，全国人大宪法和法律委员会副主任委员王宁关于农产品质量安全法修订草案修改情况的汇报，全国人大宪法和法律委员会主任委员李飞关于黄河保护法草案修改情况的汇报，并对上述法律草案进行再次审议。

会议听取最高人民法院院长周强关于民事强制执行法草案的说明，农业农村部副部长邓小刚关于授权国务院在北京市昌平区等农村宅基地制度改革试点地区行政区域暂时调整实施有关法律规定的决定草案的说明，并对上述草案进行初次审议。

会议听取并审议财政部部长刘昆关于2021年中央决算的报告，全国人大财政经济委员会副主任委员史耀斌关于2021年中央决算草案审查结果的报告。会议通过《全国人民代表大会常务委员会关于批准2021年中央决算的决议》。

会议听取并审议审计署审计长侯凯关于2021年度中央预算执行和其他财政收支的审计工作报告，国家乡村振兴局局长刘焕鑫关于巩固拓展脱贫攻坚成果同乡村振兴有效衔接情况的报告，国家卫生健康委员会主任马晓伟关于儿童健康促进工作情况的报告，生态环境部部长黄润秋关于研究处理全国人大常委会固体废物污染环境防治法执法检查报告及审议意见情况的报告。

会议听取全国人大常委会代表资格审查委员会主任委员吴玉良关于个别代表的代表资格的报告。经过审议，会议通过这个报告。

会议任命王志民为全国人大民族委员会副主任委员；任命信春鹰为全国人大宪法和法律委员会副主任委员，免去信春鹰的全国人大常委会副秘书长职务；任命王东峰为全国人大财政经济委员会副主任委员，石泰峰为全国人大教育科学文化卫生委员会副主任委员，傅自应为全国人大外事委员会副主任委员，咸辉为全国人大华侨委员会副主任委员，邱水平为全国人大环境与资源保护委员会副主任委员，彭清华为全国人大农业与农村委员会副主任委员。

会议决定免去陈小江的国家民族事务委员会主任职务，任命潘岳为国家民族事务委员会主任；免去赵克志兼任的公安部部长职务，任命王小洪为公安部部长；免去张纪南的人力资源和社会保障部部长职务，任命周祖翼为人力资源和社会保障部部长；免去陆昊的自然资源部部长职务，任命王广华为自然资源部部长；任命倪虹为住房和城乡建设部部长；免去孙绍骋的退役军人事务部部长职务，任命裴金佳为退役军人事务部部长。

会议任命李勇为最高人民法院副院长。

会议还通过其他任免事项。

会议闭幕时，栗战书委员长发表讲话。栗战书指出，本次会议通过的黑土地保护法，修改的反垄断法、体育法、全国人大常委会议事规则，全面贯彻习近平新时代中国特色社会主义思想和党中央决策部署，为推动相关领域工作提供了法律保障。有关方面要做好对法律的宣传解读和舆论引导，抓紧完善配套法规和落实措施。对于继续审议的法律草案，要做好修改完善工作。会议对有关报告提出了审议意见，国务院及有关部门要改进相关工作，健全推动解决问题的长效机制。

栗战书强调，要继续推进重要领域法律的体系化建设。发挥人大在立法工作中的主导作用，其中一个重要的方面，就是要注重相关领域法律的系统化、体系化。在生态资源领域，目前已经形成了包括物种保护类、资源保护类、特殊区域保护类法律等构成的生态资源领域法律体系。要按照立法规划和计划，加快补齐重要领域法律体系的短板、弱项,同步推动相关配套法规的制定,增强法律体系的系统性、整体性、协同性。

栗战书指出,会议充分肯定2021年中央决算、预算执行和财政收支有关工作。预算和审计,一个管分钱,一个管查账。钱分不好,账管不好,都会有失公平,发挥不了财政资金的应有作用,甚至造成化公为私重大损失。二者配套,工作才能做好。要进一步加大人大对预算和财政审计监督力度,落实好减税降费政策,做好民生支出保障工作,支持深化供给侧结构性改革和扩大内需,处理好稳经济与防风险的关系,提高政府债资金使用效率,加强决算报告与预算的有机联系,确保党中央重大决策部署的贯彻落实。

栗战书指出,会议充分肯定了审计工作。财政审计是中国共产党推进自我革命、严肃财经纪律、确保国家和人民财产不受侵犯和损失、确保财政资金造福于国家发展事业和人民利益的重要举措,最大的特点是坚持问题导向,发挥对经济权力运行监督制约的独特作用。加强审计监督,对工作原因造成财政资金使用不当的问题要认真审计,坚决整改;尤其是对虚报冒领、截留挪用、弄虚作假、渎职失职、贪污腐败等违纪违法行为,必须从严整改、源头治理。要提升审计质量和水平,既善于"挑刺",又帮助"拔刺",最终目的是解决问题。

栗战书强调,要从人大监督的角度,提升经济监督工作水平和实效,切实履行好党中央赋予人大的职责任务,认真做好人大立法、监督、代表、对外交往等各项工作,全面加强自身建设,以实际行动迎接党的二十大胜利召开。(全文见本书210页)

会议结束时,十三届全国人大常委会举行第二十九讲专题讲座,栗战书委员长主持。十三届全国人大华侨委员会委员、中国科学院院士王贻芳作题为《我国重大科技基础设施的现状和未来发展》的讲座。

6月22日 栗战书委员长同列席十三届全国人大常委会第三十五次会议的全国人大代表座谈交流。王晨副委员长主持座谈会。栗战书强调,人大代表要深入学习贯彻习近平总书记关于坚持和完善人民代表大会制度的重要思想,忠实代表人民利益和意志,当好党和国家联系人民群众的桥梁。座谈会上,代表们围绕深入学习贯彻中央人大工作会议精神、更好发挥代表作用交流履职体会,提出意见建议。听取大家发言后,栗战书说,习近平总书记高度重视代表工作,就人大代表工作作出了一系列明确指示要求,要求人大代表"要忠实代表人民利益和意志,依法参加行使国家权力""密切同人民群众的联系,当好党和国家联系人民群众的桥梁"。要深入学习习近平总书记重要指示要求,把这些指示要求贯彻落实到代表履职的各方面、全过程。

栗战书强调,忠实代表人民利益和意志、当好党和国家联系人民群众的桥梁,首先要吃透中央精神,深入领会党中央在考虑什么、确定了哪些奋斗目标、布局了哪些重点任务,自觉同党中央保持一致,坚持从党和国家大局和全局出发、从最广大人民根本利益出发行使职权、开展工作。我国各级人大代表工作和生活在群众中间,对基层的实际情况、群众的想法愿望最熟悉、最了解。代表密切联系群众,目的是通过了解群众所思所想所难所盼,从法律制度、方针政策、工作措施等方面,通过法定程序提出建设性的、有针对性的议案、意见建议,从而推动解决人民群众的困难和问题,维护人民群众的合法权益。

栗战书指出,当好党和国家联系人民群众的桥梁,还有一个重要的法律责任,就是立足本职岗位,带头贯彻落实党中央的决策部署,并通过执行职务、履行职责,面向群众做好党中央大政方针政策和宪法法律的宣传阐释工作,最大限度调动积极因素、化解消极因素,依法保障党的决策部署得到全面贯彻执行。代表在履职中了解到的个案情况,可以依照规定按程序反映给有关方面妥善处理,人大有关工作机构也应跟踪督办,推动问题公正解决;对于一些一时难以解决的问题,要给予正面引导和解释,把反映民意、监督政府和协助政府处理问题、化解矛盾有机结合起来。(全文见本书243页)

6月23日 十三届全国人大常委会委员长会议召开第一百一十九次会议,栗战书委员长主持会议。会议决定,将草案修改稿、草案等提交常委会会议审议。

6月24日 十三届全国人大常委会委员长会议召开第一百二十次会议,栗战书委员长主持会议。会议研究提请常委会会议表决事项。

同日 十三届全国人大常委会举行宪法宣誓仪式,丁仲礼副委员长主持并监誓。全国人大华侨委员会副主任委员李玉妹,全国人大民族委员会副主任委员王志民,全国人大宪法和法律委员会副主任委员信春鹰,全国人大财政经济委员会副主任委员王东峰,全国人大教育科学文化卫生委员会副主任委员石泰峰,全国人大外事委员会副主任委员傅自应,全国人大华侨委员会副主任委员咸辉,全国人大环境与资源保护委员会副主任委员邱水平，全国人大农业与农村委员会副主任委员彭清华，国家民族事务委员会主任潘岳，公安部部长王小洪，人力资源和社会保障部部长周祖翼，自然资源部部长王广华，住房和城乡建设部部长倪虹，退役军人事务部部长裴金佳进行集体宣誓。全国人大机关、国家民族事务委员会、公安部、人力资源和社会保障部、自然资源部、住房和城乡建设部、退役军人事务部有关负责同志参加了宣誓活动。

同日　全国人大常委会发布公告。公告说，辽宁省人大常委会决定罢免郝春荣的第十三届全国人民代表大会代表职务。黑龙江省人大常委会决定罢免冯燕的第十三届全国人民代表大会代表职务。西藏自治区人大常委会决定罢免旺堆、彭措的第十三届全国人民代表大会代表职务。依照《中华人民共和国全国人民代表大会和地方各级人民代表大会代表法》的有关规定，郝春荣、冯燕、旺堆、彭措的代表资格终止。第十三届全国人民代表大会代表廖国勋去世。廖国勋的代表资格自然终止。截至目前，第十三届全国人民代表大会实有代表2939人。

同日　王晨副委员长出席全国人大常委会乡村振兴促进法执法检查组第一次全体会议并讲话。

6月24日至29日　吉炳轩副委员长率全国人大常委会执法检查组在河南省对科学技术普及法实施情况进行检查。

6月27日　栗战书委员长应邀以视频贺辞方式向泰国国会成立90周年表示祝贺。

同日　王晨副委员长出席中医药法实施五周年座谈会并讲话。

6月27日至7月1日　蔡达峰副委员长率全国人大常委会执法检查组在云南省对科学技术普及法贯彻实施情况进行检查。

6月28日　栗战书委员长以视频方式同哈萨克斯坦议会下院议长科沙诺夫举行会谈。

同日　王晨副委员长出席长江保护法执法检查组第一次全体会议并讲话。沈跃跃副委员长主持会议，副委员长丁仲礼、郝明金出席会议。

6月28日至29日　全国人大社会建设工作座谈会在广西壮族自治区南宁市召开，张春贤副委员长出席会议并讲话。

6月29日　王晨副委员长以视频方式同越共中央政治局委员、越南国会常务副主席陈青敏举行会晤。

同日　中共中央宣传部举行"中国这十年"系列主题新闻发布会，全国人大常委会有关同志介绍新时代坚持和完善人民代表大会制度的进展和成就并答记者问。

6月30日　全国人大常委会外商投资法执法检查组召开第一次全体会议，副委员长万鄂湘、王东明、白玛赤林出席会议。

6月30日至7月4日　栗战书委员长率全国人大常委会执法检查组在湖北省对长江保护法贯彻实施情况进行检查。他强调，要认真贯彻落实习近平总书记关于长江保护的重要指示要求和党中央决策部署，突出长江生态环境修复，推进长江保护法全面有效实施，依法守护一江碧水向东流。

检查组先后来到宜昌、荆州、武汉等地，在产业园区、三峡坝区、航站码头、湖泊、生态修复现场实地检查，召开长江保护法执法检查座谈会和涉长江基层单位人员座谈会，听取法律实施情况汇报和有关意见建议，充分肯定湖北依法推进长江保护取得明显成效。

栗战书指出，习近平总书记高度重视长江保护，多次作出重要指示，强调要依法保护长江。要深入贯彻习近平生态文明思想，着眼整个长江生态系统修复、保护、恢复，构建以长江干支流为经脉、以山水林田湖草沙冰为有机整体，江湖关系和谐、流域水质优良、生态流量充足、水土保持有效、生物种类多样的生态安全格局。

栗战书指出，长江保护法对长江流域资源保护、水污染防治、生态修复、绿色发展等作出法律规定，这其中的核心是长江流域整个生态环境的修复。"长江病了，而且病得还不轻"。这个"病"根就是整个长江流域生态系统受到了极大损害：过度捕捞危害长江流域生态系统的多样性；非法砍伐、过度开垦开采导致洪涝灾害频发；水资源污染造成流域生态环境严重破坏，危及人民群众生产生活；江岸盲目无序开发特别是工厂、城乡、船舶碳污大量排放加剧了生态恶化。针对这种情况，长江保护法贯彻习近平总书记关于"把修复长江生态环境摆在压倒性位置"的要求，突出了抓紧修复、重在修复这一治病除根的"药方"。从执法检查的情况看，长江水变清了，岸变绿了，生物多样性逐步恢复了，人民群众的幸福感增强了。

栗战书强调，长江流域生态环境保护是一项系统工程，要贯穿"共抓大保护、不搞大开发"理念，按照法律规定的规划性修复、禁止性修复、措施性修复、自然性修复方式持续用力、久久为功，依靠制度和法治保护长江。要认真研究解决法律实施中存在的问题，做好法律的衔接配套，加快建立协调机制，研究完善法律制度，推动法律责任的落实，加大执法司法力度，加强普法宣传。

在湖北期间，栗战书考察了高新技术产业、现代服务业发展情况，瞻仰了武汉中共中央机关旧址，并到省人大机关调研。栗战书说，习近平总书记高度重视湖北工作，多次到湖北考察调研，为湖北改革发展擘画蓝图、指引航向，特别是6月28日视察时强调的加快实现科技自立自强，提升我国发展独立性、自主性、安全性，立意高远、深刻，事关重大。湖北要全面贯彻习近平总书记重要指示要求，努力建设全国构建新发展格局先行区。要贯彻中央人大工作会议精神，认真做好立法、监督、代表等工作，推动国家法律和有关制度规定落地落实。（全文见本书245、246页）

七　月

7月1日至5日　白玛赤林副委员长在黑龙江省就落实“发展全过程人民民主、扩大人民有序政治参与”进行专题调研。

7月6日　栗战书委员长与乌兹别克斯坦最高会议参议院主席纳尔巴耶娃视频会晤。

7月6日至8日　王晨副委员长率全国人大常委会执法检查组在江西省对长江保护法贯彻实施情况进行检查。

7月8日至13日　武维华副委员长率全国人大常委会执法检查组在山西省对乡村振兴促进法贯彻实施情况进行检查。

7月11日至13日　白玛赤林副委员长率全国人大常委会执法检查组在河南省对外商投资法贯彻实施情况进行检查。

7月11日至15日　张春贤副委员长在山东省就“实施积极应对人口老龄化国家战略、推动老龄事业高质量发展”专题进行调研。

7月11日至15日　吉炳轩副委员长率全国人大常委会执法检查组在江苏省对乡村振兴促进法贯彻实施情况进行检查，并就种子法贯彻实施情况进行调研。

7月12日　王晨副委员长与格鲁吉亚议会第一副议长沃尔斯基视频会晤。

7月12日至13日　万鄂湘副委员长率全国人大常委会执法检查组在河北省对外商投资法贯彻实施情况进行检查。

7月12日至15日　栗战书委员长在西藏自治区就青藏高原生态保护立法进行调研。他先后来到林芝、日喀则、拉萨等地，考察湿地保护、河道滩涂整治、植树造林、水资源保护、矿山修复等情况，召开座谈会听取有关方面对于立法工作的意见建议。栗战书充分肯定青藏高原生态环境保护取得的巨大成绩，和大家一起探讨制定法律涉及的重点难点问题。

栗战书指出，制定青藏高原生态保护法，是落实习近平总书记关于青藏高原生态保护重要指示要求的重大举措。青藏高原具有特殊的生态地位和价值，在国家以至全球生态安全中发挥着极其重要的作用。青藏高原生态保护法是一部特殊区域保护法，但其意义和影响远远超出了法律适用的区域。起草这部法律，要有大局观、全局观和很高的站位，立法的思路、保护生态的政策举措也要体现自己的特点。青藏高原生态保护法的总基调，就是要把生态保护作为区域发展的基本前提和刚性约束，把“生态保护第一”这一主线贯穿法律始终，体现到法律规定的方方面面。

栗战书强调，青藏高原生态保护立法专业性强，很多问题有很强的地域性、特殊性。要以习近平生态文明思想蕴含的世界观、方法论为指导，把习近平总书记关于青藏高原生态保护的重要指示要求和党中央的决策部署转化为法律规定。要贯彻新发展理念，坚持系统思维，本着科学态度和解决问题的精神，加强各重要生态体系的保护、治理、修复和风险防控，为青藏高原生态保护提供有力法治保障。

在西藏期间，栗战书到自治区人大和基层人大调研座谈，并考察了社区和布达拉宫、大昭寺、扎什伦布寺。他强调，西藏各项工作取得的成绩和推动今后各项事业发展进步，最根本的在于以习近平同志为核心的党中央的坚强领导，在于习近平新时代中国特色社会主义思想的科学指引，不折不扣把习近平总书记关于西藏工作的重要论述和新时代党的治藏方略落到实处。要进一步落实好“治国必治边、治边先稳藏”的战略思想，落实好党的民族工作、宗教工作方针政策，把维护祖国统一、加强民族团结作为着眼点和着力点，实现长治久安，促进高质量发展。长治久安是促进高质量发展的基础和条件。要时刻防范和打击各种分裂势力的图谋和活动,坚决维护国家安全和西藏稳定。西藏各级人大要紧紧围绕习近平总书记关于西藏工作的重要指示要求的贯彻落实,依法履职,担当作为,把人民代表大会制度在西藏坚持好巩固好,在推进稳定、发展、生态、强边工作中发挥职能作用,以实际行动迎接党的二十大胜利召开。(全文见本书249、252页)

7月13日　陈竺、王东明副委员长出席全国人大财政经济委员会数字经济发展情况部门座谈会。

7月14日　沈跃跃副委员长主持召开全国人大常委会环境保护法执法检查组第二次全体会议,丁仲礼副委员长出席会议。

7月15日至17日　王晨副委员长率全国人大常委会执法检查组在宁夏回族自治区对乡村振兴促进法贯彻实施情况进行检查。

7月15日至18日　沈跃跃副委员长率全国人大常委会执法检查组在湖南省对长江保护法贯彻实施情况进行检查。

7月17日至20日　丁仲礼副委员长率全国人大常委会执法检查组在青海省对长江保护法贯彻实施情况进行检查。

7月17日至20日　郝明金副委员长率全国人大常委会执法检查组在贵州省对长江保护法贯彻实施情况进行检查。

7月17日至22日　王东明副委员长率全国人大常委会执法检查组在福建省对外商投资法贯彻实施情况进行检查。

7月19日　栗战书委员长与孟加拉国国民议会议长乔杜里视频会晤。

7月20日至21日　万鄂湘副委员长率全国人大常委会执法检查组在北京市对外商投资法贯彻实施情况进行检查。

7月20日至23日　曹建明副委员长率全国人大常委会执法检查组在黑龙江省对乡村振兴促进法贯彻实施情况进行检查。

7月22日　王晨副委员长在北京市就罕见病立法进行调研。

同日　全国人大常委会科学技术普及法执法检查组第二次全体会议召开,张春贤、吉炳轩、艾力更·依明巴海副委员长出席会议,蔡达峰副委员长主持会议。

7月26日　栗战书委员长,王晨、曹建明、张春贤、沈跃跃、吉炳轩、艾力更·依明巴海、万鄂湘、陈竺、王东明、白玛赤林、丁仲礼、郝明金、蔡达峰、武维华副委员长出席省部级主要领导干部"学习习近平总书记重要讲话精神、迎接党的二十大"专题研讨班开班式。

7月28日　吉炳轩副委员长出席黑土地保护法实施座谈会。

同日　陈竺副委员长在北京市就数字经济发展情况进行调研。

7月29日　栗战书委员长出席中央统战工作会议第一次全体会议。

同日　十三届全国人大常委会委员长会议召开第一百二十二次会议,栗战书委员长主持会议。会议决定,十三届全国人大常委会第三十六次会议8月30日至9月2日举行。

八　月

8月2日　全国人大常委会发言人就美国国会众议长佩洛西窜访中国台湾地区发表谈话。发言人指出,美国国会众议长佩洛西不顾中方严正交涉和坚决反对,执意窜访中国台湾地区。此举严重违反一个中国原则和中美三个联合公报规定,严重损害中国主权和领土完整,严重冲击中美关系的政治基础,向"台独"分裂势力发出严重错误信号。中国全国人大对此坚决反对,予以强烈谴责。发言人强调,世界上只有一个中国,台湾是中国领土不可分割的一部分,中华人民共和国政府是代表全中国的唯一合法政府。一个中国原则是中美建立外交关系的前提,也是中美关系的政治基础。美国在台湾问题上向中方作出过郑重承诺,但在行动中却不断提升美台实质关系和官方往来,纵容支持"台独"分裂势力,搞"以台制华",严重损害台海和平稳定。中国政府和人民已经并将继续采取果断、有力措施,坚决维护自身主权、安全、发展利益。发言人指出,台湾问题事关中国主权和领土完整,中国没有任何妥协退让的余地。《反分裂国家法》对坚持一个中国原则、遏制"台独"分裂、反对外部势力干涉台湾问题等重大问题作出明确规定。中国政府和中国人民在台湾问题上的立场一以贯之,坚决维护中国国家主权和领土完整是14亿多中国人民的坚定意志。任何阻挠中国完全统一和民族伟大复兴的企图注定失败。

8月15日至18日 沈跃跃副委员长率全国人大常委会执法检查组在重庆市对长江保护法贯彻实施情况进行检查。

8月15日至19日 吉炳轩副委员长率全国人大常委会执法检查组在安徽省对乡村振兴促进法贯彻实施情况进行检查。

8月16日至18日 王晨副委员长率全国人大常委会执法检查组在湖北省对乡村振兴促进法贯彻实施情况进行检查。

8月16日至19日 丁仲礼副委员长率全国人大常委会执法检查组在云南省对长江保护法贯彻实施情况进行检查。

8月16日至20日 张春贤副委员长在河北省就“实施积极应对人口老龄化国家战略、推进老龄事业高质量发展”进行专题调研。

8月17日 栗战书委员长与汤加议长法卡法努阿视频会晤。

8月17日至20日 曹建明副委员长在广东省就人民法院涉外审判工作情况、人民检察院开展未成年人检察工作情况进行调研。

8月24日 栗战书委员长与土耳其大国民议会议长申托普视频会晤。

8月26日至28日 栗战书委员长在甘肃省就黄河保护立法进行调研。他先后来到庆阳、兰州等地，考察黄河兰州段生态环境治理、湿地保护、水资源集约节约利用、黄河文化传承保护等情况，并召开黄河保护法立法座谈会，听取甘肃省有关负责同志、人大代表、专家学者、基层干部群众的意见建议。栗战书说，甘肃是黄河流域重要水源涵养地和补给区，保障黄河安澜，方能富民兴陇。他对甘肃在黄河保护方面取得的积极进展予以肯定，并围绕黄河保护法制定和实施同大家深入交流。

栗战书强调，要认真履行黄河保护重大政治责任，紧密结合地方实际做好黄河保护法出台后的实施工作，确保法定职责落实到位。要突出水土保持，强化生态系统保护修复，加大对黄河干流和支流源头、水源涵养区、生态功能区的保护和治理，减少入黄泥沙量。要突出水污染防治和集约节约用水，转变和优化生产生活方式，坚决抑制不合理用水需求。黄河生态环境保护、治理是高质量发展的基础、前提，也是高质量发展的保障，要正确处理生态保护和高质量发展的关系，在黄河保护和治理方面谋划长远、干在当下、久久为功。

栗战书来到庆阳市西峰区后官寨镇人大代表之家和省人大机关调研。他强调，要把党的领导贯穿于人大工作各方面全过程，紧紧围绕党和国家工作大局依法履职尽责，全面加强人大政治、思想、作风、纪律和能力建设。要不断发展全过程人民民主，充分发挥人大代表作用，使代表之家成为宣传党中央精神、宣传法律政策的窗口，了解群众所思所盼所愿、密切联系群众的桥梁，加强学习交流、履行法定职责的阵地。

调研期间，栗战书瞻仰了南梁革命纪念馆，向革命烈士纪念碑敬献了花篮，还考察了兰州新区重离子应用技术及装备制造产业基地。他强调，甘肃要始终牢记习近平总书记的殷殷嘱托，持续推进高质量发展，弘扬南梁精神，传承红色文化，把全面建设社会主义现代化幸福美好新甘肃的愿景一步步变为现实，以实际行动迎接党的二十大胜利召开。

栗战书指出，制定黄河保护法，是以习近平同志为核心的党中央着眼推进黄河流域生态保护和高质量发展作出的重大战略决策部署，是近年来全国人大常委会着力推进的重大立法任务。黄河保护立法，要紧紧围绕黄河全流域生态保护和高质量发展，把党中央决策部署以法律形式转化为国家意志和社会行为准则，让黄河保护法成为保护黄河的良法、促进发展的善法、造福人民的好法，以实现黄河流域生态平衡、资源永续利用、人民永世安宁。（全文见本书254、257页）

8月26日 王晨副委员长与柬埔寨国会第一副主席钱业视频会晤。

8月30日至9月2日 十三届全国人大常委会举行第三十六次会议。

会议听取全国人大宪法和法律委员会关于反电信网络诈骗法草案审议结果的报告。在审议的基础上，会议印发全国人大宪法和法律委员会关于反电信网络诈骗法草案三次审议稿修改意见的报告。经过审议，会议通过《中华人民共和国反电信网络诈骗法》。

《中华人民共和国反电信网络诈骗法》共7章，50条，包括：总则、电信治理、金融治理、互联网治理、综合措施、法律责任、附则。本法自2022年12月1日起施行。

会议听取全国人大宪法和法律委员会关于农产品质量安全法修订草案审议结果的报告。在审议的基础上，会议印发全国人大宪法和法律委员会关于农产品质量安全法修订草案三次审议稿修改意见的报告。经过审议，会议通过修订后的《中华人民共和国农产品质量安全法》。

修订后的《中华人民共和国农产品质量安全法》共8章，81条，包括：总则、农产品质量安全风险管理和标准制定、农产品产地、农产品生产、农产品销售、监督管理、法律责任、附则。本法自2023年1月1日起施行。

会议听取全国人大宪法和法律委员会副主任委员丛斌关于野生动物保护法修订草案修改情况的汇报，对这部法律草案进行再次审议。

会议听取全国人大监察和司法委员会主任委员吴玉良关于反间谍法修订草案的说明、全国人大环境与资源保护委员会主任委员高虎城关于青藏高原生态保护法草案的说明，并对上述法律草案进行初次审议。

会议听取并审议国家发展和改革委员会主任何立峰关于今年以来国民经济和社会发展计划执行情况的报告，财政部部长刘昆关于今年以来预算执行情况的报告，国家卫生健康委员会主任马晓伟关于加强和推进老龄工作进展情况的报告，全国人大社会建设委员会主任委员何毅亭关于实施积极应对人口老龄化国家战略、推动老龄事业高质量发展情况的调研报告，最高人民法院院长周强关于四级法院审级职能定位改革试点情况的中期报告，栗战书委员长作的全国人大常委会执法检查组关于检查中华人民共和国环境保护法实施情况的报告，蔡达峰副委员长作的全国人大常委会执法检查组关于检查中华人民共和国科学技术普及法实施情况的报告。

会议听取全国人大常委会代表资格审查委员会主任委员吴玉良关于个别代表的代表资格的报告。经过审议，会议通过这个报告。

会议听取全国人大常委会秘书长杨振武关于中华人民共和国香港特别行政区第十四届全国人民代表大会代表选举会议成员名单草案和中华人民共和国澳门特别行政区第十四届全国人民代表大会代表选举会议成员名单草案的说明。经过审议，会议通过中华人民共和国香港特别行政区第十四届全国人民代表大会代表选举会议成员名单、中华人民共和国澳门特别行政区第十四届全国人民代表大会代表选举会议成员名单。

会议免去肖亚庆的工业和信息化部部长职务，任命金壮龙为工业和信息化部部长。会议免去黄明的应急管理部部长职务，任命王祥喜为应急管理部部长。

会议免去贺小荣的最高人民法院第二巡回法庭庭长职务，任命贺小荣为最高人民法院第四巡回法庭庭长，李勇为最高人民法院第二巡回法庭庭长。

会议任命应勇为最高人民检察院副检察长、检察委员会委员。

会议批准任命陈凤超为天津市人民检察院检察长，批准免去陈勇的山东省人民检察院检察长职务，张本才的上海市人民检察院检察长职务。

会议还通过其他任免事项。

会议闭幕时，栗战书委员长发表讲话。栗战书说，本次会议审议通过的反电信网络诈骗法，贯彻落实习近平总书记重要指示精神，针对电信网络诈骗发生的信息链、资金链、技术链、人员链等各环节作出防范性制度规范，坚持源头治理、综合治理，从完善法律入手补齐监管漏洞和短板。要抓紧修改与此相关的法律制度，全方位筑牢反电信网络诈骗法治“防火墙”。新修订的农产品质量安全法健全农产品质量安全责任机制，以“最严谨的标准、最严格的监管、最严厉的处罚、最严肃的问责”，维护人民群众身体健康和生命安全。在法律实施中，要注重与相关法律衔接起来，形成合力，不仅要保证在生产环节生产出符合标准的安全农产品，还要保证在储存、运输、交易、加工等环节的绝对安全，强化从田间地头到百姓最终消费的全过程、全链条监管。

栗战书指出，本次会议听取审议环保法执法检查报告并开展专题询问，第二次审议野生动物保护法修订草案，初次审议青藏高原生态保护法草案。本届全国人大常委会履职以来，围绕党中央关于推进生态文明建设的重大决策部署，加快立法修法步伐，以钉钉子精神连续5年开展生态环保领域执法检查，既完善法律制度，又抓好法律实施，形成立法、监督同步推进局面。要始终聚焦党中央决策部署谋划推进工作，依法行使立法权、监督权、重大事项决定权、任免权，确保人大工作沿着正确方向前进。

栗战书强调，会议听取审议了国务院关于计划、预算执行情况的报告，听取审议了全国人大常委会开展的科普法执法检查报告，以及最高人民法院关于四级法院审级职能定位改革试点情况的中期报告。会议充分肯定相关工作成效，对下一步工作提出了意见建议，各有关方面要认真研究处理，推动问题得到解决。

栗战书指出，会议听取审议了国务院关于老龄工作的报告、全国人大常委会专题调研组关于老龄工作的调研报告。本届以来，常委会高度重视专题调研，注重发挥专门委员会作用，选题上更加精准，强化成果转化运用。调查研究是做好人大工作的基本功。要立足人大职责,多从制度、政策角度看问题、提建议,完善专题调研成果转化运用机制,推动专题调研成果更好转化为法律,更有力转化为推动改进工作的实效。

栗战书强调,党的二十大即将召开。要深刻领悟"两个确立"的决定性意义,增强"四个意识"、坚定"四个自信"、做到"两个维护",进一步把思想和行动统一到党中央决策部署上来,紧紧围绕党和国家工作大局履职尽责,继续做好立法、监督、代表、外事等各项工作,以实际行动迎接党的二十大胜利召开。(全文见本书 212 页)

会议结束后,十三届全国人大常委会举行第三十讲专题讲座,栗战书委员长主持会议。中国政法大学教授、中国法律史学会中国法制史专业委员会会长朱勇作题为《中华法系的形成与特征》的讲座。

8 月 31 日　栗战书委员长与列席十三届全国人大常委会第三十六次会议的全国人大代表座谈交流。王晨副委员长主持会议。栗战书说,加强调查研究工作是我们党的优良传统。要把调查研究摆在更加突出的位置,加强和改进全国人大常委会组织的代表专题调研活动,使代表工作更好接地气、察民情、聚民智、惠民生。专题调研既是代表法规定的代表闭会期间活动的重要形式,也是代表应尽的履职责任。代表的参与程度直接关系到代表作用的发挥,关系到人大工作的成效。本届常委会履职以来,积极组织全国人大代表开展专题调研,形成了一批高质量的调研报告,紧紧围绕贯彻落实党中央重大决策部署,有效推动法律实施和解决人民群众普遍关注的热点难点问题。代表参加专题调研,丰富了闭会期间代表履职活动,为大会期间提出高质量的议案建议打下了基础。代表深入实际调查研究,有助于更好发挥党和国家联系人民群众的桥梁作用,有助于常委会加强和改进工作,更好发挥人大职能,提高人大工作质量和水平。

栗战书强调,随着代表履职实践的不断丰富,对代表调研工作的要求也越来越高。要通过深入调研积极发现那些带有普遍性、共性、典型性的问题,高度重视调研成果的运用,以调研为基础提出高质量的议案建议,为加强和改进人大立法、监督、代表、外事、自身建设等各项工作提供重要参考和依据。要健全代表专题调研工作机制,落实好加强和改进代表工作的 35 条具体措施,更好地服务保障代表视察调研考察工作,确保代表专题调研取得更多实效。每一位人大代表都要倍加珍惜肩负的职责,善始善终、善作善成,在各自岗位上争创新的工作成绩,以实际行动迎接党的二十大胜利召开。

同日　栗战书委员长会见俄罗斯驻华大使杰尼索夫。

九　　月

9 月 1 日　十三届全国人大常委会第三十六次会议举行联组会议,审议全国人大常委会执法检查组关于检查环境保护法实施情况的报告并开展专题询问。栗战书委员长参加审议和专题询问。沈跃跃副委员长主持会议。全国人大常委会、专门委员会组成人员袁驷、窦树华、吕彩霞、娇勇、王毅和全国人大代表张玉珍,围绕依法保护生态环境、加快环境基础设施建设、加强生态保护和修复等问题提出询问。国务委员王勇,全国政协副主席、国家发展改革委主任何立峰,国务院办公厅、生态环境部、财政部、自然资源部、住房城乡建设部、农业农村部等有关部门负责同志和最高人民法院、最高人民检察院负责同志到会听取意见、回答询问。

栗战书在讲话中指出,十三届全国人大常委会把做好生态环境保护领域立法、监督工作作为重中之重,持续用力开展法律监督和工作监督,努力为生态环境保护提供坚实法治支撑。在对 9 部环保专门法律和相关决定实施情况进行检查的基础上,今年对环境保护法开展执法检查,也是对本届以来执法检查工作成效的一次总结评估。从执法检查情况看,我国生态环境保护工作取得一系列巨大成就,一个青山常在、绿水长流、空气常新的美丽中国,正在从蓝图一步步变成生动的现实。

栗战书强调,本届全国人大常委会开展的每一次生态环保领域执法检查,都坚持以习近平生态文明思想为指导,聚焦人民群众关心的突出环保问题,紧扣法律规定,强化持续监督和跟踪问效,加强普法宣传教育,积累了有益经验,要继续坚持和完善。

栗战书指出,深入推进全面依法治国,要继续加强立法修法工作,及时制定完善配套法规和制度标准，不断完善中国特色社会主义法律体系。同时，要高度重视、切实保证法律全面有效实施。各级领导干部要学会和善于运用法律来解决问题、推进工作，全社会要自觉学法用法，实际工作中要一条一条严格执行。“一府一委两院”要重视人大及其常委会、人大代表提出的意见建议和询问等，更好改进工作、提升水平。王勇表示，党的十八大以来，在以习近平同志为核心的党中央坚强领导下，我国生态环境保护发生历史性、转折性、全局性变化，但环境状况稳中向好的基础仍需巩固。国务院及各有关部门将深入贯彻习近平生态文明思想和习近平法治思想，以此次执法检查为有力契机，认真履行法定职责，坚持不懈推动绿色低碳循环发展，坚决打好污染防治攻坚战，加大生态系统保护和修复力度，不断健全完善法治体系，持续提升监管执法效能，加快建设人与自然和谐共生的美丽中国。（全文见本书259页）

全国人大常委会副委员长王晨、曹建明、张春贤、吉炳轩、艾力更·依明巴海、万鄂湘、陈竺、王东明、白玛赤林、丁仲礼、郝明金、蔡达峰、武维华，秘书长杨振武出席会议。

9月2日 十三届全国人大常委会委员长会议召开第一百二十四次会议，栗战书委员长主持会议。会议研究提请常委会会议表决事项。

同日 十三届全国人大常委会举行宪法宣誓仪式，郝明金副委员长主持并监誓。应急管理部部长王祥喜进行宣誓。

同日 全国人大常委会发布公告。公告说，黑龙江省人大常委会决定罢免方同华的第十三届全国人民代表大会代表职务。上海市人大常委会决定罢免张本才的第十三届全国人民代表大会代表职务。山东省人大常委会决定罢免秦玉峰的第十三届全国人民代表大会代表职务。广东省人大常委会决定罢免陈如桂的第十三届全国人民代表大会代表职务。四川省人大常委会决定罢免王波的第十三届全国人民代表大会代表职务。贵州省人大常委会决定罢免高卫东的第十三届全国人民代表大会代表职务。依照《中华人民共和国全国人民代表大会和地方各级人民代表大会代表法》的有关规定，方同华、张本才、秦玉峰、陈如桂、王波、高卫东的代表资格终止。第十三届全国人民代表大会代表任鸣因病去世。全国人民代表大会常务委员会对任鸣代表的去世表示哀悼。任鸣的代表资格自然终止。截至目前，第十三届全国人民代表大会实有代表2932人。

9月5日至9日 陈竺副委员长率全国人大常委会执法检查组在安徽省、浙江省对外商投资法贯彻实施情况进行检查。

9月6日 栗战书委员长以视频方式主持第八届金砖国家议会论坛并作主旨发言。

9月6日至9日 郝明金副委员长率全国人大监察和司法委员会调研组到江苏省调研监察工作规范化、法治化、正规化建设情况。

9月7日至17日 栗战书委员长对俄罗斯、蒙古国、尼泊尔和韩国进行正式友好访问，并在俄出席第七届东方经济论坛全会。

7日至10日，栗战书委员长对俄罗斯进行正式友好访问，在符拉迪沃斯托克会见总统普京，在莫斯科与国家杜马主席沃洛金、联邦委员会主席马特维延科分别举行会谈，并会见国家杜马五大党团负责人。在莫斯科期间，栗战书向无名烈士墓敬献了花圈，参观了列宁故居。

7日，栗战书委员长出席在俄罗斯符拉迪沃斯托克举行的第七届东方经济论坛全会并作了题为《推动世界多极化进程　开启区域合作新篇章》的致辞。俄罗斯总统普京、缅甸国家管理委员会主席敏昂莱、蒙古国总理奥云额尔登、亚美尼亚总理帕什尼扬出席会议并致辞。印度总理莫迪、马来西亚总理伊斯迈尔、越南总理范明政发表视频致辞。

栗战书说，习近平主席先后两次应普京总统邀请出席东方经济论坛并发表重要致辞，阐述了中方对发展中俄关系、推进区域互利合作、维护地区和平稳定的主张和倡议，在国际社会引发热烈反响。本届东方经济论坛以“通向多极世界之路”为主题，正当其时。世界多极化是历史发展的大势，也是国际社会的普遍期待。去年以来，习近平主席先后提出全球发展倡议和全球安全倡议，得到联合国等国际组织以及包括俄罗斯在内的众多国家响应支持，为世界注入稳定性和正能量，为破解时代难题贡献了中国智慧和中国方案。中方愿继续同国际社会一道，以持续有力的举措，推动两大倡议落地生根、开花结果，为世界各国人民带来实实在在的利益。栗战书指出，今年2月，习近平主席同普京总统就拓展两国全方位务实合作、践行共商共建共享的全球治理观达成许多重要共识。中国是俄罗斯远东开发的重要合作伙伴，中俄开展远东合作是两国元首亲自推动和规划的重要合作内容。中方将进一步加强同俄罗斯的贸易、能源、农业、基础设施建设、科技、教育、医疗、文化等领域的全方位合作，继续支持和参与俄罗斯远东开发，助推中国东北全面振兴与俄远东开发国家战略深度对接，促进中俄在远东合作取得丰硕成果。栗战书强调，东北亚是当今世界最具活力的地区之一。深化远东开发与合作，将为促进本地区的安全与发展提供重要机遇。一是要践行全球安全倡议，维护地区和平稳定。建设和谐安宁的共同家园，别无他法，唯有各方携手合力，秉持共同、综合、合作、可持续的安全观，对话而不对抗，结伴而不结盟，团结而非分裂，坚持安全不可分割，不断为维护地区和平稳定注入正能量。二是要落实全球发展倡议，促进区域开放融合。要提振发展伙伴关系，汇聚合作资源和平台，加强发展政策联通，挖掘创新增长潜力，维护产业链供应链安全畅通，打造更加稳定、安全、自由的贸易投资环境，为促进经济全球化进程注入新动力。三是要深化发展战略对接，提升中俄远东合作。中方将全面落实好习近平主席和普京总统达成的重要共识，积极开展"一带一路"建设和欧亚经济联盟对接合作，丰富中俄远东合作内涵。两国立法机构要加强协作，为此提供立法保障。栗战书表示，中国是世界多极化的坚定支持者和积极推动者。中国愿同包括俄罗斯在内的区域各国一道，深化共建"一带一路"，谱写东北亚区域合作美好篇章，为推动构建人类命运共同体而不懈努力。

10 日至 12 日，栗战书委员长对蒙古国进行正式友好访问，在乌兰巴托会见总统呼日勒苏赫、总理奥云额尔登，与赞丹沙塔尔举行会谈。访蒙期间，栗战书还考察了"蒙古游牧"草原生态区。

12 日至 15 日，栗战书委员长对尼泊尔进行正式友好访问，在加德满都会见总统班达里、总理德乌帕，与众议院议长萨普科塔和联邦院主席蒂米尔西纳分别举行会谈。访尼期间，栗战书分别会见了尼共(联合马列)主席奥利、尼共(毛主义中心)主席普拉昌达。栗战书还与萨普科塔共同签署了《中华人民共和国全国人民代表大会与尼泊尔联邦议会众议院合作谅解备忘录》，会见了尼外长卡德加，考察了巴德岗杜巴广场震后重建情况。

15 日至 17 日，栗战书委员长对韩国进行正式友好访问，在首尔会见韩国总统尹锡悦，与韩国国会议长金振杓举行会谈。访韩期间，栗战书委员长分别会见了前议长朴炳锡和韩国各界友好人士，参观了 LG 研发中心。

9 月 8 日　白玛赤林副委员长以视频方式与老挝国会副主席宋玛·奔舍那举行会晤。

9 月 14 日　武维华副委员长以视频方式与巴哈马众议院副议长佩蒂举行会晤。

9 月 14 日至 15 日　全国人大环境与资源保护工作座谈会在浙江省湖州市召开，副委员长沈跃跃、丁仲礼出席会议并讲话。

9 月 14 日至 16 日　白玛赤林副委员长出席在浙江省宁波市举办的全国人大侨委工作培训班并讲话。

9 月 21 日至 24 日　曹建明副委员长率全国人大常委会执法检查组在新疆维吾尔自治区对乡村振兴促进法贯彻实施情况进行检查。

9 月 22 日　蔡达峰副委员长率全国人大教科文卫委员会调研组到湖北省专题调研义务教育"双减"工作。

9 月 23 日　王晨副委员长主持召开全国人大常委会长江保护法执法检查组第二次全体会议并讲话。

9 月 26 日　王晨副委员长出席全国人大常委会乡村振兴促进法执法检查组第二次全体会议并讲话。

9 月 28 日　全国人大财政经济委员会、全国人大常委会预算工作委员会以视频形式召开全国人大财经工作座谈会，副委员长陈竺、王东明出席会议并讲话。

9 月 28 日　吉炳轩副委员长出席并主持中俄立法机构地方合作第二次视频会议。

9 月 29 日　全国人大常委会外商投资法执法检查组举行第二次全体会议，研究讨论执法检查报告稿，部署有关工作。副委员长万鄂湘、陈竺、王东明、白玛赤林出席。

9 月 29 日　丁仲礼副委员长出席中日邦交正常化 50 周年纪念招待会并致辞。

9 月 30 日　栗战书委员长出席烈士纪念日向人民英雄敬献花篮仪式。

同日　栗战书委员长出席中华人民共和国成立 73 周年国庆招待会。

十　月

10 月 5 日至 7 日　陈竺副委员长率全国人大代表团出席在印度尼西亚雅加达举行的第八届二十国集团议长会议并作主旨发言。

10 月 12 日　蔡达峰副委员长以视频方式出席

各国议会联盟第145届大会。

10月13日 十三届全国人大常委会委员长会议召开第一百二十六次会议，栗战书委员长主持会议。会议决定，十三届全国人大常委会第三十七次会议10月26日至30日在北京举行。

10月16日 栗战书委员长出席中国共产党第二十次全国代表大会开幕式。

10月16日至22日 中国共产党第二十次全国代表大会举行。习近平代表第十九届中央委员会向大会作了题为《高举中国特色社会主义伟大旗帜，为全面建设社会主义现代化国家而团结奋斗》的报告。

在报告第六部分“发展全过程人民民主，保障人民当家作主”中，习近平指出，我国是工人阶级领导的、以工农联盟为基础的人民民主专政的社会主义国家，国家一切权力属于人民。人民民主是社会主义的生命，是全面建设社会主义现代化国家的应有之义。全过程人民民主是社会主义民主政治的本质属性，是最广泛、最真实、最管用的民主。必须坚定不移走中国特色社会主义政治发展道路，坚持党的领导、人民当家作主、依法治国有机统一，坚持人民主体地位，充分体现人民意志、保障人民权益、激发人民创造活力。

我们要健全人民当家作主制度体系，扩大人民有序政治参与，保证人民依法实行民主选举、民主协商、民主决策、民主管理、民主监督，发挥人民群众积极性、主动性、创造性，巩固和发展生动活泼、安定团结的政治局面。

(一)加强人民当家作主制度保障。坚持和完善我国根本政治制度、基本政治制度、重要政治制度，拓展民主渠道，丰富民主形式，确保人民依法通过各种途径和形式管理国家事务，管理经济和文化事业，管理社会事务。支持和保证人民通过人民代表大会行使国家权力，保证各级人大都由民主选举产生、对人民负责、受人民监督。支持和保证人大及其常委会依法行使立法权、监督权、决定权、任免权，健全人大对行政机关、监察机关、审判机关、检察机关监督制度，维护国家法治统一、尊严、权威。加强人大代表工作能力建设，密切人大代表同人民群众的联系。健全吸纳民意、汇集民智工作机制，建设好基层立法联系点。深化工会、共青团、妇联等群团组织改革和建设，有效发挥桥梁纽带作用。坚持走中国人权发展道路，积极参与全球人权治理，推动人权事业全面发展。

(二)全面发展协商民主。协商民主是实践全过程人民民主的重要形式。完善协商民主体系，统筹推进政党协商、人大协商、政府协商、政协协商、人民团体协商、基层协商以及社会组织协商，健全各种制度化协商平台，推进协商民主广泛多层制度化发展。坚持和完善中国共产党领导的多党合作和政治协商制度，坚持党的领导、统一战线、协商民主有机结合，坚持发扬民主和增进团结相互贯通、建言资政和凝聚共识双向发力，发挥人民政协作为专门协商机构作用，加强制度化、规范化、程序化等功能建设，提高深度协商互动、意见充分表达、广泛凝聚共识水平，完善人民政协民主监督和委员联系界别群众制度机制。

(三)积极发展基层民主。基层民主是全过程人民民主的重要体现。健全基层党组织领导的基层群众自治机制，加强基层组织建设，完善基层直接民主制度体系和工作体系，增强城乡社区群众自我管理、自我服务、自我教育、自我监督的实效。完善办事公开制度，拓宽基层各类群体有序参与基层治理渠道，保障人民依法管理基层公共事务和公益事业。全心全意依靠工人阶级，健全以职工代表大会为基本形式的企事业单位民主管理制度，维护职工合法权益。

(四)巩固和发展最广泛的爱国统一战线。人心是最大的政治，统一战线是凝聚人心、汇聚力量的强大法宝。完善大统战工作格局，坚持大团结大联合，动员全体中华儿女围绕实现中华民族伟大复兴中国梦一起来想、一起来干。发挥我国社会主义新型政党制度优势，坚持长期共存、互相监督、肝胆相照、荣辱与共，加强同民主党派和无党派人士的团结合作，支持民主党派加强自身建设、更好履行职能。以铸牢中华民族共同体意识为主线，坚定不移走中国特色解决民族问题的正确道路，坚持和完善民族区域自治制度，加强和改进党的民族工作，全面推进民族团结进步事业。坚持我国宗教中国化方向，积极引导宗教与社会主义社会相适应。加强党外知识分子思想政治工作，做好新的社会阶层人士工作，强化共同奋斗的政治引领。全面构建亲清政商关系，促进非公有制经济健康发展和非公有制经济人士健康成长。加强和改进侨务工作，形成共同致力民族复兴的强大力量。

在报告第七部分“坚持全面依法治国，推进法治中国建设”中，习近平指出，全面依法治国是国家治理的一场深刻革命，关系党执政兴国，关系人民幸福安康，关系党和国家长治久安。必须更好发挥法治固根本、稳预期、利长远的保障作用，在法治轨道上全面建设社会主义现代化国家。

我们要坚持走中国特色社会主义法治道路，建设中国特色社会主义法治体系、建设社会主义法治国家，围绕保障和促进社会公平正义，坚持依法治国、依法执政、依法行政共同推进，坚持法治国家、法治政府、法治社会一体建设，全面推进科学立法、严格执法、公正司法、全民守法，全面推进国家各方面工作法治化。

（一）完善以宪法为核心的中国特色社会主义法律体系。坚持依法治国首先要坚持依宪治国，坚持依法执政首先要坚持依宪执政，坚持宪法确定的中国共产党领导地位不动摇，坚持宪法确定的人民民主专政的国体和人民代表大会制度的政体不动摇。加强宪法实施和监督，健全保证宪法全面实施的制度体系，更好发挥宪法在治国理政中的重要作用，维护宪法权威。加强重点领域、新兴领域、涉外领域立法，统筹推进国内法治和涉外法治，以良法促进发展、保障善治。推进科学立法、民主立法、依法立法，统筹立改废释纂，增强立法系统性、整体性、协同性、时效性。完善和加强备案审查制度。坚持科学决策、民主决策、依法决策，全面落实重大决策程序制度。

（二）扎实推进依法行政。法治政府建设是全面依法治国的重点任务和主体工程。转变政府职能，优化政府职责体系和组织结构，推进机构、职能、权限、程序、责任法定化，提高行政效率和公信力。深化事业单位改革。深化行政执法体制改革，全面推进严格规范公正文明执法，加大关系群众切身利益的重点领域执法力度，完善行政执法程序，健全行政裁量基准。强化行政执法监督机制和能力建设，严格落实行政执法责任制和责任追究制度。完善基层综合执法体制机制。

（三）严格公正司法。公正司法是维护社会公平正义的最后一道防线。深化司法体制综合配套改革，全面准确落实司法责任制，加快建设公正高效权威的社会主义司法制度，努力让人民群众在每一个司法案件中感受到公平正义。规范司法权力运行，健全公安机关、检察机关、审判机关、司法行政机关各司其职、相互配合、相互制约的体制机制。强化对司法活动的制约监督，促进司法公正。加强检察机关法律监督工作。完善公益诉讼制度。

（四）加快建设法治社会。法治社会是构筑法治国家的基础。弘扬社会主义法治精神，传承中华优秀传统法律文化，引导全体人民做社会主义法治的忠实崇尚者、自觉遵守者、坚定捍卫者。建设覆盖城乡的现代公共法律服务体系，深入开展法治宣传教育，增强全民法治观念。推进多层次多领域依法治理，提升社会治理法治化水平。发挥领导干部示范带头作用，努力使尊法学法守法用法在全社会蔚然成风。（全文见本书 3 页）

10 月 17 日　栗战书委员长在他所在的党的二十大四川代表团，与代表们一起讨论党的二十大报告。栗战书表示，完全赞同习近平总书记所作的报告。栗战书指出，习近平总书记所作的报告，主题鲜明、气势磅礴、催人奋进，是一篇闪耀着马克思主义真理光芒的纲领性文献。报告全面回顾了过去五年的工作和新时代十年的伟大变革，总结了马克思主义中国化时代化取得的重大理论创新成果，提出了新时代新征程中国共产党人的使命任务，发出了为全面建设社会主义现代化国家、全面推进中华民族伟大复兴而团结奋斗的动员令。

栗战书说，过去五年的工作、新时代十年的伟大变革，举世瞩目，彪炳史册。这些成就，从理论上讲是原创性、突破性、开创性的，从制度上讲是创新性、系统性、整体性的，从实践上讲是根本性、战略性、长远性的，在党史、新中国史、改革开放史、社会主义建设史、中华民族发展史上具有里程碑意义。因为这些成就，坚持和发展中国特色社会主义有了更为坚实的物质基础、更为完善的制度保证，马克思主义的科学性和真理性在新时代的中国得到充分检验，社会主义的历史必然性、制度竞争力充分彰显出来。在以习近平同志为核心的党中央坚强领导下，实现中华民族伟大复兴进入了不可逆转的历史进程，今天，我们比历史上任何时期都更接近、更有信心和能力实现中华民族伟大复兴的目标。

栗战书说，“两个确立”是党的十八大以来党的建设最重大的政治成果，也是新时代引领党和国家事业从胜利走向新的胜利的政治保证。党的十八大以来，党和国家事业取得历史性成就、发生历史性变革，实现一系列突破性进展，取得一系列标志性成果，从根本上讲，在于确立了习近平同志党中央的核心、全党的核心地位，确立了习近平新时代中国特色社会主义思想的指导地位。以习近平同志为核心的党中央，团结带领全党全军全国各族人民义无反顾进行具有许多新的历史特点的伟大斗争，推动我国迈上全面建设社会主义现代化国家新征程，在这伟大斗争和重大社会变革的紧要关头，习近平总书记发挥了和发挥着掌舵领航的关键作用。习近平总书记和以习近平同志为主要代表的中国共产党人，创立习近平新时代中国特色社会主义思想，这一科学理论已经普遍地为人民群众所接受、所掌握、所运用，有力引领指导党和人民事业发展，科学社会主义在二十一世纪的中国焕发出新的蓬勃生机。

栗战书强调，要深入学习贯彻党的二十大精神，长期坚持习近平新时代中国特色社会主义思想，始终在思想上、政治上、行动上同以习近平同志为核心的党中央保持高度一致。要深刻领悟"两个确立"的决定性意义，增强"四个意识"、坚定"四个自信"、做到"两个维护"，把党的二十大绘就的宏伟蓝图变为现实，谱写新时代中国特色社会主义更加绚丽的华章。

10月24日　全国人大常委会党组召开会议，传达学习党的二十大精神。栗战书委员长主持会议并讲话，强调要深刻领悟"两个确立"的决定性意义，增强"四个意识"、坚定"四个自信"、做到"两个维护"，紧密团结在以习近平同志为核心的党中央周围，用党的二十大精神指引人大工作发展。

栗战书说，习近平同志继续担任党的总书记，体现了全党全军全国各族人民的共同心声，体现了全党全军全国各族人民对于新时代十年伟大变革的充分肯定，体现了全党全军全国各族人民对习近平总书记的衷心拥戴。在新时代新征程上，全面建设社会主义现代化国家，是一项伟大而艰巨的事业，前途光明，任重道远。有习近平总书记作为党中央的核心、全党的核心，有以习近平同志为核心的党中央的坚强领导，我们就能经受住任何风高浪急甚至惊涛骇浪的考验，全面建设社会主义现代化国家、全面推进中华民族伟大复兴就有了根本的政治保障。

栗战书说，过去五年的工作、新时代十年的伟大变革，根本在于确立了习近平同志党中央的核心、全党的核心地位，确立了习近平新时代中国特色社会主义思想的指导地位。党的十八大以来的实践有力地证明，正是习近平总书记的坚强领导，我们党和人民才战胜了各种风险挑战，实现了第一个百年奋斗目标，加速建设社会主义现代化国家的进程，如果没有习近平总书记为我们掌舵领航，我们就不会有今天这样的局面。正是在习近平新时代中国特色社会主义思想的指引下，科学社会主义在二十一世纪的中国焕发出新的蓬勃生机。新时代新征程上把中国特色社会主义事业推向前进，最紧要的是深刻领悟"两个确立"的决定性意义，牢记"三个务必"，牢记"国之大者"，自觉在思想上政治上行动上同以习近平同志为核心的党中央保持高度一致。

栗战书强调，学习贯彻党的二十大精神，要坚持党的领导特别是党中央的集中统一领导，增强政治判断力、政治领悟力、政治执行力，严守政治纪律和政治规矩，经常同党中央对标对表，坚决贯彻党中央决策部署，切实做到为党分忧、为党尽责、为党奉献；要做到全面、准确、深刻，认真落实党的二十大对未来一个时期党和国家事业发展作出的全面部署，以中国式现代化全面推进中华民族伟大复兴；全国人大及其常委会要在以习近平同志为核心的党中央坚强领导下，以党的二十大精神统领、谋划和推进人大各项工作，坚持学用结合、融会贯通，全面准确地将党的二十大精神落实到人大的立法、监督、代表、外事等工作之中。（全文见本书261页）

全国人大常委会党组副书记王晨，全国人大常委会党组成员曹建明、张春贤、沈跃跃、吉炳轩、艾力更·依明巴海、王东明、白玛赤林、杨振武参加会议。

10月26日至30日　十三届全国人大常委会举行第三十七次会议。

常委会第一次全体会议议程是学习贯彻党的二十大精神。栗战书在讲话中指出，党的二十大是在全党全国各族人民迈上全面建设社会主义现代化国家新征程、向第二个百年奋斗目标进军的关键时刻召开的一次十分重要的大会。大会取得了圆满成功，达到了统一思想、坚定信心、明确方向、鼓舞斗志的目的，是一次高举旗帜、凝聚力量、团结奋进的大会，对于鼓舞和动员全党全国各族人民坚持和发展中国特色社会主义、全面建设社会主义现代化国家、全面推进中华民族伟大复兴具有重大而深远的意义。

栗战书说，学习贯彻党的二十大精神，要吃透原文思想，领会精神实质，深刻领悟"两个确立"的决定性意义，增强"四个意识"、坚定"四个自信"、做到"两个维护"，自觉在思想上政治上行动上同以习近平同志为核心的党中央保持高度一致。要深刻认识大会取得的重大政治成果，习近平同志继续担任中央委员会总书记和中央军委主席，体现了9600多万名党员对习近平总书记的衷心爱戴和坚决拥护，反映了亿万人民紧跟伟大复兴领路人开创更加美好未来的坚定信心。要深刻领会新时代新征程举什么旗、走什么路、以什么样的精神状态、采取什么样的重大举措、朝着什么样的目标继续前进等重大政策问题,深刻领会新时代新征程上中国共产党的中心任务,深刻领会统筹推进“五位一体”总体布局、协调推进“四个全面”战略布局的战略谋划和重大部署,确保党的二十大精神的全面贯彻落实。要紧紧围绕党中央关于当前和今后一个时期的重大部署依法开展和推进人大工作,坚持全面依法治国,发展全过程人民民主,认真做好立法、监督、代表、外事工作和自身建设,为全面建设社会主义现代化国家提供法治保障,更好发挥人民代表大会制度在国家治理体系中的重要作用。中共中央政治局委员、中央宣传部部长李书磊作了辅导报告,当天下午,常委会举行分组学习讨论。

会议听取全国人大宪法和法律委员会副主任委员丛斌关于妇女权益保障法修订草案审议结果的报告。会议印发全国人大宪法和法律委员会关于妇女权益保障修订草案三次审议稿修改意见的报告,经过审议,会议通过修订后的《中华人民共和国妇女权益保障法》。

修订后的《中华人民共和国妇女权益保障法》共 10 章,86 条,包括:总则、政治权利、人身和人格权益、文化教育权益、劳动和社会保障权益、财产权益、婚姻家庭权益、救济措施、法律责任、附则。本法自 2023 年 1 月 1 日起施行。

会议听取全国人大宪法和法律委员会主任委员李飞关于黄河保护法草案审议结果的报告。在审议的基础上,会议印发全国人大宪法和法律委员会关于黄河保护法草案三次审议稿修改意见的报告。经过审议,会议通过《中华人民共和国黄河保护法》。

《中华人民共和国黄河保护法》共 11 章,122 条,包括:总则、规划与管控、生态保护与修复、水资源节约集约利用、水沙调控与防洪安全、污染防治、促进高质量发展、黄河文化保护传承弘扬、保障与监督、法律责任、附则。本法自 2023 年 4 月 1 日起施行。

会议听取全国人大宪法和法律委员会副主任委员胡可明关于畜牧法修订草案审议结果的报告。在审议的基础上,会议印发全国人大宪法和法律委员会关于畜牧法修订草案二次审议稿修改意见的报告。经过审议,会议通过修订后的《中华人民共和国畜牧法》。

修订后的《中华人民共和国畜牧法》共 10 章,94 条,包括:总则、畜禽遗传资源保护、种畜禽品种选育与生产经营、畜禽养殖、草原畜牧业、畜禽交易与运输、畜禽屠宰、保障与监督、法律责任、附则。本法自 2023 年 3 月 1 日起施行。

会议听取外交部副部长马朝旭关于提请审议批准《中华人民共和国和肯尼亚共和国关于刑事司法协助的条约》的议案的说明、关于提请审议批准《中华人民共和国和刚果共和国关于刑事司法协助的条约》的议案的说明、关于提请审议批准《中华人民共和国和摩洛哥王国关于刑事司法协助的条约》的议案的说明、关于提请审议批准《中华人民共和国和厄瓜多尔共和国关于刑事司法协助的条约》的议案的说明,中国民用航空局副局长吕尔学关于提请审议批准《制止与国际民用航空有关的非法行为的公约》的议案的说明。经过审议,会议通过《全国人民代表大会常务委员会关于批准〈中华人民共和国和肯尼亚共和国关于刑事司法协助的条约〉的决定》、《全国人民代表大会常务委员会关于批准〈中华人民共和国和刚果共和国关于刑事司法协助的条约〉的决定》、《全国人民代表大会常务委员会关于批准〈中华人民共和国和摩洛哥王国关于刑事司法协助的条约〉的决定》、《全国人民代表大会常务委员会关于批准〈中华人民共和国和厄瓜多尔共和国关于刑事司法协助的条约〉的决定》、《全国人民代表大会常务委员会关于批准〈制止与国际民用航空有关的非法行为的公约〉的决定》。

会议听取全国人大常委会法制工作委员会主任沈春耀关于立法法修正草案的说明,全国人大社会建设委员会主任委员何毅亭关于无障碍环境建设法草案的说明,司法部部长唐一军关于行政复议法修订草案的说明,中央军委委员、中央军委政治工作部主任苗华关于预备役人员法草案的说明等,并对上述法律草案进行初次审议。

会议听取并审议国家发展和改革委员会主任何立峰关于数字经济发展情况的报告,中国人民银行行长易纲关于金融工作情况的报告,教育部部长怀进鹏关于有效减轻过重作业负担和校外培训负担、促进义务教育阶段学生全面健康发展情况的报告,财政部部长刘昆关于 2021 年度国有资产管理情况的综合报告,全国人大财经委副主任委员、常委会预算工委主任史耀斌关于国有资产管理情况的监督调研报告,最高人民法院院长周强关于人民法院涉外审判工作情况的报告,最高人民检察院检察长张军关于人民检察院开展未成年人检察工作情况的报告,王晨副委员长作的全国人大常委会执法检查组关于检查中华人民共和国乡村振兴促进法实施情况的报告,陈竺副委员长作的全国人大常委会执法检查组关于检查中华人民共和国外商投资法实施情况的报告。

会议审议栗战书委员长访问俄罗斯、蒙古国、尼泊尔、韩国并在俄出席第七届东方经济论坛情况的书面报告。

会议听取全国人大民族委员会主任委员白春礼、监察和司法委员会主任委员吴玉良、财政经济委员会主任委员徐绍史、教育科学文化卫生委员会副主任委员吴恒、外事委员会主任委员张业遂、环境与资源保护委员会主任委员高虎城、社会建设委员会主任委员何毅亭关于十三届全国人大五次会议主席团交付本委员会审议的代表提出的议案审议结果的报告。经过审议,会议通过这七个报告。

会议听取全国人大常委会代表资格审查委员会主任委员吴玉良关于个别代表的代表资格的报告。经过审议,会议通过这个报告。

会议免去石泰峰的全国人大教育科学文化卫生委员会副主任委员职务。

会议决定免去陈文清的国家安全部部长职务;任命陈一新为国家安全部部长。

会议免去杨晓超、徐令义的国家监察委员会副主任职务,任命孙新阳、刘学新、张福海为国家监察委员会副主任。

会议通过《全国人民代表大会常务委员会关于接受程立峰辞去第十三届全国人民代表大会常务委员会委员等职务的请求的决定》。

会议还通过其他任免事项。

会议闭幕时,栗战书发表讲话。栗战书说,本次常委会会议共有32项议程,圆满完成了各项预定任务。会议通过黄河保护法。在习近平总书记主持召开黄河流域生态保护和高质量发展座谈会三周年之际,通过这部法律很有意义,为黄河流域生态保护和高质量发展提供了法治保障。会议还修改妇女权益保障法,更好保障妇女合法权益;修改畜牧法,促进畜牧业高质量发展、防范公共卫生风险。相关方面要加强对这3部法律的宣传解读,抓紧完善配套措施,确保法律全面有效贯彻实施。栗战书指出,学习贯彻党的二十大精神,是当前和今后一个时期的首要政治任务。全国人大及其常委会、各专门委员会及人大机关要在全面学习、全面把握、全面落实上下功夫。要深刻认识习近平同志继续担任党的总书记、中央军委主席,凝聚了9600多万党员的共同意愿,反映了亿万人民紧跟伟大复兴领路人开创更加美好未来的坚定信心,深刻认识党的二十大主题,深刻认识过去五年的工作和新时代十年的伟大变革在党史、新中国史、改革开放史、社会主义发展史、中华民族发展史上具有里程碑意义,深刻认识习近平新时代中国特色社会主义思想是马克思主义中国化时代化的最新成果,深刻认识新时代新征程中国共产党的使命任务,深刻认识党的二十大关于当前和今后一个时期“五位一体”总体布局和“四个全面”战略布局的安排,深刻认识全面建设社会主义现代化国家、全面推进中华民族伟大复兴,关键在党,必须坚持中国共产党的领导特别是党中央集中统一领导,切实把思想和行动统一到党的二十大精神上来。栗战书强调,党的二十大为全面建设社会主义现代化国家绘制了宏伟蓝图。要坚持党的领导、人民当家作主、依法治国有机统一,紧紧围绕党中央关于当前和今后一个时期的重大部署依法开展和推进人大工作,认真做好立法、监督、代表、外事工作和自身建设,更好发挥人民代表大会制度在国家治理体系中的重要作用。要深刻领悟“两个确立”的决定性意义,增强“四个意识”、坚定“四个自信”、做到“两个维护”,更加紧密团结在以习近平同志为核心的党中央周围,坚持学思用贯通、知信行统一,把党的二十大精神全面落实到人大工作各方面全过程。(全文见本书213页)

10月27日　万鄂湘副委员长以视频方式出席亚太议会论坛第30届年会。

10月30日　十三届全国人大常委会委员长会议召开第一百二十八次会议,栗战书委员长主持会议。会议决定,将有关草案修改稿、决定草案等提交常委会会议审议。

同日　全国人大常委会发布公告。公告说,山西省人大常委会决定罢免李晋平的第十三届全国人民代表大会代表职务。安徽省人大常委会决定罢免王诚的第十三届全国人民代表大会代表职务。广东省人大常委会决定罢免麦教猛的第十三届全国人民代表大会代表职务。海南省人大常委会决定罢免邓小刚的第十三届全国人民代表大会代表职务。云南省人大常委会决定罢免戴世宏的第十三届全国人民代表大会代表职务。依照《中华人民共和国全国人民代表大会和地方各级人民代表大会代表法》的有关规定,李晋平、王诚、麦教猛、邓小刚、戴世宏的代表资格终止。第十三届全国人民代表大会代表王巍(江苏)因病去世。全国人民代表大会常务委员会对王巍代表的去世表示哀悼。王巍的代表资格自然终止。截至目前,第十三届全国人民代表大会实有代表2926人。

同日 十三届全国人大常委会举行宪法宣誓仪式。全国人大常委会副委员长蔡达峰主持并监誓。十三届全国人大常委会第三十六次会议决定任命金壮龙为工业和信息化部部长。刚刚闭幕的十三届全国人大常委会第三十七次会议决定任命陈一新为国家安全部部长。根据宪法和全国人大常委会关于实行宪法宣誓制度的决定,上述人员依法进行宪法宣誓。全国人大机关、工业和信息化部、国家安全部有关负责同志参加了宣誓活动。

十一月

11 月 1 日 栗战书委员长会见越共中央总书记阮富仲。

11 月 2 日 栗战书委员长会见巴基斯坦总理夏巴兹。

同日 丁仲礼副委员长与刚果(金)参议院副议长蒙德拉视频会晤。

11 月 3 日 栗战书委员长会见坦桑尼亚总统哈桑。

11 月 5 日 沈跃跃副委员长在湖北省武汉市出席《湿地公约》第十四届缔约方大会开幕式并致辞。

11 月 12 日至 17 日 吉炳轩副委员长率调研组在浙江省调研推动小农户与现代农业发展有机衔接工作情况。

11 月 15 日 郝明金副委员长与塞尔维亚国民议会副议长博日奇共同线上主持中塞立法机构合作委员会第三次会议。

11 月 16 日 栗战书委员长以视频方式同尼加拉瓜国民议会议长波拉斯举行会谈。

11 月 19 日至 22 日 张春贤副委员长率全国人大常委会调研组在云南省开展就业工作情况专题调研。

11 月 24 日 栗战书委员长应邀在东盟各国议会间大会第 43 届年会闭幕式上发表视频致辞。

11 月 25 日 栗战书委员长会见古共中央第一书记、古巴国家主席迪亚斯-卡内尔,吉炳轩副委员长参加会见。

11 月 28 日 栗战书委员长会见蒙古国总统呼日勒苏赫。

11 月 30 日 栗战书委员长会见老挝人革党中央总书记、国家主席通伦。

同日 江泽民同志在上海逝世,享年 96 岁。

十二月

12 月 1 日 江泽民同志遗体由专机敬移北京,栗战书委员长到北京西郊机场迎灵,并向江泽民同志亲属表示深切慰问。

同日 栗战书委员长会见欧洲理事会主席米歇尔。

12 月 5 日 栗战书委员长到中国人民解放军总医院为江泽民同志送别,并护送江泽民同志的遗体到八宝山革命公墓火化。

同日 栗战书委员长向集体安全条约组织议会大会致贺信。

12 月 6 日 中共中央、全国人大常委会、国务院、全国政协、中央军委在北京人民大会堂隆重举行江泽民同志追悼大会,栗战书委员长参加。

12 月 7 日 王晨副委员长出席第二十八次全国地方立法工作座谈会并讲话。

12 月 9 日 十三届全国人大常委会召开第一百三十次委员长会议,栗战书委员长主持会议。会议决定,十三届全国人大常委会第三十八次会议 12 月 27 日至 30 日在京举行。

12 月 19 日 习近平总书记在《人民日报》发表署名文章,《谱写新时代中国宪法实践新篇章——纪念现行宪法公布施行 40 周年》。(全文见本书 21 页)

12 月 24 日 针对美方将“2023 财年国防授权法案”签署成法,全国人大外事委员会发言人发表谈话。发言人指出,当地时间 12 月 23 日,美方将“2023 财年国防授权法案”签署成法。该法案含有多项涉华消极条款,大肆操弄涉台、涉港、涉疆等问题,无端抹黑中国发展道路,粗暴干涉中国内政,严重损害中方主权安全发展利益。我们对此表示强烈不满和坚决反对。世界上只有一个中国，台湾是中国领土不可分割的一部分，中华人民共和国政府是代表全中国的唯一合法政府。台湾除了作为中国的一部分，没有其他国际法地位。这既是不容改变的历史和法理事实，也是不容挑战的现状。美方在中美三个联合公报中，就台湾问题作出过严肃承诺。美方无权将国内法凌驾于国际法之上，更不得借此干涉中国内政。任何搞“以台制华”、支持纵容“台独”分裂势力的图谋只会进一步加剧台海紧张局势，进一步冲击中美关系政治基础。香港、新疆事务纯属中国内政，任何外国无权干涉。发言人指出，中国始终坚持走和平发展道路，秉持共同、综合、合作、可持续的安全观，坚定奉行防御性国防政策，中国人民追求美好生活的权利神圣不可侵犯。我们强烈敦促美方摒弃冷战零和思维，不得实施有关法案中的涉华消极条款，不要低估中国捍卫国家主权和领土完整的坚定意志和强大能力，不要在涉及中国主权和核心利益问题上存有侥幸冒险心理。任何企图干涉中国内政、损害中国利益的挑衅行径，都必将遭到中方坚决反制。

12 月 26 日　认真学习贯彻党的二十大精神、深入学习贯彻习近平总书记关于坚持和完善人民代表大会制度的重要思想交流会举行，栗战书委员长出席会议并讲话。王晨副委员长主持交流会。栗战书强调，要认真学习贯彻党的二十大精神，在总结人大制度建设和人大工作成就经验的基础上，持续深化对学习贯彻习近平总书记关于坚持和完善人民代表大会制度的重要思想的认识体会，推动党的二十大精神和中央人大工作会议部署要求贯彻落实，推动新时代人大制度和人大工作完善发展。

栗战书指出，坚持党的领导是最高政治原则，必须把党的领导全面贯彻落实到人大工作各方面全过程。要深刻领悟“两个确立”的决定性意义，增强“四个意识”、坚定“四个自信”、做到“两个维护”，确保党中央集中统一领导贯彻体现到人大工作各方面全过程。要紧紧围绕党中央关于人大工作的决策部署、党和国家工作大局依法履职尽责，积极主动开展工作。要严格执行请示报告制度，保证一切重要工作、重大事项都在党中央领导下进行。

栗战书指出，习近平新时代中国特色社会主义思想是党和国家的指导思想，必须坚持用以统揽和指导人大工作，把学习贯彻习近平总书记关于坚持和完善人民代表大会制度的重要思想作为必修课和基本功，不断提升做好新时代人大工作的政治站位和理论水平，以党的创新理论为引领，加强人大理论研究和宣传阐释工作，确保人大工作沿着正确方向前进。

栗战书强调，人民代表大会制度是实现我国全过程人民民主的重要制度载体，必须坚持走中国特色社会主义政治发展道路，坚持一切为了人民、一切依靠人民，密切联系人民群众，充分发挥人大在发展全过程人民民主中的重要作用，为健全人民当家作主制度体系提供法治支撑和保障。推进全面依法治国是人大及其常委会的重要职责，必须发挥好人大职能作用，完善以宪法为核心的中国特色社会主义法律体系，推动宪法法律法规全面有效实施，推进国家各方面工作法治化，以法治方式推进国家治理体系和治理能力现代化。“四个机关”是新时代人大工作和建设的新定位新要求，必须始终把政治建设摆在首位，全面加强人大及其常委会自身建设。（全文见本书 265 页）

12 月 27 日至 30 日　十三届全国人大常委会举行第三十八次会议。本次会议采用现场出席和网络视频出席相结合的方式举行，常委会组成人员 136 人出席会议，出席人数符合法定人数。

会议听取全国人大宪法和法律委员会副主任委员沈春耀关于立法法修正草案修改情况的汇报。在审议的基础上，会议印发全国人大宪法和法律委员会关于立法法修正案二审稿修改意见的报告。经过审议，会议决定将中华人民共和国立法法修正草案提请十四届全国人大一次会议审议。

会议听取全国人大宪法和法律委员会主任委员李飞关于野生动物保护法修订草案审议结果的报告。在审议的基础上，会议印发全国人大宪法和法律委员会关于野生动物保护法修订草案三次审议稿修改意见的报告。经过审议，会议通过修订后的《中华人民共和国野生动物保护法》。

修订后的《中华人民共和国野生动物保护法》共 5 章，64 条，包括：总则、野生动物及其栖息地保护、野生动物管理、法律责任、附则。本法自 2023 年 5 月 1 日起施行。

会议听取全国人大宪法和法律委员会副主任委员刘季幸关于预备役人员法草案审议结果的报告。在审议的基础上，会议印发全国人大宪法和法律委员会关于预备役人员法草案二次审议稿修改意见的报告。经过审议，会议通过《中华人民共和国预备役人员法》。

《中华人民共和国预备役人员法》共 10 章，65 条，包括：总则、预备役军衔、选拔补充、教育训练和晋升任用、日常管理、征召、待遇保障、退出预备役、法律责任、附则。本法自 2023 年 3 月 1 日起施行。

会议听取商务部部长王文涛关于对外贸易法修正案草案的说明。在审议的基础上，会议印发全国人大宪法和法律委员会关于对外贸易法修正案草案审议结果的报告。经过审议，会议通过《全国人民代表大会常务委员会关于修改〈中华人民共和国对外贸易法〉的决定》。本决定自公布之日起施行。

会议听取国务院港澳事务办公室主任夏宝龙关于国务院关于提请解释香港特别行政区维护国家安全法有关条款的议案的说明。在审议的基础上，会议印发全国人大宪法和法律委员会对关于香港特别行政区维护国家安全法第十四条和第四十七条的释法案文建议稿审议结果的报告。经过审议，会议通过《全国人民代表大会常务委员会关于〈中华人民共和国香港特别行政区维护国家安全法〉第十四条和第四十七条的解释》。

会议听取马朝旭关于提请审议批准《中华人民共和国和刚果共和国引渡条约》的议案的说明、关于提请审议批准《中华人民共和国和亚美尼亚共和国引渡条约》的议案的说明、关于提请审议批准《中华人民共和国和肯尼亚共和国引渡条约》的议案的说明、关于提请审议批准《中华人民共和国和乌拉圭东岸共和国引渡条约》的议案的说明，生态环境部副部长董保同关于提请审议批准《〈关于持久性有机污染物的斯德哥尔摩公约〉列入多氯萘等三种类持久性有机污染物修正案》和《〈关于持久性有机污染物的斯德哥尔摩公约〉列入短链氯化石蜡等三种类持久性有机污染物修正案》的议案的说明。经过审议，会议通过《全国人民代表大会常务委员会关于批准〈中华人民共和国和刚果共和国引渡条约〉的决定》、《全国人民代表大会常务委员会关于批准〈中华人民共和国和亚美尼亚共和国引渡条约〉的决定》、《全国人民代表大会常务委员会关于批准〈中华人民共和国和肯尼亚共和国引渡条约〉的决定》、《全国人民代表大会常务委员会关于批准〈中华人民共和国和乌拉圭东岸共和国引渡条约〉的决定》、《全国人民代表大会常务委员会关于批准〈关于持久性有机污染物的斯德哥尔摩公约列入多氯萘等三种类持久性有机污染物修正案〉和〈关于持久性有机污染物的斯德哥尔摩公约列入短链氯化石蜡等三种类持久性有机污染物修正案〉的决定》。

会议审议关于召开十四届全国人大一次会议的决定草案的议案，通过《全国人民代表大会常务委员会关于召开十四届全国人大一次会议的决定》。根据决定，十四届全国人大一次会议于 2023 年 3 月 5 日在北京召开。

会议听取全国人大宪法和法律委员会副主任委员江必新关于公司法修订草案修改情况的汇报，全国人大宪法和法律委员会副主任委员王宁关于反间谍法修订草案修改情况的汇报，全国人大宪法和法律委员会主任委员李飞关于青藏高原生态保护法草案修改情况的汇报，并对以上法律草案进行了再次审议。

会议听取全国人大环境与资源保护委员会副主任委员王洪尧关于海洋环境保护法修订草案的说明，全国人大农业与农村委员会主任委员陈锡文关于农村集体经济组织法草案的说明，全国人大社会建设委员会主任委员何毅亭关于慈善法修订草案的说明，商务部部长王文涛关于对外贸易法修正案草案的说明，财政部部长刘昆关于增值税法草案的说明，中国人民银行副行长张青松关于金融稳定法草案的说明，外交部副部长马朝旭关于外国国家豁免法草案的说明，最高人民法院院长周强关于民事诉讼法修正草案的说明、关于行政诉讼法修正草案的说明，并对上述法律草案进行了初次审议。

会议听取并审议人力资源和社会保障部副部长俞家栋关于就业工作情况的报告，审计署副审计长王本强关于 2021 年度中央预算执行和其他财政收支审计查出问题整改情况的报告，财政部部长刘昆关于财政社会保障资金分配和使用情况的报告，公安部副部长、国家移民管理局局长许甘露关于深化非法入境、非法居留、非法就业外国人治理情况的报告，王晨副委员长作的全国人大常委会执法检查组关于检查中华人民共和国长江保护法实施情况的报告。会议还审议国务院关于“证照分离”改革涉及暂时调整适用法律有关情况的中期报告。

会议听取并审议全国人大常委会法制工作委员会主任沈春耀关于十三届全国人大以来暨 2022 年备案审查工作情况的报告。

会议听取全国人大宪法和法律委员会主任委员李飞、农业与农村委员会副主任委员杜德印关于十三届全国人大五次会议主席团交付本委员会审议的代表提出的议案审议结果的报告。经过审议，会议通过上述报告。

会议听取全国人大常委会副秘书长郭振华作的全国人大常委会办公厅关于十三届全国人大五次会议代表建议、批评和意见办理情况的报告，工业和信息化部部长金壮龙作的工业和信息化部关于十三届全国人大五次会议代表建议、批评和意见办理情况的报告。

会议听取全国人大常委会代表资格审查委员会主任委员吴玉良作的关于个别代表的代表资格的报告。经过审议，会议通过这个报告。

会议批准中国人民解放军选举委员会主任、副主任、委员名单。

会议免去王毅兼任的外交部部长职务，任命秦刚为外交部部长；免去周祖翼的人力资源和社会保障部部长职务，任命王晓萍为人力资源和社会保障部部长。

会议免去高憬宏的最高人民法院第三巡回法庭庭长职务，任命王淑梅为最高人民法院第三巡回法庭庭长。

会议免去程东方的中国人民解放军军事检察院检察长职务，任命张进为中国人民解放军军事检察院检察长；免去刘立根的中国人民解放军军事法院院长职务，任命程东方为中国人民解放军军事法院院长。

会议还通过其他任免事项。

会议闭幕时，栗战书委员长发表讲话。栗战书说，本次常委会会议共有35项议程，审议15件法律草案，通过其中3件，决定将1件提请大会审议；作出关于召开十四届全国人大一次会议的决定；通过关于香港国安法有关条款的解释等，圆满完成各项预定任务。

栗战书指出，修改立法法是贯彻落实习近平法治思想、加强和改进新时代立法工作的重要举措。常委会认真做好立法法修改工作，经过两次常委会会议审议，决定提请明年大会审议。有关方面要及时将草案及参阅资料送全国人大代表，组织代表认真研读讨论，为大会审议做好准备。会议制定预备役人员法，修改野生动物保护法、对外贸易法，有关方面要加强宣传解读，加快完善配套规定，保证法律有效实施。会议审议了关于就业工作情况等多个工作报告。要全面落实党的二十大对实施就业优先战略作出的重要部署，努力促进就业量的扩大和质的提升。会议审议了长江保护法执法检查报告。要继续加强普法宣传，坚持“共抓大保护、不搞大开发”，突出生态环境修复这一核心，依法保护好长江这条中华民族的母亲河、生命河。

栗战书指出，习近平总书记12月19日发表署名文章，纪念我国现行宪法公布施行40周年。全国人大及其常委会要带头学习领会、全面贯彻落实习近平总书记重要文章，在谱写新时代中国宪法实践新篇章中作出人大贡献。要坚定坚持党对宪法工作的全面领导，在党的领导下推动宪法全面实施、与时俱进，发挥好宪法在治国理政中的重要作用；加快完善以宪法为核心的中国特色社会主义法律体系，坚持依宪立法，健全国家治理急需、满足人民群众日益增长的美好生活需要必备、维护国家安全所急的法律制度；加强宪法实施和监督，用科学有效、系统完备的制度体系保证宪法实施；加强宪法理论研究和宣传教育，推动宪法走进群众、深入人心；常委会组成人员和人大代表要带头尊崇宪法，带头执行和落实宪法法律法规。

栗战书强调，明年是全面贯彻落实党的二十大精神的开局之年。要认真学习贯彻习近平总书记重要讲话和中央重要会议精神，坚持稳中求进工作总基调，完整、准确、全面贯彻新发展理念，加快构建新发展格局，着力推动高质量发展，通过认真依法履职，推动党的二十大精神和党中央决策部署贯彻落实，推动实现全年经济社会发展目标。要深入抓好党的二十大精神的学习宣传贯彻，坚持用习近平新时代中国特色社会主义思想凝心铸魂；总结完善过去一年和本届常委会各项工作，加深对人大工作规律的认识，提炼好可以坚持的做法和经验；初步安排明年各项工作，实现换届之年工作有序衔接；做好明年大会的组织筹备工作，确保大会顺利召开。（全文见本书216页）

会议结束后，十三届全国人大常委会举行第三十一讲专题讲座，栗战书委员长主持。北京大学国家发展研究院副院长、北京大学数字金融研究中心主任黄益平作题为《数字经济的发展与治理》的讲座。

12月29日　十三届全国人大常委会召开第一百三十一次委员长会议，栗战书委员长主持会议。会议决定，将有关议案代拟稿、草案修改稿、决定草案、解释草案等提交常委会会议审议。

12月30日　十三届全国人大常委会召开第一百三十二次委员长会议，栗战书委员长主持会议。会议研究提请常委会会议表决事项。

同日　全国人大常委会发布公告。公告说，辽宁省人大常委会决定罢免李和忠的第十三届全国人民代表大会代表职务。江西省人大常委会决定罢免郭安的第十三届全国人民代表大会代表职务。湖南省人大常委会决定罢免赵应云的第十三届全国人民代表大会代表职务。依照《中华人民共和国全国人民代表大会和地方各级人民代表大会代表法》的有关规定，李和忠、郭安、赵应云的代表资格终止。第十三届全国人民代表大会代表杨绪松因病去世。全国人民代表大会常务委员会对杨绪松代表的去世表示哀悼。杨绪松的代表资格自然终止。截至目前,第十三届全国人民代表大会实有代表 2922 人。

同日 全国人大常委会法工委负责人就《全国人民代表大会常务委员会关于〈中华人民共和国香港特别行政区维护国家安全法〉第十四条和第四十七条的解释》答记者问。